LES
ŒUVRES
COMPLETES
DE
VOLTAIRE

35

VOLTAIRE FOUNDATION

OXFORD

1994

THE
COMPLETE
WORKS
OF
VOLTAIRE

35

VOLTAIRE FOUNDATION

OXFORD

1994

ISBN 0 7294 0376 9

Voltaire Foundation Ltd
99 Banbury Road
Oxford OX2 6JX

PRINTED IN ENGLAND

AT THE ALDEN PRESS

OXFORD

under the sponsorship of
sous le haut patronage de

L'ACADÉMIE FRANÇAISE

L'ACADÉMIE ROYALE DE LANGUE ET DE
LITTÉRATURE FRANÇAISES DE BELGIQUE

THE AMERICAN COUNCIL OF LEARNED SOCIETIES

THE BRITISH ACADEMY

L'UNION ACADÉMIQUE INTERNATIONALE

prepared with the kind co-operation of
réalisée avec le concours gracieux de

THE NATIONAL LIBRARY OF RUSSIA
ST PETERSBURG

this volume prepared for the press by
ce volume préparé pour l'impression par

PENELOPE BRADING

Dictionnaire philosophique

I

sous la direction de

Christiane Mervaud

édition critique par

Andrew Brown, Marie-Hélène Cotoni,
Jacqueline Hellegouarc'h, Ulla Kölving,
Christiane Mervaud, Jeanne R. Monty,
José-Michel Moureaux,
Bertram Eugene Schwarzbach,
Jeroom Vercruysse et Roland Virolle

TABLE DES MATIÈRES

TABLE DES MATIÈRES

LISTE DES ILLUSTRATIONS

LISTE DES SIGLES ET ABRÉVIATIONS

Académie 62 Dictionnaire de l'Académie française, 1762

Arsenal Bibliothèque de l'Arsenal, Paris

Bayle *Dictionnaire historique et critique*

Bengesco *Voltaire: bibliographie de ses œuvres*, 1882-1890

Benítez 'Matériaux pour un inventaire des manuscrits philosophiques clandestins des XVIIe et XVIIIe siècles', 1988

BL British Library, London

Bn Bibliothèque nationale de France, Paris

BnC *Catalogue général des livres imprimés de la Bibliothèque nationale: auteurs*, tome 214, Voltaire, 1978

Bn F Bn, Manuscrits français

Bn N Bn, Nouvelles acquisitions françaises

Bodleian Bodleian Library, Oxford

Bpu Bibliothèque publique et universitaire, Genève

Br Bibliothèque royale, Brussels

BV *Bibliothèque de Voltaire: catalogue des livres*, 1961

Calmet, *Commentaire* *Commentaire littéral sur tous les livres de l'Ancien et du Nouveau Testament*

Calmet, *Dictionnaire* *Dictionnaire historique, critique, chronologique, géographique et littéral de la Bible*, 1730

Chaudon *Dictionnaire anti-philosophique*, 1767

CLT Grimm, *Correspondance littéraire*, 1877-1882

CN *Corpus des notes marginales de Voltaire*, 1979-

D Voltaire, *Correspondence and related documents*, Voltaire 85-135, 1968-1977 [la présence d'un astérisque renvoie au tome 130]

Diderot *Œuvres complètes*, 1975-

DP *Dictionnaire philosophique*

DTC *Dictionnaire de théologie catholique*, 1903-1950

Essai Voltaire, *Essai sur les mœurs*, 1990

ICL   Kölving et Carriat, *Inventaire de la Correspondance littéraire de Grimm et Meister*, 1984

ImV   Institut et musée Voltaire, Geneva

Kehl   *Œuvres complètes de Voltaire*, 1784-1789

Leigh   Rousseau, *Correspondance complète*, 1965-

Lph   *Lettres philosophiques*, éd. Lanson et Rousseau, 1964

M   *Œuvres complètes de Voltaire*, 1877-1885

Mémoires secrets   Bachaumont, *Mémoires secrets*, 1777-1789

Neuchâtel   Bibliothèque publique et universitaire, Neuchâtel

OH   Voltaire, *Œuvres historiques*, 1957

PG   Migne, *Patrologiae cursus, series graeca*, 1857-1912

PL   Migne, *Patrologiae cursus, series latina*, 1844-1864

QE   *Questions sur l'Encyclopédie*: 'A'-'Ciel des anciens' (1770), 'Cicéron'-'Supplices' (1771), 'Superstition'-'Zoroastre' (1772)

Rhl   *Revue d'histoire littéraire de la France*

Romans et contes   Voltaire, *Romans et contes*, éd. F. Deloffre et J. Van den Heuvel, Paris 1979

Roth-Varloot   Diderot, *Correspondance*, 1955-1970

Rousseau, *OC*   *Œuvres complètes*, 1959-

StP   Bibliothèque nationale de Russie, Saint-Pétersbourg

Studies   *Studies on Voltaire and the eighteenth century*

Taylor   Taylor Institution, Oxford

TLF   *Trésor de la langue française*

Trapnell   'Survey and analysis of Voltaire's collective editions, 1728-1789', 1970

Trévoux   *Dictionnaire universel françois et latin*, 1743

V   *Œuvres complètes de Voltaire* / *Complete works of Voltaire*, 1968- [la présente édition]

L'APPARAT CRITIQUE

L'apparat critique placé au bas des pages fournit les diverses leçons ou variantes offertes par les états manuscrits ou imprimés du texte (on en trouvera le relevé, p.228-53). Chaque note critique est composée du tout ou d'une partie des indications suivantes:

- Le ou les numéros de la ou des lignes auxquelles elle se rapporte; comme les titres ou sous-titres, les noms de personnages dans un dialogue ou une pièce de théâtre, et les indications scéniques échappent à cette numérotation, l'indication donne dans ce cas le numéro de la ligne précédente suivi des lettres a, b, c, etc. qui correspondent aux lignes de ces textes intercalaires.

- Les sigles désignant les états du texte, ou les sources, repris dans la variante (voir p.266). Des chiffres arabes, isolés ou accompagnés de lettres, désignent en général des éditions séparées de l'œuvre dont il est question; les lettres suivies des chiffres sont réservées aux recueils, w pour les éditions complètes, et т pour les œuvres dramatiques; après le sigle, l'astérisque signale un exemplaire particulier, qui d'ordinaire contient des corrections manuscrites.

- Des explications ou des commentaires de l'éditeur.

- Les deux points (:) marquant le début de la variante proprement dite, dont le texte, s'il en est besoin, est encadré par un ou plusieurs mots du texte de base. A l'intérieur de la variante, toute remarque de l'éditeur est placée entre crochets.

Les signes typographiques conventionnels suivants sont employés:

- La lettre grecque bêta β désigne le texte de base.

- Le signe de paragraphe ¶ marque l'alinéa.

- Deux traits obliques // indiquent la fin d'un paragraphe ou d'une partie du texte.

- Les mots supprimés sont placés entre crochets obliques $\langle\ \rangle$.
- Les mots ajoutés à la main par Voltaire ou Wagnière sont précédés, dans l'interligne supérieur, de la lettre ^{V} ou ^{W}, suivie d'une flèche verticale dirigée vers le haut $^{\uparrow}$ ou vers le bas $^{\downarrow}$, pour indiquer que l'addition est inscrite au-dessus ou au-dessous de la ligne. Le signe $^{+}$ marque la fin de l'addition, s'il y a lieu.
- Toute correction adoptée dans un imprimé est suivie d'une flèche horizontale $\rightarrow$ suivie du sigle désignant l'imprimé.

Exemple: 'il $\langle$allait$\rangle$ $^{\text{W}\uparrow}\langle$courait$\rangle$ $^{\text{V}\downarrow}\beta$' signifie que 'allait' a été supprimé, que Wagnière a ajouté 'courait' au-dessus de la ligne, que 'courait' a été supprimé, et que Voltaire a inséré la leçon du texte de base au-dessous de la ligne. Une annotation du type 'w75G*, $\rightarrow$K' indique qu'une correction manuscrite sur l'édition encadrée a été adoptée dans les éditions de Kehl.

REMERCIEMENTS

La préparation des *Œuvres complètes de Voltaire* dépend de la compétence et de la patience du personnel de nombreuses bibliothèques de recherche partout dans le monde. Nous les remercions vivement de leur aide généreuse et dévouée.

Parmi eux, certains ont assumé une tâche plus lourde que d'autres, dont en particulier le personnel de la Bibliothèque nationale de France et de la Bibliothèque de l'Arsenal, Paris; de l'Institut et musée Voltaire, Genève; de la Taylor Institution Library, Oxford; et de la Bibliothèque nationale de Russie, Saint-Pétersbourg.

Parmi les institutions qui ont bien voulu nous fournir des renseignements ou des matériaux pour le présent ouvrage, nous citons: Archives générales du royaume et Bibliothèque royale Albert 1er, Bruxelles; Forschungsbibliothek, Gotha; Bayerische Staatsbibliothek, München; British Library, Londres; Bodleian Library, Oxford; Bibliothèque municipale de Versailles; Rijksarchief, Den Haag; Kungliga Biblioteket, Stockholm; Bibliothèque nationale suisse, Berne; Bibliothèque publique et universitaire, Genève; Archives cantonales vaudoises, Lausanne; Bibliothèque publique et universitaire, Neuchâtel.

Nous avons bénéficié du concours du Nationaal Fonds voor Wetenschappelijk Onderzoek, Bruxelles.

Nous avons également profité de l'aide et des conseils de nos collègues et amis: la regrettée Mme Larissa Albina, Saint-Pétersbourg; M. Philippe Asso, Nice; M. Jean-Daniel Candaux, Genève; M. Robert Darnton, Princeton; M. Graham Gargett, Coleraine; M. Philippe Monnier, Genève; M. François Moureau, Paris; M. Jacques Rychner, Neuchâtel; M. Hervé Savon, Bruxelles; et M. Charles Wirz, Genève.

AVANT-PROPOS

En 1967, lors de la rédaction du premier plan des *Œuvres complètes de Voltaire*, il a été décidé de rassembler, dans les tomes 33 à 42, les cinq écrits 'alphabétiques' de Voltaire: les articles pour l'*Encyclopédie*; ceux pour le *Dictionnaire* de l'Académie; le *Dictionnaire philosophique*; les *Questions sur l'Encyclopédie*; et les textes connus sous le titre de *L'Opinion en alphabet*. La préparation de ces dix volumes fut confiée à une équipe sous la direction de Jeroom Vercruysse, qui a mené à bien la publication du tome 33, paru en 1987, et qui a entrepris la rédaction de l'édition du *Dictionnaire philosophique*.

Suite à la parution du tome 33, il est devenu évident que la conception primitive de l'édition des écrits alphabétiques faisait tort à l'intégrité des deux œuvres majeures de la collection, le *Dictionnaire philosophique* et les *Questions sur l'Encyclopédie*. D'un commun accord, il a été décidé de les séparer des 'œuvres alphabétiques' et d'en préparer des éditions qui rendraient pleinement justice à l'importance de l'une et de l'autre. Le tome 34 sera donc consacré aux textes qui sont restés inédits à la mort de Voltaire, notamment *L'Opinion en alphabet*, et les tomes 33 et 34 seuls constitueront ensemble les 'œuvres alphabétiques' dans notre édition.

Les tomes 35 et 36 contiennent le *Dictionnaire philosophique*, préparé par une équipe sous la direction de Christiane Mervaud. L'introduction est l'œuvre de Christiane Mervaud; la bibliographie des éditions a été préparée conjointement par Andrew Brown et Jeroom Vercruysse; Ulla Kölving et Jeroom Vercruysse ont établi le texte de l'édition et son apparat critique; les notes explicatives ont été rédigées par l'équipe du *Dictionnaire* en tenant compte de celles préparées pour le projet initial. L'ensemble a été revu par Ulla Kölving et préparé pour l'impression par Penelope Brading.

La responsabilité de l'annotation des articles a été répartie comme suit:

Marie-Hélène COTONI: Grâce; Messie; Philosophe; Prophètes; Salomon; Secte; Théiste; Tolérance; Torture; Transsubstantiation.

Jacqueline HELLEGOUARC'H: Fausseté des vertus humaines; Fraude; Gloire; Guerre; Histoire des rois juifs et des paralipomènes; Jephté; Job; Joseph; Judée; Juste (du) et de l'injuste; Liberté de penser; Lois (des); Lois civiles et ecclésiastiques; Luxe; Maître; Martyre; Métamorphose, métempsycose; Miracles; Moïse; Morale; Orgueil; Papisme (sur le).

Christiane MERVAUD: Préface; Abbé; Abraham; Adam; Amitié; Amour-propre; Ange; Anthropophages; Antitrinitaires; Apocalypse; Arius; Athée, athéisme; Babel; Baptême; Beau, beauté; Bien (souverain bien); Carême; Catéchisme chinois; Catéchisme du curé; Chaîne des événements; Fanatisme; Foi; Inondation; Religion; Superstition; Théologien; Tyrannie; Vertu.

Jeanne MONTY et Ulla KÖLVING: Apis; Christianisme; Idole, idolâtre, idolâtrie; Inquisition.

José-Michel MOUREAUX: Catéchisme du Japonais; Catéchisme du jardinier; Chaîne des êtres créés; Chine (de la); Ciel des anciens (le); Circoncision; Conciles; Confession; Convulsions; Credo; Critique; David; Délits locaux (des); Dieu; Divinité de Jésus; Dogmes; Egalité; Enfer; Etats, gouvernements; Evangile; Ezéchiel; Fables; Genèse; Julien le philosophe.

Bertram E. SCHWARZBACH: Ame; Amour; Amour nommé socratique; Bêtes; Bien (tout est); Bornes de l'esprit humain; Caractère; Certain, certitude; Corps; Destin; Enthousiasme; Esprit faux; Fin, causes finales; Folie; Idée; Lettres, gens de lettres ou lettrés; Liberté (de la); Matière; Méchant; Nécessaire; Préjugés; Sens commun; Sensation; Songes.

Jeroom VERCRUYSSE: Appendices.

Roland VIROLLE: Pierre; Prêtre.

Roland VIROLLE et José-Michel MOUREAUX: Patrie; Paul; Péché originel; Persécution; Résurrection.

Ont travaillé sur le projet initial, le regretté Alfred J. Bingham, Theodore E. D. Braun, Basil Guy, G. Norman Laidlaw, Jacques Marx, Martine D. Meyer, Jean A. Perkins, Merle L. Perkins, Henry A. Stavan et Virgil W. Topazio.

INTRODUCTION

I

Voltaire et l'âge d'or des dictionnaires

Le dix-huitième siècle est le siècle des dictionnaires. Les historiens de l'édition soulignent la croissance quantitative de ces publications, leur amplification en volume, le nombre des rééditions, l'ajout de suppléments, la variété des champs du savoir concernés. [1] Sciences, théologie, histoire, géographie, beaux-arts, langue, tout prend une forme alphabétique, y compris des anecdotes. On trouve même un *Dictionnaire d'amour* et un *Dictionnaire des aliments*. [2] Relevés et statistiques [3] corroborent le sentiment des contemporains. Dès 1722, dans l''Epître dédicatoire' de son *Dictionnaire de la Bible*, dom Calmet justifie ainsi son entreprise: 'Nous vivons', écrit-il, 'dans un siècle que l'on peut appeler le siècle des dictionnaires. Jamais on ne vit tant de ces sortes d'ouvrages, qu'il en a paru depuis cent ans'. [4] Il va donc offrir un 'précis' des connaissances qui avaient été exposées dans son *Commentaire littéral sur tous les livres de l'Ancien et du Nouveau Testament* et dans ses *Dissertations*. Dès 1758, on ressentit le

[1] F. Furet, 'La "librairie" du royaume de France au 18ᵉ siècle', *Livre et société dans la France du XVIIIᵉ siècle* (Paris, La Haye 1965-1970), i.3-32; P. Rétat, 'L'âge des dictionnaires', *Histoire de l'édition française* (Paris 1984), ii.186-94.

[2] H. Lacombe de Prezel et Malfilâtre, *Dictionnaire d'anecdotes, de traits singuliers et caractéristiques* (Paris 1766); J.-Fr. Dreux Du Radier, *Dictionnaire d'amour* (La Haye 1741); Briand, *Dictionnaire des aliments, vins et liqueurs* (Paris 1750).

[3] B. Quemada, *Les Dictionnaires du français moderne, 1539-1863* (Paris 1967), p.567 ss. On relève une erreur dans ce répertoire: '1738 Voltaire, *Dictionnaire philosophique portatif*. Amsterdam, 4 vol. 8°' (p.581). On peut consulter aussi la liste de Barbier, *Dictionnaire des ouvrages anonymes* (Paris 1872-1879), celle de P. M. Conlon, *Le Siècle des Lumières* (Genève 1983-1993), x.111-12, celle de G. Tonelli, *A short-title list of subject dictionaries of the 16th, 17th, 18th centuries* (London 1971).

[4] *Dictionnaire de la Bible* (Genève 1730), i.1-2.

3

besoin de dresser un relevé de cette production alphabétique. Durey de Noinville fait paraître une *Table alphabétique des dictionnaires en toutes sortes de langues et sur toutes sortes de sciences et d'arts*. *L'Année littéraire* en rend compte longuement, résumant à grands traits l'argumentation d'une 'Question sur les dictionnaires' qui précède le catalogue proprement dit. Cet essai 'très estimable' devrait être amélioré; il faudrait présenter une vie abrégée des auteurs, compléter la liste des ouvrages qui n'est pas exhaustive. [5] La *Correspondance littéraire* commente ainsi cette publication:

La fureur des dictionnaires est devenue si grande parmi nous qu'on vient d'imprimer un *Dictionnaire des dictionnaires*. Il contient une liste de tous les dictionnaires publiés en toutes sortes de langues. Je doute qu'on y trouve la liste des dictionnaires d'Allemagne, qui est cependant le pays où il s'en est fait plus que dans aucun autre. [6]

i. *'Je crois qu'il faudra dorénavant tout mettre en dictionnaires'*

Voltaire n'est pas resté insensible à cet engouement. [7] Le 9 janvier 1763, il accuse réception du *Dictionnaire universel des fossiles* d'Elie Bertrand (D10894):

Je crois, qu'il faudra d'oresnavant tout mettre en dictionaires. La vie est trop courte pour lire de suitte tant de gros livres; malheur aux longues dissertations! Un dictionaire vous met sous la main dans le moment, la chose dont vous avez besoin. Ils sont utiles surtout aux persoñes déjà instruites, qui cherchent à se rappeller ce qu'ils ont sçu.

Pas la moindre allusion à son *Dictionnaire philosophique portatif* qui va paraître l'année suivante. L'intérêt de Voltaire pour la forme

---

[5] *Al* (1758), vi.234.

[6] CLT, iv.29. Sur le nombre des dictionnaires recensés par la *Correspondance littéraire*, voir ICL, iii.86-87.

[7] Le nombre des recensions de dictionnaires dans les périodiques est élevé. A titre d'exemple, *L'Année littéraire* de 1758 rend compte de douze dictionnaires.

lexicographique, sans doute aiguisé par cette mode, n'est pas un simple produit de l'air du temps. Voltaire précède son siècle autant qu'il le suit. Il a ainsi conféré de la dignité aux dictionnaires par la place qu'il leur a accordée dans son 'Catalogue de la plupart des écrivains français' du *Siècle de Louis XIV*.

Il n'en cite pas moins d'une quinzaine. Il accuse Barral dans son *Dictionnaire historique, littéraire et critique* de faire preuve de partialité à l'égard des jansénistes.[8] Il attaque l'abbé Ladvocat pour avoir imprimé dans son *Dictionnaire historique portatif* une lettre forgée par Ramsay et attribuée à Pope.[9] Il exprime ses réserves quant au Richelet, 'dictionnaire presque tout satirique', donc plus dangereux qu'utile.[10] Il signale comme dignes d'attention les suppléments apportés par Basnage au Furetière.[11] Il n'a garde d'omettre ni les 'compilations' de Calmet, ni les dictionnaires de langue latine et des antiquités de Pierre Danet, 'l'un de ces hommes qui ont été plus utiles qu'ils n'ont eu de réputation', ni la *Bibliothèque des auteurs ecclésiastiques* de Dupin, ni la *Bibliothèque orientale* d'Herbelot, ni la *Bibliothèque universelle* de Leclerc, ni le *Dictionnaire des mathématiques* d'Ozanam.[12] Il rend hommage à l'immensité des connaissances de Du Cange et, dans une addition de 1756, aux contributions de Dumarsais à l'*Encyclopédie*.[13] Il signale l'utilité du Moreri et de la *Bibliothèque historique de la France* de J. Le Long.[14] Il consacre une notice, qu'il ne cessera d'enrichir, au fil des rééditions, au *Dictionnaire historique et critique* de Bayle:

S'il avait prévu combien son *Dictionnaire* serait recherché, il l'aurait

---

[8] *OH*, p.1140, 1143. Voir les notices consacrées à Arnauld, Boindin et Boursier dans ce dictionnaire d'inspiration janséniste.
[9] *OH*, p.1197.
[10] *OH*, p.1198.
[11] *OH*, p.1137.
[12] *OH*, p.1145, 1154, 1160, 1168, 1180.
[13] *OH*, p.1158, 1160.
[14] *OH*, p.1189, 1181.

rendu encore plus utile, en en retranchant les noms obscurs, et en y ajoutant plus de noms illustres. C'est par son excellente manière de raisonner qu'il est surtout recommandable, non par sa manière d'écrire. [15]

Si en 1733, non sans provocation, Voltaire avait proposé de réduire le *Dictionnaire* de Bayle à un seul tome, il reconnaît mieux l'importance de l'ouvrage de ce 'dialecticien admirable' aux alentours de 1750. Il transformera ensuite Bayle en 'docteur de l'incrédulité'. [16]

Persuadé que 'la multiplicité des faits et des écrits devient si grande qu'il faudra bientôt tout réduire aux extraits et aux dictionnaires', [17] Voltaire a reconnu d'emblée l'importance de ce mode d'exposition du savoir dont il fait grand usage.

Voltaire s'est procuré bon nombre de ces instruments de travail comme en témoigne le catalogue de sa bibliothèque. On dénombre plus d'une trentaine de dictionnaires. [18] Il dispose des grands ouvrages du temps, ceux qui eurent une diffusion importante ou ceux qui embrassent un large champ de connaissances: le *Dictionnaire universel français et latin*, dit *Dictionnaire de Trévoux*, dans l'édition de 1743 (BV 1029); le *Dictionnaire de l'Académie française* dans l'édition de 1762 (BV 1028); *Le Grand dictionnaire historique* de L. Moreri (Amsterdam 1740; BV 2523); *Le Grand dictionnaire géographique et critique* de Bruzen de La Martinière (La Haye 1726-1739; BV 564); le *Dictionnaire historique et critique* de Bayle (Rotterdam 1697; BV 292); le *Dictionnaire historique, critique, chronologique, géographique et littéral de la Bible* de Calmet (Paris 1730;

---

[15] *OH*, p.1137.

[16] *Le Temple du Goût*, éd. E. Carcassonne (Genève 1953), p.92, 139. Sur l'évolution de Voltaire à l'égard de Bayle, des réticences de l'homme de goût à la défense d'une victime du fanatisme, voir P. Rétat, *Le Dictionnaire de Bayle et la lutte philosophique au XVIIIe siècle* (Paris 1971), p.252-63, 359-69.

[17] *OH*, p.1168.

[18] *Bibliothèque de Voltaire: catalogue des livres* (Moscou, Leningrad 1961). Il dit posséder le *Dictionnaire historique portatif des grands hommes* de Ladvocat (voir D14283), non répertorié dans BV, mais signalé dans *Ferney catalogue*, B1595.

BV615); l'*Encyclopédie* (BV1216), ainsi que le *Recueil de planches* et le *Supplément à l'Encyclopédie* par J.-B.-R. Robinet (Amsterdam 1776-1777). En 1754, lorsque défense lui fut stipulée de revenir à Paris, il envisage de vendre son Moreri, son *Trévoux*, son La Martinière et son Bayle qui coûtent cher à transporter (D5824), et qu'on trouve partout. Si Mme Denis accéda à cette demande, il est à noter que Voltaire s'empressa de racheter ces ouvrages qui lui étaient indispensables.

Il possède en outre des dictionnaires plus spécialisés: P.-A. Alletz, *Dictionnaire portatif des conciles* (1758; BV53); P. Barral, *Dictionnaire historique, littéraire et critique* (1758-1759; BV269); L. Echard, *Dictionnaire géographique portatif*, traduit de l'anglais (1759; BV1199); P.-Fr. Guyot Desfontaines, *Dictionnaire néologique à l'usage des beaux-esprits du siècle* (1728; BV1006); J. Lacombe, *Dictionnaire portatif des beaux-arts* (1759; BV1812); J. Pontas, *Dictionnaire de cas de conscience* (1734; BV2791). Il complète son Bayle par l'achat de J.-G. Chauffepié, *Nouveau dictionnaire historique et critique* (1750-1756; BV731). Il s'efforce de se tenir au courant en matière scientifique: outre le *Dictionnaire universel des fossiles* d'Elie Bertrand (1763; BV379), il se procure le *Dictionnaire de physique portatif* d'A.-H. Paulian (1760; BV2669), le *Dictionnaire de chimie* de P.-J. Macquer (1766; BV2249). Il achète aussi des encyclopédies concernant la vie quotidienne: le *Dictionnaire portatif de santé* de C.-A. Vandermonde (1759; BV3392), le *Dictionnaire universel d'agriculture et de jardinage* d'Aubert de La Chesnaye Des Bois (1751; BV207), le *Dictionnaire économique* de N. Chomel (1732; BV763). Il s'empressera d'acquérir les réfutations de ses adversaires: le *Dictionnaire anti-philosophique* de Chaudon (1767; BV728), le *Dictionnaire philosopho-théologique portatif* de Paulian (1770; BV2671), le *Dictionnaire philosophique de la religion* de Nonnotte (1772; BV2578). Il complète ses dictionnaires de langue par l'achat du *Dictionnaire du vieux langage français* de F. Lacombe (1766; BV1810), du *Dictionnaire de l'élocution française* d'A. Demandre (1769; BV979). Dans les dernières années

7

de sa vie, il enrichit encore sa bibliothèque avec le *Dictionnaire historique et critique* de Bonnegarde (1771; BV464), le *Dictionnaire raisonné universel d'histoire naturelle* de J.-C. Valmont de Bomare (1776; BV3389).

Bien que réduite aux cinq tomes actuellement parus du *Corpus des notes marginales*, l'enquête sur Voltaire usager des dictionnaires ne laisse aucun doute: le nombre de signets, notes marginales, traces de lecture, témoigne de consultations fréquentes et attentives. Encore doit-on ajouter que la correspondance fait état de lectures de l'*Encyclopédie* sans signet. [19] Lorsqu'il indique ses réactions en marge de son exemplaire, ses commentaires sont critiques, par exemple pour les articles 'Ame' et 'Athée' de l'abbé Yvon ou pour l'article 'Enfer' de Mallet, ce qui l'incita peut-être à écrire les articles de son *Dictionnaire philosophique* sur les mêmes sujets. [20] Sa mauvaise humeur à l'égard de Pierre Barral, dont le *Dictionnaire historique, littéraire et critique* contient des vies des hommes illustres, éclate à maintes reprises (CN, i.213-17). Cet ouvrage lui tient lieu d'une biographie universelle.

Voltaire reproche à Bayle d'avoir accordé de l'attention à trop de personnages obscurs, mais il ne les néglige nullement. [21] Cornes et rubans signalent non seulement des articles comme 'Arche', 'Baptême', 'Résurrection', 'Veau d'or' du *Dictionnaire de la Bible* de Calmet, mais aussi sa 'Traduction littérale des noms hébreux' et sa 'Bibliothèque sacrée' (CN, ii.323-24).

Même si la bibliothèque imaginaire de Pococurante dans *Candide*, à la suite de celle des *Lettres persanes*, ne fait mention d'aucun dictionnaire, Voltaire a donc su leur faire une place de choix dans son cabinet de travail et dans son œuvre. [22]

---

[19] L. L. Albina, 'Voltaire lecteur de l'*Encyclopédie*', *Recherches sur Diderot et sur l'Encyclopédie* 6 (1989), p.119-29.

[20] CN, iii.364, 373-79 et 391-92. A noter que Voltaire quand il rédige le *Dictionnaire philosophique* ne dispose que des sept premiers tomes de l'*Encyclopédie*.

[21] CN, i.234, signets mis aux articles 'Bonciarius', 'Bonfinius'.

[22] Voir *Candide*, ch.25, et *Lettres persanes*, lettres CXXXIII-CXXXVII.

Au fil de sa correspondance et à maintes reprises dans ses œuvres, il distribue éloges et critiques. Aucun dictionnaire n'est à l'abri de réserves de détail, même le meilleur d'entre eux, le Bayle.[23] Il s'instaure son défenseur. Il réprimande fermement d'Alembert coupable d'avoir écrit dans l'article 'Dictionnaire' de l'*Encyclopédie* que le *Dictionnaire historique et critique* était un 'ouvrage que l'auteur aurait rendu infiniment estimable, en y supprimant ce qui peut blesser la religion et les mœurs' (iv.967):

Ah que vous m'avez contristé! Il faut que le démon de Jurieu vous ait possédé dans ce moment là. Vous devez faire pénitence toutte votre vie de ces deux lignes. Qu'auriez-vous dit de plus de Spinosa et de la Fontaine? Que ces lignes soient baignées de vos larmes! Ah monstres! ah tirans des esprits! quel despotisme afreux vous exercez! si vous avez contraint mon frère à parler ainsi de notre père.[24]

Voltaire signale des insuffisances dans l'*Encyclopédie*,[25] relève des peccadilles dans *Trévoux* et dans La Martinière,[26] admire Moreri[27] et se déchaîne contre le *Dictionnaire historique, littéraire et critique* de l'abbé Barral, pris comme exemple des 'dictionnaires de calomnies':

Un nouveau poison fut inventé depuis quelques années dans la basse littérature. Ce fut l'art d'outrager les vivants et les morts par ordre alphabétique.[28]

Usager exigeant des ouvrages alphabétiques, Voltaire se réfère

---

[23] 'Bayle', QE (M.xvii.555).

[24] D12113, 1er octobre [1764]. Voir la réponse de d'Alembert (D12135), mais Voltaire ne se rend pas (D12137).

[25] Voir sa correspondance avec d'Alembert, *Articles pour l'Encyclopédie*, éd. J. Vercruysse *et al.* (V 33, p.5-6), et R. Naves, *Voltaire et l'Encyclopédie* (Paris 1938), p.99-113.

[26] Sur *Trévoux*, voir 'Ardeur', QE (M.xvii.352), et surtout *Le Tombeau de la Sorbonne* dans la mesure où Voltaire a collaboré à cette œuvre (M.xxiv.19-22). Sur Bruzen de La Martinière, voir *Fragments historiques sur l'Inde* (M.xxix.116-17).

[27] *Avis à l'auteur du Journal de Gottingue* (1753; M.xxiv.8) et D2234.

[28] *Fragment sur l'histoire générale* (1773; M.xxix.279). Voir également *Lettres à S. A. Mgr le prince de *** (M.xxvi.493), *Il faut prendre un parti* (M.xxviii.527).

sans cesse à eux pour nourrir sa réflexion et affiner sa documentation. Son immense polygraphie leur doit beaucoup, et sans doute
plus qu'on ne le soupçonne.

ii. *Voltaire collaborateur d'entreprises alphabétiques*

L'intérêt de Voltaire pour les inventaires alphabétiques se mesure
aussi à sa disponibilité lorsque sa collaboration est sollicitée. Le
volume 33 des *Œuvres complètes* a regroupé sa participation à
l'*Encyclopédie* à laquelle il a donné 45 articles, et au *Dictionnaire
de l'Académie française* pour lequel il a rapetassé 117 articles.

Voltaire s'était empressé de rendre hommage à l'*Encyclopédie*
dans la première édition du *Siècle de Louis XIV*.[29] Dès 1752, il
veut travailler avec l'abbé Yvon à 'l'Encyclopédie de la raison',
terme dont on ne sait quel ouvrage il désigne.[30] En 1754, il s'est
fait 'compagnon dans l'attelier de l'Enciclopédie' (6 juin; D5836)
et il envoie des 'cailloux pour fourrer dans quelques coins de
mur', de simples essais que d'Alembert peut corriger comme il
l'entend.[31] Sa participation a été annoncée dans l'"Avertissement
des éditeurs' du quatrième volume.[32] Sa correspondance avec
d'Alembert met en lumière ses qualités de collaborateur conscient
des problèmes que soulève une œuvre collective. Le 9 décembre
1755, il demande des éclaircissements sur les articles 'Facile',
'Fausseté', 'Feu', 'Finesse', 'Faiblesse', 'Force', 'Français' dont il
est chargé. Il propose sa contribution pour 'Goût', 'Génie',
'Histoire' (D6619). Il fait preuve de célérité, envoie le 28 décembre
'Figuré' qu'il a corrigé, 'Force', 'Faveur', 'Franchise', 'Fleuri',
enfin 'Fornication'. 'Formaliste' lui paraît sans intérêt (D6655). Il
laisse carte blanche à d'Alembert pour amender ou retrancher. Il

---

[29] Cité dans le commentaire de D4990, n.3.
[30] Voir D5050, à Frédéric II. Fait-il allusion au futur *Dictionnaire philosophique*
ou à l'*Encyclopédie*?
[31] Mai/juin 1754 (D5832). Il a envoyé un article 'Littérature'.
[32] V 33, p.6. Il a écrit 'Esprit' (D5860). Sur la datation de ces articles, voir V 33.

se documente pour 'Français' et demande à Briasson de faire une recherche à la Bibliothèque du roi pour en trouver le premier emploi. [33] Après la crise de 1758 et les malentendus liés à la défection de d'Alembert, Voltaire offre de nouveau à Diderot d'écrire des articles. [34] Il en rédigea encore dix et suscita d'autres collaborations. Puis il est sollicité par d'autres tâches alors que l'*Encyclopédie* est condamnée et que son achèvement paraît problématique. V. W. Topazio a raison de dire qu'il ne fut pas exclu pour défaut d'aptitude (V 33, p.5). Modestie, diligence, régularité dans la remise des articles, [35] souci de la bonne marche de l'entreprise, Voltaire a joué dûment son rôle de collaborateur.

Lorsqu'en 1760 Duclos sollicite sa participation à la nouvelle édition du *Dictionnaire de l'Académie française*, Voltaire qui veut faire élire Diderot, s'empresse de répondre par l'affirmative. [36] Il reçoit pour sa part la lettre T (D9289) et envoie ses contributions au cours de l'hiver 1760-1761. Son intérêt ne faiblit pas bien que cette quatrième édition, parue en 1762, ne soit pas un succès (D10469, D10474). Quelques semaines avant sa mort, il détermine l'Académie à commencer un nouveau dictionnaire selon un plan qu'il rédigea. [37]

En participant à deux entreprises collectives, un dictionnaire de mots et un dictionnaire de choses, Voltaire fit un apprentissage stimulant et put réfléchir à ce qui lui semblait souhaitable en la matière.

---

[33] 13 février 1756 (D6731).

[34] Voir la réponse de Diderot, 14 juin 1758 (D7756).

[35] Il procède par envois groupés: le 13 novembre 1756: 'Froid', 'Galant', 'Garant' (D7055); le 29 novembre, 'Grand, grandeur', 'Grave, gravité', 'Généreux', 'Genre de style', 'Gens de lettres', 'Gloire, glorieux', 'Goût', 'Grâce', 'Gazette' (D7067). En 1758, il envoie 'Habile', 'Hautain', 'Hauteur', 'Hémistiche', 'Heureux' (D7550). D'Alembert en accuse réception dans D7573.

[36] D9135. Sur l'élection de Diderot, voir ses lettres à Duclos (D8996, D9088).

[37] Condorcet, *Vie de Voltaire* (M.i.277). Voir ce plan dans M.xxxi.161; voir aussi l'analyse de R. Pomeau, *On a voulu l'enterrer* (Oxford 1994), p.315-16.

iii. L'exigence voltairienne de brièveté et
la mode du portatif

Par goût autant que par souci d'efficacité, Voltaire est impitoyable pour les longueurs. Il avait fait scandale en 1733 en préconisant de réduire Bayle à un tome. Il prétendait alors que Bayle disait 'souvent qu'il n'aurait pas composé plus d'un in-folio s'il n'avait écrit que pour lui, et non pour les libraires'. [38] Il envisageait la suppression de 'plus de deux cents articles de ministres et de professeurs luthériens ou calvinistes'. [39] Pour le *Dictionnaire historique et critique*, le temps des abrégés était venu. On veut saisir l'esprit de Bayle. [40] Voltaire se montrera peu satisfait de ces extraits. [41]

Dans sa correspondance avec d'Alembert, il dénonce les 'dissertations' dont s'encombre l'*Encyclopédie*. Dès le début de sa collaboration en 1754, il déplore qu'on veuille des articles trop longs. Il n'avait prévu pour 'Littérature' qu'un essai de 4 ou 5 pages qu'il dut développer (D5824, D5832, D5836). Il répète qu'il faut se limiter à ce qui est strictement nécessaire (D7539). Il critique les discours inutiles de l'article 'Enthousiasme', prétend que l'article 'Humeur' ne mérite qu'une demi-page (D7055, D7539). Voltaire est toujours prêt à retrancher. En 1766, il proposera de réduire l'*Encyclopédie* qui serait alors imprimée à l'étranger (D13456, D13469).

---

[38] *Le Temple du Goût*, éd. Carcassonne, p.139, propos répété dans D2034 et fondé sur une lettre de Bayle.

[39] *Le Temple du Goût*, p.105.

[40] Sur les abrégés de Bayle, voir Rétat, *Le Dictionnaire de Bayle*, p.304 ss.

[41] Il était question, au début du séjour de Voltaire en Prusse, de faire un abrégé de Bayle (D4910). Lorsque paraîtra l'*Extrait du Dictionnaire historique et critique de Bayle* (Berlin 1765; BV293), préfacé par Frédéric II, Voltaire laisse percer ses réticences; voir Ch. Mervaud, *Voltaire et Frédéric II: une dramaturgie des Lumières, 1736-1778*, Studies 234 (1985), p.368-70. Sur l'abrégé de Le Bret, voir H. T. Mason, 'Voltaire and Le Bret's digest of Bayle', *Studies* 20 (1962), p.217-21.

Dans cette perspective, il paraît vraisemblable que Voltaire n'ait pas été insensible à la vogue du portatif. En consultant les répertoires de Quemada, du *Dictionnaire des ouvrages anonymes* de Barbier, la bibliographie de P. M. Conlon et l'index de l'*Inventaire de la Correspondance littéraire*, on dénombre – et ce compte n'est pas exhaustif – une trentaine de dictionnaires portatifs de 1738 à 1763. [42] Les périodiques, tels que *L'Année littéraire*, leur consacrent des recensions. Voltaire est parfaitement au fait de ce phénomène éditorial. Il a eu en mains des portatifs avant d'intituler son ouvrage: *Dictionnaire philosophique portatif*. Sa bibliothèque en comprend cinq dont les dates d'édition s'échelonnent entre 1758 et 1760. [43] Il consulte en décembre 1762 l'un d'entre eux, le *Dictionnaire portatif des conciles* d'Alletz (D10860). Dans un 'Discours préliminaire', Alletz se justifie ainsi d'avoir écrit un portatif:

On trouvera peut-être mauvais, qu'au lieu de réduire cet abrégé dans la forme d'un dictionnaire, on ne l'ait pas mis dans l'ordre naturel, qui était de rapporter les conciles selon l'ordre des temps; mais nous avons été obligés de céder en cela au goût du public, à qui cette forme plaît davantage; et d'ailleurs, on doit convenir, qu'elle est d'une grande commodité, quand on veut trouver sur-le-champ un point d'histoire sur lequel on hésite, ou dont on conteste avec quelqu'un. [44]

Un tel choix suppose des sacrifices: dans un in-quarto, les citations peuvent être indiquées dans les marges, mais les libraires ont leurs impératifs de vente et ce dictionnaire se présente donc en un tome in-douze.

Les auteurs d'abrégés mettent en avant la maniabilité, la modi-

---

[42] Voir P. Rétat, 'Le *Dictionnaire philosophique* de Voltaire: concept et discours du dictionnaire', *Rhl* 81 (1981), p.894.

[43] Alletz, 1758; Echard, 1759; Lacombe, J., 1759; Paulian, 1760; Vandermonde, 1759. Les trois autres dictionnaires portatifs en sa possession ont paru après 1764: Paulian, 1770 (BV2671); Chaudon, 1766 (BV730); Macquer, 1766 (BV2248).

[44] Alletz, *Dictionnaire portatif des conciles* (Paris 1764), p.xxxv.

cité du prix. [45] Même Calmet se flatte, en réduisant à deux tomes in-folio la matière foisonnante de son *Commentaire littéral*, d'offrir un 'précis' qui pourra tenir lieu d'un grand nombre d'autres livres. [46] Voltaire fait volontiers prévaloir le coût des livres et les exigences de la vulgarisation:

Je voudrais bien savoir quel mal peut faire un livre qui coûte cent écus. Jamais vingt volumes in-folio ne feront de révolution; ce sont les petits livres portatifs à trente sous qui sont à craindre. Si l'évangile avait coûté douze cents sesterces, jamais la religion chrétienne ne se serait établie. [47]

Le portatif a ses contraintes de mise en page. L'in-folio autorise des corps typographiques différents [48] et adopte, en général, la disposition en double colonne. La composition en pleine page de la plupart des portatifs les apparente aux autres œuvres littéraires. [49] Les références n'y sont guère nombreuses. C'est le parti qu'adopte Voltaire et qui s'oppose à la prolifération érudite de Bayle où le commentaire et les références tiennent la première place. L'essentiel dans le *Dictionnaire philosophique portatif* est le texte même de l'article.

Dix-sept articles seulement comportent des notes ou des renvois, dont la plupart sont fort courts. Dans l'édition de 1764, huit notes indiquaient des références ('Athée', 'Messie', 'Résurrection'); deux étaient des renvois à d'autres articles de l'ouvrage ('Catéchisme chinois'), une se référait à l'*Encyclopédie*

[45] Voir Quemada, *Les Dictionnaires du français moderne*, p.261, en ce qui concerne les abrégés dans le domaine lexicographique.

[46] Calmet, *Dictionnaire de la Bible*, préface. P. Rétat cite la préface du *Dictionnaire portatif des cas de conscience* de F. Morénas (1759) qui fait valoir la même argumentation ('Le *Dictionnaire philosophique* de Voltaire', p.895).

[47] A d'Alembert, à propos de l'*Encyclopédie*, 5 avril [1766] (D13235).

[48] Voir par exemple une page de Bayle.

[49] On notera que le *Dictionnaire philosophique* de Chicaneau de Neuvillé parut à Londres en 1751 avec une impression pleine page en 381 pages in-8°. Sa réédition en 1756 à Lyon, bien que fort augmentée, est en 276 pages in-8°, car imprimée en double colonne. L'usage varie donc suivant des impératifs commerciaux.

('Certain'); deux notes sont explicatives ('Fraude', 'Catéchisme du Japonais'). En 1765, d'autres notes explicatives sont ajoutées, l'une sur les Sinous dans 'Catéchisme chinois', l'autre sur les canusi dans 'Catéchisme du Japonais'; de plus, cinq notes dans ces deux articles attirent l'attention sur des anagrammes et enfin d'autres répondent à des critiques ('Catéchisme chinois', 'Liberté', 'Luxe'). En 1767, 'Athée' II renvoie à 'Fraude'. En 1769, Voltaire qui pratique l'annotation dans la mesure où elle lui permet des mises au point (par exemple dans ses tragédies), enrichit 'Amour nommé socratique' d'une anecdote, commente un passage de Flavius Josèphe dans 'Christianisme', donne 'Credo' accompagné d'une référence à Arnobe et à Clément d'Alexandrie, ajoute un renvoi dans 'Lois' et une note dans 'Salomon'.

Sans méconnaître l'usage des notes, Voltaire en a donc usé avec beaucoup de sobriété pour étayer son propos (les références) ou pour faciliter la lecture (les renvois). Il n'écrit point comme Bayle un dictionnaire des erreurs, longuement discutées, preuves à l'appui.[50] Il prétend enseigner ses vérités.

Voltaire se trouve donc à l'aise dans la série des portatifs qui fleurissent de son temps. On a remarqué que le titre de *Dictionnaire philosophique portatif* avait été utilisé avant lui.[51] Chicaneau de Neuvillé avait réédité avec cet intitulé en 1756 son *Dictionnaire philosophique ou introduction à la connaissance de l'homme*.[52] On ne trouve nulle mention de cet ouvrage dans les œuvres de Voltaire et il ne figure pas dans le catalogue de sa bibliothèque. Rien ne prouve qu'il l'ait connu, ni qu'il ait ignoré ce titre.[53] Il n'aurait

---

[50] Dans la préface de la première édition de son *Dictionnaire*, Bayle dont le dessein premier était de corriger les erreurs du Moreri explique pourquoi il a divisé ses articles en deux parties. L'une est purement historique, l'autre est 'un mélange de preuves et de discussions' où il fait entrer 'la censure de plusieurs fautes et quelquefois même une tirade de réflexions philosophiques' (p.11).

[51] Rétat, 'Le *Dictionnaire philosophique* de Voltaire', p.894.

[52] Quemada signale un *Dictionnaire philosophique portatif* (Lyon 1756) sous la rubrique 'anonyme'. S'agit-il de l'ouvrage de Chicaneau de Neuvillé?

[53] Il peut en avoir lu un compte rendu.

emprunté tout au plus qu'un titre. Il suffit de consulter ce *Dictionnaire* de Chicaneau de Neuvillé qui se veut l'introduction à un 'Essai sur les moyens de se rendre heureux' pour le classer parmi ces portatifs qui sont des 'sous-dictionnaires à tout faire'. [54] Cet ouvrage est portatif, non seulement par ses dimensions, un petit in-octavo de 381 pages, mais par un contenu fort léger. Se refusant à traiter des 'sublimes spéculations de la métaphysique', son auteur se limite à des définitions des vices, des vertus, des plaisirs, des passions. [55] A titre d'exemples, l'article 'Athéisme' se réduit à dix lignes, 'Destinée' à sept, 'Matière' à trois, 'Morale' à cinq. Ceux qui sont un peu plus développés sont artificiellement gonflés par des citations qui tiennent lieu d'analyse des concepts. L'ensemble est d'une affligeante médiocrité. [56] Il est amusant de constater que lorsque Chicaneau de Neuvillé fit rééditer son ouvrage en 1756 et qu'il lui donna le titre de 'portatif', il le gonfla d'un grand nombre d'articles. Ainsi la lettre A qui comprenait vingt-huit articles en 1751, en comprend quarante-sept en 1756. D'une édition à l'autre, les articles sont repris textuellement; ils sont regroupés, parfois avec l'indication d'un renvoi, par exemple 'Adolescence' renvoie à 'Age'; il arrive aussi que ces regroupements par synonymes impliquent un réel mépris du sens exact: ainsi de l'article 'Adresse, souplesse, finesse, ruse, artifice'. La consultation de ces deux éditions donne un aperçu d'une production moyenne.

A côté des in-folio de prestige destinés à une clientèle lettrée et bien rentée, où peut se donner libre cours la passion totalisante

[54] Rétat, 'L'âge des dictionnaires', ii.191.

[55] Avertissement, p.I-III de l'édition de Londres 1751, intitulée *Dictionnaire philosophique*.

[56] Didier-Pierre Chicaneau de Neuvillé (1720-1780), avocat au Parlement de Paris, membre de l'Académie des jeux floraux, ne doit pas être jugé sur ce seul livre. Il est l'auteur de plusieurs ouvrages: *L'Abeille du Parnasse* (1752), *L'Oracle de Cythère* (1752), *Considérations sur les ouvrages d'esprit* (1758), *Esprit de Saint-Réal* (1768).

du dix-huitième siècle, s'est donc développée une forme plus modeste, visant un public élargi. Ces abrégés font le point sur une matière. Ils tiennent lieu d'encyclopédies pratiques: ainsi on relève un *Dictionnaire portatif de la cuisine* en 1767, un *Dictionnaire portatif de santé* en 1759, un *Dictionnaire portatif de jurisprudence* de Lacombe de Prezel en 1763 et un *Dictionnaire domestique portatif* en 1762. [57] Ils sont donc volontiers très utilitaires. Mais ils font aussi une percée dans des domaines où régnaient jusqu'alors de pesants ouvrages: P.-A. Alletz fait paraître en 1756 un *Dictionnaire théologique portatif*, J. Lacombe, un *Dictionnaire portatif des beaux-arts*. Tous les domaines du savoir eurent droit à leur portatif: physique (Paulian, 1758); géographie et histoire (Morenas, 1760); histoire naturelle (Leclerc de Montlinot, 1762). Ce sont les 'Que sais-je?' du dix-huitième siècle avec leurs visées sélectives et abréviatrices.

Le portatif représente enfin un espace de liberté à l'intérieur de la contrainte de l'écrit bref. Il n'est astreint ni à l'exhaustivité ni au discours savant puisqu'il est censé vulgariser et condenser une masse infinie de connaissances. Dans ce secteur éditorial en pleine expansion, des compilateurs de profession faisaient tourner les presses. Alletz alignait sans vergogne un *Agronome: dictionnaire portatif du cultivateur* et un *Dictionnaire portatif des conciles*; Aubert de La Chesnaye Des Bois se sentait apte à donner un *Dictionnaire militaire portatif* et un *Dictionnaire universel d'agriculture et de jardinage*. La compétence ne paraissait pas indispensable ou du moins pouvait s'acquérir vite pour ces abrégés alphabétiques. Ils répondaient à un véritable besoin de l'époque de condenser et de cataloguer.

Ils avaient été précédés par des abrégés chronologiques ou par des 'Bibliothèques'. Voltaire faisait grand usage des uns et des

---

[57] On pourrait citer encore un *Dictionnaire portatif de chirurgie* (1761) de P. Sue, et un *Dictionnaire portatif de l'ingénieur et de l'artilleur* (1755) de Belidor, qui ont des visées professionnelles.

autres. A Berlin, il emprunte les *Mémoires chronologiques et dogmatiques pour servir à l'histoire ecclésiastique depuis 1600 jusqu'en 1716* d'H. Robillard d'Avrigny, l'*Abrégé chronologique de l'histoire de France* de F. Eudes de Mézeray, le *Nouvel abrégé chronologique de l'histoire de France* de Ch.-F. Hénault, la *Bibliothèque des théâtres* de Maupoint, les *Tablettes chronologiques de l'histoire universelle* de N. Lenglet Dufresnoy, les *Mémoires pour servir à l'histoire des hommes illustres* de J.-P. Nicéron.[58] Bibliothèques et abrégés étaient parfois des ouvrages fort longs; les portatifs qui voulaient mériter leur nom devaient garder des dimensions modestes.

Le sens tactique de Voltaire saisit les virtualités de ce phénomène si marquant de la librairie de l'époque. Point de condescendance chez lui pour 'les petits livres portatifs à trente sous' (D13235). Il se saisit d'une forme à la mode, se l'approprie, en exploite les modalités et comprend qu'il peut en faire un instrument incomparable dans la diffusion des Lumières. Il lui donne une ampleur insoupçonnée. Mais la partie n'était pas gagnée d'avance. Le texte préliminaire de la *Table alphabétique des dictionnaires* en 1758 se montrait fort critique quant à l'utilité des dictionnaires. L'abbé Bellet qui signe ce texte prouve que 'les auteurs de dictionnaires que Scaliger appelait les portefaix de la littérature et M. de Fontenelle des *copistes à gages*, ne peuvent aspirer à aucune espèce de gloire littéraire', et que ces 'compilations indigestes, loin de contribuer au progrès de nos connaissances, affaiblissent l'amour de l'étude, étouffent l'émulation, et rendent les hommes superficiels'.[59] Argumentation singulièrement passéiste. Dans la

---

[58] Voir la liste des ouvrages que Voltaire emprunte à Berlin dans M. Fontius, *Voltaire in Berlin: zur Geschichte der bei G. C. Walther veröffentlichten Werke Voltaires* (Berlin 1966), p.95-102.

[59] 'Question sur les dictionnaires', *Table alphabétique*, i.26. Ce jugement est cité dans la recension de *L'Année littéraire* (1758), vi.235-36. Après avoir enregistré la vogue des dictionnaires, salué l'*Encyclopédie*, remarqué que les dictionnaires occupent une grande place dans les bibliothèques des particuliers, l'abbé Bellet écrit une dissertation sur le thème: les dictionnaires se multiplient-ils aujourd'hui pour le progrès ou pour la ruine des lettres? (p.3).

préface de la première édition du *Dictionnaire historique et critique* en 1697, Bayle faisait déjà allusion à ce jugement de Scaliger (p.XIV). Dans l'article 'Dictionnaire' de l'*Encyclopédie*, d'Alembert rappelle que le 'Discours préliminaire' et l'"Avertissement' du troisième tome ont déjà parlé longuement de l'utilité des dictionnaires. [60] Au dix-huitième siècle, le mépris pour les 'compilations' [61] qui s'affiche encore, va devenir caduc. S'il n'appartenait qu'à un 'siècle philosophe de tenter une *Encyclopédie*', [62] il appartint à Voltaire de donner un portatif d'envergure.

[60] *Encyclopédie*, iv.958-70. D'Alembert distingue les dictionnaires de langue, les dictionnaires historiques, enfin les dictionnaires encyclopédiques dont la nouveauté est dans la liaison des articles.

[61] L'abbé Bellet affirme que la composition d'un dictionnaire ne demande qu'une portion limitée d'esprit. Ce ne peut être la production du génie (p.5).

[62] Article 'Encyclopédie', par Diderot, v.644.

2

Histoire de l'œuvre

Avare de confidences sur la rédaction de ce 'dictionnaire diabolique', prompt à le désavouer parce qu'il 'sent le fagot', Voltaire conjugue ruses et imprudences en un mélange inextricable pimenté d'impertinences joyeuses. Pour fêter ses soixante-dix ans, il illustre non sans panache le programme de vie qu'il expose à Mme Du Deffand et qui le retient hors de la capitale (15 janvier 1761; D9542):

D'ailleurs, je suis si insolent dans ma manière de penser; j'ai quelquefois des expressions si téméraires; je hais si fort les pédants; j'ai tant d'horreur pour les hipocrites; je me mets si fort en colère contre les fanatiques, que je ne pourais jamais tenir à Paris plus de deux mois.

Toutes libertés qu'il s'est accordées en composant ce *Portatif* dont la première idée remonte fort loin, mais dont la réalisation fut rendue possible, du moins selon la forme qu'il a prise, par la retraite que Voltaire s'est aménagée.

i. *La genèse du Dictionnaire philosophique*

'L'encyclopédie de la raison'[1]

L'acte de naissance du *Dictionnaire philosophique* a été fixé avec une précision si exemplaire qu'elle éveille des doutes. Collini, secrétaire de l'homme de lettres à Potsdam, est l'auteur de cette révélation. Ce Florentin, venu chercher fortune en Prusse, fut engagé par Voltaire en 1752 et resta à son service jusqu'en 1756. Devenu

---

[1] Expression qui se trouve dans D5051 (octobre/novembre 1752). La margrave de Bayreuth parle d'un 'dictionnaire de raison' (voir ci-dessous, p.26).

historiographe de l'électeur palatin, il décide de rapporter 'des anecdotes et des particularités peu connues sur la vie privée et sur les œuvres du plus célèbre écrivain du XVIIIe siècle'. Ses mémoires posthumes, intitulés *Mon séjour auprès de Voltaire*, parurent en 1807. [2]

Collini paraît donner toutes garanties. Lecteur de Voltaire le soir, il s'entretient familièrement avec lui (p.32):

> Le 28 septembre [1752], il se mit au lit fort préoccupé: il m'apprit qu'au souper du roi on s'était amusé de l'idée d'un dictionnaire philosophique, que cette idée s'était convertie en un projet sérieusement adopté, que les gens de lettres du roi et le roi lui-même devaient y travailler de concert, et que l'on en distribuerait les articles, tels que Adam, Abraham, etc. Je crus d'abord que ce projet n'était qu'un badinage ingénieux inventé pour égayer le souper; mais Voltaire vif et ardent au travail, commença dès le lendemain.

Collini précise qu'il a rédigé la relation de son séjour auprès de Voltaire 'sur des notes, en forme de journal, recueillies pendant cinq années consécutives' (p.XIV). Faut-il mettre en doute ses affirmations? Il ne paraît pas avoir sous les yeux un exemplaire du *Dictionnaire philosophique* lorsqu'il énumère, sans respecter l'ordre alphabétique, les articles 'Adam', puis 'Abraham'. Une trace subsiste de la rédaction d'un article 'Abraham' adressé à Frédéric II, [3] mais un premier texte, dont nous ignorons l'intitulé, avait été envoyé au roi (D5052). La rédaction d'une première ébauche d''Adam' qui n'aurait rien à voir avec l'article du *Dictionnaire philosophique*, ajouté en 1767, pourrait être envisagée, [4] si l'on pense qu'un secrétaire, chargé de travaux de copiste, peut enregistrer des informations exactes. Quant au 'badinage ingénieux' au cours

---

[2] Côme Alexandre Collini, *Mon séjour auprès de Voltaire et lettres inédites que m'écrivit cet homme célèbre jusqu'à la dernière année de sa vie* (Paris 1807). L'indication sur ces 'anecdotes et particularités' se trouve sur la page de titre.

[3] D5057. Ce texte est peut-être celui qui était resté dans les papiers de Voltaire (M.xvii.40-44).

[4] Voir M.xvii.58-60.

d'un petit souper, rien ne permet de dire qu'il eut ou qu'il n'eut pas lieu.[5] Mais cette préoccupation ne tire point son origine du seul hasard de la conversation.

En Prusse, à la cour et à la ville, on s'intéressait aux dictionnaires. Dès 1750, Frédéric veut faire écrire 'l'esprit de Bayle', c'est-à-dire un extrait du *Dictionnaire historique et critique*.[6] Voltaire avait-il eu vent des projets avortés de Formey, secrétaire de l'Académie de Berlin, qui, dès 1743, avait proposé à Briasson un dictionnaire philosophique adapté de Chambers?[7] En juillet 1751, on attend 'incessamment' à Potsdam le premier tome de l'*Encyclopédie*.[8] Voltaire ajoute dans l'édition du *Siècle de Louis XIV* des amabilités à l'égard de la 'société de savants remplis d'esprit et de lumières' qui vont 'transmettre à la postérité le dépôt de toutes les sciences et de tous les arts'.[9] Les deux premiers tomes de l'*Encyclopédie* ont été condamnés en France le 7 février 1752. Après censure de sa thèse par la Faculté de théologie de Paris (27 janvier 1752), puis condamnation par le pape Benoît XIV (22 mars 1752), l'abbé de Prades que le 'Discours préliminaire' avait présenté de manière élogieuse,[10] cherche refuge en Prusse où il arrive le 15 août 1752. Il apporte des nouvelles fraîches sur les difficultés que rencontre l'entreprise. D'Alembert remercie Voltaire d'avoir accueilli chaleureusement cet 'homme de bien' et

---

[5] Frédéric est à Potsdam du 20 au 30 septembre 1752 ('*Tageskalender* Friedrichs des Grossen vom 1. Juni 1740 bis 31. März 1763', éd. H. Droysen, *Forschungen zur brandenburgischen und preussischen Geschichte* 29, 1916, p.131). Le roi est revenu d'une tournée en Silésie.

[6] 12 juin [1752], la margrave de Bayreuth à Voltaire (D4910). Elle demande à Voltaire de lui procurer cet ouvrage que son frère voulait faire écrire. Le roi publiera un *Extrait* du dictionnaire de Bayle en 1765.

[7] U. van Runset, 'H. S. Formey and the *Encyclopédie réduite*', *The Encyclopédie and the age of revolution* (Boston 1992), p.64.

[8] 20 juillet [1751], à Mme Du Deffand (D4525).

[9] *OH*, p.1220.

[10] 'MM de Prades et Yvon, dont nous avons déjà parlé avec l'éloge qu'ils méritent, ont fourni plusieurs mémoires relatifs à l'*histoire de la philosophie* et quelques-unes sur la *religion*' (*Encyclopédie*, i.XLIV).

évoque le 24 août la 'violente tempête' que les encyclopédistes ont dû essuyer (D4990). Le 5 septembre, Voltaire lui fait part de ses réflexions, non exemptes d'arrière-pensées (D5011a):

Il est vrai qu'un tel ouvrage devait être fait loin des sots et des fanatiques sous les yeux d'un roy aussi philosofe que vous, mais les secours manquent icy totalement. Il y a prodigieusement de bayonets et fort peu de livres. Le roy a fort embelli Sparte mais il n'a transporté Athene que dans son cabinet, et il faut avouer que ce n'est qu'à Paris que vous pouvez achever votre grande entreprise.

Le jour même où il écrit à d'Alembert, Voltaire annonce à Frédéric que d'Argens, l''hérésiarque' de Prades, et lui-même ont de 'beaux projets pour l'avancement de la raison humaine'.[11] Le chambellan de Sa Majesté a accès au cabinet du roi, une bibliothèque bien fournie.[12] Il emprunte, par le canal de Walther, des ouvrages à Dresde. Loin de la Sorbonne, il jouit d'une certaine liberté de penser et s'est déjà concerté avec les 'philosophes' de Potsdam. Depuis le début de septembre 1752, ses demandes de livres indiquent que ses recherches ont pris un autre cours. C'est, parmi les ouvrages historiques, la mention d'un Bayle dont il a un besoin pressant, puis d'un dictionnaire de la fable.[13] Le souper du 28 septembre n'aurait été que l'occasion de lancer un projet déjà fermement esquissé et d'obtenir l'aval royal.

Dès le 29 septembre, Voltaire s'adresse à Mme de Bentinck pour obtenir qu'on lui prête 'le dictionnaire de la bible de Don Calmet, avec tous les tomes de ses commentaires, et sur tout ses prolégomènes'[14] et le 3 octobre, il se dit 'affublé d'occupations' qui l'éloignent de la poésie (D5029). Il envoie au roi un premier article dont ce dernier accuse réception sans que son intitulé soit

---

[11] D5008. Frédéric reprendra cette expression lorsqu'il s'efforcera d'attirer d'Alembert en Prusse en septembre 1752; voir sa lettre à Darget, *Œuvres*, éd. J. D. E. Preuss (Berlin 1846-1857), xx.38.

[12] D'après Fontius, *Voltaire in Berlin*, p.92, elle comprend 2288 volumes.

[13] D5009. Il avait déjà demandé un Bayle le 25 août (D4994).

[14] D5023. Demande réitérée quelques jours plus tard (D5027, D5030).

indiqué, puis les articles 'Athée', 'Baptême', 'Ame', 'Abraham', 'Moïse', 'Julien' sans que l'on puisse les dater avec précision.[15] Frédéric s'étonne de sa rapidité d'exécution.[16] Effectivement ces articles ont dû être rédigés pendant une période fort courte, Voltaire s'étant engagé déjà dans la querelle qui l'opposera à Maupertuis, puis au roi en personne. Frédéric le met en garde à mots couverts, faisant allusion aux querelles 'pour et contre Leibniz' et remarquant que les gens de lettres ne vivent point tranquillement ensemble.[17] Début novembre, chacun a choisi son camp.[18] Il ne sera plus question de ce dictionnaire dont la teneur était antireligieuse: 'Chérisac coulerait à fonds les s^{ts} pères', disait Voltaire (D5057) auquel Frédéric faisait écho: 'Votre dictionnaire imprimé, je ne vous conseille pas d'aller à Rome; mais qu'importe Rome, sa sainteté, l'inquisition, et tous les chefs tondus des ordres irreligieux qui crieront contre vous!' (D5056).

Cet échange de billets pendant quelques semaines entre Voltaire et Frédéric a été d'autant plus vif que l'écrivain avait tout intérêt à maintenir ce commerce philosophique avec le souverain. De ces huit textes qui nous sont parvenus, quatre messages de Voltaire et quatre réponses de Frédéric,[19] il ressort que l'ouvrage devait être collectif et qu'il avait reçu le patronage royal. Le 'théologien de Belzebut' met aux pieds du roi[20] les textes qu'il a rédigés. Il lui soumet ses idées, lui envoie un mémoire détaillé, fait des propositions sur le plan financier, se dit prêt aussi bien à se

---

[15] Voir D5052, D5054, D5056, D5074 de Frédéric; D5053, D5055, D5057, D5073 de Voltaire. Ces textes ont été regroupés dans la correspondance et restent difficiles à dater.

[16] D5056: 'si vous continuez du train dont vous allez, le dictionnaire sera fait en peu de temps'.

[17] D5054. Voir également D5074 sur la revendication royale du bon sens.

[18] Le 2 ou le 3 novembre, Frédéric rend visite à Berlin à Maupertuis; le 7, le roi fait imprimer sa *Lettre d'un académicien de Berlin à un académicien de Paris*. Voir R. Pomeau et Ch. Mervaud, *De la Cour au jardin* (Oxford 1991), p.111.

[19] Voir ci-dessus, n.15.

[20] Expression qui revient par deux fois (D5053, D5057).

résigner si l'ouvrage est abandonné qu'à exécuter les ordres de Sa Majesté.

Il propose des collaborateurs, mais ne se porte garant que de leur style, non de leur caractère (D5057). Il a pris des contacts: la margrave de Bayreuth s'est engagée à écrire quelques articles. [21] Il demande au roi son avis sur les normes des articles et sollicite sa participation: 'Ce livre, honoré de quelques articles de votre main, ferait du bien au monde' (D5057). Frédéric joue le jeu d'un responsable. Il donne ses directives: commencer par établir 'la table alphabétique des articles', choisir les articles principaux, éviter les 'petits détails' et des 'articles subordonnés aux autres' afin de préserver 'l'unité du but qu'il faut se proposer dans un ouvrage de ce genre' (D5052). Il n'accueille point favorablement les suggestions de Voltaire, ni le mémoire détaillé, ni les ouvertures ayant trait au financement: 'Il m'a paru', écrit Voltaire pour se défendre, 'qu'il y aurait une prodigieuse indiscrétion à moy de proposer de nouvelles dépenses à V. M. pour mes fantaisies, quand elle me donne 5000 écus par an pour ne rien faire' (D5057). Point d'indépendance financière, une liberté limitée, celle que peut octroyer une œuvre collective supervisée par un souverain admiratif et critique, telles sont les conditions. Frédéric apprécie les textes qui lui sont envoyés, [22] mais il émet des réserves sur les articles 'Athée', 'Ame' et surtout 'Julien' pour lequel il suggère ajouts et corrections. [23]

Le titre de 'dictionnaire philosophique' n'apparaît point en 1752. Employé par Collini qui a fait un rapprochement qui

---

[21] *Briefwechsel Friedrichs des Grossen mit Voltaire*, éd. R. Koser et H. Droysen, Publikationen aus den königlichen preussischen Staatsarchiven 82 (Leipzig 1909), p.377*n*.

[22] Il analyse avec finesse la manière de Voltaire dans l'article 'Baptême' (D5056).

[23] Il est particulièrement sévère pour 'Julien' (D5074), peut-être parce que sa mauvaise humeur à l'égard de Voltaire ne fait que grandir, peut-être parce que, appelé le 'Julien' du dix-huitième siècle, il pense avoir son mot à dire sur la question (Ch. Mervaud, 'Julien l'Apostat dans la correspondance de Voltaire et de Frédéric II', *Rhl* 76, 1976, p.724-43).

paraissait aller de soi, il a été repris par la critique pour désigner ce projet prussien. La margrave de Bayreuth le 20 octobre écrit à son frère: 'Il y a quelques gens de lettres qui, sous la direction de Voltaire, travaillent à un *Dictionnaire de raison*, dont le titre seul fera crier les dévots'.[24] Voltaire fait allusion à une 'encyclopédie de la raison', le mot de 'raison' devait figurer dans ce projet initial, il figurera dans l'édition de 1769. Commencée peut-être plus tôt qu'il n'est souvent admis,[25] la rédaction d'articles se poursuit même lorsque les relations de Voltaire avec le roi sont devenues très mauvaises. Alors que la *Diatribe du docteur Akakia* est 'débitée', Voltaire adresse au marquis d'Argens qui se tient prudemment à l'écart de la polémique, un article du 'Dictionnaire de *scriberius audens*'. Il sollicite l'avis du 'cher Isaac', regrettant sa défection: 'Je suis fâché que vous ne vous appliquiez plus à ces bagatelles rabbiniques, théologiques et diaboliques; j'aurais de quoi vous amuser'.[26] On a conservé la trace de sept ébauches, celles dont il est question dans la correspondance avec Frédéric; d'autres furent peut-être esquissées.[27] Mais la situation devenant intenable,[28] Voltaire n'a plus sans doute ni le loisir ni le goût de se consacrer à ces 'bagatelles antireligieuses' destinées à faire les délices d'un roi qui n'était point bigot, mais fin politique. Voltaire aurait pu se trouver prisonnier de ce dictionnaire qui lui aurait interdit de s'aventurer hors de Prusse, conséquences que le souverain suppu-

---

[24] *Briefwechsel Friedrichs des Grossen mit Voltaire*, p.377n.

[25] Voltaire sans doute s'est mis au travail avec plus d'ardeur dès le 29 septembre 1752, comme l'indique Collini, mais peut-être avait-il déjà jeté quelques idées sur le papier début septembre, avant d'en parler au roi; voir ci-dessus, p.21.

[26] D5088, entre le milieu de décembre et le 24 décembre 1752, d'après A. Magnan, *Dossier Voltaire en Prusse (1750-1753)*, Studies 244 (1986), p.234-35.

[27] En envoyant 'Athée', Voltaire précise: 'j'ay choisi ce petit morceau parmy les autres comme un des plus ortodoxes' (D5053).

[28] 27 novembre 1752: Voltaire signe un engagement sous contrainte (D5085); 29 novembre: saisie de l'*Akakia* à Potsdam; 24 décembre: l'*Akakia* est lacéré et brûlé sur les places publiques de Berlin; 1er janvier 1753, Voltaire remet sa démission au roi et demande son congé.

tait malignement.[29] Le projet s'inscrit donc à l'intérieur de ce contrat de vie commune qui avait marqué l'établissement en Prusse.[30] C'était une ultime tentative, camouflant mal des désaccords, expression d'illusions qui perduraient encore. Voltaire pouvait-il mener à bien en Prusse une 'encyclopédie de la raison' sous la houlette d'un prince sourcilleux qui avait sa propre conception de la 'philosophie' et qui devait collaborer à l'ouvrage? L'*Akakia* mit fin à une situation viciée. Après un lancement fulgurant, non exempt de leurres, ce projet mourut alors que le libelle de Voltaire était brûlé sur les places de Berlin. Mais il renaîtra, tout différent de ce qu'il était auparavant.

Une seconde naissance

Resté à l'état d'ébauche, ce dictionnaire laisse des traces dans l'esprit de Voltaire. Sans doute n'est-ce point sans raison qu'il rédige pour sa *Paméla*, pendant son séjour en Alsace, son 'petit dictionnaire à l'usage des rois', dictionnaire de l'anti-philosophie d'un souverain qui confond les amis et les esclaves et dont l'orange trop pressée dénonce les manœuvres.[31] Cette page parodique scelle la mort du projet ancien. Puis le silence s'appesantit. Voltaire est accaparé par de multiples travaux. Il satisfait son goût pour une activité alphabétique en collaborant à l'*Encyclopédie* (1754-1758). L'état de nos recherches ne nous permet ni de dater avec précision le moment où Voltaire décida d'écrire ce qui allait devenir le *Portatif*, ni de déterminer nettement les phases de sa rédaction. L'histoire du *Dictionnaire philosophique* reste plus riche

[29] Voir D5056, déjà citée. Frédéric fait allusion à l'interdiction pour Voltaire d'aller à Rome, car le roi savait que l'écrivain avait caressé ce projet. Il ne serait plus question non plus de rentrer en France.
[30] Voir Mervaud, *Voltaire et Frédéric II*, p.182-84.
[31] D5114, Berlin, 18 décembre 1752. Ce texte très soigné fut sans doute réécrit. Voltaire l'avait-il ébauché dans ses lettres réelles à Mme Denis? C'est tout le problème que pose la *Paméla*.

de doutes que de certitudes, d'hypothèses que de preuves. Tout au plus dispose-t-on de repères.

Le plus marquant est sans conteste une confidence de Voltaire à Mme Du Deffand du 18 février 1760 (D8764):

J'ai l'honneur de vous écrire rârement, Madame, ce n'est pas seulement ma mauvaise santé et ma charüe qui en sont cause. Je suis absorbé dans un compte que je me rends à moi même par ordre alphabétique, de tout ce que je dois penser sur ce monde cy et sur l'autre, le tout, pour mon usage, et peut être après ma mort pour l'usage des honnêtes gens.

Vérification faite, Voltaire écrit régulièrement à Mme Du Deffand depuis plusieurs mois.[32] Point de rupture dans le rythme de leur correspondance qui permettrait de déceler cette nouvelle préoccupation. En revanche, de minces indices laissent penser qu'il est absorbé par ce 'compte': son insistance sur Ezéchiel,[33] une 'suite aux entretiens chinois' annoncée à la belle philosophe, Mme d'Epinay, qui pourrait faire allusion au 'Catéchisme chinois',[34] un discours destiné au marquis d'Argence prouvant que les lois de Moïse ignoraient l'immortalité de l'âme, les peines et récompenses dans une autre vie.[35] Une déclaration du 13 octobre 1759 paraît significative. Voltaire fait la leçon à Mme Du Deffand qui s'ennuie, réclame des 'brimborions' et veut qu'on l'amuse (D8533):

Mais vous, Madame, prétendez vous lire comme on fait la conversation?

[32] 17 septembre 1759 (D8484); 13 octobre 1759 (D8533); 28 octobre 1759 (D8559); 3 décembre 1759 (D8630); 8 février 1760 (D8751); 18 février 1760 (D8764).

[33] Il conseille à Mme Du Deffand de lire l'Ancien Testament et surtout Ezéchiel (D8484), mais la vieille dame refuse (1er octobre; D8518). Voir aussi D8510: il transmet à Mme d'Epinay les compliments d'Oolla et d'Ooliba.

[34] D8482. Mme d'Epinay est venue se faire soigner à Genève.

[35] 1er octobre 1759 (D8516). Voltaire avait rédigé un texte sur l'antiquité du dogme de l'immortalité de l'âme paru dans la *Correspondance littéraire* du 15 juillet 1759 (ICL, 59:126). La lettre à d'Argence développe l'argumentation de l'article 'Ame'.

prendre un livre comme on demande des nouvelles? le lire et le laisser là? en prendre un autre qui n'a aucun raport avec le premier, et le quitter pour un troisième? En ce cas vous n'aurez pas grand plaisir. Pour avoir du plaisir il faut un peu de passion, il faut un grand objet qui intéresse, une envie de s'instruire déterminée, et qui occupe l'âme continuellement.

Voltaire, manifestement, éprouve une nouvelle passion en ces derniers mois de 1759.

On ne prétendra point, à la manière de Pangloss, déterminer la raison suffisante du *Dictionnaire philosophique*. Il se pourrait qu'il y en eût plusieurs. Du moins évoquera-t-on le climat dans lequel naît cette nouvelle entreprise.

C'est celui d'une réussite sociale et personnelle qui donne de nouvelles forces pour de nouveaux combats. Qui dira le rôle qu'ont pu jouer l'immense succès de *Candide*, la liquidation du passé avec les ajouts du 6 et du 27 novembre 1759 et du 12 février 1760 aux spirituels *Mémoires pour servir à la vie de M. de Voltaire*, la revendication triomphante du bonheur personnel, l'engagement contre l'infâme que Voltaire ne se contente plus d'égratigner? [36] L'*Encyclopédie de la raison* prussienne était une œuvre assujettie au bon plaisir royal, le *Dictionnaire philosophique* sera celle de la liberté chèrement acquise.

Le chambellan de Frédéric II, logé au 'château', portait, comme l'on disait alors, des 'marques' qui caractérisaient sa 'commensalité' [37] et surtout recevait des appointements. [38] M. de Voltaire s'est aménagé une retraite dans une terre libre où il mène un train de

---

[36] Le 18 mai 1759, Frédéric a usé de ce mot de code pour la première fois: 'vous caresserez encore l'*infâme* d'une main, et l'égratignerez de l'autre' (D8304).

[37] C'est ainsi que s'exprime le chevalier de La Touche le 4 janvier 1753 (D5137) quand il fait part du renvoi, en date du 1er janvier, de la clef de chambellan et de l'ordre pour le mérite que Voltaire a adressés à Frédéric II avec une lettre de démission.

[38] Ce fut un sujet de discussions entre Voltaire et Frédéric, mais le roi ne céda jamais sur cette question (voir Mervaud, *Voltaire et Frédéric II*, p.229, 232).

vie princier. Dans sa correspondance revient comme un *leitmotiv* le thème propriété et liberté. Il fait réflexion que des 'circonstances uniques' lui font goûter cette indépendance, si préférable aux 'chaînes dorées' des cours:

Trouver des terres libres où on est le maître absolu, être à la fois dans trois souverainetés et ne dépendre d'aucune, c'est un bonheur singulier, auquel je n'osais pas prétendre. [39]

Voltaire rejette tout assujettissement: 'je ne connais d'autre liberté que celle de ne dépendre de personne; c'est celle où je suis parvenu après l'avoir cherchée toute ma vie'. [40] Il le mande à ses amis parisiens: 'Plus j'approche de ma fin, mon cher ange, plus je chéris ma liberté'. [41] S'étant avisé de devenir 'un être entièrement libre', il donne carrière à sa hardiesse et à son insolence: 'je ne peux plus écrire que ce que je pense, et je pense si librement qu'il n'y a guères d'aparence d'envoyer mes idées par la poste'. [42] Mme Denis l'avait noté: 'sa pétulance augmente avec l'âge'. [43] Car le temps presse. Le *Dictionnaire philosophique* est l'œuvre d'un vieillard gai, ayant ses coudées franches, non d'un courtisan toujours sur le qui-vive, contraint aux courbettes de la flatterie. Il est aussi l'œuvre d'un homme sûr de lui qui jouit de ses acquisitions, de l'activité qu'il déploie:

Si quelqu'un est en souci de savoir ce que je fais dans mes chaumières et s'il me dit *que fais tu là maraut?* je luy réponds, je *règne*, et j'ajoute que je plains les esclaves. Votre pauvre Diderot s'est fait esclave des libraires et est devenu celuy des fanatiques. [44]

Conscient de son rôle de chef de file de la philosophie, Voltaire, qui compare sa situation à celle de ses congénères empêtrés dans

[39] 15 mai [1760], à Hénault (D8909).
[40] 18 décembre 1759 (D8663).
[41] 27 avril 1760, à d'Argental (D8880).
[42] 17 septembre 1759, à Mme Du Deffand (D8484).
[43] 8 juin 1759 (D8341).
[44] 15 octobre [1759], à d'Alembert (D8536).

des difficultés sans nombre, se doit de lancer une pièce d''artillerie lourde'. [45] Les traverses rencontrées par l'*Encyclopédie* ne sont pas étrangères au projet du *Portatif.*

Le tome VII de l'*Encyclopédie* avait été publié en novembre 1757. Après la défection de d'Alembert, Voltaire a réclamé ses articles, puis les a renvoyés et a proposé d'en écrire d'autres, [46] ce qu'il fit. Depuis longtemps, Voltaire pense qu''il eût fallu [...] que ce grand ouvrage eût été fait et imprimé dans un pays libre, ou sous les yeux d'un prince philosophe'. [47] C'est la première hypothèse qu'il retient. Il plaint Diderot de se trouver en butte à tant de tracasseries et de persécutions (D7561):

Que je vous plains de ne pas faire l'*Encyclopédie* dans un pays libre! Faut il que ce dictionnaire, cent fois plus utile que celui de Bayle, soit gêné par la superstition qu'il devrait anéantir; qu'on ménage encore des coquins qui ne ménagent rien; que les ennemis de la raison, les persécuteurs des philosophes, les assassins de nos rois osent encore parler dans un siècle tel que le nôtre!

Le 26 février 1758, dans une lettre écrite à d'Argental, mais destinée à Diderot, il se fait explicite (D7653):

Cette entreprise immense vaudra donc à m^r Diderot environ trente mille livres! Elle devrait luy en valoir deux cent mille (j'entends à luy et à m^r Dalembert et à une ou deux personnes qui les secondent), et s'ils avaient voulu seulement honorer le petit trou de Lausane de leurs travaux, je leur aurais fait mon billet de deux cent mille livres.

Tentative de captation de l'*Encyclopédie*, ou proposition en l'air?

---

[45] Expression de R. Pomeau, *La Religion de Voltaire* (Paris 1969), p.350.

[46] Voltaire a réclamé ses articles (D7585, D7639, et la réponse de Diderot, D7641). Le malentendu fut vite dissipé, Voltaire renvoie ses articles revus et corrigés avec de nouvelles contributions par l'intermédiaire du comte d'Argental vers le 7 juin 1758 (D7751). Sur la réponse de Diderot à la proposition de Voltaire d'écrire de nouveaux articles, voir D7756. Les derniers articles de Voltaire paraîtront dans le tome VIII en 1765.

[47] 8 janvier 1758, à d'Alembert (D7564).

L'offre de ce Mécène, répétée en mars (D7666), ne sera pas retenue.

Le 6 février 1759, l'*Encyclopédie* a été condamnée, son privilège révoqué le 8 mars. Colère de Voltaire, message de solidarité aux persécutés.[48] Il prend position en ajoutant à son *Ode sur la mort de S. A. S. Mme la princesse de Bareith* une note où il dénonce les ennemis de l'*Encyclopédie*. Il se range délibérément parmi les encyclopédistes et trace un portrait du philosophe (M.viii.467-73). Diderot apprécie cette note.[49] Au cours de l'été 1759, Diderot lui fait parvenir un message par l'intermédiaire de Grimm qui accompagne à Genève Mme d'Epinay, venue se faire inoculer:[50] 'Dites-lui, pour le mettre à son aise, que les libraires et moi et tous nos collègues ont résolu d'achever; que la persécution a fait son effet ordinaire: c'est de produire l'enthousiasme et le fanatisme; que tout paroîtra à la fois, soit ici avec permission tacite, soit en Hollande, soit à Genève où j'irai; et que c'est de ma part que vous vous ouvrez à lui'.[51] Il faut solliciter la collaboration de Voltaire en obtenant une liste des articles qu'il enverra pour chaque lettre et celle de son prêtre de Lausanne Polier de Bottens. Grimm s'acquitta-t-il mal de cette négociation? On ignore ce que Voltaire pensa de cette ouverture, mais en janvier 1760, il décline une invitation. En 1756, il avait proposé un article 'Idée' (D7067), il refuse maintenant de l'écrire:

Je ne peux songer de longtemps à l'Encyclopédie. D'ailleurs, comment traiter *idée*, et les autres articles? Ma levrette accoucha ces jours passés, et je vis clairement qu'elle avait des *idées*. Quand j'ai mal dormi, ou mal digéré je n'ai point *d'idées*; et par Dieu, les idées sont une modification de la matière, et nous ne sçavons point ce que c'est que cette matière, et nous n'en connaissons que quelques propriétés, et nous ne sommes que de très plats raisonneurs.

---

[48] 4 mai [1759], à d'Alembert (D8286).
[49] Diderot, *Correspondance*, éd. G. Roth et J. Varloot (Paris 1955-1970), ii.153.
[50] Grimm arrive vers la mi-février et repart le 3 octobre (D8116, commentaire).
[51] Diderot, *Correspondance*, ii.173.

Il conclut: 'ce n'est pas la peine d'écrire pour ne point dire la vérité. Il n'y a déjà dans l'*Encyclopédie* que trop d'articles de métaphisique pitoïables; si l'on est obligé de leur ressembler, il faut se taire' (D8702).

'Encyclopédiste déçu',[52] Voltaire n'est plus disponible pour ce qui ne sera jamais qu'"un gros fatras'.[53] Il ne se désintéresse pas de la lutte encyclopédique, mais sans doute a-t-il commencé à rédiger des articles pour le *Dictionnaire philosophique*. Dans la préface de *L'Ecossaise*, en 1760, il fait allusion à cet 'ouvrage nécessaire au genre humain, dont la suspension fait gémir l'Europe' (V 50, p.356). Vernet dans la troisième édition de ses *Lettres critiques* (1766) n'aura pas tort de remarquer malignement: 'M. de Voltaire prend le ton tragique sur la suspension du *Dictionnaire encyclopédique* jusqu'à dire que *cette suspension fait gémir l'Europe*. Serait-ce pour consoler l'*Europe gémissante* qu'on vient de donner le *Dictionnaire philosophique portatif*, qui peut-être en contient l'esprit?'[54] Avec la suspension de l'*Encyclopédie* une place est à prendre. Voltaire met au point une tactique diamétralement opposée à celle qui avait été suivie: une œuvre portative au lieu d'in-folio, une édition clandestine faite à l'étranger pour éviter et les déboires d'une aventure éditoriale française et d'inévitables concessions aux préjugés. R. Naves remarque à juste titre que l'histoire mouvementée de l'*Encyclopédie* 'est à l'origine du *Dictionnaire philosophique*, beaucoup plus que le fameux souper du roi de Prusse' (p.65).

En fait le *Portatif* se trouve au point de convergence d'un coup d'arrêt de la grande entreprise de Diderot et d'un épanouissement personnel de Voltaire favorisé par des conditions excellentes, par un sentiment de réussite alors que s'impose à lui l'urgence de la mission à accomplir.

---

[52] R. Pomeau, 'Histoire d'une œuvre de Voltaire: le *Dictionnaire philosophique portatif*', *L'Information littéraire* 2 (1955), p.46.
[53] 21 mars [1759], à Elie Bertrand (D8202).
[54] Cité par R. Naves, *Voltaire et l'Encyclopédie*, p.89.

Quelle fut la méthode de Voltaire? Remit-il sur le métier un ouvrage ancien en consultant ses ébauches de 1752? On en doute. Les articles du *Dictionnaire philosophique* dont les intitulés correspondent à ceux de la période prussienne sont fort différents de ce qui a été dit de ces premiers textes. [55] Rédigea-t-il en priorité des articles pour lesquels il n'avait besoin d'aucune recherche complémentaire puisqu'ils reprennent une argumentation déjà développée? [56] La démarche paraîtrait logique, mais pourquoi Voltaire se conduirait-il ainsi? Ce n'est pas un esprit systématique. On remarque qu'en 1752 Frédéric lui suggère d'établir d'abord la table des matières, ce qui prouve que Voltaire, déjà engagé dans la rédaction de textes, avait omis ce préalable. Son goût du neuf le poussa-t-il à appliquer les préceptes qu'il expose le 1er janvier 1760 et qui semblent, pour lui, dotés d'une valeur générale (D8687):

Partir toujours du point où l'on est, regarder le moment présent comme celuy où tout commence pour nous, calculer l'avenir, et jamais le passé, regarder ce qui s'est fait hier comme s'il était arrivé du temps de Pharamond, c'est je crois la meilleure recette.

Se laissa-t-il tout bonnement guider par l'inspiration du moment? On se trouve dans l'impossibilité de répondre de manière satisfaisante. Du moins paraît-il probable qu'il avait déjà un certain nombre de textes en portefeuille lorsqu'il évoque pour la première fois ce projet qu'il a mis à exécution.

---

[55] Voir ci-dessous, ch.5 (p.131), et l'annotation de ces articles.

[56] On penserait alors à 'Apocalypse' puisqu'il a désiré consulter le manuscrit d'Abauzit en 1757-1758. On pourrait y joindre 'Certain' puisqu'il a réagi à l'article de l'*Encyclopédie*, 'Bien' et 'Chaîne des événements' puisqu'il reprend une argumentation exposée dans des textes antérieurs.

2. HISTOIRE DE L'ŒUVRE

La rédaction du Dictionnaire philosophique

Les délais sont très courts puisque ce fut peu de temps avant le 26 juillet 1763 que Voltaire aurait remis à Gabriel Grasset, selon le témoignage de son frère François Grasset, un manuscrit qui, à la suite de recoupements, a été identifié par A. Brown et U. Kölving comme celui du *Dictionnaire philosophique*:[57]

Dès le 26e du mois passé mon frère, Maître Imprimeur à Genève, et qui est un peu également le sujet de la haine de Mess⁵ Cramer, me marqua que Mʳ de Voltaire l'avoit fait demander, et qu'il lui avoit dit qu'il vouloit lui faire sa fortune; et en effet il lui remit tout de suite des feuilles de Mssᵗˢ pour un ouvrage de deux volumes in 8° à faire sur le petit Romain; et il s'offrit de le corriger lui même; il le chargea en même temps d'écrire à tous les Libraires de France, d'Allemagne, de Hollande et d'Angleterre.[58]

L'édition de 1764 comprend 73 articles d''Abraham' à 'Vertu'. Comment Voltaire trouva-t-il le temps, en moins de quatre ans (entre 1759 et 1763), de mener à bien ces réflexions alphabétiques, étant donné la liste de ses œuvres et la multitude de ses préoccupations pendant cette période? On ne détecte point un intervalle de calme relatif où il se serait consacré à cette entreprise dont il a décidé de parler le moins possible. On est conduit à penser que, pour l'essentiel, il a rédigé ses articles en marge de ses autres travaux. Si l'on dispose d'une profusion de détails pour une œuvre officielle comme les *Commentaires sur Corneille*, on se perd en conjectures pour le *Dictionnaire philosophique*. C'est l'effet d'une tactique: 'Frappez, et cachez votre main', conseille Voltaire,[59]

---

[57] 'Voltaire and Cramer?', *Le Siècle de Voltaire*, éd. Ch. Mervaud et S. Menant (Oxford 1987), i.149-83. L'argumentation concernant le *Dictionnaire philosophique* se trouve aux pages 156-61: lettre de Grasset, anecdote rapportée par les *Mémoires secrets*, lettres de Voltaire, comparaison d'ornements, soit un faisceau de preuves montrant que Cramer ne fut pas l'éditeur de la première édition du *Dictionnaire philosophique*.

[58] 12 août 1763, à Haller (D11357).

[59] 7 ou 8 mai [1761] (D9771).

prudence nécessaire à l'abri de laquelle on peut dire 'hardiment et fortement' tout ce que l'on a sur le cœur.

Un seul article du *Dictionnaire philosophique* est daté: 'Dogmes' qui paraîtra dans l'édition faite sous l'adresse de Varberg: 'Le 18 février de l'an 1763 de l'ère vulgaire, le soleil entrant dans le signe des Poissons, je fus transporté au ciel, comme le savent tous mes amis'. A l'exception de cette galéjade, Voltaire a omis toute autre indication et il évite les fuites. En mai 1760, Gabriel Cramer confie à Grimm que Voltaire travaille à un dictionnaire (D8911):

Nous avons sur le métier un certain dictionnaire dont nous parlerons, & qui faira beau bruit; c'est un ouvrage commencé il y a 20 ans & dont personne n'a jamais rien vû.

Il confie seulement à Mme Du Deffand deux manuscrits en 1760, dont l'un sur Ezéchiel.[60] Le 30 novembre 1762, il communique à Damilaville un article 'Moïse' 'd'un dictionnaire que j'avais fait pour mon usage'; il en parle comme s'il s'agissait d'une œuvre terminée, ce qui incite à penser qu'il a déjà en réserve un bon nombre d'articles (D10816). Cette demi-confidence peut être rapprochée de sa réaction, en date du 1er novembre 1762, après lecture du *Dictionnaire des hérésies* de l'abbé Pluquet: 'je connais quelque chose d'un peu plus fort'.[61]

Faute de renseignements sur l'élaboration de ce 'quelque chose', il a fallu procéder à des recoupements, scruter des allusions.[62] Les lectures de Voltaire fournissent des indications lacunaires, celles

[60] Mme Du Deffand réclame le 'recueil de [ses] idées' (16 avril 1760; D8859). Un premier envoi eut lieu le 25 avril (D8873). Nouvelle demande le 5 septembre (D9197), puis le 20 (D9248). Le 10 octobre, Voltaire a promis des 'fariboles philosophiques' (D9297), puis des 'insolences' (d'après D9374). Il envoie vers le 9 décembre 1760, deux textes, l'un 'philosophique et moral', l'autre sur son 'ami Ezéchiel' (D9452).

[61] D10790. François-André-Adrien Pluquet, *Mémoires pour servir à l'histoire des égarements de l'esprit humain par rapport à la religion chrétienne, ou dictionnaire des hérésies, des erreurs et des schismes* (Paris 1762; BV2770).

[62] On se reportera à l'annotation de chaque article.

de ses emprunts lorsqu'un ouvrage manque dans sa bibliothèque, celles de ses réactions lorsqu'il s'avise d'en faire part à quelque correspondant.

Au cours de l'année 1760, Voltaire a fait venir toutes les œuvres de Conyers Middleton et il réclame la *Divine legation of Moses demonstrated* de William Warburton dont il n'a que les deux premiers tomes[63] et qu'il recevra, après maintes demandes, le 11 août.[64] Il est curieux de voir comment Warburton s'y prend 'pour prouver que l'ignorance de l'immortalité de l'âme, est une démonstration qu'on est conduit par Dieu même' (D8858). Lorsqu'il a son Moïse complet, il s'exclame: 'Il [Moïse] a fait le pantateuque comme vous et moy, mais qu'importe! Ce livre est cent fois plus amusant qu'Homere, et je le relis sans cesse avec un ébahissement nouvau' (D9132). Warburton confirme ses doutes;[65] il le cite dans la première question de l'article 'Religion'. Le passage qu'il traduit est extrait du premier livre en sa possession depuis 1757 (D7362), mais peut-être l'a-t-il relu. Dans le livre VI, reçu en 1760, il a pu trouver des développements sur l'ignorance des Juifs quant à l'immortalité de l'âme et quant à l'idée de châtiment ou de récompense après la mort, qui ont peut-être nourri les réflexions sur ces thèmes des articles 'Ame', 'Athée', 'Enfer'. L'allusion à l'affaire Petitpierre d''Enfer' permet de le dater sûrement de 1760,[66] celles aux convulsionnaires dans la correspondance semble indiquer que 'Convulsions' remonte aussi à 1760. Voltaire s'intéresse aussi à 'Salomon', à 'Pierre', travaille peut-être à son grand article sur le christianisme.[67]

---

[63] D'après D8858, 16 avril 1760, à G. Keate.
[64] D9132. Il s'adresse plusieurs fois à Thiriot (D8967, D8991, D9009, D9044).
[65] Dès 1752, il pensait que le Pentateuque n'était point de Moïse (D5061).
[66] Voir ci-dessous, 'Enfer', n.18.
[67] Pour 'Salomon', voir D8856; sur Pierre, voir 'Pierre', n.1; en novembre 1760, il demande à J. Vernes 'le galimatias d'Atanase' et le prend à témoin: 'Que dites vous de cet autre évêque qui pria le bon dieu de faire mourir Arius lorsqu'il allait à l'église, et qui fut exaucé' (D9385). L'article 'Christianisme' relate la mort d'Arius à la suite des prières de saint Macaire.

En 1761, il fait toujours ses délices de l'Arioste et du Pentateuque, [68] relit l'histoire du père Daniel auquel il reproche d'avoir trop parlé de frère Coton, [69] juge détestable le *Testament politique du maréchal duc de Belle-Isle*, [70] consulte la *Somme théologique* de saint Thomas, [71] fait allusion à l'ouvrage de Peter Annet, *The History of the man after God's own heart*. [72] Des traces de ces lectures se retrouvent dans 'Confession', 'David', 'Dieu', 'Etats', 'Grâce'.

Début 1762, Voltaire lit avec enthousiasme le *Manuel des inquisiteurs* de Morellet auquel il emprunte beaucoup pour son article 'Inquisition'. [73] Il cherche des références. Il a demandé à son ami Sébastien Dupont de lui trouver celle d'une bulle du pape qui avait permis de manger du beurre, des œufs et du fromage en carême et qui fut brûlée à Paris. [74] Vers la fin de l'année, il a consulté le *Dictionnaire des hérésies* de l'abbé Pluquet, [75] *La Religion chrétienne prouvée par les faits* d'Houtteville. [76] Il a réclamé les 'dialogues de cet imbécile de saint Grégoire le grand', [77] enfin le *Dictionnaire portatif des conciles* d'Alletz, [78] tous ouvrages utiles pour ce qu'il appelle désormais son 'dictionnaire d'hérésies' et dont il envoie un échantillon aux 'frères'. [79] La préparation du

[68] 15 janvier 1761, à Mme Du Deffand (D9542).

[69] 22 juillet [1761], à Hénault (D9910); 18 août 1761, à Mme Du Deffand (D9955).

[70] 11 octobre 1761, à Damilaville et Thiriot (D10070).

[71] 28 décembre 1761, à Bernis (D10234).

[72] D'après D10078. Il demande quel est son auteur (D10322).

[73] D10284, D10285, D10287.

[74] D'après D10376, 17 mars 1762, de Sébastien Dupont.

[75] D'Alembert lui avait recommandé la lecture de ce qui avait trait à la transsubstantiation (2 octobre [1762]; D10740). Voltaire réclame cet ouvrage dès le 10 octobre (D10755) et le lit rapidement (D10790). En janvier 1763, il ironise sur les capucins qui font des dieux mangés par les rats (D10897). Il ne fera paraître son article 'Transsubstantiation' qu'après le drame de 1766, l'affaire La Barre.

[76] 28 novembre 1762, à Damilaville (D10813).

[77] 30 novembre [1762], à Damilaville (D10816).

[78] 26 décembre 1762 (D10860). Peut-être s'en servira-t-il pour l'article 'Conciles', paru en 1767.

[79] A Damilaville (D10860). On a vu qu'il envoyait l'article 'Moïse'.

Traité sur la tolérance l'accapare, mais ses thèmes recoupent ceux du *Dictionnaire philosophique*. Le 29 décembre 1762, il écrit à sa nièce Mme de Fontaine qu'il n'épargne pas 'les impertinences de l'église' (D10863):

Je me suis fait un petit tribunal assez libre où je fais comparaître la superstition, le fanatisme, l'extravagance et la tyrannie.

Vaste programme pour lequel il continue à accumuler des textes, complétant peut-être ceux qu'il a en chantier. [80]

Sauf l'indication en janvier 1763 d'une relecture des *Actes des martyrs* qu'il trouve semblables aux *Mille et une nuits* (D10885), les six premiers mois de cette année ne laissent rien deviner des travaux de Voltaire. Pour être en mesure de remettre en juillet un manuscrit qui, imprimé, fera un volume de 344 pages, il lui fallut déployer toute son énergie. Les thèmes traités ont conduit à dater approximativement de 1763 les articles 'Jephté', 'Histoire des rois juifs', 'Fausseté des vertus humaines', 'Inondation'. Voltaire qui procède à une révision et à une mise au point réclame son article 'Idole, idolâtre, idolâtrie' qu'il avait donné à l'*Encyclopédie* et l'insère dans le *Dictionnaire philosophique*. [81]

Les lectures de Voltaire servent de repères pour dater avec une certaine marge d'approximation les articles du *Dictionnaire philosophique*. Mais pour chacun d'entre eux, d'autres facteurs interviennent à des degrés divers. A titre d'exemple, on exposera le cas de 'Catéchisme du curé'.

Le dialogue entre Téotime et Ariston entretient de multiples rapports avec les préoccupations quotidiennes de Voltaire et avec les thèmes récurrents de sa pensée. Alors qu'il est aux prises avec le curé de Moëns depuis le début de décembre 1760, [82] qu'il a

---

[80] Il se moque du culte de dulie en janvier 1763 (D10927). Ce thème est traité dans l'article 'Conciles'.

[81] D11225, D11229, D11235. 'Idole', seul de tous les articles encyclopédiques de Voltaire, eut les honneurs du *Portatif*.

[82] F. Caussy, 'Voltaire et ses curés', *Revue de Paris*, 15 juillet 1909, p.254-65.

entrepris en mai 1761 la construction d'une église à Ferney dont la dédicace sera strictement déiste, Voltaire étrenne son théâtre prêt depuis le 3 octobre 1761 (D10052), en mettant en scène dans *Olympie* un digne prêtre dont il dira que 'catholiques, huguenots, lutériens, déistes, tout le monde l'aime' (D11163). Cette nouvelle tragédie, 'espièglerie de jeune homme', composée dans l'enthousiasme en six jours (D10080), remise plusieurs fois sur le chantier, doit, grâce à ce vertueux pontife, faire pièce au fanatique Joad. Voltaire l'affirme à deux reprises [83] et joint à sa pièce une dissertation sur Joad. Ce passionné de théâtre avait réagi en mai 1761, lorsque l'excommunication des comédiens était à l'ordre du jour (D9761):

il est plaisant qu'on enterre le bourreau avec cérémonie, et qu'on ait jetté à la voirie Mlle Le Couvreur. Je sçais bien que les Rituels de L'Italie et des Gaules sont les mêmes, je sçais que dans les uns et dans les autres on excommunie les sorciers, les farceurs qui vendent de L'orviétan dans la place publique pendant la messe, les sauterelles, et ceux qui ne paient pas les dixmes à L'Eglise. [84]

En appliquant des lois désuètes, la France se singularise par cette 'barbarie gothique' qu'il ne se lasse pas de dénoncer. Aussi Voltaire entend-il faire profiter les Genevois des délices du théâtre. Sur la vaste scène qui a été aménagée, on joue *Olympie*, pièce à grand spectacle. Avec une grande barbe blanche, une mitre de deux pieds de haut, un manteau beaucoup plus beau que celui d'Aaron, de l'onction dans ses paroles, Voltaire, en noble Hiérophante, fait 'pleurer les petits garçons' (D11761). Il n'apprécie guère le calembour 'O l'impie' (D10906, D10922). Il a publié en février 1762 l'*Extrait des sentiments de Jean Meslier*, précédé par un 'Abrégé de la vie de Jean Meslier'. De ce pauvre curé de campagne de mœurs irréprochables, il a fait un déiste. Le thème du bon prêtre,

---

[83] Février 1762 (D10313); 4 juin 1763 (D11252).

[84] Téotime promet de n'excommunier ni les sauterelles, ni les sorciers, ni les comédiens.

40

'ministre d'un dieu de paix et de douceur' (*Olympie*, v.3), celui du malheureux curé d'Etrepigny sont donc présents à son esprit.

Sur ces entrefaites, un autre ecclésiastique va solliciter son attention. A la date du 14 juin 1762, il a lu l'*Emile* de Jean-Jacques Rousseau (D10507). Dans ce 'fatras d'une sotte nourrice', il distingue la 'Profession de foi du vicaire savoyard' qui peut, selon lui, rendre des services.[85] Le 19 juin 1762, à Genève, l'*Emile* et *Du contrat social* sont condamnés au feu et leur auteur décrété de prise de corps. Voltaire suit avec attention les tribulations du citoyen de Genève. La 'Profession' de ce 'Diogène' qu'il intégrera plus tard dans le *Recueil nécessaire* suscite en lui de l'émulation. A la duchesse de Saxe-Gotha qui n'aime point les productions athées (D10655), mais déteste les persécuteurs et plaint Jean-Jacques, il a envoyé d'abord un Meslier (D10626, D10690), puis le 19 juillet 1763 un 'petit catéchisme' qui lui paraît 'assez raisonnable' (D11313). Il s'agit sans doute du *Catéchisme de l'honnête homme, ou dialogue entre un caloyer et un homme de bien traduit du grec vulgaire par D. J. J. R. C. D. C. D. G.* (initiales qui signifient Dom Jean Jacques Rousseau Ci Devant Citoyen De Genève), ouvrage dont il assure la diffusion au cours de l'année 1763. La duchesse remercie, affirme que ce catéchisme est plus hardi que la profession de foi du vicaire savoyard (D11344). Voltaire a donc répondu sur le plan du dogme. Mais le vicaire savoyard pouvait prétendre illustrer le personnage du vertueux ecclésiastique selon la philosophie des Lumières. Il rejetait dans l'ombre les déguisements voltairiens, Oroés, 'ce mage révéré que chérit Babylone' (*Sémiramis*, 1.v) ou, plus proche, l'Hiérophante d'*Olympie*. Voltaire ne laissera pas Jean-Jacques occuper ce terrain. Il crée Téotime. Au vicaire qui ambitionne sans espoir l'honneur d'être curé, car une 'adventure de jeunesse' l'a mis mal avec son évêque,[86] et qui

---

[85] Voir D10626, D11172, D11306.
[86] *Emile*, éd. C. Wirz et P. Burgelin, *Œuvres complètes* (Paris 1959-), iv.565-635.

débite sa confession devant le cadre somptueux des Alpes au soleil levant, Voltaire va opposer un curé bien installé dans sa petite cure, entretenant avec le seigneur du lieu les meilleures relations du monde et ne parlant que parce qu'on l'interroge. Le vicaire s'adresse à un jeune expatrié dont il a favorisé l'évasion et qui, réduit à la dernière misère, est tenté de ne plus croire. Ce fugitif, Jean-Jacques se lasse vite de n'en parler qu'à la troisième personne et avoue qu'il s'agit de lui-même. Le curé de Voltaire répond à un honnête homme et même au meilleur, comme son nom, Ariston, l'indique. Aux effusions du premier répondent les articles précis du 'catéchisme' du second.

Voltaire n'a pas laissé Jean-Jacques lui ravir la vedette, même en matière d'ecclésiastique vertueux. Ce 'catéchisme du curé', sans que l'on puisse lui assigner une date précise de rédaction, s'inscrit dans l'horizon de la pensée voltairienne au cours des années 1761-1762.

La recherche qui a été tentée reste décevante. En cernant chronologiquement des centres d'intérêt de Voltaire, elle indique des probabilités, sans pour autant garantir des dates de rédaction.[87] On les considère donc comme des lueurs trouant çà et là les ténèbres qui, selon la volonté de Voltaire, ont préservé cette œuvre des curiosités indiscrètes.

Pour comprendre la genèse du *Dictionnaire philosophique*, faute de dates sûres, de brouillons ou versions remaniées, il reste une voie à explorer, celle de l'état d'esprit de Voltaire pendant qu'il rédige ces 73 premiers articles. Il avait annoncé le 18 février 1760 un 'dictionnaire d'idées'; il passera en revue, dit-il, ce qu'il doit

---

[87] Des éléments sur la genèse du *Dictionnaire philosophique* ont été rassemblés par W. H. Trapnell, *Voltaire and his portable dictionary*, Analecta romanica 32 (Frankfurt 1972), p.8-31. Contrairement à Trapnell, nous n'affirmons pas que Voltaire a repris ses articles ébauchés en 1752. En fonction de la mise au point déjà citée de Brown et Kölving sur la première édition du *Dictionnaire philosophique*, nous situons la remise du manuscrit plus tôt, en juillet 1763.

penser 'sur ce monde cy et sur l'autre' (D8764). Sa référence est Montaigne, ce qui implique des méditations sur l'humaine condition. Or le manuscrit mis au point est un ouvrage agressivement militant. Des premières semaines de 1760 à la mi-1763, les temps ont changé. Le *Dictionnaire philosophique* reflète une évolution perceptible de Voltaire.

A l'attaque contre les philosophes de Lefranc de Pompignan lors de son discours de réception à l'Académie française (10 mars 1760), Voltaire réplique par une campagne d'épigrammes: les *Quand*, les *Non*, les *Oui*, les *Que*, les *Qui*, les *Quoi*, les *Pour*, toute *L'Assemblée des monosyllabes*. En réponse aux *Philosophes* de Palissot, pièce soutenue par les dévots qui ridiculisait Diderot sous le nom de Dortidius, dont la première représentation eut lieu le 2 mai 1760, Voltaire, après de savantes manœuvres, fait jouer en juillet *Le Caffé ou l'Ecossaise* qui était dirigée contre Fréron.[88] Son engagement contre les antiphilosophes est marqué aussi par la publication du *Recueil des facéties parisiennes pour les six premiers mois de l'année 1760*, pot-pourri qui réunit les 'pièces du procès'. Dans ce climat de guérilla, Voltaire, le 23 juin, songe à des ripostes d'importance:

Je voudrais voir après ces déluges de plaisanteries et de sarcasmes quelque ouvrage sérieux et qui pourtant se fît lire, où les philosophes fussent pleinement justifiez et l'infâme confondue.[89]

Il travaille à cet 'ouvrage sérieux', sans doute par intermittences. Il se vantait de rire de tout, ou mieux encore de 'ricaner', en mai 1760 (D8933, D8946); moins d'un an plus tard, en avril 1761, il se montre combatif, à la suite de ses démêlés avec les jésuites d'Ornex et le curé de Moëns:

---

[88] Voir *L'Ecossaise*, éd. C. Duckworth (V 50). Sur les rapports entre Voltaire et Palissot, on se reportera à l'analyse de Naves, *Voltaire et l'Encyclopédie*, p.70-86.
[89] A d'Alembert (D9006).

J'ay soufert quarante ans les outrages des bigots et des polissons. J'ay vu qu'il n'y avait rien à gagner à être modéré; et que c'est une duperie. [90]

Le 11 mai 1761, furieux contre cette prêtraille qui attache de l'infamie à l'art du comédien, il rêve de solutions expéditives:

Esce que la proposition honnête et modeste d'étrangler le dernier jésuite avec les boyaux du dernier janséniste ne pourait amener les choses à quelque conciliation? [91]

Des événements vont l'ancrer dans ses convictions. En octobre 1761, l'autodafé de Lisbonne l'indigne. [92] Il proteste dans son *Sermon du rabbin Akib*. Il met au point l'*Extrait des sentiments de Jean Meslier* en janvier 1762 et pense que:

Jamais le temps de cultiver la vigne du seigneur n'a été plus propice. Nos infâmes ennemis se déchirent les uns les autres. C'est à nous à tirer sur ces bêtes féroces pendant qu'elles se mordent et que nous pouvons les mirer à notre aise. [93]

C'est alors qu'il apprend la mort de Jean Calas:

Il vient de se passer au parlement de Toulouse une scène qui fait dresser les cheveux à la tête. On l'ignore peutêtre à Paris, mais si on en est informé, je défie Paris tout frivole, tout opéra comique qu'il est, de n'être pas pénétré d'horreur. [94]

Il résume le drame, puis conclut: 'J'en suis hors de moy. Je m'y intéresse comme homme, un peu même comme philosophe. Je veux savoir de quel côté est l'horreur du fanatisme'. Devenu le défenseur de Calas, il rédige des mémoires, compose son *Traité sur la tolérance* tout en complétant son *Dictionnaire philosophique*.

[90] A d'Alembert (D9743).

[91] 11 mai 1761, à Helvétius (D9777). Même idée, autrement formulée, dans une lettre à d'Alembert (D9771).

[92] On a brûlé sur le même bûcher un jésuite, le R. P. Malagrida, deux autres religieux, deux musulmans et trente-sept juifs. Pombal avait impliqué les jésuites dans l'attentat contre le roi du Portugal.

[93] 26 janvier [1762], à Damilaville (D10284).

[94] 25 mars [1762], à Fyot de La Marche (D10387).

Le *Portatif* se constitue alors que Voltaire s'engage de plus en plus profondément dans son combat contre l'infâme et alors qu'il ne doute pas du succès final. D'où l'orientation du texte, son déchaînement polémique contre le fanatisme et la superstition. Composé par un esprit aussi sensible à l'absurde qu'à l'horrible, il reflète l'oscillation qui marque le *Traité sur la tolérance*: 'il y a des endroits qui font frémir, et d'autres qui font pouffer de rire'.[95] La genèse du *Dictionnaire philosophique* s'inscrit sur ce fond d'alternance des colères et des rires voltairiens.

ii. *Les éditions*

L'édition de 1764

Un double sentiment de sécurité et d'urgence commande cette publication. Voltaire n'est point de ceux qui gardent la chandelle sous le boisseau et il se sent hors d'atteinte:

Je n'habite point en France, je n'ay rien en France qu'on puisse saisir, j'ay un petit fonds pour les temps d'orage. Je répète que le parlement ne peut rien sur ma fortune, ny sur ma personne ny sur mon âme, et j'ajoute que j'ay la vérité pour moy.

Alors éclate sa détermination:

Voicy le temps où mon sang bout, voicy le temps de faire quelque chose. Il faut se presser, l'âge avance. Il n'y a pas un moment à perdre. Ils me font jouer de grands rôles de tragédie pour amuser ces enfans et ces génevois. Mais ce n'est pas assez d'être un vieil acteur. Je suis et je dois être un vieil auteur, car il faut remplir sa destinée jusqu'au dernier moment.[96]

Il remplit sa 'destinée' en 1764, en s'adressant à ces 'hommes raisonnables' dont l'Europe est remplie, pour les éclairer.[97]

---

[95] 24 janvier 1763, à Damilaville (D10943).
[96] 29 juin 1763, aux d'Argental (D11283).
[97] Vers le 15 mai 1763, à Helvétius (D11208).

Intitulé *Dictionnaire philosophique portatif*, l'ouvrage imprimé clandestinement par Gabriel Grasset paraît en juillet 1764 (sigle: 64), après que l'arrêt du Parlement de Toulouse condamnant Calas ait été cassé par le Conseil du roi le 4 juin. Peut-être Voltaire a-t-il attendu ce moment favorable afin de ne point gêner le processus engagé en faveur des Calas.

Voltaire se lance dans une intense campagne de démentis où se mêlent la prudence, le goût du jeu, le sens de la publicité. Ses dénégations s'adressent aux 'frères' chargés de diffuser la vérité officielle. Qu'on se le dise, le *Portatif* n'est point de Voltaire:

Dieu me préserve, mon cher frère, d'avoir la moindre part au Dictionnaire philosophique portatif! J'en ai lu quelque chose; celà sent terriblement le fagot.

J'ai ouï parler de ce petit abominable dictionnaire; c'est un ouvrage de Satan [...] Heureusement je n'ai nulle part à ce vilain ouvrage, j'en serais bien fâché; je suis l'innocence même, et vous me rendrez bien justice dans l'occasion. [98]

Cette consigne est répétée à d'Alembert (D12027). Et voici un mot d'édification pour parachever la comédie:

Vraiment j'ay lu ce dictionaire diabolique. Il m'a effrayé comme vous, mais le comble de mon affliction est qu'il y ait des crétiens assez indignes de ce beau nom pour me soupçonner d'être l'auteur d'un ouvrage aussi antichrétien. [99]

La clandestinité ouvre un espace ludique à l'acteur Voltaire. Mais ses déguisements ne sont pas gratuits. Selon la législation en vigueur, tant que l'auteur n'avouait pas, seul son ouvrage pouvait être poursuivi. D'où la tactique: 'Il faut agir en conjurez, et non pas en zélez. On ne sert assurément ny la vérité ny moy en m'attribuant cet ouvrage'. [100] Ces démentis sont préventifs.

[98] 9 juillet 1764, à Damilaville (D11978); 16 juillet 1764, à d'Alembert (D11987).
[99] 7 septembre [1764], à d'Alembert (D12073).
[100] A d'Alembert (D12090).

Les remous causés par cette 'abomination alphabétique' sont tels que Voltaire va mettre en place des parades défensives. Dès le 14 septembre, d'Argental est chargé de prendre contact avec Marin afin d'empêcher l'entrée du *Portatif* chez les Welches. [101] Or la réaction ne vint point de Paris, mais de Genève. Le 10 septembre, le procureur général Jean-Robert Tronchin-Boissier a appris qu'on débitait sous le manteau un ouvrage qui 'frappoit la Religion par des endroits sensibles'. Il s'agirait d'un *Dictionnaire historique portatif*, Londres 1764. Il demande donc au Conseil de prendre des mesures pour 'étouffer la contagion'. [102] Le même jour, le livre est saisi chez tous 'marchands-libraires, en gros et en détail, et chez tous louëurs et loueuses de livres'. Seuls deux exemplaires sont trouvés, chez le sieur Chirol. Ce commis de librairie de Claude Philibert dépose qu'il s'est procuré une douzaine d'exemplaires chez 'la femme Grasset', qu'il les a vendus à des étrangers, à l'exception de deux exemplaires envoyés en Suisse et des deux exemplaires remis aux autorités (11 septembre). Eve Lequin, femme de Gabriel Grasset, affirme n'avoir jamais eu que ces douze exemplaires vendus à Chirol (12 septembre). Elle les aurait achetés à un colporteur venu chez elle se fournir en catéchismes. Le 15 septembre, la perquisition chez Grasset ne permet point aux autorités de découvrir d'autres exemplaires du *Portatif* (D.app.249). Pendant que ces interrogatoires et démarches ont lieu, le procureur Tronchin-Boissier lit le *Dictionnaire philosophique* et prépare son rapport.

Le 20 septembre 1764, il remet au Magnifique Conseil un réquisitoire détaillé (D12093). Il dénonce des 'paradoxes funestes', des 'recherches indiscrètes', des 'questions follement curieuses', [103]

---

[101] D12084: d'Argental est chargé de lui dire ou lui faire dire un mot et surtout de le persuader que Voltaire n'est point l'auteur de ce dictionnaire.

[102] D12079, à Michel Lullin de Châteauvieux. Le procureur ignore le titre de l'ouvrage, ou il se trompe en le citant.

[103] La condamnation de l'athéisme est affaiblie par les doutes jetés sur les dogmes de la résurrection et de la spiritualité de l'âme. Il dénonce particulièrement les

'la plus audacieuse critique' sur les dogmes de la religion révélée, [104] une attaque inacceptable des livres de l'Ancien Testament. [105] Il remarque que la forme alphabétique rend ce livre particulièrement dangereux. Puis il s'interroge sur la politique à suivre. Sans doute, 'les flammes auxquelles on condamne un Livre, allument [...] la curiosité publique'. Mais dans l'état des choses, 'un Jugement moins frappant paroîtroit contraster avec un autre Jugement devenu trop fameux', c'est-à-dire avec la condamnation de l'*Emile*. Tout bien pesé, le procureur conclut que le *Dictionnaire philosophique*, soit 'lacéré et brûlé devant la Porte de l'Hôtel de Ville, par l'Exécuteur de la Haute Justice, comme téméraire, impie, scandaleux, destructif de la Révélation', que défense soit faite aux libraires et colporteurs d'en imprimer, vendre, distribuer. Suivent des condamnations particulières contre Chirol, Eve Lequin, femme Grasset, et contre l'imprimeur Gabriel Grasset. [106] Ces recommandations de Tronchin seront suivies (voir D.app.249). Le 24 septembre, le *Dictionnaire philosophique* est lacéré et brûlé.

Le 1er octobre, Voltaire est inquiet: 'les Frérons et les Pompignans' crient que le *Dictionnaire philosophique* est de lui (D12113). Le 12 octobre, il croit savoir qu'on en a parlé au roi comme d'un livre très dangereux et le 20 que le souverain a chargé quelqu'un de l'examiner. [107] Il écrit au comte de Saint-Florentin (voir D12171a). Le 27 décembre 1764, les *Mémoires secrets* rapportent à ce sujet une anecdote (ii.134):

---

articles 'Destin', 'Liberté', 'Chaîne des événements'. Ces questions 'curieuses' pourraient étouffer chez les hommes le remords qu'il faut, au contraire, aiguiser.

[104] La critique des miracles est inacceptable.

[105] Tronchin dénonce l'artifice qui consiste à donner un tour ironique au sens figuré que les interprètes donnent aux passages difficiles de l'Ecriture.

[106] Chirol doit être 'censuré', Eve Lequin condamnée à huit jours de prison dont quatre en chambre close qu'elle subira après son accouchement, et G. Grasset, censuré sur sa négligence; on lui enjoindra de veiller à l'avenir sur ce qui entre et sort de sa librairie et de se conformer aux règlements de la Librairie 'à peine d'être cassé irrémissiblement'.

[107] A d'Alembert (D12137), et à d'Argental (D12155).

Au mois de septembre dernier MM. de l'Académie des belles-lettres ayant été présenter au roi leur nouveau volume... *Eh bien!* (dit le roi au président Hénault, chef de la députation) *voilà votre ami qui fait des siennes.* [...] *Le malheureux*, dit le président à ses confrères, *il travaillait dans ce moment même à revenir en France.* [108]

A Versailles, le dénonciateur aurait été l'abbé d'Estrées auquel Voltaire n'aurait point fait sa cour lorsqu'il était venu prendre possession de son prieuré près de Ferney. [109]

Pour se défendre, Voltaire lance deux versions concurrentes. La première mise sur le partage des responsabilités où resurgit le rêve ancien d'un petit groupe travaillant de concert: 'On doit regarder cet ouvrage comme un recueil de plusieurs auteurs, fait par un éditeur de Hollande'. [110] Pour la seconde, Voltaire jette en pâture un nom, celui de Dubut, étudiant en théologie. Ce jeune homme devient tout à coup bien vieux. [111] Son identité est flottante: il s'appelle tantôt Dubut, tantôt Des Buttes. Mais comme Voltaire se rend compte du manque de sérieux de cette fiction, tout juste bonne pour amuser la galerie, il s'efforce de prouver que l'ouvrage est de plusieurs mains. C'est alors qu'il compose le mémorandum, envoyé le 19 octobre et énumérant ses emprunts et les contributions étrangères. [112] Cette thèse est soutenue par une intense

---

[108] Lorsque le 'mazarinier Coger' en 1767 écrira que le *Portatif* a excité chez Sa Majesté 'l'indignation la plus grande' (V 63A, p.212-13), Voltaire n'entendra point plaisanterie. Il répond à cette accusation ('Brouillon d'une réponse à Coger', V 63A, p.227-28), se plaint de l'impudence de Coger (D14310), met en avant le témoignage du président Hénault (D14333, D14342).

[109] 20 octobre 1764 (D12155); voir aussi D12245.

[110] 19 septembre 1764, à Damilaville (D12091).

[111] D12113, D12114, D12115. Le 16 novembre, il a curieusement vieilli (D12194).

[112] Appendice I (V 36), que nous analyserons ci-dessous, ch.3, à propos des emprunts du *Dictionnaire philosophique*.

correspondance,[113] puis par une missive adressée au président Hénault qui devait examiner le *Dictionnaire philosophique* et qui reprend la même argumentation.[114] Voltaire met aussi en avant des raisons techniques: Cramer est son seul éditeur. Un libraire comme lui n'a point imprimé un ouvrage rempli de fautes grossières que Voltaire se fait fort d'énumérer.[115] Les *Mémoires secrets* se moquent cependant du désaveu qu'il a envoyé à l'Académie et qui ne convainc personne (ii.134).

En novembre, Voltaire avoue que, trop vite alerté, il a cru bon 'd'aller au devant des coups' (D12208). La répression contre les livres dangereux n'était pas exempte de flottements au dix-huitième siècle. Tantôt on ferme les yeux, tantôt on applique des lois très restrictives. Ainsi, une expédition commandée par l'inspecteur de la librairie d'Hémery, aura-t-elle lieu à Bouillon, lieu de franchise. On y saisira des ouvrages de Voltaire: *La Pucelle, Traité sur la tolérance, Dictionnaire philosophique*.[116] Fin 1764, les craintes de Voltaire se sont évanouies. A Genève, on aurait préféré ne point sévir. Le Conseil n'a pu s'en dispenser, afin de n'être point taxé de laxisme par une bourgeoisie très dévote qui était scandalisée.[117]

---

[113] Voir par exemple une lettre à la comtesse d'Argental: 'S'il y a quelques articles de moi, comme Amitié, Amour, Anthropophages, Caractère, la Chine, Fraude, Gloire, Guerre, Lois, Luxe, Vertu, je ne dois répondre en aucune façon des autres' (*c.* 5 novembre 1764; D12180).

[114] 20 octobre 1764 (D12159): 'l'éditeur a mis dans l'ouvrage une demi-douzaine de morceaux que j'avais destinés autrefois au dictionnaire encyclopédique, comme *Amour, Amour-propre, Amour socratique, Amitié, Gloire*, etc'. D'après le mémorandum d'octobre 1764, l'article 'Guerre' fait également partie de ce groupe.

[115] 20 octobre 1764, à d'Argental (D12155). Dans D12180, il précise que l'ouvrage a été imprimé 'pour tirer de la misère une famille entière'. Voir aussi D17653, cité dans Brown et Kölving, 'Voltaire and Cramer?', p.160. Les fautes sont énumérées dans le mémorandum.

[116] Trapnell, *Voltaire and his portable dictionary*, p.51, d'après J.-P. Belin, *Le Commerce des livres prohibés à Paris de 1750 à 1789* (New York 1913), p.42.

[117] Explication donnée par le baron de Montpéroux, envoyé français, au duc de Praslin (D12106, D12140). Le 15 octobre, Montpéroux a informé Lullin que Praslin a approuvé le verdict rendu à Genève contre le *Dictionnaire philosophique* (D12079, note). Voltaire dément que le ministre de France ait remercié le Conseil (D12164).

Aurait-on essayé d'atténuer la sanction? Voltaire aurait reçu la visite d'un magistrat qui serait venu lui 'demander poliment la permission de brûler un certain portatif'.[118] Choiseul lui enjoint de se tenir tranquille (D12168):

Pourquoi diable vous démenez vous, Suisse marmotte, comme si vous étiez dans un bénitier? On ne vous dit mot, et certainement l'on ne veut vous faire aucun mal; vous désavouez le livre sans que l'on vous en parle, à la bonne heure; mais vous ne me persuaderez jamais qu'il n'est pas de vous.

Le ministre le met en garde sur le mauvais effet produit par ses 'lettres multipliées'. Rassuré, Voltaire va pouvoir s'occuper d'éditions augmentées.

La publication du *Dictionnaire philosophique* a fait scandale. On ignore à quel nombre d'exemplaires cette édition fut tirée, mais il semble qu'elle fut vite épuisée. Il est difficile d'en trouver à Genève le 25 septembre, impossible le 12 novembre.[119] Le prix était élevé. Chirol avoue avoir vendu ses exemplaires six livres de France (D.app.249). A Paris, Mme de Chamberlin, une veuve aux revenus modestes, s'est mise en quête du *Dictionnaire philosophique*. Elle apprend qu'il se vend clandestinement à cinq louis.[120] Il est donc réservé à une petite clientèle. Grimm dans la *Correspondance littéraire* du 1er septembre l'annonce comme fort rare à Paris: 'Au reste, l'édition entière de cet évangile précieux se réduit peut-être à vingt ou vingt-cinq exemplaires' (CLT, vi.65). L'inspecteur d'Hémery pour sa part en a eu connaissance le 1er septembre.[121] Toussaint-Pierre Lenieps écrit à J.-J. Rousseau le 27 octobre qu'il n'a pu se le procurer, mais qu'il a réussi à le parcourir (Leigh

---

[118] D'après D12254, version sans doute romancée d'une démarche plus circon-specte.

[119] Sur les difficultés pour se procurer des exemplaires, voir D12102, D12189. Alexandre Du Peyrou trouve cependant un exemplaire à Genève qu'il envoie à J.-J. Rousseau le 20 octobre (Leigh 3587).

[120] 30 janvier 1765 (D12364).

[121] Voir ci-dessous, p.234.

3607). Voltaire n'en a gratifié que les adeptes. [122] Il ne l'enverra à Mme Du Deffand que le 8 octobre, l'exhortant à lire le 'Catéchisme chinois', lui expliquant les anagrammes du 'Catéchisme du Japonais'. [123]

En revanche, la diffusion européenne paraît bien assurée. La duchesse de Saxe-Gotha a reçu l'exemplaire que Voltaire lui a envoyé. Grimm demande qu'un paquet lui soit apporté par quelque honnête voyageur afin qu'il puisse en gratifier des têtes couronnées, l'impératrice de Russie, la reine de Suède, la princesse de Hesse-Darmstadt, la princesse de Nassau-Sarrebruck (D12072).

Les mesures coercitives prises contre le *Dictionnaire philosophique* attisent la curiosité. [124] Il existait un marché, aussi les éditions et contrefaçons se sont-elles multipliées.

Les éditions de 1765

La première édition fut recopiée par différentes éditions de provenance incertaine. [125] Voltaire prétend avoir empêché que le libraire Besongne de Rouen, spécialisé dans les livres prohibés, [126] en ait fait une copie. [127] Un vague projet d'édition expurgée ne paraît

[122] 19 octobre [1764], à d'Alembert (D12149).

[123] D12129. Mme Du Deffand, mécontente de ne pas l'avoir reçu, aurait dit, selon d'Alembert, que c'était 'un chiffon posthume de Fontenelle, parce que l'auteur en parlant de l'amour, dit [...] que c'est *l'étoffe de la nature que l'imagination a brodée*' (4 octobre [1764]; D12123).

[124] 'Le consistoire des prêtres pédants sociniens, l'a déféré aux magistrats. Alors les libraires en ont fait venir beaucoup' (D12099); 'ces hérétiques les ont tous fait enlever avec avidité' (D12102).

[125] Voir ci-dessous, ch.9, et D12568, D12937. Le 27 mai, Voltaire se plaint qu'un livre anglais lui ait volé 'la substance de plus de vingt chapitres du dictionaire philosophique' et ait recopié dans d'autres chapitres, mot à mot, des phrases entières qui sont de lui (D12618).

[126] Belin, *Le Commerce des livres prohibés*, p.51.

[127] Voir D12114 et D12149. Il est question d'une édition de Rouen évoquée par Grasset: le colporteur qui leur aurait vendu des exemplaires du *Dictionnaire philosophique*, leur aurait dit qu'il y avait une réimpression à Rouen (D.app.249).

pas avoir été réalisé. [128] Le 3 octobre 1764, 'Des Buttes', bien que vieux et malade, apporte 'un gros cayer d'articles nouveaux et d'anciens articles corrigés'. Ces textes seraient 'plus circomspects et plus intéressants que les anciens'. Un paquet a été envoyé début octobre à Marc-Michel Rey. [129] Le 12 octobre, Voltaire annonce à d'Alembert qu'il se fait une édition très jolie en Hollande à laquelle il lui propose de collaborer (D12137); le 11 décembre, elle serait imprimée avec l'indication: 'par une société de gens de lettres'. [130] Terminée depuis le 29 novembre, [131] grossie de 'plusieurs chapitres insolents', cette édition (sigle: 65) est un succès de librairie: il s'en est débité 'quatre mille en huit jours' (D12246). Le 27 décembre 1764, les *Mémoires secrets* l'annoncent (ii.134). Elle comprend sept articles nouveaux: 'Catéchisme du jardinier', 'Enthousiasme', 'Liberté de penser', 'Nécessaire', 'Persécution', 'Philosophe', 'Sens commun'. Une seconde section a été ajoutée à l'article 'Tolérance'. Des échos des démêlés de Voltaire avec les ecclésiastiques sont perceptibles dans 'Persécution', le ton s'est durci dans 'Tolérance' II, et le galérien de l'âme, Médroso, dans 'Liberté de penser' pourrait renvoyer à une déception de Voltaire au printemps 1764 qui s'est heurté au refus des protestants de s'installer en Guyane.

Tandis que Voltaire en organise la diffusion, envoyant un paquet à Henri Rieu (D12305), des exemplaires à ses connaissances, [132] les autorités sont sur le pied de guerre. La maladresse

---

[128] Selon la suggestion de d'Argental; voir D12114 et D12118.

[129] D12118 (3 octobre [1764]), qui met en scène Des Buttes, évoque une édition qui ferait gagner de l'argent à frère Marin. Dans D12127, 7 octobre [1764], Voltaire s'inquiète de savoir si Marc-Michel Rey a bien reçu le paquet.

[130] D12238. On ne connaît point d'édition portant cet intitulé. Que Voltaire ait réclamé un tel sous-titre paraît probable. Faut-il mettre cette fausse nouvelle en relation avec D12220, billet dans lequel Voltaire se plaint d'un titre qui aurait été substitué à celui dont il avait parlé?

[131] Voir J. Vercruysse, 'Voltaire et Marc Michel Rey', *Studies* 58 (1967), p.1718, et ci-dessous, ch.9.

[132] A Th. Tronchin (D12221), Damilaville (D12352), d'Argental (D12391), Richelieu (D12456).

de certains religieux contribue au succès de cet ouvrage infernal. Mme de Chamberlin se confesse pour Noël. Cette petite bourgeoise aime avec passion les livres, 'Charon, Montagne, Milton, l'histoire générale, Micromegas, Zadic'. Dure réprimande de son confesseur qui, tout en colère, lui demande si elle a lu le *Dictionnaire philosophique*. Elle ne l'a pas lu, mais veut le lire et s'adresse à Voltaire qui l'a fait pleurer avec sa *Zaïre*.[133] Brûlé en décembre 1764 en Hollande (D12266), ensuite à Berne,[134] le *Dictionnaire philosophique* éveille la colère d'Omer Joly de Fleury qui a dit qu'il ne mourrait pas content s'il n'avait pas vu pendre un philosophe (voir D12180). Il prépare son réquisitoire. Le *Portatif* sera aussi mis à l'*Index* et condamné par le Parlement de Paris le 19 mars 1765. Cet arrêt du Parlement condamne à la fois le *Dictionnaire philosophique portatif*, et les *Lettres écrites de la montagne* par Jean-Jacques Rousseau.

Après une introduction sur les progrès de la fausse philosophie, Joly de Fleury examine le *Portatif*, en précisant que si l'auteur en était connu, il mériterait de subir les peines les plus rigoureuses. Son analyse met particulièrement en évidence les attaques contre la religion:

Les dogmes de la religion présentés comme des nouveautés introduites par la succession des temps; dérision de la discipline et des usages de l'Eglise; anéantissement des saintes Ecritures et de toute Révélation: on essaie de saper les fondements de la religion catholique; on nie la divinité de Jésus-Christ; on ne craint pas, on ne rougit pas de traiter de fable ce que les évangélistes en rapportent, et de donner pour institution humaine la foi et la discipline de l'Eglise; les sacrements; le culte des saints pour superstition.

Omer Joly de Fleury reproche à cet ouvrage de ne respecter ni les textes de la Bible, ni ceux des Pères. Puis sa diatribe expose des points condamnables:

---

[133] 30 janvier 1765 (D12364).
[134] D12276, commentaire; D12301 et D.app.257.

Point de miracles; c'est, selon l'auteur, insulter Dieu que d'en supposer. Point de péché originel dans l'homme; point de liberté dans sa volonté; point de Providence générale ni particulière: la matière est éternelle selon lui: il n'y a de certitude que la Physique et la Mathématique: illusion que l'espérance d'une vie future, l'homme périt tout entier; invectives contre les actes consacrés par la Religion: Lois divines et humaines également méprisées; on présente les religions comme faites pour les climats.

L'argumentation concernant la religion naturelle lui paraît très faible, d'où la conclusion:

Mystères, dogmes, morale, discipline, culte, vérité de la religion, autorité divine et humaine, tout est donc en butte à la plume sacrilège de cet auteur, qui se fait gloire de se ranger dans la classe des bêtes en mettant l'homme à leur niveau.

Après avoir stigmatisé les moyens adoptés pour répandre ces erreurs: 'le ridicule, la plaisanterie, les doutes, les sophismes, les objections, les difficultés, les blasphèmes', le procureur général affirme qu'il faut proscrire cet ouvrage contraire aux intérêts de la société et qui, de plus, est irrespectueux quant au sceptre et à la couronne. [135]

Voltaire s'est offert le plaisir le 12 janvier 1765 de mystifier le Petit Conseil de Genève. Il lui donne avis que 'parmi les libelles pernicieux dont cette ville est inondée depuis quelque temps, tous imprimés à Amsterdam chez Marc Michel Rey, il arrive Lundi prochain chez le nommé Chirol, Libraire de Genève, un ballot contenant des Dictionnaires philosophiques, des Evangiles de la raison et autres sottises' (D12313). Bien entendu la perquisition diligentée par les autorités sera vaine. Chirol, au cours de son interrogatoire, déclare avoir fait arrêter en route ce paquet. Toutes ces péripéties n'empêchent point Voltaire de travailler à une édition augmentée.

---

[135] *Arrêt de la Cour du Parlement* (Paris 1765), p.1-4. Cet arrêt du Parlement est reproduit dans Chaudon, *Dictionnaire anti-philosophique*, p.xv-xx.

L'édition faite sous l'adresse de Varberg en deux volumes est imprimée par Gabriel Grasset (sigle: 65v); voir D.app.270. Cette édition est enrichie d'une préface où l'auteur affirme que cet ouvrage est de plusieurs mains et où il définit son dessein: 'joindre l'utile à l'agréable'. Seize articles inédits ont été ajoutés: 'Abbé', 'Confession', 'Dogmes', 'Esprit faux', 'Foi', 'Genèse', 'Idée', 'Du juste et de l'injuste', 'Lettres, gens de lettres, ou lettrés', 'Martyre', 'Orgueil', 'Paul', 'Prêtre', 'Secte', 'Théiste', 'Théologien'. L'article 'Salomon' a été remanié. Seize autres articles ont reçu des additions: 'Abraham', 'Ame', 'Catéchisme chinois', 'Catéchisme du Japonais', 'De la Chine', 'Christianisme', 'Destin', 'Ezéchiel', 'Fables', 'Guerre', 'De la liberté', 'Luxe', 'Messie', 'Moïse', 'Religion', 'Sensation'; et les articles 'Résurrection' et 'Superstition' ont reçu chacun une section supplémentaire.

L'ensemble est considérable. Voltaire a mis à profit les recherches entreprises pour *La Philosophie de l'histoire*. Il a bénéficié, comme pour le *Traité sur la tolérance*, de l'érudition du pasteur Paul-Claude Moultou auquel il emprunte des ouvrages, qu'il consulte sur des points délicats.[136] Celui-ci lui signale des 'passages singuliers'.[137] De bons catholiques dénonceront le rôle des pasteurs 'sociniens'. Selon dom Chaudon les honnêtes gens s'interrogent: comment Voltaire qui ne sait pas un mot d'hébreu s'avise-t-il de commenter la Genèse? Voici la réponse du bénédictin:

Vous vous étonnez mal à propos; M. de Voltaire est l'homme universel, et si universel qu'il a expliqué Newton sans l'entendre, et qu'il dispute tous les jours avec les pasteurs de Genève sur la pauvreté de la langue hébraïque sans la savoir. Quelques-uns de ces MM. tiennent un peu au socinianisme; ils sont des petits soupers de M. de V., et ils lui fournissent

---

[136] C'est Moultou qui lui procure une traduction latine du livre d'Hénoch (D11609) et les actes de Thècle (D12279). Comme il sait bien qu'il n'est pas 'le premier Théologien de ce monde', Voltaire a recours à lui (D10988). Il l'interroge sur l'étymologie de Babel (D12278).

[137] Voltaire, auquel Moultou a prêté Van Dale et Hyde, le remercie de 'passages singuliers' (D12087).

quelques arguments au dessert qu'il va écrire tout de suite pour en faire des chapitres de son Dictionnaire philosophique. Comme il travaille dans le temps de la digestion, et que sa digestion est laborieuse, il n'est pas étonnant que vous trouviez beaucoup de bile dans tout ce qu'il produit. [138]

Voltaire mettra un signet à cet article 'Genèse' (CN, ii.609), et dans *Le Pyrrhonisme de l'histoire* en 1768 il rétorque (M.xxvii.299):

Vous en avez menti, mon révérend père: *mentiris impudentissime*, comme disait Pascal. Les portes de cette ville sont fermées avant l'heure du souper. Jamais aucun prêtre de cette ville n'a soupé dans son château, qui en est à deux lieues; il ne vit avec aucun, il n'en connaît aucun: c'est ce que vingt mille hommes peuvent attester.

Ces articles de Varberg sont nourris aussi de ses lectures récentes, comme 'Secte' qui est à mettre en relation avec celle de l'abbé Houtteville; ils répliquent aussi à des événements contemporains, comme 'Prêtre' qui répond aux actes de l'Assemblée générale du clergé, ou comme 'Abbé' qui lance des banderilles contre Lefranc de Pompignan. Certaines additions sont polémiques et mettent en cause l'une des premières réfutations du *Dictionnaire philosophique*, celle de J.-A. Rosset; [139] d'autres apportent des développements nouveaux. [140]

L'édition de 1767

En France, les autorités ne désarmaient pas. L'année 1766 le rappelle cruellement. Le 1er juillet, le chevalier de La Barre, accusé de sacrilège et de profanation, est exécuté à Abbeville. Sur son bûcher, on jette un exemplaire du *Dictionnaire philosophique*, comme l'avait spécifié un arrêt du Parlement de Paris:

Ce faisant le *Dictionnaire philosophique portatif*, faisant partie desdits

---

[138] *Dictionnaire anti-philosophique*, p.124-25.
[139] Voir les ajouts à 'Ame' et 'Luxe'.
[140] Voir en particulier 'Christianisme'.

livres qui ont été déposés au greffe de ladite sénéchaussée, serait jeté par l'exécuteur de la Haute Justice dans le même bûcher où serait jeté le corps dudit Lefebvre de La Barre. [141]

Le procureur général Joly de Fleury avait désigné à la vindicte publique, par-delà le bouc émissaire, ce jeune chevalier qui allait payer de sa vie quelques impiétés, les fauteurs de troubles, c'est-à-dire les philosophes et tout particulièrement Voltaire. Le *Dictionnaire philosophique* avait été saisi dans la bibliothèque de La Barre (D.app.279). Oublié par mégarde à Paris, un courrier spécial avait été dépêché pour qu'il fût brûlé pendant l'exécution. Voltaire, après les habituels démentis (D13405, D13500), et un moment de peur, a repris le combat. [142]

En décembre 1766, la femme Lejeune, qui voulait faire entrer en France des livres interdits, vient à Genève et s'en procure un bon nombre. Parmi ceux-ci se trouvent des exemplaires du *Dictionnaire philosophique*. Recommandée par d'Argental, elle fut bien accueillie à Ferney. Elle sera arrêtée à Collonges et ses malles, remplies de livres cachés sous de vieux vêtements, seront saisies. [143]

En juin 1767, paraît en Hollande une 'sixième édition revue, corrigée et augmentée de xxxiv articles par l'auteur' (D14223, D14230). Cette édition de Marc-Michel Rey (sigle: 67) reprend les articles précédemment parus et comprend dix-huits inédits: 'Adam', 'Antitrinitaires', 'Arius', 'Babel', 'Conciles', 'David', 'Des délits locaux', 'Divinité de Jésus', 'Evangile', 'Job', 'Judée', 'Julien

---

[141] Arrêt du Parlement de Paris, reproduit par Chaudon, p.429.

[142] Ch. Mervaud, 'Voltaire et le *Cri du sang innocent*: l'affaire La Barre dans sa correspondance', *L'Infini* 25 (1989), p.135-45. Le mandement de l'évêque d'Amiens, Louis-Charles Machault, du 9 avril 1781 qui interdisait de souscrire à l'édition de Kehl, rappelle que le *Dictionnaire philosophique* avait été pris pour 'corps de doctrine' par les impies, que Voltaire était la cause 'du libertinage effronté et de l'abâtardissement en tout genre de quantité de jeunes gens' (Condorcet, *Almanach anti-superstitieux et autres textes*, éd. A.-M. Chouillet, P. Crépel, H. Duranton, Paris, Saint-Etienne 1992, p.168).

[143] D13727, D13762, D13766; cette dernière lettre indique la liste des livres achetés par Mme Lejeune.

le philosophe', 'Maître', 'Morale', 'Sur le papisme', 'Péché originel', 'Prophètes', 'Transsubstantiation'. Une seconde section est ajoutée aux articles 'Athée, athéisme', 'Foi', 'Des lois', des additions aux articles 'Abraham', 'Baptême', 'Christianisme'. Neuf de ces nouveaux articles sont suivis d'une signature, le plus souvent fantaisiste.

Certains sont à mettre en relation avec la publication des dix volumes restants de l'*Encyclopédie*. En février 1766, Voltaire salue avec enthousiasme cet événement dû à la 'tolérance' de Malesherbes.[144] Dans le tome VIII étaient publiées dix des contributions de Voltaire dont les articles 'Idole, idolâtre, idolâtrie' et 'Histoire'. Le tome IX contenait 'Messie' par Polier de Bottens. Dans ces volumes défigurés par Le Breton, Voltaire fait une découverte, celle de l'article 'Unitaires', en mars 1766 (D13206). La lecture de ce long texte de Naigeon est à l'origine des articles 'Antitrinitaires', 'Arius', 'Divinité de Jésus', 'Papisme', 'Péché originel' et d'une addition à l'article 'Baptême'. Dès avril 1766, Voltaire a en réserve un certain nombre de textes nouveaux.[145] Sans doute rédige-t-il 'Babel' après 'Adam', 'David' dans la foulée de 'Philosophe', paru en 1765. 'Evangile' peut être mis en relation avec la lecture de Fréret en juin auquel il attribue l'addition d''Abraham'. Il envoie 'Julien' à Frédéric II en octobre.[146] Les recherches pour *L'Examen important de milord Bolingbroke* ne sont peut-être pas étrangères à l'article 'Prophètes'. 'Transsubstantiation', si violent, est lié à l'affaire La Barre, le jeune chevalier ayant été accusé d'avoir profané des hosties. L'ombre de cette tragédie

[144] 'Il est arrivé, il est arrivé, le ballot Briasson! On relie jour et nuit. Je grille d'impatience' (4 février 1766; D13156).

[145] Il propose à J. Lacombe de faire 'un recueil de chapitres par ordre alphabétique' puisés dans les mélanges et les deux tomes du *Dictionnaire philosophique* (5 avril 1766, D13237; 5 mai, D13285). Il promet des additions à ces chapitres (D13385, D13406). L'idée est abandonnée en avril 1767 (D14146).

[146] Voir la réponse et les critiques de Frédéric, 3 novembre 1766 (D13649). Le roi suggère de rendre justice à La Bléterie.

se profile sur ces additions antireligieuses de 1767, comme elle le fera encore pour celles de 1769.

La Raison par alphabet, 1769

L'édition la plus complète du *Dictionnaire philosophique*, notre texte de base, est celle de 1769, enrichie de quatre nouveaux articles: 'Carême', 'Credo', 'Inquisition', 'Torture', et d'additions aux articles 'Ame', 'Amour nommé socratique', 'Job', 'Du juste et de l'injuste'. Dans cette édition publiée par Cramer en deux volumes sous le titre de *La Raison par alphabet* (sigle: 69), le premier volume comprend les articles des lettres A-I, le second ceux des lettres L-V, suivis de *L'A, B, C*, texte qui avait déjà été publié isolément.

On dispose de peu d'informations sur cette édition. Elle devait être bien avancée en mai 1769, puisque Voltaire envoie une addition pour *L'A, B, C* qui ne sera reprise que dans la deuxième édition de *La Raison par alphabet* en 1770 (sigle: 70G). [147] Pendant l'été, il envoie à Cramer 'Torture' et une 'petite addition pour la Lettre *I* ', [148] et redemande 'Inquisition', peut-être pour un remaniement. [149] Dans l'article 'Torture', il résume l'affaire La Barre et commente ironiquement: 'nous ne sommes qu'en 1769'.

Quelque cinquante articles du *Dictionnaire philosophique*, un an plus tard, seront incorporés aux *Questions sur l'Encyclopédie*. L'activité alphabétique sera l'une des grandes passions de la vieillesse de Voltaire.

---

[147] Voir D15650 et le commentaire de cette lettre.
[148] Il y a deux additions, l'une à l'article 'Job', l'autre à 'Du juste et de l'injuste'.
[149] D15788, D15789 [juillet/août 1769].

3

La présence du 'déjà dit'

Le *Dictionnaire philosophique* est l'œuvre d'un homme de cabinet, qui vit entouré de milliers de livres et se donne les gants de faire parade d'érudition tout en la critiquant vertement. La cible de choix reste dom Calmet 'qui a beaucoup compilé, et qui n'a raisonné jamais' ('Ciel des anciens'). Ce bénédictin, auquel Voltaire doit tant, est criblé de flèches. [1] Mais la marge entre les déclarations de principe et la pratique chez Voltaire n'est point étroite. Sur ce point, comme sur d'autres, Voltaire évolue, change d'avis au gré des circonstances.

Par coquetterie d'homme de goût, Voltaire avait cloué au pilori MM. Lexicocrassus et Scriblerius, invité les Daciers, les Saumaises, 'gens hérissés de savantes fadaises', à se 'décrasser' dans *Le Temple du Goût*. [2] Mais dans *Le Siècle de Louis XIV*, il a reconnu les mérites des travaux d'érudition, ceux qui sont fondés sur une 'critique judicieuse des opinions et des faits'. [3] Voltaire ne dédaigne point la compilation, même s'il oppose cette besogne aux 'fleurs de la poésie'. A d'Argental qui l'engage à parfaire ses tragédies, le 3 octobre 1752, alors qu'il se documente pour les articles destinés au projet lancé à la cour de Prusse, il se dit 'affublé' d'occupations bien différentes:

Les ouvrages de génie sont aux compilations ce que le mariage est à

---

[1] Voir 'Babel', 'Corps', 'David', 'Job', 'Résurrection'. Voltaire n'épargne pas non plus l'érudition rabbinique (voir 'Adam', 'Ange', 'Résurrection').

[2] Ed. Carcassonne, p.113-14.

[3] *OH*, p.1000.

l'amour. *L'himen vient quand on l'appelle, L'amour vient quand il luy plaît.*
Je compile à présent, et Le dieu du génie est allé au diable. [4]

Pour écrire le *Dictionnaire philosophique*, Voltaire a contracté un
mariage qui n'est point seulement de raison avec l'érudition. Son
voisin, le président de Brosses, en témoigne: il passe sa vie à lire
Calmet. [5] Même dans ses dénégations, Voltaire joue au savant:
'Quelle barbarie de m'attribuer un livre farci de citations de
sᵗ Jérome, d'Ambroise, d'Augustin, de Clément d'Aléxandrie, de
Tatien, de Tertulien, d'Origène'. [6] Or Voltaire, tout en pillant les
auteurs anciens, fait profession de modernité. Il prétend qu''il n'y
a point aujourd'hui de petit livre de physique qui ne soit plus
utile que tous les livres de l'antiquité' ('Job').

Quoi qu'en ait dit Y. Florenne, sa philosophie n'est point 'toute
fondée sur l'actualité'. [7] Journaliste, sensible à l'air du temps,
Voltaire l'est assurément, mais l'étude du passé le sollicite. Il a
écrit l'article 'Histoire' pour l'*Encyclopédie* et il la définit comme
'le récit des faits donnés pour vrais; au contraire de la fable, qui
est le récit des faits donnés pour faux' (V 33, p.164). L'historien
de l'*Essai sur les mœurs* reste conscient des incertitudes de l'histoire,
mais il a engrangé une ample moisson qui lui permet de nourrir
son 'dictionnaire d'idées'. Son champ de prédilection dans le
Dictionnaire philosophique est l'histoire sacrée et particulièrement
ce 'recueil des erreurs humaines' qu'est pour lui l'histoire des
opinions, aussi importante que celle des événements.

Le dernier paradoxe de Voltaire n'est pas le moindre. Non sans
provocation, il se permet dans le *Dictionnaire philosophique* de

---

[4] D5029. Voltaire cite des vers de Quinault pour justifier son refus auprès de
son ami d'Argental.

[5] 31 décembre 1764 (D12277).

[6] D12115. Saint Ambroise est cité dans 'Miracles', Tatien dans 'Idée'. Voltaire
vient d'écrire 'Idée' parue dans 65v, d'où la référence à Tatien, dont il possédait le
Discours aux Grecs dans le même volume que les œuvres de saint Justin (BV1768).

[7] *Dictionnaire philosophique*, éd. Florenne (Paris 1962), p.II.

donner une leçon d'interprétation des textes comme s'il était au-dessus de tout soupçon en la matière ('Résurrection' I):

Donner des sens forcés à des passages clairs, c'est le sûr moyen de ne jamais s'entendre, ou plutôt d'être regardés comme des gens de mauvaise foi par les honnêtes gens.

Voltaire reste un auteur en procès quant à l'utilisation de ses sources. Il l'a été dès le dix-huitième siècle où le jésuite Nonnotte s'est fait connaître par ses *Erreurs de Voltaire*, maintes fois rééditées et augmentées et où toutes les réfutations du *Portatif* collectionnent ses inadvertances ou ses fautes.[8] Le dossier reste ouvert.

Si les bravades de Voltaire incitent à lui demander des comptes quant à l'ampleur de sa documentation, à l'usage qu'il en a fait, il importe de ne point se limiter à cette vision critique et réductrice. Voltaire n'est point l'abbé Trublet, tel, du moins, que les vers caustiques du *Pauvre diable* l'ont dépeint (M.x.108):

> Il entassait adage sur adage;
> Il compilait, compilait, compilait;
> On le voyait sans cesse écrire, écrire
> Ce qu'il avait jadis entendu dire.

Si l'abbé Trublet, suivant son malin censeur, compilait pour masquer son 'peu d'esprit', Voltaire est puissamment stimulé par l'esprit ou le manque d'esprit d'autrui.

Vérifier le degré de véracité des références et allégations de Voltaire est une tâche nécessaire, mais non suffisante. Livre qui renvoie à tant de livres, mosaïque de citations et de réminiscences, le *Dictionnaire philosophique* offre un champ illimité à la recherche intertextuelle. Il convient d'étudier la présence affichée ou latente de tant de textes dans ce dictionnaire voltairien et d'apprécier un discours original tenu à partir de discours anciens:

---

[8] Voir ci-dessous, ch.7.

Les abeilles pillotent deçà delà les fleurs, mais elles en font après le miel, qui est tout leur; ce n'est plus thym ni marjolaine.[9]

Goûter au miel de Voltaire, tout en reconnaissant parfois au passage le thym et la marjolaine, telle est la priorité, même si les résultats escomptés ne peuvent prétendre être complets.[10]

i. *Les citations*

Le mode de présence le plus évident d'un texte dans un autre texte est la citation puisque, par définition, les limites du droit de propriété de chacun y sont indiquées.[11] Pour sa part, en 1770, dans l'article 'Auteurs' des *Questions sur l'Encyclopédie*, Voltaire procède à cette mise au point:

Il y a bien de la différence entre faire mention d'un auteur et citer un auteur. Parler, faire mention d'un auteur, c'est dire: Il a vécu, il a écrit en tel temps. Le citer, c'est rapporter un de ses passages.[12]

Attentif à l'usage, dans l'article 'Langue française', il remarque qu'au siècle de Louis XIV, 'on citait les anciens, on ne *faisait pas des citations*'.[13]

La citation est la suite naturelle du soulignement dans la lecture. Or qui a consulté le *Corpus des notes marginales* sait que la pratique voltairienne tend à isoler par des tirets, des traits, des notes, les fragments significatifs d'ouvrages qu'il consulte. Non sans

---

[9] Montaigne, *Essais*, I.xxvi.

[10] L'index et les annotations de cette édition peuvent être considérés comme un point de départ de recherches qui restent à faire.

[11] A l'inverse du plagiat qui, tel le geai de la fable, s'approprie les plumes du paon. Sur la citation, on se reportera à l'ouvrage d'A. Compagnon, *La Seconde main, ou le travail de la citation* (Paris 1979), auquel nous nous référerons à plusieurs reprises.

[12] M.xvii.501: mise au point polémique et non méthodologique au premier chef, Voltaire répondant à la critique de *La Philosophie de l'histoire*.

[13] M.xix.190. Le sens premier de citation était juridique. On trouve son sens moderne dans Richelet, Furetière, *Trévoux* et l'*Encyclopédie*; TLF le date de 1671.

humour, il évoque sa 'louable coutume' qui consiste à 'marginer' ses livres (D11549). Cette lecture active trouve son prolongement dans les carnets où sont engrangés souvenirs de lecture et remarques diverses. Voltaire s'est constitué avec ce 'sottisier' un florilège de citations mises en réserve voisinant avec ses propres jugements. Il n'avait certes pas besoin de se reporter à un dictionnaire de citations,[14] ce qui ne l'empêche point de déclarer ('Tout est bien'):

Je n'aime point à citer; c'est d'ordinaire une besogne épineuse; on néglige ce qui précède et ce qui suit l'endroit qu'on cite, et on s'expose à mille querelles.

Quelles querelles faudrait-il intenter à l'auteur du *Dictionnaire philosophique?* Les modes de présence des textes d'autrui y sont variés et complexes. On se limitera d'abord aux citations à proprement parler. Pour établir le corpus, on n'a retenu que les fragments d'ouvrages prélevés, découpés et réinsérés, ceux qui s'exhibent comme parole d'autrui dûment rapportée.

La typographie permet en général de repérer les citations. Si l'on doit l'invention des guillemets à l'imprimeur Guillaume en 1670, la citation au dix-huitième siècle est marquée soit par l'italique, soit par les guillemets.[15] Voltaire s'est conformé à l'usage. L'italique attire l'attention sur des expressions ou phrases significatives, le début d'une chanson ('Abbé'), l'énumération des trois âmes selon saint Thomas, la *végétative*, la *nutritive* et l'*augmentative* ('Ame'). La citation étant produite à titre d'autorité, une phrase introductive garantissant son authenticité la précède parfois.[16] Quand le fragment comprend une ou plusieurs phrases,

---

[14] En 1761 paraît une *Encyclopédie de pensées, de maximes et de réflexions sur toutes sortes de sujets* par P.-A. Alletz (Quemada, *Les Dictionnaires du français moderne*, p.584).

[15] Article 'Citation' de J. Faiguet de Villeneuve, *Encyclopédie*, iii.482.

[16] Quand il s'agit de textes allégués dans une démonstration, Voltaire insiste sur la véracité du texte.

le texte cité est porteur de sens par lui-même; en revanche des expressions, privées de sens propre, sont dépendantes du commentaire: 'et ce même Grammont, par un préjugé inconcevable, prétend que Vanini disait tout cela *par vanité, ou par crainte, plutôt que par une persuasion intérieure*' ('Athée' 1). Pour les autocitations, Voltaire use d'un procédé d'enchâssement à valeur de devinette: 'comme l'a dit un auteur connu, un catéchiste annonce Dieu aux enfants, et Newton le démontre aux sages' ('Athée' 1), ou 'on vous l'a déjà dit et on n'a autre chose à vous dire; si vous avez deux religions chez vous, elles se couperont la gorge; si vous en avez trente, elles vivront en paix' ('Tolérance' 1).

Liberté et fantaisie règnent dans le *Dictionnaire philosophique* pour ce qui est des références des citations. Tantôt Voltaire n'indique ni l'auteur, ni l'œuvre, laissant à son diligent lecteur le soin de retrouver le texte. Il le fait de manière quasi systématique pour les poètes latins, estimant qu'ils seront reconnus. Il le fait pour ses propres vers: *Zaïre* dans 'Inquisition', la *Défense du Mondain* dans 'Luxe'. Peut-être ne faut-il point chercher d'intentions précises lorsque Voltaire cite l'auteur sans le titre de l'œuvre,[17] l'ouvrage sans l'indication de son auteur,[18] l'auteur et l'ouvrage, parfois avec des précisions de chapitres.[19] Ces indications précises ne garantissent pas l'exactitude de la citation.[20] Les règles de l'érudition peuvent être bousculées par celles du jeu. Ainsi attribue-t-il à 'un plaisant du parti janséniste' ses propres vers, déjà parus dans *Sottise des deux parts* ('Convulsions'). Qu'on ne s'étonne pas que l'identification de quelques citations ait posé des problèmes!

---

[17] Dans 'Amour', Voltaire cite le comte de Rochester sans autre précision. Sa citation est d'ailleurs approximative.

[18] Dans 'Ciel des anciens', Voltaire cite le *Cartesius Mosaïzans*. Cet ouvrage est de Johan Amerpoel.

[19] Ces précisions sont peut-être dues au fait qu'il a l'ouvrage sous la main, ainsi du *Traité contre Celse* d'Origène (BV2618); voir 'Christianisme', 'Religion'.

[20] Voir par exemple l'annotation de 'Baptême', 'Christianisme'.

Les citations du *Dictionnaire philosophique* s'élèvent à plusieurs centaines. Elles sont diversement réparties, et particulièrement nombreuses dans les articles religieux, d'où le fort pourcentage de textes bibliques, d'ouvrages des Pères de l'Eglise, des saints, des apologistes, des théologiens ou des historiens de l'Eglise. Voltaire cite textuellement les Actes des apôtres, censés moins familiers que les autres textes de l'Ancien ou du Nouveau Testament auxquels il fait allusion ou qu'il paraphrase. [21] Il renvoie plusieurs fois à saint Augustin, Lactance, Origène et saint Chrysostome. [22] Des ouvrages politiques sont largement utilisés. [23] La littérature latine est plus représentée que la littérature grecque, Horace et Ovide se taillent la part du lion. [24] La part réservée aux auteurs français et anglais est importante. L'éventail s'élargit avec d'autres citations, les unes littéraires, les autres religieuses. [25]

Ce dénombrement, utile pour une première approche, importe moins que l'examen de la méthode de Voltaire. Si le *Dictionnaire de Trévoux* rend hommage à Le Nain de Tillemont et à Bayle pour l'exactitude de leurs citations, [26] on n'ajoutera pas Voltaire à cette liste. Certaines de ses citations le sont de manière rigoureuse:

[21] Pour les Actes des apôtres, voir 'Christianisme', 'Métamorphose', 'Papisme', 'Paul'. On note des citations nombreuses du Lévitique et du Deutéronome ('Ame', 'Jephté', 'Songes').

[22] Saint Augustin ('Christianisme', 'Genèse', 'Miracles', 'Idole'); Lactance ('Tout est bien', 'Christianisme', 'Ciel des anciens'); Origène ('Christianisme', 'Religion'); saint Chrysostome ('Ciel des anciens', 'Messie', 'Miracles').

[23] Voir l'annotation de l'article 'Etats'.

[24] Horace ('Bien', 'Caractère', 'Catéchisme du Japonais', 'Ezéchiel', 'Idole', 'Luxe'); Ovide ('Amour nommé socratique', 'Ciel des anciens', 'Genèse', 'Idole', 'Superstition'); Virgile est cité dans 'Amour' et 'Enfer', Lucrèce dans 'Amour' et 'Superstition'.

[25] 'Critique' énumère un certain nombre de textes. Voltaire cite Th. de Bèze dans 'Amour nommé socratique', d'Aubigné dans 'Ciel des anciens', Bertaut dans 'Fanatisme', Molière dans 'Fausseté des vertus humaines' et 'Religion'. Il cite Rochester dans 'Amour', Shaftesbury et Pope dans 'Tout est bien'. Le Coran est cité dans 'Gloire', Confucius dans 'Catéchisme chinois' et 'Philosophe'.

[26] *Trévoux*, art. 'Citation' (i.146).

celle de La Bléterie dans 'Julien', la patente de saint Dominique dans 'Inquisition', celle d'Agrippa d'Aubigné dans 'Ciel des anciens'. D'autres sont fautives, sans doute par négligence. [27] Dans l'article 'Destin', Voltaire se fie à tort à sa mémoire et ne cite pas correctement Juvénal. Il lit trop vite, confond les notes de Calmet, renvoie au chapitre xxviii des Nombres, alors qu'il aurait dû renvoyer à Exode xxxiv.7 ('Ezéchiel'). Il se trompe dans l''Addition importante' de l'article 'Baptême', attribue à Constance une phrase prononcée par Jésus dans *Les Césars* de Julien. Il tronque les textes du Deutéronome, ne respecte point l'ordre des versets et ne le signale pas ('Ame'). Plus graves sont des déformations tendancieuses. David tue les enfants à la mamelle ('David'). La Bible ne fait mention que des hommes et des femmes (I Samuel xxvii.9, 11). Mais, dans I Samuel xv, Yahvé prescrit l'extermination des Amalécites en incluant les enfants à la mamelle. Cette horreur est l'une des obsessions de Voltaire. [28] Pour l'article 'David', s'agit-il d'une malignité délibérée ou d'une confusion? Souvent Voltaire condense les textes, omet d'indiquer par des points de suspension les passages sautés, amalgame des versets par exemple d'Ezéchiel et d'Isaïe pour composer d'étranges chérubins ('Ange').

De la citation à l'abrégé, la situation peut être indécise, par exemple pour la lettre de Constantin dans 'Arius'. [29] Parfois se pose le problème de la traduction, qu'il l'emprunte ou qu'il en soit l'auteur. Il s'est reporté au texte de la Vulgate pour rendre dans leur crudité les dévergondages d'Oolla et Ooliba, édulcorés par Lemaître de Sacy ('Ezéchiel'). Mais il recopie, souvent sans vérifier l'original. Il ne lit pas Hérodote dans le texte, mais

[27] Pour mesurer le degré d'inattention ou d'étourderie de Voltaire, on pourrait, à partir des erreurs que les annotations des articles ont détectées, déterminer la fréquence et la répartition de ces inadvertances et noter les ouvrages qui en ont fait l'objet.

[28] C'est une des horreurs de *Candide*, ch.3.

[29] Voir également la lettre de Julien où Voltaire dénature le sens d'une réflexion de l'évêque Titus ('Julien').

dans la traduction de Pierre Du Ryer, prétend en corriger les inélégances, ajoute inexactitudes ou contre-sens ('Circoncision'). Il paraphrase plus qu'il ne traduit Philon ou pratique une traduction très libre de Flavius Josèphe ('Christianisme').

On l'accuse, non sans raison, d'indélicatesses. Des citations fausses aux fausses citations, une gradation serait à établir. Voltaire ne résiste pas au plaisir d'un bon mot. Il affirme que le bon petit lama Stelca isant Erepi, dont il prend soin d'indiquer en note que c'est un anagramme de l'abbé Castel de Saint-Pierre, voulait dire que 'tout prêtre devait faire le plus d'enfants qu'il pourrait' ('Catéchisme chinois'). Ce n'est pas trahir de manière éhontée l'abbé de Saint-Pierre, ni le citer scrupuleusement. Mais faire montre de cet esprit de sérieux est peut-être un contre-sens. Le lecteur doit apprendre à jouer avec les textes, à apprécier cette parodie des Psaumes: 'quand j'aurai bien crié que *la montagne du Chang-ti est une montagne grasse, et qu'il ne faut point regarder les montagnes grasses*, quand j'aurai fait enfuir le soleil et sécher la lune: ce galimatias sera-t-il agréable à l'Etre suprême [...]?' ('Catéchisme chinois'). Voltaire forge aussi des textes pour les besoins de sa cause, comme semble-t-il le discours d'Osius admonestant les évêques avant la réunion du concile de Nicée ('Arius') et le credo de l'abbé de Saint-Pierre qui porte son estampille ('Credo').

Dans la transcription des textes, Voltaire se montre peu méticuleux. Faut-il dire que l'usage était laxiste de son temps? Ce jugement mériterait vérification. Voltaire, quant à lui, ne se pique pas de stricte fidélité aux textes. Ce qui lui importe, c'est de les utiliser.

Œuvre d'un esprit de grande culture, le *Dictionnaire philosophique* ne se prive pas de la valeur ornementale des citations. Les citations latines des articles 'Amour', 'Caractère', 'Destin', 'Enfer', 'Songes' visent à l'agrément. Lieu de reconnaissance, elles établissent une complicité entre gens du même monde. Valeur élitiste et valeur de distinction, la citation entre dans les plaisirs de qualité, d'autant plus qu'elle n'apparaît jamais comme superflue. Le point de départ de l'article 'Amour' est une citation de Virgile. Pour illustrer des propos sans grande originalité sur le rôle joué par l'estime et les talents dans la naissance de l'amour, Voltaire a ensuite recours à Lucrèce. Ces références prouvent la pérennité de l'analyse des sentiments, relient le présent au passé, élargissent l'horizon culturel. La phrase transplantée revit et fait revivre fugitivement une œuvre. Jamais la citation littéraire ne donne l'impression d'être plaquée sur le texte, elle s'inscrit dans le mouvement même de la pensée et n'a rien à voir avec cet 'ornement de barbare', comme l'appelle Valéry Larbaud de la citation 'rencontrée la veille ou sur le moment' et surajoutée pour faire montre de culture. [30]

Voltaire a le sens du patrimoine. Il a également celui des arguments d'autorité. Il amplifie son discours en produisant à l'appui de ses dires ce qu'ont pensé de grands auteurs – Hésiode, par exemple, dans l'article 'Matière'. Mieux, il prouve. La citation qui met en évidence un texte, et d'abord typographiquement, innocente ou accuse, elle donne à juger sur pièces. Presque toutes les citations bibliques sont, pour reprendre le mot de Paul Valéry, dans la situation de suspects, [31] qui deviennent vite des coupables. Voltaire rompt avec une pratique ancestrale de la référence scripturaire alléguée comme vérité. Les textes sacrés sont appréhendés alors qu'ils se désacralisent. Quand le texte cité ne se condamne pas de lui-même, le contexte qui cherche à s'assurer une 'appropriation triomphante' [32] tend à dégager sa charge d'erreurs, et par là même celle du livre dont il est tiré. Soigneusement choisis, des versets de l'Ancien Testament jettent le discrédit sur le livre tout entier, comme le montrerait l'examen des articles 'David', 'Ezéchiel'. Le

[30] *Sous l'invocation de saint Jérôme* (Paris 1946), p.217-18.

[31] 'Je mets entre guillemets comme pour mettre, non tant en évidence, qu'en accusation – c'est un suspect' (P. Valéry, *Cahiers*, cité par Compagnon, *La Seconde main*, p.47).

[32] J. Laurent, 'La stratégie de la forme', *Poétique* 7 (1976), p.278.

malin auteur, par ses allégations,[33] ruine la crédibilité de maints écrivains chrétiens.

La citation met en contact deux textes, deux pensées. Ce corps à corps produit des frictions. Ainsi s'opposent la parole obscure et la parole claire, celle de Clément d'Alexandrie rapportant les paroles de Jésus prêchant que le royaume des cieux adviendra quand 'deux ne feront qu'un, quand le dehors ressemblera au dedans, et quand il n'y aura ni mâle ni femelle',[34] et celle de l'abbé de Tilladet, signataire fictif de l'article 'Evangile'. De même, un mythe archaïque: 'Dieu fit deux grands luminaires, l'un pour présider au jour, l'autre à la nuit', est confronté aux explications de la science, considérant que 'l'Esprit saint se proportionnait à l'esprit du temps' ('Genèse'). Plus généralement, le décalage s'accuse entre des écrits inspirés par la foi et les commentaires sceptiques ou agressifs de Voltaire qui se veulent ceux d'un historien critique.

On n'use pas impunément des paroles des autres. *Citare*, c'est mettre en mouvement, faire passer du repos à l'action. Les textes exhumés, réinscrits dans un autre contexte, se mettent de nouveau à parler. Si la voix de Voltaire prédomine le plus souvent, celles qu'il allègue se font entendre dans leur inaliénable altérité. La poésie du Cantique des cantiques triomphe des traitements dénigrants que Voltaire fait subir à cette 'églogue juive'. Tout au plus réussit-il à ridiculiser les interprétations allégoriques de l'Eglise ('Salomon'). Les textes résistent. Les commentaires sur les Proverbes ou l'Ecclésiaste piquent la curiosité. Voltaire a fait lire ceux

---

[33] Dans son *Dictionnaire des synonymes*, Condillac s'est efforcé de cerner les domaines respectifs de la citation et de l'allégation: 'On cite un passage qu'on indique; un écrivain où une chose se trouve. Mais *alléguer*, c'est *citer* une loi en autorité. *Alléguer* des raisons, des prétextes, c'est les avancer pour s'excuser' (Condillac, *Œuvres philosophiques*, Paris 1951, iii.38, cité par Compagnon, *La Seconde main*, p.282-83). Voltaire allègue des passages, en s'appuyant sur eux pour prouver qu'il a raison. Ce sens, que le Robert dit vieilli, est indiqué par Furetière, *Trévoux* et l'*Encyclopédie*.

[34] Voltaire commentera ce passage à l'article 'Apocryphes', QE (M.xvii.301).

qu'il attaquait, ses contemporains certes, mais peut-être aussi des auteurs oubliés. Il n'avait point prévu cette publicité. A l'aube d'un âge non théologique, Voltaire porte témoignage sur l'ampleur et la richesse de cette recherche des temps passés, encore intégrée à la culture vivante d'un homme des Lumières et considérée comme devant concerner l'honnête homme.

Voltaire comme Pantagruel dans le *Quart livre* a jeté 'pleines mains de paroles gelées'. Réchauffées, elles se font entendre: 'paroles bien piquantes', 'paroles sanglantes', 'paroles horrifiques' et 'paroles assez mal plaisantes à voir'. [35] La majorité des citations de Voltaire s'inscrit dans un climat ironique. Ces citations sont des solistes dans l'orchestre que dirige Voltaire. Mais toutes les autres voix, celles des auteurs mentionnés à divers titres et selon diverses modalités, jouent leurs partitions.

ii. 'Nous ne faisons que nous entregloser'

C'est Montaigne qui l'a dit. [36] Mais on pourrait le dire de Voltaire. Aux textes d'autrui dont la présence s'affiche dans le *Dictionnaire philosophique*, s'ajoutent tous ceux que l'on peut ou que l'on devrait détecter, et sur ce point, qui peut se vanter d'être un 'suffisant lecteur'? Les articles où Voltaire ne mentionne nommément aucun auteur ou aucun ouvrage sont peu nombreux. [37] Ils sont en fait nourris de maints souvenirs de lecture. [38] Les fragments littéraux ou paraphrastiques insérés dans cette œuvre sont dotés d'une présence plus ou moins évidente. Entre l'emprunt et la réminis-

[35] Rabelais, *Quart livre*, ch.55, 56. Cet épisode, saturé de références et d'allégories, se prête à des interprétations sans fin, qui n'entrent point dans notre propos. Il réfléchit sur le pouvoir du signe et c'est en ce sens que nous y faisons allusion.

[36] *Essais*, iii.13, addition de 1588.

[37] 'Apis', 'Beau', 'Délits locaux', 'Egalité', 'Fraude', 'Méchant', 'Théiste', 'Tyrannie'.

[38] On trouve des souvenirs de lecture sur les fêtes en Flandre ('Délits locaux'), sur l'histoire de l'Egypte ('Apis'), des réminiscences d'ouvrages esthétiques ('Beau'), des réponses indirectes à d'autres ouvrages ('Egalité').

cence, s'échelonnent toutes les références, renvois et mentions, parfois explicites, parfois simplement indiqués.

Les emprunts permettent d'accréditer la thèse de l'œuvre collective. Dans la préface de l'édition Varberg, Voltaire souligne l'ampleur de sa dette: 'nous n'avons fait aucun scrupule de copier quelquefois une page d'un livre connu, quand cette page s'est trouvée nécessaire à notre collection'. [39] Elle attribue à des savants les articles 'Apocalypse', 'Christianisme', 'Messie', 'Moïse', 'Miracles'. L'énumération serait incomplète: elle est suivie d'un 'etc.'. Il est ajouté que l'article 'Genèse' serait d'un 'habile homme favorisé de l'estime et de la confiance d'un grand prince', que les manuscrits de Dumarsais lui ont beaucoup servi. Le mémorandum d'octobre 1764 désigne Polier de Bottens comme auteur de 'Messie', Abauzit comme celui d''Apocalypse', Middleton comme celui de 'Baptême'. La *Divine legation of Moses* de Warburton aurait inspiré directement 'Christianisme' et 'Enfer'. Plusieurs autres morceaux seraient imités de Bayle, de Leclerc, du marquis d'Argens et d'autres auteurs (appendice 1). Ces attributions sont répétées avec des variantes dans la correspondance de Voltaire au cours de sa campagne de dénégation d'octobre et novembre 1764. [40]

Les déclarations de Voltaire mêlent le vrai et le faux selon des doses variables. En 1767, afin de prouver qu'il n'est point le seul auteur du *Dictionnaire philosophique*, Voltaire indique correctement certains de ses emprunts. Il a recopié l'*Encyclopédie* pour l'article 'Antitrinitaires' et pour une addition à l'article 'Baptême'. Dans les éditions de 1764 et de 1765, aucun article n'affichait une

---

[39] Voir ci-dessous, 'Préface', l.5-8.

[40] 'Apocalypse' est attribué à Abauzit et 'Messie' à Polier de Bottens dans D12137, D12138, D12159, D12166, D12192, D12221; 'Enfer' vient de Warburton d'après D12137; 'Baptême' est traduit 'mot pour mot' de Middleton d'après D12159; le conte du miracle de Gervais et le savetier de la ville d'Hippone dans 'Miracles' sont empruntés à Middleton (D12192); une partie de 'Christianisme' vient d'Abauzit (D12192). Dans le 'Brouillon d'une réponse à Coger', Voltaire reprend certaines de ces attributions et ajoute que 'Liberté n'est qu'une traduction de Colins' (V 63A, p.228).

signature étrangère. Il attribue après coup quelques-uns d'entre eux à différents savants. Il ne fait état de cette vérité, d'ailleurs relative, que pour les besoins de sa cause et non pour rendre à chacun ce qui lui est dû. Il ne signale ni la 'page entière' prise à Middleton dans 'Miracles', ni les passages tirés de Warburton, à l'exception d'une citation dans 'Religion' I, ni les emprunts précis aux manuscrits de Dumarsais. [41] Le lecteur doit le croire sur paroles ou vérifier. L'*Analyse de la religion chrétienne* est un condensé clair et précis des critiques qu'une partie de l'opinion éclairée du temps adressait au christianisme. Cet exposé des doutes sur l'authenticité des livres saints, ce relevé de leurs contradictions, ces discussions sur les prophéties, les miracles, les martyrs n'offraient à Voltaire aucune documentation nouvelle. [42] Il avait jugé avec pertinence Dumarsais dans une addition de 1756 au *Siècle de Louis XIV* en le plaçant parmi cette 'foule de sages' craints des charlatans et qui est 'une suite de l'esprit du siècle'. [43] La politique de Voltaire consiste à condenser les textes dont il s'inspire. Les matériaux d''Apocalypse' viennent d'Abauzit, mais ils ont fait l'objet d'une mise en forme et des pages d'érudition patristique ont été supprimées. Pour 'Messie', Voltaire s'est servi d'un texte de Polier de Bottens, mais il a procédé à des coupures; pour 'Genèse', il s'est inspiré de d'Argens. [44] Ses indications ne sont pas parfaitement fiables. On le soupçonne volontiers d'avoir, pour se dédouaner, attribué à quelque savant, dont il respecte

---

[41] Ces indications sont extraites de la 'Préface' de 65v. Voir N. L. Torrey, *Voltaire and the English deists* (New Haven 1930) et C. M. Crist, *The Dictionnaire philosophique portatif and the early French deists* (New York 1934).

[42] *Analyse de la religion chrétienne* (s.l. [1766]; BV1141); également publiée par Voltaire dans le *Recueil nécessaire* (Leipzig 1765 [Genève 1766]).

[43] *OH*, p.1160.

[44] Les annotations des articles 'Apocalypse' et 'Messie' mettent en lumière la manière voltairienne d'allègement des textes qui n'est pas sans rappeler le traitement sans ménagement auquel fut soumis l'*Anti-Machiavel* de Frédéric II. L'annotation de 'Genèse' démontre que les déclarations de Voltaire doivent être vérifiées avec précision.

l'anonymat, l'article si polémique qu'il a consacré au christianisme, même s'il a beaucoup emprunté, et à de nombreux auteurs, pour rédiger cette pièce maîtresse de sa polémique.

Dans l'édition de 1767, Voltaire, qui s'adonne au jeu des masques, donne dix articles et quatre additions pour des contributions de différents collaborateurs.[45] Les unes seraient l'œuvre de personnages ayant existé, mais de préférence décédés: Fréret, Boulanger, l'abbé Nicaise, Abauzit le cadet, l'abbé de Tilladet, le baron de Broukana.[46] D'autres évoquent soit un personnage difficilement identifiable car son nom est réduit à des initiales ('Le chevalier de R**' pour 'Adam'), soit un personnage fictif ('M. Guillaume, ministre protestant', responsable des blasphèmes de 'Transsubstantiation'). Voltaire se cache et s'exhibe sous les pseudonymes transparents d'un 'descendant de Rabelais' pour 'Foi' I, ou d'un 'malade aux eaux d'Aix-la-Chapelle' pour 'Job'.

La part des emprunts textuels ou paraphrastiques reste difficilement mesurable. Combien de discours préexistants sont-ils enchâssés sans être signalés par aucun indice externe? Au titre des emprunts inavoués, il convient de signaler l'immense dette voltairienne à l'égard de dom Calmet. Voltaire a trouvé dans les compilations de ce bénédictin un florilège de citations bibliques et de rapprochements entre les divers livres de la Bible, une anthologie de commentaires orthodoxes, un répertoire des difficultés du livre, des aperçus sur les commentaires juifs et protestants.[47] Il reste délicat de cerner les contours de ces emprunts, la

---

[45] Ce sont les articles 'Adam', 'Antitrinitaires', 'Conciles', 'Evangile', 'Foi' I, 'Job', 'Judée', 'Julien', 'Péché originel', 'Transsubstantiation'. Les quatre additions sont réparties ainsi, une à l'article 'Abraham', trois à l'article 'Baptême'.

[46] 'Conciles' par Abauzit le cadet; 'Evangile' par l'abbé de Tilladet; 'Judée' par le baron de Broukana; 'Julien' tiré de M. Boulanger; l'addition d''Abraham' par Fréret, l''Addition importante' et l''Autre addition' de 'Baptême' par M. Boulanger et par l'abbé Nicaise; la troisième addition est tirée de l'*Encyclopédie*.

[47] Voir l'étude très minutieuse de F. Bessire, 'Voltaire lecteur de dom Calmet', *Studies* 284 (1991), p.139-77.

pensée de Voltaire s'étant nourrie des informations que lui procurait Calmet, mais s'étant également formulée à leur contact.

L'emprunt affiche une collaboration étrangère, les mentions et références soulignent la présence d'innombrables intertextes. Il convient d'abord d'établir un bilan provisoire qui n'aura pas la prétention d'indiquer toutes les sources de Voltaire.

L'annotation de ces 118 articles démontre de façon éclatante que la documentation de Voltaire est immense. La consultation du catalogue de sa bibliothèque indique qu'il a su s'entourer des instruments de travail nécessaires, celle du *Corpus des notes marginales* montre comment il les utilise. Il puise dans les sommes érudites, Basnage, Dupin, Fabricius, Fleury, Grabe, [48] dans les grands dictionnaires du temps, [49] dans les compilations de Calmet. [50] Il se réfère aux textes originaux chaque fois qu'il le peut, mais utilise des traductions pour les textes grecs. Il possède une traduction latine de la Mishnah, [51] des traductions françaises d'Origène, de Philon le Juif, la traduction par Arnauld d'Andilly de l'historien juif Josèphe. [52] Il a annoté les œuvres de saint Augustin, [53] celles de saint Cyprien, [54] les *Catéchèses* de saint

---

[48] Il possède les *Antiquités judaïques* et l'*Histoire des Juifs depuis Jésus-Christ* de Basnage (BV281, 282); la *Bibliothèque des auteurs ecclésiastiques*, la *Nouvelle bibliothèque des auteurs ecclésiastiques*, la *Table universelle des auteurs ecclésiastiques* de Dupin (BV1159, 1167, 1168); le *Codex apocryphus Novi Testamenti* de Fabricius (BV1284); l'*Histoire ecclésiastique* de l'abbé Fleury (BV1350); *Spicilegium SS. Patrum, ut et haereticorum* de Grabe (BV1509).

[49] Voir ci-dessus, p.6-8.

[50] Il a le *Commentaire littéral* (BV613), le *Dictionnaire de la Bible* (BV615), les *Dissertations qui peuvent servir de prolégomènes de l'Ecriture sainte* et les *Nouvelles dissertations* (BV616, 617).

[51] *Mischna sive totius Hebraeorum juris, rituum, antiquitatum ... systema* (BV2469).

[52] *Traité d'Origène contre Celse* (BV2618); *Œuvres* de Philon (BV2727); *Antiquités judaïques* de Flavius Josèphe (BV1743).

[53] Il a les *Confessions* (BV217), *La Cité de Dieu* (BV218), les *Lettres de saint Augustin, traduites en français*, de l'édition de Saint-Maur (BV219), les *Sermons* (BV220, 221); voir CN, i.172-77.

[54] BV925, 926 (CN, ii.846-49).

Cyrille de Jérusalem.[55] Quatre éditions d'Eusèbe de Césarée, les douze tomes de saint Jérôme, les œuvres de saint Justin, Lactance, Tertullien, la *Somme théologique* de Thomas d'Aquin figurent en bonne place dans sa bibliothèque.[56] Il complète sa documentation par des demandes d'informations, en empruntant les ouvrages qu'il n'a pas.[57] Les notes et l'index de cette édition permettent de tracer un panorama des textes consultés par Voltaire, de ceux auxquels il a le plus souvent recours et qu'il exploite le mieux. Ce tableau n'est pas exempt de zones d'ombres, car qui pourrait se vanter d'avoir fait le tour des sources voltairiennes? Des erreurs peuvent s'y nicher. Le catalogue de la bibliothèque de Voltaire est un instrument de travail de premier ordre, mais la présence d'un livre dans un cabinet de travail ne garantit pas sa lecture. Le *Corpus des notes marginales* fournit des indices plus probants, mais il ne renseigne point, en règle générale, sur la date de lecture ou les dates de lecture d'une œuvre qui peut avoir été reprise maintes fois, tantôt relue, tantôt simplement feuilletée, tantôt consultée pour un détail précis, tantôt regardée négligemment à partir d'une table des matières. L'œil peut être attiré par une note infrapaginale, sans que le passage ait été souligné. Il serait donc vain de prétendre présenter un bilan satisfaisant des sources de Voltaire dans le *Dictionnaire philosophique*, tout au plus peut-on enregistrer quelques résultats.

Sans doute faudrait-il déterminer ce qui vient de nouvelles enquêtes et ce qui est de l'ordre du réemploi. Il est bien normal

[55] BV927 (CN, ii.850-51).
[56] Eusèbe de Césarée, BV1248-1251 (CN, iii.439-51); Jérôme, BV1635, et ses *Lettres*, BV1636 (CN, iv.386-94); Justin, BV1768 (CN, iv.638-42); Lactance, BV1836; Tertullien, BV3264; Thomas d'Aquin, BV3292.
[57] Voir ci-dessus, p.56. Mais on ne trouve pas trace de tous ses emprunts. Ainsi il paraît avoir consulté Labbe pour une anecdote relative au concile de Nicée (voir 'Conciles'). I. O. Wade a attiré l'attention sur les emprunts de Voltaire à la Bibliothèque du roi et sur ceux qu'il effectua, par l'intermédiaire de Cramer, à la Bibliothèque de Genève ou auprès de bibliothèques privées ('The search for a new Voltaire', *Transactions of the American philosophical society* n.s. 48, 1958, p.69-70).

que Voltaire réutilise des matériaux qu'il a déjà accumulés, ceux qui étaient destinés au *Siècle de Louis XIV* et dont on trouve des traces dans les articles 'Dogmes' et 'Prophètes', ceux qui furent collectés pour l'*Essai sur les mœurs* et qui sont réemployés dans 'Christianisme', 'Conciles', 'Confession', 'Martyre',[58] ceux qu'il engrange en composant son *Traité sur la tolérance*. Quelques-unes des trouvailles qu'il a faites en traitant des anciennes civilisations, des fables et croyances de l'antiquité dans *La Philosophie de l'histoire* en 1765 seront répercutées dans les éditions du *Dictionnaire philosophique* de 1765 à 1767. Dans la polygraphie voltairienne, les œuvres s'engendrent suivant un mouvement continu. Il est peu de filiations linéaires évidentes entre une assertion du *Dictionnaire philosophique* et une lecture datable. Des souvenirs, parfois proches, parfois lointains, y sont encastrés. Comment distinguer ce qui est découverte lors d'une lecture et ce qui est vérification à la suite de quelque souvenir? Les renvois aux autres œuvres de Voltaire fournissent des renseignements non négligeables, les carnets permettent de cerner un fonds ancien, de déterminer des préoccupations fondamentales. Ainsi a-t-on accordé de l'intérêt à la première mention d'un texte, au nombre des mentions avant ou pendant la composition du *Dictionnaire philosophique*, et même aux mentions ultérieures qui témoignent de la pérennité du sujet. La circulation textuelle à l'intérieur de l'œuvre importe autant que le traditionnel repérage des sources. Elle indique les thèmes récurrents de la vision de Voltaire.

Son érudition n'est donc pas sans limites. Voltaire se ressource auprès de quelques maîtres livres dont il n'épuise jamais l'intérêt, prompt à réagir comme au premier jour. A la suite de René Pomeau, il convient aussi de remarquer que les savoirs ont changé entre le dix-huitième siècle et nos jours. Le *Dictionnaire philosophique* contient des références à 'des faits, à des textes constituant le fonds commun du public auquel s'adressait Vol-

---

[58] Cette liste n'est nullement limitative.

taire'.[59] On savait qui était Gaufridy cité dans 'Superstition' II;[60] une note est maintenant nécessaire pour identifier le marquis de Broussin, gourmand notoire ('Credo'), ou le baron de Broukana, signataire de l'article 'Judée'. Les allusions aux convulsionnaires du cimetière Saint-Médard ('Convulsions'), à l'affaire Petitpierre ('Enfer'), au jugement de La Barre ('Torture') appartenaient à l'actualité. L'histoire contemporaine n'est pas absente: politique du comte d'Aranda au Portugal ('Inquisition'), mouvements de troupes pendant la Guerre de Sept Ans ('Chaîne des événements'), réformes de Catherine II ('Torture'). Depuis l'édition Varberg, le *Dictionnaire philosophique* pose une devinette en citant une chanson à la mode ('Abbé'), le clin d'œil aux contemporains est devenu objet de recherche. Des livres, familiers alors, le sont moins maintenant: les *Voyages* de P. Lucas dans le Levant ('Nécessaire'), le *Traité des maladies vénériennes* d'Astruc ('Job'), *Le Spectacle de la nature* de l'abbé Pluche ('Ciel des anciens').[61]

L'érudition de Voltaire reste impressionnante. Au terme de centaines de vérifications, le reproche d'amateurisme si souvent lancé contre lui, ne paraît guère fondé. Il arrive qu'on le prenne en faute, mais il conviendra d'insister ensuite sur sa prodigieuse puissance de travail.

Dans son article 'Divinité de Jésus', ajouté en 1767, après lecture de l'article 'Unitaires' de l'*Encyclopédie*, il recopie la bibliographie à laquelle renvoyait Naigeon, auteur de cette contribution. Il cite l'opinion des sociniens, enrôlant sous cette bannière 'Crellius, Voquelsius, Natalis Alexander, Hornebeck'. Il n'a pas pris garde que Naigeon mêlait à des sociniens comme Johann Crell et le pasteur Johann Völkel, le pasteur Johannes Hoornebeck, auteur d'une réfutation du socinianisme en cinq volumes, et Natalis

---

[59] R. Pomeau, 'La documentation de Voltaire dans le *Dictionnaire philosophique*', *Quaderni francesi* I (1970), p.398.

[60] Ce prêtre marseillais avait été brûlé comme sorcier en 1611.

[61] Tous ces ouvrages se trouvent dans sa bibliothèque: P. Lucas, BV2216-2218; Astruc, BV201; Pluche, BV2765.

Alexander, nom latinisé du R. P. dominicain Noël Alexandre auquel une notice avait été consacrée dans le 'Catalogue des écrivains' du *Siècle de Louis XIV*. Il est pratiquement sûr que Voltaire n'a point lu Louis de Paramo, mais le *Manuel des inquisiteurs* de Morellet ('Inquisition'). Au titre d'hypothèse vraisemblable, on peut avancer qu'il a consulté Bayle et non Mlle Bourignon ('Adam'), qu'il en est de même pour Beaucaire de Péguillion ('Athée' 1). On peut douter qu'il ait lu le *Cartesius Mosaïzans* cité dans 'Ciel des anciens' ou 'l'ancien livre Jalculte' cité dans 'Babel', références empruntées sans doute à Calmet. L'article 'Déluge' du *Dictionnaire de la Bible* du savant bénédictin, et, parmi les planches qui illustrent cet ouvrage, celles de la coupe et du profil de l'arche de Noé telle que l'avait imaginée J. Le Pelletier, lui ont évité, selon toute probabilité, de se reporter à la *Dissertation sur l'arche de Noé* de cet archéologue et alchimiste rouennais ('Inondation'). Mais qui fera la part du bluff et celle de la familiarité avec des auteurs que Voltaire pratique plus ou moins assidûment lorsque dans les articles du *Dictionnaire philosophique* défilent des autorités? Il allègue avec aplomb 'Tertullien, Praxéas, Origène, Novat, Novatien, Sabellius, Donat' dans 'Tolérance' 1, et 'Arnobe, Lactance, Hilaire, Grégoire de Nysse' dans 'Idée', mais ne se trompe point quant aux opinions de ces auteurs. Doit-on croire qu'il a vérifié ses sources lorsqu'il écrit hardiment: 'les Origène, les Jérôme, les Athanase, les Basile n'ont pas cru que les femmes dussent ressusciter avec leur sexe' ('Résurrection' 1)? Lorsqu'il enjoint à son lecteur de vérifier ses dires: 'voyez sur cela Epiphane, Maimonide et la Gemmare' ('Baptême'), on serait tenté de croire à quelque fanfaronnade d'érudition.

S'il étale ses références, comme un parvenu ses richesses, il lui arrive par un jeu de coquetterie tout opposé de ne point faire valoir sa science. Il feint d'ignorer, pour mieux le discréditer, 'un écrivain qu'on nomme, je crois, Pluche' ('Ciel des anciens'). [62] Or

---

[62] Ce mépris suscitera les plus vives protestations dans les réfutations du *Dictionnaire philosophique*.

il possède ses ouvrages. Il se cantonne dans de prudentes références vagues: il est question des raisonnements de 'rabbins juifs' ('Adam'), de ceux de 'tous les premiers Pères de l'Eglise' ('Ame'). Les allusions au 'nombre prodigieux de volumes écrits sur le père des croyants' ('Abraham') ou à 'un missionnaire voyageant dans l'Inde' ('Amour-propre') sont imprécises. Le lecteur est censé croire sur paroles bien des affirmations sans preuves, comme dans l'article 'Christianisme' s'appuyant sur l'autorité de 'savants' dont ni les noms, ni les œuvres, ne sont spécifiés.

Quelles que soient ses astuces pour dissimuler une information hâtive, lacunaire, voire partiale, Voltaire dépend de sources envers lesquelles il ne fait pas toujours preuve de sens critique. Ainsi, sa vision de la Chine est-elle celle des jésuites. Il accorde toute sa confiance au P. Du Halde et aux *Lettres édifiantes et curieuses*, rejette les témoignages qui pourraient mettre en cause son utopie chinoise. [63] Il reproduit les préjugés de la *Description de la Chine* sur le dieu Fo et le bouddhisme, sur le taoisme ('Catéchisme chinois', 'Chine'). Il mélange hindouisme et bouddhisme, n'a qu'une connaissance sommaire de Sammonocodom ('Foi' II). Suivant la traduction de Lemaître de Sacy, fidèle à la Vulgate, il ironise sur la 'manière tout à fait noble et généreuse' de faire la guerre de David, lequel à Rabbath aurait scié en deux les habitants ou les aurait brûlés dans des fours à briques ('David'). Calmet s'était cru obligé de justifier ces atrocités. Voltaire n'avait aucune raison de mettre en doute le texte de II Samuel xii.31. Les traductions modernes, comme la Bible de Jérusalem, la traduction œcuménique de la Bible, proposent un sens fort différent, la population de Rabbath aurait été employée à manier la scie ou à faire des briques. Dans ce cas, si Voltaire a été trompé, ce fut de bonne foi, alors qu'on pouvait le soupçonner de parti pris dès qu'il idéalise la Chine et la religion de ses lettrés.

---

[63] Sur les omissions et interprétations tendancieuses des jésuites, voir V. Pinot, *La Chine et la formation de l'esprit philosophique en France, 1640-1740* (Paris 1932), et R. Etiemble, *L'Europe chinoise* (Paris 1989).

En dépit de ces réserves quant aux lacunes de sa documentation, l'érudition de Voltaire est suffisamment ample pour poser de réels problèmes à ses commentateurs, toujours susceptibles de pécher par défaut, et paradoxalement, parfois, de pécher par excès. La filiation entre une réflexion de Voltaire et une source avérée peut être indubitable, mais d'autres combinaisons sont à envisager. Un livre conduit à un autre livre. En marge de la 'Préface sur le Cantique des cantiques' de Calmet, Voltaire écrit 'Grotius cantique' (CN, ii.489). Il était précisé dans cette préface que 'Grotius, le fameux Grotius, s'est donné sur ce livre des libertés qui font horreur à toutes les personnes chastes, et qui ont du respect pour l'Ecriture'. Voltaire a dû suivre cette piste, il cite Grotius dans l'article 'Salomon'. C'est dans les *Philosophical works* de Bolingbroke qu'il trouve trace d'une 'chronique d'Alexandrie conservée à Oxford' à laquelle il fera allusion maintes fois, mais non sans flottement dans ses désignations.[64] Il ne paraît pas s'être reporté à l'édition de John Selden. Les références de l'article 'Ame' sont si nombreuses qu'on ne peut se vanter d'en faire un compte exhaustif, ni être sûr de renvoyer au texte qui a nourri la pensée de Voltaire. On souffre de pléthore pour tout ce qui a trait au concile de Nicée, à l'arianisme. La bibliothèque de Voltaire est très fournie en la matière. En revanche, on se trouve dans une situation de pénurie pour découvrir la source de bien des remarques. On hésite le plus souvent sur l'ampleur des lectures de Voltaire. L'article 'Beau' répond, sur un mode désinvolte, aux théories esthétiques du temps. Voltaire a sans doute lu de près l'article de l'*Encyclopédie*, mais quels ouvrages avait-il consultés? On est réduit à des conjectures. Lorsque dans le 'Catéchisme chinois', les Sinous, ces juifs de la Chine, sont évoqués, l'information vient-elle de Du Halde ou de la lettre du missionnaire Gozani que reproduisent les *Lettres édifiantes et curieuses?* L'un et l'autre ouvrage sont en possession de Voltaire. Il peut également avoir

---

[64] Voir les articles 'Arius', 'Christianisme', 'Conciles'.

consulté ces deux livres. D'où vient la distinction de l'article 'Apis' entre l'animal adoré comme dieu et l'animal adoré comme symbole? Maints textes peuvent être allégués. Une source apparente en cache parfois une autre. 'Les quinze premiers évêques de Jérusalem furent tous circoncis', remarque l'article 'Baptême'. Ce détail paraît venir d'Epiphane, Voltaire l'ayant noté dans son exemplaire. Mais dans les *Questions sur l'Encyclopédie*, l'article 'Voyage de saint Pierre à Rome' indique deux sources: Epiphane et Eusèbe. Voltaire pratique 'la contamination des sources'.[65] Des informations de première main, d'autres de seconde main, sont superposées. Il va et vient des unes aux autres au gré de trouvailles et peut-être d'associations d'idées. Il dispose d'un fonds de connaissances considérable. Il a su beaucoup emmagasiner, il sait surtout bien assimiler.

Ces considérations conduisent à la prudence et à la modestie quand il s'agit d'apprécier la présence du 'déjà dit' dans le *Dictionnaire philosophique*. La vigilance critique doit rester de mise, mais l'esprit de dénigrement se verrait infliger des démentis.

iii. *Métamorphoses et fonctions du 'déjà dit'*

La réputation de désinvolture de Voltaire n'est pas usurpée. Les réfutations du *Portatif* se sont donné pour tâche prioritaire de la démasquer. Elles omettent de signaler que Voltaire a résumé fidèlement la lettre d'Osius dans 'Conciles', les textes de Morellet dans 'Inquisition' et de Fréret dans 'Evangile'. Il n'a point inventé les brutalités du concile d'Ephèse où l'évêque Flavien a bel et bien été piétiné ('Conciles'); il présente correctement les condamnations de Calvin à l'égard de la peinture et de la sculpture, sans rien ajouter du sien ('Dogmes'). Il reproduit la comparaison de Fontenelle sur le ciel semblable au duvet de la coque du ver à soie ('Ciel des

---

[65] Pomeau, 'La documentation de Voltaire', p.401.

anciens'). Face à ces mentions correctes, il est aisé d'en signaler d'autres qui ne le sont point.

Victime de sa précipitation ou d'une confiance excessive dans sa mémoire, Voltaire multiplie les inexactitudes: erreurs de graphie, les théodosiens mis à la place des théodotiens dans l'article 'Evangile'; erreurs de références: l'article 'Ange' renvoie à tort à la lettre xcv de saint Augustin au lieu de la lettre cix. Il cite Hérodote de manière approximative ('Circoncision'), modifie le titre des *Pensées sur la comète* de Bayle en *Pensées sur les comètes* ('Athée' 1), se trompe de victime lorsqu'il évoque un cas d'anthropophagie rapporté par Juvénal ('Anthropophages'), ne transcrit point correctement des remarques exactes d'Abauzit concernant Sulpice Sévère ('Apocalypse'). Il recopie trop vite, attribue à Paul IV une décision de Paul III, fait voyager Saavedra à Lisbonne en 1539 et non en Andalousie en 1540 ('Inquisition'). Il saute des lignes, [66] il se trompe grossièrement à l'égard du concile d'Ephèse censé avoir assigné à Jésus deux natures et de celui de Chalcédoine qui l'aurait réduit à une seule nature ('Conciles'). Lorsque Morellet cite cinq historiens sur l'établissement de l'Inquisition au Portugal, il n'en retient que quatre, puis omet le nom d'un sixième historien qui soutenait une thèse différente ('Inquisition'). Il confond les deux hiérarchies des anges, celle de saint Grégoire le Grand et celle du pseudo-Denys l'Aréopagite, puis attribue à saint Augustin une opinion sur la corporalité des anges qui était celle d'un évêque de Thessalonique ('Ange'). La marge d'approximation est patente lorsqu'il évoque les religions asiatiques.

Ces inadvertances démontrent que si Voltaire a du goût pour le document rare qui révèle des singularités de l'histoire ou de la pensée, il ignore la passion des 'antiquaires'. Il n'a aucun respect pour la recherche philologique désintéressée. Il n'éprouve guère de scrupule à l'égard des textes d'autrui et ne se tient ni à la lettre, ni même à l'esprit. Il ne se montre point attentif lorsqu'il évoque,

---

[66] Voir par exemple ci-dessous, 'Ezéchiel', n.13.

d'après Fabricius, le Protévangile de Jacques ou l'Evangile de Nicodème ('Evangile'). Il utilise les apocryphes selon les besoins de sa polémique, témoignant d'un réel manque de rectitude. Il ne tient nul compte des réserves des mauristes qui rejetaient en appendice le sermon 241 de saint Augustin, son origine n'ayant pas été élucidée ('Credo'). Sa précipitation ou sa légèreté lui ont fait commettre une plaisante bévue: confondant une référence de Calmet avec une citation, il fait de l'érudit anglais Norton Knatchbull, auteur de commentaires sur le Nouveau Testament, un nom commun désignant... le diable: le Cnathbull, qui aurait emporté le Christ dans le désert! ('Carême').

Même un esprit méticuleux aurait commis des erreurs en brassant tant de faits. Non seulement Voltaire ne l'est point, mais on peut le prendre en flagrant délit de manque de scrupule. Il se rend coupable de mensonges par omission. Dénonçant la partialité révoltante des historiens anciens à l'égard de Constantin qu'ils flattent et de Julien qu'ils calomnient, il néglige le témoignage de Zosime, exception qui affaiblirait sa démonstration. Il interprète comme preuve de fanatisme religieux des massacres décidés ou tolérés par les fils de Constantin et qui avaient aussi un caractère dynastique ('Julien'). Voltaire maquille parfois l'histoire selon une vision manichéenne. Il ne relève que les éléments favorisant ses thèses. Dans la 'Dissertation sur les bons et les mauvais anges' de Calmet, il ne retient que les exemples sur la corporalité des anges et néglige les autres, tout comme il omet tout ce qui a trait au culte des anges chez les Juifs ('Ange').

Outre ces choix trop sélectifs, Voltaire détourne ou travestit des textes. Il transforme en affirmation une suggestion de Warburton concernant un hymne d'Orphée qui aurait pu être chanté dans les mystères ('Idole'). Warburton, dans une note de l'édition de 1765 de la *Divine legation of Moses*, proteste. Peut-être entraîné par ses fantasmes, Voltaire prétend que Sabellius avait ergoté contre Praxéas, alors que le premier avait embrassé les théories du second, ce qui lui permet une énumération brillante des ergoteurs chrétiens

('Arius'). Il a décidé une fois pour toutes que Barthélemy Diaz a assassiné saintement son frère et il ne tient nul compte des rectifications qui lui sont proposées ('Fanatisme'). Malhonnêteté ou entêtement? La question reste posée. Lactance accuse Licinius d'être à l'origine des meurtres de la femme et de la fille de Constantin; pour Voltaire ce sont les chrétiens qui en sont les auteurs ('Christianisme').

Voltaire dépasse les bornes permises lorsqu'il reproche à Calmet, à propos de la maladie de Job, de n'avoir point lu l'histoire de la vérole par Astruc, ouvrage qui n'était pas encore publié au temps où le savant bénédictin écrivait sa 'Dissertation sur la maladie de Job' ('Job'). Ne pourrait-on pas, en revanche, le soupçonner d'avoir inventé l'explication qu'il donne de la couleur rouge du chapeau des cardinaux? Un concile a-t-il voulu 'les faire souvenir qu'il faut se baigner dans le sang des partisans de l'empereur'? ('Conciles').

Faire régner l'ère du soupçon dans un commentaire sur le *Dictionnaire philosophique* est sans doute une entreprise salutaire et nécessaire, mais non suffisante. Elle ne se justifie pleinement que si elle permet de mieux appréhender le rôle des intertextes dans le *Portatif*.

Comme d'autres œuvres de Voltaire, le *Dictionnaire philosophique* relève de l'art de la mosaïque. Après avoir repéré les différentes pièces, il reste à apprécier le dessin d'ensemble, les jeux de couleur et de forme. Les morceaux qui entrent dans chaque article proviennent d'horizons divers, ils ont été sélectionnés par un esprit s'ingéniant à brouiller les pistes. Retrouver l'origine de ces miettes de textes, les situer honnêtement dans leur contexte, rappeler des données historiques, aboutit souvent à leur faire perdre le pouvoir percutant qu'ils avaient acquis sous la plume voltairienne. Qui perd gagne: Voltaire perd en crédibilité, il gagne en alacrité, en force polémique. La lourdeur du commentaire érudit, censé dénoncer ses erreurs ou ses farces, fait apprécier la légèreté de sa désinvolture. L'on en vient parfois à se demander si la vérité des faits ou des dates importe autant qu'on le croyait. Qui a cherché vainement des textes allégués sans référence, non seulement fait l'expérience déplaisante de ses propres lacunes, mais peut-être tombe dans un piège tendu par le malin patriarche. Qui a cherché et cru trouver, réjouirait ce mystificateur, s'il pouvait en être témoin. Où et quand commencent et finissent les jeux de Voltaire, par conséquent les naïvetés ou le positivisme du commentateur? Malgré ces doutes, la recherche a été poursuivie vaille que vaille, refusant de se laisser enfermer dans le dilemme vérité historique / vérité artistique, espérant que la première permettrait de mieux apprécier la seconde.

Il convient donc d'aborder les métamorphoses des textes. Esprit décisionnaire, Voltaire ne se perd jamais dans les méandres des commentaires consciencieux. Il va droit au solide, à l'essentiel, sacrifie détails oiseux, références, nuances. Des longues notes érudites F et G de l'article 'Adam' de Bayle sur le verset: 'Dieu créa donc l'homme à son image; il le créa à l'image de Dieu et il les créa mâle et femelle' (Genèse i.27), Voltaire relève un détail sur Mlle Bourignon qu'il n'explicite pas. Il possède un flair indiscutable pour découvrir dans d'ennuyeuses sommes érudites le détail insolite ou qui fait mouche. De la 'Dissertation sur la première langue et sur la confusion arrivée à Babel' de Calmet et du savant et compact ouvrage de Bochart, *Geographia sacra*, il ne retient que cette explication ridicule: depuis la tour de Babel, les Allemands n'entendent plus le chinois ('Babel').

La longueur de vénérables in-folio qu'il compulse ne l'effraye pas, parce qu'il les parcourt plus qu'il ne les lit, l'œil attiré dans la page compacte par une anecdote curieuse, une opinion farfelue. Sa dette à l'égard de Bayle, difficile à mesurer exactement, est importante. Dans les 36 tomes de l'*Histoire ecclésiastique* de Fleury, il a repéré l'histoire du cabaretier Théodote et des sept vierges, celle de Romanus, qui extraites des *Actes des martyrs* de Ruinart, naïfs, mais tout pénétrés de foi, prennent soudain une allure bouffonne ('Martyre'). Dans Middleton, il a trouvé le conte du savetier d'Hippone, celui de Gervais et Protais ('Miracles'). Voltaire sélectionne le détail cocasse comme les habits de peau d'Adam et Eve, modèles du san-benito ('Inquisition'), le détail révoltant pour la simple raison humaine, comme les 'péchés splendides' des païens sans que le contexte, celui de la lutte contre le pélagianisme, soit rappelé ('Catéchisme chinois') ou les enfants damnés selon saint Augustin ('Baptême'). Dans le *Dictionnaire des hérésies* de l'abbé Pluquet, il découvre une formule frappante, 'la monade trine' dont il fait éclater l'absurdité: 'Alexandros, évêque d'Alexandrie, s'avise de prêcher que Dieu étant nécessairement individuel, simple, une monade dans toute la rigueur du terme, cette monade est trine' ('Arius'). Il extrait le potentiel de ridicule et le met en pleine lumière. Effectivement Calmet a cité les vampires comme preuve de l'immortalité de l'âme, mais le commentaire de 'Résurrection' II est tout voltairien: 'Il a vu de ces vampires qui sortaient des cimetières pour aller sucer le sang des gens endormis; il est clair qu'ils ne pouvaient sucer le sang des vivants s'ils étaient encore morts; donc ils étaient ressuscités; cela est péremptoire'.

La réception voltairienne se caractérisant par l'irrespect dévastateur, tous les textes mentionnés ou allégués sont marqués de ce sceau. Point de sacralité d'aucun texte. Point de ferveur. Point d'autorité autre que celle que son esprit exigeant reconnaîtra. Sa lecture de la Bible sélectionne des épisodes révoltants ('David') ou scabreux ('Ezéchiel'). [67] Jamais il ne l'aborde comme Ecriture sainte, jamais il ne la cite pour la beauté de son message. Les Pères de l'Eglise ne lui en imposent pas. Il ne taira point pudiquement leurs faiblesses au nom de la grandeur de leur œuvre. Bien au contraire: il épingle saint Jérôme pour avoir dit que l'ermite Paul avait vu des faunes et des satyres dans le désert ('Miracles'),

---

[67] La répartition des notes par livre et par chapitre, les choix de Voltaire (irrationalité, mœurs cruelles ou immorales, histoire et religion des Hébreux) ont été étudiés par Bessire, 'Voltaire, lecteur de dom Calmet', p.172-77.

pour avoir supputé la hauteur de la tour de Babel ('Babel'), pour avoir prétendu que la querelle de Pierre et Paul était feinte ('Christianisme'), pour ses opinions curieuses sur la résurrection des femmes ('Résurrection'). Même pour des œuvres qu'il approuve dans leur ensemble, il cite des extraits sur lesquels il est en désaccord, ainsi des *Pensées sur la comète* ('Athée' 1). Il réagit vivement, parfois de manière épidermique, aux sottises ou cruautés qu'il rencontre, il traduit brutalement ses impressions, [68] garde donc le souvenir de textes ridicules ou odieux. Un processus de dénigrement s'est mis en marche que le montage des pièces, l'ordre dans lequel elles sont assemblées, les discours qui les commentent, ne font qu'accentuer.

Chaque article relève d'une combinatoire de fragments venant les uns d'ouvrages de références, les autres à titre de rareté bibliographique. L'article 'Chaîne des événements', par exemple, renvoie à un chant de l'*Iliade*, à la philosophie de Leibniz, à une remarque de milord Bolingbroke sur l'histoire des traités d'Utrecht, à de 'gros livres', non spécifiés, qui traitent des généalogies de Gomer et de Magog. L'ensemble, ainsi mis à plat, paraît hétéroclite. En fait tous ces exemples conduisent sûrement à la conclusion: tout n'est pas plein dans la nature. Le ciment voltairien fait coexister dans 'Anthropophages' des souvenirs de relations de voyages, une anecdote personnelle, des réflexions et des illustrations empruntées à Juvénal, au Lévitique, sans oublier un ouvrage du temps de Cromwell. Que Voltaire traite du fanatisme, et des noms célèbres se présentent en foule à son esprit. La ligne suivie paraît simple. Elle énumère des événements historiques; puis survient un dérapage contrôlé, cette conclusion inattendue qui cite des vers de l'évêque Bertaut. Les pièces s'organisent alors suivant ce point de fuite ('Fanatisme'). Chaque page du *Dictionnaire*

---

[68] Voir par exemple ses annotations sur la Bible en marge des ouvrages de Calmet, celles entre autres sur Deutéronome xxiii.13-14 (CN, ii.28). Par comparaison, les confitures d'Ezéchiel paraissent une plaisanterie de bonne compagnie!

philosophique invite à un périple culturel, riche en surprises. Des voix sont intercalées ou superposées, le collage voltairien unit ces fragments de textes, un dessein d'ensemble a organisé cette marqueterie.

De là vient que chaque article est habité par la prégnance culturelle de textes anciens et fait entendre un nouveau commentaire qui ne se situe pas dans la lignée de l'imitation classique. Voltaire ne redonne voix à des paroles défuntes que pour les combattre. Mais il accorde une parcelle d'existence supplémentaire à ceux qui seraient oubliés, par exemple Mlle Bourignon ou Berruyer. Il va de soi que le degré de survie des textes varie avec la culture de chaque lecteur, mais le *Dictionnaire philosophique* peut être l'occasion pour chacun de quelque découverte.

Le risque inhérent à ce concert de voix anciennes serait l'enlisement dans les profondeurs des discours du passé. Pourquoi répéter ce qui a déjà été proféré? Le danger est aggravé en matière théologique. Cette recherche creuse éternellement des sillons semblables et différents sur les mêmes textes sacrés ou reçus par la tradition. Sensible à cette glose sans fin, Voltaire ne la fait intervenir que pour montrer son inanité: 'les Grecs égyptiens étaient d'habiles gens, ils coupaient un cheveu en quatre; mais cette fois-ci, ils ne le coupèrent qu'en trois' ('Arius'). En répétant ces discours qui coupent les cheveux en quatre, Voltaire les subvertit, leur fait perdre leurs assises, leur ôte toute signification, la parole neuve naît des fissures de ces textes anciens. Corsetés dans un commentaire tyrannique, ces fragments sont oblitérés ou neutralisés.

Sans doute Voltaire eut-il à se défendre des stéréotypes. D'un point de vue stylistique, il s'ingénie à briser les clichés. [69] Mais il cède aux automatismes propres de sa pensée, recourant aux mêmes

[69] La formule de l'autorité royale: 'car tel est notre bon plaisir', se voit transformée dans un édit divin en 'car telle est notre justice' ('Dogmes'). Les clefs de saint Pierre deviennent un passe-partout ('Pierre').

textes pour nourrir ses convictions et obsessions, répétant les mêmes plaisanteries, [70] d'où la présence sous-jacente de phénomènes d'inertie, très limités dans le *Dictionnaire philosophique*, mais qui deviendront envahissants dans la suite de son œuvre. Le *Portatif* est un ouvrage animé par un réel souffle, enfiévré par l'esprit d'insolence, qui dépasse et vivifie la compilation. Sans doute, l'intertextualité n'est-elle jamais anodine: 'quel qu'en soit le support idéologique avoué, l'usage intertextuel des discours répond toujours à une vocation critique, ludique et exploratoire'. [71] Voltaire est un virtuose en matière de détournement culturel. Son univers est celui d'une grande bibliothèque. On notera par exemple la cocasserie de l'article 'Adam' à ce sujet, qui évoque ceux qui ont lu des livres imaginaires, ceux d'Adam, et les esprits 'creux, très savants', qui ont lu le Veda. Toutes ces lectures ont pour conclusion inattendue l'autodafé d'un livre sur la Bible, celui du R. P. Berruyer.

L'écriture voltairienne est toute pénétrée de références ou de réminiscences que le lecteur se doit de découvrir. Or sa sensibilité à la redite ou à la variation est instable et fluctuante, non seulement d'un point de vue individuel, mais en fonction de la mémoire d'une époque. Certaines réminiscences sont aisément déchiffrées, comme celle du blé qui ne vient point de pourriture ('Athée' 1) ou celle des portes de l'enfer qui ne prévaudront point contre l'Eglise ('Liberté de penser'). D'autres se décryptent comme jeu sur des textes connus. La présence de Pascal dans le *Dictionnaire philosophique* ne se limite pas à la mention de son nom dans 'Athée' 1. Pascal reste à l'horizon de la pensée voltairienne dans une formulation sur la grâce suffisante qui ne suffit pas, reflet des *Provinciales* ('Catéchisme du curé', 'Grâce'), dans des variations sur le thème de l'ange et de la bête ('Secte') ou sur la formule:

---

[70] Sur les Juifs de l'Ancien Testament, on note la récurrence des mêmes textes et des mêmes commentaires.

[71] J. Laurent s'intéresse aux pratiques intertextuelles du vingtième siècle et aux projets les plus radicaux dans ce domaine ('La stratégie de la forme', p.281).

'vérité en-deçà, erreur au-delà' ('Délits locaux'), enfin dans un écho: le roseau de 'Tolérance' est bien 'le plus faible de la nature', mais ce roseau est fanatique. On repère des allusions à J.-J. Rousseau, à Montesquieu. [72] Voltaire s'approprie une image de La Fontaine: 'Malheureux, voyez ce chêne qui porte sa tête aux nues, et ce roseau qui rampe à ses pieds' ('Grâce'). Comme Montaigne, il a entrepris de 's'esgaler à [ses] larrecins, d'aller pair et pair quant et eux', mais sans sa 'téméraire espérance de tromper les yeux des juges à les discerner', [73] ses références restant classiques, à l'exception d'une paraphrase des vers de Boudier de La Jousselinière dans une addition à l'article 'Baptême', ce poète ne jouissant pas d'une grande notoriété.

Ce jeu avec les textes se cristallise sur des expressions, mais plus largement il peut affecter la structure même d'un article. Tel est le cas du double registre dans le 'Catéchisme chinois', indiqué dans le libellé qui fait coexister le proche: une donnée culturelle chrétienne (un catéchisme), et le lointain: une autre civilisation (la Chine). L'annotation de ces six entretiens démontre que le cadre chinois n'est point de pure convention, que Voltaire ne s'est pas contenté d'une vague couleur locale. Point de chinoiseries, mais une lecture attentive, à travers Du Halde, d'extraits du livre de Mencius ou des cinq Kings. Ce substrat chinois confronté aux usages, théories ou folies occidentales, alimente la réflexion sur le choc des cultures, sur les valeurs universelles et celles qui ne le sont point.

Les sources de Voltaire sont souvent transformées. Même lorsqu'il ne trahit point, il systématise ou infléchit. Il suffit de se reporter aux mémoires de milord Bolingbroke pour apprécier cette distorsion qui n'est peut-être pas de mauvaise foi dans l'article 'Chaîne des événements'. Evoquant le changement de

---

[72] Voir les annotations des articles 'Egalité', 'Maître', 'Lois', 'Tyrannie'.
[73] *Essais*, i.26. Montaigne cherche son moi, Voltaire traque les erreurs des autres.

gouvernement à la cour anglaise, milord Bolingbroke fait allusion au mécontentement de la reine Anne à l'égard des whigs tenant à 'quelques détails peu importants de l'exercice du pouvoir'. Sur ces 'bagatelles', mises en pleine lumière, Voltaire construit sa théorie: 'petite cause, grands effets'. La comparaison entre les textes dont Voltaire s'inspire et les raccourcis caricaturaux qu'il en donne montre comment agit un tour d'esprit.

Dans Banier, Voltaire a trouvé la merveilleuse histoire du poisson Oannès qui, selon l'historien chaldéen Bérose, était un monstre moitié homme, moitié poisson. Il venait dispenser ses enseignements aux hommes. Dans 'Le Souper' de Zadig, cet être divin avec une queue dorée et une belle tête d'homme est révéré par un Chaldéen, mais Zadig démontre qu'il doit céder à celui qui a fait la mer et les poissons. Voltaire ne retient plus sa nature hybride dans le 'Catéchisme chinois'. Devenu un fameux 'brochet de l'Euphrate, de trois pieds de long avec un petit croissant sur la queue', théologien de surcroît, il divise les prêtres chaldéens, les uns prétendant qu'il est œuvé, les autres laité. Le roi Daon résout la question en faisant frire deux brochets, l'un œuvé, l'autre laité, que mangent goulûment les prêtres. Il est bien question, selon Georges le Syncelle, d'une apparition d'Oannès sous le règne de Daon, mais point de querelles à sa cour. A partir du témoignage de Bérose, Voltaire crée une petite fable illustrant son dégoût des querelles théologiques.

Un processus créatif plus élaboré peut être mis en évidence à propos de la curieuse anecdote sur laquelle se clôt l'article 'Anthropophages'. De ce martyrologe des Anglais qu'est l'ouvrage de Sir John Temple, *The Irish rebellion*, il retient la vantardise de soudards se flattant d'avoir tué tant d'ennemis qu'il serait possible avec la graisse laissée sur leurs épées de faire une chandelle irlandaise. Hypothèse qui se situe dans l'irréel. Or Voltaire l'imagine réalisée: sa chandelière de Dublin s'adonne au commerce de chandelles faites avec de la graisse d'Anglais![74]

[74] On notera qu'il introduit son texte par la phrase: 'j'ai lu dans des Anecdotes';

De ces prolongements parfois incongrus naissent les plus grandes réussites du *Dictionnaire philosophique*, lorsque la fiction prend le relais de l'histoire, ainsi de la rencontre et de la discussion entre le prince Pic de La Mirandole et le pape Alexandre VI alors que Lucrèce, fille du Saint-Père, est en couches et qu'on s'interroge sur l'identité du père de l'enfant. De subtils glissements, gauchissements et rapprochements de texte font de cette page une comédie éblouissante où le vrai et le faux sont inextricablement mêlés ('Foi' I).

On ne trouve point chez Voltaire les honnêtes notes infrapaginales des érudits de bonne foi, mais le déploiement étincelant de jeux entre les textes dans cette caverne d'Ali-Baba de l'intertextualité qu'est le *Dictionnaire philosophique*.

Au terme de cette étude, il convient de s'interroger sur la légitimité d'avoir pris Voltaire sur le fait tant de fois. La vérification pointilleuse des textes allégués permet, par delà la découverte de détails qui sert la vérité, de distinguer les lignes de fuite et les structures du *Dictionnaire philosophique*. Dans cette œuvre complexe, le 'déjà dit' alimente une pensée neuve. L'exhibitionnisme de l'érudition n'en est pas absent. Voltaire a cédé à la tentation de vouloir paraître plus érudit qu'il ne l'était. En revanche, ce n'est jamais l'admiration qui est à l'origine de cette parade. 'Un beau vers, une phrase bien venue que j'ai retenus, c'est comme un objet d'art ou un tableau que j'aurais acheté: un sentiment où entrent à la fois la vanité du propriétaire, l'amour-propre du connaisseur et le désir de faire partager mon admiration et mon plaisir, m'engage à les montrer, à en faire parade', remarque Valéry Larbaud. [75] Les citations, références et mentions des *Essais*

---

l'expression ne caractérise nullement *The Irish rebellion* qui n'est point un recueil de petites histoires, mais une énumération de crimes. Elle annonce en revanche très bien le texte de Voltaire.

[75] *Sous l'invocation de saint Jérôme*, p.215.

paraissent la suite du plaisir de lire, chez Voltaire elles semblent le résultat d'une enquête sur les folies humaines.

Voltaire en fait est condamné à étaler des preuves dans la mesure où il écrit un contre-dictionnaire théologique. Persuadé de l'existence de textes sacrés, dont chaque verset est comme 'un corps parfait du Logos', [76] le discours théologique les commente à l'infini. L'article 'Citation' de l'*Encyclopédie*, , dans sa rubrique 'Théologie', rappelle que les 'citations sont la base de la théologie'. [77] La glose entraîne la glose: 'le fonctionnement de la machine à écrire théologique serait donc celui-ci: à partir d'une source unique, elle produit du discours par entraînement, par transmission de mouvement ou d'énergie'. [78] N'acceptant point l'*auctoritas* de la Sainte Parole, ni celle des gloses confirmées par l'Eglise ou la tradition, Voltaire doit à son tour alléguer pour prouver, d'où ses vastes lectures dont, en isolant des détails ou des points, il mine le vaste édifice des dogmes. Pour cribler de coups l'Eglise, il a toujours recours à sa 'bonne ruse de guerre': 'aller chez ses ennemis se pourvoir d'artillerie contre eux'. [79] Ayant amassé force matériaux, il met en œuvre, si l'on permet cette comparaison, sa propre machine à traitement de textes avec laquelle il compare et confronte maints discours. Dans le *Dictionnaire philosophique* ne cessent de résonner les échos des voix convoquées par Voltaire.

Œuvre cannibale, nourrie de tant de livres, le *Dictionnaire philosophique* est le lieu d'une intense circulation textuelle. Des unités transposables et réutilisables dans des contextes différents sont mises en mouvement. Qu'elles viennent des œuvres antérieures de Voltaire ou de ses lectures, elles se heurtent ou cheminent de concert. Voltaire ne croit ni aux créations *ex nihilo*, ni à la divine inspiration. Il se définit comme 'un ouvrier en paroles et

---

[76] Compagnon, *La Seconde main*, p.202.
[77] *Encyclopédie*, iii.483.
[78] Compagnon, p.161.
[79] A la duchesse de Saxe-Gotha, à propos de son séjour auprès de Calmet (D5968).

puis c'est tout'.[80] Sa tendance est de ramener toute chose à des processus de bricolages successifs: 'Je suis assez de l'avis d'un Anglais qui disait que toutes les origines, tous les droits, tous les établissements, ressemblent au *plum pudding*: le premier n'y mit que de la farine, un second y ajouta des œufs, un troisième du sucre, un quatrième des raisins; et ainsi se forma le *plum pudding*'.[81] Le maître d'œuvre du *Portatif* a dosé les ingrédients, empruntant et transformant pour faire cette pâte unique, à la fois riche et légère.

[80] 16 avril [1754] (D5779).
[81] 11 juillet [1762] (D10580).

96

4

La raison par alphabet

En 1765, l'édition Varberg s'enrichit d'une 'Préface'. L'auteur ne revendique 'd'autre mérite, et d'autre part à cet ouvrage que le choix'. Le titre adopté pour la première édition en 1764 et repris jusqu'en 1767, celui de *Dictionnaire philosophique portatif*, implique une sélection rigoureuse à l'intérieur du champ très vaste de la 'philosophie', terme susceptible au dix-huitième siècle de maints prolongements. La notion de choix s'impose pour un dictionnaire qui ne dépassera pas, dans sa forme définitive, 118 entrées; or ce nombre est des plus réduits, comparé aux dictionnaires en général et même aux portatifs de l'époque.[1]

Cette préface donne également un mode d'emploi de l'ouvrage destiné à ceux qui veulent et peuvent 's'instruire en s'amusant'. Si les 'personnes de tout état' pourront y glaner, ce ne sont que les 'personnes éclairées' qui pourront vraiment le lire, 'tout honnête homme' devant chercher 'à être philosophe sans se piquer de l'être'. Une certaine liberté est accordée à cet honnête homme puisque 'ce livre n'exige pas une lecture suivie'; une réelle intelligence critique lui est demandée, puisqu'il est censé, afin de rendre cet ouvrage utile, en faire lui-même 'la moitié'.

Voltaire en 1765 a donc ressenti le besoin de préciser ses intentions et ses désirs dans un texte à valeur d'avertissement, se conformant à l'usage des auteurs de dictionnaires.[2] Le discours

---

[1] A titre d'exemple le *Dictionnaire philosophique portatif* de Chicaneau de Neuvillé, auquel on se réfère à cause de la conformité du titre, comporte 417 articles dans son édition de 1751, plus des additions composées en fin de volume au nombre de 31. En 1756, il comprend 462 articles.

[2] Les dictionnaires sont en général précédés d'une déclaration d'intention: que l'on songe au plaidoyer qui ouvre la première édition du *Dictionnaire historique et*

qu'il y tient met l'accent sur des points importants. L'ordre alphabétique autorise la discontinuité, mais une pensée d'ensemble a innervé l'ouvrage puisqu'elle lui a imposé son ou ses choix; la lecture sans ordre reste stimulante, la réflexion trouvant des aliments à chaque page.

Voltaire, après avoir proclamé que son ouvrage n'est pas inorganique, même s'il a privilégié le morcellement, introduit en 1769 un nouveau facteur de réflexion. Son édition, revue, corrigée et augmentée, se pare d'un nouveau titre dont les présupposés ne sont pas évidents, celui de *La Raison par alphabet*. L'absence de discours suivi n'entraînerait pas le désordre de la pensée. L'ensemble de l'ouvrage serait fortement structuré par l'empire de la raison. Quelle importance faut-il accorder à ce nouvel intitulé? On ne peut écarter l'hypothèse d'une manœuvre destinée à brouiller les pistes, à éveiller l'intérêt pour une œuvre parée d'un titre n'ayant pas encore servi. Peut-être s'agit-il aussi de donner une unité factice à une édition regroupant le *Dictionnaire philosophique* et les dialogues de *L'A, B, C*. Quoi qu'il en soit, Voltaire a mis l'accent sur le combat de la raison dans les œuvres alphabétiques, question qu'il vaut la peine d'étudier.

i. *Discontinuité et cohésion*

'Qu'est-ce, en effet, qu'un "dictionnaire" de cent mots?' s'interroge Yves Florenne qui répond ainsi à cette question: 'Pas même un lexique, tout au plus une liste où l'ordre alphabétique est bien moins un classement qu'un artifice, un jeu, un appât',[3] ce qui est vite dit et mérite vérification. Ces 118 articles de *La Raison par alphabet* sont répartis inégalement: les six premières lettres de l'alphabet sont représentées par 61 articles, les lettres H, N, O et

---

critique de Bayle ou au manifeste méthodologique qu'est le 'Discours préliminaire' de l'*Encyclopédie*.

[3] *Dictionnaire philosophique*, éd. Florenne, p.1.

V n'obtiennent chacune qu'un article.[4] La liste des 118 articles mêle allègrement des entrées consacrées à des personnages et d'autres à des notions. L'article 'Dictionnaire' de l'*Encyclopédie*, rédigé par d'Alembert, distingue les dictionnaires de langue, les dictionnaires historiques, enfin les dictionnaires encyclopédiques. Le *Dictionnaire philosophique* traite aussi bien des mots que des choses. Il n'entre dans aucune des catégories définies ci-dessus et prétend les aborder toutes trois. L'ordre alphabétique serait-il un simple 'artifice', un procédé qui rassemblerait à bon compte des notices hétérogènes?

Le *Dictionnaire philosophique* comprend quatorze articles consacrés à des personnages qui, à l'exception d''Apis', évoquent soit des figures bibliques, soit des figures rattachées à l'histoire du christianisme.[5] Tous ont leur correspondant, sauf 'Apis' et 'Julien', dans le *Dictionnaire de la Bible* de dom Calmet, un certain nombre dans Bayle.[6] Deux autres articles sont consacrés à des noms propres: 'Babel', 'Judée'. Pour toutes ces entrées, l'ordre alphabétique est un principe qui s'impose pour des individus hétérogènes, un monument et un pays, car tout ordre dans leur cas est condamné à l'arbitraire du choix, 'si bien qu'en redoublant l'arbitraire, l'ordre alphabétique ne dérange pas l'ordre de ce qui n'en a pas'.[7]

Voltaire introduit aussi dans son ouvrage des articles qui trouveraient place dans un dictionnaire de langue. Mais à la différence de ces derniers, il n'a pas à se poser le problème de l'extension de la nomenclature.[8] Au dix-huitième siècle, la querelle qui avait opposé l'Académie et les partisans du 'bon usage' au

---

[4] Cette inégalité dans la répartition, patente dès l'édition de 1764, n'a guère été corrigée par la suite. Voltaire a complété la représentation de l'alphabet par les lettres N dans 65 ('Nécessaire') et O dans 65v ('Orgueil').

[5] 'Abraham', 'Adam', 'Apis', 'Arius', 'David', 'Ezéchiel', 'Jephté', 'Job', 'Joseph', 'Julien', 'Moïse', 'Paul', 'Pierre', 'Salomon'.

[6] 'Abraham', 'Adam', 'Arius', 'David', 'Job'.

[7] S. Auroux, *La Sémiotique des encyclopédistes* (Paris 1979), p.322.

[8] Question qu'il n'ignore pas, puisqu'il a participé au *Dictionnaire de l'Académie*.

Furetière reste vivante. Voltaire a choisi dans le lexique les termes qui l'intéressent.

Enfin son recueil ne prétend point à une exposition du savoir visant à la totalité, à la manière de l'*Encyclopédie*: 'le but d'une Encyclopédie', explique Diderot, 'est de rassembler les connaissances éparses sur la surface de la terre, d'en exposer le système général aux hommes avec qui nous vivons, et de la transmettre aux hommes qui viendront après nous'. [9] Si pour Voltaire 'l'ordre et l'enchaînement des connaissances' [10] n'est pas une priorité, du moins partage-t-il avec Diderot la conviction que le caractère d'un bon dictionnaire est de 'changer la façon commune de penser'. [11] Il se montre donc intéressé par les moyens que préconise l'*Encyclopédie*.

Dans son exemplaire personnel, il souligne un passage relatif à une théorie des renvois dans l'article 'Encyclopédie'. Diderot distingue deux sortes de renvois, les uns de choses, les autres de mots, et montre quelle peut être l'utilité de ces renvois de choses qui 'éclaircissent l'objet, indiquent ses liaisons' proches et lointaines:

Il y aurait un grand art et un avantage infini dans ces derniers renvois. L'ouvrage entier en recevrait une force interne et une utilité secrète, dont les effets sourds seraient nécessairement sensibles avec le temps. Toutes les fois, par exemple, qu'un préjugé national mériterait du respect, il faudrait à son article particulier l'exposer respectueusement, et avec tout son cortège de vraisemblance et de séduction; mais renverser l'édifice de fange, dissiper un vain amas de poussière, en renvoyant aux articles où des principes solides servent de base aux vérités opposées.

Voltaire a souligné ce passage, puis s'est montré sensible à l'argumentation de Diderot qui, dans la phrase suivante, déclare que cette manière de faire peut opérer sur les bons esprits, et

---

[9] 'Encyclopédie', article rédigé par Diderot (v.635-48).
[10] 'Discours préliminaire', i.1.
[11] Article 'Encyclopédie', v.642 (CN, iii.389).

même de façon sourde sur tous les esprits. [12] L'analyse du système des renvois dans l'*Encyclopédie* n'entre point dans notre propos. [13] On mettra seulement l'accent sur le fait que Voltaire fait preuve d'intérêt pour des facteurs de cohésion à l'intérieur d'un discours discontinu.

Même s'il n'est point question de mettre sur le même plan les renvois dans l'*Encyclopédie* et ceux du *Dictionnaire historique et critique* de Bayle, [14] et sans préjuger de ce que furent les sentiments de Voltaire sur ce point, [15] il faut remarquer que ce lecteur assidu de Bayle avait fait son profit, pour élaborer *Cosi-Sancta*, des remarques dispersées dans une série d'articles de Bayle: 'Abimélech' invite à se reporter à 'Sara'; 'Acindynus' renvoie à la fois à la remarque A d''Abimélech' et à la remarque I de 'Sara'. Voltaire suivra de nouveau cette piste dans *L'Ingénu*. Il ne néglige pas ce mode de liaison dans le *Dictionnaire philosophique*. Dès l'édition de 1764, une note de 'Catéchisme chinois' invite le lecteur à consulter 'Ciel des anciens', une autre dans 'Joseph' renvoie à l'article 'Songes'. Parfois, il met en relation de manière plus subtile. La première phrase d''Anthropophages' est conçue comme une transition: 'Nous avons parlé de l'amour. Il est dur de passer de gens qui se baisent, à gens qui se mangent'. Le dernier paragraphe d''Amitié' annonce une suite:

[12] CN, iii.389; les mots 'cette manière' sont soulignés par Voltaire.

[13] Voir H.-W. Schneiders, 'Le prétendu système des renvois dans l'*Encyclopédie*', *L'Encyclopédie et Diderot*, éd. E. Mass et P. Knabe (Köln 1985), p.247-60; B. Ludewig, 'L'utilisation des renvois dans la lecture de l'*Encyclopédie*', et A. Becq, 'Continu et discontinu dans l'écriture encyclopédique', dans *L'Encyclopédie et ses lecteurs* (Paris 1987), p.35-36 et 17-34.

[14] E. Labrousse, *Pierre Bayle, du pays de Foix à la cité d'Erasme* (La Haye 1963), p.238 et n.12; J. Proust, *Diderot et l'Encyclopédie* (Paris 1962), p.261-62.

[15] Les contemporains de l'*Encyclopédie* ont établi une relation directe entre ces deux ouvrages; voir les témoignages cités par Rétat, *Le Dictionnaire de Bayle et la lutte philosophique au XVIIIᵉ siècle*, p.399. Voltaire a lu la condamnation de l'*Encyclopédie* par Joly de Fleury qui insiste sur la liaison entre Bayle et l'*Encyclopédie* (D8880, D9005, D9492). Voltaire commettait-il ce contresens sur Bayle?

La pédérastie était malheureusement tolérée par les mœurs; il ne faut pas imputer à la loi des abus honteux. Nous en parlerons encore.

'Chaîne des événements' laisse présager des compléments sur la destinée qui se trouvent dans l'article 'Destin'. Ce dernier article s'enrichit en 1765 d'une addition qui suggère de se reporter à l'article 'Liberté' de 1764: 'Si vous voulez, ou plutôt, si vous pouvez examiner paisiblement avec moi ce que c'est [la liberté], passez à la lettre L'. Le système se perfectionne au fil des rééditions. Un ajout de 1765 à 'Christianisme', de manière allusive incite à relire 'Baptême': il est question des premiers évêques de Jérusalem qui ont été circoncis et Voltaire, dans une incidente, précise 'comme on l'a déjà remarqué ailleurs'. 'Genèse' qui paraît dans l'édition Varberg de 1765 cite l'article 'Moïse' de 1764. En 1767, 'Athée' II renvoie à 'Fraude' de 1764. Les ajouts corroborent le texte primitif. Parfois, Voltaire semble écrire des articles par séries, ce qui lui permet d'établir des liens entre eux, ainsi 'Adam' et 'Babel' de 1767.[16] Le renvoi joue donc le rôle d'un guide de lecture.[17]

Voltaire n'a point dédaigné ces 'renvois de confirmation' qu'évoque Diderot.[18] Il en use avec modération. Douze des quarante-cinq articles qu'il avait donnés à l'*Encyclopédie* compor-

[16] A propos de la tour de Babel, il écrit: 'moi qui ne l'ai point vue, je n'en parlerai pas plus que d'Adam mon grand-père, avec qui je n'ai point eu l'honneur de converser'. Or l'article 'Adam' est construit sur trois déclarations: 'je n'en parlerai point', 'je n'en dirai mot', 'je ne dis mot'.

[17] On serait étonné que Voltaire n'ait point remarqué les renvois de l'article 'Anthropophages' de l'*Encyclopédie*: 'Eucharistie', 'Communion', 'Autel'. Mais les renvois ont parfois été établis de manière bien négligente, comme le montre Schneiders, 'Le prétendu système des renvois'. Si une ruse qu'on avoue cesse de l'être, on remarquera que Voltaire n'en dit mot, contrairement à Diderot qui avait exposé ce stratagème dans l'article 'Encyclopédie'.

[18] 'Encyclopédie' (v.642).

tent des renvois, qu'il en soit ou non l'auteur.[19] Quand il fait paraître, dans le *Dictionnaire philosophique* de 1764, 'Idole, idolâtre, idolâtrie', primitivement destiné à l'*Encyclopédie*,[20] son article ne comprend point de renvois. Dans le *Dictionnaire philosophique*, on relève neuf renvois plus ou moins explicites dont il a varié la place et les modalités. Il ne se contente pas de l'indication stéréotypée et placée à la fin du texte: 'Voyez...'. Il adopte des formes allusives. Sa technique n'est point de l'ordre de l'esprit de géométrie qui marquerait les connexions, mais de l'esprit de finesse qui introduit de la fantaisie dans cet usage. Il n'a pas eu à mettre au point une 'stratégie épistémologique' comme les encyclopédistes qui, désirant donner un inventaire complet du monde, ont fait précéder leur grand ouvrage d'un arbre des connaissances emprunté à Bacon.[21]

Somme toute, le principe formel de liaison par renvoi occupe une place modeste, mais non négligeable, dans le *Dictionnaire philosophique*. Voltaire privilégie d'autres facteurs de cohésion, moins aisément détectables, mais qui n'interviennent pas moins sur l'esprit du lecteur.

Voltaire n'a point d'ambitions synthétiques affichées. Pourtant dans un livre qu'il a conçu comme une machine de guerre et non comme un simple ouvrage de référence, les articles n'ont point été rédigés au hasard. On ne peut négliger le rôle incitatif de lectures ou d'événements dans leur composition,[22] mais leur

---

[19] Voir les articles 'Elégance', 'Eloquence', 'Esprit', 'Faste', 'Fausseté', 'Faveur', 'Favori', 'Force', 'Grand, grandeur', 'Hautain', 'Heureux', 'Idole' (V 33). Les renvois se raréfient dans les articles parus dans le tome VII, lettres G-H. Les renvois qui sont intégrés au texte sont-ils de Voltaire?

[20] V 33, p.187. Publié dans le tome VIII de l'*Encyclopédie* en 1765, cet article renvoie à plusieurs articles de Jaucourt.

[21] R. Darnton, 'L'arbre de la connaissance: la stratégie épistémologique de l'*Encyclopédie*', *Le Grand massacre des chats* (Paris 1984), p.218-44 et p.324, n.5, sur les projets d'organisation des arts et des sciences.

[22] Voir les annotations de plusieurs articles, par exemple 'Abbé'.

ensemble ne se réduit pas à la juxtaposition de petits essais. L'ensemble peut donner l'impression d'un 'pot-pourri', mais ce n'est pas un 'fourre-tout'. [23] Sans doute, l'alphabet seul justifie-t-il de passer d''Antitrinitaires' à 'Apis', de 'Corps' à 'Credo', de 'Méchant' à 'Messie'. Mais les incursions de Voltaire dans des domaines différents sont limitées. Elles s'inscrivent à l'intérieur de quelques directions. La discontinuité liée au découpage par articles, au changement de sujet, est largement compensée par la cohérence liée à un terrain bien balisé et assez nettement circonscrit.

Dans un premier point, il faut dégager le rôle fédérateur des redites ou des variations. La lecture de chaque article dévoile des horizons nouveaux, mais rappelle des éléments connus. Quelques exemples suffiront. [24] Que les chrétiens aient accordé créance aux oracles des sibylles est signalé dans l'article 'Apocalypse', redit dans 'Religion' III. L'absence du concept d'enfer dans la loi mosaïque est répétée dans les articles 'Ame', 'Enfer', 'Religion' I. Les sacrifices humains des Juifs sont évoqués dans 'Jephté' et 'Religion' VI. Parmi les 'scies' voltairiennes, [25] on peut énumérer les confitures d'Ezéchiel, les ébats d'Oolla et d'Ooliba, les oignons des Egyptiens ou les métamorphoses du dieu Fo. La première apparition de ces motifs étonne, la seconde est comme un clin d'œil de l'auteur. Sur les têtes de Turc de Voltaire, vivement houspillées, se fixe l'indignation, ainsi de Constantin [26] ou de Jurieu. [27] L'effet de harcèlement n'est pas à négliger: à la troisième occurrence des mensonges de saint Paul, nul ne songera à vérifier. [28] Les emprunts des Juifs aux autres civilisations acquièrent valeur de *leitmotiv*. [29]

[23] *Dictionnaire philosophique*, éd. Florenne, p.1: 'petit fourre-tout à idées'.
[24] L'index de ce volume permettra aux lecteurs d'établir bien d'autres corrélations.
[25] Nous empruntons l'expression à R. Pomeau, *Voltaire par lui-même* (Paris 1962), p.64.
[26] Voir 'Baptême', 'Julien'.
[27] Voir 'David', 'Philosophe', 'Persécution'.
[28] Voir 'Paul', 'Résurrection', 'Tolérance'.
[29] Les occurrences sont trop nombreuses pour qu'on en dresse la liste.

Les mêmes sources sont utilisées à plusieurs reprises. Des versets du Lévitique et du Deutéronome sont cités plusieurs fois. [30] Un patriarche arabe, auteur d'une chronique d'Alexandrie, apparaît, avec des variantes, dans 'Arius', 'Christianisme', 'Conciles'. [31] Le cas d'anthropophagie rapporté par Juvénal a trouvé place bien évidemment dans 'Anthropophages', mais il est rappelé dans 'Religion'. Un thème obsédant comme celui du refus de la Trinité est martelé en 1767 avec 'Antitrinitaires', 'Arius', 'Divinité de Jésus', tous dérivés de la lecture de l'article 'Unitaires' de l'*Encyclopédie*. Ces trois textes donnent une tout autre ampleur à l'allusion rapide de l'article 'Du juste et de l'injuste' de 1765. Un article important comme 'Christianisme' peut essaimer et éclater. J.-M. Moureaux l'a prouvé de manière convaincante en montrant comment ce texte de 1764 se prolonge et s'enrichit d'articles satellites: 'Martyre' et 'Paul' dans 65v; 'Arius', 'Conciles' et 'Evangile' dans 67; 'Credo' dans 69. [32]

D'après ces quelques aperçus, on déduit que ce 'pot-pourri de philosophie voltairienne' [33] est structuré par des lignes de force. Tantôt la pensée se ramifie à partir d'un tronc de plusieurs branches. Tantôt elle se cristallise sur des noms symboliques, qu'il s'agisse d'un modèle de l'humanité comme Julien ou d'une bête noire comme le pape Alexandre VI. On repère ainsi des points nodaux, surtout au niveau des automatismes polémiques.

On ne prétend point juger des intentions de Voltaire, seulement des résultats. Ainsi on ne disputera pas pour savoir si ces redites sont des tics de la pensée voltairienne ou si elles relèvent d'un

[30] 'Ame', 'Anthropophages', 'Jephté'.

[31] Ces variantes ne démontrent pas seulement la désinvolture de Voltaire quant à l'exactitude des faits. Il ne paraît pas soupçonner que des versions différentes pourraient nuire à la crédibilité de ses propos.

[32] J.-M. Moureaux, 'Ordre et désordre dans le *Dictionnaire philosophique*', *Dix-huitième siècle* 12 (1980), p.394.

[33] Pomeau, 'Histoire d'une œuvre: le *Dictionnaire philosophique portatif*', p.44. Comme l'a remarqué J.-M. Moureaux ('Ordre et désordre', p.382), cette expression caractérise bien la manière de Voltaire.

dessein concerté, Voltaire n'ignorant pas la valeur pédagogique de la répétition. Volontaires ou non, elles marquent les points d'ancrage d'une pensée, elles donnent force et forme à un discours discontinu. L'ordre final du *Dictionnaire philosophique* d''Abbé' à 'Vertu' ne paraît pas innocent. A partir de l'édition Varberg de 1765, le premier article du *Dictionnaire philosophique* adresse aux abbés, représentants de l'institution religieuse, cette admonestation vengeresse: 'tremblez que le jour de la raison n'arrive'. Le recueil s'achève sur l'évocation de la vertu païenne, celle du 'divin empereur Antonin', contestée par quelques théologiens. L'auteur formule cette prière: 'Mon Dieu, donnez-nous souvent de pareils fripons'. Des ténèbres chrétiennes à la lumière antique, du clergé qui a trahi au prince païen qui est un emblème de la sagesse, la progression ne paraît pas dénuée de signification. [34]

La cohésion de l'ensemble tient au champ exploré. De nombreuses branches de l'arbre du savoir n'apparaissent guère. Les articles relatifs aux belles-lettres sont réduits à la portion congrue: 'Beau', 'Critique'; 'Lettres, gens de lettres, ou lettrés' est un manifeste militant. Malgré un certain nombre de textes consacrés au droit et à la politique, d'autres à la psychologie humaine, les trois cinquièmes de l'ouvrage portent sur la critique du judéo-christianisme. [35] Cette délimitation du corpus autorise la présence d'articles introuvables dans tout autre dictionnaire. Tout lexique accorde une entrée au mot 'catéchisme', mais n'en prévoit pas pour des catéchismes chinois, du curé, du jardinier, du Japonais, qui sont des créations personnelles, tous quatre sous forme dialoguée. [36] La 'fausseté' est une notion ayant droit à un article, mais

[34] Voltaire a-t-il cherché un effet en faisant suivre 'Ezéchiel' qui ridiculise les fables juives par 'Fables' qui fait l'éloge des fables grecques?

[35] 71 articles sur 118, compte fait par Moureaux, 'Ordre et désordre', p.383.

[36] Nos critères modernes sont assez différents de ceux du dix-huitième siècle. Dans l'*Encyclopédie*, après une entrée générale 'Ivoire', une subdivision est indiquée, 'Ivoire fossile'. Après l'article 'Japon', vient l'article 'Japonais' qui est en réalité un article sur la philosophie des Japonais.

point 'fausseté des vertus humaines' qui est de l'ordre d'un essai. Parmi les autres licences de Voltaire, citons 'Inondation' au titre trompeur, puisqu'il s'agit du déluge, les deux mots ayant droit traditionnellement à deux entrées séparées.

Or Voltaire prétend que cet ensemble décousu dans sa manière, sélectif et orienté dans sa matière, représente *La Raison par alphabet*, titre adopté en 1769.

ii. *L'ordre de la raison*

Dans son article 'Ordre et désordre dans le *Dictionnaire philosophique*', J.-M. Moureaux s'interroge (p.383):

Rien de plus contestable finalement que le dernier titre choisi par Voltaire en 1769: comment pourrait-on mettre par alphabet la raison, cette activité constructive de l'esprit qui implique à la fois l'ordre et la vie? Cet ordre n'est pas celui de l'alphabet; cette vie, il appartient au lecteur de la vivre précisément en réinventant sinon l'ordre même dont vivait la pensée de l'auteur, du moins un ordre similaire.

Question d'importance à laquelle l'auteur répond en montrant l'unité fondamentale du *Dictionnaire philosophique*, 'puzzle' reconstitué à partir de la ligne de force de la lutte contre l'infâme, mais qui 'contient moins un ordre caché qu'un principe fécond d'ordres possibles' (p.381-400).

En prétendant de manière provocante promouvoir 'la Raison par alphabet', Voltaire se situe dans la lignée des dictionnaires, abrégés, catalogues et même alphabets raisonnés qui fleurissent depuis la publication du tome I de l'*Encyclopédie ou dictionnaire raisonné des sciences, des arts et des métiers*.[37] Tous ces ouvrages alphabétiques revendiquaient leur place dans le grand combat des Lumières pour la raison, refusant d'être réduits au mode de classification qui les organisait. L'ordre alphabétique qui assure la

---

[37] Voir P. M. Conlon, *Le Siècle des Lumières*, viii.87, 95, 131. On relève trois dictionnaires raisonnés dans ICL, douze dans l'article de Quemada.

succession régulière des titres traités, n'est qu'un principe de classement, comme le seraient, sur d'autres bases, un ordre chronologique, un ordre numérique,[38] un ordre hiérarchique. Bien qu'il soit arbitraire, cet ordonnancement n'empêche pas que chacune des unités constituant le *Dictionnaire philosophique* et que l'ensemble de cet ouvrage ne soient structurés en profondeur par l'ordre de la raison, qui se situe au niveau des relations intelligibles entre les concepts et dans le choix des concepts directeurs.

Il n'est pas question d'éluder une difficulté par un jeu de mots. On veut distinguer l'ordre comme classification et l'ordre comme organisation ou structure. Or cette acception de l'ordre comme principe qui structure et délimite est fondamentale dans la pensée classique dont Voltaire est nourri et tout particulièrement dans les *Pensées* de Pascal. Le célèbre fragment des trois ordres de grandeur distingue, en établissant une hiérarchie, l'ordre de la chair, l'ordre de l'esprit et celui de la charité.[39] La notion d'ordre désigne 'un ensemble homogène et autonome, régi par des lois, se rangeant à un certain modèle, d'où dérive son indépendance par rapport à un ou plusieurs autres ordres'.[40] Voltaire dépasse le premier qui se réduit au monde visible, campe résolument dans le second et refuse sans ambages le troisième. Tous ses commentaires des *Pensées* montrent qu'il rejette l'idée chère aux mystiques suivant laquelle au-delà du monde de la raison où règne le principe de non-contradiction, serait un autre monde, supérieur, où les contraires pourraient s'unir.[41] Dans les *Lettres philosophiques*, XXV,

---

[38] Voltaire adopte un ordre numérique pour son article 'Religion', qui n'est pas, sans doute, sans signification. R. Barthes rappelle à juste titre que toute activité taxinomique a un sens, qu''il n'y a pas de plans ni naturels, ni rationnels, mais seulement des plans "culturels"' ('Littérature et discontinu', *Essais critiques*, Paris 1964, p.179).

[39] L. Lafuma, *Le Manuscrit des Pensées de Pascal 1662* (Paris 1962), 308/793; dans l'édition de Port-Royal que possédait Voltaire, PR xxii.

[40] J. Mesnard, 'Le thème des trois ordres dans l'organisation des *Pensées*', *La Culture du XVIIe siècle* (Paris 1992), p.463.

[41] Sur l'importance de la mystique, sur l'alliance de la dialectique et de la

il attaque le 'galimatias' de la formulation sur laquelle s'ouvre ce fragment: 'La distance infinie des corps aux esprits, figure la distance infiniment plus infinie des esprits à la charité, car elle est surnaturelle' (*Lph*, ii.201). Il ne s'en prend pas à l'idée d'ordre, il refuse que le domaine de la raison soit strictement limité afin de laisser place à la reconnaissance et à la contemplation du mystère. [42]

Voltaire évacue le discours transcendant, celui de la parole de Dieu, pour tenir un discours immanent, celui du monde humain qui devrait être gouverné par la raison. Dans ses nombreuses remarques sur Pascal, [43] Voltaire n'a épinglé aucune des pensées regroupées par l'édition de Port-Royal, celle qu'il possédait (BV2653, 2654), sous le titre 'Soumission et usage de la raison'. [44] C'est pourtant au nom de la raison qu'il s'oppose au 'misanthrope sublime'. L'ordre qui gouverne sa pensée n'est pas fondé sur des analogies, il ne se réfère point à un arbre du savoir, il ne prétend point être une 'interprétation de la nature'. [45] Il ne cherche point ce 'système de la connaissance humaine qui est le plus clair, le mieux lié et le plus méthodique'. [46] L'ordre voltairien se définit par référence à Pascal.

Au temps où il compose le *Dictionnaire philosophique*, Voltaire nourrit de grandes espérances. Il répète à Helvétius et à d'Alembert

---

mystique dans la pensée pascalienne, voir J. Mesnard, *Les Pensées de Pascal* (Paris 1976), p.321-30.

[42] Sur le dialogue entre Voltaire et Pascal, voir la mise au point de J. Mesnard, 'Voltaire et Pascal', *La Culture du XVIIe siècle* (Paris 1992), p.589-99, qui met en évidence les incompréhensions, mais aussi les affrontements qui témoignent de la part de Voltaire d'une grande pénétration.

[43] Des premières remarques publiées en 1734 aux notes pour l'édition des *Pensées* donnée par Condorcet en 1776 et qui parurent en 1778, Pascal n'a cessé de hanter Voltaire.

[44] Mesnard, 'Voltaire et Pascal', p.392.

[45] P. Rétat remarque justement que dans l'*Encyclopédie*, Diderot poursuit ses recherches sur l'interprétation de la nature ('Le *Dictionnaire philosophique* de Voltaire', p.894).

[46] Prospectus de l'*Encyclopédie*, 1750.

que 'ce siècle commence à être le triomphe de la raison',[47] que cette raison a gagné du terrain,[48] qu'elle a fait 'de terribles progrès depuis environ trente ans' et qu'elle en fera tous les jours.[49] Il bénit 'cette heureuse révolution qui s'est faite dans l'esprit de tous les honnêtes gens' et qui a passé ses espérances.[50] En 1772, il se montrera moins sûr de son fait. Rédigeant l'article 'Raison' pour les *Questions sur l'Encyclopédie*, il imagine les mésaventures d'un homme qui avait toujours raison et qui, après avoir été trois fois emprisonné, finit empalé (M.xx.334-36). Mais dans les années 1760, il est pugnace: 'Que je hais ces monstres! Plus je vais en avant plus le sang me bout'.[51] L'ennemi de la raison, c'est la peur ou la lâcheté ('Sens commun').

Voltaire souscrirait sans doute à cette affirmation de Bossuet: 'Le rapport de la raison et de l'ordre est extrême';[52] mieux encore, il semble que pour lui l'ordre et la raison se confondent. La raison, affirme-t-il dans le *Dictionnaire philosophique*, est un 'rayon de la Divinité' ('Egalité'),[53] donc il faut hâter l'avènement sur terre du 'jour de la raison' ('Abbé'), ce qui, non sans ironie, se traduit par un combat contre la déraison religieuse. Selon cette perspective, la raison pour l'homme est la santé de l'âme, un remède à toutes les maladies de l'irrationnel. Elle prémunit contre les ivresses de la pensée, puisqu'elle consiste à 'voir toujours les choses comme elles sont' et à régler les passions ('Enthousiasme'). Sa tâche est des plus ardues contre la 'peste' du fanatisme qui gangrène le cerveau et dont les accès de rage sont responsables des folies des convulsionnaires ('Convulsions') ou de fureurs homicides

[47] 27 octobre [1760], à Helvétius (D9354).
[48] 15 septembre [1763], à Helvétius (D11418).
[49] 15 janvier [1765], à d'Alembert (D12322).
[50] 4 juin [1767], à d'Alembert (D14211).
[51] 7 février [1761], à d'Argental (D9614).
[52] *Traité de la connaissance de Dieu*, i.vii.
[53] Voltaire écrira un dialogue de la raison humaine et de la sagesse divine dans lequel la raison est fille de la sagesse de Dieu (*Fragments historiques sur l'Inde*; M.xxix.181-84).

('Fanatisme'). Le *Dictionnaire philosophique* est donc terre d'expérimentation pour la raison où sa valeur est testée. La raison est une réalité et une norme.

Le rationalisme voltairien est positif. Il permet d'accéder à des vérités. Instrument incomparable, la raison, dont la première fonction est critique, débusque les erreurs et dénonce les horreurs. Ainsi détecte-t-elle les absurdités de contes comme celui de la Genèse interdisant à l'homme de manger les fruits de l'arbre de la science: 'Il semble à notre pauvre raison que Dieu devait ordonner de manger beaucoup de ce fruit'. Voltaire ajoute benoîtement: 'il faut soumettre sa raison', mais tente de donner une explication raisonnable de ce mythe: l'homme sait qu'il va mourir, 'cette raison est l'arbre de la science qui lui fait prévoir sa fin' ('Genèse'). La raison refuse les contradictions et rejette l'impossible. La foi, profondément dévalorisée, consistera soit à 'croire les choses parce qu'elles sont impossibles' ('Foi' I), soit à 'croire non ce qui semble vrai, mais ce qui semble faux à notre entendement' ('Foi' II). Reconnaissant l'ordre du monde, persuadé que l'Etre éternel ne se conduit jamais par des 'lois particulières comme les vils humains, mais par ses lois générales, éternelles comme lui' ('Grâce'), elle refuse les prodiges ('Julien'), les miracles qui sont 'la violation de ces lois divines et éternelles' ('Miracles'). Elle se contente de savoir que tout est 'arrangé, engrené et limité' ('Destin'), que tout ce qui appartient à la nature est 'uniforme et immuable' ('Fin'). La raison s'inscrit donc dans le contexte d'un ordre fixiste dont la source est Dieu.

Munie de ces principes, sûre d'être le seul moyen d'investigation valable, la raison établit dans le *Dictionnaire philosophique* un inventaire des aberrations du judéo-christianisme disséminées à travers les nombreux articles de critique biblique ou d'histoire de l'Eglise.[54] L'Ancien Testament apparaît comme un 'tissu d'in-

---

[54] Pour une analyse systématique et très fouillée de la critique religieuse dans le *Dictionnaire philosophique*, on se reportera à l'article déjà cité de J.-M. Moureaux.

concevables bêtises' ('Athée' 11). Voltaire traque ses incohérences, invraisemblances et contradictions ('Abraham', 'Ezéchiel', 'Genèse', 'Job', 'Moïse', 'Salomon'). De vieilles croyances, confrontées aux acquis de la science moderne, s'effondrent ('Ciel des anciens', 'Catéchisme chinois', 'Genèse', 'Inondation', 'Adam'). 'L'esprit saint se proportionnait à l'esprit du temps' ('Genèse'): c'est dire qu'aucune inspiration divine n'a dicté des écrits qui sont le fait d'énergumènes exaltés ('Ezéchiel', 'Prophètes').

Passé au crible de la raison, le christianisme qui plonge ses racines dans un Ancien Testament dévalorisé, paraît constitué de dogmes inacceptables. Si l'Incarnation ('Conciles') et la Rédemption ('Messie', 'Péché originel') ne sont pas épargnées, Voltaire se déchaîne contre la Trinité, la consubstantialité du Verbe ou l'hypostase du Saint-Esprit ('Arius', 'Divinité de Jésus') et surtout contre le dogme de la présence réelle du Christ dans l'Eucharistie, cette croyance 'monstrueuse' que pas 'un seul homme de bon sens' ne peut embrasser sérieusement ('Transsubstantiation'). Et que penser des élucubrations des théologiens sur la grâce de santé, la médicinale, l'extérieure et l'intérieure, la gratuite, la sanctifiante, l'actuelle, la coopérante, l'efficace qui est sans effet et la suffisante qui ne suffit pas! ('Grâce').

L'histoire sacrée prétendait indûment échapper à toute appréhension strictement humaine, parce que ses 'voies [seraient] en tout différentes des nôtres' ('Christianisme'). Elle devient dans le *Dictionnaire philosophique* un nouveau terrain à arpenter. Plus de différence infinie entre 'les livres divinement inspirés et les livres des hommes'. Voltaire met en doute l'authenticité du Pentateuque ('Moïse'), se moque des merveilles invraisemblables du livre des Rois, discute de l'attribution des Proverbes, conteste celle de l'Ecclésiaste, du livre de la Sagesse et du Cantique des cantiques ('Salomon'). Il dénombre les évangiles apocryphes ('Christianisme', 'Evangile'), rappelle que le canon de l'Eglise a été fixé lors du concile de Nicée de manière arbitraire et grotesque ('Conciles').

Le verdict est sans appel: la religion judéo-chrétienne se complaît dans l'inintelligible.

Cette désacralisation de l'Ecriture laisse le champ libre à une interprétation historique dégagée du poids de l'autorité. L'histoire du peuple élu, débarrassée de son aura sacrée, se réduit à celle d'une petite peuplade grossière. La raison détecte, par la voie du comparatisme, ses multiples emprunts à des cosmogonies antérieures: mythe de la création et du paradis terrestre, chute des anges, déluge ('Genèse'), ou à des civilisations contemporaines, ainsi des usages pris des Egyptiens ('Carême', 'Circoncision').

Dans l'argumentation voltairienne, le principe de vraisemblance vaut comme explication ou comme conjecture. Ainsi des suppositions concernant l'origine d'Abraham ('Abraham', ajout de 1767). S'il est 'difficile de percer dans les ténèbres de l'antiquité', une règle peut être dégagée, celle qui veut que 'le petit peuple nouveau, ignorant' ait copié les nations florissantes. Le texte s'articule sur les affirmations, 'il est évident', 'il est bien naturel de penser'. Dans 'Circoncision', les déductions de Voltaire s'appuient également sur ce qui lui paraît 'naturel': 'il est toutefois vraisemblable', 'il est évident', 'n'est-il pas bien vraisemblable', et 'cela n'est pas dans la nature humaine'. Même explication 'naturelle' du dogme de la métempsycose ('Métamorphose').[55]

La raison prétend découvrir la 'marche de l'esprit humain' ('Religion' II), sans que se soient manifestées des interventions divines. Elle reconstitue des processus historiques, comme la marche vers l'inégalité sociale ('Egalité'), découvre le rôle essentiel de la peur dans la création des religions ('Religion' II) et dans son maintien par la force ('Secte'). Tout ce qui dérangerait ce jeu des lois humaines doit être rejeté. Le concept d'homme-dieu n'est qu'une création aberrante dont on peut suivre les étapes, le Christ ne s'étant jamais proclamé tel ('Conciles', 'Divinité de Jésus'). Et

[55] On relève dans ce texte ces points dans l'argumentation: 'n'est-il pas bien naturel'; 'il est encore très naturel'.

comment ne point regarder avec suspicion le Messie quand ont défilé tant de faux messies? ('Messie'). Où seraient les ordres secrets de la Providence dans l'établissement du christianisme qui n'offre que le désolant spectacle des passions humaines les plus néfastes?

La raison se rebelle contre toutes ces sottises accumulées depuis des siècles. Elle accomplit un travail de clarification nécessaire. Mais une autre tâche, plus urgente pour le bien de l'humanité, la sollicite. Elle va se révolter contre les horreurs que ces bêtises ont engendrées.

Voltaire dénonce inlassablement les crimes du peuple juif que ne justifie aucune vocation surnaturelle. Le bon roi David dont descend le Christ n'est qu'un bandit sanguinaire ('David'); Moïse se conduit de manière incohérente et cruelle ('Moïse'). L''Histoire des rois juifs' se réduit à l'énumération de dix-sept assassinats. A la grossièreté de ce peuple barbare succèdent les folies meurtrières des chrétiens qui prétendent apporter au monde une loi d'amour. 'On nous berne de martyrs à pouffer de rire': les vrais persécuteurs se trouvent dans les annales du christianisme. Voltaire rappelle les croisades contre les Albigeois, l'épouvantable journée de la Saint-Barthélemy, les massacres en Irlande et dans les vallées du Vaudois ('Martyre'). Les catholiques, tout particulièrement, avec leur prétention à l'universalité, sont intolérants. De grands cris d'indignation traversent le *Dictionnaire philosophique* ('Persécution', 'Tolérance') qui stigmatise l'emblème le plus scandaleux de cet esprit de persécution, l'Inquisition ('Inquisition', 'Liberté de penser'). La voix de la philosophie doit sans cesse s'élever contre ces 'tyrans mercenaires des âmes' et honnir les 'sangsues du peuple' ('Athée' ii).

La raison militante fait s'effondrer des monuments d'absurdité et d'iniquité. Elle s'efforce aussi de reconstruire, du moins d'offrir les linéaments de ce qui pourrait être un monde moins déraisonnable.

La croyance en un Dieu est le point focal de cette construction:

'il m'est évident qu'il y a un Etre nécessaire, éternel, suprême, intelligent. Ce n'est pas là de la foi, c'est de la raison' ('Foi' II). Le credo déiste doit se substituer à ce symbole dont les premiers chrétiens n'ont pas entendu parler pendant plus de quatre cents années ('Credo'). L'instauration du théisme serait une restauration. Voltaire est persuadé que 'l'adoration d'un dieu a précédé tous les systèmes' ('Religion' II, 'Théiste'). La religion des lettrés en Chine prouve qu'une telle croyance peut gouverner les hommes ('Chine'). Plus de dogmes incongrus qui divisent. Alors doit éclater le triomphe de la loi naturelle que Dieu a gravée dans tous les cœurs. Notre raison nous apprend à distinguer 'les nuances de l'honnête et du déshonnête' et ce qu'elle nous apprend est valable en tous temps et en tous lieux: 'Quiconque a écrit sur nos devoirs a bien écrit dans tous les pays du monde, parce qu'il n'a écrit qu'avec sa raison' ('Du juste et de l'injuste'). L'allégorie d'un jugement dernier que Voltaire imagine, rend enfin toute sa place à la morale ('Dogmes'). Justice, tolérance, bienveillance deviennent les vertus théologales du *Dictionnaire philosophique*.

Mais la raison n'est pas la chose du monde la mieux partagée. Il y a ceux qui sont fous, car 'on a la goutte au cerveau comme aux pieds' ('Folie'). Il y a ceux qui sont 'destinés à raisonner mal, d'autres à ne point raisonner du tout, d'autres à persécuter ceux qui raisonnent' ('Destin'). D'où la division et la hiérarchie qui s'instaurent dans toutes les sociétés et qui est particulièrement sensible en matière de croyance religieuse ('Apis'):

Le bœuf Apis était-il adoré à Memphis comme dieu, comme symbole, ou comme bœuf? Il est à croire que les fanatiques voyaient en lui un dieu, les sages un simple symbole et que le sot peuple adorait le bœuf.

Comment contenir le vulgaire? Des palliatifs doivent être mis en place. Des croyances utiles seront maintenues, celle en l'immortalité de l'âme et en l'enfer, nécessaires à la police sociale ('Enfer'). Pour brider les fanatiques, alors que les lois peuvent s'avérer impuissantes, le seul recours serait dans les progrès de la philosophie qui rend l'âme tranquille. Faute d'avancées fulgurantes, des abus seraient du moins corrigés. En matière juridique, les domaines civils et ecclésiastiques seraient hermétiquement séparés ('Lois civiles'). Sont à supprimer les richesses indécentes du clergé ('Abbé'), le pouvoir temporel du pape ('Pierre'), le tribunal de l'Inquisition ('Inquisition'). Près du peuple, le bon curé de campagne Téotime, qui a banni de son ministère les usages ridicules comme ceux de l'excommunication des comédiens et des sauterelles, se consacre à son petit troupeau en mettant à son service ses connaissances en matière juridique, médicale ou agronomique ('Catéchisme du curé'). Au niveau de la paroisse, un espace social satisfaisant peut être ménagé.

La raison pourtant ne peut régner sans limite. Il est dans sa nature de connaître les bornes de l'esprit humain. Une série d'articles du *Dictionnaire philosophique* annonce *Le Philosophe ignorant*: même refus de la métaphysique, même profession d'humilité, même propension au doute systématique ('Ame', 'Bornes de l'esprit humain', 'Idée', 'Matière'). L'esprit s'interroge vainement sur l'existence du mal ('Tout est bien'). Dieu ne nous a donné l'entendement que pour nous bien conduire et non pour connaître l'essence des choses ('Ame'). D'où la fermeture du monde voltairien ('Tout est bien'):

Mettons à la fin de presque tous les chapitres de métaphysique les deux lettres des juges romains quand ils n'entendaient pas une cause, *N. L. non liquet*, Cela n'est pas clair.

Plutôt que de faire 'un in-folio de questions' auxquelles on ne peut répondre ('Bornes de l'esprit humain'), il reste à agir à l'intérieur des limites assignées à l'humanité. Puisque c'est 'le fond de la religion d'une secte qui passe pour superstition chez une autre secte' ('Superstition' II), la force juge en attendant que la raison soit assez forte, ce qui est dire l'urgence du combat que mène Voltaire. Au jour de la raison, les procès entre fanatiques seront enfin jugés et celui qui décidera sera 'l'homme raisonnable, impartial, savant d'une science qui n'est pas celle des mots;

l'homme dégagé des préjugés et amateur de la vérité et de la justice; l'homme enfin qui n'est pas bête, et qui ne croit point être ange' ('Secte'). [56]

L'auteur du *Dictionnaire philosophique* peut-il se targuer d'être cet homme raisonnable? On lui accordera volontiers qu'il est dégagé d'un certain nombre de préjugés, mais malgré son amour de la vérité et de la justice, on ne lui décernera point un brevet d'impartialité.

Le *Dictionnaire philosophique* veut étendre l'empire de la raison. Est-ce pour autant une œuvre gouvernée par la raison? Les philosophes sont 'sans enthousiasme', affirmait la lettre sur Locke (*Lph*, i.175). Or Voltaire lutte passionnément pour la raison, ce qui le conduit à défendre des points de vue où la polémique l'emporte.

iii. *Les dérives de la passion*

L'émotion, l'emportement, la fureur, la rage, toutes ces 'nuances dans nos affections', énumérées dans l'article 'Enthousiasme', animent le *Dictionnaire philosophique*. Ses détracteurs ne manquèrent pas de dénoncer le 'fanatisme' ou du moins l'intolérance de Voltaire, de souligner sa partialité qui le conduit à idéaliser la Chine ou Rome, à injurier gravement les Juifs. Ces traits pourraient s'appliquer à l'ensemble de son œuvre militante, le *Portatif* en paraît l'une des meilleures illustrations.

L'éloge de la morale confucéenne au détriment de la morale chrétienne, l'admiration pour la sage religion des lettrés chinois ('Catéchisme chinois', 'Chine') relèvent du parti pris. La volonté de diminuer le nombre des martyrs ('Martyre', 'Christianisme'), l'opposition entre les grands hommes de l'antiquité et les théologiens stupides ('Grâce'), la défense de Julien l'Apostat promu au

---

[56] On notera ces variations voltairiennes sur les *Pensées* de Pascal (éd. Lafuma, 678/358 et 103/298).

rang de philosophe, la lumineuse figure du 'divin empereur Antonin', modèle de toutes les vertus ('Vertu'), témoignent d'un mythe romain. [57]

Si 'la raison consiste à voir toujours les choses comme elles sont' ('Enthousiasme'), les diatribes contre le peuple hébreu et son livre sacré, bien que destinées à promouvoir plus de raison parmi les hommes, ne s'inscrivent pas dans cette problématique. La violence domine, sans garde-fous. Aucune place n'a été laissée à un jugement objectif, si bien que cette hargne a donné lieu à un large débat où s'affrontent deux thèses, celle de l'antijudaïsme de Voltaire et celle de son antisémitisme. L'histoire contemporaine a donné un renouveau d'actualité à ce problème.

Dans son *Histoire de l'antisémitisme*, Léon Poliakov pose la question: 'Voltaire fut-il antijuif parce qu'il était anticlérical, ou son combat contre l'infâme était-il animé par sa haine du peuple de la Bible?' Il défend la thèse de l'antisémitisme de Voltaire en s'appuyant sur 'le dépouillement du document capital voltairien qu'est le *Dictionnaire philosophique*'. En réalité, sa lecture paraît avoir été quelque peu conditionnée par celle du livre cité dès les premières lignes du chapitre qu'il consacre à Voltaire: 'Aux temps de la domination hitlérienne en Europe, un agrégé d'histoire Henri Labroue, n'eut pas de peine à composer un livre de deux cent cinquante pages à l'aide des écrits antijuifs de Voltaire'. [58] Auteur en 1942 d'un *Voltaire antijuif*, Henri Labroue a fourni à la politique du troisième Reich et de Vichy la caution de Voltaire. Cette anthologie composée de textes extraits de leur contexte, artificiellement découpés, largement annotés par des citations de Céline ou des frères Tharaud, est construite suivant une problématique

---

[57] On ne pense pas pour autant que 'la romanolâtrie l'aveugle' (éd. Florenne, p.xi). Les éloges de la Chine et de Rome sont destinés à fustiger les chrétiens.

[58] *Histoire de l'antisémitisme*; 3: *De Voltaire à Wagner* (Paris 1968), p.107, 105, 103.

raciste. [59] Vérification faite, les fragments du *Dictionnaire philoso-phique* n'y occupent pas une place prépondérante. Des bribes des articles 'Abraham', 'Circoncision', 'Enfer', 'Ezéchiel', 'Genèse', 'Job', 'Judée' ont été alléguées. L'ouvrage de H. Labroue ne mériterait que l'oubli s'il n'avait imposé une grille de lecture de Voltaire.

Il convient donc d'en revenir à ces 118 articles avec leurs outrances et leurs sarcasmes, indépendamment de toute interpréta-tion préalable. Une importante mise au point de Roland Desné a fait justice de bien des confusions en relevant les occurrences des mots 'juif' et 'hébreu' dans le *Dictionnaire philosophique*, en analy-sant son antijudaïsme. [60] La question n'est pas close pour autant, des travaux la remettent sans cesse à l'ordre du jour. [61] Pour aborder ce sujet controversé, il paraît justifié de se reporter aux réactions que les plaisanteries et injures de Voltaire ont suscitées de son temps.

Zalkind Hourwitz, auteur d'une *Apologie des juifs, en réponse à la question: Est-il des moyens de rendre les juifs plus heureux en France?* (Paris 1789), remarque: 'Il se peut bien que Voltaire en

---

[59] Pour démontrer que 'les Juifs sont les ennemis naturels du genre humain', H. Labroue procède à une manipulation des textes regroupés sous trois rubriques: (1) caractères physiques des Juifs; (2) leurs stigmates intellectuels; (3) les tares morales du peuple saint.

[60] R. Desné, 'Voltaire était-il antisémite?', *La Pensée* 203 (1979), p.70-81, repris de l'article 'Voltaire et les Juifs. Antijudaïsme et antisémitisme. A propos du *Dictionnaire philosophique*', dans *Pour une histoire qualitative: études offertes à Sven Stelling-Michaud* (Genève 1975), p.131-45.

[61] A. Hertzberg, *The French Enlightenement and the Jews* (New York, London 1968) et deux réponses à cet ouvrage: P. Aubery, 'Voltaire and antisemitism: a reply to Hertzberg', *Studies* 217 (1983), p.177-82, et B. E. Schwarzbach, 'The Jews and the Enlightenment anew', *Diderot studies* 16 (1973), p.361-74. Voir également J. Katz, 'Le judaïsme et les Juifs vus par Voltaire', *Dispersion et unité* 18 (1978), p.135-49; M.-F. Nef, 'Le récit voltairien: tolérance et résignation', dans *Voltaire, Rousseau et la tolérance* (Amsterdam, Lille 1980), p.113-30; P. Pluchon, *Nègres et Juifs au XVIIIᵉ siècle: le racisme au siècle des Lumières* (Paris 1984), p.69-71 et 274-75.

ait moins voulu aux juifs modernes qu'aux anciens, c'est-à-dire au tronc du christianisme contre lequel il vise sans cesse'. [62] La cible du *Dictionnaire philosophique* est effectivement le peuple de la Bible; les juifs modernes ne sont évoqués que brièvement dans huit passages. Leur activité économique indique leur rôle dans la société: le papiste est 'fort aise de trouver ici des juifs' sur qui il place son argent à 'six pour cent' ('Papisme'); dans les places boursières, juifs, mahométans, chrétiens de toutes confessions 'trafiquent ensemble' ('Tolérance' 1). La seule allusion à connotation méprisante est celle de ces fripiers qui retournent les vieux habits et les vendent comme neufs, comparaison qui vise les interprètes de l'Ecriture plus que ceux qui s'adonnent à ce commerce ('Abraham'). Aussi les Breuxeh, anagramme des Hébreux, ont-ils leur place parmi les 'douze factions de cuisine' du 'Catéchisme du Japonais'. Les autres occurrences font allusion à leurs croyances. [63] Voltaire évoque peu les odieuses persécutions qu'ils subissent: 'Le plus grand apôtre des chrétiens [saint Paul] fit pendant huit jours les mêmes choses pour lesquelles on condamne les hommes au bûcher chez une grande partie du peuple chrétien' ('Tolérance' II). Honte donc aux chrétiens, mais peu de sympathie pour ces malheureux persécutés.

Voltaire ne s'intéresse guère au statut actuel des juifs, il ne veut pas s'y intéresser. Sa correspondance avec Isaac Pinto en témoigne. Ce juif cultivé, après avoir lu l'opuscule *Des Juifs* paru dans la *Suite des mélanges* (w56), imprime des *Réflexions critiques sur le Ier chapitre du tome VIIe des Œuvres de M. de Voltaire* (Amsterdam 1762). Il les envoie à Voltaire. [64] Celui-ci avoue que les lignes dont se plaint son correspondant sont 'violentes et injustes':

[62] Cité par Poliakov, *Histoire de l'antisémitisme*, p.117. Sur Zalkind Hourwitz, voir F. Malino, 'Zalkind Hourwitz, juif polonais', *Dix-huitième siècle* 13 (1981), p.79-89. Hourwitz reconnaît le rôle qu'a joué Voltaire dans le progrès des Lumières qui a permis aux juifs de jouir d'un 'peu de repos'.

[63] Un rabbin lit Ezéchiel ('Ezéchiel'), les Juifs refusent le Christ ('Messie').

[64] D10579 (c. 10 juillet 1762). Isaac Pinto avait rencontré Voltaire en Hollande et se disait grand admirateur de ses œuvres.

Il y a parmi vous des hommes très instruits et très respectables, votre lettre m'en convainc assez. J'aurai soin de faire un carton dans la nouvelle édition. [65]

Promesse non tenue. Il suffisait pourtant d'avouer qu'il avait attribué à 'toute une nation les vices de plusieurs particuliers', car Isaac Pinto s'élevait contre l'injustice d'imputations portant sur tous les juifs. Il faisait valoir la distinction entre les juifs portugais et espagnols d'une part et les 'autres enfants de Jacob' d'autre part. Il explique que les premiers ne veulent point se mêler aux autres: 'Leur divorce avec leurs autres frères est à un tel point, que si un juif portugais, en Hollande et en Angleterre, épousait une juive allemande, il perdrait aussitôt ses prérogatives; il ne serait plus reconnu pour membre de leur synagogue'. Quant à ces malheureux juifs allemands ou polonais, 'le mépris, dont on les accable, étouffe en eux le germe de la vertu et de l'honneur'. Les uns ne diffèrent des autres nations de l'Europe que par leur culte, ce qui n'est pas le cas des autres, 'méprisés et humiliés de tous côtés'. [66]

Ces distinctions élitistes entre séfarades et ashkénazes n'arrêtent point l'attention de Voltaire qui leur substitue la seule qui vaille à ses yeux (D10600):

Restez juif, puisque vous l'êtes, vous n'égorgerez point quarante deux mille hommes pour n'avoir pas bien prononcé shibboleth, ni vingt quatre mille pour avoir couché avec des Madianites; mais soyez philosophe, c'est tout ce que je peux vous souhaiter de mieux dans cette courte vie.

L'épanouissement de l'humain en chacun par la voie de la philosophie ne laisse point de place aux préjugés racistes. Le *Traité sur la tolérance* est sans équivoque:

---

[65] 21 juillet 1762 (D10600).

[66] De larges extraits du texte d'Isaac Pinto sont reproduits dans les *Lettres de quelques juifs* de Guénée. Nos citations renvoient à i.17 et 23. L. Poliakov commente ainsi les distinctions de Pinto: 'la problématique de l'émancipation veut qu'on trouve toujours plus juif que soi' (*Histoire de l'antisémitisme*, p.19).

Je vous dis qu'il faut regarder tous les hommes comme nos frères. Quoi! mon frère le Turc? mon frère le Chinois? le Juif? le Siamois? Oui, sans doute; ne sommes-nous pas tous enfants du même père, et créatures du même Dieu? [67]

Or Isaac Pinto avait parlé de communautés juives, les unes prospères, les autres misérables dans l'Europe de son temps. Voltaire répond en apôtre de la raison universelle qui n'exclut personne, position de principe essentielle, mais qui ne se soucie guère des situations réellement vécues. Les massacres rapportés dans l'Ancien Testament le préoccupent davantage. La lutte contre l'infâme reste prioritaire. Cette bonne conscience de la raison peut autoriser toutes les violences verbales contre tout ce qui ressemble à la superstition ou tout ce qui contrarie un théisme universaliste. Au nom d'un combat qui annulerait, s'il était victorieux, tout fanatisme religieux, Voltaire s'aveugle quant aux conséquences d'une action entreprise pour déraciner l'infâme si elle n'était point couronnée d'un succès total. Et comment le serait-elle?

Ses positions de principe sont claires: un antijudaïsme religieux à ne point confondre avec un antisémitisme racial. Le théiste ne peut qu'être hostile à l'idée d'une révélation réservée à un peuple, à l'exclusion du reste de l'humanité. Point de vocation particulière du peuple juif, mais refus de toute persécution à leur égard. Son essai *Des Juifs* se terminait par cette phrase en italiques qui n'est point une clause de style: '*Il ne faut pourtant pas les brûler*' (M.xix.521). Le *Sermon du rabbin Akib* (1761) dénonçait ces 'tigres dévots' qui, rendant les Juifs responsables du supplice du Christ, se croient autorisés à persécuter leurs descendants. Idée absurde à bien des titres pour Voltaire qui y voit un exemple patent du fanatisme chrétien et qui ne peut accepter cette responsabilité collective et héréditaire. [68]

[67] *Traité sur la tolérance*, ch.22, 'De la tolérance universelle' (M.xxv.104).

[68] B. E. Schwarzbach a montré que, pour se défendre d'avoir encouragé les persécuteurs des juifs, Voltaire, dans *Un chrétien contre six juifs*, a exposé une 'Lockean theory of national non-identity' (*Voltaire's Old Testament criticism*,

Sûr de son bon droit, Voltaire est sourd à tout avertissement. Isaac Pinto, après avoir rendu hommage à l'action de Voltaire en faveur de la tolérance, écrivait ces lignes qui laissent à penser:

Ce n'est pas tout de ne pas brûler les gens: on brûle avec la plume; et ce feu est d'autant plus cruel, que son effet passe aux générations futures. Que doit-on attendre du vulgaire aveugle et féroce, quand il s'agit de sévir contre une nation déjà si malheureuse, si ces horribles préjugés se trouvent autorisés par le plus grand génie du siècle le plus éclairé? [69]

Voltaire ne tient nul compte de cette objection de poids sur les effets pervers de son combat. Il récidive dans le *Dictionnaire philosophique*, car il croit au triomphe de la raison. Il donne donc libre cours à sa hargne contre la Bible, ces annales d'un peuple barbare pour lesquelles il éprouve fascination et répulsion. [70] Il ne ménage aucune sensibilité religieuse. Plaisanteries et sarcasmes s'abattent dans le *Dictionnaire philosophique* sur les Juifs, mais également sur les chrétiens. [71] Les articles 'Arius', 'Christianisme',

---

Genève 1971, p.163). Voltaire rappelle que tous les peuples ont été barbares. Donc il ne peut rejaillir 'aucun opprobre sur leurs descendants' d'aberrations commises par leurs ancêtres (M.xxix.516, sur les sorcières, et p.514, sur les velus du Lévitique).

[69] Guénée, *Lettres de quelques juifs*, i.25.

[70] Il importe de souligner la mesquinerie et la faiblesse d'un argument de l'abbé Guénée, pieusement répété par bien des commentateurs, suivant lequel les déboires financiers de Voltaire seraient à l'origine de sa hargne contre les Juifs. Voltaire a répondu très clairement sur ce point: 'Comptez, messieurs, que j'ai essuyé des banqueroutes plus considérables de bons chrétiens sans crier. Je ne suis fâché contre aucun juif portugais, je les estime tous; je ne suis en colère que contre Phinée, fils d'Eléazar, qui, voyant le beau prince Zamri couché tout nu dans sa tente avec la belle princesse Cosbi, toute nue aussi, attendu qu'ils n'avaient pas de chemise, les enfila tous deux avec son poignard par les parties sacrées' (*Un chrétien contre six juifs*; M.xxix.558). On peut discuter de l'interprétation de cet épisode biblique, mais la déclaration de Voltaire est à prendre en considération.

[71] On se reportera sur ce point à des études importantes: Schwarzbach, *Voltaire's Old Testament criticism*; D. Lévy, *Voltaire et son exégèse du Pentateuque: critique et polémique*, Studies 130 (1975); M.-H. Cotoni, *L'Exégèse du Nouveau Testament dans la philosophie française du dix-huitième siècle*, Studies 220 (1984); 'Voltaire, Rousseau, Diderot', dans *Le Siècle des Lumières et la Bible* (Paris 1986), p.779-88; et 'Présence de la Bible dans la correspondance de Voltaire', *Studies* 319 (1994), p.357-98.

'Conciles', 'Divinité de Jésus', 'Tolérance', 'Transsubstantiation' attaquent avec une violence sacrilège des dogmes fondamentaux, dénoncent les horreurs ou absurdités de l'histoire de l'établissement du christianisme.

Dans cette *Raison par alphabet*, la passion de Voltaire l'a souvent emporté.

Le discours d'un dictionnaire est, par essence, linéaire. Celui du *Dictionnaire philosophique* est également circulaire; il se tient à l'intérieur d'un monde qui a éliminé le sacré et refuse les vertiges de la pensée. Régi par un ordre certain, comme l'est celui de Newton, le monde voltairien peut être traduit par l'image du système solaire:

Dieu est au centre de sa création comme le soleil: toute vie vient de lui, tout doit tendre vers lui. L'unité de l'univers tient à l'unicité de son centre, et Voltaire peut, grâce à elle, rester fidèle à l'universalisme classique.[72]

Dieu est raisonnable, parce qu'il est Dieu. La raison, don de Dieu,[73] partage de l'homme, doit régner sur terre. Ainsi s'organise la cyclopaedia de Voltaire dont le *Dictionnaire philosophique* est le reflet et où les lumières mènent leur combat contre les ténèbres de l'obscurantisme.

Mais à reconstruire ainsi le *Dictionnaire philosophique* pour en montrer l'extrême cohésion, ne risque-t-on pas de le trahir? Voltaire n'a point voulu que sa vision fût figée en un système et elle ne peut l'être sans dommage. L'analyse met à plat ses composantes; elle méconnaît le souffle qui l'inspire, une véritable passion de la raison. L'idéal serait de 'joindre la raison avec l'enthousiasme', puisque cet 'enthousiasme raisonnable', partage des grands poètes, est 'la perfection de leur art' ('Enthousiasme'). Le mouvement de

[72] J. Roger, *Les Sciences de la vie dans la pensée française du XVIIIe siècle* (Paris 1971), p.774.
[73] 'Catéchisme chinois', affirmation de Cu-Su.

l'enthousiasme anime ce dictionnaire, ouvrage raisonné, mais peu raisonnable, habité par les figures honnies des persécuteurs de l'humanité ou par les figures bénies de ses bienfaiteurs.

L'émiettement en articles est-il un obstacle à l'appréhension des structures du *Dictionnaire philosophique*? Une réponse catégorique, qu'elle soit positive ou négative, ne s'impose pas. Du moins Voltaire est-il à l'aise dans ce discours discontinu. Il n'est que de rappeler la gêne à cet égard de ceux qui le réfutent. Paulian dans son *Dictionnaire philosopho-théologique portatif* consacre sa préface à enseigner 'la méthode de faire un tout des différents articles de ce Dictionnaire'. Il conseille six lectures différentes, la première pour découvrir la fin qu'il se propose, la seconde pour y trouver 'les principaux objets de la révélation naturelle', la troisième pour prendre connaissance des 'différents motifs de crédibilité de la religion chrétienne', la quatrième aura pour but ce qui regarde les principaux dogmes de la religion catholique, la cinquième, ce qui a trait à la morale chrétienne, la sixième, la dénonciation des erreurs de ceux qui sont opposés à la religion de l'Homme-Dieu. [74] Pour chacune de ces lectures, une liste d'articles est prescrite, un article 'Renvois' rappelle ces recommandations qui étaient également indiquées dans un 'Avis au lecteur'. C'est dire le souci des liaisons entre articles afin de préserver l'unité d'un système. L'avertissement mis en tête du *Dictionnaire philosophique de la religion* de Nonnotte développe une argumentation semblable. Il s'agit de briser l'ordre alphabétique pour lui substituer un ordre logique. Les articles sont alors classés du chiffre 1 à 28, numérotation indépendante de leur ordre d'entrée, et le lecteur est invité à respecter ce classement afin d'appréhender le sens de l'œuvre. [75] Paulian et Nonnotte n'ont adopté la forme du dictionnaire que parce qu'elle répondait à une mode.

Qu'en est-il de Voltaire? La discontinuité ne le gêne pas dans

---

[74] Paulian, *Dictionnaire philosopho-théologique portatif* (Nîmes 1770), p.IV-VI.
[75] Nonnotte, *Dictionnaire philosophique de la religion* (Paris 1775), p.I-XI.

la mesure où il ne propose pas un système. On repère, au fil de lectures dont l'ordre est laissé libre, des lignes de force, des virtualités dynamiques. Il est possible d'appliquer à ce *Portatif* des grilles de lecture différentes, de regrouper les textes suivant des centres d'intérêt. On peut aussi y vagabonder. Si la raison est un principe explicatif à valeur générale, la fragmentation en articles permet une 'ouverture multidimensionnelle' de cette œuvre. A l'inverse du discours suivi, un dictionnaire 'ne voit jamais l'ordre de ses lectures déterminé une fois pour toutes, mais il s'offre aléatoirement au choix de tous les parcours possibles'. [76]

Mais existerait-il des parcours privilégiés, voire des parcours obligés? Le tout n'étant pas dans la somme des articles, mais dans leur coexistence, leur co-présence, leur cohabitation, peut-on se flatter de trouver la voie la meilleure vers la vérité du *Dictionnaire philosophique*? Le mouvement d'une lecture structurante s'efforce de rencontrer le mouvement que Voltaire a imprimé à son œuvre et qui se donnait pour but d'être un cheminement vers la vérité, une propédeutique nécessaire à qui ne veut point vivre dans les leurres. A l'intérieur du cercle qu'elle explore, il n'y a pas de pensée plus véloce que celle de Voltaire. Elle court comme courent les héros de ses contes.

Elle court, même quand elle fait du sur-place, répétant pour la centième fois les mêmes évidences, mais les présentant avec une fraîcheur telle qu'elles paraissent toutes nouvelles. Elle invite à traverser à sa suite bien des philosophies, bien des civilisations. Elle se précipite comme si elle devait saisir la vérité. Mais la vérité s'évanouit ou la quête se heurte au mystère du monde. Court-elle pour retrouver indéfiniment le même, comme l'indique P. Rétat, remarquant que Voltaire est enfermé 'dans un cercle étroit et immuable' et que la nature ne lui offre qu'une 'opacité impénétrable'? [77] Mais à l'intérieur même du ressassement, le mouvement

[76] Auroux, *La Sémiotique des encyclopédistes*, p.323.
[77] Rétat, 'Le *Dictionnaire philosophique* de Voltaire', p.899.

importe autant que le résultat, la chasse que la prise, si l'on veut reprendre des termes pascaliens. Car c'est dans cette poursuite sans fin que l'homme, cet 'insecte' sur son 'tas de boue', affirme sa dignité. L'un des apologues du *Dictionnaire philosophique* est à ce titre hautement significatif. Dans l'article 'Etats', un conseiller de l'Etat de Pondichéry et un brame instruit voyagent en raisonnant. Au cours de leurs pérégrinations en haute Asie, en Asie mineure, en Europe, ils définissent le meilleur gouvernement, celui où l'on n'obéirait qu'aux lois. 'Où est ce pays-là? dit le conseiller. Le brame dit: il faut le chercher'.

Et quand on cherche, dans l'optique voltairienne, rien ne vaut le déplacement dans l'espace et dans le temps. Au lecteur d'accomplir à son tour ces voyages grâce à ce livre nourri de tant de livres, en suivant ou non l'ordre d'un lexique limité, mais plein de sens. Le périple est jalonné d'étapes sans issue, mais l'enquête a permis la conquête de quelques vérités fragmentaires. Le marathon voltairien n'est point vain. Encore faut-il accepter de sprinter en sa compagnie et pour mieux apprécier la quête inscrite au cœur de cette *Raison par alphabet*, se laisser conduire par le rythme de chaque article.

5

L'article

Le *Dictionnaire philosophique*, tel qu'il fut publié par les éditeurs de Kehl, est un monstre éditorial. Il était nécessaire d'éditer à part les articles destinés à l'*Encyclopédie* et au *Dictionnaire de l'Académie*; il ne l'est pas moins de redonner leur vrai visage au *Dictionnaire philosophique* et aux *Questions sur l'Encyclopédie*.[1] Si ce monstre a eu la vie dure, si Beuchot et Moland l'ont pérennisé, on peut supposer que ce n'est pas sans quelque obscure raison.

Leurs explications, fort peu convaincantes au demeurant, laissent deviner leur refus de briser une masse imposante qui, dès la première consultation, donnait la mesure de l'activité alphabétique de Voltaire. Beuchot avoue que le *Dictionnaire philosophique* et les *Questions sur l'Encyclopédie* 'n'ont de commun que la distribution par ordre alphabétique'; il a rétabli dans leur forme primitive les *Lettres philosophiques* qui avaient été dispersées, mais prétend que le lecteur serait désorienté si l'on séparait les articles jusqu'alors réunis (M.xvii.ix-x). Moland invoque 'l'unité très saisissante à l'esprit' de cet ensemble (M.xvii.iii). Que l'un mette en avant un critère formel et que l'autre s'en tienne au contenu idéologique, le résultat fut de proposer des groupements de textes qui produisaient un effet de masse.[2] On en vint tout naturellement à penser que l'article était une des vocations de Voltaire.

Le nombre et la qualité des formes brèves réunies dans la

[1] Sur le classement, les problèmes soulevés et les partis adoptés par les œuvres complètes, voir J. Vercruysse, 'Les œuvres alphabétiques de Voltaire', *Revue de l'Université de Bruxelles* n.s. 22 (1969-1970), p.89-98, et la 'Préface générale' de J. Vercruysse aux *Œuvres alphabétiques*, V 33, p.xi-xxix.

[2] L'édition de Kehl compte 585 articles; celle de Beuchot, 628; celle de Moland, 566.

section des 'Mélanges' confirme cette impression. Il n'est point de frontière étanche dans l'esprit de Voltaire entre des articles destinés à des entreprises alphabétiques et ceux qui trouvent place dans les mélanges. Il fait paraître dans les *Nouveaux mélanges* de 1765 les articles qu'il avait écrits pour l'*Encyclopédie*, dont 'Historiographe' qui ne parut pas dans le tome VIII.[3] L'article 'Idole' proposé à d'Alembert fut inséré dans le *Dictionnaire philosophique* et dans les *Questions sur l'Encyclopédie*. Un résumé de ce texte forme le chapitre 30 de *La Philosophie de l'histoire*. De plus, Voltaire aime fragmenter ses discours sous forme de lettres, de catalogue, de pensées détachées.[4] Les ouvrages plus amples privilégient des découpages en chapitres courts et qui vont en s'allégeant.[5] Sans doute faut-il répéter, à la suite de R. Pomeau, que 'l'esprit voltairien, très analytique, répugne aux constructions d'idées'.[6] Il existe un accord entre l'article, le tempérament intellectuel de Voltaire, sa philosophie, mais aussi la tentation de l'inorganique qui caractérise quelques formes d'écriture du dix-huitième siècle. Même si Voltaire dans l'article 'Destin' affirme: 'j'ai nécessairement la passion d'écrire ceci',[7] on ne lui appliquera pas les grilles finalistes qu'il lui arrive d'affectionner. Si aucun art n'a jamais pu faire venir 'des roses au haut d'un chêne',[8] un certain nombre de circonstances favorables restent nécessaires pour que les rosiers se parent de nombreuses roses. Il n'y eut point de génération

---

[3] On se reportera à la bibliographie de V 33, p.13-30. Les articles destinés à l'*Encyclopédie* avaient été réimprimés à son insu dans TS61 et W64R.

[4] Les *Lettres philosophiques* peuvent se lire comme de courts essais; la lettre XXV est fragmentée en pensées détachées. Les *Conseils à un journaliste* (1739) se présentent sous la forme de petits discours sur l'histoire, la philosophie, d'anecdotes littéraires (M.xxii.241-66). Les *Questions de Zapata* (1766) accentuent cette tendance.

[5] Comparons à titre d'exemple la longueur des chapitres du *Traité de métaphysique* (1734), du *Traité sur la tolérance* (1762) et ceux du *Philosophe ignorant* (1766).

[6] 'Histoire d'une œuvre de Voltaire: le *Dictionnaire philosophique portatif*', p.14.

[7] *Réponse de l'auteur à un fanatique qui le condamne*.

[8] *Eléments de la philosophie de Newton* (V 15, p.236).

spontanée de l'article voltairien, tel qu'il trouva une forme achevée dans le *Dictionnaire philosophique*.

i. *De l'apprentissage de Voltaire*

La thèse d'une préexistence de l'article dans l'œuvre de Voltaire peut être soutenue. Bien avant de concevoir un projet de dictionnaire, Voltaire 'pensait déjà par articles'.[9] Dès 1728, selon Duvernet, il composait un essai sur l'esprit de faction intitulé *Sottise des deux parts*.[10] En 1739, *De la gloire, ou entretien avec un Chinois* parut dans les *Œuvres de M. de Voltaire*.[11] Réédité maintes fois dans les 'mélanges de littérature, d'histoire et de philosophie' des éditions collectives, ce texte trouve place dans le *Dictionnaire philosophique* de Beuchot et de Moland à la rubrique 'Gloire'.[12] *Du déisme*, publié dans les *Œuvres mêlées de M. de Voltaire*,[13] constamment réimprimé dans les mélanges, devient dans Moland un article 'Théisme'. En marge des *Lettres philosophiques*, Voltaire avait composé un texte sur les 'Contradictions' françaises qui pourraient être un fragment d'une lettre anglaise (M.xxiii.25-26), et un essai sur le suicide.[14] Ces tentatives montrent de la part de Voltaire une maîtrise réelle du discours bref. L'hypothèse d'une rédaction de 'petits chapitres' en 1741-1742, avant qu'il ait eu l'idée de l'œuvre future, a été défendue.[15] Encore fallait-il qu'il songeât à un ouvrage qui fût une collection d'articles.

[9] Pomeau, 'Histoire d'une œuvre', p.14.

[10] M.xxii.63-68. Ce texte parut en 1742.

[11] Amsterdam, Ledet ou Desbordes (w38).

[12] M.xix.267-70. D'un point de vue formel, il ne dépare pas les œuvres alphabétiques, mais la présente édition le range justement dans le tome 18 (*Provisional table of contents for the Complete works of Voltaire*, éd. U. Kölving, Oxford 1983, p.11).

[13] Genève, Bousquet [Paris], 1742 (w42), v.208-10; M.xx.505-507. Classé dans le tome 28 de la présente édition.

[14] *Du suicide*, 1729 (M.xviii.92-95). Classé dans le tome 5 de la présente édition.

[15] I. O. Wade, 'The search for a new Voltaire', p.82-83.

Il est d'usage de dater du 28 septembre 1752 ce tournant. [16] On connaît les intitulés de six des premiers articles rédigés en Prusse: 'Athée', 'Baptême', 'Ame', 'Abraham', 'Moïse', 'Julien'. On n'en sait que ce qu'en dit la correspondance de Voltaire et de Frédéric II. Voltaire invite le roi à comparer son article 'Abraham' avec celui de Bayle (D5057); il a écrit l'histoire du baptême (D5055); la 'triste raison' l'a inspiré pour rédiger son 'Moïse' (D5073). Frédéric II suggère des ajouts pour 'Julien' (D5074), apprécie les premiers linéaments de cet ouvrage qui sera 'utile par les choses et agréable par le style' (D5056). Il analyse un peu plus en détail l'article 'Athée', ce qui permet de l'identifier. [17] Or ce premier texte n'est pas repris dans le *Dictionnaire philosophique*; il est édité pour la première fois dans Kehl. W. H. Trapnell qui a travaillé sur la préhistoire du *Dictionnaire philosophique* pense que la section III d''Abraham' dans l'édition Moland est l'ébauche soumise à Frédéric. [18] On remarque enfin que 'Baptême', imprimé par l'édition de Kehl, est un historique, ce qui inciterait à croire qu'il date aussi de 1752. Voltaire a peut-être retravaillé d'anciennes ébauches, mais il semble en avoir laissé d'autres, en partie ou en totalité, dans ses papiers. [19] Il est délicat de définir la conception qu'il se faisait à Potsdam de l'article de dictionnaire. Si les hypothèses précédentes sont justes, ces textes sont de l'ordre de la compilation. [20]

Après les mésaventures du séjour berlinois, la 'barbarie iroquoise' de Francfort, les mois d'incertitude et de tristesse en Alsace, Voltaire collabore à l'*Encyclopédie*. Il fait alors l'expérience

[16] Voir ci-dessus, p.20-21.
[17] D5054. Voir l'annotation de l'article 'Athée'.
[18] *Voltaire and his portable dictionary*, p.6.
[19] On note dans les articles insérés par les éditeurs de Kehl des articles 'Abraham' (M.xvii.40-44), 'Ame' (M.xvii.130-32), 'Baptême' (M.xvii.544-46) et 'Moïse' (M.xx.102-108).
[20] Il écrit à d'Argental: 'je compile à présent' (D5029). Il va donner libre cours à sa fantaisie dans d'autres ouvrages: il écrit alors la *Diatribe du docteur Akakia*.

d'un travail de commande qui doit s'insérer dans une œuvre collective. Il jouit d'un traitement de faveur qui a ses limites. Ses contributions sont annoncées dans l'"Avertissement des éditeurs' des tomes IV et V; elles sont, dans la majorité des cas, suivies de la mention: 'Article de M. de Voltaire'.[21] Point de signature réduite à une initiale pour lui. Mais son article 'Littérature' semble avoir été réécrit (V 33, p.221-24).

Au fil d'une collaboration qui dura de 1754 à 1758,[22] Voltaire en rédigeant 45 contributions sur des sujets divers, a affiné sa conception de l'article. Une constante domine, celle du refus des déclamations, mais une évolution se dessine. Après avoir présenté à titre d'"essais' les articles 'Elégance' et 'Eloquence',[23] Voltaire rédige une vingtaine de textes rangés dans l'*Encyclopédie* dans les rubriques 'Littérature',[24] 'Grammaire',[25] 'Morale'[26] ou dans une rubrique assemblant ces termes.[27] Au cours de cette première étape qui se situe de juillet 1754 à décembre 1755,[28] Voltaire prétend que les articles doivent être réduits à des définitions et à des exemples (D6653, D6655). Il suit cette ligne qui convient aux intitulés dont il est chargé, peu d'historiques lui étant confiés.[29] Du point de vue lexicographique, il s'attache aux définitions

---

[21] Voir les exceptions dans V 33.

[22] De l'envoi de 'Littérature' (D5824-D5829) à celui du texte final d'"Histoire' (D7756).

[23] Voir D5832 et les notes de ces deux articles dans V 33, p.37 et 41.

[24] 'Fécond', 'Feu', 'Figuré', 'Fleuri'. Les articles 'Elégance' et 'Eloquence' sont suivis de la mention 'Belles-lettres'.

[25] 'Faible', 'Fantaisie', 'Faste', 'Finesse'.

[26] 'Fausseté', 'Faveur', 'Fierté', 'Fornication'.

[27] Rubrique 'Histoire et morale' pour 'Favori, favorite'; 'Grammaire et morale' pour 'Félicité'; 'Grammaire et littérature' pour 'Fermeté' et pour 'Force'; 'Histoire et morale' pour 'Franchise'. On note aussi ces variations: 'Philosophie et belles-lettres' pour 'Esprit'; 'Politique et grammaire' pour 'Faction'.

[28] Voir D5860 (il a écrit 'Esprit') et D6655 (il envoie 'Faveur', 'Figuré', 'Fleuri', 'Force', 'Fornication', 'Franchise').

[29] 'Favori, favorite' et 'Franchise'. Mais il glisse quelques petits historiques dans 'Faction', 'Faste', 'Fornication'.

précises,[30] explore les diverses acceptions d'un terme,[31] fait preuve d'un réel sens des nuances.[32] Comme l'a montré R. Naves, il distingue là où ses ouvrages de référence, *Trévoux* et Furetière, juxtaposent des termes, mais il se méfie des fausses symétries des *Synonymes français* de Girard, inspirées par la tradition précieuse.[33] Il lui arrive d'illustrer son propos par une anecdote,[34] de l'égayer par un exemple à valeur polémique,[35] de le rendre plus percutant par une formule finale.[36] L'ensemble prouve sa fine connaissance des ressources de la langue. L'article lexicographique, plutôt court, toujours riche, tel qu'il le pratique, est de l'ordre du travail de précision où se manifestent sa clarté d'esprit, son goût pour les exemples concrets.[37]

Chargé de l'article 'Français', Voltaire fait l'expérience d'un texte qui exige de lui des recherches,[38] ce qui n'avait pas été le cas jusqu'alors. Un an s'écoule entre la commande et l'achèvement du texte (V 33, p.94). A sa demande, il obtient d'écrire l'article 'Histoire' sur lequel il pourrait fournir 'des choses assez curieuses' (D6619). Il corrige et modifie ce texte très élaboré dont la version finale sera envoyée à Diderot en juin 1758 (D7756). En rédigeant

---

[30] Voir par exemple 'Esprit'.

[31] Voir la distinction entre l'erreur et la fausseté ('Fausseté'), celle entre la félicité, le bonheur, le plaisir ('Félicité'), la finesse et la subtilité ('Finesse').

[32] Articles 'Fierté' et 'Finesse'.

[33] Naves, *Voltaire et l'Encyclopédie*, p.118-19.

[34] Article 'Force'.

[35] Pour illustrer l'expression 'entreprendre au-delà de ses forces', Voltaire écrit: 'le travail de l'*Encyclopédie* est au-dessus des forces de ceux qui se sont déchaînés contre ce livre' (V 33, p.89). On note quelques attaques contre le *Dictionnaire de Trévoux*: articles 'Esprit', 'Fantaisie', 'Force', 'Fornication'.

[36] Voir 'Faste': 'Le faste est l'étalage des dépenses que le luxe coûte', ou 'Feu': 'on n'a point de génie sans feu, mais on peut avoir du feu sans génie' (V 33, p.68, 78).

[37] Naves, *Voltaire et l'Encyclopédie*, p.122-26.

[38] Il écrit à Briasson pour lui demander de rechercher des documents à la Bibliothèque du roi (13 février [1756]; D6731).

au cours de l'année 1756 une quinzaine d'articles,[39] il nuance sa position. Le 13 novembre 1756, il s'explique: 'Je suis bien loin de penser qu'il faille s'en tenir aux définitions et aux exemples; mais je maintiens qu'il en faut partout, et que c'est l'essence de tout dictionnaire utile'. Il ne veut que 'vérité et méthode' (D7055). Le 29 novembre, il est encore moins tranchant. Il s'est aperçu qu'il était difficile 'd'être court et plein, de discerner les nuances, de ne rien dire de trop, et de ne rien omettre' (D7067). Il corrige ses fautes,[40] manifeste des scrupules (pour l'article 'Français'; D6619). Quelques-unes de ses nouvelles contributions ont été rédigées rapidement, d'autres lui ont demandé plus d'élaboration.[41] Il s'est efforcé de faire entendre des vérités, en particulier dans 'Gens de lettres' où il évoque les progrès de l'esprit philosophique, de 'cette raison approfondie et épurée'.[42] S'il excelle toujours en matière de nuances ou d'usage,[43] il accorde plus de place aux informations historiques.[44]

Une nouvelle étape peut être marquée. Le 22 décembre 1756, Voltaire se hasarde à donner des directives à d'Alembert: 'Pourquoy n'avez vous pas recommandé une espèce de protocole à ceux qui vous servent, étimologies, définitions, exemples, raisons, clarté et brièveté?' (D7093*). Il a appliqué lui-même ce programme et voudrait l'imposer.[45] Prenant de plus en plus d'assurance, le 3

---

[39] 'Français' (D6770); 'Froid', 'Galant', 'Garant' (D7055); premier envoi d''Histoire' (D7018); 'Gazette', 'Grand, grandeur', 'Grave, gravité', 'Généreux', 'Genre de style', 'Gens de lettres', 'Gloire, glorieux', 'Goût', 'Grâce' (D7067).

[40] Voir V33, p.117 ('Genre de style'), et D7093.

[41] 'Galant' est un texte rapide, 'Genre de style' et 'Goût' sont élaborés.

[42] Cet article oppose le 'grammairien' des temps anciens au philosophe du dix-huitième siècle.

[43] Voir 'Galant', 'Gloire, glorieux', 'Grand, grandeur'.

[44] Surtout dans 'Français', qui comprend des remarques sur les caractères des peuples, sur l'influence du climat, sur le génie de la langue. Voir aussi 'Garant' (V33, p.111-12).

[45] Il a donné des étymologies dans 'Faction', 'Faste', 'Faveur', 'Fornication', 'Galant', 'Garant'.

janvier 1758, adressant à d'Alembert l'article 'Habile', il le prie de 'ne pas retrancher un mot à la fin', car ce qu'il a dit 'doit être dit'. [46] Or il faisait la leçon dans ce paragraphe (V 33, p.146-47):

On craint d'enfler ce dictionnaire d'inutiles déclamations; ceux qui président à ce grand et important ouvrage doivent traiter au long les articles des arts et des sciences qui instruisent le public; et ceux auxquels ils confient de petits articles de littérature doivent avoir le mérite d'être courts.

Et il récidive dans l'article 'Hautain' (V 33, p.149).

Le décalage entre le 'Suisse Voltaire' et les événements parisiens est flagrant. De sa retraite, Voltaire écrit comme si l'avenir de l'*Encyclopédie* était tout tracé et comme si la seule question à l'ordre du jour était la longueur des articles. Or d'Alembert démissionne le 11 janvier 1758. Au moment donc où s'ouvre une grave crise dans la direction de l'*Encyclopédie*, Voltaire qui l'ignore, ne se contente plus d'envoyer ses 'petits cailloux' (D7550) accompagnés de réserves indiquées dans des lettres privées. Il se permet d'afficher ce qu'il pense de l'*Encyclopédie* dans des contributions qui lui sont confiées. L'article 'Histoire' critique l'article 'Certitude', lequel critiquait les *Pensées philosophiques* de Diderot, et justifie ce parti: 'Ce dictionnaire est consacré à la vérité; un article doit corriger l'autre'. [47]

Les dernières contributions de Voltaire respectent le protocole qu'il avait lui-même fixé. [48] Il donne l'étymologie chaque fois qu'il est en mesure de le faire, [49] propose des définitions précises, [50] multiplie les exemples pour cerner l'état de la langue et le bon

[46] D7550. Voir la réponse de d'Alembert, D7573.

[47] V 33, p.179. A signaler que Voltaire veut ainsi flatter Diderot. Les remarques des articles 'Habile' et 'Hautain' paraîtront dans le tome VIII de l'*Encyclopédie* et dans les *Nouveaux mélanges* de 1765.

[48] Articles commençant par les lettres H et I.

[49] 'Faction', 'Faste', 'Faveur', 'Fornication', 'Galant', 'Garant', 'Heureux'. Il indique l'évolution des significations dans 'Fantaisie' et 'Faste'.

[50] 'Fausseté', 'Félicité', 'Fermeté', 'Finesse', 'Gloire, glorieux'.

usage.[51] Littré dans la préface de son *Dictionnaire* souligne les difficultés propres à la définition des mots: 'quand il faut expliquer un mot par d'autres mots de la même langue, on est exposé à tomber dans une sorte de cercle vicieux ou explication du même par le même' (i.xix). Voltaire surmonte ces obstacles. Dans son 'rapetassage' des articles 'T' à 'Toper' pour le *Dictionnaire de l'Académie* en 1760-1761, il pille souvent le *Dictionnaire de Trévoux*.[52] L'essentiel de son apprentissage en matière lexicographique vient de ses contributions à l'*Encyclopédie*. Ces leçons ne sont pas absentes du *Dictionnaire philosophique*, même si elles entrent dans une problématique différente.[53]

En travaillant pour d'Alembert et Diderot, Voltaire est conduit à assouplir ses positions de principe. Il enfreint la règle de la brièveté dans l'article 'Hémistiche' et s'en justifie dès les premières lignes:

Cet article qui paraît d'abord une minutie, demande pourtant l'attention de quiconque veut s'instruire.

En conclusion, il avoue:

Rien n'est à mépriser dans les arts; les moindres règles sont quelquefois d'un très grand détail. Cette observation sert à justifier l'immensité de ce dictionnaire, et doit inspirer de la reconnaissance pour les peines prodigieuses de ceux qui ont entrepris un ouvrage, lequel doit rejeter à la vérité toute déclamation, tout paradoxe, toute opinion hasardée, mais qui exige que tout soit approfondi.[54]

Enfin, en s'efforçant de 'rendre instructifs' ses articles, Voltaire

[51] 'Esprit', 'Facile', 'Faible', 'Fécond', 'Franchise', 'Grâce'.

[52] V 33, articles pour le *Dictionnaire de l'Académie* dont l'annotation permet de mesurer les dettes de Voltaire.

[53] La question sera étudiée plus loin. Etymologies, définitions, évolution du sens des mots, traductions en plusieurs langues font partie des jeux de Voltaire avec l'instrument-dictionnaire. On ne veut pas dire pour autant que les articles d'allure lexicale du *Dictionnaire philosophique* furent primitivement destinés à l'*Encyclopédie*.

[54] V 33, p.152, 157. Voir aussi D7550.

s'achemine vers ce qui deviendra sa pratique dans le *Dictionnaire philosophique*. Dans l'article 'Heureux' se dessinent quelques-uns des linéaments des futurs articles du *Dictionnaire philosophique*: réflexions assez développées,[55] jeux de mots polémiques,[56] insertion de digressions,[57] et surtout appel à la participation du lecteur.[58] Ces deux interventions pourraient être insérées dans le *Dictionnaire philosophique*: 'c'est au lecteur à peser cette idée, à l'étendre, à la rectifier'; 'c'est au lecteur à faire là-dessus ses réflexions; il y a bien des articles sur lesquels il peut s'en dire plus qu'on ne lui en doit dire; en fait d'arts, il faut l'instruire, en fait de morale, il faut le laisser penser'.[59]

Il met au point sa tactique consistant à insérer, dans des articles apparemment anodins, quelque remarque 'philosophique': ainsi dans 'Hautain', il attire l'attention sur la distinction qu'il a opérée entre l'âme comme entendement et l'âme comme ombre légère par ce commentaire: 'on a cru cette petite observation nécessaire' (V 33, p.149). Ayant sollicité et obtenu de traiter des articles d'importance: 'Histoire', 'Idole', 'Imagination',[60] Voltaire envoie des contributions élaborées dont il reprendra la substance dans d'autres œuvres ou qu'il reproduira, ainsi d''Idole' qui trouve place dans le *Dictionnaire philosophique*. Les mises au point d''Histoire' annoncent les développements de *La Philosophie de l'histoire* où sera résumé aussi 'Idole'.

Voltaire a acquis une pratique d'écriture de l'article, même si

---

[55] Voir les réflexions sur bonheur et condition sociale, bonheur et tempérament.

[56] Citons le dernier paragraphe: 'Des âmes de boue, des fanatiques absurdes, préviennent tous les jours les puissants, les ignorants, contre les philosophes; si *malheureusement* on les écoutait, nous retomberions dans la barbarie dont les seuls philosophes nous ont tirés' (V 33, p.163).

[57] Par exemple celle sur les Grands d'Espagne dans l'article 'Grand'.

[58] A propos du remords: 'c'est sur quoi le lecteur peut encore penser beaucoup' (V 33, p.163).

[59] 'Imagination', 'Heureux' (V 33, p.206, 160-61).

[60] Il s'est proposé pour 'Histoire' dans D6619, pour 'Idole' dans D7098, pour 'Imagination' dans D7067.

ses contributions à l'*Encyclopédie* sont d'inégale valeur, même si elles se situent surtout dans les domaines limités de la lexicographie ou de la théorie littéraire ('Esprit', 'Goût'). Ce Voltaire, a-t-on dit joliment, est celui du 'quotidien du génie',[61] il n'est pas pour autant mineur. Ne considérant pas ces productions comme de second ordre, Voltaire, selon sa tactique de circulation textuelle, les intègre dans d'autres ensembles et tout particulièrement dans les *Questions sur l'Encyclopédie* qui, en 1770, accueillent 'Idole', une version remaniée d''Eloquence', une partie de 'Figuré' passée dans 'Exprimé en figure' de l'article 'Figure' et, en 1771, recueillent 'Honneur' écarté de l'*Encyclopédie* (V 33, p.50, 81 et 12).

Des articles du *Dictionnaire philosophique* paraissent avoir été écrits en marge de l'*Encyclopédie*. En critiquant l'article 'Enthousiasme' dû à Desmahis, Voltaire indique les lignes générales de celui qu'il écrira pour son *Dictionnaire* (D7055); en émettant ses réserves sur l'article *Encyclopédie*, il se prépare à le réfuter.[62] Il rédige un article 'Idée' pour son *Dictionnaire*; il en avait proposé un aux maîtres d'œuvre de l'*Encyclopédie*, mais son offre avait été déclinée (D7067).

Au total, l'expérience encyclopédique lui a été profitable. Il s'est plié aux exigences d'une œuvre collective.[63] Libéré de toute contrainte, pour son *Dictionnaire philosophique* Voltaire n'a de comptes à rendre à personne. Ce sera donc pour lui la liberté d'être pleinement lui-même. 'Le Suisse Voltaire' supplante M. de Voltaire dans ce 'dictionnaire d'idées'.

[61] Compte rendu de V 33 par F. Moureau, *Recherches sur Diderot et sur l'Encyclopédie* 4 (1988), p.171.

[62] D6655 et l'article 'Certitude'.

[63] Certaines de ses contributions ont été réécrites ('Littérature') ou rejetées ('Historiographie', 'Honneur'). Certains intitulés qui lui étaient proposés ne lui convenaient pas: 'Formaliste' (D6655), 'Généalogie', 'Guerres littéraires', 'Littérature grecque' (D6619, D7067 et V 33, p.11).

ii. *Une démarche 'philosophique'*

Pour ce 'compte' qu'il se rend à lui-même sur 'ce qu'il doit penser sur ce monde-ci et sur l'autre', Voltaire revendique à la fois la liberté de l'allure et la vigueur de la démarche: il va 'dans sa besogne aussi franchement que Montagne va dans la sienne', et s'il s'égare, 'c'est en marchant d'un pas un peu plus ferme'. [64] Voltaire écrit donc ses *Essais*, [65] mais sans la nonchalance de son prédécesseur, accumulant ses cogitations sur plusieurs strates, sans la visée autobiographique de qui cherche à mieux se connaître ou à mieux se donner à connaître. [66] Voltaire écrit dans l'urgence, impatient de diffuser la bonne parole, car le tout, précise-t-il, est pour son usage et pour celui des honnêtes gens. C'est moins l'essai de ses facultés naturelles [67] qu'un 'compte', un recensement, à la fois quantitatif et qualitatif de ses opinions. Aussi met-il son ouvrage sous le signe de la 'philosophie', mot de ralliement au dix-huitième siècle.

Chaque article est philosophique, si l'on entend par là qu'il témoigne d'une activité de l'esprit résumée dans l'article 'Philosophe': 'amateur de la sagesse, c'est-à-dire de la vérité'. Chaque article s'inscrit dans le contexte des Lumières, avec les connotations propres aux termes 'philosophe' et 'philosophie', et tout particulièrement à ses prolongements en matière de critique religieuse. Le *Vocabulaire technique et critique de la philosophie* d'André Lalande précise qu'on appelait philosophes, au dix-huitième siècle, 'le groupe des écrivains partisans de la raison, des lumières, de la

---

[64] 18 février [1760], à Mme Du Deffand (D8764). Elle admire Montaigne (D8559).

[65] C'est après Montaigne et sur son exemple que ce mot désigne un genre littéraire et philosophique.

[66] Voir A. Tournon, *Montaigne* (Paris 1989), p.74-82.

[67] 'C'est ici purement l'essai de mes facultés naturelles' (Montaigne, *Essais*, II.x, éd. A. Micha, Paris 1969, p.78); 'mon jugement [...] duquel ce sont ici les essais' (II.xvii, p.316).

tolérance, et plus ou moins hostiles aux institutions religieuses existantes'. Ces écrivains sont-ils des philosophes?[68] Grande question, mais à laquelle il n'est pas nécessaire de répondre ici. Voltaire fait œuvre philosophique, selon ses critères, quand il rédige ce dictionnaire qui ne se veut, en aucun sens, un dictionnaire de la philosophie. Plus généralement, Y. Florenne n'a pas tort de remarquer que Voltaire est philosophe 'comme il respire, et parce qu'il ne respire pas sans souffler des bulles d'idées'.[69] En fait, les articles qui composent le *Dictionnaire philosophique* attestent d'une activité 'philosophante' dans cette recherche de la vérité qui exige qu'on aille 'franchement' et d'un pas ferme.

Suscitée parfois par quelque événement ou mouvement d'humeur, cette démarche ne va pas au hasard. Elle s'accorde des fantaisies, tout en restant structurée, Voltaire ayant parfaitement assimilé les disciplines de l'âge classique. Au niveau de l'article, point de plans-types qui corsetteraient la pensée, mais nul laisser-aller. Il s'agit donc de repérer quelques constantes.

Le champ couvert inclut aussi bien l'histoire, la politique, la religion que la psychologie humaine, sans user d'une terminologie philosophique spécifique, sinon pour s'en moquer. Ainsi des plaisanteries sur la 'monade d'Alexandros' ('Arius') ou sur des monades voyageuses qui iraient 'tantôt dans une baleine, tantôt dans un arbre, tantôt dans un joueur de gobelets' ('Corps'). Il se montre au fait des grandes philosophies du passé ou de celles de son temps, même s'il met sur le même plan, non sans provocation, des pensées qui n'ont rien à voir les unes avec les autres: 'Ce système en vaut bien un autre; je l'aime bien autant que la déclinaison des atomes, les formes substantielles, la grâce versatile,

[68] Voltaire comme Montesquieu, Diderot, Helvétius, le baron d'Holbach, Rousseau, a droit à un article dans le *Dictionnaire des philosophes*, sous la direction de D. Huismans (Paris 1984).

[69] *Dictionnaire philosophique*, éd. Florenne, p.II; voir aussi J. Cazeneuve, 'La philosophie de Voltaire d'après le *Dictionnaire philosophique*', *Synthèses* 181-182 (juin-juillet 1961), p.14-31.

et les vampires de dom Calmet' ('Corps'). Sa pensée se situe en dehors des systèmes et souvent contre eux. Voltaire réfute le 'tout est bien', met en parallèle, non sans irrespect, le souverain bien et 'le souverain bleu, ou le souverain ragoût, le souverain marcher, le souverain lire' ('Bien'). Au cours d'un long périple à travers les théologies, il se moque des âmes végétative, nutritive, argumentative, générative, de toutes 'les extravagances que cette pauvre âme humaine a imaginées sur elle-même' ('Ame'). La 'substance étendue, solide, divisible, mobile, figurée, etc.' le fait rire autant que le 'sujet pensant, sentant, voulant' ('Corps'). 'Chaîne des êtres créés', 'Chaîne des événements', 'Destin', 'Fin', sont autant de petits essais de tour personnel qui excluent tout pédantisme et qui manifestent de la méfiance à l'égard des arguties aussi bien qu'à l'égard des pensées totalisantes. Les réflexions de Voltaire ne prennent point la forme d'un ensemble de propositions rigoureusement démontrées et exactement enchaînées les unes aux autres. Elles expriment une aptitude à s'emparer de tout sujet, à réfléchir librement en dehors des écoles, à examiner, douter, décider. C'est pourquoi tout classement par thème, si utile soit-il dans la mesure où il indique les rubriques les plus fournies, doit être dépassé. La répartition, sous les neuf intitulés suivants: arts et lettres; histoire; lois, coutumes, morale; mythologie; orientalisme; philosophie, psychologie; politique; religion; sciences naturelles [70] est sans cesse transgressée par la manière de Voltaire. La philosophie, telle qu'il la comprend, innerve tous ses textes. L'absence de système n'exclut pas des convictions fortes qui charpentent ses développements et conditionnent l'appréhension des problèmes.

L'impression de naturel domine parce que les articles privilégient la ligne sinueuse. Leur déroulement n'a rien à voir avec un simple

---

[70] M. L. Perkins, 'Theme and form in Voltaire's alphabetical works', *Studies* 120 (1974), p.17-24 sur le *Dictionnaire philosophique*. L'auteur souligne à juste titre l'importance de la section religion, suivie par celle qui traite de questions philosophiques et psychologiques.

vagabondage de la pensée. Frédéric II l'avait bien ressenti qui, après avoir lu quelques textes, remarquait: 'il semble que le hasard vous fait dire ce qui pourtant est la suite d'une méditation' (D5056).

Un exemple parmi d'autres peut le montrer: l'article 'Songes', qui se présente comme une libre réflexion sur le thème des rêves. A partir d'une citation de Pétrone mise en exergue, Voltaire s'interroge: 'Mais comment tous les sens étant morts dans le sommeil, y en a-t-il un interne qui est vivant?' Il examine alors deux hypothèses: ou les seuls organes de la machine agissent ou l'âme pure agit. Il les réfute, puis invite son lecteur à deviner ce que c'est que le 'composé' de l'homme. Suivent de petits paragraphes juxtaposés sur les superstitions qu'ont fait naître les songes. Le texte s'achève sur des remarques concernant les Juifs et l'oniromancie. Le lecteur, invité par le narrateur à peser les arguments, a l'impression de converser avec l'esprit le plus ouvert et le plus cultivé qui soit et de chercher en sa compagnie. Il est pourtant conduit par une main sûre qui, chemin faisant, a critiqué les idées innées de Descartes et veut inciter à penser que nous sommes aussi des 'machines'. Le propos paraît spontané. Il n'est pas sans élaboration. Voltaire reprend des arguments déjà énoncés dans une longue note du 25 octobre 1757 et qu'il développera dans une lettre adressée à la *Gazette littéraire de l'Europe* datée du 20 juin 1764. [71] C'est la preuve, s'il est nécessaire de l'avancer, que Voltaire a faite sienne la leçon classique du naturel qui est du grand art.

Le point de départ des soliloques voltairiens paraît fortuit. Il peut l'être, comme dans l'article 'Abbé' où l'idée de citer une chanson à la mode lui a été suggérée par d'Alembert. [72] Quelques-uns sont des billets d'humeur, comme 'Fausseté des vertus hu-

---

[71] V 82, p.709. Les éditeurs de Kehl font de cette note la quatrième section de l'article 'Somnambules' (M.xx.435). La lettre du 20 juin 1764, signée John Dreamer, est reproduite dans les mélanges (M.xxv.192-95).

[72] Voir l'annotation de cet article.

maines', recension ironique de l'ouvrage ainsi intitulé de Jacques Esprit, ou 'Morale', commentaire acerbe d'une phrase de l'*Histoire du Bas-Empire* de Le Beau. Une citation qui renvoie à des lectures difficiles à dater ou qui peut être simple réminiscence sert de point d'appui à la réflexion dans les articles 'Amour', 'Orgueil'. Les références jouent le rôle d'embrayeur dans 'Résurrection' II qui renvoie à Malebranche, 'Circoncision' qui cite Hérodote, 'Destin' qui mentionne Homère, 'Folie' qui fait allusion à Erasme. Une question, un rappel historique, une vérité générale jouent le même rôle moteur. L'article 'Apis' est conçu comme une réponse à l'interrogation préalable: 'Le bœuf Apis était-il adoré à Memphis comme dieu, comme symbole, ou comme bœuf?' La forme interrogative stimule l'attention ('Egalité'), pose un problème ('Amour nommé socratique', 'Maître'), suggère déjà une réponse ('Athée' II, 'Fables'). La question peut être suivie d'une explication ('Métamorphose') ou d'une réplique péremptoire: 'Qui nous a donné le sentiment du juste et de l'injuste? Dieu, qui nous a donné un cerveau et un cœur' ('Du juste et de l'injuste'), d'une définition ('Tolérance' I, 'Vertu'). L'attitude réellement ou faussement interrogative interpelle le lecteur. Moins directe, la mise au point historique souligne l'importance du sujet, ainsi cette présentation de l'arianisme, [73] 'question incompréhensible qui a exercé depuis plus de seize cents ans la curiosité, la subtilité sophistique, l'aigreur, l'esprit de cabale, la fureur de dominer, la rage de persécuter, le fanatisme aveugle et sanguinaire, la crédulité barbare' ('Arius'). Ce condensé passionné qui omet le mot d'hérésie, met en condition tout en éveillant un vif intérêt. Impossible de prendre au sérieux 'la monade trine', mais impossible aussi de ne pas se sentir concerné et de ne pas condamner ces arguties. La considération désabusée sur laquelle s'ouvre l'article 'Julien': 'On rend quelquefois justice

---

[73] Voltaire aime commencer ses articles par des historiques condensés: voir 'Divinité de Jésus' et 'Péché originel' qui rappellent l'opinion des sociniens, 'Tout est bien', 'Chaîne des événements', 'Enfer'.

bien tard', introduit un procès en réhabilitation. Ces entrées en matière stimulantes relèvent d'abord d'une rhétorique de la lecture. Pour donner envie de continuer ou de reprendre une lecture discontinue, l'auteur doit varier les approches des textes. Elles procèdent aussi d'une conviction de Voltaire. Chaque terme du lexique qu'il a choisi d'illustrer, qu'il s'agisse de 'secte' ou de 'préjugés', de 'credo' ou d''enthousiasme', de 'fraude' ou de 'guerre', mérite d'exercer la pensée autant que le vocabulaire traditionnel de la philosophie: 'âme', 'matière' ou 'destin'. Ces mots, employés couramment, feront donc l'objet d'une mise en perspective ou d'une mise au point qui permette de prendre conscience des enjeux qu'ils représentent.

Le sujet une fois présenté, le propos est parfois fortement argumenté comme dans 'Inondation' qui illustre une certitude préalable, celle de l'impossibilité du déluge, ou dans 'Julien' qui réfute en huit points une assertion fausse. Ces articles très démonstratifs prennent aussi la forme de questions sans réponses ('Bornes de l'esprit humain') ou de questions avec réponses catégoriques ('Du juste et de l'injuste'). Les développements suivent alors les règles propres à soutenir au mieux une thèse; les articulations du raisonnement sont soulignées, des preuves alignées.

A cette démarche pédagogique très structurée s'oppose l'allure capricieuse de maints articles qui se présentent comme une re-cherche sans *a priori*, ainsi de 'Maître' qui associe à la réflexion de courtes fables, ou d''Egalité' qui aborde les différentes faces du problème, reconnaît le droit des hommes à l'égalité, constate le fait de l'inégalité naturelle et sociale, dénonce la dépendance, tend à accepter l'inégalité comme inévitable. 'Lois' II offre un large tour d'horizon qui, sous une forme non systématique et contrastant avec le thème traité, évoque tour à tour une histoire arrivée aux Indes, un dialogue avec un avocat de Paris, les réflexions du narrateur sur la loi et la convention, la loi et la force, la loi naturelle.

Cette démarche heuristique peut être plus apparente que réelle. Voltaire plaide pour la compréhension des anciennes mœurs orientales. Dans 'Circoncision', la boutade finale semble garantir sa réelle absence de préjugés. En fait, le témoignage d'Hérodote alimente une opinion préconçue sur les emprunts du petit peuple juif. Aussi le texte est-il scandé par des affirmations qui doivent emporter la conviction: 'il est évident', 'les Juifs disent', 'les Juifs avouent', 'cela n'est pas dans la nature humaine', 'n'est-ce pas le sens naturel de ce passage'. Dans 'Ezéchiel', après avoir prêché la relativité des mœurs, Voltaire ironise. Son 'authentique curiosité ethnologique'[74] est limitée par ses dégoûts ou sa volonté de dévaloriser la Bible. D'où le comique involontaire de la remarque: 'Défaisons-nous de tous nos préjugés quand nous lisons d'anciens auteurs'. Ces fluctuations de la pensée conduisent à des incertitudes, ainsi de l'anecdote du rabbin ajoutée en 1765. Ce dernier, 'tout plein de ce chapitre', a d'abord expliqué le déjeuner d'Ezéchiel, les dévergondages d'Oolla et d'Ooliba en recourant aux 'types'. Il finit par avouer ignorer tout ce que cela signifie. Moment de sincérité ou contradiction? La structure de l'article reproduit les apories de la pensée voltairienne, enregistre ses doutes et les limites qu'elle s'est assignées. La recherche, conduite dans un réel esprit de liberté, reste parfois bridée par des certitudes. Ainsi le témoignage de Sextus Empiricus dans 'Amour nommé socratique' est-il récusé comme contraire à la nature.

Chemin faisant, l'argumentation s'est nourrie d'exemples historiques, de réflexions personnelles, d'allusions à l'actualité. Les commentaires de texte s'enchaînent, des leçons se dégagent, ou des données sur lesquelles pourra s'enclencher la participation du lecteur, sont offertes. Ces développements, parfois de forte cohérence interne, parfois plus lâches, conduisent à des conclusions frappantes, soit que l'auteur privilégie la formule finale ('Guerre',

[74] Voir Rétat, 'Le *Dictionnaire philosophique* de Voltaire', p.898n.

'Inquisition'), soit que la conclusion soit une ouverture, une invite à poursuivre la réflexion ('Bêtes', 'Egalité', 'Etats').

A lire le *Dictionnaire philosophique*, l'esprit est sans cesse sollicité par le contact avec une pensée agile, riche d'une immense culture, de tour personnel, sans faux-fuyant ni pédantisme. L'écart avec ce que l'on attend légitimement d'un dictionnaire doit être souligné. Point d'accumulation d'une documentation pour faire l'inventaire des connaissances. Les faits dans le *Dictionnaire philosophique* ne sont allégués que pour en dégager le sens. [75] Toutes les notices d'un tel ouvrage ne peuvent prétendre également à l'objectivité. Elles doivent y tendre. Du moins espère-t-on, en consultant un dictionnaire, trouver des informations précises plutôt que les jugements personnels du rédacteur. Le charme du *Dictionnaire philosophique* est lié à un total renversement des perspectives. La répartition entre discours et récit ou mieux entre discours narratif ou informatif et discours commentatif accuse un net déséquilibre. Voltaire est sans cesse présent et sa démarche relève bien souvent du prosélytisme.

Si le discours continu doit consonner avec un univers également continu, cette somme de la pensée voltairienne en 118 articles est accordée à une vision du monde où les effets de manque comptent autant que les positivités, les doutes que les croyances. Roborative pour qui cherche une réflexion vivement menée sur tout, elle déçoit ceux qui cherchent un sens global. Ses limites comme sa valeur ont été analysées par P. Rétat. [76] Il est vrai que ces propos alignés sans ordre ni lien apparent se 'prêtent à merveille' à une 'vision de l'histoire absurde' ou offrent l'image d'une 'métaphysique lacunaire'. Il est vrai également que l'article 'disjoint, diminue', qu'il opère une 'fuite épistémologique', et que Voltaire

---

[75] Cette manière de Voltaire est à l'opposé de celle de l'*Encyclopédie*. Voir les remarques de R. Naves sur les articles écrits par Diderot. Les uns adoptent 'la manière inspirée', les autres se veulent d'abord complets (Naves, *Voltaire et l'Encyclopédie*, p.140).

[76] Voir 'Le *Dictionnaire philosophique* de Voltaire', *passim*.

en quelque sorte est condamné à s'exprimer par 'jets brefs et renouvelés'.

Cette analyse, sans négliger pour autant le dynamisme de la pensée voltairienne, met surtout l'accent sur sa clôture. Tendance que l'on peut tenter d'inverser, du moins partiellement. Répéter les mêmes aveux d'ignorance face à l'opacité du monde n'est pas vaine ratiocination. Sans doute n'y a-t-il point de mot de la fin, mais l'enquête est à reprendre indéfiniment. Aux philosophies du plein, s'oppose ici une philosophie qui prend en compte le tissu troué de l'univers avec ses pleins et ses vides, même si, au travers des trous, se profile l'ombre de Dieu. Point de lumière divine largement répandue dans ce monde qui a conservé un Dieu lointain, inaccessible, indifférent au sort des hommes, quand bien même la lumière du soleil levant manifesterait sa présence.[77] Dieu ne sépare point la lumière d'avec les ténèbres. Les ténèbres, dans la mesure où elles sont identifiées avec l'esprit du mal, continuent à régner sur terre. Le seul recours: les lumières humaines.[78] Aucune illumination n'est à espérer, mais chaque article est porteur de sa petite lumière. Au lecteur de reprendre le flambeau. La philosophie n'est pas dans la rectitude d'un raisonnement, elle est dans cet appel à exercer son jugement, à interroger. L'article est certes 'la forme d'accueil parfaite de cette philosophie fragile et obstinée'[79] qui a conduit Voltaire à créer une forme littéraire originale pour découvrir des éclats de vérité.

[77] Pomeau, *La Religion de Voltaire*, p.416 ss.
[78] Sur la laïcisation des Lumières, sur le passage du singulier au pluriel, voir R. Mortier, 'Lumière et Lumières: histoire d'une image et d'une idée au xviiᵉ et au xviiiᵉ siècles', *Clartés et ombres du siècle des Lumières* (Genève 1969), p.13-59.
[79] Rétat, 'Le *Dictionnaire philosophique* de Voltaire', p.900.

iii. *Sur quelques formes de l'article voltairien*

L'article voltairien devrait avoir sa place dans une histoire des formes brèves et du discours discontinu, mieux engagée en ce qui concerne le seizième et le dix-septième siècles que pour le siècle suivant. [80] Voltaire se réfère à Montaigne qu'il a pratiqué assidûment. Il a lu les moralistes du dix-septième siècle, les *Maximes* de La Rochefoucauld, les *Pensées* de Pascal, les *Caractères* de La Bruyère, trois œuvres qui, pour des raisons diverses, ont adopté des formules différentes, mais qui toutes se situent en dehors de la tradition de la *dispositio* rhétorique. Jean Lafond, dans l'étude qu'il consacre aux moralistes du dix-septième siècle, fait remarquer que 'chaque auteur a désigné d'un nom qui lui est propre la forme qu'il a élue' et que 'le nom retenu est une manière de marquer son territoire propre'. [81] Après avoir rappelé que Montaigne avait inventé l'*essai*, le mot et la chose, que les éditeurs de Pascal ont adopté *pensée*, que La Bruyère tentera d'acclimater *remarque*, on constate que le choix n'est pas affaire de simple vocabulaire. Voltaire range de fait ses réflexions, remarques, petites dissertations dans la rubrique des articles d'un dictionnaire. Il les désigne également comme de 'petits chapitres qui ne fatiguent pas l'esprit'. [82] Il convient donc d'apprécier les articles du *Dictionnaire philosophique* comme notices et comme chapitres, sans oublier ceux qui ne peuvent entrer sous ces dénominations.

Voltaire applique, en les détournant, des protocoles reconnus. C'est là une tendance majeure de sa création littéraire qui utilise et subvertit toute une tradition. Les études consacrées au conte l'ont amplement démontré. Dans le *Dictionnaire philosophique*, Voltaire se joue de l'instrument-dictionnaire, non seulement au

---

[80] *Les Formes brèves de la prose et le discours discontinu (XVI-XVIIe siècles)*, publiées par J. Lafond (Paris 1984). Voir aussi sa bibliographie, *Moralistes du XVIIe siècle* (Paris 1992), p.1271-78.

[81] *Moralistes du XVIIe siècle*, p.xxix.

[82] 16 octobre 1765, à Mme Du Deffand (D12939).

niveau de l'ensemble en choisissant un lexique qui en fait un contre-dictionnaire théologique,[83] mais également au niveau de l'article, qui repose sur des codes que Voltaire ne s'est pas fait faute de reprendre tout en leur donnant des prolongements insolites.

S'il 'importe plus de savoir la signification des mots que leur source' (V 33, p.144), Voltaire ne dédaigne ni les ressources de l'étymologie, ni les équivalents dans différentes langues[84] pour amorcer la réflexion. Il commet parfois des erreurs,[85] reprend à son compte des approximations. Les sciences de la langue se prêtent à un usage militant. 'Abbé', à partir de l'étymologie: 'père', est construit sur un jeu de mots sur la paternité spirituelle et la paternité biologique, ce qui permet au malin auteur de paraître découvrir les surprises de la sémantique: 'Que les mêmes noms signifient avec le temps des choses différentes'. L'histoire de la langue devient le moteur de la critique religieuse.[86]

Définitions et exemples sont en bonne place, mais ne se limitent pas aux indications nécessaires à la compréhension des mots. Ils visent une appréhension plus approfondie. Ainsi l'article 'Sens commun' s'efforce, à partir d'un terme d'apparence anodine, de faire accéder son lecteur à l'intelligence de ce qui est en cause. Après avoir comparé les acceptions de 'sensus communis' et de 'sens commun', Voltaire remarque que les expressions 'cet homme n'a pas le sens commun' et 'cet homme a le sens commun' sont

[83] 'Amour', 'Amour nommé socratique', 'Amour-propre' se substituant chez Voltaire à 'Amour de Dieu – du prochain – de nos ennemis' chez nos auteurs pieux et conformistes (Rétat, 'Le *Dictionnaire philosophique* de Voltaire', p.896).

[84] Voir les articles 'Abbé', 'Ange', 'Baptême', 'Caractère', 'Enthousiasme', 'Idole', 'Messie', 'Pierre', 'Philosophe'.

[85] Voir pour 'Idole', V 33, p.187, n.2.

[86] Dans 'Ange', après avoir rappelé l'étymologie grecque: 'envoyé', Voltaire énumère les Péris des Perses, les Malakim des Hébreux, les Daimonoi des Grecs afin de montrer, par la voie du comparatisme, que tous les peuples ont imaginé des êtres intermédiaires entre les hommes et la divinité. Voir aussi le rapprochement Bram/Abraham et le rapprochement avec Brama ('Abraham', ajout de 1765).

toutes deux injurieuses. Il prétend que les hommes en inventant ce terme ont fait 'l'aveu que rien n'entrait dans l'âme que par les sens', ce qui le conforte dans son option sensualiste. Il fait réflexion que le sens commun est rare, énumère les obstacles, d'origine religieuse, auxquels il se heurte. A partir d'expressions courantes, Voltaire élargit le champ de ses investigations. Des définitions de tour personnel commandent parfois tout le développement, ainsi de 'Miracles' où chaque point illustre la prise de parti initiale: 'selon les idées reçues, nous appelons miracle la violation de ces lois divines et éternelles' dont il vient d'affirmer qu'elles étaient intangibles. [87]

Les articles lexicaux proposent donc le double plaisir d'une conformité apparente aux règles admises et d'un écart réel. Pour ceux qui se classeraient dans des dictionnaires historiques ou dans des dictionnaires de la Bible, le décalage s'accroît. Moreri ou Bayle se donnent pour mission de faire le point sur des connaissances, de détecter des erreurs, d'expliquer les Ecritures saintes et d'en faire revivre de grandes figures. L'exposition du savoir est subordonnée dans le *Dictionnaire philosophique* à d'autres fins.

Par leur intitulé, bon nombre d'articles s'annoncent comme des essais sur un thème donné: 'De la Chine', 'Des délits locaux', 'Du juste et de l'injuste', 'De la liberté', 'Des lois', 'D'Ezéchiel', 'Sur le papisme'. Ces titres ne sont point trompeurs. 'De la Chine' est une libre méditation sur les paradoxes et prétentions des Occidentaux confrontés à une civilisation plus ancienne que la leur. [88] Des informations peuvent être glanées, elles sont intégrées à ce thème général alors qu'elles constituent l'essentiel de l'article de Moreri: situation et division de la Chine, qualité du pays, richesses de la Chine, affluence de peuple dans la Chine, édifices de la Chine, inclinations et coutumes des Chinois, gouvernement

---

[87] 'Tyrannie' est construit à partir de la définition; il en est de même de 'Vertu'.
[88] Article qui peut être lu comme la suite des chapitres du *Siècle de Louis XIV* et de l'*Essai sur les mœurs* consacrés à la Chine.

de l'empereur ou du roi de la Chine avant l'invasion des Tartares, nouvelle route pour le voyage de la Chine, auteurs qui parlent de la Chine. [89] L'article 'Chinois, philosophie des' de l'*Encyclopédie* qui porte l'astérisque de Diderot, cite des sources, évoque les thèses soutenues sur la sagesse des Chinois, fait état des traductions de livres chinois, présente l'histoire et la religion de ce peuple, expose longuement les principes de la philosophie chinoise. [90] Les uns informent, Voltaire expose son point de vue personnel. Une démonstration similaire pourrait être faite entre 'Du juste et de l'injuste', plaidoyer en faveur de la loi naturelle, et l'article 'Juste' de l'*Encyclopédie* qui cite Grotius et Pufendorf. [91]

D'autres articles du *Dictionnaire philosophique* sont pourvus d'un sous-titre qui indique ou le sens de la recherche ('Etats, gouvernements. Quel est le meilleur?'; 'Fraude. S'il faut user de fraudes pieuses avec le peuple?'; 'Christianisme. Recherches historiques sur le christianisme'), ou le genre adopté ('Carême. Questions sur le carême'; 'Paul. Questions sur Paul'), ou des références ('Superstition. Chapitre tiré de Cicéron, de Sénèque et de Plutarque'). Voltaire adopte à juste titre le terme de chapitre qui serait valable également pour désigner des textes comme 'Inquisition' ou 'Luxe'. Parfois l'article ne se présente point comme une partie de l'ouvrage, mais tend à devenir un petit ouvrage à part entière. Ainsi des traités en miniature que sont 'Idole' avec ses différentes rubriques, 'Préjugés' et son catalogue, 'Religion' et sa succession de huit questions.

La marge de liberté que s'octroie Voltaire s'accroît encore dans les articles bibliques où domine une veine parodique. Ceux du *Dictionnaire de la Bible* de Calmet sont souvent composés de deux parties nettement séparées: d'abord la biographie du personnage telle que l'Ecriture sainte permet de la reconstituer, ensuite les

---

[89] Moreri, iii.623-636, énumération des rubriques traitées.
[90] *Encyclopédie*, ii.341-348; Voltaire n'a pas annoté cet article.
[91] *Encyclopédie*, ix.86-87; article non annoté par Voltaire.

fables que l'on a débitées – autrement dit ce que l'on doit croire car d'inspiration divine et ce qui est divagation humaine, tout particulièrement celle des rabbins. La répartition dans le *Dictionnaire* de Bayle entre biographie et critique des textes est typographique. L'article proprement dit rappelle de manière brève l'histoire du personnage, des notes très fournies, bourrées de références, confrontent les différentes opinions qui ont été émises et se gaussent des étrangetés, sottises ou inconvenances qui ont été proférées. Voltaire qui a beaucoup pratiqué l'un et l'autre ouvrage rompt avec la tradition d'une séparation entre le texte saint et ses commentaires. Il procède par intégration. Tous les faits sont alors sélectionnés et commentés dans une optique dénigrante.

A titre d'illustration, comparons les articles 'Adam' de ces trois ouvrages. Dom Calmet résume la Genèse, puis indique que 'les interprètes n'en sont pas demeurés là'. Il évoque leurs supputations sur la nature du fruit défendu, sur la création de l'homme et de la femme qui auraient été collés par les épaules, leurs fables sur la taille, la beauté d'Adam, leurs hypothèses sur le lieu de sa sépulture, sur les livres qu'on lui attribue, enfin les doutes des Tatianites sur le salut du premier homme. Calmet conclut: 'Nous parlerons sous l'article Préadamite des hommes que l'on prétend faussement avoir vécu avant Adam'. [92]

L'article de Bayle, beaucoup plus long et d'une érudition proliférante, présente d'abord 'tout ce que nous savons de certain' sur le chapitre d'Adam: sa création par Dieu, le paradis terrestre, le péché originel. Puis viennent des hypothèses, les unes vraisemblables sur son savoir, sa beauté, les autres inacceptables sur son hermaphrodisme, les imaginations de Mlle Bourignon étant mises sur le même plan que celles du roman de Jacques Sadeur. Suit l'évocation de contes sur sa taille gigantesque, sur le lieu de sa sépulture. Enfin Bayle enjoint son lecteur de se garder du sentiment

[92] *Dictionnaire de la Bible*, i.24-26.

des Tatianites qui vouaient Adam aux flammes éternelles. Les notes, fort longues, accumulent les références et font découvrir sur chaque point des gloses sans fin, celles, et l'énumération n'est pas complète, de Photius, du père Garasse, de saint Augustin, Philon, Maimonide, Manasse ben Israël, du père Bartolocci, de Joannes Lucidus, saint Jérôme, du père Salian, d'A. Bourignon largement citée. Bayle se défend d'avoir dû, sur ce sujet, dire des obscénités et répond à ses détracteurs. [93]

Si différents soient-ils, ces deux articles séparent le bon grain de l'ivraie. L'article 'Adam' de Voltaire, ajout de 1767, limité à une vingtaine de lignes et qui doit beaucoup aux textes de ses prédécesseurs, [94] opère une rupture radicale. Il est composé sous le signe de la négation, scandé par les refus du narrateur: 'je n'en parlerai point', 'je n'en dirai mot', 'pour moi, je ne dis mot'. Ces refus se justifient à double titre, soit parce qu'il n'y a rien à dire des révélations absurdes de Mlle Bourignon ou des élucubrations des rabbins, soit parce qu'il n'y a plus rien à dire, tout ayant été dit par des esprits très savants dont les doutes sont fondés sur des lectures troublantes (le Veda) ou sur des observations (les différentes races). Les fables signalées par Calmet et Bayle sur les livres d'Adam, les imaginations de Mlle Bourignon dont Bayle s'était égayé ont été retenues, mais elles changent de statut. Reléguées au rang de curiosités ou d'étrangetés dans les articles précédents, elles sont mises par Voltaire en pleine lumière au point d'éclipser la chute d'Adam dont il n'est dit mot. En revanche, une allusion assassine au 'précepteur' d'Adam détruit le dogme fondamental, réaffirmé par Bayle et Calmet, celui de la création du premier homme.

Sur un tel exemple, on saisit le passage de l'article de dictionnaire à l'article au sens journalistique du terme, soit de la notice à la

---

[93] i.7-80, voir la remarque G sur les révélations de Bourignon et la justification de Bayle. Bayle parle des préadamites à l'article 'La Pereire'.

[94] Voir l'annotation de l'article 'Adam'.

chronique. Tout en gardant de plus ou moins lointaines parentés avec ce qu'ils prétendent être, maints textes du *Dictionnaire philosophique* optent pour la création personnelle: réflexion, entretien, billet d'humeur, point de vue. 'Abraham', qui évoque les pérégrinations et mensonges du père des croyants, mais omet le sacrifice d'Isaac, s'organise en conte. 'Joseph' est traité en fiction attendrissante, 'Genèse' en parodie du *Commentaire littéral*, 'Job' sous forme d'admonestation familière; 'Moïse' est une réfutation en règle, 'David' un règlement de comptes que soulignent les interventions du narrateur: 'je suis fâché', 'je suis un peu scandalisé', 'j'ai quelques scrupules'. [95] S'accordant toute liberté, Voltaire inclut des textes qui sont des facéties comme 'Gloire' et 'Foi' I, [96] un code de lois limitant le pouvoir ecclésiastique et passant pour les notes d'un juriste ('Lois civiles'), une allégorie ('Dogmes').

Il a intégré aussi dix dialogues philosophiques (six en 1764, trois en 1765, un en 1767), [97] auxquels il convient d'ajouter des textes composés de questions et de réponses, non séparées dans leur typographie ('Critique', 'Idée'). Auteur de bon nombre de dialogues [98] alors que ce genre est en pleine expansion, [99] Voltaire,

[95] L'article 'David' de Bayle fit scandale. Ce qui était réserve chez Bayle, justifiée par des considérations sur 'l'alternative des passions et de la grâce', 'fatalité attachée à notre nature depuis le péché d'Adam' et à laquelle David n'échappa point, devient chez Voltaire condamnation sans explication.

[96] Même s'il n'est point aisé de définir la notion de facétie chez Voltaire ni d'en dresser une liste (voir D. Guiragossian, *Voltaire's facéties*, Genève 1963, et *Facéties*, éd. J. Macary, Paris 1973), on rappellera qu'en 1760 est paru à Genève chez Cramer un recueil de textes anonymes intitulé *Recueil des facéties parisiennes pour les six premiers mois de l'année 1760* qui reproduisait des textes de Voltaire.

[97] 'Catéchisme chinois', 'Catéchisme du curé', 'Catéchisme du Japonais', 'Dieu', 'Fraude', 'Liberté' en 1764; 'Catéchisme du jardinier', 'Liberté de penser', 'Nécessaire' en 1765; 'Papisme' en 1767.

[98] Lorsqu'il fait paraître le *Dictionnaire philosophique*, Voltaire est l'auteur d'une douzaine de dialogues (voir *Provisional table of contents for the Complete works of Voltaire*).

[99] Pour la première partie du siècle, voir D. J. Adams, *Bibliographie d'ouvrages français en forme de dialogue, 1700-1750*, Studies 293 (1992). On souhaiterait que l'enquête soit poursuivie pour la seconde moitié du siècle.

toujours obsédé par les formes religieuses, écrit quatre catéchismes, [100] dont l'un en six entretiens, le 'Catéchisme chinois',
pourvu d'un long sous-titre qui pastiche les habitudes de l'époque
en matière d'intitulé. [101]

Les difficultés et apories du dialogue d'idées, ses différentes
formes ont été étudiées par M. Roelens. [102] Les travaux concernant
le dialogue voltairien se sont attachés en priorité aux œuvres
séparées. [103] Ceux que Voltaire a inclus dans le *Dictionnaire philosophique* sont critiques et satiriques et procèdent de la revue, de
l'inventaire, du bilan. Ils visent à l'universel par les thèmes traités
tout en s'efforçant de créer l'illusion du particulier. Soucieux
d'effets de réalité, Voltaire fait précéder trois d'entre eux d'une
introduction de style narratif qui présente les personnages, les
lieux, le temps. Réduite à la présentation rapide de Bambabef et
de Ouang pour l'article 'Fraude', elle conditionne le lecteur pour
'Liberté de penser' où s'opposent milord Boldmind et Médroso,
tous deux bien nommés. L'un sera le porte-parole de l'auteur,

[100] Le *Catéchisme de l'honnête homme* de 1763 n'est pas entré dans le *Dictionnaire philosophique*. Voir Moureaux, 'Ordre et désordre', p.384-85.

[101] Dans maintes facéties, Voltaire attire l'attention par ces longs sous-titres burlesques: *Relation de la mort du jésuite Berthier...*, *La Canonisation de saint Cucufin...*, *Instruction du gardien des capucins à frère Pediculoso...*

[102] 'Le dialogue philosophique, genre impossible?': l'opinion des siècles classiques', dans *Le Dialogue genre littéraire*, Cahiers de l'Association internationale des études françaises 24 (mai 1972), p.43-58, et 'Le dialogue d'idées au XVIIIe siècle', *Histoire littéraire de la France*, v, *1715-1794*, p.259-90. Voir aussi l'édition de La Hontan, *Dialogues avec un sauvage* (Paris 1973). On se reportera à la bibliographie de D. J. Adams pour les études consacrées au dialogue.

[103] Voir l'introduction de J. Benda à l'édition des *Dialogues philosophiques* (Paris 1966), p.I-XVIII; U. van Runset, *Ironie und Philosophie bei Voltaire unter besonderer Berücksichtigung der 'Dialogues et entretiens philosophiques'* (Genève 1974); J. Yolanda, *Rhetoric in Voltaire's dialogs*, thèse, Duke University, 1968 (*DAI* 29, 1968-1969, p.1227A-1228A); R. Mortier, 'Pour une poétique du dialogue: essai de théorie d'un genre', *Literary theory and criticism: Festschrift presented to René Wellek in honor of his eightieth birthday*, éd. J.-P. Strelka (Bern 1984), i.457-74; J. Pedersen, 'Le dialogue du classicisme aux Lumières: réflexions sur l'évolution d'un genre', *Studia neophilologica* 51 (1979), p.305-13.

l'autre, 'familier de l'Inquisition', un adversaire caricatural. Les préliminaires sur lesquels s'ouvre l'article 'Dieu' avec leur luxe de détails sur les personnages et les lieux, ont déjà imposé le respect pour le Scythe, propriétaire terrien et patriarche, et prouvé la sottise du théologal. Même lorsque l'entretien s'engage *ex abrupto*, le lecteur a vite fait de repérer la répartition des rôles. L'antithèse prévaut qui oppose la série des sages – Dondindac, Boldmind, Ouang, le Trésorier – à celle de leurs interlocuteurs enfoncés dans l'erreur – Logomacos, Médroso, Bambabef, le Papiste. [104] Seul le 'Catéchisme chinois' met en scène des personnages disputant sur un certain pied d'égalité.

La conduite du dialogue qui est moins de recherche que de démonstration, oscille de la réfutation à la prédication. Le schéma est celui de l'enquête: Ariston soumet à un interrogatoire serré le curé Téotime qui répond de façon pertinente ('Catéchisme du curé'); Logomacos, qui prétend mettre en difficulté le Scythe Dondindac, se ridiculise, le barbare répond de manière satisfaisante au faux savant qui, mis en demeure de préciser ses dires, reste coi ('Dieu'). [105] D'où le comique de maints dialogues. [106] L'exposé conceptuel est exempt de caricature lorsque le ton s'élève au niveau du débat d'idées. [107]

La conclusion privilégie le triomphe de la vérité, marqué soit par une conversion, celle de Bambabef ('Fraude'), soit par un conseil ('Nécessaire'), soit par la reconnaissance de la valeur de celui qui était mis sur la sellette ('Catéchisme du curé'), enfin par le respect mutuel ('Catéchisme du jardinier'). Au dénouement du

---

[104] 'Dieu', 'Liberté de penser', 'Fraude', 'Papisme'.

[105] Schéma classique qui est celui des *Dialogues avec un sauvage* de La Hontan que Voltaire possédait (BV1876). Deux personnages réduits à des initiales s'affrontent dans 'Liberté', ils campent sur des positions claires.

[106] 'Catéchisme du Japonais' joue délibérément des anagrammes et réduit les querelles religieuses à des querelles de cuisine. Voir aussi des traits caricaturaux dans 'Papisme'.

[107] Voir 'Nécessaire', 'Fraude', 'Catéchisme chinois'.

'Catéchisme chinois', plus de maître ni de disciple, mais prévaut l'accord de deux esprits de qualité. [108] Il est des âmes imperméables à la vérité, celle de Médroso dans 'Liberté de penser'. Le dialogue reste militant et didactique. Pour éviter l'ennui que pourrait sécréter cette visée pédagogique, Voltaire s'efforce de maintenir l'intérêt grâce à un rythme soutenu. Des répliques courtes vulgarisent les questions philosophiques ('Liberté', 'Nécessaire'). L'alternance de tirades et de réponses rapides introduit un facteur de variété. Voltaire réussit à ne pas sombrer dans l'exposé, ses personnages restent suffisamment individualisés, mais il n'évite pas toujours que l'un des disputeurs n'apparaisse comme un fairevaloir. Finalement, il nous offre le spectacle toujours passionnant de son intelligence et de sa culture.

Voltaire s'affirme comme le créateur d'une forme littéraire qui porte son estampille. Il avait évoqué Montaigne, ses critiques pensent volontiers aux *Propos* d'Alain. [109] Sans doute se souvient-il de la dissertation de Plutarque, [110] de l'épître de Sénèque, et reste-t-il marqué par l'idéal latin de la *brevitas*. Il se situe parmi ceux qui ont l'"ambition de dire en dix phrases ce que cet autre dit en un livre – ne dit pas dans un livre', [111] sans pour autant cultiver l'aphorisme ou la sentence. Le développement dense garde toutes ses faveurs.

Ces développements ne sont pas malléables à la manière des *Essais* de Montaigne qui s'enrichissent de nouvelles strates. Les additions, nettement séparées du texte initial, [112] prennent parfois

[108] Kou demande dès sa première intervention ce que veut dire 'adorer le Chang-ti'; la dernière réplique assure qu'il est inspiré par le Chang-ti.

[109] Introduction par R. Pomeau, *Dictionnaire philosophique* (Paris 1964), p.11, et introduction par Y. Florenne, édition citée, p.11.

[110] Il fait référence à Plutarque dans 'Superstition' I.

[111] Texte de Nietzsche, cité par M. Blanchot, *L'Entretien infini* (Paris 1969), p.228.

[112] Voltaire remanie son texte lorsqu'il n'en est plus satisfait: voir l'annotation de 'Salomon'.

la forme d'un nouvel article reconnu comme tel,[113] parfois elles restent simplement ajoutées à la fin du texte, bien qu'elles soient composées comme un nouvel essai.[114] D'autres sont de simples ajouts[115] ou des notes.[116] Chaque texte garde son autonomie, c'est une entité, Voltaire ne pratiquant pas une esthétique du fragment, de l'inachevé, mais du provisoirement achevé. Il pourra donc reprendre les mêmes intitulés dans les *Questions sur l'Encyclopédie*. Il ne réunit pas des pièces détachées, comme l'a fait La Bruyère, juxtaposant réflexions, remarques, portraits. Ce sont des *chapitres* d'un ouvrage qui a son unité, même s'ils prennent des formes variées (D12939):

Je suis fâché qu'un livre si dangereux soit si commode pour le lecteur; on l'ouvre et on le ferme sans déranger les idées. Les chapitres sont variés comme ceux de Montagne et ne sont pas si longs.

Il convient donc d'apprécier les textes qui composent le *Dictionnaire philosophique* à la fois comme 'articles' et comme 'chapitres'. Cette double dénomination indique que dans cette œuvre coexistent le continu et le discontinu. Voltaire a rédigé des développements qui, vu leur brièveté, ne donnent qu'un point de vue limité, fragmentaire, mais qui entretiennent entre eux bien des rapports. Chacun vaut pour lui-même, mais aussi par ce dont il se détache, par ce à quoi il renvoie. Ces exposés, séparés typographiquement par des blancs, forment un ensemble.

Ph. Lacoue-Labarthe et J.-L. Nancy voient dans la fragmentation le 'signe d'une absence'. Le type de pensée qui sous-tend le fragment serait 'la théologie négative', les fragments désignant un

---

[113] 'Athée' II, 'Foi' II, 'Lois' II, 'Résurrection' II, 'Superstition' II.

[114] 'Ezéchiel', ajout de 65v; 'Guerre', ajout de 65v; 'Religion' VIII, ajout de 65v; 'Abraham', ajout de 67.

[115] 'Abraham', ajout de 65v; 'Chine', 'Fables', 'Sensation'.

[116] 'Amour nommé socratique' (cette note de 1769 prend la forme d'un petit article), 'Luxe', 'Moïse'.

centre qu'ils ne peuvent que cerner. [117] L'article du *Dictionnaire philosophique* vaut comme microcosme d'une œuvre dont on ne désignera pas *le centre*, mais *des centres*. Ce n'est pas le manque d'unité qui la caractérise, mais la mise en pratique d'une écriture du multiple.

'Carrefour de thèmes voltairiens', illustration d'un art raffiné, ces articles sont un véhicule efficace d'une pensée dont Lanson remarquait justement: 'Ce n'est pas un système qu'on s'assimile laborieusement, c'est un esprit dont on est petit à petit imprégné'. [118] Pour que cette imprégnation soit possible encore faut-il que cette esthétique de la maigreur qui s'est refusé toute pléthore verbale, s'appuie sur une pratique de l'intensité.

---

[117] Ph. Lacoue-Labarthe et J.-L. Nancy, *L'Absolu littéraire* (Paris 1978), p.67.
[118] *Voltaire* (Paris 1906), p.149.

6

Séduction et combat

Même les plus farouches détracteurs du *Dictionnaire philosophique* reconnaissent que le 'poison de l'impiété' y est inoculé d'autant plus dangereusement que l'ouvrage ne manque point d'agrément:

Saillies ingénieuses, plaisanteries légères, bons mots piquants, antithèses brillantes, contrastes frappants, peintures riantes, réflexions hardies, expressions énergiques; toutes les grâces du style, tous les agréments du bel esprit y sont prodigués.[1]

Ce panégyrique de Chaudon, qui a identifié 'cette plume téméraire et féconde', trouve place dans une préface destinée à justifier la dénonciation virulente d'un auteur inspiré par Satan. Que la réussite éclatante de ce 'dictionnaire diabolique'[2] fasse l'objet de tant de craintes, qu'elle soit reconnue dans une réfutation prouve que la méthode de Voltaire, telle qu'il l'a définie à propos du *Traité sur la tolérance*, est couronnée de succès:

J'ai beaucoup retravaillé l'ouvrage en question; je me dis toujours, il faut tâcher qu'on te lise sans dégoût; c'est par le plaisir qu'on vient à bout des hommes; répands quelques poignées de sel et d'épices dans le ragoût que tu leur présentes, mêle le ridicule aux raisons, tâche de faire naître l'indifférence, alors tu obtiendras sûrement la tolérance.[3]

Les traces d'un tel travail qui se situerait avant la première édition de 1764 ne sont pas aisées à découvrir faute de manuscrits.[4] On

---

[1] Chaudon, *Dictionnaire anti-philosophique* (Avignon 1767), p.VI.
[2] 7 septembre [1764], à d'Alembert (D12073).
[3] 9 janvier 1763, à Moultou (D10897).
[4] On ne dispose que d'un manuscrit, du 'Catéchisme du jardinier' (A. Brown, 'Calendar of Voltaire manuscripts other than correspondence', *Studies* 77, 1970, p.19-20).

peut saisir des mises au point stylistiques en comparant des remarques jetées sur le papier dans les carnets à leur formulation dans le *Dictionnaire philosophique*, vérification qui peut être faite, par exemple, sur la phrase finale de l'article 'Amour-propre'. [5]

La préface de l'édition Varberg précise que l'auteur s'est efforcé, dans une perspective toute classique, de 'joindre l'agréable à l'utile'. [6] Or l'art de Voltaire, s'il est toujours salué avec révérence, fait l'objet d'études relativement peu nombreuses, à l'exception du domaine très exploré des contes. Aux jugements très pertinents de G. Lanson, [7] se sont ajoutées maintes remarques de détail dans les travaux traitant du *Portatif*, mais il a fallu attendre 1966 pour qu'une synthèse soit tentée par Jeanne Monty: *Etude sur le style polémique de Voltaire: le 'Dictionnaire philosophique'*. [8]

Dans cet ouvrage de référence, J. Monty s'efforce de 'concilier l'étude systématique des procédés que recommandent les Français Marouzeau et Cressot aux théories de Spitzer, qui part de l'intuition du détail significatif pour arriver à la vue d'ensemble'. Elle relève les procédés qui correspondent à 'une intention visible de l'écrivain' (p.10). Ce dénombrement passe en revue le vocabulaire, les alliances de mots, les images complexes, la phrase, et se termine par des remarques sur la satire. Dans cet inventaire, J. Monty montre comment les effets de style au niveau du syntagme et de la phrase concourent à persuader un lecteur, homme du monde du dix-huitième siècle.

---

[5] Dans les carnets, on lit: 'L'amour-propre est comme cette partie qu'il faut cacher et dont il faut se servir, qui est agréable, nécessaire et dangereuse' (V 82, p.518). Dans 'Amour-propre', cette ébauche est devenue: 'il [l'amour-propre] ressemble à l'instrument de la perpétuité de l'espèce; il nous est nécessaire, il nous est cher, il nous fait plaisir, et il faut le cacher'.

[6] Voir ci-dessous, 'Préface', l.37-38.

[7] *L'Art de la prose* (Paris 1908) et *Voltaire* (Paris 1906).

[8] Studies 44 (1966); voir aussi J.-M. Moureaux, 'Voltaire: l'écrivain', *Rhl* 79 (1979), p.339-40; P. Gay, *The Party of humanity: essays in the French Enlightenment* (London 1964), p.47-96.

On se propose ici, tout en s'appuyant sur le détail des textes,[9] de dégager quelques perspectives sur l'art de Voltaire dans le *Portatif*. Il s'agit de prendre en compte les contraintes propres à un discours bref qui s'est donné pour finalité de plaire pour convaincre. Engagé tout entier dans cette œuvre de combat, Voltaire mobilise toutes ses ressources. L'article doit aller à l'essentiel, ce qui suppose une écriture sous tension pour éveiller et soutenir l'attention. Encore faut-il au préalable se faire entendre de ces 'personnes éclairées' qui doivent chercher à 'être philosophes sans se piquer de l'être'.[10] Il convient donc d'être philosophe sans en faire parade, sans rien qui pèse ou qui pose. Voltaire sait bien que l'esprit consiste à faire 'valoir l'esprit des autres' (V 33, p.53), aussi doit-il donner l'impression à son lecteur d'être de plain-pied avec des matières abstruses qui lui seront présentées élégamment. Etape nécessaire pour permettre à ce lecteur d'adhérer à un esprit philosophique qu'il importe, en fait, de lui inoculer.

i. *L'art de la vulgarisation*

'Je suis un peu opiniâtre de mon naturel. Jean Jacques n'écrit que pour écrire et moy j'écris pour agir', déclare Voltaire à Jacob Vernes (D14117). Ce dessein passe par l'obligation de rendre accessible en simplifiant et en expliquant. Comment intéresser aux absconses distinctions des Pères de l'Eglise, à des arguties génératrices d'hérésies dans le passé, à des disputes philosophiques sans fin, toutes matières largement développées dans de pesants in-folio réservés aux initiés? La théologie amuse Voltaire;[11] il traduit devant son tribunal personnel les 'impertinences de l'Eglise'.[12] Ces goûts ne sont pas l'apanage de tous, loin de là.

[9] Nous nous référerons souvent aux analyses de J. Monty, reprises selon d'autres perspectives.
[10] Voir ci-dessous, 'Préface', l.46, 53-54.
[11] 26 décembre 1762, à Damilaville (D10860).
[12] 29 décembre 1762, à la marquise de Florian (D10863).

Pour mettre à la portée du public ce qui le passionne, Voltaire doit dominer son sujet, le schématiser, le rendre plaisant. Non sans paradoxe, il fustige également les moines compilateurs qui sont de 'pauvres gens' ('Job') et les rabbins, en tout semblables aux premiers ('Résurrection' ii), mais tout ce qu'ils dirent de faux lui importe au plus haut point. Le vrai théologien et le sage rabbin avouent qu'ils ne savent rien ('Théologien', 'Ezéchiel'), la parole ne leur est donnée que pour confirmer leur ignorance. Voltaire n'a de cesse de faire parler des exégètes ridicules, sa documentation le conduisant à accorder plus de place aux commentateurs chrétiens qu'aux commentateurs juifs.

Pour tous, il procède par réduction drastique. Il abrège en une phrase les six pages consacrées aux juifs dans le *Manuel des inquisiteurs* de Morellet ('Inquisition'). Il résume les subtils raisonnements de la *Somme théologique* de saint Thomas d'Aquin en se limitant à quelques allusions ('Dieu'). Il réduit à une allégation, d'ailleurs tendancieuse, une discussion de saint Cyprien concernant le baptême reçu par ceux qui sont alités et qui n'ont pas subi la triple immersion ('Baptême'). L'effet d'absurdité de l'article 'Conciles' tient au fait que Voltaire sélectionne la décision essentielle de ces assemblées, sans rappeler ni les enjeux, ni la teneur des débats, et que cette unique décision, approuvée par un concile, est contestée par le suivant.

Il ne relate que les actes, taisant volontiers les intentions de ceux qui les ont commis, suivant une tactique délibérée: 'Les ouvrages métaphisiques sont lus de peu de personnes, et trouvent toujours des contradicteurs. Les faits évidents, les choses simples et claires, sont à la portée de tout le monde et font un effet immanquable' (D11445). Les charges retenues contre Vanini paraissent frappées d'inanité quand la possession d'un crapaud vivant dans un bocal décide de la vie d'un homme ('Athée' i). Il s'ensuit au niveau stylistique une prédominance de la phrase verbale, le verbe 'porte tout le poids de la pensée'.[13] Voltaire juge

---

[13] Monty, *Etude sur le style polémique de Voltaire*, p.138-39.

des actes dépouillés des justifications liées aux circonstances. D'où un défilé d'absurdités sans explication ou accompagnées de raisons scandaleuses: 'On sophistiquait, on ergotait, on se haïssait, on s'excommuniait chez les chrétiens pour quelques-uns de ces dogmes inaccessibles à l'esprit humain' ('Arius'). Définir la vertu, c'est énumérer des actions de bienfaisance: 'Je suis indigent, tu es libéral. Je suis en danger, tu me secours. On me trompe, tu me dis la vérité. On me néglige, tu me consoles. Je suis ignorant, tu m'instruis' ('Vertu').

Les traits retenus sont grossis. L'œuvre de saint Justin, pour le lecteur du *Dictionnaire philosophique*, se réduit à quelques divagations sur les sibylles et sur les cellules où furent enfermés les Septante ('Apocalypse'):

Le témoignage d'un homme qui a eu le malheur de voir ces petites maisons, semble indiquer que l'auteur devait y être renfermé.

L'argument est repris dans l'article 'Persécution'. Voltaire a pu emprunter ce détail à Abauzit, mais le jeu de mots lui appartient. Il caricature en sélectionnant quelque détail piquant ou singulier: les élucubrations des Pères sur la hauteur de la tour de Babel ('Babel'), leurs interprétations étonnantes des textes délicats ('Abraham', 'Ezéchiel'), les fables des rabbins sur les livres écrits par Adam ('Adam'), sur le festin offert par le Messie avec au menu de la léviathane salée et du vin venant du Paradis terrestre ('Messie'). Au nom de saint Jérôme est attaché volontiers l'épisode de la rencontre de satyres dans la *Vie des Pères du désert* ('Babel', 'Miracles'). Du Talmud, Voltaire extrait un détail insolite, les morts marchant sous terre comme des taupes ('Résurrection' II).

Débarrassés de longues argumentations, privés de correctifs ou de nuances, réduits à quelques faits frappants, ces résumés, sans support historique, acquièrent une réelle force d'impact susceptible de capter l'attention d'un honnête homme peu au fait des opinions farfelues des théologiens ou des scandales de l'histoire de l'Eglise. Ces aberrations d'un temps passé ont besoin d'être réactualisées afin de prévenir toute indifférence. Voltaire croit à leur nocivité. [14] Ces questions abstraites doivent reprendre du corps, devenir vivantes. L'art de la vulgarisation voltairienne s'appuie sur un très vif sens du concret.

Jeux de mots, comparaisons, images en témoignent. S'agit-il de faire comprendre que les Egyptiens se conduisaient comme des écervelés, Voltaire revient au sens premier du terme: 'Mais s'ils espéraient cette résurrection des corps, pourquoi leur ôter la cervelle avant de les embaumer? Les Egyptiens devaient-ils ressusciter sans cervelle?' ('Apis'). Pour dire que la tolérance est vitale, le 'Catéchisme chinois' la définit par une équivalence qui l'assimile aux nécessités primordiales: 'cet esprit de tolérance, cette vertu si respectable, qui est aux âmes ce que la permission de manger est au corps'. Pour susciter l'horreur à l'égard des prêtres intolérants, ceux-ci ont 'besoin de superstitions comme le gésier des corbeaux a besoin de charognes' ('Tolérance' 1). La métaphore se développe en tableau lorsque l'Anglais Boldmind s'efforce de convaincre Médroso: 'Il ne tient qu'à vous d'apprendre à penser; vous êtes né avec de l'esprit; vous êtes un oiseau dans la cage de l'Inquisition, le Saint-Office vous a rogné les ailes, mais elles peuvent revenir' ('Liberté de penser'). C'est encore un Anglais qui explique que la force impose les lois: 'Oui, dit-il, nous étions des bœufs alors, Guillaume nous mit un joug, et nous fit marcher à coups d'aiguillons; nous avons depuis été changés en hommes, mais les cornes nous sont restées, et nous en frappons quiconque veut nous faire labourer pour lui' ('Lois' 11).

Des périphrases descriptives identifient, dans la veine des *Lettres philosophiques*, [15] les religions à leurs pratiques extérieures ('Secte'):

---

[14] J. Monty remarque que le *Dictionnaire philosophique* contient peu d'archaïsmes (p.24). Pour la propagande voltairienne, les maux engendrés par ces folies ne sont pas périmés.

[15] Voir les lettres sur les quakers qui les identifient à des singularités vestimentaires, même si leur piété et leur morale sont reconnues.

toute la terre siffle celui qui prétend qu'on ne peut plaire à Dieu, qu'en tenant à sa mort une queue de vache, et celui qui veut qu'on se fasse couper un bout de prépuce, et celui qui consacre des crocodiles et des oignons, et celui qui attache le salut éternel à des os de morts qu'on porte sous sa chemise, ou à une indulgence plénière qu'on achète à Rome pour deux sous et demi.

Selon le même procédé dévalorisant, le temple de Jérusalem est désigné comme 'un endroit où les Juifs tuaient des bœufs et des vaches' ('Julien') et les vêtements sacerdotaux des prêtres catholiques comme 'une chemise par-dessus une robe' et 'deux pendants d'étoffe bigarrée, par-dessus leur chemise' ('Guerre').

Le relevé exhaustif des images auquel s'est livrée J. Monty[16] attire l'attention sur leur nombre fort élevé et indique que certains domaines sont souvent sollicités. Les dérèglements de l'esprit sont systématiquement associés au thème de la maladie. Le fanatisme a 'gangrené un cerveau', cette 'peste des âmes' est 'une maladie épidémique' qui se manifeste par des 'accès de rage' ('Fanatisme'). La superstition est également une 'maladie de l'esprit' qui a infecté l'Eglise chrétienne ('Superstition' II), et 'il y a équivalence entre tous les malades du *Dictionnaire philosophique*'[17] qui méritent tous de se retrouver dans les 'Petites-Maisons de l'univers' ('Dogmes'). Le bon prêtre sera le 'médecin des âmes' ('Prêtre') qui ne brandira pas le dogme du péché originel, 'la chute de l'homme [étant] l'emplâtre que nous mettons à toutes ces maladies particulières des corps et de l'âme' ('Tout est bien').

Le bestiaire est largement sollicité, comme le montre l'étude très fouillée que lui a consacré Robert Granderoute[18] et qui signale, dans sa première partie, les occurrences du *Portatif* tirant parti des traits et symboles fixés par la tradition. Sans prétendre à

[16] Voir son chapitre 3 qui met à juste titre l'accent sur l'importance de l'image chez Voltaire. Pour tout relevé systématique des procédés du style polémique de Voltaire, il convient de se reporter à cet ouvrage.

[17] Monty, *Etude sur le style polémique de Voltaire*, p.115.

[18] 'Le bestiaire du *Dictionnaire philosophique portatif*', *Rhl* 81 (1981), p.367-90.

l'originalité, Voltaire s'appuie sur l'expérience quotidienne de ses lecteurs ou sur un fonds commun de remarques qui sont dans tous les esprits. Il rend vivantes idées et théories, s'oppose à celle des animaux-machines: l'oiseau qui fait son nid, le chien qui manifeste son attachement à son maître ('Bêtes') en disent plus long que des réfutations en forme. D'une manière générale, Voltaire préfère l'exemple à l'exposé. Point de dissertation sur l'amour, mais des illustrations inspirées par le symbolisme animal. [19]

Lorsqu'une notion échappe aux équivalences tirées du monde physique, Voltaire s'efforce de réduire l'abstraction. Pour traduire le concept d'âme végétative, au lieu de s'attarder sur les distinctions entre la nutritive, l'augmentative et la générative, il donne la parole à une tulipe: 'Si une tulipe pouvait parler, et qu'elle te dît, Ma végétation et moi, nous sommes deux êtres joints évidemment ensemble, ne te moquerais-tu pas de la tulipe?' ('Ame'). L'ineffable se définit par approximations, ne serait-ce pas l'indice qu'il n'existe pas? Ainsi de l'effort pour cerner la notion d'âme: 'Les premiers philosophes, soit chaldéens, soit égyptiens, dirent, Il faut qu'il y ait en nous quelque chose qui produise nos pensées; ce quelque chose doit être très subtil, c'est un souffle, c'est du feu, c'est de l'éther, c'est une quintessence, c'est un simulacre léger, c'est une entéléchie, c'est un nombre, c'est une harmonie' ('Ame').

Les institutions humaines ont des modèles dans la nature. 'Lois' II énumère les sociétés animales qui représentent l'état monarchique, la démocratie, la république. La tyrannie, c'est de se ranger contre un mur quand passe le despote, de se prosterner, de frapper la terre de son front ('Tyrannie'). Tout est transposé en gestes ou en références concrètes. Plus que de longs discours sur la condition de l'homme de lettres, une image laisse à penser:

---

[19] R. Granderoute indique que Voltaire 'développe le motif de la puissance sexuelle de ces deux bêtes phalliques' (le cheval et le taureau). Dans le même article, les pigeons symbolisent, de manière convenue, la tendresse.

'L'homme de lettres est sans secours; il ressemble aux poissons volants; s'il s'élève un peu, les oiseaux le dévorent; s'il plonge, les poissons le mangent' ('Lettres').

Cette tournure d'esprit voltairienne qui rend toute idée physiquement présente explique le recours fréquent à l'anecdote ou à la fable. Dans *Le Siècle de Louis XIV*, Voltaire reconnaissait que les anecdotes étaient un 'champ resserré où l'on glane après la vaste moisson de l'histoire' et que ces 'petits détails [...] intéressent le public quand ils concernent des personnages illustres'.[20] Point de remarques générales sur les légendes. Voltaire choisit de présenter des historiettes concernant Clovis, celle de la sainte ampoule apportée par un pigeon et celle de l'oriflamme apportée par un ange ('Préjugés'). Il déterre dans Casaubon la manière dont saint Pierre traita le bonhomme Ananie et Saphire, sa femme ('Pierre'), et dans dom Ruinart, l'aventure du jeune Romanus ('Christianisme'). Son immense érudition historique le pourvoit en faits remarquables, en bons mots.[21] Il illustre l'idée de la chaîne des événements par celle de la dispute entre la duchesse de Marlborough et Lady Masham ('Chaîne des événements'). Il frappe d'inanité les querelles sur les dogmes par l'anecdote du roi Daon ('Catéchisme chinois'). Il rappelle en note le sort de Deschauffours ('Amour nommé socratique'). Il narre, sous forme anecdotique, quelques biographies, celle du père des croyants ('Abraham'), celle de Saavedra ('Inquisition'), et traite de l'histoire des convulsionnaires en échotier ('Convulsions').

Lorsque ses souvenirs ne lui fournissent pas les matériaux nécessaires, il insère dans la trame de ses articles des ébauches de fiction, ainsi de la fable des deux grillons ('Catéchisme chinois'), de celle de la taupe et du hanneton ('Dieu'). Il faut 'détruire les objets de la crédulité, mais non ceux du plaisir',[22] les fables des

---

[20] *Le Siècle de Louis XIV*, ch.25 (*OH*, p.889).

[21] Voltaire cite la répartie d'un homme violent à François Ier ('Caractère'), celle de l'empereur Frédéric II sur la Judée ('Judée').

[22] 'Fable', QE (M.xix.66).

imposteurs ne méritent que dédain, d'où les ironies sur les prodiges: 'Les filles du grand prêtre Anius changeaient tout ce qu'elles voulaient en blé, en vin, ou en huile; Athalide fille de Mercure ressuscita plusieurs fois; Esculape ressuscita Hippolyte; Hercule arracha Alceste à la mort; Er revint au monde après avoir passé quinze jours dans les enfers. Romulus et Rémus naquirent d'un dieu et d'une vestale; le Palladium tomba du ciel dans la ville de Troie' ('Miracles'). Les miracles dont s'enorgueillissent les chrétiens sont à mettre au même rang, la seule différence étant dans la crédulité, puisque Hérodote n'exigeait pas qu'on croie à l'aventure de Gygès et de Candaule, ni au cheval de Darius ('Circoncision'). Les fables des 'anciens peuples ingénieux', celles des philosophes déchiffrent le monde. [23] Ce sont des emblèmes de la vérité; elles ont tout dit ('Maître'); visiblement allégoriques, elles peignent la nature entière ('Fables'). Voltaire retient celle du livre des Juges, celle de la naissance de Vénus, l'histoire de Prométhée, celle de la boîte de Pandore. Il rappelle celle de Crantor ('Bien'), et crée, dans la lignée des Troglodytes des *Lettres persanes*, celle de deux familles pour expliquer l'origine de l'inégalité ('Egalité').

Les anciennes cosmogonies et les systèmes philosophiques sont rendus clairs et compréhensibles. L'érudition se fait aimable, tout au plus quelque terme technique comme 'la procession du Pneuma, organe divin du divin Logos' ('Religion' iii) ou l'allusion aux quiddités et universaux ('Athée' i), celle au 'Tou patrou' et au 'Tou you' ('Catéchisme du jardinier'), garantissent-ils au lecteur, qui n'ira pas vérifier, que l'auteur possède parfaitement ces matières incompréhensibles. Dans une prose de 'texture très sobre', [24] ces mots insolites acquièrent du relief, donnent l'impression d'accéder à moindres frais à la science. Qui songerait alors à mettre en cause les fondements et les limites de la vulgarisation voltairienne,

---

[23] La distinction entre fables des imposteurs et fables des philosophes est dans *L'Ingénu*, ch.14; les fables des 'anciens peuples ingénieux' sont évoquées dans l'ajout de 65v à l'article 'Fables'.

[24] Monty, *Etude sur le style polémique de Voltaire*, p.33.

d'autant plus que le rythme vif de l'ouvrage n'autorise guère de pause réflexive?

ii. *L'art de l'animation*

Le *Dictionnaire philosophique* est 'une ample comédie aux cent actes divers' ou plutôt aux cent dix-huit actes, car chaque article joue son rôle dans cette pièce que met en scène un animateur-acteur-meneur de jeu. La présence de Voltaire dans son œuvre est un trait constant qu'ont relevé Yvon Belaval pour qui l'esprit voltairien reste lié aux portraits, dessins, statues qui nous ont transmis le visage de l'homme de lettres[25] ou Jeanne Monty affirmant que 'c'est au moins autant la force de sa personnalité littéraire qui convainc le lecteur que la logique de ses arguments'.[26]

Un Protée interpelle, commente, s'exclame, décide sans appel, anime chaque page du *Dictionnaire philosophique*. Tantôt il intervient à la première personne du singulier, tantôt il s'adresse à quelque interlocuteur, tantôt il met en œuvre de petits dialogues entre des personnages qu'il agite comme des marionnettes. Il acquiert le statut d'un personnage à part entière, différent de M. de Voltaire et qui, pourtant, lui ressemble comme un frère.

C'est un homme pressé: 'Je passe vite de ce quatrième ciel à milord Bolingbroke, pour ne pas m'ennuyer' ('Tout est bien'), vite impatient: 'je passe des conciles tenus pour des minuties' ('Conciles'), aux réactions vives: 'je n'en dirai pas davantage, car je me mettrais en colère' ('Fausseté des vertus humaines'). Il demande des comptes au bon roi David, ponctuant son histoire d'appréciations personnelles: 'je suis un peu fâché', 'je suis un peu scandalisé', 'j'ai quelques scrupules sur sa conduite'. Ces euphémismes conduisent à condamner David sans appel. Même familiarité à l'égard du Prince des ténèbres dont celui qui dit 'je'

[25] 'L'esprit de Voltaire', *Studies* 24 (1963), p.139-54.
[26] *Etude sur le style polémique de Voltaire*, p.169.

déclare sans ambages: 'Je ne suis pas du tout content de Satan' ('Job'). Homme riche et malade comme le patriarche de Ferney, il apostrophe 'l'ami Job', évalue ses richesses, juge sa femme et ses faux amis ('Job'). Cet esprit cultivé refuse la théorie cartésienne des animaux-machines ('Bêtes'), ne se fie qu'à sa raison et rejette les dires de Sextus Empiricus ('Amour nommé socratique'), il précise le sens d'une définition et en pèse les termes ('Amitié'). Il rapporte ses rencontres réelles ou fictives avec une sauvagesse ('Anthropophages'), un vrai théologien ('Théologien'), raconte la discussion qu'il a eue au cours d'une représentation théâtrale ('Beau'), ou l'un de ses rêves ('Dogmes'). Il a lu Platon ('Chaîne des êtres créés'), le Cantique des cantiques, l'Ecclésiaste et les Proverbes ('Salomon'); il scrute les textes bibliques, débusquant leurs incongruités ('David', 'Ezéchiel'), bien qu'il joue au bon chrétien qui récite son credo tous les matins ('Credo'). Il se met à dialoguer avec un jeune homme ('Certain'), avec un savant auquel, magnanime, il laisse du temps pour répondre ('Bornes de l'esprit humain').

L'animateur du spectacle est présent, même quand il ne parle pas à la première personne. Tantôt bonhomme, 'mes pauvres Juifs, mes chers Juifs' ('Judée'), tantôt méprisante, 'pauvres docteurs' ('Bornes de l'esprit humain'), 'O savants' ('Ame'), tantôt furieuse, 'prêtres idiots et cruels' ('Carême'), 'Vous avez raison, messieurs' ('Abbé'), une voix interpelle. Le goût du masque autorise des énonciations multiples. Voltaire joue à prendre le ton des hétéro-doxes ('Divinité de Jésus'), ou à s'abriter derrière un 'nous' ou un 'on' orthodoxes ('Conciles', 'Idole'). L'indignation se donne libre cours dans des invectives: 'Monstres persécuteurs, ne cherchez ces vérités que dans vos annales [...] Il vous sied bien, barbares que vous êtes' ('Martyre'), ou 'Insensés! qui n'avez jamais pu rendre un culte pur au Dieu qui vous a faits! Malheureux que l'exemple des noachides, des lettrés chinois, des parsis et de tous les sages n'ont jamais pu conduire!' ('Tolérance' I).

L'adversaire, l'anti-Voltaire, est toujours dans une position d'infériorité. C'est un pédant ('Ame'), un mauvais philosophe ('Méchant'), un oratorien borné ('Fausseté des vertus humaines'), un docteur de Sorbonne ignorant ('Bornes de l'esprit humain'), un brame intolérant ('Secte'). Lorsque ses raisonnements sont reproduits, 'tu' se montre pour ce qu'il est, 'une bête raisonnant sur d'autres bêtes' ('Bêtes'). Le persécuteur tient d'horribles propos. Balayant toute objection quant à leur véracité, le narrateur avoue que si ces paroles 'ne sortent pas précisément de sa bouche, elles sont gravées dans son cœur avec le burin du fanatisme trempé dans le fiel de l'envie' ('Persécution').

Nombre d'articles comportent des questions. L'auteur dit tout haut ce que chacun se dit tout bas sur l'existence du mal ('Amour'), ce que personne n'ose dire quant à la hiérarchie des crimes ('Anthropophages'), ce que peu d'hommes sont aptes à discerner ('Secte'). Ces interrogations cernent le problème ardu de la divinité de Jésus ('Arius'), reflètent les doutes des hommes ('Ame'), s'efforcent de définir des notions ('Enthousiasme', 'Esprit faux'), et l'article peut n'être qu'une suite de questions ('Carême'). L'exposé historique dans 'Christianisme' juxtapose en continu un relevé des difficultés insolubles soulevées par les savants et des commentaires orthodoxes. Un refrain qui nie que les anciens aient été idolâtres scande l'article 'Idole'.

Les modalités de la présence de ce moi qui parle directement ou que l'on devine s'échelonnent des indices discrets de désapprobation dans les incises[27] aux interventions vigoureuses adressées aux 'Sacrés consulteurs de Rome moderne, illustres et infaillibles théologiens' ('Grâce') ou aux douloureuses interpellations: 'O Pierre! vous faites mourir deux chrétiens qui vous ont fait l'aumône, et vous laissez vivre ceux qui ont crucifié votre Dieu' ('Pierre'). La tonalité dominante est celle d'une vive affectivité.

---

[27] Ainsi du jugement sur les Romains, admirés quand ils furent des pillards, décriés quand ils jouirent de leurs biens: 'quand ils cultivèrent tous les arts [...] ils cessèrent alors, dit-on, d'être sages et gens de bien' ('Luxe').

Cet homme révolté par trop d'absurdités, cette intelligence qui parie sur les pouvoirs du verbe use de toutes les figures de la rhétorique pour maintenir l'intérêt. Soignant tout particulièrement les entrées en matière et les clausules, l'article pratique une esthétique de la surprise.

Voltaire en appelle implicitement à son lecteur par ses astuces, ses formules, ses rapprochements de mots. Dans une énumération cocasse, il met sur le même plan 'la déclinaison des atomes, les formes substantielles, la grâce versatile, et les vampires de dom Calmet' ('Corps'). Il parie sur le choc des mots: antithèses: 'On croyait avoir trouvé le secret de vivre criminel, et de mourir vertueux' ('Baptême'); oxymorons: Alfonso Diaz part de Rome pour 'aller assassiner saintement son frère' ('Fanatisme') ou le caprice des rois fait 'loyalement égorger des milliers de nos frères' ('Guerre'); exagérations: 'Constantin se baigne dans le sang' ('Julien') ou des 'hommes engraissés de notre substance' ('Athée' II). Il joue avec les mots, d'abord par des jeux de mots comme 'le minime et très minime Mersenne' ('Athée' I), ou celui de 'Liberté de penser' qui met en scène un 'familier de l'Inquisition', officier chargé de détecter l'hérésie, et un Anglais 'familier dans la conversation'. Mais on signale également des échos de mots à mots: 'il ergote en partie comme le prêtre Sabellious, qui avait ergoté comme le Phrygien Praxéas grand ergoteur' ('Arius'), et des effets de ballet verbal: 'Que fais-tu là, idolâtre? lui dit Logomacos. Je ne suis point idolâtre, dit Dondindac. Il faut bien que tu sois idolâtre, dit Logomacos, puisque tu es Scythe, et que tu n'es pas Grec' ('Dieu').[28]

Tenu en alerte par les multiples formes de l'ironie voltairienne, complice de ses railleries, étourdi par son brio, le lecteur bénévole est soumis aux agressions d'une pensée autoritaire. La rigidité des équations mathématiques dans maintes formules s'impose comme

---

[28] Ces effets que signale J. Monty sont largement exploités dans les facéties.

vérité: 'Le superstitieux est au fripon ce que l'esclave est au tyran' ('Superstition' II). Des impératifs martellent les raisonnements ('Chine'). Des verdicts sont assénés. La préférence de Voltaire pour le verbe *être*, l'emploi d'indéfinis à valeur générale: 'on sait que', 'on sait assez que', le choix d'épithètes de jugement,[29] d'adverbes de nature absolue: 'certainement', 'assurément', 'incontestablement' sont les indices d'une pensée qui procède d'affirmations en négations tout aussi tranchées.

Le rythme de l'article, souvent composé de paragraphes courts, celui de la phrase qui conduit de jugement en jugement et dont tout détail inutile a été supprimé[30] contribuent à cette impression d'autorité. Lanson remarquait à juste titre:

Voltaire rejette toutes ces lourdes façons d'exprimer les dépendances logiques, et de matérialiser, par des mots-crampons, les rapports des idées. Il réduit au minimum ce qu'il est impossible d'éliminer, les conjonctions, relatifs, et tous autres termes de coordination et de subordination. C'est le mouvement endiablé du style qui lie les phrases, qui les emporte ensemble, comme dans une farandole où les danseuses ne se donneraient pas les mains, et garderaient leurs distances en suivant seulement la mesure.[31]

La liaison immédiate du sujet et du verbe, l'accumulation de propositions juxtaposées, le nombre des ellipses,[32] celui des phrases nominales créent ce *prestissimo* qui tantôt reproduit le rythme d'une conversation allègre, tantôt celui d'une démonstration vivement menée.

Selon son programme défini dans la 'Préface' de l'édition

---

[29] Le nombre des occurrences de 'petit' (45), 'petite' (21), 'petits' (21), 'petites' (22), 'grand' (96), 'grande' (46), 'grands' (31), 'grandes' (9) est significatif.

[30] Voir comment Voltaire abrège Abauzit dans l'article 'Apocalypse'.

[31] Lanson, *Voltaire*, p.155.

[32] Ellipses du nom, du verbe, 'il y a' sous-entendu, 'voilà' représentant le verbe, autant de traits relevés par J. Monty, *Etude sur le style polémique de Voltaire*, p.145-46. On se reportera aussi à son chapitre sur la phrase dans le *Dictionnaire philosophique*.

Varberg, Voltaire en appelle directement à son lecteur: 'Lecteur, réfléchissez. Etendez cette vérité; tirez vos conséquences' ('Morale') ou 'Que de choses à dire sur tout cela! Lecteur, c'est à vous de les dire vous-même' ('Prêtre') ou 'Remarquez, ici, lecteur' ('Conciles') ou 'Que conclure de tout cela? Vous qui lisez et qui pensez, concluez' ('Sensation'). Le lecteur en tant que personnage est présent dans des œuvres du dix-huitième siècle. Il autorise les jeux complexes de mise en abyme, de réflexion et de prise de distance à l'égard de la fiction. [33] Dans le *Dictionnaire philosophique*, Voltaire ne songe qu'à le faire réagir. La solution est dans la diffusion des Lumières: 'Philosophes, il vous sera aisé de résoudre ce problème' ('Philosophe'). La marche de l'esprit humain autorise cet espoir. [34] Le *Dictionnaire philosophique* doit permettre de faire passer au temps de la 'raison perfectionnée': 'Qui jugera? [...] l'homme enfin qui n'est pas bête, et qui ne croit point être ange' ('Secte').

Au niveau de la plus petite unité linguistique comme à celui de l'article et du *Portatif* tout entier, Voltaire dramatise. Point de jeux rhétoriques vains, mais une formidable mobilisation. Le dynamisme du rire, celui de l'éloquence donnent à la pensée de Voltaire sa force d'agression. Si comme l'affirme André Maurois, 'le style, c'est la griffe d'un tempérament sur la nature des choses', [35] Voltaire dans le *Portatif* qu'il a rédigé bien à l'abri dans sa retraite de Ferney, est toutes griffes dehors.

iii. *Voltaire tel qu'en lui-même*

Régal pour les amateurs de ton voltairien, le *Dictionnaire philosophique* doit être insupportable aux autres, plus insupportable même que les autres ouvrages de cet homme de lettres, objet de tant de

---

[33] Cf. l'importance du personnage du lecteur dans *Jacques le Fataliste*.

[34] J. Dagen, 'La marche de l'histoire suivant Voltaire', *Romanische Forschungen* 70 (1958), p.241-66.

[35] A. Maurois, 'Le style de Voltaire', *Europe* (mai-juin 1959), p.5.

rejets. La variété et l'émiettement de la correspondance, les charmes de la fiction dans les contes, le comique des facéties, l'intérêt de la narration dans les œuvres historiques ne confrontent pas aussi directement avec un combat et une tournure d'esprit. Les mélanges, fort révélateurs au demeurant, n'ont pas la cohérence du *Portatif*. D'autres éléments tenant à la visée de chaque ouvrage, aux matériaux mis en œuvre font écran. Si le conte doit, 'sous le voile de la fable', laisser 'entrevoir aux yeux exercés quelque vérité fine qui échappe au vulgaire',[36] le *Dictionnaire philosophique* ne s'enveloppe point de voiles. Le choc tient à ce contact direct avec un Voltaire essentiel, sans fard, mais non sans malice, qui s'est donné toute licence d'être pleinement lui-même dans cet ouvrage 'diabolique'.

Le lecteur pénètre dans le monde d'un homme aux convictions fortes, luttant pour ce qu'il croit être la vérité, coupable parfois de manichéisme, et qui mobilise toutes ses forces, affûtant sa stratégie, des ruses de la fausse candeur aux violences verbales des grandes indignations. Dans une lettre à Damilaville, il prend soin d'exposer l'une de ses tactiques préférées (9 juillet 1764; D11978):

Je crois que la meilleure manière de tomber sur l'infâme, est de paraître n'avoir nulle envie de l'attaquer; de débrouiller un peu le chaos de l'antiquité; de tâcher de jeter quelque intérêt; de répandre quelque agrément sur l'histoire ancienne; de faire voir combien on nous a trompé en tout; de montrer combien ce qu'on croit ancien est moderne; combien ce qu'on nous a donné pour respectable est ridicule; de laisser le lecteur tirer lui-même les conséquences.

La feinte naïveté félicite les commentateurs des mensonges d'Abraham, 'esprits fins et délicats, excellents métaphysiciens, gens sans préjugé, et point du tout pédants', après avoir relaté les aventures singulières du patriarche en compagnie de son épouse de quatre-vingt-dix ans, laquelle 'grosse, toujours jeune et toujours jolie' ne manque pas de séduire tous les rois qu'elle rencontre ('Abraham').

[36] *Le Taureau blanc*, éd. R. Pomeau (Paris 1956), p.51-52.

Elle détruit les formules toutes faites: ainsi ce n'est plus Dieu qui a fait l'homme à son image, car 'jusqu'à quand, animaux à deux pieds sans plumes, ferez-vous Dieu à votre image?' ('Gloire'). La feinte orthodoxie conduit à des constats inacceptables: ainsi au concile de Constance, 'on se contenta de démettre le pape Jean XXIII convaincu de mille crimes', tandis que l'on 'brûla Jean Hus, et Jérôme de Prague, pour avoir été opiniâtres, attendu que l'opiniâtreté est un bien plus grand crime, que le meurtre, le rapt, la simonie, et la sodomie' ('Conciles'). Le lecteur juge sur pièces: 'En un mot, la religion païenne a fait répandre très peu de sang, et la nôtre en a couvert la terre. La nôtre est sans doute la seule bonne, la seule vraie' ('Religion' VI). Des déductions de bon sens font basculer dans un monde privé de ses repères; ainsi à propos de l'incendie du temple de Jérusalem sous l'empereur Julien, le narrateur s'interroge ('Julien'):

On ne voit pas pourquoi Jésus aurait brûlé les ouvriers de l'empereur Julien, et qu'il ne brûla point ceux du calife Omar qui longtemps après bâtit une mosquée sur les ruines du temple; ni ceux du grand Saladin, qui rétablit cette même mosquée. Jésus avait-il tant de prédilection pour les mosquées des musulmans?

Dans la même veine, les crimes des papes sont injustifiables: 'C'est une preuve, dit-on, de la divinité de leur caractère, qu'elle [l'Eglise] ait subsisté avec tant de crimes; mais si les califes avaient eu une conduite encore plus affreuse, ils auraient donc été encore plus divins' ('Pierre').

De grands cris de colère, des sarcasmes bousculent toutes les précautions oratoires. Ouvrage polémique, le *Dictionnaire philosophique* cingle. Les magistrats qui ont condamné un philosophe pour avoir dit que les hommes ne pourraient exercer les arts s'ils étaient privés de mains, reçoivent une volée de bois vert. Ils seraient capables d'envoyer aux galères celui qui aurait l'insolence de dire qu'un homme penserait sans tête ('Lettres'). Point de quartier pour l'infâme, ainsi de la plaidoirie impitoyable contre les papes, longue suite d'abominations ('Pierre'):

Sturbinus dit qu'on peut pardonner à ceux qui doutent de la divinité et de l'infaillibilité du pape, quand on fait réflexion.

Que quarante schismes ont profané la chaire de St Pierre, et que vingt-sept l'ont ensanglantée;

Qu'Etienne VII, fils d'un prêtre, déterra le corps de Formose son prédécesseur, et fit trancher la tête à ce cadavre;

Que Sergius III convaincu d'assassinats, eut un fils de Marozie, lequel hérita de la papauté.

Et la liste continue. Même litanie d'horreurs avec l'histoire des rois juifs où sont énumérés quinze assassinats en quelques lignes ('Histoire des rois juifs').

Sans doute les détracteurs de Voltaire lui pardonneraient-ils plus facilement ces cris de rage, s'il n'aggravait point son cas par une jubilation blasphématoire. Les plaisanteries sur Moïse 'qui parlait à Dieu face à face' et qui ne le voyait que par derrière ('Ame') ou sur la Trinité ('Arius') peuvent être regardées comme des écarts de langage d'un mauvais plaisant. Mais l'intention profanatrice blesse les âmes pieuses, lorsque Voltaire fait rire des sept vierges de soixante-dix ans condamnées à 'perdre le plus vieux des pucelages' ou du martyre de saint Romain, bègue de naissance, qui se met à parler avec volubilité dès qu'on lui a coupé la langue ('Martyre'). Le rire désacralise.

Voltaire est volontiers impudent et il convient de signaler dans le *Dictionnaire philosophique* des inconvenances, lorsque le ridicule bat en brèche les tabous.

Dans un univers soumis à la loi de dévoration universelle,[37] où la nourriture tient une place non négligeable,[38] Voltaire n'élude

---

[37] Voir l'importance des animaux carnassiers signalée par R. Granderoute, 'Le bestiaire', p.372. Les moutons dévorent d'autres espèces ('Lois' II).

[38] Plaisanteries sur les différentes sectes comparées à des cuisines ('Catéchisme du Japonais'), démonstration suivant laquelle nous sommes tous anthropophages ('Résurrection' II), intérêt pour le cannibalisme réel ('Anthropophages'), et sacré, celui de la 'manducation supérieure' ('Religion' III).

point les fonctions physiologiques. Les allusions scatologiques y sont nombreuses: outre les trop fameuses confitures d'Ezéchiel, la chaise percée du sultan ('Gloire'), celle du dalaï-lama ('Religion' VIII), les dieux Pet et Stercutius ('Idole') trouvent place dans des articles dont les sujets ne paraissent pas devoir *a priori* comporter de tels exemples. Pour rendre compte de l'origine du mal, la fable syrienne suivant laquelle notre terre serait la garde-robe de l'univers n'est point omise ('Tout est bien'). La fureur iconoclaste de l'article 'Transsubstantiation' tient à des considérations sur les processus digestifs mises en relation avec le mystère de la présence réelle du Christ dans l'hostie et qui insistent sur la position des stercoranistes.

Sans vouloir traquer des fantasmes personnels, il faut signaler la place qu'occupe la sexualité dans le *Portatif*. L'aventure de Joseph avec la femme de Putiphar s'enrichit d'une digression sur les eunuques et le sérail de Kizlar-Aga ('Joseph'), alors que l'article 'Amour-propre' célèbre la virilité. Voltaire se complaît dans les descriptions qui 'effarouchent tant d'esprits faibles'; il respecte la verdeur des chapitres xvi et xxii d'Ezéchiel que la traduction de Lemaître de Sacy avait atténuée; il prétend, à tort, qu'on 'touchait les génitoires' à ceux à qui on faisait quelque promesse ('Ezéchiel'). Il rappelle que les Egyptiens portaient en procession une grande figure du membre viril et évoque une étrange coutume des Hottentots ('Circoncision'). Enfin ne s'avise-t-il pas d'imaginer un Dieu voyeur, toujours à l'affût des accouplements, remarquant 'attentivement le moment où un germe sort du corps d'un homme, et entre dans le corps d'une femme' ('Catéchisme chinois' III)?[39]

Le *Dictionnaire philosophique* reflète le double mouvement voltairien, celui d'une sensibilité aiguë au mal, celui de l'hygiène du rire. D'où les deux pôles entre lesquels il oscille, celui de la cruauté

---

[39] Scatologie et sexualité, cette veine se retrouvera dans les derniers contes (par exemple *Les Oreilles du comte de Chesterfield*).

et celui de la drôlerie. La gaîté corrosive l'emporte lorsque défile
la cohorte des dieux inventés par les hommes: dieu-poisson Oannès
avec un beau croissant sur la queue ('Catéchisme chinois'), dieu
né d'un éléphant blanc ('Religion' VIII), dieu Apis que l'on met à
la broche ('Apis'), crocodiles et oignons sacrés, dieux mâles et
femelles des Romains ('Idole'), dieu chrétien perpétuellement
occupé à 'forger des âmes pour les éléphants, et pour les porcs,
pour les hiboux, pour les poissons et pour les bonzes' ('Catéchisme
chinois' III). [40] La révolte contre l'horreur l'emporte lorsque sont
évoqués les bourreaux et leurs victimes: 'Voulez-vous de bonnes
barbaries bien avérées, de bons massacres bien constatés, des
ruisseaux de sang qui aient coulé en effet, des pères, des mères,
des maris, des femmes, des enfants à la mamelle réellement égorgés
et entassés les uns sur les autres? Monstres persécuteurs, ne
cherchez ces vérités que dans vos annales' ('Martyre').

Dans ses plus grandes réussites, Voltaire en compose des
alliages qui vont de la bouffonnerie sur fond de désespoir comme
le mot de la femme d'un juge: 'Mon petit cœur, n'avez-vous
fait donner aujourd'hui la question à personne?' ('Torture'), à
l'irrespect dévastateur: 'Un jour le prince Pic de la Mirandole
rencontra le pape Alexandre VI chez la courtisane Emilia pendant
que Lucrèce fille du Saint-Père était en couche et qu'on ne savait
dans Rome si l'enfant était du pape ou de son fils le duc de
Valentinois, ou du mari de Lucrèce Alphonse d'Aragon, qui
passait pour impuissant' ('Foi' I). Des imaginations sadiques
font rire en révélant des coutumes affreuses, ainsi des cinquante
'hongres' du dalaï-lama, c'est-à-dire des castrats du pape: 'Je
pardonne tout au plus qu'on chaponne des coqs, ils en sont
meilleurs à manger, mais on n'a point encore fait mettre d'eunuques
à la broche. A quoi sert leur mutilation?' ('Catéchisme chinois' V).

Face à l'atroce comique des absurdités théologiques, à la
désespérante succession des crimes du fanatisme, Voltaire a fait

[40] Sur les animaux sacrés, voir Granderoute, 'Le bestiaire', p.386-89.

un pari sur l'homme: 'on peut ramener les hommes en les faisant penser par eux mêmes, en paraissant douter avec eux, en les conduisant par la main sans qu'ils s'en aperçoivent'.[41] Voltaire croit aux vertus du rire: 'Riez, Démocrite; faites rire, et les sages triompheront', écrit-il à d'Alembert auquel il demande 'cinq ou six bons mots par jour' pour terrasser le monstre (D11669).

Le prophète Voltaire espère bien n'être point sifflé, roué, pendu, mis au pilori, cuit, transporté par les cheveux dans les airs, souffleté, lapidé, scié en deux comme ses prédécesseurs dont il évoque de manière étourdissante les malheurs: il ne compte point sur le sort mirifique d'Elie. Il pourrait bien ressembler quelque peu à Amos ('Prophètes'):

On croit que le roi Amasias fit arracher les dents au prophète Amos pour l'empêcher de parler. Ce n'est pas qu'on ne puisse absolument parler sans dents; on a vu de vieilles édentées très bavardes; mais il faut prononcer distinctement une prophétie, et un prophète édenté n'est pas écouté avec le respect qu'on lui doit.

Amos annonçait les colères terribles de Jéhovah. Voltaire, par l'appel à la raison, veut libérer les hommes de l'insanité. Bien qu'édenté,[42] le prophète Voltaire a parlé distinctement, aussi l'écoute-t-on et continuera-t-on de l'écouter.

---

[41] 14 mars 1764, à d'Argence (D11769).
[42] On sait qu'il a perdu ses dents depuis longtemps, mais la censure n'a pas réussi à lui rogner les griffes.

7

Réception

Le *Dictionnaire philosophique* fit grand bruit et suscita de nombreuses réfutations. La fortune de ce 'dictionnaire de Satan' nécessiterait maintes enquêtes. Les lectures du *Portatif*, des plus anciennes aux plus récentes, en France et hors de France, représentent un champ de recherches immense. On se donne ici pour but de marquer seulement quelques repères.

i. *Quelques réactions individuelles*

Il reste plus de traces de critiques que d'éloges. Les amis de Voltaire ne sont pas prolixes. D'Alembert désire savourer à loisir ce dictionnaire diabolique qu'il a été obligé 'd'avaler gloutonnement',[1] puis se dit charmé des additions parues en 1765 (D12534). D'Argental commente sobrement les bruits qui courent: 'Il seroit possible qu'à la rentrée du parlement on brûlât le portatif. Il est assés bon pour mériter ce traitement' (D12201). Cideville le trouve 'bien salé' et l'a lu avec grand profit (D12457, D12827). Le prince Henri de Prusse l'a apprécié:

Les brochures de Voltaire sont comme les parfums qui laissent une agréable odeur après eux. Quoique son Dictionnaire philosophique soit plein de contradictions, de répétitions et de mauvaises plaisanteries, on y trouve aussi des endroits très agréables, des pensées justes et des idées; si elles ne sont pas neuves, elles ont pourtant l'avantage d'être présentées

---

[1] 29 août 1764 (D12065). Il réclame un exemplaire du *Dictionnaire philosophique*.

sous une forme qui paraît telle. Mais l'ouvrage ne mérite pas l'honneur du bûcher.[2]

La duchesse de Saxe-Gotha, sans doute gênée par les impiétés de cet ouvrage, se contente de le citer (D12872). Si Chouvalov désire qu'il soit traduit en italien (D12926), le prince Louis-Eugène de Wurtemberg dénonce 'cet acharnement à sapper les fondements sacrés de la foi' qui est 'une témérité et une méchanceté de la part de ceux qui en ont formé le fatal Dessein' (D12126). Ce prince, qui apprécie surtout Rousseau, saisit l'occasion d'être désagréable avec Voltaire, non seulement pour défendre ses convictions religieuses, mais par humeur personnelle à l'égard de l'illustre écrivain auquel la maison de Wurtemberg a emprunté tant d'argent.[3]

Louis-Eugène de Wurtemberg se vante de cette diatribe qui lui vaudra une ironique mise au point de Voltaire.[4] La très longue lettre du comte d'Autrey (D12783), auquel Voltaire avait fait envoyer un exemplaire du *Portatif* pour lui 'faire entendre raison',[5] est une défense de l'Ancien et du Nouveau Testament, une réfutation des principales thèses du *Dictionnaire philosophique* et plus particulièrement des articles 'Ame', 'Christianisme', 'David' et 'Moïse'. Voltaire qui reconnaissait au comte d'Autrey 'beaucoup d'esprit',[6] a annoté ce texte, surtout dans sa première moitié.

---

[2] D12329, commentaire. L'exemplaire de Frédéric II conservé à Potsdam, dans la Bibliothèque du Nouveau Palais (S 510), ne comporte point de traces de lecture particulières.

[3] Sur ses compliments à J.-J. Rousseau, voir D11682, commentaire. Ses sentiments de piété sont réels, comme en témoigne sa correspondance avec Bergier (N. S. Bergier, *Œuvres complètes*, éd. Migne, Paris 1855, viii.1566-87). Mais il avoue à Tissot auquel il adresse copie de sa lettre ses arrière-pensées: 'J'ai regardé comme un outrage l'avidité que me suppose M. de Voltaire, et je saisis cette occasion de lui déclarer mes sentiments' (voir D12126, commentaire).

[4] Voltaire espère que le prince lui accorde 'liberté de conscience', puis lui parle affaires, ce qui est une manière de lui rappeler la situation (D12191).

[5] D12516. D'Autrey a attaqué Diderot dans son *Pyrrhonien raisonnable, ou méthode nouvelle proposée aux incrédules* (La Haye 1765).

[6] D12498, jugement porté avant qu'il n'ait reçu les objections sur le *Dictionnaire philosophique*.

Malgré le nombre élevé de ces notes (une quarantaine), portant sur des points d'histoire, il n'a répondu aux objections de son correspondant que par des bouffonneries anti-chrétiennes.[7] Il n'était point facile d'attaquer Voltaire à visage découvert.

Protégées par le secret des correspondances, les langues se délient. Venimeux, le président de Brosses mêle quelques compliments à des perfidies étudiées (D12277):

Il y a, à travers des folies et des disparates, des choses bien vues et bien exprimées, qui vous feront plaisir, mais d'ailleurs communes et que tout le monde sait; il passe sa vie à lire le commentaire de Calmet, où il prend son érudition et ajuste ses épigrammes.

Pour Jean-Jacques Rousseau, 'cet ouvrage est agréable à lire', mais cette appréciation est corrigée par des restrictions d'importance:

Il y régne une bonne morale; il seroit à souhaiter qu'elle fut dans le cœur de l'Auteur et de tous les hommes. Mais ce même Auteur est presque toujours de mauvaise foi dans les extraits de l'Ecriture; il raisonne souvent fort mal, et l'air de ridicule et de mépris qu'il jette Sur des sentimens respectés des hommes, rejaillissant sur les hommes mêmes, me paroit un outrage fait à la société et punissable devant les Tribunaux humains.[8]

L'appel à la répression s'exprime plus franchement chez Rabaut de Saint-Etienne qui n'a pas encore lu le *Dictionnaire philosophique*, mais a entendu dire que c'est 'l'égoût de toutes les impiétés imaginables'. Il ose écrire:

Il ne fait pas mal de s'accoûtumer au feu; et en attendant mieux il ne peut pas mieux employer son tems qu'à se faire brûler en effigie.

---

[7] 6 septembre 1765 (D12871). Il est question des goûts de Voltaire en matière de cuisine, par exemple du pain cuit au four et non dans un privé et des figues offertes en dessert, seulement pendant la saison. On reconnaît les allusions à Ezéchiel et à l'épisode du figuier séché de l'Evangile.

[8] 4 novembre 1764 (Leigh 3620). Du Peyrou lui a envoyé un exemplaire du *Dictionnaire philosophique* le 20 octobre (Leigh 3587): il blâme l'auteur, mais sans condamner l'ouvrage.

L'Intolérance est assûrément quelque chose d'horrible: mais peut-on réellement ne pas sévir contre un homme qui mettrait l'Univers en dissention, si son système prenait faveur entière?[9]

Plus sagement, après cet accès de colère, il conclut: 'On dit qu'il paraîtra des réfutations; cela vaudra peut-être encore mieux que des fagots'. On prend la mesure du scandale face à la réaction de ce huguenot qui milite contre les persécuteurs de la communauté protestante et qui, en 1768, fera appel à Voltaire pour qu'il soutienne son action (D15194). Charles Bonnet, qui sera l'auteur des *Recherches philosophiques sur les preuves du christianisme*, est ulcéré. Il ne ménage point ses insultes contre l'homme de Ferney qui a 'concentré tous ses poisons' dans cet ouvrage, 'le plus détestable de tous les livres du pestilentiel auteur'.[10]

Les âmes pieuses obtiendront satisfaction. Des flots d'encre vont couler pour contre-attaquer en s'efforçant de peser sur l'opinion publique.

ii. *Le rôle des périodiques*

Des recensements dans les périodiques seraient nécessaires pour dessiner un panorama de la réception du *Dictionnaire philosophique*.[11] On indiquera ici quelques faits marquants.

La *Correspondance littéraire* annonce à ses abonnés princiers la publication de ce volume de 300 pages dû au 'zèle infatigable du patriarche des Délices' le 1er septembre 1764.[12] La livraison du 15

---

[9] Cité dans D12112, commentaire, lettre du 30 septembre 1764.

[10] Lettre du 17 août, citée dans D12053, commentaire, et lettre du 17 septembre 1764, citée dans D12090, commentaire. Sur les relations de Bonnet et Voltaire, voir J. Marx, *Charles Bonnet contre les Lumières (1738-1850)*, Studies 156-157 (1976), p.514-33.

[11] Les recherches dirigées par H.-J. Lüsebrink dans les périodiques allemands étudieront la réception allemande du *Dictionnaire philosophique*.

[12] CLT, vi.65, avec pour seule indication 'septembre'. Pour la date précise, voir ICL, 64:188.

septembre reproduit les articles 'Apis' et 'Gloire', celle du 1er octobre, 'Fanatisme', 'Tyrannie', 'Convulsions'.[13] Les additions de la nouvelle édition de 1765 sont énumérées le 15 janvier 1765, le réquisitoire de Joly de Fleury commenté le 1er avril.[14] Le 1er novembre 1765, l'édition Varberg est signalée, quelques-uns de ses ajouts sont indiqués:

Il paraît que nous aurons tous les ans une édition augmentée et que le canon de ce divin ouvrage ne pourra être arrêté qu'après la mort de certain Patriarche que Dieu conserve![15]

Le silence du *Mercure de France*, des *Mémoires de Trévoux*, du *Journal des savants*, du *Journal encyclopédique* ne paraît pas dénué de signification, tandis que *L'Année littéraire* de 1764 reproduit une 'Lettre de Genève touchant le livre intitulé *Dictionnaire philosophique portatif* que les magistrats de cette ville ont condamné à être brûlé par la main du bourreau, et qui passe pour être de M. de Voltaire'. Cette lettre condamne le 'projet [...] très pernicieux' d'un 'vieillard plein de caprices, dévoré d'humeur, et qui tombe dans le délire de l'enfance'. L'ouvrage n'est qu'un 'réchauffé alphabétique de ces réflexions, tantôt sérieuses, tantôt bouffonnes, que M. de Voltaire a semées dans les écrits où il s'efforce de tourner en ridicule le gouvernement moral de la Divinité, l'immatérialité de l'âme, les dogmes des Juifs et des chrétiens, et autres matières qui regardent de près les intérêts civils et religieux du genre humain'.[16]

Cette lettre avait été publiée dans une gazette anglaise, *Lloyd's evening post*, le 23 novembre 1764.[17] Il est de fait que le *Dictionnaire*

---

[13] ICL, 64:208 et 64:224.

[14] CLT, vi.186, 252.

[15] CLT, vi.410; ICL, 65:328.

[16] *Al* (1764), viii.65-68.

[17] xv.502. La traduction de Fréron est, dans l'ensemble, correcte. On remarque néanmoins un 'oubli'. Le rédacteur anglais écrivait: 'an equal quantity of mirth and pleasantry, sometimes droll, often insipid and always ill applied'. Fréron traduit: 'une égale quantité de plaisanteries, souvent plates, et toujours mal appliquées'.

philosophique ne passa point inaperçu en Angleterre. Voltaire avait envoyé un désaveu de paternité à la presse qui n'en fut pas dupe. Le *Gentleman's magazine* le reproduit en janvier 1765:

Being advertised that for some years past the foreign booksellers have printed under my name writings which I knew nothing of, nor ever read, I am obliged to declare, that I have no correspondence with any bookseller in Europe; that whoever makes use of my name is guilty of forgery; and I refer it to the magistrate to repress so scandalous a practice.

Castle of Ferner, Dec. 23. 1654 (signed) Voltaire
Gentleman of the bed-chamber to the King.[18]

L'*Annual register* imprime le même texte.[19]

Déjà des comptes rendus étaient parus. En décembre 1764, la *Critical review* signale que le *Dictionnaire philosophique* est importé par Nourse et mentionne son prix. Le journaliste qui a reconnu le style et la manière de Voltaire, rend hommage à son génie, mais déplore qu'il l'ait prostitué en traitant de sujets obscènes, en ridiculisant la Bible. Deux articles lui paraissent fort condamnables: 'Histoire des rois juifs' et 'Salomon' dont il traduit des passages. Ce journaliste sait que Voltaire passe sa vie à lire dom Calmet et croit que sa philosophie l'abandonnerait s'il était à l'article de la mort. Trop superficiel pour causer de grands dommages à la religion, Voltaire reste un écrivain agréable, plein d'esprit, et parfois d'érudition. Son article 'Tolérance' est excellent; le rédacteur reconnaît des mérites à 'Joseph' et aux textes 'on prejudices, on government, on glory, on one's country, on luxury, on war, etc.' Il termine cette recension par la traduction de 'Tout est bien'.[20]

---

[18] *The Gentleman's magazine* (1765), xxxv.41. On notera l'orthographe de Ferney et l'erreur de date. Ce texte est, semble-t-il, oublié.

[19] *Annual register* (1765), viii.60-61.

[20] *Critical review* (décembre 1764), xviii.467-71.

Le *Gentleman's magazine*, dans son numéro d'octobre 1765, énumère le contenu du *Dictionnaire philosophique* qu'il juge comme un ouvrage séduisant, mais dangereux. Pour illustrer ces qualités et ces défauts, le journaliste relève des erreurs dans l'article 'Abraham' et traduit 'Apis', 'Beau', 'Anthropophages', 'Chaîne des êtres créés', puis 'Luxe', 'Amour-propre' en décembre 1765.[21] La *Monthly review* se montre plus sévère. L'auteur de ce compte rendu est vraisemblablement William Kenrick.[22] Après avoir affirmé son attachement à la liberté de penser, il trace un cadre juridique pour les ouvrages qui mettent en cause la morale publique. D'où la conclusion: le rédacteur de cette recension n'approuve pas les mesures prises pour détruire le *Dictionnaire philosophique*, mais avoue qu'une grande partie de ce texte mérite d'être condamnée aux flammes. Il ne cite que l'article 'Amour nommé socratique' pour alimenter ce bûcher. En revanche il traduit 'Catéchisme du jardinier', 'Liberté de penser', 'Sens commun' et 'Vertu', mais pour ce dernier en omettant des passages dangereux, ce qu'il justifie en note. L'idéal de Kenrick serait une édition expurgée.[23] La politique affichée par la *Monthly review* est de juger les écrits et non les personnes,[24] mais il est difficile de faire abstraction des auteurs. Voltaire s'avise le 24 octobre 1764 d'adresser aux responsables de ce périodique ses remerciements

[21] *The Gentleman's magazine* (1765), xxxv.469-72. Le journaliste a traduit les titres de 72 articles de la première édition qui en comprenait 73 (il a omis 'Certain').

[22] *The Monthly review* (juillet-décembre 1764), xxxi.503-15. (Ce compte rendu paraît dans un appendice et une note indique qu'il sera publié le 1er février, avec la livraison de janvier 1765.) Kenrick est l'un des collaborateurs les plus assidus de ce périodique. Dans la recension d'une traduction du *Dictionnaire philosophique*, dont nous parlerons plus loin, le journaliste signe K-n-K (*The Monthly review*, 1765, xxxiii.278) et renvoie à ce texte.

[23] Le titre français des articles est suivi par la traduction anglaise. Après la mort de Voltaire, Kenrick fera paraître une édition de ses *Miscellanies*. Cette traduction fait place à des bagatelles 'of a nature repugnant to religious orthodoxy and moral delicacy', mais sauvées au nom de l'esprit et du style (voir A.-M. Rousseau, *L'Angleterre et Voltaire*, Studies 145-147, 1976, p.662).

[24] *The Monthly review* (1764), xxxi.508n.

pour leur recension d'une traduction anglaise de l'*Histoire de l'empire de Russie* (D12141). En mars 1765, la revue accuse réception de cette missive et met l'accent sur son impartialité. [25] Mais elle n'en avait pas fini avec le *Dictionnaire philosophique*.

William Kenrick perd son calme lorsque paraît une traduction anglaise du *Portatif: The Philosophical dictionary for the pocket, written in French by a society of men of letters, and translated into English from the last Geneva edition, corrected by the authors. With notes, containing a refutation of such passages as are any way exceptionable in regard to religion*, London, printed for Thomas Brown, M.DCC.LXV. Fait exceptionnel, l'adresse était fausse, le libraire ayant subi des pressions pour qu'un tel ouvrage ne parût point. [26] Cette traduction est éreintée par la *Monthly review* qui n'a point de mots trop durs pour la qualifier. [27] Il s'agit d'un règlement de comptes: le traducteur du *Dictionnaire philosophique* se moque dans une note sur l'article 'Socratic love' du trop scrupuleux critique de la *Monthly review*, des connaissances qu'il déploie sur les cours de justice et sur la pédérastie. Il rapporte pour finir ce mot: 'but as Mr. Dryden well observes, much of ill nature and a very little judgment, go far in finding the mistakes of writers'. [28] Kenrick commente alors longuement l'article 'Amour nommé socratique' pour démontrer que le traducteur a été dupe d'un écrivain insidieux dont il ne saisit pas les intentions et dont il ne comprend pas les écrits. [29]

Cette passe d'armes a pour résultat tangible, comme il arrive souvent dans le cadre d'une polémique, de mettre en exergue un texte primitivement destiné à être censuré. Les lecteurs des

---

[25] *The Monthly review* (1765), xxxii.240, cité dans D12141, commentaire.

[26] Il en existe des exemplaires avec la véritable adresse de S. Bladon, selon Rousseau, *L'Angleterre et Voltaire*, p.995, n° 78.

[27] Aux reproches de platitude et de lourdeur s'ajoute une leçon de traduction; voir *The Monthly review* (1765), xxxiii.276-85, livraison d'octobre.

[28] *The Philosophical dictionary*, p.220.

[29] *The Monthly review* (1765), xxxiii.278-85.

périodiques anglais ont beaucoup entendu parler d''Amour socratique'!

Cette réception anglaise est intéressante à plus d'un titre. Les journalistes s'efforcent de distinguer le bon grain de l'ivraie dans le *Dictionnaire philosophique* alors que beaucoup des plumes françaises le condamneront systématiquement. Ils ne se contentent pas d'annoncer un livre nouveau et de le juger rapidement. Ils traduisent quelques morceaux choisis, ils introduisent des ébauches de réfutations. Cet élargissement du rôle joué par les périodiques sera illustré de manière encore plus sensible par le *Journal helvétique*.

En Suisse, il était question d'organiser une contre-offensive. Rabaut de Saint-Etienne, on l'a vu, le souhaitait. Jacob Vernet, le 9 janvier 1765, annonce 'qu'on se prépare ici à réfuter cinq ou six de ses plus mauvais articles, tant philosophiques que théologiques' (D12301). Il a pris pour sa part celui des 'Recherches historiques sur le christianisme'. Le projet se réalisa-t-il? On l'ignore.[30] Une réfutation plus importante paraît dans le *Journal helvétique* en deux séries, l'une de janvier 1765 à août 1766, l'autre de juillet à décembre 1767.[31]

[30] On ne trouve pas cette réfutation dans les *Œuvres* de Vernet, ce qui nous a été confirmé par Graham Gargett.

[31] Sur ce périodique, publié à Neuchâtel, voir la notice de J.-D. Candaux, *Dictionnaire des journaux*, éd. J. Sgard (Paris, Oxford 1991), i.682-83. Le relevé des pages de ces réfutations peut donner une idée de la place accordée à chacune d'elles dans les livraisons du *Journal helvétique*: janvier 1765: 'Abraham', p.40-52; février: 'Ame', p.115-28; mars: 'Amitié', 'Amour', 'Amour socratique', 'Amour-propre', p.227-30, 'Ange', p.230-40; avril: 'Anthropophages', p.355-64, 'Apis', p.364-68; juin: 'Apocalypse', p.559-76, 'Athée, athéisme', p.577-600; juillet: 'Baptême', p.3-13, 'Beau, beauté', p.13-15, 'Bêtes', p.15-22; août: 'Bien', p.135-40, 'Tout est bien', p.140-48, 'Bornes de l'esprit humain', p.148-51; septembre: 'Caractère', p.227-30, 'Certain, certitude', p.230-42; octobre: 'Chaîne des événements', p.339-51, 'Chaîne des êtres créés', p.351-57, 'Ciel des anciens', p.357-71; novembre: 'Circoncision', p.451-72; janvier 1766: 'Corps', p.3-11, 'De la Chine', p.11-22; février, mars: 'Catéchisme chinois', p.105-35, 211-26; avril, mai, juin, juillet, août: 'Christianisme', p.323-43, 457-71, 547-68, 3-26, 115-29; juillet 1767: 'Destin', p.3-16, 'Dieu', p.16-21; août: 'Egalité', p.115-21, 'Enfer', p.121-35; septembre: 'Etats, gouvernements',

Intitulés 'Examen des principaux articles du Dictionnaire philosophique portatif' en janvier et février 1765, ces textes, à partir de la livraison de mars, sont précédés d'un titre plus explicite: 'Remarques sur un ouvrage rangé par ordre alphabétique, dont plusieurs articles exigent d'être relevés, pour l'avantage des mœurs et la vérité de l'histoire ecclésiastique et profane'. Ces remarques sont très développées, surtout celles portant sur 'Catéchisme chinois' et sur 'Christianisme'.

Cet ensemble imposant est anonyme. On a toute raison de croire que son auteur est Nicolas-Sylvestre Bergier (1718-1790), curé de Flangebouche, village de Franche-Comté, professeur en théologie, qui deviendra principal du collège de Besançon, puis chanoine de Notre-Dame de Paris et confesseur du roi. [32] En 1765, il a à son actif un *Discours qui a remporté le prix d'éloquence de l'Académie de Besançon* (1763), une étude sur *Les Eléments primitifs des langues* (1764). Il commence sa carrière d'apologiste en s'attaquant parallèlement à J.-J. Rousseau dans *Le Déisme réfuté par lui-même, ou examen des principes d'incrédulité répandus dans les divers ouvrages de M. Rousseau, en forme de lettres, par M. B.* (Paris 1765) et à Voltaire par cette contribution anonyme, insérée dans un périodique suisse. En 1767, dans *La Certitude des preuves du christianisme* où il réfute l'*Examen critique des apologistes de la religion chrétienne*, il fait allusion aux ouvrages de Voltaire, [33] mais

---

p.248-55, 'Ezéchiel', p.255-61; octobre: 'Fables', p.358-60, 'Fanatisme', p.361-70, 'Fausseté des vertus humaines', p.370-71, 'Foi', p.371-77; novembre: 'Fraude', p.478-82, 'Genèse', p.482-95; décembre: 'Genèse', p.590-606.

[32] Sur Bergier, voir *Un théologien au siècle des Lumières: l'abbé Bergier; correspondance avec l'abbé Trouillet, 1770-1790*, éd. A. Jobert (Lyon 1987), p.15-29.

[33] Dans *La Certitude des preuves du christianisme* (Paris 1767; BV3590), Bergier se propose dans un chapitre intitulé 'Diverses réflexions sur l'Ancien et le Nouveau Testament', de réfuter des objections du *Dictionnaire philosophique*, de la *Philosophie de l'histoire*, des mélanges de philosophie, des *Lettres sur les miracles* (p.123). Cependant, les réponses de Bergier ne font nommément allusion qu'au *Précis de l'Ecclésiaste* et au *Précis du Cantique des cantiques*. Voltaire répond par ses *Conseils raisonnables à M. Bergier pour la défense du christianisme* en 1768 (M.xxvii.35-53).

ce n'est qu'en 1769, dans son *Apologie de la religion chrétienne contre l'auteur du Christianisme dévoilé*, qu'il combat le *Dictionnaire philosophique* à visage découvert en joignant à son ouvrage une 'Suite ou réfutation des principaux articles du Dictionnaire philosophique'. Il reprend avec quelques variantes la grande majorité des textes parus dans le *Journal helvétique*. L'éditeur de Bergier, Migne, ayant eu connaissance de sa collaboration à ce périodique, reproduira un certain nombre d'articles dans ses *Œuvres complètes*.[34] Une réserve de principe doit être maintenue pour ceux qui n'ont point été repris dans l'*Apologie*, encore que leur absence puisse s'expliquer par leur sujet (par exemple l'article 'Beau' qui n'a rien à voir avec une défense du christianisme). Pour l'essentiel, cette réfutation paraît bien être de Bergier.[35]

Le *Journal helvétique* a permis à l'abbé Bergier, sous le voile de l'anonymat, de faire ses premières armes contre Voltaire. Le résultat est impressionnant.

L'abbé Bergier est un érudit qui maîtrise le grec et l'hébreu et qui a beaucoup lu. Il se fait un malin plaisir de détecter les sources qui ne sont 'ni inconnues ni infaillibles' du 'sublime maître' de

---

[34] Migne précise: 'Déjà nous avions édité à la suite de l'*Apologie de la religion chrétienne*, t.VIII, col. 617 sq., l'opuscule intitulé *Réfutation des principaux articles du Dictionnaire philosophique* quand nous avons connu par des lettres de Bergier qu'il avait publié dans le *Journal helvétique* de Neufchâtel, une série d'articles sur le même sujet. Nous nous sommes empressés de faire copier à Fribourg cette réfutation du Dictionnaire de Voltaire. Nous avons reconnu qu'elle était à peu près identique avec celle publiée par nous à la suite de l'*Apologie de la religion chrétienne*. Cependant les articles que nous donnons ici, sont nouveaux et nous ne devons pas en priver le public. Mais nous regrettons souverainement qu'ils nous soient parvenus trop tard pour les réunir à la Réfutation du même Dictionnaire déjà éditée' (Bergier, *Œuvres complètes*, Paris 1855, i.646, n.10). Migne reprend les articles parus dans le *Journal helvétique*, mais absents de la *Suite*, à l'exception des textes suivants: 'Abraham', 'Baptême', 'Beau', 'Circoncision', 'Foi', 'Genèse'. L'article de A. J. Bingham, 'The earliest criticism of Voltaire's *Dictionnaire philosophique*', *Studies* 47 (1966), p.15-37, est fondé sur le corpus établi par Migne.

[35] Sur l'*Apologie*, voir ci-dessous, p.214-15 et notes 127-131.

Ferney.[36] Il l'accuse d'avoir recopié l'article 'Rorarius' de Bayle dans 'Bêtes', l'article 'Chrysippe' dans 'Chaîne des événements'.[37] La science de Voltaire est de seconde main, il a tout emprunté à dom Calmet, à Tillemont et à Dodwell.[38] Bergier prétend même que Voltaire n'a consulté que la table des matières de la *Somme théologique*![39]

Aussi se fait-il fort de recourir aux textes pour débusquer les inadvertances du *Dictionnaire philosophique*. Il se gausse de lectures fautives d'Hérodote, corrige une citation inexacte de saint Cyprien. Il signale que les douze portes de la Jérusalem céleste ne rappellent point la mémoire des douze apôtres, mais celle des douze tribus d'Israël, et que le verset d'Ezéchiel cité dans 'Anthropophages' ne s'adresse pas aux Juifs, mais aux oiseaux qui vont dévorer les cadavres. Voltaire est un imposteur et un faussaire:

Altérer, tronquer, déguiser les faits, démentir les historiens, calomnier ceux que l'on veut faire haïr, c'est la philosophie de l'histoire.[40]

D'ailleurs Voltaire manque de sens historique: il juge Abraham comme s'il s'agissait d'un homme du dix-huitième siècle, il prête à rire aux vrais savants. Sa pensée est superficielle: 'on est philosophe à meilleur marché; on en est quitte pour voltiger agréablement sur la superficie des choses, pour plaisanter bien ou mal, pour trancher d'un seul mot'. Ses raisonnements manquent de solidité, ainsi à propos de l'argument de la petite cause, en particulier la disgrâce de milady Marlborough qui aurait conduit à la paix d'Utrecht:

En confondant ainsi les causes avec de simples occasions, les agents libres avec les êtres nécessaires, on pourra prouver que la naissance d'un

---

[36] 'Ciel des anciens', p.371; 'Ame', p.117.
[37] 'Tout est bien' est, selon lui, une compilation de Bayle.
[38] 'Ciel des anciens', p.371; 'Circoncision', p.472; 'Christianisme', p.4, 26.
[39] 'Ame', p.122. L'accusation est manifestement fausse.
[40] Ces accusations se trouvent dans: 'Circoncision', p.455 ss.; 'Baptême', p.9; 'Apocalypse', p.562; 'Anthropophages', p.362; 'Christianisme', p.26.

prince et la destinée d'un royaume dépendent d'une mouche, qui a volé sur le visage du roi. [41]

C'est faire un mauvais procès à Voltaire qui distingue les causes qui ont des effets de celles qui n'en ont point. Il en est de même lorsqu'il prétend que Voltaire apprend à ne plus éprouver de remords:

Si l'on doit étouffer ceux qui, à force de crimes, sont parvenus à ne plus sentir de remords, que doit-on faire à ceux dont la doctrine empêchera les méchants d'en avoir jamais? [42]

Non seulement Bergier s'efforce de prendre Voltaire en défaut, mais il entend prouver les vérités du dogme admises par l'Eglise catholique. Bergier utilise habilement le thème des bornes de l'esprit humain pour démontrer la nécessité de la Révélation et la soumission aux lois divines. [43] Il en déduit, de manière hasardeuse, que 'le très grand nombre des recherches philosophiques sont imprudentes et superflues' puisque Dieu nous a donné tout ce qui est nécessaire et que les recherches scientifiques ne le sont pas moins; nous n'avons nul besoin de comprendre ce qui fait germer les plantes. [44] Pour défendre le dogme, il assure qu''il n'est pas décidé non plus, que l'on ne puisse trouver les oiseaux nommés griffon et ixion dans les versions de l'Ecriture'; il doute que l'on puisse détruire 'absolument' certaines espèces d'animaux. De plus, 'il est faux qu'il y ait eu autrefois des races d'hommes qu'on ne retrouve plus'. [45] Il adopte les absurdités de l'ouvrage de Joseph de Guignes sur les Chinois descendants des Egyptiens afin de sauver la chronologie biblique. Il paraît croire aux sortilèges. Il

[41] 'Abraham', p.42; 'Ciel des anciens', p.365; 'Apis', p.365; 'Chaîne des événements', p.342-43.
[42] 'Catéchisme chinois', p.114.
[43] 'Tout est bien', p.147.
[44] 'Bornes de l'esprit humain', p.148-51.
[45] 'Chaîne des êtres créés', p.353-54.

affirme que la hiérarchie ecclésiastique reflète les instructions de Jésus. [46]

Bon casuiste, arc-bouté sur ses certitudes, il fait jouer en leur faveur des subtilités. L'Eglise affirme que les anges ne sont pas corporels; s'ils apparaissent sous une forme corporelle, c'est pour se rendre 'sensibles' aux humains. [47] Si Paul et Pierre se sont querellés, à propos de l'observance de la loi mosaïque, il n'est point question de prendre parti: 'ni l'un ni l'autre de ces apôtres n'est blâmable'. Il suffit pour démontrer que le célibat des prêtres est une loi constante d'écarter d'un revers de main les orthodoxes, de suggérer que Tertullien ne devait point vivre 'conjugalement' avec sa femme, ce qui n'est guère vérifiable. Les variations des conciles sont une illusion des ennemis de l'Eglise:

Nos adversaires ne tomberaient point dans ce ridicule, s'ils voulaient se souvenir de ce que fait l'Eglise, quand elle forme une décision sur le dogme: elle rend témoignage de sa foi; elle fait profession, non pas d'établir une nouvelle doctrine, mais de publier l'ancienne croyance, non pas d'apprendre à ses enfants ce qu'ils ont ignoré jusques alors, mais de leur représenter ce qui a toujours été cru. [48]

Son exégèse biblique maintient la tradition explicative par les types, mais prétend que ces sens mystiques ne dérogent point au sens littéral. [49] Bergier traque les traductions incorrectes de Voltaire, avoue que la version des Septante est fautive (Psaumes xviii.17), mais l'Eglise a eu raison de ne point lui substituer une version correcte:

Parce qu'elle a jugé, qu'il valait mieux laisser aux fidèles celle à laquelle ils étaient accoutumés, depuis la naissance du christianisme, en se réservant le soin de leur expliquer ce qu'il y aurait de difficile à comprendre. [50]

---

[46] 'De la Chine', p.17; 'Certain, certitude', p.233; 'Christianisme', p.340.
[47] 'Ange', p.234.
[48] 'Christianisme', p.469, 563, 124-25.
[49] 'Apocalypse', p.561; 'Christianisme', p.336-38.
[50] 'Catéchisme chinois', p.213.

Tout comparatisme religieux est sacrilège, les Hébreux ont une réelle supériorité sur les 'peuples ignorants et abrutis' qui sont polythéistes. Si Dieu est le souverain de l'univers, il n'a été révéré que dans la Judée: 'C'est un fait qu'il est inutile de vouloir révoquer en doute'. Autre 'fait', tout aussi évident, 'l'esprit séditieux et opiniâtre des Juifs' qui s'obstinent à respecter la loi mosaïque![51]

Bergier appartient à 'la fraction éclairée du clergé du dix-huitième siècle, persuadée de la nécessité d'opposer aux objections des philosophes un savoir à toute épreuve',[52] mais ses raisonnements ne sont pas toujours exempts de faiblesse, comme cette argumentation sur la Résurrection: l'âme survit nécessairement à la dissolution du corps 'parce qu'une substance capable de penser étant nécessairement indivisible, elle est aussi naturellement indestructible; parce qu'il faut pour justifier la Providence que le crime soit puni et la vertu récompensée'.[53] Si 'en matière polémique, le plus fort est rarement le plus solide, mais bien souvent le plus malin',[54] Bergier, autant que Voltaire, peut être plus malin que solide, comme dans ce plaidoyer en faveur de l'Incarnation:

En se donnant aux Juifs pour le Messie, il leur apprenait assez qu'il était né d'une Vierge, puisqu'ils étaient persuadés, selon la prophétie d'Isaïe, que le Messie devait naître ainsi.[55]

Aucune concession, mais point d'injures. Les plaisanteries

---

[51] 'Ange', p.231; 'Catéchisme chinois', p.226; 'Christianisme', p.549.

[52] S. Albertan-Coppola, 'Bergier contre Voltaire, ou le combat de David contre Goliath', Colloque N.-S. Bergier, 1990, p.5, dact. Cette communication qui étudie les articles parus dans l'*Apologie* relève les 'contradictions, erreurs, absurdités et sophismes puérils' que Bergier épingle dans le *Dictionnaire philosophique*.

[53] 'Catéchisme chinois', p.116.

[54] S. Albertan-Coppola, p.13, qui met à juste titre l'accent sur l'importance et la solidité de cette apologie, sans doute l'une des meilleures, mais Bergier, à force de vouloir prouver, n'est pas pour autant toujours convaincant.

[55] 'Christianisme', p.339. On voit mal comment on distinguerait les faux Messies du vrai Messie, s'il suffit de se proclamer né d'une vierge.

fusent, souvent accompagnées de menaces. Bergier ne dédaigne point les traits piquants. A l'impertinence de Voltaire voulant enfermer saint Justin dans les Petites-Maisons des Septante, il répond en remarquant que le philosophe est digne des Petites-Maisons; comme les Egyptiens, les philosophes ressusciteront à 'cerveau brûlé'.[56] Bergier n'a que faire de la tulipe de l'article 'Ame', ni des réponses d'un crapaud, d'un nègre et du diable dans 'Beau'.[57] Il remarque malignement que pour l'auteur du *Dictionnaire philosophique*, Homère est devenu un théologien; il ne désespère point de voir la philosophie relever des autels à Jupiter; Voltaire aime des histoires de vieilles, comme celle du roi Daon.[58]

Il compte sur des mesures coercitives des princes pour faire taire les philosophes, et tout particulièrement l'auteur du *Dictionnaire philosophique*:

Et comme cette audace n'est propre qu'à aigrir les esprits, à remplir la société de disputes et à causer des troubles, il s'ensuit que le prince, qui a le droit d'empêcher les troubles, a aussi celui de faire pendre les philosophes, qui en sont les auteurs. Voyez l'article *Athées, Athéisme*.[59]

Bergier a mis toute son érudition, toutes ses facultés de raisonnement au service de sa cause, mais souhaite des moyens de répression pour l'appuyer: il propose d'enfermer les athées puisque ce sont des 'cerveaux malades', il justifie le supplice de Vanini dont les 'sentiments intérieurs' importent peu, son enseignement pernicieux suffit à le condamner.[60]

Le *Journal helvétique* a ouvert ses colonnes à une apologie de poids, imprimée presque à la barbe du patriarche de Ferney, mais dont on ne sait s'il en a pris connaissance.[61]

---

[56] 'Apocalypse', p.565; 'Apis', p.368.
[57] 'Ame', p.117; 'Beau', p.14.
[58] 'Chaîne des événements', p.350; 'Catéchisme chinois', p.215.
[59] 'Catéchisme chinois', p.214-15.
[60] 'Athée', p.578, 583.
[61] Voltaire n'a pas les années 1765-1767 du *Journal helvétique* dans sa bibliothèque.

Pour les consciences chrétiennes, l'auteur du *Dictionnaire philosophique* est l'ennemi à abattre en priorité. Aussi protestants et surtout catholiques vont-ils se mobiliser contre cet ouvrage infernal.

iii. *Les principales réfutations*

Le corpus que nous allons étudier ne retient pas les textes émanant des autorités et condamnant le *Dictionnaire philosophique*, tel le réquisitoire de Joly de Fleury.[62] Il comprend deux réfutations protestantes (J.-A. Rosset, celle d'un traducteur anglais) et sept réfutations catholiques dont un manuscrit anonyme; les six textes publiés sont signés par Bergier, Chaudon, l'abbé François, Guénée, Nonnotte et Paulian. L'ensemble représente des milliers de pages in-douze, ce qui donne une idée de l'ampleur de la réaction.

Classer ces différentes réfutations n'est guère aisé. Par la force des choses, elles développent des argumentations semblables, à quelques nuances près. Pour éviter, autant que faire se peut, les redites, le critère de classement a été celui du statut du texte qui conduit à distinguer les réfutations suivies du *Dictionnaire philosophique* de celles qui sont intégrées à d'autres problématiques.

Réfutations suivies

A la Bibliothèque publique de Nancy est conservée une réfutation manuscrite et anonyme de 219 feuillets (MS 205). Le titre prévu, indiqué à la dernière page, est: *Dictionnaire philosophique portatif, première édition revue et corrigée ou Fourberie étrange de Voltaire dans son Dictionnaire philosophique, dévoilée et mise au jour*. Il ne semble pas que ce texte ait eu les honneurs de l'impression. L'auteur espérait être publié; de style vif, parfois familier, cette réfutation interpelle sans cesse le lecteur qu'elle prend à témoin.

---

[62] Voir ci-dessus, ch.2.

C'est un texte animé par la fureur du prosélytisme. Dans sa conclusion l'auteur supplie le lecteur de le juger et d'examiner ses preuves 'avec le scrupule le plus rigoureux', de ne pas l'épargner s'il trouve une seule citation fausse ou un seul reproche discutable. Mais s'il ne trouve rien, il lui demande d'être un juge équitable entre lui et 'l'Ennemi', car il s'agit de religion, du bonheur ou du malheur éternels (f.218-19).

Ce manuscrit comprend 70 réfutations de l'édition de 1764. Les trois articles qui n'ont fait l'objet d'aucun commentaire sont 'Chaîne des êtres créés', 'Convulsions', 'Critique'. Un *'Supplément au Dictionnaire philosophique portatif'* réfute les articles parus dans l'édition de 1765: 'Catéchisme du jardinier', 'Enthousiasme', 'Liberté de penser', 'Nécessaire', 'Persécution', 'Philosophe', 'Sens commun', 'Tolérance' II.

C'est un commentaire souvent littéral, encadré par des citations de l'Epître catholique de l'apôtre saint Jude en guise d'introduction et de conclusion. Dans son style apocalyptique, saint Jude stigmatise de faux docteurs qui 'condamnent avec exécration tout ce qu'ils ignorent' et qui 'se corrompent en tout ce qu'ils connaissent naturellement, comme les bêtes irraisonnables' (Jude, 10); ces hommes sont 'la honte et le déshonneur des festins de charité' (Jude, 12); ils sont semblables à 'des vagues furieuses de la mer, d'où sortent, comme une écume sale, leurs ordures et leurs infamies. Ce sont des étoiles errantes, auxquelles une tempête noire et ténébreuse est réservée pour l'éternité' (Jude, 13). De telles références donnent le ton.

Animé d'une sainte colère, persuadé d'avoir pour lui Dieu et la vérité,[63] alors que le partage de Voltaire est le mensonge, cet anonyme confond réfutation et invectives. Voltaire qui va 'd'abyme en abyme' est un 'gredin', l'homme le plus corrompu de tous les hommes dont le langage est celui d'un barbare, d'un Turc ou d'un pourceau.[64] Il l'attaque dans sa vie privée, évoque

---

[63] 'Bien', f.40.
[64] 'Anthropophages', f.15; 'Fanatisme', f.86; 'Bien', f.39.

la bastonnade du chevalier de Rohan, fait allusion à 'ce qui s'est passé à Lunéville entre luy et Madame D C', l'accuse d'être resté célibataire 'dans la crainte d'avoir des enfants qu'il serait obligé de nourrir', puis s'en réjouit, car d'un 'tel monstre' n'auraient pu naître que des 'fruits de malédiction'.[65] Il ne ménage point son exécration à l'égard d'un 'infâme libelle' dont les indécences sont 'propres à faire rougir ceux à qui il reste quelque pudeur'.[66]

L'auteur de ce manuscrit se croit investi d'une mission, celle de ne rien passer au philosophe; il se propose donc de le suivre pas à pas, puis s'aperçoit qu'il serait trop long de réfuter toutes ses sottises.[67] Il va se limiter au 'point particulier' que Voltaire attaque dans chaque article,[68] ce qui n'est guère évident. Il sait trouver des failles dans le raisonnement de Voltaire, il vérifie ses citations, il s'appuie souvent sur l'autorité de saint Augustin pour le réfuter, mais quelques-unes de ses réponses sont faibles. Ainsi est-il inutile de s'interroger sur la matière: 'je luy dirais que la matière est de la matière, comme un couteau est un couteau, un chat un chat'. Il suffit de faire état de certitudes: les anges existent 'véritablement' et personne n'en doute. Quant à la Résurrection, il met Voltaire au défi:

Que Voltaire me prouve que celuy qui a dabord formé mon corps d'une goûte de sang dans le sein de ma mere, ne pourra pas en rassembler toutes les parties après quelles auront été dispersées dans le sein de la terre.[69]

Il avoue qu'il doit prendre le contre-pied de tout ce que dit Voltaire. Aussi affirme-t-il que *Polyeucte* et *Athalie* sont des 'ouvrages du démon', que toutes les nations de la terre, en tous

---

[65] 'Jephté', f.120; 'Fin', f.91. Dans l'article 'Corps' (f.53), il lui reproche son ingratitude à l'égard de Calmet. Il prétend que c'est à l'instigation de Voltaire que Calmet a écrit son livre sur les vampires.

[66] 'Amour', f.11.

[67] 'Anthropophages', f.15; 'Abraham', f.5.

[68] 'Ange', f.15.

[69] 'Matière', f.132; 'Ange', f.12; 'Certain', f.45.

temps, ont condamné 'cet infâme commerce que l'on appelle amour', enfin que les femmes qui se fardent, non seulement défigurent l'ouvrage du Créateur, mais 'se prostituent en quelque façon à tous ceux qui les voyent', puisqu'elles essaient de plaire. [70]

Cet homme de foi, borné et colérique, peut-être janséniste, éprouve la satisfaction du devoir accompli:

On dit quelquefois faire d'une pierre deux coups. J'en ay fait trois. J'ay prouvé à l'occasion de la circoncision que les Juifs n'avaient pas reçu cet usage des Egyptiens, que Calmet raisonne très bien, et que Voltaire raisonne très mal.

Il est persuadé de rendre un service inestimable à la religion: 'Pour moy, Seigneur, je fais cet ouvrage à votre plus grande gloire'. [71]

Ces foudres restèrent inédites. Les réfutations qui parurent sont beaucoup plus modérées, du moins dans leur langage.

En 1765 paraissent des *Remarques sur un livre intitulé Dictionnaire philosophique portatif*, Lausanne, J. P. Heubach, in-8°, XVI-176p. De Barbier à J. Vercruysse, on a identifié l'auteur de cet ouvrage anonyme comme étant A. Dubon. [72] J.-D. Candaux corrige cette attribution. [73] L'auteur se désigne comme 'membre de l'illustre société d'Angleterre pour l'avancement et la propagation de la doctrine chrétienne' où le nom de Dubon ne figure pas. Les biographes et bibliographes helvétiques l'attribuent à Jean-Alphonse Rosset de Rochefort (1709-1766), comme le fait son éloge funèbre prononcé le 30 juin 1766 et reproduit dans le *Journal helvétique*:

Peu de temps après, il eut une nouvelle occasion de répondre à l'honneur

[70] 'Guerre', f.98, 101.
[71] 'Circoncision', f.52; 'Gloire', f.96.
[72] C'est sous ce nom qu'il figure dans le *Catalogue général des imprimés* de la Bibliothèque nationale.
[73] 'Premières additions à la bibliographie des écrits français relatifs à Voltaire (1719-1830)', *Studi francesi* 13 (1969), p.481-90.

de cette association, d'une manière digne de sa piété, en combattant le monstre de l'irréligion, qui se reproduisant sous une nouvelle combinaison des formes qu'il a toujours prises, parut il y a deux ans sous le nom de *Dictionnaire philosophique portatif*. Par des coups secs et vifs, redoublés et variés, selon les divers élans que faisait chacune des têtes de cette hydre infernale, il l'a jetée dans un état d'étourdissement, d'où elle ne peut se réveiller, qu'avec le sentiment de cette nouvelle défaite. [74]

Cette réfutation est la dernière œuvre de ce professeur en théologie, recteur de l'Académie de Lausanne dont on connaît des *Discours académiques sur divers sujets intéressants relatifs à la religion* (Lausanne 1753) et des *Pensées générales sur le déisme* (Lausanne 1760). D'une famille noble du Chablais, pasteur en 1731, J.-A. Rosset édifie sa patrie par ses sermons et combat avec zèle 'le libertinage des prétendus esprits forts'. [75]

Jean-Alphonse Rosset n'est pas un inconnu pour Voltaire, auquel il rend visite le 18 mars 1756; [76] il est censeur lors de l'affaire de *La Guerre littéraire* en 1759. [77] Voltaire a pris connaissance de ces *Remarques*. Il répond dans 65v, dans une addition à l'article 'Ame' et dans des notes ajoutées aux articles 'Liberté' et 'Luxe'. Avait-il identifié l'auteur qu'il traite de 'pauvre d'esprit', de 'méchant, mais qui de bonne foi ne peut être dangereux'?

Ces *Remarques* se présentent comme 'une réfutation pleine et complète de cette œuvre infructueuse de ténèbres'. [78] En réalité, certains articles ont été omis: 'Apis', 'Beau', 'Convulsions', 'Critique', 'Egalité', 'Etats', 'Fables', 'Fausseté des vertus humaines',

---

[74] *Journal helvétique* (juillet 1766), p.36.

[75] *Journal helvétique* (juillet 1766), p.30; voir Albert de Montet, *Dictionnaire biographique des Genevois et des Vaudois* (Lausanne 1877-1878), ii.401-402.

[76] D'après D6806. Voltaire lui a lu son *Poème sur le désastre de Lisbonne*. La conversation a roulé sur le 'tout est bien' et Voltaire aurait dit de 'belles choses' à la gloire du christianisme.

[77] Sur *La Guerre littéraire*, voir Pomeau et Mervaud, *De la Cour au jardin*, p.361-62. Voltaire écrit à Rosset (D8102, D8123), lequel produit ses lettres devant les curateurs (D8178).

[78] 'Avertissement', p.vi.

'Fin', 'Lois', 'Lois civiles', 'Patrie', 'Tyrannie'. Rosset feint de ne point connaître l'auteur du *Dictionnaire philosophique*, [79] ce qui lui permet de le traiter de sophiste, coupable d'obscénités et d'impiétés, mais aussi d'absurdités. [80]

Cette réfutation se recommande par ses qualités de sérieux et de brièveté, ces 'coups secs et vifs' déjà évoqués. Rosset a soin d'indiquer les pages qu'il réfute, de renvoyer à des ouvrages savants pour éclairer son lecteur, [81] de signaler les erreurs de référence, de lectures, des ignorances historiques. [82] Il avoue que la double généalogie du Christ soulève de 'petites difficultés', mais affirme que le passage de Josèphe n'est pas interpolé. Il admet que Moïse n'a point enseigné l'immortalité de l'âme parce que la religion juive n'était qu'une 'religion préparatoire', l'Eternel ayant réservé d'autres lumières pour les temps évangéliques. Il n'ose assurer que le Pentateuque soit de Moïse, mais rappelle que la tradition le veut. [83] Ses observations peuvent témoigner d'une certaine ouverture, mais il se fâche lorsque Voltaire accuse les Juifs d'avoir été anthropophages: 'Ne serait-on pas en droit de dire: pourquoi l'auteur du *Dictionnaire philosophique* ne serait-il pas aussi anthropophage? Ce serait la seule chose qui manque à cet écrivain pour rendre complet son éloge'. [84] Il accepte l'idée qu'on enferme le fanatique qui, prétendant obéir à Dieu, va vous égorger, mais préconise d''étouffer la bête atroce' qui dit aimer mieux obéir aux hommes qu'à Dieu. [85]

Le 'Catéchisme du curé' trouve grâce devant ce huguenot, car

---

[79] 'L'auteur de ce livre quel qu'il soit' ('Abraham', p.1). En cours de rédaction, Rosset intègre dans ses *Remarques* une réfutation de 'Genèse' parue dans 65v.

[80] 'Ame', p.6; 'Amour-propre', p.10; 'Bien', p.19.

[81] Voir les articles 'Christianisme', 'Enfer', 'Genèse', 'Jephté'.

[82] Voir 'Apocalypse', p.15; 'Baptême', p.17, sur l'origine du baptême; 'Ezéchiel', p.62, à propos des pains cuits sous la cendre avec des excréments séchés; 'Genèse', p.112, sur l'ignorance de l'hébreu de Voltaire.

[83] 'Christianisme', p.39; 'Religion', p.139, 142; 'Moïse', p.124.

[84] 'Anthropophages', p.13.

[85] 'Fanatisme', p.71.

'il serait à souhaiter, pour l'Eglise romaine, que tous messieurs ses curés ressemblassent à celui-ci: elle s'en trouverait bien et les peuples aussi'. Il précise qu'il n'a point à défendre 'les prétendus successeurs de saint Pierre', croit que la puissance du pape est fondée sur un jeu de mots, mais dont le Christ n'est pas responsable. Aux catholiques est dévolu le soin de répondre à l'article 'Idole'.[86] Ils n'y manqueront pas.

Le bénédictin Louis-Mayeul Chaudon (1737-1807) ne sera point bref. Annoncé dès juillet 1765,[87] son *Dictionnaire anti-philosophique, pour servir de commentaire et de correctif au Dictionnaire philosophique et aux autres livres, qui ont paru de nos jours contre le christianisme: ouvrage dans lequel on donne en abrégé les preuves de la religion, et la réponse aux objections de ses adversaires, avec la notice des principaux auteurs qui l'ont attaquée et l'apologie des grands hommes qui l'ont défendue*, paraît en 1767 (Avignon, in-8°, xx-451p.) et comprend 114 articles. Plusieurs fois réédité, il atteint 137 articles en 1774.

Début décembre 1767, Voltaire l'a reçu, et l'attribue à 'trois jésuites nommés Patouillet, Nonnotte et Ceruti', trois 'misérables dont la fureur est toujours couverte du masque de la religion'.[88] Son exemplaire porte de nombreuses traces de lecture; douze

---

[86] 'Catéchisme du curé', p.39; 'Pierre', p.134; 'Idole', p.85.

[87] Selon Thiriot (3 juillet 1765; D12787). Voltaire aurait-il eu des relations indirectes avec ce bénédictin qui travaillait dans les années 1760 à un *Nouveau dictionnaire historique portatif*? Telle est la version proposée en 1815 par l'éditeur de deux lettres adressées à Voltaire, l'une par un gentilhomme d'Avignon, l'autre par un inconnu (D11464 et D12235). La première fournit des preuves concernant l'anecdote sur l'homme au masque de fer rapportée dans *Le Siècle de Louis XIV*, la seconde défend la thèse de l'authenticité du *Testament* du cardinal de Richelieu. Ces deux lettres auraient été inspirées par Chaudon.

[88] D14562. Voltaire a mis un signet dans la préface, p.VIII, où sont indiqués comme collaborateurs Berthier, Joannet, Gauchat, Le François, Trublet. Sur les emprunts de Chaudon, voir R. E. A. Waller, 'Louis-Mayeul Chaudon against the *philosophes*', *Studies* 228 (1984), p.259-65.

d'entre elles concernent des articles qui répondent directement au *Dictionnaire philosophique*.[89]

Voltaire se moque du titre de l'ouvrage de Chaudon, mais n'en sous-estime pas l'importance: une attaque visant la philosophie tout entière qui comprend 'des morceaux qui ne sont pas sans éloquence', 'l'éloquence des paroles, car pour celle de la raison il y a longtemps qu'elle est bannie de tous les livres de ce caractère' (D14562).

L'édition de 1767 s'ouvre sur une préface vengeresse suivie de la reproduction de 'l'Arrest du Parlement qui condamne le Dictionnaire philosophique portatif; et les Lettres écrites de la Montagne, par J.-J. Rousseau, première et seconde partie, à être lacérés et brûlés par l'Exécuteur de la Haute-justice'. Elle se termine par un 'Supplément' reproduisant plusieurs arrêts du Parlement contre différents ouvrages (de l'*Encyclopédie* à l'*Emile*), l'arrêt contre les jeunes criminels d'Abbeville, et des documents concernant les procès de Servet et de Vanini.

'On a mis l'erreur en dictionnaire, il est nécessaire d'y mettre la vérité', proclame Chaudon qui dénonce le *Dictionnaire philosophique*, ce livre qui 'brise tous les liens qui attachent à la vertu'. 'C'est un autel élevé au libertinage et une école ouverte au matérialisme' par un bel esprit désigné par les initiales de M. de V. Sa plume 'téméraire et féconde' a été inspirée par le 'démon de l'esprit et de l'irréligion'. Puis il rêve de conversion, imagine les derniers moments de Voltaire qui se repent d'avoir adoré l'or et s'adresse à Dieu dans sa détresse. Chaudon se défend d'être animé par ce 'zèle amer qui ne parle que de feu et de gibet', mais estime que les magistrats ont le droit de réprimer l'impiété.[90]

---

[89] 'Anthropophages' (4), 'Athée' (2), 'Tout est bien' (1), 'Christianisme' (4), 'Genèse' (1), 'Moïse' (1). Les autres marques de lecture concernent la 'Préface', les articles 'Abbadie', 'La Beaumelle', 'Bayle', 'Encyclopédie', 'Mahomet', 'Montesquieu', 'Cantique des cantiques', et un document: la Lettre du R. P. Routh; voir CN, ii.605-609.

[90] Voltaire a lu de près cette préface (CN, ii.606).

Même s'il consacre un article à l'*Encyclopédie*, attaque d'autres esprits forts,[91] évoque d'autres philosophes,[92] fait l'apologie des écrivains chrétiens,[93] la cible de Chaudon, qui ne s'interdit pas des incursions dans différentes œuvres de Voltaire,[94] reste le *Dictionnaire philosophique*. Ses articles sont accompagnés d'un sous-titre à valeur de résumé: 'Ame. Examen de cet article'; 'Tout est bien. Réfutation de ce système'; 'Apocalypse. Apologie de ce saint livre'; 'Egalité. La religion seule nous éclaire sur l'inégalité des conditions'; 'Genèse. Réflexions sur cet article'; 'Persécution. Doit-on punir les impies dogmatisants'. Des intitulés qui reprennent ceux de Voltaire n'ont que peu à voir avec les textes auxquels ils sont censés répondre. Ce sont des professions de foi qui tendent à constituer un abrégé de la doctrine chrétienne: 'Evangile', 'Foi', 'Messie', 'Religion', 'Résurrection'. D'autres réfutent le *Dictionnaire philosophique* sur des points de détail. Aux ironies voltairiennes sur les 'péchés splendides' des païens, Chaudon répond par l'article 'Païens. Du salut des païens' (1767, p.251):

Il y aura dans ce monde des honneurs et de la fumée pour les philosophes, comme il y en a eu pour les païens qu'ils veulent sauver; mais la gloire éternelle n'est que pour les disciples de Jésus-Christ, et pour ceux qui ont porté la croix avec lui.

Les articles 'Apollone de Tyane', 'Croix de Constantin', 'Jésus, fils de Panderas', 'Mer Rouge', sont des répliques indirectes à des articles du *Dictionnaire philosophique*.

---

[91] Bayle, La Mettrie, Diderot, Helvétius, Prades, Toland. Voir J. Lough, 'Chaudon's *Dictionnaire anti-philosophique*', *Voltaire and his world* (Oxford 1985), p.307-22.

[92] Descartes et Montesquieu.

[93] Abbadie, Houtteville, Bossuet, Pascal, Huet. Son dictionnaire fait office de dictionnaire des hommes célèbres.

[94] Il attaque *Candide* dans 'Tout est bien', les écrits sur la tolérance dans 'Tolérance', *La Philosophie de l'histoire* dans 'Moïse' et 'Salomon', les *Contes de Guillaume Vadé* dans 'Christianisme', *La Pucelle* dans 'Liberté de penser', *La Henriade*, les *Annales de l'Empire* dans 'Pierre'.

Parfois Chaudon discute pied à pied les remarques de Voltaire,[95] le plus souvent il préfère des réfutations fragmentaires. La prudence, le souci de ne point faire de publicité, commandent le silence: 'il serait superflu et peut-être dangereux de relever toutes ses indécences', de le suivre dans 'tous ses écarts', de répondre à ses 'turlupinades'.[96] Prétendant travailler pour le commun des lecteurs, il évite les discussions érudites sur des 'matières épineuses'. Il multiplie les renvois pour stimuler l'attention, marquer les liaisons. Pour étayer ses affirmations, ressenties comme des rappels à l'ordre, il allègue des autorités. A ceux qui auraient quelques doutes sur l'emplacement du paradis terrestre, il est recommandé de lire dom Calmet et Huet. L'article 'Manichéisme' du *Dictionnaire des hérésies* de Pluquet répond à bien des questions. L'*Examen du fatalisme* du même Pluquet réfute victorieusement les fatalistes.[97]

En matière de critique biblique, Chaudon s'efforce de justifier littéralement les textes, comme dans cette argumentation en faveur de la beauté de Sara à l'âge de soixante-cinq ans:

1. Par comparaison aux Egyptiennes, dont le teint était livide et basané.

2. Parce que réellement elle était à la fleur de son âge, car elle vécut cent-vingt-sept ans.

3. Elle s'était d'autant mieux conservée, que jusque-là elle n'avait point eu d'enfant.

4. Enfin pourquoi ne dirions-nous pas que par une providence particulière, elle avait conservé la fleur de sa jeunesse et tous les agréments de sa beauté, afin que cela même fournît à la foi d'Abraham un nouvel exercice?[98]

Même démarche dans l'article 'Ciel' où il s'agit de réserver la

---

[95] Voir les articles 'Miracles', 'Paul', 'Pierre'.
[96] 'Abraham', p.7; 'Christianisme', p.60; 'Grâce', p.127.
[97] 'Genèse', p.126; 'Tout est bien', p.45; 'Liberté', p.178.
[98] 'Abraham', p.18-19 de l'édition de 1774.

possibilité d'un 'espace supérieur à toutes les planètes où l'Etre des êtres reçoit les hommages des justes'. En revanche, les épisodes scabreux d'Ezéchiel sont expliqués fort honnêtement:

Le Seigneur ajoute: j'ai passé, j'ai vu que le temps des amants était venu; mais au lieu de dire, *je t'ai couverte, je me suis étendu sur ton ignominie*, comme l'auteur l'a traduit en blasphémant, il y a dans le texte, *j'ai étendu un voile sur toi*. [99]

Chaudon veut ignorer que Ruth demandant à Booz de l'épouser se sert de l'expression: 'étendez votre manteau sur moi'. [100]

Les meurtres d'Agag, d'Ananie, d'Adonias [101] sont justes, puisque Dieu le voulait; la fille de Jephté n'a pas été égorgée, mais vouée au célibat. Le recours à l'argument d'autorité est fréquent: Dieu s'est réservé la connaissance de ses secrets; l'homme doit se soumettre, adorer les mystères, lire l'Ecriture avec un esprit soumis, ne parler des faiblesses des papes qu'avec circonspection. [102] Il n'est de salut que dans le giron de la seule Eglise romaine.

Chaudon représente un catholicisme agressif, peu enclin à l'esprit d'examen, méprisant à l'égard des peuples qui croupissent dans l'idolâtrie, c'est-à-dire les zélateurs d'autres religions, prompt à attaquer les protestants, [103] décidé à assimiler athées et libertins. Aussi ne fait-il point de quartier. Il affûte parfois des pointes: si tous les chrétiens ont un ange gardien, l'auteur du *Dictionnaire philosophique* n'a pas été guidé par son bon ange; la métempsycose est une idée folle, mais 'si les âmes ne passent pas d'un corps dans un autre, les vices et les travers semblent y passer, puisque les

---

[99] 'Ciel', p.73; 'Ezéchiel', p.366, édition de 1774.

[100] Ce que Calmet n'ignorait point (voir ci-dessous, l'annotation d''Ezéchiel').

[101] Voir les articles 'Jephté', 'Pierre', 'Salomon'.

[102] 'Apocalypse', p.23; 'Tout est bien', p.45; 'Egalité', p.101; 'Ezéchiel', p.367; 'Pierre', p.259.

[103] Il justifie la révocation de l'édit de Nantes ('Tolérance'), attaque les protestants ('Genèse'), prétend que les théologiens anglicans ont inspiré les critiques de Voltaire ('Martyrs').

philosophes de nos jours ont l'impiété de Diagoras, l'impudence cynique de Diogène'.[104] Le plus souvent, il menace. Chaudon utilise, chaque fois qu'il le peut, les contradictions dans le clan philosophique et cite à maintes reprises J.-J. Rousseau et Montesquieu. Ecrivant dans l'optique d'une alliance indestructible du trône et de l'autel, Chaudon traite les philosophes de rebelles, de séditieux et les désigne à la vindicte publique.[105] Il dénonce la contradiction singulière qui a fait condamner de jeunes libertins (il s'agit de l'affaire La Barre) alors que les auteurs qui les ont séduits jouissent de la liberté de répandre leurs poisons. Il s'interroge sur les moyens de sévir. Les philosophes pourraient être les héros bafoués d'une fête des fous: on les donnerait en spectacle au peuple, 'sur la monture de Balaam, avec leurs écrits au dos et un savoyard au devant de leur coursier, qui annoncerait leur gloire avec un cornet à bouquin'. Cette imagination n'est point anodine: les juifs condamnés par l'Inquisition portaient un san-benito, La Barre, la corde au cou, avait porté au dos une pancarte: 'Impie, blasphémateur, sacrilège exécrable'. Si les philosophes n'acceptent point de se taire ou de vivre en hypocrites, il reste la solution de les enfermer à jamais.[106] Plus de gibet, mais la prison à perpétuité.

Voltaire réagira violemment à cette 'rapsodie *Antiphilosophique*' qu'il faudrait intituler '*Antihumaine, Antichrétienne*'. Ainsi le chapitre 43 du *Pyrrhonisme de l'histoire* (1768) va-t-il fustiger ce 'fou', qui appartient à un 'genre d'hommes funestes au genre humain', à cette 'espèce bâtarde [...] nourrie dans les disputes de l'école, qui rendent l'esprit faux, et qui gonflent le cœur d'orgueil' (M.xxvii.297-99):

Le monstre crie sans cesse: Dieu! Dieu! Dieu! Excrément de la nature humaine, dans la bouche de qui le nom de Dieu devient un sacrilège;

---

[104] 'Ange', p.18; 'Metempsycose', p.209.
[105] 'Philosophe', p.255.
[106] 'Persécution'. Voltaire n'a pas annoté cet article. L'a-t-il lu?

vous, qui ne l'attestez que pour l'offenser, et qui vous rendez plus coupable encore par vos calomnies que ridicule par vos absurdités; vous, le mépris et l'horreur de tous les hommes raisonnables, vous prononcez le nom de Dieu dans tous vos libelles, comme des soldats qui s'enfuient en criant *Vive le roi!*

Voltaire relève les attaques contre les philosophes de ce Garasse du dix-huitième siècle. Malgré ses invectives contre ces 'bouches infectées qui se disent sacrées', Voltaire ne fera pas taire ses adversaires. Peut-être suscita-t-il quelque émulation dans le clan ennemi?

L'apologétique chrétienne n'en a jamais fini avec le *Dictionnaire philosophique*. Les réfutations se succèdent, se répètent, comme s'il fallait créer un effet de masse. Alors que l'ouvrage de Chaudon remporte du succès,[107] l'abbé Laurent François (1698-1782) entre en lice. Auteur en 1764 d'un *Examen du Catéchisme de l'honnête homme*, il publie en 1770 des *Observations sur la Philosophie de l'histoire et le Dictionnaire philosophique avec des réponses à plusieurs difficultés*. Le tome premier est consacré à *La Philosophie de l'histoire* parce que 'la religion juive sert de préparation à la chrétienne', le tome second au *Dictionnaire philosophique* parce que la plupart de ses articles ne sont qu'une répétition des arguments développés dans l'ouvrage historique (i.1-2). L'abbé François bouleverse donc la chronologie. Le tome II est beaucoup plus court que le tome I. Il comprend 72 réfutations qui répondent aux 73 articles de l'édition de 1764, l'abbé François ayant traité en un seul article 'Lois' et 'Lois civiles'. A maintes reprises, il renvoie aux chapitres du tome premier qui traitent des mêmes thèmes.[108] Ses réfutations, parfois réduites à quelques lignes, sont claires et formulent les préceptes d'un catéchisme du bon chrétien auquel l'érudition

---

[107] Si l'on en juge par ses rééditions. Chaudon ajoute les articles 'Abbé', 'Dieu', 'Ezéchiel', 'Salomon' qui répondent directement au *Dictionnaire philosophique*.

[108] Voir par exemple les articles 'Abraham', 'Ange', 'Apis', 'Apocalypse', 'Ciel des anciens', 'Circoncision'.

théologique serait étrangère. C'est évidemment de la part de l'abbé François un parti pris pédagogique. Il ne manque ni de subtilité pour justifier le mensonge d'Abraham, ni de fermeté dans son exposé du 'système du péché originel', seul capable de concilier la puissance et la liberté de Dieu avec la liberté de l'homme. [109]

Voltaire ne laissera pas sans réponse les critiques de l'abbé François. Dans les *Questions sur l'Encyclopédie* (1771), l'article 'Ignorance' se compose de six ignorances, chacun de ces paragraphes relevant des erreurs de l'ouvrage de l'abbé François, Voltaire s'attachant en priorité à son tome I.

Ces réfutations suivies du *Dictionnaire philosophique* présentent l'avantage d'offrir des réponses à chaque article de Voltaire. Elles n'évitent point les redites et mettent souvent sur le même plan des points essentiels et ceux qui ne le sont pas. Pour y remédier d'autres réfutations, avec des fortunes diverses, n'adoptent pas le genre du commentaire suivi, mais imposent d'autres points de vue.

Réfutations inscrites dans d'autres problématiques

Il faut d'abord faire place au premier traducteur anglais du *Dictionnaire philosophique* qui, pour des raisons évidentes, marque sa désapprobation dans des notes concernant des passages inacceptables.

Ainsi paraît en 1765 à Londres la première édition annotée du *Dictionnaire philosophique*. [110] Les notes, au nombre de 56, sont

---

[109] L'abbé François est disert sur le mensonge d'Abraham. Menacé de perdre la vie s'il se dit l'époux de Sara, Abraham use de prudence 'sans attendre un miracle de la Providence'. Pour sauver l'honneur de Sara, il s'abandonne à la Providence 'comme à l'unique moyen que sa foi lui suggère' ('Abraham', p.4). Sur le péché originel, voir 'Tout est bien', p.23, qui met l'accent sur la justice divine.

[110] Le sous-titre, déjà cité, indiquait la présence de ces notes (voir p.189).

tantôt réduites à des références, [111] tantôt développées. [112] Elles portent sur 34 articles. [113] Conscient des critiques que son entreprise va éveiller, ce traducteur explique que la vraie religion ne craint nullement la confrontation:

She is ever ready to hear what her adversaries have to oppose; and calmly endeavours to refute their errors. This is a maxim agreeable to sound sense, and the contrary doctrine is calculated only for the meridian of the Inquisition.

Il suffit de répondre aux passages erronés d'un auteur qui n'est pas un théologien, mais un poète, un historien, un philosophe déployant dans maints articles 'not only his wit and humour, but likewise a great fund of erudition'. [114] Pour une fois, Voltaire n'est point considéré comme l'Ennemi.

Son traducteur-annotateur anglais fait preuve d'une réelle liberté d'esprit. Il entend distinguer ce qui est répréhensible de ce qui peut être accepté. Il admet que Voltaire soit choqué par le mensonge d'Abraham. La réponse du Père des croyants est ambiguë, mais Voltaire a tort d'occulter la mission d'Abraham. [115] Se moquer des subtilités incompréhensibles sur la grâce n'est point condamnable, mais un chrétien doit croire en la grâce, comme il doit être persuadé que nous irons au ciel, même si la détermination de ce lieu n'a guère d'intérêt. [116] Au nombre des concessions, on

[111] Par exemple les notes des articles 'Beasts', 'Dreams', 'Miracles' (n.*l*), 'Solomon' (n.*u*).

[112] La typographie de 'Solomon' ressemble, dans son début, à celle du *Dictionnaire* de Bayle: 2 lignes de texte, le reste de la page est occupé par des notes.

[113] 'Abraham', 'Angel', 'Anthropophagy', 'The Apocalypse', 'Beasts', 'Chinese catechism', 'Christianity', 'Circumcision', 'Criticism', 'Deluge', 'Destiny', 'Dreams', 'Ezechiel', 'Glory', 'Grace', 'The Heavens', 'History of the kings of Juda and the Chronicles', 'Idol, idolater, idolatry', 'Liberty', 'Socratic love', 'Madness', 'Matter', 'Miracles', 'Moses', 'Peter', 'Resurrection', 'Sensation', 'Solomon', 'Soul', 'Superstition', 'Toleration', 'Virtue', 'Whatever is, is right', 'Wicked, wickedness'.

[114] 'Advertisement', non paginé.

[115] 'Abraham', p.5, n.*d*; p.4, n.*c*.

[116] 'Grace', p.170, n.*y*; p.172, n.*ʒ*.

relève que le Pentateuque a peut-être été altéré et que le châtiment d'Ananie paraît trop sévère. [117] En revanche, ce traducteur dénonce la mauvaise foi de Voltaire dans l'article 'Christianisme', explique la double généalogie du Christ en faisant valoir que l'une est celle de Marie, l'autre, celle de Joseph, [118] se scandalise de l'exploitation voltairienne du livre d'Ezéchiel, [119] reconnaît en Voltaire l'un de ces déistes avec lesquels il est impossible de discuter et qui est 'too carnally minded' pour appréhender le sens mystique du Cantique des cantiques. [120]

Il signale des emprunts anglais de Voltaire, [121] lui oppose l'ouvrage de Samuel Clarke, *A demonstration of the being and attributes of God*. [122] Se référant à sa Bible protestante, il décèle des erreurs peut-être imputables aux traductions françaises des Bibles catholiques. [123]

Celui qui dans son 'Advertisement' estime que l'article 'Tolérance' expose une excellente doctrine, est-il un naïf ou un trompeur lorsqu'il déclare que Voltaire dans 'Résurrection' veut surtout faire montre d'érudition et non affaiblir la croyance en ce dogme? [124] Faute de sonder ses intentions, disons que cette ingénuité ou cette rouerie sont à l'origine de la première traduction commentée destinée au public anglais.

En France, le *Portatif* reste le point de mire des apologistes, même lorsqu'ils entendent ne point se limiter à cette œuvre diabolique.

---

[117] 'Moses', p.256, n.*m*; 'Peter', p.264, n.*o*.

[118] 'Christianity', p.81, n.*h*; p.83, n.*h*.

[119] 'Ezechiel', p.144, n.*t*.

[120] 'Solomon', p.287-88, n.*t*.

[121] Middleton dans 'Idol', Locke dans 'Liberty', Warburton dans 'Resurrection'.

[122] Clarke est cité une dizaine de fois (p.41, p.45, p.83, n.*h*, p.133, n.*q*, p.170, n.*y*, p.231, n.*h*, p.248, n.*i*, p.298, n.*x*, p.301, n.*y*, p.326, n.*d*). Il cite également Grotius, Addison, Dupin.

[123] Voir 'Solomon' pour la traduction des Proverbes xxiii.31 et surtout pour les 'peaux' de Salomon, p.293, n.*w*.

[124] 'Resurrection', p.283, n.*r*.

En 1769, paraissent deux réfutations de poids, bien qu'elles ne s'annoncent point comme telles, celle de Bergier, intégrée à son *Apologie de la religion chrétienne*, et celle de Guénée, les *Lettres de quelques juifs portugais et allemands à M. de Voltaire*. Voltaire ne semble point avoir lu la première, absente de sa bibliothèque; il possède deux éditions de la seconde, l'une de 1769 (BV1566), l'autre en trois tomes de 1776 (BV1567) qu'il annote et à laquelle il répondra.

Persuadé que l'on peut de nouveau traiter des difficultés déjà relevées par d'autres réfutations et espérant 'les résoudre d'une manière plus convaincante',[125] l'abbé Bergier intervient à visage découvert. Répondre au *Portatif* est un terrain d'émulation pour ces bons pères, l'occasion sans doute de proclamer leur foi, de déjouer les pièges du Malin, mais aussi d'assurer leur notoriété. L'*Apologie de la religion chrétienne* vaudra à Bergier un bref élogieux de Clément XIII, et en 1769, l'archevêque de Paris, monseigneur de Beaumont, lui offrira un canonicat. Ces distinctions reconnaissaient ses talents de controversiste. Il l'était par vocation. On a conservé les cahiers où il prenait des notes sur des philosophes, comme Bayle, et esquissait des réfutations. Dès qu'il aura obtenu une pension, il se démettra de sa charge pour se consacrer à des ouvrages théologiques car il était 'peu porté, il l'avoue, aux prières prolongées'.[126] La pensée apologétique de l'abbé Bergier qui paraît aimantée par d'autres ouvrages, et d'abord par ceux de Jean-Jacques Rousseau, se développe en fait en marge du *Dictionnaire philosophique* et contre lui. Dans son *Apologie de la religion chrétienne*, il réfute au fil des chapitres plusieurs articles du *Dictionnaire philosophique*, puis il ajoute à cet ouvrage dirigé contre *Le Christianisme dévoilé*, une 'Suite ou réfutation des principaux articles du Dictionnaire philosophique'. Il reprend, légèrement modifiés, des

---

[125] *Apologie*, ii.291. Voltaire ne l'aurait sans doute pas laissée sans réponse. Il avait déjà polémiqué avec Bergier; voir ci-dessus, p.191, n.33.

[126] *Un théologien au siècle des Lumières*, p.15, 19, 22.

articles publiés dans le *Journal helvétique*, sans indiquer qu'ils avaient paru dans un périodique. Cette 'Suite' comprend les réfutations de 16 articles, [127] et par un système de renvois Bergier précise que d'autres articles sont réfutés dans l'*Apologie*. [128] Il n'a point repris des articles jugés sans intérêt [129] et conclut dédaigneusement: 'La plupart des articles du *Dictionnaire philosophique*, ou ne renferment rien d'important, ou sont une répétition de ce qui a été dit dans les précédents. Il serait inutile de grossir davantage ce volume pour y répondre'. [130] En réalité, le *Dictionnaire philosophique* le préoccupe sans cesse, puisqu'il a ajouté d'autres textes, [131] intégrés dans une *Apologie* où la réfutation du *Portatif* perd en partie son statut d'œuvre à part entière, mais où elle se taille une place importante.

Parfois anti-augustinien, hésitant par exemple à damner les

[127] 'Ame', 'Ange', 'Apocalypse', 'Athée', 'Bêtes', 'Bien', 'Caractère', 'Certain', 'Chaîne des événements', 'Catéchisme chinois', 'Chine', 'Christianisme', 'Corps', 'Dieu', 'Egalité', 'Enfer'. Les variantes relèvent d'une édition critique de l'abbé Bergier.

[128] 'Abraham', 'Anthropophages', 'Baptême', 'Ciel des anciens', 'Circoncision', 'Confession', 'Destin', 'Ezéchiel', 'Fausseté des vertus humaines', 'Foi', 'Genèse', 'Guerre', 'Histoire des rois juifs', 'Idole', 'Jephté', 'Liberté', 'Martyr', 'Miracles', 'Moïse', 'Paul', 'Pierre', 'Vertu'. Pour toute cette série d'articles, les renvois très précis avec mention du chapitre et du paragraphe, sont indiqués à leur place alphabétique. Après l'article 'Abraham', Bergier a expliqué le mode d'emploi de son ouvrage.

[129] A partir d''Ezéchiel', les renvois ne sont plus classés alphabétiquement, mais regroupés (p.562-63). A noter que pour l'article 'Inondation', il renvoie à un de ses autres ouvrages, *La Certitude des preuves du christianisme*.

[130] Les réfutations des articles 'Amitié', 'Amour', 'Amour nommé socratique', 'Amour-propre' ne trouvent point place dans cet ouvrage, ni celle de l'article 'Apis'. Les textes de Voltaire sont jugés ou trop obscènes ou trop superficiels (p.305, 316). Bergier n'a pas repris, sans explications de sa part, les articles 'Beau', 'Tout est bien', 'Bornes de l'esprit humain', 'Chaîne des êtres', 'Etats', 'Fables', 'Fanatisme', 'Fraude'.

[131] Il ajoute des commentaires sur 'Confession' parue dans 65v, sur 'Guerre', 'Histoire des rois juifs', 'Idole', 'Jephté', 'Liberté', 'Martyre', 'Moïse', 'Paul', 'Pierre'.

âprement pour sa foi, dénonçant les contradictions, erreurs, absurdités et sophismes puérils du *Portatif*,[132] sans s'abaisser à des attaques personnelles. Il appréciera en connaisseur l'ouvrage d'un polémiste, celui de Guénée:

Voltaire est vigoureusement étrillé dans la nouvelle édition des *Lettres de quelques juifs* par l'abbé Guénée; si ce vieux satyre était capable de vergogne, il n'oserait de sa vie reprendre la plume.[133]

Les *Lettres de quelques juifs portugais et allemands, à M. de Voltaire avec des réflexions critiques et un petit commentaire extrait d'un plus grand* se présentent comme une réfutation des 'inadvertances et des méprises, des contradictions et des inconséquences, des assertions fausses, des imputations calomnieuses' concernant les Juifs dans les œuvres de Voltaire.[134] Dans cet ouvrage en quatre parties, alternent des lettres et des extraits regroupés dans un 'Petit commentaire'. La première cible est l'essai intitulé *Des Juifs*, paru dans le tome v de la *Collection complète des œuvres de M. de Voltaire* (w56) auquel Isaac Pinto, juif portugais, avait répondu par des *Réflexions critiques sur le premier chapitre du tome VIIe des œuvres de M. de Voltaire* (1762).[135] Le *Traité sur la tolérance* paraît être l'objet principal des *Lettres* de Guénée,[136] mais la place du *Dictionnaire philosophique* n'est pas négligeable. Cité incidemment dans le tome i, il est réfuté dans des lettres et surtout

---

[132] Déclaration de Bergier dans son *Apologie* qui a servi de cadre à l'article déjà cité de S. Albertan-Coppola, 'Bergier contre Voltaire'.

[133] D17547, commentaire: lettre du 9 décembre 1772, après lecture du troisième tome de Guénée. Guénée avait cité avec éloges l'*Apologie* de Bergier (ii.44).

[134] 'Epître dédicatoire des éditeurs à M. de Voltaire' (1776), i.vii. Nous renverrons à l'édition de 1776, largement annotée par Voltaire (CN, iv.252-54), sans pour autant négliger les notes de l'édition de 1769 (CN, iv.250-52).

[135] Pour la correspondance entre Voltaire et Isaac Pinto, voir D10759 et D10600. Guénée a reproduit partiellement l'ouvrage de Pinto dans le premier tome des *Lettres de quelques juifs*.

[136] La première partie comprend des 'Observations sur une note insérée dans le *Traité sur la tolérance*, contre l'authenticité des livres de Moïse', la seconde sur les deux chapitres du *Traité* qui concernent les Juifs.

dans le 'Petit commentaire' des tomes II et III. [137] Voltaire a reconnu les mérites de son adversaire (D20458):

Le secrétaire juif nommé Guénée n'est pas sans esprit et sans connaissances, mais il est malin comme un singe, il mord jusqu'au sang en fesant semblant de baiser la main. Il sera mordu de même.

Programme accompli en 1776 avec *Un chrétien contre six juifs*.

C'est la manière, non la matière, qui distingue Antoine Guénée. Ce chanoine d'Amiens (1717-1803), sous-précepteur du comte d'Artois, deviendra membre de l'Académie des inscriptions et belles-lettres. Dans ses *Lettres de quelques juifs* qui l'ont rendu célèbre, il privilégie une approche thématique et confronte les textes. Pour réfuter l'accusation d'anthropophagie portée par Voltaire contre les Juifs, Guénée procède à un montage de citations extraites du *Portatif* et des additions à l'*Essai sur les mœurs*. Un préambule ironique et une conclusion sarcastique encadrent ce développement. Le premier point examine l'hypothèse, le second, la menace de Moïse (Deutéronome xxviii.53-57), le troisième, la promesse d'Ezéchiel (xxxix.20). Guénée épingle un procès d'intention: 'pourquoi les Juifs n'auraient-ils point été anthropophages?', avait écrit Voltaire; Guénée réplique: 'ce pourquoi non est, en vérité, convaincant, démonstratif! on ne peut tenir contre des raisonnements de cette force!' (ii.44). Comme Bergier ou Rosset, il dénonce l'interprétation qu'il prétend fausse de la promesse d'Ezéchiel et s'efforce de prouver que Voltaire est un faussaire. Il ergote à propos de la menace de Moïse: 'Si on menaçait un cannibale de lui faire manger de la chair humaine, on le ferait

---

[137] Dans le tome II, les articles 'Anthropophages' et 'Ezéchiel' sont commentés dans les lettres; le 'Petit commentaire' traite des articles 'Abraham' et 'Circoncision'. La 'Suite du petit commentaire' dans le tome III s'en prend à l'article 'Salomon' et s'achève sur la dénonciation des 'petits mensonges' du grand écrivain. Voir ii.41-44, 128 ss., 193-305, 306-66, et iii.313-82. Voltaire a mis de nombreux signets en face de ces critiques.

rire. On ne menace les gens de leur faire manger que ce qu'ils détestent'. Ce texte pugnace ne se perd point en discussions, mais cherche le point faible. L'ironie fouaille. L'introduction loue Voltaire de son 'esprit impartial', de ses 'lumières supérieures' qui lui ont fait faire une découverte 'curieuse, singulière, intéressante, qui [lui] appartient tout entière'. La conclusion s'indigne qu'un 'philosophe ennemi des préjugés' ait déshonoré ses ouvrages par des 'calomnies si grossières et des citations si fausses' (ii.34, 54). Piqué au vif, le chrétien de l'opuscule de Voltaire, *Un chrétien contre six juifs*, répondra (M.xxix.531-32):

Dites-moi, je vous prie: de ce que César menaça nos pères, les magistrats de la ville de Vannes, de les faire pendre, en concluriez-vous qu'ils ne furent pas pendus, sous prétexte qu'ils n'aimaient pas à l'être? On ne vous a point dit que les mères juives mangeassent leurs enfants de gaîté de cœur; on vous a dit qu'elles en ont mangé quelquefois: la chose est avérée. Pourquoi, vous et moi, nous mangeons-nous le blanc des yeux pour des aventures si antiques?

Traditionnellement non répertoriées parmi les réfutations du *Dictionnaire philosophique*, les *Lettres de quelques juifs* méritent de l'être, parce qu'elles touchent quelques points sensibles. [138] Guénée met au jour des 'gasconnades d'érudition': 'le moment vient où le masque tombe et une petite humiliation bien méritée succède à un vain triomphe'. Il collectionne les bévues linguistiques de Voltaire, ainsi celle de l'article 'Idole':

Nous aurions bonne grâce, en effet, de vous dire qu'il fallait mettre Eidolon et non pas Eidolos, qu'Eidolos n'est pas grec [...] Vous savez tout cela mieux que nous, Monsieur, et il y a mille à parier contre un que vous aviez écrit correctement. Il est vrai qu'il est un peu fâcheux que ces petites fautes se trouvent dans toutes les éditions de vos

---

[138] Beuchot ne cite pas l'ouvrage de Guénée dans sa liste des réfutations du *Dictionnaire philosophique* (M.xvii.ix-x). Il ne cite pas non plus Bergier. Dans sa thèse *De Pascal à Chateaubriand: les défenseurs français du christianisme de 1670 à 1802* (Paris 1916), A. Monod accorde une place de choix à Guénée (p.435-40).

ouvrages, même dans celle qui s'exécute sous vos yeux. Mais ces typographes sont si négligents. [139]

Guénée n'a point le triomphe modeste. Il donne des leçons, parfois non sans mauvaise foi. Il reproche à Voltaire d'avoir écrit que la fille de Jephté allait 'pleurer le malheur de mourir vierge', alors qu'il faut dire qu'elle devait 'pleurer sa virginité', ayant été consacrée au Seigneur, car il est impossible que Jephté ait fait un 'vœu barbare auquel la nature répugnait, que la raison condamnait'. Les subtilités d'un casuiste s'efforcent d'atténuer l'horreur du meurtre d'Agag: 'Et il [Samuel] le coupa en morceaux devant le Seigneur à Galgala' (I Samuel xv.33). Guénée n'est pas à court d'hypothèses: peut-être fut-il mis en pièces, non par Samuel, mais sur son ordre? Quant à Osée auquel le Seigneur commande de prendre une femme de fornication, le prophète, en l'épousant, 'la retirait du désordre: il n'y a là ni adultère, ni débauche'. [140]

Ces *Lettres* furent bien accueillies par la critique. Bergier est plus savant, plus solide; Guénée, plus polémiste, a plu, malgré certaines de ses faiblesses. [141] La réponse de Voltaire contribua à son succès. [142]

Avec ses rééditions successives et augmentées de nouveaux articles, le *Dictionnaire philosophique* n'en finit pas de susciter des vocations de redresseurs de torts. En 1770, le jésuite Aimé-Henri Paulian (1722-1802) fait paraître son *Dictionnaire philosopho-théologique*

---

[139] ii.464. Voir le relevé d'autres fautes, ii.397-401. Il croit découvrir que Voltaire a lu Hérodote en traduction latine (ii.338); Voltaire a la traduction de Du Ryer (BV1631). Guénée donne des leçons de thème grec (ii.328-40).

[140] Sur 'Jephté', ii.72, réponse de Voltaire, M.xxix.533; sur Agag, ii.79-80, réponse de Voltaire, M.xxix.533; sur Osée, ii.139-41, réponse, M.xxix.541.

[141] Son argumentation sur la beauté se Sara ne vaut pas mieux que celle de Chaudon.

[142] Guénée rapporte les jugements favorables du *Journal de Verdun*, de *L'Année littéraire*, du *Journal des savants*, de la *Monthly review*; il se défend de l'imputation d'avoir été trop amer portée par le *Journal encyclopédique*, cite le *Journal ecclésiastique* qui appelle à plus de sévérité (i.xi-xxv).

portatif où il se propose d'accorder 'la véritable philosophie avec la saine théologie'.[143] Dans sa longue préface, Paulian est surtout animé par le souci de présenter un mode d'emploi de son ouvrage pour lequel il préconise des lectures successives. Se refusant à attribuer le *Dictionnaire philosophique* à qui que ce soit, puisque cet ouvrage n'est point signé, il se propose de démontrer que ce 'recueil alphabétique n'est qu'un amas informe de faussetés, d'impiétés, de blasphèmes, d'obscénités', et souligne l'importance de ses articles 'Philosophe' et 'Philosophie'.[144]

En effet, l'article 'Philosophe' est composé d'une série d'accusations contre Bayle, Spinoza, Helvétius, l'abbé de Prades, Rousseau et se termine par la condamnation du *Dictionnaire philosophique*. L'article 'Philosophie' établit la liste des ouvrages condamnables, énumère tous les chefs d'accusation que l'on peut porter contre ces ouvrages 'aussi offensants pour la Majesté divine, que nuisibles au bien des empires et des sociétés' pour conclure (p.259):

Toutes ces qualifications réunies ensemble, ne conviennent que trop au *Dictionnaire philosophique*, puisqu'il ne paraît avoir été composé que pour renfermer dans un même volume tout ce qu'il y a de plus répréhensible dans les ouvrages de nos prétendus philosophes.[145]

Manifestement, la polémique n'intéresse pas en premier lieu Paulian qui désire surtout présenter le corps de doctrine de l'Eglise. Voltaire dans son *Fragment d'une lettre sur les dictionnaires satiriques* (1773) n'épargnera guère ce 'roquet de Paulian', signalant ses erreurs aux articles 'Religion' et 'Genèse', s'indignant des outrages que ce 'fanatique de collège' prodigue aux laïques, se moquant de ses discours sur la grâce suffisante (M.xxix.1-4).

---

[143] *Dictionnaire philosopho-théologique portatif, contenant l'accord de la véritable philosophie avec la saine théologie, et la réfutation des faux principes établis dans les écrits de nos philosophes modernes* (Nismes 1770; BV2671). Sur son exemplaire, Voltaire a écrit 'soporatif', par 'un sot nommé Paulian'.

[144] Préface, p.ii. Ce dictionnaire comprend 110 articles.

[145] Paulian fait allusion à quelques articles du *Dictionnaire philosophique*: 'Amour', 'Lois civiles', 'Vertu'.

7. RÉCEPTION

Auteur des *Erreurs de Voltaire*, Claude-François Nonnotte (1712-1793) fait paraître en 1772 un *Dictionnaire philosophique de la religion, où l'on établit tous les points de la religion, attaqués par les incrédules, et où l'on répond à toutes leurs objections*, en quatre tomes (s.l. 1772; BV2578). Comprenant 46 articles dont 31 ont des intitulés communs avec le *Dictionnaire philosophique*,[146] l'ouvrage de Nonnotte se divise en parties didactiques et parties polémiques. Il veut d'abord affermir son lecteur sur tous les points fondamentaux de la religion, puis le prémunir contre toutes les absurdités, extravagances et fureurs dans lesquelles donnent ceux qui l'attaquent (i.ii). Il combat l'*Encyclopédie*, *Le Christianisme dévoilé*, *Le Militaire philosophe*, l'*Emile*,[147] mais surtout 'l'homme du dictionnaire' (i.22, 66, 75, 101), le 'lubrique' (i.121), le 'Docteur' (i.321). Les articles de Nonnotte qui doivent être regardés 'comme autant de petits traités philosophiques' sont construits suivant un plan-type: la première partie expose la saine doctrine, la seconde réfute les erreurs. Cette dernière est souvent très développée: l'article 'Christianisme' traite en 42 pages des caractères du christianisme et en 80 pages des 'mensonges, calomnies et absurdités' avancés dans l'article 'Recherches historiques sur le christianisme'.

Nonnotte met en œuvre une méthode d'exposition marquée par la scolastique, aligne et classe les arguments. Cette armature logique n'est pas sans failles, ainsi de ce syllogisme (ii.103-104):

On doit regarder comme évidemment divins, c'est-à-dire, comme dictés par l'Esprit de Dieu, des livres qui annoncent des vérités qu'aucunes lumières naturelles ne pouvaient découvrir et que Dieu seul pouvait connaître et manifester. Or les livres saints annoncent des vérités qu'aucunes lumières naturelles ne pouvaient découvrir, et que Dieu seul pouvait connaître et manifester. Donc les livres saints sont évidemment des livres divins, c'est-à-dire, inspirés et dictés par l'Esprit de Dieu.

---

[146] Certains articles sont intitulés différemment: 'Déluge' répond à 'Inondation'; 'Eternité des peines' à 'Enfer'; 'Création' et 'Paradis terrestre' à 'Genèse'; 'Cantique des cantiques' à 'Salomon'.

[147] Voir les articles 'Athée', 'Christianisme', 'Mystères', 'Religion', 'Révélation'.

La première proposition a la force de l'évidence, selon lui; la seconde est victorieusement prouvée par les prophéties, donc la troisième est irréfutable. On ne lui accordera que la logique de la foi.

Esprit tatillon, il lui arrive d'attacher trop d'importance aux détails, au détriment de l'essentiel. Lorsque Voltaire affirme qu'il y eut vingt-neuf schismes sanglants pour le trône de saint Pierre, Nonnotte remarque qu'il y eut trente-cinq antipapes, ce qui n'est point la meilleure manière de corriger les 'calomnies' du *Dictionnaire philosophique*, même s'il dispute sur la notion de 'schisme' (i.260-61). Il pratique un commentaire parfois paraphrastique, parfois critique, cherche et trouve les 'erreurs de Voltaire'. Ainsi est-il souvent pertinent dans sa réfutation de l'article 'Circoncision'. [148] En revanche, il adopte le ton d'un justicier impitoyable: si pour empêcher les philosophes de parler et d'écrire, il fallait leur arracher la langue et leur couper la main, 'serait-ce assez pour l'auteur de tant d'infamies et de blasphèmes' ('Ezéchiel', ii.225). Voltaire, qui a beaucoup ferraillé avec Nonnotte, [149] fait une allusion dédaigneuse à ce *Dictionnaire* auquel son ennemi travaille, dans ses *Honnêtetés littéraires* (M.xxvi.152). Le *Commentaire historique* relèvera une de ses bévues. On ne peut douter des miracles s'ils ont été suivis 'de quelques établissements fameux, consacrés par quelques monuments authentiques et toujours subsistants ou s'ils ont donné lieu à quelque grande solemnité instituée pour en perpétuer la mémoire' (iii.62). Ainsi les processions de Dijon et de Dole prouvent assurément qu'une hostie, percée de coups de canif, a répandu du sang à Dijon et qu'une autre hostie à Dole s'éleva au-dessus des flammes lorsque l'autel fut embrasé. Voltaire se gausse de ces deux miracles et rappelle que le peuple

[148] Voir l'annotation de cet article.

[149] Les *Eclaircissements historiques* (M.xxiv.483-520) répondent aux *Erreurs de Voltaire*. Introduit dans le drame de *Socrate* sous le nom de Nonoti (v.364 ss.), Nonnotte est une des cibles des *Honnêtetés littéraires*. En 1768, Voltaire lui adresse la *Lettre d'un avocat de Besançon au nommé Nonotte ex-jésuite* (M.xxvi.569-72).

a prétendu dans plus de soixante villes d'Europe que les juifs donnèrent des coups de couteau à des hosties qui répandirent le sang (M.i.122).

Malgré son désir de rivaliser avec les techniques de vulgarisation du *Portatif* en adoptant par exemple la forme dialoguée,[150] cette réfutation reste pesante, mêlant à des remarques justes un certain nombre de pléonasmes ou de tautologies.

Par l'ampleur des réactions qu'il suscita, le *Dictionnaire philosophique* paraît être un point de passage obligé de l'apologétique du siècle des Lumières. Ressenti comme un condensé de toutes les impiétés des philosophes, il est le point de mire de tous ceux qui voulurent défendre la religion. Des milliers de pages furent écrites, comprenant des exposés du dogme et des réfutations de la moindre allégation voltairienne,[151] ces dernières pratiquant, toutes proportions gardées, un commentaire littéral à la manière de dom Calmet.

Leur exégèse biblique s'appuie souvent sur ce dernier. En un temps où la lecture de la Bible reste en France le privilège d'une minorité,[152] des ecclésiastiques indignés par les blasphèmes de Voltaire ouvrent un contre-feu d'importance. Ils défendent fermement le sens littéral de maints épisodes bibliques[153] ou proposent, quand trop de difficultés s'élèvent, des interprétations par les 'types'. Ils ne sont pas sans succomber à bien des 'délires figu-

---

[150] Dialogue entre un juif et un philosophe ('Création'), entre un chrétien et un mécréant ('Déluge'), entre le fataliste et le sage ('Destin').

[151] On regrette la disparité entre le nombre de réfutations protestantes et celle des réfutations catholiques. Nous réservons la possibilité de lacunes dans notre bibliographie.

[152] F. Delforge, *La Bible en France et dans la francophonie: histoire, traduction, diffusion* (Paris 1991), p.196. En 1757, le pape Benoît XIV permet les Bibles en langue vulgaire dont la traduction a été approuvée par le Saint-Siège.

[153] Sur cette constante, voir J.-R. Armogathe, 'Sens littéral et orthodoxie', *Le Siècle des Lumières et la Bible*, sous la direction d'Y. Belaval et D. Bourel (Paris 1986), p.431-39.

ristes', [154] mais bon nombre de textes sont savants. Ils privilégient une démarche intellectualiste, font appel tout autant que Voltaire au vraisemblable, [155] manifestant un manque de sens historique. Ils en appellent à la raison, ils entendent prouver, démontrer au lieu de proclamer leur foi.

Ils se situent, pour l'essentiel, et avec des tempéraments divers sur la ligne d'un catholicisme défensif, arc-bouté sur la tradition, fort de ses certitudes, refusant tout esprit d'examen. Le moindre doute concernant l'authenticité ou la datation des livres du Pentateuque leur paraît inacceptable, comme si la prise en compte d'une recherche historique allait détruire la Bible tout entière. Aucune concession, aucun compromis, et parfois non sans ridicule. Ce ne sont point pourtant des esprits obscurantistes qui ont lu le *Dictionnaire philosophique*, [156] ils peuvent faire preuve de connaissances réelles, de capacités d'analyse et de raisonnement, mais ce sont des esprits bloqués, prêts à contraindre qui n'est point décidé à se soumettre. Les catholiques, sur ce point, manifestent une bonne conscience imperturbable. Ils approuvent les mesures coercitives, ils en appellent au pouvoir, comme s'ils ne croyaient ni en leur capacité de persuasion, ni dans les vertus de la prière, ni dans la force de la vérité. Ils espèrent tout au plus une conversion du pécheur à l'article de la mort, comme si leur triomphe devait s'appuyer sur la peur.

Cette crispation est particulièrement sensible dans leurs réponses aux articles 'Fanatisme' et 'Tolérance'. Pour attaquer le premier, ils se croient peu ou prou obligés de proposer une défense

---

[154] Nous empruntons cette expression à R. Pomeau dans la 'Table des matières' de *La Religion de Voltaire* qui traite de ces 'délires', p.374-76. La maternité de Sara et la lecture du Cantique des cantiques donnent lieu aux hypothèses les plus comiques.

[155] La raison pour laquelle Jephté n'a point immolé sa fille, est que ce sacrifice serait contraire à la raison et à la nature (voir Guénée, ii.72-73).

[156] Voir S. Albertan-Coppola, 'L'apologétique catholique française à l'âge des Lumières', *Revue de l'histoire des religions* 205 (avril-juin 1988), p.151-80.

et illustration du fanatisme. Ils rappellent avec jubilation que, selon Jean-Jacques Rousseau:

Le fanatisme, quoique sanguinaire et cruel, est pourtant une passion grande et forte, qui élève le cœur de l'homme, qui lui fait mépriser la mort, qui lui donne un ressort prodigieux et qu'il ne faut que mieux diriger pour en tirer les plus sublimes vertus; au lieu que l'irréligion, et en général l'esprit raisonneur et philosophique attache à la vie, effémine, avilit les âmes, concentre toutes les passions dans la bassesse de l'intérêt particulier, dans l'abjection du *moi* humain, et sape ainsi à petit bruit les vrais fondements de toute société. [157]

Mais Chaudon qui cite Rousseau, omet de reproduire la phrase qui précède cette déclaration dans *Emile*: 'Bayle a très bien prouvé que le fanatisme est plus pernicieux que l'athéisme, et cela est incontestable'. D'où la protestation horrifiée de Voltaire dénonçant Chaudon:

Croirait-on bien que cet énergumène, à l'article *Fanatisme*, fait l'éloge de cette fureur diabolique? Il semble qu'il ait trempé sa plume dans l'encrier de Ravaillac. Du moins Néron ne fit point l'éloge du parricide; Alexandre vi ne vanta point l'empoisonnement et l'assassinat. Les plus grands fanatiques déguisaient leurs fureurs sous le nom d'un saint enthousiasme, d'un divin zèle; enfin nous avons *confitentem fanaticum*. [158]

Pour ce qui est de l'article 'Tolérance', ces apologistes restent persuadés que le prince, oint du Seigneur et serviteur de l'orthodoxie, doit mettre le bras séculier à la disposition de l'Eglise. [159] Bergier, comme le remarque B. Plongeron, a posé 'la triple équation qui va paralyser "la théologie politique" pendant près

---

[157] *Emile, Œuvres complètes*, iv.632-33.
[158] *Le Pyrrhonisme de l'histoire* (M.xxvii.298).
[159] Comme le montre G. Cheymol, 'La Bible et la tolérance', *Le Siècle des Lumières et la Bible*, p.659. Cet article analyse aussi les interprétations chrétiennes de la tolérance, fait le point sur la discussion de paraboles dont l'interprétation pose problème.

de cent cinquante ans: *démocratie = révolution = athéisme*.[160] Nonnotte prétend que la tolérance 'ne peut avoir pour objet que les choses qu'on puisse regarder comme indifférentes' et il affirme que l'intolérance de l'Eglise catholique est 'le caractère le plus brillant de la sainteté de l'Eglise, la plus forte preuve de sa divinité, le plus digne objet de notre respect, de notre vénération, de notre amour pour elle, et que c'est par là principalement qu'elle peut être le mieux reconnue pour la vraie épouse de Jésus-Christ'.[161] Ces apologistes campent sur leurs positions comme à l'intérieur d'une forteresse assiégée, ils ne veulent voir dans la tolérance que de l'indifférence en matière religieuse.[162] Attachés à leur position dominante dans le royaume de France, ils sont prêts à dénoncer la tolérance comme une hérésie.

On mesure le fossé qui sépare ces adeptes de l'interprétation augustinienne du *compelle intrare* et les tenants de la philosophie, tout particulièrement l'impertinent patriarche de Ferney. La lecture du *Dictionnaire philosophique* fut un traumatisme pour les consciences catholiques du dix-huitième siècle, qui s'exprimèrent parfois avec la plus extrême brutalité. Pour Larcher, Voltaire est une 'bête féroce'.[163] Bergier, qui écrit un *Traité sur la Rédemption*, s'autorise dans sa correspondance des remarques fort peu charitables:

Pendant mon séjour à Paris, Voltaire a crevé comme il devait naturellement le faire avec le sombre désespoir d'un réprouvé; selon le curé de Saint-Sulpice, il était déjà damné quinze jours avant sa mort.[164]

---

[160] B. Plongeron, *Théologie et politique au siècle des Lumières (1770-1820)* (Genève 1973), p.119.

[161] Nonnotte, iv.228, 294.

[162] Le problème de la liberté de conscience ne les effleure guère. Ils passent sous silence les textes du Nouveau Testament qui sont interprétés comme favorables à la tolérance.

[163] Voir V 64, p.78. Jugement porté à propos du *Dictionnaire philosophique*.

[164] *Un théologien au siècle des Lumières: l'abbé Bergier*, p.181. Voir d'autres remarques affligeantes sur Voltaire, p.183; sur J.-J. Rousseau, p.184; sur la 'philosophaille', p.102, 105; sur Diderot qui s'est cru son ami, p.340-41.

7. RÉCEPTION

Si les réfutations de ce 'dictionnaire diabolique' furent l'occasion d'un remarquable dialogue de sourds, le *Portatif* doit s'apprécier sur ce fond de tensions, d'incompréhensions, dans l'atmosphère d'une bataille où tous les coups semblaient permis.

8

Manuscrits

Le manuscrit remis à Gabriel Grasset en juillet 1763 ayant sans doute été détruit sur les instructions de Voltaire, nous ne connaissons que quelques vestiges des changements effectués pour les éditions de 1765.

MS1

Copie contemporaine de l'article 'Catéchisme du jardinier' (Bpu, Supp. 150, f.123-24). Elle n'offre aucune variante par rapport au texte imprimé de 65.

MS2

Une liste de la main de Wagnière, 'Fautes à corriger dans le Dictionaire portatif philosophique' et un 'Supplément à l'errata' (Bpu, Supp. 150, f.127-28). Les références de page et de ligne renvoient à la première édition; les fautes sont corrigées dans 65 à l'exception de trois: voir 'Ame', l.14v; 'Anthropophages', l.49v; 'Beau', l.23-24v. Outre les corrections signalées dans l'apparat critique une note après le 'Supplément à l'errata' précise: 'Le Catéchisme du Jardinier doit suivre immédiatement celuy du Curé qui se trouve page 128'. Voir fig. 1.

Manuscrits secondaires

Les articles 'Apis' et 'Gloire' furent inclus par Grimm dans la livraison du 15 septembre 1764 de la *Correspondance littéraire* destinée à la reine Louise-Ulrique de Suède; 'Fanatisme', 'Tyrannie' et 'Convulsions' dans celle du 1er octobre (voir ICL, 64:208, 62:224). Dès la livraison du 15 juillet 1759, Grimm avait fait parvenir à la duchesse de Saxe-Gotha un texte intitulé 'De l'antiquité du dogme de l'immortalité de l'âme' qui constitue les lignes 136-221 de l'article 'Ame' du DP (ICL, 59:126).

fautes à corriger dans le Dictionaire [portatif] philosophique.

Page 2. ligne 22. à trois cent lieues. corriges, à quatre cent lieues.

p: 3. l: 5. Il alla d'un pais idolatre dans. corr: il alla d'un pais qu'on nomme idolâtre dans.

p: 4. l: 1re.2.et3. mettes en lettres italiques, beaucoup de brebis, de bœuf, d'ânes d'anesses, de chameaux, de serviteurs et de servantes:

p: 5. l:10. pauvre philosophe. corr: pauvre pédant.

p: 5. l: 16. qu'entends-tu par ces mots, cette fleur végète? corr: qu'entends-tu par ces mots? cette fleur végète.

p. 6. l. 13. entelechie, corr: entélechie

p: 16. l: 1er. l'objet que sa nature. corr: l'objet que la nature.

p: 19. après, je le veux croire, mais à la ... ajoutes, triste pour ceux à qui Rabelais a dédié son livre. et ...

p: 22. l'avantdernière. des malais, corr: des malakim.

p. 24. l: 27. livre apocriphe de Noé, corr: livre apocriphe d'Enoch.

p. 28. l: 1ere. ordonné au 29e chap: corr: ordonné au 27e chap:

p: 48. l. 2de. que le beau est très rélatif. corr: que le beau est souvent un pur rélatif.

p: 73. l: 24. luiqui fait graviter, corr: elle qui fait graviter.

1. 'Fautes à corriger'. Document (MS2) de la main de Wagnière.
Bibliothèque publique et universitaire, Genève.

Notons pour mémoire qu'il existe une copie manuscrite d'une des éditions de 1765 à la Bibliothèque municipale de Versailles, cote 1G. Elle provient du cabinet Lelong, employé à la Marine sous Louis XVI.

9

Editions [1]

La première édition du *Dictionnaire philosophique* (sigle 64), tradi-tionnellement attribuée aux presses de Cramer, fut imprimée et publiée à Genève en 1764 par Gabriel Grasset. Elle servit de modèle à quatre éditions: 'Londres', 1764 (en fait Berlin; sigle 64B); 'Londres', 1764 (Avignon?; sigle 64X); 'Berlin, Nusans' (imprimée en France; sigle 65B); et une édition anglaise (65L). Voltaire envoya des corrections et plusieurs nouveaux articles à Amsterdam pour Marc-Michel Rey, dont l'édition (65) fut copiée par deux éditions françaises, 65X1 et 65X2. D'autres corrections et additions furent communiquées par Voltaire à Gabriel Grasset, qui sortit une édition en deux volumes en 1765 sous l'adresse de Varberg (65V).

Le texte de l'édition Rey (65) fut revu et corrigé pour une deuxième édition hollandaise, de 1767 (67 et 67S), qui servit ensuite de base à la première édition Cramer, parue en 1769 sous le titre *La Raison par alphabet* (69). C'est cette version, la dernière pour laquelle Voltaire était pleinement responsable, qui fournit le texte de base de la présente édition.

D'autres éditions de *La Raison par alphabet* parurent en 1770, 1773, 1776 et 1782. De 1770 à 1772, quelque cinquante articles du *Dictionnaire philosophique* furent incorporés par Voltaire dans les *Questions sur l'Encyclopédie*. Certains articles, ou fragments d'ar-ticles, figurent dans des éditions collectives des œuvres de Voltaire à partir de 1771 (W68). Ce qui restait du DP après la publication des QE fut rassemblé par Cramer dans les *Pièces détachées* (voir

---

[1] Section établie par Andrew Brown avec la collaboration de Jeroom Vercruysse et Ulla Kölving.

W75G), sous le titre de 'Fragments sur divers sujets, par ordre alphabétique'.

L'identité du *Dictionnaire* fut finalement anéantie dans l'édition de Kehl (K84), où les éditeurs rassemblèrent tous les écrits alphabétiques de Voltaire dans une seule série, en y ajoutant de nombreux textes qu'ils n'avaient pas réussi à classer ailleurs.

On trouvera ci-dessous (p.274-77) une liste des articles parus dans 64, 65, 65v, 67, 67s et 69.

64

DICTIONNAIRE | PHILOSOPHIQUE, | PORTATIF. | [*ornement typographique*] | *LONDRES.* | [*filet gras-maigre, 75 mm*] | MDCCLXIV. |

[*faux-titre*] *DICTIONNAIRE | PHILOSOPHIQUE,* | PORTATIF. |

8°. sig. π⁴ A-X⁸ Y⁴; pag. viij 344 (p.216 numérotée '126', p.331 parfois numérotée '33'); \$4 signé, chiffres arabes (− Y3-4); tomaison '*Dictionn. Philofoph.* Tom. I.'; réclames par page.

[i] faux-titre; [ii] bl.; [iii] titre; [iv] bl.; v-viij Table des articles contenus dans ce volume; [1]-286 Dictionnaire philosophique, portatif. Abraham [-Miracles]; 287-288 Table des pièces contenus [*sic*], dans ce premier volume; 289-344 Moïse [-Vertu].

Il s'agit de la première édition du *Dictionnaire philosophique*, imprimée et éditée à Genève par Gabriel Grasset. Nous avons exposé en 1987[2] les raisons, internes et externes, qui nous incitent à attribuer à Gabriel Grasset cette édition, ainsi que la majorité des éditions originales des textes clandestins de Voltaire des années 60 et 70. Grâce aux conseils de Robert Darnton et à l'aide de Jacques Rychner, nous avons examiné depuis les lettres échangées entre Grasset et la Société typographique de Neuchâtel, correspondance qui confirme pleinement notre thèse. Leurs relations commerciales commencent quelques années après la

---

[2] Voir A. Brown et U. Kölving, 'Voltaire and Cramer?', *Le Siècle de Voltaire*, éd. Ch. Mervaud et S. Menant (Oxford 1987), p.156-61.

DICTIONNAIRE

PHILOSOPHIQUE,

PORTATIF.

LONDRES.

MDCCLXIV.

2. *Dictionnaire philosophique, portatif.* Première édition (64),
imprimée et éditée à Genève par Gabriel Grasset.
Taylor Institution, Oxford.

publication de la première édition du *Dictionnaire philosophique*, celle-ci n'étant par conséquent jamais mentionnée. En revanche, on y trouve d'importantes transactions concernant la plupart des autres éditions voltairiennes de Grasset dans lesquelles figurent les mêmes fleurons, gravés sur bois, qui ornent les pages du *Dictionnaire philosophique*.[3]

L'édition est parue en juillet 1764 (D11978, D11987); son arrivée à Paris est notée par d'Hémery le 1er septembre 1764: 'Dictionnaire philosophique portatif, volume in 8°. de 344 pages. 1er 7bre 1764. C'est un ouvrage impie contre dieu et la religion qu'on attribue avec raison à M. de Voltaire qui en est certainement l'auteur; on ne scait pas encore ou il a été imprimé où à Genève ou en Hollande. Ce qu'il y a de certain c'est qu'il n'i en a point à Geneve et qu'il est très commun à Aix la Chapelle et à Liege où on les trouve pour 24 sols. On a pris icy les mesures les plus justes pour empecher qu'on ne le vende ni qu'on le reimprime; malgré cela on aura bien de la peine de l'empêcher de paraitre.' (Bn F22096, f.392r). Dans un autre rapport, daté du 13 septembre, d'Hémery croit qu'il est imprimé à Genève et dit qu'il y en a peu d'exemplaires à Paris (F22163, f.133, cité par Leigh 3537, note *h*).

Les poursuites à Genève commencent le 10 septembre (voir D12079 et D.app.249). Barthélemy Chirol, 'commis' de Claude Philibert, indique aux autorités que Mme Grasset lui a fourni environ douze exemplaires, dont il lui reste deux; il a vendu les autres 'à raison de six Livres de France le volume'. Eve Grasset reconnaît en avoir acheté douze exemplaires à un colporteur inconnu pour 21 sols chacun et les avoir vendus tous à Chirol au prix de 30 sols. Le 25 septembre le *Dictionnaire philosophique* est 'lacéré & brûlé devant la Porte de l'Hotel de Ville, par l'Exécuteur de la Haute Justice, comme téméraire, impie, scandaleux, destructif de la Révélation'.

StP: 11-42, 6425, BV3543 (p.331 numérotée '33'; S8 absent; exemplaire corrigé, voir ci-dessous, 64*); – 11-42, 6426, BV3543 (relié en maroquin rouge); – 11-42, 6427, BV3543 (relié en maroquin rouge); Bn: Rés. Z

---

[3] Voir le catalogue préparé par Jean-Daniel Candaux, Silvio Corsini et Jacques Rychner, *Voltaire imprimé tout vif. Un choix d'éditions suisses 1723-1778* (Genève, Lausanne, Neuchâtel 1994), p.47-72, 143-47.

Beuchot 209; − Z 27261; Arsenal: 8° T 10402; − 8° T 10403; ImV: D Dictionnaire 2/1764/1; Taylor: V8 D6 1764 (1); Bayerische Staatsbibliothek, München: Ph U 530 0.

64*

Un exemplaire de la première édition corrigé par Voltaire. Ces quelques corrections ne furent pas toujours exécutées dans 65; voir 'Abraham', l.19, 38; 'Ame', l.3; 'Destin', l.46; cf. pourtant 'Destin', l.49-52, et 'Moïse', l.21-22, 23-25.

StP: 11-42, 6425, BV3543 (p.331 numérotée '33'; S8 absent).

64B

DICTIONNAIRE / PHILOSOPHIQUE / PORTATIF / PAR / Mr. DE VOLTAIRE. / [*ornement, globe terrestre, 60 x 45 mm*] / A LONDRES. / [*filet gras-maigre, 79 mm*] / MDCCLXIV. /

[*faux-titre*] DICTIONNAIRE / PHILOSOPHIQUE / PORTATIF. /

8°. sig. **⁴ A-U⁸ X⁴; pag. VIII 328; $5 signé, chiffres arabes (− *1-2, *4, X4); tomaison '*Dictionn. Philof.* Tom. I.' (sigs B, D, G, I, L-P, R, S '*Dictionn. Philofoph.* Tom. I.'; E, F, H, K '*Dictionn. Philof* Tom. I.'; U, X '*Dictionn. Philofoph.* Tom. II.'); réclames par page.

[i] faux-titre; [ii] bl.; [iii] titre; [iv] bl.; V-VIII Table des articles contenus dans ce volume; [1]-272 Dictionnaire philosophique, portatif [Abraham-Miracles]; [273-274] Table des pièces contenues, dans ce premier volume; 275-328 [Moïse-Vertu].

Il s'agit de la seule édition allemande du *Dictionnaire* et sans doute celle que Voss entreprit à la demande de Frédéric II. Le 4 juin 1765, le libraire francfortois Varrentrap fait part au ministre plénipotentiaire auprès du gouverneur général des Pays-Bas autrichiens, le comte Karl Philipp von Cobenzl, qu'il a vu un ordre autographe de Frédéric II enjoignant le libraire berlinois Voss d'imprimer l'ouvrage (Archives générales du royaume, Bruxelles, Secrétaire d'Etat et guerre, 1239, f.98).

Cette édition, la seule à porter le nom de l'auteur, suit le texte de 64.

ImV: D Dictionnaire 2/1764/2; Bayerische Staatsbibliothek, München: Rem IV 1126; Bibliothèque nationale suisse, Berne: A 16259 Rés.

64x

DICTIONNAIRE | PHILOSOPHIQUE, | *PORTATIF.* | [*ornement typographique*] | *LONDRES.* | [*filet gras-maigre, 60 mm*] | M. DCC. LXIV. |

8°. sig. A-R⁸; pag. 272 (p.211 numérotée '111', 212 '112', 213 '113', 224 '124'); $4 signé, chiffres arabes (– A1, A3; A2 signé 'A', A4 'A3', Q3 'P3'); réclames par cahier.

[1] titre; [2] bl.; [3]-272 Dictionnaire philosophique, portatif. Abraham [-Vertu].

Une édition qui suit le texte de 64. Elle est imprimée sur un papier portant en filigrane le nom de R. Montgolfier à Annonay et aurait pu être fabriquée à Avignon, selon les auteurs du BnC.

Bn: Rés. Z Bengesco 220; ImV: D Dictionnaire 2/1764/3; Taylor: V8 D6 1764 (2); Br: FS 156 A; – FS 157 A.

65 (1764)

DICTIONNAIRE | PHILOSOPHIQUE, | PORTATIF. | *Nouvelle Edition revue, corrigée & augmentée* | *de divers Articles par l'Auteur.* | [*ornement typographique*] | LONDRES | [*filet gras-maigre, composé de 6 éléments, 65 mm*] | MDCCLXV. |

[*faux-titre*] DICTIONNAIRE / PHILOSOPHIQUE, / PORTATIF. |

8°. sig. *⁶ A-Y⁸ Z⁶; pag. [*12*] 364; $5 signé, chiffres arabes (– *1-2); tomaison '*Diction. Philofoph.* Tom. I.' (– M-Z; sig. D '*Dictionn. Philofoph.* Tom. I.'); réclames par page (par cahier, sigs M-Z).

[*1*] faux-titre; [*2*] bl.; [*3*] titre; [*4*] bl.; [*5*] Avertissement; [*6*] bl.; [*7-12*] Table des articles contenus, dans ce volume; [1]-364 Dictionnaire philosophique, portatif [Abraham-Vertu].

La première édition hollandaise, publiée vers la fin de 1764 à Amsterdam par Marc-Michel Rey et annoncée dans les *Mémoires secrets* à la date du 27 décembre 1764. Le 28 novembre le procureur criminel de la Cour de Hollande, Ysbrand 't Hoen, a ordonné une enquête sur la diffusion du *Dictionnaire* à La Haye. Une procédure rapide (dont le dossier détaillé a survécu, Rijksarchief, La Haye, Hof van Holland, 5484/22) permet l'arrestation de deux libraires, Janssen et Straatman, qui passent aux

DICTIONNAIRE

PHILOSOPHIQUE,

PORTATIF.

*Nouvelle Edition revue, corrigée & augmentée
de divers Articles par l'Auteur.*

LONDRES

MDCCLXV.

3. *Dictionnaire philosophique, portatif.* Edition par Marc-Michel Rey
d'Amsterdam (65). Taylor Institution, Oxford.

aveux complets en deux étapes: le 13 décembre ils déclarent qu'ils tiennent leurs exemplaires du libraire francfortois Esslinger depuis cinq semaines; le 17 ils font état d'envois ultérieurs par Rey d'une autre impression, trois semaines plus tôt. Ceci coïncide plus ou moins avec la vente d'un exemplaire par Rey à son confrère Luchtmans le 4 décembre (Universiteits Bibliotheek, Amsterdam, VBBB Grootboeck Luchtmans 11). De même Rey envoie un ballot sur Genève (D12313n). Il est donc certain que Rey a imprimé à cette date son édition du *Dictionnaire philosophique*. Sur les circonstances de sa publication, voir Jeroom Vercruysse, 'Voltaire et Marc Michel Rey', *Studies* 58 (1967), p.1707-63.

L'"Avertissement' de Rey porte: 'Cette édition est augmentée des articles suivants: Catéchisme du jardinier. Enthousiasme. Persécution. Philosophie [Philosophe]. Liberté de penser. Nécessaire. Sens commun. Tolérance seconde partie. Outre plusieurs changements et augmentations dans le corps de l'ouvrage; nous en remercions l'auteur.'

L'absence de tomaison aux feuilles M à Z, ainsi que la mention à la page [*12*], 'Fin de la table du premier volume', suggère que cette édition, rédigée à la hâte, est issue d'un exemplaire corrigé de 64.

A la suite de l'ajout des sept articles mentionnés ci-dessus, cette édition comprend 80 articles. De menues corrections ont été exécutées, entre autres presque toutes celles signalées par Wagnière dans sa liste 'Fautes à corriger dans le Dictionaire portatif philosophique' (MS2). Cette édition a introduit quelques fâcheuses erreurs qui sont passées dans 67 et 69; voir 'Beau', l.23-24, 'Catéchisme chinois', l.138-139, 'Chaîne des êtres créés', l.41-42, 'Vertu', l.32-33.

Parmi les changements introduits dans 65: 'Abraham', l.66, 85-87 (ajout); 'Apis', l.13-14; 'Apocalypse', l.42-43; 'Athée', l.249; 'Baptême', l.44; 'Bêtes', l.9-10; 'Bien', l.146; 'Bornes de l'esprit humain', l.18-20; 'Catéchisme chinois', l.182, 350, 479, 521; 'De la Chine', l.9, 10, 24; 'Destin', l.49-52 (ajout); 'Egalité', l.38-39, 42; 'Etats', l.34-37 (ajout); 'Ezéchiel', l.8, 19, 98, 105-108 (ajout); 'Fraude', l.51; 'Guerre', l.37, 130; 'Histoire des rois juifs', l.6-7; 'Luxe', l.4, 23; 'Messie', l.134, 141, 162, 178, 253; Moïse, l.6, 14-15, 16-18 (ajout), 21-22, 23-25, 42-43, 52, 72, 115, 121-122; 'Préjugés', l.13; 'Religion', l.63-64, 108, 153-154, 160-161, 230; 'Vertu', l.3, 18, 39.

Bn: Rés. Z Beuchot 210; Taylor: V8 D6 1765 (1) (*1 absent); Br: III 82527 A (*1 absent).

65B

DICTIONNAIRE | *PHILOSOPHIQUE,* | PORTATIF. | *NOU-VELLE E'DITION,* | REVUE, CORRIGE'E, ET AUGMENTE'E | D'UN SUPPLE'MENT. | *TOME PREMIER.* [*TOME SECOND.*] | [*ornement typographique*] | A BERLIN, | Chez P. Guillaume Nusans. | [*filet gras-maigre, 55 mm*] | *M. DCC. LXV.* |

[*faux-titre*] DICTIONNAIRE | *PHILOSOPHIQUE,* | PORTATIF. | *TOME PREMIER.* [*TOME SECOND.*] |

12°. tome 1: sig. π^2 A-N⁶ O²; pag. [*4*] 159; $3 signé, chiffres arabes (− O2); tomaison '*Dictionn. Philofoph.* Tome I.' (sigs B, D, G, I '*Dictionn. Philofoph.* Tom. I.'; K '*Dictionnaire Philofoph.*'); réclames par page; tome 2: π^2 A-L⁶ M²; pag. [*4*] 136; $3 signé, chiffres arabes (− M2); tomaison '*Dictionn. Philofoph.* Tome II.'); réclames par page.

Volume 1: [*1*] faux-titre; [*2*] bl.; [*3*] titre; [*4*] bl.; [1]-157 Dictionnaire philosophique. Portatif. Abraham [-Etats, gouvernements]; 158-159 Table des articles contenus dans ce premier volume.

Volume 2: [*1*] faux-titre; [*2*] bl.; [*3*] titre; [*4*] bl.; [1]-134 Dictionnaire philosophique, portatif. D'Ezechiel [-Vertu]; 135-136 Table des articles contenus dans ce second volume.

Cette édition, en apparence française et imprimée sur un papier Debure, reprend le texte de 64, soit directement, soit par l'intermédiaire d'une autre édition. Le *Supplément* (voir ci-dessous, 65BS) reproduit les additions de 65.

Bn: Rés. Z Bengesco 222.

65BS

SUPPLE'MENT | AU | DICTIONNAIRE | *PHILOSOPHIQUE,* | PORTATIF. |

12°. sig. a-b⁶ c⁴; pag. 31; $3 signé, chiffres arabes (− a1, c3); tomaison '*Supplément.*' (− a1; + a2); réclames par page.

[1] titre; [2] bl.; [3] Supplément au Dictionnaire philosophique, portatif;

[3]-6 Catéchisme du jardinier, ou entretien du bacha Tuctan et du jardinier Karpos; 6-8 Enthousiasme; 9-12 Liberté de penser; 13-16 Nécessaire; 17-18 Persécution; 19-24 Philosophe; 24-26 Sens commun; 26-31 Tolérance. Seconde section.

Voir ci-dessus, 65B.

Bn: Rés. Z Bengesco 222; Arsenal: 8° T 10404 (dans une reliure contemporaine dont l'étiquette porte au dos: 'HISTOIRE / CHOISIE'); – 8° NF 83636.

65v

DICTIONNAIRE | PHILOSOPHIQUE | PORTATIF. [*tome 2 parfois:* PORTATIF,] | NOUVELLE EDITION, | *AVEC DES NOTES*; | Beaucoup plus correcte & plus ample | que les précédentes. | *TOME PREMIER.* [*TOME SECOND.*] | [*ornement typographique*] | *A AMSTERDAM,* | Chez VARBERG. | [*filet gras-maigre, 61 mm, parfois 57 mm; tome 2, 57 mm, parfois 60 mm*] | 1765. |

[*faux-titre*] *DICTIONNAIRE* | *PHILOSOPHIQUE* | *PORTATIF,* | *AVEC DES NOTES.* | TOME PREMIER. [TOME SECOND.] |

Tome 1: 12°. sig. *6 A-O¹² P⁴; pag. XII 344 (p.39 non numérotée; p.27 numérotée '72', 117 '17', 243 '143', 304 '303', 318 '118', 331 '131'); tomaison '*Tom. I.*'; $6 signé, chiffres arabes (– *1-2, *5-6, P3; K4 signé 'I4'); réclames par page.

[i] faux-titre; [ii] bl.; [iii] titre; [iv] bl.; V-XII Préface des éditeurs; [1]-340 Dictionnaire philosophique portatif [Abbé-Fraude]; 341-344 Table des articles contenus dans ce premier volume.

Tome 2: 12°. sig. π² A-N¹² O⁶ (O5 + χ1; O6 bl.); pag. [4] 321 [322-323]; tomaison '*Tom. II.*' (– E); $6 signé, chiffres arabes (– O5-6); réclames par page.

[*1*] faux-titre; [*2*] bl.; [*3*] titre; [*4*] bl.; [1]-318 Dictionnaire philosophique portatif [Genèse-Vertu]; 319-321 Table des articles contenus dans ce second volume; [322] bl.; [323] Avis au lecteur.

L''Avis au lecteur', qui n'est pas présent dans tous les exemplaires, rapporte des errata: 'Il y a deux omissions importantes dans cette édition, d'ailleurs très correcte. La première est à la fin de la page 66 à la ligne

DICTIONNAIRE

PHILOSOPHIQUE

PORTATIF.

NOUVELLE EDITION,

AVEC DES NOTES;

Beaucoup plus correcte & plus ample
que les précédentes.

TOME PREMIER.

A AMSTERDAM,

Chez VARBERG.

1 7 6 5.

4. *Dictionnaire philosophique portatif.* Deuxième édition par
Gabriel Grasset (65v). Taylor Institution, Oxford.

25 après ces mots, qui perdirent la république: *ajoutez*: L'épicuréisme subsista sous les empereurs; les athées du sénat avaient été des factieux dans les temps de Silla et de César; ils furent sous Auguste et Tibère des athées esclaves. Second volume, page 171 ligne dernière, ait dit un seul mot de Moïse, *lisez*, ait dit un seul mot des miracles de Moïse.' Voir respectivement 'Athée', l.235-238, et 'Moïse', n.*a*, l.6*v*.

Il s'agit de la deuxième édition genevoise, imprimée par Gabriel Grasset (voir Brown et Kölving, p.161). L'attention des autorités genevoises est attirée sur cette édition en août 1765. Elles visitent sans succès les imprimeries de Gallay et Blanc mais découvrent, le 4 octobre, 300 exemplaires chez Jean-Louis Gando, fondeur de caractères à Chévelu. Gando, emprisonné, déclare les avoir reçus en dépôt, pour les faire brocher, d'un 'homme qu'il ne connait pas, en saro de toile grise avec un Chapeau détroussé et une seule corne devant, d'une taille moyenne et grosse, portant ses cheveux à ce qu'il croit'. Il modifie les cheveux en perruque lors d'un deuxième interrogatoire et ajoute que le personnage avait un accent allemand. Interrogé sur le rôle qu'aurait pu jouer Grasset dans la fabrication de l'édition il répond qu'il ne le soupçonne pas plus qu'un autre. D'un rapport daté du 7 octobre il apparaît qu'on avait trouvé chez Grasset, au mois de mai précédent, 'un fragment du Dictionnaire Philosophique contenant le catéchisme du Jardinier qui n'est pas dans la première édition'. Grasset est interrogé à son tour le 11 octobre. Il nie toute responsabilité pour la 'maculature' trouvée chez lui en mai, disant que la feuille venait d'une édition hollandaise et appartenait à un de ses ouvriers, un Français nommé Girardot qui était parti depuis. Gando est condamné 'aux prisons qu'il a subies, et en outre à huit jours en chambre close, à la confiscation des exemplaires saisis & aux dépens'.

L'édition 'Varberg' figure dans le dossier Gabriel Grasset de la Société typographique de Neuchâtel à plusieurs reprises. Le 19 juin 1772, Grasset propose en échange '12. Dictionnaire Philos. 2. vol in-12.'; dans un catalogue manuscrit de ses publications du 14 juillet 1772, le prix de l'édition est fixé à 3 livres; le 10 septembre de la même année il en vend 6 exemplaires pour 17 livres 8 sols; l'édition figure dans un catalogue imprimé, *Note des livres philosophiques*, diffusé en avril 1774 (Neuchâtel, MS 1161, f.22*r*, 26*r*, 32*r*, 51*r*, 58*r*).

Cette édition comprend une 'Préface' et 96 articles, dont seize nouveaux: 'Abbé', 'Confession', 'Dogmes', 'Esprit faux', 'Foi', 'Genèse', 'Idée', 'Du juste et de l'injuste', 'Lettres', 'Martyre', 'Orgueil', 'Paul', 'Prêtre', 'Secte', 'Théiste' et 'Théologien'; dix-neuf autres articles ont reçu des ajouts: 'Abraham', 'Ame', 'Catéchisme chinois', 'Catéchisme du Japonais', 'De la Chine', 'Christianisme', 'Destin', 'Ezéchiel', 'Fables', 'Guerre', 'De la liberté', 'Luxe', 'Messie', 'Moïse', 'Religion', 'Résurrection', 'Salomon', 'Sensation' et 'Superstition'. Cette édition, dont le texte semble avoir été soigneusement revu sur la base d'un exemplaire corrigé de 65, est plus correcte et plus soignée que les précédentes et les suivantes (l'erreur introduite à l'article 'Beau' est pourtant passée inaperçue). Elle offre de nombreuses leçons qui lui sont uniques: 'Ame', l.73, 140-141, 207, 233-236; 'Amitié', l.22; 'Amour', l.41; 'Amour nommé socratique', l.53; 'Anthropophages', l.49, 58-59; 'Apis', l.13-14; 'Athée', l.192, 226, 258, 260; 'Baptême', l.72; 'Bêtes', l.76; 'Bien, souverain', l.11; 'Bien, tout est', l.55-56, 102; 'Caractère', l.11-12, 25; 'Catéchisme chinois', l.78, 101, 107-108, 138-139, 377; 'Catéchisme du Japonais', l.11-12, 68, 97; 'Certain', l.62; 'Chaîne des événements', l.68; 'Christianisme', l.130, 155-156, 235-236, 238, 268; 'Ciel des anciens', l.40, 41, 57, 122; 'Circoncision', l.25; 'Convulsions', l.33, 37; 'Corps', l.8; 'Dieu', l.51; 'Etats', l.3-4, 26, 90; 'Ezéchiel', l.10, 12-13, 40, 113; 'Fanatisme', l.8, 15-16, 47; 'Fin', l.60; 'Folie', l.36; 'Fraude', l.64-65; 'Guerre', l.37, 94, 114; 'Histoire des rois juifs', l.22-23; 'Joseph', l.11-12, 30-31; 'Martyre', l.5, 44; 'Matière', l.43, 57; 'Méchant', l.10, 27, 96; 'Messie', l.98, 282, 299; 'Moïse', l.25, 73; 'Nécessaire', l.36-37, 80; 'Patrie', l.21-22; 'Pierre', l.40; 'Préjugé', l.31; 'Religion', l.154, 178, 318; 'Songes', l.61; 'Tolérance', l.92, 115, 190, 192; 'Vertu', l.32. Le changement le plus important est le remaniement de 'Salomon'.

StP: 5-76, BV3544 (sans trace de lecture); − 11-37, 6416-6417, BV3544 (sans trace de lecture); − 11-38, 6418-6419, BV3544 (corrigé; voir ci-dessous, 65v*²); − 11-52, 6437-6438, BV3544 (corrigé; voir ci-dessous, 65v*¹); Bn: Rés. Z Beuchot 212 (p.27, 39, 117 numérotées correctement; χ1 absent; le faux-titre du tome 2 est celui du tome 1); − Rés. D² 5304 (p.27, 39, 117 numérotées correctement; χ1, tome 2 π1 absents); Arsenal: 8° T 10405 (χ1 relié dans le tome 1, entre *2 et *3; manque O6 du tome 2); ImV: D Dictionnaire 2/1765/4 (le feuillet portant l''Avis au lecteur' est relié après π2 dans le tome 2); Taylor: V8 D6 1765 (4-5); Bpu: S 1942 (ex libris: 'De Constant Rebecque').

65v*¹

Deux exemplaires corrigés par Voltaire se trouvent dans sa bibliothèque. Douze articles sont corrigés: 'Amitié', 'Athée', 'Catéchisme chinois', 'Christianisme', 'Genèse', 'Guerre', 'Idole', 'Liberté de penser', 'Luxe', 'Messie', 'Miracles' et 'Moïse'. Un certain nombre apparaissent dans 'Les notes marginales de Voltaire au *Dictionnaire philosophique*', éd. R. Galliani, *Studies* 161 (1976), p.7-18. Ces corrections, qui figurent dans notre apparat critique, ne furent jamais effectuées.

StP: 11-52, 6437-6438, BV3544.

65v*²

Un autre exemplaire corrigé de 65v, avec une seule correction: 'Amitié', l.17.

StP: 11-38, 6418-6419, BV3544.

65x1

DICTIONNAIRE / PHILOSOPHIQUE, / PORTATIF. / NOU-VELLE ÉDITION, / *Revue, corrigée & augmentée de divers Articles* / *par l'Auteur.* / [*ornement typographique*] / A LONDRES. / [*filet gras-maigre, 63 mm*] / M. DCC. LXV. /

8°. sig. π² A-T⁸ V²; pag. [4] 308 (p.221 numérotée '122', 268 '168'); $4 signé, chiffres romains (– V2); réclames par cahier (– E).

[*1*] titre; [*2*] Avertissement; [*3-4*] Table des articles contenus dans ce volume; [1]-308 Dictionnaire philosophique portatif [Abraham-Vertu].

Une édition française, imprimée sur un papier normand, qui reproduit le texte de 65.

Bn: Rés. Z Bengesco 221; ImV: D Dictionnaire 2/1765/3; Bayerische Staatsbibliothek, München: Ph. u 530 p.

65X2

DICTIONNAIRE | *PHILOSOPHIQUE*, | PORTATIF. | *NOU-VELLE ÉDITION*, | Revue, corrigée, & augmentée de divers | Articles par l'Auteur. | [*ornement typographique*] | A LONDRES. | [*filet gras-maigre, 66 mm*] | *M. DCC. LXV.* |

[*faux-titre*] DICTIONNAIRE | *PHILOSOPHIQUE*, | PORTA-TIF. |

8°. sig. *⁴ A-X⁸; pag. [*8*] 336 (p.242 numérotée '244'); $4 signé, chiffres romains (− *1-2, *4); réclames par cahier.

[*1*] faux-titre; [*2*] bl.; [*3*] titre; [*4*] Avertissement; [*5-8*] Table des articles contenus dans ce volume; [1]-336 Dictionnaire philosophique portatif. Abraham [-Vertu].

Cette édition française, imprimée sur un papier d'Auvergne, est attribuée par BnC aux presses de J.-B.-H. Leclerc, à Nancy. Elle reprend le texte de l'édition Rey, 65. Pour le supplément à 65x2 voir plus loin, 67x2s.

Bn: Rés. Z Beuchot 211; − Z 27262; ImV: D Dictionnaire 2/1765/2; Taylor: V1 1770G/1 (24) (relié avec 67x2s); Bodleian: Vet E5 e 342.

65L

DICTIONNAIRE | PHILOSOPHIQUE, | PORTATIF. | [*ornement composé des parties du corps humain, dans une cartouche, 62 x 55 mm*] | [*filet gras-maigre, 81 mm*] | MDCCLXV. |

[*faux-titre*] *DICTIONNAIRE | PHILOSOPHIQUE*, | PORTA-TIF. |

8°. sig. π⁴ A-X⁸ Y⁴ (Y4 bl.); pag. viij 342 (p.27 parfois numérotée '30', parfois non numérotée; p.288 parfois numérotée '8', parfois non numérotée); $4 signé, chiffres arabes (− Y3-4); réclames par page.

[i] faux-titre; [ii] bl.; [iii] titre; [iv] bl.; v-viij Table des articles contenus dans ce volume; [1]-342 Dictionnaire philosophique, portatif [Abraham-Vertu].

Une édition anglaise, qui porte des 'press figures' (1, 2 ou 3) sur toutes les feuilles à l'exception d'Y. Celle-ci fut probablement imprimée avec le cahier π. Cette édition suit le texte de 64, page par page.

Bn: Rés. D² 35023 (p.27 numérotée '30', 288 '8'); ImV: D Dictionnaire 2/1765/1 (p.27 non numérotée); Taylor: V8 D6 1765 (2) (p.27 numérotée '30', 288 non numérotée); – V8 D6 1765 (3) (p.27, 288 non numérotées); Bodley: 27524 e 81 u (p.27 numérotée '30', p.288 non numérotée); – 8° Godwin 697 (p.27 numérotée '30', p.288 non numérotée).

67

DICTIONNAIRE / PHILOSOPHIQUE, / PORTATIF. / *Sixieme Edition revue, corrigée & augmentée / de XXXIV. Articles par l'Auteur.* / TOME PREMIER. / [*filet, 72 mm*] / A–G. / [*filet, 69 mm*] / LONDRES / [*filet gras-maigre, quatre éléments, 59 mm*] / MDCCLXVII. /

[*faux-titre*] DICTIONNAIRE / PHILOSOPHIQUE, / PORTATIF. /

8°. sig. *⁶ A-R⁸ π² S-V⁸ X⁶ Y⁸ Z-Aa⁶ Bb-Kk⁸ Ll⁶; pag. [*12*] 272 [*4*] 273-527; $5 signé, chiffres arabes (– *1-2); réclames par cahier.

[*1*] faux-titre; [*2*] bl.; [*3*] titre; [*4*] bl.; [*5*] Avertissement; [*5*] Errata; [*6-8*] Préface des éditeurs; [*9-12*] Table des articles contenus, dans les deux volumes; [1]-272 Dictionnaire philosophique portatif. Abbé [-Gloire]; [*1*] π1r 'DICTIONNAIRE / PHILOSOPHIQUE, / PORTATIF.'; [*2*] bl.; [*3*] π2r 'DICTIONNAIRE / PHILOSOPHIQUE, / PORTATIF. / *Sixieme Edition revue, corrigée & augmentée / de XXXIV. Articles par l'Auteur.* / TOME SECOND. / [*filet, 71 mm*] / G–V. / [*filet, 72 mm*] / LONDRES / [*filet gras-maigre, quatre éléments, 59 mm*] / MDCCLXVII.'; [*4*] bl.; 273-498 Guerre [-Vertu]; 498-500 Abraham à la fin de l'article Abraham; 500-501 Adam; 501-505 Antitrinitaires; 505-509 Arius; 509-510 Athée. Section seconde; 510-512 Babel; 512-514 Idée des unitaires rigides sur le baptême. Après l'article Baptême; 514-520 Conciles; 520-524 David; 524-526 Des délits locaux; 526-527 Divinité de Jésus.

Les cahiers *⁶ et π² sont imprimés sur un papier différent de celui employé pour le corps de l'ouvrage et dans un autre caractère.

La deuxième édition de Marc-Michel Rey, pour laquelle Voltaire lui a fourni des additions par l'intermédiaire de Du Peyrou. Voir l'étude de 1967 de J. Vercruysse citée ci-dessus (65).

Avec son supplément (67s), cette édition comprend la 'Préface' et 114

DICTIONNAIRE

PHILOSOPHIQUE,

PORTATIF.

Sixieme Edition revue, corrigée & augmentée de XXXIV. Articles par l'Auteur.

TOME PREMIER.

A — G.

LONDRES

MDCCLXVII.

5. *Dictionnaire philosophique, portatif.* Deuxième édition par Marc-Michel Rey (67). Taylor Institution, Oxford.

articles dont dix nouveaux, ajoutés dans le corps du texte: 'Evangile', 'Job', 'Judée', 'Julien', 'Maître', 'Morale', 'Sur le papisme', 'Péché originel', 'Prophètes' et 'Transsubstantiation'; il en va de même des ajouts aux articles 'Foi' et 'Des lois'. Huit autres articles, ainsi que trois additions aux articles déjà publiés, furent ajoutés après coup à la fin du second volume; voir la liste ci-dessus. Cette édition a été faite sur la base d'un exemplaire de 65, dont elle répète certaines erreurs et coquilles. A part les textes nouveaux ajoutés à des stades différents – dans le corps du texte, à la fin du volume, dans 67s (voir ci-dessous) – cette édition introduit peu de variantes et se contente de reprendre le texte de 65, sans tenir compte des leçons introduites dans 65v.

StP: 11-236, BV3545 (tome 2 seul); Bn: Rés. Z Beuchot 213 (relié avec 67s); – D² 12132 (relié avec 67s); Taylor: V8 D6 1767.

67X2S

DICTIONNAIRE / *PHILOSOPHIQUE*, / PORTATIF, / *OU* / SUPPLÉMENT / à l'Édition de 1765. / *Revu, corrigé & augmenté de XXXVII Articles* / *par l'Auteur.* / [*filet gras-maigre, 79 mm*] / [*ornement typographique*] / [*filet maigre-gras, 77 mm*] / A LONDRES. /

8°. sig. *⁴ A-E⁸ F⁴; pag. [*8*] 88; $4 signé, chiffres romains (– *1, *3-4, F3-4); tomaison '*Supplément.*' (– *); réclames par cahier.

[*1*] titre; [*2*] bl.; [*3*] Avertissement; [*3*] Errata; [*4-6*] Préface des éditeurs; [*7-8*] Table des articles contenus dans ce supplément; [1] Dictionnaire philosophique portatif [rubrique]; [1]-2 Abbé; 2-4 Abraham (à la fin de l'article Abraham); 4-5 Adam; 5-8 Antitrinitaires; 8-11 Arius; 11-12 Athée (section seconde); 12-13 Babel; 14-15 Idée des unitaires rigides sur le baptême. (Après l'article Baptême.); 15-20 Conciles; 20-21 Confession; 22-24 David; 24-26 Des délits locaux; 26-27 Divinité de Jésus; 27-30 Dogmes; 30-32 Evangile; 32-34 Foi. Histoire; 34-35 Foi; 36-49 Genèse; 49-50 Idée; 51-52 Judée; 52-57 Julien le philosophe, empereur romain; 57-58 Du juste et de l'injuste; 59-61 Lettres. Gens de lettres, ou lettrés; 61-63 Des lois. (Première section.); 64-65 Maître; 65-67 Martyre; 68-69 Morale; 69-71 Dialogue sur le papisme. Le papiste et le trésorier; 71-73 Paul. Questions sur Paul; 73-74 Péché originel; 75-76 Prêtre; 76-78 Prophètes; 78-80 Résurrection. (Section seconde.); 80-

83 Secte; 84-86 Superstition. (Section seconde.); 87-88 Théiste; 88 Théologien.

Conçu pour compléter 65x2, dont il emprunte la présentation, ce supplément reproduit les additions parues dans 67. L''Avertissement' en présente la liste, sous la rubrique 'Ce supplément contient les articles suivants'. L''Errata' s'applique à 65x2.

Bn: Rés. Z Beuchot 211 *bis*; – D2 13378; Taylor: V1 1770G/1 (24).

67s

[*titre de départ*] page 529 / ADDITION à l'article / AME, page 17. / C'eſt ainſi qu'a penſé Loke, & avant Loke / [...] /

8°. sig. Mm-Oo⁸ Pp²; pag. 529-580; $5 signé, chiffres arabes; réclames par cahier.

529-530 Addition à l'article Ame; 530-531 Catéchisme chinois; 531-532 Catéchisme du Japonais; 532 Addition à l'article De la Chine; 533-540 Addition à l'article Christianisme; 540-541 Addition à l'article Destin; 541-542 Addition à l'article d'Ezechiel; 543 Addition à l'article Fables; 543 Addition à l'article Guerre; 544 Addition à l'article De la liberté; 544 Addition à l'article Luxe; 544-545 Addition à l'article Messie; 545-546 Addition à l'article Moyse; 546-548 Addition à l'article Religion; 549-561 Cet article est trop considérable pour ajouter par morceau, nous le donnons en entier. Salomon; 561-562 Addition à l'article Sensation; 562-564 Confession; 564-567 Martyre; 567 Orgueil; 568-570 Esprit faux; 570-572 Prêtre; 572-576 Secte; 576-580 Superstition. Section seconde; 580 Table des additions et corrections.

Un supplément à 67 (voir ci-dessus), présentant des additions provenant toutes de 65v.

Bn: Res. Z Beuchot 213; – D² 12132.

69

[*tome 1*] LA RAISON / PAR / ALPHABET. / Sixiéme édition revuë, corrigée & augmentée / par l'Auteur. / *PREMIERE PARTIE.* / [*filet, 80 mm*] / A-I. / [*filet, 79 mm*] / [*ornement, 38 x 21 mm*] / [*filet gras-maigre, 77 mm*] / M. DCC. LXIX. /

[*faux-titre*] LA / RAISON / PAR / ALPHABET. / [*filet gras-maigre, 80 mm*] / *PREMIERE PARTIE.* / [*filet maigre-gras, 80 mm*] /

8°. sig. A-Aa⁸; pag. 384; $4 signé, chiffres arabes (– A1-2); tomaison '*La Raiſon &c.* I. Part.' (– A); réclames par cahier.

[1] faux-titre; [2] bl.; [3] titre; [4] bl.; 5-8 Préface de l'édition qui a précédé celle-ci immédiatement; [9]-381 La Raison par alphabet. Abbé [- Du juste et de l'injuste]; 382-384 Table des articles contenus dans cette première partie.

[*tome 2*] LA RAISON / PAR / ALPHABET. / Sixiéme édition revuë, corrigée & augmentée / par l'Auteur. / *SECONDE PARTIE.* / [*filet, 80 mm*] / L–V. / [*filet, 80 mm*] / L'A, B, C, / *DIX-SEPT DIALOGUES* / traduits de l'anglais. / [*ornement typographique*] / [*filet gras-maigre, 76 mm*] / M. DCC. LXIX. /

[*faux-titre*] LA / RAISON / PAR / ALPHABET. / [*filet gras-maigre, 80 mm*] / *SECONDE PARTIE.* / [*filet maigre-gras, 80 mm*] /

8°. sig. π² A-X⁸ Y⁴; [4] 343; $4 signé, chiffres arabes (– Y3-4); tomaison '*La Raiſon &c.* II. Part.' (sigs O-Y '*L'A, B, C.*'); réclames par cahier.

[*1*] faux-titre; [*2*] bl.; [*3*] titre; [*4*] bl.; [1]-193 La Raison par alphabet. Lettres, gens de lettres, ou lettrés [-Vertu]; 194-196 Addition à la fin de l'article Job, après ces mots, *tant leur vie est courte.* I. part. pag. 367; [197] N3r '*L'A, B, C,* / DIX-SEPT DIALOGUES / *Traduits de l'Anglais de Mr.* Huet. / N3'; [198] bl.; [199]-339 L'A, B, C, ou dialogues entre A. B. C.; 340-343 Table des articles contenus dans cette seconde partie.

Cette édition comprend la 'Préface' et 118 articles dont quatre nouveaux: 'Carême', 'Credo', 'Inquisition' et 'Torture'; 'Amour nommé socratique' et 'Job' furent complétés.

La première édition du *Dictionnaire* publiée par Cramer, sous un titre moins compromettant. Elle a été rédigée à partir d'un exemplaire de 67 et, dans sa forme corrigée (69*), elle fournit le texte de base de la présente édition. Toutes les additions de 65v et de 67 sont intégrées au texte, celui-ci ayant dû faire l'objet d'une relecture assez rapide, car le texte change peu. Ce sont surtout les articles publiés pour la première fois dans 67 qui ont été retouchés. Les erreurs et coquilles introduites

LA RAISON

PAR

ALPHABET.

Sixiéme édition revuë , corrigée & augmentée
par L'AUTEUR.

SECONDE PARTIE.

L—V.

L'A, B, C,

DIX-SEPT DIALOGUES
traduits de l'anglais.

M. DCC. LXIX.

6. *La Raison par alphabet* (69). Imprimée et éditée à Genève par
Gabriel Cramer. Taylor Institution, Oxford.

LA RAISON

P A R

ALPHABET.

A B B É.

U allez - vous , *Monsieur l'Abbé ?*
&c. Savez-vous bien qu'Abbé signifie *Père ?* Si vous le devenez , vous
rendez service à l'Etat ; vous faites
la meilleure œuvre sans doute que
puisse faire un homme ; il naîtra de vous un
être pensant. Il y a dans cette action quelque
chose de divin.

Mais si vous n'êtes Monsieur l'Abbé que
pour avoir été tonsuré , pour porter un petit
colet , & un manteau court , & pour attendre
un bénéfice simple , vous ne méritez pas le
nom d'Abbé.

Les anciens moines donnèrent ce nom au
supérieur qu'ils élisaient. L'Abbé était leur père

7. Première page du texte de *La Raison par alphabet* (69).
Taylor Institution, Oxford.

dans 65 (éliminées dans 65v) et 67 n'ont pas disparu. D'autres sont d'ailleurs commises.

Parmi les additions et corrections: 'Abraham', l.56, 87; 'Ame', l.41;· 'Amour nommé socratique', l.48-50, 79; 'Ange', l.59; 'Antitrinitaires', l.75-76; 'Apocalypse', l.21, 70; 'Arius', l.76; 'Athée', l.235-239, 276-277, 280-281; 'Bien, tout est', l.100; 'Catéchisme du Japonais', l.107; 'Christianisme', l.2-3, note *a*, 58, 179-180, 612-613; 'Confession', l.2, 5-6, 7; 'Corps', l.31; 'David', l.74, 77; 'Dogmes', l.32, 42; 'Etats', l.33; 'Inondation', l.15-16; 'Jephté', l.20; 'Julien', l.39, 129; 'Du juste', l.47-53; 'De la liberté', l.12, 21, 25, 29, 33, 49; 'Des lois', l.27-29, 100; 'Morale', l.62, 66; 'Résurrection', l.30-33, 62-65. 'Salomon' a de nouveau été remanié.

StP: 11-28, 6404-6405, BV3741 (exemplaire corrigé; voir ci-dessous, 69*); – 11-243, BV3741 (trois exemplaires); – 11-74, BV3741 (sans corrections); Bn: Rés. Z Beuchot 737; Arsenal: 8° B 32735; ImV: D Dictionnaire 2/1769/1.

69*

Un exemplaire corrigé par Voltaire. Les corrections de Voltaire, reproduites dans notre apparat critique, sont de nature très différente. Certaines semblent avoir été faites en vue d'une nouvelle édition de l'ouvrage et furent effectivement reprises dans les QE, d'autres sont des corrections d'erreurs plus ou moins évidentes. Cet exemplaire contient à la fin du second volume un errata de la main de Bigex: 'Errata de la raison par alphabet'. Il reprend certaines des corrections faites par Voltaire dans le corps de l'ouvrage, mais en introduit également de nouvelles. Le contenu de l'errata a été incorporé dans notre texte de base.

StP: 11-28, 6404-6405, BV3741.

70A

DICTIONNAIRE | *PHILOSOPHIQUE,* | OU LA | *RAISON* | PAR | ALPHABET. | *Septieme Edition revuë, corrigée & augmentée* | *par* L'AUTEUR. | PREMIERE PARTIE. [SECONDE PARTIE.] | [*filet, 79 mm*] | A–I. [L–V.] | [*filet, 79 mm*] | [*ornement typographique*] | A LONDRES, | [*filet, 78 mm*] | M. DCC. LXX. |

Esprit. ~~Le St. Esprit, il faut l'avouer, fut trai-~~
~~té bien cavaliérement.~~

Il est rapporté dans le Supplément du Concile de Nicée, que les pères, étant ~~fort~~ embarrassés pour savoir quels étaient les livres ~~cry-~~ *canoniques*
~~phes~~, ou apocryphes ~~de l'Ancien & du Nou-~~
~~veau Testament~~, les mirent tous pêle-mêle sur
un autel, & les livres à rejetter tombèrent
par terre. ~~C'est dommage que cette belle recet-~~
~~te soit perdue de nos jours.~~

Après le premier Concile de Nicée, ~~compo-~~
~~sé de 317 évêques infaillibles~~, il s'en tint un *et a sclevnis*
autre à Rimini, ~~& la sainteté des infaillibles fut~~ *a la fois. Six*
~~cette fois de 400, sans compter un gros déta-~~ *cens evcques*
~~chement à Seleucie d'environ 200.~~ Ces six cent *y condan-nerent*
évêques après quatre mois de querelles, ôtè- *la consubstan-*
rent unanimement à Jésus ~~la~~ *consubstantiabili-* *trabilité*
té. ~~Elle lui a été rendue depuis, excepté chez~~
~~les Sociniens, ainsi tout va bien.~~ *Constantinople*
3 pascha 770
Un des grands Conciles est celui d'Ephèse *3h. le St Esprit*
en 431 ~~,~~ l'évêque de Constantinople, Nestorius, *y se declare*
grand persécuteur d'hérétiques, fut condamné lui- *consubstanent*
même, comme hérétique, pour avoir soutenu
qu'à la vérité Jésus était ~~bien~~ Dieu, mais que sa
mère n'était pas ~~absolument~~ mère de Dieu, ~~mais~~ ~~...~~
~~mère de Jésus.~~ Ce fut St. Cyrille, qui fit condamner ~~St.~~ Nestorius; mais aussi les partisans de Nestorius firent déposer St. Cyrille dans le même
Concile ~~, ce qui embarrassa fort le St. Esprit.~~

~~Remarquez ici, lecteur, bien soigneusement~~
~~que l'Evangile n'a jamais dit un mot, ni de la~~
~~consubstantiabilité du Verbe, ni de l'honneur~~
~~qu'avait eu Marie d'être mère de Dieu, non~~

O 2

8. Page de *La Raison par alphabet* corrigée par Voltaire (69*).
Bibliothèque nationale de Russie, Saint-Pétersbourg.

[*faux-titre*] DICTIONNAIRE / *PHILOSOPHIQUE.* / [*filet, 79 mm*] / PREMIERE PARTIE. [SECONDE PARTIE.] / [*filet, 79 mm*] /

8°. tome 1: sig. π⁶ A-V⁸ X⁶; pag. XII 332; $5 signé, chiffres arabes (dont X5); tomaison '*La Raiſon &c.* I. Part.' (sig. I '*La raiſon &c.* I. Part.'); réclames par cahier; tome 2: sig. π² A-K⁸ L⁶; pag. [*4*] 172; tomaison '*La Raison &c.* II. Part.'; $5 signé, chiffres arabes (− L5); réclames par cahier.

Volume 1: [i] faux-titre; [ii] bl.; [iii] titre; [iv] bl.; V-VIII Préface de l'édition qui a précédé celle-ci immédiatement; IX-XII Table des articles contenus dans cette première partie; [1]-332 La Raison par alphabet. Abbé [-Du juste et de l'injuste].

Volume 2: [*1*] faux-titre; [*2*] bl.; [*3*] titre; [*4*] bl.; [1]-170 La Raison par alphabet. Lettres, gens de lettres, ou lettrés [-Vertu]; 171-172 Table des articles contenus dans cette seconde partie.

Une édition hollandaise, dans le style de l'*Evangile du jour*. Elle suit 69, sans *L'A, B, C.*

Bn: Rés. Z Beuchot 29.

70G

[*tome 1*] LA RAISON / PAR / ALPHABET. / Septiéme édition revuë, corrigée & augmentée / par L'AUTEUR. / *PREMIERE PARTIE.* / [*filet, 78 mm*] / A–I. / [*filet, 78 mm*] / [*ornement, 39 x 22 mm*] / [*filet gras-maigre, 70 mm*] / M. DCC. LXX. /

[*faux-titre*] LA / RAISON / PAR / ALPHABET. / [*filet gras-maigre, 75 mm*] / *PREMIERE PARTIE.* / [*filet gras-maigre, 76 mm*] /

8°. sig. A-Aa⁸ Bb²; pag. 388 (p.13 non numérotée; le deuxième 3 de 373 inverti); $4 signé, chiffres arabes (− A1-2, Bb2); tomaison '*La Raiſon &c.* I. Part.' (- A; sigs E, N, X '*La Raiſon, &c.* I. Part.'); réclames par cahier.

[1] faux-titre; [2] bl.; [3] titre; [4] bl.; 5-8 Préface de l'édition qui a précédé celle-ci immédiatement; [9]-384 La Raison par alphabet. Abbé [-Du juste et de l'injuste]; 385-388 Table des articles contenus dans cette première partie.

[*tome 2*] LA RAISON / PAR / ALPHABET. / Septiéme édition revuë, corrigée & augmentée / par L'AUTEUR. / *SECONDE PARTIE.* / [*filet, 79 mm*] / L–V. / [*filet, 78 mm*] / L'A, B, C, / *DIX-SEPT DIALOGUES* / *traduits de l'anglais.* / [*ornement typographique*] / [*filet gras-maigre, 71 mm*] / M. DCC. LXX. /

[*faux-titre*] LA / RAISON / PAR / ALPHABET. / [*filet gras-maigre, 76 mm*] / *SECONDE PARTIE.* / [*filet gras-maigre, 76 mm*] /

8°. sig. π^2 A-X^8 Y^2; [*4*] 339; \$4 signé, chiffres arabes (– Y2); tomaison '*La Raiſon &c.* II. Part.' (sig. E '*La Raiſon, &c.* II. Part.'; N, P, R-Y '*L'A, B, C.*'; O '*L'A, B, C,*'; Q '*L'A. B. C.*'); réclames par cahier.

[*1*] faux-titre; [*2*] bl.; [*3*] titre; [*4*] bl.; [1]-192 La Raison par alphabet. Lettres, gens de lettres, ou lettrés [-Vertu]; [193] N1r '*L'A, B, C,* / DIX-SEPT DIALOGUES / *Traduits de l'Anglais de Mr.* HUET. / *L'A, B, C.* N'; [194] bl.; [195]-335 L'A, B, C, ou dialogues entre A. B. C.; 336-339 Table des articles contenus dans cette seconde partie.

Le texte de cette deuxième édition Cramer de *La Raison par alphabet* a été recomposé. L'addition à 'Job' se trouve à sa juste place, i.367-69.

StPb: BV3742; Bn: D^2 14063; ImV: D Dictionnaire 2/1770/1.

w68 (1771)

Collection complette des œuvres de M. de Voltaire. [Genève, Cramer; Paris, Panckoucke], 1768-1777. 30 vol. 4°. Bengesco iv.73-83; Trapnell 68; BnC 141-144.

Tome 14 (1771), *Mélanges philosophiques, littéraires, historiques, etc.*: 344-365 Cu-Su et Kou, ou entretiens de Cu-Su, disciple de Confutzée, avec le prince Kou, fils du roi de Low, tributaire de l'empereur chinois Gnenvan, 417 ans avant notre ère vulgaire [Catéchisme chinois]; 365-369 Ariston et Téotime [Catéchisme du curé]; 369-375 L'Indien et le Japonais [Catéchisme du Japonais]; 375-379 Tuctan et Karpos, ou entretien du bacha Tuctan, et du jardinier Karpos [Catéchisme du jardinier].

Les premiers 24 tomes de cette édition, l'in-quarto, furent imprimés par, ou pour Cramer, sous l'égide de Voltaire; les tomes 25 à 30 furent imprimés en France pour Panckoucke. Le texte de ces quatre articles, assimilés aux 'Dialogues', suit 69. D'autres articles sont imprimés dans le tome 28: voir ci-dessous, sous la date de 1777.

Taylor: VF.

W70L (1772)

Collection complette des œuvres de M. de Voltaire. Lausanne, Grasset, 1770-1781, 57 vol. 8°. Bengesco iv. 83-89; Trapnell 70L; BnC 149-150.

Tome 27, *Mélanges de philosophie, de morale, et de politique*, tome 6 (1772): 26-57 Cu-Su et Kou, ou entretiens de Cu-Su, disciple de Confutzée, avec le prince Kou, fils du roi de Low, tributaire de l'empereur chinois Gnenvan, 417 ans avant notre ère vulgaire [Catéchisme chinois]; 57-63 Ariston et Téotime [Catéchisme du curé].

Ce tome de la *Collection complette* de François Grasset est le premier où figurent des articles du *Dictionnaire philosophique*.

Collection particulière.

73

[*tome 1*] LA RAISON / *PAR* / ALPHABET. / Septiéme Édition, revûe, corrigée & augmentée / par l'AUTEUR. / *PREMIERE PARTIE.* / [*filet, 74 mm*] / A–I / [*filet, 74 mm*] / [*ornement typographique*] / [*filet gras-maigre, 71 mm*] / *M. DCC. LXIII.* [*sic*] /

[*faux-titre*] LA / RAISON / *PAR* / ALPHABET. / [*filet orné, 75 mm*] / *PREMIERE PARTIE.* / [*filet orné, 75 mm*] /

8°. sig. A-Aa⁸ Bb²; pag. 388 (le '2' de la p.20 inverti dans l'exemplaire de la Bn); \$4 signé, chiffres arabes (– A1-2, Bb2); tomaison '*La Raiſon, &c.* I. Part.' (– A; sigs C, K-M, R, S, Y, Bb '*La Raiſon &c.* I. Part.'; D, O, X '*La raiſon &c.* I. Part.'); réclames par cahier.

[1] faux-titre; [2] bl.; [3] titre; [4] bl.; 5-8 Préface de l'édition qui a précédé celle-ci immédiatement; [9]-384 La Raison par alphabet. Abbé [-Du juste et de l'injuste]; 385-388 Table des articles contenus dans cette première partie.

[*tome 2*] LA RAISON / PAR / ALPHABET. / Septiéme édition revuë, corrigée & augmentée / par l'AUTEUR. / *SECONDE PARTIE.* / [*filet, 75 mm*] / L–V. / [*filet, 76 mm*] / L'A, B, C, / *DIX-SEPT DIALOGUES* /

traduits de l'anglais. | [*ornement typographique*] | [*filet gras-maigre, 73 mm*] | M. DCC. LXXIII. |

[*faux-titre*] LA | RAISON | PAR | ALPHABET. | [*filet orné, 74 mm*] | *SECONDE PARTIE.* | [*filet orné, 74 mm*] |

8°. sig. π² A-X⁸ Y²; [*4*] 339 (p.74 numérotée '24'); $4 signé, chiffres arabes (− Y2); tomaison '*La Raison &c.* II. Part.' (sig. K '*La Raison, &c.* II. Part.'; N-Y '*L'A, B, C.*'); réclames par cahier.

[*1*] faux-titre; [*2*] bl.; [*3*] titre; [*4*] bl.; [1]-192 La Raison par alphabet. Lettres, gens de lettres, ou lettrés [-Vertu]; [193] N1r '*L'A, B, C,* | DIX-SEPT DIALOGUES | *Traduits de l'Anglais de* M. HUET. | *L'A, B, C.* N'; [194] bl.; [195]-335 L'A, B, C, ou dialogues entre A. B. C.; 336-339 Table des articles contenus dans cette seconde partie.

Cette édition, qui reproduit 70A ou 70G, semble avoir été imprimée à Lyon.

Bn: Z 24789-24789*bis*; ImV: D Dictionnaire 2/1773/1.

w70L (1773)

Collection complette des œuvres de M. de Voltaire. Lausanne, Grasset, 1770-1781, 57 vol. 8°. Bengesco iv. 83-89; Trapnell 70L; BnC 149-150.

Tome 31, *Mélanges de philosophie, de morale, et de politique,* tome 10 (1773): 68-76 L'Indien et le Japonais [Catéchisme du Japonais]; 77-82 Tuctan et Karpos, ou entretien du bacha Tuctan, et du jardinier Karpos [Catéchisme du jardinier].

Voir ci-dessus, w70L, 1772.

Collection particulière.

w71 (1773)

Collection complète des œuvres de M. de Voltaire. Genève [Liège, Plomteux], 1771-1777. 32 vol. 8°. Bengesco iv.89-91; Trapnell 71; BnC 151.

Tome 14, *Mélanges philosophiques, littéraires, historiques, etc.,* tome 1: 373-394 Cu-Su et Kou. Ou entretiens de Cu-Su, disciple de Confutzée, avec le prince Kou, fils du roi de Low, tributaire de l'empereur chinois Gnenvan, 417 ans avant notre ère vulgaire [Catéchisme chinois]; 394-

398 Ariston et Téotime [Catéchisme du curé]; 398-404 L'Indien et le Japonais [Catéchisme du Japonais]; 404-407 Tuctan et Karpos, ou entretien du bacha Tuctan, et du jardinier Karpos [Catéchisme du jardinier].

Une contrefaçon in-douze de l'in-quarto de Cramer.

Taylor: VF.

75Q

Questions sur l'Encyclopédie. Nouvelle édition, revue, corrigée et augmentée par l'auteur. Londres [Lausanne, François Grasset], 1775. 8 vol. 8°.

Tome 8: 1-359 Fragments sur divers sujets, par ordre alphabétique.

Même contenu que le premier tome des *Pièces détachées* de w75G. Pour une nouvelle émission des feuilles de ce volume, voir w70L (1779).

ImV: 1770/2 (47).

w75G

La Henriade, divers autres poèmes et toutes les pièces relatives à l'épopée. [Genève, Cramer & Bardin], 1775. 37 vol. (40 vol. avec les *Pièces détachées*). 8°. Bengesco iv.94-105; Trapnell 75G; BnC 158-161.

Tome 36, *Mélanges de littérature, d'histoire et de philosophie*: 105-129 Cu-Su et Kou, ou entretiens de Cu-Su, disciple de Confutzée, avec le prince Kou, fils du roi de Low, tributaire de l'empereur chinois Gnenvan, 417 ans avant notre ère vulgaire [Catéchisme chinois]; 129-135 L'Indien et le Japonais [Catéchisme du Japonais]; 136-139 Tuctan et Karpos, ou entretien du bacha Tuctan, et du jardinier Karpos [Catéchisme du jardinier].

Tome [38], *Pièces détachées, attribuées à divers hommes célèbres*, tome 1: 199 Fragments sur divers sujets, par ordre alphabétique; 199-200 Abbé; 200-204 Abraham; 204-205 Adam; 205-215 Ame; 215-218 Ange; 218-220 Anthropophages; 220-221 Apis; 222-227 Athéisme; 227-228 Babel; 228-230 Baptême; 231-233 Bêtes; 233-234 Bornes de l'esprit humain; 234-235 Carême; 235-239 De la Chine; 239-269 Christianisme; 269-270 Ciel [incomplet]; 270-275 Circoncision; 275-280 Conciles; 280-281 Confession [inc.]; 281-284 Crédo; 284-287 Critique [inc.]; 287-288

David [inc.]; 288-289 Des délits locaux; 289-293 Dieu; 294-295 Divinité de Jésus; 295-298 Enfer [inc.]; 298-299 Esprit faux; 300-304 Etats, gouvernements; 304-309 D'Ezéchiel; 309-310 Fables [inc.]; 310 Fanatisme [inc.]; 310-311 Fausseté des vertus humaines; 312 Fin. Causes finales [inc.]; 312-313 Genèse [inc.]; 313-315 Grâce; 315-317 Guerre [inc.]; 317-319 Histoire des rois juifs, et des paralipomènes; 319-321 Idolâtrie [inc.]; 321-322 Jephté; 322-324 Inondation; 324-328 Inquisition; 329-333 Job; 333-336 Joseph; 337-338 Judée; 338-343 Julien le philosophe, empereur romain; 343-345 Du juste et de l'injuste; 345-354 Des lois; 354-355 Lois civiles et ecclésiastiques; 356-358 Luxe; 358-360 Maître; 360-362 Martyre; 362-366 Matière; 366-369 Méchant; 370-375 Messie [inc.]; 375-376 Métamorphose, métempsycose; 376-383 Miracles [inc.]; 383-384 Morale; 384-390 Moyse; 390-394 Nécessaire; 395 Orgueil; 395-397 Le papiste et le trésorier; 398-400 Patrie; 400-402 Paul; 402-404 Péché originel; 404-406 Persécution; 406-411 Philosophe; 412 Pierre [inc.]; 412-415 Préjugés; 416-417 Prêtre; 417-418 Prophètes [inc.]; 418-430 Religion; 431-436 Résurrection; 436-438 Salomon [inc.]; 438-441 Secte; 441-443 Sens commun; 443-446 Sensation; 447-449 Songes; 449-453 Superstition; 454-455 Théiste; 455 Théologien; 456 Tyrannie; 457-464 Tolérance; 465-468 Torture; 468-469 Transsubstantiation; 469-471 Vertu.

L'édition dite *encadrée* fut préparée avec la collaboration de Voltaire, à l'exception des *Pièces détachées* qui en constituent officieusement les trois derniers tomes et qui contiennent de nombreux textes 'inavouables'. Les *Fragments sur divers sujets, par ordre alphabétique* sont composés de tous les passages du *Dictionnaire philosophique* que Voltaire n'avait pas repris ailleurs, notamment dans les *Questions sur l'Encyclopédie*. Signalons que le 'Catéchisme du curé' ne fut pas inséré dans le tome 36, sans doute à la suite d'un oubli; que l'article 'Apis' figurait déjà dans les *Questions* sous le titre de 'Bœuf Apis'; que l'article 'Christianisme', dont une partie importante avait été reprise dans l'article 'Eglise' des *Questions*, fut reproduit intégralement.

Taylor: VF.

w75x

Œuvres de Mr de Voltaire. [Lyon?], 1775. 37 vol. (40 vol. avec les *Pièces détachées*). 8°. Bengesco 2141; BnC 162-163.

Tome 36, *Mélanges de littérature, d'histoire et de philosophie*: 105-129 Cu-Su et Kou, ou entretiens de Cu-Su, disciple de Confutzée, avec le prince Kou, fils du roi de Low, tributaire de l'empereur chinois Gnenvan, 417 ans avant notre ère vulgaire [Catéchisme chinois]; 129-135 L'Indien et le Japonais [Catéchisme du Japonais]; 136-139 Tuctan et Karpos, ou entretien du bacha Tuctan, et du jardinier Karpos [Catéchisme du jardinier].

Tome [38], *Pièces détachées, attribuées à divers hommes célèbres*, tome 1: 199-466 Fragments sur divers sujets, par ordre alphabétique.

Une imitation ou contrefaçon de w75G, avec le même contenu.

Taylor: VF.

76R

LA RAISON / PAR / ALPHABET, / EN FORME DE DICTION-NAIRE. / Par M. de VOLTAIRE. / *PREMIERE PARTIE.* [*SECONDE PARTIE.*]/ [*filet orné, 73 mm*] / A-I. [L.-Z.] / [*filet orné, 72 mm*] / [*ornement typographique*] / [*filet gras-maigre, 52 mm*] / M. DCC. LXXVI. /

[*faux-titre*] LA RAISON / *PAR* / ALPHABET. / [*filet orné, 73 mm*] / *PREMIERE PARTIE.* / [*filet orné, 73 mm*] /

Volume 1. 12°. sig. A-Ii^{8,4}; pag. 384; $3,2 signé, chiffres arabes (– A1-2, B1, P3, Dd3; + A4; C3 signé 'C2'); tomaison sigs C, E, G, I, L, N, P, R, T, X, Z, Bb, Dd, Ff, Hh '*I. Part.*'; réclames par cahier.

[1] faux-titre; [2] bl.; [3] titre; [4] bl.; 5-8 Préface de l'édition qui a précédé celle-ci immédiatement; [9]-381 La Raison par alphabet. Abbé [-Du juste et de l'injuste]; 382-384 Table des articles contenus dans cette première partie.

Volume 2. 12°. sig. π² A-Ee^{8,4} Ff⁴; pag. [4] 343 (p.39 numérotée '93', 113 '112', 216 '226'); $3,2 signé, chiffres arabes (– N3, Z3, Ff3; + A4, E4, G4, R4; Aa1 signé 'A2'; C2, T2, T3, V2 signé, chiffres romains); tomaison A, C, E, G, I, L, N, P, R '*II. Part.*' (sigs S, T, X, Z, Bb, Dd, Ff '*L'A, B, C.*'); réclames par cahier.

[1] faux-titre; [2] bl.; [3] titre; [4] bl.; [1]-193 La Raison par alphabet. Lettres, gens de lettres, ou lettrés [-Vertu]; 194-196 Addition à la fin de

l'article Job, après ces mots, *tant leur vie est courte.* I. Part. pag. 367; [197] R3*r* '*L'A,B,C,* / DIX-SEPT DIALOGUES. / *Traduits de l'Anglais de Mr.* HUET. / R3'; [198] bl.; [199]-339 L'A, B, C, ou dialogues entre A. B. C.; 340-343 Table des articles contenus dans cette seconde partie.

Cette édition est attribuée par BnC aux presses de l'imprimeur liégeois Bassompierre.

Bn: Rés. Z Bengesco 224; ImV: D Dictionnaire 2/1776/1 (p.39 correctement numérotée).

76SQ

LA RAISON / PAR ALPHABET, / *OU* / SUPLÉMENT AUX QUESTIONS / SUR L'ENCYCLOPÉDIE, / ATRIBUÉ / A DIVERS HOMMES CÉLÉBRES. / DIXIEME ET DERNIERE ÉDITION, / REVUE, CORIGÉE ET AUGMENTÉE / PAR L'AUTEUR. / [*ornement typographique*] / *A LONDRES.* / [*filet gras-maigre, 79 mm*] / M. D. CC. LXXVI. /

8°. sig. π1 †² A-Y⁸ Z⁴; pag. VI 359 (p.160 numérotée '106'); \$5 signé, chiffres arabes (− A5, B5, C5, D5, L5, Y5, Z4); réclames par cahier.

Une nouvelle émission des feuilles du tome 8 des *Questions* de 1775, sans indication de tomaison sur le premier feuillet de chaque cahier.

ImV: D Dictionnaire 2/1776/2; Pembroke College, Oxford: Chandler 12 h 11; Bayerische Staatsbibliothek, München: Enc. 227K-9, Beibd.1

W71 (1776)

Collection complète des œuvres de M. de Voltaire. Genève [Liège, Plomteux], 1771-1777. 32 vol. 8°. Bengesco iv.89-91; Trapnell 71; BnC 151.

Tome 28 (1776): 203-402 Fragments sur divers sujets, par ordre alphabétique [Abbé-Orgueil].

Tome 29 (1776): [1]-78 Suite des fragments sur divers sujets [Le papiste et le trésorier-Vertu].

Cette édition reprend le texte de W75G ou de W75X.

Taylor: VF.

9. ÉDITIONS

w68 (1777)

Collection complette des œuvres de M. de Voltaire. [Genève, Cramer; Paris, Panckoucke], 1768-1777. 30 vol. 4°. Bengesco iv.73-83; Trapnell 68; BnC 141-144.

Tome 28 (1777): 192-447 Fragments sur divers sujets, par ordre alphabétique.

Les premiers 24 tomes de cette édition, l'in-quarto, furent imprimés par ou pour Cramer, sous l'égide de Voltaire; les tomes 25 à 30 furent imprimés en France pour Panckoucke. Le texte des *Fragments sur divers sujets* suit W75G ou W75X.

Taylor: VF.

w70L (1779)

Collection complette des œuvres de M. de Voltaire. Lausanne, Grasset, 1770-1781, 57 vol. 8°. Bengesco iv. 83-89; Trapnell 70L; BnC 149-150.

Tome 47, *Questions sur l'Encyclopédie*, tome 8 (1779): 1-359 Fragments sur divers sujets, par ordre alphabétique.

Une nouvelle émission du tome 8 des *Questions* de 1775 (voir ci-dessus).

ImV: 1770/3 (47).

82

LA | RAISON | PAR ALPHABET, | PAR DES AMATEURS. | NOUVELLE EDITION, | Revue, corrigée et augmentée. | [*ornement, deux putti autour d'une urne, 62 x 49 mm*] | *A LONDRES,* | [*filet gras-maigre, 68 mm*] | M. DCC. LXXXII. |

8°. sig. π1 †² A-Y⁸ Z⁴; pag. VI 359; $5 signé, chiffres arabes (− †2, Z4; †1 signé '†2'); tomaison 'Supl. aux Queſt. &c. Tome VIII.' (sigs B, D, F-H, K, L, P, Q, V, X, Z 'Supl. aux Queſt. &c. Tom. VIII.'; N 'Supl. aux Queſt. Tome VIII.'); réclames par cahier.

Encore une édition de 75Q.

Taylor: V8 D6 1782.

K84

Œuvres complètes de Voltaire. [Kehl], Société littéraire-typographique, 1784-1789. 70 vol. 8°. Bengesco 2142; BnC 164-193.

Tomes 37-43, *Dictionnaire philosophique*.

Dans l'édition de Kehl, le *Dictionnaire philosophique* est confondu avec les *Questions sur l'Encyclopédie* et d'autres écrits dans une seule série alphabétique, présentation adoptée ensuite dans les éditions du siècle suivant.

Taylor: VF.

K12

Œuvres complètes de Voltaire. [Kehl], Société littéraire-typographique, 1784-1789. 92 vol. 12°. Bengesco 2142; BnC 164-193.

Tomes 47-55, *Dictionnaire philosophique*.

La version in-douze de l'édition de Kehl.

Taylor: VF.

K85

Œuvres complètes de Voltaire. [Kehl], Société littéraire-typographique, 1784-1789. 70 vol. 8°. Bengesco 2142; BnC 164-193.

Tomes 37-43, *Dictionnaire philosophique*.

Une deuxième version in-octavo de l'édition de Kehl.

Taylor: VF.

Traductions

Les Anglais semblent avoir été les seuls à traduire le *Dictionnaire philosophique* au dix-huitième siècle. Nous en connaissons quatre éditions, un recueil d'articles et un pamphlet.

The Philosophical dictionary for the pocket. Written in French by a society of men of letters, and translated into English from the last Geneva edition, corrected by the authors. With notes, containing a refutation of such passages as are in any way exceptionable in regard to religion. London: printed for Thomas Brown. M.DCC.LXV. pag. [4] 240, 257-335. Editée en fait par S. Bladon: voir ci-dessus, p.189. L'exemplaire de cette édition dans la bibliothèque de Voltaire porte des traces de lecture (BV3713).

The Philosophical dictionary. From the French of M. de Voltaire. A new edition corrected. Glasgow: printed for Robert Urie. MDCCLXVI. pag. vi 383.

The Philosophical dictionary: or, the opinions of modern philosophers on metaphysical, moral and political subjets. In four volumes. London: printed for G. G. J. and J. Robinson; and for C. Elliot, Edinburgh. M,DCC,LXXXVI. Contient une sélection de textes, dont des articles du *Dictionnaire philosophique.*

The Philosophical dictionary. From the French of M. de Voltaire. A new and correct edition. Dublin: printed by Bernard Dornin [...] M,DCC,XCIII. pag. [6] 331.

The Philosophical dictionary. For the pocket. Translated from the French edition corrected by the author. London, printed for I. Carnan, & sold by Berry, Rogers & Berry, New York [vers 1794]. pag. v 332.

The Philosophical dictionary for the pocket. Translated from the French edition corrected by the author. Catskill, printed by T. & M. Croswel for selves and J. Fellows & F. Duyckinck, New York 1796. pag. iv 336. La première édition imprimée aux Etats-Unis.

Thoughts on the pernicious consequences of war by the celebrated Mons. Voltaire. s.l., s.d. pag. 8. Une traduction d'une partie de l'article 'Guerre'.

Principes de l'édition

L'édition choisie comme texte de base est 69, la dernière édition publiée avec la participation active de Voltaire, sous le titre *La Raison par alphabet*. Nous avons tenu compte de l'errata manuscrit de Bigex qui figure à la fin du second volume de l'exemplaire 69*, conservé dans la bibliothèque de Voltaire. Cet exemplaire contient également un certain nombre de corrections de Voltaire lui-même. Il est intervenu soit pour rectifier des erreurs – ses corrections sont alors les mêmes que celles signalées dans l'errata – soit pour récrire son texte en vue de la préparation des *Questions sur l'Encyclopédie*. Notre texte de base ne tient pas compte de ces remaniements. Ils figurent cependant dans l'apparat critique de la présente édition et feront l'objet de commentaires dans l'édition critique des *Questions sur l'Encyclopédie*.

Les variantes figurant dans l'apparat critique proviennent des sources suivantes: MS2, 64, 64*, 65, 65*, 65v, 65v*[1], 65v*[2], 67 et 69*. Nous ne tenons pas compte de ces variantes lorsqu'elles sont la conséquence de simples erreurs typographiques; de la même façon, les différences de ponctuation ne sont pas prises en compte, sauf quand elles entraînent des modifications du sens.

Dans les notes explicatives, nous indiquons la présence des ouvrages cités dans la bibliothèque de Voltaire, soit en toutes lettres, soit par l'abréviation 'BV'. Les numéros de référence de ces œuvres dans BV figurent dans la liste des ouvrages cités, tome 36. Plus généralement, on se rapportera à cette liste pour trouver les références complètes des ouvrages, qui ne sont qu'abrégées dans les notes.

Les citations de la Bible sont tirées de la traduction de Lemaître de Sacy, sauf indication contraire.

10. PRINCIPES DE L'ÉDITION

Le tableau synoptique (p.274-78) présente entre crochets carrés les titres abrégés des articles dont on s'est servi dans l'introduction et les notes.

Traitement du texte de base

Le texte de 69 présente un aspect peu homogène en matière orthographique. Bien des mots apparaissent, soit sous leur forme traditionnelle voire archaïsante, soit sous une forme 'moderne'. Le compositeur ou le correcteur semblent hésiter. Il se peut que le texte ait été composé par plusieurs ouvriers typographes. Les erreurs et coquilles sont assez nombreuses.

Les corrections suivantes ont été faites par nous en tenant compte de l'errata de 69*: 'Abraham', l.94; 'Anthropophages', l.49; 'Arius', l.61; 'Beau', l.23-24; 'Catéchisme du curé', l.18; 'Chaîne des événements', l.45; 'Christianisme', l.672; 'Circoncision', l.115; 'Conciles', l.69-70, 73; 'Fanatisme', l.5, 8; 'Fin', l.48-49; 'Gloire', l.35; 'Grâce', l.61; 'Idée', l.48; 'Inondation', l.36; 'Job', l.49; 'Joseph', l.2; 'Miracles', l.175; 'Morale', l.7; 'Superstition', l.6, 69; 'Vertu', l.32-33.

L'apparat critique signale d'autres corrections: 'Ame', l.101; 'Anthropophages', l.57; 'Athée', l.63; 'Carême', l.25; 'Catéchisme chinois', l.138-139, 166; 'Catéchisme du curé', l.11-13; 'Chaîne des êtres', l.41-42; 'Christianisme', l.120, 509, 512-513, 561, 665, 776; 'Corps', l.12; 'Délits locaux', l.13; 'Ezéchiel', l.9; 'Judée', l.36, 39; 'Julien', l.111; 'Messie', l.84; 'Nécessaire', l.37; 'Pierre', l.21; 'Sens commun', l.17; 'Tolérance', l.97.

En tenant compte du texte des autres éditions (souvent 65v), nous avons corrigé les erreurs et coquilles suivantes dans 69 sans les faire figurer dans l'apparat critique: 'Préface', l.47, 'peut-être' a été corrigé en 'peut être'; 'Amour', l.55, 'Messalines' en 'Messaline'; 'Anges', l.32, 'Ofamins' en 'Ofamin', l.45, 'phosphère' en 'phosphore'; 'Anthropophages', l.4, 'par' en 'pas'; 'Tout est bien', l.115, 'dérangés' en 'dérangées'; 'Athée', l.273, 'ont-ils' en 'ont-elles'; 'Caractère', l.4, 'qui m'a' en 'que m'a'; 'Catéchisme du Japonais', l.72, 'Breuxch' en 'Breuxeh', l.110, 's'il' en 's'ils'; 'Christianisme', l.320, 'des faux' en 'de faux'; 'Conciles', l.4, 'régent' en 'règnent'; 'Critique', l.82, 'mon cœur' en 'son cœur'; 'Des délits locaux', l.13, 'ils' en 'elles'; 'Esprit faux', l.5, 'prenne' en 'prennent'; 'Fin', l.33, 'faire' en 'faite'; 'Genèse', l.148, 'que entoure' en 'qui entoure'; 'Jephté', l.21, 'voir' en 'avoir'; 'Julien', l.39, 'ose' en 'n'ose', l.111, 'chrétiens' en 'chrétiennes'; 'Lois', l.25, 'de fourmis' en 'des fourmis'; 'Métamorphose', l.29, *colaphisei* en *colaphiset*; 'Miracles', n.*a*, 'Ospiniam' en 'Ospinian'; 'Moïse', n.*a*, l.27, 'Ihaho' en 'Idaho'; 'Nécessaire', l.15, 'un étoffe' en 'une étoffe', l.40, 'en tout lieux' en 'en tout lieu', l.79, 'd'Alcoran' en 'l'Alcoran'; 'Superstition', l.61, 'tout les' en 'tous les'; 'Tolérance', l.39, 'leur frères' en 'leurs frères', l.115, 'chacune' en 'chacun', l.135, 'pas' en 'par', l.138, 'sabellier' en 'sabellien'; 'Torture', l.63, 'ayant' en 'ayent'.

L'orthographe des noms propres de personnes et de lieux a été respectée, ainsi que celle des mots étrangers. Mais un compromis s'est parfois imposé: dans les cas où un nom propre est orthographié de plusieurs façons différentes, nous avons opté pour une des graphies. Nous écrivons ainsi: Benoît pour Benoit; Cicéron pour Ciceron; Hermès pour Hermes; Louis pour Louïs; Moïse pour Moyse; Sarpédon pour Sarpedon; Thècle pour Thécle; nous avons ajouté l'accent à: Ancone, Athenes, Barthelemi, Borneo, Cassiderides, Cherémon, Chilperic, Cléopatre, Demosthènes, Fréderic, Irenée, Juvenal, Melchisedec, Pathenie, Pelops, Pherécide, Philemon, Praxeas, Seleucie, Thales.

Les italiques du texte de base ont été conservés.

Nous avons aussi respecté scrupuleusement la ponctuation, à deux exceptions près: les guillemets au long sont remplacés par des guillemets ouvrants et fermants; le point qui suit presque toujours les chiffres romains et arabes a été supprimé, la terminaison appropriée remplaçant l'usage du point (par ex. 'François 1.' devient 'François 1er'). Dans quelques rares cas, le point-virgule devant le discours direct a été remplacé par une virgule pour faciliter sa compréhension en le rendant conforme au reste du texte.

Par ailleurs, le texte de 69 a fait l'objet d'une modernisation portant sur la graphie, l'accentuation et la grammaire. Les particularités du texte de base dans ces trois domaines étaient les suivantes:

I. *Particularités de la graphie*

1. Consonnes

   – absence de la consonne *p* dans le mot 'tems' et son composé 'longtems'
   – absence de la consonne *t* dans les finales en -*ans* et en -*ens*: alimens, amans, bâtimens, brillans, contens, diamans, éloquens, fondemens, frappans, ignorans, judaïsans, méchans, pédans, protestans, restans, serpens, tourmens, violens, vivans, etc.
   – redoublement de consonnes contraire à l'usage actuel: allarme, allarmer, appaiser, appanage, appeller, attelier, appercevoir, complette, courtisannes, faloppe, fourmilliére, galle, imbécille, incomplette, jetter, mammelle, mammelon, platte, rejetter, renouveller, sallon, sappe, secrette, secrettement, serrail, soufletter, succer, tulippe.

— présence d'une seule consonne là où l'usage actuel prescrit son doublement: alaiter, aleu, aprofondi, bareau, colet, colier, courier, décroteur, dévelopé, dilème, faloir, fouré, frapant, goute, gouteux, grifon, marmoter, nape, parains, poufer, pourons (et: pourrai), rabin, rabiniques, raporte (et: rapportons), Récolet, Sabat, sifle, siflet, sotise (et: sottise), soufle, souflet.

2. Voyelles

— emploi de *y* à la place de *i* dans: ayeul, bisayeul, chymie, chymiste, crystal, Dalay, s'enyvrer, foy (et: foi), gayement, gayeté, Hyppogriphe, joye, Mylady, Mylord, oyes, payen, pluye, proye, Rayas, satyre, soye, style, vraye, yvre, yvrogne, yvrognerie, yvroie; et dans les verbes: aye, croye, effraye, envoye, foudroye, paye, voye, etc.

— emploi de *i* à la place de *y* dans: archétipe, asimptotes, Babilonien, béril, chile, chrisolite, cigne, cimbales, empirée, ennuieux, essuïer, Hiades, lirique, martir, martire, martirologe, métempsicose, olimpiques, onix, païs (et: pays), papiros, paralitique, paranimphe, pirrique, polipe, Présbitérien, prosélites, satires, Sinaxe, stile, stilite, tirannie (et: tyrannie), zoophites.

— emploi de la graphie *-oi* pour *-ai* dans: Japonois, monnoie, yvroie.

3. Divers

— utilisation systématique de la perluette, sauf en tête de phrase.

4. Graphies particulières

— l'orthographe moderne a été rétablie dans les mots suivants: ambrosie, anacronismes, Antropofages, apatie, apotéose, assimptotes, autentique, avanture, batême, batiser, bazanés, béni, bled, boëte, Bracmanes, brasselet, cahos, Caldéen, cathécumène, cathégories, chalan, coignée, contract, crud, cu-de basse fosse, cu-de-jatte, dépends, dez, dixme, duement, échaffaut, encor, ennyvrer, entousiasme, entousiaste, estomach, Européan, exaèdre, faquir, fonds (pour: fond), fraix, fri, frimats, golphe, hazard, hellébore, hermite, hyacinte, hibous, horison, houzard, isle (et: île), lèze-majesté, loudaut, Mammelus, méchanicien, méchanique, méchanisme, Mexiquains, mézaraïque, milliars, Misantrope, nud, oeconomie, paitrir, patétique, pié, pigrieches, piquûres, prêt (pour: près), prophane, Quakre (et: Quaker), quarrée, rinoceros(t), ris, sabbath, saoul, sausse, scholastique, septier, sergent, solemnel, solemnellement, Sonnites, tansée, topase, Topinamboux, ustenciles, verd, vitié, vuide, vuider.

5. Abréviations

— Mr., Mad., St. et Ste. deviennent respectivement M., Mme, St et Ste; nous écrivons: Saint-Esprit, Saint-Office, Saint-Père.

6. Le trait d'union

— contrairement à l'usage actuel, il est présent dans: anti-chambre, à-peu-près, au-lieu, aussi-bien, aussi-tôt, auto-da-fé, bon-homme, contre-sens, dès-lors, eau-rose, extrait-batistaire, genre-humain, grand(s)-homme(s), juste-au-corps, hôtels-de-ville, mal-faisant, non-seulement, Officier-Général, peu-à-peu, Pro-consuls, proto-évangile, quelques-fois, si-tôt, Te-Deum, tour-à-tour, tout-à-fait; dans *très* + adverbe: très-singulier, très-bien, etc.; devant *là* pour les locutions: c'est-là, de-là, dès-là, par-là, etc.

— il est absent dans: au delà, au dessous, au dessus, aveugle né, beaux arts, garderobe, mal avisé, morts nés, nouveaux nés, petites maisons, pot au feu, premiers nés, procès verbal, sang froid, saint Office, sur le champ.

7. Majuscules rétablies

— nous mettons la majuscule après un point, si elle manque.

— nous mettons la majescule après virgule pour marquer le discours direct, si elle manque.

— nous mettons la majuscule initiale aux titres d'ouvrage: antiquités, caractéristiques, commentaire, esprit des loix, établissemens de St. Louis, fleur des saints, grace, homélie, institutions, légende dorée, mondes, plaideurs, préparation évangélique, somme de St. Thomas, trois imposteurs, etc.

— conformément à l'usage moderne, nous mettons la majuscule à: ancien Testament, dieu (unique), écriture (l'), église (l'), état (l'), faloppe, fils (Trinitaire), inquisition, mer rouge, nouveau Testament, occident, oratoire, père (Trinitaire, Eglise), petites maisons, providence, société de Jésus, verbe (Trinitaire), votre Sainteté, vulgate.

8. Majuscules supprimées

— Nous mettons la minuscule aux mots suivants qui portent en général une majuscule dans le texte de base: Abbé, Antéchrist, Antiquité, Antitrinitaires, Antropofages, Apôtres, Archevêque, Ariens, Athéïsme, Augure, Auto-da-fé, Avocat, Bacha, Baron, Batême, Batistanes, Bénédictins, Brachmanes, Brame, Cadi, Califes, Calvinistes, Cantarella, Canton, Canusi, Cardinal, Catholiques, Caudataire, Cène, Centurion, Chevalier, Chiaoux, Chrétiens, Christianisme, Clergé, Colao, Colonel, Comte,

Concile, Conseiller, Consul, Cyclopes, Cour, Daïri, Dalaï-lama, Dame, Demoiselle, Derviche, Diable, Dictateur, Diestes, Dieux, Divan, Docteurs, Dom, Dominicain, Duc, Duchesse, Ebionites, Edile, Empire, Empereur, Energumènes, Epicuréïsme, Esséniens, Evangéliste, Evêque, Garum, Général, Gentils, Gesséens, Gnose, Gomariste, Gnostiques, Gymnosophistes, Hyppogriphe, Imans, Impératrice, Interprête, Jacobins, Jansénistes, Jésuites, Judaïsme, Judaïtes, Kermesses, Lama, Légat, Lévites, Logos, Luthérien, Madame, Magistrats, Magistrature, Mahométisme, Manichéens, Maréchal, Messe, Messieurs, Ministre, Monarchie, Monarque, Monseigneur, Monsieur, Musulman, Mylady, Mylord, Nababs, Nègre, Officier, Omras, Oracles, Orgies, Paganisme, Papa, Pape, Patriarches, Pauxcopsie, Pharisiens, Pispates, Platoniciens, Platonisme, Podestat, Police, Pontificat, Président, Préteur, Prêtres, Prince, Princesse, Proconsul, Protestants, Quakers, Rabbins, Ramadam, Raya, Récolet, Reine, Religion, République, Roi, Sabat, Sacrémens, Saducéen, San-benito, Scribes, Secrétaire, Seigneur, Sénat, Septentrion, Shérif, Sibylles, Sinaxe, Socinien, Sodomie, Sonnites, Soubab, Souverain, Sultan, Taicosema, Tauroboles, Theïste, Théocratie, Théologiens, Théophores, Thérapeutes, Tribun, Tummim, Urim, Vampires, Voyant.

- Nous mettons la minuscule aux adjectifs qualificatifs suivants, qui portent une majuscule dans le texte de base: adjectifs désignant des nations ou des peuples, les habitants d'une ville: Americain, Arabe, Caldéen, Cananéen, Castillan, Française, Gaulois, Hollandais, Indien, Japonois, Juif, Latin, Moscovite, Romain, Vénitien, etc.; adjectifs désignant des religions, des églises, des écoles: Angélique, Anglican, Arien, Batistaire, Cartésien, Chrétien, Gallicane, Guelpe, Halleyen, Judaïque, Lockien, Mahométan, Mosaïque, Newtonien, Platonicien, Protestant, Rymerien, Scotiste, Socratique, Théiste, etc.

II. *Particularités d'accentuation*

L'accentuation a été rendue conforme aux usages modernes à partir des caractéristiques suivantes du texte de base:

1. L'accent aigu
- il est absent dans: Antechrist, candelabre, desagréable, denigrait, desespérer, deshériter, deshonnête, deshonorer, entélechie, ether, genisse, gesier, levrier, metaphysicien, numero, oneiromancie, proselite, recuser, regénération, repliquer, repugne, reservoir, resiste, revéraient, reverend, rinoceros, teton, uterus, zelotes.

- contrairement à l'usage actuel, il est présent dans: Crédo, Génese, nétoye, réculés, régistres, rélatifs, rélation, sécondaire, sécours.

- il est employé au lieu du grave dans: algébre, avénement, célébre, collége, fidéle, fiévre, grossiéreté, légéreté, lévre, liévre, niéce, pélérinage, piéce, piége, privilége, séve, siécle, siége; les finales -*érement*: cavaliérement, chérement, entiérement, familiérement, fiérement, etc; le suffixe -*éme* des adjectifs numéraux ordinaux: troisiéme, cinquiéme, etc.; des verbes qui ont un *é* ou un *e* sourd à l'avant-dernière syllabe de l'infinitif devant une syllabe muette finale: disséquent, pénétre, posséde, régne, séme, séve, etc.

2. L'accent grave
   - il est employé dans: chandèle.
   - il est absent dans: déja.

3. L'accent circonflexe
   - il est employé au lieu du grave dans: anathême, blasphême, Grêve, interprête, interprêter, mêlange, prophête, système, urêtre.

   - il est présent dans des mots qui ne le comportent pas selon l'usage actuel: aîles, atôme, bâteleurs, chûte, coûturière, empâlé, hâché, mêts, nâquit, nôces, plûpart, pourvû, profâne, toûjours, vîte (et: vite); crû, lû, pû, reçû, sû, vû.

   - il est absent dans: ame, bruler, brulure, buche, bucher, chataigne, déchainer, dégout, dégoutant, dégouter, diner (et: dîner), disgrace, flute, fraicheur, goulument, gout (et: goût), gouter, grace, huitres, infame, ragout; consacrames, fimes, trouvames, vimes; deplait, plait, parait.

4. Le tréma
   - contrairement à l'usage actuel, on le trouve dans: aërien, athéïsme, athéïste, avoüe, battuë, bleuë, boüe, défenduës, déïste, Déïtés, désobéï, éblouï, Epicuréïsme, euë, évanouïr, fouët, fouëtter, fouïne, fuïr, grüe, instruït, Israëlite, jouïr, jouïssance, lieuë (et: lieüe), loüe, Louïs, nüe (et: nuës), obeïr, perduë, poëme, poësie, poëte, poëtique, polythéïsme, queüe, réïterer, réjouïr, reünis, rouë, roüer, sangsuës, Statuë, théïste, voüées, vüe.

III. *Particularités grammaticales*

   - Aucune règle fixe pour l'accord du participe passé.
   - Les adjectifs numéraux cardinaux 'cent' et 'quatre-vingt' demeurent invariables.

- Absence de terminaison en *s* à la 2ᵉ personne du singulier de l'impératif: abstien-toi, appren-moi, di-moi, fai-nous, répon-moi.
- Accord de l'adverbe dans: toute entière.
- Emploi de l'*s* adverbial dans: jusques, guères.
- Emploi du pluriel en -*x* dans: cloux, fraix, loix.

ARTICLES	64	65	65v	67, 67s	69
Préface de l'édition qui a précédée celle-ci immédiatement [titre abrégé: Préface]			I.V-XII	VI-VIII	I.5-8
Abbé			I.1-3	1-2	I.9-10
Abraham	I-4	I-4	I.3-8	3-6, 498-500	I.11-16
Adam				500-501	I.16-17
Ame	5-14	4-13	I.8-24	7-17, 529-530	I.17-29
Amitié	14-15	14	I.24-25	17-18	I.29-30
Amour	15-18	15-17	I.26-29	19-21	I.30-33
Amour nommé socratique	18-21	18-21	I.30-35	22-25	I.33-37
Amour-propre	21-22	21-22	I.35-36	26-27	I.37-38
Ange	22-25	23-26	I.37-41	27-30	I.39-42
Anthropophages	26-28	26-29	I.42-46	31-34	I.46-49
Antitrinitaires				501-505	I.42-46
Apis	29-30	29-30	I.46-48	34-35	I.49-51
Apocalypse	30-33	30-33	I.48-52	35-39	I.51-54
Arius				505-509	I.54-58
Athée, athéisme [Athée]	33-43	34-44	I.53-68	39-51, 509-510	I.58-71
Babel				510-512	I.71-72
Baptême	44-46	44-47	I.69-73	51-54, 512-514	I.73-77
Beau, beauté [Beau]	47-48	47-48	I.73-75	54-55	I.78-79
Bêtes	48-51	48-51	I.75-79	56-59	I.79-82
Bien. Souverain bien [Bien]	51-52	51-53	I.80-82	59-61	I.82-84
Tout est bien	53-60	53-60	I.82-93	61-69	I.84-92
Bornes de l'esprit humain	60-61	60-61	I.93-94	70-71	I.92-93
Caractère	62-64	62-64	I.95-98	71-73	I.93-96
Carême					I.96-98
Catéchisme chinois	91-116	91-115	I.99-135	104-133, 530-531	I.98-127
Catéchisme du curé	123-128	123-128	I.146-153	142-147	I.128-133

ARTICLES	64	65	65v	67, 67s	69
Fausseté des vertus humaines	193-194	196-197	I.319-320	235-236	I.286-287
Fin, causes finales [Fin]	194-197	197-200	I.321-325	236-240	I.288-291
Foi			I.329-332	240-241, 245-247	I.291-295
Folie	197-200	200-202	I.325-329	242-244	I.295-298
Fraude	200-205	203-208	I.332-340	247-253	I.298-304
Genèse			II.1-12	254-270	I.304-320
Gloire	206-207	208-210	II.23-25	271-272	I.321-322
Grâce	212-215	215-217	II.25-29	278-282	I.322-325
Guerre	207-212	210-214	II.30-37	273-278, 543	I.326-331
Histoire des rois juifs, et paralipomènes [Histoire des rois juifs]	216-217	218-219	II.38-40	282-284	I.331-333
Idée			II.41-44	284-286	I.333-335
Idole, idolâtre, idolâtrie [Idole]	218-235	219-236	II.45-71	286-307	I.336-355
Inondation	236-238	238-240	II.73-76	308-310	I.357-359
Inquisition					I.359-364
Jephté	235-236	237-238	II.71-73	307-308	I.356-357
Job				310-313	I.364-367, II.194-196
Joseph	238-242	240-243	II.76-81	322-326	I.367-371
Judée				314-315	I.371-373
Julien le philosophe empereur romain [Julien]				316-322	I.373-379
Du juste et de l'injuste [Juste]			II.82-84	326-328	I.379-381
Lettres, gens de lettres, ou lettrés			II.85-88	329-331	II.1-4
De la liberté [Liberté]	242-246	248-252	II.96-102	337-341, 544	II.4-8
Liberté de penser		243-248	II.89-96	332-337	II.8-13
Des lois [Lois]	247-254	254-259	II.102-113	341-353	II.14-25
Lois civiles et ecclésiastiques [Lois civiles]	254-256	259-261	II.113-116	353-355	II.25-27
Luxe	256-258	261-264	II.117-121	355-358, 544	II.27-30
Maître				392-394	II.30-32

ARTICLES	64	65	65v	67, 67s	69
Martyre			II.122-125	564-567	II.32-35
Matière	259-263	264-268	II.126-132	358-363	II.35-39
Méchant	263-266	268-272	II.132-138	363-368	II.40-44
Messie	267-278	272-283	II.138-156	368-381, 544-545	II.44-57
Métamorphose, métempsycose [Métamorphose]	278-279	283-284	II.156-157	381-382	II.57-58
Miracles	279-286	284-292	II.158-169	383-391	II.59-67
Moïse	289-294	297-302	II.170-180	401-407, 545-546	II.69-76
Morale				394-395	II.67-69
Nécessaire		292-296	II.181-187	395-401	II.76-81
Orgueil			II.188	567	II.81-82
Papisme (sur le) [Papisme]				407-410	II.82-85
Patrie	295-297	310-312	II.189-192	424-427	II.85-88
Paul			II.193-196	412-415	II.88-90
Péché originel				410-412	II.90-92
Persécution		308-310	II.196-199	415-417	II.93-95
Philosophe		302-308	II.199-208	417-424	II.95-101
Pierre	297-303	312-318	II.208-216	427-434	II.102-108
Préjugés	303-307	318-321	II.217-222	434-438	II.108-112
Prêtre			II.223-225	570-572	II.112-114
Prophètes				438-441	II.114-117
Religion	308-320	322-334	II.226-247	441-456, 546-548	II.117-133
Resurrection	321-324	334-337	II.247-252	456-463	II.133-139
Salomon	325-329	338-342	II.253-269	463-468, 549-561	II.140-152
Secte			II.269-275	572-576	II.153-157
Sens commun		342-345	II.275-278	468-471	II.157-159
Sensation	330-332	345-347	II.278-283	471-474, 561-562	II.159-163
Songes	332-334	347-349	II.283-286	474-476	II.163-165
Superstition	335-336	350-351	II.287-294	477-479, 576-580	II.166-171
Théiste			II.295-296	479-480	II.172-173

TABLEAU SYNOPTIQUE

ARTICLES	64	65	65v	67, 67s	69
Théologien			II.297-298	481-482	II.173-174
Tolérance	338-341	352-362	II.301-314	482-488, 490-494	II.176-185
Torture					II.186-189
Transsubstantiation				494-495	II.190-191
Tyrannie	337-338	357-358	II.299-300	488-489	II.174-175
Vertu	342-344	362-364	II.315-318	495-498	II.191-193

LA RAISON PAR ALPHABET

*Sixième édition
revue, corrigée et augmentée
par l'auteur*

a-d 64: Dictionnaire philosophique portatif

65: Dictionnaire philosophique, portatif. Nouvelle édition revue, corrigée et augmentée de divers articles par l'auteur

65v: Dictionnaire philosophique portatif. Nouvelle édition, avec des notes; beaucoup plus correcte et plus ample que les précédentes

67: Dictionnaire philosophique, portatif. Sixième édition revue, corrigée et augmentée de XXXIV articles par l'auteur

PRÉFACE

de l'édition qui a précédé celle-ci immédiatement. [1]

Il y a déjà cinq éditions [2] de ce Dictionnaire, mais toutes incomplètes et informes; nous n'avions pu en conduire aucune. [3] Nous donnons enfin celle-ci, qui l'emporte sur toutes les autres pour la correction, [4] pour l'ordre, [5] et pour le nombre des articles. [6] Nous les avons tous tirés des meilleurs auteurs de l'Europe, et nous   5

a-59   64, 65, préface absente
a-b   65v, 67: *Préface des éditeurs.*
1   65v: déjà quatre éditions

[1] La pérennité de cette préface parue dans 65v vaut d'être soulignée. La seule innovation de 69 consiste dans son sous-titre qui lui permet d'abandonner la fiction de plusieurs éditeurs maintenue de 65v à 67.

[2] Dans 65v le nombre des éditions était de quatre, soit 64, 64B, 64X et 65. En 1767, Voltaire actualise son texte et annonce cinq éditions. Quelle est la cinquième? Probablement 65v. Dans 69, il renonce à faire de nouveaux comptes puisqu'il reproduit le texte de 1767. Voir ci-dessus, p.231-53.

[3] Voltaire minimise son rôle quant aux éditions précédant celle qu'il présente. Cet argument de promotion commerciale a servi pour 65v et 67. L'insatisfaction chronique de Voltaire à l'égard des éditions de ses œuvres est notoire. Le rôle précis qu'il a joué pour des éditions qu'il décrie recèle encore bien des mystères.

[4] Le relevé des variantes permet de mesurer l'ampleur des corrections dans 65v, qui propose aussi une version entièrement remaniée de 'Salomon'. Voltaire soulignait à juste titre, dans cette préface écrite pour 65v, les efforts qui avaient été accomplis. Après son mémorandum d'octobre 1764, il se devait de corriger les fautes qu'il avait lui-même signalées; voir ci-dessous, appendice I (V 36). L'argument d'une plus grande correction est censé valable pour 67 et 69. Cette dernière édition, notre texte de base, comporte cependant un certain nombre de coquilles; voir ci-dessus, p.267-68.

[5] 65v propose un ordre différent des deux sections de 'Tolérance', ordre qui a été suivi par 67. La section ajoutée en 67 à l'article 'Lois' précède le texte de 64.

[6] Déclaration juste pour 65v qui peut s'appliquer tout aussi bien à 67 et à 69; sur les ajouts successifs, voir ci-dessus, p.52-60.

281

n'avons fait aucun scrupule de copier quelquefois une page d'un livre connu, quand cette page s'est trouvée nécessaire à notre collection. [7] Il y a des articles tout entiers de personnes encore vivantes, parmi lesquelles on compte de savants pasteurs. [8] Ces morceaux sont depuis longtemps assez connus des savants, comme *Apocalypse*, *Christianisme*, *Messie*, *Moïse*, *Miracles etc.* [9] Mais dans l'article *Miracles*, nous avons ajouté une page entière du célèbre docteur Midleton bibliothécaire de Cambridge. [10]

On trouvera aussi plusieurs passages du savant évêque de Glocester Warburton. [11] Les manuscrits de M. Du Marsay nous ont beaucoup servi; [12] mais nous avons rejeté unanimement tout

[7] Un ajout à la fin de l'article 'Messie' dans 65v indique que cet article est 'presque mot pour mot dans l'*Encyclopédie* et qu'il est d'un savant pasteur'. Dans 67, les emprunts à l'article 'Unitaires' de l'*Encyclopédie* s'affichent (voir 'Antitrinitaires' et une addition à 'Baptême'). Voltaire, le plus souvent, oublie de citer ses sources.

[8] Ce pluriel pose problème. Un savant pasteur, Polier de Bottens, répond à ces critères. Quant à FirminAbauzit, auquel il sera fait allusion pour l'article 'Apocalypse', il est décédé le 20 juin 1767. De plus, ce théologien, qui collabora à une nouvelle traduction française du Nouveau Testament, a occupé la fonction de bibliothécaire surnuméraire à la Bibliothèque publique de Genève. Il n'était pas pasteur. Voltaire tend à exagérer ou du moins à souligner fortement l'importance d'une collaboration protestante.

[9] On se reportera à l'annotation de chacun des articles cités pour apprécier l'étendue, variable assurément, des emprunts de Voltaire et pour juger de sa méthode.

[10] L'article 'Miracles' doit beaucoup à Middleton, mais point sous la forme d'une page entière.

[11] Warburton n'est cité textuellement que dans 'Religion' 1, mais son influence s'étend bien au-delà, comme le démontre l'annotation de maints articles. Voltaire proclame ses dettes à l'égard d'ouvrages anglais. Dans le memorandum d'octobre 1764, il avait fait allusion à des 'morceaux imités de Bayle, De Le Clerc, du marquis d'Argens et de plusieurs autres auteurs' (appendice 1, l.19-20), qui n'ont pas eu droit à une mention dans cette préface, à l'exception d'une allusion au marquis d'Argens (l.31-33). Or le *Dictionnaire historique et critique* de Bayle est une source notable. Le grand oublié de toutes les déclarations de Voltaire reste le très érudit et très orthodoxe dom Calmet.

[12] Seul Français à être cité, et à propos de manuscrits difficilement identifiables, César Chesneau Dumarsais est mort le 11 juin 1756. Voltaire n'a à craindre ni

ce qui a semblé favoriser l'épicuréisme. Le dogme de la Providence est si sacré, si nécessaire au bonheur du genre humain, que nul honnête homme ne doit exposer les lecteurs à douter d'une vérité qui ne peut faire de mal en aucun cas, et qui peut toujours opérer beaucoup de bien.

Nous ne regardons point ce dogme de la Providence universelle comme un système, mais comme une chose démontrée à tous les esprits raisonnables; au contraire, les divers systèmes sur la nature de l'âme, sur la grâce, sur des opinions métaphysiques, qui divisent toutes les communions, peuvent être soumis à l'examen: car puisqu'ils sont en contestation depuis dix-sept cents années, il est évident qu'ils ne portent point avec eux le caractère de certitude; ce sont des énigmes que chacun peut deviner selon la portée de son esprit. [13]

L'article Genèse est d'un très habile homme favorisé de l'estime et de la confiance d'un grand prince: nous lui demandons pardon d'avoir accourci cet article. [14] Les bornes que nous nous sommes prescrites ne nous ont pas permis de l'imprimer tout entier, il aurait rempli près de la moitié d'un volume.

Quant aux objets de pure littérature, on reconnaîtra aisément

---

démenti, ni vérification. Dumarsais, auteur d'ouvrages de rhétorique, collaborateur de l'Encyclopédie, était apprécié par Voltaire qui le classe parmi 'les philosophes obscurs' qui 'jugent sainement de toute chose' (Le Siècle de Louis XIV, ajout de 1756; OH, p.1160). Sur les manuscrits de Dumarsais, voir Le Rebours, Observations sur les manuscrits de feu M. Du Marsais (Paris 1760) et 'Manuscrits de M. Du Marsais', Observateur littéraire (1760), iv.186-88. Voltaire a fait paraître en 1766, dans le Recueil nécessaire, l'Analyse de la religion chrétienne de Dumarsais. Quand il écrit la préface de 65v, il a entre les mains un manuscrit qu'il juge digne d'être publié, ce qui le conduit à citer Dumarsais parmi les sources du DP. L'a-t-il pour autant utilisé? Voir ci-dessus, p.74.

[13] Ces déclarations tempèrent, par de nécessaires précautions, un réel désir de mettre en valeur la portée de l'ouvrage.

[14] Allusion transparente qui désigne le marquis d'Argens; voir art. 'Genèse', n.1.

les sources où nous avons puisé. [15] Nous avons tâché de joindre l'agréable à l'utile, n'ayant d'autre mérite, et d'autre part à cet ouvrage que le choix. Les personnes de tout état trouveront de quoi s'instruire en s'amusant. Ce livre n'exige pas une lecture suivie; mais à quelque endroit qu'on l'ouvre, on trouve de quoi réfléchir. Les livres les plus utiles sont ceux dont les lecteurs font eux-mêmes la moitié; ils étendent les pensées dont on leur présente le germe; ils corrigent ce qui leur semble défectueux, et fortifient par leurs réflexions ce qui leur paraît faible. [16]

Ce n'est même que par des personnes éclairées que ce livre peut être lu; le vulgaire n'est pas fait pour de telles connaissances; la philosophie ne sera jamais son partage. Ceux qui disent qu'il y a des vérités qui doivent être cachées au peuple, ne peuvent prendre aucune alarme; le peuple ne lit point; il travaille six jours de la semaine, et va le septième au cabaret; en un mot, les ouvrages de philosophie ne sont faits que pour les philosophes, et tout honnête homme doit chercher à être philosophe sans se piquer de l'être. [17]

[15] Cette déclaration laisse perplexe sur le sens que donne Voltaire à ces 'objets de pure littérature'. Les articles de critique littéraire ou esthétique sont peu nombreux. Peut-être désigne-t-il, de façon plus extensive, les articles qui ne traitent pas spécifiquement de critique religieuse, ces derniers ayant été évoqués dans les paragraphes précédents. Certains articles sur la psychologie humaine entreraient alors dans la catégorie assez vague à laquelle Voltaire fait allusion. Quant aux sources de Voltaire, nul ne s'aventurera à dire qu'elles sont évidentes, même pour ces 'objets de pure littérature'.

[16] Sur la discontinuité et la cohésion du DP, voir ci-dessus, p.98 ss.; sur l'incitation à la participation active du lecteur, p.170 ss. Tout en soulignant l'agrément et l'originalité de son ouvrage, Voltaire lui donne une dimension pédagogique.

[17] Ce dosage entre un certain élitisme et la volonté de diffuser les lumières est très voltairien. L'équilibre est précaire qui prétend faire coexister des contraires et les déclarations de Voltaire ne sont pas exemptes d'ambiguïtés. La contradiction apparente se résout dans un recours à une action progressive dont témoigne d'ailleurs ce DP qui va dans un premier temps élargir l'audience des vérités philosophiques pour tout 'honnête homme', sans pour autant interdire d'espérer que ce cercle des honnêtes gens puisse s'élargir un jour. Mais cet élargissement qui se heurte à d'évidentes limitations sociales, ici mises en évidence, aurait-il aussi des

Nous finissons par faire de très humbles excuses aux personnes 55
de considération qui nous ont favorisés de quelques nouveaux
articles, de n'avoir pu les employer comme nous l'aurions voulu;
ils sont venus trop tard. Nous n'en sommes pas moins sensibles
à leur bonté, et à leur zèle estimable. [18]

---

limites naturelles? De quelque côté qu'on l'aborde, la question pose des dilemmes
et entraîne des apories. Voltaire ne résout le problème qu'au coup par coup. Ses
déclarations sont souvent plus pessimistes que ses actes, entendons ici ses écrits,
véritables actes de foi dans le pouvoir de la parole. Il s'agit de rassurer dans cette
préface alors que l'article 'Fraude', par la bouche du philosophe confucéen Ouang,
déclare que l'on peut instruire le peuple comme on instruit les lettrés. Mais cette
diffusion de la vérité, dans l'optique voltairienne, ne se fera que par paliers. Sur le
problème de la diffusion des Lumières, voir R. Mortier, 'Esotérisme et Lumières:
un dilemme de la pensée du XVIIIᵉ siècle', *Clartés et ombres au siècle des Lumières*,
p.60-103, et plus particulièrement p.73-79, consacrées à Voltaire.

[18] De telles considérations ouvrent la voie à des éditions plus complètes. L'activité
alphabétique de Voltaire reste indéfiniment ouverte.

ABBÉ[1]

Où allez-vous, monsieur l'abbé? etc.[2] Savez-vous bien qu'abbé[3] signifie *père?* Si vous le devenez, vous rendez service à l'Etat; vous

a-33 64, 65, article absent

[1] Cet article publié en 1765 (65v) a vraisemblablement été rédigé en 1763 à l'instigation de d'Alembert. Jean-Georges Lefranc de Pompignan lui ayant adressé son *Instruction pastorale* [...] *sur la prétendue philosophie des incrédules modernes* (Puy, Lyon, Paris 1763; BV), d'Alembert avait 'projetté, pour toute réponse, de lui faire une chanson sur l'air, *mr l'abbé où allez vous*'. Il conclut: 'Achevez le reste, mon cher maître, il me semble que *vous allez sans chandelle* est assez heureux' (8 octobre [1763]; D11449). D'Alembert se contenta d'envoyer une lettre sérieuse à Lefranc de Pompignan (D11588), mais au moment où Voltaire aiguise son *Instruction pastorale de l'humble évêque d'Alétopolis,* puis sa *Lettre d'un quaker,* il n'a garde de négliger la suggestion plaisante de d'Alembert. Déçu du ton adopté par d'Alembert qui avait donné du 'monseigneur' à l'évêque (D11644), Voltaire n'est pas fâché de montrer comment il faut traiter les ecclésiastiques. Il faisait d'une pierre deux coups car 'l'ami Jean-Georges' avait travaillé avec 'un homme qu'on appelle en France *abbé,* à l'apologie de l'Edit de Nantes' (M.xxv.6). Il s'agit de l'abbé Jean Novi de Caveirac, auteur de l'*Apologie de Louis XIV, et de son conseil, sur la révocation de l'Edit de Nantes* [...] *Avec une dissertation sur la journée de la S. Barthélemi* (s.l. 1758; BV). L'article paraît avoir été écrit en marge de cette polémique.

[2] Cette phrase est en italiques, car Voltaire cite une chanson du temps dont Moland donne une version: 'Où allez-vous, monsieur l'abbé? / Vous allez vous casser le nez / Vous allez sans chandelle, / Eh bien? / Pour voir les demoiselles, / Vous m'entendez bien'. La référence, transparente pour les contemporains, commande l'interprétation du premier paragraphe fondé sur un jeu de mots sur le terme 'père'. L'allusion aux mœurs légères des abbés était un sujet traditionnel de plaisanteries. Dans un ajout aux *Lettres philosophiques,* v, Voltaire avait fait la satire des abbés, ces 'jeunes gens connus par leurs débauches, et élevés à la prélature par des intrigues de femmes' qui 'font publiquement l'amour' (*Lph,* i.64).

[3] Le mot, attesté en français au douzième siècle, provient du latin 'abbas', tiré du grec, issu de l'araméen. L'article 'Abbé' de l'*Encyclopédie* rappelle cette étymologie. Le titre d'abbé fut donné par saint Benoît au supérieur d'un monastère, et c'est ainsi que le mot prit son sens précis, après qu'il eût désigné celui à qui son âge et ses vertus donnaient une paternité spirituelle. On sait combien le célibat des ecclésiastiques fut critiqué (cf. Montesquieu, *Lettres persanes,* cxvii, sur la dépopula-

faites la meilleure œuvre sans doute que puisse faire un homme; il naîtra de vous un être pensant. Il y a dans cette action quelque chose de divin. [4]

Mais si vous n'êtes monsieur l'abbé que pour avoir été tonsuré, pour porter un petit collet, et un manteau court, [5] et pour attendre un bénéfice simple, [6] vous ne méritez pas le nom d'abbé.

Les anciens moines donnèrent ce nom au supérieur qu'ils élisaient. L'abbé était leur père spirituel. Que les mêmes noms signifient avec le temps des choses différentes! L'abbé spirituel était un pauvre à la tête de plusieurs autres pauvres. Mais les pauvres pères spirituels ont eu depuis, deux cent, quatre cent mille livres de rente; [7] et il y a aujourd'hui des pauvres pères spirituels en Allemagne qui ont un régiment des gardes. [8]

---

tion). Voltaire attaque le célibat des prêtres dans un conte en vers, *Azolan ou le bénéficier* (1764; M.x.45-46); cf. QE, art. 'Clerc' (M.xviii.195 ss.).

[4] Sur le plaisir comme preuve de l'existence de Dieu, voir *Discours en vers sur l'homme*, v (V 17, p.503-12). Quand il envoie ce discours à Frédéric, Voltaire précise, non sans provocation, que 'le plaisir est divin' (D1558). Mais il faut ajouter que Voltaire est tenté de penser que les phénomènes de la vie ne peuvent s'expliquer que par Dieu. Ces secrets de la nature sont inaccessibles (voir 'Bornes de l'esprit humain'). Le mystère de la génération est le plus obscur de tous. L'Homme aux quarante écus, qui va être père, renonce à savoir 'comment les enfants se font'. Voir J. Roger, *Les Sciences de la vie dans la pensée française du XVIIIe siècle*, p.744.

[5] Le nom d'abbé fut accordé, par le biais des abbés séculiers, à tout ecclésiastique dès sa prise d'habit et sa tonsure.

[6] Les bénéfices simples sont ceux qui n'ont 'ni charge d'âmes, ni obligation d'aller au chœur et qui, par conséquent, n'obligent point à résidence' (*Encyclopédie*, art. 'Bénéfice'). Les 'irrégularités' qui empêchaient de posséder des bénéfices étaient 'la bâtardise, la bigamie, la mutilation, le crime public, le crime ecclésiastique'. Sans obligations religieuses, l'abbé était donc cet 'être indéfinissable qui n'est ni ecclésiastique, ni séculier' (*Lettres philosophiques*, v; i.64).

[7] Ces sommes considérables ne pouvaient être atteintes que dans le cas de cumul des bénéfices, pratique courante à l'époque. Le revenu individuel d'une abbaye montait à 80.000 ou 100.000 livres de rente par an.

[8] Allusion aux Etats gouvernés par des ecclésiastiques tels que Münster, Trèves, Cologne, Würzburg, Mayence. A son retour de Prusse, Voltaire était passé par Mayence dont l'évêque entretenait un bataillon qu'il aimait passer en revue à cheval.

Un pauvre qui a fait serment d'être pauvre, et qui en conséquence est souverain![9] on l'a déjà dit, il faut le redire mille fois,
cela est intolérable. Les lois réclament contre cet abus, la religion
s'en indigne, et les véritables pauvres sans vêtement et sans
nourriture poussent des cris au ciel à la porte de M. l'abbé.[10]

Mais j'entends messieurs les abbés d'Italie, d'Allemagne,[11] de
Flandre, de Bourgogne, qui disent, Pourquoi n'accumulerons-
nous pas des biens et des honneurs? pourquoi ne serons-nous pas
princes?[12] les évêques le sont bien. Ils étaient originairement
pauvres comme nous, ils se sont enrichis, ils se sont élevés; l'un
d'eux est devenu supérieur aux rois:[13] laissez-nous les imiter autant
que nous pourrons.

Vous avez raison, messieurs, envahissez la terre; elle appartient
au fort ou à l'habile qui s'en empare;[14] vous avez profité des temps
d'ignorance, de superstition, de démence, pour nous dépouiller
de nos héritages et pour nous fouler à vos pieds, pour vous
engraisser de la substance des malheureux; tremblez que le jour
de la raison n'arrive.

[9] Il faut remonter très loin dans le temps pour retrouver l'institution dans sa
pureté originelle. Même avant Charlemagne, précise Voltaire, les abbés furent
puissants. Sous le régime féodal, c'étaient de petits rois (*Essai sur les mœurs*, ch.20
et 33; i.356, 425).

[10] La richesse des ecclésiastiques a été dénoncée dès le douzième siècle; elle le
fut violemment pendant la Réforme, et c'était devenu un thème largement répandu.
Voir, par exemple, La Bruyère, *Caractères*, VI.26. Voltaire, s'il réfuta dans *Le Siècle
de Louis XIV*, ch.35, l'assertion suivant laquelle le clergé possédait le tiers des
revenus du royaume, dénonce le fait que l'Eglise prétend ne devoir rien à l'Etat,
car sa richesse, dit-elle, serait celle des pauvres.

[11] Dans *Le Siècle de Louis XIV*, ch.35, Voltaire prétend que l'Eglise est plus
riche en Allemagne et en Italie qu'en France.

[12] En Allemagne, dix abbés étaient princes d'Empire.

[13] Allusion claire à la papauté. Sur la manière dont ont été établis l'empire du
pape et sa domination sur les souverains, voir le *Mandement du révérendissime père
en Dieu Alexis* (1765; M.xxv.346-52).

[14] 'Le premier qui fut roi, fut un soldat heureux' (*Mérope*, I.iii.175). C'est la
force ou l'habileté et non la 'grâce de Dieu' qui sont pour Voltaire à l'origine de
tous les pouvoirs établis et de toutes les possessions.

ABRAHAM[1]

Abraham est un de ces noms célèbres dans l'Asie mineure, et dans l'Arabie,[2] comme Thaut chez les Egyptiens, le premier Zoroastre dans la Perse, Hercule en Grèce, Orphée dans la Thrace, Odin chez les nations septentrionales, et tant d'autres plus connus par leur célébrité, que par une histoire bien avérée.[3] Je ne parle ici que de l'histoire profane; car pour celle des Juifs nos maîtres et nos ennemis, que nous croyons et que nous détestons, comme l'histoire de ce peuple a été visiblement écrite par le Saint-Esprit lui-même, nous avons pour elle les sentiments que nous devons avoir.[4] Nous ne nous adressons ici qu'aux Arabes; ils se vantent

[1] Un article 'Abraham' fut composé à Potsdam en octobre/novembre 1752 (D5057). Il n'est qu''ébauché'. Voltaire invite Frédéric à le comparer avec l'article 'Abraham' de Bayle et prétend que son ébauche est 'plus pleine, plus curieuse et plus courte'. A cette source avouée par Voltaire, il convient d'ajouter le *Dictionnaire* de Calmet qu'il avait demandé à Mme de Bentinck de lui dénicher (D5023, D5027). A-t-il repris cette ébauche? L'a-t-il laissée dans ses papiers où elle aurait été découverte par les éditeurs de Kehl? Il s'agirait alors de la troisième section dans l'édition Moland (M.xvii.40-44). L'article paru dans le DP en 1764 présente des ressemblances avec *La Philosophie de l'histoire*, ch.16 (V 59, p.142-45). En 1765, Voltaire ajoute quelques lignes (83-86), puis en 1767, un long développement (87-124). L'article ne sera pas repris dans les QE où figure un nouvel article 'Abraham'.

[2] Voltaire banalise ce nom. Selon la Bible, après que le Seigneur eût renouvelé avec lui son alliance, le nom d'Abram qui signifie 'père élevé' fut changé en Abraham qui signifie 'père d'une grande multitude' (voir Calmet, *Dictionnaire de la Bible*, art. 'Abraham'). *La Philosophie de l'histoire* (V 59, p.142), puis *La Bible enfin expliquée* (M.xxx.23) considèrent que ce nom était fameux dans tout l'Orient.

[3] Dans *La Philosophie de l'histoire*, Voltaire se moque de Huet qui pensait que Moïse était non seulement Bacchus, mais aussi Thaut, Zoroastre, Esculape, etc. (V 59, p.185). Mais alors que les apologistes chrétiens s'efforçaient de montrer que les autres peuples avaient tout emprunté aux Juifs, Voltaire fait du nom d'Abraham un nom célèbre au même titre que ceux que les peuples ont donnés à leurs législateurs, héros ou dieux.

[4] Voltaire fait preuve ici de la même prudence et de la même distinction, qui ne trompent personne, que dans *La Philosophie de l'histoire* (V 59, p.220); cf. CN, i.234.

de descendre d'Abraham par Ismaël;[5] ils croient que ce patriarche bâtit la Mecque,[6] et qu'il mourut dans cette ville.[7] Le fait est que la race d'Ismaël a été infiniment plus favorisée de Dieu que la race de Jacob. L'une et l'autre race a produit à la vérité des voleurs; mais les voleurs arabes ont été prodigieusement supérieurs aux voleurs juifs. Les descendants de Jacob ne conquirent qu'un très petit pays qu'ils ont perdu; et les descendants d'Ismaël ont conquis une partie de l'Asie, de l'Europe et de l'Afrique,[8] ont établi un empire plus vaste que celui des Romains, et ont chassé les Juifs de leurs cavernes, qu'ils appelaient la terre de promission.[9]

15

20

19   64*: chassé un petit reste de Juifs

[5] Selon Genèse xvi.10, l'ange du Seigneur promet à Agar de multiplier sa postérité. Douze princes sortent d'Ismaël: Nebayot, Qédar, Abdéel, Mibsam, Michma, Douma, Massa, Hadad, Téma, Yétour, Naphich et Qedma (Genèse xvii.20, xxv.13-16). Ce sont les noms de tribus nomades ou semi-nomades du nord de l'Arabie.

[6] Dans l'article 'Abraham' de son *Dictionnaire*, Bayle rappelle que les Arabes lui font faire le voyage de La Mecque et évoque, dans une note inspirée de la *Bibliothèque orientale* d'Herbelot, l'oratoire bâti par Abraham (rem. F). Dans un supplément à l'article 'Abraham', Calmet signale que selon les Orientaux, Abraham et Ismaël ont bâti la Cabbah, mais conclut en disant qu'il s'agit d'une fiction. Abraham est mentionné dans vingt-cinq sourates du Coran. Sur la construction de la Cabbah, voir ii.124-41, iii.65-68, etc. (voir *Encyclopédie de l'Islam*, art. 'Abraham'; même détail dans *La Philosophie de l'histoire* (V 59, p.139).

[7] 'Ibrahim y naquit, et sa cendre y repose' (*Mahomet*, iii.vi). Selon la Genèse, Abraham est enterré à Makpéla, grotte qu'il a achetée et qui est la sépulture de Sara (xxiii.19 et xxv.10). Il fut enterré par ses enfants Isaac et Ismaël (xxv.9). On découvrit près d'Hébron le tombeau d'Abraham. Calmet signale que les musulmans en ont fait un lieu de pèlerinage.

[8] *La Philosophie de l'histoire* distingue les Arabes, grand peuple de l'Arabie heureuse, des hordes qui se disent descendues d'Ismaël (V 59, p.141). L'*Essai sur les mœurs* met l'accent sur les succès des Arabes (i.265-66). Voltaire insiste sur cette gloire qui gêne les apologistes chrétiens: voir Calmet, qui se plaint de ces 'histoires de mahométans' qui renversent les écrits de l'Ancien Testament pour y substituer leurs 'rêveries': 'Les mahométans veulent qu'Ismaël ait été le fils le plus favorisé d'Abraham, et celui en faveur de qui Dieu fit à ce patriarche des promesses si magnifiques' (*Dictionnaire*, art. 'Ismaël').

[9] La terre promise désigne le pays de Canaan que Yahvé avait juré de donner à

A ne juger des choses que par les exemples de nos histoires modernes, il serait assez difficile qu'Abraham eût été le père de deux nations si différentes; on nous dit qu'il était né en Caldée, [10] et qu'il était fils d'un pauvre potier, qui gagnait sa vie à faire des petites idoles de terre. [11] Il n'est guère vraisemblable que le fils de   25
ce potier soit allé fonder la Mecque à quatre cents lieues de là sous le tropique, en passant par des déserts impraticables. S'il fut un conquérant, il s'adressa sans doute au beau pays de l'Assyrie; et

26   64: à trois cents lieues [MS2: β]

Abraham et à ses descendants (Genèse, xii.7; xiii.14-17; xv.7, 18-21; xvii.8; xxvi.3, etc.). L'expression 'terre de la Promesse' n'apparaît textuellement qu'une seule fois dans l'Ecriture (Hébreux xi.9), mais il est question des centaines de fois de cette terre donnée en héritage à Israël. L'attente de la terre promise est le principal thème des quatre premiers livres du Pentateuque. Dans le Deutéronome, la possession de la terre est une expérience religieuse, celle de l'Alliance. Dans le désert le peuple élu se voit promettre l'entrée dans le 'pays où ruissellent le lait et le miel' (Exode iii.8), mais il ne gardera cette terre qu'en étant fidèle au Dieu unique. L'exil est un second exode, coupé par les messages d'espoir des prophètes (voir A.-M. Gérard, *Dictionnaire de la Bible*, art. 'Terre promise'). Voltaire remarque que cette terre est désertique et demande pourquoi l'Eternel n'a pas favorisé son peuple d'une terre fertile (*La Philosophie de l'histoire*, V 59, p.222, 234; *Homélies prononcées à Londres*, V 62, p.470; cf. ci-dessous, art. 'Judée').

[10] Selon Genèse xi.26, 28, Abraham naquit à Ur, près du golfe Persique, qui est dite 'ville des Chaldéens'. Or l'invasion des Chaldéens est plus tardive. Calmet discute sur cette localisation (*Commentaire*). Voltaire ne dit mot sur cette fournaise ardente dans laquelle Abraham aurait été jeté par les Chaldéens et dont Dieu le tire miraculeusement (Calmet, *Dictionnaire*, art. 'Abraham'). Il ne tient nul compte de cette remarque de Bayle: si Abraham, ayant reconnu le vrai dieu, dut quitter son pays, il serait le 'patriarche des réfugiés'.

[11] L'idolâtrie de Tharé est indiquée dans la Bible (Josué xxiv.2). La Genèse ne dit pas que Tharé fût potier. Chaudon (p.6) proteste contre cette imputation dont Bayle s'était fait l'écho. La question de l'idolâtrie d'Abraham et celle de sa conversion sont longuement traitées par Bayle. Voir aussi quelques allusions dans Calmet (*Commentaire*, i.128).

s'il ne fut qu'un pauvre homme, comme on nous le dépeint, il n'a pas fondé des royaumes hors de chez lui. [12]

La Genèse rapporte qu'il avait soixante et quinze ans lorsqu'il sortit du pays d'Aran après la mort de son père Tharé le potier. Mais la même Genèse dit aussi que Tharé ayant engendré Abraham à soixante et dix ans, ce Tharé vécut jusqu'à deux cent cinq ans, et qu'Abraham ne partit d'Aran qu'après la mort de son père. A ce compte il est clair par la Genèse même qu'Abraham était âgé de cent trente-cinq ans quand il quitta la Mésopotamie. [13] Il alla d'un pays qu'on nomme idolâtre dans un autre pays idolâtre nommé Sichem en Palestine. Pourquoi y alla-t-il? Pourquoi quitta-t-il les bords fertiles de l'Euphrate pour une contrée aussi éloignée, aussi stérile et pierreuse que celle de Sichem? [14] La langue chaldéenne devait être fort différente de celle de Sichem, [15] ce n'était point un lieu de commerce; Sichem est éloigné de la Caldée de plus de cent lieues: il faut passer des déserts pour y arriver: mais

30

35

40

38   64: d'un pays idolâtre dans un autre [MS2: β]
      64*: pays que nous nommons idolâtre

[12] Sur les traditions orientales au sujet d'Abraham: généalogie des Arabes, histoire de sa vie, relations avec Nemrod, construction de la Mecque, voir Calmet, *Dictionnaire*, art. 'Abraham'.

[13] Genèse xii.4; xi.26, 32. Ces problèmes de chronologie seront repris dans *La Philosophie de l'histoire* (V 59, p.144). Ils susciteront les critiques de Larcher et la réplique de Voltaire (voir *La Défense de mon oncle*, V 64, p.210-13). Sur le départ d'Abraham après la mort de Tharé, voir V 64, p.306, n.6. Voltaire suit la traduction de la Bible de Lemaître de Sacy (Paris 1730; BV) et partage sur ce point l'opinion de Bayle. Voltaire veut qu'on choisisse entre des données contradictoires que Calmet, par exemple, s'efforçait de concilier (voir *Commentaire*).

[14] Ville cananéenne dans la montagne d'Ephraïm. Chaudon s'indigne: 'mais qui a dit à M. de Voltaire que le pays de Sichem était aussi stérile qu'il l'est aujourd'hui?' Il s'appuie sur l'autorité de Buffon pour réfuter Voltaire, en faisant remarquer que la couche de terre végétale peut diminuer lorsque les sols sont occupés longtemps. Il rappelle aussi que les nomades sont habitués à traverser les déserts (p.7).

[15] Guénée s'agace de cette objection (*Lettres de quelques juifs portugais et allemands*, Lisbonne 1769, ii.155; BV). Pourquoi n'y aurait-il point eu des interprètes?

Dieu voulait qu'il fît ce voyage; il voulait lui montrer la terre 45
que devaient occuper ses descendants plusieurs siècles après lui.
L'esprit humain comprend avec peine les raisons d'un tel voyage.

A peine est-il arrivé dans le petit pays montagneux de Sichem,
que la famine l'en fait sortir. [16] Il va en Egypte avec sa femme
chercher de quoi vivre. Il y a deux cents lieues de Sichem à 50
Memphis; est-il naturel qu'on aille demander du blé si loin et dans
un pays dont on n'entend point la langue? voilà d'étranges voyages
entrepris à l'âge de près de cent quarante années.

Il amène à Memphis sa femme Sara, qui était extrêmement
jeune et presque enfant en comparaison de lui, car elle n'avait que 55
soixante-cinq ans. [17] Comme elle était très belle, il résolut de tirer
parti de sa beauté; Feignez que vous êtes ma sœur, lui dit-il, afin
qu'on me fasse du bien à cause de vous. [18] Il devait bien plutôt lui
dire, Feignez que vous êtes ma fille. Le roi devint amoureux de
la jeune Sara, et donna au prétendu frère *beaucoup de brebis, de* 60
bœufs, d'ânes, d'ânesses, de chameaux, de serviteurs, de servantes: [19]
ce qui prouve que l'Egypte dès lors était un royaume très puissant
et très policé, par conséquent très ancien, et qu'on récompensait
magnifiquement les frères qui venaient offrir leurs sœurs aux rois
de Memphis. 65

La jeune Sara avait quatre-vingt-dix ans quand Dieu lui promit
qu'Abraham, qui en avait alors cent soixante, lui ferait un enfant
dans l'année. [20]

56   64-67: soixante et cinq
60-61   64, en caractères romains [MS2: β]
66   64: ans selon l'Ecriture, quand

[16] Genèse xii.6-7, 10.
[17] Bayle s'était égayé de cette jeunesse de Sara (art. 'Sara'). Larcher, puis Guénée
s'efforcèrent de réfuter ce persiflage (voir V 64, p.309, n.15, 16).
[18] Genèse xii.11-13. Abraham lui demande de 'dire' qu'elle est sa sœur.
[19] Genèse xii.15-16.
[20] Genèse xvii.17: Abraham a cent ans et Sara quatre-vingt dix ans (cf. CN,
ii.46, avec signet annoté).

Abraham, qui aimait à voyager, alla dans le désert horrible de
Cadés avec sa femme grosse, toujours jeune et toujours jolie. Un   70
roi de ce désert ne manqua pas d'être amoureux de Sara comme
le roi d'Egypte l'avait été. Le père des croyants fit le même
mensonge qu'en Egypte:[21] il donna sa femme pour sa sœur, et
eut encore de cette affaire des brebis, des bœufs, des serviteurs et
des servantes. On peut dire que cet Abraham devint fort riche du   75
chef de sa femme.[22] Les commentateurs ont fait un nombre
prodigieux de volumes pour justifier la conduite d'Abraham, et
pour concilier la chronologie. Il faut donc renvoyer le lecteur à
ces commentaires.[23] Ils sont tous composés par des esprits fins et
délicats, excellents métaphysiciens, gens sans préjugé, et point du   80
tout pédants.

Au reste ce nom Bram, Abram, était fameux dans l'Inde et dans
la Perse:[24] plusieurs doctes prétendent même que c'était le même

81-124   64:   point du tout pédants.//

[21] Genèse xx.2 (mensonge d'Abraham). Abimélech apprend en songe que Sara
est mariée; il se plaint à Abraham de son mensonge et le renvoie avec des présents
(xx.14).

[22] Pour justifier la conduite d'Abraham, Chaudon remarque qu'il n'a point menti
puisque Sara 'était fille de son père suivant l'Ecriture', que c'était l'usage de donner
le nom de frère ou sœur aux proches parents et qu'Abraham ne faisait que
'supprimer une vérité dans des circonstances où cette vérité aurait pu lui procurer
la mort' (p.8). Chaudon reprend donc pour réfuter le DP une très vieille argumentation déjà développée avant lui (par exemple par Calmet). Or Bayle avait déjà
souligné les dangers d'une telle argumentation (art. 'Sara').

[23] Les notes de l'article 'Sara' de Bayle donnent un grand nombre de références
sur la 'charité' de Sara (saint Chrysostome, saint Ambroise, Origène, etc.). Bayle
s'insurge contre ceux qui prétendent qu'Abraham dut mentir afin d'accomplir les
desseins de Dieu et partage le sentiment de Calvin (rem. D). Ces commentaires
sont également cités dans le *Dictionnaire* de Calmet (art. 'Abimélech') et dans son
Commentaire. Il cite Fauste le Manichéen disant que ce 'patriarche était un infâme
marchand de la pudeur de son épouse', mais ajoute que saint Augustin a fait
l'apologie de leur conduite, car 'l'adultère étant involontaire de la part d'Abraham
et de Sara, il serait sans crime et sans infamie de part et d'autre'.

[24] Même affirmation dans *La Philosophie de l'histoire* (V 59, p.142).

législateur que les Grecs appelèrent Zoroastre. [25] D'autres disent
que c'était le Brama des Indiens: ce qui n'est pas démontré. [26]   85

Mais ce qui paraît fort raisonnable à beaucoup de savants, c'est
que cet Abraham était Chaldéen ou Persan: [27] les Juifs dans la suite
des temps se vantèrent d'en être descendus, comme les Francs [28]

85-124   65, 65v: pas démontré.//
87   67:   Persan, dont les Juifs

[25] Thème repris dans une addition de 1769 à l'*Essai sur les mœurs* (i.252). Dans
le *Dictionnaire* de Calmet, Voltaire a pu lire que 'les mages ou adorateurs du feu
qui font profession de la religion des deux principes, croient que Zoroastre, qui est
leur plus grand prophète, est le même qu'Abraham' (art. 'Abram').

[26] D. S. Hawley fait remarquer qu'en 1765, Voltaire garde quelque prudence
dans le rapprochement entre Brama et Abraham ('L'Inde de Voltaire', p.150).

[27] Selon Genèse xi.10-26, Abraham appartient à la descendance de Sem, fils aîné
de Noé, et plus précisément à la lignée d'Héber considéré comme l'ancêtre des
Hébreux.

[28] Dans l'article 'Franc ou Francq; France, François, Français' (QE), Voltaire
fait allusion à cette légende dont la source serait Ammien Marcellin (livre XII): des
Troyens fugitifs se seraient établis sur les bords du Rhin. Voltaire ne croit pas que
les Français soient les descendants de Francus, fils d'Hector (M.xix.175). Il se
moquera des origines fabuleuses des Francs (*Histoire de l'empire de Russie*, 'Préface
historique et critique'; M.xvi.382 ss.). Une épopée avait exalté cette origine
prestigieuse des Français, *La Franciade* de Ronsard, dont Voltaire ne dit mot mais
qu'il devait connaître, ne serait-ce que parce qu'il s'agissait d'une épopée à sujet
national avant *La Henriade* (il possède les œuvres de Ronsard). Sur la légende de
Francus, voir l'avertissement 'Au lecteur' de Ronsard (*Œuvres complètes*, xvi, *La
Franciade*, éd. P. Laumonier, p.7-8). Astyanax, fils d'Hector et d'Andromaque,
serait échappé miraculeusement à la mort, et son fils, Francion, serait l'ancêtre des
Francs. Cette croyance apparaît dès le septième siècle dans la chronique du pseudo-
Frédégaire. Recueillie par le trouvère Benoît de Sainte-Maure dans son *Roman de
Troie* au douzième siècle, elle est admise par des historiens (voir *Chroniques de
Saint-Denis*). Au quinzième siècle, on lit avidement les *Histoires troyennes* de Raoul
Le Fèvre et les *Annales et chroniques de France* de N. Gilles. Le rhétoriqueur Jean
Lemaire de Belges, dans ses *Illustrations de Gaule*, III (1513), puis Jean Bouchet,
dans ses *Anciennes et modernes généalogies des rois de France*, reprenaient cette thèse
contre laquelle s'élevaient Etienne Pasquier et Jean Bodin.

descendent d'Hector, et les Bretons de Tubal. [29] Il est constant que la nation juive était une horde très moderne; qu'elle ne s'établit vers la Phénicie que très tard; [30] qu'elle était entourée de peuples anciens; qu'elle adopta leur langue; [31] qu'elle prit d'eux jusqu'au nom d'Israël, lequel est chaldéen, suivant le témoignage même du savant Juif Philon. [32] On sait qu'elle prit jusqu'aux noms des anges

90

94 67, 69: Juif Flavian [69*: Flavien] Joseph. [69*: $^V\beta$]

[29] Tubal, appelé plutôt Tubal-Caïn, fils de Japhet, est considéré comme l'ancêtre des forgerons. Voltaire se moque des origines attribuées aux Celtes dans l'*Essai sur les mœurs* ('Avant-propos') où il range parmi les 'folies de l'esprit humain' l'idée de les faire descendre des Hébreux (i.199-200). Il met en cause l'*Histoire universelle depuis le commencement du monde jusqu'à présent* (1742-1802) qui, à la suite de Bochart, fait descendre les Celtes de Gomer, autre fils de Japhet (i.200, n.1) et s'oppose au *Discours sur l'histoire universelle* de Bossuet (Paris 1737-1739; BV), selon lequel Japhet a peuplé l'Occident (deuxième époque). Tubal avait déjà été cité dans les carnets comme fondateur de l'Espagne (V81, p.128). En 1766-1767, il expose ses doutes sur ces conjectures dans *Le Pyrrhonisme de l'histoire*, ch.18. Les Bretons ne le laissent pas indifférent: après avoir raconté la fondation par saint Dunstan d'un prieuré bas-breton, il donne la parole à son Huron qui, enfermé à la Bastille condamne toutes les fables qui encombrent l'histoire (*L'Ingénu*, ch.11). L'article 'Celtes' des QE énumérera les hypothèses singulières qui ont été proposées sur les origines de ce peuple (M.xviii.106-108). Voltaire avait dans sa bibliothèque l'*Histoire des Celtes, et particulièrement des Gaulois et des Germains*, par Simon Pelloutier (La Haye 1740). Ce pasteur de Berlin, membre de l'Académie de Prusse, soutient l'idée que les Celtes et les Sarmates ont la même origine que les Mèdes et les Perses.

[30] Thèse déjà affirmée dans *La Philosophie de l'histoire*, ch.49. Voltaire, qui sait utiliser les *Antiquités judaïques* et le *Contre Appion* de Flavius Josèphe quand cela l'arrange, néglige tous les arguments que ce dernier a produits en faveur de l'antiquité des Juifs. Selon lui, la nation juive, issue des Chaldéens, existait mille ans avant la guerre de Troie. Voir la série de témoignages qu'il produit dans le *Contre Appion* (ceux des Egyptiens, i.73-105; des Babyloniens et des Phéniciens, i.106-60). Voir aussi *Antiquités*, I.vii.1.

[31] Affirmation polémique. L'hébreu est une langue sémitique. Pour les apologistes chrétiens, l'hébreu était une langue mère (voir ci-dessous, 'Babel'). Josèphe dit seulement que les Chaldéens sont les ancêtres des Juifs (*Contre Appion*, i.13).

[32] D'après Genèse xxxii.25-29, xxxv.10, le nom d'Israël est donné par choix divin à Jacob et signifie 'fort contre Dieu'. Voltaire affirme que ce nom est chaldéen (*La Philosophie de l'histoire*, V59, p.260; *L'Examen important de milord Bolingbroke*,

chez les Babyloniens; [33] qu'enfin elle n'appela Dieu du nom d'Eloï,   95
ou Eloa, d'Adonaï, de Jehova ou Hiao que d'après les Phéniciens. [34]

Elle ne connut probablement le nom d'Abraham ou d'Ibrahim
que par les Babyloniens; car l'ancienne religion de toutes les
contrées depuis l'Euphrate jusqu'à l'Oxus était appelée *Kish*
Ibrahim, Millat Ibrahim. C'est ce que toutes les recherches faites   100
sur les lieux par le savant Hide nous confirment. [35]

Les Juifs firent donc de l'histoire et de la fable ancienne, ce que
leurs fripiers font de leurs vieux habits, ils les retournent et les
vendent comme neufs le plus chèrement qu'ils peuvent.

C'est un singulier exemple de la stupidité humaine que nous   105
ayons si longtemps regardé les Juifs comme une nation qui avait

---

V 62, p.194; *La Bible enfin expliquée*, M.xxx.51). Sa source est Philon dans sa
Relation de l'ambassade dont il était le chef, envoyée par les Juifs d'Alexandrie vers
l'empereur Caligula, qu'il a lue dans l'*Histoire des Juifs écrite par Flavius Joseph*, trad.
Arnauld d'Andilly (Paris 1735-1736; BV). Ainsi s'explique son erreur d'attribution à
Flavius Josèphe, corrigée dans 69*. Il possédait aussi les *Œuvres de Philon*, trad.
P. Bellier (Paris 1619), qu'il a annotées.

[33] L'argumentation de Voltaire, indiquée dans *La Philosophie de l'histoire* (V 59,
p.253-54), sera reprise dans les *Fragments historiques sur l'Inde* (M.xxix.172, n.1),
dans les QE (M.xvii.250-51), dans *La Bible enfin expliquée* (M.xxx.250, n.2). Elle se
résume à ces raisons: les Juifs ne donnèrent des noms aux anges qu'après leur exil
à Babylone, le nom de Raphaël n'apparaît que dans le Tobie; ainsi dans la Genèse
les trois anges qui apparurent à Abraham n'ont point de nom.

[34] Voltaire a parfois donné une origine égyptienne à Jéhovah (*Dieu et les hommes*,
V 69, p.319), mais le plus souvent il s'en tient à l'origine phénicienne, adoptée par
l'Egypte (*La Philosophie de l'histoire*, V 59, p.134-35; *Examen important, Homélies*
prononcées à Londres, V 62, p.190, 204, 441; cf. CN, ii.340, 553). Voltaire se plaît
manifestement à ces variations phonétiques. Sur l'origine de ce nom, voir l'article
'Jéhova', *Dictionnaire de la Bible*, éd. Vigouroux, iii.1228-30.

[35] Même affirmation dans *La Philosophie de l'histoire* (V 59, p.143). Dans son
exemplaire de l'ouvrage de Hyde, *Veterum Persarum et Parthorum et Medorum*
religionis historia (Oxonii 1760), Voltaire a souligné le passage selon lequel les
Arabes emploient ces vocables pour désigner la religion des Mèdes et des Perses
(ch.2) et a écrit en marge: 'Kish ibrahim' (CN, iv.577). Mais Hyde ne met pas en
doute l'antériorité d'Abraham, ni l'existence de l'Abraham Juif. Sur l'utilisation
tendancieuse de Hyde par Voltaire, voir *La Défense de mon oncle* (V 64).

tout enseigné aux autres, tandis que leur historien Joseph avoue lui-même le contraire. [36]

Il est difficile de percer dans les ténèbres de l'antiquité; mais il est évident que tous les royaumes de l'Asie étaient très florissants avant que la horde vagabonde des Arabes appelés Juifs, possédât un petit coin de terre en propre, avant qu'elle eût une ville, des lois et une religion fixe. Lors donc qu'on voit un ancien rite, une ancienne opinion établie en Egypte ou en Asie, et chez les Juifs, il est bien naturel de penser que le petit peuple nouveau, ignorant, grossier, toujours privé des arts, a copié, comme il a pu, la nation antique, florissante et industrieuse. [37]

C'est sur ce principe qu'il faut juger la Judée, la Biscaye, Cornouailles, Bergame, le pays d'Arlequin etc.: certainement la triomphante Rome n'imita rien de la Biscaye, de Cornouailles, ni

[36] Il s'agit d'une véritable scie voltairienne (voir *La Philosophie de l'histoire*, ch.49; *Examen important*, ch.5; les carnets, V 82, p.629). Josèphe admet que les Juifs ont emprunté aux Egyptiens la pratique de la circoncision et celle de l'abstention de la viande de porc (voir *Contre Appion*, i.169-70, ii.141). Mais il insiste aussi sur les coutumes juives adoptées par les peuples étrangers: repos hebdomadaire, jeûne, allumages des lampes, lois relatives à la nourriture (ii.282-85, 293). Il signale aussi les emprunts des philosophes grecs au judaïsme: Anaxagore, Platon, les philosophes du Portique, Pythagore ont professé sur Dieu la même doctrine que Moïse (ii.168); Platon s'inspire des lois juives lorsqu'il met l'accent sur l'importance de l'étude de la loi ou qu'il empêche les étrangers de se mêler à la nation (ii.257) et Pythagore s'est inspiré des institutions juives (i.162-65).

[37] Voltaire applique un principe de vraisemblance (voir *L'A, B, C*, M.xxvii.342).

de Bergame; [38] et il faut être ou un grand ignorant, ou un grand fripon, pour dire que les Juifs enseignèrent les Grecs. [39]

(Article tiré de M. Fréret.) [40]

[38] Même affirmation dans l'*Examen important* (V 62, p.190).

[39] Ce grand ignorant pourrait bien être Huet évêque d'Avranches qui, dans sa *Demonstratio evangelica* (Parisiis 1690), prétend que le Pentateuque a été la source à laquelle tous les peuples ont emprunté. Voltaire s'est procuré cet ouvrage en juin 1764 (D11877, D11912). Dans son exemplaire il note en marge: 'livres juifs inconnus aux autres nations' (CN, iv.543). Il n'a de cesse de réfuter l'opinion de Huet selon laquelle l'histoire de Bacchus imiterait celle de Moïse (*La Philosophie de l'histoire*, ch.28; QE, art. 'Bacchus'). Il s'appuie sur Josèphe, qui déclare que les Juifs n'eurent aucun commerce avec les autres nations, et qu'ils n'ont point eu de communication avec les Grecs (*Contre Appion*, iv.341, 343; CN, iv.602, 603). Il recopie cette déclaration dans l'*Essai sur les mœurs* (i.178) et dans les QE (M.xvii.519), ce qui ne l'empêche pas de mettre en marge du *Contre Appion*: 'faux appion etait mort sous lempereur claude et n'avait pu ecrire contre joseph' (CN, iv.601). Les écrits de Josèphe sur l'antiquité des Juifs sont donc exploités pour montrer leur isolement. De même Voltaire rappelle à plusieurs reprises les contes rapportés par Josèphe suivant lesquels Théopompe et Théodecte pour avoir voulu connaître les livres juifs devinrent l'un fou, l'autre aveugle (*Essai*, i.179; V 59, p.261; cf. CN, iv.592). Donc les Grecs, affirme-t-il, ne purent rien prendre des Hébreux.

[40] Les philosophes attribuèrent à Nicolas Fréret (1688-1749), secrétaire perpétuel de l'Académie des inscriptions et belles-lettres, maints ouvrages apocryphes. *L'Examen critique des apologistes de la religion chrétienne* que Voltaire réclame d'avril à juin 1766 (D13268, D13271, D13302), qu'il apprécie (D13347, D13352, D13353), mais dont il n'ignore pas qu'il n'en est pas l'auteur (D13345, D15400), a remis le nom de Fréret au premier plan. La réputation d'écrivain anti-chrétien de Fréret est solidement établie. Fréret est un prête-nom commode. Quand on l'accuse d'athéisme (Grimm, cité dans V 63A, p.294), Voltaire proteste (*Lettres à S. A. Mgr le prince de ****, 1767; M.xxvi.508-509). Voltaire l'a mis en scène dans *Le Dîner du comte de Boulainvilliers* (V 63A, p.316-19, 355-401). Il peut lui attribuer avec quelque vraisemblance cette addition à l'article 'Abraham'. Fréret est célèbre par ses recherches sur l'histoire ancienne et sur la chronologie (voir la liste des mémoires qu'il lut à l'Académie dans R. Simon, *Nicolas Fréret, académicien*, p.206-15). Il est l'auteur des *Réflexions sur les différents degrés de certitude historique*. Enfin, dernier clin d'œil voltairien: son mémoire, qui lui valut la Bastille, *De l'origine des Français et de leur établissement dans la Gaule*, combat la fable troyenne. Cette légende, selon Fréret, n'a peut-être d'autre fondement que la ressemblance des mots Phrygia et Phrysia. On a bâti un 'roman' (voir ce texte dans *Mémoires de l'Institut impérial de France*, Paris 1868, xxiii, en particulier p.323-25).

ADAM[1]

La pieuse madame Bourignon était sûre qu'Adam avait été hermaphrodite,[2] comme les premiers hommes du divin Platon.[3] Dieu lui avait révélé ce grand secret; mais comme je n'ai pas eu les

a-26   64-65v, article absent

[1] Article publié en 1767 qui s'inscrit dans la polémique antireligieuse des ajouts de cette édition. Sans pouvoir en préciser la date de rédaction, on remarquera que dans les *Nouveaux mélanges* de 1765, Voltaire juge le P. Berruyer en des termes fort proches de ceux qu'il emploie ici (*Des mauvaises actions consacrées ou excusées*, M.xix.369); voir n.13. Il fait paraître un nouvel article 'Adam' dans les QE. Un troisième article était peut-être destiné à *L'Opinion en alphabet* (M.xvii.58-60).

[2] Voltaire s'est déjà moqué des 'pieuses rêveries' d'Antoinette Bourignon (1616-1680) dans *Le Siècle de Louis XIV*, ch.37 (*OH*, p.1077). Il n'a point dans sa bibliothèque les ouvrages de cette mystique et on ne sait s'il les a consultés. Sa source ici est l'article 'Adam' du *Dictionnaire* de Bayle qui consacre deux notes fort longues à l'interprétation du verset: 'Dieu créa donc l'homme à son image; il le créa à l'image de Dieu, et il les créa mâle et femelle' (Genèse i.27). Des rabbins en déduirent que Dieu avait créé des androgynes (Bayle, rem. F; cf. Calmet, *Commentaire*, i.13; Maimonide pense que les corps de l'homme et de la femme étaient attachés par les côtés et que Dieu les avait séparés durant le sommeil d'Adam). Voltaire ne retient point ces interprétations, mais concentre l'intérêt sur les visions d'A. Bourignon (Bayle, rem. G). Bayle cite la préface de son livre *Le Nouveau ciel et la nouvelle terre* (Amsterdam 1679). Avant le péché originel, Adam possédait les deux sexes et pouvait se reproduire. Voltaire a pu consulter également l'article 'Bourignon Antoinette' du *Dictionnaire* de Bayle.

[3] *La Pucelle*, IV, évoque les plaisirs d'Hermaphrodix (V 7, p.329 ss.). Voltaire, dans une note, renvoie à Platon et à A. Bourignon: 'selon Platon, l'homme fut formé avec les deux sexes. Adam apparut tel à la dévote Bourigon et à son directeur Abbadie'. Voltaire simplifie le mythe platonicien. Les premiers hommes du 'divin Platon' sont doubles; il existe trois espèces d'humains: l'homme double, la femme double et l'androgyne. En proie à l'orgueil, ils sont châtiés, coupés en deux et chaque moitié cherche sa moitié perdue (*Le Banquet*, éd. L. Robin, 'Discours d'Aristophane', 189d-192). Voir d'autres plaisanteries de Voltaire dans *Le Songe de Platon* (V 17, p.547) et *Le Philosophe ignorant* (V 62, p.57).

300

mêmes révélations, je n'en parlerai point. [4] Les rabbins juifs ont lu les livres d'Adam; [5] ils savent le nom de son précepteur [6] et de sa seconde femme; [7] mais comme je n'ai point lu ces livres de notre premier père, je n'en dirai mot. Quelques esprits creux, très savants, sont tout étonnés quand ils lisent le Veidam des anciens brachmanes de trouver que le premier homme fut créé aux Indes,

[4] Dans une *Vie continuée de mademoiselle Bourignon*, citée par Bayle (rem. G), une vision d'A. Bourignon est longuement décrite. Adam, lorsqu'il est 'échauffé par l'amour de Dieu', féconde grâce à une liqueur les œufs qu'il pond et de ces œufs sortent des hommes parfaits. Ainsi serait né Jésus-Christ!

[5] Voir Bayle, rem. K, qui énumère, selon différents commentateurs, un livre sur la création du monde, un autre sur la divinité, 'une vingtaine de livres tombés du ciel qui contenaient plusieurs lois, plusieurs promesses et plusieurs menaces de Dieu et les prédictions de plusieurs événements', le psaume 92, et deux cantiques de l'Apocalypse du bienheureux Amadeus. Bayle donne les références de tous ces 'contes'. Calmet énumère aussi les livres attribués à Adam (*Dictionnaire*, i.65).

[6] Dans ses carnets, Voltaire a noté: 'Jambusar était le précepteur d'Adam' (V 81, p.176), détail qu'il a pu trouver dans le *Commentaire* (Genèse ii.7). Calmet consacre un long développement aux préadamites, rappelant les théories de l'antiquité sur la matière éternelle, réfutant le *Traité sur les préadamites* d'Isaac de La Peyrère et faisant allusion au livre 'Cozaï, composé, dit-on, par le prétendu roi de Cozar' qui parle d'anciens ouvrages où il était fait mention de 'Janbuzar, Zagrit et de Roane qui vivaient avant Adam. Janbuzar était, dit-on, le précepteur d'Adam'. Mêmes arguments dans l'article 'Préadamites' du *Dictionnaire*. On note l'importance de ce détail qui implique qu'Adam est seulement le premier homme des Juif. La chronologie biblique ne doit donc pas s'appliquer à l'humanité tout entière; ainsi s'expliquerait l'antiquité des peuples indiens et chinois. Le péché originel ne frappe pas non plus toute l'humanité.

[7] Cf. les carnets: 'Les juifs prétendent qu'Adam eut deux femmes, la première nommée Lilli qui le fit cocu, et Eve la seconde, il fit divorce avec la première et Eve fut tirée de sa côte' (V 81, p.176). Lilith est un démon féminin dont Gérard dit qu'il s'agit d'un mythe assyro-babylonien (*Dictionnaire*, p.796). La source de Voltaire est Calmet, *Dictionnaire*, art. 'Lilith'. Première femme d'Adam, elle s'en sépara, ne voulut point retourner près de lui bien que Dieu lui ait envoyé deux anges pour l'y contraindre. Lilith, qui signifie la nuit, est un principe de mal. Elle passe pour manger les nouveaux-nés, d'où la superstition juive: lorsqu'un enfant naît dans une maison, on écrit 'qu'Adam et Eve soient ici, que Lilith s'en éloigne'. Il en est question aussi à l'article 'Lamies' et dans le *Commentaire* (Genèse i.27) où il est dit qu'elle 'fit divorce' avec Adam.

etc., qu'il s'appelait *Adimo* qui signifie l'engendreur, et que sa 10
femme s'appelait *Procriti* qui signifie la vie. [8] Ils disent que la secte
des brachmanes est incontestablement plus ancienne que celle des
Juifs, [9] que les Juifs ne purent écrire que très tard dans la langue
chananéenne, puisqu'ils ne s'établirent que très tard dans le petit
pays de Canaan; ils disent que les Indiens furent toujours inven- 1[
teurs, et les Juifs toujours imitateurs, les Indiens toujours ingénieux, et les Juifs toujours grossiers; [10] ils disent qu'il est bien
difficile qu'Adam qui était roux, [11] et qui avait des cheveux, soit
le père des nègres qui sont noirs comme de l'encre, et qui ont de
la laine noire sur la tête. [12] Que ne disent-ils point? pour moi je 2[
ne dis mot; j'abandonne ces recherches au révérend père Berruyer
de la Société de Jésus; c'est le plus grand innocent que j'aie jamais

---

[8] 'Adimo est le nom du premier homme sorti des mains de Dieu. Il le doua, en
le créant, de connaissances extraordinaires, et le mit sur la terre pour être le principe
et l'origine de tous les autres hommes. Prokriti est le nom de son épouse' (*L'Ezour-
Vedam ou ancien commentaire de Vedam*, éd. G. de Sainte-Croix, Yverdon 1778,
i.195). Voltaire avait reçu le manuscrit de l'*Ezour-Vedam* en 1760 (D9289); il a cité
ce passage dans l'*Essai sur les mœurs* (i.240) et le reprend dans *La Défense de mon
oncle* (V 64, p.221-22). On sait que Voltaire fut victime d'une supercherie, le
manuscrit étant apocryphe (voir Hawley, 'L'Inde de Voltaire', p.139-78). Voltaire
a déjà mis au point une méthode comparative en matière d'histoire des religions.
[9] Voltaire avait déjà affirmé l'ancienneté des Hindous (*La Philosophie de l'histoire*,
V 59, p.145-46).
[10] Arguments traditionnels de la polémique voltairienne: la nation juive est
moderne, elle a imité des peuples plus anciennement civilisés; voir *Appel à toutes
les nations de l'Europe* (M.xxiv.211), *L'A, B, C* (M.xxvii.392), *La Philosophie de
l'histoire*, ch.49 (V 59, p.260-62).
[11] Selon Flavius Josèphe (*Histoire des Juifs, Œuvres complètes*, éd. J. A. C.
Buchon, Paris 1836, i, ch.i, p.5), Adam signifie en hébreu 'terre rouge', le premier
homme ayant été pétri d'une terre rouge. Voltaire a largement annoté sa traduction
de l'*Histoire des Juifs* (CN, iv.591-607), mais il n'a pas souligné ce détail qu'il a pu
trouver dans Calmet, *Dictionnaire*, i.61, ou *Commentaire* (Genèse i.26).
[12] Dès le *Traité de métaphysique* (1734), Voltaire est partisan de la théorie du
polygénisme (V 14, p.422-23). Il la reprend dans *La Philosophie de l'histoire* (V 59,
p.92-95) et l'*Essai sur les mœurs*, ch.141 (ii.306). Sur l'anthropologie de Voltaire,
voir M. Duchet, *Anthropologie et histoire au siècle des Lumières*, p.286-98.

connu. [13] On a brûlé son livre comme celui d'un homme qui voulait tourner la Bible en ridicule: mais je puis assurer qu'il n'y entendait pas finesse.   25

(Tiré d'une lettre du chevalier de R**.) [14]

[13] L'Histoire du peuple de Dieu depuis son origine jusqu'à la naissance du Messie du P. Isaac Berruyer parut à Paris en trois parties, en 1728-1731, 1753 et 1757. Elle fit l'objet d'une condamnation de l'archevêque de Paris avec l'appui du provincial de l'ordre des jésuites en date du 9 avril 1756. Voir Jugement doctrinal de la Faculté de théologie de Paris sur un livre qui a pour titre Histoire du peuple de Dieu (s.l. 1762). Voltaire estime cette condamnation ridicule (D6849, D6853, D8003). Il ne possédait point les ouvrages de Berruyer, mais il a pu les consulter. Il accuse Berruyer d'avoir paraphrasé 'l'Ancien et le Nouveau Testament en style de ruelle' (D5732). Le P. Berruyer est un 'sot' qui n'avait d'autre intention que de faire lire l'Ancien et le Nouveau Testament (M.xix.369). Vérification faite, Berruyer n'a pas traité des points évoqués dans cet article. Ses commentaires sont d'un homme qui 'n'y entendait pas finesse'. Ainsi de ce discours que le Créateur est censé tenir: 'Les préparatifs sont faits, dit le Seigneur; il est temps que nous tirions du néant celui pour lequel nous opérons depuis six jours. Formons l'homme sur la terre, qu'il y tienne notre place et qu'il y soit notre image. Que visible et sensible, il y représente celui qui de sa nature ne tombe point sous les sens et ne peut être aperçu des yeux' (i.14). Ainsi est narrée avec force naïvetés l'histoire d'Adam: création d'Eve, cette épouse étant destinée à rendre la vie d'Adam plus agréable 'par une innocente société', tentation d'Adam qui cède à Eve: 'mais les caresses, les sollicitations, les importunités d'une épouse aimée qui s'afflige, qui se désespère, qui reproche l'indifférence qu'on a pour elle font de bien vives impressions sur le cœur de l'homme' (i.36). Berruyer essaie de comprendre pourquoi l'Eternel a permis que soit commis le péché originel, mais le fait de manière comique.

[14] Voltaire essaie de maintenir la fiction d'un ouvrage collectif. Raisons de prudence ou jeu? Il faut que ces attributions fantaisistes soient décryptées par le lecteur du dix-huitième siècle. L'auteur supposé doit être décédé pour éviter tout démenti. On penserait volontiers au chevalier de Ramsay (1686-1743), écrivain français d'origine écossaise dont le parcours religieux fut compliqué et que Voltaire résume ainsi: 'ayant été quaker, anabaptiste, anglican, presbytérien', il s'est fait 'féneloniste' (M.xviii.311). Pourquoi s'agirait-il d'une lettre? Ce serait une malice de Voltaire qui accusa Ramsay d'avoir fabriqué une fausse lettre de Pope (OH, p.1197). En guise de représailles, il lui attribuerait donc une lettre, fausse bien évidemment, dont cet article serait un extrait.

ÂME[1]

Ce serait une belle chose de voir son âme. *Connais-toi toi-même,*

[1] Les lignes 136-221 reprennent 'De l'antiquité du dogme de l'immortalité de l'âme par M. de Voltaire', inséré dans la *Correspondance littéraire* du 15 juillet 1759, avec une coupe différente des paragraphes dont Voltaire n'était peut-être pas responsable (ICL, i.70). Ce texte, dont la partie qui figure ici, fut repris dans les *Nouveaux mélanges* (1765; iii.57-59). L'historique des doctrines exposant l'origine, la nature et la finalité de l'âme (l.30-37, 90-116) doit beaucoup aux *Tusculanes*, I, de Cicéron; cf. *Lettres philosophiques*, XIII (*Lph*, i.166-67, 191-203); voir aussi les *Eléments de la philosophie de Newton*, I.vi (V 15, p.224-32), et les carnets (V 81-82, p.88, 95, 545). Voltaire a lu et annoté Jean Lévesque de Burigny, *Théologie païenne ou sentiments des philosophes et des peuples païens les plus célèbres, sur Dieu, sur l'âme, et sur les devoirs de l'homme* (Paris 1754; CN, i.616-17). Comme sources possibles, citons encore l'*Encyclopédie*, art. 'Ame', de Claude Yvon (cf. CN, iii.364), *Trévoux*, art. 'Ame', en particulier en ce qui concerne les théories des Juifs sur l'âme, Isaac de Beausobre, *Histoire critique de Manichée et du manichéisme* (Amsterdam 1734-1739; BV), ii.349 ss. Il convient également de signaler la littérature 'clandestine' sur l'âme (Benítez, no.2, 19, 28, 52, 75, 99, 137) qui traite soit de sa matérialité, soit des opinions très diverses des philosophes et Pères de l'Eglise sur sa nature et son immortalité, mais il n'est pas évident que Voltaire ait connu aucun de ces traités en 1764, et encore moins en 1759 (voir B. E. Schwarzbach, 'Une légende en quête d'un manuscrit', p.107, 108 et n.23). Ceux-ci représentent le courant matérialiste chez les philosophes français de l'époque; Voltaire, pour sa part, voulait doter la matière de la possibilité de penser plutôt que de réduire la pensée, qu'il assimile ici à l'âme, à une fonction mécanique ou hydraulique des composants anatomiques de la cervelle. Il ne se rend pas compte que la pensée dont il parle ici ne correspond pas entièrement à la notion d'âme, évoquée par le titre de l'article, telle que la spiritualité chrétienne la concevait. Voltaire se rapproche de Lucrèce et de La Mettrie (*Histoire naturelle de l'âme*) en considérant l'âme/la pensée comme une partie inséparable de l'homme, et que des êtres (les animaux) ne diffèrent de lui que par degré; voir John W. Yolton, *Locke and French materialism*, p.201. Voltaire prend le contre-pied de Buffon, qui prétendait que l'âme de l'homme était 'la faculté raisonnable' située dans une 'substance spirituelle de commande' 'entièrement différente par son essence et par son action de la nature des sens extérieurs' matériels, tandis que les animaux n'avaient qu'un 'sens intérieur matériel' et donc 'toutes les ressemblances [entre l'homme et les bêtes] sont extérieures et ne suffisent pas pour nous faire prononcer que la nature de l'homme est semblable à celle de l'animal'

est un excellent précepte, mais il n'appartient qu'à Dieu de le mettre en pratique: quel autre que lui peut connaître son essence?

Nous appelons âme, ce qui anime. Nous n'en savons guère davantage, grâce aux bornes de notre intelligence. Les trois quarts du genre humain ne vont pas plus loin, et ne s'embarrassent pas de l'être pensant; l'autre quart cherche, personne n'a trouvé ni ne trouvera.

Pauvre pédant, tu vois une plante qui végète, et tu dis *végétation*, ou même, âme *végétative*. Tu remarques que les corps ont et donnent du mouvement, et tu dis *force*; tu vois ton chien de chasse apprendre sous toi son métier, et tu cries, *instinct, âme sensitive*: tu as des idées combinées, et tu dis *esprit*. [2]

Mais de grâce, qu'entends-tu par ces mots, Cette fleur végète? mais y a-t-il un être réel qui s'appelle *végétation*, ce corps en pousse un autre, mais possède-t-il en soi un être distinct qui s'appelle *force*? ce chien te rapporte une perdrix, mais y a-t-il un être qui s'appelle *instinct*? ne rirais-tu pas d'un raisonneur, (eût-il été précepteur d'Alexandre) [3] qui te dirait, Tous les animaux vivent, donc il y a dans eux un être, une forme substantielle qui est la vie?

Si une tulipe pouvait parler, et qu'elle te dit, Ma végétation et moi, nous sommes deux êtres joints évidemment ensemble, ne te moquerais-tu pas de la tulipe?

---

3   64*: ^Vson essence.
9   64: Pauvre philosophe, tu vois [MS2: β]
14 MS2: par ces mots? cette fleur végète.

(*Histoire naturelle*, Paris 1749-1770, ii.432-44; iv.70 ss., 33-49; BV). Sur les thèses diverses sur l'âme des bêtes, voir F. Markovitz, 'Remarques sur le problème de l'âme des bêtes', p.79-92. L'article ne sera pas reproduit dans les QE.

[2] Ce sont les catégories et hiérarchies des philosophies classique et scolastique (Aristote, *De l'âme*, ii.2-5; Thomas d'Aquin, *Somme théologique*, 1a, 78-79, 118).

[3] Il s'agit d'Aristote qui, selon Diogène Laërce, fut le tuteur du jeune Alexandre entre 342 et 341 av. J.-C. (*Vie d'Aristote*, v.10).

Voyons d'abord ce que tu sais, et de quoi tu es certain; que tu   25
marches avec tes pieds, que tu digères par ton estomac, que tu
sens par tout ton corps, et que tu penses par ta tête. Voyons si ta
seule raison a pu te donner assez de lumières, pour conclure sans
un secours surnaturel que tu as une âme?

Les premiers philosophes, soit chaldéens, soit égyptiens, dirent,   30
Il faut qu'il y ait en nous quelque chose qui produise nos pensées;
ce quelque chose doit être très subtil, c'est un souffle, c'est du feu,
c'est de l'éther, c'est une quintessence, c'est un simulacre léger,
c'est une entéléchie, c'est un nombre, c'est une harmonie.[4] Enfin,
selon le divin Platon, c'est un composé du *même*, et de *l'autre*;[5]   35
ce sont des atomes qui pensent en nous, a dit Epicure après
Démocrite.[6] Mais, mon ami, comment un atome pense-t-il? avoue
que tu n'en sais rien.

L'opinion à laquelle on doit s'attacher sans doute, c'est que
l'âme est un être immatériel. Mais certainement, vous ne concevez   40
pas ce que c'est que cet être immatériel? Non, répondent les
savants; mais nous savons que sa nature est de penser. Et d'où le
savez-vous? Nous le savons, parce qu'il pense. O savants! j'ai bien
peur que vous ne soyez aussi ignorants qu'Epicure; la nature
d'une pierre est de tomber, parce qu'elle tombe; mais je vous   4
demande, qui la fait tomber?

Nous savons, poursuivent-ils, qu'une pierre n'a point d'âme;
d'accord je le crois comme vous. Nous savons qu'une négation,
et une affirmation ne sont point divisibles, ne sont point des
parties de la matière; je suis de votre avis. Mais la matière, à   5

41   64, 65, 67: immatériel; Non,
      65v: immatériel. Non

[4] C'est l'avis du Simias de Platon, qui prétend que l'âme est harmonie des
éléments corporels (*Phédon*, 86). Cicéron mentionne d'autres philosophes du même
avis dans ses *Tusculanes*, I.x.

[5] Platon, *Timée*, 35a.

[6] Lucrèce, *De rerum natura*, iii.177 ss., 370 ss.

nous d'ailleurs inconnue, possède des qualités qui ne sont pas matérielles, qui ne sont pas divisibles; elle a la gravitation vers un centre que Dieu lui a donnée. Or cette gravitation n'a point de parties, n'est point divisible. La force motrice des corps[7] n'est pas un être composé de parties. La végétation des corps organisés,   55 leur vie, leur instinct, ne sont pas non plus des êtres à part, des êtres divisibles, vous ne pouvez pas plus couper en deux la végétation d'une rose, la vie d'un cheval, l'instinct d'un chien, que vous ne pourrez couper en deux une sensation, une négation, une affirmation.[8] Votre bel argument tiré de l'indivisibilité de la   60 pensée ne prouve donc rien du tout.

Qu'appelez-vous donc votre âme? quelle idée en avez-vous? Vous ne pouvez par vous-même, sans révélation, admettre autre chose en vous, qu'un pouvoir à vous inconnu, de sentir, de penser.

A présent, dites-moi de bonne foi, Ce pouvoir de sentir et de   65 penser, est-il le même que celui qui vous fait digérer et marcher? vous m'avouez que non, car votre entendement aurait beau dire à votre estomac, *digère*, il n'en fera rien s'il est malade; en vain votre être immatériel ordonnerait à vos pieds de marcher, ils resteront là, s'ils ont la goutte.   70

Les Grecs ont bien senti que la pensée n'avait souvent rien à faire avec le jeu de nos organes; ils ont admis pour ces organes

---

59   64: ne pouvez couper

---

[7] Voir *Doutes sur la mesure des forces motrices et sur leur nature*, présentés par Voltaire à l'Académie des sciences en 1741 (M.xxiii.171-72), les lettres à Pitot du 31 août 1736 (D1137) et à Mairan du 24 mars 1741 (D2452); cf. QE, art. 'Mouvement'.

[8] L'interlocuteur raisonne de manière traditionnelle, sauf à propos de la gravitation comme 'qualité' de la matière. Son propos aurait pu être celui du père Tournemine dans sa correspondance avec Voltaire en 1735 (D877, D913). Voltaire n'a pas changé d'opinion par la suite.

une âme animale, et pour les pensées une âme plus fine, plus subtile, un *nous*. [9]

Mais voilà cette âme de la pensée, qui en mille occasions a l'intendance sur l'âme animale. L'âme pensante commande à ses mains de prendre, et elles prennent. Elle ne dit point à son cœur de battre, à son sang de couler, à son chyle de se former, tout cela se fait sans elle: voilà deux âmes bien embarrassées, et bien peu maîtresses à la maison.

Or cette première âme animale n'existe certainement point, elle n'est autre chose que le mouvement de vos organes. Prends garde, ô homme! que tu n'as pas plus de preuve par ta faible raison que l'autre âme existe. Tu ne peux le savoir que par la foi. Tu es né, tu vis, tu agis, tu penses, tu veilles, tu dors sans savoir comment. Dieu t'a donné la faculté de penser comme il t'a donné tout le reste, et s'il n'était pas venu t'apprendre dans les temps marqués par sa Providence que tu as une âme immatérielle et immortelle, tu n'en aurais aucune preuve. [10]

Voyons les beaux systèmes que ta philosophie a fabriqués sur ces âmes.

L'un dit que l'âme de l'homme est partie de la substance de Dieu même, [11] l'autre qu'elle est partie du grand tout, [12] un troisième qu'elle est créée de toute éternité, [13] un quatrième qu'elle

---

73   65v: animale, qu'ils nommaient *psyché*, et

[9] νοῦς; voir Aristote, *De l'âme*, iii.5; *La Métaphysique*, xi.7.

[10] Ce passage rappelle la fonction de la foi chez Locke, comme la discussion de l'indépendance du système organique par rapport à la volonté rappelle son chapitre sur le pouvoir (*Essay concerning human understanding*, II, xxi.11-12; IV, xviii.7; BV).

[11] Platon, *Phèdre*, 147 c-e.

[12] Epictète, *Dissertationes*, I.xiv.

[13] Selon la tradition platonicienne, les corps sont les instruments d'âmes préexistantes et éternelles (*Phèdre*, 245; voir aussi Philon, *De gigantibus*, II; Origène, *Peri archon*, II.ix.1; PG, xi.225). A l'époque de Voltaire, cette théorie avait pris la forme génétique de l'emboîtement: 'les âmes humaines ont été dans les semences et dans les ancêtres jusqu'à Adam et ont existé par conséquent depuis le commencement des choses toujours dans une manière de corps organisé' (Leibniz, *Essais de*

est faite, et non créée;[14] d'autres assurent que Dieu les forme à   95
mesure qu'on en a besoin, et qu'elles arrivent à l'instant de la
copulation;[15] Elles se logent dans les animalcules séminaux, crie
celui-ci: Non, dit celui-là, elles vont habiter dans les trompes de
Fallope. Vous avez tous tort, dit un survenant, l'âme attend six
semaines que le fœtus soit formé, et alors elle prend possession   100
de la glande pinéale;[16] mais si elle trouve un faux germe, elle s'en
retourne, en attendant une meilleure occasion. La dernière opinion
est que sa demeure est dans le corps calleux, c'est le poste que lui

101   67, 69:   mais elle trouve

---

théodicée, xcix; BV). A cette thèse sont associés Malebranche (*De la recherche de la
vérité*, I, vi.81; BV) et Bayle, entre autres. Buffon l'adopte également (*Histoire
naturelle*, ii.25-28).

[14] Théorie de Tertullien, qu'Augustin reprend avec certaines hésitations, selon
laquelle il existe une traduction d'âmes, c'est-à-dire que les âmes créées en Adam
viennent l'une de l'autre par une espèce de production, et qu'elles sont engendrées
comme les corps des enfants sont engendrés par leurs parents (Augustin, *De anima*,
xxvii; PL, ii.694-95; pour Augustin, voir *Opus imperfectum contra Julianum*, i.6;
PL, xlv.1053). Ces textes sont reproduits dans l'article 'Ame' de l'*Encyclopédie*
(i.330). Cette théorie traductionniste était adoptée par le luthéranisme, tandis que
l'Eglise catholique avait officiellement accepté la théorie créationniste de Jérôme
qui soutenait qu'une âme nouvelle était créée pour chaque individu (*Commentarius
in Ecclesiasten*, xii.7; PL, xxiii.1112).

[15] La doctrine d'une animation immédiate du fœtus est soutenue par Grégoire
de Nysse (*De hominis opificio*, xliv; PG, xliv.229 ss.).

[16] Descartes, *L'Homme* (clxxvii), *Des passions de l'âme* (xxxi-xxxv). Cf. les
carnets (V 82, p.447). La documentation de Voltaire, en extension depuis les *Lettres
philosophiques*, XIII, est si synthétique qu'il est impossible de désigner une source
précise. Il pouvait trouver de pareilles esquisses et la plupart des détails cités ici
dans la 'Dissertation sur la nature de l'âme' de Calmet (*Dissertations qui peuvent
servir de prolégomènes à l'Ecriture sainte*, i.460-82; CN, ii.338), dans les *Essais de
théodicée* de Leibniz, discours 7-8 et I, ou dans l'article 'Ame' de l'*Encyclopédie*, qui
contient un long compte rendu des théories des philosophes de l'antiquité (p.327-
31; CN, iii.365).

assigne La Peironie; [17] il fallait être premier chirurgien du roi de France pour disposer ainsi du logement de l'âme. Cependant, son corps calleux n'a pas fait la même fortune que ce chirurgien avait faite.

St Thomas dans sa question 75e et suivantes, dit que l'âme est une forme *subsistante, per se*, qu'elle est toute en tout, que son essence diffère de sa puissance, qu'il y a trois âmes *végétatives*, savoir, *la nutritive, l'augmentative, la générative*; que la mémoire des choses spirituelles est spirituelle, et la mémoire des corporelles est corporelle; que l'âme raisonnable est une forme *immatérielle quant aux opérations*, et *matérielle quant à l'être*. [18] St Thomas a écrit deux mille pages de cette force et de cette clarté; aussi est-il l'ange de l'école. [19]

On n'a pas fait moins de systèmes sur la manière dont cette âme sentira quand elle aura quitté son corps avec lequel elle sentait, comment elle entendra sans oreilles, flairera sans nez, et touchera sans mains; quel corps ensuite elle reprendra, si c'est celui qu'elle avait à deux ans, ou à quatre-vingts; comment le *moi*, l'identité de la même personne subsistera, comment l'âme d'un homme devenu imbécile à l'âge de quinze ans, et mort imbécile à l'âge de soixante et dix, reprendra le fil des idées qu'elle avait dans son âge de puberté; par quel tour d'adresse une âme dont la jambe aura été coupée en Europe, et qui aura perdu un bras en Amérique, retrouvera cette jambe et ce bras, lesquels ayant été transformés

[17] François Gigot de La Peyronie (1678-1747), 'Mémoire contenant plusieurs observations sur les maladies du cerveau' (*Mémoires de l'Académie des sciences de Paris*, 1741; Paris 1747, p.199-218). Ces théories et celles de Descartes sont résumées à la fin de l'article 'Ame' de l'*Encyclopédie*.

[18] Thomas d'Aquin, *Somme théologique* (1a, 75-78). Dans la *Summa contra gentiles* (11.85), il démontre entre autres que l'âme n'est pas de la substance de Dieu.

[19] L'appellation 'docteur angélique' ne remonte qu'au quinzième siècle, et saint Thomas ne fut proclamé 'docteur de l'Eglise' que le 11 avril 1567, par Pie v (cf. *Lettres philosophiques*, XIII). Voir DTC, art. 'Thomas d'Aquin' (xv.629).

en légumes, [20] auront passé dans le sang de quelque autre animal. On ne finirait point si on voulait rendre compte de toutes les extravagances que cette pauvre âme humaine a imaginées sur elle-même.   130

Ce qui est très singulier, c'est que dans les lois du peuple de Dieu, il n'est pas dit un mot de la spiritualité et de l'immortalité de l'âme, rien dans le Décalogue, rien dans le Lévitique ni dans le Deutéronome.   135

Il est très certain, il est indubitable, que Moïse en aucun endroit ne propose aux Juifs des récompenses et des peines dans une autre vie, qu'il ne leur parle jamais de l'immortalité de leurs âmes, qu'il ne leur fait point espérer le ciel, qu'il ne les menace point des enfers, tout est temporel. [21]   140

140-141   65v: temporel, comme l'avoue le grand Arnaud. ¶Moyse leur dit

[20] Sur le passage de substances minérales (le marbre) en substances végétales (par l'humus dans lequel poussent les légumes), et l'assimilation de celles-ci en chair animale et même humaine, voir Cyrano de Bergerac, *L'Autre monde* (Paris 1959), p.150, et Diderot, *Entretien de Diderot et d'Alembert*.

[21] Ici, Voltaire établit un contraste entre les théories de l'origine, de la substance, et du sort des âmes humaines, devenues articles de foi dans les diverses confessions chrétiennes, et la Bible, représentée par le Pentateuque qui, lu à la lettre, ne promet que des récompenses matérielles et ne menace que de châtiments temporels. Ceci n'est pas une découverte de Voltaire. Calmet et d'autres apologistes constataient que le Pentateuque ne parlait pas de l'âme telle qu'ils l'entendaient, ce qu'ils expliquaient par le matérialisme des Juifs qui, depuis l'époque du Pentateuque jusqu'au début de la prédication de Jésus, étaient restés sourds au message spirituel qu'il apporte à l'humanité, c'est-à-dire, pour eux, ayant rapport à l'âme (voir Calmet, *Dictionnaire*, art. 'Ame'). Ils s'efforçaient malgré cela de trouver l'âme dans l'Ancien Testament (voir Calmet, *Commentaire*, Genèse i.26, et la 'Dissertation sur la nature de l'âme', *Dissertations*, i.460-83). Les rabbins de la Gemâra l'y cherchaient aussi, en identifiant comme eux des allusions et en supposant que ce qui devait se trouver dans la Bible, la résurrection (physique) des morts, s'y trouvait (Mishnah Sanhedrin, x.1; T. B. Sanhedrin, 90b-91a). Celle-ci constituait pour eux une proposition analogue à celle de l'existence de l'âme, puisqu'elle entraînait des récompenses pour les justes et des peines pour les méchants. En fait, certains livres tardifs de la Bible, déjà sous l'influence grecque, ont une notion de ce qu'ils appellent *neshamah*, un attribut de l'homme qui correspond à l'âme des Grecs et de

Il leur dit avant de mourir, dans son Deutéronome; 'Si après avoir eu des enfants et des petits-enfants, vous prévariquez, vous serez exterminés du pays, et réduits à un petit nombre dans les nations. [22]

'Je suis un Dieu jaloux, qui punis l'iniquité des pères jusqu'à la troisième et quatrième génération. [23]

'Honorez père et mère afin que vous viviez longtemps. [24]

'Vous aurez de quoi manger sans en manquer jamais. [25]

'Si vous suivez des dieux étrangers, vous serez détruits... [26]

'Si vous obéissez, vous aurez de la pluie au printemps et en automne, du froment, de l'huile, du vin, du foin pour vos bêtes, afin que vous mangiez, et que vous soyez soûls. [27]

'Mettez ces paroles dans vos cœurs, dans vos mains, entre vos yeux, écrivez-les sur vos portes, afin que vos jours se multiplient. [28]

'Faites ce que je vous ordonne, sans y rien ajouter, ni retrancher. [29]

'S'il s'élève un prophète qui prédise des choses prodigieuses, si sa prédiction est véritable, et si ce qu'il a dit arrive, et s'il vous

---

la théologie chrétienne; mais l'Ecclésiaste en particulier (iii.19-21; xii.7) nie que les âmes des justes soient mieux traitées après la mort que celles des méchants. Voltaire savait évidemment qu'une idée de l'âme se trouvait dans l'Ecclésiaste (voir son *Précis de l'Ecclésiaste*, M.ix.488), mais il cherchait en vain des énoncés de la doctrine de l'âme dans le Pentateuque, oubliant Deutéronome xxxii.39, considérant, à juste titre, qu'il ne fallait déduire la théologie biblique que de ce corpus, lequel faisait autorité pour le judaïsme, plus que l'Ecclésiaste et les autres livres sapientiaux.

[22] Deutéronome iv.25-27, avec ellipses et paraphrases.

[23] Deutéronome v.9 et Exode xx.5, citation juste, avec ellipses.

[24] Deutéronome v.16 et Exode xx.12, citation exacte.

[25] Bible, Deutéronome viii.9, citation assez exacte.

[26] Deutéronome xi.16-17, citation avec ellipses et paraphrase.

[27] Deutéronome xi.13-15, citation avec ellipses et paraphrase libre.

[28] Deutéronome xi.18-21, citation exacte avec ellipses.

[29] Deutéronome xiii.1. Cette citation et les deux suivantes ne prouvent rien quant à la 'temporalité' des châtiments et des récompenses, que cherche à démontrer Voltaire.

dit, Allons, suivons des dieux étrangers... tuez-le aussitôt, et que tout le peuple frappe après vous. [30]

'Lorsque le Seigneur vous aura livré les nations, égorgez tout sans épargner un seul homme, et n'ayez aucune pitié de personne. [31]

'Ne mangez point des oiseaux impurs, comme l'aigle, le griffon, l'ixion, etc. [32]

'Ne mangez point des animaux qui ruminent et dont l'ongle n'est point fendu; comme chameau, lièvre, porc-épic, etc. [33]

'En observant toutes les ordonnances, vous serez bénis dans la ville et dans les champs, les fruits de votre ventre, de votre terre, de vos bestiaux seront bénis... [34]

'Si vous ne gardez pas toutes les ordonnances et toutes les cérémonies, vous serez maudits dans la ville et dans les champs... vous éprouverez la famine, la pauvreté, vous mourrez de misère, de froid, de pauvreté, de fièvre; vous aurez la rogne, la gale, la

160

165

170

---

[30] Deutéronome xiii.1, 2, 3, 10, citation avec paraphrase, résumé et ellipses.

[31] Deutéronome vii.16, traduction libre, mais non infidèle.

[32] Deutéronome xiv.12-13; Lévitique xi.13 (cf. CN, ii.52). 'Griffon' et 'ixion' sont les noms latins par lesquels Jérôme désigna deux bêtes autrement inconnues, qui sont probablement des rapaces, le *peres* et la *ra'ah*. On doit supposer pourtant qu'elles étaient bien connues des anciens Hébreux. En fait, Ixion est un nom propre, celui d'un roi des Lapithes dans la mythologie grecque, qui fut puni pour son amour pour Junon (voir Bayle, *Dictionnaire*, art.'Junon', rem. P). Littré ajoute que c'est le 'nom mythologique donné à la constellation d'Hercule, et à celle de la Couronne australe'. Le nom d'oiseau, *ra'ah*, que Jérôme et, après lui, Calmet, traduisirent par 'ixion', manque dans le texte hébreu samaritain, et dans certains manuscrits de la traduction grecque, mais quand il figure dans les manuscrits grecs il est traduit par ἰξός, du gui, qui peut être une mauvaise lecture de ἰχτῖος, un milan, dans un manuscrit grec plus ancien ayant servi de modèle. Voir *Dictionnaire*, éd. Vigouroux, art. 'Ixion'. Ici et ailleurs, Voltaire accable le texte hébreu pour une faute due aux traducteurs.

[33] Deutéronome xiv.7, citation incomplète qui donne 'ongle' là où la traduction de Calmet porte 'corne'.

[34] Deutéronome xxviii.1-4, citation exacte avec ellipses.

fistule... vous aurez des ulcères dans les genoux, et dans les gras de jambes. [35]

'L'étranger vous prêtera à usure, et vous ne lui prêterez point à usure... parce que vous n'aurez pas servi le Seigneur. [36]

'Et vous mangerez le fruit de votre ventre, et la chair de vos fils et de vos filles, etc.' [37]

Il est évident que dans toutes ces promesses et dans toutes ces menaces il n'y a rien que de temporel, et qu'on ne trouve pas un mot sur l'immortalité de l'âme, et sur la vie future.

Plusieurs commentateurs illustres ont cru que Moïse était parfaitement instruit de ces deux grands dogmes; et ils le prouvent par les paroles de Jacob, qui croyant que son fils avait été dévoré par les bêtes, disait dans sa douleur: *Je descendrai avec mon fils dans la fosse*, [38] in infernum, *dans l'enfer*; c'est-à-dire, je mourrai, puisque mon fils est mort.

Ils le prouvent encore par des passages d'Isaïe et d'Ezéchiel; [39] mais les Hébreux auxquels parlait Moïse, ne pouvaient avoir lu ni Ezéchiel, ni Isaïe, qui ne vinrent que plusieurs siècles après.

Il est très inutile de disputer sur les sentiments secrets de Moïse. Le fait est que dans les lois publiques, il n'a jamais parlé d'une vie à venir, qu'il borne tous les châtiments et toutes les récompenses au temps présent. S'il connaissait la vie future, pourquoi n'a-t-il pas

174-175   64, 65, 67: gras des jambes.
187   64-67: *in infernum*
193   64: dans ses lois

[35] Deutéronome xxviii.15-16, 20, 35, citation exacte avec ellipses.

[36] Bible, Deutéronome xxviii.43-44, 47, citation avec ellipses. Le mot 'usure' ne figure pas dans la traduction de Calmet.

[37] Bible, Deutéronome xxviii.53, citation exacte (cf. CN, i.331).

[38] Genèse xxxvii.35.

[39] Voir Isaïe xxvi.19, cité dans Sanhedrin, 91b, et Ezéchiel xxxvii.11-13, cité dans ce sens dans Sanhedrin, 92b. Sanhedrin, 91a-91b parle de l'âme bien qu'il y soit le plus souvent plutôt question de la résurrection des morts.

expressément étalé ce grand dogme?[40] et s'il ne l'a pas connu, quel
était l'objet de sa mission? C'est une question que font plusieurs
grands personnages; ils répondent que le maître de Moïse et de
tous les hommes, se réservait le droit d'expliquer dans son temps
aux Juifs une doctrine qu'ils n'étaient pas en état d'entendre   200
lorsqu'ils étaient dans le désert.[41]

Si Moïse avait annoncé le dogme de l'immortalité de l'âme, une
grande école des Juifs ne l'aurait pas toujours combattue. Cette
grande école des saducéens n'aurait pas été autorisée dans l'Etat:
Les saducéens n'auraient pas occupé les premières charges, on   205
n'aurait pas tiré de grands pontifes de leur corps.

Il paraît que ce ne fut qu'après la fondation d'Alexandrie, que
les Juifs se partagèrent en trois sectes; les pharisiens, les saducéens
et les esséniens. L'historien Joseph, qui était pharisien, nous

203   64:   école de Juifs
207   65v: fut que longtemps après

[40] Le silence de Moïse avait déjà été 'prouvé', selon Voltaire, par l'évêque
Warburton dans *The Divine legation of Moses* (London 1738-1741; BV). Voir les
carnets (V 81-82, p.355, 399, 627, 629, 640), ainsi que les diverses discussions de
la thèse de Warburton et de sa conséquence paradoxale selon laquelle l'immortalité
de l'âme et la nécessité des peines et des récompenses posthumes pour punir le
péché et encourager les bonnes actions composaient une doctrine ésotérique parmi
les Juifs, enseignée mais jamais énoncée explicitement. Bien qu'il connût les
discussions sur le double caractère de l'Ancien Testament, charnel quand il est lu
à la lettre et spirituel sous l'inspiration des textes du Nouveau, Voltaire semble
suivre ici le système exégétique de Warburton. Cet article doit donc se ranger
plutôt parmi les articles antibibliques de Voltaire que parmi ceux qui essaient de
réduire la dualité de l'homme soutenue dans la théologie chrétienne – esprit et
corps – à la seule matière pensante (voir par ex. *Lettres philosophiques*, XIII). Dans
les articles sur la psychologie, cette réduction consiste en une série de comparaisons
avec les plantes et les bêtes qui ont, chacune, des qualités dynamiques ou intellec-
tuelles en plus de celles de leur existence matérielle.

[41] Sur l'idée que Dieu s'adaptait au faible entendement des Juifs charnels, voir
Jacques Abbadie, *Traité de la vérité de la religion chrétienne* (Rotterdam 1712; BV),
i.357, et Calmet (par ex. *Commentaire*, 'Psaumes', p.XXII).

apprend au livre treize de ses *Antiquités*,[42] que les pharisiens   21
croyaient la métempsycose. Les saducéens croyaient que l'âme
périssait avec le corps. Les esséniens, dit encore Joseph,[43] tenaient
les âmes immortelles; les âmes, selon eux, descendaient en forme
aérienne dans les corps, de la plus haute région de l'air; elles y
sont reportées par un attrait violent, et après la mort celles qui   21
ont appartenu à des gens de bien, demeurent au-delà de l'océan,
dans un pays où il n'y a ni chaud ni froid, ni vent ni pluie. Les
âmes des méchants vont dans un climat tout contraire. Telle était
la théologie des Juifs.

Celui qui seul devait instruire tous les hommes, vint condamner   22
ces trois sectes;[44] mais sans lui, nous n'aurions jamais pu rien
connaître de notre âme, puisque les philosophes n'en ont jamais
eu aucune idée déterminée, et que Moïse, seul vrai législateur du
monde avant le nôtre, Moïse qui parlait à Dieu face à face[45] a
laissé les hommes dans une ignorance profonde sur ce grand   2
article. Ce n'est donc que depuis dix-sept cents ans qu'on est
certain de l'existence de l'âme, et de son immortalité.

Cicéron n'avait que des doutes;[46] son petit-fils et sa petite-fille

---

224-225   64: face et qui ne le voyait que par derrière, a laissé

---

[42] Voltaire a mal transcrit: Flavius Josèphe parle des doctrines et des mœurs des
sectes juives dans les *Antiquités judaïques*, XVIII.i.3-5.

[43] Tout comme d'autres savants chrétiens, Voltaire tirait ses connaissances sur
les doctrines des pharisiens et des saducéens de Flavius Josèphe (*De la guerre des
Juifs*, II.viii.11, 14) et des évangiles, documents qu'ils pouvaient lire, plutôt que de
la Mishnah qu'ils ne lisaient pas, bien qu'elle fût traduite en latin (*Mischna sive
totius Hebraeorum juris ... systema*, trad. Surenhuys, Amsterdam 1698-1703; BV).
Par conséquent ils croyaient, par analogie avec les confessions chrétiennes et leur
insistance sur l'orthodoxie, que ces sectes se distinguaient par leur doctrine plutôt
que par des nuances de pratiques, comme le suggère la Mishnah quand elle parle
de leurs différends.

[44] Voir surtout Matthieu xxiii.13-33; Marc xii.38-40; Luc xx.45-47.

[45] Exode, xxxiii.11; Nombres xii.8; Deutéronome xxxiv.10.

[46] Voltaire cite souvent, notamment dans *De l'âme, par Soranus*, IV (M.xxix.335),
et dans les notes qui accompagnent le *Poème sur le désastre de Lisbonne* (M.ix.476-

purent apprendre la vérité des premiers Galiléens qui vinrent à Rome. 230

Mais avant ce temps-là, et depuis dans tout le reste de la terre où les apôtres ne pénétrèrent pas, chacun devait dire à son âme, Qui es-tu? d'où viens-tu? que fais-tu? où vas-tu? Tu es je ne sais quoi, pensant et sentant, et quand tu sentirais et penserais cent mille millions d'années tu n'en sauras jamais davantage par tes 235 propres lumières, sans le secours d'un Dieu.

O homme! ce Dieu t'a donné l'entendement pour te bien conduire, et non pour pénétrer dans l'essence des choses qu'il a créées.

C'est ainsi qu'a pensé Loke, et avant Loke Gassendi, et avant 240 Gassendi [47] une foule de sages; mais nous avons des bacheliers qui savent tout ce que ces grands hommes ignoraient.

De cruels ennemis de la raison ont osé s'élever contre ces vérités reconnues par tous les sages. Ils ont porté la mauvaise foi et l'impudence jusqu'à imputer aux auteurs de cet ouvrage d'avoir 245 assuré que l'âme est matière. Vous savez bien, persécuteurs de l'innocence, que nous avons dit tout le contraire. Vous avez dû lire ces propres mots contre Epicure, Démocrite et Lucrèce, *mon*

233-236 65v: vas-tu? existes-tu? Je suis je ne sais quoi [...] je sentirais et penserais [...] d'années, jamais je n'en saurais davantage par mes propres
239-270 64, 65: créées.//
239-240 65v, 67s, sans alinéa
247-248 65v, 67s: le contraire. Vous savez bien qu'à la fin de la page dix [67s: huit], il y a ces propres

---

77), le *Pro Cluentio*, lxi.171, comme un exemple du scepticisme de Cicéron au sujet de l'âme. Cf. les carnets (V 81-82, p.176, 600-601).

[47] Pierre Gassendi (1592-1655), 'In Meditationem', VI, Dubitatio, III, art. 9-10, *Disquisitio metaphysica seu Dubitationes et instantiae adversus Renati Cartesii metaphy-sicam et responsa* (1644), *Opuscula philosophica* (Lyon 1658; iii.397-98). Cf. *Opuscula*, éd. B. Rochot, p.574-80.

ami, comment un atome pense-t-il? avoue que tu n'en sais rien. [48] Vous êtes donc évidemment des calomniateurs.

Personne ne sait ce que c'est que l'être appelé *esprit*, auquel même vous donnez ce nom matériel d'esprit qui signifie *vent*. Tous les premiers Pères de l'Eglise ont cru l'âme corporelle. [49] Il est impossible à nous autres êtres bornés de savoir si notre intelligence est substance ou faculté: nous ne pouvons connaître à fond ni l'être étendu, ni l'être pensant, ou le mécanisme de la pensée.

On vous crie, avec les respectables Gassendi et Loke, que nous ne savons rien par nous-mêmes des secrets du Créateur. Etes-vous donc des dieux qui savez tout? On vous répète que nous ne pouvons connaître la nature et la destination de l'âme que par la révélation. Quoi! cette révélation ne vous suffit-elle pas? Il faut bien que vous soyez ennemis de cette révélation que nous réclamons, puisque vous persécutez ceux qui attendent tout d'elle, et qui ne croient qu'en elle.

Nous nous en rapportons, disons-nous, à la parole de Dieu; et vous, ennemis de la raison et de Dieu, vous qui blasphémez l'un et l'autre, vous traitez l'humble doute, et l'humble soumission du philosophe, comme le loup traita l'agneau dans les fables d'Esope; vous lui dites, Tu médis de moi l'an passé, il faut que je suce ton sang. [50] La philosophie ne se venge point; elle rit en paix de vos

---

250-258 65v, 67s: calomniateurs. ¶On vous crie
271 65v, 67s: sang. Voilà votre conduite. Vous le savez, vous avez persécuté la sagesse, parce que vous avez cru que le sage vous méprisait. Vous l'avez dit, on

---

[48] Voir ici même, l.37, et ci-dessous, 'Liberté' (1764); Voltaire se cite lui-même, et semble répondre, dans cette addition au texte de 1764, à l'article 'Ame' des *Remarques sur un livre intitulé Dictionnaire philosophique portatif* (Lausanne 1765), de Rosset de Rochefort.

[49] Accusation portée contre Tertullien dans *L'Examen important de milord Bolingbroke* (V 62, p.271).

[50] Esope, *Fables*, 221: 'ἐγώ σε οὐχ ⟨ἥττον⟩ κατέδομαι'. Voltaire force un peu le sens du texte. La Fontaine donne: 'Et je sais que de moi tu médis, l'an passé'

vains efforts; elle éclaire doucement les hommes que vous voulez abrutir pour les rendre semblables à vous.

---

le sait, vous avez senti ce que vous méritiez, et vous avez voulu vous venger. La philosophie

---

(*Fables*, i.x). Cette apologie ajoutée dans 65v et les éditions postérieures semble dirigée contre Nonnotte qui, dans ses *Erreurs de Voltaire* (Paris, Avignon 1762; BV), accuse Voltaire de croire à la matérialité de l'âme, et prétend refuser toute tolérance aux philosophes (ii.105-12, 122-24, 131-36, 241-49).

AMITIÉ [1]

C'est le mariage de l'âme; c'est un contrat tacite entre deux personnes sensibles et vertueuses. Je dis *sensibles*; car un moine, un solitaire peut n'être point méchant, et vivre sans connaître l'amitié. Je dis *vertueuses*; car les méchants n'ont que des complices; les voluptueux ont des compagnons de débauches; les intéressés ont des associés, les politiques assemblent des factieux, le commun des hommes oisifs a des liaisons, les princes ont des courtisans, les hommes vertueux ont seuls des amis. [3] Céthégus était le

5

---

1   64-67:   C'est un contrat

[1] Désavouant le DP en octobre 1764, Voltaire veut bien se dire l'auteur de quelques articles inoffensifs, et cite à plusieurs reprises cet article 'Amitié' (D12155, D12159, D12162, D12180). Il prétend l'avoir destiné 'autrefois' à l'*Encyclopédie*, dont le premier volume est paru le 28 juin 1751. Or la première mention qu'il fait de l'*Encyclopédie* date du 20 juillet 1751 (D4525), et son premier envoi, un essai sur la littérature auquel il joint un article 'Ame', écrit 'deux ou trois ans' auparavant, du 21 mai 1754 (voir V 33, p.221-22, et D5824); mais il n'en cite aucun autre. Il a annoté sans aménité l'article 'Amitié' de l'*Encyclopédie* (CN, iii.365-66). A-t-il eu l'intention d'envoyer à d'Alembert, à titre de corrigé, et pour déterminer un protocole, cet article 'Amitié'? Il répond aux normes qu'il définit le 28 décembre 1755: 'En général je ne voudrais que définitions et exemples' (D6655). L'hypothèse reste ténue. Voltaire peut se tromper ou brouiller les cartes. Il se pourrait aussi que ce texte ait été rédigé en 1760 (voir n.3). Voltaire a repris l'article dans les QE, en y ajoutant d'autres exemples et développements.

[3] Chaudon dénonce là un plagiat: 'L'ingénieux auteur de la *Gazette littéraire* a donné de justes éloges au morceau plein de chaleur et de vie, qui est à la tête de l'article amitié; mais il n'est pas neuf et on le trouve en partie dans l'Eloge de M. d'Aguesseau par M. Thomas'. Chaudon cite alors ce texte: 'L'amitié, dit M. Thomas, est faite pour le sage; les cœurs vils et corrompus n'y ont aucun droit. L'homme puissant a des esclaves, l'homme riche a des flatteurs, l'homme de génie a des admirateurs, le sage seul a des amis' (p.12-13). L'*Eloge de Henri-François Daguesseau* (Paris 1760) paraît dans le *Censeur hebdomadaire* (iv.97-111). Il ne dut pas passer inaperçu de Voltaire, car l'Académie l'avait proposé comme sujet de prix. Un an plus tard, Voltaire n'a toujours pas pardonné à cette 'foutüe académie' d'avoir ainsi attiré l'attention sur un 'chancelier janséniste, persécuteur de toutte

complice de Catilina, et Mécène le courtisan d'Octave; mais
Cicéron était l'ami d'Atticus. [4]

Que porte ce contrat entre deux âmes tendres et honnêtes? Les
obligations en sont plus fortes et plus faibles, selon leur degré de
sensibilité, et le nombre des services rendus, etc. [5]

L'enthousiasme de l'amitié [6] a été plus fort chez les Grecs [7] et
chez les Arabes, [8] que chez nous. Les contes que ces peuples ont

vérité, mauvais cartésien' (D9771; voir aussi les protestations de d'Alembert,
D9781). Voltaire possédait cet éloge; mais pour autant s'en est-il inspiré comme le
suggère Chaudon? Dans son exemplaire annoté du *Dictionnaire* de Chaudon,
Voltaire n'a pas relevé cette allégation (CN, ii.605).

[4] Voltaire a souvent fait référence à ces personnages de l'histoire romaine, et
tout particulièrement pendant son séjour en Prusse où il fait jouer *Rome sauvée*
évoquant la complicité de Caius Cethegus et de Catilina (i.ii). Il a alors l'esprit
plein de sa lecture de *La Conjuration de Catilina* de Salluste (D3979). Il joue Cicéron
qu'il veut venger ainsi que Rome, les considérant maltraités dans le *Catilina* de
Crébillon. Il compare alors d'Argental à Atticus: 'me voylà comme Ciceron, je
combats la canaille. J'espère ne point trouver de Marc Antoine, mais j'ay trouvé
en vous un Atticus' (D3992).

[5] Sur l'importance du thème de l'amitié au dix-huitième siècle, voir F. Gerson,
L'Amitié au XVIIIe siècle; W. Acher, *L'Amitié chez Jean-Jacques Rousseau*; Blandine
L. McLaughlin, *Diderot et l'amitié*; J. A. Nwachukwu, *Voltaire and friendship*.
Voltaire a toujours professé un culte de l'amitié; il lui a consacré un *Temple de
l'Amitié*, dans lequel il insiste sur la liaison amitié/vertu (M.ix.372). Il a chanté dans
La Henriade, ce 'don du ciel', ce 'plaisir des grandes âmes' (V 2, p.561). Sur la
pratique et les exigences de Voltaire en la matière, on se reportera à la plus célèbre
de ses amitiés, celle avec Frédéric II (voir Ch. Mervaud, *Voltaire et Frédéric II*,
p.45-70, 419-46).

[6] Cf. *Discours en vers sur l'homme*, IV, où Voltaire affirme: 'O divine amitié! félicité
parfaite! / Seul mouvement de l'âme, ou l'excès soit permis' (V 17, p.501-502).

[7] Sur les parois du *Temple de l'Amitié* sont gravés les 'noms sacrés d'Oreste et
de Pylade' et le 'médaillon du bon Piritous' (héros thessalien, ami de Thésée; cf.
M.ix.372).

[8] Dans l'*Essai sur les mœurs*, ce thème avait déjà été indiqué: 'Leur histoire, ou
vraie, ou fabuleuse, avant Mahomet, est remplie d'exemples d'amitié tels que la
Grèce en inventa dans les fables de Pylade et d'Oreste, de Thésée et de Pirithoos.
L'histoire des Barmécides n'est qu'une suite de générosités inouïes qui élèvent
l'âme' (ajout de 1761; i.260-61). L'article 'Arabes' des QE cite un de ces contes
arabes sur l'amitié, attribué à un recueil de vers intitulé *Tograïd* (M.xvii.339-43).
Dans la *Bibliothèque orientale* d'Herbelot, Thograi est présenté comme un personnage

imaginés sur l'amitié sont admirables; nous n'en avons point de pareils, nous sommes un peu secs en tout.[9]

L'amitié était un point de religion et de législation chez les Grecs. Les Thébains avaient le régiment des amants. Beau régiment! Quelques-uns l'ont pris pour un régiment de sodomites; ils se trompent, c'est prendre l'accessoire pour le principal.[10] L'amitié chez les Grecs était prescrite par la loi et la religion. La pédérastie était malheureusement tolérée par les mœurs; il ne faut pas imputer à la loi des abus honteux. Nous en parlerons encore.[11]

20

---

17 65v*[1]: tout. [V]la vraie amitié est le mariage des ames

65v*[2]: tout. [V]l'amitié est le mariage des ames et dans tous les mariages il peut y avoir des querelles et des divorces

22 65v: et par la religion.

---

très illustre tant par ses ouvrages en vers et en prose que par l'amitié des princes seljucides (*Supplément*). Herbelot cite un *Divan*, ou recueil de ses poésies, et un poème, 'Lamiat al e gem' (p.1027). *L'Elégie du Tograï, avec quelques sentences tirées des poètes arabes, l'hymne d'Avicenne, et les proverbes du chalife Gali* (trad. P. Vattier; Paris 1660) ne contient aucun conte sur l'amitié. Dans les 'Perles des Proverbes recueillis des discours de Gali', on relève des maximes sur l'amitié (p.65-80).

[9] Toujours injuste, Voltaire oublie 'Les Deux amis' de La Fontaine (*Fables*, VIII.xi), le traité *De l'amitié* de Mme de Lambert qu'il cite dans le catalogue du *Siècle de Louis XIV* (OH, p.1172), et le célèbre chapitre 'De l'amitié' des *Essais* de Montaigne (i.28). Il se juge bien sévèrement: son goût pour les amitiés héroïques et exemplaires l'a conduit à introduire le couple Mornay–Henri IV dans *La Henriade*, à modifier le mythe grec dans *Œdipe*, en accordant de l'importance au couple Philoctète–Hercule (voir J.-M. Moureaux, *L'Œdipe de Voltaire*). Chaudon relèvera, non sans malice, ce dénigrement systématique de la littérature française (p.12-16).

[10] Voir Plutarque, *Vie de Pélopidas*, qui évoque la création du bataillon sacré et insiste sur sa valeur militaire: 'une troupe formée de gens qui s'aiment d'amour possède une cohésion impossible à rompre et à briser' (trad. R. Flacelière et E. Chambray, 18, 2; 19, 2). Même argumentation dans le *Dialogue sur l'amour* (dans *Traités*, trad. R. Flacelière, 47-48, ch.17, 761 B E). Le chapitre 24, 770 condamne la pédérastie.

[11] Voir ci-dessous, art. 'Amour nommé socratique'.

AMOUR[1]

Amor omnibus idem.[2] Il faut ici recourir au physique, c'est l'étoffe
de la nature que l'imagination a brodée. Veux-tu avoir une idée
de l'amour? Vois les moineaux de ton jardin, vois tes pigeons,[3]

[1] Cet article paraît aussi dans les QE, avec l'addition de deux paragraphes
d'introduction et trois de conclusion. Si Voltaire avait destiné 'autrefois' un article
'Amour' à l'*Encyclopédie*, comme il l'écrit à d'Argental et à Hénault (20 octobre
1764; D12155, D12159), il l'aurait nécessairement fait avant 1751, date de parution
du premier volume. Pourtant la forme actuelle de cet article doit beaucoup à
Candide (écrit en octobre/novembre 1758, selon R. Pomeau; V 48, p.47), notamment
en ce qui concerne le thème de l''amour consolateur du genre humain' et cause de
l'infection vénérienne, et celui du 'meilleur des mondes possibles' (cf. n.9). Sur les
tendances homophiles des jésuites et la disponibilité de leurs élèves, voir *Candide*,
ch.15 (V 48, p.173). L'article 'Amour' de l'*Encyclopédie* est plutôt chaste, théorique
et moralisateur. Il admet tout au plus que 'les sens forment le nœud' de l'amour,
et déclare que 'les mêmes passions sont bien différentes dans les hommes' et dans
les animaux; il est suivi par les sous-titres: 'Amour du monde', 'Amour de la
gloire', 'Amour des sciences et des lettres', 'Amour du prochain', avant d'arriver
finalement à 'Amour des sexes' et 'Amour conjugal', dont le premier traite encore
de l'amour comme jeu courtois, et le second, tout en admettant que 'la jouissance
est la pierre de touche de l'amour', des malentendus et conflits entre époux. Ici, au
contraire, Voltaire traite plutôt de sexualité, encore que de manière assez chaste.
Cet article marque une évolution depuis le *Discours en vers sur l'homme*, soutenant
une autre thèse: plutôt que de citer le plaisir sexuel entre autres 'sentiments
agréables' comme 'preuve' de l'existence d'un dieu, comme il le fait dans le discours
destiné à Frédéric II (v, 'Sur la nature du plaisir', juin 1738; V 17, p.503-12),
Voltaire discute ici des pulsions sexuelles comme inhérentes à la nature de l'homme
et de l'animal, sans mettre l'accent sur ce dont elles témoignent dans le domaine
théologique. L'apologétique théiste n'est pas le thème dominant du DP. Sur les
positions de Voltaire à l'égard du plaisir, voir Adrienne M. Redshaw, 'Voltaire and
Lucretius', p.19-43.
[2] Virgile, *Géorgiques*, iii.244: 'L'amour est le même partout' (trad. E. de Saint-
Denis). Ce texte était sans doute familier à tout collégien de l'époque, et surtout à
tout étudiant d'un collège jésuite comme Louis-le-Grand. L'enseignement des
jésuites se concentrait sur les lettres classiques.
[3] Peut-être suggéré par La Fontaine, 'Les Deux pigeons' (*Fables*, ii.ii).

contemple le taureau qu'on amène à ta génisse, regarde ce fier
cheval que deux de ses valets conduisent à la cavale paisible qui   5
l'attend et qui détourne sa queue pour le recevoir, vois comme
ses yeux étincellent, entends ses hennissements, contemple ces
sauts, ces courbettes, ces oreilles dressées, cette bouche qui s'ouvre
avec de petites convulsions, ces narines qui s'enflent, ce souffle
enflammé qui en sort, ces crins qui se relèvent et qui flottent, ce   10
mouvement impétueux dont il s'élance sur l'objet que la nature
lui a destiné; mais ne sois point jaloux, et songe aux avantages de
l'espèce humaine; ils compensent en amour tous ceux que la nature
a donnés aux animaux, force, beauté, légèreté, rapidité.

Il y a même des animaux qui ne connaissent point la jouissance.   15
Les poissons écaillés sont privés de cette douceur; la femelle jette
sur la vase des millions d'œufs; le mâle qui les rencontre, passe
sur eux et les féconde par sa semence, sans se mettre en peine à
quelle femelle ils appartiennent.

La plupart des animaux qui s'accouplent ne goûtent de plaisir   20
que par un seul sens, et dès que cet appétit est satisfait, tout est
éteint. Aucun animal, hors toi, ne connaît les embrassements; tout
ton corps est sensible; tes lèvres surtout jouissent d'une volupté
que rien ne lasse, et ce plaisir n'appartient qu'à ton espèce; enfin,
tu peux dans tous les temps te livrer à l'amour, et les animaux   25
n'ont qu'un temps marqué. Si tu réfléchis sur ces prééminences,
tu diras avec le comte de Rochester, L'amour dans un pays
d'athées, ferait adorer la Divinité. [4]

Comme les hommes ont reçu le don de perfectionner tout ce
que la nature leur accorde, ils ont perfectionné l'amour. La   30

---

11   64: que sa nature [MS2: β]
20   64, 65, 67: ne goûte de

---

[4] Voltaire résume plus qu'il ne cite John Wilmot, Earl of Rochester (1647-1680),
'A letter from Artemisa in town to Chloe in the country', v.40-50 (*Poems*, éd.
Vivian de Sola Pinto, p.80-81). Voltaire a cité et traduit plusieurs poèmes de
Rochester dans ses carnets (V 81, p.61, 71, 98-99, 237).

propreté, le soin de soi-même, en rendant la peau plus délicate, augmente le plaisir du tact, et l'attention sur sa santé rend les organes de la volupté plus sensibles.[5]

Tous les autres sentiments entrent ensuite dans celui de l'amour, comme des métaux qui s'amalgament avec l'or: l'amitié, l'estime viennent au secours; les talents du corps et de l'esprit sont encore de nouvelles chaînes.[6]   35

> *Nam facit ipsa suis interdum foemina factis,*
> *Morigerisque modis et mundo corpore cultu*
> *Ut facile insuescat secum vir degere vitam.*   40
>
> Lucrèce *liv. V.*[7]

L'amour-propre surtout resserre tous ces liens. On s'applaudit de son choix, et les illusions en foule sont les ornements de cet ouvrage dont la nature a posé les fondements.

Voilà ce que tu as au-dessus des animaux; mais si tu goûtes   45
tant de plaisirs qu'ils ignorent, que de chagrins aussi, dont les bêtes n'ont point d'idée! Ce qu'il y a d'affreux pour toi, c'est que la nature a empoisonné dans les trois quarts de la terre les plaisirs

41 65v, entre 41 et 42: Ce qu'un auteur du seizième siècle traduit ainsi: Accorte et nette et gente damoiselle / Sans grande beauté fait qu'on vit avec elle.[8]

[5] Cf. *Le Mondain*: 'Sans propreté l'amour le plus heureux / N'est plus amour, c'est un besoin honteux' (M.x.85).

[6] Voir les carnets: 'L'amour est de toutes les passions la plus forte, parce qu'elle attaque à la fois la tête, le cœur, et le corps' (V 82, p.502, 590).

[7] 'Souvent par sa conduite, sa complaisance, par le soin de sa personne, elle réussit d'elle-même à amener un homme à partager son existence' (Lucrèce, *De rerum natura*, iv.1280-82, trad. A. Ernout). On note l'erreur de référence de Voltaire.

[8] Traduction non identifiée. La première traduction complète de Lucrèce en français, par Michel de Marolles, ne date que de 1650. Pourtant c'est bien la langue de Clément Marot, qui a fait plusieurs traductions du latin (voir par ex. 'Damoyselles gentes et nettes / Apportez chapeaux et fleurettes', 'Chant nuptial'). Mais il n'a pas, semble-t-il, traduit Lucrèce, qui n'était pas bien reçu en France jusqu'à la fin du seizième siècle, car les hommes de lettres étaient gênés par son matérialisme et quasi-athéisme.

de l'amour, et les sources de la vie, par une maladie épouvantable, à laquelle l'homme seul est sujet, et qui n'infecte que chez lui les organes de la génération. 50

Il n'en est point de cette peste comme de tant d'autres maladies qui sont la suite de nos excès. Ce n'est point la débauche qui l'a introduite dans le monde. Les Phriné, les Laïs, les Flora, les Messaline n'en furent point attaquées, elle est née dans des îles où 55 les hommes vivaient dans l'innocence, et de là elle s'est répandue dans l'ancien monde.[9]

Si jamais on a pu accuser la nature de mépriser son ouvrage, de contredire son plan, d'agir contre ses vues, c'est dans cette occasion. Est-ce là le meilleur des mondes possibles? Eh quoi, si 60 César, Antoine, Octave, n'ont point eu cette maladie, n'était-il pas possible qu'elle ne fît point mourir François Ier?[10] Non, dit-on, les choses étaient ainsi ordonnées pour le mieux; je le veux

---

51   64, 65, 67: génération!

---

[9] Ce mal, dont l'origine est inconnue, existait dès le quinzième siècle dans les pays méditerranéens. Le mythe selon lequel la maladie vénérienne viendrait d'Amérique est dû à Girolamo Fracastoro, *Syphilis sive morbus gallicus* (1530), suivi par Ruy Diaz de Isla, *Tractado llamado fructo de todos los santos: contra el mal serpentino venido dela ysla Española* (1542). Jean Astruc entérina cette fable, dans son *Traité des maladies vénériennes*, dont Voltaire a marqué trois passages dans son exemplaire (Paris 1740; CN, i.164-65). Ce thème est fréquent dans l'œuvre de Voltaire; voir par exemple *Candide*, ch.4, où il est, comme ici, conjugué ironiquement au 'meilleur des mondes possibles': 'si Colomb n'avait pas attrapé, dans une île de l'Amérique, cette maladie, qui empoisonne la source de la génération [...], nous n'aurions ni le chocolat, ni la cochenille' (V 48, p.131).

[10] L'histoire remonte à Brantôme, qui prétendait que François Ier avait contracté cette maladie à cause d'une dame dont le mari, pour se venger du roi, était allé dans les bordels parisiens pour se faire infecter. Celui-ci avait contaminé sa femme, afin qu'à son tour elle puisse contaminer le roi (*Eloge de Henri II*). La version de Mézeray, au contraire, veut qu'il ait contracté cette maladie pendant sa campagne en Italie (*Histoire de France*, ii.1005). Tous ces détails étaient disponibles dans Bayle, *Dictionnaire*, art. 'François 1', rem. D.

croire, mais cela est triste pour ceux à qui Rabelais a dédié son
livre. [11]   65

[11] Voir François Rabelais, *La Vie très horrifique du Grand Gargantua*, 'Prologue
de l'auteur': 'Beuveurs très illustres, et vous vérolez très précieux (car à vous, non
à aultres, sont dédiez mes ecriptz)'. Voltaire possédait une édition des *Œuvres de
maître François Rabelais* (Paris 1732).

AMOUR NOMMÉ SOCRATIQUE [1]

Comment s'est-il pu faire qu'un vice, destructeur du genre humain s'il était général, qu'un attentat infâme contre la nature, soit pourtant si naturel? il paraît être le dernier degré de la corruption réfléchie, et cependant il est le partage ordinaire de ceux qui n'ont pas eu encore le temps d'être corrompus. Il est entré dans des cœurs tout neufs, qui n'ont connu encore ni l'ambition, ni la fraude, ni la soif des richesses; c'est la jeunesse aveugle, qui par un instinct mal démêlé se précipite dans ce désordre au sortir de l'enfance.

Le penchant des deux sexes l'un pour l'autre se déclare de bonne heure; mais quoi qu'on ait dit des Africaines et des femmes de l'Asie méridionale, [2] ce penchant est généralement beaucoup

---

[1] Cet article sera repris dans les QE avec une phrase d'introduction, plusieurs petites interpolations et l'addition de notes importantes, entre autres pour répondre aux critiques de Pierre-Henri Larcher, dirigées contre *La Philosophie de l'histoire*, ch.9, et contre cet article, à propos de Sextus Empiricus et de la pédérastie chez les Perses et les Romains (*Supplément à la Philosophie de l'histoire*, Amsterdam 1767; BV). Celles-ci seront citées et discutées dans les notes de l'article des QE. Sur le peu que l'on sache des dates de cet article, voir ci-dessus, art. 'Amour', n.1. Voltaire en admet la paternité, alors qu'il attribue certains autres articles à Middleton, à Abauzit ou à Polier de Bottens. Quoiqu'il en dise, il est peu probable que ce soit le même article que celui qu'il aurait offert aux éditeurs de l'*Encyclopédie*. Le texte reflète des recherches touchant l'histoire de Louis IX, qui parurent dans le *Mercure de France* en 1745 et furent reprises en 1753 dans l'*Histoire des croisades*.

[2] Ceci semble être une explicitation de la théorie de Montesquieu (*De l'esprit des lois*, XIV.ii, x; BV) selon laquelle un climat chaud rend une population plus passionnée mais moins vigoureuse. Cette application particulière pouvait avoir été suggérée par des récits de voyageurs tels que Robert Challe qui rapporte la lubricité des femmes du Cap qui contractaient des unions avec des singes (*Journal d'un voyage fait aux Indes orientales*, éd. F. Deloffre et M. Menemencioglu, p.217-18; BV: La Haye 1721). Voir aussi François Pyrard, qui parle du costume des femmes de Goa et de leurs impudicités dans *Seconde partie du Voyage aux Indes orientales* (Paris 1615), p.179-87, 212-13.

plus fort dans l'homme que dans la femme, c'est une loi que la nature a établie pour tous les animaux. C'est toujours le mâle qui attaque la femelle.

Les jeunes mâles de notre espèce, élevés ensemble, sentant cette force que la nature commence à déployer en eux, et ne trouvant point l'objet naturel de leur instinct, se rejettent sur ce qui lui ressemble. Souvent un jeune garçon par la fraîcheur de son teint, par l'éclat de ses couleurs, et par la douceur de ses yeux,[3] ressemble pendant deux ou trois ans à une belle fille; si on l'aime, c'est parce que la nature se méprend; on rend hommage au sexe en s'attachant à ce qui en a les beautés, et quand l'âge a fait évanouir cette ressemblance, la méprise cesse.

Citraque juventam
Aetatis breve ver et primos carpere flores.[4]

On sait assez que cette méprise de la nature est beaucoup plus commune dans les climats doux que dans les glaces du septentrion, parce que le sang y est plus allumé, et l'occasion plus fréquente; aussi, ce qui ne paraît qu'une faiblesse dans le jeune Alcibiade,[5] est une abomination dégoûtante dans un matelot hollandais, et dans un vivandier moscovite.

Je ne peux souffrir qu'on prétende que les Grecs ont autorisé cette licence. On cite le législateur Solon, parce qu'il a dit en deux mauvais vers,

---

[3] Le frère de Cunégonde, par exemple, fut violé/séduit par un jésuite car 'j'étais fort joli, je le devins encore davantage', après avoir été brutalement violé par les troupes bulgares, aux dires de Pangloss (voir *Candide*, ch.4 et 15; V 48, p.130, 173).

[4] Voir Ovide, *Métamorphoses*, x.84-85: 'Ce fut même lui qui apprit aux peuples de la Thrace à reporter leur amour sur des enfants mâles et à cueillir les premières fleurs de ce court printemps de la vie qui précède la jeunesse' (trad. G. Lafaye).

[5] Alcibiade (*c.* 450 à 404 av. J.-C.), général et homme politique athénien dont la beauté, le brillant et les dissipations sont devenus légendaires. Il fut l'élève favori, et peut-être aussi l'amant, de Socrate. Voir sa 'confession' dans *Le Banquet* de Platon (217a-219b), et la *Vie d'Alcibiade* par Plutarque (4 et 6).

Tu chériras un beau garçon,
Tant qu'il n'aura barbe au menton. [6]

Mais en bonne foi, Solon était-il législateur quand il fit ces deux vers ridicules? il était jeune alors, et quand le débauché fut devenu sage, il ne mit point une telle infamie parmi les lois de sa république; c'est comme si on accusait Théodore de Bèze d'avoir prêché la pédérastie dans son église, parce que dans sa jeunesse il fit des vers pour le jeune Candide, et qu'il dit:

Amplector hunc et illam. [7]

On abuse du texte de Plutarque, qui dans ses bavarderies, au Dialogue de l'amour, fait dire à un interlocuteur que les femmes ne sont pas dignes du véritable amour; mais un autre interlocuteur soutient le parti des femmes comme il le doit. [8] Montesquieu s'est bien trompé. [9]

Il est certain, autant que la science de l'antiquité peut l'être, que l'amour socratique n'était point un amour infâme. C'est ce nom d'amour qui a trompé. Ce qu'on appelait les amants d'un

---

48-50   64-67:   doit. ¶Il est certain

---

[6] Plutarque, *De l'amour*, 5, où les vers de Solon ('Tant qu'il aime des garçons la jeunesse en fleur, / ⟨Désirant⟩ la douceur des cuisses et des lèvres', trad. M. Cuvigny) sont cités par Daphnée, un des interlocuteurs. Voltaire possédait *Les Œuvres morales et mêlées de Plutarque*, trad. Amyot, où le texte est traduit différemment: 'Tu aimeras les enfants jusqu'à ce / Que le poil fol leur cottonne la face' (éd. 1572, p.601r; BV).

[7] *Epigrammata*, XC ('Aussi j'embrasse l'un et l'autre'). Voir *Juvenilia*, éd. A. Machard, p.235. Le texte complet porte 'Amplector quoque sic et hunc et illam'. Le 'jeune Candide' est en fait Candida ('illam'), la maîtresse du poète, tandis que 'hunc' désigne son ami, Germain Audebert d'Orléans. Voltaire possédait les *Poemata varia* de Théodore de Bèze (éd. Jacques Lectius, Genève 1614).

[8] *De l'amour*, 4. L'interlocuteur en question est Protogène.

[9] Montesquieu prétend que l'amour n'existait en Grèce qu'entre hommes et que la 'seule amitié' régnait dans le mariage (*De l'esprit des lois*, VII.ix). Cette erreur de Montesquieu est relevée dans les *Idées républicaines* (M.xxiv.427-28), puis dans les QE, art. 'Femmes'.

jeune homme, étaient précisément ce que sont parmi nous les menins de nos princes; ce qu'étaient les enfants d'honneur, des jeunes gens attachés à l'éducation d'un enfant distingué, partageant les mêmes études, les mêmes travaux militaires; institution guerrière et sainte dont on abusa, comme des fêtes nocturnes, et des orgies.

La troupe des amants institués par Laïus[10] était une troupe invincible de jeunes guerriers, engagés par serment à donner leur vie les uns pour les autres; et c'est ce que la discipline antique a jamais eu de plus beau.

Sextus Empiricus et d'autres, ont beau dire que la pédérastie était recommandée par les lois de la Perse;[11] qu'ils citent le texte de la loi, qu'ils montrent le code des Persans; et s'ils le montrent, je ne le croirai pas encore, je dirai que la chose n'est pas vraie, par la raison qu'elle est impossible; non, il n'est pas dans la nature humaine de faire une loi qui contredit, et qui outrage la nature, une loi qui anéantirait le genre humain si elle était observée à la lettre. Que de gens ont pris des usages honteux et tolérés dans un pays pour les lois du pays! Sextus Empiricus qui doutait de tout, devait bien douter de cette jurisprudence. S'il vivait de nos jours, et qu'il vît deux ou trois jeunes jésuites abuser de quelques écoliers, aurait-il droit de dire que ce jeu leur est permis par les constitutions d'Ignace de Loyola?

L'amour des garçons était si commun à Rome qu'on ne s'avisait pas de punir cette fadaise dans laquelle tout le monde donnait tête baissée. Octave-Auguste, ce meurtrier débauché et poltron qui

53 65v: était précisément
70 64, 65, 67: lettre; que des gens

[10] Selon Plutarque, il semble que ce fut le bataillon de Gorgidas, et non celui de Laïos (*Vie de Pélopidas*, xix.1; xviii.1-2).
[11] Sextus Empiricus, *Hypotyposes pyrrhoniennes*, i.152; l'exemplaire de Voltaire (trad. C. Huart, [Amsterdam] 1725) porte des traces de lecture. Mais Voltaire le cite à contresens; voir *La Défense de mon oncle*, V 64, p.291, n.3.

osa exiler Ovide, trouve très bon que Virgile chantât Alexis,[12] et qu'Horace fît de petites odes pour Ligurinus;[13] mais l'ancienne loi Scantinia[14] qui défend la pédérastie subsista toujours. L'empereur Philippe la remit en vigueur et chassa de Rome les petits garçons qui faisaient le métier.[15] Enfin je ne crois pas qu'il y ait jamais eu aucune nation policée qui ait fait des lois contre les mœurs. (*a*)

(*a*) On devrait condamner messieurs les ... à présenter tous les ans à la police un enfant de leur façon; l'abbé *des Fontaines* fut sur le point d'être cuit en place de Grève; des protecteurs le sauvèrent.[16] Il fallait une victime, on cuisit *des Chaufours* à sa place:[17] cela est trop fort; *est modus in rebus*: on doit proportionner les peines aux délits:[18] qu'auraient dit *César*, *Alcibiade*, le roi de Bythinie *Nicomède*, le roi de France *Henri III*, et tant d'autres rois? Quand on brûla *des Chaufours*, on se fonda sur les *Etablissements de St Louis*, mis en français au quinzième siècle. *Si aucun est soupçonné de ... doit être mené à l'évêque; et se, il en étoit*

---

79   64-67: Ovide, trouva très
n.*a*   64-67, note absente

[12] Virgile, *Eglogues*, ii.6, 19, 56, 65, 73 et vii.55.

[13] Horace, *Odes*, IV, i.33 et x.5.

[14] La 'Lex Scantinia', attribuée au tribun Aricius Scantinius, est d'une date inconnue, mais n'est citée qu'en 50 av. J.-C., dans les *Epistulae ad familiares* de Cicéron (viii.12: CCLXXVII.3, et viii.14: CCLXXIV.4) et dans les *Satires* de Juvénal (ii.43-45).

[15] Philippe, empereur de 244 à 249. La source ultime pour cette information est Aelius Lampridius, *Alexandri Severi vita* (XXIV) et *Antonini Heliogabali vita* (XXXII). Voltaire a pu trouver cette information dans l'*Histoire des empereurs* (Paris 1691; BV), iii.309, de Louis-Sébastien Le Nain de Tillemont, malgré les euphémismes qu'utilise cet historien janséniste.

[16] Il s'agit de Pierre-François Guyot Desfontaines. Un de ces protecteurs était Voltaire lui-même, en mai 1725, qui pour ses peines gagna l'inimitié de Desfontaines. Voir Th. Besterman, *Voltaire*, p.105, et R. Pomeau, *D'Arouet à Voltaire*, p.185-86.

[17] Etienne-Benjamin Deschauffours, brûlé vif pour sodomie le 24 mai 1726. Voir la lettre à Pierre-Joseph Thoulier d'Olivet du 4 octobre 1735 (D923, et n.5); voir aussi D3972.

[18] Thèse déjà défendue dans le *Commentaire sur le livre Des délits et des peines* (1766).

332

prouvé, l'en le doit ardoir, et tuit li mueble sont au baron. etc.[19] Mais *St Louis* ne dit pas ce qu'il faut faire au baron, si le baron est soupçonné de … [20] *St Louis* entend les hérétiques, qu'on n'appelait point alors d'un autre nom. Un équivoque[21] fit brûler à Paris *des Chaufours* gentilhomme lorrain. *Despréaux* eut bien raison de faire une satire contre l'équivoque,[22] elle a causé bien plus de mal qu'on ne croit.

[19] Les *Etablissements*, XC: 'Se aucuns est soupçoneus de bougrerie, la joutise le doit prandre et envoier à l'évesque, et se il en estoit provez, l'on le devroit ardoir et tuit si meuble sunt au baron' (éd. P. Viollet, ii.147; cf. CXXVII; ii.240). Il s'agit d'un recueil des lois et coutumes en vigueur dans certaines régions du Nord au treizième siècle. Le recueil primitif fut composé entre 1272 et 1273, dans le français de l'époque (il ne fut donc pas 'mis en français au quinzième siècle', comme le prétend Voltaire). Bien qu'il y eût des éditions de Joinville depuis celle d'Anthoine-Pierre de Rieux (Poitiers 1547), la première édition des *Etablissements* est celle de Charles Du Fresne Du Cange (Paris 1668), qui identifiait les 'soupçoneus de bougrerie' avec les hérétiques cathares plutôt qu'avec les sodomites (éd. Viollet, iv.35-36); cf. *Essai sur les mœurs*, ch.62.

[20] Voltaire, le copiste ou le prote a omis un passage rétabli dans les QE: 'de … et se il en est prouvé. Il faut observer que par le mot de …'.

[21] Voltaire se conforme ici à l'usage ancien qui faisait 'équivoque' du genre masculin. Au dix-septième siècle, on hésite entre le féminin et le masculin; cf. Boileau, *Satires*, xii, 'Sur l'équivoque': 'Du langage françois bizarre hermaphrodite, / De quel genre te faire, équivoque maudite, / Ou maudit? Car sans peine aux rimeurs hasardeux / L'usage encor, je crois, laisse le choix des deux'.

[22] Dans cette satire posthume, Boileau dénonce le rôle néfaste de l'équivoque dans l'histoire et entend démontrer que la rectitude de la morale et la pure vérité du christianisme n'ont pas de plus funestes ennemis que les casuistes. Pour illustrer l'idée que 'loin de Dieu', 'l'humaine sagesse' n'est pas un guide sûr, il prend l'exemple de Socrate: 'Et Socrate, l'honneur de la profane Grèce, / Qu'était-il, en effet, de près examiné, / Qu'un mortel par lui-même au seul mal entraîné / Et, malgré la vertu dont il faisait parade, / Très équivoque ami du jeune Alcibiade' (*Satires*, xii). L'amour socratique n'est traité qu'incidemment dans ce texte. Voltaire, en revanche, apprécie la dénonciation de l'équivoque qui est un facteur d'injustice ou d'erreur.

AMOUR-PROPRE[1]

Un gueux des environs de Madrid demandait noblement l'aumône. Un passant lui dit, N'êtes-vous pas honteux de faire ce métier infâme quand vous pouvez travailler?[2] Monsieur, répondit le mendiant, je vous demande de l'argent et non pas des conseils; puis il lui tourna le dos en conservant toute la dignité castillane.[3] C'était un fier gueux que ce seigneur, sa vanité était blessée pour peu de chose. Il demandait l'aumône par amour de soi-même, et ne souffrait pas la réprimande par un autre amour de soi-même.

Un missionnaire voyageant dans l'Inde, rencontra un fakir chargé de chaînes, nu comme un singe, couché sur le ventre, et se faisant fouetter pour les péchés de ses compatriotes les Indiens, qui lui donnaient quelques liards du pays.[4] Quel renoncement à

[1] Article dont Voltaire reconnaît la paternité en octobre 1764 (D12155, D12159) et qu'il dit avoir destiné à l'*Encyclopédie*. Cette déclaration soulève les mêmes difficultés que celles évoquées pour l'article 'Amitié'. Mais il se pourrait que Voltaire ait voulu faire un corrigé de l'article long et moralisant que l'*Encyclopédie* avait consacré à la manière de régler l'amour-propre (i.371-74). Les anecdotes sur le gueux d'Espagne et sur le fakir indiquent que cet article a pu être composé dans les années 1750 (voir n.3 et 4). L'article, augmenté de deux paragraphes, est repris dans les QE.

[2] Voltaire condamne vigoureusement la mendicité, préconise d'arrêter et de faire travailler les mendiants (D15721). Ceux qui embrassent cet 'abominable genre de vie [...] ne sont plus bons à rien' (*Fragment des instructions pour le prince royal de ****, 1767; M.xxvi.447). Sévérité seulement corrigée par une recommandation: secourir les pauvres, mais les mendiants qui osent se faire craindre seront punis sans pitié; voir les *Observations sur MM. Jean Lass, Melon et Dutot* (M.xxii.361) et le sermon adressé aux mendiants dans QE, art. 'Gueux, mendiant' (M.xix.322-24).

[3] Cette image de l'Espagne est conforme aux stéréotypes de Voltaire en la matière: vanité et misère (*Des titres*, 1750; M.xviii.112, 116), insolence (V 81, p.251).

[4] Dans une note des *Fragments historiques sur l'Inde*, Voltaire renvoie à propos de fakirs tout nus et chargés de chaînes à la relation de deux Arabes voyageant au neuvième siècle (M.xxix.177). Il s'agit de l'ouvrage d'Eusèbe Renaudot qu'il avait dans sa bibliothèque: *Anciennes relations des Indes et de la Chine, de deux voyageurs mahométans, qui y allèrent dans le neuvième siècle* (Paris 1718). La note de Voltaire

soi-même! disait un des spectateurs. Renoncement à moi-même? reprit le fakir, Apprenez que je ne me fais fesser dans ce monde que pour vous le rendre dans l'autre, quand vous serez chevaux [15] et moi cavalier.[5]

Ceux qui ont dit que l'amour de nous-mêmes est la base de tous nos sentiments et de toutes nos actions,[6] ont donc eu grande raison dans l'Inde, en Espagne, et dans toute la terre habitable, et comme on n'écrit point pour prouver aux hommes qu'ils ont un [20] visage, il n'est pas besoin de leur prouver qu'ils ont de l'amour-

---

résume fidèlement le texte de Renaudot: évocation d'un fakir tout nu, 'les parties viriles enfermées dans un étui de fer', le visage tourné vers le soleil (p.39). Telle pourrait être la source de cette anecdote modifiée dans un sens philosophique: introduction d'un missionnaire, fakir qui se fait fouetter pour obtenir une récompense dans le cycle des réincarnations. Le thème est très proche de la *Lettre d'un Turc sur les fakirs et sur son ami Bababec*, 1750 (*Romans et contes*, p.131-33): rencontre d'un fakir 'nu comme un singe', chargé de chaînes, aumône donnée au saint homme, souffrances qu'il endure (clous ou coups de fouet), prétention du fakir à des récompenses célestes (Bababec espère monter dans le trente-cinquième ciel, le fakir de cet article espère devenir cavalier), même ironie à l'égard de ces mortifications intéressées.

[5] Ce traitement ironique de la métempsychose appartient à une période antérieure à la lecture de l'Ezour-Vedam (voir Hawley, 'L'Inde de Voltaire', p.148-49). Dans *La Philosophie de l'histoire*, Voltaire souligne que la crainte d'être condamné à se réincarner dans le corps d'un animal vil est un 'grand frein pour les pervers' (V 59, p.147). C'est un dogme faux (*Lettres de Memnius à Cicéron*, 1771; M.xxviii.460), spécieux (*Fragments historiques sur l'Inde*, 1773; M.xxix.176-79), mais qui ne répugne pas à la raison humaine. Cette doctrine est moins absurde que celle de nos théologiens imaginant l'Eternel en train de créer sans cesse des âmes (*Dieu et les hommes*, 1769; V 69, p.297), idée reprise dans les *Lettres chinoises, indiennes et tartares* (1776) qui montre que ce système ne choque point les bonnes mœurs. Il ne fut point adopté par d'autres peuples infatués de dogmes plus improbables (M.xxix.490-91). Voltaire s'efforce d'expliquer sur quel raisonnement il s'est établi; voir QE, art. 'Ane' (M.xvii.242); 'Brachmanes, brames' (M.xviii.35); et *Fragments historiques sur l'Inde* (M.xxix.177).

[6] A la suite de l'*Essay on man* de Pope, le dix-huitième siècle a réhabilité l'amour-propre, et Voltaire tout le premier. Sans amour-propre, aucune société ne peut se former ni subsister, affirme-t-il dans les *Lettres philosophiques*, xxv (*Lph*, ii.197). Voir aussi le *Traité de métaphysique* (V 14, p.472) et *Discours en vers sur l'homme*, v (V 17, p.507).

propre.[7] Cet amour-propre est l'instrument de notre conservation,[8] il ressemble à l'instrument de la perpétuité de l'espèce; il
est nécessaire, il nous est cher, il nous fait plaisir, et il faut le
cacher.[9]

[7] On note de l'admiration et des réticences dans le jugement que Voltaire porte
sur La Rochefoucauld: 'Quoiqu'il n'y ait presque qu'une vérité dans ce livre, qui
est que l'amour-propre est le mobile de tout, cependant cette pensée se présente
sous tant d'aspects variés qu'elle est presque toujours piquante' (OH, p.1004); voir
aussi le Prix de la justice et de l'humanité (1777; M.xxx.560).

[8] Reprise des carnets (V 81, p.349).

[9] Comparaison appréciée par d'Alembert (29 août 1764; D12605). Marin s'y
réfère également (D12583). Voltaire avait noté cette réflexion dans ses carnets
(Th. Besterman, 'Voltaire's notebooks: thirteen new fragments', p.34). Voir des
variations sur ce thème dans les carnets (V 81-82, p.394, 518).

ANGE[1]

Ange, en grec, *envoyé*, on n'en sera guère plus instruit quand on saura que les Perses avaient des Péris, les Hébreux des Malakim, les Grecs leurs Demonoi.[2]

Mais ce qui nous instruira peut-être davantage, ce sera qu'une des premières idées des hommes a toujours été de placer des êtres   5
intermédiaires entre la Divinité et nous; ce sont ces démons, ces génies que l'antiquité inventa; l'homme fit toujours les dieux à son image. On voyait les princes signifier leurs ordres par des messagers,[3] donc la Divinité envoie aussi ses courriers, Mercure, Iris, étaient des courriers, des messagers.   10

Les Hébreux, ce seul peuple conduit par la Divinité même, ne donnèrent point d'abord de noms aux anges que Dieu daignait enfin leur envoyer; ils empruntèrent les noms que leur donnaient les Chaldéens, quand la nation juive fut captive dans la Babilonie;[4]

---

2 64: les Hébreux des malacs [MS2: β]

[1] Les sources de cet article, principalement Calmet, ne permettent guère de lui assigner une date précise. Voltaire, que le sujet intéresse, répétera les mêmes arguments dans *La Philosophie de l'histoire*, en leur donnant plus d'ampleur (V 59, p.253-59). Dans les QE, il fournit un article très développé (M.xvii.245-52). Les éditeurs de Kehl ont imprimé un dernier texte sur le même sujet (M.xvii.252-54).

[2] Etymologie que tous les dictionnaires rappellent: voir Calmet, *Dictionnaire*, art. 'Ange', et *Trévoux*, i.464-65. Voltaire annonce sa thèse par des comparaisons. Dans les QE, il précise ce que pensent des anges les Perses, les Hébreux, les Grecs (M.xvii.248-51). Calmet a seulement fait le rapprochement avec les anges des Hébreux.

[3] Même argument dans *La Philosophie de l'histoire* (V 59, p.253).

[4] Bien que Voltaire n'ait pas mis de signet à l'article 'Ange' du *Dictionnaire* de Calmet, et qu'il n'ait laissé qu'une trace de lecture dans sa 'Dissertation sur les bons et les mauvais anges' (CN, ii.244), il apparaît qu'il suit ces deux textes en les condensant fortement. Sur cet emprunt des Juifs, voir le *Dictionnaire*, i.75, et la 'Dissertation' dans le *Commentaire* (vii.388). Voltaire répétera cet argument dans les QE (M.xvii.251) et dans *La Bible enfin expliquée* (M.xxx.250n).

337

Michel et Gabriel, sont nommés pour la première fois par Daniel,[5]   15
esclave chez ces peuples. Le Juif Tobie qui vivait à Ninive, connut
l'ange Raphaël qui voyagea avec son fils pour l'aider à retirer de
l'argent que lui devait le Juif Gabaël.[6]

Dans les lois des Juifs, c'est-à-dire, dans le Lévitique et le
Deutéronome, il n'est pas fait la moindre mention de l'existence   20
des anges, à plus forte raison de leur culte;[7] aussi, les saducéens
ne croyaient-ils point aux anges.[8]

Mais dans les histoires des Juifs, il en est beaucoup parlé. Ces
anges étaient corporels,[9] ils avaient des ailes au dos, comme les
gentils feignirent que Mercure en avait aux talons; quelquefois ils   25
cachaient leurs ailes sous leurs vêtements.[10] Comment n'auraient-
ils pas eu de corps, puisqu'ils buvaient et mangeaient, et que les
habitants de Sodome, voulurent commettre le péché de la pédérastie avec les anges qui allèrent chez Loth.[11]

L'ancienne tradition juive, selon Ben Maimon, admet dix degrés,   30

18   64, 65v: le Juif Gabel.

[5] Les références précises sont: pour Gabriel, Daniel viii.16-17; pour Michel,
Daniel x.13. Mêmes références dans Calmet ('Dissertation', vii.389).
[6] Voir Tobie iii.25; v.6-28; vi; ix.
[7] Voltaire néglige le développement que Calmet avait réservé au culte des anges
chez les Juifs, culte qui consistait à les honorer ('Dissertation', vii.396). Il donne
pour exemple, entre autres, Moïse et Josué qui se déchaussent par respect (Exode
iii.5; Josué v.14-16) et Abraham qui se prosterne (Genèse xviii.2).
[8] Actes xxiii.8.
[9] Même thèse dans *La Philosophie de l'histoire* (V 59, p.254). Calmet annonce
comme vérité incontestable la spiritualité des anges, même s'ils ont des corps dans
l'Ecriture ('Dissertation', vii.389-90).
[10] Dans l'Ecriture les anges n'ont point les ailes dont l'iconographie les a dotés
à l'exception des séraphins d'Isaïe qui en ont six: 'ils avaient chacun six ailes, deux
dont ils voilaient leur face, deux dont ils voilaient leurs pieds, et deux dont ils
volaient' (Isaïe vi.2); exemple cité par la 'Dissertation', vii.390.
[11] Sur le repas chez Abraham, voir Genèse xviii.1-10; sur le repas chez Loth et
la tentative de pédérastie, voir Genèse xix.3-5. Ces textes sont souvent commentés
par Voltaire (voir ci-dessous, 'Genèse'; *La Bible enfin expliquée*, M.xxx.26, 28).

338

dix ordres d'anges. 1. Les Chaios Acodesh, purs, saints. 2. Les Ofamin, rapides. 3. Les Oralim, les forts. 4. Les Chasmalim, les flammes. 5. Les Séraphim, étincelles. 6. Les Malakim, anges, messagers, députés. 7. Les Eloim, les dieux ou juges. 8. Les Ben Eloim, enfants des dieux. 9. Chérubim, images. 10. Ychim, les animés. [12]

L'histoire de la chute des anges ne se trouve point dans les livres de Moïse; le premier témoignage qu'on en rapporte est celui du prophète Isaïe, [13] qui apostrophant le roi de Babilone, s'écrie, Qu'est devenu l'exacteur des tributs! les sapins et les cèdres se réjouissent de sa chute, comment es-tu tombée du ciel, ô Helel, étoile du matin? on a traduit cet *Helel* par le mot latin *Lucifer*; et ensuite par un sens allégorique on a donné le nom de Lucifer au prince des anges qui firent la guerre dans le ciel; et enfin ce nom qui signifie phosphore et aurore, est devenu le nom du diable. [14]

La religion chrétienne est fondée sur la chute des anges. [15] Ceux qui se révoltèrent furent précipités des sphères qu'ils habitaient dans l'enfer au centre de la terre, et devinrent diables. Un diable tenta Eve sous la figure du serpent et damna le genre humain. Jésus vint racheter le genre humain et triompher du diable [16] qui

[12] Même énumération dans *La Philosophie de l'histoire* (V 59, p.254). Calmet énumère les dix chœurs des anges selon Maimonide, mais sans donner leurs noms hébreux ('Dissertation', vii.395). Voltaire possède une traduction latine de la Mishnah qui comprend des commentaires de Maimonide qu'il a pu consulter: *Mischna sive totius Hebraeorum ... juris systema* (Amstelaedami 1698-1703). Sur la tradition hébraïque, voir *Encyclopedia judaica*, art. 'Angels' (i.956, 976).

[13] Isaïe xiv.4, 8, 12; cité par Calmet, *Dictionnaire*, art. 'Lucifer'.

[14] Ce texte est discuté par Calmet: 'Lucifer marque l'étoile du matin; et on n'a donné ce nom au diable qu'à cause de la ressemblance qu'on a remarquée entre ce que dit Isaïe de la chute, et de l'orgueil du roi de Babylone, et celle du prince des démons révoltés' ('Dissertation', vii.397).

[15] A partir de 1767, Voltaire soutient que cette doctrine a été empruntée au Shasta; voir *Le Dîner du comte de Boulainvilliers* (V 63A, p.398 et n.21); QE, art. 'Ange' (M.xvii.249); *Lettres chinoises, indiennes et tartares* (M.xxix.481-82); *La Bible enfin expliquée* (M.xxx.15n).

[16] Tentation d'Eve: Genèse iii.1-6; tentation du Christ: Matthieu iv.1-11.

nous tente encore. Cependant cette tradition fondamentale ne se trouve que dans le livre apocryphe d'Enoch, et encore y est-elle d'une manière toute différente de la tradition reçue. [17]

St Augustin dans sa 109ᵉ lettre, ne fait nulle difficulté d'attribuer des corps déliés et agiles aux bons et aux mauvais anges. [18] Le pape Grégoire second a réduit à neuf chœurs, à neuf hiérarchies ou ordres, les dix chœurs des anges reconnus par les Juifs; ce sont les séraphins, les chérubins, les trônes, les dominations, les vertus, les puissances, les principautés, les archanges, et enfin les anges qui donnent le nom aux huit autres hiérarchies. [19]

55

60

52   64: apocryphe de Noé, et [MS2: β]
59   64-67: les puissances, les archanges

[17] Selon le livre d'Enoch, les anges, les egregori ou veillants, prirent des femmes parmi les filles de la terre. Ils étaient au nombre de deux cents. De ces unions naissent des géants. Raphaël se plaint devant l'Eternel. Les mauvais anges seront enfermés dans des déserts. Ils seront jetés aux enfers le jour du jugement (résumé par Calmet, 'Dissertation', vii.397). Voltaire attaquera le livre d'Enoch dans *La Philosophie de l'histoire* (V 59, p.257) et dans *Dieu et les hommes* (V 69, p.293). Sur l'accouplement des anges et des filles des hommes, voir Genèse vi.2, mais il n'est point question de révolte des anges contre Dieu. Cependant dans sa seconde épître, saint Pierre évoque Dieu qui a précipité des anges dans l'abîme (ii.4, verset dont Voltaire conteste l'authenticité et sur le sens duquel il s'interroge dans *Dieu et les hommes*, V 69, p.294).

[18] Voltaire a annoté *Les Lettres de S. Augustin* qu'il possédait dans la traduction des bénédictins (Paris 1684; CN, i.173-77). La lettre à laquelle il se réfère est la 95ᵉ, adressée à saint Paulin (ii.420-38). Saint Augustin se demande comment concilier les passages de l'Ecriture où les anges sont appelés des esprits (Psaumes cii-ciii) et ceux où ils sont apparus visiblement (Genèse xviii.2, xix.2). Il conclut: 'ainsi il semble qu'il faut dire que si les anges sont appelés des esprits dans l'Ecriture, c'est de la même manière que les hommes qui ont très certainement des corps ne laissent pas d'y être appelés des âmes' (ii.437). Dans l'Apocalypse, ajoute-t-il, il est question de la taille d'un ange (xxi.17). Toutes les merveilles sur les apparitions des anges 's'expliquent fort bien par cette vertu et cette agilité des corps spirituels'. C'est un évêque de Thessalonique qui ne fait aucune difficulté de donner un corps aux anges (septième concile) alors que le sentiment contraire a prévalu (ii.438n). Voltaire attribue à saint Augustin le sentiment de cet évêque. *Trévoux* énumère les Pères de l'Eglise qui ont cru les anges corporels (i.465).

[19] C'est Grégoire Iᵉʳ, ou le Grand (c.540-604), et non pas Grégoire II, qui a

Les Juifs avaient dans le temple deux chérubins ayant chacun deux têtes, l'une de bœuf et l'autre d'aigle, avec six ailes. [20] Nous les peignons aujourd'hui sous l'image d'une tête volante, ayant deux petites ailes au-dessous des oreilles. Nous peignons les anges et les archanges sous la figure de jeunes gens, ayant deux ailes au dos. A l'égard des trônes et des dominations, on ne s'est pas encore avisé de les peindre.

St Thomas, à la question 108, article second, dit que les trônes sont aussi près de Dieu que les chérubins et les séraphins, parce que c'est sur eux que Dieu est assis. [21] Scot a compté mille millions d'anges. [22] L'ancienne mythologie des bons et des mauvais génies

65

70

classé les anges en neuf ordres; voir *Les Quarante homélies ou sermons de saint Grégoire le Grand* (Paris 1665), sermon 34. Il définit la fonction de chacun de ses ordres: les anges, les archanges, les vertus, les puissances, les principautés, les dominations, les trônes, les chérubins et les séraphins (p.473-80). Il avait été précédé dans un tel classement par saint Denis l'Aréopagite qui reconnaît les mêmes ordres mais les classe différemment. Or l'ordre adopté par Voltaire reproduit celui de saint Denis, non celui de saint Grégoire. Sans doute a-t-il lu rapidement Calmet qui exposait ce problème ('Dissertation', vii.395). Saint Thomas d'Aquin dans sa *Somme théologique* s'efforçera de concilier saint Grégoire et saint Denis (1a, qu.2, art.6).

[20] Sur les deux chérubins qui se trouvent dans le temple de Salomon, voir I Rois vi.23-28 et II Chroniques iii.10-14. Ils ont des ailes et sont recouverts d'or. Voltaire semble avoir confondu ces deux chérubins avec la vision décrite dans Ezéchiel i.5-11, à laquelle Calmet fait allusion en parlant d''animaux composés de la figure de l'homme, de l'aigle, du bœuf, et du lion' ('Dissertation', vii.390). Puis Voltaire a sauté une ligne et a emprunté à Isaïe vi.2, cité par Calmet, les six ailes. Ses chérubins sont donc un amalgame d'Ezéchiel et d'Isaïe.

[21] La *Summa theologica* figure dans la bibliothèque de Voltaire. La question du degré d'éminence des trônes est traitée par saint Thomas (1a, qu.108, art.5). L'article 2 traite des ordres et de la hiérarchie des anges. Saint Thomas expose les arguments de saint Denis qui place les trônes parmi les anges de la première catégorie, juste après les chérubins et les séraphins. Les trônes sont élevés au point de recevoir Dieu en eux familièrement; rien n'est plus près de celui qui est assis que son siège, donc les trônes connaissent immédiatement les raisons des choses qui sont en Dieu, d'où leur place.

[22] Le nombre des anges est toujours très grand. Dans la vision de Daniel, un million d'anges servent l'Ancien des jours et mille millions assistent au jugement (Daniel vii.10). Voir aussi Apocalypse v.11. Duns Scot, célèbre théologien écossais

ayant passé de l'Orient en Grèce, et à Rome, nous consacrâmes cette opinion, en admettant pour chaque homme un bon et un mauvais ange, dont l'un l'assiste, et l'autre lui nuit depuis sa naissance jusqu'à sa mort;[23] mais on ne sait pas encore si ces bons et mauvais anges passent continuellement de leur poste à un autre, ou s'ils sont relevés par d'autres. Consultez sur cet article la Somme de St Thomas.[24]

75

On ne sait pas précisément où les anges se tiennent, si c'est dans l'air, dans le vide, dans les planètes;[25] Dieu n'a pas voulu que nous en fussions instruits.[26]

80

(1274-1308), a été surnommé le 'docteur subtil' (Voltaire l'appelle ainsi dans l'*Essai sur les mœurs*; ii.285). Ce chef de l'école franciscaine, contradicteur d'Averroès et de saint Thomas, est célèbre pour sa doctrine sur l'Immaculée conception. S'il a compté mille millions d'anges, c'est qu'il se réfère à Daniel. Or, d'après DTC, art. 'Anges', la question du nombre des anges intéresse les Pères de l'Eglise (p.1205-206), mais ne semble pas essentielle pour saint Thomas et les scolastiques. Les opinions de Duns Scot sont rappelées en ce qui concerne la nature des anges, leur connaissance, leur volonté, leur mission (p.1238-48).

[23] Même thème dans *La Philosophie de l'histoire* (V 59, p.254). Calmet rappelle que, pour Platon, chacun de nous a deux démons ou génies dont l'un nous porte au bien, l'autre au mal (*Dictionnaire*, i.76).

[24] Voltaire fait allusion de façon rapide à la *Somme* de saint Thomas d'Aquin (1, qu.113, art.1-8, et qu.114, art.1-4). Dans la question 113, qui a trait aux bons anges, saint Thomas, après avoir affirmé d'après l'autorité de saint Jérôme que chaque homme a un ange gardien, distingue ceux qui sont chargés de la garde d'un seul homme et ceux qui ont en charge l'humanité. Pour ce qui est de l'ange gardien, chaque homme est gardé pendant toute la durée de sa vie et depuis sa naissance. Les enfants qui sont encore dans le sein de leur mère sont gardés par l'ange gardien de cette dernière. Même lorsque l'ange n'est pas dans le même lieu que l'homme qu'il garde, il continue à le protéger. La question 114 est consacrée aux démons et au mal qu'ils font à l'homme.

[25] Les anges de lumière ont pour demeure le ciel et ceux des ténèbres, l'enfer, selon Calmet (*Dictionnaire*, art. 'Ange'). Dans sa 'Dissertation' il rappelle que, pour certains Pères, les mauvais anges sont dans l'air jusqu'au jour du jugement (vii.401).

[26] Chaudon suit pas à pas cet article de Voltaire en rappelant la doctrine de l'Eglise. Il précise quelles sont les fonctions des divers ordres d'anges. Il conclut: 'Si quelques théologiens ont agité des questions vaines et ridicules sur le nombre, l'ordre et la nature et les facultés des anges, au lieu de s'en tenir aux livres saints et à la tradition, les incrédules ne doivent pas en prendre occasion d'insulter à la

religion qui est toujours vraie, quoique quelques particuliers qui l'enseignent puissent avoir des idées fausses'. Une chose est sûre: 'il paraît que l'auteur du *Dictionnaire philosophique* n'était pas guidé par son bon ange, lorsqu'il prit la plume pour écrire ce livre détestable' (p.17-19).

ANTHROPOPHAGES[1]

Nous avons parlé de l'amour. Il est dur de passer de gens qui se baisent, à gens qui se mangent.[2] Il n'est que trop vrai qu'il y a eu des anthropophages; nous en avons trouvé en Amérique,[3] il y en a peut-être encore; et les Cyclopes[4] n'étaient pas les seuls dans l'antiquité qui se nourrissent quelquefois de chair humaine. Juvénal

[1] Article dont Voltaire reconnaît la paternité en novembre 1764 (D12180). Il le dit destiné à l'*Encyclopédie*. On a déjà montré (voir 'Amitié, n.1) combien ces attributions de Voltaire sont sujettes à caution. Il en est de même pour cet article. La première phrase du texte renvoie à un article précédent, ce qui témoigne d'un souci de composition étranger à une encyclopédie astreinte à suivre l'ordre alphabétique. De plus, dans les articles que Voltaire a donnés à l'*Encyclopédie*, il suit en général le protocole qu'il a établi à l'intention de d'Alembert (D6655, D7093), ce qui n'est pas le cas ici. Il est difficile de dater cet article. Les mêmes références à Homère, à Juvénal, au Deutéronome, au Lévitique, à Ezéchiel dans la *Lettre de M. Clocpicre à M. Eratou* de 1761 incitent à penser que ce texte pourrait avoir été écrit vers cette date. On remarquera qu'en janvier 1763, alors qu'il est hanté par tous les grands massacres religieux de l'histoire, il fait allusion aux horreurs de la guerre en Irlande (D10953). L'anecdote finale s'en inspire et pourrait avoir été ajoutée alors. Pour les QE, un second article 'Anthropophages' sera rédigé en 1770; en 1772, trois alinéas sont ajoutés; enfin en 1774, l'anecdote de la chandelière de Dublin est citée et commentée.

[2] Guénée ironise sur cette 'transition heureuse', ce 'contraste piquant' (*Lettres*, i.291).

[3] Dans l'*Essai sur les mœurs*, Voltaire invoque le témoignage de Herrera pour affirmer que les Mexicains mangeaient des victimes humaines (*Histoire générale des voyages et conquêtes des Castillans*, trad. La Coste, Paris 1660, ii.441). Selon les voyageurs et missionnaires, ajoute-t-il, 'les Brasiliens, les Caraïbes, les Iroquois, les Hurons, et quelques autres peuplades, mangeaient les captifs faits à la guerre' (ii.344). La source de Voltaire pour le Canada est Charlevoix, *Histoire et description générale de la Nouvelle France* (Paris 1744; BV), i.326-32, qui raconte, d'après le témoignage du père Brébeuf, que le premier Iroquois converti à la religion chrétienne fut fait prisonnier par les Hurons, tué et mangé par eux. 'Prisonnier tué et mangé', indique un signet (CN, ii.517).

[4] Homère, *Odyssée*, ix.287-95: le cyclope mange deux des compagnons d'Ulysse. Voltaire possède l'*Odyssée* traduite par Mme Dacier (Paris 1741).

rapporte que chez les Egyptiens, ce peuple si sage, si renommé
pour ses lois,[5] ce peuple si pieux qui adorait des crocodiles[6] et
des oignons,[7] les Tintirites mangèrent un de leurs ennemis tombé
entre leurs mains;[8] il ne fait pas ce conte sur un ouï-dire, ce crime
fut commis presque sous ses yeux, il était alors en Egypte, et à   10
peu de distance de Tintire.[9] Il cite à cette occasion les Gascons[10]
et les Saguntins[11] qui se nourrirent autrefois de la chair de leurs
compatriotes.

[5] Bossuet, à la suite de la Bible (Isaïe xix.1-12; Actes vii.22), avait loué la sagesse
des Egyptiens dans son *Discours sur l'histoire universelle*, iii.iii (éd. Velat et
Champallier, Paris 1961, p.956-71). Un mouvement se dessine au dix-huitième
siècle pour mettre en cause cette sagesse des Egyptiens. L'article 'Egyptiens
(philosophie des)' de l'*Encyclopédie*, rédigé par l'abbé Mallet, explique leur réputation
de 'sagesse prétendue' par le mystère que les prêtres cultivaient et par leur refus de
transmettre leurs connaissances. Dès *Le Temple du Goût*, Voltaire fait des réserves
sur cette sagesse (M.viii.577).

[6] Sur les animaux adorés par les Egyptiens, considérés comme emblèmes, puis
comme dieux, voir ci-dessous, 'Apis', n.2.

[7] Juvénal, *Satires*, xv.2 (les Egyptiens adorent le crocodile), v.9-10 (c'est un
sacrilège de manger des oignons). Dans *La Philosophie de l'histoire*, Voltaire se
montre plus critique à l'égard de ses sources: 'Il y a bien de la différence entre un
oignon sacré et un oignon dieu; on n'adore pas tout ce qu'on place, tout ce que
l'on consacre sur un autel' (V 59, p.168); cf. les carnets, V 82, p.497. Voltaire
discute du degré de divinité des oignons dans *La Défense de mon oncle* (V 64, p.251-
53) et en fait des demi-dieux dans *Le Taureau blanc* (éd. Pomeau, p.60). Calmet
(*Dictionnaire*, art. 'Porreau') et Rollin (*Histoire ancienne*, i.73-82; BV) dénoncent
ces superstitions des Egyptiens.

[8] Juvénal, *Satires*, xv.74-92, raconte que les peuples de Tentyra et d'Ombos se
haïssaient pour des questions religieuses; au cours d'une bataille, un Tentyrite est
capturé par les gens d'Ombos qui le dévorent. Voltaire se trompe sur l'identité de
la victime; sans doute rapporte-t-il cette histoire de mémoire.

[9] Juvénal assure qu'il a été témoin de cette histoire, mais il fait de Tentyra
(aujourd'hui Denderah) et d'Ombos (Kom Ombo) deux cités voisines alors que
plus de trente lieues les séparent.

[10] Juvénal, *Satires*, xv.93, cite les Vascons, mais montre que la situation était
toute différente, le cas d'anthropophagie ayant eu lieu pendant un long siège.

[11] Juvénal, *Satires*, xv.114, cite aussi Sagonte dont le désastre fut pire encore.
Pour ce cas d'anthropophagie en 219 av. J.-C., voir Silius Italicus, *La Guerre
punique*, éd. P. Miniconi et G. Devallet, ii.521-25. Au cours du siège de Sagonte

En 1725 on amena quatre sauvages du Mississippi à Fontaine-bleau, j'eus l'honneur de les entretenir; il y avait parmi eux une dame du pays, à qui je demandai si elle avait mangé des hommes, elle me répondit très naïvement qu'elle en avait mangé. [12] Je parus un peu scandalisé; elle s'excusa en disant qu'il valait mieux manger son ennemi mort que de le laisser dévorer aux bêtes, et que les vainqueurs méritaient d'avoir la préférence. Nous tuons en bataille rangée, ou non rangée, nos voisins, et pour la plus vile récompense nous travaillons à la cuisine des corbeaux et des vers. [13] C'est là qu'est l'horreur, c'est là qu'est le crime; qu'importe quand on est tué d'être mangé par un soldat, ou par un corbeau et un chien?

Nous respectons plus les morts que les vivants. Il aurait fallu respecter les uns et les autres. Les nations qu'on nomme policées ont eu raison de ne pas mettre leurs ennemis vaincus à la broche; car s'il était permis de manger ses voisins, on mangerait bientôt

---

par Hannibal, les Sagontins que la famine épuise sont tentés de se nourrir de la chair de leurs semblables. Voir aussi Tite-Live, *Histoire romaine*, xxi.5-15.

[12] Anecdote que Voltaire a rapportée plusieurs fois. Dans une lettre à Frédéric de Prusse (*c.*15 octobre 1737; D1376), il date la rencontre de 1723; il interroge une dame 'd'une humeur fort douce' qui avoue avoir mangé des hommes, rejette en frémissant l'idée de manger l'un de ses compatriotes. L'anecdote entre dans une argumentation destinée à montrer que les sauvages ont 'la même idée que nous du juste et de l'injuste'. L'*Essai sur les mœurs* situe la rencontre en 1725 (*Essai*, ii.344); la dame se contente de répondre 'oui' très froidement à la question de Voltaire. Dans *Un chrétien contre six juifs*, en réponse aux critiques de Guénée, Voltaire affirme que cette anecdote de 1725 est vraie (M.xxix.530). On notera que D1376 et cet article rapportent de prétendus discours de la sauvagesse qui portent l'estampille voltairienne. Montaigne avait prêté des discours philosophiques à des sauvages passant par Rouen au temps de Charles ix (*Essais*, i.xxxi, 'Des cannibales'). Voltaire répétera l'argumentation qu'il indique ici dans l'*Histoire de Jenni* (*Romans et contes*, p.627).

[13] Guénée ironise sur la platitude de cette expression (*Lettres*, p.297). Chaudon se scandalise de la comparaison entre l'anthropophagie et les meurtres commis en temps de guerre qui, selon lui, ne peuvent être traités d'assassinats puisque l'on combat pour son prince. Si ces meurtres sont plus horribles dans les principes, la barbarie de l'anthropophagie est plus dangereuse. Chaudon craint que le cannibale prenne goût à la chair humaine (p.21).

ses compatriotes; ce qui serait un grand inconvénient pour les vertus sociales. Mais les nations policées ne l'ont pas toujours été; toutes ont été longtemps sauvages; et dans le nombre infini de révolutions que ce globe a éprouvées, le genre humain a été tantôt nombreux, tantôt très rare. Il est arrivé aux hommes ce qui arrive aujourd'hui aux éléphants, aux lions, aux tigres, dont l'espèce a beaucoup diminué. Dans les temps où une contrée était peu peuplée d'hommes, ils avaient peu d'arts, ils étaient chasseurs. L'habitude de se nourrir de ce qu'ils avaient tué, fit aisément qu'ils traitèrent leurs ennemis comme leurs cerfs et leurs sangliers. C'est la superstition qui a fait immoler des victimes humaines, c'est la nécessité qui les a fait manger. [14]

Quel est le plus grand crime ou de s'assembler pieusement pour plonger un couteau dans le cœur d'une jeune fille ornée de bandelettes, à l'honneur de la Divinité, ou de manger un vilain homme qu'on a tué à son corps défendant? [15]

Cependant, nous avons beaucoup plus d'exemples de filles et de garçons sacrifiés, que de filles et de garçons mangés; [16] presque toutes les nations connues ont sacrifié des garçons et des filles. Les Juifs en immolaient. Cela s'appelait l'anathème; c'était un véritable sacrifice, et il est ordonné au ch. 27 v. 29 du Lévitique,

49   65v: au 27ᵉ chap.
      64, 65, 67, 69: au 29ᵉ chap. [MS2, 69*: β]

[14] Le souci d'expliquer l'anthropophagie par la condition précaire et difficile de l'homme sauvage se trouve également dans l'*Encyclopédie* (art. 'Anthropophages' et 'Anthropophagie' de Mallet) et dans l'*Histoire des Deux Indes* de Raynal (iv.250-51; cité par M. Duchet, *Anthropologie et histoire au siècle des Lumières*, p.216n). Pour Voltaire, l'anthropophagie ne met pas en cause l'universalité de la loi naturelle (voir *Eléments de la philosophie de Newton*, V 15, p.220-21).

[15] L'article 'Anthropophages' de l'*Encyclopédie* voit dans l'anthropophagie l'origine des sacrifices humains et renvoie à l'article 'Sacrifices'.

[16] Les philosophes s'efforcent de relativiser l'extension de l'anthropophagie (voir art. 'Ansico' de Diderot, *Encyclopédie*). Cette assertion est combattue par Chaudon qui prétend que les sacrifices de sang humain sont des événements extraordinaires alors que 'la chair humaine a été la nourriture de quelques peuples', preuve du

de ne point épargner les âmes vivantes qu'on aura vouées;[17] mais il ne leur est prescrit en aucun endroit d'en manger,[18] on les en menace seulement;[19] et Moïse, comme nous avons vu, dit aux Juifs, que s'ils n'observent pas ses cérémonies, non seulement ils auront la gale,[20] mais que les mères mangeront leurs enfants.[21] Il est vrai que du temps d'Ezéchiel les Juifs devaient être dans l'usage de manger de la chair humaine,[22] car il leur prédit au chapitre 39 que Dieu leur fera manger non seulement les chevaux de leurs

57   64, 65, 67, 69: Dieu les fera

---

malheur de la condition humaine lorsqu'elle est privée des 'lumières de la religion' (p.20).

[17] Thème développé dans l'article 'Jephté' avec la même référence au Lévitique xxvii.29: 'Tout ce qui aura été offert par un homme, et consacré au Seigneur, ne se rachètera point, mais il faudra nécessairement qu'il meure'. Selon Guénée, ce verset 29 'ne regarde que les choses et les personnes dévouées à la mort par le cherem final, l'anathème solennel, prononcé par l'autorité publique'. Quant aux choses vouées au Seigneur, il faut comprendre que les animaux étaient immolés, que les esclaves et personnes étaient vouées au Seigneur (p.314-17). Dans *Dieu et les hommes* (1769), Voltaire affirmera que la loi juive est la seule qui ait ordonné d'immoler des hommes (V 69, p.371).

[18] Ironies de Guénée sur cet 'aveu si généreux' (p.293).

[19] Nouvelles ironies de Guénée qui dénonce des fautes de raisonnement: Moïse menace les Juifs, ils mangeront des enfants, donc les Juifs étaient anthropophages, d'autres en déduiraient tout le contraire; puisqu'on les en menace, c'est une preuve que cette nourriture n'était point ordinaire chez eux (p.293).

[20] Deutéronome xxviii.27. Moïse énumère les malédictions encourues par ceux qui ne suivent pas la loi du Seigneur: 'Le Seigneur vous frappera d'ulcères, comme il en frappa autrefois l'Egypte; et il frappera aussi d'une gale et d'une démangeaison incurable la partie du corps par laquelle la nature rejette ce qui lui est resté de nourriture'.

[21] Deutéronome xxviii.53-57: tableau d'une extrême famine au cours de laquelle les père et mère mangeront leurs enfants, refusant d'en partager la chair.

[22] Voir la *Lettre de M. Clocpicre à M. Eratou sur la question si les Juifs ont mangé de la chair humaine et comment ils l'apprêtaient* (1761) qui développe ces thèmes de manière grinçante (M.xxiv.235-38). Voltaire a souvent évoqué des enfants juifs immolés ou mangés par leur mère (M.xviii.265; M.xix.537).

ennemis, mais encore les cavaliers et les autres guerriers. Cela est positif.[23] Et en effet pourquoi[24] les Juifs n'auraient-ils pas été anthropophages? c'eût été la seule chose qui eût manqué au peuple de Dieu pour être le plus abominable peuple de la terre.[25]

J'ai lu dans des anecdotes de l'histoire d'Angleterre du temps de Cromwell, qu'une chandelière de Dublin vendait d'excellentes chandelles faites avec de la graisse d'Anglais. Quelque temps après un de ses chalands se plaignit à elle de ce que sa chandelle n'était plus si bonne; Hélas! dit-elle, c'est que les Anglais nous ont manqué ce mois-ci.[26] Je demande qui était le plus coupable, ou

60

65

58-59   65v: guerriers, ainsi l'expliquent les meilleurs commentateurs. Et en effet

[23] Ezéchiel xxxix.20: 'Et vous vous soûlerez sur ma table de la chair des chevaux, et de la chair des cavaliers les plus braves, et de tous les hommes de guerre, dit le Seigneur notre Dieu'. Les apologistes soutiennent que l'Eternel s'adresse aux animaux carnassiers (voir par ex. Guénée, ii.46-51). On notera la variante de 65v (l.58-59v), Voltaire s'étant aperçu des difficultés que soulevait son interprétation. Mais il récidive dans une note des QE (M.xvii.265): Dieu s'adresse aux animaux carnassiers dans les versets 17 et 18, puis aux Juifs dans les versets 19 et 20, cette conjecture étant rendue vraisemblable par l'emploi du mot 'table'.

[24] Ironie de Guénée sur ce 'pourquoi': 'on ne peut tenir contre des raisonnements de cette force' (p.291).

[25] Voltaire a mis un signet aux pages de Chaudon qui traitaient de cet article (CN, ii.606). Il répondra à Guénée à propos de l'anthropophagie des Juifs dans Un chrétien contre six juifs (M.xxix.530-32).

[26] La source de Voltaire est l'ouvrage de John Temple, The Irish rebellion or an history of the beginnings and first progress of the general rebellion, raised within the kingdom of Ireland upon the three and twentieth day of October 1641 (London 1646; BV, avec traces de lecture). Dans un catalogue des plus horribles cruautés commises par les rebelles irlandais (p.90-111), Voltaire a pu lire: 'How grievous and insupportable must it needs be to a true christian soul, to hear a base vilain boast, that his hands were so weary with killing and knocking down Protestants into a bogg, that he could not lift his arms up to his head; or others to say (57) that they had killed so many English men, that the grease or fat which remained on their swords or skeines might have made an Irish candle' (p.105-106). La note 57 précise, car chaque récit est authentifié par des témoignages sous serment: 'Elizabeth Champion, late wife of Arthur Champion in the County of Fermanagh Esquire, saith, that she heard the Rebels say, that they had killed so many English men that

349

ceux qui égorgeaient des Anglais, ou cette femme qui faisait des chandelles avec leur suif?

---

the grease or fat which remained upon their swords and skeines might well serve to make an Irish candle, jurat. April 14 1642'. Voltaire transporte la scène à Dublin. L'ouvrage de Temple, qui est un long martyrologe, évoque longuement la situation misérable de Dublin (p.61-62). Sur l'exploitation littéraire de cette source de Voltaire, voir ci-dessus, p.93, et Ch. Mervaud, 'Les cannibales sont parmi nous: l'article "Anthropophages" du *Dictionnaire philosophique*', p.102-10.

ANTITRINITAIRES[1]

Pour faire connaître leurs sentiments,[2] il suffit de dire qu'ils soutiennent que rien n'est plus contraire à la droite raison que ce

a-89   64-65v, absent

[1] Ajout de 1767 dont Voltaire précise que les lignes 1-74 sont tirées de l'article 'Unitaires' de l'*Encyclopédie*. Si Voltaire a repris ce texte, c'est parce qu'il le juge bon: il écrit le 12 mars 1766: 'l'article *unitaires* est terrible. J'ai bien peur qu'on ne rende pas justice à l'auteur de cet article, et qu'on ne lui impute d'être trop favorable aux sociniens. Ce serait assurément une extrême injustice, et c'est pour cela que je le crains' (D13206). Les derniers tomes de l'*Encyclopédie* sont imprimés en 1765, distribués en mars 1766, et le 13 avril 1766 tous les souscripteurs ont reçu leurs livres (D13249). Voltaire a eu les siens en priorité et a lu 'Unitaires' en mars. Ses relations avec les encyclopédistes sont encore correctes. En 1765, il a reçu Damilaville à Ferney. Un projet de diffusion de manuscrits clandestins a été élaboré (R. Pomeau, *La Religion de Voltaire*, p.350). Mais Damilaville lui a prêché le 'catéchisme des athées' et Voltaire commence à railler la théorie de Needham sur laquelle s'appuie le matérialisme de Diderot. En février 1766, il est plongé dans *Le Philosophe ignorant* (V 62, p.3) où il réaffirme son déisme. Il ne veut pas rompre. Sachant que Damilaville transmettra ses jugements aux encyclopédistes, il précise: 'Je ne sais qui a fait l'article *unitaires*, mais je sais que je l'aime de tout mon cœur' (D13219). Or l'article est signé. Son auteur, J.-A. Naigeon, est alors peu connu. Il travaille à la rédaction de libelles clandestins. La reprise d'une partie de l'article 'Unitaires' en 1767 est à situer dans le contexte des relations de Voltaire et des matérialistes. C'est leur montrer que, malgré leurs divergences, ils conservent des terrains d'entente. Car la lutte va s'ouvrir. Voltaire n'appréciera pas *Le Christianisme dévoilé* du baron d'Holbach, publié en décembre 1766, auquel il répondra par des *Homélies prononcées à Londres* qui paraîtront en 1767. En juillet 1766, Voltaire conçoit le projet d'émigration philosophique à Clèves. Diderot répond par un refus (D13605). Cet article renvoie donc à un moment où Voltaire et Diderot se ménagent, même si Voltaire est déjà décidé à croiser le fer avec la coterie holbachique. Article repris dans les QE, avec un ajout.

[2] L'annotation de cet article pose un problème de méthode, le texte n'étant point de Voltaire. Il ne s'agit pas d'en chercher les sources, d'ailleurs indiquées par Naigeon qui fait état d'une importante bibliographie comprenant, outre les deux Socin, Crellius, Volkelius, Natalis Alexander, Hoornebeck, Micraelii. Il mentionne aussi les *Nouvelles de la République des lettres* (1685) de Bayle, et le *Catéchisme de*

que l'on enseigne parmi les chrétiens touchant la *trinité* des personnes[3] dans une seule essence divine, dont la seconde est engendrée par la première et la troisième procède des deux autres.[4]

Que cette doctrine inintelligible ne se trouve dans aucun endroit de l'Ecriture.[5]

Qu'on ne peut produire aucun passage qui l'autorise, et auquel on ne puisse, sans s'écarter en aucune façon de l'esprit du texte, donner un sens plus clair, plus naturel, plus conforme aux notions communes et aux vérités primitives et immuables.

Que soutenir, comme font leurs adversaires, qu'il y a plusieurs *personnes* distinctes dans l'essence divine, et que ce n'est pas l'Eternel qui est le seul vrai Dieu, mais qu'il y faut joindre le Fils et le Saint-Esprit, c'est introduire dans l'Eglise de Jésus-Christ, l'erreur la plus grossière et la plus dangereuse; puisque c'est favoriser ouvertement le polythéisme.[6]

Racovie. Naigeon invite aussi à se reporter à l'article 'Trinité', lequel comporte de nombreux renvois à 'Père', 'Fils', 'Saint-Esprit', 'Paternité', 'Filiation'. Voltaire n'a pas consulté tous ces ouvrages; il ne possède que les *Œuvres diverses* de Bayle (La Haye 1737). Il a pu lire en outre les articles 'Socin' du *Dictionnaire* de Bayle. Comme l'indique R. E. Florida, son information sur les sociniens est de seconde main (*Voltaire and the Socinians*). On se limitera donc à montrer pourquoi Voltaire a repris sans modification ce texte de Naigeon. Voltaire avait déjà exposé le point de vue des antitrinitaires dans les *Lettres philosophiques* où il les confond avec les sociniens et les ariens. Il faisait appel à d'illustres personnalités pour soutenir leur point de vue (*Lph*, i.78-81); voir aussi l'*Essai sur les mœurs*, ch.182 et 189.

[3] Voltaire partage ce point de vue: 'Une chose très remarquable c'est que dans toutes les disputes qui ont partagé les crétiens, Rome a toujours pris le party le plus opposé à la raison humaine. Cela a un air de divinité. Trinité, 2 natures, une personne', note-t-il dans ses carnets sous le titre: 'Autres fables' (V81, p.354).

[4] Voltaire caricature ce dogme dans la *Relation du bannissement des jésuites de la Chine* (1768); voir les plaisanteries sur le 'dieu charpentier' et le 'dieu pigeon' (M.xxvii.6).

[5] Dans le *Sermon des cinquante*, Voltaire prétend qu'on a falsifié les premiers Evangiles pour faire croire à la Trinité (M.xxiv.451). Selon lui, la métaphysique de Platon s'est amalgamée avec la secte nazaréenne.

[6] Dans l'*Extrait des sentiments de Jean Meslier* (ch.6), Voltaire développe cette accusation de polythéisme, souligne les absurdités de la doctrine de la Trinité et affirme que les christicoles adorent un homme (M.xxiv.329 ss.). Sans vouloir

Qu'il implique contradiction de dire qu'il n'y a qu'un Dieu et que néanmoins il y a trois *personnes*, chacune desquelles est véritablement Dieu.　　　　　　　　　　　　　　　　　　20

Que cette distinction, un en essence et trois en personnes, n'a jamais été dans l'Ecriture.

Qu'elle est manifestement fausse, puisqu'il est certain qu'il n'y a pas moins d'*essences* que de *personnes*, et de *personnes* que d'*essences*.　　　　　　　　　　　　　　　　　　　　25

Que les trois *personnes* de la *trinité* sont ou trois substances différentes, ou des accidents de l'essence divine, ou cette essence même sans distinction.

Que dans le premier cas on fait trois dieux.

Que dans le second on fait Dieu composé d'accidents, on adore　30 des accidents, et on métamorphose des accidents en des personnes.

Que dans le troisième, c'est inutilement et sans fondement qu'on divise un sujet indivisible et qu'on distingue en *trois* ce qui n'est point distingué en soi.

Que si on dit que les trois *personnalités* ne sont ni des substances　35 différentes dans l'essence divine, ni des accidents de cette essence, on aura de la peine à se persuader qu'elles soient quelque chose.

Qu'il ne faut pas croire que les *trinitaires* les plus rigides et les plus décidés, aient eux-mêmes quelque idée claire de la manière dont les trois *hypostases* subsistent en Dieu, sans diviser sa　40 substance et par conséquent sans la multiplier.

Que St Augustin lui-même, après avoir avancé sur ce sujet mille raisonnements aussi faux que ténébreux, a été forcé d'avouer qu'on ne pouvait rien dire sur cela d'intelligible.

Ils rapportent ensuite le passage de ce Père qui en effet est très　45 singulier. 'Quand on demande, dit-il, ce que c'est que les *trois*, le

---

reprendre cet argument à son compte, Voltaire s'efforce de le diffuser. On remarque que cet article 'Antitrinitaires' s'inscrit dans une lutte concertée de Voltaire contre Jésus (voir les ajouts du DP de 1767: 'Arius', 'Divinité de Jésus', 'Péché originel'). Sur Voltaire et Jésus, voir M.-H. Cotoni, *L'Exégèse du Nouveau Testament dans la philosophie française du dix-huitième siècle*, p.306-65.

langage des hommes se trouve court, et l'on manque de termes pour les exprimer: on a pourtant dit *trois personnes*, non pas pour dire quelque chose; mais parce qu'il faut parler et ne pas demeurer muet. *Dictum est tres personae, non ut aliquid diceretur, sed ne* 50 *taceretur*, De trinit. LUC. V, CHAP. IX. [7]

Que les théologiens modernes n'ont pas mieux éclairci cette matière.

Que quand on leur demande ce qu'ils entendent par ce mot de *personne*, ils ne l'expliquent qu'en disant que c'est une certaine 55 distinction incompréhensible, qui fait que l'on distingue dans une nature unique en nombre, un Père, un Fils et un Saint-Esprit.

Que l'explication qu'ils donnent des termes d'*engendrer* et de *procéder* n'est pas plus satisfaisante; puisqu'elle se réduit à dire que ces termes marquent certaines relations incompréhensibles qui 60 sont entre les trois personnes de la *trinité*.

Que l'on peut recueillir de là que l'état de la question entre les orthodoxes et eux, consiste à savoir, s'il y a en Dieu trois distinctions dont on n'a aucune idée, et entre lesquelles il y a certaines relations dont on n'a point d'idées non plus. 6

De tout cela ils concluent qu'il serait plus sage de s'en tenir à l'autorité des apôtres qui n'ont jamais parlé de la *trinité*, et de bannir à jamais de la religion tous les termes qui ne sont pas dans l'Ecriture, comme ceux de *trinité*, de *personne*, d'*essence*, d'*hypostase*, d'*union hypostatique* et *personnelle*, d'*incarnation*, de 7 *génération*, de *procession*, et tant d'autres semblables qui étant absolument vides de sens, puisqu'ils n'ont dans la nature aucun être réel représentatif, ne peuvent exciter dans l'entendement que des notions fausses, vagues, obscures et incomplètes. [8]

---

[7] Voltaire, toujours très critique à l'égard de saint Augustin, n'a jamais attaqué son ouvrage sur la Trinité auquel Naigeon se réfère. Il ne le possède pas dans sa bibliothèque. Attaquer le *De Trinitate*, c'est frapper au cœur la théologie catholique. La citation est juste, mais l'ouvrage de saint Augustin se termine par un ardent credo.

[8] Il suffit de se reporter aux articles consacrés à tous ces termes dans DTC pour

(Tiré de l'article Unitaires[9] *de l'Encyclopédie, lequel article est de*   75
l'abbé de Bragelogne.) [10]

75-76   67: Encyclopédie.//

---

se rendre compte de l'ampleur et de la complexité des discussions soulevées. En réalité Naigeon, suivi par Voltaire, condamne toute recherche théologique.

[9] Voltaire souscrit aux thèses des unitaires telles qu'elles ont été présentées par Naigeon. Il a recopié une large partie de l'argumentation des unitaires sur la Trinité. On note seulement deux minimes variantes stylistiques: 'leurs sentiments sur ce dogme' réduit à 'leurs sentiments' (l.1) et 'un seul passage' remplaçé par 'aucun passage' (l.8). Voltaire a choisi dans un article fort long (*Encyclopédie*, xvii.387-401) ce qu'il estime l'essentiel et qui lui paraît propre, par sa tournure démonstrative, à sa polémique. Dans ce point, consacré aux sentiments des unitaires sur la Trinité, il n'a pas retenu les deux premiers paragraphes, l'un signalant leur acharnement contre ce dogme, l'autre quelques informations historiques, ni le dernier paragraphe, qui indiquait des sources. Il n'accepte pas les conclusions de l'*Encyclopédie*. Selon Naigeon, un 'esprit remuant' se fait juge des dogmes, devient unitaire puis déiste, mais comme le déisme n'est qu'une religion inconséquente, il se précipitera dans le pyrrhonisme et enfin dans l'athéisme (xvii.400). On mesure les limites de l'accord fragile, provisoire et tactique de Voltaire avec les encyclopédistes.

[10] Voltaire attribue cet article à Christophe-Bernard de Bragelogne. Il n'ignore point qu'il est de Naigeon, mais mieux vaut l'attribuer à un mort. En 1766-1767, les relations de Voltaire et de Naigeon sont bonnes. En 1765, Damilaville lui a demandé un exemplaire de ses *Œuvres* pour Naigeon: 'Le présent précieux de vos ouvrages que vous avez la bonté d'accorder à ma prière, est pour un jeune écraseur des plus intrépides, il se nomme Naigeon, et ne manque ni de talents ni de bonne volonté; j'espère qu'il deviendra utile à la bonne cause. Recevez tous ses remerciments et les miens' (D12444). Voltaire s'intéressera aux travaux de Naigeon (M.xxvii.117). Mais ces temps heureux ne dureront pas (voir D17783, où Diderot défend Voltaire dans une lettre à Naigeon, et le ton pincé de D19363, lettre de Voltaire à Naigeon).

Bragelogne (1688-1741), savant français, membre de l'Académie des sciences, cultiva avec succès les belles-lettres, la philosophie et les mathématiques. Il a recherché la société de Malebranche, il fut reçu chez la duchesse Du Maine où Voltaire a pu le rencontrer. Il comptait parmi ses amis Fontenelle, La Motte, Mairan. Géomètre, auteur d'un *Mémoire sur la quadrature des courbes* (1711), bon hélléniste, il aimait l'histoire, et laissa inachevée une histoire des empereurs romains. En 1712, il était entré dans les ordres, était devenu chanoine du chapitre de Brionne et prieur de Lusignan. Bragelogne n'aurait jamais souscrit à ces thèses contre la Trinité.

Ajoutons à cet article ce que dit dom Calmet dans sa dissertation sur le passage de l'épître de Jean l'Evangéliste, *il y en a trois qui donnent témoignage en terre, l'esprit, l'eau et le sang, et ces trois sont un. Il y en a trois qui donnent témoignage au ciel, le Père, le Verbe et l'Esprit, et ces trois sont un.* [11] Dom Calmet avoue que ces deux passages ne sont dans aucune Bible ancienne, [12] et il serait en effet bien étrange que St Jean eût parlé de la Trinité dans une lettre, et n'en eût pas dit un seul mot dans son Evangile. [13] On ne voit nulle trace de ce dogme ni dans les Evangiles canoniques, ni dans les apocryphes. [14] Toutes ces raisons et beaucoup d'autres pourraient excuser les antitrinitaires, si les conciles n'avaient pas décidé. [15]

80

85

[11] I Jean v.7-8. Voltaire a lu très attentivement la longue dissertation de Calmet sur ces deux versets (*Commentaire*, 'Dissertation sur le fameux passage de la première Epître de S. Jean') qui comprend deux parties: preuves contre la canonicité et preuves pour l'authenticité. Il a souligné les passages essentiels (CN, ii.148-51).

[12] Calmet énumère tous les manuscrits et toutes les éditions anciennes de la Bible où ce texte ne se trouve point, mais remarque que ce ne sont pas seulement les ennemis de la Trinité qui ont prétendu que ce texte n'était point authentique. Il avoue que jusqu'au septième et huitième siècles, on ne lisait ces versets ni dans les Eglises d'Orient, ni dans les Eglises syriennes, ni dans les Eglises romaines. Calmet en déduit que ce texte a pu être ajouté vers le neuvième ou dixième siècle (il se trouve en marge des manuscrits latins). Certains allèguent, dit-il, un texte de saint Jérôme, précisant qu'on a omis ce passage en traduisant l'Epître de saint Jean. Calmet récuse cette argumentation (CN, ii.150-51). Mais dans la seconde partie de sa dissertation, Calmet, après avoir rappelé que ce texte se trouve dans un certain nombre de manuscrits et d'éditions, déclare qu'il le reconnaît pour authentique: d'abord parce que les Pères de l'Eglise l'ont cité comme tel, ensuite parce que le concile de Trente l'a déclaré tel (p.67). Voltaire penche pour la première hypothèse. Il note que ces versets ne se trouvent pas dans les manuscrits (V 81, p.426).

[13] Le terme de 'trinité' apparaît chez saint Théophile d'Antioche vers 180 (A. Blaise, *Dictionnaire latin-français des auteurs chrétiens*). Saint Jean n'emploie pas ce mot. Le discours après la Cène évoque les rapports entre les trois personnes divines.

[14] Les Trinitaires allèguent Matthieu xxviii.19: 'Allez donc et instruisez tous les peuples, les baptisant au nom du Père, du Fils et du Saint-Esprit'. Sur les autres formules triadiques de la Bible, voir *Dictionnaire de la Bible*, éd. Vigouroux, art. 'Trinité'.

[15] Voltaire, depuis fin 1762/début 1763, possède le *Dictionnaire portatif des conciles* de P.-A. Alletz (Paris 1758). Il l'a réclamé 'presto, presto' à Damilaville (D10860).

Mais comme les hérétiques ne font nul cas des conciles, on ne sait plus comment s'y prendre pour les confondre.

Il a pu se documenter dans cet ouvrage. Le concile de Nicée, en 325, combat l'hérésie arienne, examine une profession de foi présentée par Eusèbe de Nicomédie et déclare solennellement que 'Jésus-Christ était vrai fils de Dieu, égal à son Père', adopte le terme de 'consubstantiel' pour déjouer toutes les subtilités des partisans d'Arius: le Fils n'est point d'une autre hypostase ou substance, mais seulement de celle de son Père (éd. 1764, p.334-35). Le second concile de Constantinople (381) déclare que le Saint-Esprit est consubstantiel au Père et au Fils (p.168-72). Dans la 'Somme des canons les plus remarquables par ordre alphabétique des matières' qui clôt ce livre, la décision du concile de Latran, an 649, canon 6, sur l'union hypostatique des deux natures divines et humaine en Jésus-Christ est rappelée (p.686).

APIS[1]

Le bœuf Apis était-il adoré à Memphis comme dieu, comme symbole, ou comme bœuf? Il est à croire que les fanatiques voyaient en lui un dieu, les sages un simple symbole, et que le sot peuple adorait le bœuf.[2] Cambyse fit-il bien quand il eut conquis l'Egypte, de tuer ce bœuf de sa main?[3] Pourquoi non? Il faisait voir aux imbéciles qu'on pouvait mettre leur dieu à la broche, sans que la nature s'armât pour venger ce sacrilège.[4] On a fort

[1] Cet article, où il est fort peu question du bœuf Apis, fut composé avant avril 1764 (D11829), s'inspire des mêmes sources que les chapitres 19 et 21 de *La Philosophie de l'histoire* (1765), dont il résume certains passages, et date probablement de cette même époque. Voltaire, qui venait de traiter de l'Egypte dans une longue note du *Traité sur la tolérance* (1763; M.xxv.51-53), reviendra sur le même thème en 1767 dans *La Défense de mon oncle* (V 64, p.251-56). Dans une lettre à Cramer (*c*. avril 1764; D11830), Voltaire, qui souhaite faire une addition à son article déjà donné à l'imprimeur, propose d'adopter le titre 'Bœuf Apis', qui sera celui des QE, où l'article est repris tel quel. Le texte fut envoyé aux abonnés de la *Correspondance littéraire* dans la livraison du 1er septembre 1764 (ICL, i.145).

[2] La distinction remonte à Eusèbe selon lequel les animaux adorés par les Egyptiens furent d'abord des symboles que le peuple prit ensuite pour des dieux (*Préparation évangélique*, II.2; BV). Au dix-huitième siècle les commentateurs, orthodoxes ou non, s'accordent là-dessus; voir André-Michel Ramsay, 'Discours sur la mythologie', *Les Voyages de Cyrus* (1727; BV); Nicolas Lenglet Dufresnoy, *Méthode pour étudier l'histoire* (Paris 1729; BV), i.38-39, et *Supplément à la Méthode pour étudier l'histoire* (Paris 1741), p.64, 121; Matthew Tindal, *Christianity as old as creation* (London 1730; BV), p.173; Antoine Banier, *La Mythologie et les fables expliquées par l'histoire* (Paris 1738-1740; BV), i.508-15.

[3] Hérodote, *Histoires*, III.29. Cf. *La Philosophie de l'histoire*, ch.19: 'et ce Cambyse eut tant de mépris pour les Egyptiens, qu'il tua leur dieu Apis en leur présence' (V 59, p.161). Il est probable que Voltaire connaît la conquête de l'Egypte par Cambyse en 525 avant J.-C., ainsi que cet épisode, d'après Charles Rollin, *Histoire ancienne*, IV.ii (Paris 1733), ii.332-33. A l'encontre d'Hérodote que suit Rollin, Plutarque (*Moralia*, 'Isis et Osiris', 31, 44) et Aelien (*De natura animalium*, x.28) accusent à la fois Cambyse et Ochus.

[4] Commentaire de Chaudon, qui cite ce passage: 'Voilà ce que dit M. de V., et ce que tout bon politique ne pensera jamais. Il justifie la leçon que Cambyse donne

vanté les Egyptiens. Je ne connais guère de peuple plus méprisable;[5] il faut qu'il y ait toujours eu dans leur caractère, et dans
leur gouvernement un vice radical, qui en a toujours fait de vils   10
esclaves. Je consens que dans les temps presque inconnus, ils aient
conquis la terre;[6] mais dans les temps de l'histoire ils ont été
subjugués par tous ceux qui s'en sont voulu donner la peine, par
les Assyriens, par les Grecs,[7] par les Romains, par les Arabes, par
les Mamelouks, par les Turcs, enfin par tout le monde, excepté   15
par nos croisés, attendu que ceux-ci étaient plus malavisés que les
Egyptiens n'étaient lâches. Ce fut la milice des Mamelouks qui

---

13-14   64:   par les Assyriens, par les Perses, par les Grecs
       65v: par les Babyloniens, par les Grecs

---

aux Egyptiens, sans se rappeler qu'il a montré lui-même l'avantage de la superstition
sur l'irréligion' (p.29). Chaudon renvoie au *Traité sur la tolérance*, ch.20, 'S'il est
utile d'entretenir le peuple dans la superstition?' Dans l'édition de 1775, il ajoutera
d'autres citations de Voltaire à l'appui.

[5] Voltaire est un des rares écrivains du siècle à s'élever contre le mythe populaire
du sage Egyptien tel que le présentent, entre autres, Bossuet, Calmet, Mairan,
Maillet et Guignes; cf. le *Traité sur la tolérance*: 'le peuple égyptien, toujours
turbulent, séditieux et lâche [...] peuple en tout temps méprisable, quoi qu'en
disent les admirateurs des pyramides' (M.xxv.51); voir l'introduction de J. H.
Brumfitt à *La Philosophie de l'histoire* (V 59, p.62-64).

[6] Le critique du *Journal helvétique* proteste contre cette façon désinvolte de traiter
une question d'histoire: 'Et moi je n'y consens point [...] les conquêtes de Sésostris
sont aussi fabuleuses que celles d'Osiris et de Bacchus'. Et il constate à propos de
cet article: 'On est aujourd'hui [...] quitte pour voltiger agréablement sur la
superficie des matières, pour plaisanter bien ou mal, pour trancher les questions
d'un seul mot' (avril 1765, p.365-66). Ailleurs, Voltaire tient en effet à souligner
le caractère légendaire des conquêtes de Sésostris; voir *Traité sur la tolérance*
(M.xxv.52), *La Philosophie de l'histoire*, ch.19 (V 59, p.160-61), et *La Défense de
mon oncle*, ch.9 (V 64, p.214).

[7] Voltaire (ou son correcteur) semble avoir hésité sur la chronologie des
nombreuses invasions de l'Egypte (voir l.13-14v). La version de 1764 était pourtant
correcte. L'Egypte tomba sous la domination assyrienne par la prise de Thèbes par
Assurbanipal en 664 av. J.-C. Les Perses de Cambyse conquirent le pays à la
bataille de Péluse (525 av. J.-C.). Les Babyloniens, par contre, ne subjuguèrent
jamais l'Egypte.

battit les Français.[8] Il n'y a peut-être que deux choses passables dans cette nation; la première, que ceux qui adoraient un bœuf ne voulurent jamais contraindre ceux qui adoraient un singe, à changer de religion;[9] la seconde, qu'ils ont fait toujours éclore des poulets dans des fours.[10]

On vante leurs pyramides; mais ce sont des monuments d'un peuple esclave. Il faut bien qu'on y ait fait travailler toute la nation, sans quoi on n'aurait pu venir à bout d'élever ces vilaines masses.[11] A quoi servaient-elles? A conserver dans une petite

[8] Cf. *La Philosophie de l'histoire*, ch.19: 'il n'y a jamais eu que nos seuls croisés qui se soient fait battre par ces Egyptiens, le plus lâche de tous les peuples, comme on l'a remarqué ailleurs; mais c'est qu'alors ils étaient gouvernés par la milice des Mameluks de Colchos' (V 59, p.161). Pendant la septième croisade, Louis IX, qui avait pris Damiette en 1249, fut vaincu et capturé à Mansourah en 1250.

[9] Rollin, *Histoire ancienne*, i.73-74, a relevé les guerres civiles entre les adorateurs de divers animaux; voir aussi Banier: 'mais je ne saurais me dispenser de remarquer avec Hérodote [livre II] que pendant qu'une ville mettait quelques animaux au rang des dieux, une autre les avait en abomination [...] De là ces guerres de religion, dont parle Plutarque, d'une province contre l'autre' (*La Mythologie et les fables*, i.506).

[10] Cf. *La Défense de mon oncle*: 'J'ai vu les pyramides, et je n'en ai point été émerveillé. J'aime mieux les fours à poulets dont l'invention est, dit-on, aussi ancienne que les pyramides' (V 64, p.254). Voltaire se plaît à relever ce détail qu'il a pu trouver dans Rollin, *Histoire ancienne*, i.100-101, qu'il a cependant lu trop vite. Ce dernier signale que les Egyptiens modernes utilise un four pour faire éclore les œufs (d'ailleurs décrit dans l'*Encyclopédie*, xviii.17-18), et ajoute: 'mais il paraît qu'au lieu de fours les Egyptiens anciennement faisaient éclore les œufs dans du fumier'.

[11] Les remarques de Voltaire suivent celles de Rollin. Tout en admirant 'le bon goût des Egyptiens par rapport à l'architecture', Rollin est très critique à l'égard de leurs souverains: 'Mais quel cas doit-on faire de ces princes, qui regardaient comme quelque chose de grand de faire construire à force de bras et d'argent de vastes bâtiments dans l'unique vue d'éterniser leur nom, et qui ne craignaient point de faire périr des milliers d'hommes pour satisfaire leur vanité. Ils étaient bien éloignés du goût des Romains qui cherchaient à s'immortaliser par des ouvrages magnifiques, mais consacrés à l'utilité publique' (*Histoire ancienne*, i.22); cf. les carnets (V 82, p.496), *Traité sur la tolérance* (M.xxv.52), *La Philosophie de l'histoire*, ch.21 (V 59, p.165-66).

chambre la momie de quelque prince ou de quelque gouverneur, ou de quelque intendant que son âme devait ranimer au bout de mille ans.[12] Mais s'ils espéraient cette résurrection des corps, pourquoi leur ôter la cervelle avant de les embaumer?[13] Les Egyptiens devaient-ils ressusciter sans cervelle?[14]   30

[12] Un signet annoté: 'immortalité de lame' marque le passage suivant dans Hérodote, *Histoires*, II.123: 'Les Egyptiens [...] ont été les premiers qui ont soutenu que l'âme de l'homme était immortelle, mais ils ajoutent qu'étant sortie du corps d'un homme mort, elle rentre dans celui de quelque animal, que quand elle a passé dans toutes les espèces d'animaux, soit de terre, soit de l'eau, soit de l'air, elle retourne dans un corps humain, et qu'elle ne peut achever ce cours qu'en l'espace de trois mille ans' (trad. Pierre Du Ryer, 1645; BV: Paris 1713), i.308 (CN, iv.381); cf. Rollin, Charles, *Histoire ancienne*, i.84; voir aussi les carnets (V 82, p.497), *La Philosophie de l'histoire*, ch.21 (V 59, p.166).

[13] Rollin, *Histoire ancienne*, i.85, à la suite d'Hérodote, *Histoires*, II.86.

[14] Cf. les carnets: 'Comment, pourquoi ôter la cervelle de qui doit ressusciter?' (V 82, p.641).

APOCALYPSE[1]

Justin le Martyr, qui écrivait vers l'an 270[2] de notre ère, est le premier qui ait parlé de l'Apocalypse; il l'attribue à l'apôtre Jean l'Evangéliste, dans son Dialogue avec Triphon; ce Juif lui demande s'il ne croit pas que Jérusalem doit être rétablie un jour? Justin lui répond qu'il le croit ainsi avec tous les chrétiens qui pensent juste. *Il y a eu*, dit-il, *parmi nous un certain personnage nommé Jean,*

---

1 64, 65: vers l'an 170

---

[1] Voltaire l'a répété à maintes reprises, l'article 'Apocalypse' vient d'un manuscrit très connu de Firmin Abauzit (voir la campagne épistolaire d'octobre/novembre 1764: D12137, D12138, D12159, D12162, D12166, D12192, D12221; et le mémoire préparé par Voltaire, appendice I). D'après Voltaire, ce manuscrit court chez tous les adeptes de l'arianisme (D12137). En 1757-1758, il veut l'emprunter à Jacob Vernes, car il désire de nouveau le consulter (D7545). Peut-on dater de ce moment la rédaction de cet article? C'est probable. On ne connaît pas la version manuscrite sur laquelle Voltaire a travaillé. M.-H. Cotoni a signalé l'existence d'une copie du *Discours historique sur l'Apocalypse* d'Abauzit à la bibliothèque Méjanes ('Les manuscrits clandestins du dix-huitième siècle: nouveaux éléments et questions nouvelles', p.24-25). La confrontation de cet article du DP au *Discours sur l'Apocalypse* d'Abauzit, paru en 1770, montre de manière évidente que Voltaire s'en est largement inspiré. M. Waterman a déjà étudié cette question ('Voltaire and Firmin Abauzit'). Nous complétons sur quelques points ses remarques. Nos références renvoient aux *Réflexions impartiales sur les Evangiles suivies d'un Essai sur l'Apocalypse imprimé sur un manuscrit du célèbre M. Abauzit* (Londres 1773). Le texte d'Abauzit sera cité afin que l'on puisse apprécier le double jugement de Voltaire: cet extrait est très mal fait (D12159); il l'a recopié 'mot pour mot' (D12162). L'article, augmenté d'une nouvelle section, sera repris dans les QE.

[2] Une fausse date, introduite dans 65v, n'a jamais été rectifiée (Justin subit le martyre vers 165).

362

*l'un des douze apôtres de Jésus; il a prédit que les fidèles passeront
mille ans dans Jérusalem.* [3]

Ce fut une opinion longtemps reçue parmi les chrétiens, que
ce règne de mille ans. [4] Cette période était en grand crédit chez   10
les gentils. Les âmes des Egyptiens reprenaient leurs corps au
bout de mille années; [5] les âmes du purgatoire chez Virgile, étaient
exercées pendant ce même espace de temps, *et mille per annos*. [7] La
nouvelle Jérusalem de mille années devait avoir douze portes, en
mémoire des douze apôtres; sa forme devait être carrée; sa lon-   15

12   69*: mille années [avec note au bas de la page: ᵛon a dit meme au bout de
trois mille] [6]

[3] Tout ce premier paragraphe est pratiquement recopié d'Abauzit: 'Justin martyr,
qui vivait vers l'an 170 de Jésus-Christ, est le premier de nos docteurs qui ait fait
mention de l'Apocalypse; et ce qu'il y a de plus remarquable, c'est qu'il l'attribue
à l'apôtre saint Jean. Dans son *Dialogue avec Tryphon*, ce Juif lui demande s'il ne
croit pas que Jérusalem doive être rétablie un jour. Justin lui répond que pour lui,
il le croit ainsi avec tous les chrétiens qui pensent juste; et là-dessus, il dit: il y a
eu parmi nous un certain personnage nommé Jean, un des douze apôtres du Christ.
Il a prédit dans son Apocalypse que les fidèles passeront mille ans dans Jérusalem'
(p.102). Voltaire supprime la précision 'le premier *de nos docteurs*', introduisant par
là une erreur (cf. ci-dessous, l.21). Selon l'*Histoire de l'Eglise* d'Eusèbe, c'est
Cérinthe (1ᵉʳ siècle) qui a attribué ce livre à saint Jean (trad. Cousin, Paris 1675,
p.361; BV). Dans les carnets, Voltaire cite à plusieurs reprises saint Justin (V 81-
82, p.184, 529, 617, 618, où il renvoie au *Dialogue avec Tryphon*). Son exemplaire
de *Justini philosophi et martyris opera* est annoté (CN, iv.638-42); un ruban signale
le *Dialogue avec Tryphon*.
[4] Tout ce paragraphe (l.9-20) ne doit rien à Abauzit. Ce dernier discréditait
l'Apocalypse en montrant qu'elle n'était pas reçue par toutes les Eglises (p.103).
Voltaire, selon une tactique habituelle, montre que cette croyance était partagée
par les païens.
[5] Voltaire fait souvent allusion au millénarisme égyptien; voir par ex. les carnets
(V 82, p.497), *La Philosophie de l'histoire* (V 59, p.166).
[6] Cf. *Dieu et les hommes* (V 69, p.320); *Fragments historiques sur l'Inde*
(M.xxix.178).
[7] Virgile, *Enéide*, vi.748. Voltaire qui professe la plus haute admiration pour
Virgile se réfère souvent au livre vi (*Essai sur les mœurs*, i.488; QE, art. 'Purgatoire'
et 'Résurrection', M.xx.310, 369).

gueur, sa largeur et sa hauteur devaient être de douze mille stades, c'est-à-dire, cinq cents lieues, de façon que les maisons devaient avoir aussi cinq cents lieues de haut. Il eût été assez désagréable de demeurer au dernier étage; mais enfin, c'est ce que dit l'Apocalypse au chap. 21. [8]

Si Justin est le premier qui attribue l'Apocalypse à St Jean, [9] quelques personnes ont récusé son témoignage, attendu que dans ce même dialogue avec le Juif Triphon, il dit que selon le récit des apôtres, Jésus-Christ en descendant dans le Jourdain, fit bouillir les eaux de ce fleuve, et les enflamma, ce qui pourtant ne se trouve dans aucun écrit des apôtres. [10]

Le même St Justin cite avec confiance les oracles des sibylles; [11] de plus, il prétend avoir vu les restes des petites maisons où furent enfermés les soixante et douze interprètes dans le phare d'Egypte du temps d'Hérode. [12] Le témoignage d'un homme qui a eu le

---

21   64-67:   qui attribua l'Apocalypse

---

[8] Apocalypse xxi.12-17, texte fondateur de la tradition millénariste auquel se réfère Calmet (*Dictionnaire*, art. 'Mille'). A noter que la nouvelle Jérusalem a douze portes où sont écrits les noms des douze tribus d'Israël; les noms des apôtres sont sur les fondements des murailles.

[9] Affirmation fausse; voir ci-dessus, n.2.

[10] Nouvel emprunt à Abauzit (p.104), mais avec un détail ajouté: les eaux qui bouent; et un détail supprimé: une voix descend du ciel, disant 'tu es mon fils'. Abauzit donne la source de saint Justin, l'évangile des ébionites. Dans Johann Ernst Grabe, *Spicilegium SS. Patrum, ut et haereticorum* (Oxoniae 1700), Voltaire a noté: 'feu allumé dans le jourdain' à propos du *Dialogue avec Tryphon* (CN, iv.165).

[11] Voltaire condense le texte d'Abauzit, qu'il rend plus incisif. Abauzit expliquait que saint Justin voyageait en 'antiquaire curieux' et que nous lui devons le trépied de la sibylle de Cumes. Il citait son exhortation aux Grecs. Voltaire citera de nouveau saint Justin parmi ces chrétiens qui ont cru aux oracles de la sibylle (*La Philosophie de l'histoire*, V 59, p.196; *Examen important*, V 62, p.263). Il a annoté un passage de saint Justin sur la sibylle (CN, iv.638).

[12] Voici le texte dont Voltaire s'inspire: 'Il s'était assuré par lui-même de l'histoire des septante interprètes et de leur divine version faite au temps du roi Hérode, des septante cellules où ils avaient travaillé chacun à part, et de leur merveilleuse conformité jusqu'au moindre terme; toutes circonstances que saint Jérôme traite de fable, mais sur lesquelles notre docteur insiste en faveur de la religion: "Ne vous

malheur de voir ces petites maisons, semble indiquer que l'auteur devait y être renfermé.

St Irénée qui vient après, et qui croyait aussi le règne de mille ans, dit qu'il a appris d'un vieillard, que St Jean avait fait l'Apocalypse. [13] Mais on a reproché à St Irénée d'avoir écrit qu'il ne doit y avoir que quatre Evangiles, parce qu'il n'y a que quatre parties du monde, et quatre vents cardinaux, et qu'Ezéchiel n'a vu que quatre animaux. Il appelle ce raisonnement une démonstration. Il faut avouer que la manière dont Irénée démontre, vaut bien celle dont Justin a vu. [14]

Clément d'Alexandrie ne parle dans ses *Electa*, que d'une Apocalypse de St Pierre dont on faisait très grand cas. [15] Tertullien,

35

40

42-43   64: Tertullien, grand partisan du règne

---

imaginez point, ô Grecs! que ce que nous vous disons est une histoire faite à plaisir. Nous avons vu nous-mêmes dans le Phare d'Alexandrie, les vestiges des petites maisons" et n'était-ce pas une preuve que les septante qu'on y avait enfermés étaient véritablement inspirés?' (p.105).

[13] Ces lignes sur saint Irénée condensent ce que dit Abauzit qui accumule les preuves de sa crédulité. Voltaire retient le témoignage du vieillard, mais omet plusieurs fables auxquelles croit saint Irénée (p.106).

[14] Tous les éléments de ce paragraphe, y compris l'ironie sur cette 'démonstration', viennent d'Abauzit. Mais celui-ci exposait en détail la signification des quatre animaux d'Ezéchiel (p.107). Dans Ezéchiel x.14, chacun des animaux a quatre faces: de chérubin, d'homme, de lion et d'aigle. Le parallèle final entre saint Justin et saint Irénée se trouve aussi dans Abauzit, mais placé comme transition entre les deux paragraphes consacrés à ces saints (p.105). Voltaire se réfère à saint Irénée dans ses carnets (V 81-82, p.428, 600). Ce saint n'a ni science, ni philosophie, ni éloquence (*Examen important*, V 62, p.276). Voltaire fait allusion à ses prédictions sur la nouvelle Jérusalem (*La Philosophie de l'histoire*, V 59, p.199; voir aussi V 62, p.276). Sur le choix des quatre Evangiles, voir *Examen important* (V 62, p.235).

[15] Abauzit, après avoir consacré quelques pages à Papias, Méliton et Jérôme, évoque Clément d'Alexandrie qui fait grand cas d'ouvrages apocryphes dont une Apocalypse de saint Pierre (p.112). Voltaire consacrera un chapitre à Clément d'Alexandrie dans l'*Examen important* (V 62, p.273-75). Sur l'Apocalypse de saint Pierre, voir Calmet (*Dictionnaire*, art. 'Apocalypse'). Voltaire énumérera les apocalypses apocryphes dans les QE, art. 'Apocryphes' (M.xvii.312). Bergier rappelle que saint Clément a parlé de l'Apocalypse de saint Jean dans ses *Stromates* (*Apologie de la religion chrétienne*, p.251).

l'un des grands partisans du règne de mille ans, non seulement assure que St Jean a prédit cette résurrection, et ce règne de mille ans dans la ville de Jérusalem, mais il prétend que cette Jérusalem commençait déjà à se former dans l'air, que tous les chrétiens de la Palestine, et même les païens, l'avaient vue pendant quarante jours de suite à la fin de la nuit: mais malheureusement la ville disparaissait dès qu'il était jour.[16]

Origène, dans sa préface sur l'Evangile de St Jean, et dans ses Homélies, cite les oracles de l'Apocalypse, mais il cite également les oracles des sibylles.[17] Cependant St Denys d'Alexandrie, qui écrivait vers le milieu du troisième siècle, dit dans un de ses fragments, conservés par Eusèbe, que presque tous les docteurs rejetaient l'Apocalypse, comme un livre destitué de raison; que ce livre n'a point été composé par St Jean, mais par un nommé Cérinthe, lequel s'était servi d'un grand nom, pour donner plus de poids à ses rêveries.[18]

[16] Les lignes consacrées à Tertullien sont empruntées à ce commentaire de l'Apocalypse xxi, cité par Abauzit: 'Nous reconnaissons que nous avons un règne promis sur la terre, la résurrection pour mille ans de la ville de Jérusalem, faite de la main de Dieu et descendue du ciel. Ezéchiel la connaissait, l'apôtre saint Jean l'a vue, et les nouvelles prophéties auxquelles nous croyons nous en ont représenté le plan avant qu'elle fût construite, pour servir de signe quand elle reparaîtra. Enfin ce signe a paru depuis peu dans une découverte faite en Orient, et les païens mêmes en sont témoins qu'on a vu en Judée, pendant quarante jours au matin, une ville suspendue en l'air, dont les murs diminuaient à mesure que le jour augmentait et qui disparut enfin'. Abauzit précise qu'il s'agit de révélations de femmes qui faisaient les prophètes et il ajoute: 'il est fâcheux que le phénomène vint à se dissiper dès la pointe du jour, à mesure que les spectateurs commençaient à voir' (p.116).

[17] Emprunt à Abauzit, mais en omettant la référence à la septième homélie sur Josué (p.117). Origène fera l'objet d'un chapitre dans l'*Examen important* (V 62, p.279-84). Voltaire retient d'Origène sa tendance à tourner en allégories ridicules les faits de l'Ecriture.

[18] Après avoir sauté plusieurs pages érudites sur les fables des premiers chrétiens, Voltaire s'inspire du passage d'Abauzit sur saint Denys d'Alexandrie (p.125). Il résume fortement, omet de préciser que saint Denys veut bien croire que l'Apocalypse recèle un sens mystérieux. Effectivement Eusèbe rapporte longuement ses doutes quant à l'authenticité de l'Apocalypse et quant à son auteur (VII.xxv). L'expression 'destitué de raison' (l.55) se trouve dans Abauzit. Ce dernier précise

Le concile de Laodicée, tenu en 360, ne compta point l'Apocalypse parmi les livres canoniques. [19] Il était bien singulier que Laodicée, qui était une Eglise à qui l'Apocalypse était adressée, rejetât un trésor destiné pour elle; et que l'évêque d'Ephèse qui assistait au concile, rejetât aussi ce livre de St Jean, enterré dans Ephèse.

Il était visible à tous les yeux, que St Jean se remuait toujours dans sa fosse; et faisait continuellement hausser et baisser la terre. [20] Cependant, les mêmes personnages qui étaient sûrs que St Jean n'était pas bien mort, étaient sûrs aussi qu'il n'avait pas fait l'Apocalypse. Mais ceux qui tenaient pour le règne de mille ans, furent inébranlables dans leurs opinions. Sulpice Sévère, dans son Histoire sacrée liv. 9, traite d'insensés et d'impies, ceux qui ne recevaient pas l'Apocalypse. [21] Enfin, après bien des doutes, après des oppositions de concile à concile, l'opinion de Sulpice Sévère a prévalu. La matière ayant été éclaircie, l'Eglise a décidé que

70   64-67: dans leur opinion.

---

que l'Apocalypse a été attribuée à Cérinthe, accusé par de nombreux docteurs de s'être servi d'un grand nom, celui de saint Jean, pour donner plus de poids à ses rêveries, et pour mieux insinuer ses opinions millénaristes.

[19] Le concile de Laodicée en 360 a dressé la liste des livres sacrés (Abauzit, p.146); l'Apocalypse était bannie par les évêques d'Adie, qui se disaient successeurs de Jean, mais elle sera insérée dans les livres canoniques par le troisième concile de Carthage en 397.

[20] Abauzit rappelle que se fondant sur les mots de l'Evangile de saint Jean suivant lesquels le disciple ne mourrait point, les gens d'Ephèse croyaient que saint Jean 'était dans la fosse comme un homme qui dort dans son lit, et que de la même manière qu'on voit les draps et la couverture hausser et baisser à mesure que respire un homme qui dort, aussi voyait-on hausser et baisser par intervalle la terre de la fosse où saint Jean était enterré' (p.147). De nombreuses légendes entourent la mort de saint Jean (voir Calmet, *Dictionnaire*, art. 'Jean l'Evangéliste').

[21] Citation de Sulpice Sévère tirée d'Abauzit (p.153). La référence fausse a été ajoutée par Voltaire. Il faut la corriger ainsi: Sulpice Sévère, *Historia sacra*, II.

l'Apocalypse est incontestablement de St Jean; ainsi il n'y a pas   75
d'appel. [22]

Chaque communion chrétienne s'est attribué les prophéties
contenues dans ce livre; les Anglais y ont trouvé les révolutions
de la Grande-Bretagne; les luthériens les troubles d'Allemagne;
les réformés de France le règne de Charles ix et la régence de   80
Catherine de Médicis: ils ont tous également raison. [23] Bossuet et
Newton ont commenté tous deux l'Apocalypse; [24] mais à tout
prendre, les déclamations éloquentes de l'un, et les sublimes
découvertes de l'autre, leur ont fait plus d'honneur que leurs
commentaires. [25]   85

[22] Lignes 72-76 qui résument des pages d'Abauzit d'une impressionnante érudition (p.153-78).

[23] Conclusion qui est celle d'Abauzit (p.187), mais Voltaire n'a pas suivi son
modèle qui termine par ces mots: 'Il n'y a que l'Eglise catholique qui se soit bornée
aux trois derniers siècles, dans lesquels elle soutient que tout s'est accompli: comme
si elle craignait qu'en descendant plus bas elle ne vit l'Antéchrist dans la personne
de son chef'. Ajoutons que cet article, largement démarqué d'Abauzit, paraît une
étape intéressante dans la pensée de Voltaire. Sa familiarité avec les Pères de l'Eglise
s'affirmera dans l'*Examen important*.

[24] Voltaire possède l'*Apocalypse avec une explication* de Bossuet (La Haye 1690).
Dès 1742, dans *Du fanatisme*, Voltaire signalait que Newton a trouvé dans
l'Apocalypse que le pape était l'Antéchrist (M.xix.87). Dans un texte paru en 1756,
il revient sur ce point et assure que Newton a voulu par ce commentaire consoler
la race humaine de la supériorité qu'il avait sur elle (*Newton et Descartes*; M.xx.121).
Il répète donc ce jugement sur les *Observations upon the prophecy of Daniel and the
Apocalypse of St John*, éd. B. Smith (London 1733).

[25] Chaudon critique cet article (p.22-23). Rien ne permet d'affirmer que saint
Justin soit le premier qui ait parlé de l'Apocalypse. Des écrits antérieurs sont peut-
être perdus. Plusieurs esprits trop curieux sont sans doute tombés dans des rêveries
absurdes. Dieu s'est réservé la connaissance de ses secrets. Bossuet pense qu'une
prophétie, même littérale, peut s'accorder avec les autres, car la fécondité de
l'Ecriture n'est pas épuisée par un seul sens. Voltaire dont les injures sont
'scandaleuses' ferait mieux 'de se renfermer dans sa sphère' au lieu d'attaquer 'tout
ce qui a rapport au trône et à l'autel'.

ARIUS [1]

Voici une question incompréhensible qui a exercé depuis plus de seize cents ans la curiosité, la subtilité sophistique, l'aigreur, l'esprit de cabale, la fureur de dominer, la rage de persécuter, le fanatisme aveugle et sanguinaire, la crédulité barbare; et qui a produit plus d'horreurs que l'ambition des princes qui pourtant   5
en a produit beaucoup. Jésus est-il Verbe? S'il est Verbe est-il émané de Dieu dans le temps ou avant le temps? S'il est émané de Dieu est-il coéternel et consubstantiel avec lui? Ou est-il d'une substance semblable? Est-il distinct de lui ou ne l'est-il pas? Est-il fait ou engendré? Peut-il engendrer à son tour? A-t-il la paternité   10
ou la vertu productive sans paternité? Le Saint-Esprit est-il fait, ou engendré, ou produit, ou procédant du Père, ou procédant du Fils, ou procédant de tous les deux? Peut-il engendrer, peut-il produire? Son hypostase est-elle consubstantielle avec l'hypostase du Père et du Fils? Et comment ayant précisément la même nature,   15
la même essence que le Père et le Fils peut-il ne pas faire les mêmes choses que ces deux personnes qui sont lui-même. [2]

a-78   64-65v, article absent

[1] Plusieurs ajouts de 1767 font la part belle aux thèses des unitaires: 'Antitrinitaires', 'Divinité de Jésus', 'Papisme', 'Péché originel'. On a déjà signalé quelle avait été l'importance de la lecture de l'article 'Unitaires' de l'*Encyclopédie* (voir ci-dessus, 'Antitrinitaires', n.i). Voltaire qui a traité de l'arianisme dans *L'Examen important de milord Bolingbroke*, ch.32 (V 62, p.315-19) réutilise ici la même documentation. 'Arius' sera intégré dans les QE à un article 'Arianisme' avec quelques modifications stylistiques.

[2] Voltaire a lu en 1762 les *Mémoires pour servir à l'histoire des égarements de l'esprit humain par rapport à la religion chrétienne ou Dictionnaire des hérésies, des erreurs et des schismes* de Pluquet (Paris 1762; BV) que d'Alembert lui avait recommandé (D10740, D10790). Ce paragraphe qui résume les enjeux théologiques de l'arianisme pourrait lui avoir été suggéré par le long développement de Pluquet, 'De l'origine de l'arianisme et du progrès de cette erreur jusqu'à la mort d'Arius'

Je n'y comprends rien assurément; personne n'y a jamais rien compris; et c'est la raison pour laquelle on s'est égorgé.

On sophistiquait, on ergotait, on se haïssait, on s'excommuniait chez les chrétiens pour quelques-uns de ces dogmes inaccessibles à l'esprit humain avant les temps d'Arius et d'Athanase.[3] Les Grecs égyptiens étaient d'habiles gens, ils coupaient un cheveu en quatre, mais cette fois-ci ils ne le coupèrent qu'en trois. Alexandrosévêque d'Alexandrie s'avise de prêcher que Dieu étant nécessairement individuel, simple, une monade dans toute la rigueur du mot, cette monade est trine.[4]

Le prêtre Arios ou Arious, que nous nommons Arius est tout scandalisé de la monade d'Alexandros; il explique la chose différemment, il ergote en partie comme le prêtre Sabellious,[5] qui avait ergoté comme le Phrygien Praxéas grand ergoteur.[6]

(i.155 ss.). Voltaire connaît bien les *Mémoires pour servir à l'histoire ecclésiastique des six premiers siècles* de Le Nain de Tillemont (Paris 1694), ouvrage qu'il apprécie (*OH*, p.1181), et qui contient une 'Histoire abrégée de l'arianisme' (vi.239-633). On notera son intérêt constant pour cette querelle dont témoigne un passage souligné dans son exemplaire de l'*Histoire ecclésiastique* de Fleury (Paris 1691-1738; CN, iii.491).

[3] Ces disputes sont résumées dans l'*Examen important*, ch.31 (V 62, p.312-14) et évoquées dans le *Traité sur la tolérance* (M.xxv.103), ainsi que dans l'*Histoire de l'établissement du christianisme* (M.xxxi.93).

[4] Dans l'*Examen important*, on relève une formulation très proche (V 62, p.315). La source de Voltaire est Pluquet: 'Socrate rapporte qu'Alexandre disait qu'il y avait unité dans la Trinité, et qu'il se servait pour cela d'un mot qui signifie non seulement unité, mais simplicité: il disait qu'il y avait monade dans la Trinité, ou que la Trinité était une monade' (i.156). Sur les thèses d'Alexandre, voir ses lettres contre Arius et l'*Apologie contre Arius* d'Athanase.

[5] Voltaire a pu consulter le *Dictionnaire des hérésies* (art. 'Sabellius', ii.546-50). Dans son histoire de l'arianisme, Pluquet déclarait que le prêtre Arius avait soutenu que 'le Fils était une créature' pour ne pas tomber dans l'hérésie de Sabellius. Celui-ci, 'en examinant le mystère de la Trinité, n'avait cru pouvoir le concilier avec l'Unité de Dieu qu'en supposant que le Père, le Fils et le Saint-Esprit n'étaient que trois noms donnés à la Divinité et non pas trois personnes' (i.156-57).

[6] Erreur de Voltaire qui, entraîné par son élan, ne peut concevoir que des théologiens soient d'accord. En réalité, Sabellius avait embrassé l'erreur de Praxéas qui était Phrygien, lequel avait soutenu que 'Jésus-Christ n'était point distingué

Alexandros assemble vite un petit concile de gens de son opinion, et excommunie son prêtre. Eusébios évêque de Nicomédie prend le parti d'Arios, voilà toute l'Eglise en feu. [7]

L'empereur Constantin était un scélérat, je l'avoue, un parricide qui avait étouffé sa femme dans un bain, égorgé son fils, assassiné son beau-père, son beau-frère et son neveu, [8] je ne le nie pas; un homme bouffi d'orgueil et plongé dans les plaisirs, je l'accorde; un détestable tyran ainsi que ses enfants, [9] transeat: mais il avait du bon sens. On ne parvient point à l'empire, on ne subjugue pas tous ses rivaux sans avoir raisonné juste.

Quand il vit la guerre civile des cervelles scolastiques allumée, il envoya le célèbre évêque Ozius avec des lettres déhortatoires aux deux parties belligérantes. *Vous êtes de grands fous*, (leur dit-

35

40

44 69*: *fous* [avec note ajoutée sur un bout de papier:] ^Vnb ^Wun professeur de l'université de Paris ⟨nommé Le Beault⟩ qui a écrit l'histoire du bas Empire, ⟨du stile dont ce bas Empire mérite d'être écrit⟩, se garde bien de raporter la Lettre de Constantin telle qu'elle est, et telle que la raporte le savant auteur du

---

du Père', puisqu'il faudrait alors distinguer deux principes (*Dictionnaire des hérésies*, art. 'Praxéas', ii.488-91, et 'Sabellius', ii.546-50). Praxéas avait été réfuté par Tertullien.

[7] Résumé tendancieux de Pluquet, selon lequel Alexandre a d'abord laissé Arius disputer. Craignant que sa modération n'eût des suites fâcheuses, il aurait alors convoqué un concile. Eusèbe de Nicomédie aurait éprouvé de la compassion pour Arius qui était persécuté, ce qui expliquerait son erreur (i.157-60).

[8] Voltaire avait noté dans ses carnets les meurtres de Constantin Ier (V 81, p.150). Il les avait énumérés dans l'*Essai sur les mœurs* (i.298). Constantin Ier (*c*.280-337) fit périr son épouse Fausta et son fils Crispus en 326, son beau-père Maximien en 310, son beau-frère Licinius en 325, son neveu Licinien, âgé de douze ans, en 336. Voltaire possède l'*Histoire romaine écrite par Xiphilin, par Zonare, et par Zosime* (trad. Cousin, Paris 1678). Sur les meurtres de Constantin, voir Zonare (p.594), et Zosime (p.754). La tradition chrétienne insiste sur le repentir de Constantin qui avait cédé à une colère aveugle; voir Charles Le Beau, *Histoire du Bas-Empire, en commençant à Constantin le Grand* (Paris 1757-1776; BV), p.447-49, ouvrage que Chaudon citera (art. 'Constantin', p.80-84).

[9] L'*Examen important*, ch.33, traite de la tyrannie des enfants de Constantin (V 62, p.320-21). Une des sources de Voltaire peut être Zosime (*Histoire romaine*, p.763-64).

371

il expressément dans sa lettre) *de vous quereller pour des choses que*   45
vous n'entendez pas. Il est indigne de la gravité de vos ministères, de
faire tant de bruit sur un sujet si mince. [11]

Constantin n'entendait pas par *mince sujet* ce qui regarde la
Divinité; mais la manière incompréhensible dont on s'efforçait
d'expliquer la nature de la Divinité. Le patriarche arabe qui a écrit   50

---

dictionaire des hérésies. *Ce bon prince,* dit ⟨Le Beault avec un⟩ [†]il[+], *animé d'une*
tendresse paternelle finissait ⟨par les⟩ [V+]en ces termes[+] *rendez moi des jours serains*
et des nuits tranquiles. Il raporte les compliments de Constantin aux Evêques, mais
il devait aussi raporter le reproche. [10] l'épitête de *bon prince,* convient à Titus, à
Trajan, à Marc Antonin, à Marc-Aurele, et même à Julien le philosophe, qui ne
ver[sa] jamais que le sang des ennemis de l'Empire en p[rod]iguant le sien, et non
pas à Constantin, le plus am[b]itieux des hommes, le plus vain, le plus voluptueux,
et en même tems le plus perfide et le plus sanguinaire. ce n'est pas écrire l'histoire,
c'est la défigurer

[10] L'*Histoire du Bas-Empire* comprend un long exposé sur Arius et la propagation
de l'arianisme. Le Beau prétend que Constantin a été trompé par Eusèbe de
Nicomédie, partisan d'Arius. Eusèbe l'a persuadé qu'il ne s'agissait que d'une
'dispute de mot', 'que la querelle ne roulait que sur des subtilités où la foi n'était
nullement intéressée'. 'Sa lettre avait [donc] pour but de rapprocher les esprits'
(i.401). Contrairement à ce qu'affirme Voltaire dans cette note incorporée à l'article
'Arianisme' des QE, Le Beau résume très correctement la lettre de Constantin. Il
termine ce résumé par le jugement que cite Voltaire: 'Ce bon prince, animé d'une
tendresse paternelle, finissait en ces termes: "Rendez-moi des jours sereins et des
nuits tranquilles; faites-moi jouir d'une lumière sans nuages"' (i.402). A remarquer
que Pluquet ne cite pas la lettre de Constantin dans son *Dictionnaire des hérésies*.

[11] Dans son exemplaire de la traduction de la *Vie de l'empereur Constantin*
d'Eusèbe de Césarée par Cousin, Voltaire a signalé cette lettre par la mention:
'lettre de constantin aux eveques sur la grande dispute' (CN, iii.444). C'est là qu'il
a pu la lire en entier (p.585-93). Le résumé qu'en donne Voltaire n'est pas infidèle
à l'esprit de la lettre. Il l'a réduite à quelques lignes, alors qu'il s'agit d'une
longue épître mettant l'accent sur la nécessité de garder secrètes des opinions ou
interprétations qui ne sont pas essentielles, laissant à chacun des deux adversaires
le droit de garder son sentiment, mais les exhortant à sauvegarder la paix de l'Eglise.
Voltaire a bien senti l'importance de cette lettre que rapportent en partie Socrate
et Sozomène dans leurs écrits (*Histoire de l'Eglise*, p.39 et 65-66). Il la cite avec
quelques variantes dans l'article 'Conciles', dans l'*Examen important* (V 62, p.306),
puis dans l'*Histoire de l'établissement du christianisme* (M.xxxi.93).

l'histoire de l'Eglise d'Alexandrie fait parler ainsi Ozius[12] en présentant la lettre de l'empereur.

'Mes frères, le christianisme commence à peine à jouir de la paix, et vous allez le plonger dans une discorde éternelle. L'empereur n'a que trop raison de vous dire que vous vous *querellez pour un sujet* 55
fort mince. Certainement si l'objet de la dispute était essentiel, Jésus-Christ que nous reconnaissons tous pour notre législateur en aurait parlé; Dieu n'aurait pas envoyé son fils sur la terre pour ne nous pas apprendre notre catéchisme. Tout ce qu'il ne nous a pas dit expressément est l'ouvrage des hommes, et l'erreur est leur 60
partage. Jésus vous a commandé de vous aimer, et vous commencez par lui désobéir en vous haïssant, en excitant la discorde dans l'empire. L'orgueil seul fait naître les disputes, et Jésus votre maître vous a ordonné d'être humbles. Personne de vous ne peut savoir si Jésus est fait ou engendré. Et que vous importe sa nature 65
pourvu que la vôtre soit d'être justes et raisonnables? qu'a de commun une vaine science de mots avec la morale qui doit conduire vos actions? Vous chargez la doctrine de mystères, vous qui n'êtes faits que pour affermir la religion par la vertu. Voulez-vous que la religion chrétienne ne soit qu'un amas de sophismes? 70

---

51 69*: ⟨ainsi⟩ ᵛa peu près ainsi
61 69: et commencez [69*: ᵛβ]

[12] Dans les *Philosophical works* de Bolingbroke (London 1754; BV), Voltaire découvrit que Selden avait publié en latin, d'après un manuscrit arabe, un ouvrage écrit par Eutychius sur l'Eglise d'Alexandrie. Il a annoté ce passage (CN, i.387-88). Eutychius, né en Egypte en 876, s'appelait Saïd ben al Batricq, d'où l'appellation de 'patriarche arabe'. Voltaire a-t-il consulté l'édition Selden des *Eutychii aegyptii patriarchae orthodoxorum Alexandrini* [...] *ecclesiae suae origines* (Londini 1642)? Dans les pages relatant le concile de Nicée (i.439 ss.), il n'est fait nulle mention ni d'un discours d'Osius, ni même de son nom. Eutychius ne parle même pas de la lettre de Constantin. Eusèbe de Césarée dit que l'évêque chargé de présenter la lettre de l'empereur 'n'omit rien de ce qui pouvait contribuer à l'accomplissement' de ses volontés (*Vie de l'empereur Constantin*, p.90). Dans les QE, Voltaire est plus prudent: l'évêque parle 'à peu près ainsi' (art. 'Arianisme', M.xvii.361; cf. l.51ᵛ).

est-ce pour cela que le Christ est venu? Cessez de disputer, adorez, édifiez, humiliez-vous, nourrissez les pauvres, apaisez les querelles des familles au lieu de scandaliser l'empire entier par vos discordes.' [13]

Ozius parlait à des opiniâtres. On assembla le concile de Nicée, et il y eut une guerre civile [14] dans l'empire romain. Cette guerre en amena d'autres, et de siècle en siècle on s'est persécuté mutuellement jusqu'à nos jours.

75

76   67:   guerre civile de trois cents années dans

[13] Ce discours présente quelques points communs avec la lettre de Constantin, mais il ne figure ni dans Eusèbe, ni dans Socrate, ni dans Sozomène. Il est inconnu, et pour cause, à C. J. Hefele (*Histoire des conciles*, Paris 1907). Le Beau précise seulement qu'Osius 'avait assez de zèle et de capacité pour s'acquitter' de la mission qui lui avait été confiée (*Histoire du Bas-Empire*, p.403-404).

[14] Le concile de Nicée fut suivi d'une véritable agitation (voir Hefele, *Histoire des conciles*, i.633-41). Voltaire a pu consulter sur le concile de Nicée (325) qui condamna l'arianisme le *Dictionnaire portatif des conciles* d'Alletz, p.331-37, l'*Histoire des conciles* d'Hermant (Rouen 1716; BV: 1755), p.192-218, ou *Nouveauté du papisme, opposée à l'antiquité du vrai christianisme* de Du Moulin (Genève 1633; BV), p.323-31, ou encore l'*Histoire du Bas-Empire* de Le Beau, p.406-30.

ATHÉE, ATHÉISME [1]

Section première

Autrefois quiconque avait un secret dans un art, courait risque de passer pour un sorcier; [2] toute nouvelle secte était accusée d'égorger des enfants dans ses mystères; et tout philosophe qui s'écartait du jargon de l'école, était accusé d'athéisme par les fanatiques et par les fripons, et condamné par les sots. [3]

Anaxagore ose-t-il prétendre que le soleil n'est point conduit

5

---

b   64-67, absent

---

[1] Une première version d'un article sur l'athéisme fut envoyée à Frédéric II en 1752 (D5053). D'après la réponse du roi (D5054), il semble qu'il s'agisse de l'un des textes imprimés pour la première fois dans l'édition de Kehl (M.xvii.453-57): allusion à un 'pari' qui désigne sans doute le passage réfutant l'hypothèse, défendue par Diderot dans ses *Pensées philosophiques*, de la création du monde selon un jet fortuit des atomes (pensée 21); allusion à Epicure et Protagoras qui vivraient paisiblement ensemble tandis que les jansénistes et molinistes se déchirent. L'article de 1764 s'inscrit dans le contexte tout différent d'une dénonciation de l'obscurantisme et du fanatisme religieux, dont l'emblème est le supplice de Vanini à Toulouse. Il entretient donc des liens évidents avec les affaires judiciaires du temps. Après l'ajout d'une seconde section en 1767, les QE s'enrichissent en 1770 entre autres d'une réfutation de l'*Essai de cosmologie* de Maupertuis qui est à mettre en relation avec la polémique voltairienne contre le 'quatrième imposteur' (M.xvii.464-68). Enfin, un dernier article 'Athée' parut dans l'édition de Kehl (M.xvii.457-61). C'est dire que le sujet a préoccupé continûment Voltaire.

[2] Voltaire pense peut-être au *Discours sur les sorciers* d'Henry Boguet (Lyon 1605) qu'il cite parfois comme exemple d'esprit arriéré. Sur sa dénonciation des procès de sorcellerie, voir l'*Avis au public* (1766; M.xxv.520); *Commentaire sur le livre Des délits et des peines* (M.xxv.553); QE, art. 'Bekker' (M.xvii.559-65).

[3] Voltaire a annoté d'une plume fort vive son exemplaire du *Traité de l'athéisme* de Johannes Franciscus Buddeus (Amsterdam 1756; CN, i.557-59). Mais ce propos est surtout illustré par l'ouvrage attribué au jésuite Jean Hardouin, *Athei detecti* (*Opera varia*, Amstelodami 1733); voir ci-dessous, l.134-137, et n.38.

par Apollon, monté sur un quadrige? on l'appelle athée, et il est contraint de fuir. [4]

Aristote est accusé d'athéisme par un prêtre, et ne pouvant faire punir son accusateur, il se retire à Calcis. [5] Mais la mort de Socrate est ce que l'histoire de la Grèce a de plus odieux. [6]

Aristophane, (cet homme que les commentateurs admirent, parce qu'il était Grec, ne songeant pas que Socrate était Grec aussi) Aristophane fut le premier qui accoutuma les Athéniens à regarder Socrate comme un athée.

Ce poète comique, qui n'est ni comique ni poète, n'aurait pas été admis parmi nous à donner ses farces à la foire St Laurent; [7] il me paraît beaucoup plus bas et plus méprisable que Plutarque ne

---

[4] Buddeus accuse Anaxagore d'athéisme (*Traité de l'athéisme*, p.10-13). Dans les *Lettres philosophiques*, I, Voltaire a beaucoup emprunté à l'article 'Anaxagore' de Bayle (*Lph*, i.166, 178). Il en est de même dans ce texte où il réduit la remarque K de Bayle à ces quelques lignes. Il adopte la thèse de la fuite d'Anaxagore, alors que Bayle expose d'autres hypothèses. Il omet l'aspect politique du procès mené par les ennemis de Périclès qui mettaient en difficulté l'homme d'Etat en attaquant Anaxagore.

[5] Buddeus, malgré la défense de Bayle, soutient que le système d'Aristote conduit à l'athéisme (p.20n). Ce procès d'Aristote a été longuement évoqué par Bayle (art. 'Aristote', rem. G). L'accusateur était le prêtre Eurymedon. Cette note est une des sources possibles de Voltaire.

[6] Buddeus, après avoir cité le témoignage de Xénophon en faveur de Socrate, avoue que ce dernier a été accusé parce qu'il n'approuvait pas les superstitions du peuple. Mais il s'étonne de l'estime outrée que lui portent certains Pères de l'Eglise (p.14). Sur Socrate au dix-huitième siècle, voir R. Trousson, *Socrate devant Voltaire, Diderot, Rousseau: la conscience en face du mythe*, p.31-44. En 1759, Voltaire a publié son *Socrate*.

[7] A l'emplacement de l'ancienne gare de l'Est se tenait depuis le milieu du seizième siècle la foire de Saint-Laurent d'août à septembre. L'autre grande foire était celle de Saint-Germain. Dès la fin du seizième siècle des comédiens ambulants y installent leurs tréteaux. Des éléments de comédie, des scènes dialoguées se mêlent aux tours de force, aux numéros de jongleurs. L'histoire de ce théâtre de la Foire est marquée par une suite d'interdictions ou de contraintes prises à l'instigation des troupes officielles, jalouses de leurs privilèges. Le mépris de Voltaire pour tout ce qui n'est pas 'grand théâtre' l'aveugle, une fois de plus. Rappelons que des auteurs de qualité travaillent pour la Foire: Lesage, Fuzelier, Vadé, Piron.

le dépeint. Voici ce que le sage Plutarque dit de ce farceur: 'Le
langage d'Aristophane sent son misérable charlatan; ce sont les   20
pointes les plus basses et les plus dégoûtantes; il n'est pas même
plaisant pour le peuple, et il est insupportable aux gens de jugement
et d'honneur; on ne peut souffrir son arrogance, et les gens de
bien détestent sa malignité.'[8]

C'est donc là, pour le dire en passant, le Tabarin[9] que madame   25
Dacier admiratrice de Socrate, ose admirer:[10] Voilà l'homme qui
prépara de loin le poison, dont des juges infâmes firent périr
l'homme le plus vertueux de la Grèce.

Les tanneurs, les cordonniers et les couturières d'Athènes
applaudirent à une farce dans laquelle on représentait Socrate élevé   30
en l'air dans un panier, annonçant qu'il n'y avait point de Dieu,
et se vantant d'avoir volé un manteau en enseignant la philo-

[8] Plutarque dit que 'le langage d'Aristophane est fâcheux, qu'il sent son farceur,
son tricheur et son artisan mécanique [...] Aristophane abuse des afféteries [...] il
n'est ni plaisant à la commune, ni supportable aux gens d'honneur et de jugement
[...] mais le peuple ne peut endurer son arrogance et les gens de bien détestent son
intempérance et sa malignité' (*Comparaison d'Aristophane et de Ménandre*, 1 et 3,
Œuvres morales, trad. Amyot, p.504-505; BV). Voltaire a adapté le texte d'Amyot
dont il retient les passages les plus frappants.

[9] Antoine-Girard Tabarin (1584-1633), bateleur forain et auteur de farces, est
resté célèbre par sa faconde. Ses parades sur le Pont-Neuf furent appréciées par La
Fontaine et Molière.

[10] Dans les carnets, Voltaire avait épinglé Mme Dacier et sa préface d'Aristophane
(V 81, p.321). En réalité Mme Dacier déclare: 'le plaisir qu'elle [*Les Nuées*] me
donne est si grand qu'il me fait oublier l'aversion et l'horreur qu'on ne peut
s'empêcher d'avoir pour Aristophane, de ce qu'il a si vilainement abusé de son
esprit pour noircir la vérité des plus noires couleurs du mensonge, et pour perdre
un homme qui était la sagesse même, et le plus grand ornement des Athéniens' (*Le
Plutus et les Nuées d'Aristophane, comédies grecques, traduites en français, avec des
remarques et un examen de chaque pièce*, Paris 1684, fin de la préface, non paginée).
Voltaire possède plusieurs de ses traductions, mais pas celle-ci. On notera que
Bayle, malgré ses réticences à l'égard de la conversion de Mme Dacier, se montre
moins sévère que Voltaire (*Nouvelles de la République des lettres*, mars 1686, p.251).
Mais pour ce dernier Aristophane est impardonnable. Il met *Les Nuées* en parallèle
avec *Les Philosophes* de Palissot en 1760 (D8872).

sophie. [11] Un peuple entier, dont le mauvais gouvernement autorisait de si infâmes licences, méritait bien ce qui lui est arrivé, de devenir l'esclave des Romains, et de l'être aujourd'hui des Turcs. [12]

Franchissons tout l'espace des temps entre la république romaine et nous. Les Romains bien plus sages que les Grecs, n'ont jamais persécuté aucun philosophe pour ses opinions. [13] Il n'en est pas ainsi chez les peuples barbares qui ont succédé à l'empire romain. Dès que l'empereur Frédéric II a des querelles avec les papes, on l'accuse d'être athée, et d'être l'auteur du livre des Trois imposteurs, conjointement avec son chancelier de Vineis. [14]

Notre grand Michel de l'Hôpital se déclare-t-il contre les persécutions; on l'accuse aussitôt d'athéisme. *Homo doctus, sed*

[11] Aristophane, *Les Nuées*, éd. V. Coulon; trad. H. Van Daele (Paris 1923): Socrate suspendu dans un panier (p.215-26); déclaration d'athéisme (p.246, 367, 425); Strepsiade doit ôter son manteau (p.500). La scène du manteau est jugée admirable par Mme Dacier; celle du panier, un spectacle des plus plaisants.

[12] Mouvement d'humeur de Voltaire qui déplorera le joug des Turcs et formera des vœux pour l'émancipation de la Grèce (*Quelques petites hardiesses de M. Clair*, M.xxviii.559). Il croira à tort que tel est le but poursuivi par Catherine II au cours de la guerre russo-turque.

[13] Thème que Voltaire a déjà développé dans le *Traité sur la tolérance*, ch.8 (M.xxv.42-43). Il ne retient que les persécutions pour opinions religieuses. Il passe donc sous silence l'exil d'Ovide, celui de Cicéron comme le sort lamentable d'Epictète. Il oublie aussi que Pétrone et Sénèque furent poussés au suicide.

[14] Voltaire est fasciné par la personnalité et la destinée de l'empereur Frédéric II (voir *Annales de l'Empire*, M.xiii.343 ss.). Il a retracé sa lutte contre la papauté (*Essai sur les mœurs*, ch.52), et cité la lettre de Grégoire IX du 1er juillet 1239 qui l'accusait d'avoir dit publiquement que le monde avait été trompé par trois imposteurs, Moïse, Jésus-Christ et Mahomet, et d'avoir placé le Christ fort audessous des autres. On a cru qu'il était l'auteur d'un livre *De tribus impostoribus* (qu'il ne faut pas confondre avec le traité paru au dix-huitième siècle sous le même titre). Voltaire signale que Des Vignes a été accusé (*Annales de l'Empire*, M.xiii.351). Sur la personnalité de Pierre Des Vignes, logothète à la cour de Frédéric II, voir E. Kantorowicz, *L'Empereur Frédéric II*, p.275-84.

verus atheos. (*a*) [15] Un jésuite, autant au-dessous d'Aristophane, qu'Aristophane est au-dessous d'Homère; un malheureux dont le nom est devenu ridicule parmi les fanatiques mêmes, le jésuite Garasse, en un mot, trouve partout des *athéistes*; c'est ainsi qu'il nomme tous ceux contre lesquels il se déchaîne. [16] Il appelle Théodore de Bèze athéiste; [17] c'est lui qui a induit le public en erreur sur Vanini. [18]

50

(*a*) *Commentarium rerum Gallicarum*, L. 28.

[15] Voltaire professe la plus haute admiration pour Michel de L'Hôpital qui a refusé de signer l'arrêt de mort de Condé et qui a fait rendre plusieurs édits de tolérance en faveur des protestants (*Essai sur les mœurs*, ii.484; *Histoire du Parlement de Paris*, M.xv.509, 512-13, 515, 517). C'est un homme juste et un philosophe intrépide (V 81-82, p.156, 412, 533). La citation latine vient de Beaucaire de Péguillion: 'Interim Olivario Cancellario vita functo Cardinalis Lotharingus praeter domesticorum suorum omnium ac familiarum sententiam, ut Michaël Hospitalis homo quidem doctus, sed nullius Religionis, aut ut vere dicam atheos, ut ejus locum surrogaretur, effecit' (*Rerum gallicarum commentarii*, XXVIII, no.57, p.937). Il se peut que cette citation de Voltaire ait été empruntée à l'article 'Hospital' de Bayle (rem. H).

[16] Voltaire a lu avec soin *La Doctrine curieuse des beaux-esprits de ce temps ou prétendus tels* du jésuite François Garasse (Paris 1624; CN, iv.66-67). Ce pamphlétaire religieux (1585-1631) fut d'abord prédicateur, mais ses violences verbales lui firent interdire la chaire par ses supérieurs. Il emploie bien le terme d''athéistes' (par ex. p.32, 301, 650, 999).

[17] Vérification faite, Garasse ne traite jamais nommément Théodore de Bèze d'athéiste, même s'il le classe parmi ceux qu'il dénonce dans son ouvrage. Il l'accuse plutôt de bêtises incroyables: voir ses 'fautes puériles' sur la quantité des vers latins et ses sottises sur l'Eucharistie (p.283); il est cité comme exemple de l'ignorance épouvantable des ministres protestants (p.517); ses sottises sur la Cène et sur la prédestination seraient capables de nous ramener au paganisme (p.525). Il est de plus accusé d'avoir volé une cuiller en argent (p.518). C'est un esprit 'hérétique' (p.525), caractérisé par l'expression cinglante: 'ce pauvre idiot de Bèze' (p.355).

[18] Garasse ne cesse de dénoncer 'la malice noire et enragée' de Vanini (p.31-32, 301-307). Il l'appelle 'grand patriarche des athées' (p.641), il prétend que ses ouvrages sont comme 'l'introduction à la vie indévote et l'apprentissage de l'athéisme' (p.683). Il attaque son livre *De admirandis naturae* (p.31-32) et tout particulièrement son 'Dialogue sur la résurrection des morts' (p.301-307) et celui sur la création de l'homme; il dénonce ses impiétés sur Moïse (p.657), sur les apôtres (p.856) et ses blasphèmes sur le mariage chrétien (p.698, 1000). Il le taxe

La fin malheureuse de Vanini ne nous émeut point d'indignation et de pitié comme celle de Socrate; parce que Vanini n'était qu'un pédant étranger sans mérite; mais enfin, Vanini n'était point athée, comme on l'a prétendu; il était précisément tout le contraire. [19]

C'était un pauvre prêtre napolitain, prédicateur et théologien de son métier; [20] disputeur à outrance sur les quiddités, et sur les universaux; [21] *et utrum chimera bombinans in vacuo possit comedere secundas intentiones.* [22] Mais d'ailleurs, il n'y avait en lui veine qui

---

d'hypocrisie: 'sa malice est d'autant plus à craindre qu'il fait du marmiteux et par des paroles sensées en apparence, il inspire le venin jusque dans les moelles des jeunes athéistes et libertins' (p.999).

[19] Voltaire s'intéresse depuis longtemps à Vanini (1585-1619) et soutient toujours qu'il n'était point athée (V 81-82, p.255, 698). Il met un signet à l'article 'Vanini' du *Dictionnaire historique, littéraire et critique* de Barral (CN, i.217). Dès le 4 octobre 1735, il a demandé à l'abbé d'Olivet de lui procurer le livre 'pour lequel le pauvre Vanini fût brûlé' (D923): *De admirandis naturae reginae deaeque mortalium arcanis* (Lutetia 1616). Il a alors lu son *Amphitheatrum aeternae providentiae divino-magicum christiano-physicum* (Lugduni 1615) qu'il estime ennuyeux, mais orthodoxe. Il soupçonne que ce 'barbouilleur thomiste' n'est point athée. Le 30 novembre (D950), il demande *La Vie et les sentiments de Lucilio Vanini* de David Durand (Rotterdam 1717; BV). Il n'en pensera aucun bien (D980). Effectivement l'ouvrage de Durand est une compilation. Il cite les opinions de Garasse, Mersenne, Bayle et attaque l'*Apologia pro Julio Caesare Vanini* (p.213). En 1742, dans un opuscule, *Sur les contradictions de ce monde*, imprimé dans ses *Œuvres*, Voltaire affirme que Vanini croyait en Dieu (M.xviii.252-53). Il défendra de nouveau sa mémoire dans ses *Lettres à S. A. Mgr le prince de **** (M.xxvi.480-82).

[20] Pour une présentation malveillante des mêmes éléments biographiques, voir Garasse: Vanini est 'un homme de néant', 'chercheur de repues franches' et qui rôde en France en qualité de pédant (*La Doctrine curieuse*, p.144-47). Voltaire citera ce texte (*Lettres à S. A. Mgr le prince de ****, M.xxvi.481).

[21] Les quiddités, terme de scolastique introduit par les traductions latines d'Avicenne, désignent l'essence en tant qu'elle est distinguée de l'existence. Les universaux, selon saint Thomas d'Aquin, désignent l'universel qui n'a pas seulement une existence *in re*, dans les choses particulières, mais *ante rem*, dans l'esprit divin. Ce sont des concepts généraux. Les cinq universaux, selon Porphyre, étaient le genre, l'espèce, la différence, le propre et l'accident (Lalande, *Vocabulaire technique et critique de la philosophie*, 1962).

[22] Dans l'article 'Autorité' des QE, Voltaire déclare: 'en une autre année, on jugea le procès: "utrum chimera bombinans in vacuo possit comedere secundas

tendît à l'athéisme. Sa notion de Dieu est de la théologie la plus saine, et la plus approuvée; 'Dieu est son principe et sa fin, père de l'un et de l'autre, et n'ayant besoin ni de l'un, ni de l'autre; éternel sans être dans le temps; présent partout sans être en aucun lieu. Il n'y a pour lui ni passé, ni futur; il est partout, et hors de tout; gouvernant tout, et ayant tout créé; immuable, infini sans parties; son pouvoir est sa volonté etc.' [23]

Vanini se piquait de renouveler ce beau sentiment de Platon, embrassé par Averroës, [24] que Dieu avait créé une chaîne d'êtres depuis le plus petit jusqu'au plus grand, dont le dernier chaînon est attaché à son trône éternel; idée, à la vérité, plus sublime que vraie, mais qui est aussi éloignée de l'athéisme, que l'être du néant.

Il voyagea pour faire fortune et pour disputer; mais malheureusement la dispute est le chemin opposé à la fortune; on se fait autant d'ennemis irréconciliables qu'on trouve de savants ou de pédants, contre lesquels on argumente. Il n'y eut point d'autre source du malheur de Vanini; sa chaleur et sa grossièreté dans la dispute lui valut la haine de quelques théologiens; et ayant eu une

65

70

75

63   64-69: de l'une et [...] de l'une, ni

intentiones", et on décida pour l'affirmative' (M.xvii.502); cf. également *Histoire de l'établissement du christianisme*, ch.18 (M.xxxi.93).

[23] Voir Vanini, *Amphitheatrum*, exercitatio II, p.10; déjà cité dans *Sur les contradictions de ce monde* (M.xviii.253). Il se pourrait que Voltaire ait recopié ce discours dans les *Entretiens sur divers sujets d'histoire, et de religion et de critique* de Veyssière de La Croze (Amsterdam 1733; BV), ouvrage auquel il fera allusion ci-dessous, l.130. Dans l'édition de 1770 de ces *Entretiens*, que nous citons, ce discours se trouve p.358. Voltaire estime que La Croze est une bibliothèque vivante (*OH*, p.1169).

[24] Voir ci-dessous, art. 'Chaîne des êtres créés'. Durand accuse Vanini d'avoir adopté l'échelle des êtres d'Averroès, cite ses Dialogues sur le sujet. Proche de Dieu, qui est 'acte pur', on trouve les substances immatérielles. Proche de la matière, il y a la forme de la corporéité. Entre les deux, on trouve les deux âmes, l'une végétative, l'autre sensitive, et au-dessus d'elles l'entendement (*La Vie et les sentiments de Lucilio Vanini*, p.14). La Croze indique seulement que Vanini avait étudié en Italie sous un fameux averroïste (*Entretiens*, p.346).

querelle avec un nommé Francon ou Franconi, [25] ce Francon ami
de ses ennemis, ne manqua pas de l'accuser d'être athée enseignant
l'athéisme.

Ce Francon, ou Franconi, aidé de quelques témoins, eut la
barbarie de soutenir à la confrontation, ce qu'il avait avancé.
Vanini, sur la sellette, interrogé sur ce qu'il pensait de l'existence
de Dieu, répondit qu'il adorait avec l'Eglise un Dieu en trois
personnes. Ayant pris à terre une paille, Il suffit de ce fétu, dit-il,
pour prouver qu'il y a un créateur. Alors il prononça un très beau
discours sur la végétation et le mouvement, et sur la nécessité
d'un Etre suprême, sans lequel il n'y aurait ni mouvement ni
végétation. [26]

Le président Grammont qui était alors à Toulouse, rapporte ce
discours dans son Histoire de France, aujourd'hui si oubliée, et
ce même Grammont, par un préjugé inconcevable, prétend que
Vanini disait tout cela *par vanité, ou par crainte, plutôt que par une
persuasion intérieure.* [27]

Sur quoi peut être fondé ce jugement téméraire et atroce du
président Grammont? Il est évident que sur la réponse de Vanini,
on devait l'absoudre de l'accusation d'athéisme. Mais qu'arriva-t-
il? Ce malheureux prêtre étranger se mêlait aussi de médecine; on
trouva un gros crapaud vivant, qu'il conservait chez lui dans un

---

88   67: sur nécessité

---

[25] Francon est présenté comme un homme de naissance et de probité par Gabriel-
Barthélemi de Grammont (*Historiarum Galliae ab excessu Henrici IV. libri XVIII*,
Amstelodami, 1643, p.208).

[26] Ce discours de Vanini, rapporté par Gramond (p.208-209), est traduit par
La Croze (p.368-69), par Durand (p.189), et fortement résumé par Voltaire.

[27] Tous ceux qui écrivent sur Vanini rappellent ce jugement du président
Grammont: 'Haec Lucilius in ostentationem doctrinae, aut metu magis, quam ex
conscientia' (p.208). Voltaire a recopié la traduction de Veyssière de La Croze
(p.369).

vase plein d'eau; on ne manqua pas de l'accuser d'être sorcier. [28] On soutint que ce crapaud était le dieu qu'il adorait, on donna un sens impie à plusieurs passages de ses livres, ce qui est très aisé et très commun, en prenant les objections pour les réponses, en interprétant avec malignité quelque phrase louche, en empoison- 105 nant une expression innocente. [29] Enfin la faction qui l'opprimait, arracha des juges l'arrêt qui condamna ce malheureux à la mort.

Pour justifier cette mort il fallait bien accuser cet infortuné de ce qu'il y avait de plus affreux. Le minime et très minime Mersenne a poussé la démence jusqu'à imprimer que Vanini était parti de 110 Naples avec douze de ses apôtres, pour aller convertir toutes les nations à l'athéisme. [30] Quelle pitié! Comment un pauvre prêtre aurait-il pu avoir douze hommes à ses gages? comment aurait-il pu persuader douze Napolitains de voyager à grands frais pour répandre partout cette abominable et révoltante doctrine au péril 115 de leur vie? Un roi serait-il assez puissant pour payer douze prédicateurs d'athéisme? Personne, avant le père Mersenne, n'avait avancé une si énorme absurdité. Mais après lui on l'a répétée, on en a infecté les journaux, les dictionnaires historiques; [31] et le monde qui aime l'extraordinaire, a cru sans examen cette fable. 120

Bayle lui-même, dans ses Pensées diverses, parle de Vanini comme d'un athée: il se sert de cet exemple pour appuyer son paradoxe qu'*une société d'athées peut subsister*; il assure que Vanini était un homme de mœurs très réglées, et qu'il fut le martyr de

[28] Selon La Croze, Vanini, qui était médecin, aurait répondu à ses juges que ce crapaud lui était nécessaire pour composer un remède.

[29] Comme Vanini fait parler un athée dans ses dialogues, on l'accuse de produire, par ce truchement, ses propres pensées. Telle est la méthode suivie par Garasse.

[30] Mersenne non seulement accuse Vanini de pédérastie, mais il prétend effectivement qu'il voulait avec ses disciples détruire le christianisme (M. de Mersenne, *Quaestiones celeberrimae in Genesim*, Lutetiae Parisiorum 1623, p.161). Voir également ment *L'Impiété des déistes, athées et libertins de ce temps combattue et renversée* (Paris 1624).

[31] Voir par ex. Moreri, *Le Grand dictionnaire historique* (Amsterdam 1740; BV), art. 'Vanini'.

son opinion philosophique. [32] Il se trompe également sur ces deux points. Le prêtre Vanini nous apprend dans ses dialogues faits à l'imitation d'Erasme, [33] qu'il avait eu une maîtresse nommée Isabelle. [34] Il était libre dans ses écrits [35] comme dans sa conduite; mais il n'était point athée.

Un siècle après sa mort, le savant La Croze, [36] et celui qui a

[32] L'exemple de Vanini dans les *Pensées sur la comète* de Bayle sert à prouver que l'athéisme ayant eu des martyrs, c'est une marque indubitable qu'il n'exclut pas les idées de la gloire et de l'honnêteté (182). Sur la société des athées selon Bayle, voir *Pensées*, 161, 172, 182.

[33] Voltaire soutiendra que les dialogues de Vanini sont très ennuyeux, mais rappellera qu'ils ont été honorés de grands éloges (*Lettres à S. A. Mgr le prince de ****, M.xxvi.492). Voltaire a lu le 10 mai 1757 la *Vie d'Erasme* de Jean Lévesque de Burigny que ce dernier lui avait promis (voir D7207, D7258). Son exemplaire porte des traces de lecture (CN, i.618). L'ouvrage comporte non seulement une biographie d'Erasme mais une analyse de ses ouvrages (voir i.507, sur ses 'colloques'). Voltaire a également mis un signet dans son exemplaire du *Dictionnaire* de Bayle pour se rappeler de l'article 'Erasme', rem. D (CN, i.234). Il a écrit une *Conversation de Lucien, d'Erasme et de Rabelais* (M.xxv.339-44).

[34] Alors que La Croze prétend qu'il évoque sa mère, Beatrix Lopez de Noguera, sous le nom d'Isabelle dans ses dialogues (p.259*n*), Durand accuse Vanini d'avoir fait des chansons amoureuses pour l'une de ses maîtresses nommée Isabelle (p.209-10).

[35] Ses théories sur la génération ont fait scandale. Dans son dialogue *De natura arcanis*, il fait parler un athée qui soutient que les parents ne s'acquittant des devoirs conjugaux que par 'principe de religion', s'en acquittent sans ardeur (p.354-55). Leurs enfants sont stupides, donc propres à la religion chrétienne qui promet le bonheur éternel aux pauvres en esprit. Obscénités relevées par Garasse (p.1000), par Durand (p.209), et par La Croze (p.348).

[36] Dans ses *Entretiens*, Veyssière de La Croze déclare que la seule manière permise de persécuter les hérétiques, les impies et les athées est de les convaincre de leurs erreurs en leur opposant de bonnes raisons. Il n'est jamais permis de livrer l'athée au bras séculier. C'est montrer que les raisons n'ont pas assez de force puisqu'il faut en venir à des exécutions sanglantes (p.274-75). Il estime que Vanini était sincère quand il se servit devant ses juges de l'exemple de la paille pour établir ses preuves de la Divinité (p.375). Mais il avait auparavant relevé des déclarations dignes d'un athée dans ses écrits et le soupçonnait de s'être moqué lui-même des sophismes qu'il avait apportés comme preuves de l'existence de Dieu dans son *Amphithéâtre de la Providence* (p.354). Cette conversion finale dont il crédite Vanini, met en cause le verdict qui fut prononcé. La Croze dénonce la cruauté du président

pris le nom de *Philalète*,[37] ont voulu le justifier; mais comme personne ne s'intéresse à la mémoire d'un malheureux Napolitain, très mauvais auteur, presque personne ne lit ces apologies.

Le jésuite Hardouin, plus savant que Garasse, et non moins téméraire, accuse d'athéisme, dans son livre *Athei detecti*, les   135 Descartes, les Arnaulds, les Pascals, les Nicoles, les Mallebranches; heureusement ils n'ont pas eu le sort de Vanini. [38]

De tous ces faits, je passe à la question de morale agitée par Bayle, savoir, *si une société d'athées pourrait subsister?* [39] Remarquons d'abord sur cet article, quelle est l'énorme contradiction   140 des hommes dans la dispute; ceux qui se sont élevés contre l'opinion de Bayle avec le plus d'emportement, ceux qui lui ont nié, avec le plus d'injures, la possibilité d'une société d'athées, ont soutenu depuis avec la même intrépidité que l'athéisme est la religion du gouvernement de la Chine. [40]   145

Ils se sont assurément bien trompés sur le gouvernement

Grammont qui, décrivant le supplice de Vanini, prétend qu'il a montré peu de constance, puisqu'il a crié de manière effroyable quand on lui a coupé la langue! Il s'indigne de l'inhumanité témoignée à l'égard de ce 'misérable'.

[37] L'auteur que Voltaire dit avoir pris le nom de Philalèthe est Peter Friedrich Arpe, dont l'*Apologia pro Jul. Caesare Vanino, Neapolitano* ([Rotterdam] 1712; BV) porte sur son frontispice les mots: 'Cosmopoli, typ. Philaletheis'.

[38] Dans les *Opera varia* du jésuite Jean Hardouin est inclus l'ouvrage *Athei detecti*, dont la paternité a été discutée. Il a été attribué à François de La Pillonière. L'auteur de cet ouvrage fonde ses accusations sur une lecture attentive des œuvres qu'il dénonce et dont il cite de larges extraits. Sur Descartes, voir p.200-43; Arnauld, p.160-62; Pascal, p.198-200; Nicole, p.162-97; Malebranche, p.43-104. Toute remarque qui ne lui paraît pas parfaitement orthodoxe montre que son auteur est athée. D'autres 'athées' sont aussi mis au pilori: Jansenius, Ambroise Victor, L. Thomassin, P. Quesnel, A. Legrand, S. Régis, et puis les jansénistes, les cartésiens, les malebranchistes (voir p.259-73).

[39] Question largement débattue dans les *Pensées sur la comète* de Bayle.

[40] Leitmotiv de Voltaire: voir par ex. *Le Siècle de Louis XIV* (OH, p.1103-104); *Essai sur les mœurs* (i.219-21); *La Philosophie de l'histoire* (V 59, p.156); *Dieu et les hommes* (V 69, p.286-88); QE, art. 'De la Chine' (M.xviii.154); *Fragments historiques sur l'Inde* (M.xxix.167, 170); *Lettres chinoises* (M.xxix.460-63). La querelle mit aux prises les jésuites et la Sorbonne.

chinois; ils n'avaient qu'à lire les édits des empereurs de ce vaste pays, ils auraient vu que ces édits sont des sermons, et que partout il y est parlé de l'Etre suprême, gouverneur, vengeur, et rémunérateur. [41]

Mais en même temps ils ne se sont pas moins trompés sur l'impossibilité d'une société d'athées; et je ne sais comment M. Bayle a pu oublier un exemple frappant qui aurait pu rendre sa cause victorieuse.

En quoi une société d'athées paraît-elle impossible? C'est qu'on juge que des hommes qui n'auraient pas de frein, ne pourraient jamais vivre ensemble, que les lois ne peuvent rien contre les crimes secrets, qu'il faut un Dieu vengeur qui punisse dans ce monde-ci ou dans l'autre les méchants échappés à la justice humaine.

Les lois de Moïse, il est vrai, n'enseignaient point une vie à venir, ne menaçaient point des châtiments après la mort, n'enseignaient point aux premiers Juifs l'immortalité de l'âme; [42] mais les Juifs, loin d'être athées, loin de croire se soustraire à la vengeance divine, étaient les plus religieux de tous les hommes. Non seulement ils croyaient l'existence d'un Dieu éternel: mais ils le croyaient toujours présent parmi eux; ils tremblaient d'être punis dans eux-mêmes, dans leurs femmes, dans leurs enfants, dans leur postérité, jusqu'à la quatrième génération; et ce frein était très puissant.

Mais, chez les gentils, plusieurs sectes n'avaient aucun frein; les sceptiques doutaient de tout; les académiciens suspendaient leur jugement sur tout; les épicuriens étaient persuadés que la Divinité ne pourrait se mêler des affaires des hommes; et dans le fond, ils

150

155

16c

165

17c

174   64, 65v: ne pouvait se

[41] Sur le théisme des Chinois selon Voltaire, voir les références, n.40. Voltaire a lu dans Du Halde, *Description de la Chine* (Paris 1725; BV), les édits de l'empereur Yontchin (iii.34-35).

[42] Leitmotiv voltairien: voir ci-dessus, art. 'Ame'.

n'admettaient aucune divinité. [43] Ils étaient convaincus que l'âme   175
n'est point une substance, mais une faculté qui naît et qui périt
avec le corps, par conséquent ils n'avaient aucun joug que celui
de la morale et de l'honneur. Les sénateurs et les chevaliers
romains étaient de véritables athées, car les dieux n'existaient pas
pour des hommes qui ne craignaient ni n'espéraient rien d'eux.   180
Le sénat romain était donc réellement une assemblée d'athées du
temps de César et de Cicéron.

Ce grand orateur dans sa harangue pour Cluentius, dit à tout
le sénat assemblé, *quel mal lui fait la mort? nous rejetons toutes les
fables ineptes des enfers, qu'est-ce donc que la mort lui a ôté?* [44] Rien   185
que le sentiment des douleurs.

César, l'ami de Catilina, voulant sauver la vie de son ami,
contre ce même Cicéron, ne lui objecte-t-il pas que ce n'est point
punir un criminel que de le faire mourir, que la mort *n'est rien*,
que c'est seulement la fin de nos maux, que c'est un moment plus   190
heureux que fatal? [45] Cicéron, et tout le sénat ne se rendent-ils pas

---

[43] Thème repris dans *La Philosophie de l'histoire* (V 59, p.179), *Remarques pour
servir de supplément à l'Essai sur les mœurs* (M.xxiv.552), *Dieu et les hommes* (V 69,
p.327). Pour Voltaire, les épicuriens n'admettent que des dieux inutiles, ce qui
revient au même que de n'en point admettre du tout.

[44] Cicéron, *Pro Cluentio*, lxi.171: 'Nam nunc quidem quid tandem illi mali mors
attulit? nisi forte ineptiis ac fabulis ducimur ut existimemus illum apud inferos
impiorum supplicia perferre ac pluris illic offendisse inimicos quam hic reliquisse,
ab socrus, ab uxorum, a fratris, a liberum Poenis actum esse praecipitem in
sceleratorum sedem atque regionem. Quae si falsa sunt id quod omnes intellegunt,
quid ei tandem aliud mors eripuit praeter sensum doloris?' Voltaire répète que
Cicéron ne croyait pas à l'immortalité de l'âme (*Sophronime et Adélos*, M.xxv.463;
Un chrétien contre six juifs, M.xxix.547-48). Il possède une édition des œuvres de
Cicéron, et plusieurs traductions.

[45] Salluste, *De Coniuratione Catilinae*, li: 'De poena possum equidem dicere, id
quod res habet, in luctu atque miseriis mortem aerumnarum requiem, non cruciatum
esse; eam cuncta mortalium mala dissoluere; ultra neque curae neque gaudio locum
esse'. Voltaire possède la traduction par l'abbé Masson, ainsi qu'une édition des
œuvres de Salluste.

à ces raisons? Les vainqueurs et les législateurs de l'univers connu, formaient donc visiblement une société d'hommes qui ne craignaient rien des dieux, qui étaient de véritables athées?

Bayle examine ensuite si l'idolâtrie est plus dangereuse que [195] l'athéisme,[46] si c'est un crime plus grand de ne point croire à la Divinité que d'avoir d'elle des opinions indignes; il est en cela du sentiment de Plutarque; il croit qu'il vaut mieux n'avoir nulle opinion, qu'une mauvaise opinion;[47] mais n'en déplaise à Plutarque, il est évident qu'il valait infiniment mieux pour les Grecs [200] de craindre Cérès, Neptune et Jupiter, que de ne rien craindre du tout; il est clair que la sainteté des serments est nécessaire, et qu'on doit se fier davantage à ceux qui pensent qu'un faux serment sera puni, qu'à ceux qui pensent qu'ils peuvent faire un faux serment avec impunité. Il est indubitable que dans une ville [205] policée, il est infiniment plus utile d'avoir une religion (même mauvaise) que de n'en avoir point du tout.[48]

Il paraît donc que Bayle devait plutôt examiner quel est le plus dangereux, du fanatisme, ou de l'athéisme. Le fanatisme est certainement mille fois plus funeste; car l'athéisme n'inspire point [210] de passion sanguinaire, mais le fanatisme en inspire: l'athéisme ne s'oppose pas aux crimes, mais le fanatisme les fait commettre. Supposons avec l'auteur du *Commentarium rerum Gallicarum*,[49] que le chancelier de l'Hôpital fût athée, il n'a fait que de sages lois, et n'a conseillé que la modération et la concorde. Les fanatiques [215] commirent les massacres de la St Barthélemi. Hobbes passa pour

---

192 65v: à ses raisons

---

[46] Bayle, *Pensées sur la comète*, 114-118.

[47] Bayle, 115, pensée dans laquelle il cite un extrait du *Traité de la superstition* de Plutarque dans la version de Tanneguy Le Fèvre (Saumur 1666).

[48] Un Dieu-gendarme de l'univers rassure Voltaire, thème obsédant dans son œuvre.

[49] Voir ci-dessus, n.15.

un athée, il mena une vie tranquille et innocente. [50] Les fanatiques de son temps inondèrent de sang l'Angleterre, l'Ecosse et l'Irlande. Spinosa était non seulement athée, mais il enseigna l'athéisme; [51] ce ne fut pas lui assurément qui eut part à l'assassinat juridique de Barneveldt, [52] ce ne fut pas lui qui déchira les deux frères de Witt en morceaux, et qui les mangea sur le gril. [53]

Les athées sont pour la plupart des savants hardis et égarés qui raisonnent mal, et qui ne pouvant comprendre la création, l'origine du mal et d'autres difficultés, ont recours à l'hypothèse de l'éternité des choses, et de la nécessité.

Les ambitieux, les voluptueux n'ont guère le temps de raisonner, et d'embrasser un mauvais système; ils ont autre chose à faire qu'à comparer Lucrèce avec Socrate. C'est ainsi que vont les choses parmi nous.

Il n'en était pas ainsi du sénat de Rome qui était presque tout composé d'athées de théorie et de pratique, c'est-à-dire qui ne

220

225

230

226   65v: de la nécessité aveugle.

[50] Dans l'article 'Dieu, dieux' des QE, Voltaire se montrera troublé par l'affirmation de Hobbes selon laquelle il faudrait étrangler le citoyen qui, dans une république où l'on ne reconnaîtrait point de Dieu, s'aviserait d'en proposer un (M.xviii.376).

[51] Sur Voltaire et Spinoza, voir P. Vernière, *Spinoza et la pensée française avant la Révolution*, et l'annotation du *Philosophe ignorant*, XXIV (V 62, p.57-64). Voltaire est persuadé que Spinoza est athée.

[52] Jan van Olden Barneveldt (1547-1619), grand pensionnaire de Hollande, fut l'un des fondateurs de la république des Provinces-Unies. Il mourut sur l'échafaud à l'instigation de Maurice de Nassau. Voltaire estimait sa condamnation injuste (V 82, p.642). Il a évoqué dans l'*Essai sur les mœurs* ses querelles avec Maurice de Nassau, son procès et sa mort (ii.729-30).

[53] Jan de Witt (1625-1672), grand pensionnaire de Hollande, adversaire de la Maison d'Orange, est célèbre pour ses vertus républicaines. Son frère, Cornelius de Witt (1623-1672), s'était illustré dans la bataille de la Tamise. Tous deux furent tués de manière atroce au cours d'une émeute organisée par le parti orangiste au moment de l'invasion de la Hollande par les troupes de Louis XIV (*OH*, p.710-12, 719-20); cf. les carnets (V 81, p.248). Sur ces exemples hollandais, se reporter à J. Vercruysse, *Voltaire et la Hollande*, p.104, 150, 153, 166-69, 175, 186-87, 197.

croyaient ni à la Providence ni à la vie future; ce sénat était une assemblée de philosophes, de voluptueux et d'ambitieux, tous très dangereux, et qui perdirent la république. L'épicuréisme subsista   235 sous les empereurs: les athées du sénat avaient été des factieux dans les temps de Sylla et de César; ils furent sous Auguste et Tibère des athées esclaves.

Je ne voudrais pas avoir à faire à un prince athée, qui trouverait son intérêt à me faire piler dans un mortier; je suis bien sûr que   240 je serais pilé. Je ne voudrais pas, si j'étais souverain, avoir à faire à des courtisans athées, dont l'intérêt serait de m'empoisonner; il me faudrait prendre au hasard du contrepoison tous les jours. Il est donc absolument nécessaire pour les princes et pour les peuples, que l'idée d'un Etre suprême créateur, gouverneur, rémunérateur   245 et vengeur soit profondément gravée dans les esprits.

Il y a des peuples athées, dit Bayle dans ses Pensées sur les comètes.[54] Les Caffres, les Hottentots, les Topinamboux,[55] et beaucoup d'autres petites nations, n'ont point de Dieu; ils ne le nient ni ne l'affirment, ils n'en ont jamais entendu parler; dites- 250 leur qu'il y en a un, ils le croiront aisément; dites-leur que tout se fait par la nature des choses, ils vous croiront de même.

---

235 65v*1: la république. Vils etaient alors des athées libres et bientot ils devinrent des athées esclaves

235-239 64-67: la république. ¶Je ne [65v errata, 67 errata: β]

249 64: Dieu; cela peut être; mais cela ne veut pas dire qu'ils nient un Dieu; ils ne le

---

[54] Voltaire écrit de mémoire, d'où l'erreur sur le titre de Bayle qui est *Pensées sur la comète*. Bayle y fait allusion à des peuples sans religion, mais c'est dans la *Réponse aux questions d'un provincial* qu'il est le plus explicite (1706, ch.98, ii.304 ss. et 1707, ch.12, iv.161 ss.). Il est question de peuples vivant dans les Moluques et les Philippines.

[55] Ces exemples semblent venir des *Entretiens* de Veyssière de La Croze qui énumère parmi les peuples athées les sauvages du Canada, des Antilles, du Brésil, les Hottentots (p.254), les Topinambous, et les Caraïbes (p.282).

Prétendre qu'ils sont athées est la même imputation que si l'on disait qu'ils sont anti-cartésiens, ils ne sont ni pour, ni contre Descartes. Ce sont de vrais enfants; un enfant n'est ni athée, ni déiste, il n'est rien. 56   255

Quelle conclusion tirerons-nous de tout ceci? Que l'athéisme est un monstre très pernicieux dans ceux qui gouvernent, qu'il l'est aussi dans les gens de cabinet, quoique leur vie soit innocente, parce que de leur cabinet ils peuvent percer jusqu'à ceux qui sont   260 en place; que s'il n'est pas si funeste que le fanatisme, il est presque toujours fatal à la vertu. Ajoutons surtout qu'il y a moins d'athées aujourd'hui que jamais, depuis que les philosophes ont reconnu qu'il n'y a aucun être végétant sans germe, aucun germe sans dessein, etc. et que le blé ne vient point de pourriture. 57   265

Des géomètres non philosophes ont rejeté les causes finales, mais les vrais philosophes les admettent; et, comme l'a dit un auteur connu, un catéchiste annonce Dieu aux enfants, et Newton le démontre aux sages. 58

Section seconde

S'il y a des athées, à qui doit-on s'en prendre, sinon aux tyrans   270 mercenaires des âmes qui en nous révoltant contre leurs fourberies, forcent quelques esprits faibles à nier le Dieu que ces monstres déshonorent? Combien de fois les sangsues du peuple ont-elles

253   64-65v: que si on
258   65v: est un système très
260   65v: cabinet il peut percer
269-298   64-65v: aux sages.//

56 Sur les débats que suscite l'idée de l'universalité de la religion naturelle, voir J. Ehrard, *L'Idée de nature en France à l'aube des Lumières*, p.245-74.

57 Sur l'âme végétative, voir ci-dessus, art. 'Ame'. Voltaire affirme ici son finalisme et fait une allusion ironique à l'Evangile selon saint Jean (xii.24-25).

58 Voltaire se cite: il renvoie à l'opuscule *Du déisme*, imprimé en 1742 dans ses *Œuvres* (M.xx.506).

porté les citoyens accablés jusqu'à se révolter contre le roi! (Voyez *Fraude.*) 275

Des hommes engraissés de notre substance nous crient: Soyez persuadés qu'une ânesse a parlé; croyez qu'un poisson a avalé un homme et l'a rendu au bout de trois jours sain et gaillard sur le rivage; ne doutez pas que le Dieu de l'univers n'ait ordonné à un prophète juif de manger de la merde, (*Ezéchiel*) et à un autre 280 prophète d'acheter deux putains, et de leur faire des fils de putains (*Osée*).⁵⁹ Ce sont les propres mots qu'on fait prononcer au Dieu de vérité et de pureté; croyez cent choses ou visiblement abominables ou mathématiquement impossibles; sinon le Dieu de miséricorde vous brûlera non seulement pendant des millions de 28 milliards de siècles au feu d'enfer, mais pendant toute l'éternité, soit que vous ayez un corps, soit que vous n'en ayez pas.

Ces inconcevables bêtises révoltent des esprits faibles et téméraires aussi bien que des esprits fermes et sages. Ils disent: Si nos maîtres nous peignent Dieu comme le plus insensé et comme le 29 plus barbare de tous les êtres, donc il n'y a point de Dieu; mais ils devraient dire: Donc nos maîtres attribuent à Dieu leurs absurdités et leurs fureurs, donc Dieu est le contraire de ce qu'ils annoncent, donc Dieu est aussi sage et aussi bon qu'ils le disent fou et méchant. C'est ainsi que s'expliquent les sages. Mais si un 29 fanatique les entend il les dénonce à un magistrat sergent de prêtres, et ce sergent les fait brûler à petit feu, croyant venger et imiter la majesté divine qu'il outrage.

276-277 67: Soyez persuadé
280-281 67: merde, et à un autre (Ezéchiel) prophète

⁵⁹ Litanie typiquement voltairienne d'absurdités ou de scandales bibliques: pour l'ânesse de Balaam, voir Nombres xxii.28-30; pour le poisson de Jonas, Jonas ii.1-10; pour le repas, Ezéchiel iv.9-15; et sur les deux putains, Osée i.1-3.

BABEL[1]

La vanité a toujours élevé les grands monuments. Ce fut par vanité que les hommes bâtirent la belle tour de Babel. Allons, élevons une tour dont le sommet touche au ciel, et rendons notre nom célèbre, avant que nous soyons dispersés dans toute la terre.[2] L'entreprise fut faite du temps d'un nommé Phaleg qui comptait le bonhomme Noé pour son cinquième aïeul.[3] L'architecture et tous les arts qui l'accompagnent, avaient fait, comme on voit, de grands progrès en cinq générations. St Jérôme, le même qui a vu des faunes et des satyres,[4] n'avait pas vu plus que moi la tour de

a-31   64-65v, article absent

[1] Cet article, publié en 1767, paraît avoir été écrit après l'article 'Adam', auquel il fait allusion (l.17-19). Ce texte très soigné pourrait rivaliser avec l'article 'Babel' de Diderot, dans l'*Encyclopédie*. Voltaire s'intéresse depuis longtemps à la tour de Babel, comme en témoigne un passage des carnets qui évoque la gravure du *Dictionnaire* de Calmet (V 82, p.651). En 1762, Voltaire ajoute au chant IV de *La Pucelle* une longue note sur la tour de Babel faisant état de lectures sur cette question (V 7, p.321). Dans les QE Voltaire ajoute un autre texte (M.xvii.510-15).

[2] Citation de Genèse xi.4: 'Venez, faisons-nous une ville et une tour qui soit élevée jusqu'au ciel; et rendons notre nom célèbre avant que nous ne nous dispersions en toute la terre'.

[3] Phaleg, ou Péleg, fils d'Eber, est un descendant de Sem, l'aîné des trois fils de Noé (Genèse ix.18). Sem eut pour fils Arphaxade, qui eut pour fils Salé, qui eut pour fils Eber, qui eut pour fils Phaleg (Genèse xi.10-16): il s'agit donc bien de cinq générations. Phaleg est cité dans la généalogie du Christ (Luc iii.35). Son nom signifie division parce que la terre fut divisée de son temps en des nations et des langues différentes (Genèse x.25).

[4] Voltaire ironise à plusieurs reprises sur ces histoires de satyres et de centaures rapportées par saint Jérôme dans *La Vie des Pères du désert* (*Les Lois de Minos*, M.vii.194n; QE, art. 'Homme', M.xix.377). Il fait allusion aux rencontres de saint Antoine rapportées dans la vie de saint Paul, premier ermite: saint Antoine, qui chemine dans le désert, rencontre d'abord un centaure qui lui indique son chemin, puis un petit homme au nez crochu et courbé, le front cornu et ayant des pieds de chèvre (*Les Vies et les miracles des Saints Pères ermites*, trad. R. Gautier, Rouen

393

Babel; mais il assure qu'elle avait vingt mille pieds de hauteur. [5]
C'est bien peu de chose. L'ancien livre Jalculte écrit par un des
plus doctes Juifs, [6] démontre que sa hauteur était de quatre-vingt
un mille pieds juifs. Et il n'y a personne qui ne sache que le pied
juif était à peu près de la longueur du pied grec. [7] Cette dimension
est bien plus vraisemblable que celle de Jérôme. Cette tour subsiste
encore, mais elle n'est plus tout à fait si haute. Plusieurs voyageurs

---

1687, p.8-9). Voltaire juge saint Jérôme comme un fanatique et signale à plusieurs
reprises les extravagances de cet ouvrage (*Questions sur les miracles*, M.xxv.369;
Dieu et les hommes, V 69, p.444; *La Bible enfin expliquée*, M.xxx.217, n.2). A noter
que Voltaire ne nie pas absolument l'existence des satyres, fruits d'accouplements
monstrueux (voir *Traité sur la tolérance*, M.xxv.70n; *Des singularités de la nature*,
M.xxvii.186).

[5] Calmet cite saint Jérôme selon lequel la tour de Babel avait 4000 pas de hauteur;
voir *Dictionnaire*, art. 'Babel', et *Commentaire*, i.121 (avec la référence: *Hieron. in
Isai., lib.* v, *c.* 14). C'est Voltaire qui a transcrit ces 4000 pas en 20 000 pieds. Il
calcule à partir du pas romain qui vaut 5 pieds, soit 1,481 mètres. Dans *La Bible
enfin expliquée*, il indique que ce calcul a été fait à partir des pas géométriques
(M.xxx.20, n.4). La tour atteindrait près de 6000 mètres.

[6] Il s'agit de Siméon Ha-Darsham, auteur du *Jalkut hatora*. Voltaire a peut-être
trouvé cette référence dans la 'Dissertation sur la tour de Babel' du *Commentaire*:
les rabbins dans 'le livre Jalcut donnent à la tour de Babel jusqu'à vingt-sept mille
pas de hauteur' (i.xxxviii). Calmet, qui évoque ces hypothèses concernant la
hauteur de la tour de Babel, ajoute qu'aucune ne mérite créance (*Dictionnaire*, art.
'Babel'). Voltaire possède l'*Histoire critique du Vieux Testament* par Richard Simon
(Rotterdam 1685). Peut-être y a-t-il lu cette présentation de Siméon Ha-Darsham
dans un chapitre consacré aux commentaires des rabbins sur l'Ecriture sainte:
'Simon, à qui on donne ordinairement la qualité de Ros Hadarsanim ou de *chef des
prédicateurs*, a excellé en ce genre d'écrits dans son livre intitulé *Jalcut Hatora* qui
n'est autre chose qu'un recueil des explications morales et allégoriques des docteurs
juifs sur toute la Bible. Ce recueil a cela d'utile qu'on peut voir en peu de temps
les différentes manières dont les anciens Juifs ont expliqué l'Ecriture dans le
Thalmud, dans les livres de Siphri, Tarhuma, Micilta, et en un mot dans les vieux
Medrascim ou commentaires allégoriques' (p.382-83). Sur Simeon Ha-Darsham,
voir la *Jewish Encyclopedia*, art. 'Kayyara Simeon', qui précise qu'il fut cabbaliste
babylonien de la première moitié du neuvième siècle (vii.461).

[7] Comment Voltaire arrive-t-il au chiffre de 81 000 pieds juifs? D'après l'*Encyclopédie*, le pas vaut 2 pieds et demi ou 3 pieds (art. 'Pas'). Donc 27 000 pas valent
81 000 pieds. Les calculs de Voltaire sont très approximatifs. De plus l'*Encyclopédie*
précise que le pied français mesure 12 pouces, le pied grec 11 pouces 5 lignes, le

très véridiques l'ont vue, moi qui ne l'ai point vue, je n'en parlerai
pas plus que d'Adam mon grand-père, avec qui je n'ai point eu
l'honneur de converser; mais consultez le révérend père dom
Calmet. C'est un homme d'un esprit fin et d'une profonde   20
philosophie, il vous expliquera la chose. [8] Je ne sais pas pourquoi
il est dit dans la Genèse que Babel signifie confusion, car *Ba*
signifie père dans les langues orientales, et *Bel* signifie Dieu, Babel
signifie la ville de Dieu, la ville sainte. [9] Les anciens donnaient ce
nom à toutes leurs capitales. Mais il est incontestable que Babel   25
veut dire confusion, soit parce que les architectes furent confondus
après avoir élevé leur ouvrage jusqu'à quatre-vingt et un mille
pieds juifs, soit parce que les langues se confondirent, [10] et c'est

---

pied hébreu 13 pouces 3 lignes (art. 'Pied') alors que Voltaire assimile pied grec et
pied hébreu. La tour de Babel, d'après ces calculs, atteindrait près de 30 000 mètres.
Guénée, que les calculs de Voltaire agacent, fait remarquer que cette tour a été
élevée jusqu'au ciel et qu'il faut prendre cette expression au sens figuré (*Lettres de
quelques juifs*, i.385-86).

[8] Calmet énumère les voyageurs qui ont vu cette tour qu'ils situent à trois lieues
de Bagdad (*Dictionnaire*, art. 'Babel'; *Commentaire*, i.122). Le scepticisme de Voltaire
est partagé par Diderot dans l'article 'Babel' de l'*Encyclopédie* (ii.4). Mais l'ironie
de Voltaire sur Calmet est gratuite: celui-ci écrit dans son *Dictionnaire* qu''il y a
toute apparence que ce que l'on raconte sur cette tour, excepté ce qui se trouve
dans l'Ecriture, est fabuleux'.

[9] Babel signifie 'porte du ciel' de *bab* ('porte') et *el* ('Dieu'). Mais une étymologie
populaire a mis en relation le verset de la Genèse (xi.9) avec l'hébreux *bâlal*:
embrouiller (Gérard, *Dictionnaire de la Bible*, art. 'Babel').

[10] Sur la confusion des langues, Calmet est fort disert dans son *Commentaire* et
dans sa 'Dissertation sur la première langue et sur la confusion arrivée à Babel'
(*Dissertations*, i.ii.1-17). Après avoir rappelé les discussions des savants sur les
'langues matrices', Calmet les énumère: hébraïque, grecque, latine, teutonique ou
allemande, esclavonne, tartare et chinoise. Mais il affirme hautement qu'il n'y eut
sur terre qu'une seule langue à l'origine, et insiste sur la nécessité du sens littéral
de la Bible, citant Genèse xi.1-2. Les spéculations des anciens sur les origines des
langues diverses doivent être récusées puisqu'ils ignoraient que tout le genre humain
vient d'un seul homme. Pour Calmet, l'hébreu doit être la langue d'Adam (p.14).
Ce texte a été commenté et annoté par Voltaire. Il estime cette dissertation 'tirée
des mille et une nuits' et réagit vivement à propos de la langue d'Adam: 'eh imbécile
y a-t-il un adam le seul peuple juif en a parlé' (CN, ii.328-29).

évidemment depuis ce temps-là que les Allemands n'entendent plus les Chinois; car il est clair, selon le savant Bochard, que le chinois est originairement la même langue que le haut allemand. [11]

[11] Samuel Bochart (1599-1652) est considéré par Voltaire comme l'"un des plus savants hommes de l'Europe dans les langues et dans l'histoire' (*OH*, p.1139). A peine le DP est-il paru qu'il réclame le 7 ou 8 juin 1764 ses ouvrages à Cramer (D11912). Ceux-ci ont été recueillis en 1712 par un éditeur de Leyde en trois volumes in-folio. Voltaire s'est servi de sa *Geographia sacra* (Francfort 1681). Il fait ici allusion au livre I, ch.15. Il se moque de ses comparaisons qui tendent à montrer que toutes les sociétés anciennes ont été fondées par les fils de Noé. Sur les dettes de Voltaire à l'égard de Bochart, voir *La Philosophie de l'histoire*, V 59, p.285. Voltaire se moque des étymologies fantaisistes, des hypothèses hasardées, telle celle du savant Becanus, qu'il appelle Becon, selon lequel 'la langue flamande fut celle qui retint le plus de l'hébraïque' (V 82, p.651).

BAPTÊME[1]

Baptême, mot grec qui signifie immersion. Les hommes qui se conduisent toujours par les sens, imaginèrent aisément que ce qui lavait le corps, lavait aussi l'âme.[2] Il y avait de grandes cuves dans les souterrains des temples d'Egypte pour les prêtres et pour les initiés. Les Indiens de temps immémorial se sont purifiés dans l'eau du Gange, et cette cérémonie est encore fort en vogue.[3] Elle passa chez les Hébreux;[4] on y baptisait tous les étrangers qui

[5]

[1] Voltaire envoya un article 'Baptême', qui faisait l'histoire de ce sacrement, à Frédéric II, en octobre-novembre 1752 (D5055). C'est donc l'un des premiers thèmes auxquels il ait pensé, ce qui n'étonne pas: il avait, dès 1734, discuté de ce sacrement dans les *Lettres philosophiques* (*Lph*, i.2-4). Le texte paru dans l'édition de Kehl est un historique s'inspirant largement du *Dictionnaire* de Calmet que Voltaire avait emprunté en Prusse (D5023, D5027, D5030). Il semble donc que ce dernier ait gardé cette ébauche dans ses papiers, et rédigé un nouvel article pour le DP, nourri également du *Dictionnaire* de Calmet (voir CN, ii.323), mais aussi de sa 'Dissertation sur le baptême' (*Dissertations*, iii). Voltaire affirme que ce texte vient 'tout entier' de Conyers Middleton (D12159; appendice I), dont il possède les *Miscellaneous works* (London 1755) et la *Lettre écrite de Rome* (Amsterdam 1744). On peut penser que Voltaire a lu Middleton trop rapidement et qu'il s'en tient au sous-titre de la *Lettre écrite de Rome*: *où l'on montre l'exacte conformité qu'il y a entre le papisme et la religion des Romains d'aujourd'hui, dérivée de leurs ancêtres païens*. Middleton rapproche des cérémonies catholiques et païennes telles que l'usage de l'encens, de l'eau bénite, des cierges, des ex-votos, mais se défend d'une telle comparaison pour ce qui est du baptême. Il en avait été accusé par l'auteur du *Chrétien catholique instruit*, qui prétendait qu'il aurait eu 'tout aussi bonne grâce de prouver que le sacrement du baptême est un usage païen'. Middleton affirme que le baptême 'fut ordonné par Jésus-Christ, de la manière la plus solennelle et pour la fin aussi solennelle, comme le rite essentiel de notre initiation dans son Eglise' (*Lettre écrite de Rome*, p.15). Cet article est repris dans les QE, avec des ajouts.

[2] Explication reprise dans les *Fragments historiques sur l'Inde* (1773; M.xxix.184).

[3] Mêmes références à l'Egypte et à l'Inde dans les carnets (V82, p.494). Le baptême des Indiens donne lieu au malentendu des *Lettres d'Amabed* (*Romans et contes*, p.486, 489; voir D9483, D15055).

[4] Là encore les Juifs sont plagiaires, selon Voltaire (V81, p.170; *Fragments historiques sur l'Inde*, M.xxix.184).

embrassaient la loi judaïque,[5] et qui ne voulaient pas se soumettre à la circoncision, les femmes surtout, à qui on ne faisait pas cette opération, et qui ne la subissaient qu'en Ethiopie,[6] étaient baptisées; c'était une régénération; cela donnait une nouvelle âme, ainsi qu'en Egypte.[7] Voyez sur cela Epiphane,[8] Maimonide,[9] et la Gemmare.[10]

Jean baptisa dans le Jourdain, et même il baptisa Jésus, qui pourtant ne baptisa jamais personne, mais qui daigna consacrer cette ancienne cérémonie.[11] Tout signe est indifférent par lui-

[5] La loi de l'Ancien Testament prescrit des rites de purification. Dans les temps postérieurs à Jésus-Christ, les Juifs imposaient un baptême à tout gentil qui se convertissait (*Dictionnaire*, éd. Vigouroux, i.1434). Dans *Dieu et les hommes*, Voltaire précise les modalités des deux baptêmes en usage chez les Juifs, baptême de prosélyte et baptême de justice (V 69, p.407). Il s'appuie sur l'autorité de Flavius Josèphe, *Antiquités judaïques*, XVIII.vii (voir CN, iv.596).

[6] Voir Flavius Josèphe, qui raconte qu'on a baptisé et circoncis le roi Izate et que sa mère, Hélène, fut seulement baptisée (xx.ii). Thème repris dans *Dieu et les hommes* (V 69, p.408). Dans la *Lettre civile et honnête à l'auteur malhonnête de la critique de l'Histoire universelle* (1760), Voltaire précise qu'en pays arabe on faisait même une petite circoncision aux filles (M.xxiv.144). L'article 'Circoncision' de l'*Encyclopédie* consacre un paragraphe à la circoncision des femmes et précise qu'elle était en usage chez les sujets du prêtre Jean ou les Abyssins.

[7] L'ensemble du paragraphe doit beaucoup à la 'Dissertation sur le baptême' de Calmet: sur le baptême des prosélytes, iii.322-23; sur la régénération où il est précisé que l'esclave était affranchi, iii.323-24.

[8] Voltaire a annoté son exemplaire d'Epiphane: *Divi Epiphanii, episcopi Constantiae Cypri, contra octoginta haereses opus* (Parisiis 1564; CN, iii.429-31, sur le baptême des morts et sur celui de Marc). Mais peut-être le cite-t-il ici d'après Calmet.

[9] Voltaire n'a pas le *Guide des égarés* dans sa bibliothèque. Sa source la plus probable est Calmet ('Dissertation sur le baptême', iii.323). Richard Simon, dans son *Histoire critique du Vieux Testament*, consacre une notice à Moses Ben Maimon ('Catalogue des auteurs juifs', p.375-79), et examine les règles qu'il préconise pour bien interpréter l'Ecriture sainte (p.543).

[10] La source probable de Voltaire est encore Calmet ('Dissertation sur le baptême', iii.324). Richard Simon évoque la Gemâra (p.301, 372). Le Talmud, dont l'objet est de faire connaître la loi orale et de compléter la thora, se compose de deux parties: la Mishnah qui date du deuxième siècle et classe les articles de la loi orale, et la Gemâra, formée de commentaires.

[11] Jean le Baptiste prêche le 'baptême de pénitence' pour la rémission des péchés

même, et Dieu attache sa grâce au signe qu'il lui plaît de choisir. Le baptême fut bientôt le premier rite et le sceau de la religion chrétienne. [12] Cependant, les quinze premiers évêques de Jérusalem furent tous circoncis, il n'est pas sûr qu'ils fussent baptisés. [13]

On abusa de ce sacrement dans les premiers siècles du christianisme; rien n'était plus commun que d'attendre l'agonie pour recevoir le baptême. [14] L'exemple de l'empereur Constantin en est une assez bonne preuve. [15] Voici comme il raisonnait. Le baptême purifie tout; je peux donc tuer ma femme, mon fils et tous mes parents, après quoi je me ferai baptiser, et j'irai au ciel, comme de fait il n'y manqua pas. [16] Cet exemple était dangereux; peu à peu

---

et baptise dans le Jourdain (Marc i.4-5; voir aussi Mathieu iii.6, Luc iii.3). Il baptise Jésus (Matthieu iii.13-15; Marc i.9; Luc iii.21). Jésus a voulu ainsi que soit accomplie 'toute justice'. Il s'est fait semblable à ses frères (Hébreux ii.17).

[12] Sans jamais baptiser, Jésus recommande à ses apôtres de baptiser 'au nom du Père, et du Fils et du Saint-Esprit' (Matthieu xxviii.19; Marc xvi.15-16). C'est en renaissant 'de l'eau et de l'esprit' que l'homme peut entrer dans le royaume des cieux (Jean iii.5). Le baptême est donc mis en rapport étroit avec la foi et apparaît comme condition du salut (Marc xvi.16).

[13] Information que Voltaire a trouvé dans Epiphane, et qu'il avait notée (CN, iii.431). Il pouvait trouver la liste de ces évêques dans l'*Histoire ecclésiastique* d'Eusèbe, qui donne la liste des quinze évêques circoncis, de Jacques, frère du Seigneur, à Jude (IV.v, p.179). Dans l'article 'Voyage de saint Pierre à Rome' des QE, Voltaire répète ce fait et indique ces deux sources (M.xx.593). Voir également ci-dessous, 'Christianisme'; *Conversation de M. l'intendant des menus* (M.xxiv.249); *Traité sur la tolérance* (M.xxv.64); QE, art. 'Eglise' (M.xviii.480).

[14] Dans I Corinthiens xv.29, il est question d'un baptême pour les morts. Ce fait sera relevé par Voltaire dans l'article 'Baptême' des QE (M.xvii.541); il s'appuiera sur la 'Dissertation sur le baptême des morts' de Calmet (*Dissertations*, iii.338-55).

[15] Il est de fait que l'empereur Constantin fut baptisé dans la foi arienne sur son lit de mort en 337. Dans l'*Histoire ecclésiastique* par Eusèbe est insérée une 'Vie de l'empereur Constantin' où il est question de ce baptême *in extremis*. Voir aussi: 'lorsqu'il se sentit proche de sa fin, il crut devoir expier ses péchés et ne douta pas qu'ils ne dussent être effacés par la force ineffable du baptême' (IV.lxi; *Histoire de l'Eglise*, p.180-81). Or Voltaire a souvent dénoncé les crimes de Constantin (voir *L'Examen important de milord Bolingbroke*, V 62, p.309-11).

[16] C'est en effet un curieux saint, meurtrier de son beau-père Maximien, de son beau-fils Licinius, de son fils aîné Crispus, de sa femme Fausta et du fils de Licinius, baptisé dans une foi hérétique et promoteur du retour de l'hérésie arienne. Moreri,

la coutume s'abolit d'attendre la mort pour se mettre dans le bain sacré. [17]

Les Grecs conservèrent toujours le baptême par immersion: les Latins vers la fin du huitième siècle, ayant étendu leur religion dans les Gaules et la Germanie, et voyant que l'immersion pouvait faire périr les enfants dans des pays froids, substituèrent la simple aspersion, ce qui les fit souvent anathématiser par l'Eglise grecque. [18]

On demanda à St Cyprien évêque de Carthage, si ceux-là étaient réellement baptisés, qui s'étaient fait seulement arroser tout le corps? il répond dans sa 76ᵉ lettre, que plusieurs Eglises ne croyaient pas que ces arrosés fussent chrétiens; que pour lui il pense qu'ils sont chrétiens, mais qu'ils ont une grâce infiniment moindre que ceux qui ont été plongés trois fois selon l'usage. [19]

à l'article 'Constantin', précise que l'on parle de cet empereur comme d'un saint dès le cinquième siècle.

[17] *Trévoux* dénonce cette 'fraude pieuse' à la suite des Pères de l'Eglise (i.1112).

[18] Sur l'historique du baptême, voir les carnets (V 82, p.623-24). Voltaire possède l'*Histoire des sacrements* de Charles-Mathias Chardon (Paris 1745), qui cite Tertullien et saint Basile pour rappeler que primitivement le baptême consistait en trois immersions faites au nom des trois personnes divines. Depuis le concile de Tolède en 1311, une seule immersion suffit; enfin l'infusion la remplace, étant donné les 'embarras' causés par le baptême des femmes (i.193-99). *Trévoux* prétend qu'on a adopté l'usage d'une seule immersion pour se distinguer des ariens; il admet que des raisons climatiques ont pu jouer en ce qui concerne l'infusion, tout en rappelant les précautions prises par saint Otton: eau chauffée du bain, rideaux autour des cuves pour préserver la pudeur des femmes (i.1009).

[19] Voltaire a annoté *Les Œuvres de saint Cyprien, évêque de Carthage et martyr* (trad. P. Lombert, Rouen 1716; CN, ii.846-49). Il cite saint Cyprien à propos du choix des quatre Evangiles et des persécutions contre les chrétiens (*Examen important*, V 62, p.236, 296, 313), mais aussi à propos du luxe des évêques (cf. *Essai sur les mœurs*, i.283). Il fait allusion ici à l'épître de saint Cyprien à Magnus, qui porte le numéro 75, et non 76 (i.281-90). Il en donne un résumé tendancieux. La question se posait à propos de ceux qui avaient reçu le baptême alors qu'ils étaient alités. Saint Cyprien répond qu'il laisse à chacun la liberté de croire ce qu'il lui plaira. Pour lui, il estime que 'la grâce de Dieu ne souffre point de diminution ni de déchet et que lorsque la foi de celui qui donne et qui reçoit le baptême est pleine et entière, il se fait aussi une pleine et entière effusion de ses dons' (p.288).

On était initié chez les chrétiens dès qu'on avait été plongé; avant ce temps on n'était que catéchumène. Il fallait pour être initié avoir des répondants, des cautions, qu'on appelait d'un nom qui répond à *parrains*, afin que l'Eglise s'assurât de la fidélité des   45 nouveaux chrétiens, et que les mystères ne fussent point divulgués. C'est pourquoi dans les premiers siècles, les gentils furent générale- ment aussi mal instruits des mystères des chrétiens, que ceux-ci l'étaient des mystères d'Isis et d'Eleusine. [20]

Cyrille d'Alexandrie, dans son écrit contre l'empereur Julien,   50 s'exprime ainsi; *Je parlerais du baptême si je ne craignais que mon discours ne parvînt à ceux qui ne sont pas initiés*. [21]

Dès le second siècle, on commença à baptiser des enfants;[22] il était naturel que les chrétiens désirassent que leurs enfants, qui auraient été damnés sans ce sacrement, en fussent pourvus. On   55 conclut enfin qu'il fallait le leur administrer au bout de huit jours, parce que chez les Juifs c'était à cet âge qu'ils étaient circoncis.[23] L'Eglise grecque est encore dans cet usage. Cependant au troisième siècle la coutume l'emporta de ne se faire baptiser qu'à la mort.[24]

---

44   64: appelait du nom

Contrairement à l'opinion que lui prête Voltaire, il assure que ceux qui ont été 'arrosés' n'ont point reçu la grâce de Dieu selon une 'plus petite mesure'. Chardon commet la même erreur que Voltaire (*Histoire des sacrements*, i.203-206). Ce dernier se serait-il fié à lui, ne se donnant pas la peine de consulter saint Cyprien? Voltaire a souligné dans l'*Histoire ecclésiastique* de l'abbé Fleury un passage rappelant quels étaient, selon Tertullien, les rites baptismaux, dont la triple immersion (CN, iii.481).

[20] Voltaire professe le plus parfait mépris pour les anciens mystères (voir QE, art. 'Initiation'; M.xix.466-71).

[21] Saint Cyrille d'Alexandrie, *Contre Julien*, vii.247.

[22] Dans ses carnets, Voltaire déclare que le baptême des enfants date du cinquième siècle (V 82, p.623). Le DTC réfute l'assertion suivant laquelle on ne baptisait pas les enfants durant les deux premiers siècles (i.281).

[23] D'après l'*Encyclopédie*, cette question a été débattue au concile de Carthage en 253 (art. 'Baptême').

[24] L'*Encyclopédie* commente cette pratique. Voltaire a mis un signet dans son exemplaire de l'*Histoire des sacrements* de Chardon, aux pages traitant de ce baptême *in extremis* (CN, ii.505).

Ceux qui mouraient dans la première semaine étaient damnés, 60
selon les Pères de l'Eglise les plus rigoureux.[25] Mais Pierre
Chrisologue au cinquième siècle, imagina les limbes,[26] espèce
d'enfer mitigé, et proprement bord d'enfer, faubourg d'enfer, où
vont les petits enfants morts sans baptême, et où étaient les
patriarches avant la descente de Jésus-Christ aux enfers. De sorte 65
que l'opinion que Jésus-Christ était descendu aux limbes, et non
aux enfers, a prévalu depuis.[27]

Il a été agité, si un chrétien dans les déserts d'Arabie pouvait
être baptisé avec du sable; on a répondu que non: si on pouvait
baptiser avec de l'eau rose, et on a décidé qu'il fallait de l'eau 70
pure, que cependant on pouvait se servir d'eau bourbeuse.[28] On

[25] Parmi les Pères de l'Eglise, Voltaire vise saint Augustin. Dans son exemplaire
des *Lettres de S. Augustin, traduites en français*, Voltaire a noté 'enfans damnés' en
face de la lettre ccxv: 'Il n'y aura de damnés pour le seul péché d'origine, que les
enfants qui n'auront point été faits participants de la grâce du Sauveur par le
Sacrement de la régénération, et qui seront morts dans un âge à n'avoir pu faire
par eux-mêmes ni bien ni mal' (vi.80; CN, i.176). Voltaire explique dans l'article
'Péché originel' des QE que saint Augustin s'élevait contre l'hérésie pélagienne
(M.xx.155). Dans *L'A, B, C*, en 1768, il évoque de même cette sentence barbare
de l'Africain Augustin (M.xxvii.337-38). D'autres Pères de l'Eglise partagent cette
opinion: saint Jérôme, saint Fulgence, saint Grégoire le Grand. Bossuet au dix-
septième siècle soutient que les enfants endurent, non pas précisément la peine du
feu, mais une peine afflictive (voir DTC, i.368, 370).

[26] Voir *La Pucelle*, iii, note de 1773, où Voltaire évoque Chrysologue et appelle
les limbes le 'paradis des sots' (V 7, p.302). Pierre Chrysologue (406-450), évêque
ou archevêque de Ravenne, proclamé docteur de l'Eglise par Benoît xiii, est célèbre
pour son éloquence; voir ses *Sermons*, x.59. Selon DTC, il est difficile de préciser
à quelle époque les théologiens employèrent ce terme pour distinguer un séjour
particulier des âmes (ix.760-62).

[27] Voir Ephésiens iv.9: Jésus descend aux enfers, c'est-à-dire dans des lieux
inférieurs. On a adopté le terme 'limbes' pour le distinguer de l'enfer comme
châtiment. *Trévoux*, en s'appuyant sur l'autorité de saint Thomas et sur celle du
catéchisme du concile de Trente, définit les limbes comme le lieu où se trouvaient
les âmes des patriarches et où Jésus descendit. Dans un second article, le mot
'limbe' désigne le lieu destiné à recevoir les enfants morts sans baptême (iv.258).

[28] *Trévoux*, s'appuyant sur l'autorité de Tertullien, rappelle que toute eau
naturelle convient: eau de mer, de rivière, de mare. Le pape Etienne ii excommunia

voit aisément que toute cette discipline a dépendu de la prudence des premiers pasteurs qui l'ont établie.

Idée des unitaires rigides sur le baptême. [29]

'Il est évident pour quiconque veut raisonner sans préjugé, que le baptême n'est ni une marque de grâce conférée, ni un sceau d'alliance, mais une simple marque de profession.   75

'Que le baptême n'est nécessaire, ni de nécessité de précepte, ni de nécessité de moyen.

'Qu'il n'a point été institué par Jésus-Christ, et que le chrétien peut s'en passer sans qu'il puisse en résulter pour lui aucun inconvénient.   80

'Qu'on ne doit pas baptiser les enfants ni les adultes, ni en général aucun homme.

'Que le baptême pouvait être d'usage dans la naissance du christianisme à ceux qui sortaient du paganisme, pour rendre publique leur profession de foi, et en être la marque authentique, mais qu'à présent il est absolument inutile et tout à fait indifférent.'   85

(*Tiré du Dictionnaire encyclopédique à l'article des* **Unitaires**.)

---

72   65v: toute discipline
73-110   64-65v: qui l'ont établie.//

---

un prêtre qui avait baptisé avec du vin. Défense fut donnée à un évêque de Norvège de baptiser avec de la bière.

[29] Ce texte fut ajouté en 1767 en même temps que d'autres textes inspirés ou reproduits de l'article 'Unitaires' de l'*Encyclopédie*; voir ci-dessus, 'Antitrinitaires', n.1. Cette addition reprend, avec quelques variantes, un développement de l'*Encyclopédie* consacré aux sentiments de Socin sur le baptême (xvii.390-91). Dans l'*Encyclopédie*, l.74-76 se réfèrent à tous les sacrements, et sont donc au pluriel. Signalons en outre deux interventions minimes: l.79: 'pas' pour 'point'; l.82: 'qu'on ne doit *donc* pas'.

ADDITION IMPORTANTE

L'empereur Julien le philosophe dans son immortelle satire des
Césars, met ces paroles dans la bouche de Constance fils de   90
Constantin: 'Quiconque se sent coupable de viol, de meurtre, de
rapine, de sacrilège, et de tous les crimes les plus abominables,
dès que je l'aurai lavé avec cette eau, il sera net et pur.' 30
   C'est en effet cette fatale doctrine qui engagea tous les empereurs
chrétiens et tous les grands de l'empire à différer leur baptême   95
jusqu'à la mort. On croyait avoir trouvé le secret de vivre criminel
et de mourir vertueux.

(*Tiré de M. Boulanger.*) 31

---

30 Julien, *Les Césars*, XXXVIII. Constance, qui se laisse aller à la débauche,
rencontre Jésus. C'est Jésus, et non Constance, qui tient ces propos. Constance,
comme son père Constantin, attendit son heure dernière pour se faire baptiser (il
meurt en 361). Texte virulent écrit en marge de Marc XVI.16: 'celui qui croira et
qui sera baptisé, sera sauvé; mais celui qui ne croira pas sera condamné'.
   31 Après le décès de Nicolas-Antoine Boulanger (1722-1759), ami des encyclopédistes, d'Holbach s'était servi de son nom pour lui attribuer des ouvrages dangereux:
Le Christianisme dévoilé (Londres 1761); *Recherches sur l'origine du despotisme
oriental* ([Genève] 1761). A la fin de 1765, d'Holbach publie, sans doute avec des
remaniements, un des ouvrages de Boulanger: *L'Antiquité dévoilée par ses usages*
(Amsterdam 1766). Voltaire a lu avec intérêt l'article 'Vingtième' de l'*Encyclopédie*,
qui paraît aussi sous cette identité. Boulanger est devenu dans son esprit un prête-
nom commode (voir D12937). Il lui attribue cette addition importante, 'Julien le
philosophe' et 'Péché originel'. Voltaire n'a sans doute pas consulté *L'Antiquité
dévoilée par ses usages* dont les théories l'auraient intéressé. Boulanger y soutient la
thèse suivant laquelle les religions trouvent leurs sources dans des cataclysmes
naturels, en particulier le déluge. Ainsi le baptême, 'homicide mystérieux et
emblématique', implique une mort au monde pour ne vivre qu'en Jésus-Christ.
Comme le déluge a noyé autrefois le genre humain et n'a épargné que l'homme
juste, le baptême noie en nous l'humanité pour n'y laisser que le christianisme
(i.134-36). Il n'y a rien de commun entre cette addition et les thèses de Boulanger.
Quant au *Christianisme dévoilé* qui lui fut attribué, il ne comporte rien qui ressemble
à cette addition. Dans le passage consacré à la théurgie des chrétiens, la question
essentielle est la suivante: comment les chrétiens, délivrés du péché, continuent-ils
à pécher? (Londres 1767, p.81). Sur Boulanger, voir J. Hampton, *N.-A. Boulanger
et la science de son temps*, et P. Sadrin, *N.-A. Boulanger ou avant nous le déluge*.

AUTRE ADDITION

Quelle étrange idée tirée de la lessive qu'un pot d'eau nettoie tous les crimes![32] aujourd'hui qu'on baptise tous les enfants, parce qu'une idée non moins absurde les supposa tous criminels, les voilà tous sauvés jusqu'à ce qu'ils aient l'âge de raison et qu'ils puissent devenir coupables. Egorgez-les donc au plus vite pour leur assurer le paradis. Cette conséquence est si juste qu'il y a eu une secte dévote qui s'en allait empoisonnant ou tuant tous les petits enfants nouvellement baptisés.[33] Ces dévots raisonnaient parfaitement. Ils disaient, nous faisons à ces petits innocents le plus grand bien possible. Nous les empêchons d'être méchants et malheureux dans cette vie, et nous leur donnons la vie éternelle.

(de M. l'abbé Nicaise.)[34]

[32] Paraphrase des vers de Boudier de La Jousselinière: 'C'est une drôle de maxime / Qu'une lessive efface un crime', qui traduisaient deux vers des *Fastes* d'Ovide (ii.45-46). Voltaire cite ces deux vers dans les QE, ainsi que les vers d'Ovide: 'Ah! nimium faciles qui tristia crimina caedis / Fluminea tolli posse putatis aqua' (M.xvii.539). Il manifeste de la considération pour Boudier dans *Le Siècle de Louis XIV*, où il cite son épitaphe (*OH*, p.1142). Dans *Le Portefeuille trouvé, ou tablettes d'un curieux* (Genève 1757; BV), on trouve des vers de Boudier, mais point ceux sur le baptême.

[33] Voltaire a fait pour la première fois allusion à cette secte dans le *Traité sur la tolérance* (1763; M.xxv.97). Il situe toujours ces infanticides religieux au Danemark et répètera ce propos dans *Dieu et les hommes* (V 69, p.487); Bayle, dans sa *Réponse aux questions d'un provincial*, ne cite pas cet exemple lorsqu'il énumère des cas d'infanticides (Amsterdam 1706, p.379-81). Voltaire s'intéresse alors au Danemark et veut emprunter l'*Histoire du Danemarck* de Paul-Henri Mallet, parue à Copenhague en 1758 (voir D11287).

[34] Claude Nicaise (1623-1701) entretint des correspondances érudites. Il est l'auteur d'un ouvrage *Sur les Syrènes, leurs figures, leurs formes* (Paris 1691) et d'une *Description des tableaux du Vatican* (Paris 1691). Voltaire cite, dans une de ses lettres, un vers de son épitaphe (D8400). Cette attribution est pour le moins fantaisiste. Cet article-ci a fait l'objet de commentaires peu amènes de la part de Chaudon (p.36-37). Cet 'écrivain téméraire' ne comprend pas que si le signe est indifférent, l'objet ou le motif peuvent le rendre saint ou impie: 'on se prosterne dans tous les temples du monde, il ne s'agit que de savoir devant quel Etre on doit se prosterner'. Chaudon est choqué par la remarque concernant les quinze premiers

évêques de Jérusalem, mais il n'oppose aucun argument. Il se scandalise à propos du baptême à l'article de la mort et renvoie à l'article 'Constantin' pour laver ce prince de tout reproche à cet égard (p.80-84).

BEAU, BEAUTÉ [1]

Demandez à un crapaud ce que c'est que la beauté, le grand beau, le to kalon? [2] il vous répondra que c'est la femelle avec deux gros yeux ronds, sortant de sa petite tête, une gueule large et plate, un ventre jaune, un dos brun. Interrogez un nègre de Guinée, le beau est pour lui une peau noire huileuse, des yeux enfoncés, un nez épaté.

Interrogez le diable, il vous dira que le beau est une paire de

5

2 64-65v: c'est sa femelle

[1] Composé d'anecdotes illustrant la thèse de la relativité du beau, cet article paraît répondre, sur un mode humoristique, à l'article 'Beau' de l'*Encyclopédie*, que Voltaire marque d'une corne dans son exemplaire (CN, iii.380). Rédigé par Diderot et classé sous la rubrique 'Métaphysique', ce long article traite de 'l'origine et de la nature du beau' en s'efforçant 'd'arracher l'esthétique à l'incertitude pyrrhonienne'. Diderot définit un beau objectif (voir J. Chouillet, *La Formation des idées esthétiques de Diderot*, p.258-73). Il est difficile de dater cet article-ci. Seule l'anecdote sur la tragédie française qui fait bâiller en Angleterre fournit l'amorce d'une piste. On s'étonne du ton de ce constat, Voltaire réagissant souvent vivement aux sévérités anglaises à l'égard des tragiques français (voir ci-dessous, n.7). Pourtant dans une lettre à Cideville du 22 février 1764, il paraît les accepter: 'Les Anglais qui viennent icy en grand nombre, disent que toutes nos tragédies sont à la glace; il pourait bien en être quelque chose, mais les leurs sont à la Diable' (D11717). Pourquoi cette soudaine conversion? Parce qu'il va envoyer à Cideville ses *Commentaires sur Corneille* et qu'il prévoit les réactions de son ami normand, mais aussi parce qu'il a jugé parfois sans ménagement les pièces de Corneille. Quelques mois plus tard, il laisse entrevoir le fond de sa pensée, en disant que Corneille est injouable à Londres (D12075). Cet article pourrait avoir été écrit alors que Voltaire commente ou a fini de commenter Corneille. Voltaire ajoutera de nouveaux développements à cet article dans les QE.

[2] En 1770, dans les QE, Voltaire fait précéder ce texte d'une citation de Platon. Les théoriciens du Beau absolu se réfèrent au *Phèdre*, au *Grand Hippias*, au *Banquet*. Voltaire n'a que mépris pour ces idées abstraites de Platon (voir QE, art. 'Sophiste', M.xx.435-36).

cornes, quatre griffes et une queue.[3] Consultez enfin les philosophes, ils vous répondront par du galimatias;[4] il leur faut quelque
chose de conforme à l'archétype du beau en essence, au to kalon.

J'assistais un jour à une tragédie auprès d'un philosophe; Que
cela est beau! disait-il. Que trouvez-vous là de beau? lui dis-je;
C'est, dit-il, que l'auteur a atteint son but. Le lendemain il prit
une médecine qui lui fit du bien. Elle a atteint son but, lui dis-je;
voilà une belle médecine! Il comprit qu'on ne peut dire qu'une
médecine est belle,[5] et que pour donner à quelque chose le nom

[3] Montesquieu avait montré que 'nous ne jugeons jamais des choses que par un
retour secret que nous faisons sur nous-mêmes' et avait attaqué l'anthropomor-
phisme divin: 'Je ne suis pas surpris que les nègres peignent le diable d'une
blancheur éblouissante, et leurs dieux noirs comme du charbon' (*Lettres persanes*,
LIX, éd. P. Vernière, p.124). Les trois exemples (le crapaud, le nègre, le diable)
sont des variations sur le thème du 'retour secret que nous faisons sur nous-mêmes',
sans que l'on puisse parler de filiation entre les deux textes.

[4] De manière générale, Voltaire ne se passionne point pour les questions
théoriques. Son refus des systèmes le détourne des constructions philosophiques
en matière d'esthétique. D'où cette condamnation dédaigneuse et expéditive. On
mesure la différence avec l'article 'Beau' de l'*Encyclopédie*.

[5] Si Voltaire préfère la pratique esthétique (création ou critique), il n'ignore pas
les doctrines qui suscitent des discussions de son temps. Il les traduit en anecdotes.
Ainsi ce paragraphe traite-t-il de l'identité du beau et de l'utile. L'idée de la 'belle
médecine' a peut-être pour origine la lecture des *Miscellaneous reflections* de
Shaftesbury: 'Thus *Beauty* and *Truth* are plainly join'd with the notion of *Utility*
and *Convenience*, even in the apprehension of every ingenious Artist, the Architect,
the Statuary, or the Painter. 'Tis the same in the Physician's way. Natural Health
is the just Proportion; Truth, and regular course of things, in a Constitution. 'Tis
the inward Beauty of the Body' (*Characteristics of men*, London 1723, iii.181).
Voltaire apprécie l'œuvre de Shaftesbury, cite à maintes reprises ses *Characteristics*,
mais ne fait pas allusion à ses théories esthétiques, voyant surtout en lui un des
plus fermes soutiens du théisme (*Essai sur les mœurs*, ii.687; *Lettres à S. A. Mgr le
prince de* ***, M.xxvi.482) et un écrivain anti-chrétien (D14695). En avril 1760,
Voltaire a relu Shaftesbury et en fait des extraits (D8854). Mais il se pourrait que
la présentation caricaturale de l'utilitarisme dans cet article vienne de la lecture de
l'*Encyclopédie* où Diderot résume l'*Essai sur le mérite et la vertu* à cette proposition:
'Ainsi tout ce qui est ordonné de manière à produire le plus parfaitement l'effet
qu'on se propose est suprêmement beau' (ii.175). Diderot invite à 'descendre' avec
Shaftesbury 'aux objets les plus communs, aux chaises, aux tables, aux portes'

de beauté, il faut qu'elle vous cause de l'admiration et du plaisir. Il convint que cette tragédie lui avait inspiré ces deux sentiments, et que c'était là le to kalon, le beau. [6]

Nous fîmes un voyage en Angleterre: on y joua la même pièce, parfaitement traduite; elle fit bâiller tous les spectateurs. Oh, oh, dit-il, le to kalon n'est pas le même pour les Anglais et pour les Français. [7] Il conclut après bien des réflexions, que le beau est

20

23-24   64:   est très relatif
        MS2:   est souvent un peu relatif
        65-69: est très peu relatif [69* errata: β]

(ii.174). P. Vernière (Diderot, *Œuvres esthétiques*, p.411, n.2), puis J. Chouillet ont montré combien Diderot était injuste à l'égard de Shaftesbury, mais Voltaire n'y a peut-être pas regardé de si près.

[6] Voltaire se range dans le camp des subjectivistes en faisant appel au 'plaisir' et à 'l'admiration', se situant dans la lignée de J.-B. Dubos, *Réflexions critiques sur la poésie et sur la peinture* (Paris 1719; BV). Voltaire, qui a eu d'excellentes relations avec l'abbé Dubos (cf. D1181, D1202, etc.), a relu ses *Réflexions* en Prusse en 1751 (D4496). Le 'Catalogue' du *Siècle de Louis XIV* est élogieux, mais vague: les *Reflexions critiques* sont 'le livre le plus utile qu'on ait jamais écrit sur ces matières chez aucune des nations d'Europe. Ce qui fait la bonté de cet ouvrage, c'est qu'il n'y a que peu d'erreurs et beaucoup de réflexions vraies, nouvelles et profondes' (*OH*, p.1158). Dubos 'pense et fait penser'. Comme lui, Voltaire s'en remet ici à l'expérience comme source du jugement esthétique: 'S'il est quelque matière où il faille que le raisonnement se taise devant l'expérience, c'est assurément dans les questions qu'on peut se faire sur le mérite d'un poème; c'est lorsqu'il s'agit de savoir si un poème plaît ou ne plaît pas' (*Réflexions critiques*, Paris 1753, ii.366). Voltaire prend comme lui la jouissance esthétique comme fondement du beau. Dubos estime que les hommes 'à l'aide du sentiment intérieur qui est en eux, connaissent sans savoir les règles, si les productions des arts sont de bons ou de mauvais ouvrages' (ii.332). Voltaire parle d'admiration et de plaisir, sans aucune précision, comme s'il élevait le sujet individuel au rang de juge sans appel. A-t-il lu *Of the standard of taste* de Hume qui pose le principe de la subjectivité absolue du beau? Il possède les *Four dissertations* (London 1757), en critique la traduction française qu'il consulte en 1759-1760 (D8017, D8022, D8533), estime que Hume est un 'vrai philosophe' (D8881, D7499, D11939), mais ne dit mot de son esthétique. On notera que Voltaire prend une position contraire à celle de l'article 'Beau' de l'*Encyclopédie*, Diderot refusant l'hédonisme du beau de Dubos.

[7] Voltaire ne choisit pas sans raison un cadre anglais pour illustrer la thèse de la relativité du beau. C'est à Londres, en recevant le choc du théâtre anglais, qu'il a

souvent très relatif, comme ce qui est décent au Japon est indécent à Rome; et ce qui est de mode à Paris ne l'est pas à Pékin;[8] et il s'épargna la peine de composer un long traité sur le beau.[9]

---

compris qu'il existait une spécificité du goût pour chaque pays. L'*Essai sur la poésie épique* ouvre sur des perspectives comparatistes, mais tempérées par une prétention à l'universalité: 'ce qui appartient au bon sens appartient également à toutes les nations du monde [...] tout ce qui dépend de la tyrannie de la coutume, et de cet instinct qu'on nomme goût, voilà sur quoi il y a mille opinions, et point de règles générales' (M.viii.309). L'incompréhension des Anglais à l'égard de la tragédie française reste pour Voltaire un sujet irritant. En 1761, après avoir lu dans le *Journal encyclopédique* un 'Parallèle entre Shakespeare et Corneille, traduit de l'anglais' (15 octobre 1760, p.100-105), puis un 'Parallèle entre Otwai et Racine traduit littéralement de l'anglais' (1er novembre 1760, p.107-11), il est entré en lice pour défendre les tragiques français. Il reste persuadé de leur excellence et écrit un *Appel à toutes les nations de l'Europe*, car 'l'épreuve véritable du bon', c'est la reconnaissance par l'ensemble des nations. Il s'interroge sur la diversité des goûts en France et en Angleterre et fait des concessions (M.xxiv.192). En fait, Voltaire accepte l'idée de 'génies particuliers', mais s'efforce de promouvoir des valeurs générales (voir R. Naves, *Le Goût de Voltaire*, p.329-31). Le constat de cet article est corrigé dans d'autres textes par un souci d'universalité. En 1771, Voltaire distinguera entre 'beautés de tous les temps et de tous les pays' et 'beautés locales' (QE, art. 'Goût', M.xix.278). Si le ton de cet article est sans aigreur, c'est que Voltaire n'a point à se plaindre de l'accueil que les Anglais réservèrent à son théâtre (voir A.-M. Rousseau, *L'Angleterre et Voltaire*, p.375-446). Sur le goût selon Voltaire, voir aussi l'article 'Goût' composé pour l'*Encyclopédie* (V 33, p.128-32).

[8] Cette comparaison avec la morale et la mode renvoie à la tradition pyrrhonienne. Voltaire ne donne aucun aperçu sur les causes de variation du beau auxquelles l'article de Diderot consacrait douze rubriques.

[9] Outre les *Réflexions critiques* et *Of the standard of taste*, Voltaire possédera l'*Essai sur le beau* du père André (1741) dans une édition de ses *Œuvres* (Paris 1766-1767), qu'il n'a pas annotée et qu'il ne cite pas, et George Berkeley, *Dialogues entre Hylas et Philonous*, trad. Gua de Malves (Amsterdam 1750). Il peut penser aussi à Charles Batteux, *Les Beaux-arts réduits à un même principe* (Paris 1746) et à Jean-Pierre de Crousaz, *Traité du beau* (Amsterdam 1715), deux auteurs qu'il cite parfois dans sa correspondance. Cette pointe finale pourrait être dirigé contre l'article 'Beau' de l'*Encyclopédie*. Diderot, dont l'article même peut être considéré comme 'un long traité sur le beau', accorde une large place au père André qui distinguait quatre parties dans le beau (beau visible, beau dans les ouvrages de l'esprit, beau dans les mœurs, beau musical), puis trois catégories (beau essentiel, naturel et artificiel).

BÊTES [1]

Quelle pitié, quelle pauvreté, d'avoir dit que les bêtes sont des machines, privées de connaissance et de sentiment, qui font

---

[1] Voltaire depuis longtemps attaque la thèse cartésienne soutenant que les animaux sont comme des machines, sans âme ni volonté propre (*Traité de métaphysique*, V 14, p.452-54; *Éléments de la philosophie de Newton*, V 15, p.222). La question de l'âme des bêtes reste importante au dix-huitième siècle comme en témoigne le long article que l'abbé Yvon lui consacre dans l'*Encyclopédie* (i.343-53); après avoir exposé le système de Descartes, il accorde aux bêtes une âme sensitive. Voltaire a annoté d'une plume acerbe cet article qui met l'accent sur les enjeux théologiques de la question (CN, iii.365). Désira-t-il lui répondre par cet article de 1764? La question n'est jamais close pour Voltaire qui la reprendra en 1769 dans *Les Adorateurs* (M.xxviii.309-26), en 1770 dans l'article 'Ame' des QE (M.xvii.137-40). Voltaire possède l'*Essai philosophique sur l'âme des bêtes où l'on traite de son existence et de sa nature* de David-Renaud Boullier (Amsterdam 1727), qui renvoie à Bayle, art. 'Rorarius' et 'Pereira'. Malgré certaines similarités de point de vue (lockien), notamment une opposition à la thèse que l'animal est un automate dépourvu d'âme (p.87), des discussions sur l'instinct des bêtes (p.196-97) et les actions involontaires de l'organisme humain (p.195), il n'est pas évident que Voltaire ait puisé dans ce livre car il ne réfute pas la thèse de Bouiller selon laquelle la différence entre l'âme des hommes et celle des animaux est que celle-ci manque de sens moral et religieux (p.131 ss.). Voltaire contredit, peut-être sans le connaître, l'article 'Bêtes' de *Trévoux*, qui les définit comme des 'animaux privés de raison', tout en penchant vers le point de vue d'Ignace-Gaston Pardies, *Discours de la connaissance des bêtes* (Paris 1672), p.14-18, 36 ss., qui 'montre qu'elles ne sont destinées ni d'intelligence, ni de sentiment', ainsi que vers une des thèses de Louis Racine, *Première épître sur l'âme des bêtes*, qui, comme Voltaire, réfute la thèse de l'animal machine (*Continuation des mémoires de littérature*, 1726, vi.73-96). Des philosophes de l'antiquité, comme Qoheleth, avaient déjà mis en doute qu'il y eût une différence entre les âmes des bêtes et celles des hommes (Ecclésiaste iii.19-21), tandis que Celse, dans sa polémique contre le christianisme, niait que les âmes des bêtes fussent moins divines que celles des hommes (Origène, *Contre Celse*, iv.58, 88). Cet article-ci n'a pas été retenu dans les QE.

toujours leurs opérations de la même manière, qui n'apprennent rien, ne perfectionnent rien, etc![2]

Quoi, cet oiseau qui fait son nid en demi-cercle quand il l'attache à un mur, qui le bâtit en quart de cercle quand il est dans un angle, et en cercle sur un arbre; cet oiseau fait tout de la même façon? Ce chien de chasse que tu as discipliné pendant trois mois, n'en sait-il pas plus au bout de ce temps, qu'il n'en savait avant les leçons? Le serin à qui tu apprends un air, le répète-t-il dans l'instant? n'emploies-tu pas un temps considérable à l'enseigner? n'as-tu pas vu qu'il se méprend et qu'il se corrige?[3]

Est-ce parce que je te parle, que tu juges que j'ai du sentiment, de la mémoire, des idées? Eh bien, je ne te parle pas; tu me vois entrer chez moi l'air affligé, chercher un papier avec inquiétude, ouvrir le bureau où je me souviens de l'avoir enfermé, le trouver, le lire avec joie. Tu juges que j'ai éprouvé le sentiment de l'affliction et celui du plaisir, que j'ai de la mémoire et de la connaissance.

Porte donc le même jugement sur ce chien qui a perdu son maître, qui l'a cherché dans tous les chemins avec des cris douloureux, qui entre dans la maison agité, inquiet, qui descend,

---

9-10   64: avant tes leçons?

---

[2] Voltaire associe cette opinion en particulier à Descartes, *Discours de la méthode*, v.56-60, bien que Gomez Pereira l'ait soutenu avant lui (voir Bayle, art. 'Pereira'). Les défenseurs des animaux étaient nombreux (voir Bayle, art. 'Rorarius' et 'Sennert'; La Fontaine, 'Discours à Mme de La Sablière', 29-91, *Fables*, IX), et il y avait même des philosophes qui soutenaient que les âmes des bêtes étaient immortelles, comme celles des hommes.

[3] Il y avait une tradition parmi les anciens, que Montaigne exploite dans son 'Apologie de Raymond Sebond', qui rapporte les vertus et la sagacité des bêtes (cf. Shaftesbury, *Characteristics*, iii.198-220), mais il ne convient pas de trop insister sur les sources livresques des connaissances d'histoire naturelle étalées dans cet article car on vivait alors en contact quotidien avec les chevaux et les chiens de chasse. Les descriptions semblent d'ailleurs indépendantes de l'*Encyclopédie*, art. 'Instinct', et de Buffon dont l'intérêt pour les oiseaux était surtout anatomique.

qui monte, qui va de chambre en chambre, qui trouve enfin dans
son cabinet le maître qu'il aime, et qui lui témoigne sa joie par la
douceur de ses cris, par ses sauts, par ses caresses.   25

Des barbares saisissent ce chien, qui l'emporte si prodigieusement sur l'homme en amitié; ils le clouent sur une table, et ils le
dissèquent vivant pour te montrer les veines mésaraïques. [4] Tu
découvres dans lui tous les mêmes organes de sentiment qui sont
dans toi. Réponds-moi, machiniste; la nature a-t-elle arrangé tous   30
les ressorts du sentiment dans cet animal, afin qu'il ne sente pas?
a-t-il des nerfs pour être impassible? Ne suppose point cette
impertinente contradiction dans la nature.

Mais les maîtres de l'école demandent ce que c'est que l'âme
des bêtes? Je n'entends pas cette question. Un arbre a la faculté   35
de recevoir dans ses fibres sa sève qui circule, de déployer les
boutons de ses feuilles et de ses fruits; [5] me demanderez-vous ce
que c'est que l'âme de cet arbre? [6] il a reçu ces dons; l'animal a
reçu ceux du sentiment, de la mémoire, d'un certain nombre
d'idées. Qui a fait tous ces dons? qui a donné toutes ces facultés?   40
celui qui fait croître l'herbe des champs, et qui fait graviter la
terre vers le soleil.

Les âmes des bêtes sont des formes substantielles, a dit Aristote, [7]
et après Aristote l'école arabe, et après l'école arabe, l'école
angélique, [8] et après l'école angélique la Sorbonne, et après la   45
Sorbonne personne au monde.

[4] L'*Encyclopédie* précise que les vaisseaux mésaraïques sont les mêmes que les
mésentériques, et que, dans l'usage ordinaire, mésaraïque se dit des veines du
mésentère; ces veines du mésentère, avec la veine splénique qui vient du foie,
forment la veine-porte (art. 'Mésaraïques'; x.396-97).

[5] Voir par exemple Stephen Hales, *Vegetable statics* (London 1727), traduit par
Buffon sous le titre *La Statique des végétaux et l'analyse de l'air* (Paris 1735), p.93-
110.

[6] La philosophie classique reconnaissait précisément cette 'âme végétative' des
plantes, puis une 'âme sensitive' en plus pour les bêtes, et enfin, chez l'homme, les
deux précédentes plus une 'âme rationnelle' capable de penser.

[7] Aristote, *De l'âme*, II.i.412a.

[8] Voltaire n'est pas exact ici. Saint Thomas ne dit pas que les âmes des bêtes

Les âmes des bêtes sont matérielles, crient d'autres philosophes. [9] Ceux-là n'ont pas fait plus de fortune que les autres. On leur a en vain demandé ce que c'est qu'une âme matérielle; il faut qu'ils conviennent que c'est de la matière qui a sensation; mais qui lui a donné cette sensation? c'est une âme matérielle, c'est-à-dire que c'est de la matière qui donne de la sensation à de la matière, ils ne sortent pas de ce cercle. [10]

Ecoutez d'autres bêtes raisonnant sur les bêtes; leur âme est un être spirituel qui meurt avec le corps: [11] mais quelle preuve en avez-vous? quelle idée avez-vous de cet être spirituel, qui, à la vérité, a du sentiment, de la mémoire, et sa mesure d'idées et de combinaisons, mais qui ne pourra jamais savoir ce que sait un enfant de six ans. Sur quel fondement imaginez-vous que cet être qui n'est pas corps périt avec le corps? les plus grandes bêtes sont ceux qui ont avancé que cette âme n'est ni corps ni esprit. Voilà un beau système. Nous ne pouvons entendre par esprit que quelque chose d'inconnu qui n'est pas corps. Ainsi le système de

60   65v: corps? ¶Les

---

sont des formes substantielles; il démontre, au contraire, que l'âme humaine est incorporelle et subsistante parce qu'elle est capable d'intellectualité, alors que les âmes des bêtes ne subsistent pas (*Somme théologique*, 1a, 75.1-3, 5).

[9] Buffon, par exemple, soutenait que les animaux n'avaient qu'un 'sens intérieur matériel' tandis que l'homme avait la qualité d'intellectualité, donc une âme d'une autre substance (*Histoire naturelle*, iv.70). Mais avant lui la pensée scolastique distinguait entre les âmes des bêtes, qu'elle admettait, et celles des hommes, que les philosophes scolastiques pensaient incorporelles; voir Bayle, art. 'Rorarius', rem. F.

[10] Le raisonnement est ici tout à fait analogue à celui de *Phèdre*, 245c, cité aussi par Cicéron dans les *Tusculanes*, i.54. Il y eut au dix-septième siècle beaucoup d'écrits sur l'"âme matérielle", notamment Guillaume Lamy, *Discours anatomiques* (1675), et un manuscrit clandestin, *L'Ame matérielle* (Benítez, no.2). En 1745 La Mettrie publia son *Histoire naturelle de l'âme* (BV).

[11] Ce sont les conséquences des thèses de Daniel Sennert; voir Bayle, art. 'Sennert', rem. D.

414

ces messieurs revient à ceci, que l'âme des bêtes est une substance
qui n'est ni corps ni quelque chose qui n'est point corps.   65

D'où peuvent procéder tant d'erreurs contradictoires? de l'habitude où les hommes ont toujours été d'examiner ce qu'est une
chose, avant de savoir si elle existe. On appelle la languette, la
soupape d'un soufflet, l'âme du soufflet. Qu'est-ce que cette âme?
c'est un nom que j'ai donné à cette soupape qui baisse, laisse   70
entrer l'air, se relève, et le pousse par un tuyau, quand je fais
mouvoir le soufflet.

Il n'y a point là une âme distincte de la machine. Mais qui fait
mouvoir le soufflet des animaux? Je vous l'ai déjà dit, celui qui
fait mouvoir les astres. Le philosophe qui a dit, *Deus est anima*   75
brutorum,[12] avait raison: mais il devait aller plus loin.

76 65v: loin. Adorez Dieu, pauvres gens, au lieu de condamner celui qui
l'adore.

[12] Ce philosophe non identifié est cité par Jacques Bernard dans les *Nouvelles de la
République des lettres* (octobre 1700), p.419-20: 'Les philosophes les plus déterminés à
croire que les bêtes ne sont que de pures machines doivent avouer de bonne foi
qu'elles font diverses actions dont il leur est impossible d'expliquer le mécanisme.
Il serait beaucoup plus court de se contenter de dire en général que Dieu qui
voulait que leur machine subsistât pendant quelque temps a, par sa sagesse infinie,
disposé leurs parties convenablement à cette intention. Il me semble avoir lu
quelque part cette thèse: *Deus est anima brutorum*: l'expression est un peu dure mais
elle peut recevoir un fort bon sens.'; cité par Bayle, art. 'Rorarius', rem. K.

BIEN.
SOUVERAIN BIEN [1]

L'antiquité a beaucoup disputé sur le souverain bien; [2] autant aurait-il valu demander ce que c'est que le souverain bleu, ou le souverain ragoût, le souverain marcher, le souverain lire, etc. [3]

Chacun met son bien où il peut, et en a autant qu'il peut à sa façon.

Quid dem, quid non dem, renuis tu quod jubet alter. [4]

---

[1] En 1756, dans la *Suite des mélanges* (w56), Voltaire fait paraître un texte de quelques pages intitulé *De la chimère du souverain bien* (M.xvii.572-74). Cet article, paru en 1764, fait clairement référence à Platon (voir n.3), que Voltaire a relu en 1760 (D8794) et qu'il cite volontiers dans les exhortations finales de ses lettres (13 août 1760, D9141; 22 juillet 1761, D9909; 8 février [1762], D10315; 28 novembre [1762], D10813; 9 novembre 1763, D11491). L'article sera précédé de quelques lignes d'introduction dans les QE, où les citations latines seront alors traduites. Voltaire a aussi publié *Du Timée de Platon* et des *Questions sur Platon* dans les *Nouveaux mélanges* (1765; M.xx.224-30) .

[2] Alors que *Trévoux* spécifiait que 'les philosophes païens n'ont point connu le souverain bien', puisque la théologie chrétienne nous apprend que 'Dieu est le souverain bien' (i.1218), Voltaire, lui, renvoie à l'antiquité et aux idées archétypales.

[3] Cette question que soulève Voltaire est directement adressée à Platon (qui n'aurait pas été embarrassé de concevoir un souverain ragoût dont tous les ragoûts sensibles seraient les copies) et on la retrouve sous la même forme dans le texte de 1756. Mais Voltaire n'entre pas dans le détail de la théorie platonicienne des idées, qu'il rejette en bloc comme l'ensemble de la métaphysique. Elle a d'ailleurs mauvaise presse au dix-huitième siècle (voir M. Mat-Hasquin, *Voltaire et l'antiquité grecque*, p.255). A deux reprises dans ses carnets, Voltaire consacre des notices à Platon: il admet que ces idées du beau, du bien paraissent belles, mais considère que Locke, qui en a démontré la fausseté, est bien supérieur à Platon (V 82, p.510-11, 593-94). Pour Voltaire, Platon rêve (cf. *Le Songe de Platon*, V 17, p.537-49); c'est un sophiste qui a pris des idées abstraites pour des choses réelles (QE, art. 'Sophiste'). Voir l'étude d'O. A. Haac, 'A philosophe and antiquity: Voltaire's changing views of Plato', dans *The Persistent voice: essays on hellenism in French literature*, p.15-26.

[4] Horace, *Epîtres*, ii.ii.63 (Horace se plaint de la difficulté de contenter des publics aux goûts différents). Sur le profit que l'on peut tirer de maximes 'resserrées

Castor gaudet equis, ovo prognatus eodem
Pugnis. [5]

Le plus grand bien est celui qui vous délecte avec tant de force, qu'il vous met dans l'impuissance totale de sentir autre chose, comme le plus grand mal est celui qui va jusqu'à nous priver de tout sentiment. [6] Voilà les deux extrêmes de la nature humaine, et ces deux moments sont courts.

Il n'y a ni extrêmes délices, ni extrêmes tourments qui puissent durer toute la vie: le souverain bien et le souverain mal sont des chimères.

Nous avons la belle fable de Crantor; [7] il fait comparaître aux jeux olympiques la Richesse, la Volupté, la Santé, la Vertu; chacune demande la pomme: la Richesse dit, C'est moi qui suis le souverain bien, car avec moi on achète tous les biens: la Volupté dit, La pomme m'appartient, car on ne demande la richesse que pour m'avoir: la Santé assure que sans elle il n'y a point de volupté, et que la richesse est inutile: enfin la Vertu représente qu'elle est au-dessus des trois autres, parce qu'avec de l'or, des plaisirs et de la santé, on peut se rendre très misérable si on se conduit mal. La Vertu eut la pomme.

11   65v: jusqu'à vous priver

---

dans des vers énergiques', voir le jugement de Pococurante dans *Candide* (V 48, p.233).

[5] Horace, *Satires*, II.i.26-27 (illustration de la diversité des goûts).

[6] Réflexion à mettre en relation avec cette remarque des carnets: 'la philosophie promet le bonheur, mais les sens le donnent' (V 81, p.45). Voltaire se tient au plus près de l'expérience humaine, le bien est confondu avec le plaisir, le mal avec la douleur.

[7] Cette fable du philosophe grec Crantor illustre aussi l'article 'Bien' de l'*Encyclopédie* (ii.243) de l'abbé Yvon, qui assimile le bien à ce qui cause du plaisir. Sa source est le *Traité contre les moralistes* de Sextus Empiricus (ch.3, p.53-58). Voltaire possède *Les Hypotyposes, ou Institutions pyrrhoniennes* (trad. C. Huart), où l'auteur discute des différents biens (III.xx-xi; p.378-84). L'article 'Crantor' de Bayle ne cite pas la fable. La source de Voltaire est sans doute l'*Encyclopédie*.

La fable est très ingénieuse,[8] mais elle ne résout point la question absurde du souverain bien. La vertu n'est pas un bien, c'est un devoir,[9] elle est d'un genre différent, d'un ordre supérieur; elle n'a rien à voir aux sensations douloureuses, ou agréables. L'homme vertueux avec la pierre et la goutte, sans appui, sans amis, privé du nécessaire, persécuté, enchaîné par un tyran voluptueux qui se porte bien, est très malheureux; et le persécuteur insolent qui caresse une nouvelle maîtresse sur son lit de pourpre est très heureux. Dites que le sage persécuté est préférable à son insolent persécuteur, dites que vous aimez l'un, et que vous détestez l'autre; mais avouez que le sage dans les fers enrage. Si le sage n'en convient pas, il vous trompe, c'est un charlatan.

27 69*: ingénieuse; ⟨mais elle⟩ ᵛelle le serait encor plus si crantor avait dit que le souverain bien est l'assemblage des quatre rivales reunies, vertu, santé, richesse, volupté mais cette fable ne résout

[8] L'ajout de 69* (voir 27v) sera repris dans les QE.
[9] Voltaire se démarque ici très nettement de l'article 'Bien' de l'*Encyclopédie* auquel il semble répondre. Alors que l'abbé Yvon considère que la vertu est le bien supérieur et renvoie aux articles 'Vertu' et 'Sagesse' (ii.244), Voltaire refuse l'assimilation vertu/bonheur. La vertu consiste, selon lui, à faire du bien au prochain (cf. ci-dessous, art. 'Vertu').

TOUT EST BIEN [1]

Ce fut un beau bruit dans les écoles, et même parmi les gens qui raisonnent, quand Leibnitz en paraphrasant Platon bâtit son édifice du meilleur des mondes possibles, et qu'il imagina que tout allait au mieux. [2] Il affirma dans le nord de l'Allemagne [3] que Dieu ne pouvait faire qu'un seul monde. Platon lui avait au moins laissé   5
la liberté d'en faire cinq: par la raison qu'il n'y a que cinq corps solides réguliers, le tétraèdre, ou la pyramide à trois faces, avec la base égale, le cube, l'hexaèdre, le dodécaèdre, l'icosaèdre. Mais

[1] Rien dans cet article ne suggère une date de composition précise. On sait le besoin que ressentait Voltaire, au moins depuis le *Poème sur le désastre de Lisbonne*, de justifier l'optimisme du siècle en dépit de l'expérience de la méchanceté, du malheur et de la maladie, tandis que son esprit critique lui refusait les réponses confiantes d'Alexander Pope et de Leibniz qu'il évoque ici aussi. Le problème pour Voltaire est de critiquer l'optimisme facile de Leibniz et des Anglais sans tomber dans son antithèse, le négativisme envers le monde et ses plaisirs qui caractérise la tradition augustinienne. Celle-ci met l'accent non seulement sur le malheur de la condition humaine, que Voltaire ressentait également, mais encore sur la corruption de l'homme, que Voltaire ne semble pas avoir admise, et sur sa damnation finale qu'il n'admettait pas non plus et qui, ensemble, forment la 'misanthropie sublime' reprochée à Pascal dès les *Lettres philosophiques*, XXV (1734). Le même sujet est traité dans *Le Philosophe ignorant*, XXVI (V 62, p.66-69), avec le même enchaînement d'idées: les corps réguliers de Platon, les univers possibles, la maladie de la pierre. Cet article sera repris et sensiblement augmenté dans les QE.

[2] Gottfried Wilhelm von Leibniz, *Essais de théodicée sur la bonté de Dieu, la liberté de l'homme et l'origine du mal* (Amsterdam 1710). L'exemplaire de Voltaire porte des traces de lecture (CN, v.298-99). Après la composition de cet article, Voltaire se procurera l'édition Dutens des *Opera omnia* (Genève 1768), ainsi que l'édition Raspe des *Œuvres philosophiques latines et françaises* (Amsterdam, Leipzig 1765). Voir W. H. Barber, *Leibniz in France from Arnauld to Voltaire*, p.174-243, et particulièrement p.238.

[3] Leibniz fut bibliothécaire à la cour ducale et électorale de Hanovre de 1676 jusqu'à sa mort en 1716.

comme notre monde n'est de la forme d'aucun des cinq corps de Platon, il devait permettre à Dieu une sixième manière. [4]

Laissons là le divin Platon. Leibnitz, qui était assurément meilleur géomètre que lui, et plus profond métaphysicien, rendit donc le service au genre humain de lui faire voir que nous devons être très contents, et que Dieu ne pouvait pas davantage pour nous: qu'il avait nécessairement choisi entre tous les partis possibles, le meilleur, sans contredit. [5]

Que deviendra le péché originel? lui criait-on. Il deviendra ce qu'il pourra, disaient Leibnitz et ses amis: mais en public il écrivait que le péché originel entrait nécessairement dans le meilleur des mondes. [6]

Quoi! être chassé d'un lieu de délices, où l'on aurait vécu à jamais, si on n'avait pas mangé une pomme? Quoi! faire dans la misère, des enfants misérables qui souffriront tout, qui feront tout souffrir aux autres? [7] quoi! éprouver toutes les maladies, sentir tous les chagrins, mourir dans la douleur, et pour rafraîchissement être brûlé dans l'éternité des siècles; ce partage est-il bien ce qu'il y avait de meilleur? Cela n'est pas trop *bon* pour nous; et en quoi cela peut-il être bon pour Dieu?

Leibnitz sentait qu'il n'y avait rien à répondre; aussi fit-il de gros livres dans lesquels il ne s'entendait pas.

Nier qu'il y ait du mal, cela peut être dit en riant par un Lucullus qui se porte bien, et qui fait un bon dîner avec ses amis et sa maîtresse dans le salon d'Apollon; mais, qu'il mette la tête à

[4] Dans le *Timée*, 33, Platon développe la thèse de la sphéricité, mais il évoque également les corps solides (53c-55b). Cf. *La République*, vii.526c-527d et 528b-529. Voltaire a noté le propos dans ses carnets (V 81, p.325), en se référant à *La République*.

[5] Voir dans la *Théodicée*, iii.365, 405-417, la fable philosophique à propos de Sextus Tarquin. Voltaire a illustré ce propos de Leibniz dans l'épilogue de *Zadig*.

[6] *Théodicée*, i.86-106.

[7] Description qui s'inspire de la malédiction prononcée contre Eve dans Genèse iii.16.

la fenêtre, il verra des malheureux, qu'il ait la fièvre, il le sera lui-même. [8]

Je n'aime point à citer; c'est d'ordinaire une besogne épineuse; on néglige ce qui précède et ce qui suit l'endroit qu'on cite, et on s'expose à mille querelles; il faut pourtant que je cite Lactance, Père de l'Eglise, qui dans son chap. 13 De la colère de Dieu, fait parler ainsi Epicure. 'Ou Dieu veut ôter le mal de ce monde, et ne le peut: ou il le peut, et ne le veut pas; ou il ne le peut, ni ne le veut; ou enfin il le veut et le peut. S'il le veut et ne le peut pas, c'est impuissance, ce qui est contraire à la nature de Dieu; s'il le peut et ne le veut pas, c'est méchanceté, et cela est non moins contraire à sa nature; s'il ne le veut ni ne le peut, c'est à la fois méchanceté et impuissance; s'il le veut et le peut (ce qui seul de ces parties convient à Dieu), d'où vient donc le mal sur la terre?' [9]

L'argument est pressant, aussi Lactance y répond fort mal, en disant que Dieu veut le mal, mais qu'il nous a donné la sagesse avec laquelle on acquiert le bien. Il faut avouer que cette réponse est bien faible en comparaison de l'objection; car elle suppose que Dieu ne pouvait donner la sagesse qu'en produisant le mal; et puis, nous avons une plaisante sagesse!

L'origine du mal a toujours été un abîme dont personne n'a pu voir le fond. C'est ce qui réduisit tant d'anciens philosophes et des législateurs à recourir à deux principes, l'un bon, l'autre mauvais. Tiphon était le mauvais principe chez les Egyptiens, Arimane chez les Perses. Les manichéens adoptèrent, comme on sait, cette théologie; mais comme ces gens-là n'avaient jamais parlé

55-56 65v: et de législateurs

[8] Lucius Lucinius Lucullus, questeur, édile, consul, général, ennemi de Pompée, soldat et administrateur, amateur des lettres et des arts, se retira de la politique pour vivre dans un luxe raffiné... et mourut fou.
[9] Lactance (début du ive siècle), *Liber de ira dei*, xiii (PL, vii.121). Voltaire possédait les *Opera omnia* (Paris 1748).

ni au bon, ni au mauvais principe, il ne faut pas les en croire sur 60
leur parole. [10]

Parmi les absurdités dont ce monde regorge, et qu'on peut mettre au nombre de nos maux, ce n'est pas une absurdité légère, que d'avoir supposé deux êtres tout-puissants, se battant à qui des deux mettrait plus du sien dans ce monde, et faisant un traité 65 comme les deux médecins de Molière: passez-moi l'émétique, et je vous passerai la saignée. [11]

Basilide, après les platoniciens, [12] prétendit, dès le premier siècle de l'Eglise, que Dieu avait donné notre monde à faire à ses derniers anges; et que ceux-ci n'étant pas habiles, firent les choses 70 telles que nous les voyons. [13] Cette fable théologique tombe en poussière par l'objection terrible, qu'il n'est pas dans la nature d'un Dieu tout-puissant et tout sage, de faire bâtir un monde par des architectes qui n'y entendent rien.

Simon qui a senti l'objection, la prévient en disant, que l'ange 7 qui présidait à l'atelier est damné pour avoir si mal fait son ouvrage; mais la brûlure de cet ange ne nous guérit pas. [14]

L'aventure de Pandore chez les Grecs, ne répond pas mieux à l'objection. La boîte où se trouvent tous les maux, et au fond de

[10] Voltaire connaissait bien l'*Histoire critique de Manichée et du manichéisme* d'Isaac de Beausobre. Quarante années plus tôt Bayle s'affligeait de la plausibilité de la thèse manichéenne (*Dictionnaire*, art. 'Manichéens'). Dans les *Contes de Guillaume Vadé* en 1764, Voltaire fait paraître *Le Blanc et le noir* qui met en scène, dans une perspective manichéenne, le bon et le mauvais génie de Rustan.

[11] Molière, *L'Amour médecin*, iii.i.

[12] Platon, *Timée*, 42d-e.

[13] Selon le témoignage d'Epiphane, *Adversus haereses*, xxiv.2 (PG, xli.310) et Irénée, *Contra haereses*, i.xxiv.3 (PG, vii.675-76). Basilide était un philosophe gnostique né vers la fin du premier siècle. Il aurait enseigné que du Dieu suprême étaient sortis 365 cieux, dont le nôtre, le ciel 'sublunaire', est gouverné par un génie subalterne, le Yahvé des Juifs.

[14] Selon le témoignage d'Irénée, *Contra haereses*, i.xxiii.2-3 (PG, vii.671-72). Simon est une figure légendaire qui paraît déjà dans les Actes des apôtres viii.9-13, 18-24 et dans la 'Relation de Marcel' que Voltaire traduira en 1769 dans sa *Collection d'anciens évangiles* (V 69, p.226-45).

laquelle reste l'espérance, est à la vérité une allégorie charmante; 80
mais cette Pandore ne fut faite par Vulcain que pour se venger de
Prométhée, qui avait fait un homme avec de la boue. [15]

Les Indiens n'ont pas mieux rencontré; Dieu ayant créé
l'homme, il lui donna une drogue qui lui assurait une santé
permanente; l'homme chargea son âne de la drogue, l'âne eut soif, 85
le serpent lui enseigna une fontaine, et pendant que l'âne buvait,
le serpent prit la drogue pour lui. [16]

Les Syriens imaginèrent que l'homme et la femme ayant été
créés dans le quatrième ciel, ils s'avisèrent de manger d'une galette,
au lieu de l'ambroisie qui était leur mets naturel. L'ambroisie 90
s'exhalait par les pores, mais après avoir mangé de la galette, il
fallait aller à la selle. L'homme et la femme prièrent un ange de
leur enseigner où était la garde-robe. Voyez-vous, leur dit l'ange,
cette petite planète, grande comme rien, qui est à quelque soixante
millions de lieues d'ici, c'est là le privé de l'univers, allez-y au 95
plus vite: ils y allèrent, on les y laissa; et c'est depuis ce temps
que notre monde fut ce qu'il est.

On demandera toujours aux Syriens, pourquoi Dieu permit

---

[15] Ovide, *Métamorphoses*, i.78-88; Hésiode, *Opera et dies*, 83; Horace, *Odes*,
I.iii.28-33, etc. Voltaire parle de Pandore dans ce sens depuis les *Lettres philosophiques*, xxv (*Lph*, ii.186).

[16] La source de cette fable et de la suivante nous échappe encore. Dans ses
carnets (V 81, p.137), Voltaire parle déjà dans le même contexte des fables indiennes
de Pilpay, recueil du quatrième siècle connu en France par deux traductions (*Livre
des lumières ou la conduite des rois composé par le sage Pilpay, indien*, trad. G. Gaulmin,
Paris 1644; *Les Contes et fables indiennes de Bid-Paï et de Lokman*, trad. A. Galland,
Paris 1724), et de l'historien byzantin du treizième siècle, Georges Pachymère
(*Specimen sapientiae Indorum veterum*, Rome 1666), mais il ne les possédait pas.
Voltaire associe la seconde fable avec 'une secte des Persans' (V 81-82, p.256, 546).
Ces deux légendes sur l'origine du mal sont reprises dans *Les Adorateurs* (1769) et
Il faut prendre un parti (1772). Ce dernier ouvrage parle également de Bolingbroke,
des légendes classiques comme celle de Pandore, et du paradoxe d'Epicure.

que l'homme mangeât la galette, et qu'il nous en arrivât une foule de maux si épouvantables? 100

Je passe vite de ce quatrième ciel à milord Bolingbroke, pour ne pas m'ennuyer. Cet homme, qui avait sans doute un grand génie, donna au célèbre Pope son plan du *tout est bien*, qu'on retrouve en effet mot pour mot dans les œuvres posthumes de milord Bolingbroke, [17] et que milord Shaftsbury avait auparavant 10 inséré dans ses Caractéristiques. Lisez dans Shaftsbury le chapitre des moralistes, vous y verrez ces paroles.

'On a beaucoup à répondre à ces plaintes des défauts de la nature. Comment est-elle sortie si impuissante et si défectueuse des mains d'un être parfait? mais je nie qu'elle soit défectueuse... 11 sa beauté résulte des contrariétés, et la concorde universelle naît d'un combat perpétuel... Il faut que chaque être soit immolé à d'autres; les végétaux aux animaux, les animaux à la terre... et les lois du pouvoir central et de la gravitation, qui donnent aux corps célestes leur poids et leur mouvement, ne seront point dérangées 11 pour l'amour d'un chétif animal, qui tout protégé qu'il est par ces mêmes lois, sera bientôt par elles réduit en poussière.' [18]

---

100 64-67: si épouvantable?
102 65v: m'ennuyer en chemin. Cet

---

[17] Le poème de Pope est adressé à Henry Saint-John, vicomte Bolingbroke. Ses *Fragments or minutes of essays*, no.lxxv (*The Philosophical works*, éd. Mallet, London 1754, v.528-36), dont Voltaire parle ici, sont, cependant, postérieurs à la composition de l'*Essay on man*. Selon Maynard Mack, les philosophies de Pope et Bolingbroke sont radicalement différentes (*An essay on man*, éd. Mack, p.xxix-xxxi, 169). Tout au plus, Bolingbroke aurait-il pu transmettre, par voie orale ou par une esquisse, les lignes de son argument et un nombre indéterminé d'idées secondaires. Nonobstant, comme en témoigne une *Lettre de milord Bolingbroke servant d'introduction à ses Lettres philosophiques à M. Pope, traduite de l'anglais* (s.l. 1766; BV), Bolingbroke avait la réputation en France, et pas seulement auprès de Voltaire, d'avoir contribué à la philosophie exprimée par le poète anglais.

[18] Anthony Ashley Cooper, 3ᵉ comte de Shaftesbury, *Characteristics of men, manners, opinions, times*, v.i.3 (éd. J. H. Robertson, ii.22-23). Ce passage, sans doute une traduction de Voltaire, est cité dans la première note de la préface de

Bolingbroke, Shaftsbury, et Pope, leur metteur en œuvre, ne résolvent pas mieux la question que les autres: leur *tout est bien*, ne veut dire autre chose, sinon que le tout est dirigé par des lois immuables; qui ne le sait pas? vous ne nous apprenez rien quand vous remarquez après tous les petits enfants, que les mouches sont nées pour être mangées par des araignées, les araignées par les hirondelles, les hirondelles par les pies-grièches, les pies-grièches par les aigles, les aigles pour être tués par les hommes, les hommes pour se tuer les uns les autres, et pour être mangés par les vers, et ensuite par les diables, au moins mille sur un.[19]

Voilà un ordre net et constant parmi les animaux de toute espèce; il y a de l'ordre partout. Quand une pierre se forme dans ma vessie, c'est une mécanique admirable, des sucs pierreux passent petit à petit dans mon sang, ils se filtrent dans les reins, passent par les urètres, se déposent dans ma vessie, s'y assemblent par une excellente attraction newtonienne; le caillou se forme, se grossit, je souffre des maux mille fois pires que la mort, par le plus bel arrangement du monde; un chirurgien ayant perfectionné l'art inventé par Tubal-Caïn,[20] vient m'enfoncer un fer aigu et tranchant dans le périnée, saisit ma pierre avec ses pincettes, elle se brise sous ses efforts par un mécanisme nécessaire; et par le même mécanisme je meurs dans des tourments affreux;[21] *tout cela est*

120

125

130

135

1756 au *Poème sur le désastre de Lisbonne* (M.ix.465). Sur Voltaire et Shaftesbury, voir ci-dessus, art. 'Beau', n.5.

[19] Le même type d'énumération paraît dans le *Poème sur le désastre de Lisbonne*, l.109-116 (M.ix.474).

[20] Père des forgerons, selon Genèse iv.22.

[21] Il s'agit de la 'taille', ou lithotomie, pour laquelle il y avait plusieurs techniques, notamment 'l'opération de frère Jacques' (introduite vers 1697) et 'l'opération de La Peyronie', toutes deux très douloureuses et très dangereuses selon l'*Encyclopédie*, (art. 'Taille'; xv.847-57), comme plusieurs autres opérations que les chirurgiens infligeaient à leurs malheureux patients; voir aussi *Encyclopédie*, art. 'Vessie, maladies de la' (xvii.206-207). Voltaire possédait Stephen Hales, *Haemastatique, ou la statique des animaux*, trad. Sauvages (Genève 1744), qui traite des calculs de la vessie et décrit un instrument de son invention qui ressemble à ce que décrit ici Voltaire, et dont Hales vante l'efficacité (p.198).

425

bien, tout cela est la suite évidente des principes physiques inalté- 14 rables, j'en tombe d'accord, et je le savais comme vous.

Si nous étions insensibles, il n'y aurait rien à dire à cette physique. Mais ce n'est pas cela dont il s'agit; nous vous demandons s'il n'y a point de maux sensibles, et d'où ils viennent? *Il n'y a point de maux*, dit Pope dans sa quatrième épître sur le tout 14 est bien; *s'il y a des maux particuliers, ils composent le bien général.* 22

Voilà un singulier bien général, composé de la pierre, de la goutte, de tous les crimes, de toutes les souffrances, de la mort, et de la damnation.

La chute de l'homme est l'emplâtre que nous mettons à toutes 15 ces maladies particulières du corps et de l'âme, que vous appelez santé générale; mais Shaftsbury et Bolingbroke se moquent du péché originel; Pope n'en parle point; il est clair que leur système sape la religion chrétienne par ses fondements, et n'explique rien du tout. 23 15

Cependant, ce système a été approuvé depuis peu par plusieurs théologiens, qui admettent volontiers les contraires; à la bonne heure, il ne faut envier à personne la consolation de raisonner

146 64: bien; *ou s'il*

22 Pope, *An essay on man*, iv.113-114:
  God sends not ill: if rightly understood
  For partial Ill is universal Good.
C'est à cette critique de Pope qu'est consacré l'article de réfutation 'Tout est bien' du *Dictionnaire anti-philosophique* de Chaudon (1771), i.58-61.

23 Exceptionnellement, Voltaire se trouve d'accord, au moins pour l'analyse des conséquences antichrétiennes des thèses de Pope, avec des apologistes comme Jean-Pierre de Crousaz, *Examen de l'Essai de monsieur Pope sur l'homme* (Lausanne 1737; BV), et Jean-Baptiste Gaultier, *Le Poème de Pope intitulé Essai sur l'homme convaincu d'impiété: lettre pour prévenir des fidèles contre l'irreligion* (La Haye [Paris] 1746). Etienne de Silhouette, 'Essai sur l'homme', *Mélanges de littérature et de philosophie* (Londres 1742), p.92-93, cite plutôt les apologies pour Pope et souligne les parallèles avec Pascal. La notice de Jacques-Georges Chauffepié dans le *Supplément aux Œuvres diverses de Pope* (Amsterdam, Leipzig 1758) n'est guère critique.

comme il peut sur le déluge de maux qui nous inonde. Il est juste d'accorder aux malades désespérés, de manger de ce qu'ils veulent. On a été jusqu'à prétendre que ce système est consolant. *Dieu*, dit Pope, *voit d'un même œil périr le héros et le moineau, un atome, ou mille planètes précipitées dans la ruine, une boule de savon, ou un monde se former.* [24]

Voilà, je vous l'avoue, une plaisante consolation; ne trouvez-vous pas un grand lénitif dans l'ordonnance de milord Shaftsbury, qui dit que Dieu n'ira pas déranger ses lois éternelles pour un animal aussi chétif que l'homme? Il faut avouer du moins que ce chétif animal a droit de crier humblement, et de chercher à comprendre en criant, pourquoi ces lois éternelles ne sont pas faites pour le bien-être de chaque individu?

Ce système du *tout est bien*, ne représente l'auteur de toute la nature, que comme un roi puissant et malfaisant, qui ne s'embarrasse pas qu'il en coûte la vie à quatre ou cinq cent mille hommes, et que les autres traînent leurs jours dans la disette et dans les larmes, pourvu qu'il vienne à bout de ses desseins.

Loin donc que l'opinion du meilleur des mondes possibles console, elle est désespérante pour les philosophes qui l'embrassent. La question du bien et du mal, demeure un chaos indébrouillable pour ceux qui cherchent de bonne foi; c'est un jeu d'esprit pour ceux qui disputent: ils sont des forçats qui jouent avec leurs chaînes. Pour le peuple non pensant, il ressemble assez à des poissons qu'on a transportés d'une rivière dans un réservoir; ils ne se doutent pas qu'ils sont là pour être mangés le carême; aussi

160

165

170

175

180

177   64-65v: mondes possible console

[24] Pope, *An essay on man*, i.86-89:
> Who sees with equal eye, as God of all,
> A hero perish, or a sparrow fall,
> Atoms or systems into ruin hurled,
> And now a bubble burst, and now a world.

La traduction ci-dessus est de Voltaire.

ne savons-nous rien du tout par nous-mêmes des causes de notre destinée.

Mettons à la fin de presque tous les chapitres de métaphysique les deux lettres des juges romains quand ils n'entendaient pas une cause, *N. L. non liquet*, Cela n'est pas clair.

BORNES DE L'ESPRIT HUMAIN [1]

Elles sont partout, pauvre docteur. Veux-tu savoir comment ton bras et ton pied obéissent à ta volonté, et comment ton foie n'y obéit pas? cherches-tu comment la pensée se forme dans ton chétif entendement, et cet enfant dans l'utérus de cette femme? Je te donne du temps pour me répondre; qu'est-ce que la matière? tes pareils ont écrit dix mille volumes sur cet article; ils ont trouvé quelques qualités de cette substance: les enfants les connaissent comme toi: mais cette substance, qu'est-ce au fond? et qu'est-ce que tu as nommé *esprit*, du mot latin qui veut dire *souffle*, [2] ne pouvant faire mieux parce que tu n'en as pas d'idée?

Regarde ce grain de blé que je jette en terre, et dis-moi comment il se relève pour produire un tuyau chargé d'un épi. Apprends-moi comment la même terre produit une pomme au haut de cet arbre, et une châtaigne à l'arbre voisin; [3] je pourrais te faire un in-folio de questions, auxquelles tu ne devrais répondre que par quatre mots, *Je n'en sais rien*.

Et cependant tu as pris tes degrés, et tu es fourré, et ton bonnet

[1] Cet article reprend certains des arguments des articles 'Ame' et 'Bêtes'. Ici et ailleurs dans le DP les paradigmes de l'inconnu sont les rapports entre la volonté et les mouvements du corps, soit volontaires soit involontaires, et l'embryologie, ce qu'on peut décrire en termes modernes comme la multiplication et la différenciation des cellules pendant la gestation des mammifères, questions encore valables et fondamentales. Cet article fut repris, légèrement remanié, dans les QE.

[2] Du latin *spiritus*. Le premier sens, restreint, est celui de souffle d'air, vent; voir Lucain, *De bello civili*, ix.472; Virgile, *Enéide*, xii.365. Le sens métaphorique de *spiritus* se trouve déjà chez Cicéron, 'par une inspiration divine', et surtout, dans le latin ecclésiastique et le bas-latin: par exemple, Vulgate, Marc i.12; Augustin, Sermon 216, ix (PL, xxxviii.1081).

[3] Ces problèmes ont déjà été évoqués dans les *Eléments de la philosophie de Newton*, i.vii (V 15).

429

l'est aussi, et on t'appelle maître. Et cet orgueilleux imbécile,[4] revêtu d'un petit emploi, dans une petite ville, croit avoir acquis le droit de juger et de condamner ce qu'il n'entend pas.

La devise de Montagne était, *Que sais-je?*[5] et la tienne est, *Que ne sais-je pas?*

2

18-20   64:   cet autre impertinent qui a acheté une charge, croit avoir acheté le droit

[4] Dans un des exemplaires de 64 que Voltaire conservait (BV3543), il y a une croix au crayon dans la marge droite, qui marque probablement son intention de changer le texte. La nouvelle version vise-t-elle plus spécifiquement J.-J. Lefranc de Pompignan, ce 'petit bourgeois d'une petite ville' (*La Vanité*; M.x.114)? Cf. ci-dessous, art. 'Orgueil'.

[5] 'Cette fantaisie est plus sûrement conçue par interrogation: Que sais-je? comme je la porte à la devise d'une balance' (Montaigne, *Essais*, II.xii).

CARACTÈRE[1]

Du mot grec *impression, gravure*.[2] C'est ce que la nature a gravé
dans nous; pouvons-nous l'effacer? grande question. Si j'ai un nez
de travers et deux yeux de chat, je peux les cacher avec un masque.
Puis-je davantage sur le caractère que m'a donné la nature? Un
homme né violent, emporté, se présente devant François premier   5
roi de France, pour se plaindre d'un passe-droit; le visage du
prince, le maintien respectueux des courtisans, le lieu même où il
est, font une impression puissante sur cet homme; il baisse
machinalement les yeux, sa voix rude s'adoucit, il présente humblement sa requête, on le croirait né aussi doux que le sont (dans ce   10
moment au moins) les courtisans, au milieu desquels il est même
déconcerté; mais si François premier se connaît en physionomies,
il découvre aisément dans ses yeux baissés, mais allumés d'un feu
sombre, dans les muscles tendus de son visage, dans ses lèvres
serrées l'une contre l'autre, que cet homme n'est pas si doux qu'il   15
est forcé de le paraître. Cet homme le suit à Pavie,[3] est pris avec
lui, mené avec lui en prison à Madrid;[4] la majesté de François
premier ne fait plus sur lui la même impression; il se familiarise

---

11-12 65v: est déconcerté

---

[1] Cet article est repris dans les QE, avec une introduction traduisant un poème
de Samuel Garth, *The Dispensary* (1699), et une anecdote sur Charles XII qui
remplacent l'étymologie un peu pédante par laquelle commence cet article-ci.

[2] Le mot grec χαρακτὴρ signifie exactement celui qui grave, un signe gravé ou
une empreinte.

[3] La défaite de Pavie se produisit le 24 février 1525.

[4] François Iᵉʳ fut emprisonné à Madrid par Charles-Quint après la bataille de
Pavie jusqu'en 1526. Bayle cite une lettre qui prétend qu'il fut maltraité en prison
(art. 'François I', rem. I). François Eudes de Mézeray pour sa part met l'accent sur
la courtoisie avec laquelle le roi de France fut traité pendant sa captivité (*Histoire
de France depuis Faramond*, Paris 1646, ii.446-54).

avec l'objet de son respect. Un jour en tirant les bottes du roi, et les tirant mal, le roi aigri par son malheur se fâche, mon homme envoie promener le roi, et jette ses bottes par la fenêtre.[5]

Sixte-Quint[6] était né pétulant, opiniâtre, altier, impétueux, vindicatif, arrogant; ce caractère semble adouci dans les épreuves de son noviciat. Commence-t-il à jouir de quelque crédit dans son ordre? il s'emporte contre un gardien et l'assomme à coups de poings: est-il inquisiteur à Venise? il exerce sa charge avec insolence: le voilà cardinal, il est possédé *della rabbia papale*: cette rage l'emporte sur son naturel; il ensevelit dans l'obscurité sa personne et son caractère; il contrefait l'humble et le moribond; on l'élit pape, ce moment rend au ressort, que la politique avait plié, toute son élasticité longtemps retenue; il est le plus fier et le plus despotique des souverains.

Naturam expellas furca tamen ipsa redibit.[7]

La religion, la morale, mettent un frein à la force du naturel, elles ne peuvent le détruire. L'ivrogne dans un cloître, réduit à un demi-setier de cidre à chaque repas, ne s'enivrera plus, mais il aimera toujours le vin.

L'âge affaiblit le caractère, c'est un arbre qui ne produit plus que quelques fruits dégénérés, mais ils sont toujours de même nature; il se couvre de nœuds et de mousse, il devient vermoulu, mais il est toujours chêne ou poirier. Si on pouvait changer son

25   65v: coups de poing

[5] Cette anecdote semble une invention de Voltaire.

[6] Sixte v (Felice Peretti), élu pape en 1585. Dans le paragraphe qui suit, Voltaire semble résumer à larges traits Gregorio Leti, *La Vie du pape Sixte cinquième*, trad. Le Peletier (La Haye 1709; BV).

[7] Voltaire cite Horace, *Epîtres*, I.x.24, de mémoire:
    Naturam expellas furca, tamen usque recurret
    et mala perrumpet furtim fastidia victrix.
Les QE ajoutent une traduction, 'Chassez le naturel, il revient au galop' que Voltaire a emprunté à Philippe Néricault Destouches, *Le Glorieux*, III.v (Paris 1732; BV).

432

caractère, on s'en donnerait un, on serait le maître de la nature.
Peut-on se donner quelque chose? ne recevons-nous pas tout?
Essayez d'animer l'indolent d'une activité suivie, de glacer par
l'apathie, l'âme bouillante de l'impétueux, d'inspirer du goût pour   45
la musique et pour la poésie à celui qui manque de goût et
d'oreilles; vous n'y parviendrez pas plus que si vous entrepreniez
de donner la vue à un aveugle-né. Nous perfectionnons, nous
adoucissons, nous cachons ce que la nature a mis dans nous, mais
nous n'y mettons rien.   50

On dit à un cultivateur, Vous avez trop de poissons dans ce
vivier, ils ne prospéreront pas; voilà trop de bestiaux dans vos prés,
l'herbe manque, ils maigriront. Il arrive après cette exhortation que
les brochets mangent la moitié des carpes de mon homme, et les
loups la moitié de ses moutons, le reste engraisse. S'applaudira-t-   55
il de son économie? Ce campagnard, c'est toi-même; une de tes
passions a dévoré les autres, et tu crois avoir triomphé de toi. Ne
ressemblons-nous pas presque tous à ce vieux général de quatre-
vingt-dix ans, qui ayant rencontré de jeuncs officiers qui faisaient
un peu de désordre avec des filles, leur dit tout en colère, Messieurs,   60
est-ce là l'exemple que je vous donne?

CARÊME [1]

Questions sur le carême.

Les premiers qui s'avisèrent de jeûner, se mirent-ils à ce régime par ordonnance du médecin pour avoir eu des indigestions? [2]

Le défaut d'appétit qu'on se sent dans la tristesse fut-il la première origine des jours de jeûne prescrits dans les religions tristes?

Les Juifs prirent-ils la coutume de jeûner des Egyptiens [3] dont

a-35   64-67, article absent

[1] Voltaire n'est jamais indifférent en ce qui concerne le carême. A sa demande S. Dupont lui envoie, le 17 mars 1762, une référence précise sur le sujet: une bulle du pape permettant de manger du beurre, du fromage et des œufs a été brûlée publiquement à Paris en 1553 (il cite P.-F. Guyot Desfontaines, J. Du Castre d'Auvigny et L.-F.-J. de La Barre, *Histoire de la ville de Paris*, Paris 1735, iii.273; voir D10376). En 1763, la question du carême est à l'ordre du jour à Ferney à propos des noces de Mlle Corneille (D10985): devra-t-on demander des dispenses à l'évêque d'Annecy afin de manger des perdrix du Valais? En 1769, Voltaire est beaucoup plus pugnace. Il exhorte J.-M.-A. Servan, avocat général de Grenoble, qui lui avait fait part de son intention d'écrire un ouvrage sur les lois en usage en France (voir D14638, D14668), de dénoncer les abus du carême (D15924). Il rédige sa *Requête à tous les magistrats du royaume* que signalent les *Mémoires secrets* le 19 janvier 1770 et qui dut paraître en décembre 1769. La première partie de cette *Requête* est consacrée au carême (M.xxviii.342-45). Cet article-ci, paru en 1769, est à mettre en relation avec la *Requête*. Dans QE un autre article 'Carême' fut imprimé.

[2] Voltaire croit au bienfait de la diète. Il s'y soumet volontiers, si l'on en juge d'après sa correspondance où les références sont légion. Il la conseille à ses amis, ou à sa nièce. Il ramène donc cette pénitence religieuse à une question d'hygiène alimentaire. Les articles de l'*Encyclopédie* (viii.542-44) traitent successivement du 'Jeûne' (littérature), du 'Jeûne des Juifs' (histoire sacrée et profane), et du 'Jeûne' (médecine).

[3] L'usage du jeûne est de la plus haute antiquité. L'article 'Jeûne' de l'*Encyclopédie* signale que, selon le rapport d'Hérodote, on jeûnait en l'honneur d'Isis (viii.542). Voir *Les Histoires d'Hérodote* (trad. Du Ryer, Paris 1713; BV), ii.39-40.

ils imitèrent tous les rites,[4] jusqu'à la flagellation[5] et au bouc émissaire?[6]

Pourquoi Jésus jeûna-t-il quarante jours dans le désert où il fut emporté par le diable,[7] par le Cnathbull?[8] St Matthieu remarque   10

---

[4] Voltaire prétend que les Juifs, nation très moderne, ont beaucoup emprunté aux Egyptiens (*Examen important*, V 62, p.190-92). La conformité entre les rites juifs et égyptiens conduit dom Calmet à admettre que Moïse s'est largement inspiré des Egyptiens (*Dictionnaire*, art. 'Cérémonies'). Les textes bibliques relèvent l'usage du jeûne chez les Juifs (I Samuel vii.6, xxxi.13; II Samuel i.12; I Rois xxi.27; II Chroniques xx.3; Jérémie xiv.12). Jusqu'à l'exil, le seul jeûne imposé était celui des expiations (Calmet, art. 'Jeûne').

[5] La flagellation est une coutume très ancienne. Voir *Dictionnaire*, éd. Vigouroux, ii.2281-83. L'article 'Bâtonnade' rappelle le grand rôle joué en Egypte par le bâton (i.1500-502). Le Deutéronome limite les peines à quarante coups (xxv.2-3) et le judaïsme tardif à 39 (II Corinthiens xi.24). Voltaire affirme que la flagellation est pratiquée par les prêtres en Syrie, en Egypte et chez les Juifs (QE, art. 'Austérités'; M.xvii.491-94); voir Hérodote, *Histoires*, ii.39, 61, 132.

[6] Animal désigné par le sort, au jour de la fête de l'Expiation, qui devait emporter tous les péchés d'Israël. Dans le rituel du Lévitique xvi.8-10 et 22, un bouc est offert à Yahvé en sacrifice, l'autre envoyé à 'Azazel' dans le désert, Azazel étant le nom de l'esprit du désert. Voltaire affirmera de nouveau dans l'article 'Bouc' des QE que les Juifs ont emprunté cette coutume aux Egyptiens (M.xviii.21); sa source est le *Dictionnaire* de Calmet (art. 'Bouc émissaire'). Il mettra en scène le bouc émissaire dans *Le Taureau blanc*.

[7] Matthieu iv.1-2; cf. Luc iv.1-3.

[8] Dans le *Commentaire* de Calmet, Voltaire a pu lire: 'Cnatcbulle semble dire qu'il y fut conduit par le Démon, par le mauvais esprit, *a spiritu*, pour y être tenté [Calmet indique une référence: Cnatcbulle ad Matt xii.43]. L'expression de saint Marc [i.12] et un endroit de saint Luc [viii.24] où il dit que le mauvais esprit poussait les hommes qu'il possédait dans le désert, enfin la raison qui est marquée ici, *pour y être tenté*, semblent favoriser cette opinion' (Matthieu iv.1; CN, ii.99). Il s'agit de l'érudit Norton Knatchbull (1602-1685), auteur de l'ouvrage d'exégèse *Animadversiones in libros Novi Testamenti paradoxae orthodoxae* (Londini 1659), qui connut de nombreuses éditions. 'Le Cnathbull' doit-il s'interpréter comme une inadvertance de Voltaire à la suite d'une lecture rapide? On note que le texte, d'un comique involontaire, ne fut pas corrigé dans les éditions suivantes et que Voltaire récidive dans les QE (art. 'Bekker'; M.xvii.563). Le mot 'Cnathbull' ne ressemble aucunement aux mots hébreux désignant le diable.

qu'après ce carême *il eut faim*, il n'avait donc pas faim pendant ce carême. [9]

Pourquoi dans les jours d'abstinence l'Eglise romaine regarde-t-elle comme un crime de manger des animaux terrestres, et comme une bonne œuvre de se faire servir des soles et des saumons? le riche papiste qui aura eu sur sa table pour cinq cents francs de poisson sera sauvé, et le pauvre, mourant de faim, qui aura mangé pour quatre sous de petit salé sera damné! [10]

Pourquoi faut-il demander permission à son évêque de manger des œufs? Si un roi ordonnait à son peuple de ne jamais manger d'œufs, [11] ne passerait-il pas pour le plus ridicule des tyrans? quelle étrange aversion les évêques ont-ils pour les omelettes?

[9] La remarque paraît une ironie de Voltaire. En fait, selon Calmet, la question a été sérieusement discutée: les Pères de l'Eglise croient que Jésus n'eut faim qu'au bout de quarante jours; Jésus ne voulut pas jeûner plus de quarante jours de peur qu'on ne crût pas qu'il était un homme. Comme le démon le vit souffrir de la faim, il ne douta pas qu'il fût un homme (CN, ii.99).

[10] Le *Dictionnaire portatif des conciles* de P.-A. Alletz signale que le quatrième concile de Tolède (653) dit qu'il faut se contenter de poisson et de légumes pendant le carême et que quiconque enfreint cette défense est frappé d'excommunication. Le concile de Sens dit anathème à ceux qui n'observent pas le jeûne du carême (p.662). Selon DTC, on ne regardait pas comme de la chair ce qui tirait de l'eau son origine (ii.1741-42). Les scolastiques justifient cette coutume en disant que le poisson excite moins les passions que la chair, les œufs, et renvoient à la *Somme théologique* de saint Thomas. Dans les canons cités par Alletz, Voltaire pouvait lire que le concile de Cologne spécifiait que ce n'était point suivre l'esprit de l'Eglise que de faire des repas somptueux de poisson (p.662). Voltaire reprend les mêmes arguments dans les QE (M.xvii.53-55). Afin de comprendre les questions de Voltaire, on peut se reporter au *Traité des jeûnes de l'Eglise* du père Louis Thomassin (Paris 1680) qui se demande si l'on peut, au péril même de sa vie, enfreindre l'interdit en matière de chair (ch.8). Mais il avait déjà rappelé que l'excès et la superfluité de toutes sortes de nourritures blessent la loi du jeûne (ch.6).

[11] Selon DTC, au neuvième siècle l'Eglise grecque reproche à l'Eglise latine de permettre les œufs (ii.1742). L'interdiction s'est généralisée au treizième siècle. Des dispenses sont accordées: en 1376 à Charles v, en 1475 à l'Allemagne, à la Hongrie, à la Bohème. Les laitages sont parfois inclus dans les dispenses. A Rouen cette faveur d'Innocent VIII est rachetée par des aumônes employées à la construction de la 'tour de beurre' de la cathédrale. Voltaire n'ignore pas que la discipline ecclésiastique a tendance à se relâcher sur ce point. L'*Encyclopédie* en témoigne

Croira-t-on que chez les papistes il y ait eu des tribunaux assez imbéciles, assez lâches, assez barbares pour condamner à la mort de pauvres citoyens qui n'avaient commis d'autres crimes que d'avoir mangé du cheval en carême? Le fait n'est que trop vrai: j'ai entre les mains un arrêt de cette espèce. [12] Ce qu'il y a d'étrange, c'est que les juges qui ont rendu de pareilles sentences se sont crus supérieurs aux Iroquois.

Prêtres idiots et cruels! [13] à qui ordonnez-vous le carême? est-ce aux riches? ils se gardent bien de l'observer. [14] Est-ce aux pauvres? ils font carême toute l'année. Le malheureux cultivateur ne mange presque jamais de viande, et n'a pas de quoi acheter du poisson. [15] Fous que vous êtes, quand corrigerez-vous vos lois absurdes?

25   69: n'avaient d'autres

(ii.683). Si le synode d'Angers de 1610 permet le lait et le beurre sauf le mercredi des Cendres et les derniers jours de la semaine sainte, l'interdiction conciliaire n'est pas pour autant levée pour l'ensemble de la France (DTC, ii.1745). Thomassin consacre quelques paragraphes à la 'condescendance de l'Eglise sur les laitages' et recommande à chaque fidèle de se conformer aux usages de l'Eglise dont il est membre (*Traité des jeûnes de l'Eglise*, p.279, 284). La décision dépend de l'évêque, comme le précise la *Requête à tous les magistrats du royaume* (M.xxviii.343).

[12] Voltaire fait allusion à Claude Guillon qui eut la tête tranchée le 28 juillet 1629 pour avoir mangé du cheval un jour maigre, et dont il a raconté l'histoire dans le *Commentaire sur le livre Des délits et des peines* (M.xxv.559; cf. *Requête à tous les magistrats du royaume*, M.xxviii.343, n.1); sa source est sans doute Christin, avocat à Saint-Claude (voir D13020). La Franche-Comté, où eut lieu cette exécution, symbolise la barbarie des Welches. Dans ses carnets, Voltaire note: 'Par le capitulaire Saxon, peine de mort contre ceux qui ne feront pas carême' (V81, p.151).

[13] Voltaire insiste sur le fait que le carême est un commandement de l'Eglise et non de Dieu. Il fera dire à Jésus qu'on peut aimer Dieu en mangeant gras le vendredi (QE, art. 'Religion'; M.xx.347).

[14] Voltaire rapporte ce mot de la duchesse de Bouillon: 'Comment édifierons-nous le public le vendredi saint? Faisons jeûner nos gens' (8 mai [1764]; D11864).

[15] Ce thème de la nourriture des pauvres est évoqué dans la *Requête à tous les magistrats du royaume* (M.xxviii.343-45) et dans les QE, art. 'Carême' (M.xviii.53-55).

CATÉCHISME CHINOIS[1]

ou entretien de Cu-su, disciple de Confutzée, avec le prince
Kou, [2] *fils du roi de Lou, tributaire de l'empereur chinois*
Gnenvan, 417 ans avant notre ère vulgaire. [3]
Traduit en latin par le père Fouquet, ci-devant ex-   4c
jésuite. Le manuscrit est dans la bibliothèque
Vatican, numéro 42759. [4]

c   64, 65v: *ou entretiens de*
f   65v: *Traduits en*

[1] Article publié en 1764. Dès 1740, Voltaire conçut un *Entretien avec un Chinois* portant sur le *Discours sur l'histoire universelle* de Bossuet, qui parut dans le *Recueil de pièces fugitives*. Il s'est documenté pour *L'Orphelin de la Chine* et pour l'*Essai sur les mœurs*. En septembre 1759, il annonce à Mme d'Epinay qu'il a donné 'une suite aux entretiens chinois' (D8482). Peut-être fait-il allusion à cet article. Il affectionne la forme du catéchisme, et fait distribuer durant l'été 1763 son *Catéchisme de l'honnête homme* (D11313).

[2] Cu-Su est le petit-fils de Confucius qui a 'mis en lumière' le second livre du sage d'après L. Cousin et J. de La Brune, *La Morale de Confucius, philosophe de la Chine* (Amsterdam 1688; BV), p.47. Voltaire a lu la *Description de la Chine* de J.-B. Du Halde avec beaucoup d'attention, en particulier sa présentation du *Meng Tsée, ou livre de Mencius* (CN, iii.263-72). Or ce livre présente un sage, Meng, disciple de Confutzée, qui dialogue entre autres avec le prince du royaume de Guei sur l'art de gouverner (ch.1). Voltaire admire Confucius (les carnets, V 81-82, p.139, 490; *Le Philosophe ignorant*, V 62, p.91-92; *Essai sur les mœurs*, i.220), et reprend le canevas du livre de Mencius.

[3] Voltaire utilise aussi des renseignements historiques glanés chez Du Halde. Confucius fut premier ministre d'un roi de Lou, prince tributaire qui refusa de se rendre aux Etats assemblés par l'empereur (*Description de la Chine*, Paris 1735, i.353-54). Sous le règne de l'empereur Guei lie Vang, des guerres éclatèrent entre les princes tributaires en 417 av. J.-C. (i.358). Voltaire a, semble-t-il, déformé ce nom en 'Gnenvan'.

[4] Jean-François Fouquet (1655-1741) séjourne à Pékin de 1710 à 1717. Auteur de dissertations sur le Tao, sur Confucius, c'est un 'figuriste' qui prétend retrouver

KOU

Que dois-je entendre quand on me dit d'adorer le ciel? (Chang-
ti.) [5]

CU-SU

Ce n'est pas le ciel matériel que nous voyons; car ce ciel n'est
autre chose que l'air, et cet air est composé de toutes les exhalaisons
de la terre. Ce serait une folie bien absurde d'adorer des vapeurs. [6]

---

dans les livres anciens chinois un sens caché qui préfigure les vérités du christianisme
(voir J. Dehergne, *Répertoire des jésuites de Chine de 1552 à 1800*). Voltaire cite
Fouquet dans l'*Essai sur les mœurs*, le présentant comme ennemi de son ordre
(i.224-25); il le mettra en scène dans les QE (M.xvii.220-21). Basil Guy pense que
Voltaire a pu le rencontrer à Paris en 1722 (*The French image of China before and
after Voltaire*, p.217). Fouquet est mort à Rome, d'où l'allusion à la bibliothèque
vaticane, où certains de ses manuscrits peuvent se trouver, même si Voltaire lui
attribue ici ce texte coté no.42759.

[5] Selon Du Halde, le Chang-ti est un 'Etre suprême, seigneur et souverain
principe de toutes choses', que les lettrés honorent 'sous le nom de Chang-ti, c'est-
à-dire suprême empereur, ou de Tien', qui selon les interprètes signifie 'l'esprit qui
préside au ciel, parce que le ciel est le plus excellent ouvrage'. Leurs vœux ne
s'adressent pas au ciel matériel: ils attribuent au Chang-ti les qualités du souverain
maître de l'univers: puissance, bonté, justice (*Description de la Chine*, iii.2-3, 5-13). La
question de Kou rappelle la querelle sur les cérémonies chinoises: des missionnaires
soupçonnaient les Chinois de n'admettre que le ciel matériel (*OH*, p.1105). Malgré
Malebranche, qui pensait que les confucéens étaient athées (*Avis touchant l'Entretien
d'un philosophe chrétien avec un philosophe chinois*; BV), Voltaire reste fidèle à
l'interprétation des jésuites. Cu-Su sera théiste, Voltaire étant persuadé que les
lettrés croient en Dieu (voir les carnets, V 81-82, p.138, 491; *Essai sur les mœurs*,
i.220 ss.). Voltaire reviendra souvent sur cette querelle (*Relation du bannissement
des jésuites de la Chine*, M.xxvii.1-16; *Epître au roi de Chine*, M.x.419; *Lettres
chinoises*, M.xxix.460-63, 471-73).

[6] L'argumentation scientifique de Cu-Su est celle que Voltaire a développée
maintes fois. Sur le ciel comme amas de nuées, voir QE, art. 'Tonnerre' (M.xx.529),
et surtout ci-dessous, art. 'Ciel des anciens', auquel Voltaire va renvoyer lui-même
(voir n.*a*). Il s'interroge sur le retard des Chinois en matière scientifique (*Essai*,
i.215), et leur prête ici ses connaissances.

KOU

Je n'en serais pourtant pas surpris. Il me semble que les hommes ont fait des folies encore plus grandes.

CU-SU

Il est vrai; mais vous êtes destiné à gouverner, vous devez être sage.

KOU

Il y a tant de peuples qui adorent le ciel et les planètes![7]

CU-SU

Les planètes ne sont que des terres comme la nôtre. La lune, par exemple, ferait aussi bien d'adorer notre sable et notre boue, que nous de nous mettre à genoux devant le sable et la boue de la lune.

KOU

Que prétend-on quand on dit, le ciel et la terre, monter au ciel, être digne du ciel?

CU-SU

On dit une énorme sottise; (a) il n'y a point de ciel; chaque

(a) Voyez l'article du *Ciel.*[8]

---

[7] Dans *La Philosophie de l'histoire*, Voltaire affirme que 'les peuples les plus policés de l'Asie, en deçà de l'Euphrate, adorèrent les astres'; il cite aussi les Péruviens comme adorateurs du soleil, et d'autres Américains comme adorateurs de la lune (V 59, p.100, 103). Il évoque les Sabéens dans l'*Essai sur les mœurs* (i.256) et a mis un signet à l'article 'Sabaïsme' de l'*Encyclopédie* (CN, iii.408).

[8] Voltaire renvoie à juste titre à l'article 'Ciel des anciens', où les mêmes thèmes sont traités.

planète est entourée de son atmosphère, comme d'une coque,[9] et
roule dans l'espace autour de son soleil. Chaque soleil est le centre
de plusieurs planètes, qui voyagent continuellement autour de lui.   20
Il n'y a ni haut ni bas, ni montée ni descente. Vous sentez que si
les habitants de la lune disaient qu'on monte à la terre, qu'il faut
se rendre digne de la terre, ils diraient une extravagance. Nous
prononçons de même un mot qui n'a pas de sens, quand nous
disons qu'il faut se rendre digne du ciel, c'est comme si nous   25
disions, Il faut se rendre digne de l'air, digne de la constellation
du dragon, digne de l'espace.

KOU

Je crois vous comprendre; il ne faut adorer que le Dieu qui a
fait le ciel et la terre.[10]

CU-SU

Sans doute; il faut n'adorer que Dieu. Mais quand nous disons   30
qu'il a fait le ciel et la terre, nous disons pieusement une grande
pauvreté. Car si nous entendons par le ciel l'espace prodigieux
dans lequel Dieu alluma tant de soleils, et fit tourner tant de
mondes, il est beaucoup plus ridicule de dire, *le ciel et la terre*, que
de dire, *les montagnes et un grain de sable*. Notre globe est infiniment   35
moins qu'un grain de sable en comparaison de ces millions de
milliards d'univers, parmi lesquels nous disparaissons.[11] Tout ce
que nous pouvons faire, c'est de joindre ici notre faible voix à

---

36   65v: de ses [65v*¹: ⟨de ses⟩ ↑des] millions

[9] Allusion à Fontenelle, *Entretiens sur la pluralité des mondes* (éd. A. Calame,
Paris 1966, i.42), dont Voltaire a annoté les œuvres (CN, iii.650-53).
[10] Leçon de *Zadig* ('Le Souper') que Voltaire ne se lasse jamais de répéter.
[11] Critique indirecte de la Genèse, développée dans les *Homélies prononcées à
Londres* (V 62, p.461-62).

celle des êtres innombrables, qui rendent hommage à Dieu dans l'abîme de l'étendue. [12]

KOU

On nous a donc bien trompés, quand on nous a dit que Fo était descendu chez nous du quatrième ciel, et avait paru en éléphant blanc. [13]

CU-SU

Ce sont des contes que les bonzes font aux enfants et aux vieilles: [14] nous ne devons adorer que l'auteur éternel de tous les êtres.

KOU

Mais comment un être a-t-il pu faire les autres?

CU-SU

Regardez cette étoile; elle est à quinze cent mille millions de

---

[12] Voltaire prête à Cu-Su sa méditation sur l'infinie grandeur du cosmos et l'infinie petitesse de l'homme, sur la nécessité pour tous de rendre hommage au Créateur, qui inspire aussi bien *Micromégas* que 'La Prière à Dieu' du *Traité sur la tolérance* (M.xxv.107-108). Ses connaissances scientifiques remontent à la période de Cirey.

[13] Fo, nom chinois du Bouddha, n'a pas bonne presse au dix-huitième siècle (voir *Encyclopédie*, art. 'Chinois, philosophie des'; iii.343). Voltaire en parle comme d'une idole (*Essai*, i.223). Du Halde ne voit dans le bouddhisme chinois que superstitions ridicules (*Description de la Chine*, ii.280, 323, 496; iii.19-29). Le Bouddha, lors de ses réincarnations, paraît sous forme de singe, de dragon, d'éléphant (iii.20a). Voltaire a écrit 'éléphant blanc' en face du passage qui raconte que la mère du Bouddha, en le concevant, rêva qu'elle avalait un éléphant, ce qui serait la source des honneurs rendus aux éléphants blancs (iii.19b; CN, iii.279).

[14] La distinction entre la religion des lettrés et les superstitions du peuple, qui a pour origine les relations des jésuites, est sans cesse reprise par Voltaire (voir par ex. *Le Philosophe ignorant*, V 62, p.91).

lis [15] de notre petit globe. Il en part des rayons qui vont faire sur
vos yeux deux angles égaux au sommet: ils font les mêmes angles   50
sur les yeux de tous les animaux; [16] ne voilà-t-il pas un dessein
marqué? ne voilà-t-il pas une loi admirable? Or qui fait un
ouvrage, sinon un ouvrier? Qui fait des lois, sinon un législateur?
Il y a donc un ouvrier, un législateur éternel?

KOU

Mais, qui a fait cet ouvrier? et comment est-il fait?   55

CU-SU

Mon prince, je me promenais hier auprès du vaste palais qu'a
bâti le roi votre père. J'entendis deux grillons, dont l'un disait à
l'autre, Voilà un terrible édifice. Oui, dit l'autre, tout glorieux
que je suis, j'avoue que c'est quelqu'un de plus puissant que les
grillons qui a fait ce prodige; mais je n'ai point d'idée de cet être-   60
là; je vois qu'il est, mais je ne sais ce qu'il est.

KOU

Je vous dis que vous êtes un grillon plus instruit que moi; et
ce qui me plaît en vous, c'est que vous ne prétendez pas savoir ce
que vous ignorez. [17]

---

[15] Le *li* valait 576 mètres; cette étoile serait donc à 864 milliards de kilomètres
de la terre.

[16] Voltaire s'est intéressé aux lois de l'optique. Dès 1734, il exposait dans les
Lettres philosophiques, les découvertes de Newton (*Lph*, ii.43-48), sujet qu'il a
développé dans les *Eléments de la philosophie de Newton* (V 15, p.253-395). Ces lois
physiques confortent, selon lui, sa métaphysique réduite à un Dieu horloger.

[17] Voltaire expose bien évidemment ses propres idées, mais le cadre chinois de
ce premier entretien n'est pas totalement factice. Il a mis un signet en face du
dialogue 'Où un philosophe chinois moderne, nommé Tchin, expose son sentiment
sur l'origine et l'état du monde', reproduit par Du Halde (CN, iii.279).

Second entretien

CU-SU

Vous convenez donc qu'il y a un être tout-puissant, existant par lui-même, suprême artisan de toute la nature?

KOU

Oui; mais s'il existe par lui-même, rien ne peut donc le borner, il est donc partout? il existe donc dans toute la matière, dans toutes les parties de moi-même? [18]

CU-SU

Pourquoi non?

KOU

Je serais donc moi-même une partie de la Divinité? [19]

CU-SU

Ce n'est peut-être pas une conséquence. Ce morceau de verre est pénétré de toutes parts de la lumière; est-il lumière cependant lui-même? ce n'est que du sable, et rien de plus; tout est en Dieu,

---

[18] Expression simplifiée de la pensée de Spinoza dont Voltaire a énuméré les principes dans ses carnets (V 81-82, p.400, 410, 560, 599). Voltaire réfute Spinoza dans *Le Philosophe ignorant* (V 62, p.57-64). Pour Voltaire, la nature tout entière émane de Dieu, mais Dieu n'est pas identique à la nature. Voir P. Vernière, *Spinoza et la pensée française avant la Révolution*.

[19] Les stoïciens voyaient dans l'homme une partie de la divinité. *Le Philosophe ignorant* ne sait que choisir entre la rêverie de Malebranche qui pense que l'homme voit tout en Dieu, et celle des stoïciens qui pensent que Dieu agit en nous (V 62, p.54).

sans doute; ce qui anime tout doit être partout.[20] Dieu n'est pas 75
comme l'empereur de la Chine qui habite son palais et qui envoie
ses ordres par des kolaos.[21] Dès là qu'il existe, il est nécessaire
que son existence remplisse tout l'espace, et tous ses ouvrages,[22]
et puisqu'il est dans vous, c'est un avertissement continuel de ne
rien faire dont vous puissiez rougir devant lui. 80

KOU

Que faut-il faire pour oser ainsi se regarder soi-même sans
répugnance et sans honte devant l'Etre suprême?

CU-SU

Etre juste.[23]

78   65v: tous les ouvrages

[20] Voltaire a beaucoup pratiqué Malebranche dont il possède plusieurs œuvres.
Dès 1726, il a annoté *De la recherche de la vérité* (voir D240, D1571); il écrira un
Tout en Dieu (1769; M.xxviii.91-102). Les *Lettres de Memnius à Cicéron* (1771) et
Il faut prendre un parti (1772) portent la double empreinte de Malebranche et de
Spinoza.

[21] Dans l'*Essai sur les mœurs*, Voltaire définit les colaos comme les mandarins
(i.219); voir aussi *Le Siècle de Louis XIV* (*OH*, p.1102). Selon *Trévoux*, ils forment
le conseil du souverain (i.1904); le terme a droit à une courte notice dans
l'*Encyclopédie* (ix.134). L'information de Voltaire vient de Du Halde qui traite de
la forme du gouvernement de la Chine, des tribunaux, et des mandarins (ii.22-43;
iii.557); le nombre des colaos n'est guère que de quatre ou cinq. Sur leur situation,
voir Guy, *The French image of China*, p.69-87.

[22] L'espace est le sensorium de Dieu: 'Dieu étant nécessairement partout,
constitue par cela seul l'espace immense et le lieu' (*Eléments de la philosophie de
Newton*, V 15, p.206). Il anime toutes les créatures et toutes nos idées nous viennent
de lui (*Traité de métaphysique*, V 14, p.443).

[23] La religion des honnêtes gens de la Chine, selon Voltaire, se réduit au précepte:
'Adorez le ciel, et soyez juste' (*Le Philosophe ignorant*, V 62, p.91). Sur l'importance
cruciale du juste et de l'injuste, voir *Le Philosophe ignorant*, V 62, p.78-80, 83.
Voltaire a ajouté en 1765 un article sur ce thème. On notera que le livre de Mencius
stigmatise l'exercice injuste de l'autorité royale et conseille au prince l'équité (texte
relevé par Voltaire; CN, iii.268).

KOU

Et quoi encore?

CU-SU

Etre juste.

KOU

Mais la secte de Laokium[24] dit qu'il n'y a ni juste, ni injuste, ni vice, ni vertu.

CU-SU

La secte de Laokium dit-elle qu'il n'y a ni santé, ni maladie?

KOU

Non, elle ne dit point une si grande erreur.

CU-SU

L'erreur de penser qu'il n'y a ni santé de l'âme, ni maladie de l'âme, ni vertu ni vice, est aussi grande et plus funeste. Ceux qui ont dit que tout est égal sont des monstres; est-il égal de nourrir son fils, ou de l'écraser sur la pierre? de secourir sa mère, ou de lui plonger un poignard dans le cœur?

[24] Lao Tseu, philosophe chinois (VIᵉ ou Vᵉ siècle av. J.-C.), aurait, avant de quitter son pays, dicté le Tao tö king. Sa vie n'est guère connue que par des légendes. Voltaire parle de cette secte avec mépris, et n'y voit que superstition (les carnets, V 81, p.135; *La Philosophie de l'histoire*, V 59, p.157; *Essai sur les mœurs*, i.222-23). L'*Encyclopédie*, au contraire, expose les principes du taoïsme (art. 'Chinois, religion des'; iii.343-46). Voltaire est tributaire de son information: Du Halde se montre plus sensible aux pratiques magiques qu'à la doctrine du Tao (*Description de la Chine*, iii.16-18). Ajoutons que Du Halde n'accuse pas la secte de Laokium de ne faire aucune distinction entre vice et vertu; sa morale serait 'assez semblable à celle de nos épicuriens', mais ses sectateurs s'adonnent à la magie.

KOU

Vous me faites frémir: je déteste la secte de Laokium; mais il y   95
a tant de nuances du juste et de l'injuste! on est souvent bien
incertain. Quel homme sait précisément ce qui est permis, ou ce
qui est défendu? qui pourra poser sûrement les bornes qui séparent
le bien et le mal? quelle règle me donnerez-vous pour les discerner?[25]   100

CU-SU

Celles de Confutzée mon maître; *vis comme en mourant tu*
voudrais avoir vécu, traite ton prochain comme tu veux qu'il te traite.[26]

KOU

Ces maximes, je l'avoue, doivent être le code du genre humain.
Mais que m'importera en mourant d'avoir bien vécu? qu'y
gagnerai-je? cette horloge quand elle sera détruite, sera-t-elle   105
heureuse d'avoir bien sonné les heures?

CU-SU

Cette horloge ne sent point, ne pense point, elle ne peut avoir
des remords, et vous en avez quand vous vous sentez coupable.

101   65v: Celle de
107-108   65v: avoir de remords

[25] Tentation du scepticisme que Voltaire combat (voir ci-dessous, art. 'Du juste
et de l'injuste'). Il défend la loi naturelle (*Poème sur la loi naturelle*, M.ix.445) et
l'idée d'une morale universelle (*Encyclopédie*, art. 'Imagination', V 33, p.205).

[26] Voltaire tire ces maximes du *Lun Yu ou livre des sentences*, recueil de maximes
de Confucius présenté par Du Halde, dans lequel il a mis des signets et un ruban
(CN, iii.263). La première sentence est tirée du livre XI: 'L'un d'eux le priant de
lui apprendre à bien mourir; vous n'avez pas encore appris à bien vivre, lui
répondit-il, apprenez-le, et vous saurez bien mourir'. La seconde sentence est
reproduite littéralement du livre XII: 'traitez les autres comme vous voulez qu'on
vous traite vous-mêmes' (ii.332a). Ces maximes sont également rapportées dans
Cousin et La Brune, *La Morale de Confucius, philosophe de la Chine*, p.43 et 93.

KOU

Mais si après avoir commis plusieurs crimes, je parviens à n'avoir plus de remords?[27]

110

CU-SU

Alors, il faudra vous étouffer; et soyez sûr que parmi les hommes qui n'aiment pas qu'on les opprime, il s'en trouvera qui vous mettront hors d'état de faire de nouveaux crimes.

KOU

Ainsi Dieu qui est en eux leur permettra d'être méchants après m'avoir permis de l'être?[28]

115

CU-SU

Dieu vous a donné la raison, n'en abusez ni vous, ni eux; non seulement vous serez malheureux dans cette vie, mais qui vous a dit que vous ne le seriez pas dans une autre?

KOU

Et qui vous a dit qu'il y a une autre vie?

CU-SU

Dans le doute seul vous devez vous conduire comme s'il y en avait une.

120

---

[27] Voltaire veut croire que le remords est aussi naturel à l'homme que les autres affections de l'âme. Scandalisé par les assertions provocantes de La Mettrie, il s'en prenait, en 1752, à ceux qui ne voyaient dans le remords que l'effet de l'habitude (*Poème sur la loi naturelle*, M.ix.446; voir R. Pomeau et Ch. Mervaud, *De la Cour au jardin*, p.85-90). Le Neveu de Rameau, puis les immoralistes comme Sade prétendront que le remords n'existe pas.

[28] La pensée de Voltaire achoppe toujours sur le problème de l'existence du mal permise par un Dieu juste et bon. Mais il refuse la solution des athées (*Lettres de Memnius*, M.xxviii.446-47).

448

KOU

Mais, si je suis sûr qu'il n'y en a point?

CU-SU

Je vous en défie.

Troisième entretien

KOU

Vous me poussez, Cu-su. Pour que je puisse être récompensé ou puni quand je ne serai plus, il faut qu'il subsiste dans moi quelque chose qui sente, et qui pense après moi. Or, comme avant ma naissance, rien de moi n'avait ni sentiment ni pensée, pourquoi y en aurait-il après ma mort? que pourrait être cette partie incompréhensible de moi-même? Le bourdonnement de cette abeille restera-t-il quand l'abeille ne sera plus? La végétation de cette plante subsiste-t-elle quand la plante est déracinée? La végétation n'est-elle pas un mot dont on se sert pour signifier la manière inexplicable dont l'Etre suprême a voulu que la plante tirât les sucs de la terre? L'âme est de même un mot inventé pour exprimer faiblement et obscurément les ressorts de notre vie.[29] Tous les animaux se meuvent, et cette puissance de se mouvoir, on l'appelle force active; mais il n'y a pas un être distinct qui soit cette force. Nous avons des passions, de la mémoire, de la raison;

125

130

135

138-139   65, 67, 69: passions, cette mémoire, cette raison, ne sont

65v: passions, de la mémoire, de la raison; cette mémoire, cette raison, ne sont

[29] Argumentation déjà développée par Voltaire qui renvoie à juste titre à l'article 'Ame' (n.*b*), et qui a déjà exposé ses doutes dans la lettre 'Sur Locke' (*Lettres philosophiques*, première version et version définitive, ajout de 1748-1751; *Lph*, i.166-216) et le *Traité de métaphysique* (V 14, p.449-59). Il a lu attentivement l'article 'Ame' de l'abbé Yvon (*Encyclopédie*, i.327-53; CN, iii.364) et la 'Dissertation sur la nature de l'âme' de Calmet (*Dissertations*, i.460-82; CN, ii.338).

449

mais ces passions, cette mémoire, cette raison, ne sont pas sans doute des choses à part, ce ne sont pas des êtres existant dans nous, ce ne sont pas de petites personnes qui aient une existence particulière;[30] ce sont des mots génériques, inventés pour fixer nos idées. L'âme qui signifie notre mémoire, notre raison, nos passions, n'est donc elle-même qu'un mot. Qui fait le mouvement dans la nature? c'est Dieu. Qui fait végéter toutes les plantes? c'est Dieu. [31] Qui fait le mouvement dans les animaux? c'est Dieu. Qui fait la pensée de l'homme? c'est Dieu.

Si l'âme (b) humaine était une petite personne renfermée dans notre corps, qui en dirigeât les mouvements et les idées, cela ne marquerait-il pas dans l'éternel artisan du monde une impuissance et un artifice indigne de lui? il n'aurait donc pas été capable de faire des automates qui eussent dans eux-mêmes le don du mouvement et de la pensée. Vous m'avez appris le grec, vous m'avez fait lire Homère, je trouve Vulcain un divin forgeron quand il fait des trépieds d'or qui vont tous seuls au conseil des dieux: [32] mais ce Vulcain me paraîtrait un misérable charlatan, s'il avait caché dans le corps de ces trépieds quelqu'un de ses garçons qui les fît mouvoir sans qu'on s'en aperçût.

Il y a de froids rêveurs qui ont pris pour une belle imagination l'idée de faire rouler des planètes par des génies qui les poussent

(b) Voyez l'article *Ame*.

---

[30] En marge de son exemplaire de l'*Histoire ecclésiastique* de Claude Fleury, Voltaire a noté à propos du *Traité de l'âme* de Tertullien: 'ame corporelle' (CN, iii.479). Il prétend que pour Platon l'âme était corporelle (*Lph*, i.167).

[31] Influence très nette de la pensée de Malebranche sur Voltaire.

[32] Homère, *Iliade*, xviii.368-79.

sans cesse;[33] mais Dieu n'a pas été réduit à cette pitoyable ressource: en un mot, pourquoi mettre deux ressorts à un ouvrage lorsqu'un seul suffit?[34] Vous n'oserez pas nier que Dieu ait le pouvoir d'animer l'être peu connu que nous appelons matière, pourquoi donc se servirait-il d'un autre agent pour l'animer?   165

Il y a bien plus, que serait cette âme que vous donnez si libéralement à notre corps? d'où viendrait-elle? quand viendrait-elle? faudrait-il que le créateur de l'univers fût continuellement à l'affût de l'accouplement des hommes et des femmes, qu'il remarquât attentivement le moment où un germe sort du corps d'un   170 homme, et entre dans le corps d'une femme, et qu'alors il envoyât vite une âme dans ce germe? et si ce germe meurt, que deviendra cette âme? elle aura donc été créée inutilement, ou elle attendra une autre occasion.[35]

166   65v-69: plus, qui serait [65v*¹: β]

[33] Voltaire avait déjà fait allusion aux 'anges qui font aller les sphères célestes' dans la première version de la lettre 'Sur Locke' (*Lph*, i.194). Le froid rêveur est Aristote dont l'astronomie est pénétrée de théologie: les mouvements célestes, en raison même de leur perfection, sont attribués à un être purement spirituel, à un moteur immobile. Mais si la sphère des étoiles fixes reçoit directement son impulsion, les autres sphères sont poussées par des esprits des sphères, dieux secondaires ou démons (*Métaphysique*, XII.8, et *De caelo*, II.7-12; voir Th. Gomperz, *Les Penseurs de la Grèce: histoire de la philosophie antique*, trad. A. Reymond, iii.118-19, 262). A la suite d'Aristote, les philosophes musulmans Avicenne (980-1037) et Averroès (1126-1198) ont identifié les anges avec le principe moteur des sphères célestes (*Encyclopedia judaica*, art. 'Angels', i.975; *Encyclopédie de l'Islam*, art. 'Avicenne' et 'Averroès'). Voltaire a lu aussi la 'Dissertation sur les bons et mauvais anges' de Calmet (CN, ii.244).

[34] Ce refus du double emploi est peut-être à mettre en relation avec 'le principe malebranchien de la simplicité des voies' (A. Becq, 'Le catéchisme chinois', *Aspects du discours matérialiste en France autour de 1770*, p.273). Voltaire peut penser aussi aux *Entretiens sur la pluralité des mondes* de Fontenelle où la nature agit avec magnificence dans son dessein et épargne dans son exécution (éd. Calame, p.27). Leibniz soutient aussi cette idée.

[35] Voltaire reste partisan de la théorie des germes préexistants. La matière, selon lui, ne possède ni le mouvement ni la pensée; tout vient du Créateur. Or en 1764, Voltaire écrit un compte rendu des *Considérations sur les corps organisés* de Charles

Voilà, je vous l'avoue, une étrange occupation pour le maître 175
du monde; et non seulement, il faut qu'il prenne garde continuellement à la copulation de l'espèce humaine, mais il faut qu'il en
fasse autant avec tous les animaux, car ils ont tous comme nous
de la mémoire, des idées, des passions; [36] et si une âme est nécessaire
pour former ces sentiments, cette mémoire, ces idées, ces passions, 180
il faut que Dieu travaille perpétuellement à forger des âmes pour
les éléphants, et pour les porcs, pour les hiboux, pour les poissons,
et pour les bonzes.

Quelle idée me donneriez-vous de l'architecte de tant de millions
de mondes, qui serait obligé de faire continuellement des chevilles 185
invisibles pour perpétuer son ouvrage?

Voilà une très petite partie des raisons qui peuvent me faire
douter de l'existence de l'âme.

CU-SU

Vous raisonnez de bonne foi; et ce sentiment vertueux, quand
même il serait erroné, serait agréable à l'Etre suprême. Vous 190
pouvez vous tromper, mais vous ne cherchez pas à vous tromper,
et dès lors vous êtes excusable. Mais songez que vous ne m'avez
proposé que des doutes, et que ces doutes sont tristes. Admettez

---

182   64:   éléphants, et pour les puces, pour les hiboux

Bonnet (M.xxv.153-58). Il attaque de nouveau la *Vénus physique* de Maupertuis et
sa théorie de l'attraction en matière de génération, et affirme qu'il faut en revenir à
'l'ancienne opinion que tous les germes furent formés à la fois par la main qui
arrangea l'univers', que chaque germe contient en lui des traces qui doivent naître
de lui et que 'toute génération est un développement. Cette idée est seule digne de
l'éternel artisan des mondes'. D'où les ironies de ce passage sur Dieu spectateur
des accouplements. A noter que Voltaire se moque de la théorie qui veut que l'âme
soit envoyée six semaines après la conception (*Le Philosophe ignorant*, V 62, p.34).
Sur les idées de Voltaire en ces domaines, voir J. Roger, *Les Sciences de la vie dans
la pensée française du XVIIIᵉ siècle*, p.732-48.
[36] Voltaire a toujours combattu la théorie des animaux machines (voir *Lph*,
i.174, et ci-dessus, art. 'Bêtes').

des vraisemblances plus consolantes; il est dur d'être anéanti; espérez de vivre. Vous savez qu'une pensée n'est point matière,[37] vous savez qu'elle n'a nul rapport avec la matière, pourquoi donc vous serait-il si difficile de croire que Dieu a mis dans vous un principe divin, qui ne pouvant être dissous, ne peut être sujet à la mort? oseriez-vous dire qu'il est impossible que vous ayez une âme? non sans doute; et si cela est possible, n'est-il pas très vraisemblable que vous en avez une? pourriez-vous rejeter un système si beau et si nécessaire au genre humain? et quelques difficultés vous rebuteront-elles?

KOU

Je voudrais embrasser ce système, mais je voudrais qu'il me fût prouvé. Je ne suis pas le maître de croire quand je n'ai pas d'évidence. Je suis toujours frappé de cette grande idée que Dieu a tout fait, qu'il est partout, qu'il pénètre tout, qu'il donne le mouvement et la vie à tout; et s'il est dans toutes les parties de mon être, comme il est dans toutes les parties de la nature, je ne vois pas quel besoin j'ai d'une âme. Qu'ai-je à faire de ce petit être subalterne, quand je suis animé par Dieu même? à quoi me servirait cette âme? Ce n'est pas nous qui nous donnons nos idées, car nous les avons presque toujours malgré nous; nous en avons quand nous sommes endormis; tout se fait en nous sans que nous nous en mêlions.[38] L'âme aurait beau dire au sang et aux esprits animaux,[39] Courez, je vous prie, de cette façon pour me faire

---

[37] Article du credo voltairien: tout au plus, Dieu peut communiquer la pensée à la matière (*Lph*, i.170).

[38] Même idée dans les carnets (V 82, p.591). Thème repris, après la lecture d'un livre sur les rêves, dans un article de la *Gazette littéraire* du 20 juin 1764 (M.xxv.192-95), et dans l'article 'Songes' du DP, puis dans celui des QE (M.xx.431-33). Sur le problème du rêve au dix-huitième siècle, voir L. G. Crocker, 'L'analyse des rêves au XVIIIe siècle', p.271-310.

[39] Selon Descartes, des parties subtiles et agitées du sang 'composent comme un air ou un vent très subtil qu'on nomme esprits animaux; lesquels, dilatant le cerveau, le rendent propre à recevoir les impressions des objets extérieurs et aussi

plaisir, ils circuleront toujours de la manière que Dieu leur a prescrite. J'aime mieux être la machine d'un Dieu qui m'est démontré, que d'être la machine d'une âme dont je doute.

CU-SU

Eh bien, si Dieu même vous anime, ne souillez jamais par des crimes ce Dieu qui est en vous; et s'il vous a donné une âme, que cette âme ne l'offense jamais. Dans l'un et dans l'autre système vous avez une volonté; vous êtes libre;[40] c'est-à-dire, vous avez le pouvoir de faire ce que vous voulez; servez-vous de ce pouvoir pour servir ce Dieu qui vous l'a donné. Il est bon que vous soyez philosophe, mais il est nécessaire que vous soyez juste. Vous le serez encore plus quand vous croirez avoir une âme immortelle.

Daignez me répondre: n'est-il pas vrai que Dieu est la souveraine justice?

KOU

Sans doute; et s'il était possible qu'il cessât de l'être, (ce qui est un blasphème) je voudrais moi agir avec équité.

CU-SU

N'est-il pas vrai que votre devoir sera de récompenser les actions vertueuses, et de punir les criminelles quand vous serez sur le trône? Voudriez-vous que Dieu ne fît pas ce que vous-même êtes tenu de faire? Vous savez qu'il est, et qu'il sera toujours dans cette vie des vertus malheureuses, et des crimes impunis; il est donc nécessaire que le bien et le mal trouvent leur jugement dans une autre vie.[41] C'est cette idée si simple, si naturelle, si

---

celles de l'âme, c'est-à-dire à être l'organe ou le siège du sens commun, de l'imagination, de la mémoire' (*Œuvres*, éd. Ch. Adam et P. Tannery, xi.227).

[40] Sur la liberté de l'homme, voir ci-dessous, art. 'Liberté'.

[41] Sur la nécessité de la croyance en l'immortalité de l'âme et en la rémunération *post mortem*, voir R. Pomeau, *La Religion de Voltaire*, p.398-406, et ci-dessous, art. 'Enfer'.

générale, qui a établi chez tant de nations la créance de l'immortalité
de nos âmes, et de la justice divine qui les juge, quand elles ont   240
abandonné leur dépouille mortelle. Y a-t-il un système plus
raisonnable, plus convenable à la Divinité, et plus utile au genre
humain?

KOU

Pourquoi donc plusieurs nations n'ont-elles point embrassé ce
système? Vous savez que nous avons dans notre province environ   245
deux cents familles d'anciens Sinous (c)[42] qui ont autrefois habité
une partie de l'Arabie pétrée; ni elles, ni leurs ancêtres n'ont jamais
cru l'âme immortelle: ils ont leurs cinq livres,[43] comme nous avons
nos cinq Kings;[44] j'en ai lu la traduction; leurs lois nécessairement
semblables à celles de tous les autres peuples, leur ordonnent de   250
respecter leurs pères, de ne point voler, de ne point mentir, de

(c) Ce sont les Juifs des dix tribus qui dans leur dispersion pénétrèrent jusqu'à la Chine; ils y sont appelés *Sinous*.

n.c   64, 65 note absente

[42] Du Halde signalait l'existence de ces juifs en Chine (*Description de la Chine*,
iii.64b) et renvoyait aux *Lettres édifiantes et curieuses*. Voltaire, qui avait noté leur
présence dans ses carnets (V 81, p.137), a pu se documenter dans la lettre du père
Jean-Paul Gozani du 5 novembre 1704 (*Lettres édifiantes et curieuses*, Paris 1707-
1776, recueil VII, p.1-38; BV). Celui-ci précise qu'il ne reste plus que sept familles
juives, dont il a visité la synagogue, et qui ont conservé la circoncision, l'agneau
pascal, le sabbat. Voltaire a lu aussi dans l'*Histoire générale des voyages* (Paris 1746-
1754), xxiii, un texte sur les juifs en Chine (voir CN, iv.398). Voir J. Dehergne,
'Une synagogue à la Chine', p.105-11.
[43] Il s'agit du Pentateuque. Gozani précise qu'ils n'ont pas la Bible en entier.
[44] Du Halde a décrit ces cinq livres canoniques des confucéens: le Ly-king, livre
de métaphysique; le Chu-king, livre historique; le Chi-king, livre de vers anciens;
le Tchouen-tsieou ou histoire du royaume de Lou, livre de printemps et d'automne,
écrit par Confucius; le Li-ki, livre des rites, lois et cérémonies (ii.286-324). Voltaire
résume les livres de Confucius (les carnets, V 82, p.490).

n'être ni adultères, ni homicides; mais ces mêmes lois ne leur parlent ni de récompenses ni de châtiments dans une autre vie. [45]

CU-SU

Si cette idée n'est pas encore développée chez ce pauvre peuple, elle le sera sans doute un jour. Mais que nous importe une malheureuse petite nation, tandis que les Babyloniens, les Egyptiens, les Indiens, [46] et toutes les nations policées ont reçu ce dogme salutaire? [47] Si vous étiez malade, rejetteriez-vous un remède approuvé par tous les Chinois, sous prétexte que quelques barbares des montagnes n'auraient pas voulu s'en servir? Dieu vous a donné la raison, elle vous dit que l'âme doit être immortelle, c'est donc Dieu qui vous le dit lui-même.

KOU

Mais comment pourrai-je être récompensé, ou puni, quand je ne serai plus moi-même, quand je n'aurai plus rien de ce qui aura constitué ma personne? Ce n'est que par ma mémoire que je suis toujours moi. Je perds ma mémoire dans ma dernière maladie; il faudra donc après ma mort un miracle pour me la rendre, pour me faire rentrer dans mon existence que j'aurai perdue?

[45] Le Deutéronome ne fait nulle mention de récompenses ou de châtiments dans l'autre vie. Thème largement illustré dans les articles 'Ame', 'Athée' 1, et 'Enfer'. Voltaire avait vivement réagi à l'article 'Enfer' de l'*Encyclopédie* qui affirmait que Moïse croyait à des punitions après la mort (D7267).

[46] Pour Babylone, Voltaire s'appuie sur la lecture du Sadder traduit par Hyde (voir *La Philosophie de l'histoire*, V 59, p.127); sur les Egyptiens, voir V 59, p.170-71; sur les Indiens, V 59, p.147. Cf. l'article 'De l'antiquité du dogme de l'immortalité de l'âme' qu'il fait paraître dans les *Nouveaux mélanges* (M.xvii.161-62).

[47] Il est curieux que dans un 'Catéchisme chinois', Voltaire ne signale pas une exception de poids, celle de la Chine dont il s'étonne par ailleurs (voir les carnets, V 81, p.137; *La Philosophie de l'histoire*, V 59, p.147). Mais il fait remarquer que les Chinois révéraient les âmes de leurs ancêtres (M.xvii.162).

CU-SU

C'est-à-dire que si un prince avait égorgé sa famille pour régner, s'il avait tyrannisé ses sujets, il en serait quitte pour dire   270
à Dieu, Ce n'est pas moi, j'ai perdu la mémoire, vous vous méprenez, je ne suis plus la même personne; pensez-vous que Dieu fût bien content de ce sophisme?

KOU

Eh bien soit, je me rends; (d) je voulais faire le bien pour moi-même, je le ferai aussi pour plaire à l'Etre suprême. Je pensais   275

(d) Eh bien! tristes ennemis de la raison et de la vérité, direz-vous encore que cet ouvrage enseigne la mortalité de l'âme? Ce morceau a été imprimé dans toutes les éditions. De quel front osez-vous donc le calomnier?[48] Hélas, si vos âmes conservent leur caractère pendant l'éternité, elles seront éternellement des âmes bien sottes et bien injustes.   5
Non, les auteurs de cet ouvrage raisonnable et utile ne vous disent point que l'âme meurt avec le corps; ils vous disent seulement que vous êtes des ignorants. N'en rougissez pas; tous les sages ont avoué leur ignorance, aucun d'eux n'a été assez impertinent pour connaître la nature de l'âme. *Gassendi* en résumant tout ce qu'a dit l'antiquité, vous parle ainsi.   10
Vous savez que vous pensez, mais vous ignorez quelle espèce de substance vous êtes, vous qui pensez. Vous ressemblez à un aveugle qui sentant la chaleur du soleil, croirait avoir une idée distincte de cet astre. Lisez le reste

n.*d*   64, 65, note absente
n.*d*, 2   65v, 67s: que ce dictionnaire enseigne
n.*d*, 4   65v: leurs caractères
n.*d*, 9   65v: pour croire connaître

[48] Voltaire semble répondre à J.-A. Rosset de Rochefort, *Remarques sur un livre intitulé Dictionnaire philosophique portatif* (Lausanne 1765), art. 'Ame', p.6-8.

qu'il suffisait que mon âme fût juste dans cette vie, j'espérerai qu'elle sera heureuse dans une autre. Je vois que cette opinion est

---

de cette admirable lettre à *Descartes*, [49] lisez *Locke*; [50] relisez cet ouvrage-ci attentivement, et vous verrez qu'il est impossible que nous ayons la moindre notion de la nature de l'âme, par la raison qu'il est impossible que la créature connaisse les secrets ressorts du Créateur; vous verrez que sans connaître le principe de nos pensées, il faut tâcher de penser avec justesse, et avec justice, qu'il faut être tout ce que vous n'êtes pas, modeste, doux, bienfaisant, indulgent; ressembler à *Cu-su* et à *Kou*, et non pas à *Thomas* d'*Aquin* ou à *Scot*, [51] dont les âmes étaient fort ténébreuses, ou à *Calvin* ou à *Luther*, [52] dont les âmes étaient bien dures et bien emportées. Tâchez que vos âmes tiennent un peu de la nôtre; alors vous vous moquerez prodigieusement de vous-mêmes.

n.*d*, 14-15   65v, 67s: relisez ce dictionnaire attentivement

[49] Le texte cité est une lettre de Gassendi du 15 mai 1641 (*Opera*, Florence 1727, vi.107). Voltaire a lu attentivement l'*Abrégé de la philosophie de Gassendi* de François Bernier (Lyon 1678), soulignant maints rapprochements entre la pensée de Gassendi et celle de l'antiquité (CN, i.313-25).

[50] Locke est une référence essentielle de la pensée de Voltaire, qui a souvent dit que Locke était l'Hercule de la métaphysique parce qu'il a posé des bornes à l'esprit humain et qu'il a osé douter. Il juge l'*Essay concerning human understanding* parfait et se range à ses conclusions sur l'âme dans les *Lettres philosophiques* et dans le *Traité de métaphysique*, ch.3-6. Il écrira une section 'Des doutes de Locke sur l'âme' pour les QE (M.xvii.135-37).

[51] Voltaire ne manque jamais de se moquer de de saint Thomas d'Aquin; voir *Le Philosophe ignorant* (V 62, p.56); QE, art. 'Ame' (M.xvii.133); *Les Systèmes* (M.x.167-68); ni de John Duns Scot, surnommé le 'docteur subtil'; cf. ci-dessus, art. 'Ange'.

[52] Dans l'*Essai sur les mœurs*, ch.133-134, Voltaire avait dénoncé la haine dont Calvin poursuivit Michel Servet. En mai 1757 fut publiée dans le *Mercure de France* une lettre où il stigmatisait son 'âme atroce', ce qui donna lieu à une polémique (Pomeau et Mervaud, *De la Cour au jardin*, p.318, 322-24). Sur la dureté de Calvin, voir aussi QE, art. 'Arianisme' (M.xvii.364). Les emportements de Luther sont évoqués dans l'*Essai sur les mœurs*, ch.128, 130. Il est comparé à Calvin (ii.243).

bonne pour les peuples et pour les princes, mais le culte de Dieu m'embarrasse.[53]

Quatrième entretien

CU-SU

Que trouvez-vous de choquant dans notre Chu-King, ce premier livre canonique, si respecté de tous les empereurs chinois?[54] Vous labourez un champ de vos mains royales pour donner l'exemple au peuple, et vous en offrez les prémices au Chang-ti, au Tien, à l'Etre suprême; vous lui sacrifiez quatre fois l'année; vous êtes roi et pontife;[55] vous promettez à Dieu de faire tout le bien qui sera en votre pouvoir; y a-t-il là quelque chose qui répugne?

KOU

Je suis bien loin d'y trouver à redire; je sais que Dieu n'a nul besoin de nos sacrifices, ni de nos prières, mais nous avons besoin de lui en faire; son culte n'est pas établi pour lui, mais pour nous. J'aime fort à faire des prières, je veux surtout qu'elles ne soient point ridicules; car quand j'aurai bien crié que *la montagne du Chang-ti est une montagne grasse, et qu'il ne faut point regarder les*

[53] Sur l'interprétation de ces trois entretiens, voir A. Becq, 'Le catéchisme chinois'.

[54] Du Halde présente le Chu-king comme le second livre canonique du premier ordre (*Description de la Chine*, ii.295).

[55] Voir Du Halde: 'ils sont empereurs pour gouverner, maîtres pour enseigner, pontifes pour sacrifier' (iii.5b). Il ne revient qu'à l'empereur de rendre cet hommage au Chang-ti (ii.70). Le tribunal des mathématiques détermine le jour favorable; l'empereur nomme douze personnes illustres qui l'accompagnent. Précédée d'un jeûne, cette cérémonie où l'empereur sème cinq sortes de grains, est très populaire au dix-huitième siècle (voir Guy, *The French image of China*, p.356-59).

montagnes grasses,[56] quand j'aurai fait enfuir le soleil, et sécher la lune:[57] ce galimatias sera-t-il agréable à l'Etre suprême, utile à mes sujets et à moi-même?

Je ne peux surtout souffrir la démence des sectes qui nous environnent: d'un côté je vois Laotzée que sa mère conçut par l'union du ciel et de la terre, et dont elle fut grosse quatre-vingts ans. Je n'ai pas plus de foi à sa doctrine de l'anéantissement et du dépouillement universel, qu'aux cheveux blancs avec lesquels il naquit, et à la vache noire sur laquelle il monta pour aller prêcher sa doctrine.[58]

Le dieu Fo ne m'en impose pas davantage, quoiqu'il ait eu pour père un éléphant blanc, et qu'il promette une vie immortelle.[59]

Ce qui me déplaît surtout, c'est que de telles rêveries sont continuellement prêchées par les bonzes qui séduisent le peuple pour le gouverner; ils se rendent respectables par des mortifications qui effrayent la nature. Les uns se privent toute leur vie des aliments les plus salutaires, comme si on ne pouvait plaire à Dieu que par un mauvais régime. Les autres se mettent au cou un carcan, dont quelquefois ils se rendent très dignes; ils s'enfoncent des clous dans les cuisses, comme si leurs cuisses étaient des planches; le peuple les suit en foule.[60] Si un roi donne quelque

---

[56] Paraphrase ironique de Psaumes lxvii.16: 'c'est une montagne fertile et remplie de graisse; mais pourquoi regardez-vous avec admiration des montagnes qui sont grasses et fertiles?'

[57] Josué x.12-13: 'Soleil, arrête-toi sur Gabaon; lune, n'avance point sur la vallée d'Aïalon.' Miracle dont Voltaire se moque (*Relation du bannissement des jésuites*, M.xxvii.7; *Le Taureau blanc*, éd. Pomeau, p.49; *La Bible enfin expliquée*, M.xxx.127 et note).

[58] Sur la naissance fabuleuse de Lao-tsé, sur ses cheveux blancs, voir Du Halde, iii.49; sur la doctrine de l'anéantissement où sont assimilées les deux sectes de Fo et de Lao, ii.280.

[59] Voir Du Halde, iii.19b.

[60] Du Halde montre comment les bonzes abusent le peuple, évoque leurs mortifications et raconte une anecdote selon laquelle un bonze s'appuie sur une chaise toute hérissée de clous (iii.24a et b). Il y en a à qui on a attaché au cou et aux pieds de grosses chaînes de plus de trente pieds de long (iii.24a).

édit qui leur déplaît, ils vous disent froidement que cet édit ne se   315
trouve pas dans le commentaire du dieu Fo, et qu'il vaut mieux
obéir à Dieu qu'aux hommes. [61] Comment remédier à une maladie
populaire si extravagante, et si dangereuse? Vous savez que la
tolérance est le principe du gouvernement de la Chine, [62] et de
tous ceux de l'Asie: mais cette indulgence n'est-elle pas bien   320
funeste, quand elle expose un empire à être bouleversé pour des
opinions fanatiques? [63]

CU-SU

Que le Chang-ti me préserve de vouloir éteindre en vous cet
esprit de tolérance, cette vertu si respectable, qui est aux âmes ce
que la permission de manger est aux corps. La loi naturelle permet   325
à chacun de croire ce qu'il veut, comme de se nourrir de ce qu'il
veut. Un médecin n'a pas le droit de tuer ses malades parce qu'ils
n'auront pas observé la diète qu'il leur a prescrite. Un prince n'a
pas le droit de faire pendre ceux de ses sujets qui n'auront pas
pensé comme lui; mais il a le droit d'empêcher les troubles; et s'il   330
est sage, il lui sera très aisé de déraciner les superstitions. Vous
savez ce qui arriva à Daon, sixième roi de la Caldée, il y a quelques
quatre mille ans? [64]

---

[61] Réponse de saint Pierre (Actes v.29) que Voltaire attribue aux bonzes.

[62] Reprise d'un thème développé dans le *Traité sur la tolérance* (M.xxv.34-35).

[63] Les chrétiens ayant donné maints exemples d'intolérance, l'empereur de la
Chine a dû sévir contre eux (*Traité sur la tolérance*, M.xxv.98-100; *Le Siècle de
Louis XIV, OH*, p.1101-109; *Relation du bannissement des jésuites*, M.xxvii.1-16;
Entretiens chinois, M.xxvii, 19-34).

[64] Le roi Daon est classé sixième roi de Chaldée par les historiens Jules l'Africain,
Abydène et Apollodore, dont l'abbé Banier, d'après Georges le Syncelle, reproduit
les chronologies (*La Mythologie et les fables expliquées par l'histoire*, Paris 1738,
i.80). On ne sait par quels calculs Voltaire a pu proposer le chiffre de 'quelques
quatre mille ans'. Ces chronologies indiquent la durée des règnes des rois chaldéens
en sares. Or le sare vaudrait trois mille six cents ans. L'abbé Banier propose de
regarder les sares comme des 'années de jours', ainsi 'le calcul de ces anciens auteurs
se rapporte assez exactement aux années données par Moïse aux premiers patriarches'.

KOU

Non, je n'en sais rien, vous me feriez plaisir de me l'apprendre.

CU-SU

Les prêtres chaldéens s'étaient avisés d'adorer les brochets de 33
l'Euphrate. Ils prétendaient qu'un fameux brochet nommé *Oannès*
leur avait autrefois appris la théologie, que ce brochet était
immortel, qu'il avait trois pieds de long, et un petit croissant sur
la queue. C'était par respect pour cet *Oannès*, qu'il était défendu
de manger du brochet. Il s'éleva une grande dispute entre les 34
théologiens, pour savoir si le brochet *Oannès* était laité, ou œuvé.
Les deux partis s'excommunièrent réciproquement, et on en vint
plusieurs fois aux mains. Voici comme le roi Daon s'y prit pour
faire cesser ce désordre.

Il commanda un jeûne rigoureux de trois jours aux deux partis; 34
après quoi il fit venir les partisans du brochet aux œufs, qui
assistèrent à son dîner; il se fit apporter un brochet de trois pieds,
auquel on avait mis un petit croissant sur la queue. Est-ce là votre
dieu? dit-il aux docteurs; Oui, sire, lui répondirent-ils, car il a un
croissant sur la queue. Le roi commanda qu'on ouvrît le brochet, 35
qui avait la plus belle laite du monde. Vous voyez bien, dit-il,
que ce n'est pas là votre dieu, puisqu'il est laité; et le brochet fut
mangé par le roi et par ses satrapes, au grand contentement des
théologiens des œufs, qui voyaient qu'on avait frit le dieu de leurs
adversaires. 3

On envoya chercher aussitôt les docteurs du parti contraire: on
leur montra un dieu de trois pieds qui avait des œufs et un
croissant sur la queue; ils assurèrent que c'était là le dieu *Oannès*,
et qu'il était laité; il fut frit comme l'autre, et reconnu œuvé. Alors
les deux partis étant également sots, et n'ayant pas déjeuné, le bon 3

334 64: me ferez plaisir
350 64: la queue, et surement il a des œufs. Le roi

roi Daon leur dit qu'il n'avait que des brochets à leur donner
pour leur dîner: ils en mangèrent goulûment, soit œuvés, soit
laités. La guerre civile finit, chacun bénit le bon roi Daon; et les
citoyens depuis ce temps firent servir à leur dîner tant de brochets
qu'ils voulurent. [65]   365

KOU

J'aime fort le roi Daon, et je promets bien de l'imiter à la
première occasion qui s'offrira. J'empêcherai toujours autant que
je le pourrai (sans faire violence à personne) qu'on adore des Fo,
et des brochets.

Je sais que dans le Pégu et dans le Tonquin il y a de petits   370
dieux et de petits talapoins qui font descendre la lune dans le
décours, et qui prédisent clairement l'avenir; [66] c'est-à-dire, qui

[65] Adaptation fantaisiste d'un texte de Bérose que Voltaire a pu lire dans Banier
(i.138-47), et qu'il a déjà utilisé dans *Zadig*, 'Le Souper' (*Romans et contes*, p.88-
89). Ce thème sera repris dans *Dieu et les hommes* (V 69, p.384) et dans l'article
'Ignorance' des QE (M.xix.420). Oannès, suivant l'historien chaldéen Bérose, était
un monstre moitié homme, moitié poisson qui, le jour, donnait aux hommes la
connaissance des sciences, des lettres et des arts, et la nuit, se retirait dans la mer.
Pour Banier, 'tout se réduit à dire que, dans un temps qu'on ne saurait déterminer,
il arriva un homme qui donna aux Chaldéens quelques principes de philosophie
[...] On ne l'a représenté comme une espèce de monstre moitié homme, moitié
poisson que parce qu'il était couvert d'écailles'. Voltaire ne retient pas, ici, la nature
hybride d'Oannès que signale l'*Encyclopédie*. Son poisson prédicateur, objet d'une
plaisante dispute, transposition caricaturale des querelles scolastiques, bafoue l'image
archétypale du poisson sauveur, première manifestation de la vie dans les eaux du
cosmos. Jusqu'à *La Bible enfin expliquée* (M.xxx.9, n.3) et aux *Dialogues d'Evhémère*
(M.xxx.518), le poisson Oannès catéchise. Georges le Syncelle rapporte plusieurs
apparitions du poisson Oannès sous différents règnes, la dernière, selon Apollodore,
ayant lieu sous le règne du roi Daon.
[66] Tachard, dans son *Voyage de Siam* (1686; Amsterdam 1688), que Voltaire a
lu (voir V 62, p.117), dresse une liste des faux miracles opérés par les talapoins
dans le Pégu, région de basse Birmanie (p.308). Une illustration représente le
talapoin, prêtre bouddhiste, dont le nom vient de 'talapat', feuille de palmier, à
cause de l'éventail dont il se sert. Les talapoins enseignent que lors des éclipses de
la lune, un dragon la dévore (p.251). Voltaire a pu aussi consulter l'ouvrage de La

voient clairement ce qui n'est pas, car l'avenir n'est point. J'empêcherai autant que je le pourrai que les talapoins ne viennent chez moi prendre le futur pour le présent et faire descendre la lune. 375

Quelle pitié qu'il y ait des sectes qui aillent de ville en ville débiter leurs rêveries, comme des charlatans qui vendent leurs drogues! quelle honte pour l'esprit humain que de petites nations pensent que la vérité n'est que pour elles, [67] et que le vaste empire de la Chine est livré à l'erreur! L'Etre éternel ne serait-il que le Dieu de l'île Formose ou de l'île Bornéo? Abandonnerait-il le reste de l'univers? Mon cher Cu-su, il est le père de tous les hommes; il permet à tous de manger du brochet; le plus digne hommage qu'on puisse lui rendre est d'être vertueux; un cœur 38 pur est le plus beau de tous ses temples, comme disait le grand empereur Hiao. [68] 380

Cinquième entretien

CU-SU

Puisque vous aimez la vertu, comment la pratiquerez-vous quand vous serez roi?

---

377   65v: des sectaires qui

Loubère, *Voyage du Siam* (Paris 1686). Au Tonkin, on bat du tambour pour faire fuir le dragon qui s'efforce de dévorer la lune (Moreri, *Dictionnaire*, art. 'Tonquin').

[67] Thème souvent repris par Voltaire (voir *Traité sur la tolérance*, 'Prière à Dieu', M.xxv.107-108). C'est pour cette raison qu'il refuse l'idée de religion réservée à un peuple élu.

[68] Hiao, huitième empereur (2356 à 2255 av. J.-C.), est regardé comme le premier législateur de la nation chinoise et comme le modèle des souverains (*Description de la Chine*, i.284-86). Dans les carnets, Voltaire a écrit après son nom: 'respect, piété filiale' (V 81, p.135).

KOU

En n'étant injuste ni envers mes voisins, ni envers mes peuples. 390

CU-SU

Ce n'est pas assez de ne point faire de mal; vous ferez du bien, vous nourrirez les pauvres en les occupant à des travaux utiles, et non pas en dotant la fainéantise. Vous embellirez les grands chemins, vous creuserez des canaux, vous élèverez des édifices publics, vous encouragerez tous les arts, vous récompenserez le 395 mérite en tout genre, vous pardonnerez les fautes involontaires. [69]

KOU

C'est ce que j'appelle n'être point injuste, ce sont là autant de devoirs.

CU-SU

Vous pensez en véritable roi; mais il y a le roi et l'homme, la vie publique, et la vie privée. Vous allez bientôt vous marier, 400 combien comptez-vous avoir de femmes?

KOU

Mais je crois qu'une douzaine me suffira; un plus grand nombre pourrait me dérober un temps destiné aux affaires. Je n'aime point ces rois qui ont des trois cents femmes, et des sept cents concubines, et des milliers d'eunuques pour les servir. [70] Cette manie des 405

---

[69] Programme très voltairien, mais qui peut être mis dans la bouche d'un disciple de Confucius. Voltaire a annoté dans Du Halde le livre de Mencius, soulignant ce qui avait trait à un sage gouvernement (CN, iii.263-79). Le premier devoir du prince est d'assurer la subsistance du peuple (*Description de la Chine*, ii.411); l'empereur King ti met l'accent sur l'importance de l'agriculture et Lieou che insiste sur la nécessité de rechercher les hommes de mérite (ii.473).

[70] Allusion à Salomon (I Rois xi.3). Même ironie dans l'article 'Salomon', et dans l'épître dédicatoire au roi de Prusse du *Précis de l'Ecclésiaste* (M.ix.483). Il n'est pas question dans le livre des Rois d'eunuques.

eunuques me paraît surtout un trop grand outrage à la nature humaine. Je pardonne tout au plus qu'on chaponne des coqs, ils en sont meilleurs à manger, mais on n'a point encore fait mettre d'eunuques à la broche. A quoi sert leur mutilation? Le dalaï-lama en a cinquante pour chanter dans sa pagode.[71] Je voudrais bien savoir si le Chang-ti se plaît beaucoup à entendre les voix claires de ces cinquante hongres? 410

Je trouve encore très ridicule qu'il y ait des bonzes qui ne se marient point; ils se vantent d'être plus sages que les autres Chinois: eh bien, qu'ils fassent donc des enfants sages. Voilà une plaisante manière d'honorer le Chang-ti que de le priver d'adorateurs! Voilà une singulière façon de servir le genre humain que de donner l'exemple d'anéantir le genre humain! Le bon petit lama(e) nommé *Stelca isant Erepi*, voulait dire *que tout prêtre devait faire le plus d'enfants qu'il pourrait*;[72] il prêchait d'exemple, et a été fort utile en son temps. Pour moi, je marierai tous les lamas et bonzes, et lamesses et bonzesses qui auront de la vocation 415

420

(e) *Stelca isant Erepi*, signifie en chinois, *l'abbé Castel de Saint Pierre.*

n.e   64, 65, note absente
      65v, 67s: *Erepi* en chinois, signifie en français, *l'abbé*

[71] Sur le dalaï-lama, voir *Description de la Chine*, iv; textes annotés par Voltaire (CN, iii.286). Il s'agit ici des castrats de la chapelle du pape (voir *Candide*, V 48, p.158).

[72] Voltaire, lorsqu'il condamne le célibat des prêtres, fait toujours référence à l'abbé de Saint-Pierre qu'il accuse de vouloir la pluralité, ou plutôt la communauté des femmes (les carnets, V 82, p.510). Il a mis un signet dans son exemplaire des *Ouvrages de politique* (Rotterdam 1733-1741), 'Observations politiques sur le célibat des prêtres' (ii.150-51; CN, ii.386). La phrase en italiques ne s'y trouve cependant pas textuellement. L'abbé de Saint-Pierre se livre à des supputations sur le nombre de catholiques supplémentaires dont on serait redevable au mariage des prêtres: cent mille prêtres mariés, en deux cents ans, en comptant les décès, auraient fourni un million de Français de plus (voir aussi *Encyclopédie*, art. 'Célibat'; iii.805-806). Prêchait-il pour autant d'exemple?

pour ce saint œuvre; ils en seront certainement meilleurs citoyens, et je croirai faire en cela un grand bien au royaume de Lou.

CU-SU

Oh! le bon prince que nous aurons là! Vous me faites pleurer   425
de joie. Vous ne vous contenterez pas d'avoir des femmes et des sujets; car enfin, on ne peut pas passer sa journée à faire des édits et des enfants, vous aurez sans doute des amis.

KOU

J'en ai déjà, et de bons, qui m'avertissent de mes défauts; je me donne la liberté de reprendre les leurs; ils me consolent, et je les   430
console;[73] l'amitié est le baume de la vie, il vaut mieux que celui du chimiste Erueil, et même que les sachets du grand Hanourd.[74] Je suis étonné qu'on n'ait pas fait de l'amitié un précepte de religion; j'ai envie de l'insérer dans notre rituel.

CU-SU

Gardez-vous-en bien, l'amitié est assez sacrée d'elle-même, ne   435
la commandez jamais, il faut que le cœur soit libre, et puis, si vous faisiez de l'amitié un précepte, un mystère, un rite, une

---

432   65v: chimiste Lievre
        64, 65: Ranoud.   65v: Arnoud   67: Hanoud

[73] Thème très voltairien de l'amitié du prince (voir ci-dessus, art. 'Amitié') mais qui n'est pas sans résonance chinoise. Le livre de Mencius enseigne aux princes comment ils doivent se comporter avec leurs amis, ce qu'a souligné Voltaire (CN, iii.269-70).
[74] Anagrammes qui désignent le chimiste Le Lièvre et l'apothicaire Arnoud, que Voltaire cite toujours de concert (D17653). Il les présente tantôt comme 'deux braves apothicaires' (D12206), tantôt comme deux charlatans (D15212). Les sachets du sieur Arnoult, qu'on devait porter autour du cou, étaient censés guérir l'apoplexie (voir Zadig, ch.2; Romans et contes, p.61); Le Lièvre vendait un baume de vie (voir D15212, et QE, art. 'Almanach', M.xvii.121).

cérémonie, [75] il y aurait mille bonzes qui en prêchant et en écrivant leurs rêveries, rendraient l'amitié ridicule, il ne faut pas l'exposer à cette profanation.

Mais comment en userez-vous avec vos ennemis? Confutzée recommande en vingt endroits de les aimer; cela ne vous paraît-il pas un peu difficile? [76]

440

KOU

Aimer ses ennemis! Eh mon Dieu, rien n'est si commun.

CU-SU

Comment l'entendez-vous?

445

KOU

Mais comme il faut, je crois, l'entendre. J'ai fait l'apprentissage de la guerre sous le prince de Décon contre le prince du Vis-Brunk: [77] dès qu'un (f) de nos ennemis était blessé et tombait entre

(f) C'est une chose remarquable, qu'en retournant *Décon* et *Vis-Brunk*, qui sont des noms chinois, on retrouve *Condé* et *Brunswik*, tant les grands hommes sont célèbres dans toute la terre.

447-448   65v: prince de Vis-Brunk
n.f   64, 65, note absente
n.f, 1   65v: chose très remarquable
n.f, 2-3   65v, 67s: tant ces grands noms sont

[75] Confucius enseigne à cultiver l'amitié (*Le Philosophe ignorant*, V 62, p.91).

[76] Le texte est peut-être adapté du Lun-yu: 'où trouver un homme traité avec mépris et outrage et qui ne pense pas à tirer vengeance?' (*Description de la Chine*, ii.331b).

[77] Nouveaux anagrammes expliqués en note par Voltaire en 1765. Il fait allusion à un événement qu'il a trouvé remarquable au cours de la guerre de Sept Ans. Le jeune prince Louis-Joseph de Bourbon, prince de Condé (1736-1818), remporte un avantage sur le prince Charles-Guillaume-Ferdinand de Brunswick, général prussien (1735-1806), à Johannisberg le 30 août 1762. C'était le premier succès français depuis longtemps, fêté à Paris (D10700), et auquel Voltaire accorda de

nos mains, nous avions soin de lui comme s'il eût été notre frère, nous avons souvent donné notre propre lit à nos ennemis blessés et prisonniers, et nous avons couché auprès d'eux sur des peaux de tigres étendues à terre; nous les avons servis nous-mêmes: [78] que voulez-vous de plus? que nous les aimions comme on aime sa maîtresse? 450

CU-SU

Je suis très édifié de tout ce que vous me dites, et je voudrais que toutes les nations vous entendissent. Car on m'assure qu'il y a des peuples assez impertinents pour oser dire que nous ne connaissons pas la vraie vertu, que nos bonnes actions ne sont que des péchés splendides, [79] que nous avons besoin des leçons de 455

---

l'attention (D10706, D10717). Dans le *Précis du siècle de Louis XV*, il évoque la victoire du jeune Condé. Le prince de Brunswick fut blessé et 'on vit tous les officiers français s'intéresser à sa guérison comme les siens propres' (*OH*, p.1494).

[78] Voltaire a souvent souligné ces exemples d'humanité en temps de guerre. Il en fit une sorte de récapitulatif en 1775 dans une note ajoutée à *La Tactique* (M.x.194).

[79] Thèse de saint Augustin dénoncée par Voltaire dans ses carnets (V81, p.349), *Le Philosophe ignorant* (V62, p.95), *Questions sur les miracles* (M.xxv.434), *Fragment sur l'histoire générale* (M.xxix.243), et qui avait déjà été combattue par La Mothe Le Vayer dans *De la vertu des païens*. L'argumentation de saint Augustin est la suivante: dire qu'un cœur bien né se porte de lui-même à quelque bonne action, c'est vouloir qu'il se glorifie dans le libre arbitre et non dans le Seigneur. Or 'le juste vit de la foi', qui vient de ce qu'on a entendu la parole prêchée par Jésus-Christ (Romains i.17). Si un homme sans la foi en Jésus-Christ était vertueux, Jésus serait mort pour rien. Donc il ne peut y avoir de véritable vertu chez les Fabricius, Fabius, Scipius, Regulus. Leurs actions sont bonnes quant au devoir extérieur, mais point quant à leur fin; elles ne peuvent être que des péchés. Comme il y a des degrés dans le péché, Fabricius au jour du jugement sera puni avec moins de rigueur que Catilina, non parce qu'il était bon, mais parce qu'il était moins méchant que lui; mais la béatitude éternelle lui est interdite puisqu'il a rapporté ses actions au culte des démons, ou à une vaine gloire; 'tout ce qui ne se fait pas selon la foi est péché' (Romains xiv.23, verset auquel saint Augustin accorde une valeur générale; *Contra Julianum Pelagianum*, iv.3). On n'a pas retrouvé en toutes lettres l'expression 'péchés splendides', qui pourrait être une traduction voltairienne de la pensée de saint Augustin.

469

leurs talapoins pour nous faire de bons principes. Hélas les 46₀
malheureux! ce n'est que d'hier qu'ils savent lire et écrire, et ils
prétendent enseigner leurs maîtres!

Sixième entretien

CU-SU

Je ne vous répéterai pas tous les lieux communs qu'on débite
parmi nous depuis cinq ou six mille ans sur toutes les vertus. Il y
en a qui ne sont que pour nous-mêmes, comme la prudence pour 46
conduire nos âmes, la tempérance pour gouverner nos corps; ce
sont des préceptes de politique et de santé. Les véritables vertus
sont celles qui sont utiles à la société, comme la fidélité, la
magnanimité, la bienfaisance, la tolérance etc. Grâce au ciel, il n'y
a point de vieille qui n'enseigne parmi nous toutes ces vertus à 47
ses petits-enfants; c'est le rudiment de notre jeunesse au village
comme à la ville; mais il y a une grande vertu qui commence à
être de peu d'usage, et j'en suis fâché.

KOU

Quelle est-elle? nommez-la vite, je tâcherai de la ranimer.

CU-SU

C'est l'hospitalité, cette vertu si sociale, ce lien sacré des 47
hommes commence à se relâcher depuis que nous avons des
cabarets. [80] Cette pernicieuse institution nous est venue, à ce qu'on
dit, de certains sauvages d'Occident. Ces misérables apparemment
n'ont point de maison pour accueillir les voyageurs. Quel plaisir

479   64: de maisons pour

[80] Les anciens voyageurs mettaient tous l'accent sur l'hospitalité des Chinois.
Les cabarets gratuits sont une des institutions remarquables de l'Eldorado de
Candide.

de recevoir dans la grande ville de Lou, dans la belle place 480
Honchan, dans ma maison Ki, un généreux étranger qui arrive de
Samarcande, pour qui je deviens dès ce moment un homme sacré,
et qui est obligé par toutes les lois divines et humaines de me
recevoir chez lui quand je voyagerai en Tartarie, et d'être mon
ami intime! 485

Les sauvages dont je vous parle ne reçoivent les étrangers que
pour de l'argent dans des cabanes dégoûtantes, ils vendent cher
cet accueil infâme, et avec cela, j'entends dire que ces pauvres
gens se croient au-dessus de nous, qu'ils se vantent d'avoir une
morale plus pure. Ils prétendent que leurs prédicateurs prêchent 490
mieux que Confutzée, qu'enfin, c'est à eux de nous enseigner la
justice, parce qu'ils vendent de mauvais vin sur les grands chemins,
que leurs femmes vont comme des folles dans les rues, et qu'elles
dansent pendant que les nôtres cultivent des vers à soie.

KOU

Je trouve l'hospitalité fort bonne, je l'exerce avec plaisir, mais 495
je crains l'abus. Il y a des gens vers le grand Thibet qui sont fort
mal logés, qui aiment à courir, et qui voyageraient pour rien d'un
bout du monde à l'autre; et quand vous irez au grand Thibet,
jouir chez eux du droit de l'hospitalité, vous ne trouverez ni lit,
ni pot-au-feu; cela peut dégoûter de la politesse. 500

CU-SU

L'inconvénient est petit, il est aisé d'y remédier en ne recevant
que des personnes bien recommandées. Il n'y a point de vertu qui
n'ait ses dangers, et c'est parce qu'elles en ont qu'il est beau de
les embrasser.

Que notre Confutzée est sage et saint! il n'est aucune vertu 505
qu'il n'inspire; le bonheur des hommes est attaché à chacune de
ses sentences: en voici une qui me revient dans la mémoire, c'est
la cinquante-troisième.

471

Reconnais les bienfaits par des bienfaits, et ne te venge jamais des injures.[81]

Quelle maxime, quelle loi les peuples de l'Occident pourraient-ils opposer à une morale si pure? en combien d'endroits Confutzée recommande-t-il l'humilité? si on pratiquait cette vertu, il n'y aurait jamais de querelles sur la terre.[82]

KOU

J'ai lu tout ce que Confutzée et les sages des siècles antérieurs ont écrit sur l'humilité; mais il me semble qu'ils n'en ont jamais donné une définition assez exacte; il y a peu d'humilité peut-être à oser les reprendre; mais j'ai au moins l'humilité d'avouer que je ne les ai pas entendus. Dites-moi ce que vous en pensez?

CU-SU

J'obéirai humblement. Je crois que l'humilité est la modestie de l'âme; car la modestie extérieure n'est que la civilité. L'humilité ne peut pas consister à se nier à soi-même la supériorité qu'on peut avoir acquise sur un autre. Un bon médecin ne peut se dissimuler qu'il en sait davantage que son malade en délire. Celui qui enseigne l'astronomie doit s'avouer qu'il est plus savant que ses disciples; il ne peut s'empêcher de le croire, mais il ne doit pas s'en faire accroire. L'humilité n'est pas l'abjection; elle est le correctif de l'amour-propre, comme la modestie est le correctif de l'orgueil.

521   64: que de la civilité

[81] Adaptation très libre du livre des sentences (*Description de la Chine*, ii.329).

[82] Il y a de nombreuses références à l'humilité de Confucius, dans la 'Vie de Confucius' (Du Halde, ii.323) et dans le Lun-yu (ii.331). Voltaire a souligné un passage de la préface de Du Halde où l'humilité chrétienne était comparée à l'humilité chinoise (CN, iii.256).

KOU

Eh bien, c'est dans l'exercice de toutes ces vertus, et dans le 530
culte d'un Dieu simple et universel, que je veux vivre, loin des
chimères des sophistes, et des illusions des faux prophètes. L'amour
du prochain sera ma vertu sur le trône, et l'amour de Dieu ma
religion. Je mépriserai le dieu Fo, et Laotzée, et Vitsnou qui s'est
incarné tant de fois chez les Indiens, [83] et Sammonocodom qui 535
descendit du ciel pour venir jouer au cerf-volant chez les Siamois, [84]
et les Camis qui arrivèrent de la lune au Japon. [85]

Malheur à un peuple assez imbécile et assez barbare pour penser
qu'il y a un Dieu pour sa seule province: c'est un blasphème.

[83] Voltaire fait ici allusion aux avatars de Vishnu. Le mot 'avatar' signifie
'descente'. Vishnu vient périodiquement sur terre pour combattre quelques démons.
Ce n'est qu'assez tardivement que fut fixée la liste des dix avatars (poisson, tortue,
sanglier, homme-lion, nain, Rama-à-la-hache, Rama, le buddha, Kalkin, un messie
à tête de cheval). Il y en avait vingt-deux dans le Bhâgavata (L. Renou, *L'Hindouisme*, p.39-40).

[84] Sammonocodom, cité dans *La Philosophie de l'histoire* (V 59, p.119), est le
nom siamois du Bouddha selon l'*Encyclopédie*, art. 'Sommona-Kodom' (xv.340),
'Siaka' (xv.147), 'Samanien' (xiv.591). Voltaire a lu le *Journal du voyage de Siam*
de Choisy (voir *OH*, p.1150, 1709; D5049) et il cite le *Voyage de Siam* de
G. Tachard dans *André Destouches à Siam* (V 62, p.117). Choisy ne fait que de
rapides allusions à 'Somono-Ckodom', leur dieu, mort il y a 2229 ans, et qui 'avait
passé par le corps de 550 animaux' (p.300). Tachard, mieux informé, raconte que
leur dieu se souvient de ce qui lui est arrivé depuis la première transmigration de
son âme (i.284), ainsi que l'histoire de Bouddha (i.297-307). Lors d'un second
voyage, il a vu la trace de son pied (ii.251) et raconte sa naissance. Dans QE, Voltaire
ajoute un article 'Sammonocodom' (M.xx.390). L'allusion à Sammonocodom jouant
au cerf-volant et commandant aux arbres de devenir tous égaux pour ne point
gêner le jeu vient de Tachard (ii.255-56).

[85] Dans le Shinto, les dieux sont la personnification de forces naturelles. L'espace
est peuplé de divinités, les Kami. Les cultes primitifs du Japon accordent la qualité
de kami à des dieux, des ancêtres divinisés, des objets tabous, ou des éléments
naturels. Voltaire a lu Kämpfer qu'il cite dans l'*Essai sur les mœurs* (ii.315; sa
source est sans doute l'*Histoire générale des voyages*). Il a mis un signet dans le
tome 39 qui reproduit le voyage de Kämpfer (CN, iv.401). C'est aussi la source
de l'article 'Japonais, philosophie des' de l'*Encyclopédie* qui présente le culte Shinto,
Sin et Kami étant les idoles du pays (viii.456). Voir aussi l'article 'Cami' (iii.572).

Quoi? la lumière du soleil éclaire tous les yeux, et la lumière de Dieu n'éclairerait qu'une petite et chétive nation dans un coin de ce globe! quelle horreur! et quelle sottise! La Divinité parle au cœur de tous les hommes, et les liens de la charité doivent les unir d'un bout de l'univers à l'autre.

CU-SU

O sage Kou! vous avez parlé comme un homme inspiré par le Chang-ti même; vous serez un digne prince. J'ai été votre docteur, et vous êtes devenu le mien.

474

CATÉCHISME DU CURÉ[1]

ARISTON

Eh bien, mon cher Téotime, vous allez donc être curé de campagne?

TÉOTIME

Oui; on me donne une petite paroisse, et je l'aime mieux qu'une grande. Je n'ai qu'une portion limitée d'intelligence et d'activité; je ne pourrais certainement pas diriger soixante et dix mille âmes, attendu que je n'en ai qu'une; et j'ai toujours admiré la confiance de ceux qui se sont chargés de ces districts immenses.[2] Je ne me sens pas capable d'une telle administration; un grand troupeau m'effraye, mais je pourrai faire quelque bien à un petit.[3] J'ai étudié assez de jurisprudence pour empêcher, autant que je le pourrai,

5

---

[1] Voltaire, qui fustige sans pitié les mauvais ecclésiastiques, trace ici une des images du bon prêtre tel qu'il le conçoit. Des carnets (V 82, p.528), sur l'utilité des curés, aux QE, art. 'Curé de campagne', sur les difficultés des curés à portion congrue, Voltaire s'intéresse au statut des humbles desservants de paroisse. Dans cet article, il crée un curé qui honore Dieu comme son nom l'indique. Ce catéchisme s'inscrit au cœur des préoccupations voltairiennes dans les années 1761-1763. Il peut en particulier être considéré comme une réplique à la 'Profession de foi du vicaire savoyard' de Rousseau, lue en 1762. Voltaire reprendra cet article dans les QE; il en fait la seconde section.

[2] Le thème du petit troupeau a les faveurs du dix-huitième siècle. On recense plus de bons curés que de bons évêques. Une seule exception à signaler, le vertueux archevêque Agathon de l'abbé de Saint-Pierre (P. Sage, Le 'bon prêtre' dans la littérature française d'Amadis de Gaule au Génie du christianisme, p.206-208).

[3] La bienfaisance, mot mis à la mode par l'abbé de Saint-Pierre qui le préfère à la charité, est devenue la vertu cardinale des bons ecclésiastiques du siècle. Voltaire ironise parfois sur ce néologisme (D1717, D1722), l'abbé de Saint-Pierre faisant suivre ses écrits du leitmotiv: 'Paradis aux bienfaisants', mais il s'en est fait le vulgarisateur (Discours en vers sur l'homme, V 17, p.530); cf. ci-dessous, art. 'Credo'. Sur la bienfaisance du vicaire savoyard, voir J.-J. Rousseau, Emile (OC, iv.558-65).

mes pauvres paroissiens de se ruiner en procès. Je sais assez de médecine pour leur indiquer les remèdes simples quand ils seront malades. J'ai assez de connaissance de l'agriculture pour leur donner quelquefois des conseils utiles. [4] Le seigneur du lieu et sa femme sont d'honnêtes gens qui ne sont point dévots, et qui m'aideront à faire du bien. Je me flatte que je vivrai assez heureux, et qu'on ne sera pas malheureux avec moi. [5]

ARISTON

N'êtes-vous pas fâché de n'avoir point de femme? [6] ce serait une grande consolation; il serait doux après avoir prôné, chanté, confessé, communié, baptisé, enterré, [7] de trouver dans son logis une femme douce, agréable et honnête, qui aurait soin de votre

11-13   69:   en procès. Je sais assez de connaissance de
18   67, 69:   femmes [69* errata: β]

[4] Avant tout ministère spirituel, Téotime met en avant les services temporels qu'il peut rendre. Ce rôle social du clergé, affirmé dans les carnets (V 82, p.528), est précisé dans l'article 'Curé de campagne' des QE où Voltaire évoque la question d'un salaire (M.xviii.303). Médecine et jurisprudence doivent, selon l'abbé de Saint-Pierre, faire partie du bagage du curé (Sage, Le 'bon prêtre', p.204). C'est une superstition condamnable, dit-il, de croire qu'un prêtre pèche en soignant un malade. On notera que Téotime ne fait aucune allusion à l'instruction des enfants; cette activité éducative est souvent importante pour les réformateurs du clergé comme l'abbé de Saint-Pierre.

[5] Ces prêtres du dix-huitième siècle sont davantage préoccupés par le bonheur terrestre de leurs paroissiens que par leur salut. Le vicaire savoyard serait heureux en faisant le bonheur de ses ouailles (Emile, OC, iv.629).

[6] Voltaire condamne le célibat des prêtres dans ses carnets (V 82, p.528). C'est un thème courant au dix-huitième siècle: voir les Lettres persanes, CXII, et l'article 'Célibat' de l'Encyclopédie, qui expose longuement l'argumentation de l'abbé de Saint-Pierre en faveur du mariage des prêtres. Ce point de discipline ecclésiastique peut et doit être changé. Voltaire n'ignore point les décisions conciliaires en la matière (P.-A. Alletz, Dictionnaire portatif des conciles, p.582).

[7] Evocation très rapide des sacrements. On notera que pour le vicaire savoyard, la pratique religieuse n'est pas l'essentiel (Emile, OC, iv.629).

linge et de votre personne, qui vous égayerait dans la santé, qui vous soignerait dans la maladie, qui vous ferait de jolis enfants, dont la bonne éducation serait utile à l'Etat. [8] Je vous plains vous qui servez les hommes, d'être privé d'une consolation si nécessaire aux hommes.

25

TÉOTIME

L'Eglise grecque a grand soin d'encourager les curés au mariage; l'Eglise anglicane et les protestants ont la même sagesse; l'Eglise latine a une sagesse contraire; il faut m'y soumettre. [9] Peut-être aujourd'hui que l'esprit philosophique a fait tant de progrès, un concile ferait des lois plus favorables à l'humanité que le concile de Trente; [10] mais en attendant, je dois me conformer aux lois présentes; il en coûte beaucoup, je le sais, mais tant de gens qui valaient mieux que moi s'y sont soumis, que je ne dois pas murmurer.

30

35

ARISTON

Vous êtes savant, et vous avez une éloquence sage; comment comptez-vous prêcher devant des gens de campagne?

[8] Au thème populaire et grivois de la servante du curé se substitue le thème philosophique de la vertueuse épouse du curé. Même vision idyllique du mariage chez l'abbé de Saint-Pierre. Le premier avantage du mariage des prêtres est démographique. L'article 'Célibat' de l'*Encyclopédie* rappelle les calculs de l'abbé de Saint-Pierre, ses supputations sur la bonne éducation que ces enfants de curé recevraient (iii.805). Mais là où l'abbé expose les quinze avantages d'une telle réforme, Voltaire se contente d'une allusion rapide.

[9] Voltaire oppose des sagesses différentes; Téotime se soumet, mais n'évoque point la thèse catholique: le prêtre est consacré à Dieu.

[10] Le concile de Trente réaffirma l'obligation du célibat des prêtres. Voltaire a soin de noter que celui de Tolède avait simplement ordonné que laïcs et ecclésiastiques eussent à se contenter d'une femme ou d'une concubine (V 81, p.120). L'abbé de Saint-Pierre souhaitait la convocation par le roi d'un nouveau concile national (Sage, *Le 'bon prêtre'*, p.203).

TÉOTIME

Comme je prêcherais devant les rois; je parlerai toujours de morale, et jamais de controverse;[11] Dieu me préserve d'approfondir la grâce concomitante,[12] la grâce efficace, à laquelle on résiste, la suffisante qui ne suffit pas;[13] d'examiner si les anges qui mangèrent avec Abraham et avec Loth avaient un corps, ou s'ils firent semblant de manger;[14] il y a mille choses que mon auditoire

4

[11] La primauté de la morale sur la controverse est un leitmotiv voltairien. La morale est commune aux hommes de tous les lieux et de tous les temps (*Poème sur la loi naturelle*, I, M.ix.444; *La Philosophie de l'histoire*, V 59, p.151-52). Elle est une parce qu'elle vient de Dieu tandis que les dogmes sont différents parce qu'ils viennent des hommes (*Fragment des instructions pour le prince royal de ****, M.xxvi.444; *De la paix perpétuelle*, M.xxviii.127). Elle réunit donc le genre humain que les rites divisent (*Dieu et les hommes*; V 69, p.290), d'où l'importance du prêche, devoir essentiel du bon curé.

[12] Pour Voltaire, la grâce concomitante fait partie des inventions ridicules des théologiens. Furetière la définit comme une grâce que Dieu nous donne pour accomplir toutes nos actions et les rendre méritoires. Le DTC ne parle que de grâce coopérante. Il n'est pas question de la grâce concomitante dans la *Somme* de saint Thomas d'Aquin.

[13] Ces jeux de mots sur la grâce efficace et la grâce suffisante sont inspirés des *Lettres provinciales* de Pascal (voir V 63A, p.350, n.14), modèle d'éloquence et de plaisanterie pour Voltaire qui apprécie leur verve satirique: 'Les meilleures comédies de Molière n'ont pas plus de sel que les premières lettres provinciales' (*OH*, p.1071). Voltaire se moque de ces subtilités théologiques; voir ci-dessous, art. 'Grâce'. Pour Molina, Dieu accorde une grâce suffisante que l'homme doit rendre efficace.

[14] Cet épisode de la Genèse (xviii.9; xix.3) sera encore cité dans *La Bible enfin expliquée* (M.xxx.26-28). La source de Voltaire est le *Commentaire* de Calmet qui examine les opinions contradictoires soutenues sur ce sujet. Les uns affirment que les anges ne mangèrent pas, mais parurent manger (Jonathan, quelques rabbins du Talmud, Théodoret, saint Thomas), d'autres assurent que les anges ayant pris des corps pouvaient manger (Tertullien, saint Augustin). Pour saint Justin, il faut prendre le mot 'manger' au sens figuré. Calmet conclut que les anciens qui croyaient les anges corporels ne trouvent pas la même difficulté à dire que les anges ont mangé que ceux qui sont persuadés que les anges sont des esprits. Calmet a également traité cette question dans sa 'Dissertation sur les bons et les mauvais anges', mise en tête de son commentaire sur saint Luc, texte que Voltaire a pu consulter.

n'entendrait pas, ni moi non plus. Je tâcherai de faire des gens de
bien, et de l'être, mais je ne ferai point de théologiens, et je le   45
serai le moins que je pourrai.[15]

ARISTON

O le bon curé! Je veux acheter une maison de campagne dans
votre paroisse. Dites-moi, je vous prie, comment vous en userez
dans la confession?

TÉOTIME

La confession est une chose excellente, un frein aux crimes,   50
inventé dans l'antiquité la plus reculée; on se confessait dans la
célébration de tous les anciens mystères;[16] nous avons imité et
sanctifié cette sage pratique; elle est très bonne pour engager les
cœurs ulcérés de haine à pardonner, et pour faire rendre par les
petits voleurs ce qu'ils peuvent avoir dérobé à leur prochain. Elle   55
a quelques inconvénients. Il y a beaucoup de confesseurs indiscrets,

---

[15] Le mauvais prêtre de Voltaire est d'abord un théologien. Il ne cesse de
rabaisser la théologie qui fait injure à la divinité. Dès *Œdipe*, il l'a affirmé:
>   Chercher ainsi l'obscure vérité
>   C'est usurper les droits de la divinité. (IV.i)
Le bon Gordon ne dira pas autre chose (*L'Ingénu*, ch.14, *Romans et contes*, p.325).
Les esprits imprudents qui prétendent percer des mystères se perdent dans un
'labyrinthe obscur' (*Poème sur la loi naturelle*, M.ix.442). Le théologien orgueilleux
et cruel hante Voltaire. La théologie, 'cette grave folie' dont on a fait une science,
devrait pour l'honneur de la raison être abolie (*Lettre de Charles Gouju*, M.xxiv.258;
L'A, B, C, M.xxvii.364). Elle a bouleversé les cervelles et parfois les Etats
(M.xxvii.367); elle est dans la religion ce que les poisons sont dans les aliments
(*Le Dîner du comte de Boulainvilliers*, V 63A, p.404), et jette dans l'athéisme beaucoup
de gens (ci-dessus, art. 'Athée'; *Lettre de Charles Gouju*, M.xxiv.259; *Lettres à S. A.
Mgr le prince de ***, M.xxvi.488). La théologie est responsable de crimes atroces.
Elle est l'ennemie 'de toutes les religions, qu'elle se vante de soutenir; de toutes les
lois, qu'elle feint d'expliquer; et surtout de la concorde, qu'elle a bannie de la terre
dans tous les temps' (QE, art. 'Eucharistie'; M.xix.37). Voir ci-dessous, le Credo de
l'abbé de Saint-Pierre (art. 'Credo').

[16] Voir ci-dessous, art. 'Confession'.

surtout parmi les moines, qui apprennent quelquefois plus de sottises aux filles que tous les garçons d'un village ne pourraient leur en faire. Point de détails dans la confession; ce n'est point un interrogatoire juridique, c'est l'aveu de ses fautes qu'un pécheur fait à l'Etre suprême entre les mains d'un autre pécheur qui va s'accuser à son tour. Cet aveu salutaire n'est point fait pour contenter la curiosité d'un homme. [17]

60

ARISTON

Et des excommunications, en userez-vous? [18]

TÉOTIME

Non; il y a des rituels où l'on excommunie les sauterelles, [19] les

65

[17] Voltaire s'est intéressé à maintes reprises aux avantages et inconvénients de la confession auriculaire. Il précise dans ses carnets qu'aucun décret des conciles n'oblige à circonstancier ses péchés dans le confessionnal (V 81, p.131). Voir aussi *L'Ingénu*, ch.3 (*Romans et contes*, p.296).

[18] Question singulière à poser à un simple curé de campagne, l'excommunication supposant un jugement ecclésiastique (*Encyclopédie*, art. 'Excommunication'; vi.226). Dans l'Eglise primitive, il suffisait aux évêques de dénoncer aux fidèles le nom des excommuniés. A partir du neuvième siècle, on l'accompagne d'une fulmination propre à inspirer la terreur: cierges brisés, anathèmes proférés par l'évêque et les prêtres. Ce cérémonial n'est plus guère en usage au dix-huitième siècle, mais une excommunication garde toujours un caractère solennel (vi.227). Voltaire s'intéresse aux modalités de l'excommunication; voir son exemplaire de Du Cange, *Glossarium ad scriptores mediae et infimae latinitatis* (Parisiis 1733-1736; CN, iii.224-25). Dans QE, Voltaire se montre au fait des règles du droit canonique (M.xviii.439). D'après Louis de Héricourt, le droit de prononcer des censures dépend de la juridiction ecclésiastique (*Les Lois ecclésiastiques de France dans leur ordre naturel*, Paris 1719, p.159). Voltaire réclame que l'excommunication soit prononcée sous l'autorité des magistrats et au nom de l'Eglise.

[19] Cette affirmation qui se trouve déjà en 1761 sous la plume de Voltaire (*Conversation de M. l'intendant des menus*; M.xxiv.244) pose problème. Dans les *Usages de l'Eglise gallicane concernant les censures* (Paris 1724), J.-P. Gibert stipule que seuls 'ceux qui sont du corps de l'Eglise' peuvent être excommuniés ou frappés de censures (p.45). En revanche, le cas des sauterelles est bien traité dans le *Rituel romain du pape Paul V à l'usage du diocèse d'Alet avec les instructions et les rubriques en français* (Paris 1667) de Nicolas Pavillon. Mais il est séparé des pages 182-87

sorciers[20] et les comédiens. [21] Je n'interdirai point l'entrée de l'église aux sauterelles, attendu qu'elles n'y vont jamais. [22] Je n'excommunierai point les sorciers, parce qu'il n'y a point de sorciers: [23] et à l'égard des comédiens, comme ils sont pensionnés

---

consacrées à l'excommunication; il figure dans la seconde partie, intitulée 'Sur les bénédictions', dont certaines sont réservées aux évêques alors que d'autres peuvent être faites par des prêtres (p.12). Après avoir évoqué la bénédiction de l'eau, des maisons, des lits, des navires, des champs, des œufs, du pain et des fruits, ce rituel précise les modalités de la 'Bénédiction des champs pour en chasser les sauterelles, les chenilles, et tous les autres animaux qui gâtent les biens de la terre' (p.20-23). Le curé doit demander permission à son évêque, se transporter dans la campagne revêtu d'une étole violette et d'un surplis. Suivent des prières et des aspersions d'eau bénite sous forme de croix.

[20] Le *Rituel du pape Paul V* (1614) excommunie les sorciers: 'Fideles omnes ad sacram communionem admittendi sunt, exceptis iis qui justa ratione prohibentur. Arcendi autem sunt publici indigni, quales sunt excommunicati, interdicti, manifesteque infames, ut meretrices, concubinarii, foeneratores, magi, sortilegi, blasphemi, et alii ejus generis publici peccatores, nisi de eorum poenitentia et emendatione constet, et publico scandalo prius satisfecerint' (cité dans J. Dubu, 'De quelques rituels des diocèses de France et du théâtre', *L'Année canonique*, 5, 1957, p.95-97). Plusieurs rituels français étudiés par Dubu montrent que les évêques eurent tendance à être plus sévères que l'original paulin.

[21] L'excommunication du comédien était liée à l'exercice de son métier et était levée dès qu'il l'abandonnait. Par cette excommunication d'office, le comédien ne peut ni se marier, ni faire baptiser ses enfants, ni recevoir la communion, ni l'extrême-onction, ni être enterré dans un cimetière. La situation des acteurs en France s'explique par la volonté de l'Eglise gallicane de se montrer la plus rigoureuse de toutes et d'affirmer son originalité. Voltaire rappelle que l'excommunication des acteurs n'existe pas en Italie (*Conversation de M. l'intendant des menus*, M.xxiv.248). Sur la position de l'Eglise de France, voir Urbain et Lévêque, *L'Eglise et le théâtre*. L'Eglise a exhumé des décisions de conciles anciens, un décret d'infamie du temps de Charlemagne.

[22] Les prières du *Rituel* d'Alet (p.20) sont destinées à chasser les sauterelles des champs, et non des églises. Les excommuniés n'avaient pas le droit d'assister aux offices (p.138). On ne sait quels rituels Voltaire a consulté. Il signale l'intransigeance de l'évêque d'Alet dans *Le Siècle de Louis XIV* (*OH*, p.1035-36). Il possède la *Vie de monsieur Pavillon, évêque d'Alet* de Le Febvre de Saint-Marc et Antoine de La Chassaigne (Saint Miel 1738).

[23] Cette idée sera développée dans QE, art. 'Bouc' (M.xviii.20-24). La sorcellerie disparaît quand on cesse de brûler les sorciers.

par le roi, et autorisés par le magistrat, je me garderai bien de les [70]
diffamer. [24] Je vous avouerai même comme à mon ami, que j'ai du
goût pour la comédie, quand elle ne choque point les mœurs.
J'aime passionnément le Misanthrope, [25] Athalie [26] et d'autres
pièces, qui me paraissent des écoles de vertu et de bienséance. [27]
Le seigneur de mon village fait jouer dans son château quelques- [75]
unes de ces pièces, par de jeunes personnes qui ont du talent: ces
représentations inspirent la vertu par l'attrait du plaisir; elles
forment le goût, elles apprennent à bien parler et à bien prononcer. [28] Je ne vois rien là que de très innocent, et même de très

---

[24] Le curé est le porte-parole de l'argumentation voltairienne qui nie les prérogatives du droit ecclésiastique opposé au droit civil; voir *Lettres philosophiques*, XXIII (*Lph*, ii.161-62), *Lettre sur les spectacles* (M.xx.233-36) et QE, art. 'Droit canonique' (M.xviii.438-41). Téotime aurait pu évoquer des autorités religieuses, par exemple celle de saint Thomas qui s'était abstenu de rejeter le comédien hors de la communauté chrétienne (Dubu, 'De quelques rituels', p.99), thèse suivie par le cardinal de Richelieu dans un édit de 1641. Or Voltaire avait en vain essayé d'obtenir la prise en compte de cet édit lorsque le Parlement avait condamné à être brûlé l'ouvrage de François-Charles Huerne de La Mothe, *Libertés de la France contre le pouvoir arbitraire de l'excommunication* (s.l. 1761; BV); voir la *Conversation de M. l'intendant des menus* (M.xxiv.239-53). En 1762, il commente amèrement la décision de l'archevêque de Paris qui a puni un prêtre pour avoir dit une messe à la demande des comédiens (D10635).

[25] Le choix du *Misanthrope* n'est pas innocent. Voltaire admire ce chef-d'œuvre du haut comique dont il énumère les beautés (*Vie de Molière*, M.xxiii.109-10). Il proposera à Catherine II de le faire jouer dans les écoles russes (D17635). Or le faux-frère Jean-Jacques avait vivement critiqué *Le Misanthrope* dans sa *Lettre à d'Alembert sur les spectacles*. Excellente occasion pour Voltaire de rappeler les vraies valeurs.

[26] Pour Voltaire, *Athalie* est le chef-d'œuvre du théâtre français, de la poésie et peut-être de l'esprit humain ('A M. le marquis Scipion Maffei', V 17, p.217; *Jules César*, M.vii.486; 'Discours historique et critique à l'occasion de la tragédie des Guèbres', M.vi.493; D11041). Lorsqu'il veut dénoncer la sottise des gens d'Eglise condamnant le théâtre, Voltaire cite *Athalie* (D9492, D9562).

[27] Leitmotiv voltairien (voir par ex. D9755, D10126, D10229).

[28] Les représentations théâtrales à Ferney sont nombreuses et Voltaire fait jouer Mlle Corneille, sans doute pour parfaire son éducation. Voir par exemple quelques appréciations sur son jeu dans *Olympie* (D10685, D10695, D10748).

utile; je compte bien assister à ces spectacles pour mon instruction,   80
mais dans une loge grillée,[29] pour ne point scandaliser les faibles.[30]

ARISTON

Plus vous me découvrez vos sentiments, et plus j'ai envie de
devenir votre paroissien. Il y a un point bien important qui
m'embarrasse. Comment ferez-vous pour empêcher les paysans
de s'enivrer les jours de fêtes? c'est là leur grande manière de les   85
célébrer. Vous voyez les uns accablés d'un poison liquide, la tête
penchée vers les genoux, les mains pendantes, ne voyant point,
n'entendant rien, réduits à un état fort au-dessous de celui des
brutes, reconduits chez eux en chancelant par leurs femmes éplo-
rées, incapables de travail le lendemain, souvent malades et abrutis   90
pour le reste de leur vie. Vous en voyez d'autres devenus furieux
par le vin, exciter des querelles sanglantes, frapper et être frappés,
et quelquefois finir par le meurtre ces scènes affreuses, qui sont la

[29] Une disposition du concile de Trente interdisait au clergé d'assister aux
représentations théâtrales. D'où la 'loge grillée'. Téotime sauve les apparences (voir
aussi *Conversation de M. l'intendant des menus*, M.xxiv.248; Voltaire signale qu'il y
a au théâtre le banc des évêques. On peut donc se demander si les intéressés
respectaient cette disposition conciliaire).

[30] Ces scrupules de Téotime ne manquent pas de sel. Il ne s'agit pas pour lui de
respecter les convenances; en fait, il brave tout un courant de pensée de l'Eglise.
Le théâtre étant 'une occasion prochaine de péché', le *Rituel* d'Alet considère
la fréquentation des théâtres comme suffisamment grave pour justifier le refus
d'absolution (Dubu, p.113, qui rappelle aussi des jugements similaires dans le
Traité de la comédie et des spectacles selon la tradition de l'Eglise, 1667, qui condamne
même *Polyeucte*). Si l'on considère le théâtre comme susceptible d'induire au péché,
on peut arguer que ce qui serait occasion de pécher pour l'un, ne l'est pas pour
l'autre. Dubu cite la réponse du P. Caussin à une dame qui lui demandait s'il y
avait péché à fréquenter la comédie: 'c'est à vous de me le dire, Madame!' ('De
quelques rituels', p.114*n*). Mais Téotime prêche le credo voltairien sur le théâtre,
école de vertu et de bienséance qui s'oppose aux analyses de Bossuet sur le trouble
qui s'élève dans l'âme des spectateurs devant la peinture dramatique des passions
(*Maximes et réflexions sur la comédie*). Tous ces arguments sur la valeur morale du
théâtre avaient connu un regain d'actualité avec l'article 'Genève' de l'*Encyclopédie*
(vii.576-77) et la réfutation de Rousseau.

honte de l'espèce humaine; il le faut avouer, l'Etat perd plus de
sujets par les fêtes que par les batailles;[31] comment pourrez-vous   95
diminuer dans votre paroisse un abus si exécrable?

TÉOTIME

Mon parti est pris; je leur permettrai, je les presserai même de
cultiver leurs champs les jours de fêtes après le service divin que
je ferai de très bonne heure. C'est l'oisiveté de la férie[32] qui les
conduit au cabaret. Les jours ouvrables ne sont point les jours de   100
la débauche et du meurtre. Le travail modéré contribue à la santé
du corps et à celle de l'âme: de plus, ce travail est nécessaire à
l'Etat. Supposons cinq millions d'hommes qui font par jour pour
dix sous d'ouvrage l'un portant l'autre, et ce compte est bien
modéré; vous rendez ces cinq millions d'hommes inutiles trente   105
jours de l'année. C'est donc trente fois cinq millions de pièces de
dix sous que l'Etat perd en main-d'œuvre.[33] Or certainement,
Dieu n'a jamais ordonné, ni cette perte, ni l'ivrognerie.

[31] Dans les carnets, Voltaire note qu'un évêque de Worcester prêcha en 1750
contre l'abus des liqueurs fortes auquel il attribuait la dépopulation de Londres
(V 81-82, p.170, 536). Voltaire ne cesse de dénoncer l'abominable coutume de
s'enivrer les jours de fêtes au lieu de labourer (*Des embellissements de la ville de
Cachemire*, V 31B, p.259-60; *Pot-pourri*, M.xxv.274; *La Canonisation de saint Cucufin*,
M.xxvii,427-28; *Requête à tous les magistrats du royaume*, M.xxviii.345). En 1768,
Voltaire prêchera dans son église contre le vol et l'ivrognerie.

[32] Terme vieilli pour dire fête. Richelet rappelle que les féries étaient des jours
consacrés aux dieux dans l'antiquité romaine. Voltaire a toujours cru en la valeur
moralisatrice du travail.

[33] Tous ces calculs sont empruntés à l'abbé de Saint-Pierre. 'Pour comprendre
de quel soulagement serait aux pauvres la continuation de leur travail, il n'y a qu'à
considérer que sur cinq millions de familles qui sont en France, il y en a au moins
un million qui n'ont presque aucun revenu que de leur travail, c'est-à-dire qui sont
pauvres [...] Ces pauvres familles pourraient gagner au moins cinq sous par demi-
jour de fête, l'un portant l'autre, pendant les quatre-vingts et tant de fêtes et
dimanches de l'année. Chacune de ses familles gagnerait donc au moins 20 livres
par an de plus, ce qui ferait, pour un million de familles, plus de 20 millions de
livres. Or, quelle aumône ne serait-ce point qu'une aumône annuelle de 20 millions
répandue avec proportion sur les plus pauvres!' (M.xviii.80n). Selon Voltaire, les

ARISTON

Ainsi vous concilierez la prière et le travail; Dieu ordonne l'un et l'autre. Vous servirez Dieu et le prochain; mais dans les disputes   110 ecclésiastiques, quel parti prendrez-vous?

TÉOTIME

Aucun. On ne dispute jamais sur la vertu, parce qu'elle vient de Dieu: on se querelle sur des opinions qui viennent des hommes. [34]

ARISTON

Oh le bon curé! le bon curé! [35]

---

fêtes ruinent les pauvres (M.xix.114-15). Sur le nombre de fêtes chômées, voir le *Rituel* d'Alet (28 fêtes énumérées). Sur la doctrine de l'Eglise, voir L. Thomassin, *Traité des fêtes de l'Eglise* (Paris 1683), III, ch.3-4.

[34] Encore un leitmotiv voltairien.

[35] L'ouvrage de P. Sage sur le 'bon prêtre' soutient la thèse suivante: Voltaire, comme l'a fait remarquer La Beaumelle, est 'le premier homme du monde pour écrire ce que les autres ont pensé' et il a emprunté sa vision du bon prêtre à l'abbé de Saint-Pierre. Il reste incomparable en tant que vulgarisateur (p.209-33). Effectivement l'abbé de Saint-Pierre veut faire du prêtre un 'officier bienfaisant', réduisant son catéchisme à la pratique de trois vertus: bienfaisance, justice et tempérance. Voltaire a lu l'abbé de Saint-Pierre auquel il prêtera dans *Le Dîner du comte de Boulainvilliers* 'des pensées détachées' dont le contenu et l'écriture portent la marque voltairienne (V 63A, p.402-408). Voltaire est d'accord avec l'abbé de Saint-Pierre pour prôner une réforme du sacerdoce. Mais Téotime n'est pas pour autant une copie; les nombreux rapprochements indiqués en note montrent que ce bon curé est une synthèse des idées de Voltaire. On peut certes ironiser sur ces 'arides fonctionnaires du déisme' (Sage, p.333), mais on doit reconnaître la cohérence du propos voltairien. L'intérêt de ce texte ne réside pas dans le caractère inédit des idées qui y sont développées. Il exprime avec malice tout un courant de pensée (cf. *Encyclopédie*, art. 'Curé'; iv.573-75).

CATÉCHISME DU JAPONAIS[1]

L'INDIEN

Est-il vrai qu'autrefois les Japonais ne savaient pas faire la cuisine, qu'ils avaient soumis leur royaume au grand lama, que ce grand lama décidait souverainement de leur boire et de leur manger, qu'il envoyait chez vous de temps en temps un petit lama, lequel venait recueillir les tributs, et qu'il vous donnait en échange un signe de protection, fait avec les deux premiers doigts et le pouce?[2]

---

[1] 'Dans ce dialogue, le Japonais figure un Anglais', croyait devoir assurer Georges Avenel au lecteur distrait qui ne l'eût pas remarqué (M.xviii.81, n.1). Il aurait pu ajouter que l'Indien figure un Français, et que le choix pour écrire cette nouvelle 'lettre anglaise' (1764), d'une fiction 'japonaise' vient peut-être de ce rapprochement proposé en 1756: 'on compare les Japonais aux Anglais, par cette fierté insulaire qui leur est commune, par le suicide qu'on croit si fréquent dans ces deux extrémités de notre hémisphère' (*Essai sur les mœurs*, ii.316).

[2] Evocation allusive et figurée des rapports de l'Angleterre avec la papauté, avant la sécession décidée par Henri VIII (1534). Le grand lama est donc le pape; la soumission à Rome était d'abord d'ordre spirituel (la décision souveraine 'de leur boire et de leur manger' laissée au grand lama indique l'incapacité et l'impossibilité de penser sa propre théologie pour le clergé anglais soumis aux décisions doctrinales de Rome), mais aussi temporelle: le 'petit lama' est un légat du pape envoyé percevoir le denier de saint Pierre, les annates, les réserves, etc., tout ce que Voltaire a appelé 'cinq cents années d'exactions toujours combattues' (*Essai*, ii.251). Le légat ne donne en échange que sa bénédiction (ce signe fait avec deux doigts et le pouce). Pareille aliénation a déjà été flétrie dans l'*Essai sur les mœurs*: 'les droits par lesquels la cour de Rome avait vexé longtemps les Anglais n'étaient fondés que sur ce qu'on voulait bien être rançonné; et dès qu'on ne voulut plus l'être, on sentit qu'un pouvoir qui n'est pas fondé sur la force n'est rien par lui-même' (ii.255). Exposant dans son *Histoire d'Angleterre* les treize griefs de l'Angleterre contre la cour de Rome et le clergé à la fin du quatorzième siècle, Rapin-Thoyras écrit: 'les nonces, qui étaient envoyés en Angleterre sans aucune nécessité, chagrinaient beaucoup les Anglais. Non seulement le clergé était obligé de les entretenir à grands frais, mais encore de leur faire des présents considérables et de leur payer les "Procurations" et les autres taxes que le pape leur permettait de lever sur les

LE JAPONAIS

Hélas! rien n'est plus vrai. [3] Figurez-vous même que toutes les places de canusi (*a*) qui sont les grands cuisiniers de notre île,

(*a*) Les *canusi* sont les anciens prêtres du Japon. [4]

n.*a*   64, 65, note absente

---

ecclésiastiques. Par là l'argent sortait du royaume, sans qu'il y eût aucun moyen pour l'y faire rentrer' (La Haye 1724, iii.331; BV).

[3] L'évocation allusive qu'offre ce paragraphe des rapports tendus de l'Angleterre avec la papauté avant la rupture décidée par Henri VIII semble inspirée par l'*Histoire d'Angleterre* où un 'Etat de l'Eglise au XVᵉ siècle' brosse un vigoureux tableau de la puissance incroyable à laquelle est arrivée la papauté, non seulement en prétendant gouverner les souverains, mais en s'acquérant des richesses immenses par 'les décimes, les premiers fruits des bénéfices, les taxes pour le service de la Chambre', etc. (iv.527). Passant plus loin à l'Eglise d'Angleterre, l'auteur assure que, comme dans le reste de l'Europe, 'le peuple souhaitait avec passion la réformation de divers abus qui s'étaient introduits dans l'Eglise et dans son gouvernement. Le clergé s'y opposait de tout son pouvoir, parce qu'il ne se pouvait faire de changement qu'à son préjudice [...] Dans toute la chrétienté, il n'y avait point de peuple qui eût éprouvé plus que celui-ci la rigueur de cette domination. L'histoire d'Angleterre le fait voir si manifestement qu'il faudrait être aveugle pour n'en pas demeurer convaincu' (iv.542-44).

[4] Si on la compare avec ce que Voltaire a lu dans l'*Histoire naturelle, civile et ecclésiastique de l'empire du Japon* de Kämpfer (La Haye 1732; BV), cette définition n'est qu'approximative: 1) plutôt que des 'anciens prêtres', il s'agit des prêtres de l'ancienne religion: Kämpfer caractérise le Sinto comme étant 'l'ancien culte des idoles des Japonais', très antérieur au Busdo, 'le culte des idoles étrangères qui furent apportées au Japon du royaume de Siam ou de la Chine' (ii.2); 2) le mot 'prêtre' reste dans ce cas ambigu, puisque Kämpfer précise que les 'Mias ou temples du Sintos ne sont pas desservis par des ecclésiastiques, mais par des laïques qu'on nomme Negi, Canusi et Siannin et qui sont entretenus ou par des legs faits par le fondateur du Mia, ou par des subsides accordés par le Mikado', etc. (ii.13). Il définit tout de même les canusi comme des 'prêtres séculiers', sortant vêtus de grandes robes blanches, mais portant en dessous 'leurs habits séculiers ordinaires' (ii.14). Il remarque aussi l'orgueil inexprimable des canusi et leur refus de fréquenter des prêtres des autres sectes, ce qui est 'un très bon moyen de cacher leur crasse ignorance'. Dans l'article 'Massia' de l'*Encyclopédie* (attribué à d'Holbach par J. Lough), les canusi seront aussi donnés pour des séculiers commis par les kuges (ou prêtres de la religion du Sintos) à la desserte des Massia 'petits oratoires ou

étaient données par le lama, [5] et n'étaient pas données pour l'amour   1
de Dieu. [6] De plus, chaque maison de nos séculiers payait une
once d'argent par an à ce grand cuisinier du Thibet. [7] Il ne nous
accordait pour tout dédommagement que des petits plats d'assez
mauvais goût qu'on appelle *des restes*. [8] Et quand il lui prenait

11-12   65v: une drachme d'argent

---

chapelles bâtis en l'honneur des dieux subalternes' (x.179). On notera que le
Japonais de ce dialogue se donnera lui-même pour un canusi par trois fois (l.63,
89 et 101) et désignera les 'épiscopaux' comme étant les 'canusi' d'Angleterre.

   [5] Rapin-Thoyras: 'le plus grand différend qu'il y avait entre l'Angleterre et les
papes était au sujet de la collation des évêchés'. Les chapitres avaient pratiquement
acquis, 'vers la fin de la monarchie saxonne', le droit de nommer leurs évêques, ce
que leur confirma une chartre du roi Jean. 'Cependant les papes, ayant peu à peu
étendu leurs droits, s'emparèrent du pouvoir de conférer les archevêchés et les
évêchés par voie de "provision", tantôt sous un prétexte, tantôt sous un autre [...]
Ils auraient bien voulu pouvoir tout d'un coup établir ce principe, que la disposition
de tous les évêchés leur appartenait de droit divin. Mais comme ils y trouvèrent
des obstacles, ils s'avisèrent d'un autre moyen [...] Ainsi s'étant d'abord contentés
de soutenir qu'en certaines occasions, ils avaient le droit de remplir les évêchés
vacants, ils se rendirent ensuite maîtres de ces occasions. Enfin ils les multiplièrent
si fort qu'à peine se trouvait-il un évêché vacant qu'ils ne remplissent par voie de
provision. Le temps et diverses conjonctures favorables les ayant confirmés dans
cette prérogative, il ne fut plus possible de les en faire désister. Ainsi le droit des
chapitres était entièrement anéanti' (*Histoire d'Angleterre*, iii.554-55).

   [6] Voici l'un des exemples rapportés par Rapin-Thoyras: 'En 1376 [...] on
présenta au Parlement un mémoire qui faisait voir que par la mort ou la translation
des évêques d'un siège à l'autre, le pape exigeait la valeur de cinq années du revenu
du siège vacant et que par ce moyen, il tirait tous les ans vingt mille marcs du
royaume. Que les collecteurs du pape en tiraient tout autant pour les besoins du
Saint-Siège. Que cette même année le pape s'était emparé des premiers fruits de
tous les bénéfices d'Angleterre' (iii.335).

   [7] Le pape n'est donné ici que pour un être cupide. La charge s'alourdira quand
Voltaire, ajoutant à l'article 'Religion' sa huitième question, représentera le dalaï-
lama comme un hypocrite se moquant de ses fidèles assez sots pour l'avoir pris
pour arbitre et sachant cyniquement tirer profit de leurs divisions.

   [8] Jeu de mot fondé sur le sens étymologique de 'reliques' (ce qui nous reste des
saints et des martyrs), terme qui vient du latin *reliquiae* qui signifie les restes des
morts (*Trévoux*).

quelque fantaisie nouvelle, comme de faire la guerre aux peuples   15
du Tangut,[9] il levait chez nous de nouveaux subsides. Notre
nation se plaignit souvent, mais sans aucun fruit;[10] et même chaque
plainte finissait par payer un peu davantage. Enfin l'amour qui
fait tout pour le mieux, nous délivra de cette servitude. Un de
nos empereurs se brouilla avec le grand lama pour une femme:[11]   20
mais il faut avouer que ceux qui nous servirent le plus dans cette
affaire furent nos canusi, autrement pauxcospie;(b) c'est à eux que
nous avons l'obligation d'avoir secoué le joug, et voici comment.

(b) *Pauxcospie, anagramme d'épiscopaux.*

n.*b*   64, note absente
        67s: Pouxcospie

[9] Bruzen de La Martinière a consacré un article à ce 'Royaume d'Asie dans la
Tartarie chinoise': 'Il est partagé en deux parties dont la partie méridionale s'appelle
proprement le Tangut et la septentrionale le Tibet. Tout le royaume [...] fait
proprement le patrimoine du dalaï-lama, qui est le souverain pontife de tous les
Tartares païens'. Il est difficile de déterminer exactement quelle transposition à la
papauté Voltaire pouvait avoir à l'esprit en nommant les peuples du Tangut: peut-
être les Turcs, contre lesquels certains papes ont prêché la croisade en réclamant
en effet des subsides; plus probablement des 'peuples' plus proche du siège papal
et souvent en conflit avec lui comme l'étaient les principales cités italiennes.

[10] Rapin-Thoyras: 'Malgré toutes les plaintes que les Anglais avaient souvent
portées à la cour de Rome, touchant ces continuelles usurpations [...] les papes ne
démordaient point de leurs prétentions. Les statuts parlementaires n'étaient à leur
égard que des foudres sans effet qui ne portaient aucune atteinte à leurs droits [...]
ils ne faisaient aucune difficulté d'agir contre ces statuts, comme s'ils n'eussent pas
été faits, et de faire valoir leur puissance apostolique, sans se mettre en peine s'ils
portaient du préjudice au roi ou à ses sujets' (*Histoire d'Angleterre*, iv.546).

[11] Allusion à Anne Boleyn, dont on sait qu'Henri VIII tomba follement amoureux
en 1527 et qu'il eut bientôt dessein d'épouser pour avoir un héritier mâle, la reine
Catherine d'Aragon ne lui ayant donné qu'une fille. Le roi demanda donc au pape
Clément VII de lui accorder le divorce, mais le tout-puissant Charles-Quint,
neveu de Catherine, contraignit le pape à adopter des stratégies successives de
tergiversations, intransigeance et même intimidations, qui conduisirent à la rupture
totale de 1534: après que Rome eut excommunié Henri VIII qui avait fait prononcer
son divorce par des évêques anglais, l'Acte de Suprématie établit ce souverain
comme 'chef' de l'Eglise d'Angleterre.

Le grand lama avait une plaisante manie; il croyait avoir toujours raison; notre daïri[12] et nos canusi voulurent avoir du moins raison quelquefois. Le grand lama trouva cette prétention absurde, nos canusi n'en démordirent point, et ils rompirent pour jamais avec lui.[13]

2

L'INDIEN

Eh bien, depuis ce temps-là vous avez été sans doute heureux et tranquilles?

3

[12] On lit dans les carnets, à propos du Japon: '660 ans avant notre ère commence la race des dairis, pontifes et rois comme les califes'. Le souverain anglais est donc assimilé à un daïri. La suite de ce passage permet de mieux comprendre la portée de l'opposition qui suivra avec nos 'taicosemas' (voir n.31): 'Au seizième, en 1580, un général né d'un paysan réunit tout le Japon sous sa loy, et ne laisse aux empereurs pontifes que le sacerdoce sans aucun pouvoir, et des titres de noblesse de vingt et un siècles bien prouvez. C'est le Taiko Sama' (V 81, p.133).

[13] L'affirmation du rôle décisif des évêques dans le processus de rupture avec la papauté surprend d'autant plus que ni Rapin-Thoyras, ni surtout l'auteur de l'*Essai sur les mœurs* ne l'ont donné comme tel. Ce dernier ouvrage, qui raconte la sécession opérée par Henri VIII, le présente comme en étant le grand, sinon l'unique artisan (ch.135; ii.251-60). Voltaire semble faire ici surtout allusion à un conflit d'ordre doctrinal entre le pape 'voulant toujours avoir raison' et le haut clergé d'Angleterre; mais dans l'*Histoire d'Angleterre*, on ne trouve rien qui réponde vraiment à une pareille situation. On y voit plutôt le clergé divisé entre partisans et adversaires de la Réformation, ceux-ci restant souvent des 'partisans secrets du pape, espérant toujours une réconciliation avec Rome' (v.359). C'est Henri VIII qui prend ordinairement l'initiative de réformes doctrinales (comme, en 1536, les dix articles 'rédigés en forme de constitutions'; ou, en 1539, la 'Loi des six Articles', votée par le Parlement); et qui exige des évêques et des abbés, après la publication en 1538 par le pape Paul III de la bulle d'excommunication, 'un nouveau serment par lequel ils renonçaient à l'autorité du pape' (v.377). La seule circonstance où l'on voit le clergé manifester de lui-même son opposition au 'grand lama' est la réponse qu'il fit au roi sur la légitimité du concile de Mantoue convoqué en 1536 par le pape pour y citer Henri VIII: il conteste au pape le droit de le convoquer, les motifs de cette convocation, la composition du concile, etc. A lire Rapin-Thoyras, c'est plutôt au 'daïri' qu'aux 'canusi' qu'on a 'l'obligation d'avoir secoué le joug'...

LE JAPONAIS

Point du tout, nous nous sommes persécutés, déchirés, dévorés pendant près de deux siècles. [14] Nos canusi voulaient en vain avoir raison; il n'y a que cent ans qu'ils sont raisonnables. Aussi, depuis ce temps-là pouvons-nous hardiment nous regarder comme une des nations les plus heureuses de la terre. 35

L'INDIEN

Comment pouvez-vous jouir d'un tel bonheur, s'il est vrai ce qu'on m'a dit que vous ayez douze factions de cuisine [15] dans votre empire? vous devez avoir douze guerres civiles par an.

LE JAPONAIS

Pourquoi? s'il y a douze traiteurs dont chacun ait une recette différente, faudra-t-il pour cela se couper la gorge au lieu de 40 dîner? [16] au contraire, chacun fera bonne chère à sa façon chez le cuisinier qui lui agréera davantage.

[14] En écrivant 'près de deux siècles' (ce qui renverrait à 1534), Voltaire paraît faire trop bonne mesure! Les troubles religieux qu'il a évoqués dans l'*Essai sur les mœurs* ne concernent que les règnes d'Edouard VI (1547-1553), Marie Ière, dite la Sanglante (1553-1558) et Elisabeth Ière (1558-1603); voir ch.136 (ii.261-67). En outre, on voit mal comment Voltaire peut, en 1764, affirmer des canusi qu'"il n'y a que cent ans qu'ils sont raisonnables', alors qu'il vient d'évoquer une période de deux siècles de troubles après la sécession d'Henri VIII en 1534.

[15] A partir de cet endroit, Voltaire va s'efforcer d'exprimer sur le registre culinaire la multiplicité des sectes religieuses et leurs divergences de doctrines et de rites. Douze religions deviennent donc autant de 'factions de cuisine', de 'traiteurs', de 'cuisiniers' dont on choisit celui qui vous agrée. Les croyances des Hébreux, fondées sur l'Ancien Testament, formeront 'l'ancienne cuisine', etc.

[16] Question rappelant la conclusion de la sixième des *Lettres philosophiques*: 'S'il n'y avait en Angleterre qu'une religion, le despotisme serait à craindre, s'il y en avait deux, elles se couperaient la gorge; mais il y en a trente, et elles vivent en paix heureuses' (*Lph*, i.74).

L'INDIEN

Il est vrai qu'on ne doit point disputer des goûts, mais on en dispute, et la querelle s'échauffe.

LE JAPONAIS

Après qu'on a disputé bien longtemps, et qu'on a vu que toutes ces querelles n'apprenaient aux hommes qu'à se nuire, on prend enfin le parti de se tolérer mutuellement, et c'est sans contredit ce qu'il y a de mieux à faire.

L'INDIEN

Et qui sont, s'il vous plaît, ces traiteurs qui partagent votre nation dans l'art de boire et de manger?

LE JAPONAIS

Il y a premièrement les Breuxeh, (c) qui ne vous donneront jamais de boudin ni de lard; ils sont attachés à l'ancienne cuisine; ils aimeraient mieux mourir que de piquer un poulet; [17] d'ailleurs, grands calculateurs; et s'il y a une once d'argent à partager entre eux et les onze autres cuisiniers, ils en prennent d'abord la moitié pour eux, et le reste est pour ceux qui savent le mieux compter.

(c) On voit assez que les *Breuxeh* sont les *Hébreux, et sic de caeteris*.

n.c   64, 65, note absente

[17] Allusion à l'interdiction faite par le Lévitique xi.7 de consommer la chair du porc (lard) ou son sang (boudin), car il est interdit de manger du sang quel qu'il soit (xvii.10). Piquer une viande ou une volaille c'est les larder 'avec des petits lardons et près à près' (*Académie 62*).

L'INDIEN

Je crois que vous ne soupez guère avec ces gens-là.

LE JAPONAIS

Non; il y a ensuite les pispates, qui certains jours de chaque
semaine, et même pendant un temps considérable de l'année,
aimeraient cent fois mieux manger pour cent écus de turbots, de 60
truites, de soles, de saumons, d'esturgeons, que de se nourrir
d'une blanquette de veau, qui ne reviendrait pas à quatre sous. [18]
Pour nous autres canusi, nous aimons fort le bœuf, et une
certaine pâtisserie qu'on appelle en japonais du pudding. Au reste,
tout le monde convient que nos cuisiniers sont infiniment plus 65
savants que ceux des pispates. Personne n'a plus approfondi que
nous le garum des Romains, [19] n'a mieux connu les oignons de
l'ancienne Egypte, la pâte de sauterelles des premiers Arabes, la
chair de cheval des Tartares, et il y a toujours quelque chose à
apprendre dans les livres des canusi, qu'on appelle communément 70
pauxcospie. [20]

68 65v: pâte des sauterelles

[18] Déjà constant chez les satiriques du moyen-âge, ce thème sera repris dans les
articles 'Guerre' (1764) et 'Carême' (1769); cf. Requête à tous les magistrats du
royaume (M.xxviii.342-43).

[19] Sauce coûteuse et épicée, le garon ou garum était obtenu en faisant macérer
dans la saumure les intestins de plusieurs petits poissons de mer, dont le garus
(espèce mentionnée par Pline, mais aujourd'hui inconnue). Horace en parle dans
les Satires (ii.viii.46) et Pline dans son Histoire naturelle (xxxi.93-95).

[20] On peut s'interroger sur le sens précis de tout ce paragraphe. Après le rappel
initial du goût prononcé des Anglais pour le bœuf et le pudding, y aurait-il quelque
ironie dans l'affirmation de la supériorité écrasante de leurs cuisiniers sur ceux des
papistes? Ou bien faut-il entendre qu'aux yeux de Voltaire les évêques anglais se sont
effectivement montrés bien meilleurs théologiens que leurs confrères d'obédience
romaine, ce qui expliquerait qu'il y ait toujours quelque chose à apprendre dans
leurs ouvrages? Mais les approfondissements dans lesquels ils se seraient distingués
paraissent d'ordre historique, beaucoup plus que théologique, et ne porter que sur
des détails. Faut-il alors chercher à ceux-ci une valeur symbolique analogue à celle
dont se chargeront les nombreux détails culinaires de la curieuse réponse de Voltaire

Je ne vous parlerai point de ceux qui ne mangent qu'à la Terluh, ni de ceux qui tiennent pour le régime de Vincal, ni des batistanes,[21] ni des autres; mais les quekars méritent une attention particulière.[22] Ce sont les seuls convives que je n'aie jamais vus s'enivrer et jurer. Ils sont très difficiles à tromper, mais ils ne vous tromperont jamais. Il semble que la loi d'aimer son prochain comme soi-même n'ait été faite que pour ces gens-là; car en vérité, comment un bon Japonais peut-il se vanter d'aimer son prochain comme lui-même, quand il va pour quelque argent lui tirer une balle de plomb dans la cervelle, ou l'égorger avec un criss large

au comte d'Autrey (D12871)? Voltaire expliquera dans *La Philosophie de l'histoire* que les anciens Egyptiens regardaient l'oignon comme une plante sacrée, sans l'adorer pour autant (V59, p.168). Il y reviendra dans *La Défense de mon oncle*, en s'appuyant sur le témoignage de Sanchoniaton (V64, p.251-52). Mais quels enseignements tirer du garum, de la pâte de sauterelles et de la chair de cheval? Il se peut que Voltaire ait simplement voulu rappeler la profonde connaissance de l'antiquité à laquelle étaient parvenus les Anglais, comme dans *Le Siècle de Louis XIV*: 'Il est encore remarquable que ces insulaires, séparés du reste du monde et instruits si tard, aient acquis pour le moins autant de connaissances de l'Antiquité qu'on en a pu rassembler dans Rome, qui a été si longtemps le centre des nations. Marsham a percé les ténèbres de l'ancienne Egypte. Il n'y a point de Persan qui n'ait connu la religion de Zoroastre comme le savant Hyde. L'histoire de Mahomet et des temps qui le précèdent était ignorée des Turcs, et a été développée par l'Anglais Sale, qui a voyagé si utilement en Arabie' (*OH*, p.1024).

[21] Voltaire mandait à Mme Du Deffand: 'Vous verrez d'un coup d'œil que les sont les Hébreux, les Pispates les papistes, Therlu et Vincal, Calvin et Luther et ainsi du reste' (D12129). Beuchot ajoute: 'les batistapanes et les quekars désignent les anabaptistes et les quakers; les diestes sont les deistes' (M.xviii.83, n.1). On notera que Beuchot écrit les 'batistapanes' en se basant sur l'orthographe moderne du mot 'anabaptistes', alors que le texte porte 'batistanes', anagramme incorrecte de l'orthographe ancienne: 'anabatistes'. Cette anagramme s'est maintenue de 1764 à 1769.

[22] Cette attention particulière leur a déjà été accordée dès les *Lettres philosophiques* où Voltaire fait état des qualités énumérées ici et sur lesquelles il est souvent revenu (cf. *Essai sur les mœurs*, ii.381; *Sermon prêché à Bâle*, M.xxvi.585).

de quatre doigts, [23] le tout en front de bandière? [24] il s'expose lui-même à être égorgé, et à recevoir des balles de plomb; ainsi, on peut dire avec bien plus de vérité, qu'il hait son prochain comme lui-même. Les quekars n'ont jamais eu cette frénésie; ils disent   85
que les pauvres humains sont des cruches d'argile faites pour durer très peu, et que ce n'est pas la peine qu'elles aillent de gaieté de cœur se briser les unes contre les autres.

Je vous avoue que si je n'étais pas canusi, je ne haïrais pas d'être quekar. Vous m'avouerez qu'il n'y a pas moyen de se   90
quereller avec des cuisiniers si pacifiques. Il y en a d'autres en très grand nombre qu'on appelle diestes; ceux-là donnent à dîner à tout le monde indifféremment, et vous êtes libre chez eux de manger tout ce qui vous plaît, lardé, bardé, sans lard, sans barde, [25]
aux œufs, à l'huile; perdrix, saumon, vin gris, vin rouge, tout cela   95
leur est indifférent, pourvu que vous fassiez quelque prière à Dieu avant ou après le dîner, et même simplement avant le déjeuner, [26]
et que vous soyez honnêtes gens, ils riront avec vous aux dépens du grand lama, à qui cela ne fera nul mal, et aux dépens de Terluh et de Vincal, et de Memnon, etc. Il est bon seulement que nos   100

97   65v: simplement le déjeuner

[23] Le criss ou crid est un poignard utilisé par les Malais, ainsi décrit par l'abbé Raynal (cité par Littré): 'd'un pied et demi de long; il a la forme d'un poignard dont la lame s'allonge en serpentant'.

[24] 'Bandière: terme dont on se sert quelquefois pour bannière [...] on dit qu'une armée est campée en front de bandière pour dire qu'elle est campée en ligne avec les étendards et les drapeaux à la tête des corps' (*Académie 62*).

[25] 'Barde [...] ne se dit plus que pour signifier une tranche de lard fort mince, dont on enveloppe des chapons, des gelinottes, des cailles et autres oiseaux au lieu de les larder' (*Académie 62*).

[26] N'importe quelle prière, n'importe quand: les déistes s'accommodent de tous les rites comme de toutes les croyances, pourvu qu'ils soient l'occasion pour l'homme d'établir un rapport avec Dieu. Voltaire se montrera moins optimiste (ou plus prudent) dans sa réponse au comte d'Autrey: 'Je ne désapprouve pas qu'on dise bénédicité, mais je souhaite qu'on s'en tienne là parce que si on va plus loin [...] l'assemblée devient cohue et on dispute à chaque service' (D12871).

495

diestes avouent que nos canusi sont très savants en cuisine, et que surtout ils ne parlent jamais de retrancher nos rentes;[27] alors nous vivrons très paisiblement ensemble.

L'INDIEN

Mais enfin, il faut qu'il y ait une cuisine dominante, la cuisine du roi.

105

LE JAPONAIS

Je l'avoue; mais quand le roi du Japon a fait bonne chère, il doit être de bonne humeur, il ne doit pas empêcher ses bons sujets de digérer.

L'INDIEN

Mais si des entêtés veulent manger au nez du roi des saucisses pour lesquelles le roi aura de l'aversion, s'ils s'assemblent quatre ou cinq mille armés de grils pour faire cuire leurs saucisses, s'ils insultent ceux qui n'en mangent point?

110

LE JAPONAIS

Alors il faut les punir comme des ivrognes qui troublent le repos des citoyens. Nous avons pourvu à ce danger. Il n'y a que ceux qui mangent à la royale qui soient susceptibles des dignités

115

---

107   64-67: humeur, et il

---

[27] Le déiste prononçant le *Sermon des cinquante* s'était déjà fait rassurant sur ce point: 'Nous ne prétendons pas dépouiller les prêtres de ce que la libéralité des peuples leur a donné'. Mais il n'était nullement disposé à les reconnaître 'très savants en cuisine', puisqu'il ajoutait: 'mais nous voudrions que ces prêtres qui se raillent presque tous secrètement des mensonges qu'ils débitent, se joignissent à nous pour prêcher la vérité' (M.xxiv.453).

de l'Etat.[28] Tous les autres peuvent dîner à leur fantaisie, mais ils sont exclus des charges. Les attroupements sont souverainement défendus, et punis sur-le-champ sans rémission,[29] toutes les querelles à table sont réprimées soigneusement, selon le précepte de notre grand cuisinier japonais, qui a écrit dans la langue sacrée, *Suti raho, cus flac, natis in usum laetitiae sciphis pugnare Tracum est*:[30] ce qui veut dire, Le dîner est fait pour une joie recueillie et honnête, et il ne faut pas se jeter les verres à la tête.

Avec ces maximes nous vivons heureusement chez nous; notre liberté est affermie sous nos taicosema;[31] nos richesses augmentent;

120

125

---

[28] Rapin-Thoyras, rapportant divers statuts sur la religion faits par le Parlement peu après l'accès d'Elisabeth au trône, précise: 'De plus on obligeait tous ceux qui possédaient des charges publiques à prêter serment qu'ils reconnaissaient Elisabeth pour légitime reine d'Angleterre et pour Gouvernante Suprême, tant dans les choses ecclésiastiques que dans les temporelles et si quelqu'un refusait de prêter ce serment, il était déclaré incapable d'exercer aucun emploi public' (vi.157).

[29] Dans l'*Essai sur les mœurs*, Voltaire avait déjà remarqué qu'après l'établissement de la religion anglicane par Elisabeth, 'personne ne fut persécuté pour être catholique; mais ceux qui voulurent troubler l'Etat par principe de conscience furent sévèrement punis' (ii.471).

[30] *Suti raho cus flac* est l'anagramme d'Horatius Flaccus, et les deux vers cités sont en effet d'Horace (*Odes*, I.xxvii). La traduction proposée par Voltaire est plus encore un commentaire qu'une 'belle infidèle'. F. Villeneuve traduit par 'Se battre avec les scyphes, faits à l'usage de la joie, c'est bon pour les Thraces' (i.39); le scyphe était une coupe profonde de grande capacité, et l'ivrognerie des Thraces était proverbiale.

[31] Après avoir observé dans l'*Essai sur les mœurs* que 'les chefs de la religion ont été chez les Japonais les chefs de l'empire plus longtemps qu'en aucune nation du monde', Voltaire avait rappelé que les 'séculiers' s'étaient, 'vers la fin du XVIe siècle', emparé du pouvoir temporel de ces 'pontifes-rois', tout en leur conservant leurs prérogatives de pontifes. Il concluait alors: 'Ce que les Turcs ont fait à Bagdad, ce que les empereurs allemands ont voulu faire à Rome, les Taicosamas l'ont fait au Japon' (ii.313; voir aussi les carnets, V 81, p.133). 'Taicosama' est le nom que prit un certain Toquixiro, ex-bûcheron remarqué de l'empereur Nobunaga qui en fit le commandant en chef de ses armées sous le nom de Faxiba. A la mort de l'empereur (1582), Faxiba s'empara du pouvoir. Voilà ce que Voltaire avait pu lire dans l'*Histoire de l'établissement, des progrès, et de la décadence du christianisme dans l'empire du Japon*, VI, de P.-F.-X. de Charlevoix (Rouen 1715; voir Moreri, art. 'Taicko-Sama'). Mais il utilisait surtout l'*Histoire naturelle* de Kämpfer, où

nous avons deux cents jonques de ligne, et nous sommes la terreur de nos voisins. [32]

L'INDIEN

Pourquoi donc le bon versificateur Recina, fils de ce poète indien Recina, (*d*) si tendre, si exact, si harmonieux, si éloquent,

(*d*) *Racine*, probablement, *Louis Racine*, fils de l'admirable *Racine*.

n.*d* 64, 65, note absente

---

figure une liste des 'généraux de la couronne et monarques séculiers' qui ont exercé le pouvoir à la place des 'empereurs ecclésiastiques héréditaires', et où il est dit que Taicko Sama 'soumit à son autorité toutes les provinces du Japon qui avaient été jusqu'alors divisées' (i.311). Kämpfer donne des détails qui indiquent le rapprochement que fait Voltaire avec l'Angleterre: 'Fide Jos [...] fut honoré du titre de Quanbuku par l'empereur [...] Le Quanbuku est la première personne après le Dairi [...] A proprement parler, [Taiko] a été [...] le premier qui s'est arrogé le gouvernement absolu de l'empire dont les empereurs ecclésiastiques avaient retenu jusqu'alors quelque part. Depuis ce temps-là, les monarques séculiers ont été indépendants des empereurs ecclésiastiques à qui il ne reste plus qu'une ombre de leur première autorité et quelques prérogatives de peu de conséquence, qui regardent leur rang et leur sainteté, et le pouvoir de donner des titres d'honneur' (i.300). Ce qui conviendrait assez bien à la monarchie constitutionnelle anglaise où, depuis 1689, le roi, chef religieux, règne, mais gouverne de moins en moins; on admettra aussi que les 'taicosemas' représentent probablement les premiers ministres, devenus sous les rois 'étrangers' Georges Ier (1714-1727) et Georges II (1727-1760) les véritables détenteurs du pouvoir, chefs d'une majorité parlementaire. C'est par là qu'ils 'affermissent' la liberté des sujets contre toute velléité absolutiste du souverain.

[32] Après avoir vanté la hardiesse des navigateurs anglais et l'activité de leurs sociétés commerçantes sous le règne d'Elisabeth, Voltaire écrit en 1756: 'Ces entreprises formèrent bientôt la meilleure marine de l'Europe; il y parut bien lorsqu'ils mirent cent vaisseaux en mer contre la flotte invincible de Philippe II, et qu'ils [...] battirent en 1602 la première flotte que Philippe III eut mise en mer, et prirent dès lors une supériorité qu'ils ne perdirent presque jamais' (*Essai sur les mœurs*, ii.465-66). 'On appelle vaisseaux de ligne les grands vaisseaux de guerre qui ont au moins cinquante pièces de canons et qui peuvent être mis en ligne' (*Académie 62*).

498

a-t-il dit dans un ouvrage didactique en rimes, intitulé la Grâce et   130
non les Grâces,

> Le Japon où jadis brilla tant de lumière,
> N'est plus qu'un triste amas de folles visions?[33]

LE JAPONAIS

Le Recina dont vous me parlez est lui-même un grand visionnaire. Ce pauvre Indien ignore-t-il que nous lui avons enseigné   135
ce que c'est que la lumière?[34] que si on connaît aujourd'hui dans
l'Inde la véritable route des planètes, c'est à nous qu'on en est
redevable? que nous seuls avons enseigné aux hommes les lois
primitives de la nature, et le calcul de l'infini?[35] que s'il faut

---

[33] Dans le quatrième chant de son *Poème sur la Grâce* (1720), Louis Racine
assure que: 'Ce Dieu dans ses desseins terrible et toujours sage / Qui ne changeant
jamais, change tout son ouvrage, / Pour ceux mêmes souvent qu'il avait rendus
bons / Arrête tout à coup la source de ses dons'. Parmi les quelques changements
qu'il énumère ensuite figure celui de l'Angleterre: 'Cette île, de chrétiens féconde
pépinière / L'Angleterre où jadis brilla tant de lumière / Recevant aujourd'hui
toutes religions / N'est plus qu'un triste amas de folles visions' (l.121-24). Voltaire
s'exprime ici sur le compte de Louis Racine avec une ironie si mordante qu'elle
donne à croire que ces propos n'ont pu être écrits qu'après sa mort, survenue le 29
janvier 1763. Le fils est sans ménagement opposé au père comme un versificateur
médiocre à un poète de génie. Son *Poème sur la Grâce* est qualifié d'"ouvrage
didactique en rimes' (la Grâce en a exclu les Grâces) et lui-même de 'grand
visionnaire' ou 'pauvre indien' ignorant, dont le talent se borne à avoir 'mis en
vers les rêveries des autres', etc. Si de tels traits marquent peu de respect pour la
mémoire de Louis Racine, ils eussent été rien de moins qu'injurieux, si celui-ci
avait été encore en vie. En 1768 dans *L'A,B,C*, le ton ne sera pas plus modéré
(M.xxvii.366). En 1760, en revanche, Voltaire avait su garder celui de l'opposition
courtoise (*Réflexions pour les sots*; M.xxiv.122).

[34] Voir les *Eléments de la philosophie de Newton*. Après s'être donné comme but
de proposer des 'idées nettes de ces lois primitives de la nature, que Newton a
trouvées', Voltaire ajoute: 'Je commencerai par la lumière qu'il a seul bien connue;
je finirai par l'examen de la pesanteur, et de cette loi générale de la gravitation ou
de l'attraction, ressort universel de la nature, dont on ne doit qu'à lui la découverte'
(V 15, p.253; cf. *Essai sur les mœurs*, ii.688-89).

[35] Dès 1738-1739, Voltaire avait fait paraître dans les *Mélanges de littérature*,
ch.19, une 'Histoire de l'infini' où l'on pouvait lire notamment: 'On cherchait une

descendre à des choses qui sont d'un usage plus commun, les gens
de son pays n'ont appris que de nous à faire des jonques, dans
les proportions mathématiques?[36] qu'ils nous doivent jusqu'aux
chausses appelées les bas au métier,[37] dont ils couvrent leurs

---

méthode générale d'assujettir l'infini à l'algèbre, comme Descartes y avait assujetti
le fini: c'est cette méthode que trouva Newton à l'âge de vingt-trois ans [...] La
méthode de Newton a deux parties: le calcul différentiel et le calcul intégral'. Mais
Voltaire reconnaissait ensuite que Leïbniz avait revendiqué le calcul différentiel
et Bernouilli le calcul intégral, et proposait d'admettre, comme n'ayant rien
d'invraisemblable, la simultanéité de ces découvertes (M.xix.461-62). Ici au contraire
il attribue l'exclusivité de cette découverte à l'Anglais Newton. Ces brillantes
découvertes scientifiques des Anglais avaient été déjà objectées à Louis Racine en
1760 dans *Réflexions pour les sots* (M.xxiv.122).

[36] L'article 'Vaisseaux (marine)' de l'*Encyclopédie* comporte une rubrique
'Méthode générale des constructeurs' qui ne fait nulle mention de la supériorité
que Voltaire prête ici aux Anglais. Au dix-neuvième siècle, la *Grande encyclopédie*
s'appliquera à établir exactement le contraire: dans l'historique que comporte son
article 'Navigation maritime', il est précisé que l'architecture ne devient une science
qu'à la fin du dix-septième siècle, sous l'impulsion de l'Académie des sciences de
Paris et grâce essentiellement à des ingénieurs français: outre Bouguer et son *Traité
du navire* (1746) longtemps considéré comme l'ouvrage fondamental, il faut citer
Cauchot, Groignard, Duhamel Du Monceau, etc. (xxiv.869).

[37] 'Les bas au métiers sont des bas ordinairement très fins qui se manufacturent
par le moyen d'une machine de fer poli, très ingénieuse [...] Les Anglais se vantent
d'en être les inventeurs; mais c'est en vain qu'ils en veulent ravir la gloire à la
France; et tout le monde sait présentement qu'un Français ayant inventé une si
surprenante et si utile machine et trouvant quelques difficultés à obtenir un Privilège
exclusif qu'il demandait pour s'établir à Paris, passa en Angleterre où sa machine
fut admirée et l'ouvrier magnifiquement récompensé' (Jacques Savary Des Bruslons,
Dictionnaire universel du commerce, Copenhague 1759, i.387). Quant à Diderot,
après avoir affirmé dans son article 'Bas' qu''il est constant que la machine à bas a
pris naissance en Angleterre et qu'elle nous est venue par une de ces supercheries
que les nations se sont permises de tout temps les unes envers les autres', il rapporte
le témoignage de Savary et conclut: 'Voilà ce qu'on pense parmi nous de l'invention
du métier à bas. J'ajouterai seulement [...] qu'on ne sait à qui l'attribuer en
Angleterre, le pays du monde où les honneurs qu'on rend aux inventeurs de la
nation leur permettent le moins de rester ignorés' (Diderot, vi.78-79). Voltaire
n'ignorait certainement pas que la question de la paternité anglaise était au moins
débattue. Diderot, qui a la prudence de ne pas la trancher, paraît tout de même
pencher du côté de Savary.

jambes? Serait-il possible qu'ayant inventé tant de choses admirables ou utiles, nous ne fussions que des fous? et qu'un homme qui a mis en vers les rêveries des autres[38] fût le seul sage? Qu'il nous laisse faire notre cuisine, et qu'il fasse, s'il veut, des vers sur des sujets plus poétiques. (*e*)   145

(*e*) NB. *Cet Indien Recina sur la foi des rêveurs de son pays, a cru qu'on ne pouvait faire de bonnes sauces que quand Brama par une volonté toute particulière enseignait lui-même la sauce à ses favoris, qu'il y avait un nombre infini de cuisiniers auxquels il était impossible de faire un ragoût avec la ferme volonté d'y réussir, et que Brama leur en ôtait les moyens par pure malice.*[39] *On ne croit pas au Japon une pareille impertinence, et on y tient pour une vérité incontestable cette sentence japonaise.*   5

God never acts by partial will, but by general laws.[40]

n.*e*, 5   65v: *Brama lui en*

---

[38] Voltaire avait écrit à Louis Racine dès 1722 une épître sur son poème qui commençait ainsi: 'Cher Racine, j'ai lu dans tes vers didactiques / De ton Jansénius les leçons fanatiques' (M.x.479). Mais Louis Racine lui-même avait précisé, après avoir évoqué les figures prestigieuses de saint Jérôme et saint Augustin: 'Pénétré de respect pour ces maîtres fameux / Je ne veux aujourd'hui que marcher après eux. / De leurs livres divins admirant les maximes / Je les vais annoncer, n'y prêtant que mes rimes. / Augustin dans mes vers donne encore ses leçons / Seigneur, c'est à tes saints de parler de tes dons' (*Poème sur la Grâce*, II.37-42). Le même Augustin confesse longuement ses erreurs de jeunesse au chant III.247-334, etc.

[39] Allusions à la doctrine de la prédestination, illustrées (sans que, naturellement, l'auteur ait jamais insinué que Dieu pouvait refuser sa grâce par 'pure malice') dans le *Poème sur la Grâce*: 'Dieu laisse sans pitié Caton dans la nuit sombre / Qui cherchant la vertu n'en embrasse que l'ombre' (IV.157-158). Dès le début du chant IV, l'interprétation janséniste du 'pauci electi' est clairement affirmée: 'Des humains en deux parts Dieu sépara la masse / Il fit justice à l'une et l'autre obtint sa Grâce. / Les hommes à ses yeux en mérites égaux / Reçurent pour partage ou les biens ou les maux. / Nous fûmes tous jugés; de la race proscrite / Sa bonté sépara la race favorite; / Et pour le petit nombre, aimé, chéri, dès lors / De ses biens éternels il ouvrit les trésors' (v.37-44).

[40] Voir A. Pope, *An essay on man* (1733), i.145-156: 'the first Almighty Cause / Acts not by partial, but by general laws'. Voltaire possédait l'*Essay on man* dans *The Works of Mr Alexander Pope* (London 1735; BV), ii, mais ce texte lui était familier depuis sa publication en 1733.

L'INDIEN

Que voulez-vous? il a les préjugés de son pays, ceux de son parti, et les siens propres.

15c

LE JAPONAIS

Oh voilà trop de préjugés!

CATÉCHISME DU JARDINIER,[1]

ou entretien du bacha Tuctan, et du jardinier Karpos.[2]

TUCTAN

Eh bien, mon ami Karpos, tu vends cher tes légumes, mais ils sont bons... de quelle religion es-tu à présent?

KARPOS

Ma foi, mon bacha, j'aurais bien de la peine à vous le dire.

---

a-67   64, article absent

---

[1] La datation de cet article est malaisée: ce quatrième 'catéchisme' ne figurant pas dans la première édition à la différence des trois autres, mais apparaissant seulement dans 65 (parue en décembre 1764 et achevée dès le 3 octobre 1764), on peut conjecturer que ce nouvel article a été rédigé entre juin et octobre 1764. Mais il se peut aussi qu'il ait été conçu plus tôt et que la publication en ait été différée pour des raisons que nous ignorons. C'est Voltaire lui-même qui incite à envisager cette hypothèse en précisant le 3 octobre à d'Argental: Des Buttes 'm'apporte bien un gros cayer d'articles nouveaux et d'anciens articles corrigées' (D12118).

[2] 'Bacha. Titre d'honneur qui se donne en Turquie à des personnes considérables, même sans gouvernement. Les Bachas font à ce titre seul porter deux queues de cheval devant eux. Les Turcs prononcent Pacha et les Italiens Bassa. Le B en Turc se prononce comme le B en Français' (*Académie 62*). Si le nom du jardinier est à l'évidence la transcription du grec καρπός qui signifie fruit, il est en revanche très peu probable que le nom de Tuctan, supposé être turc, soit à rapprocher du grec τυκτός (qui signifie: fait par l'homme, bien travaillé). Outre que cela n'offre aucun rapport avec le texte, on ne voit pas pourquoi Voltaire aurait emprunté à la langue grecque de quoi forger le nom d'un haut dignitaire turc. Selon Bruzen de La Martinière (*Grand dictionnaire géographique et critique*, art. 'Samos') les habitants de Samos étaient, sous la domination turque, gouvernés par un Aga, mot dont *Académie 62* précise qu'il signifie commandant.

Quand notre petite île de Samos[3] appartenait aux Grecs, je me souviens que l'on me faisait dire que l'*agion pneuma* n'était produit que du *Tou patrou*;[4] on me faisait prier Dieu tout droit sur mes deux jambes, les mains croisées;[5] on me défendait de manger du lait en carême. [6] Les Vénitiens sont venus, alors mon curé vénitien

[3] Cette île grecque de la mer Egée fut conquise par les Romains en 129 av. J.-C., puis rattachée à l'empire d'Orient. Elle passa ensuite sous la domination vénitienne au treizième siècle, après la quatrième croisade. Reprise par l'empire byzantin, elle fut conquise par les Turcs en 1453. Pour connaître la succession des régimes qu'il évoque, Karpos aurait donc dû vivre quelque deux cent cinquante ans...

[4] Le barbarisme 'du *Tou patrou*' trahit chez Voltaire une ignorance décidée de la grammaire grecque: le génitif de πατήρ est πατρός ou πατέρος, mais non πατρου. A quoi s'ajoute la maladresse de faire figurer l'article contracté français *du* devant l'article défini grec (au génitif) τοῦ, ce qui représente une duplication pléonastique.

Les deux mots grecs *agion pneuma* (signifiant littéralement: le saint souffle) ont été utilisés par la théologie patristique pour désigner le Saint-Esprit, dont la situation et le rôle n'ont été définis que très progressivement. Dans le symbole de Nicée élaboré au cours du sixième siècle (voir art. 'Credo', n.14), on disait du Saint-Esprit: 'qui ex Patre procedit'. Mais à partir du huitième siècle, l'Eglise de Rome avait ajouté: 'qui ex Patre *Filioque* procedit', ce que ne ratifia pas l'Eglise d'Orient. D'où la célèbre querelle de plusieurs siècles entre les deux Eglises sur la 'procession' du Saint-Esprit: pour les Orientaux, celui-ci ne peut procéder que du Père, le seul dans la Trinité à être une source originelle sans principe. Le faire procéder du Fils aussi, c'était à leurs yeux considérer le Fils comme un principe original et par conséquent ne plus pouvoir le distinguer du Père. C'est donc la doctrine de l'Eglise d'Orient que les Grecs ont imposée à Karpos, qui a dû ensuite, sous l'occupation vénitienne, adopter la croyance de l'Eglise d'Occident.

[5] Voici par exemple comment se déroule le cérémonial de la communion dans la liturgie de saint Jean Chrysostome: 'Les fidèles qui désirent communier s'avancent, font une métanie [inclination de tout le corps que l'on accomplit en portant la main droite jusqu'à terre] et s'approchent du prêtre les mains croisées sur la poitrine. Ils restent debout, disent leur nom de baptême, ouvrent la bouche et le prêtre y dépose la communion' (E. Mercenier et F. Paris, *La Prière des Eglises de rite byzantin*, i.261).

[6] 'Le carême proprement dit est préparé par deux dimanches: celui du publicain et du pharisien et celui de l'enfant prodigue, puis par deux semaines de jeûne partiel, ouvertes par le dimanche du jugement dernier, après lequel la viande est interdite, et le dimanche d'Adam ou de la déploration de la première faute qui, en proscrivant l'usage des produits laitiers, ouvre le carême proprement dit' (I. H. Dalmain, art. 'Carême en Orient', *Catholicisme hier, aujourd'hui, demain*).

m'a fait dire qu'*agion pneuma* venait du *Tou patrou*, et du *Tou you*,[7] m'a permis de manger du lait, et m'a fait prier Dieu à   10
genoux. Les Grecs sont revenus et ont chassé les Vénitiens, alors il a fallu renoncer au Tou you et à la crème.[8] Vous avez enfin chassé les Grecs, et je vous entends crier *Allah illa Allach*[9] de toutes vos forces; je ne sais plus trop ce que je suis; j'aime Dieu de tout mon cœur, et je vends mes légumes fort raisonnablement.[10]   15

TUCTAN

Tu as là de très belles figues.[11]

KARPOS

Mon bacha, elles sont fort à votre service.

---

[7] Transcription du grec τοῦ υἱοῦ, 'du Fils'; cf. ci-dessus, n.4.

[8] Sur le chapitre du lait, dont la consommation serait interdite durant le carême dans l'Eglise d'Orient, mais permise dans l'Eglise d'Occident, l'opposition ne paraît pas aussi nette que le suggère Voltaire, puisqu'il précisera lui-même dans les QE en 1770 qu'il y a en Occident 'des Eglises où l'on a pris l'habitude de [...] défendre les œufs et le laitage' (M.xviii.54).

[9] Transcription sinon fantaisiste du moins approximative du début du célèbre 'verset du trône' (le 255e de la deuxième Sourate du Coran), d'un usage très fréquent dans la vie musulmane. 'Allahᵘ Lā ilāhᵃ illā Allahᵘ' peut se traduire par: 'Dieu! il n'est de divinité que Lui'. Voltaire n'a pas manqué de choisir un verset affirmant un monothéisme unitaire qui contraste avec les querelles trinitaires divisant les Eglises d'Orient et d'Occident.

[10] Si les gouvernements passent et avec eux les croyances qu'ils imposent, il faut s'en tenir à l'essentiel qui ne change pas: c'est la conclusion que tire le bonhomme Karpos en énonçant son credo déiste réduit à deux articles: aimer Dieu et être juste dans toutes ses actions, à commencer ici par les transactions commerciales et plus loin en se montrant 'bon mari, bon père, bon voisin, bon sujet, et bon jardinier' (l.55-56). Karpos lui-même soulignera que ses principes sont 'en petit nombre' (l.52).

[11] 'On ne sèche des figues dans Samos que pour l'usage du pays: elles sont fort blanches et trois ou quatre fois plus grosses que celles de Marseille; mais moins délicates' (Bruzen de La Martinière, art. 'Samos').

505

TUCTAN

On dit que tu as aussi une jolie fille.

KARPOS

Oui, mon bacha, mais elle n'est pas à votre service.

TUCTAN

Pourquoi cela? misérable!

KARPOS

C'est que je suis un honnête homme: il m'est permis de vendre mes figues, mais non pas de vendre ma fille.

TUCTAN

Et par quelle loi ne t'est-il pas permis de vendre ce fruit-là?

KARPOS

Par la loi de tous les honnêtes jardiniers; l'honneur de ma fille n'est point à moi, il est à elle, ce n'est pas une marchandise.

TUCTAN

Tu n'es donc pas fidèle à ton bacha?

KARPOS

Très fidèle dans les choses justes, tant que vous serez mon maître. [12]

[12] Le sage Karpos circonscrit ainsi ses obligations de fidélité au pouvoir politique dans leur nature (elles ne doivent pas blesser la justice) et dans leur durée (qui n'excède pas celle du pouvoir en place). C'est pourquoi Karpos regarderait comme injuste de ne pas respecter un serment d'obéissance dont on ne peut prétendre que Dieu vous délie (à moins qu'il ne mette fin d'une façon quelconque à l'autorité du prestataire de ce serment).

TUCTAN

Mais si ton papa[13] grec faisait une conspiration contre moi, et s'il t'ordonnait de la part du Tou patrou, et du Tou you, d'entrer dans son complot, n'aurais-tu pas la dévotion d'en être? 30

KARPOS

Moi? point du tout, je m'en donnerais bien de garde.

TUCTAN

Et pourquoi refuserais-tu d'obéir à ton papa grec dans une occasion si belle?

KARPOS

C'est que je vous ai fait serment d'obéissance, et que je sais bien que le Tou patrou n'ordonne point les conspirations. 35

TUCTAN

J'en suis bien aise: mais si par malheur tes Grecs reprenaient l'île et me chassaient, me serais-tu fidèle?

KARPOS

Eh comment alors pourrais-je vous être fidèle, puisque vous ne seriez plus mon bacha? 40

TUCTAN

Et le serment que tu m'as fait que deviendrait-il?

---

[13] Transcription du grec πάπας (ou πάππας) qui signifie père. Ce titre pouvait être donné à de simples prêtres aussi bien qu'aux évêques.

KARPOS

Il serait comme mes figues, vous n'en tâteriez plus: n'est-il pas vrai, (sauf respect) que si vous étiez mort à l'heure que je vous parle, je ne vous devrais plus rien?

TUCTAN

La supposition est incivile, mais la chose est vraie.

KARPOS

Eh bien, si vous étiez chassé, c'est comme si vous étiez mort, car vous auriez un successeur auquel il faudrait que je fisse un autre serment. Pourriez-vous exiger de moi une fidélité qui ne vous servirait à rien? c'est comme si ne pouvant manger de mes figues vous vouliez m'empêcher de les vendre à d'autres.

TUCTAN

Tu es un raisonneur. Tu as donc des principes?

KARPOS

Oui à ma façon, ils sont en petit nombre, mais ils me suffisent, et si j'en avais davantage ils m'embarrasseraient.

TUCTAN

Je serais curieux de savoir tes principes.

KARPOS

C'est par exemple d'être bon mari, bon père, bon voisin, bon sujet, et bon jardinier; je ne vais pas au-delà, et j'espère que Dieu me fera miséricorde.

TUCTAN

Et crois-tu qu'il me fera miséricorde à moi qui suis le gouverneur de ton île?

KARPOS

Et comment voulez-vous que je le sache? est-ce à moi à deviner   60
comment Dieu en use avec les bachas? C'est une affaire entre vous
et lui, je ne m'en mêle en aucune sorte. Tout ce que j'imagine,
c'est que si vous êtes un aussi honnête bacha que je suis honnête
jardinier, Dieu vous traitera fort bien.

TUCTAN

Par Mahomet! je suis fort content de cet idolâtre-là. Adieu mon   65
ami, Allah vous ait en sa sainte garde.

KARPOS

Grand merci. Theos ait pitié de vous! mon bacha.

CERTAIN, CERTITUDE[1]

Quel âge a votre ami Christophe? Vingt-huit ans; j'ai vu son contrat de mariage, son extrait baptistaire, je le connais dès son enfance, il a vingt-huit ans, j'en ai la certitude, j'en suis certain.

A peine ai-je entendu la réponse de cet homme si sûr de ce qu'il dit, et de vingt autres qui confirment la même chose, que j'apprends qu'on a antidaté par des raisons secrètes, et par un manège singulier, l'extrait baptistaire de Christophe. Ceux à qui j'avais parlé n'en savent encore rien; cependant, ils ont toujours la certitude de ce qui n'est pas.

Si vous aviez demandé à la terre entière avant le temps de Copernic, Le soleil est-il levé? s'est-il couché aujourd'hui? tous les hommes vous auraient répondu, Nous en avons une certitude entière; ils étaient certains, et ils étaient dans l'erreur.

Les sortilèges, les divinations, les obsessions, ont été longtemps la chose du monde la plus certaine aux yeux de tous les peuples; quelle foule innombrable de gens qui ont vu toutes ces belles choses, qui en ont été certains! aujourd'hui cette certitude est un peu tombée.[2]

Un jeune homme qui commence à étudier la géométrie vient me trouver; il n'en est encore qu'à la définition des triangles: N'êtes-vous pas certain, lui dis-je, que les trois angles d'un triangle

---

11   64, 65v: soleil s'est-il

---

[1] Cet article est postérieur au second tome de l'*Encyclopédie* (1751) où paraît l'article 'Certitude' de l'abbé de Prades que Voltaire critique ici et dans sa correspondance (D6655). L'article fut repris dans les QE avec une très longue introduction.

[2] Pour le déclin en France des croyances sur la sorcellerie depuis le milieu du dix-septième siècle, voir par exemple R. Mandrou, *Magistrats et sorciers en France au XVIIe siècle*.

sont égaux à deux droits? [3] il me répond que non seulement il n'en est point certain, mais qu'il n'a pas même d'idée nette de cette proposition; je la lui démontre, il en devient alors très certain, et il le sera pour toute sa vie.   25

Voilà une certitude bien différente des autres; elles n'étaient que des probabilités, et ces probabilités examinées sont devenues des erreurs, mais la certitude mathématique est immuable et éternelle.

J'existe, je pense, je sens de la douleur, tout cela est-il aussi   30
certain qu'une vérité géométrique? Oui. Pourquoi? C'est que ces vérités sont prouvées par le même principe qu'une chose ne peut être, et n'être pas en même temps. [4] Je ne peux en même temps exister et n'exister pas, sentir, et ne sentir pas. Un triangle ne peut en même temps avoir cent quatre-vingts degrés, qui sont la somme   35
de deux angles droits, et ne les avoir pas.

La certitude physique de mon existence, de mon sentiment, et la certitude mathématique sont donc de même valeur, quoiqu'elles soient d'un genre différent.

Il n'en est pas de même de la certitude fondée sur les apparences,   40
ou sur les rapports unanimes, que nous font les hommes.

Mais quoi, me dites-vous, n'êtes-vous pas certain que Pékin existe? n'avez-vous pas chez vous des étoffes de Pékin? des gens de différents pays, de différentes opinions, et qui ont écrit violemment les uns contre les autres en prêchant tous la vérité à   45

31   69*: Oui. ᵛtout douteur que je suis, je l'avoue.⁺ Pourquoi?

---

[3] Euclide, i.xxxii, 'En tout triangle l'un des côtés étant prolongé, l'angle extérieur est égal aux deux opposés intérieurs, et de chaque triangle les trois angles intérieurs sont égaux à deux droits' (*Les Eléments de la géométrie d'Euclides mégarien*, trad. Dounot, Paris 1609, p.20).

[4] Ce sont les 'règles de la pensée', axiomatiques depuis Aristote sinon bien avant lui. Voyez Aristote, *Métaphysique*, iv.7. Au fond, la pensée de Voltaire est très conservatrice ici, se repliant sur ces paradigmes dialectiques de la certitude.

Pékin, [5] ne vous ont-ils pas assuré de l'existence de cette ville? Je réponds qu'il m'est extrêmement probable qu'il y avait alors une ville de Pékin; mais je ne voudrais pas parier ma vie que cette ville existe; et je parierai quand on voudra ma vie, que les trois angles d'un triangle sont égaux à deux droits. [6]

On a imprimé dans le Dictionnaire encyclopédique une chose fort plaisante; on y soutient qu'un homme devrait être aussi sûr, aussi certain que le maréchal de Saxe est ressuscité, si tout Paris le lui disait, qu'il est sûr que le maréchal de Saxe a gagné la bataille de Fontenoy, quand tout Paris le lui dit. Voyez, je vous prie, combien ce raisonnement est admirable; je crois tout Paris quand il me dit une chose moralement possible; donc je dois croire tout Paris quand il me dit une chose moralement et physiquement impossible.

Apparemment que l'auteur de cet article voulait rire, et que l'autre auteur qui s'extasie à la fin de cet article, et écrit contre lui-même, voulait rire aussi. (a)

(a) Voyez l'article *Certitude*, Dictionnaire encyclopédique. [7]

61   64, 65v: article, écrit
62   65v: aussi. Ou plutôt il voulait apaiser les ennemis de la raison: il donnait une chandelle au diable.//

[5] Il s'agit des controverses violentes (de 1630 environ à 1742) entre les jésuites et, surtout, les dominicains sur les 'rites des Chinois'; voir par ex. G. Minamiki, *The Chinese rites controversy from its beginning to modern times*.

[6] Voltaire s'inspire de la discussion par John Locke des degrés de l'assentiment; voir *An essay concerning human understanding*, IV, xvi.5-12, sans oublier la distinction établie par Leibniz entre vérités de fait et vérités d'identité.

[7] Prades réfute en particulier l'article XLVI des *Pensées philosophiques* de Diderot. Dans ses remarques finales sur l'article 'Certitude', Diderot accepte cette réfutation. L'article 'Certitude' fut l'objet de la critique contemporaine malgré son but franchement apologétique. Voir J. Lough, *Essays on the Encyclopédie of Diderot and d'Alembert*, p.266-67.

CHAÎNE DES ÊTRES CRÉÉS [1]

La première fois que je lus Platon, et que je vis cette gradation d'êtres qui s'élèvent depuis le plus léger atome jusqu'à l'Etre suprême, cette échelle me frappa d'admiration; [2] mais l'ayant

[1] Article paru en 1764, mais dont il est malaisé de déterminer la date de composition. Qu'est-ce qui a amené Voltaire à s'intéresser à nouveau à Platon et plus particulièrement à l'idée d'une chaîne des êtres? L'édition d'Argens de Timée de Locres (Berlin 1763; BV), sera certes pour lui l'occasion de revenir à Platon, mais il ne lira cette édition qu'à la fin de juin 1764 (D11931). A l'idée d'une chaîne des êtres, il ne semble pas avoir prêté une attention particulière depuis 1756: dans une note au *Poème sur le désastre de Lisbonne*, et dans un ajout à la vingt-deuxième des *Lettres philosophiques* à propos du système de Pope, qui 'ressemble encore à cette idée de Platon, que dans la chaîne infinie des êtres, notre terre, notre corps, notre âme sont au nombre des chaînons nécessaires. Mais ni Leibniz ni Pope n'admettent les changements que Platon imagine être arrivés à ces chaînons, à nos âmes, et à nos corps' (*Lph*, ii.139). Dans le *Poème sur le désastre de Lisbonne* (M.ix.472-73), on est frappé par le fait que Voltaire traite à la fois de la chaîne des êtres et de celle des événements, au risque même de confondre deux notions dont M. Delon a justement souligné la contiguïté ('Voltaire entre le continu et le discontinu', *Aspects du discours matérialiste en France autour de 1770*, p.261-65). C'est peut-être pour écarter ce risque de confusion que Voltaire a voulu deux articles distincts. En ce cas, on en conclurait que 'Chaîne des êtres créés' a dû être composé en même temps que 'Chaîne des événements'.

[2] Cette lecture de Platon remonte très probablement aux années de Cirey quand Mme Du Châtelet annotait les deux volumes des *Œuvres de Platon*, traduits par André Dacier (Amsterdam 1700; BV). Voltaire lecteur 'assidu' de Platon (D1729) y a t-il perçu aussi nettement la 'gradation des êtres' et l'"échelle" dont il fait mention? A. O. Lovejoy a montré que l'idée de la chaîne des êtres prenait certes sa source chez Platon, mais d'une façon implicite: l'idée du bien est une réalité nécessaire qui n'est que ce qu'implique son essence et qui doit donc engendrer autant d'êtres finis qu'il le faut pour en former un monde sensible dont la 'plénitude' réponde à celle des formes idéales. La hiérarchie à laquelle répondrait cette plénitude n'est, elle, que suggérée (voir *The Great chain of being: a study of the history of an idea*, p.58). L'idée n'a pris définitivement forme que plus tard, chez les néoplatoniciens (p.61). Mais on peut admettre avec M. Mat-Hasquin que 'Voltaire était d'autant plus excusable d'ignorer cette distinction que Leibniz faisait des allusions à Platon dans sa *Essais de Théodicée*' et donnait sa propre philosophie pour une

regardée attentivement, ce grand fantôme s'évanouit, comme autrefois toutes les apparitions s'enfuyaient le matin au chant du coq.   5

L'imagination se complaît d'abord à voir le passage impercept-ible de la matière brute, à la matière organisée,[3] des plantes aux zoophytes,[4] de ces zoophytes aux animaux, de ceux-ci à l'homme,

---

tentative de systématisation du platonisme. 'Il n'en est pas moins significatif que Voltaire [...] associe Platon à Pope et Leibniz, après le désastre de Lisbonne, au moment où le mal n'est plus seulement un problème, mais un scandale' (*Voltaire et l'antiquité grecque*, p.274-75). Rappelons que 'Pope, dans son *Essai sur l'homme* (1733), fit de la chaîne des êtres une partie essentielle de son système' et donne à ces théories 'un retentissement universel en les exposant sous une forme plus accessible' (R. Mercier, *La Réhabilitation de la nature humaine, 1700-1750*, p.292).

[3] Il s'agit moins de l'imagination du vulgaire que de celle des philosophes qui se sont figuré cette grande chaîne des êtres bien avant que les observations des savants ne les incitassent à en conjecturer l'existence. Dans ses *Considérations sur les corps organisés* (Amsterdam 1762; BV), Charles Bonnet admire que la métaphy-sique de Leibniz ait pu le conduire 'à soupçonner l'existence d'un être tel que le polype' et cite sa lettre à son ami Herman pour convaincre de la réalité de ce pressentiment génial: 'Les hommes [...] tiennent aux animaux, ceux-ci aux plantes, et celles-ci derechef aux fossiles, qui se lieront à leur tour aux corps, que les sens et l'imagination nous représentent comme parfaitement morts et informes. Or, puisque la loi de la continuité exige, que, *quand les déterminations essentielles d'un être se rapprochent de celles d'un autre, qu'aussi en conséquence, toutes les propriétés du premier doivent s'approcher graduellement de celles du dernier*, il est nécessaire, que tous les ordres des êtres naturels ne forment qu'une seule chaîne, dans laquelle les différentes classes [...] tiennent si étroitement les unes aux autres, qu'il est impossible aux sens et à l'imagination de fixer précisément le point, où quelqu'une commence ou finit: toutes les espèces qui bordent ou qui occupent, pour ainsi dire, les régions d'inflexions et de rebroussement, devant être équivoques et douées de caractères, qui peuvent se rapporter aux espèces voisines également' (i.218-19).

[4] Au zoophyte (*Académie 62*: 'corps naturel qui tient quelque chose de l'animal et de la plante') la science contemporaine prêtait une attention grandissante depuis une trentaine d'années: 'Quelques découvertes obtenues [...] après 1730 vinrent donner à la théorie de la chaîne des êtres la consistance scientifique qui lui manquait. Une surtout produisit une très forte impression sur les contemporains: celle du naturaliste anglais Abraham Trembley sur les polypes d'eau douce, en 1739. Elle tendait à montrer que les frontières entre les règnes de la nature sont beaucoup moins tranchées qu'on ne le supposait et qu'il existe des formes de transition participant à la fois de deux règnes. Le monde des savants et des philosophes fut

de l'homme aux génies,[5] de ces génies revêtus d'un petit corps   10
aérien à des substances immatérielles; et enfin mille ordres différents de ces substances, qui de beautés en perfections s'élèvent
jusqu'à Dieu même. Cette hiérarchie plaît beaucoup aux bonnes
gens, qui croient voir le pape et ses cardinaux suivis des arche-
vêques, des évêques; après quoi viennent les curés, les vicaires,   15
les simples prêtres, les diacres, les sous-diacres, puis paraissent les
moines, et la marche est fermée par les capucins.

Mais il y a un peu plus de distance entre Dieu et ses plus
parfaites créatures, qu'entre le Saint-Père et le doyen du sacré
collège: ce doyen peut devenir pape, mais le plus parfait des génies   20
créés par l'Etre suprême, ne peut devenir Dieu; il y a l'infini entre
Dieu et lui.[6]

---

bouleversé par le comportement extraordinaire des polypes, qui étaient des animaux
et qui pourtant avaient l'apparence de plante' (Mercier, *La Réhabilitation de la nature
humaine*, p.295). Trembley lui-même écrivait à Réaumur le 16 mars 1741: 'Les
découvertes que l'on a faites sur les plantes et les animaux nous ont appris qu'il y
a entre eux de très grands rapports. Peut-être qu'à force de les étudier on en
trouvera tant que cette grande distinction qu'on met entre eux s'évanouira' (cité
par Mercier, p.295-96).

[5] R. Pomeau a montré que la vision que Voltaire pouvait avoir de Platon se
distinguait parfois bien mal de celle que Dacier avait proposé dans sa 'Vie de Platon
avec l'exposition des principaux dogmes de sa philosophie' ('Voltaire et ses livres',
ii.134). Après avoir rappelé que 'Dieu créa les démons, les intelligences inférieures',
Dacier explique que Platon a établi 'comme une vérité très certaine, que s'il y a
dans le ciel (l'air) un nombre infini de bons anges, il y en a aussi de mauvais qui
ne cherchent qu'à nuire aux hommes'. 'Puisque nous sommes convenus, dit-il, que
le ciel est rempli de bons génies et de génies tout opposés, voilà un combat immortel
et qui demande de notre part une attention continuelle' (*Les Œuvres de Platon*,
trad. Dacier, Paris 1699, i.137). C'est peut-être la vision de ce Platon à toute force
christianisé qui a conduit Voltaire à celle (qu'il prête aux 'bonnes gens' dans la
phrase suivante) d'une procession de toute la hiérarchie du clergé catholique.
Notons toutefois qu'on lit dans *Phèdre* la description d'une procession des dieux
suivis des âmes peuplant le ciel (246e-247c).

[6] Cf. Malebranche: 'Entre l'infini et le fini, il ne peut y avoir de rapport fini'
(*Morale*, 1.iii.7). Cette idée a aussi été exprimée dans une note au *Poème sur le
désastre de Lisbonne*: 'La chaîne universelle n'est point, comme on l'a dit, une
gradation suivie qui lie tous les êtres. Il y a probablement une distance immense

Cette chaîne, cette gradation prétendue n'existe pas plus dans les végétaux et dans les animaux; la preuve en est qu'il y a des espèces de plantes et d'animaux qui sont détruites. [7] Nous n'avons plus de murex. [8] Il était défendu de manger du griffon et de l'ixion; [9] ces deux espèces ont disparu de ce monde, quoi qu'en dise Bochart: [10] où donc est la chaîne?

---

entre l'homme et la brute, entre l'homme et les substances supérieures; il y a l'infini entre Dieu et toutes les substances' (M.ix.472).

[7] Pour Voltaire prenant le contrepied du 'Natura non facit saltum' de Leibniz, l'existence même de failles ou de vides suffit à infirmer l'existence d'une prétendue chaîne. Pour d'Alembert au contraire, les solutions de continuité que nous pouvons relever incitent à trouver les maillons manquants pour rétablir l'entière continuité de la chaîne: 'Tout est lié dans la nature; tous les êtres se tiennent par une chaîne dont nous apercevons quelques parties continues, quoique dans un plus grand nombre d'endroits, la continuité nous échappe [...] L'art du philosophe consiste à ajouter de nouveaux chaînons aux parties séparées, afin de les rendre le moins distantes qu'il est possible: mais il ne doit point se flatter qu'il ne restera point toujours de vides en beaucoup d'endroits' (*Encyclopédie*, art. 'Cosmologie', iv.294). On trouve la même confiance raisonnée chez Bonnet (*Considérations sur les corps organisés*, i.219).

[8] Affirmation surprenante: au murex ('mot emprunté au latin dont on se sert pour désigner différentes espèces de coquilles hérissées de pointes', *Académie 62*) Jaucourt consacrera en 1765 un article dont il a emprunté la substance à l'*Histoire naturelle éclaircie* de Dezallier d'Argenville (Paris 1757). Après avoir remarqué que 'la famille des murex est d'une très grande étendue', il en distingue quatre classes, comprenant un total de 56 espèces, sans préciser qu'aucune ait disparu. Jaucourt consacrera aussi un article aux pourpres (coquillages parfois confondus avec le murex, probablement parce que ce dernier peut servir également à teindre les étoffes en pourpre, ainsi que le buccin), mais ne fera pas plus mention d'une disparition de l'espèce; Dezallier d'Argenville non plus. L'erreur de Voltaire est peut-être à attribuer à une lecture trop hâtive de son ami le pasteur Elie Bertrand qui dans ses travaux sur les fossiles (*Dictionnaire universel des fossiles*, 1763, et *Essai de minéralogie*, ou distribution méthodique des fossiles, 1766) fait figurer les murex et les pourpres en bonne place, mais sans préciser que ces espèces aient disparu. Voltaire aurait-il pris pour un constat de disparition un simple constat de fossilisation?

[9] Voir Lévitique xi.13-14 et Deutéronome xiv.12-13 (l'ixion est ordinairement assimilé au milan, depuis saint Jérôme).

[10] Peu exact: dans son *Hierozoïcon*, Bochart a placé le griffon et l'ixion dans la catégorie des animaux fabuleux (*De scripturae animalibus*, II.vi). Après avoir décrit le griffon comme un animal fabuleux joignant une tête et des ailes d'aigle à un

Quand même nous n'aurions pas perdu quelques espèces, il est
visible qu'on en peut détruire. Les lions, les rhinocéros commen- 30
cent à devenir fort rares.

Il est très probable qu'il y a eu des races d'hommes qu'on ne
retrouve plus;[11] mais je veux qu'elles aient toutes subsisté, ainsi
que les blancs, les nègres, les Caffres à qui la nature a donné un
tablier de leur peau, pendant du ventre à la moitié des cuisses;[12] 35
les Samoyèdes dont les femmes ont un mamelon d'un bel ébène,[13]
etc.

N'y a-t-il pas visiblement un vide entre le singe et l'homme?[14]

---

corps de lion, Bochart demande si l'on peut croire que Dieu ait interdit à son
peuple de manger d'un animal qu'on ne rencontrait nulle part. Il propose ailleurs
d'assimiler le griffon à l'aigle 'ossifraga', ainsi appelé parce qu'après avoir mangé
la chair, il laisse choir les os sur les rochers pour les briser et manger ainsi la moelle
(II.v). Quant au nom d'ixion, dont Bochart remarque qu'il ne correspond à rien
en grec et en latin, il propose de le traduire par faucon ou épervier plutôt que par
vautour (voir VI.iii). Calmet y voyait 'une espèce de vautour qui est blanc et dont
la vue est fort perçante' (*Dictionnaire*, art. 'Ixion').

[11] Le polygéniste convaincu qu'est Voltaire prend naturellement le mot race dans
son sens le plus étroit qui est génétique (collection finie d'individus aux caractères
demeurant immuables, tant qu'il n'y a pas croisement). Il s'agit donc de races
humaines créées par Dieu, mais qui auraient disparu purement et simplement,
Voltaire se refusant à admettre tout idée d'évolution et de transformation (par
exemple sous l'influence de facteurs climatiques comme le voulait Buffon). Nous
sommes ici aux antipodes de la pensée de Buffon, fondée sur le concept de variétés
dans l'espèce humaine et qui n'a pas besoin de supposer des vides dans la création.
Voltaire au contraire a envisagé cette hypothèse: après s'être demandé des albinos
si la nature ne les a pas 'placés après les nègres et les Hottentots, au-dessus des
singes, comme un des degrés qui descendent de l'homme à l'animal', il ajoute:
'Peut-être y a t-il eu aussi des espèces mitoyennes inférieures que leur faiblesse a
fait périr' (*Essai sur les mœurs*, ch.143; ii.319).

[12] Voir *La Défense de mon oncle*, V 64, p.359, n.4.

[13] Dans l'*Histoire de l'empire de Russie* (1760), Voltaire avait précisé quelques
particularités des Samoyèdes: 'Les hommes et les femmes n'ont de poil que sur la
tête; le mamelon est d'un noir d'ébène [...] et si l'on fait attention aux mamelles
noires des femmes samoyèdes et au tablier que la nature a donné aux Hottentotes,
qui descend, dit-on, à la moitié de leurs cuisses, on aura quelque idée des variétés
de notre espèce animale' (M.xvi.409).

[14] L'insistance exprimée par 'visiblement' permet de réaffirmer contre Leibniz

n'est-il pas aisé d'imaginer un animal à deux pieds sans plumes, qui serait intelligent sans avoir ni l'usage de la parole, ni notre figure, que nous pourrions apprivoiser, qui répondrait à nos signes et qui nous servirait? et entre cette nouvelle espèce et celle de l'homme, n'en pourrait-on pas imaginer d'autres? 40

Par delà l'homme, vous logez dans le ciel, divin Platon, une file de substances célestes; [15] nous croyons nous autres à quelques-unes de ces substances, parce que la foi nous l'enseigne. Mais vous, quelle raison avez-vous d'y croire? vous n'avez pas parlé apparemment au génie de Socrate; et le bonhomme *Heres* qui ressuscita exprès pour vous apprendre les secrets de l'autre monde, ne vous a rien appris de ces substances. [16] 45 50

La prétendue chaîne n'est pas moins interrompue dans l'univers sensible.

41-42 65, 67, 69: à nos figures et qui

---

que la nature fait bien des sauts. L'aisance avec laquelle Voltaire imagine ici plusieurs espèces intermédiaires manifeste ce que M. Duchet a appelé sa 'philosophie du discontinu': 'Le lien commun à toutes les espèces ne peut [...] être qu'en Dieu, tandis qu'elles ne sont liées les unes aux autres que par un rapport de contiguïté [...] Dans un monde qui tire sa nécessité de Dieu seul et ne trouve qu'en lui sa plénitude, les espèces ne peuvent que conserver indéfiniment la forme qu'elles ont reçue de lui, ou disparaître' (*Anthropologie et histoire au siècle des Lumières*, p.292).

[15] Voir ci-dessus, n.5. Précisons qu'on voit particulièrement bien cette 'file' dans *Phèdre*, 246e-247c; que le *Gorgias*, 523, propose une évocation de l'au-delà et de ses habitants, et le *Phédon*, 110-111, celle d'une 'Terre supérieure', sorte de paradis terrestre dont les habitants jouissent d'un bonheur parfait, etc.

[16] L'orthographe fantaisiste *Heres* représente probablement une transcription approximative du génitif Ἡρός, qui figure dans *La République*, lorsque Platon annonce qu'il va rapporter le récit d'Er le Pamphylien (x.614b-d). Celui-ci, mort sur le champ de bataille, ressuscité douze jours plus tard au moment où l'on mettait son cadavre sur le bûcher, s'est mis à raconter 'ce qu'il avait vu là-bas'. Il note la présence des juges célestes, puis d'une sirène sur le haut de chaque cercle, et enfin des trois Parques: il mentionne donc quelques-unes des 'substances célestes' dont parle Voltaire. (Voltaire rapproche cette résurrection de celle de Lazare dans les carnets, et observe que Lazare est resté muet sur l'au-delà, alors que Er a vu aux enfers 'les bons à droite de dieu, les méchants à gauche'; V 81, p.175).

Quelle gradation, je vous prie, entre vos planètes! [17] la Lune est quarante fois plus petite que notre globe. Quand vous avez voyagé de la Lune dans le vide, vous trouvez Vénus, elle est environ aussi grosse que la Terre. De là vous allez chez Mercure, il tourne dans une ellipse qui est fort différente du cercle que parcourt Vénus; [18] il est vingt-sept fois plus petit que nous, le Soleil un million de fois plus gros, Mars cinq fois plus petit; [19] celui-là fait son tour en

55

[17] Allusion succincte au système astronomique de Platon, qu'on trouve principalement dans le *Timée* et *La République*. A. Rivaud, éditeur du *Timée*, a donné de ce système un exposé très clair; en ce qui concerne la 'gradation prétendue', il écrit: 'Le cercle de l'Autre sera divisé en six cercles concentriques, correspondant aux orbites des planètes [...] Les divisions [...] correspondent, à première vue, aux termes de la série de l'Ame du Monde: 1, 2, 3, 4, 9, 8, 27. D'après deux passages de notre dialogue (36d et 38d), ces nombres exprimeraient les distances des astres errants à la Terre, mesurées par rapport à la distance de la Lune à la Terre, prise pour unité. Ces distances seraient alors les suivantes: Lune 1, Mercure 2, Vénus 3, Soleil 4, Mars 8, Jupiter 9, Saturne 27' (p.53). Mais il faut aussi prendre en compte la vision qu'a de l'univers Er le Pamphylien découvrant que toutes les révolutions célestes s'effectuent autour de cet axe lumineux du Monde qu'est le 'fuseau de la Nécessité': 'Or ce fuseau comporte un axe de diamant, pointu à une de ses extrémités et entouré d'une gaine [...] formée elle-même de huit gaines [...] emboîtés les uns dans les autres comme des vases de diamètre décroissant [...] les anneaux correspondent à la sphère des fixes et aux sphères des planètes. Celles-ci sont rangées dans le même ordre que dans le *Timée* [...] La vitesse de rotation maxima est celle de la sphère des fixes. Puis, la Lune, Mercure, Vénus, le Soleil, ont des vitesses identiques; enfin Mars, Jupiter et Saturne se meuvent avec la même vitesse' (collection Budé, p.53-54).

[18] Voltaire s'en est expliqué dans les *Eléments de la philosophie de Newton* (1738), III (V 15, p.513-21). Mercure 'est la plus excentrique de toutes les planètes: elle tourne dans une ellipse qui la met dans son périhélie près d'un tiers plus près que dans son aphélie [...] L'ellipse que Vénus parcourt dans son année est moins excentrique que celle de Mercure' (V 15, p.458-59, 460).

[19] En 1754, d'Alembert avait précisé: 'Le diamètre réel du Soleil étant supposé 1000, celui de Saturne est environ 79,3; celui de Jupiter 100,7; celui de Mars 4,47; celui de la Terre 15,58; celui de Vénus 10,75; celui de Mercure 4,25' (*Encyclopédie*, art. 'Diamètre'; iv.942). De Mercure, il écrit: 'Son diamètre est à celui de la Terre comme trois est à quatre; par conséquent son globe est à celui de la Terre à peu près comme deux est à cinq' (art. 'Mercure'; x.370). On comprend donc à la rigueur que Voltaire dise Vénus 'environ aussi grosse que la Terre' et Mars 'cinq fois plus

deux ans, Jupiter son voisin en douze, Saturne en trente; et encore   6
Saturne, le plus éloigné de tous, n'est pas si gros que Jupiter. [20]
Où est la gradation prétendue? [21]

Et puis, comment voulez-vous que dans de grands espaces
vides il y ait une chaîne qui lie tout? [22] s'il y en a une, c'est
certainement celle que Newton a découverte; c'est elle qui fait   6
graviter tous les globes du monde planétaire les uns vers les autres
dans ce vide immense.

O Platon tant admiré! vous n'avez conté que des fables, et il
est venu dans l'île des Cassidérides, [23] où de votre temps les

---

65   64: c'est lui qui fait [MS2: β]

---

petit'; mais pourquoi Voltaire répète-t-il ici, comme en 1738 (V 15, p.459), que
Mercure est 'vingt-sept fois plus petit'?

[20] Les trois planètes les plus éloignées – Uranus, Neptune et Pluton – n'étaient
pas connues du temps de Voltaire. L'astronomie actuelle fixe la révolution de Mars
à 1 an 322 jours, celle de Jupiter à 11 ans 315 jours, et celle de Saturne à 29 ans
167 jours. Voltaire ne se trompe guère.

[21] On lisait déjà dans une note au *Poème sur le désastre de Lisbonne*: 'Les globes
qui roulent autour de notre Soleil n'ont rien de ces gradations insensibles, ni dans
leur grosseur, ni dans leurs distances, ni dans leurs satellites [...] il n'y a point de
mathématicien qui pût découvrir une gradation suivie dans les corps du système
solaire' (M.ix.472).

[22] L'objection de Voltaire est pertinente, puisque selon Rivaud 'l'ensemble du
système astronomique de Platon exclut l'existence d'intervalles vides entre les
sphères, qui doivent se toucher les unes les autres' (*Timée*, p.54). L'objection avait
même été formulée de façon plus complète dans la note au *Poème sur le désastre de
Lisbonne*: 'La chaîne n'est pas dans un plein absolu; il est démontré que les corps
célestes font leurs révolutions dans l'espace non résistant. Tout l'espace n'est pas
rempli. Il n'y a donc pas une suite de corps depuis un atome jusqu'à la plus reculée
des étoiles; il peut donc y avoir des intervalles immenses entre les êtres sensibles,
comme entre les insensibles' (M.ix.473).

[23] Les Cassitérides étaient des îles fabuleuses, productrices d'étain (en grec:
χασσίτερος), situées assez vaguement par les géographes anciens au large des côtes
occidentales de l'Europe et qu'on a parfois voulu identifier aux îles Scilly (ou
Sorlingues), au sud-ouest de la Grande-Bretagne. Le terme a été ensuite utilisé
pour désigner l'Angleterre dont au reste Diderot a remarqué que l'étain était une
des principales richesses (*Encyclopédie*, art. 'Angleterre').

hommes allaient tout nus, un philosophe qui a enseigné à la terre   70
des vérités aussi grandes que vos imaginations étaient puériles. [24]

[24] L'idée d'une écrasante suprématie de la philosophie anglaise sur celle de Platon
sera reprise et précisée en 1765, puisque Voltaire ajoutera au nom de Newton ceux
de Clarke et Locke: 'L'île barbare des Cassitérides où les hommes vivaient dans
les bois du temps de Platon, a produit enfin des philosophes qui sont autant au
dessus de lui que Platon était au-dessus de ceux de ses contemporains qui ne
raisonnaient pas. Parmi ces philosophes, Clarke est peut-être le plus profond [...]
Il semble que Locke et Clarke aient eu les clefs du monde intelligible' (*Du Timée
de Platon*; M.xx.229-30).

CHAÎNE DES ÉVÉNEMENTS [1]

Il y a longtemps qu'on a prétendu que tous les événements sont enchaînés les uns aux autres, par une fatalité invincible; c'est le destin qui, dans Homère, est supérieur à Jupiter même. Ce maître des dieux et des hommes, déclare net, qu'il ne peut empêcher Sarpédon son fils de mourir dans le temps marqué. [2] Sarpédon était né dans le moment qu'il fallait qu'il naquît, et ne pouvait pas naître dans un autre; il ne pouvait mourir ailleurs que devant Troye; il ne pouvait être enterré ailleurs qu'en Lycie; [3] son corps devait dans le temps marqué produire des légumes qui devaient se changer dans la substance de quelques Lyciens; ses héritiers devaient établir un nouvel ordre dans ses Etats; ce nouvel ordre devait influer sur les royaumes voisins; il en résultait un nouvel arrangement de guerre et de paix avec les voisins des voisins de la Lycie: ainsi de proche en proche la destinée de toute la terre a

[1] Une note datée de 1756 par laquelle Voltaire commente quelques vers du *Poème sur le désastre de Lisbonne* évoquant les 'immuables lois de la nécessité', présente des similitudes frappantes avec ce texte: distinction entre les événements suivis d'effets et ceux qui ne le sont pas, comparaison de la chaîne des événements avec un arbre généalogique, référence à Jupiter, esclave des destins (M.ix.472-73). C'est d'abord en 1752 que Voltaire fit paraître son *Dialogue entre un brachmane et un jésuite sur la nécessité et l'enchaînement des choses* (V 15, p.642, 646-52). Mais Voltaire attire l'attention sur les événements historiques auxquels il fait allusion (l.66-68). Le 9 novembre 1764, en pleine campagne de démenti du DP, Voltaire fait remarquer que son portatif est écrit depuis plusieurs années 'puisqu'à l'article *chaîne des événements*, page 70, il est parlé de soixante mille Russes en Poméranie' (D12180). Or ce détail paraît dater cet article de 1759 (voir n.15).

[2] Cf. D16509. Sarpédon, fils de Zeus et de Laodamie, chef des Lyciens, est tué par Patrocle (*Iliade*, xvi.419-568). Voltaire a traduit une partie de ce chant de l'*Iliade* (M.x.613-22), mais point la mort de Sarpédon.

[3] L'enterrement de Sarpédon en Lycie est évoqué par Zeus et par Héra (xvi.433-438 et 453-457).

dépendu de la mort de Sarpédon, laquelle dépendait d'un autre   15
événement, lequel était lié par d'autres à l'origine des choses.

Si un seul de ces faits avait été arrangé différemment, il en
aurait résulté un autre univers:[4] or il n'était pas possible que
l'univers actuel n'existât pas, donc il n'était pas possible à Jupiter
de sauver la vie à son fils, tout Jupiter qu'il était.   20

Ce système de la nécessité et de la fatalité, a été inventé de nos
jours par Leibnitz, à ce qu'il dit, sous le nom de raison suffisante;[5]
il est pourtant fort ancien; ce n'est pas d'aujourd'hui qu'il n'y a
point d'effet sans cause,[6] et que souvent la plus petite cause
produit les plus grands effets.[7]   25

19   64, 65v: actuel existât, et n'existât pas

[4] C'est le discours que tient l'ange Jesrad dans *Zadig* (*Romans et contes*, p.114)
et qui est inspiré par la parabole du Palais des destinées de la *Théodicée* de Leibniz
(§365, 405-17); idée réaffirmée en 1772 dans *Il faut prendre un parti* (M.xxviii.532).
Sur Voltaire et Leibniz, voir W. H. Barber, *Leibniz in France*, et R. A. Brooks,
Voltaire and Leibniz.

[5] Mme Du Châtelet dans ses *Institutions de physique* (Paris 1740; BV), où elle
expose les opinions de Leibniz telles qu'elle les a puisées dans les ouvrages de
Wolff, accorde la plus grande importance au principe de raison suffisante car 'il
faut qu'il y ait dans tout ce qui existe quelque chose par où l'on puisse comprendre
pourquoi ce qui est a pu exister' (p.12-13). Elle le définit ainsi: 'il n'y a personne
qui se détermine à une chose plutôt qu'à une autre sans une raison suffisante qui
lui fasse voir que cette chose est préférable à l'autre' (p.22). C'est durant les
premières années de sa correspondance avec Frédéric, alors prince royal de Prusse,
que Voltaire s'initia à Wolff (voir C. Mervaud, *Voltaire et Frédéric II*, p.77-85). Il
ne s'est pas donné la peine de l'étudier sérieusement et le confond avec Leibniz
(M. Thomann, 'Voltaire et Christian Wolff', dans *Voltaire und Deutschland*, p.123-
36). Il le comprend mal, en a conscience et déclare à Frédéric: 'Je me vois transporté
dans un climat dont je ne puis respirer l'air' (D1375).

[6] Principe de la *Théodicée* que Voltaire a rappelé plaisamment dans le discours
de Pangloss (*Candide*, V 48, p.119).

[7] Voltaire est adepte de la théorie de la petite cause. Il aurait dû rendre hommage
à la remarque de Pascal sur le nez de Cléopâtre. Il en fit grand usage en matière
historique. Le 5 août 1738, développant pour Frédéric sa philosophie de l'histoire,
il affirme: 'les circonstances, l'humeur, un caprice, une méprise, un rien décide'
(D1574). Les *Pensées sur le gouvernement* reprennent ce thème (M.xxxiii.534).

Milord Bolingbroke avoue que les petites querelles de Mme Marlborough, et de Mme Masham, lui firent naître l'occasion de faire le traité particulier de la reine Anne avec Louis XIV:[8] ce traité amena la paix d'Utrecht;[9] cette paix d'Utrecht affermit Philippe V sur le trône d'Espagne. Philippe V prit Naples et la Sicile sur la maison d'Autriche; le prince espagnol qui est aujourd'hui roi de Naples,[10] doit évidemment son royaume à milady Masham, et il ne l'aurait pas eu, il ne serait peut-être même pas né, si la duchesse de Marlborough avait été plus complaisante envers la reine d'An-

[8] Dans l'*Histoire de Charles XII* (*OH*, p.241), dans D1574, et surtout dans *Le Siècle de Louis XIV* (*OH*, p.870-73), Voltaire souligne ce manque de complaisance de la duchesse de Marlborough. Bolingbroke, qui était tory et favorable à la paix, remplaça dans la faveur royale le duc de Marlborough, qui était whig. La reine Anne Stuart supportait mal le ministère whig, était lasse de l'ascendant de l'orgueilleuse duchesse de Marlborough. Elle écouta Lady Abigail Masham, dévouée aux tories. Le 6 avril 1710, la reine refuse d'accepter les excuses de la duchesse qui lui avait manqué de respect, et lui ordonne de quitter la cour. Elle donne le pouvoir aux tories. Bolingbroke a évoqué cette disgrâce des whigs dans ses *Mémoires secrets* (Londres 1754; BV): 'mais la véritable cause originaire fut son mécontentement des mauvais procédés qu'elle eut à essuyer personnellement dans sa vie privée et dans quelques détails peu importants de l'exercice du pouvoir. Un peu de complaisance sur ces bagatelles, de la part de personnes à qui elle l'avait confié, auraient assuré les rênes du gouvernement entre les mains qui les tenaient depuis son avènement à la Couronne' (p.16). En note les noms du duc et de la duchesse de Marlborough sont signalés. Bolingbroke explique qu'il fut chargé de toutes les négociations de la paix avec la France (p.32). Les traités d'Utrecht furent signés le 11 avril 1713. L'explication de Voltaire dégage ici une causalité directe entre les événements qui n'était pas indiquée par le mémorialiste. Voir aussi D. J. Fletcher, 'The fortunes of Bolingbroke in France in the eighteenth century', p.207-32.

[9] Dans *Le Siècle de Louis XIV*, Voltaire a évoqué les dernières campagnes de la guerre de Succession d'Espagne et la paix d'Utrecht. Il a relevé une calomnie de La Beaumelle concernant le mépris de Louis XIV à l'égard de Bolingbroke, et assure que ce dernier fut bien reçu à la cour de France (*OH*, p.874-85).

[10] Charles VII (1716-1788), fils du roi d'Espagne Philippe V et d'Elisabeth Farnèse, règne à Parme de 1731 à 1735, s'empare de Naples et de la Sicile en 1734. Il y introduit le despotisme éclairé. Il devint roi d'Espagne en 1759. Son fils Ferdinand (1751-1825) lui succède alors à Naples et devient Ferdinand IV. Selon la date précise de rédaction de cet article, Voltaire pense à l'un ou à l'autre de ces deux princes espagnols.

gleterre; son existence à Naples dépendait d'une sottise de plus ou   35
de moins à la cour de Londres. Examinez les situations de tous
les peuples de l'univers, elles sont ainsi établies sur une suite de
faits qui paraissent ne tenir à rien, et qui tiennent à tout. Tout est
rouage, poulie, corde, ressort dans cette immense machine.

Il en est de même dans l'ordre physique. Un vent qui souffle   40
du fond de l'Afrique et des mers australes, amène une partie de
l'atmosphère africain, [11] qui retombe en pluie dans les vallées des
Alpes; ces pluies fécondent nos terres; notre vent du nord à son
tour envoie nos vapeurs chez les nègres; nous faisons du bien à la
Guinée, et la Guinée nous en fait. La chaîne s'étend d'un bout de   45
l'univers à l'autre.

Mais il me semble qu'on abuse étrangement de la vérité de ce
principe. On en conclut qu'il n'y a si petit atome dont le mouvement n'ait influé dans l'arrangement actuel du monde entier; [12]
qu'il n'y a si petit accident, soit parmi les hommes, soit parmi les   50
animaux, qui ne soit un chaînon essentiel de la grande chaîne du
destin.

Entendons-nous: tout effet a évidemment sa cause, à remonter
de cause en cause dans l'abîme de l'éternité; mais toute cause n'a

45   64-69:   fait à son tour. La [69* errata: β]

[11] *Trévoux* donne 'Atmosphère, subst. féminin', mais signale que 'l'Académie
fait ce mot masculin'.

[12] Voir la note de 1756 au *Poème sur le désastre de Lisbonne*: 'il n'est pas vrai
que, si on ôtait un atome du monde, le monde ne pourrait subsister; et c'est ce que
M. de Crousaz, savant géomètre, remarqua très bien dans son livre contre M. Pope'
(M.ix.472). Voltaire fait allusion à l'*Examen de l'Essai de M. Pope sur l'homme*
(Lausanne 1737) de Jean-Pierre de Crousaz, anti-wolffien ayant critiqué les *Institutions de physique*, et dont il lit les ouvrages au temps de Cirey (voir D2496). Malgré
son admiration pour Pope, Voltaire se range à l'avis de Crousaz. Or Jean-Jacques
Rousseau réfutait longuement ce point, persuadé, sans l'avoir lu, que Crousaz a
tort, ainsi que Voltaire (18 août 1756; D6973). Ce dernier réaffirme donc ici ses
convictions (voir R. G. Knapp, 'The fortunes of Pope's *Essay on man* in eighteenth-
century France', p.79-122).

pas son effet, à descendre jusqu'à la fin des siècles. Tous les événements sont produits les uns par les autres, je l'avoue; si le passé est accouché du présent, le présent accouche du futur; tout a des pères, mais tout n'a pas toujours des enfants. Il en est ici précisément comme d'un arbre généalogique; chaque maison remonte, comme on sait, à Adam, mais dans la famille il y a bien des gens qui sont morts sans laisser de postérité.

Il y a un arbre généalogique des événements de ce monde. Il est incontestable que les habitants des Gaules et de l'Espagne descendent de Gomer;[13] et les Russes de Magog son frère cadet:[14] on trouve cette généalogie dans tant de gros livres![15] sur ce pied-là, on ne peut nier que nous ne devions à Magog les soixante mille Russes qui sont aujourd'hui en armes devers la Poméranie, et les soixante mille Français qui sont vers Francfort; mais que Magog

68   65v: Francfort [avec note: On voit par là que l'éditeur de ce recueil rassemblait ces chapitres en 1657.][16]

[13] Gomer et Magog, fils de Japhet (Genèse x.2), sont mentionnés dans Ezéchiel xxxviii.6. Selon Calmet, les descendants de Gomer peuplaient le pays des Cimbres ou Cimmériens, mais aussi la Germanie et la Gaule; le nom de Germain ressemble un peu à Gomerium (*Dictionnaire*, art. 'Gomer'). Selon Moreri, ils demeuraient dans l'Asie, près de la Syrie, mais pour quelques auteurs, Gomer était père des Italiens et des Gaulois; les Gomérites auraient peuplé les îles de la Méditerranée, la Grèce, l'Italie, la Gaule.

[14] Flavius Josèphe pense que Magog est le père des Scythes (*Antiquités judaïques*, I.vi.1). Voir les articles 'Magog' de Moreri et de Calmet; ce dernier ajoute que selon saint Ambroise, Magog eut pour descendants les Goths. Voir *La Philosophie de l'histoire* (V 59, p.137-39).

[15] De 'gros livres' sont cités par Calmet et Moreri: Samuel Bochart, *Geographia sacra* (Francfort 1681); Scipion Dupleix, *Mémoires des Gaules depuis le déluge jusques à l'établissement de la monarchie française* (Paris 1619); Philipp Cluver, *Philippi Cluverii Germaniae antiquae* (1616). L'*Encyclopédie* partage le mépris de Voltaire pour les rêveries de commentateurs qui ont donné 'libre carrière à leur imagination' (art. 'Gog et Magog'; vii.731).

[16] '1657' indiqué par 65v est probablement une coquille typographique pour 1757. Mais cette date paraît fausse. En 1757, les Russes atteignent seulement Königsberg et la Prusse orientale. Ce sont les Suédois qui sont en Poméranie, tandis que les Français atteignent la Weser. C'est le 2 janvier 1759 que les Français

ait craché à droite ou à gauche, auprès du mont Caucase, et qu'il
ait fait deux ronds dans un puits ou trois, qu'il ait dormi sur le   70
côté gauche ou sur le côté droit; je ne vois pas que cela ait influé
beaucoup sur la résolution prise par l'impératrice de Russie
Elizabeth, d'envoyer une armée au secours de l'impératrice des
Romains Marie-Thérèse. [17] Que mon chien rêve ou ne rêve pas en
dormant, je n'aperçois pas le rapport que cette importante affaire   75
peut avoir avec celle du grand Mogol.

Il faut songer que tout n'est pas plein dans la nature, [18] et que
tout mouvement ne se communique pas de proche en proche,
jusqu'à faire le tour du monde. Jetez dans l'eau un corps de
pareille densité, vous calculez aisément qu'au bout de quelque   80
temps le mouvement de ce corps, et celui qu'il a communiqué à
l'eau, sont anéantis; le mouvement se perd et se répare; [19] donc le

76 64, 65v: avec celles du

---

occupent Francfort, ce qui éveille l'intérêt de Voltaire qui voudrait que Collini
obtienne réparation de Freytag (voir D8046, D8074, D8090; Collini, *Mon séjour
auprès de Voltaire*, Paris 1807, p.94-95, 208). Et c'est le 28 mai 1759 qu'il écrit avec
une réelle satisfaction: 'Les russes arrivent enfin en Poméranie' (D8319).

[17] Dès avril 1756, des conférences secrètes se tiennent entre les ministres
d'Elisabeth, Vorontsov et Bestoujev, et l'ambassadeur d'Autriche, Esterhazy. Le
11 janvier 1757, Elisabeth accède au traité de Versailles conclu entre la France et
l'Autriche. Le 2 février, un accord est signé au terme duquel la Russie s'engage à
mettre en campagne une armée de 80 000 hommes, appuyée d'une flotte dans la
Baltique (P. Muret, *La Prépondérance anglaise 1715-1763*, p.509, 515).

[18] Voltaire corrige l'idée de fatalité en mettant l'accent sur ces creux dans la
plénitude du monde (M. Delon, 'Voltaire entre le continu et le discontinu', p.261-
65).

[19] Les lois du mouvement et du repos ont fait l'objet de maintes polémiques au
dix-huitième siècle. Voltaire a ironisé dans la *Diatribe du docteur Akakia* sur le
principe de moindre action que Maupertuis prétendait avoir découvert et exposé
dans son *Essai de cosmologie*. Au temps de Cirey, Voltaire s'était intéressé au
problème des forces vives largement traité dans les *Institutions de physique*, qui
réfutent le mémoire de Mairan contre les forces vives (ch.21, p.429). Dans les
Eléments de la philosophie de Newton, Voltaire affirme que 'la force active se répare
et se perd continuellement'; il fait remarquer que le mouvement et la force sont
proportionnels l'un à l'autre, mais 'à cause de la ténacité des fluides et du peu

mouvement que put produire Magog en crachant dans un puits, ne peut avoir influé sur ce qui se passe aujourd'hui en Russie et en Prusse. Donc, les événements présents ne sont pas les enfants de tous les événements passés; ils ont leurs lignes directes; mais mille petites lignes collatérales ne leur servent à rien. Encore une fois, tout être a son père, mais tout être n'a pas des enfants: nous en dirons peut-être davantage quand nous parlerons de la destinée. [20]

---

d'élasticité des solides, il se perd beaucoup plus de mouvement qu'il n'en renaît dans la nature' (V 15, p.248). Qui répare cette perte? Comment se répare-t-elle? Jean Ehrard fait remarquer que 'l'horloge s'arrêterait si l'horloger ne la remontait de temps à autre: telle était la conclusion de Newton. Pourtant le raisonnement tourne court' (*L'Idée de la nature en France à l'aube des Lumières*, p.83). Voltaire n'a point parlé de ce Dieu-ingénieur. Dans cet article encore, il se contente d'affirmer que le mouvement 'se répare'. Voltaire avait émis des *Doutes sur la mesure des forces motrices et sur leur nature* en 1741 (M.xxiii.164-72).

[20] Voir ci-dessous, 'Destin'. Ce texte fut repris dans les QE avec des retouches stylistiques, l'ajout d'une phrase d'introduction différente, la suppression de la dernière phrase, et du renvoi à l'article 'Destin' (M.xviii.125-27).

DE LA CHINE[1]

Nous allons chercher à la Chine de la terre, comme si nous n'en avions point; des étoffes, comme si nous manquions d'étoffes; une petite herbe pour infuser dans de l'eau, comme si nous n'avions point de simples dans nos climats.[2] En récompense, nous voulons convertir les Chinois,[3] c'est un zèle très louable, mais il ne faut pas leur contester leur antiquité, et leur dire qu'ils sont des idolâtres.[4] Trouverait-on bon, en vérité, qu'un capucin ayant été

[1] Article publié en 1764. Il est difficile d'en déterminer la date de composition. Elle pourrait être sensiblement antérieure, puisque la plupart des idées exprimées dans cet article figuraient déjà en 1756 dans l'*Essai sur les mœurs*, ch.1. Mais cette parenté n'autorise pas pour autant à conclure que ce texte soit antérieur à 1760. Il daterait plutôt des années 1762-1763. L'article ne sera pas repris dans les QE.

[2] L'Europe fait venir de Chine ces trois produits de luxe: la porcelaine (désignée par sa matière première le kaolin), la soie et le thé. On peut voir en quelle faveur fut tenue la porcelaine de Chine dans les années 1730 par deux articles du *Mercure* (février 1731 et mars 1738). Dans la *Défense du Mondain*, l'auteur dit au faux dévot: 'La porcelaine et la frêle beauté / De cet émail à la Chine empâté / Par mille mains fut pour vous préparée, / Cuite, recuite, et peinte, et diaprée' (l.37-40). Même si le mot kaolin est un terme chinois, il semble qu'on n'importait pas de Chine le kaolin lui-même, mais les porcelaines qu'il avait permis de fabriquer et qui coûtaient fort cher (*Encyclopédie*, art. 'Kaolin', 'Porcelaine'). Quant à la soie, Voltaire en avait dit le prix dans l'*Essai sur les mœurs*, ch.1: 'ces étoffes étaient si rares, du temps même de Justinien, que la soie se vendait en Europe au poids de l'or' (i.213).

[3] Si les franciscains furent les premiers missionnaires à pénétrer en Tartarie aux treizième et quatorzième siècles, ils n'obtinrent aucun résultat pour l'évangélisation et ce sont les jésuites qui, avec le père Mathieu Ricci, ont entrepris à partir de 1601 un effort méthodique et soutenu d'évangélisation de la Chine (V. Pinot, *La Chine et la formation de l'esprit philosophique en France, 1640-1740*, ch.1).

[4] Accusation portée à l'occasion de la célèbre querelle des cérémonies chinoises racontée par Voltaire dans *Le Siècle de Louis XIV*, ch.39. On reprochait aux jésuites de tolérer chez leurs néophytes le culte de Confucius et le culte des ancêtres, réputés être des manifestations d'idolâtrie (*OH*, p.1102 ss.). Voltaire juge comme les jésuites que cette idolâtrie prétendue n'est que l'effet du contresens des Occidentaux sur la signification de certains gestes (voir les carnets, V 81, p.133). Quant à la contestation de l'antiquité de la Chine, elle constitue le point principalement discuté ici.

bien reçu dans un château des Montmorency, voulût leur persuader qu'ils sont nouveaux nobles, comme les secrétaires du roi,[5] et les accuser d'être idolâtres, parce qu'il aurait trouvé dans ce château 10 deux ou trois statues de connétables, pour lesquelles on aurait un profond respect?[6]

Le célèbre Wolf, professeur de mathématique dans l'université

9 64: sont des nouveaux
10 64: parce qu'ils auraient trouvé

[5] Sous l'ancien régime, le chancelier de France, premier officier du royaume et chef de la justice, avait pour auxiliaires notamment la Compagnie des notaires et secrétaires du roi: véritable confrérie religieuse de 120 membres (sous le patronage des quatre évangélistes qui, en consignant leurs actes et paroles, ont été les premiers 'notaires' du Christ et de ses apôtres), cette compagnie enregistre et authentifie les décisions du Conseil du roi, ainsi que les actes de la chancellerie. Jusqu'en 1727, il faudra y acheter une charge pour pouvoir devenir secrétaire d'Etat. 'Cette charge anoblit pleinement et immédiatement, d'où son nom de "savonnette à vilain" pour effacer la roture. On dira plaisamment que si Adam avait eu un grain d'esprit, il aurait acheté une charge de secrétaire du roi et toute l'humanité eut été de race noble' (H. Méthivier, *L'Ancien régime en France*, p.80).

[6] Allusion aux fameuses cérémonies chinoises accomplies dans le cadre du culte rendu aux morts: les adversaires des jésuites y reconnaissaient les formes et les pratiques de l'idolâtrie et voulaient les faire interdire aux Chinois convertis; tandis que les jésuites, les sachant indispensables aux yeux de leurs néophytes, pensaient pouvoir les tolérer, parce qu'ils n'y percevaient pas les manifestations d'une superstition véritable et récusaient le parallèle établi par leurs adversaires entre le culte chinois des ancêtres et le culte rendu dans la Rome païenne aux dieux Mânes et Pénates. Voici comment le P. Le Comte expose le point de vue de la Compagnie dans sa *Lettre à Mgr le duc Du Maine sur les cérémonies de la Chine*: 'Depuis le commencement de la monarchie, les Chinois ont honoré la mémoire de leurs ancêtres par un esprit de piété, et de politique. Ils se prosternent devant leurs cercueils, ils y brûlent des odeurs et des bougies; ils y offrent des viandes, du vin [...] Ces actions, dans leur institution et dans l'esprit de la nation, ont paru purement civiles et on a cru que [...] pour ne pas mettre un obstacle invincible à la conversion de ces peuples, on devait les tolérer' (Paris 1700, p.48-49); cf. *Essai sur les mœurs*, ch.2: 'Le grand malentendu sur les rites Chine est venu de ce que nous avons jugé de leurs usages par les nôtres [...] Une génuflexion, qui n'est chez eux qu'une révérence ordinaire, nous a paru un acte d'adoration; nous avons pris une table pour un autel' (i.222).

de Halle, prononça un jour un très bon discours, à la louange de
la philosophie chinoise;[7] il loua cette ancienne espèce d'hommes, 15
qui diffère de nous par la barbe, par les yeux, par le nez, par les
oreilles[8] et par le raisonnement;[9] il loua, dis-je, les Chinois
d'adorer un Dieu suprême, et d'aimer la vertu;[10] il rendait cette

[7] Le 12 juillet 1721, Christian Friedrich Wolff (1679-1754), professeur de
mathématique et de physique à Halle depuis 1706, prononça un discours latin
solennel, que Formey a traduit sous le titre: 'Discours sur la morale des Chinois'.
Wolff y faisait l'éloge de Confucius en tant que restaurateur de la sagesse chinoise,
celle des premiers empereurs qui furent 'des exemples de vertu dans leur propre
conduite et de sagesse dans celle de l'Etat' (Formey, *La Belle Wolfienne*, p.12, dans
Wolff, *Gesammelte Werke*, xvi). Il montrait surtout qu'avec les seuls secours de la
nature les Chinois avaient été capables de pratiquer la plus haute vertu. Leur secret
fut de 'cultiver soigneusement sa raison, pour arriver à la connaissance distincte du
bien et du mal, afin d'être ensuite vertueux par choix et non par la crainte d'un
supérieur, par l'espoir des récompenses ou par la crainte des peines' (p.55). Les
Chinois ont vu que le souverain bien de l'homme était de tendre toujours vers
l'inaccessible perfection et d'y entraîner les autres. Ils ont su aussi rendre la vertu
attrayante par la gloire qu'elle apporte et le plaisir qu'elle procure. Wolff conclut:
'Voilà, Messieurs, l'exposé des principes de la sagesse des anciens Chinois. Ils
s'accordent avec les miens. Je l'ai souvent déclaré publiquement' (p.76). Ses ennemis
– une cabale de théologiens piétistes et orthodoxes – crièrent au scandale.

[8] Différences relevées dans les carnets de 1752-1755: 'Longues oreilles, yeux de
chat, nez très court, carnation différente, d'autres hommes' (V 81, p.135).

[9] Dans ses *Nouveaux mémoires sur l'état présent de la Chine*, Le Comte avait
marqué les limites de l'esprit qu'il reconnaissait aux Chinois: 'ils n'ont pas reçu cet
esprit de pénétration et de subtilité si nécessaire à ceux qui s'appliquent à la
connaissance de la nature. Cette logique sur laquelle nous avons si fort raffiné; la
géométrie qu'on a portée en France à un si haut point de perfection qui peut passer
pour le chef-d'œuvre de l'esprit humain, n'entreront jamais dans leurs académies
[...] Il est vrai qu'ils ont leur philosophie; qu'ils établissent certains principes pour
expliquer la composition des corps, leurs propriétés, leurs effets. Ils ne sont pas
aussi tout à fait ignorants dans l'anatomie; ils reconnaissent même une circulation
de sang et d'humeurs; mais toutes leurs idées sont si générales, si confuses et
ordinairement si fausses que je n'oserais ici en faire le détail' (Paris 1696, i.442-
43). De son côté Du Halde juge leur logique 'dénuée de tout précepte. Ils n'ont
inventé nulle de ces règles qui perfectionnent le raisonnement [...] ils ne suivent
que la lumière naturelle de la raison' (*Description de la Chine*, Paris 1735, iii.265).

[10] Si Voltaire a jamais lu le discours de Wolff, sa lecture a été rapide: autant
Wolff loue les Chinois d'aimer la vertu, autant il est clair qu'il ne croit nullement

justice aux empereurs de la Chine, aux kolaos,[11] aux tribunaux, aux lettrés. La justice qu'on rend aux bonzes est d'une espèce différente.[12]

Il faut savoir que ce Wolf attirait à Halle un millier d'écoliers de toutes les nations. Il y avait dans la même université un professeur de théologie nommé Lange, qui n'attirait personne; cet homme au désespoir de geler de froid seul dans son auditoire,[13] voulut, comme de raison, perdre le professeur de mathématiques; il ne manqua pas, selon la coutume de ses semblables, de l'accuser de ne pas croire en Dieu.[14]

24 64: nommé L'Ange

---

qu'ils aient adoré un Dieu suprême: 'Les anciens Chinois [...] ne connaissant point l'Auteur de l'Univers, n'avaient aucune religion naturelle, encore moins révélée; et les forces seules de la nature pouvaient les conduire à l'exercice de la vertu' (p.32). Wolff explique clairement qu'il croit avec les dominicains et contre l'avis des jésuites à l'athéisme des anciens Chinois: 'La religion naturelle règle le culte du vrai Dieu sur l'idée de ses attributs. Or je n'en vois aucune trace dans les livres chinois [...] L'*Ecole des enfants*, l'*Ecole* même *des adultes*, où Confucius donne les dernières règles de la perfection, garde un profond silence là-dessus. Assurément, un philosophe qui cherchait avec ardeur tous les motifs propres à porter les hommes à la vertu et à la perfection, n'aurait pas négligé le plus puissant de tous, l'idée de Dieu, s'il l'eût connu' (p.32*n*).

[11] Voir ci-dessus, art. 'Catéchisme chinois', n.21.

[12] Voir art. 'Catéchisme chinois', n.14; les carnets (V 81, p.139); *Essai sur les mœurs*, ch.2 (i.223).

[13] *Académie 62* donne comme sens premier à auditoire 'le lieu où l'on plaide dans les petites justices'; selon *Trévoux* l'auditoire 'se trouve aussi pour le lieu où les professeurs des arts et des sciences font leurs leçons'.

[14] Même version dans les *Lettres à S. A. Mgr le prince de *******, en 1767: Wolff 'enseignait les mathématiques dans l'université de Halle avec un succès prodigieux. Le professeur théologien Lange, qui gelait de froid dans la solitude de son école, tandis que Wolff avait cinq cents auditeurs, s'en vengea en dénonçant Wolff comme un athée' (M.xxvi.493). En 1756, dans une note à la préface du *Poème sur le désastre de Lisbonne*, Voltaire avait observé: 'C'est ainsi que le docteur Lange traita d'athée le respectable Wolff pour avoir loué la morale des Chinois; et Wolff s'étant appuyé du témoignage des jésuites missionnaires à la Chine, le docteur répondit: "Ne sait-on pas que les jésuites sont des athées?"' (M.ix.466).

Quelques écrivains d'Europe, qui n'avaient jamais été à la Chine, avaient prétendu que le gouvernement de Pékin était athée. [15] Wolf avait loué les philosophes de Pékin, donc Wolf était athée; l'envie et la haine ne font jamais de meilleurs syllogismes. Cet argument de Lange, soutenu d'une cabale et d'un protecteur, [16]

30

[15] Comme l'a observé J.-R. Armogathe, Voltaire lui-même, dans les années 1730, a été 'très influencé par l'opinion courante qui régnait dans les milieux "libertins" [...] qui provenait de Pierre Bayle: les Chinois étaient un peuple d'athées' ('Voltaire et la Chine: une mise au point', dans *La Mission française de Pékin aux XVIIe et XVIIIe siècles*, p.28). Dans *L'Europe chinoise*, R. Etiemble a montré comment Bayle, qui n'a pas même accordé à la Chine une remarque dans la première édition de son *Dictionnaire* (1697), a découvert chez le P. Le Gobien l'existence en Chine de la secte 'des nouveaux philosophes qui ne reconnaissent dans la nature que la nature même, qu'ils définissent le principe du mouvement et du repos' (*Nouveaux mémoires sur l'état présent de la Chine*, Paris 1698, iii.[1-2]). C'est pourquoi dans la seconde édition de son *Dictionnaire* (1702), Bayle citera 'à l'appui de sa thèse contre le consentement universel [prétendue preuve de l'existence de Dieu] l'athéisme des lettrés chinois' (Etiemble, i.312). Comme 'certains jésuites parlent ouvertement de l'athéisme qui règne à la Chine dans la secte des lettrés', Bayle se prévaudra même de leur accord sur ce point avec leurs ennemis les franciscains et dominicains (i.318). Seul Leibniz s'oppose parmi les philosophes à l'opinion de Bayle (Pinot, *La Chine et la formation de l'esprit philosophique*, p.340). Tiendront en effet pour l'athéisme le P. Longobardi (*Traité sur quelques points de la religion des Chinois*, 1701), le P. Antoine de Sainte-Marie (*Traité sur quelques points importants de la mission de la Chine*, 1701), Renaudot (*La Morale et la politique des Chinois*, à la suite de ses *Anciennes relations des Indes et de la Chine*, 1718), Lévesque de Burigny, Fréret, etc. Voltaire lui-même, jusque vers 1742, où il se reportera aux écrits des jésuites pour écrire les premiers chapitres de l'*Essai sur les mœurs*, partagera les idées de Bayle. Mais vers 1755, il note à propos de la Chine: 'Il y a des athées, mais le gouvernement ne l'est pas, et ne peut l'être' (V 81, p.135).

[16] Selon Formey, 'chaque mot de ce discours fut [...] une étincelle qui tomba sur les matières les plus combustibles. [...] on se récria au paganisme, à l'athéisme. L'abbé Breithaupt monta en chaire, pour y réfuter la harangue de M. Wolff. En un mot, on sonna véritablement le tocsin contre lui' (*Eloges des académiciens de Berlin et de divers autres savants*, Berlin 1757, ii.232). Le doyen de la faculté de théologie fit demander à Wolff copie de son discours, mais se heurta à un refus qui envenima la querelle. Lange fit faire un extrait de toutes les hérésies qu'il prétendait avoir trouvées dans les œuvres de Wolff et l'adressa à Berlin comme une conclusion approuvée par toute la faculté de philosophie.

fut trouvé concluant par le roi du pays, qui envoya un dilemme en forme au mathématicien; ce dilemme lui donnait le choix de sortir de Halle dans vingt-quatre heures, ou d'être pendu. Et comme Wolf raisonnait fort juste, il ne manqua pas de partir; sa retraite ôta au roi deux ou trois cent mille écus par an, que ce philosophe faisait entrer dans le royaume, par l'affluence de ses disciples. [17]

Cet exemple doit faire sentir aux souverains qu'il ne faut pas toujours écouter la calomnie, et sacrifier un grand homme à la fureur d'un sot. Revenons à la Chine.

De quoi nous avisons-nous, nous autres au bout de l'Occident, [18] de disputer avec acharnement et avec des torrents d'injures, pour savoir s'il y avait eu quatorze princes, ou non, avant Fohi empereur de la Chine, et si ce Fohi vivait trois mille, ou deux mille neuf cents ans avant notre ère vulgaire? [19] Je voudrais bien

[17] Le roi en question est Frédéric-Guillaume Iᵉʳ, père du futur Frédéric le Grand. Formey se borne à observer: 'La religion du feu roi fut surprise; on lui persuada que les sentiments de Wolff étaient dangereux et il envoya à l'université de Halle un rescrit fulminant par lequel Wolff était banni de cette ville et des Etats, avec ordre d'en sortir en deux fois vingt-quatre heures, sous peine de la corde'. Wolff, qui quitta Halle le 23 novembre 1723, prit le chemin de l'exil avec courage et dignité et se réfugia à l'université Marbourg; mais l'épreuve fut trop forte pour son épouse, alors enceinte. Le théologien Francke fut assez lâche pour 'insulter à ce désastre et faire en chaire les applications les plus odieuses de ce que l'Ecriture dit de la fuite en hiver et de l'état de celles qui sont enceintes ou qui allaitent dans ces catastrophes' (*Eloges*, ii.235, 236).

[18] Cette protestation se rencontre souvent chez Voltaire. 'Il faut s'en raporter aux auteurs chinois sur l'antiquité de leur pays, ce n'est pas à nous autres celtes à juger de la Chine du bord de notre océan occidental' (les carnets, V 81, p.136); cf. *Essai sur les mœurs*, ch.1 (i.208). Ou encore: 'Oserons-nous parler des Chinois sans nous en rapporter à leurs propres annales? [...] De bonne foi sied-il bien à des lettrés de Paris de contester l'antiquité d'un livre chinois, regardé comme authentique par tous les tribunaux de la Chine?' (*La Philosophie de l'histoire*, V 59, p.152, 154; cf. *La Défense de mon oncle*, V 64, p.218).

[19] Voltaire avait déjà abordé dans l'*Essai sur les mœurs*, ch.1, le problème complexe de la chronologie chinoise. Il y avait établi: 1) la sûreté de cette chronologie, qui remonte jusqu'à une éclipse observée en 2155 av. J.-C. et vérifiée par les mathématiciens missionaires; 2) l'attestation par des 'témoignages

que deux Irlandais s'avisassent de se quereller à Dublin pour savoir quel fut au douzième siècle le possesseur des terres que j'occupe aujourd'hui; n'est-il pas évident qu'ils devraient s'en rapporter à moi qui ai les archives entre mes mains? Il en est de même à mon gré des premiers empereurs de la Chine; il faut s'en rapporter aux tribunaux du pays. [20]

50

---

authentiques' que l'histoire chinoise remonte à au moins 230 ans au delà de cette éclipse, jusqu'à l'empereur Hiao; 3) 'avant Hiao, on trouve encore six rois, ses prédécesseurs; mais la durée de leur règne est incertaine'. En leur attribuant à chacune une moyenne de 22 ans, il faut donc rajouter environ 130 ans et l'on atteint ainsi l'époque probable du règne de Fo hi, le premier de ces rois qui gouvernait donc 'plus de vingt-cinq siècles avant l'ère vulgaire' (c. 2515 av. J.-C.) les quinze royaumes constituant la Chine. Voltaire remarquait alors que l'existence, à cette date déjà, d'un tel empire supposait en fait à la Chine une antiquité beaucoup plus reculée. Il s'en tenait aux données proposées par Du Halde, d'après les historiens chinois eux-mêmes, dans ses 'Fastes de la monarchie chinoise' (*Description de la Chine*, i). Mais celui-ci conclut ainsi sa notice sur Fo hi: 'Il eut pour successeur Chin Nong. Un historien chinois met sur le trône quinze princes avant Chin Nong, mais d'autres, et c'est l'opinion commune, assurent que ces quinze princes n'étaient que des seigneurs de province tributaires' (i.273).

A quels belligérants Voltaire pense-t-il en évoquant ici ces disputes acharnées? Probablement aux chronologistes de la seconde moitié du dix-septième siècle: le P. Martini, auteur en 1658 de la première chronologie chinoise (tirée des annales chinoises qu'il avait compulsées), datait le règne de Fo hi à 2952 av. J.-C., soit 600 ans avant la date du déluge fixée par le texte hébreu! Plus prudent, le P. Couplet, qui publia sa chronologie en 1686, ne fit commencer la période historique qu'en 2697 avec Hoang Ti, laissant entendre que les règnes de Chin Nong et Fo hi pourraient bien faire partie de la 'période fabuleuse' de l'histoire chinoise. (Ce caractère fabuleux s'expliquerait au reste par le déluge, qui n'a plus laissé aux Chinois qu'une mémoire très confuse de leur primitive histoire.) Voltaire pour sa part écrit dans ses carnets: 'Le règne de Fohi est aussi constaté à la Chine que celuy de Clovis en France' (V 81, p.135).

[20] Le mot 'tribunal' est ici à entendre sans doute au sens de 'cour souveraine' que lui donne Du Halde. Ces cours souveraines, faisant office de cours de justice et de conseil à tous les niveaux de l'administration, gouvernent elles-mêmes des tribunaux subalternes. Il y a surtout un tribunal 'qui ne compte parmi ses membres que les plus savants et les plus beaux génies de l'empire', lesquels sont entre autres 'chargés d'écrire les événements considérables qui méritent d'être transmis aux races futures et l'histoire générale de l'empire' (*Description de la Chine*, ii.27).

Disputez tant qu'il vous plaira sur les quatorze princes qui 55
régnèrent avant Fohi, votre belle dispute n'aboutira qu'à prouver
que la Chine était très peuplée alors, et que les lois y régnaient. [21]
Maintenant, je vous demande si une nation assemblée, qui a des
lois et des princes, [22] ne suppose pas une prodigieuse antiquité? [23]
Songez combien de temps il faut pour qu'un concours singulier 60
de circonstances fasse trouver le fer dans les mines, pour qu'on

[21] D'après Du Halde, Fo hi apprit à ses sujets l'art de confectionner des filets pour
la pêche et des lacets pour la chasse, ainsi que l'élevage des animaux domestiques. Il
inventa aussi une espèce d'écriture, un système de huit symboles pouvant entrer
dans des combinaisons multiples, afin de pouvoir plus commodément 'publier ses
lois et laisser à la postérité les instructions qu'il voulait lui transmettre'. Il établit
un premier ministre et partagea le gouvernement de l'empire entre quatre mandarins:
'C'est ainsi qu'il fit fleurir ses lois'. Il établit les lois du mariage, interdisant
d'épouser une femme de même nom, parente ou non; il assigna aux femmes des
vêtements différant de ceux des hommes; et il inventa la musique 'pour adoucir le
naturel farouche de ses nouveaux sujets' (*Description de la Chine*, i.272-73).

[22] Reprise d'une idée développée dans l'*Essai sur les mœurs* (i.207).

[23] C'est là un principe essentiel de Voltaire, qu'il martèle dans *La Philosophie de
l'histoire*, et dont il a fait maintes applications: 'Presque tous les peuples, mais
surtout ceux de l'Asie, comptent une suite de siècles qui nous effraye [...] Il faut
un concours de circonstances favorables pendant des siècles pour qu'il se forme
une grande société d'hommes rassemblés sous les mêmes lois' (V 59, p.96). Sont
précisées les étapes du développement des sociétés humaines: 'Le premier art est
celui de pourvoir à sa subsistance [...] Le second, de former un langage; ce qui
certainement demande un espace de temps très considérable. Le troisième, de se
bâtir quelques huttes; le quatrième, de se vêtir. Ensuite pour forger le fer, ou pour
y suppléer, il faut tant de hasards heureux, tant d'industrie, tant de siècles, qu'on
n'imagine pas même comment les hommes en sont venus à bout. Quel saut de cet
état à l'astronomie!' (ch.10; p.121-22). Et à propos de la Chine: 'C'est ici surtout
qu'il faut appliquer notre grand principe [...] Voilà ce peuple qui depuis plus de
quatre mille ans écrit journellement ses annales. Encore une fois [...] pour en venir
non seulement jusqu'à écrire, mais jusqu'à bien écrire, il avait fallu plus de temps
que l'empire chinois n'a duré, en ne comptant que depuis l'empereur Fo-hi jusqu'à
nos jours?' (ch.18; p.154). Puisque de Fo hi (2515 av. J.-C.) jusqu'à 'nos jours'
(1764) on trouve 4279 ans, Voltaire fait donc remonter ici les origines de la Chine
à plus de sept mille ans avant J.-C.!

l'emploie à l'agriculture, pour qu'on invente la navette et tous les autres arts. [24]

Ceux qui font les enfants à coup de plume,[25] ont imaginé un fort plaisant calcul. Le jésuite Pétau, par une belle supputation, donne à la terre 285 ans après le déluge, cent fois plus d'habitants qu'on n'ose lui en supposer à présent. Les Cumberlands et les Whistons ont fait des calculs aussi comiques;[26] ces bonnes gens n'avaient qu'à consulter les registres de nos colonies en Amérique, ils auraient été bien étonnés, ils auraient appris combien peu le

65

70

66 69*: ⟨cent⟩ ^{v}mille

[24] 'Je ne veux qu'une preuve de l'antiquité de cette nation, celle de leurs arts. Qu'on songe que les Romains au bout de quatre cents ans n'avaient pas la centième partie du terrain qu'ont les Chinois, et manquaient des arts nécessaires' (les carnets, V 81, p.136). Dans l'*Essai sur les mœurs*, ch.i, Voltaire a rappelé que les Chinois ont voilà deux mille ans inventé l'imprimerie et appris à fabriquer le verre; qu'ils ont eu des monnaies d'or et d'argent frappées au marteau bien avant que les Perses eussent des dariques; etc.

[25] Cette plaisanterie qu'il répétera souvent, Voltaire n'en est pas l'auteur. Il l'a trouvée dans Lenglet Dufresnoy: 'On croit avoir beaucoup avancé de faire comme le P. Petau des hommes à coup de plume' (*Méthode pour étudier l'histoire*, Paris 1729, i.79; BV). La même plaisanterie se retrouvera, toujours à propos de Petau, dans l'*Examen critique des apologistes de la religion chrétienne* (s.l. 1766; BV), p.220.

[26] Denis Petau (1583-1652), Richard Cumberland (1632-1718), auteur de *Origines gentium antiquissimae; or Attempts for discovering the times of the first planting of nations* (London 1724; BV), et William Whiston (1667-1752), auteur de *A new theory of the earth* (London 1696), venaient d'être dénoncés en 1763, dans les *Remarques pour servir de supplément à l'Essai sur les mœurs*, XIX. Calculant ce qu'étaient les effectifs de la descendance de Noé quelque trois cents ans après le déluge, ils trouvaient: Petau, 'un bi-milliard, deux cent quarante sept milliards, deux cent vingt-quatre millions sept cent dix-sept mille habitants', et Cumberland, 'trois milliards trois cent trente millions' (*Essai*, ii.944). (Quant à Whiston, on se demande pourquoi il est nommé ici, alors que Voltaire avait précisé qu'il n'avait compté que 65 536 habitants trois cents ans après le déluge). Petau est vite devenu la tête de Turc de Voltaire. Dans *La Philosophie de l'histoire*, ch.24, il sera ridiculisé pour avoir trouvé qu''un seul fils de Noé produisit une race qui, au bout de deux cent quatre vingt-cinq ans, se montait à six cent vingt-trois milliards six cent douze millions d'hommes. Le calcul est un peu fort' (V 59, p.172).

genre humain se multiplie,[27] et qu'il diminue très souvent, au lieu d'augmenter.[28]

Laissons donc, nous qui sommes d'hier, nous descendants des Celtes, qui venons de défricher les forêts de nos contrées sauvages, laissons les Chinois et les Indiens jouir en paix de leur beau climat, et de leur antiquité. Cessons surtout d'appeler idolâtres l'empereur

[27] Cf. les carnets: 'Les hommes ne multiplient pas aussi aisément qu'on le pense. La moitié des enfans meurt presque la première année. Un homme et une femme ne produiront pas en cent ans vingt personnes vivantes. Une nation ne s'accroît pas d'un vingtième en un siècle. Les guerres, les contagions, le célibat réduisent l'augmentation de la peuplade à un quarantième en un siècle' (V 81, p.136); voir aussi *Essai sur les mœurs*, ch.1 (i.208-209), *La Défense de mon oncle*, ch.12 (V 64, p.219-20).

[28] La démographie n'étant pas encore une science, le secours insuffisant des mathématiques permettait toutes sortes d'hypothèses sur la population passée et présente du globe. Voltaire a eu conscience des insuffisances du savoir de son époque: 'Il faut avouer que d'ordinaire nous peuplons et dépeuplons la terre un peu au hasard' (*Remarques*, XIX; *Essai*, ii.943-44). Il s'est efforcé d'apporter à ces discussions la lumière du bon sens, en riant des supputations fantastiques sur la descendance de Noé ou en définissant les principes rationnels d'une méthode de calcul (détermination des surfaces habitables, puis d'un chiffre de densité moyenne par lieue carrée). Il semble toutefois avoir évolué sur certains points: en 1756 et ici même, Voltaire paraît admettre la diminution possible de la population, ralliant une tradition selon laquelle le monde irait en se dépeuplant progressivement (voir *Encyclopédie*, art. 'Population', de Damilaville): thèse de Diodore et Strabon, reprise par Vossius, Hubner et surtout Montesquieu, pour qui le globe comptait au dix-huitième siècle une population dix fois inférieure à la population primitive et trente fois à celle du temps de César (*Lettres persanes*, CXIII). Robert Wallace ramenait la population mondiale de 1610 millions (l'an 966 de la création) à un milliard au milieu du dix-huitième siècle (*Essai sur la différence du nombre des hommes*, trad. Joncourt, Londres 1754; BV). Cependant dès 1744 Voltaire doutait de la théorie de Montesquieu (*Nouvelles considérations sur l'histoire*, M.xvi.139), qu'il réfutera clairement, ainsi que Wallace, en 1771 (QE, art. 'Population', M.xx.247-48): au lieu d'une régression, il propose l'hypothèse d'une expansion continue, due aux progrès matériels réalisés par l'humanité, prenant ainsi ses distances avec la thèse de Damilaville, pour qui la population globale est toujours demeurée à peu près constante. Mais l'expansion démographique ne peut être que très lente aux yeux de Voltaire: la mortalité infantile est au moins du tiers des naissances; elle peut même atteindre la moitié (*De Diodore de Sicile*, M.xviii.393).

de la Chine, et le soubab de Dékan; [29] il ne faut pas être fanatique du mérite chinois; [30] la constitution de leur empire est à la vérité la meilleure qui soit au monde, la seule qui soit toute fondée sur le pouvoir paternel [31] (ce qui n'empêche pas que les mandarins ne

[29] L'accusation d'idolâtrie a d'autant moins de pertinence aux yeux de Voltaire qu'il est persuadé, avec ses informateurs jésuites, que les Chinois ont été le premier peuple déiste de la terre (voir les carnets, V 81, p.137, 139). Dans l'*Essai sur les mœurs*, ch.1, Voltaire a souligné la mention que font presque tous les édits impériaux 'd'un Etre suprême, père des peuples, récompensant et punissant avec justice' (i.221). Le Dékan est 'un royaume des Indes dans la presqu'île en deçà du Gange au midi du Mogol dont il est une province considérable' (*Encyclopédie*, iv.661). Il est gouverné par un 'Souba ou Suba [...] espèces de vice-rois ou de gouverneurs généraux qui ont sous leurs ordres des gouverneurs particuliers que l'on nomme nababs. Ils sont nommés par le grand mogol' (*Encyclopédie*, xv.384). Voltaire a expliqué dans l'*Essai sur les mœurs* que l'Inde étant 'la contrée la plus anciennement policée' doit 'avoir eu la plus ancienne forme de religion'; il est 'très vraisemblable que cette religion fut longtemps celle du gouvernement chinois, et qu'elle ne consistait que dans le culte pur d'un Etre suprême, dégagé de toute superstition et de tout fanatisme' (i.237).

[30] Phrase importante qui marque le souci de Voltaire de tenir un juste milieu entre la sinophilie et la sinophobie qui ont tour à tour marqué son siècle (voir V 64, p.324, n.2). Dans l'*Essai sur les mœurs*, ch.2, il réaffirmera en 1769 sa préoccupation d'éviter toute outrance: 'Dans le siècle passé, nous ne connaissions pas assez la Chine. Vossius l'admirait en tout avec exagération. Renaudot, son rival, et l'ennemi des gens de lettres, poussait la contradiction jusqu'à feindre de mépriser les Chinois, et jusqu'à les calomnier: tâchons d'éviter ces excès' (i.219). Tout ce paragraphe, ainsi que le suivant, se présente donc comme un bilan où, bien que Voltaire vienne par cette phrase d'annoncer ses réserves, l'actif précède curieusement le passif.

[31] Du Halde avait observé: 'Le gouvernement politique de la Chine roule tout entier sur les devoirs des pères à l'égard de leurs enfants et des enfants envers leurs pères. L'empereur est appelé le père de tout l'empire, le vice-roi est le père de la province qui lui est soumise et le mandarin est de même le père de la ville qu'il gouverne. C'est sur ce principe général qui est très simple qu'est fondé ce grand respect et cette prompte obéissance que les Chinois rendent aux officiers qui aident l'empereur à soutenir le poids du gouvernement' (*Description de la Chine*, ii.22). Ailleurs, Du Halde explique que 'la bastonnade est le châtiment ordinaire pour les fautes les plus légères. Le nombre des coups est plus ou moins grand, selon la qualité de la faute [...] Quand le nombre des coups ne passe pas vingt, c'est une correction paternelle qui n'a rien d'infâmant et l'empereur la fait quelquefois donner

donnent force coups de bâtons à leurs enfants); la seule dans laquelle un gouverneur de province soit puni, quand en sortant de charge il n'a pas eu les acclamations du peuple;[32] la seule qui ait institué des prix pour la vertu, tandis que partout ailleurs les lois se bornent à punir le crime;[33] la seule qui ait fait adopter ses lois à ses vainqueurs,[34] tandis que nous sommes encore sujets aux coutumes des Burgundiens, des Francs et des Goths qui nous ont domptés. Mais on doit avouer que le petit peuple gouverné par des bonzes, est aussi fripon que le nôtre,[35] qu'on y vend tout fort

---

à des personnes de grande considération [...] Il faut très peu de chose pour être ainsi paternellement châtié' (ii.132); cf. *Essai sur les mœurs*, ch.1 (i.216).

[32] 'Quelque redoutable que soit l'autorité de ces mandarins, ils ne peuvent guère se maintenir dans leurs emplois qu'en se faisant la réputation d'être les pères du peuple et de n'avoir d'autre attention que celle de procurer leur bonheur [...] Un mandarin qui serait trop sévère et à qui on ne verrait point cette affection pour le peuple qui lui est soumis, ne manquerait pas d'être noté dans les informations que les vice-rois envoient de trois ans en trois ans à la cour et cette note suffirait pour le dépouiller de sa charge' (*Description de la Chine*, ii.31). Du Halde expose comment tous les mandarins de l'empire, quel que soit leur rang, sont notés tous les trois ans et récompensés ou punis. Ailleurs il assure que 'lorsqu'un gouverneur de ville se retire dans une autre province, après avoir exercé sa charge avec l'approbation du public, le peuple lui rend à l'envi les plus grands honneurs' (ii.103).

[33] Cf. *Essai sur les mœurs*: 'Dans les autres pays les lois punissent le crime; à la Chine elles font plus, elles récompensent la vertu. Le bruit d'une action généreuse et rare se répand-il dans une province, le mandarin est obligé d'en avertir l'empereur; et l'empereur envoie une marque d'honneur à celui qui l'a si bien méritée'. Suit l'anecdote d'un pauvre paysan ramenant au magistrat une bourse pleine d'or qu'un voyageur a perdue et refusant toute récompense: 'Le magistrat, sous peine d'être cassé, était obligé d'en avertir le tribunal suprême de Pékin [...] et le pauvre paysan fut créé mandarin du cinquième ordre' (i.217-18).

[34] Cf. *Essai sur les mœurs*: la grande muraille 'n'a pu empêcher les Tartares de profiter, dans la suite des temps, des divisions de la Chine, et de la subjuguer; mais la constitution de l'Etat n'en a été ni affaiblie ni changée. Le pays des conquérants est devenu une partie de l'Etat conquis; et les Tartares Mandchous, maîtres de la Chine, n'ont fait autre chose que se soumettre, les armes à la main, aux lois du pays dont ils ont envahi le trône' (i.211).

[35] Cette ingéniosité dans la friponnerie a été décrite par Du Halde: 'Cette adresse à tromper se remarque principalement parmi les gens du peuple, qui ont recours à mille ruses pour falsifier tout ce qu'ils vendent: il y en a qui ont le secret d'ouvrir

cher aux étrangers, [36] ainsi que chez nous; que dans les sciences, les Chinois sont encore au terme où nous étions il y a deux cents ans; [37] qu'ils ont comme nous mille préjugés ridicules, qu'ils croient aux talismans, à l'astrologie judiciaire, comme nous y avons cru longtemps. [38]

---

l'estomac d'un chapon et d'en tirer toute la chair, de remplir ensuite le vide et de fermer l'ouverture si adroitement qu'on ne s'en aperçoit que dans le temps qu'on veut le manger [...] Il faut avouer néanmoins qu'ils n'usent guère de ces sortes de ruses qu'avec les étrangers' (*Description de la Chine*, i.77).

[36] Voltaire avait pu lire dans la *Description de la Chine*: 'Ce qui serait à souhaiter dans les marchands chinois, ce serait un peu plus de bonne foi dans leur négoce, surtout lorsqu'ils ont à traiter avec les étrangers. [...] Leur maxime est que celui qui achète donne le moins qu'il lui est possible [...] et posé ce principe ils croient être en droit de leur côté d'exiger les plus grosses sommes et de les recevoir, si celui qui achète est assez simple ou assez peu intelligent pour les donner. Ce n'est pas le marchand qui trompe, disent-ils, c'est celui qui achète qui se trompe lui-même' (ii.170; voir aussi ii.77).

[37] Cf. *Essai sur les mœurs*: 'On est étonné que ce peuple inventeur n'ait jamais percé dans la géométrie au delà des éléments [...] On demande pourquoi les Chinois, ayant été si loin dans des temps si reculés, sont toujours restés à ce terme; pourquoi l'astronomie est chez eux si ancienne et si bornée; pourquoi dans la musique ils ignorent encore les demi-tons. Il semble que la nature ait donné à cette espèce d'hommes, si différente de la nôtre, des organes faits pour trouver tout d'un coup tout ce qui leur était nécessaire, et incapables d'aller au delà' (i.214-15). Voltaire propose deux explications: le respect 'prodigieux' pour ce qui leur a été transmis et qui leur paraît avoir atteint la perfection; la difficulté d'apprendre l'écriture, telle que certains y emploient toute leur vie. A cette stagnation abondamment constatée et analysée par Du Halde, celui-ci avait trouvé deux autres raisons: rien ni au dedans ni au dehors de l'empire ne vient stimuler et entretenir l'émulation; ceux qui pourraient se distinguer dans les sciences autres que les lois et la morale n'ont aucune récompense à attendre. Ce n'est pas avec ces sciences-là que l'on fait carrière dans l'administration impériale (*Description de la Chine*, iii.264 ss.).

[38] Du Halde: 'On voit que dès la fondation de l'empire, les Chinois s'appliquaient à l'étude des mathématiques et particulièrement de l'astronomie [...] Dans la suite la superstition a encore augmenté l'application à cette étude, parce que plusieurs sont persuadés que les événements dépendent de la disposition du ciel; qu'il y a des temps heureux et des temps malheureux; et qu'il est important à chacun de bien observer la diversité et la différence de ces temps, pour les entreprises des voyages, des traités, des négociations et des mariages [...] Tous les ans on publie un calendrier aux frais de l'empereur, dans lequel les officiers subalternes du tribunal

Avouons encore qu'ils ont été étonnés de notre thermomètre, [39] de notre manière de mettre des liqueurs à la glace avec du salpêtre, [40] et de toutes les expériences de Torricelli, et Otogueric, [41] tout comme nous le fûmes lorsque nous vîmes ces amusements de physique pour la première fois; ajoutons que leurs médecins ne guérissent pas plus les maladies mortelles, que les nôtres, et que la nature toute seule guérit à la Chine les petites maladies comme ici; [42] mais tout cela n'empêche pas que les Chinois il y a

97   64, 65, 67: Torricellis

des mathématiques, afin de le vendre plus cher, ne manquent pas d'insérer ces jours heureux et malheureux, qu'ils distinguent selon les principes de leur astrologie judiciaire' (ii.284-85; cf. iii.278-79); cf. *Essai sur les mœurs* (i.215). En réalité, sur l'astrologie judiciaire comme sur bien d'autres points, Du Halde aurait singulièrement fardé la réalité (voir Etiemble, *L'Europe chinoise*, ii.213-14).

[39] Du Halde: 'On offrit pareillement à l'empereur des thermomètres, pour lui faire connaître les divers degrés de la chaleur ou de la froideur de l'air. On y ajouta un hygromètre fort exact, pour lui faire voir les différents degrés d'humidité et de sécheresse [...] Toutes ces différentes inventions de l'esprit humain, jusqu'alors inconnues aux Chinois, rabattirent un peu leur fierté naturelle [...] Ils changèrent même d'idée à l'égard des Européens qu'ils commençaient à regarder comme leurs maîtres' (*Description de la Chine*, iii.271).

[40] Le *Dictionnaire universel du commerce* (Paris 1723) de J. Savary Des Bruslons définit le salpêtre ('que les chimistes appellent nitre') comme 'une substance cristalline blanche, d'un goût âcre et un peu amer, qui cause un sentiment de froid et forme des cristaux prismatiques à six côtés' (art. 'Salpêtre'). L'article 'Glace' précise d'autre part qu''on parvient promptement à glacer toutes les liqueurs [...] avec de la glace pilée et du sel; et au défaut de sel avec du nitre ou de la soude'. Du Halde ne semble pas en avoir parlé.

[41] Par une célèbre expérience en 1643, le physicien Evangelista Torricelli (1608-1647), disciple de Galilée, fit apparaître l'existence de la pression atmosphérique; Voltaire le considère dans ses carnets comme l'inventeur du baromètre. Le physicien Otto von Guericke (1602-1686) fut entre autres l'inventeur de la pompe pneumatique et à ce titre apparaît lui aussi dans les listes d'inventeurs consignés par Voltaire (voir V 81-82, p.177, 328-29, 409, 548).

[42] Renvoi ironique des médecines chinoise et européenne, à leur commune inefficacité. Ce scepticisme ne vient pas de Du Halde qui, dans les quelques 170 pages qu'il a consacrées à la médecine et aux remèdes chinois, reste persuadé des progrès et de la supériorité de la médecine occidentale (*Description de la Chine*, iii).

quatre mille ans, lorsque nous ne savions pas lire, ne sussent toutes les choses essentiellement utiles dont nous nous vantons aujourd'hui.

Le religion des lettrés encore une fois[43] est admirable. Point de superstitions, point de légendes absurdes, point de ces dogmes qui insultent à la raison et à la nature, et auxquels des bonzes donnent mille sens différents, parce qu'ils n'en ont aucun.[44] Le culte le plus simple leur a paru le meilleur depuis plus de quarante siècles. Ils sont ce que nous pensons qu'étaient Seth, Hénoc[45] et

105

110

105-114   64, 65: aujourd'hui.//

[43] Apparu seulement dans 65v, ce dernier paragraphe manifeste probablement un besoin de Voltaire de réparer le 'déséquilibre' qui caractérisait l'article dans sa forme de 1764: des deux points annoncés (contestation de l'antiquité des Chinois et accusation d'idolâtrie), il n'a guère traité que le premier, se bornant à évoquer la simplicité et la pureté de la religion des empereurs et des lettrés (l.17-20). Cette addition, contemporaine de *La Philosophie de l'histoire*, est à prendre comme une 'retombée' du chapitre 18, qui y est consacré à la Chine, mais où cette fois Voltaire a donné l'ampleur nécessaire au développement sur la religion des empereurs et des lettrés présentée comme une forme très authentique du déisme (V 59, p.155-57).

[44] La conviction qu'a Voltaire de cette absolue pureté de la religion des lettrés était déjà celle de ses informateurs jésuites; mais Voltaire enchérit presque sur Du Halde qui commente ainsi: 'Il est à remarquer que si l'on trouve dans ces anciens livres [les cinq King] des preuves de la connaissance que les premiers Chinois ont eue de l'Etre suprême et du culte religieux qu'ils lui ont rendu pendant une longue suite de siècles, on n'y aperçoit aucun vestige d'un culte idolâtrique [...] Il est vrai que du temps même de ce philosophe [Confucius], la magie et diverses erreurs avaient infecté plusieurs esprits. Il se peut faire même qu'avant lui il se trouva parmi le peuple et en quelques provinces des idoles et un culte superstitieux: mais c'est ce qui ne peut s'assurer sur des preuves tirées de l'histoire; et il paraît que les savants attachés à la doctrine qu'ils avaient reçue par tradition de leurs pères, n'y avaient aucune part' (*Description de la Chine*, iii.14). Du Halde, on le voit, soupçonne au moins que la pureté du déisme prêté à la Chine ancienne ait pu parfois ne pas être sans mélange. Mais Voltaire a trop besoin du déisme idéalisé des Chinois pour se risquer à même envisager pareilles hypothèses...

[45] Seth est ce fils d'Adam et Eve dont Calmet a remarqué qu'il fut 'le chef de la race des saints, et des *enfants de Dieu*, comme les appelle l'Ecriture, qui conservèrent la vraie religion et la piété dans le monde, pendant que les descendants de Caïn s'abandonnaient à toutes sortes de dérèglements' (*Dictionnaire*, art. 'Seth'). Ce Seth

Noé; [46] ils se contentent d'adorer un Dieu avec tous les sages de la terre, tandis qu'en Europe on se partage entre Thomas et Bonaventure, [47] entre Calvin et Luther, entre Jansenius et Molina.

---

a eu pour fils Enoch ou Enos, qui passe pour avoir fixé les modalités du culte du vrai Dieu, à un moment où l'idolâtrie commençait à s'introduire dans le monde. Mais Voltaire renvoie peut-être à Hénoch ou Enoch, fils de Jared, qui figure à la septième place dans la postérité d'Adam. Cet Hénoch vécut 365 ans mais ne mourut pas à proprement parler, puisque Dieu l'enleva aux cieux en lui épargnant le trépas (Genèse v.21-24). La Genèse précise d'Hénoch qu'il 'marcha avec Dieu' et certaines traditions orientales assurent qu'il avait reçu de lui le don de sagesse et de science dans un degré éminent. Enoch ou Hénoch, peu importe finalement: ces ancêtres de Noé ne sont ici nommés par Voltaire que pour avoir transmis et défendu la tradition d'un culte pur et simple du vrai Dieu, premières assises d'un déisme qui, en Chine, s'est gardé intact.

[46] Cette référence à Noé ne doit prêter à aucune ambiguïté: Voltaire ne s'est jamais rallié à la thèse de l'origine noachide du peuple chinois, soutenue notamment par les jésuites et que Du Halde expose en ces termes: 'C'est une opinion commune [...] que les fils de Noé se répandirent dans l'Asie orientale; que quelques-uns [...] pénétrèrent dans la Chine environ deux cents ans après le déluge et y fondèrent cette grande monarchie; qu'instruits par une tradition si peu éloignée de la grandeur et de la puissance du premier Etre, ils apprirent à leurs enfants [...] à honorer ce souverain maître de l'univers et à vivre selon les principes de la loi naturelle' (iii.2). Plus loin, il affirmera intrépidement des Chinois: 'Leur attention à examiner le cours des astres est une preuve qu'ils ont beaucoup retenu des manières de ces premiers Hébreux dont il est aisé de juger qu'ils sont immédiatement descendus' (*Description de la Chine*, iii.271). On prendra garde au contraire qu'en nommant Seth et Hénoch, Voltaire a désigné des patriarches ancêtres de Noé et par conséquent antérieurs au déluge, dont au reste l'histoire chinoise n'a pas gardé le moindre souvenir (voir *La Philosophie de l'histoire*, V 59, p.153).

[47] Giovanni di Fidanza (1221-1274), saint Bonaventure, entra chez les francis-cains, devint en 1256 général de son ordre et s'appliqua à le réformer. Il enseigna la philosophie et la théologie avec un succès égal à celui du dominicain Thomas d'Aquin, dont il fut l'ami personnel, en dépit de la rivalité de leurs ordres et de leurs divergences théologiques. La théologie de Bonaventura s'inscrit dans la lignée augustinienne et se caractérise par son mysticisme. Il fut surnommé le 'Docteur séraphique' (Thomas d'Aquin sera seulement 'Docteur angélique'). Comme celle qui sépare Calvin et Luther, l'opposition entre les deux théologiens est beaucoup moins forte que celle entre Jansen et Molina.

CHRISTIANISME

Recherches historiques sur le christianisme.[1]

Plusieurs savants ont marqué leur surprise de ne trouver dans l'historien Joseph aucune trace de Jésus-Christ, car tous les vrais savants conviennent aujourd'hui, que le petit passage où il en est question dans son Histoire, est interpolé. (*a*)[2] Le père de Flavien

(*a*) Les chrétiens, par une de ces fraudes qu'on appelle pieuses, falsifièrent grossièrement un passage de Joseph. Ils supposent à ce Juif si entêté de sa religion, quatre lignes ridiculement interpolées, et au bout de ce passage ils ajoutent, *Il était le Christ.* Quoi! si Joseph avait entendu parler de tant d'événements qui étonnent la nature, Joseph n'en aurait dit que la valeur de quatre lignes dans l'histoire de son pays! Quoi! ce Juif obstiné aurait dit, *Jésus était le Christ.* Eh! si tu l'avais cru

2-3   64-67:   car tout le monde convient aujourd'hui
n.*a*   64-67, note *a* absente
4-5   64, 65v: Le père de Joseph avait [MS2: β]

---

[1] Les matériaux de cet article, qui s'est développé par additions successives au fur et à mesure des lectures de Voltaire au cours des années soixante, furent sans doute rassemblés pendant de nombreuses années. Les parallèles avec le reste de son œuvre, à commencer par l'*Essai sur les mœurs* et les textes qui en découlent, sont évidents. Voltaire lui-même dit que l'article est tiré de la *Divine legation of Moses* de William Warburton (D12159; appendice 1) et dans une moindre mesure de Firmin Abauzit (D12164). En fait les sources sont plus complexes, comme on le verra. La plus grande partie de l'article fut reproduite à l'article 'Eglise', QE.

[2] Cf. Warburton: 'We conclude, therefore, that the passage of Josephus [...] which acknowledges, *Jesus to be the Christ*, is a rank forgery, and a very stupid one too' (*Divine legation*, London 1755; BV), ii.57. Voltaire a lu et abondamment annoté son exemplaire de l'*Histoire des Juifs* de Flavius Josèphe, où le texte porte: 'En ce même temps était Jésus qui était un homme sage, si toutefois on doit le considérer simplement comme un homme, tant ses œuvres étaient admirables. Il enseignait ceux qui prenaient plaisir à être instruits de la vérité, et il fut suivi non seulement de plusieurs Juifs, mais de plusieurs gentils. C'était le Christ' (XVIII.iv;

Joseph avait dû cependant être un des témoins de tous les miracles de Jésus. Joseph était de race sacerdotale, parent de la reine Mariamne, femme d'Hérode; il entre dans les plus grands détails sur toutes les actions de ce prince; cependant, il ne dit pas un mot ni de la vie ni de la mort de Jésus, et cet historien qui ne dissimule

---

Christ, tu aurais donc été chrétien. Quelle absurdité de faire parler Joseph en chrétien! comment se trouve-t-il encore des théologiens assez imbéciles ou assez insolents pour essayer de justifier cette imposture des premiers chrétiens reconnus pour fabricateurs d'impostures cent fois plus fortes![3]

---

7 65v: Marianne

---

iii.237). Voltaire a également consulté Jean-Frédéric Bernard, *Dissertations mêlées, sur divers sujets importants et curieux* (Amsterdam 1740; BV), où figure une 'Dissertation sur le témoignage en faveur de Jésus-Christ, qu'on trouve au XVIIIe livre des Antiquités judaïques de Joseph, chap. 4' (ii.1-36; CN, i.301). Il note dans ses carnets: 'Silence de Joseph qui d'ailleurs parle de tous ceux qui ont excité quelque sédition' (V 81, p.427). Voltaire confond deux questions: celle de l'authenticité du texte où Josèphe parle en quelques lignes de Jésus, et celle de l'authenticité de l'affirmation 'Il était le Christ' (*Antiquités judaïques*, XVIII.iii.3) que Scaliger avait mise en doute au seizième siècle. Depuis, les opinions ont grandement varié: voir les notes de Louis Feldman sur son édition des *Antiquités* (Cambridge, Mass. 1965), ix.573-75; ix.49, n.9, pour l'état le plus récent de la controverse; cf. *Essai sur les mœurs*, ch.9 (ajout de 1769; i.290).

[3] Cette note, ajoutée en 1769, le fut sans doute en réaction contre certains critiques. Le *Journal helvétique*, qui consacre à l'article 'Christianisme' cinq articles substantiels (avril-août 1766), cite le passage en question tout en signalant deux autres mentions de Jésus dans les *Antiquités judaïques* (XX.v; XVIII.vii). D'ailleurs, ajoute-t-il, à supposer que ce passage soit faux, l'existence du Christ est quand même attestée par Tacite, *Annales*, XV.xliv (avril 1766, p.324-26). Chaudon affirme également que les propos prêtés à Josèphe sont authentiques (p.60-61). Dans *Dieu et les hommes*, ch.31, également de 1769, Voltaire insistera de nouveau: 'Il est avéré aujourd'hui que les cinq ou six lignes qu'on attribue à Joseph sur Jésu ont été interpolées par une fraude très maladroite. Car si Joseph avait en effet cru que Jésu était le Messie, il en aurait écrit cent fois davantage, et en le reconnaissant pour Messie, il eût été un de ses sectateurs' (V 69, p.411).

aucune des cruautés d'Hérode, ne parle point du massacre de tous 10
les enfants, ordonné par lui, en conséquence de la nouvelle à lui
parvenue, qu'il était né un roi des Juifs.[4] Le calendrier grec
compte quatorze mille enfants égorgés dans cette occasion.
C'est de toutes les actions de tous les tyrans la plus horrible.
Il n'y en a point d'exemple dans l'histoire du monde entier. 15

Cependant, le meilleur écrivain qu'aient jamais eu les Juifs, le
seul estimé des Romains et des Grecs, ne fait nulle mention de
cet événement aussi singulier qu'épouvantable. Il ne parle point
de la nouvelle étoile qui avait paru en Orient après la naissance
du Sauveur; phénomène éclatant, qui ne devait pas échapper à la 20
connaissance d'un historien aussi éclairé que l'était Joseph. Il
garde encore le silence sur les ténèbres qui couvrirent toute la
terre, en plein midi, pendant trois heures, à la mort du Sauveur,
sur la grande quantité des tombeaux qui s'ouvrirent dans ce
moment, et sur la foule des justes qui ressuscitèrent.[5] 25

Les savants ne cessent de témoigner leur surprise de voir
qu'aucun historien romain n'a parlé de ces prodiges, arrivés sous
l'empire de Tibère, sous les yeux d'un gouverneur romain, et
d'une garnison romaine, qui devait avoir envoyé à l'empereur et
au sénat, un détail circonstancié du plus miraculeux événement 30
dont les hommes aient jamais entendu parler. Rome elle-même
devait avoir été plongée pendant trois heures dans d'épaisses

---

[4] De fait Josèphe garde le silence sur l'infanticide rapporté seulement dans
Matthieu ii.16-18. Le *Journal helvétique* (avril 1766, p.326) relève que Macrobe s'y
est référé (*Saturnalia*, ii.iv).

[5] Josèphe ne mentionne ni l'étoile des mages, rapportée dans Matthieu ii.2-4, 9-
10, ni les événements qui entourèrent la mort de Jésus rapportés dans Matthieu
xxvii.45-53 et Marc xv.33-41. Mais, dit le critique du *Journal helvétique* (avril 1766,
p.328-29), Chalcidius a parlé du phénomène de l'étoile en Orient dans son
commentaire du *Timée* de Platon. Et Phlégon (*Chronicorum sive Olympiadum*, 4e
année de la 202e Olympiade) et Thallus (*Histoires syriaques*) font mention de
l'éclipse solaire arrivée à la mort de Jésus-Christ; cf. Chaudon, p.60 (CN, ii.608).
Calmet fait également état des deux derniers témoignages païens dans sa 'Dissertation sur les ténèbres arrivées à la mort de Jésus-Christ' (*Dissertations*, iii.305-307).

ténèbres; ce prodige devait avoir été marqué dans les fastes de Rome,[6] et dans ceux de toutes les nations. Dieu n'a pas voulu que ces choses divines aient été écrites par des mains profanes.   35

Les mêmes savants trouvent encore quelques difficultés dans l'histoire des Evangiles. Ils remarquent que dans St Matthieu, Jésus-Christ dit aux scribes et aux pharisiens, que tout le sang innocent qui a été répandu sur la terre, doit retomber sur eux, depuis le sang d'Abel le juste, jusqu'à Zacharie, fils de Barac,   40 qu'ils ont tué entre le temple et l'autel.[7]

Il n'y a point, disent-ils, dans l'histoire des Hébreux, de Zacharie tué dans le temple avant la venue du Messie, ni de son temps:[8] mais on trouve dans l'histoire du siège de Jérusalem par Joseph, un Zacharie fils de Barac, tué au milieu du temple, par la faction   45 des zélotes. C'est au chap. 19 du livre 4.[9] De là ils soupçonnent que l'Evangile selon St Matthieu a été écrit après la prise de Jérusalem par Titus. Mais tous les doutes, et toutes les objections de cette espèce, s'évanouissent, dès qu'on considère la différence

---

[6] L'auteur du *Journal helvétique* signale que Tertullien, dans son *Apologétique*, XXI, fait remarquer aux sénateurs romains que ce prodige était consigné dans leurs annales (avril 1766, p.328).

[7] Matthieu xxiii.35.

[8] Argument fondé sur les remarques de Calmet dans le *Commentaire*, xiv.502 (CN, ii.135). Voltaire répète souvent cet argument afin de prouver que l'Evangile de Matthieu a dû être écrit après la prise de Jérusalem par Titus. Les historiens pensent que le texte a été rédigé vers 60-70 alors que la ville était encore debout, comme en témoigne Matthieu v.35. Les commentateurs modernes ont également fait remarquer que d'après II Chroniques xxiv.20-22, il y eut un Zacharie tué dans le parvis du temple sous le roi Joas. II Chroniques étant le dernier livre du canon juif, les paroles de Jésus porteraient sur l'histoire entière du peuple juif; cf. les carnets (V 81, p.427), *Examen important*, ch.14 (V 62, p.231-32); et ci-dessous, art. 'Prophètes'.

[9] Josèphe parle du meurtre de Zacharie, fils de Baruch, dans la *Guerre des Juifs*, IV.xix (*Histoire des Juifs*, v.51 ss., passage marqué d'un signet annoté: 'zacharie entre le temple et l'autel'; CN, iv.598). Les commentateurs modernes font remarquer que ce Zacharie, tué au milieu du temple, peut difficilement être identifié à Zacharie, fils de Barachie, tué entre le sanctuaire et l'autel, endroit sacré, et dont parle Matthieu xxiii.35.

infinie qui doit être entre les livres divinement inspirés, et les 50
livres des hommes. Dieu voulut envelopper d'un nuage aussi
respectable qu'obscur sa naissance, sa vie et sa mort. Ses voies
sont en tout différentes des nôtres.

Les savants se sont aussi fort tourmentés sur la différence des
deux généalogies de Jésus-Christ. [10] St Matthieu donne pour père 55
à Joseph, Jacob; à Jacob, Matan; à Matan, Eléazar. St Luc au
contraire dit que Joseph était fils d'Héli, Héli de Matat, Matat de
Lévi, Lévi de Melchi [11] etc. Ils ne veulent pas concilier les
cinquante-six ancêtres que Luc donne à Jésus depuis Abraham,
avec les quarante-deux ancêtres différents que Matthieu lui donne 60
depuis le même Abraham. Et ils sont effarouchés que Matthieu en
parlant de quarante-deux générations, n'en rapporte pourtant que
quarante et une. [12]

56   64-67: Matam
58-64   64: Lévi de Janna etc. ¶Ils forment [MS2: β]
58   65-67: Lévi de Janno, etc. Ils ne

[10] Les sources possibles sont innombrables, depuis Eusèbe, *Historia ecclesiastica*,
I.vii, et saint Augustin, *Sermones*, xli.9, jusqu'à Grotius, *Commentaire sur Luc*, iii.23,
Meslier, *Testament* (*Œuvres*, éd. Deprun, Desné, Soboul, i.134 ss.), dont Voltaire
avait donné une édition (1762; BV), et Dumarsais, *Analyse de la religion chrétienne*,
que Voltaire possédait en manuscrit et qui fut publié par ses soins (1766; BV).
Mais Voltaire semble surtout suivre Calmet, 'Dissertation, où l'on essaie de concilier
saint Matthieu avec saint Luc, sur la généalogie de Jésus-Christ', *Commentaire*,
xx.190 ss. (CN, ii.241-44), et Conyers Middleton, *Reflections on the variations,
inconsistencies which are found among the four evangelists* (*Miscellaneous works*, ii.301-
308; CN, v.621). Middleton établit une liste des commentateurs orthodoxes et
donne un résumé de leurs opinions. Voltaire néglige les commentateurs orthodoxes
qui depuis saint Augustin concilient les généalogies de Matthieu i.1-16 et de Luc
iii.23-38, en disant que l'un suit la lignée des pères naturels tandis que l'autre suit
celle des pères légaux. Il répète son objection à maintes reprises: par ex. *Sermon des
cinquante* (M.xxiv.449), *Histoire de l'établissement du christianisme* (M.xxxi.57), *La
Bible enfin expliquée* (M.xxx.300); cf. les carnets (V 81, p.427-28).
[11] Voltaire a lu trop vite (voir l.58-64*v*) et s'est corrigé dans 69. D'après Luc
iii.24, Lévi était fils de Melchi, qui lui était fils de Janna.
[12] Pour cet ajout de 65 (l.58-63), voir un passage parallèle dans *Les Questions
de Zapata* (1766; V 62, p.400).

Ils forment encore des difficultés sur ce que Jésus n'est point fils de Joseph, mais de Marie. [13] Ils élèvent aussi quelques doutes   65
sur les miracles de notre Sauveur, en citant St Augustin, St Hilaire, et d'autres qui ont donné aux récits de ces miracles un sens mystique, un sens allégorique: comme au figuier maudit et séché pour n'avoir pas porté de figues quand ce n'était pas le temps des figues; aux démons envoyés dans les corps des cochons, dans un   70
pays où l'on ne nourrissait point de cochons; à l'eau changée en vin sur la fin d'un repas où les convives étaient déjà échauffés. [14] Mais toutes ces critiques des savants sont confondues par la foi, qui n'en devient que plus pure. Le but de cet article est uniquement de suivre le fil historique, et de donner une idée précise des faits   75
sur lesquels personne ne dispute.

Premièrement, Jésus naquit sous la loi mosaïque; il fut circoncis suivant cette loi, il en accomplit tous les préceptes, il en célébra toutes les fêtes, et il ne prêcha que la morale; il ne révéla point le mystère de son incarnation; il ne dit jamais aux Juifs qu'il était né   80
d'une vierge; il reçut la bénédiction de Jean dans l'eau du Jourdain, cérémonie à laquelle plusieurs Juifs se soumettaient, mais il ne baptisa jamais personne; il ne parla point des sept sacrements; il

[13] Cf. Middleton, 'Reflections', *Miscellaneous works*, ii.308-11.

[14] Ces objections se trouvent déjà dans l'*Examen de la Genèse* attribué à Mme Du Châtelet (voir I. O. Wade, *Voltaire and Mme Du Châtelet*, p.212-27). Comme Voltaire le suggère lui-même dans les *Questions sur les miracles* (1765; M.xxv.364), la source primaire est sans doute fournie par Thomas Woolston, *Six discourses on the miracles of our saviour* (London 1727-1729), dont Voltaire possédait les éditions originales et la 'traduction' attribuée au baron d'Holbach (*Discours sur les miracles de Jésus-Christ*), ainsi que *Mr. Woolston's defence of his discourses on the miracles of our Saviour* (London 1729-1730), qui portent tous des traces de lecture. Les épisodes des figuiers maudits (Matthieu xxi.19; Marc xi.13-14), des démons envoyés dans les cochons (Matthieu viii.28-34; Marc v.1-17; Luc viii.26-31) et du miracle de Cana (Jean ii.1-10) sont maintes fois évoqués par Voltaire; il les a marqués de signets annotés 'figuier', 'inebriati', dans Calmet, *Commentaire* (CN, ii.132, 198-99); cf. *Sermon des cinquante* (M.xxiv.450-51), *Examen important* (V 62, p.215-17), *Les Questions de Zapata* (V 62, p.402). Voir N. L. Torrey, *Voltaire and the English deists*, p.59-103.

n'institua point de hiérarchie ecclésiastique de son vivant. Il cacha
à ses contemporains qu'il était fils de Dieu, éternellement engendré,   85
consubstantiel à Dieu, et que le Saint-Esprit procédait du Père et
du Fils. Il ne dit point que sa personne était composée de deux
natures, et de deux volontés; il voulut que ces grands mystères
fussent annoncés aux hommes dans la suite des temps, par ceux
qui seraient éclairés des lumières du Saint-Esprit. Tant qu'il vécut   90
il ne s'écarta en rien de la loi de ses pères; il ne montra aux
hommes qu'un juste agréable à Dieu, persécuté par ses envieux,
et condamné à la mort par des magistrats prévenus. Il voulut que
sa sainte Eglise établie par lui fît tout le reste. [15]

Joseph, au chap. XII de son Histoire, parle d'une secte de Juifs   95
rigoristes, nouvellement établie par un nommé Judas Galiléen. *Ils*
méprisent, dit-il, *les maux de la terre; ils triomphent des tourments*
par leur constance; ils préfèrent la mort à la vie lorsque le sujet en est
honorable. Ils ont souffert le fer et le feu, et vu briser leurs os, plutôt
que de prononcer la moindre parole contre leur législateur, ni manger   100
des viandes défendues. [16]

Il paraît que ce portrait tombe sur les judaïtes, et non pas sur
les esséniens. Car voici les paroles de Joseph. *Judas fut l'auteur*
d'une nouvelle secte, entièrement différente des trois autres, c'est-à-
dire *des saducéens, des pharisiens et des esséniens.* Il continue et dit,   105
Ils sont Juifs de nation; ils vivent unis entre eux, et regardent la
volupté comme un vice; [17] le sens naturel de cette phrase fait voir
que c'est des judaïtes dont l'auteur parle.

104-105   64: *autres,* c. d. *des*
          65-67: c. à d.

[15] Voir les articles 'Antitrinitaires', 'Arius', 'Conciles', 'Credo', 'Divinité de
Jésus', 'Religion'.
[16] Josèphe, *Guerre des Juifs,* II.viii.10, d'après l'*Histoire des Juifs,* iv.188-89;
Josèphe décrit nettement les esséniens et non les judaïtes comme le croit Voltaire.
Le paragraphe suivant commence d'ailleurs par ces mots: 'Ces mêmes esséniens'.
[17] Josèphe, *Guerre des Juifs,* II.viii.1-2 (*Histoire des Juifs,* iv.182). La phrase est
ambiguë mais le contexte indique clairement qu'il s'agit des esséniens. D'ailleurs,

Quoi qu'il en soit, on connut ces judaïtes avant que les disciples du Christ commençassent à faire un parti considérable dans le 11 monde.

Les thérapeutes étaient une société différente des esséniens et des judaïtes; ils ressemblaient aux gymnosophistes des Indes, et aux brames. *Ils ont*, dit Philon, *un mouvement d'amour céleste, qui les jette dans l'enthousiasme des bacchantes et des corybantes, et qui* 11 *les met dans l'état de la contemplation à laquelle ils aspirent. Cette secte naquit dans Alexandrie qui était toute remplie de Juifs; et s'étendit beaucoup dans l'Egypte.* [18]

Les disciples de Jean-Batiste s'étendirent aussi un peu en Egypte, mais principalement dans la Syrie et dans l'Arabie; il y 12 en eut aussi dans l'Asie mineure. Il est dit dans les Actes des apôtres (ch. 19) que Paul en rencontra plusieurs à Ephèse; il leur dit, *Avez-vous reçu le Saint-Esprit?* Ils lui répondirent, *Nous n'avons pas seulement ouï dire qu'il y ait un Saint-Esprit.* Il leur dit, *Quel baptême avez-vous donc reçu?* Ils lui répondirent, *Le baptême de* 12 *Jean.* [19]

Il y avait dans les premières années qui suivirent la mort de Jésus, sept sociétés ou sectes différentes chez les Juifs, les pharisiens, les saducéens, les esséniens, les judaïtes, les thérapeutes, les

---

120 69: Egypte, principalement

---

le signet annoté de Voltaire porte: 'esséniens' (CN, iv.596). Erreur relevée par le *Journal helvétique*: 'C'est un aveuglement inconcevable d'avoir voulu appliquer à des insensés et des furieux tels que les judaïtes, ce que Josèphe a dit des dogmes sensés et de la morale admirable des esséniens; mais comme plusieurs savants ont pensé que les esséniens étaient chrétiens, il n'en a pas fallu davantage pour engager notre auteur à falsifier le texte de Josèphe' (mai 1766, p.459).

[18] Philon, *De la vie contemplative*. La première phrase de la citation est une traduction de ii.3, la seconde une paraphrase de iii.1. L'exemplaire de Voltaire des *Œuvres de Philon Juif*, trad. du grec par P. Bellier, porte de nombreuses traces de lecture, mais il ne suit pas cette traduction ici.

[19] Actes xix.1-3 (trad. Lemaître de Sacy). Le texte précise qu'ils étaient une douzaine (xix.7).

appelle gesséens. [85] Leurs noms les plus communs, dans les quatre premiers siècles chez les gentils, étaient ceux de galiléens, et de nazaréens, mais celui de chrétiens a prévalu sur tous les autres.   455

Ni la hiérarchie, ni les usages ne furent établis tout d'un coup; les temps apostoliques furent différents des temps qui les suivirent. St Paul dans sa I^e aux Corinthiens [86] nous apprend que les frères, soit circoncis, soit incirconcis, étant assemblés, quand plusieurs prophètes voulaient parler, il fallait qu'il n'y en eût que deux ou   460 trois qui parlassent, et que si quelqu'un pendant ce temps-là avait une révélation, le prophète qui avait pris la parole devait se taire.

C'est sur cet usage de l'Eglise primitive que se fondent encore aujourd'hui quelques communions chrétiennes, qui tiennent des assemblées sans hiérarchie. Il était permis alors à tout le monde   465 de parler dans l'église excepté aux femmes. [87] Il est vrai que Paul leur défend de parler dans la première aux Corinthiens; mais il semble aussi les autoriser à prêcher, à prophétiser, dans la même Epître au chap. 11, vs. 5. *Toute femme qui prie et prophétise tête nue, souille sa tête*; c'est comme si elle était rasée. Les femmes   470 crurent donc qu'il leur était permis de parler, pourvu qu'elles fussent voilées. [88]

466-473   64, 65:   aux femmes. ¶Ce qui est

[85] Jusqu'au dix-huitième siècle, de nombreux commentateurs ont cru, à la suite d'Eusèbe (*Historia ecclesiastica*, II.xvii.2-4; *Histoire de l'Eglise*, p.67-68), que la description des thérapeutes dans *De la vie contemplative* de Philon s'appliquait aux chrétiens.

[86] I Corinthiens xiv.26-40.

[87] I Corinthiens xiv.34; cf. Calmet, *Commentaire*, signet annoté: 'deffense aux femmes de parler dans l'Eglise' (CN, ii.275).

[88] La référence à I Corinthiens xi.5 est exacte. Voltaire a dû faire cet ajout de 65v après une relecture de Bolingbroke, *The Philosophical works*, ii.352-53, qui compare les deux passages: 'Now this gift every one might exercise, even the women. They are ordered, indeed, by some passages, to keep silence in the churches, and if they will know any thing, to ask their husbands at home: and yet it is plain, by other passages of the same epistle, that they were allowed to prophesy, as it is called, and that they did so before the congregation [...] The only dispute

Ce qui est aujourd'hui la sainte messe, qui se célèbre au matin, était la cène qu'on faisait le soir; ces usages changèrent à mesure que l'Eglise se fortifia. Une société plus étendue exigea plus de règlements, et la prudence des pasteurs se conforma aux temps et aux lieux.

St Jérôme et Eusèbe rapportent que quand les Eglises reçurent une forme, on y distingua peu à peu cinq ordres différents. Les surveillants, Episcopoi, d'où sont venus les évêques: les anciens de la société, Presbyteroi, les prêtres, les servants, ou diacres; les Pistoi, croyants, initiés; c'est-à-dire, les baptisés, qui avaient part aux soupers des agapes, et les catéchumènes et énergumènes qui attendaient le baptême. [89] Aucun, dans ces cinq ordres, ne portait d'habit différent des autres; aucun n'était contraint au célibat, témoin le livre de Tertullien dédié à sa femme, [90] témoin l'exemple des apôtres. Aucune représentation, soit en peinture, soit en sculpture, dans leurs assemblées, pendant les trois premiers siècles. Les chrétiens cachaient soigneusement leurs livres aux gentils; ils ne les confiaient qu'aux initiés; il n'était pas même permis aux catéchumènes de réciter l'oraison dominicale.

Ce qui distinguait le plus les chrétiens, et ce qui a duré jusqu'à nos derniers temps, était le pouvoir de chasser les diables avec le signe de la croix. Origène dans son Traité contre Celse, avoue au nombre 133 qu'Antinoüs divinisé par l'empereur Adrien faisait des miracles en Egypte par la force des charmes et des prestiges;

---

491   65v*¹: dominicale. ᵛChez eux point de temples; encor moins d'autels. Il n'y avait ny chant ny cierges ny encens.

---

was, whether they should exercise it covered or uncovered' (CN, i.386; passage marqué d'un signet annoté: 'women silent allow'd to preach').

[89] Le critique du *Journal helvétique* observe que ni saint Jérôme ni Eusèbe n'ont parlé de cinq 'ordres' (juin 1766, p.560). Aussi Voltaire fut-il plus prudent en 1769 dans une addition à l'*Essai sur les mœurs*, ch.8 (i.279).

[90] Tertullien, *Ad uxorem* (PL, i.1274-1304).

mais il dit que les diables sortent du corps des possédés à la prononciation du seul nom de Jésus. [91]

Tertullien va plus loin, et du fond de l'Afrique où il était, il dit dans son Apologétique, au chap. 23, *Si vos dieux ne confessent pas qu'ils sont des diables à la présence d'un vrai chrétien, nous voulons bien que vous répandiez le sang de ce chrétien. Y a-t-il une démonstration plus claire?* [92]

En effet, Jésus-Christ envoya ses apôtres pour chasser les démons. Les Juifs avaient aussi de son temps le don de les chasser; car lorsque Jésus eut délivré des possédés, et eut envoyé les diables dans les corps d'un troupeau de deux mille cochons, [93] et qu'il eut opéré d'autres guérisons pareilles, les pharisiens dirent, il chasse les démons par la puissance de Belzébut. *Si c'est par Belzébut que je les chasse*, répondit Jésus, *par qui vos fils les chassent-ils?* [94] Il est incontestable que les Juifs se vantaient de ce pouvoir, ils avaient des exorcistes, et des exorcismes. On invoquait le nom du Dieu de Jacob et d'Abraham. On mettait des herbes consacrées dans le nez des démoniaques (Joseph rapporte une partie de ces cérémonies). [95] Ce pouvoir sur les diables, que les Juifs ont perdu, fut transmis aux chrétiens, qui semblent aussi l'avoir perdu depuis quelque temps.

500

505

510

515

507   64-67:   troupeau de cochons
509   69:   la naissance de
512-513   64-69:   nom de Dieu

[91] Origène, *Contre Celse*, III.xxxvi (PG, xi.966); *Traité d'Origène contre Celse*, trad. E. Bouhéreau (Amsterdam 1700; BV), p.109. Sur Antinoüs divinisé, voir les carnets (V 82, p.500). Dans ce paragraphe et les deux qui suivent Voltaire s'inspire de Middleton, *A Free inquiry, Miscellaneous works*, i.205-13.

[92] Tertullien, *Apologétique*, xxiii (PL, i.410).

[93] Marc v.13 est le seul à indiquer un nombre. Matthieu viii.28-34 et Luc viii.27-37 relatent le fait sans mentionner un chiffre exact.

[94] Matthieu xii.24-27; cf. Calmet, *Dictionnaire*, art. 'Exorcistes'.

[95] Josèphe, *Antiquités judaïques*, VIII.ii.5; Middleton, i.211-12 (passage marqué d'un signet annoté: 'diables chassez avec lanneau de Salomon'; CN, v.620).

Dans le pouvoir de chasser les démons, était compris celui de détruire les opérations de la magie; car la magie fut toujours en vigueur chez toutes les nations. Tous les Pères de l'Eglise rendent témoignage à la magie. St Justin avoue dans son Apologétique au livre 3, qu'on évoque souvent les âmes des morts, et en tire un argument en faveur de l'immortalité de l'âme. Lactance, au liv. 7 de ses Institutions divines, dit, que *si on osait nier l'existence des âmes après la mort, le magicien vous en convaincrait bientôt en les faisant paraître.* [96] Irénée, Clément Alexandrin, Tertullien, l'évêque Cyprien, tous affirment la même chose. [97] Il est vrai qu'aujourd'hui tout est changé, et qu'il n'y a pas plus de magiciens que de démoniaques, [98] mais il s'en trouvera quand il plaira à Dieu.

Quand les sociétés chrétiennes devinrent un peu nombreuses, et que plusieurs s'élevèrent contre le culte de l'empire romain, les magistrats sévirent contre elles, et les peuples, surtout, les persécutèrent. On ne persécutait point les Juifs qui avaient des privilèges particuliers, et qui se renfermaient dans leurs synagogues; on leur permettait l'exercice de leur religion, comme on fait encore aujourd'hui à Rome; on souffrait tous les cultes divers répandus dans l'empire, quoique le sénat ne les adoptât pas. [99]

Mais les chrétiens se déclarant ennemis de tous ces cultes, et

---

[96] Voltaire suit encore Middleton, *A Free inquiry, Miscellaneous works*, i.191-95, d'où sont tirés les exemples cités. L'argument de saint Justin sur l'immortalité se trouve dans la première *Apologie*, xviii.3 (PG, vi.355); la citation de Lactance est tirée des *Institutions divines*, II.xvii, 'De origine erroris' (PL, vi.336 ss.).

[97] Ils sont tous cités par Middleton, i.192-94.

[98] Pour prouver qu'il y a encore des magiciens et des démoniaques, le *Journal helvétique* (juin 1766, p.568) renvoie à l'arrêt du Parlement de Paris contre les bergers de Passy en Brie de l'an 1691, convaincus d'avoir fait mourir beaucoup de bestiaux par des secrets peu connus, qui figure dans Pierre Le Brun, *Histoire critique des pratiques superstitieuses* (Rouen, Paris 1702; BV), p.523-24.

[99] Thème maintes fois développé par Voltaire, en dernier lieu dans le *Traité sur la tolérance*, ch.8, 'Si les Romains ont été tolérants'.

surtout de celui de l'empire, furent exposés plusieurs fois à ces
cruelles épreuves. 540

Un des premiers, et des plus célèbres martyrs, fut Ignace,
évêque d'Antioche, condamné par l'empereur Trajan lui-même,
alors en Asie, et envoyé par ses ordres à Rome, pour être exposé
aux bêtes, dans un temps où l'on ne massacrait point à Rome les
autres chrétiens. On ne sait point de quoi il était accusé auprès de 545
cet empereur, renommé d'ailleurs pour sa clémence; [100] il fallait
que St Ignace eût de bien violents ennemis. Quoi qu'il en soit,
l'histoire de son martyre rapporte qu'on lui trouva le nom de
Jésus-Christ gravé sur le cœur, en caractères d'or; [101] et c'est de
là que les chrétiens prirent en quelques endroits le nom de 550
théophores, qu'Ignace s'était donné à lui-même. [102]

On nous a conservé une lettre de lui, par laquelle il prie les
évêques et les chrétiens de ne point s'opposer à son martyre; [103]
soit que dès lors les chrétiens fussent assez puissants pour le
délivrer, soit que parmi eux quelques-uns eussent assez de crédit 555
pour obtenir sa grâce. Ce qui est encore très remarquable, c'est
qu'on souffrit que les chrétiens de Rome vinssent au-devant de

---

539-540   64: à de cruelles

[100] Dans la tradition de Henry Dodwell, *Dissertationes Cyprianicae* (Oxoniae
1684), ouvrage emprunté à Paul-Claude Moultou en décembre 1762 (D10857),
Voltaire cherche à persuader qu'il y a eu moins de martyrs qu'on ne le suppose et
que plusieurs ont été mis à mort pour des détails particuliers et non pas pour des
causes de religion; cf. ci-dessous, art. 'Martyre', ajouté dans 65v.

[101] Eusèbe, qui parle du voyage à Rome et du martyre de saint Ignace vers 115
(*Historia ecclesiastica*, III.xxxvi; *Histoire de l'Eglise*, p.135-38), ne mentionne pas ce
fait, que Voltaire a pu tirer de dom Thierry Ruinart, *Acta primorum martyrum
sincera et selecta*, dont il possédait et a utilisé la traduction française de Drouet de
Maupertuy (*Les Véritables actes des martyrs*, Paris 1708, i.8-25).

[102] Dans la salutation de l'*Epître aux Ephésiens* (PG, v.643).

[103] *Epîtres aux Romains*, iv (PG, v.690). Ruinart, *Les Véritables actes des martyrs*,
i.13-21, 'Lettre de saint Ignace aux Romains'. La lettre est citée et discutée par
Middleton, *A Free inquiry*, et de nouveau dans *A vindication of the Free inquiry*,
(*Miscellaneous works*, i.125-26, ii.152-58).

lui quand il fut amené dans cette capitale; ce qui prouve évidemment qu'on punissait en lui la personne, et non pas la secte.

Les persécutions ne furent pas continuées. Origène dans son livre 3ᵉ contre Celse, dit, *On peut compter facilement les chrétiens qui sont morts pour leur religion, parce qu'il en est mort peu, et seulement de temps en temps, et par intervalle.* [104]

Dieu eut un si grand soin de son Eglise, que malgré ses ennemis, il fit en sorte qu'elle tînt cinq conciles dans le premier siècle, seize dans le second, et trente dans le troisième; [105] c'est-à-dire, des assemblées tolérées. Ces assemblées furent quelquefois défendues, quand la fausse prudence des magistrats craignit qu'elles ne devinssent tumultueuses. Il nous est resté peu de procès-verbaux des proconsuls et des préteurs qui condamnèrent les chrétiens à mort. Ce serait les seuls actes sur lesquels on pût constater les accusations portées contre eux, et leurs supplices. [106]

Nous avons un fragment de Denys d'Alexandrie, dans lequel il rapporte l'extrait du greffe d'un proconsul d'Egypte, sous l'empereur Valérien; le voici.

'Denys, Fauste, Maxime, Marcel, et Chérémon, ayant été introduits à l'audience, le préfet Emilien leur a dit: Vous avez pu connaître par les entretiens que j'ai eus avec vous, et par tout ce que je vous en ai écrit, combien nos princes ont témoigné de

561   69: *On ne peut*
563   65v: *par intervalles.*
566-567   64: c. d. des
            65-67: c. à d.

[104] *Contre Celse*, III.viii (PG, xi.930); *Traité d'Origène contre Celse*, p.96 (signet annoté: 'pauci martires'). Le critique du *Journal helvétique* s'insurge: 'mais il fallait citer le passage entier: *Dieu ne voulant pas*, dit-il, *que cette race d'hommes fut entièrement détruite*' (juillet 1766, p.80).

[105] Dans l'*Essai sur les mœurs*, ch.8, Voltaire en dénombre trente-six dans le troisième siècle (i.822).

[106] Le critique du *Journal helvétique* proteste (juillet 1766, p.9): 'Il nous reste suffisamment de ces procès-verbaux', et il renvoie à Ruinart.

574

bonté à votre égard; je veux bien encore vous le redire: ils font 580
dépendre votre conservation et votre salut de vous-mêmes, et
votre destinée est entre vos mains: ils ne demandent de vous qu'une
seule chose, que la raison exige de toute personne raisonnable, c'est
que vous adoriez les dieux protecteurs de leur empire, et que vous
abandonniez cet autre culte si contraire à la nature et au bon sens. 585

'Denys a répondu: Chacun n'a pas les mêmes dieux, et chacun
adore ceux qu'il croit l'être véritablement.

'Le préfet Emilien a repris: Je vois bien que vous êtes des
ingrats, qui abusez des bontés que les empereurs ont pour vous.
Eh bien, vous ne demeurerez pas davantage dans cette ville, et je 590
vous envoie à Cephro dans le fond de la Lybie; ce sera là le lieu
de votre bannissement, selon l'ordre que j'en ai reçu de nos
empereurs: au reste, ne pensez pas y tenir vos assemblées, ni aller
faire vos prières dans ces lieux que vous nommez des cimetières,
cela vous est absolument défendu, et je ne le permettrai à per- 595
sonne.' [107]

Rien ne porte plus les caractères de vérité, que ce procès-verbal.
On voit par là qu'il y avait des temps où les assemblées étaient
prohibées. C'est ainsi que parmi nous il est défendu aux calvinistes
de s'assembler dans le Languedoc; nous avons même quelquefois 600
fait pendre et rouer des ministres, ou prédicants, qui tenaient des
assemblées malgré les lois. [108] C'est ainsi qu'en Angleterre et en
Irlande, les assemblées sont défendues aux catholiques romains; et

[107] Fragment conservé par Eusèbe, *Historia ecclesiastica*, VII.xi (*Histoire de l'Eglise*, p.326-27). Mais les remaniements de Voltaire (suppression des paroles de Denys d'Alexandrie concernant la loyauté des chrétiens et les prières qu'ils offrent pour l'Empire) et l'intercalation dans le discours préfectoral d'appels à la raison et au bon sens, détruisent le sens originel du texte.

[108] Dans le *Traité sur la tolérance*, Voltaire indique que huit prédicants furent pendus de 1745 à 1762 (M.xxv.59). Le dernier en date était le pasteur Rochette, arrêté le 14 septembre 1761 au nord de Montauban, condamné à mort par le parlement de Toulouse et exécuté le 19 février 1762. Pour plus de détails, voir R. Pomeau, *'Ecraser l'infâme'*, p.132-35.

il y a eu des occasions, où les délinquants ont été condamnés à la mort. [109]

Malgré ces défenses portées par les lois romaines, Dieu inspira à plusieurs empereurs de l'indulgence pour les chrétiens. Dioclétien même, qui passe chez les ignorants pour un persécuteur; Dioclétien dont la première année de règne est encore l'époque de l'ère des martyrs, fut, pendant plus de dix-huit ans, le protecteur déclaré du christianisme, au point que plusieurs chrétiens eurent des charges principales auprès de sa personne. [110] Il épousa même une chrétienne, [111] il souffrit que dans Nicomédie sa résidence, il y eût une superbe église, élevée vis-à-vis son palais. Enfin il épousa une chrétienne.

Le césar Galérius ayant malheureusement été prévenu contre les chrétiens, dont il croyait avoir à se plaindre, engagea Dioclétien à faire détruire la cathédrale de Nicomédie. Un chrétien plus zélé que sage, mit en pièces l'édit de l'empereur, et de là vint cette persécution si fameuse, dans laquelle il y eut plus de deux cents personnes condamnées à la mort, dans toute l'étendue de l'empire romain, sans compter ceux que la fureur du petit peuple, toujours

605

610

615

620

612-613   64-67: personne. Il souffrit même que dans Nicomédie

[109] Dans le *Traité sur la tolérance*, au contraire, Voltaire souligne la tolérance du gouvernement anglais: 'Il y a plus de cent prêtres catholiques en Angleterre et en Irlande; on les connaît, on les a laissés vivre très paisiblement dans la dernière guerre' (M.xxv.59).

[110] Ici (l.606-628) Voltaire suit de près le récit de l'*Essai sur les mœurs*, ch.8, où dans une addition de 1761, il précise que plusieurs chrétiens étaient gouverneurs de province et où il cite, d'après Eusèbe (*Histoire de l'Eglise*, p.370), le cas de deux chrétiens, Dorothée et Gorgonius, officiers du palais, à qui Dioclétien prodiguait sa faveur (i.283).

[111] Ce curieux ajout de 69 − s'agit-il d'une erreur faite dans la foulée d'une révision générale de ses œuvres, puisqu'il répète l'information donnée dans la phrase suivante? − correspond à un ajout semblable dans l'*Essai sur les mœurs*, ch.8 (i.283), où il ne fait cependant pas double emploi. Dans l'*Examen important*, Voltaire précisera que Prisca, femme de Dioclétien, quitta la religion chrétienne 'quand elle vit qu'elle ne conduisit qu'au fanatisme et à la révolte' (V 62, p.306).

fanatique, et toujours barbare, put faire périr, contre les formes juridiques. [112]

Il y eut en divers temps un si grand nombre de martyrs, qu'il   625
faut bien se donner de garde d'ébranler la vérité de l'histoire de ces véritables confesseurs de notre sainte religion, par un mélange dangereux de fables, et de faux martyrs.

Le bénédictin dom Ruinart, par exemple, homme d'ailleurs aussi instruit qu'estimable et zélé, aurait dû choisir avec plus de   630
discrétion ses Actes sincères. Ce n'est pas assez qu'un manuscrit soit tiré de l'abbaye de St Benoît sur Loire, ou d'un couvent de célestins de Paris, conforme à un manuscrit des feuillants, pour que cet acte soit authentique; [113] il faut que cet acte soit ancien, écrit par des contemporains, et qu'il porte d'ailleurs tous les   635
caractères de la vérité.

Il aurait pu se passer de rapporter l'aventure du jeune Romanus,

635   64: et qui porte

[112] Cf. *Essai sur les mœurs*, ch.8 (i.284); les carnets (V 81, p.148). Voltaire intervertit l'ordre des faits. L'édit de Dioclétien poussé par Galère (303), publié le lendemain de la destruction de l'église de Nicomédie, fut la première manifestation d'une persécution ouverte: il portait que toutes les églises chrétiennes seraient détruites, les livres saints brûlés, et les chrétiens déchus de leurs droits de citoyens. La destruction de cet édit par un chrétien est moins le signal de la persécution que la réaction à des mesures déjà prises. Voltaire minimise également le nombre des morts. Cf. Eusèbe, *Historia ecclesiastica*, VIII.v; Lactance, *De la mort des persécuteurs*, xii-xiii (PL, vii.213); Fleury, *Histoire ecclésiastique* (Paris 1713), ii.415-20.

[113] Ruinart, qui signale soigneusement ses sources, précise par exemple qu'il a tiré 'Les actes des saints martyrs Fructueux, évêque, Augure et Euloge, diacres' de divers manuscrits dont 'un de S. Benoist sur Loire; un des Célestins de Paris; un des Feuillants' (*Les Véritables actes des martyrs*, i.328).

arrivée en 303.[114] Ce jeune Romain avait obtenu son pardon de Dioclétien dans Antioche. Cependant, il dit que le juge Asclépiade le condamna à être brûlé. Des Juifs présents à ce spectacle, se 640 moquèrent du jeune St Romanus, et reprochèrent aux chrétiens que leur Dieu les laissait brûler, lui qui avait délivré Sidrac, Misac, et Abdenago de la fournaise;[115] qu'aussitôt il s'éleva, dans le temps le plus serein, un orage qui éteignit le feu; qu'alors le juge ordonna qu'on coupât la langue au jeune Romanus; que le premier médecin 645 de l'empereur se trouvant là, fit officieusement la fonction de bourreau, et lui coupa la langue dans la racine; qu'aussitôt le jeune homme qui était bègue auparavant, parla avec beaucoup de liberté; que l'empereur fut étonné que l'on parlât si bien sans langue; que le médecin pour réitérer cette expérience coupa sur-le-champ la 650 langue à un passant, lequel en mourut subitement.

Eusèbe, dont le bénédictin Ruinart a tiré ce conte, devait respecter assez les vrais miracles, opérés dans l'Ancien et dans le Nouveau Testament (desquels personne ne doutera jamais) pour ne pas leur associer des histoires si suspectes, lesquelles pourraient 655 scandaliser les faibles.[116]

639   65-67: Esclépiade
641   64: jeune Romanus

[114] Ruinart, *Les Véritables actes des martyrs*, i.596-604, suivi par Fleury, *Histoire ecclésiastique*, VIII; ii.424-26 (avec signet annoté: 'petit Romain langue coupée'; CN, iii.488), qui est probablement la source immédiate de Voltaire ici. Il avait rapporté le martyre de saint Romain dès 1756 dans *De Dioclétien*, et plus récemment dans les *Eclaircissements historiques* (1763). Il le reprendra, avec des variations stylistiques et autres, dans l'article 'Martyr' (l.21-34). Saint Romain tel que le présente Voltaire – 'jeune homme' ici, 'petit garçon' dans 'Martyr' – semble être le résultat d'une lecture trop rapide de Fleury, qui raconte simultanément le martyre de Romain, diacre et exorciste de Césarée, et celui d'un enfant de sept ans qui fut condamné avec lui.

[115] Daniel iii.12-94. Ni Ruinart ni Fleury ne précise les noms: 'Il y avait des Juifs qui disaient: Chez nous les trois enfants furent sauvés de la fournaise: mais ceux-ci brûlent' (Fleury, *Histoire ecclésiastique*, ii.424).

[116] Eusèbe, *Historia ecclesiastica*, 'Martyrs de Palestine', ii, en appendice au livre

Cette dernière persécution ne s'étendit pas dans tout l'empire. Il y avait alors en Angleterre quelque christianisme, qui s'éclipsa bientôt pour reparaître ensuite sous les rois saxons. Les Gaules méridionales et l'Espagne, étaient remplies de chrétiens. Le césar Constance Clore les protégea beaucoup dans toutes ces provinces. Il avait une concubine, qui était chrétienne, c'est la mère de Constantin, connue sous le nom de Ste Hélène; car il n'y eut jamais de mariage avéré entre elle et lui, et il la renvoya même dès l'an 292, quand il épousa la fille de Maximien Hercule; [117] mais elle avait conservé sur lui beaucoup d'ascendant, et lui avait inspiré une grande affection pour notre sainte religion.

La divine Providence prépara par des voies qui semblent humaines le triomphe de son Eglise. Constance Clore mourut en 306 à Yorck en Angleterre, dans un temps où les enfants qu'il avait de la fille d'un césar étaient en bas âge, et ne pouvaient prétendre à l'empire. Constantin eut la confiance de se faire élire à Yorck par cinq ou six mille soldats allemands, gaulois et anglais pour la plupart. Il n'y avait pas d'apparence que cette élection faite sans le consentement de Rome, du sénat, et des armées, pût prévaloir; mais Dieu lui donna la victoire sur Maxentius élu à Rome, et le délivra enfin de tous ses collègues. On ne peut

660

665

670

675

---

665   67, 69:   92
672   67, 69:   constance [69* errata: β]

VIII (*Histoire de l'Eglise*, p.407-408). Mais Eusèbe ne parle pas des Juifs qui se moquent de Romanus et ne dit pas qu'il ait parlé après avoir eu la langue coupée.

117 Voltaire suit Zosime, *Histoire*, ii.8, qui est le seul des anciens à nier ce mariage (*Histoire romaine écrite par Xiphilin, par Zonare, et par Zosime*, trad. Cousin, p.737). Il est admis aujourd'hui que Hélène fut sa concubine et Théodora, belle-fille de Maximien, son épouse. Il eut de la première Constantin et Constantia. Constance Chlore lui-même penchait pour le monothéisme et n'appliqua guère l'édit de 303. Cf. les carnets (V 81, p.148). Dans l'*Examen important*, Voltaire soulignera les origines modestes de la mère de Constantin: 'Cette Hélène dont on a fait une sainte, était *stabularia*, préposée à l'écurie' (V 62, p.305, n.*a*).

dissimuler qu'il ne se rendît d'abord indigne des faveurs du ciel, par le meurtre de tous ses proches, de sa femme et de son fils. [118]

On peut douter de ce que Zozime rapporte à ce sujet. Il dit que Constantin agité de remords, après tant de crimes, demanda aux pontifes de l'empire, s'il y avait quelques expiations pour lui, et qu'ils lui dirent qu'ils n'en connaissaient pas. [119] Il est bien vrai qu'il n'y en avait point eu pour Néron, et qu'il n'avait osé assister aux sacrés mystères en Grèce. [120] Cependant, les tauroboles étaient en usage; et il est bien difficile de croire qu'un empereur tout-puissant n'ait pu trouver un prêtre qui voulût lui accorder des sacrifices expiatoires. Peut-être même est-il encore moins croyable que Constantin occupé de la guerre, de son ambition, de ses

680

685

[118] Dans l'*Essai sur les mœurs*, ch.10, Voltaire énumère les victimes de 'toutes ces horreurs': 'Licinius, son beau-frère, assassiné malgré la foi des serments; Licinien, son neveu, massacré à l'âge de douze ans; Maximien, son beau-père, égorgé par son ordre à Marseille; son propre fils Crispus, mis à mort après lui avoir gagné des batailles; son épouse Fausta, étouffée dans un bain' (i.298). Voltaire est maintes fois revenu sur la personne et le règne de Constantin Ier (c. 280-337). Outre Zosime, sa source principale est l'*Histoire de l'Eglise* d'Eusèbe de Césarée, où sont reproduites la *Vie de l'empereur Constantin* et la *Harangue à la louange de l'empereur Constantin*, toutes deux par Eusèbe, et le *Discours de l'empereur Constantin, adressé à l'assemblée des fidèles*.

[119] La relation de Zosime, *Histoire*, ii.29, est plus que suspecte, les décès de Crispus et de Fausta étant postérieurs au concile de Nicée (325), longtemps après que Constantin se fut déclaré le protecteur des chrétiens, après sa victoire sur Maxence en 312. Un signet annoté signale ce passage dans l'exemplaire de Voltaire: 'constantin assassine son fils et sa femme avant detre chretien' (*Histoire romaine*, p.754-55). Dans ses critiques de Zosime, Voltaire suit de près Le Nain de Tillemont, *Histoire des empereurs* (Bruxelles 1709), iv.1.359-60; voir ci-dessus, art. 'Arius' et n.8.

[120] Suétone, *Vies des Césars*, VI, 'Néron', xxxiv; tiré de Warburton, *The Divine legation*, i.144. Cf. *La Philosophie de l'histoire*, ch.37, où Voltaire utilise les mêmes données pour prouver que les mystères avaient pour but d'inspirer la vertu aux hommes: 'l'empereur Néron, coupable de la mort de sa mère, ne put être reçu à ces mystères quand il voyagea dans la Grèce; le crime était trop énorme: et tout empereur qu'il était, les initiés n'auraient pas voulu l'admettre. Zozime dit aussi que Constantin ne put trouver de prêtres païens qui voulussent le purifier et l'absoudre de ses parricides' (V59, p.218).

projets, et environné de flatteurs, ait eu le temps d'avoir des remords. Zozime ajoute qu'un prêtre égyptien arrivé d'Espagne, qui avait accès à sa porte, lui promit l'expiation de tous ses crimes dans la religion chrétienne. On a soupçonné que ce prêtre était Ozius évêque de Cordoue de Cordoüe. [121] 690

Quoi qu'il en soit, Constantin communia avec les chrétiens, bien qu'il ne fût jamais que catéchumène, et réserva son baptême pour le moment de sa mort. Il fit bâtir sa ville de Constantinople, qui devint le centre de l'empire et de la religion chrétienne. Alors l'Eglise prit une forme auguste. 695

Il est à remarquer que dès l'an 314, avant que Constantin résidât dans sa nouvelle ville, ceux qui avaient persécuté les chrétiens furent punis par eux de leurs cruautés. Les chrétiens jetèrent la femme de Maximien dans l'Oronte; ils égorgèrent tous ses parents; [122] ils massacrèrent dans l'Egypte et dans la Palestine, les magistrats qui s'étaient le plus déclarés contre le christianisme. [123] La veuve et la fille de Dioclétien s'étant cachées à Thessalonique, furent reconnues, et leur corps fut jeté dans la mer. [124] Il eût été à souhaiter que les chrétiens eussent moins écouté l'esprit de vengeance; mais Dieu qui punit selon sa justice, voulut 700 705

---

[121] Zosime, *Histoire romaine*, p.754.

[122] Cf. les carnets: 'On noïa la femme et la fille de Maximin. On fit soufrir le dernier suplice à ses fils et à ses parents' (V 81, p.150). Mais Lactance, *De la mort des persécuteurs*, l, que suit Fleury, attribue ces meurtres non aux chrétiens mais à la vengeance de Licinius qui 'fit mourir Candidien, fils de Galérius et d'une concubine, mais sa femme Valérie l'avait adopté [...] Il fit mourir encore le fils aîné de Maximin, âgé de huit ans, sa fille âgée de sept ans [...] Valérie, veuve de Galérius et fille de Dioclétien, fut [...] arrêtée à Thessalonique avec sa mère. Leur supplice fut un grand spectacle' (Fleury, *Histoire ecclésiastique*, Paris 1719-1734, ii.622).

[123] Cf. les carnets: 'Dès que les Crétiens furent les maîtres par les victoires de Constantin et de Licinius son beau-frère, ils massacrèrent dans la Syrie et dans l'Egypte tous les magistrats qui avaient sévi contre les Chrétiens' (V 81, p.149); voir un passage parallèle dans l'*Essai sur les mœurs*, ch.10 (i.299).

[124] Lactance, *De la mort des persécuteurs*, li, est le seul à donner des détails sur la mort de Valeria et fille de Dioclétien, et sur celle de sa mère Prisca, condamnées par Licinius et tuées sur ses ordres; cf. *Examen important*, ch.30 (V 62, p.311).

que les mains des chrétiens fussent teintes du sang de leurs 71⟨ persécuteurs, sitôt que ces chrétiens furent en liberté d'agir.

Constantin convoqua, assembla dans Nicée, vis-à-vis de Constantinople, le premier concile œcuménique, auquel présida Ozius. [125] On y décida la grande question qui agitait l'Eglise, touchant la divinité de Jésus-Christ; [126] les uns se prévalaient de 71⟨ l'opinion d'Origène, qui dit au chap. 6 contre Celse, *Nous présentons nos prières à Dieu par Jésus, qui tient le milieu entre les natures créées, et la nature incréée, qui nous apporte la grâce de son père, et présente nos prières au grand Dieu en qualité de notre pontife.* [127] Ils s'appuyaient aussi sur plusieurs passages de St Paul, dont on a 72⟨ rapporté quelques-uns. [128] Ils se fondaient surtout sur ces paroles de Jésus-Christ, *Mon père est plus grand que moi*; [129] et ils regardaient Jésus comme le premier né de la création, comme la plus pure émanation de l'Etre suprême, mais non pas précisément comme Dieu. 72⟨

Les autres qui étaient orthodoxes, alléguaient des passages plus conformes à la divinité éternelle de Jésus, comme celui-ci: *Mon père et moi, nous sommes la même chose*; [130] paroles que les adversaires interprétaient comme signifiant, *mon père et moi avons le même dessein, la même volonté; je n'ai point d'autres désirs que ceux de mon* 73⟨ *père.* Alexandre, évêque d'Alexandrie, et après lui Athanase, étaient

[125] Pour plus de détails sur le premier concile de Nicée (325), auquel présidait Osius, évêque de Cordoue, voir Fleury, *Histoire ecclésiastique*, i.133 ss.; voir aussi ci-dessous, art. 'Conciles' et notes.

[126] En 1767 Voltaire ajoutera sur cette 'grande question' trois articles de ton plus polémique: 'Arius', 'Antitrinitaires' et 'Divinité de Jésus', composés après la lecture de l'article 'Unitaires' de l'*Encyclopédie*.

[127] Paraphrase d'Origène, *Contre Celse*, viii.13: 'Nous lui présentons les nôtres par ce même Jésus, qui, comme il tient le milieu entre les natures créées, et la nature incréée, nous apporte les grâces de son père, et porte, aussi, nos prières à ce grand Dieu, en qualité de notre pontife' (*Traité d'Origène contre Celse*, p.108, avec signet annoté: 'jesu milieu entre la nature créée et l'incréée').

[128] Voir ci-dessus, l.202-219.

[129] Jean xiv.28.

[130] Jean x.30.

à la tête des orthodoxes, et Eusèbe évêque de Nicomédie avec dix-sept autres évêques, le prêtre Arius, et plusieurs prêtres, étaient dans le parti opposé. La querelle fut d'abord envenimée, parce que St Alexandre traita ses adversaires d'antéchrists.[131]

Enfin, après bien des disputes, le Saint-Esprit décida ainsi dans le concile, par la bouche de 299 évêques, contre dix-huit:[132] *Jésus est fils unique de Dieu, engendré du Père, c'est-à-dire de la substance du Père, Dieu de Dieu, lumière de lumière, vrai Dieu de vrai Dieu, consubstantiel au Père; nous croyons aussi au Saint-Esprit, etc.* Ce fut la formule du concile. On voit par cet exemple combien les évêques l'emportaient sur les simples prêtres. Deux mille personnes du second ordre étaient de l'avis d'Arius, au rapport de deux patriarches d'Alexandrie qui ont écrit la chronique d'Alexandrie en arabe.[133] Arius fut exilé par Constantin, mais Athanase le fut

735

740

745

---

738 64: *c. d. de*
    65-67: *c. à d.*

[131] Dans une lettre d'Alexandre d'Alexandrie, conservée par Théodoret, *Histoire ecclésiastique*, i.2-3 (PG, lxvii.43 ss.), et par Socrate, *Histoire ecclésiastique*, i.vi (PG, lxxxii.836 ss.).

[132] La source de ces chiffres est inconnue. Dans l'article 'Conciles', Voltaire en dénombre dix-sept, chiffre donné par Alletz, *Dictionnaire portatif des conciles*, p.335, et Fleury, *Histoire ecclésiastique* (Paris 1691-1738), i.133. Fleury précise cependant qu'à la suite des interventions de Constantin, deux évêques seulement refusèrent de signer la déclaration conciliaire. Cf. C. J. Hefele, *Histoire des conciles*, i.268.

[133] La source de Voltaire est Bolingbroke, *The Philosophical works* (London 1754; BV457), iii.159, qu'il a cependant lu trop vite: 'M. Selden published in latin, from an arabian manuscript, the Antiquities of the Church of Alexandria, written by Eutychius. Now this author having given a list of these patriarchs [...] relates that Constantine summoned a council at Nicaea [...] The council consisted, he says, of two thousand and forty eight, whereof three hundred and eighteen were unanimous in declaring the divinity of Christ. The rest were divided by a great number of different opinions [...] but they all opposed the three hundred and eighteen. Selden produces two authorities more, to confirm that of Eutychius: the authority of Joseph, an Egyptian presbyter [...] and that of Ismael Ibn Ali, a mahometan historian of reputation'. Le chiffre de Voltaire est approximatif, on le voit. Nulle mention non plus chez Bolingbroke de cette opposition entre 'simples prêtres' et évêques. Aussi le signet qui marque le passage dans *The Philosophical works*, de

aussi bientôt après, et Arius fut rappelé à Constantinople; mais St Macaire pria Dieu si ardemment de faire mourir Arius, avant que ce prêtre pût entrer dans la cathédrale, que Dieu exauça sa prière. [134] Arius mourut en allant à l'église en 330. [135] L'empereur Constantin finit sa vie en 337. Il mit son testament entre les mains d'un prêtre arien, et mourut entre les bras du chef des ariens Eusèbe, évêque de Nicomédie, ne s'étant fait baptiser qu'au lit de mort, et laissant l'Eglise triomphante, mais divisée.

Les partisans d'Athanase et ceux d'Eusèbe se firent une guerre cruelle; et ce qu'on appelle l'arianisme fut longtemps établi dans toutes les provinces de l'empire.

Julien le philosophe, surnommé l'apostat, voulut étouffer ces divisions, et ne put y parvenir. [136]

Le second concile général fut tenu à Constantinople en 381. On y expliqua ce que le concile de Nicée n'avait pas jugé à propos de dire sur le Saint-Esprit, et on ajouta à la formule de Nicée, *que*

---

composition plus tardive sans doute, porte-t-il: '1700 fathers on the council of nicea against Divinity' (CN, i.387). Dès 1767, les 'deux patriarches d'Alexandrie' deviendront plus correctement le 'patriarche arabe' (art. 'Arius'). Ce n'est que plus tard que Voltaire a pu consulter lui-même l'édition procurée par John Selden des *Eutychii aegyptii patriarchae orthodoxorum Alexandrini* [...] *ecclesiae suae origines* (Londini 1642), comme en témoigne des textes postérieurs (M.xviii.208-209). Beausobre fait également mention d'Eutychius et de 2048 évêques (*Histoire critique de Manichée et du manichéisme*, i.531; CN, i.247).

[134] Cf. D9385 (*c.*5 novembre 1760), à Jacob Vernes: 'Que dites vous de cet autre évêque qui pria le bon dieu de faire mourir Arius lorsqu'il allait à l'église, et qui fut exaucé?' Voltaire cite volontiers cette anecdote sur la mort d'Arius; voir par ex. *Examen important*, ch.23 (V 62, p.319) et *Le Dîner du comte de Boulainvilliers* (V 63A, p.354). Il a mal lu saint Athanase qui, dans son *A Sérapion sur la mort d'Arius*, suit la relation du presbytre Macaire, témoin oculaire de la mort d'Arius. Selon Macaire, c'est Alexandre d'Alexandrie qui pria Dieu d'épargner à l'Eglise les troubles que causerait inévitablement le retour d'Arius; voir aussi Fleury, *Histoire ecclésiastique* (Paris 1719-1734), iii.254.

[135] Arius mourut en 336, après que le synode de Tyr et de Jérusalem de l'an 335 eut décidé de l'admettre de nouveau dans l'Eglise et que Constantin eut ordonné une réconciliation solennelle des factions qui divisaient l'Eglise.

[136] Voir ci-dessous, art. 'Julien'.

le Saint-Esprit est Seigneur vivifiant, qui procède du Père, et qu'il est adoré et glorifié avec le Père et le Fils. [137]

Ce ne fut que vers le neuvième siècle que l'Eglise latine statua par degrés que le Saint-Esprit procède du Père et du Fils. [138]   765

En 431 le 3ᵉ concile général tenu à Ephèse décida que Marie était véritablement mère de Dieu, et que Jésus avait deux natures et une personne. Nestorius évêque de Constantinople qui voulait que la Sainte Vierge fût appelée mère de Christ, fut déclaré *Judas* par le concile, et les deux natures furent encore confirmées par le   770 concile de Calcédoine. [139]

Je passerai légèrement sur les siècles suivants qui sont assez connus. Malheureusement, il n'y eut aucune de ces disputes qui ne causât des guerres, et l'Eglise fut toujours obligée de combattre. Dieu permit encore, pour exercer la patience des fidèles, que les   775 Grecs et les Latins rompissent sans retour au neuvième siècle: [140] il permit encore qu'en Occident il y eût 29 schismes sanglants pour la chaire de Rome. [141]

---

776   64-69: rompirent

[137] Le deuxième concile œcuménique, convoqué à Constantinople par Théodose en 381, élargit le credo avec le propos du 'Dominum et vivificantem'; voir Jean Hermant, *Histoire des conciles* (Rouen 1755; BV), i.140.

[138] Le 'Filioque' sur la procession du Saint-Esprit se fixa à une date incertaine en Espagne wisigothique et fut admis par le synode de Tolède en 589. Dans l'article 'Credo', de 1769, Voltaire date lui-même le credo du cinquième siècle.

[139] La séparation des deux natures impliquait que Marie ne pouvait être la 'theotokos' (mère de Dieu) et en plus la mère du Christ. Le concile était divisé; mais finalement les adversaires de Nestorius l'emportèrent. Les thèses d'Eutychès, à l'inverse de Nestorius, nécessitèrent la tenue d'un nouveau concile en 451 à Chalcédoine. Le monophysisme y fut condamné à son tour. Voir ci-dessus, art. 'Conciles', où Voltaire traite plus en détail du concile d'Ephèse.

[140] Voltaire y avait consacré le chapitre 31 de l'*Essai sur les mœurs*, 'De Photius, et du schisme entre l'Orient et l'Occident'.

[141] Le critique du *Journal helvétique* s'indigne devant cette interprétation: 'Il est absolument faux que chaque fois qu'il s'est trouvé deux prétendants à la chaire de Rome cela ait occasionné un *schisme sanglant*. Ordinairement ces contestations n'ont pas fait la moindre sensation hors des murs de Rome. C'est aux mœurs

Cependant l'Eglise grecque presque tout entière, et toute l'Eglise d'Afrique devinrent esclaves sous les Arabes, et ensuite 7₈ sous les Turcs, qui élevèrent la religion mahométane sur les ruines de la chrétienne; l'Eglise romaine subsista, mais toujours souillée de sang par plus de six cents ans de discorde, entre l'empire d'Occident et le sacerdoce. Ces querelles mêmes la rendirent très puissante. Les évêques, les abbés en Allemagne se firent tous 7₈ princes, [142] et les papes acquirent peu à peu la domination absolue dans Rome et dans un pays de cent lieues. Ainsi Dieu éprouva son Eglise par les humiliations, par les troubles, par les crimes, et par la splendeur.

Cette Eglise latine perdit au seizième siècle la moitié de l'Allemagne, le Dannemarck, la Suède, l'Angleterre, l'Ecosse, l'Irlande, 7₈ la meilleure partie de la Suisse, [143] la Hollande; elle a gagné plus de terrain en Amérique par les conquêtes des Espagnols, qu'elle n'en a perdu en Europe, mais avec plus de territoire elle a bien moins de sujets. 7₈

La Providence divine semblait destiner le Japon, Siam, l'Inde et la Chine, à se ranger sous l'obéissance du pape, pour le récompenser de l'Asie mineure, de la Syrie, de la Grèce, de l'Egypte, de l'Afrique, de la Russie, et des autres Etats perdus, dont nous avons parlé. St François Xavier qui porta le saint 8₀ Evangile aux Indes orientales, et au Japon quand les Portugais y

788-789   64-67: troubles et par la splendeur.
791-792   64, 65, 67: l'Irlande, la Suisse
               65v: l'Irlande, les trois quarts de la Suisse

---

féroces, répandues dans toute l'Europe par les barbares qui l'inondèrent au vᵉ siècle, que l'on est redevable des scènes qui ont quelquefois déshonoré le premier siège de l'Eglise' (août 1766, p.126).

[142] Cf. ci-dessus, art. 'Abbé', l.14-15 et n.8.

[143] Voltaire s'est corrigé (voir l.791-792v): si la plus grande partie de la Suisse avait en effet adhéré à la Réforme (Zurich, Bâle, Berne, Schaffhouse, Genève...), certains cantons montagnards et ruraux étaient restés fidèles au catholicisme (Lucerne, Soleure, Fribourg, etc.).

allèrent chercher des marchandises, fit un très grand nombre de miracles, tous attestés par les RR. PP. jésuites; quelques-uns disent qu'il ressuscita neuf morts; mais le R. P. Ribadeneyra, dans sa *Fleur des saints*, se borne à dire qu'il n'en ressuscita que quatre; [144] c'est bien assez. La Providence voulut qu'en moins de cent années il y eût des milliers de catholiques romains dans les îles du Japon. Mais le diable sema son ivraie au milieu du bon grain. Les chrétiens formèrent une conjuration suivie d'une guerre civile, dans laquelle ils furent tous exterminés en 1638. Alors la nation ferma ses ports à tous les étrangers, excepté aux Hollandais qu'on regardait comme des marchands, et non pas comme des chrétiens, et qui furent d'abord obligés de marcher sur la croix pour obtenir la permission de vendre leurs denrées dans la prison où on les renferme lorsqu'ils abordent à Nangazaki. [145]

805

810

815

144 Pedro de Ribadeneyra, *Flos sanctorum, o libro de las vidas de los sanctos* (Madrid 1599-1610), à la date du 3 décembre. Voltaire possédait et a utilisé la traduction française de René Gautier, *Les Nouvelles fleurs de la vie des saints* (Paris 1673-1686; BV). Cf. les carnets (V 81-82, p.166-67, 465). Dominique Bouhours, *La Vie de saint François Xavier de la Compagnie de Jésus, apôtre des Indes et du Japon*, nouv. éd. (Paris 1754; BV), énumère également quatre morts ressucités (p.158, 187, 224).

145 Voltaire y avait consacré le chapitre 196 de l'*Essai sur les mœurs*, 'Du Japon au XVIIᵉ siècle, et de l'extinction de la religion chrétienne en ce pays'; cf. *Candide*, ch.5 (V 48, p.135-36). Après l'expulsion totale des Portugais, les Hollandais avaient reçu l'ordre, en 1641, de s'installer dans la petite île de Desima ou Desimamatz à Nagasaki. Pour prouver qu'ils renonçaient définitivement à la religion chrétienne, les autorités imposaient 'le Jesumi, c'est-à-dire dans le sens littéral, l'action de fouler aux pieds la figure: à cause qu'ils foulent aux pieds l'image de notre Sauveur attaché à la croix, et celle de la sainte mère ou de quelque autre saint; ce qui est une preuve convaincante, et incontestable, qu'ils renoncent à jamais à J. C. et à sa religion. Cette horrible cérémonie commence à se faire le second jour du premier mois. Ils commencent en deux différents endroits en même temps, et vont de rue en rue, et de maison en maison: ils expédient ainsi cinq ou six par jour, jusqu'à ce que tout soit fini' (Engelbert Kämpfer, *Histoire naturelle, civile et ecclésiastique de l'empire du Japon*, La Haye 1729; BV; ii.30; cf. p.63, 72, 75). Voir également P.-F.-X. de Charlevoix, *Histoire de l'établissement, des progrès, et de la décadence du christianisme dans l'empire du Japon* (Rouen 1715), iii.459.

La religion catholique, apostolique et romaine fut proscrite à la Chine dans nos derniers temps, mais d'une manière moins cruelle. [146] Les RR. PP. jésuites n'avaient pas à la vérité ressuscité des morts à la cour de Pékin, ils s'étaient contentés d'enseigner l'astronomie, de fondre du canon, et d'être mandarins. Leurs malheureuses disputes avec des dominicains et d'autres, scandalisèrent à tel point le grand empereur Yontchin, que ce prince qui était la justice et la bonté même, fut assez aveugle pour ne plus permettre qu'on enseignât notre sainte religion, dans laquelle nos missionnaires ne s'accordaient pas. Il les chassa avec une bonté paternelle, leur fournissant des subsistances et des voitures jusqu'aux confins de son empire.

Toute l'Asie, toute l'Afrique, la moitié de l'Europe, tout ce qui appartient aux Anglais, aux Hollandais dans l'Amérique, toutes les hordes américaines non domptées, toutes les terres australes, qui sont une cinquième partie du globe, sont demeurées la proie du démon, pour vérifier cette sainte parole: *il y en a beaucoup d'appelés mais peu d'élus*; [147] s'il y a environ seize cents millions d'hommes sur la terre, comme quelques doctes le prétendent, [148] la sainte Eglise romaine catholique universelle en possède à peu près soixante millions, ce qui fait plus de la vingt-sixième partie des habitants du monde connu.

---

829   65v: Anglais et aux
831   65v: qui font une
836-837   64:   plus de la deux cent trentième partie [64*, M52: β]
            65v: fait près de la vingt-septième partie

---

[146] Voltaire, qui avait traité de l'expulsion des jésuites de la Chine en 1724 dans *Le Siècle de Louis XIV*, ch.39, 'Disputes sur les cérémonies chinoises. Comment ces querelles contribuèrent à faire proscrire le christianisme à la Chine', y reviendra en 1768, dans la *Relation du bannissement des jésuites de la Chine*; cf. ci-dessus, art. 'Chine'.

[147] Matthieu xx.16.

[148] Calculs relatifs. Cf. *Encyclopédie*, art. 'Population', xiii.88-89.

LE CIEL DES ANCIENS[1]

Si un ver à soie donnait le nom de ciel au petit duvet qui entoure sa coque, il raisonnerait aussi bien que firent tous les anciens, en donnant le nom de ciel à l'atmosphère, qui est, comme dit très bien M. de Fontenelle dans ses Mondes, le duvet de notre coque.[2]

Les vapeurs qui sortent de nos mers et de notre terre, et qui forment les nuages, les météores et les tonnerres, furent pris d'abord pour la demeure des dieux. Les dieux descendent toujours dans des nuages d'or chez Homère;[3] c'est de là que les peintres les peignent encore aujourd'hui assis sur une nuée; mais comme il était bien juste que le maître des dieux fût plus à son aise que les autres, on lui donna un aigle pour le porter, parce que l'aigle vole plus haut que les autres oiseaux.[4]

[1] Aucune allusion ne permet de préciser la date de composition de cet article publié en 1764.

[2] Fontenelle, *Entretiens sur la pluralité des mondes*, 'Premier soir': la marquise s'avisant que 'si la terre tourne, nous changeons d'air à chaque moment', son interlocuteur lui assure que la couche d'air, épaisse de vingt lieues tout au plus, 'nous suit et tourne avec nous' et ajoute: 'Vous avez vu quelquefois l'ouvrage d'un ver à soie ou ces coques que ces petits animaux travaillent avec tant d'art pour s'y emprisonner. Elles sont d'une soie fort serrée, mais elles sont couvertes d'un certain duvet fort léger et fort lâche. C'est ainsi que la Terre, qui est assez solide, est couverte depuis sa surface jusqu'à une certaine hauteur, d'une espèce de duvet qui est l'air, et toute la coque de ver à soie tourne en même temps' (éd. Calame, p.42).

[3] Cette remarque n'est guère d'un lecteur assidu de l'*Iliade*. S'il est bien fait mention d'un nuage d'or dont Zeus enveloppe Héra pour la dérober aux regards au moment où il s'unit à elle (xiv.342-343, 350-351), quand les dieux descendent de l'Olympe ou de l'Ida pour aborder tel ou tel héros, c'est ordinairement sans nuage d'or et même sans nuage du tout; voir i.194-198, ii.166-168, ii.790-795, iv.507-508, xi.183-185, etc. Le nuage n'est mentionné que s'il sert à dissimuler (v.776, xiv.282).

[4] Cf. *Encyclopédie*, art. 'Aigle', ajout de Diderot: 'L'aigle est un oiseau consacré à Jupiter, du jour où ce dieu ayant consulté les augures dans l'île de Naxos, sur le succès de la guerre qu'il allait entreprendre contre les Titans, il parut un aigle qui lui fut d'un heureux présage. On dit encore que l'aigle lui fournit de l'ambroisie

Les anciens Grecs voyant que les maîtres des villes demeuraient dans des citadelles, au haut de quelque montagne, jugèrent que les dieux pouvaient avoir une citadelle aussi, et la placèrent en Thessalie sur le mont Olimpe,[5] dont le sommet est quelquefois caché dans les nues, de sorte que leur palais était de plain-pied à leur ciel.

Les étoiles et les planètes qui semblent attachées à la voûte bleue de notre atmosphère, devinrent ensuite les demeures des dieux; sept d'entre eux eurent chacun leur planète,[6] les autres logèrent où ils purent; le conseil général des dieux se tenait dans une grande salle, à laquelle on allait par la Voie lactée;[7] car il fallait bien que les dieux eussent une salle en l'air, puisque les hommes avaient des hôtels de ville sur la terre.

Quand les Titans, espèce d'animaux entre les dieux et les hommes, déclarèrent une guerre assez juste à ces dieux-là, pour réclamer une partie de leur héritage du côté paternel, étant fils du ciel et de la terre, ils ne mirent que deux ou trois montagnes les

pendant son enfance, et que ce fut pour le récompenser de ce soin qu'il le plaça dans la suite parmi les astres [...] Il y a bien de l'apparence que toute cette fable n'est fondée que sur l'observation du vol de l'aigle qui aime à s'élever dans les nuages les plus hauts, et à se tenir dans la région du tonnerre' (i.196). On notera que le *Dictionnaire de la mythologie grecque et romaine* de P. Grimal ne spécifie nullement que l'aigle ait été pour Zeus un moyen de locomotion.

[5] Beaucoup de monts avaient reçu ce nom dans le monde grec, mais le plus fameux, celui dont Homère a fait le séjour des dieux, se dresse en effet aux confins de la Macédoine et de la Thessalie.

[6] Au dix-huitième siècle, des neuf planètes de notre hémisphère cinq seulement (Mercure, Vénus, Mars, Jupiter, Saturne) étaient connues en plus de la Terre et de la Lune. Voltaire s'est expliqué sur ce point dès les années 1740: 'Avant Galilée on comptait sept planètes en y mettant très mal à propos le Soleil' (*Eléments de la philosophie de Newton*, III, V 15, p.526). On sait qu'Hélios, le dieu du soleil, s'appelait aussi Phébus ou Apollon, et que la lune divinisée s'est appelée Séléné, ou Artémis, ou Diane.

[7] C'est par la Voie lactée que 'l'on se rend au palais de Jupiter et que les héros entrent dans le ciel; à droite et à gauche se trouvent les habitations des dieux les plus puissants'. Le 'conseil général des dieux' dont parle Voltaire est plusieurs fois évoqué dans l'*Iliade* (par ex. chant IV).

unes sur les autres, comptant que c'en était bien assez pour se 30
rendre maîtres du ciel, et du château de l'Olimpe. [8]

> *Neve foret terris securior arduus aether;*
> *Affectasse ferunt regnum coeleste gigantes,*
> *Altaque congestos struxisse ad sidera montes.* [9]

Cette physique d'enfants et de vieilles, était prodigieusement 35
ancienne; cependant il est très sûr que les Chaldéens avaient des
idées aussi saines que nous de ce qu'on appelle le ciel; ils plaçaient
le soleil au centre de notre monde planétaire, à peu près à la
distance de notre globe que nous avons reconnue; ils faisaient

---

[8] Voltaire commet la confusion entre Titans et Géants. Les Titans constituent
la génération issue du Ciel (Ouranos) et de la Terre (Gaia) qui a gouverné le
monde avant Zeus et les dieux olympiens. Le plus jeune, Cronos, leur permet en
détrônant leur père Ouranos, de s'emparer du pouvoir. Cronos est à son tour
détrôné par Zeus, le seul de ses fils qu'il n'ait pu dévorer à sa naissance, parce que
sa mère l'a soustrait à sa voracité. Vaincus après une lutte de dix ans, Cronos et
les autres Titans sont précipités dans le Tartare sous la garde des Géants, dont
certains avaient apporté à Zeus une aide décisive contre les Titans. Mais bientôt,
ces Géants, eux aussi enfants d'Ouranos et de Gaia, se révoltent, prétendant donc
à quelque chose du pouvoir de leur père. D'une taille et d'une force monstrueuses,
ils avaient les jambes et les pieds en forme de serpents. Pour détrôner Zeus et les
autres Olympiens, ils entassent le Pélion sur l'Ossa et l'Olympe sur l'Ossa afin
d'escalader le ciel et de lancer d'énormes rochers contre les dieux. Ceux qui sont
retombés dans la mer y ont formé des îles et ceux qui sont retombés sur la terre y
ont constitué des montagnes. Zeus et les Olympiens luttant à ses côtés ne durent
qu'à l'intervention d'Héraclès la victoire qui permit de précipiter les Géants au
Tartare, ou encore de les enterrer vivants dans différentes régions de la terre.

[9] Ovide, *Métamorphoses*, i.151-153. Après avoir évoqué la création et les quatre
âges de l'humanité, le poète en vient à la révolte des Géants dont le rappel
commence par ces trois vers qui peuvent se rendre ainsi: 'Et pour que le ciel élevé
n'offrît pas plus de sûreté que la terre, les Géants, dit-on, ont cherché à s'emparer
du royaume des Immortels en élevant un amoncellement de montagnes jusqu'à la
hauteur des cieux étoilés'. Revoyant cet article pour les QE, Voltaire fera suivre les
trois vers latins de cette belle infidèle: 'On attaqua le ciel aussi bien que la terre /
Les Géants chez les dieux osant porter la guerre / Entassèrent des monts jusqu'aux
astres des nuits'.

tourner la terre, et toutes les planètes autour de cet astre; c'est ce 4<
que nous apprend Aristarque de Samos:[10] c'est le véritable système
du monde que Copernic a renouvelé depuis; mais les philosophes
gardaient le secret pour eux, afin d'être plus respectés des rois et
du peuple, ou plutôt pour n'être pas persécutés.

Le langage de l'erreur est si familier aux hommes, que nous 4§
appelons encore nos vapeurs, et l'espace de la terre à la lune, du
nom de ciel; nous disons, monter au ciel, comme nous disons que
le soleil tourne, quoiqu'on sache bien qu'il ne tourne pas; nous
sommes probablement le ciel pour les habitants de la lune, et
chaque planète place son ciel dans la planète voisine. 5<

Si on avait demandé à Homère dans quel ciel était allée l'âme

---

40   65v: et d'autres planètes
41   65v: c'est presque le véritable

---

[10] Voltaire exposera en termes très voisins les mêmes idées en 1765 dans *La Philosophie de l'histoire*, pour montrer que la découverte par 'les sages de Chaldée' du 'véritable système de notre univers' atteste une prodigieuse antiquité de ce peuple (V 59, p.120-21). Notons que dix ans plus tard Voltaire s'infligera le plus éclatant démenti: 'Je crois avoir cru autrefois que Pythagore avait appris chez les Chaldéens le vrai système céleste; mais je ne le crois plus. A mesure que j'avance en âge, je doute de tout' (QE, art. 'Système', M.xx.468). Ce scepticisme est principalement motivé par deux raisons: 1) si les Chaldéens avaient réellement fait une telle découverte, elle ne se serait pas perdue mais transmise de siècle en siècle; 2) ils n'avaient ni la science, ni les instruments d'exploration nécessaires. Quant au 'prétendu Aristarque de Samos qu'on dit avoir développé les découvertes des Chaldéens', son livre est des plus obscurs et il est 'fort douteux' qu'il soit de lui (M.xx.469). Aujourd'hui Aristarque de Samos (*c.* 310-230 av. J.-C.), premier grand astronome de l'école d'Alexandrie, est regardé comme un génial précurseur de Copernic, quand il affirmait que la Terre non seulement tournait sur elle-même, comme le voulait Héraclide, mais aussi décrivait une orbite circulaire autour du Soleil ainsi que les autres planètes. Cette grande intuition de l'héliocentrisme, outre qu'elle lui valut l'accusation d'impiété, n'eut pas un grand retentissement.

de Sarpédon, [11] et où était celle d'Hercule, [12] Homère eût été bien embarrassé, il eût répondu par des vers harmonieux.

Quelle sûreté avait-on que l'âme aérienne d'Hercule se fût trouvée plus à son aise dans Vénus, dans Saturne, que sur notre globe? Aurait-elle été dans le soleil? la place ne paraît pas tenable dans cette fournaise. Enfin, qu'entendaient les anciens par le ciel? ils n'en savaient rien, ils criaient toujours *le ciel et la terre*; c'est comme si on criait l'infini et un atome. Il n'y a point, à proprement parler, de ciel, il y a une quantité prodigieuse de globes qui roulent dans l'espace vide, et notre globe roule comme les autres.

Les anciens croyaient qu'aller dans les cieux c'était monter; mais on ne monte point d'un globe à un autre; les globes célestes sont tantôt au-dessus de notre horizon, tantôt au-dessous. Ainsi, supposons que Vénus étant venue à Paphos, retournât dans sa planète quand cette planète était couchée, la déesse Vénus ne montait point alors par rapport à notre horizon; elle descendait, et on devait dire en ce cas *descendre au ciel*. Mais les anciens n'y entendaient pas tant de finesse; ils avaient des notions vagues, incertaines, contradictoires sur tout ce qui tenait à la physique.

55

60

65

70

---

57 65v: par ciel

[11] C'est au chant XVI de l'*Iliade* qu'est longuement contée la mort de Sarpédon, le chef des Lyciens, tué au combat par le redoutable Patrocle. Sarpédon étant son fils, Zeus ne voit pas sans angoisse ce combat singulier dont il connaît d'avance l'issue. Il songe à le dérober au combat pour le déposer en Lycie, mais Héra s'y oppose, le destin de Sarpédon devant s'accomplir. Elle propose toutefois à Zeus cet adoucissement à son chagrin: 'quand l'âme et la vie l'auront abandonné, charge Trépas, charge le doux Sommeil de l'emporter et d'aller avec lui jusqu'au pays de la vaste Lycie. Là, ses frères et parents l'enterreront dans un tombeau, sous une stèle' (XVI.453-457; trad. P. Mazon). Zeus accepte cette suggestion, mais elle ne fixe de destination qu'à la dépouille de Sarpédon, sans que l'on sache pour autant où a bien pu aller son âme.

[12] L'exemple n'est peut-être pas des mieux choisis, car Homère ne raconte pas l'apothéose d'Héraclès. La légende précise que, pendant que son bûcher brûlait, Héraclès fut enlevé au ciel sur un nuage dans le fracas de la foudre et placé parmi les dieux de l'Olympe.

On a fait des volumes immenses pour savoir ce qu'ils pensaient sur bien des questions de cette sorte. Quatre mots auraient suffi, *ils ne pensaient pas*.

Il faut toujours en excepter un petit nombre de sages, mais ils sont venus tard; peu ont expliqué leurs pensées, et quand ils l'ont fait, les charlatans de la terre les ont envoyés au ciel par le plus court chemin.

Un écrivain qu'on nomme, je crois, Pluche, a prétendu faire de Moïse un grand physicien;[13] un autre avait auparavant concilié Moïse avec Descartes, et avait imprimé le *Cartesius Moʒaiʒans*;[14]

76-77   64, 65v: par le plus court.//

[13] Destinée à produire un effet dévalorisant, cette affectation d'incertitude sur le nom de l'auteur de l'*Histoire du ciel considéré selon les idées des poètes, des philosophes, et de Moïse*, n'abusera personne: Voltaire connaît bien et depuis longtemps Noël-Antoine Pluche. Il possède deux éditions du *Spectacle de la nature* (Paris 1732-1746, 1755-1764) et deux de l'*Histoire du ciel* (Paris 1739, 1757), avec de nombreuses traces de lecture et notes marginales. Il affirmera que ces deux ouvrages 'contiennent de très bonnes choses pour les commençants', tout en observant que leurs 'erreurs ridicules, prodiguées à côté de vérités utiles, peuvent aisément égarer des esprits qui ne sont pas encore formés' (QE, art. 'François Bacon', M.xvii.526). L'*Histoire du ciel* est divisée en quatre livres, dont le troisième, 'La Physique de Moïse', fait voir 'que le bon sens et l'expérience établissent la création des corps, soit organisés, soit élémentaires, par des volontés spéciales et de la manière que Moïse nous l'a rapportée' (La Haye 1740, i.xvii). Ainsi Pluche explique le plus sérieusement du monde, à la suite de Descartes, que le soleil se borne à pousser vers nous la lumière qui remplit l'univers: 'Elle y est avant qu'il vienne, comme l'air est autour de nous indépendamment de la cloche qui pousse cet air sur nos oreilles; et il est infiniment plus ridicule de prétendre que le soleil enfante à chaque instant la lumière et en remplisse de moment en moment l'épouvantable espace de la sphère qu'il éclaire, que de prétendre que la cloche produit l'air qui frappe mon oreille, parce qu'elle l'agite jusqu'à moi' (ii.357).

[14] Johan Amerpoel, *Cartesius Mosaiʒans seu evidens et facilis conciliatio philosophiae Cartesii cum historia Creationis primo capite Geneseos per Mosem tradita* (1669). Calmet le cite dans le prologue de sa 'Dissertation sur le système du monde des anciens Hébreux' comme le type même d'ouvrages prouvant qu''on a trouvé dans le premier chapitre de la Genèse, qui regarde la création du monde, tous les systèmes dont on était rempli' (*Dissertations qui peuvent servir de prolégomènes de l'Ecriture sainte*, Paris 1720, i.439). Amerpoel cite d'abord des versets de la Genèse,

selon lui, Moïse avait inventé le premier les tourbillons et la matière subtile; mais on sait assez que Dieu qui fit de Moïse un grand législateur, un grand prophète, ne voulut point du tout en faire un professeur de physique; il instruisit les Juifs de leur devoir, et ne leur enseigna pas un mot de philosophie. Calmet qui a beaucoup compilé et qui n'a raisonné jamais, parle du système des Hébreux;[15] mais ce peuple grossier était bien loin d'avoir un système;[16] il n'avait pas même d'école de géométrie, le nom leur en était inconnu; leur seule science était le métier de courtier et l'usure.

On trouve dans leurs livres quelques idées louches, incohérentes, et dignes en tout d'un peuple barbare sur la structure du

85

90

---

puis les rapproche de textes de Descartes tirés du *Discours de la méthode*, des *Principes*, des *Méditations*, de la *Dioptrique*, etc.

[15] Voici en quels termes Calmet, dans sa 'Dissertation sur le système du monde des anciens Hébreux', définit le mot système: 'Pour tout le reste de l'univers, on est réduit à faire des systèmes et à bâtir de simples hypothèses, sans espérance de parvenir jamais à une connaissance exacte et démonstrative des choses qu'on étudie'. Tous les systèmes du monde élaborés par les anciens 'ont été renversés ou réformés dans ces derniers siècles' et c'est probablement le même sort qui attend les nôtres (*Dissertations*, i.438). Voltaire pour sa part donnerait volontiers deux sens au mot système, dont au reste le premier recouvre celui de Calmet: 'Nous entendons par système une supposition: ensuite, quand cette supposition est prouvée, ce n'est plus un système, c'est une vérité. Cependant nous disons encore par habitude le *système céleste*, quoique nous entendions par là la position réelle des astres' (QE, art. 'Système', M.xx.467-68).

[16] Voltaire semble ici avoir enrichi, de façon soudaine et singulière, le sens du mot système devenu un ensemble articulé de représentations cohérentes du monde élaboré à l'aide des mathématiques. Calmet ne retient pas ce critère de cohérence. Il existe bien à ses yeux un système des Hébreux à partir du moment où il est possible de dresser un inventaire descriptif de leurs représentations, quelle qu'en soit la valeur: 'Mais nous n'entrons point ici dans l'examen de la vérité, ou de la fausseté de l'hypothèse des Hébreux: nous nous contentons de l'exposer et d'en donner une idée distincte' (*Dissertations*, i.440).

ciel. [17] Leur premier ciel était l'air, [18] le second le firmament, où étaient attachées les étoiles; [19] ce firmament était solide et de glace, [20] et portait les eaux supérieures, qui s'échappèrent de ce réservoir par des portes, des écluses, des cataractes, au temps du déluge. [21]

Au-dessus de ce firmament ou de ces eaux supérieures, était le troisième ciel ou l'empyrée, où St Paul fut ravi. [22] Le firmament était une espèce de demi-voûte, qui embrassait la terre. [23] Le soleil ne faisait point le tour d'un globe qu'ils ne connaissaient pas.

[17] L'énumération qui suit provient directement de Calmet, 'Dissertation sur le système du monde des anciens Hébreux', art. IV (cf. CN, ii.388). A la différence de Voltaire, Calmet distingue ce que dit la Genèse et ce qu'ont dit ses commentateurs.

[18] Dans ce premier ciel sont les oiseaux (Genèse i.26, 28; ii.19, etc.).

[19] Ainsi que le soleil et la lune (Genèse i.7, 8, 14-18).

[20] Calmet: 'L'antiquité chrétienne a été fort partagée sur la nature et les qualités du firmament; et encore aujourd'hui les commentateurs juifs et chrétiens sont sur cela assez peu d'accord entre eux. Les uns croient que c'est comme une glace solide et très dure, qui soutient au-dessus de soi une prodigieuse quantité d'eau. D'autres l'ont composé d'une matière de feu. D'autres d'eau simple. D'autres de vapeurs, d'air ou de matière de fumée. D'autres d'un composé des quatre éléments. Et d'autres enfin d'un cinquième élément, différent des quatre autres. Mais toutes les expressions de l'Ecriture nous persuadent que les anciens Hébreux croyaient le firmament un corps très solide et capable de supporter un grand poids, tel qu'est celui des eaux supérieures dont il est chargé' (*Dissertations*, i.448).

[21] Genèse vii.11.

[22] Calmet: 'Enfin le troisième ciel et le plus élevé de tous est celui où réside la majesté du Très Haut (Deutéronome x.14). C'est là où saint Paul fut ravi et où il entendit des choses qu'il n'est pas permis à l'homme de publier (II Corinthiens xii.2-4)' (*Dissertations*, i.448).

[23] Calmet: 'On peut se le représenter comme une voûte très vaste et très massive. C'est l'idée qu'en a eue Joseph, lorsqu'il dit que Dieu a enveloppé le ciel de glace. Le terme hébreu *rakiach*, que l'on a traduit par *firmamentum*, signifie proprement une plaque de métal étendue à coup de marteau. Job compare les cieux à un miroir de bronze battu au marteau. Isaïe [...] dit "que le Seigneur étend les cieux comme une voûte"; et c'est de là que la plupart des Pères ont pris leur idée du firmament. [...] Enfin tout ce que l'on vient de dire confirme admirablement l'hypothèse qui veut que le firmament soit au-dessus de la terre en forme de voûte, en sorte que ses extrémités portent sur cette terre que l'on concevait au-delà des océans' (*Dissertations*, i.448-49).

Quand il était parvenu à l'occident, il revenait à l'orient par un chemin inconnu;[24] et si on ne le voyait pas, c'était comme le dit le baron de Feneste, parce qu'il revenait de nuit.[25]

Encore les Hébreux avaient-ils pris ces rêveries des autres peuples. La plupart des nations, excepté l'école des Chaldéens, regardaient le ciel comme solide; la terre fixe et immobile, était plus longue d'orient en occident que du midi au nord d'un grand tiers; de là viennent ces expressions de longitude et de latitude[26] que nous avons adoptées. On voit que dans cette opinion il était impossible qu'il y eût des antipodes.[27] Aussi St Augustin traite l'idée des antipodes *d'absurdité*,[28] et Lactance dit expressément,

105

110

[24] Calmet: 'Nous ne trouvons pas dans l'Ecriture un système bien marqué, pour la manière dont le soleil va de l'occident à l'orient [...]. Les anciens avaient sur cela deux systèmes; le premier que le soleil arrivant à l'occident se plongeait dans la mer et y réparait [...] l'épuisement et la dissipation qu'il avait soufferte durant tout le jour. De là il se rendait au lieu de son lever par des routes inconnues aux hommes. Le second système était que le soleil étant arrivé à l'occident y rencontrait du côté du midi une très haute montagne [...] autour de laquelle il tournait pendant la nuit; en sorte que les jours étaient plus ou moins longs suivant que le soleil tournait autour de l'endroit où la montagne était plus ou moins épaisse. Je ne dirai point ce que pensaient les Hébreux sur cela' (*Dissertations*, i.451-52).

[25] Cette saillie, que Voltaire a plusieurs fois notée dans ses carnets (V 81-82, p.321, 330, 441), figure dans Agrippa d'Aubigné, *Les Aventures du baron de Faeneste*, III.viii. Avouant ne pas savoir utiliser un cadran solaire, Faeneste se défend d'être un de 'ces chercheurs d'antipodes' auxquelles il ne croit pas. Loin d'imaginer que le soleil puisse 'passer sous la terre' pour se lever à nouveau à l'orient, il préfère penser qu'il accomplit son retour au dessus de nous, mais sans que nous puissions l'apercevoir, 'car il s'en revient de nuit'.

[26] L'étymologie historique de ces deux termes a été exposée par Bruzen de La Martinière dans ses articles 'Longitude' et 'Latitude'; ou encore par Pluche, dans *Le Spectacle de la nature*, III.iv (Paris 1732-1746, iv.395-96), mais sans que soit spécifiée par l'un ou l'autre cette différence d'un 'grand tiers' que précise ici Voltaire et qu'il répétera dans les QE, art. 'Ciel matériel' (M.xviii.185).

[27] L'idée même d'une longueur et d'une largeur de la terre excluait qu'on en pût concevoir la rotondité puisque toutes les circonférences qu'on peut tracer sur une sphère sont rigoureusement égales.

[28] C'est dans *La Cité de Dieu*, XVI.ix, que saint Augustin s'est demandé s'il fallait croire qu'il y eût des antipodes: 'Cette assertion n'est appuyée sur aucun témoignage historique [...] parce que la terre étant suspendue en l'air et ronde, ils s'imaginent

Y a-t-il des gens assez fous pour croire qu'il y ait des hommes dont la tête soit plus basse que les pieds? etc.[29]

St Chrysostome s'écrie dans sa quatorzième homélie, *Où sont ceux qui prétendent que les cieux sont mobiles, et que leur forme est circulaire?*[30]

Lactance dit encore au liv. III de ses Institutions, *Je pourrais vous prouver par beaucoup d'arguments qu'il est impossible que le ciel entoure la terre.*[31]

L'auteur du Spectacle de la nature pourra dire à M. le Chevalier tant qu'il voudra, que Lactance et St Chrysostome étaient de

---

122 65v: et Chrysostome

---

que la partie qui est sous nos pieds n'est pas sans habitants. Mais ils ne considèrent pas que, supposé même que la terre soit ronde, il ne s'ensuivrait pas que la partie qui nous est opposée ne fût point couverte d'eau. D'ailleurs quand elle ne le serait pas, quelle nécessité y aurait-il qu'elle fût habitée, puisque d'un côté l'Ecriture [...] ne saurait être soupçonnée de mensonge et que de l'autre il y a trop d'absurdité à dire que quelques hommes aient traversé une si vaste étendue de mer pour aller peupler cette autre partie du monde' (*Tertullien et saint Augustin: œuvres choisies*, trad. Nisard et Lombard, Paris 1845, p.511-12).

[29] *Des institutions divines*, III.xxiv; *Opera omnia*, éd. J. B. Lebrun et N. Lenglet Dufresnoy (Paris 1748; BV), i.254: 'Aut est quisquam tam ineptus qui credat esse homines quorum vestigia sint superiora quam capita?' La traduction de Voltaire est fidèle.

[30] Commentant Hébreux viii.2 qui qualifie le Christ assis dans le ciel à la droite du trône de la souveraine Majesté, de 'ministre du vrai sanctuaire et de ce véritable tabernacle que Dieu a dressé et non pas un homme', Jean Chrysostome s'écrie à propos de cette précision sur l'auteur du 'tabernacle': 'Où sont ceux qui prétendent que le ciel se meut? Où sont ceux qui disent qu'il est sphérique? Les deux opinions disparaissent ici' (*Homélies*, XIV; *Œuvres complètes*, trad. J. Bareille, xx.257).

[31] *Des institutions divines*, III.xxiv: 'At ego multis probare possem, nullo modo fieri posse ut caelum terra sit inferius' (*Opera omnia*, i.256).

grands philosophes,[32] on lui répondra qu'ils étaient de grands saints, et qu'il n'est point du tout nécessaire pour être un saint, d'être un bon astronome. On croira qu'ils sont au ciel, mais on avouera qu'on ne sait pas dans quelle partie du ciel précisément.

125

[32] *Le Spectacle de la nature* a été conçu par Pluche comme une série d'entretiens entre un prieur et un chevalier. C'est dans l''Histoire de la physique expérimentale' du tome IV que Pluche traite de 'la découverte de la rondeur de la Terre' (III), de l'invention de globes' (IV) et des progrès qu'a permis à l'astronomie l'invention du télescope (VI). Mais nous n'y avons trouvé nulle mention de Lactance ni de Jean Chrysostome.

CIRCONCISION [1]

Lorsque Hérodote raconte ce que lui ont dit les barbares chez lesquels il a voyagé, il raconte des sottises, [2] et c'est ce que font la plupart de nos voyageurs. Aussi n'exige-t-il pas qu'on le croie, quand il parle de l'aventure de Gigès et de Candaule, d'Arion porté sur un dauphin, et de l'oracle consulté pour savoir ce que faisait Crésus, qui répondit qu'il faisait cuire alors une tortue dans un pot couvert; et du cheval de Darius qui ayant henni le premier de tous, déclara son maître roi, [3] et de cent autres fables propres à amuser des enfants et à être compilées par des rhéteurs; mais quand il parle de ce qu'il a vu, des coutumes des peuples qu'il a   10

10-11   69*:   qu'il a ^{V†}bien$^+$ examinées [...] qu'il a ^{V†}bien$^+$ consultées, il parle ⟨alors⟩ ^{V†}quelquefois

---

[1] Article publié en 1764. La référence (l.93-94) à l'article 'Baptême' montre qu'il a été composé après celui-ci, mais il paraît difficile de préciser davantage.

[2] Sur la teneur et la variation des différents jugements que Voltaire a portés sur Hérodote entre 1740 et 1767, voir V 64, p.274, n.11. Nonnotte a tenté de retourner contre Voltaire cette contestation radicale de la crédibilité des sources 'barbares' d'Hérodote: 'Notre docteur avoue que cet écrivain, quand il raconte ce que lui ont dit les barbares chez lesquels il a voyagé, raconte des sottises. Or ce sont des Egyptiens, des Colchiens, des Ethiopiens, des Cananéens, c'est-à-dire des barbares, qui ont raconté à Hérodote ce qu'il dit de la circoncision. Ce qu'il en dit n'est donc que sottise' (*Dictionnaire philosophique de la religion*, s.l. 1772, i.412-13; BV).

[3] On trouvera dans les *Histoires* d'Hérodote: l'épisode du roi Candaule tenant à faire contempler la beauté de sa femme nue à son favori Gygès, que la reine met aussitôt en demeure d'assassiner son maître et de l'épouser ou de périr lui-même (I, 8-12); l'aventure du citharède Arion contraint par des marins corinthiens désireux de s'emparer de ses richesses à se jeter dans la mer, mais sauvé par un dauphin le transportant jusqu'au rivage (I, 23-24); la mise à l'épreuve par Crésus de l'oracle de Delphes, qui décrit l'occupation saugrenue à laquelle le roi s'est livré le jour où il le fait interroger (I, 47-48); le stratagème par lequel l'écuyer de Darius obtint que le cheval de son maître fût le premier à hennir au lever du soleil, au milieu de six chevaux montés par des notables ayant convenu avec Darius que le premier cheval qui hennirait désignerait son cavalier roi des Perses (III, 84-87).

examinées, de leurs antiquités, qu'il a consultées, il parle alors à des hommes.

Il semble, dit-il au livre d'Euterpe,[4] *que les habitants de la Colchide sont originaires d'Egypte, j'en juge par moi-même plutôt que par ouï-dire; car j'ai trouvé qu'en Colchide on se souvenait bien plus* 15 *des anciens Egyptiens qu'on ne se ressouvenait des anciennes coutumes de Colcos en Egypte.*

Ces habitants des bords du Pont-Euxin prétendaient être une colonie établie par Sésostris;[5] pour moi je le conjecturais non seulement parce qu'ils sont basanés, et qu'ils ont les cheveux frisés, mais parce que les 20 *peuples de Colchide, d'Egypte, et d'Ethiopie, sont les seuls sur la terre qui se sont fait circoncire de tout temps, car les Phéniciens et ceux de la Palestine[6] avouent qu'ils ont pris la circoncision des Egyptiens. Les Syriens qui habitent aujourd'hui sur les rivages du Thermodon, et de Pathénie, et les Macrons leurs voisins, avouent qu'il n'y a pas* 25

---

25   65v: Partenie

---

[4] A chacun des neuf livres composant les *Histoires*, Hérodote a donné le nom d'une des neuf muses. Celui d'Euterpe, muse de la joie et du plaisir présidant au jeu de la flûte, a été donné au livre II. Ce passage figure en II, 104. Trop piètre helléniste pour lire Hérodote dans le texte, Voltaire a utilisé la traduction des *Histoires* de Du Ryer, qui est ordinairement regardé comme un traducteur besogneux et médiocre. Voltaire ne cite pas ici *stricto sensu* sa traduction: il l'a plutôt réécrite avec l'élégance qui lui manquait, mais aussi une liberté qui la rend plus infidèle encore au texte d'Hérodote.

[5] Contresens de Voltaire. Du Ryer avait traduit correctement: 'les Egyptiens disaient qu'ils avaient opinion que les Colchois étaient descendus de l'armée de Sésostris' (Hérodote, *Histoires*, i.285).

[6] Fâcheuse inexactitude de Voltaire. Hérodote oppose les Syriens de Palestine aux Syriens habitant la région du fleuve Thermodon et du Parthenios, opposition qu'avait correctement rendue Du Ryer. Nonnotte, qui cite ce passage dans la traduction qu'en donne Voltaire, montre qu'il s'y est trompé: 'les Juifs, qui sont ici désignés par ces mots "ceux de la Palestine", n'ont jamais avoué qu'ils aient pris des Egyptiens l'usage de la circoncision' (*Dictionnaire*, i.412).

longtemps qu'ils se sont conformés à cette coutume d'Egypte;[7] *c'est là principalement qu'ils sont reconnus pour Egyptiens d'origine.*

A l'égard de l'Ethiopie et de l'Egypte, comme cette cérémonie est très ancienne chez ces deux nations, je ne saurais dire qui des deux tient la circoncision de l'autre; il est toutefois vraisemblable que les Ethiopiens la prirent des Egyptiens; comme, au contraire, les Phéniciens ont aboli l'usage de circoncire les enfants nouveau-nés, depuis qu'ils ont eu plus de commerce avec les Grecs.

Il est évident, par ce passage d'Hérodote, que plusieurs peuples avaient pris la circoncision de l'Egypte;[8] mais aucune nation n'a jamais prétendu avoir reçu la circoncision des Juifs.[9] A qui peut-

---

[7] Du Ryer avait traduit: 'avouent qu'il n'y a pas longtemps qu'ils ont appris d'eux [les Egyptiens] la même chose' (i.285). On lit en fait dans Hérodote: 'disent l'avoir appris récemment des Colchidiens'.

[8] Ceci sera vigoureusement contesté par Nonnotte, instruisant le procès d'Hérodote en trois points: '1° Hérodote dit que les Egyptiens et les Ethiopiens se sont fait circoncire de tout temps. Et [...] qu'il ne sait pas lequel de ces deux peuples prit de l'autre l'usage de la circoncision, et il croit que ce sont les Ethiopiens qui l'ont pris des Egyptiens. Il regarde donc comme une fausseté que l'un et l'autre de ces peuples se soit fait circoncire de tout temps [...] 2° Il dit que les peuples de la Palestine avouaient qu'ils avaient pris la circoncision des Egyptiens. Les peuples de la Palestine, du temps d'Hérodote, étaient les Juifs, les Philistins, les Phéniciens. Or les Juifs n'ont jamais avoué qu'ils eussent pris la circoncision des Egyptiens. Les Philistins sont toujours désignés dans les livres saints par le nom d'incirconcis; les Phéniciens ne l'ont probablement jamais pratiquée [...] 3° Il dit que les Syriens du Thermodon avouent qu'il n'y a pas longtemps qu'ils se sont conformés à cette coutume d'Egypte, et que c'est par là qu'ils sont reconnus pour Egyptiens d'origine. Mais c'était tout le contraire qu'il fallait conclure. Car s'il n'y avait pas longtemps qu'ils se conformaient à cette coutume d'Egypte, c'est une preuve qu'ils ne s'y conformaient pas auparavant. Ils n'étaient donc pas Egyptiens d'origine. C'est bien là le cas de dire qu'Hérodote *raconte des sottises*' (*Dictionnaire*, i.414-15).

[9] C'est la thèse essentielle de cet article. La thèse officielle et orthodoxe affirmait évidemment le contraire. Calmet précise dans son *Dictionnaire*: 'La circoncision a été en usage, non seulement parmi les Hébreux, mais aussi parmi les Arabes, les Egyptiens, les Ethiopiens et les Iduméens. Il y a des auteurs de réputation, qui ont prétendu que c'était des Egyptiens qu'elle était venue aux autres peuples [...] Mais l'autorité d'Hérodote, qui assure que la circoncision n'est connue que des peuples à qui les Egyptiens l'ont communiquée, ne mérite pas d'en être crue sur sa parole [...] L'Ecriture nous parle de l'institution de la circoncision d'Abraham comme

on donc attribuer l'origine de cette coutume, ou à la nation de
qui cinq ou six autres confessent la tenir, ou à une autre nation
bien moins puissante, moins commerçante, moins guerrière, cachée
dans un coin de l'Arabie pétrée, qui n'a jamais communiqué le   40
moindre de ses usages à aucun peuple? [10]

Les Juifs disent qu'ils ont été reçus autrefois par charité dans
l'Egypte; [11] n'est-il pas bien vraisemblable que le petit peuple a
imité un usage du grand peuple, et que les Juifs ont pris quelques
coutumes de leurs maîtres? [12]   45

Clément d'Alexandrie rapporte que Pythagore voyageant chez
les Egyptiens, fut obligé de se faire circoncire, pour être admis à

---

une chose toute nouvelle. Elle nous dit que c'est le sceau de l'alliance que Dieu fait
avec ce patriarche' (art. 'Circoncision'). Ce débat engageant le fondement de
l'histoire sainte (l'authenticité de l'alliance conclue par Yahvé avec Abraham),
Nonnotte et Chaudon se sont l'un et l'autre attachés à réfuter cet article. On trouve
restitué dans les notes leur 'dialogue' avec le texte voltairien (que Nonnotte analyse
de façon bien supérieure à celle de Chaudon).

[10] Nonnotte reprochera à Voltaire comme une inconséquence ce portrait trop
flatteur de l'Egypte (*Dictionnaire*, i.416); et il renvoie à deux phrases de l'article
'Apis' (l.7-11).

[11] Probable allusion aux ordres dont Pharaon charge Joseph pour ses frères,
qu'il renvoie en Canaan chercher leur père avec sa nombreuse famille, en leur
promettant toutes les richesses de l'Egypte, alors que Jacob et sa race souffraient
d'une dure famine sévissant pendant sept ans (Genèse xlv.16-20; cf. xlvii.6, 11-13).

[12] Idée reprise sous forme affirmative et développée plus loin (l.76-90). Chaudon
réfute cet argument: 'On peut répondre, 1° que l'esclavage des Israélites ne fut que
dans les dernières années de leur séjour en Egypte. Appelés dans ce pays par
Joseph [...] ils furent traités d'abord avec une considération particulière, et ce fut
vraisemblablement dans le temps qu'ils jouissaient de l'estime et de la reconnaissance
du public qu'on s'empressa de se conformer à leurs usages. 2° N'a-t-on pas mille
preuves que les petits peuples ont communiqué leurs coutumes à des grandes
nations? L'ignorance [...] se soumet presque toujours aux lumières de ceux qui
savent l'éclairer. Si quelques catholiques écossais, chassés de leur patrie pour la
religion, venaient à bout de répandre en France la méthode de l'inoculation, un
historien qui raisonnerait dans le goût de Voltaire pourrait prouver [...] que
l'Ecosse, loin d'avoir introduit cette pratique en France, l'a reçue elle-même des
Français' (*Dictionnaire anti-philosophique*, Avignon 1774, p.102-103).

leurs mystères; [13] il fallait donc absolument être circoncis pour être au nombre des prêtres d'Egypte. Ces prêtres existaient lorsque Joseph arriva en Egypte; le gouvernement était très ancien, et les cérémonies antiques de l'Egypte observées avec la plus scrupuleuse exactitude. [14]

Les Juifs avouent qu'ils demeurèrent pendant deux cent cinq ans en Egypte; [15] ils disent qu'ils ne se firent point circoncire dans cet espace de temps; [16] il est donc clair que pendant ces deux cent cinq ans, les Egyptiens n'ont pas reçu la circoncision des Juifs;

56   69*: ⟨cinq⟩ $^{v\uparrow}$quinze

13 *Stromates*, I.xv.

14 Nonnotte: 'Voici un raisonnement appuyé sur un saut chronologique des plus hardis. Il n'y a que douze cents ans d'intervalle entre Joseph et Pythagore; et notre docteur raisonne ainsi: Les prêtres égyptiens se faisaient circoncire du temps de Pythagore. Donc ces prêtres se faisaient déjà circoncire douze cents ans auparavant, car ces prêtres existaient lorsque Joseph arriva en Egypte' (*Dictionnaire*, i.417).

15 On lit en Exode xii.40: 'La durée du séjour des fils d'Israël en Egypte fut de quatre cent trente ans'; cf. Genèse xv.13: 'quatre cents ans'. Comment donc expliquer ce chiffre de 205 ans? Voltaire semble suivre Calmet: 'La chronologie que nous suivons, ne fait demeurer les Hébreux en Egypte que pendant deux cent quinze ans, depuis l'entrée de Jacob dans ce pays l'an 2298 jusqu'à la sortie des Israélites sous Moïse l'an du monde 2513. Cependant on lit expressément dans l'Exode, ch.XII, v.40, qu'ils y demeurèrent quatre cent trente ans' (*Dictionnaire*, art. 'Exode'). Notons que dans sa 'Dissertation sur l'origine de la circoncision', Calmet écrit, par une inadvertance qui pourrait bien expliquer le chiffre avancé par Voltaire, puis corrigé (l.56v), à propos des Hébreux et des Egyptiens: 'pendant l'espace de 205 années qu'ils furent ensemble' (*Dissertations*, i.416).

16 Calmet reste vague: 'Les Juifs ont toujours été assez exacts à observer cette cérémonie; et il paraît même que dans l'Egypte, ils ne la négligeaient pas. Mais Moïse étant chez Jétro son beau-père à Madian, n'avait point circoncis les deux fils qui lui étaient nés en ce pays-là; et durant le voyage du désert, on ne donna point la circoncision aux enfants qui naquirent' (*Dictionnaire*, art. 'Circoncision'). Nonnotte opposera à Voltaire le démenti que lui inflige le livre de Josué: 'Les Juifs disent tout le contraire de ce que l'imposteur leur fait dire ici; car il est marqué expressément dans le livre de Josué (v.4) que tous les Hébreux qui sortirent d'Egypte étaient circoncis [...] Après cela, on peut rire des conséquences et des raisonnements du docteur ou les mépriser' (*Dictionnaire*, i.418).

l'auraient-ils prise d'eux, après que les Juifs leur eurent volé tous les vases qu'on leur avait prêtés, et se furent enfuis dans le désert avec leur proie, selon leur propre témoignage? [17] Un maître adoptera-t-il la principale marque de la religion de son esclave voleur et fugitif? cela n'est pas dans la nature humaine.

Il est dit dans le livre de Josué, que les Juifs furent circoncis dans le désert. [18] *Je vous ai délivrés de ce qui faisait votre opprobre chez les Egyptiens.* [19] Or, quel pouvait être cet opprobre pour des gens qui se trouvaient entre les peuples de Phénicie, les Arabes, et les Egyptiens, si ce n'est ce qui les rendait méprisables à ces trois nations? comment leur ôte-t-on cet opprobre? en leur ôtant un peu de prépuce? n'est-ce pas là le sens naturel de ce passage? [20]

60

65

58   64:   et s'enfuirent dans [MS2: β]

[17] Exode xii.33-38.
[18] Josué v.2-9. 'Dans le désert' est ambigu: c'est seulement après que les Hébreux eurent traversé le Jourdain que le Seigneur ordonne à Josué de procéder à la circoncision de la génération née dans le désert.
[19] Josué v.9. La traduction de Calmet, 'J'ai retranché aujourd'hui de dessus vous l'opprobre de l'Egypte', est seule exacte et celle de Voltaire quelque peu tendancieuse, dans la mesure où elle prépare et facilite son interprétation. De fait, l'expression 'l'opprobre de l'Egypte' fait problème. Pour la TOB, 'il s'agit vraisemblablement de l'incirconcision de la génération du désert'; pour la Bible de Jérusalem, 'ce "déshonneur" consiste dans le fait d'être incirconcis, comme l'auteur le pensait des Egyptiens'. Calmet reconnaissait la difficulté d'interprétation pour ceux qui restent persuadés que la pratique de la circoncision était fort ancienne en Egypte. Mais il ne doutait pas qu'il ne fallait entendre 'ce qui vous rendait semblables aux Egyptiens, ce qui vous confondait avec ce peuple impur et ennemi de Dieu' (*Commentaire*, iii.25).
[20] Ce ne sera pas l'avis de Nonnotte, qui reprend l'interprétation de Calmet: 'L'opprobre de l'Egypte était de n'avoir pas l'usage de la circoncision, ni par conséquent les privilèges de l'alliance avec Dieu. Lors donc que les Hébreux, qui étaient nés dans le désert et qui n'avaient point encore été circoncis, eurent reçu par la circoncision le signe de cette alliance divine, le Seigneur leur dit: Aujourd'hui je vous ai délivré de l'opprobre de l'Egypte, vous n'êtes plus à mes yeux aussi méprisables que le sont les Egyptiens' (i.418-19). L'interprétation voltairienne n'est guère elle-même qu'une reprise de celle de John Marsham, *Chronicus canon aegypticus* (Londini 1672), ainsi résumée par Calmet: 'Marsham a prétendu tirer de ce [...] passage [...] une preuve pour son sentiment qui veut que du temps de Moïse les

La Genèse dit qu'Abraham avait été circoncis auparavant, mais Abraham voyagea en Egypte,[21] qui était depuis longtemps un royaume florissant, gouverné par un puissant roi,[22] rien n'empêche que dans ce royaume si ancien, la circoncision ne fût dès longtemps en usage avant que la nation juive[23] fût formée. De plus, la circoncision d'Abraham n'eut point de suite;[24] sa postérité ne fut circoncise que du temps de Josué.

7(

7(

Egyptiens fussent circoncis: "J'ai ôté du milieu de vous l'opprobre de l'Egypte", c'est-à-dire, selon lui, j'ai ôté d'entre vous ce qui est également en horreur aux Egyptiens et à vous' (*Dissertations*, i.417). Dans *La Bible enfin expliquée*, Voltaire finira par écrire: 'Quelque peine que les commentateurs aient pris pour expliquer comment les prépuces entiers des Hébreux en Palestine étaient l'opprobre de l'Egypte, nous avouons qu'ils n'ont pas réussi' (M.xxx.123).

[21] Abraham circoncit tous les mâles de sa maisonnée et se fit circoncire lui-même à quatre-vingt dix-neuf ans, après que Dieu lui eut signifié que la circoncision serait désormais le signe de son alliance avec lui, sa famille et sa descendance (Genèse xvii.9-27). Il est exact que le voyage d'Abraham en Egypte est antérieur à cet épisode (Genèse xii.10-20).

[22] Voltaire réaffirmera cette puissance de l'Egypte contemporaine d'Abraham dans *La Philosophie de l'histoire*, ch.16 et 19 (V 59, p.144, 159). Tant d'assurance révolte Nonnotte: 'Où cet homme, qui ne cherche qu'à imposer par son ton décisif, a-t-il appris que le royaume d'Egypte fût déjà si florissant, si ancien, si bien gouverné, si puissant du temps d'Abraham? [...] Les plus anciens auteurs égyptiens n'ont écrit qu'un millier d'années après Moïse et quatorze ou quinze cents ans après Abraham. Moïse, né dans ce royaume, adopté par la fille du roi, choisi de Dieu pour traiter avec le roi lui-même de la délivrance des Hébreux, devait mieux connaître l'état de ce royaume que ceux qui ne sont venus que dix à douze siècles, ou trente siècles après ce grand homme' (i.420).

[23] L'expression est ici impropre, selon Nonnotte: 'Il parle de Juifs, de nation juive du temps de Moïse et de Josué, au lieu de parler d'Hébreux ou d'Israélites. Les noms de Juifs et de nation juive n'ont pu avoir lieu que plus de cinq cents ans après, lorsque ce peuple fut partagé en deux Etats différents sous Roboam, fils de Salomon et que l'un de ces Etats fut appelé royaume d'Israël ou de Samarie et l'autre royaume de Juda, d'où vint le nom de Judée et de nation juive' (i.420-21).

[24] Vive réaction de Nonnotte: 'C'est un mensonge [...] Nous venons de voir que tous les Hébreux qui sortirent d'Egypte étaient circoncis; nous trouvons dans la Genèse que les fils, petit-fils et arrière-petit-fils d'Abraham furent circoncis. C'est là porter bien loin la hardiesse, mais la hardiesse n'est pas heureuse' (i.419-20). Voir par ex. Genèse xvii.26, xxi.4, xxxiv.15; Exode iv.26, xii.44, 48; Josué v.2-5.

Or avant Josué, les Israélites, de leur aveu même, prirent
beaucoup de coutumes des Egyptiens;[25] ils les imitèrent dans
plusieurs sacrifices, dans plusieurs cérémonies, comme dans les
jeûnes qu'on observait les veilles des fêtes d'Isis,[26] dans les
ablutions,[27] dans la coutume de raser la tête des prêtres:[28] l'encens,   80

[25] Nonnotte conteste ce prétendu aveu: 'Moïse, les prophètes et les païens mêmes
nous attestent tout le contraire. *Vous ne suivrez point*, dit ce grand législateur à
Israël, *les usages des Egyptiens parmi lesquels vous avez demeuré, ni ceux du pays de
Chanaan, où je vais vous faire entrer; vous ne vous conduirez ni selon leurs maximes, ni
selon leurs lois* (Lévitique xviii.3). Tacite nous représente Moïse comme un législateur
[...] qui n'a rien voulu emprunter des autres nations, qui a voulu même que les
Hébreux ne leur ressemblassent et ne les imitassent en rien. Il fait remarquer aussi
en particulier l'opposition de leurs coutumes avec celles des Egyptiens' (i.421).
Calmet lui-même admettait que Moïse a pu imiter les Egyptiens 'sur les habits et
les ornements des prêtres, sur le choix de certaines victimes, sur leur poil, leur
sexe, leur âge et la manière de les offrir; il a pu prendre quelque chose de la forme
de leurs temples et de leurs autels' (*Dictionnaire*, art. 'Cérémonies', ii.57).

[26] D'après Plutarque, *De Iside*, on comptait au moins trois fêtes d'Isis: découverte
par la déesse de sa grossesse (3 octobre); son retour de Phénicie (2 janvier); ses
relevailles après la naissance d'Harpocrate (27 mars). En décrivant les pratiques
ascétiques des prêtres d'Isis Plutarque précise (351f, 352a) qu'il s'agit d'alléger le
corps, pour mieux s'adonner à l'étude et faciliter la réflexion. Hérodote spécifie que
la veille de la plus grande fête d'Isis les Egyptiens observaient un jeûne (II, 40) et
que les femmes des Cyrénéens jeûnaient à l'occasion des fêtes d'Isis (IV, 186).

[27] Elles étaient ordonnées dans les circonstances les plus diverses, le plus souvent
pour mettre fin à ces impuretés si nombreuses recensées par le Lévitique et les
Nombres (xiv.10). Marsham, *Chronicus canon*, seculum IX, p.213-14, souligne que
jeûne, ablutions et chasteté restaient les trois composantes indispensables de toute
purification chez les Egyptiens.

[28] Détail surprenant: Lévitique xxi.5 prescrit au contraire aux prêtres de ne se
raser ni la chevelure ni la barbe et on lit en Ezéchiel xliv.20 que les prêtres se
tondent les cheveux. Il faut entendre par là, selon John Spencer (*De legibus
Hebraeorum ritualibus*, Cantabrigiae 1685, II.xv) et Calmet (*Dictionnaire*, art. 'Tonsure'), que les prêtres hébreux se coupaient les cheveux très court, sans toutefois
mettre à nu la peau du crâne. Spencer, loin de voir là l'imitation de la pratique des
prêtres égyptiens, y lit le souci de se différencier nettement des cultes idolâtres.
Marsham, il est vrai, reste beaucoup moins précis (*Chronicus canon*, p.209). Quant
à Voltaire, il ne se soucie pas de faire la différence entre cheveux rasés et cheveux
coupés court, ce qui lui permet de donner la pratique des prêtres hébreux pour une
imitation de celle des prêtres égyptiens.

le candélabre, [29] le sacrifice de la vache rousse, [30] la purification avec de l'hysope, [31] l'abstinence du cochon, [32] l'horreur des ustensiles de cuisine des étrangers, [33] tout atteste que le petit peuple hébreu, malgré son aversion pour la grande nation égyptienne, avait retenu une infinité d'usages de ses anciens maîtres. Ce bouc Hazazel qu'on envoyait dans le désert, chargé des péchés du peuple, était

85

85   64-67:   Azazel [*passim*]

[29] Il s'agit du chandelier d'or pur à sept branches destiné à éclairer le Tabernacle, décrit en Exode xxv.31-36. En xxx.8, il est précisé qu'Aaron devra brûler de l'encens, lorsqu'il l'allumera chaque soir. Marsham (*Chronicus canon*, p.203) rapproche ce détail du témoignage de Plutarque qu'en Egypte on brûle des parfums trois fois le jour en l'honneur du soleil (*De Iside*, 372c; cf. 383a-384a).

[30] Voir Nombres xix.2-10. Marsham rappelait l'observation de Plutarque dans *De Iside* que les Egyptiens, persuadés que Typhon avait été de couleur rousse, n'immolaient que des bœufs de cette couleur et s'en assuraient si scrupuleusement qu'ils écartaient comme impropre au sacrifice toute bête à laquelle ils avaient trouvé ne fût-ce qu'un seul poil noir ou blanc (*Chronicus canon*, p.204). Spencer assurait que les étranges particularités de ce sacrifice procédaient du souci de prendre le contrepied du culte égyptien: les Egyptiens honoraient les vaches, qu'ils ne sacrifiaient jamais. Ils avaient le poil roux en horreur et les Hébreux, ordinairement indifférents à la couleur des victimes, ne se sont vus imposer le roux qu'en cette seule occasion (*De legibus Hebraeorum ritualibus*, II.xv).

[31] Le prêtre sacrificateur de la vache rousse devait brûler avec elle du bois de cèdre, de l'hysope et de l'écarlate (Nombres xix.6). On mêlait ces cendres avec de l'eau et l'on aspergeait de cette solution, avec une branche d'hysope, celui qui s'était souillé en touchant un cadavre ou un sépulcre (xix.17-18). L'hysope est aussi utilisée dans la cérémonie de purification des lépreux (Lévitique xiv.4-6).

[32] Aux yeux de Marsham, l'horreur des Hébreux pour le porc vient à l'évidence de celle des Egyptiens, attestée par Hérodote (II, 47) et Plutarque (*De Iside*, 353f, 363e-364a). Calmet se borne à rappeler celle des Egyptiens, pour prouver que l'*horreur du porc n'était pas particulière aux Juifs' (*Dictionnaire*, art. 'Pourceau').

[33] Celle des Egyptiens est éloquemment attestée par Hérodote (II, 41), précisant par exemple qu'il suffit qu'une viande ait été découpée par un couteau grec pour que les Egyptiens la rejettent aussitôt. Genèse xliii.32 indiquait déjà qu'il n'est pas permis aux Egyptiens de manger avec les Hébreux. Marsham souligne que l'aversion pour les étrangers, que Josèphe donnait pour une spécificité de sa nation, caractérise bien plus encore l'état d'esprit des Egyptiens (*Chronicus canon*, p.208).

une imitation visible d'une pratique égyptienne,[34] les rabbins conviennent même que le mot d'Hazazel n'est point hébreu.[35] Rien n'empêche donc que les Hébreux aient imité les Egyptiens dans la circoncision, comme faisaient les Arabes leurs voisins.

Il n'est point extraordinaire que Dieu, qui a sanctifié le baptême si ancien chez les Asiatiques, ait sanctifié aussi la circoncision non moins ancienne chez les Africains.[36] On a déjà remarqué qu'il est le maître d'attacher ses grâces aux signes qu'il daigne choisir.[37]

Au reste, depuis que sous Josué, le peuple juif eut été circoncis, il a conservé cet usage jusqu'à nos jours; les Arabes y ont aussi toujours été fidèles, mais les Egyptiens, qui dans les premiers temps circoncisaient les garçons et les filles, cessèrent avec le temps de faire aux filles cette opération, et enfin la restreignirent

90

95

88 64, 65v: mot Azazel

[34] Sur ce rite expiatoire prescrit à Aaron en Lévitique xvi.5-22, voir V 64, p.432, n.58. Calmet (*Dictionnaire*, art. 'Azazel') a rapporté la cérémonie avec force détails et rapproché ce rite de celui des Egyptiens décrit par Hérodote (ii, 39).

[35] Voir Lévitique xvi.8, 10. Calmet résume les conjectures faites sur l'origine de ce nom: '*A*ɀ-*aɀel* en hébreu peut signifier *le bouc qui s'en va*, ou qui s'échappe. D'autres croient qu'*Aɀaɀel* est un nom de montagne [...] Bochart veut que ce terme signifie *départ, éloignement*. Spencer enseigne qu'il signifie un démon, et que quand l'Ecriture dit qu'on envoyait un bouc à Hazazel, cela veut dire qu'on l'abandonnait au diable [...] M. le Clerc [...] dérive *aɀaɀel* de deux termes arabes; *aɀa*, être dur, et *aɀala*, être dans la peine. Mais il vaut mieux s'en tenir à la version des anciens interprètes grecs, qui ont dérivé *aɀaɀel* de l'hébreu *haɀ* ou *heɀ*, un bouc, et *aɀal*, il s'en est allé' (*Dictionnaire*, art. 'Azazel'). Voltaire a donc quelque peu exagéré; sa phrase donne indûment à croire à leur consensus sur ce point.

[36] Le rapprochement est habile: dans les deux cas, Dieu n'est plus l'"inventeur' de ce qui apparaît dans l'une et l'autre religion comme le sacrement fondamental. Qu'il s'agisse de l'institution du baptême ou de celle de la circoncision, Dieu se borne à attacher une vertu particulière à un rite déjà en usage parmi les hommes. L'histoire reprenant ainsi ses droits, il devient moins facile de prouver que sont bien d'institution divine des pratiques qui préexistaient à Abraham et à Jésus-Christ. La mauvase humeur de Nonnotte ne trouvant dans tout cela qu'"absurdités et mensonges' montre bien qu'il a compris le danger...

[37] Voir ci-dessus, art. 'Baptême', l.16-17.

aux prêtres, aux astrologues, et aux prophètes. C'est ce que   100
Clément d'Alexandrie et Origène nous apprennent. [38] En effet, on
ne voit point que les Ptolomées aient jamais reçu la circoncision. [39]
Les auteurs latins, qui traitent les Juifs avec un si profond
mépris, qu'ils les appellent, *curtus Appella*, par dérision, *credat
Judaeus Apella, curti Judaei*, [40] ne donnent point de ces épithètes   105
aux Egyptiens. Tout le peuple d'Egypte est aujourd'hui circoncis,
mais par une autre raison, parce que le mahométisme adopta
l'ancienne circoncision de l'Arabie. [41]

[38] Il est clair d'après le contexte que ces deux autorités sont censées garantir la
véracité de la totalité de la phrase précédente. Or il faut bien reconnaître avec
Nonnotte qu'il n'en est rien: 'Cet homme-ci ne connaît apparemment Clément
d'Alexandrie et Origène que de nom [...] Clément ne parle de la circoncision qu'en
disant que Pythagore s'y soumit pour être initié aux mystères' (c'est exact, voir
n.13 et PG, vii.767). 'Et Origène nous nomme tous ceux qui se faisaient un devoir
de la pratiquer [...] ni l'un ni l'autre n'en parle comme d'une pratique commune à
toute la nation' (i.425). Nonnotte cite (i.424-25) le 'savant Origène, qui était
Egyptien lui-même' et dont le témoignage est 'plus respectable que celui du Grec
Hérodote' pour prouver que la circoncision a été le privilège exclusif de l'élite la
plus savante (*Commentariorum in Epistolam sancti Pauli ad Romanos*, ii.13; voir PG,
xiv.910-11, et *Jeremiam Homilia*, v.14; PG, xiii.315-18). Il est donc clair que ni
Clément d'Alexandrie ni Origène ne font état pas plus d'une restriction progressive
de la circoncision, que d'une cessation de la circoncision des filles. La pratique de
celle-ci avait été affirmée par Calmet dans sa 'Dissertation sur l'origine de la
circoncision': 'Les Egyptiens la donnent aux hommes et aux femmes, et cela au
commencement de la quatorzième année, selon saint Ambroise. Les voyageurs ne
conviennent pas que toutes les femmes égyptiennes reçoivent cette espèce de
circoncision' (*Dissertations*, i.417-18). Est-ce cette dernière phrase qui a porté
Voltaire à conclure à une cessation?

[39] Argument repris dans *La Philosophie de l'histoire*, ch.22 (V 59, p.169).

[40] Horace, *Satires*, i.ix.69-70: 'Vin tu curtis Iudaeis oppedere?' (Veux-tu péter
au nez des Juifs circoncis?); i.v.100-101: 'Credat Judaeus Apella, non ego' (Que le
Juif Apella le croie, moi point). Mais Apella ne signifie pas en soi 'le circoncis',
comme Voltaire semble le croire dans *La Philosophie de l'histoire*: 'Jamais les auteurs
romains ne flétrirent les Egyptiens du nom d'*Apella* qu'ils donnaient aux Juifs'
(V 59, p.169).

[41] C'était notamment la thèse de Bochart et quelques autres savants qui, dit
Calmet, 'ont cru que la circoncision n'était pas venue de l'Egypte par le canal des
Juifs, mais par le moyen des Arabes voisins de ce pays. On remarque en effet une

C'est cette circoncision arabe qui a passé chez les Ethiopiens, [42] où l'on circoncit encore les garçons et les filles. [43]

Il faut avouer que cette cérémonie de la circoncision paraît d'abord bien étrange; [44] mais on doit remarquer que de tout temps les prêtres de l'Orient se consacraient à leurs divinités par des marques particulières. [45] On gravait avec un poinçon une feuille

---

grande différence entre la circoncision des Egyptiens et celle des Juifs et au contraire beaucoup de ressemblance entre celle des Egyptiens et des Arabes' (*Dissertations*, i.417). Voltaire pour sa part avait affirmé en 1760: 'la circoncision des mâles est le sceau du mahométisme' (*Lettre civile et honnête*, M.xxiv.144).

[42] Voltaire s'écarte sans le dire de l'opinion d'Hérodote qu'il a pourtant rapportée (l.30-31) selon laquelle les Ethiopiens reçurent probablement la circoncision des anciens Egyptiens, sans qu'il soit besoin de recourir à 'l'ancienne circoncision d'Arabie'. L'opinion de Voltaire sur ce point précis semble peu assurée: 'La circoncision vient-elle des Egyptiens, des Arabes ou des Ethiopiens? Je n'en sais rien. Que ceux qui le savent le disent' (*La Philosophie de l'histoire*, V 59, p.169). En 1769 on apprendra soudain que 'les Arabes et les Ethiopiens eurent cette coutume de temps immémorial en l'honneur de la divinité secondaire qui présidait à l'étoile du petit chien' (*Discours de l'empereur Julien*, éd. Moureaux, p.203).

[43] Dans ses *Voyages* (Amsterdam 1711; BV), Jean Chardin précise qu'en quelques lieux d'Arabie et de Perse, comme le golfe Persique et vers la mer Rouge, on circoncit les deux sexes avec la même régularité (iii.207). Est-ce ce à quoi Voltaire se réfère? L'Ethiopie n'était pas une région bien définie au dix-huitième siècle: 'nos géographes ne s'accordent point sur les pays que l'on doit nommer l'Ethiopie [...] l'opinion la plus reçue [...] donne pour bornes à l'Ethiopie moderne la mer Rouge, la côte d'Ajan, et le Zanguébar à l'orient, le Monoëmugi et la Caffrerie au midi, le Congo à l'occident, la Nubie et l'Egypte au septentrion' (Jaucourt, art. 'Ethiopie', *Encyclopédie*, vi.54). Au reste, dans *La Philosophie de l'histoire*, Voltaire n'emploie que le passé: 'Les Ethiopiens, les Arabes circoncirent aussi leurs filles, en coupant une très légère partie des nymphes'. Mais dans la *Lettre civile et honnête*, il ajoutait: 'elles souffrent encore, dans plusieurs pays mahométans, cette sainte opération, lorsqu'elles atteignent l'âge de puberté' (M.xxiv.144). *La Bible enfin expliquée* marque un retour à la plus grande prudence, voire à une sorte de pyrrhonisme historique: 'On prétend qu'en Ethiopie on circoncisait aussi les filles' (M.xxx.25, n.1).

[44] On trouvera la description la plus détaillée de la façon dont l'accomplissent les Juifs dans le *Dictionnaire* de Calmet (art. 'Circoncision').

[45] Cf. *La Philosophie de l'histoire*: 'les prêtres de l'antiquité s'imprimaient sur le corps des marques de leur consécration, comme depuis on marqua d'un fer ardent la main des soldats romains. Là, des sacrificateurs se tailladaient le corps, comme

de lierre sur le poignet des prêtres de Bacchus. [46] Lucien nous dit   115
que les dévots à la déesse Isis s'imprimaient des caractères sur le
poignet, et sur le cou. [47] Les prêtres de Cibèle se rendaient
eunuques. [48]

Il y a grande apparence que les Egyptiens, qui révéraient
l'instrument de la génération, et qui en portaient l'image en pompe   120
dans leurs processions, [49] imaginèrent d'offrir à Isis et Osiris, par
qui tout s'engendrait sur la terre, [50] une partie légère du membre
par qui ces dieux avaient voulu que le genre humain se perpétuât. [51]
Les anciennes mœurs orientales sont si prodigieusement différentes

---

115   64-69:   sur les prêtres [69* errata: β]

---

firent depuis les prêtres de Bellone; ici, ils se faisaient eunuques, comme les prêtres
de Cybèle' (V 59, p.169).

[46] Bacchus est ordinairement représenté couronné de lierre ou de pampre, le
thyrse (bâton enguirlandé de lierre) dans une main, une coupe ou des grappes de
raisin dans l'autre; durant les bacchanales, les bacchantes couraient demi-nues,
vêtues d'une peau de panthère ou de tigre retenue par une ceinture de lierre, etc.
Le lierre paraît avoir été en Thrace et en Grèce la plante préférée de Dyonisos qui,
tout autant que le dieu du vin, est celui de la végétation et particulièrement des
arbres.

[47] Il s'agit plutôt des dévots à la 'déesse de Syrie' (Junon, honorée à Hiéropolis
en Syrie). Lucien observe en effet dans La Déesse de Syrie: 'Tous les Assyriens se
font des tatouages, les uns aux poignets, les autres au cou: ce qui fait qu'ils portent
tous des marques de tatouage'.

[48] Ils le faisaient en souvenir d'Atys, ce jeune et beau Phrygien dont la déesse
s'était éprise et à qui elle avait confié le soin de son culte, à condition qu'il ne
violerait pas son vœu de chasteté. Atys l'ayant oublié dans les bras de la nymphe
Sangaride, Cybèle fit périr sa rivale, et Atys ivre de chagrin se mutila lui-même.

[49] Réminiscence d'Hérodote, Histoires, II, 48: 'la fête de Dyonisos est célébrée
par les Egyptiens [...] de la même façon que chez les Grecs [...] Mais au lieu de
phallus, ils ont imaginé autre chose: des statuettes articulées, d'une coudée environ,
que l'on fait mouvoir avec des cordes, et dont le membre viril, lequel n'est guère
moins long que le reste du corps, s'agite; les femmes promènent ces statuettes dans
les bourgs; un joueur de flûte va devant; elles, suivent en chantant Dyonisos' (trad.
Ph.-E. Legrand, p.100).

[50] Voir Plutarque, Isis et Osiris, 372c et 374e.

[51] Cf. La Philosophie de l'histoire, ch.22 (V 59, p.169).

des nôtres, que rien ne doit paraître extraordinaire à quiconque a   125
un peu de lecture. [52] Un Parisien est tout surpris quand on lui dit
que les Hottentots font couper à leurs enfants mâles un testicule.
Les Hottentots sont peut-être surpris que les Parisiens en gardent
deux. [53]

126   69*:   ⟨Un Parisien⟩ [V]une dame parisienne[+] est toute surprise quand

[52] Voltaire ne se souviendra pas toujours de ce beau principe ou du moins y
apportera les plus fortes restrictions: on le verra dans sa querelle avec Larcher sur
la fameuse prostitution sacrée à Babylone. Tout en protestant dans *La Défense de
mon oncle* ne pas perdre de vue 'que les mœurs asiatiques diffèrent des nôtres' (V 64,
p.198), il s'en tiendra, dans ce cas, à un autre principe à ses yeux plus important,
qui marque les limites de l'"extraordinaire' crédible: 'Ce qui n'est pas dans la nature
n'est jamais vrai' (*La Philosophie de l'histoire*, V 59, p.205).

[53] Voltaire relativise l'étonnement naïf du Parisien en lui opposant ironiquement
l'étonnement possible du Hottentot. Dès les carnets de 1735-1750, il avait rapproché
la circoncision des Juifs de l'ablation d'un testicule chez les Hottentots: 'Ils se
coupoient le prépuce, en l'honneur de dieu, chose très conséquente. Les hottentots
sont bien plus dévots, ils se coupent une couille'. Ou encore: 'Je crois que le but
de la circomcision est d'obvier à la manualization, mais les hottentots!' (V 81, p.355,
426). Il est revenu sur ce singulier usage dans l'*Essai sur les mœurs*, ch.141 (ii.309).

CONCILES[1]

Tous les conciles sont infaillibles, sans doute;[2] car ils sont composés d'hommes.[3]

Il est impossible que jamais les passions, les intrigues, l'esprit

a-140   64-65v, article absent
1-13   69*, supprimé

[1] Même s'il est difficile d'en constituer un inventaire exhaustif, il importe de déterminer, à partir du catalogue de ses livres et des indications fournies par Voltaire lui-même, quelles ont pu être ses principales sources sur les conciles dans les trois articles qu'il leur a consacrés (le présent article, 1767; l'article des QE; et celui destiné à *L'Opinion en alphabet*): P.-A. Alletz, *Dictionnaire portatif des conciles* (Paris 1758); P. Du Moulin, *Nouveauté du papisme opposée à l'antiquité du vrai christianisme* (Genève 1683); L.-E. Dupin, *Nouvelle bibliothèque des auteurs ecclésiastiques* (Paris 1690-1730); *Bibliothèque des auteurs ecclésiastiques. Supplément* (Paris 1711); C. Fleury, *Histoire ecclésiastique* (Paris 1691-1738); J. Hermant, *Histoire des conciles* (Rouen 1716); P. Sarpi, *Histoire du concile de Trente* (Genève 1635).

[2] Le concile de Bâle (1431), par exemple, décrétera que 'les conciles généraux sont d'une autorité égale à celle de l'Eglise, parce qu'ils représentent l'Eglise catholique qui tient sa puissance immédiatement de J.-C., comme l'a décidé expressément le concile de Constance: donc les conciles généraux sont infaillibles puisqu'ils sont l'Eglise même' (Alletz, *Dictionnaire*, p.55).

[3] Pour saisir dans sa spécificité cette agressive ironie par l'absurde qui éclate en début d'article et lui donne le ton, on peut lui opposer celle de Bayle sur le même sujet, qui restait prudemment feutrée: 'Il ne faut pas s'imaginer que sous prétexte que dans les autres conciles on n'a point usé d'une aussi grande précipitation que le fut celle de Cyrille dans celui d'Ephèse, les passions et les cabales y aient eu moins de part. Il est bien nécessaire que le Saint-Esprit préside dans ces assemblées, car sans cela tout serait perdu. Cette assistance extraordinaire et beaucoup plus forte que la générale, doit nous rassurer et nous persuader fermement que le Saint-Esprit a fait son œuvre au milieu des dérèglements de la créature et que des ténèbres des passions il a tiré la lumière de sa vérité, non pas dans tous les conciles, mais dans quelques-uns' (*Dictionnaire*, art. 'Nestorius', rem. B).

de dispute, la haine, la jalousie, le préjugé, l'ignorance règnent
dans ces assemblées. [4]   5

Mais pourquoi, dira-t-on, tant de conciles ont-ils été opposés
les uns aux autres? C'est pour exercer notre foi; ils ont tous eu
raison chacun dans leur temps.

On ne croit aujourd'hui, chez les catholiques romains, qu'aux
conciles approuvés dans le Vatican, et on ne croit, chez les   10
catholiques grecs, qu'à ceux approuvés dans Constantinople. [5] Les
protestants se moquent des uns et des autres, ainsi tout le monde
doit être content.

Nous ne parlerons ici que des grands conciles; les petits n'en
valent pas la peine. [6]   15

Le premier est celui de Nicée. [7] Il fut assemblé en 325 de l'ère

14-15   69*: ⟨les petits n'en valent pas la peine⟩ ᵛ†soit reçus par les grecs soit
reçus par les latins
16   69*: Nicée. ⟨Il fut⟩ assemblé

[4] En 1771, Voltaire citera, comme l'avait déjà fait Bayle (art. 'Nestorius', rem.
B), une lettre de saint Grégoire de Nazianze à Procope: 'Je crains les conciles, je
n'en ai jamais vu qui n'aient fait plus de mal que de bien, et qui aient eu une bonne
fin: l'esprit de dispute, la vanité, l'ambition, y dominent; celui qui veut y réformer
les méchants s'expose à être accusé sans les corriger.' Voltaire commente: 'Ce saint
savait que les Pères des conciles sont hommes' (M.xviii.215, n.1; cf. p.213).
Bolingbroke avait déjà attiré son attention sur cette lettre (*The Philosophical works*,
iii.163; CN, i.388).
[5] Le second concile de Nicée (787) a été le septième et dernier concile dont
l'Eglise d'Orient et l'Eglise d'Occident s'accordent à reconnaître l'œcuménicité.
[6] Sur les 18 conciles évoqués dans cet article, 13 sont des conciles qualifiés au
dix-huitième siècle de généraux et de nos jours d'œcuméniques. Les cinq premiers
– Nicée I (325), Ephèse (431), Chalcédoine (451), Constantinople III (680),
Nicée II (787) – appartiennent à la série des huit conciles dits 'orientaux' ou
'impériaux', parce qu'ils ont été réunis en Orient et convoqués par le basileus. Les
huit conciles restants appartiennent à la série des conciles dits 'occidentaux' ou
'pontificaux', parce qu'ils ont été tenus dans des villes d'Occident et convoqués par
des papes: Latran II (1139), Latran III (1179), Latran IV (1215), Lyon I (1245),
Vienne (1311), Constance (1414), Latran V (1512-1517) et Trente (1545-1563).
[7] C'est ici le troisième récit du concile de Nicée dans le DP; voir 'Christianisme',
l.712 ss. (1764) et 'Arius' (1767). Mais Voltaire montre combien il excelle à redire

vulgaire, après que Constantin eut écrit et envoyé par Ozius cette belle lettre au clergé un peu brouillon d'Alexandrie: *Vous vous querellez pour un sujet bien mince. Ces subtilités sont indignes de gens raisonnables.*[8] Il s'agissait de savoir si Jésus était créé, ou incréé. Cela ne touchait en rien la morale, qui est l'essentiel. Que Jésus ait été dans le temps, ou avant le temps, il n'en faut pas moins être homme de bien. Après beaucoup d'altercations, il fut enfin décidé que le Fils était aussi ancien que le Père, et *consubstantiel* au Père. Cette décision ne s'entend guère; mais elle n'en est que plus sublime. Dix-sept évêques protestent contre l'arrêt,[9] et une

2₀

2₆

19-31   69*: ⟨*Ces subtilités* [...] concile⟩ [avec note: voiez arianisme]

---

sans se répéter: 'Christianisme' s'en tient strictement à une relation des épisodes successifs de la querelle entre Alexandre et Athanase d'une part, Eusèbe et Arius de l'autre. 'Arius', de ton plus polémique, n'évoque le concile de Nicée que comme l'illustration la plus éclatante de ces querelles théologiques aussi ridicules par la minceur de leurs objets que meurtrières par leurs funestes effets sur la paix civile. Les interventions de Constantin et surtout de l'évêque Osius sont données pour celles d'une modération pleine de bon sens. Ces propos de Constantin sont ici brièvement repris et la thèse d'Osius (primauté de la morale sur le dogme) se trouve rappelée en une phrase. Voltaire souligne aussi, comme dans 'Christianisme', le peu de poids de l'opinion des simples prêtres. 'Conciles' offre deux éléments nouveaux: l'absence de référence à la Trinité, et la façon burlesque dont on y a arrêté la liste des livres apocryphes de l'Ecriture, d'ailleurs déjà évoquée en 1766 dans *L'Examen important de milord Bolingbroke*, ch.32 (V 62, p.316-18).

[8] Cf. Fleury qui rapporte d'après Eusèbe comment Constantin, qui avait appris avec peine les divisions que suscitait en Egypte et dans les provinces voisines la querelle d'Arius et de l'évêque Alexandre, fut poussé à intervenir par Eusèbe de Nicomédie et décida d'envoyer aux belligérants Osius, évêque de Cordoue, muni d'une lettre d'admonestation de l'empereur où l'on pouvait lire: 'Etant divisés pour un si petit sujet, il n'est pas juste que vous gouverniez selon vos pensées une si grande multitude du peuple de Dieu. Cette conduite est basse et puérile, indigne de prêtres et d'hommes sensés' (*Histoire ecclésiastique*, 1713, iii.111).

[9] Chiffre donné par Alletz (*Dictionnaire*, p.335), ainsi que par Fleury, qui précise que ces dix-sept se réduisirent à cinq et que de ces cinq, trois cédèrent à la crainte d'être déposés et bannis par Constantin (*Histoire ecclésiastique*, i.133). Les deux irréductibles furent Secundus et Theonas, dont Dupin précise qu'ils furent exilés (*Bibliothèque* [...] *Supplément*, p.165). Dupin ne dit rien des défaites successives des dix-sept évêques ariens. Dans 'Christianisme', Voltaire en avait dénombré dix-huit.

ancienne chronique d'Alexandrie, conservée à Oxford, dit que deux mille prêtres protestèrent aussi;[10] mais les prélats ne font pas

[10] Voltaire a souvent donné cette précision, mais avec un certain flottement dans la désignation de ses sources; voir art. 'Christianisme' (l.743-745), *Examen important* (V 62, p.318), art. 'Arius' (l.50-51). Pendant longtemps il ne paraît pas avoir eu un accès direct à cette 'chronique', dont il attribue la découverte à Middleton dans l'*Examen important* (V 62, p.318). Elle a en fait été éditée par John Selden, ce que Voltaire lecteur de Bolingbroke découvrit dans un passage des *Philosophical works* qui paraît bien l'avoir dispensé d'examiner de près l'édition Selden (*Eutychii aegyptii patriarchae orthodoxorum alexandrini* [...] *ecclesiae suae origines*, Londini 1642) dont Bolingbroke résume fidèlement les p.70-72 (CN, i.387-88). Il aurait sinon découvert qu'Eutychius ne dit rien de tel dans ce qui n'est en fait qu'un chapitre de son histoire universelle qui porte le titre de *Rang des pierres précieuses*. Si Selden a tenu à faire de ce chapitre une édition séparée, c'est parce qu'Eutychius y assurait qu'avant l'évêque Alexandre, le patriarche d'Alexandrie était élu par un collège de douze simples prêtres. Eutychius à cette occasion remarque simplement d'Alexandre: 'fuit ex numero illo CCCXVIII' (p.xxx); à quoi Selden a opposé une abondante note résumée par Bolingbroke et dans laquelle il rapporte, sans spécifier leur provenance, les affirmations d'Eutychius selon lesquelles il y avait au concile de Nicée non pas 318 mais 2048 participants. 318, c'est seulement le nombre de la petite minorité (moins d'un sixième) qui tenait pour la divinité du Christ, mais qui a pu s'imposer à une majorité très divisée dans ses options. Selden fait alors état de deux autres témoignages confirmant celui d'Eutychius: celui du prêtre égyptien Joseph, auteur de la préface arabe aux actes orientaux (disparus) des conciles et celui de l'historien musulman Ismael Ibn Ali. C'est peut-être de là que provient la confusion de Voltaire parlant de deux patriarches égyptiens ou arabes (Eutychius, né dans la ville égyptienne de Festat en 876, s'appelait Saïd ben al Batricq). Reste à savoir où Eutychius a avancé le chiffre de 2048 participants, puisque ce n'est pas dans la prétendue 'chronique d'Alexandrie', et s'il parle bien de 2000 prêtres ou 'personnes du second ordre', comme le dit Voltaire. Le chiffre de 2048 se rencontre effectivement dans les *Eutychii patriarchae alexandrini annales* (éditées et traduites en latin en 1659 à Oxford par Edward Pocock). Le récit du concile ne faisant nulle mention de prêtres, cette précision résulte probablement d'un calcul implicite de sa part. Persuadé que le concile de Nicée était 'composé de 317 évêques' (l.41), apprenant d'autre part qu'on y a dénombré 2048 participants, il a dû en conclure que les 1731 restants ne pouvaient être que de simples prêtres, chiffre qu'il a arrondi à 2000. En marge du résumé de Bolingbroke, il avait noté plus prudemment: '1700 fathers on the council of Nicea against divinity' sans préciser leur rang (CN, i.387). Au reste, en 1770 il écrira bien plus vaguement: 'le patriarche auteur de la Chronique d'Alexandrie conservée à Oxford, assure qu'il y avait deux mille prêtres qui soutenaient le parti qu'Arius embrassa' (M.xvii.359). Et dans *L'Opinion en alphabet*,

grand cas des simples prêtres, qui sont d'ordinaire pauvres. Quoiqu'il en soit, il ne fut point du tout question de la Trinité dans ce premier concile. La formule porte: *Nous croyons Jésus consubstantiel au Père, Dieu de Dieu, lumière de lumière, engendré et non fait; nous croyons aussi au Saint-Esprit.* [11] Le Saint-Esprit, il faut l'avouer, fut traité bien cavalièrement.

Il est rapporté dans le supplément du concile de Nicée, que les Pères, étant fort embarrassés pour savoir quels étaient les livres cryphes, ou apocryphes de l'Ancien et du Nouveau Testament, les mirent tous pêle-mêle sur un autel, et les livres à rejeter tombèrent par terre. [12] C'est dommage que cette belle recette soit perdue de nos jours.

30

35

40

---

31 69*: formule ^Vde la décision⁺ porte
33-34 69*: ⟨Le Saint-Esprit [...] cavalièrement.⟩
36 69*: étant ⟨fort⟩ embarrassés
37 69*: ⟨cryphes⟩ ^Vcanoniques⁺, ou apocryphes ⟨de [...] Testament⟩
39-40 69*: ⟨C'est [...] jours⟩
40 69*, feuillet: ^Vnicephore assure que deux eveques chrisante et misonius etant morts pendant la tenue du concile, ressuciterent pour signer la condamnation d'Arius et remoururent. Baronius soutient le fait, mais fleuri n'en parle pas. [dans la marge: livre 8 ch 23; t 4 n 82]

---

il reconnaîtra implicitement son erreur et donnera en note une référence exacte aux *Annales* d'Eutychius qui prouve qu'il disposait alors de l'ouvrage (M.xviii.208).

[11] Voltaire condense, sans toujours en respecter l'ordre, le texte du symbole de Nicée: 'Credimus [...] in unum dominum Jesum-Christum filium Dei, ex patre natum unigenitum, id est ex substantia patris; Deum ex Deo, lumen ex lumine, Deum verum ex Deo vero, natum non factum, consubstantialem patri [...] Et in spiritum sanctum' (Philippe Labbe, *Sacrosancta concilia*, Lutetiae 1671, ii.27).

[12] Fleury, Dupin, Alletz, Du Moulin et Hermant ne disent mot de cet épisode burlesque déjà mentionné dans l'*Examen important* (V 62, p.317). Voltaire a pu le trouver dans Labbe, *Sacrosancta concilia*, où un extrait de registre nommant les principaux évêques, rappelant les mises au point doctrinales, ajoute: 'Sacros etiam libros et apocryphos, hoc modo manifestos fecit. In domo enim Dei, inferiore loco juxta divinam mensam omnibus collocatis, dominum invocans oravit: ut qui divinitus inspirati essent, superius: qui autem adulterini inferius (quod et factum est) invenirentur' (ii.85).

Après le premier concile de Nicée, composé de 317 évêques infaillibles, il s'en tint un autre à Rimini, et le nombre des infaillibles fut cette fois de 400, sans compter un gros détachement à Séleucie d'environ 200.[13] Ces six cents évêques après quatre mois de querelles,[14] ôtèrent unanimement à Jésus sa *consubstantia-*   45 *lité*.[15] Elle lui a été rendue depuis, excepté chez les sociniens, ainsi tout va bien.

41-44   69*: Nicée, ⟨composé [...] infaillibles,⟩ il s'en tint un autre à Rimini ^Vet à seluecie à la fois. six cent eveque[s] y condamnerent la consubstantiabilité[↑] ⟨le nombre [...] 200⟩ ^{V↑}en 369⁺

    45   69*: ⟨sa⟩ ^Vla

    46-47   69*: depuis⟨,⟩. ⟨excepté [...] bien.⟩

[13] Le mot 'détachement' peut paraître obscur et les sources de Voltaire ne sont pas toujours claires sur cet épisode particulièrement compliqué et mouvementé de l'histoire des conciles. Ainsi Alletz traite de Rimini et de Séleucie en deux articles distincts, sans marquer leurs rapports ni même leur concomitance. Fleury (*Histoire ecclésiastique*, iii.583 ss.) et Dupin (*Nouvelle bibliothèque*, p.333 ss.) se bornent à marquer leur simultanéité. J.-M.-A. Salles-Dabadie (*Les Conciles œcuméniques dans l'histoire*, p.64) fait voir qu'il s'agit en fait du même concile convoqué par ordre de l'empereur Constance en 359. Voltaire lui-même a parlé en 1771 du 'grand concile de Rimini et de Séleucie' (M.xviii.214). Mais on décida de faire siéger les évêques d'Occident à Rimini et ceux d'Orient à Séleucie, pour éviter que ne se reproduisent les incidents du concile de Sardique (343). Alletz, Fleury, Dupin et Labbe (*Sacrosancta concilia*, ii.804) évaluent le nombre des évêques orientaux présents à Séleucie à 160 seulement. Selon Fleury, les défenseurs de la consubstantialité définie par le concile de Nicée n'étaient pas plus de quinze.

[14] Les séances à Rimini commencèrent en juillet 359 et celles de Séleucie le 27 septembre. Sur le détail de ces querelles, Voltaire avait pu consulter Fleury, *Histoire ecclésiastique*, iii.567-92.

[15] Raccourci caricatural: Voltaire se garde bien de faire mention des nombreuses interventions du pouvoir politique. D'après Alletz, Fleury et Dupin, on peut le résumer ainsi: à Rimini 80 ariens conduits par Ursace et Valens tentèrent vainement d'obtenir de leurs 320 confrères orthodoxes qu'ils renoncent au mot 'consubstantiel'. Ceux-ci les condamnèrent et déposèrent, puis écrivirent à Constance leur total attachement au concile de Nicée. C'était compter sans la sympathie de l'empereur pour la position d'Ursace et Valens. Constance mécontent de la majorité de Rimini refusa de recevoir ses députés, fit traîner les choses en longueur tout en interdisant la dissolution du concile, dans l'espoir que les évêques signeraient par lassitude une formule de foi entretemps mise au point à Nysse (ville de Thrace) par les ariens et

Un des grands conciles est celui d'Ephèse en 431; [16] l'évêque de Constantinople, Nestorius, grand persécuteur d'hérétiques, [17] fut condamné lui-même, comme hérétique, pour avoir soutenu qu'à la vérité Jésus était bien Dieu, mais que sa mère n'était pas absolument mère de Dieu, mais mère de Jésus. [18] Ce fut St Cyrille, qui fit condamner St Nestorius; [19] mais aussi les partisans de

5

48   69*: en 431⟨;⟩.

69*, dans la marge: constantinople/ par theodose/ 38ᵉ le Sᵗ esprit,/ y est déclaré/ consubstantiel

51   69*: était ⟨bien⟩ Dieu, mais que sa mère n'était pas ⟨absolument⟩ mère de Dieu ⟨mais mère de Jésus⟩.

53   69*: condamner ⟨St⟩ Nestorius

---

les députés de la majorité, dans laquelle les mots 'substance' et 'consubstantiel' étaient rejetés. Ce qu'avait prévu Constance finit par se produire: les évêques finirent par signer tous, pour pouvoir regagner leur diocèse, ce qu'on devait appeler la formule de Rimini. Lorsqu'on l'apporta à Séleucie, où 40 ariens et 105 demi-ariens se déchiraient dans d'interminables querelles qui avaient décidé le représentant de l'empereur à mettre fin au concile, Constance put sans trop de peine obtenir de tous les participants qu'ils la signent à leur tour. On voit de quelle nature a été l'unanimité dont parle Voltaire.

[16] Cf. 'Christianisme', l.766-771, où Voltaire se borne à résumer l'essentiel des innovations doctrinales du concile.

[17] Dupin précise que lorsque Nestorius fut élu au siège de Constantinople en avril 428, il déclara dès son premier sermon et en présence de l'empereur son intention de faire la guerre aux hérétiques. Il s'en prit aux ariens, aux novatiens, aux macédoniens, aux pélagiens et porta même l'empereur à faire une loi contre tous les hérétiques (*Nouvelle bibliothèque*, Mons 1691, iii.ii.60 ss.); cf. Alletz (*Dictionnaire*, art. 'Ephèse').

[18] Nestorius reprit à son compte la mise en garde d'Anastase, prêtre de son entourage, qui affirmait que Marie ne pouvait être dite 'theotokos' (mère de Dieu), mais seulement 'christotokos' (mère du Christ). Une grande partie de son clergé se révolta contre une telle doctrine en soupçonnant Nestorius d'hérésie, avant même que Cyrille, patriarche d'Alexandrie, n'ait dénoncé son adversaire auprès du pape, de l'empereur et enfin du concile d'Ephèse, convoqué par Théodose II.

[19] En leur donnant à tous deux le titre de saint, Voltaire met les deux adversaires sur le même pied. Il avait pu aussi trouver chez Dupin l'idée d'une possible sainteté de Nestorius: 'Il vivait d'une manière très réglée et même très austère [...] il eût passé pour un grand saint, s'il ne se fût pas engagé à soutenir un sentiment qui le fit condamner comme hérétique' (*Nouvelle bibliothèque*, iii.ii.61).

Nestorius firent déposer St Cyrille dans le même concile; ce qui
embarrassa fort le Saint-Esprit. [20]

Remarquez ici, lecteur, bien soigneusement que l'Evangile n'a
jamais dit un mot, ni de la consubstantialité du Verbe, ni de
l'honneur qu'avait eu Marie d'être mère de Dieu, [21] non plus que
des autres disputes qui ont fait assembler des conciles infaillibles.

Eutichès était un moine, qui avait beaucoup crié contre Nestorius, dont l'hérésie n'allait pas à moins qu'à supposer deux
personnes en Jésus; [22] ce qui est épouvantable. Le moine, pour

54-59   69*:   concile⟨;⟩. ⟨ce qui [...] infaillibles⟩

[20] Pour que ce trait garde tout son mordant, Voltaire évite d'entrer dans le détail
du déroulement des séances, clairement exposé par toutes ses sources: après l'arrivée
à Ephèse de Nestorius et de ses partisans, puis de Cyrille et des siens, il fallut
attendre l'arrivée des trois légats du pape et de tous les évêques d'Orient, conduits
par Jean d'Antioche, ami de Nestorius. Cyrille décida de profiter de ce retard en
brusquant les choses par la convocation de l'assemblée pour le 22 juin, où Nestorius
devrait se présenter en accusé, privé de l'appui de Jean d'Antioche et des siens.
Nestorius refusa de comparaître et Cyrille n'en eut que plus de facilité à faire
condamner son adversaire par contumace en une seule séance. A leur arrivée quatre
jours plus tard, Jean d'Antioche et les évêques syriens, sommés par Cyrille
d'entériner les décisions déjà prises, répliquèrent par un procédé tout semblable en
tenant leur propre réunion dans laquelle ils condamnèrent et déposèrent Cyrille et
son allié Memnon, évêque d'Ephèse. On voit donc qu'à aucun moment il n'y eut
de véritable concile œcuménique, c'est-à-dire d'assemblée générale et unique des
évêques de toute la chrétienté.

[21] C'était ce qu'avaient fait valoir les ariens pour appuyer leur rejet du mot
'consubstantiel'; quant à l'expression 'mère de Dieu', Cyrille lui-même convient
dans sa lettre aux solitaires (voir Alletz, *Dictionnaire*, p.218) qu'elle n'a pas été
employée par les apôtres, même si, à l'en croire, cette maternité ne faisait aucun
doute à leurs yeux. Bayle avait dit ne trouver dans le vocable 'mère de Dieu'
que l'inexactitude du 'langage populaire' et une synecdoque de rhétoricien (art.
'Nestorius', rem. A).

[22] Cf. Hermant exposant la doctrine de Nestorius: 'Il avança hardiment qu'on
ne pouvait appeler la Vierge Mère de Dieu, parce qu'il fallait distinguer en Jésus-
Christ deux personnes, l'une divine et l'autre humaine, comme on distinguait deux
natures; ainsi qu'en qualité d'homme il n'était Fils de Dieu que par adoption et
que Marie était Mère seulement de ce Fils' (*Histoire des conciles*, i.445-46).

mieux contredire son adversaire, assure que Jésus n'avait qu'une nature. [23] Un Flavien évêque de Constantinople, lui soutint qu'il fallait absolument qu'il y eût deux natures en Jésus. On assemble un concile nombreux à Ephèse, en 449; celui-là se tint à coups de bâtons, [24] comme le petit concile de Cirthe en 355, et certaine conférence à Carthage. [25] La nature de Flavien fut moulue de

6

67   69*: ⟨certaine⟩ ᵛ†une

[23] Le 'moine' était en fait un puissant archimandrite, chef moral des moines de Constantinople. Il avait probablement fait partie de la délégation monacale venue faire des remontrances à Nestorius sur sa doctrine, mais que l'évêque avait fait fouetter et jeter au cachot. Au concile d'Ephèse de 431, il 'avait généreusement résisté à Nestorius son archevêque; et après l'avoir combattu par ses raisons, il l'avait déféré au concile où il fut lui-même en personne porter témoignage de sa prévarication' (Hermant, *Histoire des conciles*, i.492). L'hérésie dans laquelle il tomba en ne reconnaissant au Christ qu'une nature divine est donnée par Hermant pour une conséquence de sa trop violente réaction contre le nestorianisme. Son évêque, Flavien, soucieux d'arrêter les progrès de l'hérésie d'Eutychès, assembla à Constantinople un concile qui le condamna et déposa à l'unanimité.

[24] Voltaire ne dit mot du rôle capital qu'y a joué Dioscore: cet ancien archidiacre de saint Cyrille, qui lui succéda dans le siège d'Alexandrie, prit ombrage de la puissance de Flavien, patriarche de Constantinople. Quand Eutychès lui demanda sa protection, Dioscore s'empressa de se proclamer son défenseur et réclama à Théodose un nouveau concile général à Ephèse, pour trancher ce différend doctrinal: Théodose convoqua le concile et en nomma Dioscore président. Celui-ci, bien décidé à perdre son rival Flavien, usa d'intimidations et de violences pour faire approuver l'hérésie d'Eutychès et exiler Flavien. C'est un concile, remarque Hermant, 'auquel on a justement donné le nom de brigandage d'Ephèse'. En plein concile on vint charger Flavien de chaînes, avant de l'obliger à passer honteusement en cet état à travers l'assemblée. Dioscore, revêtu de ses ornements épiscopaux et mître en tête, ne put s'empêcher de le rouer de coups au passage et Flavien mourut peu après de ces mauvais traitements (*Histoire des conciles*, i.500-501). Fleury reste discret sur ces violences, mais Alletz précise que selon certains auteurs Dioscore donna à Flavien 'des coups de pied dans l'estomac et [...] lui marcha sur le ventre' (*Dictionnaire*, p.238). D'autres assurent qu'il le fit piétiner par des moines.

[25] Allusions obscures. Voltaire fait-il une erreur de date? Alletz, Fleury et Dupin ne connaissent comme conciles de Cirthe que celui de 305 (également cité par Hermant) et celui de 412. Mais ils ne précisent pas que des violences physiques aient été exercées. Ou Voltaire fait-il erreur sur le lieu? Dans ce cas, on peut penser au concile de Milan (355) où l'empereur Constance et ses alliés n'ont en effet pas

coups. Jésus fut alors réduit à une seule nature; mais au concile
de Calcédoine en 451 deux natures lui furent assignées. Il est vrai 70
qu'il n'obtint pourtant qu'une seule personne.

Je passe des conciles tenus pour des minuties, et je viens au
sixième concile général de Constantinople, assemblé pour savoir
au juste si Jésus n'ayant qu'une personne, avait deux volontés.[26]
On sent combien cela est important pour plaire à Dieu. 75

Ce concile fut convoqué par Constantin le barbu, comme tous
les autres l'avaient été par les empereurs précédents, les légats de
l'évêque de Rome eurent la gauche. Les patriarches de Constantinople et d'Antioche eurent la droite. Je ne sais si les caudataires à

69-71   67, 69:   coups, et deux natures furent assignées à Jésus.[27] Au concile
de Calcédoine en 451, Jésus fut réduit à une nature.[28] [69* errata: β]

74   67, 69:   qu'une nature, avait [69* errata: β]

---

reculé devant l'intimidation et la violence (voir Fleury, *Histoire ecclésiastique*,
iii.443-46). Il faut faire la même remarque de leurs relations de la conférence elle-
même de Carthage (411) et donc avouer que ces deux rapprochements avec le
concile d'Ephèse de 449 ne peuvent laisser que dans la plus grande perplexité.

[26] Ce concile, tenu du 7 novembre 680 au 16 septembre 681, avait pour objet de
mettre fin à l'hérésie des monothélites, protégée par l'empereur Constant qui en
avait persécuté cruellement les opposants. Son fils Constantin Pogonat (le barbu)
décida d'apaiser la querelle en convoquant un concile général qui se prononcerait
sur la doctrine des monothélites: ceux-ci remarquaient que si Jésus-Christ avait
deux natures, il n'y avait en lui qu'une seule personne (la personne divine) et en
concluaient qu'il n'avait qu'une volonté, celle du Verbe. Mais c'était porter atteinte
à la perfection de son humanité, puisqu'on la supposait ainsi privée de volonté et
d'opération: dès lors on ne pouvait plus soutenir que Jésus-Christ fût véritablement
homme. Sophronius, patriarche de Jérusalem et grand adversaire des monothélites,
avait affirmé que chacune des deux natures de Jésus-Christ devant conserver sa
propriété et opérer ce qui lui était propre, il fallait qu'il y eût en lui deux volontés.

[27] Comment ce concile, qui vit le triomphe de Dioscore et d'Eutychès, ainsi que
la défaite de Flavien, aurait-il pu sans incohérence prendre une telle décision?
Voltaire réparera cette grossière erreur dans l'errata de 69*.

[28] Il est tout aussi faux d'affirmer que le concile de Chalcédoine réduisit Jésus à
une nature, puisqu'il prenait l'exact contrepied de celui d'Ephèse. Voltaire avait été
plus attentif dans l'article 'Christianisme' (l.770-771).

Rome, prétendent que la gauche est la place d'honneur. [29] Quoi qu'il en soit, Jésus, de cette affaire-là obtint deux volontés. [30]

La loi mosaïque avait défendu les images. [31] Les peintres, et les sculpteurs n'avaient pas fait fortune chez les Juifs. On ne voit pas que Jésus ait jamais eu de tableaux, excepté peut-être celui de Marie, peinte par Luc. [32] Mais enfin Jésus-Christ ne recommande nulle part qu'on adore les images. Les chrétiens les adorèrent pourtant vers la fin du quatrième siècle, quand ils se furent familiarisés avec les beaux-arts. L'abus fut porté si loin au huitième siècle, que Constantin Copronyme assembla à Constantinople un concile de trois cent vingt évêques, qui anathématisa le culte des images, [33] et qui le traita d'idolâtrie.

L'impératrice Irène, la même, qui depuis fit arracher les yeux à

[29] Le caudataire est 'celui qui porte la queue de la robe d'un cardinal' (*Académie 62*). Alletz et Fleury relèvent cette disposition des légats et des patriarches, Fleury précisant même que la gauche 'était la plus honorable' (*Histoire ecclésiastique*, ix.26), précision qui a probablement provoqué la réflexion ironique de Voltaire.

[30] La définition de foi du concile 'explique le mystère de l'incarnation, prouve et décide qu'il y a en Jésus-Christ deux volontés naturelles et deux opérations naturelles et défend d'enseigner autre chose' (Fleury, *Histoire ecclésiastique*, ix.63).

[31] Voir Exode xx.4-5 et Deutéronome v.8-9.

[32] 'On croit communément que saint Luc était peintre et on montre en quelques endroits des portraits de la Vierge de sa façon [...] Les anciens n'ont point connu cette qualité de saint Luc et Nicéphore est le premier auteur qui en ait fait mention' (Calmet, *Dictionnaire*, art. 'Luc').

[33] Depuis 727, l'empereur Léon III l'Isaurien avait publiquement déclaré que l'honneur rendu aux images de Jésus-Christ et des saints constituait un acte d'idolâtrie; ce qui lui valut une révolte de la Grèce et la ferme opposition de Germain, patriarche de Constantinople. Il mata les rebelles, mais non Germain qu'il finit par chasser, et déclencha une véritable persécution à partir de 730 contre ceux qui persistaient dans le culte des images. A la mort de Léon III en 741, son fils Constantin V Copronyme, qui partageait le pouvoir avec lui depuis vingt et un ans, régna seul, mais en continuant sa politique, puisqu'il décida en 754 la réunion d'un concile (de 338 évêques selon Hermant, Alletz et Fleury, et non 320), pour faire condamner le culte des images. Mais il n'y avait aucun représentant des églises de Rome, Alexandrie, Antioche et Jérusalem. Le concile aboutit à la condamnation et des peintres et de ceux qui ensuite rendaient à leurs tableaux un culte rappelant fâcheusement les pratiques païennes d'adoration des idoles.

son fils, [34] convoqua le second concile de Nicée en 787: l'adoration
des images y fut rétablie. On veut aujourd'hui justifier ce concile,
en disant que cette adoration était un culte de *dulie*, et non pas de
latrie. [35]

Mais soit de latrie, soit de dulie, Charlemagne en 794 fit tenir
à Francfort un autre concile, [36] qui traita le second de Nicée

[34] L'épouse de Léon IV (775-780), qui succéda à Constantin V, était une iconophile
passionnée, qui a d'abord longtemps tempéré les ardeurs iconoclastes de l'empereur.
A sa mort, celui-ci laissa son trône à un fils de dix ans, Constantin VI, et la régence
à Irène qui s'arrangea pour exercer le pouvoir même sous le règne de son fils (790-
797), mais finit par le détrôner et lui faire crever les yeux ('avec tant de violence
qu'il en mourut', précise Fleury, *Histoire ecclésiastique*, x.18).

[35] Réclamé par Taraise, patriarche de Constantinople, le concile général convoqué
avec le plein accord de l'impératrice s'ouvrit à Sainte-Sophie le 24 septembre 787
avec deux légats du pape et 377 évêques. Les évêques iconoclastes manifestèrent
un complet repentir et le concile décida que les saintes images devraient être
réintroduites dans les églises, en précisant qu'il fallait leur rendre 'le salut et
l'adoration d'honneur: non la véritable latrie, que demande notre foi et qui ne
convient qu'à la nature divine. Mais on approchera de ces images l'encens et le
luminaire [...] Car l'honneur de l'image passe à l'original et celui qui adore l'image
adore le sujet qu'elle représente' (Fleury, ix.551-52). Le culte de dulie (de δουλεία,
servitude) est le culte de vénération rendu aux anges et aux saints considérés comme
des serviteurs de Dieu. Il ne comporte que l'invocation et les honneurs, comme le
précisait déjà le second concile de Nicée, en l'opposant au culte de latrie réservé à
Dieu. Aussi s'explique-t-on mal que Voltaire ait ajouté: 'On veut *aujourd'hui* justifier
ce concile' par la distinction entre dulie et latrie, comme si le concile lui-même ne
s'y était pas référé. Peut-être a-t-il voulu donner à entendre qu'on insiste aujourd'hui
sur cette distinction soigneusement faite par le concile pour le justifier d'avoir
employé l'expression équivoque et par là un peu forte d'adoration des images.

[36] Ce concile avait pour principal objet de faire condamner par les évêques de
Gaule, de Germanie et d'Aquitaine l'hérésie d'Elipand de Tolède et de Felix d'Urgel
touchant l'adoption qu'ils attribuaient au Fils de Dieu. Mais les Pères du concile,
troublés par l'expression 'adoration des images' employée par le second concile de
Nicée et persuadés que celui-ci l'avait mise sur le même plan que l'adoration due à
la Trinité, tinrent à déclarer aussi qu'ils 'ont rejeté et méprisé absolument cette
adoration et cette servitude; et l'ont condamnée unanimement' (Fleury, ix.601).
Hermant, Fleury, Alletz ne font pas difficulté d'avouer que cette condamnation
procède simplement d'un contresens sur le texte adopté à Nicée, ce que Voltaire se
garde bien de préciser.

d'idolâtrie. Le pape Adrien Ier y envoya deux légats, et ne le convoqua pas. [37]

Le premier grand concile, convoqué par un pape, fut le premier de Latran en 1139; il y eut environ mille évêques, mais on n'y fit presque rien, [38] sinon qu'on anathématisa ceux qui disaient que l'Eglise était trop riche. [39]

Autre concile de Latran en 1179, tenu par le pape Alexandre III, [40] où les cardinaux, pour la première fois, prirent le pas sur les évêques; [41] il ne fut question que de discipline.

[37] Selon Fleury, le premier canon du concile précise 'qu'il a été assemblé de l'autorité du pape et par commandement du roi' (ix.600).

[38] A la mort du pape Honorius (1130) les cardinaux qui l'entouraient élirent Innocent II, mais d'autres élirent un antipape: Anaclet, qui jusqu'à sa mort (1138) lutta contre Innocent II. Celui-ci enfin débarrassé de son rival convoqua un concile général au palais de Latran pour effacer toute trace du schisme d'Anaclet. Fleury et Alletz jugent dans les mêmes termes l'œuvre de ce concile: 'On y fit trente canons qui sont presque les mêmes que ceux du concile de Reims en 1131, répétés mot pour mot, mais divisés autrement' (*Histoire ecclésiastique*, xiv.528-29).

[39] Allusion à la condamnation d'Arnaud de Brescia. Fleury le montre déclamant en Italie contre les évêques, le pape, les moines et le clergé: 'Il disait qu'il n'y avait point de salut pour les clercs qui avaient des biens en propriété, pour les évêques qui avaient des seigneuries, ni pour les moines qui possédaient des immeubles; que tous ces biens appartenaient au prince, que lui seul pouvait les donner et seulement à des laïcs; que le clergé devait vivre des dîmes et des oblations volontaires du peuple, se contentant de ce qui suffit pour une vie frugale [...] Arnaud fut donc accusé dans le concile de Latran par son évêque [...] et le pape lui imposa silence' (xiv.530-31).

[40] Très bref concile (5, 14, et 19 mars 1179) convoqué par Alexandre III, pour remédier aux abus du long schisme qui venait de finir (lutte de l'antipape Victor IV, soutenu par l'empereur Frédéric, contre Alexandre. Cette lutte fut continuée après la mort de Victor, par ses successeurs Pascal III et Calixte III, qui moururent à leur tour. L'empereur se décida alors à reconnaître Alexandre). Le concile réforma l'élection des papes (obligation désormais d'être élu aux deux tiers des voix) et condamna l'hérésie des cathares.

[41] Cf. Fleury: 'Ce concile se tint dans l'église de Latran, où le pape était sur un siège élevé avec les cardinaux, les préfets, les sénateurs et les consuls de Rome' (xv.464; précision reprise par Alletz).

Autre grand concile de Latran en 1215.[42] Le pape Innocent III y dépouilla le comte de Toulouse de tous ses biens,[43] en vertu de l'excommunication. C'est le premier concile, qui ait parlé de *transsubstantiation.*[44] 110

En 1245, concile général de Lyon, ville alors impériale, dans laquelle le pape Innocent IV excommunia l'empereur Frédéric II[45] et par conséquent le déposa et lui interdit le feu et l'eau: c'est dans ce concile qu'on donna aux cardinaux un chapeau rouge, pour les 115 faire souvenir qu'il faut se baigner dans le sang des partisans de l'empereur.[46] Ce concile fut la cause de la destruction de la

[42] Le concile s'est tenu du 11 au 30 novembre, avec 412 évêques, 800 abbés et prieurs, des ambassadeurs envoyés par presque tous les princes catholiques.

[43] Le concile traitant de l'affaire des Albigeois, Raimond VI, comte de Toulouse, vint avec son fils et le comte de Foix demander la restitution de leurs terres, dont les croisés et Simon de Montfort les avaient dépouillés. Mais le pape et la majorité du concile la refusèrent, sous le prétexte que Raimond n'avait jamais su conserver la foi et la paix dans ses fiefs. On l'en privait donc pour toujours, en l'envoyant faire pénitence en exil avec une pension de 400 marcs d'argent.

[44] Le premier canon de ce concile est une exposition de la foi catholique définie par opposition à l'hérésie des Vaudois et Albigeois. Elle réaffirme entre autres que le corps et le sang du Christ 'sont véritablement contenus au sacrement de l'autel, le pain étant transsubstancié au corps et le vin au sang par la puissance divine.' Fleury ajoute: 'Le terme de transsubstantiation consacré dans ce canon a toujours été depuis employé par les théologiens catholiques pour signifier le changement que Dieu opère au sacrement de l'Eucharistie, comme le mot de consubstantiel fut consacré au concile de Nicée, pour exprimer le mystère de la Trinité' (*Histoire ecclésiastique*, xvi.385).

[45] Ce concile (28 juin-17 juillet) marque l'un des temps forts du conflit opposant l'empereur Frédéric II à la papauté depuis 1220, dans les personnes successives de Honorius III, Grégoire IX et Innocent IV, le plus dangereux de ses adversaires. En 1244, ce pape fit mine d'accepter une rencontre proposée par l'empereur en Italie centrale, mais par crainte d'un enlèvement se sauva par mer jusqu'à Lyon, ville relevant de l'Empire, mais pratiquement indépendante et toute proche de la frontière française. A peine installé, Innocent IV convoqua un concile général dont l'un des objets était la lutte de l'Eglise contre l'empereur et renouvela l'excommunication de Frédéric déjà portée par Grégoire IX. Le concile fut essentiellement un procès de Frédéric, qui refusa de comparaître, et se termina par une sentence d'excommunication et de déposition, le pape déclarant l'Empire vacant.

[46] Hermant propose une tout autre interprétation: 'On donna aux cardinaux le

maison de Suabe, et de trente ans d'anarchie dans l'Italie et dans l'Allemagne. [47]

Concile général à Vienne en Dauphiné en 1311, où l'on abolit l'ordre des Templiers, dont les principaux membres avaient été condamnés au plus horrible supplice, sur les accusations les moins prouvées. [48]

En 1414, le grand concile de Constance, où l'on se contenta de démettre le pape Jean XXIII convaincu de mille crimes; [49] et où on

120

125

---

chapeau rouge pour relever leur dignité et pour leur marquer l'obligation dans laquelle ils étaient de répandre leur sang, s'il le fallait, pour la gloire de Dieu et pour l'intérêt de son Eglise' (*Histoire des conciles*, iii.206). Ni Fleury ni Alletz ne donnent cette précision.

[47] Voltaire a expliqué dans l'*Essai sur les mœurs*, ch.52, que Frédéric qui possédait en Allemagne 'la Souabe et de grandes terres', laissa à sa mort (1250) et pour dix-huit ans, ce pays sans chef (*Essai*, i.550). Il a longuement décrit cet état d'anarchie, ainsi que celui de l'Italie, dans les *Annales de l'Empire* (M.xiii.358-66).

[48] Concile convoqué dès le 12 août 1308 par le pape Clément v, de nationalité française, qualifié dans l'*Essai sur les mœurs*, ch.66, de 'créature' de Philippe le Bel (i.659), qui avait depuis plusieurs années résolu la perte de l'ordre. Le concile débuta le 13 octobre 1311, mais ce ne fut qu'à sa seconde session (3 avril 1312) que Clément v promulgua la suppression de l'ordre en donnant la plus grande partie de ses biens aux Chevaliers de Malte. L'*Essai* mentionne les cruelles tortures que l'on fit subir à plus de cent chevaliers et la condamnation au bûcher de cinquante-neuf brûlés le même jour, avant de développer un vigoureux plaidoyer en onze points établissant le vague et l'invraisemblance des accusations, les irrégularités de procédure, le peu de valeur d'aveux obtenus sous la torture, etc. (i.660-61).

[49] Convoqué par l'empereur Sigismond, ce concile avait pour but essentiel de mettre fin au grand schisme d'Occident: l'élection désastreuse en 1378 d'Urbain VI détermina une partie des cardinaux à élire un autre pape, Clément VII (1378-1394). Il y eut désormais un 'pape d'Avignon' opposé à celui de Rome: à Urbain VI succédèrent Boniface IX (1389-1404), Innocent VII (1404-1406) et Grégoire XII (1406-1415). A Clément VII succéda Benoît XIII (1394-1422). Pour mettre fin à cette situation, un concile se réunit à Pise en 1409 qui déposa les deux papes et en élut un troisième, Alexandre v, qui mourut un an plus tard mais eut pour successeur Jean XXIII. Le concile de Constance voulut faire table rase en obtenant la démission des trois concurrents, à commencer par celle de Jean XXIII. Le concile le déposa à l'issue d'un procès où l'on retint cinquante chefs d'accusation (empoisonnement d'Alexandre v, adultères, fornications, incestes, simonie, etc.). Le concile avait probablement fait bonne mesure pour imposer de celui dont il voulait se débarrasser

brûla Jean Hus, et Jérôme de Prague, pour avoir été opiniâtres,[50] attendu que l'opiniâtreté est un bien plus grand crime, que le meurtre, le rapt, la simonie, et la sodomie.

En 1430, le grand concile de Bâle, non reconnu à Rome, parce qu'on y déposa le pape Eugène IV qui ne se laissa point déposer.[51]   130

Les Romains comptent pour concile général le cinquième concile de Latran en 1512, convoqué contre Louis XII roi de France, par le pape Jules II; mais ce pape guerrier étant mort, ce concile s'en alla en fumée.[52]

---

l'image d'un grand scélérat, puisque le nouveau pape Martin V devait nommer en 1419 l'ex-Jean XXIII repenti doyen du Sacré Collège.

[50] Voltaire, qui a raconté l'histoire de Jean Hus et Jérôme de Prague dans l'*Essai sur les mœurs*, ch.73, y fait la réflexion suivante: 'En cherchant la cause d'une telle atrocité, je n'ai jamais pu en trouver d'autre que cet esprit d'opiniâtreté qu'on puise dans les écoles. Les pères du concile voulaient absolument que Jean Hus se rétractât; et Jean Hus, persuadé qu'il avait raison, ne voulait point avouer qu'il s'était trompé [...] Le concile fut aussi inflexible que lui: mais l'opiniâtreté de courir à la mort avait quelque chose d'héroïque; celle de l'y condamner était bien cruelle' (i.700).

[51] Commencé le 23 juillet 1431 (et non 1430: Voltaire se corrigera en 1771 dans les QE; M.xviii.218), ce concile général convoqué par Martin V à Pavie, puis transféré à Sienne et Bâle, fut maintenu par son successeur Eugène IV et dura onze ans. Il avait comme fins principales la réforme de l'Eglise dans ses mœurs et sa discipline, ainsi que la réunion des hussites et surtout de l'Eglise d'Orient à l'Eglise romaine. La rumeur persistante d'un projet de dissolution du concile par Eugène IV accrut la mésentente entre le pape et le concile, qui proclama son autorité supérieure à celle du pontife, tenu de lui obéir. Le concile sommant le pape de révoquer son décret de dissolution le cita à comparaître dans les trois mois. Eugène IV irrité cassa par une bulle les décrets du concile, qui décida de passer aux sanctions. Le conflit parut s'assoupir, mais rebondit en 1437: le concile convoqua Eugène IV devant son tribunal (31 juillet 1437), prononça sa déposition (24 janvier 1438), le condamna comme hérétique le 25 juin et élut un antipape (Félix V) en octobre. Mais il s'aliéna ainsi l'opinion publique et cessa de paraître légitime, après qu'Eugène IV lui eut ordonné en vain de se transporter à Ferrare. Le concile finit par se soumettre en 1449, après l'abdication de l'antipape Félix V. Eugène IV faisait ainsi la preuve que le pape était au dessus du concile. Cf. *Essai sur les mœurs*, ch.86; Voltaire y donne Eugène IV pour 'un pape très sage' (i.796).

[52] Episode à peine évoqué dans l'*Essai sur les mœurs*, ch.113. Les ambitions italiennes de Louis XII, qui s'était emparé du Milanais, se heurtèrent vite à la ferme volonté de Jules II de restaurer la puissance temporelle de la papauté. Louis XII eut

Enfin nous avons le grand concile de Trente, qui n'est pas reçu
en France pour la discipline:[53] mais le dogme en est incontestable,
puisque le Saint-Esprit arrivait de Rome à Trente, toutes les
semaines dans la malle du courrier, à ce que dit Fra-Paolo Sarpi;[54]

---

l'idée de faire appel à un concile œcuménique qui rendrait son arbitrage. Quelques
cardinaux complaisants et mal avec Jules II crurent pouvoir en convoquer un à
Pise pour le 1er septembre 1511. Jules II riposta en convoquant le 18 juillet 1511
son propre concile contre l'assemblée 'schismatique' de Pise. Il s'ouvrit le 3 mai
1512. A sa quatrième session (10 décembre), le concile demanda la révocation de
la Pragmatique Sanction et lança un monitoire contre tous ceux qui dans le royaume
de France s'en faisaient les défenseurs. Il fut renouvelé à la cinquième session (16
février 1513), mais Jules II était mourant. Son successeur Léon X s'empressa
d'apaiser le conflit, l'appui de la France lui paraissant nécessaire pour conjurer la
menace d'une invasion turque. Louis XII de son côté abandonna le 'conciliabule'
de Pise pour ne reconnaître que le concile œcuménique de Latran. Le concile ne
partit pas en fumée pour autant, puisque Léon X finit par obtenir du successeur de
Louis XII, François 1er, la signature du concordat de Bologne en août 1516,
approuvé par le concile en décembre.

[53] Commencé en 1545 et terminé seulement en 1563, le concile de Trente, selon
Voltaire, 'ne changea rien aux usages des nations catholiques qui adoptaient quelques
règles de discipline différentes de celles du concile' (*Essai*, ii.699). Voltaire précise
ensuite que vingt-quatre articles disciplinaires du concile ne furent jamais adoptés
en France parce qu'ils étaient contraires aux droits de sa juridiction civile. Dans
son *Histoire du Parlement de Paris*, il le louera en 1769 d'avoir toujours rejeté ces
vingt-quatre décrets parce que sinon 'la France aurait eu la honte d'être un pays
d'obédience' (M.xv.568).

[54] Pietro Sarpi (1552-1623) devint Fra Paolo à son entrée en 1565 dans l'ordre
des servites. Provincial de son ordre, il se rendit suspect à l'Inquisition qui lui
reprochait de fréquenter les hérétiques. Ayant pris la défense de la république de
Venise contre le Saint-Siège qui voulait faire rapporter une loi que Paul V jugeait
contraire aux immunités ecclésiastiques, Sarpi devint le champion de sa patrie
contre les empiétements de la papauté. Le plus connu de ses ouvrages reste son
Istoria del concilio tridentino (1619), maintes fois rééditée, dont Voltaire possédait la
traduction française par Diodati (*Histoire du concile de Trente*, 2e éd., Genève 1635).
Le livre fut réfuté et mis à l'index: on reprochait à Sarpi d'avoir sous une apparente
objectivité laissé deviner sa sympathie secrète pour les calvinistes et son hostilité
aux papes. Voltaire a pris sa défense en 1761 dans l'*Essai sur les mœurs* (ii.498-99).
Le bon mot que lui prête Voltaire ne semble pas se rencontrer tel quel dans son
Histoire; mais l'esprit s'y trouve, dans la mesure où l'historien fait souvent voir les

mais Fra-Paolo Sarpi sentait un peu l'hérésie. [55]

(*par M. Abauzit le cadet.*) [56]   140

---

légats du pape embarrassés et suspendus aux courriers en provenance de Rome, dans l'espoir d'avoir enfin de leur maître des instructions sur le déroulement de la prochaine session (ii.166 ss.). Au reste cette plaisanterie, authentique ou non (ailleurs Voltaire l'a attribuée aux évêques espagnols du concile: voir *Essai*, ii.509), illustre bien l'une des caractéristiques du concile de Trente: la dépendance dans laquelle sont désormais tombés les pères conciliaires à l'égard du pape.

[55] Bien qu'il ait toujours manifesté un profond respect pour les dogmes de l'Eglise, ce théologien excommunié par Rome et suspect à l'Inquisition fut soupçonné par Bossuet et d'autres d'être secrètement calviniste et même d'avoir été à Venise l'âme d'un vaste complot visant à y établir le protestantisme. Le sénat de Venise instruit de ces menées secrètes aurait adressé à Sarpi un avertissement sévère. Voltaire lui-même avait qualifié Sarpi en 1752 de 'savio nemico della chiesa romana' (D4851).

[56] Voltaire a souvent utilisé le nom de Firmin Abauzit; mais il avait un frère cadet (dont on ne sait rien de particulier). On peut se demander pourquoi Voltaire a éprouvé ici le besoin de changer de personnage – est-ce en raison de la mort de Firmin Abauzit, survenue le 20 mars 1767, ou par désir d'enrichir d'un collaborateur de plus l'équipe qui était censée en 1764 avoir confectionné le DP?

CONFESSION [1]

C'est encore un problème si la confession, à ne la considérer qu'en politique, a fait plus de bien que de mal. On se confessait dans les mystères d'Isis, d'Orphée et de Cérès, devant l'hiérophante et les initiés; car puisque ces mystères étaient des expiations, il fallait bien avouer qu'on avait des crimes à expier. [2] Les chrétiens adoptèrent la confession dans les premiers siècles de l'Eglise, ainsi qu'ils prirent à peu près les rites de l'antiquité, [3] comme les temples,

a-37   64, 65, article absent
2   65v, 67s: mal. ¶On
5-6   65v, 67s: expier. ¶Les
7   65v, 67s: prirent peu à peu les rites

[1] Dans l'édition de 1764, Voltaire avait déjà traité de la confession dans deux articles, mais en se plaçant à des points de vue différents: dans 'Catéchisme du curé', Téotime juge excellent ce 'frein au crime', à condition que le confesseur sache rester discret; dans 'Superstition 1' en revanche, Voltaire s'en prend avec virulence au caractère prétendument sacramentel des formules d'absolution. Qu'est-ce qui l'a déterminé à ajouter en 1765 (65v) cet article? Probablement la conscience de n'avoir encore traité ni de l'histoire de la confession ni des troubles politiques qu'elle peut susciter. L'article a donc vraisemblablement été écrit entre juillet 1764 et septembre 1765. Le sujet semble rester très présent à l'esprit de Voltaire, puisqu'il y reviendra dès 1766 dans le *Commentaire sur le livre Des délits et des peines*, ch.16, en attendant de le reprendre dans les QE.

[2] Cf. les carnets (V 82, p.473), *Essai sur les mœurs*, ch.21 (i.362), *Eclaircissements historiques* (M.xxiv.491), une note d'*Olympie* (M.vi.115), et ci-dessus, 'Catéchisme du curé'. Voltaire développera l'idée dans les QE: 'Le repentir de ses fautes peut seul tenir lieu d'innocence. Pour paraître s'en repentir, il faut commencer par les avouer. La confession est donc presque aussi ancienne que la société civile. On se confessait dans tous les mystères d'Egypte, de Grèce, de Samothrace' (M.xviii.223).

[3] Ni dans l'*Essai sur les mœurs*, ni dans les *Eclaircissements historiques* Voltaire n'avait voulu trouver l'origine de la confession chrétienne dans les mystères de l'antiquité. Cette théorie a dû lui paraître finalement bien fragile, puisqu'il écrira le contraire en 1774: 'Les chrétiens prirent la confession dans les rites juifs, et non pas dans les mystères d'Isis et de Cérès' (M.xviii.224).

les autels, l'encens, les cierges, les processions, l'eau lustrale, les habits sacerdotaux, plusieurs formules des mystères; le *sursum corda*, *l'ite missa est*, et tant d'autres.[4] Le scandale de la confession 10 publique d'une femme arrivé à Constantinople au quatrième siècle, fit abolir la confession.[5]

La confession secrète qu'un homme fait à un autre homme, ne fut admise dans notre Occident que vers le septième siècle.[6] Les

[4] Voltaire s'expliquera plus au long dans les QE, art. 'Initiation', sorte de parallèle des mystères de l'antiquité et de ceux des premiers chrétiens: 'Notre religion, qui purifia beaucoup d'instituts païens en les adoptant, sanctifia le nom d'initiés, les fêtes nocturnes, les vigiles, qui furent longtemps en usage [...] La formule principale de tous les mystères était partout: *Sortez, profanes*. Les chrétiens prirent aussi dans les premiers siècles cette formule. Le diacre disait: Sortez, catéchumènes, possédés, et tous les non initiés' (M.xix.469).

[5] Cf. *Eclaircissements historiques* (M.xxiv.492). Voltaire a trouvé l'anecdote dans les histoires de l'Eglise de Socrate (v.xix) et Sozomène (vii.xvi), ouvrages qu'il a pu lire dans la traduction de L. Cousin (1675 et 1676). Mais l'exemple n'est pas d'une entière pertinence: Nectaire, patriarche de Constantinople (381-392), supprima de son Eglise le prêtre pénitencier après qu'une dame de qualité eut confessé au pénitencier avoir été la maîtresse d'un diacre, selon Socrate, et avoir été violée par un diacre à l'église, selon Sozomène. Le scandale fut si considérable parmi les fidèles que l'évêque de Constantinople les dispensa désormais d'aller avouer leurs fautes à un prêtre. En 1771, Voltaire sentant l'objection qu'il ne s'agit pas là d'une confession publique à proprement parler précisera bien qu'elle s'était accusée 'tout haut' à ce prêtre, en demandant en note: 'Comment cette indiscrétion aurait-elle causé un scandale public si elle avait été secrète?' (M.xviii.225, n.3); cf. les carnets (V 81, p.134).

[6] Voltaire paraît avoir hésité sur l'époque, qu'il avait fixée plus tardivement dans les carnets: 'Nulle trace jusqu'au 12ème siècle de la forme de confession auriculaire pratiquée dans les confessionaux des églises' (V 81, p.131); cf. *Essai sur les mœurs*, ch.21 (i.361). Mais ailleurs dans le même carnet, après avoir rappelé l'abolition de la confession publique par Nectaire, il ajoute plus vaguement: 'la confession devint plus secrete, surtout en occident. Plusieurs conciles la recommandent. Celui de Chalons en 664, canon 8, la regarde comme utile [...] mais aucun n'en prescrit les règles et la forme telle qu'elle est établie depuis le treizième siècle' (V 81, p.134). De nos jours encore, cette question paraît controversée parmi les historiens, la plupart admettant qu'en Occident l'administration de la pénitence sacramentelle a été publique durant les six premiers siècles et qu'elle commençait par une confession, mais ils se divisent sur la nature de cette confession.

abbés commencèrent par exiger que leurs moines vinssent deux 15
fois par an leur avouer toutes leurs fautes.[7] Ce furent ces abbés
qui inventèrent cette formule, *je t'absous autant que je le peux et
que tu en as besoin*. Il semble qu'il eût été plus respectueux pour
l'Etre suprême, et plus juste, de dire, Puisse-t-il pardonner à tes
fautes et aux miennes! 20

Le bien que la confession a fait, est d'avoir quelquefois obtenu
des restitutions des petits voleurs.[8] Le mal est d'avoir quelquefois
dans les troubles des Etats forcé les pénitents à être rebelles et
sanguinaires en conscience. Les prêtres guelfes refusaient l'absolution aux gibelins, et les prêtres gibelins se gardaient bien d'ab- 25
soudre les guelfes.[9] Les assassins des Sforces, des Médicis,[10] des

[7] La chronologie reste bien incertaine: l'expression 'les abbés commencèrent'
suggère un processus lent, dont les premières apparitions peuvent être antérieures
au septième siècle; cf. *Essai sur les mœurs*: 'La confession auriculaire s'était
introduite, dit-on, dès le VIe siècle. Les évêques exigèrent d'abord que les clercs se
confessassent à eux deux fois l'année, par les canons du concile d'Attigny en 363;
et c'est la première fois qu'elle fut commandée expressément. Les abbés soumirent
leurs moines à ce joug et les séculiers peu à peu le portèrent' (*Essai*, i.360-61; on
notera que le premier concile connu d'Attigny-sur-Aisne date de 765 et qu'on ne
sait pratiquement rien de ce qui s'y est décidé). Selon certains historiens, la règle
de la coulpe monastique a été observée dans les couvents dès les origines de la vie
monastique au quatrième siècle (V. Normand, *La Confession*, p.119-20). On trouve
cependant, dans un ouvrage d'Edmond Martène (*De antiquis ecclesiae ritibus libri
quatuor*, Rotomagi 1700) qu'a utilisé Voltaire (M.xviii.229), un historique de la
fréquence de la confession dans lequel Martène fait état d'un décret de l'évêque de
Metz Chrodegang invitant les moines à se confesser chaque samedi à l'évêque, ou
au prieur (ii.4). Mais Martène ne dit rien de la formule d'absolution dont parle
Voltaire.

[8] Idée déjà exprimée en 1764 par le Téotime du 'Catéchisme du curé'.

[9] Evoquant dans l'*Essai sur les mœurs*, ch.52, les luttes qui ont opposé au début
du treizième siècle l'empereur d'Allemagne Frédéric II aux papes Honorius III,
Grégoire IX et Innocent IV, Voltaire avait remarqué de l'Italie: 'La querelle de
l'empire et du sacerdote avait produit les factions Guelfe et Gibeline qui divisaient
les villes et les familles' (*Essai*, i.543); cf. *Annales de l'Empire* (M.xiii.349, 359).

[10] Voir *Essai sur les mœurs*, ch.105: Galéas Sforza, fils du duc de Milan François
Sforza, fut assassiné en 1476 dans la cathédrale de Milan le jour de Saint-Etienne:
'Je rapporte cette circonstance, qui ailleurs serait frivole, et qui est ici très
importante: car les assassins prièrent saint Etienne et saint Ambroise à haute voix

princes d'Orange, des rois de France, se préparèrent aux parricides
par le sacrement de la confession. [11]

Louis XI, la Brinvilliers se confessaient dès qu'ils avaient commis
un grand crime, et se confessaient souvent comme les gourmands   30
prennent médecine, pour avoir plus d'appétit. [12]

Si on pouvait être étonné de quelque chose, on le serait d'une

---

de leur donner assez de courage pour assassiner leur souverain' (ii.69). Sur
l'assassinat à Florence en 1478 des deux petits-fils de Cosme de Médicis sur ordre
du pape Sixte IV, Voltaire précise: 'On choisit la solennité d'une grande fête dans
l'église de Santa-Reparata pour égorger les Médicis et leurs amis [...] Le moment
de l'élévation de l'hostie fut celui qu'on prit pour le meurtre, afin que le peuple,
attentif et prosterné, ne pût en empêcher l'exécution. En effet, dans cet instant
même, Julien de Médicis fut tué par un frère de Pazzi et par d'autres conjurés'
(ii.71).

[11] Cf. le *Commentaire sur le livre Des délits et des peines*: 'Jaurigny et Balthazar
Gérard, assassins du prince d'Orange Guillaume Ier, le dominicain Jacques Clément,
Châtel, Ravaillac, et tous les autres parricides de ce temps-là, se confessèrent avant
de commettre leurs crimes [...] Strada dit lui-même que Jaurigny [...] "n'osa
entreprendre cette action sans avoir fortifié par le pain céleste son âme, purgée par
la confession aux pieds d'un dominicain"' (M.xxv.564). De l'assassin d'Henri III,
Voltaire avait déjà observé: 'Il jeûna, se confessa, et communia avant de partir pour
aller assassiner le roi' (*La Henriade*, V 2, p.488, n.*g*). De l'assassin d'Henri IV, il a
noté que Ravaillac se 'confessa et communia souvent. Il est prouvé que son crime
ne fut conçu dans son esprit qu'au milieu des actes réitérés d'une dévotion sincère'
(*Essai sur les mœurs*, ii.556). Quant à Guillaume de Nassau, prince d'Orange,
Voltaire a relaté comment il fut blessé d'un coup de pistolet par l'Espagnol Jaurigny
en 1583 à Anvers et assassiné à Delft sous les yeux de son épouse en 1584 par le
Franc-Comtois Balthasar Gérard (*Essai*, ii.547).

[12] Voltaire juge sévèrement les cruautés de Louis XI dans l'*Essai sur les mœurs*,
ch.94. Il rappelle aussi son extrême dévotion qui 'n'était que la crainte superstitieuse
d'une âme timide et égarée. Toujours couvert de reliques, et portant à son bonnet sa
Notre-Dame de plomb, on prétend qu'il lui demandait pardon de ses assassinats
avant de les commettre' (ii.7). C'est dans *Le Siècle de Louis XIV*, ch.26, que
Voltaire a raconté comment la marquise de Brinvilliers devint par vengeance la
célèbre empoisonneuse qui dépêcha son père, ses deux frères et sa sœur avant de
mourir sur l'échafaud. 'Au milieu de tant de crimes, elle avait de la religion: elle
allait souvent à confesse, et même, lorsqu'on l'arrêta dans Liège, on trouva une
confession générale écrite de sa main' (*OH*, p.923).

bulle du pape Grégoire xv émanée de Sa Sainteté le 30 août 1622, par laquelle il ordonne de révéler les confessions en certains cas. [13]

La réponse du jésuite Coton à Henri iv durera plus que l'ordre des jésuites. Révéleriez-vous la confession d'un homme résolu de m'assassiner? *Non, mais je me mettrais entre vous et lui.* [14]

[13] Voltaire a relevé cette singularité dans le *Dictionnaire de cas de conscience ou décisions des plus considérables difficultés touchant la morale et la discipline ecclésiastique* de Jean Pontas (Paris 1734; BV). Examinant le cas d'un confesseur averti par sa pénitente qu'elle a été sollicitée au péché de la chair au confessionnal même par un confesseur précédent et se demandant si le second confesseur a le devoir de dénoncer à l'évêque le premier, Pontas écrit: 'non seulement il le peut, mais il y est obligé par une bulle de Grégoire xv du 30 août 1622 où ce pape déclare que par ceux qui sollicitent en confession au péché, on doit entendre généralement tous ceux qui sollicitent à commettre des impuretés, soit avec eux ou avec d'autres personnes [...] ce pape commande à tous les confesseurs d'avertir les personnes qui leur déclarent, en se confessant, qu'elles ont été sollicitées au péché par d'autres confesseurs, de l'obligation où elles sont de les dénoncer' (Paris 1724, i.841). Pontas précise que le contenu de cette bulle a été confirmé par un décret d'Alexandre vii du 24 septembre 1765 et que cette bulle de Grégoire xv n'est pas reçue en France, 'puisqu'elle n'y a pas été publiée et que par conséquent elle n'y oblige pas en conscience' (i.842); cf. *Commentaire sur le livre Des délits et des peines* (M.xxv.565).

[14] La source de cette anecdote n'a pas été retrouvée.

CONVULSIONS[1]

On dansa vers l'an 1724 sur le cimetière de St Médard;[2] il s'y fit
beaucoup de miracles: en voici un rapporté dans une chanson de
Mme la duchesse du Maine;[3]

> Un décrotteur à la royale
> Du talon gauche estropié,
> Obtint pour grâce spéciale
> D'être boiteux de l'autre pied.

5

[1] Figurant dans la première édition, cet article a été inséré dans la *Correspondance
littéraire* du 1er octobre 1764 (ICL, 64:224). Sa date de composition pourrait bien
remonter à 1760. Les excès des convulsionnaires semblent être souvent présents à
l'esprit de Voltaire cette année-là: allusions aux crucifixions (D9017, D9036),
convulsionnaires et jésuites enveloppés dans la même réprobation (D8874, D8879,
D9341, etc.), silence prudent sur le récent désastre de l'*Encyclopédie* (voir n.20).

[2] La mort du diacre Pâris n'étant survenue que le 1er mai 1727, on voit mal
comment les scènes d'hystérie qui se sont déroulées sur sa tombe auraient pu
commencer dès 1724. Ce n'est pourtant pas une faute d'impression, puisqu'on lit
dans les carnets: 'Ce fut vers l'an 1724 qu'on imagina d'aller prier sur la tombe de
ce bonhomme' (V82, p.650). Il doit plutôt s'agir d'une erreur de mémoire. Voir
aussi ci-dessous, n.18.

[3] Cf. les carnets: 'Ce st Médard n'avait jamais fait de miracles, mais l'abbé Pâris
en fit une multitude. Le plus marqué de ces miracles dont Carré Montgeron présenta
au roy le recueil imprimé et attesté, est celuy que Madame la duchesse du Maine
célébra dans cette chanson, Un décroteur à la royale' (V82, p.650). On lit dans le
Journal de Barbier (mars 1729): 'Il est mort, il y a près d'un an, un M. Pâris, frère
d'un conseiller de Grand'Chambre, qui avait dix mille livres de rente, qui les
donnait toutes aux pauvres, ne mangeait que des légumes; couchait sans draps;
vivait constamment d'une manière sainte. Il a été enterré à Saint-Médard, faubourg
Saint-Marcel, et tout le peuple de Paris, même gens au dessus du peuple, a été à sa
tombe, étant regardé comme bienheureux et faisant, au dire de ces gens-là, des
espèces de miracles. Il était janséniste dans toutes les formes' (ii.65).

Les convulsions miraculeuses, comme on sait, continuèrent[4] jusqu'à ce qu'on eût mis une garde au cimetière.[5]

De par le roi, défense à Dieu

De plus fréquenter en ce lieu.[6]

Les jésuites, comme on le sait encore,[7] ne pouvant plus faire de tels miracles depuis que leur Xavier avait épuisé les grâces de la Compagnie à ressusciter neuf morts de compte fait, s'avisèrent, pour balancer le crédit des jansénistes, de faire graver une estampe de Jésus-Christ habillé en jésuite. Un plaisant du parti janséniste, comme on le sait encore, mit au bas de l'estampe:

Admirez l'artifice extrême

[4] En janvier 1732, Barbier note le déplaisir du gouvernement de voir continuer 'le culte que l'on rend au tombeau de M. Pâris [...] On comptait que cette dévotion se ralentirait d'elle-même dans les mauvais temps: nous en avons actuellement de très mauvais et cela ne fait rien [...] On y psalmodie toujours avec la plus grande dévotion; la tombe y est constamment remplie de malades et les convulsions y sont encore plus fréquentes. Il y a quelque chose de surprenant dans la foi du public. J'entends même parler de convulsions arrivées à des personnes comme il faut' (i.386).

[5] Barbier note au 29 janvier 1732: 'Grand événement dans Paris; ce matin, M. Hérault, en vertu d'une ordonnance du roi du 27, a fait fermer le petit cimetière de Saint-Médard, où est le tombeau de M. Pâris. Le guet à cheval était dans le faubourg Saint-Marcel à quatre heures du matin, et à chaque corps de garde de ce faubourg, il y avait vingt soldats aux gardes avec les armes chargées. L'ordonnance traite de superstition tout ce qui se passait au tombeau, les convulsions que l'on y voyait étant simulées et faites volontairement pour abuser de la crédulité du peuple. On a affiché cette ordonnance fort haut, crainte qu'elle ne fût arrachée; mais aussi à peine a-t-on pu la lire. On la vendra dans quelques jours' (i.393-94).

[6] Version légèrement différente donnée par Barbier: 'On dit qu'on a trouvé un placard à la porte de Saint-Médard où il y avait: De par le roi, défense à Dieu / De faire miracle en ce lieu' (i.396).

[7] Le lecteur est censé se souvenir des propos ironiques sur les miracles de Xavier rencontrés dans 'Christianisme'. Ces miracles ont plus d'une fois provoqué les sarcasmes de Voltaire dans les carnets (V 81-82, p.166-67, 176, 465), et dans les QE où il propose ces rapprochements: 'Il serait difficile de juger entre les miracles de saint François Xavier, Don Quichotte, le Roman Comique et les convulsionnaires de Saint-Médard' (art. 'François-Xavier', M.xix.204; cf. *Relation de la maladie* [...] *du jésuite Bertier*, M.xxiv.100).

De ces moines ingénieux;
Ils vous ont habillé comme eux, 20
Mon Dieu, de peur qu'on ne vous aime. [8]

Les jansénistes pour mieux prouver que jamais Jésus-Christ n'avait pu prendre l'habit de jésuite, remplirent Paris de convulsions, [9] et attirèrent le monde à leur préau. [10] Le conseiller au Parlement, Carré de Montgeron, alla présenter au roi un recueil 25 *in*-4° de tous ces miracles, attestés par mille témoins; [11] il fut mis,

[8] Voltaire se cite lui-même et le signale ('comme on le sait encore', l.17). La composition de ce distique remonte à 1724. L'édition Moland donne au vers 2 'moines industrieux' (M.x.482). En 1728, Voltaire a introduit une autre variante de ce vers: les jésuites 'passèrent toujours à Paris pour ne vouloir pas qu'on aimât Dieu. Cette opinion était tellement enracinée dans les esprits que lorsqu'on s'avisa de vendre dans Paris, il y a quelques années, une taille-douce représentant notre Seigneur Jésus-Christ habillé en jésuite, un plaisant (c'était apparemment le *loustig* du parti janséniste) mit ces vers au bas de l'estampe: 'Admirez l'artifice extrême / De ces pères ingénieux' (*Sottise des deux parts*, M.xxii.67).

[9] Cf. Barbier: 'Le parti janséniste n'a pas perdu son temps pendant ces vacances. Les convulsions recommencent de plus belle dans les maisons. On dit qu'il y a un nombre considérable de convulsionnaires et qu'il va un nombre infini les voir' (octobre 1732; i.463); 'les jansénistes fanatiques continuaient de faire parade de leurs prétendus miracles de M. Pâris, par des convulsionnaires, plus en femmes qu'en hommes' (février 1733; ii.4); 'les convulsions des petits jansénistes continuent toujours dans plusieurs endroits à Paris. Il y a entre autres une loge, une troupe dans le quartier de l'Estrapade, qui fait du bruit depuis quelques mois' (décembre 1758; iv.298).

[10] 'Petit pré. Il ne se dit plus qu'en parlant de cet espace découvert qui est au milieu du cloître des maisons religieuses ou en parlant de la cour de la prison, particulièrement dans la Conciergerie du Palais à Paris' (*Académie 62*).

[11] Louis-Basile Carré de Montgeron (1686-1754), conseiller au Parlement de Paris depuis 1711, a raconté comment une visite de curiosité faite au tombeau de Pâris fit à l'instant de lui un tout autre homme: le sceptique blasé à qui sa fortune avait jusqu'alors permis de s'adonner à tous les vices et plaisirs de son âge se mua en un pécheur repentant qui mit désormais toute son ardeur à établir l'authenticité des miracles du diacre et à défendre les convulsionnaires. Il composa *La Vérité des miracles opérés à l'intercession de M. de Pâris et autres appelants, démontrée contre M. l'archevêque de Sens* (s.l. 1737; BV) qu'il alla présenter au roi à Versailles le 29 juillet 1737, en lui assurant qu'il y découvrait des vérités essentielles à la Religion et à sa Majesté, mais qu'on tentait de lui dissimuler. Le roi reçut le livre sans savoir

comme de raison, dans un château, où l'on tâcha de rétablir son
cerveau par le régime; [12] mais la vérité l'emporte toujours sur les
persécutions, les miracles se perpétuèrent trente ans de suite,
sans discontinuer. [13] On faisait venir chez soi sœur Rose, sœur   30
Illuminée, sœur Promise, sœur Confite; [14] elles se faisaient fouetter,
sans qu'il y parût le lendemain; on leur donnait des coups de
bûches sur leur estomac bien cuirassé, bien rembourré, sans leur

---

33   65v: sur l'estomac

ce qu'il contenait, cependant que l'auteur allait aussitôt offrir des exemplaires au
duc d'Orléans, au premier président et au procureur général. Ce recueil illustré
d'une vingtaine d'estampes contenait, outre une longue épître au roi et la relation
de la propre conversion de l'auteur, les 'démonstrations' de huit miracles; mais
l'auteur avertit qu'il en a fait encore quelques autres et qu''il est aisé d'en faire un
grand nombre, puisqu'il y a plus de cent miracles dont on a des preuves convaincantes' (p.10).

[12] Quand on eut découvert le contenu de ce livre imprimé sans permission,
Louis xv fit mettre Montgeron dès la nuit suivante à la Bastille. Malgré les
remontrances du Parlement en sa faveur, le conseiller fut exilé le 7 octobre 1737.
Cet éloignement ne ralentit pas son zèle. En 1741, il publia un second in-quarto
intitulé: *Continuation des démonstrations de miracles opérés à l'intercession de M. de
Pâris et autres appelants. Observations sur l'œuvre des convulsions et sur l'état des
convulsionnaires*. Mais dans son parti même, où on l'avait d'abord regardé volontiers
comme un intrépide confesseur de la foi inspiré par le Saint-Esprit, il n'était plus
qu'un enthousiaste encombrant que les évêques appelants eux-mêmes se sentirent
obligés de désavouer.

[13] Dans une note ajoutée en 1771 au *Pauvre diable*, Voltaire écrira: 'Ces farces
ont duré vingt ans chez les Welches' (M.x.102). J. Garinet affirme: 'Les miracles
commencèrent en 1727 et durèrent une douzaine d'années' (*Histoire des convulsionnaires du dix-huitième siècle et des miracles du diacre Pâris*, p.2). Ils semblent en
réalité avoir duré plus longtemps, puisque Barbier les attestait encore en 1758. Le
chiffre de trente ans avancé ici paraît donc représenter l'estimation la plus raisonnable. On connaît mal ce qu'est devenu le mouvement convulsionnaire après 1760,
mais il semble avoir subsisté jusqu'au début du dix-neuvième siècle.

[14] Selon Garinet, 'les femmes qui se livraient à ces épreuves volontaires prenaient
alors les gestes, le langage, le ton de voix et les bégaiements d'un enfant: elles
s'en faisaient mettre aussi le costume. Les convulsionnaires portaient des noms
significatifs, que leurs partisans eux-mêmes leur donnaient, pour se rapprocher, à
ce qu'il paraît, de la simplicité des enfants. Ainsi ils avaient la Nisette, l'Imbécile,

faire de mal; on les couchait devant un grand feu, le visage frotté de pommade, sans qu'elles brûlassent; [15] enfin, comme tous les arts se perfectionnent, on a fini par leur enfoncer des épées dans les chairs, et par les crucifier. [16] Un fameux théologien même a eu $\qquad$ 35

37 65v: fameux vinaigrier et théologien nommé Abraham Chaumex a eu

l'Ardente, l'Invisible, l'Aboyeuse, la Frétillante, la Carpe-Frite, la Truite, etc.' (*Histoire des convulsionnaires*, p.13).

[15] 'A force d'exercices, les convulsionnaires parvinrent à soutenir l'épreuve du feu, de la croix, des coups de bûche et de la barre de fer sur l'estomac. Ces épreuves furent appelées "l'œuvre des convulsions". Les coups portèrent le nom de "secours". De jeunes filles, qui avaient obtenu le don de prophétie par l'intercession de Pâris, furent dressées à demander et à soutenir les secours humains; et les hommes qui ne manquaient pas pour les leur administrer prirent le nom de frères secouristes. Quand les sœurs demandaient ces secours, les frères ne pouvaient les leur refuser sans pécher grièvement contre la charité. Il y avait les grands et les petits secours. Pour les premiers, on se servait du chenêt, de la bûche, de la broche ou du bâton. La sœur secourue par les coups terribles qu'on lui administrait éprouvait un grand soulagement dans ses souffrances. Quelquefois aussi elle se couchait sur le dos. Les frères secouristes plaçaient des poutres sur son ventre, montaient dessus et s'exerçaient à sauter à qui mieux mieux, en récitant des actes de foi, d'espérance et de charité' (*Histoire des convulsionnaires*, p.7-8).

[16] Les affirmations de Voltaire se trouvent corroborées par certains témoignages de Barbier donnant des détails très proches, par exemple le 24 janvier 1733, à propos des convulsionnaires femmes: 'Ainsi, étant couchées par terre, on leur montait sur l'estomac à trois ou quatre personnes et on leur mettait les pieds sur la gorge pour faire voir que rien ne pouvait les blesser, qu'ensuite elles étaient tranquilles comme auparavant. Cela les soulageait même. Il y en avait qu'on étranglait presque en apparence. D'autres prophétisaient sur les personnes présentes et faisaient des exhortations magnifiques pendant leurs convulsions' (ii.4). En décembre 1758, Barbier note le cas d'une fille 'attachée sur une croix par les mains': 'On dit qu'on lui avait percé les mains dans son jeune âge, que le trou était resté pour passer le clou et l'attacher à la croix. On lui poussait la pointe d'une épée sur son corps, laquelle ne pouvait pas entrer. Une autre fille recevait à genoux de grands coups d'une véritable bûche sur l'estomac et en même temps sur le dos, ou sur les deux côtés, et autres pareilles extravagances. Il y avait quelques prêtres, on chantait des psaumes et cela était regardé à titre de miracles' (iv.298).

aussi l'avantage d'être mis en croix:[17] tout cela pour convaincre le monde qu'une certaine bulle était ridicule,[18] ce qu'on aurait pu

[17] Il s'agit d'Abraham Chaumeix (voir l.37v) dont Voltaire précisera en 1771, dans une note ajoutée au *Russe à Paris*, qu'il 'était ci-devant vinaigrier, et, s'étant fait convulsionnaire, il devint un homme considérable dans le parti, surtout depuis qu'il se fut fait crucifier avec une couronne d'épine sur la tête le 2 mars 1749 [...] Ce fut lui qui dénonça au Parlement de Paris le *Dictionnaire encyclopédique*. Il a été couvert d'opprobe et obligé de se réfugier à Moscou, où il s'est fait maître d'école' (M.x.127). Barbier, pourtant très attentif à ce qui regarde les convulsionnaires, ne dit rien dans son *Journal* de cette crucifixion, et semble même ignorer l'existence de Chaumeix. Voltaire pour sa part reprend les bruits ordinairement colportés sur Chaumeix par ses ennemis. Si sa formation religieuse s'est bien fortement teintée de jansénisme, la crucifixion parisienne n'est pas plus à prendre au sérieux que le premier métier de vinaigrier; voir la mise au point de J. P. Lee, *Dictionnaire des journalistes*, art. 'Chaumeix', p.88-90. Au reste, il n'est pas question de crucifixion dans *Le Pauvre diable*, pourtant une des satires les plus violentes de Voltaire contre Chaumeix.

[18] Garinet précise: 'Toutes ces réunions se terminaient par des imprécations contre la bulle *Unigenitus*, pour annoncer le triomphe de la grâce et la chute des jésuites' (*Histoire des convulsionnaires*, p.13). La bulle *Unigenitus*, promulguée le 8 septembre 1713 et arrachée par Louis XIV et les jésuites à Clément XI, condamnait les *Réflexions morales* de Pasquier Quesnel, un ancien ami d'Arnauld devenu chef du parti janséniste. La bulle flétrit cent une propositions extraites de cet ouvrage. Mais beaucoup d'entre elles n'étant pas véritablement hérétiques, la condamnation papale, loin d'avoir l'effet qu'en attendait Louis XIV, provoqua un malaise dans l'opinion et l'opposition du Parlement ainsi que d'une partie importante du haut clergé, qui se rangea derrière le cardinal de Noailles, archevêque de Paris; ayant donné toute son approbation aux *Réflexions morales*, ce prélat, qui encourut ainsi la disgrâce du roi, prétendait demander à Rome des explications. La querelle s'aggrava sous la Régence, quand en 1717 quatre évêques soutenus par Noailles firent appel de la bulle à un concile général: l'Eglise de France fut alors déchirée par les querelles entre acceptants et 'appelants', ceux-ci trouvant un défenseur dans le Parlement quand ils étaient persécutés. C'est dans ce contexte qu'était mort en 1727 le diacre François de Pâris. Fils aîné d'un conseiller au Parlement, le jeune homme avait renoncé par piété à la magistrature pour le séminaire Saint-Magloire, où il vécut de façon très édifiante. Il se retira chez les ermites du Mont Valérien, mais en 1717 adhéra à l'acte des quatre évêques appelants. L'année d'avant sa mort, il avait signé l'appel des curés de Paris contre un mandement de l'évêque de Saintes. En grande réputation de sainteté parmi les appelants, Pâris semblait donc apporter par sa mort et les miracles censés l'avoir suivie la caution même du ciel aux adversaires de la trop célèbre bulle. Voltaire évoquera l'affaire de la bulle *Unigenitus*

prouver sans tant de frais. Cependant, et jésuites et jansénistes, se   40
réunirent tous contre l'Esprit des lois,[19] et contre... et contre...
et contre... et contre...[20] Et nous osons après cela nous moquer
des Lapons, des Samoyèdes et des nègres!

---

dans l'*Histoire du Parlement de Paris*, 1769 (M.xvi.53); voir aussi QE, art. 'Bulle'
(M.xviii.47-49).

[19] Cf. *Lettres à S. A. Mgr. le prince de **** (1767): 'La Sorbonne voulut censurer
l'*Esprit des lois*; mais elle sentit qu'elle serait censurée par le public; elle garda le
silence. Il n'y eut que quelques misérables écrivains obscurs comme un abbé Guyon
et un jésuite, qui dirent des injures au président de Montesquieu; et ils en devinrent
plus obscurs encore, malgré la célébrité de l'homme qu'ils attaquaient' (M.xxvi.510).
C'est minimiser le rôle joué par les *Nouvelles ecclésiastiques*: éditeur depuis 1729 de
cet hebdomadaire janséniste, l'abbé de La Roche avait attaqué violemment *De
l'esprit des lois* en y dénonçant un ouvrage prônant la religion naturelle et tendant
sans cesse à discréditer le christianisme (9 octobre 1749). La Roche revenait à la
charge la semaine suivante, reprochant à Montesquieu de laisser voir son admiration
pour Bayle, alors même qu'il prétend le réfuter, et de faire l'éloge des stoïciens, ce
qui n'est pas d'un véritable chrétien. Le janséniste concluait que les tenants de la
religion naturelle n'ont pas de religion du tout et sont les ennemis de Jésus-Christ.
Montesquieu répliqua par une *Défense de l'Esprit des lois*, au début de février 1750.
La Roche répondit par deux nouveaux articles, le 24 avril et le 1er mai 1750, en
reprenant l'accusation de spinozisme et en invectivant désormais 'cet impie' qui
'vomit des blasphèmes'. C'est alors que Voltaire se porta au secours de Montesquieu
en publiant le 14 mai 1750 son *Remerciement sincère à un homme charitable*, pamphlet
d'une ironie des plus mordantes; voir R. Shackleton, *Montesquieu: biographie critique*,
p.281 ss.

[20] On s'attendrait naturellement à ce que Voltaire fît mention de l'*Encyclopédie*,
car elle représente un exemple beaucoup plus éclatant que l'*Esprit des lois* de cette
alliance de fait contre le même adversaire dans laquelle se sont parfois retrouvés
ces ennemis irréductibles qu'étaient jésuites et jansénistes. On devine au reste
que cette omission volontaire provient d'un homme parfaitement instruit de la
continuation clandestine de l'*Encyclopédie* et qui donc s'abstient prudemment de
toute allusion susceptible de gêner les éditeurs d'une entreprise qui n'a plus
d'existence officielle depuis 1759.

CORPS[1]

De même que nous ne savons ce que c'est qu'un esprit, nous ignorons ce que c'est qu'un corps: nous voyons quelques propriétés, mais quel est ce sujet en qui ces propriétés résident? il n'y a que des corps, disaient Démocrite et Epicure; il n'y a point de corps, disaient les disciples de Zénon d'Elée.[2]

L'évêque de Cloine, Berklay,[3] est le dernier, qui par cent sophismes captieux a prétendu prouver que les corps n'existent pas; ils n'ont, dit-il, ni couleurs, ni odeurs, ni chaleur; ces modalités sont dans vos sensations, et non dans les objets: il pouvait s'épargner la peine de prouver cette vérité, elle était assez connue; mais de là il passe à l'étendue, à la solidité qui sont des essences du corps, et il croit prouver qu'il n'y a pas d'étendue dans une pièce de drap vert, parce que ce drap n'est pas vert en effet; cette sensation du vert n'est qu'en vous, donc cette sensation de l'étendue n'est aussi qu'en vous.[4] Et après avoir ainsi détruit

8   65v: ni couleur, ni odeur,
12 69:   pas l'étendue

1 Cet article, dont la date de composition est difficile à fixer, sera repris dans les QE avec une nouvelle introduction.

2 Leucippe et Démocrite (c. 460-370 av. J.-C.) développèrent des théories matérialistes-mécanistes et atomistes que l'on retrouve chez Epicure, tandis que Zénon d'Elée tenta de démontrer l'impossibilité de la pluralité de la matière et du mouvement.

3 George Berkeley, consacré évêque anglican de Cloyne en Irlande le 19 mai 1734, dont Voltaire possédait les *Dialogues entre Hylas et Philonous*, trad. Gua de Malves (Amsterdam 1750), qu'il a annotés avec sévérité (CN, i.296-97).

4 Le propos n'est guère exact. Berkeley explique que les qualités secondaires de la matière, couleur, odeur, chaleur, etc. ne sont que dans l'esprit, ce que Voltaire admet ici. Mais il en tire argument pour démontrer avec la même force que les qualités primaires, étendue, figure, mouvement et, surtout, solidité, n'existent que comme des perceptions de l'esprit (*A treatise concerning the principles of human knowledge*, i.15).

l'étendue, il conclut que la solidité qui y est attachée tombe d'elle-même; et qu'ainsi il n'y a rien au monde que nos idées. De sorte que, selon ce docteur, dix mille hommes tués par dix mille coups de canon, ne sont dans le fond que dix mille appréhensions de notre âme.

Il ne tenait qu'à M. l'évêque de Cloine de ne point tomber dans l'excès de ce ridicule; il croit montrer qu'il n'y a point d'étendue, parce qu'un corps lui a paru avec sa lunette quatre fois plus gros qu'il ne l'était à ses yeux, et quatre fois plus petit à l'aide d'un autre verre.[5] De là il conclut qu'un corps ne pouvant à la fois avoir quatre pieds, seize pieds, et un seul pied d'étendue, cette étendue n'existe pas; donc il n'y a rien;[6] il n'avait qu'à prendre une mesure, et dire, De quelque étendue qu'un corps me paraisse, il est étendu de tant de ces mesures.

Il lui était bien aisé de voir qu'il n'en est pas de l'étendue et de la solidité comme des sons, des couleurs, des saveurs, des odeurs, etc. Il est clair que ce sont en nous des sentiments excités par la configuration des parties; mais l'étendue n'est point un sentiment. Que ce bois allumé s'éteigne, je n'ai plus chaud; que cet air ne soit plus frappé, je n'entends plus; que cette rose se fane, je n'ai plus d'odorat pour elle; mais ce bois, cet air, cette rose, sont étendus sans moi. Le paradoxe de Berklay ne vaut pas la peine d'être réfuté.[7]

20

25

30

35

21-22 69*: ⟨Il ne [...] ridicule⟩
31 64-67: saveurs, et des odeurs

---

[5] *Three dialogues between Hylas and Philonous*, éd. G. J. Warnock, i.170-72. Mais Voltaire pousse l'illustration plus loin que Berkeley. C'est aux questions de l'étendue et de la solidité qu'il a consacré trois remarques marginales (CN, i.296-97).

[6] Cf. cette remarque de Voltaire: 'un corps vu sous des dimensions differentes conserve toujours tant de fois sa largeur sa hauteur etc pour la mite et pour lhomme. il a donc une etendue reelle independante de notre sensation' (CN, i.296).

[7] Voltaire a consacré un chapitre de son *Traité de métaphysique* à prouver 'qu'il y a en effet des objets extérieurs' (V 14, p.445-48).

Il est bon de savoir ce qui l'avait entraîné dans ce paradoxe. J'eus, il y a longtemps, quelques conversations avec lui; il me dit que l'origine de son opinion venait de ce qu'on ne peut concevoir ce que c'est que ce sujet qui reçoit l'étendue.[8] Et en effet, il triomphe dans son livre, quand il demande à Hilas ce que c'est que ce sujet, ce *substratum*, cette substance; C'est le corps étendu, répond Hilas; alors l'évêque, sous le nom de Philonoüs, se moque de lui; et le pauvre Hilas voyant qu'il a dit que l'étendue est le sujet de l'étendue, et qu'il a dit une sottise, demeure tout confus et avoue qu'il n'y comprend rien, qu'il n'y a point de corps, que le monde matériel n'existe pas, qu'il n'y a qu'un monde intellectuel. 40 45

Philonoüs devait dire seulement à Hilas,[9] Nous ne savons rien sur le fond de ce sujet, de cette substance étendue, solide, divisible, mobile, figurée, etc. Je ne la connais pas plus que le sujet pensant, sentant et voulant; mais ce sujet n'en existe pas moins, puisqu'il a des propriétés essentielles dont il ne peut être dépouillé.[10] 50

Nous sommes tous comme la plupart des dames de Paris; elles 55

[8] Si ces conversations eurent lieu, ce fut pendant l'exil de Voltaire à Londres (mai 1726-septembre 1728). Pour sa part, Berkeley était à Londres, où il avait des amis dans les cercles littéraires et politiques, de 1724 jusqu'à son départ pour Newport en Virginie le 4 septembre 1728, où il est resté jusqu'à l'automne 1731. Bien que leurs séjours à Londres aient partiellement coïncidé, il n'est pas évident que Voltaire et le futur évêque s'y soient rencontrés car Berkeley ne l'a jamais mentionné dans sa correspondance. La seule confirmation est une anecdote rapportée dans le *Gentleman's magazine* de 1797 selon laquelle Voltaire a raconté à Berkeley qu'il avait écrit *La Henriade* à la Bastille sur son linge bien 'maché', faute de papier (voir A.-M. Rousseau, *L'Angleterre et Voltaire*, p.132). D'autre part une lettre de la fin de 1732 (D558, à Andrew Pitt) accuse réception de l'*Alciphron* de Berkeley que Voltaire commente avec des éloges pour le caractère de l'auteur en ajoutant: 'I have known the man'. Dans un *Mémoire* de 1739, Voltaire se décrit comme un 'ami depuis longtemps de milord Berkeley' (M.xxiii.30), mais cet article-ci est le seul endroit où Voltaire prétend avoir eu des conversations avec le philosophe anglais.

[9] Voltaire inverse les rôles des personnages car c'est Philonous qui parle pour l'auteur; c'est donc Hylas qui devrait répondre selon les propos de Voltaire.

[10] Les éditeurs de Kehl renvoient à l'article 'Existence' de l'*Encyclopédie*; cet article est signé des initiales du chevalier de Jaucourt, mais d'après J. Lough, le véritable auteur en est Turgot (*Essays on the Encyclopédie of Diderot and d'Alembert*, p.550).

font grande chère sans savoir ce qui entre dans les ragoûts; de même nous jouissons des corps, sans savoir ce qui les compose. De quoi est fait le corps? de parties, et ces parties se résolvent en d'autres parties. Que sont ces dernières parties? Toujours des corps; vous divisez sans cesse, et vous n'avancez jamais.

Enfin, un subtil philosophe remarquant qu'un tableau est fait d'ingrédients, dont aucun n'est un tableau, et une maison de matériaux dont aucun n'est une maison, il imagina (d'une façon un peu différente) que les corps sont bâtis d'une infinité de petits êtres qui ne sont pas corps; et cela s'appelle des monades.[11] Ce système ne laisse pas d'avoir son bon; et s'il était révélé, je le croirais très possible; tous ces petits êtres seraient des points mathématiques, des espèces d'âmes qui n'attendraient qu'un habit pour se mettre dedans. Ce serait une métempsycose continuelle; une monade irait tantôt dans une baleine, tantôt dans un arbre, tantôt dans un joueur de gobelets. Ce système en vaut bien un autre; je l'aime bien autant que la déclinaison des atomes,[12] les formes substantielles,[13] la grâce versatile,[14] et les vampires de dom Calmet.[15]

[11] Gottfried Wilhelm von Leibniz, *Monadologia*, dans *Opera omnia* (Genève 1768) et *Œuvres philosophiques*, éd. Raspe (Amsterdam, Leipzig 1765). Ces deux éditions sont entrées dans la bibliothèque de Voltaire après la publication de cet article, mais Voltaire a lu Leibniz dès la période de Cirey. Dans les *Eléments de la philosophie de Newton*, il expose la théorie de Leibniz sur les monades (V 15, p.241-44). Sur Voltaire et Leibniz, voir W. H. Barber, *Leibniz in France*.

[12] Cette expression correspond à la théorie de Leucippe et de Démocrite qui supposait des atomes irréductibles tombant et se combinant dans le vide.

[13] Les formes substantielles sont 'toute forme qui s'unit à la matière première pour réaliser par cette union une substance déterminée dont elle est l'élément spécifique; elle peut être soit matérielle, soit spirituelle' (DTC, art. 'Forme', vi.543).

[14] Dans la théorie augustinienne de la grâce, la perversité héritée de la nature humaine déchue est telle que l'homme ne peut résister aux inclinations méchantes par la seule grâce qui convertit (*gratia versatilis*), mais qu'il a besoin aussi d'une grâce efficace (*gratia efficax*).

[15] Calmet, *Dissertations sur les apparitions des anges, des démons, des esprits et sur les revenants et vampires de Hongrie, de Bohême, de Moravie et de Silésie* (Paris 1746; CN, ii.358-63).

CREDO [1]

Je récite mon Pater et mon Credo tous les matins, je ne ressemble point à Broussin [2] dont Réminiac disait:

Broussin dès l'âge le plus tendre
Posséda la sauce-Robert,
Sans que son précepteur lui pût jamais apprendre
Ni son credo ni son pater. [3]

5

a-93   64-67, article absent

[1] Cet article, ajouté en 1769, reprend et développe les trois paragraphes consacrés au symbole des apôtres dans l'article 'Christianisme' de 1764 (l.422-440). Mais il adopte un ton beaucoup plus polémique, qui le situe dans le droit fil des considérations virulentes sur le symbole qui terminent en 1766 le chapitre 11 de *L'Examen important de milord Bolingbroke* (V 62, p.218-20). De sorte que l'article a dû être composé soit dès les premiers mois de 1767 (mais, dans ce cas, pourquoi n'a-t-il pas fait son entrée dans le DP dès cette année-là?), soit plus vraisemblablement dans les derniers mois de 1767 et l'année suivante. Voltaire le reproduira dans les QE, en le faisant précéder d'une autre anecdote amusante.

[2] Pierre Brulant de Genlis, marquis Du Broussin, un des dédicataires du *Voyage* de Chapelle et Bachaumont. Chapelle et Bachaumont, commente Voltaire, 'écrivaient au gros gourmand, au buveur Broussin avec lequel ils soupaient' (D6663). Il attribue au 'célèbre gourmand Broussin' l'invention du proverbe: 'On ne vieillit pas à table' (*Souvenirs de Mme de Caylus*, M.xxviii.290). Broussin appartenait à un cercle évoqué dans *Le Siècle de Louis XIV* dont le caractère 'était la facilité, la gaieté, la liberté' (*OH*, p.1147). Dans l'épigramme qui suit, la possession de la sauce-Robert ('sauce faite avec de la moutarde, de l'oignon et du vinaigre', *Académie 62*) fait évidemment allusion à cette gourmandise bien connue du marquis.

[3] Nous n'avons pu ni retrouver cette épigramme ailleurs ni obtenir sur l'inconnu à qui elle est attribuée d'autres renseignements que ceux que Voltaire lui-même a donnés: dans les carnets, il cite de lui un impromptu et une épigramme (V 81, p.262, 296). Il semble que ce Réminiac fréquentait Boileau et même que le jeune Arouet l'ait personnellement rencontré (voir D9981).

Le *symbole* ou la *collation*, vient du mot *symbolein*,[4] et l'Eglise latine adopte ce mot comme elle a tout pris de l'Eglise grecque. Les théologiens un peu instruits savent que ce symbole qu'on nomme des apôtres, n'est point du tout des apôtres.[5]

On appelait symbole chez les Grecs, les paroles, les signes auxquels les initiés aux mystères de Cérès, de Cibèle, de Mithra

[4] Voltaire trahit sa connaissance incertaine du grec: le mot latin *symbolus*, simple transcription du mot grec σύμβολον, signifie signe de reconnaissance, moyen de justifier de son identité. Le mot *symbolum*, d'abord synonyme de *symbolus*, a pris chez les premiers écrivains chrétiens le sens particulier de tableau des principaux articles de la foi. 'C'était', précise Calmet, 'comme la marque, le signal à quoi les chrétiens se reconnaissaient entre eux' (*Dictionnaire*, art. 'Symbole'). Le nom σύμβολον dérive lui-même du verbe συμβάλλειν, mettre ensemble, rapprocher (dans son sens premier et concret, le symbole est un objet coupé en deux, dont deux hôtes conservaient chacun une moitié qu'ils transmettaient à leurs enfants; rapprochées, elles permettaient de faire reconnaître l'identité des porteurs et de prouver les relations d'hospitalité contractées antérieurement). Il n'y a pas de 'mot *symbolein*' en grec, mais 'sumballein', le verbe, qui se traduit en latin par *conferre*, dont dérive le nom *collatio* (assemblage, réunion): le terme *collation* qu'utilise Voltaire porte donc bien le même sens que *symbole*, même si *Académie 62* ne fait pas figurer ce sens. Au reste, Voltaire pense visiblement au 'sermon 115' de saint Augustin (cf. l.17-18): 'Quod enim graece Symbolum dicitur, latine collatio nominatur' (PL, xxxix.2190).

[5] La suite du texte montre que par l'expression 'symbole des apôtres' Voltaire désigne 'celui que nous récitons'. En réalité parmi les multiples symboles attestés par les Pères, l'Eglise discerne quatre principaux: celui des apôtres, celui du concile de Nicée (325), celui du concile de Constantinople (381) et celui de saint Athanase. Aux yeux de l'orthodoxie, il existe donc un symbole des apôtres, distinct du nôtre même si celui-ci en procède, comme l'avait rappelé Calmet: 'Rufin dit qu'il a appris par la tradition que les apôtres étant près de se séparer s'assemblèrent et, conférant ensemble les pensées que chacun d'eux avait sur les principaux articles de notre foi, en composèrent le Symbole qui en est comme le précis et l'abrégé. Saint Jérôme attribue aussi aux apôtres le symbole que nous avons sous leur nom' (*Dictionnaire*, art. 'Symbole'). Calmet situe la confection de ce symbole vers l'an 36, avant que les apôtres ne se séparent; mais Baronius la place au concile de Judée en 44 (*Annales ecclesiastici*, Antverpiae 1610, i.315).

se reconnaissaient;(*a*) les chrétiens avec le temps eurent leur symbole. S'il avait existé du temps des apôtres, il est à croire que St Luc en aurait parlé. [8]

On attribue à St Augustin une histoire du symbole dans son sermon 115. [9] On lui fait dire dans ce sermon que Pierre avait

(*a*) *Arnobe* liv. 5. *Simbola quae rogata sacrorum etc.* [6] Voyez aussi Clément d'Alexandrie dans son sermon protreptique, ou *Cohortatio ad gentes*. [7]

[6] *Adversus nationes* (ou *Adversus gentes*), v, §26, qui s'en prend aux mystères d'Eleusis, en rappelant ce qu'il y a de honteux et de ridicule dans l'histoire de Cérès qu'ils perpétuent. Arnobe interpelle ses interlocuteurs païens: pour se convaincre qu'il n'invente rien, qu'ils se remémorent les vers d'Orphée ou les formules mêmes qu'ils doivent utiliser dans les cérémonies des mystères pour répondre aux questions quand ils reçoivent les objets sacrés ('ipsa denique symbola quae rogati sacrorum in acceptionibus respondetis'). L'expression d'Arnobe 'respondere symbola' montre bien que le mot *symbolum* peut désigner, comme le dit Voltaire, des paroles et non plus seulement les deux moitiés à assembler d'un même objet.

[7] *Discours d'exhortation aux Grecs*; l'auteur voulant prouver le caractère profane des mystères tient les mêmes propos qu'Arnobe, en citant lui aussi les vers d'Orphée et la formule des mystères d'Eleusis (II, 18).

[8] C'est-à-dire dans les Actes des apôtres; cf. ci-dessus, 'Christianisme', l.422-425. Ce silence de l'Ecriture est décisif aux yeux de Voltaire (alors que pour les tenants de l'orthodoxie, il convient de prendre en compte la tradition dont les premiers Pères de l'Eglise auraient porté témoignage). L'argument de Voltaire n'a rien de neuf: la critique protestante paraît l'avoir volontiers utilisé; voir par exemple Joseph Bingham, *Origines ecclesiasticae, or the Antiquities of the Christian Church* (London 1710), x.iii, qui se prévaut du consensus de Basnage, Ussher, Vossius, etc. (ceux que Voltaire vient d'appeler 'les théologiens un peu instruits').

[9] Les sermons laissés par saint Augustin ont été classés par les éditeurs en quatre catégories (de Scripturis, de Tempore, de Sanctis, de Diversis) et chaque sermon s'est vu attribuer un numéro d'ordre dans sa catégorie; mais les bénédictins de Saint-Maur ont procédé à une redistribution des sermons dans ces quatre catégories et créé ainsi un ordre nouveau. Le sermon auquel Voltaire se réfère porte le numéro 115 de Tempore dans l'ordre ancien et le numéro 241 dans l'ordre nouveau. Mais ce que Voltaire ne dit pas avec une suffisante clarté, c'est que les mauristes ont aussi décidé, dans leur édition des *Œuvres* de saint Augustin (Paris 1683), de rejeter en appendice comme supposé ce sermon 241 qui n'est pas de saint Augustin, mais dont l'origine n'a pas encore été élucidée (voir F. Marty, *Dictionnaire de spiritualité ascétique et mystique*, art. 'Symbole', xiv.1367).

commencé le symbole en disant, *Je crois en Dieu Père tout-puissant*; Jean ajouta, *créateur du ciel et de la terre*; Jaques ajouta, *Je crois en Jésus-Christ son fils unique notre Seigneur*; et ainsi du reste. [10] On a retranché cette fable dans la dernière édition d'Augustin. Je m'en rapporte aux révérends pères bénédictins, pour savoir au juste s'il fallait retrancher ou non ce petit morceau qui est curieux.

Le fait est que personne n'entendit parler de ce Credo pendant plus de quatre cents années. [11] Le peuple dit que Paris n'a pas été bâti en un jour, le peuple a souvent raison dans ses proverbes. Les apôtres eurent notre symbole dans le cœur, mais ils ne le mirent point par écrit. [12] On en forma un du temps de St Irénée,

[10] La même origine légendaire figure dans le sermon 240 (autre *sermo spurius*), avec des changements dans les noms d'apôtres et surtout des attributions différentes des versets. Voltaire avait déjà utilisé dans 'Christianisme' le sermon 241, qualifié d''homélie attribuée à saint Augustin'. On notera dans ce symbole la présence de la descente aux enfers et de la communion des saints dont Voltaire parlera plus loin.

[11] L'expression 'ce Credo' ne peut désigner que 'notre symbole' qui 'est constamment du cinquième siècle' (l.29-30); sinon la précision temporelle ne se comprendrait pas. L'affirmation n'en est pas moins tendancieuse: car s'il est évident qu'aucun chrétien des quatre premiers siècles ne peut avoir entendu parler d'un symbole qui ne sera mis au point que plus tard, il reste que les fidèles des premiers siècles avaient entendu parler d'un ou de plusieurs des symboles alors en usage, en particulier de celui de Nicée (325). Mais avant, il y avait eu ceux de saint Irénée, d'Origène, de Tertullien, de saint Grégoire le Thaumaturge, du martyr Lucien, prêtre d'Antioche, de l'Eglise de Jérusalem, de l'Eglise d'Antioche, de l'Eglise d'Aquilée et surtout celui de l'Eglise de Rome, dont Rufin d'Aquilée (340-410) précise qu'on l'appelait justement symbole des apôtres. Voltaire lui-même convient implicitement que tous ces symboles contenaient déjà pour l'essentiel les mêmes points que celui du cinquième siècle, puisqu'il ne relève comme différence marquante que la descente aux enfers et la communion des saints.

[12] Ce qu'on pourrait prendre pour un simple trait d'ironie (et qui l'est aussi sans aucun doute) est d'abord l'expression de l'opinion admise par l'orthodoxie: 'On l'avait reçu des apôtres sans écriture, et même il était défendu de l'écrire; comme plusieurs Pères le témoignent' (Calmet, *Dictionnaire*, art. 'Symbole'). L'expression de Voltaire rappelle même celles de Baronius notant le même fait: 'haec non scribi chartulis atque membranis, sed retineri cordibus tradiderunt' (*Annales ecclesiastici*, i.315). Baronius explique cette interdiction d'écrire la profession de foi par le souci qu'elle demeure un secret partagé par les seuls croyants leur permettant de se reconnaître au moyen de ce 'symbole'.

qui ne ressemble point à celui que nous récitons. [13] Notre symbole tel qu'il est aujourd'hui est constamment du cinquième siècle. Il est postérieur à celui de Nicée. L'article qui dit que Jésus descendit aux enfers, celui qui parle de la communion des saints, ne se trouvent dans aucun des symboles qui précédèrent le nôtre. [14] Et en effet, ni les Evangiles, ni les Actes des apôtres ne disent que Jésus descendit dans l'enfer. Mais c'était une opinion établie dès le troisième siècle que Jésus était descendu dans l'Hadès, dans le Tartare, mots que nous traduisons par celui d'enfer. [15] L'enfer en ce sens n'est pas le mot hébreu *scheol*, qui veut dire le souterrain, la fosse. [16] Et c'est pourquoi St Athanase nous apprit depuis

30

35

[13] Irénée de Lyon (*c*.130-*c*.208) rapporte les articles de la foi transmis par la tradition dans *Contre les hérésies*, i.x (Paris 1979, ii.155, 157, 159).

[14] Le Credo placé par l'Eglise dans la liturgie de la messe est ordinairement appelé 'symbole de Nicée', bien qu'en réalité il ait été complété par le concile de Constantinople (381). Mais il ne peut s'agir du Credo dont parle ici Voltaire, puisqu'il ne comporte aucune mention de la descente aux enfers ni de la communion des saints. Qu'entend-il donc par 'notre symbole tel qu'il est aujourd'hui'? Rappelons qu'antérieurement au texte niceno-constantinopolitain, récité à la messe aussi bien du temps de Voltaire que du nôtre, le symbole des apôtres existait en deux versions respectivement appelées 'Texte ancien ou romain' (12 articles) et 'Texte reçu ou gallican' (14 articles). C'est dans ce dernier qu'on a vu apparaître la formule 'Sanctorum communionem', employée pour la première fois au cinquième siècle par Nicétas de Remesiana dans son *Explanatio symboli* (PL, lii.871) et reprise vers 460 par Fauste de Riez dans *De spiritu sancto* (PL, lxii.11). L'expression 'descendit ad inferos' semble moins récente, puisque Rufin d'Aquilée (340-410) est le premier à la signaler, dans *Commentarius in symbolum apostolorum*, comme une singularité du symbole baptismal de son Eglise (PL, xxi.356).

[15] Si le 'descendit ad inferos' est attesté au quatrième siècle, on sait aussi qu'il figurait déjà dans des symboles ariens beaucoup plus anciens (voir Bingham, *Origines ecclesiasticae*, x.iii). Mais à lire certain propos de Pierre dans Actes ii.24, on est fondé à se demander si l'opinion dont parle Voltaire n'était pas déjà établie à la naissance même de l'Eglise. On peut s'étonner aussi que Voltaire la date ici du troisième siècle, alors qu'il avait écrit dans l'*Examen important* du 'tour aux enfers' que le Christ a fait après sa mort: 'Qui donc a imaginé le premier ce voyage? ce fut Athanase environ trois cent cinquante ans après' (V 62, p.218). Sur ce point, Voltaire a donc visiblement changé d'avis depuis 1766.

[16] Calmet, après avoir donné pour équivalents l'hébreu *Schéol* et le latin *Infernus*, précise néanmoins: 'Ce terme dans l'Ecriture signifie souvent le tombeau, le fond

comment notre Sauveur était descendu dans les enfers. *Son huma-*   40
nité, dit-il, *ne fut ni tout entière dans le sépulcre, ni tout entière dans*
l'enfer. Elle fut dans le sépulcre selon la chair, et dans l'enfer selon
l'âme. [17]

St Thomas assure que les saints qui ressuscitèrent à la mort de
Jésus-Christ, moururent de nouveau pour ressusciter ensuite avec   45
lui; c'est le sentiment le plus suivi. [18] Toutes ces opinions sont

---

de la terre, où reposent les corps des morts'. Il mentionne ensuite deux autres sens
possibles: 1) 'le lieu où demeurent les âmes après leur séparation du corps'; 2)
parfois 'le lieu où les âmes des saints attendaient la venue du Sauveur, et d'où elles
sortirent après sa Résurrection, pour aller dans le ciel' (*Dictionnaire,* art. 'Enfer').
En réalité, l'équivalence sémantique de *Schéol* avec *Infernus* et Hadès paraissait
discutable à certains théologiens pour des raisons rappelées par l'abbé Mallet dans
l'*Encyclopédie*: les Juifs 'n'ayant point exactement de nom propre pour exprimer
l'enfer [...] le mot hébreu schéol se prend indifféremment pour le lieu de la sépulture
et pour le lieu du supplice réservé aux réprouvés' (art. 'Enfer', v.665). C'est ce qui,
observe Mallet, a poussé certains théologiens à n'entendre par la descente aux enfers
du Christ 'que la descente dans le tombeau ou dans le sépulcre' (v.670) – allusion
à un argument d'origine socinienne auquel Voltaire lui-même a probablement pensé
en opposant le Schéol à l'Hadès; voir la réfutation de Bergier de cette interprétation,
Dictionnaire de théologie (Liège 1789), iii.201.

[17] Les italiques donneraient à croire à une citation, mais il suffit de rapprocher
celle-ci d'une autre du même traité de saint Athanase dans l'*Examen important* pour
comprendre que Voltaire rapporte approximativement les idées exprimées par ce
Père: '*Il fallait qu'après sa mort ses parties essentiellement diverses eussent diverses
fonctions; que son corps reposât dans le sépulcre pour détruire la corruption, et que son
âme allât aux enfers pour vaincre la mort*' (V 62, p.219). En réalité, ces propos ne se
lisent pas tels quels dans *Contre Apollinaire*, II. Au reste, l'accent y est mis non sur
son humanité, comme écrit Voltaire, mais sur sa divinité qui, après sa mort, ne
quitte ni son corps dans le sépulcre ni son âme aux enfers (PG, xxvi.1155, 1158).

[18] Le récit du seul Matthieu assurant (xxvii.51-53) qu'à la mort du Christ la terre
trembla, que des tombeaux s'ouvrirent et que plusieurs saints ressuscités en sortirent
pour se montrer dans Jérusalem, a formé très tôt pour les Pères de l'Eglise des
difficultés dont la principale était de savoir si ces saints ressuscités montèrent au
ciel avec Jésus-Christ ou s'ils demeurèrent sur la terre pour y mourir à nouveau.
Calmet faisant le point sur cette épineuse question, fait voir qu''il y a sur cela
partage de sentiments et on apporte des raisons considérables et des autorités de
part et d'autre' (*Dissertations,* iii.313). Parmi ceux qui placent ces ressuscités dans
le ciel on trouve saint Ignace, Origène, Eusèbe de Césarée, saint Hilaire, saint
Epiphane. Ceux qui les vouent à une seconde mort sont principalement Tertullien,

absolument étrangères à la morale; il faut être homme de bien soit que les saints soient ressuscités deux fois, soit que Dieu ne les ait ressuscités qu'une. Notre symbole a été fait tard, je l'avoue, mais la vertu est de toute éternité.

S'il est permis de citer des modernes dans une matière si grave, je rapporterai ici le Credo de l'abbé de St Pierre, tel qu'il est écrit de sa main dans son livre sur la pureté de la religion, lequel n'a point été imprimé, et que j'ai copié fidèlement. [19]

'Je crois en un seul Dieu et je l'aime. Je crois qu'il illumine toute âme venant au monde ainsi que le dit St Jean. J'entends par là toute âme qui le cherche de bonne foi.

'Je crois en un seul Dieu, parce qu'il ne peut y avoir qu'une seule âme du grand tout; un seul être vivifiant; un formateur unique.

'Je crois en Dieu le père puissant, parce qu'il est père commun de la nature, de tous les hommes qui sont également ses enfants. Je crois que celui qui les fait tous naître également, qui arrangea les ressorts de notre vie de la même manière, leur a donné les mêmes principes de morale, aperçue par eux dès qu'ils réfléchissent, n'a mis aucune différence entre ses enfants que celle du crime et de la vertu.

Irénée, Jean Chrysostome, Théodoret, Théophylacte, Euthyme et saint Ambroise. Mais c'est saint Augustin qui s'est livré à l'examen le plus approfondi et a conclu par la négative. A son avis s'est ensuite pleinement rangé Thomas d'Aquin (*Somme théologique*, III.iii.3) qui a donc en quelque sorte clos le débat en cautionnant de toute son autorité celle de saint Augustin.

[19] Ce luxe très suspect de précisions achève de convaincre que l'abbé de Saint-Pierre n'est ici qu'un prête-nom, que Voltaire avait déjà utilisé en décembre 1767 à la fin du *Dîner du comte de Boulainvilliers*, en lui attribuant des 'Pensées détachées' qu'on a vainement cherchées dans l'œuvre de Saint-Pierre et dont Voltaire reste l'auteur (V 63A, p.319-20); voir M. L. Perkins, 'Voltaire and the abbé de Saint-Pierre', p.155. Ce prétendu Credo de l'abbé de Saint-Pierre est tout simplement le credo du déiste, opposé dans la seconde partie de l'article, comme le seul valable, à ce symbole dit des apôtres que la première partie a frappé d'inauthenticité en établissant sa confection tardive.

'Je crois que le Chinois juste et bienfaisant est plus précieux devant lui qu'un docteur pointilleux et arrogant.

'Je crois que Dieu étant notre père commun, nous sommes 70 tenus de regarder tous les hommes comme nos frères.

'Je crois que le persécuteur est abominable, et qu'il marche immédiatement après l'empoisonneur et le parricide.

'Je crois que les disputes théologiques sont à la fois la farce la plus ridicule et le fléau le plus affreux de la terre, immédiatement 75 après la guerre, la peste, la famine et la vérole.

'Je crois que les ecclésiastiques doivent être payés, et bien payés, comme serviteurs du public, précepteurs de morale, teneurs des registres des enfants et des morts; mais qu'on ne doit leur donner ni les richesses des fermiers généraux, ni le rang des 80 princes, parce que l'un et l'autre corrompent l'âme, et que rien n'est plus révoltant que de voir des hommes si riches et si fiers, faire prêcher l'humilité, et l'amour de la pauvreté par des gens qui n'ont que cent écus de gages.

'Je crois que tous les prêtres qui desservent une paroisse doivent 85 être mariés, non seulement pour avoir une femme honnête qui prenne soin de leur ménage, mais pour être meilleurs citoyens, donner de bons sujets à l'Etat, et pour avoir beaucoup d'enfants bien élevés.

'Je crois qu'il faut absolument extirper les moines, que c'est 90 rendre un très grand service à la patrie et à eux-mêmes. Ce sont des hommes que Circé a changés en pourceaux, le sage Ulysse doit leur rendre la forme humaine.' [20]

Paradis aux bienfaisants!

[20] Les trois derniers articles de ce Credo esquissent, en énumérant quelques réformes à opérer, un véritable statut civil du clergé séculier et réclament la disparition du monachisme. Voltaire reprend là des idées déjà exprimées en 1764 et 1765 dans les articles 'Abbé', 'Catéchisme du curé', 'Prêtre' et 'Religion'.

CRITIQUE[1]

Je ne prétends point parler ici de cette critique de scholiastes, qui restitue mal un mot d'un ancien auteur qu'auparavant on entendait très bien. Je ne touche point à ces vraies critiques qui ont débrouillé ce qu'on peut de l'histoire et de la philosophie ancienne. J'ai en vue les critiques qui tiennent à la satire.

Un amateur des lettres lisait un jour le Tasse avec moi; il tomba sur cette stance.

> *Chiama gli habitator dell'ombre eterne,*
> *Il rauco suon della tartarea tromba,*
> *Treman le spazioze atre caverne,*
> *E l'aer ceco a quel rumor rimbomba,*
> *Ne stridendo cosi dalle superne*
> *Regioni del cielo il fulgor piomba;*
> *Ne si scossa giamai trema la terra,*
> *Quando i vapori in sen gravida serra.*[2]

Il lut ensuite au hasard plusieurs stances de cette force et de cette harmonie. Ah! c'est donc là, s'écria-t-il, ce que votre Boileau

---

[1] Article paru en 1764 et demeuré sans changement jusqu'en 1769. Voltaire en reproduira les trois derniers cinquièmes dans les QE, avec une introduction nouvelle et l'allongera sensiblement d'une diatribe contre les folliculaires.

[2] *Gerusalemme liberata*, IV.3: 'Le son rauque de la trompette infernale / Appelle les habitants des ombres éternelles / A ce bruit tremblent les immenses cavernes / Noires et l'air ténébreux retentit; / Comme n'a jamais grondé la foudre tombant / Des régions supérieures du ciel, / Comme n'a jamais tremblé la terre que secouent / Les vapeurs enfermées dans son sein' (trad. J.-M. Gardair, p.203-204; leçon différente au vers 5). On sait que le chant IV est d'abord celui de l'assemblée des démons convoquée par Pluton qui leur ordonne de travailler à la perte des chevaliers chrétiens par la mort, la révolte contre leur chef Godefroy, l'aventure et l'amour. C'est à ce dernier moyen que pense surtout le roi de Damas, Hidraot le magicien, qu'on voit ensuite confier à sa jeune et séduisante nièce Armide, magicienne comme lui, le soin de séduire les principaux guerriers francs.

appelle du clinquant? c'est donc ainsi qu'il veut rabaisser un grand homme qui vivait cent ans avant lui, pour mieux élever un autre grand homme qui vivait seize cents ans auparavant;[3] et qui eût lui-même rendu justice au Tasse? 20

Consolez-vous, lui dis-je, prenons les opéras de Quinaut:[4] nous trouvâmes à l'ouverture du livre, de quoi nous mettre en colère contre la critique; l'admirable poème d'Armide[5] se présenta, nous trouvâmes ces mots. 25

SIDONIE
La haine est affreuse et barbare,
L'amour contraint les cœurs dont il s'empare,
A souffrir des maux rigoureux.

[3] Allusion à Boileau, *Satires*, ix.174-175: 'Tous les jours à la cour un sot de qualité / Peut juger de travers avec impunité / A Malherbe, à Racan, préférer Théophile / Et le clinquant du Tasse à tout l'or de Virgile'.

[4] Voltaire s'est souvent appliqué à venger Philippe Quinault (1635-1688), qu'il admirait, des sarcasmes de Boileau. Après une première carrière, brillante et féconde, d'auteur dramatique, la rencontre avec Lully fut pour Quinault le point de départ d'une seconde carrière, plus brillante encore, celle de librettiste: de 1673 à 1686, il écrivit le livret des onze opéras composés par Lully: *Cadmus et Hermione* (1673), *Alceste* (1674), *Thésée* (1675), *Atys* (1676), *Isis* (1677), *Proserpine* (1680), *Persée* (1682), *Phaëton* (1683), *Amadis* (1684), *Roland* (1685), *Armide* (1686). Lully obligea plus d'une fois Quinault à refaire telle ou telle scène, mais la plupart de ces livrets connurent le plus franc succès.

[5] Tragédie lyrique comportant un prologue et cinq actes, *Armide* met en scène dans son prologue la Gloire et la Sagesse chantant les louanges de Renaud et prophétisant qu'il suivrait le chemin de l'honneur en dépit des séductions de la volupté. Puis on voit la magicienne Armide qui, dans le camp des croisés sous les murs de Jérusalem, a su tous les subjuguer à l'exception de Renaud. Aussi s'applique-t-elle, en recourant au roi de Damas, son oncle Hidraot, et aux puissances infernales qui ont pris l'apparence de nymphes, bergers et bergères, à tenir Renaud dans une île enchantée. Mais dès qu'elle y a réussi sa haine est bientôt combattue par un amour naissant, car elle succombe au charme de Renaud que son art lui a enfin soumis. Bientôt les compagnons d'armes de Renaud, Ubalda et le chevalier danois, qui sont partis à sa recherche, finissent par le retrouver dans l'île enchantée, lui découvrant de quelle illusion il est victime et dans quel piège il est tombé. Armide désespérée qui se sentait appartenir déjà à son 'doux vainqueur' fait disparaître au fond des mers l'île enchantée.

Si votre sort est en votre puissance, 30
Faites choix de l'indifférence,
Elle assure un sort plus heureux.

ARMIDE

Non, non, il ne m'est pas possible
De passer de mon trouble en un état paisible, 35
Mon cœur ne se peut plus calmer;
Renaud m'offense trop, il n'est que trop aimable,
C'est pour moi désormais un choix indispensable
De le haïr ou de l'aimer. [6]

Nous lûmes toute la pièce d'Armide, dans laquelle le génie du 40
Tasse reçoit encore de nouveaux charmes par les mains de Quinaut; [7] Eh bien, dis-je à mon ami, c'est pourtant ce Quinaut que
Boileau s'efforça toujours de faire regarder comme l'écrivain le
plus méprisable; [8] il persuada même à Louis XIV, que cet écrivain
gracieux, touchant, pathétique, élégant, n'avait d'autre mérite que 45
celui qu'il empruntait du musicien Lully. [9] Je conçois cela très
aisément, me répondit mon ami; Boileau n'était pas jaloux du

---

[6] *Armide*, III.ii (l'édition de 1686 porte: 'Non, non il ne m'est *plus* possible').

[7] L'argument de la tragédie lyrique conçue par Quinault sous le titre d'*Armide* constitue pour l'essentiel la reprise d'un épisode de *La Jérusalem délivrée* qui ne met en scène que quelques personnages du grand poème du Tasse.

[8] Voltaire s'était montré moins excessif dans sa *Lettre à M. Cideville sur le Temple du Goût*: 'Que Despréaux ait écrit: "Si je pense exprimer un auteur sans défaut / La raison dit Virgile, et la rime Quinault", c'est de la satire, et de la satire même assez injuste en tous sens (avec le respect que je lui dois); car la rime de défaut n'est point assez belle pour rimer avec Quinault; et il est aussi peu vrai de dire que Virgile est sans défaut, que dire que Quinault est sans naturel et sans grâces' (M.viii.552-53).

[9] Cf. les carnets: 'Despréaux a dit à l'abbé d'Olivet que Quinaud n'avait pas l'idée du lirique et que le prologue de luy Despréaux étoit un chef d'œuvre' (V 81, p.96).

musicien, il l'était du poète. [10] Quel fond devons-nous faire sur le jugement d'un homme, qui pour rimer à un vers qui finissait en *aut*, dénigrait tantôt *Boursaut*, tantôt *Hainaut*, tantôt *Quinaut*, selon qu'il était bien ou mal avec ces messieurs-là? [11]

50

Mais pour ne pas laisser refroidir votre zèle contre l'injustice, mettez seulement la tête à la fenêtre, regardez cette belle façade

---

[10] Dans *Le Temple du Goût* Voltaire imaginait que 'Despréaux, par un ordre exprès du dieu du Goût, se réconciliait avec Quinault, qui est le poète des grâces, comme Despréaux est le poète de la raison: "Mais le sévère satirique / Embrassait encore en grondant / Cet aimable et tendre lyrique, / Qui lui pardonnait en riant". Je ne me réconcilie point avec vous, disait Despréaux, que vous ne conveniez qu'il y a bien des fadeurs dans ces opéras si agréables. Cela peut bien être, dit Quinault; mais avouez aussi que vous n'eussiez jamais fait *Atys* ni *Armide*' (M.viii.579).

[11] Boileau, *Satires*, IX.97-98; éd. 1688: 'Que vous ont fait Perrain, Bardin, Mansoy, Bursaut / Colletet, Pelletier, Titreville, Kainaut?'; éd. 1694: 'Que vous ont fait Perrin, Bardin, Pradon, Haynaut / Colletet, Pelletier, Titreville, Kaynaut?' Edme Boursault (1638-1701) se fit connaître comme auteur dramatique et poète après 1660. Mêlé aux querelles des milieux littéraires et mondains de la capitale, il prit parti, en 1663, contre Molière dans la querelle de l'*Ecole des femmes*, répliquant par la comédie spirituelle du *Portrait du peintre*. Molière s'en vengea cruellement dans *L'Impromptu de Versailles*. En 1669 c'est à Boileau qu'il s'en prit dans *La Satire des satires*, petite farce dont Boileau réussit à faire interdire la représentation par le Parlement. L'année suivante il produisit, dans la préface de son roman *Artémise et Polianthe*, une critique systématique de *Britannicus* que Racine a délibérément ignorée. Mais Boursault rendit hommage à Molière après sa mort et finit par se réconcilier avec Boileau après 1685. C'est alors Jean Hénault (1611?-1682?) qui remplaça Boursault dans la *Satire* IX: cet écrivain à la vie obscure se rendit célèbre en 1658 par son sonnet de l'*Avorton*, puis, en 1662, par un autre contre Colbert ('Ministre avare et lâche, esclave malheureux'; *OH*, p.900). Le nom de Hénault figura aussi dans le *Lutrin* (III.45-48). Selon Bayle, son nom aurait même figuré à la place de celui de Quinault dans une première version de l'ironique vers 288 de la satire IX: 'Puisque vous le voulez, je vais changer de style. / Je le déclare donc: Haynault est un Virgile'. Mais Bayle assure aussitôt sur la foi d'un informateur dont il tait le nom, qu'en réalité Boileau le trouvait 'assez bon poète' et prisait en particulier le sonnet contre Colbert ('sa meilleure pièce, non pas pour sa matière, mais pour sa composition'; art. 'Hénault', rem. E).

du Louvre, par laquelle Perraut s'est immortalisé:[12] cet habile homme était frère d'un académicien très savant, avec qui Boileau 5 avait eu quelque dispute;[13] en voilà assez pour être traité d'architecte ignorant.

Mon ami après avoir un peu rêvé reprit en soupirant, La nature humaine est ainsi faite. Le duc de Sully, *Mémoires* dans ses Mémoires,[14] trouve le cardinal d'Ossat, et le secrétaire de Villeroi, 6 de mauvais ministres;[15] Louvois faisait ce qu'il pouvait pour ne

54   64:   par qui Perraut
       65-67:   par où Perraut

[12] Claude Perrault (1613-1688) étudia successivement les mathématiques, la médecine (qu'il a exercée) et l'architecture qui le passionnait. Louis XIV voulant en 1664 faire élever la façade principale du Louvre fit mettre les projets au concours, fut déçu par ceux de Le Vau son premier architecte et s'adressa à Bernini qui venait d'achever la colonnade de Saint-Pierre à Rome. Mais le roi trouva finalement plus majestueux que celui de Bernini le projet de Claude Perrault, qui lui fut présenté en 1667 grâce à Colbert. Claude Perrault fut alors chargé de diriger la construction de la colonnade qu'on voit de nos jours.

[13] Charles Perrault (1626-1703) fut conseiller du roi et contrôleur général de ses bâtiments. Devenu avocat en 1651, il sut se faire nommer en 1662 au poste de secrétaire de la Petite Académie, devenant ainsi pour une vingtaine d'années préposé au mécénat du gouvernement. En 1671, il est secrétaire de l'Académie française. Il prend parti pour les Modernes en 1687 dans son poème sur *Le Siècle de Louis le Grand*, déclenchant ainsi une querelle avec Boileau qui ne cessera qu'en 1694 sur l'intervention d'Arnauld. L'extraordinaire succès des contes qu'il a donnés à partir de 1694 a fait un peu oublier son rôle à la tête des Modernes et davantage encore son activité de grand commis de l'Etat.

[14] Même s'il l'a d'abord mis en scène dans son poème de *La Ligue* comme le fidèle compagnon d'Henri IV, Voltaire paraît n'avoir eu pour Maximilien de Béthune, baron de Rosny et duc de Sully (1560-1641), qu'une estime limitée à en juger par ses carnets (voir V 82, p.447-48, 457, 515). Dans sa bibliothèque figure un exemplaire annoté des *Mémoires de Maximilien de Béthune, duc de Sully, principal ministre de Henri le Grand* (Londres 1745).

[15] Nicolas de Neufville, seigneur de Villeroi (1542-1617) fut assez habile pour être ministre sous quatre rois différents. Ayant su gagner la confiance de Catherine de Médicis, secrétaire d'Etat dès 1567, aimé de Charles IX, en demi-disgrâce sous Henri III, il sut éviter de se lier trop étroitement avec la Ligue, négocia au nom du duc de Mayenne avec Henri IV, à qui il se rallia entièrement dès qu'il eut abjuré.

pas estimer le grand Colbert;[16] Ils n'imprimaient rien l'un contre l'autre de leur vivant, répondis-je, c'est une sottise qui n'est guère attachée qu'à la littérature, à la chicane, et à la théologie.

Nous avons eu un homme de mérite, c'est La Motte,[17] qui a   65
fait de très belles stances.

> Quelquefois au feu qui la charme
> Résiste une jeune beauté,
> Et contre elle-même elle s'arme
> D'une pénible fermeté.   70

Villeroi retrouva en 1594 sa charge de secrétaire d'Etat et tâcha d'empêcher la nomination de Sully à la surintendance des finances. Mais le roi passa outre, donnant même à Sully qui ne l'avait pas demandée, la place de grand maître de l'artillerie que Villeroi sollicitait pour son fils. On s'explique l'anthipathie des deux hommes que le lecteur des *Mémoires* de Sully perçoit en maints endroits (i.325; ii.53, 442-46; iii.105-106, 236-39). Le cardinal Arnaud d'Ossat (1536-1604), orphelin de basse extraction, se détourna du barreau pour la carrière ecclésiastique, devint le protégé de Paul de Foix qu'il servit efficacement dans son ambassade à Rome au temps d'Henri III. Ce roi lui offrit même la charge ministérielle de Villeroi, après la disgrâce de ce dernier, mais d'Ossat la refusa. Il fut ensuite chargé de la délicate négociation du rapprochement d'Henri IV avec le Saint-Siège. Il obtint le chapeau de cardinal en 1599, mais son manque de fortune lui fit connaître dans ses dernières années des moments difficiles: Sully, qui ne l'aimait pas, fit suspendre puis supprimer la pension que lui avait octroyée le roi. Le lecteur de ses *Mémoires* trouve sans peine de quoi s'édifier sur cette antipathie (i.108-10, 573; ii.160, 312-13).

[16] Voltaire prodigue son estime au second, notamment dans *La Henriade* (V 2, p.528), mais la marchande au premier, quand il les met en parallèle (*Ode sur la paix de 1736*; M.viii.436). Il rapporte volontiers des anecdotes sur la petitesse et la vanité de Louvois (voir par ex. *Des titres*, 1750; M.xviii.111, 115).

[17] Antoine Houdar de La Motte (1672-1731), dit La Motte-Houdar, fut poète, dramaturge et critique. Il a beaucoup écrit pour le théâtre de l'Opéra, a tâté de la comédie en prose, essuyé des échecs retentissants avec ses tragédies, mais connu le triomphe en 1723 grâce à *Inès de Castro*. Il a donné des *Odes* en 1709 et des *Fables* en 1719, après être entré à l'Académie en 1710. Voltaire, qui l'a bien connu dès l'époque de son *Œdipe* dont La Motte a été le censeur, a porté sur lui des jugements nombreux et ordinairement nuancés. S'il désapprouve les vues du critique voulant remplacer désormais les vers par la prose, il n'est pas sans estime pour le poète et l'auteur d'*Inès de Castro*. La Motte s'est vu consacrer une notice étoffée dans le 'Catalogue des écrivains' du *Siècle de Louis XIV* (*OH*, p.1173-79).

Hélas cette contrainte extrême
La prive du vice qu'elle aime,
Pour fuir la honte qu'elle hait.
Sa sévérité n'est que faste,
Et l'honneur de passer pour chaste   75
La résout à l'être en effet. [18]

En vain ce sévère stoïque
Sous mille défauts abattu
Se vante d'une âme héroïque
Toute vouée à la vertu;   80
Ce n'est point la vertu qu'il aime,
Mais son cœur ivre de lui-même
Voudrait usurper les autels;
Et par sa sagesse frivole
Il ne veut que parer l'idole   85
Qu'il offre au culte des mortels. [19]

Les champs de Pharsale et d'Arbelle
Ont vu triompher deux vainqueurs,
L'un et l'autre digne modèle
Que se proposent les grands cœurs.   90
Mais le succès a fait leur gloire;
Et si le sceau de la victoire
N'eût consacré ces demi-dieux,
Alexandre aux yeux du vulgaire,
N'aurait été qu'un téméraire,   95
Et César qu'un séditieux. [20]

Cet auteur, dit-il, était un sage qui prêta plus d'une fois le
charme des vers à la philosophie. S'il avait toujours écrit de
pareilles stances, il serait le premier des poètes lyriques, cependant

[18] *Odes*, 'L'Amour-propre, ode à monseigneur l'évêque de Soissons' (Paris 1713-
1714, ii.143; BV).
[19] *Odes*, 'L'Amour-propre' (ii.145).
[20] *Odes*, 'La Sagesse du roi supérieure à tous les événements' (i.160).

c'est alors qu'il donnait ces beaux morceaux, que l'un de ses   100
contemporains l'appelait

> *Certain oison gibier de basse-cour*: [21]

Il dit de La Motte en un autre endroit;

> *De ses discours l'ennuyeuse beauté.* [22]

Il dit dans un autre: 105

> *... Je n'y vois qu'un défaut,*
> *C'est que l'auteur les devait faire en prose.*
> *Ces odes-là sentent bien le Quinaut.* [23]

Il le poursuit partout; il lui reproche partout la sécheresse, et
le défaut d'harmonie.   110

[21] Voir Jean-Baptiste Rousseau, *Epîtres*, i.i: 'A ce propos on raconte qu'un jour /
Certain oison, gibier de basse-cour / De son confrère exaltant le haut grade / D'un
ton flatteur lui disait: Camarade / Plus je vous vois et plus je suis surpris / Que
vos talents ne soient pas plus chéris; / Et que le Cygne, animal inutile, / Ait si
longtemps charmé l'Homme imbécile [...] / Car sans vouloir faire ici d'invective, /
Si vous avez quelque prérogative, / C'est l'art du chant, dans lequel vous primez; /
Je m'en rapporte à nos oisons charmés'. Cet oison flatteur fait si bien que son
camarade convaincu de donner un échantillon de son talent 'perce le ciel de son cri
nazillard' et trouve dans la basse-cour tout un public de canards et dindons pour
l'applaudir et admirer (*Œuvres*, Bruxelles 1743, i.372; BV). Cette fable ne sert qu'à
illustrer l'idée énoncée à la page précédente qu''il n'est point d'auteur si désolé /
Qui dans Paris n'ait un parti zélé'. Rien ne permet de voir dans l'oison mis en
scène par Rousseau une désignation allusive de La Motte, contrairement à ce que
prétend Voltaire.

[22] Ce décasyllabe ne se rencontre ni dans les *Epîtres* ni dans les *Epigrammes* de
Rousseau. On lit seulement dans l'*Epître au baron de Breteuil* (i.vi), le poète parlant
alors de lui-même: 'J'aurais bien pu [...] / Faire servir votre nom d'Episode / Et
vous offrir sous le nom pompeux d'ode / A la faveur d'un éloge écourté / De mes
sermons l'ennuyeuse beauté (*Œuvres*, i.428-29).

[23] Réminiscence incertaine de Rousseau, *Epigrammes*, i: 'Le vieux Ronsard ayant
pris ses bésicles / Pour faire fête au Parnasse assemblé / Lisait tout haut ces odes
par articles / Dont le public vient d'être régalé. / Ouais, qu'est ceci, dit tout à
l'heure Horace / En s'adressant au maître du Parnasse? / Ces odes-là frisent bien
le Perraut. / Lors Apollon, bâillant à bouche close, / Messieurs, dit-il, je n'y vois
qu'un défaut / C'est que l'auteur les devait faire en prose' (*Œuvres*, ii.152).

Seriez-vous curieux de voir les odes que fit quelques années après ce même censeur qui jugeait La Motte en maître, et qui le décriait en ennemi? Lisez.

> Cette influence souveraine
> N'est pour lui qu'une illustre chaîne   115
> Qui l'attache au bonheur d'autrui;
> Tous les brillants qui l'embellissent,
> Tous les talents qui l'anoblissent
> Sont en lui, mais non pas à lui.[24]

> Il n'est rien que le temps n'absorbe, ne dévore,   120
>   Et les faits qu'on ignore
> Sont bien peu différents des faits non avenus.[25]

> La bonté qui brille en elle
> De ses charmes les plus doux,
> Est une image de celle   125
> Qu'elle voit briller en vous.
> Et par vous seule enrichie
> Sa politesse affranchie
> Des moindres obscurités,
> Est la lueur réfléchie   130
> De vos sublimes clartés.[26]

> Ils ont vu par ta bonne foi
> De leurs peuples troublés d'effroi
> La crainte heureusement déçue,
> Et déracinée à jamais   135
> La haine si souvent reçue
> En survivance de la paix.[27]

---

[24] *Odes*, IV.vii, 'Le devoir est le sort des grands hommes'.

[25] *Odes*, IV.ii, 'A son Altesse Sérénissime monseigneur le prince Eugène de Savoie, après la paix de Passarovits'.

[26] *Odes*, IV.iii, 'A l'impératrice Amélie'.

[27] *Odes*, IV.iv, 'Au roi de la Grande-Bretagne'.

Dévoile à ma vue empressée
Ces déités d'adoption,
Synonymes de la pensée,   140
Symboles de l'abstraction. [28]

N'est-ce pas une fortune,
Quand d'une charge commune
Deux moitiés portent le faix?
Que la moindre le réclame;   145
Et que du bonheur de l'âme,
Le corps seul fasse les frais? [29]

Il ne fallait pas, dit alors mon judicieux amateur de lettres, il
ne fallait pas sans doute donner de si détestables ouvrages pour
modèles à celui qu'on critiquait avec tant d'amertume; il eût mieux   150
valu laisser jouir en paix son adversaire de son mérite, et conserver
celui qu'on avait; mais que voulez-vous? le *genus irritabile vatum*, [30]
est malade de la même bile qui le tourmentait autrefois. Le public
pardonne ces pauvretés aux gens à talent, parce que le public ne
songe qu'à s'amuser; il voit dans une allégorie intitulée *Pluton*,   155
des juges condamnés à être écorchés, et à s'asseoir aux enfers, sur
un siège couvert de leur peau, au lieu de fleurs de lys; [31] le

148   64-65v: amateur des lettres

[28] *Odes*, iv.vi, 'Sur les divinités poétiques'.
[29] *Odes*, iv.ix, 'A monsieur le comte de Lannoi, gouverneur de Bruxelles'.
[30] Horace, *Epîtres*, ii.ii.102: 'Multa fero ut placem genus irritabile vatum' ('Je
supporte bien des choses pour vivre en paix avec la race irritable des poètes').
[31] Rousseau, *Allégories*, ii.iii. Ce long poème de 364 vers raconte comment
Pluton, au sortir d'une trop longue période d'indolence et d'oisiveté qui lui a fait
abandonner le pouvoir à des ministres sans scrupule, décide de se ressaisir et
découvre alors avec indignation la corruption et la noirceur des juges qui rendent
la justice en son nom. Leur tribunal est devenu celui de l'iniquité triomphante: il
s'agit d'une satire violente des parlements. Lorsque Pluton reproche à Némésis de
l'avoir trop longtemps laissé dans l'ignorance d'un tel scandale, il s'entend répondre
qu'un 'monarque inaccessible' sur un 'trône inabordable' ne doit s'en prendre qu'à
lui-même de se voir dérober la vérité par les flatteurs qui l'entourent, et que l'équité
ne saurait aller de pair avec la vénalité des charges. Pluton courroucé décide alors

lecteur ne s'embarrasse pas si ces juges le méritent, ou non; si le complaignant qui les cite devant Pluton a tort ou raison. Il dit ces vers uniquement pour son plaisir; s'ils lui en donnent, il n'en veut pas davantage; s'ils lui déplaisent, il laisse là l'allégorie, et ne ferait pas un seul pas pour faire confirmer ou casser la sentence. 160

Les inimitables tragédies de Racine ont toutes été critiquées, et très mal; c'est qu'elles l'étaient par des rivaux. Les artistes sont les juges compétents de l'art, il est vrai, mais ces juges compétents sont presque toujours corrompus. 165

Un excellent critique serait un artiste qui aurait beaucoup de science et de goût, sans préjugés et sans envie. Cela est difficile à trouver.

---

159   64, 65v, 67: Il lit ces vers

---

de sévir: 'Marchez, démons; et vous, filles d'enfer, / Exécutez sur ces âmes de fer / Une sentence à leur crimes trop due / Et que leur peau sur ces bancs étendue / A l'avenir consacrant leurs noirceurs / Serve de siège à tous leurs successeurs' (*Œuvres*, ii.90). Dans la lettre qu'il avait adressée de Cirey à la *Bibliothèque française* le 20 septembre 1736, Voltaire assurait que Rousseau lui avait récité un jour 'je ne sais quelle allégorie contre le parlement de Paris, sous le nom de *Jugement de Pluton*: pièce bien ennuyeuse, dans laquelle il vomit des invectives contre le procureur général et contre ses juges, et qui finit par ces vers autant qu'il m'en souvient: Et que leur peau sur ces bancs étendue / Serve de siège à tous leurs successeurs. Ces derniers vers sont copiés d'après l'épigramme de M. Boindin contre Rousseau, laquelle est connue de tout le monde; la différence qui se trouve entre l'épigramme et les vers de Rousseau, c'est que l'épigramme est bonne' (D1150).

under the sponsorship of
sous le haut patronage de

L'ACADÉMIE FRANÇAISE

L'ACADÉMIE ROYALE DE LANGUE ET DE
LITTÉRATURE FRANÇAISES DE BELGIQUE

THE AMERICAN COUNCIL OF LEARNED SOCIETIES

THE BRITISH ACADEMY

L'UNION ACADÉMIQUE INTERNATIONALE

prepared with the kind co-operation of
réalisée avec le concours gracieux de

THE NATIONAL LIBRARY OF RUSSIA
ST PETERSBURG

1728-1730

TABLE OF CONTENTS

TABLE OF CONTENTS

LIST OF ILLUSTRATIONS

LIST OF ABBREVIATIONS

Arsenal   Bibliothèque de l'Arsenal, Paris
Austin   University of Texas Library, Austin
Barbier   *Chronique de la régence*, 1851-1866
Bengesco   *Voltaire: bibliographie de ses œuvres*, 1882-1890
Bh   Bibliothèque historique de la ville de Paris
BL   British Library, London
Bn   Bibliothèque nationale de France, Paris
BnC   *Catalogue général des livres imprimés de la Bibliothèque nationale: auteurs*, tome 214, Voltaire, 1978
Bn F   Bn, Manuscrits français
Bn N   Bn, Nouvelles acquisitions françaises
Bpu   Bibliothèque publique et universitaire, Geneva
Brenner   *A bibliographical list of plays in the French language 1700-1789*, 1947
BV   *Bibliothèque de Voltaire: catalogue des livres*, 1961
Cideville   Papiers Cideville, Fonds de l'Académie de Rouen, Bibliothèque municipale de Rouen
CLT   Grimm, *Correspondence littéraire*, 1877-1882
CN   *Corpus des notes marginales de Voltaire*, 1979-
Comédie-Française   Bibliothèque de la Comédie-Française
D   Voltaire, *Correspondence and related documents*, V 85-135, 1968-1977
Desnoiresterres   *Voltaire et la société française*, 1867-1876
ESTC   English Short Title Catalogue
ImV   Institut et musée Voltaire, Geneva
Kehl   *Œuvres complètes de Voltaire*, 1784-1789
M   *Œuvres complètes de Voltaire*, 1877-1885
Marais   *Journal et mémoires*, 1863-1868
Mémoires de Trévoux   *Mémoires pour l'histoire des sciences et des beaux-arts*, 1701-1767

Mln   Modern language notes
Neuchâtel   Bibliothèque publique et universitaire, Neuchâtel
OH   Voltaire, *Œuvres historiques*, 1957
Pmla   Publications of the Modern language association
Registres   H. C. Lancaster, *The Comédie française*, 1701-1774,
    1951
Rhl   Revue d'histoire littéraire de la France
Stockholm   Kungliga Biblioteket, Stockholm
StP   National Library of Russia, St Petersburg
Studies   Studies on Voltaire and the eighteenth century
Taylor   Taylor Institution, Oxford
Trapnell   'Survey and analysis of Voltaire's collective editions,
    1728-1789', 1970
Uppsala   Universitetsbiblioteket, Uppsala
V   *Œuvres complètes de Voltaire/Complete works of Voltaire*,
    1968- [the present edition]
VF   Voltaire Foundation, Oxford
VM   St Petersburg, Voltaire Library, manuscripts.

KEY TO THE CRITICAL APPARATUS

The critical apparatus, printed at the foot of the page, gives variant readings from those manuscripts and editions listed on pages 149, 386, 534, 554-55, 578, 593-611 below. Each variant consists of some or all of the following elements:

— The number of the text line or lines to which the variant relates; headings, character names and stage directions bear the number of the preceding text line, plus a, b, c, etc.; marginal notes, that of the line against which they start, plus the letter m.

— The sigla of the sources of the variant, as given on p.113-44, 374-85, 534, 546-54 and 570-77. Simple numbers, or numbers followed by letters, generally stand for separate editions of the work in question; letters followed by numbers are normally collections of one sort or another, w being reserved for collected editions of Voltaire's works and т for collected editions of his theatre; an asterisk after the siglum indicates a specific copy of the edition, usually containing manuscript corrections.

— Editorial explanation or comment.

— A colon, indicating the start of the variant; any editorial remarks after the colon are enclosed within square brackets.

— The text of the variant itself, preceded and followed, if appropriate, by one or more words from the base text, to indicate its position.

Several signs and typographic conventions are employed:

— Angle brackets < > encompass deleted matter.

— Beta β stands for the base text.

— The paragraph sign ¶ indicates the start of a new paragraph.

— The forward arrow → means 'followed by', in the case of manuscript corrections subsequently adopted in print.

- Up$^\uparrow$ and down $^\downarrow$ arrows precede text added above or below the line, with $^+$ to terminate the addition, where necessary.
- A superior ^{V} precedes text in Voltaire's hand, ^{W} indicating that of Wagnière.
- A pair of slashes // indicates the end of a paragraph or other section of text.

Thus, 'il <allait> $^{W\uparrow}$<courait>$^+$ donc $^{V\downarrow}\beta$' indicates that 'allait' was deleted, that Wagnière added 'courait' over the line, that 'courait' was deleted and that Voltaire inserted the reading of the base text below the line. The notation 'w75G* ($\rightarrow$K)' indicates that a manuscript correction to the *encadrée* edition was followed in the Kehl editions.

ACKNOWLEDGEMENTS

The preparation of the *Complete works of Voltaire* depends heavily upon the expert help of the staff of numerous research libraries in Europe and North America. We wish to thank them for their generous and patient assistance.

Some have borne a greater burden than others, in particular the staff of the Bibliothèque nationale de France, the Bibliothèque de l'Arsenal and the Bibliothèque de la Comédie-Française, Paris; the Institut et musée Voltaire, Geneva; the Taylor Institution Library, Oxford; and the National Library of Russia, St Petersburg. Other libraries that have supplied information or material for the present volume include: Bibliothèque municipale, Bordeaux; Bibliothèque municipale, Carpentras; Bibliothèque municipale, Grenoble; Bibliothèque de la Sorbonne, Paris; Bibliothèque historique de la ville de Paris; Bibliothèque de la ville, Pau; Bibliothèque municipale, Poitiers; Bibliothèque municipale, Tours; Bibliothèque municipale, Versailles; University of Aberdeen Library; British Library; Queen Mary and Westfield College, London; Bodleian Library, Oxford; Universitäts- und Stadtbibliothek, Köln; Public Provincial Library, Middelburg; Kungliga Biblioteket, Stockholm; Universitetsbiblioteket, Uppsala; Bibliothèque publique et universitaire, Geneva; Zentralbibliothek, Lucerne; Bibliothèque publique et universitaire, Neuchâtel; Zentralbibliothek, Solothurn; Bibliothèque publique, Yverdon; University of Chicago Library; University of Texas Library, Austin.

We have also benefited from the help and advice of many colleagues and friends, notably Sylvio Corsini, Lausanne; Robert L. Dawson, Austin; François Moureau, Paris; and Charles Wirz, Geneva.

PREFACE

This volume covers the years 1728 to 1730, a period of Voltaire's life of which little is known. The correspondence is sparse: only 14 letters by Voltaire have come down to us from 1728, 22 from 1729 (mostly to Thiriot) and 14 from 1730. There are no letters between August 1728 and February 1729 and only two between January and August 1730. None of the writings included in the present volume was published during the period and there is little external evidence of Voltaire's literary and other activities at the time.

Voltaire had arrived in England in May 1726 and returned definitively to France towards the end of 1728, most probably in November. His last letter from London was written to Thiriot on 4/15 August (D341). The circumstances surrounding his departure from England are obscure, perhaps deliberately so. There were rumours of financial difficulties or malpractice (*Voltaire en son temps*, i.201). At all events, Voltaire was unable to return directly to Paris without permission from the authorities (D280). He remained therefore in Normandy, taking up lodgings at Dieppe, no doubt under a presumed name, in the house of the apothecary Jacques Tranquillain Féret. His next letter to Thiriot, written in English as were so many of the letters addressed to his friend during these years, is tentatively dated February 1729 (D344). In it he pleads for secrecy: 'again and again do not bable out you have any correspondency with me [...] I write to no body in the world'.

Voltaire appears to have made his first approach to the capital in March, when he stayed at Saint-Germain-en-Laye (25 March, D346). He entered Paris in secret on 31 March and stayed for two days with Dubreuil, his business agent. He met Thiriot and Richelieu, and other friends were aware of his whereabouts. On 4 April he again visited Paris in secret ('Je mène la vie d'un

rosecroix toujours ambulant, toujours caché', D351). His friends –
Thiriot, Richelieu, Pallu, de Maisons – urged him to abandon his
secret perambulations and to request official leave to return to the
city (D352). On 9 April 1729 Maurepas granted him permission
to live in Paris (but not at court, D354) and Voltaire took up
lodgings in the rue Traversière. During the rest of the period he
appears to have remained in Paris, with the exception of three
trips to Lorraine, two of which were to Plombières in the company
of Richelieu, in July 1729 and June 1730.

Voltaire had spent much of his time in England promoting *La
Henriade*. His two English *Essays*, designed to promote interest
in the poem, had been published in December 1727 by Samuel
Jallasson. Three further editions of the essays appeared in 1728,
one of which included Jonathan Swift's anonymous 'A short
account of the author', written at Voltaire's request (see V 3B).
Voltaire continued to be actively engaged in procuring subscribers
for the grand quarto edition of his epic poem, which appeared in
March with a dedication in English to Queen Caroline (D324,
D325). His efforts were successful and the impressive list of
subscribers, from the royal family to men of letters and merchants,
attests to his skill as propagandist. A further four editions appeared
in London in the same year.

With *The Henriade* widely published, Voltaire could concentrate
on other projects. We can deduce from the 'Advertisement to the
reader' accompanying the English *Essays* that he had plans to
write a book about the English and he may already have begun
the *Letters concerning the English nation*. His tragedy *Brutus*, begun
in English, probably with a view to performance and publication
in England, was also in hand. The project to write a history of the
flamboyant Swedish king, whose adventures had been avidly
followed by the English public, was in place, as several notes in
English in the notebooks bear witness. A first draft of the *Histoire
de Charles XII*, written in French, was probably completed before
or just after his return to France, possibly at Dieppe.

Wise from his English experience, one of Voltaire's first aims

on his return was to make himself financially independent, a *sine qua non* for a man of letters unwilling to rely on royal pensions, the whims of patrons and the tolerance of the authorities. He took part in the lottery organised by the *contrôleur-général* Le Pelletier Des Forts from which, thanks to a scheme devised with the help of La Condamine, he pocketed a considerable sum. A few months later he was involved in another transaction, buying shares in Lorraine and selling them on immediately, thus trebling his investment (D366 and commentary). Furthermore, in March 1730, Voltaire's inheritance from his father was released from entail (D.app.18). At the end of 1730, Voltaire was in a secure position which, ably handled, enabled him to remain financially independent for the rest of his days.

Although Voltaire published no new writings between January 1728 and late 1730, an unusually long period for him, he remained in the public eye through new editions of previous works. In 1728 Pierre Gosse and Jean Néaulme undertook the publication at The Hague of a collection entitled *Œuvres de M. Arouet de Voltaire*, the first of a long series of collected editions of Voltaire writings. In late May 1728 Chaubert published anonymously at Paris the *Essai sur la poésie épique*, in the translation by Desfontaines. This attracted considerable attention and in 1729 the *Essai sur les guerres civiles de France* appeared at The Hague in a translation by François Granet. Another edition soon followed (V 3B, p.165-69, 37-38). New editions of *La Henriade* appeared at The Hague in 1728 and 1729 and in November-December 1730 Voltaire himself had a new edition of his epic poem printed in Paris, with tacit permission. It contained newly composed and hitherto unpublished texts: a long preface, the *Histoire abrégée des événements sur lesquels est fondée la fable de la Henriade* and the *Idée de la Henriade* (V 2, p.84).

Voltaire was not alone in promoting his writings. Thiriot acted at this time as an energetic literary agent for his friend, keeping Voltaire's name in the public eye and publicising his plans and new compositions. That he was perceived as such can be seen from the parody, drawn from *Le Glaneur*, presented below in

appendix V to *Brutus*. One new project however, *La Pucelle*, probably started in 1730 if Voltaire himself is to be believed, but published only in 1755, remained a closely guarded secret (see V 7, p.13).

In order to reclaim his place as a major figure in the literary world after his return from France, Voltaire sought to occupy the high ground in the tragic theatre, both as a playwright and a theorist. The golden age of the French theatre was long past and the years 1728-1730 were lacklustre. The repertory of the Comédie-Française demonstrated a continuing taste for the seventeenth-century classics and for comedy; it was dominated by Molière, Racine, Regnard and Corneille in descending order, the plays most often given (not always with high attendance figures) being *Tartuffe* (35 performances), *L'Ecole des femmes* (24), *Les Ménechmes* (22), *Andromaque* (22), *Le Philosophe marié* (Destouches, 21). If we look at some of Voltaire's competitors, Jean-Baptiste Rousseau's *Flatteur* scored eleven performances, La Motte's *Inès de Castro* only five; Crébillon was present with three plays: *Electre* (8), *Pyrrhus* (10) and *Rhadamiste* (6). Only two new tragedies were performed, *Don Ramire et Zaïde* by Louis de Boissy and La Chazette (1) and Piron's *Callisthène* (8); eight new comedies were given, several achieving only one or two performances. Voltaire's own plays remained in the repertory, but were not often performed. *Mariamne* was given four times in June 1728, but was not taken up in 1729 or 1730. *Œdipe* was also performed four times: twice before the *clôture* in 1728 and twice in March 1730, when Adrienne Lecouvreur, soon to die, made her last appearance in the role of Jocaste. *L'Indiscret* was not performed at all.

Voltaire's long silence had roused expectations, and when the new tragedy by the author of *Œdipe* was read to the Comédiens on 16 October 1729 it was immediately accepted. *Brutus* was, however, withdrawn by its author in January 1730 and not performed until 11 December. This is for Voltaire the start of a period of apprehension, anguish and hesitation. Fresh from his experiences of the English stage, Voltaire set out to reform the

French tragic theatre, resuming a career which was not without its pitfalls, as *Mariamne* had shown. He found it difficult not only to introduce his modest innovations but also to come to grips with the plot and the language, as can be seen from the numerous revisions of the two plays published in this volume. Real success was to come only two years later with *Zaïre* (V 8), after the relatively lukewarm reception given to *Brutus* and Voltaire's repeated reworkings of *Eriphyle*, which did not appear in print in his lifetime. In parallel to his work for the stage, Voltaire set out his critical stance on theatrical issues in two texts, the 'Discours sur la tragédie' prefixed to *Brutus* and the 'Préface dans laquelle on combat les sentiments de M. de La Motte sur la poésie' written for the new edition of *Œdipe* in 1730.

But one of Voltaire's main preoccupations during 1729 and 1730 was the gathering of material for, and the final composition of his first attempt at historiography, and also his first major prose work, the *Histoire de Charles XII*. The work was impatiently awaited by the public, having been announced in the *Mercure* in May 1729. It was also awaited by the authorities, who seized and suppressed the first volume when it emerged from the presses at the end of 1730. As Marais had reported to Bouhier: 'Nous n'aurons point l'*Histoire du roi de Suède*, par Voltaire, pour raisons politiques' (V 4, p.4-10). Voltaire had the work printed clandestinely in Rouen in 1731, attributed to 'M. de V***', the start of a pattern of anonymous or semi-anonymous publication that was to persist for the remainder of his life.

Some shorter prose texts have been dated from this period: the *Projet d'une lettre sur les Anglais*, a first draft in French of the *Lettres philosophiques*, probably written in 1728; *Du suicide*, published in this volume, but clearly dating in part from 1732; and the *Sottise des deux parts*, which will appear in volume 9.

At the end of 1730, Voltaire's carefully planned return to the Parisian literary scene thus seems to have been only partly successful. He had achieved financial independence, his previously published plays had appeared in new editions and his long-awaited

tragedy *Brutus* had finally been performed. But the authorities were on their guard: *La Henriade* appeared only under a *permission tacite* and the *Histoire de Charles XII* was denied even that modest encouragement.

U.K.

Brutus, tragédie

critical edition

by

John Renwick

For Jean Ehrard

'Parce que c'était lui....'

ACKNOWLEDGEMENTS

It gives me pleasure to acknowledge my sincere appreciation to the following friends and colleagues who have contributed in a number of different ways, with their help and advice, to the successful completion of this edition: Edith Flamarion, Peter Graves, Norma Perry, Catherine Volpilhac-Auger, Richard Waller, David Williams, Charles Wirz.

I am indebted to the staff of the numerous libraries which I have cited as repositories for the different editions of *Brutus*, and particularly to the personnel of the Bibliothèque de la Comédie-Française. I owe a considerable debt of gratitude to both Andrew Brown and Ulla Kölving whose diligence in all matters bibliographical is without equal. For many years, as always, I have been able to talk over my work with Peter France whose advice and critical guidance have been without parallel.

I am most grateful to the British Academy, and to the University of Edinburgh's Travel and Research Committee, for the financial assistance which they so readily gave me and which greatly aided my work outwith Edinburgh. Preparing an edition of this nature is dependent, however, on the possibility of being able to devote to it moments of calm reflexion which, though they do not necessarily have to be protracted, must none the less be frequent. I wish therefore to acknowledge a particular debt of gratitude to Professor John Richardson and the members of the Faculty Group Research Committee (Arts, Music, Divinity) of the University of Edinburgh who, in two consecutive academic years, freed me from a certain amount of teaching so that I could remain in contact with this edition of *Brutus* on a reasonably constant basis.

INTRODUCTION

1. *Background considerations*

As was to happen so often, on so many different occasions in later years, with so many different texts, Voltaire's *Brutus* appeared as if from nowhere. Some time in December 1729, Thiriot received the following curt message: 'Vous êtes prié demain jeudi de venir dîner dans mon trou. [...] Je donne à dîner aux comédiens, et je récite mes vers. Vous trouverez des choses nouvelles dans Brutus qu'il faut que vous entendiez' (D368). The use of the formula 'choses nouvelles' is particularly tantalising. For clearly this tragedy, written largely in England, had a past history which, though known in some detail to Voltaire's intimates, still persists in eluding even the most inquisitive of scholars. The background to the play – given that our information is both fragmentary and arid – is all too easily defined: the best hypothesis available, closely in keeping with Voltaire's own claims to be found in the opening lines of his 'Discours sur la tragédie',[1] would prompt us to suggest that the early preparatory work for, and also the first act of, the play had been completed within twelve months of Voltaire's arrival in England.

But how and why did this come about? As a newcomer to London, Voltaire had immediately sought to increase his command of the English idiom. Combining, like any self-respecting neo-classical writer, the *utile* and the *agréable*, he had set about assiduously frequenting the theatres of Drury Lane and Lincoln's Inn Fields. It was there, making in particular the heady acquaintance of Shakespeare, that Voltaire had been destined to come face to face with a dramatic power which added further fuel to the

---

[1] See below, 'Discours sur la tragédie', l.4-8 (p.156-57).

debate which he had for some time been conducting with himself about the respective qualities and defects of the French, the English, the Greek and the Roman theatres.[2] Indeed Voltaire's decision to compose a tragedy around the story of Lucius Junius Brutus is usually ascribed to the astonishment and delight which he experienced, soon after arriving in London, upon coming into contact with the English and, above all, the Shakespearean stage. On the evidence provided by the 'Discours sur la tragédie' (l.181-223), the *Lettres philosophiques* and sundry other writings, critics point in particular to *Julius Caesar*[3] as being specifically the play which – flawed though it unavoidably had to be for an adept of the French classical theatre – aroused in Voltaire acute feelings of envious admiration, and a correspondingly powerful spirit of emulation. If we wish, however, to grasp the reasons for Voltaire's approval and excitement, we should look not just to the imposing majesty of the spectacle and the impressive sonority of the set speeches (always more likely to sound particularly majestic in a language which one understands imperfectly), but also to the very subject matter itself. It was surely the latter which must have struck this fugitive from the injustice and incomprehension of his own native land as being socially sympathetic, politically vital, not to say therapeutically satisfying.

Since the early 1720s, Voltaire had – thanks to Bolingbroke – been an ever more appreciative admirer of the British socio-political system. Now experience had come to reinforce theory and had powerfully served to enhance the original impressions.

---

[2] It is his early notebooks, and in particular the so-called *Cambridge notebook* (V 81, p.70-111), which betray the sheer insistence of the problem.

[3] If this was the case, we can suggest that Voltaire perhaps conceived the idea of composing a *Brutus* as early as the end of 1726. Cf. R. Pomeau, *Voltaire en son temps*, 2nd ed. (Oxford, Paris 1995), i.175: 'Gustave Lanson a relevé les titres de Shakespeare joués à Londres de septembre à décembre 1726. A Drury Lane: *Othello*, puis *Macbeth, King Lear*. A Lincoln's Inn Fields: *Hamlet, King Lear*, puis avec *Macbeth*, les pièces historiques: *Henry IV, Richard III, Henry VIII*, et en fin d'année *Julius Caesar*.'

By the time he came to see *Julius Caesar*, Voltaire had, for some six months already, had the opportunity to appreciate even more – through the examples provided by his intimates and peers – the extent to which he, in contrast, had suffered under a system which was not merely deficient, but which was also (when judged by those higher standards which he now saw around him) disgracefully elitist. [4] British theatre, British society: the two passions were now becoming inseparable. According to Oliver Goldsmith, it was when that fusion became complete that Voltaire sought to give expression to both fascinations.

[He] had leisure to examine the difference between our government and that of which he was born a subject; and to improve, by our example, his natural passion for liberty. He was resolved however to give some lasting testimony of that love which he had for freedom and which has ever made one of the strongest features in his character. The elder Brutus, condemning his own son in its cause, seemed a fine subject for this purpose, and naturally suited to the British theatre. [5]

[4] Long before the *Lettres philosophiques* proclaimed both openly and obliquely the inalienable and eminent dignity of the man of letters, Voltaire had stressed time and again in his correspondence and his notebooks the extent to which that dignity was recognised and rewarded in London, but misunderstood and treated with scant respect in Paris. A few examples drawn from the notebooks are eloquent testimony to his disappointment on this score: 'wit better rewarded in England'; 'Eschilus, Tirtaeus, Sophocles great men in their republicks, Adisson, Ofelds etc. We are despised, ridiculed, confounded with [?trivelers]'; 'rewards for all sorts of artificers, none for plays'; 'Reward for Surgeons, not for good books' (V 81, p.107).

[5] *Collected works*, ed. A. Friedman (Oxford 1966), iii.249. Goldsmith's commentary also provides a further, albeit oblique indication of the strong possibility – now well appreciated by certain specialists – that Voltaire had been faced for some time during his stay in England with a temptation which (had he succumbed to it) would have had incalculable consequences: bitterly resentful at the demeaning treatment to which he had been subjected in his own country, it is highly probable that France's most accomplished young poet and playwright had seriously considered becoming a permanent exile whose renunciation of his native land (and above all its political system) was to be deliberately and shockingly symbolised by his renunciation of his own native language as his medium for creative writing.

Breaking with the historical sources of his earlier inspiration for *Œdipe* and *Mariamne*, Voltaire turned to Rome for that appropriate, meaningful topic. The link between his bitter dissatisfaction with monarchical France and Lucius Junius Brutus's defence of the infant Roman republic is an emotionally powerful and revealing one. For the story, first told by Livy, is one of uncompromising hatred for the egotistical exercise of arbitrary power and, conversely, of unbending devotion to much higher political ideals. In broad outline that story runs as follows:

After the exile of Tarquin the Superb, the executive power had been entrusted to two annually elected magistrates. The first men to be elected to these posts of consul were Lucius Junius Brutus and Lucius Tarquinius Collatinus, the husband of Lucretia (whose rape by Tarquin's son, Sextus, and whose subsequent suicide, had provided the final motive for the revolt). The Republic was, however, threatened by the military might of the Tarquins and also by plots fomented within the city. Even the sons of Brutus conspired to re-establish the monarchy. The plot was, however, discovered and it was then that there occurred that famous judgement: in order to safeguard the state, Brutus the consul condemned his sons to death and moreover, as consul, presided inexorably over their execution without once averting his gaze.

The story in its stark simplicity (with its attendant streak of cruelty) does not seem to be self-evidently rich in dramatic possibilities. Except perhaps for a Crébillon. It is not hence inconceivable that the trusting reader might be tempted to give credence to the claim which Voltaire made in the 'Discours sur la tragédie', namely that the theme had hitherto been unexploited in England. [6] But by keeping equally silent on previous dramatisations in his own cultural context, was Voltaire also delicately insinuating that the same held true in France? That would be to ignore the

---

[6] That claim is boldly made in the original edition of the 'Discours', and is only partially rectified by the *Additions et corrections* contained in 36A, where Voltaire admits to the existence of Lee's *Brutus* which he claims, however, to be 'mauvaise et ignorée'; see below, p.157.

rich and varied treatment which had been accorded to the legend over the centuries, and particularly in the eighty years preceding Voltaire's own.

It is appropriate therefore to propose a chronological survey of the differing ways in which the story of Brutus the Liberator had been presented by a succession of historians, novelists and dramatists from Roman times down to eighteenth-century France. With knowledge of those previous accounts at our disposal, we can attempt to gauge the power of Voltaire's own poetic sensitivity, and assess his capacity for creative reworking. We can also determine whether he was indeed guilty of plagiarism, since this was a charge which was to be levelled against him in 1731 with some vehemence.

2. *Sources*

Though it is clear that the Roman annalists were among the first to deal with the story of the Foundation of the Republic, it is also clear that the oldest extant versions of our story – which Voltaire certainly knew – are the ones composed by Livy and Dionysius of Halicarnassus. It is unclear, however, which of the two men can claim primacy. For Livy (born 59 BC) and Dionysius (born *c.* 54 BC) may well have been working contemporaneously. Notwithstanding the uncertainty, there are internal indications in the work of the former which suggest that his early books (which include the story of Lucius Junius Brutus) date from 27-26 BC, which were – more or less – the years during which Dionysius had come to Rome with the intention of gathering material for his own history of the origins.

Livy's account, contained in *Ab urbe condita*, I.xi-II.v, takes us from the rape of Lucretia by Tarquin's son Sextus, down through the destitution of Tarquin himself, and the consequent founding of the Republic, to the royalist plot in which Brutus's sons, Titus and Tiberius, were implicated and for which they were executed

on the orders of their own father. The plot of Voltaire's *Brutus* is covered by book II.iii-v. The following is a synopsis of those particular pages: The first move in the struggle with the exiled Tarquin came in the form of treachery within the city itself. A group of young patricians, hankering after life at court and its pleasures, missed the freedom to do as they pleased. The new system – though meaning liberty for some – was more like slavery for themselves. These young men reasoned that a king was amenable, could be influenced, and was a man who recompensed his friends whereas the Law (the present Republican state founded on unbending values) was deaf, impersonal and inexorable. About this time, ambassadors arrived in Rome to recover the Tarquins' property. The senate discussed the matter. It was felt generally that a refusal to return their property would be taken as a pretext for war. Under cover of their mission, however, Tarquin's envoys were seeking to ascertain, among the young nobles, whether there would be support for a recovery of the throne. Some showed sympathy. To these the envoys gave letters from the Tarquins, and set about plotting with them a secret entry into Rome under cover of darkness. The Vitellii and the Aquilii were among the first to be recruited. Livy points out also that the sister of the Vitellii was married to Brutus. The couple had two sons, Titus and Tiberius. They were persuaded by their uncles to join the conspiracy. Meanwhile, in the senate, a majority had voted for the return of the Tarquins' property, and the ambassadors had stayed on in Rome in order to organise transport for it. They used this task as a cover for consulting with the conspirators whom they pressed for written proof of their allegiance. The conspirators agreed to provide it. The day before the ambassadors left Rome, they met at the house of the Vitellii where they received the required documents. A slave overheard them. He had already guessed what was afoot and was only waiting for the conspirators to hand over their letters of allegiance to Tarquin to denounce them to the consuls. The conspirators were immediately arrested by the consuls and imprisoned. The execution of the traitors was

a memorable scene because a father was obliged, as consul, to order the punishment of his own children. And moreover, he was the one fated to enforce the supreme penalty. The criminals, bound to the stake, were members of the finest families in Rome. But no one looked at them. All eyes were on the consul's sons. There was pity for their punishment and even greater pity for the crime which had brought it upon them. That these young men – in the very year of Rome's liberation by the hands of their own father and when the consulship had fallen first to their own family – should have been brought to betray the entire population of Rome, patricians and plebeians alike, and all her gods, to the haughty tyrant who was now planning her destruction! Livy then presents Brutus, at the very moment of his sons' execution, as a father whose anguish[7] was plain to see.

Some twenty years later, Dionysius of Halicarnassus – in *Antiquitates Romanae*, IV.lxvii-v.xiii – 'published' the second, and certainly more detailed, account of Brutus's part in the uprising against Tarquin, of the latter's attempt to subvert the infant Republic, and of the implication of Brutus's own sons in the plot. Even a cursory reading of Dionysius shows that his account, betraying a much more rhetorical intention, would have been invaluable to a dramatist intent upon depicting a life-like, histori-

---

[7] With an eye to the interpretations which were to be current in later centuries, it is perhaps worth stressing that *anguish* on the part of Brutus (Livy: *eminente animo patrio inter publicae poenae ministerium*) is doubtless the correct inference. The exegetical tradition in France, down to and including Rollin, interpret the adjective *patrius* as meaning *paternal*, *fatherly*: 'his fatherly soul plainly visible as he was accomplishing his duty as the avenger of the people'. It is no doubt in this precise sense that Voltaire also will understand the dilemma. There was, however, to be room for disagreement even among his contemporaries. For example, François Bellenger attacked Rollin himself for having made Brutus weep 'comme un imbécile', whereas he is expressing – at the execution of his sons – not his *paternal* love but a *patriotic* fortitude: *eminentus animus patrius* (*Essais de critique. I. Sur les écrits de M. Rollin*, Amsterdam 1740, i.1-50); see E. Flamarion, *Le Théâtre néo-latin dans les collèges de Jésuites, en France, au début du XVIIIe siècle, un cas exemplaire: le 'Lucius Junius Brutus' de Charles Porée, S.J. (1708)*, thesis, Paris III, 1994, i.203.

cally authentic Brutus since it is not only detailed but also genuinely gripping. As far as can be ascertained, however, this promising source does not seem ever to have been exploited to the letter: Dionysius recounts that, though the people had emerged from longstanding slavery into unexpected liberty, there were nevertheless still some who regretted the former regime, and who wished not only to restore the deposed monarch but also to kill the consuls. Tarquin's ambassadors requested the senate that Tarquin be given permission to address first the senate and then the assembly of the people so that he might either justify himself as king or, failing that, gain their permission to live in Rome as a private citizen, enjoying his own private property. Brutus spoke against any right of return. The ambassadors then requested that Tarquin be restored in the property which he had inherited from his father and grandfather. Brutus again spoke against the proposal. Collatinus, the other consul, advised the contrary, saying that to withhold the property would be looked upon as theft and, more importantly, would give the Tarquins a just cause for war. The problem greatly perplexed the senate for many days, and the vote in favour of restoring the possessions was finally carried by a majority of only one. The ambassadors remained therefore in the city, pretending to be employed in collecting Tarquin's belongings... whereas they were in fact fomenting trouble in the city and seeking out supporters of a restoration. These were to be found even among men of distinction. Of this number were Titus and Tiberius, the two Vitellii and also the two Aquilii. It was at the house of the Aquilii that the conspirators would meet, laying their plans for a return of the tyrants. At the instigation of the ambassadors, the stupid youths even agreed to write letters to Tarquin informing him of the number of their accomplices and of the time when they proposed to make their attack upon the consuls. Their plotting was, however, overheard by a slave, Vindicius. But fearing to inform the consuls (since they were related to the conspirators), Vindicius informed Valerius (in Livy there is no suggestion that the consuls might put family interests before those

of the Republic). Valerius seized the youths, took possession of their incriminating correspondence, and involved the consuls. Brutus sat in judgement over the traitors. He condemned his own sons to death. Whereupon all those present protested, indignant that Brutus himself should be punished by the loss of them. They wished to spare the sons as a favour to their father. He remained, however, inflexible, refusing to yield to his sons' tears and tender entreaties, refusing even to heed the exhortations of the citizens. Relentless to the last, he insisted on their public, ignominious execution and insisted even on witnessing the spectacle. Not once, says Dionysius, did he avert his gaze, nor shed a tear. [8]

As can be appreciated, Dionysius's account differs only in minor, if nevertheless interesting detail. It is, however, the *dénouement* of his story which contains the harsher version of Brutus's behaviour.

The accounts given by Livy and Dionysius, which were to command respectful credence from following generations, are repeated – generally in lesser detail altogether – by Plutarch, Florus, [9] Eutropius, Sextus Rufus, Orosius, etc.

Plutarch in turn broached the story of Brutus the Liberator in his *Life of Publicola*. Questions of minor detail apart, the story of the expulsion of the Tarquins and of their attempts to stifle the infant Republic (I.iii-VII.viii) is told in terms which differ little

---

[8] As far as this and later interpretations of Brutus's behaviour and psychology are concerned, we must note that it is hardly surprising that Brutus should act as an inflexible judge. For, in so doing, he was being entirely consistent with himself and his sacred, solemn oath. In v.i, Dionysius himself relates that the assembly of the people swore that they would never restore Tarquin or his sons or their posterity, and that they would never again make anyone King of Rome. This oath they took not only for themselves, but also for their children and their posterity. It is also noteworthy that this latter point was to be highlighted specifically by Madeleine de Scudéry in her *Clélie*, III.ii.

[9] Though Florus may have broadly respected the basic historical facts as found in Livy and Dionysius, his interpretation of Brutus sets him quite apart. Since he presents the sovereign Roman people as having played the essential role in their own liberation from Tarquin, he can only understand Brutus's behaviour as the result of political ambition which relies on demagogic strategies.

from the version found in Dionysius for whom Plutarch seems to
have a marked preference (although it is worth mentioning that
the description which he gives, in VI.ii-iii, of the role played by
Titus and Tiberius is as lapidary as the one to be found in Livy).
On the other hand – given Plutarch's moral purpose – the account
of the role which was played by Valerius Publicola in thwarting
the Tarquins is presented in such a fashion as to underscore
his wholly admirable qualities. Conversely, Brutus remains for
Plutarch the same man as he had been for Dionysius: inflexible
and uncompromising, incapable of (or, alternatively totally and
frighteningly master of) emotion (III.ii; VI.iv).

It is clear that the ancient historians, whether Greek or Roman,
were much more interested in the events of the story than in the
conspirators and their motives. For whereas the men concerned
are presented, by virtue of their actions, as degenerate, as equally
treacherous as Tarquin whom they are seeking to restore, it is the
situation itself which they thereby create which allows these
historians to focus on the clash of two diametrically opposed
political and moral cultures. By making Brutus the central actor
in the drama, they can repeat the clearly implied conviction – dear
to the Romans, [10] though perplexing to the Greeks for whom
Brutus is an object of both wonderment and horror [11] – that the

---

[10] The cult of Lucius Junius Brutus was clearly important – particularly from the
first century BC onwards – as an expression of Roman nationalism and pride. This
is evident from extant texts, for example Cicero, *Philippics*, *De Bruto*, *De republica*,
De officiis, etc. and from references to lost works, whether epic poetry (Q. Ennius,
Annales republicae romanae) or tragic theatre (L. Accius, and – according to Varro –
Cassius of Parma).

[11] It is patent, in the story of Publicola, that Plutarch (like Dionysius), although
applauding Brutus the Liberator, judged him to be guilty of excessive violence.
Even more revealingly, he was to write in his *Life of* [Marcus] *Brutus*, II.i: 'But that
first Brutus [Lucius Junius], like well-tempered swords, had a character which was
naturally hard and not softened by culture. Through his passionate hatred of
tyranny, he was prompted even to slay his own sons.' As we shall see, certain
eighteenth-century critics reacted to Voltaire's Brutus in exactly the same way,
finding him revolting or unnatural.

salvation of the Commonwealth had been, and could only be, guaranteed by single-minded strength of character and self-abnegation. Livy, sensing (though not describing) a test of commitment painfully experienced in the breast of one man, held for Brutus's heroism and essential humanity; Dionysius and Plutarch on the other hand could detect nothing more, in his stark example, than uncommon inflexibility, barbarity even. It was this dual tradition which was to lead French Humanism, and even moral teaching – from the sixteenth century down to the eighteenth – into mutually exclusive interpretations. All the extant evidence leads one to suggest, however, that it was Livy's Brutus – a man of some complexity and moral conviction – who commanded greater credence.

It was in the middle of the seventeenth century that the legend, which until then had figured the clash between two antithetical political systems, was to be rediscovered[12] and then perceived in a rather different way. From the 1640s onwards, it was not so much the events or the global situation created by the conspirators which attracted attention as the conspirators themselves.[13] Dramatists and novelists alike, sensing infinite human possibilities in these men, were now to focus on their thoughts and motives, their ability to act and react as people knowing complex conflicting loyalties and all too human emotions. In the process, the old

[12] Though – strictly speaking – it was the Renaissance which rediscovered Brutus thanks to translations of Livy and Plutarch, it is evident, in literature, painting and iconography, that he is overshadowed throughout the period 1500-1640 by a dominant, even a semi-exclusive interest in Lucretia.

[13] It is difficult to explain the sudden revival of French interest in Lucius Junius Brutus as a man. But doubtless one could point to a common perception of a specific parallelism between contemporary political realities and those against which Brutus had himself reacted (monarchy as opposed to tyranny; the aristocratic political system as opposed to the monarchic; patriotism as opposed to private interest). More pertinently one could perhaps point to the growing contemporary fascination for conspiracies, both in the theatre and as phenomena for historical analysis.

and well-known story was to become the object of creative interpretation.

As far as I can judge, the first such attempt came in 1648, when an anonymous dramatist composed *La Mort des enfants de Brute*. [14]

The character of Brutus, the courageous and implacable patriot, a type to arouse interest while war was raging, is kept as in the original. His more humane wife is nevertheless reconciled in the end to his execution of their sons. A heroine is added, Tullie, an heroic monarchist, as eager as women of the Fronde to use her personal charms to further her political aims. Her relations to the two brothers resemble those of the princess in Corneille's *Rodogune* [...] but we never learn which youth she prefers. In fact she does not seem to know more about the subject than we do. Her lovers are differentiated by the outbreaking character of Tibère and the more reflective nature of Tite. It is the latter who realizes poignantly that he cannot fight for the woman he loves without giving mortal offence to his father. His resemblance to Curiace, the brutal patriotism of his father, which may be compared to that of Horace, and the willingness of Tullie, like Sabine, to sacrifice herself, as well as a scene in which Tullie, only partially informed, momentarily believes that Tite is a coward, make it probable that the anonymous author was directly inspired by Corneille's *Horace*. There is even an allusion (III.iii) to the incident on which the latter play is based. The tragedy is written clearly, forcefully, and in complete accord with classical technique: twenty-four hours, one room, unity of action, linking of scenes, respect for the proprieties, a dream of evil omen, a contest in generosity,

---

[14] See H. C. Lancaster, *A history of French dramatic literature in the seventeenth century* (Baltimore 1929-1945), II.ii, p.604-605. His synopsis of the play is as follows: Tite and Tibère, sons of Lucius Junius Brutus, but in love with Tullie, daughter of Tarquin, join the conspiracy of Vitelle, their mother's brother, to restore the exiled monarch to the throne. They are moved chiefly by love of Tullie. A slave betrays the plot, Vitelle is put to death, and the youths are found guilty by the senators, who, out of respect for Brutus, are willing to spare one of them. Each asks for death, but leaves the decision to Tullie, who offers herself as a substitute. Brutus, however, puts the young men to death. Tullie requests that her ashes be mingled with theirs and commits suicide. Junie, wife of Brutus, mourns over her sons, but is convinced of her husband's courage and devotion to Rome.

and several psychological struggles. The introduction of a mother is somewhat unusual. It is unfortunate that Brutus is not made more prominent and that our interest is so evenly divided between the two brothers. [15]

One should perhaps add to this analysis a number of details which are not without significance when placed against the background of the evolving interpretations which were to be applied to the legend. It is worth noting that it is Tullie, a well-delineated and strong character, who dominates the play: she is almost constantly on stage (I; II.iii-v; III.iv; IV.i-iv; v.ii-iv) whereas Brutus, who appears but sporadically (II.i; III.ii-iv; v.iv-vi), is psychologically shallow and quite unconvincing on the political plane. Not surprisingly. For in this play, where there is no real political dimension, the real interest – as its title indicates – comes uniquely from the *précieux* approach which is adopted towards the amorous dilemma of the triangle Tullie–Tite–Tibère.

La Mort des enfants de Brute, though moderately successful, did not – it would seem – tempt other contemporary dramatists to deal specifically with the same subject matter. But by coincidence, a somewhat more acute observer of the human condition was – a mere six years later – to embark upon a protracted publication in which our story was to make another appearance. I am referring to Madeleine de Scudéry's *Clélie* (1654-1660), which retraces a similar heroic legend – that of Cloelia – which is likewise situated against the background of Tarquin's expulsion from, and his subsequent war upon, Rome. In her romance, all the heroes of the infant Republic are portrayed in some detail: Horatius Cocles, Lucretius, Mucius Scaevola, Lucius Junius Brutus. All, in keeping with contemporary tastes, are star-struck; all spend moreover a fair proportion of their time discussing 'questions d'amour' or – for the times – other equally engrossing topics. Here – in the wake of the tragedy of 1648 – the story of Brutus and his sons is related

---

[15] Lancaster, *A history of French dramatic literature*, II.ii, p.604-605.

with a deliberate emphasis upon the love element. Basing herself initially upon purely historical sources, Scudéry starts by recounting how the father and brother of Brutus are slain by Tarquin. How, in order to protect himself and gain time for revenge, Brutus feigns stupidity (whence his name) and how he is regarded as a buffoon. He meets and falls in love with Lucretia, but she is forced to marry Collatinus. Departing even more from history, Scudéry also portrays the sons of Brutus as being in love with two women – Ocrisia and Teraminta – who have been brought up under Tullia, Tarquin's queen, and who have followed the court into exile.

The story of the two sons (III.i-ii), such as it is imagined by Scudéry after a reading of Livy, Dionysius of Halicarnassus and Plutarch, becomes very much a story to suit contemporary tastes for romance. It is noteworthy that some interesting alterations are made to the original material. Part III.i deals with the establishment of the Republic, the election of the consuls, the arrival of Tarquin's ambassadors and the plot to ensnare Titus and Tiberius through love. Madeleine de Scudéry imagines the malcontents as knowing that the two brothers have 'no great tenderness in [their] hearts towards their father' [16] because, by expelling Tarquin and the court, he has deprived them of their mistresses. The ambassadors bring letters to the brothers. Ocrisia has written to Titus, Teraminta to Tiberius, giving a brutally succinct message: support Tarquin or renounce all hope of ever seeing us again. Tiberius and Titus do not know 'whether Love should yield unto Nature and Honour, or whether Nature and Honour should surmount Love' (p.230).

After an interlude, in which are recounted the adventures of Herminius and Valeria, the story of Tiberius and Titus is resumed at the beginning of III.ii (p.279). The brothers are originally resolved not to engage in the conspiracy. Aquilius and his fellow conspirators attempt none the less to suborn Tiberius and (through

---

[16] I quote from the English translation, *Clelia, an excellent romance* (London 1678), p.229, as this is the text that will be used by Nathaniel Lee.

him) his brother 'as one that relied very much on the other's judgement and who was guided by him' (p.279). The brothers persist, however, in choosing the path of honour. It is only when Teraminta appears, revealing that her pen was obeying the dictates of Tullia and that her life is in danger, that Tiberius yields. He then persuades Titus to accept his lead. But both brothers demand that nothing should happen to their father. Vindicius, having overheard the conspirators, denounces the plot to Valerius. The conspiracy is then revealed to the senate, starting with the revelation that the enterprise was to commence with the murder of Brutus and Valerius (a decision which had deliberately been kept secret from the brothers). However, the written promises that the brothers themselves had made to Tarquin, namely: 'not to spare either blood or life to reseat [him] in [his] throne' (p.283), make it appear that they are heartless parricides. Prey to both melancholy and anger, Brutus – who is based here on Livy's hero – is much troubled since he is cruelly torn between tenderness for his children and love of Rome. Condemnation seems unavoid-able, although Teraminta does then decide – 'with such a perswas-ive kind of grief' (p.284) – to reveal to Brutus how Tiberius's hand had been forced. Brutus's friends attempt to manipulate the crowd towards clemency. To no avail. For the populace in turn forces the issue, demanding that his sons 'be put to a more cruel death than the rest, as being the most criminal' (p.284). Brutus agrees to their execution, but notwithstanding feels obliged to sway that populace – if at all possible – towards a sentiment of humanity at the very execution ground. Arriving there it is only to find 'his two Sons so near death, that he had not the leisure to think of what he had either to do or say; for one minute resolved him that he had no other course to take, than resolutely to undergo so great an affliction, or to betray a fruitless weakness' (p.285). Brutus was, in fact, so numbed that he appeared insensitive and cruel, a man of excessive severity. As Tiberius's head is severed from his body, Teraminta drops down dead.

For several reasons, Scudéry's reworking of the material is not

without interest. For example, she makes the two momentarily erring brothers into exemplars of a certain type of Cornelian dilemma; she inverts the importance of the roles assigned to them; but, above all, she is particularly inventive (and psychologically convincing) with the character of Brutus who becomes once again much less austere, but much more complex, politically calculating and recognisably human.[17]

At this point the legend of Lucius Junius Brutus, overlaid with its newly acquired amorous intrigue and, above all, humanised by the remarkable injection of both human and paternal instincts, crossed the Channel. Scudéry's story was to be translated into English and to appear in London in 1678. Within two years, Nathaniel Lee had grasped the dramatic and political potential of the legend as it might be presented to a theatre public in that England which was currently experiencing late Stuart assertiveness. His own reading of the story, to be entitled *Lucius Junius Brutus, father of his country*, was first produced – with great success – at Dorset Garden in December 1680.[18]

W. Van Lennep tells us that Lee had turned for inspiration and guidance to Mlle de Scudéry and Livy, while certain details and suggestions were drawn from Plutarch's life of Publicola[19] and

---

[17] Though Scudéry's interpretation of the character of Brutus was popular, it was not without its contradictors. There were those like Saint-Evremond (*Réflexions sur les divers génies du peuple romain dans les divers temps de la République*, 1662) who preferred the readings of Dionysius and Plutarch, and particularly of Florus and Montaigne (*Essais*, II.ii), and who saw in Brutus little true political sincerity but much dissimulation, ambition and allied cruelty.

[18] It was banned after only six performances by the Lord Chamberlain because of 'very Scandalous Expressions & Reflections on ye Government'. This and other similar information (though sometimes rectified or expanded by me with the help of other sources) is largely taken from *The Works of Nathaniel Lee*, ed. T. B. Stroup and A. L. Cooke (New Brunswick 1955), ii.317-20.

[19] Notably Tiberius's hatred of his father (III.v and IV.i) and the rather frightful way in which the two brothers pledge themselves with the Aquilii by drinking the blood of a man and 'touching his entrails'.

Machiavelli's *Discourses upon the first Decades of Titus Livius*, [20] with some minor details being drawn from Dionysius of Halicarnassus. [21]

Though Lee uses Scudéry's story in several ways, it is evident that he relies upon his own understanding of its dramatic possibilities. He ennobles the character of Brutus, endowing him with even greater humanity and boundless love for Titus. Only one son, Titus, is in love and – different from Scudéry's plot – it is Teraminta, bastard daughter of Tarquin, whom he loves. Brutus demands that Titus renounce Teraminta. It is only to learn that his son has quite literally just married her. Brutus nevertheless demands that the passionate and eager young husband choose between his wife and Rome. Titus swears fidelity to Rome. The other son, Tiberius, is made into a villain who betrays his father, partly because Brutus has thwarted his political ambitions, partly because he desires to ingratiate himself with Tarquin. Conspiring with Aquilius, Vitellius and Tarquin Collatinus, Tiberius is in league with Tarquin's ambassadors. The latter, double-dyed in treachery, are priests. [22] They have come ostensibly to seek restitution of Tarquin's goods, but in secret they conspire to foment counter-revolution. Titus, on the other hand, is portrayed as a noble youth, his father's dearly-loved favourite, who is in return attached to his father by close bonds of affection. However, Teraminta has been arrested and is to be expelled in company of Tullia, Tarquin's queen. Through the evil machinations of Tibe-

---

[20] From Machiavelli, Lee drew the concept – expressed in his play by Brutus – that some signal punishment or piece of strict justice is necessary to cement the liberty of the newly founded republic, thus justifying the execution of his sons.

[21] W. Van Lennep, *The Life and works of Nathaniel Lee: a study of the sources*, unpublished diss. (Harvard 1933).

[22] Though Voltaire would have applauded Lee's pronounced anti-clericalism (in *Œdipe*, he had launched attacks on priests which were considered particularly notorious), he – the sophisticated exponent that he was of French neo-classical values – surely found in the play much that was unacceptable: the barbarity of some of its actions openly presented on stage; its sexual explicitness; its intermingled boisterous comic elements; the language of the crude and coarse menials.

rius who knows of his brother's marriage, Titus is brought to betray both Rome and his father. For he is told that Tullia will have his beloved Teraminta murdered if he does not side with Tarquin. He yields. Vinditius, who has been spying on the conspirators, reveals the plot to Valerius. The conspirators are arrested. Titus, who has been a most unwilling party to the plot, nevertheless requests death from his father, in order 'to honour Brutus, to make [his] Justice famous through the World and fix the liberty of Rome for ever'. The senate places the fate of Brutus's sons in his own hands. Sempronia, mother of Tiberius and Titus, pleads for their lives. Teraminta also pleads for Titus. Brutus remains inflexible. Valerius stabs Titus – as the latter had requested – in order to spare him the ignominy of the 'common axe'. Whereupon Teraminta stabs herself to death, to be followed by Titus who expires in his father's arms. [23]

Ten years later the story returned to France and tempted yet another dramatist. Catherine Bernard had already composed one tragedy, *Laodamie* (published in 1690), which – though reaching 20 performances – had known but mediocre success. [24] In the same year she made a second, more determined appeal to public approval with the Brutus legend which, by now, had the obvious advantage of being more familiar and (arguably) more attractive to a particularly demanding public of connoisseurs. Though she was theoretically in a position to scrutinise the treatment accorded to the story by at least six predecessors, it would appear from her preface that Mlle Bernard, in best neo-classical tradition, is quite adamant in recognising a debt only to Livy and Plutarch. Indeed Lancaster could detect no evidence that she either knew or used

[23] In 1703, Charles Gildon brought out an adaptation of Lee's play which he entitled *The Patriot, or the Italian conspiracy*. Gildon moved the scene from Rome to Florence and substituted Cosimo de Medici for Brutus. This adaptation, produced at the Theatre Royal, apparently met with some success.

[24] See François and Claude Parfaict, *Histoire du théâtre français* (Paris 1734-1749), xiii.93-94.

La Mort des enfants de Brute of 1648 (IV.ii, p.356-58). Had his enquiry encompassed the broader field of possible sources, he might, however, have suggested that our dramatist was possibly not unaware of the work of Mlle de Scudéry, partly because of the way in which the love intrigue is developed, but particularly because of her manner of depicting the two brothers. That being said, we must admit that her own reworking of the theme (which is, like Scudéry's, more devoted to love than liberty) is not without its own clear novelty. It is convenient, at this point, to refer to Lancaster's synopsis (p.357, n.8):

Octavius, sent by Tarquin, appears before the consuls, Brutus and Valerius, to urge that the king be restored. He gets little comfort from them, but is allowed to appear before the senate. Meanwhile Brutus arranges to marry Titus to his colleague's sister, Valérie, and hopes to obtain for his other son, Tiberinus, the hand of Aquilie. The latter, however, loves Titus, while both the brothers love her.[25] Valérie, suspecting that Titus loves Aquilie, sends a slave, who had formerly been in the latter's household, to spy on the progress of Titus's love-affair. We now learn that Octavius's mission was a pretext to enable him to confer with Aquilius. Tarquin's forces are ready to enter Rome at night if a gate can be opened to them. As Titus commands one of the gates, the conspirators hope to persuade him to join them by offering him Aquilie in marriage. The girl tells him that there is a way in which he can win her, swears him to secrecy, and reveals the plot. He refuses to listen and seeks to leave her. When alone, he begins to wonder if there may not be some advantage in Tarquin's rule. When his brother implies that he is his successful rival and Aquilius assures him that he will be, unless Titus acts, he finally signs an agreement to open the gate. Valérie's slave has, however, discovered the plot and Valerius has the conspirators arrested. Brutus shows no feeling over Tiberinus and is

[25] In the anonymous *Brutus* of 1648, both the brothers are in love with the same woman, Tullie, who dies immediately after they do, as will in turn happen in Catherine Bernard's tragedy. Lancaster suggests that these circumstances – though not in the ancient historical sources – could easily have been invented independently by Mlle Bernard (p.356, n.7).

happy that he has one son who is not a traitor. He soon learns, however, that Titus is also involved. The latter, now filled with remorse, asks for death on a scaffold and wins his father's sympathy for his courage. The senate condemns all the conspirators to death except Brutus's two sons, whose fate they leave to him. As he cannot condemn others and spare his own, he has them both executed, though he is greatly moved by the death of Titus. Aquilie dies either from grief or from poison.

The play was initially well received. From 18 December 1690 to 12 August 1691 there were 27 performances. [26] By the standards of the time this was a notable achievement. [27] Its popularity was, however, to prove ephemeral. In the next eight years, it was acted only 16 times and then from 1699 onwards, disappeared altogether from the repertory. The reasons for this fall from grace are not mysterious. The chief weakness by far resides at the level of the fundamental, non-negotiable subject matter pertaining to the character and the actions of Brutus himself such as they are known to history as opposed to the purely imaginative treatment given to the lovesick traitor, Titus. In a word, Catherine Bernard could not determine whether she was supposed to be presenting a study of patriotism or of love. [28] In consequence, we in turn cannot

[26] It was published one year later: *Brutus, tragédie* (Paris 1691; BV362), and was republished the same year in Brussels. It made a (not totally fortuitous) reappearance in Paris in 1730, was included in the *Théâtre français* of 1737 (BV3270) and then figured in the works of Fontenelle (1758, 1761, 1766 and 1818) who was himself a relation of Catherine Bernard. In 1757, the year of his death, the abbé Trublet stated in the *Mercure* that the tragedy was almost entirely Fontenelle's work. There is nothing to prove or disprove the assertion, but it is worth noting here that Fontenelle was supposedly furious that Voltaire had 'plagiarised' Mlle Bernard's tragedy.

[27] The success of the play can perhaps be explained in part by the reverberations of the Glorious Revolution of 1688 (patricularly strong in France) and no less by the renewed fascination that it provoked in the subject of revolution as a means of changing political regimes. Moreover the activity of James II, visibly preparing in Saint-Germain for a return in force, then invading Ireland (to be beaten at the Battle of the Boyne in July 1690) did much to keep the whole matter in the public eye.

[28] On this subject, La Harpe was much harsher: 'On se doute bien qu'au milieu de tous ces amours traités dans la manière des romans, le génie de Rome et le ton

determine whether the eponymous hero of her tragedy really is the hero, or whether it is Titus.[29] Since Titus becomes the chief centre of interest in the play, we must perforce express dissatisfaction with the manner in which he is portrayed. As Lancaster notes: 'The fact [...] that so fine a man consents to betray his father and his city is not made convincing' (p.356).[30] In fact, Mlle Bernard 'had little gift for analyzing her characters, giving expression to their feelings, or creating striking situations' (p.357). If one adds a final judgement on the weak, prosaic verse in which the play is written, one has delineated the major reasons for its demise.

The Brutus story (or perhaps we should now more correctly be referring to the Brutus / Titus story) is now obviously settling down happily into the French neo-classical tradition whose dialectic is love versus honour, a tradition in which – thanks to Corneille and Descartes – love (essentially self-indulgence) must be subordinated to higher values. How then will a Jesuit pedagogue, whose sense of imperatives will probably be just as acute on this score as that of his predecessors, wish to present the essential moral problem? On 1 August 1708, while Voltaire was still in attendance at Louis-le-Grand and in all probability a spectator, the Père Charles Porée gave his own *Brutus*,[31] the first of his numerous Latin tragedies *à l'usage de la jeunesse*.

The essential subject-matter is still the betrayal of Rome: Tiberius (elder son of Brutus) and Marcus Valerius (son of Publius Valerius, second consul) are conspiring – very much for the same

---

du sujet ont entièrement disparu' (*Lycée, ou cours de littérature ancienne et moderne*, Paris an VIII-1805, ix.344).

[29] See Parfaict, *Histoire du théâtre français*, xiii.195; Sébastien-Roch-Nicolas Chamfort and Joseph de La Porte, *Dictionnaire dramatique* (Paris 1776), i.189.

[30] We may add that the role of Octavius, alongside those of Tiberius and Valérie, are quite superfluous to real dramatic requirements.

[31] *Tragoediae*, ed. C. Griffet (Lutetiae Parisiorum 1745). The most recent study of Porée within the present context is E. Flamarion, *Le Théâtre néo-latin dans les collèges de Jésuites*, cited above, n.7.

reasons as they do in Livy's account – for the return of Tarquin, expelled (unjustly say the sons) by their own fathers. The first act allows Porée to present the opposing political theses, and finishes with a strong attempt by Albinus, Tarquin's ambassador, to sway Titus (by emotional blackmail) into giving the definitive impetus to Tarquin's restoration. That, however, is the limited extent to which any overt attention is given to the *res publica*. For this play, which was never intended to be a vehicle for debating the pros and cons of two diametrically opposed political systems, is in reality a prolonged, dual meditation on the moral imperatives of paternal authority and the value and strength of true friendship. [32]

In the course of his examination of the former, undertaken mainly through the character and behaviour of Brutus, it transpires that Porée had little time for the father of legend. In fact, he invites his young audience (and their parents, who were present) to mull over one problem in particular which had divided opinion for so long: do we or do we not accept the Machiavellian interpretation for the execution of Brutus's two sons as being politically essential, the brilliant intuition of a man capable of transcending the purely ephemeral dictates of personal interest? Though the rather unsophisticated psychology of the character gives rise to some ambiguity, there seems none the less little doubt that Porée

---

[32] The sub-text is however unashamedly political, for behind the examination of the way in which Brutus the man exercises his own authority there is to be found a strongly implied comment on the exercise of authority as it concerns the *res publica*. In his final monologue, Brutus condemns tyranny which he defines as the oppression of the citizens and the alienation of their liberty. This is richly ironic since the play has been hinting more and more insistently that any person in authority can exercise power tyrannically (by using that power for personal ends) and, more importantly, that the dividing line between the legitimate and the illegitimate exercise of that power is very narrow indeed. Even Brutus, although working for the good of the *res publica* in expelling Tarquin, slips into a despotic exercise of authority the moment that he uses it in a self-interested fashion in order to expunge the 'blemish' placed upon the good name of the family by his sons... despite the fact that both Valerius and the senate strongly advise clemency.

intended to fashion a largely egotistical character who is incapable of real introspection or genuine human affection, and who is, not surprisingly, 'other directed'. Porée opts for a Brutus who – despite a certain ritual 'self-doubt' [33] – seems consciously to be living up to the values and the expectations which are placed by some higher abstraction – Rome, liberty, posterity – upon a consul. The final act is studded with such clear suggestions.

But it is the second strand in Porée's play which is the more important. For his drama, which focuses attention on three inwardly strong young men, revolves thereby around a type of commitment (or inspiring moral imperative) which Jesuit educationalists had for decades been presenting to their young charges as a highly desirable goal: Porée's *Brutus* is a vehicle for extolling the value of true fraternal love, whether it be literal (as between Tiberius and Titus) or metaphorical (as transpires in the profound affection uniting the two brothers and Marcus Valerius). We see Titus, who has learned of his brother's treachery, attempting to save him by proclaiming that he, Titus, is the guilty one. Indeed the last three acts of the tragedy – clearly the nub of the intrigue (and just as clearly imitated from Corneille's *Héraclius*) – revolve around the *combat de générosité* which naturally flows from each brother's determination to save the other at the expense of his own life. But we also see Marcus Valerius, who has been devoted to his friends, giving supreme proof of his commitment to them: hearing that both have been executed, and being able to accept neither their failure nor their loss, he makes the supreme, freely consented gesture and kills himself.

In fine, though it has a sententious, antithetical style; though it

---

[33] Porée understands that the dramatic interest of his tragedy can be heightened if Brutus is made to hesitate as he goes from ignorance of the plot to suspicion, from suspicion to truth and, above all, from the arrest of his sons to their ultimate execution. In this way the movement of the play is considerably slowed down by 'vacillation' (which is, however, more apparent than real). Voltaire may have remembered this particular aspect of the plot.

looks at times to be more an *exercice de rhétorique* than an attempt at serious, psychological portrayal; though therefore it betrays the touch of the amateur, Porée's play may in several small respects have remained lodged in Voltaire's memory. [34]

3. *Composition*

When, in late 1726 or early 1727, Voltaire detected dramatic possibilities in the legend of Brutus, what prior knowledge of it can we expect him to have had? He may well have remembered Porée's treatment. He may – given the intellectual milieux which he was frequenting in London – have been aware of Nathaniel Lee's version. [35] It is likely also that his classical education had brought him into detailed contact with Livy. It is in turn conceivable that he was aware of Plutarch's sentiments concerning Brutus's steely determination. What seems equally plausible is that he decided, before formulating his own interpretation, to rely not purely upon memory, but also upon an analysis of the versions produced by certain of his predecessors. To which ones would his preferences have gone? In 1726-1727, much would obviously have depended upon the way in which Voltaire intended to treat the basic topic. In London, and uniquely for London, he could well have been tempted to write a purely heroic tragedy, something in the style of Dryden or Addison, even of Otway. Had that been

[34] As a pupil at Louis-le-Grand, Voltaire may also have studied Porée's tragedy in class since it was his mentor's known practice to use his own creations as texts for exercises. Other possible bookish sources of Voltaire's knowledge of the Brutus story at this early age could well have come from two texts studied in the *classe de 4ᵉ*: Sextus Aurelius Victor (or the Pseudo-Aurelius Victor), *De viris illustribus urbis Romae*, and Florus, *Epitome rerum Romanorum*. The latter source is, however, unlikely to have recommended itself to Voltaire since it advances the thesis of Brutus's calculating self-interest.

[35] Lee's tragedy went through four editions: 1681, 1708, 1713 and 1722.

the case, he might well have pondered the lessons of Livy, Dionysius and Plutarch. When, however, he became less preoccupied with the possibility of a career in London and more reconciled to a return to Paris, the more clearly must he have realised that, if he were to stage the Brutus theme, his public would be precisely that one which he knew so well already: the sophisticated, mocking public of the Comédie-Française whose taste was much different from that of Drury Lane. He knew pertinently that any play that revolved uniquely around politics could not succeed in such an environment. How much more readily therefore would the stark depiction of the cruellest *Realpolitik*, which flew in the face of French aesthetic susceptibility, be destined for failure (presupposing that the Comédiens would even consider it)? It was not that the subject matter as such was uncongenial to his compatriots. But French predilections had, for decades already, been demanding something in addition: not even the great Corneille, whose subject matter was nothing if not political, had written a tragedy which did not owe something to a closely interwoven theme of love. On the other hand, however, what superbly tragic and pathetic qualities were not inherent in an irreconcilable confrontation between the ruthless commitment of Brutus, the far-sighted founding father, and the vacillation of his much weaker but much loved son, Titus, whose own sense of priorities is less firm? What emotions could not be conjured up by juxtaposing Titus's love of country (which is, by the same token, love of father) and his own essential humanity which is expressed by his love for a woman?

It is entirely conceivable that such was Voltaire's broad conception of the theme's possibilities. All that we can, however, advance with reasonable confidence is that his play had already been sketched out – perhaps in some detail – by the beginning of 1729. [36] It is arguably one of those projects to which Voltaire is alluding

---

[36] The only help which Voltaire affords on this score is to be found in the notebooks: 'In two months Brutus was framed, not writ in two years' (V 81, p.105).

when, warning Thiriot of his impending return, he writes: 'When you see me you shall see and hear things which will please you' (D344). It is even more arguably to *Brutus* that he is referring when, on 12 August 1729, he hints at a currently absorbing literary preoccupation: 'Voicy la première chose que j'ay écritte depuis huit jours. Les alexandrins me gagnent' (D365).

In the weeks that followed, the work on *Brutus* – for that is all the project can have been – proceeded apace, meeting with no obstacle of any significance. For, on Saturday 16 October 1729, the new tragedy – now identified by name – was read to a gathering of eighteen *sociétaires* of the Comédie-Française. [37] Not surprisingly the play was accepted. Given the reputation of the author of *Œdipe* and *Mariamne*, not to overlook the length of time that he had remained silent, we may even surmise that it was accepted with some alacrity. Destouches seems to authorise both interpretations. On 16 December 1729, he wrote to La Porte: 'Comme on est tout occupé présentement de la tragédie de Brutus, je crains que cela n'augmente la répugnance que les comédiens avaient peut-être à me satisfaire'. [38] We may also surmise – if only on the evidence of what appears to be the commercial acumen of the abbé Chompré – that some people already credited the play with an excellent chance of success: upon learning that Voltaire was about to give a tragedy entitled *Brutus*, the enterprising cleric had not delayed in producing a thirty-five page brochure entitled *La Vie de Brutus, premier consul de Rome*. [39]

[37] Comédie-Française, Livre des feuilles d'assemblées de l'année 1729, f.29r. Among those present were: Quinault-Dufresne, Jeanne-Marie Quinault-Dufresne, Adrienne Lecouvreur, Dangeville, Mlle Duboccage, Sarrazin.

[38] P. Bonnefon, 'Néricault Destouches intime (lettres et documents inédits)', *Rhl* 14 (1907), p.665.

[39] Cf. *Bibliothèque française* (letter dated Paris, 8 May 1730): 'M. l'abbé Chompré connu pour son *Dictionnaire de la fable*, a formé le dessein de donner les vies des héros et héroïnes que nos poètes modernes mettront sur la scène; ainsi dès qu'il eut appris que M. de Voltaire allait faire représenter sa tragédie de *Brutus* [...] il fit imprimer *la vie de Brutus premier consul de Rome* chez la veuve Pissot' (xiv.ii.356).

High expectations among the *sociétaires* and the public were, however, to be disappointed. Late in January 1730, Voltaire announced, again to Thiriot, that he had decided not to proceed with the staging of his new tragedy: 'Je vous dis d'abord que j'ay retiré Brutus. On m'a assuré de tant de côtez que mr de Crebillon avoit été trouver m^r de Chabot [the chevalier de Rohan], et avoit fait le complot de faire tomber Brutus,[40] que je ne veux pas leur en donner le plaisir. D'ailleurs je ne croy pas la pièce digne du public. Ainsi mon amy si vous avez retenu des loges, envoyer chercher votre argent' (D371). It seems unlikely, however, that the author of *Rhadamiste* was guilty of any such intrigue.[41] Nor is it any more likely, despite the assertion of Mathieu Marais, that Voltaire had become increasingly apprehensive that the 'republicanism' of *Brutus* was more than French, as opposed to English, stomachs could accommodate.[42] That may have become the case at a later date. But at this precise moment, it is much more plausible that – for once – Voltaire himself was in reality indicating the genuine reason for his reticence when he had appended to his essential explanation the seemingly 'additional' comment that his play was unworthy of public performance. In a word, the close scrutiny which rehearsals make possible had brought the author, or the Comédiens, or both, to realise that the play was deficient. Voltaire himself made this admission, when in June 1731 he wrote

[40] Given the jealousy which Voltaire had aroused, it is not difficult to understand why well-informed contemporaries should have imagined that hostility on the part of Crébillon was real (while the chevalier de Rohan's animosity is self-explanatory). But there is perhaps another explanation for the supposed hostility on the part of Crébillon: his *coup d'essai* had been a tragedy entitled *La Mort des enfants de Brutus*, which had been refused by the Comédiens.

[41] See P. O. LeClerc, *Voltaire and Crébillon père: history of an enmity*, Studies 115 (1973), p.30-31.

[42] 'On vient de me dire que Voltaire a retiré sa tragédie de *Brutus* des mains des comédiens; il y avait là des traits républicains comme s'il avait encore été à Londres' (*Correspondance littéraire du président Bouhier*, ed. H. Duranton, Saint-Etienne 1974-1988, x.202-204; 7 February 1730).

to *Le Nouvelliste du Parnasse*: 'Il [his anonymous critic] dit d'ailleurs (ce qui n'est point une injure, mais une critique permise) que ma tragédie de *Brutus* est très défectueuse. Qui le sait mieux que moi? C'est parce que j'étais très convaincu des défauts de cette pièce, que je la refusai constamment un an entier aux comédiens' (D415). The heavily emended manuscript of *Brutus*, the base of which appears to be that original and 'defective' version, makes Voltaire's admission of dramatic or literary deficiency the more credible explanation.

The plot of that original version (MS1) needs now to be presented in detail. When one considers Voltaire's attitude towards the French tragic theatre and its possibilities, it is plain that the interesting feature of *Brutus* is highlighted by that series of modifications which he brought to his plot as he moved slowly from his original manuscript attempt to his definitive printed version (w38). For example, Voltaire demonstrates increasing determination to reduce the stature and the physical presence of his heroine, Tullie. At the same time he evinces an equally deliberate concern to reduce the dual love-interest which binds Tullie to Titus, and vice versa. Conversely, he seeks to concentrate his drama more and more around the essential dilemma of Titus, managing in the the process to simplify and tauten the dramatic structure of the play, and to enhance its impact.

The original version of 'Brutus' (MS1)

The Roman senate is discussing the offer of Porsenna to send them Tarquin's ambassador Arons. Valerius does not wish the latter to be received, but Brutus does and convinces the senate that it should (1.i). Arons reproaches the senate for breaking its vows to the ousted Tarquin.[43] Brutus defends Rome's refusal to

---

[43] Mlle Bernard's tragedy opens in an identical way with the ambassador, Octavius, playing exactly the same role as Voltaire's Arons. For an echo of Mlle Bernard's wording, see below, 1.ii.65-71, and note.

submit to tyranny, and each man swears eternal war on the other. Arons also accuses the Romans of having dethroned Tarquin in order to seize his gold and belongings. Brutus rejects such an accusation and informs Arons that Tarquin's gold and his daughter Tullie, [44] will be returned that very day (I.ii). Arons confides in Albin that Rome's spirit of liberty must be broken. Both men feel that Messala, friend of Titus, has personal ambitions which can be made to serve their and Tarquin's own designs (I.iii). Messala, who sees in the haughty republican senate so many hypocritical tyrants, and in the people so many fools duped by the chimera of liberty, tells Arons that there are influential Romans who are ready to serve Tarquin's cause. They are, however, suspicious that Tarquin will merely use and then abuse them. Consequently they are demanding a leader capable of overawing a changeable populace and of obliging Tarquin to keep his bargain with them: in his opinion, Titus, the ambitious son of Brutus and recent saviour of Rome (to whom the senate has refused the consulate), is a disappointed man and can be suborned into supporting Tarquin through his love for Tullie (I.iv). [45]

Tullie, distraught, is comforted by a mystified Algine: since Tullie is so soon to be queen of Liguria, why is she so sad? Tullie admits that, despite trying to overcome her passion, she still loves Titus even though he has become the destroyer of her father's throne and therefore the cause of her filial grief (II.i). Titus comes to take leave of Tullie. She bitterly recriminates; Titus, the ill-fated lover, crossed by events, admits his passion for Tullie and invites her to take revenge on him by showing him hatred. Tullie begs Titus not to see her any more (II.ii). Titus, briefly bemoaning his lot (II.iii), is joined by Messala in whom Titus now confides:

---

[44] The heroine Tullie, daughter of Tarquin, has previously appeared only in *La Mort des enfants de Brute*.

[45] In Lee's tragedy it is Tiberius who will betray his father (partly) because the latter has thwarted his political ambitions. This trait may have been borrowed from Lee, but transferred to Titus for sound dramatic reasons.

besides not receiving his due reward from the senate, he is also losing Tullie whom he loves. Messala approves Titus's love and aggravates his sense of resentment. Skilfully he suggests that Titus can conceivably gain the one and be revenged on the other. Titus listens to the promptings of duty and remains loyal to Rome (II.iv). Arons arrives and compliments Titus, though his enemy, on his courage. He artfully manipulates flattery and suggests that there are kings who would show more gratitude to Titus than that jealous senate which is full of men inferior to him in worth. Despite his hatred for the senate, Titus refuses to be enticed, putting his duty to Republic and liberty above all else. Arons willingly adopts Titus's dialectic, but merely in order to show him the practical drawbacks of a republic for a man of outstanding accomplishments like himself. Conversely, a royal court can be, and is, a place where merit is justly recompensed. [46] Arons does not manage to tempt Titus... at least not until he quotes Tarquin who had – only the day before – confided in Arons that the only man who deserved his kingdom and his daughter's hand was Titus. Arons cunningly reminds the latter that Tullie is about to depart, and graphically hopes that the fires consuming a totally vanquished Rome will soon serve to light up her wedding to the king of Liguria (II.v). In a soliloquy, Titus voices his distress at the thought that he could have married Tullie; once more he debates the conflicting calls on his loyalty and determines to overcome both his hatred for the senate and his love for Tullie (II.vi).

Arons and Albin discuss, in the hearing of Messala, the forth-coming nocturnal attack on Rome (III.i). Messala informs Arons that he has not succeeded in influencing Titus, but that he has

---

[46] The same arguments are to be found among Livy's young conspirators. The pros and cons of the opposing political systems are also presented quite deliberately by Porée in one condensed exchange. With Voltaire, the confrontation is spread out over the opening scenes.

managed to suborn Tiberinus [47] who, jealous of his brother's success, has accepted Messala's offer of preferment at the court of Tarquin in return for his support. Messala has Arons believe, however, that Titus is still vulnerable to recruitment through Tullie (III.ii). Arons delivers Tullie a letter from her father: Tarquin will share the throne with Titus and give him Tullie in marriage on condition that he come over. Arons stresses that the public good and her own self-interest are inextricably bound up together, and tells Tullie that everything now depends on her (III.iii). Tullie, overjoyed, sends Algine to summon Titus (III.iv). Tullie shows Titus her father's letter and informs him that her happiness now lies in his hands. Titus experiences, however, only the same dilemma: to betray Rome or to betray Tullie. In despair he still puts loyalty to Rome before his love. Titus impales Tullie on the horns of the same dilemma, but she in turn refuses to betray her father (III.v). Brutus hands Tullie over to Arons. Titus, distraught, asks to speak to Arons who replies that he can delay Tullie's departure by one hour, but that her future must be decided without delay (III.vi). Messala takes advantage of Titus in this hour of intense suffering by painting an alluring picture of a Rome refinding the virtues of antique monarchy under Titus. The latter's rejection is cut short when Messala reveals that it is therefore Tiberinus, who has gone over to Tarquin, who will reap these rewards and win the hand of Tullie. [48] Despite Titus's vehement indignation at being manoeuvred, Messala suggests that Titus can kill him, take the heads of Tiberinus and Tullie to the senate, and

[47] Though history tells us that Brutus's second son was called Tiberius, the only person before Voltaire to call him Tiberinus was Mlle Bernard.

[48] Mlle Bernard had already shown both Titus and Tiberinus as rivals in both love and ambition. Voltaire in turn imagines rivalry between the two (cf. II.iv.219-220 and III.ii.44-54) and this particular development could be a variation on her plot in which Aquilie is the reward for collaboration, and where it is the prospect of losing her to his brother which tips Titus into treachery. The theme of rivalry had, however, already been present in *La Mort des enfants de Brute*.

request the consulate as a reward... or, failing that, Messala himself – denouncing the accomplices – can start the same process (III.vii). Informed that he is awaited by Arons, Titus vacillates, all the while imploring the gods to save Rome (III.viii).

Tullie, distressed by Titus's inflexibility and by the fact that the perfidious Arons has delayed her departure, refuses to see Titus who has not shown her true love, and who attaches greater importance to his own virtue. Algine, who has seen Titus's tears and who knows the oaths which he has had to swear against the house of Tarquin, speaks in his favour. Tullie cannot understand how he – unlike so many Romans who have espoused her cause – can betray her. Although she has forebodings about Titus and his well-being, Tullie is, however, intent on departure (IV.i). Titus arrives, begging Tullie to delay a moment. He informs her that he surrenders, but is disturbed at the thought of what will happen to his father, the implacable enemy of Tarquin. Tullie swears that Brutus's safety is just as dear to her, and in an impassioned speech shows that she, in her own plans, is unshakeable: Titus's weak love is a betrayal of her and she will commit suicide as the self-inflicted punishment for her ill-placed trust in him. Titus is shamed into taking a final stance in favour of Tullie, but abhors the criminality of his action and – still vacillating – requests her to flee. At this the eleventh hour Tullie demands a decision: either Titus support her father and hence marry her, or she, Tullie, will commit suicide (IV.ii). Titus, alone, finally surrenders, morally exhausted (IV.iii). Messala, informed by Titus of his decision, reveals that the conspirators are ready to open the gates on the Quirinal[49] and that everyone is ready to recognise in Titus the heir to Tarquin (IV.iv). Brutus suddenly appears. The senate has learned, from an informer, that Rome is to be attacked in the middle of the night. Brutus has obtained for Titus the honour of

---

[49] It is with Mlle Bernard that Titus becomes an important military leader, in charge of the Quirinal gate.

commanding the army, but he is surprised by his son's refusal and – suspecting pique – gives him a lesson in civic virtue and paternal affection. Titus, in one single agonised exclamation, gives recognition that he has made a ghastly mistake (IV.v). Valerius arrives to inform Brutus that treachery has been discovered. Brutus commands that the main suspects be watched. Meanwhile he and Valerius will go forth to stiffen the people's resistance (IV.vi). Proculus enters to announce that a slave, Vindex, begs an immediate audience with Brutus (IV.vii).

Brutus reveals to the senators that, having learned that Arons had managed to foment treachery and that Messala had been at the head of the conspiracy, he has had Messala arrested in order that he be interrogated in the presence of the senate. Messala, however, has committed suicide. But Arons and Tullie have been arrested before they could reach Tarquin's camp. The names of the conspirators will soon be known; they will be severely punished. Proculus announces the arrival of Arons (v.i), who is brought before the senate protesting that this is no way to treat a king's ambassador. Brutus demonstrates to him that a fomentor of rebellion is unworthy of that noble title. However, his sole punishment, at the hands of a Rome which respects legality, will be to witness the execution of the citizens guilty of treachery. Arons is removed by the lictors (v.ii). Valerius returns to give Brutus evidence that one of the conspirators was Tiberinus; resisting arrest, he has been killed. Thunderstruck, Brutus learns also that Titus, equally guilty, has been arrested (v.iii). Brutus makes an anguished apostrophe to the gods whose instrument he has been in establishing liberty. The betrayal of Tiberinus is painful, that of Titus unbearable (v.iv). Valerius informs Brutus that the senate, having deliberated, will leave to Brutus the honour of pronouncing on his son's fate.[50] Brutus wishes to know who

---

[50] Lee is the first to imagine the senate placing the fate of Brutus's sons in his own hands. Mlle Bernard subsequently used the same device.

has denounced his son; he finds it difficult to believe that Titus could be guilty. Valerius admits that Titus could indeed be innocent; Brutus will hear his explanation; Rome will approve his verdict. He then exits to report back to the senate (v.v). Brutus confides in Proculus: he cannot believe that his son is guilty since such guilt would be out of character. Proculus agrees that Messala may merely have used his name, or even that Titus may be a victim of calumny. But he suggests that in any case – with the senate's blessing – Brutus can save him whether innocent or guilty (v.vi). Titus, summoned by his father to admit or deny treason, explains that – in a moment of weakness – he did indeed throw in his lot with the enemies of Rome. He sees clearly that he must die in order to serve as a terrible example.[51] He begs his father's forgiveness and hopes that, if given a sign of his affection and esteem, his memory will be saved from shame. Brutus forgives his son, embraces him[52] and bids Proculus that Titus be taken out for execution (v.vii). Tullie enters and, in an exchanged look with Titus, understands what is happening. Titus is led out. Tullie remonstrates with Brutus, saying that she is the guilty party since it was she who forced Titus to obey her bidding. If blood has to

[51] Lee's Titus requests death from his father in order 'to honour Brutus, to make [his] Justice famous through the World and fix the Liberty of Rome for ever'; cf. below, v.vii.187-188 and note. Here it is worth noting that Helvétius, some twenty-five years later, will ascribe this understanding of such a political necessity not – as Lee, Bernard and Voltaire had done – to Titus, but to Brutus. This is Machiavelli somewhat humanised: 'Brutus ne sacrifia son fils au salut de Rome, que parce que l'amour paternel avait sur lui moins de puissance que l'amour de la patrie; il ne fit alors que céder à sa plus forte passion: c'est elle qui l'éclairant sur l'intérêt public, lui fit apercevoir dans un parricide si généreux, si propre à ranimer l'amour de la liberté, l'unique ressource qui pût sauver Rome, et l'empêcher de retomber sous la tyrannie des Tarquins. Dans les circonstances critiques où Rome se trouvait alors, il fallait qu'une pareille action servît de fondement à la vaste puissance à laquelle l'éleva depuis l'amour du bien public et de la liberté' (*De l'esprit*, II.v).

[52] The whole final interview, as imagined by Voltaire (v.vii.205-218), may owe something to Porée; see below, p.278.

be spilled, let it be hers. [53] Brutus rejects her reasoning: Tullie, in serving her father's interests, was only doing her duty, whereas Titus has betrayed his (v.viii). Valerius returns from a grieving senate to say that Brutus has just been recognised as the father of the state. Brutus simply replies that his son is dead. Tullie launches into a fearful tirade in which she expresses the hope that, if such an unnatural crime goes unpunished either by heaven or by Tarquin, the Romans will find that liberty proves to be a frightful gift from the gods. Her bloody invocation is clearly a prediction about future political strife in Rome. Valerius, appalled, appeals to the fates to ward off her odious portent, whereas Brutus, content in the sole knowledge that Rome is free, simply proposes that they give thanks to the gods for that freedom (v.ix).

Such was Voltaire's original attempt. Several conclusions suggest themselves. His conception of the drama and its possibilities is hybrid. It is Cornelian in so far as it exemplifies a moral struggle. But it is also Racinian in its depiction of Titus's love which is remarkable for its fatalistic accents. Already we can detect a deft ability to choose from among the disparate elements of the legend precisely those strands which readily coalesce to produce an action which – despite its split interest and its patent lack of tautness – is truly dramatic. As far as predecessors, or sources, are concerned, it is also reasonably clear that Voltaire did turn by preference, not to the ancient historians, but to his fellow modern dramatists. His debt to them seems, however, to be minimal. For notwithstanding the disappointing weaknesses at the level of the plot, Voltaire's own dramatisation is psychologically more complex and convincing than any previous attempt.

Be that as it may, it is patent that Voltaire's own dissatisfaction

---

[53] It is only in *La Mort des enfants de Brute* that Tullie offers herself as a substitute. We may be dealing here, however, with a distant memory of Porée's *combat de générosité* when, more precisely in v.v, Tiberius says: 'Non oro veniam; frater ut vivat precor' ('I am not imploring your mercy; it is my brother's life that I am begging you to spare').

with his original version must have been pronounced. For the work of correction and emendation seems to have been a complex and perhaps even a frustrating process. But, paradoxically, it was not the plot which primarily attracted his attention.[54] It is plain from the state of the manuscript, from the numerous changes and corrections, that we are witnessing a painful search for more satisfactory modes of expression, more appropriate vocabulary, along with a determined onslaught on prolixity and redundancy.

The carefully reworked tragedy was an improvement on the version which Voltaire had presented to the Comédiens on 16 October 1729. And yet, on 8 December 1730, when it was given its 'permis de représenter', its author – far from showing satisfaction – did not appear confident at all. As he wrote to Thiriot: 'Je vous envoie la Henriade, mon cher ami, avec plus de confiance que je ne vais donner Brutus. Je suis bien malade, je crois que c'est de peur' (D383). The reasons for that fear, which must be ascribed to something more significant than first-night nerves, are no doubt numerous and complex. In order to delineate them, we ought to examine in some detail the place of *Brutus* in Voltaire's output, its innovations,[55] and its 'republican' or philosophical message.

The political and 'philosophical' message

With the benefit of hindsight we now know that the Voltaire who was about to re-assume his place in the front rank of notable men of letters had good cause to view his imminent return to the domain of public pronouncements in an authoritarian state with certain feelings of disquiet. Up to the time of his departure for England, it would appear that Voltaire, although he had already

[54] Clear modifications to the plot were to come later (see, for example, *Brutus*, II.i, iii and IV.i), though Voltaire did start to make them this early.

[55] I shall deal with Voltaire's various attemps to reinvigorate French tragedy in section 4 which is devoted to the 'Discours sur la tragédie'.

made some remarkable humanitarian and anti-clerical outbursts, was looked upon by the authorities as little more than a gadfly, an insolent *frondeur*. Nothing proves that he was perceived as a man who had set up in opposition to tradition and authority on the basis of a coherent, logically determined set of principles. In December 1730, however, he himself may well have suspected, with some fairly characteristic trepidation, that he risked being considered as a more unwelcome individual than had hitherto been the case. In a word, *Brutus*, the *Histoire de Charles XII* and the *Letters concerning the English nation* [56] bid fair to demonstrate what he himself already knew: the one-time *frondeur* was henceforth well on the way to being in complete possession of a socio-political philosophy which was both systematic and coherent, and which hinted at a much more unwelcome potential.

True, the English *Letters* lay two years in the future, while the *Lettres philosophiques* were not to appear until 1734, when they provoked the wrath of the Establishment. But the author of those texts is already largely present in the author of *Brutus* and *Charles XII*. The apprehension at which Voltaire hints in December 1730 is, I suspect, different not in kind but only in degree. In an attempt to fathom what Marais had already termed the 'republicanism' of *Brutus*, let us look, however briefly, at what *Charles XII* can reveal about the same author.

J. H. Brumfitt opines that 'in 1731 Voltaire is still far from being the "philosophic" historian he is later to become', [57] adding that 'if some of the seeds of Enlightenment historiography are to be found in the work, they are not its principle feature'. It is doubtful whether anyone would wish to quarrel with such an interpretation. Indeed the contents of *Charles XII* and its accompanying 'Discours'

[56] For the dating and the elaboration of the *Letters* as a literary and philosophical project, see R. Pomeau, 'Les *Lettres philosophiques*: le projet de Voltaire', and A.-M. Rousseau, 'Naissance d'un livre et d'un texte: les *Letters concerning the English nation*', in *Voltaire and the English*, Studies 179 (1979), p.11-24 and 25-46.

[57] *Voltaire historian*, 2nd ed. (Oxford 1970), p.9.

show that Voltaire was still largely in the mould of the humanist historians of the 17th century. Such an interpretation does not, however, preclude the possibility that Voltaire had already adopted a reasoned philosophical stance towards certain aspects of the human condition. Without in any way interpreting Voltaire *à rebours*, we can readily identify themes and perspectives which he would later illustrate with consummate skill: opposition to war (particularly aggressive war), and especially all wars which harm the general welfare of the nation; hatred of despotism; hatred of a self-interested feudal aristocracy, the enemy of all progress and stability; hatred of all barbarous acts which demean humanity. But although it is true that the *Histoire de Charles XII* did repose on a theme of social and political criticism which was both cogent and 'philosophical', it is not – for all that – possible to propose on Voltaire's behalf that it was, by that precise token, a clearly signposted work of human emancipation. I sincerely doubt that anyone – apart from his intimates – had yet recognised that such a new Voltaire was in the process of creation. He had not yet 'spoken' enough, nor in ways which would clearly betray that fact. However, since the authorities and the *public bien pensant* knew, of old, the distinctive timbre of Voltaire's 'voice', it is certainly possible that he was prone to imagine that they would detect, at the least, further examples of his insufferable insolence. [58] What exactly did the authorities detect? Embryonic *philosophie*? or mere impertinence? We do not know. But in the middle of July 1730, Marais reported: 'Nous n'aurons point l'*Histoire du roi de Suède* par Voltaire, pour raisons politiques'. [59]

[58] Good, even resounding, examples of such a reading will be found in the 'Discours sur l'Histoire de Charles XII'.

[59] *Correspondance littéraire du président Bouhier*, xi.287. Voltaire was to claim, in a letter to Cideville (16 February 1731, D402) that the *privilège* for volume I, one of those books which had been 'écrits avec un peu de liberté' (D397), had been withdrawn by the Garde des Sceaux, because of 'véritez un peu fâcheuses' concerning the Elector of Saxony, Augustus II, king of Poland. Seasoned readers of Voltaire may feel, however, after scanning D397 and D402, that there was more to the story than that.

As we know, Marais had noted five months previously that *Brutus* in turn had demonstrated a certain willingness to broach political topics in a way which the authorities might find unacceptable. Let us now attend to what he had termed the 'traits républicains' of *Brutus*. To do this we must give some prior consideration to the word 'republican' itself such as it was understood at that time. This is essential, because the word 'Republic' – as understood in 1730 – has often been open to serious misinterpretation. To modern minds, used to political terminology post-1789, a Republic represents not merely a political system in which supreme power resides in the people, but also a system which is antithetical to the monarchical system and which is even irreversibly hostile to the latter. [60] Such a definition would have made no sense to Voltaire and his contemporaries. As Etienne Pasquier had so unambiguously written: 'Pour conserver notre société générale, nous avons introduit trois manières de républiques: la royale, la seigneuriale, la populaire'. [61] Voltaire's definition was no different. For him too, a republic was essentially a constitutional regime. And what interested him in a constitutional regime was not the political form of the government but its substance. In general terms, Voltaire's 'republicanism' is a rich, though uncomplicated, weave of political, social and moral aspirations. It has its positive but also its negative features: it is a hatred for servitude, for the illegitimate or egotistical exercise of authority, for an attitude on the part of the governing which is, in sum, contemptuous of the

[60] R. S. Ridgway sums up the confusion: 'En abordant les deux tragédies "romaines" que Voltaire fit représenter après son exil en Angleterre, on se heurta à une difficulté qui a divisé les critiques: comment expliquer le souffle de jacobinisme et l'exaltation républicaine qui semblent animer ces pièces?' (*La Propagande philosophique dans les tragédies de Voltaire*, Studies 15, 1961, p.71). Ridgway's prior and deliberate mention of 'jacobinisme' shows that many of the critics whom he goes on to identify (e.g. Sainte-Beuve, L. Fontaine, Petit de Juleville, Lord Morley, F. C. Green) have been guilty of anachronistic definitions.

[61] *Lettres*, XIX.vii, *Œuvres* (Amsterdam 1723), quoted by A. Sorel, *L'Europe et la Révolution française*, 3rd ed. (Paris 1893), i.14.

governed. Conversely, it is a yearning for liberty and the rule of law; [62] it is the requirement that the dignity of all men comprising the general weal should be respected.

There is little reason to doubt that Voltaire's 'republicanism', which was already present in the work of the free-thinking poet, was to assume considerable consistency with greater rapidity than would perhaps otherwise have been the case without the English experience. Equally, there seems little reason to doubt that, from the very beginning, Voltaire knew precisely what – in political terms – he would find in London, that hub of a dynamic 'republican' civilisation. Some months after arriving in that 'pays où on pense librement et noblement sans être retenu par aucune crainte servile' (D299), he was to say to Thiriot in a memorable statement: 'I am weary of courts my Thiriot. All that is King, or belongs to a King, frights my republican philosophy, I won't drink the least draught of slavery in the land of liberty'. [63]

[62] Voltaire was to demonstrate, in *Le Siècle de Louis XIV*, not only that he subscribed to Pasquier's definition but also that he associated the word 'republic' with the word 'liberty': '[Jacques II] avait formé le dessein de rétablir dans son royaume le catholicisme, regardé avec horreur par ces royalistes républicains comme la religion de l'esclavage. [...] Il était indigné de voir que tant de rois dans l'Europe étaient despotiques; que ceux de Suède et de Danemark le devenaient alors; qu'enfin il ne restait plus dans le monde que la Pologne et l'Angleterre où la liberté des peuples subsistât avec la royauté' (*OH*, p.761). Given the present state of Voltaire scholarship, it should now also be well appreciated that with Voltaire 'republicanism', which must be associated with the highest ideals of the Roman Republic, is hence closely allied to 'patriotism', and 'patriotism' to 'virtue' (cf. *Idées républicaines*; *Dictionnaire philosophique*, art. 'Patrie'). In this respect, a passage from the *Supplément au Siècle de Louis XIV* is worth quoting: 'Je dirai à l'estimable auteur de ce livre [Montesquieu] que lui-même n'a vu dans les corps dont il a été membre, dans les sociétés dont il a fait l'agrément, qu'une foule de gens de bien comme lui. Je lui dirai que s'il entend par vertu l'amour de la liberté, c'est la passion des républicains, c'est le droit naturel des hommes, c'est le désir de conserver un bien avec lequel chaque homme se croit né, c'est le juste amour de soi-même confondu dans l'amour de son pays' (*OH*, p.1271).

[63] 26 October 1726 (D303). Contemporaries would have to wait for the English *Letters* before they could gain a clearer idea of what Voltaire, the 'republican philosopher', found and admired in England. And even then the message was to be

As we know, the almost instantaneous upshot of experiencing that liberty at first hand was *Brutus*. Though – as Oliver Goldsmith suggests – it had been meant originally as a celebration, within the very temple of liberty itself, in honour of its English practitioners, it was ultimately to become a gripping meditation on the same problem for the purposes of French enlightenment. [64]

The centre of interest, indeed the ideological focus for the whole play, is firmly delineated by the confrontation which Voltaire engineers between republican liberty as represented by Brutus and the monarchism of Arons and Messala. [65] At first sight, it would seem that Voltaire is the unconditional supporter of the eloquent Brutus in whose mouth he places both the opening and

---

implied rather than graphic. Tantalisingly he does not give any helpful contemporary definition, least of all in the correspondence, which can compare with the one penned by the abbé Prévost who may himself help us in particular to understand Voltaire's own enthusiasm: 'On m'a fait remarquer, dans plusieurs maisons de café, un ou deux mylords, un chevalier baronnet, un cordonnier, un tailleur, un marchand de vin et quelques autres gens de même trempe, assis tous ensemble autour d'une même table, et s'occupant à fumer et à s'entretenir familièrement des nouvelles de la cour et de la ville. Les affaires du gouvernement sont l'objet du peuple comme celui des grands. Chacun a droit d'en parler librement. On condamne, on approuve, on critique, on déchire; on s'emporte en invectives, de vive voix et par écrit, sans que le pouvoir supérieur ose s'y opposer. Le roi lui-même n'est pas à couvert de la censure. Les cafés et les autres endroits publics sont comme le siège de la liberté anglicane. On y trouve tous les libelles qui se font pour ou contre le gouvernement' (*Mémoires et aventures d'un homme de qualité*, ed. P. Berthiaume and J. Sgard, *Œuvres complètes*, Grenoble 1978-1986, i.247; cf. p.253-55 and 273-74).

[64] Much has been written since L. Fontaine (*Le Théâtre et la philosophie au XVIIIᵉ siècle*, Versailles 1878) about the didactic, philosophical elements in Voltaire's theatre. In more recent years: M. Allen, 'Voltaire and the theater of involvement', *College language association journal* 10 (1966-1967), p.319-32; R. Niklaus, 'La propagande philosophique au théâtre au siècle des Lumières', *Studies* 26 (1963), p.1235-40; R. O. Ridgway, *La Propagande philosophique, passim*; J. R. Vrooman, *Voltaire's theatre: the cycle from 'Œdipe' to 'Mérope'*, Studies 75 (1970); T. M. Carr, 'Dramatic structure and philosophy in *Brutus*, *Alzire* and *Mahomet*', *Studies* 143 (1975), p.7-48.

[65] Tullie is, of course, to be placed in the same camp; but she is a shadowy, insubstantial figure who has few political opinions.

the closing words of the tragedy. How not to be impressed by the proud affirmation of the Liberator himself addressing the senate ('Destructeurs des tyrans, vous qui n'avez pour rois / Que les dieux de Numa, vos vertus et nos lois', i.i.1-2)? How not to be touched by the painful self-abnegation of the distraught father who – learning that his much-loved son has paid the price for his treachery – manages, though with extreme difficulty, to respond: 'Rome est libre. Il suffit... Rendons grâces aux dieux' (v.viii.240)? From the beginning to the end of the tragedy, we witness Brutus pronouncing either forthright expressions of republican sentiments or praise of liberty and vilification of tyrants.

We would be mistaken, however, in imagining that this tragedy is merely a vehicle for political manicheism of the crudest sort. Though Brutus may have a monopoly over our sympathy, his opponents are by no means denied a fair hearing. For this reason, the opening scenes of act i deserve close attention. Scene 2, with its cut and thrust between Arons and Brutus, is particularly significant. Arons, the ambassador of Porsenna, has been given leave by the senators to address them on behalf of Tarquin. He begins by appealing to that sense of religious awe which they should feel for their ancient and indissoluble oath of fidelity to their king (1.94-104). Though he admits the hypothesis that the latter, in exercising his absolute power, may have been over-zealous, he cannot but remind his listeners that, as the king's subjects, they were born to obey (1.123). And he launches without delay into the well-worn metaphor of the king as father, answerable not to his children, but to the gods: 'Un fils ne s'arme point contre un coupable père; / Il détourne les yeux, le plaint, et le révère' (1.124-125). But beyond invoking their loyalty, he appeals also to their sense of political realism. Why betray the whole body of the laws and overturn the state instead of requiring, and of bringing about, changes within that specific framework which are acceptable to themselves:

> Instruit par le malheur, ce grand maître de l'homme,
> Tarquin sera plus juste, et plus digne de Rome,
> Vous pouvez raffermir, par un accord heureux,
> Des peuples et des rois les légitimes nœuds,
> Et faire encor fleurir la liberté publique
> Sous l'ombrage sacré du pouvoir monarchique. (I.131-136)

Brutus will, however, have none of these neat simplifications, which he understands to be glib and empty promises. His ripostes are vigorous and 'philosophical'. It is not the Romans who have broken their oath of fidelity, but Tarquin himself:

> Devant ces mêmes dieux, il jura d'être juste.
> De son peuple et de lui tel était le lien;
> Il nous rend nos serments lorsqu'il trahit le sien:
> Et dès qu'aux lois de Rome il ose être infidèle,
> Rome n'est plus sujette, et lui seul est rebelle. (I.112-116)

Neither has Rome embarked upon an ill-considered political innovation. Since 'chaque Etat a ses lois, / Qu'il tient de sa nature, ou qu'il change à son choix' (I.137-138), it is axiomatic for Brutus that Rome has merely decided to return to its original and natural tradition:

> Rome eut ses souverains, mais jamais absolus.
> Son premier citoyen fut le grand Romulus;
> Nous partagions le poids de sa grandeur suprême:
> Numa, qui fit nos lois, y fut soumis lui-même [...]
> Sous un sceptre de fer tout ce peuple abattu,
> A force de malheurs a repris sa vertu.
> Tarquin nous a remis dans nos droits légitimes. (I.145-159)

These trenchant observations point unambiguously towards the fact that Brutus is not hostile to monarchy as a political system... on the strict condition that it obey the laws. The honesty of his pronouncement is patent. For, later in the play, he seizes the opportunity to make the same point when he addresses stern words

of advice to Tullie upon her departure to become 'reine de Ligurie': [66]

> Allez, et que du trône où le ciel vous appelle,
> L'inflexible équité soit la garde éternelle.
> Pour qu'on vous obéisse, obéissez aux lois;
> Tremblez en contemplant tout le devoir des rois;
> Et si de vos flatteurs la funeste malice
> Jamais dans votre cœur ébranlait la justice,
> Prête alors d'abuser du pouvoir souverain,
> Souvenez-vous de Rome, et songez à Tarquin;
> Et que ce grand exemple, où mon espoir se fonde,
> Soit la leçon des rois, et le bonheur du monde. (III.261-270)

It is misleading, however, to present the protagonists in such a way as to suggest that they are little better than mouthpieces for, or cardboard personifications of, rival politico-moral systems. On the contrary. Voltaire sets out to ensure a reasonably complex response from his audience. For, though his characters may not be delineated with the subtlety of a Racine, they do exist in their own right, and their individuality does serve to reflect and justify their respective politico-moral opinions. The gallery of portraits is significant. Voltaire's Brutus – utter honesty and integrity personified – is a singularly imposing character. A hero of truly Cornelian stature, fully equal to the demands of his role as Founder and Defender of the Roman Republic, he is steadfast and proud, an unconditional patriot staunchly hostile to all illiberal, aristocratic or courtly values. By extension, he abhors any manipulation of politics as a means to individual wealth, and has therefore an equal horror of corruption and nepotism. Scrupulously fair, not driven by petty revenge, this protector of the innocent is also a strict but loving, proud father. It is for all these reasons that we pay heed to the arguments which he adduces in the defence of his political

---

[66] Her 'elevation' is merely an invention intended to force the hand of Titus whose allegiance is essential if the plot to restore Tarquin is to succeed.

ideals. Brutus teaches us fairly convincingly that Republican virtue can and will demand great sacrifices in the defence of genuine liberty.

Brutus's opponents are equally interesting. For although monarchy (or, more pertinently, monarchy answerable only to itself) has been given a fair hearing in the initial exchanges, we cannot overlook the fact that its proponents and apologists all prove to be morally suspect.[67] Needless to say, this strategy serves to put Brutus's values into even higher relief.

The essential representative of monarchy – such as it had been practised by Tarquin – is the Tuscan, Arons. As the ambassador sent by Porsenna (Tarquin's main ally and kinsman), he plays a role which is necessarily but antithetically equal in importance to that of Brutus. We are confronted, however, with a problem as concerns the interpretation which Voltaire wished us to put upon this character and the politico-moral values which he represents, because the text seems to authorise two possible approaches when it comes to understanding his function. We may believe, along with T. M. Carr (p.18-19), that Arons arrives in Rome in all good faith, hoping to win back Tarquin's throne by force of argument, and that he resorts to conspiracy only when initial argument proves to be ineffective. But conversely, we are at liberty to view him in the light of all extant portrayals, initiated by Livy himself, which present him as arriving in Rome with treacherous intentions. Certain elements do indicate that Voltaire was not unaware of this particular interpretation. And it would seem probable that Voltaire's Arons – fearful that a free Rome will ultimately have designs on the rest of Italy (1.iii) – has undertaken to restore Tarquin by fair means or foul. Voltaire makes it clear that Arons, besides being conversant with earlier attempts to corrupt and

---

[67] The spectator may well have the impression that Voltaire wishes to insinuate that political affiliations and personal moral worth are intimately linked. It is for this additional reason that I shall devote equal attention to the political opponents of Brutus in the following paragraphs.

suborn the senate (I.iii and I.iv), has – significantly – already been in correspondence with Messala who will prove to be the arch traitor in the Roman camp. It is hence this ambiguity surrounding Arons's motives which is unhelpful as regards a clear reading of this segment of the political message. With the first interpretation, we can envisage a reasonably understanding response to Arons, on the part of the spectator, as a man who cannot really justify the monarchical system which he serves, even less refute the charges of tyranny so forcefully levelled at Tarquin. Indeed so inadequate is his defence of the latter that he is constrained, with no visible embarrassment, to have immediate recourse to conspiracy and blackmail... so much ultimate proof of his, and hence the system's, intellectual and moral bankruptcy. With the second interpretation we are more overtly confronted with a dissimulating, totally untrustworthy machiavellian representative of an equally immoral and machiavellian system.

In the resultant confusion, the spectator is not entirely sure which particular response Arons is meant to elicit from him when it comes to supplying a value judgement on the fundamental question: what is the degree of trust which we can place in such a type of monarchy? Is it: none whatsoever?... or: some (but with significant reservations)? Only one thing is absolutely clear: whichever interpretation is the more plausible, both nevertheless serve to underline the total transparency of Brutus's political and moral values.

If Voltaire intended the second interpretation – as I think the more likely – then we should not be surprised if we find that, just like Livy's ambassadors, Arons too does seem to suit his discourse to his audience. He is fluent with the glibness and the insincerity of the silver-tongued courtier, of the dangerously competent and cynical manipulator. In reality he is contemptuous of democracy, and of all similar aspirations towards liberty,[68] and no less

---

[68] In this respect there is once more a further disturbing ambiguity in the character of Arons. Towards the beginning of the play (I.iii), he tells his *confident*, Albin, in

contemptuous of the people (III.i). In short, he is the willing spokesman for the type of monarchy which was much regretted by Livy's egotistical young conspirators (II.ii). As he says to Titus during his first attempt at subornation:

Je sais bien, que la cour, seigneur, a ses naufrages;
Mais ses jours sont plus beaux, son ciel a moins d'orages.
Souvent la liberté, dont on se vante ailleurs,
Etale auprès d'un roi ses dons les plus flatteurs.
Il récompense, il aime, il prévient les services;
La gloire auprès de lui ne fuit point les délices.
Aimé du souverain, de ses rayons couvert,
Vous ne servez qu'un maître, et le reste vous sert.
Eblouï d'un éclat, qu'il respecte et qu'il aime,
Le vulgaire applaudit jusqu'à nos fautes même.
Nous ne redoutons rien d'un sénat trop jaloux,
Et les sévères lois se taisent devant nous. (II.ii.151-162)

Judge therefore the gulf which the spectator is thereby invited once more to envisage, which separates this graphic encomium of the 'liberty' which reigns at such a court (which is, as T. M. Carr rightly judges, 'little more than vulgar favoritism bestowed by royal whim'; p.20) and the independent, proud virtue of Brutus. It is, however, the former which has charms for Messala. In this character, Voltaire approximates on one level to the disgruntled young courtiers of Livy; but on another he paints a vivid picture of a young man who is animated by pretentions of caste. A self-interested conspirator, Messala is presented as being contemptuous

all apparent sincerity, that he admires the notion of liberty which is currently animating Rome. And yet the remainder of his pronouncements tend to nullify that professed admiration. Are we dealing with a man for whom ideals can exist independently of everyday reality? Is Arons meant to be an illustration of La Rochefoucauld's maxim CCXVIII: 'L'hypocrisie est un hommage que le vice rend à la vertu'? In presenting contradictory views on liberty in his subsequent conversations with different people, is Arons showing once more how he suits his discourse to the identity of his listeners?

of democracy (I.iv) and of the 'despotic' senate (I.iv). [69] He has above all, however, the contempt of the aristocrat for the people. And as the faithless confidant of his friend Titus, he will endeavour to manipulate the latter into restoring Tarquin so that he and his fellow conspirators can not merely demand the immediate implementation of the *thèse nobiliaire* (I.iv and III.vii), but also require Tarquin, through the ever-present Titus ('Un chef assez puissant pour obliger le roi', I.iv), to give that new political regime unqualified respect. [70]

The portraits of Brutus, Arons and Messala, which the spectator is meant to appreciate as personifications of politico-moral positions, are however more than merely that. More than 'portraits', they are vibrant examples of everything which is politically dangerous or politically essential; they are living characters whom Voltaire – with a sure sense of the plot's dramatic possibilities – succeeds in juxtaposing and contrasting. On the one hand, Arons and Messala – not to forget Tullie – revolve around and exert pressure on Titus over whom they must seek to exercise definitive influence. In acts II, III and IV, we witness their stubborn attempts to suborn the young hero with the combined pressure of political argument and emotional blackmail. But in the resultant debates over political rightness, we are never allowed to forget the call of higher duty. For, on the other hand, at the end of these centrally important acts, Brutus is made to reappear and deliver – either to Messala, or to Tullie, or to Titus himself – stern words of rebuke,

---

[69] We should also note that Messala betrays more than a hint of jealousy for Brutus and the power which he wields (cf. II.v).

[70] It should be said that Messala hates despotism, whether exercised by the king or the people. In one sense he seems to propound a defensible and reassuring view of the monarchical regime tempered by the sagacity of the nobility (who once 'pesai[t] dans la balance, avec un même poids, / Les intérêts du peuple et la grandeur des rois', III.315-316). But in attempting to 'convert' Titus, Messala is suiting his discourse to his listener and is disguising an essentially self-interested stance. Voltaire was, of course, no admirer of the *thèse nobiliaire* or of feudal values in general.

admonition or republican exhortation. These reappearances are therefore no less dramatic in their own way, and no less ironically poignant, since they counterbalance the intrigues of the royalists, and thereby ensure that the spectator never forgets the norms by which Titus – once his father discovers his treachery – will be judged.

But republican political rightness as such, whose superior moral value is constantly if unwittingly proclaimed by the monarchist conspirators themselves, will never be put in doubt. Not even by Titus. For his 'betrayal' of republican liberty, which is but a momentary aberration (and of which he immediately repents), is the result not of a conversion to Tarquin's style of monarchism, but of a final and despairing submission to the dictates of love. In this way Voltaire presents us with a flawed hero, who does not forfeit our sympathy on the political level, but who quite simply demonstrates the dramatic possibilities of that truly tragic love which Voltaire will define in his 'Discours sur la tragédie' as leading to dishonour and death.

Significantly it is republican political rightness which holds undisputed centre-stage in the final act which is reserved for Brutus, and which becomes therefore the vehicle for a constantly reiterated demonstration of republican morality. Whether Brutus be warning the senators that they must punish the conspirators irrespective of their identities; whether he be freeing Vindex the slave who – having denounced Arons's plot as any true Roman would – becomes thereby in Brutus's own words the equal of the consul's sons; whether he be majestically remonstrating with Arons who has betrayed and disgraced the sacred function of the ambassador; whether he be grappling with the shame and despair which comes from learning of the treachery of his own sons, Brutus constantly remains true to the sacred credo of the supremacy of the state founded upon liberty. It is he who has the last word: the republicanism of *Brutus* is a proud and dignified lesson in the obligation – incumbent upon us all, whoever we are – to recognise, respect and abide by the rule of law.

When one gives due consideration to the various susceptibilities of the authorities in matters political, there is some reason to believe that Voltaire's apprehension – expressed in that letter to Thiriot of 5 December 1730 (D383) – indeed sprang in part from his (largely exaggerated but not totally unfounded) fear that such 'misplaced' political moralising, which reverberated proudly with his own unmistakeable timbre, would prove to be a vexatious provocation.

4. 'Discours sur la tragédie'

Voltaire's apprehension on the eve of the first public performance of *Brutus* was perhaps largely explicable by politics and political stances... and by what he knew to be his decipherable allusions to contemporary realities. A man who could, moreover, dedicate his fairly limpid tragedy to Bolingbroke, then talk equally warmly – in the same 'Discours sur la tragédie' – about his friend Everard Fawkener, 'ce digne et vertueux citoyen', was hardly making a dark secret of what political values he admired. But there were, of course, other considerations. Voltaire's apprehension was surely sharpened, in parallel, by the fact that *Brutus*, the aesthetic vehicle which transmitted a certain vision of tragedy, was to appear in print accompanied by some unambiguous, perhaps not wholly welcome thoughts on the current state of that art. Here Voltaire was walking on ground which had witnessed some bruising confrontations between those two opposing factions, the Ancients and the Moderns, and which had – even with the passage of time – become no easier to broach.

The decade into which Voltaire was born is remarkable for the fairly generalised devitalisation of the tragic theatre. [71] Subservient

---

[71] See W. D. Howarth, 'The French theatre in the 1690s', in *Pour encourager les autres: studies for the tercentenary of Voltaire's birth*, ed. H. Mason, Studies 320 (1994), p.84-90.

in their admiration to the great models, subservient in turn to the aesthetic requirements of the Comédie-Française which exercised a total monopoly in the field, playwrights in considerable numbers were to prove, year by year, that the great period of creative imagination inaugurated by Corneille, and brought to a peak of perfection by Racine, had definitely ended. Without being uniformly bad, their successors were none the less pale imitators, writing to pre-ordained formulae and producing, in consequence, mediocre stereotypes.

In 1714, when Voltaire first appeared upon the scene, it seemed that the process of decline was well advanced. No real talent. No gripping tragic vision. No up-lifting ideology. No sense of the possibilities of a cathartic theatre. Only one playwright, Crébillon, had yet given clear, if unequal, signs that the tragic theatre – so intimately linked with France's cultural prestige – might still be renovated. Small wonder that the self-confident, ambitious young Arouet should already have felt the challenge of such an exhilarating task. Following the failure of Crébillon's *Xerxès* (1714), the rescue of that theatre became as it were a vocation.

Accordingly, from 1714 to 1725, Voltaire strove to recapture the spirit and the aura of the tragic scene. In 1718, at the expense of nearly four years' labour, he electrified his audiences with *Œdipe*. Here the spectators witnessed, for the first time in many years, the real language of classical tragedy such as they understood it. Here – though the play was not particularly original, and though technically it made no innovations – those spectators nevertheless heard an author speaking urgently to them in a language with which they could genuinely empathise. It is the content of *Œdipe* rather than its form, its spirit rather than its letter and, above all, its manifest spirit of outraged revolt which so excited the public. Voltaire reached the heights with *Œdipe*. He plumbed the depths in 1720 with the inconsequential *Artémire*, whose surviving fragments serve but to show that this young dramatist still had an insecure grasp of the techniques of tragedy. Though *Hérode et Mariamne* (1724/1725) was markedly more

successful, it hardly compared with the triumph of *Œdipe* upon which he had expended a similar amount of energy. Whence Voltaire's perplexity. What were the ingredients which made for success? How did one steer an effective middle path between one's own ideal of tragedy and the tastes of the public? Was there a formula? And, if so, what was it?

These were indeed for Voltaire years of enquiry, debate, self-examination. His removal to London in May 1726 was to intensify that search for edification. It was the ensuing period culminating in his return to France in the autumn of 1728 which proved to be particularly instrumental when it came to crystallising a clearer vision of the possibilities open to himself and hence to French drama. For these were the months which brought him into contact with another dimension to the problem and, consequently, another series of significant experiences from which to draw enlightenment. Though an adept and thoroughly cultured connoisseur of the classical tradition, though on more than nodding terms with the theatres of Italy and Spain, he had no knowledge of the English stage at all. His meeting with the latter was to be a revelation, as it was to prove, at the selfsame moment, for that other astute observer, the abbé Prévost:

Les Anglais sont passionnés pour le spectacle, et je ne sais si la France pourrait fournir autant d'ouvrages en ce genre que l'Angleterre. Il est vrai qu'ils ne sont pas tous d'une égale valeur. Cependant, j'ai vu plusieurs de leurs pièces de théâtre, qui m'ont paru ne le céder ni aux grecques ni aux françaises. J'ose dire même qu'elles les surpasseraient, si leurs poètes y mettaient plus de régularité: mais pour la beauté des sentiments, soit tendres, soit sublimes; pour cette force tragique qui remue le fond du cœur, et qui excite infailliblement les passions dans l'âme la plus endormie; pour l'énergie des expressions et l'art de conduire les événements, ou de ménager les situations, je n'ai rien lu, ni en grec ni en français, qui l'emporte sur le théâtre d'Angleterre. Le Hamlet de Shakespear, le dom Sébastien de Dryden, l'Orphan et la Conspiration de Venise d'Otway, plusieurs pièces de Congrewe, de Farquhar, etc.,

sont des tragédies admirables, où l'on trouve mille beautés réunies. [72]

We do know from his later writings that Voltaire's own response to that theatre (though, like Prévost, he was initially censorious: 'Theatre in England is without decency etc', V 81, p.52) was only marginally less approving. It is not my intention, however, to recreate Voltaire's gradual familiarisation with the English stage. Such an attempt could be but conjectural. The correspondence is uninformative, whereas the notebooks are the repository for fleeting thoughts and impressions which, though often important and informative, are not datable with any precision. In short, we are not privy to the process of discovery as such, only to the outcome of Voltaire's ultimate meditation, in 1730-1731, on a body of information whose amalgamation and slow digestion had been cumulative. On the other hand, that outcome itself – in the shape of the 'Discours sur la tragédie' – following hard upon the preface appended to the 1730 edition of *Œdipe* (with which it should be read in tandem), constitutes a precious, conscientiously made record of the progress which Voltaire had made since first airing a very limited number of his embryonic thoughts on the theatre in the preface to *Mariamne* in 1725.

In the 'Discours' Voltaire first turns to the problem of poetry and versification as vehicles for tragedy. It is necessary to set that problem in context. In terms of cultural and aesthetic history, it is clear that Voltaire had been born at a moment of particular effervescence. Though that long series of skirmishes and bitter personal confrontations which we know as the *Querelle des Anciens et des Modernes* had, by 1694, been under way for fully three decades, Voltaire himself was to witness its closing phase (the *Querelle d'Homère* of 1714) and – above all – contribute with some characteristic passion to its greatest element of unfinished business: the role of reason and imagination in the creative process as understood more precisely in the relative merits and functions of

---

[72] *Mémoires et aventures d'un homme de qualité*, *Œuvres*, i.240-41.

poetry and prose. It was a question on which Voltaire had decided views.

From the 1660s onwards, one important strand in rationalist thought, which assigned an increasingly subsidiary role to the workings of imagination in the creative process, was to foster a strong spirit of anti-poeticism. All those who could have taken as their motto Rapin's lapidary injunction: 'écrire même sensément par l'usage droit d'une raison exacte',[73] were convinced that the logical dictates of that 'raison exacte' (or 'bon sens' as it was perhaps more widely known) required the subservience of poetry to reason. It was in the name of 'le bon sens' that the attack on poetry was deliberately mounted.[74]

Though such anti-poetic tendencies had become increasingly visible in a certain hostility to the so-called excesses of the imagination (or in suspicion of the dictates of extra-rational enthusiasm), it was not until the very end of the seventeenth century that the first systematic attacks were mounted against poetry, heralding a campaign which would exhibit all the characteristics of a civil war. In 1697, Tanneguy Le Fèbvre *fils* unleashed a determined assault on poetry in *De futilitate poetices*, while several years later Jean Leclerc, in his *Parrhasiana*, exhibited even more virulent hostility towards an art-form which he charged with falsehood. It was reserved, however, for Antoine Houdar de La Motte to bring both intellectual distinction and critical restraint to the burgeoning debate. In 1707 he published his *Discours sur la poésie en général et sur l'ode en particulier*, followed, some years later, by his *Discours sur Homère* (1714) and his *Réflexions sur la critique* (1715). It was in the latter, in defending himself and Jean Terrasson, that he gave a measured definition of what had become known as the 'geometric spirit':

---

[73] *Les Comparaisons des grands hommes de l'antiquité*, *Œuvres diverses* (Amsterdam 1686), i.177.

[74] See D. Williams, *Voltaire: literary critic*, Studies 48 (1966), p.15-127.

On s'efforce en vain de décréditer d'avance ce nouvel auteur [Terrasson and his *Dissertation critique sur l'Iliade*, 1714]. On l'accuse de géométrie comme si cette science était l'ennemie de la justesse et de la raison. *Quel fléau*, dit-on, *pour la poésie, qu'un géomètre*! [...] L'esprit géométrique vaut bien l'esprit commentateur. Un géomètre judicieux ne parle que des matières qu'il entend: il examine les choses par leurs principes qui leur sont propres: il ne confond point l'arbitraire et l'essentiel; en un mot, il apprécie tout, et range tout dans son ordre. Il n'y a point de matière qui ne soit sujette à la plus exacte discussion: l'art poétique même a ses axiomes, ses théorèmes, ses corollaires, ses démonstrations; et quoique la forme et les noms en soient déguisés, c'est toujours au fond, la même marche du raisonnement, c'est toujours de la même méthode, quoiqu'ornée, que résultent les véritables preuves. [75]

It was this type of reasoning that presented Voltaire with a problem of divided loyalties. La Motte, the poet, had – with his comedies, his lyric tragedies and his ultimate election to the Academy (1710) – won for himself a considerable reputation. In one respect he was a man whom Voltaire could admire and envy. La Motte was also a strong believer in, and defender of, contemporary culture. In that respect Voltaire could likewise find ample common ground with this Modern and his various followers. Where he could not but differ was in the realm of poetry which was coming increasingly – in the wake of La Motte's lead – to be considered as an essentially futile exercise. By the early 1720s, Voltaire must surely have been feeling distinctly unhappy. La Motte's views on the nature of poetry, which he largely equated with artificiality, and with the imprecise, inappropriate formulation of thought and feeling, had gained considerable ground. The conformity of Fontenelle's opinions with his own [76] – along with their following

[75] La Motte, *Œuvres* (Paris 1754), iii.162-63. The self-same sentiments, addressing the creation of philosophical or intellectual poetry which depended more on 'esprit' than 'talent', are to be found in Fontenelle's *Sur la poésie en général*, written some time after the death of La Motte (December 1731), *Œuvres*, nouv. éd. (Paris 1752), viii.279-325 and, in particular, p.310-22.

[76] It is worth underlining the fact that Fontenelle had been an uncompromising

in the Académie – must have made their position seem supreme. It would perhaps be excessive to talk of a crusade. But it is true that La Motte was to carry on repeating his arguments so frequently that one could almost suspect him of being animated by a sense of mission. What caused the inevitable rift to become complete (as it would in the mid-1720s) was the fact that La Motte 'took the whole critical position to its logical literary conclusion in his attempts to establish prose as the medium for tragedy' (Williams, p.56). It was here that Voltaire clearly perceived the unacceptable implications of the extremes to which literary rationalism was leading. The view that the creation of poetry was an exclusively intellectual process had for some time already been heresy for this young poet: in the highly sophisticated world of the Academies and the salons, it was leading to a 'poetry' which was an exercise in which affectation and cerebrality had taken the place of imagination and inspiration. To suggest, however, that the same stance should be adopted in the tragic theatre was an invitation to barbarism and decadence.[77] But it was not merely that. Since Voltaire would forever believe that poetry, and particularly the dramatic poetry of the tragic stage, was the indelible sign of a civilised nation's cultural superiority, the proposal that prose should now be the vehicle for tragedy was no better than a deliberate act of vandalism.[78]

The strength of the 'geometrists' position, in those mid-1720s, may find oblique illustration in Voltaire's own writings. For when this disciple of Boileau first spoke out seriously in favour of 'true' poetry in the theatre, it was in the 'Préface' to *Mariamne* (1725), which must be one of the most timid and deferential that he ever

---

opponent of poetry for forty years already; see his *Description de l'empire de la poésie*, published in the *Mercure de France* (January 1678), *Œuvres*, ix.389-96.

[77] See R. Mortier, 'L'idée de décadence littéraire au XVIIIe siècle', *Studies* 57 (1967), p.1017-21.

[78] See D. Williams, 'Voltaire and the language of the gods', *Studies* 62 (1968), p.57-81.

composed. His arguments, which seem to be proferred from a position of weakness, are hardly conclusive. They are certainly not numerous. Once he has invoked the 'charme inexprimable de la poésie que le génie seul peut donner' (M.ii.165), has attempted to help the reader distinguish between 'le grand homme' Racine and 'le mauvais poète' Pradon, and has made a feeble distinction between 'l'homme de génie d'avec celui qui n'a que de l'esprit, et le poète d'avec celui qui veut l'être', he has literally rested his case. When one remembers the vigorous self-confidence of La Motte arguing his own, one is struck by the plaintive – even the whining – tone of Voltaire, and not least by his admission concerning his own difficulties, which paradoxically could only give added strength to La Motte's contentions concerning the pointless obstacles that poets set in the path of their own satisfactory self-expression if they insisted on following such self-imposed 'ideals' (M.ii.166-67):

Pour parvenir à écrire comme M. Racine, il faudrait avoir son génie, et polir autant que lui ses ouvrages. Quelle défiance ne dois-je donc point avoir, moi qui, né avec des talents si faibles, et accablé par des maladies continuelles, n'ai ni le don de bien imaginer, ni la liberté de corriger, par un travail assidu, les défauts de mes ouvrages? Je sens avec déplaisir toutes les fautes qui sont dans la contexture de cette pièce, aussi bien que dans la diction. [...] Dans tous les arts, il y a un terme par delà lequel on ne peut plus avancer. On est resserré dans les bornes de son talent; on voit la perfection au delà de soi, et on fait des efforts impuissants pour y atteindre.

It is difficult to know whether Voltaire was being totally serious or merely more self-deprecating than usual. For example, Boileau, in his *Seconde satire* addressed to Molière (1664), had made the same tortured admission, not with the intention of condemning the art and demands of poetry, but rather with the aim of underscoring his sincere admiration for the apparently effortless superiority in that art of Molière himself. In other words, whenever

poetry is poor or inferior, it is the man who is to blame, not the principle. [79]

From 1726 onwards, Voltaire was to become even more aware of the problem. On the one hand, La Motte continued to justify his views with force and conviction in a succession of works. On the other, Voltaire could judge the success of La Motte's contentions in the numerous, living examples of the London stage. It is evident that the conjunction of the two caused him to give the matter more consistent thought. By the time he returned from London, Voltaire was either more confident of his ground, or quite simply more combative. Proof of his unwillingness to allow any further advantage to La Motte was to come in the shape of his preface to the 1730 edition of *Œdipe*, vetted and agreed, for the purposes of censorship, by La Motte himself. Confident in the utter rightness of his dedication to rhymed poetry in the theatre, dismissive of its opponents whom he accuses of speaking from a position of ignorance or insensitivity, Voltaire marshals his arguments into a few pages (M.ii.53-58): setting out to show, against La Motte's contentions, that poetry and versification are both natural and eternal, the playwright insists on the excellence of Racine and Boileau who are the imperishable models whom French authors should constantly seek to emulate. Setting at nought the contention that France's neighbours 'ne riment point dans leurs tragédies' (ii.55), he responds quite appropriately that the French language, by its very nature, has not the in-built syntactical liberty of the Italian and English languages which achieve their poetic harmony by other means. An equally signi-

---

[79] It is amusing to find that La Motte, in urging the superiority of prose, was to use exactly the same argument, one year later, in the 'Avertissement' to his *Œdipe*, *tragédie en prose*: 'Je ne prétends, en imprimant cet ouvrage, que donner l'idée de ce que pourrait être une tragédie en prose. Pour peu que celle-ci plaise, on en doit conclure que des génies supérieurs en pourraient faire d'excellentes; et quand elle ne plairait pas, il faudrait ne s'en prendre qu'à moi, et non pas à la nature de l'entreprise qui pourrait être heureuse en de meilleures mains' (*Œuvres*, v.3).

ficant rejoinder is made to the common gibe that the only merit of rhymed poetry is 'la difficulté vaincue'. True poetry, written by a true poet, retorts Voltaire, with its *harmonie chantante*, has an unequalled power to subjugate: 'Quiconque se borne à vaincre une difficulté pour le seul mérite de la vaincre est un fou; mais celui qui tire du fond de ces obstacles mêmes des beautés qui plaisent à tout le monde est un homme très sage et presque unique' (ii.57). These are all objections which were certain to carry weight with the anti-geometrists, but which were unlikely, however, to convince the unconvinced. It was perhaps for that reason that he peppered his reply with some cruelly open, or implied, arguments *ad hominem*. The following examples are telling: 'Je suis persuadé que tous ces raisonnements [...] ne valent pas une scène de génie' (ii.47-48); 'Je ne conçois point qu'un peuple sensé et éclairé ne fût pas ami de règles toutes puisées dans le bon sens, et toutes faites pour son plaisir' (i.49); 'M. de Lamotte prétend qu'au moins une scène de tragédie mise en prose ne perd rien de sa grâce ni de sa force. Pour le prouver, il tourne en prose la première scène de *Mithridate*, et personne ne peut la lire' (ii.55).

Unsurprisingly La Motte rapidly countered these arguments in a well-balanced, courteous response: *Suite des réflexions sur la tragédie, où l'on répond à M. de Voltaire*. Though essentially he addresses himself to his main complaint once more (namely that versification, with its interlocking requirements of rhyme and metre, prevents even the greatest tragic poets from expressing their feelings with any facility, let alone accuracy), it is in this reply that La Motte sets out his main hope with greater clarity than had hitherto been the case. His proposal (though it would come to fruition only one hundred years later) is not without merit or interest: for the greater enrichment of the French stage, for the greater pleasure of all its devotees, for the greater good of verisimilitude, is it not time to open the field to those who, endowed with a credible tragic vision but whose aptitude for versification is unremarkable, can none the less bring pleasure to

both listeners and readers alike, and enrich the sum of human experience?

Il y a bien des gens qui aiment les vers, malgré tous leurs inconvénients; et, malgré toutes mes réflexions, je suis moi-même de ce nombre. Ayons donc des vers, puisqu'il nous en faut; encourageons les versificateurs; attachons même la gloire à la peine qu'ils se donnent, puisque autrement personne ne la prendrait. Mais comme il y a aussi des gens raisonnables à qui la contrainte et la monotonie des vers déplaisent, et qu'il y a d'ailleurs des écrivains qui, n'étant pas versificateurs, ont pourtant de quoi réussir en prose dans tous les genres, comme M. de Fénelon l'a fait dans le poème épique, laissons la liberté des styles, afin de contenter tous les goûts. [80]

The author of *Brutus* clearly found such a proposal intolerable, as no doubt he would be equally perturbed when the same arguments were put forward, at greater length and with quiet reasonableness, in April 1731, by Jean Soubeiran de Scopon. [81] In the 'Discours sur la tragédie', he took the opportunity to explain to Lord Bolingbroke, but very much in the hearing of his French audience, why – though a sincere admirer of the liberty of dramatic expression such as was found on the London stage – he was so resolutely hostile to any notion of tragedies in prose in the French context. At the same time, without actually responding to La Motte's various arguments and proposals, he demonstrated to what extent both men – animated by different ideals – had been engaged in a dialogue of the deaf. [82] The arguments which he rehearses yet again with regard to versification revolve around the

---

[80] *Œuvres*, iv.454.

[81] 'Réflexions à l'occasion du *Brutus* de M. de Voltaire, et de son *Discours sur la tragédie*', *Mercure de France* (April 1731), p.633-55.

[82] In the *Suite des réflexions*, La Motte had made this point twice: 'Il en arrive que vous réfutez tout ce que je n'ai pas dit, et que vous ne répondez presque pas un mot à ce que j'ai dit [...] vous vantez le charme de la versification en général; mais vous ne touchez à rien de ce que j'ai dit, et vous pourriez avoir raison dans tout ce que vous alléguez, sans en avoir moins de tort avec moi' (*Œuvres*, iv.423, 448).

notion of excellence in the theatre and the reality of French superiority in that field. It must, however, have been apparent to informed followers of the debate that, in expressing such intransigent preferences for the achievable ideal of that perfection which had been attained by his usual trinity of Corneille, Racine and Boileau, the aesthetically conservative Voltaire – insisting on the requirements and expectations of the public – was actually demonstrating his fear of La Motte's Greek gift (*Equo ne credite, Teucri!*). It is easy to 'hear' him articulating the following stern warning: once allowed, prose tragedy would surreptitiously colonise, then possibly dominate, the French stage and do irreparable harm to French cultural superiority. But, at the same time, Voltaire was also saying a lot about himself and his own objectives. For his defence of poetry had as much to do with his considered estimation of his own worth and ambitions – implicitly compared to those of certain facile competitors who were content to achieve undemanding goals – as it had to do with the status of that glorious literary tradition which he sought to represent so brilliantly: 'nous demandons qu'un auteur porte sans discontinuer toutes ces chaînes, et cependant qu'il paraisse toujours libre: et nous ne reconnaissons pour poètes que ceux qui ont rempli toutes ces conditions'. [83]

Voltaire does not wish the reader to understand, however, that his considered refusal to embrace prose tragedy, as it was so strikingly illustrated in London, has blinded him to other possible innovations. There were, as he sets out to show in the following three sections of the 'Discours', other features in English drama which he had found seductive. It is here that the memories of the London stage and its sheer dramatic power prompt Voltaire to embark upon a series of confidences which self-evidently he wished

[83] Lines 77-80. Such a combination of aesthetic and nationalistic arguments, which are generally those of the opponents of La Motte, are now starting to emerge as a fairly powerful counterbalance. Twenty-five years later, it is evident – from the 'Avertissement' to the final volume of the *Œuvres* de La Motte (x.III-XXIII) – that the anti-poeticist movement is no longer in favour.

to be audible to his French listeners. The feature which Voltaire had found most attractive was the constant presence (and availability among the dramatist's tools) of what he terms *action*. Whereas the French stage was the space devoted to highly articulate and well-turned verbal exchanges, the English stage had the advantage of being able to substitute the literal eye for the mind's eye. [84] What on the French stage was a mediated account of a particular type of happening is, in London, the happening itself, plain for all to see, for example: the presence of the ghost of Pompey, or of the spirit of Brutus. Even more strikingly it can be the hacked body of Marcus being brought into the presence of his father (in Addison's *Cato*) who delivers over his dead son's body a patriotic lament, or it is the bloody corpse of Julius Caesar being exposed to the gaze of the populace, and over which – in the presence of a throng of vocal plebeians – Mark Antony declaims a stirring call to revenge. Or again it can be a host of excited conspirators in *Venice preserv'd* being harangued by Renaud. These are all things which play a role to great effect in London, and it is liberties such as these which lead the English, on occasion, and in certain scenes, to that greater naturalness and that greater vitality which Voltaire found so enviable.

None of these things can, however, happen in Paris. On the one hand, the French stage is so seriously encumbered by the presence of seated spectators that any such action is rendered quite impossible, as is the use of scenery. But, on the other hand, the really serious obstacle, suggests Voltaire, is the substantial one which has been created by the excessive sensitivity of the French who are, moreover, prone to mock all unaccustomed novelty, however impressive. One senses here the outlines of Voltaire's disappointment, and even a trace of exasperation. In Paris, the dramatist is confronted with conventions as regards use of the

---

[84] La Motte did not think any differently; see his *Discours à l'occasion de la tragédie de Romulus* (1722; *Œuvres*, iv.182-83).

stage, conventions as regards subject-matter, conventions as regards period-setting, conventions as regards what can and cannot be seen. In a word, a French playwright has become subservient to a combination of custom and usage, tradition and practice. The palpable inference to be drawn from these pages is that inspired playwrights, intent on enhancing the possibilities of the French stage, ought rightly to aim for a certain independence. Though this is perceptibly the drift of Voltaire's objections, he is very careful – taking his examples, as he is, from an 'inferior' civilisation – to phrase his sentiments in a respectfully oblique fashion. Gone is the atmosphere of London that had persuaded Voltaire, in his *Essay on epic poetry* of 1727, to propose an international cultural exchange in a spirit of mutual toleration: 'Would each Nation attend a little more than they do, to the Taste and Manners of their respective Neighbours, perhaps a general good Taste might diffuse itself through all Europe from such an intercourse of Learning, and from that useful Exchange of Observations' (V 3B, p.377). Though in Paris, in 1730, Voltaire may not have felt any differently in spirit, a direct appeal to such toleration as regards the theatre would have been quite impolitic. In the 'Discours', Voltaire must, in sum, elude discussing how the solution is to be engineered, and extricates himself with the bland observation: 'c'est à la coutume, qui est la reine de ce monde, à changer le goût des nations, et à tourner en plaisir les objets de notre aversion' (l.221-223).

That is not, however, the total sum of the observations that Voltaire has to propose. The case can be re-stated in the same terms and the same spirit, but on the basis of different examples. Analogous observations can and should be made with regard to the theatre of the Greeks which in turn is not – as Voltaire sets out to demonstrate in a series of well-chosen examples – without its own shocking aspects: 'les tragiques grecs, d'ailleurs supérieurs aux Anglais, ont erré en prenant souvent l'horreur pour la terreur, et le dégoûtant et l'incroyable pour le tragique et le merveilleux' (l.237-239). And yet that same tragic art, which was in its infancy

at the time of Aeschylus, as it was in London at the time of Shakespeare, produced nevertheless 'un vrai pathétique et de singulières beautés'. It is an intimate knowledge of the latter (to which Voltaire lays oblique and tactful claim) which allows him to suggest once more – but with the same due deference for the susceptibility of others – that French hostility to those powerful and disturbing situations which characterise other theatres is perhaps misplaced. Nudging his argument further into the camp of the traditionalists, Voltaire has therefore managed to reiterate his claim in favour of a particular type of renovation which is firmly based upon the independent judgement and the relatively unfettered talent of the true artist. His final comment, hinting at benefits and new acquisitions which can, as yet, be but guessed at, is artfully placed (l.256-263):

j'ose croire, qu'il y a des situations qui ne paraissent encore que dégoûtantes et horribles aux Français, et qui bien ménagées, représentées avec art, et surtout adoucies par le charme des beaux vers, pourraient nous faire une sorte de plaisir dont nous ne nous doutons pas.

> Il n'est point de serpent, ni de monstre odieux,
> Qui, par l'art imité, ne puisse plaire aux yeux.

But even this appeal to Boileau, the ultimate guarantee of orthodoxy, is not Voltaire's final word on the matter. Faced with two more sections devoted to the self-same problem the reader is coming to realise that the dramatist has deliberately fragmented the elements of his argument so that it may be illustrated from a variety of different but mutually reinforcing angles. It is now therefore in a hortative tone, which is at once polite and deferential, that this defender of the true values of the French tragic stage embarks once more upon an attempt to convince his traditionalist public that his proposals regarding deliberate visual and auditive assaults on the human emotions are not unreasonable. But in order to give the clear impression that he, the proponent, is not asking for unreasonable licence – *les règles de la bienséance*, as he artfully suggests, are *toujours un peu arbitraires* – he makes important

68

concessions to that public which are sincere… and yet calculated. For, though he is suggesting a relaxation in the *règles de la bienséance*, he sets his face against any relaxation of the *règles fondamentales du théâtre*, in other words: the three unities. Repeating received, conventional wisdom, he opines that an inability to respect the latter is nothing more than an admission of an inherent inadequacy of talent, a lamentable inability to bend tragic subject matter to such essential constraints which are, moreover, required in the interests of verisimilitude.[85] Verisimilitude itself, however, is not wounded by 'un spectacle horrible' which – far from pointing up a dramatist's lack of taste or talent – is a test for his genius. Corneille made such an attempt when he depicted Cléopâtre, who, having prepared a poisoned cup for her son Antiochus and his bride, Rodogune, is forced – in full view of the audience – into drinking it herself.[86] The inference as regards the author of the 'Discours' himself is nevertheless plain: 'Des coups aussi terribles ne doivent pas être prodigués, et il n'appartient pas à tout le monde d'oser les frapper. Ces nouveautés demandent une grande circonspection, et une exécution de maître' (l.300-302).

Action, as Voltaire insists, is a necessary element in a more virile and gripping form of tragedy. Not that he stood alone in this belief. Notwithstanding the fundamental disagreements which had set him apart from Fontenelle and La Motte with regard to versification, prose tragedy and the unities, Voltaire could at least

---

[85] The informed reader of 1731 would doubtless have discerned in such comments a renewed, though veiled, attack upon Fontenelle and La Motte. In his *Réflexions sur la poétique*, the former had pronounced against a slavish respect for the unities, particularly of time and place, if they did not lend themselves to the subject matter (*Œuvres*, iii.129-30, 196-99). La Motte did likewise in his *Discours à l'occasion des Machabées* (1722) and added grave insult to already serious injury by arguing that respect for the unities actually harmed verisimilitude (*Œuvres*, iv.36-43). Moreover in his *Suite des réflexions sur la tragédie*, he had even been so bold as to tell Voltaire that the unities were arbitrary (*Œuvres*, iv.428, 434).

[86] La Motte also particularly approved of this spectacular scene (*Discours à l'occasion de la tragédie de Romulus, Œuvres*, iv.158-59, 186-87).

find some common ground with them when it came to discussing the advantages of what all three – without any strict agreement on the exact resonances of the term itself – wished to call action. La Motte, for example, in a development that looks at first sight as though it could have been Voltaire's own, had written: 'Mettez les actions à la place des récits, la seule présence des personnages va faire plus d'impression que le récit le plus soigné n'en pourrait faire. Horace l'a dit, et c'est une maxime devenue triviale, que les esprits sont plus vivement frappés par les yeux que par les oreilles' (*Œuvres*, iv.184). Their agreement on this point is, however, more apparent than real. Despite the fact that Voltaire has self-evidently been arguing for action from the moment that he first broached Addison's *Cato*, it is revealing that the final comments which he reserves for the matter will paradoxically bring his argument back to that original point of departure, and subordinate action as such to a higher ideal. Though he, like La Motte (iv.186-87), quotes – with respectful approval – Racine's own recourse to spectacle in act v of *Athalie*, it is ultimately in order to establish two important principles: its use must not be abused ('Plus une action théâtrale est majestueuse ou effrayante, plus elle deviendrait insipide si elle était souvent répétée') and, more to the point, its use is profitless if it is not enhanced by poetry ('Plus on veut frapper les yeux par un appareil éclatant, plus on s'impose la nécessité de dire de grandes choses; autrement on ne serait qu'un décorateur, et non un poète tragique'). Real and consistent grandeur, argues Voltaire – quoting the 'real' reasons for the success of Addison's *Cato* – comes only from poetry. Only poetry is the vehicle for true beauty.

An examination of the 'Discours', in all its rhetorical complexity, clearly betrays on the part of its author a certain apprehension which can be shown to derive from the uneasy co-existence of a reforming enthusiasm and a tactically advisable diffidence which are poised in very uneasy equilibrium. In other terms, we have seen how Voltaire adopts positive stances with regard to the role of action... only to witness his ultimate and unequivocal retreat

behind the old battle-lines of versification. The 'Discours' is thus an ambiguous document, the painful record of an impossible attempt, for a Voltaire in 1730-1731, to reconcile desirable innovations and innovations themselves as actually viewed by arbiters of the theatre who 'knew' what was good for the art, and who were capable of demonstrating that they were not willing to abandon old habits... or to see their tastes abandoned by others.

At this juncture, however, it would be helpful to set Voltaire's proposals in the wider context of his own dramatic practice as evinced in *Brutus* itself. In one important sense Voltaire did succeed in creating, if not one of those 'spectacles horribles', at least a palpable sense of the fear that a human being, who is by natural inclination a loving father, can instil in the onlooker when he deliberately subordinates his essential humanity to a higher ideal which demands the very sacrifice of that humanity. When he came, however, to create precise tableaux specifically in line with those examples of action which he quotes so approvingly in the 'Discours', he falls far short of his models... and even further short of the dramatic impact which they are supposed to make. Witness the *sénateurs en robe rouge*, and the carefully detailed textual indications or stage directions which prescribe their every choreographed movement and reaction (i.i-ii; v.i-iii). Notwithstanding the latter, their presence on stage is merely a *spectacle pour les yeux* (something which Voltaire himself contemptuously dismisses in the 'Discours', quoting the example of Louis Ferrier's *Montézume*). Rather than do what the drama required, Voltaire remembered rather conveniently how his audience – faced with a verbal utterance from the Chorus in his *Œdipe* – had reacted: they had burst out laughing: 'C'est ce qui m'a empêché, dans *Brutus* de faire parler les sénateurs, quand Titus est accusé devant eux, et d'augmenter la terreur de la situation, en exprimant l'étonnement et la douleur de ces pères de Rome, qui sans doute devraient marquer leur surprise autrement que par un jeu muet, qui même n'a pas été exécuté' (l.341-345).

This was not the first occasion on which such an inner-directed

personality had felt obliged to retreat in face of the 'delicacy' of others. Voltaire had, for example, demonstrated a number of times already that he was in practice ambivalent about what one may loosely term 'spectacles horribles'. We need mention only his decision to reformulate the dénouement of *Mariamne*, and the self-conscious apology which he had also felt obliged to address to his public: 'j'avoue que c'est contre mon goût que j'ai mis la mort de Mariamne en récit au lieu de la mettre en action; mais je n'ai pas voulu combattre en rien le goût du public: c'est pour lui et non pour moi que j'écris; ce sont ses sentiments et non les miens que je dois suivre' (M.ii.164). The truth is that Voltaire, just like La Motte, knew that it was all very well to propose one's own desirable pet reforms, [87] but when it came to practice neither dared go beyond very modest innovations which departed least from the current susceptibilities of their public. [88]

---

[87] Voltaire's only real attempt to breach traditional practice in the neo-classical theatre comes in the area of unity of place: in his stage directions (I.i-iv; II.i-v.ix), he admits to a 'change' of place. This 'innovation' must – I presume – concern adjacent locations because in the 'Discours' Voltaire has complained about the exiguous character of the French stage in the following terms: 'Il empêche surtout que les acteurs ne passent d'un appartement dans un autre aux yeux des spectateurs, comme les Grecs et les Romains le pratiquaient sagement, pour conserver à la fois l'unité de lieu et la vraisemblance' (l.132-135).

[88] Compare what La Motte wrote about his own reluctance to stage the prose version of his *Œdipe*: 'Deux raisons m'ont empêché d'en risquer la représentation: la première, l'habitude des auditeurs qui n'entendent des tragédies qu'en vers; la seconde, l'habitude des acteurs mêmes qui n'en représentent pas d'autres. On s'est imaginé [...] que la pompe, la mesure des vers et l'éclat de la rime étaient essentiels à la dignité de la tragédie; que les grands intérêts et les grandes passions perdraient, sans ce soutien, une grande partie de leur importance, comme si l'admiration, la terreur et le pathétique ne pouvaient être l'effet du langage ordinaire. Je n'ai osé heurter un préjugé si établi; d'un côté, c'est prudence, j'ai pris le plus sûr pour réussir; mais, de l'autre, c'est lâcheté; mon exemple, pour peu qu'il eût été heureux, en eût encouragé de plus habiles. On ne tentera guère de nouveautés utiles, s'il ne se trouve pas des auteurs assez généreux pour risquer de déplaire au public, en essayant de l'enrichir. L'habitude des acteurs eût encore augmenté le danger; ils seraient presque décontenancés dans le tragique, s'ils n'y parlaient pas en vers. Leur voix, leur maintien, leur geste, tout s'y est mesuré. Ce prétendu langage des dieux

The final section of the 'Discours' – which also broaches the prevalence of habit among the public, and the ability of the Comédiens to sanction the staging of a play... or to prevent it – revolves around a closely-allied problem: the overwhelming presence of love as subject-matter on the French tragic stage. Already in his *Essai sur la poésie épique* he had isolated – in one pithy comparison – the fundamental weakness of tragedy in France: 'Chez les Français, c'est pour l'ordinaire une suite de conversations en cinq actes, avec une intrigue amoureuse. En Angleterre, la tragédie est véritablement une action' (V 3B, p.400). It is a common accusation, claims Voltaire, that tragedy in France has been diminished by a surfeit of 'tendresse'. Not that he is himself hostile on principle to its presence: it is misplaced only when it makes an inappropriate appearance or is treated without taste. The constant disadvantage, however, is that love is often nothing more than 'galanterie' (whereas on the English stage it is often crude 'débauche'). To be truly worthy of the tragic theatre claims Voltaire (l.431-438),

il faut qu'il [l'amour] soit le nœud nécessaire de la pièce, [...] il faut que ce soit une passion véritablement tragique, regardée comme une faiblesse, et combattue par des remords. Il faut ou que l'amour conduise aux malheurs et aux crimes, pour faire voir combien il est dangereux, ou que la vertu en triomphe, pour montrer qu'il n'est pas invincible.

We must, of course, remember that this is not a position which the dramatist had adopted in belated fashion. For some sixteen years already Voltaire had felt that the French stage was being diminished in its dramatic possibilities by the almost obligatory reliance on love: his very first tragedy, *Œdipe*, had in its original version made no concessions to love at all. And it was only upon the express insistence of the Comédie-Française that he had

---

qu'on est accoutumé de respecter, leur élève l'imagination; et, réduits au langage ordinaire, ils ne se paraîtraient plus à eux-mêmes si importants, illusion qui leur est nécessaire pour en imposer mieux aux autres' (*Œuvres*, iv.389-91).

73

relented, and had introduced conventional love-interest into the relationship between Philoctète and Jocaste.

But, once again, Voltaire was not standing alone. A mere eight years previously, in his *Discours à l'occasion des Machabées*, La Motte had adopted positions which were already, or which were later to be, Voltaire's own. [89] The essential difference between the two men was, however, that La Motte was, once more, direct and forthright whereas Voltaire was circumspect and tactful. In explaining how and why love has come to dominate French tragedy – to such an extent that 'les étrangers ne nous épargnent pas là-dessus le reproche d'uniformité' (*Œuvres*, iv.30) – La Motte lays the blame unequivocally, and somewhat ungallantly, not so much on poor, hapless dramatists as on poor, hapless dramatists who, *intent upon success*, are literally forced to pander to the all-important female section of their public who can only understand and respond to love (iv.31). It is hence short-sighted self-interest which explains the alacrity with which French dramatists diminish the possibilities open to the stage by constantly depicting a type of love (*la tendresse*, Voltaire would call it) which is devoid of any variety (iv.32-33).

Voltaire for his part may not have disagreed with La Motte, particularly not when it came to assessing the deleterious effects of sheer habit and female influence on the repertory. But whether he had more natural diplomacy or (as is likely) more to fear from alienating his public, his views on these matters are expressed with evident restraint: 'Vouloir de l'amour dans toutes les tragédies me paraît un goût efféminé' (l.387). Or, explaining the reasons for the absence of love as subject-matter in the Greek theatre, he will be content to say: 'les femmes menaient une vie beaucoup plus retirée que les nôtres, et [...] ainsi le langage de l'amour n'étant pas comme aujourd'hui le sujet de toutes les conversations, les poètes

[89] For once, Fontenelle was to be in disagreement with La Motte. In 1717, in his *Réflexions sur la poétique*, he had declared love to be the pre-eminent topic for the tragic theatre (*Œuvres*, iii.138-40).

en étaient moins invités à traiter cette passion' (l.402-406). And, whereas La Motte had spoken of the Comédiens in such a way as to insinuate that they were obstacles to progress, Voltaire is much more circumspect. He seems to agree implicitly that women respond better to subjects of passion, and that the actresses themselves are much better at portraying it, but his formulation of those thoughts is above criticism: 'il faut avouer que les auteurs n'auraient guère entendu leurs intérêts, ni connu leur auditoire, s'ils n'avaient jamais fait parler les Oldfields, ou les Duclos et les Lecouvreurs, que d'ambition et de politique' (l.411-414).

What of Voltaire's practice? The dramatist of 1730, mindful of his public and his intermediaries at the Comédie-Française, did not seek to repeat the mistake which he had made in Œdipe. In introducing a poignant love-interest, he was evidently intent upon counterbalancing the stark austerity of Brutus; but more importantly he was aiming to heighten the inner conflict of a Titus who is torn between quite irreconcilable forces, between his sense of honour, and of duty towards Rome, as opposed to his all-consuming love for a tender, innocent but persuasive Tullie. In carefully counterbalancing those two elements, Voltaire set out to please his public and at the same time to satisfy his own sense of what could be said to constitute a truly tragic situation: that of an admirable young man – in whom a great future may be discerned – who illustrates with a frightening inevitability the frailty of human nature which, in one moment of unguarded weakness, lays itself open to destruction.

For so long as the Comédie proved willing to stage the tragedy in such a guise, Voltaire did not interfere with his original plot. This is not to say, however, that he was entirely satisfied with its strong vein of the 'pathétique' and the 'romanesque'. The textual history of the work, such as it can be found in the numerous variants which will, at a later date, successively modify the roles of Titus and Tullie, points towards Voltaire's real and continuing preference for a type of tragedy that kept to an absolute minimum that *esprit de tendresse* which diminished the impact which terror,

75

pity and horror could and should be making. His deliberate pruning of the play over the next ten years will point to a growing sense of independence and, above all, a growing willingness to demonstrate it.

With the 'Discours sur la tragédie', Voltaire left a tangible record of his considered reaction to the French tragic theatre such as it stood in 1730-1731 in all its disturbing weaknesses. Acutely he observed and denounced the latter which covered a vast and disappointing range: shoddy workmanship at the level of poetry and style; debasement of the dignity of the tragic stage through over-reliance on *tendresse* or *galanterie*; superabundance of conversational pieces and narratives; lack of action; lack of movement; over-sensitive regard for the rules of *bienséance*. The concrete result of combining such shortcomings – a task which Voltaire tactfully left for his readers – is a type of tragedy which offers a second-rate, emasculated apology for a true and gripping vision of the human condition. Voltaire's exasperation and disappointment are palpable. They did not, however, persuade him to suggest radical reforms. He did not, like La Motte or Fontenelle, advocate the abolition of the unities, or the substitution of prose for poetry, which – taking the theatre in the direction of what they termed 'simplicity' or 'naturalness' – would have resulted in a lowering of tone and atmosphere. For him, the ideal was that form of tragedy which could be written according to the principles which had made Corneille and Racine great, an elegant tragedy of passion that, turn by turn, gripped the entrails with pity and terror, and onto which one could legitimately graft more compelling action. [90] In practice he was, however, to demonstrate that his notion of the ideal theatre was no more than an ideal construct (though less so than La Motte's) which took little account of the severely restricted

---

[90] We have already seen, in *Brutus*, how action may be nothing more than mere spectacle. It will indeed finally become apparent (when, in 1760, the spectators were removed from the stage of the Comédie-Française) that Voltaire's 'action' is very much akin to operatic scenic effects, or picturesque tableaux (cf. *Tancrède*).

liberty of French dramatists. In sum, the 'Discours', which argues forcibly for a more virile, impassioned form of tragedy, serves to point up the uncomfortable tension which Voltaire must have experienced (and which he continued to experience) when confronted with the competing demands of theory and practice which, though modesty themselves, were quite irreconcilable.

5. *Contemporary reactions*

Le plaisir que fait la lecture de cette pièce, et le cours qu'elle a dans le monde, la vengent un peu de la froideur avec laquelle elle a été reçue lorsqu'on l'a représentée. Malgré ses défauts, qui sont considérables, il faut avouer qu'à plusieurs égards, c'est un ouvrage digne d'estime, et digne de son auteur. [...] elle a médiocrement plu sur le théâtre, et on la goûte beaucoup en la lisant; ce qui prouve qu'elle a un certain mérite, et des beautés qui peuvent se voir de près. On serait presque tenté d'imputer à la faiblesse des acteurs le sort qu'elle a eu au théâtre. Mais ce serait une nouvelle injustice. [91]

Although *Brutus* is marred by a variety of unsatisfactory elements, which are still plain, Voltaire's tragedy is none the less an uncompromising, emotionally charged dramatisation of 'republican' virtue and devotion to duty which – bar Corneille – can have few serious rivals on the French stage. Arguably it has a dramatic intensity which should rescue it from that oblivion to which – with the notable exception of the revolutionaries – French critics and public alike have condemned it. Indeed Voltaire himself, and some of his disciples who believed in the play's uncommon merits, ruefully hinted at this particular mystery [92] which was underlined

[91] Desfontaines, in *Le Nouvelliste du Parnasse* (1730), i.70.

[92] Is it not paradoxical that the dominant critical and exegetical tradition (upon which Voltaire draws) actually invites admiration for Brutus from the reading public, whereas the same public, witnessing the same man on stage, becomes recognisably uncomfortable with him? Compare the following, fairly standard position with the very reticence of Pellegrin (see below, p.82) and Desfontaines

by the fact that *Brutus* was, they claimed, the most widely translated of his tragedies and precisely the one which other nations preferred.

By 1730 the reputation of Voltaire as a potentially vital force in French literature stood so high that any hint of his working on a new production was sufficient to arouse keen anticipation. *Brutus* was no exception. Its existence and its subject matter had been revealed as early as October 1729. Certain of its traits had provoked explicit comment. On the aesthetic level, others had already given the assurance that it contained 'de beaux vers'. All this, allied to Voltaire's reluctance to sanction public performance of his new tragedy, could but serve to increase curiosity and expectation. So great were the latter that all the available *loges* at the Comédie-Française, for the first *and* second, third *and* fourth performances, had been reserved a full week before the official unveiling of the play. [93] The numbers of spectators admitted to the first performance on 11 December 1730 are an even more eloquent testimony: they proved to be only 22 less numerous than the absolute record of 1586 which had been set by *Polyeucte* and *Crispin médecin* on 8 March 1704. [94] One of the first reactions to the *première* was Voltaire's own. The day following what appears to have been a not entirely pleasurable experience, he wrote to the young and wholly untried Marie-Anne Dangeville (D387), who was playing

---

(see p.83) as dramatic critics: 'Au livre v de leur *Histoire romaine* de 1725, rééditée en 1731, les Jésuites Catrou et Rouillé qui viennent de louer la sagesse politique du consul sont saisis d'enthousiasme civique pour évoquer l'énoncé de la sentence dite "d'une voix ferme et qui ne fut même pas entrecoupée d'un soupir". Bien loin d'opposer à cette rigueur la moindre réserve, et tout en rappelant que certains la blâment, ils se rangent manifestement parmi ceux qui la célèbrent "comme le plus glorieux sacrifice que l'amour paternel ait pu faire à la patrie et à la liberté" (édit. 1731, t. II, p.23-24)' (A. and J. Ehrard, 'Brutus et les lecteurs', *Revue européenne des sciences sociales* 27, 1989, p.103).

[93] Reported in *Le Glaneur historique, moral, littéraire et galant* (1731), n° 1, p.2-3.

[94] See *Registres*, 1951, p.607, 702. *Brutus* was given fifteen times (11, 13, 16, 18, 20, 23, 27, 31 December 1730; 3, 6, 8, 10, 13, 15 and 17 January 1731) and was seen by a total of 12,458 spectators.

the part of Tullie, a letter which Th. Besterman has described as a 'wonderful mixture of encouragement and exhortation, reasoned criticism and measured flattery, with the merest dash of flirtation!':[95]

Prodige, je vous présente une Henriade: c'est un ouvrage bien sérieux pour votre âge; mais qui joue Tullie est capable de lire, et il est bien juste que j'offre mes ouvrages à celle qui les embellit. J'ai pensé mourir cette nuit, et je suis dans un bien triste état; sans cela, je serais à vos pieds pour vous remercier de l'honneur que vous me faites aujourd'hui. La pièce est indigne de vous; mais comptez que vous allez acquérir bien de la gloire en répandant vos grâces sur mon rôle de Tullie. Ce sera à vous qu'on aura l'obligation du succès. Mais pour cela souvenez vous de ne rien précipiter, d'animer tout, de mêler des soupirs à votre déclamation, de mettre de grands temps. Surtout jouez avec beaucoup d'âme et de force la fin du couplet de votre premier acte. Mettez de la terreur, des sanglots et de grands temps dans le dernier morceau. Paraissez y désespérée, et vous allez désespérer vos rivales. Adieu, prodige.

Ne vous découragez pas; songez que vous avez joué à merveille aux répétitions; qu'il ne vous a manqué hier que d'être hardie. Votre timidité même vous fait honneur. Il faut prendre demain votre revanche. J'ai vu tomber Mariamne, et je l'ai vue se relever.

Au nom de dieu, soyez tranquille. Quand même cela n'irait pas bien, qu'importe? Vous n'avez que quinze ans, et tout ce qu'on pourra dire, c'est que vous n'êtes pas ce que vous serez un jour. Pour moi, je n'ai que des remerciements à vous faire; mais si vous n'avez pas quelque sensibilité pour ma tendre et respectueuse amitié, vous ne jouerez jamais le tragique. Commencez par avoir de l'amitié pour moi, qui vous aime en père, et vous jouerez mon rôle d'une manière intéressante.

Adieu; il ne tient qu'à vous d'être divine demain.

Voltaire's own evident dissatisfaction was not, however, easily conjured. Some days later, and doubtless much nearer the begin-

---

[95] *Voltaire* (Oxford 1976), p.130. In a letter to Thiriot, some nine days later (D389), which contained a poem *à Tullie, imité de Catulle Lafaye*, Voltaire is decidedly suggestive.

ning than the end of the run, he informed Thiriot (D389) that he had changed Tullie's final scene, doubtless in an endeavour to improve the impact of the dénouement. [96] Such constant attention to detail did not placate his critics. Some thirty years later, he recalled, in a letter to Damilaville, that certain contemporary reactions had been hurtful: 'Je me souviens que dans la nouveauté de cette pièce, feu Bernard de Fontenelle et compagnie prièrent l'ami Thiriot de m'avertir sérieusement de ne plus faire de tragédies. Ils lui dirent que je ne réussirais jamais à ce métier là. J'en crus quelque chose'. [97] Whatever the reality of Voltaire's reticence, prior to the performance and even during the run, it had done nothing to impair his intention to publish the tragedy. As early as 12 December 1730, he had signed over to Josse the rights of the play. A *privilège général* had been granted on 15 December and registered on 22 December, while the *approbation* accorded by Duval shortly after Voltaire had completed the 'Discours sur la tragédie' materialised on 13 January 1731.

The first pointed reactions were not, however, dependent upon the printed text. At an early date one accusation in particular, which could have been most damaging, was levelled by various detractors at Voltaire's originality... or, rather, lack of it. *Le Glaneur* was one of the first periodicals to retail the allegation that *Brutus* owed its inspiration to the *Brutus* of Mlle Bernard (1 January 1731). Three days later the same periodical reproduced *in*

[96] It is not possible to determine exactly which modification Voltaire had in mind. But it is not unreasonable to infer that he had just changed his original dénouement, scenes 8 and 9 (which he may have taken for one single scene since both concern Brutus and Tullie together), and had replaced them by the text of appendix IV, which is in his own handwriting and post-dates the *permis de représenter*; see variants and appendices III and IV.

[97] D11121, 23 March [1763]. The same incident is recorded by La Harpe (*Lycée*, ix.139). But evidently when Voltaire recounted the anecdote to him, he had added the name of La Motte. Formont also recounts, in a letter to Cideville, that 'Voltaire disoit L'autre jour qu'il n'avoit qu'un demy génie pour le dramatique' (January/February 1731, D398).

toto, and with evident relish, the text of a certain *Jugement rendu en dernier ressort par Momus*[98] which maintained, now more insistently, that *Brutus* not only owed its inspiration but also many of its developments to Mlle Bernard and her presumed co-author Fontenelle, not to mention some 700-800 of its lines which had been suitably, but not sufficiently, camouflaged.

Time, and the opportunity to compare the two tragedies at leisure, would show – as Formont had objected (D393) – that the similarities, though real, were superficial. The rivals and the enemies of Voltaire were, however, only too conscious that an accusation of plagiarism was an ideal means of causing him hurt and embarrassment. And when they were dealing with an author as susceptible as Voltaire, they would not easily be persuaded to let the matter drop as one of no real substance. Piron studiously repeated the slur – though with greater economy and more humour – when he informed the marquis de Senas d'Orgeval that the subject matter was Mlle Bernard's, and that Fontenelle (clearly supposed to be the co-author) was furious at the larceny: 'Cet illustre prend la chose en très mauvaise part, l'autre s'en moque; l'habit est recousu de beau fil blanc et raccommodé avec de belles pièces de pourpre,[99] la friperie triomphe, et malheur aux curieux!'[100]

---

[98] This rare document, only to be found in *Le Glaneur*, n° 2, p.1-2, is reproduced below, appendix v. It was reprinted, with certain textual modifications, by Luchet in his *Histoire littéraire de M. de Voltaire* (Cassel 1780), iii.95-100.

[99] An interesting reference to the presence on stage in large numbers of the senators dressed in their ceremonial togas.

[100] Quoted by Desnoiresterres, ii.418. We should perhaps note here that, in the eighteenth century, there were two diametrically opposed attitudes towards plagiarism. The more interesting is that of the men of letters themselves who preferred to make a clear distinction between straightforward textual theft, and imitation or creative reworking. Had Voltaire needed to be defended or justified, we could have done no better than quote the interesting observations made by Jean-François Marmontel who, elaborating – in the article 'Plagiat' of his *Eléments de littérature* (Paris 1787-1788) – upon Fontenelle's aphorism: 'une vérité n'appartient pas à celui qui la trouve, mais à celui qui la nomme', concluded with the question: 'De bonne foi, peut-on faire au génie un reproche d'avoir changé le cuivre en or?' (ix.261). Desfontaines, writing in *Le Nouvelliste du Parnasse* (1731) and rejecting any suspicion of plagiarism

Jean-Baptiste Rousseau subscribed to the same damning thesis. He was only too happy to say as much to the abbé d'Olivet in identically unflattering terms: 'Voilà le troisième habit retourné que cet auteur vend comme neuf au public après avoir fait deux ou trois points d'aiguille. Le parodiateur pourrait lui appliquer fort à propos le vers que Molière met à la bouche de Vadius: Allez, fripier d'écrits, impudent plagiaire'.[101]

In turn, some weeks later, Simon-Joseph Pellegrin, incumbent theatre critic of the *Mercure de France* – masquerading as 'Madame la comtesse' and one of Voltaire's 'most zealous admirers'[102] – studiously dissected the plot of the 'original' tragedy specifically in order to establish the striking conformity of the two plays 'si non dans le détail, du moins dans le fond' (p.438). Clearly, once his examination was complete, the critic felt that the word 'plagiarisme' (p.439) was justified. It is equally clear, however, that Pellegrin's impressionistic approach, which (perhaps deliberately) does not allow direct textual comparisons of any sort,[103] serves

---

on Voltaire's part (i.75-77), had already expressed very similar sentiments (i.83-84). Though Gourdon de Bacq does not specifically respond on this score to Desfontaines, he finishes his 'Lettre au Nouvelliste du Parnasse' (D412), in which he takes Voltaire to task for speaking disparagingly of Campistron in his 'Discours sur la tragédie', with the telling lines: 'qu'il apprenne à parler avec plus de circonspection d'un auteur dont il ne dédaigne pas quelquefois les pensées et même les expressions'.

[101] *Œuvres* (Paris 1820), iv.438-39 (23 January 1731).

[102] 'Lettre de madame la comtesse de... à M. le chevalier de... sur la nouvelle tragédie de Brutus', *Mercure de France*, March 1731, p.428-42.

[103] 'Ne vous attendez pas, Monsieur, à voir l'extrait du nouveau Brutus à la suite de celui-ci; ma lettre n'est déjà que trop longue, et d'ailleurs vous avez encore présente à la mémoire la tragédie que vous m'avez envoyée, au lieu que vous n'avez peut-être jamais lu celle de M. Bernard. Quand même vous auriez déjà oublié le dernier Brutus, je ne doute point que l'extrait que vous venez de lire ne vous l'ait rappelé, par la conformité qui se trouve entre les deux' (p.438). This is the second occasion on which Pellegrin avoids close contact with Voltaire's text: 'Il ne me serait pas difficile, Monsieur, de prouver ce que j'avance si j'écrivais à quelqu'un de ses partisans outrés; mais comme nous sommes à peu près d'un même sentiment, je n'ai pas besoin de vous donner des raisons dont vous n'avez pas besoin vous-même' (p.430).

only to obscure the fact that – subject matter apart – Voltaire's vision of the essential dilemma is quite different. Deliberately he had concentrated interest and attention upon Titus; and – as is only too plain – all his subsequent revisions to the play (1731-1738) would accentuate that dramatic simplification. It was, however, that simplicity itself (which here becomes synonymous with severity, even *starkness*) which seems to have displeased Pellegrin. In a word, devotion to 'republican' rectitude, and an evident care to use the language appropriate to it, were foreign to contemporary taste (p.429-30):

Est-ce là, me suis-je dit, le ton que prennent Corneille et Racine, et qu'ils doivent donner à tous ceux qui entrent dans une carrière qu'ils ont si dignement remplie? Je conviens que M. de V. quitte quelquefois le ton épique, mais d'un excès il tombe dans un autre qui lui fait encore plus de tort, et l'on a de la peine à se figurer, qu'après s'être élevé si haut on puisse descendre si bas, d'où je conclus que sa vocation n'est pas pour le théâtre.

Favourably disposed towards Voltaire though he still was at this period, Desfontaines in turn could not but agree with Pellegrin. Though he was willing to admit that he was impressed by many of Brutus's positive traits, that he liked his 'vertu mâle' and admired his unshakeable courage, he had none the less to conclude that 'mon esprit n'est point satisfait de la manière barbare et dénaturée dont il se comporte à l'égard de son fils. Sa vertu féroce et sa sévérité outrée me font quelque peine'. In a word: the quite unalterably stark subject matter would constantly militate against anyone's being able to treat it successfully: 'Oserai-je vous dire ce que je pense par rapport à ce sujet tragique? c'est qu'il ne sera jamais traité par qui que ce soit heureusement, et d'une manière qui plaise. Le fait, qui est trop connu, ne peut être ni changé ni adouci'. [104]

If critics found the play grim and forbidding, they were to

[104] *Le Nouvelliste du Parnasse*, i.74.

83

express equal disappointment when they discovered that they could not counterbalance this impression with what should have been the natural antidote: the predicament of Tullie and Titus. Indeed, it is clear that the amateurs of the *tendre* – as the author of the 'Discours sur la tragédie' was aware – were still a force to be reckoned with. True, the *Journal littéraire* was content in its superficiality to proclaim that the love of the young couple is 'un des grands ressorts de la pièce' (xviii.142); others were, however, not so positive. As yet another spokesman for all who were 'accoutumés à regarder l'amour comme l'âme de la tragédie et qui [veulent] toujours être émus par des idées et des intrigues de roman',[105] Desfontaines judged Tullie (who doubtless could have neutralised the 'barbarity' of Brutus and thus have rescued the play) to be insufficiently interesting.[106] His judgement on Titus as a young man in love is, however, quite unsparing and quite damning: 'Titus est un jeune homme plein de courage et de vertu, mais qu'un violent amour, joint à quelque ambition, porte à commettre une lâcheté, qui le rend méprisable. Rien n'excuse la trahison. L'amour même, qui sauve tout, ne peut justifier ce crime. C'est, je crois, cette idée de trahison, qui fait qu'on ne s'intéresse que médiocrement pour lui' (i.73).

Though the discordant voices which expressed the slighted aesthetic susceptibilities of readers and spectators alike were not particularly numerous, they are none the less distinctly audible. The same must be said about reactions to Voltaire's political

---

[105] Gourdon de Bacq shared the same opinion, although he in turn has little to say that is either aesthetically or intellectually revealing: 'M. de V. se plaint de ce que l'amour domine dans nos tragédies, il n'est pas le premier à qui cela n'a pas plu, mais c'est un usage établi, il faut le souffrir [...] S'il faut adopter une critique si dure, que deviendront les héros de Racine? que deviendra notre spectacle?' (D412).

[106] The abbé Le Blanc commented on this weakness in a letter of 1 January 1731 to Bouhier (H. Monod-Cassidy, *Un voyageur-philosophe au dix-huitième siècle: l'abbé Jean-Bernard Le Blanc*, Cambridge, Mass. 1941, p.142). Much the same objection, succinctly expressed, is to be found in the *Bibliothèque française*, xv.II, p.365-66.

theses. For in May 1731, an anonymous reader of *La Henriade* and *Brutus* judged it appropriate to 'denounce' the aberrant poet as roundly as possible. He addressed his complaints to uncompromising defenders of those same values upon which he evidently set much store. He wrote to the *Mémoires de Trévoux* (D410). Perhaps a Jesuit himself, his grievances were expressed in strong language. Adopting that superior, scandalised tone – the authentic timbre of which only the true adherents to current political orthodoxy can achieve – he detailed a plethora of criticisms against both texts. Though the majority concern *La Henriade*, it is the 'esprit républicain', or the veiled discourse, of *Brutus* which warranted his wrath. A believer in Divine Right, he cannot stomach the sheer prominence given to the opposing theses in the new tragedy: 'C'est Brutus et les sénateurs romains qui en sont les héros: c'est par conséquent dans leur bouche qu'on doit trouver les grands sentiments, les belles maximes et les principes de conduite qui font l'objet de la tragédie, comme on en trouve dans le *Cid*, dans *César et Pompée*. Or quelles maximes leur fait-il débiter? Jamais la Ligue dans sa fureur n'en a débité de plus horribles.' As proof of the contention, he quotes the early exchange between Arons and Brutus (1.101-117). It is here that the latter argues strongly for the reciprocal nature of those oaths of loyalty (which Arons, of course, has understood as being a binding obligation uniquely upon the king's subjects), and suggests no less strongly that the reciprocal bond is dissolved the moment the king betrays his own oath. Moreover, in so doing, he himself becomes a rebel to Rome. Such a suggestion warrants a scandalised rebuttal:

c'est là le langage de tous les rebelles. La Ligue en disait autant. Les Anglais disaient la même chose, lorsque par une barbarie, qui fera éternellement l'opprobre de leur nation, ils firent mourir Charles 1er. Rien d'ailleurs n'est plus faux par rapport aux Romains, comme il est constant par l'histoire. Mais quand il se trouverait dans un Etat une puissance égale ou même supérieure à celle du roi, cette puissance aurait-elle le droit de dépouiller le prince d'un bien héréditaire? et de violer en sa personne les droits de la nature pour faire observer les lois de l'Etat?

Non sans doute. Il n'y a que l'esprit furieux qui animait la Ligue qui ait pu enfanter de telles maximes, et on ne comprend pas comment un poète français, au lieu de les rendre odieuses et d'en inspirer de l'horreur, a osé les produire sur la scène embellies des plus belles couleurs; car ce sont ces maximes, qui triomphent dans la tragédie de *Brutus*, et qui sont couronnées par le succès; mais on est moins surpris lorsqu'on fait réflexion que *la tragédie de Brutus est née en Angleterre*, comme l'auteur nous l'apprend lui même dans son discours préliminaire. Il y paraît bien en effet, non seulement par le style, mais encore par l'esprit républicain qui y règne.

The anonymous correspondent of the *Mémoires de Trévoux* found *Brutus* to be no laughing matter. There were, however, those who did so quite literally... starting, somewhat paradoxically, with Voltaire himself: 'Brutus va toujours en affoiblissant. Voltairre avoit fait Luy même une parodie de sa pièce où il y avoit de jolies choses et puis tout d'un coup, L'a Brûlée'. [107] If Formont's report is accurate, we can only regret the loss of a document which might – by its very nature as parody – have afforded complementary insights into Voltaire's assessment of his own endeavours and innovations. For as a critic, or observer of himself, it is unlikely that he would have indulged in what certain contemporary authors like La Motte tended to view as the particularly negative nature of the genre because of its penchant for gratuitously destructive deflation. [108] Naturally enough the chief purveyors of parody at

---

[107] Formont à Cideville, [10 January 1731] (D395).

[108] La Motte's complaints are to be found in his *Discours à l'occasion de la tragédie d'Inès de Castro* (*Œuvres*, iv.255-64). What he found intolerable in parody was the way in which everything that had been presented as fine and noble was comprehensively travestied into something base and grotesque. In his opinion, parody – which is more often than not devoid of any genuine critical intention since it seeks only to amuse – is the mortal enemy of tragedy and of the emotions which it has sought to arouse. For how many people, enquires La Motte, having enjoyed seeing a play comprehensively ridiculed, believe therefore that it is *per se* ridiculous? That being the case, he expresses by simple extension the fear that parody will deflect creative talents away from the tragic theatre.

that time did not agree with such a negative assessment. In this same year 1731, an anonymous commentator, speaking on behalf of Dominique and Romagnesi, took a particularly elevated view of their art and function, claiming that parody had a utility which was both moral and didactic. Far from being a frivolous exercise, such a work is moreover 'créé par le goût, avoué par la raison, et plus instructif que bien des tragédies. Loin d'être le *corrupteur* des pièces de théâtre, il en est la pierre de touche; en disséquant les héros de la scène, il distingue le bon or du clinquant'.[109]

It remains to be seen whether *Le Bolus*, written by the indefatigable Dominique and Romagnesi, and presented on 24 January 1731 by the Comédiens Italiens, illustrates these contentions. More importantly it remains to be seen whether it contained anything which could be equated to serious literary criticism. For if Voltaire's recreation of the Brutus legend, or his attempts at innovation, had struck the audience as being in any way aberrant, we could reasonably expect that some trace of the audience's reactions would be documented in *Le Bolus*. Reality is disappointing.[110] *Le Bolus* does not justify any of Fuzelier's elevated assertions. What it does, however, illustrate is the essential mechanism of parody as sheer amusement. *Le Bolus*, which condenses Voltaire's complex plot into its bare essentials, which likewise reduces his elevated language and characters by several distinct registers, proved to be particularly successful.[111] It is

[109] Louis Fuzelier, *Discours à l'occasion d'un discours de M. D. L[a] M[otte] sur les parodies* (Paris 1731), republished by Dominique and Romagnesi in *Parodies du Nouveau théâtre italien* (Paris 1738), p.xxviii. I quote from this latter edition.

[110] The only thing which is clear is that the parodists had been particularly struck by Voltaire's innovation of introducing so many people into the action, at one and the same time, in the form of the senators. In *Le Bolus* there are numerous doctors on stage, while in *Le Sénat académique* (see below, n.112, and appendix v), it is the Forty Immortals who witness the exchanges between La Motte, Fontenelle and Thiriot.

[111] Synopsis: Bolus, *doyen des médecins*, is the ardent opponent of Turquin, *chirurgien*. The latter, the object of legal proceedings instituted by the *Faculté de médecine* for having encroached upon its own territory, has reportedly taken flight

that very success in its own right which points, obliquely but necessarily, to the success or at least to a perception of the potential importance of *Brutus* itself. For in order to enjoy *Le Bolus*, in other words to appreciate the impenitent irreverence and, consequently, the sheer discrepancy between the original and its parody, the audience had to be in a position to recognise the original itself. [112]

6. 'Brutus' and the Revolution

The history of *Brutus* from 1731 onwards and throughout the eighteenth century is uneventful. It was not one of those Voltairian tragedies which could be counted upon, year in year out, to command appreciative popular support. The Comédie-Française

---

(although in reality he is to be found 'Dans certain cabaret, à la Porte Royale'). La Sonde, his ambassador, comes to deliver an offer of peace. Behind the scenes, however, he conspires with Massacra who informs him that Bolus's son Tétu (who loves Tutie, Turquin's daughter) is a likely leader for the conspiracy because the 'Faculté [...] lui refuse net,/ Le titre de docteur, et l'honneur du bonnet'. Tétu and Tutie (whom her father is supposedly marrying off to a *grand opérateur*) mimic the dilemma of their more illustrious models before Tétu capitulates and joins the conspiracy. Coclicola informs Bolus of the plot; shortly after, Monsieur Fleurant, *apothicaire* – having gone with four beadles to arrest the plotters (who include Viperinus, Bolus's other son) – recounts how Massacra and others have committed suicide. As recompense, the *apothicaire* is made *docteur*. Tétu's fate is placed in the hands of Bolus who sends him to Saint-Lazare. The final word – as in the original – is reserved for Bolus... he is informed that the *Faculté de médecine* 'pour de bonnes raisons./ [l']envoie à l'instant aux Petites-Maisons'.

[112] Similar mixed opinions must be expressed with regard to the second, much shorter parody entitled *Le Sénat académique*, published in *Le Glaneur*, n° 11, 2 April 1731, p.1-4, and n° 12, 5 April 1731, p.2-4, and attributed to Jean-Baptiste Le Villain de La Varenne, its editor (Brenner, n° 11423). It has no literary importance, but is interesting in that it presents a rather negative image of Voltaire (not to mention Thiriot) as he appeared to certain supporters of La Motte and Fontenelle at that time. As the rare historical document that it is, it is reproduced below, appendix v.

staged it infrequently. [113] This is not the same, however, as saying that it was not esteemed by discerning connoisseurs. But the infrequency with which even they spoke of it is revealing. On 12 July 1742, the day after its revival, Hénault expressed his approval in a letter to Mme Du Deffand, calling it Voltaire's finest play and commenting most warmly on the performance of Sarrazin 'qui mit dans le rôle de Brutus toute la noblesse, toutes les entrailles, tout le tragique que l'on y peut désirer' (D2625). But a mere twenty years later, a connoisseur as astute as Grimm – though expressing similar high admiration – had to admit that he had almost forgotten that the tragedy existed:

La première représentation de *l'Anglais à Bordeaux* fut précédée d'une représentation de la tragédie de *Brutus*. J'avais presque oublié cet ouvrage. C'est sans doute un des plus beaux de M. de Voltaire. Quoique médiocrement joué, il me fit une impression des plus fortes. Il n'a point ce ton antique qu'aucun de nos auteurs, excepté M. Diderot, n'a connu; mais, à cela près, c'est un ouvrage si beau, d'une si grande élévation, d'une marche si sage et si majestueuse, d'une diction si pure et si enchanteresse, qu'il inspire la plus forte admiration pour le génie du poète. Cela est aussi grand que Corneille quand il l'est véritablement, et aussi beau que Racine. Si la nation avait décerné un monument à la gloire du poète après la première représentation de *Brutus*, la nation, en honorant le génie, se serait immortalisée, car voilà des ouvrages dont les auteurs méritent des statues. [114]

Popular success – if one is to judge from the steadily diminishing number of public performances – is not something which can be

---

[113] Played for the last time on 17 January 1731, *Brutus* was not to be revived until 11 July 1742 when it preceded the *première* of *Mahomet*. Using the *Registres* and A. Joannidès, *La Comédie française de 1680 à 1920* (Paris 1921) as the basis for calculations, we can say that, between 1742 and the period of the Revolution, *Brutus* was staged seventy times: 1742 (7), 1743 (6), 1744 (2), 1745 (1), 1746 (1), 1748 (1), 1750 (2), 1753 (2), 1754 (2), 1756 (4), 1757 (4), 1760 (1), 1761 (4), 1762 (1), 1763 (1), 1764 (3), 1765 (2), 1766 (5), 1767 (1), 1768 (2), 1769 (1), 1770 (2), 1772 (1), 1773 (1), 1775 (2), 1776 (3), 1777 (2), 1778 (3), 1781 (1), 1785 (1), 1786 (1).

[114] 1 April 1763 (CLT, v.256-57).

associated with *Brutus*. The same lesson must be drawn, in tandem, from the equally irregular printings of separate editions of the tragedy. The memory of the play had, however, not entirely disappeared, particularly not from the consciousness of certain people who – when the moment was finally propitious – were to demonstrate that *Brutus* was a surprisingly modern and singularly apposite play to stage given the climate of a France which was in the process of political regeneration. Condorcet, composing his *Vie de Voltaire* (1787), gave a clear indication that the way of interpreting the historical significance of Lucius Junius Brutus was shifting in a direction which earlier generations had studiously shunned. The Brutus known to the educated public of the reigns of Louis XIV, Louis XV and Louis XVI had tended more and more manifestly to be, not the liberator of Rome and the founder of the Republic, in other words not the revolutionary, but the defender and guardian of an established Republic who, at a fearful personal price, is also ultimately its saviour. [115] In a most lapidary fashion Condorcet wrote as follows (M.i.203):

Depuis *Cinna* notre théâtre n'avait point retenti des fiers accents de la liberté; et dans *Cinna*, ils étaient étouffés par ceux de la vengeance. On trouva dans *Brutus* la force de Corneille avec plus de pompe et d'éclat, avec un naturel que Corneille n'avait pas, et l'élégance soutenue de Racine. Jamais les droits d'un peuple opprimé n'avaient été exposés avec plus de force, d'éloquence, de précision même, que dans la seconde scène de *Brutus*.

The revival of *Brutus* would essentially be heard and read as a ringing justification of a new political order, but, above all, of popular rights reassessed after centuries of oppression.

Voltaire's posthumous image, [116] though in one sense self-

---

[115] See A. and J. Ehrard, 'Brutus et les lecteurs', p.105-109; J.-M. Goulemot, 'Eléments pour l'analyse du texte de Brutus au XVIIIe siècle', in *Influence de la Grèce et de Rome sur l'Occident moderne: actes du colloque des 14, 15, 19 décembre 1975*, ed. R. Chevallier (Paris 1977), p.201-13.

[116] See Desnoiresterres, viii.389-526; R. O. Rockwood, 'The legend of Voltaire

perpetuating, would clearly not have become quite what it did had it not been for the tireless commitment of a small number of the great man's intimates. Chief among these were Condorcet, Beaumarchais and La Harpe. But the greatest of them must surely be the marquis and the marquise de Villette. Villette and his associates had, since October 1789, and under the impulsion of revolutionary events, been urging that the moment had come to do proper honour to Voltaire's memory. They and similar enthusiasts, who had already claimed that the Sage of Ferney had been responsible for a revolution in thinking, now did not hesitate to proclaim that it was he who was the Father of the Revolution itself.

After 1789 the French theatre − at first slowly, then with increasing readiness − put its stage and its actors at the service of the Revolution. The final crucial momentum which made the civic and political goals of the theatre thoroughly explicit and thoroughly desirable was to come from the resounding scandal occasioned by Marie-Joseph Chénier's national tragedy, *Charles IX, ou l'école des rois*. Already in 1788, Chénier had written in his 'Epître dédicatoire': 'Le théâtre est d'une influence immense sur les mœurs générales; il fut longtemps une école d'adulation, de fadeur et de libertinage, il faut en faire une école de vertu et de liberté'. [117] If Condorcet himself had already understood *Brutus* essentially in terms of liberty and the rights of an oppressed nation, it is evident that Voltaire's tragedy would find its place in that theatre which was fast becoming a school for patriotism.

In their tireless campaign on behalf of Voltaire's memory, Villette and his associates had necessarily been suggesting its revival. They were not alone in seeing to what radical use it could be put: already in 1789 the artist-authors of a Salon review, analysing David's *Brutus*, had themselves seen its potential for

and the cult of the Revolution, 1791', in *Ideas in history, essays presented to Louis Gottschalk*, ed. R. Harr and H. T. Parker (Durham, N.C. 1965), p.110-34.

[117] 'Epître dédicatoire à la nation française', *Œuvres complètes* (Paris 1829), i.188.

aggressive political interpretation when they had seen fit to quote that last line of Voltaire's play – 'Rome est libre. Il suffit... Rendons grâces aux dieux' – which was to become one of the better known slogans of the Revolutionary period; while early in 1790, one of the first Altars to the Motherland was to incorporate four quotations from Voltaire, three from *La Henriade* and one from *Brutus*. [118]

The concerted campaign for a reprise of *Brutus* dated from the early months of 1790; it was to be given added impetus by Mirabeau and Talma when they requested that it, along with Voltaire's other Roman play, *La Mort de César*, and Chénier's *Charles IX*, should be included in the ceremonies destined to celebrate the 14 July, in other words: the *Fête de la Fédération*. The Comédiens were, however, proving reluctant – and would prove to be just as reluctant in the months to come – to listen to such an increasingly significant section of public opinion and its more and more insistent voice. Naturally it is possible that their reticence – as Talma himself believed – had straightforwardly political dimensions; [119] but it is, on balance, more likely that they were giving expression to a fairly understandable reluctance to be so intimately associated with subject matter that was, to say the least, inflammatory and a sure source of disturbance. They had already experienced severe, even traumatic, commotions because of the way in which the Revolutionaries had exploited *Charles IX* in 1789. Self-evidently *Brutus*, with its *dramatis personae* divided into opposing camps of Republicans and Monarchists, was – given the increasing

---

[118] Quoted in R. L. Herbert, *David, Voltaire, Brutus and the French Revolution: an essay in art and politics* (London 1972), p.70; see also E. Flamarion, 'Brutus ou l'adoption d'un mythe romain par la Révolution française', in *La Révolution française et l'Antiquité*, Caesarodonum 25 bis (Tours 1991), p.91-111.

[119] The majority of the troupe may well have harboured – and probably did harbour – suspicions that the theatre (as C.-G. Etienne and A. Martainville were to claim in their *Histoire du théâtre français, 1789-1799*, Paris 1802, i.II-III) was going to be a formidable weapon in the hands of those forces which were hostile to the Ancien Régime and all that it represented.

effervescence of the public spirit – the ideal pretext for turning the Théâtre-Français into a battleground.

The Comédiens continued to procrastinate. Faced with such inaction, which they took to be symptomatic of bad faith and, above all, further evidence of anti-revolutionary sentiments, Voltaire's champions finally lost patience. On 27 October 1790, overtly giving to the campaign what had always been its political flavour, the *Chronique de Paris* denounced the incorrigible 'aristocratisme' and the 'incroyable audace des comédiens dits de la nation'. [120] The accusations were dutifully echoed by other elements of the patriotic press. [121]

But, as the *Chronique* put it, on 5 November 1790, reporting an irascible reaction from the *parterre* when faced with 'aristocratic' applause at a performance of *Richard Cœur de Lion* which had been given at the Théâtre-Italien two days previously: 'Le lion s'est réveillé; le peuple enfin est sorti de sa léthargie et l'esprit public s'est montré avec toute son énergie' (p.1234-35). Whether the Comédiens had already taken note of the earlier manifestation of the 'lion's' displeasure, or whether it had been the outspoken vigilance of the *Chronique* itself which had been the decisive factor (as it so plainly seemed to be implying in its issue of 6 November),

[120] *Chronique de Paris*, no.300 (Wednesday 27 October 1790), p.1197. We learn how the Comédiens had attempted to justify their refusal to stage *Brutus* on the grounds that the public might see Louis XVI in the guise of Voltaire's Tarquin. As the *Chronique* goes on to note censoriously: 'c'est ainsi qu'ils insultent à la fois le roi et le peuple' (p.1198). On 30 October, in no.303 and in a non-paginated supplement (p.[2-3]), the *Chronique* published a letter from Saint-Prix, which repeated the above excuse, and which ended: 'Depuis la retraite de Brisard, la pièce de Brutus n'a pas été représentée; elle est depuis quinze jours à l'étude [...] Nous ne sommes point les maîtres de notre répertoire; les tracasseries survenues ont tout dérangé. La retraite affligeante de mesdames Raucourt et Contat; mademoiselle Desgarcins qui pleure encore la perte récente de sa mère; la maladie de madame Vestris, toutes ces difficultés nous commandent. Qu'elles soient applanies, le courage renaîtra, et la satisfaction du public sera la plus douce récompense de nos efforts.'

[121] Cf. Gorsas's *Le Courrier de Paris dans les 83 départements*, 5 November 1790, p.68.

it could now triumphantly proclaim however: 'Les comédiens français vont enfin donner *Brutus!*' (p.1238). But since 'cette tragédie, une des plus belles de Voltaire, est cependant une des plus négligées et des moins connues' (7 November, p.1245), the *Chronique* – to be followed closely once again by other newspapers – fulfilled its civic function by explaining why, politically, it was *belle* and why also (here it freely quotes lines from the play and traces parallels with contemporary events and personalities) the public should show its disapproval for the *maximes condamnables* which are in the mouths of the play's 'aristocrats' (p.1245-46). Exhorting its readers (as it would again on 16 November, p.1278) to demonstrate support for the good cause through their visible and audible presence at the first night, the *Chronique* ended on its usual declamatory note (p.1246):

Sans doute les patriotes attirés par l'intérêt du spectacle y seront en nombre. Ils ne souffriront pas qu'on outrage la majesté du peuple, et que les ennemis de la révolution abusent de notre indulgence pour nous insulter. Que les aristocrates suivent bien cette pièce; qu'ils étudient les faux discours qui séduisent les amis de Tarquin; qu'ils observent bien la catastrophe, ils verront les Mauri, les Cazalès, les noirs enfin de Rome déjoués et confondus, et la liberté établie sur des bases inébranlables. Qu'ils profitent de la leçon.

Wednesday 17 November 1790 – the date chosen for the reprise – promised therefore to be a day of memorable confrontation: 'C'est aujourd'hui, ce soir, que le patriotisme va, au Théâtre français, faire mordre la poussière à l'aristocratie.' [122] It was the prevalence of such aggressive rhetoric and no less the persistent rumour that

---

[122] *Journal universel, ou révolutions des royaumes*, no.360, Wednesday 17 November 1790, p.2875. In reconstructing the events and in gauging the atmosphere, I have relied on the following newspapers: *Chronique de Paris* (18, 19, 21, 23, 25, 26, 27 November); *Le Courrier de Paris dans les 83 départements* (19, 20, 21, 24 November); *Journal universel, ou révolutions des royaumes* (19, 20 November); *Bouche de fer* (December 1790); *Mercure de France* (4, 11 December); *Le Moniteur* (19 November); *Le Patriote français* (19 November).

both 'aristocrats' and patriots intended to come heavily armed to the first performance,[123] which persuaded the municipality of Paris to take what appropriate action it could. Anticipating at worst civil war, at best considerable tension between the opposing parties, it had strongly policed the approaches to the theatre (but not the theatre itself), warning the public that all sticks, canes, swords and offensive weapons were to be discarded.[124]

The size, the effervescence and the volatile mood of the assembled throng were truly impressive. Indeed, by five o'clock, a full hour before the performance was due to begin, the wherewithal for a *brouhaha* of serious proportions was already in place. All the seats had been sold. And it was only with the greatest difficulty – as he had foreseen – that the very incarnation of patriotic values, Mirabeau himself, managed to obtain a seat in a small box *aux quatrièmes*.[125] Mirabeau's presence at that first night is an interesting phenomenon and can claim, in certain respects, to be one of the footnotes of history. It was surely not from any innate love of the theatre that the 'Tribun du peuple' had decided to attend such a long-awaited performance of a play in which the majesty of the 'Assemblée-Nationale-Romaine' was incessantly proclaimed, and the civic fortitude of Brutus, 'général de la garde

---

[123] For example, Antoine-Joseph Gorsas, in *Le Courrier de Paris* (5 November 1790, p.68-70), had already reported how, at the performance of *Richard Cœur de Lion*, given on 3 November, 'aristocratic' walking sticks had been raised and naked blades threateningly shown. On the very day of the reprise of *Brutus*, he was warning of similar 'aristocratic' violence and inviting the patriots themselves to go to the theatre adequately armed (p.262).

[124] Cf. Gerhard Anton von Halem, *Paris en 1790. Voyage de Halem*, trans. A. Chuquet (Paris 1896), p.309-10: 'les affiches ne firent pas connaître, comme aux représentations postérieures, cette décision, et l'on ne connut cette défense que par la garde [...] on ne savait où mettre les cannes [...] et l'on dut porter les cannes au café le plus voisin.'

[125] *Correspondance entre le comte de Mirabeau et le comte de La Marck, pendant les années 1789, 1790 et 1791*, ed. A. de Bacourt (Paris 1851), ii.343: 'Et moi aussi je vais à *Brutus*, mon aimable ami, si du moins j'y puis pénétrer.'

nationale Romaine', [126] so stirringly portrayed. On the contrary. For as R. L. Herbert says: 'This was one of Mirabeau's most important appearances in public outside the Assembly, and it is likely that he sought identification with Brutus. The recently rediscovered portrait of him (oil, London, the Duke of Hamilton), probably done after his premature death in April 1791, calls attention to the parallel. On his table sits a bust labelled Brutus, and on the wall behind him is a version of David's painting'. [127] It was surely not by chance that the patriots in the audience had already seized that parallel. The 'éloquent et intrépide défenseur de la liberté' (*Chronique de Paris*, 18 November, p.1286) was recognised. There followed but one unanimous cry: 'Mirabeau à la galerie!', punctuated by the much more significant: 'Venez, venez, Brutus!' (*Chronique de Paris*, 19 November, p.1290). A deputation led by Etienne Jouy invited him to descend and occupy a place of honour among the patriots, where – once installed – he accomplished, according to Gorsas (*Le Courrier de Paris*, 19 November, p.298), what must have been a truly prodigious feat: despite the electric, highly emotional atmosphere in which allusions and counter-allusions were constantly spotted and thunderously applauded or vengefully hissed, [128] he managed to walk his habitual tightrope. Not one sign of approval or disapproval did he give.

The public, however, made up for his (supposed) lack of

---

[126] Terminology used in *Le Courrier de Paris* (9 November 1790), p.133.

[127] *David, Voltaire, Brutus and the French Revolution*, p.74.

[128] On this, and following, nights there obviously occurred that highly emotional fusion between spectators and spectacle which the theorists had so often talked about. As the *Chronique de Paris* put it: 'Jamais illusion n'a été plus complète' (18 November 1790, p.1286); or as Gorsas himself said: 'l'analogie des circonstances ajoutant à l'illusion; les Romains et les Français *fondus* en quelque sorte l'un dans l'autre, ne faisant plus qu'un même peuple, toutes les applications furent saisies avec une justesse et un enthousiasme tels, que le spectateur s'identifiait à l'action, et était successivement Brutus, Publicola s'il était patriote, et Arons et Messala, s'il était un traître comme Broglie, ou un aristocrate forcené, comme Foucault, Malhouet ou Montlausier' (*Le Courrier de Paris*, 19 November 1790, p.295).

commitment. The night was manifestly to belong to the patriots. But also to the king. As *Le Moniteur* said: 'Le triomphe de la liberté a été complet; mais la liberté n'a pas triomphé seule; la loi et le roi ont partagé sa victoire' (19 November, p.412). All the papers, without fail, were at one in mentioning how the audience – far from demonstrating disaffection for Louis xvi – actually seized the opportunity to give voice, with 'l'accent de la reconnaissance et de l'amour', to their trust in 'le premier roi citoyen' *(Mercure de France*, 4 December, p.42). For at the particularly dramatic moment when Brutus sends Titus forth to defend the walls of Rome (iv.vi.191-192), with the ringing exhortation:

> Mais je te verrai vaincre, ou mourrai comme toi,
> Vengeur du nom romain, libre encore, et sans roi.

isolated applause for the last five words was to be heard. Whereupon the majority of the audience, not wishing perhaps to be accused of confusing 'Tarquin avec le petit-fils de Henri iv' *(Le Moniteur*, p.412) shouted 'Vive le Roi!' Hats and handkerchiefs rose into the air. But upon the observation that such a huzza was unconstitutional – as the seventeen-year-old Duc de Chartres (future Louis-Philippe) carefully noted [129] – the audience broke into a full-throated rendition of 'Vive la nation, la loi et le roi, et vive la liberté', which, according to some observers, lasted a full five minutes. But the 'good father' of the French, the 'necessary ally' in the reformers' fight against the reactionary 'aristocrats', was definitely under warning. [130] And as if to underline that fact,

---

[129] *Correspondance de Louis-Philippe-Joseph d'Orléans* (Paris 1800), iii, 'Extraits tirés du Journal du fils aîné de d'Orléans', p.227-28.

[130] The same reaction was to be noted at the fourth performance of *Brutus*, on 25 November 1790, when a young Royalist read out a 'discours très long sur le roi: tout ce qu'il a dit sur ce prince chéri a été applaudi: mais quand il a ajouté que le Français devait se distinguer par son amour pour ses rois, les bons patriotes voulaient lui proposer un amendement. Nous ne pouvons aimer que ceux qui nous aiment; cette loi est dans la nature' *(Chronique de Paris*, Wednesday 26 November [in fact Saturday 27 November], p.1322).

the audience showed even more extreme effervescence, literally one minute later, when Brutus uttered his famous: 'Dieux! donnez-nous la mort plutôt que l'esclavage' (IV.vii.218). The reaction was both instantaneous and deafening. The *Chronique de Paris* reported: 'les cris, les applaudissements, les trépignements ont été si violents qu'on croyait que la salle allait crouler. Il s'est élevé un nuage de poussière si épais qu'on ne voyait plus les acteurs' (p.1287).

But if the night belonged to the patriots, to the king, to the nation and to the ideal of liberty, it also belonged to Voltaire himself. At the end of *Brutus* – following expressions of the popular will – Houdon's bust of Voltaire was brought onto the stage 'orné d'une couronne civique et des couleurs de la nation. Deux grenadiers de la garde nationale l'ont soutenu pendant tout le temps qu'il a resté exposé aux regards du public. Cette image *ranimée* du *précurseur* de la révolution, a été reçue avec les transports de l'idolâtrie'. [131]

---

[131] *Le Courrier de Paris*, 19 November 1790, p.297, It is interesting to note the tenor of the impromptu verses penned and recited at the end of this performance. In the *Chronique de Paris* (21 November, p.1298), there is a quatrain by Pierre-Alexandre Pieyre:

AU BUSTE DE VOLTAIRE

Les beautés de Brutus aujourd'hui mieux senties
Trouvent enfin leur place au théâtre français.
Par un peuple nouveau tu les vois applaudies:
La seule liberté manquait à leur succès.

Gorsas quotes another *impromptu* penned by a *sous-lieutenant des grenadiers volontaires* on duty that night in the theatre (*Le Courrier de Paris*, 20 November, p.307):

Eh bien! vous l'avez vu, chétifs aristocrates,
Combien règne en nos cœurs une mâle fierté...
Ces dignes citoyens *qu'on nomme démocrates*,
Comme ils s'enflamment tous au mot de liberté!...
Mais vous, à ce seul mot pour nous si pleins de charmes,
Ne rougissez-vous pas de montrer tant d'effroi?
Vainement pour Louis feignez-vous des alarmes;
Plus que vous ne l'aimez nous aimons un bon Roi;
Apprenez seulement, que ce peuple si brave,
A force de malheurs a trouvé des vertus;

The second performance of *Brutus*, given on 19 November 1790, was equally tumultuous and it also – by the variety of its reported incident – leaves the historian with similarly kaleidoscopic, changing, overlapping impressions: before the performance, much amateur oratory (some amusing, some boring, but uniformly political) from the *parterre*; during the performance equally unrestrained effervescence such as had been seen on 17 November; much boisterous acclamation for patriotic lines: cheering, stamping, hissing; much careful vigilance in order to ensure – with the civic-minded constantly scanning the boxes – that the 'maximes avouées hautement par l'aristocratie' (*Le Courrier de Paris*, 21 November, p.325) should receive no signs of approval: but, having been guilty of such bad taste, two 'aristocrats' are ignominiously expelled; then the chevalier de Beaumont, nephew of the former archbishop of Paris, – having first applauded an 'anti-revolutionary' pronouncement (1.ii.173) in a most insolent fashion, having then insulted the *parterre* and having finally struck a grenadier of the National Guard – narrowly escaped a lynching and was unceremoniously ejected into the street... We see also, most interestingly, further revealing evidence once more of that complete fusion between spectacle and spectators. [132]

Et prêt à tout souffrir, plutôt que d'être esclave
S'il avait des Tarquin, aurait plus d'un Brutus.

[132] Cf. *Le Courrier de Paris* (21 November 1790), p.325: 'il y a eu des moments d'illusion que nous ne rapporterons pas, parce que le lecteur en douterait peut-être'. Gorsas gives, however, two examples: 'Une voix s'est élevée pour demander grâce pour Titus, à l'instant où il allait être condamné par son père; et quand Brutus a adressé à Arons, convaincu d'avoir conspiré contre Rome, ces vers [v.ii.76-79]:

Va, d'un crime inutile, entretenir ton roi,
Et montre en ta personne, aux peuples d'Italie
La sainteté de Rome et ton ignominie.
Qu'on l'emmène licteurs...

Non! non! s'est écrié un homme de campagne, À LA LANTERNE! N.B. On a forcé de sortir celui auquel était échappé ce propos indécent, et sans doute involontaire'. It is worth noting that Gorsas deliberately hints, with his final comment, that *Brutus*,

But the most remarkable events took place at the beginning and, certainly, at the end of the play. Before the curtain went up, it was announced that the bust of Voltaire, which had been brought down to grace the stage at the end of the first performance, was now – thanks to the public-spiritedness of an 'artiste célèbre de la capitale' – to be given an equally imposing vis-à-vis in the shape of the 'plâtre du seul buste de Brutus qui existât à Rome'. [133] It was without a doubt David's intimacy with the theatre and, perhaps above all, with Talma which explains his ready loan of what was, by any standards, a rare work of art. But it must have been the sheer determination of both men to further heighten the dramatic and the emotional (and therefore the political) impact made by the final scene which explains the innovation that came about at the end of the play. The final scenes take place in the palace of the consuls, and depict the conflicting emotions of Brutus the father and Brutus the consul. After his final, painful interview with Titus, a distraught Brutus bids that Proculus take the young man out for execution. Brutus refuses consolation and the tragedy closes on a

---

its proponents and its appreciative audience could in no way be equated with sans-culotte anarchism.

[133] The material appearance of Brutus – and his ritual importance, coming to reinforce that of Houdon's Voltaire – gave rise to a brief interruption at the beginning of the play. As the curtain went up, and as Vanhove was about to declaim his first line, a folder landed at his feet. The actor opened it, read the contents and went gravely to place them at the feet of Brutus. But the audience having insisted on knowing the tenor of the communication, he recited, in von Halem's version (p.311), the following:

> O buste de Brutus, ô buste d'un grand homme
> Te trouvant à Paris, tu n'as pas quitté Rome.

Gorsas (*Le Courrier de Paris*, 21 November 1790, p.325) has a variant:

> Quand Paris, libre enfin, possède ce grand homme;
> Quand il est parmi nous, il n'a pas quitté Rome!

while the *Chronique de Paris* (25 November 1790, p.1314) proposes yet another:

> O buste respecté de Brutus, d'un grand homme!
> Transporté dans Paris, tu n'as pas quitté Rome.

verbal and attitudinal demonstration of his stoic and patriotic fortitude. However, from 19 November onwards, as Vanhove declaimed the last line of the play, 'ce père infortuné se place sur un fauteuil antique, comme le Brutus de M. Dand [David]; et de même on voit passer le cortège qui rapporte ses deux enfants dans sa maison'. [134] Subsequent printed editions of the play (90, 92, 93P, 94) – though without necessarily tending to indicate thereby that this *tableau vivant* became a regular feature – were to carry the stage direction: *Quatre licteurs, portant le corps de Titus, traversent le vestibule. Brutus tombe sur un fauteuil. Le rideau tombe.*

The revival of *Brutus* had been a triumph. [135] We must qualify that triumph, however, as being almost purely political in essence. Audiences clearly showed little (even no) aesthetic or intellectual appreciation for the tragedy as a work of creative imagination. No spectator in 1790, or during the later revolutionary period, was concerned – as is modern literary criticism – with the glorification of homo-patriotic relations and the corresponding devaluation of feminine love, even less with the more recondite ramifications of Freud's 'family romance'. All that they heard and saw was the crudest opposition between tyranny and liberty, in short: a play which could be (and was) understood as the dramatisation of a small number of pregnant maxims.

The success of *Brutus* was proved in a variety of other ways. Charles Villette, whose championship of Voltaire had been unflagging, saw in these noisy public expressions of approval a

---

[134] *Chronique de Paris*, 25 November 1790, p.1314. See also von Halem, *Paris en 1790*, p.312.

[135] Gorsas was however to complain that the third performance, although just as well attended as the first two, was infinitely less patriotic (*Le Courrier de Paris*, 24 November 1790, p.370-71). But this probably means nothing more than that he equated patriotism with *boisterous* and *insistent* – even threatening – demonstrations of 'correct' political commitment. For he records other 'épisodes intéressants' which are clearly demonstrations of revolutionary loyalties (p.371-72). The *Mercure de France* (4 December 1790, p.44) in turn reported less effervescence but was in no doubt that the play still excited transports of civic pride.

further powerful argument in the furtherance of his own campaign. On 19 November 1790, he wrote a vibrant letter to the *Chronique de Paris* (published on 23 November, p.1305) suggesting yet again that Voltaire's remains – *vox populi postulat* – should be enshrined in the *nouvelle basilique de Sainte-Geneviève*, suitably re-baptised the *panthéon français*. Moreover, at the third performance (24 November), he seized the opportunity to appear on the very stage of the Théâtre de la Nation, just before the curtain went up on *Brutus*, in order to repeat his exhortation... to public acclaim. [136] Thanks to *Brutus*, Villette was however hammering on a door which was now opening wide. Voltaire was the darling of the 'democratic' theatre because – more importantly – he was a further weapon in the rapidly growing armoury of the radicals. As von Halem wrote: 'Où y a-t-il pour l'instant une pièce qui, comme celle-ci, offre d'aussi frappantes allusions au présent? Où est le poète qui serait capable de traiter un autre sujet avec la vigueur de Voltaire?' (p.313).

Von Halem's assessment was well in tune with radical thought. The *Chronique de Paris* (19 November, p.1290) lost no time in expressing deep regret that the Comédiens had not kept their promise to make places available for 'la classe du peuple la moins fortunée'. It was evidently believed that the latter (unlike the educated bourgeoisie) were those who needed such basic civic instruction. There came therefore an immediate call, echoed by the *Bouche de fer*, that a public subscription be opened to that end. [137] Action in this domain was, however, not to materialise until August 1793 when the Convention decreed free performances of *Brutus*, *Guillaume Tell* and *Caïus Gracchus* in certain Parisian theatres. But on the other hand, those elements of the press which

---

[136] See *Le Courrier de Paris* (24 November 1790, p.371-72); *Chronique de Paris* (25 November 1790, p.1314). The text is to be found in CLT, xvi.117.

[137] *Bouche de fer*, no.38 (December 1790, p.447-48). R. L. Herbert (p.80) also draws attention to this initiative and cites as his authority a pamphlet by E. Des Gravelles entitled: *Lettre aux sections de Paris* (Paris 1790, 3 p.).

had made a parallel demand that the play be staged 'sur tous les théâtres du Royaume, pour y échauffer de plus en plus l'esprit patriotique' (*Mercure de France*, 4 December, p.44) were to witness a response which was almost immediate. Performances of *Brutus* were given as early as December 1790 in Dijon, Auxerre, Bordeaux and Rouen; in Marseilles (as early as January 1791), in Strasbourg (1792), and in Lyons, Tours and Reims (1793). [138]

The real success of *Brutus* in the provinces in 1790 and in the years to come is, however, notoriously difficult to gauge. On the other hand, Paris as the scene for *Brutus* and its popularity can be broached with greater confidence. [139] Curiously it was the agitation for a revival of the tragedy, dating back to the beginning of 1790, which can be seen as that phenomenon which helped towards the liberation of the Parisian stage and, in the process, to the wider availability of *Brutus* itself. When La Harpe mounted the final assault on the exclusive privileges of the unregenerate Théâtre de la Nation (i.e. the Comédie-Française) and argued – as many journalists had already done in the course of the year – that the stage should be free (free, that is, to respond to popular demand) and, above all, *mindful* of that popular demand, he pointed to the bad feeling generated by the *Brutus* affair and argued that such a ridiculous situation could never have materialised if the exclusive privilege to all dramatic works had not, many years before, been given to one sole troupe. [140] La Harpe and *Brutus* together carried the day. The Assemblée Constituante passed a law on 13 January 1791 suppressing those exclusive privileges and transferred the classic repertory *in toto* to the public domain.

---

[138] See H.-J. Lüsebrink, 'Réécritures et formes de réception du *Brutus* de Voltaire au dix-huitième siècle', *Studies* 305 (1992), p.1871-74.

[139] See P. S. Robinove, 'Voltaire's theater on the Parisian stage, 1789-1799', *The French review* 32 (1958-1959), p.534-38. K. N. McKee, 'Voltaire's *Brutus* during the French Revolution', *Mln* (February 1941), p.100-106, has been superseded by the studies of Robinove and Lüsebrink.

[140] See *Le Journal des Amis de la Constitution* (21 December 1790), p.171-83.

It was on the evidence of the number of performances given in that public domain, down to 1799, that Phyllis Robinove was able to establish, not only that *Brutus* was the most popular of Voltaire's plays during the whole revolutionary period, [141] but also that it was indeed one of the more frequently performed plays on a whole variety of Parisian stages. Within days of the decree's being promulgated by the Constituante, the tragedy was being performed at the Délassements Comiques (27 January 1791) and the Spectacle des Associés (11 February 1791); thereafter it was quickly taken up by the Théâtre Patriotique du sieur Sallé, the Théâtre Français rue de Richelieu (Talma's breakaway establishment which opened to the public, on 30 May 1791, with a performance of *Brutus*), the Théâtre du Marais, the Théâtre Montansier, the Variétés Dramatiques, the Théâtre de la Liberté and the Théâtre Républicain de la Gaîté.

For so long as *Brutus* could be understood as going in the same general direction as the popular Revolution and, more precisely, could be used to glorify (or to justify) radical politics, its presence on the Parisian stage was assured. In November 1790, its success obviously stemmed from the fact that its own political thesis, stressing that sovereign power resided in the nation and in the nation's laws, and that even the ruler must give them his solemn allegiance, found a totally sympathetic audience. 'The potential for a radical use of the Brutus legend', as R. L. Herbert rightly says, 'was not at that time in a comparison of the king with Tarquin, but in the subordination of royal autonomy to national law. The repeated oaths Louis was required to take to the succession of new laws bound him increasingly to this concept, so

---

[141] Her research shows that *Brutus* was performed 144 times (as opposed to *Nanine*, 136; *Mahomet*, 113; *Tancrède*, 83; *Mérope*, 78... and *La Mort de César* a surprisingly modest 48 times). The number of performances for *Brutus*, on an annual basis, is as follows: 1789 (0), 1790 (11), 1791 (25), 1792 (36), 1793 (30), 1794 (21), 1795 (8), 1796 (4), 1797 (1), 1798 (1), 1799 (7).

that if he violated them, he would be guilty of Tarquin's crime' (p.86).

It is a matter for history that Louis became increasingly prone to such transgressions. It is also a closely allied phenomenon that *Brutus* was performed most often in 1792. For now the way in which its plot was being read had shifted sharply to the left;[142] henceforth it signified the irreconcilable antagonism between monarchy and republic, and the clear superiority of the latter. But, more than that, it now clearly signified the moral and legal precedence of that latter over the former. In the debates over the fate of Louis XVI, it is the Brutus story which came insistently to the fore. And it is the Brutus story which ultimately provided the regicides with their logical conclusion.[143]

The theatre kept pace with the Convention. Phyllis Robinove tells us that 'both *Brutus* and *La Mort de César* were presented several times during October and November 1792 while the trial of Louis XVI was being discussed. On January 20, 1793, the day before the king's execution, *Brutus* was played at the Comédie-Française. After August 1793 the only plays of Voltaire staged in Paris during the balance of the year were *Brutus* and *La Mort de César*' (p.538).

In the course of the year 1793, it was inevitable that the Montagnards, the Jacobins and the Cordeliers should appropriate Voltaire's tragedy and make it at once a permanently visible justification for regicide and a vehicle for patriotic exhortation. Never had its political application been more abundantly nor more

---

[142] As Phyllis Robinove reports: 'For instance, it was staged in Paris the day after the king's return from Varennes and lines against monarchy were quoted in the *Bouche de fer*, the organ of the *Cercle social*. In 1792, a week after the August 10 riots, *Brutus* was the play chosen for a benefit performance on behalf of the victims of the uprising' (p.538).

[143] See A. Soboul, *Le Procès de Louis XVI* (Paris 1966); M. Walzer, *Regicide and revolution* (Cambridge 1974); D. P. Jordan, *The King's trial: the French Revolution vs Louis XVI* (Berkeley 1979).

widely demonstrated. [144] This – whether we are dealing with Paris or the provinces – is not a matter for surprise. In the capital, at the national political level, the Convention, the Comité de salut public and the Comité de sûreté générale (and those important parallel political bodies: the Commune de Paris and the Comité de surveillance du département de Paris) were giving frequent and unequivocal support to the notion that the theatre had primarily to serve towards the political and moral education of the citizen. [145] We can usefully quote two interesting manifestations of this belief, in which *Brutus* is specifically mentioned.

On 2 August 1793, Couthon, in the name of the Comité de salut public, addressed the Convention in the following terms:

Citoyens, la journée du 10 août approche; des républicains sont envoyés par le peuple pour déposer aux archives nationales les procès-verbaux d'acceptation de la constitution. Vous blesseriez, vous out-rageriez ces républicains, si vous souffriez qu'on continuât de jouer en leur présence une infinité de pièces remplies d'allusions injurieuses à la liberté, et qui n'ont d'autre but que de dépraver l'esprit et les mœurs publiques, si même vous n'ordonniez qu'il ne sera représenté que des pièces dignes d'être entendues par des républicains. Le comité, chargé spécialement d'éclairer et de former l'opinion, a pensé que les théâtres

---

[144] The power with which Lucius Junius Brutus impinges upon popular consciousness, at the highest and lowest levels, is doubtless at its greatest in 1793. It was, for example, in February 1793 that David persuaded his fellow deputies that the bust of Brutus should be a permanent fixture in the debating chamber of the Convention; it was in the spring of 1793 that the subject matter for the *Concours du prix de peinture*, organised by the Académie de peinture, was *La Mort de Brutus*; see Ph. Bordes, 'Lucius Junius Brutus: un projet d'exposition au Musée de la Révolution Française (Vizille)', *Dix-huitième siècle* 27 (1995), p.285-92. It was also during An II that the revolutionary forename, Brutus, chosen by Parisians for their male off-spring, was by far the most popular; see R. Bange, 'Recherches sur les prénoms révolutionnaires à Paris', *Annales historiques de la Révolution française* 1 (1994), p.39-65.

[145] This belief is eloquently pointed up by the fact that the theatre and its repertory were, from An II onwards, the responsibility of the Comité d'instruction publique.

n'étaient point à négliger dans les circonstances actuelles. Ils ont trop souvent servi la tyrannie; il faut enfin qu'ils servent aussi la liberté. [146]

Couthon then went on to propose the following decree:

Article premier: A compter du 4 de ce mois et jusqu'au 1er septembre prochain, seront représentées trois fois la semaine sur les théâtres de Paris qui seront désignés par la municipalité, les tragédies de *Brutus*, *Guillaume Tell*, *Caïus Gracchus* et autres pièces dramatiques qui retracent les glorieux événements de la liberté. [147] Une de ces représentations sera donnée chaque semaine aux frais de la République.

Article second: Tout théâtre sur lequel seraient représentées des pièces tendant à dépraver l'esprit public et à réveiller la honteuse superstition de la royauté, sera fermé, et les directeurs arrêtés et punis selon la rigueur de la loi. [148]

The theatre, and above all the education and regeneration of the French seem indeed to have been uppermost in the minds of the deputies during that appalling month of August 1793 when the Republic, assailed from all sides, stood defiant but quite alone, and mostly unloved. On 14 August 1793 (twelve days after Couthon's intervention), besides discussing the impeachment of Carra, the Convention had an equally animated debate on the address that it was appropriate to make to the French people faced with their foreign and domestic enemies. In the course of the discussion, the following exchange took place:

LEJEUNE: Vous venez de décréter de grandes mesures; mais elles ne sont

---

[146] *Archives parlementaires*, lxx.134-35. Despite appearances, the notion that the theatre should serve the interests of the state was not new. Nearly seventy years before, the abbé de Saint-Pierre had – in the *Mercure de France* (April 1726, p.715) – recommended that authors be deliberately encouraged (by the award of titles and pensions) to produce plays beneficial to the state.

[147] It was Voltaire's *Brutus* which was the first to be performed, free of charge, on 7 August at the Théâtre de la Nation.

[148] The text of the decree, as reported in *Le Moniteur*, no.217 (5 August 1793), p.308, is slightly different. The above is taken from the decree as circulated by the Convention (Comédie-Française, *pièce non cotée*).

pas suffisantes; il faut qu'il soit établi des forges dans les places publiques, et que devant les yeux du peuple on fabrique les instruments de sa vengeance. Il faut que tous les plaisirs cessent, que tous les spectacles soient fermés dès cet instant.

DELACROIX, d'Eure-et-Loir: Je rends justice aux intentions du préopinant; mais il a proposé une mauvaise mesure; c'est par les spectacles qu'il faut échauffer l'esprit du peuple. Il n'est personne qui, en sortant d'une représentation de *Brutus* ou de *La Mort de César*, ne soit disposé à poignarder le scélérat qui tenterait d'asservir son pays. (On applaudit). Je demande que le comité de salut public prenne des mesures pour qu'on ne joue que des pièces républicaines. [149]

Given the climate of the capital and the prevailing political wisdom, it is evident that the republican commitment of Lucius Junius Brutus was for export. Quite unsurprisingly, Brutus travelled far and wide with the baggage of a whole variety of *représentants en mission*. Fréron, Barras and other emissaries were among his enthusiasts, and were responsible for implanting his image and his example whenever and wherever they travelled. 'To rally the radical forces, they arranged festivals and ceremonies in which Brutus always had a prominent place, such as the inauguration of his bust in the secularized cathedral of Nevers on 21 September 1793' (Herbert, p.107). But it was not uniquely the image which they exported; often it was the very play itself. For example, Joseph Le Bon, *en mission* in Arras and Cambrai, brought in a troupe of actors whose task it was to produce works which glorified republican ideals and which disseminated revolutionary doctrines. *Brutus* was one such vehicle of which he particularly approved. At the opposite end of the country, at the festival of 30 November 1793 in Marseilles, the climax of the celebrations was a performance of *Brutus*. In fact, 'so important was the educational function of

---

[149] *Archives parlementaires*, lxxii.161. The Comité de salut public and the Comité de sûreté générale did take a constant and close interest in the republican well-being of the theatre: patriotic drama dominated the stage until the downfall of the Republic on 27 July 1794.

the play that Marseilles had the actors take the same oath of public duty required of teachers' (Herbert, p.107).

Various contemporaries, then later critics and historians, have, however, claimed that *Brutus* was made to suffer an eclipse, in the capital, during the last months of the Terror on the grounds that it was... anti-revolutionary! [150] The abbé Grégoire, once in the safety of Thermidor, even went so far as to accuse Robespierre and his political companions of active hostility towards the play on the more precise grounds that many of Voltaire's lines expressed strong and unequivocal opposition to arbitrary arrest, and a clear preference for due legal procedures. [151] Given the sheer amount of disinformation and murky propaganda that attends the memory of the defeated members of the Comité de salut public, it is difficult to ascertain where the truth lies.

There seems, however, to be, at first sight, a certain amount of contemporary evidence which might encourage credence. We may point, for example, as do all hostile critics, to the apparent regression in the number of public performances given in the capital. We may in turn remember that certain (unspecified) lines in *Brutus* had undoubtedly been changed or quite simply suppressed by various provincial or national authorities in late 1793 and early 1794. [152] We may also bear in mind the fact that, in the final months

---

[150] The source is without doubt La Harpe's *Lycée, ou cours de littérature*, ix.140-41. His contention has been repeated uncritically ever since, in one guise or another, down to the present. See, for example, McKee, p.104-105; Ridgway, *La Propagande philosophique*, p.81; Herbert, p.115.

[151] See F.-A. Aulard, *Paris pendant la réaction Thermidorienne et sous le Directoire* (Paris 1898-1902), i.316.

[152] For example, P. d'Estrée (*Le Théâtre sous la Terreur*, Paris 1913, p.106-107) recounts how, on 1 January 1794, the Conseil général de la commune in Tours (which had decided, a fortnight earlier, to exercise complete control over the repertory of the local theatre) authorised the performance of *Brutus* but only on the understanding that four lines had to be suppressed. We learn from the same source (p.9-10) that, in March 1794, the Commune de Paris started to look closely at the totality of theatrical offerings in the capital and decided, in the case of *Brutus*, that its dénouement had to be changed. In turn L. Moland (i.307) makes a tantalisingly

of the Terror, Marat's bust had displaced that of Brutus from its position of honour directly in front of the speaker's rostrum in the Convention (Herbert, p.116). Is it possible to suggest, finally, that a hyper-suspicious Robespierre or fanatically purist officials had remembered the damning comments that had been made in December 1790 by the *Mercure de France* (p.142-43)? Its anonymous contributor (whose style and stance seem to be highly reminiscent of Chamfort's) had judged it apposite to underscore the fact that the historical Brutus, and likewise Voltaire's Brutus, were *aristocratic* figures. In a word, both history and play depicted nothing more than in-fighting among the privileged classes.

Is there a certain amount of data which – tenuous though it may be – seems none the less to be interconnected and which seems to point in the direction of belated Jacobin hostility towards *Brutus*? I would suggest that none of it is in any way conclusive because too readily open to counter-objections. Censorship, for example, is hardly a useful argument. Given the dire circumstances of 1793-1794, it is not surprising that the competent authorities, whether in the provinces or Paris, should have exercised a veto over certain lines or political maxims which were judged, and no doubt rightly so, to be inflammatory. For example, although tampering with the text of *Brutus* was taking place in Paris in March 1794 (see n.152), it is simple to surmise that such intervention is explicable by the tense atmosphere which had been created by the irreconcilable (and shortly fatal) disagreement between the Comité de salut public and the Hébertistes. In sum, official unease with regard to certain isolated lines which were open to partisan and disruptive interpretation can hardly be inflated into general hostility towards the play as such.

What then are we to make of the eclipse of *Brutus* in the Convention? To start with, Herbert's contention is difficult to

---

brief reference to an unidentified *arrêté du 22 ventôse an II* [12 March 1794] (but which may, in fact, be an *arrêté* of the Commune de Paris), which allowed *Brutus* to be performed, but with changes.

verify. But even if an eclipse did occur, there is reason to believe that it was only partial. In June 1794, the *citoyen* Fortin offered to the Convention his new plaster bust of Lucius Junius Brutus whom he presented (and who, in turn, is qualified in the official reports) as being that 'Romain, célèbre par son amour pour la vertu, par sa haine pour la tyrannie, par son amour pour les lois'. The Convention welcomed this gift and decreed the usual 'mention honorable au Bulletin'. [153] This is not the language or the response of a fundamentally hostile institution...

Such considerations can, however, only be presented as plausible counter-objections. It would be better to attend to the essential contention itself, namely: that *Brutus* suffered an eclipse from the Paris stage in the final months of the Terror. We have already learned from Robinove that, from its peak of thirty-six performances in 1792, and its thirty performances in 1793, *Brutus* 'dropped' to twenty-one performances in 1794. Let us start, however, by saying that there are good reasons why we should restrict ourselves, in the case of the year 1794, to examining the fortunes of the play between 1 January and 27 July. For it is the attitude of the political regime which came *after* the 9 Thermidor which has to be held accountable for the lessening favour which was accorded the play in 1794, a lessening favour which is all too readily put at the door of the Jacobins.

Theatre records tell us quite plainly that, between 27 February and 23 July 1794, *Brutus* was seen fifteen times at those two theatres which had been habitually performing it. [154] The figure speaks quite adequately for itself: in the six months leading up to the fall of Robespierre, the popularity of *Brutus*, or official approval — call it what we will — was being maintained. Moreover

[153] *Le Moniteur*, no.274 (22 June 1794), p.1119, reporting the *séance* of 3 messidor an II [21 June 1794].

[154] Théâtre de la République, 23 February, 16 March, 12 and 22 April, 1 and 15 June, 1 and 23 July; Théâtre des Sans Culottes, 5, 27 and 31 March, 13 April, 12, 19 and 26 May.

there is good reason to believe that the figure is doubly remarkable because it has to be seen within the specific context of two theatres which were in the process of enthusiastically implementing those new departures in subject matter which the authorities were encouraging. For example, the Théâtre de la République mounted, in January and February alone (when *Brutus* was, not surprisingly, absent from the *affiche*), five new plays. [155] The Théâtre des Sans Culottes was equally innovative. In the same period, it managed to stage four new plays [156] and it did the same again, in the next two months, with another five. [157]

If I return to our point of departure, which was the assertion contained in La Harpe's *Lycée, ou cours de littérature*, it is uniquely to suggest that we now have further cause to believe that La Harpe, pronouncing on Revolutionary matters, is hardly the most reliable witness. If we are seeking unmistakeable, but readily understandable, hostility towards *Brutus* in 1794 and subsequent years, it is indeed to the regimes which followed the Jacobin Republic that we must look. After a brief but determined attempt – in the period following the downfall of the Robespierristes – to 'recuperate' the tragedy and above all its political thesis for their own purposes, the Thermidorians sharply turned their backs on the play. The Directory – though it did relent briefly in 1799 because of a crisis in the affairs of the Republic [158] – was happy to imitate them.

---

[155] *Les Contre-révolutionnaires jugés par eux-mêmes; L'Expulsion des Tarquins; Le Nouveau réveil d'Epiménide; L'Andrienne* and *Epicharis ou la conspiration pour la liberté.*

[156] *La Reprise de Toulon; Beauvais dans les cachots de Toulon; La Ligue des fanatiques et des tyrans; La Seconde Décade.*

[157] *Les Funestes effets du jeu; Nous v'là au pas; L'Abolition de l'esclavage des nègres; L'Inauguration de la République française* and *Le Brutus français.*

[158] Sébastien Mercier has a short meditative piece in *Le Bien informé* (no.495, 6 pluviôse an VIII [25 January 1799], p.3) entitled *Sur la tragédie de Brutus* in which he recounts how, on 21 January 1799, the tragedy (which was hardly ever, as he stresses, to be seen under the Ancien Régime) was concurrently being given at the Odéon, the Rue de la loi, the Théâtre des Amis de la Patrie, the Estrapade, the

The demise of the play may be explained on two different scores. But in the final analysis, it is not its dramatic and aesthetic characteristics (or even its demerits) which can be held responsible... though it would indeed be unwise to forget that its subject matter, which is stark and fanatical, was to be increasingly less and less in touch with popular taste and the artistic atmosphere of that France which had embarked upon a quite different type of republican career and whose values were in turn more supple, less puritanical. The fact is that *Brutus* paid the price for having been appropriated by the Jacobin Republic to such an extent that it was henceforth indissolubly associated with the latter's extreme and frightening zeal and, no less, with its sundry 'misdemeanours'... which the Thermidorian Republic submitted to vigorous (and generally applauded) vilification. The Directory, the Consulate, the Empire, the Restoration were each in turn to ensure that there was no place for such a play in the national repertory. From that time onwards, hostility became habit.

7. *Manuscripts and editions* [159]

Manuscripts

MS I

Brutus / Tragedie en 5 actes / de M Voltaire / 11 décembre 1730 /

contemporary copy; 188 x 236 mm; 50 leaves, folded, gathered and sewn, paginated 1-99; p.1 title, as above, added later; p.2 blank; p.3-98 text; p.99 blank.

Théâtre de la Foire and the Rue Martin. Given the date, given the increasing difficulties of the Directory (and hence of the Republic itself), the renewed favour shown to the play should not seem mysterious.

[159] Section prepared with the collaboration of Andrew Brown.

Prompt copy with extensive corrections and additions in four different hands, including that of Voltaire. This manuscript indicates the amount of rethinking that was being done by both author and actors in the period leading up the the first performance on 11 December 1730.

This prompt copy was submitted by the Comédiens to the censor Reve[...?]. His official *permis de représenter*, dated 8 December 1730, appears on p.97.

Comédie-Française: MS 105.

MS2

The three holograph fragments which come under this heading were all produced at exactly the same time and predate by little the first performance of *Brutus*.

Originally in the archives of the Comédie-Française, these manuscripts were acquired by Seymour de Ricci from Charavay on 4 March 1908. In the top left-hand corner we find: 'Ecriture de Voltaire / provenant des autographes / du Théatre Français / X^{bre} 1843.'

The first fragment (f.72r) concerns v.v.134-145 (with further corrections in a hand other than Voltaire's); the second and third (f.72v) relate to III.iv.150-157 and IV.v.152-156.

Bn: N24342, f.72.

MS3

Année 1750. / [*rule*] / Premier Rosle Titus / Dans Brutus Tragédie de M^r. De Voltaire / [*double rule*] /

copy by Lekain; 196 x 313 mm; 10 leaves, of which f.2-10 paginated 1-17; f.1r title, as above; f.1v Personnages; f.2-11 Rosle de Titus.

This is Lekain's copy of the role of Titus which he played at his début on 14 September 1750 (see D4163, D4211). The text is a typical actor's text: each *réplique* in the mouth of Titus is preceded only by the prompt line. The text is very close to our base text and the variants, though recorded in our critical apparatus, are not significant: II.i.37, 47; II.iii.213; III.vii.285, 326; IV.ii.37.

Comédie-Française: MS 20014 (1).

MS4

Année 1777. / [*double rule*] / Premier Role, Arons dans / Brutus Tragédie de Mʳ De Voltaire. / [*double rule*] /

copy by Lekain; 196 x 313 mm; 7 leaves, of which f.2-7 paginated 1-11; f.1r title, as above; f.1v Personnages; f.2-7 Role de Arons.

This is a copy, made by Lekain, of the role of Arons which he played in 1777. It is a typical actor's working text: each *réplique* in the mouth of Arons is preceded only by the prompt line. The variants which we record, as in MS3, are slightly more interesting: III.ii.91; IV.i.28, 29 and 30.

Comédie-Française: MS 20017 (10).

Editions

The first edition of *Brutus* was that published by Josse (siglum 31). It was no doubt supervised – and perhaps paid for – by Voltaire. Three editions based on 31 appeared in the same year, one in Amsterdam (31A), one in London (31L) and one from an unknown location (31X). The text of the Amsterdam edition differs from that of 31, notably where six of the original leaves were cancelled.

The first edition was reissued in 1736 by Prault (36), some copies of which are amended by eleven cancels with unique readings, but most editions after 1731 followed the text set by 31A and, subsequently, by w38b. This line is represented by most of the major collected editions of Voltaire's works, such as w48D, w52, w56, w68, w75G. It is a corrected copy (w75G*) of the latter which provides the base text for the present edition.

The original 1731 text was followed, directly or indirectly, by a series of servile reprintings, stretching down as far as 1795 (40, 72, 76, 77, 91P, 92P, 93A, 93T, 95). The editions which were to appear during the Revolutionary period and which stem from the mainstream (along with the five just mentioned which do not), all bear clear witness to the play's great popularity between 1790 and

1795. The first to appear (90), which gives the text of the play performed at the Théâtre de la Nation, reproduces 62 and incorporates, for the first time, certain readings of 31*. 90 gives rise to 92, 93P and 94. The two editions 91 and 91L are mysteries. Their filiation is evidently with the mainstream texts (91 is linked to 90, while 91L in turn mostly reproduces 91), but both have unexplained borrowings from much earlier editions.

31

LE / BRUTUS / DE MONSIEUR / DE VOLTAIRE, / AVEC / UN DISCOURS / SUR LA TRAGEDIE. / [*woodcut, 42 x 28 mm*] / A PARIS, RUE S. JACQUES, / Chez JE. FR. JOSSE, Libr. Impr. ordinaire de / S. M. C. la Reine d'Eſpagne IIe Douairiere, / à la Fleur de Lys d'Or. / [*rule, 87 mm*] / M. DCC. XXXI. / *AVEC APPROBATION ET PRIVILEGE DU ROY.* /

8°. sig. a-b⁸ A-G⁸ π1; pag. xxix [xxx-xxxii] 110 [111-113]; $4 signed, roman (– a1; a4 signed 'Aiiij'); sheet catchwords.

[i] title; [ii] blank; [iii]-xxix Discours sur la tragédie à mylord Boling-brooke; [xxx-xxxi] Catalogue abrégé de quelques livres qui se trouvent chez le même libraire; [xxxii] Acteurs; [1]-110 Brutus; [111] Approbation (Duval, 13 January 1731); [111-112] Privilège du roi (to Voltaire for 6 years from 15 December 1730; ceded by Voltaire to Josse le fils on 12 December 1730); [113] Errata.

The first edition of *Brutus*. It was reissued by another publisher in 1736: see 36.

It could well be that Voltaire paid for the production of this edition himself. Foulet quotes a document of 4 April 1731 in which a paper merchant, Jacques Chauchat, claims payment for paper provided to Voltaire for 'l'impression de ses livres intitulez L'anriade et Bruttus qu'il a composez et qu'il fait imprimer par luy même' (*Correspondance de Voltaire (1726-1729)*, ed. L. Foulet, Paris 1913, p.302-303). At the foot of p.[112] this edition bears the imprint, 'De l'imprimerie d'André Knapen. 1731.'

Bn: Yf 6301; ImV: D Brutus 1731/1 (see 31* next below); – D Brutus 1731/2; Taylor: V3 M7 1736 (2)/2.

LE
BRUTUS,
DE MONSIEUR
DE VOLTAIRE,
AVEC
UN DISCOURS
SUR LA TRAGEDIE.

A PARIS, RUE S. JACQUES,
Chez JE. FR. JOSSE, Libr. Impr. ordinaire de
S. M. C. la Reine d'Espagne IIᵉ Douairiere,
à la Fleur de Lys d'Or.

M. DCC. XXXI.
AVEC APPROBATION ET PRIVILEGE DU ROY.

1. *Brutus*: title-page of the first edition (31), published by Josse. Taylor
Institution, Oxford.

31*

A copy of 31 with contemporary manuscript corrections and additions. These often correspond to the changes introduced in 1738, but there are several unique variants and stage directions.

ImV: D Brutus 1731/1.

31A

LE / BRUTUS / DE MONSIEUR / DE VOLTAIRE, / AVEC / UN DISCOURS / SUR LA TRAGEDIE. / *Seconde Edition revuë & corrigée par l'Auteur.* / [*woodcut, 34 x 24 mm*] / *A AMSTERDAM,* / Chez E. J. LEDET & COMPAGNIE, / ET / JAQUES DESBORDES. / M. DCC. XXXI. /

8°. sig. A-H⁸ (H8 blank; ± D8, E1, E8, F1, F6, F7); pag. 124 [125]; $5 signed, roman (– A1; + D8, E8, F6, F7 cancels); page catchwords.

[1] title; [2] blank; [3]-25 Discours sur la tragédie. A mylord Bolingbrooke; [26] Acteurs; [27]-124 Brutus; [125] Approbation.

This edition sees a further reduction in the role of Tullie (compare with MS1) and a corresponding reduction in the 'côté jeune premier pleurnicheur' of Titus. The new readings are to be found at 1.ii.189, II.iii.190a-191, 194, 208a-284; III.v.200, 225, 226, 229, 241-252, vi.281, vii.283, 327; IV.i.1-55, 58-59; v.viii.231. Errors listed in the errata of 31 have been corrected. There is an addition to the 'Discours' at l.446v.

Also issued as a part of w32 (see below).

Bn: Ye 9208; Taylor: V3 A2 1764 (10) (lacks H8).

31L

LE / BRUTUS, / DE MONSIEUR / DE VOLTAIRE, / AVEC / UN DISCOURS / SUR LA TRAGEDIE. / [*woodcut, 31 x 26 mm*] / A PARIS, RUE S. JACQUES, / Chez JE. FR. JOSSE, Libr. Impr. ordinaire / de S. M. C. la Reine d'Eſpagne IIᵉ Douairiere / à la Fleur de Lys d'Or. / [*rule, 80 mm*] / M. DCC. XXXI. / *AVEC APPROBATION ET PRIVILEGE DU ROY.* /

8°. sig. A-F⁸ G⁴; pag. xx [xxi-xxii] 80 [81-82] (p.25 numbered '27', 57 '55'); $4 signed, roman (– A1, G3-4; F4 signed 'Fjiii'); no catchwords.

[i] title; [ii] blank; [iii]-xx Discours sur la tragédie à mylord Bolingbrooke; [xxi] blank; [xxii] Acteurs; [1]-80 Brutus; [81] Approbation; [81-82] Privilège du roi.

An English edition, with press figures on p.6 ('3') and 56 ('2'), attributed by the ESTC to the printer Woodfall. It is based on 31.

Taylor: V3 B7 1731 (1); – V3 B7 1731 (2)/1; BL: 640 e 19 (1).

31X

LE / BRUTUS, / DE MONSIEUR / DE VOLTAIRE, / AVEC / UN DISCOURS / Sur La Tragedie. / [ornament, 35 x 26 mm] / A LONDRES. M.DCC.XXXI. /

12°. sig. a¹² A-H⁶ (H6 blank); pag. xxiii [xxiv] 93; $3 signed, roman (– a1; + A4-5; G2 signed 'Gi'); sheet catchwords.

[i] title; [ii] blank; [iii]-xxiii Discours sur la tragédie à mylord Boling-brooke; [xxiv] Acteurs; [1]-93 Brutus.

The ornaments used in this edition are of English appearance, but the typographical practices and presentation suggest that it was printed elsewhere. It is based on 31, with two of the errors listed in the errata corrected.

Taylor: V3 B7 1731 (4).

w32

Œuvres de M. de Voltaire. Amsterdam, Ledet [or] Desbordes, 1732. 2 vol. 8°. Bengesco iv.3-5; Trapnell 32; BnC 2-6.

A collection made up of previously published separate editions. Volume 2 includes the Ledet/Desbordes edition of *Brutus* (siglum 31A).

Bn: Ye 9208; Taylor: V1 1732 (2).

36

BRUTUS, / *TRAGÉDIE* / DE M. DE VOLTAIRE. / NOUVELLE EDITION / Revûë & corrigée par l'Auteur. / *Infelix utcumque ferent ea fata nepotes*; / *Vincet amor patriæ*. / [intaglio engraving, 76 x 50 mm] / A PARIS, / Chez Prault fils, Quai de Conti, vis-à-vis la defcente /

du Pont-Neuf, à la Charité. / [*rule, 60 mm*] / M. DCC. XXXVI. / *Avec Approbation & Privilege du Roi.* /

A reissue of the sheets of the 1731 Josse edition (31) under a new title.

Some copies were cancelled at B8, C1 (the cancel is not signed), C5, C6, C7, D5, E2, E5, E6 and F1, and provided with an extra leaf (¹π1) of 'Additions et corrections' at the end of the volume. Cancelled copies may be distinguished thus:

	Cancelled	Uncancelled
B8 p.31 ends	témeraire;	ſilence,
C1 p.33 begins	Qu'il	Qu'un
C1 p.33 ends	malheureux?	malhenreux
C5 p.44 ends	triomphaux,	Croyez-moi.
C6 p.45 begins	Tout	Banniſſons
D5 p.57 ends	Roi.	Roy.
E2 p.67 ends	l'être,	Romain;
E5 p.73 ends	Madame.	parfaites:
E6 p.75 ends	liberté.	Brutus....
F1 p.82 begins	SCENE III.	SCENE IV.

The cancels introduce new and mostly unique readings at II: appendix I, l.134, 140-141, 148, 167, 170, 173; II.i.40, iii.190, 191, 208-284 (= 31A); III.i.9 (= 31 errata), iv.161-164, 168, v.177-178, 182, vii.294-299; IV.i.6, 12, iv.140b, 145-148. These are indicated by the siglum '36 cancel' in the critical apparatus below. The 'Additions et corrections' leaf (¹π1; siglum '36 errata') gives twelve corrections to the 'Discours' on the recto and fourteen to the text of the play on the verso. Most of these were never to be incorporated into subsequent editions. It is possible that the cancels and this extra leaf were printed by Prault in 1738: on 13 December of that year Voltaire writes to him 'J'attends les Brutus, et les Œdipes' (D1687).

Bn: 8° Yth 2367 (uncancelled; lacks π1); 8° Yth 2368 (cancelled; lacks B3); Taylor: V3 B7 1736 (uncancelled; lacks π1).

36R

LE / BRUTUS / DE MONSIEUR / DE VOLTAIRE, / AVEC / UN DISCOURS / SUR LA TRAGEDIE. / *Seconde Edition revuë &*

corrigée par l'Auteur. / [*ornement, 29 x 44 mm*] / *A AMSTERDAM,* / Chez / [*the next three lines spanned by a brace*] / E. J. LEDET & COMPAGNIE. / ET / JAQUES DESBORDES. / [*rule, 59 mm*] / M. DCC. XXXVI. /

12°. sig. A^8 B-E^{12} F^4; pag. 119 [120] (p.104 numbered '106'); $6 signed, arabic (– A1, A5-6, F3-4); sheet catchwords.

[1] title; [2] blank; 3-29 Discours sur la tragédie, à mylord Bolingbrooke; 30 Acteurs; 31-119 Brutus; [120] Approbation.

An edition printed in Rouen, and issued as part of w36 (see below).

ImV: A 1736/1 (2-3).

w36

Œuvres de Voltaire. Amsterdam, [Rouen?], 1736. 4 vol. 12°. Bengesco iv.5; Trapnell 36.

There is no evidence of Voltaire's participation in this edition, but it was possibly referred to by him in D1160. See Charles Wirz, 'L'Institut et musée Voltaire en 1981', *Genava* n.s. 30 (1982), p.187-89. Volume 2 contains a separate edition of *Brutus* (see above).

ImV: A 1736/1 (2-5).

w37

Œuvres de monsieur de Voltaire. Basle, Brandmuller, 1737. 3 vol. 8°. Bengesco iv.6n; Trapnell 37; BnC 15.

Volume 2: [209] O1r 'LE / BRUTUS / DE MONSIEUR / DE / VOLTAIRE, / AVEC / UN DISCOURS / SUR LA / *TRAGEDIE.* / *Revuë & corrigée par l'Auteur.* / [*woodcut*] / A BASLE. / M. DCC. XXXVII.'; [210] blank; [211]-228 Discours sur la tragédie. A mylord Bolingbrooke; [229] Acteurs; [230]-324 Brutus.

There is no evidence that Voltaire was party to the publication of this edition. The text of *Brutus* follows 31A but for the suppression of the final paragraphs of the 'Discours'.

Stockholm: Litt. fr.

w38a, w38b

Œuvres de M. de Voltaire. Amsterdam, Ledet [or] Desbordes, 1738-1756. 9 vol. (vol. 5, 1744; vol. 6, 1745; vol. 7, 1749; vol. 8, 1750; vol. 9, 1756). 8°. Bengesco iv.5-12; Trapnell 39A; BnC 7-11.

Volume 2: [229] P3*r* 'LE / BRUTUS, / *TRAGÉDIE*. / P3'; [230] blank; [231] Avertissement; [232] blank; [233]-257 Discours sur la tragédie. A mylord Bolingbrooke; [258] Acteurs; [259]-366 Brutus, tragédie.

The first volumes of this edition were produced under Voltaire's supervision, but were later denounced by him as inaccurate.

Two issues of this volume are known, which we here call w38a and w38b. In the latter leaves S4 through T7 are reprinted and present new readings. It is in this second version (w38b) that the text of *Brutus* comes close to its definitive form, as does the plot of the play. The first three scenes of act II are replaced by 34 lines of text (see appendix 1), leading to a further upgrading of the role of Titus.

In w38a, the 'Avertissement' was added; the last paragraphs of the 'Discours' were suppressed; and new readings are found at: I.iii.250; II, appendix 1, l.b-c, 88, 104-109, 132-141, 147-148, 169-172; III.v.196, vi.252, vii.307; IV.iii.128, 137, 140, v.154.

In w38b, new readings are found at: II.i.1-35, 43, 45, 48, 57, 59, 68, 73, 92a, 165, 190a, 208a-284.

Private collection (w38a); Taylor: V1 1738 (2) (w38b).

w39

Œuvres de M. de Voltaire. Amsterdam [Rouen], Compagnie, 1739. 3 vol. 8°. Bengesco iv.12-13; Trapnell 39R; BnC 16-17.

Volume 2: [179] M2*r* 'BRUTUS, / *TRAGEDIE*.'; [180] blank; 181-203 Discours sur la tragédie, à mylord Bolingbrooke; 204 Acteurs; 205-284 Brutus, tragédie; 284 Approbation.

This edition was based upon w38. There is no evidence that Voltaire participated in its preparation but it was mentioned by him in D1907 and D1985.

Bn: Rés. Z Bengesco 470 (2).

40

LE / BRUTUS / DE MONSIEUR / DE VOLTAIRE, / AVEC / UN DISCOURS / SUR LA TRAGEDIE. / [*woodcut*] / A PARIS, RUE S. JACQUES, / Chez Je. Fr. JOSSE, Libr. Impr. ordinaire de / S. M. C. la Reine d'Eſpagne IIᵉ Doüairiere, / à la Fleur de Lys d'Or. / [*rule*] / M. DCC. XL. / *Avec Approbation & Privilege du Roi.* /

8°. sig. A-I⁴; pag. 72; \$2 signed, roman (– A1; C, E, G, I signed arabic); sheet catchwords.

[1] title; [2] blank; [3]-15 Discours sur la tragédie, à mylord Bolingbrooke; [16] Acteurs; 17-72 Brutus; 72 Approbation.

The text of this edition follows 31L for the most part but some of the corrections suggested in 36 errata are incorporated.

Bibliothèque municipale, Versailles: A in-8° E 484 G.

w40

Œuvres de M. de Voltaire. Amsterdam [Rouen?], Compagnie, 1740. 4 vol. 12°. Bengesco iv.13-14; Trapnell 40R; BnC 18.

Volume 2: [231] K8*r* 'LE / BRUTUS, / *TRAGÉDIE.*'; [232] blank; [233] Avertissement; [234] blank; 235-261 Discours sur la tragédie, à mylord Bolingbrooke; 262 Acteurs; 263-356 Brutus, tragédie.

No evidence of Voltaire's participation. This is perhaps the edition attributed by Voltaire to Paupie (at The Hague) in D2412.

Bn: Rés. Z Beuchot 5 bis (2).

w41R

Œuvres de M. de Voltaire. Amsterdam [Rouen?], Compagnie, 1741. 4 vol. 12°. Bengesco iv.14-15; Trapnell 41R; BnC 19.

Volume 2: [231] K8*r* 'LE / BRUTUS, / *TRAGEDIE.*'; [232] blank but for catchword 'AVERTISSE-'; [233] Avertissement; [234] blank but for catchword 'DISCOURS'; [235]-261 Discours sur la tragédie, à mylord Bolingbrooke; 262 Acteurs; 263-'306' [= 360] Brutus.

Another edition based upon w38. There is no evidence that Voltaire participated in the preparation of this edition.

Bn: Rés. Z Beuchot 6 (2).

W41C (1742)

Œuvres de M. de Voltaire. Amsterdam [Paris, Didot, Barrois], Compagnie, 1741-1742. 5 vol. (vol. 2-5, 1742). 12°. Bengesco iv.15-20; Trapnell 41C; BnC 20-21.

Volume 2: [181] H7r 'LE / BRUTUS, / TRAGÉDIE.'; [182] blank; 183-184 Avertissement; 185-203 Discours sur la tragédie, à mylord Bolingbrooke; 204 Acteurs; 205-285 Brutus, tragédie.

Based upon w38. There is no evidence of Voltaire's participation in this edition and it was suppressed at his request. It was reissued as w42.

Bn: Rés. Z Bengesco 471 (2).

W42

Œuvres mêlées de M. de Voltaire. Genève, Bousquet, 1742. 5 vol. 12°. Bengesco iv.20-23; Trapnell 42G; BnC 22-24.

Volume 2: [181] H7r 'LE / BRUTUS, / TRAGÉDIE.'; [182] blank; 183-184 Avertissement; 185-203 Discours sur la tragédie, à mylord Bolingbrooke; 204 Acteurs; 205-285 Brutus, tragédie.

An amended reissue of w41C, produced with Voltaire's participation.

Bn: Rés. Z Beuchot 51.

W43

Œuvres de M. de Voltaire. Amsterdam [or] Leipzig, Arckstée et Merkus, 1743-1745. 6 vol. (vol. 5, 1744; vol. 6, 1745). 8°. Bengesco iv.23; Trapnell 43.

Volume 2: [229] P3r 'LE / BRUTUS, / *TRAGÉDIE*. / P3'; [230] blank; [231] Avertissement; [232] blank; [233]-257 Discours sur la tragédie. A mylord Bolingbrooke; [258] Acteurs; [259]-366 Brutus.

Largely, perhaps entirely, a reissue of the sheets of w38.

Universitäts- und Stadt-Bibliothek, Köln: 1955 G 1260.

W46

Œuvres diverses de M. de Voltaire. Londres [Trévoux?], Nourse [Prault?], 1746. 6 vol. 12°. Bengesco iv.24-28; Trapnell 46; BnC 25-26.

Volume 2: [239] K12r 'BRUTUS. / TRAGEDIE, / Repréfentée pour le première fois / le 11. Decembre 1730.'; [240] blank; [241] Avertissement; [242] blank; [243]-269 Discours sur la tragédie, à mylord Bolingbrooke; [270] Acteurs; [271]-360 Brutus, tragédie.

There is some evidence that Voltaire was involved in the preparation of this edition: see BnC. On 11 July [1744] (D2999) Voltaire refers to an edition printed at Trévoux for Prault; this may be that edition.

Bn: Rés. Z Beuchot 8 (2).

w48d

Œuvres de M. de Voltaire. Dresde, Walther, 1748-1754. 10 vol. (vol. 9, 1750; vol. 10, 1754). 8°. Bengesco iv.31-38; Trapnell 48D; BnC 28-35.

Volume 4: [247] Q4r 'BRUTUS. / TRAGEDIE, / Repréfentée pour la premiere fois le 11. Decembre / 1730. / Q4'; [248] Avertissement; 249-265 Discours sur la tragédie, à mylord Bolingbrooke; [266] Acteurs; [267]-348 Brutus, tragédie.

This edition was produced with Voltaire's participation. The text of *Brutus* is based on w38 / w46 with a few new readings at: 'Discours', l.403; II.i.47, ii.165.

Taylor: V1 1748 (4).

w48r

[*Title unknown*]. [Rouen, Machuel, 1748-?]. 12 vol. 8°. Bengesco iv.28-31, 68-73; Trapnell 48R, 64R; BnC 27, 145-148.

Volume 2: [225] K5r 'LE / BRUTUS, / TRAGÉDIE. / K5'; [226] Avertissement; 227-253 Discours sur la tragédie, à mylord Bolingbrooke; 254 Acteurs; [255]-352 Brutus, tragédie.

An edition in 12 volumes started to appear in 1748 and was suppressed at Voltaire's request. It was reissued as part of w64r (see below) and the only surviving copies carry the 1764 title-pages.

Bn: Rés. Z Beuchot 26 (2).

w50 (1751)

La Henriade et autres ouvrages. Londres [Rouen], Société, 1750-1752.

10 vol. (vol. 1-9, 1750 or 1751; vol. 10, 1752). 12°. Bengesco iv.38-42; Trapnell 50R; BnC 39.

Volume 4 (1751): [291] N2r 'BRUTUS, / *TRAGÉDIE*. / *Repréſentée pour la premiére fois le 11. / Décembre 1730*. / N2'; [292] Avertissement; 293-319 Discours sur la tragédie, à mylord Bolingbrooke; 320 Acteurs; [321]-418 Brutus, tragédie.

Another edition by Machuel, related to w48R and w64R.There is no evidence of Voltaire's participation in this edition.

ImV: A 1751 (4); Bibliothèque municipale, Grenoble.

W51

Œuvres de M. de Voltaire. [Paris, Lambert], 1751. 11 vol. 12°. Bengesco iv.42-46; Trapnell 51P; BnC 40-41.

Volume 4: [195] R2r 'BRUTUS, / *TRAGÉDIE*, / Repréſentée pour la première fois / le Lundi 11. Décembre 1730. / R ij'; [196] Avertissement; [197]-227 Discours sur la tragédie, à milord Bolingbrooke; 228 Acteurs; [229]-310 Brutus, tragédie.

The first Lambert edition, produced with the participation of Voltaire and based on w48D, with new readings at: 11.i.49-52, 71.

Bn: Rés. Z Beuchot 13 (4); Taylor: V1 1751 (4A).

W52

Œuvres de M. de Voltaire. Dresde, Walther, 1752. 9 vol. (vol. 8, 1756; vol. 9, 1770). 8°. Bengesco iv.46-50; Trapnell 52 (vol. 1-8), 70X (vol. 9); BnC 36-38.

Volume 5: [321] Dd5r 'BRUTUS. / TRAGEDIE, / *Repréſentée pour la premiere fois le 11. / Decembre 1730*. / Dd5 *AVER-*'; [322] Avertissement; 323-339 Discours sur la tragédie, à mylord Bolingbrooke; [340] Acteurs; [341]-408 Brutus, tragédie.

The second Walther edition, based upon w48D, with revisions and produced with the participation of Voltaire. *Brutus* follows w48D but corrects errors in the numbering of certain scenes. New readings were introduced at: 1.i.56; III.ii.99, v.212

Bn: Rés. Z Beuchot 14 (5).

T53

Le Théatre de M. de Voltaire. Amsterdam, Richoff, 1753. 4 vol. 8°. BnC 618 (volume 4 only).

First of a series of editions of Voltaire's theatre, attributed to Richoff but probably printed in Rouen. There is nothing to suggest that Voltaire was involved in their production.

Private collection.

54

BRUTUS, / *TRAGEDIE* / EN CINQ ACTES, / ET EN VERS, / *PAR MONSIEUR* / DE VOLTAIRE. / [*ornament, 70 x 52 mm*] / *VIENNE EN AUTRICHE* / Chez Jean Pierre van Ghelen, Imprimeur de la / Cour de ſa Majeſté Imperiale & Royale. / [*rule, 59 mm*] / M D CC L IV. /

8°. sig. A-E⁸ F²; pag. 84; $5 signed, arabic (– A1, F2); page catchwords.

[1] title; [2] Acteurs; [3]-84 Brutus, tragédie.

This edition reproduces the text of w48D.

Taylor: V3 B7 1754.

w56

Collection complette des œuvres de M. de Voltaire. [Genève, Cramer], 1756. 17 vol. 8°. Bengesco iv. 50-63; Trapnell 56,57G; BnC 55-66.

Volume 7: [187] M6r 'BRUTUS, / TRAGEDIE, / *Repréſentée pour la premiére fois le* 11. / *Décembre* 1730.'; [188] Avertissement; 189-209 Discours sur la tragédie, à mylord Bolingbrooke; [210] Acteurs; [211]-292 Brutus, tragédie.

The first Cramer edition, produced under Voltaire's supervision. The 'Discours' was amended: l.13, 173, 207-208, 260-261, 279, 345-356, 378-380, 407, 438; a few new readings were introduced at: 'Avertissement', l.6; I.ii.212; III.v.212, vi.277; V.vii.195.

Taylor: VF.

W57G1

Collection complette des œuvres de M. de Voltaire. [Genève, Cramer], 1757. 10 vol. 8°. Bengesco iv.63; Trapnell 56,57G; BnC 67-69.

Volume 7: [187] M6r 'BRUTUS, / *TRAGÉDIE. / Repréſentée pour la première fois / le 11. Décembre* 1730.'; [188] Avertissement; 189-209 Discours sur la tragédie, à mylord Bolingbrooke; [210] Acteurs; [211]-292 Brutus, tragédie.

A revised edition of w56, produced with Voltaire's participation.

Bn: Rés. Z Beuchot 21 (7).

W57G2

Collection complette des œuvres de M. de Voltaire. [Genève, Cramer], 1757. 10 vol. 8°. Bengesco iv.63; Trapnell 56,57G; BnC 67-69.

Volume 7: [187] M6r 'BRUTUS, / TRAGÉDIE, / *Repréſentée pour la première fois le 11. / Décembre* 1730.'; [188] Avertissement; 189-209 Discours sur la tragédie, à mylord Bolingbrooke; [210] Acteurs; [211]-292 Brutus, tragédie.

A new edition of w57G1.

StP: 11-74; Taylor: VF.

W57P

Œuvres de M. de Voltaire. [Paris, Lambert], 1757. 22 vol. 12°. Bengesco iv.63-68; Trapnell 57P; BnC 45-54.

Volume 2: [219] T2r 'BRUTUS, / *TRAGEDIE*, / Repréſentée pour la première fois le 11 / Décembre 1730. / T ij'; [220] Avertissement; 221-245 Discours sur la tragédie, à mylord Bolingbrooke; 246 Acteurs; [247]-319 Brutus, tragédie.

Based in part upon w56 and produced with Voltaire's participation.

Bn: Z 24642; Taylor: VF.

62

BRUTUS, / *TRAGÉDIE*, / *Repréſentée pour la première fois, par / les*

Comédiens ordinaires du Roi, / *le* 11 *Décembre* 1730. / [*type ornement*] / *A PARIS*, / Chez Duchesne, Libraire, rue Saint Jacques, / au Temple du Goût. / [*thick-thin rule*] / M. DCC. LXII. /

12°. sig. A-D¹²; pag. 96; \$6 signed, arabic (– A1); direction line sig. B '*Tome I.*'; sheet catchwords.

[1] title; [2] blank; 3-25 Discours sur la tragédie, à milord Bolingbrooke; 26 Acteurs; [27]-96 Brutus, tragédie.

A separate issue of the sheets of T64P, with new pagination and signatures.

Bn: Rés. Z Bengesco 21.

T62

Le Théâtre de M. de Voltaire. Amsterdam, Richoff, 1762-1763. 5 vol. 8°. Bengesco i.88-89; BnC 619.

Volume 1: [199] N4r 'BRUTUS, / TRAGEDIE. / *Repréſentée pour la premiere fois le* 11. / *Décembre* 1730. / N4'; [200] Avertissement; 201-221 Discours sur la tragédie, à mylord Bolingbrooke; 222 Acteurs; 223-287 Brutus, tragédie.

Bn: Rés. Z Bengesco 123 (1).

T64A

Théâtre de M. de Voltaire. Amsterdam [Rouen], Richoff, 1764. 5 vol. 12°.

Volume 1: [203] R6r 'BRUTUS, / TRAGEDIE. / *Repréſentée pour la premiére fois le* / 11. *Décembre* 1730.'; [204] Avertissement; 205-222 Discours sur la tragédie à mylord Bolingbrooke; [223] blank, but for signature 'T4'; 224 Acteurs; 225-291 Brutus, tragédie.

ImV: BC 1764/1 (1); BL: 11735 aa 1 (1).

T64G

Le Théâtre de M. de Voltaire. Genève, Cramer [*sic*], 1764. 6 vol. 12°.

Volume 1: [231] V2r 'BRUTUS, / TRAGEDIE. / *Repréſentée pour la premiere fois le* 11. / *Decembre* 1730. / Vij'; [232] Avertissement; 233-

259 Discours sur la tragédie, à mylord Bolingbrooke; 260 Acteurs; 261-332 Brutus, tragédie.

Arsenal: Rf 14092 (1).

T64P

Œuvres de théâtre de M. de Voltaire. Paris, Duchesne, 1764. 5 vol. 12°. Bengesco i.89-90; BnC 620-621.

Volume 1: [217] K1r 'BRUTUS, / *TRAGÉDIE, / Repréſentée pour la première fois, par / les Comédiens ordinaires du Roi, / le 11 Décembre 1730. / Tome I.* K'; [218] blank; 219-241 Discours sur la tragédie, à milord Bolingbrooke; 242 Acteurs; [243]-312 Brutus, tragédie.

The first Duchesne collected theatre, reissued in 1767.

Zentralbibliothek, Lucerne: B 2172 (1).

w64G

Collection complette des œuvres de M. de Voltaire. [Genève, Cramer], 1764. 10 vol. 8°. Bengesco iv.60-63; Trapnell 64,70G; BnC 89.

Volume 7: [247] Q4r 'BRUTUS, / *TRAGÉDIE, / Repréſentée pour la première fois / le 11. Décembre 1730. / Q4 AVER-'*; [248] Avertissement; 249-269 Discours sur la tragédie. A mylord Bolingbrooke; [270] Acteurs; [271]-344 Brutus, tragédie.

A revised edition of w57G, produced with Voltaire's participation.

Taylor: VF.

w64R

Collection complette des œuvres de M. de Voltaire. Amsterdam, Compagnie [Rouen, Machuel?], 1764. 22 tomes in 18 vol. 12°. Bengesco iv. 28-31; Trapnell 64R; BnC 145-148.

Volumes 1-12 were produced in 1748 and belong to the edition suppressed at the request of Voltaire (see above, w48R).

T66

Le Théâtre de M. de Voltaire. Amsterdam, Richoff, 1766. 6 vol. 12°.

Volume 1: [159] G8r 'BRUTUS, / *TRAGÉDIE* / *Repréſentée pour la premiere fois le 11 / Décembre 1730.*'; 160 Avertissement; 161-181 Discours sur la tragédie, à mylord Bolingbrooke; 182 Acteurs; 183-247 Brutus, tragédie.

University of Aberdeen Library: MH 84256 T (1).

67

BRUTUS, / *TRAGÉDIE,* / EN CINQ ACTES, / Par M. de Voltaire. / *NOUVELLE ÉDITION.* / [*ornament*] / A PARIS, / Par la Compagnie des Libraires. / [*thick-thin rule*] / M. DCC. LXVII. / *Avec Approbation & Privilege du Roi.* /

8°. sig. π^4 B-F^4 G^2; pag. 51; $1 signed; sheet catchwords.

[1] title; [2] Acteurs; [3]-51 Brutus, tragédie.

University of Chicago Library: PQ 2077 B9 1767 Rare Bk.

T67

Œuvres de théâtre de M. de Voltaire. Paris, Duchesne, 1767. 7 vol. 12°. Bengesco i.90; BnC 622-625.

A new issue of the sheets of T64P, with some cancels, revised sheets and new texts. In this volume only the prelims and M9 are different from T64P. The cancellation of M9 affects p.281-282, *Brutus*, III.vi.

Bn: Yf 3387.

T68

Le Théâtre de M. de Voltaire. Amsterdam, Richoff, 1768. 6 vol. 12°. Bengesco i.90; BnC 626.

A new issue of the sheets of T66.

Bn: Yf 4257-4262.

w68

Collection complette des œuvres de M. de Voltaire. [Genève, Cramer; Paris, Panckoucke], 1768-1777. 30 vol. 4°. Bengesco iv.73-83; Trapnell 68; BnC 141-144.

Volume 2: [220] Avertissement; [221] Ee3*r* 'BRUTUS, / *TRAGÉDIE.* /
[*rule, 119 mm*] / *Repréfentée pour la première fois le 11. Décembre 1730.* /
[*rule, 119 mm*] / Ee iij'; 222-236 Discours sur la tragédie. A mylord
Bolingbrooke; 236 Acteurs; 237-306 Brutus, tragédie.

The great quarto edition of Voltaire's works, of which volumes 1-24
were produced by Cramer in Geneva. The text of *Brutus* follows that of
the Cramer octavo collected editions (w56, w64G), with new readings
at: 'Avertissement', l.1; 'Discours', l.45, 46-47, 57-58, n.*b*, 240, 373-374,
n.*c*, 430; II.i.33, 37; IV.iii.127; V.vii.210.

Taylor: VF.

T70

Le Théâtre de M. de Voltaire. Amsterdam, Richoff, 1770. 6 vol. 12°.
Bengesco i.90; BnC 627.

Volume 1: [159] G8*r* 'BRUTUS, / *TRAGÉDIE,* / *Repréfentée pour la
premiere fois le 11 / Décembre 1730.*'; 160 Avertissement; 161-181 Discours
sur la tragédie, à mylord Bolingbrooke; 182 Acteurs; 183-247 Brutus,
tragédie.

Bn: Yf 4263-4268.

W70G

Collection complette des œuvres de M. de Voltaire. [Genève, Cramer],
1770. 10 vol. 8°. Bengesco iv.60-63; Trapnell 64,70G; BnC 90-91.

Volume 7: [247] Q4*r* 'BRUTUS, / *TRAGÉDIE,* / *Repréfentée pour la
premiére fois / le 11. Décembre 1730. / Q4 AVER-*'; [248] Avertissement;
249-269 Discours sur la tragédie. A mylord Bolingbrooke; [270] Acteurs;
[271]-344 Brutus, tragédie.

A new edition of w64G, with few changes.

Taylor: V1 1770G/1 (7).

W71

Collection complète des œuvres de M. de Voltaire. Genève [Liège, Plom-
teux], 1771-1777. 32 vol. 8°. Bengesco iv.89-91; Trapnell 71; BnC 151.

Volume 2: [193] I1*r* 'BRUTUS, / *TRAGÉDIE,* / [*ornamented rule, 66*

mm] / *Repréſentée pour la première fois le 11 Décembre 1730.* / [*ornamented rule, 66 mm*] / *Tome III. & du Théâtre le premier.* I'; [194] Avertissement; 195-210 Discours sur la tragédie. A mylord Bolingbrooke; 210 Acteurs; 211-264 Brutus, tragédie.

This edition reprints the text of w68. Voltaire played no part in its preparation.

Taylor: VF.

72

BRUTUS, / *TRAGÉDIE.* / DE M. DE VOLTAIRE, / *Conforme à l'Edition in-4°. donnée par l'Auteur.* / [*ornement, 68 x 54 mm*] / A PARIS, / Chez la Veuve DUCHESNE, Libraire, rue Saint-Jacques au deſ- / ſous de la Fontaine S. Benoit, au Temple du Goût. / [*thick-thin rule, 62 mm*] / M. DCC. LXXII. / *Avec Approbation & Privilége du Roi.* /

12°. sig. A-F⁴ G²; pag. 51; $2 signed, roman (– A1, G2); sheet catchwords.

[1] title; [2] Acteurs; [3]-51 Brutus, tragédie.

Bibliothèque de la Sorbonne, Paris: R 875 (1).

72X

[*within ornamented border*] BRUTUS, / *TRAGÉDIE.* / Par M. DE VOLTAIRE. / [*ornament, 47 x 33 mm*] / [*ornamented rule, 41 mm*] / M. DCC. LXXII. /

8°. sig. A-D⁸ E⁶; pag. 76; $4 signed, roman (– A1); sheet catchwords.

[1] title; [2] Acteurs; [3]-76 Brutus, tragédie.

Bibliothèque de la ville, Pau; Austin: PQ 2077 B7 1772.

W70L (1772)

Collection complette des œuvres de M. de Voltaire. Lausanne, Grasset, 1770-1781, 57 vol. 8°. Bengesco iv.83-89; Trapnell 70L; BnC 149-150.

Volume 14 (1772): [223] O8r 'BRUTUS, / *TRAGÉDIE,* / Repréſentée pour la première fois le 11 Décem- / bre 1730.'; [224] Avertissement; 225-245 Discours sur la tragédie. A mylord Bolingbrooke; [246] Acteurs; [247]-320 Brutus, tragédie.

An edition by François Grasset of Lausanne. It reproduces the text of w64G. One new reading is unique to this edition: 'Avertissement', l.4.

Taylor: V1 1770/2 (14).

W71P (1773)

Œuvres de M. de V.... Neufchatel [Paris, Panckoucke], 1771-1777. 34 or 40 vol. 8° and 12°. Bengesco iv.91-94; Trapnell 72P; BnC 152-157.

Théâtre, volume 1 (1773): [295] N4r 'BRUTUS, / *TRAGÉDIE*; / *Représentée, pour la première fois*, / *le* 11 *Décembre* 1730. / N iv'; [296] Avertissement; 297-325 Discours sur la tragédie. A milord Bolingbrooke; [326] Personnages; [327]-404 Brutus, tragédie.

This edition generally reproduces the text of w68. There is no evidence of Voltaire's participation but the texts may have been revised by La Harpe and Suard.

Arsenal: Rf 14095 (1).

W72X

Collection complette des œuvres de M. de Voltaire. [Genève, Cramer?], 1772. 10 vol. 8°. Bengesco iv.60-63; Trapnell 72X; BnC 92-110.

Volume 7: [241] Q1r 'BRUTUS, / *TRAGÉDIE*, / *Représentée pour la première fois le* 11 / *Décembre* 1730. / *Théatre*. Tome I. Q'; [242] Avertissement; 243-263 Discours sur la tragédie. A mylord Bolingbrooke; [264] Acteurs; [265]-332 Brutus, tragédie.

A new edition of w70G, probably printed for Cramer, but there is no evidence of Voltaire's participation.

Stockholm: Litt. fr.

T73L

Le Théâtre complet de M. de Voltaire. Amsterdam, Libraires associés, 1773. 10 vol. 12°.

Volume 1: [231] K8r 'BRUTUS, / *TRAGÉDIE*. / *Représentée pour la première fois le* 11 / *Décembre* 1730.'; [232] Avertissement; 233-253

Discours sur la tragédie. A mylord Bolingbrooke; [254] Acteurs; 255-332 Brutus, tragédie.

Zentralbibliothek, Solothurn: Qb 2566 (1).

W75G

La Henriade, divers autres poèmes et toutes les pièces relatives à l'épopée. [Genève, Cramer & Bardin], 1775. 37 vol. (40 vol. with the *Pièces détachées*). 8°. Bengesco iv.94-105; Trapnell 75G; BnC 158-161.

Volume 2: [251] Q6r 'BRUTUS, / *TRAGÉDIE.* / [*rule, 72 mm*] / *Repréfentée pour la première fois le* 11. *Décembre* / 1730. / [*rule, 71 mm*]'; [252] Avertissement; 253-273 Discours sur la tragédie. A mylord Bolingbroke; [274] Acteurs; 275-346 Brutus, tragédie.

The *encadrée* edition, produced at least in part under Voltaire's supervision.

Taylor: VF.

W75G*

The corrected copy of W75G in Voltaire's library. Corrections to the text of *Brutus* are to be found at 1.267, 1.268, III.27 and III.185. It is this corrected text which provides the base text of the present edition.

StP: BV 3472.

W75X

Œuvres de Mr de Voltaire. [Lyon?], 1775. 37 vol. (40 vol. with the *Pièces détachées*). 8°. Bengesco 2141; BnC 162-163.

Volume 2: [251] Q6r 'BRUTUS, / *TRAGÉDIE.* / [*rule, 78 mm*] / *Repréfentée pour la premiere fois le* 11 *Décembre 1730.* / [*rule, 78 mm*]'; [252] Avertissement; 253-273 Discours sur la tragédie. A mylord Bolingbroke; [274] Acteurs; 275-346 Brutus, tragédie.

An imitation of W75G, but with texts drawn from a variety of sources. Voltaire was aware of this edition, but there is as yet no evidence that it was prepared with his participation.

Taylor: VF.

76

BRUTUS, / *TRAGÉDIE.* / EN CINQ ACTES. / *DE* / M. DE
VOLTAIRE. / [*ornament, 46 x 54 mm*] / *A PARIS,* / Chez Ruault,
Libraire, / rue de la Harpe. / [*ornamented rule, 65 mm*] / *M. DCC.
LXXVI.* /

8°. sig. A-F⁴; pag. 47; $2 signed, arabic (– A1); sheet catchwords.

[1] title; [2] Acteurs; [3]-47 Brutus, tragédie.

ImV: D Brutus 1776/1.

T76X

Théâtre complet de monsieur de Voltaire. 1776. 7 vol. 8°.

Volume 1: [260] Avertissement (to *Brutus*); [261] R3r '*BRUTUS,* /
TRAGÉDIE. / [*rule, 73 mm*] / *Représentée pour la première fois le 11* /
Décembre 1730. / [*rule, 73 mm*] / R iij'; [262]-284 Discours sur
la tragédie. A mylord Bolingbrooke; 284 Acteurs; [285]-358 Brutus,
tragédie.

Arsenal: Rf 14096 (1).

T76G

Théâtre complet de monsieur de Voltaire. Genève, 1776. 9 vol. 8°.

A reissue of the sheets of w75G under a title-page possibly produced by
the printer of w75X.

Queen Mary and Westfield College, London: 8605.

77

BRUTUS, / TRAGÉDIE / *EN CINQ ACTES* / ET EN VERS. /
PAR M. DE VOLTAIRE. / [*ornamented rule, 86 mm*] / NOUVELLE
ÉDITION. / [*ornamented rule, 86 mm*] / [*type ornament*] / *A PARIS,* /
Chez DELALAIN, rue & à côté de la Comédie / Françoife. / [*ornamented
rule, 71 mm*] / M. DCC. LXXVII. /

8°. sig. A-E⁴ F²; pag. 44; $2 signed, arabic (– A1, F2); sheet catchwords.

[1] title; [2] Acteurs; [3]-44 Brutus, tragédie.

On p.44 there is an advertisement for the publications of Jacques Garrigan, 'imprimeur-libraire' at Avignon.

Bibliothèque municipale, Poitiers: E 95 (6); Zentralbibliothek, Lucerne: B 1066 8° III (9).

T77

Théâtre complet de M. de Voltaire. Amsterdam, Libraires associés, 1777. 11 vol. 12°.

Volume 1: [225] K5r 'BRUTUS, / *TRAGÉDIE. / Repréſentée pour la première fois le 11 / décembre 1730. /* K5'; [226] Avertissement; 227-247 Discours sur la tragédie. A milord Bolingbroke; [248] Acteurs; 249-328 Brutus, tragédie.

Stockholm: Litt. Fr. Dram.

T78

Chef-d'œuvres dramatiques. Genève, 1778. 3 vol. 12°. Bengesco i.93; BnC 636.

Volume 1: [217] K1r 'BRUTUS, / *TRAGÉDIE*, / Repréſentée pour la première fois / le 11 décembre 1730.'; [218] Acteurs; [219]-296 Brutus, tragédie.

Bn: Yf 4306.

K84

Œuvres complètes de Voltaire. [Kehl], Société littéraire-typographique, 1784-1789. 70 vol. 8°. Bengesco 2142; Trapnell K; BnC 164-169.

Volume 1: [293] T3r 'BRUTUS, / *TRAGEDIE. / Repréſentée, pour la première fois, /* le 11 Décembre 1730. / T3'; [294] Avertissement; [295]-313 Discours sur la tragédie. A milord Bolingbroke; [314] Personnages; [315]-385 Brutus, tragédie; [386]-387 Variantes de la tragédie de Brutus; [388] Notes sur la tragédie de Brutus.

The first octavo issue of the Kehl edition, based in part upon Voltaire's manuscripts. It introduces a few changes to the text of *Brutus*, at

'Avertissement', l.2; 'Discours', l.180, 249, 317, 344, 375; I.232, iv.263; III.ii.55, 73; IV.i.11.

Bn: Rés. p Z 2209 (1).

K85

Œuvres complètes de Voltaire. [Kehl], Société littéraire-typographique, 1785-1789. 70 vol. 8°. Bengesco 2142; BnC 167-169.

Volume 1: [293] T3r 'BRUTUS, / *TRAGEDIE*. / Repréſentée, pour la première fois, le 11 / décembre 1730. / T3'; [294] Avertissement; [295]-313 Discours sur la tragédie. A milord Bolingbroke; [314] Personnages; [315]-385 Brutus, tragedie; [386]-387 Variantes de la tragédie de Brutus; [388] Notes.

The second octavo printing of the Kehl edition.

Taylor: VF.

K12

Œuvres complètes de Voltaire. [Kehl], Société littéraire-typographique, 1784-1789. 92 vol. 12°. Bengesco 2142; BnC 189-193.

Volume 1: [337] Ffir 'BRUTUS, / *TRAGEDIE*. / Repréſentée, pour la première fois, le 11 / décembre 1730. / *Théâtre*. Tome I. *Ff'; [338] Avertissement; [339]-361 Discours sur la tragédie. A milord Bolingbroke; [362] Personnages; [363]-439 Brutus, tragedie; [440]-441 Variantes de la tragédie de Brutus; [442] Notes.

The duodecimo printing of the Kehl edition.

Taylor: VF.

90

BRUTUS, / TRAGÉDIE / DE VOLTAIRE, / *Repréſentée, pour la première fois, le 11 / Décembre 1730; remiſe au Théâtre de la / Nation le 17 Novembre 1790.* / [*rule, 84 mm*] / Seule Edition conforme à la Représentation. / [*rule, 84 mm*] / [*type ornament*] / A PARIS, / Chez la Veuve DUCHESNE et Fils, Libraires, / rue Saint-Jacques, N°. 47. / [*swelled rule, 30 mm*] / 1790. /

8°. sig. A-D⁸ E⁶; pag. 74 [75-76]; $4 signed, arabic (– A1, E4; E2 signed 'E3'); sheet catchwords.

[1] title; [2] Acteurs; [3]-74 Brutus, tragédie; [75-76] Catalogue de pièces nouvelles qui se trouvent chez le même libraire.

Based on Duchesne's 1762 edition, this version adds (and suppresses) stage directions and contains new scene divisions.

Taylor: V3 B7 1790 (lacks E6); BL: 164 c 17.

91

BRUTUS, / TRAGÉDIE, / EN CINQ ACTES, / Par VOLTAIRE. / [ornament, 57 x 44 mm] / A PARIS, / Chez la Veuve DUCHESNE, Libraire, au Temple- / du-Goût. / [rule, 27 mm] / M. DCC. XCI. /

8°. sig. A-G⁴ (G4 blank); pag. 54; $1 signed (– A); sheet catchwords.

[1] title; [2] Personnages; [3]-54 Brutus, tragédie.

A curious edition, closely linked to 90 but including readings from a number of other sources.

Neuchâtel: 2 R 600a; Bibliothèque publique, Yverdon: 3081/4 (5).

91L

BRUTUS, / TRAGÉDIE, / EN CINQ ACTES, / PAR M. DE VOLTAIRE. / NOUVELLE ÉDITION, / Telle qu'elle ſe joue à Paris. / [ornament, 61 x 35 mm] / Sur l'imprimé à PARIS, / A LYON, / Chez Mlle. OLYER, Libraire. / [thick-thin rule, 64 mm] / 1791. /

8°. sig. π⁴ B-F⁴ G²; pag. 51; $2 signed, arabic (– G2); sheet catchwords.

[1] title; [2] Acteurs; [3]-51 Brutus, tragédie.

An edition based largely on 91.

ImV: D Brutus 1791/1.

91P

BRUTUS, / TRAGÉDIE / EN CINQ ACTES / DE VOLTAIRE. / NOUVELLE EDITION / Conforme à la Représentation. / [rule, 41 mm] / Prix 24 sols. / [rule, 40 mm] / [ornament, 41 x 44 mm] / A

PARIS. / Chez DELALAIN, Libraire, rue & â côté de la / Comédie Française. / [*double rule, 42 mm*] / 1791. /

8°. sig. A-E⁴ F²; pag. 44; $1 signed (– A1; A2 signed arabic); sheet catchwords.

[1] title; [2] Acteurs; [3]-44 Brutus, tragédie.

Based on Delalain's 1777 edition.

Bibliothèque publique, Yverdon: L583.

92

BRUTUS, / TRAGEDIE / DE VOLTAIRE; / *Représentée, pour la premiere fois, le* 11 *Dé-* / *cembre* 1730; *remise au théâtre de la Nation* / *le* 17 *Novembre* 1790. / [*rule, 82 mm*] / Seule Edition conforme à la Représentation. / [*rule, 84 mm*] / [*ornament*] / A PARIS. / Chez P. Guelliot, Libraire, maison de M. Frasé, / rue de la Bucherie, N° 11. / [*swelled rule, 50 mm*] / 1792. /

8°. sig. A-D⁸; pag. 63; $4 signed, arabic (– A1, B3-4, D3; A2 signed 'A'); sheet catchwords.

[1] title; [2] Acteurs; [3]-63 Brutus, tragédie.

An edition based on 90.

Bibliothèque municipale, Tours.

92P

BRUTUS, / *TRAGÉDIE* / *EN CINQ ACTES* / ET EN VERS, / *PAR Monſieur VOLTAIRE.* / [*ornamented rule*] / NOUVELLE ÉDITION. / [*ornamented rule*] / [*ornament*] / *A PARIS*, / Chez les Libraires Associés. / [*swelled rule*] / 1792. /

8°. sig. A-E⁴ π²; pag. 44; $2 signed, arabic (– A1); sheet catchwords.

[1] title; [2] Personnages; [3]-44 Brutus, tragédie.

Based on 91P.

ImV: D Brutus 1792/1.

93

BRUTUS, / TRAGÉDIE. / DE VOLTAIRE, / *Remise au Théâtre de*

la Nation, le / 17 *Novembre* 1790. / Seconde Édition revue & corrigée. / [*monogramme, 36 x 26 mm*] / A PARIS, / De l'imprimerie de JACOB-SION, rue S. Jacques, / n°. 251., maison de M. Morin, libraire. / *ET SE VEND* / Chez WEBERT, Libraire au Palais-Royal, gallerie / de bois, N°. 218. / [*swelled rule, 26 mm*] / *L'an second de la Liberté.* /

8°. sig. π^2 A-G^4 H^2; pag. [*4*] 59; \$1 signed (– A1); catchwords on D8*v* and E8*v* only.

[*1*] title; [*2*] blank; [*3*] Avertissement; [*4*] Personnages; [1]-59 Brutus, tragédie.

An edition based on Kehl, with additions to the 'Avertissement'.

Bn: 8° Yth 2369; Taylor: V3 B7 1793.

93A

BRUTUS, / *TRAGÉDIE* / *EN CINQ ACTES* / ET EN VERS. / *Par VOLTAIRE.* / [*rule, 85 mm*] / NOUVELLE EDITION. / [*rule, 85 mm*] / [*ornament, 63 x 41 mm*] / A AVIGNON, / Chez les Freres BONNET, Imprimeurs- / Libraires, vis-à-vis le Puits des Bœufs. / [*swelled rule, 24 mm*] / L'AN SECOND DE LA RÉPUBLIQUE. /

8°. sig. A-E^4 F^2; pag. 44; \$2 signed, arabic (– A1, F2); sheet catchwords.

[1] title; [2] Personnages; [3]-44 Brutus, tragédie.

An edition based on 92P.

Bibliothèque municipale, Grenoble: E 19053.

93P

BRUTUS, / TRAGÉDIE / DE VOLTAIRE. / *Représentée pour la première fois, le 11* / *Décembre 1730; remise au Theatre de* / *la Nation le 17 Novembre 1790.* / [*rule, 90 mm*] / Seule édition conforme à la représentation. / [*rule, 90 mm*] [*woodcut, 42 x 20 mm*] / A PARIS, / *ET SE VEND A* LILLE, / Chez le Citoyen DEPERNE, Libraire, rue Neuve, / N° 175. / [*swelled rule, 24 mm*] / 1793. /

8°. sig. A-F^4; pag. 48; \$2 signed, arabic (– A1; D2 signed 'C2'); sheet catchwords.

[1] title; [2] Acteurs; [3]-48 Brutus, tragédie; 48 Avis ('On trouve chez le même libraire [...] [il] reçoit toutes les nouveautés de Paris.').

This edition reproduces the text of 90.

Bn: 8° Yth 2370.

93T

BRUTUS, / TRAGÉDIE, / EN CINQ ACTES ET EN VERS, / *Par Monsieur* VOLTAIRE. / [*rule, 86 mm*] / NOUVELLE ÉDITION. / [*rule, 85 mm*] / [*rule, 33 mm*] / Prix, 30 sols. / [*rule, 33 mm*] / [*swelled rule, 56 mm*] / *A TOULOUSE,* / Chez J. B. BROULHIET, Imprimeur-Libraire, / rue Saint-Rome. / [*swelled rule, 36 mm*] / 1793. /

8°. sig. A-F⁴; pag. 48; $2 signed, arabic (– A1); sheet catchwords.

[1] title; [2] Personnages; [3]-48 Brutus, tragédie.

An edition based on 92P.

Bibliothèque municipale, Tours: F de V 4042/1.

94

BRUTUS, / *TRAGÉDIE* / DE VOLTAIRE, / *Représentée, pour la première fois, le* 11 *Décembre* / 1730; *remise au théâtre de la Nation le* 17 / *Novembre* 1790, *et au théâtre de la République* / *en* 1792. / [*rule*] / Nouvelle édition conforme à la Représentation. / [*rule*] / [*ornament*] / A PARIS, / CHEZ A. CHAMBON, Libraire, rue des Grands / Augustins, Nº. 25. / [*swelled rule*] / 1794. /

8°. sig. A-G⁴; pag. 56; $2 signed, arabic (– A1, D2, F2); sheet catchwords.

[1] title; [2] Personnages; [3]-56 Brutus, tragédie.

The text of this edition is that of 90, but without the names of the actors.

Bh: 603331.

95

BRUTUS, / TRAGÉDIE / *EN CINQ ACTES* / ET EN VERS, / *Par* VOLTAIRE. / [*swelled rule*] / A AVIGNON, / Chez MOURIÉS, Imprimeur, rue Galante, nº [...] / TROISIÈME ANNÉE DE LA RÉPUB[...] /

8°. sig. A-E⁴ F²; pag. 44; $2 signed, arabic (– A1, F2); sheet catchwords.

[1] title; [2] Personnages; [3]-44 Brutus, tragédie.

Another edition based on 92P.

Bibliothèque municipale, Carpentras: 8° 3907 (4) (title page damaged as shown).

95A

BRUTUS, / *TRAGÉDIE* / EN CINQ ACTES / ET EN VERS. / *Par Voltaire.* / [*ornamented rule, 93 mm*] / *NOUVELLE ÉDITION.* / [*ornamented rule, 94 mm*] / [*ornament, 42 x 31 mm*] / *A AVIGNON*, / Chez Alphonse Berenguier, Imprimeur-Libraire / près les ci-devant Jésuites. / [*thick-thin rule, 64 mm*] / AN IV. DE LA RÉPUBLIQUE. /

8°. sig. A-E⁴ F1; pag. 41.

Bpu: Hf 2535/1 (6).

95B

BRUTUS, / *TRAGÉDIE.* / Par M. DE VOLTAIRE. / *Repréſentée, à la demande du Public,* / *ſur le Théatre de Bordeaux, le 16 Mars* / 1792, *jour de l'inauguration du Pavillon* / *National.* / [*swelled rule, 42 mm*] / Prix, Douze Sols. / [*swelled rule, 40 mm*] / [*ornament, 50 x 39 mm*] / A BORDEAUX, / Chez Lavignac, père & fils, Imprimeurs, rue / des Loix, n°. 16. / [*thick-thin rule, 53 mm*] / L'an quatrieme de la Liberté. /

8°. sig. A-H⁴ (H4 blank?); pag. 62; $2 signed, arabic (– A1); sheet catchwords.

[1] title; [2] Acteurs; [3]-62 Brutus, tragédie.

Bibliothèque municipale, Bordeaux: B 7095/2.

8. *Translations* [160] *and parodies*

English

Junius Brutus, a tragedy as it is acted at the Theatre-Royal in Drury-Lane, by his majesty's servants [...] *By Mr William Duncombe.* London, J. Roberts, 1735, 95 pages.

Junius Brutus, a tragedy as it is acted at the Theatre-Royal in Drury-Lane, by his majesty's servants [...] *By Mr William Duncombe. The second edition.* London, R. Dodsley, 1735, 48 pages.

Lucius Junius Brutus, a tragedy. As it is acted at the Theatre-Royal in Drury-Lane, by his majesty's servants. By Mr Duncombe [...] *The second edition. To this edition is prefix'd an essay on tragedy. By Mr Voltaire.* London, J. Watts, 1747, 83 pages.

Brutus, a tragedy, in *The Dramatic works of Mr. de Voltaire. Translated by the Rev. Mr. Francklin,* London, 1761-1763, i.

Italian

Il Bruto, tragedia di monsieur Voltaire, in Alfonso Vincenzo Fontanelli, *Opere varie,* ix (1747), 96 pages.

Il Bruto, tragedia di M. Voltaire, Firenze, 1749. This (first) edition of

---

[160] I have consulted the following sources: H. B. Evans, 'A provisional bibliography of English editions and translations of Voltaire', *Studies* 8 (1959), p.49; Th. Besterman's two bibliographies: 'A provisional bibliography of Italian editions and translations of Voltaire', *Studies* 18 (1961), p.275; 'A provisional bibliography of Scandinavian and Finnish editions and translations of Voltaire', *Studies* 47 (1966), p.60; L. Ferrari, *Le Traduzioni italiane del teatro tragico francese nei secoli XVIIo e XVIIIo: saggio bibliografico* (Paris 1925), p.61-64; H. Fromm, *Bibliographie Deutscher Übersetzungen aus dem Französischen 1700-1948* (Baden-Baden 1950-1953), vi.267; J. Vercruysse, 'Bibliographie provisoire des traductions néerlandaises et flamandes de Voltaire', *Studies* 116 (1973), p.27-29; J. A. van Praag, 'Une traduction espagnole inconnue du *Brutus* de Voltaire', *Revue de littérature comparée* 16 (June 1936), p.173-80; F. Lafarga, *Voltaire en Espagne (1734-1835),* Studies 261 (1989), p.88-92, 174.

the version described immediately below has not been localised. Its existence is attested by Melzi (*Dizionario delle opere anonime*, iii.125, second column).

Bruto, tragedia di Mr de Voltaire, tradotta dal franchese da Gio. Batt. Zanobetti. Livorno, Antonio Santini, 1751, 79 pages. This is an almost literal prose translation done by Zanobetti. All that is known about the latter is that he was a tutor with a high-ranking family of Livorno, and that he was much given to the study of philology. It is worth noting that scene 8 of act v (Brutus, Titus, Tullie and Algine) 'seems to have been added by the translator' (Ferrari, p.62). As far as this 'innovation' is concerned, see above, p.39.

Il Giunio Bruto, tragedia, in *Voltaire*, i (1752), p.[157]-236. This is a very free prose translation, and is to be found in the translation of Voltaire's *Theatre* done by Antonio Maria Ambrogi, S.J. (1713-1788).

Bruto, tragedia del signor di Voltaire, tradotta in versi toscani di une dama lucchese, in *Biblioteca*, xii (1765), p.[125]-224. This anonymous, unfree translation is in blank verse.

Bruto, tragedia, tradotta dall'abb. Franzoja P. P., nell'Università di Padova, in *Voltaire*, ii (1774), p.[4]-90. This is a good, accurate and well-versified translation (in free verse) by Franzoja who also translated *Alzire* and *L'Orphelin de la Chine*.

Bruto, tragedia tradotta dall'abb. Franzoja P. P., nell'Università di Padova, in *Voltaire*, iii (1781), p.[4]-78. This is a reprint of the previous translation.

Bruto, tragedia tradotta dal co. ab Matteo Franzoja P. P. di diritto naturale, e segretario dell'Accademia di scienze, lettere, ed arti di Padova, in *Voltaire*, i (1783), p.[247]-344. A second reprint of the 1774 translation.

Il Giunio Bruto, tragedia del sig. di Voltaire trasportata in versi toscani da un accademico fiorentino. Firenze, Bonducciana, 1786, 87 pages. Translation in blank verse done by Niccolò Siminetti.

Bruto, tragedia tradotta dal co. ab Matteo Franzoja, P. P. di dirrito naturale e segretario dell'Accademia di scienze, lettere, ed arti di Padova, in *Voltaire*, p.247-344. This is the third reprint of Franzoja's translation.

Spanish

Bruto. Tragedia de Mr de Voltaire. Traducida del francés en español por

B. García. Amsterdam, G. & J. de Broen, 1758, viii.39 pages. This translation, made for the Portuguese Sephardic Jewish community in Amsterdam by Benjamín García, was dedicated to the 'Director del Colegio de la Comedia Española', Enrique Gomes Soares, and is done according to the rules of the Spanish theatre. Several of the characters' names have been changed: Messala becomes Flavio, Proculus Marcio, while Algine is now called Libia.

Dutch and Flemish

Brutus, Treurspel. Gevolgd naar het Fransche van den Heere de Voltaire. Nooit te voren gedrukt, in Sijbrand Feitama, *Toonelpoëzy*, Amsterdam, 1735, ii.[85]-156. The translation in verse is dated 1733 (p.156).

Brutus, Treurspel; gevolgd naar het Fransche van den Heere de Voltaire. Amsteldam, Isaak Duim, 1736, 61 pages. Verse translation. The printer's foreword reveals that acts i-iv were translated by Frans Ryk, and that act v was translated by H. v[an] L[oghem].

Brutus, Treurspel; gevolgt naar het Fransche van den Heere de Voltaire; door J. Haverkamp. Amsteldam, Isaak Duim, 1736, xxiv.62 pages. Verse translation dedicated to Pieter Rendorp de Marquette.

Brutus, Treurspel; gevolgt naar het Fransche van den Heere de Voltaire; door J. Haverkamp. Amsteldam, Isaak Duim, 1752, iv.62 pages. This edition, with a privilege dated 6 December 1752, is identical to the edition of 1736.

Brutus, Treurspel; gevolgt naar het Fransche van den Heere de Voltaire; door J. Haverkamp. Amsteldam, 1752, x.61.i pages.

Brutus, Treurspel; gevolgt naar het Fransche van den Heere de Voltaire; door J. Haverkamp. Amsteldam, Isaak Duim, 1753, viii.62 pages. This edition is identical to the one dated 1736.

Brutus, Treurspel. Naar het Fransche van den Heere de Voltaire gevolgd, onder de Zinspreuk [...]. Verbeterd in dezen Tweeden Druk. Amsteldam, Izaak Duim, 1756, vi.64 pages. With a privilege dated 16 August 1756. Verse translation.

Brutus, Treurspel. Gevolgt naar Fransche van den Heere de Voltaire; door J. Haverkamp. Amsteldam, J. Helders and A. Mars, 1785. With a

privilege dated 8 August 1785. This edition is identical to the one dated 1736.

Brutus, Treurspel. Gevolgd naar het Fransche van M. de Voltaire, door den zeer beruchten Dichter Sybrand Feitama. Om Prys vertoont door het Genootschap ter bevooorderinge der Letter-en Toneel-Kunde, gezeyd Fonteynisten, in Gend, binnen het Canton en Commune van Aelst, den 9 Vendémiaire zevenste jaer der fransche Republieke. Gend, J. F. Vander Schueren, [1798], ii.49 pages. Dedicated to the municipality of Alost, and staged by the 'Fonteynisten' of Ghent on 9 vendémiaire an VII (30 September 1798).

German

Brutus. Ein Trauerspiel in 5 Akten. Nach d. Erfindung des Herrn v. V.. Jena, 1754. Translated by Jak[ob] W[ilhelm] Blaufus.

Brutus. Ein Trauerspiel in 5 Aufz. Baireuth, Lübeck, 1791. Translated by J[ohann] F[riedrich] L[eonhard] Menzel.

Brutus. Ein Trauerspiel in 5 Aufz. Frankfurt, Hermann, 1791, 141 pages. A new translation.

Brutus. Ein republikanisches Trauerspiel in 5 Aufz. Lucerne, Meyer, 1800, 79 pages. Translated by [Franz Regis Grauer].

Swedish

Brutus. Sorge-Spehl, Stockholm, Kongl. Tryckeriet, Peter Momma, 1739, 79 pages.

Parodies

Le Bolus, parodie du Brutus, par Messieurs Dominique et Romagnesy, représentée le 24 janvier 1731 par les Comédiens italiens ordinaires du roi. Paris, Louis-Denis Delatour, 1731, 67 pages. By P.-F. Biancolelli and Jean-Antoine Romagnesi. See above, p.86-88.

Le Bolus, parodie du Brutus, Amsterdam, G. de Ruyter, 1736, 36 pages.

Le Bolus, parodie du Brutus, in *Les Parodies du nouveau théâtre italien, nouvelle édition, revue, corrigée et augmentée,* Paris, Briasson, 1738, i.

Le Sénat académique, parodie de la [...] tragédie de Brutus, in *Le Glaneur*

historique, moral, littéraire et galant, n° 11, La Haye, 2 avril 1731, p.1-4, n° 12, 5 avril 1731, p.2-4. See above, p.88 and appendix v.

Jugement rendu en dernier ressort par Momus, conseiller d'Etat d'Apollon, lieutenant-général de police, in *Le Glaneur historique, moral, littéraire et galant*, n° 2, La Haye, 4 janvier 1731, p.1-3. Also to be found in Luchet, *Histoire littéraire de Voltaire* (Cassel 1780), iii.95-100. See above, p.80-81 and appendix v.

9. *Editorial principles*

The base text of the present edition is w75G*, and variants are drawn from MS1, MS2, MS3, MS4, 31, 31*, 31A, 36 cancel, w38a, w38b, w42, w46, w48D, w51, w52, w56, w57G, w64G, w68, w70L, K, 90, 91 and 93.

Modernisation of the base text

The spelling of names of persons and places has been respected; the punctuation of the text is that of w75G. The following aspects of orthography in the base text have, however, been modified to conform to present-day usage:

1. Consonants
   - the consonant *p* was not used in: longtems, tems.
   - the consonant *t* was not used in syllable endings *-ans* and *-ens*: ardens, bienfaisans, chancelans, clair-voyans, enfans, excellens, etc.
   - double consonants were used in: apperçoit, fidelle, infidelle, rejetté, secrette.
   - a single consonant was used in: aprendre, courons, couroux, dégoute, falut, flater, frapes.
   - archaic forms were used, as in: domter, hazarder, promt, jusques, solemnités.

2. Vowels
   - *y* was used in place of *i* in: envoye, enyvra, enyvrés, foye, gayeté, playe, revoye, s'enyvre, voye.

- *i* was used in place of *y* in: stile.
- *ai* was used in place of *é* in: écoutai-je (interrogative form, present tense).
- archaic forms were used, as in: avanture, vuide.

3. Accents

the acute accent

- was used in place of the grave in: piéce, piége, premiérement, quatriéme, siécle, siége, troisiéme.
- was not used in: deshonorer.

the grave accent

- was not used in: déja.

the circumflex accent

- was not used in: ame, eutes, grace, infame, plait, théatre.
- was used in place of the grave in: diadême, interprêtes.
- was used in: chûte, toûjours; avoûrai, oublîra (for the purpose of scansion).

the dieresis

- was used in: avouë, éblouïr, jouï, jouïssez, muët, païs, poëmes, poësie, ruïne.

4. Capitalisation

- initial capitals were attributed to: Ambassadeur, Conseil, Consul, Consulat, Cour, Dictateur, Dieux, Empire, Grands, Juge, Lévites, Licteurs, Monarchique, Monarque, Mylord, Pères, Prince, Princesse, Reine, République, Roi, Seigneur, Sénat, Sénateur, Souverain, Tyran.
- and to adjectives denoting nationality: Anglais, Espagnol, Français, Grecs, Latins, Romain.

5. Points of grammar

- the final *s* was not used in the second person singular of the imperative: apren, attendri, compren, confon, connai, crain, pren, etc.
- the plural in *x* was used in: loix.

6. Various

- the ampersand was used.
- the hyphen was used in: à-peu-près, au-lieu, aussi-bien, clair-voyans, grand-homme, mal-à-propos, non-seulement, tour-à-tour.

– rhyme and metre influenced orthography in several instances: contr'elle, diadême / eux-même.

Modernisation of quotations

The spelling, but not the punctuation, of quotations from printed sources has been modernised, except where a specific critical edition is used, in which case the spelling of the edition is followed.

BRUTUS,
TRAGÉDIE.

*Représentée pour la première fois
le 11 décembre 1730.*

AVERTISSEMENT

Cette tragédie de *Brutus* fut jouée pour la première fois en 1730. C'est de toutes les pièces de notre auteur celle qui eut en France le moins de succès aux représentations; elle ne fut jouée que seize fois,[1] et c'est celle qui a été traduite en plus de langues, et que les nations étrangères aiment le mieux.[2] Elle est ici fort différente des premières éditions.

a-6   MSI, 31, 31A, absent

1   w38a-w64G: tragédie fut jouée

2   k: pièces de l'auteur celle

5   w70L: étrangères et les gens de lettres philosophes aiment le mieux.

5-6   93:   le mieux. Sa reprise en 1790 en a fait mieux sentir les beautés. Elle a prouvé qu'il faut aussi le concours des circonstances pour développer tout le mérite de certains ouvrages qu'on est ensuite surpris d'avoir pu négliger. ¶C'est ainsi qu'Athalie était restée trente ans dans l'oubli, et que son auteur n'avait point eu la consolation de jouir de son succès.

6   w38a-w52:   éditions de Paris.

[1] *Brutus* was performed fifteen times in fact: 11, 13, 16, 18, 20, 23, 27, 31 December 1730, 3, 6, 8, 10, 13, 15, 17 January 1731. But, indeed, it was among the least successful of Voltaire's tragedies if one counts the number of performances either in 1730-1731 or in the period 1730-1789. However, as H. C. Lancaster rightly observes: 'The number of persons that paid admission to the first performance of this tragedy is next to the largest recorded up to this time' (*Registres*, p.703). At the *première* there were 1564 spectators as oppposed to the 1586 admitted to *Polyeucte* and *Crispin médecin* on 8 March 1704. Although it is notoriously difficult to know exactly how many people composed an audience at the Comédie in the eighteenth century, it would seem that these two performances were never equalled.

[2] In the present state of research, foreign language editions of *Brutus* have been identified as follows: nine Dutch, four English, nine Italian, one Spanish, one Swedish; see above, p.145-48.

DISCOURS SUR LA TRAGÉDIE
À MILORD BOLINGBROKE [1]

De la rime, et de la difficulté de la versification française. Tragédies
en prose. Exemples de la difficulté des vers français. La rime plaît
aux Français, même dans les comédies. Caractère du théâtre anglais.
Défaut du théâtre français. Exemple du Caton anglais. Comparaison
du Manlius de M. de la Fosse, avec la Venise de M. Otway. Examen
du Jules César de Shakespear. Spectacles horribles chez les Grecs.
Bienséances et unités. Cinquième acte de Rodogune. Pompe et dignité
du spectacle dans la tragédie. Conseils d'un excellent critique. De
l'amour.

Si je dédie à un Anglais un ouvrage représenté à Paris, ce n'est
pas, Milord, qu'il n'y ait aussi dans ma patrie des juges très éclairés,
et d'excellents esprits auxquels j'eusse pu rendre cet hommage.
Mais vous savez que la tragédie de *Brutus* est née en Angleterre.
Vous vous souvenez que lorsque j'étais retiré à Wandsworth, chez   5

---

a-446 ms1, absent
c-k 31-w51, k, the headings characterising the relevant discussions are to be
found in the margins or as footnotes (w42-w51)

---

[1] Henry St John, 1st viscount Bolingbroke, was a talented if somewhat erratic
political leader who exercised considerable influence in British politics in the first
half of the eighteenth century. A high Tory and Jacobite, Bolingbroke fell from
power at the death of Queen Anne (1 August 1714). In March 1715, fearing for his
life, he fled to France and joined up with the Old Pretender, but was dismissed
early in 1716. Bolingbroke at once sought to make his peace with the new Hanoverian
regime, but it was not until May 1723 that he received his pardon. In the meantime
he had devoted himself mainly to biblical, philosophical and mathematical studies
at his country seat of La Source, near Orléans. On Bolingbroke and his relations
with Voltaire, which seem to have dated from about June 1722, see D. Fletcher,
'The fortunes of Bolingbroke in France in the eighteenth century', *Studies* 47
(1966), p.207-32.

mon ami M. Fakener,[2] ce digne et vertueux citoyen, je m'occupai
chez lui à écrire en prose anglaise le premier acte de cette pièce,[3]
à peu près tel qu'il est aujourd'hui en vers français. Je vous en
parlais quelquefois, et nous nous étonnions qu'aucun Anglais n'eût
traité ce sujet, qui de tous est peut-être le plus convenable à votre   10
théâtre. (a) Vous m'encouragiez à continuer un ouvrage susceptible

(a) Il y a un *Brutus* d'un auteur nommé Lee;[4] mais c'est un ouvrage
ignoré, qu'on ne représente jamais à Londres.

6   31-w46: Faukener
n.a   31-w46, note absent
      36 errata: Monsieur Devoltaire se trompe en cela, il y a un Brutus de Lée;
mais cette tragédie est si mauvaise et si ignorée, qu'il n'est pas étonnant qu'un génie
tel que milord Bolingbroke ait oublié un tel ouvrage.

[2] Everard Fawkener (1684-1758) was a citizen and mercer of London, and until
fifty years of age was engrossed in business as a silk and cloth merchant. His home,
to which Voltaire was a frequent visitor, was at Wandsworth, and his leisure hours
were spent in reading the classics or in collecting ancient coins and medals. In about
1735 Fawkener was knighted and sent as ambassador to Constantinople. He was
later promoted to be secretary to the duke of Cumberland, whom he accompanied
on campaigns on the Continent and in Scotland. In recognition of his services
during the expedition in Flanders, the office of joint Postmaster-General was
conferred upon him in 1745. He retained this office until his death; see N. Perry,
Sir Everard Fawkener, friend and correspondent of Voltaire, Studies 133 (1975).
[3] On the initial composition of *Brutus*, see above, p.6-7.
[4] Both William Duncombe, in the preface to his translation of Voltaire's *Brutus*
(London 1735, p.9), and the abbé Prévost, in *Le Pour et contre* (1735, vi.238-39),
pointed out that Nathaniel Lee had used the same subject matter in his tragedy
Lucius Junius Brutus. Lee (c. 1653-1692) had originally been an actor, but left the
stage to become a dramatist. He made his reputation in 1677 with a blank verse
tragedy, *The Rival queens or the death of Alexander the Great*, which along with his
Theodosius (1680) became a stock play of the English repertory. *Brutus* dates from
1680 and immediately gave offence at Court. In 1684, Lee succumbed to insanity,
which ended his literary career. Voltaire tempers his judgement on Lee somewhat,
the note of 1748 not having quite that disdainful edge which one detects so clearly
in 1736. He would notwithstanding have found few people in England willing to
agree with him, whether on the merits of the dramatist or on his tragedy of *Brutus*
itself. Addison for example (though with certain reservations) commended Lee's

de si grands sentiments. Souffrez donc que je vous présente *Brutus*, quoique écrit dans une autre langue, *docte sermonis utriusque linguae*,[5] à vous qui me donneriez des leçons de français aussi bien que d'anglais, à vous qui m'apprendriez du moins à rendre à ma langue cette force et cette énergie qu'inspire la noble liberté de penser; car les sentiments vigoureux de l'âme passent toujours dans le langage; et qui pense fortement, parle de même.

Je vous avoue, Milord, qu'à mon retour d'Angleterre, où j'avais passé près de deux années dans une étude continuelle de votre langue, je me trouvai embarrassé, lorsque je voulus composer une tragédie française. Je m'étais presque accoutumé à penser en anglais: je sentais que les termes de ma langue ne venaient plus se présenter à mon imagination avec la même abondance qu'auparavant; c'était comme un ruisseau dont la source avait été détournée; il me fallut du temps et de la peine pour le faire couler dans son premier lit. Je compris bien alors que pour réussir dans un art, il le faut cultiver toute sa vie.

12 31-w51: sentiments. ¶Souffrez
13 31-w52: langue, [31: à vous] *docte sermones utriusque*
20 31-w51: passé deux années

genius highly, observing that 'Among our modern, English poets there is none who was better turned for tragedy than our author' (*Spectator*, no.39); cf. Th. Cibber, *Lives of the poets* (London 1753), ii.232. Aaron Hill, in *The Prompter*, no.29, 18 February 1735, speaking about a performance of Duncombe's translation, did not mince his words about 'M. de Voltaire, who had not only taken his hint from our own countryman, Lee's *Brutus*, but coldly imitated his finest scenes'. He concludes: 'Whether I am prepossessed in favor of our own genuine Brutus, and of course prejudiced against the modern phantom of the old one, I can't tell, but I never dip into Lee's tragedy but I think myself walking in old Rome and conversing with the very personages that lived in those times, such true Roman majesty appears throughout the whole play. I forebear to say what ideas of old Rome the bi-translated *Brutus* gives me. The fate it met seemed to me a sort of a poetical punishment, inflicted by the Town on an author who wanted to invigorate the Roman eagle's wings with French instead of British fire.'
[5] Horace, *Odes*, III.viii.5.

Ce qui m'effraya le plus en rentrant dans cette carrière, ce fut la sévérité de notre poésie,[6] et l'esclavage de la rime. Je regrettais cette heureuse liberté que vous avez d'écrire vos tragédies en vers non rimés, d'allonger, et surtout d'accourcir presque tous vos mots, de faire enjamber les vers les uns sur les autres, et de créer dans le besoin des termes nouveaux, qui sont toujours adoptés chez vous, lorsqu'ils sont sonores, intelligibles et nécessaires. Un poète anglais, disais-je, est un homme libre, qui asservit sa langue à son génie; le Français est un esclave de la rime, obligé de faire quelquefois quatre vers pour exprimer une pensée qu'un Anglais peut rendre en une seule ligne. L'Anglais dit tout ce qu'il veut, le Français ne dit que ce qu'il peut. L'un court dans une carrière vaste, et l'autre marche avec des entraves dans un chemin glissant et étroit.

Malgré toutes ces réflexions et toutes ces plaintes, nous ne pourrons jamais secouer le joug de la rime; elle est essentielle à la poésie française. Notre langue ne comporte que peu d'inversions: nos vers ne souffrent point d'enjambement, du moins cette liberté est très rare: nos syllabes ne peuvent produire une harmonie sensible par leurs mesures longues ou brèves: nos césures et un certain nombre de pieds ne suffiraient pas pour distinguer la prose d'avec la versification; la rime est donc nécessaire aux vers français.

---

29   31-w51, K, with marginal heading: *De la rime, et de la difficulté de la versification* [w46: *version*] *française.*

45   31-w64G, w70L: ne comporte point d'inversions

36 errata: point de grandes inversions [with note: On ne peut pas dire Tullie j'aime au lieu de j'aime Tullie, ni m'aime Tullie pour Tullie m'aime.]

46-47   31-w64G, w70L: d'enjambement: nos syllabes

50-51   31-w51:   vers français. ¶De plus

---

[6] The notebooks contain various comments and reflexions which prefigure the 'Discours sur la tragédie'. We catch our first glimpse of Voltaire's ongoing debate with himself about the nature of the tragic theatre: 'Why tragedi is of a more difficult access. Because when I have framed my plot, and write it in the best stile nothing is done, without poetry' (V 81, p.106).

De plus, tant de grands maîtres qui ont fait des vers rimés, tels que les Corneilles, les Racines, les Despréaux, ont tellement accoutumé nos oreilles à cette harmonie, que nous n'en pourrions pas supporter d'autres; et je le répète encore, quiconque voudrait se délivrer d'un fardeau qu'a porté le grand Corneille, serait   55 regardé avec raison, non pas comme un génie hardi qui s'ouvre une route nouvelle, mais comme un homme très faible qui ne peut marcher dans l'ancienne carrière.

On a tenté de nous donner des tragédies en prose; [7] mais je ne crois pas que cette entreprise puisse désormais réussir; qui a le   60 plus, ne saurait se contenter du moins. On sera toujours mal venu à dire au public, Je viens diminuer votre plaisir. Si au milieu des tableaux de Rubens ou de Paul Véronèse, quelqu'un venait placer ses dessins au crayon, n'aurait-il pas tort de s'égaler à ces peintres? On est accoutumé dans les fêtes, à des danses et à des chants; [8]   65 serait-ce assez de marcher et de parler, sous prétexte qu'on marcherait et qu'on parlerait bien, et que cela serait plus aisé et plus naturel?

Il y a grande apparence qu'il faudra toujours des vers sur tous les théâtres tragiques, et de plus toujours des rimes sur le nôtre.   70 C'est même à cette contrainte de la rime, et à cette sévérité extrême de notre versification que nous devons ces excellents ouvrages que nous avons dans notre langue. Nous voulons que la rime ne coûte

---

54   31-w38a: supporter d'autre; et
57-58   31-w64g, w70l: ne peut pas se soutenir dans
59   31-w51, k, with marginal heading: *Tragédies en prose.*
73   31-w51: notre langue. ¶Nous voulons

---

[7] Voltaire alludes to La Motte who, though not unremittingly hostile to verse or versification, certainly championed the superiority of prose; see above, p.59-65. La Motte's prose *Œdipe* (1726) is openly mentioned in the preface to the 1730 edition of Voltaire's *Œdipe* and, a little later, in *Le Temple du Goût*; see also D392, D8357, D10009, D13807, D17764.

[8] 'We can't help rhiming. One who would write a tragedy in prose is like one who would walk at a ball, in stead of dansing' (V 81, p.108).

jamais rien aux pensées, qu'elle ne soit ni triviale ni trop recherchée;
nous exigeons rigoureusement dans un vers la même pureté, la   75
même exactitude que dans la prose. Nous ne permettons pas
la moindre licence; nous demandons qu'un auteur porte sans
discontinuer toutes ces chaînes, et cependant qu'il paraisse toujours
libre: et nous ne reconnaissons pour poètes que ceux qui ont rempli
toutes ces conditions.   80

Voilà pourquoi il est plus aisé de faire cent vers en tout autre
langue, que quatre vers en français. [9] L'exemple de notre abbé
Regnier Desmarais, de l'Académie française, et de celle de la
Crusca, en est une preuve bien évidente. Il traduisit Anacréon en
italien avec succès; et ses vers français sont, à l'exception de deux   85
ou trois quatrains, au rang des plus médiocres. [10] Notre Ménage
était dans le même cas. [11] Combien de nos beaux esprits ont fait de

82   31-w51, K, with marginal heading: *Exemples de la difficulté des vers français.*
83   31:   Regnier Desmarets
87   31-w42:   cas, et combien

[9] 'Four verses are more difficult to write wel than it was to Tulli to write his
orations' (V 81, p.106).

[10] François-Séraphin Régnier-Desmarais (1632-1713), grammarian and poet;
member of the Academia della Crusca and of the Académie française on account
primarily of his vast knowledge of languages which was used extensively in the
preparation of the first edition of the *Dictionnaire de l'Académie* (1699). The
reference is to his *Poesie d'Anacreonte, in verso toscano* (1693), and his *Poésies
françaises, italiennes et espagnoles* (1707-1708; cf. BV2922). Cf. 'Nous n'avons qu'un
exemple d'un Français qui faisait très bien des vers italiens, c'était l'abbé Regnier;
mais il avait été longtemps en Italie' (D1430). Or, more unkindly: 'Il fit passer une
de ses pièces italiennes pour être de Pétrarque. Il n'eût pas fait passer ses vers
français sous le nom d'un grand poète' ('Catalogue des écrivains', *Le Siècle de
Louis XIV*, *OH*, p.1198); see also D3202, D3397, D3414.

[11] Gilles Ménage (1613-1692) was a member of the Academia della Crusca to
which he was elected for his scholarly treatise *Le Origini della lingua italiana* (1669).
His principal works were of a philological character: he was the author of *Les
Origines de la langue française* (1650; cf. BV2416), of studies on Italian language and
literature, etc. In spite of his merit as a linguist, he was never a member of the
Académie française chiefly because of the burlesque satire, *Requête présentée par les
dictionnaires*, that he wrote in 1638 against the recently established institution.

très beaux vers latins, et n'ont pu être supportables en leur langue!
Je sais combien de disputes j'ai essuyées sur notre versification
en Angleterre, et quels reproches me fait souvent le savant évêque   90
de Rochester sur cette contrainte puérile, qu'il prétend que nous
nous imposons de gaieté de cœur. [13] Mais soyez persuadé, Milord,

---

88   31-W57G: en leur langue?
    36 errata: langue? [with note: Le père Laruë célèbre jésuite a fait des
poésies latines fort estimées, ses vers français sont détestables. Monsieur Huet
évêque d'Avranches, et tant d'autres sont dans le même cas. [12]]

Cf. 'Catalogue des écrivains': 'Il a prouvé qu'il est plus aisé de faire des vers en
italien qu'en français' (*OH*, p.1185); see also D3202, D3341, D3397.

[12] Charles de La Rue (1643-1725) was renowned for his Latin poetry: *Emblemata
regia* (1668), *Idyllia* (1669) and above all for his *Carminum libri quatuor* (1680),
which were often reprinted in the seventeenth and eighteenth centuries. He wrote
several tragedies in Latin and one in French, *Sylla*, which was published only in
1728. Pierre-Daniel Huet (1630-1721) was sous-précepteur of the Dauphin in
company of Bossuet (1670), member of the Académie française (1674) and bishop
of Avranches from 1692 to 1699. He was equally well known as La Rue for his
Latin poetry, particularly his *Poemata* and his *Carmina*, which had been edited at
least five times by 1709 and which were still being published in 1729.

[13] Francis Atterbury (1663-1732), bishop of Rochester. A Jacobite, Atterbury
paid the price for the failure of the so-called Atterbury plot (1720-1722) which
aimed at a military invasion. He was arrested in August 1722 and exiled after his
trial in May 1723. He went first to Brussels, then to Paris (May 1724) where he
resumed service in the Jacobite cause as James III's minister in Paris but resigned
on 16 June 1727; see G. V. Bennett, *The Tory crisis in church and state 1688-1730:
the career of Francis Atterbury, bishop of Rochester* (Oxford 1975). Atterbury then
gave himself to a life of study, frequenting Rollin, Vertot, Granet, Montfaucon,
and, in particular, Courayer, Desfontaines and Thiriot. His dealings with the latter
seem to have been quite close, for when Jacques-Georges de Chauffepié came to
compose the article 'Atterbury' for his *Nouveau dictionnaire historique et critique*
(Amsterdam 1750-1756), i.530-59, he used extracts from Atterbury's correspondence
with Thiriot. As for Voltaire and the question of versification, the situation is less
clear. We know that Atterbury had long been an opponent of rhyme and versification,
and conversely a champion of blank verse (see his letters to Pope in the latter's
Correspondence, ed. G. Shelburn, Oxford 1956, i.378, 504; ii.97), but we do not know
how, when or where he met and exchanged views with Voltaire. Oliver Goldsmith
(*Collected works*, iii.247) maintained that Voltaire knew Atterbury before his visit
to England. That is not inconceivable. Atterbury did not take kindly to being

que plus un étranger connaîtra notre langue, et plus il se réconciliera avec cette rime qui l'effraie d'abord. Non seulement elle est nécessaire à notre tragédie, mais elle embellit nos comédies mêmes. Un bon mot en vers en est retenu plus aisément: les portraits de la vie humaine seront toujours plus frappants en vers qu'en prose; et qui dit *vers*, en français, dit nécessairement des vers rimés: en un mot, nous avons des comédies en prose du célèbre Molière, que l'on a été obligé de mettre en vers après sa mort, [14] et qui ne sont plus jouées que de cette manière nouvelle.

Ne pouvant, Milord, hasarder sur le théâtre français des vers non rimés, tels qu'ils sont en usage en Italie et en Angleterre, j'aurais du moins voulu transporter sur notre scène certaines beautés de la vôtre. Il est vrai, et je l'avoue, que le théâtre anglais est bien défectueux. [15] J'ai entendu de votre bouche, que vous n'aviez pas une bonne tragédie; mais en récompense, dans ces

95

100

105

---

94   31-W51, K, with marginal heading: *La rime plaît aux Français même dans les comédies.*
95-96   31-W42, W51: comédies même. Un
100   36 errata: mort [with note: le Festin de Pierre.]

---

mentioned in the 'Discours': 'Pray forget not to vindicate me', he wrote to his son-in-law Morice on 5/16 February 1731, 'as publickly as you can, about Voltaire's mentioning me in his preface. I have done it here myself; and so loudly, that I believe he will scarce venture to visit me any more' (*Epistolary correspondence*, London 1783-1787, iv.282-83). The reasons for his displeasure are not self-evident. One explanation may be that he did not want his London friends, no doubt Pope in particular, to infer from Voltaire's text that the two were on intimate terms; another that Atterbury was even less gratified to find himself with a small walk-on part in a 'Discours' which was so fulsomely dedicated to Bolingbroke, a former ally whose conduct he had such good reason to despise.

[14] The prose comedies of Molière which had been put into verse, both before and after his death, were: *Les Précieuses ridicules*, 1660 and 1661 (Somaize); *Le Mariage forcé*, 1676 (anon.); *Don Juan ou le Festin de Pierre*, 1683 (Thomas Corneille); *La Princesse d'Elide*, 1725 (anon.); see P. Lacroix, *Bibliographie Moliéresque*, 2nd ed. (Paris 1875), p.132-35.

[15] Cf. one of the earliest entries of the notebooks: 'Theatre in England is without decency etc' (V 81, p.52).

pièces si monstrueuses, vous avez des scènes admirables. Il a
manqué jusqu'à présent à presque tous les auteurs tragiques de
votre nation, cette pureté, cette conduite régulière, ces bienséances   110
de l'action et du style, cette élégance, et toutes ces finesses de l'art,
qui ont établi la réputation du théâtre français depuis le grand
Corneille. Mais vos pièces les plus irrégulières ont un grand mérite,
c'est celui de l'action. [16]

Nous avons en France des tragédies estimées, qui sont plutôt   115
des conversations qu'elles ne sont la représentation d'un événement. Un auteur italien m'écrivait dans une lettre sur les théâtres:
*Un critico del nostro Pastor Fido disse che quel componimento era un
riassunto di bellissimi madrigali, credo, se vivesse, che direbbe delle
tragedie francese che sono un riassunto di belle elegie e sontuosi*   120
epitalami. [17] J'ai bien peur que cet Italien n'ait trop raison. Notre
délicatesse excessive nous force quelquefois à mettre en récit ce
que nous voudrions exposer aux yeux. Nous craignons de hasarder
sur la scène des spectacles nouveaux devant une nation accoutumée
à tourner en ridicule tout ce qui n'est pas *d'usage.*   125

L'endroit où l'on joue la comédie, et les abus qui s'y sont glissés,
sont encore une cause de cette sécheresse qu'on peut reprocher à

112   31-w51, K, with marginal heading: *Caractère du théâtre anglais.*
121   31-w51: *epitalami.* ¶J'ai bien peur
126   31-w51, with marginal heading: *Défauts* [w46-w51: *Défaut*] *du théâtre
français.*

[16] As one of the preparatory notes for this 'Discours' so succinctly put it: 'We
want action' (V 81, p.104).
[17] The reference is to Giovanni Batista Guarini's *Il Pastor fido* (1585). The
identity of the Italian author whom Voltaire quotes is problematic: the letter in
question is unknown and there is no trace in his correspondence of any Italians
writing to Voltaire in Italian before Maffei's letter of 7 January 1736 (D982). It
would be unwise to infer from this that the quotation *per se* is inauthentic, but since
the views expressed support so perfectly the contention which Voltaire is making,
it is more probable that we are dealing initially with Voltaire's own formulation of
a critical commonplace vis-à-vis *Il Pastor fido*, to which he appended the more
telling second judgement.

quelques-unes de nos pièces. Les bancs qui sont sur le théâtre destinés aux spectateurs, rétrécissent la scène, et rendent toute action presque impraticable. (*b*) Ce défaut est cause que les 130 décorations tant recommandées par les anciens, sont rarement convenables à la pièce. Il empêche surtout que les acteurs ne passent d'un appartement dans un autre aux yeux des spectateurs, comme les Grecs et les Romains le pratiquaient sagement, pour conserver à la fois l'unité de lieu et la vraisemblance. 135

Comment oserions-nous sur nos théâtres faire paraître, par exemple, l'ombre de Pompée, ou le génie de Brutus, au milieu de tant de jeunes gens qui ne regardent jamais les choses les plus sérieuses que comme l'occasion de dire un bon mot? Comment apporter au milieu d'eux sur la scène, le corps de Marcus, devant 140 Caton son père, qui s'écrie: 'Heureux jeune homme, tu es mort pour ton pays! O mes amis, laissez-moi compter ces glorieuses blessures! Qui ne voudrait mourir ainsi pour la patrie? Pourquoi n'a-t-on qu'une vie à lui sacrifier?... Mes amis, ne pleurez point ma perte, ne regrettez point mon fils; pleurez Rome; la maîtresse 145

(*b*) Enfin ces plaintes réitérées de M. de Voltaire ont opéré la réforme du théâtre en France, et ces abus ne subsistent plus. [18]

---

n.*b*　31-W64G, W70L, note absent
136　31-W51, K, with marginal heading:　*Exemple du Caton anglais.*

---

[18] Voltaire's claim for himself is a typical example of the theatrical 'tirer la couverture à soi', since the role played in the abolition of seats on the stage by the Comédiens-Français themselves was equally decisive. Voltaire complained again about this problem in 1748 when he had to witness the depressing incidents on stage during *Sémiramis* which destroyed his carefully prepared theatrical illusion; see 'Dissertation sur la tragédie ancienne et moderne', II, published at the head of *Sémiramis*. It was during the Easter recess of 1759 that the Comédie was finally rid of seats and spectators on the stage thanks to the liberality of the comte de Lauraguais; see J. Lough, *Paris theatre audiences in the seventeenth and eighteenth centuries* (London 1972), p.104-105, 107-11, 115-17, 228-29.

du monde n'est plus: ô liberté! ô ma patrie! ô vertu! etc.' Voilà ce
que feu M. Addison ne craignit point de faire représenter à
Londres; [19] voilà ce qui fut joué, traduit en italien, dans plus d'une
ville d'Italie. [20] Mais si nous hasardions à Paris un tel spectacle,
n'entendez-vous pas déjà le parterre qui se récrie? et ne voyez-   150
vous pas nos femmes qui détournent la tête?

Vous n'imagineriez pas à quel point va cette délicatesse. L'auteur
de notre tragédie de *Manlius* prit son sujet de la pièce anglaise de
M. Otway, intitulée, *Venise sauvée*. [21] Le sujet est tiré de l'histoire
de la conjuration du marquis de Bedmar, écrite par l'abbé de   155

146 31-W51: vertu! etc. ¶Voilà
152 31-W51, with marginal heading: *Comparaison de* [W42-W51: *du*] *Manlius
de M. de la Fosse, avec la Venise sauvée de M. Otway.*
155 31-W68: Bedemar [*passim*]

[19] Joseph Addison, *Cato*, IV.iv:
              CATO, *meeting the corpse.*
    Welcome, my son! here lay him down, my friends,
    Full in my sight, that I may view at leisure
    The bloody corse, and count those glorious wounds.
    – How beautiful is death, when earn'd by virtue!
    Who would not be that youth? what pity is it
    That we can die but once to serve our country! [...]
                    Alas! my friends!
    Why mourn you thus? let not a private loss
    Afflict your hearts. 'Tis Rome requires our tears.
    The mistress of the world, the seat of empire,
    The nurse of heroes, the delight of gods,
    That humbled the proud tyrants of the earth,
          And set the nations free, Rome is no more.
    O liberty! O virtue! O my country!
[20] *Cato* was twice translated into Italian: by Anton Maria Salvini, *Il Catone*
(Firenze 1715), and by Luigi Riccoboni, *Il Catone* (Venezia 1715).
[21] Antoine de La Fosse was the author of *Manlius Capitolinus*, first performed at
the Comédie-Française on 18 January 1698 (BV1858: Paris 1713). It was indeed
closely based on Thomas Otway's *Venice preserv'd*, first performed in 1682, but
ennobled *à la française* and set back in a distant historical period.

St Réal; [22] et permettez-moi de dire en passant, que ce morceau d'histoire, égal peut-être à Salluste, est fort au-dessus de la pièce d'Otway et de notre *Manlius*. [23] Premièrement, vous remarquez le préjugé qui a forcé l'auteur français à déguiser sous des noms romains une aventure connue, que l'Anglais a traitée naturellement sous les noms véritables. On n'a point trouvé ridicule au théâtre de Londres, qu'un ambassadeur espagnol s'appelât Bedmar, et que des conjurés eussent le nom de Jaffier, de Jacques-Pierre, d'Elliot; cela seul en France eût pu faire tomber la pièce. [24]

Mais voyez qu'Otway ne craint point d'assembler tous les conjurés. [25] Renaud prend leur serment, assigne à chacun son poste,

160

165

158   31-w51:   *Manlius*. ¶Premièrement
166   31-w57G: prend leurs serments, assigne

[22] César Vichard de Saint-Réal, *Conjuration des Espagnols contre la république de Venise, en l'année 1618* (Paris 1674). Alfonso de La Cueva, marqués de Bedmar (1572-1655), Spanish prelate and diplomat, was appointed ambassador to Venice in 1607 by Philip III. He was the main 'conspirator' in the 'plot' against the Republic, along with the duque de Osuna, viceroy of Naples, and the marqués de Villafranca, governor of Milan. For an interesting comparison between the *Manlius* of La Fosse and the *Conjuration* of Saint-Réal, see D4512 (*c.* 1 July 1751).

[23] Voltaire was to repeat this comparison twenty years later in a letter to Everard Fawkener (27 March 1752; D4851). If Voltaire preferred the version of Saint-Réal, it was surely on account of its superior poetic, dramatic and psychological qualities; see J. H. Brumfitt, *Voltaire historian* (Oxford 1958), p.2, 17, 19, 30, 38*n*, 56.

[24] In several senses Voltaire is, of course, correct. Over-riding tradition, the hypersophistication and critical spirit of followers of the tragic theatre in France made the use of contemporary or near-contemporary events and plebeian, pedestrian or decidedly modern names a particularly hazardous undertaking. But in another respect, and in so far as 'disguising' is concerned, Voltaire may not have been aware that Otway's piece could be read as referring to the popish plot of 1678 which was regarded as the invention of the Whigs in general and of Shaftesbury, their chief, in particular (disguised in the play as Renault).

[25] *Venice preserv'd*, III.ii.305-464. Voltaire may be alluding to the conventions of the French tragic theatre concerning the number of characters who can be decently allowed on stage at the same time and, above all, allowed to speak (see below, l.275-280). The dramatically effective scene to which he is referring has fourteen people on stage, of whom ten have speaking parts. He (timidly) attempts to imitate

167

prescrit l'heure du carnage, et jette de temps en temps des regards inquiets et soupçonneux sur Jaffier dont il se défie. Il leur fait à tous ce discours pathétique, traduit mot pour mot de l'abbé de St Réal: *Jamais repos si profond ne précéda un trouble si grand. Notre*   170 *bonne destinée a aveuglé les plus clairvoyants de tous les hommes, rassuré les plus timides, endormi les plus soupçonneux, confondu les plus subtils: nous vivons encore, mes chers amis, nous vivons, et notre vie sera bientôt funeste aux tyrans de ces lieux, etc.* [26]

Qu'a fait l'auteur français? Il a craint de hasarder tant de   175 personnages sur la scène; il se contente de faire réciter par Renaud sous le nom de Rutile, une faible partie de ce même discours [27] qu'il vient, dit-il, de tenir aux conjurés. Ne sentez-vous pas par ce seul exposé combien cette scène anglaise est au-dessus de la française, la pièce d'Otway fût-elle d'ailleurs monstrueuse?   180

Avec quel plaisir n'ai-je point vu à Londres votre tragédie de *Jules-César*, [28] qui depuis cent cinquante années fait les délices de votre nation? Je ne prétends pas assurément approuver les

---

173   31-W52: *amis... nous*
180   31-W64G: monstrueuse.
      K: monstrueuse!
181   31-W51, with marginal heading: *Examen de* [W42-W51: *du*] *Jules César de Shakespear.*

---

such a 'liberty', which will however be nothing more than a feast for the eyes by introducing his 'sénateurs en robe rouge' in *Brutus*, I.i.

[26] *Conjuration*, p.252-53. Voltaire's transcription, with two minor omissions, is exact (although the original text has: 'notre vie sera bientôt mortelle aux tyrans de ces lieux'). See *Venice preserv'd*, III.ii.360-366: 'Never did so profound repose forerun / Calamity so great: Nay our good Fortune / Has blinded the most piercing of Mankind: / Strengthen'd the fearfull'st, charmed the most suspectful, / Confounded the most subtle: for we live, / We live my Friends, and quickly shall our Life / Prove fatal to these Tyrants.'

[27] Renault's speech, in Saint-Réal, occupies all of eleven pages (p.246-57).

[28] There are no traces, either in the notebooks or in the correspondence, which tell us when Voltaire saw *Julius Caesar*; D303 (26 October 1726) does already have a faint echo of the bard, but it is thought to evoke Hamlet's well-known monologue.

irrégularités barbares dont elle est remplie. Il est seulement étonnant qu'il ne s'en trouve pas davantage dans un ouvrage 185 composé dans un siècle d'ignorance, par un homme qui même ne savait pas le latin, et qui n'eut de maître que son génie; mais au milieu de tant de fautes grossières, avec quel ravissement je voyais Brutus tenant encore un poignard teint du sang de César, assembler le peuple romain, et lui parler ainsi du haut de la tribune aux 190 harangues!

Romains, compatriotes, amis, s'il est quelqu'un de vous qui ait été attaché à César, qu'il sache que Brutus ne l'était pas moins: Oui, je l'aimais, Romains; et si vous me demandez pourquoi j'ai versé son sang, c'est que j'aimais Rome davantage. Voudriez-vous voir César 195 *vivant, et mourir ses esclaves, plutôt que d'acheter votre liberté par sa mort? César était mon ami, je le pleure; il était heureux, j'applaudis à ses triomphes; il était vaillant, je l'honore; mais il était ambitieux, je l'ai tué. Y a-t-il quelqu'un parmi vous assez lâche pour regretter la servitude? S'il en est un seul, qu'il parle, qu'il se montre; c'est lui que* 200 *j'ai offensé: y a-t-il quelqu'un assez infâme pour oublier qu'il est Romain? Qu'il parle; c'est lui seul qui est mon ennemi.*

CHŒUR DES ROMAINS

Personne, non, Brutus, personne.

BRUTUS

Ainsi donc je n'ai offensé personne. Voici le corps du dictateur qu'on vous apporte; les derniers devoirs lui seront rendus par Antoine, 205 *par cet Antoine, qui n'ayant point eu de part au châtiment de César, en retirera le même avantage que moi: et que chacun de vous sente le bonheur inestimable d'être libre. Je n'ai plus qu'un mot à vous dire:*

191   36 errata: harangues! [with note: Monsieur Devoltaire embellit un peu ce discours du César Anglais; il est plein de fort mauvaises antithèses qu'il a retranchées.]
199   31-w51:   *tué. ¶Y a-t-il*
207-208   31-w52:   *moi et que chacun de vous, le bonheur*

J'ai tué de cette main mon meilleur ami pour le salut de Rome; je
garde ce même poignard pour moi, quand Rome demandera ma vie.   210

LE CHŒUR

Vivez, Brutus, vivez à jamais! [29]

Après cette scène, Antoine vient émouvoir de pitié ces mêmes
Romains, à qui Brutus avait inspiré sa rigueur et sa barbarie.
Antoine, par un discours artificieux, ramène insensiblement ces
esprits superbes; et quand il les voit radoucis, alors il leur montre   215
le corps de César, et se servant des figures les plus pathétiques, il
les excite au tumulte et à la vengeance. Peut-être les Français ne

217 31-w51: vengeance. ¶Peut-être

[29] As with his translation from Addison's *Cato*, Voltaire's treatment of Brutus's
speech from *Julius Caesar*, III.ii.12-53, is not without interest: 'BRUTUS. Be patient
till the last. / Romans, countrymen, and lovers! hear me for / my cause; and be
silent, that you may hear: / believe me for mine honour, and have respect to /
mine honour, that you may believe: censure me / in your wisdom, and awake your
senses, that / you may the better judge. If there be any in this / assembly, any dear
friend of Caesar's, to him I / say, that Brutus' love to Caesar was no less than /
his. If then that friend demand why Brutus / rose against Caesar, this is my answer:
Not that / I loved Caesar less, but that I loved Rome more. / Had you rather
Caesar were living, and die all / slaves, than that Caesar were dead, to live all
free / men? As Caesar loved me, I weep for him; as / he was fortunate, I rejoice
at it; as he was / valiant, I honour him; but, as he was ambitious, / I slew him.
There is tears for his love; joy for / his fortune; honour for his valour; and death /
for his ambition. Who is here so base that / would be a bondman? If any, speak;
for him / have I offended. Who is here so rude that / would not be a Roman? If
any, speak; for him / have I offended. Who is here so vile that will / not love his
country? If any, speak; for him / have I offended. I pause for a reply. / CITIZENS.
None, Brutus, none. / BRUTUS. Then none have I offended. I have / done no more
to Caesar, than you shall do to / Brutus. The question of his death is enrolled / in
the Capitol; his glory not extenuated, where- / in he was worthy, nor his offences
enforced, for / which he suffered death. / *Enter* ANTONY *and Others, with* CAESAR's
body / Here comes his body, mourned by Mark Antony: / who, though he had no
hand in his death, shall / receive the benefit of his dying, a place in the /
commonwealth; as which of you shall not? / With this I depart: that, as I slew my
best lover / for the good of Rome, I have the same dagger / for myself, when it
shall please my country to / need my death. / CITIZENS. Live, Brutus! live! live!'

souffriraient pas que l'on fît paraître sur leurs théâtres un chœur composé d'artisans et de plébéiens romains: que le corps sanglant de César y fût exposé aux yeux du peuple, et qu'on excitât ce 220 peuple à la vengeance du haut de la tribune aux harangues; c'est à la coutume, qui est la reine de ce monde, à changer le goût des nations, et à tourner en plaisir les objets de notre aversion.

Les Grecs ont hasardé des spectacles non moins révoltants pour nous. Hippolite brisé par sa chute, vient compter ses blessures et 225 pousser des cris douloureux. Philoctète tombe dans ses accès de souffrance; un sang noir coule de sa plaie. Œdipe couvert du sang qui dégoutte encore des restes de ses yeux qu'il vient d'arracher, se plaint des dieux et des hommes. On entend les cris de Clytemnestre, que son propre fils égorge; et Electre crie sur le théâtre: 230 *Frappez, ne l'épargnez pas, elle n'a pas épargné notre père*. Prométhée est attaché sur un rocher avec des clous qu'on lui enfonce dans l'estomac et dans les bras. Les furies répondent à l'ombre sanglante de Clytemnestre par des hurlements sans aucune articulation.[30] Beaucoup de tragédies grecques, en un mot, sont remplies de cette 235 terreur portée à l'excès.

Je sais bien, que les tragiques grecs, d'ailleurs supérieurs aux Anglais, ont erré en prenant souvent l'horreur pour la terreur, et le dégoûtant et l'incroyable pour le tragique et le merveilleux. L'art était dans son enfance du temps d'Eschyle, comme à Londres 240 du temps de Shakespear;[31] mais parmi les grandes fautes des poètes

218   31-w51: sur leur théâtre un
224   31-w51, k, with marginal heading: *Spectacles horribles chez les Grecs.*
240   31-w64g, w70l: enfance à Athènes du temps
       31: temps d'Achille [31 errata, 36 errata: Aechille]

[30] These tragedies are respectively: *Hippolytus* (Euripides), *Philoctetes* (Sophocles), *Oedipus Rex* (Sophocles), *Choephoroe* (Aeschylus), *Prometheus* (Aeschylus) and the *Eumenides* (Aeschylus).

[31] Cf. 'The time which Euripides lived in; was not more refined than the age which produced, Bacon, Spenser, Queen Elisabeth, Shakespear. Puerilities, in Hamlet, The same in Hippolitus' (V 81, p.106).

grecs, et même des vôtres, on trouve un vrai pathétique et de singulières beautés;[32] et si quelques Français, qui ne connaissent les tragédies et les mœurs étrangères que par des traductions, et sur des ouï-dire, les condamnent sans aucune restriction, ils sont, ce me semble, comme des aveugles, qui assureraient qu'une rose ne peut avoir de couleurs vives, parce qu'ils en compteraient les épines à tâtons. Mais si les Grecs et vous, vous passez les bornes de la bienséance, et si surtout les Anglais ont donné des spectacles effroyables, voulant en donner de terribles;[33] nous autres Français, aussi scrupuleux que vous avez été téméraires, nous nous arrêtons trop, de peur de nous emporter, et quelquefois nous n'arrivons pas au tragique, dans la crainte d'en passer les bornes.

Je suis bien loin de proposer, que la scène devienne un lieu de carnage, comme elle l'est dans Shakespear, et dans ses successeurs, qui n'ayant pas son génie, n'ont imité que ses défauts; mais j'ose croire, qu'il y a des situations qui ne paraissent encore que dégoûtantes et horribles aux Français, et qui bien ménagées, représentées avec art, et surtout adoucies par le charme des beaux vers, pourraient nous faire une sorte de plaisir dont nous ne nous doutons pas.

> Il n'est point de serpent ni de monstre odieux,
> Qui par l'art imité ne puisse plaire aux yeux.[34]

Du moins que l'on me dise, pourquoi il est permis à nos héros et à nos héroïnes de théâtre de se tuer, et qu'il leur est défendu de tuer personne? La scène est-elle moins ensanglantée par la mort

245

250

255

260

265

248   31-51: tâtons. ¶Mais
249   k: si les Anglais surtout ont
260-261   w56-w75g: dont nous ne doutons pas.

[32] 'Sophocles and Euripides, noble Scenes, few good plays, like Shakespear, and Homer, yet esteem'd with justice' (V 81, p.108).
[33] 'You have the terror of the action peculiar to the Athenian theater, we have its elegance' (V 81, p.106).
[34] Boileau, *L'Art poétique*, iii.1-2.

d'Atalide qui se poignarde pour son amant, [35] qu'elle ne le serait
par le meurtre de César? Et si le spectacle du fils de Caton, qui
paraît mort aux yeux de son père, est l'occasion d'un discours
admirable de ce vieux Romain; si ce morceau a été applaudi en   270
Angleterre et en Italie par ceux qui sont les plus grands partisans
de la bienséance française; si les femmes les plus délicates n'en ont
point été choquées, pourquoi les Français ne s'y accoutumeraient-
ils pas? [36] La nature n'est-elle pas la même dans tous les hommes?

Toutes ces lois, de ne point ensanglanter la scène, de ne point   275
faire parler plus de trois interlocuteurs, etc. sont des lois qui, ce
me semble, pourraient avoir quelques exceptions parmi nous,
comme elles en ont eu chez les Grecs. Il n'en est pas des règles de
la bienséance, toujours un peu arbitraires, comme des règles
fondamentales du théâtre, qui sont les trois unités. Il y aurait de   280
la faiblesse et de la stérilité à étendre une action au-delà de l'espace
de temps et du lieu convenable. Demandez à quiconque aura inséré
dans une pièce trop d'événements, la raison de cette faute: s'il est
de bonne foi, il vous dira, qu'il n'a pas eu assez de génie pour
remplir sa pièce d'un seul fait; et s'il prend deux jours et deux   285
villes pour son action, croyez que c'est parce qu'il n'aurait pas eu
l'adresse de la resserrer dans l'espace de trois heures, et dans

275   31-W51, K, with marginal heading: *Bienséances et unités*.
279   31-W52:   bienséance toujours un peu arbitraire, comme
281-282   31-W70L: l'espace du temps et du lieu convenables. Demandez

[35] Racine, *Bajaƶet*, v, final scene.
[36] In the notebooks we read Voltaire's earliest thoughts on these matters:
'Differences between the English and French stage. One kills him self here; why
shant he kill another? One is carried dead out of the scene, why not brought dead?
Hippolitus appears wounded, in Euripides. Cato's son is brought in murdered'
(V 81, p.107). In making these various statements about death on stage, Voltaire is
doubtless thinking back – with some disappointment – to his ill-fated experiment
with *Mariamne*, which failed at its first performance (6 March 1724) because Voltaire
allowed his eponymous heroine to be poisoned on stage. It was only with a new
dénouement, in which the death was reported, that the tragedy could be given again
(10 April 1725).

l'enceinte d'un palais, comme l'exige la vraisemblance. Il en est tout autrement de celui qui hasarderait un spectacle horrible sur le théâtre; il ne choquerait point la vraisemblance; et cette hardiesse,   290 loin de supposer de la faiblesse dans l'auteur, demanderait au contraire un grand génie, pour mettre par ses vers de la véritable grandeur dans une action, qui, sans un style sublime, ne serait qu'atroce et dégoûtante.

Voilà ce qu'a osé tenter une fois notre grand Corneille dans sa   295 *Rodogune*. Il fait paraître une mère, qui en présence de la cour et d'un ambassadeur, veut empoisonner son fils et sa belle-fille, après avoir tué son autre fils de sa propre main; elle leur présente la coupe empoisonnée, et sur leur refus et leurs soupçons, elle la boit elle-même, et meurt du poison qu'elle leur destinait. Des coups   300 aussi terribles ne doivent pas être prodigués, et il n'appartient pas à tout le monde d'oser les frapper.[37] Ces nouveautés demandent une grande circonspection, et une exécution de maître. Les Anglais eux-mêmes avouent que Shakespear, par exemple, a été le seul parmi eux qui ait pu faire évoquer et parler des ombres avec   305 succès:

Within that circle none durst move but he.[38]

288   31-w51:   vraisemblance. ¶Il en
295   31-w51, к, with marginal heading: *Cinquième acte de Rodogune.*
296   31-w51:   de sa cour et
300   31-w51:   destinait. ¶Des coups
305   36 errata, к: pu évoquer et faire parler
307   31:   *durst walk but he.*
      36 errata: traduction. Lui seul pût se mouvoir dans un cercle magique. Ce qui fait allusion aux cercles des sorciers dans lesquels on ne peut se remuer,

[37] Cf. *Commentaires sur Corneille*, on the final scene of *Rodogune*: 'Cette situation est sans doute des plus théâtrales; elle ne permet pas aux spectateurs de respirer. [...] L'action qui termine cette scène fait frémir, c'est le tragique porté au comble' (V 54, p.556, 558).
[38] John Dryden, *Prologue to the Tempest, or the enchanted island. A comedy* (1670), l.20.

Plus une action théâtrale est majestueuse ou effrayante, plus elle deviendrait insipide, si elle était souvent répétée; à peu près comme les détails de batailles, qui étant par eux-mêmes ce qu'il y a de plus terrible, deviennent froids et ennuyeux, à force de reparaître souvent dans les histoires. La seule pièce où M. Racine ait mis du spectacle, c'est son chef-d'œuvre d'*Athalie*. On y voit un enfant sur un trône, sa nourrice et des prêtres qui l'environnent, une reine qui commande à ses soldats de le massacrer, des lévites armés qui accourent pour le défendre. Toute cette action est pathétique; mais si le style ne l'était pas aussi, elle n'était que puérile. 310 315

Plus on veut frapper les yeux par un appareil éclatant, plus on s'impose la nécessité de dire de grandes choses; autrement on ne serait qu'un décorateur, et non un poète tragique. Il y a près de trente années qu'on représenta la tragédie de *Montézume* à Paris; [39] la scène ouvrait par un spectacle nouveau; c'était un palais d'un goût magnifique et barbare; Montézume paraissait avec un habit singulier; des esclaves armés de flèches étaient dans le fond; autour de lui étaient huit grands de sa cour, prosternés le visage contre terre: Montézume commençait la pièce en leur disant: 320 325

> Levez-vous, votre roi vous permet aujourd'hui
> Et de l'envisager, et de parler à lui. [40]

selon la tradition populaire, et presque tous les peuples, qui semblent en tout avoir copié les sottises des uns des autres.

308   31-w51, κ, with marginal heading: *Pompe et dignité du spectacle dans la tragédie.*

312   31-w51:   histoires. ¶La seule
       31:    M. de Racine
317   κ: elle ne serait que

[39] *Montézume*, by Louis Ferrier (1652-1721), was performed for the first time on 14 February 1702, and again on 16, 18, 20 and 22 February. It disappeared thereafter and was never published.

[40] See Antoine de Léris, *Dictionnaire portatif des théâtres*: 'On a rapporté diversement les deux premiers vers de cette tragédie, qui étaient très pompeux et annonçaient beaucoup. Montézume paraissait couvert de diamants sur un trône

Ce spectacle charma: mais voilà tout ce qu'il y eut de beau dans 330
cette tragédie.

Pour moi, j'avoue, que ce n'a pas été sans quelque crainte que
j'ai introduit sur la scène française le sénat de Rome en robes
rouges, allant aux opinions. Je me souvenais que lorsque j'introdui-
sis autrefois dans *Œdipe* un chœur de Thébains, qui disait: 335

O mort, nous implorons ton funeste secours;
O mort, viens nous sauver, viens terminer nos jours: [41]

le parterre, au lieu d'être frappé du pathétique qui pouvait être en
cet endroit, ne sentit d'abord que le prétendu ridicule d'avoir mis
ces vers dans la bouche d'acteurs peu accoutumés, et il fit un éclat 340
de rire. C'est ce qui m'a empêché dans *Brutus* de faire parler les
sénateurs, quand Titus est accusé devant eux, et d'augmenter la
terreur de la situation, en exprimant l'étonnement et la douleur de
ces pères de Rome, qui sans doute devraient marquer leur surprise
autrement que par un jeu muet, qui même n'a pas été exécuté. 345

Les Anglais donnent beaucoup plus à l'action que nous, ils

344 K: doute devaient marquer
345-356 31-w52: exécuté. ¶Au reste, milord, s'il y a quelques endroits passables
dans cet ouvrage, il faut que j'avoue que j'en ai l'obligation à des amis qui pensent
comme vous. [42] Ils m'encourageaient à tempérer l'austérité de Brutus par l'amour
paternel, afin qu'on admirât et qu'on plaignît l'effort qu'il se fait en condamnant
son fils. Ils m'exhortaient à donner à la jeune Tullie un caractère de tendresse et
d'innocence, parce que si j'en avais fait une héroïne altière, qui n'eût parlé à Titus

brillant, ayant à ses pieds douze caciques superbement vêtus, auxquels il disait,
selon les auteurs: Esclaves, levez-vous, votre maître aujourd'hui / Vous permet de
lever vos regards jusqu'à lui. / ou, selon d'autres: Levez-vous, votre roi vous
permet aujourd'hui / D'oser l'envisager et de parler à lui' (2nd ed., Paris 1763,
p.302).
   [41] *Œdipe*, I.ii.
   [42] This could easily be an oblique reference to the Comédiens-Français. Voltaire
would have had every interest at this time, given his future plans, to make such
public homage to their acute sense of the theatre. Besides the following pieces of
advice, however, we should perhaps also note the important modifications which
were to be introduced into the manuscript before the actual staging of the play,
which concern the role of Tullie (and are explicable in the light of what Voltaire

parlent plus aux yeux: les Français donnent plus à l'élégance, à l'harmonie, aux charmes des vers. Il est certain qu'il est plus difficile de bien écrire que de mettre sur le théâtre des assassinats, des roues, des potences, des sorciers et des revenants. Aussi, la 350 tragédie de *Caton*, qui fait tant d'honneur à M. Addison votre successeur dans le ministère,[43] cette tragédie, la seule bien écrite d'un bout à l'autre chez votre nation, à ce que je vous ai entendu dire à vous-même, ne doit sa grande réputation qu'à ses beaux vers, c'est-à-dire, à des pensées fortes et vraies, exprimées en vers 355 harmonieux. Ce sont les beautés de détail qui soutiennent les ouvrages en vers, et qui les font passer à la postérité. C'est souvent la manière singulière de dire des choses communes; c'est cet art d'embellir par la diction ce que pensent et ce que sentent tous les hommes, qui fait les grands poètes. Il n'y a ni sentiments recherchés, 360

que comme à un sujet qui devait servir son prince; alors Titus aurait été avili, et l'ambassadeur eût été inutile. [with marginal heading: *Conseils d'un excellent critique*.] Ils voulaient que Titus fût un jeune homme furieux dans ses passions, aimant Rome et son père, adorant Tullie, se faisant un devoir d'être fidèle au sénat même dont il se plaignait et emporté loin de son devoir par une passion dont il avait cru être le maître. ¶En effet, si Titus avait été de l'avis de sa maîtresse, et s'était dit à lui-même de bonnes raisons en faveur des rois, Brutus alors n'eût été regardé que comme un chef de rebelles, Titus n'aurait plus eu de remords, son père n'eût plus excité la pitié. [36 errata, deletes this paragraph] ¶Gardez, me disaient-ils, que les deux enfants de Brutus paraissent sur la scène; vous savez que l'intérêt est perdu quand il se partage. Mais surtout que votre pièce soit simple; imitez cette beauté des Grecs, croyez que la multiplicité des événements et des intérêts compliqués, n'est que la ressource des génies stériles, qui ne savent pas tirer d'une seule passion de quoi faire cinq actes. Tâchez de travailler chaque scène comme si c'était la seule que vous eussiez à écrire. Ce sont les beautés de détail

goes on to characterise as 'l'intérêt partagé'). In the primitive version our heroine remains alive and figures prominently in the dénouement.

[43] Bolingbroke had, in 1710, been a secretary of state to Harley when the latter was the lord treasurer. Addison was to share the duties of the latter post (there being no lord treasurer at the time) with a second secretary of state, Lord Sunderland. Voltaire had been sufficiently impressed by that elevation to make a note to himself on the subject during his stay in England (see V 81, p.93).

ni aventure romanesque dans le quatrième livre de Virgile; [44] il est tout naturel, et c'est l'effort de l'esprit humain. M. Racine n'est si au-dessus des autres qui ont tous dit les mêmes choses que lui, que parce qu'il les a mieux dites. Corneille n'est véritablement grand, que quand il s'exprime aussi bien qu'il pense. Souvenons- 365 nous de ce précepte de Despréaux:

> Et que tout ce qu'il dit facile à retenir,
> De son ouvrage en vous laisse un long souvenir. [46]

Voilà ce que n'ont point tant d'ouvrages dramatiques, que l'art d'un acteur, et la figure et la voix d'une actrice, ont fait valoir sur 370 nos théâtres. Combien de pièces mal écrites ont eu plus de représentations que *Cinna* et *Britannicus*; mais on n'a jamais retenu deux vers de ces faibles poèmes, au lieu qu'on sait une partie de *Britannicus* et de *Cinna* par cœur. En vain le *Régulus* de Pradon a fait verser des larmes par quelques situations touchantes; [47] l'ouvrage et 375

365-366   31-w51:   Souvenez-vous de ce précepte de M. [45] Despréaux,
         w52-w57G: de M. Despréaux:
373-374   31-w64G: on sait Britannicus et
375   K: touchantes; cet ouvrage

[44] Book IV of the *Aeneid* is devoted to the tragedy of Dido.

[45] On the use of titles, epithets etc., Voltaire made the following interesting observation on his own personal practice: 'J'ai trouvé toujours indigne de la politesse française, & du respect que les hommes se doivent les uns aux autres, de dire Fontenelle, Chaulieu, Crebillon, la Motte, Rousseau, &c. & j'ose dire que j'ai corrigé quelques personnes de ces manières indécentes de parler qui sont toujours insultantes pour les vivants, & dont on ne doit se servir envers les morts, que quand ils commencent à devenir anciens pour nous. Le peu de curieux qui pourront jeter les yeux sur les préfaces de quelques pièces de théâtre que j'ai hazardées, verront que je dis toujours le *grand Corneille*, qui a pour nous le mérite de l'antiquité; & je dis *monsieur Racine*, & *monsieur Despreaux*, parce qu'ils sont presque mes contemporains' (20 June 1731; D415).

[46] *L'Art poétique*, iii.157-158. Modern versions of the poem give line 158 as: 'en nous laisse un bon souvenir'.

[47] Nicolas Pradon (1632-1698) owed his notoriety mainly to the ingenuity of Racine's detractors and enemies who were seeking to promote a rival. In all, Pradon produced seven tragedies of which *Régulus* (1688) is said to be the best.

tous ceux qui lui ressemblent sont méprisés, tandis que leurs auteurs s'applaudissent dans leurs préfaces.

Des critiques judicieux pourraient me demander, pourquoi j'ai parlé d'amour dans une tragédie dont le titre est *Junius Brutus*? pourquoi j'ai mêlé cette passion avec l'austère vertu du sénat romain, et la politique d'un ambassadeur?

On reproche à notre nation d'avoir amolli le théâtre par trop de tendresse; et les Anglais méritent bien le même reproche depuis près d'un siècle; car vous avez toujours un peu pris nos modes et nos vices. Mais me permettez-vous de vous dire mon sentiment sur cette matière?

Vouloir de l'amour dans toutes les tragédies me paraît un goût efféminé; l'en proscrire toujours est une mauvaise humeur bien déraisonnable.

Le théâtre, soit tragique, soit comique, est la peinture vivante des passions humaines; l'ambition d'un prince est représentée dans la tragédie; la comédie tourne en ridicule la vanité d'un bourgeois. Ici vous riez de la coquetterie et des intrigues d'une citoyenne; là vous pleurez la malheureuse passion de Phèdre; de même l'amour vous amuse dans un roman, et il vous transporte dans la Didon de Virgile. L'amour dans une tragédie n'est pas plus un défaut essentiel, que dans *l'Enéide*; il n'est à reprendre que quand il est amené mal à propos, ou traité sans art.

Les Grecs ont rarement hasardé cette passion sur le théâtre d'Athènes; premièrement, parce que leurs tragédies n'ayant roulé d'abord que sur des sujets terribles, l'esprit des spectateurs était plié à ce genre de spectacles; secondement, parce que les femmes

380

385

390

395

400

378-380   31-W52: [31-W51, with marginal heading: *De l'amour*.] Il me semble, milord, que vous m'allez demander comment des critiques si judicieux ont pu me permettre de parler d'amour dans une tragédie dont le titre est *Junius Brutus*, et de mêler cette passion
385   31-W42: me permettrez-vous
391   36 errata: humaines et l'école de la raison.
396   31-W51: Virgile. ¶L'amour

menaient une vie beaucoup plus retirée que les nôtres, et qu'ainsi
le langage de l'amour n'étant pas comme aujourd'hui le sujet de
toutes les conversations, les poètes en étaient moins invités à traiter   405
cette passion, qui de toutes est la plus difficile à représenter, par
les ménagements délicats qu'elle demande. Une troisième raison
qui me paraît assez forte, c'est que l'on n'avait point de comédiennes; les rôles des femmes étaient joués par des hommes masqués.
Il semble que l'amour eût été ridicule dans leur bouche.   410

    C'est tout le contraire à Londres et à Paris; et il faut avouer que
les auteurs n'auraient guère entendu leurs intérêts, ni connu leur
auditoire, s'ils n'avaient jamais fait parler les Oldfields,[48] ou les

403   31-w46: vie infiniment plus
403-404   36 errata: qu'ainsi l'amour n'étant
407   31-w52: ménagements infinis qu'elle
    31-w51: demande. ¶Une troisième
409   31-w51: rôles de femme [w42-w51: femmes] étaient
413   31: Oldeélds [31 errata: β]
    36 errata, with note: Mlle Olfields qu'on prononce Ofils, était une
comédienne excellente dans le comique, noble et bonne dans le tragique, mais fort
au-dessous d'Adrienne le Couvreur: Ces deux illustres actrices moururent à peu
près dans le même temps en 1730. Les Anglais enterrèrent Mlle Ofils dans l'abbaye
royale de Wesminster; des pairs du royaume portèrent le poële; on lui érigea un
mausolée. Les Français ne firent pas de même à Mlle le Couvreur. C'était cette
actrice inimitable qui devait jouer le rôle de Tullie.

[48] Anne Oldfield (1683-1730) was engaged at an early age by John Rich, the
manager of Drury Lane, and started to gain prominence around 1700-1702. By 1705
she was standing high in public favour and from then until her last appearance on
28 April 1730, she was considered to have few equals, if any, in either tragic or
comic roles. She died on 23 October 1730. After lying in state in the Jerusalem
Chamber, Mrs Oldfield's body was buried beneath the monument to Congreve.
Among the pall-bearers at her funeral were John West, the Lord De La Warr, John
Lord Hervey of Ickworth and Bubb Dodington. Her lover (and possibly husband),
General Charles Churchill, wished to erect a monument to her memory, but his
request – made in February 1736 (cf. date of note above) – was refused by the
Dean of Westminster; see R. Gore-Brown, *Gay was the pit: the life and time of Anne
Oldfield, actress (1683-1730)* (London 1957). Forty years later, Voltaire's memories
of the actress were still much alive: 'He told me that he never could speak fluently
or understand English as spoken in common conversation, and that he never at the

Duclos, [49] et les Le Couvreurs, [50] que d'ambition et de politique.

Le mal est que l'amour n'est souvent chez nos héros de théâtre   415
que de la galanterie, et que chez les vôtres il dégénère quelquefois en
débauche. Dans notre *Alcibiade*, pièce très suivie, mais faiblement
écrite, et ainsi peu estimée, [51] on a admiré longtemps ces mauvais

---

417   31-W51:   débauche. ¶Dans notre

---

play could follow without a book any actors except Booth and Mrs Oldfield',
reported by Richard Neville, in G. de Beer and A.-M. Rousseau, *Voltaire's British
visitors*, Studies 49 (1967), p.157.

[49] Marie-Anne de Châteauneuf, Mlle Duclos (1670-1748), made her début at the
Comédie-Française on 27 October 1693. Her career, at its best, spanned the period
from 1700 to 1725 when she was eclipsed by Adrienne Lecouvreur (see D254).
Voltaire was acquainted with Mlle Duclos as early as April 1715 (D27), when his
lively interest in her seems not to have been reciprocated (see also the *Epître à
madame de Montbrun-Villefranche*, M.x.219-20).

[50] Adrienne Lecouvreur (1692-1730) entered the Comédie-Française in 1717 and
made her début in the role of Monime, then in those of Electre and Bérénice. She
reigned supreme on the stage for thirteen years. The glory of her career, and the
public adulation of which she was the object are, of course, to be compared to the
tawdriness of her death and burial. Voltaire, a one-time lover, and fervent admirer,
was so shocked by the latter that he marked the event with his indignant *Mort de
Mlle Lecouvreur*; see below, p.539-61. For a deliberate juxtaposition between the
fates of Anne Oldfield and Adrienne Lecouvreur, see D407 and, thirty-five years
later, D12832; also *Lettres philosophiques*, XXIII (1734).

[51] This instance of Voltaire's lack of esteem for Jean Galbert de Campistron
prompted an attack from an anonymous critic (doubtless Gourdon de Bacq: the
letter, in a slightly different form, is reproduced in his edition of the *Œuvres de
monsieur de Campistron* (Paris 1750), i.XXXVI-XLIV. He wrote in May 1731 to *Le
Nouvelliste du Parnasse* a letter in which he accused Voltaire of prejudice, ignorance
and bad manners (D414), and in which it is clear that he believed Voltaire to be
nurturing hostility to Campistron since he accuses Voltaire of being the author of
the earlier *Sentiments d'un spectateur français sur la nouvelle tragédie d'Inès de Castro*
(1723) in which a line by the 'pauvre M. de Campistron' is criticised. On
20 June/1 July 1731, Voltaire sent a long letter of self-justification to the *Nouvelliste*
(D415), setting out to prove that his specific criticism of *Alcibiade* was not only
well-founded but also solidly supported by men of letters.

vers que récitait d'un ton séduisant l'Esopus (c) du dernier siècle.

Ah! lorsque pénétré d'un amour véritable,   420
Et gémissant aux pieds d'un objet adorable,
J'ai connu dans ses yeux timides ou distraits,
Que mes soins de son cœur ont pu troubler la paix:
Que par l'aveu secret d'une ardeur mutuelle,
La mienne a pris encore une force nouvelle;   425
Dans ces moments si doux j'ai cent fois éprouvé
Qu'un mortel peut goûter un bonheur achevé. [53]

Dans votre *Venise sauvée*, le vieux Renaud veut violer la femme
de Jaffier, et elle s'en plaint en termes assez indécents, jusqu'à dire
qu'il est venu à elle *un button'd*, déboutonné. [54]   430

(c) Le comédien Baron. [52]

n.c   31-w64g, w70l, note absent
430   31, 31a: *un button d.//*
       w38a-w64g, w70l: *un button d*, déboutonné.

[52] Michel Boyron, known as Baron (1653-1729) was an actor from the age of ten
or eleven. His talents were noticed by Molière who engaged him for his own
Troupe du Palais Royal in 1670. On Molière's death in February 1673, Baron
moved to the Hôtel de Bourgogne, excelling in both tragic and comic roles. He
withdrew from the theatre in 1691, but reappeared in 1720 at the age of 67. He was
last seen on the stage on 3 September 1729. On Baron in the role of Alcibiade, see
D415. Baron was, in fact, referred to as the 'Roscius de son siècle', Roscius being a
comic actor of the Roman theatre whose contemporary and rival was the tragic
actor Esopus. It is not surprising, however, given Voltaire's theatrical predilections,
that he should see the comparison with Esopus.
[53] *Alcibiade*, I.iii. In the *Œuvres*, we read:
       Que mes soins de son cœur avaient troublé la paix, […]
       Dans ses tendres instants j'ai toujours éprouvé
       Qu'un mortel peut sentir un bonheur achevé.
[54] Otway, *Venice preserv'd*, III.ii.182:
       No sooner wer't thou gone, and I alone,
       Left in the pow'r of that old Son of Mischief;
       No sooner was I lain on my sad Bed,
       But that vile Wretch approacht me; loose, unbutton'd,
       Ready for violation.

Pour que l'amour soit digne du théâtre tragique, il faut qu'il soit le nœud nécessaire de la pièce, et non qu'il soit amené par force pour remplir le vide de vos tragédies et des nôtres, qui sont toutes trop longues; il faut que ce soit une passion véritablement tragique, regardée comme une faiblesse, et combattue par des   435 remords. Il faut ou que l'amour conduise aux malheurs et aux crimes, pour faire voir combien il est dangereux, ou que la vertu en triomphe, pour montrer qu'il n'est pas invincible; sans cela ce n'est plus qu'un amour d'églogue ou de comédie.

C'est à vous, Milord, à décider si j'ai rempli quelques-unes de   440 ces conditions; mais que vos amis daignent surtout ne point juger du génie et du goût de notre nation par ce discours, et par cette tragédie que je vous envoie. Je suis peut-être un de ceux qui cultivent les lettres en France avec moins de succès; et si les sentiments, que je soumets ici à votre censure, sont désapprouvés,   445 c'est à moi seul qu'en appartient le blâme.

---

438   31-w52: montrer qu'elle n'est

446   31, 31A: le blâme. ¶Au reste, je dois vous dire que dans le grand nombre de fautes dont cette tragédie est pleine, il y en a quelques-unes contre l'exacte pureté de notre langue. Je ne suis point un auteur assez considérable pour qu'il me soit permis de passer quelquefois par-dessus les règles sévères de la grammaire.

Il y a un endroit [55] où Tullie dit,

     Rome et moi dans un jour ont vu changer leur sort.

Il fallait dire pour parler purement,

     Rome et moi dans un jour avons changé de sort. [31A, with note: C'est ainsi qu'on lit ce vers dans cette édition, revue et corrigée par l'auteur.]

J'ai fait la même faute en deux ou trois endroits; et c'est beaucoup trop dans un ouvrage dont les défauts sont rachetés par si peu de beautés.

---

[55] *Brutus*, II.i; see appendix I, l.64.

ACTEURS

Junius Brutus
Valerius Publicola } consuls.

Titus, fils de Brutus.

Tullie, fille de Tarquin.

Algine, confidente de Tullie.   5

Arons, ambassadeur de Porsenna.

Messala, ami de Titus.

Proculus, tribun militaire.

Albin, confident d'Arons.

Sénateurs.   10

Licteurs.

La scène est à Rome.

a-11a   MS1, absent

a   K, 91:   PERSONNAGES

1-11   90:   Junius Brutus, consul. M. Vanhove. / Valérius Publicola, consul. M. Naudet. / Titus, fils de Brutus. M. Saint-Fal. / Tullie, fille de Tarquin. Mlle Thénard. / Algine, confidente de Tullie. Me Suin. / Arons, ambassadeur de Porsenna. M. Dorival. / Messala, ami de Titus. M. Florence. / Proculus, tribun militaire. M. Talma. / Albin, confident d'Arons. M. Dunant.

11a   31, 31A, 91, no scene setting

31*:   Le Theatre represente Le champ de mars où s'assemblait quelquefois le Senat dans Les premiers tems de La Republique Romaine. On voit dans Le fonds une partie du Capitolle; Les senateurs Sont rangés en demi cercle. Brutus et Valerius président à cette assemblée. On voit dans le fond L'autel et La statue du Dieu Mars; Les acteurs ferment La sçene. Les senateurs sont en habit civil Blanc et pourpre.

ACTE PREMIER

SCÈNE PREMIÈRE

BRUTUS, LES SÉNATEURS

(*Le théâtre représente une partie de la maison des
consuls sur le mont Tarpéien; le temple du Capitole se
voit dans le fond. Les sénateurs sont assemblés entre le
temple et la maison, devant l'autel de Mars. Brutus et
Valerius Publicola, consuls, président à cette
assemblée: les sénateurs sont rangés en demi-cercle. Des
licteurs avec leurs faisceaux sont debout derrière les
sénateurs.*)

BRUTUS

Destructeurs des tyrans, vous qui n'avez pour rois
Que les dieux de Numa, vos vertus et nos lois;
Enfin notre ennemi commence à nous connaître.
Ce superbe Toscan qui ne parlait qu'en maître,
Porsenna, de Tarquin ce formidable appui,　　　　　　　5
Ce tyran, protecteur d'un tyran comme lui,
Qui couvre de son camp les rivages du Tibre,
Respecte le sénat, et craint un peuple libre.
Aujourd'hui devant vous abaissant sa hauteur,

c　31-w38, absent
　　90:　BRUTUS, VALÉRIUS, LES SÉNATEURS
c-j　MS1:　*Brutus, Valerius, Publicola, Consuls et les senateurs sont assemblés
devant L'autel de Mars, le Temple du Capitole se voit dans l'Enfoncement et sur le
devant* ⁺*est* <*l'au*> *le Palais des Consuls*⁺
5　MS1:　de⁺s Tarquin⁺s

Il demande à traiter par un ambassadeur.   10
Arons, qu'il nous députe, en ce moment s'avance;
Aux sénateurs de Rome il demande audience;
Il attend dans ce temple, et c'est à vous de voir
S'il le faut refuser, s'il le faut recevoir.

VALERIUS PUBLICOLA

Quoi qu'il vienne annoncer, quoi qu'on puisse en
                                        attendre,   15
Il le faut à son roi renvoyer sans l'entendre;
Tel est mon sentiment. Rome ne traite plus
Avec ses ennemis que quand ils sont vaincus.
Votre fils, il est vrai, vengeur de sa patrie,
A deux fois repoussé le tyran d'Etrurie;   20
Je sais tout ce qu'on doit à ses vaillantes mains;
Je sais qu'à votre exemple il sauva les Romains:
Mais ce n'est point assez. Rome assiégée encore,
Voit dans les champs voisins ces tyrans qu'elle abhorre.
Que Tarquin satisfasse aux ordres du sénat,   25
Exilé par nos lois, qu'il sorte de l'Etat;
De son coupable aspect qu'il purge nos frontières,
Et nous pourrons ensuite écouter ses prières.
Ce nom d'ambassadeur a paru vous frapper;
Tarquin n'a pu nous vaincre, il cherche à nous tromper.   30
L'ambassadeur d'un roi m'est toujours redoutable.
Ce n'est qu'un ennemi, sous un titre honorable,
Qui vient, rempli d'orgueil ou de dextérité,

---

11   MSI: Aruns [*passim*]
19   MSI: de <sa> ↑la ↓sa
21   MSI: sais <tout ce qu'on doit> ↑ce que doit Rome+ à
24   MSI: dans ces champs
30   MSI: <Rome, ou> ᵛ↑Tarquin […] <te> ᵛ↑nous <ou> ᵛ↑il […] <te>
ᵛ↑nous
31   MSI: <Le ministre> ↑L'ambassadeur.

Insulter ou trahir avec impunité.

Rome, n'écoute point leur séduisant langage;   35
Tout art t'est étranger; combattre est ton partage;
Confonds tes ennemis de ta gloire irrités;
Tombe, ou punis les rois; ce sont là tes traités.

BRUTUS

Rome sait à quel point sa liberté m'est chère:
Mais, plein du même esprit, mon sentiment diffère.   40
Je vois cette ambassade, au nom des souverains,
Comme un premier hommage aux citoyens romains.
Accoutumons des rois la fierté despotique
A traiter en égale avec la république;
Attendant que du ciel remplissant les décrets,   45
Quelque jour avec elle ils traitent en sujets.
Arons vient voir ici Rome encor chancelante,
Découvrir les ressorts de sa grandeur naissante,
Epier son génie, observer son pouvoir;
Romains, c'est pour cela qu'il le faut recevoir.   50
L'ennemi du sénat connaîtra qui nous sommes:
Et l'esclave d'un roi va voir enfin des hommes.
Que dans Rome à loisir il porte ses regards;
Il la verra dans vous: vous êtes ses remparts.
Qu'il révère en ces lieux le dieu qui nous rassemble;   55
Qu'il paraisse au sénat, qu'il écoute et qu'il tremble.

Les sénateurs se lèvent, et s'approchent un moment,
pour donner leurs voix.

35 91: Rome n'écoute point
37 MSI: <Confonds> ↑Punis
38 MSI: <punis> ↑confonds+ tes
39 91: point la liberté
56 MSI, 31-W51: qu'il l'écoute
56a-b MSI: ↑*Ici se levent les 2 consuls et les senateurs.*

VALERIUS PUBLICOLA

Je vois tout le sénat passer à votre avis.
Rome et vous l'ordonnez: à regret j'y souscris.
Licteurs, qu'on l'introduise; et puisse sa présence
N'apporter en ces lieux rien dont Rome s'offense.   60

    A Brutus.

C'est sur vous seul ici que nos yeux sont ouverts:
C'est vous qui le premier avez rompu nos fers:
De notre liberté soutenez la querelle;
Brutus en est le père, et doit parler pour elle.

SCÈNE II

LE SÉNAT, ARONS, ALBIN, SUITE

*(Arons entre par le côté du théâtre, précédé de deux
licteurs, et d'Albin son confident; il passe devant les
consuls et le sénat, qu'il salue, et il va s'asseoir sur un
siège préparé pour lui sur le devant du théâtre.)*

ARONS

Consuls, et vous sénat, qu'il m'est doux d'être admis   65
Dans ce conseil sacré de sages ennemis,
De voir tous ces héros, dont l'équité sévère
N'eut jusques aujourd'hui qu'un reproche à se faire;
Témoin de leurs exploits, d'admirer leurs vertus;
D'écouter Rome enfin par la voix de Brutus;   70

60a   MS1, stage direction added
61   MS1: C'est <sur vous seul icy> ↑donc sur vous, Brutus+ que
64c-f MS1, no stage direction

Loin des cris de ce peuple indocile et barbare[1]
Que la fureur conduit, réunit et sépare,
Aveugle dans sa haine, aveugle en son amour,
Qui menace et qui craint, règne et sert en un jour,
Dont l'audace…

BRUTUS

            Arrêtez, sachez qu'il faut qu'on nomme   75
Avec plus de respect les citoyens de Rome.
La gloire du sénat est de représenter
Ce peuple vertueux, que l'on ose insulter.
Quittez l'art avec nous; quittez la flatterie;
Ce poison qu'on prépare à la cour d'Etrurie,   80
N'est point encor connu dans le sénat romain.
Poursuivez.

ARONS

          Moins piqué d'un discours si hautain,
Que touché des malheurs où cet Etat s'expose,
Comme un de ses enfants j'embrasse ici sa cause.
      Vous voyez quel orage éclate autour de vous,   85
C'est en vain que Titus en détourna les coups;
Je vois avec regret, sa valeur et son zèle
N'assurer aux Romains qu'une chute plus belle;
Sa victoire affaiblit vos remparts désolés;

75a   90:   BRUTUS, *se levant avec tout le sénat.*
82   90:   Poursuivez. (*Il se rassied ainsi que le sénat.*)
85   MSI: autour de $^\uparrow$<contre> vous
88   MSI: <cause> $^{v\uparrow}$chutte

[1] Lines 65-66 and 71 echo Mlle Bernard's wording: 'Consuls, quelle est ma joie, / De parler devant vous pour le Roi qui m'envoie, / Et non devant un Peuple aveugle, audacieux'.

Du sang qui les inonde ils semblent ébranlés.   90
Ah! ne refusez plus une paix nécessaire.
Si du peuple romain le sénat est le père,
Porsenna l'est des rois que vous persécutez.
    Mais vous, du nom romain vengeurs si redoutés,
Vous des droits des mortels éclairés interprètes,   95
Vous qui jugez les rois, regardez où vous êtes.
Voici ce Capitole, et ces mêmes autels
Où jadis attestant tous les dieux immortels,
J'ai vu chacun de vous, brûlant d'un autre zèle,
A Tarquin votre roi jurer d'être fidèle.   100
Quels dieux ont donc changé les droits des souverains?
Quel pouvoir a rompu des nœuds jadis si saints?
Qui du front de Tarquin ravit le diadème?
Qui peut de vos serments vous dégager?

BRUTUS

                                                Lui-même.
N'alléguez point ces nœuds que le crime a rompus,   105
Ces dieux qu'il outragea, ces droits qu'il a perdus.
Nous avons fait, Arons, en lui rendant hommage,
Serment d'obéissance et non point d'esclavage.
Et puisqu'il vous souvient d'avoir vu dans ces lieux
Le sénat à ses pieds, faisant pour lui des vœux,   110
Songez qu'en ce lieu même, à cet autel auguste,
Devant ces mêmes dieux, il jura d'être juste.
De son peuple et de lui tel était le lien;
Il nous rend nos serments lorsqu'il trahit le sien:
Et dès qu'aux lois de Rome il ose être infidèle,   115

90   MSI: <Lavés du Sang de Rome, ils en Sont> ↑β
97   MSI: <à> ↑et
111 MSI: en ces lieux même,
112 MSI: <[?]> ^{v↑}jura

Rome n'est plus sujette, et lui seul est rebelle. [2]

ARONS

Ah! quand il serait vrai, que l'absolu pouvoir
Eût entraîné Tarquin par-delà son devoir,
Qu'il en eût trop suivi l'amorce enchanteresse;
Quel homme est sans erreur? et quel roi sans faiblesse?   120
Est-ce à vous de prétendre au droit de le punir?
Vous nés tous ses sujets; vous faits pour obéir!
Un fils ne s'arme point contre un coupable père;
Il détourne les yeux, le plaint et le révère.
Les droits des souverains sont-ils moins précieux?   125
Nous sommes leurs enfants; leurs juges sont les dieux.
Si le ciel quelquefois les donne en sa colère,
N'allez pas mériter un présent plus sévère,
Trahir toutes les lois en voulant les venger,
Et renverser l'Etat au lieu de le changer.   130
Instruit par le malheur, ce grand maître de l'homme,
Tarquin sera plus juste, et plus digne de Rome.
Vous pouvez raffermir, par un accord heureux,
Des peuples et des rois les légitimes nœuds,
Et faire encor fleurir la liberté publique   135
Sous l'ombrage sacré du pouvoir monarchique.

120   MS1:   sans erreur↑s
131   31-W52:   (ce grand maître de l'homme)

[2] In his *Memoirs of M. de Voltaire* Oliver Goldsmith quotes what appears to be the original English version of this speech: '*Brutus*. Alledge not ties, his crimes have broke them all. The Gods themselves, whom he has offended, have declared against him. Which of our rights has he not trod upon? True, we have sworn to be his subjects, but we have not sworn to be his slaves. You say you've seen our senate in humble suppliance pay him here their vows. Even here himself has sworn to be our father, and make the people happy in his guidance. Broke from his oaths, we are let loose from ours; since he has transgressed our laws, his the rebellion, Rome is free from guilt' (*Collected works*, iii.249).

BRUTUS

Arons, il n'est plus temps: chaque Etat a ses lois,
Qu'il tient de sa nature, ou qu'il change à son choix.
Esclaves de leurs rois, et même de leurs prêtres,
Les Toscans semblent nés pour servir sous des maîtres: 140
Et de leur chaîne antique adorateurs heureux,
Voudraient que l'univers fût esclave comme eux.
La Grèce entière est libre, et la molle Ionie
Sous un joug odieux languit assujettie.
Rome eut ses souverains, mais jamais absolus.   145
Son premier citoyen fut le grand Romulus;
Nous partagions le poids de sa grandeur suprême:
Numa, qui fit nos lois, y fut soumis lui-même.
Rome enfin, je l'avoue, a fait un mauvais choix:
Chez les Toscans, chez vous elle a choisi ses rois;   150
Ils nous ont apporté, du fond de l'Etrurie,
Les vices de leur cour, avec la tyrannie.

    Il se lève.

Pardonnez-nous, grands dieux! si le peuple romain
A tardé si longtemps à condamner Tarquin.
Le sang qui regorgea sous ses mains meurtrières,   155
De notre obéissance a rompu les barrières.
Sous un sceptre de fer tout ce peuple abattu,
A force de malheurs a repris sa vertu.
Tarquin nous a remis dans nos droits légitimes;
Le bien public est né de l'excès de ses crimes;   160
Et nous donnons l'exemple à ces mêmes Toscans,
S'ils pouvaient, à leur tour, être las des tyrans.

139-140   MS1:
        <β> ^{V↑}la grece entiere est libre, et la molle ionie
        sous un joug odieux languit <ensevelie> ^Cassujetie
141-144   MS1, absent
152a   MS1, in the margin: ^V*il se leve* ^C*avec le sénat.*
153   MS1: nous, grand dieu si le<s> peuple<s> Romain<s>

Les consuls descendent vers l'autel, et le sénat se lève.

O Mars! dieu des héros, de Rome et des batailles,
Qui combats avec nous, qui défends ces murailles!
Sur ton autel sacré, Mars, reçois nos serments,   165
Pour ce sénat, pour moi, pour tes dignes enfants.
Si dans le sein de Rome il se trouvait un traître,
Qui regrettât les rois, et qui voulût un maître,
Que le perfide meure au milieu des tourments:
Que sa cendre coupable, abandonnée aux vents,   170
Ne laisse ici qu'un nom, plus odieux encore
Que le nom des tyrans, que Rome entière abhorre. [3]

ARONS *avançant vers l'autel.*

Et moi, sur cet autel, qu'ainsi vous profanez,
Je jure au nom du roi que vous abandonnez,
Au nom de Porsenna, vengeur de sa querelle,   175
A vous, à vos enfants, une guerre immortelle.

162a   MSI: *vers l'autel.//*
          90:   *Les consuls se rendent à l'autel avec le sénat.*
172a   MSI, no stage direction

---

[3] On 22 June 1791, the day after the flight to Varennes, the Club des Cordeliers placarded in Paris the following declaration in which Voltaire's influence is much in evidence: 'Songez qu'au Champ de Mars, à cet autel auguste, / Louis nous a juré d'être fidèle et juste; / De son peuple et de lui tel était le lien, / Il nous rend nos serments lorsqu'il trahit le sien. / Si parmi les Français il se trouvait un traître / Qui regrettât ses rois et qui voulût un maître, / Que le perfide meure au milieu des tourments; / Que sa cendre coupable, abandonnée aux vents, / Ne laisse ici qu'un nom plus odieux encore / Que le nom des tyrans que l'homme libre abhorre! Les Français libres, composant la société des Amis des droits de l'homme et du citoyen, le *club des Cordeliers*, déclarent à tous leurs concitoyens qu'elle renferme autant de tyrannicides que de membres, qui ont tous juré *individuellement* de poignarder les tyrans qui oseront attaquer nos frontières, ou attenter à notre liberté et à notre constitution, de quelque manière que ce soit, et ont signé: *Legendre*, président; *Collin, Champion*, secrétaires.'

Les sénateurs font un pas vers le Capitole.

Sénateurs, arrêtez, ne vous séparez pas;
Je ne me suis pas plaint de tous vos attentats;
La fille de Tarquin, dans vos mains demeurée,
Est-elle une victime à Rome consacrée?   180
Et donnez-vous des fers à ses royales mains,
Pour mieux braver son père et tous les souverains?
Que dis-je! tous ces biens, ces trésors, ces richesses,
Que des Tarquins dans Rome épuisaient les largesses,
Sont-ils votre conquête, ou vous sont-ils donnés?   185
Est-ce pour les ravir que vous le détrônez?
Sénat, si vous l'osez, que Brutus les dénie.

BRUTUS *se tournant vers Arons.*

Vous connaissez bien mal, et Rome et son génie.
Ces pères des Romains, vengeurs de l'équité,
Ont blanchi dans la pourpre et dans la pauvreté.   190
Au-dessus des trésors, que sans peine ils vous cèdent,
Leur gloire est de dompter les rois qui les possèdent.
Prenez cet or, Arons, il est vil à nos yeux.
Quant au malheureux sang d'un tyran odieux,
Malgré la juste horreur que j'ai pour sa famille,   195
Le sénat à mes soins a confié sa fille.
Elle n'a point ici de ces respects flatteurs,
Qui des enfants des rois empoisonnent les cœurs;
Elle n'a point trouvé la pompe et la mollesse,
Dont la cour des Tarquins enivra sa jeunesse.   200

176a MSI: *Le Senat <se leve> veut s'en aller.*
187a MSI, no stage direction
189   MSI, 31, 91:   Ces sénateurs et moi, vengeurs
      31*, with parallel reading: *variant / β*
      36 errata: Ces vengeurs de l'Etat et de la liberté
190   W75G: dans le pourpre
197   MSI: <icy> ↑chez moy ↓icy+ de <s>ces

Mais je sais ce qu'on doit de bontés et d'honneur,
A son sexe, à son âge, et surtout au malheur.
Dès ce jour en son camp que Tarquin la revoie;
Mon cœur même en conçoit une secrète joie.
Qu'aux tyrans désormais rien ne reste en ces lieux,　　205
Que la haine de Rome et le courroux des dieux.
Pour emporter au camp l'or qu'il faut y conduire,
Rome vous donne un jour, ce temps doit vous suffire:
Ma maison cependant est votre sûreté,
Jouissez-y des droits de l'hospitalité.　　210
Voilà ce que par moi le sénat vous annonce.
Ce soir à Porsenna rapportez ma réponse.
Reportez-lui la guerre, et dites à Tarquin
Ce que vous avez vu dans le sénat romain.

　　Aux sénateurs.

Et nous du Capitole allons orner le faîte　　215
Des lauriers dont mon fils vient de ceindre sa tête;
Suspendons ces drapeaux, et ces dards tout sanglants,
Que ses heureuses mains ont ravis aux Toscans.
Ainsi puisse toujours, plein du même courage,
Mon sang digne de vous, vous servir d'âge en âge!　　220
Dieux, protégez ainsi contre nos ennemis
Le consulat du père et les armes du fils.

203-205　MS1:
　　　　avec tous ces tresors qu'on s'empresse à vous rendre
　　　　des mains de mon Epouse hâtés vous de la prendre,
　　　　qu'à Tarquin desormais rien ne reste en ces lieux
204　91:　en reçoit une secrète
211　MS1:　le Senat<eur>
212　90:　Demain à
　　　　MS1, 31:　Porsenna reportez sa réponse [31 errata, 36 errata: ma]
　　　　31*, with parallel reading:　Ce soir / Demain [...] *variant* / β
　　　　31A-W52:　Porsenna reportez ma réponse
214a　MS1:　ᵛ*au senat*
222　MS1, with stage direction:　ᵛ*ils sortent.*

SCÈNE III

ARONS, ALBIN

*Qui sont supposés être entrés de la salle d'audience dans
un autre appartement de la maison de Brutus.*

ARONS

As-tu bien remarqué cet orgueil inflexible,
Cet esprit d'un sénat qui se croit invincible?
Il le serait, Albin, si Rome avait le temps   225
D'affermir cette audace au cœur de ses enfants.
Crois-moi, la liberté que tout mortel adore,
Que je veux leur ôter, mais que j'admire encore,
Donne à l'homme un courage, inspire une grandeur,
Qu'il n'eût jamais trouvés dans le fond de son cœur.   230
Sous le joug des Tarquins, la cour et l'esclavage
Amollissait leurs mœurs, énervait leur courage;
Leurs rois, trop occupés à dompter leurs sujets,
De nos heureux Toscans ne troublaient point la paix.
Mais si ce fier sénat réveille leur génie,   235
Si Rome est libre, Albin, c'est fait de l'Italie.
Ces lions, que leur maître avait rendus plus doux,
Vont reprendre leur rage et s'élancer sur nous.
Etouffons dans leur sang la semence féconde
Des maux de l'Italie et des troubles du monde: 240
Affranchissons la terre: et donnons aux Romains
Ces fers qu'ils destinaient au reste des humains.

222c   91: *Ils sont*
222c-d MSI, 90, no stage direction
224   MSI: <cet esprit> ↑cette ame
232   MSI, K, 91: Amollissaient [...] énervaient
237   MSI: que <leurs maîtres avoient> β

Messala viendra-t-il? Pourrai-je ici l'entendre?
Osera-t-il?…

ALBIN

            Seigneur, il doit ici se rendre.
A toute heure il y vient. Titus est son appui.   245

ARONS

As-tu pu lui parler? Puis-je compter sur lui?

ALBIN

Seigneur, ou je me trompe, ou Messala conspire
Pour changer ses destins plus que ceux de l'empire;
Il est ferme, intrépide, autant que si l'honneur
Ou l'amour du pays excitait sa valeur;   250
Maître de son secret, et maître de lui-même,
Impénétrable, et calme en sa fureur extrême.

ARONS

Tel autrefois dans Rome il parut à mes yeux,
Lorsque Tarquin régnant me reçut dans ces lieux;
Et ses lettres depuis… Mais je le vois paraître.   255

243   MSI: pourrais-je
245   MSI: il ↑y⁺ vient.
248   MSI: <β> ↑Plus pour ses intérêts que pour⁺ ceux
250   MSI, 31, 31A: pays excitoient sa
253   MSI: <inconnu> ᵛ↑autrefois

SCÈNE IV

ARONS, MESSALA, ALBIN

ARONS

Généreux Messala, l'appui de votre maître,
Eh bien, l'or de Tarquin, les présents de mon roi,
Des sénateurs romains n'ont pu tenter la foi?
Les plaisirs d'une cour, l'espérance, la crainte,
A ces cœurs endurcis n'ont pu porter d'atteinte?   260
Ces fiers patriciens sont-ils autant de dieux,
Jugeant tous les mortels, et ne craignant rien d'eux?
Sont-ils sans passion, sans intérêt, sans vice?

MESSALA

Ils osent s'en vanter; mais leur feinte justice,
Leur âpre austérité, que rien ne peut gagner,   265
N'est dans ces cœurs hautains que la soif de régner:
Leur orgueil foule aux pieds l'orgueil des diadèmes:
Ils ont brisé le joug pour l'imposer eux-mêmes.
De notre liberté ces illustres vengeurs,
Armés pour la défendre, en sont les oppresseurs.   270
Sous les noms séduisants de patrons et de pères,
Ils affectent des rois les démarches altières.
Rome a changé de fers; et, sous le joug des grands,
Pour un roi qu'elle avait, a trouvé cent tyrans.

255b   MSI adds: ALBIN
263   K, 91: sans passions, sans
267   MSI: aux pieds <l'Eclat> $^{V\uparrow}$l'orgueil$^+$ du diadème
        31-W75G: du diadème [W75G*: β]
268   MSI, 31-W75G: eux-même [W75G*: β]

ARONS

Parmi vos citoyens, en est-il d'assez sage,   275
Pour détester tout bas cet indigne esclavage?

MESSALA

Peu sentent leur état: leurs esprits égarés
De ce grand changement sont encore enivrés.
Le plus vil citoyen, dans sa bassesse extrême,
Ayant chassé les rois, pense être roi lui-même.   280
Mais je vous l'ai mandé, seigneur, j'ai des amis,
Qui sous ce joug nouveau sont à regret soumis;
Qui dédaignant l'erreur des peuples imbéciles,
Dans ce torrent fougueux restent seuls immobiles;
Des mortels éprouvés, dont la tête et les bras   285
Sont faits pour ébranler ou changer les Etats.

ARONS

De ces braves Romains que faut-il que j'espère?
Serviront-ils leur prince?

MESSALA

                              Ils sont prêts à tout faire:
Tout leur sang est à vous. Mais ne prétendez pas,
Qu'en aveugles sujets ils servent des ingrats.   290
Ils ne se piquent point du devoir fanatique
De servir de victime au pouvoir despotique,
Ni du zèle insensé de courir au trépas,
Pour venger un tyran, qui ne les connaît pas.
Tarquin promet beaucoup; mais devenu leur maître,   295

284   MSI: <qui dans ce grand Torrent> β restent
285   MSI, 31-W57G: et le bras
294   MSI: Pour l'interest d'un Roy qui ne

Il les oubliera tous, ou les craindra peut-être.
Je connais trop les grands: dans le malheur amis,
Ingrats dans la fortune, et bientôt ennemis.
Nous sommes de leur gloire un instrument servile,
Rejeté par dédain, dès qu'il est inutile,   300
Et brisé sans pitié, s'il devient dangereux.
A des conditions on peut compter sur eux;
Ils demandent un chef digne de leur courage,
Dont le nom seul impose à ce peuple volage;
Un chef assez puissant pour obliger le roi,   305
Même après le succès, à nous tenir sa foi;
Ou si de nos desseins la trame est découverte,
Un chef assez hardi pour venger notre perte.

ARONS

Mais vous m'aviez écrit que l'orgueilleux Titus…

MESSALA

Il est l'appui de Rome, il est fils de Brutus;   310
Cependant…

ARONS

        De quel œil voit-il les injustices,
Dont ce sénat superbe a payé ses services?
Lui seul a sauvé Rome, et toute sa valeur
En vain du consulat lui mérita l'honneur.

---

301   MSI: s'il $^\uparrow$de$^+$vient
304   MSI: impose au peuple
305   MSI: Un <peuple> chef
307   MSI: si de <nos> <vos> $^{V\uparrow}$nos
309   MSI, with parallel reading: écrit / mandé
312   MSI: <superbe> $^{V\uparrow}$farouche
314   MSI: En vain <β> $^\uparrow$<brigue pour luy le rang de Senateur> $^{V\downarrow}$β

Je sais qu'on le refuse.

MESSALA

     Et je sais qu'il murmure: 315
Son cœur altier et prompt est plein de cette injure;
Pour toute récompense il n'obtient qu'un vain bruit,
Qu'un triomphe frivole, un éclat qui s'enfuit.
J'observe d'assez près son âme impérieuse,
Et de son fier courroux la fougue impétueuse;   320
Dans le champ de la gloire il ne fait que d'entrer;
Il y marche en aveugle, on l'y peut égarer.
La bouillante jeunesse est facile à séduire;
Mais que de préjugés nous aurions à détruire!
Rome, un consul, un père, et la haine des rois,   325
Et l'horreur de la honte, et surtout ses exploits.
Connaissez donc Titus, voyez toute son âme,
Le courroux qui l'aigrit, le poison qui l'enflamme;
Il brûle pour Tullie.

ARONS

Il l'aimerait!

315 MS1: ^Vqu'on le refuse
318 MS1: triomphe <frivole> [↑]inutile
318 MS1, between 318 and 319:
    <qui passe en moins de tems que la poudre qui vole
    de son char de triomphe aux murs du Capitole
    admis auprès de luy dès ses plus jeunes ans
    il m'aime, il me consulte, il m'ecoute en tout tems>
323-327 MS1:
    <Mais seigneur que je crains ce courage heroique
    Ce nom de liberté ce nom de Republique
    Cette [↑]<L'>amour du pays, cette [↑]<et la> haine des Rois
    Rome, un consul, un pere et surtout ses exploits
    Aprenés encore plus> β, with variant
324 MS1: nous aurons à

MESSALA

Seigneur,

A peine ai-je arraché ce secret de son cœur: 330
Il en rougit lui-même, et cette âme inflexible
N'ose avouer qu'elle aime, et craint d'être sensible.
Parmi les passions dont il est agité,
Sa plus grande fureur est pour la liberté.

ARONS

C'est donc des sentiments, et du cœur d'un seul homme,   335
Qu'aujourd'hui, malgré moi, dépend le sort de Rome!

A Albin.

Ne nous rebutons pas. Préparez-vous, Albin,
A vous rendre sur l'heure aux tentes de Tarquin.

A Messala.

Entrons chez la princesse. Un peu d'expérience
M'a pu du cœur humain donner quelque science: 340
Je lirai dans son âme, et peut-être ses mains
Vont former l'heureux piège où j'attends les Romains.

Fin du premier acte.

333   MSI, with parallel reading: parmy / malgré
339   MSI: <auprès> Entrons ches
340   MSI: M'a <β> ↑du cœur des humains⁺ donné quelque

ACTE II

SCÈNE PREMIÈRE

TITUS, MESSALA [1]

Le théâtre représente, ou est supposé représenter, un
appartement du palais des consuls.

MESSALA

Non, c'est trop offenser ma sensible amitié.
Qui peut de son secret me cacher la moitié,
En dit trop et trop peu, m'offense et me soupçonne.

TITUS

Va, mon cœur à ta foi tout entier s'abandonne;
Ne me reproche rien.

MESSALA

           Quoi! vous dont la douleur   5
Du sénat avec moi détesta la rigueur,

---

a-35   MSI, 31, 31A, 36 cancel, w38a, see appendix 1 [31*: β]
d   90: *représente un appartement*
d-e 31*: *Le Théatre represente un appartement du Palais de Brutus.*
       91, no stage direction

[1] Lines 1-34, introduced in w38b, replace the first three scenes of the preceding version featuring Tullie (see appendix 1). The effect of this transformation is to a) further reduce the purely female love interest as expressed through Tullie, who is becoming an increasingly secondary character; b) further upgrade the role of Titus and hasten his appearance on stage.

Qui versiez dans mon sein ce grand secret de Rome,
Ces plaintes d'un héros, ces larmes d'un grand homme!
Comment avez-vous pu dévorer si longtemps
Une douleur plus tendre, et des maux plus touchants?   10
De vos feux devant moi vous étouffiez la flamme.
Quoi donc! l'ambition, qui domine en votre âme,
Eteignait-elle en vous de si chers sentiments?
Le sénat a-t-il fait vos plus cruels tourments?
Le haïssez-vous plus que vous n'aimez Tullie?   15

TITUS

Ah! j'aime avec transport: je hais avec furie:
Je suis extrême en tout, je l'avoue, et mon cœur
Voudrait en tout se vaincre, et connaît son erreur.

MESSALA

Et pourquoi de vos mains déchirant vos blessures,
Déguiser votre amour, et non pas vos injures?   20

TITUS

Que veux-tu, Messala? J'ai, malgré mon courroux,
Prodigué tout mon sang pour ce sénat jaloux.
Tu le sais, ton courage eut part à ma victoire:
Je sentais du plaisir à parler de ma gloire:
Mon cœur, enorgueilli des succès de mon bras,   25
Trouvait de la grandeur à venger des ingrats.
On confie aisément des malheurs qu'on surmonte;
Mais qu'il est accablant de parler de sa honte!

MESSALA

Quelle est donc cette honte, et ce grand repentir?
Et de quels sentiments auriez-vous à rougir?   30

TITUS

Je rougis de moi-même, et d'un feu téméraire,
Inutile, imprudent, à mon devoir contraire.

MESSALA

Quoi donc! l'ambition, l'amour et ses fureurs,
Sont-ce des passions indignes des grands cœurs?

TITUS

L'ambition, l'amour, le dépit, tout m'accable; 35
De ce conseil de rois l'orgueil insupportable
Méprise ma jeunesse, et me refuse un rang
Brigué par ma valeur, et payé par mon sang:
Au milieu du dépit dont mon âme est saisie,
Je perds tout ce que j'aime, on m'enlève Tullie. 40
On te l'enlève, hélas! trop aveugle courroux!
Tu n'osais y prétendre, et ton cœur est jaloux.
Je l'avouerai, ce feu, que j'avais su contraindre,
S'irrite en s'échappant, et ne peut plus s'éteindre.
Ami, c'en était fait: elle partait; mon cœur 45
De sa funeste flamme allait être vainqueur:
Je rentrais dans mes droits: je sortais d'esclavage.
Le ciel a-t-il marqué ce terme à mon courage?

33 31*, w38b-w64G, w70L: Eh bien! l'ambition
37 MS1, MS3, 31-w64G, w70L: me dispute un rang
40 MS1: \<cher amy, c'en est fait\> ^{V↑}β on
    36 cancel: perds ce que j'adore, on
43 MS1, 31, 31A, w38a: Dieux! j'ai parlé, ce feu [31*: [↑]β]
45 MS1, 31, 31A, w38a: Hélas! c'en [31*: [↑]β]
47 MS1, MS3, 31-w46: Je devenais Romain, je sortais d'esclavage;
48 MS1, 31, 31A, w38a: Mais le ciel a marqué ce terme à mon courage.
[31*: [↑]β]

Moi le fils de Brutus, moi l'ennemi des rois,
C'est du sang de Tarquin que j'attendrais des lois?　　　50
Elle refuse encor de m'en donner, l'ingrate!
Et partout dédaigné, partout ma honte éclate.
Le dépit, la vengeance, et la honte, et l'amour.
De mes sens soulevés disposent tour à tour.

MESSALA

Puis-je ici vous parler, mais avec confiance?　　　55

TITUS

Toujours de tes conseils j'ai chéri la prudence.
Eh bien, fais-moi rougir de mes égarements.

MESSALA

J'approuve et votre amour et vos ressentiments.
Faudra-t-il donc toujours que Titus autorise
Ce sénat de tyrans, dont l'orgueil nous maîtrise?　　　60
Non; s'il vous faut rougir, rougissez en ce jour
De votre patience, et non de votre amour.
Quoi! pour prix de vos feux, et de tant de vaillance,
Citoyen sans pouvoir, amant sans espérance,
Je vous verrais languir, victime de l'Etat,　　　65

49-52　MSI, 31-W48D, 91:
　　　　　Quoi! le fils de Brutus, un soldat, un Romain,
　　　　　Aime, idolâtre ici la fille de Tarquin?
　　　　　Coupable envers Tullie, envers Rome, et moi-même,
　　　　　Ce sénat que je hais, ce fier objet que j'aime, [31*: ↑β]
53　　MSI:　Le dépit, <le devoir> ↑la vengeance
55　　MSI:　avec confidence
57　　MSI, 31, 31A, W38a, 91:　Parle, fais-moi
　　　　MSI, 31, 31A, W38a:　mes emportements. [31*: β]
59　　MSI:　<quoy> faudra-t-il ᵛ↑donc
　　　　31, 31A, W38a:　Quoi! faudra-t-il toujours [31*: β]
63　　MSI:　de <tant de> ↑vôtre

Oublié de Tullie, et bravé du sénat?
Ah! peut-être, seigneur, un cœur tel que le vôtre
Aurait pu gagner l'une, et se venger de l'autre.

TITUS

De quoi viens-tu flatter mon esprit éperdu?
Moi, j'aurais pu fléchir sa haine ou sa vertu?   70
N'en parlons plus: tu vois les fatales barrières
Qu'élèvent entre nous nos devoirs et nos pères:
Sa haine désormais égale mon amour.
Elle va donc partir?

MESSALA

Oui, seigneur, dès ce jour.

TITUS

Je n'en murmure point. Le ciel lui rend justice;   75
Il la fit pour régner.

MESSALA

Ah! ce ciel plus propice
Lui destinait peut-être un empire plus doux;
Et sans ce fier sénat, sans la guerre, sans vous…
Pardonnez; vous savez, quel est son héritage;
Son frère ne vit plus, Rome était son partage.   80
Je m'emporte, seigneur: mais si pour vous servir,

---

68   31, 31A, w38a, 91: se venger sur l'autre.
70   MSI: sa haine et sa
71   MSI, 31-w48D, 91: Hélas! ne vois-tu pas les [31*: β]
73   MSI, 31, 31A, w38a, 91: Vois-tu pas que sa haine égale [31*: β]
      36 errata: Ne vois-tu pas sa haine égaler mon amour?
74   MSI: <dieux> Elle va ↑donc
76   MSI: ah ↑ce

Si pour vous rendre heureux, il ne faut que périr;
Si mon sang...

TITUS

Non, ami, mon devoir est le maître.
Non, crois-moi, l'homme est libre au moment qu'il veut
l'être.
Je l'avoue, il est vrai, ce dangereux poison   85
A pour quelques moments égaré ma raison;
Mais le cœur d'un soldat sait dompter la mollesse;
Et l'amour n'est puissant que par notre faiblesse.

MESSALA

Vous voyez des Toscans venir l'ambassadeur;
Cet honneur qu'il vous rend...

TITUS

Ah! quel funeste honneur!   90
Que me veut-il? C'est lui qui m'enlève Tullie;
C'est lui qui met le comble au malheur de ma vie.

85-88 MSI:
  <Je le serai peut être et $^{V\uparrow}$<sans doutte et> dans mon desespoir
  Si l'amour un moment ebranlait mon devoir
  ce fer si craint des Rois, ce bras vangeur des crimes
  Eteindrait dans mon Sang mes feux illegitimes> $^{V\downarrow}\beta$, with variant
85 MSI: ce funeste poison

SCÈNE II

TITUS, ARONS

ARONS

Après avoir en vain, près de votre sénat,
Tenté ce que j'ai pu pour sauver cet Etat,
Souffrez qu'à la vertu rendant un juste hommage,   95
J'admire en liberté ce généreux courage,
Ce bras qui venge Rome, et soutient son pays,
Au bord du précipice où le sénat l'a mis.
Ah! que vous étiez digne, et d'un prix plus auguste,
Et d'un autre adversaire, et d'un parti plus juste!   100
Et que ce grand courage, ailleurs mieux employé,
D'un plus digne salaire aurait été payé!
Il est, il est des rois, j'ose ici vous le dire,
Qui mettraient en vos mains le sort de leur empire,
Sans craindre ces vertus qu'ils admirent en vous,   105
Dont j'ai vu Rome éprise, et le sénat jaloux.
Je vous plains de servir sous ce maître farouche,
Que le mérite aigrit, qu'aucun bienfait ne touche;
Qui, né pour obéir, se fait un lâche honneur
D'appesantir sa main sur son libérateur;   110
Lui, qui, s'il n'usurpait les droits de la couronne,
Devrait prendre de vous les ordres qu'il vous donne.

TITUS

Je rends grâce à vos soins, seigneur, et mes soupçons

92a   MSI, 31, 31A, W38a: SCÈNE V [31*: β]
99   MSI: vous <êtes> ↑êtiez
103   MSI: <il est> ↑Seigneur+ il est
113   MSI: rends grace<s>

De vos bontés pour moi respectent les raisons.
Je n'examine point, si votre politique   115
Pense armer mes chagrins contre ma république,
Et porter mon dépit, avec un art si doux,
Aux indiscrétions qui suivent le courroux.
Perdez moins d'artifice à tromper ma franchise;
Ce cœur est tout ouvert, et n'a rien qu'il déguise.   120
Outragé du sénat, j'ai droit de le haïr:
Je le hais; mais mon bras est prêt à le servir.
Quand la cause commune au combat nous appelle,
Rome au cœur de ses fils éteint toute querelle:
Vainqueurs de nos débats nous marchons réunis,   125
Et nous ne connaissons que vous pour ennemis.
Voilà ce que je suis, et ce que je veux être.
Soit grandeur, soit vertu, soit préjugé peut-être,
Né parmi les Romains, je périrai pour eux.
J'aime encor mieux, seigneur, ce sénat rigoureux,   130
Tout injuste pour moi, tout jaloux qu'il peut être,
Que l'éclat d'une cour, et le sceptre d'un maître.
Je suis fils de Brutus, et je porte en mon cœur
La liberté gravée, et les rois en horreur.

ARONS

Ne vous flattez-vous point d'un charme imaginaire?   135
Seigneur, ainsi qu'à vous, la liberté m'est chère:
Quoique né sous un roi, j'en goûte les appas;
Vous vous perdez pour elle, et n'en jouissez pas.
Est-il donc, entre nous, rien de plus despotique,
Que l'esprit d'un Etat qui passe en république?   140
Vos lois sont vos tyrans: leur barbare rigueur
Devient sourde au mérite, au sang, à la faveur:
Le sénat vous opprime, et le peuple vous brave;

117   MSI: <mon dépit> ↑<ma jeunesse> ↓<mon dépit> ↑ma jeunesse

Il faut s'en faire craindre, ou ramper leur esclave.
Le citoyen de Rome, insolent ou jaloux,   145
Ou hait votre grandeur, ou marche égal à vous.
Trop d'éclat l'effarouche; il voit d'un œil sévère,
Dans le bien qu'on lui fait, le mal qu'on lui peut faire;
Et d'un bannissement le décret odieux
Devient le prix du sang qu'on a versé pour eux.   150
     Je sais bien, que la cour, seigneur, a ses naufrages;
Mais ses jours sont plus beaux, son ciel a moins d'orages.
Souvent la liberté, dont on se vante ailleurs,
Etale auprès d'un roi ses dons les plus flatteurs.
Il récompense, il aime, il prévient les services;   155
La gloire auprès de lui ne fuit point les délices.
Aimé du souverain, de ses rayons couvert,
Vous ne servez qu'un maître, et le reste vous sert.
Ebloui d'un éclat, qu'il respecte et qu'il aime,
Le vulgaire applaudit jusqu'à nos fautes même;   160
Nous ne redoutons rien d'un sénat trop jaloux,
Et les sévères lois se taisent devant nous.
Ah! que né pour la cour, ainsi que pour les armes,
Des faveurs de Tarquin vous goûteriez les charmes!
Je vous l'ai déjà dit, il vous aimait, seigneur;   165
Il aurait avec vous partagé sa grandeur;
Du sénat à vos pieds la fierté prosternée
Aurait...

TITUS

J'ai vu sa cour, et je l'ai dédaignée.

154   90: roi les dons
156   MS1: ne <fait> ↑fuit
160   MS1: jusqu'à <vos plaisirs> ᵛ↑nos <fautes> ↑défauts
161   MS1: <Vous ne redouttez> ↑β
162   MS1: devant <vous> ᵛnous
165   MS1, 31, 31A, W38a, 91: Il me l'a dit cent fois, il

Je pourrais, il est vrai, mendier son appui,
Et son premier esclave être tyran sous lui.   170
Grâce au ciel! je n'ai point cette indigne faiblesse;
Je veux de la grandeur, et la veux sans bassesse.
Je sens que mon destin n'était point d'obéir:
Je combattrai vos rois, retournez les servir.

ARONS

Je ne puis qu'approuver cet excès de constance: 175
Mais songez, que lui-même éleva votre enfance.
Il s'en souvient toujours. Hier encor, seigneur,
En pleurant avec moi son fils et son malheur,
Titus, me disait-il, soutiendrait ma famille,
Et lui seul méritait mon empire et ma fille.   180

TITUS *en se détournant.*

Sa fille! Dieux! Tullie? O vœux infortunés!

ARONS *en regardant Titus.*

Je la ramène au roi, que vous abandonnez:
Elle va loin de vous, et loin de sa patrie,
Accepter pour époux le roi de Ligurie.
Vous cependant ici servez votre sénat,   185
Persécutez son père, opprimez son Etat.
J'espère que bientôt ces voûtes embrasées,

---

w38b, w42, absent
w46:   Je vous l'ai dit cent fois, il
169   MSI: <pourrois> ↑pouvois
173-174   MSI:
          <β> ↑Seigneur, aux souverains, c'est à vous d'obéir;
          A Moy de les combattre, et non de les servir.
175   MSI, with parallel reading: aprouver / admirer
180a   MSI: TITUS, *à part.*
181a   MSI, no stage direction

212

Ce Capitole en cendre, et ces tours écrasées,
Du sénat et du peuple éclairant les tombeaux,
A cet hymen heureux vont servir de flambeaux.   190

SCÈNE III

TITUS, MESSALA

TITUS

Ah! mon cher Messala, dans quel trouble il me laisse!
Tarquin me l'eût donnée! ô douleur qui me presse!
Moi, j'aurais pu!… mais non, ministre dangereux,
Tu venais épier le secret de mes feux.
Hélas! en me voyant se peut-il qu'on l'ignore!   195
Il a lu dans mes yeux l'ardeur qui me dévore.
Certain de ma faiblesse, il retourne à sa cour,
Insulter aux projets d'un téméraire amour.
J'aurais pu l'épouser! lui consacrer ma vie!
Le ciel à mes désirs eût destiné Tullie!   200

190a-284   31*, β, with variants
190a   31A, 36 cancel, w38a: SCÈNE VI
190a-191   MSI, 31:
                         SCÈNE VI
                         TITUS, *seul.*
       Il sort; en quel état, en quel trouble
191   36 cancel: Oh mon cher
192   MSI: <O Titus sa tendresse> ^{V↑}ah! douleur qui me presse!
      31:   donnée! ah douleur
194   31:   Tu venais découvrir le secret
198   MSI: <rire des vains> ↑Insulter aux

Malheureux que je suis!

MESSALA

Vous pourriez être heureux;
Arons pourrait servir vos légitimes feux.
Croyez-moi.

TITUS

Bannissons un espoir si frivole;
Rome entière m'appelle aux murs du Capitole.
Le peuple rassemblé sous ces arcs triomphaux,   205
Tout chargés de ma gloire, et pleins de mes travaux
M'attend pour commencer les serments redoutables,
De notre liberté garants inviolables.

MESSALA

Allez servir ces rois.

201-284   MS1, 31:
         Grands [MS1: Ah] dieux! s'il était vrai... Quels vains égarements
         De leur erreur flatteuse empoisonnent mes sens?
         Cependant que j'embrasse une image frivole,
         [l.204-208]
         Allons... mais j'y verrai ces sénateurs jaloux,
         Cette foule de rois, l'objet de mon courroux.
         Malheureux! ce sénat, dont l'orgueil t'humilie,
         Le haïrais-tu tant, si tu n'aimais Tullie?
         Tout révolte en ces lieux tes sens désespérés;
         Tout paraît injustice à tes yeux égarés.
         Va, c'est trop à la fois, éprouver de faiblesse.
         Etouffe ton dépit, commande à ta tendresse.
         Que tant de passions qui déchirent ton cœur,
         Soient au rang des tyrans, dont Titus est vainqueur.
               Fin du second acte [31 errata, 36 cancel: β, with variant]
208a-284   31A, 36 cancel, W38a:
         Allons...
             MESSALA
         Allez chercher ces sénateurs jaloux.
         Allez servir ces rois...

TITUS

Oui, je les veux servir;
Oui, tel est mon devoir, et je le veux remplir.   210

MESSALA

Vous gémissez pourtant?

TITUS

Ma victoire est cruelle.

MESSALA

Vous l'achetez trop cher.

TITUS

Elle en sera plus belle.
Ne m'abandonne point dans l'état où je suis.

MESSALA

Allons, suivons ses pas, aigrissons ses ennuis.
Enfonçons dans son cœur le trait qui le déchire.   215

TITUS
O tendresse, ô courroux!
Malheureux [l.6-13a of preceding variant]
213   31*, MS3, with stage direction: *Il sort.*
213a 31*: MESSALA *seul.*
      90:   SCÈNE IV / MESSALA *seul.* /
      91:   MESSALA, *à part.*

SCÈNE IV

BRUTUS, MESSALA

BRUTUS

Arrêtez, Messala, j'ai deux mots à vous dire.

MESSALA

A moi, seigneur?

BRUTUS

A vous. Un funeste poison
Se répand en secret sur toute ma maison.
Tiberinus mon fils, aigri contre son frère,
Laisse éclater déjà sa jalouse colère;   220
Et Titus, animé d'un autre emportement,
Suit contre le sénat son fier ressentiment.
L'ambassadeur toscan, témoin de leur faiblesse,
En profite avec joie, autant qu'avec adresse.
Il leur parle, et je crains les discours séduisants   225
D'un ministre vieilli dans l'art des courtisans.
Il devait dès demain retourner vers son maître;
Mais un jour quelquefois est beaucoup pour un traître.
Messala, je prétends ne rien craindre de lui:
Allez lui commander de partir aujourd'hui;   230
Je le veux.

MESSALA

C'est agir sans doute avec prudence,

215a   90: SCÈNE V
215c   31*, with stage direction: *arrivant avec vitesse et arrêtant Messala sitôt
qu'il a dit le dernier hémistiche.*

Et vous serez content de mon obéissance.

BRUTUS

Ce n'est pas tout, mon fils avec vous est lié;
Je sais sur son esprit ce que peut l'amitié;
Comme sans artifice il est sans défiance.   235
Sa jeunesse est livrée à votre expérience.
Plus il se fie à vous, plus je dois espérer,
Qu'habile à le conduire, et non à l'égarer,
Vous ne voudrez jamais, abusant de son âge,
Tirer de ses erreurs un indigne avantage,   240
Le rendre ambitieux, et corrompre son cœur.

MESSALA

C'est de quoi dans l'instant je lui parlais, seigneur.
Il sait vous imiter, servir Rome, et lui plaire;
Il aime aveuglément sa patrie et son père.

BRUTUS

Il le doit; mais surtout il doit aimer les lois;   245
Il doit en être esclave, en porter tout le poids.
Qui veut les violer n'aime point sa patrie.

MESSALA

Nous avons vu tous deux si son bras l'a servie.

BRUTUS

Il a fait son devoir.

MESSALA

       Et Rome eût fait le sien,
En rendant plus d'honneurs à ce cher citoyen.   250

BRUTUS

Non, non, le consulat n'est point fait pour son âge;
J'ai moi-même à mon fils refusé mon suffrage.
Croyez-moi, le succès de son ambition
Serait le premier pas vers la corruption;
Le prix de la vertu serait héréditaire; 255
Bientôt l'indigne fils du plus vertueux père,
Trop assuré d'un rang d'autant moins mérité,
L'attendrait dans le luxe et dans l'oisiveté.
Le dernier des Tarquins en est la preuve insigne.
Qui naquit dans la pourpre en est rarement digne. 260
Nous préservent les cieux d'un si funeste abus,
Berceau de la mollesse et tombeau des vertus!
Si vous aimez mon fils, (je me plais à le croire),
Représentez-lui mieux sa véritable gloire;
Etouffez dans son cœur un orgueil insensé: 265
C'est en servant l'Etat qu'il est récompensé.
De toutes les vertus mon fils doit un exemple;
C'est l'appui des Romains que dans lui je contemple:
Plus il a fait pour eux, plus j'exige aujourd'hui.
Connaissez à mes vœux l'amour que j'ai pour lui. 270
Tempérez cette ardeur de l'esprit d'un jeune homme:
Le flatter c'est le perdre, et c'est outrager Rome.

MESSALA

Je me bornais, seigneur, à le suivre aux combats;
J'imitais sa valeur, et ne l'instruisais pas.
J'ai peu d'autorité; mais s'il daigne me croire, 275
Rome verra bientôt comme il chérit la gloire.

BRUTUS

Allez donc, et jamais n'encensez ses erreurs;
Si je hais les tyrans, je hais plus les flatteurs.

SCÈNE V

MESSALA *seul.*

Il n'est point de tyran plus dur, plus haïssable,
Que la sévérité de ton cœur intraitable.   280
Va, je verrai peut-être à mes pieds abattu,
Cet orgueil insultant de ta fausse vertu.
Colosse qu'un vil peuple éleva sur nos têtes,
Je pourrai t'écraser, et les foudres sont prêtes.

Fin du second acte.

278a   90: SCÈNE VI

ACTE III

SCÈNE PREMIÈRE

ARONS, ALBIN, MESSALA

ARONS *une lettre à la main.*

Je commence à goûter une juste espérance;
Vous m'avez bien servi par tant de diligence;
Tout succède à mes vœux. Oui, cette lettre, Albin,
Contient le sort de Rome, et celui de Tarquin.
Avez-vous dans le camp réglé l'heure fatale?   5
A-t-on bien observé la porte Quirinale?
L'assaut sera-t-il prêt, si par nos conjurés
Les remparts cette nuit ne nous sont point livrés?
Tarquin est-il content? Crois-tu qu'on l'introduise,
Ou dans Rome sanglante, ou dans Rome soumise?   10

ALBIN

Tout sera prêt, seigneur, au milieu de la nuit.
Tarquin de vos projets goûte déjà le fruit;
Il pense de vos mains tenir son diadème;
Il vous doit, a-t-il dit, plus qu'à Porsenna même.

---

d   MS1: ^{V↑}*à Albin*
1   MS1: ^{V↑}Je commence à gouter une <rayon d'> [↑]juste⁺ espérance
3   MS1: <succède à> [↑]flatte enfin
9   MS1: content? <croit-on> [↑]β
    31: content? croit-on qu'on [31 errata, 36 cancel: β]
14 MS1: qu'à <personne> ^{V↑}Porsenna

ARONS

Ou les dieux, ennemis d'un prince malheureux,   15
Confondront des desseins si grands, si dignes d'eux;
Ou demain sous ses lois Rome sera rangée:
Rome en cendre peut-être, et dans son sang plongée.
Mais il vaut mieux qu'un roi, sur le trône remis,
Commande à des sujets malheureux et soumis,   20
Que d'avoir à dompter, au sein de l'abondance,
D'un peuple trop heureux l'indocile arrogance.

    A Albin.

Allez, j'attends ici la princesse en secret.

    A Messala.

Messala, demeurez.

SCÈNE II

ARONS, MESSALA

ARONS

      Eh bien! qu'avez-vous fait?
Avez-vous de Titus fléchi le fier courage?   25
Dans le parti des rois pensez-vous qu'il s'engage?

MESSALA

Je vous l'avais prédit: l'inflexible Titus
Aime trop sa patrie, et tient trop de Brutus.

15-22 MSI, struck out
18 91: en cendres peut-être
27 MSI, 31-W75G: J'avais trop présumé [W75G*: β]

Il se plaint du sénat, il brûle pour Tullie.
L'orgueil, l'ambition, l'amour, la jalousie,   30
Le feu de son jeune âge et de ses passions,
Semblaient ouvrir son âme à mes séductions;
Cependant, qui l'eût cru? la liberté l'emporte.
Son amour est au comble, et Rome est la plus forte.
J'ai tenté par degrés d'effacer cette horreur,   35
Que pour le nom de roi Rome imprime en son cœur.
En vain j'ai combattu ce préjugé sévère;
Le seul nom des Tarquins irritait sa colère;
De son entretien même il m'a soudain privé;
Et je hasardais trop, si j'avais achevé.   40

ARONS

Ainsi de le fléchir Messala désespère.

MESSALA

J'ai trouvé moins d'obstacle à vous donner son frère:
Et j'ai du moins séduit un des fils de Brutus.

ARONS

Quoi! vous auriez déjà gagné Tiberinus?
Par quels ressorts secrets, par quelle heureuse intrigue?   45

MESSALA

Son ambition seule a fait toute ma brigue.
Avec un œil jaloux il voit depuis longtemps
De son frère et de lui les honneurs différents.
Ces drapeaux suspendus à ces voûtes fatales,
Ces festons de lauriers, ces pompes triomphales,   50

35   31: par degré d'effacer [31 errata: β]
36   MSI: le nom <de Rome j'imprime> ↑β
40   MSI: hasardais <trop> ↑tout

Tous les cœurs des Romains, et celui de Brutus,
Dans ces solennités volant devant Titus,
Sont pour lui des affronts, qui dans son âme aigrie
Echauffent le poison de sa secrète envie.
Cependant que Titus, sans haine et sans courroux,　　　　55
Trop au-dessus de lui pour en être jaloux,
Lui tend encor la main de son char de victoire,
Et semble en l'embrassant l'accabler de sa gloire;
J'ai saisi ces moments, j'ai su peindre à ses yeux,
Dans une cour brillante, un rang plus glorieux.　　　　60
J'ai pressé, j'ai promis, au nom de Tarquin même,
Tous les honneurs de Rome, après le rang suprême;
Je l'ai vu s'éblouir, je l'ai vu s'ébranler;
Il est à vous, seigneur, et cherche à vous parler.

ARONS

Pourra-t-il nous livrer la porte Quirinale?　　　　65

MESSALA

Titus seul y commande, et sa vertu fatale
N'a que trop arrêté le cours de vos destins;
C'est un dieu qui préside au salut des Romains.
Gardez de hasarder cette attaque soudaine,
Sûre avec son appui, sans lui trop incertaine.　　　　70

ARONS

Mais si du consulat il a brigué l'honneur,
Pourrait-il dédaigner la suprême grandeur,
Du trône avec Tullie un assuré partage?

55　к:　Et cependant Titus
60　36 errata:　Dans la cour des Tarquins un rang
72　31:　dédaigner sa suprême [31 errata, 36 errata: β]
73　к:　Et Tullie, et le trône, offerts à son courage?

MESSALA

Le trône est un affront à sa vertu sauvage.

ARONS

Mais il aime Tullie.

MESSALA

Il l'adore, seigneur.   75
Il l'aime d'autant plus qu'il combat son ardeur.
Il brûle pour la fille en détestant le père;
Il craint de lui parler, il gémit de se taire;
Il la cherche, il la fuit, il dévore ses pleurs;
Et de l'amour encore il n'a que les fureurs.   80
Dans l'agitation d'un si cruel orage,
Un moment quelquefois renverse un grand courage.
Je sais quel est Titus: ardent, impétueux,
S'il se rend, il ira plus loin que je ne veux.
La fière ambition qu'il renferme dans l'âme,   85
Au flambeau de l'amour peut rallumer sa flamme.
Avec plaisir sans doute il verrait à ses pieds
Des sénateurs tremblants les fronts humiliés;
Mais je vous tromperais, si j'osais vous promettre,
Qu'à cet amour fatal il veuille se soumettre.   90
Je peux parler encore, et je vais aujourd'hui…

ARONS

Puisqu'il est amoureux, je compte encor sur lui.
Un regard de Tullie, un seul mot de sa bouche,
Peut plus pour amollir cette vertu farouche,

74   MS1:   <Vous connoissez Titus et> ↑β sa vertu
91   MS1, MS4:   Je puis parler
92   MS1:   amoureux <comptons encore> ↑β

Que les subtils détours et tout l'art séducteur   95
D'un chef de conjurés, et d'un ambassadeur.
N'espérons des humains rien que par leur faiblesse.
L'ambition de l'un, de l'autre la tendresse,
Voilà des conjurés qui serviront mon roi;
C'est d'eux que j'attends tout; ils sont plus forts que moi.   100

Tullie entre. Messala se retire.

SCÈNE III

TULLIE, ARONS, ALGINE

ARONS

Madame, en ce moment je reçois cette lettre,
Qu'en vos augustes mains mon ordre est de remettre,
Et que jusqu'en la mienne a fait passer Tarquin.

TULLIE

Dieux! protégez mon père, et changez son destin.
Elle lit.
'Le trône des Romains peut sortir de sa cendre: 105

99   MSI, 31-W51, 91:   Voilà les conjurés
100a   MSI, no stage direction
105-112   MSI:

        <Je ne veux point troubler Les jours de vostre vie
        C'est assés de mes maux sans qu'ils tombent sur vous
        Vous pouvés refuser le Roy de Ligurie
        <Si vous aimés Titus, il sera vostre Epoux> $^\uparrow$<Si Titus vous est
        cher> ^{V}Titus, Si vous vouliez deviendroit votre époux
        Je l'adopte pour fils, je l'accepte pour gendre
        Mais pour vous meriter, qu'il <vous> $^\uparrow$me$^+$ serve aujourdhuy
        C'est à luy desormais de songer à deffendre
        Un Sceptre que je veux partager avec Luy>

Le vainqueur de son roi peut en être l'appui.
Titus est un héros; c'est à lui de défendre
Un sceptre que je veux partager avec lui.
Vous, songez que Tarquin vous a donné la vie;
Songez que mon destin va dépendre de vous.   110
Vous pourriez refuser le roi de Ligurie;
Si Titus vous est cher, il sera votre époux.'
    Ai-je bien lu?... Titus?... seigneur... est-il possible?
Tarquin dans ses malheurs jusqu'alors inflexible,
Pourrait?... mais d'où sait-il?... et comment?... Ah!
                                                seigneur!   115
Ne veut-on qu'arracher les secrets de mon cœur?
Epargnez les chagrins d'une triste princesse;
Ne tendez point de piège à ma faible jeunesse.

ARONS

Non, madame, à Tarquin je ne sais qu'obéir,
Ecouter mon devoir, me taire, et vous servir.   120
Il ne m'appartient point de chercher à comprendre
Des secrets qu'en mon sein vous craignez de répandre.
Je ne veux point lever un œil présomptueux
Vers le voile sacré que vous jetez sur eux.
Mon devoir seulement m'ordonne de vous dire,   125
Que le ciel veut par vous relever cet empire;
Que ce trône est un prix qu'il met à vos vertus.

TULLIE

Je servirais mon père, et serais à Titus!
Seigneur, il se pourrait...

114   MS1:   dans <ces> ↑ses
121   MS1:   m'appartient <point> pas
      MS4:   m'appartient pas de

ARONS

     N'en doutez point, princesse.
Pour le sang de ses rois ce héros s'intéresse.   130
De ces républicains la triste austérité,
De son cœur généreux révolte la fierté;
Les refus du sénat ont aigri son courage;
Il penche vers son prince; achevez cet ouvrage.
Je n'ai point dans son cœur prétendu pénétrer;   135
Mais puisqu'il vous connaît, il vous doit adorer.
Quel œil, sans s'éblouir, peut voir un diadème,
Présenté par vos mains, embelli par vous-même?
Parlez-lui seulement, vous pourrez tout sur lui.
De l'ennemi des rois triomphez aujourd'hui.   140
Arrachez au sénat, rendez à votre père,
Ce grand appui de Rome, et son dieu tutélaire;
Et méritez l'honneur d'avoir entre vos mains,
Et la cause d'un père, et le sort des Romains.

SCÈNE IV

TULLIE, ALGINE

TULLIE

Ciel! que je dois d'encens à ta bonté propice!   145
Mes pleurs t'ont désarmé: tout change; et ta justice
Aux feux dont j'ai rougi rendant leur pureté,
En les récompensant, les met en liberté.

134 MS1: Il peut servir son prince
146 MS1: désarmé, t'ont changé, et
147 MS1, 31: rendant la pureté [31 errata, 36 errata: β]

A Algine.

Va le chercher, va, cours. Dieux! il m'évite encore:
Faut-il qu'il soit heureux, hélas! et qu'il l'ignore?   150
Mais… n'écouté-je point un espoir trop flatteur?
Titus pour le sénat a-t-il donc tant d'horreur?
Que dis-je? hélas! devrais-je au dépit qui le presse
Ce que j'aurais voulu devoir à sa tendresse?

ALGINE

Je sais que le sénat alluma son courroux,   155
Qu'il est ambitieux, et qu'il brûle pour vous.

TULLIE

Il fera tout pour moi; n'en doute point, il m'aime.
Va, dis-je…

Algine sort.

            Cependant ce changement extrême…
Ce billet!… De quels soins mon cœur est combattu!
Eclatez, mon amour, ainsi que ma vertu;   160
La gloire, la raison, le devoir, tout l'ordonne.

151-156   MSI:
                        <ALGINE
            Vous concevez peut estre un Espoir dangereux
            Craignez
                        TULLIE
                Il me suffit, on approuve ses ↑<nos> feux> Vβ, with variants
   152   MSI: pour ce sénat
   153   MSI: helas! devroi-je
   157-158   MSI, stage direction, l.158a, placed between these lines
   158a   90:   *Algine sort.* / SCÈNE V / TULLIE *seule.* [with subsequent renumbering of scenes]
   160   MSI, with parallel reading: mon amour / ma tendresse
   161-164   MSI, absent, β added, with variant
            36 cancel:
                Le ciel protège, ordonne, épure mes faiblesses
                L'intérêt de mon sang ranime mes tendresses,

Quoi! mon père à mes feux va devoir sa couronne!
De Titus et de lui je serais le lien!
Le bonheur de l'Etat va donc naître du mien!
Toi que je peux aimer, quand pourrai-je t'apprendre   165
Ce changement du sort où nous n'osions prétendre?
Quand pourrai-je, Titus, dans mes justes transports,
T'entendre sans regrets, te parler sans remords?
Tous mes maux sont finis; Rome, je te pardonne;
Rome, tu vas servir, si Titus t'abandonne;   170
Sénat, tu vas tomber, si Titus est à moi;
Ton héros m'aime; tremble, et reconnais ton roi.

SCÈNE V

TITUS, TULLIE

TITUS

Madame, est-il bien vrai? Daignez-vous voir encore
Cet odieux Romain que votre cœur abhorre,
Si justement haï, si coupable envers vous?   175

D'un père et d'un amant je suis l'heureux lien,
Le bonheur de l'Etat ne naîtra que du mien.
162 MSI: mes soins devroit une couronne?
165 MSI: que je pus ↑peux⁺ aimer quand pourrais-je
167 MSI: pourai-je avec toy
     MSI, with parallel reading: libre dans mes / dans mes justes
168 MSI: <sans rougir> ↑sans regrets⁺, te parler ↑<t'adorer>
     36 cancel: T'entendre, te parler, te chérir sans remords?
170 MSI: <β> ᵛ↑<mon pere va regner> ↓β
173 MSI: vray? <que vous daignés encore> ᵛ↑β
174 MSI: <recevoir cet Ennemy> ᵛ↑β que
175 MSI: <cet odieux Romain> ᵛ↑β si

Cet ennemi?

TULLIE

Seigneur, tout est changé pour nous.
Le destin me permet… Titus… il faut me dire,
Si j'avais sur votre âme un véritable empire.

TITUS

Eh! pouvez-vous douter de ce fatal pouvoir,
De mes feux, de mon crime, et de mon désespoir?   180
Vous ne l'avez que trop cet empire funeste:
L'amour vous a soumis mes jours que je déteste.
Commandez, épuisez votre juste courroux;
Mon sort est en vos mains.

TULLIE

Le mien dépend de vous.

TITUS

De moi! Titus tremblant ne vous en croit qu'à peine.   185
Moi! je ne serais plus l'objet de votre haine!
Ah! princesse, achevez; quel espoir enchanteur

176   , MSI: <Luy dont les feux> $^{V\uparrow}\beta$
177-178   36 cancel: Titus, tout […] permet… Seigneur, il faut
180   MSI: de <mes crimes> $^{\uparrow}\beta$
182   36 cancel: soumis des jours
185   MSI:
            <de moy! d'un malheureux, l'objet de tant de haine>
            $^{\uparrow}$Quoy? <Moy> je ne serois plus l'objet de votre haine
      31-W75G: De moi! mon cœur tremblant [W75G*: β]
185-187   36 errata:
            De moi, que dites-vous? quel favorable augure
            Me fait voir dans vos yeux un Dieu qui me rassure.
            De moi, digne princesse, ah! quel mot enchanteur
187   MSI: ah! <que puis je pour vous> $^{\uparrow}\beta$ quel

M'élève en un moment au faîte du bonheur?

TULLIE *en donnant la lettre.*

Lisez, rendez heureux, vous, Tullie, et mon père.

Tandis qu'il lit.

Je puis donc me flatter… mais quel regard sévère!   190
D'où vient ce morne accueil, et ce front consterné?
Dieux…

TITUS

Je suis des mortels le plus infortuné.
Le sort, dont la rigueur à m'accabler s'attache,
M'a montré mon bonheur, et soudain me l'arrache;
Et pour combler les maux que mon cœur a soufferts,   195
Je puis vous posséder, je vous aime, et vous perds.

TULLIE

Vous, Titus?

TITUS

Ce moment a condamné ma vie
Au comble des horreurs ou de l'ignominie,
A trahir Rome, ou vous; et je n'ai désormais
Que le choix des malheurs, ou celui des forfaits.   200

---

188   MS1:   au <faite> [↑]<comble> [↑]comble [↓]faite
188a MS1, no stage direction
189a MS1:   *Elle luy donne la lettre.*
190   MS1, with parallel reading: ah / mais [with stage direction: *tandis qu'il lit*]
191   MS1, with stage direction after 191:   *il lüy rend la lettre.*
196   MS1:   <vous adore> [↑]je vous aime
      31, 31A, 91:   posséder, vous adore, et
200   31:   Que les choix

TULLIE

Que dis-tu? quand ma main te donne un diadème,
Quand tu peux m'obtenir, quand tu vois que je t'aime;
Je ne m'en cache plus: un trop juste pouvoir,
Autorisant mes vœux, m'en a fait un devoir.
Hélas! j'ai cru ce jour le plus beau de ma vie;   205
Et le premier moment où mon âme ravie
Peut de ses sentiments s'expliquer sans rougir,
Ingrat, est le moment qu'il m'en faut repentir.
Que m'oses-tu parler de malheur et de crime?
Ah! servir des ingrats contre un roi légitime,   210
M'opprimer, me chérir, détester mes bienfaits;
Ce sont là mes malheurs, et voilà tes forfaits.
Ouvre les yeux, Titus, et mets dans la balance
Les refus du sénat, et la toute-puissance.
Choisis de recevoir, ou de donner la loi,   215
D'un vil peuple ou d'un trône, et de Rome ou de moi.
Inspirez-lui, grands dieux! le parti qu'il doit prendre.

TITUS *en lui rendant la lettre.*

Mon choix est fait.

TULLIE

              Eh bien? crains-tu de me l'apprendre?
Parle, ose mériter ta grâce ou mon courroux.
Quel sera ton destin?…

207   MSI: <à ses feux innocents Se livroit> ↑β sans
208   MSI: <cruel> Ingrat
209-212   MSI, absent
212   31-W51, 91:   là tes malheurs
      w52:   les malheurs […] des forfaits
213   MSI: <β> ↑<Titus, ouvre les yeux> ↓β
217a   MSI, no stage direction

TITUS

D'être digne de vous,   220
Digne encor de moi-même, à Rome encor fidèle,
Brûlant d'amour pour vous, de combattre pour elle;
D'adorer vos vertus, mais de les imiter;
De vous perdre, madame, et de vous mériter.

TULLIE

Ainsi donc pour jamais…

TITUS

Ah! pardonnez, princesse: 225
Oubliez ma fureur, épargnez ma faiblesse;
Ayez pitié d'un cœur de soi-même ennemi,
Moins malheureux cent fois quand vous l'avez haï.
Pardonnez, je ne puis vous quitter, ni vous suivre.
Ni pour vous, ni sans vous, Titus ne saurait vivre;   230
Et je mourrai plutôt qu'un autre ait votre foi.

TULLIE

Je te pardonne tout, elle est encore à toi.

TITUS

Eh bien! si vous m'aimez, ayez l'âme romaine,

221 MSI: \<de conserver à Rome une amour immortelle\> $^{V\uparrow}\beta$
222 MSI: \<En Soupirant\> $^{V\uparrow}\beta$ pour
223 MSI: vertus \<et\> $^{\uparrow}$\<mais\> $^{V\downarrow}$et
225 MSI: \<Non\> $^{\uparrow}$Ah!
        31: Non, pardonnez
226 MSI, 31, 91: Pardonnez ma fureur
229 MSI, 31, 91: Je ne puis désormais vous quitter
230 MSI: sans vous \<β\> $^{\uparrow}$Je ne sçaurois plus

Aimez ma république, et soyez plus que reine;
Apportez-moi pour dot, au lieu du rang des rois, 235
L'amour de mon pays, et l'amour de mes lois.
Acceptez aujourd'hui Rome pour votre mère,
Son vengeur pour époux, Brutus pour votre père:
Que les Romains vaincus en générosité,
A la fille des rois doivent leur liberté. 240

TULLIE

Qui? moi, j'irais trahir?...

TITUS

Mon désespoir m'égare;
Non, toute trahison est indigne et barbare.
Je sais ce qu'est un père et ses droits absolus.
Je sais... que je vous aime... et ne me connais plus.

234   MSI: Aimez <β> ↑un homme libre+ et
91:   Aimez la république
235   MSI, with parallel reading: d'un / du
239-240   MSI: <et que Rome vaincue> ↑β en [...] <doive la> ↑β
240a-252   MSI:
    <Daignez>
                    TULLIE
    Je trahirois <la voix du sang qui crie> ↑le roy qui m'a donné la vie?
                    TITUS
    Ah doi-je écouter moins mon sang et ma patrie?
                    TULLIE
    L'amour doit donc se taire; et <c'est trop> ↑sans plus+ m'avilir,
    <C'est trop pour un> ↑je vais pour un+ ingrat,
241-252   31:
    Je trahirais le roi qui m'a donné la vie?
                    TITUS
    Eh, dois-je écouter moins mon sang et ma patrie?
                    TULLIE
    L'amour doit donc se taire, et sans plus m'avilir,
    Pour un ingrat... [31*: β]

TULLIE

Ecoute au moins ce sang qui m'a donné la vie.   245

TITUS

Eh! dois-je écouter moins mon sang et ma patrie?

TULLIE

Ta patrie! ah barbare! en est-il donc sans moi?

TITUS

Nous sommes ennemis… La nature, la loi,
Nous impose à tous deux un devoir si farouche.

TULLIE

Nous ennemis! ce nom peut sortir de ta bouche!   250

TITUS

Tout mon cœur la dément.

TULLIE

                        Ose donc me servir;
Tu m'aimes, venge-moi.

SCÈNE VI

BRUTUS, ARONS, TITUS, TULLIE, MESSALA, ALBIN,
PROCULUS, LICTEURS

BRUTUS à Tullie.

Madame, il faut partir.

252b-c MSI: MESSALA ᵛPROCULUS, SUITTE, LICTEURS
252 MSI: <il faut> ↑il est temps de
    31, 31A: Madame, ᵛil est temps de partir; [31*: β]

Dans les premiers éclats des tempêtes publiques,
Rome n'a pu vous rendre à vos dieux domestiques;
Tarquin même en ce temps, prompt à vous oublier,   255
Et du soin de nous perdre occupé tout entier,
Dans nos calamités confondant sa famille,
N'a pas même aux Romains redemandé sa fille.
Souffrez que je rappelle un triste souvenir:
Je vous privai d'un père, et dus vous en servir.   260
Allez, et que du trône où le ciel vous appelle,
L'inflexible équité soit la garde éternelle.
Pour qu'on vous obéisse, obéissez aux lois;
Tremblez en contemplant tout le devoir des rois;
Et si de vos flatteurs la funeste malice   265
Jamais dans votre cœur ébranlait la justice,
Prête alors d'abuser du pouvoir souverain,
Souvenez-vous de Rome, et songez à Tarquin;
Et que ce grand exemple, où mon espoir se fonde,
Soit la leçon des rois, et le bonheur du monde.   270

    A Arons.

Le sénat vous la rend, seigneur, et c'est à vous
De la remettre aux mains d'un père et d'un époux.
Proculus va vous suivre à la porte sacrée.

TITUS *éloigné.*

O de ma passion fureur désespérée!

264 MSI: <β> ↑<Souvenez vous de Rome et du pouvoir des rois> ↑<sort de
ses rois> ↓β
265-268 MSI: <β> ↓β
269-270 MSI, added by Voltaire, with variants: <revers> exemple [...] leçon
<exemple>
273a MSI, no stage direction
    90: *Brutus, Proculus et les licteurs sortent.*

Il va vers Arons.

Je ne souffrirai point, non… permettez, seigneur…   275

Brutus et Tullie sortent avec leur suite.

Arons et Messala restent.

Dieux! ne mourrai-je point de honte et de douleur?

A Arons.

Pourrai-je vous parler?

ARONS

                    Seigneur, le temps me presse;
Il me faut suivre ici Brutus et la princesse;
Je puis d'une heure encor retarder son départ:
Craignez, seigneur, craignez de me parler trop tard.   280
Dans son appartement nous pouvons l'un et l'autre
Parler de ses destins, et peut-être du vôtre.

                    Il sort.

274a   MSI: *à Aruns.*
275a-b   MSI: *sortent. Aruns*
            90:    *Tullie sort avec Algine, Arons va pour la suivre.*
276   MSI: ne mourrais-je
277   MSI: \<ne puis-je\> ᵛ↑Pourrais-je vous
            31-w52:   …Pourrais-je vous
280   MSI: \<Songez qu'après demain vous parleriés trop tard\> ᵛ↑\<Seigneur
craignez encore\> \<daignés m'attendre icy\> ᵛ↑β
281   MSI, 31:   nous pourrons l'un
282a   MSI, no stage direction

SCÈNE VII

TITUS, MESSALA

TITUS

Sort, qui nous as rejoints, et qui nous désunis!
Sort, ne nous as-tu faits que pour être ennemis?
Ah! cache, si tu peux, ta fureur et tes larmes.   285

MESSALA

Je plains tant de vertus, tant d'amour et de charmes;
Un cœur tel que le sien méritait d'être à vous.

TITUS

Non, c'en est fait, Titus n'en sera point l'époux.

MESSALA

Pourquoi? Quel vain scrupule à vos désirs s'oppose?

TITUS

Abominables lois, que la cruelle impose!   290
Tyrans, que j'ai vaincus, je pourrais vous servir!
Peuples, que j'ai sauvés, je pourrais vous trahir!
L'amour, dont j'ai six mois vaincu la violence,

283   MS1, 31: nous a rejoints
285   MS3: Cachons, si je puis, ma fureur et mes larmes
289   MS1: <Pourquoy, quel vain> ↑<quel farouche> quel farouche ↓β
291   MS1: <il faudrait> ᵛ↑je pourois⁺ vous
293-298   MS1:
              <Titus exposeroit à des mains sanguinaires
              Le plus grand des Romains, et le meilleurs des peres.>
              ᵛ↑β, with variants
293   MS1: mois bravé la

L'amour aurait sur moi cette affreuse puissance!
J'exposerais mon père à ses tyrans cruels!   295
Et quel père? Un héros, l'exemple des mortels,
L'appui de son pays, qui m'instruisit à l'être,
Que j'imitai, qu'un jour j'eusse égalé peut-être.
Après tant de vertus quel horrible destin!

MESSALA

Vous eûtes les vertus d'un citoyen romain: 300
Il ne tiendra qu'à vous d'avoir celles d'un maître.
Seigneur, vous serez roi dès que vous voudrez l'être.
Le ciel met dans vos mains, en ce moment heureux,
La vengeance, l'empire, et l'objet de vos feux.
Que dis-je? ce consul, ce héros, que l'on nomme   305

294-299   36 cancel:
                    cette indigne puissance!
          Une femme à ce point confondrait mon orgueil;
          Le destin des Romains dépendrait d'un coup d'œil.
                MESSALA
          De quoi rougissez-vous?
                TITUS
                    Non, il n'est pas possible;
          Plutôt subir cent fois la mort la plus terrible,
          Qui moi! livrer un père à ses tyrans cruels?
295   MSI: <j'exposerois> ↑je livrerois+ mon
       W68, W75G: J'exposerai
298   MSI: que j'imitai <toujours que j'egalay peut etre> ↓β
302   MSI: <et> ↑Seigneur,+ vous Serés <mon> Roy
303-310 MSI:
          <tous les cœurs sont à vous, vous pouvés des demain
          renverser ce Senat, regner avec Tarquin
          et du haut de ce trone avec un œil propice
          tendre à Rome, à Brutus, une main protectrice>
          V↑β, with variants
303   MSI: met en vos mains dans ce
305   MSI: +Croyez moy, Vce Brutus <après tous>, ce heros <qui se nomme>
que l'on nomme

Le père, le soutien, le fondateur de Rome,
Qui s'enivre à vos yeux de l'encens des humains,
Sur les débris d'un trône écrasé par vos mains,
S'il eût mal soutenu cette grande querelle,
S'il n'eût vaincu par vous, il n'était qu'un rebelle.   310
    Seigneur, embellissez ce grand nom de vainqueur,
Du nom plus glorieux de pacificateur;
Daignez nous ramener ces jours, où nos ancêtres,
Heureux, mais gouvernés, libres, mais sous des maîtres,
Pesaient dans la balance, avec un même poids,   315
Les intérêts du peuple et la grandeur des rois.
Rome n'a point pour eux une haine immortelle;
Rome va les aimer, si vous régnez sur elle.
Ce pouvoir souverain, que j'ai vu tour à tour
Attirer de ce peuple et la haine et l'amour,   320
Qu'on craint en des Etats, et qu'ailleurs on désire,
Est des gouvernements le meilleur ou le pire,
Affreux sous un tyran, divin sous un bon roi.

TITUS

Messala, songez-vous que vous parlez à moi?
Que désormais en vous je ne vois plus qu'un traître   325
Et qu'en vous épargnant je commence de l'être?

MESSALA

Eh bien, apprenez donc, que l'on vous va ravir
L'inestimable honneur dont vous n'osez jouir,

---

307   MS1, 31, 31A: à nos yeux
311   MS1: <vous pouvez embellir> $^\uparrow\beta$ ce
313   MS1: <vous pouvez> $^{V\uparrow}\beta$ ramener
316   MS1: <la liberté> $^{V\uparrow}\beta$ du
321   MS1: <dans> $^{V\uparrow}$en des <pays> $^{V\uparrow}$etats
326   MS3: qu'en vous écoutant je
327   MS1, 31: l'on va vous ravir
328   MS1: <Ces honneurs dangereux> $^\uparrow\beta$ dont

Qu'un autre accomplira ce que vous pouviez faire.

TITUS

Un autre! arrête; dieux! parle… qui?

MESSALA

Votre frère.   330

TITUS

Mon frère?

MESSALA

A Tarquin même il a donné sa foi.

TITUS

Mon frère trahit Rome?

MESSALA

Il sert Rome et son roi.
Et Tarquin, malgré vous, n'acceptera pour gendre
Que celui des Romains qui l'aura pu défendre.

TITUS

Ciel! perfide!… écoutez: mon cœur longtemps séduit   335
A méconnu l'abîme où vous m'avez conduit.
Vous pensez me réduire au malheur nécessaire
D'être ou le délateur, ou complice d'un frère:
Mais plutôt votre sang…

338   MSI: d'estre $^{v\uparrow}$ou$^+$ le
339   MSI: $^\uparrow$plûtost$^+$ votre <indigne> Sang…

241

MESSALA

        Vous pouvez m'en punir;
Frappez, je le mérite en voulant vous servir.   340
Du sang de votre ami que cette main fumante
Y joigne encor le sang d'un frère et d'une amante;
Et leur tête à la main, demandez au sénat
Pour prix de vos vertus l'honneur du consulat;
Ou moi-même à l'instant déclarant les complices,   345
Je m'en vais commencer ces affreux sacrifices.

TITUS

Demeure, malheureux, ou crains mon désespoir.

SCÈNE VIII

TITUS, MESSALA, ALBIN

ALBIN

L'ambassadeur toscan peut maintenant vous voir,
Il est chez la princesse.

TITUS

        …Oui, je vais chez Tullie…
J'y cours. O dieux de Rome! ô dieux de ma patrie!   350
Frappez, percez ce cœur de sa honte alarmé,
Qui serait vertueux, s'il n'avait point aimé.

---

341 MSI: que votre main
342 MSI: <celuy> ↑le sang⁺ d'un
350 90: J'y cours. / SCÈNE X / TITU, MESSALA
351 MSI: cœur de luy seul allarmé

C'est donc à vous, sénat, que tant d'amour s'immole?
A vous, ingrats!... allons...

A Messala.

Tu vois ce Capitole

Tout plein des monuments de ma fidélité.   355

MESSALA

Songez qu'il est rempli d'un sénat détesté.

TITUS

Je le sais. Mais... du ciel qui tonne sur ma tête
J'entends la voix qui crie: Arrête, ingrat, arrête,
Tu trahis ton pays... Non, Rome! non, Brutus!
Dieux qui me secourez, je suis encor Titus.   360
La gloire a de mes jours accompagné la course;
Je n'ai point de mon sang déshonoré la source;
Votre victime est pure, et s'il faut qu'aujourd'hui
Titus soit aux forfaits entraîné malgré lui,
S'il faut que je succombe au destin qui m'opprime,   365
Dieux! sauvez les Romains, frappez avant le crime!

Fin du troisième acte.

353-360 MSI, absent
366 MSI: avant mon crime.

ACTE IV

SCÈNE PREMIÈRE

TITUS, ARONS, MESSALA [1]

TITUS

Oui, j'y suis résolu, partez, c'est trop attendre;
Honteux, désespéré, je ne veux rien entendre;
Laissez-moi ma vertu, laissez-moi mes malheurs.
Fort contre vos raisons, faible contre ses pleurs,
Je ne la verrai plus. Ma fermeté trahie   5
Craint moins tous vos tyrans, qu'un regard de Tullie.
Je ne la verrai plus! oui, qu'elle parte… Ah dieux!

ARONS

Pour vos intérêts seuls arrêté dans ces lieux,
J'ai bientôt passé l'heure avec peine accordée,
Que vous-même, seigneur, vous m'aviez demandée.   10

TITUS

Moi, que j'ai demandée?

1-55   MS1, 31, see appendix II (36 cancel: β, with variants)
6   36 cancel: tous ces tyrans
7   91:   Adieu.
8   91:   dans ce lieu,
11   K: Moi, je l'ai demandée!

---

[1] Lines 1-55, introduced in 31A, replace the earlier version showing Tullie the distressed lover (see below, appendix II). The effect is to reduce the role of Tullie and to keep up the dramatic interest in Titus's dilemma.

244

ARONS

Hélas! que pour vous deux
J'attendais en secret un destin plus heureux!
J'espérais couronner des ardeurs si parfaites;
Il n'y faut plus penser.

TITUS

Ah! cruel que vous êtes!
Vous avez vu ma honte, et mon abaissement,   15
Vous avez vu Titus balancer un moment.
Allez , adroit témoin de mes lâches tendresses,
Allez à vos deux rois annoncer mes faiblesses.
Contez à ces tyrans terrassés par mes coups,
Que le fils de Brutus a pleuré devant vous.   20
Mais ajoutez au moins, que parmi tant de larmes,
Malgré vous et Tullie, et ses pleurs et ses charmes,
Vainqueur encor de moi, libre, et toujours Romain,
Je ne suis point soumis par le sang de Tarquin;
Que rien ne me surmonte, et que je jure encore   25
Une guerre éternelle à ce sang que j'adore.

ARONS

J'excuse la douleur où vos sens sont plongés;
Je respecte en partant vos tristes préjugés.
Loin de vous accabler, avec vous je soupire.
Elle en mourra, c'est tout ce que je peux vous dire.   30
Adieu, seigneur.

12   31A, 36 cancel-w42:   J'attendais un destin plus digne et plus heureux!
14   91:   Ah! cruels que
28   MS4:   Et respecte
29   MS4:   j'en soupire
30   MS4:   je puis vous

MESSALA

O ciel!

SCÈNE II

TITUS, MESSALA

TITUS

   Non, je ne puis souffrir
Que des remparts de Rome on la laisse sortir.
Je veux la retenir au péril de ma vie.

MESSALA

Vous voulez...

TITUS

   Je suis loin de trahir ma patrie.
Rome l'emportera, je le sais; mais enfin   35
Je ne puis séparer Tullie et mon destin.
Je respire, je vis, je périrai pour elle.
Prends pitié de mes maux, courons, et que ton zèle
Soulève nos amis, rassemble nos soldats.
En dépit du sénat je retiendrai ses pas.   40
Je prétends que dans Rome elle reste en ôtage.
Je le veux.

MESSALA

  Dans quels soins votre amour vous engage!

37 MS3: Pour elle je respire, et je mourrai pour elle.
42 91: Dans quels forfaits votre

Et que prétendez-vous, par ce coup dangereux,
Que d'avouer sans fruit un amour malheureux?

TITUS

Eh bien, c'est au sénat qu'il faut que je m'adresse.　　45
Va de ces rois de Rome adoucir la rudesse;
Dis-leur que l'intérêt de l'Etat, de Brutus...
Hélas, que je m'emporte en desseins superflus!

MESSALA

Dans la juste douleur où votre âme est en proie,
Il faut pour vous servir...

TITUS

　　　　　　Il faut que je la voie;　　50
Il faut que je lui parle. Elle passe en ces lieux;
Elle entendra du moins mes éternels adieux.

MESSALA

Parlez-lui, croyez-moi.

TITUS

　　　　　　Je suis perdu, c'est elle.

SCÈNE III

TITUS, MESSALA, TULLIE, ALGINE

ALGINE

On vous attend, madame.

TULLIE

Ah sentence cruelle!
L'ingrat me touche encore, et Brutus à mes yeux   55
Paraît un dieu terrible armé contre nous deux.
J'aime, je crains, je pleure, et tout mon cœur s'égare.
Allons.

TITUS

Non, demeurez.

TULLIE

Que me veux-tu, barbare?
Me tromper, me braver?

TITUS

Ah dans ce jour affreux,
Je sais ce que je dois, et non ce que je veux;   60
Je n'ai plus de raison, vous me l'avez ravie.
Eh bien, guidez mes pas, gouvernez ma furie;
Régnez donc en tyran sur mes sens éperdus;
Dictez, si vous l'osez, les crimes de Titus.
Non, plutôt que je livre aux flammes, au carnage,   65

58-59   MS1, 31:
    Allons...
SCÈNE II
TULLIE, ALGINE, TITUS
TITUS
    Non, demeurez; daignez encor...
TULLIE
                        Barbare,
    Veux-tu par tes discours...
TITUS
                   Ah! dans ce jour affreux.
65   90: Commandez que je livre

Ces murs, ces citoyens, qu'a sauvés mon courage;
Qu'un père, abandonné par un fils furieux,
Sous le fer de Tarquin…

TULLIE

        M'en préservent les dieux!
La nature te parle, et sa voix m'est trop chère;
Tu m'as trop bien appris à trembler pour un père;   70
Rassure-toi; Brutus est désormais le mien;
Tout mon sang est à toi, qui te répond du sien:
Notre amour, mon hymen, mes jours en sont le gage;
Je serai dans tes mains, sa fille, son ôtage.
Peux-tu délibérer? Penses-tu qu'en secret   75
Brutus te vit au trône avec tant de regret?
Il n'a point sur son front placé le diadème;
Mais sous un autre nom n'est-il pas roi lui-même?
Son règne est d'une année, et bientôt… mais hélas!
Que de faibles raisons, si tu ne m'aimes pas!   80
Je ne dis plus qu'un mot. Je pars… et je t'adore.
Tu pleures, tu frémis, il en est temps encore;
Achève, parle, ingrat, que te faut-il de plus?

TITUS

Votre haine: elle manque au malheur de Titus.

TULLIE

Ah! c'est trop essuyer tes indignes murmures,   85
Tes vains engagements, tes plaintes, tes injures;
Je te rends ton amour, dont le mien est confus,

69 MSI, with parallel reading: ta /sa
77 MSI, with parallel reading: placé / posé ce Diademe
83 MSI: <β> ᵛ↑<tu peux tout reparer> ᵛ↓β que
84 MSI: haine… elle

Et tes trompeurs serments, pires que tes refus.
Je n'irai point chercher au fond de l'Italie
Ces fatales grandeurs que je te sacrifie,   90
Et pleurer loin de Rome entre les bras d'un roi,
Cet amour malheureux que j'ai senti pour toi.
J'ai réglé mon destin; Romain, dont la rudesse
N'affecte de vertu que contre ta maîtresse,
Héros pour m'accabler, timide à me servir,   95
Incertain dans tes vœux, apprends à les remplir.
Tu verras qu'une femme, à tes yeux méprisable,
Dans ses projets au moins était inébranlable;
Et par la fermeté dont ce cœur est armé,
Titus, tu connaîtras comme il t'aurait aimé.   100
Au pied de ces murs même où régnaient mes ancêtres,
De ces murs que ta main défend contre leurs maîtres,
Où tu m'oses trahir, et m'outrager comme eux,
Où ma foi fut séduite, où tu trompas mes feux;
Je jure à tous les dieux, qui vengent les parjures,   105
Que mon bras dans mon sang effaçant mes injures,
Plus juste que le tien, mais moins irrésolu,
Ingrat, va me punir de t'avoir mal connu;
Et je vais...

TITUS *l'arrêtant.*

Non, madame; il faut vous satisfaire.
Je le veux, j'en frémis, et j'y cours pour vous plaire.   110

---

91   MSI: \<rougir> ↑pleurer ↓\<rougir>
     31: Et rougir, loin [31 errata, 36 errata: β]
92   MSI: \<de> ↓de⁺ l'amour malheureux ↑\<infortuné> ↓malheureux
     31: De l'amour malheureux [31 errata: β]
     36 errata: L'amour infortuné que
104 MSI: trompas mes \<feux> ↑vœux
109a MSI, no stage direction
110 MSI: Le Crime en est affreux, mais j'y cours

D'autant plus malheureux, que dans ma passion
Mon cœur n'a pour excuse aucune illusion;
Que je ne goûte point dans mon désordre extrême,
Le triste et vain plaisir de me tromper moi-même;
Que l'amour aux forfaits me force de voler;   115
Que vous m'avez vaincu sans pouvoir m'aveugler;
Et qu'encore indigné de l'ardeur qui m'anime,
Je chéris la vertu, mais j'embrasse le crime.
Haïssez-moi, fuyez, quittez un malheureux,
Qui meurt d'amour pour vous, et déteste ses feux,   120
Qui va s'unir à vous sous ces affreux augures,
Parmi les attentats, le meurtre et les parjures.

TULLIE

Vous insultez, Titus, à ma funeste ardeur;
Vous sentez à quel point vous régnez dans mon cœur.
Oui, je vis pour toi seul, oui, je te le confesse;   125
Mais malgré ton amour, mais malgré ma faiblesse,
Sois sûr que le trépas m'inspire moins d'effroi,
Que la main d'un époux qui craindrait d'être à moi,
Qui se repentirait d'avoir servi son maître,
Que je fais souverain, et qui rougit de l'être.   130
    Voici l'instant affreux qui va nous éloigner.
Souviens-toi que je t'aime, et que tu peux régner.
L'ambassadeur m'attend; consulte, délibère;

---

113   90: Que je ne puis goûter dans
       MSI: dans ce desordre
118   MSI: vertu, <β> ᵛᐟmeme au milieu du crime ᐯβ
119   MSI: <Vous ne m'aimés plus> ᵛᐟβ quittez
121   MSI: qui va <β> ᐟvous épouser⁺ sous
122   MSI: <au milieu des remords et parmy des parjures> ᵛᐟβ
126   MSI, with parallel readings: ton / mon […] ma faiblesse / ta tendresse
127   MSI, 31-W64G, W7OL: Apprends que le trépas
       MSI, with parallel reading: m'inspire / me cause
128   MSI, 31, 31A, 9ꞌ1: qui frémit d'être

Dans une heure avec moi tu reverras mon père.
Je pars, et je reviens sous ces murs odieux,   135
Pour y rentrer en reine, ou périr à tes yeux.

TITUS

Vous ne périrez point. Je vais…

TULLIE

                                        Titus, arrête;
En me suivant plus loin, tu hasardes ta tête;
On peut te soupçonner: demeure, adieu, résous
D'être mon meurtrier, ou d'être mon époux.   140

SCÈNE IV

TITUS *seul.*

Tu l'emportes, cruelle, et Rome est asservie.
Reviens régner sur elle, ainsi que sur ma vie.
Reviens, je vais me perdre, ou vais te couronner;
Le plus grand des forfaits est de t'abandonner.

137   MSI: <Pour la derniere fois Souffrés> $^{V\downarrow}\beta$ Je veux
          31, 31A, 91:   point. Je veux…
138   MSI: me <fuyant> $^{\uparrow}$suivant
140   MSI, 31, 31A, 91:   D'être mon parricide, ou
140a MSI, 31-W48D: SCÈNE III [with subsequent renumbering of scenes]
          31*, with stage direction: *Scène de nuit*
140b 36 cancel: TITUS, MASSALA
143   MSI: je vais <perir> $^{\uparrow}$me perdre^{+} $^{\downarrow}$perir^{+}

Qu'on cherche Messala. Ma fougueuse imprudence   145
A de son amitié lassé la patience.
Maîtresse, amis, Romains, je perds tout en un jour.

SCÈNE V

TITUS, MESSALA

TITUS

Sers ma fureur enfin, sers mon fatal amour;
Viens, suis-moi.

MESSALA

    Commandez; tout est prêt; mes cohortes
Sont au mont Quirinal, et livreront les portes.   150

145-148   36 cancel:
> MESSALA
> Seigneur, accomplissons ce dessein légitime.
> TITUS
> Malheureux, cesse au moins de me vanter mon crime.
> Il est affreux. N'importe, il le faut accomplir,
> Elle le veut... allons... il lui faut obéir.
> Je la détesterai, de m'avoir fait un traître,
> C'est elle qui m'y force... Ah! quoi qu'il en puisse être,
> Je la verrai régner avant la fin du jour;
> Sers ma fureur, enfin sers

147   MSI: amis, <romains> ↑vertu⁺ je perds

148   MSI: fureur <enfin> ↑amy⁺ ↓enfin

149-151   MSI:
> <tout est pret Tiberius n'aspire
> qu'à marcher près de vous le Second dans L'empire
> et nos braves amis ont juré comme moy;>
> ᵛ↑β, with variant

150   MSI: ᵛ↑Sont au mont quirinal, et vont garder ↑livrer⁺ les portes

Tous nos braves amis vont jurer avec moi,
De reconnaître en vous l'héritier de leur roi.
Ne perdez point de temps, déjà la nuit plus sombre
Voile nos grands desseins du secret de son ombre.

TITUS

L'heure approche; Tullie en compte les moments...   155
Et Tarquin après tout eut mes premiers serments.
Le sort en est jeté.
  Le fond du théâtre s'ouvre.

                    Que vois-je? c'est mon pere!

SCÈNE VI

BRUTUS, TITUS, MESSALA, LICTEURS

BRUTUS

Viens, Rome est en danger; c'est en toi que j'espère.

151   MSI: <et> ^{V↑}<tous> ^{V↓}et
  153   MSI, MS3: Avançons, il est temps, deja la nuit plus sombre
  154   MSI, MS3, 31, 31A, 91: Propice à vos [MSI, MS3: nos] desseins, les cache
dans son ombre.
  155-156   MSI:
      <Je n'ecouteray plus une pitié frivole;
      Marchons, mais quelle voix s'entend au Capitole;
              MESSALA
      Tout est calme Seigneur, et cette heureuse nuit;
              TITUS
      Grands Dieux, le crime veille, et son horreur le suit;
              MESSALA
      On s'avance vers nous;> β
  157a   MSI, 90, no stage direction

Par un avis secret le sénat est instruit,
Qu'on doit attaquer Rome au milieu de la nuit.   160
J'ai brigué pour mon sang, pour le héros que j'aime,
L'honneur de commander dans ce péril extrême;
Le sénat te l'accorde; arme-toi, mon cher fils;
Une seconde fois va sauver ton pays;
Pour notre liberté va prodiguer ta vie;   165
Va, mort ou triomphant, tu feras mon envie.

TITUS

Ciel!…

BRUTUS

  Mon fils!…

TITUS

            Remettez, seigneur, en d'autres mains
Les faveurs du sénat, et le sort des Romains.

MESSALA

Ah! quel désordre affreux de son âme s'empare!

BRUTUS

Vous pourriez refuser l'honneur qu'on vous prépare!   170

TITUS

Qui? moi, seigneur?

BRUTUS

           Eh quoi! votre cœur égaré

168   MS1:   <β> ↑La porte quirinale+ et le
169   MS1:   <Ah> ↑Dieux!+ quel

Des refus du sénat est encore ulcéré?
De vos prétentions je vois les injustices.
Ah! mon fils, est-il temps d'écouter vos caprices?
Vous avez sauvé Rome, et n'êtes pas heureux?   175
Cet immortel honneur n'a pas comblé vos vœux?
Mon fils au consulat a-t-il osé prétendre,
Avant l'âge où les lois permettent de l'attendre?
Va, cesse de briguer une injuste faveur;
La place où je t'envoie est ton poste d'honneur.   180
Va, ce n'est qu'aux tyrans que tu dois ta colère:
De l'Etat et de toi je sens que je suis père.
Donne ton sang à Rome, et n'en exige rien;
Sois toujours un héros, sois plus, sois citoyen.
Je touche, mon cher fils, au bout de ma carrière;   185
Tes triomphantes mains vont fermer ma paupière;
Mais soutenu du tien, mon nom ne mourra plus;
Je renaîtrai pour Rome, et vivrai dans Titus.
Que dis-je? je te suis. Dans mon âge débile,
Les dieux ne m'ont donné qu'un courage inutile;   190
Mais je te verrai vaincre, ou mourrai comme toi,
Vengeur du nom romain, libre encore, et sans roi.

TITUS

Ah! Messala!

172   MSI: sénat <est encore> ↑seroit-il
177-180   MSI, struck out
182   MSI: l'Etat <ou> ↑et
193   MSI: <Non je ne puis> ↑Ah Messala

256

SCÈNE VII

BRUTUS, VALERIUS, TITUS, MESSALA

VALERIUS

Seigneur, faites qu'on se retire.

BRUTUS *à son fils.*

Cours, vole…

(*Titus et Messala sortent.*)

VALERIUS

On trahit Rome.

BRUTUS

Ah qu'entends-je?

VALERIUS

On conspire.
Je n'en saurais douter; on nous trahit, seigneur.   195
De cet affreux complot j'ignore encor l'auteur;
Mais le nom de Tarquin vient de se faire entendre,
Et d'indignes Romains ont parlé de se rendre.

BRUTUS

Des citoyens romains ont demandé des fers!

---

194   MSI: <Vas> Cours
195a-b   90:   *Titus et Messala sortent.* / SCÈNE VIII / VALERIUS, BRUTUS,
LICTEURS / VALERIUS [with subsequent renumbering of scenes]

VALERIUS

Les perfides m'ont fui par des chemins divers;   200
On les suit. Je soupçonne et Ménas, et Lélie,
Ces partisans des rois et de la tyrannie,
Ces secrets ennemis du bonheur de l'Etat,
Ardents à désunir le peuple et le sénat.
Messala les protège; et dans ce trouble extrême,   205
J'oserais soupçonner jusqu'à Messala même,
Sans l'étroite amitié dont l'honore Titus.

BRUTUS

Observons tous leurs pas, je ne puis rien de plus;
La liberté, la loi, dont nous sommes les pères,
Nous défend des rigueurs peut-être nécessaires.   210
Arrêter un Romain sur de simples soupçons,
C'est agir en tyrans, nous qui les punissons. [2]
Allons parler au peuple, enhardir les timides,
Encourager les bons, étonner les perfides.
Que les pères de Rome, et de la liberté,   215
Viennent rendre aux Romains leur intrépidité;
Quels cœurs en nous voyant ne reprendront courage?
Dieux! donnez-nous la mort plutôt que l'esclavage.

217   MSI: reprendront <pas> courage
218   MSI: la mort <avant> ↑plûtost

[2] In his *Cours de littérature française*, Abel-François Villemain wrote about *Brutus*: 'Ce n'est pas que le titre de la pièce, et quelques maximes dont elle est semée ne l'aient fait passer pour un ouvrage hardi. Fréron la dénonçait comme dangeureuse pour la monarchie; et dans les mauvais jours de notre révolution, elle fut reprise avec ardeur. La censure de la Terreur y fit même un singulier changement: Brutus dit quelque part: "Arrêter un Romain sur de simples soupçons, / C'est agir en tyrans, nous qui les punissons." La maxime parut tirer à conséquence, dans un temps où l'on emprisonnait tant de monde au nom de la liberté; et les deux vers furent remplacés par ceux-ci sur le théâtre de la *république*: "Arrêter un Romain sur un simple soupçon, / Ne peut être permis qu'en révolution"' (Paris 1891, i.191-92).

Que le sénat nous suive.

SCÈNE VIII

BRUTUS, VALERIUS, PROCULUS

PROCULUS

Un esclave, seigneur,
D'un entretien secret implore la faveur.   220

BRUTUS

Dans la nuit? à cette heure?

PROCULUS

Oui, d'un avis fidèle
Il apporte, dit-il, la pressante nouvelle.

BRUTUS

Peut-être des Romains le salut en dépend:
Allons, c'est les trahir que tarder un moment.
  A Proculus.

Vous, allez vers mon fils; qu'à cette heure fatale   225
Il défende surtout la porte Quirinale;
Et que la terre avoue, au bruit de ses exploits,
Que le sort de mon sang est de vaincre les rois.

Fin du quatrième acte.

220   MSI: d'un moment d'audience Implore
224   MSI: que <de> tarder

ACTE V

SCÈNE PREMIÈRE

BRUTUS, LES SÉNATEURS, PROCULUS, LICTEURS, L'ESCLAVE VINDEX

BRUTUS

Oui, Rome n'était plus; oui, sous la tyrannie
L'auguste liberté tombait anéantie.
Vos tombeaux se rouvraient; c'en était fait; Tarquin
Rentrait dès cette nuit la vengeance à la main.
C'est cet ambassadeur, c'est lui dont l'artifice   5
Sous les pas des Romains creusait ce précipice.
Enfin, le croirez-vous? Rome avait des enfants,
Qui conspiraient contre elle, et servaient les tyrans;
Messala conduisait leur aveugle furie;
A ce perfide Arons il vendait sa patrie.   10
Mais le ciel a veillé sur Rome et sur vos jours.
Cet esclave a d'Arons écouté les discours.

   (*En montrant l'esclave.*)

Il a prévu le crime, et son avis fidèle
A réveillé ma crainte, a ranimé mon zèle.
Messala, par mon ordre arrêté cette nuit,   15
Devant vous à l'instant allait être conduit.

---

b   MS1, with stage direction: *Le Theatre represente le Senat de Rome.*
c   MS1: <Proculus> ↑Proculus
4   MS1: Rentroit <dans> ↑des
6   MS1: Sous <nos pas à nos yeux> ↑β creusoit
9   MS1: Messala <de leur Trame a Tissu L'Infamie> ↑β

260

J'attendais que du moins l'appareil des supplices
De sa bouche infidèle arrachât ses complices.
Mes licteurs l'entouraient, quand Messala soudain,
Saisissant un poignard, qu'il cachait dans son sein,　　　　　20
Et qu'à vous, sénateurs, il destinait peut-être:
Mes secrets, a-t-il dit, que l'on cherche à connaître,
C'est dans ce cœur sanglant qu'il faut les découvrir,
Et qui sait conspirer, sait se taire, et mourir.
On s'écrie, on s'avance, il se frappe, et le traître　　　　　25
Meurt encore en Romain, quoique indigne de l'être.
Déjà des murs de Rome Arons était parti,
Assez loin vers le camp nos gardes l'ont suivi;
On arrête à l'instant Arons avec Tullie.
Bientôt, n'en doutez point, de ce complot impie　　　　　30
Le ciel va découvrir toutes les profondeurs;
Publicola partout en cherche les auteurs.
Mais quand nous connaîtrons le nom des parricides,
Prenez garde, Romains, point de grâce aux perfides:
Fussent-ils nos amis, nos frères, nos enfants,　　　　　35
Ne voyez que leur crime, et gardez vos serments.
Rome, la liberté, demandent leur supplice;
Et qui pardonne au crime en devient le complice.

28　MSI:　<β> ↓β, with variant: loin <dans> vers
29　MSI:

　　　　<Les Toscans au bruit confondus de sa prise
　　　　Semblent de leur attaque oublier l'Entreprise
　　　　On arrête à l'instant Aruns avec Tullie>
　　　　<Cependant on ramene> ↑on arreste à l'instant⁺ Aruns

30　MSI:

　　　　<Ils n'osent aprocher et respectent des Lieux
　　　　deffendus par vos mains, protegés par les Dieux
　　　　cependant on ramene Aruns avec Tullie
　　　　Bientost n'en doutés point, de ce Complot Impie> β
34　MSI:　Prenés garde<s>
36　MSI:　leur<s> crime<s>
37　MSI:　Rome, la liberté demande

A l'esclave.

Et toi dont la naissance et l'aveugle destin
N'avait fait qu'un esclave, et dut faire un Romain,   40
Par qui le sénat vit, par qui Rome est sauvée,
Reçois la liberté que tu m'as conservée;
Et prenant désormais des sentiments plus grands,
Sois l'égal de mes fils, et l'effroi des tyrans.
Mais qu'est-ce que j'entends? quelle rumeur soudaine?   45

PROCULUS

Arons est arrêté, seigneur, et je l'amène.

BRUTUS

De quel front pourra-t-il?...

SCÈNE II

BRUTUS, LES SÉNATEURS, ARONS, LICTEURS

ARONS

Jusques à quand, Romains,

38a   31*: *A l'esclave (à la gauche de Brutus) en lui mettant Les deux mains sur la tête. A genoux.*
   40   MS1: N'<avait> avaient
   42   31*, with stage direction after 42: *le relevant et l'embrassant avec transport.*
   45   90: SCÈNE II / LES MÊMES, PROCULUS / PROCULUS [with subsequent renumbering of scenes]
   46   MS1:
         <par votre ordre Seigneur, c'est Aruns qu'on ramene>
         <Seigneur Aruns est pris, le voicy qu'on amène> ↓β
   47b   31*, 90 add: PROCULUS

Voulez-vous profaner tous les droits des humains?
D'un peuple révolté conseils vraiment sinistres,
Pensez-vous abaisser les rois dans leurs ministres?   50
Vos licteurs insolents viennent de m'arrêter;
Est-ce mon maître ou moi que l'on veut insulter?
Et chez les nations ce rang inviolable...

BRUTUS

Plus ton rang est sacré, plus il te rend coupable;
Cesse ici d'attester des titres superflus.   55

ARONS

L'ambassadeur d'un roi!...

BRUTUS

      Traître, tu ne l'es plus:
Tu n'es qu'un conjuré, paré d'un nom sublime,
Que l'impunité seule enhardissait au crime.
Les vrais ambassadeurs, interprètes des lois,
Sans les déshonorer savent servir leurs rois;   60
De la foi des humains discrets dépositaires,
La paix seule est le fruit de leurs saints ministères;
Des souverains du monde ils sont les nœuds sacrés,
Et partout bienfaisants, sont partout révérés.
A ces traits, si tu peux, ose te connaître;   65
Mais si tu veux au moins rendre compte à ton maître
Des ressorts, des vertus, des lois de cet Etat,

---

50 31: Pensez-vous d'abaisser [31 errata, 31*, 36 errata: β]
52 MS1: l'on vient ↑<veut>
  31: l'on vient [31 errata, 31*, 36 errata: β]
54 MS1, with parallel reading: fait / rend
62 MS1: le <fruit> ↑<but> ↓fruit
65 MS1: te reconnoistre

Comprends l'esprit de Rome, et connais le sénat.
Ce peuple auguste et saint sait respecter encore
Les lois des nations que ta main déshonore;   70
Plus tu les méconnais, plus nous les protégeons;
Et le seul châtiment qu'ici nous t'imposons,
C'est de voir expirer les citoyens perfides,
Qui liaient avec toi leurs complots parricides.
Tout couvert de leur sang répandu devant toi,   75
Va d'un crime inutile entretenir ton roi;
Et montre en ta personne aux peuples d'Italie
La sainteté de Rome, et ton ignominie.
Qu'on l'emmène, licteurs.

SCÈNE III

LES SÉNATEURS, BRUTUS, VALERIUS, PROCULUS

BRUTUS

Eh bien, Valerius,
Ils sont saisis sans doute, ils sont au moins connus?   80
Quel sombre et noir chagrin couvrant votre visage,

70   MS1, with parallel reading: loix / Droits
79   MS1:

                    <ARUNS
         Tremblés donc vous allés allumer de vos mains
         Un feu que je [*blank*] dans le sang des romains
         revoltés orgueilleux, craignés encore vos maitres
                         BRUTUS
         Va, nous sçavons punir les tirans et les traitres
         qu'on le garde Licteurs>
    31:
         Qu'on l'amène [31*, 36 errata: β]

264

De maux encor plus grands semble être le présage?
Vous frémissez.

VALERIUS

Songez, que vous êtes Brutus.

BRUTUS

Expliquez-vous...

VALERIUS

Je tremble à vous en dire plus.

(*Il lui donne des tablettes.*)

Voyez, seigneur, lisez; connaissez les coupables.   85

BRUTUS *prenant les tablettes.*

Me trompez-vous, mes yeux? O jours abominables!
O père infortuné! Tiberinus? mon fils!
Senateurs, pardonnez... le perfide est-il pris?

VALERIUS

Avec deux conjurés il s'est osé défendre;
Ils ont choisi la mort plutôt que de se rendre;   90
Percé de coups, seigneur, il est tombé près d'eux;
Mais il reste à vous dire un malheur plus affreux,
Pour vous, pour Rome entière, et pour moi plus sensible.

---

82   MS1:   Des maux
31*, with stage direction after 82:   *en L'examinant de près et Le touchant.*
85   MS1:   <Voiés> ↑prenez [...] Lisés <la liste des> ↑connoissez
87   31*, with stage direction after 87:   *Silence. La tête panchée Les mains entrelassées Tombant sur les Cuisses; sortant de cet accablement par un profond soupir et honteux de son Trouble remontant un peu la scene* [Sénateurs, pardonnez] *et prenant Valerius par la main il L'amene au bord de La rampe* [le perfide]
91   MS1:   coups, <Seigneur> ↑lui-même

BRUTUS

Qu'entends-je?

VALERIUS

Reprenez cette liste terrible,
Que chez Messala même a saisi Proculus.   95

BRUTUS

Lisons donc... je frémis, je tremble, ciel! Titus!

(*Il se laisse tomber entre les bras de Proculus.*)

VALERIUS

Assez près de ces lieux je l'ai trouvé sans armes,
Errant, désespéré, plein d'horreur et d'alarmes:
Peut-être il détestait cet horrible attentat.

94   31*, with stage direction: *il va à Valerius Le regarde, L'examine et se recule
avec Le pressentiment d'un malheur encor plus grand et reste dans cette pose jusqu'à ce
qu'il prenne le billet*
94a   31*, with stage direction: (*à la gauche de Brutus*) *Le bras tendu, le billet à
La main*
95   MS1: Que <chés Messala mesme a trouvé> ↑dans les mains d'Aruns a
saisy / trouvé Proculus
95a   31*, with stage direction: *regardant d'abord Valerius et deroulant La Liste.*
96a   MS1:

        <UN SENATEUR
Titus nous trahiroit; non je ne le puis Croire
non du heros de Rome on veut fletrir la gloire
        UN AUTRE SENATEUR
par son bras Triomphant, nos jours sont assurés
        BRUTUS
quoy, Titus!
        VALERIUS
        il etoit le chef des conjurés>
99   MS1: <β> ↑Sans doute il détesoit son indigne attentat

BRUTUS

Allez, pères conscrits, retournez au sénat;   100
Il ne m'appartient plus d'oser y prendre place;
Allez, exterminez ma criminelle race.
Punissez-en le père, et jusque dans mon flanc
Recherchez sans pitié la source de leur sang.
Je ne vous suivrai point, de peur que ma présence   105
Ne suspendît de Rome, ou fléchît la vengeance.

SCÈNE IV

BRUTUS *seul.*

Grands dieux, à vos décrets tous mes vœux sont soumis.
Dieux vengeurs de nos lois, vengeurs de mon pays,
C'est vous qui par mes mains fondiez sur la justice,

99a   31*, with stage direction: *remontant La scene et s'addressant aux Senateurs.*
101   MSI: d'oser <icy> y
105   MSI: suivray <plus> ↑point
106b   MSI: PROCULUS, LICTEURS
           31-w46, no stage direction
           31*:   BRUTUS *assis à la gauche de l'acteur.* [1]
108-109   MSI:
           <C'est vous qui m'inspiriés qu'en sauvant mon pays>
           ↑<Dieux vengeurs de [?] quand nos Loix vangeresses>
           ↓<C'est vous qui par mes mains fondiez>
           <Je crus, guidé par vous, fonder sur la justice>
           ᵛc'est vous qui m'inspiriez qu'en Sauvant mon Païs,
           ᵛJe crus, guidé par vous, fonder sur la justice

---

[1] This stage direction makes no sense because, from the first printed edition to the last, Brutus is alone on stage. For other examples of confusion, see below, p.279, 280.

De notre liberté l'éternel édifice: 110
Voulez-vous renverser ses sacrés fondements?
Et contre votre ouvrage armez-vous mes enfants?
Ah! que Tiberinus en sa lâche furie
Ait servi nos tyrans, ait trahi sa patrie;
Le coup en est affreux; le traître était mon fils.   115
Mais, Titus! un héros, l'amour de son pays,
Qui dans ce même jour, heureux et plein de gloire
A vu par un triomphe honorer sa victoire!
Titus, qu'au Capitole ont couronné mes mains!
L'espoir de ma vieillesse, et celui des Romains!   120
Titus! dieux!

SCÈNE V

BRUTUS, VALERIUS, SUITE, LICTEURS

VALERIUS

Du sénat la volonté suprême
Est, que sur votre fils vous prononciez vous-même.

BRUTUS

Moi?

111   MSI: renverser ces sacrés
112   MSI, 31-W42, 91:   ouvrage armez-vous
        31*, with stage direction between 112 and 113:   *Il se leve et reste debout
devant Le fauteuil.*
114   31:   tyrans, et trahi [31*: β]
115   31*, with stage direction between 115 and 116:   *il sort de sa place et venant
au devant du Theatre il dit avec une grande verité sans explosion.*
121b   90 adds: PROCULUS
123   31*, with stage directions: *tems long. Moi? [...] tems sombre. Et du reste*

VALERIUS

Vous seul.

BRUTUS

Et du reste en a-t-il ordonné?

VALERIUS

De conjurés, seigneur, le reste est condamné;
Au moment où je parle ils ont vécu peut-être.   125

BRUTUS

Et du sort de mon fils le sénat me rend maître?

VALERIUS

Il croit à vos vertus devoir ce rare honneur.

BRUTUS

O patrie!

VALERIUS

Au sénat que dirai-je, seigneur?

BRUTUS

Que Brutus voit le prix de cette grâce insigne,
Qu'il ne la cherchait pas... mais qu'il s'en rendra digne...   130

---

124   MSI: Des conjurés
125   MSI: ils <ont vecu> ↑sont punis
127a   31*, with stage direction: *il reste un moment anéanti La tête baissée Les*
mains croisées pendantes sur ses cuisses et avec un effort pénible il dit.
130   31*, with stage direction between 130 and 131: *Valerius va pour sortir il Le*
ramene et Lui dit avec reflexion et du ton d'un homme qui cherche à se flatter et à douter
du crime de son fils.

Mais mon fils s'est rendu sans daigner résister;
Il pourrait... pardonnez si je cherche à douter;
C'était l'appui de Rome, et je sens que je l'aime.

VALERIUS

Seigneur, Tullie...

131   MSI:

<eh> ↑mais <qui contre mon fils, Seigneur, a déposé

VALERIUS

Des Conjurés mourans, Seigneur, l'ont accusé

BRUTUS

Mais desarmé, Loin d'Eux que pretendoit-il faire
pourquoy n'etoit-il pas du moins avec Son frere>
<il s'est meme> ↑mais mon fils s'est⁺ rendu sans <vouloir>
V↑daigner⁺ resister;

133a-147   MSI:

<Il peut estre innocent, vous l'entendrés luy même
et Rome approuvera ce qu'aura fait Brutus

BRUTUS

Licteurs que devant moy l'on amene Titus>
V↑ <Seigneur. Tullie

BRUTUS

eh bien

VALERIUS

Tullie au moment même
Triste reste d'un sang toujours si dangereux
vient de trancher le cours de ses jours malheureux,
disant peut-etre qu'à Titus elle etoit engagée
V↑<en disant qu'à Titus elle etoit engagée>
dans les flots de son sang elle reste plongée
et tournant vers ces lieux ses yeux appesantis
prononce en expirant le nom de votre fils

BRUTUS

justes dieux

VALERIUS

cest a vous de connoitre> V↑<juger de> son crime
examinez, frappez, epargnez la victime
↓<Condamnez, epargnez ou frappez la victime>>

BRUTUS

Eh bien…

VALERIUS

Tullie au moment même
N'a que trop confirmé ces soupçons odieux.   135

BRUTUS

Comment, seigneur?

VALERIUS

A peine elle a revu ces lieux,
A peine elle aperçoit l'appareil des supplices,
Que sa main consommant ces tristes sacrifices,
Elle tombe, elle expire, elle immole à nos lois
Ce reste infortuné de nos indignes rois.   140
Si l'on nous trahissait, seigneur, c'était pour elle.
Je respecte en Brutus la douleur paternelle;
Mais tournant vers ces lieux ses yeux appesantis,
Tullie en expirant a nommé votre fils.

BRUTUS

Justes dieux!

135-141   MS2:
          <ᵛvient de verser son sang pour nous si dangereux
          Sa mort a confirmé nos soupçons trop affreux>
          ᵀreste d'un sang <de roi> de Rois non moins funeste qu'eux,
          vient de trancher Le cours de ses jours malheureuxᵀ
          Si l'on a conspiré, Seigneur, c'etoit pour elle
135-140   31*, 90:
          Reste d'un sang de nos Rois non moins funeste qu'eux
          vient de trancher le cours de ces jours malheureux
142   MS3:   Brutus l'amitié paternelle
144   MS3:   en expirant nomme encor votre fils

VALERIUS

C'est à vous à juger de son crime;   145
Condamnez, épargnez, ou frappez la victime.
Rome doit approuver ce qu'aura fait Brutus.

BRUTUS

Licteurs, que devant moi l'on amène Titus.

VALERIUS

Plein de votre vertu, seigneur, je me retire:
Mon esprit étonné vous plaint, et vous admire;   150
Et je vais au sénat apprendre avec terreur
La grandeur de votre âme et de votre douleur.

SCÈNE VI

BRUTUS, PROCULUS

BRUTUS

Non, plus j'y pense encore, et moins je m'imagine,
Que mon fils des Romains ait tramé la ruine.
Pour son père et pour Rome il avait trop d'amour;   155
On ne peut à ce point s'oublier en un jour.
Je ne le puis penser, mon fils n'est point coupable.

PROCULUS

Messala, qui forma ce complot détestable,

152c 31*: BRUTUS *assis à la droite de l'acteur.*
158-162 MS1: <β> ↑ce bras aux Romains est encor necessaire

Sous ce grand nom peut-être a voulu se couvrir;
Peut-être on hait sa gloire, on cherche à la flétrir.   160

BRUTUS

Plût au ciel!

PROCULUS

De vos fils c'est le seul qui vous reste;
Qu'il soit coupable, ou non, de ce complot funeste,
Le sénat indulgent vous remet ses destins;
Ses jours sont assurés, puisqu'ils sont dans vos mains.
Vous saurez à l'Etat conserver ce grand homme;   165
Vous êtes père enfin.

BRUTUS

Je suis consul de Rome.

SCÈNE VII

BRUTUS, PROCULUS, TITUS *dans le fond du théâtre,*
avec des licteurs.

PROCULUS

Le voici.

159   31*, with stage direction between 159 and 160:   *Brutus Se Leve en prenant*
Les mains de Proculus avec chaleur et S'avançant comme pour L'embrasser et Le
quittant aussitot. Proculus dit ce vers quand Brutus le quitte.

160   31:   à le flétrir [31 errata, 31*, 36 errata: β]

160a   31*:   BRUTUS *posé, du ton d'un homme qui desire que ce que dit Proculus soit*
veritable.

163   MSI: <Le Senat indulgent> ↑<employez le sénat vous> ↓β

166b   MSI, omits PROCULUS
            31* adds: *Brutus devant Le fauteuil à droite.*

TITUS

C'est Brutus! ô douloureux moments!
O terre, entr'ouvre-toi sous mes pas chancelants!
Seigneur, souffrez qu'un fils…

BRUTUS

Arrête, téméraire.
De deux fils que j'aimai les dieux m'avaient fait père;   170
J'ai perdu l'un. Que dis-je? ah! malheureux Titus,
Parle: ai-je encor un fils?

TITUS

Non, vous n'en avez plus. [2]

BRUTUS

Réponds donc à ton juge, opprobre de ma vie.

(*Il s'assied.*)

Avais-tu résolu d'opprimer ta patrie,
D'abandonner ton père au pouvoir absolu,   175
De trahir tes serments?

168   90, with stage direction between 168 and 169: *Il s'approche de son père.*
169   31*, with stage direction after 169: *Sans le regarder.*
170   31*, with stage direction after 170: *le regardant*
172   31*, with stage direction after 172: *Brutus tombe dans le fauteuil.* [173a, struck out]
174-176   MS1:

        as tu trahy \<ton nom, ton pere\> $^{V\uparrow}$nos loix, tes serments$^+$, ta patrie
        devois tu Livrer Rome au pouvoir de Tarquin?
        avois tu resolu
                  TITUS
        Je n'ay resolu rien.

[2] Cf. Mlle Bernard's wording: 'Brutus: S'il me demeure un fils, ou si je n'en ai plus. / Titus: Non, vous n'en avez point'.

274

TITUS

Je n'ai rien resolu;
Plein d'un mortel poison dont l'horreur me dévore,
Je m'ignorais moi-même, et je me cherche encore;
Mon cœur encor surpris de son égarement,
Emporté loin de soi, fut coupable un moment;   180
Ce moment m'a couvert d'une honte éternelle,
A mon pays que j'aime il m'a fait infidèle:
Mais ce moment passé, mes remords infinis
Ont égalé mon crime, et vengé mon pays.
Prononcez mon arrêt. Rome, qui vous contemple,   185
A besoin de ma perte, et veut un grand exemple.
Par mon juste supplice il faut épouvanter
Les Romains, s'il en est qui puissent m'imiter. [3]
Ma mort servira Rome autant qu'eût fait ma vie;
Et ce sang en tout temps utile à sa patrie,   190
Dont je n'ai qu'aujourd'hui souillé la pureté,
N'aura coulé jamais que pour la liberté.

BRUTUS

Quoi! tant de perfidie avec tant de courage?
De crimes, de vertus, quel horrible assemblage!
Quoi! sous ces lauriers même, et parmi ces drapeaux,   195
Que son sang à mes yeux rendait encor plus beaux,
Quel démon t'inspira cette horrible inconstance?

181-184 MSI, struck out
188 MSI: <Les romains infortunés qui pourroient> ↓β m'imiter
192a 31*, with stage direction: *en montrant Titus.*
195 31-W52: Quoi! sur ses lauriers [31*: β]
197 MSI: <quel demon> ^V↑parle! qui^+

[3] Mlle Bernard has Titus express similar sentiments: 'Il faut servir d'exemple à
qui peut m'imiter'.

TITUS

Toutes les passions, la soif de la vengeance,
L'ambition, la haine, un instant de fureur...

BRUTUS

Achève, malheureux.

TITUS

Une plus grande erreur,   200
Un feu qui de mes sens est même encor le maître,
Qui fit tout mon forfait, qui l'augmente peut-être.
C'est trop vous offenser par cet aveu honteux,
Inutile pour Rome, indigne de nous deux.
Mon malheur est au comble, ainsi que ma furie;   205
Terminez mes forfaits, mon désespoir, ma vie,
Votre opprobre, et le mien. Mais si dans les combats

198-206   MS1:
          <ma fureur, mon destin, La Soif de la vengeance
          l'ambition, La haine, une plus grande Erreur
          touttes les passions dont peut bruler mon cœur
          vous me voiés encor<e> tout plein de ma furie
          terminés mon forfait, mon desespoir, ma vie>
          $^{V\uparrow}\beta$, with variants
198-214   MS1, pasted over the primitive version; a second version gives β, l.198-
202 and l.203-214 as variant
202   31*, with stage direction after 202: *Brutus fait un grand mouvement.*
203-204   MS1:
          ^{V}L'amour

                    BRUTUS
          Titus!
                    TITUS
          l'amour et ses <cruels> honteux appas,
          que ne connoissant point vous n'excuseriez pas.
203   90: Pourquoi vous offenser
206   MS1:   <mon chagrin> $^{V\uparrow}$mes forfaits
207-212   MS1:   <β> $^{V\uparrow}$β, with variants

276

J'avais suivi la trace où m'ont conduit vos pas,
Si je vous imitai, si j'aimai ma patrie,
D'un remords assez grand si ma faute est suivie,   210

> *Il se jette à genoux.*

A cet infortuné daignez ouvrir les bras;
Dites du moins: Mon fils, Brutus ne te hait pas.
Ce mot seul me rendant mes vertus et ma gloire,
De la honte où je suis défendra ma mémoire.
On dira que Titus, descendant chez les morts,   215
Eut un regard de vous pour prix de ses remords,
Que vous l'aimiez encore, et que, malgré son crime
Votre fils dans la tombe emporta votre estime.

BRUTUS

Son remords me l'arrache. O Rome! ô mon pays!
Proculus... à la mort que l'on mène mon fils.   220
Lève-toi, triste objet d'horreur et de tendresse:
Lève-toi, cher appui qu'espérait ma vieillesse:
Viens embrasser ton père: il t'a dû condamner;
Mais, s'il n'était Brutus, il t'allait pardonner.

---

210   MSI, 31-W64G, W70L: ma rage est
210a   MSI, no stage direction
211   MSI, 31-W38: ouvrir vos bras
214   MSI: <d'un opprobre Eternel> V↓β deffendra
219   MSI, with stage direction between 219 and 220: *à Proculus.*
        31*: *devant le fauteuil.*
220   31*, with stage direction between 220 and 221: *Ce Dernier vers doit être Lent et dit dans Le sombre. ensuitte il va à son fils, fremit en L'approchant et Lui prenant les mains reste un moment sans voix et voulant Lui parler.*
222   MSI: Leve toi, <seul> ↑cher
        31*, with stage direction, after 222: *avec L'ame d'un Pere*
224   MSI:
        Mais s'il n'etoit Brutus, il <vouloit> V↑t'alloit+ pardonner
        <*à part*
        Grands Dieux quand ce matin cette main paternelle
        Vous offroit les Lauriers d'un fils alors fidele

Mes pleurs, en te parlant, inondent ton visage: 225
Va, porte à ton supplice un plus mâle courage;
Va, ne t'attendris point, sois plus Romain que moi, [4]
Et que Rome t'admire en se vengeant de toi.

TITUS

Adieu, je vais périr, digne encor de mon père.

On l'emmène.

---

                 quand je le Couronnois, je ne m'attendois pas
                 qu'il me fallut ce soir ordonner son trepas
                       Il l'embrasse>

225   MS1, with parallel reading: t'embrassant / te parlant
227   MS1: ne m'attendris plus, sois
228   31*, with stage direction after 228: *il Le quitte avec peine et Le plus grand effort, Son ame dit Le dernier adieu à son fils; il se rejette dans Le fauteuil et couvre son visage de ses mains.*
229   MS1, 90: je vais mourir digne
229a   MS1, no stage direction

[4] Mlle Bernard has Brutus utter the following exhortation: 'Porte sur l'échafaud cette mâle assurance. / Ton père infortuné tremble à te condamner: / Va, ne l'imite pas, et meurs sans t'étonner'. The final interview, as imagined by Voltaire (v.vii.205-218) may also owe something to Porée. La Harpe translates the latter (v.vi) as follows: 'Je vais mourir, mon père; vous l'avez ordonné. Je vais mourir, et je donne volontiers ma vie en expiation de ma faute; mais ce qui m'accable d'une juste douleur, je meurs coupable envers mon père. Ah! du moins que je ne meure pas haï de vous, que je n'emporte pas au tombeau ce regret affreux: accordez à un fils qui vous aime les embrassements paternels; que j'obtienne de vous cette dernière grâce, ouvrez les bras à votre fils, etc.' (*Lycée*, ix.345-46).

SCÈNE VIII

BRUTUS, PROCULUS

PROCULUS [5]

Seigneur, tout le sénat, dans sa douleur sincère,   230
En frémissant du coup qui doit vous accabler...

BRUTUS

Vous connaissez Brutus, et l'osez consoler?
Songez, qu'on nous prépare une attaque nouvelle.
Rome seule a mes soins; mon cœur ne connaît qu'elle.
Allons, que les Romains, dans ces moments affreux,   235
Me tiennent lieu du fils que j'ai perdu pour eux;
Que je finisse au moins ma déplorable vie,
Comme il eût dû mourir en vengeant la patrie.

229b-240a MS1, see appendices III, IV
231 31: Et frémissant
232 31*, with stage direction after 232: *il se lève*
238 31*, with stage direction after 238: *il remonte Le Theatre comme fausse sortie et rencontre Valerius, S'arrete en fremissant de La nouvelle qu'il Lui apporte.*

[5] The identity of the person who now comes to bring these condolences is quite unsatisfactory: in v.v – as the reader will remember – it is Valerius who goes to the senate, and in MS1 (v.ix) it is indeed Valerius who returns to inform Brutus of the senate's grief. In the welter of corrections which were being made – prior to the first performance – to the working copy, it would seem that Voltaire became confused. His mistake was never to be rectified (nor even to be noticed); see appendix III, l.11d.

SCÈNE DERNIÈRE

BRUTUS, PROCULUS, UN SÉNATEUR

LE SÉNATEUR [6]

Seigneur...

BRUTUS

Mon fils n'est plus?

LE SÉNATEUR

C'en est fait... et mes yeux...

BRUTUS

Rome est libre. Il suffit... Rendons grâces aux dieux. [7]   240

Fin du cinquième et dernier acte.

238b-239   MSI, see appendix IV
238b   31*:   <LE SENATEUR> [†]VALERIUS [*passim*]
239c   31*:   BRUTUS *il reste sans voix, appuyé sur Proculus. revenant a Lui, il dit*
240   90, with stage direction after 240:   *Quatre licteurs, portant le corps de Titus, traversent le vestibule. Brutus tombe sur un fauteuil. Le rideau tombe.*

[6] In the preceding version this line was given to Valerius (see appendix IV, l.10a). Given what has gone before, it is fairly evident that Voltaire managed, at this stage of ongoing modifications, to confuse the trajectories of two different actors. Here it would have been much more logical to expect that it be Proculus who comes to announce that the execution has taken place (see v.vii). Voltaire did manage – but perhaps for quite different reasons – to rectify this particular error. From 31 onwards, the messenger is a senator. This is doubly an improvement since Voltaire not only manages to correct a mistaken attribution, but also to finish his play on a far more telling and dramatic juxtaposition, i.e. the personification / confrontation of two different conceptions of duty: Brutus's which is heroically unbending and disinterested as opposed to the senate's which is more flexible.

[7] Porée starts the final speech of Brutus in his own tragedy on the self-same note: 'Bene est. Jam vindicata est Roma': All is well. Rome is now avenged.

APPENDIX I

Variant to ii.i.1-35, from MS1, 31, 31A, 36 cancel and w38a

The base text for this variant is 31, the punctuation of which has been followed. The variants of MS1, 31A, 36 cancel and w38a appear in the critical apparatus.

———

ACTE II

SCÈNE I

TULLIE, ALGINE

ALGINE

Oui vous allez régner; le destin moins sévère
Vous rend tout ce qu'il ôte à Tarquin votre père;
Un hymen glorieux va ranger sous vos lois
Un peuple obéissant, et fidèle à ses rois.
Un grand roi vous attend; l'heureuse Ligurie   5
Va vous faire oublier cette ingrate patrie.
    Cependant votre cœur ouvert aux déplaisirs,
Dans ses prospérités s'abandonne aux soupirs;

---

b-c   w38a: *Le théâtre représente, ou est supposé représenter un appartement du palais des consuls.*

Vous accusez les dieux qui pour vous s'attendrissent.
Vos yeux semblent éteints des pleurs qui les remplissent.   10
Ah! si mon amitié, partageant vos malheurs,
N'a connu de tourments, que vos seules douleurs;
Si vous m'aimez, parlez; quel chagrin vous dévore?
Pourriez-vous en partant regretter Rome encore?

TULLIE

Rome? séjour sanglant de carnage et d'horreur!   15
Rome? tombeau du trône et de tout mon bonheur!
Lieux où je suis encore aux fers abandonnée!
Demeure trop funeste au sang dont je suis née;
Rome! pourquoi faut-il qu'en cet affreux séjour
Un héros vertueux, Titus, ait vu le jour?   20

ALGINE

Quoi! de Titus encor l'âme préoccupée,
Vous en gémissiez seule, et vous m'aviez trompée?
Quoi! vous qui vous vantiez de ne voir en Titus
Que l'ennemi des rois, que le fils de Brutus;
Qu'un destructeur du trône, armé pour sa ruine;   25
Vous qui le haïssiez...

TULLIE

                    Je le croyais, Algine.
Honteuse de moi-même, et de ma folle ardeur,
Je cherchais à douter du crime de mon cœur.
Avec toi renfermée, et fuyant tout le monde,
Me livrant dans tes bras à ma douleur profonde,   30

---

15   MSI: sanglant de <forfaits> ↑β
21   MSI: Titus encor<e>
22   MSI: vous m'<β> ↑avez
23   MSI: vous qui <vous vantiez> ↑triomphiez

Hélas! je me flattais de pleurer avec toi,
Et la mort de mon frère, et les malheurs du roi.
Ma douleur quelquefois me semblait vertueuse;
Je détournais les yeux de sa source honteuse;
Je me trompais; pardonne, il faut tout avouer.   35
Ces pleurs que tant de fois tu daignas essuyer,
Que d'un frère au tombeau me demandait la cendre,
L'amour les arracha; Titus les fit répandre.
Je sens trop à son nom d'où partaient mes ennuis;
Je sens combien je l'aime, alors que je le fuis;   40
Cet ordre, cet hymen, ce départ qui me tue,
M'arrachent le bandeau, qui me couvrait la vue;
Tu vois mon âme entière, et toutes ses erreurs.

                          ALGINE

Fuyez donc à jamais ces fiers usurpateurs;
Pour le sang des Tarquins Rome est trop redoutable.   45

                          TULLIE

Hélas! quand je l'aimai, je n'étais point coupable,
C'est toi seule, c'est toi, qui vantant ses vertus
Me découvris mes feux, à moi-même inconnus.
Je ne t'accuse point du malheur de ma vie;
Mais lorsque dans ces lieux la paix me fut ravie,   50
Pourquoi démêlais-tu ce timide embarras,
D'un cœur né pour aimer, qui ne le savait pas?
Tu me peignais Titus, à la cour de mon père
Entraînant tous les cœurs empressés à lui plaire;
Digne du sang des rois, qui coule avec le sien;   55

35 MSI: ^Vtout t'avoüer
42 MSI: <Font tomber> [↑]M'arrachent
43 MSI: et <ses folles> ^{V↑}touttes ses⁺ erreurs
44 MSI: [↑]Eloignez vous⁺ Fuyez <donc a jamais> ces

Digne du choix d'un père, et plus encor du mien.
Hélas! en t'écoutant ma timide innocence
S'enivra du poison d'une vaine espérance.
Tout m'aveugla. Je crus découvrir dans ses yeux,
D'un feu qu'il me cachait l'aveu respectueux;　　　　　60
J'étais jeune, j'aimais, je croyais être aimée.
Chère et fatale erreur qui m'avez trop charmée!
O douleur! ô revers plus affreux que la mort!
Rome et moi dans un jour ont vu changer leur sort.
Le fier Brutus arrive; il parle, on se soulève;　　　　65
Sur le trône détruit, la liberté s'élève;
Mon palais tombe en cendre, et les rois sont proscrits.
Tarquin fuit ses sujets, ses dieux, et son pays;
Il fuit, il m'abandonne, il me laisse en partage,
Dans ces lieux désolés, la honte, l'esclavage,　　　　70
La haine qu'on lui porte; et, pour dire encor plus,
Le poids humiliant des bienfaits de Brutus;
La guerre se déclare, et Rome est assiégée;
Rome tu succombais, j'allais être vengée;
Titus, le seul Titus, arrête tes destins!　　　　　75
Je vois tes murs tremblants, soutenus par ses mains;
Il combat, il triomphe; ô mortelles alarmes!
Titus est en tout temps la source de mes larmes.
　　　Entends-tu tous ces cris? vois-tu tous ces honneurs
Que ce peuple décerne à ses triomphateurs?　　　　80
Ces aigles à Tarquin par Titus arrachées,
Ces dépouilles des rois à ce temple attachées,
Ces lambeaux précieux d'étendards tout sanglants,
Ces couronnes, ces chars, ces festons, cet encens,
Tout annonce en ces lieux sa gloire et mon outrage.　　85

64　31A:　Rome et moi dans un jour avons changé de sort.
70　MSI:　honte et L'Esclavage
80　MSI:　à ces Triomphateurs
85　MSI, with parallel reading:　annonce / retrace

Mon cœur, mon lâche cœur l'en chérit davantage.
Par ces tristes combats, gagnés contre son roi,
Je vois ce qu'il eût fait, s'il combattait pour moi;
Sa valeur m'éblouit, cet éclat qui m'impose,
Me laisse voir sa gloire, et m'en cache la cause.   90

ALGINE

L'absence, la raison, ce trône où vous montez,
Rendront un heureux calme à vos sens agités;
Vous vaincrez votre amour, et quoi qu'il vous en coûte,
Vous saurez...

TULLIE

                    Oui mon cœur le haïra sans doute.
Ce fier républicain, tout plein de ses exploits,   95
Voit d'un œil de courroux la fille de ses rois;
Ce jour, tu t'en souviens, plein d'horreur et de gloire;
Ce jour que signala sa première victoire,
Quand Brutus enchanté le reçut dans ces lieux,
Du sang de mon parti tout couvert à mes yeux;   100
Incertaine, tremblante, et démentant ma bouche,
J'interdis ma présence à ce Romain farouche.
Quel penchant le cruel sentait à m'obéir!
Combien depuis ce temps il se plaît à me fuir?

88   w38a: ce qu'il ferait, s'il
91   MS1:   la <raison> ↑vertu
92   MS1:   <soins> ↑sens
95   MS1:   de ces exploits
104-109   w38a:
                    ALGINE
          Le voici qui vous cherche.
                    TULLIE
                         Et je ne peux le fuir.
                    SCÈNE II
          TITUS, TULLIE, ALGINE

Il me laisse à mon trouble, à ma faiblesse extrême, 105
A mes douleurs.

ALGINE

On vient. Madame, c'est lui-même.

SCÈNE II

TITUS, TULLIE, ALGINE

TITUS, *au fond du théâtre.*

Voyons-la, n'écoutons que mon seul désespoir.

TULLIE

Dieux! je ne puis le fuir, et tremble de le voir.

TITUS

Mon abord vous surprend, madame; et ma présence
Est à vos yeux en pleurs, une nouvelle offense: 110
Mon cœur s'était flatté de vous obéir mieux;
Mais vous partez. Daignez recevoir les adieux
D'un Romain qui pour vous eût prodigué sa vie;
Qui ne vous préféra que sa seule patrie;
Qui le ferait encor; mais qui dans ces combats, 115

_____

TITUS
Mon abord vous surprend
106   MSI: A ma douleur
ALGINE
On vient... <Dieux le voicy> ↑β
106c   MSI, no stage direction

Où l'amour du pays précipita ses pas,
Ne chercha qu'à finir sa vie infortunée;
Puisqu'à vous offenser les dieux l'ont condamnée.

TULLIE

Dans quel temps à mes yeux le cruel vient s'offrir!
Quoi vous! fils de Brutus, vous que je dois haïr?   120
Vous, l'auteur inhumain des malheurs de ma vie,
Vous opprimez mon père, et vous plaignez Tullie?
Dans ce jour de triomphe, et parmi tant d'honneurs,
Venez-vous à mes yeux jouir de mes douleurs?
Tant de gloire suffit. N'y joignez point mes larmes.   125

TITUS

Le ciel a de ma gloire empoisonné les charmes.
Puisse ce ciel pour vous plus juste désormais,
A vos malheurs passés égaler ses bienfaits!
Il vous devait un trône; allez régner, madame,
Partagez d'un grand roi la couronne et la flamme;   130

117   MSI, with parallel reading: cherche / chercha
119-127   MSI:
          <Quoy le fils de Brutus le vainqueur de son Roy
          Triomphe de mon pere et s'offre devant moy
          Dieux cruels, en quel tems faut-il que je te voye
                    TITUS
          Le Ciel m'a vendu chers ces honneurs qu'il m'envoye,
          puisse ce ciel ↑<ces Dieux> pour vous, plus juste desormais>
          ↑β, with variants, added on slip of paper
119   MSI: En quel temps
123   MSI: Dans un jour
124   MSI: Venez-vous <dans ces lieux> ↑β
125   MSI: Votre gloire
126   MSI: Les Dieux ont de ma
127   MSI: Puissent ces ↑mêmes+ Dieux <pour vous> plus
128   MSI: <ses> ↑Leurs
129   MSI: <β> ils vous devaient+ un

Il sera trop heureux; il combattra pour vous;
Et c'est le seul des rois dont mon cœur est jaloux,
Le seul dans l'univers, digne de mon envie.

TULLIE

Calme ton trouble affreux, malheureuse Tullie;
Sortons... où suis-je?

TITUS

Hélas! où vais-je m'emporter?   135
Mon sort est-il toujours de vous persécuter?
Eh bien! voyez mon cœur; et daignez me connaître.
Je fus votre ennemi, madame, et j'ai dû l'être;
Mais pour vous en venger, les destins en courroux

132   MS1, with parallel reading: est /soit
132-141   W38a:

                   est jaloux.
          TULLIE
Vous jaloux! et d'un roi!
          TITUS
                Grâces à ma patrie,
Ce n'est pas sa couronne et son rang que j'envie.
          TULLIE
Fille et femme d'un roi vous m'en haïrez plus.
          TITUS
Je hais tous les tyrans, mais j'aime les vertus.
          TULLIE
Non je ne vois en vous qu'un ennemi funeste.
          TITUS
Je le suis, je dois l'être; et ce ciel que j'atteste,
Pour combler les horreurs de tant d'inimitiés,
Y joint l'amour encore et m'enchaîne à vos pieds.
Ce feu que je condamne
134   36 cancel: Que me dit-il... ah dieux! malheureuse Tullie,
137   MS1:   daignez <le> ↑me
138   MS1, with parallel reading: fus /suis

M'avaient fait votre esclave, en m'armant contre vous; 140
Ce feu que je condamne, autant qu'il vous offense,
Né dans le désespoir, nourri dans le silence,
Accru par votre haine, en ces derniers moments
Ne peut plus devant vous se cacher plus longtemps;
Punissez, confondez un aveu téméraire; 145
Secondez mes remords, armez votre colère;
Je n'attends, je ne veux ni pardon, ni pitié;
Et ne mérite rien que votre inimitié.

TULLIE

Quels maux tu m'as causés, Brutus inexorable!

TITUS

Vengez-vous sur son fils, il est le seul coupable. 150
Punissez ses exploits, ses feux, ses cruautés;
Il poursuit votre père, il vous aime.

TULLIE

Arrêtez...
Vous savez qui je suis, et qu'un Romain peut-être
Devait plus de respect au sang qui m'a fait naître;
Mais je ne m'arme point contre un fils de Brutus, 155

140-141 36 cancel:
          M'avaient mis dans vos fers, en m'armant contre vous;
          J'ai combattu longtemps, et dans mon esclavage
          Contre moi, contre vous exerçant mon courage,
          Je me suis applaudi de ma triste vertu;
          Vous partez, c'en est fait, et Titus est vaincu.
          Ce feu
147-148 w38a:
          Je suis un malheureux né pour vous outrager
          Mais ce cruel amour suffit pour vous venger.
148 36 cancel: Et ma seule espérance est votre inimitié.
148a-152 MS1: <β> β, on a slip of paper, with variant: TULLIE *à part*

Du vain orgueil d'un rang qu'il ne reconnaît plus.
Je suis dans Rome encor, mais j'y suis prisonnière;
Je porte ici le poids des malheurs de mon père;
Mes maux sont votre ouvrage: et j'ose me flatter
Qu'un héros tel que vous n'y veut point insulter,   160
Qu'il ne recherche point la criminelle gloire,
De tenter sur mon cœur une indigne victoire.
Mais si pour comble enfin de mes destins affreux
J'ai sur vous en effet ce pouvoir malheureux,
Si le cœur d'un Romain connaît l'obéissance,   165
Si je puis commander, évitez ma présence;
Pour la dernière fois, cessez de m'accabler,
Et respectez les pleurs que vos mains font couler.

SCÈNE III

TITUS *seul.*

Qu'ai-je dit? que ferai-je? et que viens-je d'entendre?
Jusqu'où ma passion m'a-t-elle pu surprendre?   170

161   MSI: \<et\> qu'il ne ↑re+cherche
167-168   36 cancel:
  Respectez tous les maux dont mon cœur est troublé,
  Et ces pleurs qui sans vous, n'auraient jamais coulé.
169   MSI: Où suis je, qu'ai je dit et que
169-170   36 cancel:
  Enfin donc c'en est fait, ma faiblesse est connue,
  Ma passion m'emporte, et se voit confondue?
169-172   w38a:
  Qui moi! je souffrirai qu'un roi me la ravisse!
  Je vais ramper dans Rome accablé d'injustice!
  Le consulat vers elle aurait pu m'élever;
  Mais le sort ennemi me veut tout enlever.

Ah! pourquoi faites-vous, destin trop rigoureux,
Du jour de mon triomphe un jour si malheureux?

SCÈNE IV

TITUS, MESSALA

TITUS

Messala, c'est à toi qu'il faut que je confie
Le trouble, le secret, le crime de ma vie;
Les orages soudains de mon cœur agité.   175

MESSALA

Quoi, seigneur! du sénat l'injuste autorité…

TITUS

L'amour, l'ambition, le sénat, tout m'accable.

173   36 cancel: Cher ami, c'est
177   31*:   le <sénat> ↑dépit

APPENDIX II

Variant to IV.i.1-55 from MS1 and 31

The base text for this variant is 31, the punctuation of which has been followed. The variants of MS1 appear in the critical apparatus.

ACTE IV

SCÈNE I

TULLIE, ALGINE

TULLIE

Laisse-moi. Je ne veux lui parler, ni l'entendre;
A des affronts nouveaux faut-il encor m'attendre?
Faut-il voir le cruel allumer tour à tour
Le flambeau de la haine, et celui de l'amour?
De quel saisissement je demeure frappée?   5
Ministre dangereux pourquoi m'as-tu trompée?
Et lorsqu'un prompt départ allait m'en séparer,
Pourquoi pour mon malheur l'as-tu pu différer?

---

1 MS1: Laissés moy, ↑<C'en est trop> je ne
3 MS1: Faut <il voir encore> ᵛ↑-il voir le cruel
4 MS1: flambeau de la haine ↑<guerre>
8 MS1: Pourquoi <d'une heure encore> ᵛ↑pour mon malheur

ALGINE

On vous attend, madame.

TULLIE

    Et je demeure encore!
Et je ne puis quitter un séjour que j'abhorre!   10
De mes lâches regrets je me sens consumer;
Pour qui? pour un ingrat, qui rougit de m'aimer.
Malheureuse! est-ce à toi d'éclater en murmures?
Tu méritas trop bien ta honte, et tes injures,
Quand, du pur sang des rois trahissant la splendeur,   15
D'un sujet révolté l'amour fit ton vainqueur.
Tu vois comme il me traite; il ne m'a point suivie.
Fier de ses attentats, et plein de sa patrie,
Le cruel s'applaudit de sa fausse vertu.

ALGINE

Plus que vous ne pensez Titus est combattu;   20
Ainsi que votre amour il ressent vos alarmes;
Je l'ai vu retenir, et répandre des larmes.
Vous-même, contre vous, témoin de ses efforts,
Vous devriez, madame, excuser ses remords;
Ils sont dignes de vous; son cœur noble et sincère,   25

9-11   MSI:
      <Le retour fatal approche, on vous attend, Madame
           TULLIE
      On m'attend, de quels traits Aruns va fraper mon ame
      Quoy je ne puis quitter ces horribles remparts
      c'en est fait l'ingrat; Il me quitte et repart>
      ^{V↑}β, with variants, l.1: on nous attend; l.3: Et je ne peux
12   MSI, added by Voltaire
21-22   MSI:
      <Sans doutte aux yeux d'Aruns il cachait ses alarmes
      mais tantost en sortant, j'ay vu couler ses larmes,> [↑]β

Imitant vos vertus, ne peut trahir son père.
Que dis-je? vous savez par quels affreux serments
Rome à ses intérêts enchaîne ses enfants.
Ce matin dans ces lieux Titus jurait encore
Une haine éternelle à ce sang qu'il adore;   30
Que peut faire, après tout, son cœur désespéré?

TULLIE

M'obéir, il n'a point de devoir plus sacré;
Quoi donc, tant de Romains, Tiberinus son frère
Briguent de me venger, sans espoir de me plaire;
Et lui... dirai-je hélas? lui si cher à mes yeux,   35
Lui sans qui désormais le jour m'est odieux,
Après que mon devoir, après que sa tendresse,
A cet excès d'amour ont conduit ma faiblesse,
Lui me trahir?

ALGINE

                    Au fond de son cœur agité,
Vous l'emportez sur Rome, et sur la liberté.   40

TULLIE

Ah! liberté coupable, et vertu de rebelle!
Ah! plus cruel amant que citoyen fidèle!
N'attendons plus, partons, si je puis, sans regret.
Je ne sais quelle horreur m'épouvante en secret.
Peut-être ma terreur est injuste et frivole;   45
Mais je vois en tremblant cet affreux Capitole;
Je crains pour Titus même; et Brutus à mes yeux

27-30   MSI, struck out
33   MSI: Quoy? ⸢donc⁺ tant

APPENDIX III

Variant to v.viii.229b-240 from MSI

This text was deleted by Voltaire and replaced by a new 'Scène dernière'; see appendix IV and base text above.

Scene 8ᵉ

<BRUTUS, TULLIE

TULLIE *et Titus se regardent.*

Titus… Dieux… arrêtés… Cruels,

Titus est emmené.

                                                    qu'allés vous faire?
Titus est innocent, c'est moy qu'il faut punir
Je l'aimay, je forçay son cœur à m'obeir
S'il a servi son Maître, et son roy legitime
dans la fille des rois, osés punir ce crime   5
Je sçay qu'il faut du sang à vos severes mains

---

c   MSI, stage direction added in another hand
1a   MSI, stage direction added in another hand
4   MSI: a <trahi> servi son <prince> ↑Maître⁺, et
6   MSI: <il faut du sang peut estre> ↑β à vos

mais, c'est le sang des Rois qu'il faut à des romains

BRUTUS *se relevant d'entre les bras des licteurs qui le soutenoient.*

Vas, fille de Tarquin, ne crains point ma Colere
tu m'as Ravy mon fils, mais tu servois ton pere
tu suivois ton devoir, il trahissoit le sien   10
plus malheureux que toy, J'ay satisfait au mien

Scene 9ᵉ

BRUTUS, TULLIE, VALERIUS PUBLICOLA,
LICTEURS, SUITE

VALERIUS

Seigneur tout le senat dans sa douleur sincere
Vient de l'Etat en vous reconnoitre Le pere.

BRUTUS

Mon fils n'est plus, Seigneur.

TULLIE

                        Ah! Cœurs denaturés
Il est mort par vos mains, Tigres et vous pleurés   15
Si le Ciel, si Tarquin ne vange un si grand crime
puisse la liberté dont il est la victime
puisse la liberté, le prix d'un si beau sang
Estre pour vous, des dieux le plus affreux present.
qu'elle soit des romains, l'idole et le suplice   20
que par son senat même, un jour, elle perisse
que l'Etat dechiré par le peuple et les grands

change à jamais de loix, de fers et de Tirans
formés Dieux tout puissants pour punir ces perfides
dans de[s] Brutus nouveaux, de nouveaux parricides   25
que ces monstres reduits, à perir par leurs mains
nagent en expirant dans le sang des Romains
et que de tant d'horreurs, mon trepas soit le gage

VALERIUS

qu'on la retienne helas! quelle funeste rage [1]
détournés, o destins ce presage odieux   30

BRUTUS

Rome est libre... il suffit... rendons graces aux dieux>

Fin.

---

[1] It is worth noting that Tullie's fearful imprecations, predicting or willing the future downfall of Rome, are similar to those of Hérode (in all the editions of *Mariamne* until 1736) calling down dispersion, suffering and universal hatred on the Jewish people.

APPENDIX IV

MS I, final scene to act v in Voltaire's hand

This final scene to act v in Voltaire's hand replaces the text of appendix III above.

BRUTUS, PROCULUS

PROCULUS

Seigneur, tout le senat dans sa douleur sincere,
vient de l'etat en vous reconnoitre le pere.
et gemissant du coup, qui doit vous accabler...

BRUTUS

Vous connoissez Brutus et l'osez consoler?
peut etre on nous prepare une attaque nouvelle
Rome seule a mes soins; mon cœur ne connoit qu'elle.   5
allons, que nos romains, dans ces moments affreux,
me tiennent lieu du fils que j'ay perdu pour eux;

---

3 MS I, with parallel reading: gemissant / fre[missant]
4 MS I: \<quoy vous etes romain et l'osez\>
5 MS I: ^{V}\<β\> $^\uparrow$\<Songez que Rome devant\> $^{V\uparrow}$β
6 MS I: soins; \<votre\> $^\uparrow$mon
7 MS I: lieu d\<u\>es fils que j'ay perdu\<s\>

que je finisse au moins ma deplorable vie,
comme il devoit perir en vangeant la patrie.   10

VALERIUS entre.

Seigneur...

---

9   MS1: <dieux combatez pour nous, un pareil sacrifice> ↑que je finisse au moins <une odieuse> ↑ma deplorable⁺ vie

10   MS1: <n'est digne que de rome, et de votre justice> ↑comme il <eut du> ↑devoit⁺ perir

11   MS1: <UN SENATEUR> ↑VALERIUS⁺ entre

Le Glaneur historique and *Brutus*

Accusations of plagiarism were constantly among the stock weapons used by detractors of Voltaire the tragic dramatist. But, as is
evident from the tenor of the following documents, the style of
those accusations – usually quite devoid of concrete proof – was
perhaps meant to do more damage to Voltaire's easily provoked
susceptibility than to his real standing with the public. The
preamble to *Jugement rendu en dernier ressort par Momus* reads: 'les
amateurs du spectacle qui possèdent presque par cœur toutes les
belles pièces prétendent que le nouveau *Brutus* n'est que celui de
Mademoiselle Bernard, habillé de neuf. C'est ce qui a donné lieu
aux auteurs de la critique qui en a déjà paru de comparer le poète
au fondeur des cloches du roi de Portugal, qui s'approprie la
matière qui appartient à un autre, et qui en tous sens n'est qu'un
refondeur' (p.3).

---

*Jugement rendu en dernier ressort par Momus, conseiller d'Etat
d'Apollon, lieutenant général de police, et MM. les conseillers en
cette partie, contre – Aroüet, dit, Voltaire. (Parodie de la Sentence
des Cloches, rendue en dernier ressort, par M. Herault, lieutenant de
police, à Paris.)*

Vu par nous Momus, chevalier, seigneur des plaisanteries, conseiller d'Etat et lieutenant général de police, au Parnasse: Houdart de
la Motte, seigneur de Romulus, Œdipe, et d'Ignès de Castro:
Nicholas Danchet, seigneur des Tendarides, et autres pièces:
Jacques Pirron, sieur de Calisthène; et Blaise de Boissi, sieur   5

d'Alceste; commissaires du Conseil d'Apollon, en cette partie: La Requête à nous portée par Pierre Fontenelle, sous le nom de demoiselle Bernard, par laquelle il nous aurait demandé acte de l'appel qu'il aurait interjecté des applaudissements que le parterre aurait pu donner à la nouvelle tragédie dudit Voltaire; ainsi que la demande en revendication de ladite tragédie, qu'il affirmerait n'être point refonte de celle de Brutus, qu'il aurait anciennement donnée, sous le nom de ladite demoiselle Bernard. Faisant droit sur l'appel et sur la requête dudit Fontenelle, avons mis et mettons les applaudissements donnés le 11 du présent mois à la pièce de Voltaire, au néant; Emendant sans avoir égard à l'approbation du parterre, que nous déclarons pour la première fois susceptible de faillibilité: Et n'ayant aucunement égard au rapport des spectateurs désintéressés qui ne se laissent pas séduire par les sons et l'harmonie d'un vers qui ne doit souvent son mérite qu'à l'acteur qui le fait valoir: Ordonnons que les huit cents vers refondus de la tragédie dudit Voltaire, en exécution du marché passé entre lui et les comédiens, demeurent pour son compte et à ses périls et risques; Et en conséquence, le condamnons par corps à rendre audit Fontenelle, ou à ladite demoiselle Bernard, fondée de sa procuration, la quantité de sept à huit cents vers que ledit Voltaire aurait pris dans la pièce dudit Fontenelle, et qu'il aurait retournés pour en cacher le larcin; de même qu'une partie des sentiments romains qui auraient fait l'admiration du public, dans la bouche de Brutus, comme de l'esprit de Voltaire, et qui n'était que l'écho de Fontenelle: Et à défaut par ledit Voltaire de faire ladite restitution; le condamnons par les mêmes voies à partager avec ladite demoiselle Bernard les émoluments et profits que la décadence du siècle et du bon goût lui assure, suivant le calcul qui en sera fait par le contrôleur de la Comédie, ladite demoiselle Bernard duement appelée. Déclarons le présent jugement solidaire avec Nicodème Tiriot, sa caution; Et attendu les contraventions dudit Voltaire au véritable esprit du poème dramatique, lui défendons, sous les peines terribles du sifflet, de prendre à l'avenir aucun sujet de tragédie qui aura été traité avant lui, crainte que sa mémoire ne

10

15

20

25

30

35

40

301

lui fournisse des traits que sa vanité croira lui appartenir; lui ordonnons pareillement de faire parler une Romaine, en Romaine, et non en héroïne de l'Opéra; de donner à l'ambassadeur l'idée de son véritable caractère, et non celui d'un fourbe maladroit, dont la grossièreté se développe, même à ceux qu'il veut tromper; et   45 surtout, lui défendons d'employer dans ses tragédies de ces vers séducteurs qui étonnent l'ignorant; éblouissent le savant, et arrachent l'admiration de ceux mêmes qui ne les entendent pas.

(*Signé*) PELLEGRIN, *greffier.*

Voici une petite pièce qui ne peut manquer d'être bien reçue du   50 public: Elle a toute la grâce de la nouveauté, et les connaisseurs jugeront d'abord qu'elle part de main de maître. Ce sont deux scènes parodiées du *Brutus*, dernière tragédie qu'*Arroüet de Voltaire* a publiée. Cet auteur, aussi bien que messieurs *Houdart de la Motte et Fontenelle*, sont, en dépit de la satire, très célèbres dans ce monde   55 littéraire. Mais pour *Tiriot*, dont il y est aussi parlé, ce n'est tout au plus qu'une grenouille de la *Fontaine des Muses*, dont le croassement étourdit l'oreille et affadit le cœur. Il n'a pour tout mérite que d'être camarade de collège d'Arroüet, et son ami inséparable: Sa mémoire n'est farcie que de la *Henriade* et autres   60 poésies de son héros: Il va les déclamer dans les cafés, chez les gens riches, et même chez les seigneurs, avec qui il s'est faufilé, sous les auspices d'Arroüet, n'étant pas d'une naissance à y avoir entrée. Cette note a paru nécessaire pour mettre le lecteur au fait de ce personnage. [...]   65

LE SÉNAT ACADÉMIQUE

PARODIE

De la première scène de la tragédie de BRUTUS

(*Le théâtre représente un portique du* Vieux-Louvre, *décoré de festons, de lauriers, et de plusieurs livres suspendus aux lambris: et au milieu de quatre tables à écrire, est un autel dressé au dieu des Muses. Les quarante académiciens sont rangés autour de ces tables, où paraissent* Houdart *et* Fontenelle, *à la tête des quatre présidents.*)

SCÈNE PREMIÈRE

HOUDART

Défenseurs du bon goût, qui n'avez pour rivaux,
Qu'un vil essaim d'auteurs, jaloux de vos travaux;
Enfin notre ennemi commence à nous connaître:
Le superbe rival (*a*) qui nous parlait en maître,
Qui foulait à ses pieds, vos écrits et les miens;   70
Qui rabaissait nos vers pour exalter les siens,
Dépouillant aujourd'hui son fiel et son audace,
Cet auteur parmi nous brigue enfin une place.
Tiriot, d'Arroüet le ridicule appui;
Tiriot colporteur, avide comme lui,   75

(*a*) Voltaire.

Le Brutus à la main en ce moment s'avance:
A cet auguste corps il demande audience:
Il est sous ce portique, et c'est à vous de voir
S'il faut le refuser, s'il faut le recevoir.

FONTENELLE

Il le faut, croyez-moi, renvoyer sans l'entendre;   80
Son maître, à cet honneur, n'a plus droit de prétendre.
Par ses discours altiers, par ses jaloux écrits,
Il a trop signalé ses superbes mépris.
Quand son hommage enfin deviendrait plus sincère:
Par quel chef-d'œuvre encore a-t-il droit de vous plaire?   85
Serait-ce un vain poème, et sans ordre et sans art,
Composé de lambeaux, entassés au hasard?
Ou bien ces vers pompeux dont le son vous abuse,
Et couvre le larcin qu'il fait à ma muse.
Sans écouter la voix de mes ressentiments,   90
Vous-mêmes consultez vos propres sentiments.
De quel front n'a-t-il pas dédaigné vos ouvrages?
Quels sont-ils ses lauriers, ses encens, ses suffrages,
Qui sont sortis, pour vous, de ses avares mains?
De l'immortalité fermez-lui les chemins.   95
O toi! savante élite, auguste Académie,
Fais sentir aux auteurs ta puissance infinie,
Frondes, abats ces écrits, hors du Louvre enfantés;
Tombes, ou fais-les tomber, ce sont là tes traités.

HOUDART

Ah! l'on sait à quel point la critique m'est chère;   100
Mais plein du même fiel, mon sentiment diffère:
Pour mieux braver encor son député confus,
Qu'ils viennent apprendre ici, sa honte et nos refus.
Dans ses abaissements, je veux que l'on découvre,
Comme un premier hommage aux citoyens du Louvre.   105

Il vient approfondir quel est notre savoir.
Messieurs, c'est pour cela qu'il le faut recevoir.
Qu'il contemple à loisir vos augustes visages:
L'admirateur d'un fou, va voir enfin des sages.
Qu'il tremble au seul aspect de tant d'auteurs divins,   110
Qu'il entre, qu'il écoute, et qu'il batte des mains.

> (*L'on va au scrutin.*)

FONTENELLE

Je vois tous ces messieurs passer à vos avis:
Eux et vous, l'ordonnez, à regret j'y souscris.
Portier, il peut entrer... Puisse son éloquence
N'avoir rien de choquant, dont notre goût s'offense!   115

> (*A Houdart.*)   .

C'est sur vous seul ici que les yeux sont ouverts:
Vous qui faites le mieux de la prose et des vers,
Pour cette Académie augmentez votre zèle.
Houdart en est le chef, il doit parler pour elle.

SCÈNE SECONDE

(*Tiriot entre, et passe devant les académiciens qu'il salue: Il va se placer vis-à-vis du directeur, dans un siège qui lui est préparé.*)

TIRIOT

Ecrivains...

HOUDART

Arrêtez, que votre esprit jaloux,   120
Donne un plus digne nom à des gens tels que nous.

Regardez-nous, profane, et voyez où vous êtes.
Commencez.

TIRIOT

       D'Appollon éclairés interprètes.
Messieurs; Vous directeurs, qu'il m'est doux d'être admis
Dans ce conseil sacré de doctes ennemis;   125
J'y vois tous ces savants dont l'équité sincère,
N'a, jusques aujourd'hui, qu'un reproche à se faire;
Car vous n'ignorez pas les titres glorieux,
Du rare et digne auteur qui m'envoie en ces lieux;
Descendant parmi vous du faîte du Parnasse,   130
Le célèbre Arroüet ose attendre une place,
Et qui de vous enfin peut la lui disputer?
Vous qu'on a vu cent fois, prendre, élire, adopter
Tant d'auteurs qu'on méprise, ou même qu'on ignore;
Dont le nom seul, enfin, doit…

HOUDART

               Arrêtez encore.   135
Est-ce ainsi qu'on nous loue, et ce discours jaloux,
En critiquant nos choix, vient-il s'en prendre à nous?
Jamais le repentir n'a suivi nos suffrages:
Ecoute; et connais mieux de si grands personnages;
Sans goût et sans esprit, s'ils furent autrefois: 140
Goût, esprit, ils ont tout, dès qu'ils ont notre choix.
Quel droit ton maître a-t-il au temple de Mémoire?
Il ne fait que d'entrer dans le champ de la gloire?
Il y marche en aveugle: il aime ses erreurs:
Et du poète encore, il n'a que les fureurs.   145
Mais un autre intérêt l'engage à nous surprendre,
A nos jetons, sans doute, il a voulu prétendre;
Devant eux seulement il s'abaisse aujourd'hui.
Vois cet or, Tiriot, il n'est pas fait pour lui.

TIRIOT

Vous connaissez bien mal Voltaire et son génie,   150
Et quand il serait vrai qu'une telle manie,
Eût entraîné son cœur par delà son devoir;
N'est-ce donc que les gueux que l'on veut recevoir?
Consultez-vous, Messieurs, et rendez-vous justice;
Quel homme est sans erreur, quel poète est sans vice?   155
Voltaire, à chaque instant, retouchant ces essais,
Aux triomphes passés, joint de nouveaux succès.
Instruit par le sifflet, ce maître des poètes,
Il rendra plus fameux le portique où vous êtes.
Qu'il puisse…

HOUDART

Il n'est plus temps, chaque auteur a ses lois,   160
Qu'il tient de son caprice, et qu'il change à son choix;
Tel est le juste arrêt de notre république:
Dès qu'un auteur suspect, par un venin critique,
A flétri nos lauriers, et souillé nos écrits,
Son nom passe aussitôt au rang des noms proscrits.   165
Toujours trop tard l'éloge efface la satire;
Qui dit du mal de nous en peut encore dire.
Arroüet, sur ce point, n'a qu'à se consulter:
Son orgueil, trop longtemps, osa nous insulter;
Qu'il poursuive, on craint peu sa censure ennemie.   170
O toi! Dieu des savants, Dieu de l'Académie,
Sur ton autel, au nom de tes chers nourrissons,
Ecoute nos serments, au lieu de nos chansons.
Si quelqu'un parmi nous, s'oppose à tes maximes,
Que son nom arraché de nos fastes sublimes,   175
Languisse séparé de nos noms éclatants,
Meure et tombe, avec lui, dans les ombres du temps;

Et devienne, à nos yeux, plus odieux encore,
Que n'est le nom de(*b*) Roi, que notre corps abhorre.

TIRIOT

Et moi sur cet autel que vous profanez tous,   180
Je jure, au nom du Dieu, que j'atteste avec vous,
A vous, à vos pareils, une guerre immortelle.

HOUDART

Eclatez ma vengeance, aussi bien que mon zèle...
Va; qu'Arroüet, s'il veut, pour soutenir ses cris,
Arme encore contre nous ses confrères(*c*) proscrits.   185
Voilà ce que, par moi l'Académie annonce.
A ton maître, sur l'heure explique sa réponse:
Rapporte-lui la guerre: Et surtout fais-lui part
De ce qu'a fait et dit le directeur Houdart.

FIN

(*b*) Poète, qui a eu de grands démêlés avec l'Académie, dont il voulait être membre.
(*c*) Rousseau et la Grange-Chancel.

Eriphyle, tragédie

critical edition

by

Robert Niklaus

ACKNOWLEDGEMENTS

I wish to express my thanks to the many persons who have helped me in the preparation of this edition. I am greatly indebted to Andrew Brown for his expertise in all bibliographical matters and to Ulla Kölving who has conscientiously gone over my text, checked all my data and made useful comments. Charles Wirz, curator and librarian of the Institut et musée Voltaire, has provided me with much information and some photocopies. J.-D. Candaux obligingly put copies of otherwise unavailable editions at my disposal. H. T. Mason kindly read a first draft of my introduction making valuable observations. W. H. Barber, as well as reading the proofs, has also made many helpful suggestions. J. Vercruysse generously sent me photocopies and offprints of his own articles as well as drawing my attention to a hitherto unknown text in a collective edition of Voltaire's works. My special thanks go to G. Barber and the Taylor Institution. Mme I. F. Grigorieva and the late Larissa Albina have greatly facilitated my consultation of editions in the National Library of Russia, St Petersburg. Mme Chevalley, former curator of the Bibliothèque et musée de la Comédie-Française, was able to identify for me the provenance of the eighteenth-century manuscripts in her collection with which I was concerned. F. R. Hamlin of the University of British Columbia kindly placed his copy of the early impression of the Kehl edition of Voltaire's works at my disposal during the year I spent as Visiting Professor at the University. I am beholden to Professor Bowman and the Librarian of Princeton University as also the librarians and staff of many universities including the London Library, the Bibliothèque nationale, the Bibliothèque de l'Arsenal, the Bibliothèque Royale Albert Ier, the Bibliothèque de la Sorbonne, the Bibliothèque Sainte-Geneviève, the Bibliothèque publique et universitaire Geneva, the university libraries of Lau-

sanne, Göteborg, Glasgow, Bologna, Kungliga Biblioteket, Stockholm, the Kungelige Bibliotek, Copenhagen, the Österreichische National Bibliotek, Vienna, the Provinciale Bibliothek van Zeeland, Middelburg, Netherlands, and the Roborough Library, Exeter. I owe a special debt of gratitude to my wife Kathleen for her unstinted secretarial assistance.

INTRODUCTION

1. *Composition and performance*

Voltaire's first reference to *Eriphyle* is in a letter to Thiriot dated 1 June 1731 (D414) which implies that his new tragedy was already in draft:

A l'égard du secret que je vous confiay en partant et qui échapa à m^r l'abbé de Rotelin, soyez impénétrable, soyez indevinable. Dépaysez les curieux. Peutêtre aura t'on lu déjà aux comédiens Er. Détournez tous les soupçons.

He may have wished to keep his achievement secret so as to arouse curiosity since he knew that the play was to be read to the actors of the Comédie-Française, perhaps also for his own personal and somewhat malicious enjoyment (see D420). Be that as it may, Voltaire kept up the pretence for some time and, in a letter dated 26 January 1732, Formont writes to Cideville about the casting of the play and states: 'Pour Le secret, il L'a Confié à La moitié de Paris et L'a priée De ne le pas Révéler à l'autre' (D458).

Voltaire worked fast and we can believe him when he states in a letter to Thiriot dated 30 June 1731 (D417):

Ce qui m'a prolongé ma fièvre est un étrange régime où je me suis mis. J'ay fait toutte la tragédie de Cesar depuis qu'Eriphile est dans son cadre. J'ay cru que c'étoit un sûr moyen pour dépayser les curieux sur Eriphile, car le moyen de croire que j'aye fait Cesar et Eriphile, et achevé Charles douze en trois mois!

Eriphyle was written after *Brutus*, first performed on 11 December 1730 and published in 1731, and at about the same time as *La Mort de César* which was mapped out at Wandsworth in 1726, completed in 1731, but much amended until 1739, and only performed at the Comédie-Française in August 1743. It forms part of Voltaire's

sustained effort to give the French public the benefit of his dramatic experience in England, to broaden the taste of spectators in Paris and renew French classical tragedy by borrowing elements from Shakespearian drama. He realised full well the difficulty of transposing dramatic devices from one country to another, let alone conceptions of drama, and he endeavoured to be suitably cautious, but, having seen *Hamlet*'s ghost, he thought that he might introduce to good purpose a ghost on the French stage and sensed that his audience was growing eager for new dramatic and spectacular effects. Yet the ghost in *Eriphyle* could hardly appear convincing or even acceptable when the classical stage was still encumbered by numerous spectators. The whole conception of drama and the very relationship between actors and their public were different in England and in France. Yet Voltaire clung to his cherished dream of universality in artistic taste and at least at first sought with *Eriphyle* to effect an Anglo-Greek symbiosis.

If Voltaire finished his first draft in a very short time, he spent long months over its revision. He knew from the first that his play needed attention, for in a letter to Cideville of 5 August 1731, he writes: 'Eriphile, si j'ay quelque crédit, ne sera jouée qu'à la s^t Martin, et n'en vaudra que mieux' (D421). On 8 August a letter to Formont (D422) reveals that his self-chosen critic, the marquis de Maisons, was holding out against Voltaire's draft. On 3 September, in a further letter to Cideville (D428), he gives expression to his dissatisfaction in no uncertain terms:

Je passeray mon temps à corriger sérieusement Eriph. que les comédiens demandent avec empressement; Androgide me déplait plus que jamais. Eriphile n'étoit pas plus effrayée de ce coquin là que je le suis. Je vous diray avec une très méchante plaisanterie, qu'il a trop l'air d'avoir foutu la reine et que pour moy il me fout.

Two days later, in a letter to Formont (D429), he extends the range of his criticism:

je corrige Eryphyle; elle n'est encore digne ni de vous ni du public, ni même de moi chétif. J'avais cru facilement que les beautés de détail qui

y sont répandues, couvriraient les défauts que je cherchais à me cacher. Il ne faut plus se faire illusion; il faut ôter les défauts, et augmenter encore les beautés. L'arrivée de Théandre au troisième acte, ce qu'il dit au quatrième et à la fin de ce même quatrième acte, me paraissent capables de tout gâter. Il y a encore à retoucher au cinquième. Mais quand tout cela sera fait, et que j'aurai passé sur l'ouvrage le vernis d'une belle poésie, j'ose croire que cette tragédie ne fera point déshonneur à ceux qui en ont eu les prémices, à mes chers amis de Rouen, que j'aimerai toute ma vie, et à qui je soumettrai toujours tout ce que je ferai.

We note his affection for Cideville and Formont and the high regard in which he held their critical advice even before the death of Maisons from smallpox on 13 September 1731 (see D431), a death which affected him deeply and made him turn even more fully to his friends. On 28 September he writes to Formont (D433):

A l'égard d'Eriphyle [...] je crois enfin en avoir fait une pièce où la terreur et la pitié seront portées à leur comble. Le 1^r acte, le 4e et le 5e sont tout neufs. Je compte envoyer encessament le manuscrit à vous et à notre cher Cideville.

On 2 October he writes to Cideville at some length, giving details of the changes he has made to the play and quoting new passages, a substantial part of which was later cut out; many lines, however, reappear in a different order in the same scene. The version sent to Cideville is still an early one, and not that of the first performance, for the character known to us as Hermogide is still called Androgide. The relevant passage of this letter (D434) needs to be quoted in full:

A l'égard de mon Eriphile je l'ay bien refondue. J'ay rendu l'édifice encor plus hardi qu'il n'étoit. Androgide ne prononce plus le nom d'amour. Eriphile épouvantée par les menaces des dieux et croyant que son fils est encor vivant, veut luy rendre la couronne, dût elle expirer de la main de son fils selon la prédiction des oracles. Elle aprend au peuple assemblé qu'elle a un fils, que ce fils a été éloigné dès son enfance dans la crainte d'un parricide, et elle le nomme pour roy. Androgide, présent à ce spectacle, s'écrie

Peuples, chefs, il faut donc m'expliquer à mon tour,
L'affreuse vérité va donc paroitre au jour.
Ce cruel rejetton d'une royale race,
Ce fils, qu'on veut au trône apeler en ma place,
Cet enfant destiné pour combler nos malheurs,
Qui devoit sur sa mère épuiser ses fureurs,
Il n'est plus; et mes mains ont prévenu son crime etc.

Androgide donne des preuves qu'il a en effet tué cet enfant, qui étoit réservé à de si grands crimes. La reine voit donc en luy le meurtrier de son époux et de son fils. Androgide sort de l'assemblée avec des menaces. La reine reste au milieu de son peuple. Tout cela se passe au troisième acte. Elle a auprès d'elle cet Alcmeon qu'elle aime. Elle avoit jusqu'à ce moment étouffé sa tendresse pour luy; mais voyant qu'elle n'a plus de fils et que le peuple veut un maître, qu'Androgide est assez puissant pour luy ravir l'empire, et Alcmeon assez vertueux pour la deffendre, elle dit

Es tu lasse fortune? esce assez d'attentats
Cher ombre de mon fils? et toy cendre sacrée,
Cendre de mon époux de vangeance altérée,
Mânes sanglants, faut il que votre meurtrier
Règne sur votre tombe, et soit votre héritier?
Le temps, le péril presse, il faut donner l'empire.
Un dieu dans ce moment, un dieu parle et m'inspire.
Je cède, je ne puis dans ce jour de terreur
Résister à la voix qui s'explique à mon cœur.
C'est vous, maitres des rois et de la destinée,
C'est vous qui me forcez à ce grand himénée.

à Alcmeon

Ouy seigneur de ces dieux secondez le couroux,
Vangez moy D'Androgide, et le trône est à vous.

ALCMEON

Moy grande reine! moy; que ces honneurs insignes.

ERIP:

Eh quels rois sur la terre en seroient aussi dignes?
Et près de vous enfin que sont ils à mes yeux?
Vous avez des vertus, ils n'ont que des ayeux.
J'ay besoin d'un vangeur, et non pas d'un vain titre.

Régnez, de mon destin soyez l'heureux arbitre.
Peuples, voylà ce roi si long temps attendu
Qui seul vous deffendit, qui seul vous étoit dû,
Ce vainqueur de deux rois prédit par les dieux même.
Qu'il soit digne à jamais de ce saint diadème,
Que je retrouve en luy les biens qu'on m'a ravis,
Votre apuy, votre roy, mon époux, et mon fils etc.

A l'égard du caractère d'Androgide, l'ambition est le seul mobile qui le fait agir. Voicy un petit échantillon de l'âme de ce monsieur, c'est en parlant à son confident,

Moy conoitre l'amour? Ah qui veut être roy,
Ou n'est point fait pour l'être, ou n'aime rien que soy.
Le bandeau de l'amour, et l'art trompeur de plaire
De mes vastes desseins ont voilé le mistère.
Dès mes plus jeunes ans la soif de la grandeur
Fut l'unique tiran qui régna dans mon cœur.
Amphiarus par moy privé de la lumière
Du trône à mon courage entr'ouvroit la barrière,
Mais la main de nos dieux la ferma sous mes pas,
Et dans quinze ans entiers de trouble et de combats
Toujours près de ce trône où je devois prétendre
J'ai lassé ma fortune à force de l'attendre.
Mon credit, mon pouvoir adoré si longtemps
N'est qu'un colosse énorme ébranlé par les ans,
Qui penche vers sa chutte et dont le poids immense
Veut pour se souvenir la suprême puissance.
Sans cet apuy je tombe etc.

J'ay extrêmement changé le second acte. Il est mieux écrit, et baucoup moins froid. J'ay je l'ose dire embelli le premier, j'ay laissé le quatrième comme il étoit, j'ay extrêmement travaillé le cinquième. Mais je n'en suis pas content. J'ay envie de vous l'envoyer afin que vous m'en disiez votre avis avec toutte la rigueur possible. Hélas je parlois de tout cela à ce pauvre m^r de Maisons au commencement de sa petite vérole. Il aprouvoit ce nouveau plan autant qu'il avoit blâmé les premiers actes de l'autre.

After 2 October and before the casting of the play but at a date

his correspondence does not reveal he decided to change the name of Androgide to Hermogide, partly no doubt to give his character greater vigour, partly too for reasons of versification. The letter quoted above is most important, for it gives precise reasons for his discontent and provides valuable evidence of the lines on which his critical mind was running in respect of his play. His judgement was not at fault, but there are other criteria that render even his revised play unsatisfactory. Some of these became apparent by the time he halted the publication of the work in 1732. In a later letter to Formont[1] he lists them, dwelling on the characters and the plot at some length in the belief that merely to point them out shows the way to eventual correction. He hopes that his friends will return the manuscript with which they must deal ruthlessly and informs them that he will shortly send *Eriphyle* to his publisher Jore at Rouen.

Voltaire had noted some minor as well as some major flaws and part of his effort to remedy them will consist in pruning and removing possible ambiguities or words that are not wholly appropriate to the speaker, as well as adding interest to the characters rather than endeavouring to pile up *coups de théâtre*, the better to astound the spectator. He still thinks, however, that his play will soon be ready for his publisher. On 20 November he writes to the effect that *Eriphyle* will appear only in February of the following year, welcoming the delay since it will give him time to improve his play (D438). On 21 November he writes to Formont telling him that he will find *Eriphyle* greatly changed and that he has gained encouragement from Formont's approval of his first changes (D439). He would like to submit the play to him in its present condition and says that if he comes to Paris soon he will be able to see his play. Around 10 December he informs

---

[1] D430. This letter, which we tentatively date October 1731 (Besterman: *c.* 15 September 1731), is the first to register the change of Androgide to Hermogide and it may well be that an earlier letter with a word of explanation has been lost.

Cideville that he is working on his play; on 20 December he is still hard at work, although unwell and discontented (D447):

Eriphile et ma machine malade, m'ont tellement occupé tous ces jours cy [...] Je soufre et je rime. Quelle vie! encor si je rimois bien! mais si vous saviez combien il m'en coûte actuellement pour polir ma putain d'Argos, pour mettre chaque mot à sa place et *male formatos incudi reddere versus*, vous plaindriez votre pauvre amy. Mon dieu pourquoy faire des vers et les faire mal?

He received comforting news about Jore who had been served with a *lettre de cachet*, and continued to revise his play. 'Notre Eriphyle sera bientôt jouée', he assures Formont, in a letter dated 25 December and often given as 26th, but quite probably of a later date: 'Vous la trouverez bien différente de ce qu'elle était' (D450). Formont's letter to Cideville of 15 January 1732 does, however, bear out Voltaire's earlier statement: 'J'entendray mercredi La nouvelle Eriphile car il m'a dit qu'elle étoit presque toute changée' (D452). On 16 January 1732 he invites Moncrif to attend the reading to which Formont had alluded and which would appear to be a second reading by Voltaire himself (D457):

Je dois lire ce soir Eriph. à sept heures chez moy. [...] C'est une entreprise digne du grand Condé par la difficulté que de vouloir faire entendre raison à des comédiens, mais je suis sûr que tout ira bien puisqu'il [le comte de Clermont] daigne s'en mêler. Mon embaras à présent est de savoir si Eriph. méritera tant de bontez. Vous devriez venir l'entendre à sept heures, on juge encore mieux à une seconde lecture.

In another letter (D453) to Moncrif probably written in the same month and shortly after the January reading, Voltaire expresses his delight at the good taste shown by the prince, three sound but unnamed critics, Mme de Bouillon and Moncrif himself. A letter by Formont to Cideville of 26 January voices his misgivings about the play and his hopes for its success (D458):

Hier il distribua Les Rôles et à l'opéra où nous étions il tâchoit de satisfaire à des difficultés que je Luy proposois en changeant et ajoutant

des vers. Vous Le Reconoissés à tout cecy. [...] Je meurs de peur que Le sujet ne soit mauvais et incorigible, mais Comme il faudroit jetter La pièce au feu je n'insiste plus sur Les difficultés essentielles. Aureste il y a Les plus Belles choses du monde Dans Les détails et je souhaite que le merveilleux et L'imposant fassent une impression de sentiment assés vive pour que Les objections ne viennent q[ue dans] Le cabinet par La Refflexion, ce qui n'empêche pas Les pièces De Réussir. Il s'agit àprésent de Bien faire jouer Les comédiens et ce n'est pas peu de chose. Je croy que mardi nous ferons faire une petite Répétition du Rôle d'Eriphile à La Balicourt.

On 3 February Voltaire writes to Cideville (D459) showing his apprehension at the coming performance of his play at the Théâtre-Français and proceeding to comment on its reception at a private performance in the home of Mme de Fontaine-Martel where Voltaire was spending the winter:

Pour moy qui suis assez malheureux pour ne faire ma cour qu'à Eriphile j'ay retravaillé ma tragédie avec l'ardeur d'un homme qui n'a point d'autre passion. Dieu veuille que je n'aye pas brodé un mauvais fond, et que je n'aye pas pris bien de la peine pour me faire sifler. Enfin les rôles sont entre les mains des comédiens, et en attendant que je sois jugé par le parterre j'ay fait jouer la pièce chez madame de Fontaine Martel [...] Elle a été exécutée par des acteurs qui jouent incomparablement mieux que la trouppe du faubourg s^t Germain. La pièce a attendri, a fait verser des larmes, mais c'est gagner en première instance un procez qu'on peut fort bien perdre en dernier ressort. Le cinquième acte est la plus mauvaise pièce de mon sac, et poura bien me faire condamner [...] J'ay fait ma pièce pour moy, et non pour du Frene et pour Sarrazin. Je l'ay même travaillée dans un goust au quel ny les acteurs ny les spectateurs ne sont accoutumez. J'ay été assez hardi pour songer uniquement à bien faire plutôt qu'à faire convenablement. Mais après tout si je ne réussis pas il n'y en aura pas pour moy moins de honte, et on m'acablera d'autant plus que le petit succez qu'a eu l'histoire du roy de Suede a soulevé l'envie contre moy, et elle m'attend au parterre pour me punir d'avoir un peu réussi en prose.

Voltaire was clearly worried over the actors' interpretation of their parts as well as the casting of the play and no doubt he also

sought to safeguard his position in the eyes of his friends. The latter were rather more critical than he realised. In a letter dated 18 February addressed to Cideville (D461), Formont is very frank:

Je ne croy pas Le goût de V. sûr en général mais en particulier il est fort sujet aux méprises sur La contexture d'une pièce. Demain Eriphile qui est écrite à merveille Comme il sçait très bien faire et très mauvaise pour Le sujet comme il sçait très bien faire aussi. Après L'avoir entendu Beaucoup Reciter, déclamer je L'ay Relue avec attention et y ay trouvé des défauts incurables pour le sujet, ainsi j'ay grand peur pour Le succès, je dis le grand succès, car les Beautés de détail l'empêcheront toujours de tomber toute platte.

Eriphyle was to be put on immediately after *Le Glorieux* by Destouches, but the latter play met with such success that it ran to thirty performances between 18 January and 28 March 1732. Voltaire was thus given more time than expected in which to further revise his play. His apprehension grew as the date of performance drew near. On 27 February he writes to Cideville (D463):

Pour moy qui cours risque d'être siflé mercredy prochain et qui vais faire répéter Eriphile dans l'instant je ne puis que me recommander à dieu, et me taire sur les vers des autres.

After the unexpected delay *Eriphyle* at last reached the stage on 7 March 1732. There were to be eight performances before Easter and four after, a respectable, if not impressive total of twelve.[2]

---

[2] The first seven performances before Easter brought in 3910 livres, the eighth 602 livres 10 sous, according to the *Registres* (p.706-707). Voltaire netted 1098 francs 7 sous for the eight performances for which he received payment. On the first night admission was paid by 1183 persons which means that the theatre of 2000 seats or less at the rue des Fossés-Saint-Germain-des-Prés which housed the Théâtre-Français was about three quarters full (see J. Lough, *Paris theatre audiences in the seventeenth and eighteenth centuries*, London 1972, who points out, p.172, that the largest total attendance on any one day was 1586). A few hundred persons must have received free admission, for in addition to the official list which numbered 416 in 1768, it was customary to offer free tickets to the author and his friends, actors of the Théâtre-Français and of the Opéra, parents, spouses and children of the

We have a letter of Formont addressed to Cideville, dated 7 March (D465), the day of the first performance, which reflects the verdict of a friend and perhaps, too, that of Voltaire and of his supporters:

L'assemblée étoit nombreuse et choisie. La pièce a été jouée foiblement en général, La Balicourt n'avoit encor que L'intelligence de son Rôle, ses tons ont été justes mais n'ont pas été assés poussés et parconséquent elle n'a pas Remué. Dufresne a fait merveille, Sarasin, qui a un Rôle admirable, fort mal. Malgré cela elle a été très Bien Reçue. On a été fort intéressé toujours en augmentant pendant les 4 premiers actes. Ce maudit 5ᵉ acte a un peu Refroidi, je m'y attendois Bien et Voltaire aussi. Heureusement il est court et peutêtre qu'étant mieux joué il Réussira d'avantage mais il a un grand défaut, c'est qu'il n'est pas net. Les Beautés de détail ont été saisies et aplaudies avec une vivacité qui m'a charmé pour L'honeur du parterre [...] Je viens de souper avec Voltaire qui n'est que Bien aise de n'avoir point été sifflé, mais il est trop modeste car quand La pièce n'auroit pas Réussi du Côté de L'intérest Le style Luy en auroit fait toujours Beaucoup d'honeur auprès des Conaisseurs [...] Je vois quelqu'un samedi matin qui étoit à Eriphile et qui me soutient qu'on L'a trouvée mauvaise. Il faut voir Les représentations suivantes pour sçavoir qui a Raison.

We do not know precisely all the names of the original cast, [3] but we know that the title role was taken by Marguerite-Thérèse

---

actors and actresses if they did not take up seats of paying spectators, and two guests per actor or actress on every other day. Officers of the musketeers attended free and, after 22 March 1732, members of the French Academy.

[3] On the first night *Eriphyle* was billed with *Le Florentin* by Champmeslé, and the cast for both performances is listed as follows: Dangeville, Dufresne, Duchemin, Legrand, La Thorillière, Armand, Poisson, Dubreuil, Montmény, Bercy, Grandval, Sarrazin, Dangeville jeune; Mmes Dangeville, Jouvenot, Du Boccage, Balicourt, Baron (Comédie-Française, R94, Registres 1731-1732). Many of these actors were known to Voltaire from their recent performances in *Brutus*. Mlle Dangeville (Marie-Anne Botot) had played Tullie, the heroine in *Brutus*, to Voltaire's liking. Mme Louise Baron who no doubt played in *Le Florentin* was the daughter of Etienne Baron, and must have been brought into the company for the performance, for she is listed as a member of the troupe only from 1736 to 1742.

Balicourt whose first performance at the Comédie-Française in 1727 had been in the role of Cleopatra. She assumed the mantle of Adrienne Lecouvreur after the latter's death in 1730 and played the leading tragic roles[4] till her retirement in 1738. Although an actress of no exceptional ability she seems to have performed adequately in *Eriphyle*. Her interpretation of Eriphyle would have done little to dispell the coldness which Formont and Voltaire himself detected in the play, but was not the object of adverse criticism. Pierre-Claude Sarrazin on the other hand, who undoubtedly had a good voice and a sensitive manner and was reputed to be an excellent supporting actor,[5] was clearly disappointing in the role of Hermogide. He had taken the title role in *Brutus* when Voltaire criticised him for lacking in vigour. Collé and Lekain pronounced him excellent in 'morceaux de sentiment'[6] for which there was no scope in *Eriphyle*. Abraham-Alexis Quinault-Dufresne, who had shone in 1712 in Crébillon's *Electre*, was much applauded in the role of Alcméon. Voltaire knew him well for he had brought him in to replace the 71-year-old Michel Baron in the revised version of *Mariamne* in 1725. 'Beau comme un dieu d'orient', he was naturally entrusted with the role of the young lover or young hero which he played with success in *Inès de Castro*, *Œdipe*, *Hérode et Mariamne*, *Adélaïde Du Guesclin*, *Zaïre*, *Alzire*. He was the obvious choice as orator for the 'Discours' which Voltaire wrote in a day for the re-opening of the theatre after Easter.[7] Anne-Louise de Heydecamp, known as la Jouvenot, who played Zélonide, was famed for her interpretation of her

[4] Among other roles Mlle Balicourt played the Mother in Piron's *Gustave*, Queen Elizabeth in Tronchin's *Marie Stuart* and the heroine in Longepierre's *Médée*.

[5] Grimm thought highly of him (CLT, v.457, 214). He played the roles of Lusignan in *Zaïre*, Alvarez in *Alzire*, Zopire in *Mahomet*, Zamti in *L'Orphélin de la Chine*.

[6] Charles Collé, *Journal et mémoires*, ed. H. Bonhomme (Paris 1868), i.142; Henri-Louis Lekain, *Mémoires* (Paris 1801), p.12.

[7] See below, p.391-94.

usual role of confidant. Legrand de Belleville who had acted in the role of the Grand-Prêtre in *Œdipe* probably took that of Théandre. According to the *Registres* for 1731-1732, the younger La Thorillière who only undertook minor roles,[8] Montmény who was the son of Lesage, and Bercy about whom very little is known, all took part. The company as a whole had had time to adjust after the loss of Baron and Mlle Lecouvreur, and whilst it lacked the glamour of such stars as Mlle Dumesnil, Mlle Clairon and Lekain who joined it somewhat later, it was considered as reasonably good at the time. *Eriphyle* would have been performed against a setting consisting of a *décor multiple* with a temple, the vestibule of a palace, a public place with an exit at the back.[9]

On Saturday 8 March, the day after the first performance, Voltaire had this to say to Cideville (D466):

Eriphile que vous avez vue naitre, reçut hier la robe virile devant une assez belle assemblée qui ne fut pas mécontente et qui justifia votre goust. Notre cinquième acte a été critiqué, mais on pardonne au dessert quand les autres services ont été passables. Je suis fâché en bon chrétien que le sacré n'ait pas le même succez que le profane, et que Jephté et l'arche du seigneur soient mal reçus à l'opéra,[10] lorsqu'un grand prêtre de Jupiter et une putain d'Argos réussissent à la comédie. Mais j'aime encor mieux voir les mœurs du public dépravées que si c'étoit son goust.

According to Piron,[11] Voltaire sent an anonymous letter to the *Mercure* on the failure of *Eriphyle*, to which Piron replied using Voltaire's name. La Roque, the editor of the *Mercure*, becoming suspicious, showed it to Voltaire and the letter was never published. It is alleged, however, that it circulated in manuscript. The whole story is unsubstantiated, and is probably a fabrication, for the

[8] Collé said of him: 'Je l'ai vu sifflé pendant quinze ans de suite' (*Journal et mémoires*, i.146).

[9] Cf. *Commentaires sur Corneille*, V 55, p.1053.

[10] *Jephté* by Simon-Joseph Pellegrin was the first biblical composition to be performed at the Opéra. It was first produced on 28 February 1732.

[11] *Œuvres complètes* (Paris 1776), ix.342-49.

Mercure reviewed the play favourably in March 1732. Voltaire's friends rallied to his support, but even the marquis d'Argenson had strong reservations:

L'extrait qui suit a été fait suivant que cette pièce a été remise au théâtre le 24 avril [2ᵉ représentation après la réouverture de Pâques], où on a changé les 4ᵉ et 5ᵉ acte presque tout entiers. Elle est d'un goust nouveau, absolument dans la grande manières des *Graecques*, pleine d'horreur d'un bout à l'autre. Le sujet est compliqué, quoyqu'il y ayt peu d'événements dans l'action. Les beaux vers rendront immortelles les pièces de cet autheur. Le sujet est trop incroyable et empêche l'intérêt; aussy le succès de cette pièce est-il bien au-dessous de ses mérites. La disette des bons acteurs y fait grand tort; le tragique dépérit entre les mains de nos comédiens aujourd'huy, depuis la mort de Baron et de la Le Couvreur [...] J'ay oublié de dire dans le jugement de cette pièce combien avoit parû nouveau le spectacle d'une ombre qui sort d'un tombeau. C'est la première fois que cela se voyt dans une tragédie françoise. [12]

There were others who were more critical, like abbé Le Blanc who wrote in a letter to Bouhier:

Otés en quelques morceaux contre les grands, contre les Princes et contre la superstition, rien n'est à lui et la pièce n'auroit peut être pas trois representations. [13]

This is a harsh and unfair judgement, but it bears out that some spectators at least were less concerned with the plot, the characters and even the ghost than with possible satire.

Voltaire was naturally anxious to boost his play and sought to win over the actors by handing over to them his share of the profits accruing from all performances after Easter. He sollicited the patronage of the comte de Clermont to whom he wished to dedicate his tragedy, asking him to invite the whole company with

---

[12] *Notices sur les œuvres de théâtre*, ed. H. Lagrave, Studies 42 (1966), p.297-98.
[13] Hélène Monod-Cassidy, *Un voyageur philosophe au XVIIIᵉ siècle: l'abbé Jean Bernard Le Blanc* (Cambridge, Mass. 1941), p.152-53.

a view to recommending *Eriphyle* to them.[14] During the Easter recess, he effected new changes to his text, to the extent of three new acts as he subsequently stated. It is then that he drafted a 'Discours' which Dufresne was to declaim on the re-opening of the theatre.[15] *Eriphyle* was performed again on April 24, 26, 30 and on May 3 when there was a marked drop in the number of spectators. Meanwhile Voltaire prepared his text for publication.

Voltaire was anxious to improve his play to ensure its success in print as well as on the stage.[16] At first sight it might be thought that outside criticism incited him to keep on correcting his text but it is very doubtful whether the views of specific hostile critics influenced him. Since he disliked parodies, he may not have appreciated the performance of *Les Amusements à la mode* by Romagnesi and Riccoboni on 21 April 1732.[17] The third act of this play, entitled 'Les Catastrophes liri-tragi-comiques', has been taken as a parody of *Eriphyle*, but as Th. Besterman has pointed out (D482, n.2), the intention is not at all obvious. There was, too, *Le Triomphe de l'ignorance* by Louis de Boissy, performed at

[14] Cf. Voltaire's letter to Moncrif, *c.* 1 April 1732 (D474); see also *Registres*, p.706-707. In a further letter to Moncrif written on Easter Sunday 13 April Voltaire asks whether Moncrif would not wish to take on a part in *Eriphyle* and whether he did not still wish to act the part of the Commandeur in *L'Indiscret*, adding: 'La répétition de ces deux pièces se fait jeudy prochain chez madame la comtesse de Fontainemartel' (D475).

[15] In a letter of 14 April, addressed to Thiriot in English, Voltaire promises to send his friend 'the new Eriphile with a compliment in rhimes which Dufrene will recite at the ouverture of the french theatre' (D478).

[16] How hard Voltaire worked can be gauged by his letter to Thiriot of 14 April. After writing: 'I'll tell you I have made three acts entirely new which will be acted in a very few days. I hope Eriphile by these means will rear up her head even above the sacred laurels of Jephté', he says: 'Eriphile engrossed all my time and my thoughts' (D478).

[17] *Les Amusements à la mode* (Paris 1732), with the alleged parody of *Jephté* and of *Eriphyle*, was given at the Théâtre-Italien. Voltaire was no doubt referring to this play in his letter to Cideville of 2 May 1732 (D482), but he seems to be quite unaware of any intended criticism of his own work.

the Foire Saint-Germain on 20 March 1732, and published in the same year.[18] Boissy who fourteen years earlier had published a eulogy of Voltaire under the title *L'Elève de Terpsichore*, now tries his hand at satire. Eriphyle is made to appear on stage calling on Ignorance whose dark veils alone can save her from being rent apart by the critics. She seeks redress from slanderers who declare that she is nothing but the copy of two original characters: Oedipus and Orestes. Ignorance's answer is sarcastic:

> Si nous admirons le style
> La conduite nous déplaît
> Eriphile, file, file
> File mal son intérêt.

She proceeds to criticise the *scènes à effet*, the *coups de théâtre*, and states that the element of suspense has not been sustained. Boissy makes Hermogide out to be very old whilst Eriphyle is in the spring of life; he is ironical over the siting of the duel:

> C'est sur ce monument, quand je suis en prière,
> Qu'il me tue à tâtons; et faute de lumière
> Je lui pardonne hélas, de s'être ainsi mépris
> Dans la nuit on sait que tous les chats sont gris!

He refers to the ghost who speaks from behind the stage in these terms:

> Le spectacle rare et nouveau
> Que l'ombre du Festin de Pierre.

Voltaire may have been piqued by these parodies which are in fact harmless and which served to keep interest in the play alive, but he never referred to them. The play in any case was not the flop that Piron made it out to be. We have a *Mémoire peu connu, dithyrambe,* signed M. D. L. M. (possibly Monsieur De La Motte),

---

[18] For this and other reactions to Voltaire's play, see A. Constans, 'An unpublished criticism of Voltaire's *Eryphile*', *Pmla* 38 (1923), p.359-68.

reprinted in the *Almanach littéraire ou étrennes d'Apollon* (1778) which hails *Eriphyle* as the glory of the rising sun that is the young Voltaire and there is above all the favourable notice in the *Mercure* (March 1732, p.562-71), signed L. D. M., from which we quote:

Le public a trouvé cette tragédie pleine d'harmonie et d'élégance dans les vers, de pensées nobles et élevées. La diction en est mâle, les traits heureux, les descriptions, les images, les maximes neuves et hardies. Cette pièce, extrêmement applaudie par de nombreuses assemblées, est parfaitement bien interprétée.

Voltaire was far more concerned with his own self-criticism and with the judgement of his chosen friends than with that of outsiders, and so he keeps on altering his play. On 18 April he writes to Formont (D480):

Je vous enverrai Eryphile de la nouvelle fournée, avec trois actes nouveaux, le tout accompagné d'une façon de compliment en vers, selon la méthode antique, lequel sera récité par Dufresne jeudi prochain. C'est ce jour là que le parterre jugera Eryphile en dernier ressort; mais je veux qu'auparavant elle soit jugée par vous et par M. de Cideville, les deux meilleurs magistrats de mon parlement [...] Pour nous autres Fontaine-Martel, nous jouons la comédie assez régulièrement. Nous répétâmes hier la nouvelle Eryphile.

The latest version must have served for the four last performances of the run. At the end of April or the beginning of May he must have parted with his manuscript, for on 2 May he tells Cideville (D482) that Jore has taken his tragedy with him. He adds diffidently:

Jore doit vous rendre ballet et tragédie. Vous trouverez Eryphile bien changée. Lisez la je vous prie avec notre aimable et judicieux amy, et dites moy l'un et l'autre ce que vous en pensez. On peut aisément envoyer des corrections à son imprimeur par la poste. Ne m'épargnez point, et lisez chaque vers avec sévérité.

and on the same day he writes to Formont (D483):

je vous renvoie Eriphile par Jore qui va l'imprimer. Soyez, je vous en

prie, avec monsieur de Cideville, deux examinateurs sévères de l'auteur et de l'imprimeur. Je vous enverrai incessamment une épître à monsieur le comte de Clermont que je ne ferai imprimer non plus qu'avec votre attache. La pièce d'Eriphile est un peu trop dans le goût grec, mais vous trouverez, je crois, l'épître dans le goût français.

The 'Epître à monsieur de Clermont' to whom *Eriphyle* was to have been dedicated has been lost, and we do not know precisely what led Voltaire to think of Franchini as a substitute.

Meanwhile, Jore must have been having a trying time. Voltaire kept on sending him additional lines and modifications daily, if we can take literally what he writes to Cideville and Formont on 8 May (D486). In spite of all the work he had put in, the trouble to which he had put his friends and the imminence of publication, he remained unhappy about his text. Two days later, and before he could have received a reply, he takes up his pen to call a halt to the whole affair. He is quite categorical and obviously means what he says, but he does not provide a full explanation (D487):

Tout ce que je puis vous dire, mes chers amis, c'est qu'il est nécessaire de suspendre l'impression d'Eriphile; mes changement ne pouroient être assez tôt prêts; et seroient assurément mal faits, dans la foule des occupations, des désagréments, et des maux qui me traversent. Je vous demande en grâce de cacheter sur le champ Eriphile, de me l'envoyer irrémissiblement par la poste. Que Jore suspende tout jusqu'à nouvel ordre. Adieu *cari amici*, il faut ou qu'Eriphile soit entièrement digne de vous, ou qu'elle ne paroisse point.

Of course, when Voltaire writes 'digne de vous', he means very especially 'digne de moi'. Cideville must have returned his manuscript, or at least part of it, for Voltaire acknowledges receipt on 16 May (D490) and does not mince his words in criticising it:

Voicy ce que j'allègue contre moy même. Je fais la fonction de l'avocat du diable contre la canonisation d'Eriphile. 1° en votre conscience n'avez-vous pas senti de la langueur et du froid lors qu'au troisième acte Theandre vient annoncer que les furies se sont emparées de l'autel etc.? Ce que dit la reine à Alcmeon dans ce moment est beau, mais on est

étonné que ce bau ne touche point. La raison en est à mon avis que la reine est trop longtemps bernée par les dieux. Elle n'a pas le loisir de respirer, elle n'a pas un instant d'espérance et de joye, donc elle ne change point d'état, donc elle ne doit point remuer le spectateur, donc il faut retrancher cette fin du troisième acte. Le quatrième acte commence avec encor plus de froid. Teandre y fait un monologue inutile. La scène qu'il a ensuitte avec Alcmeon me paroît mauvaise parce que Teandre n'y dit rien de ce qu'il devroit dire. Ses doutes équivoques ne conviennent point au téâtre. S'il sait qu'Alcmeon est fils de la reine, il doit l'en avertir, s'il n'en sait rien, il ne doit rien en soupçonner. Cette scène devroit être terrible et n'est pas suportable. L'ombre venant après cette scène ne fait pas l'effet qu'elle devroit faire, parce qu'elle en dit moins que Teandre n'en a fait entendre. Enfin la reine ne finit point cet acte par les sentiments qu'elle devroit avoir. Elle ne marque que le désir d'Epouser Alcmeon. Il faut qu'elle exprime des sentiments de tendresse, d'horreur, et d'incertitude. Il me paroît qu'il y a très peu à réformer au cinq, et rien au premier ny au second.

In spite of what he says in the last sentence he was in fact to modify the first act very considerably and re-write the whole of act v. On 13 May he had written to Thiriot denouncing Bernard who had 'secretly copied the compliment which was uttered by Dufrene to the lords of the pit' (D488). During the next month, he keeps his friends informed of his work on *Eriphyle*, which he pursues together with his first draft of *Zaïre* (D492, D493, D494).

His letter to Formont dated 25 June (D497) is important because it gives us a date for the suppression of the part of the High Priest which figures in all the manuscripts of the play apart from MS6.

Je crois avoir trouvé le secret de répandre un véritable intérêt sur un sujet qui semblait n'être fait que pour étonner. J'en retranche absolument le grand prêtre. Je donne plus au tragique et moins à l'épique, et je substitue autant que je peux le vrai au merveilleux. Je conserve pourtant toujours mon ombre qui n'en fera que plus d'effet lorsqu'elle parlera à des gens pour lesquels on s'intéressera davantage. [...] Je me sais bon gré d'en avoir arrêté l'impression et de m'être retenu sur le bord du précipice dans lequel j'allais tomber comme un sot.

330

On 3 August he sends both *Eriphyle* and *Zaïre* to Cideville through M. de Lézeau, with a request that Formont and Cideville should read them promptly and return them both (D507). Voltaire is now mostly concerned with *Zaïre*, but he writes again on 21 August (D514). On 23 August he shows some impatience at not having received his play since he needs it for a forthcoming performance at Fontainebleau (D515).

Voltaire's main concern at this point is with the plot, the interest of which he questions, and in a letter addressed to the *Mercure de France c.* 25 August 1732 (D517) he refers to all the trouble he has had with it:

au lieu que le plan d'*Eriphyle* m'avait beaucoup coûté, celui de *Zaïre* fut fait en un seul jour et l'imagination, échauffée par l'intérêt qui régnait dans ce plan, acheva la pièce en vingt deux jours.

Voltaire now became engrossed in *Zaïre* and his other literary activities and references to *Eriphyle* momentarily stop. But he continued to work on the text of the play between September 1732 and April 1733. [19] He must have submitted a version of *Eriphyle* to the censor for approval in the spring of 1733, for, in a letter to Du Resnel which was most probably written between 6 and 15 May 1733 (D609), he writes:

Je fus bien étonné ces jours passez mon très sage et très aimable abbé, Lorsque m^r Rouillé me renvoya Eriphile chargée du nom de Danchet aulieu d'être ornée du vôtre. Il m'avoit promis que vous seriez mon aprobateur, et je n'avois demandé que vous. Comment esce que le nom de Danchet peut se trouver à la place du vôtre? et pourquoy m^r Rouillé m'a t'il donné la mortification de mettre mon ouvrage en d'autres mains?

It is obvious that Voltaire was still bent on publishing his play. What happened then is not clear. In a letter dated *c.* 10 May 1733 (D608) he informs Thiriot that he is dedicating his revised *Eriphyle* to the abbé Franchini who was the chargé d'affaires in Paris of the

---

[19] See D584, D593, D602, D603.

Grand Duke of Tuscany, but this *dédicace* together with the choruses to which he refers have been lost. It may well be that he was still deeply dissatisfied with his work, for on 15 May he writes a despairing letter to Cideville (D610):

Je suis malade, je me mets en ménage, je soufre comme un damné, je brocante, j'achette des magots et des Titiens, je fais mon opera, je fait transcrire Eriphile et Adelaide, je les corrige, j'efface, j'ajoute, je barbouille. La tête me tourne.

However, on 21 May 1733 he can still tell Cideville that Jore will be receiving *Eriphyle* which he hopes to bring along with him in person (D613); and in a letter to Thiriot dated 24 July he adds this further note: 'Ma santé seule m'a retenu jusqu'icy à Paris. Je vais faire transcrire pour vous, l'opéra [*Tanis et Zélide*], Eriphile, Adelaide' (D635). No further reference to *Eriphyle* is recorded in his correspondence. His silence is impressive. We should like to know more of his reasons for abandoning the play at this time and more about the condition of his final manuscript. What was the transcript to which he was referring? Even if all along Voltaire magnified the extent of his alterations, it is difficult to reconcile his statement to Cideville with the condition of MS6 as we know it. Although the text of *Eriphyle* in this version has certainly been *habillée à la grecque*, there is little evidence that it has been *raccommodée*, as will be seen from an examination of the copies and the variants they offer. Is this manuscript a copy of the one he sent to the censor? or of the transcript he promised Thiriot?

In any case Voltaire had finally made up his mind. The play was discarded and he never granted permission for its publication. *Eriphyle* was first published after Voltaire's death, in 1779, with the following words on the title page: 'Pièce que l'Auteur s'étoit opposé qu'elle fût imprimée de son vivant'.

The long sequence of letters referring to *Eriphyle* forms an extraordinary record of a great writer's sustained effort to improve a work which had met with some success when first performed and which a publisher was more than willing to bring out, but

which was finally to be discarded. It is difficult to think of another playwright revising his work over and over again, recalling it from his publisher to effect further changes and then actually submitting it to the official censor, only to indulge in a final act of renunciation. Voltaire used Maisons, then Cideville and Formont as confidants more often than as critics, seeking their approval of his changes and practical help with the publisher Jore. At every critical moment it can be seen that he acted decisively and alone. He always remained the severe and final arbiter of his work. His pride as an author, both poet and dramatist, and a sense of commitment to his friends who had witnessed the pangs of composition and correction, and possibly some embarrassment vis-à-vis Jore, may have delayed his decision, but it can only be his taste and desire for perfection that made it irrevocable. His inner need for success and his awareness of the vagaries attending stage performances as well as the hasards of critical opinion rendered him particularly sensitive to the reactions of his potential public whilst ever questioning the soundness of its judgment. He must have suffered greatly in the process and his dedication is as remarkable as his tenacity throughout the years of composition. An examination of the variants of the text will bring out that, apart from clarifying, simplifying, cutting and rendering his speeches more consistent as well as his characters more interesting, he finally undertook a revision which affected the whole tonality of the tragedy and would have left those who had been present at the performances puzzled. From a somewhat uncertain attempt to ally elements of Shakespearian drama with the main current of Greek drama, he sought deliberately to bring back his play into the fold of classical tragedy. He had a certain conception of tragedy to which he was prepared to adhere come what may and he was prepared to run risks in the hope of eventually modifying and broadening the taste of his contemporaries, so in this case he felt he had to stick to his unpopular ghost which he retained more effectively though not wholly successfully in *Sémiramis*. Fortunately for him the prevailing mood of sensibility was one he could

share and from which he would derive great benefit as in the case of *Zaïre*.

It would be difficult to draw definite conclusions as to the merit of his changes. Stylistical changes, not necessarily improvements, changes in characterisation and in the very structure of the play and even details of the plot can only be tentatively evaluated in view of the many uncertainties attending the texts we possess. Although in practice he never wandered far from his Greek and French classical roots, he came to believe, as the spectators of his revised play would no doubt have done, that he was actually offering a new play. Far better to save his subject and some of his best lines for *Mérope*, and as many as 60 for *Sémiramis*, a later tragedy which can be seen as a final reworking of *Eriphyle*.[20]

2. *The plot: sources and elaboration*

The story on which *Eriphyle* is founded was well known to antiquity and to educated Frenchmen of the eighteenth century. It is to be found in Homer, Pindar, Thucydides, Diodorus Siculus, Pausanias, Cicero, Virgil, Horace, Ovid, Hyginus, and in the *Library* commonly but wrongly attributed to Apollodorus.[21] It is this last work which A. H. Krappe considers to be the major source of Voltaire's play.[22]

The ancient legend generally runs as follows: Eriphyle the

---

[20] See R. Niklaus, '*Eriphyle* and *Sémiramis*', *Essays on the age of the Enlightenment in honor of Ira O. Wade*, ed. J. Macary (Genève 1977), p.247-54.

[21] Homer, *Odyssey*, xi.326 ff., xv.225-248; Pindar, *Nemean*, ix.16 ff.; Thucydides, ii.102, 788; Diodorus Siculus, iv.65, 66; Pausanias, i.34, ii.18, v.17, viii.24, x.10; Cicero, *Actionis secundae in C. Verrem*, iv.38, 39; Virgil, *Aeneid*, vi.445-446; Horace, *Odes*, iii.xvi.11-13; Ovid, *Metamorphoses*, ix.407 ff., *Fasti*, ii.43; Hyginus, *Fables*, lxxiii; and in the *Library* supposedly by Apollodorus, iii.vi.2-3, vii.2-5.

[22] A. H. Krappe, 'A note on the sources of Voltaire's *Eryphile*', *The Romanic review* 18 (1927), p.142-48.

daughter of Talaos and Lysimache and the sister of Adrastus, King of Argos, married a famous soothsayer called Amphiaraos to whom she was unfaithful. The latter, knowing that he would never return alive from the wars, decided to stay at home and to hide, but Eriphyle, yielding to temptation in the form of a golden necklace offered her by Polyneices, revealed her husband's hiding-place. Amphiaraos was then obliged to go to the Theban wars, but before so doing he made his son promise to kill his mother on hearing the news of his father's death. According to some versions there were two sons who were instructed to put their mother to death when old enough, and one of them, Alkmaeon, carried out this order and lost his reason. Mme Dacier in her translation of *La Poétique d'Aristote*, after providing a summary of the plot refers to Alkmaeon as the perfect tragic hero who commits matricide unwittingly. In fact in Aristotle Alkmaeon's crime is presented as involuntary, a version which Voltaire retained.[23] Pierre Brumoy in his *Théâtre des Grecs* also refers to the legend and to the oracle as carrying greater weight than a paternal injunction, making the point that, following Aristotle, the ancients found matricide too shocking and preferred shifting responsibility onto an oracle.[24]

Bayle in his *Dictionnaire*, art. 'Alcmeon', merely paraphrases Apollodorus but his account may well have been used by Voltaire. He relates the story in the following terms:

Alcméon, fils d'Amphiaraüs et d'Eriphyle, sœur d'Adraste, tua sa mère, pour obéir au commandement de son père. Vous allez voir la raison d'un commandement si étrange. Amphiaraüs regardait Eriphyle comme la cause de sa mort. Il ne voulait point aller à la guerre contre les Thébains; car comme il était grand devin, il avait prévu que s'il y allait

---

[23] *La Poétique d'Aristote* (Paris 1692; BV102), p.226-27; see M. Mat-Hasquin, *Voltaire et l'antiquité grecque*, Studies 197 (1981), p.74n. M. Mat-Hasquin points out that Voltaire's copy of *La Poétique d'Aristote* has a mark against the passages summarising the legend of Alkmaeon (CN, i.120), but this copy may only have been acquired by Voltaire in 1750 (see D4088) or 1761 (D9931).

[24] Pierre Brumoy, *Le Théâtre des Grecs* (Paris 1730; BV556), i.196-97.

il y périrait. D'ailleurs, il avait promis avec serment, que pour ce qui regarderait les disputes qu'il pourrait avoir avec Adraste, il s'en remettrait à tout ce que sa femme en ordonnerait. Ils eurent un différend sur l'expédition de Thèbes. Adraste voulait qu'Amphiaraüs s'y engageât. Amphiaraüs n'en voulait rien faire, et en détournait les autres. Eriphyle décida selon les désirs d'Adraste, après avoir été gagnée par le beau collier que Polynice lui offrit, et qu'elle accepta, sans avoir égard aux défenses que son mari lui avait faites de rien prendre de Polynice. Elle est devenue par là un grand fonds de lieux communs, et de pensées morales, entre les mains des censeurs du sexe. On sait qu'Amphiaraüs, ayant pris la fuite lors de la déroute de l'armée, fut englouti par un abîme qu'un coup de foudre avait ouvert sur son chemin. Il avait donné ordre à ses fils, avant que de marcher contre Thèbes, qu'aussitôt que l'âge le leur permettrait, ils tuassent Eriphyle. Tous les autres généraux, à la réserve d'Adraste, périrent dans cette guerre. Leurs fils résolurent dix ans après d'aller venger cet affront, et ils choisirent Alcméon pour leur généralissime. Eriphyle, gagnée encore par des présents, les sollicita à cette guerre [...] Alcméon, transporté d'une nouvelle colère, après avoir su qu'Eriphyle s'était laissé corrompre par des présents contre lui aussi, ne balança plus à la tuer, lorsqu'il eut consulté l'oracle. Quelques-uns soutiennent que son frère Amphilochus l'assista dans ce parricide; mais le plus grand nombre des auteurs nie cela. [25]

Voltaire certainly simplified this basic account and there is no evidence of any reference to specific classical sources, nor to any direct translation from the Greek, a language with which he was far less at home than with Latin, nor did he turn to them, to Mme Dacier, to Brumoy or to Bayle for inspiration when modifying his story and adding characters and incidents of his own invention.

In his account we hear first the voice of the High Priest of Jupiter proclaiming that the war which Argos has been waging has come to an end through the defeat of two kings by a young warrior called Alcméon who is thought to be the son of old Théandre; furthermore he states that according to an Oracle on

---

[25] *Dictionnaire historique et critique* (Rotterdam 1702), i.157-58 (BV292: Rotterdam 1697).

the day of victory queen Eriphyle must wed. Her people want a male ruler and an heir to the throne and see in Hermogide, first called Androgide, the most acceptable suitor. Over fifteen years earlier Hermogide, who had been Eriphyle's lover before her marriage at sixteen to Amphiaraüs, had murdered her husband with her tacit connivance or in reasonable expectation of her approval. Eriphyle, who feels guilt at not having intervened to save her husband, is now stricken with remorse and has nothing but hatred for her former paramour. She is haunted by the ghost of Amphiaraüs. She seeks to enlist the help of Alcméon against Hermogide in an effort to avoid her proposed remarriage to her husband's murderer. Alcméon agrees the more readily because he has fallen in love with the queen despite the discrepancy in their ages, a fact which he has confided to Théandre. Hermogide, lusting for power, relentlessly presses his suit, and Eriphyle realising the weakness of her position feels obliged to state that her son, presumed dead, is alive. She wishes him to be sought and brought back as the legitimate heir to the throne. Hermogide refuses to believe her story, claiming that he himself had put the child to death in order to spare the life of the mother and invalidate a prophecy of which Eriphyle is well aware, that her son will kill her. His overweening ambition leads him to raise the standard of revolt and claim the throne for himself. Eriphyle who feels drawn to Alcméon promises to marry him if he will undertake to avenge her and the death of her son. Théandre states that the High Priest has drawn a sword from the tomb of the king and that Furies have been seen upon the altar. Alcméon refuses to pay heed to the story of Eriphyle's guilt and proceeds to attack his rival and the enemy forces. As Eriphyle offers him her hand and the crown the doors of the temple open and the voice of the ghost of Amphiaraüs is heard to put an end to the nuptials and to order his son to avenge him by killing his mother. Alcméon states that he is the son of a slave and Eriphyle realises that this slave must be the very one to whom she had handed her son. The High Priest presents Alcméon with the sword of Amphiaraüs, the one which Hermogide had

stolen in order to kill his king and had plunged into the breast of
the son whom he thought he had killed. The High Priest had
taken care to preserve in the tomb this avenging sword. Hermogide
invades the palace and Alcméon challenges him to a duel which
takes place in the gloaming over his father's tomb. He wounds
Hermogide fatally, but in his frenzy, blinded by the gods and led
on by his father's ghost, he strikes also Eriphyle whom he mistakes
for Hermogide and who had come out of concern for him. Eriphyle
dies on stage, forgiving her son for her death and Alcméon who
has been aware of his true parentage since the end of act IV now
wishes to commit suicide.

This synopsis is sufficient to show the great difference between
the classical legend and the story as found in Voltaire's play. Two
characters have been added – Hermogide and Théandre – as has
the suggested adultery of Eriphyle and Hermogide which serves
also to extenuate somewhat Eriphyle's guilt since it is being shared.
Voltaire has completely dropped the account of the gifts received
by Eriphyle, the necklace and the robe which she judged to be
more precious than the lives of her kinsmen. In the Greek story
Eriphyle is not directly responsible for the death of her husband,
but only indirectly by sending him to the wars. It can, however,
be shown that Voltaire goes to some length to try to minimise her
crime whilst maintaining her sense of guilt. He may have done so
in deference to the original story, but it is more probable that he
wished to avoid making his heroine too horrible in the eyes of the
spectators. He glosses over her actual guilt, but stresses her
moral responsibility. In the *Alkmaionis* Alkmaeon kills his mother
deliberately upon the bidding of an oracle and in obedience to his
father's injunction, whereas in Voltaire's play Eriphyle's death is
due to an accident. Alcméon's relationship with Hermogide,
Eriphyle's affection for an unknown son, the appearance of the
ghost, the duel on the site of the tomb are all additions made by
Voltaire.

A further point needs to be borne in mind. The summary of
the plot as here given is based on the text of the first edition of the

play which no doubt goes back to the Lekain manuscripts, and on that of the Kehl edition. But we have a later version of the play based on a manuscript in Decroix's handwriting which Moland, following on Beuchot, reproduced, and which Th. Besterman has summarised in his edition of Voltaire's correspondence (D.app.22). There is in fact a marked discrepancy between the two accounts, as our critical apparatus will show. Briefly, in the earlier versions the High Priest of Jupiter plays a considerable part in the opening scene when he introduces the subject of the play, telling of the plight of Argos, the end of the war and the triumph of Alcméon and of the Oracle's pronouncement forecasting the vengeance of the gods and the shedding of blood. Later he suggests that terrible events will occur without specifying them and in apparent ignorance of Alcméon's true identity. It is in fact left to Eriphyle to apprise us first of the second part of the prophecy according to which she will herself be slain by her son. It may be some minor inconsistency in the presentation of what one takes to be the all-knowing servant of Zeus that prompted Voltaire to remove him. But the High Priest served his purpose as custodian of the paternal sword, the *glaive*, the *fer sacré*, that has an important function in the play, and in a version preserved as a variant, as the final speaker and commentator. This latter role was given to Théandre in the last version. The suppression of the role of the High Priest has led to other changes. In the last version Euphorbe, a confidant, and Hermogide open the play and it is Euphorbe who reminds Hermogide (and informs the spectators) of the Oracle's pronouncement; and Hermogide recognises from the start his *forfaits*, including the slaying of Amphiaraüs's son, shows his ambition and tenacity, and defies the Oracle itself. Alcméon, who has been described in the *dramatis personae* as the presumed son of Théandre, learns from the latter that he is in fact the son of a slave called Phaön who is left nameless in the earlier versions. In the later version a chorus takes on to some extent part of the role of the High Priest, but it calls upon Eriphyle to marry

Hermogide and at the end has only four rather platitudinous lines to utter:

> O vous maîtres des rois et de la destinée.
> Epargnez une reine assez infortunée:
> Ses crimes, s'il en est, nous étaient inconnus,
> Nos cœurs reconnaissants attestent ses vertus. [26]

These lines, however, are fraught with meaning in the general interpretation of the myth which Voltaire had adumbrated. This chorus needs to be distinguished from another chorus in the same act composed of the people of Argos, and all the officers of the temple, the soldiers and members of the retinue of the queen, who are present in a number of scenes but have no speaking parts. Whereas in the early version Hermogide is killed in spite of his pleas for mercy, in the later he is taken prisoner only to be put to death, and before he is removed to be executed he has time to exclaim (l.160):

> Je suis vengé: tu viens d'assassiner ta mère

and finally says:

> Tourne les yeux; je triomphe, je vois
> Que vous êtes tous deux plus à plaindre que moi.
> Je n'ai plus qu'à mourir.

The death of Eriphyle is also presented differently in the two versions. In the first Eriphyle expresses her sense of guilt and recognises the justice of her fate. She exonerates Alcméon from responsibility for his patricide. She is content, wishing to die in his arms. As for Alcméon he reproaches his father for being without pity and proclaims his intended self-inflicted death in a defiant manner (v.167-168):

> Mânes qui m'entendez! Dieux! Enfers en courroux,
> Je meurs au sein du crime, innocent malgré vous.

---

[26] Acte v, scene 4 (see appendix, p.523).

In the second version Eriphyle is touched by Alméon's regret at having stabbed her and confesses her crime, although she attributes it to a momentary weakness, and she asks her son to remember her as one deranged by remorse, but full of love for her son. The play is then brought to a close by Théandre who requests help for Alcméon who has fainted, and goes on to express the hope that the memory of such terrible events will foster justice in the heart of the new king whose reign he heralds.

In neither version has Voltaire followed his sources closely, and this may well have led critics to look for secondary sources. Soon after the performance of *Eriphyle* Boissy, in *Le Triomphe de l'ignorance*, pointed out a connection with the Œdipus legend. [27] The plot is not unlike that of *Mérope* and the character of Hermogide may well have inspired Voltaire when creating Polyphonte in the same play. But Hermogide has greater affinity with the character of Assur in *Sémiramis*, a play that may be considered as a re-working of *Eriphyle*. Boissy also pointed out the resemblance with the Electra story and A. Constans sees Eriphyle as Clytemnestra, Amphiaraüs as Agamemnon and Alcméon as Orestes (p.860). In both the Œdipus and Electra stories we find the crime of a mother, her complicity in the murder of a husband. H. C. Lancaster found a link with the *Electre* of Longepierre in which a mother is unintentionally slain by a son. [28] Upon examination one finds that those like Boissy who charged Voltaire with having travestied the Orestes fable were certainly ignorant of classical mythology. The truth is that the ancient *Alkmaionis* itself shows resemblances to the Orestes story on which it may well have been based; in which case travesty, if travesty there was, was

---

[27] See A. Constans, 'An unpublished criticism of Voltaire's *Eryphile*', p.859-68. See also M. Delcourt, *Oreste et Alcméon: essai sur la projection légendaire du matricide en Grèce*, Bibliothèque de la Faculté de philosophie et lettres de l'université de Liège 151 (1959).

[28] H. C. Lancaster, *French tragedy in the time of Louis XV and Voltaire, 1715-1774* (Baltimore 1950), v.i.131.

perpetrated some 2500 years before Voltaire by Greek poets of the post-Homeric period.

In practice Voltaire took a basic scenario from the Greeks, the names of Eriphyle, Amphiaraüs and Alcméon, and borrowed further material from one of the best-known stories in world history as already used by him in an earlier play and general reminiscences of *Electra*. But the account of a mother's crime and complicity in her husband's murder may well have been derived from *Hamlet*. Indeed it is Voltaire's possible indebtedness to Shakespeare which needs to be examined. We know that at the time of writing Voltaire was still much under the influence of Shakespearian drama and that when in London he had attended a performance of *Hamlet* which had impressed him greatly. [29] He was anxious to revitalise French tragedy and hoped that innovations borrowed from Shakespeare and also Dryden would commend themselves to his French public. *Brutus*, *La Mort de César* and *Eriphyle* are said to reflect this new trend.

We find, however, that Voltaire's debt to English theatre was very slight, and we agree with F. C. Green [30] that it was impossible for Voltaire to understand what Shakespeare meant by a tragic dilemma such as is to be found in *Hamlet*, and that Voltaire's treatment of the central idea of his play was not by English but by Greek example. He never referred to *Hamlet* in connection with *Eriphyle*. In addition to Gertrude's crime and complicity in the murder of her husband, one might point to Claudius as a possible prototype for Hermogide along with Aegisthus. The tomb of Amphiaraüs recalls the grave in *Hamlet*, although one is to be found in the *Electra* of Sophocles, and the scene in general is somewhat reminiscent of that in *Hamlet*, act v, scene 1, but even the combat at the grave-side has a parallel in Aeschylus. The ghost of Amphiaraüs remains as the clearest indication of the influence

[29] See H. Lion, *Les Tragédies et les théories dramatiques de Voltaire* (Paris 1895), p.35-89.

[30] *Minuet* (London 1935), p.61, 70.

of *Hamlet*, but critics have been found to point to a ghost in Aeschylus's *Choephoroe*, to the apparition of Darius in his *Persae*, to one in Du Ryer's *Saül* (1640), to one in Nadal in the early eighteenth century, and to one in Voltaire's *Œdipe*. [31] It remains that the actual showing of a ghost was a novelty at the time and could be seen as both dramatic and spectacular even if the spectators did not appreciate it in the way Voltaire had hoped. Voltaire himself defended his ghost by reference to Aeschylus and was so interested in the theatrical potentialities of this device that he used it again in *Sémiramis* when he believed that the public was readier to accept it. The ghost's dramatic appearance in *Eriphyle* as he emerges from his dark tomb to the glare of the footlights is perhaps too crude to be effective with a French audience that did not believe in ghosts, and his threatening attitude and instructions to his son which merely reinforce the Oracle's prediction are somewhat gratuitous in rational terms, whereas Shakespeare's ghost serves to bring out in depth aspects of the presentation of guilt and leads us to experience a greater emotional involvement.

It would seem that many memories and ideas were simmering in Voltaire's mind when he chose and elaborated for his own dramatic purposes a well-worn theme which he could re-work as he wished. The story in itself has scant importance, for it is the play that mattered. If Voltaire treated his sources with less respect than Racine, it was perhaps because he had very many before him and decided to model himself on none. The plot as such is neither better nor worse than any other. H. C. Lancaster has argued that it was ill-suited for classical drama since it involved recourse to narrative if the unity of time was to be respected. But this view is questionable since it did not apparently hold back Sophocles nor Euripides. An examination of the action as it unfolds reveals Voltaire's considerable skill in the handling of his subject. He moves easily from dramatic scene to dramatic scene, and on to a

[31] See Lancaster, *French tragedy in the time of Louis XV and Voltaire*, p.132.

pre-ordained climax with a fine sense of theatre, and even his *coups de théâtre*, his scenes of recognition, and the ghostly appearance which were so greatly criticised, do take place at the right moment for his dramatic purpose, against a well-chosen background, the scene being set between the temple of Jupiter and the palace of the queen, by the tomb of the dead monarch. Voltaire's sense of timing is as sound as his ability to narrate fluently and to mix major speeches and rapid dialogue.

The play has unity and moves inexorably from a beginning that foreshadows tragedy through logical steps to the final doom which destiny, the original myth and the plot demand. The problem to be solved is that of crime and guilt that needs to be punished in the name of justice and in the interest of the people. Destiny appears in two guises it is true. There is the pronouncement of the Oracle with the High Priest officiating as an intermediary between the gods and the enactors of the drama, and the voice of the ghost who is at one with the gods and yet requires his personal revenge. But even in the first version this duplication does not affect the unity and the simplicity of the main plot. It is in the details – what has mistakenly been called the imbroglio of the play – that questions arise which can lead to some confusion in the mind of the spectators. This is especially the case when considering the basic intention of the play. Was Eriphyle essentially a woman overcome by remorse, or a victim of destiny, if not sheer mischance? What was in fact the degree of her responsibility in the fateful happenings? Voltaire was faced with a dilemma. If Eriphyle were made to appear too unsympathetic, the deeper, moral meaning of the drama might be clearer, there would certainly be more horror and greater crime as in a play by Crébillon *père*, but there would not be the pathos and humanity which would warm the hearts of the audience and make the picture of remorse more moving and convincing. It remains to be seen how successful he was in maintaining a right balance. He himself felt that the play remained cold. But the plot itself, in spite of what has been said about the melodramatic imbroglio of some of the action, and in

spite of Voltaire's own dissatisfaction with it as shown in his letters, was simple enough and well-suited for the presentation of human drama, characters caught up in crime, pathos and horror, and in a disastrous pattern of relationships, against a background of conflict with destiny and also of terror, working up to an awesome climax which in turn yields to the resolution of all irreconcilable issues through death. As presented the plot conforms in practice to the principle Racine expressed in his preface to *Britannicus*: 'Une action simple, chargée de peu de matière', but he may have failed to realise the ideal Racine put forward in his preface to *Bérénice*: 'Une action simple, soutenue de la violence des passions, de la beauté des sentiments et de l'élégance de l'expression'.

3. *Characterisation*

Eriphyle is at the centre of the action of the play, yet in spite of Voltaire's efforts she never comes to life, as he himself was the first to recognise. One may blame the plot and its lack of special interest as Voltaire did; one may even surmise that la Balicourt who was well-known for the coldness of her performances did little to help. But it remains true that Eriphyle has not the dignity or majesty of other heroines derived from Greek mythology. She has not the force of character of Clytemnestra, nor even of Voltaire's own Jocaste. As a mother she is outclassed by Mérope. She has not the stature of Sémiramis whose standing in the annals of history is far higher. There is little background to her life. As a queen she has presumably reigned for close on twenty years, albeit with the help of Hermogide, in what must strike the historian as a singularly ineffective way. She is characterised as weak and indecisive. When her conscience makes her break with Hermogide, she naturally turns to the conquering hero who has just returned from the wars and soon offers Alcméon her hand in marriage

and the throne. She is clearly overwhelmed by her personal responsibility in the crime and as a result she is inclined to divest herself of the wider responsibilities of her office. Only remorse can give her the strength to turn against her former lover and mainstay of her reign, and turn her love for him to hate. She knows that she must die for her sins, for she is aware of the prophecy and is haunted by the ghost of her former husband. She struggles helplessly not so much to avoid her fate, since she must expiate her crime, but to prevent the triumph of the murderer and to ensure justice. There is relief for her in the discovery that her son lives and that he is worthy of the succession. Alcméon is in fact the strong, ambitious, proud man she seeks, as valiant as Hermogide or indeed as she fancied herself in her early days, but there is this difference: Alcméon is innocent, whilst she reached full power only through crime. She will be glad to remit the crown 'en de si pures mains' (II.195), and Alcméon states quite unequivocally: 'Mon cœur fut toujours pur' (IV.31). In spite of her *forfaits* she has preserved a sense of her duty as queen and her awareness of guilt has placed her outside society. 'Tout l'univers m'outrage' (III.184), she exclaims. She does not only forgive her son for slaying her – for she knows that he is morally innocent of parricide, or more precisely matricide – but she even welcomes death at his hands, for having at last expiated her sin she can be at one with herself. She experiences a sentiment akin to love, or in her own words (III.206-210):

> Ma bouche en frémissant prononce, Je vous aime.
> D'un pouvoir inconnu l'invincible ascendant
> M'entraîne ici vers vous, m'en repousse à l'instant;
> Et par un sentiment que je ne puis comprendre
> Mêle une horreur affreuse à l'amour le plus tendre.

This is not 'la fatalité interne de la passion' which Racine found so necessary, and we are not really surprised when her love for Alcméon turns all too logically to motherly love. The change of heart may be somewhat rapid but it is necessary and psychologically

acceptable. Her death comes in the great classical tradition and her last words (v.160), superficially unimpressive and even trite, are in fact most apposite:

> Souviens-toi de ta mère... ô mon fils... mon cher fils...

There is no self-sacrifice in her death. She is caught in a web from which there is no escape. As a ritualistic victim in some archetypal drama, she fulfils her role as does Alcméon when he says to the High Priest (v.109-110):

> Allez au dieu d'Argos immoler vos victimes,
> Je vais tenir sa place en punissant les crimes.

Narcissistically she sees herself in her son who is as dear to her as her own life and she wishes to perpetuate her memory through him. She is understandably oblivious of the fact that her son has no grounds for loving her as a mother since she has done nothing for him and only sought him out for her own purposes. The really material point for her is that in death she has resolved all her problems, the conflict within herself as well as with the world. Self-love is finally requited, and this is why she is not an unwilling victim. In this perspective her guilt is necessarily depicted in other terms than that of a Lady Macbeth. Her sense of culpability is not Christian and Voltaire goes to some lengths to minimise the fact of her guilt in his later version, as when he makes Eriphyle say (v.184-189): [32]

> Va, tu ne fus jamais plus chéri de ta mère.
> Je vois ton repentir... il pénètre mon cœur...
> Le mien n'a pu des dieux apaiser la fureur.
> Un moment de faiblesse, et même involontaire,
> A fait tous mes malheurs, a fait périr ton père...
> Souviens-toi des remords qui troublaient mes esprits...

So she poses as the victim of destiny, she blames the gods and

---

[32] The text of the later version of acts I and v is to be found below in the appendix (p.503-29).

attributes her transgression against divine law only to involuntary weakness, for which she is now being asked to pay the penalty. Earlier she had said (appendix, p.512):

Mais ma seule faiblesse a fait ma barbarie.

Clearly Voltaire does not like an arbitrary Fate, preferring the struggles of a free man making his destiny in spite of accidental events – hence perhaps one source of weakness in his presentation of tragedy – but it needs to be emphasised that the words are placed in the mouth of Eriphyle and serve to show her continued ability for self-delusion, now conditioned by her overwhelming need for the love of her son and his respect for her memory. To invoke 'la voix du sang' in order to explain her relationship with her son, is clearly quite inadequate, and even the recurrence of this theme in eighteenth-century drama, painting and literature, needs always to be explained in other terms than those obviously stated.

Voltaire's hesitation over the degree of Eriphyle's guilt, to which we have already referred, which may be accounted for by his desire to render her a not wholly unsympathetic character and also no doubt by a desire to underline the meaning of his play, explains also Voltaire's glossing over her former relationship with Hermogide, but her marriage at sixteen to a man she does not love does not endear her to the spectator, and her tender age or the lure of a throne cannot be construed as a valid excuse as Voltaire knew full well. In one of his letters he refers to her quite frankly as 'cette putain d'Argos' (D466). We can, however, understand her resentment against Amphiaraüs as she lay dying. Eriphyle is truly unusual in the changes wrought in her feelings which have their inner logic, but are apt to disturb the spectator or reader, because the latter does not feel sufficiently involved in the drama to pause and work things out; and this in turn is due to the fact that the personal emotions lack depth and that there is change without deepening in the presentation of the character.

The others are stock characters requiring little elaboration.

Hermogide is the villain of the piece and Voltaire is right to confess that he is 'effrayé de ce coquin là' (D428). He is the murderer; hence he incarnates evil and wrongdoing. He is overweeningly ambitious and ruthless. Not only has he committed murder, but he would not hesitate to commit another crime. He is a liar. He is the standard bad man, characterised adequately but unoriginally. He is even bold enough to challenge the gods: 'C'est par la fermeté qu'on rend les dieux faciles' (II.233). He knows that his destiny is about to be decided and will chance it on one bold move. He realises that his rival is Alcméon. He tells Eriphyle bluntly that she must choose between her enemies and him. He even goes so far as to say that he is not in love. The peace his triumph would bring to Argos would not be a just or lasting peace. So he must enact his murderous part to the bitter end (III.65-66) and

> Déchirer, s'il le faut, le voile heureux et sombre
> Qui couvrit mes forfaits du secret de son ombre.

He chances all on a duel he cannot win. His end comes differently in our two main versions. In the first he is defiant. His last words which come before the duel are addressed to Alcméon (V.104-106):

> Et les morts, ou ton bras sont-ils à redouter?
> Viens te rendre au trépas; viens, jeune téméraire,
> M'immoler ou mourir, joindre ou venger ton père.

and he is slain back stage with some savagery. In the second version he is made a prisoner and before being carried away to his death he exclaims (V.160-163):

> Je suis vengé: tu viens d'assassiner ta mère [...]
>   je triomphe, je vois
> Que vous êtes tous deux plus à plaindre que moi.
> Je n'ai plus qu'à mourir.

This is true to his character and to his role as a proud and uncompromising villain.

Alcméon is his hated rival. Alcméon is equally if not more valorous than his enemies, is equally but differently ambitious. He is motivated by a purer passion than the degrading lust for power which prompts Hermogide to seek the hand of Eriphyle and the cementing of an unholy alliance. Alcméon is the hero, strong and good, or rather *pur*, an incarnation of the tragic hero as defined by Aristotle in his *Poetics*, XIII. Eriphyle is drawn to him because of his *vertu* but not by any passionate love. He endorses the code of honour of his kind, and recoils from incest and crime. He even manages to come out well from the impossible situation in which he finds himself. If he faints from emotion at the end, this is understandable, more especially in the eighteenth century, and speaks well for his natural feelings as well as auguring well for his future reign. He emerges triumphant from the various conflicts in which he has become embroiled. His heroism is unrewarded in the first version where the play is brought to an end with these words (v.167-168):

> Mânes qui m'entendez! Dieux! Enfers en courroux,
> Je meurs au sein du crime, innocent malgré vous!

These words ring like a challenge and are presumably to be followed by his suicide. But in the later version Voltaire had second thoughts, realising that the new king has a duty to perform and a new destiny to fulfil. For he has extirpated evil and wielded the sword of justice that placates the gods as well as satisfying the wrath of his father. He has killed the incarnation of evil in the person of Hermogide and accidentally, not in a pre-ordained way but in keeping with the pronoucement of the Oracle, his guilty mother whom he loves and who must die so that he may assume kingship. At the beginning of act v (l.7-8) in the second version we are told:

> Le désordre est partout; la discorde, la rage
> D'une vaste cité font un champ de carnage.

But in the end it is his action that brings back order to the

community. He is the instrument of the necessary sacrifice. The altar behind him and the tomb in close proximity are the appropriate setting for the ritualistic sacrifice.

Although the High Priest merely officiates and can have no character as such, his role is important in supplementing the voice of the Oracle and rendering one aware of the temple in the background, and also as custodian of the paternal sword. Théandre was a convenient invention that allowed for a commentary on the action by a witness of some standing who is involved and yet can remain objective. The confidants are necessary *dramatis personae* that must remain in the background, but by their mere presence as well as their discourse help the action develop in a traditional manner.

Most of the characters, including the High Priest whom Voltaire cut out of his last version of *Eriphyle*, were to reappear in *Sémiramis*, but with modifications due to changes in the pattern of human relationships portrayed. With *Sémiramis* Voltaire sought more spectacular, but hardly more effective, effects which spring from a somewhat different conception of the tragedy.

4. *An evaluation: the play and the myth*

From the long and ultimately frustrating story of the composition of this play we can draw some conclusions. Whilst Voltaire was ever consulting others to elicit criticism, reassurance or even suggestions he remained always the final judge of his own work. He was obviously anxious to uphold his reputation as a poet and as a dramatist, was for ever trying to assess the reactions of the public he courted, and was prepared to make changes and sacrifices to meet its taste and obtain a success which he felt was within his grasp. It would be wrong to deduce that he was chiefly prompted by vanity. He held certain conceptions of tragedy to which he was determined to adhere and he was prepared to run risks in the

expectation that he would be able to modify and broaden the taste of his contemporaries; so, for instance, he stuck to his unpopular ghost which reappears in *Sémiramis*. That he was finally proved to be right was, of course, not to be known by his contemporaries nor even many of his later critics. He judged his tragedy harshly. Perhaps the fullest account of his reasons for abandoning it is to be found in a letter to Formont, *c.* 15 September 1731 (D430), which antedates his final decision:

Eh bien, mon cher Formont! [...] aimez vous toujours Eryphile? Vous m'exhortez à travailler, mais vous ne me dites point si vous êtes content de ce que je vous ai proposé, à vous et à m. de Cideville. Il me semble que le grand mal de cette pièce venait de ce qu'elle semblait plutôt faite pour étonner que pour intéresser. La bonne reine, vieille pécheresse, pénitente, était bernée par les dieux pendant cinq actes, sans aucun intervalle de joie qui rafraîchit le spectateur. Les plus grands coups de la pièce étaient trop soudains, et ne laissaient pas au spectateur le temps de se reposer un moment sur les sentiments qu'on venait de lui inspirer *in ictu oculi*, on assemblait le peuple au troisième, on déclarait roi le fils d'Eryphile. Hermogide donnait sur le champ un nouveau tour aux affaires, en disant qu'il avait tué cet enfant. La nomination d'Alcméon faisait à l'instant un nouveau coup de théâtre. Théandre arrivait dans la minute, et faisait tout suspendre, en disant que les dieux faisaient le diable à quatre. Tant d'éclairs, coup sur coup, éblouissaient. Il faut une lumière plus douce. L'esprit emporté par tant de secousses, ne pouvait se fixer; et quand l'ombre arrivait après tant de vacarme, ce n'était qu'un coup de massue sur Alcméon et Eryphile déjà attérés et étourdis de tant de chutes. Théandre avait précédé les menaces de l'ombre par des discours déjà trop menaçants, et qui, pour comble de défaut, ne convenait pas dans la bouche de Théandre qui [...] parlait trop ou trop peu, et n'était qu'un personnage équivoque. Ne convenez vous pas de tous ces defauts? mais en même temps ne sentez vous pas combien il est aisé de les corriger? Qui voit bien le mal, voit aussitôt le remède. Il n'y a qu'à prendre la route opposée, *contraria contrariis curantur*. Vous saurez bientôt si j'ai corrigé tant de fautes avec quelques succès. Je compte faire partir Eryphile pour Rouen avant qu'il soit peu; mais j'aurais bien voulu savoir ce que vous et m. de Cideville pensez des changements que je dois

faire. Peut être me renverrez-vous encore Eryphile. Ne manquez pas, messieurs, de me la renvoyer impitoyablement, si vous la trouvez mal.

Voltaire makes valid points, although he is too exclusively concerned with the plot and stagecraft. The various stages in the composition of the play illumined by his correspondence as also revealed by the text of the several manuscripts point to changes in the very structure of the play and even details of the plot as well as changes in characterisation. But conclusions in respect of his work can only be tentative since we cannot with precision date the various manuscripts and there is no straightforward progression, for his changes depend on the inspiration of the moment and his verbal alterations would lead to inconclusive explanations. It is not possible to state that he improved the style of his play when the emendations depend on a change in his conception of drama itself. We must wait for *Sémiramis* to find his final draft, but the latter tragedy, although it reproduces some 60 lines from *Eriphyle*, was conceived from a different starting point and with other objectives.

An evaluation of the tragedy as we know it can be made from many standpoints, and it can ultimately be judged in a broader context than was possible for Voltaire's contemporaries.

The play was certainly not written for the purposes of philosophical propaganda in any narrow sense. As one might expect there are some telling lines which fall in with Voltaire's personal convictions and which he used again in more or less the same terms elsewhere, such as (II.53-56):

> Les mortels sont égaux: ce n'est point la naissance,
> C'est la seule vertu qui fait leur différence.
> C'est elle qui met l'homme au rang des demi-dieux;
> Et qui sert son pays n'a pas besoin d'aïeux.

But such lines fit in well with the general tenor of the play; they are also in keeping with the prevailing mood of the early eighteenth century and can hardly be considered as revolutionary. H. C.

353

Lancaster (i.132-33) has quoted the following lines as specifically addressed against courtiers (IV.75-76, 79-80):

> Là, si vous en croyez leur coup d'œil pénétrant,
> Tout ministre est un traître, et tout prince un tyran; [...]
> Et sitôt qu'un grand roi penche vers son déclin,
> Ou son fils ou sa femme ont hâté son destin.

La Harpe asserted that these verses attracted attention because in 1732 there was still talk about the mysterious deaths of two of Louis XIV's grandsons and of Charles II of Spain.[33] Lancaster goes on to quote four lines taken from the later version which recall lines spoken by Jocaste in *Œdipe*, but which are far less effective since they are spoken by the hated Hermogide (appendix, 1.55-58):

> Mais la voix de ces dieux, ou plutôt de nos prêtres,
> M'a dépouillé vingt ans du rang de mes ancêtres.
> Il fallait succomber aux superstitions
> Qui sont bien plus que nous les rois des nations.

Such lines are commonplace enough in Voltaire's theatre[34] and are of little account in *Eriphyle* or in any over-all estimation of the play.

The tragedy met with hostile criticism from the first. The abbé Le Blanc writing on 11 March 1732 was highly critical, concentrating on the ghost which he judged more suitable in a comedy, such as *Dom Juan ou Le Festin de Pierre* or in an opera.[35] The latter point is interesting for Voltaire was concerned at the time with the opera *Samson* and the story of *Sémiramis*, usually considered as a re-working of *Eriphyle*, was successfully used as

---

[33] Jean-François de La Harpe, *Lycée* (Paris 1816), ix.63-70.

[34] R. S. Ridgway, *La Propagande philosophique dans les tragédies de Voltaire*, Studies 15 (1961), p.145-48.

[35] Monod-Cassidy, *Un voyageur philosophe au XVIIIe siècle*, p.152-53.

a libretto for many operas. [36] But the abbé Le Blanc's criticism is very superficial and is focused on one point, showing no overall awareness of the true nature of the work. Boissy, [37] too, could not be reconciled to the ghost and waxed sarcastic over the discrepancy in age between Eriphyle and Alcméon, her all too-ready forgiveness of her son, the High Priest's prediction of the dénouement which killed interest in the plot, the bright light which accompanied the appearance of the ghost in contrast to the darkness of the tomb so convenient for the duel and the actual killing of the mother. In 1779 the *Année littéraire* published a review of the first edition of the play which embodied more criticism of the ghost, of the structure and of the characters as well as the style. [38] La Harpe later expressed his preference for *Sémiramis* on the grounds that the characters, situations and sentiments were only sketched in *Eriphyle*, that the heroine's remorse was due to nothing more than weakness and that she showed little concern for her son's fate. [39] Only Geoffroy preferred *Eriphyle* to *Sémiramis*. [40] Most modern critics have followed Voltaire in condemning the play and Lessing in condemning the ghost. [41] Voltaire's original purpose of bringing Shakespearian elements into French classical drama had not proved a success. The first version had gone some way towards introducing a new element of terror to the French stage, even if Shakespearian intensity of emotion was lacking. The second was in fact a watered down version in the Greek style with no specific quality to redeem it. So *Eriphyle* like *Artémire* was rightly consigned to oblivion. Should we not also today dismiss the play as of little consequence?

[36] In fact G. F. Bianchi composed an *Erifile* which was performed in Florence in 1779.

[37] Boissy, *Le Triomphe de l'ignorance*, p.145-47.

[38] *Année littéraire* (September 1779), p.145-73.

[39] *Lycée*, ix.70.

[40] Julien-Louis Geoffroy, *Cours de littérature dramatique* (Paris 1825), iii.184; see Lion, *Les Tragédies et les théories dramatiques de Voltaire*, p.196-98.

[41] See *Hamburgische Dramaturgie*, ed. J. Petersen (Berlin 1915), xi.85, xii.3.

At first sight and with certain reservations we should. We can, of course, point to the work as a testimony to Voltaire's industry, tenacity, artistic integrity and to its stylistic merit. We can also see the work as providing for the author a valuable exercise and a useful pretext for thinking about drama. But not all the lessons were learnt, for Voltaire did not drop some of his more questionable innovations. The ghost and what Voltaire himself called 'le colin-maillard' of the duel around the mausoleum in *Sémiramis* follow closely the pattern set in *Ériphyle*. And in later works Voltaire did not shrink from *coups de théâtre, reconnaissances fortuites, bizarres coïncidences*, the *merveilleux* rather than the *vrai*. But if the play (which became two plays) could not be an outstanding success on the stage, it was nevertheless not unworthy of his pen.

One valid criticism is that there is terror without compassion. The drama is not sufficiently in the hearts of the characters, and if the characters act according to their nature, their interests, their feelings or passions in a rational manner granted the circumstances, the fatality that shapes their ends is largely external. If ambition is well-portrayed, it is presented as all of a piece. True love is absent. The concept of duty as seen in the case of Eriphyle seems to waver. She is too selfish to have real dignity. There is no portrayal of jealousy as in *Sémiramis* where a secondary love plot activates the drama. There is no tenderness as in *Zaïre*.[42] Voltaire indeed comes closer to Aeschylus than to Euripides and was no doubt correct in stating his indebtedness to him in connection with his ghost and in other respects.[43] Eriphyle as a character is violent and weak, lucid and blind, proud and yet ultimately humble. She is the victim of an anonymous destiny, for there is a curse weighing down on her and on the other characters. It is seen as deserved at

---

[42] We cannot see her as a 'femme sensible' or as a 'repentant sinner', as R. S. Ridgway has stated in *Voltaire and sensibility* (Montreal, London 1973), p.180-81.

[43] *Dissertation sur les principales tragédies, anciennes et modernes, qui ont paru sur le sujet d'Electre*, V 31A, p.603; 'Dissertation sur la tragédie ancienne et moderne', M.iv.502.

one point and as somewhat fortuitous at another. Eriphyle's guilt
has nothing to do with Christian sin as was the case with Racine.
The liberation through death is as clear in the second version of
the play as in the tragedies of Euripides or Racine. But in *Eriphyle*
the oppressive feeling is due to the time-span of history before the
opening of the play as recounted to us and to a logical progression
of events, but not to any mystic sense of man's helplessness without
God. In and around the pagan temple there are too many choruses:
the *chœur d'Argiens* which is the silent voice of the people, the
chœur which Voltaire added and to whom he gave a few perfunctory
lines to speak. In general Voltaire did not favour Greek choruses
which lacked any verisimilitude, so often playing a purely decorat-
ive role, but he accepted this vestige of a collective popular voice
when the fate of a nation or the succession of a king was at stake.
In *Eriphyle* we find also the various groups of *suites*, and *soldats*
all there to take up their appropriate positions on the stage, and
with the help of the respective confidants, the High Priest or
Théandre to present a well-balanced but static tableau. Regard for
such effects as for the French *bienséances* coupled with indifference
to Greek *mores* as a backcloth, are understandable but detrimental
to high drama. Cruelty which the eighteenth century could not
tolerate was presented in an unsubtle way. Horror had not been
transformed into beauty in spite of the elegance of expression
which in itself is not enough to redeem the play, as Formont
understood well and Voltaire even more clearly. We find neither
the intensity of passion nor great tragic poetry.

   There are, however, other criteria than those so far adduced
that warrant a less harsh assessment. Voltaire had studied the
Poetics of Aristotle and had pondered over the meaning of ancient
myths. He wanted to understand his great predecessors and to
improve on them. There is a reading of the play in which some of
its shortcomings, such as poor characterisation, become a positive
advantage, bringing out the value of the work as an exemplar of
an ancient Greek myth. He consciously sought to revive the Greek
theatre on the French stage. Has not Eriphyle through her crime

split the city in two? Has she not broken the conventions – or taboos – of her society by committing murder, and has she not come close to committing the further crime of incest, albeit unwittingly? Her actions have produced in her a sense of guilt which can only be liberated through atonement, the atonement of death, when at last she will be at one with herself and bring unity to the community over which she rules. She is the occasion also of the conflict between Alcméon and Hermogide, between good and evil, a conflict which can only be resolved by the death of one or other of the protagonists. She has obligations as a queen which she knows she cannot fulfil and finds herself at odds with the order of society she is there to promote. The people of Argos require that she be the sacrificial victim on the altar of Zeus, or the 'scapegoat' in a ritualistic performance. The lessening of Eriphyle's guilt, as Voltaire effected it, in fact enhances this ritualistic aspect, as does the presence of the High Priest, the temple and the tomb, the avenging sword.

The structure of the play involves intensification of the various conflicts: Eriphyle and Hermogide; Amphiaraüs and Eriphyle; Eriphyle, the gods and Argos; that within Eriphyle herself. Eriphyle's instinctual drives which had become focused on her desire – or love – for Alcméon, her need to escape from an intolerable predicament, and consequently to divest herself of all the trappings of monarchy, of which she is unworthy, find a definitive answer in her own death which removes all tensions. Her 'murder' at the hands of her son atones for her guilt in the murder of her husband, even if it does not wash it away and Amphiaraüs's revenge takes place symbolically on the steps of the temple by his very tomb. She is in a position to reconcile her love of a man with her love of her son, and she knows that her sacrificial killing will reinstate the values of the society of Argos in whose interest the play is being enacted, thereby placating the gods. Her end comes as a kind of exorcism. Death has come to save the idea of kingship and the culture of the people, to purge the patterns afflicting Argos. Eriphyle has paid the price and can live on in the

memory of her son and her people. The sociological aspect of the play needs to be stressed. From the beginning it has been coupled with the personal issues. The play opens with the statement (1.29-30):

> Ces temps, ce jour affreux feront la destinée
> Et des peuples d'Argos, et du sang d'Inachus.

and we are constantly reminded that the future of Argos is at stake. At the beginning of act v (l.7-8) we are told:

> Le désordre est partout; la discorde, la rage
> D'une vaste cité font un champ de carnage.

Chaos has indeed come again, but order is close at hand. Here the conclusion of the second version (MS6), in which the last words are left to Théandre who voices the hope for better things to come, is truer to the original myth. There is for this a solid foundation now that the necessary *catharsis* has been effected, not only a purgation of passions, but the symbolic sacrifice necessary to an evolved society. Alcméon has in fact been prepared from the beginning for his future office. He was dimly aware of his high calling and he fulfils his appointed role by triumphing over his social rival and killing his mother as a prerequisite for a legitimate taking over of power. Whereas in the penultimate scene (v.119*v*) the High Priest is still concerned with the sacrifice of Eriphyle:

> Vous le voulez, destins... il le faut ... je frémis!
> L'ordre est irrévocable... Ah mère malheureuse,
> La parque t'a conduite à cette tombe affreuse!
> Les morts et les vivants y sont tes ennemis.

His last words, after Alcméon has fainted, read thus in the early versions (v.161-168*v*):

> La lumière à ses yeux est ravie.
> Secourez Alcméon; prenez soin de sa vie
> Que, de ce jour affreux, l'exemple menaçant
> Rende son cœur plus juste, et son règne plus grand!

A crescendo of horror, marked by *coups de théâtre*, works up to the climax of death but proceeds to the anti-climax of peace. In this drama the characters are mere puppets enacting their appropriate roles. Ritualistic steps mark stages from the darkness of ignorance to the light of truth and knowledge. In this perspective the structure underlines the myth dramatically. One may list the factors of accursed ignorance: the people of Argos do not know of Hermogide's crime; Alcméon does not know his parentage and Théandre himself has only partial knowledge; Eriphyle only slowly and painfully becomes aware of her responsibility for her husband's murder and the removal of her son and only learns late in the play that Alcméon is in fact her son; Hermogide does not know who Alcméon really is and wrongly believes he has killed the son of Amphiaraüs as well as the father; Alcméon follows the good, but moves to avenge his mother, and at times is blind to everything but his own happiness and the crown; even the High Priest does not reveal all he knows and seems to think or hope that part of the prophecy will not be fulfilled. With better luck knowledge would have come to all somewhat earlier and the worst might conceivably have been averted. But truth has to be dragged out according to a pre-ordained pattern and to ensure proper retribution; and is only manifest when victimisation has been completed. Eriphyle, torn between real guilt and semi-innocence, desire and maternal love, narcissistically anxious to prolong her life by ruling through her son, achieves self-knowledge to the advantage of society. In a sense the play is about relationships, not so much about characters.

The symbolism stands out through the emphasis on light and darkness. From the beginning truth and vengeance go hand in hand (1.65):

> La vérité terrible, avec des yeux vengeurs

and Voltaire goes on to say (1.67-68):

> Son flambeau redoutable éclaire enfin l'abîme
> Où dans l'impunité s'était caché le crime.

Darkness has hidden the crimes, but the avenging ghost has come (1.90):

> Les dieux l'ont déchaîné de l'éternelle nuit.

and again (1.98):

> Il a percé l'abîme, il marche dans ces lieux.

and the avenging sword, 'ce fer toujours funeste', 'ce fer sanglant', 'ce fer parricide', 'ce fer sacré' is always *étincelant* (1.102). Hermogide is made to say (III.108):

> L'affreuse vérité va donc paraître au jour.

and Alcméon exclaims (IV.140):

> Il n'est plus de secrets que je doive celer.

Eriphyle for her part begs to know the whole truth (IV.221):

> Achève: romps le voile; éclaircis le mystère.

The tomb itself symbolises the dark recesses of guilt and ignorance, and has to yield up its terrible secrets to the glare of light. The voice of the ghost needs to be heard and the avenging sword to be brought out of the tomb by the High Priest, so that the whole truth at last should stand revealed.

Voltaire has perceived at least some of the basic elements of Greek tragedy. He knows that Greek tragedy is enacted against a background of conflict between the interests of the protagonists and those of the city and its people, but he has found it difficult to transpose the Greek historical situation with its political undertones to the corresponding French context. He cannot oppose the *hubris* of the queen to any democratic or new political ideal, and has to content himself with stating that all citizens are equal and that kingship should rest on merit, but in an almost incidental manner and not as an important consideration in his play. The Greek dramatists wrote their tragedies about legendary figures so as to point a conflict between two sets of values, those of the past and those of the present. Voltaire can only dwell on the distance

between the crime and the moment of expiation. He had to shift from the presentation of a conflict between the heroic ideal of a bygone age with its absolute gods and the emerging democratic social order with its own man-made tribunal. He might have turned with Corneille and Racine to more subtle characterisation and an analysis of human motivation and painfully acquired self-knowledge. Instead he chose to stick closely to his Greek models in a way his contemporaries and many of his critics found incomprehensible.

Eriphyle's relative culpability is the crux of the problem. That she has committed a specified offence and sinned against the gods and against Argos is obvious, and for this she must pay by a sense of remorse which overcomes her and finally with her life. According to the Greek mythology, whether innocent or not, a person guilty of crime, of instant pride or *hubris*, who has risen too high by good fortune, may bring calamity to the city, and may be ostracised without reason given, in the interest of the community. Personal responsibility is never stressed, since human actions can never be independent of the gods. Eriphyle is not represented as a heroine – the role of hero is reserved for Alcméon – but her guilt must not be stressed, for ultimately her crime is one of blindness and folly. It is presented to us as ἁμαρτία, a fault, sin or transgression, a crime both voluntary and involuntary.[44] Her actions are not autonomous, let alone free, and are to be judged in their consequence, not *per se*. And when she has been punished as in a Greek tragedy, she will be legally absolved of murder, although this must not be taken to mean that her crime was

---

[44] See J.-P. Vernant, 'Greek tragedy: problems of interpretation', in *The Languages of criticism and the sciences of man*, ed. R. Macksey and E. Donato (Baltimore, London 1970), p.285-86. The article as a whole is relevant to our argument, as indeed other interpretations of Greek myths; see J.-P. Vernant, *Mythe et pensées chez les Grecs: études de psychologie historique* (Paris 1966); H. D. F. Kitto, *Greek tragedy, a literary study* (New York 1950); A. Cook, *Oedipus Rex: a mirror for Greek drama* (Belmont 1965); R. Giraud, *La Violence et le sacré* (Paris 1972).

justifiable or that it can be condoned and she can be absolved of all guilt. These ambiguities surrounding Eriphyle's guilt or degree of culpability – which have a philosophical as well as a semantic explanation in her Greek counterpart – do help Voltaire to bring out punishment as in the hands of an inscrutable deity and are in line with his own view of Providence as expressed for instance in the later chapters of *Zadig*. But Eriphyle also stands condemned before the tribunal of man represented by the *chœur d'Argiens*, and the spectators, who are satisfied that a sort of popular justice has been meted out. She is the victim of the Erinyes or Furies, those avenging deities to whom Voltaire refers in the play and who appear around the altar to punish the blood-guilt of man, heaping on him their curses so as to inhibit his criminal propensities, and who have only euphemistically earned the name of Eumenides or gracious goddesses. Argos will benefit from her demise as from that of Hermogide. But she cannot have the full responsibility of her act, for she never had free will. Racine at this point was more fortunate than Voltaire, for his Jansenist God held something of the power and terror of Zeus. In his predicament and in the light of his consistent belief in the limited freedom accorded to man, Voltaire might have focused attention on the problem of responsibility measured in terms of degree of intentionality, of conscious will, and probed in depth the ambiguities attending Eriphyle's consciousness of guilt. His failure to do so may be the main cause of the failure of the play. Although knowledge at her death leads her to pause and reflect upon her actions in human and not queenly terms and upon her relationship with her son and the world, she never asks herself the great psychological question of modern times: To act or not to act[45] – which can only take on its full

[45] Vernant, 'Greek tragedy: problems of interpretation', p.285. Vernant refers to Aeschylus's *Choephoroe* which is the very play in which some of the critics hold that Voltaire found his ghost. For a further study of Voltaire and his understanding of Aeschylus, see R. Niklaus, '*Eriphile* de Voltaire et le théâtre d'Eschyle', *Le Siècle de Voltaire: hommage à René Pomeau*, ed. Ch. Mervaud and S. Menant (Oxford 1987), ii.707-18.

significance in the context of Greek culture at the time the Greek dramatists were writing. What mattered for Voltaire as for the Greeks was the result of actions committed, and Voltaire's stand was pragmatic, not doctrinaire, concerned with practical consequences and not notional moral guilt. These consequences are only revealed at the moment of expiation or victimisation, as Voltaire brought out in his play. Voltaire's public, unfortunately, understood as little of his concept of God as that of a pagan Zeus, or indeed that of a Jansenist God. It saw a remote myth being enacted which in its eyes required clarification, and sought an analysis of passions and emotions, showing little concern for the social, political or religious implications of the tragedy, which is essentially not a tragedy about characters but about opposing forces, laws and values.

That Voltaire was fully aware of the meaning of the original myth is unlikely, and perhaps irrelevant if one accepts with C. Lévi-Strauss that the meaning of a myth encompasses all its expressions irrespective of time, but it is interesting to note how well Voltaire has brought out its main features, whether through understanding the Greek drama or by imitation, or even by merely following the inner logic of his plot. We certainly have with *Eriphyle* all the ingredients of a great play. Yet even at this level of appreciation we are left with a feeling of unease. After stumbling on great truths, which only later Freudian, anthropological or sociological analyses have brought out, Voltaire did not fully exploit the mythic aspect nor the human drama of his play. Sophocles in his *Electra* had presented a human situation which added a dimension to the ritual, and in the story of Œdipus's incest there is a factor which has not been fully explored in *Eriphyle*. We miss fire and passion, even more than warmth, and the full lucidity that these entail. But what we here lose in humanity we gain in schematic clarity, and if *Eriphyle* is not in the full heroic mould, if Voltaire did not believe in the gods sufficiently to see their roles as realities in a primitive mythology and as symbols of a deep, eternal verity,

Eriphyle shows awareness of the basic principles underlying the original myth.

Yet Voltaire failed to present the eternal significance of his myth in the context of his own time. He attempted nothing more than refurbishing it, when philosophical depth and greater subtlety were required and a fundamental reassessment of the conflicting values underlying eighteenth-century society. His challenge to the concept of an endless cycle of blood calling for more is not clear, nor has Aeschylus's attack on the monarchy with its paternalistic system been brought out. However Voltaire has indicated that the social must prevail over the religious, civilisation or culture over violence and barbarism.

There is an understanding of symbolism, but no great epic vision, and the language, fine as it is, lacks the imagery and evocative poetry so essential to tragic lyricism. Voltaire faltered in his real purpose and confused the issue by introducing Shake-spearian elements whilst maintaining the true classical tradition, by running counter to prevailing requirements for the portrayal of love, yet pandering to a predominant craze for elegance ('Discours', l.81-82):

> [...] joindre en sa fougue tragique,
> L'élégance moderne avec la force antique.

In short his conception of his play is very well indicated in his 'Discours' (l.53-64):

> Souffrez que la terreur aujourd'hui reparaisse;
> Que d'Eschyle au tombeau l'audace ici renaisse.[...]
> Daignez vous transporter dans ces temps, dans ces lieux,
> Chez ces premiers humains vivant avec les dieux:
> Et que votre raison se ramène à des fables
> Que Sophocle et la Grèce ont rendu vénérables.
> Vous n'aurez point ici ce poison si flatteur
> Que la main de l'amour apprête avec douceur.

He concludes this speech very modestly and with great sincerity,

for he alone could fully appreciate what had been involved (l.83-86):

> D'un œil critique et juste il faut s'examiner,
> Se corriger cent fois, ne se rien pardonner;
> Et soi-même avec fruit se jugeant par avance,
> Par ses sévérités gagner votre indulgence.

If Voltaire did not succeed to his satisfaction and to ours, it is not because of the plot nor the ghost, nor contrived dramatic devices, nor faulty characterisation, but because he did not face squarely the inner meaning of his play. He stumbled over great mythical truths and struck various levels of understanding, without, however, integrating all his factors into a unified, crystal-clear structure, as his endless tinkering with the text of his play brings out. It will not have escaped the reader's attention that the last version of the play, commonly regarded as the most 'Greek' and classical in spite of its undistinguished style, provided in reality a less full presentation of the myth on account of Voltaire's desire to minimise Eriphyle's guilt.

He failed, too, to situate an old and valid myth in a context which his contemporaries could readily understand and interpret and with terms of reference of obvious or hidden relevance to the eighteenth-century situation. For all his skill and intelligence, his understanding and lucidity, strange as it may seem, his play is ultimately found wanting in overall clarity.

5. *The text*

We have no holograph manuscripts of *Eriphyle*, nor a personally authenticated copy. The play was not included in the *encadrée* edition in the preparation of which Voltaire played a part and, whilst the lines of the play in the forms in which we know them are certainly by Voltaire, we have no definitive text.

Essentially the manuscripts available fall into two groups. The

first comprises MS1 to MS5 and is said to go back to the copy of the play Lekain retained which it has not been possible to identify. This text was used in 1779 for the first edition of the play (79A) which offers basically the same variants and *retranchemens*.

The *retranchemens* are valuable as evidence of the original and longer text. Thanks to the variants to be found in Voltaire's correspondence it is possible to give an approximate date for the curtailed version. It reflects a stage in the writing that is posterior to 2 October 1731 (see D434) in which Voltaire still calls Hermogide Androgide and all the lines he quotes point to an earlier draft (see III.11-20*v*, 109-113*v*) to which he brought the minor improvements recorded in MS1-MS5, 79A and K. Lines III.144-168 appear in these manuscripts as they do in Voltaire's letter. Reference to III.11-20*v* reveal Voltaire's hesitation over the best reading, as well as the general closeness of the manuscripts to the text of the letter. Often Voltaire has been content to re-arrange his lines or modify them slightly. If we turn to Voltaire's letter of 8 May 1732 (D486) we find a new set of variants with instructions to his publisher Jore to effect the changes proposed. These can be situated for the most part, except for I.35 where the placing is conjectural as in the case of a line in the last scene of act IV, where the text provided is quite different from that recorded in the manuscripts. It must be pointed out, however, that in this letter there is still a reference to the High Priest, a character ultimately removed who is not to be found in MS6. We conclude that the text of MS1-MS5 may be dated between October 1731 and May 1732. It is probable that prior to the cuts effected it comes very close to the text as it was on the eve of performance and the cuts may indeed have been made at a very late stage during rehearsal or between performances, but the bulk of them seem to have been made immediately prior to the first performance. Voltaire's letter of 8 March 1732 (D466) acquires a special significance in this respect for on the day following the first performance of his play he informs Cideville that 'Le public a goûté mes derniers sacrifices' which we take to be a reference to his *retranchemens*. These cuts which are for the most part

improvements are not surprising since Voltaire attended rehearsals of his play and since actors commonly asked for cuts or were invited to make changes. It follows that these manuscripts offer a text close to that used at the time of the first and only run of the play, and as such hold a special interest for us today.

Clearly, though, Voltaire continued to modify his play and the Kehl edition must have been based on a later manuscript which, however, also antedates the suggested corrections Voltaire made in his letter of 8 May 1732 (D486). It is to be regretted that we do not have a copy of the text as sent to his publisher Jore. It must have marked a stage between MS1-MS5 or the Kehl manuscript and that in the hand of Decroix (MS6), said to be based on a copy by Voltaire's secretary Longchamp which is that reproduced by Beuchot and Moland. Kehl suggests that the changes in the text as evidenced in MS1-MS5 and 79A, were made during the interval between performances, but it seems more likely that the process of pruning and re-writing was somewhat more prolonged. Voltaire's letter to Cideville dated 15 May 1733 (D610) suggests that a secretary was busy transcribing corrections to the text and giving some sort of order to the list of variants with which he was faced. We are inclined to think that it is some such provisional fair copy that is the basis of the so-called Lekain manuscripts. The term *retranchemens* used in all this set of manuscripts except MS3 seems far preferable to that of *corrections* which MS3 has adopted and which is ambiguous. The passages so marked were in fact cuts, and the whole of act I and especially act V were later rewritten, but why were these passages retained in the transcription of the text both in the manuscripts and in the 1779 edition? It may be that Voltaire wished to retain them for later use. Many of them have been recorded in the variants of the Kehl edition. It is also possible that an actor's copy had the passages struck out and that either with or without Voltaire's permission a new copy was made which retained the older readings at the bottom of the page in case the author or the actors or a possible future editor wished to see them reinstated.

MS1 to MS5 belong to the same family and are traditionally associated with Lekain who acquired his copy in late 1774. In a letter of 18 February 1775 he tells Henri Rieu how: 'J'ai retrouvé à la mort de m^r de Pont de Vègle, frère de m^r d'Argental, un manuscrit d'*Eriphile* [MS5], tragédie de m^r de Voltaire, et j'ai eu la permission d'en faire faire une copie, que je garde comme un trésor' (D19344). Decroix, with the permission of Lekain, made a copy of Lekain's manuscript which he took with him to Ferney in 1777. He handed it to Voltaire who claimed to have no copy of his play. [46] One was found among Voltaire's papers at the time of his death and Decroix has stated that the editors of the Kehl edition based their text on this manuscript. [47] But the Kehl text differs from that provided by MS1-MS5 and we must conclude that it is based on a manuscript which may have been Lekain's or on some other lost manuscript. It may be that MS1, which must have been sent to St Petersburg along with other manuscripts and papers by Voltaire, is in fact Decroix's copy taken from Lekain. It warrants further examination. It does not now seem possible to say whether any one manuscript is in fact Lekain's.

From the standpoint of the text itself, the important fact is that MS1, MS2, MS3, MS4 and MS5 offer virtually the same text, apart from minor differences in spelling, punctuation, the misreading of the odd word and individual efforts to correct a few obvious mistakes.

[46] This may well have been the case. He was, however, well aware of the existence of Lekain's copy, as can be seen from his letter to d'Argental of 8 March 1775: 'Le Kain a mandé qu'il avait une vieille Eriphile de moi; c'est une esquisse asez mauvaise de Sémiramis. Il serait ridicule que ce croquis parût, et il n'est pas moins à craindre qu'il ne paraisse. Je me flatte que mon cher ange me sauvera de cette petite honte' (D19365).

[47] See M.ii.456, n.1, which reproduces a note by Decroix: 'Longtemps auparavant, il [Lekain] m'avait permis d'en prendre une copie, que je portai à Ferney en 1777. Je la remis à M. de Voltaire, qui n'avait rien conservé de cette tragédie. C'est cette même copie, retrouvée dans ses papiers après sa mort, qui a servi pour l'édition de Kehl.'

MS6 stands on its own as a separate manuscript. Its text is that followed by Beuchot (and Moland) who writes that 'feu Decroix [le] regardait comme le véritable texte d'*Eriphyle*' (M.ii.456, n.2). The part of the High Priest in MS6 has been completely cut out as indicated by Voltaire in his letter to Formont dated 25 June 1732 (D497). Act I has been greatly changed and a completely new act v has been provided. [48] Voltaire's letter to Formont enables us to conclude that we are dealing with a later revision of the play undertaken when Voltaire was busily refurbishing his superficially Shakespearian play to make it conform with a more conventional Greek pattern. It must have been a text close to this which Voltaire sent to the official censor in 1733 and finally discarded. We do not know how it came into the hands of Decroix. It may have been handed to him by Longchamp.

The publication of 79A may have been prompted, as stated on the title page, by Voltaire's death and consequential freedom to print his work without undergoing his ire, but may well have been determined by the decision to perform *Eriphyle* in Paris in that same year. [49] There is not enough evidence to ascribe this edition to any one of the manuscripts with certainty. 79A comes closest to MS4 and to MS5 as borne out by an examination of the variants for lines II.88, IV.51, 62 and 126. 79A follows MS5 as distinct from MS4 for the following lines: I.54, 71-73, 82, II.4, V.57, 68. But it adopts MS4's rendering of V.90. An examination of lines such as III.12 where there has been some confusion provides very inconclusive evidence; and many divergences, often quite unimportant, may have been due to faulty transcriptions (the reading 'le' for 'ce' and vice versa frequently occurs), or to editorial intervention. One needs to bear in mind that MS4 has often provided the text of MS5 as emended or as an addition above or below the line as an alternative reading. There remains, however, a hard core of

[48] See below, appendix (p.503-29).
[49] The publication of this edition was the occasion of a long and hostile notice in *L'Année littéraire*, dated 30 September 1779 (p.145-73).

emendations which must go back to both MS4 and MS5. In the absence of any other manuscripts it is reasonable to surmise that the editors of the printed editions followed MS5 whilst drawing on MS4.

The relationship between 79A and the subsequent editions is more easily established. The texts are virtually the same and they share the same mistake at IV.81. Doubtless 79A provided the basic text which subsequent editors followed.

But if the variants offered by the manuscripts MS1-MS5 and 79A are insignificant, the *corrections*, or properly the *retranchemens*, whilst laying Voltaire open to criticism, are singularly interesting in themselves. We can understand better Voltaire's dissatisfaction with the text of his play and his resolve to effect cuts. Broadly speaking Voltaire has striven to remove melodrama, possible misunderstanding and some very prosaic lines. His cuts which seem to us justified and leave us with a better text have not been restored in K.

According to the 'Avertissement des éditeurs' K is based on an manuscript found among Voltaire's papers:

Nous donnons Eryphile d'après un manuscrit trouvé dans les papiers de M. de Voltaire. Il ne peut y avoir d'autres variantes dans cette tragédie, que les changements faits par l'auteur entre les représentations. Nous en avons rassemblé les principales, d'après les copies les plus correctes.

The editors are certainly too sweeping in their categorical statement in respect of the variants. Those they reproduce are all drawn from 79A or one of the manuscript copies we know, excluding MS6. But it is the earlier statement which refers to a manuscript actually transcribed that is the most perplexing. Beuchot cites the above passage in his edition, adding the note by Decroix which has already been quoted. It is the concluding remark: 'C'est cette même copie retrouvée dans ses papiers après sa mort qui a servi pour l'édition de Kehl' which is most puzzling. This copy should be MS1, or a similar text. But the text of K differs from MS1 and that of all the manuscripts as also from 79A. It seems unlikely that

Voltaire amused himself by correcting the Lekain text or that a secretary undertook to modify it with the help of variants found among Voltaire's papers, to the exclusion of one small piece which Wagnière added (III.10-12*v*). It is unnecessary to go over in detail the changes к brings to MS1 and MS4 to which it comes closest, although they are numerous. If we disregard possible errors in reading the manuscript which was being transcribed, typographical errors and editorial decisions in minor matters, we are still left with a number of lines in which the text is different. It is impossible to believe that к was not transcribing some other and lost manuscript or transcription. The text of к is occasionally to be found in the *retranchemens*, as in the case of 1.47-50 (but к has effected cuts), and II.131-132*v*. к's reading for 1.122 is to be found in MS4 where, however, it has been struck out. For line II.177 к has a correction only to be found in MS4. For 1.157 MS4 offers a better reading, and for line III.287 к has a mistaken reading which is correct in MS4, which suggests that к did not have before him the text of MS4, or indeed any of the other manuscripts. An examination of the variants provided by Voltaire in his correspondence gives us a text closer to MS1-MS5 and 79A. It seems certain that these further cuts were intended by Voltaire who was dissatisfied with his play. We believe that the manuscript on which к is based is later than the text of the other manuscripts except MS6. For the most part к agrees with MS1-MS5, and in a number of cases where we have MS6 variants к agrees with the other manuscripts. On the other hand к agrees with MS6 and not with the other manuscripts for some lines. The variants which к has provided in an appendix are highly selective. Only substantial changes or changes which struck the editors as dramatic have been recorded.

In fine there are four versions of *Eriphyle* which can provide an editor with his base text:

1. A first version which can be reconstituted with the help of the *retranchemens* in MS1-MS5, 79A by re-establishing the cuts in the text of the edition.

2. MSI-MS5, 79A or the text after the cuts had been effected with the cuts given as variants in the notes.

3. K the text of which is based on a manuscript now lost or one emended at a somewhat later date than the text of MSI-MS5, 79A. We believe that this manuscript was found among Voltaire's papers as the editors claimed and that it came close to the text Voltaire prepared for publication by Jore, but that an examination of the variants recorded in Voltaire's correspondence at the relevant dates shows that it is not precisely the same. We cannot believe that the editors of K undertook the laborious task of correcting MSI or MS4 on the strength of notes and variants left by Voltaire of which there is now no trace. We do not think that this lost manuscript was the one Decroix transcribed and presented to Voltaire.

4. MS6, the last re-writing of the play, which Beuchot (and Moland) reproduced, albeit inaccurately, as the text ultimately preferred by Decroix. We believe that this text comes very close to that which Voltaire submitted to the censor for approval.

So many uncertainties, contingencies and conjectures surround these texts that a good case can be made out for the selection of any one of these four versions as base text. We have decided to use K as the main text whilst reproducing all the variants from the manuscripts and 79A. In this way the reader will have before him a text which, although revised, is still close to that of the actual performances, and may be considered as the final known version of the original play before Voltaire embarked on a drastic re-working. It marks one step towards the drafting of a new play on the same theme, a process which was carried an important step further by the writing of *Sémiramis*. Those readers who are concerned to have the full text of MS6 will have little difficulty in reconstituting it from the variants provided. In the absence of a manuscript in Voltaire's hand or with his corrections and an authenticated definitive text, it seems important to present as a base text one which has been carefully revised and is more suitable for publication than the earlier drafts. Moreover, our choice has

practical advantages from the standpoint of lay-out and readability. It allows for the easy recognition of Voltaire's emendations from the earliest known draft to the final stage, from the text as it was performed to that which never saw the light of day.

6. Manuscripts and editions [50]

Manuscripts

MSI

Eriphile / Tragedie / Representée aux François / Le 7. mars 1732. / avec le Discours prononcé a l'ouverture du / Theatre de la meme année et qui est de ↑Mr de⁺ Voltaire. /

Contemporary copy; 35 leaves, foliated 276-312; f.276r title, as above; f.276v blank; f.277r-278r Discours; f.278v Acteurs; f.279r-312 text of play.

The *retranchemens* are given at the bottom of the relevant pages.

This copy, sent to St Petersburg with Voltaire's library, has minor corrections in a second hand. It is clean and legible and the alternative readings are clearly placed. Sometimes the copyist has reversed the choice of variants, sometimes he has shown initiative in the better placing of his variants. Two lines have been omitted (II.179, as in MS2-MS5; III.66, as in MS2). The same copyist, and the same corrector, were responsible for MS2 of *Adélaïde Du Guesclin* and for MSI of *Les Frères ennemis* (see *Adélaïde Du Guesclin*, ed. M. Cartwright, V 10, p.64, 66-67).

StP: VM, i.276-312.

MS2

Eriphile / Tragedie / Representée aux François / le 7 mars 1732. / [by

---

[50] Section prepared with the collaboration of Andrew Brown.

another hand:] Avec le Discours prononcé à <la Clôture> ↑l'Ouverture⁺ du Theatre de la même année et qui est de Voltaire. /

Contemporary copy; 190 x 266 mm; 39 leaves, foliated 1-38; f.1*r* title, as above; f.1*v* blank; f.2*r*-3*v* Discours; f.3*v* Acteurs; f.3-38 text of play; f.[39] blank.

The *retranchemens* are here given at the bottom of the relevant pages.

This copy is bound in a volume from the d'Argenson collection which on the spine bears: 'SUPPL / DE / VOLTA'. It contains three individually foliated / paginated manuscripts by three different copyists: *Samson*, *Eriphyle*, *Adélaïde Du Guesclin*. The title page of the volume bears: 'Supplement aux œuvres / de M. de Voltaire'.

On the fly-page there is a note dated November 1883: 'Ce volume contient trois tragédies dont la 1ʳᵉ renferme 24 feuillets, la 2ᵐᵉ renferme 38 feuillets, la 3ᵐᵉ renferme 75 pages'. In another hand on the verso is written: 'Ce Supplement contient *Samson* que Rameau a voulu mettre en Musique; mais qu'il n'a jamais achevé. Par consequent cette Piece n'a jamais été jouée; <mais> elle est imprimée dans les Œuvres de Voltaire, mais avec des differences bien considerables et avec un acte entier transposé et changé. *Eriphile* eut dans sa nouveauté en 1732. 12. representations et n'a jamais été imprimée; L'Ombre d'Amphiarus qui paroit dans cette Piece fit un fort mauvais effet. Voltaire en a été consolé par le succès qu'a eüe celle de Ninus dans sa Semiramis. Cette derniere Piece est prise en grande partie de celle cy; mais Voltaire n'a pas transporté dans l'une toutes les beautés de l'autre et il reste dans cette Piece cy quelques beaux vers et quelques situations qui méritoient d'être conservés. *Adelaide* a été remise au Theatre sous le nom du *Duc de Foix* ↑en 1752⁺ et en dernier lieu en 1765, elle a été rejouée sous son ancien titre et revüe avec plaisir. Le coup de canon qui avoit contribué à sa chute en 1733. a reussi dans les dernieres representations, et le nom de Coucy ne paroit plus ridicule. Cependant il reste quelques differences entre la copie cyjointe et la derniere Edᵒⁿ d'Adelaide, et ces differences rendent cette copie cy curieuse et digne d'être conservée.' Added in a later hand: 'On trouvera cette piece dans l'Edᵒⁿ de 1765 publiée par le Kain à qui Voltaire l'avoit abandonnée. Voyez ma note à la tete de la Tragédie des Freres Ennemis.'

The manuscript, with the ex-libris carrying the arms of d'Argenson, has

the inscription: 'De la bibliothèque de M. de Paulmy, Belles-lettres, 2003'. If we recall that Antoine-René d'Argenson, marquis de Paulmy, founded the Bibliothèque de l'Arsenal, it seems certain that this copy belonged to the original bequest to the Arsenal.

MS2 is very close to MS1 and MS3. Variants specific to MS2 are very few and unimportant. There are grounds for believing that Voltaire sent this copy to René-Louis de Voyer de Paulmy, marquis d'Argenson in 1739. We know from a letter of 2 May 1739 that Voltaire allowed the marquis d'Argenson to retain a copy of the *Essai sur le siècle de Louis XIV* which he had submitted to him for comment, adding 'quand vous voudrez quelques amusements en prose ou en vers, j'ay un gros portefeuille à votre service' (D1999). On 4 June 1739 he refers to *Samson* and writes (D2024): 'Si vous voulez je vous enverray encore cette guenille. Quant aux autres misères que vous avez vues dans le portefeuille d'un de vos amis, je puis vous assurer qu'il n'y en a peut-être pas une qui soit de bon alloy, et si vous voulez m'en envoyer copie, je les corrigerai et j'y mettrai ce qui vous manque afin que vous ayez mes impertinences complètes' (D2024). D'Argenson, in a letter to Voltaire dated 20 June, wrote: 'J'ay les 3 odes dont vous me parlez. L'homme au Recüeil que je vous ay dit a jusques au moindre chiffon que vous ayez jamais écrit. Je ne sçays pas comment il a fait. Mandez moi s'il est flatteur d'être ainsy suivi par des Inconnûs. J'ay donc bien grossi mon portefeüil et relû avec délice ces anciennetés de vous que j'avois commencé à mettre en portefeüil à par des le Loup moraliste, la tabatière saisie, des étrennes à monseigneur. Nous étions bien petits alors. [...] Je vous garderay un grand secret. Vous me ferez donc lire ce que je ne connois pas et je m'en promets un grand et très grand plaisir, un grand transport. Mais pour quand cela sera t'il [...] Envoyez moy votre Sanson, envoyez moy tout, je n'y toucherez pas dès que vous me direz tout beau' (D2032). It is very likely that *Eriphyle* was sent to the marquis d'Argenson at this time.

Arsenal: MS 2755.

MS3

Eriphile, / Tragedie / de M^r. de Voltaire, / Representée, le 13e mars / 1732. /

Contemporary copy; 38 leaves, foliated 1-38; f.1r title, as above; f.1v

blank; f.2r-3v Discours; f.3v Acteurs; f.4-34 text of play; f.35-38r Retranchmens Et Corrections; f.38v blank.

The first page has in pencil: 'Lavall. n° 176 Portef. no V'. Bound in a volume which on the spine bears the words: 'Tragédies et Comédies'. It also includes the following plays by different hands: *Le Faux bonheur, La Femme honnête homme* (by Caylus), *Fauste et Crispe, La Fille généreuse, Conaxa ou les gendres dupés*.

This manuscript formed part of La Vallière's collection of plays. It is a very clean copy, worthy of inclusion in a handsome collection.

Bn: F24347, f.1-38.

MS4

Supplément / aux / Œuvres de théatre / de / M. de Voltaire. / [*rule*] / Eriphile, / Tragedie / representée aux Français / le Vendredi 7 mars / 1732 /

Contemporary copy; 45 leaves, foliated 1, 1bis, 2-21, 23-29, 31-46; f.1r title: Eriphile / tragédie. / Personnages (in a later hand); f.1bisv title, as above; f.2-3 Discours (in a later hand); f.4-13r text of play, act I (by one hand); 13v blank; f.14-21r text of play, act II (by two different hands, the last one being the same as for act I); f.21v blank; f.23-29r text of play, act III (by the same hand as beginning of act II); f.29v blank; f.31-39r text of play, act IV (in a third hand); f.39v blank; f.30-46r text of play, act V (by the same hand as act I); f.46v blank.

This is a composite manuscript in several different hands, and with different parallel readings, some added at the outset, others later in different hands, above the line or in the margin.

Many of the *retranchemens*, which are here given at the bottom of the relevant pages, have in the margin: *à rétablir*, written in a different hand; when this manuscript has *à rétablir* this has been done in MS3: I.6, 124; II.68, 140, 194; III.31-34; IV.15, 164, 172; V.43-44. At first sight one might think that MS3 may have been carrying out the instructions on MS4, but an examination of the text shows that MS4 was revised after perusal of MS3, as the following note, to be found at II.179, shows: 'vers retrouvé dans le manuscrit de M. le Duc de la Vallière' (MS3). Was the manuscript being prepared for eventual publication?

377

The volume, which was bound in 1871, also contains other plays, not by Voltaire.

Bn: N2909, f.1-46.

MS5

Eriphile / Tragédie / Representée aux François / le Vendredy 7 Mars 1732. /

Contemporary copy; 186 x 245 mm; 48 leaves, paginated 1-91; p.[a] title, as above; p.1-5 Discours; p.6 Acteurs; p.7-91 text of play; p.[92-96] blank.

The cover bears: 'Supplement aux œuvres / de Theatre / de M^r. De Voltaire'.

The *retranchemens* are here given at the bottom of the relevant pages.

It is not known when this manuscript was acquired by the Comédie-Française, but it comes from the collection of plays belonging to Antoine Feriol, comte de Pont de Veyle. A catalogue of Pont de Veyle's collection was compiled in 1774, *Catalogue des livres imprimés et manuscrits, de M. le comte de Pont-de-Vesle* (Paris, Le Clerc, 1774), in which *Eriphyle* figures (Bn: Δ 48971). A summary catalogue was produced in 1798: *Catalogue abrégé de la collection de théâtres de M. Pont de Vesle, dont la vente se fera [...] an VI* (Paris, Mauger, Hubert, s.d.; Bn: Δ 7515). The collection failed to reach the reserve and was sold privately to Mme de Montesson. In 1823 Soleinne purchased the collection from the comte de Valence, heir to Mme de Montesson, and kept it as a separate collection. After his death in 1842, the Pont de Veyle collection was sold in 1848: *Bibliothèque dramatique de Pont de Vesle [...] vente le lundi 10 janvier 1848* (Paris 1847; Bn: Δ 7516). Some of the manuscripts had, however, been separated from the original collection and sold with the rest of Soleinne's collection in 1844. The catalogue was prepared by P. L. Jacob, better known as P. Lacroix, *Bibliothèque dramatique de monsieur de Soleinne* (Paris, 15-28 avril 1844). No.1684 (ii.75) lists: 'MS. Pièces de Voltaire. Eriphile, tragédie. – Adélaïde du Guesclin, tragédie. – Pandore, opéra. – Samson, tragédie lyrique. – Variantes de l'opéra de Samson, tirées d'un ancien manuscrit. – Monsieur du Cap Vert, comédie en 3 a. et en pr. (C'est la pièce des *Originaux*.) – Le comte de Boursouffle, comédie en 3 a. et en pr. In-4 sur pap., écrit. du 18e siècle, non rel. Ces

copies proviennent de la bibliothèque de Pont-de-Veyle qui les tenait d'un secrétaire de Voltaire.' Item 1684 was sold to unknown buyers and efforts to trace the purchasers have so far proved abortive. It may be surmised that the lot was broken up. We believe that this is the manuscript in question, as it seems to us highly improbable that Pont de Veyle kept two manuscripts of the play without recording the fact. If so, we wonder whether he obtained his copy directly from one of Voltaire's secretaries as claimed much later, or through the marquis d'Argenson.

This is a clean copy, without corrections. The text of MS5 comes closest to that of MS4 on which it may have been based (see II.190ν, IV.126).

Comédie-Française: MS 110.

MS6

1) Eriphyle, / Tragédie / représentée pour la premiere fois / Le 7 mars 1732. /

2) Eriphyle / Tragédie en cinq actes, / Représenté pour la premiere fois, / Le 7 mars 1732. / [rule] / Imprimée / sur le manuscrit du Sieur Longchamp / ancien secretaire / de M. de Voltaire /

Copy by Decroix; 175-230 mm; 29 leaves, foliated 2-29bis; f.3r title, as 1) above (in a later hand); f.3r Avis de l'éditeur (by Beuchot?); 3ν Personnages (added later); f.4-29bis, original manuscript, paginated 1-54; f.4r title, as 2) above; f.5-29bis text of play.

At the bottom of f.3ν, we read: 'Amphiärus / pour l'uniformité de la mesure des vers, on peut mettre / et la grammaire, moyen d'un léger sacrifice réciproque. Ce / nom n'est que 5 à 6 fois prononcé et écrit / de plusieurs. je dirais partout Amphiäraus, sans quoi d'autres ↑vers+ devraient être / corrigés. / Eriphyle et non Eriphile. Au reste Semiramis a banni / Eriphyle du théâtre.'

'Avis de l'éditeur': 'Cette piece fut représentée 2 fois, a Paris, en 1732 et 1779. d'après un détestable msc. Dont les edit. ne purent tirer qu'un plus ou moins mauvais parti. il n'est bon qu'a suprimer les 2 edit. Il faut s'en tenir a la veritable Eriphyle dont il parle dans sa lettre du 15 may 1733 a Thiriot Conservée par *Longchamp*. Son msc. offrait quelques legeres déchir [?]. Au moyen des mots coupés en partie, et leur rapprochement des 2 editions et tout s'est trouvé parfait d'accord.'

Copy given by Decroix to Beuchot and used by him as the basis of his edition (see *Œuvres de Voltaire*, Paris 1829-1834, iii.2). Bound in a volume, marked 'Don 14229', 'Z Beuchot 2004', on the spine: 'Beuchot Notes & Papiers', with eight other items.

Slips of paper, prepared by Decroix, have been neatly pasted over the original text of the manuscript, giving his final text in a number of places (IV.1-49*v*; IV.199-228*v*; appendix: v.i, first stage direction; v.126); cf. the manuscript of *Alamire* bound in the same volume (V 10, p.73).

Bn: N25137, f.1-29bis.

Editions

79A

ERIPHILE, / *TRAGÉDIE* / DE / M. DE VOLTAIRE, / *Repréſentée par les Comédiens ordinaires du* / ROI, *le Vendredi* 7 *Mars* 1732. / Piéce que l'Auteur s'étoit oppoſé qu'elle fût imprimée / de ſon vivant. / [*ornamented rule, 58 mm*] / PRIX 36 SOLS. / [*ornamented rule, 59 mm*] / [*ornament, 38 x 29 mm*] / *PARIS.* / [*thick-thin rule, 62 mm*] / M. DCC. LXXIX. /

[*half-title*] ERIPHILE / *TRAGÉDIE.* /

8°. A-E⁸ F1; pag. 82; $4 signed, arabic (– A1-2); sheet catchwords.

[1] half-title; [2] blank; [3] title; [4] blank; 5-8 Discours; 8 Personnages; [9]-82 Eriphyle.

A Swiss edition, on paper with the Caprony watermark, and no doubt the first to appear.

Bn: Rés. Z Bengesco 22; – Rés. Z Beuchot 275; Taylor: V3 E7 1779 (1); – V3 E7 1779 (2)/1; Uppsala: Fransk teater XXXVIII.

79B

ERIPHILE, / *TRAGÉDIE.* / DE / M. DE VOLTAIRE, / *Repréſentée par les Comédiens ordinaires du* ROI, / *le Vendredi* 7 *Mars* 1732. / Piéce que l'Auteur s'étoit oppoſé qu'elle fût imprimée / de ſon vivant. / [*ornamented rule, 60 mm*] / PRIX 36 SOLS. / [*ornamented rule, 60 mm*] / [*ornament, 38 x 22 mm*] / *PARIS.* / [*thick-thin rule, 49 mm*] / M. DCC. LXXIX. /

ERIPHILE

TRAGÉDIE

DE

M. DE VOLTAIRE,

Représentée par les Comédiens ordinaires du
Roi, le Vendredi 7 Mars 1732.

Piéce que l'Auteur s'étoit opposé qu'elle fût imprimée
de son vivant.

PRIX 36 SOLS.

PARIS.

M. DCC. LXXIX.

2. *Eriphyle*: title-page of the first edition (79A). Taylor Institution, Oxford.

[*half-title*] ERIPHILE / *TRAGÉDIE*. /

8°. A-E⁸; pag. 80; \$4 signed, arabic (– A1-2); sheet catchwords (– D).

[1] half-title; [2] blank; [3] title; [4] blank; 5-8 Discours; 8 Personnages; [9]-80 Eriphile.

Bn: Rés. Z Bengesco 23; BL: 11740 bbb 41 (2).

79C

ERIPHILE, / *TRAGÉDIE* / DE / M. DE VOLTAIRE, / *Repréfentée par les Comédiens ordinaires du* / ROI, *le Vendredi* 7 *Mars* 1732. / [*ornamented rule, 82 mm*] / Pièce que l'Auteur ne voulut point faire imprimer / de fon vivant. / Avec les changemens qu'il fit après les repréfentations. / [*ornamented rule, 82 mm*] / [*ornament, 56 x 49 mm*] / *A PARIS*, / [*thick-thin rule, 54 mm*] / M. DCC. LXXIX. /

8°. sig. A-G⁴ (G4 blank); pag. 54; \$2 signed, roman (– A1); sheet catchwords.

[1] title; [2] blank; 3-5 Discours; [6] Personnages; 7-54 Eriphile, tragédie.

Bn: Rés. Z Bengesco 24; Taylor: V3 E7 1779 (3).

79D

ERIPHILE, / *TRAGÉDIE* / DE / M. DE VOLTAIRE, / *Repréfentée par les Comédiens ordinaires* / *du Roi, le Vendredi* 7 *Mars* 1732. / Piece que l'Auteur s'étoit oppofé qu'elle / fut imprimée de fon vivant. / [*type ornament*] / *A AMSTERDAM*, / Chez E. VAN HARREVELT, / MDCCLXXIX. /

12°. sig. A-B¹² C¹⁰; pag. 67; \$7 signed, arabic (– A1, C7); sheet catchwords.

[1] title; [2] blank; [3]-6 Discours; 6 Personnages; [7]-67 Eriphile.

A Dutch edition, often found bound in volume 32 of w71.

Taylor: VF (in volume 32 of w71).

W70L (1780)

Collection complette des œuvres de M. de Voltaire. Lausanne, Grasset, 1770-1781, 57 vol. 8°. Bengesco iv.83-89; Trapnell 70L; BnC 149-150.

Volume 54 (1780): [261] R3r 'ÉRIPHILE, / *TRAGÉDIE*. / *Repréſentée par les comédiens ordinaires du / roi, le vendredi* 7 *Mars* 1732. / R3'; [262] blank; 263-265 Discours; [266] Personnages; 267-346 Eriphile.

An edition by François Grasset of Lausanne.

Taylor: V1 1770/2 (54).

80

La Mort de Voltaire, ode [...] *avec la tragédie d'Eriphile, que l'auteur ne voulut pas faire imprimer de son vivant*. Au Temple de la gloire, 1780. 1 vol. 12°.

115-119 Discours; [120] Personnages; [121]-216 Eriphile.

Bn: Ye 35651.

W71P (1783)

Œuvres de M. de V.... Neufchatel [Paris, Panckoucke], 1771-1777. 34 or 40 vol. 8° and 12°. Bengesco iv.91-94; Trapnell 72P; BnC 152-157.

Théâtre, volume 6 (1783): *Eriphile, tragédie*.

This edition generally reproduces the text of w68. There is no evidence of Voltaire's participation but the texts may have been revised by La Harpe and Suard.

Bn: Z 24801.

K84

Œuvres complètes de Voltaire. [Kehl], Société littéraire-typographique, 1784-1789. 70 vol. 8°. Bengesco 2142; Trapnell K; BnC 164-169.

Volume 1: [389] Bb3r 'ERYPHILE, / *TRAGEDIE*. / Repréſentée, pour la première fois, le / 7 mars 1732. / Bb3'; [390] Avertissement des éditeurs; [391]-393 Discours prononcé avant la représentation d'Eryphile; [394] Personnages; [395]-454 Eryphile, tragédie; [455]-462 Variantes d'Eryphile; 462 Notes.

The first octavo issue of the Kehl edition, based in part upon Voltaire's manuscripts.

Taylor: VF.

к85

Œuvres complètes de Voltaire. [Kehl], Société littéraire-typographique, 1785-1789. 70 vol. 8°. Bengesco 2142; BnC 167-169.

Volume 1: [389] Bb3*r* 'ERYPHILE, / *TRAGEDIE*. / Repréfentée, pour la première fois, le / 7 mars 1732. / Bb3'; [390] Avertissement des éditeurs; [391]-393 Discours prononcé avant la représentation d'Eryphile; [394] Personnages; [395]-454 Eryphile, tragédie; [455]-462 Variantes d'Eryphile; 462 Notes.

The second octavo printing of the Kehl edition.

Taylor: VF.

к12

Œuvres complètes de Voltaire. [Kehl], Société littéraire-typographique, 1784-1789. 92 vol. 12°. Bengesco 2142; BnC 189-193.

Volume 1: [443] Oo6*r* 'ERYPHILE, / *TRAGEDIE*. / Repréfentée, pour la première fois, le 7 / mars 1732.'; [444] blank; [445] Avertissement des éditeurs; [446]-449 Discours prononcé avant la représentation d'Eryphile; [450] Personnages; [451]-515 Eryphile, tragédie; [516]-523 Variantes d'Eryphile; [524] Notes sur la tragédie d'Eryphile.

The duodecimo printing of the Kehl edition.

Taylor: VF.

87

ERIPHILE, / *TRAGÉDIE* / DE / M. DE VOLTAIRE, / *Repréfentée par les Comédiens ordinaires / du Roi, le Vendredi 7 Mars 1732*. / Piece que l'Auteur s'étoit oppofé qu'elle / fut imprimée de fon vivant. / [*type ornament*] / *A AMSTERDAM*, / Chez A. van HARREVELT SOETENS, / MDCCLXXXVII. /

12°. sig. A-B¹² C¹⁰; pag. 67; $7 signed, arabic (– A1, C7); sheet catchwords.

[1] title; [2] blank; [3]-6 Discours; 6 Personnages; [7]-67 Eriphile.

Another Dutch edition.

Public Provincial Library, Middelburg.

Translations

La Eriphile. Tragedia postuma di Mr de Voltaire relata ad uso del teatro italiano dal Sig. Avvocato Giulio Cesare Ferrari patrizio Carpigiano. Modena, Società typografica, 1784, viii.71 pages.

Eriphile, treuerspiel van den heer de Voltaire. Naar het Fransch gevolgd. Door den heer Mr M. Straalman. Amsterdam, Pieter Johannes Uylenbroek, 1803, iv.66 pages.

Eryphile, tragedia de Mr de Voltaire. Traduzida por José Thomaz da Silva Teixeira. Bacharel formado em leis. Porto, Gandra, 1822, 94 pages.

7. *Editorial principles*

For reasons explained above, we have adopted κ84 as our base text. Variants are drawn from MS1, MS2, MS3, MS4, MS5, MS6 and 79A.

The *retranchemens*, often given at the bottom of the relevant pages in the manuscripts and editions, are here given as variants to the main text of the various sources (sigla: MS1*v*, MS2*v*, etc.).

The spelling of names of persons has been respected, with one notable exception: κ84 alone adopts the form 'Eryphile'. We use the more common 'Eriphyle'. The original punctuation has been retained.

Italics in the base text have been retained, with the exception of proper nouns (in the 'Discours').

The following aspects of orthography and grammar in the base text have been modified to conform to modern usage: the consonant *t* was not used in syllable endings *-ans and -ens*: 'accens', 'amans', 'emportemens', 'vivans', etc.; archaic forms were used in: 'abyme', 'fesais', 'fidelle' (and: 'fidèle'), 'infidelle'; the acute accent was used in: 'assiége', 'Gréce', 'sacrilége'; the grave accent was used in:

'rènes'; the circumflex accent was not used in: 'ame', 'manes', 'sureté'; it was used in: 'avoûrai', diadême; the ampersand was used; the hyphen was used in: 'aussi-bien', 'long-temps', 'sur-tout'; it was not used in: 'grand prêtre'; initial capitals were attributed to: 'Dieux', 'Empire', 'Reine', 'Roi'; agreement of the past participle was not consistent.

ERIPHYLE,
TRAGÉDIE.

Représentée, pour la première fois,
le 7 mars 1732.

DISCOURS

Prononcé avant la représentation d'Eriphyle.

Juges plus éclairés que ceux qui dans Athène
Firent naître et fleurir les lois de Melpomène,
Daignez encourager des jeux et des écrits
Qui de votre suffrage attendent tout leur prix.
De vos décisions le flambeau salutaire   5
Est le guide assuré qui mène à l'art de plaire.
En vain contre son juge un auteur mutiné
Vous accuse ou se plaint quand il est condamné;
Un peu tumultueux, mais juste et respectable,
Ce tribunal est libre et toujours équitable.   10
      Si l'on vit quelquefois des écrits ennuyeux
Trouver, par d'heureux traits, grâce devant vos yeux,
Ils n'obtinrent jamais grâce en votre mémoire:
Applaudis sans mérite, ils sont restés sans gloire;
Et vous vous empressez seulement à cueillir   15
Ces fleurs que vous sentez qu'un moment va flétrir.
D'un acteur quelquefois la séduisante adresse,
D'un vers dur et sans grâce adoucit la rudesse;
Des défauts embellis ne vous révoltent plus:
C'est Baron qu'on aimait, ce n'est pas Régulus. [1]   20

a-86 MS6, absent
b   MS1-MS5, 79A, absent
8   MS1-MS3, MS5: ou vous plaint
     MS4, with parallel reading: vous / se
14   MS2-MS5, 79A: sont chez vous sans [MS2: <chez vous> ↑β]
16   MS4, 79A: Les fleurs
20   MS3: aimait et non pas
     MS4, with parallel reading: ce n'est pas / et non pas

[1] *Régulus*, tragedy by Pradon, was performed in 1688. It ran to twenty perfor-

Sous le nom de Couvreur, Constance a pu paraître; [2]
Le public est séduit, mais alors il doit l'être:
Et se livrant lui-même à ce charmant attrait,
Ecoute avec plaisir ce qu'il lit à regret.

Souvent vous démêlez, dans un nouvel ouvrage   25
De l'or faux et du vrai le trompeur assemblage:
On vous voit tour à tour applaudir, réprouver,
Et pardonner sa chute à qui peut s'élever.

Des sons fiers et hardis du théâtre tragique,
Paris court avec joie aux grâces du comique.   30
C'est là qu'il veut qu'on change et d'esprit et de ton:
Il se plaît au naïf; il s'égaie au bouffon;
Mais il aime surtout qu'une main libre et sûre
Trace des mœurs du temps la riante peinture.
Ainsi dans ce sentier, avant lui peu battu,   35
Molière en se jouant conduit à la vertu.

Folâtrant quelquefois sous un habit grotesque,
Une muse descend au faux goût du burlesque:
On peut à ce caprice en passant s'abaisser,
Moins pour être applaudi que pour se délasser.   40

35   MS5, 79A: dans le sentier
     MS4:   <le> ↑β sentier
40   MS1, absent (added at the bottom of the page)
     MS2-MS5, 79A: Mais moins pour applaudir que

---

mances largely no doubt owing to the acting ability of Michel Baron, a member of
Molière's troupe and a founder of the Comédie-Française, who had retired in 1691.
He made a remarkable re-entry on the stage when sixty years of age in the role of
Cinna (10 April 1720). He continued to act till the year of his death in 1729. Voltaire
thought highly of his talent and gave him the role of Hérode in *Mariamne* in 1724.

[2] Constance is a character in Houdar de La Motte's *Inès de Castro* which was first
performed on 6 April 1723 and had 43 performances in its first run. Although La
Motte gave the title role to Mlle Duclos, Adrienne Lecouvreur eclipsed her in the
role of Constance. Mlle Lecouvreur excelled in such parts as Phèdre and Monime.
Voltaire praised her finesse and her art. She died in March 1730, some three months
after Baron, and the church refused her burial; see below, p.541-45.

Heureux ces purs écrits que la sagesse anime,
Qui font rire l'esprit, qu'on aime et qu'on estime!
Tel est du Glorieux le chaste et sage auteur: [3]
Dans ses vers épurés la vertu parle au cœur.
Voilà ce qui nous plaît, voilà ce qui nous touche;   45
Et non ces froids bons mots dont l'honneur s'effarouche,
Insipide entretien des plus grossiers esprits,
Qui font naître à la fois le rire et le mépris.
Ah! qu'à jamais la scène, ou sublime, ou plaisante,
Soit des vertus du monde une école charmante!   50
    Français, c'est dans ces lieux qu'on vous peint tour à tour
La grandeur des héros, les dangers de l'amour.
Souffrez que la terreur aujourd'hui reparaisse;
Que d'Eschyle au tombeau l'audace ici renaisse.
Si l'on a trop osé, si dans nos faibles chants,   55
Sur des tons trop hardis nous montons nos accents,
Ne découragez point un effort téméraire.
Eh! peut-on trop oser, quand on cherche à vous plaire?
Daignez vous transporter dans ces temps, dans ces lieux,
Chez ces premiers humains vivant avec les dieux: 60
Et que votre raison se ramène à des fables
Que Sophocle et la Grèce ont rendu vénérables.
Vous n'aurez point ici ce poison si flatteur
Que la main de l'amour apprête avec douceur.
    Souvent dans l'art d'aimer Melpomène avilie,   65
Farda ses nobles traits du pinceau de Thalie.
On vit des courtisans, des héros déguisés

41   79A: Heureux les purs
     MS4: <les> ces
60   MS3-MS5, 79A: Chez les premiers

[3] Philippe Néricault Destouches's *Le Glorieux* was performed for the first time on 18 January 1732. It had 30 performances before the Easter recession and was running parallel to *Ériphyle* during March (*Registres*, p.706).

Pousser de froids soupirs en madrigaux usés.
Non, ce n'est point ainsi qu'il est permis qu'on aime;
L'amour n'est excusé, que quand il est extrême.   70
Mais ne vous plairez-vous qu'aux fureurs des amants,
A leurs pleurs, à leur joie, à leurs emportements?
N'est-il point d'autres coups pour ébranler une âme?
Sans les flambeaux d'amour, il est des traits de flamme;
Il est des sentiments, des vertus, des malheurs   75
Qui d'un cœur élevé savent tirer des pleurs.
Aux sublimes accents des chantres de la Grèce
On s'attendrit en homme, on pleure sans faiblesse;
Mais pour suivre les pas de ces premiers auteurs,
De ce spectacle utile, illustres inventeurs,   80
Il faudrait pouvoir joindre en sa fougue tragique,
L'élégance moderne avec la force antique.
D'un œil critique et juste il faut s'examiner,
Se corriger cent fois, ne se rien pardonner;
Et soi-même avec fruit se jugeant par avance,   85
Par ses sévérités gagner votre indulgence.

70   MS1-MS5, 79A: que lorsqu'il
71   MS1-MS5, 79A: vous plairiez-vous
     MS1-MS3:   qu'aux faveurs des
83   79A: faut l'examiner

PERSONNAGES

Eriphyle, reine d'Argos.

Alcméon, fils inconnu d'Amphiaraüs et
d'Eriphyle.

Hermogide, prince du sang d'Argos.

Le grand-prêtre de Jupiter.   5

Polémon, officier de la maison de la reine.

Théandre, cru père d'Alcméon.

Zélonide, confidente d'Eryphile.

Euphorbe, confident d'Hermogide.

L'ombre d'Amphiaraüs.   10

Suite de la reine.

Suite du grand-prêtre.

Soldats de la suite d'Alcméon.

Soldats de la suite d'Hermogide.

Chœur d'Argiens.   15

La scène est à Argos.

a   MS1-MS3, MS5: Acteurs

1-15   MS1-MS5, 79A: Eriphile, reine d'Argos. / Théandre, ministre de la
reine. / Alcméon, inconnu, devenu commandant sous Hermogide. / Le grand-
prêtre de Jupiter. / Hermogide, prétendant au trône d'Argos. / Zélonide,
confidente de la reine. / Polémon, confident de la reine. / Euphorbe, confident
d'Hermogide. / Suite d'Argiens.

15a   MS1-MS5, 79A: *La scène* [MS3-MS5: *est*] *à Argos, dans le vestibule du temple
de Jupiter.*

ACTE PREMIER

SCÈNE PREMIÈRE

LE GRAND-PRÊTRE, THÉANDRE,
SUITE DU GRAND-PRÊTRE

LE GRAND-PRÊTRE

Allez, ministres saints, annoncez à la terre
La justice du ciel et la fin de la guerre.
Des pompes de la paix que ces murs soient parés.
Quelle paix! Dieux vengeurs!... Théandre, demeurez.
Le sort va s'accomplir: la sagesse éternelle   5
A béni de vos soins la piété fidèle.
Alcméon désormais est le soutien d'Argos;
La victoire a suivi le char de ce héros;
Et lorsque devant lui deux rois vaincus fléchissent,

---

c-286   MS6, see appendix (p.503-16)

c-d   MS1-MS3: LE GRAND-PRÊTRE DE JUPITER, SUITE DU GRAND-
PRÊTRE, THÉANDRE

     MS4, 79A: LE GRAND-PRÊTRE ET SA SUITE, THÉANDRE

     MS5: LE GRAND-PRÊTRE DE JUPITER, THÉANDRE, SUITE DU
GRAND-PRÊTRE

4-5   MS1-MS5, 79A:
     Dieux, protégez Argos; Théandre, demeurez.
     Vous voyez que des dieux la sagesse éternelle

6   MS1*v*, MS2*v*, MS3, MS4*v*, MS5*v*, 79A*v*, K*v*, between 6 and 7:
     Cet enfant par mes mains à la mort arraché,
     Ce présent des destins chez vous longtemps caché,
     Par des exploits sans nombre aujourd'hui justifie
     L'œil pénétrant [MS5*v*, 79A*v*: perçant] des dieux qui veilla sur sa vie.
     [MS1*v*: <[?]> ↓pénétrant; MS2*v*, MS4*v*: <perçant> ↑pénétrant; MS4*v*,
     79A*v*, with note: Il faudrait, pour la mesure, *l'œil pénétrant*.]

De sa gloire sur vous les rayons rejaillissent:　　　　　　　10
Alcméon dans Argos passe pour votre fils.

THÉANDRE

Depuis qu'entre mes mains cet enfant fut remis,
Ses vertus m'ont donné des entrailles de père.
Je m'indigne en secret de son destin sévère;
J'ose accuser des dieux l'irrévocable loi　　　　　　　15
Qui le fit naître esclave avec l'âme d'un roi;
Qui se plut à produire au sein de la bassesse
Le plus grand des héros dont s'honora la Grèce.

LE GRAND-PRÊTRE

Aux yeux des immortels et devant leur splendeur,
Il n'est point de bassesse, il n'est point de grandeur.　　　20
Le plus vil des humains, le roi le plus auguste,
Tout est égal pour eux; rien n'est grand que le juste.
Quels que soient ses aïeux, les destins aujourd'hui
De leurs ordres sacrés se reposent sur lui.
Songez à cet oracle, à cette loi suprême　　　　　　　25
Que la reine autrefois a reçu des dieux même:
'Lorsqu'en un même jour deux rois seront vaincus,
Tes mains prépareront un second hyménée:
Ces temps, ce jour affreux feront la destinée
Et des peuples d'Argos, et du sang d'Inachus.'　　　　　30
Ce jour est arrivé. Votre élève intrépide
A vaincu les deux rois de Pylos et d'Elide. [1]

25　　D486:　oracle, <β> à cet ordre suprême
29　　D486:　<β> Attends jusqu'à ce jour, attends la destinée

[1] Lines 25-32 are to be found in MS6 with the corrections indicated by Voltaire in D486; see below, appendix, 1.i.9-16.

Tous vos chefs divisés qui désolaient Argos,
Ce puissant Hermogide et tous ces rois rivaux,
Dans une ombre de paix ont assoupi leur haine;   35
Ils ont remis leur sort à la voix de la reine;
Et l'hymen d'Eriphyle est bientôt déclaré.
Vous, si du dernier roi le nom vous est sacré;
D'Amphiaraüs encor si vous aimez la gloire,
Si ce roi malheureux vit dans votre mémoire,   40
Dans le cœur d'Alcméon gravez ces sentiments:
Conduisez sa vertu... mais tremblez...

THÉANDRE

Dieux puissants!
Que nous annoncez-vous!

LE GRAND-PRÊTRE

Voici le jour peut-être
Qui va redemander le sang de votre maître.
La vengeance implacable et qui marche à pas lents   45
Descend du haut des cieux après plus de quinze ans.
Gardez que d'Alcméon le courage inutile
Contre ces dieux vengeurs ne protège Eriphyle.

33-36   MS1-MS5, 79A, absent
35   D486: <De cet état tremblant> De l'état qui chancèle embarrassoient les
rênes. [The placing of this variant is conjectural; cf. appendix, I.iii.220]
37   MS1-MS5, 79A: est déjà déclaré.
39   MS1-MS5, 79A: Amphiarus [*passim*]
42   MS1-MS5, 79A: Qu'il soit juste, il suffit, mais tremblez
46   D486:   <β> après plus de vingt ans.
47-50   MS1-MS5, 79A, absent
47-52   MS1*v*-MS5*v*, 79A*v*:
        Mais gardez qu'Alcméon par une audace vaine,
        Combatte ici les dieux et s'unisse à la reine.
            THÉANDRE
        Qui, lui, qui d'Eriphile est le plus ferme appui!

THÉANDRE

Quoi! ce jour qui semblait marqué par leurs bienfaits...

LE GRAND-PRÊTRE

Jamais jour ne sera plus terrible aux forfaits,   50
Il faut d'Amphiaraüs venger la mort funeste;
Dans une obscure nuit les dieux cachent le reste.

THÉANDRE

Il n'est donc que trop vrai: ce prince infortuné,
Ce grand Amphiaraüs est mort assassiné.
Quoi! sa femme elle-même aurait pu... la barbare!   55
Hélas! quand de bons rois le ciel toujours avare
A ses tristes sujets ravit Amphiaraüs,
Il m'en souvient assez; un murmure confus,
Quelques secrètes voix que je croyais à peine,
De cette mort funeste osaient charger la reine.   60
Mais quel mortel hardi pouvait jeter les yeux

LE GRAND-PRÊTRE
Puisse à jamais le ciel la séparer de lui!
    THÉANDRE
A quelle horreur encor faut-il donc nous attendre!
Quoi, des dieux sur Argos le courroux va descendre!
Dieux, est-ce là ce jour marqué par vos bienfaits!
    LE GRAND-PRÊTRE
Jamais jour ne sera plus terrible aux forfaits.
Il faut d'Amphiarus venger la mort funeste:
C'est tout ce que je sais   } les dieux cachent le reste.
Aux peuples aveugles
[MS3, with second reading of last line]
54 MS1, MS2, MS4: Amphiarus peut être [MS4: <β> ↑périt] assassiné
    MS3: Le grand Amphiarus périt assassiné
    MS5, 79A: Amphiarus put être assassiné
56 MS1-MS5, 79A: quand des bons
60 MS1-MS5, 79A: Accusaient de sa mort Hermogide et la reine!

400

Dans la nuit qui couvrait ce mystère odieux.
Nos timides soupçons ont tremblé de paraître;
Ce bruit s'est dissipé.

LE GRAND-PRÊTRE

Le ciel l'a fait renaître.
La vérité terrible, avec des yeux vengeurs,   65
Vient sur l'aile du temps et lit au fond des cœurs.
Son flambeau redoutable éclaire enfin l'abîme
Où dans l'impunité s'était caché le crime. [2]

THÉANDRE

O mon maître! ô grand roi lâchement égorgé,
Je mourrai satisfait si vous êtes vengé!   70
Comment dois-tu finir, solennelle journée

71-72   MS4, MS5, 79A, attribute these lines to LE GRAND-PRÊTRE [MS4: β]
71-80   MS1*v*-MS5*v*, 79A*v*, K*v*:

        Qu'avec étonnement cependant je contemple
        Les couronnes de fleurs dont vous parez ce [MS4*v*: le] temple!
        La publique allégresse ici parle à mes yeux
        Du bonheur de la terre, et des faveurs des dieux.
            LE GRAND-PRÊTRE
        La Grèce ainsi l'ordonne; et voici la journée
        Que pour ce nouveau choix elle a déterminée.
        Hermogide, et les rois d'Elide et de Pilos
        Qui briguaient cet hymen et désolaient Argos,
        Suspendant aujourd'hui leur discorde et leur haine,
        Ont remis leurs destins à la voix de la reine;
        Elle doit en ces lieux disposer de sa foi,
        Se choisir un époux, et nous donner un roi.
            THÉANDRE
        O ciel! souffrirez-vous que le traître Hermogide
        Reçût ce noble prix d'un si lâche homicide?

[2] Cf. *Mérope*, IV.i.3-4 (V 17, p.307):
        Je croirais que ses yeux ont éclairé l'abîme,
        Où dans l'impunité s'était caché mon crime.

Que le destin fixa pour ce grand hyménée?
Ah! pour ce nouveau choix quel étrange appareil!
Ce matin, devançant le retour du soleil,
La reine était en pleurs, interdite, éperdue; 75
Elle a d'Amphiaraüs embrassé la statue;
Dans son appartement elle n'osait rentrer;
Une secrète horreur semblait la pénétrer.

LE GRAND-PRÊTRE

La reine hésite encore et craint de déclarer
Celui que de son choix elle veut honorer.
Mais quel que soit enfin le dessein d'Eriphile,
Les temps sont accomplis; son choix est inutile.

THÉANDRE

Pour un hymen, grands dieux, quel étrange appareil!
Ce matin, devançant le retour du soleil,
J'ai vu dans ce palais la garde redoublée;
La reine était en pleurs, interdite, troublée;
Dans son appartement elle n'osait rentrer:
Une secrète horreur semblait la pénétrer:
Elle invoquait les dieux; et tremblante, éperdue,
De son premier époux embrassait la statue.

73-75 MSI-MS5, 79A:

[MSI, MS2: LE GRAND-PRÊTRE]

Hermogide, et les [MSI-MS3: ces] rois, ses [MSI-MS3: ces] illustres rivaux
Qui briguaient cet hymen et désolaient Argos,
Dans une ombre de paix ont assoupi leur haine,
Ils ont remis leur sort à la voix de la reine:
Elle doit en ces lieux disposer de sa foi;
Se choisir un époux, et nous donner un roi. [MSI, absent]

[MS3, MS4: LE GRAND-PRÊTRE]

Le verrez-vous, mes yeux! verrez-vous Hermogide
Succéder au héros dont il fut l'homicide!
Puisse un plus heureux choix, puisse un roi vertueux
Détourner le tonnerre et désarmer les dieux!
Mais, hélas, des destins interprète sévère,
Je serai malgré moi ministre de colère!

THÉANDRE

Nul ne sait, de son cœur, les secrets sentiments;
Mais un trouble inconnu l'agite à tous moments.
Ce matin, dans ces lieux, désolée, éperdue,

Tel est des criminels le partage effroyable:
Ciel! qu'elle doit souffrir si son cœur est coupable! 80

LE GRAND-PRÊTRE

Bientôt de ces horreurs vous serez éclairci.
Suivez-moi dans ce temple:

THÉANDRE

Ah, seigneur, la voici!

SCÈNE II

ÉRIPHYLE, ZÉLONIDE, LE GRAND-PRÊTRE, THÉANDRE, SUITE DE LA REINE

(*Eriphyle paraît accablée de tristesse.*)

ZÉLONIDE *à la reine.*

Princesse, rappelez votre force première:
Que vos yeux sans frémir s'ouvrent à la lumière.[3]

---

82   MS3-MS5, 79A: dans le temple.
82c-d   MS1-MS5, 79A: ÉRIPHILE, SUITE, ZÉLONIDE,
LE GRAND-PRÊTRE, THÉANDRE
82e   MS1, MS2, MS4, MS5, 79A: *paraît pleine d'horreur et de tristesse.*
        MS3, no stage direction
82f   MS3, MS4: ZÉLONIDE *à la reine qui paraît pleine de tristesse et d'horreur.*
84   MS1, MS2, MS4, MS5, with parallel reading: revoient / s'ouvrent à

---

[3] Cf. *Sémiramis*, I.v (M.iv.516):
        O reine, rappelez votre force première;
        Que vos yeux, sans horreur, s'ouvrent à la lumière.

ÉRIPHYLE

Ah dieux!

ZÉLONIDE

Puissent ces dieux dissiper votre effroi!   85

ÉRIPHYLE *au grand-prêtre.*

Eh quoi, ministre saint, vous fuyez devant moi!
Demeurez; secourez votre reine éperdue.
Ecartez cette main sur ma tête étendue.
Un spectre épouvantable en tous lieux me poursuit;
Les dieux l'ont déchaîné de l'éternelle nuit.   90
Je l'ai vu, ce n'est point une erreur passagère
Que produit du sommeil la vapeur mensongère:
Le sommeil à mes yeux refusant ses douceurs,
N'a point sur mon esprit répandu ses erreurs. [4]
Je l'ai vu, je le vois... Cette image effrayante   95
A mes sens égarés demeure encor présente.
Du sein de ces tombeaux de cent rois mes aïeux,
Il a percé l'abîme, il marche dans ces lieux.

85   MS4:   <ces> les
     79A: Puissent les dieux
90   MS1-MS5, 79A: l'ont excité de
94   MS1-MS3, MS5:   répandu ses horreurs.
     MS4, 79A: répandu ces horreurs.
95   MS1, MS2:   je la vois
96   MS1-MS5, 79A: mes yeux étonnés [MS2, MS4: <effrayés> étonnés] demeure

[4] Cf. *Sémiramis*, I.v (M.iv.518):
        Je l'ai vu: ce n'est point une erreur passagère
        Qu'enfante du sommeil la vapeur mensongère;
        Le sommeil à mes yeux refusant ses douceurs,
        N'a point sur mes esprits répandu ses erreurs.
See also MS6, below, appendix, I.iii.115-118.

Ces voiles malheureux qu'ici l'hymen m'apprête,
Sanglants et déchirés semblaient couvrir sa tête,   100
Et cachaient son visage à mon œil alarmé:
D'un glaive étincelant son bras était armé.
J'entends encor ses cris et ses plaintes funestes.
Vous, confident sacré des volontés célestes,
Répondez: quel est donc ce fantôme cruel?   105
Est-ce un dieu des enfers, ou l'ombre d'un mortel?
Quel pouvoir a brisé l'éternelle barrière
Dont le ciel sépara l'enfer et la lumière?
Les mânes des humains, malgré l'arrêt du sort
Peuvent-ils revenir du séjour de la mort?   110

LE GRAND-PRÊTRE

Oui: du ciel quelquefois la justice suprême
Suspend l'ordre éternel établi par lui-même.
Il permet à la mort d'interrompre ses lois,
Pour l'effroi de la terre et l'exemple des rois. [5]

ÉRIPHYLE

Hélas! lorsque le ciel à vos autels m'entraîne,   115
Et d'un second hymen me fait subir la chaîne,
M'annonce-t-il la mort, ou défend-il mes jours?
S'arme-t-il pour ma perte, ou bien pour mon secours?
Que veut cet habitant du ténébreux abîme?

99   MS1-MS5, 79A: Les [MS4: <Les> β] voiles
103   MS1, MS2:   et ces plaintes
119   MS1-MS5, 79A: habitant des ténébreux abîmes?

[5] Cf. *Sémiramis*, III.ii (M.iv.536):
       Du ciel, quand il le faut, la justice suprême
       Suspend l'ordre éternel établi par lui-même:
       Il permet à la mort d'interrompre ses lois,
       Pour l'effroi de la terre et l'exemple des rois.

Que vient-il m'annoncer?

LE GRAND-PRÊTRE

Il vient punir le crime.   120

(*il sort.*)

SCÈNE III

ÉRIPHYLE, ZÉLONIDE

ÉRIPHYLE

Quelle réponse, ô ciel! et quel présage affreux!

ZÉLONIDE

Ce jour semblait pour vous des jours le plus heureux.
De ces rois ennemis l'audace est confondue;
Par les mains d'Alcméon la paix vous est rendue;

120a   MS4, MS5, 79A: LE GRAND-PRÊTRE, *sortant*. [omitting stage direction at 120b]
120   MS1-MS5, 79A: punir les crimes.
121a-122   MS3, MS4:
          Hélas.
                    ZÉLONIDE
          Ce jour semblait <pour vous> des jours
123   MS1-MS5, 79A: Des tyrans de ces lieux l'audace
124   MS1v, MS2v, MS3, MS4v, MS5v, 79Av, Kv, between 124 and 125:
          Vous étiez [Kv: êtes] libre enfin.
                    ÉRIPHILE
                              La liberté, la paix,
          Dans mon cœur déchiré ne rentreront jamais.
                    ZÉLONIDE
          Aujourd'hui cependant, maîtresse de vous-même,
          Vous pouvez disposer de vous, du diadème.

Ces princes qui briguaient l'empire et votre main,   125
D'un mot de votre bouche attendent leur destin.

ÉRIPHYLE

Le bras d'Alcméon seul a fait tous ces miracles.

ZÉLONIDE

Les destins à vos vœux ne mettront plus d'obstacles.
Songez à votre gloire, à tous ces rois rivaux:
A l'hymen qui pour vous rallume ses flambeaux.   130

ÉRIPHYLE

Moi, rallumer encor ces flammes détestées!
Moi, porter aux autels des mains ensanglantées!
Moi, choisir un époux! ce nom cher et sacré
Par ma faiblesse horrible est trop déshonoré:
Qu'on détruise à jamais ces pompes solennelles.   135
Quelles mains s'uniraient à mes mains criminelles! [6]
Je ne puis…

ZÉLONIDE

　　　Rassurez votre cœur éperdu:
Hermogide bientôt…

ÉRIPHYLE

　　　Quel nom prononces-tu?

125-128　Kν, absent
128　MS1, MS2, MS5, 79A: Le destin à nos [MS5, 79A: vos] yeux ne mettra
　　　MS3: à nos vœux

---

[6] Lines 135-136, 138-142 are to be found in MS6; see below, appendix, I.iii.127-128, 130-134.

Hermogide, grands dieux! lui de qui la furie
Empoisonna les jours de ma fatale vie.   140
Hermogide! ah, sans lui, sans ses coupables feux,
Mon cœur, mon triste cœur eût été vertueux.

ZÉLONIDE

Quel trouble vous saisit: quel remords vous tourmente?

ÉRIPHYLE

Pardonne, Amphiaraüs, pardonne, ombre sanglante!
Cesse de m'effrayer du sein de ce tombeau: 145
Je n'ai point dans tes flancs enfoncé le couteau:
Je n'ai point consenti... que dis-je? misérable! [7]

ZÉLONIDE

Quoi, vous! de quels forfaits seriez-vous donc coupable?

ÉRIPHYLE

Je n'ai pu jusqu'ici t'avouer tant d'horreurs.
Les malheureux sans peine exhalent leurs douleurs,   150
Mais, hélas! qu'il en coûte à déclarer sa honte! [8]

ZÉLONIDE

Une douleur injuste, un vain effroi vous dompte;
La vertu la plus pure eut toujours tous vos soins:

140   MS1-MS5, 79A: Empoisonna le cours de
141   MS1, MS2, MS4, MS5, 79A, with parallel reading: barbares / coupables
144   MS1, MS2:   pardonne âme sanglante,
148   MS1-MS5, 79A: forfaits êtes-vous donc

---

[7] Lines 144-147 are to be found in MS6; see below, appendix, I.iii.136-139.
[8] Cf. *Brutus*, II.i.28 (above, p.204):
    Mais qu'il est accablant de parler de sa honte!

Votre cœur n'aime qu'elle.

ÉRIPHYLE

Il le voudrait du moins.
Tu n'étais pas à moi, lorsqu'un triste hyménée   155
Au sage Amphiaraüs unit ma destinée.

ZÉLONIDE

Vous sortiez de l'enfance, et de vos heureux jours
Seize printemps à peine avaient marqué le cours.

ÉRIPHYLE

C'est cet âge fatal et sans expérience,
Ouvert aux passions, faible, plein d'imprudence,   160
C'est cet âge indiscret qui fit tout mon malheur.
Un traître avait surpris le chemin de mon cœur:
Hélas! qui l'aurait cru que ce fier Hermogide,
Race des demi-dieux, issu du sang d'Alcide,
Sous l'appât d'un amour si tendre, si flatteur,   165
Des plus noirs sentiments cachât la profondeur.
On lui promit ma main: mon cœur faible et sincère,
Dans ses rapides vœux soumis aux lois d'un père,
Trompé par son devoir et trop tôt enflammé,
Brûla pour un barbare indigne d'être aimé;   170

154   MS1-MS5, 79A:
          n'aima qu'elle.
                    ÉRIPHILE
          Il le voulait au [MS3: du; MS4: au / du] moins
156a-158   MS3, MS4, give these lines to ÉRIPHILE
157   MS3:   Je sortais de l'enfance; et de mes heureux jours
      MS4:   β / variant
164   MS1-MS5, 79A: demi-dieux, sorti du
167   MS1-MS5, 79A: main. Ce cœur
170   MS1-MS5, 79A: Brûlait pour

Et lorsqu'à l'oublier on voulut me contraindre,
Mes feux trop allumés ne pouvaient plus s'éteindre. [9]

171-184   MS1*v*, MS2*v*, MS4*v*, MS5*v*, 79A*v*, K*v*:
        D'un autre hymen alors on m'imposa [MS1*v*: m'opposa] la loi;
        On demanda mon cœur: il n'était plus à moi.
        Il fallut étouffer ma passion naissante;
        D'autant plus forte en moi qu'elle était innocente,
        Que la main de mon père avait formé nos nœuds,
        Que mon sort en changeant ne changeait point mes feux;
        Et que ce fier devoir [K*v*: Et qu'enfin le devoir], armé pour me
            contraindre,
        Les ayant allumés, eut peine à les éteindre.
        Cependant, tu le sais, Athènes, Sparte, Argos,
        Envoyèrent à Thèbe [MS1*v*, MS2*v*: Thèbes] un peuple de héros.
        Mon époux y courut; le jaloux Hermogide
        S'éloigna sur ses pas des champs de l'Argolide;
        Je reçus ses adieux: ô funestes moments,
        Cause de mes [MS1*v*-MS3*v*: nos] malheurs, source de mes tourments!
        Je crus pouvoir lui dire, en mon désordre extrême,
        Que je serais à lui si j'étais à moi-même.
        J'en dis trop, Zélonide: et faible que je suis,
        Mes yeux mouillés de pleurs expliquaient mes ennuis:
        De mes soupirs honteux, je ne fus pas maîtresse,
        Même en le [MS1*v*-MS3*v*: la] condamnant, je flattais sa tendresse.
        [with variant for 3*v*-20*v*:]
        Ma passion naissante aveuglait ma jeunesse;
        D'autant plus malheureuse, hélas dans ma faiblesse,
        Que mon cœur abusé se sentait prévenu
        Pour un indigne amour qu'il avait mal connu:
        Et qu'ingrate à l'époux qui seul m'aurait dû plaire
        Il me fallut combattre un amour adultère!
        Objet de mes remords, objet de ma pitié,
        Demi-dieu, dont je fus la coupable moitié,
        Pourquoi, quand tu partis, quand le traître Hermogide
        Te fit abandonner les champs de l'Argolide,
        [with variant for the last two lines:]
        Hélas, quand tu partis guidé par ton audace,
        Lorsqu'Hermogide à Thèbe accompagna ta trace,

[9] Lines 157-172 are to be found in MS6; see below, appendix, 1.iii.145-160.

Amphiaraüs parut et changea mon destin;
Il obtint de mon père et l'empire et ma main.
Il régna: je l'armai de ce fer redoutable,   175
Du fer sacré des rois, dont une main coupable
Osa depuis... enfin je lui donnai ma foi;
Je lui devais mon cœur, il n'était plus à moi.
Ingrate à ce héros qui seul m'aurait dû plaire,
Je portais dans ses bras une amour étrangère.   180
Objet de mes remords, objet de ma pitié, [10]
Demi-dieu dont je fus la coupable moitié,
Quand tu quittas ces lieux, quand ce traître Hermogide
Te fit abandonner les champs de l'Argolide,
Pourquoi le vis-je encor? Trop faible que je suis,   185
Mon front mal déguisé fit parler mes ennuis.
L'aveugle ambition dont il brûlait dans l'âme

175   MS1-MS5, 79A: Je l'armai dans ces lieux de ce fer
175-184   MS3*v*, see above, 171-184*v*, l.3-32
176   MS1-MS5, 79A: Ce fer
177   MS1-MS5, 79A: depuis... hélas, en lui donnant ma
178   MS1-MS5, 79A: devais un cœur
180   MS1-MS5, 79A: Je portai dans
183   MS1, MS2, MS4, MS5, with parallel reading: Quand tu quittas ces lieux,
quand un rival perfide / Pourquoy quand tu partis, quand le traître Hermogide
[MS4, second hemistich only]
      MS3:   quand un rival perfide
      79A: quand le traître
185-186   MS1-MS5, 79A:
        Je l'avoue, il est vrai, je ne dus pas le voir
        Je [MS4: Et / Je; 79A: Et] dus mieux écouter la loi de mon devoir:
        Je dus cacher au moins ma coupable faiblesse.
        Mon front mal déguisé fit parler ma tendresse:
        J'avouais ma défaite, en pensant triompher:
        J'allumais son espoir, que je crus [MS1: dus; MS2: <crus> dus] étouffer

[10] Lines 181-182 are to be found in MS6; see below, appendix, I.iii.165-166.

De son fatal amour empoisonna la flamme;
Il entrevit le trône ouvert à ses désirs;
Il expliqua mes pleurs, mes regrets, mes soupirs,   190
Comme un ordre secret que ma timide bouche
Hésitait de prescrire à sa rage farouche.
Je t'en ai dit assez; et mon époux est mort.

ZÉLONIDE

Le roi dans un combat vit terminer son sort.

ÉRIPHYLE

Argos le croit ainsi; mais une main impie,   195
Ou plutôt ma faiblesse a terminé sa vie.
Hermogide en secret l'immola sous ses coups.
Le cruel, tout couvert du sang de mon époux,
Vint armé de ce fer, instrument de sa rage,
Qui des droits à l'empire était l'auguste gage: 200
Et d'un assassinat pour moi seule entrepris
Aux pieds de nos autels il demanda le prix.
Grands dieux! qui m'inspirez des remords légitimes,
Mon cœur, vous le savez, n'est point fait pour les crimes;
Il est né vertueux: je vis avec horreur   205
Le coupable ennemi qui fut mon séducteur;
Je détestai l'amour et le trône et la vie.

188   MS1:   <j'>empoisonna<i>
       MS4, MS5, 79A: empoisonnait
190   MS1-MS5, 79A: pleurs, mes discours, mes
193   MS1ν-MS5ν, 79Aν: Enfin le roi périt, et j'ai causé sa mort.
199-200   MS1ν-MS5ν, 79Aν:
              Etalant à mes yeux son crime et sa tendresse,
              Vint comme à sa complice étaler sa promesse.
202   MS4, 79A: Au pied de
203   MS1-MS5, 79A: m'inspirez mes remords
207   MS1, MS2, with parallel reading: β / le trône et l'empire et la vie
       MS4, MS5, 79A, with parallel reading: le trône et l'amour et la vie /
l'amour et l'empire et la vie

ZÉLONIDE

Eh! ne pouviez-vous point punir sa barbarie?
Etiez-vous sourde aux cris de ce sang innocent?

ÉRIPHYLE

Celui qui le versa fut toujours trop puissant;   210
Et son habileté secondant son audace,
De ce crime aux mortels a dérobé la trace.
Je ne pus que pleurer, me taire et le haïr.
Le ciel en même temps s'arma pour me punir;
La main des dieux sur moi toujours appesantie,   215
Opprima mes sujets, persécuta ma vie.
Les princes de Cyrrha, d'Elide et de Pylos,
Se disputaient mon cœur et l'empire d'Argos.
De nos chefs divisés les brigues et les haines
De l'Etat qui chancelle embarrassaient les rênes,[11]   220
Le barbare Hermogide a disputé contre eux
Et le prix de son crime et l'objet de ses feux.

208   MS1-MS5, 79A: pouviez-vous pas punir
209   MS4, 79A: sourde au cri de
213   MS1-MS5, 79A: Je ne sus que
214   MS1-MS5, 79A: Mais le ciel à l'instant s'arma
217   MS1, MS2, MS5, 79A: de Serra, d'Elide
      MS3:   de Sirra
      MS4, with parallel reading: Serra / Sirra
220   MS1-MS5, 79A, Kv, between 220 et 221:
          Plus terrible qu'eux tous, plus grand, plus dangereux,
          [MS3: Plus dangereux qu'eux tous, plus craint, plus factieux]
          [MS4, with parallel readings: terrible / dangereux; grand / craint;
          dangereux / factieux]
          Sûr de ses droits au trône, et fier de ses aïeux,
          Mêlant à ses forfaits la force et le courage,
          Et briguant à l'envie ce sanglant héritage

[11] See MS6, below, appendix, I.iv.216.

Et moi, sur mon hymen, sur le sort de la guerre,
Je consultai la voix du maître du tonnerre:
A sa divinité, dont ces lieux sont remplis,   225
J'offris en frémissant mon encens et mes cris.
Sans doute tu l'appris: cet oracle funeste,
Ce triste avant-coureur du châtiment céleste,
Cet oracle me dit de ne choisir un roi
Que quand deux rois vaincus fléchiraient sous ma loi;   230
Mais qu'alors, d'un époux vengeant le sang qui crie,
Mon fils, mon propre fils m'arracherait la vie.

ZÉLONIDE

Juste ciel! Eh! que faire en cette extrémité?

ÉRIPHYLE

O mon fils! que de pleurs ton destin m'a coûté!
Trop de crainte peut-être, et trop de prévoyance   235
M'ont fait injustement éloigner son enfance.
Je n'osais ni trancher, ni sauver ses destins;
J'abandonnai son sort à d'étrangères mains;
Il mourut pour sa mère: et ma bouche infidèle
De son trépas ici répandit la nouvelle.   240
Je l'arrachai pleurant de mes bras maternels.
Quelle perte, grands dieux! et quels destins cruels!
J'ôte à mon fils le trône, à mon époux la vie;

223 MSI-MS5, 79A: Sur mon hymen alors
230 MSI-MS5, 79A: fléchiraient devant moi:
233 MSI-MS3, MS5: ciel! et que
234 MSI-MS5, 79A:
        Jamais mon triste cœur ne fut plus tourmenté.
        Je chérissais mon fils; la crainte et la tendresse
        De mes sens désolés partageaient la faiblesse:
        Mon fils me consolait de la mort d'un époux;
        Mais il fallait le perdre ou mourir par ses coups.
235 MS5: peut-être, ou trop

Et ma seule faiblesse a fait ma barbarie.
Mais tant d'horreurs encor ne peuvent égaler   245
Ce détestable hymen dont tu m'oses parler.

SCÈNE IV

ÉRIPHYLE, ZÉLONIDE, POLÉMON

ÉRIPHYLE

Eh bien! cher Polémon, que venez-vous me dire?

POLÉMON

J'apporte à vos genoux les vœux de cet empire;
Son sort dépend de vous: le don de votre foi
Fait la paix de la Grèce et le bonheur d'un roi.   250
Ce long retardement à vous-même funeste,
De nos divisions peut ranimer le reste.
Euryale, Tydée, et ces rois repoussés,
Vaincus par Alcméon ne sont point terrassés.
Dans Argos incertain leur parti peut renaître;   255

245-246 MSI-MS5, 79A:
        Zélonide, à tes yeux mon sort est dévoilé.
        Tu vois de quelle horreur mon esprit est troublé.
        Alcméon sur deux rois remporte la victoire;
        Mon hymen, de ce jour, doit signaler la gloire;
        Mais les feux préparés pour cet hymen nouveau
        Vont éclairer ma mort et parer mon tombeau.
248   MSI, MS2, MS4, 79A, with parallel reading: cet empire / tout l'empire
        MS3, 79C: de tout l'empire
253   MS3-MS5, 79A: Euriale et Tidée
255   MS2, 79A: incertain quel roi sera son maître
        MS4, with parallel reading: variant / β
        MS5: incertain <β> variant

Hermogide est puissant, le peuple veut un maître:
Il se plaint, il murmure, et prompt à s'alarmer,
Bientôt malgré vous-même il pourrait le nommer.
Veuve d'Amphiaraüs, et digne de ce titre,
De ces grands différends et la cause et l'arbitre,   260
Reine, daignez d'Argos accomplir les souhaits.
Que le droit de régner soit un de vos bienfaits!
Que votre voix décide, et que cet hyménée
De la Grèce et de vous règle la destinée!

ÉRIPHYLE

Pour qui penche ce peuple?

POLÉMON

                    Il attend votre choix: 265
Mais on sait qu'Hermogide est du sang de nos rois.
Du souverain pouvoir il est dépositaire;
Cet hymen à l'Etat semble être nécessaire. [12]

ÉRIPHYLE

On veut que je l'épouse et qu'il soit votre roi.

POLÉMON

Madame, avec respect on suivra votre loi.   270
Prononcez: un seul mot réglera nos hommages.

---

256   MS3:   <leur parti peut renaître> ↓β
        MS4, with parallel reading: son parti peut renaître / β
        MS5, 79A: puissant, son parti peut renaître
258   MS1-MS5, 79A: Il le pourrait nommer

[12] Lines 259-268, 269-270 are to be found in MS6; see below, appendix, I.iv.219-228, 233-234.

ÉRIPHYLE

Mais du peuple Hermogide a-t-il tous les suffrages?

POLÉMON

S'il faut parler, madame, avec sincérité,
Ce prince est dans ces lieux moins cher que redouté.
On croit qu'à son hymen il vous faudra souscrire,   275
Mais, madame on le croit plus qu'on ne le désire.[13]

ÉRIPHYLE

Alcméon ne vient point! l'a-t-on fait avertir?

POLÉMON

Déjà du camp, madame, il aura dû partir.

ÉRIPHYLE

Ce n'est qu'en sa vertu que j'ai quelque espérance.
Puisse-t-il de sa reine embrasser la défense!   280
Puisse-t-il me sauver de tous mes ennemis!
O dieux de mon époux! et vous, dieux de mon fils!
Prenez de cet Etat les rênes languissantes;
Remettez-les vous-même en des mains innocentes:
Ou si dans ce grand jour il me faut déclarer,   285
Conduisez donc mon cœur, et daignez l'inspirer.

Fin du premier acte.

285   MS1-MS5, 79A: il faut me déclarer

[13] Lines 274-276, 277-278, 279-285 are to be found in MS6; see below, appendix,
I.iv.238-240; I.v.245-246, 251-257.

ACTE II

SCÈNE PREMIÈRE

ALCMÉON, THÉANDRE

THÉANDRE

Alcméon, j'ai pitié de voir tant de faiblesse.
L'erreur qui vous séduit, la douleur qui vous presse,
De vos désirs secrets l'orgueil présomptueux,
Eclatent malgré vous et parlent dans vos yeux;
Et j'ai tremblé cent fois que la reine offensée   5
Ne punît de vos vœux la fureur insensée.
Qui? vous! jeter sur elle un œil audacieux?
Vous cherchez à vous perdre. Ah! jeune ambitieux,
Faut-il vous voir ôter par vos fougueux caprices
L'honneur de vos exploits, le fruit de vos services,   10
Le prix de tant de sang versé dans les combats!

ALCMÉON

Cher ami, pardonnez: je ne me connais pas.

1-2   MS6:

    Alcméon, c'est vous perdre. Avez-vous oublié
    Que de votre destin ma main seule eut pitié?
    Ah! trop jeune imprudent, songez-vous qui vous êtes?
    Apprenez à cacher vos ardeurs indiscrètes.

4   MS5, MS6, 79A: Eclate malgré vous et parle dans

8   MS6:   Vous, le fils de Phaön! Esclave ambitieux

12-19   MS6:

    Pardonne, cher ami, je ne me connais pas.
    Je l'avoue, oui, la reine et la grandeur suprême
    Emportent tous mes vœux au delà de moi-même.
    J'ignore pour quel roi mon bras a triomphé;

La reine, oui, je l'avoue, oui, sa fatale vue
Porte au fond de mon âme une atteinte inconnue.
Je ne veux point voiler à vos regards discrets   15
L'erreur de mon jeune âge et mes troubles secrets.
Je vous dirai bien plus: l'aspect du diadème
Semble emporter mon âme au-delà de moi-même.
J'ignore pour quel roi ce bras a triomphé:
Mais pressé d'un dépit avec peine étouffé,   20
A mon cœur étonné c'est un secret outrage
Qu'un autre emporte ici le prix de mon courage.
Que ce trône ébranlé, dont je fus le rempart,
Dépende d'un coup d'œil, ou se donne au hasard.
Que dis-je? Hélas! peut-être il est le prix du crime!   25
Mais non, n'écoutons point le transport qui m'anime;
Bannissons loin de moi le funeste soupçon
Qui règne en mon esprit et trouble ma raison.
Ah! si la vertu seule, et non pas la naissance…

THÉANDRE

Ecoutez: j'ai moi-même élevé votre enfance;   30
Souffrez-moi quelquefois, généreux Alcméon,
L'autorité d'un père aussi bien que le nom.
Vous passez pour mon fils, la fortune sévère,

19   MS1-MS5, 79A: roi mon bras
22   MS6: autre enlève ici
23   MS4, 79A: Que le trône
25   MS4, MS5, 79A: peut-être est-il le
27   MS4, MS5, 79A: moi ce funeste
27-28 MS6:
        Hermogide… à quel roi me faut-il obéir?
        Quoi! toujours respecter ceux que l'on doit haïr!
30-32 MS6:
        Ecoutez. J'ai sauvé, j'ai chéri votre enfance;
        Je vous tins lieu de père, orgueilleux Alcméon;
        J'en eus l'autorité, la tendresse et le nom.

Inégale en ses dons, pour vous marâtre et mère,
De vos jours conservés voulut mêler le fil   35
De l'éclat le plus grand, et du sort le plus vil.
J'ai d'un profond secret couvert votre origine;
Mais vous la connaissez; et cette âme divine,
Du haut de sa fortune et parmi tant d'éclat,
Devrait baisser les yeux sur son premier état.   40
Gardez que quelque jour, cet orgueil téméraire
N'attire sur vous-même une triste lumière;
N'éclaire enfin l'envie, et montre à l'univers
Sous vos lauriers pompeux la honte de vos fers.

ALCMÉON

Ah! c'est ce qui m'accable et qui me désespère.   45
Il faut rougir de moi, trembler au nom d'un père:
Me cacher par faiblesse aux moindres citoyens,
Et reprocher ma vie à ceux dont je la tiens.
Préjugé malheureux! éclatante chimère
Que l'orgueil inventa, que le faible révère,   50
Par qui je vois languir le mérite abattu

36   MS3:   et le sort
     MS4, with parallel reading: du / le sort
37   MS1-MS5, 79A: d'un secret profond couvert
37-44   MS6:
          Sous le nom de soldat et du fils de Théandre,
          Aux honneurs d'un sujet vous avez pu prétendre.
          Vouloir monter plus haut, c'est tomber sans retour.
          On saura le secret que je cachais au jour;
          Les yeux de cent rivaux éclairés par leurs haines
          Verront sous vos lauriers les marques de vos chaines.
          Reconnu, méprisé, vous serez aujourd'hui
          Le fable des Etats dont vous l'étiez l'appui.
43   MS1-MS5, 79A: et n'offre à
51   MS1-MS5, 79A: Par qui j'ai vu languir

Aux pieds d'un prince indigne, ou d'un grand sans vertu.
Les mortels sont égaux: ce n'est point la naissance,
C'est la seule vertu qui fait leur différence. [1]
C'est elle qui met l'homme au rang des demi-dieux;   55
Et qui sert son pays n'a pas besoin d'aïeux. [2]
Princes, rois, la fortune a fait votre partage,
Mes grandeurs sont à moi; mon sort est mon ouvrage:
Et ces fers si honteux, ces fers où je naquis,
Je les ai faits porter aux mains des ennemis.   60
Je n'ai plus rien du sang qui m'a donné la vie;
Il a dans les combats coulé pour la patrie;
Je vois ce que je suis et non ce que je fus,
Et crois valoir au moins des rois que j'ai vaincus. [3]

THÉANDRE

Alcméon, croyez-moi, l'orgueil qui vous inspire,   65
Que je dois condamner, et que pourtant j'admire,
Ce principe éclatant de tant d'exploits fameux,
En vous rendant si grand, vous fait trop malheureux.

52   MS2: grand <abatu> β
       MS3: d'un grand confondu.
       MS5: ou <d'un grand absolu> β
67   MS6: de vos exploits
68   MS1ν, MS2ν, MS3, MS4ν, MS5ν, 79Aν, Kν, between 68 et 69:
          Quand vous seriez mon fils, que pourriez-vous prétendre?...
          D'un sang peu glorieux le ciel m'a fait descendre;
          Et dans Corébe où moi n'offre à votre fierté
          Que de l'ignominie ou de l'obscurité.

[1] Lines 53-54 appear in *Mahomet*, I.v (M.iv.114).
[2] Cf. *Mérope*, I.iii.176 (V 17, p.255):
       Qui sert bien son pays n'a pas besoin d'aïeux.
[3] Cf. *Mérope*, I.iii.177-180 (V 17, p.255):
       Je n'ai plus rien du sang qui m'a donné la vie:
       Ce sang s'est épuisé, versé pour la patrie:
       Ce sang coula pour vous: et malgré vos refus,
       Je crois valoir au moins les rois que j'ai vaincus.

Pliez à votre état ce fougueux caractère[4]
Qui d'un brave guerrier ferait un téméraire: 70
C'est un des ennemis qu'il vous faut subjuguer.
Né pour servir le trône et non pour le briguer;
Sachez vous contenter de votre destinée;
D'une gloire assez haute elle est environnée:
N'en recherchez point d'autre. Eh! qui sait si les dieux   75
Qui toujours sur vos pas ont attaché les yeux,
Qui pour venger Argos, et pour calmer la Grèce,
Ont voulu vous tirer du sein de la bassesse,
N'ont point encor sur vous quelques secrets desseins?
Peut-être leur vengeance est mise entre vos mains.   80
Le sang de votre roi dont la terre est fumante,
Elève encore au ciel une voix gémissante;
Sa voix est entendue: et les dieux aujourd'hui
Contre ses assassins se déclarent pour lui.
Le grand-prêtre déjà voit la foudre allumée,   85

69-91 MS6:
    Contentez-vous, mon fils, de votre destinée;
    D'une gloire assez haute elle est environnée.
    On doit...
          ALCMÉON
          Non, je ne puis; au point où je me vois
    Le faîte des grandeurs n'est plus trop haut pour moi.
    Je le vois d'un œil fixe, et mon âme affermie
    S'élève d'autant plus que j'eus plus d'infamie.
    A l'aspect d'Hermogide une secrète horreur
    Malgré moi, dès longtemps, s'empara de mon cœur;
    Et cette aversion que je retiens à peine,
    S'irrite et me transporte au seul nom de la reine.
          THÉANDRE
    Dissimule du moins.
76 MS1-MS5, 79A: attaché leurs yeux

[4] Cf. *La Mort de César*, I.i.121 (V 8, p.180):
    Tout homme à son état doit plier son courage.

Qui se cache à nos yeux dans la nue enfermée.
Enfin, que feriez-vous si les arrêts du ciel
Vous pressaient de punir un meurtre si cruel?
Si, chargé malgré vous de leur ordre suprême,
Vous vous trouviez entre eux, et la reine elle-même?   90
S'il vous fallait choisir…

SCÈNE II

ALCMÉON, THÉANDRE, POLÉMON

POLÉMON

La reine en ce moment
Vous mande de l'attendre en cet appartement.
Elle vient: il s'agit du salut de l'empire.

THÉANDRE *à part.*

Prête à nommer un roi, qu'aurait-elle à lui dire?

86   MS1-MS5, 79A: à vos yeux dans les airs enfermée.
88   MS4, MS5, 79A: un monstre si
91   MS6:   La reine en cet instant,
92   MS6:   Veut ici vous parler d'un objet important.
93a   MS1-MS5, 79A, no stage direction
93a-95   MS6:

ALCMÉON
Elle épouse Hermogide; Eh! qu'a-t-elle à me dire?
THÉANDRE
Modérez ces transports, sachez vous retenir.

94   MS1, MS2, MS4, MS5, 79A:
à choisir un roi qu'aurait-elle à lui [MS4: lui / me] dire?
MS3:
Prête à choisir un roi…
ALCMÉON
Qu'aurait-elle à me dire?
THÉANDRE

D'Amphiaraüs, ô dieux, daignez vous souvenir! 95

ALCMÉON

Pour la dernière fois je vais l'entretenir.

SCÈNE III

ÉRIPHYLE, ALCMÉON, ZÉLONIDE

ÉRIPHYLE

C'est à vous, Alcméon, c'est à votre victoire
Qu'Argos doit son bonheur, Eriphyle sa gloire.
C'est par vous que, maîtresse et du trône, et de moi,
Dans ces murs relevés je puis choisir un roi. 100
Mais prête à le nommer, ma juste prévoyance
Veut s'assurer ici de votre obéissance.
J'ai de nommer un roi le dangereux honneur:
Faites plus, Alcméon, soyez son défenseur.

ALCMÉON

D'un prix trop glorieux ma vie est honorée: 105
A vous servir, madame, elle fut consacrée.
Je vous devais mon sang, et quand je l'ai versé,
Puisqu'il coulait pour vous, je fus récompensé.[5]
Mais telle est de mon sort la dure violence,

96b   MS6 adds: SUITE
108   MS6: Puisqu'il coula pour

[5] Lines 107-108 appear in *Sémiramis*, III.v (M.iv.538), with a variant: 'coula' instead of 'coulait' (cf. MS6).

Qu'il faut que je vous trompe ou que je vous offense.   110
Reine, je vais parler: Des rois humiliés
Briguent votre suffrage et tombent à vos pieds.
Tout vous rit; que pourrais-je, en ce séjour tranquille,
Vous offrir qu'un vain zèle, et qu'un bras inutile?
Laissez-moi fuir des lieux où le destin jaloux   115
Me ferait, malgré moi, trop coupable envers vous.

ÉRIPHYLE

Vous me quittez! ô dieux, dans quels temps!

ALCMÉON

Les orages
Ont cessé de gronder sur ces heureux rivages.
Ma main les écarta: la Grèce en ce grand jour
Va voir enfin l'hymen, et peut-être l'amour,   120
Par votre auguste voix nommer un nouveau maître.
Reine, jusqu'aujourd'hui vous avez pu connaître
Quelle fidélité m'attachait à vos lois;
Quel zèle inaltérable échauffait mes exploits.
J'espérais à jamais vivre sous votre empire: 125
Mes vœux pourraient changer, et j'ose ici vous dire
Que cet heureux époux, sur ce trône monté,
Eprouverait en moi moins de fidélité;
Et qu'un sujet soumis, dévoué, plein de zèle,
Peut-être à d'autres lois deviendrait un rebelle.   130

ÉRIPHYLE

Vous me quittez! eh quoi! pourriez-vous donc penser

117   MS2-MS6, 79A: Vous, me quitter, ô
      MS1-MS6, 79A: dans quel temps!
130   MS1-MS5, 79A: Peut-être en d'autres lieux deviendrait
131-132   MS1-MS5, 79A:
            Vous me quitter! Faut-il, quand je vous donne un roi,
            Que les cœurs vertueux se détachent de moi!

Qu'Eriphyle hésitât à vous récompenser?
Que craignez-vous? parlez: il faut ne me rien taire.

ALCMÉON

Je ne dois point lever un regard téméraire
Sur les secrets du trône, et sur ces nouveaux nœuds   135
Préparés par vos mains pour un roi trop heureux;
Mais de ce jour enfin la pompe solennelle,
De votre choix au peuple annonce la nouvelle.
Ce secret dans Argos est déjà répandu:
Princesse, à cet hymen on s'était attendu.   140
Ce choix sans doute est juste, et la raison le guide;
Mais je ne serai point le sujet d'Hermogide.
Voilà mes sentiments: et mon bras aujourd'hui
Ayant vaincu pour vous, ne peut servir sous lui.
Punissez ma fierté, d'autant plus condamnable,   145
Qu'ayant osé paraître, elle est inébranlable.

ÉRIPHYLE

Alcméon, demeurez; j'atteste ici les dieux,
Ces dieux qui sur le crime ouvrent toujours les yeux,
Qu'Hermogide jamais ne sera votre maître;
Sachez que c'est à vous à l'empêcher de l'être: 150

MS1ν-MS5ν, 79Aν:
  Vous me quitter. Eh quoi, pouvez-vous donc penser
  Qu'Eriphile hésitât à vous récompenser?
MS6:
  Vous, vivre loin de moi! vous, quitter mes Etats!
  La vertu m'est trop chère; Ah! ne me fuyez pas.
140 MS1ν, MS2ν, MS3, MS4ν, MS5ν, 79Aν, Kν, between 140 and 141:
  On ne s'étonne point que l'heureux Hermogide
  L'emporte sur les rois de Pilos et d'Elide:
  Il est du sang des dieux et de nos premiers rois:
  Puisse-t-il mériter l'honneur de votre choix!
146 MS6, with stage direction: *il veut sortir*.

Et contre ses rivaux, et surtout contre lui,
Songez que votre reine implore votre appui.

ALCMÉON

Qu'entends-je! ah! disposez de mon sang, de ma vie.
Que je meure à vos pieds en vous ayant servie!
Que ma mort soit utile au bonheur de vos jours!   155

ÉRIPHYLE

C'est de vous seul ici que j'attends du secours.
Allez: assurez-vous des soldats dont le zèle
Se montre à me servir aussi prompt que fidèle.
Que de tous vos amis ces murs soient entourés;
Qu'à tout événement leurs bras soient préparés.   160
Dans l'horreur où je suis, sachez que je suis prête
A marcher s'il le faut, à mourir à leur tête.
Allez.

SCÈNE IV

ÉRIPHYLE, ZÉLONIDE

ZÉLONIDE

Que faites-vous? Quel est votre dessein?
Que veut cet ordre affreux?

---

157   MS6:   assurez-vous de soldats
158   MS1-MS5, 79A: plus prompt et plus fidèle
162   MS1, MS2, MS4-MS6:   faut, et mourir
163b MS6 adds: SUITE
164   MS6:   Pourquoi cet ordre

ÉRIPHYLE

Ah! je succombe enfin.
Dieux! comme en lui parlant, mon âme déchirée   165
Par des nœuds inconnus se sentait attirée!
De quels charmes secrets mon cœur est combattu!
Quel état!… Achevons ce que j'ai résolu.
Je le veux: étouffons ces indignes alarmes.

ZÉLONIDE

Vous parlez d'Alcméon, et vous versez des larmes!   170
Que je crains qu'en secret une fatale erreur…

ÉRIPHYLE

Ah, que jamais l'amour ne rentre dans mon cœur!
Il m'en a trop coûté: que ce poison funeste
De mes jours languissants n'accable point le reste!
Jours trop infortunés, vous ne fûtes remplis   175
Qu'à pleurer mon époux, qu'à regretter mon fils!
Leur souvenir fatal a toutes mes tendresses.
Malheureuse! est-ce à toi d'éprouver des faiblesses?[6]

174   MS1-MS5, 79A: n'accable plus le
      MS6:   ne trouble point le
175   MS1-MS5, 79A: Jours toujours malheureux, vous
175-178 MS6:
              Zélonide, sans lui, sans ses coupables feux,
              Mon sort dans l'innocence eût coulé trop heureux.
              Mes malheurs ont été le prix de mes tendresses.
              Ah! barbare, est-ce à toi d'éprouver des faiblesses!
              Déchiré des remords qui viennent m'alarmer,
177   MS1-MS5, 79A: toutes mes promesses. [MS4: <promesses> β]
178   MS4: à moi d'éprouver

[6] Cf. *Sémiramis*, III.i (M.iv.534):
       Je crois sentir du moins de plus nobles tendresses.
       Malheureuse! est-ce à moi d'éprouver des faiblesses!

Pénétré des remords qui viennent m'alarmer,
Ce cœur plein d'amertume est-il fait pour aimer?   180

ZÉLONIDE

Pourquoi donc à son nom redoublez-vous vos plaintes?
Pardonnez à mon zèle, et permettez mes craintes.
Songez que si l'amour décidait aujourd'hui…

ÉRIPHYLE

Non, ce n'est point l'amour qui m'entraîne vers lui; [7]
Non, un dieu plus puissant me contraint à me rendre.   185
L'amour n'est pas si pur, l'amour n'est pas si tendre.

179   MS1-MS5, 79A, absent (MS2, MS4, added above the line)
180   MS3, between 180 et 181:   Brave Alcméon, hélas! que dire? quel danger?
       MS4:   <Ah! […] avait pu me charmer> Brave Alcméon […] quel danger. [8]
       79A: Ah! le seul Hermogide avait su me charmer.
181-183 MS6:
             Eh! Qui peut à l'amour nous rendre inaccessibles!
             Les cœurs des malheureux n'en sont que plus sensibles.
             L'adversité rend faible, et peut-être aujourd'hui…
186   MS1-MS5, 79A: n'est point si pur, l'amour n'est point si
186-200 MS6:
             L'amour est-il si pur? L'amour est-il si tendre?
             Je l'ai connu cruel, injuste, plein d'horreur,
             Entraînant après lui le meurtre et la fureur.
             Irais-je encor brûler d'une ardeur insensée?
             Mais, hélas! puis-je lire au fond de ma pensée?
             Ces nouveaux sentiments qui m'ont su captiver,
             Dont je nourris le charme, et que j'ose approuver,
             Peut-être ils n'ont pour moi qu'une douceur trompeuse:
             Peut-être ils me feraient coupable et malheureuse.
                   ZÉLONIDE
             Dans une heure au plus tard on attend votre choix.
             Qu'avez-vous résolu?

[7] This line appears in *Sémiramis*, III.i (M.iv.534).
[8] A note states: 'Vers retrouvé dans le msc. de M. le Duc de la Vallière' (f.18v).
The line is indeed to be found in MS3 which comes from the collection of La Vallière.

Non, plus je m'examine, et plus j'ose approuver
Les sentiments secrets qui m'ont su captiver.
Ce n'est point par les yeux que mon âme est vaincue.
Ne crois pas qu'à ce point de mon rang descendue,   190
Ecoutant de mes sens le charme empoisonneur,
Je donne à la beauté le prix de la valeur. [9]
Je chéris sa vertu, j'aime ce que j'admire.

ZÉLONIDE

Ah, dieux! oseriez-vous le nommer à l'empire?

ÉRIPHYLE
D'être juste une fois.
ZÉLONIDE
Si vous vous abaissez jusqu'au fils de Théandre,
D'Amphiarus encor c'est outrager la cendre.
ÉRIPHYLE
Cendres de mon époux, mânes d'Amphiarus,
Mânes ensanglantés ne me poursuivez plus.
Sur tous mes sentiments le repentir l'emporte:
L'équité dans mon cœur est enfin la plus forte.
Je suis mère, et je sens que mon malheureux fils
Joint sa voix à la vôtre et sa plainte à vos cris.

190   MSI-MS3:   crois point qu'à ce point
193   MSI-MS5, 79A: chéris la vertu
194   MSI-MS5, 79A: Eh quoi, vous oseriez le
194   MSI*v*, MS2*v*, MS3, MS4*v*, MS5*v*, 79A*v*, K*v*, between 194 and 194a:
Préférer à des rois un simple citoyen?
Déshonorer le trône?
ÉRIPHILE
Il en est le soutien:
Et le sang dont il est, fût-il plus vil encore,
Je ne vois point de rang qu'Alcméon déshonore.

[9] Cf. *Sémiramis*, III.i (M.iv.534):
Mon âme par les yeux ne peut être vaincue:
Ne crois pas qu'à ce point de mon rang descendue,
Ecoutant dans mon trouble un charme suborneur,
Je donne à la beauté le prix de la valeur.

ÉRIPHYLE

En de si pures mains ce sceptre enfin remis   195
Deviendrait respectable à nos dieux ennemis.
Mais une loi plus sainte et m'éclaire et me guide;
Je chéris Alcméon, je déteste Hermogide.
Et je vais rejeter, en ce funeste jour,
Les conseils de la haine et la voix de l'amour.   200
Nature, dans mon cœur si longtemps combattue,
Sentiments partagés d'une mère éperdue,
Tendre ressouvenir, amour de mon devoir,
Reprenez sur mon âme un absolu pouvoir.
Moi, régner! moi, bannir l'héritier véritable!   205
Ce sceptre ensanglanté pèse à ma main coupable. [10]
Réparons tout: allons; et vous, dieux dont je sors,
Pardonnez des forfaits moindres que mes remords.
Qu'on cherche Polémon. Ciel! que vois-je? Hermogide!

---

195   MS1-MS5, 79A: Peut-être entre ses mains le sceptre étant [MS1-MS3: enfin;
MS4, with parallel reading: étant / enfin]
197   MS5, 79A: plus simple et
MS4, with parallel reading: simple / sainte
199   V 81:   Et je rejetteray dans ce
202   V 81:   mère perdue,
203   MS1-MS5, 79A: ressouvenir d'amour [MS2: <d'>amour]
V81:   Tendre amour de mon fils, amour
205   V 81:   C'est bannir trop longtemps l'héritier
206   MS1, MS2, MS4, MS5, 79A: Le sceptre ensanglanté
208   MS6, with stage direction before 209:   (A sa suite.)
209   MS1-MS3, absent
MS4, MS5, 79A:
                ZÉLONIDE
        Madame, quelqu'un vient.
                ÉRIPHILE
                        O dieux, c'est Hermogide!
MS6:   Polémon. O ciel! c'est Hermogide!

---

[10] A fragment of lines 199-206, with variants, is to be found in the notebooks
(V 81, p.92).

SCÈNE V

ÉRIPHYLE, HERMOGIDE, ZÉLONIDE, EUPHORBE

HERMOGIDE

Madame, je vois trop le transport qui vous guide;   210
Je vois que votre cœur sait peu dissimuler;
Mais les moments sont chers, et je dois vous parler.
Souffrez de mon respect un conseil salutaire,
Votre destin dépend du choix qu'il vous faut faire.
Je ne viens point ici rappeler des serments   215
Dictés par votre père, effacés par le temps;
Mon cœur ainsi que vous doit oublier, madame,
Les jours infortunés d'une inutile flamme;
Et je rougirais trop, et pour vous et pour moi,
Si c'était à l'amour à nous donner un roi.   220
Un sentiment plus digne, et de l'un et de l'autre,
Doit gouverner mon sort et commander au vôtre.
Vos aïeux et les miens, les dieux dont nous sortons,
Cet Etat périssant si nous nous divisons, [11]

209b   MS6 adds: SUITE DE LA REINE
210   MS1, MS2, before 210:

ZÉLONIDE
Madame dans ces lieux j'aperçois Hermogide.
HERMOGIDE
210   MS1, MS4, MS5, 79A: je sens [MS4: sens / vois] trop le transport qui vous [MS1: vous / me] [MS5: <me> vous] guide
    MS2: je <vois> sens trop [...] me / vous
216   MS1, with parallel reading: effacés / et détruits
    MS2, MS5: <détruits> effacés

[11] Lines 221-224 appear in *Sémiramis*, II.iii, with variant (M.iv.525):
    Vos aïeux sont les miens, et nous les trahissons;
    Nous perdons l'univers, si nous nous divisons.

Le sang qui nous a joints, l'intérêt qui nous lie,
Nos ennemis communs, l'amour de la patrie,   225
Votre pouvoir, le mien, tous deux à redouter,
Ce sont là les conseils qu'il vous faut écouter.
Bannissez pour jamais un souvenir funeste;
Le présent nous appelle, oublions tout le reste.
Le passé n'est plus rien: maîtres de l'avenir,   230
Le grand art de régner doit seul nous réunir.
Les plaintes, les regrets, les vœux sont inutiles:
C'est par la fermeté qu'on rend les dieux faciles.
Ce fantôme odieux qui vous trouble en ce jour,
Qui naquit de la crainte, et l'enfante à son tour,   235
Doit-il nous alarmer par tous ses vains prestiges?
Pour qui ne les craint point, il n'est point de prodiges:
Ils sont l'appât grossier des peuples ignorants,

229-242   MS3ν:
          D'un œil indifférent voyons ces vains prodiges:
          Que peuvent contre nous les morts et leurs prestiges!
          Devons-nous redouter un fantôme odieux!
          Vivant, je l'ai vaincu; mort, est-il dangereux!
          [l.229-232]
          Et pour un choix si grand, j'attends de vous, madame,
          Les vertus d'un grand roi, non les pleurs d'une femme.
232   MS4ν, between 232 and 233:
          Et pour un choix si grand, j'attends de vous, madame,
          Les vertus d'un grand roi, non les pleurs d'une femme.
235-242   MS1ν, MS2ν, MS4, MS5ν, 79Aν, Kν:
          Devons [MS1ν: Devrons]-nous redouter un fantôme odieux!
          Vivant, je l'ai vaincu [MS4ν: <dompté> vaincu]; mort, est-il dangereux!
          D'un œil indifférent voyons ces vains prodiges:
          Que peuvent contre nous les morts et leurs prestiges!
          [MS1ν, MS5ν, repeat l.229-232]
          Et pour un choix si grand, j'attends de vous, madame,
          Les vertus d'un grand roi, non les pleurs d'une femme.
237   MS1, MS2, MS5, MS6:   tous ces vains

L'invention du fourbe, et le mépris des grands. [12]   240
Pensez en roi, madame, et laissez au vulgaire
Des superstitions le joug imaginaire.

ÉRIPHYLE

Quoi! vous...

HERMOGIDE

           Encore un mot, madame, et je me tais.
Le seul bien de l'Etat doit remplir vos souhaits:
Vous n'avez plus les noms, et d'épouse, et de mère;   245
Le ciel vous honora d'un plus grand caractère.
Vous régnez; mais songez qu'Argos demande un roi.
Vous avez à choisir: vos ennemis, ou moi.
Moi, né près de ce trône, et dont la main sanglante
A soutenu quinze ans sa grandeur chancelante: 250
Moi, dis-je, ou l'un des rois, sans force et sans appui,
Que mon lieutenant seul a vaincus aujourd'hui.
Je me connais, je sais que blanchi sous les armes,
Ce front triste et sévère a pour vous peu de charmes.
Je sais que vos appas, encor dans leur printemps,   255
Devraient s'effaroucher de l'hiver de mes ans;

255 79A: dans leurs printemps
256 MS6: Pourraient s'effaroucher

[12] Cf. *Sémiramis*, II.vii (M.iv.530):
    Ah! ne consultez point d'oracles inutiles:
    C'est par la fermeté qu'on rend les dieux faciles.
    Ce fantôme inouï, qui paraît en ce jour,
    Qui naquit de la crainte, et l'enfante à son tour,
    Peut-il vous effrayer par tous ses vains prestiges?
    Pour qui ne les craint point, il n'est point de prodiges:
    Ils sont l'appât grossier des peuples ignorants,
    L'invention du fourbe, et le mépris des grands.

434

Mais la raison d'Etat connaît peu ces caprices;
Et de ce front guerrier les nobles cicatrices
Ne peuvent se couvrir que du bandeau des rois. [13]
Vous connaissez mon rang, mes attentats, mes droits; 260
Sachant ce que j'ai fait, et voyant où j'aspire,
Vous me devez, madame, ou la mort, ou l'empire.
Quoi! vos yeux sont en pleurs; et vos esprits troublés...

ÉRIPHYLE

Non, seigneur, je me rends; mes destins sont réglés.
On le veut; il le faut; ce peuple me l'ordonne; 265
C'en est fait: à mon sort, seigneur, je m'abandonne.
Vous, lorsque le soleil descendra dans les flots,
Trouvez-vous dans ce temple avec les chefs d'Argos.
A mes aïeux, à vous, je vais rendre justice:
Je prétends qu'à mon choix l'univers applaudisse; 270
Et vous pourrez juger si ce cœur abattu
Sait conserver sa gloire, et connaît la vertu.

HERMOGIDE

Mais, madame, voyez...

257 MS1: de l'Etat
  79A: peu les caprices
  MS4, with parallel reading: les / ces
263 MS2: <et mes esprits troublés> mes destins sont réglés
266 MS6, absent
268 MS4, MS5, 79A: dans le temple
272 MS1, MS2, MS5, 79A: conserver la gloire
  MS4: <la> sa
  MS6: Conserve encor sa gloire, et chérit la vertu.

[13] Lines 253-259 appear in *Mérope*, I.iii.153-159 (V 17, p.253-54), with variant: 'Pourraient s'effaroucher de l'hiver de mes ans' (cf. MS6).

ÉRIPHYLE

Dans mon inquiétude,
Mon esprit a besoin d'un peu de solitude;
Mais jusqu'à ces moments que mon ordre a fixés,   275
Si je suis reine encor, seigneur, obéissez.

SCÈNE VI

HERMOGIDE, EUPHORBE

HERMOGIDE

Demeure: ce n'est pas au gré de son caprice
Qu'il faut que mon courage et que mon sort fléchisse;
Et je n'ai pas versé tout le sang de mes rois,
Pour dépendre aujourd'hui du hasard de son choix.   280
Parle: as-tu disposé cette troupe intrépide,
Ces compagnons hardis du destin d'Hermogide?
Contre la reine même osent-ils me servir?

EUPHORBE

Pour vos intérêts seuls ils sont prêts à périr.

HERMOGIDE

Je saurai me sauver du reproche et du blâme   285
D'attendre pour régner les bontés d'une femme.

278   MS1-MS5, 79A: que ma fortune et que
      MS6:   que ma fortune et que mon cœur

Je fus quinze ans sans maître, et ne puis obéir.
Le fruit de tant de soins est lent à recueillir.
Argos n'a plus de rois, et c'était trop attendre
Pour les suivre aux enfers, ou régner sur leur cendre.   290
Je n'ai plus, il est vrai, ce fer si révéré
Qu'on croit ici du trône être un gage assuré;
Mais je conserve au moins, de cette auguste place
Des gages plus certains, la constance et l'audace.
Mon destin se décide, et si le premier pas   295
Ne m'élève à l'empire, il m'entraîne au trépas.
Entre l'empire et moi tu vois le précipice:
Allons, que ma fortune y tombe ou le franchisse![14]

Fin du second acte.

287   MS6: fus vingt ans
        MS1: et pourrai<s> obéir
        MS2: <et ne pus> et pourrai
        MS3: et ne pus obéir
        MS4: maître à ne pas / et ne pus obéir
        MS5, 79A: maître à ne pas obéir
289-294   MS1-MS6, 79A:
            Mais enfin l'heure approche; et c'était trop attendre
            Pour suivre Amphiarus, ou régner sur sa cendre.
297   MS1-MS6, 79A: Entre le trône et moi
        MS6: vois un précipice;

[14] Cf. *Mérope*, I.iv.241-242 (V 17, p.258):
            Entre ce trône et moi je vois un précipice;
            Il faut que ma fortune y tombe ou le franchisse.

437

ACTE III

SCÈNE PREMIÈRE

HERMOGIDE, EUPHORBE, SUITE D'HERMOGIDE

HERMOGIDE

Enfin donc, voici l'heure où dans ce temple même,
La reine avec sa main donne son diadème.
Euphorbe, ou je me trompe, ou de bien des horreurs
Ces dangereux moments sont les avant-coureurs.

EUPHORBE

Polémon de sa part flatte votre espérance.   5

HERMOGIDE

Polémon veut en vain tromper ma défiance.

EUPHORBE

Eh! qui choisir que vous? Cet empire aujourd'hui
Demande un bras puissant qui lui serve d'appui. [1]

---

c   MS1-MS5, 79A: EUPHORBE//
1   MS6: Voici l'instant fatal où
     MS4, with parallel reading: le / ce
     79A: dans le temple
2   MS1-MS6, 79A: donne le diadème!
     6a-34 MS6, absent

---

[1] Equivalent lines are to be found in MS6; see below, appendix (I.i.29-30).

Que dis-je? Vous l'aimiez, seigneur, et tant de flamme...

HERMOGIDE

Moi! que cette faiblesse ait amolli mon âme! 10
Hermogide amoureux! Ah! qui veut être roi,

9 MS1-MS5, 79A:
>Vous aimiez et jamais tant de
>[MS1: <aimez> ↑aimiez; MS4: aimez / aimiez; MS5: aimez]

10-12 V 81, WAGNIÈRE [2]:
>Ce cœur nourri de sang, et né pour la fureur,
>Tout barbare qu'il est aime [V 81: fut aima] pour son malheur,
>Mon âme inexorable [V 81: immovable] a connu la tendresse.
>Quand [V 81: Grand] par mes attentats trahi par ma faiblesse,
>Mon destin doit apprendre à qui veut être roi
>Qu'il ne doit [V 81: faut] aimer rien, respecter rien que soi.

11-20 D434:
>Moy conoitre l'amour? Ah! qui veut être roy,
>Ou n'est point fait pour l'être, ou n'aime rien que soy.
>Le bandeau de l'amour, et l'art trompeur de plaire
>De mes vastes desseins ont voilé le mistère.
>Dès mes plus jeunes ans la soif de la grandeur
>Fut l'unique tiran qui régna dans mon cœur.
>Amphiarus par moy privé de la lumière
>Du trône à mon courage entr'ouvroit la barrière,
>Mais la main de nos dieux la ferma sous mes pas,
>Et dans quinze ans entiers de trouble et de combats
>Toujours près de ce trône où je devois prétendre
>J'ai lassé ma fortune à force de l'attendre.
>Mon crédit, mon pouvoir adoré si longtemps
>N'est qu'un colosse énorme ébranlé par les ans,
>Qui penche vers sa chute et dont le poids immense
>Veut pour se soutenir la suprême puissance.
>Sans cet apui je tombe etc. [3]

---

[2] See A. Brown, 'Calendar of Voltaire manuscripts other than the correspondence', *Studies* 77 (1970), p.46-47.

[3] No line corresponds to this, either in our base text, or in the other extant versions; but see below, l.57-63.

Ou n'est pas fait pour l'être, ou sait régner sur soi.
A la reine engagé, je pris sur sa jeunesse
Cet heureux ascendant que les soins, la souplesse,
L'attention, le temps, savent si bien donner   15
Sur un cœur sans desseins, facile à gouverner. [4]
Le bandeau de l'amour, et l'art trompeur de plaire,
De mes vastes desseins ont voilé le mystère.
Mais de tout temps, crois-moi, la soif de la grandeur
Fut le seul sentiment qui régna dans mon cœur. [5]   20

EUPHORBE

Tout vous portait au trône, et les vœux de l'armée,
Et la voix de ce peuple, et de la renommée,
Et celle de la reine en qui vous espériez.

HERMOGIDE

Par quels funestes nœuds mes destins sont liés!
Son époux et son fils, privés de la lumière,   25
Du trône à mon courage entr'ouvraient la barrière,

---

12   MS1, MS2, MS4, with parallel reading: ou doit n'aimer que soi / n'aime rien
que soi
      MS3:   ou doit n'aimer que soi
      MS5:   <doit n'aimer> n'aime rien
      79A: ou n'aime rien que soi
16   MS1-MS5, 79A: sans dessein, facile
24   MS1-MS5, 79A: nœuds nos destins
26   MS1, MS2, MS5:   entrouvrait [MS1, MS2: $^\uparrow$β]

---

[4] Lines 13-16 appear in *Sémiramis*, II.iv (M.iv.527), with variant: 'J'avais cru
chaque jour prendre sur sa jeunesse'.
[5] Equivalent lines for 9-20 are to be found in MS6; see below, appendix (I.i.79-
90).

Quand la main de nos dieux la ferma sous mes pas. [6]
Je sais que j'eus les vœux du peuple et des soldats;
Mais la voix de ces dieux, ou plutôt de nos prêtres,
M'a dépouillé quinze ans du rang de mes ancêtres.   30
Il fallut succomber aux superstitions,
Qui sont, bien plus que nous, les rois des nations; [7]
Et le zèle aveuglé d'un peuple fanatique
Fut plus fort que mon bras et que ma politique.

EUPHORBE

En faveur de vos droits ce peuple enfin s'unit;   35
Du trône devant vous le chemin s'aplanit;
Argos, par votre main fait à la servitude,
Longtemps de votre joug prit l'heureuse habitude:
Nos chefs seront pour vous.

28   MS1, MS2, MS5:   vœux des peuples et [MS5: ↑β]
31-34   MS1*v*, MS2*v*, MS3, MS4*v*, MS5*v*, 79A*v*, K*v*:
          Tel est l'esprit du peuple endormi dans l'erreur:
          Un prodige apparant, un pontife en fureur,
          Un oracle, une tombe, une voix fanatique
          Sont plus forts que mon bras et que ma politique:
          Il fallut obéir aux superstitions,
          Qui sont bien, plus que nous, les rois des nations;
          Et loin de les braver, moi-même [MS1*v*, MS5*v*, 79A*v*: qui même;
          MS4*v*: <qui-même> moi-même] avec adresse
          De ce peuple aveuglé caressa [MS4*v*: caressa / caresser;
          MS3, K*v*: caresser] la faiblesse.
35   MS6:   droits l'Etat se réunit;

[6] Cf. *Sémiramis*, II.iv (M.iv.526-27):
          Ninias en secret privé de la lumière,
          Du trône où j'aspirais m'entrouvrait la barrière,
          Quand sa puissante main la ferma sous mes pas.
Equivalent lines for 25-27 are to be found in MS6; see below, appendix, I.i.51-53.
[7] Lines 29-32 are to be found in MS6; see below, appendix, I.i.29-32.

HERMOGIDE

Je compte sur leur foi,

Tant que leur intérêt les peut joindre avec moi. 40
L'un d'eux, je l'avouerai, me trouble et m'importune;
Son destin qui s'élève, étonne ma fortune.
Je le crains malgré moi.

EUPHORBE

Quoi! ce jeune Alcméon,

Ce soldat qui vous doit sa grandeur et son nom?

HERMOGIDE

Oui, ce fils de Théandre, et qui fut mon ouvrage, 45
Qui sous moi de la guerre a fait l'apprentissage,
Maître de trop de cœurs à mon char arrachés,
Au bonheur qui le suit les a tous attachés.
Par ses heureux exploits ma grandeur est ternie;
Son ascendant vainqueur impose à mon génie: 50
Son seul aspect ici commence à m'alarmer.
Je le hais d'autant plus qu'il sait se faire aimer,
Que des peuples séduits l'estime est son partage;
Sa gloire m'avilit et sa vertu m'outrage.
Je ne sais, mais le nom de ce fier citoyen, 55

41   MS6:   Mais surtout Alcméon me trouble
42   MS6:   Son destin, je l'avoue, étonne
43-49   MS6:
      Je le crains malgré moi. La naissance et le sang
      Séparent pour jamais sa bassesse et mon rang;
      Cependant par son nom ma grandeur est ternie;
43   MS2, MS3, MS4, 79A: Quoi, le jeune
54-57   MS6:
      Sa grandeur me rabaisse et sa vertu m'outrage;
      Il s'élève, je tombe, et les cœurs aujourd'hui
      Se détachent de moi pour s'approcher de lui.
      Ainsi, près de ce

Tout obscur qu'il était, semble égaler le mien.
Et moi, près de ce trône où je dois seul prétendre,
J'ai lassé ma fortune à force de l'attendre. [8]
Mon crédit, mon pouvoir adoré si longtemps,
N'est qu'un colosse énorme ébranlé par les ans,   60
Qui penche vers sa chute, et dont le poids immense
Veut, pour se soutenir, la suprême puissance; [9]
Mais du moins en tombant je saurai me venger.

---

56   MS4, MS5, 79A: obscur qu'il est, semble
59   MS6: Mon pouvoir, que tu vis adoré
60   MS1, MS2, with parallel reading: les ans / le temps
     MS5: <tems> ans
63-70 MS1ν-MS5ν, 79Aν, Kν:

    Crois-tu que d'Alcméon l'orgueil présomptueux
    Jusqu'à ce rang auguste osât porter ses vœux?
    Penses-tu qu'il aspire à l'hymen de la reine?
          EUPHORBE
    Il n'aura point sans doute une audace si vaine.
    Mais, seigneur, cependant, savez-vous qu'aujourd'hui
    Eriphile en secret a vu Théandre et lui [Kν: ici]?
    Qu'elle les a quittés les yeux baignés de larmes?
          HERMOGIDE
    Tout m'est suspect de lui; tout me remplit d'alarmes:
    Ce [MS2ν, MS5ν: Un / Ce] seul moment encore il faut le
    [MS4ν, 79A: la] ménager:
    Dans un moment je règne, et je vais me venger.
    Tout va sentir ici mon pouvoir et ma haine
    Je saurai… Mais on entre

---

[8] Line appearing in *Sémiramis*, II.iv (M.iv.528).
[9] Cf. *La Mort de César*, III.iv.187-190 (V 8, p.223):
    Ce colosse effrayant, dont le monde est foulé,
    En pressant l'univers, est lui-même ébranlé.
    Il penche vers sa chute, et contre la tempête
    Il demande mon bras pour soutenir sa tête.

EUPHORBE

Qu'allez-vous faire ici?

64   MS1-MS5, 79A: Eh! que prétendez-vous?
64-70   D486:
    Si vous n'espérez rien, que faut il ménager?
    Venez vous essuier les mépris de la reine?
        HERMOGIDE
    Euphorbe, je viens voir à qui je dois ma haine,
    Qui sont mes vrais rivaux, qui je dois acabler,
    Qui séduit Eriphile, et quel sang doit couler.
    Je viens voir si la reine aura bien l'assurance
    De nommer devant moy…. C'est elle qui s'avance.
MS6:
    Qui n'espère rien doit-il rien ménager?
    Venez-vous essuyer les mépris de la reine?
        HERMOGIDE
    Euphorbe, je viens voir à qui je dois ma haine,
    Qui sont mes vrais rivaux, qui je dois accabler,
    Qui séduit Eriphyle, et quel sang doit couler.
        EUPHORBE
    Vous, qui vous défiant d'une femme infidèle,
    Avez partout des yeux toujours ouverts sur elle,
    Incertain cependant en ce moment fatal,
    Vous pouvez ignorer qu'il est votre rival!
        HERMOGIDE
    Je n'ai pu découvrir l'objet de ma vengeance;
    Ami, l'art d'une femme a vaincu ma prudence.
    J'ai tout examiné: Ni les princes d'Argos,
    Ni les rois de Scirra, d'Elide et de Pilos
    N'ont encore au palais aucune intelligence.
    Son secret est caché dans un profond silence.
    Elle aime cependant, je n'en saurais douter;
    Un trouble intéressant paraît trop l'agiter.
    Elle a pleuré; crois-moi, le trône et ses alarmes,
    La fière ambition n'arrachent point de larmes:
    Puisqu'elle pleure, elle aime, et si j'ose en secret
    Ecouter un soupçon que je forme à regret,
    Un soupçon odieux qui m'avilit moi-même,
    C'est ce fier citoyen, c'est Alcméon qu'elle aime.
    Ah! si de ce penchant elle écoutait l'erreur,
    Qu'elle tremble!… Elle sait ce que peut ma fureur;

HERMOGIDE

Ne plus rien ménager.
Déchirer, s'il le faut, le voile heureux et sombre   65
Qui couvrit mes forfaits du secret de son ombre:
Les justifier tous par un nouvel effort,
Par les plus grands succès, ou la plus belle mort;
Et dans le désespoir où je vois qu'on m'entraîne,
Ma fureur... Mais on entre, et j'aperçois la reine.   70

SCÈNE II

ÉRIPHYLE, ALCMÉON, HERMOGIDE, POLÉMON, EUPHORBE, CHŒUR D'ARGIENS

ALCMÉON

Oui, ce peuple, madame, et les chefs, et les rois,
Sont prêts à confirmer, à chérir votre choix;
Et je viens, en leur nom, présenter leur hommage
A votre heureux époux, leur maître et votre ouvrage.

Elle sait jusqu'où vont ma vengeance et ma haine,
Et... Mais le temple s'ouvre, et j'aperçois la reine.
66   MS3: Qui couvre mes
   MS4, MS5, 79A: couvrit jusqu'ici mes projets de son
   MS1, MS2, absent (MS2, added above the line)
68   MS1-MS5, 79A: Par un triomphe illustre, ou la plus
70b-c   MS6: HERMOGIDE, ÉRIPHYLE, ALCMÉON, POLÉMON,
EUPHORBE, CHEFS D'ARGOS, LE CHŒUR DES ARGIENS
70c   MS1, MS2, MS5, 79A: CHŒUR DES ARGIENS
70d-75   MS1-MS5, 79A, these lines given to POLÉMON
   MS6, these lines given to UN PERSONNAGE DU CHŒUR
71   MS6: Oui, madame, et ce peuple, et les chefs
74   MS6: A ce roi, quel qu'il soit, leur maître

Ce jour va de la Grèce assurer le repos.

ÉRIPHYLE

Vous, chefs qui m'écoutez, et vous, peuple d'Argos,

76   MS3-MS5, 79A: peuples d'Argos
76-104   MS6:

    Peuples, et vous guerriers, vous, citoyens d'Argos,
    Qui venez en ces lieux reconnaître l'empire
    De l'époux et du roi qu'on me força d'élire,
    Sachez que ce grand choix n'est point en mon pouvoir.
    Apprenez mon secret, mon trouble et mon devoir.
    L'aveu doit vous surprendre; il me coûte, et peut-être
    S'annonce ici ma perte en nommant votre maître;
    Mais c'est trop vous tromper: mon époux au tombeau
    Laissa pour successeur un enfant au berceau;
    L'oracle me prédit que ce fils sanguinaire
    Porterait le poignard dans le sein de sa mère.
    Tout autre eût pu braver ces oracles affreux,
    Obscurément voilés d'un sens toujours douteux;
    Mais la crainte est crédule, et ma triste prudence
    Préparant à mon fils une éternelle absence,
    L'arracha de mes bras, l'éloigna du palais
    Et de l'ambition qui conduit aux forfaits.
    Il le fit exposer dans l'enceinte sacrée
    Dont le ciel à mon sexe a défendu l'entrée.
    Le mortel qui porta ce dépôt précieux,
    Jamais depuis ce temps ne parut à mes yeux.
    Peuples, apprenez donc qu'un récit infidèle
    De la mort de mon fils répandit la nouvelle;
    Sachez que mon amour, timide et curieux,
    A cent fois sur sa vie interrogé les dieux.
    Ils m'ont daigné répondre, ils m'ont dit qu'il respire.
    Il vit, il est le seul à qui je dois l'empire.
    La justice l'emporte, et je tombe aujourd'hui
    D'un trône ensanglanté que j'usurpai sur lui.
    Mes ordres sont donnés: on le cherche, et j'espère
    Que ce sceptre aujourd'hui cédé par une mère
    Ce bienfait si puissant va désarmer sa main,
    L'arracher à son crime et vaincre son destin.
    Mais dût-il m'en punir, sans doute il va paraître.
    Unissez-vous à moi, rendez à votre maître

Qui venez en ces lieux reconnaître l'empire
Du nouveau souverain que ma main doit élire,
Je n'ai point à choisir: je n'ai plus qu'à quitter
Un sceptre que mes mains n'avaient pas dû porter.   80
Votre maître est vivant, mon fils respire encore.
Ce fils infortuné, qu'à sa première aurore
Par un trépas soudain vous crûtes enlevé,
Loin des yeux de sa mère en secret élevé,
Fut porté, fut nourri dans l'enceinte sacrée   85
Dont le ciel à mon sexe a défendu l'entrée.
Celui que je chargeai de ses tristes destins,
Ignorait quel dépôt fut mis entre ses mains.
Je voulus qu'avec lui renfermé dès l'enfance,
Mon fils de ses parents n'eût jamais connaissance.   90
Mon amour maternel, timide et curieux,
A cent fois sur sa vie interrogé les cieux;
Aujourd'hui même encore, ils m'ont dit qu'il respire.
Je vais mettre en ses mains mes jours et mon empire.
Je sais trop que ce dieu, maître éternel des dieux,   95
Jupiter dont l'oracle est présent en ces lieux,
Me prédit, m'assura que ce fils sanguinaire

L'héritage des rois que l'orgueil des tyrans
Malgré moi, malgré vous, dévora trop longtemps.
80   MS1-MS5, 79A: n'auraient pas
84   MS1-MS5, 79A, KV: Par l'esclave Corébe en secret élevé
87-90   MS1-MS5, 79A, KV:
       Dans ces terribles lieux qu'ont souvent habité
       Ces dieux vengeurs, ces dieux dont je tiens la clarté.
       C'est là qu'avec Corébe enfermé dès l'enfance
       Mon fils, de son destin, n'eut jamais connaissance.
92-94   MS1-MS5, 79A:
                              interrogé les dieux;
       Ou leur voix m'a trompée, ou ce [MS4, 79A: le] prince respire
       Je remets dans ses [79C: nos] mains mes jours et mon empire.
95   MS4, 79A: que le dieu
     MS6: éternel des cieux

Porterait le poignard dans le sein de sa mère.
Puisse aujourd'hui, grand Dieu, l'effort que je me fais
Vaincre l'affreux destin qui l'entraîne aux forfaits!　　　100
Oui, peuple, je le veux: oui, le roi va paraître:
Je vais à le montrer obliger le grand-prêtre.
Les dieux qui m'ont parlé veillent encor sur lui;
Ce secret au grand jour va briller aujourd'hui.
De mon fils désormais il n'est rien que je craigne;　　　105
Qu'on me rende mon fils, qu'il m'immole, et qu'il règne.

HERMOGIDE

Peuple, chefs, il faut donc m'expliquer à mon tour:
L'affreuse vérité va donc paraître au jour.
Ce fils qu'on redemande afin de mieux m'exclure,
Cet enfant dangereux, l'horreur de la nature,　　　110
Né pour le parricide, et dont la cruauté
Devait verser le sang du sein qui l'a porté,
Il n'est plus, son supplice a prévenu son crime.

103　MS1-MS5, 79A, absent
105　MS1-MS5, 79A:
　　　　J'ai fait chercher ce prince et Corébe avec lui.
　　　　Dans l'état où je suis il n'est rien que je craigne:
106　MS4: *variant* / β
　　　MS5, 79A: m'immole, qu'il
107　D434, MS1-MS3, MS6: Peuples, chefs
109-113　D434:
　　　　Ce cruel rejetton d'une royale race,
　　　　Ce fils, qu'on veut au trône apeler en ma place,
　　　　Cet enfant destiné pour combler nos malheurs,
　　　　Qui devoit sur sa mère épuiser ses fureurs,
　　　　Il n'est plus; et mais mains ont prévenu crime.
113-115　MS1-MS5, 79A:
　　　　Ce fils n'est plus: les dieux ont prévenu son crime.
　　　　　　　ÉRIPHILE
　　　　O ciel!

ÉRIPHYLE

Ciel!

HERMOGIDE

Aux portes du temple on frappa la victime.
Celui qui l'enlevait le suivit au tombeau.
Il fallait étouffer ce monstre en son berceau;

HERMOGIDE
En ces lieux même on frappa la victime:
Et Corébe et le [MS1: ce] prince ont ici leur tombeau.

113a-114   MS6:
LE CHŒUR
Ciel!
ÉRIPHYLE
Mon fils!
HERMOGIDE
En ces lieux j'ai frappé la victime.

114   MS3v, between 114 and 115:
Et vous si vous osez douter de son destin
Sachez que sa dépouille est encor en ma main:
J'atteste mes aïeux et le jour qui m'éclaire,
Que j'immolai le fils pour conserver la mère.

116   MS1-MS6, 79A: Il fallut

116-136   MS1v-MS5v, 79Av:
Il fallait étouffer ce monstre en son berceau:
Celui qui l'élevait le suivit au tombeau:
Dans leurs flancs malheureux je plongeai ce fer même;
Qu'Amphiarus reçut avec le diadème.
La reine qui m'entend, et que je vois frémir,
Ne doit qu'à moi le jour qu'un fils dut lui [MS1v: lui dut] ravir.
Mais, après cet aveu nécessaire et funeste,
Il faut, de mon secret, vous déclarer le reste.
Ce trône était à moi: ces rangs des demi-dieux,
Défendu par mon bras, fondé par mes aïeux
Cent fois teint de mon sang, n'attend que moi pour maître;
Issu du sang des rois, je vais périr ou l'être.
Amis suivez mes pas. J'attendrai mon destin
Le diadème au front, et le [MS2v: ce] fer à la main.

MS1v-MS5v, 79Av, second variant, Kv:

449

A la reine, à l'Etat son sang fut nécessaire;
Les dieux le demandaient: je servis leur colère.
Peuple, n'en doutez point: Euphorbe, Nicétas,
Sont les secrets témoins de ce juste trépas.
J'atteste mes aïeux et ce jour qui m'éclaire,   120
Que j'immolai le fils, que j'ai sauvé la mère;
Que si ce sang coupable a coulé sous nos coups,

Et le prince et Corébe [MS3*v*: Et Corebe et le prince] ont ici
leur tombeau.
J'étouffai malgré moi ce monstre en son berceau;
J'enfonçai dans ses flancs cette royale épée,
Par son père autrefois sur moi-même usurpée;
Et soit décret des dieux, soit pitié, soit horreur,
Je ne pus de son sein tirer le fer vengeur.
Sa dépouille sanglante, en mes mains demeurée,
De cette mort si juste est la preuve assurée.
La reine qui m'entend, et que je vois frémir,
Me doit au moins le jour qu'un fils dut lui ravir.

119   MS6: Peuples, n'en
119-136a   MS1-MS5, 79A:
       (*au peuple*)
       Et, si ce sang coupable a coulé sous mes coups,
       J'ai prodigué le mien pour la Grèce [MS4: <Corébe> ⌐la Grèce]
       et pour vous:
       Argos m'en doit le prix: et puisqu'il veut un maître,
       Seul descendant des rois, je vais périr ou l'être.
       Je vous ai tous servis: ce rang des demi-dieux [MS2: <de mes aïeux>
       des demi-dieux; MS3: de mes aïeux],
       Défendu par mon bras, fondé par mes aïeux,
       Cent fois teint de mon sang, doit être mon partage:
       Je l'attendrai de vous, de moi, de mon courage,
       De ces dieux dont je sors et qui seront pour moi.
       Amis, suivez mes pas, et servez votre roi.
       MS1*v*-MS5*v*, 79A*v*, 1-4*v*, second variant:
       Et vous, si vous osez douter de son destin,
       Sachez que sa dépouille est encore en ma main.
       J'atteste mes aïeux, et le jour qui m'éclaire,
       Que j'immolai le fils pour conserver la mère.
120   MS6: Sont ici les témoins
123   MS6: sous mes coups,

J'ai prodigué le mien pour la Grèce et pour vous.
Vous m'en devez le prix; vous voulez tous un maître;   125
L'oracle en promet un, je vais périr, ou l'être;
Je vais venger mes droits contre un roi supposé,
Je vais rompre un vain charme à moi seul opposé.
Soldat par mes travaux, et roi par ma naissance,
De vingt ans de combats j'attends la récompense.   130
Je vous ai tous servis. Ce rang des demi-dieux
Défendu par mon bras, fondé par mes aïeux,
Cimenté de mon sang, doit être mon partage.
Je le tiendrai de vous, de moi, de mon courage,
De ces dieux dont je sors, et qui seront pour moi.   135
Amis, suivez mes pas, et servez votre roi.

(il sort suivi des siens.)

SCÈNE III

ÉRIPHYLE, ALCMÉON, POLÉMON, CHŒUR D'ARGIENS

ÉRIPHYLE

Où suis-je? De quels traits le cruel m'a frappée?
Mon fils ne serait plus! Dieux, m'auriez-vous trompée!

127   MS6:   un fils supposé,
136   MS6:   Amis, quittez ce temple, et suivez votre roi.
136c-d   MS1-MS5, 79A: ÉRIPHILE, POLÉMON, ALCMÉON, CHŒUR
          MS6:   ÉRIPHYLE, ALCMÉON, POLÉMON, SUITE DE LA REINE, LE CHŒUR
136d-140   MS6, absent
137   MS1-MS3, MS5:   traits ce cruel
138   MS1-MS5, 79A: Dieux, vous m'auriez trompée!

(*à Polémon.*)

Et vous que j'ai chargé de rechercher son sort...

POLÉMON

On l'ignore en ce temple, et sans doute il est mort.   140

ALCMÉON

Reine, c'est trop souffrir qu'un monstre vous outrage:
Confondez son orgueil et punissez sa rage.
Tous vos guerriers sont prêts, permettez que mon bras...

ÉRIPHYLE

Es-tu lasse, Fortune? Est-ce assez d'attentats? [10]
Ah! trop malheureux fils, et toi, cendre sacrée,   145

141-143   MS6:
     Quoi! Reine, vous souffrez son crime et votre outrage!
     Quoi votre autorité se tait devant sa rage!
     Tous vos amis sont
145   D434, MS1-MS5, 79A: Chère ombre de mon fils
145-149   MS6:
     Où suis-je? De quels traits le cruel m'a frappée?
     Mon fils ne serait plus! Dieux! vous m'avez trompée!
     à Polémon.
     Et vous que j'ai chargé de rechercher son sort...
        POLÉMON
     J'ai tout examiné, tout confirme sa mort:
     Les prêtres qui devaient élever son enfance
     Jamais de votre fils n'avaient eu connaissance.
     Hermogide en effet doit être cru de vous.
        ÉRIPHYLE
     Exécrable assassin d'un fils et d'un époux!
        ALCMÉON
     Ah! Songez à parer les coups qu'on vous prépare.
     Du meurtrier d'un fils craignez la main barbare;
     Hermogide menace; il faut le prévenir:
     Dites un mot, madame, et je vais le punir.

[10] D434 (2 October 1731) quotes lines 144-168, with variants.

Cendre de mon époux de vengeance altérée,
Mânes sanglants, faut-il que votre meurtrier
Règne sur votre tombe et soit votre héritier!
Le temps, le péril presse, il faut donner l'empire.
Un dieu dans ce moment, un dieu parle et m'inspire;   150
Je cède, je ne puis, dans ce jour de terreur,
Résister à la voix qui s'explique à mon cœur.
C'est vous, maître des rois et de la destinée;
C'est vous qui me forcez à ce grand hyménée.
Alcméon, si mon fils est tombé sous ses coups…   155
Seigneur… vengez mon fils, et le trône est à vous.

ALCMÉON

Grande reine, est-ce à moi que ces honneurs insignes…?

ÉRIPHYLE
J'ai perdu mon époux, mon fils et ma puissance;
Vous me restez: vous seul êtes mon espérance.
O peuple, ô citoyens qui voyez ma douleur,
Vous demandez un roi, je demande un vengeur.
Le temps, le péril presse
153   MS6:   de ma destinée,
155   MS1-MS5, 79A: Alcméon, de ces dieux secondez le courroux,
155-165   D434:

   à *Alcmeon*
Ouy seigneur de ces dieux secondez le couroux,
Vangez moy d'Androgide, et le trône est à vous.
   ALCMEON
Moy grande reine! moy; que ces honneurs insignes.
  ERIP:
Et quels rois sur la terre en seroient aussi dignes?
Et près de vous enfin que sont ils à mes yeux?
Vous avez des vertus, ils n'ont que des ayeux.
J'ai besoin d'un vangeur, et non pas d'un vain titre.
Régnez, de mon destin soyez l'heureux arbitre.
Peuples, voylà ce roy si long temps attendu
Qui seul vous deffendit, qui seul vous étoit dû,
Ce vainqueur
157   MS1-MS5, 79A: que cet honneur insigne…

ÉRIPHYLE

Ah! quels rois dans la Grèce en seraient aussi dignes?
Ils n'ont que des aïeux, vous avez des vertus.
Ils sont rois, mais c'est vous qui les avez vaincus.   160
C'est vous que le ciel nomme et qui m'allez défendre:
C'est vous qui de mon fils allez venger la cendre.
Peuple, voilà ce roi si longtemps attendu,
Qui seul vous a fait vaincre, et seul vous était dû,
Le vainqueur de deux rois, prédit par les dieux même.   165
Qu'il soit digne à jamais de ce saint diadème!
Que je retrouve en lui les biens qu'on m'a ravis,
Votre appui, votre roi, mon époux et mon fils!

158   MS1-MS5, 79A: Ah, quel roi dans la Grèce en serait aussi digne!
       MS6:   Eh! quels
159-162   MS1*v*-MS5*v*, 79A*v*, K*v*:
           Et près de vous enfin, que sont-ils à mes yeux?
           Vous avez des vertus; ils n'ont que des aïeux.
           J'ai besoin d'un vengeur, et non pas d'un vain titre.
           Régnez; de mon destin soyez l'heureux arbitre.
161   79A: et vous m'allez
       MS4, with parallel reading: vous / qui
163   MS1-MS6, 79A: Peuples
       MS4, 79A: voilà le roi
164   MS1-MS5, 79A: vous défendit; qui seul vous
165   D434, MS1-MS5, 79A: Ce vainqueur
167   MS1-MS5, 79A: les dieux qu'on m'a ravis;

SCÈNE IV

ÉRIPHYLE, ALCMÉON, POLÉMON, THÉANDRE, CHŒUR D'ARGIENS

THÉANDRE

Que faites-vous, madame? Et qu'allez-vous résoudre?
Le jour fuit, le ciel gronde: entendez-vous la foudre?   170
De la tombe du roi le pontife a tiré
Un fer que sur l'autel ses mains ont consacré.
Sur l'autel à l'instant ont paru les furies:
Les flambeaux de l'hymen sont dans leurs mains impies.
Tout le peuple tremblant, d'un saint respect touché,   175

168c   MS1-MS5, 79A: CHŒUR//
168d-232   MS6:

ALCMÉON

Ah! parmi ces honneurs que vos bontés m'apprêtent,
C'est sur vos seuls dangers que mes regards s'arrêtent.
C'est en vous défendant que je dois mériter
Ce trône où votre voix m'ordonne de monter.
Je vais vaincre ou mourir: j'y vole, et j'ose croire
Que qui combat pour vous est sûr de la victoire.

ÉRIPHYLE

Guerriers, suivez ses pas; revenez triomphants,
Ramenez votre roi vainqueur de vos tyrans.
Que ces temples ouverts fument de sacrifices!
Aux vertus d'Alcméon les dieux seront propices
Et d'un œil de clémence ils verront aujourd'hui
Un encens que mes mains n'offriront que pour lui.

171   MS4, with parallel reading: des rois / du roi
171-173   MS1ν-MS5ν, 79Aν:

Le temple en a tremblé; l'autel en est détruit.
Amphiarus paraît: de l'éternelle nuit
Il vient couvert de sang; il conduit les furies.

175   MS1-MS5, 79A: Tout le peuple tremblant, dans la cendre couché [MS4:
<temple> peuple]

Baisse un front immobile, à la terre attaché.

ÉRIPHYLE

Jusqu'où veux-tu pousser ta fureur vengeresse,
O ciel! Peuples, rentrez: Théandre, qu'on me laisse.
Quel juste effroi saisit mes esprits égarés!
Quel jour pour un hymen!

SCÈNE V

ÉRIPHYLE, ALCMÉON

ÉRIPHYLE

                              Ah! Seigneur, demeurez.   180
Eh! quoi! je vois les dieux, les enfers et la terre
S'élever tous ensemble et m'apporter la guerre:
Mes ennemis, les morts contre moi déchaînés;
Tout l'univers m'outrage, et vous m'abandonnez!

ALCMÉON

Je vais périr pour vous, ou punir Hermogide: 185
Vous servir, vous venger, vous sauver d'un perfide.

ÉRIPHYLE

Je vous faisais son roi: mais, hélas! mais, seigneur,
Arrêtez; connaissez mon trouble et ma douleur.
Le désespoir, la mort, le crime m'environne;

188   MS1ν, MS2ν, MS4ν, MS5ν, 79Aν: Voyez mon désespoir, et connaissez mon
cœur.
189   MS1-MS5, 79A: L'effroi, la mort, le sang; le crime

J'ai cru les écarter en vous plaçant au trône. 190
J'ai cru même apaiser ces mânes en courroux,
Ces mânes soulevés de mon premier époux.
Hélas! combien de fois de mes douleurs pressée,
Quand le sort de mon fils accablait ma pensée,
Et qu'un léger sommeil venait enfin couvrir 195
Mes yeux trempés de pleurs et lassés de s'ouvrir; [11]
Combien de fois ces dieux ont semblé me prescrire
De vous donner ma main, mon cœur et mon empire.
Cependant, quand je touche au moment fortuné
Où vous montez au trône à mon fils destiné, 200
Le ciel et les enfers alarment mon courage;
Je vois les dieux armés condamner leur ouvrage;
Et vous seul m'inspirez plus de trouble et d'effroi
Que le ciel et ces morts irrités contre moi.
Je tremble en vous donnant ce sacré diadème; 205
Ma bouche en frémissant prononce, Je vous aime.
D'un pouvoir inconnu l'invincible ascendant
M'entraîne ici vers vous, m'en repousse à l'instant;
Et par un sentiment que je ne puis comprendre
Mêle une horreur affreuse à l'amour le plus tendre. [12] 210

197   MS4, MS5, 79A: fois les dieux
199   MS1-MS5, 79A: Mais, dans ce même instant par eux déterminé
203   MS1-MS5, 79A: plus d'horreur et d'effroi [MS2: <horreur> trouble]
204   MS3:   Que ce ciel
       MS4, MS5, 79A: et les morts

[11] Cf. *Mahomet*, II.iii (M.iv.121):
       Mes yeux de pleurs noyés s'ouvraient à la lumière.
[12] Lines 201-210 appear in *Sémiramis*, IV.iv, with variant (M.iv.553-54):
       Les traits du désespoir sont sur votre visage;
       De moment en moment vous glacez mon courage;
       Et vos yeux alarmés me causent plus d'effroi
       Que le ciel et les morts soulevés contre moi.
       Je tremble en vous offrant ce sacré diadème;
       Ma bouche en frémissant prononce, Je vous aime.

ALCMÉON

Quels moments! quel mélange, ô dieux qui m'écoutez,
D'étonnement, d'horreurs, et de félicités!
L'orgueil de vous aimer, le bonheur de vous plaire,
Vos terreurs, vos bontés, la céleste colère,
Tant de biens, tant de maux me pressent à la fois,   215
Que mes sens accablés succombent sous leur poids.
Encor loin de ce rang que vos bontés m'apprêtent,
C'est sur vos seuls dangers que mes regards s'arrêtent.
C'est pour vous délivrer de ce péril nouveau,
Que votre époux lui-même a quitté le tombeau.   220
Vous avez d'un barbare entendu la menace;
Où ne peut point aller sa criminelle audace?
Souffrez qu'au palais même assemblant vos soldats,
J'assure au moins vos jours contre ses attentats;
Que du peuple étonné j'apaise les alarmes;   225
Que prêts au moindre bruit, mes amis soient en armes.
C'est en vous défendant que je dois mériter
Le trône où votre choix m'ordonne de monter.

ÉRIPHYLE

Allez: je vais au temple, où d'autres sacrifices
Pourront rendre les dieux à mes vœux plus propices.   230

---

212   MSI-MS5, 79A: D'étonnement, de trouble [MS2: <trouble> ↑β], et de
félicités!
217   MSI-MS5, 79A: Quoiqu'ébloui du rang que
220   MSI-MS5, 79A: quitté son tombeau.

D'un pouvoir inconnu l'invincible ascendant
M'entraîne ici vers vous, m'en repousse à l'instant;
Et par un sentiment que je ne puis comprendre
Mêle une horreur affreuse à l'amour le plus tendre.

Ils ne recevront pas d'un regard de courroux
Un encens que mes mains n'offriront que pour vous.

Fin du troisième acte.

231   MS1-MS5, 79A: recevront point d'un

ACTE IV

SCÈNE PREMIÈRE

ALCMÉON, THÉANDRE

ALCMÉON

Tout est en sûreté: ce palais est tranquille,

1   79A: sûreté; le palais
1-49 MS6:

> Tu le vois, j'ai franchi cet intervalle immense
> Que mit, du trône à moi mon indigne naissance.
> Oui, tout me favorise, oui, tout sera pour moi.
> Vainqueur de tous côtés, on m'aime et je suis roi;
> Tandis que mon rival, méditant sa vengeance,
> Va des rois ennemis implorer l'assistance.
> L'hymen me paie enfin le prix de ma valeur;
> Je ne vois qu'Eriphyle, un sceptre et mon bonheur.
>   THÉANDRE
> Et les dieux!...
>   ALCMÉON
>   Que dis-tu?... Ma gloire est leur ouvrage.
> Au pied de leurs autels, je viens en faire hommage.
> Entrons...
> (*Alcméon et Théandre marchent vers la porte du temple.*)
>   Ces murs sacrés s'ébranlent à mes yeux...
> Quelle plaintive voix s'élève dans ces lieux?
>   THÉANDRE
> Ah! mon fils, de ce jour les prodiges funestes
> Sont les avant-coureurs des vengeances célestes.
> Craignez...
>   ALCMÉON
>   L'air s'obscurcit... Qu'entends-je? quels éclats!
>   THÉANDRE
> O ciel!
>   ALCMÉON
>   La terre tremble et fuit devant mes pas!

Et je réponds du peuple, et surtout d'Eriphyle.

THÉANDRE

Pensez plus au péril dont vous êtes pressé;

_____

THÉANDRE

Les dieux même ont brisé l'éternelle barrière
Dont ils ont séparé l'enfer et la lumière.
Amphiarus, dit-on, bravant les lois du sort,
Apparaît aujourd'hui du séjour de la mort.
Moi-même, dans la nuit, au milieu du silence,
J'entendais une voix qui demandait vengeance.
'Assassins, disait-elle, il est temps de trembler;
Assassins, l'heure approche, et le sang va couler.
La vérité terrible éclaire enfin l'abîme
Où, dans l'impunité, s'était caché le crime.'
Ces mots, je l'avouerai, m'ont glacé de terreur.

ALCMÉON

Laisse, laisse aux méchants l'épouvante et l'horreur.
C'est sur leurs attentats que mon espoir se fonde;
Ce sont eux qu'on menace, et si la foudre gronde,
La foudre me rassure, et ce ciel que tu crains,
Pour les mieux écraser la mettra dans mes mains.

THÉANDRE

Eh! c'est ce qui pour vous m'effraie et m'intimide.

ALCMÉON

Crains-tu donc que mon bras ne punisse Hermogide?
Lui, l'ennemi des dieux, des hommes et des lois!
Lui, dont la main versa tout le sang de nos rois!
Quand pourrai-je venger ce meurtre abominable?

THÉANDRE

Je souhaite, Alcméon, qu'il soit le seul coupable.

ALCMÉON

Comment! Que me dis-tu?

THÉANDRE

                        De tristes vérités.
Peut-être contre vous les dieux sont irrités.

ALCMÉON

Contre moi!

THÉANDRE

            Des héros imitateur fidèle,

Il est rival et prince, et de plus offensé.
Il songe à la vengeance: il la jure: il l'apprête: 5
J'entends gronder l'orage autour de votre tête:
Son rang lui donne ici des soutiens trop puissants,
Et ses heureux forfaits lui font des partisans.
Cette foule d'amis qu'à force d'injustices…

ALCMÉON

Lui, des amis! Théandre, il n'a que des complices,   10
Plus prêts à le trahir que prompts à le venger;
Des cœurs nés pour le crime, et non pour le danger.
Je compte sur les miens: la guerre et la victoire
Nous ont longtemps unis par les nœuds de la gloire,
Avant que tant d'honneurs sur ma tête amassés,   15
Traînassent après moi des cœurs intéressés.
Ils sont tous éprouvés, vaillants, incorruptibles;
La vertu qui nous joint nous rend tous invincibles;
Leurs bras victorieux m'aideront à monter
A ce rang qu'avec eux j'appris à mériter.   20
Mon courage a franchi cet intervalle immense
Que mit du trône à moi mon indigne naissance;
L'hymen va me payer le prix de ma valeur;
Je ne vois qu'Eriphyle, un sceptre et mon bonheur.

THÉANDRE

Mais ne craignez-vous point ces prodiges funestes   25
Qu'étalent à vos yeux les vengeances célestes?
Ces tremblements soudains, ces spectres menaçants,

---

4   MS3, MS4:   <Il> Hermogide est rival <et prince>
15   MS4: d'honneur<s>
22   MS3, MS4, 79A: Que met du trône
23   MS1-MS5, 79A: payer du prix

Ces morts dont le retour est l'effroi des vivants?
Du ciel qui nous poursuit la vengeance obstinée,
Semble se déclarer contre votre hyménée. 30

ALCMÉON

Mon cœur fut toujours pur; il honora les dieux:
J'espère en leur justice, et je ne crains rien d'eux.
De quel indigne effroi ton âme est-elle atteinte?
Ah! les cœurs vertueux sont-ils nés pour la crainte?
Mon orgueilleux rival ne saurait me troubler, 35
Tout chargé de forfaits c'est à lui de trembler.
C'est sur ses attentats que mon espoir se fonde;
C'est lui qu'un dieu menace; et si la foudre gronde,
La foudre me rassure; et le ciel que tu crains
Pour l'en mieux écraser la mettra dans mes mains. 40

THÉANDRE

Le ciel n'a pas toujours puni les plus grands crimes;
Il frappe quelquefois d'innocentes victimes.
Amphiaraüs fut juste, et vous ne savez pas
Par quelles mains ce ciel a permis son trépas.

ALCMÉON

Hermogide!

28   MS1-MS5, 79A, Kν, between 28 et 29:
         D'une timide main ces victimes frappées
         Au fer qui les poursuit dans le temple échappées?
         Ce silence des dieux, garant de leur courroux?
         Tout me fait craindre ici: tout m'afflige pour vous.
40   MS1, MS2: Pour les mieux
      MS3-MS5, 79A: Pour le mieux
42   MS4, 79A: Et frappe
44   MS1, MS2, MS4, MS5, 79A: mains le ciel

THÉANDRE

Souffrez que, laissant la contrainte,   45
Seigneur, un vieux soldat vous parle ici sans feinte.

ALCMÉON

Tu sais combien mon cœur chérit la vérité.

THÉANDRE

Je connais de ce cœur toute la pureté.
Des héros de la Grèce imitateur fidèle,
Vous jurez aux forfaits une guerre immortelle;   50
Vous vous croyez, seigneur, armé pour les venger,
Gardez de les défendre et de les partager.

ALCMÉON

Comment! que dites-vous?

THÉANDRE

                        Vous êtes jeune encore:
A peine aviez-vous vu votre première aurore,
Quand ce roi malheureux descendit chez les morts.   55
Peut-être ignorez-vous ce qu'on disait alors,
Et de la cour du roi quel fut l'affreux langage.

50 MS5, 79A: guerre éternelle.
    MS4, with parallel reading: éternelle / immortelle
51 MS6: croyez, mon fils, armé
52 MS5, 79A: les protéger.
    MS4, with parallel reading: protéger / partager
53 MS6: Théandre, explique-toi.
    MS1, MS5: Vous étiez jeune
55 MS4, 79A: Quand le roi
57 MS6: De la cour, en secret, quel fut

ALCMÉON

Eh bien?

THÉANDRE

    Je vais vous faire un trop sensible outrage;
Mais je vous trahirais à le dissimuler:
Je vous tiens lieu de père, et je dois vous parler.   60

ALCMÉON

Eh bien! que disait-on? achève.

THÉANDRE

                Que la reine
Avait lié son cœur d'une coupable chaîne;
Qu'au barbare Hermogide elle promit sa main;
Et jusqu'à son époux conduisit l'assassin.

ALCMÉON

Rends grâce à l'amitié qui pour toi m'intéresse;   65
Si tout autre que toi soupçonnait la princesse,
Si quelque audacieux avait pu l'offenser…
Mais que dis-je? toi-même, as-tu pu le penser?
Peux-tu me présenter ce poison que l'envie
Répand aveuglément sur la plus belle vie?   70
J'ai peu connu la cour, mais la crédulité
Aiguise ici les traits de la malignité.

---

59 MS6: Le secret est horrible, il faut le révéler.
62 MS5, 79A: d'une barbare chaîne.
      MS4, with parallel reading: barbare / coupable
63 MS5, 79A: Qu'au coupable Hermogide
      MS4, with parallel reading: coupable / barbare
71 MS6: Tu connais peu la cour
72 MS6: Aiguise ainsi les traits

Vos oisifs courtisans que les chagrins dévorent,
S'efforcent d'obscurcir les astres qu'ils adorent.
Là, si vous en croyez leur coup d'œil pénétrant,　　　　　75
Tout ministre est un traître, et tout prince un tyran;
L'hymen n'est entouré que de feux adultères,
Le frère à ses rivaux est vendu par ses frères;
Et sitôt qu'un grand roi penche vers son déclin,
Ou son fils ou sa femme ont hâté son destin.　　　　　80
Je hais de ces soupçons la barbare imprudence,
Je crois que sur la terre il est quelque innocence;
Et mon cœur, repoussant ces sentiments cruels,
Aime à juger par lui du reste des mortels.
Qui croit toujours le crime, en paraît trop capable. [1]　　　85
A mes yeux comme aux tiens Hermogide est coupable;
Lui seul a pu commettre un meurtre si fatal.
Lui seul est parricide.

THÉANDRE

Il est votre rival:
Vous écoutez sur lui vos soupçons légitimes;
Vous trouvez du plaisir à détester ses crimes.　　　　　90
Mais un objet trop cher...

73　MS2-MS6, 79A: Les oisifs courtisans
　　MS1-MS3, MS6:　que leurs chagrins
75　MS6:　<[?]> Si l'on croit de leurs yeux le regard pénétrant
76　MS1, MS2:　prince est tyran
78　MS4, with parallel reading:　vendu / livré
79　MS4, 79A:　penche sur son
81　MS4, MS5, 79A:　barbare impudence
86　MS1-MS5, 79A:　comme aux leurs, Hermogide
91　MS1-MS5, 79A:　objet plus cher...

[1] Lines 73-80 and 85 are quoted in *Des mensonges imprimés* (1749), with variants as recorded at 73v and 75v; see V 31B, p.368.

ALCMÉON

Ah! ne l'outragez plus;
Et gardez le silence ou vantez ses vertus.

SCÈNE II

ÉRIPHYLE, ALCMÉON, THÉANDRE, ZÉLONIDE,
SUITE DE LA REINE

ÉRIPHYLE

Roi d'Argos, paraissez et portez la couronne;
Vos mains l'ont défendue, et mon cœur vous la donne.
Je ne balance plus: je mets sous votre loi   95
L'empire d'Inachus, et vos rivaux, et moi.
J'ai fléchi de nos dieux les redoutables haines;
Leurs vertus sont en vous, leur sang coule en mes veines,
Et jamais sur la terre on n'a formé de nœuds
Plus chers aux immortels, et plus dignes des cieux.   100

ALCMÉON

Ils lisent dans mon cœur: ils savent que l'empire

91   MS6:   ne l'offense plus,
    MS1-MS5, 79A: ne l'outrage plus;
92   MS1-MS3:
        Et gardes le silence ou vantes ses vertus [MS3: sa vertu]
        [MS1: <gardes> garde [...] <vantes> vante]
    MS4-MS6, 79A: garde [...] vante
92b-c   MS1-MS6, 79A: ÉRIPHILE, SUITE, ALCMÉON, THÉANDRE,
ZÉLONIDE
95   MS6:   Il ne balance
99   MS1, MS2, MS4, MS5, 79A: formé des nœuds
100   MS1-MS5, 79A: plus digne des

Est le moindre des biens où mon courage aspire.
Puissent tomber sur moi leurs plus funestes traits,
Si ce cœur infidèle oubliait vos bienfaits!
Ce peuple qui m'entend, et qui m'appelle au temple,   105
Me verra commander pour lui donner l'exemple;
Et, déjà par mes mains instruit à vous servir,
N'apprendra de son roi qu'à vous mieux obéir.

ÉRIPHYLE

Enfin la douce paix vient rassurer mon âme:
Dieux! vous favorisez une si pure flamme!   110
Vous ne rejetez plus mon encens et mes vœux!
Suivez mes pas: entrons…

*Le temple s'ouvre; l'ombre d'Amphiaraüs paraît dans une
posture menaçante.*

L'OMBRE

Arrête, malheureux!

ÉRIPHYLE

Amphiaraüs lui-même! Où suis-je?

103   MS3-MS5, 79A: Puisse tomber
       MS1, with parallel reading: plus funestes / redoutables
       MS2, MS5:   \<redoutables\> β
111   MS1-MS5, 79A: rejetez point mon
112   MS6:
           (*à Alcméon.*)
           Recevez donc ma main…
                         SCÈNE III
           LES ACTEURS PRÉCÉDENTS, L'OMBRE D'AMPHIARUS
112a   MS6: *paraît à l'entrée de ce temple, dans*
112c   MS1-MS6, 79A: L'OMBRE D'AMPHIARUS
113   MS1-MS6, 79A: Amphiarus! O ciel! où suis-je?

ALCMÉON

Ombre fatale,
Quel dieu te fait sortir de la nuit infernale?
Quel est ce sang qui coule? et quel es-tu?

L'OMBRE

Ton roi.   115
Si tu prétends régner, arrête, obéis-moi.

ALCMÉON

Eh bien, mon bras est prêt; parle, que faut-il faire?

L'OMBRE

Me venger sur ma tombe.

---

115   MS4, 79A: quel est le sang
MS1ν, MS2ν, MS3, MS4ν, MS5ν, 79Aν, Kν:
    Que viens-tu m'annoncer? Quels traits affreux de sang
    Dégouttent sur le [MS1ν, MS5ν: ce] marbre, et coulent de ton flanc!
    Romps le silence, ô mort ou propice ou funeste!
    Apportes-tu la haine ou la faveur céleste?
    Explique-toi: ce cœur qui ne sait point trembler
    Mérite que, du moins, tu daignes lui parler.
           ÉRIPHILE
    Quel regard formidable, et quel courroux l'anime!
    Ciel, faut-il tant de fois me punir de mon crime!
    Misérable Eriphile! (*Elle tombe évanouie sur sa confidente.*)
    [MS1ν, MS5ν, 79Aν: Misérable!
        (*Elle se laisse tomber sur sa confidente*)]
          ALCMÉON [MS4: *à l'ombre.*]
                 Ombre affreuse. Et quel es-tu?
    [MS3: Misérable Eriphile
        (*elle tombe évanouie sur sa confidente.*)
         ALCMÉON
           Et quel es-tu?
         L'OMBRE
            Ton roi.]
116   MS6:   Fuis cet hymen horrible, arrête, et venge-moi.
117   MS6:   que dois-je faire?

ALCMÉON

Eh! de qui?

L'OMBRE

De ta mère.

ALCMÉON

Ma mère! que dis-tu? quel oracle confus!
Mais l'enfer le dérobe à mes yeux éperdus.   120

(*le temple se referme.*)

Les dieux ferment leur temple!

THÉANDRE

O prodige effroyable!

ALCMÉON

O d'un pouvoir funeste oracle impénétrable!

ÉRIPHYLE

A peine ai-je repris l'usage de mes sens!
Quel ordre ont prononcé ces horribles accents?
De qui demandent-ils le sanglant sacrifice?   125

120a   MS1-MS5, 79A, stage direction after 121 [MS3, after 119; MS4, after 118]:
(*le temple se referme* [MS3: *ferme*])
        MS6, no stage direction
121   MS6:
        Les dieux ferment leur temple.
        (*l'ombre rentre dans le temple qui se referme.*)
                        SCÈNE IV
ÉRIPHYLE, SUITE, ALCMÉON, THÉANDRE, ZÉLONIDE
                    O prodige

ALCMÉON

Ciel! peux-tu commander que ma mère périsse!
Que prétendez-vous donc, mânes trop irrités?

126   MS4, MS5, 79A: peux-tu demander que
127   MS1-MS5, 79A:

    Madame, le destin qui m'a trahi toujours
    M'ôta dès mon berceau les auteurs de mes jours.
    Théandre jusqu'ici m'a tenu lieu de père:
    Je ne suis point son fils; et je n'ai plus de mère.

ÉRIPHILE

    Que prétendez-vous donc, mânes trop irrités!

ALCMÉON

127-135   MS6:

ÉRIPHYLE, *à Théandre.*

    Votre épouse, sa mère, a terminé ses jours.

ALCMÉON

    Hélas! le ciel vous trompe et me poursuit toujours.
    Théandre jusqu'ici m'a tenu lieu de père;
    Je ne suis point son fils, et je n'ai plus de mère.

ÉRIPHYLE

    Vous n'êtes point son fils! Dieux! que d'obscurités!

ALCMÉON

    Je n'entends que trop bien ces mânes irrités;
    Je commence à sentir que les destins sont justes;
    Que je ne suis point né pour ces grandeurs augustes;
    Que j'ai dû me connaître.

ÉRIPHYLE

                Ah! qui que vous soyez,
    Cher Alcméon, mes jours à vos jours sont liés!

ALCMÉON

    Non, reine, devant vous je ne dois point paraître.

ÉRIPHILE, *à Théandre.*

    Il n'est point votre fils! Et qui donc peut-il être?

ALCMÉON

    Je suis le vil jouet des destins en courroux;
    Je suis un malheureux trop indigne de vous.

ÉRIPHYLE

    Hélas! au nom des traits d'une si vive flamme,
    Par l'amour et l'effroi qui remplissent mon âme,

Je commence à percer dans ces obscurités:
Je commence à sentir que les destins sont justes,
Que mon sort est trop loin de ces grandeurs augustes.   130
J'eusse été trop heureux; mais les mânes jaloux
Du sein de leurs tombeaux s'élèvent contre nous,
Préviennent votre honte et rompent l'hyménée,
Dont s'offensaient ces dieux de qui vous êtes née.

ÉRIPHYLE

Ah! que me dites-vous? hélas!

_____

Par ce cœur que le ciel forma pour vous aimer,
Par ces flambeaux d'hymen que je veux rallumer,
Ne vous obstinez point à garder le silence.
Hélas! je m'attendais à plus de confiance.
    (*à Théandre qui était dans le fond du théâtre avec la suite de la reine.*)
Théandre, revenez, parlez, répondez-moi.
Sans doute il est d'un sang fait pour donner la loi.
Quel héros ou quel dieu lui donna la naissance?
                    THÉANDRE
Mes mains ont autrefois conservé son enfance;
J'ai pris soin de ses jours à moi seul confiés.
Le reste est inconnu; mais, si vous m'en croyez,
Si, parmi les horreurs dont frémit la nature,
Vous daignez écouter ma triste conjecture,
Vous n'achèverez point cet hymen odieux.
                    ÉRIPHYLE
Ah! Je l'achèverai même en dépit des dieux.
(*à Alcméon.*)
Oui, fussiez-vous le fils d'un ennemi perfide,
Fussiez-vous né du sang du barbare Hermogide,
Je veux être éclaircie.
                    ALCMÉON
                        Eh bien, souffrez du moins,

130   MS1-MS5, 79A: Que je n'étais point né pour ces
131   MS1, MS2, MS4, MS5, 79A: mais ces mânes
132   MS1-MS5, 79A: de ces tombeaux
134   MS4:   s'offensaient les dieux
      79A: s'offensaient ses dieux

ALCMÉON

Souffrez du moins   135
Que je puisse un moment vous parler sans témoins.
Pour la dernière fois, vous m'entendez peut-être,
Je vous avais trompée et vous m'allez connaître.

ÉRIPHYLE

Sortez. De toutes parts ai-je donc à trembler?

SCÈNE III

ÉRIPHYLE, ALCMÉON

ALCMÉON

Il n'est plus de secrets que je doive celer.   140
Théandre jusqu'ici m'a tenu lieu de père;
Je ne suis point son fils, et je n'ai point de mère.
Madame, le destin qui m'a trahi toujours,
M'a ravi dès longtemps les auteurs de mes jours.
Connu par ma fortune et par ma seule audace,   145

---

137   MS6: vous m'entendrez peut-être.
138a-139   MS6:

ÉRIPHYLE *à sa suite.*

Sortez...

(*Théandre et toute la suite sortent.*)

De toutes

139   MS1, MS2, MS4, MS5, 79A, with stage direction: (*Théandre et la* [MS1: *sa*]
suite sortent.)

139a-b   MS1, MS2, MS4, MS5, 79A, no new scene
MS6:   SCÈNE V
141-144   MS1-MS6, 79A, absent

Je cachais aux humains la honte de ma race.
J'ai cru qu'un sang trop vil, en mes veines transmis,
Plus pur par mes travaux était d'assez grand prix;
Et que lui préparant une plus digne course,
En le versant pour vous j'anoblissais sa source.   150
Je fis plus: jusqu'à vous l'on me vit aspirer,
Et, rival de vingt rois, j'osais vous adorer.
Ce ciel enfin, ce ciel m'apprend à me connaître;
Il veut confondre en moi le sang qui m'a fait naître,
La mort entre nous deux vient d'ouvrir ses tombeaux,   155
Et l'enfer contre moi s'unit à mes rivaux.
Sous les obscurités d'un oracle sévère,
Les dieux m'ont reproché jusqu'au sang de ma mère.
Madame, il faut céder à leurs cruelles lois;
Alcméon n'est point fait pour succéder aux rois.   160
Victime d'un destin, que même encor je brave,
Je ne m'en cache plus, je suis fils d'un esclave.

ÉRIPHYLE

Vous, seigneur?

146 MS1-MS6, 79A: humains le malheur [MS6: les malheurs] de ma race;
147 MS1-MS6, 79A, KV:
    Mais je ne me repens, au point où je me vois,
    Que de m'être abaissé jusqu'à rougir de moi;
    Voilà ma seule tache et ma seul faiblesse.
    J'ai craint tant de rivaux dont la maligne adresse
    A d'un regard jaloux, sans cesse examiné,
    Non pas ce que je suis, mais de qui je suis né:
    Et qui, de mes exploits rabaissant tout le lustre,
    Pensaient ternir mon nom quand je le rends illustre:
    J'ai cru que ce vil sang dans mes veines transmis
148 MS6: était d'un plus grand
150 79A: j'ennoblissais la source
151 MS1-MS6, 79A: vous on me
152 MS1-MS6, 79A: j'osai vous
160 MS4, MS5, 79A: n'est pas fait

ALCMÉON

Oui, madame, et dans un rang si bas,
Souvenez-vous qu'enfin je ne m'en cachai pas;
Que j'eus l'âme assez forte, assez inébranlable,   165
Pour faire devant vous l'aveu qui vous accable;
Que ce sang, dont les dieux ont voulu me former,
Me fit un cœur trop haut pour ne vous point aimer.

ÉRIPHYLE

Un esclave!

ALCMÉON

Une loi fatale à ma naissance
Des plus vils citoyens m'interdit l'alliance.   170
J'aspirais jusqu'à vous dans mon indigne sort.
J'ai trompé vos bontés, j'ai mérité la mort.
Madame, à mon aveu vous tremblez de répondre?

ÉRIPHYLE

Quels soupçons! quelle horreur vient ici me confondre!

163-167 MS6:
    Oui, madame, et cet état si bas
 Renverse ma fortune et ne l'avilit pas.
 Ma fierté s'enfle encor sous le poids qui la presse:
 Dans tous mes sentiments je trouve ma noblesse,
 Et le sang dont les dieux

164 MS1*v*, MS2*v*, MS3, MS4*v*, MS5*v*, 79A*v*, K*v*: Souvenez-vous du moins que je
n'en rougis pas

171 MS1-MS6, 79A: J'aspirai

172 MS1*v*, MS2*v*, MS3, MS4*v*, MS5*v*, 79A*v*, K*v*: bontés; et suis digne de mort.

172 MS1-MS5, 79A, K*v*, between 172 and 173:
 Mais, du rang que je perds et du cœur que j'adore,
 Songez que mon rival est plus indigne encore:
 Plus haï de nos dieux; et qu'avec plus d'horreur
 Amphiarus en lui verrait son successeur.

174 MS1-MS5, 79A: Quel soupçon

Dans les mains d'un esclave autrefois j'ai remis... 175
M'avez-vous pardonné, destins trop ennemis!
Voulez-vous ou finir, ou combler ma misère?
Alcméon, dans quel temps a péri votre père?
Quel fut son nom? Parlez.

ALCMÉON

J'ignore encor ce nom,
Qui ferait votre honte et ma confusion. 180

ÉRIPHYLE

Mais comment mourut-il? où perdit-il la vie?
En quel temps?

175-177 MS1-MS5, 79A, Kv:
   Un esclave!... son âge... et ses augustes traits...
   Hélas, appaisez-vous, dieux, vengeurs des forfaits!
   O criminelle épouse; et plus coupable mère!
176 MS6: M'auriez-vous
177 MS6: O criminelle épouse! ô plus coupable mère!...
179 MS2-MS6, 79A: encore le nom,
179-186 MS6:
            ALCMÉON
   Lorsque dans ce palais le céleste courroux
   Eut permis le trépas du prince votre époux.
            ÉRIPHYLE
   O crime!
            ALCMÉON
            Hélas! ce fut dans ma plus tendre enfance
   Qu'on fit périr, dit-on, l'auteur de ma naissance;
   Dans la confusion que des séditieux
   A la mort de leur maître excitaient en ces lieux.
            ÉRIPHYLE
   Mais où vous a-t-on dit qu'il termina sa vie?
            ALCMÉON
   Ici, dans ce lieu même, elle lui fut ravie,

ALCMÉON

C'est ici qu'elle lui fut ravie,
Après qu'aux champs thébains le céleste courroux
Eut permis le trépas du prince votre époux.

ÉRIPHYLE

O crime!

ALCMÉON

Hélas! ce fut dans ma plus tendre enfance   185
Qu'on m'enleva, dit-on, l'auteur de ma naissance.
Au pied de ce palais de tant de demi-dieux,
D'où jusque sur son fils vous abaissiez les yeux,
Là, près du corps sanglant de mon malheureux père,
Je fus laissé mourant dans la foule vulgaire   190
De ces vils citoyens, triste rebut du sort,
Oubliés dans leur vie, inconnus dans leur mort.
Un prêtre de ces lieux sauva mes destinées;
Il renoua le fil de mes faibles années.
Théandre m'éleva: le reste vous est dû.   195
J'osai trop m'élever, et je me suis perdu.

ÉRIPHYLE

M'alarmerais-je en vain? Mais cet oracle horrible…

188   MS1-MS4, 79A: D'où jusques sur
       MS4, with parallel reading: abaissez / abaissiez
189   MS6: Près du corps tout sanglant
193   MS6: Théandre cependant sauva mes
195   MS6: J'ai passé pour son fils: le reste
196   MS1-MS5, 79A: Vous fîtes mes grandeurs, et l'orgueil m'a perdu.
       MS6: Vous fîtes mes grandeurs, et je
196a   MS6: ÉRIPHYLE, *à part.*
197-198 MS1*v*, MS2*v*, MS3, MS4*v*, MS5*v*, 79A*v*, K*v*:
         C'est trop m'inquiéter; non, il n'est pas possible!

Le lieu, le temps, l'esclave... ô ciel, est-il possible!
Qu'on cherche le grand-prêtre. Hélas! déjà les dieux,
Soit pitié, soit courroux, l'amènent à mes yeux.   200

Quel trouble cependant, et quel moment terrible!
[MS*1v*, MS*2v*, MS*3*, MS*4v*, MS*5v*, 79A*v*, K*v*, with variant]:
Quoi, ce fut ici même! Ah, quel moment terrible!
Le lieu, le temps, l'oracle... ô ciel, est-il possible!

199-228 MS6:

(à Alcméon.)

<[?]>Théandre dès longtemps, vous a sans doute appris
Le nom du malheureux dont vous êtes le fils.
<[?]>C'était?...

ALCMÉON

       <[?]>Qu'importe, hélas! au repos de la Grèce,
<[?]>Au vôtre, grande reine! un nom dont la bassesse
Redouble encor ma honte et ma confusion?

ÉRIPHYLE

<[?]>S'il m'importe?... ah! parlez...

ALCMÉON, avec hésitation.

                 Il se nommait Phaön.

ÉRIPHYLE

(à part.)   (à Alcméon)
Ah! je n'en doute plus. Ma crainte, ma tendresse...

ALCMÉON

Quelle est, en me parlant, la douleur qui vous presse?

ÉRIPHYLE

Ah! prince!

ALCMÉON

      De quel nom, reine, vous m'honorez!

SCÈNE IV

ÉRIPHYLE, ALCMÉON, LE GRAND-PRÊTRE
une épée à la main.

LE GRAND-PRÊTRE

L'heure vient, armez-vous, recevez cette épée.
Jadis de votre sang un traître l'a trempée.
Allez: vengez Argos, Amphiaraüs, et vous.

ÉRIPHYLE

Que vois-je? c'est le fer que portait mon époux,
Le fer que lui ravit ce barbare Hermogide.   205
Tout me retrace ici le crime et l'homicide;
La force m'abandonne à cet objet affreux.
Parle; qui t'a remis ce dépôt malheureux?
Quel dieu te l'a donné?

LE GRAND-PRÊTRE

           Le dieu de la vengeance.

(à Alcméon.)

Voici ce même fer qui frappa votre enfance,   210
Qu'un cruel, malgré lui ministre du destin,

200a   MSI, MS2, MS4, MS5, 79A: SCÈNE III [MS4: ^Vβ]
202   MSI-MS5, 79A: Jadis dans votre sein un traître
205   MSI-MS5, 79A: Ce fer sacré des rois, que ravit Hermogide:
211-214   MSIν-MS5ν, 79Aν:
      Quoi, le vainqueur d'Argos en ce temple s'arrête?
      Armez-vous; l'heure vient; la vengeance s'apprête.
      Ce fer, qui du roi même a tranché le destin;
      Ce fer que j'ai tiré fumant de votre sein
      Le Dieu dont l'œil perçant s'ouvre sur cet empire
      Qui vous sauva par moi, qui vous parle et m'inspire.

Troublé par ses forfaits, laissa dans votre sein.
Ce dieu qui dans le crime effraya cet impie,
Qui fit trembler sa main, qui sauva votre vie,
Qui commande au trépas, ouvre et ferme le flanc,   215
Venge un meurtre par l'autre, et le sang par le sang,
M'ordonna de garder ce fer, toujours funeste,
Jusqu'à l'instant marqué par le courroux céleste.
La voix, l'affreuse voix qui vient de vous parler,
Me conduit devant vous pour vous faire trembler.   220

ÉRIPHYLE

Achève: romps le voile; éclaircis le mystère.
Son père, cet esclave?

LE GRAND-PRÊTRE

                    Il n'était point son père;
Un sang plus noble crie.

ÉRIPHYLE

                    Ah! seigneur: ah! mon roi!
Fils d'un héros...

ALCMÉON

            Quels noms vous prodiguez pour moi!

ÉRIPHYLE, *se jetant entre les bras de Zélonide.*

Je ne puis achever, je me meurs, Zélonide.   225

213   MSI-MS5, 79A: Le Dieu qui dans son crime épouvante l'impie,
214   MSI-MS5, 79A: trembler son bras, qui
220   MSI-MS5, 79A: vous; pour vous me fait trembler.
224a   MSI, MS2, MS4, MS5, 79A: *jetant dans les*
        MS3:   ÉRIPHILE *entre les bras de sa confidente.*

480

LE GRAND-PRÊTRE, *à Alcméon en lui donnant l'épée.*

Je laisse entre vos mains ce glaive parricide:
C'est un don dangereux; puisse-t-il désormais
Ne point servir, grands dieux, à de nouveaux forfaits!

SCÈNE V

ALCMÉON, ÉRIPHYLE

ÉRIPHYLE

Eh bien! ne tarde plus, remplis ta destinée:
Porte ce fer sanglant sur cette infortunée.   230
Etouffe dans mon sang cet amour malheureux
Que dictait la nature en nous trompant tous deux;
Punis-moi, venge-toi, venge la mort d'un père,
Reconnais-moi, mon fils: frappe et punis ta mère. [2]

225   MS1-MS5, 79A: *à Alcméon.//*
228   MS1-MS5, 79A: à de plus grands forfaits!
228a   MS1, MS2, MS4, MS5, 79A: SCENE IV
      MS4:   scène <quatrième> ↑5ᵉ
      MS6, no new scene
230   MS4, MS5, 79A: Porte le [MS4: le / ce] fer,
      MS6:   Punis cette coupable et cette
233   MS1-MS5, 79A: Punis ma cruauté; venge
      MS6:   Venge tous mes forfaits, venge

---

[2] Cf. *Sémiramis*, IV.iv (M.iv.555):
      Eh bien! ne tarde plus, remplis ta destinée;
      Punis cette coupable et cette infortunée;
      Etouffe dans mon sang mes détestables feux.
      La nature trompée est horrible à tous deux;
      Venge tous mes forfaits, venge la mort d'un père,
      Reconnais-moi, mon fils, frappe, et punis ta mère.

ALCMÉON

Moi, votre fils: grands dieux!

ÉRIPHYLE

                              C'est toi dont, au berceau,   235
Mon indigne faiblesse a creusé le tombeau;
C'est toi qui fus frappé par les mains d'Hermogide,
C'est toi qui m'es rendu, mais pour le parricide:
Toi mon sang, toi mon fils, que le ciel en courroux,
Sans ce prodige horrible, aurait fait mon époux.   240

ALCMÉON

De quel coup ma raison vient d'être confondue!
Dieux! sur elle et sur moi puis-je arrêter la vue?
Je ne sais où je suis: dieux, qui m'avez sauvé,
Reprenez tout ce sang, par vos mains conservé.
Est-il bien vrai, madame? on a tué mon père!   245
Il veut votre supplice, et vous êtes ma mère!

ÉRIPHYLE

Oui, je fus sans pitié: sois barbare à ton tour,
Et montre-toi mon fils en m'arrachant le jour.
Frappe... Mais quoi? tes pleurs se mêlent à mes larmes?
O mon cher fils! ô jour plein d'horreur et de charmes!   250
Avant de me donner la mort que tu me dois,
De la nature encor laisse parler la voix:

237-238   MS1-MS6, 79A:
               Toi le fils vertueux d'une mère homicide:
               Toi dont Amphiarus demande un parricide;
239   MS1-MS6, 79A: que le sort en
240   MS6:   prodige affreux aurait
244   MS4, MS5, 79A: tout le sang
250   MS1, MS2, MS4, 79A: d'horreurs et de

Souffre au moins que les pleurs de ta coupable mère
Arrosent une main si fatale et si chère. [3]

ALCMÉON

Cruel Amphiaraüs! abominable loi!   255
La nature me parle et l'emporte sur toi.
O ma mère!

ÉRIPHYLE, *en l'embrassant.*

O cher fils que le ciel me renvoie,
Je ne méritais pas une si pure joie.
J'oublie, et mes malheurs, et jusqu'à mes forfaits;
Et ceux qu'un dieu t'ordonne, et tous ceux que j'ai faits.   260

257a   MS4, MS5, 79A: ÉRIPHILE, *l'embrassant.*
258   MS1-MS6, 79A: Mon fils, que le
259   MS1-MS5, 79A: et jusqu'à nos forfaits;
260   MS1-MS6, 79A: Ceux qu'un dieu te commande: et tous

---

[3] Cf. *Sémiramis*, IV.iv (M.iv.555):
>   Ah! je fus sans pitié; sois barbare à ton tour;
>   Sois le fils de Ninus en m'arrachant le jour:
>   Frappe. Mais quoi! tes pleurs se mêlent à mes larmes!
>   O Ninias, ô jour plein d'horreur et de charmes!
>   Avant de me donner la mort que tu me dois,
>   De la nature encor laisse parler la voix:
>   Souffre au moins que les pleurs de ta coupable mère
>   Arrosent une main si fatale et si chère.

SCÈNE VI

ÉRIPHYLE, ALCMÉON, ZÉLONIDE, POLÉMON [4]

POLÉMON

Madame, en ce moment l'insolent Hermogide,

260a   MS1, MS2, MS4, MS5, 79A: SCENE V
260b   MS3:   ÉRIPHILE, ALCMÉON, THÉANDRE//
       MS6:   ÉRIPHILE, ALCMÉON, POLÉMON
       MS1-MS5, 79A: ZÉLONIDE, THÉANDRE//
261   MS1-MS5, 79A: Seigneur, en ce moment,

[4] The text which Voltaire sent to Jore must have been somewhat different, for in this last scene Théandre made an appearance and in a speech now lost he spoke the line 'Détestable aux mortels et réprouvé des dieux', which Voltaire wished to substitute for 'Détesté des morts même et réprouvé des dieux'; see D486. In the same letter, Voltaire continues:

> 'ÉRIPHILE rayez tout son couplet et mettez à la place
>
> Malheureux qu'as tu dit? qu'on arrête Teandre,
> Que le pontife enfin revienne m'éclaircir,
> Qu'on rapele Alcméon, qu'on le fasse venir.
> Teandre ne sait point quel sang luy donna l'être?…
> Il me feroit rougir s'il se faisoit conoitre…
> Que veut il? quels discours! moy je pouray jamais
> Rougir de ce héros, regretter mes bienfaits!
> Dieux es ce là ce jour annoncé par vous même?
> Où j'allois disposer de moy, du diadème?
> Où j'allois être heureuse? O mort explique toy!
> Ne borne point ta haine à m'inspirer l'efroy!
> Quel est cet Alcmeon? d'où vient qu'en ta présence
> J'ai senti rallumer cet amour qui t'ofense?
> Dieux qui voiez mes pleurs, mes regrets, mes combats,
> Dévoilez moy mon cœur que je conois pas.
> J'ay cru brûler d'un feu si pur, si légitime;
> Quel est donc mon destin? ne pui-je aimer sans crime?

Fin du 4 addition aux changements qu'on doit faire à ce quatrième acte dans cette même scène: TEANDRE Le grand prêtre le sait, il sauva son enfance.' (substituted for 'Je sçais que le grand-prêtre a sauvé son enfance.')

There is no trace of these passages in any of the extant manuscripts.

Suivi jusqu'en ces lieux d'une troupe perfide,
La flamme dans les mains assiège ce palais.
Déjà tout est armé, déjà volent les traits.
Nos gardes rassemblés courent pour vous défendre;   265
Le sang de tous côtés commence à se répandre.
Le peuple épouvanté, qui s'empresse ou qui fuit,
Ne sait si l'on vous sert, ou si l'on vous trahit.

ALCMÉON

O ciel! voilà le sang que ta voix me demande;
La mort de ce barbare est ma plus digne offrande.   270
Reine, dans ces horreurs cessez de vous plonger;
Je suis l'ordre des dieux, mais c'est pour vous venger.

Fin du quatrième acte.

267   MS1, MS2, MS4, MS5, 79A: s'empresse et qui

ACTE V

SCÈNE PREMIÈRE

ALCMÉON, THÉANDRE, POLÉMON, SOLDATS

ALCMÉON

Vous trahirai-je en tout, ô cendres de mon père!
Quoi, ce fier Hermogide a trompé ma colère!
Quoi, la nuit nous sépare, et ce monstre odieux
Partage encor l'armée, et ce peuple, et les dieux!
Retranché dans ce temple, aux autels qu'il profane   5
Il me brave: il jouit du ciel qui le condamne![1]

(à Polémon.)
Allez.

POLÉMON

Et qu'avez-vous, seigneur, à ménager?

c-168   MS6, see appendix (p.517-29)
4   MS1-MS5, 79A: et le peuple
6   MS1-MS5, 79A: Tranquille, il y jouit
6a   MS1-MS5, no stage direction
7   MS1, MS2, MS5, 79A:
            Eh qu'avez-vous
     MS3:

                              POLÉMON
            Qu'avez vous à présent, seigneur, à ménager.
     MS4:   <β, with variant below> variant
7-16   MS1ν-MS5ν, 79Aν, Kν:
            Achevez sa défaite, achevez vos projets;
            Venez, forcez ce traître.

[1] Cf. Sémiramis, v.ii (M.iv.559):
            Il vient braver les morts, il vient braver les dieux.

486

Tous les lieux sont égaux, quand il faut se venger;
Vous régnez sur Argos...

ALCMÉON

                Argos m'en est plus chère;
Avec le nom de roi, je prends un cœur de père.   10
Me faudrait-il verser dans mon règne naissant,
Pour un seul ennemi tant de sang innocent?
Est-ce à moi de donner le sacrilège exemple
D'attaquer les dieux même et de souiller leur temple?
Ils poursuivent déjà ce cœur infortuné   15
Qui protège contre eux ce sang dont je suis né.
Va, dis-je, Polémon, va, c'est de ta prudence
Que ton maître et ce peuple attendent leur vengeance.
Agis, parle, promets, que surtout d'Alcméon
Il ne redoute point d'indigne trahison;   20
Fais qu'il s'éloigne au moins de ce temple funeste.
Rends-moi mon ennemi, mon bras fera le reste.

                        (Polémon sort.)

(*à Théandre.*)
Et vous, de cette enceinte, et de ces vastes tours

ALCMÉON
             Epargnons mes sujets.
Dès ce moment je règne; et, de ce moment même,
Comptable aux citoyens de mon pouvoir suprême,
Au péril de mon sang, je veux les épargner:
Je veux, en les sauvant, commencer à régner.
Je leur dois encor plus: je dois le grand exemple
De révérer les dieux, et d'honorer leur temple.
Je ne souffrirai point que le sang innocent
Souille leur sanctuaire et mon règne naissant.

11 MS1-MS5, 79A: Me faudra-t-il
13 MS1-MS5, 79A: le téméraire exemple.
16 MS1-MS5, 79A: eux le sang dont
18 MS4, MS5, 79A: et le peuple

Avez-vous parcouru les plus secrets détours?
Du palais de la reine a-t-on fermé les portes? 25

THÉANDRE

J'ai tout vu; j'ai partout disposé vos cohortes.
Cependant votre mère...

ALCMÉON

A-t-on soin de ses jours?

THÉANDRE

Ses femmes en tremblant lui prêtent leur secours;
Elle a repris ses sens; son âme désolée,
Sur ses lèvres encore à peine est rappelée. 30
Elle cherche le jour, le revoit et gémit. [2]
Elle vous craint, vous aime; elle pleure et frémit.
Elle va préparer un secret sacrifice
A ces mânes sacrés armés pour son supplice.
Son désespoir l'égare, elle va s'enfermer 35
Au tombeau de ce roi qu'elle n'ose nommer,
De ce fatal époux, votre malheureux père,
Dont vous savez...

28   MS1, MS4, MS5, 79A: prêtent leurs secours.
     MS3:   prêtent du secours.
31   MS1, MS2, MS4, MS5, 79A: Elle cherchait le [MS1, MS2: ce; MS2: ↑β] jour
32-34   MS1ν-MS5ν, 79Aν:
          Ses yeux versent des pleurs, et tout son corps frémit
          Sa voix, par ses sanglots longtemps interrompue,
          Nomme encore Alcméon, redemande sa vue:
35   MS1-MS5, 79A: Suppliante et craintive, elle va
38   MS1-MS5, 79A: savez...
                    ALCMÉON
                    Je sais

[2] Cf. *Aeneid*, iv.692: 'Quaesivit coelo lucem, ingemuitque reperta.'

488

ACTE V, SCÈNE I

ALCMÉON

Grands dieux! je sais qu'elle est ma
mère.

THÉANDRE

Les dieux veulent son sang. Dans un tel désespoir
Quels conseils désormais pourriez-vous recevoir?   40

ALCMÉON

Aucun. Quand le malheur, quand la honte est extrême,
Il ne faut prendre, ami, conseil que de soi-même.
Mon père!... Que veux-tu? chère ombre! apaise-toi!
Le nom sacré de fils est-il affreux pour moi?
Je t'entends, et ta voix m'appelle sur ta tombe!   45
De tous tes ennemis y veux-tu l'hécatombe?
Tu demandes du sang... demeure, attends, choisis,

39   MS1-MS3: Ces dieux
     MS1-MS5, 79A, KV:
          son [MS3: du] sang.
                    ALCMÉON
               Je ne l'ai point promis.
          Cruels, tonnez sur moi, si je vous obéis!
          Le malheur m'environne, et [MS2: et / ou] le crime m'assiège:
          Je deviens parricide, et me rends sacrilège.
          Quel choix, et quel destin!
                    THÉANDRE
                              Dans un tel désespoir
41   MS1-MS5, 79A: le malheur et [MS2: <et> quand] la honte
43-44   MS1V, MS2, MS3V-MS5V, 79AV, KV:
          Chère ombre apaise-toi, prends pitié de ton fils;
          Arme et soutiens mon bras contre tes ennemis;
          Dans le sang d'Hermogide apaise [MS1V: étouffe; MS2V, MS4V, MS5V,
          79AV: étouffe / apaise] ta colère;
          Ne me fais point frémir de t'avouer pour père.
          Quoi, de tous les côtés plein d'horreur et d'effroi,
          Le nom sacré de fils est horrible [MS3: serait affreux] pour moi!
47   MS1-MS5: sang. J'y cours, attends

Ou le sang d'Hermogide, ou le sang de ton fils!

SCÈNE II

ALCMÉON, THÉANDRE, POLÉMON

ALCMÉON

Eh bien! l'as-tu revu cet ennemi farouche?
A lui parler d'accord as-tu forcé ta bouche? 50
Les dieux le livrent-ils à ma juste fureur?
Sait-il ce qui se passe?

POLÉMON

              Il l'ignore, seigneur.
Il ne soupçonne point quel sang vous a fait naître;
Il méprise son prince, il méconnaît son maître;
Furieux, implacable, au combat préparé, 55
Et plus fier que le dieu dans ce temple adoré:
Mais il consent enfin de quitter son asile,
De vous entendre ici, de revoir Eriphyle.

48-49   MS3, with stage direction: *Polémon rentre.* [no new scene, with
renumbering of subsequent scenes]
   50   MS1-MS5, 79A, Kν, between 50 and 51:
        Peut-il bien se résoudre à me voir en ces lieux,
        Aux portes de ce temple, à l'aspect de ces dieux,
        Dans ce parvis sacré, trop [MS1: tout] plein de sa furie,
        Dans la place où lui-même attenta sur ma vie?
   54   MS1-MS5, 79A: prince et méconnaît
   55   MS1-MS5, 79A: implacable, à périr préparé;
   56   MS4, MS5, 79A: dans le temple
   57   MS1-MS5, 79A: Mais enfin il consent de [MS3: à]
        MS4, MS5, 79A: quitter cet asile

Il veut qu'un nombre égal de chefs et de soldats
Egalement armés, suivent de loin vos pas.   60
Il reçoit votre foi qu'à regret je lui porte;
Je règle votre suite; il nomme son escorte.

ALCMÉON

Il va paraître.

POLÉMON

Il vient; mais a-t-il mérité
Que vous lui conserviez tant de fidélité?
Doit-on rien aux méchants? et quel respect frivole   65
Expose votre sang...

ALCMÉON

J'ai donné ma parole.

POLÉMON

A qui la tenez-vous? A ce perfide?

ALCMÉON

A moi.

THÉANDRE

Et que prétendez-vous?

ALCMÉON

Me venger, mais en roi.

60   MS1-MS5, 79A: suive de loin
62   MS1-MS5, 79A: suite et nomme
63   MS3:   Va-t-il paraître?
68   MS4, 79A: Eh que
68   MS4:   <De> Me venger ↑mais⁺ en roi
       MS5, 79A: Me venger en roi.

Argos à mes vertus reconnaîtra son maître.
Mais près du temple, ami, ne vois-je pas le traître? 70

THÉANDRE

Un dieu poursuit ses pas et le conduit ici:
Il entre en frémissant.

ALCMÉON

Dieux vengeurs! le voici.

SCÈNE III

HERMOGIDE *dans le fond du théâtre*, ALCMÉON,
THÉANDRE, POLÉMON *sur le devant*,
SUITE D'HERMOGIDE

HERMOGIDE

D'où vient donc qu'en ces lieux je ne vois pas la reine?
Quel silence! est-ce un piège où mon destin m'entraîne?
Rien ne paraît: un lâche a-t-il surpris ma foi? 75
Qui? moi, craindre! Avançons.

ALCMÉON

Demeure, et connais-moi.

70 MS2-MS5, 79A: temple, amis, ne
  MS1-MS3, MS5: ne vois-je pas ce traître?
72c-e MS1, MS2, MS4, MS5, 79A: HERMOGIDE *dans le fond*, ALCMÉON,
THÉANDRE, POLÉMON [MS1, MS2, MS5: *sur le devant*]//
  MS3: *sur le devant.*//
73 MS1-MS5, 79A: ne vois point la

Connais ce fer sacré: l'oses-tu voir encore?

HERMOGIDE

Oui, c'est le fer d'un roi qu'un sujet déshonore.

ALCMÉON

Te souvient-il du sang dont l'a souillé ta main?

HERMOGIDE

Peux-tu bien demander…

ALCMÉON

Malheureux assassin,   80
Quel esclave a percé ces mains de sang fumantes?
Quel enfant innocent… Eh quoi, tu t'épouvantes!
Tu t'en vantais tantôt, tu te tais; tu frémis!
Meurtrier de ton roi, sais-tu quel est son fils?

HERMOGIDE

Ciel! tous les morts ici renaissent pour ma perte.   85
Son fils!

ALCMÉON

De tes forfaits l'horreur est découverte,
Revois Amphiaraüs, vois son sang, vois ton roi.

77-78   MSI-MS5, 79A, KV:
    Vois-tu ce fer sacré?
           HERMOGIDE
            Que vois-je! le fer même
   Qu'Amphiarus reçut avec son diadème!
80   MSI-MS5, 79A, KV: Qu'oses-tu demander?
81   MSI-MS5, 79A: Quel esclave ont percé

HERMOGIDE

Je ne vois rien ici que ton manque de foi.
Tremble, qui que tu sois; et devant que je meure,
Puisque tu m'as trahi…

ALCMÉON

             Non, barbare, demeure.   90
Connais-moi tout entier: sache au moins que mon bras
Ne sait point se venger par des assassinats.
Je dois de tes forfaits te punir avec gloire;
J'attends ton châtiment des mains de la victoire:
Et ce sang de tes rois, qui te parle aujourd'hui,   95
Ne veut qu'une vengeance aussi noble que lui.
Sans suite ainsi que moi, viens, si tu l'oses, traître,
Chercher encor ma vie, et combattre ton maître.
Suis mes pas.

HERMOGIDE

       Où vas-tu?

ALCMÉON

             Sur ce tombeau sacré,
Sur la cendre d'un roi par tes mains massacré.   100
Combattons devant lui; que son ombre y décide
Du sort de son vengeur et de son homicide.
L'oses-tu?

---

90   MS1-MS3, MS5: A moi, soldats; courez
       MS4, 79A: Amis, soldats, courez.
95   MS4, 79A: Et le sang
99   MS4, MS5, 79A: Sur le tombeau
100 MS1-MS5, 79A: cendre du roi
101 MS4, MS5, 79A: Combattant devant lui

HERMOGIDE

Si je l'ose! en peux-tu bien douter?
Et les morts, ou ton bras sont-ils à redouter?
Viens te rendre au trépas; viens, jeune téméraire,   105
M'immoler ou mourir, joindre ou venger ton père.

ALCMÉON

(*le grand-prêtre entre.*)

Qu'aucun de vous ne suive, et vous, prêtre des dieux,
Ne craignez rien; mon bras n'a point souillé ces lieux.
Allez au dieu d'Argos immoler vos victimes,
Je vais tenir sa place en punissant les crimes.   110

SCÈNE IV

LE GRAND-PRÊTRE, THÉANDRE, POLÉMON

THÉANDRE

Ciel! sois pour la justice, et nos maux sont finis.

LE GRAND-PRÊTRE

Nos maux sont à leur comble! il le faut... je frémis...

104   MS1-MS5, 79A: Et ces [MS2: les] morts et ton bras
106a-b   MS3: ALCMÉON *au grand-prêtre qui entre.*
109-110   MS2-MS5, 79A: aux dieux d'Argos [...] tenir leur place
110c-111   MS1-MS5, 79A, this line given to POLÉMON
112-118   MS1-MS5, 79A:
          Nos maux sont à leur comble, Alecto, Némésis,
          Portent vers ce tombeau leurs torches vengeresses;
          Poursuivent [MS1: Poursuivant] les forfaits, et même les faiblesses.
                    THÉANDRE
          Quoi ce vertueux prince!...
                    LE GRAND-PRÊTRE
                              Il frappe, il est vainqueur...

L'ordre est irrévocable… ah! mère malheureuse!
C'est la mort qui t'amène à cette tombe affreuse.

THÉANDRE

Hermogide…

LE GRAND-PRÊTRE

Il expire: Alcméon est vainqueur.   115
C'en est assez, reviens, fuis de ce lieu d'horreur:
Amphiaraüs te suit; il t'égare, il t'anime,

_____

C'en est assez: reviens de ce lieu plein d'horreur.
Amphiarus le suit: il l'égare: il l'anime:
Il le pousse, et le crime est puni par le crime!
113-121   MSIv-MS5v, 79Av, Kv:
Du crime et du malheur messagères fatales,
Portent vers ce tombeau leurs torches infernales.
L'orgueil des scélérats ne peut les désarmer;
Les pleurs des [MS5v: de] malheureux ne peuvent les calmer:
Il faut que ce [MS5v, 79Av: le] sang coule; et leurs mains vengeresses
Punissent les forfaits, et même les faiblesses.
           THÉANDRE
Ciel, d'un roi vertueux daigne guider les coups!
           LE GRAND-PRÊTRE
Le ciel entend nos vœux, mais c'est dans son courroux,
O conseils éternels! O sévères puissances,
Quelles mains forcez-vous à servir vos vengeances!
           POLÉMON
C'est la voix de la reine! Ah, quels lugubres cris!
           LE GRAND-PRÊTRE
Infortuné, quels dieux ont troublé tes esprits!
Que vas-tu faire! Et toi mère trop malheureuse,
Garde-toi d'approcher de cette tombe affreuse:
Les morts et les vivants y sont tes ennemis:
Reine, crains ton époux, crains encor plus ton fils!
           ÉRIPHILE _derrière le théâtre._
Mon fils, épargne-moi. [MS2: épargnez-moi]
           ALCMÉON _derrière le théâtre._
                Tombe à mes pieds perfide.

Il t'aveugle; et le crime est puni par le crime.

THÉANDRE

C'est la voix de la reine.

POLÉMON

Ah! quels lugubres cris!

LE GRAND-PRÊTRE

Crains ton roi, crains ton sang.

ÉRIPHYLE, *derrière le théâtre.*

Epargne-moi, mon fils!   120

ALCMÉON, *derrière le théâtre.*

Reçois le dernier coup, tombe à mes pieds, perfide.
(*on entend un cri d'Eriphyle.*)
Ciel! qu'est-ce que j'entends?

LE GRAND-PRÊTRE

La voix du parricide.

118a-119   MS1-MS5, 79A, give the first speech to POLÉMON, the second
to THÉANDRE
119   MS1-MS5, 79A, between 119 and 120:
          LE GRAND-PRÊTRE
     Vous le voulez, destins…il le faut… je frémis!
     L'ordre est irrévocable… Ah, mère malheureuse,
     La parque t'a conduite à cette tombe affreuse!
     Les morts et les vivants y sont tes ennemis.
121a-122   MS1-MS5, 79A:
          THÉANDRE
     Ah, qu'est ce que j'entends!
          LE GRAND-PRÊTRE
               La voix d'un [MS2, MS5: du] parricide.

SCÈNE V

ALCMÉON, THÉANDRE, LE GRAND-PRÊTRE, POLÉMON

ALCMÉON

Je viens de l'immoler: il n'est plus; je suis roi.
Dieux! dissipez l'horreur qui s'empare de moi.
Mon bras vous a vengés, vous, ce peuple, et mon père, 125
Hermogide est tombé, même aux pieds de ma mère;
Il demandait la vie; il s'est humilié;
Et mon cœur une fois s'est trouvé sans pitié.
Rendez-moi cette paix que la justice donne!

122c-d MS1-MS3: ALCMÉON, LE GRAND-PRÊTRE, THÉANDRE, POLÉMON

     MS4, MS5, 79A: THÉANDRE, ALCMÉON, LE GRAND-PRÊTRE, POLÉMON

123 MS1-MS5, 79A: de l'achever; il

124-126 MS1-MS5, 79A:
  Rendez tous grâce aux dieux qui combattaient pour moi:
  Ils conduisaient mes coups; ils guidaient ma colère.
  Ce bras l'a fait tomber même aux pieds de ma mère.

127-135 MS1*v*, MS2*v*, MS3, MS4*v*, MS5*v*, 79A*v*, K*v*:
  Ce monstre enfin n'est plus; Argos en est purgé:
  Les dieux sont satisfaits: et mon père est vengé.
  J'ai vu sur cette tombe Eriphile éperdue:
  D'où vient qu'en ce moment elle évite ma vue?

128 MS1-MS5, 79A: Mais mon cœur

129-143 MS1-MS5, 79A:
  Eriphile est témoin de ma juste vengeance.
  D'où vient qu'en ce moment elle fuit ma présence?
  Craint-elle de son fils le bras ensanglanté
  Et cet horrible arrêt que mon père a dicté?
  Allez, courez-vous vers elle, et calmez ses alarmes:
  Dites-lui que mes mains vont essuyer ses larmes.
  Mais non… je veux moi même embrasser ses genoux:
  Allons, je veux la voir.

Quoi! j'ai puni le crime, et c'est moi qui frissonne!　　　130
Ah! pour les scélérats quels sont vos châtiments,
Si les cœurs vertueux éprouvent ces tourments?
Eriphyle, témoin de ma juste vengeance,
Viens régner avec moi! Quoi, tu fuis ma présence?
Tu crains ton fils: tu crains ce bras ensanglanté,　　　135
Et cet horrible arrêt que le ciel a dicté.
Vous, courez vers la reine et calmez ses alarmes:
Dites-lui que nos mains vont essuyer ses larmes.
Mais non, je veux moi-même embrasser ses genoux;
Allons, je veux la voir...

SCÈNE VI ET DERNIÈRE

ÉRIPHYLE, *soutenue par ses femmes*, ALCMÉON,
LE GRAND-PRÊTRE, THÉANDRE, POLÉMON,
SUITE

LE GRAND-PRÊTRE

Ah! que demandez-vous?　　　140

———————

LE GRAND-PRÊTRE
Ah, que demandez-vous!
ALCMÉON
[also κν:]
Je vais mettre à ses pieds ce fer si redoutable.
Que dis-je! Où suis-je! Où vais-je! et quelle horreur m'accable!
D'où vient donc que ce sang qui rejaillit sur moi,
Si justement versé, m'inspire un tel effroi?
Je n'ai point cette paix que la justice donne:
Quoi, j'ai puni le crime, et c'est moi qui frissonne!
Dieux, pour les scélérats quels sont vos châtiments;
Si les cœurs vertueux éprouvent leurs [MS1, MS2: vos;
MS3: ces] tourments!
140　79A:　SCÈNE DERNIÈRE

499

ALCMÉON

Je vais mettre à ses pieds le prix de mon courage;
Oui, je veux… quel objet… que vois-je?

ÉRIPHYLE

Ton ouvrage.
Les oracles cruels enfin sont accomplis,
Et je meurs par tes mains quand je retrouve un fils;
Le ciel est juste.

ALCMÉON

Ah! Dieux! parricide exécrable!   145
Vous! ma mère! elle meurt… et j'en serais coupable!
Non, je ne le suis pas, dieux cruels! et mon bras

140a-142   MS1-MS5, 79A:
    ALCMÉON *d'un air égaré.*
  Ombre cruelle, eh bien! que veux-tu davantage?
  Quel sang coule à mes yeux… que vois-je!
145   MS1-MS5, 79A, KV: Hélas parricide exécrable!
147-152a   MS1-MS5, 79A, KV:
  Moi! moi! Dieux inhumains!
    ÉRIPHILE
          Je vois à ta douleur
  Que les dieux, malgré toi, conduisaient ta fureur.
  La main qu'ils ont guidée a méconnu ta mère.
  Ta parricide main ne m'en est pas moins chère:
  Ton cœur est innocent: je te pardonne… hélas!
  Laisse-moi la douceur d'expirer dans tes bras!
  Ferme ces tristes yeux qui s'entrouvrent à peine.
    ALCMÉON
  [MS1-MS3: *se jetant*] *à ses genoux* [MS3: *à genoux*].
  J'atteste, de ces dieux, la vengeance et la haine:
  Je jure par mon crime et par votre trépas,
  Que mon sang devant vous…
    ÉRIPHILE
         Mon fils n'achève pas
MS1, MS2, MS4, MS5, 79A, with variant to 3V-5V:
  Du crime de ton bras ton cœur n'est point complice;

Dans mon sang à vos yeux…

               (*on le désarme.*)

ÉRIPHYLE

               Mon fils, n'achève pas.
Je péris par ta main; ton cœur n'est pas complice.
Les dieux t'ont aveuglé pour hâter mon supplice.   150
Je meurs contente… Approche… après tant d'attentats
Laisse-moi la douceur d'expirer dans tes bras.

       (*il se jette aux genoux d'Eriphyle.*)

Indigne que je suis du sacré nom de mère,
J'ose encor te dicter ma volonté dernière.
Il faut vivre et régner: le fils d'Amphiaraüs [3]   155
Doit réparer ma vie à force de vertus.
Un moment de faiblesse, et même involontaire,
A fait tous mes malheurs, a fait périr ton père.
Souviens-toi des remords qui troublaient mes esprits:
Souviens-toi de ta mère… ô mon fils… mon cher fils… [4]   160

     Ils égaraient tes sens, pour hâter mon supplice.
     Je te pardonne tout… Je meurs contente. Hélas!
158   MS1-MS5, 79A: A fait mes attentats, a
160   MS1, MS2, with stage direction: *elle l'embrasse et elle fait un effort pour se lever et élevant la voix.*
     MS3: *elle l'embrasse et fait un effort pour se lever: elle exauce la voix.*
     MS4, MS5, 79A: *elle l'embrasse, fait un effort pour se lever, et élève la voix.*

[3] Cf. *Sémiramis*, v.viii (M.iv.567):
     Donnez-moi votre main; vivez, régnez heureux.
[4] Cf. *Sémiramis*, v.viii (M.iv.567):
     Ne hais point sa mémoire: ô mon fils! mon cher fils…
     C'en est fait…

C'en est fait...

ALCMÉON

Elle expire... impitoyable père!
Sois content: j'ai tué ton épouse et ma mère.
Viens combler nos forfaits, viens la venger sur moi,
Viens t'abreuver du sang que j'ai reçu de toi.
Je renonce à ton trône, au jour que je déteste,   165
A tous les miens... ta tombe est tout ce qui me reste.
Mânes qui m'entendez! Dieux! Enfers en courroux,
Je meurs au sein du crime, innocent malgré vous![5]

Fin du cinquième et dernier acte.

161-168   MSI-MS5, 79A, Kv:
　　　C'en est fait!
　　　　　(*Elle meurt. Alcméon est évanoui.*)
　　　　LE GRAND-PRÊTRE
　　　　　La lumière à ses yeux est ravie.
　　　Secourez Alcméon; prenez soin de sa vie
　　　Que, de ce jour affreux, l'exemple menaçant
　　　Rende son cœur plus juste, et son règne plus grand!

[5] Cf. *Sémiramis*, v.vi (M.iv.564):
　　　Mon cœur est pur, [...] mes mains sont innocentes.

APPENDIX

Acts I and V according to Decroix's transcript of the Longchamp manuscript (MS6)

In view of the extent of the textual differences between these acts and the corresponding acts in our base text, the other manuscripts and 79A, it has been judged preferable to publish them in an appendix with, however, references in notes to corresponding lines in our text whenever appropriate.

ACTE PREMIER

SCÈNE PREMIÈRE

HERMOGIDE, EUPHORBE

HERMOGIDE

Tous les chefs sont d'accord, et dans ce jour tranquille
Argos attend un roi de la main d'Eriphyle;
Nous verrons si le sort qui m'outrage et me nuit,
De vingt ans de travaux m'arrachera le fruit.

EUPHORBE

A ce terme fatal Eriphyle amenée 5
Ne peut plus reculer son second hyménée;

Argos l'en sollicite, et la voix de nos dieux
Soutient la voix du peuple, et parle avec nos vœux.
Chacun sait cet oracle et cet ordre suprême
Qu'Eriphyle autrefois a reçu des dieux même: 10
'Lorsqu'en un même jour deux rois seront vaincus,
Tes mains rallumeront les flambeaux d'hyménée;
Attends jusqu'à ce jour, attends la destinée
Et du peuple et du trône, et du sang d'Inachus.'
Ce jour est arrivé; votre élève intrépide   15
A vaincu les deux rois de Pilos et d'Elide. [1]

HERMOGIDE

Eh! c'est un des sujets du trouble où tu me vois
Qu'un autre qu'Hermogide ait pu vaincre ces rois;
Que la fortune ailleurs occupant mon courage,
Ait au jeune Alcméon laissé cet avantage.   20
Ce fils d'un citoyen, ce superbe Alcméon,
Par ses nouveaux exploits semble égaler mon nom:
La reine le protége; on l'aime; il peut me nuire;
Et j'ignore aujourd'hui si je peux le détruire.
Sans lui, toute l'armée était en mon pouvoir: 25
Des chefs et des soldats je tentais le pouvoir,
Je marchais au palais, je m'expliquais en maître,
Je saisissais un bien que je perdrai peut-être.

EUPHORBE

Mais qui choisir que vous? Cet empire aujourd'hui
Demande votre bras pour lui servir d'appui. [2]   30
Eriphyle et le peuple ont besoin d'Hermogide.
Seul vous êtes du sang d'Inachus et d'Alcide,
Et pour donner le sceptre, elle ne peut choisir

---

[1] Lines 9-16: cf. above, I.i.25-32.
[2] Lines 27-30: cf. above, I.i.7-8.

Des tyrans étrangers, armés pour le ravir.

HERMOGIDE

Elle me doit sa main, et je l'ai bien méritée: 35
A force d'attentats je l'ai trop achetée.
Sa foi m'était promise avant qu'Amphiärus
Vînt ravir à mes vœux l'empire d'Inachus.
Ce rival odieux, indigne de lui plaire,
L'arrachant à ma foi l'obtint des mains d'un père.   40
Mais il a peu joui de cet auguste rang;
Mon bras désespéré se baigna dans son sang.
Elle le sait l'ingrate, et du moins en son âme
Ses vœux favorisaient et mon crime et ma flamme.
Je poursuivis partout le sang de mon rival;   45
J'exterminai le fruit de son hymen fatal;
J'en effaçai la trace: un voile heureux et sombre
Couvrit tous ces forfaits du secret de son ombre.
Eriphyle elle-même ignore le destin
De ce fils qu'à tes yeux j'immolai de ma main.   50
Son époux et son fils, privés de la lumière,
Du trône à mon courage entrouvraient la barrière,
Quand la main de nos dieux la ferma sous mes pas. [3]
J'avais pour moi mon nom, la reine, les soldats,
Mais la voix de ces dieux, ou plutôt de nos prêtres,   55
M'a dépouillé vingt ans du rang de mes ancêtres.
Il fallut succomber aux superstitions
Qui sont bien plus que nous les rois des nations. [4]
Un oracle, un pontife, une voix fanatique
Sont plus forts que mon bras et que ma politique;   60
Et ce fatal oracle a pu seul m'arrêter
Aux pieds du même trône où je devais monter.

---

[3] Lines 51-53: cf. above, I.i.25-27.
[4] Lines 55-58: cf. above, I.i.29-32.

EUPHORBE

Vous n'avez jusqu'ici rien perdu qu'un vain titre:
Seul, des destins d'Argos on vous a vu l'arbitre.
Le trône d'Eriphyle aurait tombé sans vous.   6
L'intérêt de l'Etat vous nomme son époux;
Elle ne sera pas sans doute assez hardie
Pour oser hasarder le secret qui vous lie.
Votre pouvoir sur elle...

HERMOGIDE

           Ah! sans dissimuler,
Tout mon pouvoir se borne à la faire trembler.   7
Elle est femme, elle est faible; elle a d'un œil timide
D'un époux immolé regardé l'homicide.
J'ai laissé, malgré moi, par le sort entraîné,
Le loisir des remords à son cœur étonné.
Elle voit mes forfaits et non plus mes services;   7
Il me faut en secret dévorer ses caprices,
Et son amour pour moi semble s'être effacé
Dans le sang d'un époux que mon bras a versé.

EUPHORBE

L'aimeriez-vous encor, seigneur, et cette flamme...

HERMOGIDE

Moi! que cette faiblesse ait amolli mon âme!   8
Hermogide amoureux! Ah! qui veut être roi,
Ou n'est pas fait pour l'être ou n'aime rien que soi.
A la reine engagé, je pris sur sa jeunesse
Cet heureux ascendant que les soins, la souplesse,
L'attention, le temps, savent si bien donner   8
Sur un cœur sans dessein, facile à gouverner.
Le bandeau de l'amour et l'art trompeur de plaire
De mes vastes desseins ont voilé le mystère;

Mais de tout temps, ami, la soif de la grandeur
Fut le seul sentiment qui régna dans mon cœur. [5]   90
Il est temps aujourd'hui que mon sort se décide.
Je n'aurai pas en vain commis un parricide.
J'attends la reine ici pour la dernière fois.
Je viens voir si l'ingrate ose oublier mes droits,
Si je dois de sa main tenir le diadème,   95
Ou, pour le mieux saisir, me venger d'elle-même.
Mais on ouvre chez elle.

SCÈNE II

HERMOGIDE, EUPHORBE, ZÉLONIDE

HERMOGIDE

       Eh bien, puis-je savoir
Si la reine aujourd'hui se résout à me voir?
Si je puis obtenir un instant d'audience?

ZÉLONIDE

Ah! daignez de la reine éviter la présence.   100
En proie aux noirs chagrins qui viennent la troubler,
Eriphyle, seigneur, peut-elle vous parler?
Solitaire, accablée, et fuyant tout le monde,
Ces lieux seuls sont témoins de sa douleur profonde.
Daignez vous dérober à ses yeux éperdus.   105

HERMOGIDE

Il suffit, Zélonide, et j'entends ce refus.

[5] Lines 79-90: cf. above, III.i.9-20.

J'épargne à ses regards un objet qui la gêne;
Hermogide irrité respecte encor sa reine,
Mais, malgré mon respect, vous pouvez l'assurer
Qu'il serait dangereux de me désespérer.

(*il sort avec Euphorbe.*)

SCÈNE III

ÉRIPHYLE, ZÉLONIDE

ZÉLONIDE

La voici. Quel effroi trouble son âme émue!

ÉRIPHYLE

Dieux! écartez la main sur ma tête étendue.
Quel spectre épouvantable en tous lieux me poursuit?
Quels dieux l'ont déchaîné de l'éternelle nuit?
Je l'ai vu; ce n'est point une erreur passagère
Que produit du sommeil la vapeur mensongère.
Le sommeil à mes yeux refusant ses douceurs
N'a point sur mon esprit répandu ses erreurs. [6]
Je l'ai vu... je le vois... il vient... Cruel! arrête.
Quel est ce fer sanglant que tu tiens sur ma tête?
Il me montre sa tombe, il m'appelle; et son sang
Ruisselle sur ce marbre, et coule de son flanc.
Eh bien! M'entraînes-tu dans l'éternel abîme?
Portes-tu le trépas? Viens-tu punir le crime?

---

[6] Lines 114-118: cf. above, 1.ii.90-94.

ZÉLONIDE

Pour un hymen, ô ciel! quel appareil affreux!   125
Ce jour semblait pour vous des jours le plus heureux.

ÉRIPHYLE

Qu'on détruise à jamais ces pompes solennelles.
Quelles mains s'uniraient à mes mains criminelles? [7]
Je ne puis...

ZÉLONIDE

Hermogide en ce palais rendu
S'attendait aujourd'hui...

ÉRIPHYLE

Quel nom prononces-tu?   130
Hermogide! grand dieu! lui de qui la furie
Empoisonna les jours de ma fatale vie.
Hermogide! Ah! sans lui, sans ses indignes feux,
Mon cœur, mon triste cœur eût été vertueux. [8]

ZÉLONIDE

Quoi! toujours le remords vous presse et vous tourmente!   135

ÉRIPHYLE

Pardonne, Amphiärus, pardonne, ombre sanglante;
Cesse de m'effrayer du sein de ce tombeau.
Je n'ai point dans tes flancs enfoncé le couteau,
Je n'ai point consenti... Que dis-je, misérable! [9]

---

[7] Lines 127-128: cf. above, I.iii.135-136.
[8] Lines 130-134: cf. above, I.iii.138-142.
[9] Lines 136-139: cf. above, I.iii.144-147.

ZÉLONIDE

De la mort d'un époux vous n'êtes point coupable.   140
Pourquoi toujours d'un autre adopter les forfaits?

ÉRIPHYLE

Ah! je les ai permis, c'est moi qui les ai faits.

ZÉLONIDE

Lorsque le roi périt, lorsque la destinée
Vous affranchit des lois d'un injuste hyménée,
Vous sortiez de l'enfance, et de vos tristes jours   145
Seize printemps à peine avaient formé le cours.

ÉRIPHYLE

C'est cet âge fatal et sans expérience,
Ouvert aux passions, faible, plein d'imprudence,
C'est cet âge indiscret qui fit tout mon malheur.
Un traître avait surpris le chemin de mon cœur.   150
L'aurais-tu pu penser que ce fier Hermogide,
Race des demi-dieux, issu du sang d'Alcide,
Sous l'appât d'un amour si tendre, si flatteur,
Des plus noirs sentiments cachât la profondeur?
On lui promit ma main; ce cœur faible et sincère   155
Dans ses rapides vœux, soumis aux lois d'un père,
Trompé par son devoir, et trop tôt enflammé,
Brûla pour un barbare indigne d'être aimé;
Et quand sous d'autres lois il fallut me contraindre,
Mes feux trop allumés ne pouvaient plus s'éteindre. [10]   160
Amphiärus en vain me demanda ma foi
Et l'empire d'un cœur qui n'était plus à moi.
L'amour qui m'aveuglait... Ah! quelle erreur m'abuse!

---

[10] Lines 145-160: cf. above, I.iii.157-172.

L'amour aux attentats doit-il servir d'excuse?
Objet de mes remords, objet de ma pitié,   165
Demi-dieu, dont je fus la coupable moitié, [11]
Je portai dans tes bras une ardeur étrangère;
J'écoutai le cruel qui m'avait trop su plaire.
Il répandit sur nous et sur notre union
La discorde, la haine et la confusion.   170
Cette soif de régner dont il brûlait dans l'âme,
De son coupable amour empoisonnait la flamme.
Je vis le coup affreux qu'il allait te porter,
Et je n'osai lever le bras pour l'arrêter.
Ma faiblesse a conduit les coups du parricide.   175
C'est moi qui t'immolai par la main d'Hermogide.
Venge-toi, mais du moins songe avec quelle horreur
J'ai reçu l'ennemi qui fut mon séducteur.
Je m'abhorre moi-même et je me rends justice:
Je t'ai déjà vengé: mon crime est mon supplice.   180

ZÉLONIDE

N'écarterez-vous point ce cruel souvenir?
Des fureurs d'un barbare ardente à vous punir,
N'effacerez-vous point cette image si noire?
Ce meurtre est ignoré, perdez-en la mémoire.

ÉRIPHYLE

Tu vois trop que les dieux ne l'ont point oublié.   185
O sang de mon époux, comment t'ai-je expié!
Ainsi donc, j'ai comblé mon crime et ma misère.
J'eus autrefois les noms et d'épouse et de mère.
Zélonide… Ah! grands dieux! Que m'avait fait mon fils?

[11] Lines 165-166: cf. above, I.iii.181-182.

ZÉLONIDE

Le destin le comptait parmi vos ennemis.   190
Le ciel que vous craignez vous protège et vous aime;
Il vous fit voir ce fils armé contre vous-même;
Par un secret oracle il vous dit que sa main...

ÉRIPHYLE

Que n'a-t-il pu remplir son horrible destin!
Que ne m'a-t-il ôté cette vie odieuse!   195

ZÉLONIDE

Vivez, régnez, madame.

ÉRIPHYLE

        Eh! pour qui, malheureuse!
Mes jours, mes tristes jours, de trouble environnés,
Consumés dans les pleurs, de crainte empoisonnés,
D'un malheur tout nouveau renaissantes victimes,
Etaient-ils d'un tel prix? valaient-ils tant de crimes?   200
Je l'arrachai pleurant de mes bras maternels;
J'abandonnai son sort au plus vil des mortels.
J'ôte à mon fils son trône, à mon époux la vie,
Mais ma seule faiblesse a fait ma barbarie.

SCÈNE IV

ÉRIPHYLE, ZÉLONIDE, POLÉMON

ÉRIPHYLE

Eh bien, cher Polémon, qu'avez-vous vu? Parlez.   20

Tous les chefs de l'Etat au palais assemblés,
Exigent-ils de moi que dans cette journée
J'allume les flambeaux d'un nouvel hyménée?
Veulent-ils m'y forcer? Ne puis-je obtenir d'eux
Le temps de consulter et mon cœur et mes vœux?　　　　210

POLÉMON

Je ne le puis céler, l'Etat demande un maître.
Déjà les factions commencent à renaître;
Tous ces chefs dangereux l'un de l'autre ennemis,
Divisés d'intérêts et pour le crime unis,
Par leurs prétentions, leurs brigues et leurs haines　　　　215
De l'Etat qui chancelle embarrassent les rênes. [12]
Le peuple impatient commence à s'alarmer,
Il a besoin d'un maître, il pourrait le nommer.
Veuve d'Amphiärus et digne de ce titre,
De ces grands différends et la cause et l'arbitre,　　　　220
Reine, daignez d'Argos accomplir les souhaits.
Que le droit de régner soit un de vos bienfaits;
Que votre voix décide, et que cet hyménée
De la Grèce et de vous règle la destinée.

ÉRIPHYLE

Pour qui penche ce peuple?

POLÉMON

　　　　　　　　　Il attend votre choix;　　　　225
Mais on sait qu'Hermogide est du sang de nos rois;
Du souverain pouvoir il est dépositaire;
Cet hymen à l'Etat semble être nécessaire. [13]
Vous le savez assez, ce prince ambitieux,

[12] Line 216: cf. above, I.iii.220.
[13] Lines 219-228: cf. above, I.iv.259-268.

Sûr de ses droits au trône et fier de ses aïeux,   230
Sans le frein que l'oracle a mis à son audace,
Eût malgré vous peut-être occupé cette place.

ÉRIPHYLE

On veut que je l'épouse et qu'il soit votre roi.

POLÉMON

Madame, avec respect nous suivrons votre loi; [14]
Prononcez, mais songez quelle en sera la suite!   235

ÉRIPHYLE

Extrémité fatale où je me vois réduite!
Quoi! le peuple en effet penche de son côté?

POLÉMON

Ce prince est peu chéri mais il est respecté.
On croit qu'à son hymen il vous faudra souscrire,
Et peut-être on le croit plus qu'on ne le désire. [15]   240

ÉRIPHYLE

Ainsi, de faire un choix on m'impose la loi!
On le veut, j'y consens, je vais nommer un roi.
Aux Etats assemblés portez cette nouvelle.

[14] Lines 233-234: cf. above, i.iv.269-270.
[15] Lines 238-240: cf. above, i.iv.274-276.

SCÈNE V

ÉRIPHYLE, ZÉLONIDE

ÉRIPHYLE

Je sens que je succombe à ma douleur mortelle.
Alcméon ne vient point… L'a-t-on fait avertir?   245

ZÉLONIDE

Déjà du camp des rois il aura dû partir. [16]
Quoi! madame, à ce nom votre douleur redouble.

ÉRIPHYLE

Je n'éprouvai jamais de plus funeste trouble.
Si du moins Alcméon paraissait à mes yeux!

ZÉLONIDE

Il est l'appui d'Argos, il est chéri des dieux.   250

ÉRIPHYLE

Ce n'est qu'en sa vertu que j'ai quelque espérance.
Puisse-t-il de sa reine embrasser la défense!
Puisse-t-il me sauver de tous mes ennemis!
O dieux de mon époux, et vous, dieux de mon fils,
Prenez de cet Etat les rênes languissantes;   255
Remettez-les vous-même en des mains innocentes.
Ou, si dans ce grand jour il faut me déclarer, [17]

---

[16] Lines 245-246: cf. above, I.iv.277-278.
[17] Lines 251-257: cf. above, I.iv.279-285.

Pour la première fois daignez donc m'inspirer.

Fin du 1ᵉʳ acte

ACTE V

SCÈNE PREMIÈRE

Sur un côté du parvis on voit, dans l'intérieur du temple de Jupiter des vieillards et de jeunes enfants qui embrassent un autel; de l'autre côté, la reine sortant de son palais, soutenue par ses femmes, est bientôt suivie et entourée d'une foule d'Argiens des deux sexes, qui viennent partager sa douleur.

ÉRIPHYLE, ZÉLONIDE, LE CHŒUR

ZÉLONIDE

Oui, les dieux irrités nous perdent sans retour;
Argos n'est plus, Argos a vu son dernier jour,
Et la main d'Hermogide en ce moment déchire
Les restes malheureux de ce puissant empire.
De tous ses partisans l'adresse et les clameurs   5
Ont égaré le peuple et séduit tous les cœurs.
Le désordre est partout; la discorde, la rage
D'une vaste cité font un champ de carnage;
Les feux sont allumés, le sang coule en tous lieux,
Sous les murs des palais, dans les temples des dieux;   10
Et les soldats sans frein, en proie à leur furie,
Pour se donner un roi renversent la patrie.
Vous voyez devant vous ces vieillards désolés
Qu'au pied de nos autels la crainte a rassemblés;
Ces vénérables chefs de nos tristes familles,   15
Ces enfants éperdus, ces mères et ces filles
Qui cherchent en pleurant d'inutiles secours

Dans le temple des dieux armés contre nos jours.

ÉRIPHYLE, *aux femmes qui l'entourent.*

Hélas! de mes tourments compagnes gémissantes,
Puis-je au ciel avec vous lever mes mains tremblantes?   20
J'ai fait tous vos malheurs; oui, c'est moi qui sur vous
Des dieux que j'offensai, fais tomber le courroux.
Oui, vous voyez la mère, hélas! la plus coupable,
La mère la plus tendre et la plus misérable.

LE CHŒUR

Vous, madame!

ÉRIPHYLE

          Alcméon, ce prince, ce héros   25
Qui soutenait mon trône, et qui vengeait Argos,
Lui, pour qui j'allumais les flambeaux d'hyménée,
Lui, pour qui j'outrageais la nature étonnée,
Lui, dont l'amitié tendre abusait mes esprits…

LE CHŒUR

Ah! qu'il soit votre époux!

ÉRIPHYLE

               Peuples, il est mon fils!   30

LE CHŒUR

Qui! lui?

ÉRIPHYLE

D'Amphiärus c'est le précieux reste.
L'horreur de mon destin l'entraînait à l'inceste:
Les dieux aux bords du crime ont arrêté ses pas.

Dieux! qui me poursuivez, ne l'en punissez pas.
Rendez ce fils si cher à sa mère éplorée.   35
Sa mère fut cruelle et fut dénaturée;
Que mon cœur est changé! Dieux! si le repentir
Fléchit votre vengeance, et peut vous attendrir,
Ne pourrai-je attacher sur sa tête sacrée
Cette couronne, hélas! que j'ai déshonorée?   40
Qu'il règne, il me suffit, dût-il en sa fureur...

SCÈNE II

ÉRIPHYLE, ZÉLONIDE, LE CHŒUR, THÉANDRE

ÉRIPHYLE

Ah! mon fils est-il roi? mon fils est-il vainqueur?

THÉANDRE

Il le sera du moins, si nos dieux équitables
Secourent l'innocence et perdent les coupables;
Mais jusqu'à ce moment son rival odieux   45
A partagé l'armée et le peuple et nos dieux.
Hermogide ignorait qu'il combattait son maître:
Le peuple doute encor du sang qui l'a fait naître.
Quelques-uns à grands cris le nommaient votre époux,
Les autres s'écriaient qu'il était né de vous.   50
Il ne pouvait, madame, en ce tumulte horrible
Eclaircir à leurs yeux la vérité terrible;
Il songeait à combattre, à vaincre, à vous venger;
Mais entouré des siens qu'on venait d'égorger,
De ses tristes sujets déplorant la misère,   55
Avec le nom de roi prenant un cœur de père,

Il se plaignait aux dieux que le sang innocent
Souillait le premier jour de son règne naissant.
Il s'avance aussitôt; ses mains ensanglantées
Montrent de l'olivier les branches respectées.　　　　　6
Ce signal de la paix étonne les mutins,
Et leurs traits suspendus s'arrêtent dans leurs mains.
'Amis, leur a-t-il dit, Argos et nos provinces
Ont gémi trop longtemps des fautes de leurs princes;
Sauvons le sang du peuple, et qu'Hermogide et moi　　　6
Attendent de ses mains le grand titre de roi.
Voyons qui de nous deux est plus digne de l'être.
Oui, peuple, en quelque rang que le ciel m'ait fait naître,
Mon cœur est au-dessus, et ce cœur aujourd'hui
Ne veut qu'une vengeance aussi noble que lui.　　　　7
Pour le traître et pour moi choisissez une escorte
Qui du temple d'Argos environne la porte.
Et toi, viens, suis mes pas sur ce tombeau sacré,
Sur la cendre d'un roi par tes mains massacré.
Combattons devant lui, que son ombre y décide　　　　7
Du sort de son vengeur et de son parricide.'
Ah! madame, à ces mots ce monstre s'est troublé;
Pour la première fois Hermogide a tremblé.
Bientôt il se ranime, et cette âme si fière
Dans ses yeux indignés reparaît tout entière,　　　　8
Et bravant à la fois le ciel et ses remords,
'Va, dit-il, je ne crains ni les dieux ni les morts;
Encor moins ton audace, et je vais te l'apprendre
Au pied de ce tombeau qui n'attend que ta cendre.'
Il dit: un nombre égal de chefs et de soldats　　　　8
Vers ce tombeau funeste accompagne leurs pas;
Et moi des justes dieux conjurant la colère,
Je viens joindre mes vœux aux larmes d'une mère.
Puisse le ciel vengeur être encor le soutien
De votre auguste fils, qui fut longtemps le mien!　　　9

ÉRIPHYLE

Quoi! seul et sans secours, il combat Hermogide?

THÉANDRE

Oui, madame.

ÉRIPHYLE

   Mon fils se livre à ce perfide!
Mon fils, cher Alcméon! mon cœur tremble pour toi;
Le cruel te trahit s'il t'a donné sa foi.
Ta jeunesse est crédule, elle est trop magnanime;   95
Hermogide est savant dans l'art affreux du crime.
Dans ses pièges sans doute il va t'envelopper,
Sa seule politique est de savoir tromper.
Crains sa barbare main par le meurtre éprouvée,
Sa main de tout ton sang dès longtemps abreuvée.   100
Allons, je préviendrai ce lâche assassinat,
Courons aux lieux sanglants choisis pour le combat.
Je montrerai mon fils.

THÉANDRE

     Reine trop malheureuse,
Osez-vous approcher de cette tombe affreuse?
Les morts et les vivants y sont vos ennemis.   105

ÉRIPHYLE

Que vois-je? Quel tumulte! on a trahi mon fils!

SCÈNE III

ÉRIPHYLE, ALCMÉON, HERMOGIDE, THÉANDRE,
SOLDATS *qui entrent sur la scène avec Hermogide.*

ÉRIPHYLE *aux soldats d'Hermogide.*

Cruels, tournez sur moi votre inhumaine rage.

ALCMÉON

J'espère en la vertu, j'espère en mon courage.

HERMOGIDE *aux siens.*

Amis, suivez-moi tous, frappez, imitez-moi.

ALCMÉON *aux siens.*

Vertueux citoyens, secondez votre roi.   110

(*Alcméon, Hermogide entrent avec leur escorte dans le
temple où est le tombeau d'Amphiärus.*)

ÉRIPHYLE *aux soldats qu'elle suit.*

O peuples, écoutez votre reine et sa mère...!

(*Elle entre après eux dans le temple.*)

SCÈNE IV

THÉANDRE, LE CHŒUR

THÉANDRE

Reine, arrête! où vas-tu? crains ton destin sévère.
Ciel! remplis ta justice, et nos maux sont finis;
Mais pardonne à la mère et protège le fils.
Ah! puissent les remords dont elle est consumée   115
Eteindre enfin ta foudre à nos yeux allumée.
Impénétrables dieux! Est-il donc des forfaits
Que vos sévérités ne pardonnent jamais?
Vieillards, qui, comme moi, blanchis dans les alarmes,
Pour secourir vos rois n'avez plus que des larmes,   120
Vous, enfants réservés pour de meilleurs destins,
Levez aux dieux cruels vos innocentes mains.

LE CHŒUR

O vous maîtres des rois et de la destinée,
Epargnez une reine assez infortunée;
Ses crimes, s'il en est, nous étaient inconnus,   125
Nos cœurs reconnaissants attestent ses vertus.

THÉANDRE

Entendez-vous ces cris?... Polémon...

SCÈNE V

THÉANDRE, POLÉMON, LE CHŒUR, *qui se compose*
du peuple, de ministres du temple, de soldats.

POLÉMON

Cher Théandre...

THÉANDRE

Quel désastre ou quel bien venez-vous nous apprendre?
Quel est le sort du prince?

POLÉMON

Il est rempli d'horreur.

THÉANDRE

Les dieux l'ont-ils trahi?

POLÉMON

Non, son bras est vainqueur.   130

THÉANDRE

Eh bien?

POLÉMON

Ah! de quel sang sa victoire est ternie!
Par quelles mains, ô ciel! Eriphyle est punie!
Dans l'horreur du combat, son fils, son propre fils...
Vous conduisiez ses coups, dieux toujours ennemis!
J'ai vu, n'en doutez point, une horrible furie   135
D'un héros malheureux guider le bras impie.

Il vole vers sa mère; il ne la connaît pas,
Il la traîne, il la frappe... ô jour plein d'attentats!
O triste arrêt des dieux, cruel, mais légitime!
Tout est rempli: le crime est puni par le crime.   140
Ministre infortuné des décrets du destin,
Lui seul ignore encor les forfaits de sa main.
Hélas! il goûte en paix sa victoire funeste.

SCÈNE VI

ALCMÉON, HERMOGIDE, THÉANDRE, POLÉMON,
SUITE D'ALCMÉON, SOLDATS D'HERMOGIDE,
CAPTIFS, LE CHŒUR

ALCMÉON *à ses soldats.*

Enchaînez ce barbare, épargnez tout le reste.
Il a trop mérité ces supplices cruels   145
Réservés par nos lois pour les grands criminels;
Sa perte par mes mains serait trop glorieuse:
Ainsi que ses forfaits que sa mort soit honteuse.

   (*à Hermogide.*)

Et pour finir ta vie avec plus de douleur,
Traître, vois en mourant ton roi dans ton vainqueur.   150
Tes crimes sont connus, ton supplice commence.
Vois celui dont ta rage avait frappé l'enfance;
Vois le fils de ton roi.

HERMOGIDE

                  Son fils! Ah! dieux vengeurs!
Quoi! j'aurais cette joie au comble des malheurs!
Quoi! tu serais son fils! est-il bien vrai?

525

ALCMÉON

Perfide,   155
Qui peut te transporter ainsi?

HERMOGIDE

Ton parricide.

ALCMÉON

Qu'on suspende sa mort... Arrête, éclaircis-moi,
Ennemi de mon sang...

HERMOGIDE

Je le suis moins que toi.
Va, je te crois son fils, et ce nom doit me plaire;
Je suis vengé: tu viens d'assassiner ta mère.   160

ALCMÉON

Monstre!

HERMOGIDE

Tourne les yeux; je triomphe: je vois
Que vous êtes tous deux plus à plaindre que moi.
Je n'ai plus qu'à mourir.

(*On l'emmène.*)

SCÈNE VII ET DERNIÈRE

ALCMÉON, ÉRIPHYLE, THÉANDRE, ZÉLONIDE,
SUITE DE LA REINE, LE CHŒUR

ALCMÉON

Ah! grands dieux! quelle rage!

(*il aperçoit Eriphyle.*)
Malheureux!... Quel objet! Que vois-je!

ÉRIPHYLE *soutenue par ses femmes.*

Ton ouvrage.
Ma main, ma faible main volait à ton secours;   165
Je voulais te défendre, et tu tranches mes jours.

ALCMÉON

Qui! moi! j'aurais sur vous porté mon bras impie!
Moi! qui pour vous cent fois aurais donné ma vie!
Ma mère! vous mourez!...

ÉRIPHYLE

Je vois à ta douleur
Que les dieux, malgré toi, conduisaient ta fureur.   170
Du crime de ton bras ton cœur n'est point complice:
Ils égaraient tes sens pour hâter mon supplice.
Je te pardonne...

ALCMÉON

Ah! dieux!

(*à sa suite.*)
Courez... qu'un prompt secours...

ÉRIPHYLE

Epargne-toi le soin de mes coupables jours.
Je ne demande point de revoir la lumière.   175
Je finis sans regret cette horrible carrière...
Approche-toi du moins; malgré mes attentats,
Laisse-moi la douceur d'expirer dans tes bras.
Ferme ces tristes yeux qui s'entrouvrent à peine.

ALCMÉON, *se jetant aux genoux d'Eriphyle.*

Ah! j'atteste des dieux la vengeance inhumaine,   180
Je jure par mon crime et par votre trépas,
Que mon sang à vos yeux...

ÉRIPHYLE

                           Mon fils, n'achève pas.

ALCMÉON

Moi! votre fils! qui, moi! ce monstre sanguinaire!...

ÉRIPHYLE

Va, tu ne fus jamais plus chéri de ta mère.
Je vois ton repentir... il pénètre mon cœur...   185
Le mien n'a pu des dieux apaiser la fureur.
Un moment de faiblesse, et même involontaire,
A fait tous mes malheurs, a fait périr ton père...
Souviens-toi des remords qui troublaient mes esprits...
Souviens-toi de ta mère... ô mon fils... mon cher fils!...   190
C'en est fait.

                        (*elle meurt.*)

ALCMÉON

            Sois content, impitoyable père!
Tu frappes par mes mains ton épouse et ma mère.

Viens combler nos forfaits, viens la venger sur moi,
Viens t'abreuver du sang que j'ai reçu de toi.
Je succombe, je meurs, ta rage est assouvie.   195

(il tombe évanoui.)

THÉANDRE

Secourez Alcméon; prenez soin de sa vie.
Que de ce jour affreux l'exemple menaçant
Rende son cœur plus juste et son règne plus grand!

Fin du 5e et dernier acte.

Harangue prononcée le jour de la clôture du théâtre

critical edition

by

Robert Niklaus

INTRODUCTION

This speech, in which Voltaire pays tribute to Adrienne Lecouvreur who had made her last appearance at the Comédie-Française on 15 March 1730 in the role of Jocaste (*Œdipe*), was delivered on 24 March by the actor Racot de Grandval who had joined the company of the Comédie-Française on 31 December 1729. It first appeared in a *Lettre à milord *** sur Baron et la demoiselle Le Couvreur, où l'on trouve plusieurs particularités théâtrales, par George Wink* (Paris 1730) where it is attributed to Voltaire. George Wink was a pseudonym for Léonor-Jean-Christine Soulas d'Allainval who is known for his special interest in the theatre.

Whilst recognising his merit Voltaire did not place Baron as high as Adrienne Lecouvreur. In *Appel à toutes les nations de l'Europe* (1761), he wrote: 'Nous avons vu Baron: il était noble et décent, mais c'était tout. Mlle Lecouvreur avait les grâces, la justesse, la simplicité, la vérité, la bienséance' (M.xxiv.220). In the 'Discours prononcé avant la représentation d'*Eriphyle*' (1732) Voltaire expressed his appreciation of the role of fine acting in the success of a play and singled out Baron and Lecouvreur.[1] Baron, whose real name was Michel Boyron, was born in 1653 and after a distinguished career as an actor, retired from the stage in 1691, making a come-back, however, in 1720, and continuing to appear on the stage until 3 September 1729. He died on 22 December of the same year. Adrienne Couvreur (*le* having been added for stage purposes) was born at Damery, near Epernay, on 5 April 1692 and died on 20 March 1730.[2]

This *harangue* which was not reproduced in any authorised

---

[1] See above, *Eriphyle*, 'Discours', l.20-24 (p.391-92).
[2] See below, *La Mort de mademoiselle Lecouvreur, fameuse actrice*, p.542.

eighteenth-century edition of Voltaire's works may be safely attributed to Voltaire on internal evidence as well as on the authority of d'Allainval. The sentiments voiced are those Voltaire has expressed in very similar terms elsewhere.

Editions

L

LETTRE / A MYLORD *** / SUR BARON / ET LA DEMOI-SELLE / LE COUVREUR, / OU L'ON TROUVE PLUSIEURS / PARTICULARITEZ THEATRALES. / *Par GEORGE WINK.* / [*typographical ornament*] / A PARIS QUAY DES AUGUSTINS, / Chez ANTOINE DE HEUQUEVILLE, au coin de / la ruë Gist-le-cœur, à la Paix. / [*rule*] / M.DCC.XXX. / *Avec Approbation* & *Permission.*

12°. sig. A-F^{8,4} (F4 blank); pag. 70.

54-58 [Harangue].

Bn: Ln27 1033.

w48r

Collection complette des œuvres de M. de Voltaire. Amsterdam, Compagnie [Rouen, Machuel?], 1764. 22 tomes in 18 vol. 12°. Bengesco iv. 28-31; Trapnell 64R; BnC 145-148.

Volume 1, part 2: 698-700 Harangue.

Volumes 1-12 were produced in 1748 and belong to the edition suppressed at the request of Voltaire. No copies are known of the 1748 issue.

Bn: Rés. Z Beuchot 26 (1).

Editorial principles

We reproduce the text of the *Lettre à milord* *** *sur Baron et la demoiselle Le Couvreur.* Variants are drawn from w48r. The title has been introduced by us. In the *Lettre* the text bears no title and is presented as follows: 'la première [pièce] est de M. de Voltaire

534

qui reçut ses derniers soupirs; c'est la harangue qui fut prononcée le jour de la clôture du théâtre.' The spelling has been modernised, the punctuation respected.

HARANGUE PRONONCÉE LE JOUR DE LA CLÔTURE DU THÉÂTRE

Messieurs,

Vous savez combien il est difficile de représenter dignement nos personnages; mais oser parler devant vous en notre nom même dépouillés des ornements (a) et de l'illusion qui nous soutiennent, c'est une hardiesse, je ne le sens que trop bien ici, qui a besoin de toute votre indulgence. 5

Jamais le public n'a été si éclairé en tout genre, jamais les arts n'eurent besoin de plus d'efforts, et peut-être seraient-ils découragés, si vous aviez une sévérité proportionnée à vos lumières; mais vous apportez ici cette vraie justice qui penche 10 toujours plutôt vers la bonté que vers la rigueur; plus vous connaissez l'art, plus vous en sentez les difficultés; le spectateur ordinaire exigerait qu'on lui plût toujours, semblable à l'homme sans expérience, qui attend des plaisirs dans toutes les circonstances de la vie, le juge éclairé daigne se contenter qu'on le satisfasse 15 quelquefois.

Vous démêlez et vous applaudissez une beauté au milieu même des défauts qui vous choquent, telle est surtout votre équité, qu'il n'y a point de cabale qui puisse soutenir ce que vous condamnez, ni faire tomber ce que vous approuvez. 20

Que ne puis-je, messieurs, étudier avec fruit votre goût sage et

(a) L'acteur qui débite cette harangue est en habit de ville.

a-b w48R: Harangue de monsieur de Voltaire, prononcé par un acteur, quelques jours après la mort de mademoiselle le Couvreur, le jour de la clôture du théâtre.
4-5 w48R: soutiennent, (l'acteur qui fait cette harangue est en habit de ville), c'est

épuré qui a banni l'enflure de l'art de réciter comme de celui d'écrire; vous voulez qu'on vous peigne partout la nature: mais la nature noble et embellie par l'art telle que vous la représentait cet excellent acteur (*b*) qui vous plaisait encore au bout d'une si longue carrière. 25

Ici, messieurs, je sens que vos regrets redemandent cette actrice inimitable, qui avait presque inventé l'art de parler au cœur, et de mettre du sentiment et de la vérité, où l'on ne mettait guère auparavant que de la pompe et de la déclamation. 30

Mademoiselle Le Couvreur, souffrez-nous la consolation de la nommer, faisait sentir dans ses personnages toute la délicatesse, toute l'âme, toutes les bienséances que vous désiriez: elle était digne de parler devant vous, messieurs.

Parmi ceux qui daignent ici m'entendre, plusieurs l'honoraient 35 de leur amitié, ils savent qu'elle faisait l'ornement de la société comme celui du théâtre, et ceux qui n'ont connu en elle que l'actrice, peuvent bien juger par le degré de perfection où elle était parvenue, que non seulement elle avait beaucoup d'esprit, mais encore l'art de rendre l'esprit aimable. 40

Vous êtes trop justes, messieurs, pour ne pas regarder ce tribut de louanges comme un devoir; j'ose même dire qu'en la regrettant je ne suis que votre interprète.

(*b*) Baron.

25   w48R: acteur (Baron) qui
26   w48R: carrière (Il jouait à 80 ans).
31   w48R: le Couvreur (Voltaire venait d'en recevoir les derniers soupirs), souffrez-nous

538

La Mort de mademoiselle Lecouvreur

critical edition

by

Robert Niklaus

INTRODUCTION

Adrienne Lecouvreur, one of the great actresses of the Comédie-Française and a friend of Voltaire for some 15 years, died in great pain on 20 March 1730. Voltaire and Maurice de Saxe, her former lover, remained at her bedside till the end.

Mlle Lecouvreur had brought to the French stage a more natural delivery, as Voltaire pointed out in his 'Seconde lettre' to Fawkener composed for *Zaïre* (1736), in which he claimed that she had done for the French theatre what Mrs Cibber had done for the English.[1] In the *Appel à toutes les nations de l'Europe* (1761), he wrote (M.xxiv.219):

La déclamation, qui fut, jusqu'à Mlle Lecouvreur, un récitatif mesuré, un chant presque noté, mettait encore un obstacle à ces emportements de la nature qui se peignent par un mot, par une attitude, par un silence, par un cri qui échappe à la douleur.

and further on (M.xxiv.220):

Nous avons vu Baron; il était noble et décent, mais c'était tout. Mlle Lecouvreur avait les grâces, la justesse, la simplicité, la vérité, la bienséance.

He paid her a fine tribute in the *Harangue prononcée le jour de la clôture du théâtre*, and in the 'Discours prononcé avant la représentation d'*Eriphyle*' in 1732;[2] and he frequently referred to her great talent in his correspondence.[3] He had been a close friend of hers and had dedicated many poems to her. In 1719 he wrote a

---

[1] *Zaïre*, ed. E. Jacobs, V 8 (1988), p.410.
[2] See above, p.537-38 and 391-94.
[3] See in particular his letter to Mme de Bernières, Thiriot and Desfontaines, 18 October 1725 (D254); and that to Thiriot, 1 June 1731 (D414).

short poem which includes the words: 'la pure amitié que mon cœur a pour vous' (M.x.476).

Adrienne Couvreur, dite Lecouvreur, was born at Damery, near Epernay, on 5 April 1692 and died on 20 March 1730 in a house at the corner of the former rue de Bourgogne which has since been demolished.[4] It is the manner of her burial that offended Voltaire's sensibility and outraged him. Although she had bequeathed 1000 francs to the church of Saint-Sulpice the curé, Jean-Baptiste-Joseph de La Villeneuve Languet de Gergy, denied her Christian burial.[5] She was buried on a piece of waste land close to the Seine. Her actual resting place is uncertain, perhaps an abandoned yard at the south-east corner of the rue de Grenelle and the rue de Bourgogne, on the site of what is now number 115 of the rue de Grenelle.[6] Only the policeman Lambinière was present at the burial, for the *lieutenant de police* Hérault had given orders that the interment should be kept secret and should

---

[4] See A. Bourgeois, *Voltaire et Adrienne Le Couvreur* (Paris 1962), with an introduction by G. Monval and preface by E. Straus; and *Lettres d'Adrienne Lecouvreur*, ed. G. Monval (Paris 1892).

[5] See Voltaire's letter to Mlle Clairon, 27 August 1761 (D9973).

[6] The search for Adrienne Lecouvreur's last resting place became an obsession. In 1786, Voltaire's life-long friend, the comte d'Argental, who had conceived a passionate attachment to Mlle Lecouvreur and had been made her *légataire universel*, believed that he had found the true site of her burial place in the rue de Grenelle and had a marble plaque placed on the house deemed to be closest to it. The plaque carried the following verse written for the occasion:

> Ici l'on rend hommage à l'actrice admirable,
> Par l'esprit, par le cœur également aimable.
> Un talent vrai, sublime en sa sincérité,
> L'appelait, par nos vœux, à l'immortalité;
> Mais le sensible effort d'une amitié sincère
> Put à peine obtenir ce petit coin de terre;
> Et le juste tribut du plus pur sentiment
> Honore enfin ce lieu méconnu si longtemps.

See Maija B. May, 'Comte d'Argental: a magistrate in the literary world', *Studies* 76 (1970), p.62-64, 113.

take place at night to avoid a demonstration and consequent scandal. [7] As Voltaire put it graphically:

> Et que l'aimable le Couvreur,
> A qui j'ai fermé la paupière,
> N'a pas eu même la faveur
> De deux cierges et d'une bière;
> Et que monsieur de Laubinière
> Porta la nuit par charité,
> Ce corps autrefois si vanté,
> Dans un vieux tissu empaqueté
> Vers le bord de notre rivière. [8]

In a new note added to *Le Temple du Goût* in 1733, he wrote:

Adrienne Lecouvreur, la meilleure actrice que le Théâtre-Français ait jamais eue et aura peut-être jamais, est enterrée sur le bord de la Seine, à la Grenouillière, près d'un terrain appartenant à M. le comte de Maurepas. On l'y porta à minuit dans un fiacre, avec une escouade de guet, au lieu de prêtres. [9]

In *Candide*, ch.22, he returned to the subject, referring to Mlle Lecouvreur under the name of Monime, a part she had played with distinction:

on lui refusa ce que ces gens-ci appellent *les honneurs de la sépulture*, c'est-à-dire, de pourrir avec tous les gueux du quartier dans un vilain cimetière; elle fut enterrée toute seule de sa bande au coin de la rue de Bourgogne; ce qui dut lui faire une peine extrême, car elle pensait très noblement. Cela est bien impoli, dit Candide. Que voulez-vous? dit Martin; ces gens-ci sont ainsi faits. [10]

Voltaire never let his public forget the indignity inflicted on a great actress through religious prejudice. He wrote in a *Conversation*

---

[7] These orders are reproduced in G.-C. Rivollet, *Adrienne Lecouvreur* (Paris 1825), p.133-43.

[8] 'Epître dédicatoire à M. Fawkener', *Zaïre*, V 8 (1988), p.403.

[9] *Le Temple du Goût* (M.viii.591).

[10] *Candide*, ed. R. Pomeau, V 48 (1980), p.212.

de M. l'intendant des menus en exercise avec M. l'abbé Grizel (M.xxiv.242):

Or cet homme [Molière] ayant été inhumé dans une chapelle ne peut être damné comme Mlle Lecouvreur et Romagnesi, qui sont sur les chemins: peut-être est-il en purgatoire pour avoir fait *le Tartuffe*;

We do not know when Voltaire composed *La Mort de mademoiselle Lecouvreur*,[11] which the future Frederick the Great was later to set *en cantate* (D1428). Mlle Sallé, to whom the poem was dedicated, left for London in December 1730. Voltaire may have written a first draft of the poem soon after Adrienne Lecouvreur's death and later added the dedication to Mlle Sallé, either at the time of her departure, or more likely in April 1731, upon hearing of her success on the London stage. Alternatively he may have written the whole poem during the spring of 1731. From Normandy, where he was preparing the publication of the *Histoire de Charles XII*, he sent a copy of it to Thiriot on 1 May 1731 (D407), admitting that

je ne puis m'empêcher de laisser aller ces vers qui m'ont été dictez par l'indignation, par la tendresse et par la pitié, et dans les quels en pleurant mademoiselle le Couvreur je rends au mérite de m^elle Sallé la justice qui luy est due.

But he also has other reasons for writing it:

je joints ma foible voix à touttes les voix d'Angleterre pour faire un peu sentir la différence qu'il y a entre leur liberté et notre esclavage, entre leur sage hardiesse, et notre folle superstition, entre l'encouragement que les arts reçoivent à Londres, et l'oppression honteuse sous la quelle ils languissent à Paris.

Thiriot must have read the poem in the Paris salons, for copies

---

[11] Few letters have come down to us from this period. There is for example no letter between March and August 1730, and very few for the rest of the year. Voltaire spent the first part of 1731 in and around Rouen working on the *Histoire de Charles XII*, officially pretending to be in England (see D416).

soon circulated in the capital. They attracted the attention of the authorities who seem to have been prepared to take action, as Voltaire explains to Thiriot on 1 June (D414):

Si quelque chose [...] altère le calme de mon esprit, et peut augmenter les souffrances de mon corps [...] c'est la nouvelle injustice qu'on dit que j'essuye en France. Vous savez que je vous envoyay il y a environ un mois quelques vers sur la mort de mademoiselle Lecouvreur, remplis de la juste douleur que je ressens encore de sa perte et d'une indignation peutêtre trop vive sur son enterrement, mais indignation pardonnable à un homme qui a été son admirateur, son ami, son amant, et qui de plus est poète. Je vous suis sensiblement obligé d'avoir eu la sage discrétion de n'en point donner de copies. Mais on dit que vous avez eu affaire à des personnes dont la mémoire vous a trahi, qu'on en a surtout retenu les endroits les plus forts, que ces endroits ont été envenimez, qu'ils sont parvenus jusqu'au ministère, et qu'il ne serait pas sur pour moi de retourner en France.

In the end the storm passed and the authorities seem to have taken no action. The poem was, however, never published separately, but appeared for the first time in the 1732 edition of Voltaire's *Œuvres*, published by Ledet and Desbordes in Amsterdam (w32).[12]

Manuscript

There is a copy of the poem made by Jamet, in a manuscript collection entitled 'Polyanthes, stromates, ou miscellanea, ou chaos' dated 16-26 June 1742, following w36 with variants from a later edition (Bn: F 15363, p.1486-88).

[12] The following poems concerning Adrienne Lecouvreur's death which have been attributed to Voltaire are apocryphal: *Ode à Mlle Le Couvreur*, included in w48R and in the *Mélanges de littérature pour servir de supplément à la dernière édition des Œuvres de M. de Voltaire* (s.l. 1768); *Epitaphe de Mlle Le Couvreur*, included in w48R; *Apothéose de Mlle Le Couvreur, actrice morte le 2 mars 1730*, which is to be found in RP41A, W41C, W48R and in *Troisième suite des mélanges* ([Paris, Prault] 1761). Voltaire attributed this work to Bonneval.

Editions

The text first appeared in w32, was revised for RP40 (the name of Mlle Sallé disappears, both in title and in text, perhaps because it was less apposite in 1740 when her return to England in 1741 was already planned) and few subsequent changes were made.

w32

Œuvres de M. de Voltaire. Amsterdam, Ledet [or] Desbordes, 1732. 2 vol. 8°. Bengesco iv.3-5; Trapnell 32; BnC 2-6.

Volume 1: 225-227 La Mort de Mlle Le Couvreur. A Mlle Sallé.

This edition was based in part upon material supplied by Voltaire, but in D438 he asked for it to be suppressed.

Bn: Rés. Z Bengesco 467 (Ledet); – Rés. Z Beuchot 2 (1); – Ye 9205 (Desbordes).

w36

Œuvres de Voltaire. Amsterdam, [Rouen?], 1736. 4 vol. 12°. Bengesco iv.5; Trapnell 36.

Volume 1: 333-335 La Mort de Mademoiselle Le Couvreur. A Mlle Sallé.

University of Michigan: Rare Book Room.

w37

Œuvres de monsieur de Voltaire. Basle, Brandmuller, 1737. 3 vol. 8°. Bengesco iv.6n; Trapnell 37; BnC 15.

Volume 1: 313-315 La Mort de Mlle Le Couvreur. A Mlle Sallé.

Bn: Rés. Z Beuchot 61A (1).

w38

Œuvres de M. de Voltaire. Amsterdam, Ledet [or] Desbordes, 1738-1756. 9 vol. 8°. Bengesco iv.5-12; Trapnell 39A; BnC 7-11.

Volume 4: 131-134 Sur la mort de Mlle Le Couvreur.

Bn: Rés. Z Beuchot 4 (Ledet); – Rés. 8° B 34042.

w39

Œuvres de M. de Voltaire. Amsterdam [Rouen], Compagnie, 1739. 3 vol. 8°. Bengesco iv.12-13; Trapnell 39R; BnC 16-17.

Volume 2: 297-299 La Mort de Mlle Le Couvreur. A Mlle Sallé.

Bn: Rés. Z Beuchot 5 (2).

RP40A (1739)

Recueil de pièces fugitives en prose et en vers. [Paris, Prault], 1740 [1739]. 1 vol. 8°. Bengesco iv.218-19; BnC 369-370.

175-177 La Mort de Mademoiselle Le Couvreur.

The first edition of this collection, prepared with Voltaire's participation (D2135, D2137). It was seized on 24 November 1739 and suppressed by order of the Conseil d'Etat on 4 December (D2115*n*). The text was revised.

Bn: Zz 4185.

w40

Œuvres de M. de Voltaire. Amsterdam [Rouen?], Compagnie, 1740. 4 vol. 12°. Bengesco iv.13-14; Trapnell 40R; BnC 18.

Volume 4: 124-126 Sur la mort de Mlle Le Couvreur.

There is no evidence of Voltaire's participation in this edition. It follows the text of w38 (except l.12).

Bn: Rés. Z Beuchot 5 bis (1).

RP40B

Recueil de pièces fugitives en prose et en vers. [Rouen?], 1740. 1 vol. 8°. 223 p. Bengesco iv.218-19; BnC 371-373.

142-144 La Mort de Mademoiselle Le Couvreur.

Bn: Zz 4136.

RP40C

Recueil de pièces fugitives en prose et en vers. Paris [Rouen?], 1740. 1 vol. 8°. 224 p. Bengesco iv.218-19; BnC 374-375.

143-144 La Mort de Mademoiselle Le Couvreur.

Bn: Rés. Z Bengesco 477.

RP41A

Recueil de pièces fugitives en prose et en vers. Londres [Rouen?], Société, 1741. 1 vol. 8°. 212 p. Bengesco iv.219; BnC 376.

129-130 La Mort de Mademoiselle Le Couvreur.

Bn: Z 27286 (1); – Rés. Z Beuchot 57 (1).

W41R

Œuvres de M. de Voltaire. Amsterdam [Rouen?], Compagnie, 1741. 4 vol. 12°. Bengesco iv.14-15; Trapnell 41R; BnC 19.

Volume 4: 124-126 Sur la mort de Mlle Le Couvreur.

This edition follows the text of w38.

Bn: Rés. Z Beuchot 6 (4).

W41C (1742)

Œuvres de M. de Voltaire. Amsterdam [Paris, Didot, Barrois], Compagnie, 1741-1742. 5 vol. (vol. 2-5, 1742). 12°. Bengesco iv.15-20; Trapnell 41C; BnC 20-21.

Volume 4 (1742): 107-109 Sur la mort de Mlle Le Couvreur.

This edition follows the text of w40.

Bn: Rés. Z Bengesco 471 (4).

W42

Œuvres mêlées de M. de Voltaire. Genève, Bousquet, 1742. 5 vol. 12°. Bengesco iv.20-23; Trapnell 42G; BnC 22-24.

Volume 4: 107-109 Sur la mort de Mlle Le Couvreur.

Bn: Rés. Z Beuchot 51.

W43

Œuvres de M. de Voltaire. Amsterdam [or] Leipzig, Arckstée et Merkus, 1743-1745. 6 vol. 8°. Bengesco iv.23; Trapnell 43.

Volume 4: 131-134 Sur la mort de Mlle Le Couvreur.

Universitäts- und Stadt-Bibliothek, Köln: 1955 G 1260.

W46

Œuvres diverses de M. de Voltaire. Londres [Trévoux], Nourse, 1746. 6 vol. 12°. Bengesco iv.24-28; Trapnell 46; BnC 25-26.

Volume 5: 109-111 La Mort de Mademoiselle Le Couvreur.

Follows the text of RP40 (except l.25, 52).

Bn: Rés. Z Beuchot 8 (4).

W48D

Œuvres de M. de Voltaire. Dresde, Walther, 1748-1754. 10 vol. 8°. Bengesco iv.31-38; Trapnell 48D; BnC 28-35.

Volume 3: 217-219 La Mort de Mademoiselle Le Couvreur, fameuse actrice.

Bn: Rés. Z Beuchot 10 (3); Taylor: V1 1748 (2).

W48R

[*Title unknown*] [Rouen, Machuel, 1748-?]. 12 vol. 8°. Bengesco iv.28-31, 68-73; Trapnell 48R, 64R; BnC 27, 145-148.

Volume 4: 119-121 Sur la mort de Mademoiselle Le Couvreur.

An edition in 12 volumes started to appear in 1748 and was suppressed at Voltaire's request. It was reissued as part of w64R (see below). It follows the text of w38.

Bn: Rés. Z Beuchot 26 (4) (1764 issue).

W50

La Henriade et autres ouvrages. Londres [Rouen], Société, 1750-1752. 10 vol. 12°. Bengesco iv.38-42; Trapnell 50R; BnC 39.

Volume 3: 252-254 La Mort de Mademoiselle Le Couvreur, fameuse actrice.

Bibliothèque municipale, Grenoble.

W51

Œuvres de M. de Voltaire. [Paris, Lambert], 1751. 11 vol. 12°. Bengesco iv.42-46; Trapnell 51P; BnC 40-41.

Volume 3: 184-186 La Mort de Mademoiselle Le Couvreur, fameuse actrice.

Bn: Rés. Z Beuchot 13 (3). Taylor: VF.

W52

Œuvres de M. de Voltaire. Dresde, Walther, 1752. 9 vol. 8°. Bengesco iv.46-50; Trapnell 52 (vol. 1-8), 70X (vol. 9); BnC 36-38.

Volume 3: 106-109 La Mort de Mademoiselle Le Couvreur, fameuse actrice.

Bn: Rés. Z Beuchot 14 (3).

W56

Collection complette des œuvres de M. de Voltaire. [Genève, Cramer], 1756. 17 vol. 8°. Bengesco iv.50-63; Trapnell 56,57G; BnC 55-66.

Volume 2: 144-146 La Mort de Mademoiselle Le Couvreur, fameuse actrice.

Taylor: VF.

W57G1

Collection complette des œuvres de M. de Voltaire. [Genève, Cramer], 1757. 10 vol. 8°. Bengesco iv.63; Trapnell 56,57G; BnC 67-69.

Volume 2: 144-146 La Mort de Mademoiselle Le Couvreur, fameuse actrice.

Bn: Rés. Z Beuchot 21 (2).

W57G2

Collection complette des œuvres de M. de Voltaire. [Genève, Cramer], 1757. 10 vol. 8°. Bengesco iv.63; Trapnell 56,57G; BnC 67-69.

Volume 2: 144-146 La Mort de Mademoiselle Le Couvreur, fameuse actrice.

StP: 11-74.

W57P

Œuvres de M. de Voltaire. [Paris, Lambert], 1757. 22 vol. 12°. Bengesco iv.63-68; Trapnell 57P; BnC 45-54.

Volume 6: 130-131 La Mort de Mademoiselle Le Couvreur, fameuse actrice.

Taylor: VF; Bn: Rés. Z Beuchot 23 (6) .

63

Sémiramis. Paris, Duchesne, 1763.

119-120 Ode sur la mort de Mademoiselle Lecouvreur.

Bn: Rés. Z Bengesco 67.

T64P

Œuvres de théâtre de M. de Voltaire. Paris, Duchesne, 1764. 5 vol. 12°. Bengesco i.89-90; BnC 620-621.

Volume 3: 395-396 La Mort de Mademoiselle Le Couvreur.

Zentralbibliothek, Lucerne: B 2172 (3).

W64G

Collection complette des œuvres de M. de Voltaire. [Genève, Cramer], 1764. 10 vol. 8°. Bengesco iv.60-63; Trapnell 64,70G; BnC 89.

Volume 2: 161-163 La Mort de Mademoiselle Le Couvreur, fameuse actrice.

Taylor: VF.

w64r

Collection complette des œuvres de M. de Voltaire. Amsterdam, Compagnie [Rouen, Machuel?], 1764. 22 tomes in 18 vol. 12°. Bengesco iv. 28-31; Trapnell 64R; BnC 145-148.

Volumes 1-12 were produced in 1748 and belong to the edition suppressed at the request of Voltaire (see above, w48r).

T67

Œuvres de théâtre de M. de Voltaire. Paris, Duchesne, 1767. 7 vol. 12°. Bengesco i.90; BnC 622-625.

Volume 3: 395-396 La Mort de Mademoiselle Le Couvreur.

Bn: Rés. Yf 3389.

w70g

Collection complette des œuvres de M. de Voltaire. [Genève, Cramer], 1770. 10 vol. 8°. Bengesco iv.60-63; Trapnell 64,70G; BnC 90-91.

Volume 2: 161-163 La Mort de Mademoiselle Le Couvreur, fameuse actrice.

Taylor: V1 1770/1 (2).

w68 (1771)

Collection complette des œuvres de M. de Voltaire. [Genève, Cramer; Paris, Panckoucke], 1768-1777. 30 vol. 4°. Bengesco iv.73-83; Trapnell 68; BnC 141-144.

Volume 18 (1771): 122-123 La Mort de Mademoiselle Le Couvreur, fameuse actrice.

Taylor: VF.

w71p

Œuvres de M. de V.... Neufchatel [Paris, Panckoucke], 1771-1777. 34 or 40 vol. 8° and 12°. Bengesco iv.91-94; Trapnell 72P; BnC 152-157.

Mélanges, volume 3: 198-200 La Mort de Mademoiselle Le Couvreur, fameuse actrice.

Bn: Z 24792.

w70L (1772)

Collection complette des œuvres de M. de Voltaire. Lausanne, Grasset, 1770-1781, 57 vol. 8°. Bengesco iv. 83-89; Trapnell 70L; BnC 149-150.

Volume 22 (1772): 63-65 La Mort de Mademoiselle Le Couvreur, fameuse actrice.

Taylor: V1 1770/2 (22).

w72X

Collection complette des œuvres de M. de Voltaire. [Genève, Cramer?], 1772. 10 vol. 8°. Bengesco iv.60-63; Trapnell 72X; BnC 92-110.

Volume 2: 143-144 La Mort de Mademoiselle Le Couvreur, fameuse actrice.

Bn: 16° Z 15081 (4).

w71P (1773)

Œuvres de M. de V.... Neufchatel [Paris, Panckoucke], 1771-1777. 34 or 40 vol. 8° and 12°. Bengesco iv.91-94; Trapnell 72P; BnC 152-157.

Poésies, volume 1: 212-214 La Mort de Mademoiselle Le Couvreur, fameuse actrice.

Bn: Z 24809.

w71 (1774)

Collection complète des œuvres de M. de Voltaire. Genève [Liège, Plomteux], 1771-1777. 32 vol. 8°. Bengesco iv.89-91; Trapnell 71; BnC 151.

Volume 18 (1774): 102-103 La Mort de Mademoiselle Le Couvreur, fameuse actrice.

Taylor: VF.

W75G

La Henriade, divers autres poèmes et toutes les pièces relatives à l'épopée. [Genève, Cramer & Bardin], 1775. 37 vol. (40 vol. with the *Pièces détachées*). 8°. Bengesco iv.94-105; Trapnell 75G; BnC 158-161.

Volume 12: 90-91 La Mort de Mademoiselle Le Couvreur, fameuse actrice.

Taylor: VF.

W75X

Œuvres de Mr de Voltaire. [Lyons?], 1775. 37 vol. (40 vol. with the *Pièces détachées*). 8°. Bengesco 2141; BnC 162-163.

Volume 12: 90-91 La Mort de Mademoiselle Le Couvreur, fameuse actrice.

Taylor: VF.

K84

Œuvres complètes de Voltaire. [Kehl], Société littéraire-typographique, 1784-1789. 70 vol. 8°. Bengesco 2142; BnC 164-193.

Volume 12: 381-383 La Mort de Mademoiselle Le Couvreur, célèbre actrice.

Taylor: VF.

K85

Œuvres complètes de Voltaire. [Kehl], Société littéraire-typographique, 1785-1789. 70 vol. 8°. Bengesco 2142; BnC 164-193.

Volume 12: 381-383 La Mort de Mademoiselle Le Couvreur, célèbre actrice.

Taylor: VF.

Editorial principles

The base text is W75G, the last edition to be revised by Voltaire, and variants are drawn from W32, W38, RP40, W40, W41C, W42,

w46, w48D, w51, w52, w56, w64G, w68 and κ. Except when otherwise stated, w38 stands for w40, w41C and w42.

The spelling of the names of persons and places has been respected and the original punctuation retained.

The following aspects of orthography and grammar in the base text have been modified to conform to modern usage: the consonant *t* was not used in syllable endings *-ans* and *-ens*: 'talens', 'vivans'; the acute accent was not used in: 'deshonore'; the grave accent was not used in: 'déja'; the circumflex accent was not used in: 'graces', 'manes'; it was used in: 'toûjours'; the plural in *x* was used in: 'loix'; the ampersand was used; the hyphen was used in: 'grand-homme', 'si-tôt'.

LA MORT DE MADEMOISELLE LE COUVREUR, FAMEUSE ACTRICE

Que vois-je? quel objet! Quoi! ces lèvres charmantes,
Quoi! ces yeux d'où partaient ces flammes éloquentes,
Eprouvent du trépas les livides horreurs!
Muses, grâces, amours, dont elle fut l'image,
O mes dieux et les siens, secourez votre ouvrage.   5
Que vois-je? c'en est fait, je t'embrasse, et tu meurs.
Tu meurs, on sait déjà cette affreuse nouvelle:
Tous les cœurs sont émus de ma douleur mortelle.
J'entends de tous côtés les beaux-arts éperdus,

a-b   w32: La Mort de Mlle Le Couvreur, à Mlle Sallé [1]
      w38, w42: Sur la mort de Mlle Le Couvreur
b   RP40, w46, absent
      K: célèbre actrice
5   w32: Dieux, mes seuls dieux, secourez
7   w32, w38: triste nouvelle
8   w32: douleur nouvelle.
      w38: douleur cruelle,

[1] The first edition of the elegy (w32) dedicates the poem specifically to Mlle Sallé and proceeds to refer to her by name (see 49-51*v*). Mlle Marie Sallé, who was to become a leading dancer at the Opéra, was launched on her professional career by Voltaire when, in November 1730, he advised her to get in touch with Gay and obtain letters of recommendation for the Duchess of Queensberry and Lady Bolingbroke (see D383). She made her début at the Queen's Theatre, London, and returned to Paris in triumph in 1731 (see *Le Nouvelliste du Parnasse*, iii.46-48). Voltaire praised her on many occasions. Her talent was not unlike that of Adrienne Lecouvreur and she was commended for the 'noblesse et simplicité' of her movements on the stage. In January 1732 he wrote a madrigal in which the following lines occur:

> Ah! Camargo, que vous êtes brillante!
> Mais que Sallé, grands dieux, est ravissante! (M.x.492)

Thiriot became infatuated with her, but she did not reciprocate his passion.

S'écrier, en pleurant: Melpomène n'est plus.   10
    Que direz-vous, race future, [2]
Lorsque vous apprendrez la flétrissante injure,
Qu'à ces arts désolés font des hommes cruels?
    Ils privent de la sépulture
Celle qui dans la Grèce aurait eu des autels.   15
Quand elle était au monde, ils soupiraient pour elle;
Je les ai vus soumis, autour d'elle empressés:
Sitôt qu'elle n'est plus, elle est donc criminelle;
Elle a charmé le monde, et vous l'en punissez.
Non, ces bords désormais ne seront plus profanes, (a)   20
Ils contiennent ta cendre; et ce triste tombeau,
Honoré par nos chants, consacré par tes mânes,
    Est pour nous un temple nouveau.
Voilà mon Saint-Denis; [3] oui, c'est là que j'adore

(a) Elle est enterrée sur le bord de la Seine.

12   w40, w41c: la florissante injure
13   w32: font des prêtres cruels?
14-19 w32, w38:
        Un objet digne des autels
        Est privé de la sépulture!
     Et dans un champ profane on jette à l'aventure
     De ce corps si chéri les restes immortels. [w38 omits this line]
14   w42: On prive de la sépulture
20   w32, w38, note a absent

[2] Beuchot draws attention to Malherbe, *Sur l'attentat commis en la personne de Henri le Grand le 19 décembre 1605*, which begins: 'Que direz-vous, races futures, / Si quelquefois un vrai discours / Vous récite les aventures / De nos abominables jours?' One might with as much reason suggest that line 7 was prompted by the memory of a famous passage in Bossuet's *Oraison funèbre d'Henriette d'Angleterre*: 'Quand éclata comme un coup de tonnerre cette étonnante nouvelle: Madame se meurt, Madame est morte.'

[3] From the time of Dagobert the kings of France were laid to rest in the abbey of Saint-Denis.

Tes talents, ton esprit, tes grâces, tes appas.   25
Je les aimai vivants, je les encense encore,
    Malgré les horreurs du trépas,
    Malgré l'erreur et les ingrats,
Que seuls de ce tombeau l'opprobre déshonore.
Ah! verrai-je toujours ma faible nation,   30
Incertaine en ses vœux, flétrir ce qu'elle admire,
Nos mœurs avec nos lois toujours se contredire,
Et le Français volage endormi sous l'empire
    De la superstition?
    Quoi! n'est-ce donc qu'en Angleterre   35
    Que les mortels osent penser?
O rivale d'Athène! ô Londre! heureuse terre!
Ainsi que des tyrans, vous avez su chasser
Les préjugés honteux, qui vous livraient la guerre.
C'est là qu'on sait tout dire, et tout récompenser;   40
Nul art n'est méprisé, tout succès a sa gloire.
Le vainqueur de Tallard,[4] le fils de la victoire,
Le sublime Dryden, et le sage Addisson,

25 w32-RF40: Ton esprit, tes talents, tes
     w46: Ton esprit, tes grâces, tes appas
27 w32: Malgré l'enfer, et le trépas,
30 w32: ma sotte nation,
33 w32, w38: le faible Français s'endormir sous
34 w38, w51, with note: A Rome même on n'excommunie point les acteurs.
37 w32, w38: Exemple de l'Europe, ô Londre!
38 w32, w38: que vos tyrans
39 w32, w38: qui nous livrent la guerre

[4] Camille d'Hostun, duc de Tallart or Tallard (1652-1728) had a brilliant military career, being elevated to the rank of marshal of France in 1703, but he was defeated and made a prisoner of war by the duke of Marlborough in 1704. He lived to become a member of the Regency Council in 1717 and was minister of state when Fleury took charge of affairs in 1726. The reference is to the fact that the duke of Marlborough was buried in Westminster Abbey in 1722.

Et la charmante Ophils,[5] et l'immortel Newton,
    Ont part au temple de mémoire: 45
Et le Couvreur à Londre aurait eu des tombeaux
Parmi les beaux-esprits, les rois et les héros.
Quiconque a des talents à Londre est un grand homme.
    L'abondance et la liberté

44   w32, w38: Ophits
45   w32, w38: Ont part également au
       w42: Ont droit également au
49-51 w32, w38:
      Le génie étonnant de la Grèce et de Rome,
      Enfant de l'abondance; et de la liberté,
      Semble après deux mille ans chez eux ressuscité.
      O toi, jeune Sallé, fille de Terpsicore,
      Qu'on insulte à Paris, mais que tout Londre honore,
      Dans tes nouveaux succès reçois avec mes vœux
      Les applaudissements d'un peuple respectable.
      De ce peuple puissant, fier, libre, généreux
      Aux malheureux propice, aux beaux-arts favorable.

[5] Anne Oldfilds or Oldfield, known as Nance Oldfield, was born in 1683 and died on 23 October 1730, being buried in Westminster Abbey. She made her début on the stage in 1700 and performed with distinction in both tragedy and comedy. In his 'Epître dédicatoire à M. Falkener', 1733 (V 8, p.402), Voltaire wrote:
      Votre Ofilds et sa devancière
      Bracegirdle la minaudière
      Pour avoir su dans leurs beaux jours
      Réussir au grand art de plaire,
      Ayant achevé leur carrière,
      S'en furent, avec le concours
      De votre république entière,
      Sous un grand poêle de velours,
      Dans votre église pour toujours
      Loger de superbe manière.
In a letter to Mlle Clairon, August 1765 (D12832), he referred to Nance Oldfield once again in a similar context: 'Il est vrai, mademoiselle, que la belle Ofilds, la première comédienne d'Angleterre, jouit d'un beau mausolée dans l'église de Westminster, ainsi que les rois et les héros du pays, et même le grand Newton. Il est vrai aussi que mademoiselle le Couvreur, la première actrice de France en son temps, fut portée dans un fiacre, au coin de la rue de Bourgogne, non encore pavée;

Ont après deux mille ans chez vous ressuscité   50
    L'esprit de la Grèce et de Rome.
Des lauriers d'Apollon, dans nos stériles champs,
La feuille négligée est-elle donc flétrie?
Dieux! pourquoi mon pays n'est-il plus la patrie
    Et de la gloire et des talents?   55

---

52   w32-RP40:   Du laurier d'Apollon
     w46:   De laurier
53   w32-w48:   est désormais flétrie.

qu'elle y fut enterrée par un crocheteur, et qu'elle n'a point de mausolée. Il y a dans ce monde des exemples de tout.'

Du suicide
ou de l'homicide de soi-même

critical edition

by

Ahmad Gunny

INTRODUCTION

To the French, suicide appeared to be a particularly English phenomenon. The abbé Dubos, for example, wrote: 'Il est en Europe un pays où les hommes qui se défont eux-mêmes sont moins rares qu'ils ne le sont ailleurs. On a observé dans la capitale de ce royaume [...] que de soixante personnes qui se défont elles-mêmes dans le cours d'une année, cinquante se sont portées à cet excès de ferveur vers le commencement ou bien à la fin de l'hiver. Il règne alors dans cette contrée un vent de nord-est qui rend le ciel noir, et qui afflige sensiblement les corps les plus robustes'. [1] La Mottraye thought that no month or even week passes by without some Englishman throwing himself into the Thames, cutting his throat or putting a bullet through his head. This behaviour was due to the London fog. [2] Muralt, whose work Voltaire knew well, spoke of the English contempt for death. The English killed themselves as easily as they killed others and for the most trivial reasons. Of the various ways of committing suicide Muralt found that slashing one's throat with a razor was the most popular. He quoted the case of a Frenchman who had lived long in England and who, thinking that he had become completely English, chose this manner of dying. [3] It is quite likely that Voltaire used Muralt's example in the 'Projet d'une lettre sur les Anglais'

---

[1] Jean-Baptiste Dubos, *Réflexions critiques sur la poésie et la peinture*, quoted by Lanson, *Lettres philosophiques*, ed. G. Lanson and A.-M. Rousseau (Paris 1964), ii.273.

[2] Aubry de La Mottraye, *Voyages du sieur A. de La Motraye en Europe, Asie et Afrique* (La Haye 1727; BV1905), i.165.

[3] Béat-Louis de Muralt, *Lettres sur les Anglais et les Français, et sur les voyages*, trans. P.-F. Guyot Desfontaines and P. Brumoy, 2nd ed. (Cologne 1727; BV2534); ed. C. Gould (Paris 1933), p.113, 134.

which was written about April 1728. There he described the suicide of Molly who left a blood-stained razor by her side.[4] *Du suicide ou de l'homicide de soi-même* has affinity with that part of the 'Projet' since l.186-232 of the latter harp on the theme of suicide, hanging and melancholy in England. In both texts, two young persons commit suicide: Mordaunt was a 'jeune homme [...] beau, bien fait, riche' while Molly was a 'fille jeune, belle, et très riche'.

Another draft of the anecdote related in *Du suicide* concerning Mordaunt was, however, probably written as early as 1726. In an early notebook, we find the following entry (V 81, p.60):

1726 in the month of August

An officer of the guards, who was a relation to mylord Peterborough an[d] of the same name, eight and twenty yars old, rich, healthy but cloyd with life, for som private reasons shot himself. Before he perform'd this business, he setled all his other affairs in the best way he could, paid his debts, sent som present to his friends, wrote to his relations, composed som verses not after the manner of Petronius, but like an english man with strength and force. The two late verses were:

But the truest lodanum of all
Is resolution and a ball.

As soon he made up all his letters, he stood up riht over against a locking glass and shot himself.

Th. Besterman suggests that the heading of the anecdote is highly significant as it must represent the date on which Voltaire wrote it.

It may well be that *Du suicide ou de l'homicide de soi-même* was initially intended by Voltaire to be part of a book about England. René Pomeau wondered whether it was written in 1726.[5] He pointed out that the phrase 'Richard Smith vient de donner' (l.18) became 'Richard Smith, en 1726, donna' in the *Questions sur l'Encyclopédie*. He, however, thought that *Du suicide* was probably

[4] *Lettres philosophiques*, ii.262.
[5] 'En marge des *Lettres philosophiques*: un essai de Voltaire sur le suicide', *Revue des sciences humaines*, nouv. série 75 (1954), p.288.

written in 1729, as Voltaire says. The story of the bookbinder Richard Smith and his wife militates against this date. It is now clear that *Du suicide ou de l'homicide de soi-même* could have been finalised only after 18 April 1732, the date of their deaths, which were reported in the English press. [6] As Voltaire became interested in the question of suicide in 1726 when he was in England, his mistake of suggesting that the deaths of the Smith family occurred in 1726 is understandable more than forty years later.

As René Pomeau has shown, [7] Voltaire recast *Du suicide ou de l'homicide de soi-même* and expanded it into an article in three sections entitled 'De Caton et du suicide'. The revised text appeared in 1774 in the *Questions sur l'Encyclopédie*. The first section of the revised text was entirely new, a moral reflection on suicide, the other sections which were entitled 'Précis de quelques suicides singuliers' and 'Des lois contre le suicide' incorporated much of the original material. In the Kehl edition yet another text on suicide appeared, although the article appears truncated and includes elements published before. Thus there are three different texts on suicide. Here, however, we are only concerned with the first.

Du suicide ou de l'homicide de soi-même may throw some light on the genesis of the *Lettres philosophiques*. We know from the letter written to Thiriot from England on 26 October 1726 that Voltaire thought of the English as 'this unaccountable nation [...] fond of their liberty, learned, witty, despising life and death, a nation of philosophers' (D303). He concluded his remarks by saying that he would one day acquaint him with the character of this strange people. As the idea of writing the *Lettres philosophiques* goes back to 1726 and the correspondence, part of the fragment 'Projet d'une lettre sur les Anglais' and the essay *Du suicide ou de l'homicide de soi-même* echo similar sentiment about the English,

---

[6] See below, p.583, n.5.
[7] 'En marge des *Lettres philosophiques*', p.292-94.

A.-M. Rousseau suggests that Voltaire was at the time turning to the theme of suicide the English way for what he thought might be the first letter. [8] Voltaire did not, of course, persist with this idea when he actually wrote the *Lettres philosophiques*.

Not only was Voltaire interested in English suicides in 1726, but he was himself in a sombre mood then. In his letter to Thiriot, Voltaire is full of melancholy and his state of mind is very conducive to introspection: 'Life is but a dream full of starts of folly, and of fancied and true miseries. Death awakes us from this painful dream, and gives us, either a better existence or no existence at all'. This tone of melancholy is maintained throughout most of the original text of *Du suicide* where Voltaire takes the opportunity of widening the scope of his enquiry into the causes of suicide by looking at the problem in a number of countries. He finds no satifactory explanation.

Did this biographical element have some part to play in the genesis of *Du suicide*? Whereas it had no part to play in a writer such as Montesquieu in his discussion of suicide in letters 76, 77, 125, 126 and 161 of the *Lettres persanes* (1721), Voltaire's case might have been different. As we learn from his letter of 26 October 1726, Voltaire was penniless in London; he was ill and felt 'a stranger, alone, helpless, in the midst of a city', knowing no-one. He says that he wrote much about the death of his sister, Mme Mignot, and that he had wept for her. This led R. Pomeau to conclude that it was the crisis of 1726 which pushed Voltaire towards moral reflection. The personal element should not, however, be taken too far. By 1732, the time of the story of the Smith family, the crisis was well over.

It may be that Voltaire's literary interests were becoming more significant. However, there is little connection between *Brutus*, the tragedy that Voltaire began writing in England, and *Du suicide*. There may be a stronger connection with Addison's tragedy *Cato*

---

[8] *Lettres philosophiques*, ii.311, n.2.

which had an enormous impact on the French from its date of publication in 1713 to the Revolution.[9] Voltaire himself first showed interest in Addison at the time of the *Essay on epic poetry* (1727), but it was primarily as the author of *Cato* that Addison appealed to Voltaire who was particularly interested in the monologue which Cato spoke in act v, scene 1, before committing suicide. It should, however, be pointed out that Voltaire was attracted to *Cato* not only because of the discussion of suicide there, but also for its moral teaching against civil war, its beautiful poetry and the 'regularity' of its construction.

There was nothing original in Voltaire's thought on suicide. Lester Crocker has shown that while suicide became accepted in tragedies dealing with Greeks and Romans in the seventeenth century it was severely condemned by Malebranche, Nicole, Arnauld, Descartes, La Mothe Le Vayer and Jansenist, Jesuit and Protestant theologians.[10] He drew attention to the *Ordonnance criminelle* of 1670 which for the first time grouped suicide with major crimes of heresy. It extended to all who took their own life the condemnation previously reserved exclusively for criminals who committed suicide. Crocker believes that this increased severity led many to question the official attitude and to re-examine their own convictions. Many of the arguments used about suicide in the eighteenth century were borrowed from Greeks and Romans. Indeed, educated Frenchmen had become indoctrinated with the heroic standards of classical antiquity and were familiar with stories of famous men who ended their lives with magnanimous or ostentatious gestures.[11] The eighteenth-century humanists

[9] See A. Gunny, *Voltaire and English literature*, Studies 177 (1979), p.63-74, and 'Some eighteenth-century reactions to plays on the life of Cato', *British journal for eighteenth-century studies* 4 (1981), p.54-65.

[10] L. G. Crocker, 'The discussion of suicide in the eighteenth century', *Journal of the history of ideas* 13 (1952), p.42-72.

[11] See J. McManners, *Death and the Enlightenment* (Oxford 1981), p.413. Cf. below, l.72 and 111 (p.586, 587).

had also followed the lead of Montaigne who was one of the first to reject the implication that suicide is unnatural.

In the light of other contemporary prose texts by Voltaire – *Sottise des deux parts*, *Histoire de Charles XII* – *Du suicide ou de l'homicide de soi-même* appears as a minor piece, particularly if we note how disjointed it is: it starts with a description of English suicides in the 1720s and 1730s, then discusses suicides among the ancient Romans and ends with the women of the Malabar coast burning themselves on the funeral pyre of their husbands. R. Pomeau was no doubt right in suggesting that it appears like the work of a beginner, and that it deserved the treatment given it by Voltaire. [12] Yet despite its shortcomings, it had put Voltaire on the path of becoming a master of French prose, an author of skilfully crafted works such as the 'contes philosophiques', the 'dialogues philosophiques', the *facéties* and the *Dictionnaire philosophique*.

Editions

Du suicide ou de l'homicide de soi-même was first published in the Amsterdam edition of Voltaire's works (w38), the preparation of which was supervised, at least in part, by Voltaire himself. It subsequently appeared in all of the major collected editions of his works.

w38 (1739)

Œuvres de M. de Voltaire. Amsterdam, Ledet [or] Desbordes, 1738-1756. 9 vol. 8°. Bengesco iv.5-12; Trapnell 39A; BnC 7-11.

Volume 4 (1739): [151]-157 Du suicide, ou de l'homicide de soi-même. Chapitre II. Ecrit en 1729;

Volumes 1-4 (at least) produced under Voltaire's supervision, but later denounced by him as inaccurate. This, the first edition, provides the

---

[12] 'En marge des *Lettres philosophiques*', p.293.

base text of the present edition. *Du suicide* is published in w38 as chapter 2 of the 'Mélanges de littérature et de philosophie'.

Bn: Rés. Z Beuchot 4 (Ledet); – Rés. 8° B 34042.

W40

Œuvres de M. de Voltaire. Amsterdam [Rouen?], Compagnie, 1740. 4 vol. 12°. Bengesco iv.13-14; Trapnell 40R; BnC 18.

Volume 4: 142-148 Du suicide, ou de l'homicide de soi-même. Chapitre II. Ecrit en 1729.

There is no evidence of Voltaire's participation in this edition. It is perhaps that attributed by Voltaire to Paupie (at The Hague) in D2412.

Bn: Rés. Z Beuchot 5 bis (1).

RP40A (1739)

Recueil de pièces fugitives en prose et en vers. [Paris, Prault], 1740 [1739]. 1 vol. 8°. 275 p. Bengesco iv.218-19; BnC 369-370.

103-109 Du suicide. Ou de l'homicide de soi-même.

The first edition of this collection, prepared with Voltaire's participation (D2135, D2137). It was seized on 24 November 1739 and suppressed by order of the Conseil d'Etat on 4 December (D2115n). The text presents some variants and was drawn from a slightly different, possibly earlier draft than the manuscript which was used for w38.

Bn: Zz 4185.

RP40B

Recueil de pièces fugitives en prose et en vers. [Rouen?], 1740. 1 vol. 8°. 223 p. Bengesco iv.218-19; BnC 371-373.

84-90 Du suicide ou de l'homicide de soi-même.

A counterfeit of RP40A.

Bn: Zz 4136.

RP40C

Recueil de pièces fugitives en prose et en vers. Paris [Rouen?], 1740. 1 vol. 8°. 224 p. Bengesco iv.218-19; BnC 374-375.

85-90 Du suicide. Ou de l'homicide de soi-même.

Another counterfeit of RP40A.

Bn: Rés. Z Bengesco 477.

RP41A

Recueil de pièces fugitives en prose et en vers. Londres [Rouen?], Société, 1741. 1 vol. 8°. 212 p. Bengesco iv.219; BnC 376.

75-79 Du suicide ou de l'homicide de soi-même.

Another counterfeit of RP40A.

Bn: Z 27286 (1); – Rés. Z Beuchot 57 (1).

W41R

Œuvres de M. de Voltaire. Amsterdam [Rouen?], Compagnie, 1741. 4 vol. 12°. Bengesco iv.14-15; Trapnell 41R; BnC 19.

Volume 4: 142-148 Du suicide, ou de l'homicide de soi-même. Chapitre II. Ecrit en 1729.

Based upon w38. There is no evidence that Voltaire participated in the preparation of this edition.

Bn: Rés. Z Beuchot 6 (4).

W41C (1742)

Œuvres de M. de Voltaire. Amsterdam [Paris, Didot, Barrois], Compagnie, 1741-1742. 5 vol. 12°. Bengesco iv.15-20; Trapnell 41C; BnC 20-21.

Volume 4 (1742): 121-126 Du suicide ou de l'homicide de soi-même.

Based upon w38. There is no evidence of Voltaire's participation and this edition was suppressed at his request. It was reissued as w42.

Bn: Rés. Z Bengesco 471 (4).

W42

Œuvres mêlées de M. de Voltaire. Genève, Bousquet, 1742. 5 vol. 12°. Bengesco iv.20-23; Trapnell 42G; BnC 22-24.

Volume 4: 121-126 Du suicide ou de l'homicide de soi-même.

An amended reissue of w41C, produced with Voltaire's participation.

Bn: Rés. Z Beuchot 51.

w43

Œuvres de M. de Voltaire. Amsterdam [or] Leipzig, Arckstée et Merkus, 1743-1745. 6 vol. 8°. Bengesco iv.23; Trapnell 43.

Volume 4: [151]-157 Du suicide, ou de l'homicide de soi-même. Chapitre II. Ecrit en 1729.

Largely, perhaps entirely, a reissue of the sheets of w38.

Universitäts- und Stadt-Bibliothek, Köln: 1955 G 1260.

w46

Œuvres diverses de M. de Voltaire. Londres [Trévoux], Nourse, 1746. 6 vol. 12°. Bengesco iv.24-28; Trapnell 46; BnC 25-26.

Volume 4: 6-12 Du suicide, ou de l'homicide de soi-même. Chapitre II. Ecrit en 1729.

There is evidence that Voltaire may have been involved in the preparation of this edition: see BnC.

Bn: Rés. Z Beuchot 8 (4).

w48D

Œuvres de M. de Voltaire. Dresde, Walther, 1748-1754. 10 vol. 8°. Bengesco iv.31-38; Trapnell 48D; BnC 28-35.

Volume 2: 7-11 Du suicide, ou de l'homicide de soi-même. Chapitre II. Ecrit en 1729.

This edition was produced with Voltaire's participation.

Taylor: V1 1748 (2).

w48R

[*Title unknown*]. [Rouen, Machuel, 1748-?]. 12 vol. 8°. Bengesco iv.28-31, 68-73; Trapnell 48R, 64R; BnC 27, 145-148.

Volume 4: 138-144 Du suicide, ou de l'homicide de soi-même. Chapitre II. Ecrit en 1729.

An edition in 12 volumes started to appear in 1748 and was suppressed at Voltaire's request. It was reissued as part of w64R (see below) and the only surviving copies carry the 1764 title-pages.

Bn: Rés. Z Beuchot 26 (4).

w50

La Henriade et autres ouvrages. Londres [Rouen], Société, 1750-1752. 10 vol. 12°. Bengesco iv.38-42; Trapnell 50R; BnC 39.

Volume 2: 39-45 Du suicide, ou de l'homicide de soi-même. Chapitre VI. Ecrit en 1729.

There is no evidence of Voltaire's participation in this edition.

Bibliothèque municipale, Grenoble.

w51

Œuvres de M. de Voltaire. [Paris, Lambert], 1751. 11 vol. 12°. Bengesco iv.42-46; Trapnell 51P; BnC 40-41.

Volume 11: 33-39 Du suicide ou de l'homicide de soi-même. Chapitre VI. Ecrit en 1729.

Produced with the participation of Voltaire.

Bn: Rés. Z Beuchot 13 (11).

w52

Œuvres de M. de Voltaire. Dresde, Walther, 1752. 9 vol. 8°. Bengesco iv.46-50; Trapnell 52; BnC 36-38.

Volume 2: 32-37 Chapitre VII. Du suicide, ou de l'homicide de soi-même.

Based upon w48D, with revisions. Produced with the participation of Voltaire.

Bn: Rés. Z Beuchot 14 (2).

W56

Collection complette des œuvres de M. de Voltaire. [Genève, Cramer], 1756. 17 vol. 8°. Bengesco iv.50-63; Trapnell 56,57G; BnC 55-66.

Volume 4: 83-89 Chapitre treizième. Du suicide, ou de l'homicide de soi-même.

The first Cramer edition, produced under Voltaire's supervision.

Taylor: VF.

W57G1

Collection complette des œuvres de M. de Voltaire. [Genève, Cramer], 1757. 10 vol. 8°. Bengesco iv.63; Trapnell 56,57G; BnC 67-69.

Volume 4: 83-89 Chapitre treizième. Du suicide, ou de l'homicide de soi-même.

A revised edition of w56, produced with Voltaire's participation.

Bn: Rés. Z Beuchot 21 (2).

W57G2

Collection complette des œuvres de M. de Voltaire. [Genève, Cramer], 1757. 10 vol. 8°. Bengesco iv.63; Trapnell 56,57G; BnC 67-69.

Volume 4: 83-89 Chapitre treizième. Du suicide, ou de l'homicide de soi-même.

A new edition of w57G1.

StP: 11-74.

W57P

Œuvres de M. de Voltaire. [Paris, Lambert], 1757. 22 vol. 12°. Bengesco iv.63-68; Trapnell 57P; BnC 45-54.

Volume 7: 186-194 Chapitre vingt-unième. Du suicide, ou de l'homicide de soi-même.

Based in part upon w56 and produced with Voltaire's participation.

Taylor: VF.

w64G

Collection complette des œuvres de M. de Voltaire. [Genève, Cramer], 1764. 10 vol. 8°. Bengesco iv.60-63; Trapnell 64,70G; BnC 89.

Volume 4: 87-93 Chapitre treizième. Du suicide, ou de l'homicide de soi-même.

A revised edition of w57G, produced with Voltaire's participation.

Taylor: VF.

w64R

Collection complette des œuvres de M. de Voltaire. Amsterdam, Compagnie [Rouen, Machuel?], 1764. 22 tomes in 18 vol. 12°. Bengesco iv.28-31; Trapnell 64R; BnC 145-148.

Volumes 1-12 were produced in 1748 and belong to the edition suppressed at the request of Voltaire (see above, w48R).

w68 (1771)

Collection complette des œuvres de M. de Voltaire. [Genève, Cramer; Paris, Panckoucke], 1768-1777. 30 vol. 4°. Bengesco iv.73-83; Trapnell 68; BnC 141-144.

Volume 15 (1771): 40-44 Du suicide, ou de l'homicide de soi-même.

The quarto edition published by Cramer, with Voltaire's intermittent participation.

Taylor: VF.

w70G

Collection complette des œuvres de M. de Voltaire. [Genève, Cramer], 1770. 10 vol. 8°. Bengesco iv.60-63; Trapnell 64,70G; BnC 90-91.

Volume 4: 87-93 Chapitre treizième. Du suicide, ou de l'homicide de soi-même.

A new edition of w64G, with few changes.

Taylor: VI 1770/1 (2).

W71

Collection complète des œuvres de M. de Voltaire. Genève [Liège, Plomteux], 1771-1777. 32 vol. 8°. Bengesco iv.89-91; Trapnell 71; BnC 151.

Volume 15: 43-48 Du suicide, ou de l'homicide de soi-même.

Reprints the text of w68. No evidence of Voltaire's participation.

Taylor: VF.

W71P

Œuvres de M. de V.... Neufchatel [Paris, Panckoucke], 1771-1777. 34 or 40 vol. 8° and 12°. Bengesco iv.91-94; Trapnell 72P; BnC 152-157.

Volume 5: [1]-9 Du suicide.

Reproduces the text of w68.

Bn: Z 24794.

W70L (1772)

Collection complette des œuvres de M. de Voltaire. Lausanne, Grasset, 1770-1781, 57 vol. 8°. Bengesco iv. 83-89; Trapnell 70L; BnC 149-150

Volume 27 (1772): 114-120 Du suicide, ou de l'homicide de soi-même.

Some volumes, particularly the theatre, were produced with Voltaire's participation.

Taylor: V1 1770/2 (27).

W72X

Collection complette des œuvres de M. de Voltaire. [Genève, Cramer?], 1772. 10 vol. 8°. Bengesco iv.60-63; Trapnell 72X; BnC 92-110.

Volume 4: 87-93 Chapitre treizième. Du suicide, ou de l'homicide de soi-même.

A new edition of w70G, probably printed for Cramer, but there is no evidence of Voltaire's participation.

Bn: 16° Z 15081 (4).

Editorial principles

The base text for *Du suicide ou de l'homicide de soi-même*, one of the earliest known prose texts by Voltaire, is that of the first edition, w38. It represents the first stage of this text, which was reworked several times, and is closely linked with Voltaire's preoccupations during the 1720s and 1730s as well as with contemporary European views of England. Variants are drawn from RP40, w42, w46, w48D, w51, w52D, w56, w57G, w64G. Variants to w68 will appear when the later version of the text, the article 'De Caton et du suicide', is published in the *Questions sur l'Encyclopédie* (V 37-42).

Modernisation of the base text

The spelling of the names of persons and places has been respected and the original punctuation retained.

The following silent correction has been made to the base text: l.113, 'Marillac' for 'Morillac'.

The following aspects of orthography and grammar in the base text have been modified to conform to modern usage:

1. Consonants
   - the consonant *p* was not used in: tems.
   - double consonants were used in: échaffauds, discrette.
   - a single consonant was used in: tranquilement.
   - *ez* was used for *és*: avouez par, insensez, trainez.

2. Vowels
   - *y* was used in place of *i* in: Payen.
   - *oi* was used in place of *ai* in: étoit, embloit, etc.; connoître, foible, foiblesse.
   - archaic form was used in: avantures.

3. Accents
The acute accent
   - was used in place of the grave in: carriére, lumiére, misére, singuliére.

– was not used in: helas.

The circumflex accent

– was not used in: ame.

– was used in: assûrance.

4. Capitalisation

– initial capitals were attributed to: Ame, Anciens, Bataille, Beaux-Esprits, Charette, Chat, Chef, Chien, Christianisme, Citoyens, Colonnes, Comte, Conseil, Corps, Côte, Cours, Cousin, Duc, Duel, Enfers, Figure de Rhétorique, Gazette, Gouvernement, Guerres Civiles, Guerrier, Héros, Histoires Tragiques, Journaux, Lettre, Loix, Magistrat, Maîtresse, Maréchal, Monde, Mortels, Nature, Ode, Parti, Pays, Poltron, Postillons, Raison, Registre, Religion, Reines, Roi, Troubles, Univers, Voleurs.

– and to adjectives denoting nationality or religion: Anglais, Français, Romains; Chrétien, Payen.

5. Points of grammar

– the final s was not used in the first person singular: sai.

– the plural in x was used in: loix.

6. Various

– the ampersand was used

– the hyphen was used in: très-peu, très-sûr.

– monsieur was abbreviated: Mr.

DU SUICIDE OU DE L'HOMICIDE DE SOI-MÊME[1]

Ecrit en 1729.

Philippe Mordant,[2] cousin germain de ce fameux comte de Peter-borough, si connu dans toutes les cours de l'Europe, et qui se vante d'être l'homme de l'univers qui a vu le plus de postillons et le plus de rois;[3] Philippe Mordant, dis-je, était un jeune homme de vingt-sept ans, beau, bien fait, riche, né d'un sang illustre, pouvant prétendre à tout, et ce qui vaut encore mieux passionnément aimé de sa maîtresse. Il prit à ce Mordant un dégoût de la vie: il paya ses dettes, écrivit à ses amis pour leur dire adieu, et même fit des vers dont voici les derniers traduits en français:

5

3 w52: l'univers et qui a
9 w46-w64G: derniers traits en

[1] The word 'suicide' was introduced as an 'anglicism' by Prévost in July 1734 in *Le Pour et contre*. It became naturalised by 1762 when it appeared in the *Dictionnaire de l'Académie française* (see R. Favre, *La Mort au siècle des Lumières*, Lyon 1978, p.470). The second part of the title, 'de l'homicide de soi-même', thus betrays some hesitation in the use of the word 'suicide' in the early 1730s.

[2] Voltaire is referring to Henry Mordaunt who committed suicide in 1724. His suicide was recorded in *The Daily post*, Saturday 9 May 1724 (no.1441), which added that Mordaunt shot himself through the head and that the verdict at the coroner's inquest was death through lunacy; cf. notebooks (V 81, p.60). It seems that Voltaire was gathering information from various sources (including English newspapers) at different periods for this text.

[3] Charles Mordaunt, third earl of Peterborough (1658-1735), admiral, general and diplomatist, intrigued against James II. In 1689 William, Prince of Orange, appointed him privy councillor, gentleman of the bed chamber and colonel of horse. In 1693 his confidential friendship with the king ended, but on the accession of Anne he was in favour at court and was treated with distinction by Louis XIV. In 1724 he corresponded with Mrs Howard, mistress of the Prince of Wales, the future George II.

L'opium peut aider le sage; 10
Mais, selon mon opinion,
Il lui faut au lieu d'opium
Un pistolet et du courage. [4]

Il se conduisit selon ses principes, et se dépêcha d'un coup de
pistolet, sans en avoir donné d'autre raison, sinon que son âme 15
était lasse de son corps, et que quand on est mécontent de sa
maison, il faut en sortir. Il semblait qu'il eût voulu mourir, parce
qu'il était dégoûté de son bonheur. Richard Smith vient de donner
un étrange spectacle au monde pour une cause fort différente.
Richard Smith était dégoûté d'être réellement malheureux: il avait 20
été riche, et il était pauvre; il avait eu de la santé, et était infirme.
Il avait une femme à laquelle il ne pouvait faire partager que sa
misère: un enfant au berceau était le seul bien qui lui restât.
Richard Smith et Bridget Smith, d'un commun consentement,
après s'être tendrement embrassés et avoir donné le dernier baiser 25
à leur enfant, ont commencé par tuer cette pauvre créature, et
ensuite se sont pendus aux colonnes de leur lit. Je ne connais nulle
part aucune horreur de sang-froid qui soit de cette force; mais la
lettre que ces infortunés ont écrite à M. Brindlay, leur cousin,
avant leur mort, est aussi singulière que leur mort même. 30

'Nous croyons, disent-ils, que Dieu nous pardonnera, etc. Nous
avons quitté la vie, parce que nous étions malheureux sans

12   w56-w64G: d'opion
18   RP40: bonheur. ¶Richard
19   RP40, W42: monde, par une cause
21   RP40, W42, W46: et il était infirme.
31   RP40: pardonnera, et nous

[4] The translation is by Voltaire. The English text, recorded by Voltaire in his
notebooks (see above, p.566), is not given in *The Daily post*, but Charles Moore
quotes Mordaunt as saying that 'opinion may be serviceable to the wise on such
occasions, but that in his opinion a brace of balls and resolution were much better'
(*A full inquiry into the subject of suicide*, London 1790, i.372).

ressource, et nous avons rendu à notre fils unique le service de le
tuer, de peur qu'il ne devînt aussi malheureux que nous etc.'

Il est à remarquer que ces gens, après avoir tué leur fils par   35
tendresse paternelle, ont écrit à un ami pour lui recommander leur
chat et leur chien.⁵ Ils ont cru, apparemment, qu'il était plus aisé
de faire le bonheur d'un chat et d'un chien dans le monde, que
celui d'un enfant; et ils ne voulaient pas être à charge à leur ami.

Toutes ces histoires tragiques, dont les gazettes anglaises   40
fourmillent, ont fait penser à l'Europe qu'on se tue plus volontiers

---

39-40   w51-w64G: ami. ¶Milord Scarborough a quitté la vie depuis peu avec
le même sang-froid qu'il avait [w51: a] quitté sa place de grand-écuyer. On lui
reprochait dans la chambre des pairs qu'il prenait le parti du roi parce qu'il avait
une belle charge à la cour. Messieurs, dit-il, pour vous prouver que mon opinion
ne dépend pas de ma place, je m'en démets dans l'instant. Il se trouva depuis
embarrassé entre une maîtresse qu'il aimait, mais à qui il n'avait rien promis, et une
femme qu'il estimait, mais à qui il avait fait une promesse de mariage. Il se tua pour
se tirer d'embarras.⁶ ¶Toutes

---

⁵ The basic facts (with slight variants) relating to the suicide of Richard and
Bridget Smith on 18 April 1732 are given in *The Daily journal* of 19 April (no.3522),
The Daily courant (no.5000) and *The Daily post* (no.3928) of the same date. Further
details concerning the letters left by Richard Smith, including the one addressed to
his cousin Brindley, are provided by Charles Moore (*A full inquiry*, ii.165). Moore
added that Smith's behaviour gained much notoriety abroad through its having
been recorded by Voltaire and might have had some influence on Boissy who later
attempted suicide but was saved by a friend.

⁶ The same story is told in the article 'De Caton et du suicide' of the *Questions
sur l'Encyclopédie* where Voltaire mistakenly says that Richard Lumley, Lord
Scarborough, who died unmarried on 29 January 1740, committed suicide in 1727.
A slightly different version of Scarborough's leaving his post of equerry is to be
found in the notebooks, where he appears alongside Scipio, Cicero, Pericles, the
maréchal de Villars and the duc de Guise under the heading 'Exemples de grandeur
d'âme': 'Mylord Scarborow ayant pris le parti du roy dans le parlement, on luy
reprocha que c'étoit parce qu'il étoit son grand écuier. Eh bien, dit-il, je me démets
de cette charge, pour avoir le droit de prendre le party de mon roy quand il aura
raison' (V 81, p.368).

en Angleterre qu'ailleurs. [7] Je ne sais pourtant si à Paris il n'y a pas autant de fous qu'à Londres; peut-être que si nos gazettes tenaient un registre exact de ceux qui ont eu la démence de vouloir se tuer et le triste courage de le faire, [8] nous pourrions sur ce point avoir le malheur de tenir tête aux Anglais. Mais nos gazettes sont plus discrètes: les aventures des particuliers ne sont jamais exposées à la médisance publique dans ces journaux avoués par le gouvernement. Tout ce que j'ose dire avec assurance, c'est qu'il ne sera jamais à craindre que cette folie de se tuer devienne une maladie épidémique: la nature y a trop bien pourvu; l'espérance, la crainte, sont les ressorts puissants dont elle se sert, pour arrêter presque toujours la main du malheureux prêt à se frapper. [9]

43   w48D-w64G: fous ou de héros qu'à
44-45   RP40:   de se vouloir tuer
51   RP40:   l'espérance, et la crainte
52-53   w48D-w64G: arrêter très souvent la main

[7] In Voltaire's opinion, people are wrong in thinking that there are more suicides in England than elsewhere. This error stems from the fact that suicides attract much more publicity in the British press. Voltaire's belief will be confirmed by Charles Moore who quotes Voltaire (*A full inquiry*, i.342); see also *Lettres philosophiques*, ed. G. Lanson and A.-M. Rousseau (Paris 1964), ii.326, n.86.

[8] The English press did not regularly publish such a register. In *Death and the Enlightenment* (Oxford 1981), p.428, J. McManners argues that the French did not have much statistical evidence to work on, though we know that the suicide rate in Greater London in 1700-1706 was double what it had been thirty years earlier and by 1750 had doubled again. What was available was literary and anecdotal evidence from the gazettes. For example, *The Daily courant* and *The Daily post* of 6 July 1732 reported the case of a Mr Nomes who shot himself in the neck at a tavern behind the Royal Exchange and died the next day. *The Daily courant* of 7 July 1732 reported news from Hereford that on 28 June Nicholas Philpot, a former member of Parliament, was found shot dead through the temples near the city; the verdict at the coroner's inquest was death through lunacy. C. Moore felt that the only way of obtaining information on the annual number of suicides in England was from 'records of inquisitions usually (though not always regularly) preserved by every coroner' (*A full inquiry*, i.350). He stressed the problem as most counties had several coroners for the county and every city had its own coroner.

[9] Cf. the passage in the *Lettres philosophiques*, xxv, where Voltaire refutes Pascal's

On a beau nous dire qu'il y a eu des pays où un conseil était établi pour permettre aux citoyens de se tuer, quand ils en avaient des raisons valables;[10] je réponds, ou que cela n'est pas vrai, ou que ces magistrats avaient très peu d'occupation.

Voici seulement ce qui pourrait nous étonner et ce qui mérite, je crois, un sérieux examen. Les anciens héros romains se tuaient presque tous, quand ils avaient perdu une bataille dans les guerres civiles, et je ne vois point que ni du temps de la Ligue, ni de celui de la Fronde, ni dans les troubles d'Italie, ni dans ceux d'Angleterre, aucun chef ait pris le parti de mourir de sa propre main. Il est vrai que ces chefs étaient chrétiens, et qu'il y a bien de la différence entre les principes d'un guerrier chrétien et ceux d'un héros païen; cependant pourquoi ces hommes, que le christianisme retenait, quand ils voulaient se procurer la mort, n'ont-ils été retenus par rien, quand ils ont voulu empoisonner, assassiner, ou faire mourir

54   RP40:   beau dire
56   w46:   raisons vrai, valables [errata: β]
57-58   w51:   d'occupation. ¶Les apôtres du suicide nous disaient qu'il est très permis de quitter sa maison quand on est las. D'accord, mais la plupart des hommes aiment mieux coucher dans une vilaine maison que de dormir à la belle étoile. ¶Je reçus un jour d'un Anglais une lettre circulaire par laquelle il proposait un prix à celui qui prouverait le mieux qu'il faut se tuer dans l'occasion.[11] Je l'envoyai promener avec son prix. Il n'avait qu'à examiner s'il aimait mieux la mort que la vie. ¶Voici
61-62   RP40:   ni du temps de la Fronde

pessimism: 'La nature a établi que chaque homme jouirait du présent en se nourrissant, en faisant des enfants, en écoutant des sons agréables, en occupant sa faculté de penser et de sentir, et qu'en sortant de ces états, souvent au milieu de ces états même, il penserait au lendemain, sans quoi il périrait de misère aujourd'hui' (ii.204-205).

[10] By 'on' Voltaire means the advocates for suicide, that is the 'apôtres du suicide' as he calls them below (l.57-58v).

[11] Voltaire mentions this 'lettre circulaire' again in the article 'De Caton et du suicide'. We have found no other mention of it.

leurs ennemis vaincus sur des échafauds, etc.? La religion chrétienne ne défend-elle pas ces homicides-là, encore plus que 70
l'homicide de soi-même?

Pourquoi donc, Caton, Brutus, Cassius, Antoine, Othon et tant d'autres, se sont-ils tués si résolument, et que nos chefs de parti se sont laissé pendre, ou bien ont laissé languir leur misérable vieillesse dans une prison? Quelques beaux esprits disent que ces 75
anciens, n'avaient pas *le véritable courage*: que Caton fit une action de *poltron* en se tuant, et qu'il y aurait eu bien plus de grandeur d'âme à ramper sous César; cela est bon dans une ode, ou dans une figure de rhétorique. [12] Il est très sûr que ce n'est pas être sans courage que de se procurer tranquillement une mort sanglante: 80
qu'il faut quelque force pour surmonter ainsi l'instinct le plus puissant de la nature; et qu'enfin une telle action prouve de la fureur et non pas de la faiblesse. Quand un malade est en frénésie, il ne faut pas dire qu'il n'a point de force; il faut dire que sa force est celle d'un frénétique. 85

La religion païenne defendait l'homicide de soi-même, ainsi que la chrétienne: il y avait même des places dans les enfers pour ceux qui s'étaient tués:

69   RP40:   échafauds, la religion
71-72   W52-W64G: soi-même? ¶Les apôtres [...] étoile. ¶J'ai reçu d'un Anglais
[...] l'occasion. [W56-W70L: Je n'avais rien à lui prouver] vie. [see 57-58*v*, above]
Pourquoi
80   RP40:   procurer ainsi tranquillement
84   RP40:   n'a pas de
85   RP40:   est d'un

[12] Voltaire is referring to Antoine Houdar de La Motte's *L'Amour-propre, ode à l'évêque de Soissons*, stanza 10, which he quotes in the article 'De Caton et du suicide' (see *Odes*, Paris 1709, p.225). He refutes the 'ingénieux' La Motte, author of an ode that is 'plus philosophique que poétique', and holds that it was because Cato maintained the same love for law and country to the last that he preferred to die with it rather than crawl under a tyrant.

Proxima deinde tenent moesti loca, qui sibi lethum,
Insontes peperere manu, lucemque perosi 90
Projecere animas; quam vellent aethere in alto,
Nunc et pauperiem et duros perferre labores!
Fata obstant, tristique Palus innabilis unda
Alligat, et novies Styx interfusa coercet.

Virg. Æneid. Lib VI. v. 434 et seqq. 95

Là sont ces insensés qui, d'un bras téméraire,
Ont cherché dans la mort un secours volontaire,
Qui n'ont pu supporter, faibles et malheureux,
Le fardeau de la vie imposé par les dieux.
Hélas! ils voudraient tous se rendre à la lumière, 100
Recommencer cent fois leur pénible carrière:
Ils regrettent la vie, ils pleurent, et le sort,
Le sort, pour les punir, les retient dans la mort;
L'abîme du Cocyte et l'Achéron terrible,
Met, entre eux et la vie, un obstacle invincible. [13] 105

Telle était la religion des païens, et malgré les peines qu'on allait chercher dans l'autre monde, c'était un honneur de quitter celui-ci et de se tuer; tant les mœurs des hommes sont contradictoires. Parmi nous le duel n'est-il pas encore malheureusement honorable, quoique défendu par la raison, par la religion et par 110 toutes les lois? [14] Si Caton et César, Antoine et Auguste, ne se sont

98   w52-w64G: faibles et furieux,

[13] The translation appears to be by Voltaire. The first three lines of Virgil were quoted by Montaigne in *Essais*, II.iii. Montaigne defends suicide elsewhere, for example in II.xiii.

[14] There are frequent references to duels in the notebooks. Voltaire notes, for instance, that Louis XIV abolished duelling which had been maintained by many other kings before and which had been regarded as the finest privilege of the nobility and the duty of chivalry. He adds that bishops sometimes ordered duelling and that duels were called '*combats légitimes*, conflicts ordonnez par les loix', by pope Nicolas I and divine judgement by some councils (V 81, p.230-31).

pas battus en duel, ce n'est pas qu'ils ne fussent aussi braves que
nos Français. Si le duc de Montmorenci, le maréchal de Marillac,
de Thou, St Mars, et tant d'autres, ont mieux aimé être traînés au
dernier supplice dans une charette, [15] comme des voleurs de grand
chemin, que de se tuer comme Caton et Brutus, ce n'est pas qu'ils
n'eussent autant de courage que ces Romains, et qu'ils n'eussent
autant de ce qu'on appelle honneur; la véritable raison, c'est que
la mode n'était pas alors à Paris de se tuer, en pareil cas, et cette
mode était établie à Rome.

Les femmes de la côte de Malabar se jettent toutes vives sur le
bûcher de leurs maris: [16] ont-elles plus de courage que Cornélie?
Non, mais la coutume est dans ce pays-là que les femmes se
brûlent.

115

120

117   RP40:   que les Romains
122   RP40:   de leur mari. Ont

[15] Henri II, duc de Montmorency (1595-1632): following his uprising against
Louis XIII and Richelieu, he was condemned to death by the Parlement of Toulouse
and was beheaded there on 30 October 1632. – Louis de Marillac (1573-1632),
marshal of France in 1629: devoted to Marie de Medici, he became involved in a
plot against Richelieu. He was condemned to death for misappropriation of funds
and was executed on 10 May 1632. – François-Auguste de Thou (1607-1642), son
of the historian and councillor of state: he plotted with Cinq-Mars against Richelieu,
was condemned to death and executed on 12 September 1642. – Henri Coiffier de
Ruzé d'Effiat, marquis de Cinq-Mars (1620-1642): a favourite of Louis XIII.
Richelieu had first showered honours on him, but the two subsequently became
rivals. Denounced by Richelieu to the king for his part in the treaty signed with
Spain, Cinq-Mars was condemned to death and executed on 12 September 1642.

[16] This Hindu custom (suttee) attracted much attention in the seventeenth and
eighteenth centuries. In his *Voyages* (1668) François Bernier describes a scene in
which he dissuaded a widow from burning herself. In *Lettres persanes*, CXXV,
Montesquieu denounced this cruel custom; see C. Betts, 'Constructing utilitarianism:
Montesquieu on suttee in the *Lettres persanes*', *French studies* 51 (1997), p.19-29. In
the chapter 'Le Bûcher' of *Zadig*, Voltaire too denounced the custom and made
Zadig save Almona from the flames. Cf. notebooks (V 82, p.588).

Coutume, opinion, reines de notre sort,   125
Vous réglez des mortels et la vie et la mort. [17]

---

[17] These lines appear to be by Voltaire, but the origin of the thought can be
traced back to Montaigne, *Essais*, II.iii, 'Coustume de l'isle de Cea', which is an
apology for suicide. Montaigne gives a number of examples, mainly from the
Ancients, to justify his view, that 'la plus volontaire mort, c'est la plus belle'. He
ends the chapter by quoting Pliny's story about the inhabitants of a certain country
who appreciated good food, but grew tired of life and were accustomed to hurl
themselves from the top of a rock into the sea.

Poésies
1728-1730

édition critique

par

Nicole Masson

Lettre écrite de Plombières à monsieur Pallu.
Août 1729[1]

Du fond de cet antre pierreux,

a-b   MS1, MS2:   Lettre à M. Pallu de Plombières [MS2: Plombière] en Lorraine
[MS1: Lorrain] le 12 juillet 1729
        W50, W51:   à M. Pallu intendant de Lyon, août 1729
        W52-W75G: Pallu, conseiller d'Etat
        K: A M. Pallu. A Plombières, août 1729.
b   W42:   Août 1739.
1   RP40:   fond cet [erreur]

[1] Bertrand-René Pallu, à qui s'adresse cette lettre, est un ami de longue date de Voltaire. Ami fidèle aussi, puisqu'en avril 1726, pendant l'affaire du chevalier de Rohan, il lui avait rendu visite à la Bastille (voir Desnoiresterres, i.403). Pallu est un administrateur, sa carrière nous le prouve: maître des requêtes en 1729, intendant de Moulins en 1734, intendant de Lyon en 1738, conseiller d'Etat en 1749. Il avait épousé la fille de M. de La Vieuville, grand audiencier de France; il était le beau-frère d'Antoine-Louis de Rouillé, ministre chargé de la Librairie. On a souvent émis des doutes sur l'authenticité de cette pièce, stylistiques (R. A. Nablow, *A study of Voltaire's lighter verse*, Studies 126, 1974, p.151), ou biographiques (D364, commentaire). La présence du poème dans le recueil manuscrit que Voltaire envoya à Cideville en mars 1735 lève les incertitudes. Par ailleurs Marais confirme que Voltaire accompagnait parfois le duc de Richelieu lorsqu'il allait prendre les eaux à Plombières, notamment durant l'été 1730 (iv.139-44). Cette année-là, il rentra à Paris avant le 3 juillet. Il est fort possible qu'il y soit déjà allé l'année précédente, et pour une plus longue durée. De plus, Marais cite le poème lui-même (iv.334) et ne semble pas douter un instant de la paternité de Voltaire. La date exacte de composition de cette lettre, confirmée par les deux leçons manuscrites, semble être le 12 juillet 1729.

Manuscrits: MS1, copie avec corrections de Voltaire (StP, Aut 288, f.9r-11r); MS2, copie envoyée à Cideville par Voltaire (Cideville, Poésies de Voltaire, f.61v-64r. Editions: RP40, p.164-66; W41C, v.143-45; W42, v.143-45; W43, vi.160-63; W38, vi (1745).160-63; W46, v.152-54; W48D, iii.84-86; W48R, v.134-39; W50, iii.108-10; W51, iii.91-93; W52, iii.217-19; W56, ii.264-66; W57G, ii.264-66; W57P, vi.II.244-46; W64G, ii.282-84; W68, xviii.358-60; W70G, ii.282-84; W70L, xxiii.178-80; W71, xviii.304-306; W71P, *Mélanges* (1771), iii.289-91; W71P, *Poésies* (1773), i.311-13; W72X, ii.246-48; W75G, xii.360-62; K, xiii.53-56. Texte de base: RP40.

Entre deux montagnes cornues,
Sous un ciel noir et pluvieux,
Où les tonnerres orageux
Sont portés sur d'épaisses nues,
Près d'un bain chaud, toujours crotté,　　　　　　5
Plein d'une eau qui fume et bouillonne,
Où tout malade empaqueté,
Et tout hypocondre entêté,
Qui de son mal toujours raisonne,
Se baigne, s'enfume, et se donne　　　　　　10
La question pour la santé. [2]
　　De cet antre où je vois venir
D'impotentes sempiternelles,
Qui toutes pensent rajeunir,　　　　　　15
Un petit nombre de pucelles,
Mais un beaucoup plus grand de celles
Qui voudraient le redevenir;
Où par le coche on nous amène
De vieux citadins de Nancy,　　　　　　20
Et des moines de Commercy,

10　　MS2, W51-K:　qui sur son mal
12　　MS1, MS2, K, entre 12 et 13:　Où l'espoir ne quitte personne.

[2] Plombières, située au fond de l'étroite vallée de l'Eaugronne, fut de tout temps exploitée pour ses eaux. La station thermale connut au dix-huitième siècle un essor remarquable, grâce aux travaux commandés en 1725 par Léopold de Lorraine. Avec ses vingt-sept sources, Plombières était surtout célèbre pour ses bains et ses étuves, où l'on restait des heures durant, parfois la journée entière, après avoir été 'empaqueté' dans une chemise de grosse toile. Dom Calmet écrivit un *Traité historique des eaux et bains de Plombières* en 1748.

Avec l'attribut de Lorraine [3]
Que nous rapporterons d'ici.
   De ces lieux où l'ennui foisonne,
J'ose encore écrire à Paris.   25
Malgré Phœbus qui m'abandonne,
J'invoque l'Amour et les Ris;
Ils connaissent peu ma personne;
Mais c'est à Pallu que j'écris,
Alcibiade me l'ordonne,   30
C'est l'Alcibiade français [4]
Dont vous admiriez les succès
Chez nos prudes, chez nos coquettes,
Plein d'esprit, d'audace et d'attraits,

22   MS2:   Avec des couilles de
30-40   MS1, MS2:

       Et c'est Richelieu qui l'ordonne [MS1: [↑]Alcibiade me l'ordonne]
       Vous l'avez vu ce Richelieu [MS1: [↑]Cet Alcibiade inconstant]
       Portant si gaiement en tout lieu
       [MS1: [↑]En tout lieu porta si gaiement] Ses attraits et son cœur volage
       Et non moins trompeur que le dieu l'Amour, [MS1: [↑]Plus trompeur
       que le dieu charmant]
       Dont il fut la brillante image. [MS1: [↑]le prêtre et l'image]
31-40   W42-K:

       Alcibiade, qu'à la cour
       Nous vîmes [W42: On a vu] briller tour à tour,
       Par ses grâces, par son courage,
       Gai, généreux, tendre, volage,
       Et séducteur comme [W42: Et non moins trompeur que] l'Amour,
       Dont il fut la brillante image.

[3] Voltaire fait allusion à deux passages de Rabelais: *Pantagruel*, ch.1 et *Le Tiers livre*, ch.8 (*Œuvres complètes*, éd. P. Jourda, Paris 1962, p.223, 435). Il y est fait allusion, entre autres, à la saleté d'un Lorrain, répondant au nom de Viardière, et à quelques particularités anatomiques des Lorrains en général. Marais confirme que cette leçon très crue du poème est la bonne (iv.234), bien qu'elle soit 'disputée' dès 1732, et qu'on y préfère parfois la variante 'Avec des nymphes de Lorraine'...

[4] Il s'agit de Louis-François-Armand de Vignerot Du Plessis, duc de Richelieu, affublé ici d'un surnom quelque peu flatteur.

De vertus, de gloire et de dettes.   35
Toutes les femmes l'adoraient,
Toutes avaient la préférence;
Toutes à leur tour se plaignaient
Des excès de son inconstance,
Qu'à grand'peine elles égalaient.   40
    L'Amour ou le Temps l'a défait
Du beau vice d'être infidèle;
Il prétend d'un amant parfait
Etre devenu le modèle.

    J'ignore quel objet charmant   45
A produit ce grand changement,
Et fait sa conquête nouvelle:
Mais, qui que vous soyez, la belle,
Je vous en fais mon compliment.

    On pourrait bien, à l'aventure,   50
Choisir un autre greluchon, 5
Plus Alcide pour la figure,
Et pour le cœur, plus Céladon: 6

49-51   MS1, MS2:
        On peut en prendre sans façon
        Un plus vigoureux, je vous jure;
51   w42, avec note: Terme familier qui signifie un amant de passage.

5 Le terme de 'greluchon' n'entrera dans le *Dictionnaire de l'Académie* qu'en 1762. Il est familier et libre pour caractériser un amant de passage. Le mot est, semble-t-il, apparu pour la première fois sous la plume de Nicolas Ragot de Grandval, dans *Cartouche ou le vice puni*, en 1725.

6 Alcide, par allusion à l'un des noms d'Hercule (Alkeidès venant de alkê, la force), évoque un homme fort et robuste. Quant à Céladon, personnage de *L'Astrée*, son nom est devenu synonyme de soupirant fidèle et platonique. Richelieu, à son retour de Vienne, n'a pas cessé d'être volage: on ne lui connaît pas moins de quatre 'amies' régulières, sans compter 'les anciennes' (M. Pollitzer, *Le Maréchal galant*, Paris 1952, p.56 ss.). A quelle femme s'adresse alors Voltaire dans ce poème? Marie-Sophie de Courcillon, la marquise de Flamarens, Mme de Tencin? A moins qu'il ne s'agisse de Mme Du Châtelet, maîtresse du duc à cette époque.

Mais quelqu'un plus aimable? non,
Il n'en est point dans la nature; 55
Car, madame, où trouvera-t-on
D'un ami la discrétion,
D'un vieux seigneur la politesse,
Avec l'imagination
Et les grâces de la jeunesse, 60
Un tour de conversation,
Sans empressement, sans paresse,
Et l'esprit monté sur le ton
Qui plaît à gens de toute espèce?
Et, n'est-ce rien d'avoir tâté 65
Trois ans de la formalité
Dont on assomme une ambassade, [7]
Sans nous avoir rien rapporté
De la pesante gravité
Dont cent ministres font parade? 70
A ce portrait si peu flatté,
Qui ne voit mon Alcibiade?

66 MS1: de formalités
70 W46-W52, vers omis
70-72 MS1, MS2:
        C'est bien dommage en vérité
        Qu'un pareil amant soit malade.
        Voilà bien des vers, mon cher monsieur, qui ne valent pas assurément
        ni la personne dont je parle, ni celle à qui je les envoie.

[7] Richelieu quitta Paris en mai 1725, envoyé en ambassade à Vienne. Il rentra en France en 1728.

Aux mânes de monsieur de Génonville,
conseiller au Parlement et intime ami de l'auteur[1]

Toi que le ciel jaloux ravit dans son printemps;

a-b   MSI, w38-w42:   Aux mânes de Genonville [...] l'auteur, mort en 1722.
       w57G-w68, avec note: Cette pièce est de 1729. Il n'y avait pas tout à fait dix ans que M. de Genonville était mort.
       K: Epître aux mânes de M. de Genonville (1729).
1   MSI, w38-w42, w51:   dans ton printemps

[1] Nicolas-Anne Le Fèvre de La Faluère était le fils d'un président à mortier du parlement de Bretagne; Génonville était le nom de sa mère. Génonville évoluait dans le même monde, lettré et épicurien, que le jeune Voltaire. Il rimait lui aussi des petits vers (D63). Voltaire appréciait beaucoup ce compagnon: il loue son esprit 'enjoué' et son bon caractère. Cependant Voltaire aurait pu garder contre lui quelque grief, puisque pendant son embastillement il lui souffla sa maîtresse, Suzanne de Livry, à laquelle il est fait allusion dans ce poème. Génonville est décédé brusquement d'une attaque de petite vérole en septembre 1723, époque où Voltaire contracta lui aussi la maladie. Voltaire fut très affecté par ce décès: 'Je le regretterai toute ma vie', confiait-il à Moncrif quelques jours plus tard (D164). Voltaire est fidèle en amitié, et longtemps après la disparition de son ami, il compose ce poème assez émouvant. Les circonstances qui l'ont poussé à le composer ne sont pas très précisément connues. On associe généralement cette pièce à celle des 'Vous et des Tu', mais dans les 'Vous et des Tu', Suzanne-Catherine Gravet de Corsembleu de Livry, devenue marquise de Gouvernet, ferme sa porte à Voltaire, alors que dans l'épître 'aux mânes de M. de Genonville', elle bavarde avec lui des temps anciens et s'en émeut. La contradiction est frappante. Faudrait-il reconsidérer la date généralement admise de 1729? Voltaire dirait-il vrai en faisant remonter la mort de son ami à 'dix ans' et non six? Il serait étonnant qu'il se trompât dans les dates. La parution cependant dans w32, c'est-à-dire en 1732, impose une date limite.

Manuscrits: MSI, copie envoyée à Cideville par Voltaire (Cideville, Poésies de Voltaire, f. 61v-64r. Editions: w32, i.228-30; w37, i.316-18; w38, iv.128-29; w39R, i.300-302; RP40, p.172-74; w40, iv.121-23; w40R, iv.104-106; w41C, iv.104-106; w41R, iv.121-23; w42, iv.104-106; w43, iv.128-29; w46, v.107-108; w48D, iii.214-16; w48R, iv.116-18; w50, iii.249-51; w51, iii.182-83; w52, iii.104-105; w56, ii.142-43; w57G, ii.142-43; w57P, vi.II.128-29; w64G, ii.159-60; w68, xviii.353-54; w70G, ii.159-60; w70L, xxii.175-76; *Epîtres, satires, contes, odes, etc.* (Londres 1771), p.210-12; *Epîtres, satires, contes, odes, etc. avec des pièces ajoutées* (Londres 1771), p.171-72; w71, xviii.300-301; w71P, *Mélanges* (1771), iii.196-97; w71P, *Poésies* (1773), i.210-11; w72X, ii.141-42; w75G, xii.355-56; K, xiii.57-58. Texte de base: w32.

Toi de qui je conserve un souvenir fidèle,
   Vainqueur de la mort et du temps;
   Toi dont la perte, après dix ans,
   M'est encore affreuse et nouvelle;   5
Si tout n'est pas détruit; si, sur les sombres bords,
Ce souffle si caché, cette faible étincelle,
Cet esprit, le moteur et l'esclave du corps,
Ce je ne sais quel sens qu'on nomme âme immortelle
Reste inconnu de nous, est vivant chez les morts;   10
S'il est vrai que tu sois, et si tu peux m'entendre,
O mon cher Genonville! avec plaisir reçoi
Ces vers et ces soupirs que je donne à ta cendre,
Monuments d'un amour immortel comme toi.
Il te souvient du temps où l'aimable Egérie,[2]   15
   Dans les beaux jours de notre vie,
Ecoutait nos chansons, partageait nos ardeurs.
Nous nous aimions tous trois. La raison, la folie,
L'amour, l'enchantement des plus tendres erreurs,
   Tout réunissait nos trois cœurs.   20
Que nous étions heureux! même cette indigence,
   Triste compagne des beaux jours,
Ne put de notre joie empoisonner le cours.
Jeunes, gais, satisfaits, sans soin, sans prévoyance,
Aux douceurs du présent bornant tous nos désirs,   25
Quel besoin avions-nous d'une vaine abondance?
Nous possédions bien mieux, nous avions les plaisirs.

---

2   w40R, w41C, w42: conserve le souvenir
14 MSI, RP40-K: Monument d'un
15 MSI: Te souvient-il du
23 w68, w75G: Ne peut de notre
24 RP40-K: sans soins, sans

[2] Il s'agit bien entendu de Suzanne de Livry, également évoquée ci-dessous, p.602.

Ces plaisirs, ces beaux jours coulés dans la mollesse,
   Ces ris, enfants de l'allégresse,
Sont passés avec toi dans la nuit du trépas.   30
Le ciel, en récompense, accorde à ta maîtresse
   Des grandeurs et de la richesse,
Appuis de l'âge mûr, éclatant embarras,
Faible soulagement quand on perd sa jeunesse.
La fortune est chez elle, où fut jadis l'amour. [3]   35
Ce dernier à mon cœur aurait plu davantage:
Mais qui peut tout avoir? Les soirs, le vieux Saurin [4]
Qu'on ne peut définir, ce critique, ce sage,
Qui des vains préjugés foule aux pieds l'esclavage,
Qui m'apprend à penser, qui rit du genre humain,   40
Réchauffe entre nous deux les glaces de son âge.
De son esprit perçant la sublime vigueur
Se joint à nos chansons, aux grâces du Permesse;
Des nymphes d'Apollon le commerce enchanteur
Déride sur son front les traits de la sagesse.   45
Nous chantons quelquefois et tes vers et les miens;
De ton aimable esprit nous célébrons les charmes;
Ton nom se mêle encore à tous nos entretiens;
Nous lisons tes écrits, nous les baignons de larmes.
Loin de nous à jamais ces mortels endurcis,   50

36   MSI: <aurait plus d'avantage> β
       W46-K, vers omis
36-45 W38-K:
       Les plaisirs ont leur temps, la sagesse a son tour.
       L'amour s'est envolé sur l'aile du bel âge;
       Mais jamais l'Amitié ne fuit du cœur du sage.
48   MSI: se mêle à nos

[3] Voir ci-dessous, *Epître en vers à Mme de* *** *quelque temps après son mariage* (p.602-606).
   [4] Joseph Saurin, ennemi de Jean-Baptiste Rousseau, était un géomètre, littérateur à ses heures. Voltaire fut surtout lié avec son fils Bernard-Joseph.

Indignes du beau nom, du sacré nom d'amis,
Ou toujours remplis d'eux, ou toujours hors d'eux-mêmes,
Au monde, à l'inconstance ardents à se livrer,
Malheureux, dont le cœur ne sait pas comme on aime,
Et qui n'ont point connu la douceur de pleurer!   55

51   W70G, K: du nom sacré d'amis

Epître en vers à Mme de ... quelque temps après son mariage[1]

Philis, qu'est devenu le temps
Où dans un fiacre promenée,

a MS1: A Madame de
    W41C, W42: Lettre de M. de V... à Mlle O... devenue depuis Mme de ...
    W48D: Lettre à Mlle ... devenue depuis Mme de ...
    W51-K: Epître [W51: en vers à Mme de ***,] connue sous le nom des Vous et des Tu.
  1 MS1, W41C-K: devenu ce temps

[1] Dans plusieurs poésies légères, Voltaire évoque ses amours de jeunesse avec Suzanne-Catherine Gravet de Corsembleu de Livry, rencontrée à Sully en 1716 (voir G. Bengesco, *Les Comédiennes de Voltaire*, Paris 1912, p.287 ss.). La jeune fille rêvait de faire du théâtre. Voltaire essaya de l'aider et lui fit jouer notamment le rôle de Jocaste dans *Œdipe* en avril 1719, à la Comédie-Française. Ce fut un échec. Elle continua pourtant de jouer et partit avec une troupe en Angleterre. C'est alors que la vie de Mlle de Livry prit un tour romanesque. En effet, Charles-Frédéric, marquis de Gouvernet et de Sennevières, apparenté à la célèbre maison de La Tour Du Pin, remarqua la jeune actrice à Londres qui était alors sans ressources. Par un procédé extravagant, il lui fit croire qu'elle avait gagné à une loterie en faisant imprimer une fausse liste de billets gagnants, et lui demanda alors de l'épouser. C'est ainsi qu'elle devint marquise et riche. Il semble qu'à son retour en France elle ne souhaita pas revoir son ancien amant, et Voltaire, éconduit par un suisse à la porte de la marquise, composa cette épître plus connue sous le nom des Vous et des Tu. Voltaire cependant gardera toujours des 'sentiments tendres et respectueux' envers elle (D1059), et la reverra à quelques reprises. Notons qu'on présente cette aventure comme une des sources d'inspiration de Voltaire pour le sujet de sa comédie *Le Café ou l'Ecossaise* (voir éd. C. Duckworth, V 50, 1986, p.233-35).

    Manuscrit: MS1: copie envoyée à Cideville par Voltaire (Cideville, Poésies de Voltaire, f. 61v-64r). Editions: *Le Portefeuille nouveau* (Londres 1739), p.18; W41C, v.236-38; W42, v.236-38; W48D, ix.196-98; W48R, v.322-24; W50, iii.272-74; W51, iii.224-26; W52, iii.127-28; W56, ii.163-64; W57G, ii.163-64; W57P, vi.11.134-35; W64G, ii.178-80; W64R, iii.11.14-16; W68, xviii.320-21; W70G, ii.178-79; W71P, *Mélanges* (1771), iii.297-98; W71P, *Poésies* (1773), i.329-30; *Poèmes, épîtres et autres poésies* (Genève 1777), p.178-79; W75G, xii.319-20; K, xiii.59-61. Texte de base: PN, la première édition qui présente une version assez crue, pas encore édulcorée.

Sans atours, sans ajustements,
De tes seules grâces ornée,
Contente d'un petit soupé   5
Que tu changeais en ambroisie,
Tu te livrais, dans ta folie,
A l'amant heureux et trompé
Qui t'avait consacré sa vie?
Le ciel ne te donnait alors,   10
Pour tout rang et pour tous trésors,
Que la douce erreur de ton âge,
Deux tétons que le tendre Amour
De sa main arrondit un jour;
Un cœur tendre, un esprit volage,   15
Un cul, il m'en souvient, Philis,
Sur qui j'ai vu briller des lis
Jaloux de ceux de ton visage.
Avec tant d'attraits précieux,
Hélas! qui n'aurait pas été friponne?   20
Tu le fus, objet gracieux;

3   MSI, W41C-K: Sans laquais, sans
4   MSI, W51-K: De tes grâces seules ornée
5   MSI, W41C-K: d'un mauvais soupé
11 W41C, W42:   pour tout trésor
12-19 W52-K:
        Que les agréments de ton âge,
        Un cœur tendre, un esprit volage,
        Un sein d'albâtre, et de beaux yeux.
        Avec tant d'attraits précieux,
14 MSI: main t'arrondit
    W41C, W42:   Lui-même t'arrondit
    W48D: de ses mains t'arrondit
16 MSI: Un cul, j'y songe encore, Philis
16-17 W41C, W42:
        Un cul, j'y pense encore, Philis
        Où l'on voyait briller les lis
    W48D, W51, vers omis
20 W41C-K: qui n'eût été

Et (que l'Amour me le pardonne!)
Je crois que je t'en aimai mieux.
Ah, madame! que votre vie,
D'honneurs aujourd'hui si remplie,   25
Diffère de ces heureux temps!
Ce large suisse à cheveux blancs,
Qui ment sans cesse à votre porte, [2]
Philis, est l'image du temps:
On dirait qu'il chasse l'escorte   30
Des Jeux, des Amours et des Ris;
Sous vos magnifiques lambris
Ces enfants n'osent plus paraître.
Hélas! je les ai vus jadis
Entrer chez toi par la fenêtre,   35
Et se jouer dans ton taudis.
Non, madame, tous ces tapis

23   W41C, W42:   Tu sais que je t'en aime mieux.
      W46-K: Tu sais que je t'en aimais mieux.
25   W41C-W48D, W52-K: D'honneur aujourd'hui
26   W41C-W48D, W52-K: ces doux instants!//
27   W51:   Ce rare suisse
      W41C, W42:   Le large
30   W41C-W48D, W52-K: Il semble qu'il
31   W41C-K: Des tendres Amours et
33   W41C-K: enfants tremblent de paraître.
36   MS1, entre 36 et 37:
            Ton taudis plus charmant peut-être
            Que Versailles et le paradis
            Où du moins j'eusse aimé mieux être.
37   MS1, W51:   tous vos tapis

[2] Voltaire reprend ici un thème favori de la poésie lyrique antique, celui du chant de l'amant devant la porte close de sa maîtresse, qu'on appelle le Paraclausithyron. Voir, par exemple, Théocrite, *Idylles*, VII.122; Catulle, poème 67; Properce, I.16; ou Horace, *Odes*, III.x. Le suisse remplace la traditionnelle 'ancilla'.

Qu'a tissus[3] la Savonnerie[4]
Ceux que les Persans ont ourdis,
Et toute votre orfèvrerie,   40
Ni vos plats trop chers que Germain[5]
A gravés de sa main divine,
Ni ces cabinets où Martin[6]
A surpassé l'art de la Chine;
Ces vases japonais et blancs,   45
Et toutes ces rares merveilles;
Ces deux lustres de diamants
Qui déchirent vos deux oreilles;

38   w48D-K, avec note: La Savonnerie est une belle manufacture de tapis,
établie par le grand Colbert.
   41   MS1, w51: Et ces plats
        w41C-K: Et ces [w41C, w42: les] plats si chers
        w48D-K, avec note: Germain, excellent orfévre dont il est parlé dans *le
Mondain*.
   43   MS1, w41C-K: Et ces
        w48D-K, avec note: Martin, excellent vernisseur.
   45   w41C-K: Vos vases
   46   MS1, w41C, K: Toutes ces fragiles merveilles;
   48   MS1: <pendent à> ↑déchirent
        w41C-K: Qui pendent à vos

[3] Notons que le vieux verbe 'tistre' n'est déjà plus utilisé au dix-huitième siècle
qu'au passé composé, 'j'ai tissu', et au participe, 'tissu'. Richelet ne donne qu'un
exemple tiré d'une nouvelle de La Fontaine.
[4] La fondation de la Savonnerie remonte à Henri IV, même si c'est sous Louis XIV
que la manufacture de tapis 'façon de Perse et Levant' connut son plus grand essor.
Louis XV, par l'étendue de ses commandes pour les châteaux royaux, la maintiendra
à un très haut niveau.
[5] Germain était un des trois orfèvres du roi qui travailla pour tous les souverains
d'Europe. Dans *Le Mondain* aussi bien que dans *Le Pauvre diable*, les plats de
Germain symbolisent les produits de luxe à la mode.
[6] La mode orientale conduisait à laquer les meubles à l'instar des artisans chinois.
La famille Martin produisait et employait la laque la plus renommée. Il en sera
question de nouveau dans les *Discours en vers sur l'homme* (V 17, p.465).

Tous ces brillants, tous ces colliers,
Et cette pompe enchanteresse,   50
Ne valent pas un des baisers
Que tu donnais dans ta jeunesse.

49 MSI, W51: Et se carcans, et ces colliers
    W41C-W48D, W52-K: Ces riches carcans, ces
52 W41C, W42: De ma Philis dans sa jeunesse

Vers à l'occasion du traitement fait à Mlle Lecouvreur,
après sa mort [1]

O de mes vers charmant soutien,
Si c'est ainsi que l'on vous traite,
Je dois m'en taire en bon chrétien;
Mais, hélas! on souffrira bien
Que j'ose m'en plaindre en poète.   5

---

[1] On connaît assez l'histoire d'Adrienne Lecouvreur pour qu'on se contente ici de rappeler le sort qui fut réservé à sa dépouille fin mars 1730. Ecoutons Barbier: 'M. le curé de Saint-Sulpice, qui a été voir l'archevêque de Paris au sujet de cette mort, n'a pas voulu laisser enterrer la comédienne au cimetière. Il a fallu un ordre de M. le lieutenant de police pour la faire enterrer dans un chantier du faubourg Saint-Germain' (i.306). C'est contre ce traitement, infligé à la première actrice de la Comédie-Française, que s'indigne Voltaire dans cette pièce de fin mars - début avril 1730. Voir ci-dessus, *La Mort de mademoiselle Lecouvreur, fameuse actrice* (p.539-61).

Edition: *Pièces inédites* (Paris 1820), p.81 (PI). Texte de base: PI.

[Traduction de quatre vers de Denham] [1]

Que votre poésie et forte et naturelle
Me soit de la Tamise une image fidèle:
Soyez profond, mais clair; soyez doux, sans lenteur:
Plein sans vous déborder; rapide, sans fureur.

a   PI: Traduction de quatre vers de Pope dans l'*Essai sur la critique*, et dont l'abbé du Resnel s'est servi, ainsi que beaucoup d'autres qui lui ont été fournis par M. de Voltaire, tant pour cet ouvrage que pour l'*Essai sur l'homme*.

[1] La première édition à recueillir ce quatrain (PI) a commis une erreur qui a été reprise par toutes celles qui ont suivi: on a présenté ces vers comme la traduction de quatre vers de Pope dans l'*Essai sur la critique*, fournie par Voltaire à Jean-François Du Belloy Du Resnel. Or si on se rapporte à l'*Essai sur la critique, poème traduit de l'anglais de M. Pope, avec un discours et des remarques* (Paris 1730), œuvre de Du Resnel, on trouve en effet ces vers dans le chant II (vers 227-230, p.33), mais une note les accompagne: 'Ces quatre vers sont de Denham, et sont cités par M. de Voltaire dans son *Essai sur le poème épique*. Ils m'ont paru si beaux, que j'ai cru qu'on ne serait pas fâché de les retrouver ici'. Du Resnel avait raison. Voltaire citait ces vers de Sir John Denham (1615-1669), tirés de *Cooper's hill*. Mais il les citait en anglais, dans la première édition de *An essay upon epick poetry*; voir éd. D. Williams, V 3B (1996), p.345: 'O could I flow like thee, and make thy Stream, / My great Example, as it is my Theme; / Tho' deep, yet clear, tho' gentle, yet not dull, / Strong without Rage, without o'erflowing full.' Voltaire les a également consignés dans ses carnets (V 81, p.53). Il n'a cependant pas gardé ce passage dans l'édition en français de son *Essai* (Desfontaines l'avait rendu en prose dans sa traduction, V 3B, p.532). Il n'y a donc pas de trace avérée d'une traduction en vers de ces quelques lignes par Voltaire. L'hypothèse selon laquelle la traduction serait de Du Resnel n'est pas à écarter: dans sa note, il cite Voltaire, mais comme l'intermédiaire qui lui a révélé les vers anglais, et non comme leur traducteur. Ajoutons que Voltaire dans ses lettres à Du Resnel lui témoigne de l'amitié (voir D391), qu'il lui donne quelques avis très généraux sur sa traduction de l'œuvre de Pope, mais que jamais il n'évoque de passage précis. Du Resnel avait dès 1713 été au contact d'amis anglais et avait appris leur langue: il n'avait pas besoin des leçons d'un 'novice' comme Voltaire. Nous n'avons cependant pas éliminé ce texte de notre corpus, en l'absence de preuves décisives.

Edition: *Pièces inédites* (Paris 1820), p.85 (PI). Texte de base: PI.

A M. de La Faye [1]

Pardon, beaux vers, La Faye et Polymnie; [2]
Las! je deviens prosateur ennuyeux.
Non, ce n'était qu'en langage des dieux
Qu'il eût fallu parler de l'harmonie.
Donnez-le-moi cet aimable génie,   5
Cet art charmant de savoir enfermer
Un sens précis dans des rimes heureuses,
Joindre aux raisons des grâces lumineuses;
En instruisant savoir se faire aimer;
A la dispute, autrefois si caustique,   10
Oter son air pédantesque et jaloux;
Etre à la fois juste, sincère, et doux,
Ami, rival, et poète, et critique:
A ce grand art vainement je m'applique;
Heureux La Faye, il n'est donné qu'à vous.   15

---

[1] Quand en 1730, Antoine Houdar de La Motte fait paraître *Œdipe*, tragédie en prose, ainsi que des *Discours sur la tragédie*, où il condamne l'usage des vers et surtout de la rime, il se fait bien des ennemis. Jean-François Lériget de La Faye (1674-1731) en particulier, amateur d'art, poète de salon, élu membre de l'Académie en 1730 justement, compose une *Ode en faveur des vers*. Il se trouve qu'il est un ami de Voltaire, qui composera d'ailleurs son épitaphe. Ce poème vient féliciter La Faye de sa prise de position. Voltaire avait aussi réagi aux propos de La Motte en accompagnant une réédition de son propre *Œdipe* d'une préface polémique. Mais il s'exprimait alors en prose: La Faye lui semble plus habile d'avoir pris pour arme les vers eux-mêmes.
Edition: κ, xiv.295. Texte de base: κ.
[2] Rappelons que Polymnie est la Muse des hymnes et des chants en l'honneur des dieux et des héros.

DÉDICACES DE LA HENRIADE EN 1730

Voltaire cherchait à plaire à ses amis. En 1730, il fit parvenir à au moins deux d'entre eux un exemplaire dédicacé de l'édition de *La Henriade*, Londres, chez Hierome Bold Truth. Les deux volumes ont été conservés et nous avons choisi comme texte de base pour chacune de ces dédicaces le texte qui figure sur le volume même.

[A Cideville] [1]

Mon cher confrère en Apollon.
Censeur exact, ami facile
Solide, et tendre Cideville,
Accepte ce frivole don.
Je ne serai pas ton Virgile,
Mais tu seras mon Pollion.   5

---

a   κ: A monsieur de Cideville, écrits sur un exemplaire de La Henriade (1730)

---

[1] Ce poème autographe, signé 'Voltaire', figure sur le verso de la deuxième page de garde d'un exemplaire de l'édition de *La Henriade*, Londres, chez Hierome Bold Truth, 1730, conservé à la Bibliothèque municipale de Rouen, beau volume en maroquin rouge, doré sur tranche, annoté par Voltaire (cote: Rés. Leber 1798). κ, xiv.284, l'a reproduit sans variante, en ajoutant un titre. Texte de base: Rés. Leber 1798.

A madame la maréchale de Villars[2]

Alors que vous m'aimiez, mes vers furent aimables.
Je peignais dignement les grâces, les vertus
Cet ouvrage naquit dans ces temps favorables:
Il eût été parfait, mais vous ne m'aimez plus.

a   AM: Vers de M. de Voltaire à madame la maréchale de *** en lui envoyant
un exemplaire de *La Henriade*
    w68-κ: A Mme de ... [w72P: A madame d'E...] en lui envoyant *La Henriade*
1   MSI, AM, w68-κ: Quand vous m'aimiez, mes vers étaient aimables
2   MSI: Ils chantaient dignement vos grâces, vos vertus
    AM, w68-κ: Je chantais dignement vos grâces, vos vertus
3   w68-w75G: dans des temps

[2] Le quatrain autographe figure sur un exemplaire de *La Henriade*, Londres, chez
Hierome Bold Truth, 1730, conservé à la Bibliothèque nationale de France (cote:
Rés. Ye 2380), que Voltaire avait envoyé à la maréchale.
    Manuscrit: MSI, copie envoyée à Cideville par Voltaire (Cideville, Poésies de
Voltaire, f.34r. Editions: *Almanach des muses* (1767), p.82 (AM); w68, xix.517;
Nouvelle anthologie française (Paris 1769), ii.383; *Elite des poésies fugitives*, éd.
P.-J.-F. Luneau de Boisjermain (Paris 1770), v.144; NM, x.352; w72P (1771), iv.141:
w72P (1773), xv.295; w75G, xiii.400; κ, xiv.284. Texte de base: Rés. Ye 2380.

LIST OF WORKS CITED

Addison, Joseph, *et al.*, *The Spectator*, ed. Donald F. Bond (Oxford 1965).

Allainval, Léonor-Jean-Christine Soulas d', *Lettre à milord *** sur Baron et la demoiselle Le Couvreur, où l'on trouve plusieurs particularités théâtrales, par George Wink* (Paris 1730).

Allen, Marcus, 'Voltaire and the theater of involvement', *College language association journal* 10 (1966-1967), p.319-32.

L'Année littéraire (1776-1791).

Archives parlementaires de 1787 à 1860, ed. Jérôme Mavidal and Emile Laurent (Paris 1862-1869).

Argenson, René-Louis de Voyer, marquis d', *Notices sur les œuvres de théâtre*, ed. Henri Lagrave, Studies 42 (1966).

Aristotle, *La Poétique d'Aristote*, trans. Anne Lefebvre, Mme Dacier (Paris 1692).

Atterbury, Francis, bishop of Rochester, *Epistolary correspondence* (London 1783-1787).

Aulard, F.-A., *Paris pendant la réaction Thermidorienne et sous le Directoire* (Paris 1898-1902).

Bange, Raphaël, 'Recherches sur les prénoms révolutionnaires à Paris', *Annales historiques de la Révolution française* 1 (1994), p.39-65.

Barbier, Edmond-Jean-François, *Chronique de la régence et du règne de Louis XV (1718-1763)* (1851-1866).

Bayle, Pierre, *Dictionnaire historique et critique* (Rotterdam 1702).

Beer, Gavin de, and André-Michel

Rousseau, *Voltaire's British visitors*, Studies 49 (1967).

Bellenger, François, *Essais de critique. I. Sur les écrits de M. Rollin* (Amsterdam 1740).

Bengesco, Georges, *Voltaire: bibliographie de ses œuvres* (Paris 1882-1890).

– *Les Comédiennes de Voltaire* (Paris 1912).

Bennett, Gareth V., *The Tory crisis in church and state 1688-1730: the career of Francis Atterbury, bishop of Rochester* (Oxford 1975).

Bernard, Catherine, *Brutus, tragédie* (Paris 1691).

Besterman, Theodore, 'A provisional bibliography of Italian editions and translations of Voltaire', *Studies* 18 (1961), p.263-306.

– 'A provisional bibliography of Scandinavian and Finnish editions and translations of Voltaire', *Studies* 47 (1966), p.53-92.

– 'Provisional bibliography of Portuguese editions of Voltaire', *Studies* 76 (1970), p.15-35.

– *Voltaire* (London 1976).

Betts, Christopher, 'Constructing utilitarianism: Montesquieu on suttee in the *Lettres persanes*', *French studies* 51 (1997), p.19-29.

Biancolelli, Pierre-François, known as Dominique, and Jean-Antoine Romagnesi, *Le Bolus, parodie de Brutus* (Paris 1731).

– *Parodies du Nouveau théâtre italien* (Paris 1738).

Bibliothèque de Voltaire: catalogue des livres (Moscou, Leningrad 1961).

Bibliothèque dramatique de Pont de Vesle [...] vente le lundi 10 janvier 1848 (Paris 1847).

Bibliothèque française (1723-1746).

Bibliothèque nationale de France, *Catalogue général des livres imprimés de la Bibliothèque nationale: auteurs*, tome 214, Voltaire (Paris 1978).

Le Bien informé (1797-1800).

Bonnefon, Paul, 'Néricault Destouches intime (lettres et documents inédits)', *Rhl* 14 (1907), p.637-95.

Bordes, Philippe, 'Lucius Junius Brutus: un projet d'exposition au Musée de la Révolution Française (Vizille)', *Dix-huitième siècle* 27 (1995), p.285-92.

Bouche de fer (1790-1791).

Bouhier, Jean, *Correspondance littéraire du président Bouhier*, ed. Henri Duranton (Saint-Etienne 1974-1988).

Bourgeois, Armand, *Voltaire et Adrienne Le Couvreur*, intr. by Georges Monval (Paris 1962).

Brenner, Clarence D., *A bibliographical list of plays in the French language 1700-1789* (Berkeley 1947).

Brown, Andrew, 'Calendar of Voltaire manuscripts other than correspondence', *Studies* 77 (1970), p.11-101.

Brumfitt, J. H., *Voltaire historian*, 2nd ed. (Oxford 1970).

Brumoy, Pierre, *Le Théâtre des Grecs* (Paris 1730).

Campistron, Jean Galbert de, *Œuvres de monsieur de Campistron*, ed. Gourdon de Bacq (Paris 1750).

Carr, Thomas M., 'Dramatic structure and philosophy in *Brutus*, *Alzire* and *Mahomet*', *Studies* 143 (1975), p.7-48.

Catalogue abrégé de la collection de théâtres de M. Pont de Vesle, dont la vente se fera [...] an VI (Paris, Mauger, Hubert, s.d.).

Catalogue des livres imprimés et manuscrits, de M. le comte de Pont-de-Vesle (Paris, Le Clerc, 1774).

Chamfort, Sébastien-Roch-Nicolas, and Joseph de La Porte, *Dictionnaire dramatique, contenant l'histoire des théâtres* (Paris 1776).

Chauffepié, Jacques-Georges de, *Nouveau dictionnaire historique et critique* (Amsterdam 1750-1756).

Chénier, Marie-Joseph-Blaise, *Œuvres complètes* (Paris 1829).

Chompré, Pierre, *La Vie de Brutus, premier consul de Rome* (Paris 1730).

Chronique de Paris (1789-1793).

Cibber, Theophilus, *Lives of the poets* (London 1753).

Collé, Charles, *Journal et mémoires*, ed. Honoré Bonhomme (Paris 1868).

Constans, Antony, 'An unpublished criticism of Voltaire's *Eryphile*', *Pmla* 38 (1923), p.359-68.

Cook, Albert, *Œdipus Rex: a mirror for Greek drama* (Belmont 1965).

Crocker, Lester G., 'The discussion of suicide in th eighteenth century, *Journal of the history of ideas* 13 (1952), p.42-72.

The Daily courant (1702-1735).

The Daily journal (1720-1737).

The Daily post (1719-1746).

Delcourt, Marie, *Oreste et Alcméon: essai sur la projection légendaire du matricide en Grèce*, Bibliothèque de la Faculté de philosophie et lettres de l'université de Liège 151 (1959).

Desfontaines, Pierre-François Guyot, *Le Nouvelliste du Parnasse* (1730-1732).

Desnoiresterres, Gustave, *Voltaire et la*

société française au XVIIIᵉ siècle (Paris 1867-1876).

Dictionnaire de l'Académie française (Paris 1762).Ehrard, Antoinette et Jean, 'Brutus et les lecteurs', *Revue européenne des sciences sociales* 27 (1989), p.103-13.

Estrée, Paul d', *Le Théâtre sous la Terreur* (Paris 1913).

Etienne, Charles-Guillaume, and Alphonse Martainville, *Histoire du théâtre français, depuis le commencement de la Révolution jusqu'à la réunion générale* (Paris 1802).

Evans, Hywel Berwyn, 'A provisional bibliography of English editions and translations of Voltaire', *Studies* 8 (1959), p.9-121.

Favre, Robert, *La Mort au siècle des Lumières* (Lyon 1978).

Ferrari, Luigi, *Le Traduzioni italiane del teatro tragico francese nei secoli XVIIᵒ e XVIIIᵒ: saggio bibliografico* (Paris 1925).

Flamarion, Edith, 'Brutus ou l'adoption d'un mythe romain par la Révolution française', in *La Révolution française et l'Antiquité*, Caesarodonum 25 bis (Tours 1991), p.91-111.

– *Le Théâtre néo-latin dans les collèges de Jésuites, en France, au début du XVIIIᵉ siècle, un cas exemplaire: le 'Lucius Junius Brutus' de Charles Porée, S.J. (1708)* (thesis, Paris III, 1994).

Fletcher, Dennis, 'The fortunes of Bolingbroke in France in the eighteenth century', *Studies* 47 (1966), p.207-32.

Fontaine, Léon, *Le Théâtre et la philosophie au XVIIIᵉ siècle* (Versailles 1878).

Fontenelle, Bernard Le Bovier de, *Œuvres*, nouv. éd. (Paris 1752).

Fromm, Hans, *Bibliographie Deutscher Übersetzungen aus dem Französischen 1700-1948* (Baden-Baden 1950-1953).

Fuzelier, Louis, *Discours à l'occasion d'un discours de M. D. L. M. sur les parodies* (Paris 1731).

Geoffroy, Julien-Louis, *Cours de littérature dramatique* (Paris 1825).

Giraud, R., *La Violence et le sacré* (Paris 1972).

Le Glaneur historique, moral, littéraire et galant (1731-1733).

Goldsmith, Oliver, *Collected works*, ed. Arthur Friedman (Oxford 1966).

Gore-Brown, Robert, *Gay was the pit: the life and time of Anne Oldfield, actress (1683-1730)* (London 1957).

Gorsas, Antoine-Joseph, *Le Courrier de Paris dans les 83 départements* (Paris 1790).

Goulemot, Jean-Marie, 'Eléments pour l'analyse du texte de Brutus au XVIIIᵉ siècle', in *Influence de la Grèce et de Rome sur l'Occident moderne: actes du colloque des 14, 15, 19 décembre 1975*, ed. R. Chevallier (Paris 1977), p.201-13.

Green, Frederick Charles, *Minuet: a critical survey of French and English literary ideas in the eighteenth century* (London 1935).

Grimm, Friedrich Melchior, *Correspondance littéraire, philosophique et critique*, ed. Maurice Tourneux (Paris 1877-1882).

Gunny, Ahmad, 'Some eighteenth-century reactions to plays on the life of Cato', *British journal for eighteenth century studies* 4 (1981), p.54-65.

– *Voltaire and English literature*, Studies 177 (1979).

Halem, Gerhard Anton von, *Paris en 1790. Voyage de Halem*, trans. Arthur Chuquet (Paris 1896).

Herbert, Robert L., *David, Voltaire, Brutus and the French Revolution: an essay in art and politics* (London 1972).

Howarth, William D., 'The French theatre in the 1690s', in *Pour encourager les autres: studies for the tercentenary of Voltaire's birth*, ed. Haydn Mason, Studies 320 (1994), p.71-90.

Joannidès, A., *La Comédie française de 1680 à 1920* (Paris 1921).

Jordan, David P., *The King's trial: the French Revolution vs Louis XVI* (U. California Press 1979).

Journal littéraire (1713-1737).

Journal universel, ou révolutions des royaumes (1789-an III).

Kitto, H. D. F., *Greek tragedy, a literary study* (New York 1950).

Krappe, Alexander Haggerty, 'A note on the sources of Voltaire's *Eryphile*', *The Romanic review* 18 (1927), p.142-48.

Laclos, Pierre-Ambroise-François Choderlos de, *Journal des Amis de la Constitution* (1790-1791).

Lacroix, Paul, *Bibliographie Moliéresque*, 2nd ed. (Paris 1875).

– *Bibliothèque dramatique de monsieur de Soleinne* (Paris, 15-28 avril 1844).

Lafarga, Francisco, *Voltaire en Espagne (1734-1835)*, Studies 261 (1989).

La Harpe, Jean-François de, *Lycée, ou cours de littérature ancienne et moderne* (Paris an VII-1805).

La Motte, Antoine Houdar de, *Odes* (Paris 1709).

– *Œuvres* (Paris 1754).

La Mottraye, Aubry de, *Voyages du sieur A. de La Motraye en Europe, Asie et Afrique* (La Haye 1727).

Lancaster, Henry Carrington, *A history of French dramatic literature in the seventeenth century* (Baltimore 1929-1945).

– 'The Comédie française 1701-1774: plays, actors, spectators, finances', *Transactions of the American philosophical society* n.s. 41 (1951), p.593-849.

– *French tragedy in the time of Louis XV and Voltaire, 1715-1774* (Baltimore 1950).

LeClerc, Paul O., *Voltaire and Crébillon père: history of an enmity*, Studies 115 (1973).

Lecouvreur, Adrienne, *Lettres d'Adrienne Lecouvreur*, ed. Georges Monval (Paris 1892).

Lee, Nathaniel, *The Works of Nathaniel Lee*, ed. Thomas B. Stroup and Arthur L. Cooke (New Brunswick 1955).

Lekain, Henri-Louis, *Mémoires* (Paris 1801).

Léris, Antoine de, *Dictionnaire portatif des théâtres*, 2nd ed. (Paris 1763).

Lessing, Gotthold Ephraim, *Hamburgische Dramaturgie*, ed. J. Pedersen (Berlin 1915).

Lion, Henri, *Les Tragédies et les théories dramatiques de Voltaire* (Paris 1895).

Lough, John, *Paris theatre audiences in the seventeenth and eighteenth centuries* (London 1972).

Luchet, Jean-Pierre-Louis de La Roche Du Maine, marquis de, *Histoire littéraire de M. de Voltaire* (Cassel 1780).

Lüsebrink, Hans-Jürgen, 'Réécritures et formes de réception du *Brutus* de Voltaire au dix-huitième siècle', *Studies* 305 (1992), p.1871-74.

McKee, Kenneth N., 'Voltaire's *Brutus* during the French Revolution', *Mln* (February 1941), p.100-106

McManners, John, *Death and the Enlightenment* (Oxford 1981).

Marais, Mathieu, *Journal et mémoires [...] sur la régence et le règne de Louis*

XV, 1715-1737, ed. M. F. A. de Lescure (Paris 1863-1868).

Marmontel, Jean-François, *Eléments de littérature* (Paris 1787-1788).

Mat-Hasquin, Michèle, *Voltaire et l'antiquité grecque*, Studies 197 (1981).

May, Maija B., 'Comte d'Argental: a magistrate in the literary world', *Studies* 76 (1970), p.55-114.

Mémoires pour l'histoire des sciences et des beaux-arts [Mémoires de Trévoux] (1701-1767).

Mercure de France (1692-1791).

Mirabeau, Honoré-Gabriel Riqueti, comte de, *Correspondance entre le comte de Mirabeau et le comte de La Marck, pendant les années 1789, 1790 et 1791*, ed. A. de Bacourt (Paris 1851).

Le Moniteur (1789-1790).

Monod-Cassidy, Hélène, *Un voyageur-philosophe au dix-huitième siècle: l'abbé Jean-Bernard Le Blanc* (Cambridge, Mass. 1941).

Moore, Charles, *A full inquiry into the subject of suicide* (London 1790).

La Mort des enfants de Brute (Paris 1648).

Mortier, Roland, 'L'idée de décadence littéraire au XVIIIᵉ siècle', *Studies* 57 (1967), p.1013-29.

Muralt, Béat-Louis de, *Lettres sur les Anglais et les Français, et sur les voyages*, trans. P.-F. Guyot Desfontaines and Pierre Brumoy, 2nd ed. (Cologne 1727).

– ed. Charles Gould (Paris 1933).

Nablow, Ralph Arthur, *A study of Voltaire's lighter verse*, Studies 126 (1974).

Niklaus, Robert, '*Eriphyle* and *Sémiramis*', *Essays on the age of the Enlightenment in honor of Ida O. Wade*, ed. Jean Macary (Genève 1977), p.247-54.

– '*Eriphile* de Voltaire et le théâtre

d'Eschyle', *Le Siècle de Voltaire: hommage à René Pomeau*, ed. Christiane Mervaud and Sylvain Menant (Oxford 1987).

– 'La propagande philosophique au théâtre au siècle des Lumières', *Studies* 26 (1963), p.1223-61.

Orléans, Louis-Philippe-Joseph, duc d', *Correspondance de Louis-Philippe-Joseph d'Orléans* (Paris 1800).

Parfaict, François and Claude, *Histoire du théâtre français, depuis son origine jusqu'à présent* (Paris 1734-1749).

Pasquier, Etienne, *Œuvres* (Amsterdam 1723).

Le Patriote français (1789-1793).

Perry, Norma, *Sir Everard Fawkener, friend and correspondent of Voltaire*, Studies 133 (1975).

Piron, Alexis, *Œuvres complètes* (Paris 1776).

Pollitzer, Marcel, *Le Maréchal galant* (Paris 1952).

Pomeau, René, 'En marge des *Lettres philosophiques*: un essai de Voltaire sur le suicide', *Revue des sciences humaines*, nouv. série 75 (1954), p.285-94.

– 'Les *Lettres philosophiques*: le projet de Voltaire', in *Voltaire and the English*, Studies 179 (1979), p.11-24.

– *et al.*, *Voltaire en son temps*, 2nd ed. (Oxford, Paris 1995).

Pope, Alexander, *The Correspondence of Alexander Pope*, ed. G. Shelburn (Oxford 1956).

Porée, Charles, *Tragœdiae*, ed. Claude Griffet (Lutetiae Parisiorum 1745).

Praag, J. A. van, 'Une traduction espagnole inconnue du *Brutus* de Voltaire', *Revue de littérature comparée* 16 (June 1936), p.173-180.

Prévost d'Exiles, Antoine-François,

Œuvres complètes (Grenoble 1978-1986).

– *Le Pour et contre* (1733-1740).

– *The Prompter* (1734-1736).

Rabelais, *Œuvres complètes*, ed. Pierre Jourda (Paris 1962).

Rapin, René, *Œuvres diverses* (Amsterdam 1686).

Ridgway, Ronald S., *La Propagande philosophique dans les tragédies de Voltaire*, Studies 15 (1961).

– *Voltaire and sensibility* (Montreal, London 1973).

Rivollet, Georges-Célestin, *Adrienne Lecouvreur* (Paris 1825).

Robinove, Phyllis S., 'Voltaire's theater on the Parisian stage, 1789-1799', *The French review* 32 (1958-1959), p.534-38.

Rockwood, Raymond O., 'The legend of Voltaire and the cult of the Revolution, 1791', in *Ideas in history, essays presented to Louis Gottschalk*, ed. Richard Harr and Harold T. Parker (Durham, N.C. 1965), p.110-34.

Romagnesi, Jean-Antoine, and Antoine-François Riccoboni, *Les Amusements à la mode* (Paris 1732).

Rousseau, André-Michel, *L'Angleterre et Voltaire*, Studies 145-147 (1976).

– 'Naissance d'un livre et d'un texte: les *Letters concerning the English nation*', in *Voltaire and the English*, Studies 179 (1979), p.25-46.

Rousseau, Jean-Baptiste, *Œuvres*, ed. J.-A. Amer (Paris 1820).

Saint-Réal, César Vichard de, *Conjuration des Espagnols contre la république de Venise, en l'année 1618* (Paris 1674).

Scudéry, Madeleine de, *Clelia, an excellent romance* (London 1678).

Soboul, Albert, *Le Procès de Louis XVI* (Paris 1966).

Sorel, Albert, *L'Europe et la Révolution française*, 3rd ed. (Paris 1893).

Théâtre français (Paris 1737).

Trapnell, William H., 'Survey and analysis of Voltaire's collective editions, 1728-1789', *Studies* 77 (1970), p.103-99.

Van Lennep, William, *The Life and works of Nathaniel Lee: a study of the sources* (diss., Harvard, 1933).

Vercruysse, Jeroom, 'Bibliographie provisoire des traductions néerlandaises et flamandes de Voltaire', *Studies* 116 (1973), p.19-64.

Vernant, Jean-Pierre, 'Greek tragedy: problems of interpretation', in *The Languages of criticism and the sciences of man: the structuralist controversy*, ed. Richard Macksey and Eugenio Donato (Baltimore, London 1970), p.273-95.

– *Mythe et pensées chez les Grecs: études de psychologie historique* (Paris 1966).

Villemain, Abel-François, *Cours de littérature française: tableau du dix-huitième siècle* (Paris 1891).

Voltaire, *Adélaïde Du Guesclin*, ed. Michael Cartwright, V 10 (1985).

– *An essay on epic poetry, Essai sur la poésie épique*, ed. David Williams, V 3B (1996), p.117-575.

– *Candide*, ed. René Pomeau, V 48 (1980).

– *Commentaires sur Corneille*, ed. David Williams, V 53-55 (1974-1975).

– *Corpus des notes marginales de Voltaire* (Berlin, Oxford 1979-).

– *Correspondence and related documents*, ed. Theodore Besterman, V 85-135 (1968-1977).

– *Correspondance de Voltaire (1726-1729)*, ed. Lucien Foulet (Paris 1913).

– *Discours en vers sur l'homme*, ed. Haydn T. Mason, V 17 (1991), p.389-535.

– *Dissertation sur les principales tragédies anciennes et modernes*, ed. David H. Jory, V 31A (1992), p.533-616.

– *L'Ecossaise*, ed. Colin Duckworth, V 50 (1986), p.221-469.

– *Junius Brutus, a tragedy*, trans. William Duncombe (London 1735).

– *Lettres philosophiques*, ed. G. Lanson and A.-M. Rousseau (Paris 1964).

– *Mélanges de littérature pour servir de supplément à la dernière édition des uvres de M. de Voltaire* (s.l. 1768).

– *Notebooks*, ed. Theodore Besterman, V 81-82 (1968).

– *Œuvres complètes*, ed. Louis Moland (Paris 1877-1885).

– *Œuvres complètes / Complete works* (Geneva, Banbury, Oxford 1968-).

– *Œuvres de Voltaire* (Paris 1829-1834).

– *Œuvres historiques*, ed. René Pomeau (Paris 1957).

– *Pièces inédites* (Paris 1820).

– *Troisième suite des mélanges* ([Paris, Prault] 1761).

– *Zaïre*, ed. Eva Jacobs, V 8 (1988), p.273-523.

Vrooman, Jack O., *Voltaire's theatre: the cycle from 'Œdipe' to 'Mérope'*, Studies 75 (1970).

Walzer, Michael, *Regicide and revolution: speeches at the trial of Louis XVI*, trans. Marian Rothstein (Cambridge 1974).

Williams, David, 'Voltaire and the language of the gods', *Studies* 62 (1968), p.57-81.

– *Voltaire: literary critic*, Studies 48 (1966).

Wirz, Charles, 'L'Institut et musée Voltaire en 1981', *Genava* n.s. 30 (1982), p.185-97.

INDEX

ISBN 0 7294 0567 2

Voltaire Foundation Ltd
99 Banbury Road
Oxford OX2 6JX

PRINTED IN ENGLAND

AT THE ALDEN PRESS

OXFORD

THE
COMPLETE
WORKS
OF
VOLTAIRE

5

VOLTAIRE FOUNDATION

OXFORD

1998

LES

ŒUVRES

COMPLETES

DE

VOLTAIRE

5

VOLTAIRE FOUNDATION

OXFORD

1998

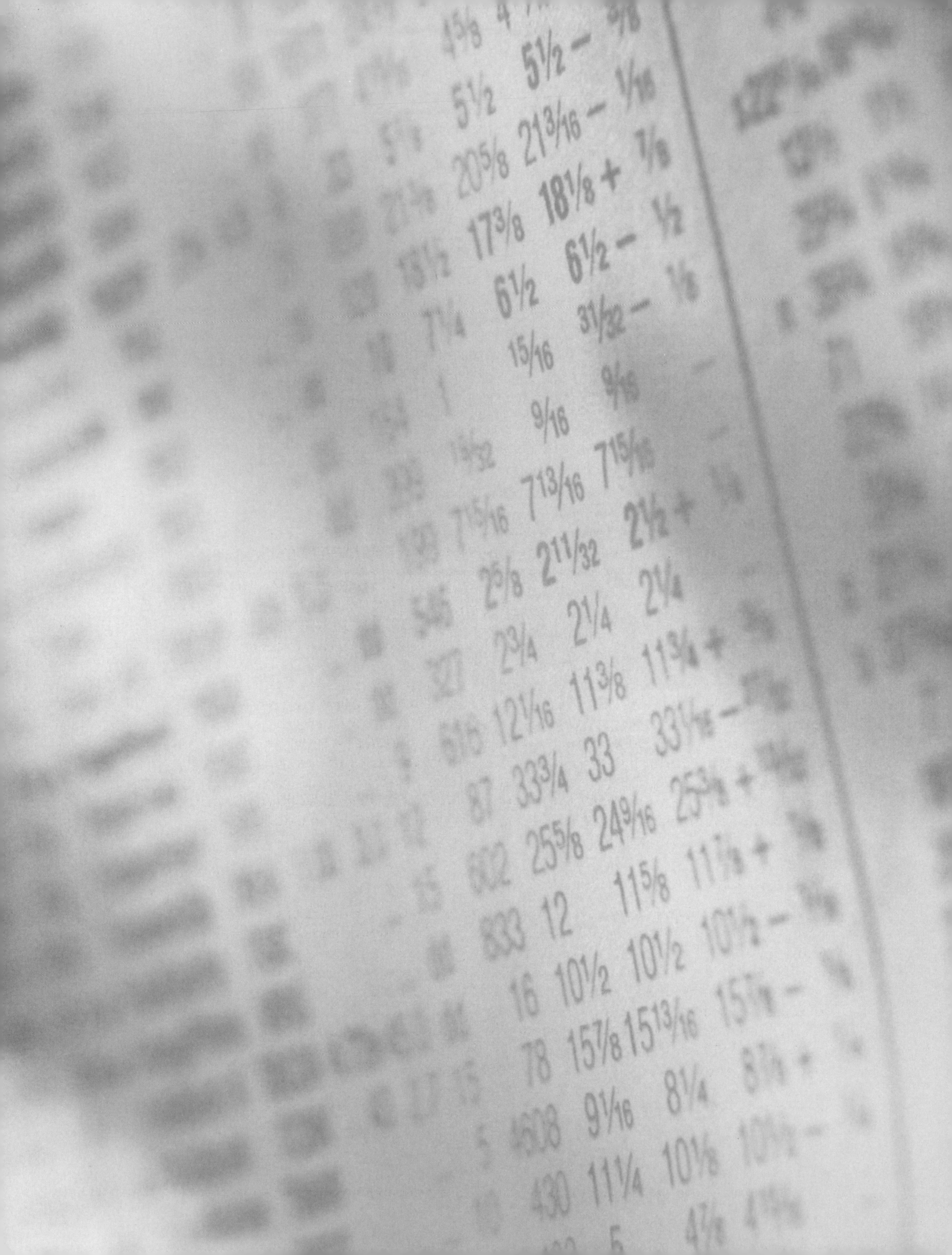

4⅝ 4 ... ⅜
5½ 5½ — ⅜
5½ 21¾6 — ¼6
20⅝ 21¾6 — ⅜
17⅜ 18⅛ + ⅞
15½ 6½ 6½ — ½
7¼ 6½ 6½ — ⅛
31/32 — ⅛
15/16
1 9/16 ⅞
9/16
1⅜2
7¹⁵/₁₆ 7¹³/₁₆ 7¹⁵/₁₆
2⅞ 2¹¹/₃₂ 2½ +
545
527 2¾ 2¼ 2¼
515 12¹/₁₆ 11⅜ 11¾ +
87 33¾ 33 33⅛ —
802 25⅝ 24⁹/₁₆ 25⅜ +
833 12 11⅝ 11⅛ +
16 10½ 10½ 10⅛ —
78 15⅝ 15¹³/₁₆ 15⅛ —
608 9¹/₁₆ 8¼ 8⅛ +
430 11¼ 10⅛ 10⅛ —
4⅛ 4⅛

HOW TO USE THE CFA PROGRAM CURRICULUM

Congratulations on your decision to enter the Chartered Financial Analyst (CFA®) Program. This exciting and rewarding program of study reflects your desire to become a serious investment professional. You are embarking on a program noted for its high ethical standards and the breadth of knowledge, skills, and abilities it develops. Your commitment to the CFA Program should be educationally and professionally rewarding.

The credential you seek is respected around the world as a mark of accomplishment and dedication. Each level of the program represents a distinct achievement in professional development. Successful completion of the program is rewarded with membership in a prestigious global community of investment professionals. CFA charterholders are dedicated to life-long learning and maintaining currency with the ever-changing dynamics of a challenging profession.

The CFA examination measures your degree of mastery of the assigned CFA Program curriculum. Effective study and preparation based on that curriculum are keys to your success on the examination.

Curriculum Development

The CFA Program curriculum is grounded in the practice of the investment profession. CFA Institute regularly conducts a practice analysis survey of investment professionals around the world to determine the knowledge, skills, and abilities that are relevant to the profession. The survey results define the Candidate Body of Knowledge (CBOK™), an inventory of knowledge and responsibilities expected of the investment management professional at the level of a new CFA charterholder. The survey also determines how much emphasis each of the major topic areas receives on the CFA examinations.

A committee made up of practicing charterholders, in conjunction with CFA Institute staff, designs the CFA Program curriculum to deliver the CBOK to candidates. The examinations, also written by practicing charterholders, are designed to allow you to demonstrate your mastery of the CBOK as set forth in the CFA Program curriculum. As you structure your personal study program, you should emphasize mastery of the CBOK and the practical application of that knowledge. For more information on the practice analysis, CBOK, and development of the CFA Program curriculum, please visit www.cfainstitute.org/toolkit.

Organization

The Level I CFA Program curriculum is organized into 10 topic areas. Each topic area begins with a brief statement of the material and the depth of knowledge expected.

Each topic area is then divided into one or more study sessions. These study sessions—18 sessions in the Level I curriculum—should form the basic structure of your reading and preparation.

Each study session includes a statement of its structure and objective, and is further divided into specific reading assignments. The outline on the inside front cover of each volume illustrates the organization of these 18 study sessions.

The reading assignments are the basis for all examination questions, and are selected or developed specifically to teach the CBOK. These readings are drawn from textbook chapters, professional journal articles, research analyst reports, CFA Program-commissioned content, and cases. Many readings include problems and solutions as well as appendices to help you learn.

Reading-specific Learning Outcome Statements (LOS) are listed in the pages introducing each study session as well as at the beginning of each reading. These LOS indicate what you should be able to accomplish after studying the reading. We encourage you to review how to properly use LOS, and the descriptions of commonly used LOS "command words," at www.cfainstitute.org/toolkit. The command words signal the depth of learning you are expected to achieve from the reading. You should use the LOS to guide and focus your study, as each examination question is based on an assigned reading and one or more LOS. However, the readings provide context for the LOS and enable you to apply a principle or concept in a variety of scenarios. It is important to study the whole of a required reading.

Features of the Curriculum

▶ **Required vs. Optional Segments** - You should read all of the pages for an assigned reading. In some cases, however, we have reprinted an entire chapter or article and marked those parts of the reading that are not required as "optional." The CFA examination is based only on the required segments, and the optional segments are included only when they might help you to better understand the required segments (by seeing the required material in its full context). When an optional segment begins, you will see an icon and a solid vertical bar in the outside margin that will continue until the optional segment ends, accompanied by another icon. *Unless the material is specifically marked as optional, you should assume it is required.* Keep in mind that the optional material is provided strictly for your convenience and will not be tested. You should rely on the required segments and the reading-specific LOS in preparing for the examination.

▶ **Problems/Solutions** - *All questions and problems in the readings as well as their solutions (which are provided in an appendix at the end of each volume) are required material.* When appropriate, we have included problems after the readings to demonstrate practical application and reinforce your understanding of the concepts presented. The questions and problems are designed to help you learn these concepts. Many of the questions are in the same style and format as the actual CFA examination and will give you test-taking experience in that format. Examination questions that come from a past CFA examination are marked with the CFA logo in the margin.

▶ **Margins** - The wide margins in each volume provide space for your note-taking.

▶ **Two-color Format** - To enrich the visual appeal and clarity of the exhibits, tables, and text, the curriculum is printed in a two-color format.

▶ **Six-volume Structure** - For portability of the curriculum, the material is spread over six volumes.

▶ **Glossary and Index** - For your convenience, we have printed a comprehensive glossary and index in each volume. Throughout the curriculum, a **bolded blue** word in a reading denotes a term defined in the glossary.

Designing Your Personal Study Program

Create a Schedule - An orderly, systematic approach to examination preparation is critical. You should dedicate a consistent block of time every week to reading and studying. Complete all reading assignments and the associated problems and solutions in each study session. Review the LOS both before and after you study each reading to ensure that you have mastered the applicable content and can demonstrate the knowledge, skill, or ability described by the LOS and the assigned reading.

CFA Institute estimates that you will need to devote a minimum of 10–15 hours per week for 18 weeks to study the assigned readings. Allow a minimum of one week for each study session, and plan to complete them all at least 30–45 days prior to the examination. This schedule will allow you to spend the final four to six weeks before the examination reviewing the assigned material and taking multiple online sample examinations.

At CFA Institute, we believe that candidates need to commit to a *minimum* of 250 hours reading and reviewing the curriculum, and taking online sample examinations, to master the material. This recommendation, however, may substantially underestimate the hours needed for appropriate examination preparation depending on your individual circumstances, relevant experience, and academic background.

You will undoubtedly adjust your study time to conform to your own strengths and weaknesses, and your educational and professional background. You will probably spend more time on some study sessions than on others. You should allow ample time for both in-depth study of all topic areas and additional concentration on those topic areas for which you feel least prepared.

Preliminary Readings - The reading assignments in Economics assume candidates already have a basic mastery of the concepts typically presented in introductory university-level economics courses. Information on suggested readings to improve your knowledge of these topics precedes the relevant study sessions.

Candidate Preparation Toolkit - We have created the online toolkit to provide a single comprehensive location for resources and guidance for candidate preparation. In addition to in-depth information on study program planning, the CFA Program curriculum, and the online sample examinations, the toolkit also contains curriculum errata, printable study session outlines, sample examination questions, and more. Errata identified in the curriculum are corrected and listed periodically in the errata listing in the toolkit. We encourage you to use the toolkit as your central preparation resource during your tenure as a candidate. Visit the toolkit at www.cfainstitute.org/toolkit.

Online Sample Examinations - After completing your study of the assigned curriculum, use the CFA Institute online sample examinations to measure your knowledge of the topics and to improve your examination-taking skills. After each question, you will receive immediate feedback noting the correct response and indicating the assigned reading for further study. The sample examinations are designed by the same people who create the actual CFA examinations, and reflect the question formats, topics, and level of difficulty of the actual CFA examinations, in a timed environment. Aggregate data indicate that the CFA examination pass rate was higher among candidates who took one or more online sample examinations than among candidates who did not take the online sample examinations. For more information on the online sample examinations, please visit www.cfainstitute.org/toolkit.

Preparatory Providers - After you enroll in the CFA Program, you may receive numerous solicitations for preparatory courses and review materials. Although preparatory courses and notes may be helpful to some candidates, you should view these resources as *supplements* to the assigned CFA Program curriculum. The CFA examinations reference only the CFA Institute assigned curriculum—no preparatory course or review course materials are consulted or referenced.

Before you decide on a supplementary prep course, do some research. Determine the experience and expertise of the instructors, the accuracy and currency of their content, the delivery method for their materials, and the provider's claims of success. Most importantly, make sure the provider is in compliance with the CFA Institute Prep Provider Guidelines Program. Three years of prep course products can be a significant investment, so make sure you're getting a sufficient return. Just remember, there are no shortcuts to success on the CFA examinations. Prep products can enhance your learning experience, but the CFA curriculum is the key to success. For more information on the Prep Provider Guidelines Program, visit www.cfainstitute.org/cfaprog/resources/prepcourse.html.

SUMMARY

Every question on the CFA examination is based on specific pages in the required readings and on one or more LOS. Frequently, an examination question is also tied to a specific example highlighted within a reading or to a specific end-of-reading question/problem and its solution. To make effective use of the curriculum, please remember these key points:

1. All pages printed in the Custom Curriculum are required reading for the examination except for occasional sections marked as optional. You may read optional pages as background, but you will not be tested on them.

2. All questions/problems printed at the end of readings and their solutions in the appendix to each volume are required study material for the examination.

3. Make appropriate use of the CFA Candidate Toolkit, the online sample examinations, and preparatory courses and review materials.

4. Commit sufficient study time to cover the 18 study sessions, review the materials, and take sample examinations.

Feedback

At CFA Institute, we are committed to delivering a comprehensive and rigorous curriculum for the development of competent, ethically grounded investment professionals. We rely on candidate and member feedback as we work to incorporate content, design, and packaging improvements. You can be assured that we will continue to listen to your suggestions. Please send any comments or feedback to curriculum@cfainstitute.org. Ongoing improvements in the curriculum will help you prepare for success on the upcoming examinations, and for a lifetime of learning as a serious investment professional.

ECONOMICS

STUDY SESSIONS

Study Session 4   Microeconomic Analysis
Study Session 5   Market Structure and Macroeconomic Analysis
Study Session 6   Monetary and Fiscal Economics

TOPIC LEVEL LEARNING OUTCOME

The candidate should be able to demonstrate a thorough knowledge of macroeconomic and microeconomic principles, including the key components of economic activity, macroeconomic theory and policy.

5½ 5½ —
5½ 21³⁄₁₆ — ¹⁄₁₆
20⅝ 21³⁄₁₆ — ⅞
17⅜ 18⅛ + ⅞
6½ 6½ — ½
6½ 31³⁄₃₂ — ⅛
15⁄₁₆ 9⁄₁₆
9⁄₁₆

7¹⁵⁄₁₆ 7¹³⁄₁₆ 7¹⁵⁄₁₆
2⅝ 2¹¹⁄₃₂ 2½ +
2¾ 2¼ 2¼
12¹⁄₁₆ 11⅜ 11¾ +
33¾ 33 33¼ —
25⅝ 24⁹⁄₁₆ 25⅜ +
12 11⅝ 11⅞ +
10½ 10½ 10⅜ —
15⅞ 15¹³⁄₁₆ 15⅞ —
9¹⁄₁₆ 8¼ 8⅜ +
11¼ 10⅜ 10⅜
5 4⅞ 4⅞

Preparing to Study the CFA Curriculum Materials on Economics

Before beginning the Reading Assignments, candidates should have a basic mastery of the concepts typically presented in introductory college-level economics courses. The primary source of Reading Assignments in the CFA Curriculum is *Economics*, 7th edition, by Parkin.

Reading Assignments assume candidates are already knowledgeable in economics and understand the following important subjects:

► For Microeconomics (Study Session 4)
   ► the laws of supply and demand, and factors causing shifts in or movements along the supply and demand curves;
   ► the operation of market forces in resource and funds markets; and
   ► effects on economic activity of price controls and taxes.
► For Market Structure and Macroeconomics (Study Session 5)
   ► price determination, market equilibrium, and the behavior of market participants;
   ► using national income, output, and price measures to track the performance of national economies, e.g.:
      ► approaches to measuring Gross Domestic Product (GDP);
      ► difference between real and nominal GDP;
      ► problems encountered when measuring GDP;
      ► how changes occur over time; and
      ► components of alternative measures (GNP, National Income, Personal Income, and Disposable Income) and how they relate to each other.
   ► factors affecting aggregate demand and supply, and how markets adjust to anticipated and unanticipated changes in these factors;
   ► self-correcting mechanisms that may help stabilize the market economy; and
   ► major theoretical and practical considerations of macroeconomic models.

If you have not taken an introductory economics course within or over the past few years, we strongly encourage you to consider additional study of introductory course material related to the above-mentioned topics. Although examination questions are drawn only from the Reading Assignments, studying the additional introductory material will strengthen candidates' understanding of the required concepts. *Economics*, 7th edition by Parkin is available from Addison-Wesley. At a minimum, we recommend that you study the following chapters:

► Chapter 3 – Demand and Supply
► Chapter 7 – Utility and Demand
► Chapter 21 – Measuring GDP and Economic Growth
► Chapter 24 – The Economy at Full Employment: The Classical Model
► Chapter 29 – Expenditure Multipliers: The Keynesian Model

Many economics textbooks and courses provide similar coverage and will enable you to master the concepts and principles discussed in the Parkin text.

If you do not have a strong background in economics, please take some extra time before you begin your study program to review economic concepts and principles.

STUDY SESSION 4
ECONOMICS:
Microeconomic Analysis

This study session focuses on microeconomic concepts and how firms are affected by these concepts. One of the main concepts related to the equilibrium between demand and supply is elasticity, which measures the dependency between demand and supply and the impact of changes in either on the equilibrium price level. A second key concept is efficiency, which is a measure of the firm's "optimal" output given its cost and revenue functions. Understanding these concepts enables analysts to differentiate among various companies on an individual level, and to determine their attractiveness for an investor.

READING ASSIGNMENTS

Reading 13 Elasticity
Reading 14 Efficiency and Equity
Reading 15 Markets in Action
Reading 16 Organizing Production
Reading 17 Output and Costs

LEARNING OUTCOMES

Reading 13: Elasticity
The candidate should be able to:

a. calculate and interpret the elasticities of demand (price elasticity, cross elasticity, income elasticity) and the elasticity of supply, and discuss the factors that influence each measure;

b. calculate elasticities on a straight-line demand curve, differentiate among elastic, inelastic, and unit elastic demand and describe the relation between price elasticity of demand and total revenue.

Reading 14: Efficiency and Equity
The candidate should be able to:

a. explain allocative efficiency, marginal benefit and marginal cost, and demonstrate why the efficient quantity occurs where marginal benefit equals marginal cost;

5

   b. distinguish between the price and the value of a product and explain the demand curve and consumer surplus;

   c. distinguish between the cost and the price of a product and explain the supply curve and producer surplus;

   d. discuss the relationship between consumer surplus, producer surplus, and equilibrium;

   e. explain 1) how efficient markets ensure optimal resource utilization and 2) the obstacles to efficiency and the resulting underproduction or overproduction, including the concept of deadweight loss;

   f. explain the two groups of ideas about the fairness principle (utilitarianism and the symmetry principle) and discuss the relation between fairness and efficiency.

Reading 15: Markets in Action

The candidate should be able to:

   a. explain market equilibrium, distinguish between long-term and short-term impacts of outside shocks, and describe the effects of rent ceilings on the existence of black markets in the housing sector and on the market's efficiency;

   b. describe labor market equilibrium and explain the effects and inefficiencies of a minimum wage above the equilibrium wage;

   c. explain the impact of taxes on supply, demand, and market equilibrium, and describe tax incidence and its relation to demand and supply elasticity;

   d. discuss the impact of subsidies, quotas, and markets for illegal goods on demand, supply, and market equilibrium.

Reading 16: Organizing Production

The candidate should be able to:

   a. explain the types of opportunity cost and their relation to economic profit, and calculate economic profit;

   b. discuss a firm's constraints and their impact on achievability of maximum profit;

   c. differentiate between technological efficiency and economic efficiency, and calculate economic efficiency of various firms under different scenarios;

   d. explain command systems and incentive systems to organize production, the principal-agent problem, and measures a firm uses to reduce the principal-agent problem;

   e. describe the different types of business organization and the advantages and disadvantages of each;

   f. characterize the four market types;

   g. calculate and interpret the four-firm concentration ratio and the Herfindahl-Hirschman Index, and discuss the limitations of concentration measures;

   h. explain why firms are often more efficient than markets in coordinating economic activity.

Reading 17: Output and Costs
The candidate should be able to:

a. differentiate between short-run and long-run decision time frames;

b. describe and explain the relations among total product of labor, marginal product of labor, and average product of labor, and describe increasing and decreasing marginal returns;

c. distinguish among total cost (including both fixed cost and variable cost), marginal cost, and average cost, and explain the relations among the various cost curves;

d. explain the firm's production function, its properties of diminishing returns and diminishing marginal product of capital, the relation between short-run and long-run costs, and how economies and diseconomies of scale affect long-run costs.

ELASTICITY
by Michael Parkin

LEARNING OUTCOMES

The candidate should be able to:

a. calculate and interpret the elasticities of demand (price elasticity, cross elasticity, income elasticity) and the elasticity of supply, and discuss the factors that influence each measure;

b. calculate elasticities on a straight-line demand curve, differentiate among elastic, inelastic, and unit elastic demand and describe the relation between price elasticity of demand and total revenue.

TOUGH TIMES IN THE RECORDING INDUSTRY
1

The recording industry is operating in tough times. Faced with the alternatives of paying $12 for a CD or nothing for a download, more and more people are choosing to download, despite the fact that much of this activity is illegal—stealing from composers, artists, and recording studios. This activity is an example of a conflict between self-interest and the **social interest.** If artists and recording companies don't get rewarded for their work, the amount of recorded music available will dry up.

Some CD producers are trying to combat the problem by slashing the price of a CD. Will this strategy work? Can lower-priced CDs beat illegal downloads, bring greater revenue to the CD producers and the artists whose work they sell, and help to promote the social interest?

In this reading, you will learn about a tool that helps us to answer this question. You will learn about the elasticities of demand and supply. At the end of the reading, we'll return to the question confronting CD producers and see whether lower-priced CDs are the solution to the dilemma of the recorded music industry.

2 PRICE ELASTICITY OF DEMAND

You know that when supply increases, the equilibrium price falls and the **equilibrium quantity** increases. But does the price fall by a large amount and the quantity increase by a little? Or does the price barely fall and the quantity increase by a large amount?

The answer depends on the responsiveness of the **quantity demanded** to a change in price. You can see why by studying Fig. 1, which shows two possible scenarios in a local pizza market. Figure 1(a) shows one scenario, and Fig. 1(b) shows the other.

In both cases, supply is initially S_0. In part (a), the demand for pizza is shown by the **demand curve** D_A. In part (b), the demand for pizza is shown by the demand curve D_B. Initially, in both cases, the price is $20 a pizza and the quantity of pizza produced and consumed is 10 pizzas an hour.

Now a large pizza franchise opens up, and the supply of pizza increases. The **supply curve** shifts rightward to S_1. In case (a), the price falls by an enormous $15 to $5 a pizza, and the quantity increases by only 3 to 13 pizzas an hour. In contrast, in case (b), the price falls by only $5 to $15 a pizza and the quantity increases by 7 to 17 pizzas an hour.

The different outcomes arise from differing degrees of responsiveness of the quantity demanded to a change in price. But what do we mean by responsiveness? One possible answer is slope. The slope of demand curve D_A is steeper than the slope of demand curve D_B.

FIGURE 1 How a Change in Supply Changes Price and Quantity

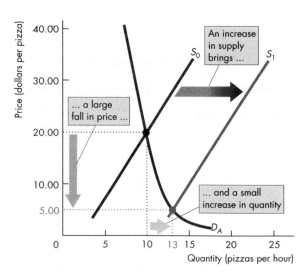

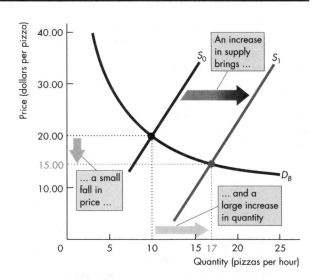

(a) Large price change and small quantity change

(b) Small price change and large quantity change

Initially the price is $20 a pizza and the quantity sold is 10 pizzas an hour. Then supply increases from S_0 to S_1. In part (a), the price falls by $15 to $5 a pizza, and the quantity increases by 3 to 13 pizzas an hour. In part (b), the price falls by only $5 to $15 a pizza, and the quantity increases by 7 to 17 pizzas an hour. The price change is smaller and the quantity change is larger in case (b) than in case (a). The quantity demanded is more responsive to price in case (b) than in case (a).

In this example, we can compare the slopes of the two demand curves. But we can't always do so. The reason is that the slope of a demand curve depends on the units in which we measure the price and quantity. And we often must compare the demand curves for different goods and services that are measured in unrelated units. For example, a pizza producer might want to compare the demand for pizza with the demand for soft drinks. Which quantity demanded is more responsive to a price change? This question can't be answered by comparing the slopes of two demand curves. The units of measurement of pizza and soft drinks are unrelated. The question can be answered with a measure of responsiveness that is independent of units of measurement. Elasticity is such a measure.

The **price elasticity of demand** is a units-free measure of the responsiveness of the quantity demanded of a good to a change in its price when all other influences on buyers' plans remain the same.

Calculating Price Elasticity of Demand

We calculate the *price elasticity of demand* by using the formula:

$$\text{Price elasticity of demand} = \frac{\text{Percentage change in quantity demanded}}{\text{Percentage change in price}}$$

$$\Rightarrow \frac{\% \Delta Q}{\% \Delta P} = \frac{\Delta Q / \Delta Q_{AVERAGE}}{\Delta P / \Delta P_{AVERAGE}}$$

To use this formula, we need to know the quantities demanded at different prices when all other influences on buyers' plans remain the same. Suppose we have the data on prices and quantities demanded of pizza and we calculate the price elasticity of demand for pizza.

Figure 2 zooms in on the demand curve for pizza and shows how the quantity demanded responds to a small change in price. Initially, the price is $20.50 a pizza and 9 pizzas an hour are sold—the original point in the figure. The price then falls to $19.50 a pizza, and the quantity demanded increases to 11 pizzas an hour—the new point in the figure. When the price falls by $1 a pizza, the quantity demanded increases by 2 pizzas an hour.

FIGURE 2   Calculating the Elasticity of Demand

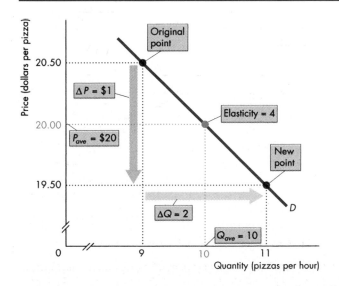

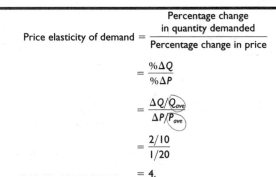

The elasticity of demand is calculated by using the formula:[a]

$$\text{Price elasticity of demand} = \frac{\text{Percentage change in quantity demanded}}{\text{Percentage change in price}}$$

$$= \frac{\% \Delta Q}{\% \Delta P}$$

$$= \frac{\Delta Q / Q_{ave}}{\Delta P / P_{ave}}$$

$$= \frac{2/10}{1/20}$$

$$= 4.$$

This calculation measures the elasticity at an average price of $20 a pizza and an average quantity of 10 pizzas an hour.

[a] In the formula, the Greek letter delta (Δ) stands for "change in" and %Δ stands for "percentage change in."

To calculate the price elasticity of demand, we express the changes in price and quantity demanded as percentages of the *average price* and the *average quantity*. By using the average price and average quantity, we calculate the elasticity at a point on the demand curve midway between the original point and the new point. The original price is $20.50 and the new price is $19.50, so the average price is $20. The $1 price decrease is 5 percent of the average price. That is,

$$\Delta P/P_{ave} = (\$1/\$20) \times 100 = 5\%$$

The original quantity demanded is 9 pizzas and the new quantity demanded is 11 pizzas, so the average quantity demanded is 10 pizzas. The 2 pizza increase in the quantity demanded is 20 percent of the average quantity. That is,

$$\Delta Q/Q_{ave} = (2/10) \times 100 = 20\%$$

So the price elasticity of demand, which is the percentage change in the quantity demanded (20 percent) divided by the percentage change in price (5 percent) is 4. That is,

$$\text{Price elasticity of demand} = \frac{\%\Delta Q}{\%\Delta P}$$
$$= \frac{20\%}{5\%} = 4$$

Average Price and Quantity   Notice that we use the *average* price and *average* quantity. We do this because it gives the most precise measurement of elasticity—at the midpoint between the original price and the new price. If the price falls from $20.50 to $19.50, the $1 price change is 4.8 percent of $20.50. The 2 pizza change in quantity is 22.2 percent of 9 pizzas, the original quantity. So if we use these numbers, the price elasticity of demand is 22.2 divided by 4.8, which equals 4.5. If the price rises from $19.50 to $20.50, the $1 price change is 5.1 percent of $19.50. The 2 pizza change in quantity is 18.2 percent of 11 pizzas, the original quantity. So if we use these numbers, the price elasticity of demand is 18.2 divided by 5.1, which equals 3.6.

By using percentages of the *average* price and *average* quantity, we get the same value for the elasticity regardless of whether the price falls from $20.50 to $19.50 or rises from $19.50 to $20.50.

Percentages and Proportions   Elasticity is the ratio of two percentage changes. So when we divide one percentage change by another, the 100s cancel. A percentage change is a *proportionate* change multiplied by 100. The proportionate change in price is $\Delta P/P_{ave}$, and the proportionate change in quantity demanded is $\Delta Q/Q_{ave}$. So if we divide $\Delta Q/Q_{ave}$ by $\Delta P/P_{ave}$ we get the same answer as we get by using percentage changes.

A Units-Free Measure   Now that you've calculated a price elasticity of demand, you can see why it is a *units-free measure*. Elasticity is a units-free measure because the percentage change in each variable is independent of the units in which the variable is measured. And the ratio of the two percentages is a number without units.

Minus Sign and Elasticity   When the price of a good *rises*, the quantity demanded *decreases* along the demand curve. Because a *positive* change in price brings a *negative* change in the quantity demanded, the price elasticity of demand is a negative number. But it is the magnitude, or *absolute value*, of the price elasticity of demand that tells us how responsive—how elastic—demand is. To compare price elasticities of demand, we use the magnitude of the elasticity and ignore the minus sign.

Inelastic and Elastic Demand

Figure 3 shows three demand curves that cover the entire range of possible elasticities of demand. In Fig. 3(a), the quantity demanded is constant regardless of the price. If the quantity demanded remains constant when the price changes, then the price elasticity of demand is zero and the good is said to have a **perfectly inelastic demand**. One good that has a very low price elasticity of demand (perhaps zero over some price range) is insulin. Insulin is of such importance to some diabetics that if the price rises or falls, they do not change the quantity they buy.

If the percentage change in the quantity demanded equals the percentage change in price, then the price elasticity equals 1 and the good is said to have a **unit elastic demand**. The demand in Fig. 3(b) is an example of unit elastic demand.

Between the cases shown in Fig. 3(a) and Fig. 3(b) is the general case in which the percentage change in the quantity demanded is less than the percentage change in price. In this case, the price elasticity of demand is between zero and 1 and the good is said to have an **inelastic demand**. Food and housing are examples of goods with inelastic demand.

If the quantity demanded changes by an infinitely large percentage in response to a tiny price change, then the price elasticity of demand is infinity and the good is said to have a **perfectly elastic demand**. Figure 3(c) shows a perfectly elastic demand. An example of a good that has a very high **elasticity of demand** (almost infinite) is a soft drink from two campus machines located side by side. If the two machines offer the same soft drinks for the same price, some people buy from one machine and some from the other. But if one machine's price is higher than the other's, by even a small amount, no one will buy from the machine with the higher price. Soft drinks from the two machines are perfect substitutes.

Between the cases in Fig. 3(b) and Fig. 3(c) is the general case in which the percentage change in the quantity demanded exceeds the percentage change in price. In this case, the price elasticity of demand is greater than 1 and the good is said to have an **elastic demand**. Automobiles and furniture are examples of goods that have elastic demand.

FIGURE 3   Inelastic and Elastic Demand

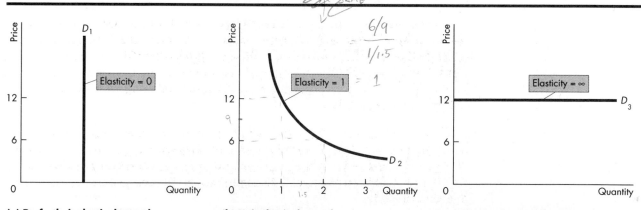

(a) Perfectly inelastic demand   **(b) Unit elastic demand**   **(c) Perfectly elastic demand**

Each demand illustrated here has a constant elasticity. The demand curve in part (a) illustrates the demand for a good that has a zero elasticity of demand. The demand curve in part (b) illustrates the demand for a good with a unit elasticity of demand. And the demand curve in part (c) illustrates the demand for a good with an infinite elasticity of demand.

Elasticity along a Straight-Line Demand Curve

Elasticity and slope are not the same, but they are related. To understand how they are related, let's look at elasticity along a straight-line demand curve—a demand curve that has a constant slope.

Figure 4 illustrates the calculation of elasticity along a straight-line demand curve. First, suppose the price falls from $25 to $15 a pizza. The quantity demanded increases from zero to 20 pizzas an hour. The average price is $20 a pizza, and the average quantity is 10 pizzas. So

$$\text{Price elasticity of demand} = \frac{\Delta Q / Q_{ave}}{\Delta P / P_{ave}}$$

$$= \frac{20/10}{10/20}$$

$$= 4$$

(handwritten annotations:) $\frac{0+20}{2} = 10$ $\frac{25+15}{2} = \$20$ $= \frac{(20-0)/10}{(25-15)/20}$ $= \frac{20/10}{10/20}$ $= 4$

That is, the price elasticity of demand at an average price of $20 is 4.

Next, suppose that the price falls from $15 to $10 a pizza. The quantity demanded increases from 20 to 30 pizzas an hour. The average price is now $12.50 a pizza, and the average quantity is 25 pizzas an hour. So

$$\text{Price elasticity of demand} = \frac{10/25}{5/12.50}$$

$$= 1$$

(handwritten annotations:) $\frac{15+10}{2} = \$12.50$ $\frac{20+30}{2} = 25$ $= \frac{(30-20)/25}{(15-10)/12.50}$

That is, the price elasticity of demand at an average price of $12.50 a pizza is 1.

FIGURE 4   Elasticity Along a Straight-Line Demand Curve

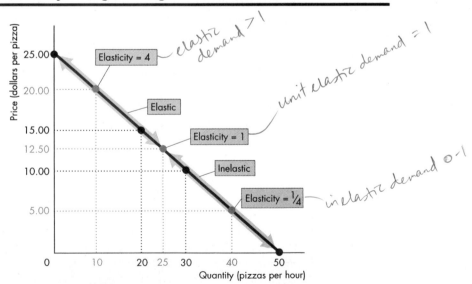

On a straight-line demand curve, elasticity decreases as the price falls and the quantity demanded increases. Demand is unit elastic at the midpoint of the demand curve (elasticity is 1). Above the midpoint, demand is elastic; below the midpoint, demand is inelastic.

Finally, suppose that the price falls from \$10 to zero. The quantity demanded increases from 30 to 50 pizzas an hour. The average price is now \$5 and the average quantity is 40 pizzas an hour. So

$$\text{Price elasticity of demand} = \frac{20/40}{10/5} = \frac{(50-30)/40}{(10-0)/5}$$

$$= 1/4$$

That is, the price elasticity of demand at an average price of \$5 a pizza is 1/4.

You've now seen how elasticity changes along a straight-line demand curve. At the mid-point of the curve, demand is unit elastic. Above the mid-point, demand is elastic. Below the mid-point, demand is inelastic.

Total Revenue and Elasticity

The **total revenue** from the sale of a good equals the price of the good multiplied by the quantity sold. When a price changes, total revenue also changes. But a rise in price does not always increase total revenue. The change in total revenue depends on the elasticity of demand in the following way:

▶ If demand is elastic, a 1 percent price cut increases the quantity sold by more than 1 percent and total revenue increases.

▶ If demand is inelastic, a 1 percent price cut increases the quantity sold by less than 1 percent and total revenue decreases.

▶ If demand is unit elastic, a 1 percent price cut increases the quantity sold by 1 percent and so total revenue does not change.

Figure 5 shows how we can use this relationship between elasticity and total revenue to estimate elasticity using the **total revenue test**. The **total revenue test** is a method of estimating the price elasticity of demand by observing the change in total revenue that results from a change in the price, when all other influences on the quantity sold remain the same.

▶ If a price cut increases total revenue, demand is elastic.

▶ If a price cut decreases total revenue, demand is inelastic.

▶ If a price cut leaves total revenue unchanged, demand is unit elastic.

In Fig. 5(a), over the price range from \$25 to \$12.50, demand is elastic. Over the price range from \$12.50 to zero, demand is inelastic. At a price of \$12.50, demand is unit elastic.

Figure 5(b) shows total revenue. At a price of \$25, the quantity sold is zero, so total revenue is zero. At a price of zero, the quantity demanded is 50 pizzas an hour and total revenue is again zero. A price cut in the elastic range brings an increase in total revenue—the percentage increase in the quantity demanded is greater than the percentage decrease in price. A price cut in the inelastic range brings a decrease in total revenue—the percentage increase in the quantity demanded is less than the percentage decrease in price. At unit elasticity, total revenue is at a maximum.

FIGURE 5   Elasticity and Total Revenue

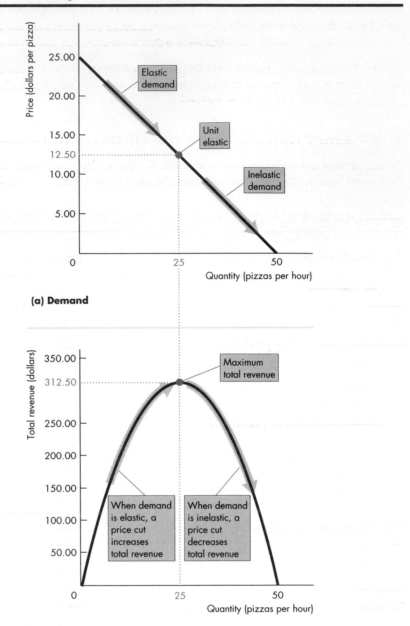

(a) Demand

(b) Total revenue

When demand is elastic, in the price range from $25 to $12.50, a decrease in price [part (a)] brings an increase in total revenue [part (b)]. When demand is inelastic, in the price range from $12.50 to zero, a decrease in price [part (a)] brings a decrease in total revenue [part (b)]. When demand is unit elastic, at a price of $12.50 [part (a)], total revenue is at a maximum [part (b)].

Your Expenditure and Your Elasticity

When a price changes, the change in your expenditure on the good depends on *your* elasticity of demand.

> ▶ If your demand is elastic, a 1 percent price cut increases the quantity you buy by more than 1 percent and your expenditure on the item increases.

▶ If your demand is inelastic, a 1 percent price cut increases the quantity you buy by less than 1 percent and your expenditure on the item decreases.

▶ If your demand is unit elastic, a 1 percent price cut increases the quantity you buy by 1 percent and your expenditure on the item does not change.

So if you spend more on an item when its price falls, your demand for that item is elastic; if you spend the same amount, your demand is unit elastic; and if you spend less, your demand is inelastic.

The Factors that Influence the Elasticity of Demand

Table 1 lists some estimates of actual elasticities in the real world. You can see that these real-world elasticities of demand range from 1.52 for metals, the item

TABLE 1   Some Real-World Price Elasticities of Demand

Good or Service	Elasticity
Elastic Demand > 1	
Metals	1.52
Electrical engineering products	1.39
Mechanical engineering products	1.30
Furniture	1.26
Motor vehicles	1.14
Instrument engineering products	1.10
Professional services	1.09
Transportation services	1.03
Inelastic Demand 0 – 1	
Gas, electricity, and water	0.92
Chemicals	0.89
Drinks (all types)	0.78
Clothing	0.64
Tobacco	0.61
Banking and insurance services	0.56
Housing services	0.55
Agricultural and fish products	0.42
Books, magazines, and newspapers	0.34
Food	0.12
Oil	0.05

Sources: Ahsan Mansur and John Whalley, "Numerical Specification of Applied General Equilibrium Models: Estimation, Calibration, and Data," in *Applied General Equilibrium Analysis*, eds. Herbert E. Scarf and John B. Shoven (New York: Cambridge University Press, 1984), 109, and Henri Theil, Ching-Fan Chung, and James L. Seale, Jr., *Advances in Econometrics, Supplement I, 1989, International Evidence on Consumption Patterns* (Greenwich, Conn.: JAI Press Inc., 1989), and Geoffrey Heal, Columbia University, website.

with the most elastic demand in the table, to 0.05 for oil, the item with the most inelastic demand in the table. What makes the demand for some goods elastic and the demand for others inelastic?

The magnitude of the elasticity of demand depends on:

▶ The closeness of substitutes
▶ The proportion of income spent on the good
▶ The time elapsed since a price change

Closeness of Substitutes   The closer the substitutes for a good or service, the more elastic is the demand for it. For example, oil from which we make gasoline has substitutes but none that are currently very close (imagine a steam-driven, coal-fueled car). So the demand for oil is inelastic. Plastics are close substitutes for metals, so the demand for metals is elastic.

The degree of substitutability between two goods also depends on how narrowly (or broadly) we define them. For example, the elasticity of demand for meat is low, but the elasticity of demand for beef or pork is high. The elasticity of demand for personal computers is low, but the elasticity of demand for a Compaq, Dell, or IBM is high.

In everyday language we call some goods, such as food and housing, *necessities* and other goods, such as exotic vacations, *luxuries*. A necessity is a good that has poor substitutes and that is crucial for our well-being. So generally, a necessity has an inelastic demand. In Table 1, food and oil might be classified as necessities.

A luxury is a good that usually has many substitutes, one of which is not buying it. So a luxury generally has an elastic demand. In Table 1, furniture and motor vehicles might be classified as luxuries.

Proportion of Income Spent on the Good   Other things remaining the same, the greater the proportion of income spent on a good, the more elastic is the demand for it.

Think about your own elasticity of demand for chewing gum and housing. If the price of chewing gum doubles, you consume almost as much gum as before. Your demand for gum is inelastic. If apartment rents double, you shriek and look for more students to share accommodation with you. Your demand for housing is more elastic than your demand for gum. Why the difference? Housing takes a large proportion of your budget, and gum takes only a tiny proportion. You don't like either price increase, but you hardly notice the higher price of gum, while the higher rent puts your budget under severe strain.

Figure 6 shows the proportion of income spent on food and the price elasticity of demand for food in 10 countries. This figure confirms the general tendency we have just described. The larger the proportion of income spent on food, the larger is the price elasticity of demand for food. For example, in Tanzania, a nation where average incomes are 3.3 percent of incomes in the United States and where 62 percent of income is spent on food, the price elasticity of demand for food is 0.77. In contrast, in the United States, where 12 percent of income is spent on food, the price elasticity of demand for food is 0.12.

Time Elapsed Since Price Change   The longer the time that has elapsed since a price change, the more elastic is demand. When the price of oil increased by 400 percent during the 1970s, people barely changed the quantity of oil and gasoline they consumed. But gradually, as more efficient auto and airplane engines were developed, the quantity consumed decreased. The demand for oil has become

FIGURE 6   Price Elasticities in 10 Countries

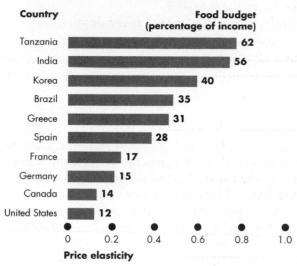

As income increases and the proportion of income spent on food decreases, the demand for food becomes less elastic.

Source: Henri Theil, Ching-Fan Chung, and James L. Seale, Jr., *Advances in Econometrics, Supplement 1, 1989, International Evidence on Consumption Patterns* (Greenwich, Conn.: JAI Press, Inc., 1989).

more elastic as more time has elapsed since the huge price hike. Similarly, when the price of a PC fell, the quantity of PCs demanded increased only slightly at first. But as more people have become better informed about the variety of ways of using a PC, the quantity of PCs bought has increased sharply. The demand for PCs has become more elastic.

You've now completed your study of the *price* elasticity of demand. Two other elasticity concepts tell us about the effects of other influences on demand. Let's look at these other elasticities of demand.

MORE ELASTICITIES OF DEMAND   3

Back at the pizzeria, you are trying to work out how a price cut by the burger shop next door will affect the demand for your pizza. You know that pizzas and burgers are substitutes. And you know that when the price of a substitute for pizza falls, the demand for pizza decreases. But by how much?

You also know that pizza and soft drinks are complements. And you know that if the price of a complement of pizza falls, the demand for pizza increases. So you wonder whether you might keep your customers by cutting the price you charge for soft drinks. But again by how much?

To answer these questions, you need to calculate the **cross elasticity of demand**. Let's examine this elasticity measure.

Cross Elasticity of Demand

We measure the influence of a change in the price of a substitute or complement by using the concept of the cross elasticity of demand. The **cross elasticity of demand** is a measure of the responsiveness of the demand for a good to a change in the price of a substitute or complement, other things remaining the same. We calculate the *cross elasticity of demand* by using the formula:

$$\text{Cross elasticity of demand} = \frac{\text{Percentage change in quantity demanded}}{\text{Percentage change in price of a substitute or complement}}$$

The cross elasticity of demand can be positive or negative. It is *positive* for a *substitute* and *negative* for a *complement*.

Substitutes   Suppose that the price of pizza is constant and 9 pizzas an hour are sold. Then the price of a burger rises from $1.50 to $2.50. No other influence on buying plans changes and the quantity of pizzas sold increases to 11 an hour.

The change in the quantity demanded is +2 pizzas—the new quantity, 11 pizzas, minus the original quantity, 9 pizzas. The average quantity is 10 pizzas. So the quantity of pizzas demanded increases by 20 percent (+20). That is,

$$\Delta Q / Q_{ave} = (+2/10) \times 100 = +20\%$$

The change in the price of a burger, a substitute for pizza, is +$1—the new price, $2.50, minus the original price, $1.50. The average price is $2 a burger. So the price of a burger rises by 50 percent (+50). That is,

$$\Delta P / P_{ave} = (+1/2) \times 100 = +50\%$$

So the cross elasticity of demand for pizza with respect to the price of a burger is

$$\frac{+20\%}{+50\%} = 0.4$$

Figure 7 illustrates the cross elasticity of demand. Pizza and burgers are substitutes. Because they are substitutes, when the price of a burger rises, the demand for pizza increases. The demand curve for pizza shifts rightward from D_0 to D_1. Because a *rise* in the price of a burger brings a *increase* in the demand for pizza, the cross elasticity of demand for pizza with respect to the price of a burger is *positive*. Both the price and the quantity change in the same direction.

Complements   Now suppose that the price of pizza is constant and 11 pizzas an hour are sold. Then the price of a soft drink rises from $1.50 to $2.50. No other influence on buying plans changes and the quantity of pizzas sold falls to 9 an hour.

The change in the quantity demanded is the opposite of what we've just calculated: The quantity of pizzas demanded decreases by 20 percent (–20).

The change in the price of a soft drink, a complement of pizza, is the same as the percentage change in the price of a burger that we've just calculated: The price rises by 50 percent (+50). So the cross elasticity of demand for pizza with respect to the price of a soft drink is

$$\frac{-20\%}{+50\%} = -0.4$$

Because pizza and soft drinks are complements, when the price of a soft drink rises, the demand for pizza decreases. The demand curve for pizza shifts

FIGURE 7   Cross Elasticity of Demand

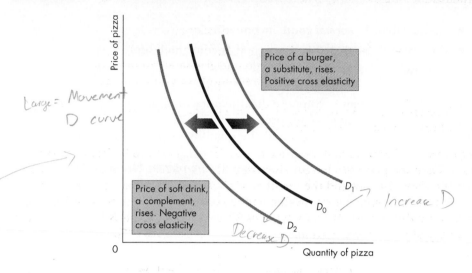

A burger is a *substitute* for pizza. When the price of a burger rises, the demand for pizza increases and the demand curve for pizza shifts rightward from D_0 to D_1. The cross elasticity of the demand is *positive*.

Soft drinks are a *complement* of pizza. When the price of soft drinks rises, the demand for pizza decreases and the demand curve for pizza shifts leftward from D_0 to D_2. The cross elasticity of the demand is *negative*.

leftward from D_0 to D_2. Because a *rise* in the price of a soft drink brings a *decrease* in the demand for pizza, the cross elasticity of demand for pizza with respect to the price of a soft drink is *negative*. The price and quantity change in *opposite* directions.

The magnitude of the cross elasticity of demand determines how far the demand curve shifts. The larger the cross elasticity (absolute value), the greater is the **change in demand** and the larger is the shift in the demand curve.

If two items are very close substitutes, such as two brands of spring water, the cross elasticity is large. If two items are close complements, such as movies and popcorn, the cross elasticity is large.

If two items are somewhat unrelated to each other, such as newspapers and orange juice, the cross elasticity is small—perhaps even zero.

Income Elasticity of Demand

Suppose the economy is expanding and people are enjoying rising incomes. This prosperity is bringing an increase in the demand for most types of goods and services. But by how much will the demand for pizza increase? The answer depends on the **income elasticity of demand**, which is a measure of the responsiveness of the demand for a good or service to a change in income, other things remaining the same.

The income elasticity of demand is calculated by using the formula:

$$\text{Income elasticity of demand} = \frac{\text{Percentage change in quantity demanded}}{\text{Percentage change in income}}$$

Income elasticities of demand can be positive or negative and fall into three interesting ranges:

▶ Greater than 1 (***normal*** **good**, income elastic)
▶ Positive and less than 1 (***normal*** **good**, income inelastic)
▶ Negative (***inferior*** **good**)

Income Elastic Demand   Suppose that the price of pizza is constant and 9 pizzas an hour are sold. Then incomes rise from $975 to $1,025 a week. No other influence on buying plans changes and the quantity of pizzas sold increases to 11 an hour.

The change in the quantity demanded is +2 pizzas. The average quantity is 10 pizzas, so the quantity demanded increases by 20 percent. The change in income is +$50 and the average income is $1,000, so incomes increase by 5 percent. The income elasticity of demand for pizza is

$$\frac{\%\,\Delta Q}{\%\,\Delta Income} = \frac{\Delta Q/\Delta Q_{Ave}}{\Delta Income/\Delta Income_{Ave}} = \frac{20\%}{5\%} = 4 \quad (>1 \text{ so normal good, income elastic})$$

As income increases, the quantity of pizza demanded increases faster than income. The demand for pizza is income elastic. Other goods in this category include ocean cruises, international travel, jewelry, and works of art.

Income Inelastic Demand   If the percentage increase in the quantity demanded is less than the percentage increase in income, the income elasticity of demand is positive and less than 1. In this case, the quantity demanded increases as income increases, but income increases faster than the quantity demanded. The demand for the good is income inelastic. Goods in this category include food, clothing, newspapers, and magazines.

Inferior Goods   If the quantity demanded of a good decreases when income increases, the income elasticity of demand is negative. Goods in this category include small motorcycles, potatoes, and rice. Low-income consumers buy most of these goods.

Real-World Income Elasticities of Demand

Table 2 shows estimates of some real-world income elasticities of demand. The demand for a necessity such as food or clothing is income inelastic, while the demand for a luxury such as transportation, which includes airline and foreign travel, is income elastic.

But what is a necessity and what is a luxury depends on the level of income. For people with a low income, food and clothing can be luxuries. So the *level* of income has a big effect on income elasticities of demand. Figure 8 shows this effect on the income elasticity of demand for food in 10 countries. In countries with low incomes, such as Tanzania and India, the income elasticity of demand for food is high. In countries with high incomes, such as the United States, the income elasticity of demand for food is low.

You've now completed your study of the *cross elasticity* of demand and the *income elasticity* of demand. Let's look at the other side of a market and examine the **elasticity of supply**.

TABLE 2 Some Real-World Income Elasticities of Demand	
Elastic Demand >1 — normal good, income elastic	
Airline travel	5.82
Movies	3.41
Foreign travel	3.08
Electricity	1.94
Restaurant meals	1.61
Local buses and trains	1.38
Haircuts	1.36
Automobiles	1.07
Inelastic Demand +ve & <1 — normal good, income inelastic	
Tobacco	0.86
Alcoholic drinks	0.62
Furniture	0.53
Clothing	0.51
Newspapers and magazines	0.38
Telephone	0.32
Food	0.14

Sources: H.S. Houthakker and Lester D. Taylor, *Consumer Demand in the United States* (Cambridge, Mass.: Harvard University Press, 1970), and Henri Theil, Ching-Fan Chung, and James L. Seale, Jr., *Advances in Econometrics, Supplement 1, 1989, International Evidence on Consumption Patterns* (Greenwich, Conn.: JAI Press, Inc., 1989).

FIGURE 8 Income Elasticities in 10 Countries

As income increases, the income elasticity of demand for food decreases. Low-income consumers spend a larger percentage of any increase in income on food than do high-income consumers.

Source: Henri Theil, Ching-Fan Chung, and James L. Seale, Jr., *Advances in Econometrics, Supplement 1, 1989, International Evidence on Consumption Patterns* (Greenwich, Conn.: JAI Press, Inc., 1989).

4   ELASTICITY OF SUPPLY

You know that when demand increases, the price rises and the quantity increases. But does the price rise by a large amount and the quantity increase by a little? Or does the price barely rise and the quantity increase by a large amount?

The answer depends on the responsiveness of the **quantity supplied** to a change in price. You can see why by studying Figure 9, which shows two possible scenarios in a local pizza market. Figure 9(a) shows one scenario, and Figure 9(b) shows the other.

In both cases, demand is initially D_0. In part (a), the supply of pizza is shown by the supply curve S_A. In part (b), the supply of pizza is shown by the supply curve S_B. Initially, in both cases, the price is $20 a pizza and the quantity produced and consumed is 10 pizzas an hour.

Now increases in incomes and population increase the demand for pizza. The demand curve shifts rightward to D_1. In case (a), the price rises by $10 to $30 a pizza, and the quantity increases by only 3 to 13 an hour. In contrast, in case (b), the price rises by only $1 to $21 a pizza, and the quantity increases by 10 to 20 pizzas an hour.

The different outcomes arise from differing degrees of responsiveness of the quantity supplied to a change in price. We measure the degree of responsiveness by using the concept of the elasticity of supply.

FIGURE 9   How a Change in Demand Changes Price and Quantity

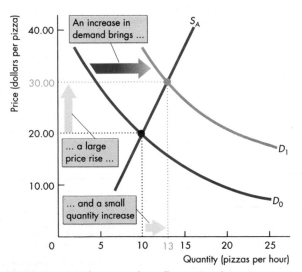

(a) Large price change and small quantity change

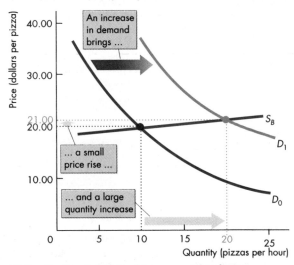

(b) Small price change and large quantity change

Initially, the price is $20 a pizza, and the quantity sold is 10 pizzas an hour. Then increases in incomes and population increase the demand for pizza. The demand curve shifts rightward to D_1. In part (a) the price rises by $10 to $30 a pizza, and the quantity increases by 3 to 13 pizzas an hour. In part (b), the price rises by only $1 to $21 a pizza, and the quantity increases by 10 to 20 pizzas an hour. The price change is smaller and the quantity change is larger in case (b) than in case (a). The quantity supplied is more responsive to price in case (b) than in case (a).

Calculating the Elasticity of Supply

The **elasticity of supply** measures the responsiveness of the quantity supplied to a change in the price of a good when all other influences on selling plans remain the same. It is calculated by using the formula:

$$\text{Elasticity of supply} = \frac{\text{Percentage change in quantity supplied}}{\text{Percentage change in price}}$$

We use the same method that you learned when you studied the elasticity of demand. (Refer back to page 11 to check this method.) Let's calculate the elasticity of supply along the supply curves in Fig. 9.

In Fig. 9(a), when the price rises from $20 to $30, the price rise is $10 and the average price is $25, so the price rises by 40 percent of the average price. The quantity increases from 10 to 13 pizzas an hour, so the increase is 3 pizzas, the average quantity is 11.5 pizzas an hour, and the quantity increases by 26 percent. The elasticity of supply is equal to 26 percent divided by 40 percent, which equals 0.65.

In Fig. 9(b), when the price rises from $20 to $21, the price rise is $1 and the average price is $20.50, so the price rises by 4.8 percent of the average price. The quantity increases from 10 to 20 pizzas an hour, so the increase is 10 pizzas, the average quantity is 15 pizzas, and the quantity increases by 67 percent. The elasticity of supply is equal to 67 percent divided by 4.8 percent, which equals 13.67.

Figure 10 shows the range of elasticities of supply. If the quantity supplied is fixed regardless of the price, the supply curve is vertical and the elasticity of supply is zero. Supply is perfectly inelastic. This case is shown in Fig. 10(a). A special intermediate case is when the percentage change in price equals the percentage change in quantity. Supply is then unit elastic. This case is shown in Fig. 10(b). No matter how steep the supply curve is, if it is linear and passes through the origin, supply is unit elastic. If there is a price at which sellers are willing to offer any quantity for sale, the supply curve is horizontal and the elasticity of supply is infinite. Supply is perfectly elastic. This case is shown in Fig. 10(c).

Figure 10 Inelastic and Elastic Supply

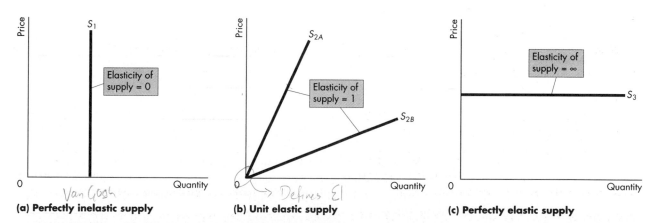

(a) Perfectly inelastic supply   (b) Unit elastic supply   (c) Perfectly elastic supply

Each supply illustrated here has a constant elasticity. The supply curve in part (a) illustrates the supply of a good that has a zero elasticity of supply. The supply curve in part (b) illustrates the supply for a good with a unit elasticity of supply. All linear supply curves that pass through the origin illustrate supplies that are unit elastic. The supply curve in part (c) illustrates the supply for a good with an infinite elasticity of supply.

The Factors that Influence the Elasticity of Supply

The magnitude of the elasticity of supply depends on

▶ Resource substitution possibilities
▶ Time frame for the supply decision

Resource Substitution Possibilities   Some goods and services can be produced only by using unique or rare productive resources. These items have a low, even perhaps a zero, elasticity of supply. Other goods and services can be produced by using commonly available resources that could be allocated to a wide variety of alternative tasks. Such items have a high elasticity of supply.

A Van Gogh painting is an example of a good with a vertical supply curve and a zero elasticity of supply. At the other extreme, wheat can be grown on land that is almost equally good for growing corn. So it is just as easy to grow wheat as corn, and the opportunity cost of wheat in terms of forgone corn is almost constant. As a result, the supply curve of wheat is almost horizontal and its elasticity of supply is very large. Similarly, when a good is produced in many different countries (for example, sugar and beef), the supply of the good is highly elastic.

The supply of most goods and services lies between these two extremes. The quantity produced can be increased but only by incurring a higher cost. If a higher price is offered, the quantity supplied increases. Such goods and services have an elasticity of supply between zero and infinity.

Time Frame for Supply Decisions   To study the influence of the length of time elapsed since a price change, we distinguish three time frames of supply:

1. Momentary supply
2. Long-run supply
3. Short-run supply

When the price of a good rises or falls, the *momentary supply curve* shows the response of the quantity supplied immediately following a price change.

Some goods, such as fruits and vegetables, have a perfectly inelastic momentary supply—a vertical supply curve. The quantities supplied depend on crop-planting decisions made earlier. In the case of oranges, for example, planting decisions have to be made many years in advance of the crop being available. The momentary supply curve is vertical because, on a given day, no matter what the price of oranges, producers cannot change their output. They have picked, packed, and shipped their crop to market, and the quantity available for that day is fixed.

In contrast, some goods have a perfectly elastic momentary supply. Long-distance phone calls are an example. When many people simultaneously make a call, there is a big surge in the demand for telephone cables, computer switching, and satellite time, and the quantity bought increases. But the price remains constant. Long-distance carriers monitor fluctuations in demand and reroute calls to ensure that the quantity supplied equals the quantity demanded without changing the price.

The *long-run supply curve* shows the response of the quantity supplied to a change in price after all the technologically possible ways of adjusting supply have been exploited. In the case of oranges, the long run is the time it takes new plantings to grow to full maturity—about 15 years. In some cases, the long-run adjustment occurs only after a completely new production plant has been built and workers have been trained to operate it—typically a process that might take several years.

The *short-run supply curve* shows how the quantity supplied responds to a price change when only *some* of the technologically possible adjustments to production have been made. The short-run response to a price change is a sequence of adjustments. The first adjustment that is usually made is in the amount of labor employed. To increase output in the **short run**, firms work their **labor force** overtime and perhaps hire additional workers. To decrease their output in the short run, firms either lay off workers or reduce their hours of work. With the passage of time, firms can make additional adjustments, perhaps training additional workers or buying additional tools and other equipment.

The short-run supply curve slopes upward because producers can take actions quite quickly to change the quantity supplied in response to a price change. For example, if the price of oranges falls, growers can stop picking and leave oranges to rot on the trees. Or if the price rises, they can use more fertilizer and improved irrigation to increase the yields of their existing trees. In the long run, they can plant more trees and increase the quantity supplied even more in response to a given price rise.

You have now learned about the elasticities of demand and supply. Table 3 summarizes all the elasticities that you've met in this reading. In the next reading, we study the efficiency of competitive markets. But before doing that, *Reading between the Lines* on pp. 29–31 puts the elasticity of demand to work and looks at the dilemma facing the recorded music industry that we described at the beginning of this reading.

TABLE 3 A Compact Glossary of Elasticities

Price Elasticities of Demand

A relationship is described as	When its magnitude is	Which means that
Perfectly elastic or infinitely elastic	Infinity ∞	The smallest possible increase in price causes an infinitely large decrease in the quantity demanded[a]
Elastic	Less than infinity but greater than 1	The percentage decrease in the quantity demanded exceeds the percentage increase in price *(price sensitive)*
Unit elastic	1	The percentage decrease in the quantity demanded equals the percentage increase in price *(price and demand are equal)*
Inelastic	Greater than zero but less than 1	The percentage decrease in the quantity demanded is less than the percentage increase in price *(not so price sensitive)*
Perfectly inelastic or completely inelastic	Zero	The quantity demanded is the same at all prices *(not price sensitive at all)*

Handwritten annotations:
(most price sensitive) $\frac{\%\Delta Q\,(>)}{\%\Delta P\,(<)}$
$\frac{\%\Delta Q\,(>)}{\%\Delta P\,(<)}$
$\frac{\%\Delta Q\,(=)}{\%\Delta P\,(=)}$
$\frac{\%\Delta Q\,(<)}{\%\Delta P\,(>)}$
$\frac{\%\Delta Q\,(=)}{\%\Delta P\,(<)}$

Cross Elasticities of Demand

A relationship is described as	When its value is	Which means that
Perfect substitutes	Infinity	The smallest possible increase in the price of one good causes an infinitely large increase in the quantity demanded of the other good
Substitutes *(+ve)*	Positive, less than infinity	If the price of one good increases, the quantity demanded of the other good also increases
Independent *(not correlated at all)*	Zero	If the price of one good increases, the quantity demanded of the other good remains the same
Complements *(−ve)*	Less than zero	If the price of one good increases, the quantity demanded of the other good decreases

Income Elasticities of Demand

A relationship is described as	When its value is	Which means that
Income elastic (normal good)	Greater than 1	The percentage increase in the quantity demanded is greater than the percentage increase in income
Income inelastic (normal good)	Less than 1 but greater than zero	The percentage increase in the quantity demanded is less than the percentage increase in income
Negative income elastic (inferior good)	Less than zero	When income increases, quantity demanded decreases

Handwritten annotations:
(Income greatly affects demand → luxuries)
(Income does not really affect demand → necessities)
(least correlation btwn income & demand) → occurs in high income countries when certain goods are not demanded when can afford to buy other goods/luxuries

Elasticities of Supply

A relationship is described as	When its magnitude is	Which means that
Perfectly elastic	Infinity ∞	The smallest possible increase in price causes an infinitely large increase in the quantity supplied *(most price sensitive)*
Elastic	Less than infinity but greater than 1	The percentage increase in the quantity supplied exceeds the percentage increase in the price *(price sensitive)*
Inelastic	Greater than zero but less than 1	The percentage increase in the quantity supplied is less than the percentage increase in the price *(not so price sensitive)*
Perfectly inelastic	Zero	The quantity supplied is the same at all prices *(not price sensitive at all)*

[a]In each description, the directions of change may be reversed. For example, in this case, the smallest possible *decrease* in price causes an infinitely large *increase* in the quantity demanded.

READING BETWEEN THE LINES   5

Elasticities of Demand for CDs

GLOBE AND MAIL, September 4, 2003

Music giant chops prices to combat downloads

North American record giant Universal Music is slashing prices on its compact discs in a desperate bid to get music fans back into stores and away from downloading music for free on their home computers.

Universal said yesterday it will chop prices starting in October, so that CDs that currently carry a suggested retail price in Canada of $19.98, $20.98 and $21.98 will sell for no more than $14.98.

Will consumers take the bait?

Don't be too sure, said Josh Bernoff, an analyst at Forrester Research Inc. in Boston. "I think you'll see unit sales go up as prices go down, but this will not change the slide away from CDs towards downloading."

Jason Goorwah, a 17-year-old student in Toronto, agrees. "I've stopped buying a lot of CDs," he said, adding that he prefers to download music onto his MP3 player.

Mr. Goorwah said cheaper prices might persuade him to buy a few extra CDs, but a $5 saving isn't enough to lure him into record stores more often. ...

The new pricing policy will affect Universal's new releases, its top hits and the company's back catalogue. ...

Music sales have dropped 20 per cent in Canada in the past three years, a loss of about $250-million to the industry. ...

Universal Music Canada president Randy Lennox acknowledged that record companies must change their approach. "The industry needs to rethink its business model, and we at Universal are trying to lead that particular charge," he said.

He predicted that the price cut could boost CD sales by as much as 30 per cent.

Mr. Lennox wouldn't say how much the change will cost his company, but the hope is that increased volume will outweigh the decreased margins. ...

Essence of the Story

▶ The sale of music CDs has fallen 20 percent in Canada in the past three years and decreased industry total revenue by $250 million.

▶ In a bid to combat lower revenue, Universal is slashing CD prices from around $21 to under $15.

▶ An analyst says that more CDs will be sold at the lower price, but the move toward music downloading will not stop.

▶ Universal Music Canada president Randy Lennox says that the price cut could increase the quantity of CDs sold by as much as 30 percent.

Economic Analysis

▶ This news article is about the market for recorded music in Canada, but the problem that it describes applies everywhere.

▶ The news article provides enough information for us to find the point on the demand curve for CDs before the price cut.

▶ At an average price of $21 per CD, about 48 million CDs a year were demanded.

▶ The price is in the news article. To find the quantity, first use the reported fact that $250 million of total revenue represents 20 percent of total revenue three years ago.

▶ Total revenue three years ago must have been $250 million ÷ 0.2 = $1.25 billion, so total revenue in 2003 was $1 billion.

▶ With total revenue of $1 billion and a price of $21 a CD, the number of CDs sold is a little less than 48 million. This is the quantity demanded at $21 a CD.

▶ The news article also provides enough information for us to find what Universal Music thinks is a second point on the demand curve.

▶ Randy Lennox says that the quantity of CDs sold will increase by 30 percent if the price is cut to $15 a CD.

▶ If the quantity of CDs demanded increases by 30 percent, it becomes 62 million.

▶ Figure 11 shows the demand curve for CDs based on the information that we've pulled from the news article.

▶ We can calculate the elasticity of demand at the mid-point of the two points identified.

▶ The quantity demanded increases by 14 million CDs and the average quantity is 55 million CDs, so the quantity demanded increases by 25 percent.

▶ The price falls by $6 and the average price is $18 a CD, so the percentage fall in price is 33.3 percent.

▶ The price elasticity of demand—percentage change in quantity demanded divided by percentage change in the price—is 25 ÷ 33.3 = 0.76.

▶ So, according to the information provided in the news article, Universal Music believes that the demand for CDs is inelastic.

▶ When a good has an inelastic demand, a price cut *decreases* total revenue.

▶ With the price cut, Universal will sell more CDs but will suffer a loss of total revenue.

▶ The total revenue test confirms this conclusion. At $21 a CD, total revenue is $21 × 48 million = $1 billion. At $15 a CD, total revenue is $15 × 62 million = $930 million.

▶ The only way in which CD producers can increase total revenue is by finding a way to increase the price of a download. ⌐ substitute

▶ Because downloads and CDs are substitutes, a rise in the price of a download increases the demand for CDs. The amount by which the demand for CDs would increase is determined by the cross elasticity of demand between CDs and downloads.

Figure 11   The Market for Music CDs in Canada

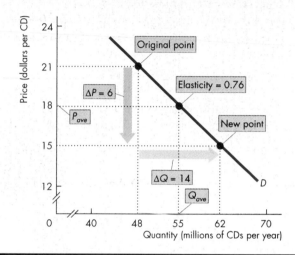

SUMMARY

▶ Elasticity is a measure of the responsiveness of the quantity demanded of a good to a change in its price.

▶ Price elasticity of demand equals the percentage change in the quantity demanded divided by the percentage change in price.

▶ The larger the magnitude of the price elasticity of demand, the greater is the responsiveness of the quantity demanded to a given change in price.

▶ Price elasticity of demand depends on how easily one good serves as a substitute for another, the proportion of income spent on the good, and the length of time elapsed since the price change.

▶ If demand is elastic, a decrease in price leads to an increase in total revenue. If demand is unit elastic, a decrease in price leaves total revenue unchanged. And if demand is inelastic, a decrease in price leads to a decrease in total revenue.

▶ Cross elasticity of demand measures the responsiveness of demand for one good to a change in the price of a substitute or a complement.

▶ The cross elasticity of demand with respect to the price of a substitute is positive. The cross elasticity of demand with respect to the price of a complement is negative.

▶ Income elasticity of demand measures the responsiveness of demand to a change in income. For a normal good, the income elasticity of demand is positive. For an inferior good, the income elasticity of demand is negative.

▶ When the income elasticity of demand is greater than 1, the percentage of income spent on the good increases as income increases.

▶ When the income elasticity of demand is less than 1 but greater than zero, the percentage of income spent on the good decreases as income increases.

▶ Elasticity of supply measures the responsiveness of the quantity supplied of a good to a change in its price.

▶ The elasticity of supply is usually positive and ranges between zero (vertical supply curve) and infinity (horizontal supply curve).

▶ Supply decisions have three time frames: momentary, long run, and short run.

▶ Momentary supply refers to the response of sellers to a price change at the instant that the price changes.

▶ Long-run supply refers to the response of sellers to a price change when all the technologically feasible adjustments in production have been made.

▶ Short-run supply refers to the response of sellers to a price change after some of the technologically feasible adjustments in production have been made.

PRACTICE PROBLEMS FOR READING 13

1. For a particular company's product, the percent change in quantity demanded is smaller than the percent change in price that caused the change in quantity demanded. If the company increased the price of that product, total revenue from sales of that product would *most likely*

   [handwritten: inelastic demand]

   A. increase more in the short run than in the long run.

   B. increase more in the long run than in the short run.

   C. decrease more in the short run than in the long run.

   D. decrease more in the long run than in the short run.

2. For a particular product produced by a firm, the quantity at which demand is unitary elastic is *most likely* the quantity that maximizes

   A. total profit from the product but not total revenue from the product.

   B. total revenue from the product but not total profit from the product.

   C. both total profit from the product and total revenue from the product.

   D. neither total profit from the product nor total revenue from the product.

   [handwritten: Note:- Total profit takes into consideration cost of sales (i.e. prod'n costs)]

3. For a particular company's product, the percent change in quantity demanded is smaller than the percent change in price that caused the change in quantity demanded. If the company increased the price of that product, total revenue from sales of that product would *most likely*

   [CFA 2005 exam] *[handwritten: inelastic demand]*

   A. increase and demand is elastic.

   B. decrease and demand is elastic.

   C. increase and demand is inelastic.

   D. decrease and demand is inelastic.

   [handwritten: ΔP of substitute WSJ = + $0.50   P_AVE = (1.5+2)/2 = $1.75]

4. Clemens News sells both the *Wall Street Journal* (WSJ) and the *Financial Times* (FT). Proprietor Stan Clemens noticed that when he raised the price of the WSJ from $1.50 per copy to $2 per copy, the number of FT that he sold rose from 22 to 28. The cross-elasticity of demand is *closest* to

   [CFA 2005 exam]

   A. −0.08.

   B. 0.84.

   C. 1.09.

   D. 1.19.

   [handwritten: ΔQ = +6   Q_AVE = (22+28)/2 = 25]

   [handwritten: %ΔQ (in FT) / %ΔP of substitute (i.e. WSJ) = (6/25)/($(0.5/1.75)) = 0.84 +ve]

   *[handwritten: * Note: Cross elasticity of demand w respect to the price of a substitute is positive.   " " " " the price of a complement is negative.]*

5. Susan Jahlberg, CFA, recognizes that the expanding economy of China is increasing the demand for many types of goods and services. To estimate the demand for a particular item, which of the following elasticities of demand would be the *best* choice for Jahlberg to calculate?

   A. The unit elasticity.

   B. The price elasticity.

   C. The cross-elasticity.

   D. The income elasticity.

   [handwritten: g^d GDP which is linked to economic growth]

elastic demand

6. The price elasticity of furniture has been reported at 1.26. Lee's Furniture Emporium decides to raise prices by 3%. What is your *most appropriate* conclusion?

   A. Demand is elastic and total revenue will increase.

   B. Demand is elastic and total revenue will decrease.

   C. Demand is inelastic and total revenue will increase.

   D. Demand is inelastic and total revenue will decrease.

7. An analyst has determined that when the price of product X increases from $10 to $12, the quantity demanded declines from 30 units to 28 units. The price elasticity of demand for product X is *closest* to

   A. 0.38.

   B. 0.67.

   C. 1.50.

   D. 1.67.

$$\frac{\Delta Q/Q_{AVE}}{\Delta P/P_{AVE}} = \frac{(30-28)/\left(\frac{30+28}{2}\right)}{(12-10)/\frac{10+12}{2}} = \frac{2/29}{2/11}$$

$$= \frac{0.069}{0.18}$$

$$= 0.38$$

8. If the income elasticity of demand for product Y is negative, then product Y is *most likely* a

   A. normal good.

   B. inferior good.

   C. substitute good.

   D. complementary good.

Note:-
If Income elasticity of demand is
  >1 → Normal good, income elastic
0<x<1 → Normal good, income inelastic
<0 → Inferior good, negative income elastic

9. Which of the following is *most likely* to influence the elasticity of supply?

   A. Availability of resources.

   B. Availability of close substitutes.

   C. Proportion of income spent on the product.

   D. Proportion of income spent on substitute products.

* Note:-
magnitude of elasticity of supply depends on:-
• Resource substitution possibilities
• Time frame for supply decision

EFFICIENCY AND EQUITY
by Michael Parkin

LEARNING OUTCOMES

The candidate should be able to:

a. explain allocative efficiency, marginal benefit and marginal cost, and demonstrate why the efficient quantity occurs where marginal benefit equals marginal cost;

b. distinguish between the price and the value of a product and explain the demand curve and consumer surplus;

c. distinguish between the cost and the price of a product and explain the supply curve and producer surplus;

d. discuss the relationship between consumer surplus, producer surplus, and equilibrium;

e. explain 1) how efficient markets ensure optimal resource utilization and 2) the obstacles to efficiency and the resulting underproduction or overproduction, including the concept of deadweight loss;

f. explain the two groups of ideas about the fairness principle (utilitarianism and the symmetry principle) and discuss the relation between fairness and efficiency.

SELF-INTEREST AND THE SOCIAL INTEREST

1

Every time you buy a pair of sports shoes or textbook, fill your gas tank, download some MP3 files and burn a CD, order a pizza, check in at the airport, or even just take a shower, you express your view about how scarce resources should be used. You try to spend your income and your time in ways that get the most out of *your* scarce resources—you make choices that further your *self-interest*. And markets coordinate your decisions along with those of everyone else. But do markets do a good job? Do they enable us to allocate resources between shoes, books, gasoline, music, CD-Rs, pizza, airline services, water, and all the other things we buy in the *social interest*? Could we as a society be better off if we spent more on some things and less on others?

The market economy generates huge incomes for some people and miserable pickings for others. For example, software sales by Microsoft have generated enough profit over the past ten years to rocket Bill Gates, one of its founders, into the position of being one of the richest people in the world. Is it *fair* that Bill Gates is so incredibly rich while others live in miserable **poverty**?

We'll end the reading in *Reading Between the Lines* by considering the use of the world's water resources. Do we have markets or other arrangements that allocate the world's scarce water efficiently?

2   EFFICIENCY AND SOCIAL INTEREST

When does the pursuit of self-interest also serve the social interest? Economists have thought hard about this question and have most to say about one aspect of the "social interest," **allocative efficiency**.

Allocative efficiency occurs when it is not possible to produce more of one good without giving up the production of some other good that is valued more highly. Achieving allocative efficiency also means that it is not possible to make someone better off without making someone else worse off. Allocative efficiency does not depend on the distribution of economic benefit. In principle, we can all agree that one situation, *A*, is efficient and another situation, *B*, is inefficient.

Efficiency is not a cold, mechanical concept. It is a concept based on value, and value is based on people's feelings. For example, if people value a nuclear-free environment more highly than they value cheap electric power, it is efficient to use higher-cost, non-nuclear technologies to produce electricity.

Let's review the idea of allocative efficiency by thinking about the efficient quantity of pizzas. To produce more pizzas, we must give up some other goods and services. For example, we might give up some sandwiches. So to produce more pizzas, we forgo sandwiches. If we have fewer pizzas, we can have more sandwiches. What is the efficient quantity of pizzas to produce? The answer depends on **marginal benefit** and **marginal cost**.

Marginal Benefit

If we consume one more pizza, we receive a **marginal benefit**. **Marginal benefit** is the benefit that a person receives from consuming one more unit of a good or service. The marginal benefit from a good or service is measured as the maximum amount that a person is willing to pay for one more unit of it. So the marginal benefit from a pizza is the maximum amount of other goods and services that people are willing to give up to get one more pizza. The marginal benefit from pizza decreases as the quantity of pizzas consumed increases—the principle of *decreasing marginal benefit*.

We can express the marginal benefit from a pizza as the number of sandwiches that people are willing to forgo to get one more pizza. But we can also express marginal benefit as the dollar value of other goods and services that people are willing

FIGURE 1   The Efficient Quantity of Pizza

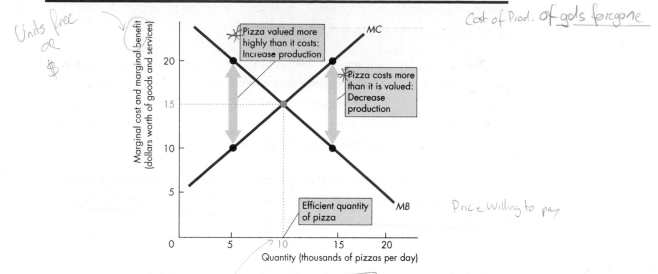

Handwritten annotations around figure: ⊗ Units free or $; Cost of Prod. of gds forgone ; Price Willing to pay

The marginal benefit curve (*MB*) shows what people *are willing* to forgo to get one more pizza. The marginal cost curve (*MC*) shows what people *must* forgo to get one more pizza. If fewer than 10,000 pizzas a day are produced, marginal benefit exceeds marginal cost. Greater value can be obtained by producing more pizzas. If more than 10,000 pizzas a day are produced, marginal cost exceeds marginal benefit. Greater value can be obtained by producing fewer pizzas. If 10,000 pizzas a day are produced, marginal benefit equals marginal cost and the efficient quantity of pizza is available.

to forgo. Figure 1 shows the marginal benefit from pizza expressed in this way. As the quantity of pizza increases, the value of other items that people are willing to forgo to get yet one more pizza decreases.

Handwritten: (ie: price willing to pay for pizza ↓ !)

Marginal Cost

Handwritten: → Not to Acq.

If we produce one more pizza, we incur a marginal cost. **Marginal cost** is the opportunity cost of producing *one more unit* of a good or service. The marginal cost of a good or service is measured as the value of the best alternative forgone. So the marginal cost of a pizza is the value of the best alternative forgone to get one more pizza. The marginal cost of a pizza increases as the quantity of pizza produced increases—the principle of *increasing marginal cost.*

Handwritten: → ↑ Marg Cost

We can express marginal cost as the number of sandwiches we must forgo to produce one more pizza. But we can also express marginal cost as the dollar value of other goods and services we must forgo. Figure 1 shows the marginal cost of pizza expressed in this way. As the quantity of pizza produced increases, the value of other items we must forgo to produce yet one more pizza increases.

Handwritten: Because cost to produce the pizza is greater than what it is valued at.

Efficiency and Inefficiency

To determine the efficient quantity of pizza, we compare the marginal cost of a pizza with the marginal benefit from a pizza. There are three possible cases:

▶ Marginal benefit exceeds marginal cost.
▶ Marginal cost exceeds marginal benefit.
▶ Marginal benefit equals marginal cost.

Marginal Benefit Exceeds Marginal Cost   Suppose the quantity of pizzas produced is 5,000 a day. Figure 1 shows that at this quantity, the marginal benefit of a pizza is $20. That is, when the quantity of pizzas available is 5,000 a day, people are willing to pay $20 for the 5,000th pizza.

Figure 1 also shows that the marginal cost of the 5,000th pizza is $10. That is, to produce one more pizza, the value of other goods and services that we must forgo is $10. If pizza production increases from 4,999 to 5,000, the value of the additional pizza is $20 and its marginal cost is $10. If this pizza is produced, the value of the pizza produced exceeds the value of the goods and services we must forgo by $10. Resources will be used more efficiently—they will create more value—if we produce an extra pizza and fewer other goods and services. This same reasoning applies all the way up to the 9,999th pizza. Only when we get to the 10,000th pizza does marginal benefit not exceed marginal cost.

Marginal Cost Exceeds Marginal Benefit   Suppose the quantity of pizzas produced is 15,000 a day. Figure 1 shows that at this quantity, the marginal benefit of a pizza is $10. That is, when the quantity of pizzas available is 15,000 a day, people are willing to pay $10 for the 15,000th pizza.

Figure 1 also shows that the marginal cost of the 15,000th pizza is $20. That is, to produce one more pizza, the value of the other goods and services that we must forgo is $20.

If pizza production decreases from 15,000 to 14,999, the value of the one pizza forgone is $10 and its marginal cost is $20. So if this pizza is not produced, the value of the other goods and services produced exceeds the value of the pizza forgone by $10. Resources will be used more efficiently—they will create more value—if we produce one fewer pizza and more other goods and services. This same reasoning applies all the way down to the 10,001st pizza. Only when we get to the 10,000th pizza does marginal cost not exceed marginal benefit.

Marginal Benefit Equals Marginal Cost   Suppose the quantity of pizzas produced is 10,000 a day. Figure 1 shows that at this quantity, the marginal benefit of a pizza is $15. That is, when the quantity of pizzas available is 10,000 a day, people are willing to pay $15 for the 10,000th pizza.

Figure 1 also shows that the marginal cost of the 10,000th pizza is $15. That is, to produce one more pizza, the value of other goods and services that we must forgo is $15.

In this situation, we cannot increase the value of the goods and services produced by either increasing or decreasing the quantity of pizza. If we increase the quantity of pizza, the 10,001st pizza costs more to produce than it is worth. And if we decrease the quantity of pizza produced, the 9,999th pizza is worth more than it costs to produce. So when marginal benefit equals marginal cost, resource use is efficient.

Does a **competitive market** in pizza produce the efficient quantity of pizza? Let's answer this question.

3   VALUE, PRICE, AND CONSUMER SURPLUS

To investigate whether a competitive market is efficient, we need to learn about the connection between demand and marginal benefit and the connection between supply and marginal cost.

Value, Willingness to Pay, and Demand

In everyday life, we talk about "getting value for money." When we use this expression, we are distinguishing between *value* and *price*. Value is what we get, and the price is what we pay.

The **value** of one more unit of a good or service is its *marginal benefit*. Marginal benefit can be expressed as the maximum price that people are willing to pay for another unit of the good or service. The willingness to pay for a good or service determines the demand for it.

In Fig. 2(a), the demand curve *D* shows the quantity demanded at each price. For example, when the price of a pizza is $15, the quantity demanded is 10,000 pizzas a day. In Fig. 2(b), the demand curve *D* shows the maximum price that someone is willing to pay for the last available pizza when a given quantity is produced. For example, when 10,000 pizzas a day are available, the most that people are willing to pay for the 10,000th pizza is $15. This second interpretation of the demand curve means that the marginal benefit from the 10,000th pizza is $15. The demand curve is also the **marginal benefit curve** *MB*.

When we draw a demand curve, we use a **relative price**, not a **money price**. We express the relative price in dollars, but the relative price measures the number of dollars' worth of other goods and services forgone to obtain one more unit of the good in question. So a demand curve tells us the value of other goods and services that people are willing to forgo to get an additional unit of the good. But this is what a marginal benefit curve tells us too. So

A demand curve is a marginal benefit curve.

We don't always have to pay the maximum price that we are willing to pay. When we buy something, we often get a bargain. Let's see how.

FIGURE 2   Demand, Willingness to Pay, and Marginal Benefit

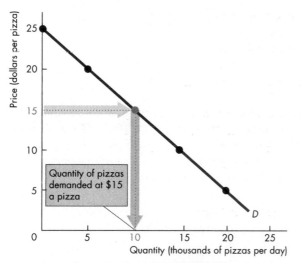

(a) Price determines quantity demanded

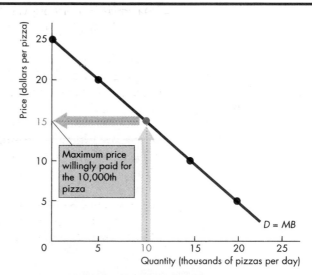

(b) Quantity determines willingness to pay

The demand curve for pizza, *D*, shows the quantity of pizza demanded at each price, other things remaining the same. The demand curve also shows the maximum price that consumers are willing to pay for the last pizza if a given quantity of pizza is available. At a price of $15 a pizza, the quantity demanded is 10,000 pizzas a day (part a). If 10,000 pizzas a day are available, the maximum price that consumers are willing to pay for the 10,000th pizza is $15 (part b).

Consumer Surplus

When people buy something for less than it is worth to them, they receive a **consumer surplus**. A **consumer surplus** is the value of a good minus the price paid for it, summed over the quantity bought.

To understand consumer surplus, let's look at Lisa's demand for pizza in Fig. 3. Lisa likes pizza, but the marginal benefit she gets from it decreases quickly as her consumption increases.

To keep things simple, suppose Lisa can buy pizza by the slice. If a pizza costs $2.50 a slice, Lisa spends her fast-food budget on items that she values more highly than pizza. At $2 a slice, she buys 10 slices a week. At $1.50 a slice, she buys 20 slices a week; at $1 a slice, she buys 30 slices a week; and at 50 cents a slice, she eats nothing but pizza and buys 40 slices a week.

Lisa's demand curve for pizza in Fig. 3 is also her *willingness-to-pay* or marginal benefit curve. It tells us that if Lisa can have only 10 slices a week, she is willing to pay $2 for the 10th slice. Her marginal benefit from the 10th slice is $2. If she can have 20 slices a week, she is willing to pay $1.50 for the 20th slice. Her marginal benefit from the 20th slice is $1.50.

Figure 3 also shows Lisa's consumer surplus from pizza when the price is $1.50 a slice. At this price, she buys 20 slices a week. The most that Lisa is willing to pay for the 20th slice is $1.50, so its marginal benefit equals the price she pays for it.

But Lisa is willing to pay almost $2.50 for the first slice. So the marginal benefit from this slice is close to $1 more than she pays for it. So on her first slice of pizza, she receives a *consumer surplus* of almost $1. At a quantity of 10 slices of pizza a week, Lisa's marginal benefit is $2 a slice. So on the 10th slice, she receives a consumer surplus of 50 cents.

FIGURE 3   A Consumer's Demand and Consumer Surplus

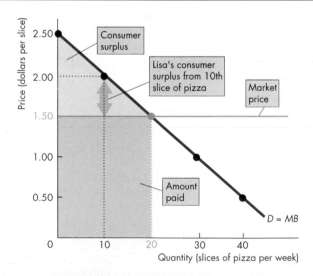

Lisa's demand curve for pizza tells us that at $2.50 a slice, she does not buy pizza. At $2 a slice, she buys 10 slices a week; at $1.50 a slice, she buys 20 slices a week. Lisa's demand curve also tells us that she is willing to pay $2 for the 10th slice and $1.50 for the 20th. She actually pays $1.50 a slice—the market price—and buys 20 slices a week. Her consumer surplus from pizza is $10—the area of the triangle.

To calculate Lisa's consumer surplus, we find the consumer surplus on each slice she buys and add them together. This sum is the area of the triangle—the area below the demand curve and above the market price line. This area is equal to the base of the triangle (20 slices a week) multiplied by the height of the triangle ($1 a slice) divided by 2, which is $10.

The area of the blue rectangle in Fig. 3 shows what Lisa pays for pizza, which is $30. This area is equal to 20 slices a week multiplied by $1.50 a slice.

All goods and services are like the pizza example you've just studied. Because of decreasing marginal benefit, people receive more benefit from their consumption than the amount they pay.

You've seen how we distinguish between value—marginal benefit—and price. And you've seen that buyers receive a consumer surplus because marginal benefit exceeds price. Next, we're going to study the connection between supply and marginal cost and learn about **producer surplus**.

COST, PRICE, AND PRODUCER SURPLUS   **4**

What you are now going to learn about cost, price, and producer surplus parallels the related ideas about value, price, and consumer surplus that you've just studied.

Firms are in business to make a profit. To do so, they must sell their output for a price that exceeds the cost of production. Let's investigate the relationship between cost and price.

Cost, Minimum Supply-Price, and Supply

Earning a profit means receiving more (or at least receiving no less) for the sale of a good or service than the cost of producing it. Just as consumers distinguish between *value* and *price*, so producers distinguish between *cost* and *price*. Cost is what a producer gives up, and price is what a producer receives.

The cost of producing one more unit of a good or service is its *marginal cost*. And marginal cost is the minimum price that producers must receive to induce them to produce another unit of the good or service. This minimum acceptable price determines the quantity supplied.

In Fig. 4(a), the supply curve *S* shows the quantity supplied at each price. For example, when the price of a pizza is $15, the quantity supplied is 10,000 pizzas a day. In Fig. 4(b), the supply curve shows the minimum price that producers must be offered for the last pizza to get them to produce a given quantity. For example, the minimum price which producers must be offered to get them to produce 10,000 pizzas a day is $15 a pizza. This second view of the supply curve means that the marginal cost of the 10,000th pizza is $15. The supply curve is also the marginal cost curve *MC*.

Because the price is a relative price, a supply curve tells us the quantity of other goods and services that firms *must forgo* to produce one more unit of the good. But a marginal cost curve also tells us the quantity of other goods and services that firms must forgo to produce one more unit of the good. So

A supply curve is a marginal cost curve.

If the price producers receive exceeds the cost they incur, they earn a producer surplus. This producer surplus is analogous to consumer surplus.

FIGURE 4   Supply, Minimum Supply-Price, and Marginal Cost

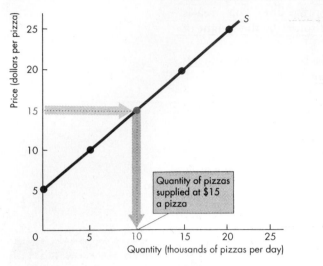

(a) Price determines quantity supplied

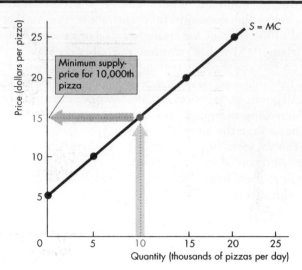

(b) Quantity determines minimum supply-price

The supply curve of pizza, S, shows the quantity of pizza supplied at each price, other things remaining the same. The supply curve also shows the minimum price that producers must be offered for the last pizza to get them to produce a given quantity. At a price of $15 a pizza, the quantity supplied is 10,000 pizzas a day (part a). To get firm to produce 10,000 pizzas a day, the minimum price they must be offered for the 10,000th pizza is $15 (part b).

Producer Surplus

When price exceeds marginal cost, the firm obtains a producer surplus. A **producer surplus** is the price of a good minus the opportunity cost of producing it, summed over the quantity sold. To understand producer surplus, let's look at Max's supply of pizza in Fig. 5.

Max can produce pizza or bake bread that people like a lot. The more pizza he bakes, the less bread he can bake. His opportunity cost of a pizza is the value of the bread he must forgo. This opportunity cost increases as Max increases his production of pizza. If a pizza sells for only $5, Max produces no pizza. He uses his kitchen to bake bread. Pizza just isn't worth producing. But at $10 a pizza, Max produces 50 pizzas a day, and at $15 a pizza, he produces 100 a day.

Max's supply curve is also his *minimum supply-price* curve. It tells us that if Max can sell only one pizza a day, the minimum that he must be paid for it is $5. If Max can sell 50 pizzas a day, the minimum that he must be paid for the 50th pizza is $10, and so on.

Figure 5 also shows Max's producer surplus. If the price of a pizza is $15, Max plans to sell 100 pizzas a day. The minimum that he must be paid for the 100th pizza is $15. So its opportunity cost is exactly the price he receives for it. But the opportunity cost of the first pizza is only $5. So this first pizza costs $10 less to produce than Max receives for it. Max receives a *producer surplus* from his first pizza of $10. He receives a slightly smaller producer surplus on the second pizza, less on the third, and so on until he receives no producer surplus on the 100th pizza.

Figure 5 shows Max's producer surplus as the blue triangle—the area above the supply curve and below the market price line. This area is equal to the base of the triangle (100 pizzas a week) multiplied by the height of the triangle ($10 a pizza) divided by 2, which equals $500 a week. Figure 5 also shows Max's opportunity cost of production as the area below the supply curve.

FIGURE 5   A Producer's Supply and Producer Surplus

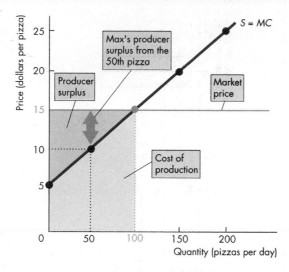

Max's supply curve of pizza tells us that at a price of $5, Max plans to sell no pizza. At a price of $10, he plans to sell 50 pizzas a day; and at a price of $15, he plans to sell 100 pizzas a day. Max's supply curve also tells us that the minimum he must be offered is $10 for the 50th pizza a day and $15 for the 100th pizza a day.

If the market price is $15 a pizza, Max sells 100 pizzas a day and receives $1,500. The bottom area shows Max's cost of producing pizza, which is $1,000 a day, and the top area shows his producer surplus, which is $500 a day.

Consumer surplus and producer surplus can be used to measure the efficiency of a market. Let's see how we can use these concepts to study the efficiency of a competitive market.

IS THE COMPETITIVE MARKET EFFICIENT?   5

Figure 6(a) shows the market for pizza. Market forces pull the pizza market to its equilibrium price of $15 a pizza and equilibrium quantity of 10,000 pizzas a day. Buyers enjoy a consumer surplus and sellers enjoy a producer surplus. But is this competitive equilibrium efficient?

Efficiency of Competitive Equilibrium

You've seen that the demand curve tells us the marginal benefit from pizza. If the only people who benefit from pizza are the people who buy it, then the demand curve for pizza measures the marginal benefit to the entire society from pizza. We call the marginal benefit to the entire society, **marginal *social* benefit**, *MSB*. In this case, the demand curve is also the *MSB* curve.

You've also seen that the supply curve tells us the marginal cost of pizza. If the only people who bear the cost of pizza are the people who produce it, then the supply curve of pizza measures the marginal cost to the entire society of pizza. We call the marginal cost to the entire society, **marginal *social* cost, *MSC***. In this case, the supply curve is also the *MSC* curve.

FIGURE 6   An Efficient Market for Pizza

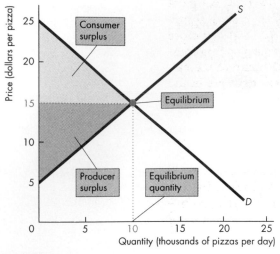

(a) Equilibrium and surpluses

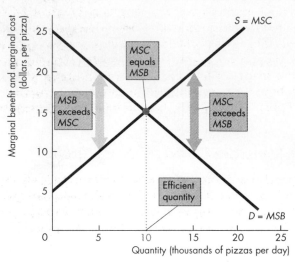

(b) Efficiency and marginal benefit and marginal cost

Competitive equilibrium in part (a) occurs when the quantity demanded equals the quantity supplied. Consumer surplus is the area under the demand curve and above the price—the top triangle. Producer surplus is the area above the supply curve and below the price—the bottom triangle.

Resources are used efficiently in part (b) when marginal social benefit, *MSB*, equals marginal social cost, *MSC*.

The efficient quantity in part (b) is the same as the equilibrium quantity in part (a). The competitive pizza market produces the efficient quantity of pizza.

So where the demand curve and the supply curve intersect in part (a), marginal social benefit equals marginal social cost in part (b). This condition delivers an efficient use of resources for the entire society.

If production is less than 10,000 pizzas a day, the marginal pizza is valued more highly than its opportunity cost. If production exceeds 10,000 pizzas a day, the marginal pizza costs more to produce than the value that consumers place on it. Only when 10,000 pizzas a day are produced is the marginal pizza worth exactly what it costs.

The competitive market pushes the quantity of pizza produced to its efficient level of 10,000 a day. If production is less than 10,000 pizzas a day, a shortage raises the price, which increases production. If production exceeds 10,000 pizzas a day, a surplus lowers the price, which decreases production. So, a competitive pizza market is efficient.

Notice that when the efficient quantity is produced, the sum of consumer surplus and producer surplus is maximized. Buyers and sellers acting in their self-interest end up promoting the social interest.

The Invisible Hand

Writing in his *Wealth of Nations* in 1776, Adam Smith was the first to suggest that competitive markets send resources to the uses in which they have the highest value. Smith believed that each participant in a competitive market is "led by an invisible hand to promote an end [the efficient use of resources] which was no part of his intention."

You can see the invisible hand at work in the cartoon. The cold drinks vendor has both cold drinks and shade. He has an opportunity cost of each and a minimum supply-price of each. The reader on the park bench has a marginal benefit from a cold drink and from shade. You can see that marginal benefit from shade exceeds the price, but the price of a cold drink exceeds its marginal benefit. The transaction that occurs creates producer surplus and consumer surplus. The vendor obtains a producer surplus from selling the shade for more than its opportunity cost, and the reader obtains a consumer surplus from buying the shade for less than its marginal benefit. In the third frame of the cartoon, both the consumer and the producer are better off than they were in the first frame. The umbrella has moved to its highest-valued use.

The Invisible Hand at Work Today

The market economy relentlessly performs the activity illustrated in the cartoon and in Fig. 6 to achieve an efficient allocation of resources. And rarely has the market been working as hard as it is today. Think about a few of the changes taking place in our economy that the market is guiding toward an efficient use of resources.

©The New Yorker Collection 1985
Mike Twohy from cartoonbank.com All Rights Reserved.

New technologies have cut the cost of producing computers. As these advances have occurred, supply has increased and the price has fallen. Lower prices have encouraged an increase in the quantity demanded of this now less costly tool. The marginal benefit from computers is brought to equality with their marginal cost.

A Florida frost cuts the supply of oranges. With fewer oranges available, the marginal benefit from oranges increases. A shortage of oranges raises their price, so the market allocates the smaller quantity available to the people who value them most highly.

Market forces persistently bring marginal cost and marginal benefit to equality and maximize the sum of consumer surplus and producer surplus.

Obstacles to Efficiency

Although markets generally do a good job of sending resources to where they are most highly valued, markets do not always get the correct answer. Sometimes they overproduce a good or service, and sometimes they underproduce. The most significant obstacles to achieving an efficient allocation of resources in the market economy are:

► price ceilings and price floors
► taxes, subsidies, and quotas
► monopoly
► external costs and external benefits
► public goods and common resources

Price Ceilings and Price Floors   A *price ceiling* is a regulation that makes it illegal to charge a price above a specified level. An example is a price ceiling on apartment rents, which some cities impose. A *price floor* is a regulation that makes it illegal to pay a price below a specified level. An example is the **minimum wage**. The presence of a price ceiling or a price floor blocks the forces of demand and supply and might result in a quantity produced that differs from the quantity determined in an unregulated market. (We study price ceilings and price floors in Reading 15 on markets in action.)

Taxes, Subsidies, and Quotas   *Taxes* increase the prices paid by buyers and lower the prices received by sellers. Taxes decrease the quantity produced. All kinds of goods and services are taxed, but the highest taxes are on gasoline, alcohol, and tobacco.

Subsidies, which are payments by the government to producers, decrease the prices paid by buyers and increase the prices received by sellers. Subsidies increase the quantity produced.

Quotas, which are limits to the quantity that a firm is permitted to produce, restrict output below the quantity that a competitive market produces. Farms are sometimes subject to quotas. (We study taxes, subsidies, and quotas in Reading 15.)

Monopoly   A *monopoly* is a firm that has sole control of a market. For example, Microsoft has a near monopoly on operating systems for personal computers. Although a monopoly can earn a large profit, it prevents the market from achieving an efficient use of resources. The goal of a monopoly is to maximize profit. To achieve this goal, it produces less than the efficient quantity and raises the price. (We study monopoly in Reading 19.)

External Costs and External Benefits   An *external cost* is a cost that is borne not by the producer but by other people. When an electric power utility burns coal to generate electricity, it also produces acid rain that damages crops. The utility does not consider the cost of its pollution when it decides the quantity of electric power to supply. Its supply curve is based on its own costs, not on the costs that it inflicts on others. As a result, the utility produces more power than the efficient quantity.

An *external benefit* is a benefit that accrues to people other than the buyer of a good. When an old building is restored, lots of people get pleasure from seeing it. But the owner of the building thinks only about her marginal benefit when she decides whether to do the restoration. So the demand curve for restoring old buildings does not include all the benefits that accrue. In this case, the quantity falls short of the efficient quantity.

Public Goods and Common Resources   A *public good* is a good or service that is consumed simultaneously by everyone, even if they don't pay for it. Examples are national defense and the enforcement of law and order. Competitive markets would produce too small a quantity of public goods because of a *free-rider problem*—it is not in each person's interest to buy her or his share of a public good. So a competitive market produces less than the efficient quantity.

Common resources are resources that no one owns and that everyone can use. Examples are the fish in the ocean. A competitive market generally leads to the overuse of such resources.

The obstacles to efficiency that we've just reviewed and that you will study in greater detail in later readings result in two possible outcomes:

▶ Underproduction
▶ Overproduction

Underproduction

Suppose that one firm owns all the pizza outlets in a city and that it produces only 5,000 pizzas a day. Figure 7(a) shows that at this quantity, consumers are willing to pay $20 for the marginal pizza—marginal benefit is $20. The marginal cost of this pizza is only $10. People are willing to pay more for the pizza than what producers must be offered.

The sum of consumer surplus and producer surplus is decreased by the amount of the gray triangle in Fig. 7(a). This triangle is called **deadweight loss. Deadweight loss** is the decrease in consumer surplus and producer surplus that results from producing an inefficient quantity of the good.

The 5,000th pizza brings a benefit of $20 and costs only $10 to produce. If we don't produce this pizza, we are wasting $10. Similar reasoning applies all the way up to the 9,999th pizza. By producing more pizza and less of other goods and services, we get more value from our resources.

The deadweight loss is borne by the entire society. It is not a loss for the consumers and a gain for the producer. It is a *social* loss.

Overproduction

Suppose the pizza lobby gets the government to pay the pizza producers a fat **subsidy** and that production increases to 15,000 a day. Figure 7(b) shows that at this quantity, consumers are willing to pay only $10 for the marginal pizza but the opportunity cost of this pizza is $20. It now costs more to produce the marginal

FIGURE 7   Underproduction and Overproduction

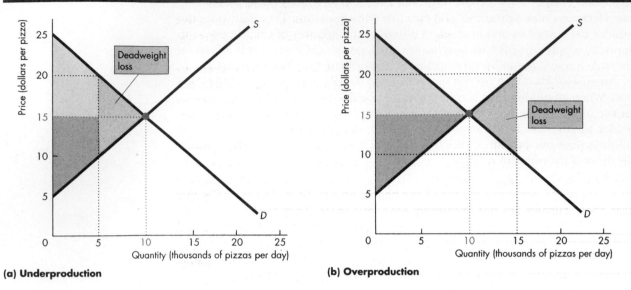

(a) Underproduction

(b) Overproduction

If pizza production is cut to only 5,000 a day, a deadweight loss arises (part a). Consumer surplus and producers surplus are reduced. At 5,000 pizzas, the benefit of one more pizza exceeds its cost. The same is true for all levels of production up to 10,000 pizzas a day. If production increases to 15,000, a deadweight loss arises (part b). At 15,000 pizzas a day, the cost of the 15,000 pizza exceeds its benefit. The cost of each pizza above 10,000 exceeds its benefit. Consumer surplus plus producer surplus equals the sum of the top and bottom areas minus the deadweight loss triangle.

---

pizza than consumers are willing to pay for it. The gap gets smaller as production approaches 10,000 pizzas a day, but it is present at all quantities greater than 10,000 a day.

Again, deadweight loss is shown by the gray triangle. The sum of consumer surplus and producer surplus is smaller than its maximum by the amount of deadweight loss. The 15,000th pizza brings a benefit of only $10 but costs $20 to produce. If we produce this pizza, we are wasting $10. Similar reasoning applies all the way down to the 10,001st pizza. By producing fewer pizzas and more of other goods and services, we get more value from our resources.

You now know the conditions under which the resource allocation is efficient. You've seen how a competitive market can be efficient, and you've seen some impediments to efficiency.

But is an efficient allocation of resources fair? Does the competitive market provide people with fair incomes for their work? And do people always pay a fair price for the things they buy? Don't we need the government to step into some competitive markets to prevent the price from rising too high or falling too low? Let's now study these questions.

6   IS THE COMPETITIVE MARKET FAIR?

When a natural disaster strikes, such as a severe winter storm or a hurricane, the prices of many essential items jump. The reason the prices jump is that some people have a greater demand and greater willingness to pay when the items are in limited supply. So the higher prices achieve an efficient allocation of scarce resources. News reports of these price hikes almost never talk about efficiency.

Instead, they talk about equity or fairness. The claim often made is that it is unfair for profit-seeking dealers to cheat the victims of natural disaster.

Similarly, when low-skilled people work for a wage that is below what most would regard as a "**living wage**," the media and politicians talk of employers taking unfair advantage of their workers.

How do we decide whether something is fair or unfair? You know when *you* think something is unfair. But how do you know? What are the *principles* of fairness?

Philosophers have tried for centuries to answer this question. Economists have offered their answers too. But before we look at the proposed answers, you should know that there is no universally agreed upon answer.

Economists agree about efficiency. That is, they agree that it makes sense to make the economic pie as large as possible and to bake it at the lowest possible cost. But they do not agree about equity. That is, they do not agree about what are fair shares of the economic pie for all the people who make it. The reason is that ideas about fairness are not exclusively economic ideas. They touch on politics, ethics, and religion. Nevertheless, economists have thought about these issues and have a contribution to make. So let's examine the views of economists on this topic.

To think about fairness, think of economic life as a game—a serious game. All ideas about fairness can be divided into two broad groups. They are

- ▶ It's not fair if the *result* isn't fair.
- ▶ It's not fair if the *rules* aren't fair.

It's Not Fair If the *Result* Isn't Fair

The earliest efforts to establish a principle of fairness were based on the view that the result is what matters. And the general idea was that it is unfair if people's incomes are too unequal. It is unfair that bank presidents earn millions of dollars a year while bank tellers earn only thousands of dollars a year. It is unfair that a store owner enjoys a larger profit and her customers pay higher prices in the aftermath of a winter storm.

There was a lot of excitement during the nineteenth century when economists thought they had made the incredible discovery that efficiency requires equality of incomes. To make the economic pie as large as possible, it must be cut into equal pieces, one for each person. This idea turns out to be wrong, but there is a lesson in the reason that it is wrong. So this nineteenth century idea is worth a closer look.

Utilitarianism   The nineteenth century idea that only equality brings efficiency is called *utilitarianism*. **Utilitarianism** is a principle that states that we should strive to achieve "the greatest happiness for the greatest number." The people who developed this idea were known as utilitarians. They included the most eminent thinkers, such as Jeremy Bentham and John Stuart Mill.

Utilitarians argued that to achieve "the greatest happiness for the greatest number," income must be transferred from the rich to the poor up to the point of complete equality—to the point at which there are no rich and no poor.

They reasoned in the following way: First, everyone has the same basic wants and a similar capacity to enjoy life. Second, the greater a person's income, the smaller is the marginal benefit of a dollar. The millionth dollar spent by a rich person brings a smaller marginal benefit to that person than the marginal benefit of the thousandth dollar spent by a poorer person. So by transferring a dollar from the millionaire to the poorer person, more is gained than is lost and the two people added together are better off.

Figure 8 illustrates this utilitarian idea. Tom and Jerry have the same marginal benefit curve, *MB*. (Marginal benefit is measured on the same scale of 1 to 3 for both Tom and Jerry.) Tom is at point *A*. He earns $5,000 a year, and his marginal benefit of a dollar of income is 3. Jerry is at point *B*. He earns $45,000 a year, and his marginal benefit of a dollar of income is 1. If a dollar is transferred from Jerry to Tom, Jerry loses 1 unit of marginal benefit and Tom gains 3 units. So together, Tom and Jerry are better off. They are sharing the economic pie more efficiently. If a second dollar is transferred, the same thing happens: Tom gains more than Jerry loses. And the same is true for every dollar transferred until they both reach point *C*. At point *C*, Tom and Jerry have $25,000 each, and each has a marginal benefit of 2 units. Now they are sharing the economic pie in the most efficient way. It is bringing the greatest attainable happiness to Tom and Jerry.

The Big Tradeoff   One big problem with the utilitarian ideal of complete equality is that it ignores the costs of making income transfers. Recognizing the cost of making income transfers leads to what is called the **big tradeoff**, which is a **tradeoff** between efficiency and fairness.

The big tradeoff is based on the following facts. Income can be transferred from people with high incomes to people with low incomes only by taxing the high incomes. Taxing people's income from employment makes them work less. It results in the quantity of labor being less than the efficient quantity. Taxing people's income from capital makes them save less. It results in the quantity of capital being less than the efficient quantity. With smaller quantities of both labor and capital, the quantity of goods and services produced is less than the efficient quantity. The economic pie shrinks.

The tradeoff is between the size of the economic pie and the degree of equality with which it is shared. The greater the amount of income redistribution through income taxes, the greater is the inefficiency—the smaller is the economic pie.

FIGURE 8   Utilitarian Fairness

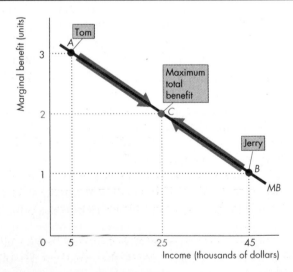

Tom earns $5,000 and has 3 units of marginal benefit at point *A*. Jerry earns $45,000 and has 1 unit of marginal benefit at point *B*. If income is transferred from Jerry to Tom, Jerry's loss is less than Tom's gain. Only when each of them has $25,000 and 2 units of marginal benefit (at point *C*) can the sum of their total benefit increase no further.

There is a second source of inefficiency. A dollar taken from a rich person does not end up as a dollar in the hands of a poorer person. Some of it is spent on administration of the tax and transfer system. The cost of tax-collecting agencies, such as the IRS, and welfare-administering agencies, such as the Health Care Financing Administration, which administers Medicaid and Medicare, must be paid with some of the taxes collected. Also, taxpayers hire accountants, auditors, and lawyers to help them ensure that they pay the correct amount of taxes. These activities use skilled labor and capital resources that could otherwise be used to produce goods and services that people value.

You can see that when all these costs are taken into account, taking a dollar from a rich person does not give a dollar to a poor person. It is even possible that with high taxes, those with low incomes end up being worse off. Suppose, for example, that highly taxed entrepreneurs decide to work less hard and shut down some of their businesses. Low-income workers get fired and must seek other, perhaps even lower-paid work.

Because of the big tradeoff, those who say that fairness is equality propose a modified version of utilitarianism.

Make the Poorest as Well Off as Possible   A Harvard philosopher, John Rawls, proposed a modified version of utilitarianism in a classic book entitled *A Theory of Justice*, published in 1971. Rawls says that, taking all the costs of income transfers into account, the fair distribution of the economic pie is the one that makes the poorest person as well off as possible. The incomes of rich people should be taxed, and after paying the costs of administering the tax and transfer system, what is left should be transferred to the poor. But the taxes must not be so high that they make the economic pie shrink to the point at which the poorest person ends up with a smaller piece. A bigger share of a smaller pie can be less than a smaller share of a bigger pie. The goal is to make the piece enjoyed by the poorest person as big as possible. Most likely, this piece will not be an equal share.

Rawls

The "fair results" idea requires a change in the results after the game is over. Some economists say that these changes are themselves unfair and propose a different way of thinking about fairness.

It's Not Fair If the *Rules* Aren't Fair

The idea that it's not fair if the rules aren't fair is based on a fundamental principle that seems to be hardwired into the human brain: the **symmetry principle**. The **symmetry principle** is the requirement that people in similar situations be treated similarly. It is the moral principle that lies at the center of all the big religions and that says, in some form or other, "behave toward other people in the way you expect them to behave toward you."

In economic life, this principle translates into *equality of opportunity*. But equality of opportunity to do what? This question is answered by the late Harvard philosopher, Robert Nozick, in a book entitled *Anarchy, State, and Utopia*, published in 1974.

Nozick argues that the idea of fairness as an outcome or result cannot work and that fairness must be based on the fairness of the rules. He suggests that fairness obeys two rules:

Nozick

1. The state must enforce laws that establish and protect private property.

2. Private property may be transferred from one person to another only by voluntary exchange.

The first rule says that everything that is valuable must be owned by individuals and that the state must ensure that theft is prevented. The second rule says that the only legitimate way a person can acquire property is to buy it in exchange for something else that the person owns. If these rules, which are the only fair rules, are followed, then the result is fair. It doesn't matter how unequally the economic pie is shared, provided that the pie is baked by people, each one of whom voluntarily provides services in exchange for the share of the pie offered in compensation.

These rules satisfy the symmetry principle. And if these rules are not followed, the symmetry principle is broken. You can see these facts by imagining a world in which the laws are not followed.

First, suppose that some resources or goods are not owned. They are common property. Then everyone is free to participate in a grab to use these resources or goods. The strongest will prevail. But when the strongest prevails, the strongest effectively *owns* the resources or goods in question and prevents others from enjoying them.

Second, suppose that we do not insist on voluntary exchange for transferring ownership of resources from one person to another. The alternative is *involuntary* transfer. In simple language, the alternative is theft.

Both of these situations violate the symmetry principle. Only the strong get to acquire what they want. The weak end up with only the resources and goods that the strong don't want.

In contrast, if the two rules of fairness are followed, everyone, strong and weak, is treated in a similar way. Everyone is free to use their resources and human skills to create things that are valued by themselves and others and to exchange the fruits of their efforts with each other. This is the only set of arrangements that obeys the symmetry principle.

Fairness and Efficiency   If private **property rights** are enforced and if voluntary exchange takes place in a competitive market, resources will be allocated efficiently if there are no

1. Price ceilings and price floors
2. Taxes, subsidies, and quotas
3. Monopolies
4. External costs and external benefits
5. Public goods and common resources

And according to the Nozick rules, the resulting distribution of income and wealth will be fair. Let's study a concrete example to examine the claim that if resources are allocated efficiently, they are also allocated fairly.

A Price Hike in a Natural Disaster   An earthquake has broken the pipes that deliver drinking water to a city. The price of bottled water jumps from $1 a bottle to $8 a bottle in the 30 or so shops that have water for sale.

First, let's agree that the water is being used *efficiently*. There is a fixed amount of bottled water in the city, and given the quantity available, some people are willing to pay $8 to get a bottle. The water goes to the people who value it most highly. Consumer surplus and producer surplus are maximized.

So the water resources are being used efficiently. But are they being used fairly? Shouldn't people who can't afford to pay $8 a bottle get some of the available water for a lower price that they can afford? Isn't the fair solution for the shops to sell water for a lower price that people can afford? Or perhaps it might be fairer if the government bought the water and then made it available to people through a government store at a "reasonable" price. Let's think about these alternative solutions to the water problem of this city. Should water somehow be made available at a more reasonable price?

Shop Offers Water for $5

Suppose that Kris, a shop owner, offers water at $5 a bottle. Who will buy it? There are two types of buyers. Chuck is an example of one type. He values water at $8—is willing to pay $8 a bottle. Recall that given the quantity of water available, the equilibrium price is $8 a bottle. If Chuck buys the water, he consumes it. Chuck ends up with a consumer surplus of $3 on the bottle, and Kris receives $3 less of producer surplus.

Mitch is an example of the second type of buyer. Mitch would not pay $8 for a bottle. In fact, he wouldn't even pay $5 to consume a bottle of water. But he buys a bottle for $5. Why? Because he plans to sell the water to someone who is willing to pay $8 to consume it. When Mitch buys the water, Kris again receives a producer surplus of $3 *less* than she would receive if she charged the going market price. Mitch now becomes a water dealer. He sells the water for the going price of $8 and earns a producer surplus of $3.

So by being public-spirited and offering water for less than the market price, Kris ends up $3 a bottle worse off and the buyers end up $3 a bottle better off. The same people consume the water in both situations. They are the people who value the water at $8 a bottle. But the distribution of consumer surplus and producer surplus is different in the two cases. When Kris offers the water for $5 a bottle, she ends up with a smaller producer surplus and Chuck and Mitch with a larger consumer surplus and producer surplus.

So which is the fair arrangement? The one that favors Kris or the one that favors Chuck and Mitch? The fair-rules view is that both arrangements are fair. Kris voluntarily sells the water for $5, so in effect, she is helping the community to cope with its water problem. It is fair that she should help, but the choice is hers. She owns the water. It is not fair that she should be compelled to help.

Government Buys Water

Now suppose instead that the government buys all the water. The going price is $8 a bottle, so that's what the government pays. Now the government offers the water for sale for $1 a bottle, its "normal" price.

The quantity of water supplied is exactly the same as before. But now, at $1 a bottle, the quantity demanded is much larger than the quantity supplied. There is a shortage of water.

Because there is a large water shortage, the government decides to ration the amount that anyone may buy. Everyone is allocated one bottle. So everyone lines up to collect his or her bottle. Two of these people are Chuck and Mitch. Chuck, you'll recall, is willing to pay $8 a bottle. Mitch is willing to pay less than $5. But they both get a bargain. Chuck drinks his $1 bottle and enjoys a $7 consumer surplus. What does Mitch do? Does he drink his bottle? He does not. He sells it to another person who values the water at $8. And he enjoys a $7 producer surplus from his temporary water-trading business.

So the people who value the water most highly consume it. But the consumer and producer surpluses are distributed in a different way from what the free market would have delivered. Again the question arises, which arrangement is fair?

The main difference between the government scheme and Kris's private charitable contributions lies in the fact that to buy the water for $8 and sell it for $1, the government must tax someone $7 for each bottle sold. So whether this arrangement is fair depends on whether the taxes are fair.

Taxes are an involuntary transfer of private property, so according to the fair-rules view, taxes are unfair. But most economists, and most people, think that there is such a thing as a fair tax. So it seems that the fair-rules view needs to be weakened a bit. Agreeing that there is such a thing as a fair tax is the easy part. Deciding what is a fair tax brings endless disagreement and debate.

You've now studied the two biggest issues that run right through the whole of economics: efficiency and equity, or fairness. In the next reading, we study some sources of inefficiency and unfairness. And at many points throughout this study session—and in your life—you will return to and use the ideas about efficiency and fairness that you've learned in this reading. *Reading between the Lines* on pp. 55–56 looks at an example of an inefficiency in our economy today.

READING BETWEEN THE LINES   7

Inefficiency in Global Water Use

THE WALL STREET JOURNAL, NOVEMBER 26, 2003

Ravaged by Famine, Ethiopia Finally Gets Help From the Nile

MERAWI, Ethiopia—A barefoot farmer named Takele Tarekegn emerged from his cornfields one day this summer and encountered engineers and bankers stumbling through the dense bush in front of his mud-brick shack.

The interlopers, wielding compasses and blueprints, were blazing a trail to the nearby Koga River. They were also charting what could be a historic turn in the turbulent water politics of the Nile River, which have kept millions of Ethiopians on the ragged edge of starvation.

A small dam is to be built on the Koga, Mr. Tarekegn's visitors told him, and a network of canals, too—the first irrigation project for peasant farmers ever constructed in the area. "If we can finally use our water, we'll be able to feed our families all year long," says the 46-year-old farmer. "I have been waiting for this all my life."

For now, he watches water that could be his salvation rush away to another man's fields in another country....

In all, rivers originating in Ethiopia's highlands contribute 85% of the Nile water flowing through Egypt—where a vast web of dams and canals first commissioned by the Pharaohs turn millions of desert acres into fertile fields....

Essence of the Story

► The Koga River in Ethiopia's highlands flows into the Nile River, which in turn flows into Egypt.

► A vast web of dams and canals first built by Egypt's ancient rulers, the Pharaohs, make fertile millions of acres of desert.

► A small dam with a supporting network of canals is to be built on the Koga.

► Ethiopian farmers will be able to increase production and feed their families.

Economic Analysis

► Water is one of the world's most vital resources, and it is used inefficiently.

► Markets in water are not competitive. They are controlled by governments or private producers, and they do not work like the competitive markets that deliver an efficient use of resources.

► The major problem in achieving an efficient use of water is to get it from the places where it is most abundant to the places in which it has the most valuable uses.

► Some places have too little water, and some have too much.

▶ The news article highlights two such places—Ethiopia with too little water and Egypt with too much.

▶ The figures illustrate what is happening to water use in these two countries.

▶ In Fig. 9, the curve *D* shows the demand for water in Ethiopia and the curve *MC* shows the marginal cost of providing water through dams and irrigation canals.

▶ The absence of dams and irrigation canals means that the quantity of water available in Ethiopia, Q_A, is less than the efficient quantity. Farmers are willing to pay *W*, which exceeds the marginal cost *C* and a deadweight loss arises.

▶ In Fig. 10, the curve *D* shows the demand for water in Egypt and the curve *MC* shows the marginal cost of providing water through dams and irrigation canals.

▶ The flow of free water from Ethiopia and the presence of extensive dams and irrigation canals mean that the quantity of water available in Egypt, Q_B, is greater than the efficient quantity. Farmers are willing to pay *W*, which is less than the marginal cost *C* and a deadweight loss arises from overproduction.

▶ The situation in Ethiopia and Egypt is replicated in thousands of places around the world.

FIGURE 9   Water Use in Ethiopia

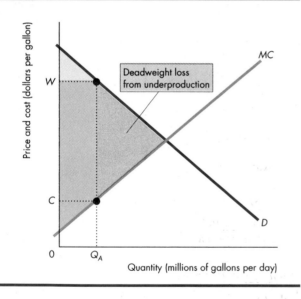

FIGURE 10   Water Use in Egypt

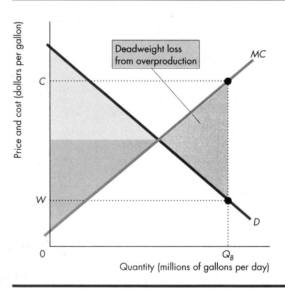

You're the Voter

▶ Do you think that water is too important to be left to the market to allocate?

▶ Do you think that water should be shipped from Washington and Alaska to California?

SUMMARY

▶ The marginal benefit received from a good or service—the benefit of consuming one additional unit—is the *value* of the good or service to its consumers.

▶ The marginal cost of a good or service—the cost of producing one additional unit—is the *opportunity cost* of one more unit to its producers.

▶ Resource allocation is efficient when marginal benefit equals marginal cost.

▶ If marginal benefit exceeds marginal cost, an increase in production uses resources more efficiently.

▶ If marginal cost exceeds marginal benefit, a decrease in production uses resources more efficiently.

▶ Marginal benefit is measured by the maximum price that consumers are willing to pay for a good or service.

▶ Marginal benefit determines demand, and a demand curve is a marginal benefit curve.

▶ Value is what people are *willing to* pay; price is what people *must* pay.

▶ Consumer surplus equals value minus price, summed over the quantity bought.

▶ Marginal cost is measured by the minimum price producers must be offered to increase production by one unit.

▶ Marginal cost determines supply, and a supply curve is a marginal cost curve.

▶ Opportunity cost is what producers pay; price is what producers receive.

▶ Producer surplus equals price minus opportunity cost, summed over the quantity sold.

▶ In a competitive equilibrium, marginal social benefit equals marginal social cost and resource allocation is efficient.

▶ Buyers and sellers acting in their self-interest end up promoting the social interest.

▶ The sum of consumer surplus and producer surplus is maximized.

▶ Price ceilings and floors, taxes, subsidies and quotas, monopoly, external costs and external benefits, and public goods and common resources can create inefficiency and deadweight loss.

▶ Ideas about fairness can be divided into two groups: fair *results* and fair *rules*.

▶ Fair-results ideas require income transfers from the rich to the poor.

▶ Fair-rules ideas require property rights and voluntary exchange.

PRACTICE PROBLEMS FOR READING 14

1. If voluntary exchange occurs in a competitive market, which of the following will encourage efficient resource allocation?
   A. Monopoly.
   B. Price ceiling.
   C. External benefit.
   D. Private property rights.

2. The value of one more unit of a product is equivalent to that unit's
   A. average cost.
   B. marginal cost.
   C. average benefit.
   D. marginal benefit.

3. Overproduction is *most likely* associated with which of the following obstacles to efficiency?
   A. Taxes.
   B. Public goods.
   C. External costs. — *Costs not borne by the producer but by other ppl eg: pollution*
   D. Monopoly market structure.

4. All else equal, if the elasticity of demand and the elasticity of supply both increase, consumer surplus and producer surplus, respectively, will *most likely*:

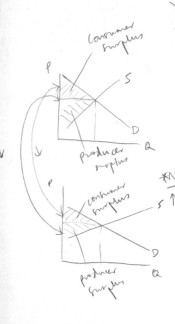

	Consumer Surplus	Producer Surplus
A.	Increase	Increase
B.	Increase	Decrease
C.	Decrease	Increase
D.	Decrease	Decrease

Note: ↑ in elasticity in demand & supply result in more horizontal demand/supply curves which reduce the consumer/producer surplus areas.

MARKETS IN ACTION
by Michael Parkin

LEARNING OUTCOMES

The candidate should be able to:

a. explain market equilibrium, distinguish between long-term and short-term impacts of outside shocks, and describe the effects of rent ceilings on the existence of black markets in the housing sector and on the market's efficiency;

b. describe labor market equilibrium and explain the effects and inefficiencies of a minimum wage above the equilibrium wage;

c. explain the impact of taxes on supply, demand, and market equilibrium, and describe tax incidence and its relation to demand and supply elasticity;

d. discuss the impact of subsidies, quotas, and markets for illegal goods on demand, supply, and market equilibrium.

TURBULENT TIMES `1`

Apartment rents are skyrocketing in Washington, and people are screaming for help. Can the government limit rent increases to help renters live in affordable housing?

Almost every day, a new machine is invented that replaces some workers and increases productivity. Take a look at the machines in McDonald's that have replaced some low-skilled workers. Can we protect low-skilled workers with minimum wage laws that enable people to earn a living wage?

Almost everything we buy is taxed. Beer is one of the most heavily taxed items. How much of the beer tax gets paid by the buyer and how much by the seller? Do taxes help or hinder the market in its attempt to move resources to where they are valued most highly?

In 2003, ideal conditions brought record yields and global grain production increased. But in 2000 and 2001, yields were low and global grain production decreased. How do farm prices and revenues react to such output fluctuations and how do subsidies and production quotas affect farmers?

Trading drugs and sharing downloaded music files are illegal activities. What are the effects of laws that make trading in a good or service illegal on its price and the quantity bought and sold?

In this reading, we use the theory of demand and supply and the concepts of elasticity to answer questions like those that we've just posed. In *Reading between the Lines* at the end of the reading, we explore the challenge of limiting the illegal downloading and sharing of music files.

2   HOUSING MARKETS AND RENT CEILINGS

To see how a housing market works, let's transport ourselves to San Francisco in April 1906, as the city is suffering from a massive earthquake and fire. You can sense the enormity of San Francisco's problems by reading a headline from the April 19, 1906, *New York Times* about the first days of the crisis:

> Over 500 Dead, $200,000,000 Lost in
> San Francisco Earthquake
> Nearly Half the City Is in Ruins and 50,000
> Are Homeless

The commander of federal troops in charge of the emergency described the magnitude of the problem:

> Not a hotel of note or importance was left standing. The great apartment houses had vanished . . . two hundred-and-twenty-five thousand people were . . . homeless.[1]

Almost overnight, more than half the people in a city of 400,000 had lost their homes. Temporary shelters and camps alleviated some of the problem, but it was also necessary to utilize the apartment buildings and houses left standing. As a consequence, they had to accommodate 40 percent more people than they had before the earthquake.

The *San Francisco Chronicle* was not published for more than a month after the earthquake. When the newspaper reappeared on May 24, 1906, the city's housing shortage—what would seem to be a major news item that would still be of grave importance—was not mentioned. Milton Friedman and George Stigler describe the situation:

> *There is not a single mention of a housing shortage!* The classified advertisements listed sixty-four offers of flats and houses for rent, and nineteen of houses for sale, against five advertisements of flats or houses wanted. Then and

---

[1] Reported in Milton Friedman and George J. Stigler, "Roofs or Ceilings? The Current Housing Problem," in *Popular Essays on Current Problems*, vol. 1, no. 2 (New York: Foundation for Economic Education, 1946), pp. 3–159.

thereafter a considerable number of all types of accommodation except hotel rooms were offered for rent.[2]

How did San Francisco cope with such a devastating reduction in the supply of housing?

The Market Before and After the Earthquake

Figure 1 shows the market for housing in San Francisco. The demand curve for housing is *D*. There is a short-run supply curve, labeled *SS*, and a long-run supply curve, labeled *LS*.

Short-Run Supply   The short-run supply curve shows the change in the quantity of housing supplied as the rent changes while the number of houses and apartment buildings remains constant. The short-run supply response arises from changes in the intensity with which existing buildings are used. The higher the rent, the greater is the incentive for families to rent out some of the rooms that they previously used themselves.

Long-Run Supply   The long-run supply curve shows how the quantity of housing supplied responds to a change in price after enough time has elapsed for new apartment buildings and houses to be erected or for existing ones to be destroyed. In Fig. 1, the long-run supply curve is *perfectly elastic*. The marginal cost of building is the same regardless of the number of houses and apartments in existence. And

FIGURE 1   The San Francisco Housing Market in 1906

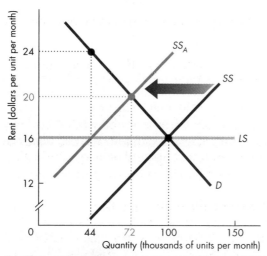

(a) After earthquake

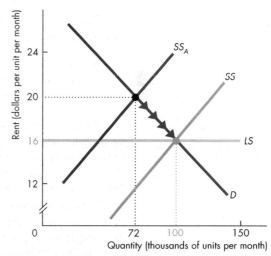

(b) Long-run adjustment

Part (a) shows that before the earthquake, 100,000 housing units were rented at $16 a month. After the earthquake, the short-run supply curve shifts from *SS* to *SS~A~*. The rent rises to $20 a month, and the quantity of housing decreases to 72,000 units.

With rent at $20 a month, there is profit in building new apartments and houses. As the building proceeds, the short-run supply curve shifts rightward (part b). The rent gradually falls to $16 a month, and the quantity of housing increases to 100,000 units—as the arrowed line shows.

[2] Ibid., p. 3.

so long as the rent exceeds the marginal cost of building, developers have an incentive to keep on building. So long-run supply is perfectly elastic at a rent equal to marginal cost.

Equilibrium   The equilibrium rent and quantity are determined by demand and *short-run* supply. Before the earthquake, the equilibrium rent is $16 a month and the quantity is 100,000 units of housing.

Figure 1(a) shows the situation immediately after the earthquake. Few people died in the earthquake, so demand remains at *D*. But the devastation decreases supply and shifts the short-run supply curve *SS* leftward to SS_A. If the rent remains at $16 a month, only 44,000 units of housing are available. But with only 44,000 units of housing available, the maximum rent that someone is willing to pay for the last available apartment is $24 a month. So rents rise. In Fig. 1(a), the rent rises to $20 a month.

As the rent rises, the quantity of housing demanded decreases and the quantity supplied increases to 72,000 units. These changes occur because people economize on their use of space and make spare rooms, attics, and basements available to others. The higher rent allocates the scarce housing to the people who value it most highly and are willing to pay the most for it.

But the higher rent has other, long-run effects. Let's look at these long-run effects.

Long-Run Adjustments

With sufficient time for new apartments and houses to be constructed, supply increases. The long-run supply curve tells us that in the long run, housing is supplied at a rent of $16 a month. Because the rent of $20 a month exceeds the long-run supply price of $16 a month, there is a building boom. More apartments and houses are built, and the short-run supply curve shifts gradually rightward.

Figure 1(b) shows the long-run adjustment. As more housing is built, the short-run supply curve shifts gradually rightward and intersects the demand curve at lower rents and larger quantities. The market equilibrium follows the arrows down the demand curve. The building boom comes to an end when there is no further profit in building new apartments and houses. The process ends when the rent is back at $16 a month, and 100,000 units of housing are available.

We've just seen how a housing market responds to a decrease in supply. And we've seen that a key part of the adjustment process is a rise in the rent. Suppose the government passes a law to stop the rent from rising. What happens then?

A Regulated Housing Market

We're now going to study the effects of a price ceiling in the housing market. A **price ceiling** is a regulation that makes it illegal to charge a price higher than a specified level. When a price ceiling is applied to housing markets, it is called a **rent ceiling**. How does a rent ceiling affect the housing market?

The effect of a price (rent) ceiling depends on whether it is imposed at a level that is above or below the equilibrium price (rent). A price ceiling set above the equilibrium price has no effect. The reason is that the price ceiling does not constrain the market forces. The force of the law and the market forces are not in conflict. But a price ceiling below the equilibrium price has powerful effects on a market. The reason is that the price ceiling attempts to prevent the price from regulating the quantities demanded and supplied. The force of the law and the market forces are in conflict, and one (or both) of these forces must yield to some degree. Let's study the effects of a price ceiling that is set below the equilibrium price by returning to San Francisco. What would have happened in San Francisco if a rent ceiling of $16 a month—the rent before the earthquake—had been imposed?

Figure 2 enables us to answer this question. A rent that exceeds $16 a month is in the gray-shaded illegal region in the figure. At a rent of $16 a month, the quantity of housing supplied is 44,000 units and the quantity demanded is 100,000 units. So there is a shortage of 56,000 units of housing.

But the story does not end here. Somehow, the 44,000 units of available housing must be allocated among people who demand 100,000 units. How is this allocation achieved? When a rent ceiling creates a housing shortage, two developments occur. They are

▶ Search activity
▶ Black markets

Search Activity

The time spent looking for someone with whom to do business is called **search activity**. We spend some time in search activity almost every time we buy something. You want the latest hot CD, and you know four stores that stock it. But which store has the best deal? You need to spend a few minutes on the telephone finding out. In some markets, we spend a lot of time searching. An example is the housing market in which we spend a lot of time checking the alternatives available before making a choice.

But when a price is regulated and there is a shortage, search activity increases. In the case of a rent-controlled housing market, frustrated would-be renters scan the newspapers, not only for housing ads but also for death notices! Any information about newly available housing is useful. And they race to be first on the scene when news of a possible supplier breaks.

FIGURE 2   A Rent Ceiling

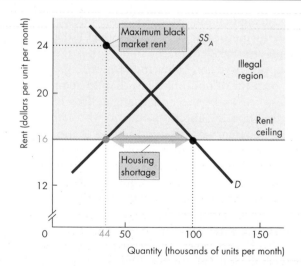

A rent above $16 a month is illegal (in the gray-shaded illegal region). At a rent of $16 a month, the quantity of housing supplied after the earthquake is 44,000 units. Someone is willing to pay $24 a month for the 44,000th unit. Frustrated renters spend time searching for housing and they make deals with landlords in a black market.

The *opportunity cost* of a good is equal not only to its price but also to the value of the search time spent finding the good. So the opportunity cost of housing is equal to the rent (a regulated price) plus the time and other resources spent searching for the restricted quantity available. Search activity is costly. It uses time and other resources, such as telephones, cars, and gasoline that could have been used in other productive ways. A rent ceiling controls the rent portion of the cost of housing, but it does not control the opportunity cost, which might even be *higher* than the rent would be if the market were unregulated.

[handwritten margin note: OC = cost + search time]

Black Markets

A **black market** is an illegal market in which the price exceeds the legally imposed price ceiling. Black markets occur in rent-controlled housing, and scalpers run black markets in tickets for big sporting events and rock concerts.

When rent ceilings are in force, frustrated renters and landlords constantly seek ways of increasing rents. One common way is for a new tenant to pay a high price for worthless fittings, such as charging $2,000 for threadbare drapes. Another is for the tenant to pay an exorbitant price for new locks and keys—called "key money."

The level of a black market rent depends on how tightly the rent ceiling is enforced. With loose enforcement, the black market rent is close to the unregulated rent. But with strict enforcement, the black market rent is equal to the maximum price that renters are willing to pay.

With strict enforcement of the rent ceiling in the San Francisco example shown in Figure 2, the quantity of housing available remains at 44,000 units. A small number of people offer housing for rent at $24 a month—the highest rent that someone is willing to pay—and the government detects and punishes some of these black market traders.

Inefficiency of Rent Ceilings

In an unregulated market, the market determines the rent at which the quantity demanded equals the quantity supplied. In this situation, scarce housing resources are allocated efficiently. *Marginal benefit* equals *marginal cost.*

Figure 3 shows the inefficiency of a rent ceiling. If the rent is fixed at $16 per month, 44,000 units are supplied. Marginal benefit is $24 a month. The blue triangle above the supply curve and below the rent ceiling line shows producer surplus. Because the quantity of housing is less than the competitive quantity, there is a deadweight loss, shown by the gray triangle. This loss is borne by the consumers who can't find housing and by producers who can't supply housing at the new lower price. Consumers who do find housing at the controlled rent gain. If no one incurs search costs, consumer surplus is shown by the sum of the light blue triangle and the blue rectangle. But search costs might eat up part of the consumer surplus, possibly as much as the amount shown by the blue rectangle.

Are Rent Ceilings Fair?

Do rent ceilings achieve a fairer allocation of scarce housing? Reading 14 explores the complex ideas about fairness. According to the *fair rules* view, anything that blocks voluntary exchange is unfair, so rent ceilings are unfair. But according to the *fair result* view, a fair outcome is one that benefits the less well off. So according to this view, the fairest outcome is the one that allocates scarce

FIGURE 3   The Inefficiency of a Rent Ceiling

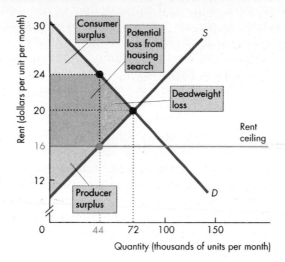

A rent ceiling of $16 a month decreases the quantity of housing supplied to 44,000 units. Producer surplus shrinks, and a deadweight loss arises. If people use no resources in search activity, consumer surplus is the light blue triangle plus the blue rectangle. But if people use resources in search activity equal to the amount shown by the blue rectangle, the consumer surplus shrinks to the light blue triangle.

housing to the poorest. To see whether rent ceilings help to achieve a fairer outcome in this sense, we need to consider how the market allocates scarce housing resources in the face of a rent ceiling.

Blocking rent adjustments doesn't eliminate **scarcity**. Rather, because it decreases the quantity of housing available, it creates an even bigger challenge for the housing market. So somehow, the market must ration a smaller quantity of housing and allocate that housing among the people who demand it.

When the rent is not permitted to allocate scarce housing, what other mechanisms are available? Some possibilities are

▶ A lottery

▶ A queue

▶ Discrimination

Are these mechanisms fair?

A lottery allocates housing to those who are lucky, not to those who are poor. A queue (a method used to allocate housing in England after World War II) allocates housing to those who have the greatest foresight and who get their names on a list first, not to the poorest. Discrimination allocates scarce housing based on the views and self-interest of the owner of the housing. In the case of public housing, it is the self-interest of the bureaucracy that administers the allocation that counts.

In principle, self-interested owners and bureaucrats could allocate housing to satisfy some criterion of fairness. But they are not likely to do so. Discrimination based on friendship, family ties, and criteria such as race, ethnicity, or sex is more likely to enter the equation. We might make such discrimination illegal, but we would not be able to prevent it from occurring.

It is hard, then, to make a case for rent ceilings on the basis of fairness. When rent adjustments are blocked, other methods of allocating scarce housing resources operate that do not produce a fair outcome.

Rent Ceilings in Practice

London, New York, Paris, and San Francisco, four of the world's great cities, have rent ceilings in some part of their housing markets. Boston had rent ceilings for many years but abolished them in 1997. Many other U.S. cities do not have, and never have had, rent ceilings. Among them are Atlanta, Baltimore, Chicago, Dallas, Philadelphia, Phoenix, and Seattle.

We can test for the effects of rent ceilings by comparing the housing markets in cities with and without ceilings. We learn two main lessons from such a comparison.

First, rent ceilings definitely create a housing shortage. Second, they do lower the rents for some but raise them for others. A survey[*] conducted in 1997 showed that the rents of housing units *actually available for rent* were 2.5 times the average of all rents in New York but equal to the average rent in Philadelphia. The winners from rent ceilings are the families that have lived in a city for a long time. In New York, these families include some rich and famous ones. And it is the voting power of the winners that keeps the rent ceilings in place. The losers are the mobile newcomers.

The bottom line is that in principle and in practice, rent ceilings are inefficient and unfair. They prevent the housing market from operating in the social interest.

You now know how a price ceiling (rent ceiling) works. Next, we'll learn about the effects of a price floor by studying minimum wages in the labor market.

3   THE LABOR MARKET AND THE MINIMUM WAGE

For each one of us, the labor market is the market that influences the jobs we get and the **wages** we earn. Firms decide how much labor to demand, and the lower the wage rate, the greater is the **quantity of labor demanded**. Households decide how much labor to supply, and the higher the wage rate, the greater is the **quantity of labor supplied**. The wage rate adjusts to make the quantity of labor demanded equal to the quantity supplied.

Equilibrium wage rates give some people high incomes but leave many more people with low incomes. And the labor market is constantly hit by shocks that often hit the lowest paid the hardest. The most pervasive of these shocks is the arrival of new labor-saving technologies that decrease the demand for low-skilled workers and lower their wage rates. During the 1980s and 1990s, for example, the demand for telephone operators and television repair technicians decreased. Throughout the past 200 years, the demand for low-skilled farm laborers has steadily decreased.

How does the labor market cope with this continuous decrease in the demand for low-skilled labor? Doesn't it mean that the wage rate of low-skilled workers is constantly falling?

To answer these questions, we must study the market for low-skilled labor in both the short run and the long run.

In the short run, there are a given number of people who have a given skill, training, and experience. Short-run **supply of labor** describes how the number of hours of labor supplied by this given number of people changes as the wage rate changes. To get them to work more hours, they must be offered a higher wage rate.

---

* William Tucker, "How Rent Control Drives Out Affordable Housing."

In the long run, people can acquire new skills and find new types of jobs. The number of people in the low-skilled labor market depends on the wage rate in this market compared with other opportunities. If the wage rate of low-skilled labor is high enough, people will enter this market. If the wage rate is too low, people will leave it. Some will seek training to enter higher-skilled labor markets, and others will stop working.

The long-run supply of labor is the relationship between the quantity of labor supplied and the wage rate after enough time has passed for people to enter or leave the low-skilled labor market. If people can freely enter and leave the low-skilled labor market, the long-run supply of labor is *perfectly elastic*.

Figure 4 shows the market for low-skilled labor. Other things remaining the same, the lower the wage rate, the greater is the quantity of labor demanded by firms. The demand curve for labor, *D* in part (a), shows this relationship between the wage rate and the quantity of labor demanded. Other things remaining the same, the higher the wage rate, the greater is the quantity of labor supplied by households. But the longer the period of adjustment, the greater is the *elasticity of supply* of labor. The short-run supply curve is *SS*, and the long-run supply curve is *LS*. In the figure, long-run supply is assumed to be perfectly elastic (the *LS* curve is horizontal). This market is in equilibrium at a wage rate of $5 an hour and 22 million hours of labor employed.

What happens if a labor-saving invention decreases the demand for low-skilled labor? Figure 4(a) shows the short-run effects of such a change. Before the new technology is introduced, the demand curve is the curve labeled *D*. After the introduction of the new technology, the demand curve shifts leftward to *D_A*. The wage rate falls to $4 an hour, and the quantity of labor employed decreases to 21 million hours. But this short-run effect on the wage rate and employment is not the end of the story.

FIGURE 4   A Market for Low-Skilled Labor

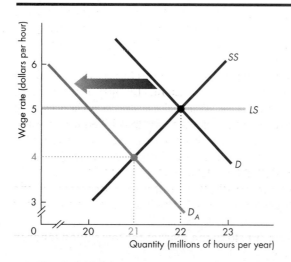

(a) After invention

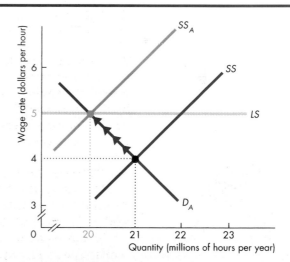

(b) Long-run adjustment

Part (a) shows the immediate effect of a labor-saving invention on the market for low-skilled labor. Initially, the wage rate is $5 an hour and 22 million hours are employed. A labor-saving invention shifts the demand curve from *D* to *D_A*. The wage rate falls to $4 an hour, and employment decreases to 21 million hours a year. With the lower wage rate, some workers leave this market, and the short-run supply curve starts to shift gradually leftward to *SS_A* [part (b)]. The wage rate gradually increases, and the employment level decreases. In the long run, the wage rate returns to $5 an hour and employment decreases to 20 million hours a year.

People who are now earning only $4 an hour look around for other opportunities. They see many other jobs (in markets for other types of skills) that pay more than $4 an hour. One by one, workers decide to go back to school or take jobs that pay less but offer on-the-job training. As a result, the short-run supply curve begins to shift leftward.

Figure 4(b) shows the long-run adjustment. As the short-run supply curve shifts leftward, it intersects the demand curve D_A at higher wage rates and fewer hours employed. The process ends when workers have no incentive to leave the low-skilled labor market and the short-run supply curve has shifted to SS_A. At this point, the wage rate has returned to $5 an hour and employment has decreased to 20 million hours a year.

Concerned about the incomes of low-paid workers, Congress has enacted a Federal minimum wage law. And many cities and states have introduced living wage regulations that require employers to pay higher wages than those determined by market forces.

Let's look at the effects of minimum wage and living wage regulations.

A Minimum Wage

A **price floor** is a regulation that makes it illegal to trade at a price lower than a specified level. When a price floor is applied to labor markets, it is called a **minimum wage**. If a minimum wage is set *below* the equilibrium wage, the minimum wage has no effect. The minimum wage and market forces are not in conflict. If a minimum wage is set *above* the equilibrium wage, the minimum wage is in conflict with market forces and does have some effects on the labor market. Let's study these effects by returning to the market for low-skilled labor.

Suppose that with an equilibrium wage of $4 an hour [Figure 4(a)], the government sets a minimum wage at $5 an hour. Figure 5 shows the minimum wage

FIGURE 5   Minimum Wage and Unemployment

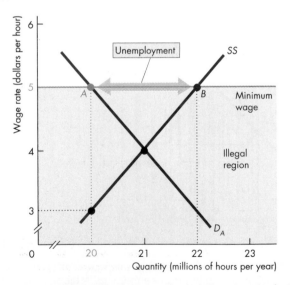

A wage below $5 an hour is illegal (in the gray-shaded illegal region). At the minimum wage of $5 an hour, 20 million hours are hired but 22 million hours are available. Unemployment—*AB*—of 2 million hours a year is created.

as the horizontal light blue line labeled "Minimum wage." A wage below this level is illegal, in the gray-shaded illegal region. At the minimum wage rate, 20 million hours of labor are demanded (point *A*) and 22 million hours of labor are supplied (point *B*), so 2 million hours of available labor are unemployed.

With only 20 million hours demanded, some workers are willing to supply that 20 millionth hour for $3. Frustrated unemployed workers spend time and other resources searching for hard-to-find jobs.

Inefficiency of a Minimum Wage

In an unregulated labor market, everyone who is willing to work for the going wage rate gets a job. And the market allocates the economy's scarce labor resources to the jobs in which they are valued most highly. The minimum wage frustrates the market mechanism and results in unemployment—wasted labor resources—and an inefficient amount of **job search**.

Figure 6 illustrates the inefficiency of the minimum wage. There is a deadweight loss because at the quantity of labor employed—20 million hours—the value to the firm of the marginal worker exceeds that wage rate for which that person is willing to work.

At this level of employment, unemployed people have a big incentive to spend time and effort looking for work. The blue rectangle shows the potential loss from this extra job search. This loss arises because someone who finds a job earns $5 an hour (read off from the demand curve) but would have been willing to work for $3 an hour (read off from the supply curve). So everyone who is unemployed has an incentive to search hard and use resources that are worth the $2-an-hour surplus to find a job.

FIGURE 6   The Inefficiency of a Minimum Wage

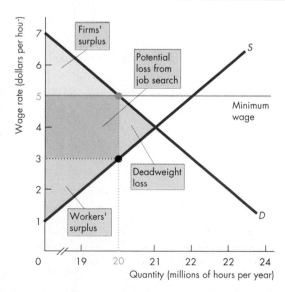

A minimum wage shrinks the firms' surplus and workers' surplus and creates a deadweight loss. If people use resources in job search equal to the amount they are able to gain by finding a job, the blue rectangle is also lost.

The Federal Minimum Wage and Its Effects

A minimum wage in the United States is set by the federal government's Fair Labor Standards Act. In 2003, the federal minimum wage was $5.15 an hour. Some state governments have passed state minimum wage laws that exceed the federal minimum wage. The minimum wage has increased from time to time and has fluctuated between 35 percent and more than 50 percent of the average wage of production workers.

You saw in Fig. 5 that the minimum wage brings unemployment. But how much unemployment does it bring? Economists do not agree on the answer to this question. Until recently, most economists believed that the minimum wage was a big contributor to high unemployment among low-skilled young workers. But this view has recently been challenged and the challenge rebutted.

David Card of the University of California at Berkeley and Alan Krueger of Princeton University say that increases in the minimum wage have not decreased employment and created unemployment. From their study of minimum wages in California, New Jersey, and Texas, Card and Krueger say that the employment rate of low-income workers increased following an increase in the minimum wage. They suggest three reasons why higher wages might increase employment. First, workers become more conscientious and productive. Second, workers are less likely to quit, so labor turnover, which is costly, is reduced. Third, managers make a firm's operations more efficient.

Most economists are skeptical about Card and Krueger's suggestions. They ask two questions. First, if higher wages make workers more productive and reduce labor turnover, why don't firms freely pay wage rates above the equilibrium wage to encourage more productive work habits? Second, are there other explanations for the employment responses that Card and Krueger have found?

Card and Krueger got the timing wrong according to Daniel Hamermesh of the University of Texas at Austin. He says that firms cut employment *before* the minimum wage is increased in anticipation of the increase. If he is correct, looking for the effects of an increase *after* it has occurred misses its main effects. Finis Welch of Texas A&M University and Kevin Murphy of the University of Chicago say the employment effects that Card and Krueger found are caused by regional differences in economic growth, not by changes in the minimum wage.

One effect of the minimum wage, according to Fig. 5, is an increase in the quantity of labor supplied. If this effect occurs, it might show up as an increase in the number of people who quit school before completing high school to look for work. Some economists say that this response does occur.

A Living Wage

You've seen that the federal minimum wage probably causes unemployment and creates a deadweight loss. Despite these effects of a price floor in the labor market, a popular movement is seeking to create a more pervasive and much higher floor at a living wage. A living wage has been defined as an hourly wage rate that enables a person who works a 40-hour work week to rent adequate housing for not more than 30 percent of the amount earned. For example, if the going market rent for a one-bedroom apartment is $180 a week, the living wage is $15 an hour. (Check: 40 hours at $15 an hour is $600, and $180 is 30 percent of $600.)

Living wage laws already operate in St. Louis, St. Paul, Minneapolis, Boston, Oakland, Denver, Chicago, New Orleans, and New York City, and campaigns to expand the living wage are being mounted in many cities and states. The effects of the living wage can be expected to be similar to those of the minimum wage.

Next we're going to study a more widespread government action in markets: taxes. We'll see how taxes change prices and quantities. You will discover the surprising fact that while the government can impose a tax, it can't decide who will pay the tax! And you will see that a tax creates a deadweight loss.

TAXES 4

Everything you earn and almost everything you buy is taxed. Income taxes and Social Security taxes are deducted from your earnings and sales taxes are added to the bill when you buy something. Employers also pay a Social Security tax for their workers, and producers of tobacco products, alcoholic drinks, and gasoline pay a tax every time they sell something.

Who *really* pays these taxes? Because the income tax and Social Security tax are deducted from your pay, and the sales tax is added to the prices that you pay, isn't it obvious that *you* pay these taxes? And isn't it equally obvious that your employer pays the employer's contribution to the Social Security tax and that tobacco producers pay the tax on cigarettes?

You're going to discover that it isn't obvious who *really* pays a tax and that lawmakers don't make that decision. We begin with a definition of **tax incidence**.

Tax Incidence

Tax incidence is the division of the burden of a tax between the buyer and the seller. When the government imposes a tax on the sale of a good[4], the price paid by the buyer might rise by the full amount of the tax, by a lesser amount, or not at all. If the price paid by the buyer rises by the full amount of the tax, then the burden of the tax falls entirely on the buyer—the buyer pays the tax. If the price paid by the buyer rises by a lesser amount than the tax, then the burden of the tax falls partly on the buyer and partly on the seller. And if the price paid by the buyer doesn't change at all, then the burden of the tax falls entirely on the seller.

Tax incidence does not depend on the tax law. The law might impose a tax on sellers or on buyers, but the outcome is the same in either case. To see why, let's look at the tax on cigarettes in New York City.

A Tax on Sellers

On July 1, 2002, Mayor Bloomberg of New York City upped the tax on the sale of cigarettes from almost nothing to $1.50 a pack. To work out the effects of this tax on the sellers of cigarettes, we begin by examining the effects on demand and supply in the market for cigarettes.

In Fig. 7, the demand curve is *D*, and the supply curve is *S*. With no tax, the equilibrium price is $3 per pack and 350 million packs a year are bought and sold.

A tax on sellers is like an increase in cost, so it decreases supply. To determine the position of the new supply curve, we add the tax to the minimum price that sellers are willing to accept for each quantity sold. You can see that without the tax, sellers are willing to offer 350 million packs a year for $3 a pack. So with a $1.50 tax, they will offer 350 million packs a year only if the price is $4.50 a pack. The supply curve shifts to the light blue curve labeled *S + tax on sellers*.

---

[4] These propositions also apply to services and **factors of production** (land, labor, capital).

FIGURE 7   A Tax on Sellers

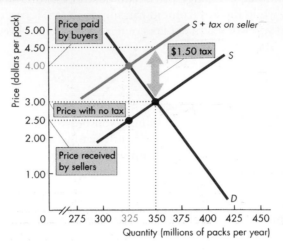

With no tax, 350 million packs a year are bought and sold at $3 a pack. A tax on sellers of $1.50 a pack shifts the supply curve leftward to *S + tax on sellers*. The equilibrium quantity decreases to 325 million packs a year, the price paid by buyers rises to $4 a pack, and the price received by sellers falls to $2.50 a pack. The tax raises the price paid by buyers by less than the tax and lowers the price received by sellers, so buyers and sellers share the burden of the tax.

$4 - $1.50 (tax) = $2.50

Equilibrium occurs where the new supply curve intersects the demand curve at 325 million packs a year. The price paid by buyers rises by $1 to $4 a pack. And the price received by sellers falls by 50¢ to $2.50 a pack. So buyers pay $1 of the tax and sellers pay the other 50¢.

A Tax on Buyers

Suppose that instead of taxing sellers, New York City taxes cigarette buyers $1.50 a pack.

A tax on buyers lowers the amount they are willing to pay the seller, so it decreases demand and shifts the demand curve leftward. To determine the position of this new demand curve, we subtract the tax from the maximum price that buyers are willing to pay for each quantity bought. You can see in Fig. 8 that without the tax, buyers are willing to buy 350 million packs a year for $3 a pack. So with a $1.50 tax, they will buy 350 packs a year only if the price including the tax is $3 a pack, which means that they're willing to pay the seller only $1.50 a pack. The demand curve shifts to become the red curve labeled *D – tax on buyers*.

Equilibrium occurs where the new demand curve intersects the supply curve at a quantity of 325 million packs a year. The price received by sellers is $2.50 a pack, and the price paid by buyers is $4.

Equivalence of Tax on Buyers and Sellers

You can see that the tax on buyers in Fig. 8 has the same effects as the tax on sellers in Fig. 7. In both cases, the equilibrium quantity decreases to 325 million packs a year, the price paid by buyers rises to $4 a pack, and the price received by sellers falls to $2.50 a pack. Buyers pay $1 of the $1.50 tax, and sellers pay the other 50¢ of the tax.

FIGURE 8 A Tax on Buyers

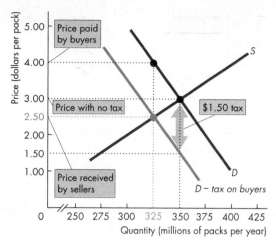

With no tax, 350 million packs a year are bought and sold at $3 a pack. A tax on buyers of $1.50 a pack shifts the demand curve leftward to *D – tax on buyers*. The equilibrium quantity decreases to 325 million packs a year, the price paid by buyers rises to $4 a pack, and the price received by sellers falls to $2.50 a pack. The tax raises the price paid by buyers by less than the tax and lowers the price received by sellers, so buyers and sellers share the burden of the tax.

Can We Share the Burden Equally?   Suppose that Mayor Bloomberg wants the burden of the cigarette tax to fall equally on buyers and sellers and declares that a 75¢ tax be imposed on each. Is the burden of the tax then shared equally?

You can see that it is not. The tax is still $1.50 a pack. And you've seen that the tax has the same effect regardless of whether it is imposed on sellers or buyers. So imposing half the tax on one and half on the other is like an average of the two cases you've examined. (Draw the demand-supply graph and work out what happens in this case. The demand curve shifts downward by 75¢ and the supply curve shifts upward by 75¢. The new equilibrium quantity is still 325 million packs a year. Buyers pay $4 a pack, of which 75¢ is tax. Sellers receive from buyers $3.25, but must pay a 75¢ tax, so they net $2.50 a pack.)

The key point is that when a transaction is taxed, there are two prices: the price paid by buyers, which includes the tax; and the price received by sellers, which excludes the tax. Buyers respond only to the price that includes the tax, because that is the price they pay. Sellers respond only to the price that excludes the tax, because that is the price they receive.

A tax is like a wedge between the buying price and the selling price. It is the size of the wedge, not the size of the market on which the tax is imposed by the government, that determines the effects of the tax.

The Social Security Tax   The Social Security tax is an example of a tax that Congress imposes equally on both buyers and sellers. But the principles you've just learned apply to this tax too. The market for labor, not Congress, decides how the burden of the Social Security tax is divided by firms and workers.

In the New York City cigarette tax examples, the buyers bear twice the burden of the tax borne by sellers. In special cases, either buyers or sellers bear the entire burden. The division of the burden of a tax between buyers and sellers depends on the elasticities of demand and supply, as you will now see.

not price sensitive to buyers

Tax Division and Elasticity of Demand

The division of the tax between buyers and sellers depends in part on the elasticity of demand. There are two extreme cases:

▶ Perfectly inelastic demand—buyers pay.
▶ Perfectly elastic demand—sellers pay.

Perfectly Inelastic Demand   Figure 9(a) shows the market for insulin, a vital daily medication of diabetics. Demand is perfectly inelastic at 100,000 doses a day, regardless of the price, as shown by the vertical curve *D*. That is, a diabetic would sacrifice all other goods and services rather than not consume the insulin dose that provides good health. The supply curve of insulin is *S*. With no tax, the price is $2 a dose and the quantity is 100,000 doses a day.

If insulin is taxed at 20¢ a dose, we must add the tax to the minimum price at which drug companies are willing to sell insulin. The result is the new supply curve *S* + *tax*. The price rises to $2.20 a dose, but the quantity does not change. Buyers pay the entire sales tax of 20¢ a dose.

Perfectly Elastic Demand   Figure 9(b) shows the market for pink marker pens. Demand is perfectly elastic at $1 a pen, as shown by the horizontal curve *D*. If pink pens are less expensive than the others, everyone uses pink. If pink pens are more expensive than the others, no one uses pink. The supply curve is *S*. With no tax, the price of a pink marker is $1, and the quantity is 4,000 pens a week.

If a tax of 10¢ a pen is imposed on pink marker pens but not on other colors, we add the tax to the minimum price at which sellers are willing to

FIGURE 9   Tax and the Elasticity of Demand

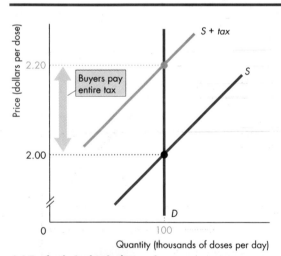

(a) Perfectly inelastic demand

(b) Perfectly elastic demand

Part (a) shows the market for insulin, where demand is perfectly inelastic. With no tax, the price is $2 a dose and the quantity is 100,000 doses a day. A tax of 20¢ a dose shifts the supply curve to *S* + *tax*. The price rises to $2.20 a dose, but the quantity bought does not change. Buyers pay the entire tax.

Part (b) shows the market for pink pens, in which demand is perfectly elastic. With no tax, the price of a pen is $1 and the quantity is 4,000 pens a week. A tax of 10¢ a pink pen shifts the supply curve to *S* + *tax*. The price remains at $1 a pen, and the quantity of pink pens sold decreases to 1,000 a week. Sellers pay the entire tax.

offer pink pens for sale, and the new supply curve is *S + tax*. The price remains at $1 a pen, and the quantity decreases to 1,000 a week. The 10¢ tax leaves the price paid by buyers unchanged but lowers the amount received by sellers by the full amount of the tax. Sellers pay the entire tax of 10¢ a pink pen.

We've seen that when demand is perfectly inelastic, buyers pay the entire tax and when demand is perfectly elastic, sellers pay the entire tax. In the usual case, demand is neither perfectly inelastic nor perfectly elastic and the tax is split between buyers and sellers. But the division depends on the elasticity of demand. The more inelastic the demand, the larger is the amount of the tax paid by buyers.

Tax Division and Elasticity of Supply

The division of the tax between buyers and sellers also depends, in part, on the elasticity of supply. Again, there are two extreme cases:

▶ Perfectly inelastic supply—sellers pay.
▶ Perfectly elastic supply—buyers pay.

Perfectly Inelastic Supply   Figure 10(a) shows the market for water from a mineral spring that flows at a constant rate that can't be controlled. Supply is perfectly inelastic at 100,000 bottles a week, as shown by the supply curve *S*. The demand curve for the water from this spring is *D*. With no tax, the price is 50¢ a bottle and the 100,000 bottles that flow from the spring are bought.

Suppose this spring water is taxed at 5¢ a bottle. The supply curve does not change because the spring owners still produce 100,000 bottles a week even

FIGURE 10   Tax and the Elasticity of Supply

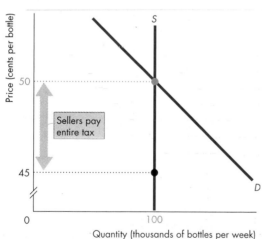

(a) Perfectly inelastic supply

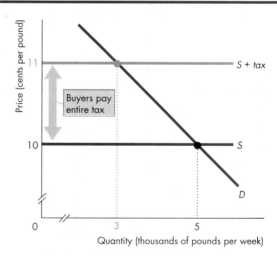

(b) Perfectly elastic supply

Part (a) shows the market for water from a mineral spring. Supply is perfectly inelastic. With no tax, the price is 50¢ a bottle. With a tax of 5¢ a bottle, the price remains at 50¢ a bottle. The number of bottles bought remains the same, but the price received by sellers decreases to 45¢ a bottle. Sellers pay the entire tax.

Part (b) shows the market for sand. Supply is perfectly elastic. With no tax, the price is 10¢ a pound. A tax of 1¢ a pound increases the minimum supply-price to 11¢ a pound. The supply curve shifts to *S + tax*. The price increases to 11¢ a pound. Buyers pay the entire tax.

though the price they receive falls. But buyers are willing to buy the 100,000 bottles only if the price is 50¢ a bottle. So the price remains at 50¢ a bottle. The tax reduces the price received by sellers to 45¢ a bottle, and sellers pay the entire tax.

Perfectly Elastic Supply Figure 10(b) shows the market for sand from which computer-chip makers extract silicon. Supply of this sand is perfectly elastic at a price of 10¢ a pound, as shown by the supply curve *S*. The demand curve for sand is *D*. With no tax, the price is 10¢ a pound and 5,000 pounds a week are bought.

If this sand is taxed at 1¢ a pound, we must add the tax to the minimum supply-price. Sellers are now willing to offer any quantity at 11¢ a pound along the curve *S + tax*. A new equilibrium is determined where the new supply curve intersects the demand curve: at a price of 11¢ a pound and a quantity of 3,000 pounds a week. The tax has increased the price buyers pay by the full amount of the tax—1¢ a pound—and has decreased the quantity sold. Buyers pay the entire tax.

We've seen that when supply is perfectly inelastic, sellers pay the entire tax and when supply is perfectly elastic, buyers pay the entire tax. In the usual case, supply is neither perfectly inelastic nor perfectly elastic and the tax is split between buyers and sellers. But how the tax is split depends on the elasticity of supply. The more elastic the supply, the larger is the amount of the tax paid by buyers.

Taxes in Practice

Supply and demand are rarely perfectly elastic or perfectly inelastic. But some items tend toward one of the extremes. For example, alcohol, tobacco, and gasoline have low elasticities of demand and high elasticities of supply. So the burden of these taxes falls more heavily on buyers than on sellers. Labor has a low elasticity of supply and a high elasticity of demand. So despite Congress's desire to split the Social Security tax equally between workers and employers, the burden of this tax falls mainly on workers.

not so price sensitive to buyers

The most heavily taxed items are those that have either a low elasticity of demand or a low elasticity of supply. For these items, the equilibrium quantity doesn't decrease much when a tax is imposed. So the government collects a large tax revenue and the deadweight loss from the tax is small.

not so price sensitive to sellers

It is unusual to tax an item heavily if neither its demand nor its supply is inelastic. With an elastic supply *and* demand, a tax brings a large decrease in the equilibrium quantity, and a small tax revenue.

Taxes and Efficiency

You've seen that a tax places a wedge between the price buyers pay and the price sellers receive. The price buyers pay is also the buyers' willingness to pay, which measures marginal benefit. And the price sellers receive is also the sellers' minimum supply-price, which equals marginal cost.

So because a tax places a wedge between the buyers' price and the sellers' price, it also puts a wedge between marginal benefit and marginal cost and creates inefficiency. With a higher buyers' price and a lower sellers' price, the tax decreases the quantity produced and consumed and a deadweight loss arises. Figure 11 shows the inefficiency of a tax on CD players. With a tax, both consumer surplus and producer surplus shrink. Part of each surplus goes to the

FIGURE 11   Taxes and Efficiency

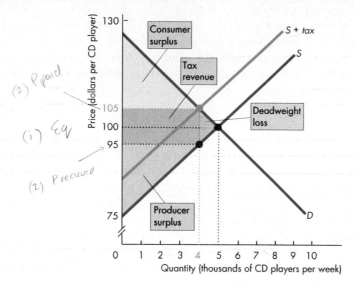

With no tax on CD players, 5,000 a week are bought and sold at $100 each. With a tax of $10 a CD player, the buyers' price rises to $105 a player, the sellers' price falls to $95 a player, and the quantity decreases to 4,000 CD players a week. Consumer surplus shrinks to the light blue area, and the producer surplus shrinks to the medium blue area. Part of the loss of consumer surplus and producer surplus goes to the government as tax revenue, which is shown as the medium blue area. A deadweight loss arises, which is shown by the gray area.

government in tax revenue—the dark blue area in the figure. And part of each surplus becomes a deadweight loss—the gray area.

In the extreme cases of perfectly inelastic demand and perfectly inelastic supply, a tax does not change the quantity bought and sold and there is no deadweight loss. The more inelastic is either demand or supply, the smaller is the decrease in quantity and the smaller is the deadweight loss. When demand or supply is perfectly inelastic, the quantity remains constant and no deadweight loss arises.

Your next task is to study intervention in the markets for farm products. These markets have special problems and provide examples of two additional ways of changing market outcomes: subsidies and quotas.

SUBSIDIES AND QUOTAS   5

An early or late frost, a hot dry summer, and a wet autumn present just a few of the challenges that fill the lives of farmers with uncertainty and sometimes with economic hardship. Fluctuations in the weather bring big fluctuations in farm output. How do changes in farm output affect farm prices and farm revenues? And how might farmers be helped by intervention in the markets for farm products?

Let's look at some agricultural markets and see how they're affected by the weather and by government interventions.

Harvest Fluctuations

Figure 12 shows the market for wheat. In both parts, the demand curve for wheat is
D. Once farmers have harvested their crop, they have no control over the quantity
supplied and supply is inelastic along a *momentary supply curve*. With a normal harvest, the momentary supply curve is MS_0, the price is $4 a bushel, the quantity pro-
duced is 20 billion bushels, and farm revenue (price multiplied by quantity) is $80
billion.

Poor Harvest   In Fig. 12(a), a poor harvest decreases the quantity supplied to
15 billion bushels. The momentary supply curve shifts leftward to MS_1, the price
rises to $6 a bushel, and farm revenue increases to $90 billion. A *decrease* in supply brings a rise in price and an *increase* in farm revenue.   *↓S → ↑price & revenue*

Bumper Harvest   In Fig. 12(b), a bumper harvest increases the quantity supplied to 25 billion bushels. The momentary supply curve shifts rightward to MS_2,
the price falls to $2 a bushel, and farm revenue decreases to $50 billion. An
increase in supply brings a fall in price and a *decrease* in farm revenue.   *↑S → ↓price & revenue*

Elasticity of Demand   Farm revenue and the quantity produced fluctuate in
opposite directions because the demand for wheat is *inelastic*. The percentage
change in the quantity demanded is less than the percentage change in price. In
Fig. 12(a), the increase in revenue from the higher price ($30 billion—
the light blue area) exceeds the decrease in revenue from the smaller quantity
($20 billion). And in Fig. 12(b), the decrease in revenue from the lower price
($40 billion) exceeds the increase in revenue from the increase in the quantity
sold ($10 billion—the light blue area).

FIGURE 12   Harvests, Farm Prices, and Farm Revenue

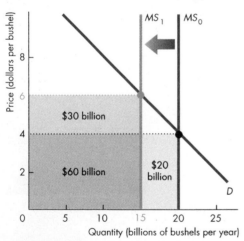

(a) Poor harvest: revenue increases

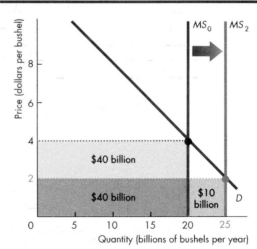

(b) Bumper harvest: revenue decreases

The demand curve for wheat is *D*. In normal times, the supply curve is MS_0 and 20 billion bushels are sold for $4 a bushel.
     In part (a), a poor harvest decreases supply to MS_1. The price rises to $6 a bushel, and farm revenue increases to $90
billion—the $30 billion increase from the higher price exceeds the $20 billion decrease from the smaller quantity sold.
     In part (b), a bumper harvest increases supply to MS_2. The price falls to $2 a bushel, and farm revenue decreases to
$50 billion—the $40 billion decrease from the lower price exceeds the $10 billion increase from the increase in the quan-
tity sold.

If demand is *elastic*, farm revenue and the quantity produced fluctuate in the same direction. Bumper harvests increase revenue, and poor harvests decrease it. But the demand for most agricultural products is inelastic, so the case we've studied is the relevant one.

Avoiding a Fallacy of Composition Although *total* farm revenue increases when there is a poor harvest, the revenue of those *individual* farmers whose entire crop is wiped out decreases. Those whose crop is unaffected gain. So a poor harvest is not good news for all farmers.

Because the markets for farm products often confront farmers with low incomes, government intervention occurs in these markets. Price floors that work a bit like the minimum wage that we've already studied might be used. You've already seen that this type of intervention creates a surplus and is inefficient. These same conclusions apply to markets for farm products.

Two other methods of intervention are often used in markets for farm products. They are

▶ Subsidies

▶ Production quotas

Subsidies

The producers of peanuts, sugarbeets, milk, wheat, and many other farm products receive subsidies. A **subsidy** is a payment made by the government to a producer. To discover the effects of a subsidy, we'll look at a market for peanuts. Figure 13 shows this market. The demand for peanuts is *D* and the supply of

FIGURE 13   A Subsidy Increases Production

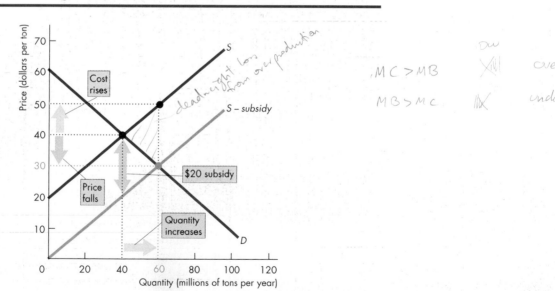

With no subsidy, 40 million tons a year are produced at $40 a ton. A subsidy of $20 a ton shifts the supply curve rightward to *S – subsidy*. The equilibrium quantity increases to 60 million tons a year, the price falls to $30 a ton, and the price plus subsidy received by farmers rises to $50 a ton. In the new equilibrium, marginal cost (on the supply curve) exceeds marginal benefit (on the demand curve) and a deadweight loss arises from overproduction.

peanuts is *S*. With no subsidy, equilibrium occurs at a price of $40 a ton and a quantity of 40 million tons of peanuts per year.

Suppose that the government introduces a subsidy on peanuts of $20 a ton. A subsidy is like a negative tax. You've seen earlier in this reading that a tax is equivalent to an increase in cost. A subsidy is equivalent to a decrease in cost. And a decrease in cost brings an increase in supply.

To determine the position of the new supply curve, we subtract the subsidy from farmers' minimum supply-price. Without subsidy, farmers are willing to offer 40 million tons a year for $40 a ton. So with a subsidy of $20 a ton, they will offer 40 million tons a year if the price is as low as $20 a ton. The supply curve shifts to the lighter blue curve labeled *S − subsidy*.

Equilibrium occurs where the new supply curve intersects the demand curve at 60 million tons a year. The price falls by $10 to $30 a ton. But the price plus subsidy received by farmers rises by $10 to $50 a ton.

Because the supply curve is the marginal cost curve, and the demand curve is the marginal benefit curve, a subsidy raises marginal cost above marginal benefit and creates a deadweight loss from overproduction.

Subsidies spill over to the rest of the world. Because they lower the price, subsidized farmers offer some of their output for sale on the world market, which lowers the price in the rest of the world. Faced with lower prices, farmers in other countries decrease production and receive smaller revenues.

Farm subsidies are a major obstacle to achieving an efficient use of resources in the global markets for farm products and are a source of tension between the United States, Europe, and poorer developing nations.

Production Quotas

The markets for sugarbeets, tobacco leaf, and cotton (among others) have, from time to time, been regulated with **production quotas**. A **production quota** is an upper limit to the quantity of a good that may be produced in a specified period. To discover the effects of quotas, we'll look at a market for sugarbeets in Fig. 14. With no **quota**, the price is $30 a ton and 60 million tons of sugarbeets per year are produced.

Suppose that the sugarbeets growers want to limit total production to get a higher price. They persuade the government to introduce a production quota that limits sugarbeets production to a maximum of 40 million tons a year.

The effect of a production quota depends on whether it is set below or above the equilibrium quantity. If the government introduced a quota above 60 million tons a year, the equilibrium quantity in Fig. 14, nothing would change because sugarbeets growers are already producing less than the quota. But a quota of 40 million is less than the equilibrium quantity. Figure 14 shows the effects of this quota.

To implement the quota, each grower is assigned a production limit and the total of the production limits equals 40 million tons. Production that in total exceeds 40 million tons is illegal, so we've shaded the illegal region above the quota. Growers are no longer permitted to produce the equilibrium quantity because it is in the illegal region. As in the case of price ceilings and price floors, market forces and political forces are in conflict.

When the government sets a production quota, it does not regulate the price. Market forces determine it. In the example in Fig. 14, with production limited to 40 million tons a year, the market price rises to $50.

The quota not only raises the price, but also *lowers* the marginal cost of producing the quota because the sugarbeets growers slide down their supply (and marginal cost) curves.

FIGURE 14   A Quota Limits Production

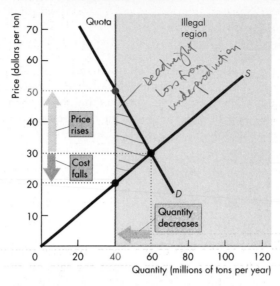

With no quota, 60 million tons a year are produced at $30 a ton. A quota of 40 million tons a year restricts total production to that amount. The equilibrium quantity decreases to 40 million tons a year, the price rises to $50 a ton, and the farmers' marginal cost falls to $20 a ton. In the new equilibrium, marginal cost (on the supply curve) is less than marginal benefit (on the demand curve) and a deadweight loss arises from underproduction.

A production quota is inefficient because it results in underproduction. At the quota quantity, marginal benefit is equal to the market price and marginal cost is less than the market price, so marginal benefit exceeds marginal cost.

Because of these effects of a quota, such arrangements are often popular with producers and in some cases, producers, not governments, attempt to implement them. But it is hard for quotas to work when they are voluntary. The reason is that each producer has an incentive to cheat and produce a little bit more than the allotted quota. You can see why by comparing the market price and marginal cost. If one producer could get away with a tiny increase in production, her or his profit would increase. But if all producers cheat by producing above the quota, the market moves back toward the unregulated equilibrium and the gain for producers disappears.

Governments intervene in some markets by making it illegal to trade in a good. Let's now see how these markets work.

MARKETS FOR ILLEGAL GOODS   6

The markets for many goods and services are regulated, and buying and selling some goods is illegal. The best-known examples of such goods are drugs, such as marijuana, cocaine, Ecstasy, and heroin.

Despite the fact that these drugs are illegal, trade in them is a multibillion-dollar business. This trade can be understood by using the same **economic model** and principles that explain trade in legal goods. To study the market for illegal goods, we're first going to examine the prices and quantities that would prevail if these goods were not illegal. Next, we'll see how prohibition works. Then we'll see how a tax might be used to limit the consumption of these goods.

A Free Market for Drugs

Figure 15 shows the market for drugs. The demand curve, D, shows that, other things remaining the same, the lower the price of drugs, the larger is the quantity of drugs demanded. The supply curve, S, shows that, other things remaining the same, the lower the price of drugs, the smaller is the quantity supplied. If drugs were not illegal, the quantity bought and sold would be Q_C and the price would be P_C.

A Market for Illegal Drugs

When a good is illegal, the cost of trading in the good increases. By how much the cost increases and who incurs the cost depend on the penalties for violating the law and the effectiveness with which the law is enforced. The larger the penalties and the more effective the policing, the higher are the costs. Penalties might be imposed on sellers, buyers, or both.

Penalties on Sellers   Drug dealers in the United States face large penalties if their activities are detected. For example, a marijuana dealer could pay a $200,000 fine and serve a 15-year prison term. A heroin dealer could pay a

FIGURE 15   A Market for an Illegal Good

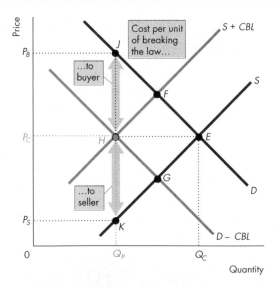

The demand curve for drugs is D, and the supply curve is S. If drugs are not illegal, the quantity bought and sold is Q_C at a price of P_C—point E. If selling drugs is illegal, the cost of breaking the law by selling drugs (*CBL*) is added to the minimum supply-price and supply decreases to $S + CBL$. The market moves to point F. If buying drugs is illegal, the cost of breaking the law is subtracted from the maximum price that buyers are willing to pay, and demand decreases to $D - CBL$. The market moves to point G. With both buying and selling illegal, the supply curve and the demand curve shift and the market moves to point H. The market price remains at P_C, but the market price plus the penalty for buying rises—point J—and the market price minus the penalty for selling falls—point K.

$500,000 fine and serve a 20-year prison term. These penalties are part of the cost of supplying illegal drugs, and they bring a decrease in supply—a leftward shift in the supply curve. To determine the new supply curve, we add the cost of breaking the law to the minimum price that drug dealers are willing to accept. In Fig. 15, the cost of breaking the law by selling drugs (CBL) is added to the minimum price that dealers will accept and the supply curve shifts leftward to $S + CBL$. If penalties were imposed only on sellers, the market would move from point E to point F.

Penalties on Buyers In the United States, it is illegal to *possess* drugs such as marijuana, cocaine, Ecstasy, and heroin. For example, possession of marijuana can bring a prison term of 1 year, and possession of heroin can bring a prison term of 2 years. Penalties fall on buyers, and the cost of breaking the law must be subtracted from the value of the good to determine the maximum price buyers are willing to pay for the drugs. Demand decreases, and the demand curve shifts leftward. In Fig. 15, the demand curve shifts to $D - CBL$. If penalties were imposed only on buyers, the market would move from point E to point G.

Penalties on Both Sellers and Buyers If penalties are imposed on both sellers *and* buyers, both supply and demand decrease and both the supply curve and the demand curve shift. In Fig. 15 the costs of breaking the law are the same for both buyers and sellers, so both curves shift leftward by the same amount. The market moves to point H. The market price remains at the competitive market price P_C, but the quantity bought decreases to Q_P. The buyer pays P_C plus the cost of breaking the law, which is P_B. And the seller receives P_C minus the cost of breaking the law, which is P_S.

The larger the penalties and the greater the degree of law enforcement, the larger is the decrease in demand and/or supply. If the penalties are heavier on sellers, the supply curve shifts farther than the demand curve and the market price rises above P_C. If the penalties are heavier on buyers, the demand curve shifts farther than the supply curve and the market price falls below P_C. In the United States, the penalties on sellers are larger than those on buyers, so the quantity of drugs traded decreases and the market price increases compared with a free market.

With high enough penalties and effective law enforcement, it is possible to decrease demand and/or supply to the point at which the quantity bought is zero. But in reality, such an outcome is unusual. It does not happen in the United States in the case of illegal drugs. The key reason is the high cost of law enforcement and insufficient resources for the police to achieve effective enforcement. Because of this situation, some people suggest that drugs (and other illegal goods) should be legalized and sold openly but should also be taxed at a high rate in the same way that legal drugs such as alcohol are taxed. How would such an arrangement work?

Legalizing and Taxing Drugs

From your study of the effects of taxes, it is easy to see that the quantity of drugs bought could be decreased if drugs were legalized and taxed. A sufficiently high tax could be imposed to decrease supply, raise the price, and achieve the same decrease in the quantity bought as with a prohibition on drugs. The government would collect a large tax revenue.

Illegal Trading to Evade the Tax It is likely that an extremely high tax rate would be needed to cut the quantity of drugs bought to the level prevailing with a prohibition. It is also likely that many drug dealers and consumers would try to cover up their activities to evade the tax. If they did act in this way, they would face the cost of breaking the law—the tax law. If the penalty for tax law violation is as severe and as effectively policed as drug-dealing laws, the analysis we've already conducted applies also to this case. The quantity of drugs bought would depend on the penalties for law breaking and on the way in which the penalties are assigned to buyers and sellers.

Taxes versus Prohibition: Some Pros and Cons   Which is more effective: prohibition or taxes? In favor of taxes and against prohibition is the fact that the tax revenue can be used to make law enforcement more effective. It can also be used to run a more effective education campaign against illegal drug use. In favor of prohibition and against taxes is the fact that prohibition sends a signal that might influence preferences, decreasing the demand for illegal drugs. Also, some people intensely dislike the idea of the government profiting from trade in harmful substances.

You now know how to use the demand and supply model to predict prices, to study government actions in markets, and to study the sources and costs of inefficiency. Before you leave this topic, take a look at *Reading between the Lines* on pp. 85–87 about the market for illegal music downloads.

READING BETWEEN THE LINES

The Market for Illegal Downloads

D E T R O I T   F R E E   P R E S S , SEPTEMBER 9, 2003

Sign here, said the spider to the file sharer

Millions of Americans who've shared music online got an unprecedented offer Monday from the Recording Industry Association of America: Turn yourself in and all is forgiven.

That is, assuming you haven't already been sued.

The industry group announced Monday it's giving as many as 57 million file sharers a chance to fess up and go straight—if they're willing to sign and notarize a legal document admitting they broke the law.

Any person who's shared music online—the agreement doesn't pertain to companies or organizations—can download, sign, have notarized and mail in a legal document prepared by the RIAA. Once the completed agreement is received, the group promises never to sue the person about those past indiscretions.

To demonstrate what may await people who don't promise to destroy their old recordings and avoid downloading or sharing new ones, the RIAA filed hundreds of lawsuits in federal court Monday against individual file sharers. ...

The amnesty offer is the latest in a series of legal maneuvers launched by the music business, which says it's losing millions of dollars in sales because of Internet downloads. ...

But the RIAA said the publicity surrounding its investigations and Monday's lawsuits is having its intended effect: Knowledge that sharing copyrighted files is illegal...is up, and membership at paid music services is rising. ...

...The lawsuits so far have targeted people using programs like Kazaa, Grokster, iMesh, Morpheus, Bearshare, LimeWire, Gnutella, Blubster, OverNet, Shareaza, Gnucleus, SoulSeek, Earthstation5 and eDonkey. ...

Essence of the Story

▶ The Recording Industry Association of America (RIAA) is offering amnesty to millions of file sharers.

▶ People who don't promise to destroy old recordings and avoid downloading or sharing new downloads may face lawsuits in federal court.

▶ The offer is to individuals and not to companies or organizations.

▶ The lawsuits are targeting people who use programs like Kazaa, Grokster, and iMesh.

Economic Analysis

▶ Downloaded music is easily accessible to people with file-sharing programs.

▶ File-sharing programs are freely available on the Internet.

▶ The marginal cost of a downloaded file is zero.

▶ In Fig. 16, the supply curve *S* which is also the marginal cost curve, is horizontal along the *x*-axis.

▶ The demand curve for downloaded music is the downward-sloping curve *D*.

▶ The equilibrium quantity occurs at an equilibrium price of zero where the *D* curve touches the *x*-axis.

▶ When the RIAA files lawsuits against downloaders, the downloaders are faced with the cost of breaking the law.

▶ The cost of breaking the law is subtracted from the value of the downloaded music to determine the maximum price that a person is willing to pay for a download.

▶ In Fig. 16, the demand curve shifts leftward from *D* to *D* − *CBL* and the vertical distance between the two curves is equal to the cost of breaking the law.

▶ The quantity of downloaded files decreases, but because the supply curve does not shift, the equilibrium price remains at zero.

▶ Suppose that as well as targeting the downloaders (buyers), the RIAA targets the producers of the file-sharing programs (suppliers).

▶ In Fig. 17, the supply curve shifts upward from *S* to *S* + *CBL* when the producer of the file-sharing program is charged an amount *P* for each file that is illegally downloaded.

▶ Downloaders continue to face the cost of breaking the law and the demand curve *D* − *CBL* is the same as the curve in Fig. 16.

▶ When both producers of file-sharing programs and downloaders face the cost of breaking the law, the equilibrium quantity of downloaded files falls farther. The price of a download rises to equal the program creators' cost of breaking the law.

FIGURE 16   Downloaders Face Cost of Breaking Law

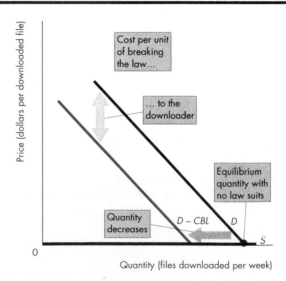

FIGURE 17   Downloaders and Producers Face Cost of Breaking Law

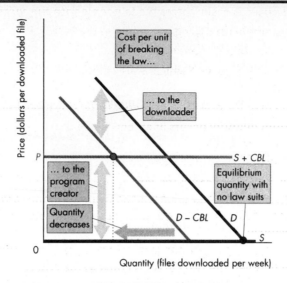

You're the Voter

▶ Why is the RIAA targeting downloaders rather than the creators of file-sharing programs?

▶ Which do you think would be more effective: filing lawsuits against downloaders or taxing shared files?

▶ Would you support a tax on shared files?

SUMMARY

► A decrease in the supply of housing raises rents.

► Higher rents stimulate building, and in the long run, the quantity of housing increases and rents fall.

► A rent ceiling that is set below the equilibrium rent creates a housing shortage, wasteful search, and a black market.

► A decrease in the demand for low-skilled labor lowers the wage rate and reduces employment.

► The lower wage rate encourages people with low skill to acquire more skill, which decreases the supply of low-skilled labor and, in the long run, raises their wage rate.

► A minimum wage set above the equilibrium wage rate creates unemployment and increases the amount of time people spend searching for a job.

► A minimum wage hits low-skilled young people hardest.

► A tax raises price but usually by less than the tax.

► The shares of a tax paid by buyers and by sellers depend on the elasticity of demand and the elasticity of supply.

► The less elastic the demand and the more elastic the supply, the greater is the price increase, the smaller is the quantity decrease, and the larger is the share of the tax paid by buyers.

► If demand is perfectly elastic or supply is perfectly inelastic, sellers pay the entire tax. And if demand is perfectly inelastic or supply is perfectly elastic, buyers pay the entire tax.

► Farm revenues fluctuate because supply fluctuates. Because the demand for most farm products is inelastic, a decrease in supply increases farm revenue, while an increase in supply decreases farm revenue.

► A subsidy is like a negative tax. It lowers the price and leads to inefficient overproduction.

► A quota leads to inefficient underproduction, which raises the price.

► Penalties on sellers of an illegal good increase the cost of selling the good and decrease its supply. Penalties on buyers decrease their willingness to pay and decrease the demand for the good.

► The higher the penalties and the more effective the law enforcement, the smaller is the quantity bought.

► A tax that is set at a sufficiently high rate will decrease the quantity of drug consumed, but there will be a tendency for the tax to be evaded.

PRACTICE PROBLEMS FOR READING 15

(handwritten annotation: price sensitive buyers)

1. When a tax is imposed, which of the following would *most likely* lead to **sellers** bearing the cost?

   A. Elastic demand and elastic supply.

   B. Elastic demand and inelastic supply. *(handwritten: suppliers not price sensitive)*

   C. Inelastic demand and elastic supply.

   D. Inelastic demand and inelastic supply.

2. The *most likely* short-run effect on the housing market of a natural **disaster** such as a typhoon is a(n)

   A. increase in supply.

   B. decrease in supply.

   C. increase in demand.

   D. decrease in demand.

3. Compared to equilibrium in the labor market, the *most likely* result from setting the minimum wage above the equilibrium wage is a(n)

   A. increase in the firms' surplus.

   B. increase in the workers' surplus.

   C. decrease in the deadweight loss.

   D. increase in potential loss from job search.

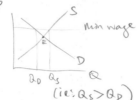

(handwritten: $Q_S > Q_D$)

4. Compared to a producer, the consumer is *most likely* to pay the **largest part** of a tax increase if the elasticity of demand and elasticity of supply, respectively, are more:

	Elasticity of Demand	Elasticity of Supply
A.	Elastic	Elastic
B.	Elastic	Inelastic
C.	Inelastic	Elastic
D.	Inelastic	Inelastic

(handwritten: Buyers not price sensitive)

(handwritten: Suppliers price sensitive)

	4⅞		
	5½	5½ —	
5½	21¾₆ — ⅛		
20⅝	21¾₆ — ⅛		
17⅜	18⅛ + ⅞		
10½	6½ — ½		
7¼	6½	6½ — ⅛	
	15/16	31/32 —	
	9/16	9/16	
1¼₃₂	9/16		
7¹⁵/₁₆	7¹³/₁₆	7¹⁵/₁₆	
2⅝	2¹¹/₃₂	2½ +	
2¾	2¼	2¼	
12¹/₁₆	11⅜	11¾ +	
87	33¾	33	33¹/₁₆ —
802	25⅝	24⁹/₁₆	25⅝ +
833	12	11⅝	11⅝ +
16	10½	10½	10½ —
78	15⅞	15¹³/₁₆	15⅞ —
1908	9¹/₁₆	8¼	8¼ +
430	11¼	10⅜	10⅜
	5	4½	

ORGANIZING PRODUCTION
by Michael Parkin

LEARNING OUTCOMES

The candidate should be able to:

a. explain the types of opportunity cost and their relation to economic profit, and calculate economic profit;

b. discuss a firm's constraints and their impact on achievability of maximum profit;

c. differentiate between technological efficiency and economic efficiency, and calculate economic efficiency of various firms under different scenarios;

d. explain command systems and incentive systems to organize production, the principal-agent problem, and measures a firm uses to reduce the principal-agent problem;

e. describe the different types of business organization and the advantages and disadvantages of each;

f. characterize the four market types;

g. calculate and interpret the four-firm concentration ratio and the Herfindahl-Hirschman Index, and discuss the limitations of concentration measures;

h. explain why firms are often more efficient than markets in coordinating economic activity.

SPINNING A WEB   1

In the fall of 1990, a British scientist named Tim Berners-Lee invented the World Wide Web. This remarkable idea paved the way for the creation and growth of thousands of profitable businesses. One of these businesses is Google Inc. Built on the idea of two Stanford University graduate students, Larry Page and Sergey Brin, Google Inc. opened its door for business—a garage door!—in Menlo Park,

Economics, Seventh Edition, by Michael Parkin. Copyright © 2005 by Pearson Education. Reprinted with permission of Pearson Education, publishing as Pearson Addison Wesley.

California in 1998. In just five years, Google has become the world's most used, most efficient, and most profitable search engine.

How do Google and the other 20 million firms that operate in the United States make their business decisions? How do they operate efficiently?

One way in which firms seek to operate efficiently is by establishing incentives for their top executives, managers, and workers. Most of the time, these incentives work well. But sometimes, the people who run big firms spin another web—a web of deceit—and operate outside the law. When this happens, as it did at Enron and WorldCom, spectacular business failures can result. What are the incentive schemes that firms use and why do they sometimes result in catastrophic business failure?

Most of the firms that you know the names of don't make things. They buy and sell things. For example, most of the components of a Dell personal computer are made by other firms. Microsoft creates its operating system, and Intel makes its processor chip. Other firms make the hard drive and modem, and yet others make the CD drive, sound card, and so on. Why doesn't Dell make its own computer components? Why does it leave these activities to other firms and buy from them in markets? How do firms decide what to make themselves and what to buy in the marketplace from other firms?

In this reading, we are going to learn about firms and the choices they make to cope with scarcity. In *Reading between the Lines* at the end of the reading, we'll return to the issues of incentives and corporate scandals that have led to business failures. But we begin by studying the economic problems and choices that are common to all firms.

land labor, capital

| 2 | **THE FIRM AND ITS ECONOMIC PROBLEM** |

The 20 million firms in the United States differ in size and in the scope of what they do. But they all perform the same basic economic functions. Each firm is an institution that hires factors of production and organizes those factors to produce and sell goods and services.

Our goal is to predict firms' behavior. To do so, we need to know a firm's goals and the constraints it faces. We begin with the goals.

The Firm's Goal

If you asked a group of entrepreneurs what they are trying to achieve, you would get many different answers. Some would talk about making a high-quality product, others about business growth, others about market share, and others about the job satisfaction of their work force. All of these goals might be pursued, but they are not the fundamental goal. They are means to a deeper goal.

A firm's goal is to maximize profit. A firm that does not seek to maximize profit is either eliminated or bought out by firms that do seek to maximize profit.

What exactly is the profit that a firm seeks to maximize? To answer this question, let's look at Sidney's Sweaters.

Measuring a Firm's Profit

Sidney runs a successful business that makes sweaters. Sidney's Sweaters receives $400,000 a year for the sweaters it sells. Its expenses are $80,000 a year for wool, $20,000 for utilities, $120,000 for wages, and $10,000 in interest on a bank loan. With receipts of $400,000 and expenses of $230,000, Sidney's Sweaters' annual surplus is $170,000.

Sidney's accountant lowers this number by $20,000, which he says is the depreciation (fall in value) of the firm's buildings and knitting machines during the year. (Accountants use Internal Revenue Service rules based on standards established by the Financial Accounting Standards Board to calculate the depreciation.) So the accountant reports that the profit of Sidney's Sweaters is $150,000 a year.

Sidney's accountant measures cost and profit to ensure that the firm pays the correct amount of income tax and to show the bank how its loan has been used. But we want to predict the decisions that a firm makes. These decisions respond to *opportunity cost* and *economic profit*.

Opportunity Cost

The *opportunity cost* of any action is the highest-valued alternative forgone. The action that you choose not to take—the highest-valued alternative forgone—is the cost of the action that you choose to take. For a firm, the opportunity cost of production is the value of the firm's best alternative use of its resources.

Opportunity cost is a real alternative forgone. But so that we can compare the cost of one action with that of another action, we express opportunity cost in money units. A firm's opportunity cost includes both

- ▶ Explicit costs
- ▶ Implicit costs

Explicit Costs   Explicit costs are paid in money. The amount paid for a resource could have been spent on something else, so it is the opportunity cost of using the resource. For Sidney, his expenditures on wool, utilities, wages, and bank interest are explicit costs.

Implicit Costs   A firm incurs implicit costs when it forgoes an alternative action but does not make a payment. A firm incurs implicit costs when it

1. Uses its own capital.
2. Uses its owner's time or financial resources.

The cost of using its own capital is an implicit cost—and an opportunity cost—because the firm could rent the capital to another firm. The rental income forgone is the firm's opportunity cost of using its own capital. This opportunity cost is called the **implicit rental rate** of capital.

People rent houses, apartments, cars, and videotapes. And firms rent photocopiers, earth-moving equipment, satellite-launching services, and so on. If a firm rents capital, it incurs an explicit cost. If a firm owns the capital it uses, it incurs an implicit cost. The implicit rental rate of capital is made up of

1. Economic depreciation

2. Interest forgone

Economic depreciation is the change in the *market* value of capital over a given period. It is calculated as the market price of the capital at the beginning of the period minus its market price at the end of the period. For example, suppose that Sidney could have sold his buildings and knitting machines on December 31, 2001, for $400,000. If he can sell the same capital on December 31, 2002, for $375,000, his economic depreciation during 2002 is $25,000—the fall in the market value of the machines. This $25,000 is an implicit cost of using the capital during 2002.

The funds used to buy capital could have been used for some other purpose. And in their next best use, they would have yielded a return—an interest income. This forgone interest is part of the opportunity cost of using the capital. For example, Sidney's Sweaters could have bought government bonds instead of a knitting factory. The interest forgone on the government bonds is an implicit cost of operating the knitting factory.

Cost of Owner's Resources   A firm's owner often supplies entrepreneurial ability—the factor of production that organizes the business, makes business decisions, innovates, and bears the risk of running the business. The return to **entrepreneurship** is profit, and the return that an entrepreneur can expect to receive on the average is called **normal profit**. Normal profit is part of a firm's opportunity cost, because it is the cost of a forgone alternative—running another firm. If normal profit in the textile business is $50,000 a year, this amount must be added to Sidney's costs to determine his opportunity cost.

The owner of a firm also can supply labor (in addition to entrepreneurship). The return to labor is a wage. And the opportunity cost of the owner's time spent working for the firm is the wage income forgone by not working in the best alternative job. Suppose that Sidney could take another job that pays $40,000 a year. By working for his knitting business and forgoing this income, Sidney incurs an opportunity cost of $40,000 a year.

Economic Profit

What is the bottom line—the profit or loss of the firm? A firm's economic profit is equal to its total revenue minus its opportunity cost. The firm's opportunity cost is the sum of its explicit costs and implicit costs. And the implicit costs, remember, include *normal profit*. The return to entrepreneurial ability is greater than normal in a firm that makes a positive economic profit. And the return to entrepreneurial ability is less than normal in a firm that makes a negative economic profit—a firm that incurs an economic loss.

Economic Accounting: A Summary

Table 1 summarizes the economic accounting concepts that you've just studied. Sidney's Sweaters' total revenue is $400,000. Its opportunity cost (explicit costs plus implicit costs) is $365,000. And its economic profit is $35,000.

TABLE 1   Economic Accounting

Item		Amount
Total Revenue		**$400,000**
Opportunity Costs		
Wool	$80,000	
Utilities	20,000	
Wages paid	120,000	
Bank interest paid	10,000	
Total Explicit Costs		$230,000
Sidney's wages forgone	40,000	
Sidney's interest forgone	20,000	
Economic depreciation	$25,000	
Normal profit	$50,000	
Total Implicit Costs		$135,000
Total Cost		**$365,000**
Economic Profit		**$35,000**

[handwritten annotations: "cost of owning his own biz running as opposed to supplying labor", "actual money expended", "costs incurred from use of own capital", "cost of forgoing running another textile biz"]

To achieve the objective of maximum profit—maximum economic profit—a firm must make five basic decisions:

1. What goods and services to produce and in what quantities

2. How to produce—the techniques of production to use

3. How to organize and compensate its managers and workers

4. How to market and price its products

5. What to produce itself and what to buy from other firms

In all these decisions, a firm's actions are limited by the constraints that it faces. Our next task is to learn about these constraints.

The Firm's Constraints

Three features of its environment limit the maximum profit a firm can make. They are

▶ Technology

▶ Information

▶ Market

Technology Constraints   Economists define technology broadly. A technology is any method of producing a good or service. Technology includes the detailed designs of machines. It also includes the layout of the workplace. And it includes the organization of the firm. For example, the shopping mall is a technology for producing retail services. It is a different technology from the catalog store, which in turn is different from the downtown store.

It might seem surprising that a firm's profits are limited by technology because it seems that technological advances are constantly increasing profit opportunities. Almost every day, we learn about some new technological advance that amazes us. With computers that speak and recognize our own speech and cars that can find the address we need in a city we've never visited, we can accomplish more than ever.

Technology advances over time. But at each point in time, to produce more output and gain more revenue, a firm must hire more resources and incur greater costs. The increase in profit that the firm can achieve is limited by the technology available. For example, by using its current plant and work force, Ford can produce some maximum number of cars per day. To produce more cars per day, Ford must hire more resources, which increases its costs and limits the increase in profit that it can make by selling the additional cars.

Information Constraints   We never possess all the information we would like to have to make decisions. We lack information about both the future and the present. For example, suppose you plan to buy a new computer. When should you buy it? The answer depends on how the price is going to change in the future. Where should you buy it? The answer depends on the prices at hundreds of different computer shops. To get the best deal, you must compare the quality and prices in every shop. But the opportunity cost of this comparison exceeds the cost of the computer!

Similarly, a firm is constrained by limited information about the quality and effort of its work force, the current and future buying plans of its customers, and the plans of its competitors. Workers might slacken off when the manager believes they are working hard. Customers might switch to competing suppliers. Firms might have to compete against competition from a new firm.

Firms try to create incentive systems for workers to ensure that they work hard even when no one is monitoring their efforts. And firms spend millions of dollars on market research. But none of these efforts and expenditures eliminate the problems of incomplete information and uncertainty. And the cost of coping with limited information itself limits profit.

Market Constraints   What each firm can sell and the price it can obtain are constrained by its customers' willingness to pay and by the prices and marketing efforts of other firms. Similarly, the resources that a firm can buy and the prices it must pay for them are limited by the willingness of people to work for and invest in the firm. Firms spend billions of dollars a year marketing and selling their products. Some of the most creative minds strive to find the right message that will produce a knockout television advertisement. Market constraints and the expenditures firms make to overcome them limit the profit a firm can make.

In the rest of this reading and in Readings 17 through 20, we study the decisions that firms make. We're going to learn how we can predict a firm's behavior as the response to both the constraints that it faces and to changes in those constraints. We begin by taking a closer look at the technology constraints that firms face.

3   TECHNOLOGICAL AND ECONOMIC EFFICIENCY

Microsoft employs a large work force, and most Microsoft workers possess a large amount of **human capital**. But the firm uses a small amount of physical capital. In contrast, a coal-mining company employs a huge amount of mining equipment (physical capital) and almost no labor. Why? The answer lies in the concept of efficiency. There are two concepts of **production efficiency: technological efficiency** and **economic efficiency**. Technological efficiency occurs when the firm produces a given output by using the least amount of inputs. Economic efficiency occurs when the firm produces a given output at the least cost. Let's explore the two concepts of efficiency by studying an example.

Suppose that there are four alternative techniques for making TV sets:

A. *Robot production.* One person monitors the entire computer-driven process.

B. *Production line.* Workers specialize in a small part of the job as the emerging TV set passes them on a production line.

C. *Bench production.* Workers specialize in a small part of the job but walk from bench to bench to perform their tasks.

D. *Hand-tool production.* A single worker uses a few hand tools to make a TV set.

Table 2 sets out the amounts of labor and capital required by each of these four methods to make 10 TV sets a day.

Which of these alternative methods are technologically efficient?

Technological Efficiency

Recall that technological efficiency occurs when the firm produces a given output by using the least amounts of inputs. Inspect the numbers in the table and notice that method *A* uses the most capital but the least labor. Method *D* uses the most labor but the least capital. Method *B* and method *C* lie between the two extremes. They use less capital but more labor than method *A* and less labor but more capital than method *D*. Compare methods *B* and *C*. Method *C* requires 100 workers and 10 units of capital to produce 10 TV sets. Those same 10 TV sets can be produced by method *B* with 10 workers and the same 10 units of capital. Because method *C* uses the same amount of capital and more labor than method *B*, method *C* is not technologically efficient.

Are any of the other methods not technologically efficient? The answer is no. Each of the other three methods is technologically efficient. Method *A* uses more capital but less labor than method *B*, and method *D* uses more labor but less capital than method *B*.

Which of the alternative methods are economically efficient?

TABLE 2 Four Ways of Making 10 TV Sets a Day		
	Quantities of Inputs	
Method	**Labor**	**Capital**
A Robot production	1	1,000
B Production line	10	10
C Bench production	100	10
D Hand-tool production	1,000	1

Economic Efficiency

Recall that economic efficiency occurs when the firm produces a given output at the least cost. Suppose that labor costs $75 per person-day and that capital costs $250 per machine-day. Table 3(a) calculates the costs of using the different methods. By inspecting the table, you can see that method *B* has the lowest cost. Although method *A* uses less labor, it uses too much expensive capital. And although method *D* uses less capital, it uses too much expensive labor.

Method *C*, which is technologically inefficient, is also economically inefficient. It uses the same amount of capital as method *B* but 10 times as much labor. So it costs more. A technologically inefficient method is never economically efficient.

Although *B* is the economically efficient method in this example, method *A* or *D* could be economically efficient with different input prices.

Suppose that labor costs $150 a person-day and capital costs only $1 a machine-day. Table 3(b) now shows the costs of making a TV set. In this case, method *A* is economically efficient. Capital is now so cheap relative to labor that the method that uses the most capital is the economically efficient method.

Next, suppose that labor costs only $1 a person-day while capital costs $1,000 a machine-day. Table 3(c) shows the costs in this case. Method *D*, which uses a lot of labor and little capital, is now the least-cost method and the economically efficient method.

TABLE 3   The Costs of Different Ways of Making 10 TV Sets a Day

(a) Four ways of making TVs

Method	Labor Cost ($75 per day)		Capital Cost ($250 per day)		Total Cost	Cost per TV Set
A	$75	+	$250,000	=	$250,075	$25,007.50
B	750	+	2,500	=	3,250	325.00
C	7,500	+	2,500	=	10,000	1,000.00
D	75,000	+	250	=	75,250	7,525.00

(b) Three ways of making TVs: High labor costs

Method	Labor Cost ($150 per day)		Capital Cost ($1 per day)		Total Cost	Cost per TV Set
A	$150	+	$1,000	=	$1,150	$115.00
B	1,500	+	10	=	1,510	151.00
D	150,000	+	1	=	150,001	15,000.10

(c) Three ways of making TVs: High capital costs

Method	Labor Cost ($1 per day)		Capital Cost ($1,000 per day)		Total Cost	Cost per TV Set
A	$1	+	$1,000,000	=	$1,000,001	$100,000.10
B	10	+	10,000	=	10,010	1,001.00
D	1,000	+	1,000	=	2,000	200.00

From these examples, you can see that while technological efficiency depends only on what is feasible, economic efficiency depends on the relative costs of resources. The economically efficient method is the one that uses a smaller amount of a more expensive resource and a larger amount of a less expensive resource.

A firm that is not economically efficient does not maximize profit. Natural selection favors efficient firms and opposes inefficient firms. Inefficient firms go out of business or are taken over by firms with lower costs.

Next we study information constraints that firms face and the diversity of organization structures they generate.

INFORMATION AND ORGANIZATION   4

Each firm organizes the production of goods and services by combining and coordinating the productive resources it hires. But there is variety across firms in how they organize production. Firms use a mixture of two systems:

▶ Command systems
▶ Incentive systems

Command Systems

A **command system** is a method of organizing production that uses a managerial hierarchy. Commands pass downward through the hierarchy, and information passes upward. Managers spend most of their time collecting and processing information about the performance of the people under their control and making decisions about what commands to issue and how best to get those commands implemented.

The military uses the purest form of command system. A commander-in-chief (in the United States, the President) makes the big decisions about strategic objectives. Beneath this highest level, generals organize their military resources. Beneath the generals, successively lower ranks organize smaller and smaller units but pay attention to ever-increasing degrees of detail. At the bottom of the managerial hierarchy are the people who operate weapons systems.

Command systems in firms are not as rigid as those in the military, but they share some similar features. A chief executive officer (CEO) sits at the top of a firm's command system. Senior executives who report to and receive commands from the CEO specialize in managing production, marketing, finance, personnel, and perhaps other aspects of the firm's operations. Beneath these senior managers might be several tiers of middle management ranks that stretch downward to the managers who supervise the day-to-day operations of the business. Beneath these managers are the people who operate the firm's machines and who make and sell the firm's goods and services.

Small firms have one or two layers of managers, while large firms have several layers. As production processes have become ever more complex, management ranks have swollen. Today, more people have management jobs than ever before. But the information revolution of the 1990s slowed the growth of management, and in some industries, it reduced the number of layers of managers and brought a shakeout of middle managers.

Managers make enormous efforts to be well informed. And they try hard to make good decisions and issue commands that end up using resources efficiently. But managers always have incomplete information about what is happening in the divisions of the firm for which they are responsible. It is for this reason that firms use incentive systems as well as command systems to organize production.

Incentive Systems

An **incentive system** is a method of organizing production that uses a market-like mechanism inside the firm. Instead of issuing commands, senior managers create compensation schemes that will induce workers to perform in ways that maximize the firm's profit.

Selling organizations use incentive systems most extensively. Sales representatives who spend most of their working time alone and unsupervised are induced to work hard by being paid a small salary and a large performance-related bonus.

But incentive systems operate at all levels in a firm. CEOs' compensation plans include a share in the firm's profit, and factory floor workers sometimes receive compensation based on the quantity they produce.

Mixing the Systems

Firms use a mixture of commands and incentives. And they choose the mixture that maximizes profit. They use commands when it is easy to monitor performance or when a small deviation from an ideal performance is very costly. They use incentives when monitoring performance is either not possible or too costly to be worth doing.

For example, it is easy to monitor the performance of workers on a production line. And if one person works too slowly, the entire line slows. So a production line is organized with a command system.

In contrast, it is costly to monitor a CEO. For example, what did Ken Lay (former CEO of Enron) contribute to the initial success and subsequent failure of Enron? This question can't be answered with certainty, yet Enron's stockholders had to put someone in charge of the business and provide that person with an incentive to maximize their returns. The performance of Enron illustrates the nature of this problem, known as the principal-agent problem.

The Principal-Agent Problem

The **principal-agent problem** is the problem of devising compensation rules that induce an *agent* to act in the best interest of a *principal*. For example, the stockholders of Enron are *principals,* and the firm's managers are *agents*. The stockholders (the principals) must induce the managers (agents) to act in the stockholders' best interest. Similarly, Bill Gates (a principal) must induce the programmers who are working on the next generation of Windows (agents) to work efficiently.

Agents, whether they are managers or workers, pursue their own goals and often impose costs on a principal. For example, the goal of stockholders of Citicorp (principals) is to maximize the firm's profit—its true profit, not some fictitious paper profit. But the firm's profit depends on the actions of its managers (agents), and they have their own goals. Perhaps a manager takes a customer to a ball game on the pretense that she is building customer loyalty, when in fact she is simply enjoying on-the-job leisure. This same manager is also a principal, and her tellers are agents. The manager wants the tellers to work hard and attract new customers so that she can meet her operating targets. But the workers enjoy conversations with each other and take on-the-job leisure. Nonetheless, the firm constantly strives to find ways of improving performance and increasing profits.

Coping with the Principal-Agent Problem

Issuing commands does not address the principal-agent problem. In most firms, the shareholders can't monitor the managers and often the managers can't monitor the workers. Each principal must create incentives that induce each agent to work in the interests of the principal. Three ways of attempting to cope with the principal-agent problem are

- ▶ Ownership
- ▶ Incentive pay
- ▶ Long-term contracts

Ownership   By assigning ownership (or part-ownership) of a business to a manager or worker, it is sometimes possible to induce a job performance that increases a firm's profits. Part-ownership schemes for senior managers are quite common, but they are less common for workers. When United Airlines was running into problems a few years ago, it made most of its employees owners of the company.

Incentive Pay   Incentive pay schemes—pay related to performance—are very common. They are based on a variety of performance criteria such as profits, production, or sales targets. Promoting an employee for good performance is another example of an incentive pay scheme.

Long-Term Contracts   Long-term contracts tie the long-term fortunes of managers and workers (agents) to the success of the principal(s)—the owner(s) of the firm. For example, a multiyear employment contract for a CEO encourages that person to take a long-term view and devise strategies that achieve maximum profit over a sustained period.

These three ways of coping with the principal-agent problem give rise to different types of business organization. Each type of business organization is a different response to the principal-agent problem. Each type uses ownership, incentives, and long-term contracts in different ways. Let's look at the main types of business organization.

Types of Business Organization

The three main types of business organization are

- ▶ Proprietorship
- ▶ Partnership
- ▶ Corporation

Proprietorship   A *proprietorship* is a firm with a single owner—a proprietor—who has unlimited liability. *Unlimited liability* is the legal responsibility for all the debts of a firm up to an amount equal to the entire wealth of the owner. If a proprietorship cannot pay its debts, those to whom the firm owes money can claim the personal property of the owner. Some farmers, computer programmers, and artists are examples of proprietorships.

The proprietor makes management decisions, receives the firm's profits, and is responsible for its losses. Profits from a proprietorship are taxed at the same rate as other sources of the proprietor's personal income.

Partnership   A *partnership* is a firm with two or more owners who have **unlimited** liability. Partners must agree on an appropriate management structure and on how to divide the firm's profits among themselves. The profits of a partnership are taxed as the personal income of the owners. But each partner is legally liable for all the debts of the partnership (limited only by the wealth of that individual partner). Liability for the full debts of the partnership is called *joint unlimited liability*. Most law firms are partnerships.

Corporation   A *corporation* is a firm owned by one or more limited liability stockholders. *Limited liability* means that the owners have legal liability only for the value of their initial investment. This limitation of liability means that if the corporation becomes bankrupt, its owners are not required to use their personal wealth to pay the corporation's debts.

Corporations' profits are taxed independently of stockholders' incomes. Stockholders pay a capital gains tax on the profit they earn when they sell a stock for a higher price than they paid for it. Corporate stocks generate capital gains when a corporation retains some of its profit and reinvests it in profitable activities. So retained earnings are taxed twice because the capital gains they generate are taxed. Until recently, dividend payments were also taxed twice but this anomaly has now been corrected.

Pros and Cons of Different Types of Firms

The different types of business organization arise as different ways of trying to cope with the principal-agent problem. Each has advantages in particular situations. And because of its special advantages, each type continues to exist. Each type also has its disadvantages, which explains why it has not driven out the other two.

Table 4 summarizes these pros and cons of the different types of firms.

TABLE 4	**The Pros and Cons of Different Types of Firms**	
Type of Firm	**Pros**	**Cons**
Proprietorship	▶ Easy to set up ▶ Simple decision making ▶ Profits taxed only once as owner's income	▶ Bad decisions not checked by need for consensus ▶ Owner's entire wealth at risk ▶ Firm dies with owner ▶ Cost of capital and labor is high relative to that of a corporation
Partnership	▶ Easy to set up ▶ Diversified decision making ▶ Can survive withdrawal of partner ▶ Profits taxed only once as owners' incomes	▶ Achieving consensus may be slow and expensive ▶ Owners' entire wealth at risk ▶ Withdrawal of partner may create capital shortage ▶ Cost of capital is high relative to that of a corporation
Corporation	▶ Owners have limited liability ▶ Large-scale, low-cost capital available ▶ Professional management not restricted by ability of owners ▶ Perpetual life ▶ Long-term labor contracts cut labor costs	▶ Complex management structure can make decisions slow and expensive ▶ Retained profits taxed twice: as company profit and as stockholders' capital gains

The Proportions of Different Types of Firms

Figure 1(a) shows the proportions of the three main types of firms in the U.S. economy. The figure also shows that the revenue of corporations is much larger than that of the other types of firms. Although only 18 percent of all firms are corporations, they generate 86 percent of total revenue.

Figure 1(b) shows the percentage of total revenue generated by the different types of firms in various industries. Proprietorships in agriculture, forestry, and fishing generate about 40 percent of the total revenue in those sectors. Proprietorships in the service sector, construction, and retail trades also generate a large percentage of total revenue. Partnerships in agriculture, forestry, and fishing generate about 15 percent of total revenue. Partnerships are more prominent in services; mining; and finance, insurance, and real estate than in other sectors. Corporations dominate all sectors and have the manufacturing field almost to themselves.

Why do corporations dominate the business scene? Why do the other types of business survive? And why are proprietorships and partnerships more prominent in some sectors? The answers to these questions lie in the pros and cons of the different types of business organization that are summarized in Table 4. Corporations dominate where a large amount of capital is used. But proprietorships dominate where flexibility in decision making is critical.

You've now seen how technology constraints and information constraints influence firms. We'll now look at market constraints and see how they influence the environment in which firms compete for business.

FIGURE 1   The Proportions of the Three Types of Firms

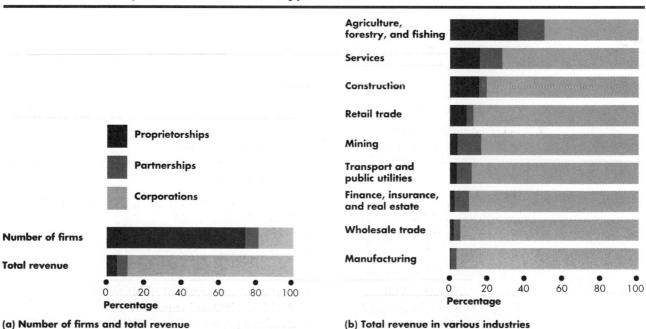

(a) Number of firms and total revenue

(b) Total revenue in various industries

Three quarters of all firms are proprietorships, almost one fifth are corporations, and only a twentieth are partnerships. Corporations account for 86 percent of total revenue (part a). But proprietorships and partnerships account for a significant percentage of total revenue in some industries (part b).

Source: U.S. Bureau of the Census, *Statistical Abstract of the United States: 2001.*

5   MARKETS AND THE COMPETITIVE ENVIRONMENT

The markets in which firms operate vary a great deal. Some are highly competitive, and profits in these markets are hard to come by. Some appear to be almost free from competition, and firms in these markets earn large profits. Some markets are dominated by fierce advertising campaigns in which each firm seeks to persuade buyers that it has the best products. And some markets display a warlike character.

Economists identify four market types:

1. Perfect competition

2. Monopolistic competition

3. Oligopoly

4. Monopoly

Perfect competition arises when there are many firms, each selling an identical product, many buyers, and no restrictions on the entry of new firms into the industry. The many firms and buyers are all well informed about the prices of the products of each firm in the industry. The worldwide markets for corn, rice, and other grain crops are examples of perfect competition.

Note: differs from "monopoly"!!!

Monopolistic competition is a market structure in which a large number of firms compete by making similar but slightly different products. Making a product slightly different from the product of a competing firm is called **product differentiation**. Product differentiation gives the firm in monopolistic competition an element of market power. The firm is the sole producer of the particular version of the good in question. For example, in the market for frozen foods, hundreds of firms make their own version of the perfect dish. Each of these firms is the sole producer of a particular brand. Differentiated products are not necessarily different products. What matters is that consumers perceive them to be different. For example, different brands of aspirin are chemically identical (salicylic acid) and differ only in their packaging.

Oligopoly is a market structure in which a small number of firms compete. Computer software, airplane manufacture, and international air transportation are examples of oligopolistic industries. Oligopolies might produce almost identical products, such as the colas produced by Coke and Pepsi. Or they might produce differentiated products such as Chevrolet's Lumina and Ford's Taurus.

Monopoly arises when there is one firm, which produces a good or service that has no close substitutes and in which the firm is protected by a barrier preventing the entry of new firms. In some places, the phone, gas, electricity, and water suppliers are local monopolies—monopolies restricted to a given location. Microsoft Corporation, the software developer that created Windows, the operating system used by PCs, is an example of a global monopoly.

Perfect competition is the most extreme form of competition. Monopoly is the most extreme absence of competition. The other two market types fall between these extremes.

Many factors must be taken into account to determine which market structure describes a particular real-world market. One of these factors is the extent to which the market is dominated by a small number of firms. To measure this feature of markets, economists use indexes called measures of concentration. Let's look at these measures.

Monopolistic Competition · *Perfect Competition* · *Oligopoly*

Measures of Concentration

Economists use two measures of concentration:

▶ The four-firm concentration ratio
▶ The Herfindahl-Hirschman Index

The Four-Firm Concentration Ratio The **four-firm concentration ratio** is the percentage of the value of sales accounted for by the four largest firms in an industry. The range of the concentration ratio is from almost zero for perfect competition to 100 percent for monopoly. This ratio is the main measure used to assess market structure.

Table 5 shows two calculations of the four-firm concentration ratio: one for tire makers and one for printers. In this example, 14 firms produce tires. The largest four have 80 percent of the sales, so the four-firm concentration ratio is 80 percent. In the printing industry, with 1,004 firms, the largest four firms have only 0.5 percent of the sales, so the four-firm concentration ratio is 0.5 percent.

A low concentration ratio indicates a high degree of competition, and a high concentration ratio indicates an absence of competition. A monopoly has a concentration ratio of 100 percent—the largest (and only) firm has 100 percent of the sales. A four-firm concentration ratio that exceeds 60 percent is regarded as an indication of a market that is highly concentrated and dominated by a few firms in an oligopoly. A ratio of less than 40 percent is regarded as an indication of a competitive market.

The Herfindahl-Hirschman Index The **Herfindahl-Hirschman Index**—also called the HHI—is the square of the percentage market share of each firm summed over the largest 50 firms (or summed over all the firms if there are fewer than 50) in a market. For example, if there are four firms in a market and

% of sales value accounted for by 4 largest firm in an industry

4-firm concentration ratio
100% — Monopoly
>60% — Oligopoly
<40% — Competitive mkt

TABLE 5   Concentration Ratio Calculations

Tire makers		Printers	
Firm	**Sales** (millions of dollars)	**Firm**	**Sales** (millions of dollars)
Top, Inc.	200	Fran's	2.5
ABC, Inc.	250	Ned's	2.0
Big, Inc.	150	Tom's	1.8
XYZ, Inc.	100	Jill's	1.7
Largest 4 firms	700	Largest 4 firms	8.0
Other 10 firms	175	Other 1,000 firms	1,592.0
Industry	875	Industry	1,600.0

Four-firm concentration ratios:

Tire makers: $\dfrac{700}{875} \times 100 = 80$ percent

Printers: $\dfrac{8}{1,600} \times 100 = 0.5$ percent

[Handwritten margin notes:]

*ē square of
ē % mkt share
of each firm summed
over ē largest 50 (all if <50)
firms in a market.*

HHI
$100^2 = 10000$ — Monopoly
< 1000 — Competitive (perfect competition)
$1000 < HHI < 1800$ — moderately Competitive (monopolistic competition)
>1800 — uncompetitive (oligopolies)

the market shares of the firms are 50 percent, 25 percent, 15 percent, and 10 percent, the Herfindahl-Hirschman Index is

$$HHI = 50^2 + 25^2 + 15^2 + 10^2 = 3,450$$

In perfect competition, the HHI is small. For example, if each of the largest 50 firms in an industry has a market share of 0.1 percent, then the HHI is $0.1^2 \times 50 = 0.5$. In a monopoly, the HHI is 10,000—the firm has 100 percent of the market: $100^2 = 10,000$.

The HHI became a popular measure of the degree of competition during the 1980s, when the Justice Department used it to classify markets. A market in which the HHI is less than 1,000 is regarded as being competitive. A market in which the HHI lies between 1,000 and 1,800 is regarded as being moderately competitive. But a market in which the HHI exceeds 1,800 is regarded as being uncompetitive. The Justice Department scrutinizes any merger of firms in a market in which the HHI exceeds 1,000 and is likely to challenge a merger if the HHI exceeds 1,800.

Concentration Measures for the U.S. Economy

Figure 2 shows a selection of concentration ratios and HHIs for the United States calculated by the U.S. Department of Commerce.

Industries that produce chewing gum, household laundry equipment, light bulbs, breakfast cereal, and motor vehicles have a high degree of concentration and are oligopolies. The ice cream, milk, clothing, concrete block and brick, and commercial printing industries have low concentration measures and are highly competitive. The pet food and cookies and crackers

FIGURE 2   Concentration Measures in the United States

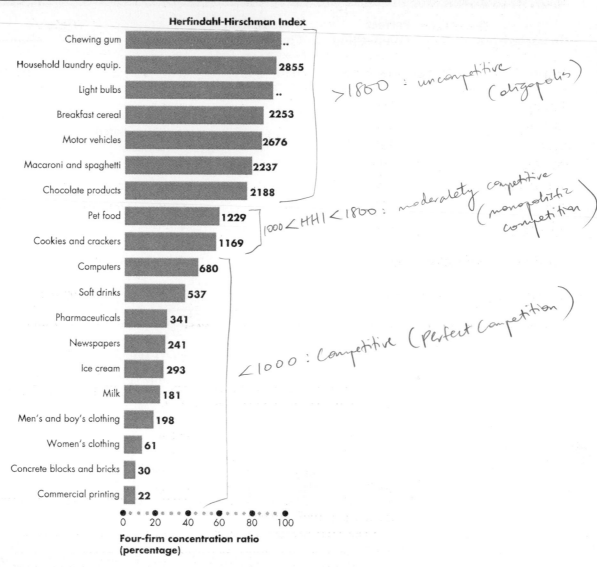

The industries that produce chewing gum, household laundry equipment, light bulbs, breakfast cereal, and motor vehicles are highly concentrated, while those that produce ice cream, milk, clothing, concrete blocks and bricks, and commercial printing are highly competitive. The industries that produce pet foods and cookies and crackers have an intermediate degree of concentration.

Source: Concentration Ratios in Manufacturing (Washington, D.C.: U.S. Department of Commerce, 1996).

industries are moderately concentrated. They are examples of monopolistic competition.

Concentration measures are a useful indicator of the degree of competition in a market. But they must be supplemented by other information to determine a market's structure. Table 6 summarizes the range of other information, along with the measures of concentration that determine which market structure describes a particular real-world market.

TABLE 6   Market Structure

Characteristics	Perfect Competition	Monopolistic Competition	Oligopoly	Monopoly
Number of firms in industry	Many	Many	Few	One
Product	Identical	Differentiated	Either identical or differentiated	No close substitutes
Barriers to entry	None	None	Moderate	High
Firm's control over price	None	Some	Considerable	Considerable or regulated
Concentration ratio	0	Low	High	100
HHI (approx. ranges)	Less than 100	101 to 999	More than 1,000	10,000
Examples	Wheat, corn	Food, clothing	Automobiles, cereals	Local water supply

Limitations of Concentration Measures

The three main limitations of using only concentration measures as determinants of market structure are their failure to take proper account of

► The geographical scope of the market
► Barriers to entry and firm turnover
► The correspondence between a market and an industry

Geographical Scope of Market   Concentration measures take a national view of the market. Many goods are sold in a *national* market, but some are sold in a *regional* market and some in a *global* one. The newspaper industry consists of local markets. The concentration measures for newspapers are low, but there is a high degree of concentration in the newspaper industry in most cities. The auto industry has a global market. The biggest three U.S. car producers account for 92 percent of cars sold by U.S. producers, but they account for a smaller percentage of the total U.S. car market (including imports) and a smaller percentage of the global market for cars.

Barriers to Entry and Firm Turnover   Concentration measures don't measure barriers to entry. Some industries are highly concentrated but have easy entry and an enormous amount of turnover of firms. For example, many small towns have few restaurants, but there are no restrictions on opening a restaurant and many firms attempt to do so.

Also, an industry might be competitive because of *potential entry*—because a few firms in a market face competition from many firms that can easily enter the market and will do so if economic profits are available.

Market and Industry Correspondence   To calculate concentration ratios, the Department of Commerce classifies each firm as being in a particular industry. But markets do not always correspond closely to industries for three reasons.

First, markets are often narrower than industries. For example, the pharmaceutical industry, which has a low concentration ratio, operates in many separate markets for individual products—for example, measles vaccine and AIDS-fighting drugs. These drugs do not compete with each other, so this industry, which looks competitive, includes firms that are monopolies (or near monopolies) in markets for individual drugs.

Second, most firms make several products. For example, Westinghouse makes electrical equipment and, among other things, gas-fired incinerators and plywood. So this one firm operates in at least three separate markets. But the Department of Commerce classifies Westinghouse as being in the electrical goods and equipment industry. The fact that Westinghouse competes with other producers of plywood does not show up in the concentration numbers for the plywood market.

Third, firms switch from one market to another depending on profit opportunities. For example, Motorola, which today produces cellular telephones and other communications products, has diversified from being a TV and computer chip maker. Motorola no longer produces TVs. Publishers of newspapers, magazines, and textbooks are today rapidly diversifying into Internet and multimedia products. These switches among industries show that there is much scope for entering and exiting an industry, and so measures of concentration have limited usefulness.

Despite their limitations, concentration measures do provide a basis for determining the degree of competition in an industry when they are combined with information about the geographical scope of the market, barriers to entry, and the extent to which large, multiproduct firms **straddle** a variety of markets.

Market Structures in the U.S. Economy

How competitive are the markets of the United States? Do most U.S. firms operate in competitive markets or in non-competitive markets?

Figure 3 provides part of the answer to these questions. It shows the market structure of the U.S. economy and the trends in market structure between 1939 and 1980. (Unfortunately, comparable data for the 1980s and 1990s are not available.)

In 1980, three quarters of the value of goods and services bought and sold in the United States was traded in markets that are essentially competitive—markets that have almost perfect competition or monopolistic competition. Monopoly and the dominance of a single firm accounted for about 5 percent of sales. Oligopoly, which is found mainly in manufacturing, accounted for about 18 percent of sales.

Over the period covered by the data in Fig. 3, the U.S. economy became increasingly competitive. You can see that the competitive markets have expanded most and the oligopoly markets have shrunk most.

But also during the past decades, the U.S. economy has become much more exposed to competition from the rest of the world. Figure 3 does not capture this international competition.

You now know the variety of market types and the way we classify firms and industries into the different market types. Our final question in this reading is: What determines the things that firms decide to buy from other firms rather than produce for themselves?

FIGURE 3   The Market Structure of the U.S. Economy

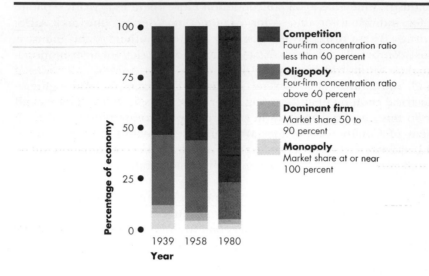

Three quarters of the U.S. economy is effectively competitive (perfect competition or monopolistic competition), one fifth is oligopoly, and the rest is monopoly. The economy became more competitive between 1939 and 1980. (Professor Shepherd, whose 1982 study remains the latest word on this topic, suspects that although some industries have become more concentrated, others have become less concentrated, so the net picture has probably not changed much since 1980.)

Source: William G. Shepherd, "Causes of Increased Competition in the U.S. Economy, 1939–1980," *Review of Economics and Statistics,* November 1982, pp. 613–626. © MIT Press Journals. Reprinted by permission.

6

MARKETS AND FIRMS

labor, capital, land

A firm is an institution that hires factors of production and organizes them to produce and sell goods and services. To organize production, firms coordinate the economic decisions and activities of many individuals. But firms are not the only coordinators of economic decisions. They do so by adjusting prices and making the decisions of buyers and sellers consistent—making the quantity demanded equal to the quantity supplied for each good and service.

Market Coordination

Markets can coordinate production. For example, markets might coordinate the production of a rock concert. A promoter hires a stadium, some stage equipment, audio and video recording engineers and technicians, some rock groups, a superstar, a publicity agent, and a ticket agent—all market transactions—and sells tickets to thousands of rock fans, audio rights to a recording company, and video and broadcasting rights to a television network—another set of market transactions. Alternatively, if rock concerts were produced like cornflakes, the firm producing them would own all the capital used (stadiums, stage, sound and video equipment) and would employ all the labor needed (singers, engineers, and salespeople).

Outsourcing, buying parts or products from other firms, is another example of market coordination. Dell uses outsourcing for all the components of the computers it produces. The major automakers use outsourcing for windshields and windows, gearboxes, tires, and many other car parts.

What determines whether a firm or markets coordinate a particular set of activities? How do firms decide whether to buy from another firm or manufacture an item themselves? The answer is cost. Taking account of the opportunity cost of time as well as the costs of the other inputs, firms use the method that costs least. In other words, they use the economically efficient method.

Firms coordinate economic activity when they can perform a task more efficiently than markets can. In such a situation, it is profitable to set up a firm. If markets can perform a task more efficiently than a firm can, firms will use markets, and any attempt to set up a firm to replace such market coordination will be doomed to failure.

Why Firms?

Firms are often more efficient than markets as coordinators of economic activity because they can achieve

- ► Lower transactions costs
- ► Economies of scale
- ► Economies of scope
- ► Economies of team production

Transactions Costs   The idea that firms exist because there are activities in which firms are more efficient than markets was first suggested by University of Chicago economist and Nobel Laureate Ronald Coase. Coase focused on the firm's ability to reduce or eliminate transactions costs. **Transactions costs** are the costs that arise from finding someone with whom to do business, of reaching an agreement about the price and other aspects of the exchange, and of ensuring that the terms of the agreement are fulfilled. Market transactions require buyers and sellers to get together and to negotiate the terms and conditions of their trading. Sometimes, lawyers have to be hired to draw up contracts. A broken contract leads to still more expenses. A firm can lower such transactions costs by reducing the number of individual transactions undertaken.

Consider, for example, two ways of getting your rattling car fixed.

Firm coordination: You take the car to the garage. The garage owner coordinates parts and tools as well as the mechanic's time, and your car gets fixed. You pay one bill for the entire job.

Market coordination: You hire a mechanic, who diagnoses the problems and makes a list of the parts and tools needed to fix them. You buy the parts from the local wrecker's yard and rent the tools from ABC Rentals. You hire the mechanic again to fix the problems. You return the tools and pay your bills—wages to the mechanic, rental to ABC, and the cost of the parts used to the wrecker.

What determines the method that you use? The answer is cost. Taking account of the opportunity cost of your own time as well as the costs of the other inputs that you would have to buy, you will use the method that costs least. In other words, you will use the economically efficient method.

The first method requires that you undertake only one transaction with one firm. It's true that the firm has to undertake several transactions—hiring the labor and buying the parts and tools required to do the job. But the firm doesn't have to undertake those transactions simply to fix your car. One set of such transactions enables the firm to fix hundreds of cars. Thus there is an enormous reduction in the number of individual transactions that take place if people get their cars fixed at the garage rather than going through an elaborate sequence of market transactions.

Economies of Scale   When the cost of producing a unit of a good falls as its output rate increases, **economies of scale** exist. Automakers, for example, experience economies of scale because as the scale of production increases, the firm can use cost-saving equipment and highly specialized labor. An automaker that produces only a few cars a year must use hand-tool methods that are costly. Economies of scale arise from specialization and the division of labor that can be reaped more effectively by firm coordination rather than market coordination.

Economies of Scope   A firm experiences **economies of scope** when it uses specialized (and often expensive) resources to produce a *range of goods and services*. For example, Microsoft hires specialist programmers, designers, and marketing experts and uses their skills across a range of software products. As a result, Microsoft coordinates the resources that produce software at a lower cost than an individual can who buys all these services in markets.

Economies of Team Production   A production process in which the individuals in a group specialize in mutually supportive tasks is team production. Sport provides the best example of team activity. In baseball, some team members specialize in pitching and some in batting. In basketball, some team members specialize in defense and some in offense. The production of goods and services offers many examples of team activity. For example, production lines in automobile and TV manufacturing plants work most efficiently when individual activity is organized in teams, each specializing in a small task. You can also think of an entire firm as being a team. The team has buyers of raw material and other inputs, production workers, and salespeople. Each individual member of the team specializes, but the value of the output of the team and the profit that it earns depend on the coordinated activities of all the team's members. The idea that firms arise as a consequence of the economies of team production was first suggested by Armen Alchian and Harold Demsetz of the University of California at Los Angeles.

Because firms can economize on transactions costs, reap economies of scale and economies of scope, and organize efficient team production, it is firms rather than markets that coordinate most of our economic activity. But there are limits to the economic efficiency of firms. If a firm becomes too big or too diversified in the things that it seeks to do, the cost of management and monitoring per unit of output begins to rise, and at some point, the market becomes more efficient at coordinating the use of resources. IBM is an example of a firm that became too big to be efficient. In an attempt to restore efficient operations, IBM split up its large organization into a number of "Baby Blues," each of which specializes in a segment of the computer market.

Sometimes firms enter into long-term relationships with each other that make it difficult to see where one firm ends and another begins. For example, GM has long-term relationships with suppliers of windows, tires, and other parts. Wal-Mart has long-term relationships with suppliers of the goods it sells. Such relationships make transactions costs lower than they would be if GM or Wal-Mart went shopping on the open market each time it wanted new supplies.

Reading between the Lines on pp. 113–115 explores the lessons we can learn from corporate scandals. We continue to study firms and their decisions in the next four readings. In Reading 17, we learn about the relationships between cost and output at different output levels. These cost-output relationships are common to all types of firms in all types of markets. We then turn to problems that are specific to firms in different types of markets.

READING BETWEEN THE LINES

7

A Principal-Agent Problem at Enron

Enron "bribed tax officials"

A crucial report into the collapse of disgraced energy giant Enron has discovered the firm's executives bribed tax officials.

The energy giant—once the US' seventh largest firm—paid no income tax between 1996 and 1999 according to the investigation by the Senate Finance Committee...

Mr Grassley (the committee chairman) also said the report called into serious doubt the ethics of tax advisers and the "desperate" bankers, accountants and lawyers who helped Enron.

"The report reads like a conspiracy novel, with some of the nation's finest banks, accounting firms and attorneys working together to prop up the biggest corporate farce of this century," he said....

Enron's failure destroyed the retirement savings of thousands of employees and hurt individual investors and pension funds across the world.

Kenneth Lay, Enron's former chairman and chief executive, maintained his silence when he appeared before the committee. He has not yet been charged.

Andrew Fastow, the former chief financial officer, has pleaded innocent to 78 counts of fraud, money-laundering, conspiracy and other charges.

But other company employees have alleged that the top executives knew about the damaging schemes being hatched in the finance department.

Evidence from the report today may also give federal prosecutors new leads in their battle to weave together a case against Enron....

http://news.bbc.co.uk/1/hi/business/2756345.stm

Essence of the Story

► A Senate Finance Committee report says that Enron executives bribed tax officials and the firm paid no income tax between 1996 and 1999.

► The report questions the ethics of Enron's tax advisers, bankers, accountants, and lawyers.

► Enron's failure destroyed the retirement savings of its employees and hurt investors and pension funds.

► Enron's former chairman and chief executive has not been charged, but the firm's former chief financial officer has pleaded innocent to charges against him.

Economic Analysis

► Enron, like all large organizations, had a principal-agent problem.

► Figure 4 shows four principal-agent relationships in the company.

► The stockholders are the ultimate principal. They own the firm and provide incentives for their agent, the chief executive office (CEO), to maximize the value of their investment.

► To align the CEO's interest with their own interest, stockholders reward the CEO with stock options and profit share.

► The CEO is a principal and provides incentives for his or her agent, the chief financial officer (CFO), to maximize the value of the firm.

► Similar principal-agent relationships operate between the CEO, CFO, and other executives, who also face incentives linked to profit.

► The other executives monitor the activities of the other employees, who are rewarded with wages and pension benefits.

► Profit plays a central and crucial role in the incentives that each agent faces.

► Because of the role of profit in determining rewards of each player, elaborate safeguards are required to ensure the accuracy and integrity of the calculation of profit.

► These safeguards involve another set of relationships between a firm's executives and its tax advisers, bankers, accountants, and lawyers. And it is these relationships that broke down in the Enron case (and in some other cases).

► Accounting firms provide auditing services and implement the standards of integrity defined by the Financial Accounting Standards Board and by the rules of the U.S. Securities and Exchange Commission.

► During the 1990s, accounting firms also provided general business consulting services that led them to become lax in their auditing activities.

► The big lesson from corporate scandals is that incentives work only when they operate in a framework that respects and enforces the rule of law.

FIGURE 4   Principal-Agent Relationships in Enron

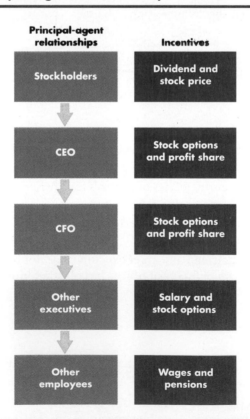

You're the Voter

- ▶ What incentives do you think tax officials should face to induce them to enforce the law?
- ▶ How do you think the power of stockholders can be strengthened to help them more effectively monitor senior managers?
- ▶ Do you think accountants should be limited to providing auditing services and not permitted to provide general business consulting services?

SUMMARY

▶ Firms hire and organize resources to produce and sell goods and services.

▶ Firms seek to maximize economic profit, which is total revenue minus opportunity cost.

▶ Technology, information, and markets limit a firm's profit.

▶ A method of production is technologically efficient when it is not possible to increase output without using more inputs.

▶ A method of production is economically efficient when the cost of producing a given output is as low as possible.

▶ Firms use a combination of command systems and incentive systems to organize production.

▶ Faced with incomplete information and uncertainty, firms induce managers and workers to perform in ways that are consistent with the firm's goals.

▶ Proprietorships, partnerships, and corporations use ownership, incentives, and long-term contracts to cope with the principal-agent problem.

▶ Perfect competition occurs when there are many buyers and sellers of an identical product and when new firms can easily enter a market.

▶ Monopolistic competition occurs when a large number of firms compete with each other by making slightly different products.

▶ Oligopoly occurs when a small number of producers compete with each other.

▶ Monopoly occurs when one firm produces a good or service for which there are no close substitutes and the firm is protected by a barrier that prevents the entry of competitors.

▶ Firms coordinate economic activities when they can perform a task more efficiently—at lower cost—than markets can.

▶ Firms economize on transactions costs and achieve the benefits of economies of scale, economies of scope, and economies of team production.

PRACTICE PROBLEMS FOR READING 16

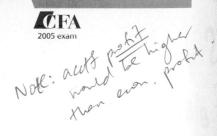

1. With regard to organizational structure and the calculation of costs and profits, which of the following statements is *most* accurate? Compared to accounting costs, economic costs tend to be

   A. lower, especially for large firms organized as corporations.

   B. lower, especially for small firms organized as proprietorships.

   C. higher, especially for large firms organized as corporations.

   D. higher, especially for small firms organized as proprietorships.

   Note: accts profit would be higher than econ. profit.

2. Four years ago a company purchased a $500,000 machine with an estimated useful life of 10 years. For accounting purposes, the machine is being depreciated in the amount of $50,000 annually. The machine is used to manufacture a particular product and has no alternative use or scrap value. The annual revenue generated from operating the machine is $650,000 and the annual cost of the factors of production, other than depreciation, employed to generate that revenue is $600,000. Should the company continue to operate the machine?

   A. Yes.

   B. No, because operating costs are equal to operating revenues.

   C. No, because the purchase price of the machine is a sunk cost.

   D. No, because the opportunity cost of operating the machine is zero.

   a cost it has already been incurred.

3. Four years ago a company purchased a $1 million machine with an estimated useful life of 10 years. For accounting purposes, the machine is being depreciated in the amount of $100,000 annually. The machine is used to manufacture a particular product and has no alternative use or scrap value. The annual revenue generated from operating the machine is $650,000 and the annual cost of the factors of production, other than depreciation, employed to generate that revenue is $600,000. Should the company continue to operate the machine?

   A. Yes.

   B. No, because the machine is being operated at a net loss.

   C. No, because the purchase price of the machine is a sunk cost.

   D. No, because the opportunity cost of operating the machine is zero.

   accts loss of ($50K) is not relevant to the decision.

4. Using the following information, calculate the firm's economic profit.

   not included in e calculation of econ. profit

Revenues	200,000
Cash Expenses	100,000 — Explicit costs (actual $ spent)
Economic depreciation	15,000 — Implicit cost (Δ in e mkt value of capital over a given period)
Accounting depreciation	20,000
Normal profit	30,000 — Implicit cost (Opp cost of running own biz is the foregone alternative of running another biz.)
Forgone interest	12,000 — Implicit cost (Could invest $ spent on capital to earn interest)

   A. 38,000.

   B. 43,000.

   C. 68,000.

   D. 73,000.

5. Which of the following is not a type of opportunity cost?

   A. Normal profit.

   B. Economic profit. *— = Total Revenue — opportunity cost*

   C. Economic depreciation.

   D. Implicit rental rate of capital.

6. Using the following information, calculate which method is the most economically efficient to produce 8 units per day if one unit of labor costs $50 and each unit of capital costs $700.

	Quantity of Inputs	
	Labor	**Capital**
Manual process	100	5
Automated process	10	20

→ 5000 + 3500 = 8500 (1062.50 per unit)

→ 500 + 14000 = 14500 (1812.50 per unit)

   A. Manual, with per unit cost of $840.00.

   B. Manual, with per unit cost of $1,062.50.

   C. Automated, with per unit cost of $1,812.50.

   D. Automated, with per unit cost of $1,920.00.

7. Which of the following best defines the described efficient production?

Def^n of technological efficiency! — occurs when the firm produces a given output by using least amt of inputs.

	Technological	Economic
A.	Least inputs	Least cost
B.	Least cost	Least inputs
C.	Most outputs	Least cost
D.	Least cost	Most outputs

Def^n of economic efficiency: — occurs when a firm produces a given output at the least cost.

8. Which of the following is the *least likely* effective means of addressing the principal-agent problem?

   A. Ownership. *— ie: assigning ownership or part ownership of a biz to a manager or worker*

   B. Commands.

   C. Multi-year contracts. *— eg: of long-term contracts*

   D. Pay for performance. *eg: of incentive pay*

is a system for organising production and uses a managerial hierarchy.

9. Which of the following is not an advantage of a partnership?

   A. Perpetual life.

   B. Easy to set up.

   C. Diversified decision-making.

   D. Profits only taxed once as owners' incomes.

10. A market structure in which a small number of firms compete is best termed a(n)

   A. oligopoly.

   B. monopoly.

   C. perfect competition.

   D. monopolistic competition.

11. Which of the following four-firm concentration ratios *most likely* would indicate an oligopolistic market structure?

   A. 5%.

   B. 25%.

   C. 55%.

   D. 75%.

12. An industry ascertained to have many firms producing differentiated products, no barriers to entry, and a low concentration ratio has a market structure best described as:

   A. oligopoly.

   B. monopoly.

   C. perfect competition.

   D. monopolistic competition.

13. Which of the following is *least likely* to be classified as an explicit opportunity cost?

   A. Employee payroll.

   B. Economic depreciation. — *classified as an implicit opp. cost*

   C. Salary paid to the owner.

   D. Interest on operating loans.

14. An analyst gathered the following market share data for an industry comprising six firms:

Firm	Market Share
A	30%
B	20%
C	15%
D	15%
E	10%
F	10%

sum is 80%

900
400
225 squared
225 sum
100
100
1950

The industry's four-firm concentration ratio and Herfindahl-Hirschman Index are closest to:

	Four-firm Concentration Ratio	Herfindahl-Hirschman Index
A.	4 x	1750
B.	4 x	1950
C.	80%	1750
D.	80%	1950

4⅝ + ⅛

5½ − ⅛

5½   5½ − ⅛

5⅛   20⅝   21³⁄₁₆ − ¹⁄₁₆

17³⁄₈   18⅛ + ⅞

18½   6½   6½ − ½

7¼   31/32 −

15/16   9/16

1   9/16   9/16

9/32   7¹³⁄₁₆   7¹⁵⁄₁₆

7¹⁵⁄₁₆   2½ +

2⅝   2¹¹⁄₃₂

2¾   2¼   2¼

11³⁄₈   11¾ +

12¹⁄₁₆   33⅛ −

33¾   33

25⅝   24⁹⁄₁₆   25⅜ +

12   11⅝

16   10½   10½

78   15⅞   15¹³⁄₁₆

4608   9¹⁄₁₆   8¼

430   11¼

5

OUTPUT AND COSTS
by Michael Parkin

LEARNING OUTCOMES

The candidate should be able to:

a. differentiate between short-run and long-run decision time frames;

b. describe and explain the relations among total product of labor, marginal product of labor, and average product of labor, and describe increasing and decreasing marginal returns;

c. distinguish among total cost (including both fixed cost and variable cost), marginal cost, and average cost, and explain the relations among the various cost curves;

d. explain the firm's production function, its properties of diminishing returns and diminishing marginal product of capital, the relation between short-run and long-run costs, and how economies and diseconomies of scale affect long-run costs.

THE ATM IS EVERYWHERE! 　1

Have you noticed how common the ATM is these days? More and more super-markets, gas stations, and convenience stores have one. And have you noticed how much harder it is to find a drive-through bank? Every year, banks install more ATMs and close more conventional teller-operated banks. Why?

Firms differ in lots of ways—from mom-and-pop convenience stores to multi-national giants producing high-tech goods. But regardless of their size or what they produce, all firms must decide how much to produce and how to produce it. How do firms make these decisions?

Most automakers in the United States could produce more cars than they can sell. Why do automakers have expensive equipment lying around that isn't fully used? Many electric utilities in the United States don't have enough production equipment on hand to meet demand on the coldest and hottest days and must buy power from other producers. Why don't these firms install more equipment so that they can supply the market themselves?

We are going to answer these questions in this reading. To do so, we are going to study the economic decisions of a small, imaginary firm: Cindy's Sweaters, Inc., a producer of knitted sweaters. The firm is owned and operated by Cindy. By studying the economic problems of Cindy's Sweaters and the way Cindy copes with them, we will be able to get a clear view of the problems that face all firms—small ones like Cindy's Sweaters and a mom-and-pop convenience store as well as big firms such as banks, automakers, and electric utilities. We're going to begin by setting the scene and describing the time frames in which Cindy makes her business decisions.

2   DECISION TIME FRAMES

People who operate firms make many decisions. And all of the decisions are aimed at one overriding objective: maximum attainable profit. But the decisions are not all equally critical. Some of the decisions are big ones. Once made, they are costly (or impossible) to reverse. If such a decision turns out to be incorrect, it might lead to the failure of the firm. Some of the decisions are small ones. They are easily changed. If one of these decisions turns out to be incorrect, the firm can change its actions and survive.

The biggest decision that any firm makes is what industry to enter. For most entrepreneurs, their background knowledge and interests drive this decision. But the decision also depends on profit prospects. No one sets up a firm without believing that it will be profitable—that total revenue will exceed opportunity cost (see Reading 16).

The firm that we study has already chosen the industry in which to operate. It has also chosen its most effective method of organization. But it has not decided the quantity to produce, the quantities of resources to hire, or the price at which to sell its output.

Decisions about the quantity to produce and the price to charge depend on the type of market in which the firm operates. Perfect competition, monopolistic competition, oligopoly, and monopoly all confront the firm with their own special problems.

But decisions about how to produce a given output do not depend on the type of market in which the firm operates. These decisions are similar for *all* types of firms in *all* types of markets.

The actions that a firm can take to influence the relationship between output and cost depend on how soon the firm wants to act. A firm that plans to change its output rate tomorrow has fewer options than one that plans to change its output rate six months from now.

To study the relationship between a firm's output decision and its costs, we distinguish between two decision time frames:

► The short run
► The long run

The Short Run

The **short run** is a time frame in which the quantities of some resources are fixed. For most firms, the fixed resources are the firm's technology, buildings, and equipment. The management organization is also fixed in the short run. We call the collection of fixed resources the firm's *plant*. So in the short run, a firm's plant is fixed.

For Cindy's Sweaters, the fixed plant is its factory building and its knitting machines. For an electric power utility, the fixed plant is its buildings, generators, computers, and control systems. For an airport, the fixed plant is the runways, terminal buildings, and traffic control facilities.

To increase output in the short run, a firm must increase the quantity of variable inputs it uses. Labor is usually the variable input. So to produce more output, Cindy's Sweaters must hire more labor and operate its knitting machines for more hours per day. Similarly, an electric power utility must hire more labor and operate its generators for more hours per day. And an airport must hire more labor and operate its runways, terminals, and traffic control facilities for more hours per day.

Variable input → labor

Short-run decisions are easily reversed. The firm can increase or decrease its output in the short run by increasing or decreasing the amount of labor it hires.

The Long Run

The **long run** is a time frame in which the quantities of *all* resources can be varied. That is, the long run is a period in which the firm can change its *plant*.

To increase output in the long run, a firm is able to choose whether to change its plant as well as whether to increase the quantity of labor it hires. Cindy's Sweaters can decide whether to install some additional knitting machines, use a new type of machine, reorganize its management, or hire more labor. An electric power utility can decide whether to install more generators. And an airport can decide whether to build more runways, terminals, and traffic control facilities.

A cost it has already been incurred.

Long-run decisions are *not* easily reversed. Once a plant decision is made, the firm usually must live with it for some time. To emphasize this fact, we call the past cost of buying a plant that has no resale value a **sunk cost**. A sunk cost is irrelevant to the firm's decisions. The only costs that influence its decisions are the short-run cost of changing its labor inputs and the long-run cost of changing its plant.

We're going to study costs in the short run and the long run. We begin with the short run and describe the technology constraint the firm faces.

SR vs LR
{ Technology (product) Constraint
{ Economic (cost) Constraint
→ like Tech + Econ Effic

SHORT-RUN TECHNOLOGY CONSTRAINT   **3**

To increase output in the short run, a firm must increase the quantity of labor employed. We describe the relationship between output and the quantity of labor employed by using three related concepts:

1. Total product
2. Marginal product
3. Average product

These product concepts can be illustrated either by product schedules or by product curves. Let's look first at the product schedules.

TABLE 1 Total Product, Marginal Product, and Average Product

	Labor (workers per day)	Total Product (sweaters per day)	Marginal Product (sweaters per additional worker)	Average Product (sweaters per worker)
A	0	0		
			4	
B	1	4		4.00
			6	
C	**2**	**10**		5.00
			3	
D	**3**	**13**		**4.33**
			2	
E	4	15		3.75
			1	
F	5	16		3.20

Total product is the total amount produced. Marginal product is the change in total product that results from a one-unit increase in labor. For example, when labor increases from 2 to 3 workers a day (row C to row D), total product increases from 10 to 13 sweaters. The marginal product of going from 2 to 3 workers is 3 sweaters. Average product is total product divided by the quantity of labor employed. For example, the average product of 3 workers is 4.33 sweaters per worker (13 sweaters a day divided by 3 workers).

Product Schedules

Table 1 shows some data that describe Cindy's Sweaters' **total product, marginal product**, and **average product**. The numbers tell us how Cindy's Sweaters' production increases as more workers are employed. They also tell us about the productivity of Cindy's Sweaters' labor force.

Focus first on the columns headed "Labor" and "Total product." **Total product** is the maximum output that a given quantity of labor can produce. You can see from the numbers in these columns that as Cindy employs more labor, total product increases. For example, when Cindy employs 1 worker, total product is 4 sweaters a day, and when Cindy employs 2 workers, total product is 10 sweaters a day. Each increase in employment brings an increase in total product.

The **marginal product of labor** is the increase in total product that results from a one-unit increase in the quantity of labor employed with all other inputs remaining the same. For example, in Table 1, when Cindy increases employment from 2 to 3 workers and keeps her capital the same, the marginal product of the third worker is 3 sweaters—total product goes from 10 to 13 sweaters.

Average product tells how productive workers are on the average. The **average product** of labor is equal to total product divided by the quantity of labor employed. For example, in Table 1, the average product of 3 workers is 4.33 sweaters per worker—13 sweaters a day divided by 3 workers.

If you look closely at the numbers in Table 1, you can see some patterns. As employment increases, marginal product at first increases and then begins to decrease. For example, marginal product increases from 4 sweaters a day for the first worker to 6 sweaters a day for the second worker and then decreases to 3 sweaters a day for the third worker. Also average product at first increases and then decreases. You can see the relationships between employment and the three product concepts more clearly by looking at the product curves.

Product Curves

The product curves are graphs of the relationships between employment and the three product concepts you've just studied. They show how total product, marginal product, and average product change as employment changes. They also show the relationships among the three concepts. Let's look at the product curves.

Total Product Curve

Figure 1 shows Cindy's Sweaters' total product curve, *TP*. As employment increases, so does the number of sweaters knitted. Points *A* through *F* on the curve correspond to the same rows in Table 1.

The total product curve is similar to the *production possibilities frontier*. It separates the attainable output levels from those that are unattainable. All the points that lie above the curve are unattainable. Points that lie below the curve, in the shaded blue area, are attainable. But they are inefficient—they use more labor than is necessary to produce a given output. Only the points *on* the total product curve are technologically efficient.

→ use the least amt of inputs to produce a given amt of outputs.

Notice especially the shape of the total product curve. As employment increases from zero to 1 worker per day, the curve becomes steeper. Then, as employment increases to 3, 4, and 5 workers a day, the curve becomes less steep. The steeper the slope of the total product curve, the greater is the marginal product, as you are about to see.

FIGURE 1　Total Product Curve

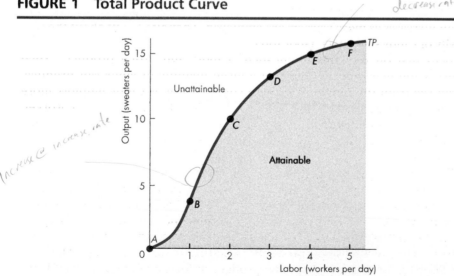

increase @ increase rate

increase @ decrease rate

The total product curve, *TP*, is based on the data in Table 1. The total product curve shows how the quantity of sweaters changes as the quantity of labor employed changes. For example, 2 workers can produce 10 sweaters a day (point *C*). Points *A* through *F* on the curve correspond to the rows of Table 1. The total product curve separates attainable outputs from unattainable outputs. Points below the *TP* curve are inefficient.

Marginal Product Curve

Figure 2 shows Cindy's Sweaters' marginal product of labor. Part (a) reproduces the total product curve from Fig. 1. Part (b) shows the marginal product curve, MP.

In part (a), the bars illustrate the marginal product of labor. The height of each bar measures marginal product. Marginal product is also measured by the slope of the total product curve. Recall that the slope of a curve is the change in the value of the variable measured on the *y*-axis—output—divided by the change in the variable measured on the *x*-axis—labor input—as we move along the curve. A one-unit increase in labor input, from 2 to 3 workers, increases output from 10 to 13 sweaters, so the slope from point *C* to point *D* is 3, the same as the marginal product that we've just calculated.

We've calculated the marginal product of labor for a series of unit increases in the quantity of labor. But labor is divisible into smaller units than one person. It is divisible into hours and even minutes. By varying the amount of labor in the smallest imaginable units, we can draw the marginal product curve shown in Fig. 2(b). The *height* of this curve measures the *slope* of the total product curve at a point. Part (a) shows that an increase in employment from 2 to 3 workers increases output from 10 to 13 sweaters (an increase of 3). The increase in output of 3 sweaters appears on the vertical axis of part (b) as the marginal product of going from 2 to 3 workers. We plot that marginal product at the midpoint between 2 and 3 workers. Notice that marginal product shown in Fig. 2(b) reaches a peak at 1.5 workers, and at that point, marginal product is 6. The peak occurs at 1.5 workers because the total product curve is steepest when employment increases from 1 worker to 2 workers.

The total product and marginal product curves differ across firms and types of goods. Ford Motor Company's product curves are different from those of

FIGURE 2   Total Product and Marginal Product

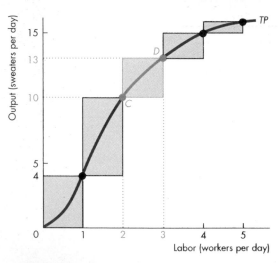 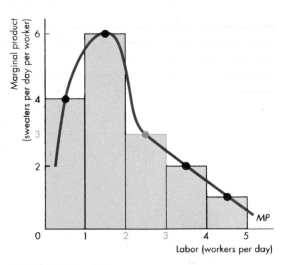

(a) Total product   **(b) Marginal product**

Marginal product is illustrated by the bars. For example, when labor increases from 2 to 3, marginal product is the bar whose height is 3 sweaters. (Marginal product is shown midway between the labor inputs to emphasize that it is the result of *changing* inputs.) The steeper the slope of the total product curve (*TP*) in part (a), the larger is marginal product (*MP*) in part (b). Marginal product increases to a maximum (in this example when the second worker is employed) and then declines—diminishing marginal product.

Jim's Burger Stand, which in turn are different from those of Cindy's Sweaters. But the shapes of the product curves are similar because almost every production process has two features:

▶ Increasing marginal returns initially

▶ Diminishing marginal returns eventually

[handwritten margin note: Specialization / Division of Lbr]

[handwritten margin note: marginal product of add'nel worker > marginal product of previous worker]

Increasing Marginal Returns   Increasing marginal returns occur when the marginal product of an additional worker exceeds the marginal product of the previous worker. Increasing marginal returns arise from increased specialization and division of labor in the production process.

For example, if Cindy employs just one worker, that person must learn all the aspects of sweater production: running the knitting machines, fixing breakdowns, packaging and mailing sweaters, buying and checking the type and color of the wool. All these tasks must be performed by that one person.

If Cindy hires a second person, the two workers can specialize in different parts of the production process. As a result, two workers produce more than twice as much as one. The marginal product of the second worker is greater than the marginal product of the first worker. Marginal returns are increasing.

[handwritten margin note: marginal product of add'nel worker < marginal product of previous worker]

Diminishing Marginal Returns   Most production processes experience increasing marginal returns initially. But all production processes eventually reach a point of *diminishing* marginal returns. **Diminishing marginal returns** occur when the marginal product of an additional worker is less than the marginal product of the previous worker.

Diminishing marginal returns arise from the fact that more and more workers are using the same capital and working in the same space. As more workers are added, there is less and less for the additional workers to do that is productive. For example, if Cindy hires a third worker, output increases but not by as much as it did when she hired the second worker. In this case, after two workers are hired, all the gains from specialization and the division of labor have been exhausted. By hiring a third worker, the factory produces more sweaters, but the equipment is being operated closer to its limits. There are even times when the third worker has nothing to do because the machines are running without the need for further attention. Hiring more and more workers continues to increase output but by successively smaller amounts. Marginal returns are diminishing. This phenomenon is such a pervasive one that it is called a "law"—the law of diminishing returns. The **law of diminishing returns** states that

As a firm uses more of a variable input, with a given quantity of fixed inputs, the marginal product of the variable input eventually diminishes.

You are going to return to the law of diminishing returns when we study a firm's costs. But before we do that, let's look at the average product of labor and the average product curve.

Average Product Curve

Figure 3 illustrates Cindy's Sweaters' average product of labor, *AP*. It also shows the relationship between average product and marginal product. Points *B* through *F* on the average product curve correspond to those same rows in Table 1. Average product increases from 1 to 2 workers (its maximum value at point *C*) but then decreases as yet more workers are employed. Notice also that average product is largest when average product and marginal product are

FIGURE 3   Average Product

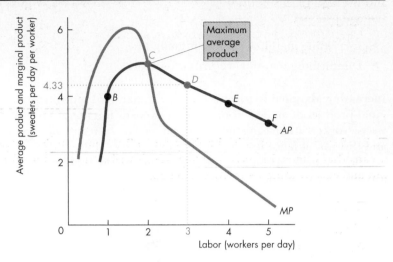

The figure shows the average product of labor and the connection between the average product and marginal product. With 1 worker per day, marginal product exceeds average product, so average product is increasing. With 2 workers per day, marginal product equals average product, so average product is at its maximum. With more than 2 workers per day, marginal product is less than average product, so average product is decreasing.

equal. That is, the marginal product curve cuts the average product curve at the point of maximum average product. For the number of workers at which marginal product exceeds average product, average product is increasing. For the number of workers at which marginal product is less than average product, average product is decreasing.

The relationship between the average and marginal product curves is a general feature of the relationship between the average and marginal values of any variable. Let's look at a familiar example.

Marginal Grade and Grade Point Average

To see the relationship between average product and marginal product, think about the similar relationship between Cindy's marginal grade and average grade over five semesters. (Suppose Cindy is a part-time student who takes just one course each semester.) In the first semester, Cindy takes calculus and her grade is a C(2). This grade is her marginal grade. It is also her average grade—her GPA. In the next semester, Cindy takes French and gets a B(3). French is Cindy's marginal course, and her marginal grade is 3. Her GPA rises to 2.5. Because her marginal grade exceeds her average grade, it pulls her average up. In the third semester, Cindy takes economics and gets an A(4)—her new marginal grade. Because her marginal grade exceeds her GPA, it again pulls her average up. Cindy's GPA is now 3, the average of 2, 3, and 4. The fourth semester, she takes history and gets a B(3). Because her marginal grade is equal to her average, her GPA does not change. In the fifth semester, Cindy takes English and gets a D(1). Because her marginal grade, a 1, is below her GPA of 3, her GPA falls.

Cindy's GPA increases when her marginal grade exceeds her GPA. Her GPA falls when her marginal grade is below her GPA. And her GPA is constant when her marginal grade equals her GPA. The relationship between Cindy's marginal and average grades is exactly the same as that between marginal product and average product.

Cindy's cares about its product curves because they influence its costs. Let's look at Cindy's costs.

SHORT-RUN COST 4

To produce more output in the short run, a firm must employ more labor, which means that it must increase its costs. We describe the relationship between output and cost by using three cost concepts:

▶ Total cost
▶ Marginal cost
▶ Average cost

Total Cost

A firm's **total cost** (*TC*) is the cost of *all* the factors of production it uses. We divide total cost into total *fixed* cost and total *variable* cost.

Total fixed cost (*TFC*) is the cost of the firm's fixed inputs. For Cindy, total fixed cost includes the cost of renting knitting machines and *normal profit*, which is the opportunity cost of her entrepreneurship (see Reading 16). The quantities of fixed inputs don't change as output changes, so total fixed cost is the same at all levels of output.

Total variable cost (*TVC*) is the cost of the firm's variable inputs. For Cindy, labor is the variable input, so this component of cost is her wage bill. Total variable cost changes as total product changes.

Total cost is the sum of total fixed cost and total variable cost. That is,

$$TC = TFC + TVC.$$

The table in Fig. 4 shows Cindy's total costs. With one knitting machine that Cindy rents for $25 a day, *TFC* is $25. To produce sweaters, Cindy hires labor, which costs $25 a day. *TVC* is the number of workers multiplied by $25. For example, to produce 13 sweaters a day, Cindy hires 3 workers and *TVC* is $75. *TC* is the sum of *TFC* and *TVC*, so to produce 13 sweaters a day, Cindy's total cost, *TC*, is $100. Check the calculation in each row of the table.

Figure 4 shows Cindy's total cost curves, which graph total cost against total product. The total fixed cost curve (*TFC*) is horizontal because total fixed cost does not change when output changes. It is a constant at $25. The total variable cost curve (*TVC*) and the total cost curve (*TC*) both slope upward because total variable cost increases as output increases. The arrows highlight total fixed cost as the vertical distance between the *TVC* and *TC* curves.

Let's now look at Cindy's marginal cost.

Marginal Cost

In Fig. 4, total variable cost and total cost increase at a decreasing rate at small levels of output and then begin to increase at an increasing rate as output increases. To understand these patterns in the changes in total cost, we need to use the concept of *marginal cost*.

A firm's **marginal cost** is the increase in total cost that results from a one-unit increase in output. We calculate marginal cost as the increase in total cost divided by the increase in output. The table in Fig. 5 shows this calculation. When, for example, output increases from 10 sweaters to 13 sweaters, total cost increases from $75 to $100. The change in output is 3 sweaters, and the change in total cost is $25. The marginal cost of one of those 3 sweaters is ($25 ÷ 3), which equals $8.33.

Figure 5 graphs the marginal cost data in the table as the medium-blue marginal cost curve, *MC*. This curve is U-shaped because when Cindy hires a second worker, marginal cost decreases, but when she hires a third, a fourth, and a fifth worker, marginal cost successively increases.

Marginal cost decreases at low outputs because of economies from greater specialization. It eventually increases because of *the law of diminishing returns*. The law of diminishing returns means that each additional worker produces a successively smaller addition to output. So to get an additional unit of output, ever more workers are required. Because more workers are required to produce one additional unit of output, the cost of the additional output—marginal cost—must eventually increase.

Marginal cost tells us how total cost changes as output changes. The final cost concept tells us what it costs, on the average, to produce a unit of output. Let's now look at Cindy's Sweaters' average costs.

FIGURE 4   Total Cost Curves

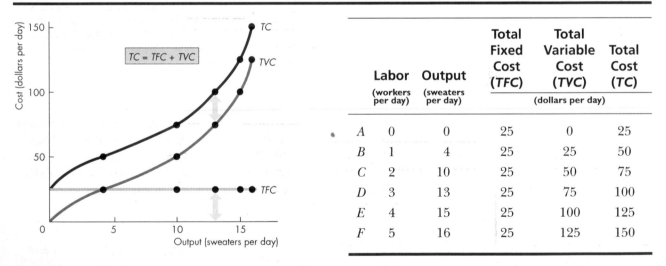

	Labor	Output	Total Fixed Cost (*TFC*)	Total Variable Cost (*TVC*)	Total Cost (*TC*)
	(workers per day)	(sweaters per day)	(dollars per day)		
A	0	0	25	0	25
B	1	4	25	25	50
C	2	10	25	50	75
D	3	13	25	75	100
E	4	15	25	100	125
F	5	16	25	125	150

Cindy rents a knitting machine for $25 a day. This amount is Cindy's total fixed cost. Cindy hires workers at a wage rate of $25 a day, and this cost is Cindy's total variable cost. For example, if Cindy employs 3 workers, total variable cost is 3 × $25, which equals $75. Total cost is the sum of total fixed cost and total variable cost. For example, when Cindy employs 3 workers, total cost is $100—total fixed cost of $25 plus total variable cost of $75. The graph shows Cindy's Sweaters' total cost curves. Total fixed cost (*TFC*) is constant—it graphs as a horizontal line—and total variable cost (*TVC*) increases as output increases. Total cost (*TC*) increases as output increases. The vertical distance between the total cost curve and the total variable cost curve is total fixed cost, as illustrated by the two arrows.

Average Cost

There are three average costs:

1. Average fixed cost

2. Average variable cost

3. Average total cost

Average fixed cost (*AFC*) is total fixed cost per unit of output. Average variable cost (*AVC*) is total variable cost per unit of output. Average total cost (*ATC*) is total cost per unit of output. The average cost concepts are calculated from the total cost concepts as follows:

$$TC = TFC + TVC.$$

[handwritten: Avg = Amount per unit; Total = Cumulative Amount]

FIGURE 5   Marginal Cost and Average Costs

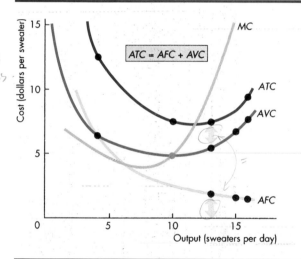

[handwritten notes: diff Y axis units]

Marginal cost is calculated as the change in total cost divided by the change in output. When output increases from 4 to 10, an increase of 6, total cost increases by $25 and marginal cost is $25 ÷ 6, which equals $4.17. Each average cost concept is calculated by dividing the related total cost by output. When 10 sweaters are produced, *AFC* is $2.50 ($25 ÷ 10), *AVC* is $5 ($50 ÷ 10), and ATC is $7.50 ($75 ÷ 10).

The graph shows that the marginal cost curve (*MC*) is U-shaped and intersects the average variable cost curve and the average total cost curve at their minimum points. Average fixed cost (*AFC*) decreases as output increases. The average total cost curve (*ATC*) and average variable cost curve (*AVC*) are U-shaped. The vertical distance between these two curves is equal to average fixed cost, as illustrated by the two arrows.

	Labor (workers per day)	Output (sweaters per day)	Total Fixed Cost (*TFC*)	Total Variable Cost (*TVC*)	Total Cost (*TC*)	Marginal Cost (*MC*) (dollars per additional sweater)	Average Fixed Cost (*AFC*)	Average Variable Cost (*AVC*)	Average Total Cost (*ATC*)
				(dollars per day)				(dollars per sweater)	
A	0	0	25	0	25		—	—	—
						...... 6.25			
B	1	4	25	25	50		6.25	6.25	12.50
						...... 4.17			
C	2	10	25	50	75		2.50	5.00	7.50
						...... 8.33			
D	3	13	25	75	100		1.92	5.77	7.69
						...... 12.50			
E	4	15	25	100	125		1.67	6.67	8.33
						...... 25.00			
F	5	16	25	125	150		1.56	7.81	9.38

Divide each total cost term by the quantity produced, Q, to get

$$\frac{TC}{Q} = \frac{TFC}{Q} + \frac{TVC}{Q}$$

or

$$ATC = AFC + AVC$$

The table in Fig. 5 shows the calculation of average total cost. For example, in row C output is 10 sweaters. Average fixed cost is ($25 ÷ 10$), which equals $2.50, average variable cost is ($50 ÷ 10$), which equals $5.00, and average total cost is ($75 ÷ 10$), which equals $7.50. Note that average total cost is equal to average fixed cost ($2.50) plus average variable cost ($5.00).

Figure 5 shows the average cost curves. The average fixed cost curve (AFC) slopes downward. As output increases, the same constant total fixed cost is spread over a larger output. The average total cost curve (ATC) and the average variable cost curve (AVC) are U-shaped. The vertical distance between the average total cost and average variable cost curves is equal to average fixed cost—as indicated by the two arrows. That distance shrinks as output increases because average fixed cost declines with increasing output.

The marginal cost curve (MC) intersects the average variable cost curve and the average total cost curve at their minimum points. That is, when marginal cost is less than average cost, average cost is decreasing, and when marginal cost exceeds average cost, average cost is increasing. This relationship holds for both the ATC curve and the AVC curve and is another example of the relationship you saw in Fig. 3 for average product and marginal product and in Cindy's course grades.

Why the Average Total Cost Curve Is U-Shaped

Average total cost, ATC, is the sum of average fixed cost, AFC, and average variable cost, AVC. So the shape of the ATC curve combines the shapes of the AFC and AVC curves. The U shape of the average total cost curve arises from the influence of two opposing forces:

1. Spreading total fixed cost over a larger output
2. Eventually diminishing returns

When output increases, the firm spreads its total fixed cost over a larger output and so its average fixed cost decreases—its average fixed cost curve slopes downward.

Diminishing returns means that as output increases, ever-larger amounts of labor are needed to produce an additional unit of output. So average variable cost eventually increases, and the AVC curve eventually slopes upward.

The shape of the average total cost curve combines these two effects. Initially, as output increases, both average fixed cost and average variable cost decrease, so average total cost decreases and the ATC curve slopes downward. But as output increases further and diminishing returns set in, average variable cost begins to increase. Eventually, average variable cost increases more quickly than average fixed cost decreases, so average total cost increases and the ATC curve slopes upward.

Cost Curves and Product Curves

The technology that a firm uses determines its costs. Figure 6 shows the links between the firm's technology constraint (its product curves) and its cost curves. The left part of the figure shows the average product curve and the marginal product curve—like those in Fig. 3. The right part of the figure shows the average variable cost curve and the marginal cost curve—like those in Fig. 5.

The figure highlights the links between technology and costs. As labor increases initially, marginal product and average product rise and marginal cost and average variable cost fall. Then, at the point of maximum marginal product, marginal cost is a minimum. As labor increases further, marginal product diminishes and marginal cost increases. But average product continues to rise, and average variable cost continues to fall. Then, at the point of maximum average product, average variable cost is a minimum. As labor increases further, average product diminishes and average variable cost increases.

Shifts in the Cost Curves

The position of a firm's short-run cost curves depends on two factors:

▶ Technology

▶ Prices of productive resources

Technology A **technological change** that increases productivity shifts the total product curve upward. It also shifts the marginal product curve and the average product curve upward. With a better technology, the same inputs can produce more output, so technological change lowers costs and shifts the cost curves downward.

FIGURE 6   Product Curves and Cost Curves

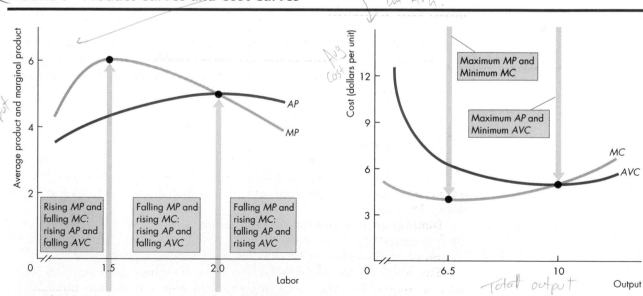

A firm's marginal product curve is linked to its marginal cost curve. If marginal product rises, marginal cost falls. If marginal product is a maximum, marginal cost is a minimum. If marginal product diminishes, marginal cost rises. A firm's average product curve is linked to its average variable cost curve. If average product rises, average variable cost falls. If average product is a maximum, average variable cost is a minimum. If average product diminishes, average variable cost rises.

For example, advances in robot production techniques have increased productivity in the automobile industry. As a result, the product curves of Chrysler, Ford, and GM have shifted upward, and their cost curves have shifted downward. But the relationships between their product curves and cost curves have not changed. The curves are still linked in the way shown in Fig. 6.

Often, a technological advance results in a firm using more capital, a fixed input, and less labor, a variable input. For example, today the telephone companies use computers to provide directory assistance in place of the human operators they used in the 1980s. When such a technological change occurs, costs decrease, but fixed costs increase and variable costs decrease. This change in the mix of fixed cost and variable cost means that at low output levels, average total cost might increase, while at high output levels, average total cost decreases.

Prices of Resources   An increase in the price of a productive resource increases costs and shifts the cost curves. But how the curves shift depends on which resource price changes. An increase in rent or some other component of *fixed* cost shifts the fixed cost curves (*TFC* and *AFC*) upward and shifts the total cost curve (*TC*) upward but leaves the variable cost curves (*AVC* and *TVC*) and the marginal cost curve (*MC*) unchanged. An increase in wages or some other component of *variable* cost shifts the variable cost curves (*TVC* and *AVC*) upward and shifts the marginal cost curve (*MC*) upward but leaves the fixed cost curves (*AFC* and *TFC*) unchanged. So, for example, if truck drivers' wages increase, the variable cost and marginal cost of transportation services increase. If the interest expense paid by a trucking company increases, the fixed cost of transportation services increases.

You've now completed your study of short-run costs. All the concepts that you've met are summarized in a compact glossary in Table 2.

TABLE 2   A Compact Glossary of Costs

Term	Symbol	Definition	Equation
Fixed cost		Cost that is independent of the output level; cost of a fixed input	
Variable cost		Cost that varies with the output level; cost of a variable input	
Total fixed cost	*TFC*	Cost of the fixed inputs	
Total variable cost	*TVC*	Cost of the variable inputs	
Total cost	*TC*	Cost of all inputs	$TC = TFC + TVC$
Output (total product)	*TP*	Total quantity produced (output Q)	
Marginal cost	*MC*	Change in total cost resulting from a one-unit increase in total product	$MC = \Delta TC \div \Delta Q$
Average fixed cost	*AFC*	Total fixed cost per unit of output	$AFC = TFC \div Q$
Average variable cost	*AVC*	Total variable cost per unit of output	$AVC = TVC \div Q$
Average total cost	*ATC*	Total cost per unit of output	$ATC = AFC + AVC$

LONG-RUN COST

In the short run, a firm can vary the quantity of labor but the quantity of capital is fixed. So the firm has variable costs of labor and fixed costs of capital. In the long run, a firm can vary both the quantity of labor and the quantity of capital. So in the long run, all the firm's costs are variable. We are now going to study the firm's costs in the long run, when all costs are variable costs and when the quantities of labor and capital vary.

The behavior of long-run cost depends on the firm's *production function*, which is the relationship between the maximum output attainable and the quantities of both labor and capital.

The Production Function

Table 3 shows Cindy's Sweaters' production function. The table lists total product schedules for four different quantities of capital. We identify the quantity of capital by the plant size. The numbers for Plant 1 are for a factory with 1 knitting machine—the case we've just studied. The other three plants have 2, 3, and 4 machines. If Cindy's Sweaters doubles its capital to 2 knitting machines, the various amounts of labor can produce the outputs shown in the second column of the table. The other two columns show the outputs of yet larger quantities of capital. Each column of the table could be graphed as a total product curve for each plant.

Diminishing Returns   Diminishing returns occur at all four quantities of capital as the quantity of labor increases. You can check that fact by calculating the marginal product of labor in plants with 2, 3, and 4 machines. At each plant size, as the quantity of labor increases, the marginal product of labor (eventually) diminishes.

TABLE 3   The Production Function

Labor (workers per day)	Output (sweaters per day)			
	Plant 1	Plant 2	Plant 3	Plant 4
1	4	10	13	15
2	10	15	18	20
3	13	18	22	24
4	15	20	24	26
5	16	21	25	27
Knitting machines (number)	1	2	3	4

The table shows the total product data for four quantities of capital. The greater the plant size, the larger is the total product for any given quantity of labor. But for a given plant size, the marginal product of labor diminishes. And for a given quantity of labor, the marginal product of capital diminishes.

Diminishing Marginal Product of Capital   Diminishing returns also occur as the quantity of capital increases. You can check that fact by calculating the marginal product of capital at a given quantity of labor. The *marginal product of capital* is the change in total product divided by the change in capital when the quantity of labor is constant—equivalently, the change in output resulting from a one-unit increase in the quantity of capital. For example, if Cindy's has 3 workers and increases its capital from 1 machine to 2 machines, output increases from 13 to 18 sweaters a day. The marginal product of capital is 5 sweaters per day. If Cindy increases the number of machines from 2 to 3, output increases from 18 to 22 sweaters per day. The marginal product of the third machine is 4 sweaters per day, down from 5 sweaters per day for the second machine.

Let's now see what the production function implies for long-run costs.

Short-Run Cost and Long-Run Cost

Continue to assume that Cindy can hire workers for $25 per day and rent knitting machines for $25 per machine per day. Using these input prices and the data in Table 3, we can calculate and graph the average total cost curves for factories with 1, 2, 3, and 4 knitting machines. We've already studied the costs of a factory with 1 machine in Figs. 4 and 5. In Fig. 7, the average total cost curve for that case is ATC_1. Figure 7 also shows the average total cost curve for a factory with 2 machines, ATC_2, with 3 machines, ATC_3, and with 4 machines, ATC_4.

You can see, in Fig. 7, that plant size has a big effect on the firm's average total cost. Two things stand out:

1. Each short-run ATC curve is U-shaped.

2. For each short-run ATC curve, the larger the plant, the greater is the output at which average total cost is a minimum.

FIGURE 7   Short-Run Costs of Four Different Plants

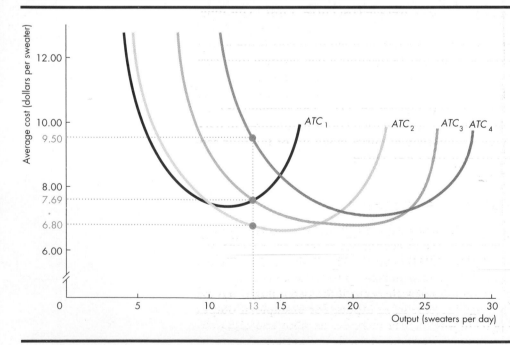

The figure shows short-run average total cost curves for four different quantities of capital. Cindy's can produce 13 sweaters a day with 1 knitting machine on ATC_1 or with 3 knitting machines on ATC_3 for an average cost of $7.69 per sweater. Cindy's can produce the same number of sweaters by using 2 knitting machines on ATC_2 for $6.80 per sweater or by using 4 machines on ATC_4 for $9.50 per sweater. If Cindy's produces 13 sweaters a day, the least-cost method of production—the long-run method—is with 2 machines on ATC_2.

Each short-run average total cost curve is U-shaped because, as the quantity of labor increases, its marginal product at first increases and then diminishes. And these patterns in the marginal product of labor, which we examined in some detail for the plant with 1 knitting machine, occur at all plant sizes.

The minimum average total cost for a larger plant occurs at a greater output than it does for a smaller plant because the larger plant has a higher total fixed cost and therefore, for any given output level, a higher average fixed cost.

Which short-run average cost curve Cindy's operates on depends on its plant size. But in the long run, Cindy chooses the plant size. And which plant size she chooses depends on the output she plans to produce. The reason is that the average total cost of producing a given output depends on the plant size.

To see why, suppose that Cindy plans to produce 13 sweaters a day. With 1 machine, the average total cost curve is ATC_1 (in Fig. 7) and the average total cost of 13 sweaters a day is $7.69 per sweater. With 2 machines, on ATC_2, average total cost is $6.80 per sweater. With 3 machines, on ATC_3, average total cost is $7.69 per sweater, the same as with 1 machine. Finally, with 4 machines, on ATC_4, average total cost is $9.50 per sweater.

The economically efficient plant size for producing a given output is the one that has the lowest average total cost. For Cindy's, the economically efficient plant to use to produce 13 sweaters a day is the one with 2 machines.

In the long run, Cindy's chooses the plant size that minimizes average total cost. When a firm is producing a given output at the least possible cost, it is operating on its *long-run average cost curve*.

The **long-run average cost curve** is the relationship between the lowest attainable average total cost and output when both the plant size and labor are varied.

The long-run average cost curve is a planning curve. It tells the firm the plant size and the quantity of labor to use at each output to minimize cost. Once the plant size is chosen, the firm operates on the short-run cost curves that apply to that plant size.

The Long-Run Average Cost Curve

Figure 8 shows Cindy's Sweaters' long-run average cost curve, *LRAC*. This long-run average cost curve is derived from the short-run average total cost curves in Fig. 7. For output rates up to 10 sweaters a day, average total cost is the lowest on ATC_1. For output rates between 10 and 18 sweaters a day, average total cost is the lowest on ATC_2. For output rates between 18 and 24 sweaters a day, average total cost is the lowest on ATC_3. And for output rates in excess of 24 sweaters a day, average total cost is the lowest on ATC_4. The segment of each average total cost curve with the lowest average total cost is highlighted in dark blue in Fig. 8. This dark blue scallop-shaped curve made up of the four segments of average total cost curves is the *LRAC* curve.

Economies and Diseconomies of Scale

Economies of scale are features of a firm's technology that lead to falling long-run average cost as output increases. When economies of scale are present, the *LRAC* curve slopes downward. The *LRAC* curve in Fig. 8 shows that Cindy's Sweaters experiences economies of scale for outputs up to 15 sweaters a day.

With given input prices, economies of scale occur if the percentage increase in output exceeds the percentage increase in all inputs. For example, if output increases by more than 10 percent when a firm increases its labor and capital by 10 percent, its average total cost falls. Economies of scale are present.

FIGURE 8   Long-Run Average Cost Curve

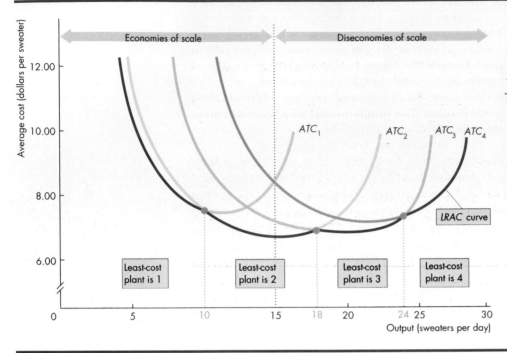

In the long run, Cindy's can vary both capital and labor inputs. The long-run average cost curve traces the lowest attainable average total cost of production. Cindy's produces on its long-run average cost curve if it uses 1 machine to produce up to 10 sweaters a day, 2 machines to produce between 10 and 18 sweaters a day, 3 machines to produce between 18 and 24 sweaters a day, and 4 machines to produce more than 24 sweaters a day. Within these ranges, Cindy's varies its output by varying its labor input.

[Handwritten margin notes: Economies of Scale → Specialisation of labor & capital; Diseconomies of scale → arise from difficulty in managing of large enterprises.; Constant returns of scale]

The main source of economies of scale is greater specialization of both labor and capital. For example, if GM produces 100 cars a week, each worker must perform many different tasks and the capital must be general-purpose machines and tools. But if GM produces 10,000 cars a week, each worker specializes and becomes highly proficient in a small number of tasks.

Diseconomies of scale are features of a firm's technology that lead to rising long-run average cost as output increases. When diseconomies of scale are present, the *LRAC* curve slopes upward. In Fig. 8, Cindy's Sweaters experiences diseconomies of scale at outputs greater than 15 sweaters a day.

With given input prices, diseconomies of scale occur if the percentage increase in output is less than the percentage increase in inputs. For example, if output increases by less than 10 percent when a firm increases its labor and capital by 10 percent, its average total cost rises. Diseconomies of scale are present.

The main source of diseconomies of scale is the difficulty of managing a very large enterprise. The larger the firm, the greater is the challenge of organizing it and the **greater** is the cost of communicating both up and down the management **hierarch**y and among managers. Eventually, management complexity brings rising average cost.

Diseconomies of scale occur in all production processes but perhaps only at a very large output rate.

Constant returns to scale are features of a firm's technology that lead to constant long-run average cost as output increases. When constant returns to scale are present, the *LRAC* curve is horizontal.

Constant returns to scale occur if the percentage increase in output equals the percentage increase in inputs. For example, if output increases by exactly 10 percent when a firm increases its labor and capital by 10 percent, then constant returns to scale are present.

For example, Ford Motors can double its production of ZX2s by doubling its production facility for those cars. It can build an identical production line and hire an identical number of workers. With the two identical production lines, Ford produces exactly twice as many cars.

Minimum Efficient Scale   A firm experiences economies of scale up to some output level. Beyond that level, it moves into constant returns to scale or diseconomies of scale. A firm's **minimum efficient scale** is the smallest quantity of output at which long-run average cost reaches its lowest level.

The minimum efficient scale plays a role in determining market structure, as you will learn in the next three readings. The minimum efficient scale also helps to answer some questions about real businesses.

Economies of Scale at Cindy's Sweaters   The production technology that Cindy's Sweaters uses, shown in Table 3, illustrates economies of scale and diseconomies of scale. If Cindy's Sweaters increases its inputs from 1 machine and 1 worker to 2 of each, a 100 percent increase in all inputs, output increases by more than 100 percent from 4 sweaters to 15 sweaters a day. Cindy's Sweaters experiences economies of scale, and its long-run average cost decreases. But if Cindy's Sweaters increases its inputs to 3 machines and 3 workers, a 50 percent increase, output increases by less than 50 percent, from 15 sweaters to 22 sweaters a day. Now Cindy's Sweaters experiences diseconomies of scale, and its long-run average cost increases. Its minimum efficient scale is at 15 sweaters a day.

Producing Cars and Generating Electric Power   Why do automakers have expensive equipment lying around that isn't fully used? You can now answer this question. An automaker uses the plant that minimizes the average total cost of producing the output that it can sell. But it operates below the minimum efficient scale. Its short-run average total cost curve looks like ATC_1. If it could sell more cars, it would produce more cars and its average total cost would fall.

Produce @ Min Cost?

Why do many electric utilities have too little production equipment to meet demand on the coldest and hottest days and so have to buy power from other producers? You can now see why this happens and why an electric utility doesn't build more generating capacity. A power producer uses the plant size that minimizes the average total cost of producing the output that it can sell on a normal day. But it produces above the minimum efficient scale and experiences diseconomies of scale. Its short-run average total cost curve looks like ATC_3. With a larger plant size, its average total costs of producing its normal output would be higher.

Reading between the Lines on pp. 140–141 applies what you've learned about a firm's short-run and long-run cost curves. It looks at the cost curves of a bank and compares the cost of using human tellers with the cost of operating ATMs.

READING BETWEEN THE LINES

ATMs versus Human Tellers

THE PROVIDENCE JOURNAL-BULLETIN, MARCH 17, 2001

This Window Closed—Fleet Touts Replacement ATMs as Always

At more and more FleetBoston bank branches, the drive-through teller's greeting "Have a nice day," has been replaced with the ATM keypad's boop-beep-boop.

The Boston-based bank is eliminating all drive-up windows at its Rhode Island branches as part of a company-wide initiative to replace the service with car-side ATMs. ...

"It makes more sense because of the automation and it's easier," said Matt Snowling, a banking analyst with Friedman, Billings, Ramsey. "It's open 24 hours and there's no staffing costs." ...

FleetBoston ... is spending about $100,000 per ATM site for equipment purchase and installation. That does not include maintenance and operations costs after the first year.

But industry experts say the machines save banks money in the long term because they cost less to operate than drive-throughs. A teller transaction costs from $1 to $2 to conduct, while an ATM transaction costs 15 cents to 50 cents, ...

Essence of the Story

► FleetBoston bank branches are replacing teller-operated drive-through windows with ATMs.

► Each ATM site costs about $100,000 for equipment and installation.

► Machines save banks money in the long term because they cost less to operate than drive-through windows.

► A teller transaction costs from $1 to $2, while an ATM transaction costs 15 cents to 50 cents.

Economic Analysis

► Banks must choose between two main technologies in deciding how to conduct transactions: human tellers or ATMs.

► ATM transactions use more capital and less labor than do teller transactions. The cost of the capital is a fixed cost, and the cost of the labor is a variable cost.

► The average fixed cost of an ATM transaction exceeds the average fixed cost of a teller transaction.

► The average variable cost of a teller transaction exceeds the average variable cost of an ATM transaction.

▶ Average total cost (*ATC*) is the sum of average fixed cost and average variable cost. The figure shows the *ATC* curves for the two technologies.

▶ ATC_T is the average total cost curve for a teller transaction, and ATC_A is the average total cost curve for an ATM transaction.

▶ Small banks that make fewer than *Q* transactions a month minimize cost by using tellers.

▶ Larger banks (like FleetBoston) that make more than *Q* transactions a month minimize cost by using ATMs.

▶ Figure 9 shows the long-run average cost curve, *LRAC*, for bank transactions.

FIGURE 9   The Long-Run Average Cost of a Bank Transaction

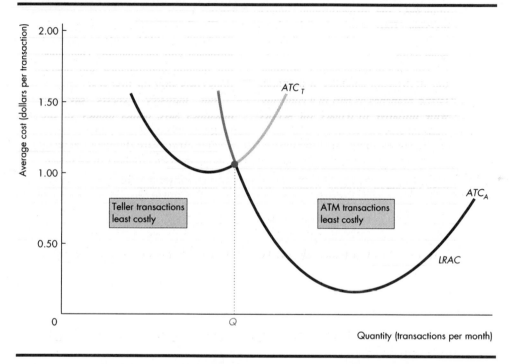

SUMMARY

▶ In the short run, the quantity of one resource is fixed and the quantities of the other resources can be varied.

▶ In the long run, the quantities of all resources can be varied.

▶ A total product curve shows the quantity a firm can produce with a given quantity of capital and different quantities of labor.

▶ Initially, the marginal product of labor increases as the quantity of labor increases, but eventually, marginal product diminishes—the law of diminishing returns.

▶ Average product increases initially and eventually diminishes.

▶ As output increases, total fixed cost is constant, and total variable cost and total cost increase.

▶ As output increases, average fixed cost decreases and average variable cost, average total cost, and marginal cost decrease at low outputs and increase at high outputs. These costs are U-shaped.

▶ Long-run cost is the cost of production when all inputs—labor and capital—have been adjusted to their economically efficient levels.

▶ There is a set of short-run cost curves for each different plant size. There is one least-cost plant size for each output. The larger the output, the larger is the plant size that will minimize average total cost.

▶ The long-run average cost curve traces out the lowest attainable average total cost at each output when both capital and labor inputs can be varied.

▶ With economies of scale, the long-run average cost curve slopes downward. With diseconomies of scale, the long-run average cost curve slopes upward.

With constant returns of scale, the LRAC curve is horizontal.

PRACTICE PROBLEMS FOR READING 17

1. Which of the following is generally not considered a long-run resource?

 A. Labor.

 B. Buildings.

 C. Equipment.

 D. Technology.

2. Using the following information, determine which of the answers most accurately describes the marginal and average production at Bronze Star Manufacturing when labor increases from 7 to 8 workers per day.

Labor (workers/day)	Total Production (bronze stars/day)
5	100
6	120
7	135
8	148

[handwritten: MP   AP   +13   148/8 = 18.5]

	Marginal Production	Average Production
A.	13 stars	18.5 stars
B.	13 stars	21.1 stars
C.	48 stars	18.5 stars
D.	48 stars	21.1 stars

3. If adding one additional unit of labor results in a positive but declining marginal product of labor, then total product *most likely* is

 A. constant.

 B. decreasing.

 C. increasing at a decreasing rate.

 D. increasing at an increasing rate.

4. If marginal cost per unit is greater than average total cost per unit, increasing output will *most likely* cause

 A. marginal cost to decrease.

 B. average total cost to decrease.

 C. average fixed cost to increase.

 D. average variable cost to increase.

5. In the long run, if increasing output causes total production costs to increase at a decreasing rate, then the firm *most likely* is experiencing

 A. lower fixed costs.

 B. economies of scale.

 C. diseconomies of scale.

 D. constant returns to scale.

$4\frac{5}{8}$ + ...

$5\frac{1}{2}$ $5\frac{1}{2}$ − $\frac{5}{8}$

$5\frac{1}{2}$ $21\frac{3}{16}$ − $\frac{1}{16}$

$20\frac{5}{8}$ $21\frac{3}{16}$ − $\frac{1}{16}$

$17\frac{3}{8}$ $18\frac{1}{8}$ + $\frac{7}{8}$

$18\frac{1}{2}$ $17\frac{3}{8}$ $18\frac{1}{8}$ +

$6\frac{1}{2}$ $6\frac{1}{2}$ − $\frac{1}{2}$

$7\frac{1}{4}$ $6\frac{1}{2}$ $31\frac{1}{32}$ −

$15\frac{5}{16}$ $31\frac{1}{32}$ − $\frac{1}{8}$

$15\frac{5}{16}$ $\frac{9}{16}$

$\frac{9}{16}$ $\frac{9}{16}$

$\frac{15}{32}$ $\frac{9}{16}$

$7\frac{15}{16}$ $7\frac{15}{16}$

$7\frac{5}{16}$ $7\frac{13}{16}$ $7\frac{15}{16}$

$2\frac{5}{8}$ $2\frac{11}{32}$ $2\frac{1}{2}$ +

$2\frac{3}{4}$ $2\frac{1}{4}$ $2\frac{1}{4}$

$11\frac{3}{8}$ $11\frac{3}{4}$ +

$6\frac{1}{8}$ $12\frac{1}{16}$ $11\frac{3}{8}$ $11\frac{3}{4}$ +

87 $33\frac{3}{4}$ 33 $33\frac{1}{16}$ −

602 $25\frac{5}{8}$ $24\frac{9}{16}$ $25\frac{3}{8}$ +

833 12 $11\frac{5}{8}$ $11\frac{7}{8}$ +

16 $10\frac{1}{2}$ $10\frac{1}{2}$ $10\frac{1}{8}$ −

78 $15\frac{7}{8}$ $15\frac{13}{16}$ $15\frac{7}{8}$ −

508 $9\frac{1}{16}$ $8\frac{1}{4}$ $8\frac{7}{8}$ +

430 $11\frac{1}{4}$ $10\frac{5}{8}$

5 $4\frac{7}{8}$ $4\frac{7}{8}$

STUDY SESSION 5
ECONOMICS:
Market Structure and Macroeconomic Analysis

This study session first compares and contrasts the different market structures in which firms operate. The market environment influences the price a firm can demand for its goods or services. Among the most important of these market forms are monopoly and perfect competition, although monopolistic competition and oligopoly are also covered.

The study session then introduces the macroeconomic concepts that have an impact on all firms in the same environment, be it a country, a group of related countries, or a particular industry. The readings explain the business cycle, and how to forecast changes in the business cycle and the impact on, among other things, price levels and profitability. The study session concludes by describing how an economy's aggregate supply and aggregate demand are determined.

READING ASSIGNMENTS

Reading 18 Perfect Competition
Reading 19 Monopoly
Reading 20 Monopolistic Competition and Oligopoly
Reading 21 Demand and Supply in Factor Markets
Reading 22 Monitoring Cycles, Jobs, and the Price Level
Reading 23 Aggregate Supply and Aggregate Demand

LEARNING OUTCOMES

Reading 18: Perfect Competition
The candidate should be able to:

a. describe the characteristics of perfect competition, explain why firms in a perfectly competitive market are price takers, and differentiate between market and firm demand curves;

b. determine the profit maximizing (loss minimizing) output for a perfectly competitive firm, and explain marginal cost, marginal revenue, and economic profit and loss;

145

c. describe a perfectly competitive firm's short-run supply curve and explain the impact of changes in demand, entry and exit of firms, and changes in plant size on the long-run equilibrium;

d. discuss how a permanent change in demand or changes in technology affect price, output, and economic profit.

Reading 19: Monopoly

The candidate should be able to:

a. describe the characteristics of a monopoly, including factors that allow a monopoly to arise, and monopoly price-setting strategies;

b. explain the relation between price, marginal revenue, and elasticity for a monopoly, and determine a monopoly's profit-maximizing price and quantity;

c. explain price discrimination, and why perfect price discrimination is efficient;

d. explain how consumer and producer surplus are redistributed in a monopoly, including the occurrence of deadweight loss and rent seeking;

e. explain the potential gains from monopoly and the regulation of a natural monopoly.

Reading 20: Monopolistic Competition and Oligopoly

The candidate should be able to:

a. describe the characteristics of monopolistic competition and oligopoly;

b. determine the profit-maximizing (loss-minimizing) output under monopolistic competition and oligopoly, explain why long-run economic profit under monopolistic competition is zero, and determine if monopolistic competition is efficient;

c. explain the importance of innovation, product development, advertising, and branding under monopolistic competition;

d. explain the kinked demand curve model and the dominant firm model, and describe oligopoly games including the Prisoners' Dilemma.

Reading 21: Demand and Supply in Factor Markets

The candidate should be able to:

a. explain why demand for the factors of production is called derived demand, differentiate between marginal revenue and marginal revenue product (MRP), and describe how the MRP determines the demand for labor and the wage rate;

b. describe the factors that cause changes in the demand for labor and the factors that determine the elasticity of the demand for labor;

c. describe the factors determining the supply of labor, including the substitution and income effects, and discuss the factors related to changes in the supply of labor, including capital accumulation;

d. differentiate between physical capital and financial capital, and explain the relation between the demand for physical capital and the demand for financial capital;

e. discuss the role of the present value technique in determining the demand for capital;

f. explain the factors that influence the supply of capital;

g. differentiate between renewable and non-renewable natural resources and describe the supply curve for each;

h. differentiate between economic rent and opportunity costs.

Reading 22: Monitoring Cycles, Jobs, and the Price Level

The candidate should be able to:

a. describe the phases of the business cycle, define an unemployed person, and interpret the main labor market indicators and their relation to the business cycle;

b. define aggregate hours and real wage rates, and explain their relation to gross domestic product (GDP);

c. explain the types of unemployment, full employment, the natural rate of unemployment, and the relation between unemployment and real GDP;

d. explain and calculate the consumer price index (CPI), describe the relation between the CPI and the inflation rate, and explain the main sources of CPI bias.

Reading 23: Aggregate Supply and Aggregate Demand

The candidate should be able to:

a. explain the factors that influence real GDP and long-run and short-run aggregate supply, explain movement along the long-run and short-run aggregate supply curves (LAS and SAS), and discuss the reasons for changes in potential GDP and aggregate supply;

b. explain the components of and the factors that affect real GDP demanded, describe the aggregate demand curve and why it slopes downward, and explain the factors that can change aggregate demand;

c. differentiate between short-run and long-run macroeconomic equilibrium, and explain how economic growth, inflation, and changes in aggregate demand and supply influence the macroeconomic equilibrium and the business cycle;

d. compare and contrast the Keynesian, classical, and monetarist schools of macroeconomics.

$4\frac{5}{8}$

$5\frac{1}{2} - \frac{5}{8}$

$5\frac{1}{2}$ $21\frac{3}{16} - 1\frac{1}{16}$

$20\frac{5}{8}$ $18\frac{1}{8} + \frac{7}{8}$

$17\frac{3}{8}$ $18\frac{1}{8} +$

$18\frac{1}{2}$ $6\frac{1}{2} - \frac{1}{2}$

$7\frac{1}{4}$ $6\frac{1}{2}$ $31\frac{1}{32} - \frac{1}{8}$

$15\frac{1}{16}$ $9\frac{9}{16}$

$9\frac{9}{16}$

$\frac{9}{32}$ $7\frac{15}{16}$

$7\frac{15}{16}$ $7\frac{13}{16}$ $7\frac{15}{16}$

$2\frac{5}{8}$ $2\frac{11}{32}$ $2\frac{1}{2} +$

$2\frac{3}{4}$ $2\frac{1}{4}$ $2\frac{1}{4}$

$12\frac{1}{16}$ $11\frac{3}{8}$ $11\frac{3}{8} +$

87   $33\frac{3}{4}$ 33 $33\frac{1}{4} -$

502   $25\frac{5}{8}$ $24\frac{9}{16}$ $25\frac{3}{4} +$

833   12 $11\frac{5}{8}$ $11\frac{3}{4} +$

16   $10\frac{1}{2}$ $10\frac{1}{2}$ $10\frac{1}{2} -$

78   $15\frac{7}{8}$ $15\frac{13}{16}$ $15\frac{7}{8} -$

508   $9\frac{1}{16}$ $8\frac{1}{4}$ $8\frac{1}{2} +$

430   $11\frac{1}{4}$ $10\frac{1}{8}$

5   $4\frac{1}{8}$ $4\frac{3}{8}$

PERFECT COMPETITION
by Michael Parkin

LEARNING OUTCOMES

The candidate should be able to:

a. describe the characteristics of perfect competition, explain why firms in a perfectly competitive market are price takers, and differentiate between market and firm demand curves;

b. determine the profit maximizing (loss minimizing) output for a perfectly competitive firm, and explain marginal cost, marginal revenue, and economic profit and loss;

c. describe a perfectly competitive firm's short-run supply curve and explain the impact of changes in demand, entry and exit of firms, and changes in plant size on the long-run equilibrium;

d. discuss how a permanent change in demand or changes in technology affect price, output, and economic profit.

SAY CHEESE! 1

Dairy farming is a tough competitive business. Several thousand farms that stretch across the United States from Vermont to California are incurring losses, and many are leaving the industry. But some are switching from selling milk to producing cheese. American farms produce almost 9 billion pounds of cheese a year, and the quantity is increasing. But cheese is also a competitive business. How does competition affect prices and profits? What causes some firms to enter an industry and others to leave it? What are the effects on profits and prices of new firms entering and old firms leaving an industry?

Economics, Seventh Edition, by Michael Parkin. Copyright © 2005 by Pearson Education. Reprinted with permission of Pearson Education, publishing as Pearson Addison Wesley.

In October 2003, more than 4 million people were unemployed because they had been laid off by the firms that previously employed them. Why do firms lay off workers? Why do firms temporarily shut down?

Over the past few years, there has been a dramatic fall in the prices of personal computers. For example, a slow computer cost almost $4,000 a few years ago, and a fast one costs only $1,000 today. What goes on in an industry when the price of its output falls sharply? What happens to the profits of the firms producing such goods? Cheese, computers, and most other goods are produced by more than one firm, and these firms compete with each other for sales.

To study competitive markets, we are going to build a model of a market in which competition is as fierce and extreme as possible—more extreme than in the examples we've just considered. We call this situation "perfect competition."

[handwritten: Focus is on the 'firm', not consumer.: S or MC (Not D)]

2   WHAT IS PERFECT COMPETITION?

The firms that you study in this reading face the force of raw competition. We call this extreme form of competition perfect competition. Perfect competition is an industry in which

  ► Many firms sell identical products to many buyers.
  ► There are no restrictions on entry into the industry.
  ► Established firms have no advantage over new ones.
  ► Sellers and buyers are well informed about prices.

Farming, fishing, wood pulping and paper milling, the manufacture of paper cups and plastic shopping bags, grocery retailing, photo finishing, lawn service, plumbing, painting, dry cleaning, and the provision of laundry services are all examples of highly competitive industries.

How Perfect Competition Arises

[handwritten note in left margin: ① min efficient scale of a single producer is small relative to the demand for a good or service]

Perfect competition arises if the minimum efficient scale of a single producer is small relative to the demand for the good or service. A firm's *minimum efficient scale* is the smallest quantity of output at which long-run average cost reaches its lowest level. (See Reading 17.) Where the minimum efficient scale of a firm is small relative to demand, there is room for many firms in an industry.

[handwritten note in left margin: ② each firm is perceived to produce a good or service if has no unique characteristics so consumers don't care where they buy from.]

Second, perfect competition arises if each firm is perceived to produce a good or service that has no unique characteristics so that consumers don't care which firm they buy from.

Price Takers

Firms in perfect competition are price takers. A price taker is a firm that cannot influence the market price and that sets its own price at the market price.

The key reason why a perfectly competitive firm is a price taker is that it produces a tiny proportion of the total output of a particular good and buyers are well informed about the prices of other firms.

Imagine that you are a wheat farmer in Kansas. You have a thousand acres under cultivation—which sounds like a lot. But compared to the millions of acres in Colorado, Oklahoma, Texas, Nebraska, and the Dakotas, as well as the millions more in Canada, Argentina, Australia, and Ukraine, your thousand acres is a drop in the ocean. Nothing makes your wheat any better than any other farmer's, and all the buyers of wheat know the price at which they can do business.

If the market price of wheat is $4 a bushel and you ask for $4.10, no one will buy from you. People can go to the next farmer and the next and the one after that and buy all they need for $4 a bushel. If you set your price at $3.90, you'll have lots of buyers. But you can sell all your output for $4 a bushel, so you're just giving away 10¢ a bushel. You can do no better than sell for the market price—you are a *price taker*.

Economic Profit and Revenue

A firm's goal is to maximize *economic profit*, which is equal to total revenue minus total cost. Total cost is the *opportunity cost* of production, which includes *normal profit*, the return that the entrepreneur can expect to receive on the average in an alternative business. (See Reading 16.)

A firm's **total revenue** equals the price of its output multiplied by the number of units of output sold (price × quantity). **Marginal revenue** is the change in total revenue that results from a one-unit increase in the quantity sold. Marginal revenue is calculated by dividing the change in total revenue by the change in the quantity sold.

*[handwritten note: * Total Revenue = output price × # of units sold ie: P × Q]*

*[handwritten note: * Marginal revenue = △ Total Revenue / △ Q sold]*

Figure 1 illustrates these revenue concepts. In part (a), the market demand curve, *D*, and supply curve, *S*, determine the market price. The market price remains at $25 a sweater regardless of the quantity of sweaters that Cindy's produces, and the best the firm can do is to sell its sweaters at this price.

Total Revenue   Total revenue is equal to the price multiplied by the quantity sold. In the table in Fig. 1, if Cindy's sells 9 sweaters, the firm's total revenue is 9 × $25 = $225.

Figure 1(b) shows the firm's total revenue curve (*TR*), which graphs the relationship between total revenue and the quantity sold. At point *A* on the *TR* curve, Cindy's sells 9 sweaters and has a total revenue of $225. Because each additional sweater sold brings in a constant amount—$25—the total revenue curve is an upward-sloping straight line.

Marginal Revenue   Marginal revenue is the change in total revenue that results from a one-unit increase in quantity. In the table in Fig. 1, when the quantity sold increases from 8 to 9 sweaters, total revenue increases from $200 to $225. Marginal revenue is $25 a sweater. Because the price remains constant when the quantity sold changes, the change in total revenue that results from a one-unit increase in the quantity sold equals price—in perfect competition, marginal revenue equals price.

[handwritten note: In Perfect competition, marginal revenue = price ∴ MR is Constant]

Figure 1(c) shows Cindy's marginal revenue curve (*MR*) which is a horizontal line at the going market price.

The firm can sell any quantity it chooses at the market price. So the demand curve for the firm's product is a horizontal line at the market price, the same the firm's marginal revenue curve.

FIGURE 1   Demand, Price, and Revenue in Perfect Competition

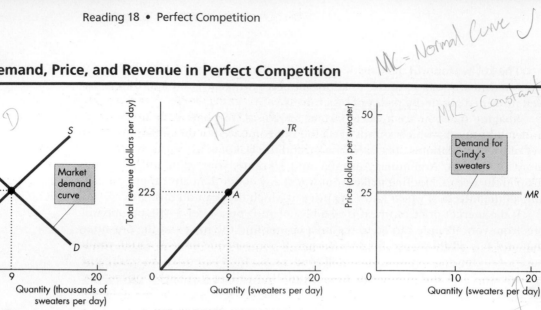

(handwritten: MK = Normal Curve ✓ / MR = Constant = P)

(a) Sweater market   **(b) Cindy's total revenue**   **(c) Cindy's marginal revenue**

Quantity sold (Q) (sweaters per day)	Price (P) (dollars per sweater)	Total revenue (TR = P × Q) (dollars)	Marginal revenue (MR = ΔTR/ΔQ) (dollars per additional sweater)
8	25	200	
			25
9	25	225	
			25
10	25	250	

(handwritten: equal & constant : MR = P)

In part (a), market demand and supply determine the market price (and quantity). Part (b) shows Cindy's total revenue curve (*TR*). Point *A* corresponds to the second row of the table—Cindy's sells 9 sweaters at $25 a sweater, so total revenue is $225. Part (c) shows Cindy's marginal revenue curve (*MR*). This curve is also the demand curve for Cindy's sweaters. Cindy's Sweaters faces a perfectly elastic demand for its sweaters at the market price of $25 a sweater.

(handwritten margin note: very price sensitive, quantity demanded will Δ & price goes above mkt price of $25.)

Demand for Firm's Product and Market Demand   A horizontal demand curve is perfectly elastic. So the firm faces a perfectly elastic demand for its output. One of Cindy's sweaters is a *perfect substitute* for sweaters from the factory next door or from any other factory. Notice, though, that the *market* demand for sweaters (in Fig. 1a) is not perfectly elastic. The market demand curve is downward-sloping, and its elasticity depends on the substitutability of sweaters for other goods and services.

3

THE FIRM'S DECISIONS IN PERFECT COMPETITION

Firms in a perfectly competitive industry face a given market price and have the revenue curves that you've studied. These revenue curves summarize the market constraint faced by a perfectly competitive firm.

Firms also face a technology constraint, which is described by the product curves (total product, average product, and marginal product) that you studied in Reading 17. The technology available to the firm determines its costs, which are described by the cost curves (total cost, average cost, and marginal cost) that you also studied in Reading 17.

The goal of the competitive firm is to make the maximum economic profit possible, given the constraints it faces. To achieve this objective, a firm must make four key decisions: two in the short run and two in the long run.

Short-Run Decisions   The short run is a time frame in which each firm has a given plant and the number of firms in the industry is fixed. But many things can change in the short run, and the firm must react to these changes. For example, the price for which the firm can sell its output might have a seasonal fluctuation, or it might fluctuate with general business conditions. The firm must react to such short-run price fluctuations and decide

1. Whether to produce or to shut down

2. If the decision is to produce, what quantity to produce

Long-Run Decisions   The long run is a time frame in which each firm can change the size of its plant and decide whether to leave the industry. Other firms can decide whether to enter the industry. So in the long run, both the plant size of each firm and the number of firms in the industry can change. Also in the long run, the constraints that firms face can change. For example, the demand for the good can permanently fall, or a technological advance can change the industry's costs. The firm must react to such long-run changes and decide

1. Whether to increase or decrease its plant size

2. Whether to stay in an industry or leave it

Econ π = TR - TC (incl Norm π)

The Firm and the Industry in the Short Run and the Long Run   To study a competitive industry, we begin by looking at an individual firm's short-run decisions. We then see how the short-run decisions of all firms in a competitive industry combine to determine the industry price, output, and economic profit. We then turn to the long run and study the effects of long-run decisions on the industry price, output, and economic profit. All the decisions we study are driven by the pursuit of a single objective: maximization of economic profit.

Total Revenue - Total Cost

Profit-Maximizing Output

A perfectly competitive firm maximizes economic profit by choosing its output level. One way of finding the profit-maximizing output is to study a firm's total revenue and total cost curves and find the output level at which total revenue exceeds total cost by the largest amount. Figure 2 shows how to do this for Cindy's Sweaters. The table lists Cindy's total revenue and total cost at different outputs, and part (a) of the figure shows Cindy's total revenue and total cost curves. These curves are graphs of the numbers shown in the first three columns of the table. The total revenue curve (*TR*) is the same as that in Fig. 1(b). The total cost curve (*TC*) is similar to the one that you met in Reading 17: As output increases, so does total cost.

Total Cost: includes opp. costs
- econ. depreciation
- normal profit
- wages foregone
- implicit costs
- explicit costs

Economic profit equals total revenue minus total cost. The fourth column of the table in Fig. 2 shows Cindy's economic profit, and part (b) of the figure illustrates these numbers as Cindy's profit curve. This curve shows that Cindy makes an economic profit at outputs between 4 and 12 sweaters a day. At outputs less than 4 sweaters a day, Cindy incurs an economic loss. She also incurs an economic loss if output exceeds 12 sweaters a day. At outputs of 4 sweaters and 12 sweaters a day, total cost equals total revenue and Cindy's economic profit is zero. An output at which total cost equals total revenue is called a *break-even point*. The firm's economic profit is zero, but because normal profit is part of total cost, a firm makes normal profit at a break-even point. That is, at the break-even point, the entrepreneur makes an income equal to the best alternative return forgone.

$\times$ @ b/E include Normal π

$\times$ Breakeven point
- econ. profit = 0
(but becos normal profit is part of total cost, a firm makes normal profit at a break-even point)

FIGURE 2   Total Revenue, Total Cost, and Economic Profit

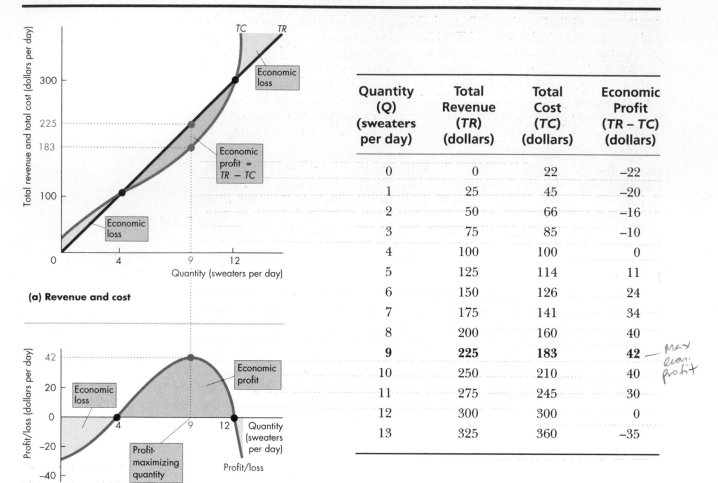

(a) Revenue and cost

(b) Economic profit and loss

Quantity (Q) (sweaters per day)	Total Revenue (TR) (dollars)	Total Cost (TC) (dollars)	Economic Profit (TR − TC) (dollars)
0	0	22	−22
1	25	45	−20
2	50	66	−16
3	75	85	−10
4	100	100	0
5	125	114	11
6	150	126	24
7	175	141	34
8	200	160	40
9	**225**	**183**	**42** — Max econ. profit
10	250	210	40
11	275	245	30
12	300	300	0
13	325	360	−35

The table lists Cindy's total revenue, total cost, and economic profit. Part (a) graphs the total revenue and total cost curves. Economic profit, in part (a), is the height of the blue area between the total cost and total revenue curves. Cindy's makes maximum economic profit, $42 a day ($225 − $183), when it produces 9 sweaters—the output at which the vertical distance between the total revenue and total cost curves is at its largest. At outputs of 4 sweaters a day and 12 sweaters a day, Cindy makes zero economic profit—these are break-even points. At outputs less than 4 and greater than 12 sweaters a day, Cindy incurs an economic loss. Part (b) of the figure shows Cindy's profit curve. The profit curve is at its highest when economic profit is at a maximum and cuts the horizontal axis at the break-even points.

Notice the relationship between the total revenue, total cost, and profit curves. Economic profit is measured by the vertical distance between the total revenue and total cost curves. When the total revenue curve in Fig. 2(a) is above the total cost curve, between 4 and 12 sweaters, the firm is making an economic profit and the profit curve in Fig. 2(b) is above the horizontal axis. At the break-even point, where the total cost and total revenue curves intersect, the profit curve intersects the horizontal axis. The profit curve is at its highest when the distance between *TR* and *TC* is greatest. In this example, profit maximization occurs at an output of 9 sweaters a day. At this output, Cindy's economic profit is $42 a day.

Note: mkt price is determined by mkt supply & mkt demand.

becos mkt price is constant

b/c Perf Comp

due to economies of scale/diseconomies of scale

Marginal Analysis

Another way of finding the profit-maximizing output is to use *marginal analysis* and compare marginal revenue, *MR*, with marginal cost, *MC*. As output increases, marginal revenue remains constant but marginal cost changes. At low output levels, marginal cost decreases, but it eventually increases. So where the marginal cost curve intersects the marginal revenue curve, marginal cost is rising.

becos of economies of scale

becos e law of diminishg returns kicks in

If marginal revenue exceeds marginal cost (if *MR* > *MC*), then the extra revenue from selling one more unit exceeds the extra cost incurred to produce it. The firm makes an economic profit on the marginal unit, so its economic profit increases if output *increases*.

If marginal revenue is less than marginal cost (if *MR* < *MC*), then the extra revenue from selling one more unit is less than the extra cost incurred to produce it. The firm incurs an economic loss on the marginal unit, so its economic profit decreases if output increases and its economic profit increases if output *decreases*.

If marginal revenue equals marginal cost (if *MR* = *MC*), economic profit is maximized. The rule *MR* = *MC* is an example of marginal analysis. Let's check that this rule works to find the profit-maximizing output by returning to Cindy's Sweaters.

*Econ. profit is maximised f MR = MC

Look at Fig. 3. The table records Cindy's marginal revenue and marginal cost. Marginal revenue is a constant $25 a sweater. Over the range of outputs shown in the table, marginal cost increases from $19 a sweater to $35 a sweater.

Focus on the highlighted rows of the table. If Cindy increases output from 8 sweaters to 9 sweaters, marginal revenue is $25 and marginal cost is $23. Because marginal revenue exceeds marginal cost, economic profit increases. The last column of the table shows that economic profit increases from $40 to $42, an increase of $2. This economic profit from the ninth sweater is shown in the bottom area of the figure.

FIGURE 3   Profit-Maximizing Output

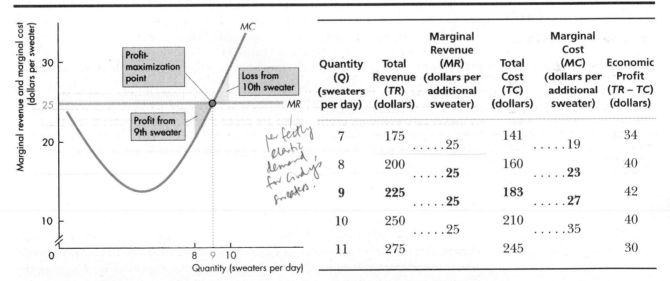

perfectly elastic demand for Cindy's sweaters

Quantity (Q) (sweaters per day)	Total Revenue (TR) (dollars)	Marginal Revenue (MR) (dollars per additional sweater)	Total Cost (TC) (dollars)	Marginal Cost (MC) (dollars per additional sweater)	Economic Profit (TR − TC) (dollars)
7	175		141		34
		25		19	
8	200		160		40
		25		23	
9	225		183		42
		25		27	
10	250		210		40
		25		35	
11	275		245		30

Another way of finding the profit-maximizing output is to determine the output at which marginal revenue equals marginal cost. The table shows that if output increases from 8 to 9 sweaters, marginal cost is $23, which is less than the marginal revenue of $25. If output increases from 9 to 10 sweaters, marginal cost is $27, which exceeds the marginal revenue of $25. The figure shows that marginal cost and marginal revenue are equal when Cindy produces 9 sweaters a day. If marginal revenue exceeds marginal cost, an increase in output increases economic profit. If marginal revenue is less than marginal cost, an increase in output decreases economic profit. If marginal revenue equals marginal cost, economic profit is maximized.

If Cindy increases output from 9 sweaters to 10 sweaters, marginal revenue is still $25 but marginal cost is $27. Because marginal revenue is less than marginal cost, economic profit decreases. The last column of the table shows that economic profit decreases from $42 to $40. This loss from the tenth sweater is shown in the top area of the figure.

Cindy maximizes economic profit by producing 9 sweaters a day, the quantity at which marginal revenue equals marginal cost.

Profits and Losses in the Short Run

In short-run equilibrium, although the firm produces the profit-maximizing output, it does not necessarily end up making an economic profit. It might do so, but it might alternatively break even (earn a normal profit) or incur an economic loss. Economic profit (or loss) per sweater is price, P, minus average total cost, ATC. So economic profit (or loss) is $(P - ATC) \times Q$. If price equals average total cost, a firm breaks even—makes normal profit. If price exceeds average total cost, a firm makes an economic profit. If price is less than average total cost, a firm incurs an economic loss. Figure 4 shows these three possible short-run profit outcomes.

Three Possible Profit Outcomes   In Fig. 4(a), the price of a sweater is $20. Cindy produces 8 sweaters a day. Average total cost is $20 a sweater. Price equals average total cost (ATC), so Cindy breaks even and makes normal profit (zero economic profit).

In Fig. 4(b), the price of a sweater is $25. Profit is maximized when output is 9 sweaters a day. Here, price exceeds average total cost, so Cindy makes an economic profit. This economic profit is $42 a day. It is made up of $4.67 per sweater ($25.00 − $20.33) multiplied by the number of sweaters ($4.67 × 9 = $42). The rectangle in Fig. 4(b) shows this economic profit. The height of that rectangle is profit per sweater, $4.67, and the length is the quantity of sweaters produced, 9 a day, so the area of the rectangle is Cindy's economic profit of $42 a day.

In Fig. 4(c), the price of a sweater is $17. Here, price is less than average total cost and Cindy incurs an economic loss. Price and marginal revenue are $17 a sweater, and the profit-maximizing (in this case, loss-minimizing) output is 7 sweaters a day. Cindy's total revenue is $119 a day (7 × $17). Average total cost is $20.14 a sweater, so the economic loss is $3.14 per sweater ($20.14 − $17.00). This loss per sweater multiplied by the number of sweaters is $22 ($3.14 × 7 = $22). The rectangle in Fig. 4(c) shows this economic loss. The height of that rectangle is economic loss per sweater, $3.14, and the length is the quantity of sweaters produced, 7 a day, so the area of the rectangle is Cindy's economic loss of $22 a day.

The Firm's Short-Run Supply Curve

A perfectly competitive firm's short-run supply curve shows how the firm's profit-maximizing output varies as the market price varies, other things remaining the same. Figure 5 shows how to derive Cindy's supply curve. Part (a) shows Cindy's marginal cost and average variable cost curves, and part (b) shows its supply curve. There is a direct link between the marginal cost and average variable cost curves and the supply curve. Let's see what that link is.

Temporary Plant Shutdown   In the short run, a firm cannot avoid incurring its fixed cost. But the firm can avoid variable costs by temporarily laying off its

Notes (handwritten, left and top margins):

Rules
(1) MR = Price b/c Perf Comp.
(2) Where MC = MR = Econ π max

makes a normal profit (zero Econ. profit)

#Breakeven: P = Min ATC
** Econ. Profit P > Min ATC*
** Econ Loss P < Min ATC*

FIGURE 4 Three Possible Profit Outcomes in the Short Run

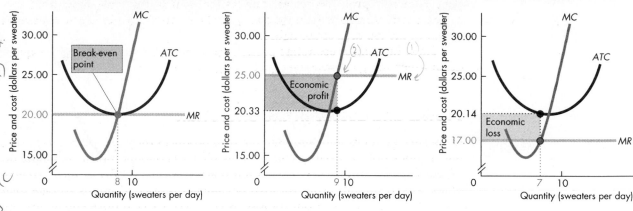

(a) Normal profit   **(b) Economic profit**   **(c) Economic loss**

In the short run, the firm might break even (making a normal profit), make an economic profit, or incur an economic loss. If the price equals minimum average total cost, the firm breaks even and makes a normal profit [part (a)]. If the price exceeds the average total cost of producing the profit-maximizing output, the firm makes an economic profit—the rectangle in part (b). If the price is below minimum average total cost, the firm incurs an economic loss—the rectangle in part (c).

workers and shutting down. If a firm shuts down, it produces no output and it incurs a loss equal to total fixed cost. This loss is the largest that a firm need incur. A firm shuts down if price falls below the minimum of average variable cost. The **shutdown point** is the output and price at which the firm just covers its total variable cost—point T in Fig. 5(a). If the price is $17, the marginal revenue curve is MR_0 and the profit-maximizing output is 7 sweaters a day at point T. But both price and average variable cost equal $17, so Cindy's total revenue equals total variable cost. Cindy incurs an economic loss equal to total fixed cost. At a price below $17, no matter what quantity Cindy produces, average *variable* cost exceeds price and the firm's loss exceeds total fixed cost. At a price below $17, the firm shuts down temporarily.

The Short-Run Supply Curve If the price is above minimum average variable cost, Cindy maximizes profit by producing the output at which marginal cost equals price. We can determine the quantity produced at each price from the marginal cost curve. At a price of $25, the marginal revenue curve is MR_1 and Cindy maximizes profit by producing 9 sweaters. At a price of $31, the marginal revenue curve is MR_2 and Cindy produces 10 sweaters.

Cindy's short-run supply curve, shown in Fig. 5(b), has two separate parts: First, at prices that exceed minimum average variable cost, the supply curve is the same as the marginal cost curve above the shutdown point (T). Second, at prices below minimum average variable cost, Cindy shuts down and produces nothing. The supply curve runs along the vertical axis. At a price of $17, Cindy is indifferent between shutting down and producing 7 sweaters a day. Either way, Cindy incurs a loss of $22 a day.

Short-Run Industry Supply Curve

The **short-run industry supply curve** shows the quantity supplied by the industry at each price when the plant size of each firm and the number of firms remain

FIGURE 5   A Firm's Supply Curve

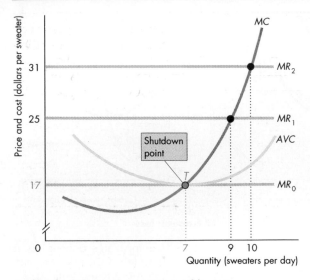

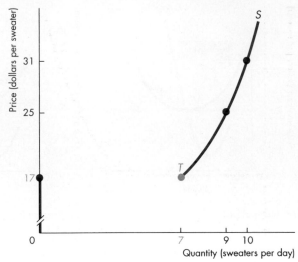

(a) Marginal cost and average variable cost   **(b) Cindy's short-run supply curve**

Part (a) shows Cindy's profit-maximizing output at various market prices. At $25 a sweater, Cindy produces 9 sweaters. At $17 a sweater, Cindy produces 7 sweaters. At any price below $17 a sweater, Cindy produces nothing. Cindy's shutdown point is *T*. Part (b) shows Cindy's supply curve—the number of sweaters Cindy will produce at each price. It is made up of the marginal cost curve [part (a)] at all points above minimum average variable cost and the vertical axis at all prices below minimum average variable cost.

constant. The quantity supplied by the industry at a given price is the sum of the quantities supplied by all firms in the industry at that price.

Figure 6 shows the supply curve for the competitive sweater industry. In this example, the industry consists of 1,000 firms exactly like Cindy's Sweaters. At each price, the quantity supplied by the industry is 1,000 times the quantity supplied by a single firm.

The table in Fig. 6 shows the firm's and the industry's supply schedule and how the industry supply curve is constructed. At prices below $17, every firm in the industry shuts down; the quantity supplied by the industry is zero. At a price of $17, each firm is indifferent between shutting down and producing nothing or operating and producing 7 sweaters a day. Some firms will shut down, and others will supply 7 sweaters a day. The quantity supplied by each firm is *either* 0 or 7 sweaters, but the quantity supplied by the industry is *between* 0 (all firms shut down) and 7,000 (all firms produce 7 sweaters a day each).

To construct the industry supply curve, we sum the quantities supplied by the individual firms. Each of the 1,000 firms in the industry has a supply schedule like Cindy's. At prices below $17, the industry supply curve runs along the price axis. At a price of $17, the industry supply curve is horizontal—supply is perfectly elastic. As the price rises above $17, each firm increases its quantity supplied and the quantity supplied by the industry increases by 1,000 times that of each firm.

So far, we have studied a single firm in isolation. We have seen that the firm's profit-maximizing actions depend on the market price, which the firm takes as given. But how is the market price determined? Let's find out.

INDUSTRY

FIGURE 6 Industry Supply Curve

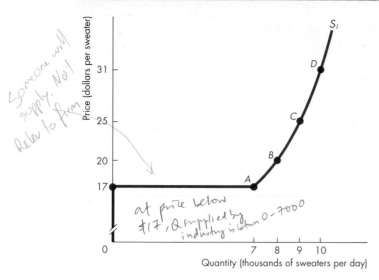

Someone will supply. Not supply. Refer to firm

at price below $17, Q supplied by industry is between 0 - 7000

	Price (dollars per sweater)	Quantity supplied by Cindy's Sweaters (sweaters per day)	Quantity supplied by industry (sweaters per day)
A	17	0 or 7	0 to 7,000
B	20	8	8,000
C	25	9	9,000
D	31	10	10,000

The industry supply schedule is the sum of the supply schedules of all individual firms. An industry that consists of 1,000 identical firms has a supply schedule similar to that of the individual firm, but the quantity supplied by the industry is 1,000 times as large as that of the individual firm (see the table). The industry supply curve is S_I. Points A, B, C, and D correspond to the rows of the table. At the shutdown price of $17, each firm produces either 0 or 7 sweaters per day. The industry supply is perfectly elastic at the shutdown price.

suppliers are very price sensitive becos when price falls below $17, it is below a min Average variable cost & so a firm's loss exceeds total fixed cost so it is not viable to continue products

OUTPUT, PRICE, AND PROFIT IN PERFECT COMPETITION

4

To determine the market price and the quantity bought and sold in a perfectly competitive market, we need to study how market demand and market supply interact. We begin this process by studying a perfectly competitive market in the short run when the number of firms is fixed and each firm has a given plant size.

Short-Run Equilibrium

Industry demand and industry supply determine the market price and industry output. Figure 7 shows a short-run equilibrium. The supply curve S is the same as S_I in Fig. 6. If demand is shown by the demand curve D_1, the equilibrium price is $20. Each firm takes this price as given and produces its profit-maximizing output, which is 8 sweaters a day. Because the industry has 1,000 firms, industry output is 8,000 sweaters a day.

A Change in Demand

Changes in demand bring changes to short-run industry equilibrium. Figure 7 shows these changes.

If demand increases, the demand curve shifts rightward to D_2. The price rises to $25. At this price, each firm maximizes profit by increasing output. The new output level is 9 sweaters a day for each firm and 9,000 sweaters a day for the industry.

FIGURE 7   Short-Run Equilibrium

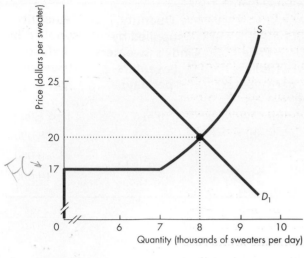

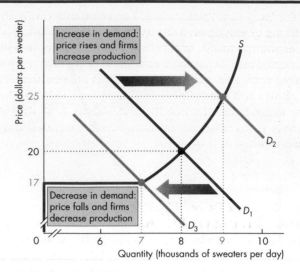

(a) Equilibrium   **(b) Change in equilibrium**

In part (a), the industry supply curve is S. Demand is D_1, and the price is \$20. At this price, each firm produces 8 sweaters a day and the industry produces 8,000 sweaters a day. In part (b), when demand increases to D_2, the price rises to \$25 and each firm increases its output to 9 sweaters a day. Industry output is 9,000 sweaters a day. When demand decreases to D_3, the price falls to \$17 and each firm decreases its output to 7 sweaters a day. Industry output is 7,000 sweaters a day.

If demand decreases, the demand curve shifts leftward to D_3. The price now falls to \$17. At this price, each firm maximizes profit by decreasing its output. The new output level is 7 sweaters a day for each firm and 7,000 sweaters a day for the industry.

If the demand curve shifts farther leftward than D_3, the price remains constant at \$17 because the industry supply curve is horizontal at that price. Some firms continue to produce 7 sweaters a day, and others temporarily shut down. Firms are indifferent between these two activities, and whichever they choose, they incur an economic loss equal to total fixed cost. The number of firms continuing to produce is just enough to satisfy the market demand at a price of \$17.

Long-Run Adjustments

In short-run equilibrium, a firm might make an economic profit, incur an economic loss, or break even (make normal profit). Although each of these three situations is a short-run equilibrium, only one of them is a long-run equilibrium. To see why, we need to examine the forces at work in a competitive industry in the long run.

In the long run, an industry adjusts in two ways:

► Entry and exit
► Changes in plant size

Let's look first at entry and exit.

Entry and Exit

In the long run, firms respond to economic profit and economic loss by either entering or exiting an industry. Firms enter an industry in which firms are making an economic profit, and firms exit an industry in which firms are incurring an economic loss. Temporary economic profit and temporary economic loss do not trigger entry and exit. But the prospect of persistent economic profit or loss does.

Entry and exit influence price, the quantity produced, and economic profit. The immediate effect of these decisions is to shift the industry supply curve. If more firms enter an industry, supply increases and the industry supply curve shifts rightward. If firms exit an industry, supply decreases and the industry supply curve shifts leftward.

Let's see what happens when new firms enter an industry.

The Effects of Entry　Figure 8 shows the effects of entry. Suppose that all the firms in this industry have cost curves like those in Fig. 4. At any price greater than $20, firms make an economic profit. At any price less than $20, firms incur an economic loss. And at a price of $20, firms make zero economic profit. Also suppose that the demand curve for sweaters is D. If the industry supply curve is S_1, sweaters sell for $23, and 7,000 sweaters a day are produced. Firms in the industry make an economic profit. This economic profit is a signal for new firms to enter the industry. As these events unfold, supply increases and the industry supply curve shifts rightward to S_0. With the greater supply and unchanged demand, the market price falls from $23 to $20 a sweater and the quantity produced by the industry increases from 7,000 to 8,000 sweaters a day.

Industry output increases, but Cindy's Sweaters, like each other firm in the industry, *decreases* output! Because the price falls, each firm moves down its supply curve and produces less. But because the number of firms in the industry increases, the industry as a whole produces more.

FIGURE 8　Entry and Exit

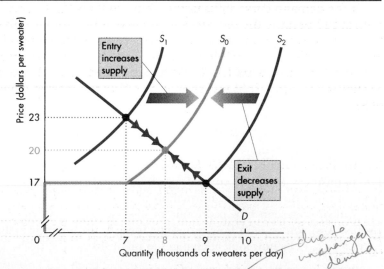

When new firms enter the sweater industry, the industry supply curve shifts rightward, from S_1 to S_0. The equilibrium price falls from $23 to $20, and the quantity produced increases from 7,000 to 8,000 sweaters.

　　When firms exit the sweater industry, the industry supply curve shifts leftward, from S_2 to S_0. The equilibrium price rises from $17 to $20, and the quantity produced decreases from 9,000 to 8,000 sweaters.

Because price falls, each firm's economic profit decreases. When the price falls to $20, economic profit disappears and each firm makes a normal profit.

You have just discovered a key proposition:

> As new firms enter an industry, the price falls and the economic profit of each existing firm decreases.

An example of this process occurred during the 1980s in the personal computer industry. When IBM introduced its first PC, there was little competition and the price of a PC gave IBM a big profit. But new firms such as Compaq, NEC, Dell, and a host of others entered the industry with machines that were technologically identical to IBM's. In fact, they were so similar that they came to be called "clones." The massive wave of entry into the personal computer industry shifted the supply curve rightward and lowered the price and the economic profit.

Let's now look at the effects of exit.

The Effects of Exit   Figure 8 also shows the effects of exit. Suppose that firms' costs and the market demand are the same as before. But now suppose the supply curve is S_2. The market price is $17, and 9,000 sweaters a day are produced. Firms in the industry now incur an economic loss. This economic loss is a signal for some firms to exit the industry. As firms exit, the industry supply curve shifts leftward to S_0. With the decrease in supply, industry output decreases from 9,000 to 8,000 sweaters and the price rises from $17 to $20.

As the price rises, Cindy's Sweaters, like each other firm in the industry, moves up along its supply curve and increases output. That is, for each firm that remains in the industry, the profit-maximizing output increases. Because the price rises and each firm sells more, economic loss decreases. When the price rises to $20, each firm makes a normal profit.

You've now discovered a second key proposition:

> As firms leave an industry, the price rises and the economic loss of each remaining firm decreases.

The same PC industry that saw a large amount of entry during the 1980s and 1990s is now beginning to see some exit. In 2001, IBM, the firm that first launched the PC, announced that it would no longer produce PCs. The intense competition from Compaq, NEC, Dell, and the host of others that entered the industry following IBM's lead has lowered the price and eliminated the economic profit on PCs. So IBM will now concentrate on servers and other parts of the computer market.

IBM exited the PC market because it was incurring economic losses on that line of business. Its exit decreased supply and made it possible for the remaining firms in the industry to earn normal profit.

You've now seen how economic profits induce entry, which in turn lowers profits. And you've seen how economic losses induce exit, which in turn eliminates losses. Let's now look at changes in plant size.

Changes in Plant Size

A firm changes its plant size if, by doing so, it can lower its costs and increase its economic profit. You can probably think of lots of examples of firms that have changed their plant size.

One example that has almost certainly happened near your home in recent years is a change in the plant size of Kinko's or similar copy shops. Another is the number of FedEx vans that you see on the streets and highways. And another is the number of square feet of retail space devoted to selling computers and video games. These are examples of firms increasing their plant size to seek larger profits.

Expanding Products capacity

There are also many examples of firms that have decreased their plant size to avoid economic losses. One of these is Schwinn, the Chicago-based maker of bicycles. As competition from Asian bicycle makers became tougher, Schwinn cut back. Many firms have scaled back their operations—a process called *downsizing*—in recent years.

Downsizing

Figure 9 shows a situation in which Cindy's Sweaters can increase its profit by increasing its plant size. With its current plant, Cindy's marginal cost curve is MC_0, and its short-run average total cost curve is $SRAC_0$. The market price is $25 a sweater, so Cindy's marginal revenue curve is MR_0, and Cindy maximizes profit by producing 6 sweaters a day.

Cindy's Sweaters' long-run average cost curve is $LRAC$. By increasing its plant size—installing more knitting machines—Cindy's Sweaters can move along its long-run average cost curve. As Cindy's Sweaters increases its plant size, its short-run marginal cost curve shifts rightward.

Recall that a firm's short-run supply curve is linked to its marginal cost curve. As Cindy's marginal cost curve shifts rightward, so does its supply curve. If Cindy's Sweaters and the other firms in the industry increase their plants, the short-run industry supply curve shifts rightward and the market price falls. The fall in the market price limits the extent to which Cindy's can profit from increasing its plant size.

Figure 9 also shows Cindy's Sweaters in a long-run competitive equilibrium. This situation arises when the market price has fallen to $20 a sweater. Marginal revenue is MR_1, and Cindy maximizes profit by producing 8 sweaters a day.

FIGURE 9   Plant Size and Long-Run Equilibrium

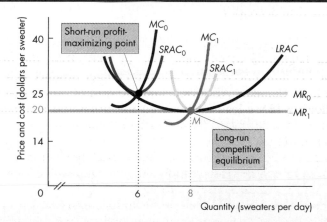

Initially, Cindy's plant has marginal cost curve MC_0 and short-run average total cost curve $SRAC_0$. The market price is $25 a sweater, and Cindy's marginal revenue is MR_0. The short-run profit-maximizing quantity is 6 sweaters a day. Cindy can increase profit by increasing the plant size. If all firms in the sweater industry increase their plant sizes, the short-run industry supply increases and the market price falls. In long-run equilibrium, a firm operates with the plant size that minimizes its average cost. Here, Cindy's Sweaters operates the plant with short-run marginal cost MC_1 and short-run average cost $SRAC_1$. Cindy's is also on its long-run average cost curve $LRAC$ and produces at point M. Its output is 8 sweaters a day, and its average total cost equals the price of a sweater: $20.

In this situation, Cindy cannot increase her profit by changing the plant size. Cindy's is producing at minimum long-run average cost (point *M* on *LRAC*).

Because Cindy's Sweaters is producing at minimum long-run average cost, it has no incentive to change its plant size. Either a bigger plant or a smaller plant has a higher long-run average cost. If Fig. 9 describes the situation of all firms in the sweater industry, the industry is in long-run equilibrium. No firm has an incentive to change its plant size. Also, because each firm is making zero economic profit (normal profit), no firm has an incentive to enter the industry or to leave it.

Long-Run Equilibrium

Long-run equilibrium occurs in a competitive industry when economic profit is zero (when firms earn normal profit). If the firms in a competitive industry are making an economic profit, new firms enter the industry. If firms can lower their costs by increasing their plant size, they expand. Each of these actions increases industry supply, shifts the industry supply curve rightward, lowers the price, and decreases economic profit.

Firms continue to enter the industry and profit decreases as long as firms in the industry are earning positive economic profits. When economic profit has been eliminated, firms stop entering the industry. And when firms are operating with the least-cost plant size, they stop expanding.

If the firms in a competitive industry are incurring an economic loss, some firms exit the industry. If firms can lower their costs by decreasing their plant size, they downsize. Each of these actions decreases industry supply, shifts the industry supply curve leftward, raises the price, and decreases economic loss.

Firms continue to exit and economic loss continues to decrease as long as firms in the industry are incurring economic losses. When economic loss has been eliminated, firms stop exiting the industry. And when firms are operating with the least-cost plant size, they stop downsizing.

So in long-run equilibrium in a competitive industry, firms neither enter nor exit the industry and old firms neither expand nor downsize. Each firm earns normal profit.

You've seen how a competitive industry adjusts toward its long-run equilibrium. But a competitive industry is rarely *in* a state of long-run equilibrium. A competitive industry is constantly and restlessly evolving toward such an equilibrium. But the constraints that firms in the industry face are constantly changing. The two most persistent sources of change are in tastes and technology. Let's see how a competitive industry reacts to such changes.

5   CHANGING TASTES AND ADVANCING TECHNOLOGY

Increased awareness of the health hazards of smoking has caused a decrease in the demand for tobacco and cigarettes. The development of inexpensive car and air transportation has caused a huge decrease in the demand for long-distance trains and buses. Solid-state electronics have caused a large decrease in the demand for TV and radio repair. The development of good-quality inexpensive clothing has decreased the demand for sewing machines. What happens in a competitive industry when there is a permanent decrease in the demand for its products?

The development of the microwave oven has produced an enormous increase in demand for paper, glass, and plastic cooking utensils and for plastic wrap. The widespread use of the personal computer has brought a huge increase in the demand for CD-Rs. What happens in a competitive industry when the demand for its output increases?

Advances in technology are constantly lowering the costs of production. New biotechnologies have dramatically lowered the costs of producing many food and pharmaceutical products. New electronic technologies have lowered the cost of producing just about every good and service. What happens in a competitive industry when technological change lowers its production costs?

Let's use the theory of perfect competition to answer these questions.

A Permanent Change in Demand

Figure 10(a) shows a competitive industry that initially is in long-run equilibrium. The demand curve is D_0, the supply curve is S_0, the market price is P_0, and industry output is Q_0. Figure 10(b) shows a single firm in this initial long-run equilibrium. The firm produces q_0 and makes a normal profit and zero economic profit.

Now suppose that demand decreases and the demand curve shifts leftward to D_1, as shown in Fig. 10(a). The price falls to P_1, and the quantity supplied by the industry decreases from Q_0 to Q_1 as the industry slides down its short-run supply curve S_0. Figure 10(b) shows the situation facing a firm. Price is now below the firm's minimum average total cost, so the firm incurs an economic loss. But to keep its loss to a minimum, the firm adjusts its output to keep marginal cost equal to price. At a price of P_1, each firm produces an output of q_1.

The industry is now in short-run equilibrium but not long-run equilibrium. It is in short-run equilibrium because each firm is maximizing profit. But it is not in long-run equilibrium because each firm is incurring an economic loss—its average total cost exceeds the price.

The economic loss is a signal for some firms to leave the industry. As they do so, short-run industry supply decreases and the supply curve gradually shifts leftward. As industry supply decreases, the price rises. At each higher price, a firm's profit-maximizing output is greater, so the firms remaining in the industry increase their output as the price rises. Each firm slides up its marginal cost or supply curve in Fig. 10(b). That is, as firms exit the industry, industry output decreases but the output of the firms that remain in the industry increases. Eventually, enough firms leave the industry for the industry supply curve to have shifted to S_1 in Fig. 10(a). At this time, the price has returned to its original level, P_0. At this price, the firms remaining in the industry produce q_0, the same quantity that they produced before the decrease in demand. Because firms are now making normal profit (zero economic profit), no firm wants to enter or exit the industry. The industry supply curve remains at S_1, and industry output is Q_2. The industry is again in long-run equilibrium.

The difference between the initial long-run equilibrium and the final long-run equilibrium is the number of firms in the industry. A permanent decrease in demand has decreased the number of firms. Each remaining firm produces the same output in the new long-run equilibrium as it did initially and earns a normal profit. In the process of moving from the initial equilibrium to the new one, firms incur economic losses.

We've just worked out how a competitive industry responds to a permanent *decrease* in demand. A permanent increase in demand triggers a similar response, except in the opposite direction. The increase in demand brings a higher price,

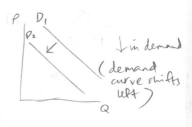

✳ **FIGURE 10   A Decrease in Demand**

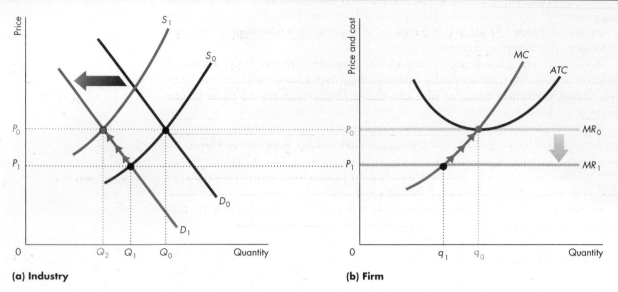

(a) Industry   **(b) Firm**

An industry starts out in long-run competitive equilibrium. Part (a) shows the industry demand curve D_0, the industry supply curve S_0, the equilibrium quantity Q_0, and the market price P_0. Each firm sells its output at price P_0, so its marginal revenue curve is MR_0 in part (b). Each firm produces q_0 and makes a normal profit.

Demand decreases permanently from D_0 to D_1 [part (a)]. The equilibrium price falls to P_1, each firm decreases its output to q_1 [part (b)], and industry output decreases to Q_1 [part (a)].

In this new situation, firms incur economic losses and some firms leave the industry. As they do so, the industry supply curve gradually shifts leftward, from S_0 to S_1. This shift gradually raises the market price from P_1 back to P_0. While the price is below P_0, firms incur economic losses and some firms leave the industry. Once the price has returned to P_0, each firm makes a normal profit. Firms have no further incentive to leave the industry. Each firm produces q_0, and industry output is Q_2.

economic profit, and entry. Entry increases industry supply and eventually lowers the price to its original level and economic profit to normal profit.

The demand for Internet service increased permanently during the 1990s and huge profit opportunities arose in this industry. The result was a massive rate of entry of Internet service providers. The process of competition and change in the Internet service industry is similar to what we have just studied but with an increase in demand rather than a decrease in demand.

We've now studied the effects of a permanent change in demand for a good. In doing so, we began and ended in a long-run equilibrium and examined the process that takes a market from one equilibrium to another. It is this process, not the equilibrium points, that describes the real world.

One feature of the predictions that we have just generated seems odd: In the long run, regardless of whether demand increases or decreases, the price returns to its original level. Is this outcome inevitable? In fact, it is not. It is possible for the long-run equilibrium price to remain the same, rise, or fall.

External Economies and Diseconomies

The change in the long-run equilibrium price depends on external economies and external diseconomies. **External economies** are factors beyond the control of an individual firm that lower the firm's costs as the *industry* output increases. **External diseconomies** are factors outside the control of a firm that raise the firm's costs as industry output increases. With no external economies or external diseconomies, a firm's costs remain constant as the industry output changes.

Figure 11 illustrates these three cases and introduces a new supply concept: the long-run industry supply curve.

A **long-run industry supply curve** shows how the quantity supplied by an industry varies as the market price varies after all the possible adjustments have been made, including changes in plant size and the number of firms in the industry.

Figure 11(a) shows the case we have just studied—no external economies or diseconomies. The long-run industry supply curve (LS_A) is perfectly elastic. In this case, a permanent increase in demand from D_0 to D_1 has no effect on the price in the long run. The increase in demand brings a temporary increase in price to P_S and a short-run quantity increase from Q_0 to Q_S. Entry increases short-run supply from S_0 to S_1, which lowers the price to its original level, P_0, and increases the quantity to Q_1.

Figure 11(b) shows the case of external diseconomies. The long-run supply industry curve (LS_B) slopes upward. A permanent increase in demand from D_0 to D_1 increases the price in both the short run and the long run. As in the previous case, the increase in demand brings a temporary increase in price to P_S and a short-run quantity increase from Q_0 to Q_S. Entry increases short-run supply from S_0 to S_2, which lowers the price to P_2 and increases the quantity to Q_2.

One source of external diseconomies is congestion. The airline industry provides a good example. With bigger airline industry output, there is more congestion of airports and airspace, which results in longer delays and extra waiting time for passengers and airplanes. These external diseconomies mean that as the output of air transportation services increases (in the absence of technological advances), average cost increases. As a result, the long-run supply curve is

FIGURE 11   Long-Run Changes in Price and Quantity

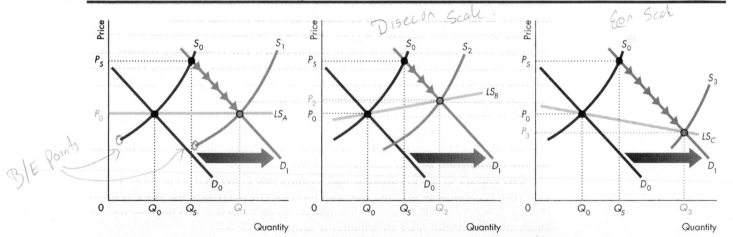

(a) **Constant-cost industry**   (b) **Increasing-cost industry**   (c) **Decreasing-cost industry**

Three possible changes in price and quantity occur in the long run. When demand increases from D_0 to D_1, entry occurs and the industry supply curve shifts rightward from S_0 to S_1. In part (a), the long-run supply curve, LS_A, is horizontal. The quantity increases from Q_0 to Q_1, and the price remains constant at P_0. In part (b), the long-run supply curve is LS_B; the price rises to P_2, and the quantity increases to Q_2. This case occurs in industries with external diseconomies. In part (c), the long-run supply curve is LS_C; the price falls to P_3, and the quantity increases to Q_3. This case occurs in an industry with external economies.

upward sloping. So a permanent increase in demand brings an increase in quantity and a rise in the price. (Industries with external diseconomies might nonetheless have a falling price because technological advances shift the long-run supply curve downward.)

costs ↓ in ē long-run.

Figure 11(c) shows the case of external economies. In this case, the long-run industry supply curve (LS_C) slopes downward. A permanent increase in demand from D_0 to D_1 increases the price in the short run and lowers it in the long run. Again, the increase in demand brings a temporary increase in price to P_S, and a short-run quantity increase from Q_0 to Q_S. Entry increases short-run supply from S_0 to S_3, which lowers the price to P_3 and increases the quantity to Q_3.

external economies: price ↓ in ē long-run & Q ↑s

An example of external economies is the growth of specialist support services for an industry as it expands. As farm output increased in the nineteenth and early twentieth centuries, the services available to farmers expanded. New firms specialized in the development and marketing of farm machinery and fertilizers. As a result, average farm costs decreased. Farms enjoyed the benefits of external economies. As a consequence, as the demand for farm products increased, the output increased but the price fell.

Over the long term, the prices of many goods and services have fallen, not because of external economies but because of technological change. Let's now study this influence on a competitive market.

Technological Change

Industries are constantly discovering lower-cost techniques of production. Most cost-saving production techniques cannot be implemented, however, without investing in new plant and equipment. As a consequence, it takes time for a technological advance to spread through an industry. Some firms whose plants are on the verge of being replaced will be quick to adopt the new technology, while other firms whose plants have recently been replaced will continue to operate with an old technology until they can no longer cover their average variable cost. Once average variable cost cannot be covered, a firm will scrap even a relatively new plant (embodying an old technology) in favor of a plant with a new technology.

New technology allows firms to produce at a lower cost. As a result, as firms adopt a new technology, their cost curves shift downward. With lower costs, firms are willing to supply a given quantity at a lower price or, equivalently, they are willing to supply a larger quantity at a given price. In other words, industry supply increases, and the industry supply curve shifts rightward. With a given demand, the quantity produced increases and the price falls.

Two forces are at work in an industry undergoing technological change. Firms that adopt the new technology make an economic profit. So there is entry by new-technology firms. Firms that stick with the old technology incur economic losses. They either exit the industry or switch to the new technology.

As old-technology firms disappear and new-technology firms enter, the price falls and the quantity produced increases. Eventually, the industry arrives at a long-run equilibrium in which all the firms use the new technology and make a zero economic profit (a normal profit). Because in the long run competition eliminates economic profit, technological change brings only temporary gains to producers. But the lower prices and better products that technological advances bring are permanent gains for consumers.

The process that we've just described is one in which some firms experience economic profits and others experience economic losses. It is a period of dynamic change for an industry. Some firms do well, and others do badly. Often, the process has a geographical dimension—the expanding new technology firms bring prosperity to what was once the boondocks, and traditional industrial regions decline. Sometimes, the new-technology firms are in a foreign country, while the old-technology firms are in the domestic economy. The information revolution of the 1990s produced many examples of changes like these. Commercial banking, which was traditionally concentrated in New York, San Francisco, and other large cities now flourishes in Charlotte, North Carolina, which has become the nation's number three commercial banking city. Television shows and movies, traditionally made in Los Angeles and New York, are now made in large numbers in Orlando.

Technological advances are not confined to the information and entertainment industries. Even milk production is undergoing a major technological change because of genetic engineering.

COMPETITION AND EFFICIENCY

A competitive industry can achieve an efficient use of resources. You studied efficiency in Reading 14 using only the concepts of demand, supply, consumer surplus, and producer surplus. But now that you have learned what lies behind the demand and supply curves of a competitive market, you can gain a deeper understanding of how the competitive market achieves efficiency.

Efficient Use of Resources

Recall that resource use is efficient when we produce the goods and services that people value most highly (see Reading 14). If someone can become better off without anyone else becoming worse off, resources are *not* being used efficiently. For example, suppose we produce a computer that no one wants and that no one will ever use. Suppose also that some people are clamoring for more video games. If we produce one less computer and reallocate the unused resources to produce more video games, some people will become better off and no one will be worse off. So the initial resource allocation was inefficient.

In the more technical language that you have learned, resource use is efficient when marginal benefit equals marginal cost. In the computer and video games example, the marginal benefit of video games exceeds the marginal cost. And the marginal cost of a computer exceeds its marginal benefit. So by producing fewer computers and more video games, we move resources toward a higher-valued use.

Choices, Equilibrium, and Efficiency

We can use what you have learned about the decisions made by consumers and competitive firms and market equilibrium to describe an efficient use of resources.

Choices   Consumers allocate their budgets to get the most value possible out of them. And we derive a consumer's demand curve by finding how the best budget allocation changes as the price of a good changes. So consumers get the most value out of their resources at all points along their demand curves, which are also their marginal benefit curves.

Competitive firms produce the quantity that maximizes profit. And we derive the firm's supply curve by finding the profit-maximizing quantity at each

[Handwritten margin notes: "On S curve = Tech effc + Econ effc = Max π @ P"]

price. So firms get the most value out of their resources at all points along their supply curves, which are also their marginal cost curves. (On their supply curves, firms are *technologically efficient*—they get the maximum possible output from given inputs—and *economically efficient*—they combine resources to minimize cost. See Reading 16.)

Equilibrium In competitive equilibrium, the quantity demanded equals the quantity supplied. So the price equals the consumers' marginal benefit and the producers' marginal cost. In this situation, the gains from trade between consumers and producers are maximized. These gains from trade are the consumer surplus plus the producer surplus.

The gains from trade for consumers are measured by *consumer surplus*, which is the area below the demand curve and above the price paid. (See Reading 14.) The gains from trade for producers are measured by *producer surplus*, which is the area above the marginal cost curve and below the price received. (See Reading 14.) The total gains from trade are the sum of consumer surplus and producer surplus.

Efficiency If the people who consume and produce a good or service are the only ones affected by it and if the market for the good or service is in equilibrium, then resources are being used efficiently. They cannot be reallocated to increase their value.

In such a situation, there are no external benefits or external costs. **External benefits** are benefits that accrue to people other than the buyer of a good. For example, you might get a benefit from your neighbor's expenditure on her garden. Your neighbor buys the quantities of garden plants that make her as well off as possible, not her *and* you.

[Handwritten margin note: "No Ext Ben then MD = Social Ben"]

In the absence of external benefits, the market demand curve measures marginal *social* benefit—the value that *everyone* places on one more unit of a good or service.

External costs are costs that are borne by someone other than the producer of a good or service. For example, a firm might lower its costs by polluting. The cost of pollution is an external cost. Firms produce the output level that maximizes their own profit, and they do not count the cost of pollution as a charge against their profit.

[Handwritten margin note: "No Ext Costs the MC = Social C"]

In the absence of external costs, the market supply curve measures marginal *social* cost—the entire marginal cost that *anyone* bears to produce one more unit of a good or service.

An Efficient Allocation Figure 12 shows an efficient allocation in perfect competition in long-run equilibrium. Part (a) shows the situation of an individual firm and part (b) shows the market. The equilibrium market price is *P**. At that price, each firm earns normal profit (zero economic profit). Each firm has a plant size that enables it to produce at the lowest possible average total cost. In this situation, consumers are as well off as possible because the good cannot be produced at a lower cost and the price equals that least possible cost.

In part (b), consumers have made their best available choices at all points along their demand curves, so on the market demand curve, *D* (which is also the marginal benefit curve *MB*), consumers are efficient.

Producers are efficient at all points on the supply curve, *S* (which is also the marginal cost curve *MC*). Resources are used efficiently at the quantity *Q** and price *P**. At this point, marginal benefit equals marginal cost, and the sum of producer surplus and consumer surplus is maximized.

When firms in perfect competition are away from long-run equilibrium, either entry or exit is taking place and the market is moving toward the situation depicted in Figure 12. But the market is still efficient. So long as marginal benefit

FIGURE 12   Efficiency of Perfect Competition

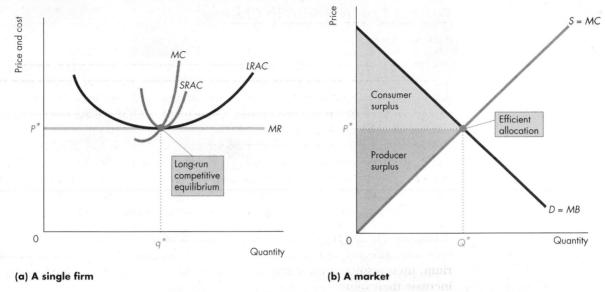

(a) A single firm   **(b) A market**

In part (a) a firm in perfect competition produces at the lowest possible long-run average total cost at q^*. In part (b), consumers have made the best available choices and are on their demand curves and firms are producing at least cost and are on their supply curves. With no external benefits or external costs, resources are used efficiently at the quantity Q^* and the price P^*. Perfect competition achieves an efficient use of resources.

(on the demand curve) equals marginal cost (on the supply curve), the market is efficient. But it is only in long-run equilibrium that consumers pay the lowest possible price.

You've now completed your study of perfect competition. And *Reading between the Lines* on pp. 172–173 gives you an opportunity to use what you have learned to understand recent events in the highly competitive cheese market.

Although many markets approximate the model of perfect competition, many do not. In Reading 19, we study markets at the opposite extreme of market power: monopoly. Then, in Reading 20, we'll study markets that lie between perfect competition and monopoly: monopolistic competition (competition with monopoly elements) and oligopoly (competition among a few producers). When you have completed this study, you'll have a tool kit that will enable you to understand the variety of real-world markets.

7   READING BETWEEN THE LINES

Perfect Competition in Cheese

THE LOS ANGELES TIMES, SEPTEMBER 22, 2003

A Taste of Italy, Via Vermont

SOUTH WOODSTOCK, Vt.—One glorious morning, David Muller's girls were in the barn, lolling as usual on their heated waterbeds. ...

"They are like teenagers," Muller said of his 50 Southeast Asian water buffaloes. "They want to be friendly. But they are also kind of shy."...

Muller plans to flood high-end restaurants and gourmet food shops with domestically produced buffalo mozzarella cheese, a product traditionally imported from Italy.

His vision of overseeing 50 water buffalo farms comes as Vermont struggles to save its dairy industry, where record low prices for cow's milk may force a third of its 1,400 dairy farms to close this year. ...

Muller hopes to have Woodstock Water Buffalo mozzarella in restaurants and markets sometime this fall. Within two years, he expects to produce 4,000 pounds of buffalo moz-

zarella each week. The cheese will sell for about $16 a pound, he said, about the same price as mozzarella from Italy. ...

Dairy farmers in Vermont earn about 11 cents a pound for their milk, 2 cents less than the cost of production. In the last decade, about 75 Vermont dairy farms have shut down annually. This year the number could grow to 400, said Steve R. Kerr, Vermont secretary of agriculture. ...

Kerr called Muller's endeavor a model for Vermont farmers who can no longer afford to raise cows but want to remain in agriculture. As Muller's water buffalo empire expands, Kerr said, other farmers could follow suit. ...

...Renato Confalonieri, proprietor of a water buffalo dairy in California called Bubalus Bubalis Inc., has seen his own buffalo mozzarella sales double each year since 2000. ...

Essence of the Story

▶ Steve R. Kerr, Vermont secretary of agriculture expects that up to 400 Vermont dairy farms might shut down in 2003.

▶ Vermont dairy farmers earn 11 cents a pound for their milk, which is 2 cents a pound less than the cost of production.

▶ David Muller has a water buffalo farm in Vermont, where he produces buffalo mozzarella cheese.

▶ The price of U.S.-produced buffalo mozzarella cheese is $16 a pound, which is about the same price as mozzarella from Italy.

▶ Steve Kerr expects that other Vermont farmers might follow Muller into mozzarella production.

Economic Analysis

▶ In Vermont, milk is produced on 1,400 dairy farms.

▶ The market for milk is close to perfectly competitive.

▶ But the price of a pound of milk is 11 cents and the cost of producing a pound of milk is 13 cents.

▶ Figure 13 shows the marginal revenue curve and the cost curves faced by a dairy farmer in the market for milk.

▶ The farmer produces the quantity at which marginal revenue equals marginal cost and incurs the economic loss shown by the rectangle.

▶ Despite incurring an economic loss, the farmer continues to produce because the price exceeds minimum average variable cost.

▶ But an economic loss is a signal for some dairy farmers to exit the industry.

▶ As some farmers leave the milk-producing industry, the supply of milk decreases and the price rises. Eventually, in long-run equilibrium, milk producers will earn zero economic profit at the point of minimum *ATC*.

▶ Some former dairy farmers join David Muller in the buffalo mozzarella cheese market.

▶ Figure 14 shows the marginal revenue curve, and the cost curves faced by a dairy farmer in the market for mozzarella cheese.

▶ The market for mozzarella cheese is a global market. Cheese comes from Italy and from other countries, including the United States.

▶ The price of a pound of mozzarella is $16, and Muller plans to produce 4,000 pounds a week at this price. This quantity maximizes his profit—marginal cost equals $16 at 4,000 pounds a week.

▶ As dairy farmers move out of the milk industry and into the mozzarella industry, the supply of mozzarella cheese will increase and its price will fall. Eventually, in long-run equilibrium, cheese producers will earn zero economic profit at the point of minimum *ATC*.

FIGURE 13   A Firm in the Market for Milk

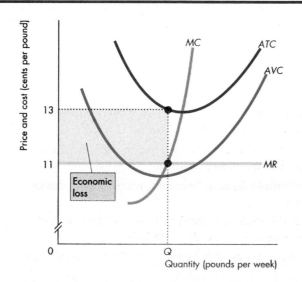

FIGURE 14   A Firm in the Market for Cheese

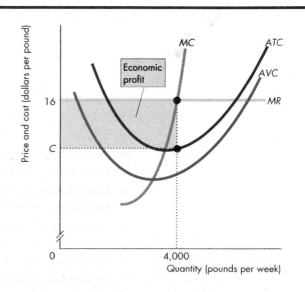

SUMMARY

▶ A perfectly competitive firm is a price taker.

▶ The firm produces the output at which marginal revenue (price) equals marginal cost.

▶ In short-run equilibrium, a firm can make an economic profit, incur an economic loss, or break even.

▶ If price is less than minimum average variable cost, the firm temporarily shuts down.

▶ A firm's supply curve is the upward-sloping part of its marginal cost curve above minimum average variable cost.

▶ An industry supply curve shows the sum of the quantities supplied by each firm at each price.

▶ Market demand and market supply determine price.

▶ The firm produces the output at which price, which is marginal revenue, equals marginal cost.

▶ Economic profit induces entry. Economic loss induces exit.

▶ Entry and plant expansion increase supply and lower price and profit. Exit and downsizing decrease supply and raise price and profit.

▶ In long-run equilibrium, economic profit is zero (firms earn normal profit). There is no entry, exit, plant expansion, or downsizing.

▶ A permanent decrease in demand leads to a smaller industry output and a smaller number of firms.

▶ A permanent increase in demand leads to a larger industry output and a larger number of firms.

▶ The long-run effect of a change in demand on price depends on whether there are external economies (the price falls) or external diseconomies (the price rises) or neither (the price remains constant).

▶ New technologies increase supply and in the long run lower the price and increase the quantity.

▶ Resources are used efficiently when we produce goods and services in the quantities that people value most highly.

▶ When there are no external benefits and external costs, perfect competition achieves an efficient allocation. In long-run equilibrium, consumers pay the lowest possible price. Marginal benefit equals marginal cost, and the sum of consumer surplus and producer surplus is maximized.

PRACTICE PROBLEMS FOR READING 18

1. Which of the following best describes the elasticity of demand in a perfectly competitive market?

	Firm Elasticity	Market Elasticity
A.	Zero	Infinite
B.	Zero	Some finite number
C.	Infinite	Zero
D.	Infinite	Some finite number

2. In a perfectly competitive market that is operating with economic loss, what is the effect on the quantity supplied when firms exit the industry?

	Output of the Industry	Output of Remaining Firms
A.	Decline	Decline
B.	Decline	Increase
C.	Increase	Decline
D.	Increase	Increase

As firms exit the industry, industry output declines, which raises ē unit price and the profit-maximising output for ē remaining firms (hence ↑↑ output of ē remaining firms).

3. Which of the following is *least likely* a characteristic of perfect competition?
   A. A large number of buyers and sellers.
   B. Firms produce differentiated products.
   C. Ease of entry into and exit from the market.
   D. Sellers and buyers are well informed about prices.

→ produce identical products.

4. In a perfectly competitive market, the individual firm's demand curve is *most likely*
   A. vertical.
   B. horizontal.
   C. upward sloping.
   D. downward sloping.

✻ Note: ē individual firm's output has no effect on mkt price (ēe are numerous perfect substitutes). Individual firm's demand curve is ∴ horizontal.

✻ Note:
ecan. profit → firms enter ē industry
econ. loss → firms exit ē industry

breakeven point (zero econ. profit ie: normal profit earned) → No incentive to enter or exit. (long-run equilibrium achieved)

✻ Note: market/industry demand is not perfectly elastic but is downward sloping as its elasticity depends on the substitutability of ē product by other goods & services (ie. the wider mkt).

$4\frac{1}{8}$ 4 — $\frac{5}{8}$

$5\frac{1}{2}$ $5\frac{1}{2}$ — $\frac{5}{8}$

$5\frac{1}{2}$ $20\frac{5}{8}$ $21\frac{3}{16}$ — $\frac{1}{16}$

$17\frac{3}{8}$ $18\frac{1}{8}$ + $\frac{7}{8}$

$18\frac{1}{2}$ $6\frac{1}{2}$ $6\frac{1}{2}$ — $\frac{1}{2}$

$7\frac{1}{4}$ $6\frac{1}{2}$ $31\frac{1}{32}$ — $\frac{1}{8}$

$15/16$

$9/16$ $9/16$

$5/32$ $7\frac{13}{16}$ $7\frac{15}{16}$

$7\frac{15}{16}$ $2\frac{5}{8}$ $2\frac{11}{32}$ $2\frac{1}{2}$ +

$2\frac{1}{4}$ $2\frac{1}{4}$

$2\frac{3}{4}$ $2\frac{1}{4}$

$11\frac{3}{8}$ $11\frac{1}{4}$ +

$6\frac{1}{8}$ $12\frac{1}{16}$ $11\frac{5}{8}$

$33\frac{1}{16}$ —

87 $33\frac{3}{4}$ 33 $33\frac{1}{16}$ —

$25\frac{3}{8}$ +

602 $25\frac{5}{8}$ $24\frac{9}{16}$ $25\frac{3}{8}$ +

$11\frac{7}{8}$ +

833 12 $11\frac{5}{8}$ $11\frac{7}{8}$ +

$10\frac{1}{2}$ —

16 $10\frac{1}{2}$ $10\frac{1}{2}$ $10\frac{1}{2}$ —

$15\frac{7}{8}$ —

78 $15\frac{7}{8}$ $15\frac{13}{16}$ $15\frac{7}{8}$ —

$8\frac{1}{4}$ $8\frac{1}{2}$

808 $9\frac{1}{16}$ $8\frac{1}{4}$

430 $11\frac{1}{4}$ $10\frac{1}{8}$

5 $4\frac{7}{8}$ $4\frac{7}{8}$

MONOPOLY
by Michael Parkin

LEARNING OUTCOMES

The candidate should be able to:

a. describe the characteristics of a monopoly, including factors that allow a monopoly to arise, and monopoly price-setting strategies;

b. explain the relation between price, marginal revenue, and elasticity for a monopoly, and determine a monopoly's profit-maximizing price and quantity;

c. explain price discrimination, and why perfect price discrimination is efficient;

d. explain how consumer and producer surplus are redistributed in a monopoly, including the occurrence of deadweight loss and rent seeking;

e. explain the potential gains from monopoly and the regulation of a natural monopoly.

DOMINATING THE INTERNET   1

eBay and Google are dominant players in the markets they serve. Because most buyers use eBay, most sellers do too. And because most sellers use eBay, so do most buyers. This phenomenon, called a network **externality**, makes it hard for any other firm to break into the Internet auction business. Because Google is such a good search engine, most people use it to find what they're seeking on the Internet. And because most people use it, most Web site operators who want hits advertise with Google.

eBay and Google are obviously not like firms in perfect competition. They don't face a market-determined price. They can choose their own prices. How do firms like these behave? How do they choose the quantity to produce and the price at which to sell it? How does their behavior compare with that of firms in perfectly competitive industries? Do they charge prices that are too high and that damage the interests of consumers? What benefits do they bring?

If you are a student, you get lots of discounts: when you get your hair cut, go to a museum, or go to a movie. When you take a trip by air, you almost never pay the full fare. Instead, you buy a discounted ticket. Are the people who operate barbershops, museums, movie theaters, and airlines simply generous folks who don't maximize profit? Aren't they throwing profit away by offering discounts?

In this reading, we study markets in which the firm can influence the price. We also compare the performance of the firm in such a market with that of a competitive market and examine whether monopoly is as efficient as competition. In *Reading between the Lines* at the end of the reading, we'll return to eBay and Google and discover an interesting difference between the market power they enjoy.

2   MARKET POWER

Market power and competition are the two forces that operate in most markets. **Market power** is the ability to influence the market, and in particular the market price, by influencing the total quantity offered for sale.

The firms in perfect competition that you studied in Reading 18 have no market power. They face the force of raw competition and are price takers. The firms that we study in this reading operate at the opposite extreme. They face no competition and exercise raw market power. We call this extreme monopoly. A monopoly is a firm that produces a good or service for which no close substitute exists and which is protected by a barrier that prevents other firms from selling that good or service. In monopoly, the firm is the industry.

Examples of monopoly include the firms that operate the pipelines and cables that bring gas, water, and electricity to your home. Microsoft Corporation, the software firm that created the Windows operating system, is close to being a monopoly.

How Monopoly Arises

Monopoly has two key features:

► No close substitutes
► Barriers to entry

No Close Substitutes   If a good has a close substitute, even though only one firm produces it, that firm effectively faces competition from the producers of substitutes. Water supplied by a local public utility is an example of a good that does not have close substitutes. While it does have a close substitute for drinking—bottled spring water—it has no effective substitutes for showering or washing a car.

Monopolies are constantly under attack from new products and ideas that substitute for products produced by monopolies. For example, FedEx, UPS, the fax machine, and e-mail have weakened the monopoly of the U.S. Postal Service.

Similarly, the satellite dish has weakened the monopoly of cable television companies.

But new products also are constantly creating monopolies. An example is Microsoft's monopoly in the DOS operating system during the 1980s and in the Windows operating system today.

Barriers to Entry   Legal or natural constraints that protect a firm from potential competitors are called **barriers to entry**. A firm can sometimes create its own barrier to entry by acquiring a significant portion of a key resource. For example, De Beers controls more than 80 percent of the world's supply of natural diamonds. But most monopolies arise from two other types of barrier: legal barriers and natural barriers.

Legal Barriers to Entry Legal barriers to entry create **legal monopoly**. A legal monopoly is a market in which competition and entry are restricted by the granting of a public franchise, government license, patent, or **copyright**.

A *public franchise* is an exclusive right granted to a firm to supply a good or service. An example is the U.S. Postal Service, which has the exclusive right to carry first-class mail. A *government license* controls entry into particular occupations, professions, and industries. Examples of this type of barrier to entry occur in medicine, law, dentistry, schoolteaching, architecture, and many other professional services. Licensing does not always create a monopoly, but it does restrict competition.

A *patent* is an exclusive right granted to the inventor of a product or service. A *copyright* is an exclusive right granted to the author or composer of a literary, musical, dramatic, or artistic work. Patents and copyrights are valid for a limited time period that varies from country to country. In the United States, a patent is valid for 20 years. Patents encourage the *invention* of new products and **production methods**. They also stimulate *innovation*—the use of new inventions—by encouraging inventors to publicize their discoveries and offer them for use under **license**. Patents have stimulated innovations in areas as diverse as soybean seeds, pharmaceuticals, memory chips, and video games.

Natural Barriers to Entry Natural barriers to entry create **natural monopoly**, which is an industry in which one firm can supply the entire market at a lower price than two or more firms can.

Figure 1 shows a natural monopoly in the distribution of electric power. Here, the market demand curve for electric power is *D*, and the long-run average cost curve is *LRAC*. Because long-run average cost decreases as output increases, economies of scale prevail over the entire length of the *LRAC* curve. One firm can produce 4 million kilowatt-hours at 5 cents a kilowatt-hour. At this price, the quantity demanded is 4 million kilowatt-hours. So if the price was 5 cents, one firm could supply the entire market. If two firms shared the market, it would cost each of them 10 cents a kilowatt-hour to produce a total of 4 million kilowatt-hours. If four firms shared the market, it would cost each of them 15 cents a kilowatt-hour to produce a total of 4 million kilowatt-hours. So in conditions like those shown in Fig. 1, one firm can supply the entire market at a lower cost than two or more firms can. The distribution of electric power is an example of natural monopoly. So is the distribution of water and gas.

Most monopolies are regulated in some way by government agencies. We will study such regulation at the end of this reading. But for two reasons, we'll begin by studying unregulated monopoly. First, we can better understand why governments regulate monopolies and the effects of regulation if we also know how an unregulated monopoly behaves. Second, even in industries with more than one producer, firms often have a degree of monopoly power, and the theory of monopoly sheds light on the behavior of such firms and industries.

FIGURE 1 Natural Monopoly

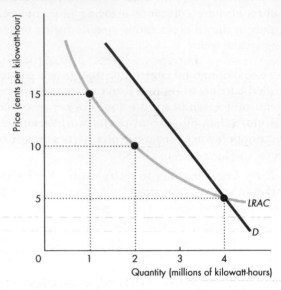

The market demand curve for electric power is *D*, and the long-run average cost curve is *LRAC*. Economies of scale exist over the entire *ATC* curve. One firm can distribute 4 million kilowatt-hours at a cost of 5 cents a kilowatt-hour. This same total output costs 10 cents a kilowatt-hour with two firms and 15 cents a kilowatt-hour with four firms. So one firm can meet the market demand at a lower cost than two or more firms can, and the market is a natural monopoly.

A major difference between monopoly and competition is that a monopoly sets its own price. But in doing so, it faces a market constraint. Let's see how the market limits a monopoly's pricing choices.

Monopoly Price-Setting Strategies

All monopolies face a tradeoff between price and the quantity sold. To sell a larger quantity, the monopolist must charge a lower price. But there are two broad monopoly situations that create different tradeoffs. They are

► Price discrimination
► Single price

Price Discrimination   Many firms price discriminate and most are *not* monopolies. Airlines offer a dizzying array of different prices for the same trip. Pizza producers charge one price for a single pizza and almost give away a second pizza. These are examples of *price discrimination*. **Price discrimination** is the practice of selling different units of a good or service for different prices. Different customers might pay different prices (like airline passengers), or one customer might pay different prices for different quantities bought (like the bargain price for a second pizza).

When a firm price discriminates, it looks as though it is doing its customers a favor. In fact, it is charging the highest possible price for each unit sold and making the largest possible profit.

Not all monopolies can price discriminate. The main obstacle to price discrimination is resale by customers who buy for a low price. Because of resale possibilities, price discrimination is limited to monopolies that sell services that cannot be resold.

Single Price   De Beers sells diamonds (of a given size and quality) for the same price to all its customers. If it tried to sell at a low price to some customers and at a higher price to others, only the low-price customers would buy from De Beers. Others would buy from De Beers' low-price customers.

De Beers is a *single-price* monopoly. A **single-price monopoly** is a firm that must sell each unit of its output for the same price to all its customers.

We'll look first at single-price monopoly.

A SINGLE-PRICE MONOPOLY'S OUTPUT AND PRICE DECISION

3

D is set by Mkt
In Monop the firm can ∆ S

To understand how a single-price monopoly makes its output and price decision, we must first study the link between price and marginal revenue.

Price and Marginal Revenue

Demand curve
= mkt demand
curve (as only
1 firm
in e
mkt)

Because in a monopoly there is only one firm, the demand curve facing the firm is the market demand curve. Let's look at Bobbie's Barbershop, the sole supplier of haircuts in Cairo, Nebraska. The table in Fig. 2 shows the market demand schedule. At a price of $20, she sells no haircuts. The lower the price, the more haircuts per hour Bobbie can sell. For example, at $12, consumers demand 4 haircuts per hour (row E).

Total revenue (TR) is the price (P) multiplied by the quantity sold (Q). For example, in row D, Bobbie sells 3 haircuts at $14 each, so total revenue is $42. *Marginal revenue* (MR) is the change in total revenue (ΔTR) resulting from a one-unit increase in the quantity sold. For example, if the price falls from $16 (row C) to $14 (row D), the quantity sold increases from 2 to 3 haircuts. Total revenue rises from $32 to $42, so the change in total revenue is $10. Because the quantity sold increases by 1 haircut, marginal revenue equals the change in total revenue and is $10. Marginal revenue is placed between the two rows to emphasize that marginal revenue relates to the *change* in the quantity sold.

Figure 2 shows the market demand curve and marginal revenue curve (MR) and also illustrates the calculation we've just made. Notice that at each level of output, marginal revenue is less than price—the marginal revenue curve lies below the demand curve. Why is marginal revenue *less* than price? It is because when the price is lowered to sell one more unit, two opposing forces affect total revenue. The lower price results in a revenue loss, and the increased quantity sold results in a revenue gain. For example, at a price of $16, Bobbie sells 2 haircuts (point C). If she lowers the price to $14, she sells 3 haircuts and has a revenue gain of $14 on the third haircut. But she now receives only $14 on the first two—$2 less than before. As a result, she loses $4 of revenue on the first 2 haircuts. To calculate marginal revenue, she must deduct this amount from the revenue gain of $14. So her marginal revenue is $10, which is less than the price.

✳   MR < D

FIGURE 2   Demand and Marginal Revenue

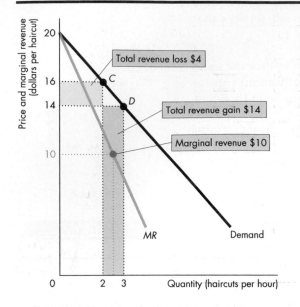

Price (P) (dollars per haircut)	Quantity Demanded (Q) (haircuts per hour)	Total Revenue (TR = P × Q) (dollars)	Marginal Revenue (MR = ΔTR/ΔQ) (dollars per haircut)
A	20	0	0
			18
B	18	1	18
			14
C	16	2	32
			10
D	14	3	42
			6
E	12	4	48
			2
F	10	5	50

The table shows the demand schedule. Total revenue (TR) is price multiplied by quantity sold. For example, in row C, the price is $16 a haircut, Bobbie sells 2 haircuts, and total revenue is $32. Marginal revenue (MR) is the change in total revenue that results from a one-unit increase in the quantity sold. For example, when the price falls from $16 to $14 a haircut, the quantity sold increases by 1 haircut and total revenue increases by $10. Marginal revenue is $10. The demand curve and the marginal revenue curve, MR, are based on the numbers in the table and illustrate the calculation of marginal revenue when the price falls from $16 to $14.

Marginal Revenue and Elasticity

A single-price monopoly's marginal revenue is related to the *elasticity of demand for its good*. The demand for a good can be *elastic* (the elasticity of demand is greater than 1), *inelastic* (the elasticity of demand is less than 1), or *unit elastic* (the elasticity of demand is equal to 1). Demand is *elastic* if a 1 percent fall in price brings a greater than 1 percent increase in the quantity demanded. Demand is *inelastic* if a 1 percent fall in price brings a less than 1 percent increase in the quantity demanded. And demand is *unit elastic* if a 1 percent fall in price brings a 1 percent increase in the quantity demanded. (See Reading 13.)

If demand is elastic, a fall in price brings an increase in total revenue—the increase in revenue from the increase in quantity sold outweighs the decrease in revenue from the lower price—and marginal revenue is positive. If demand is inelastic, a fall in price brings a decrease in total revenue—the increase in revenue from the increase in quantity sold is outweighed by the decrease in revenue from the lower price—and marginal revenue is negative. If demand is unit elastic, total revenue does not change—the increase in revenue from the increase in quantity sold offsets the decrease in revenue from the lower price—and marginal revenue is zero. (The relationship between total revenue and elasticity is explained in Reading 13.)

Figure 3 illustrates the relationship between marginal revenue, total revenue, and elasticity. As the price of a haircut gradually falls from $20 to $10, the quantity of haircuts demanded increases from 0 to 5 an hour. Over this output range,

FIGURE 3   Marginal Revenue and Elasticity

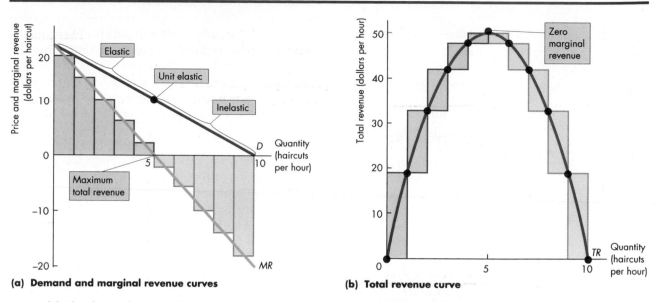

(a) Demand and marginal revenue curves   **(b) Total revenue curve**

In part (a), the demand curve is *D* and the marginal revenue curve is *MR*. In part (b), the total revenue curve is *TR*. Over the range from 0 to 5 haircuts an hour, a price cut increases total revenue, so marginal revenue is positive—as shown by the bars outlined in dark blue. Demand is elastic. Over the range from 5 to 10 haircuts an hour, a price cut decreases total revenue, so marginal revenue is negative—as shown by the bars outlined in light blue. Demand is inelastic. At 5 haircuts an hour, total revenue is maximized and marginal revenue is zero. Demand is unit elastic.

marginal revenue is positive [part (a)], total revenue increases [part (b)], and the demand for haircuts is elastic. As the price falls from $10 to $0 a haircut, the quantity of haircuts demanded increases from 5 to 10 an hour. Over this output range, marginal revenue is negative [part (a)], total revenue decreases [part (b)], and the demand for haircuts is inelastic. When the price is $10 a haircut, marginal revenue is zero, total revenue is a maximum, and the demand for haircuts is unit elastic.

In Monopoly, Demand Is Always Elastic The relationship between marginal revenue and elasticity that you've just discovered implies that a profit-maximizing monopoly never produces an output in the inelastic range of its demand curve. If it did so, it could charge a higher price, produce a smaller quantity, and increase its profit. Let's now look at a monopoly's price and output decision.

Price and Output Decision

A monopoly sets its price and output at the levels that maximize economic profit. To determine this price and output level, we need to study the behavior of both cost and revenue as output varies. A monopoly faces the same types of technology and cost constraints as a competitive firm. So its costs (total cost, average cost, and marginal cost) behave just like those of a firm in perfect competition. And its revenues (total revenue, price, and marginal revenue) behave in the way we've just described.

In monopoly, demand is always elastic as a profit-maximizing monopoly never produces an output in the inelastic range of its demand curve.

Table 1 provides information about Bobbie's costs, revenues, and economic profit and Figure 4 shows the same information graphically.

Maximizing Economic Profit   You can see in the table and part (a) of the figure that total cost (*TC*) and total revenue (*TR*) both rise as output increases, but *TC* rises at an increasing rate and *TR* rises at a decreasing rate. Economic profit, which equals *TR* minus *TC*, increases at small output levels, reaches a maximum, and then decreases. The maximum profit ($12) occurs when Bobbie sells 3 haircuts for $14 each. If she sells 2 haircuts for $16 each or 4 haircuts for $12 each, her economic profit will be only $8.

Marginal Revenue Equals Marginal Cost   You can see in the table and part (b) of the figure Bobbie's marginal revenue (*MR*) and marginal cost (*MC*). When Bobbie increases output from 2 to 3 haircuts, *MR* is $10 and *MC* is $6. *MR* exceeds *MC* by $4 and Bobbie's profit increases by that amount. If Bobbie increases output yet further, from 3 to 4 haircuts, *MR* is $6 and *MC* is $10. In this case, *MC* exceeds *MR* by $4, so profit decreases by that amount.

When *MR* exceeds *MC*, profit increases if output increases. When *MC* exceeds *MR*, profit increases if output *decreases*. When *MC* equals *MR*, profit is maximized.

Figure 4(b) shows the maximum profit as price (on the demand curve *D*) minus average total cost (on the *ATC* curve) multiplied by the quantity produced—the rectangle.

Maximum Price the Market will Bear   Unlike a firm in perfect competition, a monopoly influences the price of what it sells. But a monopolist doesn't set the price at the maximum *possible* price. At the maximum possible price, the firm would be able to sell only one unit of output, which in general is less than the

TABLE 1   A Monopoly's Output and Price Decision

Price (P) (dollars per haircut)	Quantity Demanded (Q) (haircuts per hour)	Total Revenue (TR = P × Q) (dollars)	Marginal Revenue (MR = ΔTR/ΔQ) (dollars per haircut)	Total Cost (TC) (dollars)	Marginal Cost (MC = ΔTC/ΔQ) (dollars per haircut)	Profit (TR − TC) (dollars)
20	0	0		20		−20
			18		1	
18	1	18		21		−3
			14		3	
16	2	32		24		+8
			10		6	
14	3	42		30		+12
			6		10	
12	4	48		40		+8
			2		15	
10	5	50		55		−5

This table gives the information needed to find the profit-maximizing output and price. Total revenue (TR) equals price multiplied by the quantity sold. Profit equals total revenue minus total cost (TC). Profit is maximized when 3 haircuts are sold at a price of $14 each. Total revenue is $42, total cost is $30, and economic profit is $12 ($42 − $30).

FIGURE 4 A Monopoly's Output and Price

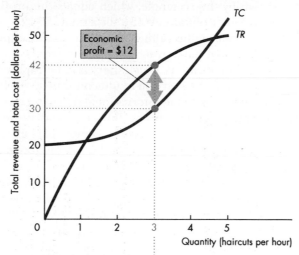

(a) Total revenue and total cost curves

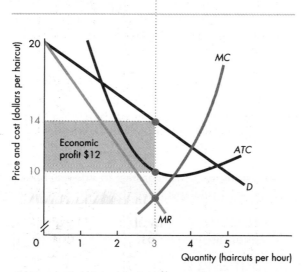

(b) Demand and marginal revenue and cost curves

In part (a), economic profit is the vertical distance equal to total revenue (*TR*) minus total cost (*TC*) and it is maximized at 3 haircuts an hour. In part (b), economic profit is maximized when marginal cost (*MC*) equals marginal revenue (*MR*). The profit-maximizing output is 3 haircuts an hour. The price is determined by the demand curve (*D*) and is $14 a haircut. Her average total cost is $10 a haircut, so economic profit, the rectangle, is $12—the profit per haircut ($4) multiplied by 3 haircuts.

profit maximizing quantity. Rather, a monopoly produces the profit maximizing quantity and sells that quantity for the highest price it can get.

All firms maximize profit by producing the output at which marginal revenue equals marginal cost. For a competitive firm, price equals marginal revenue, so price also equals marginal cost. For a monopoly, price exceeds marginal revenue, so price also exceeds marginal cost.

A monopoly charges a price that exceeds marginal cost, but does it always make an economic profit? In Bobbie's case, when she produces 3 haircuts an

✳ MR = MC ⟹ Profit Maximisation

✳

Π = Pr @D where MR = MC minus ATC.

hour, her average total cost is $10 (read from the *ATC* curve) and her price is $14 (read from the *D* curve). Her profit per haircut is $4 ($14 minus $10). Bobbie's economic profit is shown by the rectangle, which equals the profit per haircut ($4) multiplied by the number of haircuts (3), for a total of $12.

If firms in a perfectly competitive industry make a positive economic profit, new firms enter. That does not happen in monopoly. Barriers to entry prevent new firms from entering an industry in which there is a monopoly. So a monopoly can make a positive economic profit and might continue to do so indefinitely. Sometimes that profit is large, as in the international diamond business.

Bobbie makes a positive economic profit. But suppose that the owner of the shop that Bobbie rents increases Bobbie's rent. If Bobbie pays an additional $12 an hour, her fixed cost increases by $12 an hour. Her marginal cost and marginal revenue don't change, so her profit-maximizing output remains at 3 haircuts an hour. Her profit decreases by $12 an hour to zero. If Bobbie pays more than an additional $12 an hour for her shop rent, she incurs an economic loss. If this situation were permanent, Bobbie would go out of business.

4   SINGLE-PRICE MONOPOLY AND COMPETITION COMPARED

Imagine an industry that is made up of many small firms operating in perfect competition. Then imagine that a single firm buys out all these small firms and creates a monopoly.

What will happen in this industry? Will the price rise or fall? Will the quantity produced increase or decrease? Will economic profit increase or decrease? Will either the original competitive situation or the new monopoly situation be efficient?

These are the questions we're now going to answer. First, we look at the effects of monopoly on the price and quantity produced. Then we turn to the questions about efficiency.

Comparing Output and Price

Figure 5 shows the market we'll study. The market demand curve is *D*. The demand curve is the same regardless of how the industry is organized. But the supply side and the equilibrium are different in monopoly and competition. First, let's look at the case of perfect competition.

Perfect Competition   Initially, with many small perfectly competitive firms in the market, the market supply curve is *S*. This supply curve is obtained by summing the supply curves of all the individual firms in the market.

In perfect competition, equilibrium occurs where the supply curve and the demand curve intersect. The quantity produced by the industry is Q_C, and the price is P_C. Each firm takes the price P_C and maximizes its profit by producing the output at which its own marginal cost equals the price. Because each firm is a small part of the total industry, there is no incentive for any firm to try to manipulate the price by varying its output.

Monopoly   Now suppose that this industry is taken over by a single firm. Consumers do not change, so the demand curve remains the same as in the case of

FIGURE 5 Monopoly's Smaller Output and Higher Price

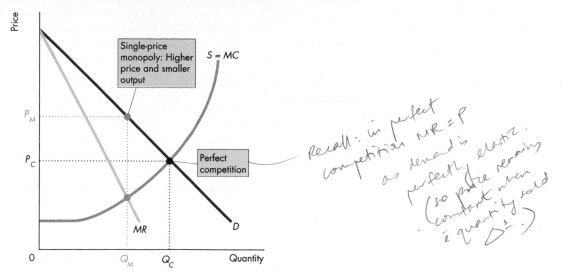

A competitive industry produces the quantity Q_C at price P_C. A single-price monopoly produces the quantity Q_M at which marginal revenue equals marginal cost and sells that quantity for the price P_M. Compared to perfect competition, a single-price monopoly restricts output and raises the price.

perfect competition. But now the monopoly recognizes this demand curve as a constraint on its sales. The monopoly's marginal revenue curve is *MR*.

The monopoly maximizes profit by producing the quantity at which marginal revenue equals marginal cost. To find the monopoly's marginal cost curve, first recall that in perfect competition, the industry supply curve is the sum of the supply curves of the firms in the industry. Also recall that each firm's supply curve is its marginal cost curve (see Reading 18). So when the industry is taken over by a single firm, the competitive industry's supply curve becomes the monopoly's marginal cost curve. To remind you of this fact, the supply curve is also labeled *MC*.

The output at which marginal revenue equals marginal cost is Q_M. This output is smaller than the competitive output Q_C. And the monopoly charges the price P_M, which is higher than P_C. We have established that

Compared to a perfectly competitive industry, a single-price monopoly restricts its output and charges a higher price.

We've seen how the output and price of a monopoly compare with those in a competitive industry. Let's now compare the efficiency of the two types of market.

Efficiency Comparison

You saw in Reading 18 that (with no external costs and benefits) perfect competition is efficient. Figure 6(a) illustrates the efficiency of perfect competition and serves as a benchmark against which to measure the inefficiency of monopoly.

FIGURE 6   Inefficiency of Monopoly

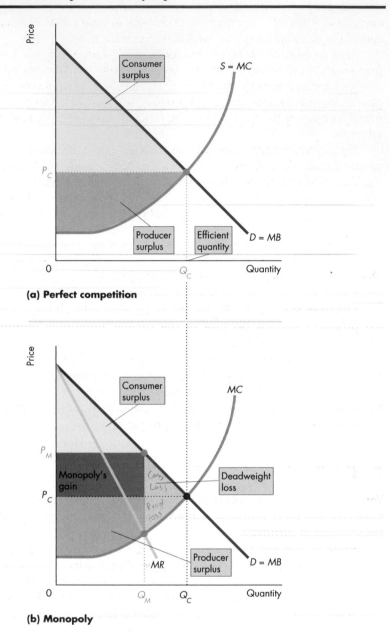

(a) Perfect competition

(b) Monopoly

In perfect competition [part (a)], output is Q_C and the price is P_C. Marginal benefit (*MB*) equals marginal cost (*MC*); consumer surplus plus producer surplus is maximized; and in the long-run, firms produce at the lowest possible average cost. A monopoly [part (b)] restricts output to Q_M and raises the price to P_M. Consumer surplus shrinks, the monopoly gains, and a deadweight loss arises.

Along the demand curve and marginal benefit curve ($D = MB$), consumers are efficient. Along the supply curve and marginal cost curve ($S = MC$), producers are efficient. In competitive equilibrium, the price is P_C, the quantity is Q_C, and marginal benefit equals marginal cost.

Consumer surplus is the triangle under the demand curve and above the equilibrium price (see Reading 14). *Producer surplus* is the area above the supply curve and below the equilibrium price (see Reading 14). The sum of the consumer surplus and producer surplus is maximized.

Also, in long-run competitive equilibrium, entry and exit ensure that each firm produces its output at the minimum possible long-run average cost.

To summarize: At the competitive equilibrium, marginal benefit equals marginal cost; the sum of consumer surplus and producer surplus is maximized; firms produce at the lowest possible long-run average cost; and resource use is efficient.

Figure 6(b) illustrates the inefficiency of monopoly and the sources of that inefficiency. A monopoly restricts output to Q_M and sells its output for P_M. The smaller output and higher price drive a wedge between marginal benefit and marginal cost and create a *deadweight loss.* The center triangle shows the deadweight loss and its magnitude is a measure of the inefficiency of monopoly.

Consumer surplus shrinks for two reasons. First, consumers lose by having to pay more for the good. This loss to consumers is a gain for the producer and increases the producer surplus. Second, consumers lose by getting less of the good, and this loss is part of the deadweight loss.

Although the monopoly gains from a higher price, it loses some of the original producer surplus because of the smaller monopoly output. That loss is another part of the deadweight loss.

Because a monopoly restricts output below the level in perfect competition and faces no competitive threat, it does not produce at the minimum possible long-run average cost. As a result, monopoly damages the consumer interest in three ways: it produces less, it increases the cost of production, and it increases the price above the increased cost of production.

Redistribution of Surpluses

You've seen that monopoly is inefficient because marginal benefit exceeds marginal cost and there is deadweight loss—a social loss. But monopoly also brings a *redistribution* of surpluses.

Some of the lost consumer surplus goes to the monopoly. In Fig. 6, the monopoly gets the difference between the higher price, P_M, and the competitive price, P_C, on the quantity sold, Q_M. So the monopoly takes the part of the consumer surplus shown by the rectangle. This portion of the loss of consumer surplus is not a loss to society. It is redistribution from consumers to the monopoly producer.

Rent Seeking

You've seen that monopoly creates a deadweight loss and is inefficient. But the social cost of monopoly exceeds the deadweight loss because of an activity called rent seeking. **Rent seeking** is any attempt to capture a consumer surplus, a producer surplus, or an economic profit. The activity is not confined to monopoly. But attempting to capture the economic profit of a monopoly is a major form of rent seeking.

You've seen that a monopoly makes its economic profit by diverting part of consumer surplus to itself. Thus the pursuit of an economic profit by a monopolist is rent seeking. It is the attempt to capture consumer surplus.

Rent seekers pursue their goals in two main ways. They might

- ▶ Buy a monopoly
- ▶ Create a monopoly

Buy a Monopoly To rent seek by buying a monopoly, a person searches for a monopoly that is for sale at a lower price than the monopoly's economic profit. Trading of taxicab licenses is an example of this type of rent seeking. In some cities, taxicabs are regulated. The city restricts both the fares and the number of taxis that can operate so that operating a taxi results in economic profit, or rent. A person who wants to operate a taxi must buy a license from someone who already has one. People rationally devote time and effort to seeking out profitable monopoly businesses to buy. In the process, they use up scarce resources that could otherwise have been used to produce goods and services. The value of this lost production is part of the social cost of monopoly. The amount paid for a monopoly is not a social cost because the payment is just a transfer of an existing producer surplus from the buyer to the seller.

Create a Monopoly Rent seeking by creating monopoly is mainly a political activity. It takes the form of lobbying and trying to influence the political process. Such influence might be sought by making campaign contributions in exchange for legislative support or by indirectly seeking to influence political outcomes through publicity in the media or more direct contacts with politicians and bureaucrats. An example of a monopoly right created in this way is the government-imposed restrictions on the quantities of textiles that may be imported into the United States. Another is a regulation that limits the number of oranges that may be sold in the United States. These are regulations that restrict output and increase price.

This type of rent seeking is a costly activity that uses up scarce resources. Taken together, firms spend billions of dollars lobbying Congress, state legislators, and local officials in the pursuit of licenses and laws that create barriers to entry and establish a monopoly right. Everyone has an incentive to rent seek, and because there are no barriers to entry into the rent-seeking activity, there is a great deal of competition for new monopoly rights.

Rent-Seeking Equilibrium

Barriers to entry create monopoly. But there is no barrier to entry into rent seeking. Rent seeking is like perfect competition. If an economic profit is available, a new rent seeker will try to get some of it. And competition among rent seekers pushes up the price that must be paid for a monopoly right to the point at which only a normal profit can be made by operating the monopoly. For example, competition for the right to operate a taxi in New York City leads to a price of more than $100,000 for a taxi license, which is sufficiently high to eliminate economic profit for taxi operators and leave them with normal profit.

Figure 7 shows a rent-seeking equilibrium. The cost of rent seeking is a fixed cost that must be added to a monopoly's other costs. Rent seeking and rent-seeking costs increase to the point at which no economic profit is made. The average total cost curve, which includes the fixed cost of rent seeking, shifts upward until it just touches the demand curve. Economic profit is zero. It has

FIGURE 7   Rent-Seeking Equilibrium

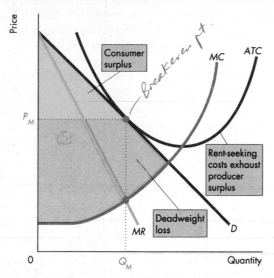

With competitive rent seeking, a monopoly uses all its economic profit to prevent another firm from taking its economic rent. The firm's rent-seeking costs are fixed costs. They add to total fixed cost and to average total cost. The *ATC* curve shifts upward until, at the profit-maximizing price, the firm breaks even.

been lost in rent seeking. Consumer surplus is unaffected. But the deadweight loss of monopoly now includes the original deadweight loss triangle plus the lost producer surplus, shown by the center area of the figure.

So far, we've considered only a single-price monopoly. But many monopolies do not operate with a single price. Instead, they price discriminate. Let's now see how price-discriminating monopoly works.

PRICE DISCRIMINATION   5

Price discrimination—selling a good or service at a number of different prices— is widespread. You encounter it when you travel, go to the movies, get your hair cut, buy pizza, or visit an art museum. Most price discriminators are not monop- olies, but monopolies price discriminate when they can do so.

To be able to price discriminate, a monopoly must

1. Identify and separate different buyer types.

2. Sell a product that cannot be resold.

Price discrimination is charging different prices for a single good or service because of differences in buyers' willingness to pay and not because of differ- ences in production costs. So not all price *differences* are price *discrimination*. Some goods that are similar but not identical have different prices because they have different production costs. For example, the cost of producing electricity depends on time of day. If an electric power company charges a higher price dur- ing the peak consumption periods from 7:00 to 9:00 in the morning and from

4:00 to 7:00 in the evening than it does at other times of the day, it is not price discriminating.

At first sight, it appears that price discrimination contradicts the assumption of profit maximization. Why would a movie theater allow children to see movies at half price? Why would a hairdresser charge students and senior citizens less? Aren't these firms losing profit by being nice to their customers?

Deeper investigation shows that far from losing profit, price discriminators make a bigger profit than they would otherwise. So a monopoly has an incentive to find ways of discriminating and charging each buyer the highest possible price. Some people pay less with price discrimination, but others pay more.

Price Discrimination and Consumer Surplus

The key idea behind price discrimination is to convert consumer surplus into economic profit. Demand curves slope downward because the value that people place on any good decreases as the quantity consumed of that good increases. When all the units consumed are sold for a single price, consumers benefit. The benefit is the value the consumers get from each unit of the good minus the price actually paid for it. This benefit is *consumer surplus*. Price discrimination is an attempt by a monopoly to capture as much of the consumer surplus as possible for itself.

To extract every dollar of consumer surplus from every buyer, the monopoly would have to offer each individual customer a separate price schedule based on that customer's own willingness to pay. Clearly, such price discrimination cannot be carried out in practice because a firm does not have enough information about each consumer's demand curve.

But firms try to extract as much consumer surplus as possible, and to do so, they discriminate in two broad ways:

▶ Among units of a good

▶ Among groups of buyers

Discriminating among Units of a Good   One method of price discrimination charges each buyer a different price on each unit of a good bought. A discount for bulk buying is an example of this type of discrimination. The larger the quantity bought, the larger is the discount—and the lower is the price. (Note that some discounts for bulk arise from lower costs of production for greater bulk. In these cases, such discounts are not price discrimination.)

Discriminating among Groups of Buyers   Price discrimination often takes the form of discriminating among different groups of consumers on the basis of age, employment status, or some other easily distinguished characteristic. This type of price discrimination works when each group has a different average willingness to pay for the good or service.

For example, a face-to-face sales meeting with a customer might bring a large and profitable order. For salespeople and other business travelers, the marginal benefit from a trip is large and the price that such a traveler will pay for a trip is high. In contrast, for a vacation traveler, any of several different trips and even no vacation trip are options. So for vacation travelers, the marginal benefit of a trip is small and the price that such a traveler will pay for a trip is low.

Because business travelers are willing to pay more than vacation travelers are, it is possible for an airline to profit by price discriminating between these two groups. Similarly, because students have a lower willingness to pay for a haircut than a working person does, it is possible for a hairdresser to profit by price discriminating between these two groups.

Let's see how an airline exploits the differences in demand by business and vacation travelers and increases its profit by price discriminating.

Profiting by Price Discriminating

Global Air has a monopoly on an exotic route. Figure 8 shows the demand curve (*D*) and the marginal revenue curve (*MR*) for travel on this route. It also shows Global Air's marginal cost curve (*MC*) and average total cost curve (*ATC*).

Initially, Global is a single-price monopoly and maximizes its profit by producing 8,000 trips a year (the quantity at which *MR* equals *MC*). The price is $1,200 per trip. The average total cost of producing a trip is $600, so economic profit is $600 a trip. On 8,000 trips, Global's economic profit is $4.8 million a year, shown by the rectangle. Global's customers enjoy a consumer surplus shown by the triangle.

Global is struck by the fact that many of its customers are business travelers, and it suspects they are willing to pay more than $1,200 a trip. So Global does some market research, which reveals that some business travelers are willing to pay as much as $1,800 a trip. Also, these customers frequently change their travel plans at the last moment. Another group of business travelers is willing to pay

FIGURE 8 A Single Price of Air Travel

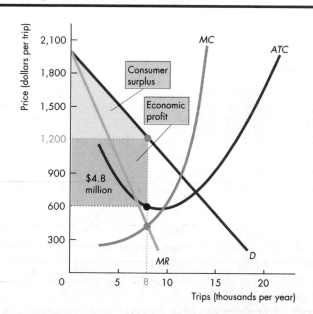

Global Airlines has a monopoly on an air route. The market demand curve is *D* and marginal revenue curve is *MR*. Global Air's marginal cost curve is *MC* and its average total cost curve is *ATC*. As a single-price monopoly, Global maximizes profit by selling 8,000 trips a year at $1,200 a trip. Its profit is $4.8 million a year—the rectangle. Global's customers enjoy a consumer surplus—the triangle.

$1,600. These customers know a week ahead when they will travel, and they never want to stay over a weekend. Yet another group would pay up to $1,400. These travelers know two weeks ahead when they will travel and also don't want to stay away over a weekend.

So Global announces a new fare schedule. No restrictions, $1,800; 7-day advance purchase, no cancellation, $1,600; 14-day advance purchase, no cancellation, $1,400; 14-day advance purchase, must stay over a weekend, $1,200.

Figure 9 shows the outcome with this new fare structure and also shows why Global is pleased with its new fares. It sells 2,000 seats at each of its four prices. Global's economic profit increases by the steps in Fig. 9. Its economic profit is now its original $4.8 million a year plus an additional $2.4 million from its new higher fares. Consumer surplus has shrunk to the smaller area.

Perfect Price Discrimination

Perfect price discrimination occurs if a firm is able to sell each unit of output for the highest price anyone is willing to pay for it. In such a case, the entire consumer surplus is eliminated and captured by the producer. To practice perfect price discrimination, a firm must be creative and come up with a host of prices and special conditions each one of which appeals to a tiny segment of the market.

FIGURE 9   Price Discrimination

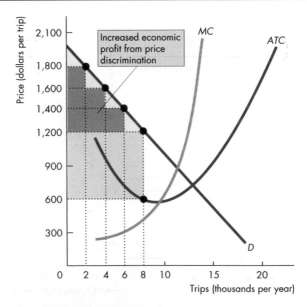

Global revises its fare structure: no restrictions at $1,800, 7-day advance purchase at $1,600, 14-day advance purchase at $1,400, and must stay over a weekend at $1,200. Global sells 2,000 trips at each of its four new fares. Its economic profit increases by $2.4 million a year to $7.2 million a year, which is shown by the original rectangle plus the steps. Global's customers' consumer surplus shrinks.

With perfect price discrimination, something special happens to marginal revenue. For the perfect price discriminator, the market demand curve becomes the marginal revenue curve. The reason is that when the price is cut to sell a larger quantity, the firm sells only the marginal unit at the lower price. All the other units continue to be sold for the highest price that each buyer is willing to pay. So for the perfect price discriminator, marginal revenue *equals* price and the demand curve becomes the marginal revenue curve.

Perf Price Discrim
MR = D

With marginal revenue equal to price, Global can obtain even greater profit by increasing output up to the point at which price (and marginal revenue) is equal to marginal cost.

So Global now seeks additional travelers who will not pay as much as $1,200 a trip but who will pay more than marginal cost. Global gets more creative and comes up with vacation specials and other fares that have combinations of advance reservation, minimum stay, and other restrictions that make these fares unattractive to its existing customers but attractive to a different group of travelers. With all these fares and specials, Global increases sales, extracts the entire consumer surplus, and maximizes economic profit. Figure 10 shows the outcome with perfect price discrimination. The dozens of fares paid by the original travelers who are willing to pay between $1,200 and $2,000 have extracted the entire consumer surplus from this group and converted it into economic profit for Global.

The new fares between $900 and $1,200 have attracted 3,000 additional travelers but taken their entire consumer surplus also. Global is earning an economic profit of more than $9 million.

FIGURE 10 Perfect Price Discrimination

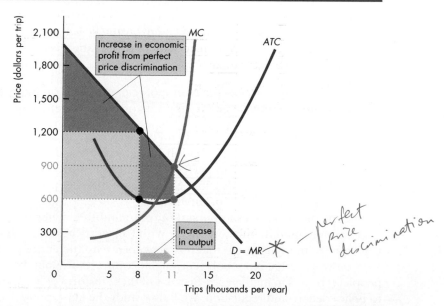

Dozens of fares discriminate among many different types of business travelers, and many new low fares with restrictions appeal to vacation travelers. With perfect price discrimination, Global's demand curve becomes its marginal revenue curve. Economic profit is maximized when the lowest price equals marginal cost. Here, Global sells 11,000 trips and makes an economic profit of $9.35 million a year.

Would it bother you to hear how little I paid for this flight?

From William Hamilton, "Voodoo Economics," © 1992 by The Chronicle Publishing Company, p. 3. Reprinted with permission of Chronicle Books.

Real-world airlines are just as creative as Global, as you can see in the cartoon!

Efficiency and Rent Seeking with Price Discrimination

With perfect price discrimination, output increases to the point at which price equals marginal cost—where the marginal cost curve intersects the demand curve. This output is identical to that of perfect competition. Perfect price discrimination pushes consumer surplus to zero but increases producer surplus to equal the sum of consumer surplus and producer surplus in perfect competition. Deadweight loss with perfect price discrimination is zero. So perfect price discrimination achieves efficiency.

The more perfectly the monopoly can price discriminate, the closer its output gets to the competitive output and the more efficient is the outcome.

But there are two differences between perfect competition and perfect price discrimination. First, the distribution of the surplus is different. It is shared by consumers and producers in perfect competition, while the producer gets it all with perfect price discrimination. Second, because the producer grabs the surplus, rent seeking becomes profitable.

People use resources in pursuit of rents, and the bigger the rents, the more resources get used in pursuing them. With free entry into rent seeking, the long-run equilibrium outcome is that rent seekers use up the entire producer surplus.

You've seen that monopoly is profitable for the monopolist but costly for other people. It results in inefficiency. Because of these features of monopoly, it is subject to policy debate and regulation. We'll now study the key monopoly policy issues.

6 MONOPOLY POLICY ISSUES

Monopoly looks bad when we compare it with competition. Monopoly is inefficient, and it captures consumer surplus and converts it into producer surplus or pure waste in the form of rent-seeking costs. If monopoly is so bad, why do we put up with it? Why don't we have laws that crack down on monopoly so hard that it never rears its head? We do indeed have laws that limit monopoly power and regulate the prices that monopolies are permitted to charge. But monopoly also brings some benefits. We begin this review of monopoly policy issues by looking at the benefits of monopoly. We then look at monopoly regulation.

Gains from Monopoly

The main reason why monopoly exists is that it has potential advantages over a competitive alternative. These advantages arise from

- ▶ Incentives to innovation
- ▶ Economies of scale and economies of scope

Incentives to Innovation   Invention leads to a wave of innovation as new knowledge is applied to the production process. Innovation may take the form of developing a new product or a lower-cost way of making an existing product. Controversy has raged over whether large firms with market power or small competitive firms lacking such market power are the most innovative. It is clear that some temporary market power arises from innovation. A firm that develops a new product or process and patents it obtains an exclusive right to that product or process for the term of the patent.

But does the granting of a monopoly, even a temporary one, to an innovator increase the pace of innovation? One line of reasoning suggests that it does. Without protection, an innovator is not able to enjoy the profits from innovation for very long. Thus the incentive to innovate is weakened. A contrary argument is that monopolies can afford to be lazy while competitive firms cannot. Competitive firms must strive to innovate and cut costs even though they know that they cannot hang onto the benefits of their innovation for long. But that knowledge spurs them on to greater and faster innovation.

The evidence on whether monopoly leads to greater innovation than competition is mixed. Large firms do more research and development than do small firms. But research and development are inputs into the process of innovation. What matters is not input but output. Two measures of the output of research and development are the number of patents and the rate of productivity growth. On these measures, it is not clear that bigger is better. But as a new process or product spreads through an industry, the large firms adopt the new process or product more quickly than do small firms. So large firms help to speed the process of diffusion of technological change.

Economies of Scale and Scope   Economies of scale and economies of scope can lead to natural monopoly. And as you saw at the beginning of this chapter, in a natural monopoly, a single firm can produce at a lower average cost than a number of firms can.

A firm experiences *economies of scale* when an increase in its output of a good or service brings a decrease in the average total cost of producing it (see Reading 17). A firm experiences *economies of scope* when an increase in the *range of goods produced* brings a decrease in average total cost (see Reading 16). Economies of scope occur when different goods can share specialized (and usually costly) capital resources. For example, McDonald's can produce both hamburgers and french fries at a lower average total cost than can two separate firms—a burger firm and a french

ie: synergies

fries firm—because at McDonald's, hamburgers and french fries share the use of specialized food storage and preparation facilities. A firm that produces a wide range of products can hire specialist computer programmers, designers, and marketing experts whose skills can be used across the product range, thereby spreading their costs and lowering the average total cost of production of each of the goods.

There are many examples in which a combination of economies of scale and economies of scope arise, but not all of them lead to monopoly. Some examples are the brewing of beer, the manufacture of refrigerators and other household appliances, the manufacture of pharmaceuticals, and the refining of petroleum.

Examples of industries in which economies of scale are so significant that they lead to a natural monopoly are becoming rare. Public utilities such as gas, electric power, local telephone service, and garbage collection once were natural monopolies. But technological advances now enable us to separate the *production* of electric power or natural gas from its *distribution*. The provision of water, though, remains a natural monopoly.

A large-scale firm that has control over supply and can influence price—and therefore behaves like the monopoly firm that you've studied in this reading—can reap these economies of scale and scope. Small, competitive firms cannot. Consequently, there are situations in which the comparison of monopoly and competition that we made earlier in this reading is not valid. Recall that we imagined the takeover of a large number of competitive firms by a monopoly firm. But we also assumed that the monopoly would use exactly the same technology as the small firms and have the same costs. If one large firm can reap economies of scale and scope, its marginal cost curve will lie below the supply curve of a competitive industry made up of many small firms. It is possible for such economies of scale and scope to be so large as to result in a larger output and lower price under monopoly than a competitive industry would achieve.

Where significant economies of scale and scope exist, it is usually worth putting up with monopoly and regulating its price.

Regulating Natural Monopoly

Where demand and cost conditions create a natural monopoly, a federal, state, or local government agency usually steps in to regulate the price of the monopoly. By regulating a monopoly, some of the worst aspects of monopoly can be avoided or at least moderated. Let's look at monopoly price regulation.

Figure 11 shows the demand curve *D*, the marginal revenue curve *MR*, the long-run average cost curve *ATC*, and the marginal cost curve *MC* for a natural gas distribution company that is a natural monopoly.

The firm's marginal cost is constant at 10 cents per cubic foot. But average total cost decreases as output increases. The reason is that the natural gas company has a large investment in pipelines and so has high fixed costs. These fixed costs are part of the company's average total cost and appear in the *ATC* curve. The average total cost curve slopes downward because as the number of cubic feet sold increases, the fixed cost is spread over a larger number of units. (If you need to refresh your memory on how the average total cost curve is calculated, look back at Reading 17.)

This one firm can supply the entire market at a lower cost than two firms can because average total cost is falling even when the entire market is supplied. (Refer back to pp. 170–173 if you need a quick refresher on natural monopoly.)

FIGURE 11   Regulating a Natural Monopoly

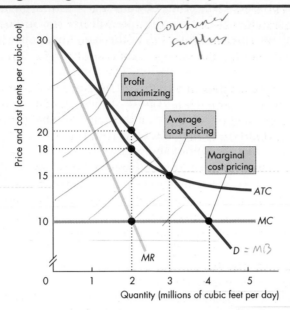

A natural monopoly is an industry in which average total cost is falling even when the entire market demand is satisfied. A natural gas producer faces the demand curve D. The firm's marginal cost is constant at 10 cents per cubic foot, as shown by the curve labeled MC. Fixed costs are large, and the average total cost curve, which includes average fixed cost, is shown as ATC. A marginal cost pricing rule sets the price at 10 cents per cubic foot. The monopoly produces 4 million cubic feet per day and incurs an economic loss. An average cost pricing rule sets the price at 15 cents per cubic foot. The monopoly produces 3 million cubic feet per day and makes normal profit.

Profit Maximization   First, suppose the natural gas company is not regulated and instead maximizes profit. Figure 11 shows the outcome. The company produces 2 million cubic feet a day, the quantity at which marginal cost equals marginal revenue. It prices this gas at 20 cents a cubic foot and makes an economic profit of 2 cents a cubic foot, or $40,000 a day.

   This outcome is fine for the gas company, but it is inefficient. Gas costs 20 cents a cubic foot when its marginal cost is only 10 cents a cubic foot. Also, the gas company is making a big profit. What can regulation do to improve this outcome?

The Efficient Regulation   If the monopoly regulator wants to achieve an efficient use of resources, it must require the gas monopoly to produce the quantity of gas that brings marginal benefit into equality with marginal cost. Marginal benefit is what the consumer is willing to pay and is shown by the demand curve. Marginal cost is shown by the firm's marginal cost curve. You can see in Fig. 11 that this outcome occurs if the price is regulated at 10 cents per cubic foot and if 4 million cubic feet per day are produced. The regulation that produces this outcome is called a marginal cost pricing rule. **A marginal cost pricing rule** sets price equal to marginal cost. It maximizes total surplus in the regulated industry. In this example, that surplus is all consumer surplus and it equals the area of the triangle beneath the demand curve and above the marginal cost curve.

   The marginal cost pricing rule is efficient. But it leaves the natural monopoly incurring an economic loss. Because average total cost is falling as output increases, marginal cost is below average total cost. And because price equals marginal cost, price is below average total cost. Average total cost minus price is the loss per unit produced. It's pretty obvious that a natural gas company that is required to use a marginal cost pricing rule will not stay in business for long. How can a company cover its costs and, at the same time, obey a marginal cost pricing rule?

One possibility is price discrimination. The company might charge a higher price to some customers but marginal cost to the customers who pay least. Another possibility is to use a two-part price (called a two-part tariff). For example, the gas company might charge a monthly fixed fee that covers its fixed cost and then charge for gas consumed at marginal cost.

But a natural monopoly cannot always cover its costs in these ways. If a natural monopoly cannot cover its total cost from its customers, and if the government wants it to follow a marginal cost pricing rule, the government must give the firm a subsidy. In such a case, the government raises the revenue for the subsidy by taxing some other activity. But as we saw in Reading 15, taxes themselves generate deadweight loss. Thus the deadweight loss resulting from additional taxes must be subtracted from the efficiency gained by forcing the natural monopoly to adopt a marginal cost pricing rule.

Average Cost Pricing   Regulators almost never impose efficient pricing because of its consequences for the firm's profit. Instead, they compromise by permitting the firm to cover its costs and to earn a normal profit. Recall that normal profit is a cost of production and we include it along with the firm's other fixed costs in the average total cost curve. So pricing to cover cost including normal profit means setting price equal to average total cost—called an **average cost pricing rule**.

Figure 11 shows the average cost pricing outcome. The natural gas company charges 15 cents a cubic foot and sells 3 million cubic feet per day. This outcome is better for consumers than the unregulated profit-maximizing outcome. The price is 5 cents a cubic foot lower, and the quantity consumed is 1 million cubic feet per day more. And the outcome is better for the producer than the marginal cost pricing rule outcome. The firm earns normal profit. The outcome is inefficient but less so than the unregulated profit-maximizing outcome.

You've now have studied perfect competition and monopoly. *Reading between the Lines* on pp. 201–203 looks at market power in the markets for Internet auctions and search. In the next reading, we study markets that lie between the extremes of perfect competition and monopoly and that blend elements of the two.

READING BETWEEN THE LINES   7

eBay Is a Monopoly but Google Isn't!

THE ECONOMIST, OCTOBER 30, 2002

How Good Is Google

... As search engines go ... Google has clearly been a runaway success. Not only is its own site the most popular for search on the web, but it also powers the search engines of major portals, such as Yahoo! and AOL. All told, 75% of referrals to websites now originate from Google's algorithms. That is power.

For some time now, Google's board ... has been deliberating how to translate that power into money. They appear to have decided to bring Google to the stock market next spring. Bankers have been overheard estimating Google's value at $15 billion or more. That could make Google Silicon Valley's first hot IPO since the dotcom bust, and perhaps its biggest ever.

...To be worth the rumoured $15 billion for longer than it takes a bubble to burst, it will need to raise its profitability substantially. That means matching such internet stars as eBay (market capitalisation $37 billion), but without the natural-monopoly advantages that have made eBay so dominant—the classic network effect of buyers and sellers knowing they do best by all trading in one place. For Google to stay permanently ahead of other search-engine technologies is almost impossible, since it takes so little—only a bright idea by another set of geeks—to lose the lead. In contrast to a portal such as Yahoo!, which also offers customers free e-mail and other services, a pure search engine is always but a click away from losing users.

Essence of the Story

▶ Google is the most popular search engine, and 75 percent of referrals to websites originate from its searches.

▶ Some bankers estimate Google's value at $15 billion or more.

▶ It is almost impossible for Google to stay permanently ahead of other search-engine technologies because it takes only a bright idea by another set of programmers to lose its lead.

▶ Google does not have the natural-monopoly advantages that have made eBay dominant—network effect of buyers and sellers who know they do best by all trading in one place.

Economic Analysis

▶ Almost all the costs of eBay or Google are fixed costs.

▶ When all costs are fixed, average fixed cost equals average total cost, and marginal cost is zero. Figure 12 shows eBay's cost curves. (Google's cost curves look just like these.)

▶ A natural monopoly has two features:

   1. Economies of scale at the output that meets the market demand.

   2. No close substitutes.

▶ Both eBay and Google have the first feature but only eBay has the second.

▶ If another firm developed a better search engine than Google—a close but better substitute for Google—that firm would take the market for Internet search.

▶ Constant vigilance in improving its search engine and keeping it the best available can prevent this outcome for Google.

▶ Because eBay enjoys the benefit of a network externality, eBay has no close substitute and is unlikely to be confronted with one.

▶ The demand for eBay's services is D in Fig. 12. The firm maximizes profit by setting a price, P, that generates a quantity demanded, Q, where marginal revenue is equal to the zero marginal cost.

▶ eBay users enjoy a consumer surplus, eBay earns a large economic profit (capital value at an estimated $37 billion), but there is a deadweight loss.

▶ Although as a monopoly eBay is inefficient and creates a deadweight loss, the world is better off with eBay than it would be without it. Figure 13 shows why.

▶ In the market for a rarely traded item such as carved bone fishes, the supply including the cost of finding a buyer was S_0 before eBay began to operate. The cost of finding a buyer was so large that this item was not traded.

▶ Supply increases to S_1 when eBay lowers the cost of finding a buyer. Now the item is traded. The buyer pays PB and receives a consumer surplus, the seller receives PS and a seller's surplus, and eBay earns an economic profit.

FIGURE 12   eBay's Market for Auction Services

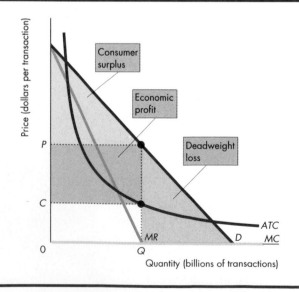

FIGURE 13   The View from the Market for Carved Bone Fishes

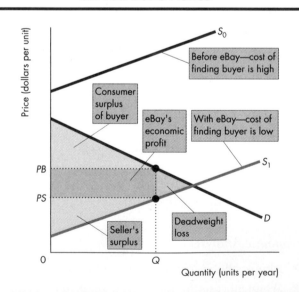

► A deadweight loss arises because eBay doesn't set price equal to marginal cost. So the market is inefficient. But compared to the situation before eBay existed, a huge consumer surplus and a surplus for the seller arise.

You're the Voter

► Do you think eBay should be regulated and required to set its price equal to its marginal cost? Explain why or why not.

SUMMARY

▶ A monopoly is an industry with a single supplier of a good or service that has no close substitutes and in which barriers to entry prevent competition.

▶ Barriers to entry may be legal (public franchise, license, patent, copyright, firm owns control of a resource) or natural (created by economies of scale).

▶ A monopoly might be able to price discriminate when there is no resale possibility.

▶ Where resale is possible, a firm charges one price. — single price

▶ A monopoly's demand curve is the market demand curve and a single-price monopoly's marginal revenue is less than price.

▶ A monopoly maximizes profit by producing the output at which marginal revenue equals marginal cost and by charging the maximum price that consumers are willing to pay for that output.

▶ A single-price monopoly charges a higher price and produces a smaller quantity than a perfectly competitive industry.

▶ A single-price monopoly restricts output and creates a deadweight loss.

▶ Monopoly imposes costs that equal its deadweight loss plus the cost of the resources devoted to rent seeking.

▶ Price discrimination is an attempt by the monopoly to convert consumer surplus into economic profit.

▶ Perfect price discrimination extracts the entire consumer surplus. Such a monopoly charges a different price for each unit sold and obtains the maximum price that each consumer is willing to pay for each unit bought.

▶ With perfect price discrimination, the monopoly produces the same output as would a perfectly competitive industry.

▶ Rent seeking with perfect price discrimination might eliminate the entire consumer surplus and producer surplus.

▶ A monopoly with large economies of scale and economies of scope can produce a larger quantity at a lower price than a competitive industry can achieve, and monopoly might be more innovative than small competitive firms.

▶ Efficient regulation requires a monopoly to charge a price equal to marginal cost, but for a natural monopoly, such a price is less than average total cost.

▶ Average cost pricing is a compromise pricing rule that covers a firm's costs and provides a normal profit but is not efficient. It is more efficient than unregulated profit maximization.

PRACTICE PROBLEMS FOR READING 19

1. Which of the following is not a constraint that helps to create a monopoly?

  A. Public franchise.

  B. Innovative culture.

  C. Control of a key resource.

  D. Economies of scale along the entire long-run average cost curve.

2. Use the information in the following table to determine a monopolist's profit-maximizing output and price.

	Price/unit	Cost/unit	Quantity Demanded
A.	40	35	200
B.	50	40	175
C.	60	45	150
D.	70	50	125

(handwritten annotations: MR column — 8000, 8750, 9000, 8750; 750, −250, −(250); MC column — 7000, 7000, 6750, 6250; 0, 250, 500; Profit — 1000, 1750, 2250, 2500 ← Highest profit)

3. Which of the following is the *best* reason for price discrimination?

  A. Differences in applicable tariffs.

  B. Differences in effective tax rates.

  C. Differences in consumers' willingness to pay.

  D. Differences in production and/or transportation costs.

4. A monopoly's equilibrium level of output is *least likely* to occur where

  A. demand is elastic.

  B. demand is inelastic.

  C. price is greater than average total cost.

  D. marginal revenue equals marginal cost.

5. Compared to perfect competition, a natural monopoly will *most likely* be associated with a decrease in

  A. deadweight loss.

  B. producer surplus.

  C. consumer surplus.

  D. equilibrium quantity.

6. Which of the following statements is *most* accurate? Price discrimination

  A. is illegal.

  B. allows a product to be resold.

  C. reduces the monopolist's economic profits.

  D. allows different prices to be charged to different buyers.

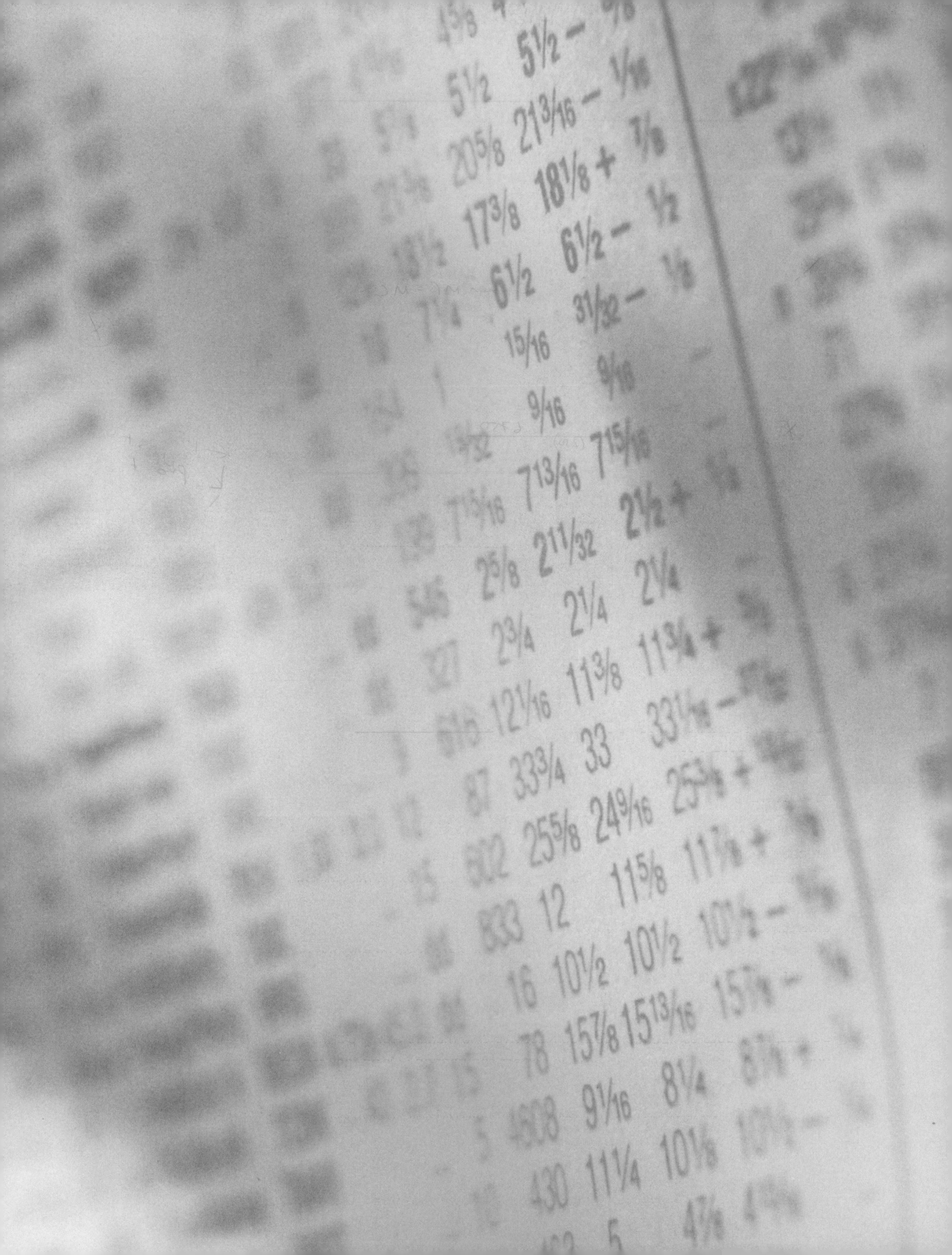

4⅛

5½ − ⅝

5½ 5½ − ⅛

5⅛ 213⁄16 − ¼

20⅝ 213⁄16 − ¼

173⁄8 18⅛ +

10½ 6½ − ½

6½ 6½ −

7⅛ 31⁄32 − ⅛

15⁄16

9⁄16 9⁄16

9⁄16

9⁄32 715⁄16

75⁄16 713⁄16 715⁄16

211⁄32 2½ +

2⅝ 211⁄32

2¾ 2¼ 2¼

121⁄16 11⅜ 11¾ +

333⁄4 33 33⅛ −

87 333⁄4 33

255⁄8 249⁄16 25⅞ +

802 255⁄8 249⁄16

115⁄8 11⅞ +

833 12 115⁄8

16 10½ 10½ 10⅜ −

78 15⅞ 1513⁄16 15⅞ −

4508 91⁄16 8¼ 8⅞ +

430 11¼ 10⅛

4⅞

MONOPOLISTIC COMPETITION AND OLIGOPOLY
by Michael Parkin

LEARNING OUTCOMES

The candidate should be able to:

a. describe the characteristics of monopolistic competition and oligopoly;

b. determine the profit-maximizing (loss-minimizing) output under monopolistic competition and oligopoly, explain why long-run economic profit under monopolistic competition is zero, and determine if monopolistic competition is efficient;

c. explain the importance of innovation, product development, advertising, and branding under monopolistic competition;

d. explain the kinked demand curve model and the dominant firm model, and describe oligopoly games including the Prisoners' Dilemma.

SEARCHING THE GLOBE FOR A NICHE 1

Globalization brings an enormous diversity of products. Americans enjoy hundreds of varieties of products from around the world. And American entrepreneurs search the globe for niche markets in which to sell their products and earn a profit. Paul Rasch, whom you will meet in *Reading between the Lines* at the end of this reading, is one of these entrepreneurs. Mr. Rasch sells fruit juice in a fiercely competitive Chinese market. How does he set his price, pick his product line, and choose the quantity to produce? How is Mr. Rasch's profit affected by the actions of other firms in the market?

Two firms make the chips that drive most PCs: Intel and Advanced Micro Devices. How does competition between just two chip makers work? Do they operate in the social interest, like firms in perfect competition? Or do they restrict output to increase profit, like a monopoly?

The theories of perfect competition and monopoly don't predict the behavior of the firms we've just described. To understand the search for a market niche and the way markets work when only a handful of firms compete, we need the richer models that are explained in this reading.

2   WHAT IS MONOPOLISTIC COMPETITION?

You have studied perfect competition, in which a large number of firms produce at the lowest possible cost, earn no **economic profit**, and are efficient. And you've studied monopoly, in which a single firm restricts output, produces at a higher cost and price than in perfect competition and is inefficient.

Most real-world markets are competitive but not perfectly competitive because firms in these markets possess some power to set their prices as monopolies do. We call this type of market *monopolistic competition*.

Monopolistic competition is a market structure in which

- ▸ A large number of firms compete.
- ▸ Each firm produces a differentiated product.
- ▸ Firms compete on product quality, price, and marketing.
- ▸ Firms are free to enter and exit.

Large Number of Firms

In monopolistic competition, as in perfect competition, the industry consists of a large number of firms. The presence of a large number of firms has three implications for the firms in the industry.

Small Market Share   In monopolistic competition, each firm supplies a small part of the total industry output. Consequently, each firm has only limited power to influence the price of its product. Each firm's price can deviate from the average price of other firms by a relatively small amount.

Ignore Other Firms   A firm in monopolistic competition must be sensitive to the average market price of the product. But it does not pay attention to any one individual competitor. Because all the firms are relatively small, no one firm can dictate market conditions, and so no one firm's actions directly affect the actions of the other firms.

Collusion Impossible   Firms in monopolistic competition would like to be able to conspire to fix a higher price—called collusion. But because there are many firms, collusion is not possible.

Product Differentiation

A firm practices **product differentiation** if it makes a product that is slightly different from the products of competing firms. A differentiated product is one that is a close substitute but not a perfect substitute for the products of the other firms. Some people will pay more for one variety of the product, so when its price rises, the quantity demanded falls but it does not (necessarily) fall to zero. For example, Adidas, Asics, Diadora, Etonic, Fila, New Balance, Nike, Puma, and Reebok all make differentiated running shoes. Other things remaining the same, if the price of Adidas running shoes rises and the prices of the other shoes remain constant, Adidas sells fewer shoes and the other producers sell more. But Adidas shoes don't disappear unless the price rises by a large enough amount.

Competing on Quality, Price, and Marketing

Product differentiation enables a firm to compete with other firms in three areas: product quality, price, and marketing.

Quality The quality of a product is the physical attributes that make it different from the products of other firms. Quality includes design, reliability, the service provided to the buyer, and the buyer's ease of access to the product. Quality lies on a spectrum that runs from high to low. Some firms—such as Dell Computer Corp.—offer high-quality products. They are well designed and reliable, and the customer receives quick and efficient service. Other firms offer a lower-quality product that is less well designed, that might not work perfectly, and that the buyer must travel some distance to obtain.

Price Because of product differentiation, a firm in monopolistic competition faces a downward-sloping demand curve. So, like a monopoly, the firm can set both its price and its output. But there is a tradeoff between the product's quality and price. A firm that makes a high-quality product can charge a higher price than a firm that makes a low-quality product.

Marketing Because of product differentiation, a firm in monopolistic competition must market its product. Marketing takes two main forms: advertising and packaging. A firm that produces a high-quality product wants to sell it for a suitably high price. To be able to do so, it must advertise and package its product in a way that convinces buyers that they are getting the higher quality for which they are paying a higher price. For example, pharmaceutical companies advertise and package their brand-name drugs to persuade buyers that these items are superior to the lower-priced generic alternatives. Similarly, a low-quality producer uses advertising and packaging to persuade buyers that although the quality is low, the low price more than compensates for this fact.

Entry and Exit

In monopolistic competition, there is free entry and free exit. Consequently, a firm cannot make an economic profit in the long run. When firms make an economic profit, new firms enter the industry. This entry lowers prices and eventually eliminates economic profit. When firms incur economic losses, some firms leave the industry. This exit increases prices and profits and eventually eliminates the economic loss. In long-run equilibrium, firms neither enter nor leave the industry and the firms in the industry make zero economic profit.

Examples of Monopolistic Competition

Figure 1 shows 10 industries that are good examples of monopolistic competition. These industries have a large number of firms (shown in parentheses after the name of the industry). In the most concentrated of these industries, audio and video equipment, the largest 4 firms produce only 30 percent of the industry's total

FIGURE 1   Examples of Monopolistic Competition

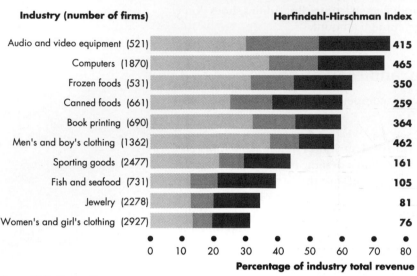

Industry (number of firms) — Herfindahl-Hirschman Index

Industry (number of firms)	HHI
Audio and video equipment (521)	415
Computers (1870)	465
Frozen foods (531)	350
Canned foods (661)	259
Book printing (690)	364
Men's and boy's clothing (1362)	462
Sporting goods (2477)	161
Fish and seafood (731)	105
Jewelry (2278)	81
Women's and girl's clothing (2927)	76

Percentage of industry total revenue: 0 10 20 30 40 50 60 70 80

These industries operate in monopolistic competition. The number of firms in the industry is shown in parentheses after the name of the industry. The light bars show the percentage of industry sales by the largest 4 firms. The medium-shaded bars show the percentage of industry sales by the next 4 largest firms, and the dark bars show the percentage of industry sales by the next 12 largest firms. So the entire length of the combined light, medium-shaded, and dark bars show the percentage of industry sales by the largest 20 firms. The Herfindahl-Hirschman Index is shown on the right.

Source: U.S. Census Bureau.

sales and the largest 20 firms produce 75 percent of total sales. The number on the right is the Herfindahl-Hirschman Index. Gas stations, food stores, dry cleaners, and haircutters also all operate in monopolistic competition.

3   PRICE AND OUTPUT IN MONOPOLISTIC COMPETITION

Suppose you've been hired by VF Corporation, the firm that owns Nautica Clothing Corporation, to manage the production and marketing of Nautica jackets. Think about the decisions that you must make at Nautica. First, you must decide on the design and quality of jackets and on your marketing program. Second, you must decide on the quantity of jackets to produce and the price at which to sell them.

We'll suppose that Nautica has already made its decisions about design, quality, and marketing and now we'll concentrate on the output and pricing decision. We'll study quality and marketing decisions in the next section.

For a given quality of jackets and marketing activity, Nautica faces given costs and market conditions. How, given its costs and the demand for its jackets, does Nautica decide the quantity of jackets to produce and the price at which to sell them?

The Firm's Short-Run Output and Price Decision

In the short run, a firm in monopolistic competition makes its output and price decision just like a monopoly firm does. Figure 2 illustrates this decision for Nautica jackets.

The demand curve for Nautica jackets is *D*. This demand curve tells us the quantity of Nautica jackets demanded at each price, given the prices of other jackets. It is not the demand curve for jackets in general.

FIGURE 2   Economic Profit in the Short Run

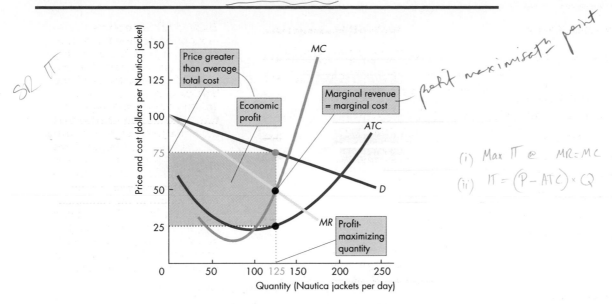

[handwritten annotations: SR Π ; profit maximisation point ; (i) Max Π @ MR=MC ; (ii) Π = (P - ATC) × Q]

Profit is maximized where marginal revenue equals marginal cost. The profit-maximizing quantity is 125 jackets a day. The price of $75 a jacket exceeds the average total cost of $25 a jacket, so the firm makes an economic profit of $50 a jacket. The rectangle illustrates economic profit, which equals $6,250 a day ($50 a jacket multiplied by 125 jackets a day).

The *MR* curve shows the marginal revenue curve associated with the demand curve for Nautica jackets. It is derived just like the marginal revenue curve of a single-price monopoly that you studied in Reading 19.

The *ATC* curve and the *MC* curve show the average **total cost** and the marginal cost of producing Nautica jackets.

Nautica's goal is to maximize its economic profit. To do so, it will produce the output at which **marginal revenue** equals marginal cost. In Fig. 2, this output is 125 jackets a day. Nautica charges the price that buyers are willing to pay for this quantity, which is determined by the demand curve. This price is $75 per jacket. When it produces 125 jackets a day, Nautica's average total cost is $25 per jacket and it makes an economic profit of $6,250 a day ($50 per jacket multiplied by 125 jackets a day). The shaded rectangle shows Nautica's economic profit.

[handwritten margin notes: To maximise profit in ē short-run:- produce output at which MR = MC ; Recall:- if MR > MC → econ. profit ; if MC > MR → econ. loss ; if MR = MC → profit maximisatn]

Profit Maximizing Might Be Loss Minimizing

Figure 2 shows that Nautica is earning a healthy economic profit. But such an outcome is not inevitable. A firm might face a level of demand for its product that is too low for it to earn an economic profit.

Excite@Home was such a firm. Offering high-speed Internet service over the same cable that provides television, Excite@Home hoped to capture a large share of the Internet portal market in competition with AOL, MSN, and a host of other providers.

Figure 3 illustrates the situation facing Excite@Home in 2001. The demand curve for its portal service is *D*, the marginal revenue curve is *MR*, the average total cost curve is *ATC*, and the marginal cost curve is *MC*. Excite@Home

FIGURE 3   Economic Loss in the Short Run

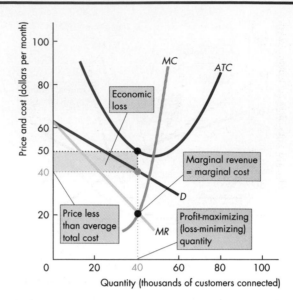

Profit is maximized where marginal revenue equals marginal cost. The loss-minimizing quantity is 40,000 customers. The price of $40 a month is less than the average total cost of $50 a month, so the firm incurs an economic loss of $10 a customer. The rectangle illustrates economic loss, which equals $400,000 a month ($10 a customer multiplied by 40,000 customers).

maximized profit—equivalently, it minimized its loss—by producing the output at which marginal revenue equals marginal cost. In Fig. 3, this output is 40,000 customers. Excite@Home charged the price that buyers were willing to pay for this quantity, which was determined by the demand curve and which was $40 a month. With 40,000 customers, Excite@Home's average total cost was $50 per customer, so it incurred an economic loss of $400,000 a month ($10 a customer multiplied by 40,000 customers). The shaded rectangle shows Excite@Home's economic loss.

So far, the firm in monopolistic competition looks like a single-price monopoly. It produces the quantity at which marginal revenue equals marginal cost and then charges the price that buyers are willing to pay for that quantity, determined by the demand curve. The key difference between monopoly and monopolistic competition lies in what happens next when firms either earn an economic profit or incur an economic loss.

Long Run: Zero Economic Profit

A firm like Excite@Home is not going to incur an economic loss for long. Eventually, it goes out of business. Also, there is no restriction on entry in monopolistic competition, so if firms in an industry are making an economic profit, other firms have an incentive to enter that industry.

As the Gap and other firms start to make jackets similar to jackets made by Nautica, the demand for Nautica jackets decreases. The demand curve for Nautica jackets and the marginal revenue curve shift leftward. And as these curves shift leftward, the profit-maximizing quantity and price fall.

FIGURE 4   Output and Price in the Long Run

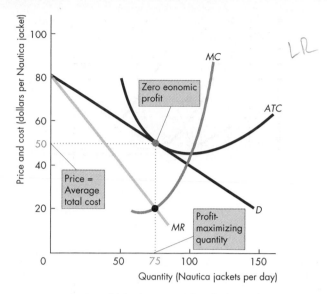

Economic profit encourages entry, which decreases the demand for each firm's product. When the demand curve touches the *ATC* curve at the quantity at which *MR* equals *MC*, the market is in long-run equilibrium. The output that maximizes profit is 75 jackets a day, and the price is $50 per jacket. Average total cost is also $50 per jacket, so economic profit is zero.

Figure 4 shows the long-run equilibrium. The demand curve for Nautica jackets and the marginal revenue curve have shifted leftward. The firm produces 75 jackets a day and sells them for $50 each. At this output level, average total cost is also $50 per jacket.

So Nautica is making zero economic profit on its jackets. When all the firms in the industry are earning zero economic profit, there is no incentive for new firms to enter.

If demand is so low relative to costs that firms incur economic losses, exit will occur. As firms leave an industry, the demand for the products of the remaining firms increases and their demand curves shift rightward. The exit process ends when all the firms in the industry are making zero economic profit.

Monopolistic Competition and Perfect Competition

Figure 5 compares monopolistic competition and perfect competition and highlights two key differences between them:

▶ Excess capacity

▶ Markup

Excess Capacity   A firm has excess capacity if it produces below its efficient scale, which is the quantity at which average total cost is a minimum—the quantity at the bottom of the U-shaped *ATC* curve. In Fig. 5, the efficient scale is 100 jackets a day. Nautica [part (a)] produces 75 Nautica jackets a day and has *excess capacity* of 25 jackets a day. But if all jackets are alike and are produced by firms in perfect competition [part (b)] each firm produces 100 jackets a day,

FIGURE 5   Excess Capacity and Markup

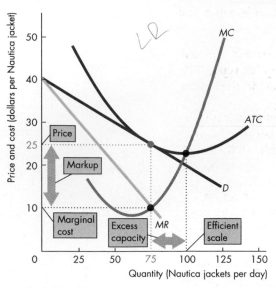

(a) Monopolistic competition

The efficient scale is 100 jackets a day. In monopolistic competition in the long run, because the firm faces a downward-sloping demand curve for its product, the quantity produced is less than the efficient scale and the firm has excess capacity. Price exceeds marginal cost by the amount of the markup.

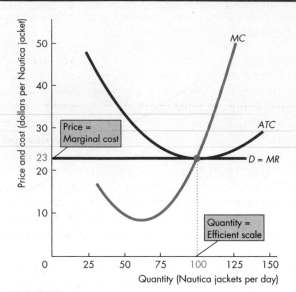

(b) Perfect competition

In contrast, because in perfect competition the demand for each firm's product is perfectly elastic, the quantity produced equals the efficient scale and price equals marginal cost. The firm produces at the least possible cost and there is no markup.

which is the efficient scale. Average total cost is the lowest possible only in *perfect competition*.

You can see the excess capacity in monopolistic competition all around you. Family restaurants (except for the truly outstanding ones) almost always have some empty tables. You can always get a pizza delivered in less than 30 minutes. It is rare that every pump at a gas station is in use with customers waiting in line. There is always an abundance of realtors ready to help find or sell a home. These industries are examples of monopolistic competition. The firms have excess capacity. They could sell more by cutting their prices, but they would then incur losses.

Markup   A firm's markup is the amount by which price exceeds marginal cost. Figure 5(a) shows Nautica's markup. In perfect competition, price always equals marginal cost and there is no markup. Figure 5(b) shows this case. In monopolistic competition, buyers pay a higher price than in perfect competition and also pay more than marginal cost.

Is Monopolistic Competition Efficient?

You've learned that resources are used efficiently when marginal benefit equals marginal cost. You've also learned that price measures marginal benefit. So if the price of a Nautica jacket exceeds the marginal cost of producing it, the quantity of

Nautica jackets produced is less than the efficient quantity. And you've just seen that in long-run equilibrium in monopolistic competition, price *does* exceed marginal cost. So is the quantity produced in monopolistic competition less than the efficient quantity?

Making the Relevant Comparison   Two economists meet in the street, and one asks the other how her husband is. "Compared to what?" is the quick reply. This bit of economic wit illustrates a key point: Before we can conclude that something needs fixing, we must check out the available alternatives.

The markup that drives a gap between price and marginal cost in monopolistic competition arises from product differentiation. It is because Nautica jackets are not quite the same as jackets from Banana Republic, CK, Diesel, DKNY, Earl Jackets, Gap, Levi, Ralph Lauren, or any of the other dozens of producers of jackets that the demand for Nautica jackets is not perfectly elastic. The only way in which the demand for jackets from Nautica might be perfectly elastic is if there is only one kind of jacket and all firms make it. In this situation, Nautica jackets are indistinguishable from all other jackets. They don't even have identifying labels.

If there was only one kind of jacket, the marginal benefit of jackets would almost certainly be less than it is with variety. People value variety. And people value variety not only because it enables each person to select what he or she likes best but also because it provides an external benefit. Most of us enjoy seeing variety in the choices of others. Contrast a scene from the China of the 1960s, when everyone wore a Mao tunic, with the China of today, where everyone wears the clothes of their own choosing. Or contrast a scene from the Germany of the 1930s, when almost everyone who could afford a car owned a first-generation Volkswagen Beetle, with the world of today with its enormous variety of styles and types of automobiles.

If people value variety, why don't we see infinite variety? The answer is that variety is costly. Each different variety of any product must be designed, and then customers must be informed about it. These initial costs of design and marketing—called setup costs—mean that some varieties that are too close to others already available are just not worth creating.

The Bottom Line   Product variety is both valued and costly. The efficient degree of product variety is the one for which the marginal benefit of product variety equals its marginal cost. The loss that arises because the marginal benefit of one more unit of a given variety exceeds marginal cost is offset by a gain that arises from having an efficient degree of product variety. So compared to the alternative—complete product uniformity—monopolistic competition is probably efficient.

You've seen how the firm in monopolistic competition determines its output and price in both the short run and the long run when it produces a given product and undertakes a *given* marketing effort. But how does the firm choose its product quality and marketing effort? We'll now study these decisions.

PRODUCT DEVELOPMENT AND MARKETING ◢ 4 ◣

When we studied Nautica's price and output decision, we assumed that it had already made its product quality and marketing decisions. We're now going to study these decisions and the impact they have on the firm's output, price, and economic profit.

Innovation and Product Development

The prospect of new firms entering the industry keeps firms in monopolistic competition on their toes!

To enjoy economic profits, firms in monopolistic competition must be continually seeking ways of keeping one step ahead of imitators—other firms who imitate the success of the economically profitable firms.

One major way of trying to maintain economic profit is for a firm to seek out new products that will provide it with a competitive edge, even if only temporarily. A firm that introduces a new and differentiated product faces a demand that is less elastic and is able to increase its price and earn an economic profit. Eventually, imitators will make close substitutes for the innovative product and compete away the economic profit arising from an initial advantage. So to restore economic profit, the firm must again innovate.

[handwritten margin note: First mover advantage]

Cost versus Benefit of Product Innovation The decision to innovate is based on the same type of profit-maximizing calculation that you've already studied. Innovation and product development are costly activities, but they also bring in additional revenues. The firm must balance the cost and benefit at the margin. At a low level of product development, the marginal revenue from a better product exceeds the marginal cost. When the marginal dollar of product development expenditure (the marginal cost of product development) brings in a dollar of additional revenue (the marginal benefit of product development), the firm is spending the profit-maximizing amount on product development.

For example, when Eidos Interactive released "Lara Croft Tomb Raider: The Angel of Darkness," it was probably not the best game that Eidos could have created. But it was a game with features whose marginal benefit—and consumers' willingness to pay—equaled the marginal cost of those features.

Efficiency and Product Innovation Is product innovation an efficient activity? Does it benefit the consumer? There are two views about the answers to these questions. One view is that monopolistic competition brings to market many improved products that give great benefits to the consumer. Clothing, kitchen and other household appliances, computers, computer programs, cars, and many other products keep getting better every year, and the consumer benefits from these improved products.

But many so-called improvements amount to little more than changing the appearance of a product or giving a different look to the packaging. In these cases, there is little objective benefit to the consumer.

But regardless of whether a product improvement is real or imagined, its value to the consumer is its marginal benefit, which equals the amount the consumer is willing to pay. In other words, the value of product improvements is the increase in price that the consumer is willing to pay. The marginal benefit to the producer is marginal revenue, which in equilibrium equals marginal cost. Because price exceeds marginal cost in monopolistic competition, product improvement is not pushed to its efficient level.

[handwritten margin note: $[P=MB] > MC$ ∴ Not effic]

Advertising

Designing and developing products that are actually different from those of its competitors helps a firm achieve some product differentiation. But firms also attempt to create a consumer perception of product differentiation even when actual differences are small. Advertising and packaging are the principal means firms use to achieve this end. An American Express card is a different product from a Visa card. But the actual differences are not the main ones that American Express emphasizes in its marketing. The deeper message is that if you use an American Express card, you can be like Tiger Woods (or some other high-profile successful person).

Advertising Expenditures   Firms in monopolistic competition incur huge costs to ensure that buyers appreciate and value the differences between their own products and those of their competitors. So a large proportion of the prices that we pay cover the cost of selling a good. And this proportion is increasing. Advertising in newspapers and magazines and on radio, television, and the Internet is the main selling cost. But it is not the only one. Selling costs include the cost of shopping malls that look like movie sets, glossy catalogs and brochures, and the salaries, airfares, and hotel bills of salespeople.

The total scale of advertising costs is hard to estimate, but some components can be measured. A survey conducted by a commercial agency suggests that for cleaning supplies and toys, around 15 percent of the price of an item is spent on advertising. Figure 6 shows estimates for some industries.

For the U.S. economy as a whole, there are some 20,000 advertising agencies, which employ more than 200,000 people and have sales of $45 billion. But these numbers are only part of the total cost of advertising because firms have their own internal advertising departments, the costs of which we can only guess.

Advertising expenditures and other selling costs affect the profits of firms in two ways. They increase costs, and they change demand. Let's look at these effects.

Selling Costs and Total Costs   Selling costs such as advertising expenditures increase the costs of a monopolistically competitive firm above those of a perfectly

FIGURE 6   Advertising Expenditures

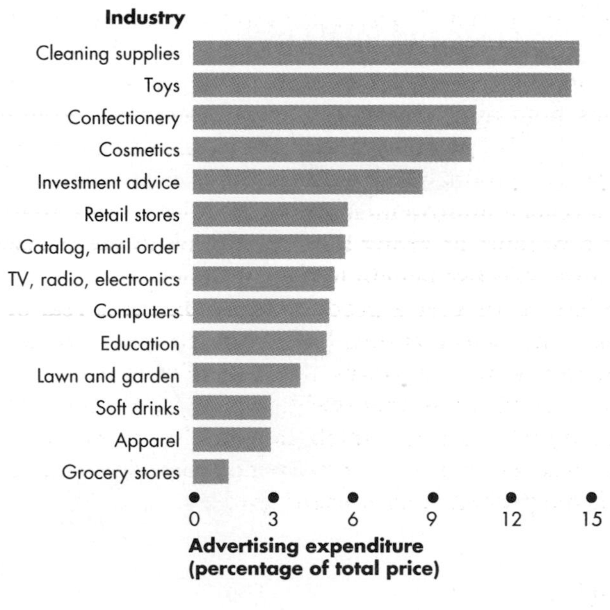

Advertising expenditures are a large part of total revenue received by producers of cleaning supplies, toys, confectionery, and cosmetics.

Source: From Schoenfeld & Associates, Lincolnwood, IL. Reported at www.toolkit.cch.com/text/p03_7006.asp.

competitive firm or a monopoly. Advertising costs and other selling costs are fixed costs. They do not vary as total output varies. So, just like fixed production costs, advertising costs per unit decrease as production increases.

Figure 7 shows how selling costs and advertising expenditures change a firm's average total cost. The bottom curve shows the average total cost of production. The top curve shows the firm's average total cost of production plus advertising. The height of the center area between the two curves shows the average fixed cost of advertising. The *total* cost of advertising is fixed. But the *average* cost of advertising decreases as output increases.

The figure shows that if advertising increases the quantity sold by a large enough amount, it can lower average total cost. For example, if the quantity sold increases from 25 jackets a day with no advertising to 100 jackets a day with advertising, average total cost falls from $60 to $40 a jacket. The reason is that although the *total* fixed cost has increased, the greater fixed cost is spread over a greater output, so average total cost decreases.

Selling Costs and Demand   Advertising and other selling efforts change the demand for a firm's product. But how? Does demand increase or does it decrease? The most natural answer is that advertising increases demand. By informing people about the quality of its products or by persuading people to switch from the products of other firms, a firm might expect to increase the demand for its own products.

But all firms in monopolistic competition advertise. And all seek to persuade customers that they have the best deal. If advertising enables a firm to survive, it might increase the number of firms in the market. And to the extent that it increases the number of firms, it *decreases* the demand faced by any one firm. It also makes the demand for any one firm's product more elastic. So advertising can end up not only lowering average total cost but also lowering the markup and the price.

FIGURE 7   Selling Costs and Total Cost

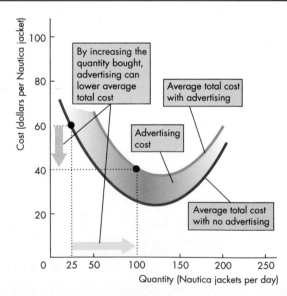

Selling costs such as the cost of advertising are fixed costs. When added to the average total cost of production, selling costs increase average total cost by a greater amount at small outputs than at large outputs. If advertising enables sales to increase from 25 jackets a day to 100 jackets a day, average total cost *falls* from $60 to $40 a jacket.

(handwritten margin notes: 1 firm Advet ↑ sales But / if all firms Advet: ↗D for firm / >D elastic / >Cost / LR < π + Markup)

Figure 8 illustrates this possible effect of advertising. In part (a), with no advertising, the demand for Nautica jackets is not very elastic. Profit is maximized at 75 jackets per day, and the markup is large. In part (b), advertising, which is a fixed cost, increases average total cost from ATC_0 to ATC_1 but leaves marginal cost unchanged at MC. Demand becomes much more elastic, the profit-maximizing quantity increases, and the markup shrinks.

Using Advertising to Signal Quality

Some advertising, like the Tiger Woods American Express card ads on television and in glossy magazines or the huge number of dollars that Coke and Pepsi spend, seems hard to understand. There doesn't seem to be any concrete information about a credit card in the glistening smile of a golfer. And surely everyone knows about Coke and Pepsi. What is the gain from pouring millions of dollars a month into advertising these well-known colas?

One answer is that advertising is a signal to the consumer of a high-quality product. A **signal** is an action taken by an informed person (or firm) to send a message to uninformed people. Think about two colas: Coke and Oke. Oke knows that its cola is not very good and that its taste varies a lot depending on which cheap batch of unsold cola it happens to buy each week. So Oke knows that while it could get a lot of people to try Oke by advertising, they would all quickly discover what a poor product it is and switch back to the cola they bought before. Coke, in contrast, knows that its product has a high-quality consistent taste and that once consumers have tried it, there is a good chance they'll never drink anything else. On the basis of this reasoning, Oke doesn't advertise but Coke does. And Coke spends a lot of money to make a big splash.

FIGURE 8 Advertising and the Markup

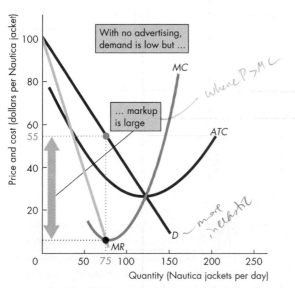

(a) No firms advertise

With no firms advertising, demand is low and not very elastic. The profit-maximizing output is small, the markup is large, and the price is high.

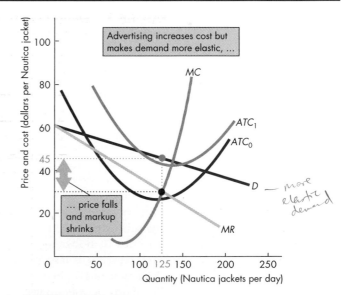

(b) All firms advertise

Advertising increases average total cost and shifts the *ATC* curve upward from ATC_0 to ATC_1. With all firms advertising, the demand for each firm's product becomes more elastic. Output increases, the price falls, and the markup shrinks.

Cola drinkers who see Coke's splashy ads know that the firm would not spend so much money advertising if its product were not truly good. So consumers reason that Coke is indeed a really good product. The flashy expensive ad has signaled that Coke is really good without saying anything about Coke.

Notice that if advertising is a signal, it doesn't need any specific product information. It just needs to be expensive and hard to miss. That's what a lot of advertising looks like. So the signaling theory of advertising predicts much of the advertising that we see.

Brand Names

Many firms create and spend a lot of money promoting a brand name. Why? What benefit does a brand name bring to justify the sometimes high cost of establishing it?

The basic answer is that a brand name provides information about the quality of a product to consumers and an incentive to the producer to achieve a high and consistent quality standard.

To see how a brand name helps the consumer, think about how you use brand names to get information about quality. You're on a road trip, and it is time to find a place to spend the night. You see roadside advertisements for Holiday Inn and Embassy Suites and for Joe's Motel and Annie's Driver's Stop. You know about Holiday Inn and Embassy Suites because you've stayed in them before. And you've seen their advertisements. You know what to expect from them. You have no information at all about Joe's and Annie's. They might be better than the lodging you do know about, but without that knowledge, you're not going to chance them. You use the brand name as information and stay at Holiday Inn.

This same story explains why a brand name provides an incentive to achieve high and consistent quality. Because no one would know whether they were offering a high standard of service, Joe's and Annie's have no incentive to do so. But equally, because everyone expects a given standard of service from Holiday Inn, a failure to meet a customer's expectation would almost surely lose that customer to a competitor. So Holiday Inn has a strong incentive to deliver what it promises in the advertising that creates its brand name.

Efficiency of Advertising and Brand Names

To the extent that advertising and brand names provide consumers with information about the precise nature of product differences and about product quality, they benefit the consumer and enable a better product choice to be made. But the opportunity cost of the additional information must be weighed against the gain to the consumer.

The final verdict on the efficiency of monopolistic competition is ambiguous. In some cases, the gains from extra product variety unquestionably offset the selling costs and the extra cost arising from excess capacity. The tremendous varieties of books and magazines, clothing, food, and drinks are examples of such gains. It is less easy to see the gains from being able to buy a brand-name drug that has a chemical composition identical to that of a generic alternative. But many people do willingly pay more for the brand-name alternative.

cost vs benefit of info.

5

WHAT IS OLIGOPOLY?

Oligopoly, like monopolistic competition, lies between perfect competition and monopoly. The firms in oligopoly might produce an identical product and compete only on price, or they might produce a differentiated product and compete on price, product quality, and marketing. The distinguishing features of oligopoly are that

► Natural or legal barriers prevent the entry of new firms.
► A small number of firms compete.

Barriers to Entry

Either natural or legal barriers to entry can create oligopoly. You saw in Reading 19 how economies of scale and demand form a natural barrier to entry that can create a *natural monopoly*. These same factors can create a natural oligopoly.

Figure 9 illustrates two natural oligopolies. The demand curve, *D* (in both parts of the figure), shows the demand for taxi rides in a town. If the average total cost curve of a taxi company is *ATC*₁ in part (a), the market is a natural **duopoly**—an oligopoly market with two firms. You can probably see some examples of duopoly where you live. Some cities have only two suppliers of milk, two local newspapers, two taxi companies, two car rental firms, two copy centers, or two college bookstores.

Notice that the efficient scale of one firm is 30 rides a day. The lowest price at which the firm would remain in business is $10 a ride. At that price, the quantity of rides demanded is 60 a day, the quantity that can be provided by just two firms.

There is no room in this market for three firms. To sell more than 60 rides, the price would have to fall below $10 a ride. But then the firms would incur an

FIGURE 9 Natural Oligopoly

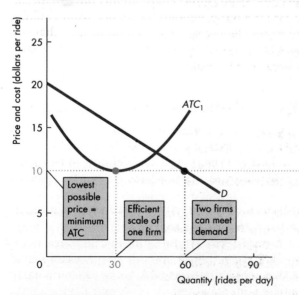

(a) Natural duopoly

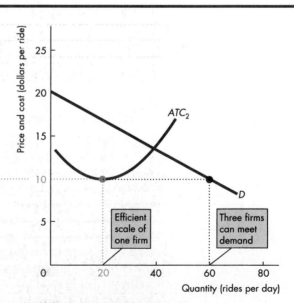

(b) Natural oligopoly with three firms

The lowest possible price is $10 a ride, which is the minimum average total cost. When a firm produces 30 rides a day, the efficient scale, two firms can satisfy the market demand. This natural oligopoly has two firms—a natural duopoly.

When the efficient scale of one firm is 20 rides per day, three firms can satisfy the market demand at the lowest possible price. This natural oligopoly has three firms.

economic loss, and one of them would exit. If there were only one firm, it would earn an economic profit and a second firm would enter to take some of the business and economic profit. If the average total cost curve of a taxi company is ATC_2 in part (b), the efficient scale of one firm is 20 rides a day. This market is large enough for three firms.

A legal oligopoly arises when a legal barrier to entry protects the small number of firms in a market. A city might license two taxi firms or two bus companies, for example, even though the combination of demand and economies of scale leaves room for more than two firms.

Legal Olig (handwritten margin note)

Small Number of Firms

Because barriers to entry exist, oligopoly consists of a small number of firms each of which has a large share of the market. Such firms are interdependent and they face a temptation to cooperate to increase their joint economic profit.

Interdependence   With a small number of firms in a market, each firm's actions influence the profits of the other firms. To see how, suppose you run one of the three gas stations in a small town. If you cut your price, your market share increases, and your profits might increase too. But the market share and profits of the other two firms fall. In this situation, the other firms most likely cut their prices too. If they do cut their prices, your market share and profit take a tumble. So before deciding to cut your price, you must predict how the other firms will react and take into account the effects of those reactions on your own profit. Your profit depends on the actions of the other firms, and their profit depends on your actions. You are interdependent.

Temptation to Cooperate   When a small number of firms share a market, they can increase their profits by forming a **cartel** and acting like a monopoly. A **cartel** is a group of firms acting together—colluding—to limit output, raise price, and increase economic profit.

Cartels are illegal, but they do operate in some markets. And even when there is no formal cartel, firms might try to operate like a cartel. But for reasons that you'll discover in this chapter, cartels tend to break down.

Examples of Oligopoly

Figure 10 shows some examples of oligopoly. Identifying oligopoly is the flip side of identifying monopolistic competition. But the borderline between the two market types is hard to pin down. As a practical matter, we try to identify oligopoly by looking at the four-firm concentration ratio and the Herfindahl-Hirschman Index, qualified with other information about the geographical scope of the market and barriers to entry. The HHI that divides oligopoly from monopolistic competition is generally taken to be 1,800. An HHI below 1,800 is usually an example of monopolistic competition, and a market in which the HHI exceeds 1,800 is usually an example of oligopoly.

Oligopoly (handwritten margin note)
HHI > 1850 (handwritten margin note)
HHI < 1850 – Monopolistic Competition (handwritten margin note)
HHI (handwritten margin note)

6   TWO TRADITIONAL OLIGOPOLY MODELS

In oligopoly, the quantity sold by any one firm depends on that firm's price *and* on the other firms' prices and quantities sold. To see why, suppose you run one of the three gas stations in a small town. If you cut your price and your two com-

FIGURE 10   Examples of Oligopoly

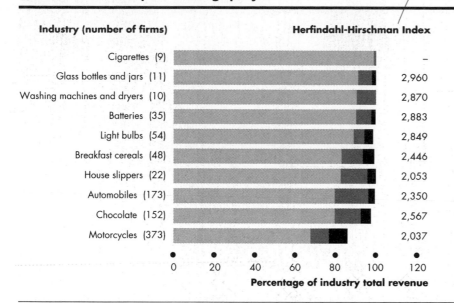

These industries operate in oligopoly. The number of firms in the industry is shown in parentheses after the name of the industry. The light bars show the percentage of industry sales by the largest 4 firms. The medium-shaded bars show the percentage of industry sales by the next 4 largest firms, and the dark bars show the percentage of industry sales by the next 12 largest firms. So the entire length of the combined light, medium-shaded, and dark bars shows the percentage of industry sales by the largest 20 firms. The Herfindahl-Hirschman Index is shown on the right.

Source: U.S. Census Bureau.

petitors don't cut theirs, your sales increase, and the sales of the other two firms decrease. With lower sales, the other firms most likely cut their prices too. If they do cut their prices, your sales and profits take a tumble. So before deciding to cut your price, you must predict how the other firms will react and attempt to calculate the effects of those reactions on your own profit.

Several models have been developed to explain the prices and quantities in oligopoly markets. But no one theory has been found that can explain all the different types of behavior that we observe in such markets. The models fall into two broad groups: traditional models and **game theory** models. We'll look at examples of both types, starting with two traditional models.

The Kinked Demand Curve Model

The kinked demand curve model of oligopoly is based on the assumption that each firm believes that if it raises its price, others will not follow, but if it cuts its price, other firms will cut theirs.

Figure 11 shows the demand curve (*D*) that a firm believes it faces. The demand curve has a kink at the current price, *P*, and quantity, *Q*. At prices above *P*, a small price rise brings a big decrease in the quantity sold. The other firms hold their current price and the firm has the highest price for the good, so it loses market share. At prices below *P*, even a large price cut brings only a small increase in the quantity sold. In this case, other firms match the price cut, so the firm gets no price advantage over its competitors.

The kink in the demand curve creates a break in the marginal revenue curve (*MR*). To maximize profit, the firm produces the quantity at which marginal cost equals marginal revenue. That quantity, *Q*, is where the marginal cost curve passes through the gap *AB* in the marginal revenue curve. If marginal cost fluctuates between *A* and *B*, like the marginal cost curves MC_0 and MC_1, the firm does not change its price or its output. Only if marginal cost fluctuates outside the range *AB* does the firm change its price and output. So the kinked demand curve model predicts that price and quantity are insensitive to small cost changes. A problem

FIGURE 11   The Kinked Demand Curve Model

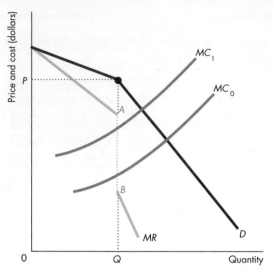

The price in an oligopoly market is *P*. Each firm believes it faces the demand curve *D*. At prices above *P*, a small price rise brings a big decrease in the quantity sold because other firms do not raise their prices. At prices below *P*, even a big price cut brings only a small increase in the quantity sold because other firms also cut their prices. Because the demand curve is kinked, the marginal revenue curve, *MR*, has a break *AB*. Profit is maximized by producing *Q*. The marginal cost curve passes through the break in the marginal revenue curve. Marginal cost changes inside the range *AB* leave the price and quantity unchanged.

with the kinked demand curve model is that the firms' beliefs about the demand curve are not always correct and firms can figure out that they are not correct. If marginal cost increases by enough to cause the firm to increase its price and if all firms experience the same increase in marginal cost, they all increase their prices together. The firm's belief that others will not join it in a price rise is incorrect. A firm that bases its actions on beliefs that are wrong does not maximize profit and might even end up incurring an economic loss.

Dominant Firm Oligopoly

A second traditional model explains a dominant firm oligopoly, which arises when one firm—the dominant firm—has a big cost advantage over the other firms and produces a large part of the industry output. The dominant firm sets the market price and the other firms are price takers. Examples of dominant firm oligopoly are a large gasoline retailer or a big video rental store that dominates its local market.

To see how a dominant firm oligopoly works, suppose that 11 firms operate gas stations in a city. Big-G is the dominant firm. Figure 12 shows the market for gas in this city. In part (a), the demand curve *D* tells us the total quantity of gas demanded in the city at each price. The supply curve S_{10} is the supply curve of the 10 small suppliers. Part (b) shows the situation facing Big-G. Its marginal cost curve is *MC*. Big-G faces the demand curve *XD*, and its marginal revenue curve is *MR*. The demand curve *XD* shows the excess demand not met by the 10 small firms. For example, at a price of $1 a gallon, the quantity demanded is 20,000 gallons, the quantity supplied by the 10 small firms is 10,000 gallons, and the

FIGURE 12   A Dominant Firm Oligopoly

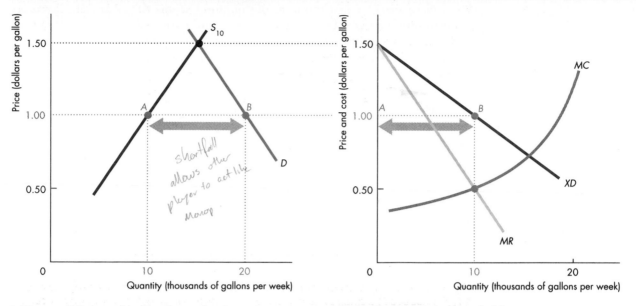

(a) Ten small firms and market demand   **(b) Big-G's price and output decision**

The demand curve for gas in a city is *D* in part (a). There are 10 small competitive firms that together have a supply curve of S_{10}. In addition, there is 1 large firm, Big-G, shown in part (b). Big-G faces the demand curve *XD*, determined as the market demand *D* minus the supply of the 10 small firms S_{10} —the demand that is not satisfied by the small firms. Big-G's marginal revenue is *MR*, and marginal cost is *MC*. Big-G sets its output to maximize profit by equating marginal cost, *MC*, and marginal revenue, *MR*. This output is 10,000 gallons per week. The price at which Big-G can sell this quantity is $1 a gallon. The 10 small firms take this price, and each firm sells 1,000 gallons per week, point *A* in part (a).

excess quantity demanded is 10,000 gallons, measured by the distance *AB* in both parts of the figure. To maximize profit, Big-G operates like a monopoly. It sells 10,000 gallons a week, where marginal revenue equals marginal cost, for a price of $1 a gallon. The 10 small firms take the price of $1 a gallon. They behave just like firms in perfect competition. The quantity of gas demanded in the entire city at $1 a gallon is 20,000 gallons, as shown in part (a). Of this amount, Big-G sells 10,000 gallons and the 10 small firms each sell 1,000 gallons.

The traditional models don't enable us to understand all oligopoly markets and we're now going to study some newer models based on game theory.

OLIGOPOLY GAMES   7

Economists think about oligopoly as a game, and to study oligopoly markets they use a set of tools called game theory. **Game theory** is a tool for studying *strategic behavior*—behavior that takes into account the expected behavior of others and the recognition of mutual interdependence. Game theory was invented by John von Neumann in 1937 and extended by von Neumann and Oskar Morgenstern in 1944. Today, it is one of the major research fields in economics.

Game theory seeks to understand oligopoly as well as other forms of economic, political, social, and even biological rivalries by using a method of analysis specifically designed to understand games of all types, including the familiar games of everyday life. We will begin our study of game theory and its application to the behavior of firms by thinking about familiar games.

What Is a Game?

What is a game? At first thought, the question seems silly. After all, there are many different games. There are ball games and parlor games, games of chance and games of skill. But what is it about all these different activities that make them games? What do all these games have in common? All games share four features:

- ▶ Rules
- ▶ Strategies
- ▶ Payoffs
- ▶ Outcome

Let's see how these common features of games apply to a game called "the prisoners' dilemma." This game, it turns out, captures some of the essential features of oligopoly, and it gives a good illustration of how game theory works and how it generates predictions.

The Prisoners' Dilemma

Art and Bob have been caught red-handed, stealing a car. Facing airtight cases, they will receive a sentence of two years each for their crime. During his interviews with the two prisoners, the district attorney begins to suspect that he has stumbled on the two people who were responsible for a multimillion-dollar bank robbery some months earlier. But this is just a suspicion. The district attorney has no evidence on which he can convict them of the greater crime unless he can get them to confess. The district attorney decides to make the prisoners play a game with the following rules.

Rules   Each prisoner (player) is placed in a separate room, and cannot communicate with the other prisoner. Each is told that he is suspected of having carried out the bank robbery and that

> If both of them confess to the larger crime, each will receive a sentence of 3 years for both crimes.
>
> If he alone confesses and his accomplice does not, he will receive an even shorter sentence of 1 year while his accomplice will receive a 10-year sentence.

Strategies   In game theory, **strategies** are all the possible actions of each player. Art and Bob each have two possible actions:

- ▶ Confess to the bank robbery.
- ▶ Deny having committed the bank robbery.

Payoffs   Because there are two players, each with two strategies, there are four possible outcomes:

1. Both confess.
2. Both deny.
3. Art confesses and Bob denies.
4. Bob confesses and Art denies.

Each prisoner can work out exactly what happens to him—his *payoff*—in each of these four situations. We can tabulate the four possible payoffs for each of the prisoners in what is called a payoff matrix for the game. A **payoff matrix is a table that shows the payoffs for every possible action by each player for every possible action by each other player.**

Table 1 shows a payoff matrix for Art and Bob. The squares show the payoffs for each prisoner—the upper triangle in each square shows Art's and the lower triangle shows Bob's. If both prisoners confess (top left), each gets a prison term of 3 years. If Bob confesses but Art denies (top right), Art gets a 10-year sentence and Bob gets a 1-year sentence. If Art confesses and Bob denies (bottom left), Art gets a 1-year sentence and Bob gets a 10-year sentence. Finally, if both of them deny (bottom right), neither can be convicted of the bank robbery charge but both are sentenced for the car theft—a 2-year sentence.

Outcome   The choices of both players determine the **outcome of the game.** To predict that outcome, we use an equilibrium idea proposed by John Nash of Princeton University (who received the Nobel Prize for Economic Science in 1994 and was the subject of the 2001 movie *A Beautiful Mind*). In **Nash equilibrium, player A takes the best possible action given the action of player B and player B takes the best possible action given the action of player A.**

In the case of the prisoners' dilemma, the Nash equilibrium occurs when Art makes his best choice given Bob's choice and when Bob makes his best choice given Art's choice.

To find the Nash equilibrium, we compare all the possible outcomes associated with each choice and eliminate those that are dominated—that are not as good as some other choice. Let's find the Nash equilibrium for the prisoners' dilemma game.

Finding the Nash Equilibrium   Look at the situation from Art's point of view. If Bob confesses, Art's best action is to confess because in that case, he is sentenced

---

TABLE 1   Prisoners' Dilemma Matrix

Art's strategies

	Confess	Deny
Confess	Art: 3 years / Bob: 3 years	Art: 10 years / Bob: 1 year
Deny	Art: 1 year / Bob: 10 years	Art: 2 years / Bob: 2 years

Bob's strategies

Each square shows the payoffs for the two players, Art and Bob, for each possible pair of actions. In each square, the upper triangle shows Art's payoff and the lower triangle shows Bob's. For example, if both confess, the payoffs are in the top left square. The equilibrium of the game is for both players to confess and each gets a 3-year sentence.

to 3 years rather than 10 years. If Bob does not confess, Art's best action is still to confess because in that case he receives 1 year rather than 2 years. So Art's best action is to confess.

Now look at the situation from Bob's point of view. If Art confesses, Bob's best action is to confess because in that case, he is sentenced to 3 years rather than 10 years. If Art does not confess, Bob's best action is still to confess because in that case, he receives 1 year rather than 2 years. So Bob's best action is to confess.

Because each player's best action is to confess, each does confess, each gets a 3-year prison term, and the district attorney has solved the bank robbery. This is the Nash equilibrium of the game.

The Dilemma   Now that you have found the solution to the prisoners' dilemma, you can better see the dilemma. The dilemma arises as each prisoner contemplates the consequences of denying. Each prisoner knows that if both of them deny, they will receive only a 2-year sentence for stealing the car. But neither has any way of knowing that his accomplice will deny. Each poses the following questions: Should I deny and rely on my accomplice to deny so that we will both get only 2 years? Or should I confess in the hope of getting just 1 year (provided that my accomplice denies) knowing that if my accomplice does confess, we will both get 3 years in prison? The dilemma is resolved by finding the equilibrium of the game.

A Bad Outcome   For the prisoners, the equilibrium of the game, with each confessing, is not the best outcome. If neither of them confesses, each gets only 2 years for the lesser crime. Isn't there some way in which this better outcome can be achieved? It seems that there is not, because the players cannot communicate with each other. Each player can put himself in the other player's place, and so each player can figure out that there is a best strategy for each of them. The prisoners are indeed in a dilemma. Each knows that he can serve 2 years only if he can trust the other to deny. But each prisoner also knows that it is not in the best interest of the other to deny. So each prisoner knows that he must confess, thereby delivering a bad outcome for both.

The firms in an oligopoly are in a similar situation to Art and Bob in the prisoners' dilemma game. Let's see how we can use this game to understand oligopoly.

An Oligopoly Price-Fixing Game

We can use game theory and a game like the prisoners' dilemma to understand price fixing, price wars, and other aspects of the behavior of firms in oligopoly. We'll begin with a price-fixing game.

To understand price fixing, we're going to study the special case of duopoly—an oligopoly with two firms. Duopoly is easier to study than oligopoly with three or more firms, and it captures the essence of all oligopoly situations. Somehow, the two firms must share the market. And how they share it depends on the actions of each. We're going to describe the costs of the two firms and the market demand for the item they produce. We're then going to see how game theory helps us to predict the prices charged and the quantities produced by the two firms in a duopoly.

Cost and Demand Conditions   Two firms, Trick and Gear, produce switchgears. They have identical costs. Figure 13(a) shows their average total cost curve (*ATC*) and marginal cost curve (*MC*). Figure 13(b) shows the market demand curve for switchgears (*D*). The two firms produce identical switchgears, so one firm's switchgear is a perfect substitute for the other's. So the market price of

FIGURE 13   Costs and Demand

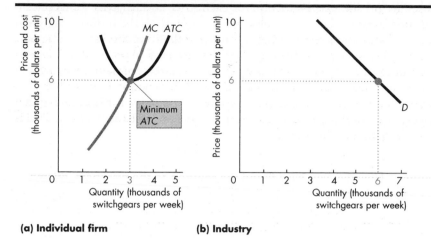

The average total cost curve for each firm is *ATC*, and the marginal cost curve is *MC* (part a). Minimum average total cost is $6,000 a unit, and it occurs at a production of 3,000 units a week.

Part (b) shows the market demand curve. At a price of $6,000, the quantity demanded is 6,000 units per week. The two firms can produce this output at the lowest possible average cost. If the market had one firm, it would be profitable for another to enter. If the market had three firms, one would exit. There is room for only two firms in this industry. It is a natural duopoly.

(a) Individual firm   **(b) Industry**

each firm's product is identical. The quantity demanded depends on that price—the higher the price, the smaller is the quantity demanded.

This industry is a natural duopoly. Two firms can produce this good at a lower cost than either one firm or three firms can. For each firm, average total cost is at its minimum when production is 3,000 units a week. And when price equals minimum average total cost, the total quantity demanded is 6,000 units a week. So two firms can just produce that quantity.

Collusion   We'll suppose that Trick and Gear enter into a **collusive agreement**. A **collusive agreement** is an agreement between two (or more) producers to form a cartel to restrict output, raise the price, and increase profits. Such an agreement is illegal in the United States and is undertaken in secret. The strategies that firms in a cartel can pursue are to

▶ Comply
▶ Cheat

A firm that complies carries out the agreement. A firm that cheats breaks the agreement to its own benefit and to the cost of the other firm.

Because each firm has two strategies, there are four possible combinations of actions for the firms:

1. Both firms comply.
2. Both firms cheat.
3. Trick complies and Gear cheats.
4. Gear complies and Trick cheats.

Colluding to Maximize Profits   Let's work out the payoffs to the two firms if they collude to make the maximum profit for the cartel by acting like a monopoly. The calculations that the two firms perform are the same calculations that a monopoly performs. (You can refresh your memory of these calculations by looking at Reading 19.) The only thing that the duopolists must do beyond what a monopolist does is to agree on how much of the total output each of them will produce.

Figure 14 shows the price and quantity that maximize industry profit for the duopolists. Part (a) shows the situation for each firm, and part (b) shows the situation for the industry as a whole. The curve labeled *MR* is the industry marginal revenue curve. This marginal revenue curve is like that of a single-price monopoly (Reading 19). The curve labeled MC_I is the industry marginal cost curve if each firm produces the same level of output. That curve is constructed by adding together the outputs of the two firms at each level of marginal cost. That is, at each level of marginal cost, industry output is twice the output of each individual firm. Thus the curve MC_I in part (b) is twice as far to the right as the curve *MC* in part (a).

To maximize industry profit, the duopolists agree to restrict output to the rate that makes the industry marginal cost and marginal revenue equal. That output rate, as shown in part (b), is 4,000 units a week.

The highest price for which the 4,000 switchgears can be sold is $9,000 each. Trick and Gear agree to charge this price.

To hold the price at $9,000 a unit, production must not exceed 4,000 units a week. So Trick and Gear must agree on production levels for each of them that total 4,000 units a week. Let's suppose that they agree to split the market equally so that each firm produces 2,000 switchgears a week. Because the firms are identical, this division is the most likely.

The average total cost (*ATC*) of producing 2,000 switchgears a week is $8,000, so the profit per unit is $1,000 and economic profit is $2 million (2,000 units × $1,000 per unit). The economic profit of each firm is represented by the rectangle in Fig. 14(a).

We have just described one possible outcome for a duopoly game: The two firms collude to produce the monopoly profit-maximizing output and divide that output equally between themselves. From the industry point of view, this solution is identical to a monopoly. A duopoly that operates in this way is indistinguishable from a monopoly. The economic profit that is made by a monopoly is the maximum total profit that can be made by colluding duopolists.

But with price greater than marginal cost, either firm might think of trying to increase profit by cheating on the agreement and producing more than the agreed amount. Let's see what happens if one of the firms does cheat in this way.

FIGURE 14   Colluding to Make Monopoly Profits

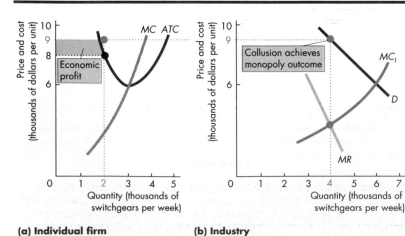

(a) Individual firm

(b) Industry

The industry marginal cost curve, MC_I in part (b), is the horizontal sum of the two firms' marginal cost curves, *MC* in part (a). The industry marginal revenue curve is *MR*. To maximize profit, the firms produce 4,000 units a week (the quantity at which marginal revenue equals marginal cost). They sell that output for $9,000 a unit. Each firm produces 2,000 units a week. Average total cost is $8,000 a unit, so each firm makes an economic profit of $2 million—2,000 units multiplied by $1,000 profit a unit.

One Firm Cheats on a Collusive Agreement   To set the stage for cheating on their agreement, Trick convinces Gear that demand has decreased and that it cannot sell 2,000 units a week. Trick tells Gear that it plans to cut its price in order to sell the agreed 2,000 units each week. Because the two firms produce an identical product, Gear matches Trick's price cut but still produces only 2,000 units a week.

In fact, there has been no decrease in demand. Trick plans to increase output, which it knows will lower the price, and Trick wants to ensure that Gear's output remains at the agreed level.

Figure 15 illustrates the consequences of Trick's cheating. Part (a) shows Gear (the complier); part (b) shows Trick (the cheat); and part (c) shows the industry as a whole. Suppose that Trick increases output to 3,000 units a week. If Gear sticks to the agreement to produce only 2,000 units a week, total output is 5,000 a week, and given demand in part (c), the price falls to $7,500 a unit.

Gear continues to produce 2,000 units a week at a cost of $8,000 a unit and incurs a loss of $500 a unit, or $1 million a week. This economic loss is represented by the blue rectangle in part (a). Trick produces 3,000 units a week at an average total cost of $6,000 each. With a price of $7,500, Trick makes a profit of $1,500 a unit and therefore an economic profit of $4.5 million. This economic profit is the blue rectangle in part (b).

We've now described a second possible outcome for the duopoly game: One of the firms cheats on the collusive agreement. In this case, the industry output is larger than the monopoly output and the industry price is lower than the monopoly price. The total economic profit made by the industry is also smaller than the monopoly's economic profit. Trick (the cheat) makes an economic profit of $4.5 million, and Gear (the complier) incurs an economic loss of $1 million. The industry makes an economic profit of $3.5 million. Thus the industry profit is $0.5 million less than the economic profit a monopoly would make. But the profit is distributed unevenly. Trick makes a bigger economic profit than it would under the collusive agreement, while Gear incurs an economic loss.

FIGURE 15   One Firm Cheats

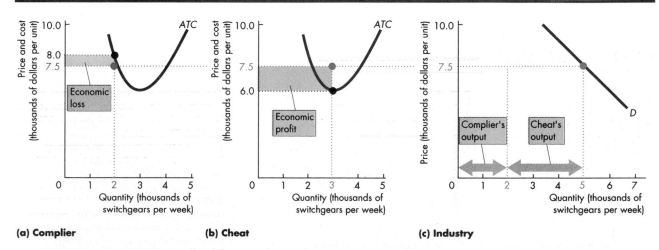

(a) Complier   **(b) Cheat**   **(c) Industry**

One firm, shown in part (a), complies with the agreement and produces 2,000 units. The other firm, shown in part (b), cheats on the agreement and increases its output to 3,000 units. Given the market demand curve, shown in part (c), and with a total production of 5,000 units a week, the price falls to $7,500. At this price, the complier in part (a) incurs an economic loss of $1 million ($500 per unit × 2,000 units), shown by the rectangle. In part (b), the cheat makes an economic profit of $4.5 million ($1,500 per unit × 3,000 units), shown by the rectangle.

A similar outcome would arise if Gear cheated and Trick complied with the agreement. The industry profit and price would be the same, but in this case, Gear (the cheat) would make an economic profit of $4.5 million and Trick (the complier) would incur an economic loss of $1 million.

Let's next see what happens if both firms cheat.

Both Firms Cheat   Suppose that both firms cheat and that each firm behaves like the cheating firm that we have just analyzed. Each tells the other that it is unable to sell its output at the going price and that it plans to cut its price. But because both firms cheat, each will propose a successively lower price. As long as price exceeds marginal cost, each firm has an incentive to increase its production—to cheat. Only when price equals marginal cost is there no further incentive to cheat. This situation arises when the price has reached $6,000. At this price, marginal cost equals price. Also, price equals minimum average total cost. At a price less than $6,000, each firm incurs an economic loss. At a price of $6,000, each firm covers all its costs and makes zero economic profit (makes normal profit). Also, at a price of $6,000, each firm wants to produce 3,000 units a week, so the industry output is 6,000 units a week. Given the demand conditions, 6,000 units can be sold at a price of $6,000 each.

Figure 16 illustrates the situation just described. Each firm, in part (a), produces 3,000 units a week, and its average total cost is a minimum ($6,000 per unit). The market as a whole, in part (b), operates at the point at which the market demand curve (*D*) intersects the industry marginal cost curve (*MC$_I$*). Each firm has lowered its price and increased its output to try to gain an advantage over the other firm. Each has pushed this process as far as it can without incurring an economic loss.

We have now described a third possible outcome of this duopoly game: Both firms cheat. If both firms cheat on the collusive agreement, the output of each firm is 3,000 units a week and the price is $6,000. Each firm makes zero economic profit.

= 0 econ IT

The Payoff Matrix   Now that we have described the strategies and payoffs in the duopoly game, we can summarize the strategies and the payoffs in the form of the game's payoff matrix. Then we can find the Nash equilibrium.

FIGURE 16   Both Firms Cheat

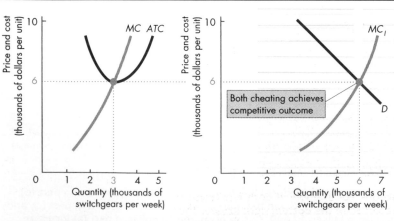

(a) Individual firm

(b) Industry

If both firms cheat by increasing production, the collusive agreement collapses. The limit to the collapse is the competitive equilibrium. Neither firm will cut price below $6,000 (minimum average total cost) because to do so will result in losses. In part (a), each firm produces 3,000 units a week at an average total cost of $6,000. In part (b), with a total production of 6,000 units, the price falls to $6,000. Each firm now makes zero economic profit. This output and price are the ones that would prevail in a competitive industry.

Table 2 sets out the payoff matrix for this game. It is constructed in the same way as the payoff matrix for the prisoners' dilemma in Table 1. The squares show the payoffs for the two firms—Gear and Trick. In this case, the payoffs are profits. (For the prisoners' dilemma, the payoffs were losses.)

The table shows that if both firms cheat (top left), they achieve the perfectly competitive outcome—each firm makes zero economic profit. If both firms comply (bottom right), the industry makes the monopoly profit and each firm earns an economic profit of $2 million. The top right and bottom left squares show what happens if one firm cheats while the other complies. The firm that cheats collects an economic profit of $4.5 million, and the one that complies incurs a loss of $1 million.

Nash Equilibrium in the Duopolists' Dilemma   The duopolists have a dilemma like the prisoners' dilemma. Do they comply or cheat? To answer this question, we must find the Nash equilibrium.

Look at things from Gear's point of view. Gear reasons as follows: Suppose that Trick cheats. If I comply, I will incur an economic loss of $1 million. If I also cheat, I will make zero economic profit. Zero is better than *minus* $1 million, so I'm better off if I cheat. Now suppose Trick complies. If I cheat, I will make an economic profit of $4.5 million, and if I comply, I will make an economic profit of $2 million. A $4.5 million profit is better than a $2 million profit, so I'm better off if I cheat. So regardless of whether Trick cheats or complies, it pays Gear to cheat. Cheating is Gear's best strategy.

Trick comes to the same conclusion as Gear because the two firms face an identical situation. So both firms cheat. The Nash equilibrium of the duopoly game is that both firms cheat. And although the industry has only two firms, they charge the same price and produce the same quantity as those in a

---

TABLE 2   Duopoly Payoff Matrix

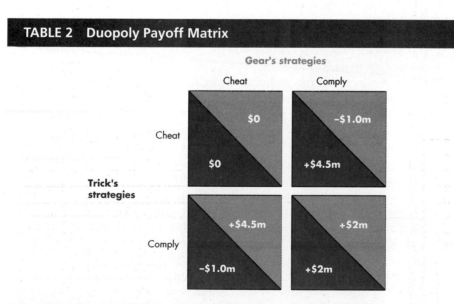

Each square shows the payoffs from a pair of actions. For example, if both firms comply with the collusive agreement, the payoffs are recorded in the bottom right square. The upper triangle shows Gear's payoff, and the lower triangle shows Trick's. In Nash equilibrium, both firms cheat.

competitive industry. Also, as in perfect competition, each firm makes zero economic profit.

This conclusion is not general and will not always arise. We'll see why not first by looking at some other games that are like the prisoners' dilemma. Then we'll broaden the types of games we consider.

Other Oligopoly Games

Firms in oligopoly must decide whether to mount expensive advertising campaigns; whether to modify their product; whether to make their product more reliable and more durable; whether to price discriminate and, if so, among which groups of customers and to what degree; whether to undertake a large research and development (R&D) effort aimed at lowering production costs; and whether to enter or leave an industry.

All of these choices can be analyzed as games that are similar to the one that we've just studied. Let's look at one example: an R&D game.

An R&D Game

Disposable diapers were first marketed in 1966. The two market leaders from the start of this industry have been Procter & Gamble (the maker of Pampers) and Kimberly-Clark (the maker of Huggies). Procter & Gamble has about 40 percent of the total market, and Kimberly-Clark has about 33 percent. When the disposable diaper was first introduced, it had to be cost-effective in competition with reusable, laundered diapers. A costly research and development effort resulted in the development of machines that could make disposable diapers at a low enough cost to achieve that initial competitive edge. But new firms tried to get into the business and take market share away from the two industry leaders, and the industry leaders themselves battled each other to maintain or increase their own market share.

During the early 1990s, Kimberly-Clark was the first to introduce Velcro closures. And in 1996, Procter & Gamble was the first to introduce "breathable" diapers into the U.S. market.

The key to success in this industry (as in any other) is to design a product that people value highly relative to the cost of producing them. The firm that creates the most highly valued product and also develops the least-cost technology for producing it gains a competitive edge, undercutting the rest of the market, increasing its market share, and increasing its profit. But the R&D that must be undertaken to achieve product improvements and cost reductions is costly. So the cost of R&D must be deducted from the profit resulting from the increased market share that lower costs achieve. If no firm does R&D, every firm can be better off, but if one firm initiates the R&D activity, all must follow.

Table 3 illustrates the dilemma (with hypothetical numbers) for the R&D game that Kimberly-Clark and Procter & Gamble play. Each firm has two strategies: Spend $25 million a year on R&D or spend nothing on R&D. If neither firm spends on R&D, they make a joint profit of $100 million: $30 million for Kimberly-Clark and $70 million for Procter & Gamble (bottom right of the payoff matrix). If each firm conducts R&D, market shares are maintained but each firm's profit is lower by the amount spent on R&D (top left square of the payoff matrix). If Kimberly-Clark pays for R&D but Procter & Gamble does not, Kimberly-Clark gains a large part of Procter & Gamble's market. Kimberly-Clark profits, and Procter & Gamble loses (top right square of the payoff matrix).

Finally, if Procter & Gamble conducts R&D and Kimberly-Clark does not, Procter & Gamble gains market share from Kimberly-Clark, increasing its profit, while Kimberly-Clark incurs a loss (bottom left square).

Confronted with the payoff matrix in Table 3, the two firms calculate their best strategies. Kimberly-Clark reasons as follows: If Procter & Gamble does not undertake R&D, we will make $85 million if we do and $30 million if we do not; so it pays us to conduct R&D. If Procter & Gamble conducts R&D, we will lose $10 million if we don't and make $5 million if we do. Again, R&D pays off. Thus conducting R&D is the best strategy for Kimberly-Clark. It pays, regardless of Procter & Gamble's decision.

Procter & Gamble reasons similarly: If Kimberly-Clark does not undertake R&D, we will make $70 million if we follow suit and $85 million if we conduct R&D. It therefore pays to conduct R&D. If Kimberly-Clark does undertake R&D, we will make $45 million by doing the same and lose $10 million by not doing R&D. Again, it pays us to conduct R&D. So for Procter & Gamble, R&D is also the best strategy.

Because R&D is the best strategy for both players, it is the Nash equilibrium. The outcome of this game is that both firms conduct R&D. They make less profit than they would if they could collude to achieve the cooperative outcome of no R&D.

The real-world situation has more players than Kimberly-Clark and Procter & Gamble. A large number of other firms share a small portion of the market, all of them ready to eat into the market share of Procter & Gamble and Kimberly-Clark. So the R&D effort by these two firms not only serves the purpose of maintaining shares in their own battle, but also helps to keep barriers to entry high enough to preserve their joint market share.

TABLE 3   Pampers Versus Huggies: An R&D Game

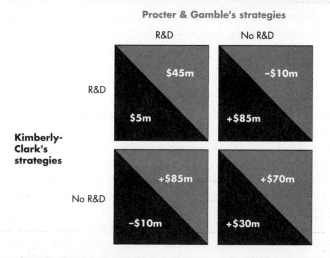

If both firms undertake R&D, their payoffs are those shown in the top left square. If neither firm undertakes R&D, their payoffs are in the bottom right square. When one firm undertakes R&D and the other one does not, their payoffs are in the top right and bottom left squares. The upper triangle shows Procter & Gamble's payoff, and the lower triangle shows Kimberly-Clark's. The Nash equilibrium for this game is for both firms to undertake R&D. The structure of this game is the same as that of the prisoners' dilemma.

The Disappearing Invisible Hand

All the games that we've studied are versions of the prisoners' dilemma. The essence of that game lies in the structure of its payoffs. The worst possible outcome for each player arises from cooperating when the other player cheats. The best possible outcome, for each player to cooperate, is not a Nash equilibrium because it is in neither player's *self-interest* to cooperate if the other one cooperates. It is this failure to achieve the best outcome for both players—the best social outcome if the two players are the entire economy—that led John Nash to claim (as he was portrayed as doing in the movie *A Beautiful Mind*) that he had challenged Adam Smith's idea that we are always guided, as if by an invisible hand, to promote the social interest when we are pursuing our self-interest.

A Game of Chicken

The Nash equilibrium for the prisoners' dilemma is called a **dominant strategy equilibrium**, which is an equilibrium in which the best strategy of each player is to cheat (deny) *regardless of the strategy of the other player.* Not all games have such an equilibrium, and one that doesn't is a game called "chicken."

In a graphic, if disturbing, version of this game, two cars race toward each other. The first driver to swerve and avoid a crash is "chicken." The payoffs are a big loss for both if no one "chickens," zero for the chicken, and a gain for the player who hangs tough.

If player 1 chickens, player 2's best strategy is to hang tough. And if player 1 hangs tough, player 2's best strategy is to chicken.

For an economic form of this game, suppose the R&D that creates a new diaper technology results in information that cannot be kept secret or patented, so both firms benefit from the R&D of either firm. The chicken in this case is the firm that does the R&D.

Table 4 illustrates a payoff matrix for an R&D game of chicken between Kimberly-Clark and Procter & Gamble. Each firm has two strategies: do the R&D (and "chicken") or do not do the R&D (and hang tough).

If neither "chickens," there is no R&D and each firm earns zero additional profit. If each firm conducts R&D—each "chickens"—each firm earns $5 million (the profit from the new technology minus the cost of the research). If one of the firms does the R&D, the payoffs are $1 million for the chicken and $10 million for the one who hangs tough.

Confronted with the payoff matrix in Table 4, the two firms calculate their best strategies. Kimberly-Clark is better off doing R&D if Procter & Gamble does not undertake it. Procter & Gamble is better off doing R&D if Kimberly-Clark doesn't do it. There are two equilibrium outcomes: One firm does the R&D, but we can't predict which firm it will be.

You can see that it isn't a Nash equilibrium if no firm does the R&D because one firm would then be better off doing it. And you can see that it isn't a Nash equilibrium if both firms do the R&D because then one firm would be better off not doing it.

The firms could toss a coin or use some other random device to make a decision in this game. In some circumstances, such a strategy—called a mixed strategy—is actually better for both firms than choosing any of the strategies we've considered.

TABLE 4   An R&D Game of Chicken

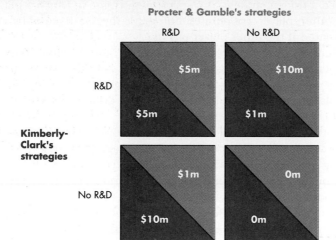

Procter & Gamble's strategies

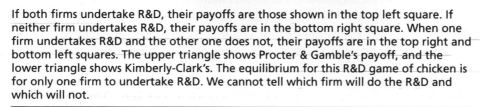

If both firms undertake R&D, their payoffs are those shown in the top left square. If neither firm undertakes R&D, their payoffs are in the bottom right square. When one firm undertakes R&D and the other one does not, their payoffs are in the top right and bottom left squares. The upper triangle shows Procter & Gamble's payoff, and the lower triangle shows Kimberly-Clark's. The equilibrium for this R&D game of chicken is for only one firm to undertake R&D. We cannot tell which firm will do the R&D and which will not.

REPEATED GAMES AND SEQUENTIAL GAMES

8

The games that we've studied are played just once. In contrast, many real-world games are played repeatedly. This feature of games turns out to enable real-world duopolists to cooperate, collude, and earn a monopoly profit.

Another feature of the game that we've studied is that the players move simultaneously. But in many real-world situations, one player moves first and then the other moves—the play is sequential rather than simultaneous. This feature of real-world games creates a large number of possible outcomes.

We're now going to examine these two aspects of strategic decision-making.

A Repeated Duopoly Game

If two firms play a game repeatedly, one firm has the opportunity to penalize the other for previous "bad" behavior. If Gear cheats this week, perhaps Trick will cheat next week. Before Gear cheats this week, won't it consider the possibility that Trick will cheat next week? What is the equilibrium of this game?

Actually, there is more than one possibility. One is the Nash equilibrium that we have just analyzed. Both players cheat, and each makes zero economic profit forever. In such a situation, it will never pay one of the players to start complying unilaterally because to do so would result in a loss for that player and a profit for the other. But a **cooperative equilibrium** in which the players make and share the monopoly profit is possible.

A cooperative equilibrium might occur if cheating is punished. There are two extremes of punishment. The smallest penalty is called "tit for tat." A *tit-for-tat strategy* is one in which a player cooperates in the current period if the other player cooperated in the previous period but cheats in the current period if the other player cheated in the previous period. The most severe form of punishment is called a trigger strategy. A *trigger strategy* is one in which a player cooperates if the other player cooperates but plays the Nash equilibrium strategy forever thereafter if the other player cheats.

In the duopoly game between Gear and Trick, a tit-for-tat strategy keeps both players cooperating and earning monopoly profits. Let's see why with an example.

Table 5 shows the economic profit that Trick and Gear will make over a number of periods under two alternative sequences of events: colluding and cheating with a tit-for-tat response by the other firm.

If both firms stick to the collusive agreement in period 1, each makes an economic profit of $2 million. Suppose that Trick contemplates cheating in period 1. The cheating produces a quick $4.5 million economic profit and inflicts a $1 million economic loss on Gear. But a cheat in period 1 produces a response from Gear in period 2. If Trick wants to get back into a profit-making situation, it must return to the agreement in period 2 even though it knows that Gear will punish it for cheating in period 1. So in period 2, Gear punishes Trick and Trick cooperates. Gear now makes an economic profit of $4.5 million, and Trick incurs an economic loss of $1 million. Adding up the profits over two periods of play, Trick would have made more profit by cooperating—$4 million compared with $3.5 million.

What is true for Trick is also true for Gear. Because each firm makes a larger profit by sticking with the collusive agreement, both firms do so and the monopoly price, quantity, and profit prevail.

In reality, whether a cartel works like a one-play game or a repeated game depends primarily on the number of players and the ease of detecting and punishing cheating. The larger the number of players, the harder it is to maintain a cartel.

Games and Price Wars   A repeated duopoly game can help us understand real-world behavior and, in particular, price wars. Some price wars can be interpreted as the implementation of a tit-for-tat strategy. But the game is a bit more complicated than the one we've looked at because the players are uncertain about the demand for the product.

TABLE 5	Cheating with Punishment			
	Collude		Cheat with tit-for-tat	
Period of play	**Trick's profit**	**Gear's profit**	**Trick's profit**	**Gear's profit**
	(millions of dollars)		(millions of dollars)	
1	2	2	4.5	−1.0
2	2	2	−1.0	4.5
3	2	2	2.0	2.0
4	.	.	.	.

If duopolists repeatedly collude, each makes an economic profit of $2 million per period of play. If one player cheats in period 1, the other player plays a tit-for-tat strategy and cheats in period 2. The profit from cheating can be made for only one period and must be paid for in the next period by incurring a loss. Over two periods of play, the best that a duopolist can achieve by cheating is an economic profit of $3.5 million, compared to an economic profit of $4 million by colluding.

Playing a tit-for-tat strategy, firms have an incentive to stick to the monopoly price. But fluctuations in demand lead to fluctuations in the monopoly price, and sometimes, when the price changes, it might seem to one of the firms that the price has fallen because the other has cheated. In this case, a price war will break out. The price war will end only when each firm is satisfied that the other is ready to cooperate again. There will be cycles of price wars and the restoration of collusive agreements. Fluctuations in the world price of oil might be interpreted in this way.

Some price wars arise from the entry of a small number of firms into an industry that had previously been a monopoly. Although the industry has a small number of firms, the firms are in a prisoners' dilemma and they cannot impose effective penalties for price cutting. The behavior of prices and outputs in the computer chip industry during 1995 and 1996 can be explained in this way. Until 1995, the market for Pentium chips for IBM-compatible computers was dominated by one firm, Intel Corporation, which was able to make maximum economic profit by producing the quantity of chips at which marginal cost equaled marginal revenue. The price of Intel's chips was set to ensure that the quantity demanded equaled the quantity produced. Then in 1995 and 1996, with the entry of a small number of new firms, the industry became an oligopoly. If the firms had maintained Intel's price and shared the market, together they could have made economic profits equal to Intel's profit. But the firms were in a prisoners' dilemma. So prices fell toward the competitive level.

Let's now study a sequential game. There are many such games, and the one we'll examine is among the simplest. It has an interesting implication and it will give you the flavor of this type of game. The sequential game that we'll study is an entry game in a **contestable market**.

A Sequential Entry Game in a Contestable Market

If two firms play a sequential game, one firm makes a decision at the first stage of the game and the other makes a decision at the second stage.

We're going to study a sequential game in a **contestable market**—a market in which firms can enter and leave so easily that firms in the market face competition from *potential* entrants. Examples of contestable markets are routes served by airlines and by barge companies that operate on the major waterways. These markets are contestable because firms could enter if an opportunity for economic profit arose and could exit with no penalty if the opportunity for economic profit disappeared.

If the Herfindahl-Hirschman Index (p. 105) is used to determine the degree of competition, a contestable market appears to be uncompetitive. But a contestable market can behave as if it were perfectly competitive. To see why, let's look at an entry game for a contestable air route.

A Contestable Air Route   Agile Air is the only firm operating on a particular route. Demand and cost conditions are such that there is room for only one airline to operate. Wanabe, Inc. is another airline that could offer services on the route.

We describe the structure of a sequential game by using a *game tree* like that in Fig. 17. At the first stage, Agile Air must set a price. Once the price is set and advertised, Agile can't change it. That is, once set, Agile's price is fixed and Agile can't react to Wanabe's entry decision. Agile can set its price at either the monopoly level or the competitive level.

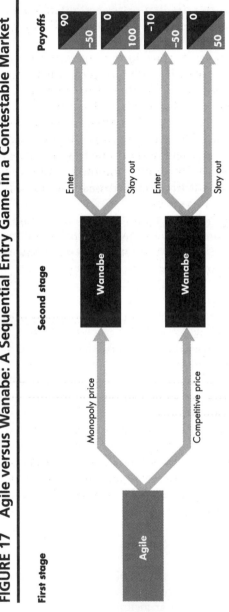

FIGURE 17   Agile versus Wanabe: A Sequential Entry Game in a Contestable Market

If Agile sets the monopoly price, Wanabe makes 90 (thousand dollars) by entering and earns nothing by staying out. So if Agile sets the monopoly price, Wanabe enters.

If Agile sets the competitive price, Wanabe earns nothing if it stays out and incurs a loss if it enters. So if Agile sets the competitive price, Wanabe stays out.

At the second stage, Wanabe must decide whether to enter or to stay out. Customers have no loyalty (there are no frequent flyer programs) and they buy from the lowest-price firm. So if Wanabe enters, it sets a price just below Agile's and takes all the business.

Figure 17 shows the payoffs from the various decisions (Agile's in the lower triangles and Wanabe's in the upper triangles).

To decide on its price, Agile's CEO reasons as follows: Suppose that Agile sets the monopoly price. If Wanabe enters, it earns 90 (think of all payoff numbers as thousands of dollars). If Wanabe stays out, it earns nothing. So Wanabe will enter. In this case Agile will lose 50.

Now suppose that Agile sets the competitive price. If Wanabe stays out, it earns nothing and if it enters, it loses 10, so Wanabe will stay out. In this case, Agile will earn 50.

Agile's best strategy is to set its price at the competitive level and earn 50 (normal profit). The option of earning 100 by setting the monopoly price with Wanabe staying out is not available to Agile. If Agile sets the monopoly price, Wanabe enters, undercuts Agile, and takes all the business.

In this example, Agile sets its price at the competitive level and earns normal profit. A less costly strategy, called **limit pricing**, sets the price at the highest level that inflicts a loss on the entrant. Any loss is big enough to deter entry, so it is not always necessary to set the price as low as the competitive price. In the example of Agile and Wanabe, at the competitive price, Wanabe incurs a loss of 10 if it enters. A smaller loss would still keep Wanabe out.

This game is interesting because it points to the possibility of a monopoly behaving like a competitive industry and serving the social interest without regulation. But the result is not general and depends on one crucial feature of the setup of the game: At the second stage, Agile is locked into the price set at the first stage.

If Agile could change its price in the second stage, it would want to set the monopoly price if Wanabe stayed out—100 with the monopoly price beats 50 with the competitive price. But Wanabe can figure out what Agile would do, so the price set at the first stage has no effect on Wanabe. Agile sets the monopoly price and Wanabe might either stay out or enter.

We've looked at two of the many possible repeated and sequential games, and you've seen how these types of game can provide insights into the complex forces that determine prices and profits.

Monopolistic competition and oligopoly are the most common market structures that you encounter in your daily life. *Reading between the Lines* on pp. 242–244 looks at monopolistic competition in action in China.

So far, we've been studying the two big questions: What goods and services are produced and how are they produced? Your next task is to study the forces that determine for whom they are produced.

READING BETWEEN THE LINES

Monopolistic Competition in China's Juice Market

WALL STREET JOURNAL, OCTOBER 13, 2003

Competition in China Erodes Profit Margins

American businessman Paul Rasch elbows his way through a crowded Carrefour supermarket to the display of Great Lakes fruit juice, the product his family's U.S. company has been selling here for a decade.

It is on sale for $2.30 a bottle, but a Chinese competitor, Huiyuan, is offering a bigger bottle at half the price. Mr. Rasch walks down an aisle teeming with dozens of fruit-juice brands, ...

Selling consumer goods in China is getting harder...as foreign corporations face brutal competition from Chinese rivals. Veteran foreign executives now describe the mid-1990s as the golden days, when their products were novelties, consumers were impressionable, and domestic competition trailed. ...

...Great Lakes entered China in 1993 to make and sell 100% fruit juice, then a novelty. ...

China today may be the most perfectly efficient demonstration of capitalism in the world. Once a product proves popular, a business will unroll it on a national scale if it can. Rivals latch on to innovations instantly. ... The fruit-juice market took off in 2001 after three companies—Taiwan archrivals Tingyi Holding Corp. and Uni-President Enterprises Corp., and Coca-Cola Co.—launched fruit drinks with 10% juice content. ...

Other juice businesses piled in... Juice and juice-drink sales hit $1.4 billion last year, a 40% surge from the year earlier...

...In the fruit-juice market that Great Lakes pioneered, it now does $10 million in annual sales; Mr. Rasch says sales are growing 20% a year and that the business is profitable. But Tingyi, a relative latecomer to the field, now claims a 20% share of a $1 billion-plus market, while Uni-President, which holds the No. 1 spot, has an even larger business. Industry executives estimate that Huiyuan leads the pure-juice category with about $100 million in sales. ...

Essence of the Story

► Great Lakes, a U.S. company, began selling fruit juice in China in 1993.

► In the mid-1990s, foreign firms in China could sell products that were new to the Chinese market with little domestic competition.

► As fruit juice became more popular, new companies, both domestic and foreign, launched new fruit drinks.

► Now Great Lakes faces competition from dozens of brands.

► Great Lakes now has an annual revenue of $10 million, and the business is profitable.

Economic Analysis

▶ The market for fruit juice in China is an example of monopolistic competition.

▶ Figure 18 shows the situation facing Great Lakes when it had little competition in the fruit-juice market in China in 1993.

▶ The firm's average total cost curve is ATC_0, the marginal cost curve is MC_0, the demand curve is D_0, and the marginal revenue curve is MR_0.

▶ To maximize profit, Great Lakes produces the quantity at which marginal revenue equals marginal cost. It sells 10 million bottles of fruit juice a year at a price of $3.00 a bottle.

▶ The blue rectangle shows Great Lakes' economic profit.

▶ Since 1993, many firms have entered the fruit-juice market in China.

▶ Each firm produces a fruit juice that is slightly different from the fruit juice produced by its competitors.

▶ The firms compete on quality, price, and marketing.

▶ The entry of the new firms into the market decreases the demand for fruit juice from Great Lakes.

▶ At the same time, Great Lakes' costs increase as Great Lakes increases its expenditures on advertising and marketing.

▶ Figure 19 shows the situation facing Great Lakes after the entry of new firms into the market.

▶ The firm's average total cost curve is ATC_1, the marginal cost curve is MC_1, the demand curve is D_1, and the marginal revenue curve is MR_1.

▶ Now Great Lakes maximizes profit by selling 4.4 million bottles of fruit juice a year for a price of $2.30 a bottle.

▶ Great Lakes earns zero economic profit because price is equal to average total cost.

▶ Although Great Lakes earns zero economic profit, it does earn a normal profit. Normal profit is included in total cost.

FIGURE 18   Before Entry

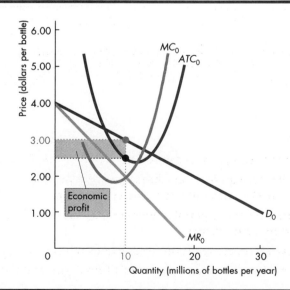

FIGURE 19   After Entry

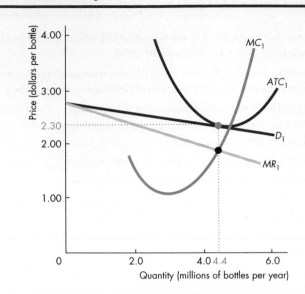

SUMMARY

▶ Monopolistic competition occurs when a large number of firms compete with each other on product quality, price, and marketing.

▶ Firms in monopolistic competition face downward-sloping demand curves and produce the quantity at which marginal revenue equals marginal cost.

▶ Entry and exit result in zero economic profit and excess capacity in long-run equilibrium.

▶ Firms in monopolistic competition innovate and develop new products.

▶ Advertising expenditures increase total cost, but they might lower average total cost if they increase the quantity sold by enough.

▶ Advertising expenditures might increase demand, but they might also decrease the demand facing a firm by increasing competition.

▶ Whether monopolistic competition is inefficient depends on the value we place on product variety.

▶ Oligopoly is a market in which a small number of firms compete.

▶ If rivals match price cuts but do not match price hikes, they face a kinked demand curve and change prices only when large cost changes occur.

▶ If one firm dominates a market, it acts like a monopoly and the small firms take its price as given and act like perfectly competitive firm.

▶ Oligopoly is studied by using game theory, which is a method of analyzing strategic behavior.

▶ In a prisoners' dilemma game, two prisoners acting in their own interest harm their joint interest.

▶ An oligopoly (duopoly) price-fixing game is a prisoners' dilemma in which the firms might collude or cheat.

▶ In Nash equilibrium, both firms cheat and output and price are the same as in perfect competition.

▶ Firms' decisions about advertising and R&D can be studied by using game theory.

▶ In a repeated game, a punishment strategy can produce a cooperative equilibrium in which price and output are the same as in a monopoly.

▶ In a sequential contestable market game, a small number of firms can behave like firms in perfect competition.

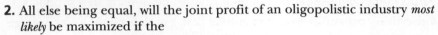

PRACTICE PROBLEMS FOR READING 20

1. Compared with outcomes that result from collusion, independent action by companies operating in an oligopolistic industry would tend to increase

   A. output but not prices.

   B. prices but not output.

   C. both output and prices.

   D. neither output nor prices.

2. All else being equal, will the joint profit of an oligopolistic industry *most likely* be maximized if the

	barriers to entry in the industry are low?	demand for the industry's products is stable?
A.	No	No
B.	No	Yes
C.	Yes	No
D.	Yes	Yes

3. The lowest possible average total cost is found only in which market structure?

   A. Oligopoly.

   B. Monopoly.

   C. Perfect competition.

   D. Monopolistic competition.

4. Branding is most important in which of the following market structures?

   A. Oligopoly.

   B. Monopoly.

   C. Perfect competition.

   D. Monopolistic competition.

5. A cartel is most likely in which of the following market structures?

   A. Oligopoly.

   B. Monopoly.

   C. Perfect competition.

   D. Monopolistic competition.

6. Compared with outcomes that result from collusion, independent action by companies operating in an oligopolistic industry would tend to increase

   A. output but not prices.

   B. prices but not output.

   C. both output and prices.

   D. neither output nor prices.

7. The *most likely* difference between monopolistic competition and perfect competition is that in monopolistically competitive markets

   A. firms offer differentiated products.

   B. firms are free to enter and exit the market.

   C. a large number of firms compete against each other.

   D. firms produce the output where marginal cost equals marginal revenue.

8. An oligopoly market structure is *best* characterized by a small number of firms that

   A. act independently of each other.

   B. are free to enter or exit the market.

   C. compete with each other on the basis of price.

   D. consider the reaction of other market participants.

9. In the long run, firms in a monopolistically competitive market are *least likely* to

   A. earn a normal profit.

   B. earn an economic profit.

   C. have excess productive capacity.

   D. produce the quantity where price equals average total cost.

DEMAND AND SUPPLY IN FACTOR MARKETS

by Michael Parkin

LEARNING OUTCOMES

The candidate should be able to:

a. explain why demand for the factors of production is called derived demand, differentiate between marginal revenue and marginal revenue product (MRP), and describe how the MRP determines the demand for labor and the wage rate;

b. describe the factors that cause changes in the demand for labor and the factors that determine the elasticity of the demand for labor;

c. describe the factors determining the supply of labor, including the substitution and income effects, and discuss the factors related to changes in the supply of labor, including capital accumulation;

d. differentiate between physical capital and financial capital, and explain the relation between the demand for physical capital and the demand for financial capital;

e. discuss the role of the present value technique in determining the demand for capital;

f. explain the factors that influence the supply of capital;

g. differentiate between renewable and non-renewable natural resources and describe the supply curve for each;

h. differentiate between economic rent and opportunity costs.

MANY HAPPY RETURNS　　1

It may not be your birthday, and even if it is, chances are you are spending most of it working. But at the end of the week or month (or, if you're devoting all your time to college, when you graduate), you will receive the *returns* from your labor. Those returns vary a lot. Demetrio Luna, who spends his days in a small container suspended from the top of Houston's high-rise buildings cleaning windows, makes a happy return of $12 an hour. Katie Couric, who co-anchors a morning news show each weekday, makes a very happy return of more than $16 million a year. Some differences in earnings might seem surprising. For example, your college football coach might earn much more than your economics professor. Why aren't *all* jobs well paid?

Most of us have little trouble spending our paycheck. But most of us do manage to save some of what we earn. What determines the amount of saving that people do and the returns they make on that saving?

Some people earn their income by supplying natural resources such as oil. What determines the price of a natural resource?

In this reading, we study the markets for factors of production—labor, capital, **natural resources**—and learn how their prices and people's incomes are determined. And we'll see in *Reading between the Lines* at the end of the reading why universities often pay their football coaches more than they pay professors.

2   FACTOR PRICES AND INCOMES

Goods and services are produced using the four *factors of production—labor, capital, land,* and *entrepreneurship*. Incomes are determined by the quantities of the factors used and by *factor prices*. The factor prices are the *wage* rate earned by labor, the *interest* rate earned by capital, the *rental* rate earned by **land**, and the *normal profit* rate earned by entrepreneurship.

In addition to the four factor incomes, a residual income *economic profit* (or *economic loss*) is earned (or borne) by the firm's owners, who might be the entrepreneur or the stockholders.

Factors of production, like goods and services, are traded in markets. Some factor markets are competitive and behave similarly to competitive markets for goods and services. Other factor markets have monopoly elements. Our focus in this reading is on competitive factor markets. Demand and supply is the main tool used to understand a competitive factor market.

Firms demand factors of production and households supply them. The quantity demanded of a factor of production is the quantity that firms plan to hire during a given time period and at a given factor price. The **law of demand** applies to factors of production just as it does to goods and services. The lower the factor price, other things remaining the same, the greater is the quantity demanded of that factor.

The demand for a factor of production is called a **derived demand** because it is *derived* from the demand for the goods and services produced by the factor.

The quantity supplied of a factor of production also depends on its price. With a possible exception that you'll see later in this reading, the **law of supply** applies to factors of production. The higher the price of a factor, other things remaining the same, the greater is the quantity supplied of that factor.

Figure 1 shows a factor market. The demand curve for the factor is the curve labeled *D*, and the supply curve of the factor is the curve labeled *S*. The equilibrium factor price is *PF*, and the equilibrium quantity is *QF*. The income earned by the factor is its price multiplied by the quantity used. In Fig. 1, the factor income equals the area of the rectangle.

FIGURE 1   Demand and Supply in a Factor Market

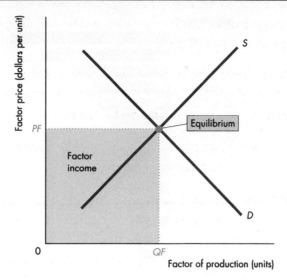

The demand curve for a factor of production (*D*) slopes downward, and the supply curve (*S*) slopes upward. Where the demand and supply curves intersect, the factor price (*PF*) and the quantity of the factor used (*QF*) are determined. The factor income is the product of the factor price and the quantity of the factor, as represented by the rectangle.

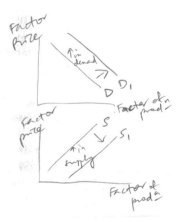

A change in demand or supply changes the equilibrium price, quantity, and income. An increase in demand shifts the demand curve rightward and increases income. An increase in supply shifts the supply curve rightward and income might increase, decrease, or remain constant depending on the elasticity of demand for the factor. If demand is elastic, income rises; if demand is inelastic, income falls; and if demand is unit elastic, income remains constant (see Reading 13).

The rest of this reading explores the influences on the demand for and supply of factors of production. We begin with the market for labor.

LABOR MARKETS   3

For most people, the labor market is the major source of income. And for many people, it is the only source of income.

In 2002, total labor income represented 72 percent of total income. And in that year, the average amount earned per hour of work—the economy-wide average hourly wage rate—was close to $25 (of which $21 was paid out as a wage or salary and $4 was paid in supplementary benefits).

The average wage rate hides a lot of diversity across individual wage rates. You can see some of that diversity in Fig. 2, which shows a sample of wage rates for twenty jobs. (These numbers are for 2001, which is the most recent year for which this detail of information was available at the time of writing.)

The Bureau of Labor Statistics publishes wage data for 711 job categories, and of these, 78 percent pay below the average and 22 percent pay above the average. This distribution around the average means that a small number of people earn more than the average but their wage rates exceed the average by a large amount.

FIGURE 2   Wage Rates in Twenty Jobs

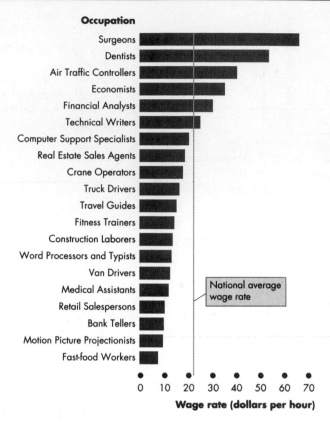

The national (economy-wide) wage rate is $21 an hour. Twenty jobs selected from the 711 jobs for which the BLS reports wage rate data show a sample of the distribution of wage rates around the national average. Most jobs pay wage rates below the national average. And some of the jobs that pay above the average exceed it by a large amount.

Source: Bureau of Labor Statistics.

Figure 2 doesn't contain many surprises. But it contains some interesting facts. The range of average hourly wage rates is from $7 to almost $70. At the low end of the wage distribution are fast-food workers, movie house projectionists, tellers, and retail sales persons. Computer support specialists (such as the people who answer your tech support calls) earn just about the average wage rate. Technical writers (such as the people who write the manuals that tell you how to use all the features on your cell phone) earn a bit more than the average. A sampling of the jobs that pay wage rates that exceed the average includes financial analysts and economists. But economists earn less (on the average) than air traffic controllers, dentists, and surgeons. (The famous British economist John Maynard Keynes said that he hoped economists would one day become as useful as dentists. Maybe the wage rates are telling us that they are not yet there!)

To understand these wage rates, we must probe the forces that influence the demand for labor and the supply of labor. We'll begin on the demand side of the labor market.

The Demand for Labor

There is a link between the quantity of labor that a firm employs and the quantity of output that it plans to produce. The *total product curve* shows that link (p. 125). A consequence of this link is that a firm's demand for labor is the flip side of its supply of output.

A firm produces the quantity that maximizes profit. And the profit-maximizing quantity is that at which marginal revenue equals marginal cost. To produce the profit-maximizing quantity, a firm hires the profit-maximizing quantity of labor.

What is the profit-maximizing quantity of labor? And how does it change as the wage rate changes? We can answer these questions by comparing the marginal revenue earned by hiring one more worker with the marginal cost of that worker. Let's look first at the marginal revenue side of this comparison.

Marginal Revenue Product

The change in total revenue that results from employing one more unit of labor is called the **marginal revenue product** of labor. Table 1 shows you how to calculate marginal revenue product for a firm in perfect competition.

The first two columns show the total product schedule for Max's Wash 'n' Wax car wash service. The numbers tell us how the number of car washes per hour varies as the quantity of labor varies. The third column shows the *marginal product of labor*—the change in total product that results from a one-unit increase in the quantity of labor employed. (Look back at Reading 17 for a quick refresher on this concept.)

The car wash market in which Max operates is perfectly competitive, and he can sell as many washes as he chooses at $4 a wash, the (assumed) market price. So Max's *marginal revenue* is $4 a wash.

Given this information, we can now calculate *marginal revenue product* (the fourth column). It equals marginal product multiplied by marginal revenue. For example, the marginal product of hiring a second worker is 4 car washes an hour, and because marginal revenue is $4 a wash, the marginal revenue product of the second worker is $16 (4 washes at $4 each).

The last two columns of Table 1 show an alternative way of calculating the marginal revenue product of labor. Total revenue is equal to total product multiplied by price. For example, two workers produce 9 washes per hour and generate a total revenue of $36 (9 washes at $4 each). One worker produce 5 washes per hour and generates a total revenue of $20 (5 washes at $4 each). Marginal revenue product, in the sixth column, is the change in total revenue from hiring one more worker. When the second worker is hired, total revenue increases from $20 to $36, an increase of $16. So the marginal revenue product of the second worker is $16, which agrees with our previous calculation.

Diminishing Marginal Revenue Product   As the quantity of labor increases, marginal revenue product diminishes. For a firm in perfect competition, marginal revenue product diminishes because marginal product diminishes. For a monopoly (or in monopolistic competition or oligopoly), marginal revenue product diminishes for a second reason. When more labor is hired and total product increases, the firm must cut its price to sell the extra product. So marginal product *and* marginal revenue decrease, both of which bring decreasing marginal revenue product.

[Handwritten margin notes:]
Recall: perfect competition firms are price takers
— mkt price = MR

MRP = MR × MP
MRP = TR / Q_F
MRP = TR_1 − TR_0

TABLE 1   Marginal Revenue Product at Max's Wash 'n' Wax

	Quantity of Labor (L) (workers)	Total Product (TP) (car washes per hour)	Marginal Product (MP = ΔTP/ΔL) (washes per worker)	Marginal Revenue Product (MRP = MR × MP) (dollars per worker)	Total Revenue (TR = P × TP) (dollars)	Marginal Revenue Product (MRP = ΔTR/ΔL) (dollars per worker)
A	0	0			0	
			 5	20 (5×4)		 20
B	1	5			20	
			 4	16 (4×4)		 16
C	2	9			36	
			 3	12 (3×4)		 12
D	3	12			48	
			 2	8 (2×4)		 8
E	4	14			56	
			 1	4 (1×4)		 4
F	5	15			60	

The car wash market is perfectly competitive, and the price is $4 a wash, so marginal revenue is $4 a wash. Marginal revenue product equals marginal product (column 3) multiplied by marginal revenue. For example, the marginal product of the second worker is 4 washes and marginal revenue is $4 a wash, so the marginal revenue product of the second worker (in column 4) is $16. Alternatively, if Max hires 1 worker (row *B*), total product is 5 washes an hour and total revenue is $20 (column 5). If he hires 2 workers (row *C*), total product is 9 washes an hour and total revenue is $36. By hiring the second worker, total revenue rises by $16—the marginal revenue product of labor is $16.

The Labor Demand Curve

Figure 3 shows how the labor demand curve is derived from the marginal revenue product curve. The *marginal revenue product curve* graphs the marginal revenue product of a factor at each quantity of the factor hired. Figure 3(a) illustrates the marginal revenue product curve for workers employed by Max. The horizontal axis measures the number of workers that Max hires, and the vertical axis measures the marginal revenue product of labor. The bars show the marginal revenue product of labor as Max employs more workers. These bars correspond to the numbers in Table 1. The curve labeled *MRP* is Max's marginal revenue product curve.

A firm's marginal revenue product curve is also its demand for labor curve. Figure 3(b) shows Max's demand for labor curve (*D*). The horizontal axis measures the number of workers hired—the same as in part (a). The vertical axis measures the wage rate in dollars per hour. In Fig. 3(a), when Max increases the quantity of labor employed from 2 workers an hour to 3 workers an hour, his marginal revenue product is $12 an hour. In Fig. 3(b), at a wage rate of $12 an hour, Max hires 3 workers an hour.

The marginal revenue product curve is also the demand for labor curve because the firm hires the profit-maximizing quantity of labor. If the wage rate is *less* than marginal revenue product, the firm can increase its profit by employing one more worker. Conversely, if the wage rate is *greater* than marginal revenue product, the firm can increase its profit by employing one fewer worker. But if the wage rate *equals* marginal revenue product, then the firm cannot increase its profit by changing the number of workers it employs. The firm is making the maximum possible profit. Thus the quantity of labor demanded by the firm is such that the wage rate equals the marginal revenue product of labor.

FIGURE 3   The Demand for Labor at Max's Wash 'n' Wax

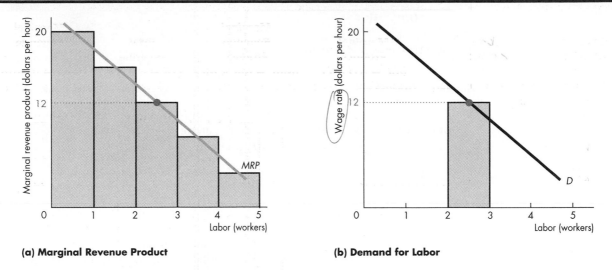

(a) Marginal Revenue Product

(b) Demand for Labor

Max's Wash 'n' Wax operates in a perfectly competitive car wash market and can sell any quantity of washes at $4 a wash. The bars in part (a) represent the firm's marginal revenue product of labor. They are based on the numbers in Table 1. The line is the firm's marginal revenue product of labor curve. Part (b) shows Max's demand for labor curve. This curve is identical to Max's marginal revenue product curve. Max demands the quantity of labor that makes the wage rate equal to the marginal revenue product of labor. The demand for labor curve slopes downward because marginal revenue product diminishes as the quantity of labor employed increases.

Because the marginal revenue product curve is also the demand curve, and because marginal revenue product diminishes as the quantity of labor employed increases, the demand for labor curve slopes downward. The lower the wage rate, other things remaining the same, the more workers a firm hires.

When we studied firms' output decisions, we discovered that a condition for maximum profit is that marginal revenue equals marginal cost. We've now discovered another condition for maximum profit: Marginal revenue product of a factor equals the factor's price. Let's study the connection between these two conditions.

Equivalence of Two Conditions for Profit Maximization

Profit is maximized when, at the quantity of labor hired, *marginal revenue product* equals the wage rate and when, at the output produced, *marginal revenue* equals *marginal cost.*

These two conditions for maximum profit are equivalent. The quantity of labor that maximizes profit produces the output that maximizes profit.

To see the equivalence of the two conditions for maximum profit, first recall that

Marginal revenue product = Marginal revenue × Marginal product

If we call marginal revenue product *MRP*, marginal revenue *MR*, and marginal product *MP*, we have

$$MRP = MR \times MP$$

If we call the wage rate *W*, the first condition for profit to be maximized is

$$MRP = W$$

But $MRP = MR \times MP$, so

$$MR \times MP = W$$

This equation tells us that when profit is maximized, marginal revenue multiplied by marginal product equals the wage rate.

Divide the last equation by *MP* to obtain

$$MR = W \div MP$$

This equation states that when profit is maximized, marginal revenue equals the wage rate divided by the marginal product of labor.

The wage rate divided by the marginal product of labor equals marginal cost. It costs the firm *W* to hire one more hour of labor. But the labor produces *MP* units of output. So the cost of producing one of those units of output, which is marginal cost, is *W* divided by *MP*.

If we call marginal cost *MC*, then

$$MR = MC$$

which is the second condition for maximum profit.

Because the first condition for maximum profit implies the second condition, these two conditions are equivalent. Table 2 summarizes the calculations you've just done and shows the equivalence of the two conditions for maximum profit.

Max's Numbers   Check the numbers for Max's Wash 'n' Wax and confirm that the conditions you've just examined work. Max's profit-maximizing labor decision is to hire 3 workers if the wage rate is $12 an hour. When Max hires 3 hours of labor, marginal product is 3 washes per hour. Max sells the 3 washes an hour for a marginal revenue of $4 a wash. So marginal revenue product is 3 washes multiplied by $4 a wash, which equals $12 per hour. At a wage rate of $12 an hour, Max is maximizing profit.

Equivalently, Max's marginal cost is $12 an hour divided by 3 washes per hour, which equals $4 per wash. At a marginal revenue of $4 a wash, Max is maximizing profit.

You've discovered that the law of demand applies for labor just as it does for goods and services. Other things remaining the same, the lower the wage rate (the price of labor), the greater is the quantity of labor demanded.

Let's now study the influences that change the demand for labor and shift the demand for labor curve.

Changes in the Demand for Labor

The demand for labor depends on three factors:

1. the price of the firm's output
2. other factor prices
3. technology

TABLE 2 Two Conditions for Maximum Profit

Symbols

Marginal product	*MP*
Marginal revenue	*MR*
Marginal cost	*MC*
Marginal revenue product	*MRP*
Wage rate	*W*

Two Conditions for Maximum Profit *= MR × MP*

1.   *MR = MC*   2.   *MRP = W* | ✳

Equivalence of Conditions   *= MRP*

1.   *MRP/MP = MR*   =   *MC = W/MP*

Multiply by *MP* to give   Multiply by *MP* to give

MRP = MR × MP   *MC × MP = W*

Flipping the equation over   Flipping the equation over

1. *MR × MP = MRP*   =   *W = MC × MP*

The two conditions for maximum profit are that marginal revenue (*MR*) equals marginal cost (*MC*) and that marginal revenue product (*MRP*) equals the wage rate (*W*). These two conditions are equivalent because marginal revenue product (*MRP*) equals marginal revenue (*MR*) multiplied by marginal product (*MP*) and the wage rate (*W*) equals marginal cost (*MC*) multiplied by marginal product (*MP*).

The Price of the Firm's Output   The higher the price of the firm's output, the greater is its demand for labor. The price of output affects the demand for labor through its influence on marginal revenue product. A higher price for the firm's output increases marginal revenue, which, in turn, increases the marginal revenue product of labor. A change in the price of a firm's output leads to a shift in the firm's demand for labor curve. If the price of the firm's output increases, the demand for labor increases and the demand for labor curve shifts rightward.

Recall: MRP = MR × MP ✳

Other Factor Prices   If the price of some other factor of production changes, the demand for labor changes, but only in the *long run* when all factors of production can be varied. The effect of a change in some other factor price depends on whether that factor is a *substitute* for or a *complement* of labor. Computers are substitutes for telephone operators but complements of word processor operators. So if computers become less costly to use, the demand for telephone operators decreases but the demand for word processor operators increases.

LR only
subst vs complem

Technology   An advance in technology that changes the marginal product of labor changes the demand for labor. There is a general belief that advances in technology destroy jobs and therefore decrease the demand for labor. In fact, the opposite is true. Advances in technology destroy *some* jobs and create others. But the number of jobs created exceeds the number destroyed.

New technologies are substitutes for some types of labor and complements of other kinds. For example, the electronic telephone exchange is a substitute for telephone operators, so the arrival of this new technology has decreased the demand for telephone operators. This same new technology is a complement of systems managers, programmers, and electronic engineers. So its arrival has increased the demand for these types of labor.

Again, these effects on the demand for labor are long-run effects that occur when a firm adjusts all its resources and incorporates new technologies into its production process.

Table 3 summarizes the influences on a firm's demand for labor.

Market Demand

So far, we've studied the demand for labor by an individual firm. The market demand for labor is the total demand by all firms. The market demand for labor curve is derived (similarly to the market demand curve for any good or service) by adding together the quantities demanded by all firms at each wage rate. Because each firm's demand for labor curve slopes downward, so does the market demand curve.

TABLE 3   A Firm's Demand for Labor

The Law of Demand
(Movements along the demand curve for labor)

The quantity of labor demanded by a firm

Decreases if:	*Increases if:*
▶ the wage rate increases	▶ the wage rate decreases

Changes in Demand
(Shifts in the demand curve for labor)

A firm's demand for labor

Decreases if:	*Increases if:*
▶ the firm's output price decreases	▶ the firm's output price increases
▶ the price of a substitute for the factor falls.	▶ the price of a substitute for the factor rises.
▶ the price of a complement of the factor rises.	▶ the price of a complement of the factor falls.
▶ a new technology decreases the marginal product of labor	▶ a new technology increases the marginal product of labor

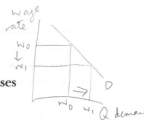

Elasticity of Demand for Labor

The elasticity of demand for labor measures the responsiveness of the quantity of labor demanded to the wage rate. This elasticity is important because it tells us how labor income changes when the supply of labor changes. An increase in supply (other things remaining the same) brings a lower wage rate. If demand is inelastic, it also brings lower labor income. But if demand is elastic, an increase in supply brings a lower wage rate and an increase in labor income. And if the demand for labor is unit elastic, a **change in supply** leaves labor income unchanged.

The demand for labor is less elastic in the short run, when only the quantity of labor can be varied, than in the long run, when the quantities of labor and other factors of production can be varied. The elasticity of demand for labor depends on:

▶ the labor intensity of the production process
▶ the elasticity of demand for the product
▶ the substitutability of capital for labor

Labor Intensity   A labor-intensive production process is one that uses a lot of labor and little capital. Home building is an example. The greater the degree of labor intensity, the more elastic is the demand for labor. To see why, first suppose that wages are 90 percent of total cost. A 10 percent increase in the wage rate increases total cost by 9 percent. Firms will be sensitive to such a large change in total cost, so if the wage rate increases, firms will decrease the quantity of labor demanded by a relatively large amount. But if wages are 10 percent of total cost, a 10 percent increase in the wage rate increases total cost by only 1 percent. Firms will be less sensitive to this increase in cost, so if the wage rate increases in this case, firms will decrease the quantity of labor demanded by a relatively small amount.

The Elasticity of Demand for the Product   The greater the elasticity of demand for the good, the larger is the elasticity of demand for the labor used to produce it. An increase in the wage rate increases the marginal cost of producing the good and decreases the supply of it. The decrease in the supply of the good increases the price of the good and decreases the quantity demanded of the good and the quantities of the factors of production used to produce it. The greater the elasticity of demand for the good, the larger is the decrease in the quantity demanded of the good and so the larger is the decrease in the quantities of the factors of production used to produce it.

The Substitutability of Capital for Labor   The more easily capital can be used instead of labor in production, the more elastic is the long-run demand for labor. For example, it is easy to use robots rather than assembly-line workers in car factories and grape-picking machines rather than labor in vineyards. So the demand for these types of labor is elastic. At the other extreme, it is difficult (though possible) to substitute computers for newspaper reporters, bank loan officers, and teachers. So the demand for these types of labor is inelastic.

Let's now turn from the demand side of the labor market to the supply side and examine the decisions that people make about how to allocate time between working and other activities.

*greater elasticity of demand for a good results in greater elasticity of demand for ē labor used to produce it

LR

The Supply of Labor

People can allocate their time to two broad activities: labor supply and leisure. (Leisure is a catch-all term. It includes all activities other than supplying labor.) For most people, leisure is more enjoyable than supplying labor. We'll look at the labor supply decision of Jill, who is like most people. She enjoys her leisure time, and she would be pleased if she didn't have to spend her weekends working a supermarket checkout line.

But Jill has chosen to work weekends. The reason is that she is offered a wage rate that exceeds her *reservation wage.* Jill's reservation wage is the lowest wage at which she is willing to supply labor. If the wage rate exceeds her reservation wage, she supplies some labor. But how much labor does she supply? The quantity of labor that Jill supplies depends on the wage rate.

Substitution Effect   Other things remaining the same, the higher the wage rate Jill is offered, at least over a range, the greater is the quantity of labor that she supplies. The reason is that Jill's wage rate is her *opportunity cost of leisure.* If she quits work an hour early to catch a movie, the cost of that extra hour of leisure is the wage rate that Jill forgoes. The higher the wage rate, the less willing Jill is to forgo the income and take the extra leisure time. This tendency for a higher wage rate to induce Jill to work longer hours is a **substitution effect**.

But there is also an **income effect** that works in the opposite direction to the substitution effect.

Income Effect   The higher Jill's wage rate, the higher is her income. A higher income, other things remaining the same, induces Jill to increase her demand for most goods. Leisure is one of those goods. Because an increase in income creates an increase in the demand for leisure, it also creates a decrease in the quantity of labor supplied.

Backward-Bending Supply of Labor Curve   As the wage rate rises, the substitution effect brings an increase in the quantity of labor supplied while the income effect brings a decrease in the quantity of labor supplied. At low wage rates, the substitution effect is larger than the income effect, so as the wage rate rises, people supply more labor. But as the wage rate continues to rise, the income effect eventually becomes larger than the substitution effect and the quantity of labor supplied decreases. The labor supply curve is *backward bending.*

Figure 4(a) shows the labor supply curves for Jill, Jack, and Kelly. Each labor supply curve is backward bending, but the three people have different reservation wage rates.

Market Supply   The market supply of labor curve is the sum of the individual supply curves. Figure 4(b) shows the market supply curve (S_M) derived from the supply curves of Jill, Jack, and Kelly (S_A, S_B, and S_C, respectively) in Fig. 4(a). At a wage rate of less than $1 an hour, no one supplies any labor. At a wage rate of $1 an hour, Jill works but Jack and Kelly don't. As the wage rate increases and reaches $7 an hour, all three of them are working. The market supply curve S_M eventually bends backward, but it has a long upward-sloping section.

Changes in the Supply of Labor   The supply of labor changes when influences other than the wage rate change. The key factors that change the supply of labor and that over the years have increased it are:

1. adult population

2. technological change and capital accumulation

FIGURE 4   The Supply of Labor

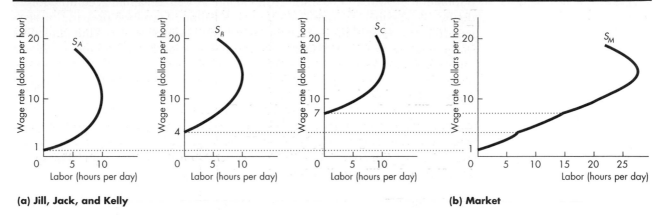

(a) Jill, Jack, and Kelly   **(b) Market**

Part (a) shows the labor supply curves of Jill (S_A), Jack (S_B), and Kelly (S_C). Each person has a reservation wage below which she or he will supply no labor. As the wage rises, the quantity of labor supplied increases to a maximum. If the wage continues to rise, the quantity of labor supplied begins to decrease. Each person's supply curve eventually bends backward. *(handwritten: due to ? Income effect)*

Part (b) shows how, by adding the quantities of labor supplied by each person at each wage rate, we derive the market supply curve of labor (S_M). The market supply curve has a long upward-sloping region before it bends backward.

An increase in the adult population increases the supply of labor. So does a technological change or increase in capital in home production (of meals, laundry services, and cleaning services). These factors that increase the supply of labor shift the labor supply curve rightward.

Let's now build on what we've learned about the demand for labor and the supply of labor and study labor market equilibrium and the trends in wage rates and employment.

Labor Market Equilibrium

Wages and employment are determined by equilibrium in the labor market as you saw in Fig. 1. Over the years, the equilibrium wage rate and employment level have both increased. You can now explain why.

Trends in the Demand for Labor   The demand for labor has *increased* because of technological change and capital accumulation, and the demand for labor curve has shifted steadily rightward.

Many people are surprised that technological change and **capital accumulation** *increase* the demand for labor. They see new technologies *destroying jobs*, not creating them. Downsizing has become a catchword as the use of computers has eliminated millions of "good" jobs, even those of managers. So how can it be that technological change *creates* jobs and increases the demand for labor?

Technological change destroys some jobs and creates others. But it creates more jobs than it destroys, and *on the average*, the new jobs pay more than the old ones did. But to benefit from the advances in technology, people must acquire new skills and change their jobs. For example, during the past 20 years, the demand for typists has fallen almost to zero. But the demand for people who can type (on a computer rather than a typewriter) and do other tasks as well has increased. And the output of these people is worth more than that of a typist. So the demand for people with typing (and other) skills has increased.

Trends in the Supply of Labor   The supply of labor has increased because of population growth and technological change as well as capital accumulation in the home. The mechanization of home production of fast-food preparation services (the freezer and the microwave oven) and laundry services (the automatic washer and dryer and wrinkle-free fabrics) has decreased the time spent on activities that once were full-time jobs and have led to a large increase in the supply of labor. As a result, the supply labor curve has shifted steadily rightward, but at a slower pace than the shift in the demand curve.

Trends in Equilibrium   Because technological advances and capital accumulation have increased demand by more than population growth and technological change in home production have increased supply, both wage rates and employment have increased. But not everyone has shared in the increased prosperity that comes from higher wage rates. Some groups have been left behind, and some have even seen their wage rates fall. Why?

Two key reasons can be identified. First, technological change affects the marginal productivity of different groups in different ways. High-skilled computer-literate workers have benefited from the information revolution while low-skilled workers have suffered. The demand for the services of the first group has increased, and the demand for the services of the second group has decreased. (Draw a supply and demand figure, and you will see that these changes widen the wage difference between the two groups.) Second, international competition has lowered the marginal revenue product of low-skilled workers and so has decreased the demand for their labor.

4   CAPITAL MARKETS

Capital markets are the channels through which firms obtain *financial* resources to buy *physical* capital resources. *Physical capital* is the *stock* of tools, instruments, machines, buildings, and other constructions that firms use to produce goods and services. Physical capital also includes the inventories of raw material and semi-finished and finished goods that firms hold. These capital resources are called *physical capital* to emphasize that they are real physical objects. They are goods that have been produced by some firms and bought by other firms. Physical capital is a *stock*—a quantity of objects that exists at a given time. But each year, that stock changes. It is depleted as old capital wears out and it is replenished and added to as firms buy new items of capital.

The markets in which each item of physical capital is traded are not the capital markets. They are goods markets just like the ones that you've studied in Readings 18, 19, and 20. For example, the prices and quantities of tower cranes and earth movers are determined in the markets for those items.

A firm buys many different items of capital during a given time period. The dollar value of those capital goods is called the firm's *investment*. But it is the objects themselves that are the capital, not the dollars of value that they represent.

The financial resources used to buy physical capital are called *financial capital*. These financial resources come from saving. The "price of capital," which adjusts to make the quantity of capital supplied equal to the quantity demanded, is the interest rate.

For most of us, capital markets are where we make our biggest-ticket transactions. We borrow in a capital market to buy a home. And we lend in capital markets to build up a fund on which to live when we retire.

Do the rates of return in capital markets increase as wage rates do? Figure 5 answers this question by showing the record from 1962 to 2002. Measuring the interest rate as a **real interest rate**, which means that we subtract the loss in the value of money from inflation, the rate of return to capital has fluctuated. It averaged about 2.5 percent a year during the 1960s, became negative during the 1970s, climbed to 9 percent a year during the mid-1980s, and steadied at an average of 5.4 percent a year during the 1990s and 2000s.

Some of the ideas you've already met in your study of demand and supply in the labor market apply to the capital market as well. But there are some special features of capital. Its main special feature is that in the capital market, people must compare *present* costs with *future* benefits. We'll discover how these comparisons are made by studying the demand for capital.

The Demand for Capital

A firm's demand for *financial* capital stems from its demand for *physical* capital, and the amount that a firm plans to borrow in a given time period is determined by its planned investment—purchases of new capital. This decision is driven by the firm's attempt to maximize profit. As a firm increases the quantity of capital employed, other things remaining the same, the marginal revenue product of capital diminishes. To maximize profit, a firm increases its plant size and uses more capital if the marginal revenue product of capital exceeds the price of capital. But the marginal revenue product comes in the future, and capital must be paid for in the present. So the firm must convert *future* marginal revenue products into a *present value* so that it can be compared with the price of the new equipment. To make this conversion, we use the technique of discounting.

FIGURE 5   The Rate of Return to Capital: 1962–2002

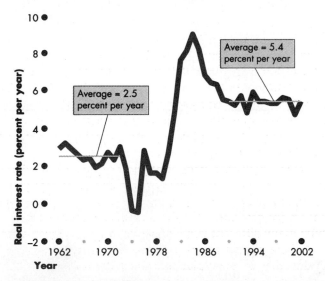

The real interest rate (the interest rate adjusted for inflation) expressed as a rate per year fluctuated between a negative return in 1974 and 1975 and a high of 9 percent in 1984. It was steady at 2.5 percent during the 1960s and at 5.4 percent during the 1990s and 2000s.

Sources: Bureau of Economic Analysis and Federal Reserve Board.

Discounting and Present Value

Discounting is converting a future amount of money to a present value. And the present value of a future amount of money is the amount that, if invested today, will grow to be as large as that future amount when the interest that it will earn is taken into account.

The easiest way to understand discounting and present value is to begin with the relationship between an amount invested today, the interest that it earns, and the amount that it will grow to in the future. The future amount is equal to the present amount (present value) plus the interest it will accumulate in the future. That is,

Future amount = Present value

+ Interest income

recall:
$FV = PV(1+r)^n$

The interest income is equal to the present value multiplied by the interest rate, r, so

Future amount = Present value

+ $(r \times$ Present value$)$

or

Future amount = Present value $\times (1 + r)$

If you have $100 today and the interest rate is 10 percent a year ($r = 0.1$), one year from today you will have $110—the original $100 plus $10 interest. Check that the above formula delivers that answer: $100 × 1.1 = $110.

The formula that we have just used calculates a future amount one year from today from the present value and an interest rate. To calculate the present value, we just work backward. Instead of multiplying the present value by $(1 + r)$, we divide the future amount by $(1 + r)$. That is,

$$\text{Present value} = \frac{\text{Future amount}}{(1 + r)}$$

You can use this formula to calculate present value. This calculation of present value is called discounting. Let's check that we can use the present value formula by calculating the present value of $110 one year from now when the interest rate is 10 percent a year. You'll be able to guess that the answer is $100 because we just calculated that $100 invested today at 10 percent a year becomes $110 in one year. Thus it follows immediately that the present value of $110 in one year's time is $100. But let's use the formula. Putting the numbers into the above formula, we have

$$\text{Present value} = \frac{\$110}{(1 + 0.1)}$$

$$= \frac{\$110}{1.1} = \$100$$

Calculating the present value of an amount of money one year from now is the easiest case. But we can also calculate the present value of an amount any number of years in the future. As an example, let's see how we calculate the present value of an amount of money that will be available two years from now.

Suppose that you invest $100 today for two years at an interest rate of 10 percent a year. The money will earn $10 in the first year, which means that by the end of the first year, you will have $110. If the interest of $10 is invested, then the interest earned in the second year will be a further $10 on the original $100 plus $1 on the $10 interest. Thus the total interest earned in the second year will be $11. The total interest earned overall will be $21 ($10 in the first year and $11 in the second year). After two years, you will have $121. From the definition of present value, you can see that the present value of $121 two years hence is $100. That is, $100 is the present amount that, if invested at an interest rate of 10 percent a year, will grow to $121 two years from now.

To calculate the present value of an amount of money two years in the future, we use the formula:

$$\text{Present value} = \frac{\text{Amount of money two years in future}}{(1 + r)^2}$$

Use this formula to calculate the present value of $121 two years from now at an interest rate of 10 percent a year. With these numbers, the formula gives

$$\text{Present value} = \frac{\$121}{(1 + 0.1)^2}$$
$$= \frac{\$121}{(1.1)^2}$$
$$= \frac{\$121}{1.21}$$
$$= \$100$$

We can calculate the present value of an amount of money n years in the future by using a formula similar to the one we've already used. The general formula is

$$\text{Present value} = \frac{\text{Amount of money } n \text{ years in future}}{(1 + r)^n}$$

For example, if the interest rate is 10 percent a year, $100 to be received 10 years from now has a present value of $38.55. That is, if $38.55 is invested today at 10 percent a year it accumulates to $100 in 10 years.

You've seen how to calculate the present value of an amount of money one year in the future, two years in the future, and n years in the future. Most practical applications of present value calculate the present value of a sequence of future amounts of money that spread over several years. To calculate the present value of a sequence of amounts over several years, we use the formula you have learned and apply it to each year. We then sum the present values for each year to find the present value of the sequence of amounts.

For example, suppose that a firm expects to receive $100 a year for each of the next five years. And suppose that the interest rate is 10 percent per year (0.1 per year). The present value of these five payments of $100 each is calculated by using the following formula

$$PV = \frac{\$100}{1.1} + \frac{\$100}{1.1^2} + \frac{\$100}{1.1^3} + \frac{\$100}{1.1^4} + \frac{\$100}{1.1^5}$$

which equals

$$PV = \$90.91 + \$82.64 + \$75.13 + 68.30$$

$$+ \$62.09$$

$$= \$379.07$$

You can see that the firm receives $500 over five years. But because the money arrives in the future, it is not worth $500 today. Its present value is only $379.07. And the farther in the future the money arrives, the smaller is its present value. The $100 received one year in the future is worth $90.91 today. And the $100 received five years in the future is worth only $62.09 today.

Let's now see how a firm uses the concept of present value to achieve an efficient use of capital.

The Present Value of a Computer   We'll see how a firm decides how much capital to buy by calculating the present value of a new computer.

Tina runs Taxfile, Inc., a firm that sells advice to taxpayers. Tina is considering buying a new computer that costs $2,000. The computer has a life of two years, after which it will be worthless. If Tina buys the computer, she will pay $2,000 now and she expects to generate business that will bring in an additional $1,150 at the end of each of the next two years.

To calculate the present value, PV, of the marginal revenue product of a new computer, Tina calculates

$$PV = \frac{MRP_1}{(1 + r)} + \frac{MRP_2}{(1 + r)^2}$$

Here, MRP_1 is the marginal revenue product received by Tina at the end of the first year. It is converted to a present value by dividing it by $(1 + r)$, where r is the interest rate (expressed as a proportion). The term MRP_2 is the marginal revenue product received at the end of the second year. It is converted to a present value by dividing it by $(1 + r)^2$.

If Tina can borrow or lend at an interest rate of 4 percent a year, the present value of her marginal revenue product is given by

$$PV = \frac{\$1,150}{(1 + 0.04)} + \frac{\$1,150}{(1 + 0.04)^2}$$

$$PV = \$1,106 + \$1,063$$

$$PV = \$2,169$$

The present value (PV) of $1,150 one year in the future is $1,150 divided by 1.04 (4 percent as a proportion is 0.04). The present value of $1,150 two years in the future is $1,150 divided by $(1.04)^2$. Tina works out those two present values and then adds them to get the present value of the future flow of marginal revenue product, which is $2,169.

Parts (a) and (b) of Table 4 summarize the data and the calculations we've just made. Review these calculations and make sure you understand them.

Tina's Decision to Buy Tina decides whether to buy the computer by comparing the present value of its future flow of marginal revenue product with its purchase price. She makes this comparison by calculating the net present value (*NPV*) of the computer. **Net present value** is the present value of the future

TABLE 4   Net Present Value of an Investment—Taxfile, Inc.

(a) Data

Price of computer	$2,000
Life of computer	2 years
Marginal revenue product	$1,150 at end of each year
Interest rate	4% a year

MRXMP (handwritten annotation next to "Marginal revenue product")

(b) Present Value of the Flow of Marginal Revenue Product

$$PV = \frac{MRP_1}{(1+r)} + \frac{MRP_2}{(1+r)^2}$$

$$= \frac{\$1,150}{1.04} + \frac{\$1,150}{(1.04)^2}$$

$$= \$1,106 + \$1,063$$

$$= \$2,169$$

(c) Net Present Value of Investment

$$NPV = PV \text{ of marginal revenue product} - \text{Price of computer}$$

$$= \$2,169 - \$2,000$$

$$= \$169$$

flow of marginal revenue product generated by the capital minus the price of the capital. If the net present value is positive, the firm buys additional capital. If the net present value is negative, the firm does not buy additional capital. Table 4(c) shows the calculation of Tina's net present value of a computer. The net present value is $169—greater than zero—so Tina buys the computer.

Tina can buy any number of computers that cost $2,000 and have a life of two years. But like all other factors of production, capital is subject to diminishing marginal returns. The greater the amount of capital employed, the smaller is its marginal revenue product. So if Tina buys a second computer or a third one, she gets successively smaller marginal revenue products from the additional machines.

Table 5(a) sets out Tina's marginal revenue products for one, two, and three computers. The marginal revenue product of one computer (the case just reviewed) is $1,150 a year. The marginal revenue product of a second computer is $1,100 a year, and the marginal revenue product of a third computer is $1,050 a year. Table 5(b) shows the calculations of the present values of the marginal revenue products of the first, second, and third computers.

You've seen that with an interest rate of 4 percent a year, the net present value of one computer is positive. At an interest rate of 4 percent a year, the present value of the marginal revenue product of a second computer is $2,075, which exceeds its price by $75. So Tina buys a second computer. But at an interest rate of 4 percent a year, the present value of the marginal revenue product of a third computer is $1,980, which is $20 less than the price of the computer. So Tina does not buy a third computer.

TABLE 5   Taxfile's Investment Decision

(a) Data

Price of computer	$2,000
Life of computer	2 years
Marginal revenue product:	
Using 1 computer	$1,150 a year
Using 2 computers	$1,100 a year
Using 3 computers	$1,050 a year

(b) Present Value of the Flow of Marginal Revenue Product

If $r = 0.04$ (4% a year):

Using 1 computer: $\quad PV = \dfrac{\$1,150}{1.04} + \dfrac{\$1,150}{(1.04)^2} = \$2,169$ — +ve NPV

Using 2 computers: $\quad PV = \dfrac{\$1,100}{1.04} + \dfrac{\$1,100}{(1.04)^2} = \$2,075$ — +ve NPV

Using 3 computers: $\quad PV = \dfrac{\$1,050}{1.04} + \dfrac{\$1,050}{(1.04)^2} = \$1,980$

— NPV = $1.98k − $2k
   = −$(0.02)
   ↓
   Negative NPV

If $r = 0.08$ (8% a year):

Using 1 computer: $\quad PV = \dfrac{\$1,150}{1.08} + \dfrac{\$1,150}{(1.08)^2} = \$2,051$

Using 2 computers: $\quad PV = \dfrac{\$1,100}{1.08} + \dfrac{\$1,100}{(1.08)^2} = \$1,962$

If $r = 0.12$ (12% a year):

Using 1 computer: $\quad PV = \dfrac{\$1,150}{1.12} + \dfrac{\$1,150}{(1.12)^2} = \$1,944$

A Change in the Interest Rate   We've seen that at an interest rate of 4 percent a year, Tina buys two computers but not three. Suppose that the interest rate is 8 percent a year. In this case, the present value of the first computer is $2,051 (see Table 5b), so Tina still buys one machine because it has a positive net present value. At an interest rate of 8 percent a year, the present value of the second computer is $1,962, which is less than $2,000, the price of the computer. So at an interest rate of 8 percent a year, Tina buys only one computer.

Suppose that the interest rate is even higher, 12 percent a year. In this case, the present value of the marginal revenue product of one computer is $1,944 (see Table 5b). At this interest rate, Tina buys no computers.

These calculations trace Taxfile's demand schedule for capital, which shows the value of computers demanded by Taxfile at each interest rate. Other things remaining the same, as the interest rate rises, the quantity of capital demanded decreases. The higher the interest rate, the smaller is the quantity of *physical* capital demanded. But to finance the purchase of *physical* capital, firms demand *financial* capital. So the higher the interest rate, the smaller is the quantity of *financial* capital demanded.

Demand Curve for Capital

A firm's demand curve for capital shows the relationship between the quantity of financial capital demanded by the firm and the interest rate, other things remaining the same. Figure 6(a) shows Tina's demand curve for capital and the four points on it that we've just found. If Tina can buy other capital items so that her demand for capital is divisible into one-dollar units (not restricted to jumping in $2,000 units, her demand curve for capital would look like the entire blue curve in Fig. 6(a).

Figure 6(b) shows the market demand curve for capital, *KD*, which is the horizontal sum of the demand curves of each firm. In the figure, the quantity of capital demanded in the entire capital market is $1,500 billion when the interest rate is 6 percent a year.

You've seen how the demand for capital is determined. Let's now look at the supply side of the capital market.

The Supply of Capital

The quantity of capital supplied results from people's saving decisions. The main factors that determine saving are:

▶ income

▶ expected future income

▶ interest rate

Let's see how these factors influence Aaron's saving decisions.

FIGURE 6   A Firm's Demand and the Market Demand for Capital

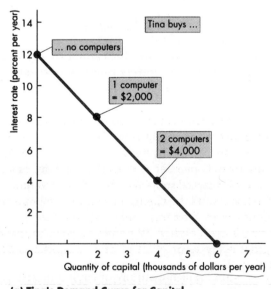

(a) Tina's Demand Curve for Capital

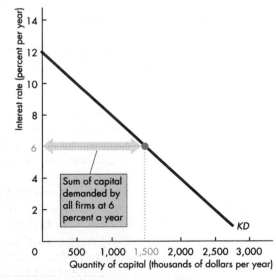

(b) Market Demand Curve for Capital

For each firm, the lower the interest rate, the greater is the quantity of capital demanded. The market demand curve is the (horizontal) sum of the firms' demand curves.

Income Saving is the act of converting *current* income into *future* consumption. When Aaron's income increases, he plans to consume more both now and in the future. But to increase *future* consumption, Aaron must save today. So, other things remaining the same, the higher Aaron's income, the more he saves. The relationship between saving and income is remarkably stable.

Expected Future Income If Aaron's current income is high and his expected future income is low, he will have a high level of saving. But if Aaron's current income is low and his expected future income is high, he will have a low (perhaps even negative) level of saving.

Students have low current incomes compared with expected future incomes so they tend to consume more than they earn. In middle age, most people are earning more than they expect to earn when they retire. So they save for their retirement years.

Interest Rate A dollar saved today grows into a dollar plus interest tomorrow. The higher the interest rate, the greater is the amount that a dollar saved today becomes in the future. Thus the higher the interest rate, the greater is the opportunity cost of current consumption. With a higher opportunity cost of current consumption, Aaron cuts his current consumption and increases his saving.

Supply Curve of Capital

The supply curve of capital shows the relationship between the quantity of capital supplied and the interest rate, other things remaining the same. The curve KS_0 in Fig. 7 is a supply curve of capital. An increase in the interest rate brings an increase in the quantity of capital supplied and a movement along the supply curve.

Let's now use what we've learned about the demand for and supply of capital and see how the interest rate is determined.

The Interest Rate

Saving plans and investment plans are coordinated through capital markets, and the real interest rate adjusts to make these plans compatible.

Figure 7 shows the capital market. The demand for capital is KD_0, and the supply of capital is KS_0. The equilibrium real interest rate is 6 percent a year, and the quantity of capital—the amount of investment by firms and saving by households—is $1,500 billion.

If the interest rate exceeded 6 percent a year, the quantity of capital supplied would exceed the quantity of capital demanded and the interest rate would fall. The interest rate would keep falling until the capital surplus was eliminated.

If the interest rate were less than 6 percent a year, the quantity of capital demanded would exceed the quantity of capital supplied and the interest rate would rise. The interest rate would keep rising until the capital shortage was eliminated.

Changes in Demand and Supply

Over time, both the demand for capital and the supply of capital increase. The demand curve shifts rightward to KD_1, and the supply curve shifts to KS_1. Both curves shift because the same or related forces influence them. Population growth increases both demand and supply. Technological advances increase demand and bring higher incomes, which in turn increase supply. Because both

FIGURE 7 Capital Market Equilibrium

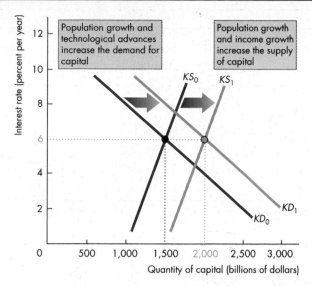

Initially, the demand for capital is KD_0 and the supply of capital is KS_0. The equilibrium interest rate is 6 percent a year, and the quantity of capital is $1,500 billion. Over time, both the demand and supply of capital increase to KD_1 and KS_1. The quantity of capital increases, but the interest rate is constant. The demand and supply of capital are influenced by common and related factors.

demand and supply increase over time, the quantity of capital increases but the real interest rate remains constant.

In reality, the real interest rate fluctuates, as you can see in Fig. 5. The reason is that the demand for capital and the supply of capital do not change in lock-step. Sometimes rapid technological change brings an increase in the demand for capital *before* it brings the higher incomes that increase the supply of capital. When this sequence of events occurs, the real interest rate rises. The first half of the 1980s was such a time, as you can see in Fig. 5.

At other times, the demand for capital grows slowly or even decreases temporarily. In this situation, supply outgrows demand and the real interest rate falls. Figure 5 shows that the mid-1970s and the period from 1984 through 1991 were two such periods.

The lessons that we've just learned about capital markets can be used to understand the prices of nonrenewable natural resources. Let's see how.

NATURAL RESOURCE MARKETS   5

Natural resources, or what economists call *land*, fall into two categories:

▶ renewable
▶ nonrenewable

Renewable natural resources are natural resources that are repeatedly replenished by nature. Examples are land (in its everyday sense), rivers, lakes, rain, and sunshine.

Nonrenewable natural resources are natural resources that nature does not replenish. Once used, they are no longer available. Examples are coal, natural gas, and oil—the so-called hydrocarbon fuels.

The demand for natural resources as inputs into production is based on the same principle of marginal revenue product as the demand for labor (and the demand for capital). But the supply of natural resources is special. Let's look first at the supply of renewable natural resources.

The Supply of a Renewable Natural Resource

The quantity of land and other renewable natural resources is fixed. The quantity supplied cannot be changed by individual decisions. People can vary the amount of land they own. But when one person buys some land, another person sells it. The aggregate quantity of land supplied of any particular type and in any particular location is fixed, regardless of the decisions of any individual. This fact means that the supply of each particular piece of land is perfectly inelastic. Figure 8 illustrates such a supply. Regardless of the rent available, the quantity of land supplied on Chicago's "Magnificent Mile" is a fixed number of square feet.

Because the supply of land is fixed regardless of its price, price is determined by demand. The greater the demand for a specific piece of land, the higher is its price.

Expensive land can be, and is, used more intensively than inexpensive land. For example, high-rise buildings enable land to be used more intensively. However, to use land more intensively, it has to be combined with another factor of production: capital. An increase in the amount of capital per block of land does not change the supply of land itself.

Although the supply of each type of land is fixed and its supply is perfectly inelastic, each individual firm, operating in competitive land markets, faces an elastic supply of land. For example, Fifth Avenue in New York City has a fixed

FIGURE 8 • The Supply of Land

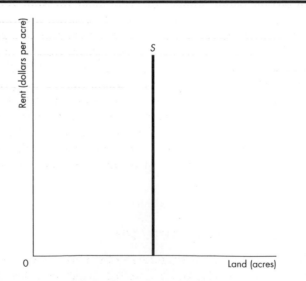

The supply of a given piece of land is perfectly inelastic. No matter what the rent, no more land than the quantity that exists can be supplied.

amount of land, but Doubleday, the bookstore, could rent some space from Saks, the department store. Each firm can rent the quantity of land that it demands at the going rent, as determined in the marketplace. Thus, provided that land markets are competitive, firms are price takers in these markets, just as they are in the markets for other productive resources.

The Supply of a Nonrenewable Natural Resource

The *stock* of a natural resource is the quantity in existence at a given time. This quantity is fixed and is independent of the price of the resource. The *known* stock of a natural resource is the quantity that has been discovered. This quantity increases over time because advances in technology enable ever less accessible sources to be discovered. Both of these *stock* concepts influence the price of a nonrenewable natural resource. But the influence is indirect. The direct influence on price is the rate at which the resource is supplied for use in production—called the *flow* supply.

The flow supply of a nonrenewable natural resource is *perfectly elastic* at a price that equals the present value of the expected price next period.

To see why, think about the economic choices of Saudi Arabia, a country that possesses a large inventory of oil. Saudi Arabia can sell an additional billion barrels of oil right now and use the income it receives to buy U.S. bonds. Or it can keep the billion barrels in the ground and sell them next year. If it sells the oil and buys bonds, it earns the interest rate on the bonds. If it keeps the oil and sells it next year, it earns the amount of the price increase or loses the amount of the price decrease between now and next year.

If Saudi Arabia expects the price of oil to rise next year by a percentage that equals the current interest rate, the price that it expects next year equals $(1 + r)$ multiplied by this year's price. For example, if this year's price is $30 a barrel and the interest rate is 5 percent ($r = 0.5$), then next year's expected price is $1.05 \times$ $30, which equals $31.50 a barrel.

With the price expected to rise to $31.50 next year, Saudi Arabia is indifferent between selling now for $30 and not selling now but waiting until next year and selling for $31.50. Saudi Arabia expects to make the same return either way. So at $30 a barrel, Saudi Arabia will sell whatever quantity is demanded.

But if Saudi Arabia expects the price to rise next year by a percentage that exceeds the current interest rate, then Saudi Arabia expects to make a bigger return by hanging onto the oil than by selling the oil and buying bonds. So it keeps the oil and sells none. And if Saudi Arabia expects the price to rise next year by a percentage that is less than the current interest rate, the bond gives a bigger return than the oil, so Saudi Arabia sells as much oil as it can.

Recall the idea of discounting and present value. The minimum price at which Saudi Arabia is willing to sell oil is the present value of the expected future price. At this price, it will sell as much oil as buyers demand. So its supply is perfectly elastic.

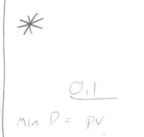

Price and the Hotelling Principle

Figure 9 shows the equilibrium in a natural resource market. Because supply is perfectly elastic at the present value of next period's expected price, the actual price of the natural resource equals the present value of next period's expected price. Also, because the current price is the present value of the expected future price, the price of the resource is expected to rise at a rate equal to the interest rate.

FIGURE 9   A Nonrenewable Natural Resource Market

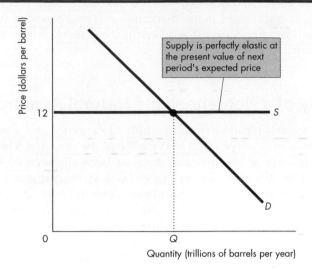

The supply of a nonrenewable natural resource is perfectly elastic at the *present value of next period's expected price.* The demand for a nonrenewable natural resource is determined by its marginal revenue product. The price is determined by supply and equals the *present value* of next period's expected price.

The proposition that the price of a resource is expected to rise at a rate equal to the interest rate is called the *Hotelling Principle.* It was first realized by Harold Hotelling, a mathematician and economist at Columbia University. But as Fig. 10 shows, *actual* prices do not follow the path *predicted* by the Hotelling Principle. Why do the prices of nonrenewable natural resources sometimes fall rather than follow their expected path and increase over time?

The key reason is that the future is unpredictable. Expected technological change is reflected in the price of a natural resource. But a previously unexpected new technology that leads to the discovery or the more efficient use of a nonrenewable natural resource causes its price to fall. Over the years, as technology has advanced, we have become more efficient in our use of nonrenewable natural resources. And we haven't just become more efficient. We've become more efficient than we expected to.

People supply resources to earn an income. But some people earn enormous incomes. Are such incomes necessary to induce people to work and supply other resources? Let's now answer this question.

6   INCOME, ECONOMIC RENT, AND OPPORTUNITY COST

You've now seen how factor prices are determined by the interaction of demand and supply. And you've seen that demand is determined by marginal productivity and supply is determined by the resources available and by people's choices about their use. The interaction of demand and supply in factor markets determines who receives a large income and who receives a small income.

FIGURE 10   Falling Resource Prices

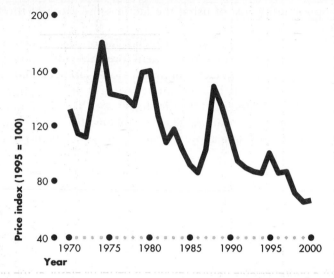

The prices of metals (here a price index that measures the average of the prices of aluminum, copper, iron ore, lead, manganese, nickel, silver, tin, and zinc) have tended to fall over time, not rise as predicted by the Hotelling Principle. The reason is that unanticipated advances in technology have decreased the cost of extracting resources and greatly increased the exploitable known reserves.

Source: International Financial Statistics (various issues), Washington, DC: International Monetary Fund.

Large and Small Incomes

A national news anchor earns a large income because she has a high marginal revenue product—reflected in the demand for her services—and the supply of people with the combination of talents needed for this kind of job is small—reflected in the supply. Equilibrium occurs at a high wage rate and a small quantity employed.

People who work at fast-food restaurants earn a low wage rate because they have a low marginal revenue product—reflected in the demand for their services—and many people are able and willing to supply their labor for these jobs. Equilibrium occurs at a low wage rate and a large quantity employed.

If the demand for news anchors increases, their incomes increase by a large amount and the number of news anchors barely changes. If the demand for fast-food workers increases, the number of people doing these jobs increases by a large amount and the wage rate barely changes.

Another difference between a news anchor and a fast-food worker is that if the news anchor were hit with a pay cut, she would probably still supply her services, but if a fast-food worker were hit with a pay cut, he would probably quit. This difference arises from the interesting distinction between **economic rent** and opportunity cost.

Economic Rent and Opportunity Cost

The total income of a factor of production is made up of its economic rent and its opportunity cost. **Economic rent** is the income received by the owner of a factor of production over and above the amount required to induce that owner to offer the factor for use. Any factor of production can receive an economic rent. The income required to induce the supply of a factor of production is the opportunity cost of using the factor—the value of the factor in its next best use.

Figure 11(a) illustrates the way in which a factor income has an economic rent and opportunity cost component. The figure shows the market for a factor of production. It could be *any* factor of production—labor, capital, or land—but we'll suppose that it is labor. The demand curve is *D*, and the supply curve is *S*. The wage rate is *W*, and the quantity employed is *C*. The income earned is the sum of the upper and lower areas. The area below the supply curve measures opportunity cost, and the area above the supply curve but below the factor price measures economic rent.

To see why the area below the supply curve measures opportunity cost, recall that a supply curve can be interpreted in two different ways. It shows the quantity supplied at a given price, and it shows the minimum price at which a given quantity is willingly supplied. If suppliers receive only the minimum amount required to induce them to supply each unit of the factor, they will be paid a different price for each unit. The prices will trace the supply curve, and the income received will be entirely opportunity cost—the area in Fig. 11(a).

The concept of economic rent is similar to the concept of producer surplus that you met in Reading 14. Economic rent is the price a person receives for the use of a factor minus the minimum price at which a given quantity of the factor is willingly supplied.

Economic rent is *not* the same thing as the "rent" that a farmer pays for the use of some land or the "rent" that you pay for your apartment. Everyday "rent" is a price paid for the services of land or a building. *Economic rent* is a component of the income received by any factor of production.

The portion of the factor income that consists of economic rent depends on the elasticity of the supply of the factor. When the supply of a factor is perfectly inelastic, its entire income is economic rent. Most of the income received by Garth Brooks and Pearl Jam is economic rent. Also, a large part of the income of a major-league baseball player is economic rent. When the supply of a factor of production is perfectly elastic, none of its income is economic rent. Most of the income of a babysitter is opportunity cost. In general, when supply is neither perfectly elastic nor perfectly inelastic, like that illustrated in Fig. 11(a), some part of the factor income is economic rent and the other part is opportunity cost.

Figures 11(b) and 11(c) show the other two possibilities. Part (b) shows the market for a particular parcel of land in New York City. The quantity of land is fixed in size at *L* acres. Therefore the supply curve of the land is vertical—perfectly inelastic. No matter what the rent on the land is, there is no way of increasing the quantity that can be supplied. Suppose that the demand curve in Fig. 11(b) shows the marginal revenue product of this block of land. Then it commands a rent of *R*. The entire income accruing to the owner of the land is the blue area in the figure. This income is *economic rent*.

Figure 11(c) shows the market for a factor of production that is in perfectly elastic supply. An example of such a market might be that for low-skilled labor in a poor country such as India or China. In those countries, large amounts of labor flock to the cities and are available for work at the going wage rate (in this case, *W*). Thus in these situations, the supply of labor is almost perfectly elastic. The entire income earned by these workers is opportunity cost. They receive no economic rent.

FIGURE 11   Economic Rent and Opportunity Cost

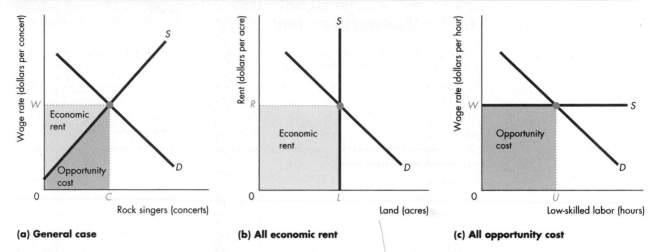

(a) General case   **(b) All economic rent**   **(c) All opportunity cost**

When the supply curve of a factor slopes upward—the general case—as in part (a), part of the factor income is economic rent and part is opportunity cost. When the supply of a factor is perfectly inelastic (the supply curve is vertical), as in part (b), the entire factor income is economic rent. When the supply of the factor is perfectly elastic, as in part (c), the factor's entire income is opportunity cost.

Reading between the Lines on pp. 278–280 looks at the market for college football coaches and compares it with the market for professors.

7

READING BETWEEN THE LINES

Labor Markets in Action

FORT WORTH STAR-TELEGRAM, NOVEMBER 18, 2001

Who Is Worth More, the Coach or the Prof?

A *Star-Telegram* survey of the conference's 11 public institutions shows that five head football coaches have financial packages exceeding $1 million in guaranteed annual compensation and that more than half the full-time assistant coaches have annual salaries in excess of $100,000.

The survey, based on information and documents provided by the schools in response to public-records requests, found that those head coaches whose annual compensation tops $1 million are Oklahoma's Bob Stoops ($2 million), Kansas State's Bill Snyder ($1.5 million), Texas' Mack Brown ($1.45 million), Nebraska's Frank Solich ($1.1 million) and Texas A&M's R.C. Slocum ($1.02 million).

The survey also found that 53 of the 99 full-time assistant coaches at the 11 schools are receiving more than $100,000 in annual compensation.

Eleven are making more than $140,000 a year.

At Oklahoma and Oklahoma State, the survey found, the average salaries of assistant football coaches exceed the average salaries of full professors by more than 50 percent.

Texas' nine full-time assistant coaches are being paid a total of $1.22 million, highest in the Big 12. The annual salaries of the Texas assistant coaches range from $113,668 to $198,640. The average salary of a UT assistant coach, $135,126, is $41,026 more than the average salary of a full professor at the university.

At Oklahoma, eight of the nine assistants make more than $100,000 a year. The average OU assistant's salary, $129,333, is $48,033 more than the average annual salary of the university's full professors.

...

Essence of the Story

► Five head college football coaches earn more than $1 million a year. They are Oklahoma's Bob Stoops ($2 million), Kansas State's Bill Snyder ($1.5 million), Texas's Mack Brown ($1.45 million), Nebraska's Frank Solich ($1.1 million), and Texas A&M's R.C. Slocum ($1.02 million).

► Fifty-three of the 99 full-time assistant coaches earn more than $100,000 a year, and 11 earn more than $140,000 a year.

► At several universities, assistant coaches earn more than the average full professor by between $40,000 and almost $50,000 a year.

FIGURE 12   The Market for Coaches and Professors

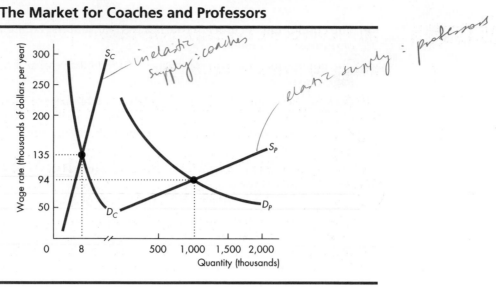

Economic Analysis

▶ The market for college football coaches and assistant coaches is competitive.

▶ The market for professors is also competitive.

▶ The demand for both coaches and professors is determined by the marginal revenue product of each group.

▶ The marginal revenue product of a coach depends on the coach's ability to win games and the additional revenue that the college or university can raise from its alumni and other contributors when its football team is successful.

▶ The marginal revenue product of a professor depends on the ability of the professor to attract students and research funding.

▶ For any given quantity of coaches and professors, the marginal revenue product of a professor almost certainly exceeds that of a coach.

▶ But the equilibrium wage rate of a coach and that of a professor depend on the marginal revenue product of each group and on the supply of each.

▶ The supply of coaches is small and probably inelastic.

▶ The supply of professors is large and most likely elastic.

▶ The supply of coaches is inelastic because few people have the talent demanded by this specialized activity.

▶ The supply of professors is elastic because they are generally well-educated people who can do many alternative jobs.

▶ Equilibrium in the market for coaches occurs at a higher wage rate and a much smaller quantity than equilibrium in the market for professors.

▶ Figure 11 shows the two markets. Notice that there is a break in the *x*-axis because the quantity of professors is much greater than that of coaches.

▶ The demand for coaches is D_C, and the demand for professors is D_P. The supply of coaches is S_C, and the supply of professors is S_P.

- ► The equilibrium quantity of coaches is 8,000, and the equilibrium quantity of professors is 1 million.

- ► The equilibrium wage rate of coaches is $135,000 a year, and the equilibrium wage rate of professors is $94,000 a year.

- ► Because the supply of coaches is inelastic, a large part of their income is economic rent. But colleges and universities can't lower the wage rate of coaches because each school faces a perfectly elastic supply at the going market-determined equilibrium wage rate.

- ► The figure is based on data for assistant coaches. Head coaches earn 10 times (or more) the wage rate of assistant coaches because the supply of head coaches is even smaller than the supply of assistant coaches.

- ► The figure is also based on data for professors on the average. Some professors earn three times (or more) the wage rate of the average professor because the supply of truly outstanding teachers and researchers is smaller than the supply of average teachers and researchers.

SUMMARY

▶ An increase in the demand for a factor of production increases the factor's price and total income; a decrease in the demand for a factor of production decreases its price and total income.

▶ An increase in the supply of a factor of production increases the quantity used but decreases its price and might increase or decrease its total income depending on whether demand is elastic or inelastic.

▶ The demand for labor is determined by the marginal revenue product of labor.

▶ The demand for labor increases if the price of the firm's output rises or if technological change and capital accumulation increase marginal product.

▶ The elasticity of demand for labor depends on the labor intensity of production, the elasticity of demand for the product, and the ease with which labor can be substituted for capital.

▶ The quantity of labor supplied increases as the **real wage rate** increases, but at high wage rates, the supply curve eventually bends backward. *(due to 'e income effect)*

▶ The supply of labor increases as the population increases and with technological change and capital accumulation.

▶ Wage rates increase because demand increases by more than supply.

▶ To make an investment decision, a firm compares the *present value* of the marginal revenue product of capital with the price of capital.

▶ The higher the interest rate, the greater is the amount of saving and the quantity of capital supplied.

▶ Capital market equilibrium determines the real interest rate.

▶ Common and related factors influence both demand and supply so the interest rate fluctuates but doesn't rise or fall over time.

▶ The demand for natural resources is determined by marginal revenue product.

▶ The supply of land is inelastic.

▶ The supply of nonrenewable natural resources is perfectly elastic at a price equal to the present value of the expected future price.

▶ The price of nonrenewable natural resources is expected to rise at a rate equal to the interest rate but fluctuates and sometimes falls.

▶ Economic rent is the income received by the owner of a factor of production over and above the amount needed to induce the owner to supply the factor for use.

▶ The rest of a factor's income is an opportunity cost.

▶ When the supply of a factor is perfectly inelastic, its entire income is made up of economic rent, and when supply is perfectly elastic, the entire income is made up of opportunity cost.

PRACTICE PROBLEMS FOR READING 21

1. The marginal revenue product of labor is *most likely* the additional
   A. product generated by adding one more unit of labor.
   B. revenue generated by adding one more unit of labor.
   C. product generated by each laborer when technology improves.
   D. revenue generated by each laborer when technology improves.

2. Which of the following is *least likely* to cause a change in the demand for labor?
   A. Technology.
   B. Other factor prices.
   C. Price of the firm's output.
   D. An increase in the wage rate.

3. All else equal, according to the income effect and the substitution effect, an increase in the wage rate will *most likely* have what effect on the supply of labor?

	Income Effect	Substitution Effect
A.	Increase	Increase
B.	Increase	Decrease
C.	Decrease	Increase
D.	Decrease	Decrease

MONITORING CYCLES, JOBS, AND THE PRICE LEVEL
by Michael Parkin

LEARNING OUTCOMES

The candidate should be able to:

a. describe the phases of the business cycle, define an unemployed person, and interpret the main labor market indicators and their relation to the business cycle;

b. define aggregate hours and real wage rates, and explain their relation to gross domestic product (GDP);

c. explain the types of unemployment, full employment, the natural rate of unemployment, and the relation between unemployment and real GDP;

d. explain and calculate the consumer price index (CPI), describe the relation between the CPI and the inflation rate, and explain the main sources of CPI bias.

VITAL SIGNS 1

The last U.S. recession began in March 2001 and ended in November 2001. What exactly is a **recession**, who decides when it begins and ends, and what criteria are used to make these decisions?

Each month, we chart the course of the **unemployment rate** as a measure of U.S. economic health. How do we measure the unemployment rate? What does it tell us? Is it a reliable vital sign for the economy?

Every month, we also chart the number of people working, the number of hours they work, and the wages they receive. Are most new jobs full time or part time? And are they high-wage jobs or low-wage jobs?

As the U.S. economy expanded during 2002 and 2003, job growth was weak and these questions about the health of the labor market became of vital importance to millions of American families. We put the spotlight on the labor market during the so-called "jobless recovery" of 2002 and 2003 in *Reading between the Lines* at the end of this reading.

Having a good job that pays a decent wage is only half of the equation that translates into a good standard of living. The other half is the cost of living. We track the cost of the items that we buy with another number that is published every month, the Consumer Price Index, or CPI. What is the CPI? How is it calculated? And does it provide a reliable guide to the changes in our cost of living?

These are the questions we study in this reading. We begin by looking at the way in which a recession is identified and dated.

2 THE BUSINESS CYCLE

The business cycle is the periodic but irregular up-and-down movement in production and jobs. A business cycle has two phases—expansion and recession—and two turning points—peak and trough. One definition of recession is a two-quarter decrease in real GDP. The National Bureau of Economic Research (NBER), which dates the phases of the U.S. cycle, defines a recession a bit differently from this common definition as follows.

> A **recession** is a significant decline in activity spread across the economy, lasting more than a few months, visible in industrial production, employment, **real income**, and wholesale-retail trade. A recession begins just after the economy reaches a peak of activity and ends as the economy reaches its trough. Between trough and peak, the economy is in an **expansion**.[1]

Real GDP is the broadest measure of economic activity, and another popular working definition of a recession is a decrease in real GDP that lasts for at least two quarters. But we don't measure real GDP each month, so the NBER does not use the real GDP numbers. Instead, it looks at employment, which is the broadest *monthly* indicator of economic activity, along with other monthly measures that include personal income, sales of manufactures, and industrial production.

The NBER Dating Committee waits until it sees a large enough decline before declaring that a recession has begun. It also waits until it sees a large enough expansion before declaring that a recession has ended.

Business Cycle Dates

Each recession, expansion, and turning point has been dated by the NBER, which has identified 16 recessions and 17 expansions since 1919. Table 1 lists the dates of their peaks and troughs. On the average, recessions have lasted for just

---

[1] "The NBER's Business-Cycle Dating Procedure," January 10, 2002, NBER website (www.nber.org). (Boldfacing of key terms added.)

TABLE 1   Business Cycle Reference Dates

Trough	Peak
March 1919	January 1920
July 1921	May 1923
July 1924	October 1926
November 1927	August 1929
March 1933	May 1937
June 1938	February 1945
October 1945	November 1948
October 1949	July 1953
May 1954	August 1957
April 1958	April 1960
February 1961	December 1969
November 1970	November 1973
March 1975	January 1980
July 1980	July 1981
November 1982	July 1990
March 1991	March 2001
November 2001	—

Seventeen cycles between 1919 and 2001 had average recessions that lasted for a bit more than a year and expansions that had average lengths of almost 4 years. Recessions have been getting shorter and expansions longer.

Source: National Bureau of Economic Research.

over a year and real GDP has fallen from peak to trough by more than 6 percent. Expansions have lasted for almost 4 years on the average, and real GDP has increased from trough to peak by an average of 22 percent.

But the averages hide huge variations from one cycle to another. The **Great Depression**, which began with a recession that ran from August 1929 to March 1933, was the most severe contraction of economic activity ever experienced. Over a 43-month period, real GDP shrank by 33 percent. The second most severe recession was also in the 1930s. Another relatively severe fall in real GDP occurred at the end of World War II in 1945. The only other recession that comes close to these is that of 1974–1975, which resulted from a fourfold rise in the price of oil, lasted for 16 months, and saw real GDP fall by 5 percent. The biggest expansion occurred during World War II, but the longest was in the 1990s. Other big expansions were in the 1960s and 1980s. There is no correlation between the length of an expansion and the length of the preceding recession.

Figure 1 shows the range of variation across the different recessions and expansions. Figure 1 shows the total percentage change in real GDP during successive recessions and expansions. The figure also shows that expansions last much longer than recessions. Expansions are the normal state of the economy. Recessions are relatively short-lived interruptions of that normal process.

FIGURE 1   Business Cycle Patterns

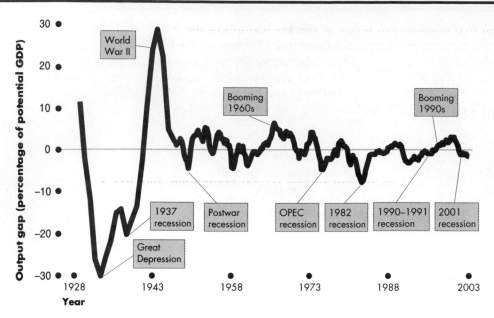

Recessions have lasted from 43 months during the Great Depression, when real GDP fell by 33 percent, to 6 months in 1980, when real GDP fell by 2.5 percent. The mildest recession lasted through most of 1970, when real GDP fell by less than 1 percent. The 2001 recession was the second mildest. Recessions have been less severe in the post–World War II period. Expansions have lasted from 6 months in 1980 to 120 months from 1991 to 2001. <u>Expansions are becoming longer and stronger.</u>

Sources: National Bureau of Economic Research, Bureau of Economic Analysis, and author's calculations.

The 2001 Recession

The NBER identified March 2001 as the month in which the most recent recession began and November 2001 as the month in which it ended. This recession was the second mildest ever experienced (the recession of 1970 was the mildest on record). Real GDP fell by only 0.6 percent from the peak in the fourth quarter of 2000 to the trough in the third quarter of 2001.

The level of employment, which peaked in March 2001, was the major indicator of recession used by the NBER. Industrial production was another indicator used by the NBER, but it had already peaked in the summer of 2000. A third indicator, manufacturing trade sales, fluctuated so erratically during 2001 that it provided no clear information about the timing of the onset of recession. A fourth indicator, personal incomes, continued to rise but eventually peaked in the fall of 2001.

Although the recession was declared over by November 2001, the economy remained weak throughout 2002 and 2003. It is normal for real GDP to remain below its pre-recession peak for some time after an expansion begins. And in the recovery from the 2001 recession, this tendency was pronounced. Real GDP grew at an annual rate of less than 3 percent, and the number of people employed continued to fall in what came to be called a jobless recovery.

The Federal Reserve kept interest rates low to aid recovery and to avoid the risk (small though it was) that the economy would slip into a further recession.

JOBS AND WAGES

You have seen that employment is one of the key features of the economy that helps the NBER determine the onset of recession. The state of the labor market has a large impact on our incomes and our lives. We become concerned when jobs are hard to find and more relaxed when they are plentiful. But we want a good job, which means that we want a well-paid and interesting job. You are now going to learn how economists track the health of the labor market.

Population Survey

Every month, the U.S. Census Bureau surveys 60,000 households and asks a series of questions about the age and job market status of the members of each household. This survey is called the Current Population Survey. The Census Bureau uses the answers to describe the anatomy of the labor force.

Figure 2 shows the population categories used by the Census Bureau and the relationships among the categories. It divides the population into two groups: the **working-age population** and others who are too young to work or who live in institutions and are unable to work. The **working-age population** is the total number of people aged 16 years and over who are not in jail, a hospital, or some other form of institutional care. The Census Bureau divides the working-age population into two groups: those in the labor force and those not in the labor force. It also divides the labor force into two groups: the employed and the unemployed. So the **labor force** is the sum of the employed and the unemployed.

FIGURE 2   Population Labor Force Categories

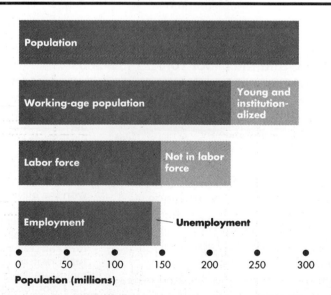

The total population is divided into the working-age population and the young and institutionalized. The working-age population is divided into those in the labor force and those not in the labor force. The labor force is divided into the employed and the unemployed.

Source: Bureau of Labor Statistics.

To be counted as <u>employed</u> in the Current Population Survey, a person must have either a <u>full-time job or a part-time job.</u> To be counted as <u>un</u>employed, a person must be <u>available for work and must be in one of three categories:</u>

1. without work but has made specific efforts to find a job within the previous four weeks;
2. waiting to be called back to a job from which he or she has been laid off; or
3. waiting to start a new job within 30 days.

Anyone surveyed who satisfies one of these three criteria is counted as unemployed. People in the working-age population who are neither employed nor unemployed are classified as not in the labor force.

In 2003, the population of the United States was 292 million. There were 70.8 million people under 16 years of age or living in institutions. The working age population was 221.2 million. Of this number, 73.4 million were not in the labor force. Most of these people were in school full time or had retired from work. The remaining 147.8 million people made up the U.S. labor force. Of these, 138.5 million were employed and 9.3 million were unemployed.

Three Labor Market Indicators

The Census Bureau calculates three <u>indicators of the state of the labor market,</u> which are shown in Fig. 3. They are:

▶ the unemployment rate
▶ the labor force participation rate
▶ the employment-to-population ratio

FIGURE 3   Employment, Unemployment, and the Labor Force: 1963–2003

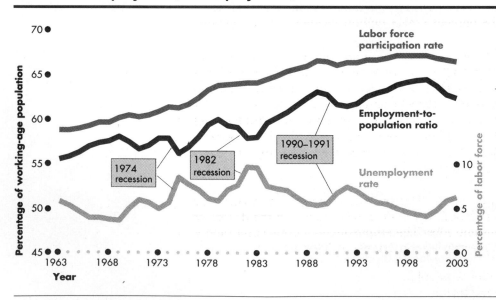

The unemployment rate increases in recessions and decreases in expansions. The labor force participation rate and the employment-to-population ratio have upward trends and fluctuate with the business cycle. The employment-to-population ratio fluctuates more than the labor force participation rate and reflects cyclical fluctuations in the unemployment rate. Fluctuations in the labor force participation rate arise mainly because of discouraged workers.

Source: Bureau of Labor Statistics.

The Unemployment Rate   The amount of unemployment is an indicator of the extent to which people who want jobs can't find them. The **unemployment rate is the percentage of the people in the labor force who are unemployed.** That is,

$$\text{Unemployment rate} = \frac{\text{Number of people unemployed}}{\text{Labor force}} \times 100$$

and

$$\text{Labor force} = \text{Number of people employed} + \text{Number of people unemployed}$$

Reces ⇒ ↑

In 2003, the number of people employed was 138.5 million and the number unemployed was 9.3 million. By using the above equations, you can verify that the labor force was 147.8 million (138.5 million plus 9.3 million) and the unemployment rate was 6.3 percent (9.3 million divided by 147.8 million, multiplied by 100).

Figure 3 shows the unemployment rate and two other labor market indicators between 1963 and 2003. The average unemployment rate has been 6 percent, and it reached peak values at the end of the recessions of 1974, 1982, and 1990–1991.

The Labor Force Participation Rate   The number of people who join the labor force is an indicator of the willingness of people of working age to take jobs. The **labor force participation rate is the percentage of the working-age population who are members of the labor force.** That is,

$$\text{Labor force participation rate} = \frac{\text{Labor force}}{\text{Working-age population}} \times 100$$

(Emp + Unempl)
WA pop

In 2002, the labor force was 147.8 million and the working-age population was 221.2 million. By using the above equation, you can calculate the labor force participation rate. It was 66.8 percent (147.8 million divided by 221.1 million, multiplied by 100).

Recess ⇒ relativ Const
Some ↓

Figure 3 shows the labor force participation rate (plotted on the left-hand scale). It had an upward **trend** from 59 percent during the early 1960s to 67 percent in 2000. But it has fallen since 2000. It has also had some mild fluctuations, which result from unsuccessful job seekers becoming **discouraged workers**. **Discouraged workers are people who are available and willing to work but have not made specific efforts to find a job within the previous four weeks.** These workers often temporarily leave the labor force during a recession and reenter during an expansion and become active job seekers.

The Employment-to-Population Ratio   The number of people of working age who have jobs is an indicator of both the availability of jobs and the degree of match between people's skills and jobs. The **employment-to-population ratio is the percentage of people of working age who have jobs.** That is,

Recess ⇒ ↓

$$\text{Employment-to-population ratio} = \frac{\text{Number of people employed}}{\text{Working-age population}} \times 100$$

In 2003, employment was 138.5 million and the working-age population was 221.2 million. By using the above equation, you can calculate the employment-to-population ratio. It was 62.6 percent (138.5 million divided by 221.2 million, multiplied by 100).

Figure 3 shows the employment-to-population ratio (plotted against the left-hand scale). It increased from 55 percent during the early 1960s to 64 percent in 2000. The increase in the employment-to-population ratio means that the U.S. economy has created jobs at a faster rate than the working-age population has grown. This labor market indicator also fluctuates, and its fluctuations coincide with but are opposite to those in the unemployment rate. It falls during a recession and increases during an expansion.

Why have the labor force participation rate and the employment-to-population ratio increased? The main reason is an increase in the number of women in the labor force. Figure 4 shows this increase. Between 1963 and 2003, the female labor force participation rate increased from 38 percent to 60 percent. Shorter work hours, higher productivity, and an increased emphasis on white-collar jobs have expanded the job opportunities and wages available to women. At the same time, technological advances have increased productivity in the home and freed up women's time to take jobs outside the home.

Figure 4 also shows another remarkable trend in the U.S. labor force: The labor force participation rate and the employment-to-population ratio for men have *decreased*. Between 1963 and 2003, the male labor force participation rate decreased from 81 percent to 74 percent. It decreased because increasing numbers of men were remaining in school longer and because some were retiring earlier.

FIGURE 4   The Changing Face of the Labor Market

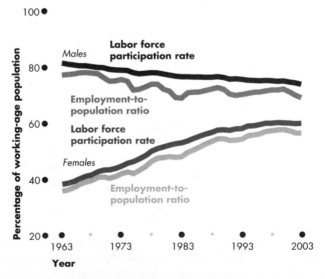

The upward trends in the labor force participation rate and the employment-to-population ratio are accounted for mainly by the increasing participation of women in the labor market. The male labor force participation rate and employment-to-population ratio have decreased.

Source: Bureau of Labor Statistics.

Aggregate Hours

The three labor market indicators that we've just examined are useful signs of the health of the economy and directly measure what matters to most people: jobs. But these three indicators don't tell us the quantity of labor used to produce real GDP, and we cannot use them to calculate the productivity of labor. The productivity of labor is significant because it influences the wages people earn.

The reason why the number of people employed does not measure the quantity of labor employed is that all jobs are not the same. People in part-time jobs might work just a few hours a week. People in full-time jobs work around 35 to 40 hours a week. And some people regularly work overtime. For example, a 7-11 store might hire six students who work for three hours a day each. Another 7-11 store might hire two full-time workers who work nine hours a day each. The number of people employed in these two stores is eight, but the total hours worked by six of the eight is the same as the total hours worked by the other two. To determine the total amount of labor used to produce real GDP, we measure labor in hours rather than in jobs. **Aggregate hours** are the total number of hours worked by all the people employed, both full time and part time, during a year.

Figure 5(a) shows aggregate hours in the U.S. economy from 1963 to 2003. Like the employment-to-population ratio, aggregate hours have an upward trend. But aggregate hours have not grown as quickly as has the number of people employed. Between 1963 and 2003, the number of people employed in the U.S. economy increased by 160 percent. During that same period, aggregate hours increased by a bit more than 100 percent. Why the difference? Because average hours per worker decreased.

Figure 5(b) shows average hours per worker. After hovering at almost 39 hours a week during the early 1960s, average hours per worker decreased

FIGURE 5   Aggregate Hours: 1963–2003

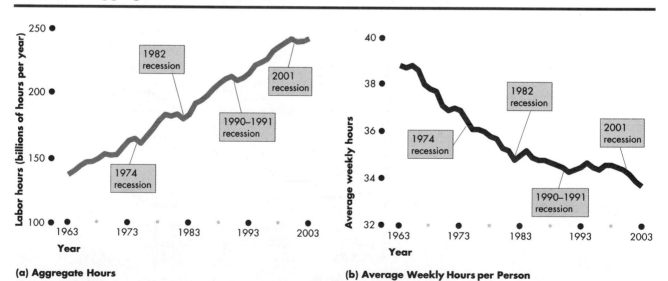

(a) Aggregate Hours

(b) Average Weekly Hours per Person

Aggregate hours [part (a)] measure the total labor used to produce real GDP more accurately than does the number of people employed because an increasing proportion of jobs are part time. Between 1963 and 2003, aggregate hours increased by an average of 1.9 percent a year. Fluctuations in aggregate hours coincide with the business cycle. Aggregate hours have increased at a slower rate than the number of jobs because the average workweek has shortened [part (b)].

Source: Bureau of Labor Statistics, and the author's calculations.

to about 34 hours a week during the 1990s. This shortening of the average workweek arose partly because of a decrease in the average hours worked by full-time workers but mainly because the number of part-time jobs increased faster than the number of full-time jobs.

Fluctuations in aggregate hours and average hours per worker line up with the business cycle. Figure 5 highlights the past three recessions, during which aggregate hours decreased and average hours per worker decreased more quickly than trend.

Real Wage Rate

The **real wage rate** is the quantity of goods and services that an hour's work can buy. It is equal to the **money wage rate** (dollars per hour) divided by the price level. If we use the **GDP deflator** to measure the price level, the real wage rate is expressed in 2000 dollars because the GDP deflator is 100 in 2000. The real wage rate is a significant economic variable because it measures the reward for labor.

What has happened to the real wage rate in the United States? Figure 6 answers this question. It shows three measures of the average hourly real wage rate in the U.S. economy between 1963 and 2003.

The first measure of the real wage rate is the Department of Labor's calculation of the average hourly earnings of private manufacturing nonsupervisory workers. This measure increased to $12.44 in 1978 (in 2000 dollars) and then remained almost constant at around $12.30 for 15 years. From the mid-1990s, the real wage rate increased again and reached $14.55 in 2003.

The second measure of the real wage rate is calculated by dividing total wages and salaries in the *National Income and Product Accounts* by aggregate hours. This measure is broader than the first and includes the incomes of all types of

FIGURE 6   Real Wage Rates: 1963–2003

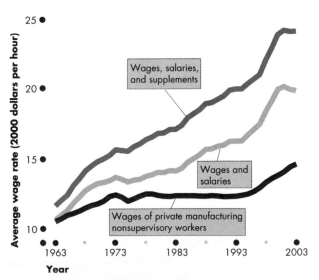

The average hourly real wage rate of private manufacturing nonsupervisory workers peaked in 1978, was constant through 1993, then increased again through 2003. Broader measures of hourly real wage rates increased, but all show a growth slowdown during the 1970s.

Sources: Bureau of Economic Analysis, Bureau of Labor Statistics, and the author's calculations.

[handwritten note in margin] * Real wage rate = money wage rate (dollars per hour) / price level

labor, whether their rate of pay is calculated by the hour or not. This broader measure did not stop growing after 1978, but its growth rate slowed during the mid-1970s and remained low through the early 1980s. It then speeded up during the late 1980s, sagged during the early 1990s, and then grew very rapidly from 1996 through 2000. After 2000, this measure of labor income per hour fell slightly.

Fringe benefits such as pension contributions and the payment by employers of health insurance premiums have become an increasing part of labor compensation. Figure 6 shows a third measure of the hourly real wage rate that reflects this trend. It is *total labor compensation*—wages, salaries, *and supplements*—divided by aggregate hours. This measure is the most comprehensive one available, and it shows that the real wage rate increased almost every year until 2000 but then became flat.

The data in Fig. 6 show us that no matter how we measure the wage rate, its growth rate slowed during the 1970s. This slowdown in wage growth coincided with a slowdown in productivity growth—in the growth rate of real GDP per hour of work. The average wage rate of workers in manufacturing was the most severely affected by the **productivity growth slowdown** but the broader measures also slowed.

The fall in hourly compensation on the broader measures during the 2000s is most unusual. The 2001 recession probably played a role in this decrease. But it was a mild recession and the long period of a flat wage rate is not found in previous, even more severe, recessions.

You've now seen how we measure employment, unemployment, and real wage rate. Your next task is to study the anatomy of unemployment and see why it never disappears, even at full employment.

UNEMPLOYMENT AND FULL EMPLOYMENT   4

How do people become unemployed, and how does a period of unemployment end? How long do people remain unemployed on the average? Who is at greatest risk of becoming unemployed? Let's answer these questions by looking at the anatomy of unemployment.

The Anatomy of Unemployment

People become unemployed if they:

1. Lose their jobs and search for another job.

2. Leave their jobs and search for another job.

3. Enter or reenter the labor force to search for a job.

People end a spell of unemployment if they:

1. Are hired or recalled.

2. Withdraw from the labor force.

People who are laid off, either permanently or temporarily, from their jobs are called *job losers*. Some job losers become unemployed, but some immediately withdraw from the labor force. People who voluntarily quit their jobs are called

[handwritten margin note: — job losers]

[handwritten margin note: — job leavers]

job leavers. Like job losers, some job leavers become unemployed and search for a better job while others either withdraw from the labor force temporarily or permanently retire from work. People who enter or reenter the labor force are called *entrants* and *reentrants*. Entrants are mainly people who have just left school. Some entrants get a job right away and are never unemployed, but many spend time searching for their first job, and during this period, they are unemployed. Reentrants are people who have previously withdrawn from the labor force. Most of these people are formerly discouraged workers. Figure 7 shows these labor market flows.

Let's see how much unemployment arises from the three different ways in which people can become unemployed.

The Sources of Unemployment   Figure 8 shows unemployment by reason for becoming unemployed. Job losers are the biggest source of unemployment. On the average, they account for around half of total unemployment. Also, their number fluctuates a great deal. At the trough of the recession of 1990–1991, on any given day, more than 5 million of the 9.4 million unemployed were job

FIGURE 7   Labor Market Flows

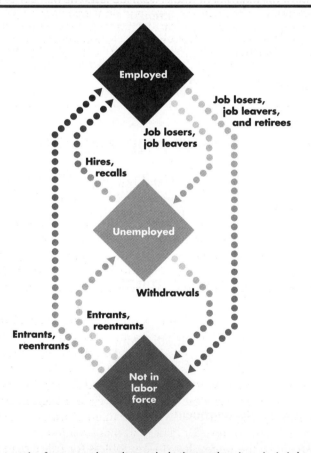

Unemployment results from employed people losing or leaving their jobs (job losers and job leavers) and from people entering the labor force (entrants and reentrants). Unemployment ends because people get hired or recalled or because they withdraw from the labor force.

FIGURE 8   Unemployment by Reason

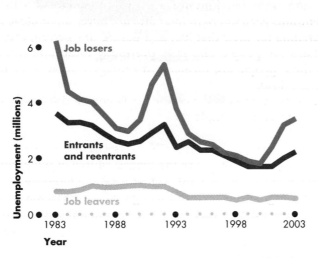

Everyone who is unemployed is a job loser, a job leaver, or an entrant or reentrant into the labor force. Most unemployment results from job loss. The number of job losers fluctuates more closely with the business cycle than do the numbers of job leavers and entrants and reentrants. Entrants and reentrants are the second most common type of unemployed people. Their number fluctuates with the business cycle because of discouraged workers. Job leavers are the least common type of unemployed people.

Source: Bureau of Labor Statistics.

losers. In contrast, at the business cycle peak in March 2001, only 3.3 million of the 6 million unemployed were job losers.

Entrants and reentrants also make up a large component of the unemployed. Their number fluctuates but more mildly than the fluctuations in the number of job losers.

Job leavers are the smallest and most stable source of unemployment. On any given day, fewer than 1 million people are unemployed because they are job leavers. The number of job leavers is remarkably constant. To the extent that this number fluctuates, it does so in line with the business cycle: A slightly larger number of people leave their jobs in good times than in bad times.

The Duration of Unemployment   Some people are unemployed for a week or two, and others are unemployed for periods of a year or more. The longer the spell of unemployment, the greater the personal cost to the unemployed. The average duration of unemployment varies over the business cycle. Figure 9 compares the duration of unemployment close to a business cycle peak in 2000, when the unemployment rate was low, with that close to a business cycle trough in 2002, when the unemployment rate was high. In 2000, when the unemployment rate hit a low of 4 percent, 45 percent of the unemployed were in that situation for less than 5 weeks and only 11 percent of the unemployed were jobless for more than 27 weeks. In 2002, when unemployment approached 5.8 percent, only 35 percent of the unemployed found a new job in less than 5 weeks and 18 percent were unemployed for more than 27 weeks. At both low and high unemployment rates, about 30 percent of the unemployed take between 5 weeks and 14 weeks to find a job.

FIGURE 9   Unemployment by Duration

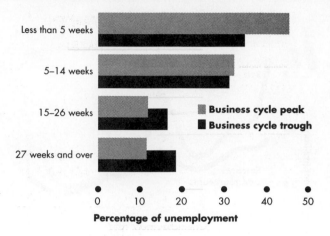

Close to a business cycle peak in 2000, when the unemployment rate was 4 percent, 45 percent of unemployment lasted for less than 5 weeks and 30 percent lasted for 5 to 14 weeks. So 75 percent of unemployment lasted for less than 15 weeks and 25 percent lasted for 15 weeks or more.

Close to a business cycle trough in 2002, when the unemployment rate was 5.8 percent, 35 percent of unemployment lasted for less than 5 weeks and 31 percent lasted for 5 to 14 weeks. So 65 percent of unemployment lasted for less than 15 weeks, and 35 percent lasted for 15 weeks or more.

Source: Bureau of Labor Statistics.

The Demographics of Unemployment   Figure 10 shows unemployment rates for different demographic groups. The figure shows that high unemployment rates occur among young workers and also among blacks. In the business cycle trough in 1992, the unemployment rate of black teenage males was 42 percent. Even in 2000, when the unemployment rate was 4 percent, the black teenage unemployment rates were more than 20 percent. The unemployment rates for white teenagers are less than half those of black teenagers. The racial differences also exist for workers aged 20 years and over. The highest unemployment rates that whites 20 years and over experience are lower than the lowest rates experienced by the other groups.

Why are teenage unemployment rates so high? There are three reasons. First, young people are still in the process of discovering what they are good at and trying different lines of work. So they leave their jobs more frequently than do older workers. Second, firms sometimes hire teenagers on a short-term trial basis. So the rate of job loss is higher for teenagers than for other people. Third, most teenagers are in school and not in the labor force. This fact means that the percentage of the teenage population that is unemployed is much lower than the percentage of the teenage labor force that is unemployed. In 2003, for example, 1 million teenagers were unemployed and 6 million were employed. So the teenage unemployment rate (all races) was 17 percent. But 9 million teenagers were in school. If we considered being in school to be the equivalent of having a job and measured teenage unemployment as a percentage of the teenage labor force plus the school population, we would record that 6 percent of teenagers are unemployed.

FIGURE 10   Unemployment by Demographic Group

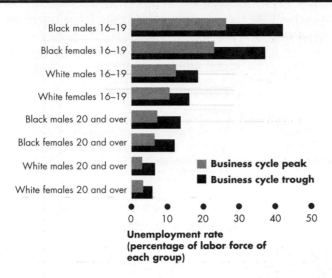

Black teenagers experience unemployment rates that average twice those of white teenagers, and teenage unemployment rates are much higher than those for people aged 20 years and over. Even in a business cycle trough, when unemployment is at its highest rate, only 6 percent of whites aged 20 years and over are unemployed.

Source: Bureau of Labor Statistics.

Types of Unemployment

Unemployment is classified into three types that are based on its origins. They are:

▶ frictional

▶ structural

▶ cyclical

Frictional Unemployment   The unemployment that arises from normal labor turnover—from people entering and leaving the labor force and from the ongoing creation and destruction of jobs—is **frictional unemployment**. Frictional unemployment is a permanent and healthy phenomenon in a dynamic, growing economy.

The unending flow of people into and out of the labor force and the processes of job creation and job destruction create the need for people to search for jobs and for businesses to search for workers. There are always businesses with unfilled jobs and people seeking jobs. Look in your local newspaper, and you will see that there are always some jobs being advertised. Businesses don't usually hire the first person who applies for a job, and unemployed people don't usually take the first job that comes their way. Instead, both firms and workers spend time searching out what they believe will be the best match available. By this process of search, people can match their own skills and interests with the available jobs and find a satisfying job and a good income. While these unemployed people are searching, they are frictionally unemployed.

The amount of frictional unemployment depends on the rate at which people enter and reenter the labor force and on the rate at which jobs are created and destroyed. During the 1970s, the amount of frictional unemployment increased as a consequence of the postwar baby boom that began during the 1940s. By the late 1970s, the baby boom had created a bulge in the number of people leaving school. As these people entered the labor force, the amount of frictional unemployment increased.

The amount of frictional unemployment is influenced by unemployment compensation. The greater the number of unemployed people covered by unemployment insurance and the more generous the unemployment benefit they receive, the longer is the average time taken in job search and the greater is the amount of frictional unemployment. In the United States in 2001, 45 percent of the unemployed received unemployment benefit. And the average benefit check was $205 a week. Canada and Western Europe have more generous benefits than those in the United States and have higher unemployment rates.

Structural Unemployment   The unemployment that arises when changes in technology or international competition change the skills needed to perform jobs or change the locations of jobs is **structural unemployment**. Structural unemployment usually lasts longer than frictional unemployment because workers must usually retrain and possibly relocate to find a job. For example, when a steel plant in Gary, Indiana, is automated, some jobs in that city are eliminated. Meanwhile, new jobs for security guards, retail clerks, and life-insurance salespeople are created in Chicago, Indianapolis, and other cities. The unemployed former steelworkers remain unemployed for several months until they move, retrain, and get one of these jobs. Structural unemployment is painful, especially for older workers for whom the best available option might be to retire early or take a lower-skilled, lower-paying job.

At some times the amount of structural unemployment is modest. At other times it is large, and at such times, structural unemployment can become a serious long-term problem. It was especially large during the late 1970s and early 1980s. During those years, oil price hikes and an increasingly competitive international environment destroyed jobs in traditional U.S. industries, such as auto and steel, and created jobs in new industries, such as electronics and bioengineering, as well as in banking and insurance. Structural unemployment was also present during the early 1990s as many businesses and governments "downsized."

Cyclical Unemployment   The fluctuating unemployment over the business cycle is **cyclical unemployment**. Cyclical unemployment increases during a recession and decreases during an expansion. An autoworker who is laid off because the economy is in a recession and who gets rehired some months later when the expansion begins has experienced cyclical unemployment.

Full Employment

There is always *some* unemployment—someone looking for a job or laid off and waiting to be recalled. So what do we mean by **full employment**? **Full employment** occurs when there is no cyclical unemployment or, equivalently, when all the unemployment is frictional and structural. The divergence of the unemployment rate from full employment is cyclical unemployment. The unemployment rate at full employment is called the **natural rate of unemployment**.

There can be a lot of unemployment at full employment, and the term "full employment" is an example of a technical economic term that does not correspond with everyday language. The term "natural rate of unemployment" is another technical economic term whose meaning does not correspond with everyday language. For most people—especially for unemployed workers—there is nothing *natural* about unemployment.

Full employment = Frictional + structural unemployment (No cyclical unemployment)

So why do economists call a situation with a lot of unemployment one of "full employment"? And why is the unemployment at full employment called "natural"?

The reason is that the economy is a complex mechanism that is always changing. In 2003, the U.S. economy employed 138.5 million people. More than 2.5 million workers retired during that year, and more than 3 million new workers entered the labor force. All these people worked in some 20 million businesses that produced goods and services valued at more than $10 trillion. Some of these businesses downsized and failed, and others expanded. This process of change creates frictions and dislocations that are unavoidable. And they create unemployment.

There is not much controversy about the existence of a natural rate of unemployment. Nor is there much disagreement that it changes. The natural rate of unemployment arises from the existence of frictional and structural unemployment, and it fluctuates because the frictions and the amount of structural change fluctuate. But economists don't agree about the size of the natural rate of unemployment and the extent to which it fluctuates. Some economists believe that the natural rate of unemployment fluctuates frequently and that at times of rapid demographic and technological change, the natural rate of unemployment can be high. Others think that the natural rate of unemployment changes slowly.

Real GDP and Unemployment over the Cycle

The quantity of real GDP at full employment is called **potential GDP**. Over the business cycle, real GDP fluctuates around potential GDP and the unemployment rate fluctuates around the natural rate of unemployment. Figure 11

FIGURE 11 Unemployment and Real GDP

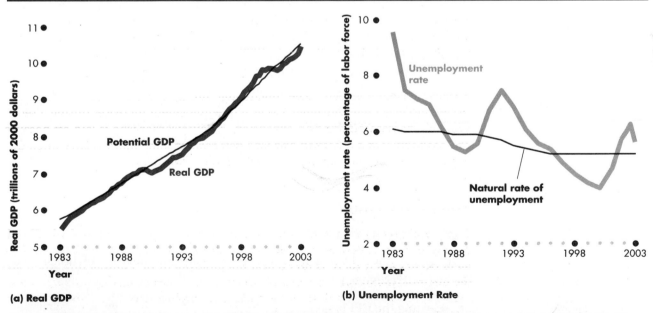

(a) Real GDP

(b) Unemployment Rate

As real GDP fluctuates around potential GDP [part (a)], the unemployment rate fluctuates around the natural rate of unemployment [part (b)]. Following a deep recession in the early 1980s, the unemployment rate reached almost 10 percent. In the milder recessions of 1990–1991 and 2001, unemployment peaked at lower rates. The natural rate of unemployment decreased somewhat during the 1980s and 1990s.

Sources: Bureau of Economic Analysis, Bureau of Labor Statistics, and Congressional Budget Office.

*At full employment; unemployment rate = natural rate of unemployment (No cyclical, only frictional & structural)

& real GDP = potential GDP

*UR < NRU; real GDP > potential GDP

* UR > NRU; real GDP < potential GDP

illustrates these fluctuations in the United States between 1983 and 2003—real GDP in part (a) and the unemployment rate in part (b).

When the economy is at full employment, the unemployment rate equals the natural rate of unemployment and real GDP equals potential GDP. When the unemployment rate is less than the natural rate of unemployment, real GDP is greater than potential GDP. And when the unemployment rate is greater than the natural rate of unemployment, real GDP is less than potential GDP.

Figure 11(b) shows one view of the natural rate of unemployment. Keep in mind that economists do not know the magnitude of the natural rate of unemployment and the natural rate shown in the figure is only one estimate. In Fig. 11(b), the natural rate of unemployment is 6.1 percent in 1983 and it falls steadily through the 1980s and 1990s to 5.2 percent by 2003. This estimate of the natural rate of unemployment in the United States is one that many, but not all, economists would accept.

Your final task in this reading is to learn about another vital sign that gets monitored every month, the Consumer Price Index (CPI). What is the CPI, how do we measure it, and what does it mean?

5 THE CONSUMER PRICE INDEX

The Bureau of Labor Statistics (BLS) calculates the Consumer Price Index every month. The Consumer Price Index (CPI) is a measure of the average of the prices paid by urban consumers for a fixed "basket" of consumer goods and services. What you learn in this section will help you to make sense of the CPI and relate it to your own economic life. The CPI tells you what has happened to the value of the money in your pocket.

Reading the CPI Numbers

The CPI is defined to equal 100 for a period called the reference base period. Currently, the reference base period is 1982–1984. That is, for the average of the 36 months from January 1982 through December 1984, the CPI equals 100.

In 2003, the CPI was 183.9. This number tells us that the average of the prices paid by urban consumers for a fixed market basket of consumer goods and services was 83.9 percent higher in 2003 than it was on the average during 1982–1984.

In 2003, the CPI was 183.9 and in 2002, the CPI was 179.9. Comparing the 2003 CPI with the 2002 CPI tells us that the index of the prices paid by urban consumers for a fixed basket of consumer goods and services increased between 2002 and 2003 by 4 points—from 179.9 to 183.9—or by 2.2 percent.

Constructing the CPI

Constructing the CPI is a huge operation that costs millions of dollars and involves three stages:

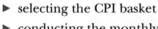

▶ selecting the CPI basket
▶ conducting the monthly price survey
▶ calculating the CPI

The CPI Basket   The first stage in constructing the CPI is to select what is called the *CPI basket*. This "basket" contains the goods and services represented in the index and the relative importance attached to each of them. The idea is to make the relative importance of the items in the CPI basket the same as that in the budget of an average urban household. For example, because people spend more on housing than on bus rides, the CPI places more weight on the price of housing than on the price of bus rides.

The BLS uses two baskets and calculates two CPIs. One, called CPI-U, measures the average price paid by *all* urban households. The other, called CPI-W, measures the average price paid by urban wage earners and clerical workers. Here, we will focus on CPI-U, the broader measure.

To determine the spending patterns of households and to select the CPI basket, the BLS conducts a Consumer Expenditure Survey. This survey is costly and so is undertaken infrequently. Today's CPI basket is based on data gathered in a Consumer Expenditure Survey of 1993–1995. Before 1998, the CPI basket was based on a 1982–1984 Consumer Expenditure Survey. The BLS plans more frequent updates of the CPI basket in the future.

Until recently, the time period covered by the Consumer Expenditure Survey was also the reference base period. But when the BLS switched to the 1993–1995 basket, it decided to retain 1982–1984 as the reference base period.

Figure 12 shows the CPI basket at the end of 2001. The basket contains around 80,000 goods and services arranged in the eight large groups shown in the figure. The most important item in a household's budget is housing, which accounts for 40 percent of total expenditure. Transportation comes next at 18 percent. Third in relative importance are food and beverages at 16 percent. These three groups account for almost three quarters of the average household budget. Medical care and recreation each take 6 percent, and education and communication take 5 percent. Another 5 percent is spent on other goods and services, and apparel (clothing and footwear) takes 4 percent.

FIGURE 12   The CPI Basket

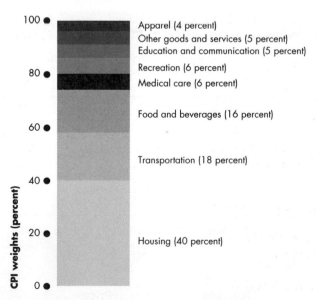

The CPI basket consists of the items that an average urban household buys. It consists mainly of housing (40 percent), transportation (18 percent), and food and beverages (16 percent). All other items add up to 26 percent of the total.

Sources: United States Census Bureau and Bureau of Labor.

The BLS breaks down each of these categories into smaller ones. For example, the education and communication category breaks down into textbooks and supplies, tuition, telephone services, and personal computer services.

As you look at the relative importance of the items in the CPI basket, remember that they apply to the *average* household. *Individual* households are spread around the average. Think about your own expenditure and compare the basket of goods and services you buy with the CPI basket.

The Monthly Price Survey   Each month, BLS employees check the prices of the 80,000 goods and services in the CPI basket in 30 metropolitan areas. Because the CPI aims to measure price *changes*, it is important that the prices recorded each month refer to exactly the same item. For example, suppose the price of a box of jelly beans has increased but a box now contains more beans. Has the price of jelly beans increased? The BLS employee must record the details of changes in quality or packaging so that price changes can be isolated from other changes.

Once the raw price data are in hand, the next task is to calculate the CPI.

Calculating the CPI   The CPI calculation has three steps:

1. Find the cost of the CPI basket at base period prices.
2. Find the cost of the CPI basket at current period prices.
3. Calculate the CPI for the base period and the current period.

We'll work through these three steps for a simple example. Suppose the CPI basket contains only two goods and services: oranges and haircuts. We'll construct an annual CPI rather than a monthly CPI with the reference base period 2003 and the current period 2004.

Table 2 shows the quantities in the CPI basket and the prices in the base period and current period.

TABLE 2   The CPI: A Simplified Calculation

(a) The Cost of the CPI Basket at Base Period Prices: 2003

Item	CPI Basket Quantity	Price	Cost of CPI Basket
Oranges	10	$1.00	$10
Haircuts	5	$8.00	$40
Cost of CPI basket at base period prices			$50

(b) The Cost of the CPI Basket at Current Period Prices: 2004

Item	CPI Basket Quantity	Price	Cost of CPI Basket
Oranges	10	$2.00	$20
Haircuts	5	$10.00	$50
Cost of CPI basket at current period prices			$70

Part (a) contains the data for the base period. In that period, consumers bought 10 oranges at $1 each and 5 haircuts at $8 each. To find the cost of the CPI basket in the base period prices, multiply the quantities in the CPI basket by the base period prices. The cost of oranges is $10 (10 at $1 each), and the cost of haircuts is $40 (5 at $8 each). So total expenditure in the base period on the CPI basket is $50 ($10 + $40).

Part (b) contains the price data for the current period. The price of an orange increased from $1 to $2, which is a 100 percent increase ($1 ÷ $1 × 100 = 100). The price of a haircut increased from $8 to $10, which is a 25 percent increase ($2 ÷ $8 × 100 = 25).

The CPI provides a way of averaging these price increases by comparing the cost of the basket rather than the price of each item. To find the cost of the CPI basket in the current period, 2004, multiply the quantities in the basket by their 2004 prices. The cost of oranges is $20 (10 at $2 each), and the cost of haircuts is $50 (5 at $10 each). So total expenditure on the fixed CPI basket at current period prices is $70 ($20 + $50).

You've now taken the first two steps toward calculating the CPI: calculating the cost of the CPI basket in the base period and the current period. The third step uses the numbers you've just calculated to find the CPI for 2003 and 2004.

The formula for the CPI is

$$\text{CPI} = \frac{\text{Cost of CPI basket at current period prices}}{\text{Cost of CPI basket at base period prices}} \times 100$$

In Table 2, you have established that in 2003, the cost of the CPI basket was $50 and in 2004, it was $70. You also know that the base period is 2003. So the cost of the CPI basket at base year prices is $50. If we use these numbers in the CPI formula, we can find the CPI for 2003 and 2004. For 2003, the CPI is

$$\text{CPI in 2003} = \frac{\$50}{\$50} \times 100 = 100$$

For 2004, the CPI is

$$\text{CPI in 2004} = \frac{\$70}{\$50} \times 100 = 140$$

The principles that you've applied in this simplified CPI calculation apply to the more complex calculations performed every month by the BLS.

Measuring Inflation

A major purpose of the CPI is to measure *changes* in the cost of living and in the value of money. To measure these changes, we calculate the **inflation rate**, which is the percentage change in the price level from one year to the next. To calculate the inflation rate, we use the formula:

$$\text{Inflation rate} = \frac{(\text{CPI this year} - \text{CPI last year})}{\text{CPI last year}} \times 100$$

We can use this formula to calculate the inflation rate in 2002. The CPI in December 2002 was 180.9, and the CPI in December 2001 was 176.7. So the inflation rate during 2001 was

$$\text{Inflation rate} = \frac{(180.9 - 176.7)}{176.7} \times 100 = 2.4\%$$

Figure 13 shows the CPI and the inflation rate in the United States during the 30 years between 1973 and 2003. The two parts of the figure are related.

Figure 13 shows that when the price *level* in part (a) rises rapidly, the inflation rate in part (b) is high, and when the price level in part (a) rises slowly, the inflation rate in part (b) is low. Notice in part (a) that the CPI increased every year during this period. During the late 1970s and 1980, the CPI was increasing rapidly, but its rate of increase slowed during the 1980s and 1990s.

The CPI is not a perfect measure of the price level, and changes in the CPI probably overstate the inflation rate. Let's look at the sources of bias.

The Biased CPI

The main sources of bias in the CPI are:

► new goods bias
► quality change bias
► commodity substitution bias
► outlet substitution bias

FIGURE 13   The CPI and the Inflation Rate

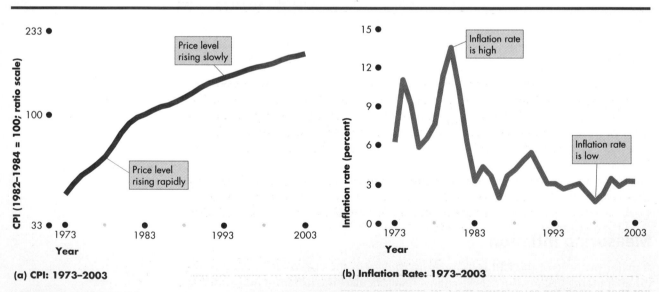

(a) CPI: 1973–2003

(b) Inflation Rate: 1973–2003

In part (a), the CPI (the price level) has increased every year. In part (b), the inflation rate has averaged 5 percent a year. During the 1970s and early 1980s, the inflation rate was high and sometimes exceeded 10 percent a year. But after 1983, the inflation rate fell to an average of 3 percent a year.

Source: Bureau of Labor Statistics.

New Goods Bias   If you want to compare the price level in 2003 with that in 1973, you must somehow compare the price of a computer today with that of a typewriter in 1973. Because a PC is more expensive than a typewriter was, the arrival of the PC puts an upward bias into the CPI and its inflation rate.

Quality Change Bias   Cars, CD players, and many other items get better every year. Part of the rise in the prices of these items is a payment for improved quality and is not inflation. But the CPI counts the entire price rise as inflation and so overstates inflation.

Commodity Substitution Bias   Changes in relative prices lead consumers to change the items they buy. For example, if the price of beef rises and the price of chicken remains unchanged, people buy more chicken and less beef. Suppose they switch from beef to chicken on a scale that provides the same amount of protein and the same enjoyment as before and their expenditure is the same as before. The price of protein has not changed. But because it ignores the substitution of chicken for beef, the CPI says the price of protein has increased.

Outlet Substitution Bias   When confronted with higher prices, people use discount stores more frequently and convenience stores less frequently. This phenomenon is called *outlet substitution*. The CPI surveys do not monitor outlet substitutions.

The Magnitude of the Bias

You've reviewed the sources of bias in the CPI. But how big is the bias? This question was tackled in 1996 by a Congressional Advisory Commission on the Consumer Price Index chaired by Michael Boskin, an economics professor at Stanford University. This commission said that the CPI overstates inflation by 1.1 percentage points a year. That is, if the CPI reports that inflation is 3.1 percent a year, most likely inflation is actually 2 percent a year.

Some Consequences of the Bias

The bias in the CPI distorts private contracts and increases government outlays. Many private agreements, such as wage contracts, are linked to the CPI. For example, a firm and its workers might agree to a three-year wage deal that increases the wage rate by 2 percent a year *plus* the percentage increase in the CPI. Such a deal ends up giving the workers more real income than the firm intended.

Close to a third of federal government outlays, including Social Security checks, are linked directly to the CPI. And while a bias of 1 percent a year seems small, accumulated over a decade it adds up to almost a trillion dollars of additional expenditures.

Reducing the Bias   To reduce the bias in the CPI, the BLS has decided to undertake consumer spending surveys at more frequent intervals and to revise the basket that is used for calculating the CPI every two years.

You've now completed your study of the measurement of macroeconomic performance. Your task in the following readings is to learn what determines that performance and how policy actions might improve it. But first, take a close-up look at the jobless recovery of 2002 and 2003 in *Reading between the Lines* on pp. 306–307.

| 6 | **READING BETWEEN THE LINES** |

The Jobless Recovery of 2002–2003

THE BOSTON GLOBE, NOVEMBER 6, 2003

Flickers of Job Growth Seen

Falling numbers of Americans filing for unemployment benefits and strong gains in productivity growth may be setting the stage for the recovering economy to begin putting laid-off employees back to work.

"The odds do increasingly favor a revival of job creation," the Federal Reserve chairman, Alan Greenspan, said yesterday in a televised speech to the Securities Industries Association.

Many economists have talked about a "jobless recovery"—one even quipped the country is experiencing a "job-loss" recovery—as companies have shied away from hiring even as the economy gained momentum, shoring up their bottom lines through layoffs and squeezing more out of remaining workers. But two reports released yesterday yielded tentative evidence that existing work forces are close to being maxed out and that companies may finally start hiring again. More details could emerge today when the Labor Department is set to release its October employment report…

"We're seeing the light at the end of the tunnel," said Nariman Behravesh, chief economist for the forecasting firm Global Insight. "You get this picture that businesses are coming out of their shell and starting to spend more and hire more." ….

Essence of the Story

▶ Economists have talked about a "jobless recovery" as companies have increased production without hiring more workers.

▶ But two reports issued in November 2003 suggest that companies may finally start hiring again.

▶ The October employment report might provide more information.

Economic Analysis

▶ This news article reports that during the expansion of 2002 and 2003, production increased, but the number of jobs did not increase in line with increased production.

▶ The figures show the jobless recovery and place it in a longer term historical perspective.

▶ In Fig. 14, the y-axis shows the level of employment as a percentage of its level at the business cycle trough and the x-axis shows the number of months since the business cycle trough.

**FIGURE 14   Employment during the
            2002–2003 Expansion**

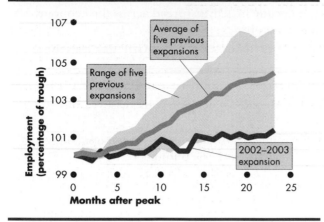

**FIGURE 15   The Unemployment Rate during
            the 2002–2003 Expansion**

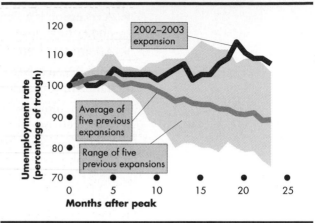

► By October 2003, the expansion had been running for 23 months.

► The darker line in the figure shows the growth of employment during the 2002–2003 expansion.

► In October 2003, employment was only 1.3 percent higher than it had been at the cycle trough in November 2001.

► The lighter line in the figure shows the growth of employment on the average during the previous five expansions.

► On the average, after 23 months of expansion, employment has expanded by 4.3 percent—more than three times that of the current expansion.

► The background area shows the range of experience over the previous five expansions.

► You can see that the current expansion follows the weakest of the previous ones and after 23 months is the weakest.

► Figure 15 shows the same comparison for the unemployment rate.

► In an average expansion, the unemployment rate falls after 23 months to 89 percent of its trough level.

► But in the current expansions, the unemployment rate actually increased and after 23 months stood at 7 percent *above* its trough level.

► Again, the current expansion is the weakest of the past six expansions.

► The jobless recovery arises partly from a weaker than average recovery of production and partly from an increase in output per worker.

SUMMARY

▶ A recession is a significant decline in activity spread across the economy and lasting more than a few months.

▶ Another definition of recession is a decrease in real GDP that lasts for at least two quarters.

▶ The NBER has identified 16 recessions and 17 expansions since 1919.

▶ The unemployment rate has averaged 6 percent. It increases in recessions and decreases in expansions.

▶ The labor force participation rate and the employment-to-population ratio have an upward trend and fluctuate with the business cycle.

▶ The labor force participation rate has increased for females and decreased for males.

▶ Aggregate hours have an upward trend, and they fluctuate with the business cycle.

▶ Real hourly wage rates grow but their growth rates slowed during the 1970s.

▶ People are constantly entering and leaving the state of unemployment.

▶ The duration of unemployment fluctuates over the business cycle. But the demographic patterns of unemployment are constant.

▶ Unemployment can be frictional, structural, and cyclical.

▶ When all the unemployment is frictional and structural, the unemployment rate equals the natural rate of unemployment, the economy is at full employment, and real GDP equals potential GDP.

▶ Over the business cycle, real GDP fluctuates around potential GDP and the unemployment rate fluctuates around the natural rate of unemployment.

▶ The Consumer Price Index (CPI) is a measure of the average of the prices paid by urban consumers for a fixed basket of consumer goods and services.

▶ The CPI is defined to equal 100 for a reference base period—currently 1982–1984.

▶ The inflation rate is the percentage change in the CPI from one year to the next.

▶ Changes in the CPI probably overstate the inflation rate because of the bias that arises from new goods, quality changes, commodity substitution, and outlet substitution.

▶ The bias in the CPI distorts private contracts and increases government outlays.

PRACTICE PROBLEMS FOR READING 22

1. Which of the following is *least likely* to be classified as unemployed? A person who

   A. is not working, and is not currently looking for work.

   B. is not working, but will start a new job within 30 days.

   C. has been laid off, and is waiting to called back to work.

   D. is not working, but has recently attempted to find work.

2. Workers who voluntarily leave one job to seek another are classified under which type of unemployment?

   A. Natural.

   B. Cyclical.

   C. Frictional.

   D. Structural.

3. The natural rate of unemployment is equal to

   A. cyclical unemployment.

   B. cyclical plus frictional unemployment.

   C. cyclical plus structural unemployment.

   D. frictional plus structural unemployment.

4⅞ 4 5½ − ⅞

5½ 5½ −

5½ 21³⁄₁₆ − ¼

20⅝ 18⅛ + ⅞

17³⁄₈ 18⅛ + ⅞

13½ 17³⁄₈ 6½ − ½

6½ 6½ − ⅛

7¼ 31⁄₃₂ −

15⁄₁₆

1 9⁄₁₆ 9⁄₁₆

9⁄₁₆

19⁄₃₂ 7¹⁵⁄₁₆

7¹³⁄₁₆ 7¹⁵⁄₁₆

7¹⁵⁄₁₆ 7¹³⁄₁₆ 2½ +

2⅝ 2¹¹⁄₃₂

2¾ 2¼ 2¼

6½ 12¹⁄₁₆ 11⅜ 11¾ +

87 33¾ 33 33⅛ −

602 25⅝ 24⁹⁄₁₆ 25⅜ +

833 12 11⅝ 11⅞ +

16 10½ 10½ 10½ −

78 15⅞ 15¹³⁄₁₆ 15⅞ −

4508 9¹⁄₁₆ 8¼ 8⅜ +

430 11¼ 10⅛ 10¾

AGGREGATE SUPPLY AND AGGREGATE DEMAND

by Michael Parkin

LEARNING OUTCOMES

The candidate should be able to:

a. explain the factors that influence real GDP and long-run and short-run aggregate supply, explain movement along the long-run and short-run aggregate supply curves (LAS and SAS), and discuss the reasons for changes in potential GDP and aggregate supply;

b. explain the components of and the factors that affect real GDP demanded, describe the aggregate demand curve and why it slopes downward, and explain the factors that can change aggregate demand;

c. differentiate between short-run and long-run macroeconomic equilibrium, and explain how economic growth, inflation, and changes in aggregate demand and supply influence the macroeconomic equilibrium and the business cycle;

d. compare and contrast the Keynesian, classical, and monetarist schools of macroeconomics.

PRODUCTION AND PRICES   1

During the 10 years from 1993 to 2003, U.S. real GDP increased by 37 percent. Expanding at this pace, real GDP almost doubles every 20 years. What forces bring persistent and rapid expansion of real GDP?

Expanding real GDP brings a rising standard of living. Inflation—rising prices—brings a rising *cost of living*. Because of inflation, you need $2 today to buy what $1 bought in 1983. What causes inflation?

Our economy expands and prices rise at an uneven pace. They ebb and flow over the business cycle. After 10 years of rapid expansion, our economy came to a grinding halt in 2001. Why do we have a business cycle?

Economics, Seventh Edition, by Michael Parkin. Copyright © 2005 by Pearson Education. Reprinted with permission of Pearson Education, publishing as Pearson Addison Wesley.

Economists know the answers to some of the questions we've just posed, but not to all of them. Active research on these issues divides economists into schools of thought about the most likely answers and the best way to find them.

This reading explains a *model* of real GDP and the price level—the *aggregate supply–aggregate demand model* or *AS-AD model.* This model represents the consensus view of macroeconomists on how real GDP and the price level are determined. The model provides a framework for understanding the forces that make our economy expand, that bring inflation, and that cause business cycle fluctuations. The model also provides a framework within which we can see the range of views of macroeconomists in different schools of thought.

2   AGGREGATE SUPPLY

The aggregate supply–aggregate demand model enables us to understand three features of macroeconomic performance:

▶ growth of potential GDP
▶ inflation
▶ business cycle fluctuations

The model uses the concepts of *aggregate* supply and *aggregate* demand to determine *real GDP* and the *price level* (the GDP deflator). We begin by looking at the limits to production that influence aggregate supply.

Aggregate Supply Fundamentals

The *quantity of real GDP supplied* (*Y*) depends on:

1. the quantity of labor (*L*)
2. the quantity of capital (*K*)
3. the state of technology (*T*)

The influence of these three factors on the quantity of real GDP supplied is described by the **aggregate production function**, which is written as the equation:

 $Y = F(L, K, T)$

In words, the quantity of real GDP supplied is determined by (is a function *F* of) the quantities of labor and capital and the state of technology. The larger is *L*, *K*, or *T*, the greater is *Y*.

At any given time, the quantity of capital and the state of technology are fixed. They depend on decisions that were made in the past. The population is also fixed. But the quantity of labor is not fixed. It depends on decisions made by people and firms about the supply of and demand for labor.

The labor market can be in any one of three states: at full employment, above full employment, or below full employment.

Even at full employment, there are always some people looking for jobs and some firms looking for people to hire. The reason is that there is a constant churning of the labor market. Every day, some jobs are destroyed as businesses reorganize or fail. Some jobs are created as new businesses start up or existing ones expand. Some workers decide, for any of a thousand personal reasons, to quit their jobs. And other people decide to start looking for a job. This constant churning in the labor market prevents unemployment from ever disappearing. The unemployment rate at full employment is called the **natural rate of unemployment**.

Another way to think about full employment is as a state of the labor market in which the quantity of labor demanded equals the quantity supplied. Firms demand labor only if it is profitable to do so. And the lower the wage rate, which is the cost of labor, the greater is the quantity of labor demanded. People supply labor only if doing so is the most valuable use of their time. And the higher the wage rate, which is the return to labor, the greater is the quantity of labor supplied. The wage rate that makes the quantity of labor demanded equal to the quantity of labor supplied is the equilibrium wage rate. At this wage rate, there is full employment.

The quantity of real GDP at full employment is *potential GDP*, which depends on the full-employment quantity of labor, the quantity of capital, and the state of technology. Over the business cycle, employment fluctuates around full employment and real GDP fluctuates around potential GDP.

To study aggregate supply in different states of the labor market, we distinguish two time frames:

▶ long-run aggregate supply
▶ short-run aggregate supply

Long-Run Aggregate Supply

The economy is constantly bombarded by events that move real GDP away from potential GDP and, equivalently, move employment away from full employment. Following such an event, forces operate to take real GDP back toward potential GDP and restore full employment. The **macroeconomic long run** is a time frame that is sufficiently long for these forces to have done their work so that real GDP equals potential GDP and full employment prevails.

The **long-run aggregate supply curve** is the relationship between the quantity of real GDP supplied and the price level in the long run when real GDP equals potential GDP. Figure 1 shows this relationship as the vertical line labeled *LAS*. Along the long-run aggregate supply curve, as the price level changes, real GDP remains at potential GDP, which in Fig. 1 is $10 trillion. The long-run aggregate supply curve is always vertical and is located at potential GDP.

The long-run aggregate supply curve is vertical because potential GDP is independent of the price level. The reason for this independence is that a movement along the *LAS* curve is accompanied by a change in *two* sets of prices: the prices of goods and services—the price level—and the prices of productive resources. A 10 percent increase in the prices of goods and services is matched by a 10 percent increase in the money wage rate and other resource prices. That is, the price level, wage rate, and other resource prices all change by the same percentage, and *relative prices* and the *real wage rate* remain constant. When the price level changes but relative prices and the real wage rate remain constant, real GDP remains constant.

Production at a Pepsi Plant   You can see why real GDP remains constant when all prices change by the same percentage by thinking about production decisions at a Pepsi bottling plant. The plant is producing the quantity of Pepsi that maximizes

FIGURE 1   Long-Run Aggregate Supply

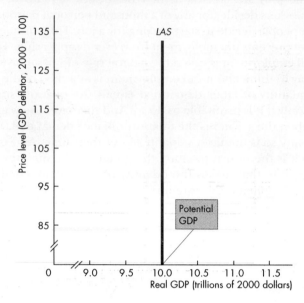

The long-run aggregate supply curve (*LAS*) shows the relationship between potential GDP and the price level. Potential GDP is independent of the price level, so the *LAS* curve is vertical at potential GDP.

profit. The plant can increase production but only by incurring a higher *marginal cost*. So the firm has no incentive to change production.

Short-Run Aggregate Supply

The **macroeconomic short run** is a period during which some money prices are sticky and real GDP might be below, above, or at potential GDP and the unemployment rate might be above, below, or at the natural rate of unemployment.

The **short-run aggregate supply curve** is the relationship between the quantity of real GDP supplied and the price level in the short run when the money wage rate, the prices of other resources, and potential GDP remain constant. Figure 2 shows a short-run aggregate supply curve as the upward-sloping curve labeled *SAS*. This curve is based on the short-run aggregate supply schedule, and each point on the aggregate supply curve corresponds to a row of the aggregate supply schedule. For example, point *A* on the short-run aggregate supply curve and row *A* of the schedule tell us that if the price level is ~~100~~, the quantity of real GDP supplied is $9 trillion.

At point *C*, the price level is 105 and the quantity of real GDP supplied is $10 trillion, which equals potential GDP. If the price level is higher than 105, real GDP exceeds potential GDP; if the price level is below 105, real GDP is less than potential GDP.

Back at the Pepsi Plant   You can see why the short-run aggregate supply curve slopes upward by returning to the Pepsi bottling plant. The plant produces the quantity that maximizes profit. If the price of Pepsi rises and the money wage rate and other costs don't change, Pepsi can earn a profit on a greater quantity

FIGURE 2   Short-Run Aggregate Supply

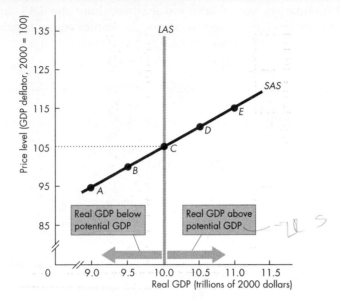

	Price Level (GDP deflator)	Real GDP (trillions of 2000 dollars)
A	95	9.0
B	100	9.5
C	105	10.0
D	110	10.5
E	115	11.0

The short-run aggregate supply curve shows the relationship between the quantity of real GDP supplied and the price level when the money wage rate, other resource prices, and potential GDP remain the same. The short-run aggregate supply curve, *SAS*, is based on the schedule in the table. This curve is upward-sloping because firms' costs increase as the rate of output increases, so a higher price is needed, relative to the prices of productive resources, to bring forth an increase in the quantity produced.

On the *SAS* curve, when the price level is 105, real GDP equals potential GDP. If the price level is greater than 105, real GDP exceeds potential GDP; if the price level is below 105, real GDP is less than potential GDP.

and has an incentive to increase production. The higher relative price of Pepsi covers the higher marginal cost of producing more Pepsi, so the firm increases production.

Similarly, if the price of Pepsi falls and the money wage rate and other costs don't change, the lower relative price is not sufficient to cover the marginal cost of Pepsi, so the firm decreases production.

Again, what's true for Pepsi bottlers is true for the producers of all goods and services. So when the price level rises and the money wage rate and other resource prices remain constant, the quantity of real GDP supplied increases.

Movements along the *LAS* and *SAS* Curves

Figure 3 summarizes what you've just learned about the *LAS* and *SAS* curves. When the price level, the money wage rate, and other resource prices rise by the same percentage, relative prices remain constant and real GDP remains at potential GDP. There is a *movement along* the *LAS* curve.

When the price level rises but the money wage rate and other resource prices remain the same, the quantity of real GDP supplied increases and there is a *movement along* the *SAS* curve.

Let's next study the influences that bring changes in aggregate supply.

Changes in Aggregate Supply

You've just seen that a change in the price level brings a movement along the aggregate supply curves but does not change aggregate supply. Aggregate supply changes when influences on production plans other than the price level change. Let's begin by looking at factors that change potential GDP.

Changes in Potential GDP   When potential GDP changes, both long-run aggregate supply and short-run aggregate supply change. Potential GDP changes for three reasons:

1. change in the full-employment quantity of labor

2. change in the quantity of capital

3. advance in technology

FIGURE 3   Movements along the Aggregate Supply Curves

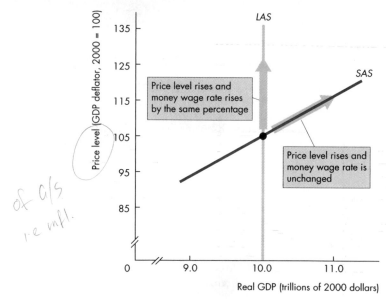

A rise in the price level with no change in the money wage rate and other resource prices brings an increase in the quantity of real GDP supplied and a movement along the short-run aggregate supply curve, *SAS*.

A rise in the price level with equal percentage increases in the money wage rate and other resource prices keeps the quantity of real GDP supplied constant at potential GDP and brings a movement along the long-run aggregate supply curve, *LAS*.

An increase in the full-employment quantity of labor, an increase in the quantity of capital, or an advance in technology increases potential GDP. And <u>an increase in potential GDP changes both long-run aggregate supply and short-run aggregate supply.</u>

Figure 4 shows these effects of a change in potential GDP. Initially, the long-run aggregate supply curve is LAS_0 and the short-run aggregate supply curve is SAS_0. If an increase in the quantity of capital or a technological advance increases potential GDP to $11 trillion, long-run aggregate supply increases and the long-run aggregate supply curve shifts rightward to LAS_1. Short-run aggregate supply also increases, and the short-run aggregate supply curve shifts rightward to SAS_1.

Let's look more closely at the influences on potential GDP and the aggregate supply curves.

A Change in the Full-Employment Quantity of Labor

A Pepsi bottling plant that employs 100 workers bottles more Pepsi than an otherwise identical plant that employs 10 workers. The same is true for <u>the economy as a whole. The larger the quantity of labor employed, the greater is GDP.</u>

Over time, potential GDP increases because the labor force increases. But (with constant capital and technology) *potential* GDP increases only if the full-employment quantity of labor increases. Fluctuations in employment over the business cycle bring fluctuations in real GDP. But these changes in real GDP are fluctuations around potential GDP. They are not changes in potential GDP and long-run aggregate supply.

[handwritten margin notes]
↑ Lbr Mkt ⇒ ↑ GDP ↑S
↑ Employ ⇒ ↑ GP fluct
Not Δ LR S.

FIGURE 4 A Change in Potential GDP

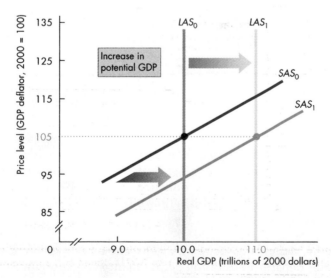

An increase in potential GDP increases both long-run aggregate supply and short-run aggregate supply and shifts both aggregate supply curves rightward from LAS_0 to LAS_1 and from SAS_0 to SAS_1.

A Change in the Quantity of Capital

A Pepsi bottling plant with two production lines bottles more Pepsi than an otherwise identical plant that has only one production line. For the economy, the larger the quantity of capital, the more productive is the labor force and the greater is its potential GDP. Potential GDP per person in the capital-rich United States is vastly greater than that in capital-poor China and Russia.

Capital includes *human capital*. One Pepsi plant is managed by an economics major with an MBA and has a labor force with an average of 10 years of experience. This plant produces a much larger output than an otherwise identical plant that is managed by someone with no business training or experience and that has a young labor force that is new to bottling. The first plant has a greater amount of human capital than the second. For the economy as a whole, the larger the quantity of *human capital*—the skills that people have acquired in school and through on-the-job training—the greater is potential GDP.

An Advance in Technology

A Pepsi plant that has pre–computer age machines produces less than one that uses the latest robot technology. Technological change enables firms to produce more from any given amount of inputs. So even with fixed quantities of labor and capital, improvements in technology increase potential GDP.

Technological advances are by far the most important source of increased production over the past two centuries. Because of technological advances, one farmer in the United States today can feed 100 people and one autoworker can produce almost 14 cars and trucks in a year.

Let's now look at the effects of changes of money wages.

Changes in the Money Wage Rate and Other Resource Prices   When the money wage rate (or the money price of any resource such as oil) changes, short-run aggregate supply changes but long-run aggregate supply does not change.

Figure 5 shows the effect of an increase in the money wage rate. Initially, the short-run aggregate supply curve is SAS_0. A rise in the money wage rate *decreases* short-run aggregate supply and shifts the short-run aggregate supply curve leftward to SAS_2.

A rise in the money wage rate decreases short-run aggregate supply because it increases firms' costs. With increased costs, the quantity that firms are willing to supply at each price level decreases, which is shown by a leftward shift of the SAS curve.

A change in the money wage rate does not change long-run aggregate supply because on the LAS curve, the change in the money wage rate is accompanied by an equal percentage change in the price level. With no change in relative prices, firms have no incentive to change production and real GDP remains constant at potential GDP. With no change in potential GDP, the long-run aggregate supply curve remains at LAS.

What Makes the Money Wage Rate Change?   The money wage rate can change for two reasons: departures from full employment and expectations about inflation. Unemployment above the natural rate puts downward pressure on the money wage rate, and unemployment below the natural rate puts upward pressure on the money wage rate. An expected increase in the inflation rate makes the money wage rate rise faster, and an expected decrease in the inflation rate slows the rate at which the money wage rate rises.

FIGURE 5   A Change in the Money Wage Rate

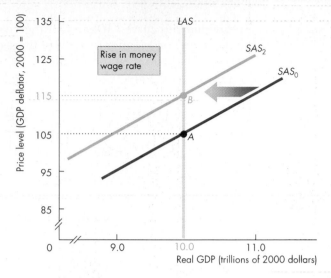

A rise in the money wage rate decreases short-run aggregate supply and shifts the short-run aggregate supply curve leftward from SAS_0 to SAS_2. A rise in the money wage rate does not change potential GDP, so the long-run aggregate supply curve does not shift.

AGGREGATE DEMAND   **3**

The quantity of real GDP demanded is the sum of the real **consumption expenditure** (C), investment (I), government expenditures (G), and exports (X) minus imports (M). That is,

$$Y = C + I + G + X - M$$

The *quantity of real GDP demanded* is the total amount of final goods and services produced in the United States that people, businesses, governments, and foreigners plan to buy.

These buying plans depend on many factors. Some of the main ones are:

▶ the price level
▶ expectations
▶ fiscal policy and monetary policy
▶ the world economy

We first focus on the relationship between the quantity of real GDP demanded and the price level. To study this relationship, we keep all other influences on buying plans the same and ask: How does the quantity of real GDP demanded vary as the price level varies?

The Aggregate Demand Curve

Other things remaining the same, the higher the price level, the smaller is the quantity of real GDP demanded. This relationship between the quantity of real

GDP demanded and the price level is called **aggregate demand**. Aggregate demand is described by an *aggregate demand schedule* and an *aggregate demand curve.*

Figure 6 shows an aggregate demand curve (*AD*) and an aggregate demand schedule. Each point on the *AD* curve corresponds to a row of the schedule. For example, point *C* on the *AD* curve and row *C* of the schedule tell us that if the price level is 105, the quantity of real GDP demanded is $10 trillion.

The aggregate demand curve slopes downward for two reasons:

► wealth effect
► substitution effects

FIGURE 6   Aggregate Demand

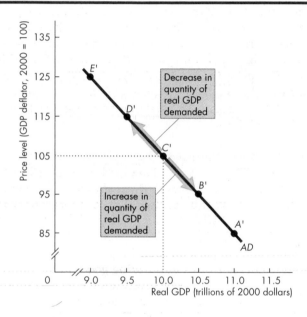

	Price Level (GDP deflator)	Real GDP (trillions of 2000 dollars)
A'	85	11.0
B'	95	10.5
C'	105	10.0
D'	115	9.5
E'	125	9.0

The aggregate demand curve (*AD*) shows the relationship between the quantity of real GDP demanded and the price level. The aggregate demand curve is based on the aggregate demand schedule in the table. Each point A' through E' on the curve corresponds to the row in the table identified by the same letter. Thus when the price level is 105, the quantity of real GDP demanded is $10 trillion, shown by point C' in the figure. A change in the price level, when all other influences on aggregate buying plans remain the same, brings a change in the quantity of real GDP demanded and a movement along the *AD* curve.

Wealth Effect   When the price level rises but other things remain the same, *real* wealth decreases. Real wealth is the amount of money in the bank, bonds, stocks, and other assets that people own, measured not in dollars but in terms of the goods and services that this money, bonds, and stock will buy.

[handwritten: Wealth Effect when price level ↑, real wealth ↓.]

People save and hold money, bonds, and stocks for many reasons. One reason is to build up funds for education expenses. Another reason is to build up enough funds to meet possible medical expenses or other big bills. But the biggest reason is to build up enough funds to provide a retirement income.

If the price level rises, real wealth decreases. People then try to restore their wealth. To do so, they must increase saving and, equivalently, decrease current consumption. Such a decrease in consumption is a decrease in aggregate demand.

Maria's Wealth Effect

You can see how the wealth effect works by thinking about Maria's buying plans. Maria lives in Moscow, Russia. She has worked hard all summer and saved 20,000 rubles (the ruble is the currency of Russia), which she plans to spend attending graduate school when she has finished her economics degree. So Maria's wealth is 20,000 rubles. Maria has a part-time job, and her income from this job pays her current expenses. The price level in Russia rises by 100 percent, and now Maria needs 40,000 rubles to buy what 20,000 once bought. To try to make up some of the fall in value of her savings, Maria saves even more and cuts her current spending to the bare minimum.

Substitution Effects   When the price level rises and other things remain the same, interest rates rise. The reason is related to the wealth effect that you've just studied. A rise in the price level decreases the real value of the money in people's pockets and bank accounts. With a smaller amount of real money around, banks and other lenders can get a higher interest rate on loans. But faced with higher interest rates, people and businesses delay plans to buy new capital and consumer durable goods and cut back on spending.

This substitution effect involves substituting goods in the future for goods in the present and is called an *intertemporal* substitution effect—a substitution across time. Saving increases to increase future consumption.

[handwritten: Time =]

To see this intertemporal substitution effect more clearly, think about your own plan to buy a new computer. At an interest rate of 5 percent a year, you might borrow $2,000 and buy the new computer. But at an interest rate of 10 percent a year, you might decide that the payments would be too high. You don't abandon your plan to buy the computer, but you decide to delay your purchase.

A second substitution effect works through international prices. When the U.S. price level rises and other things remain the same, U.S.-made goods and services become more expensive relative to foreign-made goods and services. This change in *relative prices* encourages people to spend less on U.S.-made items and more on foreign-made items. For example, if the U.S. price level rises relative to the Canadian price level, Canadians buy fewer U.S.-made cars (U.S. exports decrease) and Americans buy more Canadian-made cars (U.S. imports increase). U.S. GDP decreases.

[handwritten: Relative =]

Maria's Substitution Effects   In Moscow, Russia, Maria makes some substitutions. She was planning to trade in her old motor scooter and get a new one. But with a higher price level and higher interest rates, she decides to make her old scooter last one more year. Also, with the prices of Russian goods sharply increasing, Maria substitutes a low-cost dress made in Malaysia for the Russian-made dress she had originally planned to buy.

Changes in the Quantity of Real GDP Demanded   When the price level rises and other things remain the same, the quantity of real GDP demanded decreases—a movement up the aggregate demand curve as shown by the arrow in Fig. 6. When the price level falls and other things remain the same, the quantity of real GDP demanded increases—a movement down the aggregate demand curve.

We've now seen how the quantity of real GDP demanded changes when the price level changes. How do other influences on buying plans affect aggregate demand?

Changes in Aggregate Demand

A change in any factor that influences buying plans other than the price level brings a change in aggregate demand. The main factors are:

▶ expectations

▶ fiscal policy and monetary policy

▶ the world economy

Expectations   An increase in expected future income increases the amount of consumption goods (especially big-ticket items such as cars) that people plan to buy today and increases aggregate demand.

An increase in the expected future inflation rate increases aggregate demand because people decide to buy more goods and services at today's relatively lower prices.

An increase in expected future profit increases the investment that firms plan to undertake today and increases aggregate demand.

Fiscal Policy and Monetary Policy   The government's attempt to influence the economy by setting and changing taxes, making transfer payments, and purchasing goods and services is called **fiscal policy**. A tax cut or an increase in transfer payments—for example, unemployment benefits or welfare payments—increases aggregate demand. Both of these influences operate by increasing households' *disposable* income. **Disposable income** is aggregate income minus taxes plus transfer payments. The greater the disposable income, the greater is the quantity of consumption goods and services that households plan to buy and the greater is aggregate demand.

i.e. govt spending

Government purchases of goods and services are one component of aggregate demand. So if the government spends more on spy satellites, schools, and highways, aggregate demand increases.

i.e. Δs in interest rates

Monetary policy consists of changes in interest rates and in the quantity of money in the economy. The quantity of money is determined by the Federal Reserve (the Fed) and the banks (in a process described in Readings 24 and 25). An increase in the quantity of money in the economy increases aggregate demand. To see why money affects aggregate demand, imagine that the Fed borrows the army's helicopters, loads them with millions of new $10 bills, and sprinkles them like confetti across the nation. People gather the newly available money and plan to spend some of it. So the quantity of goods and services demanded increases. But people don't plan to spend all the new money. They plan to save some of it and lend it to others through the banks. Interest rates fall, and with lower interest rates, people plan to buy more consumer durables and firms plan to increase their investment.

The World Economy   Two main influences that the world economy has on aggregate demand are the foreign exchange rate and foreign income. The _foreign exchange rate_ is the amount of a foreign currency that you can buy with a U.S. dollar. Other things remaining the same, a rise in the foreign exchange rate decreases aggregate demand. To see how the foreign exchange rate influences aggregate demand, suppose that the exchange rate is 1.20 euros per U.S. dollar. A Nokia cell phone made in Finland costs 120 euros, and an equivalent Motorola phone made in the United States costs $110. In U.S. dollars, the Nokia phone costs $100, so people around the world buy the cheaper phone from Finland. Now suppose the exchange rate falls to 1 euro per U.S. dollar. The Nokia phone now costs $120 and is more expensive than the Motorola phone. People will switch from the Nokia phone to the Motorola phone. U.S. exports will increase and U.S. imports will decrease, so U.S. aggregate demand will increase.

An increase in foreign income increases U.S. exports and increases U.S. aggregate demand. For example, an increase in income in Japan and Germany increases Japanese and German consumers' and producers' planned expenditures on U.S.-made goods and services.

Shifts of the Aggregate Demand Curve   When aggregate demand changes, the aggregate demand curve shifts. Figure 7 shows two changes in aggregate demand and summarizes the factors that bring about such changes.

Aggregate demand increases and the aggregate demand curve shifts rightward from AD_0 to AD_1 when expected future income, inflation, or profit increases; government purchases of goods and services increase; taxes are cut; transfer payments increase; the quantity of money increases and interest rates fall; the foreign exchange rate falls; or foreign income increases.

Aggregate demand decreases and the aggregate demand curve shifts leftward from AD_0 to AD_2 when expected future income, inflation, or profit decreases; government purchases of goods and services decrease; taxes increase; transfer payments decrease; the quantity of money decreases and interest rates rise; the foreign exchange rate rises; or foreign income decreases.

MACROECONOMIC EQUILIBRIUM   **4**

The purpose of the aggregate supply–aggregate demand model is to explain changes in real GDP and the price level. To achieve this purpose, we combine aggregate supply and aggregate demand and determine macroeconomic equilibrium. There is a macroeconomic equilibrium for each of the time frames for aggregate supply: a long-run equilibrium and a short-run equilibrium. Long-run equilibrium is the state toward which the economy is heading. Short-run equilibrium is the normal state of the economy as it fluctuates around potential GDP.

We'll begin our study of macroeconomic equilibrium by looking first at the short run.

Short-Run Macroeconomic Equilibrium

The aggregate demand curve tells us the quantity of real GDP demanded at each price level, and the short-run aggregate supply curve tells us the quantity of real GDP supplied at each price level. **Short-run macroeconomic equilibrium** occurs when the quantity of real GDP demanded equals the quantity of real GDP supplied. That is, short-run macroeconomic equilibrium occurs at the point of

FIGURE 7   Changes in Aggregate Demand

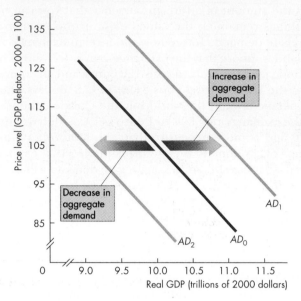

Aggregate demand

Decreases if:

► expected future income, inflation, or profits decrease

► fiscal policy decreases government purchases, increases taxes, or decreases transfer payments

► monetary policy decreases the quantity of money and increases interest rates

► the exchange rate increases or foreign income decreases

Increases if:

► expected future income, inflation, or profits increase

► fiscal policy increases government purchases, decreases taxes, or increases transfer payments

► monetary policy increases the quantity of money and decreases interest rates

► the exchange rate decreases or foreign income increases

---

intersection of the *AD* curve and the *SAS* curve. Figure 8 shows such an equilibrium at a price level of 105 and real GDP of $10 trillion (points *C* and *C'*).

To see why this position is the equilibrium, think about what happens if the price level is something other than 105. Suppose, for example, that the price level is 115 and that real GDP is $11 trillion (at point *E* on the *SAS* curve). The quantity of real GDP demanded is less than $11 trillion, so firms are unable to sell all their output. Unwanted inventories pile up, and firms cut both production and prices. Production and prices are cut until firms can sell all their output. This situation occurs only when real GDP is $10 trillion and the price level is 105.

Now suppose the price level is 95 and real GDP is $9 trillion (at point *A* on the *SAS* curve). The quantity of real GDP demanded exceeds $9 trillion, so firms are unable to meet the demand for their output. Inventories decrease, and customers clamor for goods and services. So firms increase production and raise prices. Production and prices increase until firms can meet demand. This situation occurs only when real GDP is $10 trillion and the price level is 105.

FIGURE 8   Short-Run Equilibrium

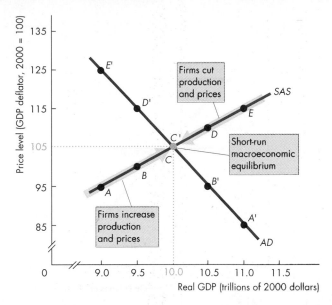

Short-run macroeconomic equilibrium occurs when real GDP demanded equals real GDP supplied—at the intersection of the aggregate demand curve (*AD*) and the short-run aggregate supply curve (*SAS*). Here, such an equilibrium occurs at points C and C', where the price level is 105 and real GDP is $10 trillion. If the price level is 115 and real GDP is $11 trillion (point *E*), firms will not be able to sell all their output. They will decrease production and cut prices. If the price level is 95 and real GDP is $9 trillion (point *A*), people will not be able to buy all the goods and services they demand. Firms will increase production and raise their prices. Only when the price level is 105 and real GDP is $10 trillion can firms sell all that they produce and can people buy all the goods and services they demand. This is the short-run macroeconomic equilibrium.

In short-run equilibrium, the money wage rate is fixed. It does not adjust to bring full employment. So in the short run, real GDP can be greater than or less than potential GDP. But in the long run, the money wage rate does adjust and real GDP moves toward potential GDP. We are going to study this adjustment process. But first, let's look at the economy in long-run equilibrium.

Long-Run Macroeconomic Equilibrium

Long-run macroeconomic equilibrium occurs when real GDP equals potential GDP—equivalently, when the economy is on its *long-run* aggregate supply curve. Figure 9 shows the long-run macroeconomic equilibrium, which occurs at the intersection of the *AD* curve and the *LAS* curve (the dark blue curves). Long-run macroeconomic equilibrium comes about because the money wage rate adjusts. Potential GDP and aggregate demand determine the price level, and the price level influences the money wage rate. In long-run equilibrium, the money wage rate has adjusted to put the (lighter blue) *SAS* curve through the long-run equilibrium point.

We'll look at this money wage adjustment process later in this reading. But first, let's see how the *AS-AD* model helps us to understand **economic growth** and inflation.

FIGURE 9   Long-Run Equilibrium

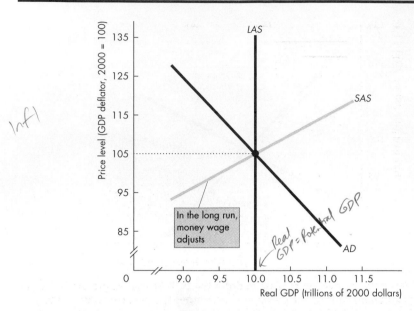

In long-run macroeconomic equilibrium, real GDP equals potential GDP. So long-run equilibrium occurs where the aggregate demand curve *AD* intersects the long-run aggregate supply curve *LAS*. In the long run, aggregate demand determines the price level and has no effect on real GDP. The money wage rate adjusts in the long run, so the *SAS* curve intersects the *LAS* curve at the long-run equilibrium price level.

Economic Growth and Inflation

Economic growth occurs because over time, the quantity of labor grows, capital is accumulated, and technology advances. These changes increase potential GDP and shift the *LAS* curve rightward. Figure 10 shows such a shift. The growth rate of potential GDP is determined by the pace at which labor grows, capital is accumulated, and technology advances.

Inflation occurs when over time, the increase in aggregate demand is greater than the increase in long-run aggregate supply. That is, inflation occurs if the *AD* curve shifts rightward by more than the rightward shift in the *LAS* curve. Figure 10 shows such shifts.

If aggregate demand increased at the same pace as long-run aggregate supply, we would experience real GDP growth with no inflation.

In the long run, the main influence on aggregate demand is the growth rate of the quantity of money. At times when the quantity of money increases rapidly, aggregate demand increases quickly and the inflation rate is high. When the growth rate of the quantity of money slows, other things remaining the same, the inflation rate eventually decreases.

Our economy experiences periods of growth and inflation, like those shown in Fig. 10. But it does not experience *steady* growth and *steady* inflation. Real GDP fluctuates around potential GDP in a business cycle, and inflation fluctuates. When we study the business cycle, we ignore economic growth. By doing so, we can see the business cycle more clearly.

⁎**FIGURE 10   Economic Growth and Inflation**

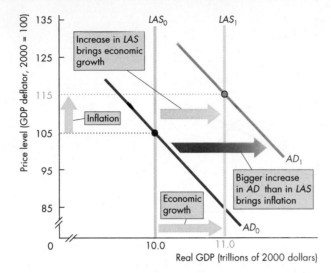

Economic growth is the persistent increase in potential GDP. Economic growth is shown as an ongoing rightward shift of the *LAS* curve. Inflation is the persistent rise in the price level. Inflation occurs when the increase in aggregate demand is greater than the increase in long-run aggregate supply.

The Business Cycle

The business cycle occurs because aggregate demand and short-run aggregate supply fluctuate but the money wage rate does not adjust quickly enough to keep real GDP at potential GDP. Figure 11 shows three types of short-run macroeconomic equilibrium.

In part (a), there is a below full-employment equilibrium. A **below full-employment equilibrium** is a macroeconomic equilibrium in which potential GDP exceeds real GDP. The amount by which potential GDP exceeds real GDP is the **Okun gap**. This gap is also called a **recessionary gap**. This name reminds us that a gap has opened up between potential GDP and real GDP either because the economy has experienced a recession or because real GDP, while growing, has grown more slowly than potential GDP.

The below full-employment equilibrium shown in Fig. 11(a) occurs where the aggregate demand curve AD_0 intersects short-run aggregate supply curve SAS_0 at a real GDP of $9.8 trillion and a price level of 105. Potential GDP is $10 trillion, so the recessionary gap is $0.2 trillion. The U.S. economy was in a situation similar to that shown in Fig. 11(a) in the early 2000s.

Figure 11(b) is an example of *long-run equilibrium,* in which real GDP equals potential GDP. In this example, the equilibrium occurs where the aggregate demand curve AD_1 intersects the short-run aggregate supply curve SAS_1 at an actual and potential GDP of $10 trillion. The U.S. economy was in a situation such as that shown in Fig. 11(b) in 1998.

Figure 11(c) shows an above full-employment equilibrium. An **above full-employment equilibrium** is a macroeconomic equilibrium in which real GDP exceeds potential GDP. The amount by which real GDP exceeds potential GDP

Handwritten margin notes:

below full employment equilibrium
– Okun / recessionary gap (where potential GDP exceeds Real GDP)

Long run equilibrium
– Real GDP equals Potential GDP

Above full-employment equilibrium
– Inflationary gap (Real GDP exceeds potential GDP)

FIGURE 11   The Business Cycle

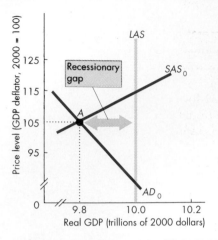

(a) Below Full-Employment Equilibrium

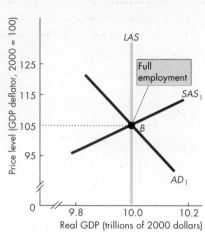

(b) Long-Run Equilibrium

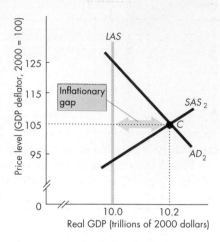

(c) Above Full-Employment Equilibrium

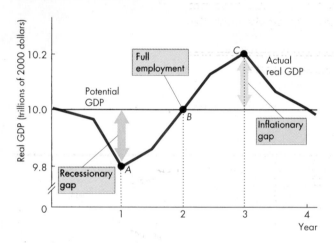

(d) Fluctuations in Real GDP

Part (a) shows a below full-employment equilibrium in year 1; part (b) shows a long-run equilibrium in year 2; and part (c) shows an above full-employment equilibrium in year 3. Part (d) shows how real GDP fluctuates around potential GDP in a business cycle.

In year 1, a recessionary gap exists and the economy is at point A [in parts (a) and (d)]. In year 2, the economy is in long-run equilibrium and the economy is at point B [in parts (b) and (d)]. In year 3, an inflationary gap exists and the economy is at point C [in parts (c) and (d)].

is called an **inflationary gap**. This name reminds us that a gap has opened up between real GDP and potential GDP and that this gap creates inflationary pressure.

The above full-employment equilibrium shown in Fig. 11(c) occurs where the aggregate demand curve AD_2 intersects the short-run aggregate supply curve SAS_2 at a real GDP of \$10.2 trillion and a price level of 105. There is an inflationary gap of \$0.2 trillion. The U.S. economy was in a situation similar to that depicted in Fig. 11(c) in 1999 and 2000.

The economy moves from one type of equilibrium to another as a result of fluctuations in aggregate demand and in short-run aggregate supply. These fluctuations produce fluctuations in real GDP and the price level. Figure 11(d) shows how real GDP fluctuates around potential GDP.

Let's now look at some of the sources of these fluctuations around potential GDP.

Fluctuations in Aggregate Demand

One reason real GDP fluctuates around potential GDP is that aggregate demand fluctuates. Let's see what happens when aggregate demand increases.

Figure 12(a) shows an economy in long-run equilibrium. The aggregate demand curve is AD_0, the short-run aggregate supply curve is SAS_0, and the long-run aggregate supply curve is LAS. Real GDP equals potential GDP at $10 trillion, and the price level is 105.

Now suppose that the world economy expands and that the demand for U.S.-made goods increases in Japan and Europe. The increase in U.S. exports increases aggregate demand in the United States and the aggregate demand curve shifts rightward from AD_0 to AD_1 in Fig. 12(a).

Faced with an increase in demand, firms increase production and raise prices. Real GDP increases to $10.5 trillion, and the price level rises to 110. The economy is now in an above full-employment equilibrium. Real GDP exceeds potential GDP, and there is an inflationary gap.

The increase in aggregate demand has increased the prices of all goods and services. Faced with higher prices, firms have increased their output rates. At this stage, prices of goods and services have increased but wage rates have not changed. (Recall that as we move along a short-run aggregate supply curve, the money wage rate is constant.)

The economy cannot produce in excess of potential GDP forever. Why not? What are the forces at work that bring real GDP back to potential GDP?

Because the price level has increased and the money wage rate is unchanged, workers have experienced a fall in the buying power of their wages

FIGURE 12   An Increase in Aggregate Demand

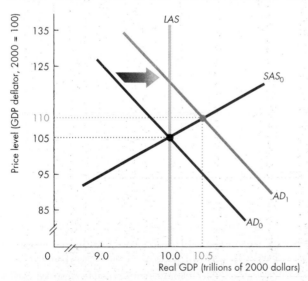
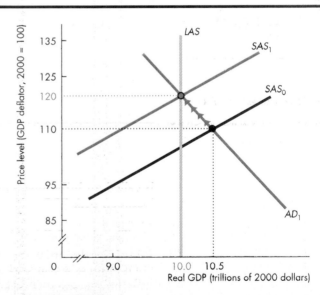

(a) Short-Run Effect

(b) Long-Run Effect

An increase in aggregate demand shifts the aggregate demand curve from AD_0 to AD_1. In short-run equilibrium, real GDP increases to $10.5 trillion and the price level rises to 110. In this situation, an inflationary gap exists. In the long run, the money wage rate rises and the short-run aggregate supply curve shifts leftward from SAS_0 to SAS_1 in part (b). As short-run aggregate supply decreases, the SAS curve shifts and intersects the aggregate demand curve AD_1 at higher price levels and real GDP decreases. Eventually, the price level rises to 120 and real GDP decreases to $10 trillion—potential GDP.

and firms' profits have increased. In these circumstances, workers demand higher wages and firms, anxious to maintain their employment and output levels, meet those demands. If firms do not raise the money wage rate, they will either lose workers or have to hire less productive ones.

As the money wage rate rises, the short-run aggregate supply curve begins to shift leftward. In Fig. 12(b), the short-run aggregate supply curve moves from SAS_0 toward SAS_1. The rise in the wage rate and the shift in the SAS curve produce a sequence of new equilibrium positions. Along the adjustment path, real GDP decreases and the price level rises. The economy moves up along its aggregate demand curve as shown by the arrowheads in the figure.

Eventually, the money wage rate rises by the same percentage as the price level. At this time, the aggregate demand curve AD_1 intersects SAS_1 at a new long-run equilibrium. The price level has risen to 120, and real GDP is back where it started, at potential GDP.

A decrease in aggregate demand has similar but opposite effects to those of an increase in aggregate demand. That is, a decrease in aggregate demand shifts the aggregate demand curve leftward. Real GDP decreases to less than potential GDP, and a recessionary gap emerges. Firms cut prices. The lower price level increases the purchasing power of wages and increases firms' costs relative to their output prices because the wage rate remains unchanged. Eventually, the money wage rate falls and the short-run aggregate supply curve shifts rightward. But the wage rate changes slowly, so real GDP slowly returns to potential GDP and the price level falls slowly.

Let's now work out how real GDP and the price level change when aggregate supply changes.

Fluctuations in Aggregate Supply

Fluctuations in short-run aggregate supply can bring fluctuations in real GDP around potential GDP. Suppose that initially real GDP equals potential GDP. Then there is a large but temporary rise in the price of oil. What happens to real GDP and the price level?

Figure 13 answers this question. The aggregate demand curve is AD_0, the short-run aggregate supply curve is SAS_0, and the long-run aggregate supply curve is LAS. Real GDP is $10 trillion, which equals potential GDP, and the price level is 105. Then the price of oil rises. Faced with higher energy and transportation costs, firms decrease production. Short-run aggregate supply decreases, and the short-run aggregate supply curve shifts leftward to SAS_1. The price level rises to 115, and real GDP decreases to $9.5 trillion. Because real GDP decreases, the economy experiences recession. Because the price level increases, the economy experiences inflation. A combination of recession and inflation, called **stagflation**, actually occurred in the United States in the mid-1970s and early 1980s. But events like this are not common.

Let's put our new knowledge of aggregate supply and aggregate demand to work and see how we can explain recent U.S. macroeconomic performance.

5   U.S. ECONOMIC GROWTH, INFLATION, AND CYCLES

The economy is continually changing. If you imagine the economy as a video, then an aggregate supply–aggregate demand figure such as Fig. 13 is a freeze-frame. We're going to run the video—an instant replay—but keep our finger on

— resulting in stagflation

FIGURE 13   A Decrease in Aggregate Supply

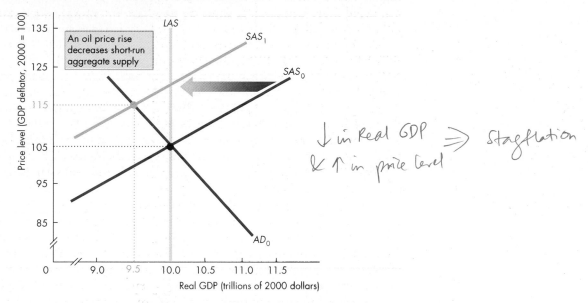

↓ in Real GDP ⟹ stagflation
& ↑ in price level

An increase in the price of oil decreases short-run aggregate supply and shifts the short-run aggregate supply curve from SAS_0 to SAS_1. Real GDP falls from $10 trillion to $9.5 trillion, and the price level increases from 105 to 115. The economy experiences stagflation.

Recall :—
GDP deflator
One measure of price level,
which is ē average of
current year prices as a
% of base-yr prices.

the freeze-frame button and look at some important parts of the previous action. Let's run the video from 1963.

Figure 14 shows the economy in 1963 at the point of intersection of its aggregate demand curve, AD_{63}, and short-run aggregate supply curve, SAS_{63}. Real GDP was $2.8 trillion, and the GDP deflator was 22 (about a fifth of its 2003 level). In 1963, real GDP equaled potential GDP—the economy was on its long-run aggregate supply curve, LAS_{63}. *ie: long-run equilibrium*

By 2003, the economy had reached the point marked by the intersection of aggregate demand curve AD_{03} and short-run aggregate supply curve SAS_{03}. Real GDP was $10.3 trillion, and the GDP deflator was 105. Potential GDP in 2003 was $10.5 trillion so equilibrium real GDP was less that potential GDP on LAS_{03}.

where AD_{03} intersects LAS_{03}

The path traced by the dark and light blue dots in Fig. 14 shows three key features:

ie: recessionary gap

► economic growth
► inflation
► business cycles

Economic Growth

Over the years, real GDP grows—shown in Fig. 14 by the rightward movement of the dots. The faster real GDP grows, the larger is the horizontal distance between successive dots. The forces that generate economic growth are those that increase potential GDP. Potential GDP grows because the quantity of labor grows, we accumulate physical capital and human capital, and our technologies advance.

These forces that bring economic growth were strongest during the 1960s and 1990s. During the late 1970s, economic growth was slow.

FIGURE 14   Aggregate Supply and Aggregate Demand: 1963–2003

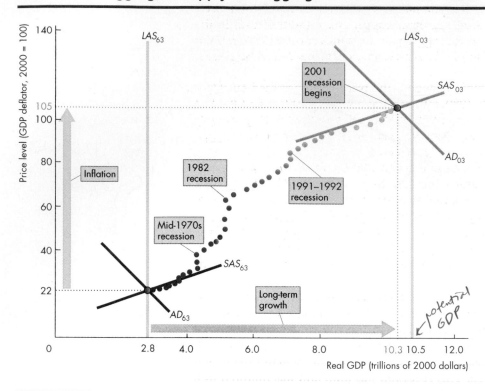

Each point shows the GDP deflator and real GDP in a given year. In 1963 the aggregate demand curve, AD_{63}, and the short-run aggregate supply curve, SAS_{63}, determined these variables. Each point is generated by the gradual shifting of the AD and SAS curves. By 2003, the curves were AD_{03} and SAS_{03} Real GDP grew, and the price level increased. Real GDP grew quickly and inflation was moderate during the 1960s; real GDP growth sagged in 1974–1975 and again in 1982. Inflation was rapid during the 1970s but slowed after the 1982 recession. The period from 1982 to 1989 was one of strong, persistent expansion. A recession began in 1991, and a further strong and sustained expansion then followed until the 2001 recession. The recovery after 2001 was weak.

Source: Bureau of Economic Analysis and author's assumptions.

[handwritten margin note: Inflation caused by:- AD ↑ᵍ at a faster pace than ē ↑ in LAS → caused by growth of ē quantity of $.]

[handwritten top note: Price Infl vs Relative Infl.]

Inflation

The price level rises over the years—shown in Fig. 14 by the upward movement of the points. The larger the rise in the price level, the larger is the vertical distance between successive dots in the figure. The main force generating the persistent increase in the price level is a tendency for aggregate demand to increase at a faster pace than the increase in long-run aggregate supply. All of the factors that increase aggregate demand and shift the aggregate demand curve influence the pace of inflation. But one factor—the growth of the quantity of money—is the main source of *persistent* increases in aggregate demand and persistent inflation.

Business Cycles

[handwritten margin note: Biz Cycles arise becos both ē expansion of SAS & growth of AD do not proceed at a fixed steady pace]

Over the years, the economy grows and shrinks in cycles—shown in Fig. 14 by the wavelike pattern made by the dots, with the recessions highlighted. The cycles arise because both the expansion of short-run aggregate supply and the growth of aggregate demand do not proceed at a fixed, steady pace. Although the economy has cycles, recessions do not usually follow quickly on the heels of their predecessors; "double-dip" recessions like the one in the cartoon are rare.

The Evolving Economy: 1963–2003

During the 1960s, real GDP growth was rapid and inflation was low. This was a period of rapid increases in aggregate supply and of moderate increases in aggregate demand.

The mid-1970s were years of rapid inflation and recession—of stagflation. The major sources of these developments were a series of massive oil price increases that decreased short-run aggregate supply and rapid increases in the quantity of money that increased aggregate demand. Recession occurred because short-run aggregate supply decreased at a faster pace than aggregate demand increased.

The rest of the 1970s saw high inflation—the price level increased quickly—but slow growth in real GDP. By 1980, inflation was a major problem and the Fed decided to take strong action against it. It drove interest rates to previously unknown levels and decreased aggregate demand. By 1982, the decrease in aggregate demand put the economy in a deep recession.

During the years 1983–1990, capital accumulation and steady technological advance resulted in a sustained increase in potential GDP. Wage growth was moderate, the price of oil fell, and short-run aggregate supply increased. Aggregate demand growth kept pace with the growth of aggregate supply. Sustained but steady growth in aggregate supply and aggregate demand kept real GDP growing and inflation steady. The economy moved from a recession with real GDP less than potential GDP in 1982 to above full employment in 1990.

The economy was in this condition when a decrease in aggregate demand led to the 1991 recession. The economy again embarked on a path of expansion through 2001. During the late 1990s and 2000, the expansion increased real GDP to a level that exceeded potential GDP and took employment to above full employment. Then in late 2000 and early 2001, aggregate demand decreased and another recession occurred. This recession was mild and was followed by a slow recovery. In 2003, although real GDP had grown above its 2001 recession level, it remained below potential GDP.

You've now reviewed the *AS-AD* model and seen how that model can provide an account of the forces that move real GDP and the price level to bring economic growth, inflation, and the business cycle. The account that we've just given is the consensus account. But it isn't the only one. We're going to end this reading by using the *AS-AD* model as a framework for a quick look at the alternative schools of thought in **macroeconomics**.

"Please stand by for a series of tones. The first indicates the official end of the recession, the second indicates prosperity, and the third the return of the recession."

6   MACROECONOMIC SCHOOLS OF THOUGHT

Macroeconomics is an active field of research and much remains to be learned about the forces that make our economy grow and fluctuate. There is a greater degree of consensus and certainty about economic growth and inflation—the longer term trends in real GDP and the price level—than there is about the business cycle—the short-term fluctuations in these variables. Here, we'll look only at differences of view about short-term fluctuations.

The aggregate supply–aggregate demand model that you've studied in this reading provides a good foundation for understanding the range of views that macroeconomists hold about this topic. But what you will learn here is just a first glimpse at the scientific controversy and debate. We'll return to these issues at various later points in the text and deepen your appreciation of the alternative views.

Classification usually requires simplification. And classifying macroeconomists is no exception to this general rule. The classification that we'll use here is simple, but it is not misleading. We're going to divide macroeconomists into three broad schools of thought and examine the views of each group in turn. The groups are:

► Keynesian
► classical
► monetarist

The Keynesian View

A **Keynesian** macroeconomist believes that left alone, the economy would rarely operate at full employment and that to achieve and maintain full employment, active help from fiscal policy and monetary policy is required.

The term "Keynesian" derives from the name of one of the twentieth century's most famous economists, John Maynard Keynes.

The Keynesian view is based on beliefs about the forces that determine aggregate demand and short-run aggregate supply.

Aggregate Demand Fluctuations In the Keynesian view, *expectations* are the most significant influence on aggregate demand. And expectations are based on herd instinct or, what Keynes himself called "animal spirits." A wave of pessimism about future profit prospects can lead to a fall in aggregate demand and plunge the economy into recession.

Aggregate Supply Response In the Keynesian view, the money wage rate that lies behind the short-run aggregate supply curve is extremely sticky in the downward direction. Basically, the money wage rate doesn't fall. So if there is a recessionary gap, there is no automatic mechanism for getting rid of it. If it were to happen, a fall in the money wage rate would increase short-run aggregate supply and restore full employment. But the money wage rate doesn't fall, so the economy remains stuck in recession.

A modern version of the Keynesian view known as the **new Keynesian** view holds that not only is the money wage rate sticky but that prices of goods and services are also sticky. With a sticky price level, the short-run aggregate supply curve is horizontal at a fixed price level.

Policy Response Needed The Keynesian view calls for fiscal policy and monetary policy to actively offset changes in aggregate demand that bring recession.

By stimulating aggregate demand in a recession, full employment can be restored.

The Classical View

A **classical** macroeconomist believes that the economy is self-regulating and that it is always at full employment. The fluctuations that occur are efficient responses of a well-functioning market economy that is bombarded by shocks, mainly coming from the uneven pace of technological change.

The term "classical" derives from the name of the founding school of economics that includes Adam Smith, David Ricardo, and John Stuart Mill.

Like the Keynesian view, the classical view can be understood in terms of beliefs, different from those of a Keynesian, about aggregate demand and aggregate supply.

Aggregate Demand Fluctuations In the classical view, technological change is the most significant influence on both aggregate demand and aggregate supply. For this reason, classical macroeconomists don't use the *AS-AD* framework. But their views can be interpreted in this framework. A technological change that increases the productivity of capital brings an increase in aggregate demand because firms increase their expenditure on new plant and equipment. A technological change that lengthens the useful life of existing capital decreases the demand for new capital, which decreases aggregate demand.

Aggregate Supply Response In the classical view, the money wage rate that lies behind the short-run aggregate supply curve is instantly and completely flexible. The money wage rate adjusts so quickly to maintain equilibrium in the labor market that real GDP always adjusts to equal potential GDP.

Potential GDP itself fluctuates for the same reasons that aggregate demand fluctuates—technological change. When the pace of technological change is rapid, potential GDP increases quickly and so does real GDP. And when the pace of technological change slows, so does the growth rate of potential GDP.

Classical Policy The classical view of policy emphasizes the potential for taxes to stunt incentives and create inefficiency. By minimizing the disincentive effects of taxes, employment, investment, and technological advance are at their efficient levels and the economy expands at an appropriate and rapid pace.

The Monetarist View

A **monetarist** is a macroeconomist who believes that the economy is self-regulating and that it will normally operate at full employment, provided that monetary policy is not erratic and that the pace of money growth is kept steady.

The term "monetarist" was coined by an outstanding twentieth century economist, Karl Brunner, to describe his own views and those of Milton Friedman.

The monetarist view can be interpreted in terms of beliefs about the forces that determine aggregate demand and short-run aggregate supply.

Aggregate Demand Fluctuations In the monetarist view, *the quantity of money* is the most significant influence on aggregate demand. And the quantity of money is determined by the Federal Reserve (the Fed). If the Fed keeps money growing at a steady pace, aggregate demand fluctuations will be minimized and the economy will operate close to full employment. But if the Fed decreases the quantity of money or even just slows its growth rate too abruptly, the economy will go into recession. In the monetarist view, all recessions result from inappropriate monetary policy.

Aggregate Supply Response The monetarist view of short-run aggregate supply is the same as the Keynesian view—the money wage rate is sticky. If the economy is in recession, it will take an unnecessarily long time for it to return unaided to full employment.

Monetarist Policy The monetarist view of policy is the same as the classical view on fiscal policy. Taxes should be kept low to avoid disincentive effects that decrease potential GDP. Provided that the quantity of money is kept on a steady growth path, no active stabilization is needed to offset changes in aggregate demand.

The *AS-AD* model explains economic growth, inflation, and the business cycle. The *AS-AD* model enables us to keep our eye on the big picture, but it lacks detail. It does not tell us as much as we need to know about the deeper forces that lie behind aggregate supply and aggregate demand. The readings that follow begin to fill in the details. We begin with the supply side and study the forces that make our economy grow. But before you embark on this next stage, take a look at *Reading between the Lines* on pp. 337–338, which gives you a look at the expanding U.S. economy in 2003.

READING BETWEEN THE LINES

Aggregate Supply and Aggregate Demand in Action

THE WALL STREET JOURNAL, NOVEMBER 25, 2003

U.S. 3rd Qtr GDP Revised To Up 8.2% Rate From Up 7.2%

The U.S. economy, spurred by powerful business and consumer spending, galloped ahead during the summer at a pace faster than earlier estimated.

Gross domestic product increased in July through September at an 8.2% annual rate, the Commerce Department said Tuesday.

The economy's blistering run in the third quarter marked its best quarterly performance since a 9.0% surge in the first three months of 1984....

The economy has been accelerating all year. It advanced 1.4% in the first three months of 2003 and 3.3% in the second quarter.

Analysts think the economy will cool after the torrid third quarter.

Nonetheless, solid growth is expected to continue. A prominent panel of forecasters is predicting GDP to climb 4.5% in 2004, higher than they earlier estimated. The National Association for Business Economics said Monday the expected growth will prod the Federal Reserve to begin raising interest rates....

The government report showed inflation edged up in July through September a bit less than first thought. The price index for gross domestic purchases rose at a 1.8% rate; it was first estimated as climbing 1.9%. The index advanced 0.4% in the second quarter. ....

Essence of the Story

▶ Real GDP grew during the third quarter of 2003 at an 8.2 percent annual rate—the highest since 1984.

▶ Inflation also edged upward. The GDP deflator rose at a 1.8 percent annual rate.

▶ The economy has accelerated all year. It advanced 1.4 percent in the first quarter 2003 and 3.3 percent in the second quarter.

▶ A panel of forecasters predicts GDP to grow by 4.5 percent in 2004.

▶ The National Association for Business Economics says it expects the Federal Reserve to begin raising interest rates.

Economic Analysis

▶ U.S. real GDP grew spectacularly during the third quarter of 2003, at an 8.2 percent annual rate, and the price level rose at only a 1.8 percent annual rate.

▶ Real GDP increased steadily throughout 2003 and the inflation rate was modest.

▶ Most forecasters were optimistic that the economy would continue to grow through 2004 but at a much lower rate than that of the third quarter.

▶ The strong growth of 2003 occurred as real GDP expanded to close a large recessionary gap.

▶ Figure 15 illustrates this gap a year earlier, in the third quarter of 2002.

▶ In the third quarter of 2002, real GDP was $10.04 trillion and the price level was 104 at the intersection of the aggregate demand curve, AD_{02} and the short-run aggregate supply curve, SAS_{02}.

▶ But potential GDP in the third quarter of 2002 was $10.17 trillion, so long-run aggregate supply was at LAS_{02} and there was a recessionary gap of $0.13 trillion or close to one percent of potential GDP.

▶ With this amount of slack in the economy, real GDP had plenty of room to expand without stimulating inflation.

▶ Also, potential GDP was growing, so real GDP needed to grow more rapidly than potential GDP to close the recessionary gap.

▶ That is what happened during the year to the third quarter of 2003.

$$\frac{106 - 104}{104} \times 100$$

▶ Potential GDP increased by just under 4 percent to $10.56 trillion; real GDP increased by almost 4.5 percent to $10.49 trillion; the recessionary gap shrank to $0.07 trillion; and the price level increased to 106—an inflation rate of only 1.9 percent over the year.

▶ Figure 16 illustrates these changes. Because potential GDP increased, the LAS curve shifted rightward to LAS_{03} and the SAS curve shifted rightward to SAS_{03}.

▶ "Spurred by powerful business and consumer spending," as the news article says, aggregate demand increased by more than aggregate supply and the AD curve shifted rightward to AD_{03}.

▶ The economy will continue to grow in 2004 but at a slower pace because by late 2003, real GDP was approaching full employment and if an inflationary gap emerged, the Fed would act to lower aggregate demand.) ✳

FIGURE 15   The Economy in the Third Quarter of 2002

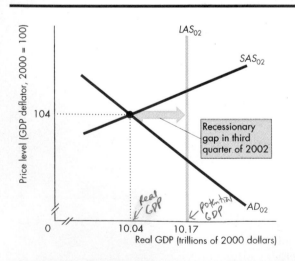

FIGURE 16   The Action in 2002–2003

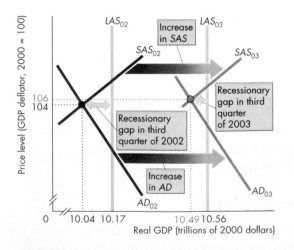

SUMMARY

- In the long run, the quantity of real GDP supplied is potential GDP.
- In the short run, a rise in the price level increases the quantity of real GDP supplied.
- A change in potential GDP changes long-run and short-run aggregate supply. A change in the money wage rate changes only short-run aggregate supply.
- A rise in the price level decreases the quantity of real GDP demanded because of a wealth effect and substitution effects.
- Changes in expected future income, inflation, and profits; in fiscal policy and monetary policy; and in world real GDP and the foreign exchange rate change aggregate demand.
- Aggregate demand and short-run aggregate supply determine real GDP and the price level.
- In the long run, real GDP equals potential GDP and aggregate demand determines the price level.
- Economic growth occurs because potential GDP increases and inflation occurs because aggregate demand grows more quickly than potential GDP.
- The business cycle occurs because aggregate demand and aggregate supply fluctuate.
- Potential GDP grew fastest during the 1960s and 1990s and slowest during the 1970s.
- Inflation persists because aggregate demand grows faster than potential GDP.
- Business cycles occur because aggregate supply and aggregate demand change at an uneven pace.
- Keynesian economists believe that full employment can be achieved only with active policy.
- Classical economists believe that the economy is self-regulating and always at full employment.
- Monetarist economists believe that recessions result from inappropriate monetary policy.

PRACTICE PROBLEMS FOR READING 23

1. Which of the following is *least likely* to result in an increase in potential GDP?

   A. An advance in technology.

   B. An increase in the money wage rate.

   C. An increase in the quantity of capital.

   D. An increase in the full-employment quantity of labor.

2. All else equal, aggregate demand is *most likely* to decrease in response to a decrease in

   A. interest rates.

   B. federal tax revenues.

   C. the value of the dollar.

   D. expected corporate profits.

becos firms will have less money to spend on invst in capital equip

3. Assuming the economy is operating at full employment, what is the *most likely* long-run effect of an increase in government spending on the price level and real GDP?

	Price Level	Real GDP
A.	Increase	Increase
B.	Increase	No change
C.	No change	Increase
D.	No change	No change

Potential GDP = Real GDP @ full employment (this does not Δ in ē long-run.)

Δ in ē long-run

Recall: in ē long-run, aggregate demand determines ē price level and has no effect on real GDP. (pg 326 graph)

STUDY SESSION 6
ECONOMICS:
Monetary and Fiscal Economics

This study session focuses on the monetary sector of an economy. It examines the functions of money and how it is created, highlighting the special role of the central bank within an economy. Supply and demand for resources, such as labor and capital, and goods are strongly interrelated, and this study session describes circumstances when this may lead to inflation and the transmission mechanisms between the monetary sector and the real part of the economy. Finally, the goals and implications of fiscal and monetary policy are explored by examining some of the main models of macroeconomic theory (Keynesian, classical, and monetarist).

READING ASSIGNMENTS

Reading 24 Money, Banks, and the Federal Reserve
Reading 25 Money, Interest, Real GDP, and the Price Level
Reading 26 Inflation
Reading 27 Fiscal Policy
Reading 28 Monetary Policy

LEARNING OUTCOMES

Reading 24: Money, Banks, and the Federal Reserve
The candidate should be able to:

a. explain the functions of money;

b. describe the components of the M1 and M2 measures of money, and discuss why checks and credit cards are not counted as money;

c. describe the economic functions of and differentiate among the various depository institutions, and explain the impact of financial regulation, deregulation, and innovation;

d. discuss the creation of money, including the role played by excess reserves, and calculate the amount of loans a bank can generate, given new deposits;

e. explain the goals of the U.S. Federal Reserve (Fed) in conducting monetary policy and how the Fed uses its policy tools to control the quantity of money, and describe the assets and liabilities on the Fed's balance sheet;

341

f. describe the monetary base, and explain the relation among the monetary base, the money multiplier, and the quantity of money.

Reading 25: Money, Interest, Real GDP, and the Price Level
The candidate should be able to:

a. explain the factors that influence the demand for money, and describe the demand for money curve, including the effects of changes in real GDP and financial innovation;

b. explain interest rate determination and the short-run and long-run effects of money on real GDP;

c. discuss the quantity theory of money and its relation to aggregate supply and aggregate demand.

Reading 26: Inflation
The candidate should be able to:

a. differentiate between inflation and the price level, and calculate an inflation rate;

b. describe and distinguish among the factors resulting in demand-pull and cost-push inflation, and describe the evolution of demand-pull and cost-push inflationary processes;

c. explain the effects of unanticipated inflation in the labor market and the market for financial capital;

d. distinguish between anticipated and unanticipated inflation, and explain the costs of anticipated inflation;

e. explain the impact of inflation on unemployment, and describe the short-run and long-run Phillips curve, including the effect of changes in the natural rate of unemployment;

f. explain the relation among inflation, nominal interest rates, and the demand and supply of money.

Reading 27: Fiscal Policy
The candidate should be able to:

a. explain supply-side effects on employment, potential GDP, and aggregate supply, including the income tax and taxes on expenditure, and describe the Laffer curve and its relation to supply-side economics;

b. discuss the sources of investment finance and the influence of fiscal policy on capital markets, including the crowding-out effect;

c. discuss the generational effects of fiscal policy, including generational accounting and generational imbalance;

d. discuss the use of fiscal policy to stabilize the economy, including the effects of the government purchases multiplier, the tax multiplier, and the balanced budget multiplier;

e. explain the limitations of discretionary fiscal policy, and differentiate between discretionary fiscal policy and automatic stabilizers.

Reading 28: Monetary Policy

The candidate should be able to:

a. discuss the U.S. Federal Reserve's primary goal of price stability, the secondary goal of maintaining sustainable real GDP growth, and the intermediate targets of monetary policy, and compare and contrast the policies that can be used to achieve price level stability;

b. compare and contrast fixed-rule and feedback-rule monetary policies to stabilize aggregate demand, and explain the problem of monetary policy lags;

c. discuss the fixed-rule and feedback-rule policies to stabilize aggregate supply in response to a productivity shock and a cost-push inflation shock;

d. discuss the importance of policy credibility in monetary policy implementation;

e. compare and contrast the new monetarist and new Keynesian feedback rules.

4⅝

5½ 5½ − ⅛

5½ 21³/₁₆ − ¼₆

20⅝ 21³/₁₆ − ⅞

17³/₈ 18⅛ +

17³/₈ 6½ 6½ − ½

15½ 6½ 6½ − ⅛

7¼ 3¹/₃₂ −

15/16

1 9/16 9/16

1³/₃₂ 7¹³/₁₆ 7¹⁵/₁₆

7¹⁵/₁₆ 7¹³/₁₆ 7¹⁵/₁₆

2⅝ 2¹¹/₃₂ 2½ +

546 2¾ 2¼ 2¼

12¹/₁₆ 11⅜ 11¾ +

87 33¾ 33 33⅛ −

502 25⅝ 24⁹/₁₆ 25¾ +

833 12 11⅝ 11⅞ +

16 10½ 10½ 10½ −

78 15⅞ 15¹³/₁₆ 15¼ −

508 9¹/₁₆ 8¼ 8⅛ +

430 11¼ 10⅛ 10⅛

463 5 4⅞ 4⅝

MONEY, BANKS, AND THE FEDERAL RESERVE

by Michael Parkin

LEARNING OUTCOMES

The candidate should be able to:

a. explain the functions of money;

b. describe the components of the M1 and M2 measures of money, and discuss why checks and credit cards are not counted as money;

c. describe the economic functions of and differentiate among the various depository institutions, and explain the impact of financial regulation, deregulation, and innovation;

d. discuss the creation of money, including the role played by excess reserves, and calculate the amount of loans a bank can generate, given new deposits;

e. explain the goals of the U.S. Federal Reserve (Fed) in conducting monetary policy and how the Fed uses its policy tools to control the quantity of money, and describe the assets and liabilities on the Fed's balance sheet;

f. describe the monetary base, and explain the relation among the monetary base, the money multiplier, and the quantity of money.

MONEY MAKES THE WORLD GO AROUND **1**

Money, like fire and the wheel, has been around for a long time. And it has taken many forms. Money was wampum (beads made from shells) for North American Indians, whale's teeth for Fijians, and tobacco for early American colonists. Cakes of salt served as money in Ethiopia and Tibet. Today, when we want to buy something, we use coins or bills, write a check, or present a debit card or a credit card. Tomorrow, we'll use a "smart card" that keeps track of spending and that our pocket computer can read. Are all these things money?

(handwritten margin note: Bank of England (UK) / Reserve Bank of (oz) Australia)

When we deposit some coins or notes into a bank, is that still money? And what happens when the bank lends the money we've deposited to someone else? How can we get our money back if it has been lent out?

The quantity of money in our economy is regulated by the Federal Reserve—the Fed. How does the Fed influence the quantity of money?

In this reading, we study the functions of money, the banks that create it, and the control of its quantity by the Federal Reserve. In *Reading between the Lines* at the end of the reading, we look at recent changes in the types of money that we use when we go shopping.

2   WHAT IS MONEY?

What do wampum, tobacco, and nickels and dimes have in common? Why are they all examples of money? To answer these questions, we need a definition of money. **Money** is any commodity or token that is generally acceptable as a **means of payment**. A **means of payment** is a method of settling a debt. When a payment has been made, there is no remaining obligation between the parties to a transaction. So what wampum, tobacco, and nickels and dimes have in common is that they have served (or still do serve) as the means of payment. But money has three other functions:

▶ medium of exchange
▶ unit of account
▶ store of value

Medium of Exchange

A *medium of exchange* is any object that is generally accepted in exchange for goods and services. Without a medium of exchange, goods and services must be exchanged directly for other goods and services—an exchange called **barter**. Barter requires a *double coincidence of wants*, a situation that rarely occurs. For example, if you want a hamburger, you might offer a CD in exchange for it. But you must find someone who is selling hamburgers and who wants your CD.

A medium of exchange overcomes the need for a double coincidence of wants. And money acts as a medium of exchange because people with something to sell will always accept money in exchange for it. But money isn't the only medium of exchange. You can buy with a credit card. But a credit card isn't money. It doesn't make a final payment, and the debt it creates must eventually be settled by using money.

Unit of Account

A *unit of account* is an agreed measure for stating the prices of goods and services. To get the most out of your budget, you have to figure out whether seeing one more movie is worth its opportunity cost. But that cost is not dollars and cents. It is the number of ice-cream cones, sodas, or cups of coffee that you must give up. It's easy to do such calculations when all these goods have prices in terms of dollars and cents (see Table 1). If a movie costs $6 and a six-pack of soda costs $3, you

TABLE 1	The Unit of Account Function of Money Simplifies Price Comparisons	

Good	Price in Money Units	Price in Units of Another Good
Movie	$6.00 each	2 six-packs of soda
Soda	$3.00 per six-pack	2 ice-cream cones
Ice cream	$1.50 per cone	3 packs of jelly beans
Jelly beans	$0.50 per pack	2 cups of coffee
Gum	$0.25 per stick	1 local phone call

Money as a unit of account: The price of a movie is $6 and the price of a stick of gum is 25¢, so the opportunity cost of a movie is 24 sticks of gum ($6.00 ÷ 25¢ = 24).

No unit of account: You go to a movie theater and learn that the price of a movie is 2 six-packs of soda. You go to a candy store and learn that a pack of jelly beans costs 2 sticks of gum. But how many sticks of gum does seeing a movie cost you? To answer that question, you go to the convenience store and find that a six-pack of soda costs 2 ice-cream cones. Now you head for the ice-cream shop, where an ice-cream cone costs 3 packs of jelly beans. Now you get out your pocket calculator: 1 movie costs 2 six-packs of soda, or 4 ice-cream cones, or 12 packs of jelly beans, or 24 sticks of gum!

know right away that seeing one more movie costs you 2 six-packs of soda. If jelly beans are 50¢ a pack, one more movie costs 12 packs of jelly beans. You need only one calculation to figure out the opportunity cost of any pair of goods and services.

But imagine how troublesome it would be if your local movie theater posted its price as 2 six-packs of soda, and if the convenience store posted the price of a six-pack of soda as 2 ice-cream cones, and if the ice-cream shop posted the price of an ice-cream cone as 3 packs of jelly beans, and if the candy store priced a pack of jelly beans as 2 sticks of gum! Now how much running around and calculating would you have to do to figure out how much that movie is going to cost you in terms of the soda, ice cream, jelly beans, or gum that you must give up to see it? You get the answer for soda right away from the sign posted on the movie theater. But for all the other goods, you're going to have to visit many different stores to establish the price of each commodity in terms of another and then calculate prices in units that are relevant for your own decision. Cover up the column labeled "Price in money units" in Table 1 and see how hard it is to figure out the number of local phone calls it costs to see one movie. It's enough to make a person swear off movies! You can see how much simpler it is if all the prices are expressed in dollars and cents.

Store of Value

Money is a *store of value* in the sense that it can be held and exchanged later for goods and services. If money were not a store of value, it could not serve as a means of payment.

Money is not alone in acting as a store of value. A physical object such as a house, a car, a work of art, or a computer can act as a store of value.

The most reliable and useful stores of value are items that have a stable value. The more stable the value of a commodity or token, the better it can act as a store of value and the more useful it is as money. No store of value has a completely stable value. The value of a house, a car, or a work of art fluctuates over time. The value of the commodities and tokens that are used as money also fluctuate over time. And when there is inflation, their values persistently fall.

Because inflation brings a falling value of money, a low inflation rate is needed to make money as useful as possible as a store of value.

Money in the United States Today

In the United States today, money consists of

▶ currency
▶ deposits at banks and other depository institutions

Currency The bills and coins that we use in the United States today are known as **currency**. Bills are money because the government declares them so with the words "This note is legal tender for all debts, public and private." You can see these words on every dollar bill.

Deposits Deposits at banks and other depository institutions such as savings and loan associations are also money. Deposits are money because they can be converted into currency and because they are used to settle debts.

Official Measures of Money The two main official measures of money in the United States today are known as **M1** and **M2**. Figure 1 shows the items that make up these two measures. **M1** consists of currency and traveler's checks plus checking deposits owned by individuals and businesses. M1 does *not* include currency held by banks, and it does not include currency and checking deposits owned by the U.S. government. **M2** consists of M1 plus time deposits, savings deposits, and money market mutual funds and other deposits. You can see that M2 is almost five times as large as M1. You can also see that currency is a small part of our money.

Are M1 and M2 Really Money? Money is the means of payment. So the test of whether an asset is money is whether it serves as a means of payment. Currency passes the test. But what about deposits? Checking deposits are money because they can be transferred from one person to another by writing a check or using a debit card. Such a transfer of ownership is equivalent to handing over currency. Because M1 consists of currency plus checking deposits and each of these is a means of payment, *M1 is money*.

But what about M2? Some of the savings deposits in M2 are just as much a means of payment as the checking deposits in M1. You can use the ATM at the grocery store checkout or gas station and transfer funds directly from your savings account to pay for your purchase. But other savings deposits are not means of payment. These deposits are known as *liquid assets*. **Liquidity** is the property of being instantly convertible into a means of payment with little loss in value. Because most of the deposits in M2 are quickly and easily converted into currency or checking deposits, they are similar to M1, but they are not means of payment.

Deposits Are Money but Checks Are Not In defining money, we include, along with currency, deposits at banks and other depository institutions. But we do not count the checks that people write as money. Why are deposits money and checks not?

To see why deposits are money but checks are not, think about what happens when Colleen buys some roller-blades for $200 from Rocky's Rollers. When Colleen goes to Rocky's shop, she has $500 in her deposit account at the Laser Bank. Rocky has $1,000 in his deposit account—at the same bank, as it happens. The total deposits of these two people are $1,500. Colleen writes a check for

FIGURE 1   **Two Measures of Money**

	$ billions in June 2003
M2	6,043.6
Money market mutual funds	873.5
Savings deposits	3,029.6
Time deposits	868.3
M1	1,272.2
Checking deposits	617.8
Currency and traveler's checks	654.4

M1 ▶ Currency held outside banks and traveler's checks

▶ Checking deposits at commercial banks, savings and loan associations, savings banks, and credit unions

M2 ▶ M1

▶ Time deposits

▶ Savings deposits

▶ Money market mutual funds and other deposits

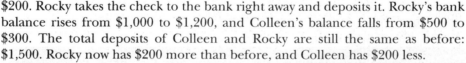

Source: The Federal Reserve Board.

$200. Rocky takes the check to the bank right away and deposits it. Rocky's bank balance rises from $1,000 to $1,200, and Colleen's balance falls from $500 to $300. The total deposits of Colleen and Rocky are still the same as before: $1,500. Rocky now has $200 more than before, and Colleen has $200 less.

This transaction has transferred money from Colleen to Rocky. The check itself was never money. There wasn't an extra $200 worth of money while the check was in circulation. The check instructs the bank to transfer money from Colleen to Rocky.

If Colleen and Rocky use different banks, there is an extra step. Rocky's bank credits the check to Rocky's account and then takes the check to a check-clearing center. The check is then sent to Colleen's bank, which pays Rocky's bank $200 and then debits Colleen's account $200. This process can take a few days, but the principles are the same as when two people use the same bank.

Credit Cards Are Not Money   So checks are not money. But what about credit cards? Isn't having a credit card in your wallet and presenting the card to pay for your roller-blades the same thing as using money? Why aren't credit cards somehow valued and counted as part of the quantity of money?

When you pay by check, you are frequently asked to prove your identity by showing your driver's license. It would never occur to you to think of your driver's license as money. It's just an ID card. A credit card is also an ID card but one that lets you take out a loan at the instant you buy something. When you sign a credit card sales slip, you are saying, "I agree to pay for these goods when the credit card company bills me." Once you get your statement from the credit card company, you must make at least the minimum payment due. To make that payment, you need money—you need to have currency or a checking deposit to pay the credit card company. So although you use a credit card when you buy something, the credit card is not the *means of payment* and it is not money.

We've seen that the main component of money in the United States is deposits at banks and other **depository institutions**. Let's take a closer look at these institutions.

3 DEPOSITORY INSTITUTIONS

A firm that takes deposits from households and firms and makes loans to other households and firms is called a **depository institution**. The deposits of three types of depository institution make up the nation's money:

- ▶ commercial banks
- ▶ thrift institutions
- ▶ money market mutual funds

Commercial Banks

A **commercial bank** is a firm that is licensed by the Comptroller of the Currency (at the U.S. Treasury) or by a state agency to receive deposits and make loans. About 8,000 commercial banks operate in the United States today. A commercial bank's balance sheet summarizes its business and Table 2 shows the aggregate balance sheet of the commercial banks in the United States at the end of June 2003.

A bank's *balance sheet* lists its assets, liabilities, and net worth. *Assets* are what the bank *owns*, *liabilities* are what the bank *owes*, and *net worth*, which is equal to assets minus liabilities, is the value of the bank to its stockholders—its owners. Among a bank's liabilities are the deposits that are part of the nation's money. Your deposit at the bank is a liability to your bank (and an asset to you) because the bank must repay your deposit whenever you decide to take your money out of the bank.

TABLE 2 Commercial Banks' Balance Sheet June 2003

Assets (billions of dollars)		Liabilities (billions of dollars)	
Reserves and liquid assets	331	Deposits	4,702
Investment securities	1,863	Borrowing	1,478
Loans	4,653	Other liabilities (net) and net worth	667
Total assets	6,847	Total liabilities	6,847

Source: Federal Reserve Board.

Profit and Prudence: A Balancing Act   The aim of a bank is to maximize the net worth of its stockholders. To achieve this objective, the interest rate at which a bank lends exceeds the rate at which it borrows. But a bank must perform a delicate balancing act. Lending is risky, and the more a bank ties up its deposits in high-risk, high-interest rate loans, the bigger is its chance of not being able to repay its depositors. And if depositors perceive a high risk of not being repaid, they withdraw their funds and create a crisis for the bank. So a bank must be prudent in the way it uses its deposits, balancing security for the depositors against profit for its stockholders.

Reserves and Loans   To achieve security for its depositors, a bank divides its funds into two parts: **reserves** and loans. **Reserves** are the cash in a bank's vault plus its deposits at Federal Reserve banks. (We'll study the Federal Reserve banks later in this reading.) The cash in a bank's vaults is a reserve to meet its depositors' demands for currency. This cash keeps the ATM replenished every time you and your friends raid it for money for a midnight pizza. The account of a bank at the Federal Reserve is similar to your own bank account. Commercial banks use these accounts to receive and make payments. A commercial bank deposits cash into or draws cash out of its account at the Federal Reserve and writes checks on that account to settle debts with other banks.

If a bank kept all its deposits as reserves, it wouldn't make any profit. In fact, it keeps only a small fraction of its funds in reserves and lends the rest. A bank has three types of assets:

1. *Liquid assets* are U.S. government Treasury bills and commercial bills. These assets are the banks' first line of defense if they need cash. Liquid assets can be sold and instantly converted into cash with virtually no risk of loss. Because they are virtually risk free, they have a low interest rate.

2. *Investment securities* are longer-term U.S. government bonds and other bonds. These assets can be sold quickly and converted into cash but at prices that fluctuate. Because their prices fluctuate, these assets are riskier than liquid assets, but they also have a higher interest rate.

3. *Loans* are commitments of fixed amounts of money for agreed-upon periods of time. Most banks' loans are made to corporations to finance the purchase of capital equipment and inventories and to households—personal loans—to finance consumer durable goods, such as cars or boats. The outstanding balances on credit card accounts are also bank loans. Loans are the riskiest assets of a bank because they cannot be converted into cash until they are due to be repaid. And some borrowers default and never repay. Because they are the riskiest of a bank's assets, loans carry the highest interest rate.

Commercial bank deposits are one component of the nation's money. But **thrift institutions** and money market mutual funds also take deposits that form part—an increasing part—of the nation's money. We'll now describe the other institutions whose deposits form part of the nation's money.

Thrift Institutions

The **thrift institutions** are:

▶ savings and loan associations
▶ savings banks
▶ credit unions

Savings and Loan Association   A **savings and loan association (S&L)** is a depository institution that receives checking deposits and savings deposits and that makes personal, commercial, and home-purchase loans.

Savings Bank   A **savings bank** is a depository institution that accepts savings deposits and makes mostly mortgage loans. Some savings banks (called *mutual* savings banks) are owned by their depositors.

Credit Union   A **credit union** is a depository institution owned by a social or economic group such as a firm's employees that accepts savings deposits and makes mostly consumer loans.

Money Market Mutual Funds

A **money market mutual fund** is a fund operated by a financial institution that sells shares in the fund and holds liquid assets such as U.S. Treasury bills or short-term commercial bills.

Money market mutual fund shares act like bank deposits. Shareholders can write checks on their money market mutual fund accounts. But there are restrictions on most of these accounts. For example, the minimum deposit accepted might be $2,500, and the smallest check a depositor is permitted to write might be $500.

The Economic Functions of Depository Institutions

All depository institutions make a profit from the spread between the interest rate they pay on deposits and the interest rate at which they lend. Why can depository institutions get deposits at a low interest rate and lend at a higher one? What services do they perform that make their depositors willing to put up with a low interest rate and their borrowers willing to pay a higher one?

Depository institutions provide four main services that people are willing to pay for:

► creating liquidity
► minimizing the cost of obtaining funds
► minimizing the cost of monitoring borrowers
► pooling risk

Creating Liquidity   Depository institutions create liquidity. *Liquid assets* are those that are easily convertible into money with little loss of value. Some of the liabilities of depository institutions are themselves money; others are highly liquid assets that are easily converted into money.

Depository institutions create liquidity by borrowing short and lending long. *Borrowing short* means taking deposits but standing ready to repay them on short notice (and even on no notice in the case of checking deposits). *Lending long* means making loan commitments for a prearranged, and often quite long, period of time. For example, when a person makes a deposit with a savings and loan association, that deposit can be withdrawn at any time. But the S&L makes a lending commitment for perhaps more than 20 years to a homebuyer.

Minimizing the Cost of Obtaining Funds   Finding someone from whom to borrow can be a costly business. Imagine how troublesome it would be if there were no depository institutions. A firm that was looking for $1 million to buy a new factory would probably have to hunt around for several dozen people from whom to borrow to acquire enough funds for its capital project. Depository institutions lower the costs of this search. The firm that needs $1 million can go to a single depository institution to obtain those funds. The depository institution has to borrow from a large number of people, but it's not doing that just for this one firm and the million dollars it wants to borrow. The depository institution can establish an organization that is capable of raising funds from a large number of depositors and can spread the cost of this activity over a large number of borrowers.

Minimizing the Cost of Monitoring Borrowers   Lending money is a risky business. There's always a danger that the borrower will not repay. Most of the money that is lent gets used by firms to invest in projects that they hope will return a profit. But sometimes those hopes are not fulfilled. Checking up on the activities of a borrower and ensuring that the best possible decisions are being made for making a profit and avoiding a loss are costly and specialized activities. Imagine how costly it would be if each household that lent money to a firm had to incur the costs of monitoring that firm directly. By depositing funds with a depository institution, households avoid those costs. The depository institution performs the monitoring activity by using specialized resources that have a much lower cost than what the households would incur if they had to undertake the activity individually.

Pooling Risk   As we noted above, lending money is risky. There is always a chance of not being repaid—of default. Lending to a large number of different individuals can reduce the risk of default. In such a situation, if one person defaults on a loan, it is a nuisance but not a disaster. In contrast, if only one person borrows and that person defaults on the loan, the entire loan is a write-off. Depository institutions enable people to pool risk in an efficient way. Thousands of people lend money to any one institution, and, in turn, the institution relends the money to hundreds, perhaps thousands, of individual firms. If any one firm defaults on its loan, that default is spread across all the people who deposited money with the institution, and no individual depositor is left exposed to a high degree of risk.

We are interested in banks and other depository institutions because they *create* money. But these firms are highly regulated, and this regulation limits their ability to create money. So next, we'll examine these regulations. We'll also look at the deregulation and innovation that have occurred in the financial sector during the past 20 years.

Financial Regulation, Deregulation, and Innovation

Depository institutions are highly regulated firms. But regulation is not static, and during the 1980s, some important changes in their regulation as well as deregulation took place. Also, the institutions are not static. In their pursuit of profit, they constantly seek lower-cost ways of obtaining funds, monitoring borrowers, pooling risk, and creating liquidity. They also are inventive in seeking ways to avoid the costs imposed on them by financial regulation. Depository institutions face two types of regulation:

▶ deposit insurance
▶ balance sheet rules

Deposit Insurance   The deposits of most depository institutions are insured by the Federal Deposit Insurance Corporation (FDIC). The FDIC is a federal agency that receives its income from compulsory insurance premiums paid by commercial banks and other depository institutions. The FDIC operates two separate insurance funds: the Bank Insurance Fund (BIF), which insures deposits in commercial banks, and the Saving Association Insurance Fund (SAIF), which insures the deposits of S&Ls, savings banks, and credit unions. Each of these funds insures deposits of up to $100,000.

The existence of deposit insurance provides protection for depositors in the event that a depository institution fails. Both depositors and banks benefit from this protection. Depositors benefit because they face no greater risk from placing their wealth in a bank deposit than from holding it in currency. And banks benefit because the risk of a bank run is minimized. A *bank run* is a process in which depositors rush to withdraw their deposits and the banks run out of reserves with which to repay the depositors. Without deposit insurance, a bank run can seriously destabilize the entire financial system.

But deposit insurance does have an adverse side effect. It weakens the incentive for the owner of a depository institution to make safe investments and loans. Some economists believe that deposit insurance played a role in creating a crisis for S&Ls during the 1980s. During the 1970s, a surge in the inflation rate sent the interest rates that the S&Ls had to pay to attract deposits to levels that exceeded the interest rates on the long-term home purchase loans they had made. In an attempt to recoup some of these losses, S&L owners made high-risk loans. They did so because they knew they were making a one-way bet. If their loans paid off, they made a high rate of return. If they failed and could not meet their obligations to the depositors, the insurance fund would step in. Depositors didn't worry about risk because their deposits were insured. The bad loans were good business!

Because of this type of problem, all depository institutions face regulation of their balance sheets.

Balance Sheet Rules   The most important balance sheet regulations are:

- ▸ equity capital requirements
- ▸ reserve requirements
- ▸ deposit rules
- ▸ lending rules

Equity capital requirements are the minimum amount of an owner's own financial resources—called *equity capital*—that must be put into a depository institution. This amount must be sufficiently large to discourage owners from making loans that are too risky.

Reserve requirements are rules setting out the minimum percentages of deposits that must be held in currency or other safe, liquid assets. These minimum percentages vary across the different types of depository institutions and deposits; they are largest for checking deposits and smallest for long-term savings deposits.

Deposit rules are restrictions on the different types of deposits that an institution may accept. These are the rules that historically have created the sharpest distinctions between the various institutions. For example, in the past, commercial banks provided checking accounts while other institutions provided only savings accounts.

Lending rules are restrictions on the proportions of different types of loans that a depository institution may make. Like deposit rules, these rules also helped to create distinctions between the institutions. Before 1980, commercial banks were the only institutions that were permitted to make commercial loans, and S&Ls and savings banks were restricted to making mostly mortgage loans to homebuyers.

Deregulation in the 1980s and 1990s

In 1980, Congress passed the Depository Institutions' Deregulation and Monetary Control Act (DIDMCA). The DIDMCA removed many of the distinctions between commercial banks and other depository institutions. It permitted non-bank depository institutions to compete with commercial banks in a wider range of lending business. At the same time, it permitted the payment of interest on checking deposits so that NOW accounts and ATS accounts could be offered by all deposit-taking institutions—banks and nonbanks.[1] It also extended the powers of the Federal Reserve to place reserve requirements on all depository institutions. Despite the general direction of deregulation, this move brought a greater measure of central control over the financial system than had previously existed and represented a strengthening of the Fed's control.

The ability of S&Ls and savings banks to compete for lending business with commercial banks was further strengthened in 1982 with the passage of the Garn–St. Germain Depository Institutions Act. This legislation further eased restrictions on the scale of commercial lending that S&Ls and savings banks could undertake.

The most significant deregulation during the 1990s was the Riegle–Neal Interstate Banking and Branching Efficiency Act of 1994. This law permits U.S. banks for the first time to establish branches in any state.

This new law brought large changes in the structure of the banking industry. The most visible was the wave of mergers of large banks and the appearance on the American banking scene of some major international banks. These changes will make the U.S. banking industry more efficient.

Financial Innovation

The development of new financial products—of new ways of borrowing and lending—is called **financial innovation**. The aim of financial innovation is to lower the cost of deposits or to increase the return from lending or, more simply, to increase the profit from financial intermediation. There are three main influences on financial innovation:

▶ economic environment
▶ technology
▶ regulation

The pace of financial innovation was remarkable during the 1980s and 1990s, and all three of these forces played a role.

Economic Environment During the late 1970s and early 1980s, a high inflation rate brought high interest rates. For example, homebuyers were paying interest rates as high as 15 percent a year on mortgages.

High inflation and high interest rates created an incentive for financial innovation. Traditionally, house purchases were financed by mortgage loans at a guaranteed interest rate. The high interest rates of the early 1980s brought high

---

[1] A NOW account is a Negotiable Order of Withdrawal account; "negotiable order of withdrawal" is another name for a check. An ATS account is an Automatic-Transfer Savings account—a savings account that is linked to a checking account. Funds are automatically transferred between the two accounts.

borrowing costs for S&Ls. But because they were committed to fixed interest rates on their mortgages, the industry incurred severe losses.

To overcome this situation, the S&Ls developed variable interest rate mortgages—loans on which the interest rate would change in response to changing economic conditions. The creation of variable interest rate mortgages has taken some of the risk out of long-term lending for house purchases.

Technology   The major technological change of the 1980s and 1990s was the development of low-cost computing and long distance communication. These new technologies had profound effects on financial products and led to much financial innovation.

Some examples of financial innovation that resulted from these new technologies are the widespread use of credit cards, the spread of daily interest deposit accounts, and the increased use of the U.S. dollar abroad, an extension of the use of Eurodollars.[2]

The cost of keying in transactions data and of calculating interest on deposits or on outstanding credit card balances was too great to make these financial products widely available before the 1980s. But with today's technologies, these products are highly profitable for banks and widely used.

Regulation   A good deal of financial innovation takes place to avoid regulation. For example, a regulation known as Regulation Q prevented banks from paying interest on checking deposits. This restriction created an incentive for the banks to devise new types of deposits on which checks could be written and interest paid, thereby getting around the regulation.

Deregulation, Innovation, and Money

Deregulation and financial innovation that have led to the development of new types of deposit accounts have brought important changes in the composition of the nation's money. In 1960, M1 consisted of only currency and checking deposits at commercial banks. In the 1990s, new types of checking deposits expanded while traditional checking deposits declined. Similar changes have taken place in the composition of M2. Savings deposits have declined, while time deposits and money market mutual funds have expanded.

We're now ready to learn how banks create money. In the following section, we'll use the term "banks" to refer to all the institutions whose deposits are part of the nation's money. Let's see how money is created.

4   HOW BANKS CREATE MONEY

Banks create money. But this doesn't mean that they have smoke-filled back rooms in which counterfeiters are busily working. Remember, most money is deposits, not currency. What banks create is deposits, and they do so by making loans. But the amount of deposits they can create is limited by their reserves.

---

[2] Eurodollars are U.S. dollar bank accounts held in other countries, mainly in Europe. They were "invented" during the 1960s when the Soviet Union wanted the security and convenience of holding funds in U.S. dollars but was unwilling to place deposits in U.S. banks.

Reserves: Actual and Required

The fraction of a bank's total deposits that are held in reserves is called the **reserve ratio**. The reserve ratio changes when a bank's customers make a deposit or withdrawal. Making a deposit increases the reserve ratio, and making a withdrawal decreases the reserve ratio.

The **required reserve ratio** is the ratio of reserves to deposits that banks are required, by regulation, to hold. A bank's *required reserves* are equal to its deposits multiplied by the required reserve ratio. Actual reserves minus required reserves are **excess reserves**. Whenever banks have excess reserves, they are able to create money. To see how, we'll look at a model banking system.

Creating Deposits by Making Loans

In the model banking system that we'll study, the required reserve ratio is 25 percent. That is, for each dollar deposited, the bank keeps 25¢ in reserves and lends the rest.

Figure 2 is going to keep track of what is happening in the money creation process, which begins when Art decides to decrease his currency holding and put $100,000 on deposit. Art's bank now has $100,000 of new deposits and $100,000 of additional reserves. With a required reserve ratio of 25 percent, the bank keeps $25,000 on reserve and lends $75,000 to Amy. Amy writes a check for $75,000 to buy a copy-shop franchise from Barb. At this point, Art's bank has a new deposit of $100,000, new loans of $75,000, and new reserves of $25,000. You can see this situation in Fig. 2 as the first row of the running tally.

For Art's bank, that is the end of the story. But it's not the end of the story for the entire banking system. Barb deposits her check for $75,000 in another bank. Its deposits and reserves increase by $75,000. This bank puts 25 percent of its increase in deposits ($18,750) into reserve and lends $56,250 to Bob. Bob then writes a check to Carl to pay off a business loan. The current state of play is seen in Fig. 2. Now total reserves of the banking system have increased by $43,750 ($25,000 plus $18,750), total loans have increased by $131,250 ($75,000 plus $56,250), and total deposits have increased by $175,000 ($100,000 plus $75,000).

When Carl takes his check to his bank, its deposits and reserves increase by $56,250, $14,063 of which it keeps in reserve and $42,187 of which it lends. This process continues until there are no excess reserves in the banking system. But the process takes a lot of further steps. Figure 2 shows one additional step. It also shows the final tallies: Reserves increase by $100,000, loans increase by $300,000, and deposits increase by $400,000.

The sequence in Fig. 2 shows the first four stages of the process. To work out the entire process, look closely at the numbers in the figure. The initial deposit is $100,000. Call this amount A ($A = \$100,000$). At each stage, the loan is 75 percent (0.75) of the previous loan and the deposit is 0.75 of the previous deposit. Call that proportion L ($L = 0.75$). The complete sequence is

$$A + AL + AL^2 + AL^3 + \ldots$$

FIGURE 2   The Multiple Creation of Bank Deposits

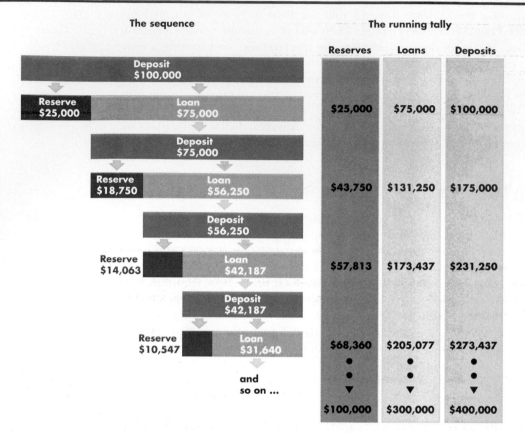

When a bank receives deposits, it keeps 25 percent in reserves and lends 75 percent. The <u>amount lent becomes a new deposit at another bank</u>. The next bank in the sequence keeps 25 percent and lends 75 percent, and the <u>process continues until the banking system has</u> created enough deposits to eliminate its excess reserves. The running tally tells us the amounts of deposits and loans created at each stage. At the end of the process, an additional $100,000 of reserves creates an additional $400,000 of deposits.

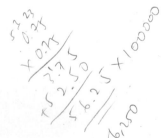

Remember, L is a fraction, so at each stage in this sequence, the amount of new loans gets smaller. The <u>total number of loans made at the end of the process is the above sum</u>, which is[3]

$$\frac{A}{(1-L)}$$

---

[3] The sequence of values is called a convergent geometric series. To find the sum of a series such as this, begin by calling the sum S. Then write out the sum as

$$S = A + AL + AL^2 + AL^3 + \ldots$$

Multiply by L to get

$$SL = AL + AL^2 + AL^3 + \ldots$$

Subtract the second equation from the first to get

$$S(1-L) = A$$

or

$$S = \frac{A}{(1-L)}$$

If we use the numbers from the example, the total increase in deposits is

$$\$100,000 + 75,000 + 56,250 + 42,187 + \ldots$$

$$= \$100,000(1 + 0.75 + 0.5625 + 0.42187 + \ldots)$$

$$= \$100,000(1 + 0.75 + 0.75^2 + 0.75^3 + \ldots$$

$$= \$100,000 \times \frac{1}{(1 - 0.75)}$$

$$= \$100,000 \times \frac{1}{(0.25)}$$

$$= \$100,000 \times 4$$

$$= \$400,000$$

By using the same method, you can check that the totals for reserves and loans are the ones shown in Fig. 2.

You now know what money is and how banks create it. Your next task is to learn about the **Federal Reserve System** and see how the Fed influences the quantity of money circulating in the economy.

THE FEDERAL RESERVE SYSTEM   5

The central bank of the United States is the **Federal Reserve System**. A **central bank** is a bank's bank and a public authority that regulates a nation's depository institutions and controls the quantity of money. As the banks' bank, the Fed provides banking services to commercial banks such as the Bank of America. A central bank is not a citizens' bank. That is, the Fed does not provide general banking services for businesses and individual citizens.

The Fed's Goals and Targets

The Fed conducts the nation's **monetary policy**, which means that it adjusts the quantity of money in circulation. The Fed's goals are to keep inflation in check, maintain full employment, moderate the business cycle, and contribute toward achieving long-term growth. Complete success in the pursuit of these goals is impossible, and the Fed's more modest goal is to improve the performance of the economy and to get closer to the goals than a hands-off approach would achieve. Whether the Fed succeeds in improving economic performance is a matter on which there is a range of opinion.

In pursuit of its ultimate goals, the Fed pays close attention to interest rates and pays special attention to one interest rate, the **federal funds rate**, which is the interest rate that the banks charge each other on overnight loans of reserves. The Fed sets a target for the federal funds rate that is consistent with its ultimate goals and then takes actions to achieve its target.

This reading examines the tools available to the Fed in its conduct of monetary policy. (The next reading looks at the effects of the Fed's actions on the economy.) We begin by describing the structure of the Fed.

The Structure of the Fed

The key elements in the structure of the Federal Reserve System are:

▶ the Board of Governors
▶ the Regional Federal Reserve Banks
▶ the Federal Open Market Committee

The Board of Governors   The Board of Governors has seven members, who are appointed by the President of the United States and confirmed by the Senate, each for a 14-year term. The terms are staggered so that one seat on the board becomes vacant every two years. The President appoints one of the board members as chairman for a term of four years, which is renewable.

The Federal Reserve Banks   There are 12 Federal Reserve banks, one for each of 12 Federal Reserve districts shown in Fig. 3. These Federal Reserve banks provide check clearing services to commercial banks and other depository institutions, hold the reserve accounts of commercial banks, lend reserves to banks, and issue the bank notes that circulate as currency.

One of the district banks, the Federal Reserve Bank of New York (known as the New York Fed), occupies a special place in the Federal Reserve System because it implements the policy decisions of the **Federal Open Market Committee**.

The Federal Open Market Committee   The **Federal Open Market Committee (FOMC)** is the main policy-making organ of the Federal Reserve System. The FOMC consists of the following voting members:

▶ the chairman and the other six members of the Board of Governors
▶ the president of the Federal Reserve Bank of New York
▶ the presidents of the other regional Federal Reserve banks (of whom, on a yearly rotating basis, only four vote)

The FOMC meets approximately every six weeks to review the state of the economy and to decide the actions to be carried out by the New York Fed.

The Fed's Power Center

A description of the formal structure of the Fed gives the impression that power in the Fed resides with the Board of Governors. In practice, it is the chairman of the Board of Governors who has the largest influence on the Fed's monetary policy actions, and some remarkable individuals have held this position. One of these is Alan Greenspan, the current chairman, who was appointed by President Reagan in 1987, reappointed by President Bush in 1992, and again by President Clinton in 1996 and 2000. Another is Paul Volcker, who was appointed in 1979 by President Carter and reappointed in 1983 by President Reagan. Volcker eradicated inflation but at the cost of one of the most severe postwar recessions.

The chairman's power and influence stem from three sources. First, it is the chairman who controls the agenda and who dominates the meetings of the FOMC. Second, day-to-day contact with a large staff of economists and other technical experts provides the chairman with detailed background briefings on monetary policy issues. Third, the chairman is the spokesperson for the Fed and the main point of contact of the Fed with the President and government and with foreign central banks and governments.

FIGURE 3   The Federal Reserve System

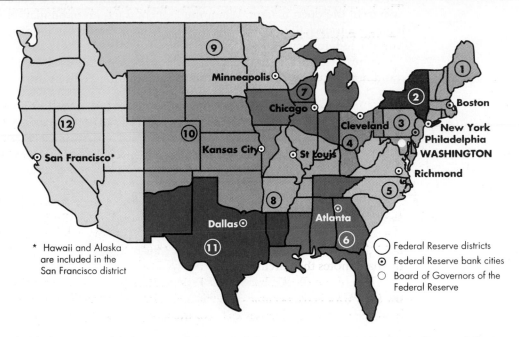

The nation is divided into 12 Federal Reserve districts, each having a Federal Reserve bank. (Some of the larger districts also have branch banks.) The Board of Governors of the Federal Reserve System is located in Washington, D.C.

Source: Federal Reserve Bulletin.

The Fed's Policy Tools

The Federal Reserve System has many responsibilities, but we'll examine its single most important one: regulating the amount of money floating around in the United States. How does the Fed control the quantity of money? It does so by adjusting the reserves of the banking system. Also, it is by adjusting the reserves of the banking system and by standing ready to make loans to banks that the Fed is able to prevent bank failures. The Fed uses three main policy tools to achieve its objectives:

▶ required reserve ratios
▶ discount rate
▶ open market operations

Required Reserve Ratios   All depository institutions in the United States are required to hold a minimum percentage of deposits as reserves. This minimum percentage is known as a *required reserve ratio*. The Fed determines a required reserve ratio for each type of deposit. In 2002, banks were required to hold minimum reserves equal to 3 percent of checking deposits up to $42.8 million and 10 percent of these deposits in excess of $42.8 million. The required reserves on other types of deposits were zero.

i.e. Base Rate (UK)

Discount Rate   The discount rate is the interest rate at which the Fed stands ready to lend reserves to depository institutions. A change in the discount rate is proposed to the FOMC by the Board of Directors of at least one of the 12 Federal Reserve banks and is approved by the Board of Governors.

Open Market Operations   An **open market operation** is the purchase or sale of government securities—U.S. Treasury bills and bonds—by the Federal Reserve System in the open market. When the Fed conducts an open market operation, it makes a transaction with a bank or some other business but it does not transact with the federal government.

Figure 4 summarizes the structure and policy tools of the Fed. To understand how the tools work, we need to know about the Fed's balance sheet.

FIGURE 4   The Structure of the Fed

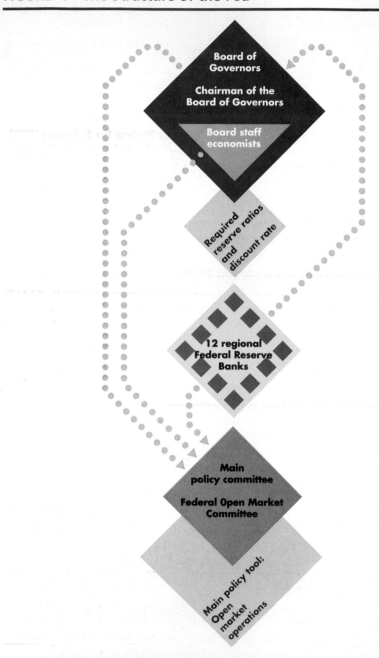

The Board of Governors sets required reserve ratios and, on the proposal of the 12 Federal Reserve banks, sets the discount rate. The Board of Governors and presidents of the regional Federal Reserve banks sit on the FOMC to determine open market operations.

[handwritten: short term Treasury bills & bonds]

[handwritten: cash in circulation]

[handwritten: required reserves of depository institutions]

TABLE 3 The Fed's Balance Sheet, February 2002			
Assets (billions of dollars)		**Liabilities** (billions of dollars)	
Gold and foreign exchange	47	Federal Reserve notes	609
U.S. government securities	569	Banks' deposits	15
Loans to banks	30	Other assets (net)	22
Total assets	646	Total liabilities	646

Source: Federal Reserve Board.

The Fed's Balance Sheet

Table 3 shows the balance sheet of the Federal Reserve System for February 2002. The assets on the left side are what the Fed owns, and the liabilities on the right side are what it owes. The Fed's assets are:

[handwritten: Assets]

1. gold and foreign exchange

2. U.S. government securities

3. loans to banks

Gold and foreign exchange are the Fed's holdings of international reserves, which consist of deposits at other central banks and an account called Special Drawing Rights, which the Fed holds at the International Monetary Fund.

The Fed's major assets are its holdings of U.S. government securities. These securities are mainly short-term Treasury bills and bonds.

When the banks are short of reserves, they can borrow reserves from the Fed. These borrowed reserves are an asset, "loans to banks," in the Fed's balance sheet.

The Fed's assets are the backing for its liabilities:

[handwritten: liabilities]

1. Federal Reserve notes in circulation

2. banks' deposits

The Federal Reserve notes in circulation are the dollar bills that we use in our daily transactions. Some of these bills are held by the public; others are in the tills and vaults of banks and other financial institutions. Banks' deposits are the deposits of depository institutions and part of their reserves.

You might be wondering why Federal Reserve notes are considered a liability of the Fed. When bank notes were invented, they gave their owner a claim on the gold reserves of the issuing bank. Such notes were *convertible paper money*. The holder of such a note could convert the note on demand into gold (or some other commodity such as silver) at a guaranteed price. So when a bank issued a note, it was holding itself liable to convert that note into gold or silver. Modern bank notes are nonconvertible. A *nonconvertible note* is a bank note that is not convertible into any commodity and that obtains its value by government fiat—hence the term "fiat money." Such notes are the legal liability of the bank that issues them, and they are backed by holdings of securities and loans. Federal Reserve notes are backed by the Fed's holdings of U.S. government securities.

The Fed's liabilities together with coins in circulation (coins are issued by the Treasury and are not liabilities of the Fed) make up the **monetary base**. That is, the **monetary base** is the sum of Federal Reserve notes, coins, and banks' deposits at the Fed. The monetary base is so named because it acts like a base that supports the nation's money supply. The larger the monetary base, the greater is the quantity of money.

Next, we're going to see how the Fed controls the quantity of money. We'll see how the Fed's monetary policy instruments change the monetary base and how changes in the monetary base change the quantity of money.

6   CONTROLLING THE QUANTITY OF MONEY

The Fed constantly monitors and adjusts the quantity of money in the economy. To change the quantity of money, the Fed can use any of its three tools: required reserve ratios, discount rate, and open market operations. Required reserve ratios are changed infrequently. The discount rate and open market operations are used more frequently. Let's see how these tools work.

How Required Reserve Ratios Work

When the Fed *increases* the required reserve ratio, the banks must hold more reserves. To increase their reserves, the banks must *decrease* their lending, which *decreases* the quantity of money. When the Fed *decreases* the required reserve ratio, the banks may hold less reserves. To decrease their reserves, the banks *increase* their lending, which *increases* the quantity of money.

How the Discount Rate Works

When the Fed *increases* the discount rate, banks must pay a higher price for any reserves that they borrow from the Fed. Faced with the higher cost of reserves, the banks try to get by with smaller reserves. But with a given required reserve ratio, banks must also *decrease* their lending to decrease their borrowed reserves. So the quantity of money *decreases*. When the Fed *decreases* the discount rate, banks pay a lower price for any reserves that they borrow from the Fed. Faced with lower cost of reserves, banks are willing to borrow more reserves and *increase* their lending. So the quantity of money *increases*.

How an Open Market Operation Works

When the Fed *buys* securities in an open market operation, bank reserves *increase*, banks *increase* their lending, and the quantity of money *increases*. When the Fed *sells* securities in an open market operation, bank reserves *decrease*, banks *decrease* their lending, and the quantity of money *decreases*. Open market operations are used more frequently than the other two tools and are the most complex in their operation. So we'll study this tool in greater detail than the other two.

The key to understanding how an open market operation works is to see how it changes the reserves of the banking system. We'll trace the effects of an open market operation when the Fed *buys* securities.

The Fed Buys Securities   Suppose the Fed buys $100 million of U.S. government securities in the open market. There are two cases to consider: when the Fed buys from a commercial bank and when it buys from the public (a person or business that is not a commercial bank). The outcome is essentially the same in both cases, but you might need to be convinced of this fact, so we'll study the two cases. We'll start with the simpler case, in which the Fed buys from a commercial bank.

Buys from Commercial Bank

When the Fed buys $100 million of securities from the Manhattan Commercial Bank, two things happen:

1. The Manhattan Commercial Bank has $100 million less in securities, and the Fed has $100 million more in securities.
2. The Fed pays for the securities by crediting the Manhattan Commercial Bank's deposit account at the Fed with $100 million.

Figure 5(a) shows the effects of these actions on the balance sheets of the Fed and the Manhattan Commercial Bank. Ownership of the securities passes from the commercial bank to the Fed, so the bank's assets decrease by $100 million and the Fed's assets increase by $100 million, as shown by the blue arrow running from the Manhattan Commercial Bank to the Fed. The Fed pays for the securities by crediting the Manhattan Commercial Bank's deposit account—its reserves—at the Fed with $100 million, as shown by the light blue arrow running from the Fed to the Manhattan Commercial Bank. This action increases the monetary base and increases the reserves of the banking system.

   The Fed's assets increase by $100 million, and its liabilities also increase by $100 million. The commercial bank's total assets remain constant, but their composition changes. Its holdings of government securities decrease by $100 million, and its deposits at the Fed increase by $100 million. So the bank has additional reserves, which it can use to make loans.

   We've just seen that when the Fed buys government securities from a bank, the bank's reserves increase. But what happens if the Fed buys government securities from the public—say, from Goldman Sachs, a financial services company?

Buys from Public

When the Fed buys $100 million of securities from Goldman Sachs, three things happen:

1. Goldman Sachs has $100 million less in securities, and the Fed has $100 million more in securities.
2. The Fed pays for the securities with a check for $100 million drawn on itself, which Goldman Sachs deposits in its account at the Manhattan Commercial Bank.
3. The Manhattan Commercial Bank collects payment of this check from the Fed, and $100 million is deposited in Manhattan's deposit account at the Fed.

Figure 5(b) shows the effects of these actions on the balance sheets of the Fed, Goldman Sachs, and the Manhattan Commercial Bank. Ownership of the

FIGURE 5   The Fed Buys Securities in the Open Market

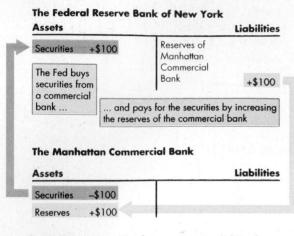

(a) The Fed Buys Securities from a Commercial Bank

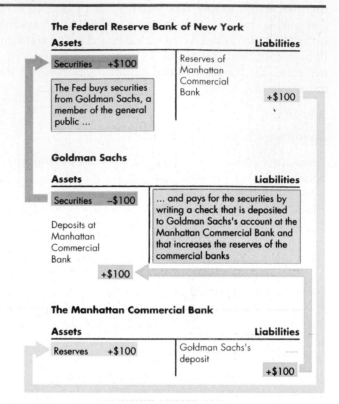

(b) The Fed Buys Securities from the Public

securities passes from Goldman Sachs to the Fed, so Goldman Sachs's assets decrease by $100 million and the Fed's assets increase by $100 million, as shown by the arrow running from Goldman Sachs to the Fed. The Fed pays for the securities with a check payable to Goldman Sachs, which Goldman Sachs deposits in the Manhattan Commercial Bank. This payment increases Manhattan's reserves by $100 million, as shown by the arrow running from the Fed to the Manhattan Commercial Bank. It also increases Goldman Sachs's deposit at the Manhattan Commercial Bank by $100 million, as shown by the medium blue arrow running from the Manhattan Commercial Bank to Goldman Sachs. Just as when the Fed buys from a bank, this action increases the monetary base and increases the reserves of the banking system.

Again, the Fed's assets increase by $100 million, and its liabilities also increase by $100 million. Goldman Sachs has the same total assets as before, but their composition has changed. It now has more money and fewer securities. The Manhattan Commercial Bank's total assets increase, and so do its liabilities. Its deposits at the Fed—its reserves—increase by $100 million, and its deposit liability to Goldman Sachs increases by $100 million. Because its reserves have increased by the same amount as its deposits, the bank has excess reserves, which it can use to make loans.

When the Fed *sells* securities, all the transactions and events you've just studied work in reverse. (Trace the process again but with the Fed selling and the banks or public buying securities.)

Actual reserves − Required reserves

The Monetary Base, the Quantity of Money, and the Money Multiplier

The *monetary base* is the sum of Federal Reserve notes, coins, and banks' deposits at the Fed. An open market purchase increases the banks' deposits at the Fed and increases the monetary base. And a change in the monetary base brings a change in the quantity of money. The **money multiplier** determines the change in the quantity of money that results from a given change in the monetary base. For example, if a $1 million increase in the monetary base brings a $3 million increase in the quantity of money, the money multiplier is 3.

A change in the monetary base has a multiplier effect on the quantity of money because banks create deposits when they have excess reserves. So the process of money creation that follows an open market operation is similar to the one that you have just studied. But there is another factor that comes into play. When the banks use new reserves to make loans, bank deposits and currency held outside the banks increase. An increase in currency held outside the banks, called a **currency drain**, decreases the amount of money that banks can create from a given increase in the monetary base.

Figure 6 shows the multiplier effect of an open market purchase. Initially, banks' reserves increase, but the quantity of money does not change. But the banks have excess reserves, and the following sequence of events takes place:

- ► Banks lend excess reserves.
- ► The quantity of money increases.
- ► New deposits are used to make payments.
- ► Some of the new money is held as currency—a currency drain.
- ► Some of the new money remains on deposit in banks.
- ► Banks' required reserves increase.
- ► Excess reserves decrease but remain positive.

The sequence repeats in a series of rounds, but each round begins with a smaller quantity of excess reserves than did the previous one. The process continues until excess reserves have finally been eliminated.

Figure 5 keeps track of the magnitudes of the increases in reserves, loans, deposits, currency, and money that result from an open market purchase of $100,000. In this figure, the *required reserve ratio* is 10 percent of deposits and the *currency drain* is 50 percent of deposits (assumed numbers).

The Fed buys $100,000 of securities from the banks. The banks' reserves increase by this amount, but deposits do not change. The banks have excess reserves of $100,000, and they lend those reserves. When the banks lend $100,000 of excess reserves, $66,667 remains in the banks as deposits and $33,333 drains off and is held outside the banks as currency. The quantity of money has now increased by $100,000—the increase in deposits plus the increase in currency holdings.

The increased bank deposits of $66,667 generate an increase in required reserves of 10 percent of that amount, which is $6,667. Actual reserves have increased by the same amount as the increase in deposits: $66,667. So the banks now have excess reserves of $60,000. At this stage, we have gone around the circle shown in Fig. 6 once. The process we've just described repeats but begins with excess reserves of $60,000. Figure 7 shows the next two rounds. At the end of the process, the quantity of money has increased by a multiple of the increase in the monetary base. In this case, the increase is $250,000, which is 2.5 times the increase in the monetary base.

FIGURE 6   A Round in the Multiplier Process Following an Open Market Purchase

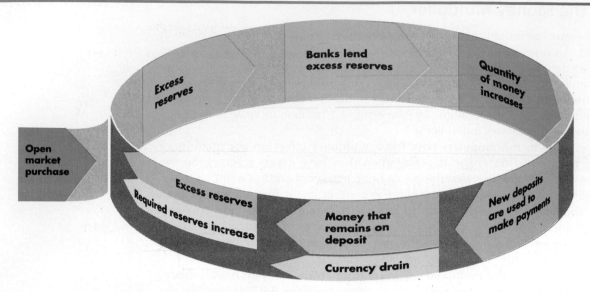

An open market purchase increases bank reserves and creates excess reserves. Banks lend the excess reserves, and new loans are used to make payments. Households and firms receiving payments keep some of the receipts in the form of currency—a currency drain—and place the rest on deposit in banks.

The increase in bank deposits increases banks' reserves but also increases banks' required reserves. Required reserves increase by less than actual reserves, so the banks still have some excess reserves, though less than before. The process repeats until excess reserves have been eliminated.

An open market *sale* works similarly to an open market purchase, but it *decreases* the quantity of money. (Trace the process again but with the Fed selling and the banks or public buying securities.)

The Size of the Money Multiplier

In the example we've just worked through, the money multiplier is 2.5. Why? The size of the money multiplier depends on the magnitudes of the required reserve ratio and the ratio of currency to deposits. To see how these two ratios influence the size of the money multiplier, call required reserves R, the required reserve ratio r, currency C, the ratio of currency to deposits c, deposits D, the quantity of money M, and the monetary base B.

Required reserves $R = rD$ and currency $C = cD$.
The quantity of money is $M = C + D$, or,

$$M = (1 + c)D \qquad \text{24-1}$$

ie: $M = D + cD$ (ie: Quantity of $ = Deposits + currency)

The monetary base $B = R + C$, or

$$B = (r + c)D \qquad \text{24-2}$$

ie: $B = rD + cD$ (ie: Monetary base = Required reserves + currency)

Divide Equation 24-1 by Equation 24-2 to get

$$\frac{M}{B} = \frac{(1 + c)}{(r + c)}$$

FIGURE 7   The Multiplier Effect of an Open Market Purchase

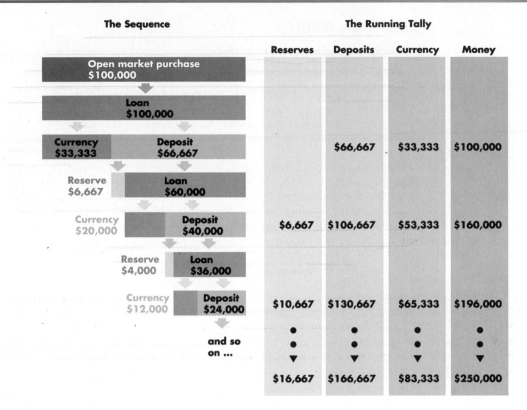

When the Fed provides the banks with $100,000 of additional reserves in an open market operation, the banks lend those reserves. Of the amount lent, $33,333 (50 percent of deposits) leaves the banks in a currency drain and $66,667 remains on deposit. With additional deposits, required reserves increase by $6,667 (10 percent required reserve ratio) and the banks lend $60,000. Of this amount, $20,000 leaves the banks in a currency drain and $40,000 remains on deposit. The process repeats until the banks have created enough deposits to eliminate their excess reserves. An additional $100,000 of reserves creates $250,000 of money.

or

$$M = \left[\frac{(1 + c)}{(r + c)} \right] \times B$$

With $r = 0.1$ (10 percent) and $c = 0.5$ (50 percent), $(1 + c)/(r + c) = (1.5/0.6) = 2.5$, which is the magnitude of the money multiplier that we found in the above exercise.

The magnitude of the U.S. money multiplier depends on the definition of money that we use. For M1, $r = 0.08$ (8 percent) and $c = 1.06$ (106 percent), so the money multiplier is 1.8. For M2, $r = 0.01$ (1 percent) and $c = 0.12$ (12 percent) so the money multiplier is 8.6. That is, in the United States, a $1 million increase in the monetary base brings a $1.8 million increase in M1 and an $8.6 million increase in M2. Currency increases by $930,000 and bank reserves increase by $70,000.

You've now seen how the Fed influences the quantity of money. Your task in the next reading is to see how changes in the quantity of money influence the interest rate, expenditure plans, real GDP, and the price level. But first, take a look at *Reading between the Lines* on pp. 370–371 and see how the way we use money is changing.

READING BETWEEN THE LINES

Electronic Money

Electronic Payments Overtake Checks and Cash in the U.S.

For the first time, electronic payments have surpassed cash and checks as the preferred payment method for U.S. consumers when shopping on the high street, according to a nationwide study conducted by the American Bankers Association and Boston-based strategy consulting firm Dove Consulting.

The 2003/2004 study, conducted among 2008 U.S. consumers, found that cash and checks now account for 47% of in-store purchases, as compared to 57% in 1999 and 51% in 2001.

Much of the slack appears to be taken up by growth in debit cards, which now account for nearly one-in-three in-store purchases, up from 21% four years ago.

While cash remains the single most frequently used payment method on the high street, its share of the transaction mix has fallen from 39% in 1999 to 32% in 2003. Checks also play a diminishing role at the point-of-sale, accounting for just 15% of purchases.

Comparatively, consumer use of credit cards for in-store purchases has remained relatively constant at 21%. At 2%, the "other" payments category is made up of prepaid cards.

The study finds check usage is also on the wane for bill payments, falling from 72% in 2001 to 60% today, with online bill payment gaining in popularity. The survey finds 41% of consumers currently use online bill payment to settle recurring bills.

Copyright finextra.com
16 December 2003
http://www.finextra.com/topstory.asp?id=10825

Essence of the Story

▶ In 2003, cash accounted for 32 percent of in-store purchases, down from 39 percent in 1999 and checks accounted for 15 percent of purchases, down from 18 percent in 1999.

▶ Debit cards accounted for 32 percent of in-store purchases, up from 21 percent in 1999.

▶ Credit cards accounted for a constant 21 percent of in-store purchases.

▶ Check usage for bill payments fell from 72 percent in 2001 to 60 percent in 2003, and online bill payment increased.

Economic Analysis

▶ The news article reports the changes that occurred between 1999 and 2003 in the way transactions are done in retail stores.

▶ Figure 8 provides a graphic description of the changes: cash down from 39 percent to 32 percent; checks down from 18 percent to 15 percent; and debit cards up from 21 percent to 32 percent.

► Checks and debit cards are alternative ways of paying with a bank deposit. It is the bank deposit that is money.

► Credit cards, constant at 21 percent, are not a method of payment. Payment occurs when the credit card balance is paid off. Most of these payments are made by writing a check.

► If all credit card balances are paid by using a check, electronic forms of payment are not yet more common than paper forms of payment.

► The cost of conducting a transaction determines the method of payment that a person uses.

► All forms of payment incur a **transaction cost**.

► The main cost using cash arises from theft. Carrying cash is more risky than carrying a plastic card that needs a PIN to be used.

► Electronic forms of payment are used only if they provide a lower transaction cost than cash or a check.

► Transaction costs make a huge difference to the way a market works.

► Figure 9 shows the effects of transaction costs in the market for music downloads.

► The demand curve for downloads is D, and the supply curve, which includes a transaction cost of 33¢ per transaction, is S_0. The equilibrium number of downloads is 2 million tracks per week.

► If the transaction cost were zero, the supply curve would be S_1. The equilibrium number of downloads would increase to 3 million tracks per week. (The numbers are hypothetical.)

► PayPal currently charges 33¢ per transaction and is planning to cut this price.

► As the cost of electronic transactions falls, we can expect the use of these methods of transaction to increase and the use of cash and checks to decrease further.

► Improved transactions technologies increase the quantities of goods and services that we are able to consume.

FIGURE 8   The Changing Methods of Payment

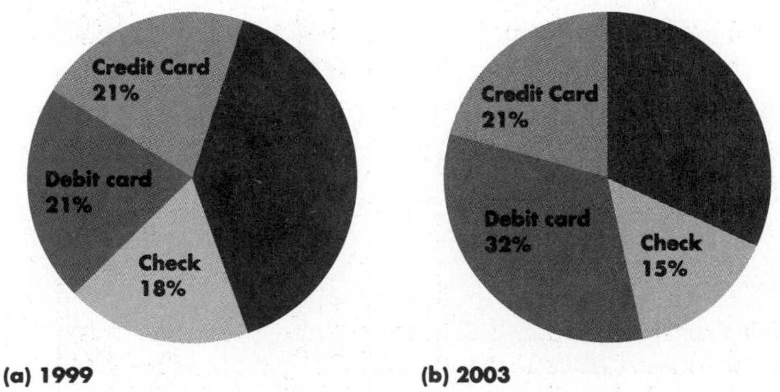

Credit Card
21%

Debit card
21%

Check
18%

(a) 1999

Credit Card
21%

Debit card
32%

Check
15%

(b) 2003

FIGURE 9   How Transactions Costs Change Market Outcome

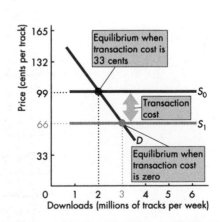

SUMMARY

▶ Money is the means of payment, a medium of exchange, a unit of account, and a store of value.

▶ M1 consists of currency, traveler's checks, and checking deposits owned by individuals and businesses. M2 consists of M1 plus savings deposits, time deposits, and money market mutual funds.

▶ Commercial banks, S&Ls, savings banks, credit unions, and money market mutual funds are depository institutions whose liabilities are money.

▶ Depository institutions provide four main economic services: They create liquidity, minimize the cost of obtaining funds, minimize the cost of monitoring borrowers, and pool risks.

▶ Financial regulation to protect depositors includes deposit insurance and balance sheet rules such as minimum equity capital rules, required reserves, and deposit and lending rules.

▶ Banks create money by making loans.

▶ The total quantity of deposits that can be supported by a given amount of reserves (the deposit multiplier) is determined by the required reserve ratio.

▶ The Federal Reserve System is the central bank of the United States.

▶ The Fed influences the economy by setting the required reserve ratio for banks, by setting the discount rate—the interest rate at which it is willing to lend reserves to the banking system, and by open market operations.

▶ By buying government securities in the market (an open market purchase), the Fed increases the monetary base and bank reserves; and by selling government securities in the market (an open market sale), the Fed decreases the monetary base and bank reserves.

▶ A change in the monetary base and bank reserves has a multiplier effect on the quantity of money. The multiplier is larger, the smaller the required reserve ratio and the smaller the currency drain.

PRACTICE PROBLEMS FOR READING 24

1. Which of the following is *least likely* a component of the M2 money supply?

   A. Savings deposits.

   B. Traveler's checks.

   C. Currency held by banks.

   D. Money market mutual funds.

[handwritten: NO]

[handwritten: M1 (currency / traveler's checks / checked deposits owned by individuals & biz) plus savings deposits, time deposits, money mkt mutual funds.]

2. The amount of new money that can be created by a commercial bank is *most likely* limited by the amount of that bank's

   A. actual reserves.

   B. excess reserves.

   C. required reserves.

   D. deposits at the Federal Reserve.

[handwritten: Amt of new $ a bank can create is limited by the amt. of its excess reserves (ie: Actual reserves less required reserves)]

3. If the monetary authority wants to slow the growth of an economy, its *least* appropriate action will be to increase

   A. the discount rate.

   B. reserve requirements.

   C. the federal funds rate.

   D. purchases of government securities.

4⅛
5½   5½   —
5½   21³⁄₁₆   — ¼
20⅝   21³⁄₁₆   — ⅛
17⅜   18⅛   + ⅞
6½   6½   — ½
6½   31³⁄₃₂   — ⅛
15⁄₁₆   9⁄₁₆
9⁄₁₆
7¹³⁄₁₆   7¹⁵⁄₁₆
7⁵⁄₁₆   7¹³⁄₁₆
2⅝   2¹¹⁄₃₂   2½   +
2¾   2¼   2¼
12¹⁄₁₆   11⅜   11¾   +
33¾   33   33¹⁄₁₆   —
25⅝   24⁹⁄₁₆   25⅜   +
12   11⅝   11⅞   +
10½   10½   10⅝   —
15⅞   15¹³⁄₁₆   15⅞   —
78   15⅞   15¹³⁄₁₆   15⅞
9¹⁄₁₆   8¼   8⅛   +
11¼   10⅛
5   4⅞   4⅛

MONEY, INTEREST, REAL GDP, AND THE PRICE LEVEL
by Michael Parkin

LEARNING OUTCOMES

The candidate should be able to:

a. explain the factors that influence the demand for money, and describe the demand for money curve, including the effects of changes in real GDP and financial innovation;

b. explain interest rate determination and the short-run and long-run effects of money on real GDP;

c. discuss the quantity theory of money and its relation to aggregate supply and aggregate demand.

RIPPLE EFFECTS OF MONEY   1

There is enough money in the United States today for everyone to have a wallet stuffed with $2,300 in notes and coins and another $19,000 in the bank. Why do we hold all this money? What influences the quantity of money that we decide to hold?

Through 2001, as the U.S. economy slowed to a near standstill, the Fed, anxious to keep the economy expanding, cut interest rates 11 times from more than 6 percent at the start of the year to less than 2 percent at the year's end. In 2002 and 2003, the Fed cut interest rates even further to historically low levels. A few years earlier, in 1999 and 2000, the Fed was more concerned about inflation than recession and it raised interest rates.

How does the Fed change interest rates? And how do interest rates influence the economy? How do lower interest rates fight recession? How do higher interest rates keep inflation in check?

In this reading, you'll discover the answers to these questions. In *Reading between the Lines* at the end of the reading, you'll see what happens when money gets out of control, as it did in Argentina during the late 1980s. The demand for money and the supply of money determine the interest rate. So we begin by studying the influences on the quantity of money that people decide to hold.

2   THE DEMAND FOR MONEY

There is no limit to the amount of money we would like to receive in payment for our labor or as interest on our savings. But there is a limit to how big an inventory of money—the money that we hold in our wallet or in a deposit account at the bank—we would like to hold onto and not either spend or use to buy assets that generate an income. The demand for money is the demand for the inventory of money that people plan to hold.

The Influences on Money Holding

The quantity of money that people plan to hold depends on four main factors:

► the price level
► the interest rate
► real GDP
► financial innovation

The Price Level   The quantity of money measured in dollars is *nominal money*. The quantity of nominal money demanded is proportional to the price level, other things remaining the same. If the price level rises by 10 percent, people hold 10 percent more nominal money than before, other things remaining the same. If you hold $20 to buy your weekly movies and soda, you will increase your money holding to $22 if the prices of movies and soda—and your wage rate—increase by 10 percent.

The quantity of money measured in constant dollars (for example, in 2000 dollars) is *real money*. Real money is equal to nominal money divided by the price level and is the quantity of money measured in terms of what it will buy. In the above example, when the price level rises by 10 percent and you increase your money holding by 10 percent, your *real* money holding is constant. Your $22 at the new price level buys the same quantity of goods and is the same quantity of *real money* as your $20 at the original price level. The quantity of real money demanded is independent of the price level.

The Interest Rate   A fundamental principle of economics is that as the opportunity cost of something increases, people try to find substitutes for it. Money is no exception. The higher the opportunity cost of holding money, other things remaining the same, the lower is the quantity of real money demanded. But what is the opportunity cost of holding money? It is the interest rate that you can earn by holding money minus the interest rate that you must forgo on other assets that you could hold instead of money.

The interest rate that you earn on currency and checking deposits is zero. So the opportunity cost of holding these items is the interest rate on other assets such as a savings bond or Treasury bill. By holding money instead, you forgo the interest that you otherwise would have received. This forgone interest is the opportunity cost of holding money.

Money loses value because of inflation. So why isn't the inflation rate part of the cost of holding money? It is: Other things remaining the same, the higher the expected inflation rate, the higher is the interest rate and the higher, therefore, is the opportunity cost of holding money. (The forces that make the interest rate change to reflect changes in the expected inflation rate are described in Reading 26.)

Real GDP   The quantity of money that households and firms plan to hold depends on the amount they are spending, and the quantity of money demanded in the economy as a whole depends on aggregate expenditure—real GDP.

Again, suppose that you hold an average of $20 to finance your weekly purchases of movies and soda. Now imagine that the prices of these goods and of all other goods remain constant but that your income increases. As a consequence, you now spend more and you also keep a larger amount of money on hand to finance your higher volume of expenditure.

Financial Innovation   Technological change and the arrival of new financial products change the quantity of money held. Financial innovations include:

1. daily interest checking deposits
2. automatic transfers between checking and saving deposits
3. automatic teller machines
4. credit cards and debit cards
5. internet banking and bill paying

These innovations have occurred because of the development of computing power that has lowered the cost of calculations and record keeping.

We summarize the effects of the influences on money holding by using a demand for money curve.

The Demand for Money Curve

The demand for money curve is the relationship between the quantity of real money demanded and the interest rate when all other influences on the amount of money that people wish to hold remain the same.

Figure 1 shows a demand for money curve, *MD*. When the interest rate rises, everything else remaining the same, the opportunity cost of holding money rises and the quantity of real money demanded decreases—there is a movement up along the demand for money curve. Similarly, when the interest rate falls, the opportunity cost of holding money falls, and the quantity of real money demanded increases—there is a movement down along the demand for money curve.

When any influence on money holding other than the interest rate changes, there is a change in the demand for money and the demand for money curve shifts. Let's study these shifts.

Shifts in the Demand for Money Curve

A change in real GDP or financial innovation changes the demand for money and shifts the demand curve for real money.

FIGURE 1   The Demand for Money

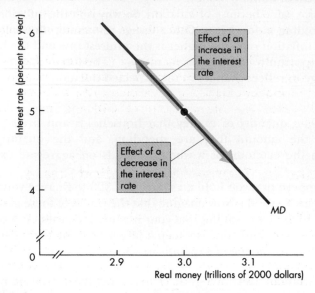

The demand for money curve, *MD*, shows the relationship between the quantity of money that people plan to hold and the interest rate, other things remaining the same. The interest rate is the opportunity cost of holding money. A change in the interest rate brings a movement along the demand curve.

FIGURE 2   Changes in the Demand for Money

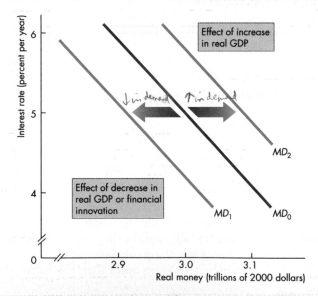

A decrease in real GDP decreases the demand for money. The demand curve shifts leftward from MD_0 to MD_1. An increase in real GDP increases the demand for money. The demand curve shifts rightward from MD_0 to MD_2. Financial innovation generally decreases the demand for money.

Figure 2 illustrates the change in the demand for money. A decrease in real GDP decreases the demand for money and shifts the demand curve leftward from MD_0 to MD_1. An increase in real GDP has the opposite effect: It increases the demand for money and shifts the demand curve rightward from MD_0 to MD_2.

The influence of financial innovation on the demand for money curve is more complicated. It might increase the demand for some types of deposits, decrease the demand for others, and decrease the demand for currency.

We'll look at the effects of changes in real GDP and financial innovation by studying the demand for money in the United States.

The Demand for Money in the United States

Figure 3 shows the relationship between the interest rate and the quantity of real money demanded in the United States between 1970 and 2003. Each dot shows the interest rate and the amount of real money held in a given year. In 1970, the demand for M1 (shown in part a) was MD_0. During the early 1970s, the spread of credit cards decreased the demand for M1 (currency and checking deposits) and this financial innovation shifted the demand for M1 curve leftward to MD_1. But over the years, real GDP growth increased the demand for M1, and by 1994, the demand for M1 curve had shifted rightward to MD_2.

FIGURE 3   The Demand for Money in the United States

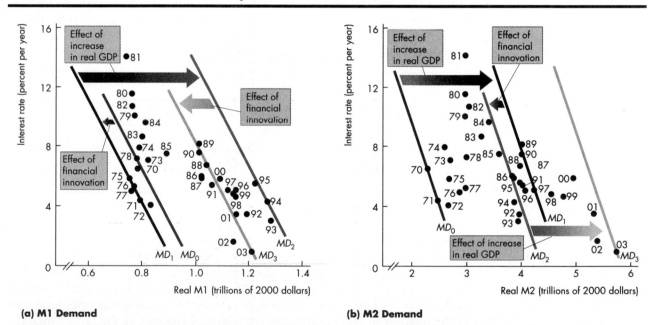

(a) M1 Demand

(b) M2 Demand

The dots show the quantity of real money and the interest rate in each year between 1970 and 2003. In 1970, the demand for M1 was MD_0 in part (a). The demand for M1 decreased during the early 1970s because of financial innovation, and the demand curve shifted leftward to MD_1. But real GDP growth increases the demand for M1 and by 1994, the demand curve had shifted rightward to MD_2. Further financial innovation decreased the demand for M1 during the 1990s and 2000s and shifted the demand curve leftward again to MD_3. In 1970, the demand for M2 curve was MD_0 in part (b). The growth of real GDP increased the demand for M2, and by 1989, the demand curve had shifted rightward to MD_1. During the early 1990s, new substitutes for M2 decreased the demand for M2 and the demand curve shifted leftward to MD_2. But during the late 1990s, rapid growth of real GDP increased the demand for M2. By 2003, the demand curve had shifted rightward to MD_3.

Further financial innovation arising from a continued increase in the use of credit cards and the spread of ATMs decreased the demand for M1 and shifted the demand curve leftward again.

In 1970, the demand for M2 (shown in part b) was MD_0. The spread of credit cards that decreased the demand for M1 during the period did not decrease demand for M2. The reason is that many new financial products were M2 deposits. So from 1970 through 1989, the demand for M2 increased and the demand for M2 curve shifted rightward to MD_1. But between 1989 and 1994, innovations in financial products that compete with deposits of all kinds occurred and the demand for M2 decreased. The demand for M2 curve shifted leftward to MD_2. Finally, after 1994, the expanding economy brought rising real GDP. The demand for M2 increased again, and the demand curve shifted rightward to MD_3.

We now know what determines the demand for money. And we've seen that a key factor is the interest rate—the opportunity cost of holding money. But what determines the interest rate? Let's find out.

3   INTEREST RATE DETERMINATION

An interest rate is the percentage yield on a financial security such as a bond or a stock. The higher the price of a financial security, other things remaining the same, the lower is the interest rate. An example will make this relationship clear. Suppose the federal government sells a bond that promises to pay $10 a year. If the price of the bond is $100, the interest rate is 10 percent per year—$10 is 10 percent of $100. If the price is $50, the interest rate is 20 percent—$10 is 20 percent of $50. And if the price is $200, the interest rate is 5 percent—$10 is 5 percent of $200.

You've just seen the link between the price of a bond and the interest rate. People divide their wealth between bonds (along with other interest-bearing financial assets) and money, and the amount they hold as money depends on the interest rate. We can study these forces that determine the interest rate in either the market for bonds or the market for money. Because the Fed can influence the *quantity of money*, we focus on the market for money.

Money Market Equilibrium

The interest rate is determined by the supply of money and the demand for money. The quantity of money supplied is determined by the actions of the banking system and the Fed. On any given day, the quantity of money is fixed. The *real* quantity of money supplied is equal to the nominal quantity supplied divided by the price level. At a given moment in time, there is a particular price level, and so the quantity of real money supplied is a fixed amount. In Fig. 4, the quantity of real money supplied is $3.0 trillion and the supply of money curve is *MS*.

On any given day, all the influences on the demand for money except the interest rate are constant. That is, real GDP and the price level are given. But the interest rate fluctuates daily. And the lower the interest rate, the greater is the quantity of money demanded. In Fig. 4, the demand for money curve is *MD*.

When the quantity of money supplied equals the quantity of money demanded, the money market is in equilibrium. Figure 4 illustrates money market equilibrium. Equilibrium is achieved by changes in the interest rate. If the interest rate is too high, people demand a smaller quantity of money than the quantity supplied. They are holding too much money. In this situation, they try to get rid of money by buying bonds. As they do so, the price of a bond rises and the interest rate falls toward the equilibrium rate. Conversely, if the interest rate is too low, people demand a larger quantity of money than the quantity supplied. They are holding too little money. In this situation, they try to get more money by selling bonds. The supply of bonds increases, the price of a bond falls, and the interest rate rises toward the equilibrium rate. Only when the interest rate is at the level at which the quantity of money demanded equals the quantity supplied do people willingly hold the money and take no actions that change the interest rate.

Changing the Interest Rate

Suppose that the economy is overheating and the Fed fears inflation. It decides to take action to decrease aggregate demand and spending. To do so, it wants to raise interest rates and discourage borrowing and expenditure on goods and services. What does the Fed do?

The Fed sells securities in the open market. As it does so, it mops up bank reserves and induces the banks to cut their lending. The banks make a smaller quantity of new loans each day until the stock of loans outstanding has fallen to a level that is consistent with the new lower level of reserves. The quantity of money decreases.

FIGURE 4   Money Market Equilibrium

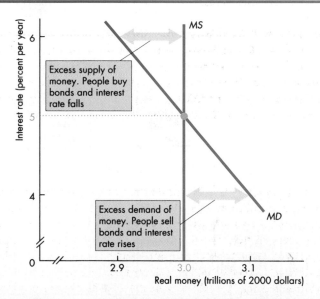

Money market equilibrium occurs when the interest rate has adjusted to make the quantity of money demanded equal to the quantity supplied. Here, equilibrium occurs at an interest rate of 5 percent. At interest rates above 5 percent, the quantity of money demanded is less than the quantity supplied, so people buy bonds and the interest rate falls. At interest rates below 5 percent, the quantity of money demanded exceeds the quantity supplied, so people sell bonds and the interest rate rises. Only at 5 percent is the quantity of money in existence willingly held.

Suppose that the Fed undertakes open market operations on a sufficiently large scale to decrease the quantity of money from $3.0 trillion to $2.9 trillion in Fig. 5. As a consequence, the supply of money curve shifts leftward, from MS_0 to MS_1. The demand for money curve is MD. With an interest rate of 5 percent, and with $2.9 trillion of money in the economy, firms and households are now holding less money than they wish to hold. They <u>attempt to increase their money holding by selling financial assets. As they do so, the price of a bond falls and the interest rate rises.</u> When the interest rate has increased to 6 percent, people are willing to hold the smaller $2.9 trillion of money that the Fed and the banks have created.

Conversely, suppose that the Fed fears recession and decides to stimulate spending by increasing the quantity of money. If the Fed increases the quantity of real money to $3.1 trillion, the supply of money curve shifts rightward from MS_0 to MS_2. Equilibrium occurs when the interest rate has fallen to 4 percent.

4   SHORT-RUN EFFECTS OF MONEY ON REAL GDP AND THE PRICE LEVEL

You've now seen how the Fed influences the quantity of money and how a change in the quantity of money changes the interest rate. We're now going to look at the wider effects of the Fed's actions on the economy. We'll begin with an overview of their ripple effects.

FIGURE 5   Interest Rate Changes

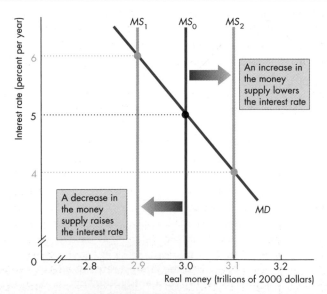

An open market sale of securities shifts the money supply curve leftward to MS_1, and the interest rate rises to 6 percent. An open market purchase of securities shifts the money supply curve rightward to MS_2, and the interest rate falls to 4 percent.

Ripple Effects of Interest Rate

If the Fed raises the interest rate, three events follow:

▶ Investment and consumption expenditure decrease.
▶ The dollar rises, and net exports decrease.
▶ A multiplier process unfolds.

Investment and Consumption   The real interest rate is the *opportunity cost* of the funds used to finance investment and the purchase of big-ticket consumer items. So when the real interest rate rises, expenditure on these items falls. In the long run, the real interest rate is determined by demand and supply in the capital market. But in the short run, the Fed changes the real interest rate by changing the nominal interest rate.

The Dollar and Net Exports   A rise in the interest rate, other things remaining the same, means that the U.S. interest rate rises relative to the interest rates in other countries. Some people will want to move funds from other countries into the United States to take advantage of the higher interest rate they can now earn on their U.S. bank deposits and bonds. When money is moved into the United States, people buy dollars and sell other currencies, such as Japanese yen or British pounds. With more dollars demanded, the price of the dollar rises on the foreign exchange market.

The higher price of the dollar means that foreigners must now pay more for U.S.-made goods and services. So the quantity demanded and the expenditure on U.S.-made items decrease. U.S. exports decrease. Similarly, the higher dollar means that Americans now pay less for foreign-made goods and services. So the quantity demanded and the expenditure on foreign-made items increase. U.S. imports increase.

Multiplier Process   A multiplier process occurs because the decrease in expenditure that we've just described brings a decrease in income, which induces a further decrease in consumption expenditure. The decreased consumption expenditure lowers aggregate expenditure still further. Real GDP growth slows, and the inflation rate slows.

If the Fed lowers the interest rate, the events that we've just described occur in the opposite directions, so real GDP growth and the inflation rate speed up.

Figure 6 summarizes the process that we've just described. It begins with the Fed's open market operations that change the quantity of money and the interest rate and ends with the effects on real GDP and the price level.

We've described the broad outline of how the Fed's actions influence real GDP and the price level. We're now going to take a closer look at how those actions work in the *macroeconomic short run*, a period during which some money prices are sticky and real GDP might be below, above, or at potential GDP. (In the next section, we'll look at the long-run effects of money.)

To see the short-run effects of money on real GDP and the price level, we're going to bring together the *AS-AD* model that you met in Reading 23 and the model of the money market that you've just studied in the current reading. We'll look at two cases. In the first case, the Fed seeks to avoid inflation and in the second, to avoid recession. To keep the story as clear as possible, we'll suppose (unrealistically) that the Fed can control the economy with enormous precision, so it takes exactly the correct actions to restore full employment.

FIGURE 6   Ripple Effects of the Fed's Actions

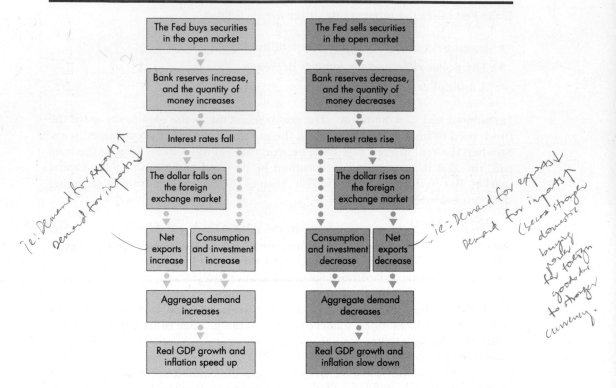

[handwritten notes in left margin: "ie: Demand for exports ↑ Demand for imports ↓"]

[handwritten notes in right margin: "ie: Demand for exports ↓ Demand for imports ↑ (so a stronger domestic market for foreign goods due to stronger currency."]

The Fed's open market operations change the quantity of money and the interest rate. Expenditure plans change, and so does aggregate demand. Eventually, the Fed's open market operation has ripple effects that change real GDP and the price level.

[handwritten note: "Quantity of real GDP @ full employment"]

The Fed Tightens to Avoid Inflation

Suppose that real GDP exceeds potential GDP—there is an inflationary gap—and the Fed decides to try to eliminate the inflationary gap and return real GDP to potential GDP. Figure 7 shows how the Fed would achieve this outcome if it were able to control the economy with precision.

Figure 7(a) shows the money market. Initially, the supply of money curve is MS_0 and with demand for money curve MD, the equilibrium interest rate is 5 percent a year.

In Fig. 7(b), the curve ISE shows the relationship between the interest rate and aggregate expenditure plans—interest-sensitive expenditure. With an interest rate of 5 percent a year, interest-sensitive expenditure is $2 trillion.

Figure 7(c) shows the aggregate supply and aggregate demand curves. With interest-sensitive expenditure at $2 trillion, aggregate demand is AD_0. The aggregate supply curve is SAS, so equilibrium real GDP is $10.2 trillion, which exceeds potential GDP.

The Fed now conducts an open market sale that decreases the quantity of money. The money supply curve shifts leftward to MS_1 in part (a), and the interest rate rises to 6 percent a year. Interest-sensitive expenditure decreases to $1.9 trillion in part (b). In part (c), aggregate demand decreases to $AD_0 - \Delta I$. With

FIGURE 7   Monetary Stabilization: Avoiding Inflation

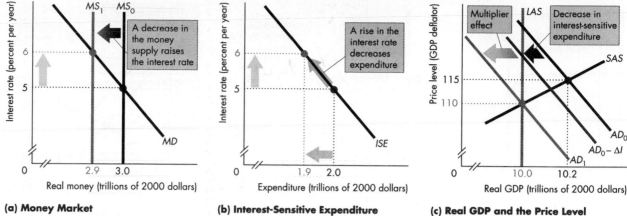

(a) Money Market   **(b) Interest-Sensitive Expenditure**   **(c) Real GDP and the Price Level**

Real GDP is $10.2 trillion, which exceeds potential GDP of $10 trillion in part (c). The Fed raises the interest rate [part (a)], investment decreases [part (b)], and aggregate demand decreases with a multiplier effect [part (c)].

the decrease in aggregate demand, real GDP, aggregate expenditure, and aggregate income decrease. The decrease in income induces a further decrease in consumption expenditure, and aggregate demand decreases further. The aggregate demand curve shifts farther leftward to AD_1.

The Fed's actions have eliminated an inflation threat and brought real GDP to equal potential GDP at $10 trillion and the price level to 110.

In reality, because real GDP is growing and the price level is rising, the Fed's actions would slow real GDP growth and slow inflation rather than decrease real GDP and lower the price level as they do in this example.

The Fed Eases to Avoid Recession

Now suppose that real GDP is less than potential GDP—there is a recessionary gap—and the Fed decides to try to eliminate the recessionary gap and return real GDP to potential GDP.

Figure 8 shows how the Fed would achieve this outcome (again if it were able to control the economy with precision). In parts (a) and (b) of Fig. 8, the starting point is the same as in Fig 7. The interest rate is 5 percent a year, and interest-sensitive expenditure is $2 trillion.

In part (c), the aggregate demand curve is AD_0, the aggregate supply curve is *SAS*, and equilibrium real GDP is $9.8 trillion, which is less than potential GDP.

The Fed now conducts an open market purchase that increases the quantity of money. The *MS* curve shifts rightward to MS_2. The interest rate falls to 4 percent a year. In part (b), interest-sensitive expenditure increases to $2.1 trillion. And in part (c), aggregate demand increases to $AD_0 + \Delta I$.

With the increase in aggregate demand, real GDP, aggregate expenditure, and aggregate income increase. The increase in income induces a further increase in consumption expenditure, and aggregate demand increases further. The aggregate demand curve shifts farther rightward to AD_1.

The Fed's actions have eliminated a recession and brought real GDP to equal potential GDP at $10 trillion and the price level to 110.

FIGURE 8   Monetary Stabilization: Avoiding Recession

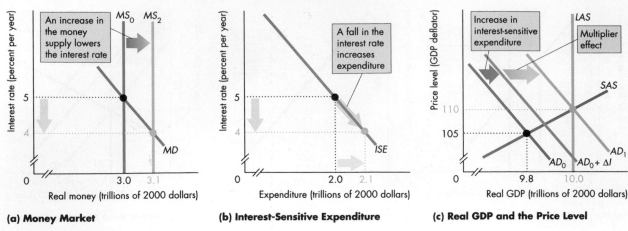

(a) Money Market   **(b) Interest-Sensitive Expenditure**   **(c) Real GDP and the Price Level**

Real GDP is $9.8 trillion, which is below potential GDP of $10 trillion in part (c). The Fed lowers the interest rate [part (a)], investment increases [part (b)], and aggregate demand increases with a multiplier effect. [part (c)]

You now know the short-run effects of the Fed's actions on real GDP and the price level. We're now going to look at the long-run effects.

5   LONG-RUN EFFECTS OF MONEY ON REAL GDP AND THE PRICE LEVEL

The macroeconomic long run is a period that is sufficiently long for the forces that move real GDP toward potential GDP to have had their full effects. In the macroeconomic long run, real GDP equals potential GDP. To study the long run effects of money on real GDP and the price level, we begin and end at a full-employment equilibrium. We'll study the effects of an increase in the quantity of money at full employment.

An Increase in the Quantity of Money at Full Employment

Suppose that real GDP is equal to potential GDP and the Fed increases the quantity of money. The reason for increasing the quantity of money is less obvious than in the case that we examined earlier in which there was a recessionary gap. One possibility is that the Fed isn't sure about the state of the economy and it believes, incorrectly, that there actually is a recessionary gap.

Figure 9 shows the situation before and after the Fed's action. In part (a), the quantity of real money is $3 trillion and the interest rate is 6 percent a year at the intersection of MS_0 and MD. And in part (b), real GDP is $10 trillion, which equals potential GDP, and the price level is 100.

The Fed now conducts an open market purchase that increases the quantity of money by 10 percent to $3.3 trillion. The MS curve shifts rightward to MS_1. The interest rate falls to 4 percent a year. In part (b), aggregate demand increases to AD_1. The price level rises to 105 and real GDP increases to $10.2 trillion. There is now an inflationary gap. Real GDP is greater than potential GDP, and in the labor market the unemployment rate is below the natural rate.

FIGURE 9   Long-Run Effects of a Change in the Quantity of Money

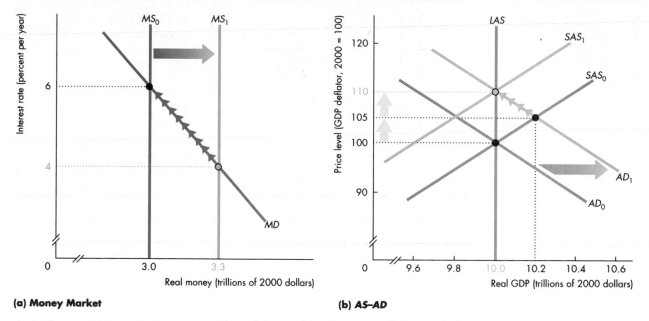

(a) Money Market

(b) AS–AD

In part (a), a 10 percent increase in the quantity of money shifts the *MS* curve from MS_0 to MS_1 and lowers the interest rate. In part (b), aggregate demand increases from AD_0 to AD_1. The price level rises to 105 and real GDP increases to $10.2 trillion. Real GDP exceeds potential GDP, so the money wage rate rises and the *SAS* curve shifts leftward from SAS_0 to SAS_1. Real GDP returns to potential GDP, and the price level rises to 110. In part (a), the real quantity of money returns to its initial level. In the long run, the increase in the quantity of money increases the price level and has no effect on real GDP.

A shortage of labor brings a rise in the money wage rate and a decrease in short-run aggregate supply. The *SAS* curve now starts to shift toward SAS_1. As short-run aggregate supply decreases, the price level rises and real GDP decreases. The money wage rate stops rising and the *SAS* curve stops shifting when full employment is restored with real GDP back at $10 trillion and a price level of 110. Notice that the price level has increased from 100 to 110, a 10 percent increase in the price level. Back in part (a), with a price level of 110, the real quantity of money has decreased to $3 trillion, its initial level ($3.3 × 100/110 = $3).

So when the quantity of money increases at full employment, after a period of adjustment in which real GDP exceeds potential GDP, the price level eventually rises by the same percentage as the increase in the quantity of money and real GDP remains at potential GDP. In the long run, money has no real effects and the price level is proportional to the quantity of money.

The Quantity Theory of Money

The **quantity theory of money** is the proposition that in the long run, an increase in the quantity of money brings an equal percentage increase in the price level. The original basis of the quantity theory of money is a concept known as *the velocity of circulation* and an equation called *the equation of exchange.*

The velocity of circulation is the average number of times a dollar of money is used annually to buy the goods and services that make up GDP. GDP is equal to the price level (*P*) multiplied by real GDP (*Y*). That is,

$$GDP = PY$$

i.e. money growth rate correlates with inflation rate

Call the quantity of money *M*. The velocity of circulation, *V*, is determined by the equation:

$$V = PY/M$$

For example, if GDP is $6 trillion and the quantity of money is $3 trillion, the velocity of circulation is 2. On the average, each dollar of money circulates twice in its use to purchase the final goods and services that make up GDP; that is, each dollar of money is used twice in a year to buy GDP.

Figure 10 shows the velocity of circulation of both M1 and M2, the two main official measures of money, since 1963. You can see that the velocity of circulation of M1 increased through 1980 and fluctuated during the 1980s and 1990s. In contrast, the velocity of circulation of M2 has been remarkably stable. The reason why the velocity of M1 has increased is that deregulation and financial innovation have created new types of deposits and payments technologies that are substitutes for M1. As a result, the quantity of M1 per dollar of GDP has decreased, and equivalently, the velocity of circulation of M1 has increased. The reason why the velocity of M2 has been almost constant is that the new types of deposits that have replaced M1 are part of M2. So the ratio of M2 to GDP and the velocity of circulation of M2 have been much more stable.

The **equation of exchange** states that the quantity of money (*M*) multiplied by the velocity of circulation (*V*) equals GDP, or

$$MV = PY$$

FIGURE 10   The Velocity of Circulation in the United States: 1963–2003

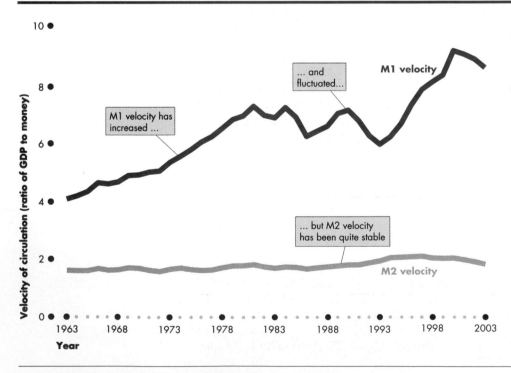

The velocity of circulation of M1 has increased over the years because deregulation and financial innovation have created M1 substitutes. The velocity of circulation of M2 has been relatively stable because the M1 substitutes that have resulted from deregulation and financial innovation are new types of deposits that are part of M2.

Sources: The Federal Reserve Board and Bureau of Economic Analysis.

Given the definition of the velocity of circulation, this equation is always true—it is true by definition. With M equal to \$3 trillion and V equal to 2, MV is equal to \$6 trillion, the value of GDP.

The equation of exchange becomes the quantity theory of money by making two assumptions:

1. The velocity of circulation is not influenced by the quantity of money.

2. Potential GDP is not influenced by the quantity of money.

If these two assumptions are true, the equation of exchange tells us that a change in the quantity of money brings about an equal proportional change in the price level. You can see why by solving the equation of exchange for the price level. Dividing both sides of the equation by real GDP (Y) gives

$$P = (V/Y)M$$

In the long run, real GDP, Y, equals potential GDP, so if potential GDP and velocity are not influenced by the quantity of money, the relationship between the change in the price level (ΔP) and the change in the quantity of money (ΔM) is

$$\Delta P = (V/Y)\Delta M$$

Divide this equation by the previous one, $P = (V/Y)M$, to get

$$\Delta P/P = \Delta M/M$$

($\Delta P/P$) is the proportional increase in the price level, and ($\Delta M/M$) is the proportional increase in the quantity of money. So this equation is the quantity theory of money: In the long run, the percentage increase in the price level equals the percentage increase in the quantity of money.

The Quantity Theory and the *AS-AD* Model

The quantity theory of money can be interpreted in terms of the *AS-AD* model. The aggregate demand curve is a relationship between the quantity of real GDP demanded (Y) and the price level (P), other things remaining constant. We can obtain such a relationship from the equation of exchange:

$$MV = PY$$

Dividing both sides of this equation by real GDP (Y) gives

$$P = MV/Y$$

This equation may be interpreted as describing an aggregate demand curve. In Reading 23, you saw that the aggregate demand curve slopes downward. As the price level increases, the quantity of real GDP demanded decreases. The above equation also shows such a relationship between the price level and the quantity of real GDP demanded. For a given quantity of money (M) and a given velocity of circulation (V), the higher the price level (P), the smaller is the quantity of real GDP demanded (Y).

In general, when the quantity of money changes, the velocity of circulation might also change. But the quantity theory asserts that velocity is not influenced by the quantity of money. If this assumption is correct, an increase in the quantity of money increases aggregate demand and shifts the aggregate demand curve upward by the same amount as the percentage change in the quantity of money.

The quantity theory of money also asserts that real GDP, which in the long run equals potential GDP, is not influenced by the quantity of money. This assertion is true in the *AS-AD* model in the long run when the economy is on its long-run aggregate supply curve. Figure 9 shows the quantity theory result in the *AS-AD* model. Initially, the economy is on the long-run aggregate supply curve *LAS* and at the intersection of the aggregate demand curve AD_0 and the short-run aggregate supply curve SAS_0. A 10 percent increase in the quantity of money shifts the aggregate demand curve from AD_0 to AD_1. This shift, measured by the vertical distance between the two demand curves, is 10 percent. In the long run, the money wage rate rises (also by 10 percent) and shifts the *SAS* curve leftward to SAS_1. A new long-run equilibrium occurs at the intersection of AD_1 and SAS_1. Real GDP remains at potential GDP of $10 trillion, and the price level rises to 110. The new price level is 10 percent higher than the initial one of 100.

So the *AS-AD* model predicts the same outcome as the quantity theory of money. The *AS-AD* model also predicts a less precise relationship between the quantity of money and the price level in the short run than in the long run. For example, Fig. 8 shows that if we start out at a below-full employment equilibrium, an increase in the quantity of money increases real GDP. In this case, a 10 percent increase in the quantity of money increases the price level from 105 to 110—a 2.8 percent increase. That is, the price level increases by a smaller percentage than the percentage increase in the quantity of money.

How good a theory is the quantity theory of money? Let's answer this question by looking at some historical and international data.

Historical Evidence on the Quantity Theory of Money

The percentage increase in the price level is the inflation rate, and the percentage increase in the quantity of money is the money growth rate. So the quantity theory predictions can be cast in terms of money growth and inflation. The quantity theory predicts that at a given potential GDP and in the long run, the inflation rate will equal the money growth rate. But over time, potential GDP expands. Taking this expansion into account, the quantity theory predicts that in the long run, the inflation rate will equal the money growth rate minus the growth rate of potential GDP.

We can test the quantity theory of money by looking at the historical relationship between money growth and inflation in the United States. Figure 11 shows two views of this relationship for the years between 1963 and 2003. In both parts of the figure, the inflation rate is the percentage change in the GDP deflator and the money growth rate is the growth rate of M2. Part (a) shows year-to-year changes in the quantity of money and the price level. These changes show the short-run relationship between money growth and inflation. Part (b) shows decade average changes. These changes average out the year-to-year fluctuations and enable us to see the long-run relationship between the variables. If the quantity theory is a reasonable guide to reality, there should be a strong correlation between inflation and money growth in the decade average data and a weak correlation in the year-to-year data.

That is what the data show. The year-to-year fluctuations in part (a) show a weak correlation, and the decade average fluctuations in part (b) show a stronger correlation. The rising inflation rate during the 1970s came from a speedup in money growth. And the falling inflation rate of the 1980s came from a slowing of money growth.

FIGURE 11   Money Growth and Inflation in the United States: 1963–2003

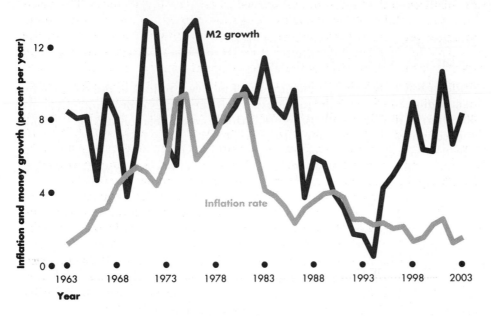

(a) Year-to-Year Change in M2 and the Price Level

Year-to-year fluctuations in money growth and inflation [part (a)] are loosely correlated, but decade average fluctuations in money growth and inflation [part (b)] are more closely correlated. The burst of inflation during the 1970s was caused by a speedup in money growth. The slowing of inflation during the 1980s came from slower money growth. The increase in money growth during the late 1990s came from an increase in the demand for money, but if the high money growth rate is maintained, the inflation rate will rise.

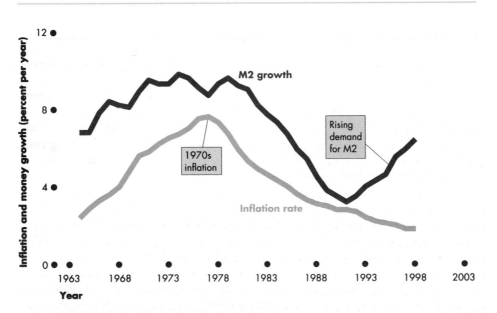

(b) Decade Average Change in M2 and the Price Level

Sources: The Federal Reserve Board and the Bureau of Economic Analysis.

But during the late 1990s when money growth increased, the inflation rate remained low and even fell somewhat. Part of the reason is that the demand for M2 increased and the velocity of circulation of M2 decreased during this period. But if M2 growth remains at its early 2000s rate, the inflation rate will turn up again.

International Evidence on the Quantity Theory of Money

Another way to test the quantity theory of money is to look at the cross-country data. Figure 12(a) shows the relationship between money growth and inflation in 60 countries during the 1980s. Figure 12(b) shows the relationship for 13 regions and countries that cover the entire world during the 1990s. By looking at a decade average, we again smooth out the short-run effects of money growth and focus on the long-run effects. These data show that rapid money growth is associated with high inflation.

Correlation, Causation, and Other Influences

Both the historical evidence for the United States and the international data tell us that in the long run, money growth and inflation are correlated. But the correlation between money growth and inflation does not tell us that money growth causes inflation. Money growth might cause inflation; inflation might cause money growth; or some third variable might simultaneously cause inflation and money growth.

FIGURE 12   Money Growth and Inflation in the World Economy

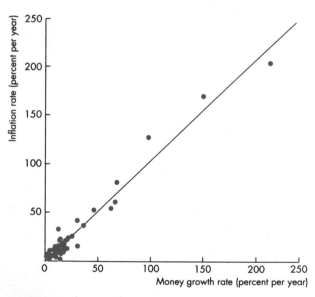

(a) 60 Countries during the 1980s

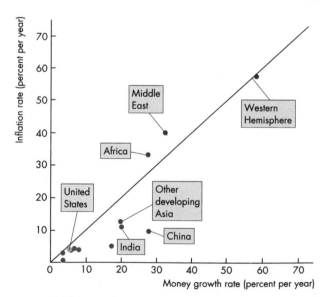

(b) 13 Regions and Countries during the 1990s

Inflation and money growth in 60 countries during the 1980s in part (a) and in 13 regions and countries during the 1990s in part (b) show a clear positive relationship.

Sources: The Federal Reserve Bank of St. Louis, *Review*, May/June 1988, p. 15 and International Monetary Fund.

According to the quantity theory and according to the *AS-AD* model, causation runs from money growth to inflation. But neither theory denies the possibility that at different times and places, causation might run in the other direction or that some third factor might be the root cause of both rapid money growth and inflation. One possible third factor is a large and persistent **government budget deficit** that gets financed by creating money.

Some occasions provide an opportunity to test our assumptions about causation. One of these is World War II and the years immediately following it. Rapid money growth during the war years was accompanied by controls that held prices down during the war but allowed them to rise immediately after the war. The inflationary consequence of wartime money growth was delayed by price controls but not avoided. And the wartime money growth caused the postwar inflation. The late 1960s and 1970s provide another test. Rapid money growth that began during the 1960s caused higher inflation during the 1970s. The combination of historical and international correlations between money growth and inflation and independent evidence about the direction of causation leads to the conclusion that the quantity theory is correct in the long run. It explains the long-term fundamental source of inflation. It also implies that the only way to slow inflation, in the long run, is to slow money growth.

But the quantity theory is not correct in the short run. To understand the short-term fluctuations in inflation, the joint effects of a change in the quantity of money on real GDP, the velocity of circulation, and the price level must be explained. The *AS-AD* model provides this explanation, and points to other factors that influence the inflation rate independently of the money growth rate in the short run.

Before you leave the subject of this reading, look at *Reading between the Lines* on pp. 394–396 and see how rapid money growth brought inflation in Argentina during the late 1980s. In the next reading, we'll return to the problem of inflation and explore more deeply its causes and its consequences.

6

READING BETWEEN THE LINES

The Quantity Theory of Money in Argentina

THE WASHINGTON POST, JANUARY 6, 2002

Argentines Prepare To Face Fallout of Economic 'D-Day'

BUENOS AIRES, Jan. 5—Enter a bustling, warehouse-style superstore and the first impression is of a coming storm. A 31-year-old music teacher wearing a black Paris Opera T-shirt is stocking up on light bulbs and Diet Coke. A woman, jittery and arguing with her accountant husband, wheels around a cart brimming with enough coffee and beef to last a month. But the line of people at the register—desperate to buy computers, stereos and televisions—is the tip-off that the disaster here is man-made.

With the announcement Friday that Argentina's bankrupt government will devalue the peso and end its decade-old parity with the U.S. dollar, a latent panic began to resurface today, the fear of hyperinflation.

Ten years ago, when annual inflation reached 5,000 percent, people would rush down the aisles of supermarkets, desperate to grab goods before clerks could stamp on higher prices. Imported goods such as computers and VCRs were often scarce or expensive or both. Now, with financial collapse about to break the peso-dollar peg that tamed inflation, Argentina's unprecedented era of monetary stability is coming to an end. And many fear inflation will return.

"I'm broke, but I'm still buying before D-Day—Devaluation Day," said Paula Cardoso, 57, a chain-smoking librarian who picked out a Sony television for $275. She, like so many, feared the prices of imported electronics would be the first to rise. "We had 10 years of stability, but the party is over, my friend. We're going back to the old Argentina. Just you wait."…

Inflation has become part of national mythology, a boogeyman story passed down from generation to generation.

"My father told me all about those years—about getting to the grocery store in the morning because he didn't know what prices would be like after he got out of work," said Jorge Villegas, 22, a college student who spent most of his savings today on a $950 Compaq computer at Carrefour, a French chain similar to Wal-Mart, in the upper-middle class Palermo neighborhood.

"I was going to wait a few months before I bought the computer, but now, I didn't think I could afford to wait," he said.

…

Essence of the Story

► In January 2002, Argentines were stocking up on all types of goods: light bulbs, Diet Coke, coffee, beef, computers, stereos, and televisions.

► The reason was that they feared hyperinflation.

TABLE 1	**A 33-Percent-a-Year Inflation**
Month	**Price of Coffee (dollars per cup)**
January	3.00
February	4.00
March	5.30
April	7.00
May	9.49
June	12.50

The government had announced that it would devalue the peso and end its 10-year-long fixed link with the U.S. dollar.

▶ Ten years earlier, the inflation rate had been 5,000 percent a year.

Economic Analysis

▶ Argentina has long suffered from a high inflation rate.

▶ During the 1970s, its average inflation rate was 130 percent a year. During the 1980s, the inflation rate climbed to an average of 570 percent a year. And in 1989, the inflation rate exceeded 3,000 percent a year.

▶ To appreciate an inflation rate of 3,000 percent a year, translate it to a monthly inflation rate. Every month, on the average, prices rise by 33 percent. Table 1 shows what happens to the price of a coffee that in January was $3.00 a cup. After six months, the price is $12.50!

▶ When people expect prices to rise rapidly, they expect the money they hold to fall in value rapidly. So they spend and hold goods rather than money.

▶ Figure 13 shows the inflation record in Argentina from 1971 through 2001.

▶ During the 1970s and 1980s, when the inflation rate was high, the money growth rate in Argentina was also high—as predicted by the quantity theory of money.

▶ The very high inflation rate of 1989–1990 created a crisis of confidence in the ability of Argentina to achieve a stable value of money.

▶ To instill confidence, the government adopted a U.S. dollar standard. One unit of the national currency was defined to be worth one U.S. dollar.

▶ For a decade, this arrangement kept money growth and inflation in check and Argentina had a stable price level.

▶ But other problems—slow economic growth, a high unemployment rate, and government budget deficits—led the Argentine government to abandon the fixed link with the U.S. dollar in 2001.

▶ With a return to the monetary system of the 1980s, people feared a return to the inflation of the 1980s, so they spent their money on a wide range of goods.

► The increased spending increased the velocity of circulation of money and increased the inflation rate by more than the increase in the money growth rate.

FIGURE 13   Inflation in Argentina

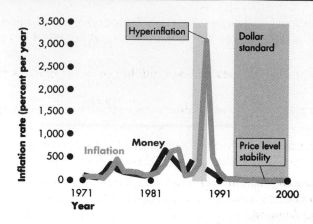

SUMMARY

▶ The quantity of money demanded is the amount of money that people plan to hold.

▶ The quantity of real money equals the quantity of nominal money divided by the price level.

▶ The quantity of real money demanded depends on the interest rate and real GDP. A higher interest rate induces a smaller quantity of real money demanded.

▶ Changes in interest rates achieve equilibrium in the markets for money and financial assets.

▶ Money market equilibrium achieves an interest rate (and an asset price) that makes the quantity of real money available willingly held.

▶ If the quantity of real money is increased by the actions of the Fed, the interest rate falls and the prices of financial assets rise.

▶ When the Fed raises interest rates, investment, consumption expenditure, and net exports decrease and a multiplier effect brings a greater ~~increase~~ decrease in aggregate demand.

▶ When the Fed lowers interest rates, investment, consumption expenditure, and net exports increase and a multiplier effect brings a greater increase in aggregate demand.

▶ An increase in the quantity of money lowers the interest rate, increases interest-sensitive expenditure, and increases aggregate demand.

▶ In the short run, the increase in aggregate demand brings an increase in real GDP and a rise in the price level.

▶ In the long run, an increase in the quantity of money that increases aggregate demand brings a rise in the money wage rate, a decrease in short-run aggregate supply, a rise in the price level, and no change in real GDP.

▶ The quantity theory of money is an alternative way of looking at the long-run relationship between the growth rate of money and the inflation rate.

PRACTICE PROBLEMS FOR READING 25

1. What is the *most likely* effect of financial innovation and increasing real GDP, respectively, on the demand for money?

	Financial Innovation	Increasing Real GDP
A.	Increase	Increase
B.	Increase	Decrease
C.	Decrease	Increase
D.	Decrease	Decrease

2. If the Federal Reserve increases the money supply, the *least likely* short-run effect is a decrease in

   A. interest rates.
   B. imported goods.
   C. investment spending.
   D. the value of the dollar.

3. If an economy is operating at full employment, the *most likely* long-run effect of an increase in the money supply is an increase in

   A. the price level.
   B. potential GDP.
   C. both the price level and potential GDP.
   D. neither the price level nor potential GDP.

INFLATION
by Michael Parkin

LEARNING OUTCOMES

The candidate should be able to:

a. differentiate between inflation and the price level, and calculate an inflation rate;

b. describe and distinguish among the factors resulting in demand-pull and cost-push inflation, and describe the evolution of demand-pull and cost-push inflationary processes;

c. explain the effects of unanticipated inflation in the labor market and the market for financial capital;

d. distinguish between anticipated and unanticipated inflation, and explain the costs of anticipated inflation;

e. explain the impact of inflation on unemployment, and describe the short-run and long-run Phillips curve, including the effect of changes in the natural rate of unemployment;

f. explain the relation among inflation, nominal interest rates, and the demand and supply of money.

FROM ROME TO RIO DE JANEIRO   1

At the end of the third century A.D., Roman Emperor Diocletian struggled to contain an inflation that raised prices by more than 300 percent a year. At the end of the twentieth century, Brazil's president, Fernando Henrique Cardoso, struggled to contain an inflation that hit a rate of 40 percent *per month*—or 5,600 percent a year.

Today, the United States has remarkable price stability, but during the 1970s, the U.S. price level more than doubled—an inflation of more than 100 percent over the decade. Why do inflation rates vary? And why do serious inflations break out from time to time?

Economics, Seventh Edition, by Michael Parkin. Copyright © 2005 by Pearson Education. Reprinted with permission of Pearson Education, publishing as Pearson Addison Wesley.

Will inflation increase so our savings buy less? Or will inflation decrease so our debts are harder to repay? To make good decisions, we need good forecasts of inflation, and not for just next year but for many years into the future. How do people try to forecast inflation? And how do expectations of inflation influence the economy?

Does the Fed face a tradeoff between inflation and unemployment? And does a low unemployment rate signal a rising inflation rate? How does inflation affect the interest rate?

We'll answer these questions in this reading. We'll begin by reviewing what inflation is and how it is measured. And we'll end, in *Reading between the Lines*, by returning to links between inflation and unemployment in the United States today.

2   INFLATION AND THE PRICE LEVEL

We don't have much inflation today, but during the 1970s, inflation was a major problem. **Inflation** is a process in which the *price level is rising* and *money is losing value.*

If the price level rises persistently, then people need more and more money to make transactions. Incomes rise, so firms must pay out more in wages and other payments to owners of factors of production. And prices rise, so consumers must take more money with them when they go shopping. But the value of money gets smaller and smaller.

A change in one price is not inflation. For example, if the price of a hot dog jumps to $25 and all other money prices fall slightly so that the price level remains constant, there is no inflation. Instead, the relative price of a hot dog has increased. If the price of a hot dog and all other prices rise by a similar percentage, there is inflation.

But a one-time jump in the price level is not inflation. Instead, inflation is an ongoing *process.* Figure 1 illustrates this distinction. The straight line shows the

"I told you the Fed should have tightened."

"I told you the Fed should have tightened."

FIGURE 1   Inflation versus a One-Time Rise in the Price Level

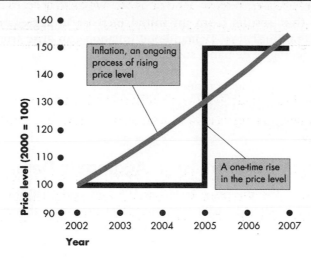

Along the straight line, an economy experiences inflation because the price level is rising persistently. Along the angled line, an economy experiences a one-time rise in the price level.

price level rising continuously. That is inflation. The angled line shows a one-time jump in the price level. This economy is not experiencing inflation. Its price level is constant most of the time.

Inflation is a serious problem, and preventing inflation is the main task of monetary policy and the actions of the Fed. We are going to learn how inflation arises and see how we can avoid the situation shown in the cartoon. But first, let's see how we calculate the inflation rate.

To measure the inflation *rate*, we calculate the annual percentage change in the price level. For example, if this year's price level is 126 and last year's price level was 120, the inflation rate is

$$\text{Inflation rate} = \frac{126 - 120}{120} \times 100$$

$$= 5 \text{ percent per year}$$

This equation shows the connection between the *inflation rate* and the *price level.* For a given price level last year, the higher the price level in the current year, the higher is the inflation rate. If the price level is *rising*, the inflation rate is *positive*. If the price level rises at a *faster* rate, the inflation rate *increases*. Also, the higher the new price level, the lower is the value of money and the higher is the inflation rate.

Inflation can result from either an increase in aggregate demand or a decrease in aggregate supply. These two sources of impulses are called:

▶ demand-pull
▶ cost-push

We'll first study a **demand-pull inflation.**

3   DEMAND-PULL INFLATION

An inflation that results from an initial increase in aggregate demand is called demand-pull inflation. Demand-pull inflation can arise from *any* factor that increases aggregate demand, such as an:

1. increase in the quantity of money
2. increase in government purchases
3. increase in exports

Initial Effect of an Increase in Aggregate Demand

Suppose that last year the price level was 105 and real GDP was $10 trillion. Potential GDP was also $10 trillion. Figure 2(a) illustrates this situation. The aggregate demand curve is AD_0, the short-run aggregate supply curve is SAS_0, and the long-run aggregate supply curve is *LAS*.

In the current year, aggregate demand increases to AD_1. Such a situation arises if, for example, the Fed loosens its grip on the quantity of money, or the government increases its purchases of goods and services, or exports increase.

With no change in potential GDP, and with no change in the money wage rate, the long-run aggregate supply curve and the short-run aggregate supply curve remain at *LAS* and SAS_0, respectively.

The price level and real GDP are determined at the point where the aggregate demand curve AD_1 intersects the short-run aggregate supply curve. The price level rises to 108, and real GDP increases above potential GDP to $10.5 trillion. The economy experiences a 2.9 percent rise in the price level (a price level of 108 compared with 105 in the previous year) and a rapid expansion of real

FIGURE 2   A Demand-Pull Rise in the Price Level

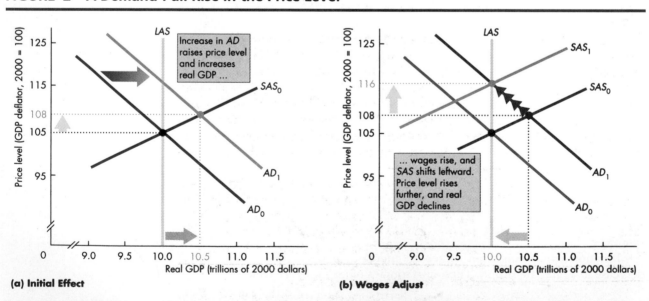

(a) Initial Effect

(b) Wages Adjust

In part (a), the aggregate demand curve is AD_0, the short-run aggregate supply curve is SAS_0, and the long-run aggregate supply curve is *LAS*. The price level is 105, and real GDP is $10 trillion, which equals potential GDP. Aggregate demand increases to AD_1. The price level rises to 108, and real GDP increases to $10.5 trillion. In part (b), starting from above full employment, the money wage rate begins to rise and the short-run aggregate supply curve shifts leftward toward SAS_1. The price level rises further, and real GDP returns to potential GDP.

GDP. Unemployment falls below its natural rate. The next step in the unfolding story is a rise in the money wage rate.

Money Wage Rate Response

Real GDP cannot remain above potential GDP forever. With unemployment below its natural rate, there is a shortage of labor. In this situation, the money wage rate begins to rise. As it does so, short-run aggregate supply decreases and the *SAS* curve starts to shift leftward. The price level rises further, and real GDP begins to decrease.

With no further change in aggregate demand—that is, the aggregate demand curve remains at AD_1—this process ends when the short-run aggregate supply curve has shifted to SAS_1 in Fig. 2(b). At this time, the price level has increased to 116 and real GDP has returned to potential GDP of \$10 trillion, the level from which it started.

A Demand-Pull Inflation Process

The process we've just studied eventually ends when, for a given increase in aggregate demand, the money wage rate has adjusted enough to restore the real wage rate to its full-employment level. We've studied a one-time rise in the price level like that described in Fig. 1. For inflation to proceed, aggregate demand must persistently increase.

The only way in which aggregate demand can persistently increase is if the quantity of money persistently increases. Suppose the government has a budget deficit that it finances by selling bonds. Also suppose that the Fed buys some of these bonds. When the Fed buys bonds, it creates more money. In this situation, aggregate demand increases year after year. The aggregate demand curve keeps shifting rightward. This persistent increase in aggregate demand puts continual upward pressure on the price level. The economy now experiences demand-pull inflation.

Figure 3 illustrates the process of demand-pull inflation. The starting point is the same as that shown in Fig. 2. The aggregate demand curve is AD_0, the short-run aggregate supply curve is SAS_0, and the long-run aggregate supply curve is *LAS*. Real GDP is \$10 trillion, and the price level is 105. Aggregate demand increases, shifting the aggregate demand curve to AD_1. Real GDP increases to \$10.5 trillion, and the price level rises to 108. The economy is at an above full-employment equilibrium. There is a shortage of labor, and the money wage rate rises. The short-run aggregate supply curve shifts to SAS_1. The price level rises to 116, and real GDP returns to potential GDP.

But the Fed increases the quantity of money again, and aggregate demand continues to increase. The aggregate demand curve shifts rightward to AD_2. The price level rises further to 120, and real GDP again exceeds potential GDP at \$10.5 trillion. Yet again, the money wage rate rises and decreases short-run aggregate supply. The *SAS* curve shifts to SAS_2, and the price level rises further, to 128. As the quantity of money continues to grow, aggregate demand increases and the price level rises in an ongoing demand-pull inflation process.

The process you have just studied generates inflation—an ongoing process of a rising price level.

Demand-Pull Inflation in Kalamazoo   You may better understand the inflation process that we've just described by considering what is going on in an individual part of the economy, such as a Kalamazoo soda-bottling plant. Initially, when

✳ FIGURE 3   A Demand-Pull Inflation Spiral

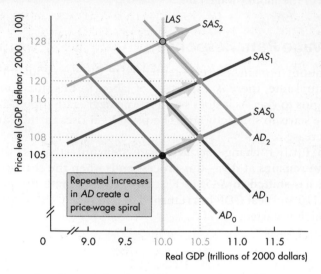

Each time the quantity of money increases, aggregate demand increases, and the aggregate demand curve shifts rightward from AD_0 to AD_1 to AD_2, and so on. Each time real GDP goes above potential GDP, the money wage rate rises and the short-run aggregate supply curve shifts leftward from SAS_0 to SAS_1 to SAS_2, and so on. The price level rises from 105 to 108, 116, 120, 128, and so on. There is a perpetual demand-pull inflation. Real GDP fluctuates between \$10 trillion and \$10.5 trillion.

aggregate demand increases, the demand for soda increases and the price of soda rises. Faced with a higher price, the soda plant works overtime and increases production. Conditions are good for workers in Kalamazoo, and the soda factory finds it hard to hang onto its best people. To do so, it offers a higher money wage rate. As the wage rate rises, so do the soda factory's costs.

What happens next depends on what happens to aggregate demand. If aggregate demand remains constant (as in Fig. 2b), the firm's costs are increasing, but the price of soda is not increasing as quickly as its costs. Production is scaled back. Eventually, the money wage rate and costs increase by the same percentage as the rise in the price of soda. In real terms, the soda factory is in the same situation as it was initially—before the increase in aggregate demand. The plant produces the same amount of soda and employs the same amount of labor as before the increase in demand.

But if aggregate demand continues to increase, so does the demand for soda and the price of soda rises at the same rate as wages. The soda factory continues to operate above full employment, and there is a persistent shortage of labor. Prices and wages chase each other upward in an unending spiral.

Demand-Pull Inflation in the United States   A demand-pull inflation like the one you've just studied occurred in the United States during the 1960s. In 1960, inflation was a moderate 2 percent a year, but its rate increased slowly to 3 percent by 1966. Then, in 1967, a large increase in government purchases on the Vietnam War and an increase in spending on social programs, together with an increase in the growth rate of the quantity of money, increased aggregate demand more quickly. Consequently, the rightward shift of the aggregate demand curve speeded up and the price level increased more quickly. Real

GDP moved above potential GDP, and the unemployment rate fell below its natural rate.

With unemployment below its natural rate, the money wage rate started to rise more quickly and the short-run aggregate supply curve shifted leftward. The Fed responded with a further increase in the money growth rate, and a demand-pull inflation spiral unfolded. By 1970, the inflation rate had reached 5 percent a year.

For the next few years, aggregate demand grew even more quickly and the inflation rate kept rising. By 1975, the inflation rate had almost reached 10 percent a year.

Next, let's see how shocks to aggregate supply can create cost-push inflation.

COST-PUSH INFLATION 4

An inflation that results from an initial increase in costs is called cost-push inflation. The two main sources of increases in costs are:

1. an increase in money wage rates
2. an increase in the money prices of raw materials

At a given price level, the higher the cost of production, the smaller is the amount that firms are willing to produce. So if money wage rates rise or if the prices of raw materials (for example, oil) rise, firms decrease their supply of goods and services. Aggregate supply decreases, and the short-run aggregate supply curve shifts leftward.[1] Let's trace the effects of such a decrease in short-run aggregate supply on the price level and real GDP.

Initial Effect of a Decrease in Aggregate Supply

Suppose that last year the price level was 105 and real GDP was $10 trillion. Potential real GDP was also $10 trillion. Figure 4 illustrates this situation. The aggregate demand curve was AD_0, the short-run aggregate supply curve was SAS_0, and the long-run aggregate supply curve was LAS. In the current year, the world's oil producers form a price-fixing organization that strengthens their market power and increases the relative price of oil. They raise the price of oil, and this action decreases short-run aggregate supply. The short-run aggregate supply curve shifts leftward to SAS_1. The price level rises to 112, and real GDP decreases to $9.5 trillion. The combination of a rise in the price level and a fall in real GDP is called *stagflation.*

This event is a one-time rise in the price level, like that in Fig. 1. It is not inflation. In fact, a supply shock on its own cannot cause inflation. Something more must happen to enable a one-time supply shock, which causes a one-time rise in the price level, to be converted into a process of money growth and ongoing inflation. The quantity of money must persistently increase. And it often does increase, as you will now see.

---

[1] Some cost-push forces, such as an increase in the price of oil accompanied by a decrease in the availability of oil, can also decrease long-run aggregate supply. We'll ignore such effects here and examine cost-push factors that change only short-run aggregate supply.

FIGURE 4   A Cost-Push Rise in the Price Level

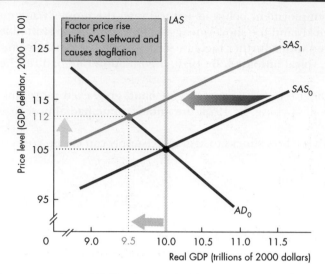

Initially, the aggregate demand curve is AD_0, the short-run aggregate supply curve is SAS_0, and the long-run aggregate supply curve is LAS. A decrease in aggregate supply (for example, resulting from a rise in the world price of oil) shifts the short-run aggregate supply curve to SAS_1. The economy moves to the point where the short-run aggregate supply curve SAS_1 intersects the aggregate demand curve AD_0. The price level rises to 112, and real GDP decreases to \$9.5 trillion. The economy experiences stagflation.

Aggregate Demand Response

When real GDP falls, unemployment rises above its natural rate. In such a situation, there is usually an outcry of concern and a call for action to restore full employment. Suppose that the Fed increases the quantity of money. Aggregate demand increases. In Fig. 5, the aggregate demand curve shifts rightward to AD_1. The increase in aggregate demand has restored full employment. But the price level rises further to 116.

A Cost-Push Inflation Process

The oil producers now see the prices of everything that they buy is increasing. So they increase the price of oil again to restore its new high relative price. Figure 6 continues the story.

The short-run aggregate supply curve now shifts to SAS_2, and another bout of stagflation ensues. The price level rises further, to 124, and real GDP decreases to \$9.5 trillion. Unemployment increases above its natural rate. If the Fed responds yet again with an increase in the quantity of money, aggregate demand increases and the aggregate demand curve shifts to AD_2. The price level rises even higher—to 128—and full employment is again restored. A cost-push inflation spiral results. But if the Fed does not respond, the economy remains below full employment.

You can see that the Fed has a dilemma. If it increases the quantity of money to restore full employment, it invites another oil price hike that will call forth yet a further increase in the quantity of money.

FIGURE 5   Aggregate Demand Response to Cost-Push

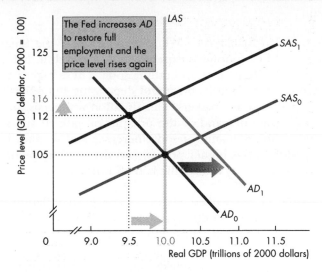

Following a cost-push increase in the price level, real GDP is below potential GDP and unemployment is above its natural rate. If the Fed responds by increasing aggregate demand to restore full employment, the aggregate demand curve shifts rightward to AD_1. The economy returns to full employment but the price level rises to 116.

FIGURE 6   A Cost-Push Inflation Spiral

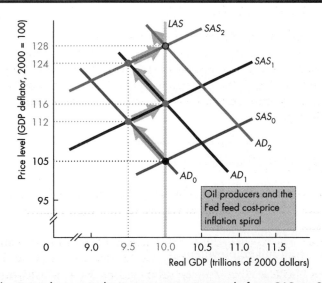

When a cost increase decreases short-run aggregate supply from SAS_0 to SAS_1, the price level rises to 112 and real GDP decreases to $9.5 trillion. The Fed responds with an increase in the quantity of money. The aggregate demand curve shifts from AD_0 to AD_1, the price level rises to 116, and real GDP returns to $10 trillion. A further cost increase occurs, which shifts the short-run aggregate supply curve again, this time to SAS_2. Stagflation is repeated, and the price level rises to 124. The Fed responds again, and the cost-price inflation spiral continues.

Inflation will rage along at a rate decided by the oil-exporting nations. If the Fed keeps the lid on money growth, the economy operates with a high level of unemployment.

Cost-Push Inflation in Kalamazoo   What is going on in the Kalamazoo soda-bottling plant when the economy is experiencing cost-push inflation? When the oil price increases, so do the costs of bottling soda. These higher costs decrease the supply of soda, increasing its price and decreasing the quantity produced. The soda plant lays off some workers. This situation will persist until either the Fed increases aggregate demand or the price of oil falls. If the Fed increases aggregate demand, the demand for soda increases and so does its price. The higher price of soda brings higher profits, and the bottling plant increases its production. The soda factory rehires the laid-off workers.

Cost-Push Inflation in the United States   A cost-push inflation like the one you've just studied occurred in the United States during the 1970s. It began in 1974 when the Organization of Petroleum Exporting Countries (OPEC) raised the price of oil fourfold. The higher oil price decreased aggregate supply, which caused the price level to rise more quickly and real GDP to shrink. The Fed then faced a dilemma: Would it increase the quantity of money and accommodate the cost-push forces, or would it keep aggregate demand growth in check by limiting money growth? In 1975, 1976, and 1977, the Fed repeatedly allowed the quantity of money to grow quickly and inflation proceeded at a rapid rate. In 1979 and 1980, OPEC was again able to push oil prices higher. On that occasion, the Fed decided not to respond to the oil price hike with an increase in the quantity of money. The result was a recession but also, eventually, a fall in inflation.

5   EFFECTS OF INFLATION

Regardless of whether inflation is demand-pull or cost-push, the failure to correctly *anticipate* it results in unintended consequences. These unintended consequences impose costs in both labor markets and capital markets. Let's examine these costs.

Unanticipated Inflation in the Labor Market

Unanticipated inflation has two main consequences for the operation of the labor market:

- ▶ redistribution of income
- ▶ departure from full employment

Redistribution of Income   Unanticipated inflation redistributes income between employers and workers. Sometimes employers gain at the expense of workers, and sometimes they lose. If an unexpected increase in aggregate demand increases the inflation rate, then the money wage rate will not have been set high enough. Profits will be higher than expected, and real wages will buy fewer goods than expected. In this case, employers gain at the expense of workers. But if aggregate demand is expected to increase at a rapid rate and it fails to do so, workers gain at the expense of employers. With a high inflation rate anticipated, the money wage rate is set too high and profits are squeezed.

Redistribution between employers and workers creates an incentive for both firms and workers to try to forecast inflation correctly.

Departures from Full Employment   Redistribution brings gains to some and losses to others. But departures from full employment impose costs on everyone. To see why, let's return to the soda-bottling plant.

If the bottling plant and its workers do not anticipate inflation but inflation occurs, the money wage rate does not rise to keep up with inflation. The real wage rate falls, and the firm tries to hire more labor and increase production. But because the real wage rate has fallen, the firm has a hard time attracting the labor it wants to employ. It pays overtime rates to its existing work force, and because it runs its plant at a faster pace, it incurs higher plant maintenance and parts replacement costs. But also, because the real wage rate has fallen, workers begin to quit the bottling plant to find jobs that pay a real wage rate that is closer to one that prevailed before the outbreak of inflation. This labor turnover imposes additional costs on the firm. So even though its production increases, the firm incurs additional costs and its profits do not increase as much as they otherwise would. The workers incur additional costs of job search, and those who remain at the bottling plant wind up feeling cheated. They've worked overtime to produce the extra output, and when they come to spend their wages, they discover that prices have increased so their wages buy a smaller quantity of goods and services than expected.

If the bottling plant and its workers anticipate a high inflation rate that does not occur, they increase the money wage rate by too much and the real wage rate rises. At the higher real wage rate, the firm lays off some workers and the unemployment rate increases. The workers who keep their jobs gain, but those who become unemployed lose. Also, the bottling plant loses because its output and profits fall.

Unanticipated Inflation in the Market for Financial Capital

Unanticipated inflation has two consequences for the operation of the market for financial capital:

- ► redistribution of income
- ► too much or too little lending and borrowing

Redistribution of Income   Unanticipated inflation redistributes income <u>between borrowers and lenders.</u> Sometimes borrowers gain at the expense of lenders, and sometimes they lose. When inflation is unexpected, interest rates are not set high enough to compensate lenders for the falling value of money. In this case, borrowers gain at the expense of lenders. But if inflation is expected and then fails to occur, interest rates are set too high. In this case, lenders gain at the expense of borrowers. Redistributions of income between borrowers and lenders create an incentive for both groups to try to forecast inflation correctly.

Too Much or Too Little Lending and Borrowing   If the inflation rate turns out to be either higher or lower than expected, the interest rate does not incorporate a correct allowance for the falling value of money and the real interest rate is either lower or higher than it otherwise would be. When the real interest rate turns out to be too low, which occurs when inflation is *higher* than expected, borrowers wish they had borrowed more and lenders wish they had lent less. Both groups would have made different lending and borrowing decisions with greater foresight about the inflation rate. When the real interest rate turns out to be too high, which occurs when inflation is *lower* than expected, borrowers wish they had borrowed less and lenders wish they had lent more. Again, both groups would have made different lending and borrowing decisions with greater foresight about the inflation rate.

So unanticipated inflation imposes costs regardless of whether the inflation turns out to be higher or lower than anticipated. The presence of these costs gives everyone an incentive to forecast inflation correctly. Let's see how people go about this task.

Forecasting Inflation

Inflation is difficult to forecast for two reasons. First, there are several sources of inflation—the demand-pull and cost-push sources you've just studied. Second, the speed with which a change in either aggregate demand or aggregate supply translates into a change in the price level varies. This speed of response also depends on the extent to which the inflation is anticipated, as you will see below.

Because inflation is costly and difficult to forecast, people devote considerable resources to improving inflation forecasts. Some people specialize in forecasting, and others buy forecasts from specialists. The specialist forecasters are economists who work for public and private macroeconomic forecasting agencies and for banks, insurance companies, labor unions, and large corporations. The returns these specialists make depend on the quality of their forecasts, so they have a strong incentive to forecast as accurately as possible. The most accurate forecast possible is the one that is based on all the relevant information and is called a rational expectation.

A rational expectation is not necessarily a correct forecast. It is simply the best forecast available. It will often turn out to be wrong, but no other forecast that could have been made with the information available could be predicted to be better.

You've seen the effects of inflation when people fail to anticipate it. And you've seen why it pays to try to anticipate inflation. Let's now see what happens if inflation is correctly anticipated.

Anticipated Inflation

In the demand-pull and cost-push inflations that we studied earlier, the money wage rate is sticky. When aggregate demand increases, either to set off a demand-pull inflation or to accommodate cost-push inflation, the money wage rate does not change immediately. But if people correctly anticipate increases in aggregate demand, they will adjust the money wage rate so as to keep up with anticipated inflation.

In this case, inflation proceeds with real GDP equal to potential GDP and unemployment at its natural rate. Figure 7 explains why. Suppose that last year the price level was 105 and real GDP was $10 trillion, which is also potential GDP. The aggregate demand curve was AD_0, the aggregate supply curve was SAS_0, and the long-run aggregate supply curve was LAS.

Suppose that potential GDP does not change, so the LAS curve does not shift. Also suppose that aggregate demand is expected to increase and that the expected aggregate demand curve for this year is AD_1. In anticipation of this increase in aggregate demand, the money wage rate rises and the short-run aggregate supply curve shifts leftward. If the money wage rate rises by the same percentage as the price level rises, the short-run aggregate supply curve for next year is SAS_1.

If aggregate demand turns out to be the same as expected, the aggregate demand curve is AD_1. The short-run aggregate supply curve, SAS_1, and AD_1 determine the actual price level at 116. Between last year and this year, the price level increased from 105 to 116 and the economy experienced an inflation rate of 10 percent, the same as the inflation rate that was anticipated. If this anticipated inflation is ongoing, in the following year aggregate demand increases (as anticipated) and the aggregate demand curve shifts to AD_2. The money wage rate rises to reflect the anticipated inflation, and the short-run aggregate supply curve shifts to SAS_2. The price level rises by a further 10 percent to 128.

What has caused this inflation? The immediate answer is that because people expected inflation, the wage rate was increased and prices increased. But the expectation was correct. Aggregate demand was expected to increase, and it did increase. Because aggregate demand was *expected* to increase from AD_0 to AD_1, the short-run aggregate supply curve shifted from SAS_0 to SAS_1. Because aggregate demand actually did increase by the amount that was expected, the actual aggregate demand curve shifted from AD_0 to AD_1. The combination of the anticipated and actual shifts of the aggregate demand curve rightward produced an increase in the price level that was anticipated.

Only if aggregate demand growth is correctly forecasted does the economy follow the course described in Fig. 7. If the expected growth rate of aggregate demand is different from its actual growth rate, the expected aggregate demand curve shifts by an amount that is different from the actual aggregate demand curve. The inflation rate departs from its expected level, and to some extent, there is unanticipated inflation.

Unanticipated Inflation

When aggregate demand increases by *more* than expected, there is some unanticipated inflation that looks just like the demand-pull inflation that you studied earlier. Some inflation is expected, and the money wage rate is set to reflect that expectation. The SAS curve intersects the LAS curve at the expected price level. Aggregate demand then increases, but by more than expected. So the AD curve intersects the SAS curve at a level of real GDP that exceeds potential GDP. With real GDP above potential GDP and unemployment below its natural rate, the money wage rate rises. So the price level rises further. If aggregate demand increases again, a demand-pull inflation spiral unwinds.

When aggregate demand increases by *less* than expected, there is some unanticipated inflation that looks like the cost-push inflation that you studied earlier. Again, some inflation is expected, and the money wage rate is set to reflect that expectation. The SAS curve intersects the LAS curve at the expected price level. Aggregate demand then increases, but by less than expected. So the AD curve intersects the SAS curve at a level of real GDP below potential GDP. Aggregate demand increases to restore full employment. But if aggregate demand is expected to increase by more than it actually does, the money wage rate again rises, short-run aggregate supply again decreases, and a cost-push spiral unwinds.

We've seen that only when inflation is unanticipated does real GDP depart from potential GDP. When inflation is anticipated, real GDP remains at potential GDP. Does this mean that an anticipated inflation has no costs?

FIGURE 7   Anticipated Inflation

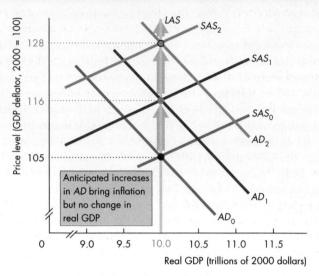

Potential real GDP is $10 trillion. Last year, aggregate demand was AD_0, and the short-run aggregate supply curve was SAS_0. The actual price level was the same as the expected price level—105. This year, aggregate demand is expected to increase to AD_1. The rational expectation of the price level changes from 105 to 116. As a result, the money wage rate rises and the short-run aggregate supply curve shifts to SAS_1. If aggregate demand actually increases as expected, the actual aggregate demand curve AD_1 is the same as the expected aggregate demand curve. Real GDP is $10 trillion and the actual price level is 116. The inflation is correctly anticipated. Next year, the process continues with aggregate demand increasing as expected to AD_2 and the money wage rate rising to shift the short-run aggregate supply curve to SAS_2. Again, real GDP remains at $10 trillion, and the price level rises, as anticipated, to 128.

The Costs of Anticipated Inflation

The costs of an anticipated inflation depend on its rate. At a moderate rate of 2 or 3 percent a year, the cost is probably small. But as the anticipated inflation rate rises, so does its cost, and an anticipated inflation at a rapid rate can be extremely costly.

Anticipated inflation decreases potential GDP and slows economic growth. These adverse consequences arise for three major reasons:

▶ transactions costs
▶ tax effects
▶ increased uncertainty

Transactions Costs   The first transactions costs are known as the "shoe leather costs." These are costs that arise from an increase in the velocity of circulation of money and an increase in the amount of running around that people do to try to avoid incurring losses from the falling value of money.

When money loses value at a rapid anticipated rate, it does not function well as a store of value and people try to avoid holding money. They spend their incomes as soon as they receive them, and firms pay out incomes—wages and dividends—as soon as they receive revenue from their sales. The velocity of circulation increases. During the 1920s in Germany, when inflation reached *hyperinflation* levels (rates more than 50 percent a month), wages were paid and spent twice in a single day!

The range of estimates of the shoe leather costs is large. Some economists put them at close to zero. Others estimate them to be as much as 2 percent of GDP for a 10 percent inflation. For a rapid inflation, these costs are much more.

The shoe leather costs of inflation are just one of several transactions costs that are influenced by the inflation rate. At high anticipated inflation rates, people seek alternatives to money as means of payment and use tokens and commodities or even barter, all of which are less efficient than money as a means of payment. For example, when inflation reached 1,000 percent a year in Israel during the 1980s, the U.S. dollar started to replace the increasingly worthless shekel. Consequently, people had to keep track of the exchange rate between the shekel and the dollar hour by hour and had to engage in many additional and costly transactions in the foreign exchange market.

Because anticipated inflation increases transactions costs, it diverts resources from producing goods and services and it decreases potential GDP. The faster the anticipated inflation rate, the greater is the decrease in potential GDP and the farther leftward the *LAS* curve shifts.

Tax Consequences   Anticipated inflation interacts with the tax system and creates serious distortions in incentives. Its major effect is on real interest rates.

Anticipated inflation swells the dollar returns on investments. But dollar returns are taxed, so the effective tax rate rises. This effect becomes serious at even modest inflation rates. Let's consider an example.

Suppose the real interest rate is 4 percent a year and the tax rate is 50 percent. With no inflation, the nominal interest rate is also 4 percent a year and 50 percent of this rate is taxable. The real *after-tax* interest rate is 2 percent a year (50 percent of 4 percent). Now suppose the inflation rate is 4 percent a year and the nominal interest rate is 8 percent a year. (See p. 420.) The *after-tax* nominal rate is 4 percent a year (50 percent of 8 percent). Now subtract the 4 percent inflation rate from this amount, and you see that the *after-tax real interest rate* is zero! The true tax rate on interest income is 100 percent.

The higher the inflation rate, the higher is the effective tax rate on income from capital. And the higher the tax rate, the higher is the interest rate paid by borrowers and the lower is the after-tax interest rate received by lenders.

With a low after-tax real interest rate, the incentive to save is weakened and the saving rate falls. With a high cost of borrowing, the amount of investment decreases. And with a fall in saving and investment, the pace of capital accumulation slows and so does the long-term growth rate of real GDP.

Increased Uncertainty   When the inflation rate is high, there is increased uncertainty about the long-term inflation rate. Will inflation remain high for a long time, or will price stability be restored? This increased uncertainty makes long-term planning difficult and gives people a shorter-term focus. Investment falls, and so the growth rate slows.

But this increased uncertainty also misallocates resources. Instead of concentrating on the activities at which they have a **comparative advantage**, people find it more profitable to search for ways of avoiding the losses that inflation inflicts. As a result, creative people who might otherwise work on productive innovations work on finding ways of profiting from the inflation instead.

The implications of inflation for economic growth have been estimated to be enormous. Peter Howitt of Brown University, building on work by Robert Barro of Harvard University, has estimated that if inflation is lowered from 3 percent a year to zero, the growth rate of real GDP will rise by between 0.06 and 0.09 percentage point a year. These numbers might seem small, but they are growth rates. After 30 years, real GDP would be 2.3 percent higher and the present value of all the future output would be 85 percent of current GDP—$8.5 trillion! In the rapid anticipated inflations of Brazil and Russia, the costs are much greater than the numbers given here.

You've seen that an increase in aggregate demand that is not fully anticipated increases both the price level and real GDP. It also decreases unemployment. Similarly, a decrease in aggregate demand that is not fully anticipated decreases the price level and real GDP. It also increases unemployment. Do these relationships mean that there is a tradeoff between inflation and unemployment? Does low unemployment always bring inflation and does low inflation bring high unemployment? We explore these questions.

6   INFLATION AND UNEMPLOYMENT: THE PHILLIPS CURVE

The aggregate supply–aggregate demand model focuses on the price level and real GDP. Knowing how these two variables change, we can work out what happens to the inflation rate and the unemployment rate. But the model does not place inflation and unemployment at center stage.

A more direct way of studying inflation and unemployment uses a relationship called the Phillips curve. The Phillips curve approach uses the same basic ideas as the *AS-AD* model, but it focuses directly on inflation and unemployment. The Phillips curve is so named because New Zealand economist A.W. Phillips popularized it. A Phillips curve shows the relationship between inflation and unemployment. There are two time frames for Phillips curves:

► the short-run Phillips curve
► the long-run Phillips curve

The Short-Run Phillips Curve

The short-run Phillips curve shows the relationship between inflation and unemployment, holding constant:

1. the expected inflation rate
2. the natural unemployment rate

You've just seen what determines the expected inflation rate.

Figure 8 shows a short-run Phillips curve, *SRPC*. Suppose that the expected inflation rate is 10 percent a year and the natural rate of unemployment is 6 percent, point *A* in the figure. A short-run Phillips curve passes through this point. If inflation rises above its expected rate, unemployment falls below its natural rate. This joint movement in the inflation rate and the unemployment rate is illustrated as a movement up along the short-run Phillips curve from point *A* to point *B* in the figure. Similarly, if inflation falls below its expected rate, unemployment rises above its natural rate. In this case, there is movement down along the short-run Phillips curve from point *A* to point *C*.

This negative relationship between inflation and unemployment along the short-run Phillips curve is explained by the aggregate supply–aggregate demand

FIGURE 8   A Short-Run Phillips Curve

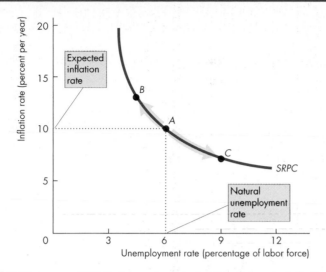

The short-run Phillips curve (*SRPC*) shows the relationship between inflation and unemployment at a given expected inflation rate and a given natural unemployment rate. With an expected inflation rate of 10 percent a year and a natural unemployment rate of 6 percent, the short-run Phillips curve passes through point *A*. An unanticipated increase in aggregate demand lowers unemployment and increases inflation—a movement up the short-run Phillips curve. An unanticipated decrease in aggregate demand increases unemployment and lowers inflation—a movement down the short-run Phillips curve.

model. Figure 9 shows the connection between the two approaches. Initially, the aggregate demand curve is *AD*$_0$, the short-run aggregate supply curve is *SAS*$_0$, and the long-run aggregate supply curve is *LAS*. Real GDP is $10 trillion, and the price level is 100. Aggregate demand is expected to increase, and the aggregate demand curve is expected to shift rightward to *AD*$_1$. Anticipating this increase in aggregate demand, the money wage rate rises, which shifts the short-run aggregate supply curve to *SAS*$_1$. What happens to actual inflation and real GDP depends on the *actual* change in aggregate demand.

First, suppose that aggregate demand actually increases by the amount expected, so the aggregate demand curve shifts to *AD*$_1$. The price level rises from 100 to 110, and the inflation rate is an anticipated 10 percent a year. Real GDP remains at potential GDP, and unemployment remains at its natural rate—6 percent. The economy moves to point *A* in Fig. 9, and it can equivalently be described as being at point *A* on the short-run Phillips curve in Fig. 8.

Alternatively, suppose that aggregate demand is expected to increase to *AD*$_1$ but actually increases by more than expected, to *AD*$_2$. The price level now rises to 113, a 13 percent inflation rate. Real GDP increases above potential GDP, and unemployment falls below its natural rate. We can now describe the economy as moving to point *B* in Fig. 9 or as being at point *B* on the short-run Phillips curve in Fig. 8.

Finally, suppose that aggregate demand is expected to increase to *AD*$_1$ but actually remains at *AD*$_0$. The price level now rises to 107, a 7 percent inflation rate. Real GDP falls below potential GDP, and unemployment rises above its natural rate. We can now describe the economy as moving to point *C* in Fig. 9 or as being at point *C* on the short-run Phillips curve in Fig. 8.

FIGURE 9   *AS-AD* and the Short-Run Phillips Curve

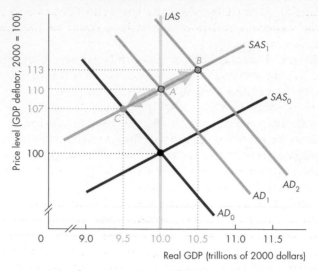

If aggregate demand is expected to increase and shift the aggregate demand curve from AD_0 to AD_1, then the money wage rate rises by an amount that shifts the short-run aggregate supply curve from SAS_0 to SAS_1. The price level rises to 110, a 10 percent rise, and the economy is at point *A* in this figure and at point *A* on the short-run Phillips curve in Fig. 8. If, with the same expectations, aggregate demand increases and shifts the aggregate demand curve from AD_0 to AD_2, the price level rises to 113, a 13 percent rise, and the economy is at point *B* in this figure and at point *B* on the short-run Phillips curve in Fig. 8. If, with the same expectations, aggregate demand does not change, the price level rises to 107, a 7 percent rise, and the economy is at point *C* in this figure and at point *C* on the short-run Phillips curve in Fig. 8.

The short-run Phillips curve is like the short-run aggregate supply curve. A movement along the *SAS* curve that brings a higher price level and an increase in real GDP is equivalent to a movement along the short-run Phillips curve that brings an increase in the inflation rate and a decrease in the unemployment rate. (Similarly, a movement along the *SAS* curve that brings a lower price level and a decrease in real GDP is equivalent to a movement along the short-run Phillips curve that brings a decrease in the inflation rate and an increase in the unemployment rate.)

The Long-Run Phillips Curve

The **long-run Phillips curve** shows the relationship between inflation and unemployment when the actual inflation rate equals the expected inflation rate. The long-run Phillips curve is vertical at the natural unemployment rate. In Fig. 10, it is the vertical line *LRPC*. The long-run Phillips curve tells us that any anticipated inflation rate is possible at the natural unemployment rate. This proposition is consistent with the *AS-AD* model, which predicts that when inflation is anticipated, real GDP equals potential GDP and unemployment is at its natural rate.

When the expected inflation rate changes, the short-run Phillips curve shifts but the long-run Phillips curve does not shift. If the expected inflation rate is 10 percent a year, the short-run Phillips curve is $SRPC_0$. If the expected inflation rate falls to 7 percent a year, the short-run Phillips curve shifts downward to $SRPC_1$. The distance by which the short-run Phillips curve shifts downward when the expected inflation rate falls is equal to the change in the expected inflation rate.

To see why the short-run Phillips curve shifts when the expected inflation rate changes, let's do a thought experiment. There is full employment, and a 10 percent a year anticipated inflation is raging. The Fed now begins an attack on inflation by slowing money growth. Aggregate demand growth slows, and the inflation rate falls to 7 percent a year. At first, this decrease in inflation is *un*anticipated, so the money wage rate continues to rise at its original rate. The short-run aggregate supply curve shifts leftward at the same pace as before. Real GDP decreases, and unemployment increases. In Fig. 10, the economy moves from point A to point C on $SRPC_0$.

If the actual inflation rate remains steady at 7 percent a year, this rate eventually comes to be expected. As this happens, wage growth slows and the short-run aggregate supply curve shifts leftward less quickly. Eventually, it shifts leftward at the same pace at which the aggregate demand curve is shifting rightward. The actual inflation rate equals the expected inflation rate, and full employment is restored. Unemployment is back at its natural rate. In Fig. 10, the short-run Phillips curve has shifted from $SRPC_0$ to $SRPC_1$ and the economy is at point D.

An increase in the expected inflation rate has the opposite effect to that shown in Fig. 10. Another important source of shifts in the Phillips curve is a change in the natural rate of unemployment.

FIGURE 10   Short-Run and Long-Run Phillips Curves

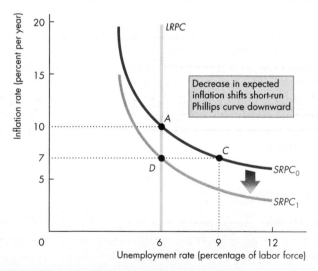

The long-run Phillips curve is *LRPC*. A fall in expected inflation from 10 percent a year to 7 percent a year shifts the short-run Phillips curve downward from $SRPC_0$ and $SRPC_1$. The new short-run Phillips curve intersects the long-run Phillips curve at the new expected inflation rate—point *D*. With the original expected inflation rate (of 10 percent a year), a fall in the actual inflation rate to 7 percent a year increases the unemployment rate to 9 percent, at point *C*.

Changes in the Natural Rate of Unemployment

The natural rate of unemployment changes for many reasons. A change in the natural rate of unemployment shifts both the short-run and long-run Phillips curves. Figure 11 illustrates such shifts. If the natural rate of unemployment increases from 6 percent to 9 percent, the long-run Phillips curve shifts from $LRPC_0$ to $LRPC_1$, and if expected inflation is constant at 10 percent a year, the short-run Phillips curve shifts from $SRPC_0$ to $SRPC_1$. Because the expected inflation rate is constant, the short-run Phillips curve $SRPC_1$ intersects the long-run curve $LRPC_1$ (point E) at the same inflation rate at which the short-run Phillips curve $SRPC_0$ intersects the long-run curve $LRPC_0$ (point A).

The U.S. Phillips Curve

Figure 12(a) is a **scatter diagram** of inflation and unemployment since 1960. We can interpret the data in terms of the shifting short-run Phillips curve in Fig. 12(b). During the 1960s, the short-run Phillips curve was $SRPC_0$, with a natural rate of unemployment of 4.5 percent and an expected inflation rate of 2 percent a year (point A). During the early 1970s, the short-run Phillips curve was $SRPC_1$ with a natural rate of unemployment of 5 percent and an expected inflation rate of 6 percent a year (point B). During the late 1970s, the natural unemployment rate increased to 8 percent (point C) and the short-run Phillips curve was $SRPC_2$. And briefly in 1975 and again in 1981, the expected inflation rate surged to 8 percent a year (point D) and the short-run Phillips curve was $SRPC_3$. During the 1980s and 1990s, the expected inflation rate and the natural rate of unemployment decreased and the short-run Phillips curve shifted leftward. By the early 1990s, it was back at $SRPC_1$. And by the mid-1990s, it was again $SRPC_0$.

 FIGURE 11   A Change in the Natural Unemployment Rate

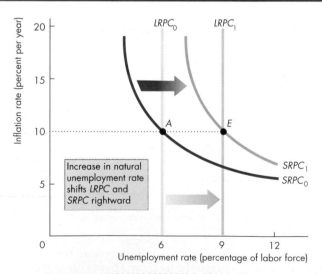

A change in the natural unemployment rate shifts both the short-run and long-run Phillips curves. Here, the natural unemployment rate increases from 6 percent to 9 percent, and the two Phillips curves shift right to $SRPC_1$ and $LRPC_1$. The new long-run Phillips curve intersects the new short-run Phillips curve at the expected inflation rate—point E.

FIGURE 12 Phillips Curves in the United States

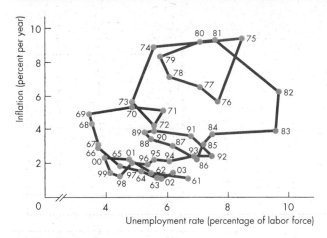

(a) Time Sequence

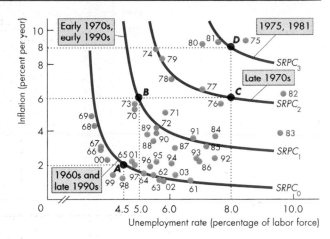

(b) Four Phillips Curves

In part (a), each dot represents the combination of inflation and unemployment for a particular year in the United States. Part (b) interprets the data with a shifting short-run Phillips curve. The black dots *A, B, C,* and *D* show the combination of the natural rate of unemployment and the expected inflation rate in different periods. The short-run Phillips curve was $SRPC_0$ during the 1960s and the late 1990s and early 2000s. It was $SRPC_1$ during the early 1970s and early 1990s, $SRPC_2$ during the late 1970s, and $SRPC_3$ (briefly) in 1975 and 1981.

Source: Bureau of Labor Statistics and the author's calculations and assumptions.

So far, we've studied the effects of inflation on real GDP, real wages, employment, and unemployment. But inflation lowers the value of money and changes the real value of the amounts borrowed and repaid. As a result, interest rates are influenced by inflation. Let's see how.

INTEREST RATES AND INFLATION

7

Today, businesses in the United States can borrow at interest rates of around 6 percent a year. Businesses in Russia pay interest rates of 20 percent a year, and those in Turkey pay 30 percent a year. Although U.S. interest rates have never been as high as these two cases, U.S. businesses faced interest rates of 16 percent or higher during the 1980s. Why do interest rates vary so much both across countries and over time? Part of the answer is because risk differences make *real interest rates* vary across countries. High-risk countries pay higher interest rates than do low-risk countries. But another part of the answer is that the inflation rate varies.

Figure 13 shows that the higher the inflation rate, the higher is the nominal interest rate. This proposition is true for the United States over time in part (a) and the world in 2000 in part (b).

How Interest Rates Are Determined

Investment demand and **saving supply** determine the *real* interest rate in the market for financial capital. Investment demand and saving supply depend on the real interest rate, and the real interest rate adjusts to make investment plans and saving plans equal.

FIGURE 13   Inflation and the Interest Rate

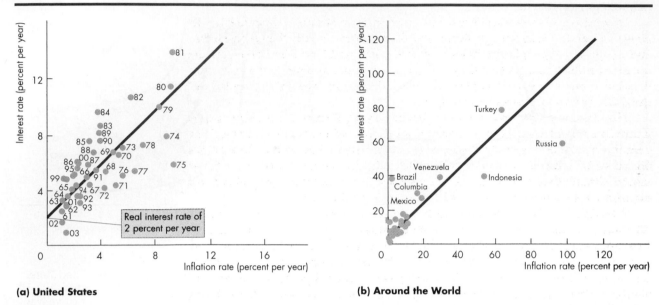

(a) United States

(b) Around the World

Other things remaining the same, the higher the inflation rate, the higher is the nominal interest rate. Part (a) shows this relationship between nominal interest rates and the inflation rate in the United States, and part (b) shows the relationship across a number of countries in 2000.

Sources: Federal Reserve Board, Bureau of Labor Statistics, and International Monetary Fund.

The demand for money and the supply of money determine the *nominal* interest rate in the money market. The demand for money depends on the nominal interest rate, the supply of money is determined by the Fed's monetary policy, and the nominal interest rate adjusts to make the quantity of money demanded equal to the quantity supplied. (Reading 25 explains the forces that determine the equilibrium nominal interest rate.)

Because the real interest rate is determined in the capital market and the nominal interest rate is determined in the money market, it might seem that there is no connection between the two interest rates. But there is a very tight connection. On the average, the nominal interest rate equals the real interest rate plus the expected inflation rate. Other things remaining the same, a 1 percentage point rise in the expected inflation rate leads to a 1 percentage point rise in the nominal interest rate. Why? The answer is that investment and saving decisions in the capital market and demand for money decisions in the money market are interrelated.

Let's see why expected inflation influences the nominal interest rate.

Why Expected Inflation Influences the Nominal Interest Rate

To see why the nominal interest rate equals the real interest rate plus the expected inflation rate, think about the investment, saving, and demand for money decisions that people make. Imagine first that there is no inflation and none is expected. Investment equals saving at a real interest rate of 6 percent a year. The demand for money equals the supply of money at a nominal interest rate of 6 percent a year.

Walt Disney Corporation is willing to pay an interest rate of 6 percent a year to get the funds it needs to pay for its global investment in new theme parks. Sue and thousands of people like her are willing to save and lend Disney the amount it needs for its theme parks if they can get a *real* return of 6 percent a year. (Sue is saving to buy a new car.) And Disney, Sue, and everyone else are willing to hold the quantity of money supplied by the Fed.

If the nominal interest rate was 7 percent a year, Disney Corporation would put its investment plans on hold and buy bonds. It would make an extra one percent interest by doing so. As Disney and others bought bonds, the demand for bonds would increase, the price of bonds would rise, and the nominal interest rate would fall. Only when the nominal interest rate on a bond equaled the real interest rate on a theme park would Disney be in equilibrium.

Now imagine that the inflation rate is a steady and expected 4 percent a year. All dollar amounts, including theme park profits and car prices, are rising by 4 percent a year. If Disney was willing to pay a 6 percent interest rate when there was no inflation, it is now willing to pay a 10 percent interest rate. Its profits are rising by 4 percent a year, so it is *really* paying only a 6 percent interest rate. Similarly, if Sue was willing to lend at a 6 percent interest rate when there was no inflation, she is now willing to lend only if she gets a 10 percent interest rate. The price of the car Sue is planning on buying is rising by 4 percent a year, so she is *really* getting only a 6 percent interest rate.

Because borrowers are willing to pay the higher rate and lenders are willing to lend only if they receive the higher rate when inflation is expected, the *nominal interest rate* increases by an amount equal to the expected inflation rate. The *real interest rate* remains constant at 6 percent a year.

Before leaving this reading, look at *Reading between the Lines* on pp. 422–424, which examines the relationship between inflation and unemployment in the United States during the past few years and gives you a look at today's short-run Phillips curve.

8 READING BETWEEN THE LINES

The U.S. Phillips Curve: 2000–2003

PITTSBURGH POST-GAZETTE, July 27, 2000

Links More Tenuous between Inflation, Jobless Rates

Federal Reserve Chairman Alan Greenspan last week took aim at the favorite theory of anyone who thinks U.S. interest rates have to rise just because the jobless rate is close to a 30-year low.

That theory holds that at a certain point unemployment goes too low for the economy's good, driving up wage demands and, ultimately, inflation. Some economists say the figure is as high as 6 percent, some say 5 percent. The Fed chairman said the relationship between unemployment and inflation is tenuous at best.

Such a theory may have been "very useful" at one time, but "is probably going to fail in the years ahead as a useful indicator," Greenspan told the Senate Banking Committee in his twice-yearly economic report card.

His comments may give a clue to how the Fed will deal with future developments in the U.S. labor market. If unemployment sticks near 4 percent, Greenspan probably will continue to resist the once automatic reaction of Fed Governor Lawrence Meyer and other members of the policy-setting Open Market Committee to raise rates in an effort to curtail consumer and business borrowing and slow growth. ...

That evidence doesn't support Meyer and other so-called hawks on the Fed. Unemployment dropped below 5 percent in 1996, a level many of them thought would lead directly to higher prices.

Still, consumer price inflation, not including food and energy items, has held below 3 percent the entire time. ...

In a speech last month, Meyer dismissed "the broader interpretation of the New Economy concept"—meaning the notion that there's no link between low unemployment and accelerating inflation.

A jobless rate of 4 percent or so is probably too low, he said. And if the level of unemployment that leads to accelerating inflation "turns out to be closer to 5 percent, then the task is more demanding," and more workers might have to lose their jobs to bring the economy back into balance, he suggested. ...

But Greenspan can marshal some reasons Meyer's theory hasn't held true: Higher worker productivity has allowed companies to make do with fewer workers.

Also, inflation expectations remain low, so workers are less likely to demand outsized wage increases. ...

Essence of the Story

► Federal Reserve Chairman Alan Greenspan challenged the view that U.S. interest rates must rise if the unemployment rate gets too low.

► He said the relationship between unemployment and inflation is weak and not very useful.

► Federal Reserve Governor Lawrence Meyer and other members of Federal Open Market Committee say that if the unemployment rate goes too low, inflation will increase.

► Economists differ on what that unemployment rate is. Some say it is as high as 6 percent, and some say 5 percent. But most say that 4 percent is too low.

► The unemployment rate fell below 5 percent in 1996, but the inflation rate remained below 3 percent a year.

► Inflation expectations remain low, so workers are less likely to demand out-sized wage increases.

Economic Analysis

► This news article is about the U.S. Phillips curve.

► During 2000, when the news article was written, the unemployment rate fluctuated between 3.9 percent and 4.1 percent and was 4.0 percent on the average.

► Inflation did not take off at this low average unemployment rate. But the inflation rate did edge upward slightly from 2.5 percent a year in January 2000 to 3.8 percent a year in July 2000.

► We can interpret the data in 2000 as being on the long-run Phillips curve for that year.

► Figure 14 shows the long-run Phillips curve for 2000. The natural unemployment rate was 4 percent, and the expected inflation rate was about 3.8 percent a year.

► Starting in December 2000, the unemployment rate increased almost every month. By December 2001, it had reached 5.8 percent.

FIGURE 14   U.S. Phillips Curves: 2000–2003

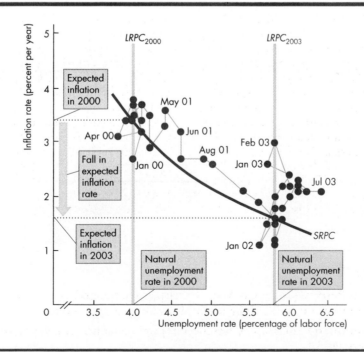

▶ Through this same period, the inflation rate decreased almost every month. In January 2001, the inflation rate was 3.8 percent a year, and by December 2001, it had fallen to 1.6 percent a year.

▶ The figure shows how we can interpret the data for 2001. The natural unemployment rate remained at 4 percent, so the long-run Phillips curve did not shift.

▶ The expected inflation rate remained constant at (an approximate guess) 4 percent a year, so the short-run Phillips curve did not shift.

▶ As 2001 unfolded, the economy moved downward along its short-run Phillips curve.

▶ During 2002 and 2003, the unemployment rate remained close to 6 percent and the inflation rate fluctuated but around an average of about 1.5 percent a year.

▶ The data for these years are consistent with a new long-run Phillips curve at a natural rate of unemployment of 5.8 percent.

▶ The figure shows the short-run Phillips curve for 2002 and 2003 as being the same as that for 2000 and 2001. But in 2003 the natural rate of unemployment was higher and the expected inflation rate was lower than in 2000.

▶ It is a coincidence that we can't rely on that the changes in the natural rate of unemployment and expected inflation rate during the early 2000s left the short-run Phillips curve unchanged.

▶ We cannot predict future changes in the natural unemployment rate and expected inflation rate, so the short-run tradeoff will shift in ways that we can't predict.

▶ So Alan Greenspan is correct when he says the tradeoff has limited usefulness for policy.

SUMMARY

► Inflation is a process of persistently rising prices and falling value of money.

► Demand-pull inflation arises from increasing aggregate demand.

► Its main sources are increases in the quantity of money or in government purchases.

► Cost-push inflation can result from any factor that decreases aggregate supply.

► Its main sources are increasing wage rates and increasing prices of key raw materials.

► Inflation is costly when it is unanticipated because it creates inefficiencies and redistributes income and wealth.

► People try to anticipate inflation to avoid its costs.

► Forecasts of inflation based on all the available relevant information are called rational expectations.

► A moderate anticipated inflation has a small cost. But a rapid anticipated inflation is costly because it decreases potential GDP and slows growth.

► The short-run Phillips curve shows the tradeoff between inflation and unemployment when the expected inflation rate and the natural rate of unemployment are constant.

► The long-run Phillips curve, which is vertical, shows that when the actual inflation rate equals the expected inflation rate, the unemployment rate equals the natural rate of unemployment.

► Unexpected changes in the inflation rate bring movements along the short-run Phillips curve.

► Changes in expected inflation shift the short-run Phillips curve.

► Changes in the natural rate of unemployment shift both the short-run and long-run Phillips curves.

► The higher the expected inflation rate, the higher is the nominal interest rate.

► As the anticipated inflation rate rises, borrowers willingly pay a higher interest rate and lenders successfully demand a higher interest rate.

► The nominal interest rate adjusts to equal the real interest rate plus the expected inflation rate.

[handwritten margin notes:]
Demand-pull inflation
↑ʒ AD
Cost-push inflation
↓ AS

PRACTICE PROBLEMS FOR READING 26

1. An analyst gathered the following year-end price level data for an economy:

Year End	Price Level
2000	174.0
2004	190.3
2005	196.8

The economy's annual inflation rate for 2005 and the compounded annual inflation rate for the 2000-2005 period are *closest* to

	2005 Inflation	2000–2005 Inflation
A.	3.42%	2.49%
B.	3.42%	2.62%
C.	6.50%	2.49%
D.	6.50%	2.62%

2. Assuming an economy is operating at full employment, which of the following is *least likely* to contribute to demand-pull inflation? An increase in

A. exports.

B. the quantity of money.

C. government purchases.

D. government borrowing.

3. If the inflation rate is greater than anticipated, are workers and lenders *most likely* to gain or lose relative to employers and borrowers, respectively?

	Workers	Lenders
A.	Gain	Gain
B.	Gain	Lose
C.	Lose	Gain
D.	Lose	Lose

FISCAL POLICY
by Michael Parkin

LEARNING OUTCOMES

The candidate should be able to:

a. explain supply-side effects on employment, potential GDP, and aggregate supply, including the income tax and taxes on expenditure, and describe the Laffer curve and its relation to supply-side economics;

b. discuss the sources of investment finance and the influence of fiscal policy on capital markets, including the crowding-out effect;

c. discuss the generational effects of fiscal policy, including generational accounting and generational imbalance;

d. discuss the use of fiscal policy to stabilize the economy, including the effects of the government purchases multiplier, the tax multiplier, and the balanced budget multiplier;

e. explain the limitations of discretionary fiscal policy, and differentiate between discretionary fiscal policy and automatic stabilizers.

BALANCING ACTS ON CAPITOL HILL `1`

In 2004, the federal government planned to collect in taxes 17.3 cents of every dollar Americans earned and it planned to spend 20 cents of every dollar that Americans earned. So the government planned a deficit of almost 3 cents in every dollar earned—a total deficit of more than $300 billion. Federal government deficits are not new. Aside from the four years 1998–2001, the government's budget has been in deficit every year since 1970. Deficits bring debts, and your share of the federal government's debt is around $13,000.

What are the effects of taxes on the economy? Do they harm employment and production?

Economics, Seventh Edition, by Michael Parkin. Copyright © 2005 by Pearson Education. Reprinted with permission of Pearson Education, publishing as Pearson Addison Wesley.

Does it matter if the government doesn't balance its books? What are the effects of an ongoing government deficit and accumulating debt? Do they slow economic growth? Do they impose a burden on future generations—on you and your children?

What are the effects of government spending on the economy? Does a dollar spent by the government on goods and services have the same effect as a dollar spent by someone else? Does it create jobs, or does it destroy them?

These are the fiscal policy issues that you will study in this reading. In *Reading between the Lines* at the end of the reading, we look at the federal budget in 2004 and compare it with that of 2000, the last year of the Clinton administration.

THE FEDERAL BUDGET

The annual statement of the expenditures and tax revenues of the government of the United States together with the laws and regulations that approve and support those expenditures and taxes make up the **federal budget**. The federal budget has two purposes:

1. to finance the activities of the federal government
2. to achieve macroeconomic objectives

The first purpose of the federal budget was its only purpose before the Great Depression years of the 1930s. The second purpose arose as a reaction to the Great Depression. The <u>use of the federal budget to achieve macroeconomic objectives such as full employment, sustained economic growth, and price level stability is called fiscal policy.</u> It is on this second purpose that we focus in this reading.

The Institutions and Laws

Fiscal policy is made by the President and Congress on an annual timeline that is shown in Fig. 1 for the 2004 budget.

The Roles of the President and Congress   The President *proposes* a budget to Congress each February and, after Congress has passed the budget acts in September, either signs those acts into law or vetoes the *entire* budget bill. He does not have the veto power to eliminate specific items in a budget bill and approve others—known as a *line-item veto*. Many state governors have long had line-item veto authority, and Congress attempted to grant these powers to the President of the United States in 1996. But in a 1998 Supreme Court ruling, the line-item veto for the President was declared unconstitutional. Although the President proposes and ultimately approves the budget, the task of making the tough decisions on spending and taxes rests with Congress.

Congress begins its work on the budget with the President's proposal. The House of Representatives and the Senate develop their own budget ideas in their respective House and Senate Budget Committees. Formal conferences between the two houses eventually resolve differences of view, and a series of

FIGURE 1 The Federal Budget Timeline in Fiscal 2004

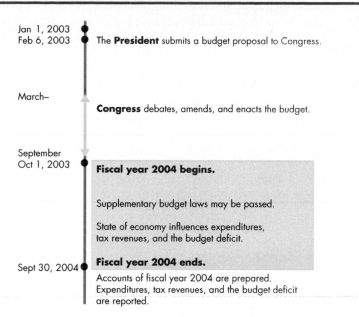

The federal budget process begins with the President's proposals in February. Congress debates and amends these proposals and enacts a budget before the start of the fiscal year on October 1. The President signs the budget acts into law or vetoes the entire budget bill. Throughout the fiscal year, Congress might pass supplementary budget laws. The budget outcome is calculated after the end of the fiscal year.

spending acts and an overall budget act are usually passed by both houses before the start of the fiscal year. A *fiscal year* is a year that runs from October 1 to September 30 in the next calendar year. *Fiscal* 2004 is the fiscal year that *begins* on October 1, 2003.

During a fiscal year, Congress often passes supplementary budget laws, and the budget outcome is influenced by the evolving state of the economy. For example, if a recession begins, tax revenues fall and welfare payments increase.

The Employment Act of 1946   Fiscal policy operates within the framework of the landmark **Employment Act of 1946** in which Congress declared that

> . . . it is the continuing policy and responsibility of the Federal Government to use all practicable means . . . to coordinate and utilize all its plans, functions, and resources . . . to promote maximum employment, production, and purchasing power.

This act recognized a role for government actions to keep unemployment low, keep the economy expanding, and keep inflation in check. The *Full Employment and Balanced Growth Act of 1978*, more commonly known as the *Humphrey-Hawkins Act*, went farther than the 1946 employment act and set a specific target of 4 percent for the unemployment rate. But this target has never been treated as an unwavering policy goal. Under the 1946 act, the President must describe the current economic situation and the policies he believes are needed in an annual *Economic Report of the President*, which the **Council of Economic Advisers** writes.

The Council of Economic Advisers The President's Council of Economic Advisers was established in 1946 by the Employment Act. The Council consists of a chairperson and two other members, all of whom are economists on a one- or two-year leave from their regular university or public service jobs. In 2003, the chair of President Bush's Council of Economic Advisers was Gregory Mankiw of Harvard University. The Council of Economic Advisers monitors the economy and keeps the President and the public well informed about the current state of the economy and the best available forecasts of where it is heading. This economic intelligence activity is one source of data that informs the budget-making process.

Let's look at the most recent federal budget.

Highlights of the 2004 Budget

Table 1 shows the main items in the federal budget proposed by President Bush for 2004. The numbers are projected amounts for the fiscal year beginning on October 1, 2003—fiscal 2004. Notice the three main parts of the table: *Tax revenues* are the government's receipts, *expenditures* are the government's outlays, and the *deficit* is the amount by which the government's expenditures exceed its tax revenues.

Tax Revenues Tax revenues were projected to be $1,955 billion in fiscal 2004. These revenues come from four sources:

1. personal income taxes

2. social security taxes

3. corporate income taxes

4. indirect taxes

TABLE 1   Federal Budget in Fiscal 2004

Item	Projections (billions of dollars)	
Tax Revenues	**1,955**	
Personal income taxes		841
Social security taxes		807
Corporate income taxes		191
Indirect taxes		116
Expenditures	**2,256**	
Transfer payments		1,387
Purchases of goods and services		647
Debt interest		222
Deficit	**301**	

Source: Budget of the United States Government, Fiscal Year 2004, Table 14.1, Federal Transactions in the National Income and Product Accounts.

The largest source of revenue is *personal income taxes,* which in 2004 are expected to be $841 billion. These taxes are paid by individuals on their incomes. The second largest source is *social security taxes.* These taxes are paid by workers and their employers to finance the government's social security programs. Third in size are *corporate income taxes.* These taxes are paid by companies on their profits. Finally, the smallest source of federal revenue is what are called *indirect taxes.* These taxes are on the sale of gasoline, alcoholic beverages, and a few other items.

Expenditures Expenditures are classified in three categories:

1. transfer payments
2. purchases of goods and services
3. debt interest

The largest item of expenditure, *transfer payments,* are payments to individuals, businesses, other levels of government, and the rest of the world. In 2004, this item is expected to be $1,387 billion. It includes Social Security benefits, Medicare and Medicaid, unemployment checks, welfare payments, farm subsidies, grants to state and local governments, aid to developing countries, and dues to international organizations such as the United Nations. Transfer payments, especially those for Medicare and Medicaid, are sources of persistent growth in government expenditures and are a major source of concern and political debate.

Purchases of goods and services are expenditures on final goods and services, and in 2004, they are expected to total $647 billion. These expenditures, which include those on national defense, homeland security, research on cures for AIDS, computers for the Internal Revenue Service, government cars and trucks, federal highways, and dams, have decreased in recent years. This component of the federal budget is *government purchases of goods and services* that appears in the circular flow of expenditure and income and in the National Income and Product Accounts.

Debt interest is the interest on the **government debt.** In 2004, this item is expected to be $222 billion—about 10 percent of total expenditure. This interest payment is large because the government has a debt approaching $4 trillion, which has arisen from many years of budget deficits during the 1970s, 1980s, 1990s, and 2000s.

Surplus or Deficit The government's budget balance is equal to tax revenues minus expenditures.

✳ Budget balance = Tax revenues − Expenditures = budget surplus (or) budget deficit (or) balanced budget
(+)   (−)   (=)

If tax revenues exceed expenditures, the government has a **budget surplus.** If expenditures exceed tax revenues, the government has a **budget deficit.** If tax revenues equal expenditures, the government has a **balanced budget.** In fiscal 2004, with projected expenditures of $2,256 billion and tax revenues of $1,955 billion, the government projected a budget deficit of $301 billion.

Big numbers like these are hard to visualize and hard to compare over time. To get a better sense of the magnitude of taxes, spending, and the deficit, we often express them as percentages of GDP. Expressing them in this way lets us see how large government is relative to the size of the economy and also helps us to study *changes* in the scale of government over time.

How typical is the federal budget of 2004? Let's look at the recent history of the budget.

The Budget in Historical Perspective

Figure 2 shows the government's tax revenues, expenditures, and budget surplus or deficit since 1980. Through 1997, there was a budget deficit. The federal government began running a deficit in 1970, and the 1983 deficit shown in the figure was the highest on record at 5.2 percent of GDP. The deficit declined through 1989 but climbed again during the 1990–1991 recession. During the 1990s expansion, the deficit gradually shrank, and in 1998, the first surplus since 1969 emerged. But by 2002, the budget was again in deficit.

Why did the budget deficit grow during the 1980s and vanish in the late 1990s? The answer lies in the changes in expenditures and tax revenues. But which components of expenditures and tax revenues changed to swell and then shrink the deficit? Let's look at tax revenues and expenditures in a bit more detail.

Tax Revenues Figure 3(a) shows the components of tax revenues as percentages of GDP from 1980 to 2004. Cuts in corporate and personal income taxes lowered total tax revenues between 1983 and 1986. The decline resulted from tax cuts that had been passed during 1981. From 1986 through 1991, tax revenues did not change much as a percentage of GDP. Personal income tax payments increased through the 1990s but fell sharply after 2000.

Expenditures Figure 3(b) shows the components of government expenditures as percentages of GDP from 1980 to 2004. Total expenditures decreased slightly through 1989, increased during the early 1990s, decreased steadily until 2001, and then increased again. Purchases of goods and services decreased through 2001. They increased when expenditures on security-related goods and services increased sharply in 2002 in the wake of the attacks that occurred on September 11, 2001. Debt interest was a constant percentage of GDP during the

FIGURE 2   The Budget Surplus and Deficit

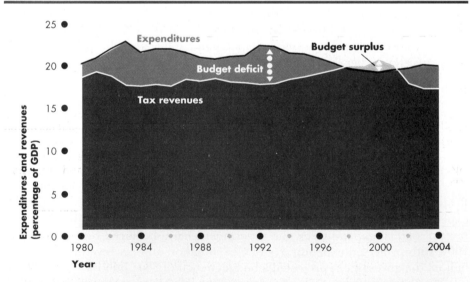

The figure records the federal government's expenditures, tax revenues, and budget surplus/deficit from 1980 to 2004. During the 1980s, a large and persistent budget deficit arose from the combination of a decrease in tax revenues and an increase in expenditures. In 1998, rising revenues and falling expenditures (as percentages of GDP) created a budget surplus, but a deficit emerged again in 2002 as expenditure on security increased and taxes were cut.

FIGURE 3 Federal Government Tax Revenues and Expenditures

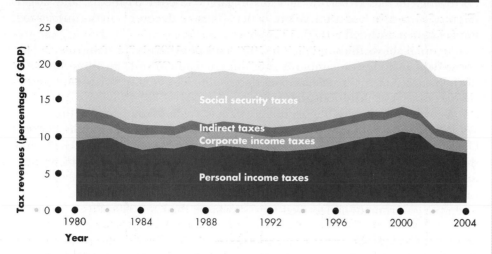

(a) Tax Revenues

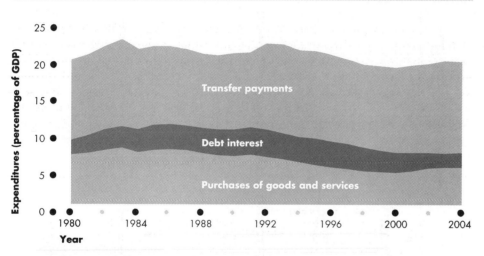

(b) Expenditures

In part (a), revenues from personal and corporate income taxes as a percentage of GDP were approximately constant during the 1980s, increased during the 1990s, and decreased sharply during the 2000s. The other components of tax revenues remained steady.

In part (b), purchases of goods and services decreased as a percentage of GDP through 2001, but then increased because purchases of security-related goods and services increased sharply in 2002. Transfer payments increased over the entire period. Debt interest held steady during the 1980s and decreased during the 1990s and 2000s, helped by a shrinking deficit during the 1990s and low interest rates during 2002 and 2003.

1980s and fell slightly during the late 1990s and 2000s. To understand the role of debt interest, we need to see the connection between the **government budget surplus** or deficit and government debt.

Surplus, Deficit, and Debt The government borrows when it has a deficit and makes repayments when it has a surplus. Government debt is the total amount that the government has borrowed. It is the sum of past budget deficits minus the sum of past budget surpluses. A government budget deficit increases government debt. And a persistent budget deficit feeds itself. The deficit leads to increased borrowing; increased borrowing leads to larger interest payments; and larger interest payments lead to a larger deficit. That is the story of the increasing budget deficit during the 1970s and 1980s.

Figure 4 shows the story of two definitions of government debt since 1940. Gross debt includes the amounts that the government owes to future generations in social security payments. Net debt is the debt held by the public, and it excludes social security obligations.

As a percentage of GDP, government debt was at an all-time high at the end of World War II. Budget surpluses and rapid economic growth lowered the debt-to-GDP ratio through 1974. Small budget deficits increased the debt-to-GDP ratio slightly through the 1970s, and large budget deficits increased it dramatically during the 1980s and the 1990–1991 recession. The growth rate of the debt-to-GDP ratio slowed as the economy expanded during the mid-1990s and began to fall when the government budget went into surplus in the late 1990s.

Debt and Capital   Businesses and individuals incur debts to buy capital—assets that yield a return. In fact, the main point of debt is to enable people to buy assets that will earn a return that exceeds the interest paid on the debt. The government is similar to individuals and businesses in this regard. Much government expenditure is on public assets that yield a return. Highways, major irrigation schemes, public schools and universities, public libraries, and the stock of national defense capital all yield a social rate of return that probably far exceeds the interest rate the government pays on its debt.

FIGURE 4   The Federal Government Debt

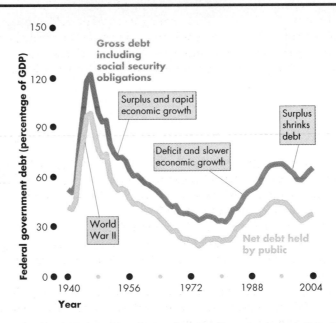

Gross and net government debt (the accumulation of past budget deficits less past budget surpluses) was at its highest at the end of World War II. Debt as a percentage of GDP fell through 1974 but then started to increase. After a further brief decline during the late 1970s, it exploded during the 1980s and continued to increase through 1995, after which it began to fall.

Source: Budget of the United States Government, Fiscal Year 2003, Table 7.1, Federal Debt.

FIGURE 5   Government Budgets Around the World in 2003

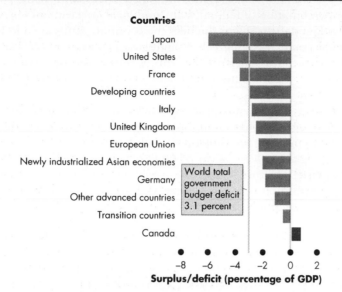

Governments in most countries had budget deficits in 2003. The largest ones were in Japan, followed by the United States and France. The developing countries, Italy, and the United Kingdom also had large deficits. Of the major countries, only Canada had a surplus.

Source: International Monetary Fund, *World Economic Outlook*, September 2003.

But total government debt, which is almost $6 trillion, is four times the value of the government's **capital stock**. So some government debt has been incurred to finance public consumption expenditure and transfer payments, which do not have a social return. Future generations bear the cost of this debt.

How does the U.S. government budget balance compare with those in other countries?

The U.S. Government Budget in Global Perspective

Figure 5 places the U.S. government budget of 2003 in a global perspective. In that year, almost all countries had budget deficits. Summing the deficits of all the governments, the world as a whole had a deficit of 3.1 percent of world GDP—a total government deficit of about $1.6 trillion.

The government of Japan had the largest deficit, as a percentage of GDP. The United States and France came next, followed by the developing countries. Of the other advanced economies, Italy, the United Kingdom, and the entire European Union had large deficits.

Even the newly industrialized economies of Asia (Hong Kong, Korea, Singapore, and Taiwan) had deficits along with the other advanced countries as a group. Of the world's major economies, only Canada had a surplus in 2003.

State and Local Budgets

The *total government* sector of the United States includes state and local governments as well as the federal government. In 2002, when federal government expenditures were $2,000 billion, state and local expenditures were almost

$1,900 billion. Most of these expenditures were on public schools, colleges, and universities ($564 billion), local police and fire services, and roads.

It is the combination of federal, state, and local government taxes, expenditures, and budget deficits that influences the economy. But state and local budgets are not designed to stabilize the aggregate economy or to make it more efficient. So sometimes, when the federal government cuts taxes or expenditures, state and local governments do the reverse and to a degree cancel out the effects of the federal actions. For example, during 2001, when federal taxes began to decrease as a percentage of GDP, state and local taxes increased.

Now that you know what the federal budget is and what the main items of revenue and expenditure are, it is time to study the *effects* of fiscal policy. We'll begin by learning about the effects of taxes on employment, aggregate supply, and potential GDP. Then we'll study the effects of deficits and see how fiscal policy brings redistribution across generations. Finally, we'll look at the demand-side effects of fiscal policy and see how it provides a tool for stabilizing the business cycle.

3 THE SUPPLY SIDE: EMPLOYMENT AND POTENTIAL GDP

Fiscal policy has important effects on employment, potential GDP, and aggregate supply that we'll now examine. These effects are known as **supply-side effects**, and economists who believe these effects to be large ones are generally referred to as *supply-siders*. To study these effects, we'll begin with a refresher on how full employment and potential GDP are determined in the absence of taxes. Then we'll introduce an income tax and see how it changes the economic outcome.

Full Employment and Potential GDP

You have learned how the full-employment quantity of labor and potential GDP are determined. At full employment, the real wage rate adjusts to make the quantity of labor demanded equal the quantity of labor supplied. Potential GDP is the real GDP that the full-employment quantity of labor can produce using the existing quantity of physical capital and human capital and the current state of technology.

Figure 6 illustrates a full-employment situation. In part (a), the demand for labor is *LD*, the supply of labor is *LS*, and full employment equilibrium occurs at a wage rate of $30 an hour with 250 billion hours a year of labor employed.

In Fig. 6(b), the production function is *PF*. When 250 billion hours of labor are employed, real GDP—which is also potential GDP—is $11 trillion.

Let's now see how an income tax changes this full-employment equilibrium.

The Effects of the Income Tax

The tax on labor income influences potential GDP and aggregate supply by changing the full-employment quantity of labor. The income tax weakens the incentive to work and drives a wedge between the take-home wage of workers and the cost of labor to firms. The result is a smaller quantity of labor and a lower potential GDP.

FIGURE 6   The Effects of the Income Tax on Aggregate Supply

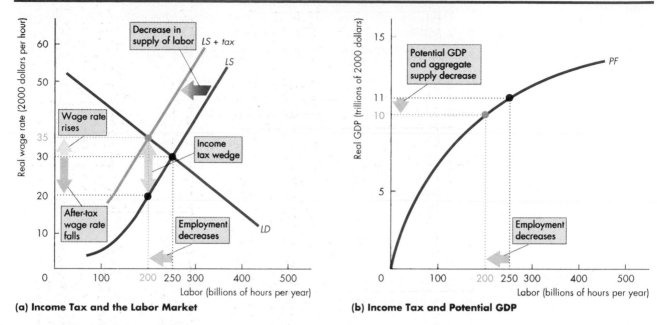

(a) Income Tax and the Labor Market

(b) Income Tax and Potential GDP

In part (a), the demand for labor curve is *LD*, and the supply of labor curve is *LS*. With no income tax, the real wage rate is $30 an hour and employment is 250 billion hours. In part (b), the production function is *PF*, and potential GDP is $11 trillion. An income tax shifts the supply of labor curve leftward to *LS + tax*. The before-tax wage rate rises to $35 an hour, the after-tax wage rate falls to $20 an hour, and the quantity of labor employed decreases. With less labor, potential GDP decreases.

Figure 6 shows this outcome. In the labor market, the income tax has no effect on the demand for labor, which remains at *LD*. The reason is that the quantity of labor that firms plan to hire depends only on how productive labor is and what it costs—its real wage. The slope of the demand for labor curve tells us how the quantity of labor demanded responds to a change in the cost of labor—a change in the real wage rate. The position of the demand curve tells us how productive labor is.

But the supply of labor *does* change. With no income tax, the real wage rate is $30 an hour and 250 billion hours of labor a year are employed. An income tax weakens the incentive to work and decreases the supply of labor. The reason is that for each dollar of before-tax earnings, workers must pay the government an amount determined by the income tax code. So workers look at the after-tax wage rate when they decide how much labor to supply. When an income tax is imposed, the supply curve shifts leftward to *LS + tax*. The amount of income tax payable is measured by the vertical distance between the *LS* curve and the *LS + tax* curve. With this smaller supply of labor, the *before-tax* wage rate rises to $35 an hour, but the *after-tax* wage rate falls to $20 an hour. The gap between the before-tax and after-tax wage rates is like a wedge and is called the **tax wedge**.

The new equilibrium quantity of labor employed is 200 billion hours a year—a smaller quantity than in the no-tax case.

Because the full-employment quantity of labor decreases, so does potential GDP. In this example, the tax rate is high—$15 tax on a $35 wage rate, about 43 percent. A lower tax rate would have a smaller effect on employment and potential GDP.

A tax increase would decrease the supply of labor by more than that shown in Fig. 6. Equilibrium employment and potential GDP would also decrease still further. A tax cut would increase the supply of labor, increase equilibrium employment, and increase potential GDP.

Taxes on Expenditure and the Tax Wedge

The tax wedge that we've just considered is only a part of the wedge that affects labor-supply decisions. Taxes on consumption expenditure add to the wedge. The reason is that a tax on consumption raises the prices paid for consumption goods and services and is equivalent to a cut in the real wage rate.

The incentive to supply labor depends on the goods and services that an hour of labor can buy. The higher the prices of goods and services and the lower the wage rate, the less is the incentive to supply labor.

Suppose the income tax rate is 25 percent and the tax rate on consumption expenditure is 10 percent. The worker now faces a combined tax of 35 percent.

Some Real World Tax Wedges

Edward Prescott, an economist at the University of Minnesota, has estimated the tax wedges for a number of countries. The U.S. tax wedge is a combination of 13 percent tax on consumption and 32 percent tax on incomes. The income tax rate includes Social Security taxes and is a *marginal* tax rate.

Among the industrial countries, the U.S. tax wedge is relatively small. Prescott estimates that in France, taxes on consumption are 33 percent and on incomes 49 percent. The estimates for the United Kingdom fall between these numbers. Figure 7 shows these components of the tax wedges in the three countries.

Does the Tax Wedge Matter?

According to Prescott's estimates, the tax wedge has a powerful effect on employment and potential GDP. Potential GDP in France is 31 percent below that of the United States (per person), and the entire difference can be attributed to the difference in the tax wedge in the two countries.

FIGURE 7 Three Tax Wedges

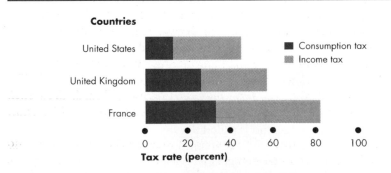

Tax rates are much higher in France and the United Kingdom than in the United States and can account for much of the difference in potential GDP per person.

Source: Edward C. Prescott, *American Economic Review*, 2003.

FIGURE 8 A Laffer Curve

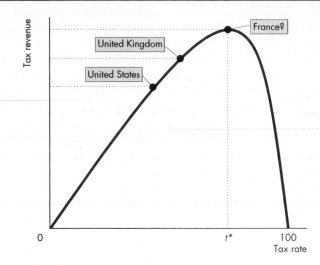

A Laffer curve shows the relationship between the tax rate and tax revenues. For tax rates below t^*, an increase in the tax rate increases tax revenue. At the tax rate t^*, tax revenue is maximized. For tax rates above t^*, an increase in the tax rate decreases tax revenue.

Potential GDP in the United Kingdom is 41 percent below that of the United States (per person), and about a third of the difference arises from the different tax wedges. (The rest is due to different productivities.) If these estimates are correct, the income tax cuts implemented by the Bush administration (see *Reading between the Lines* on pp. 456–458) will have large effects on potential GDP.

Tax Revenues and the Laffer Curve

You've just seen that an increase in the tax rate decreases the quantity of employment and decreases potential GDP.

An interesting consequence of this fact is that a higher tax rate does not always bring greater tax revenue. A higher tax rate brings in more revenue per dollar earned. But because a higher tax rate decreases the number of dollars earned, two forces operate in opposite directions on total taxes collected.

The relationship between the tax rate and the amount of tax revenue collected is called the **Laffer curve**. The curve is so named because Arthur B. Laffer, a member of President Reagan's Economic Policy Advisory Board, drew such a curve on a table napkin and launched the idea that tax *cuts* could *increase* tax revenue.

Figure 8 shows a Laffer curve. The tax *rate* is measured on the *x*-axis, and total tax *revenue* on the *y*-axis. For tax rates below t^*, an increase in the tax rate increases tax revenue. When the tax rate reaches t^*, tax revenue is maximized. But a tax rate increase beyond t^* decreases tax revenue.

Most people think that the United States is on the upward-sloping part of the Laffer curve. So is the United Kingdom. But France might be close to the maximum point, or perhaps even beyond it.

The Supply-Side Debate

Before 1980, few economists paid attention to the supply-side effects of taxes on employment and potential GDP. Then, when Ronald Reagan took office as President, a group of supply-siders began to argue the virtues of cutting taxes. Arthur Laffer was one of them. Laffer and his supporters were not held in high esteem among mainstream economists, but they did become influential for a period. They correctly argued that tax cuts would increase employment and increase output. But they incorrectly argued that tax cuts would increase tax revenues and decrease the budget deficit. For this prediction to be correct, the United States would have had to be on the "wrong" side of the Laffer curve. Given that U.S. tax rates are among the lowest in the industrial world, it is unlikely that this condition was met. And the fact that when the Reagan administration did cut taxes, the budget deficit increased reinforces this view.

Supply-side economics became tarnished because of its association with Laffer and came to be called "voodoo economics." But mainstream economists, including Martin Feldstein, a Harvard professor who was Reagan's chief economic advisor, recognized the power of tax cuts as incentives but took the standard view that tax cuts without spending cuts would swell the budget deficit and bring serious further problems. This view is now widely accepted by economists of all political persuasions.

You now know the effects of taxes on potential GDP. The effects that we've studied influence the *level* of real GDP but not its *growth rate*. We're now going to look at the effects of taxes and the budget deficit on saving and investment, which in turn influence the pace of economic growth.

4 THE SUPPLY SIDE: INVESTMENT, SAVING, AND ECONOMIC GROWTH

Investment is financed by **national saving** and foreign borrowing, and the real interest rate adjusts in the capital market to coordinate saving and investment plans. Investment and saving bring an increasing quantity of capital and contribute to the growth of real GDP.

We're now going to bring government saving into the picture and see how fiscal policy interacts with private saving and investment decisions to influence the rate of economic growth.

We begin with a quick refresher about the sources of finance for investment.

The Sources of Investment Finance

GDP equals the sum of consumption expenditure, C, investment, I, government purchases, G, and net exports, $(X - M)$. That is,

$$GDP = C + I + G + (X - M)$$

GDP also equals the sum of consumption expenditure, saving, S, and **net taxes**, T. That is,

$$GDP = C + S + T$$

By combining these two ways of looking at GDP, you can see that

$$I + G + (X - M) = S + T$$

or

$$I = S + T - G + (M - X)$$

This equation tells us that investment, I, is financed by saving, S, government saving, $T - G$, and foreign borrowing, $(M - X)$.

Saving and foreign borrowing are the private sources of saving, PS, and

$$PS = S + (M - X)$$

Investment is equal to the sum of private saving and government saving. That is,

$s + (m - x)$

$\ast$ $I = PS + (T - G)$

▶ If net taxes, T, exceed government purchases, G, the government sector has a budget surplus and government saving is positive.

▶ If government purchases exceed net taxes, the government sector has a budget deficit and government saving is negative.

When the government sector has a budget surplus, it contributes toward financing investment. Its saving must be added to private saving. But when the government sector has a budget deficit, it competes with businesses for private saving. In this situation, government saving must be subtracted from private saving.

Figure 9 shows the sources of investment finance in the United States from 1973 through 2003. You can see that during the 1990s, investment increased sharply but domestic saving was flat. The increase in investment was financed partly by an increase in government saving—a falling government deficit—and by a surge in foreign borrowing.

Fiscal policy can influence the capital market in two ways:

▶ Taxes affect the incentive to save.

▶ Government saving—the budget surplus or deficit—is a component to total saving.

Taxes and the Incentive to Save

A tax on interest income weakens the incentive to save and drives a wedge between the after-tax interest rate earned by savers and the interest rate paid by firms. These effects are analogous to those of a tax on labor income. But they are more serious for two reasons.

First, a tax on labor income lowers the quantity of labor employed and lowers potential GDP, while a tax on capital income lowers the quantity of saving and investment and *slows the growth rate of real GDP*. A tax on capital income creates a **Lucas wedge**—an ever widening gap between potential GDP and the potential GDP that might have been.

FIGURE 9   Financing U.S. Investment

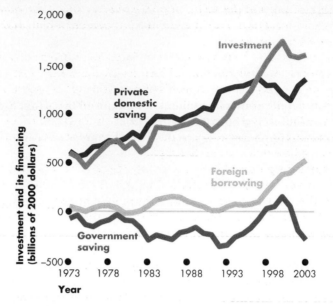

During the 1990s, rising U.S. investment was financed by surging foreign borrowing and a falling government budget deficit. For most of the period shown here, the government budget has been in deficit.

Sources: Bureau of Economic Analysis and Office of Management and Budget.

Second, the true tax rate on interest income is much higher than that on labor income because of the way that inflation and taxes on interest interact. We'll examine this interaction before we study the effects of taxes on saving and investment.

Real Tax Rate on Real Interest Rate   The interest rate that influences investment and saving plans is the *real after-tax interest rate.* You learned in Reading 26 that the *real* interest rate is equal to the *nominal* interest rate adjusted for inflation and (approximately) equals the nominal interest rate minus the inflation rate. The real *after-tax* interest rate subtracts the income tax paid on interest income from the real interest rate.

But the tax law imposes the income tax on the nominal interest rate, not the real interest rate. So the higher the inflation rate, the higher is the true tax rate on interest income. You can see why by considering two cases. In both cases, we'll keep the real interest rate the same at 4 percent a year and the tax rate on nominal interest income the same at 40 percent.

First, suppose there is no inflation so the nominal interest rate equals the real interest rate of 4 percent a year. The tax on 4 percent interest is 1.6 percent (40 percent of 4 percent), so the real after-tax interest rate is 4 percent minus 1.6 percent, which equals 2.4 percent.

Second, suppose the inflation rate is 6 percent. The nominal interest rate is now 10 percent. The tax on 10 percent interest is 4 percent (40 percent of 10 percent), so the real after-tax interest rate is 4 percent minus 4 percent, which equals zero. The true tax rate in this case is not 40 percent but 100 percent!

Effect of Income Tax on Saving and Investment In Fig. 10, initially there are no taxes. The investment demand curve, *ID*, shows the quantity of investment at each real interest rate, and the saving supply curve, *SS*, shows the quantity of saving at each real interest rate. The interest rate is 3 percent a year, and investment and saving are $2 trillion a year.

A tax on interest income has no effect on investment demand, which remains at *ID*. The reason is that the quantity of investment that firms plan to undertake depends only on how productive capital is and what it costs—its real interest rate. But a tax on interest income weakens the incentive to save and decreases saving supply. For each dollar of before-tax earnings, savers must pay the government an amount determined by the tax code. So savers look at the after-tax real interest rate when they decide how much saving to supply.

When a tax is imposed, the saving supply curve shifts leftward to *SS* + *tax*. The amount of tax payable is measured by the vertical distance between the *SS* curve and the *SS* + *tax* curve. With this smaller saving supply, the interest rate rises to 4 percent a year, but the *after-tax* interest rate falls to 1 percent a year. The gap between the interest rate and the after-tax interest rate is a tax wedge.

The new equilibrium level of saving and investment is $1.8 trillion a year—a smaller quantity than in the no tax case.

The effects of the income tax on saving and investment are likely to be large. And at a high inflation rate, they are likely to be especially large.

You've seen how taxes affect private saving. Let's now see how government saving affects the capital market.

FIGURE 10 The Effects of a Tax on Capital Income

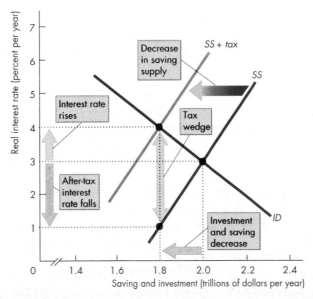

The investment demand curve is *ID*, and the saving supply curve is *SS*. With no income tax, the real interest rate is 3 percent a year and saving and investment are $2 trillion. An income tax shifts the saving supply curve leftward to *SS* + *tax*. The interest rate rises to 4 percent a year, the after-tax interest rate falls to 1 percent a year, and saving and investment decrease. With less investment, the real GDP growth rate falls.

Government Saving

Government saving is positive when the budget is in surplus, negative when the budget is in deficit, and zero when the budget is balanced.

In Fig. 11, the investment demand curve, *ID*, shows the quantity of investment at each real interest rate. The curve labeled *PS* shows the relationship between *private* saving and the real interest rate. If government saving were zero, the *PS* curve would be the saving supply curve. The real interest rate would be 4 percent, and saving and investment would be equal at $1.8 trillion a year.

We will now see what happens when the government budget is in deficit—when government saving is *negative*. We must subtract the budget deficit from private saving to find the saving supply curve. This curve, labeled *SS*, lies to the left of the private saving supply curve. And the horizontal distance between the *PS* curve and the *SS* curve is government saving, which in this example is a negative $0.3 trillion. (This number, like all the other numbers in Fig. 9, is similar to the actual value in the United States in 2003.)

The effect of negative government saving, which is also called *dissaving*, is to decrease saving supply and increase the real interest rate. Investment decreases. In Fig. 11, with a government deficit of $0.3 trillion, the saving supply curve shifts leftward and the real interest rate rises from 4 percent to 5 percent a year. Investment decreases from $1.8 trillion to $1.6 trillion. Investment does not decrease by the full amount of the government deficit because the higher real interest rate induces an increase in private saving. In Fig. 11, private saving increases by $0.1 trillion to $1.9 trillion.

FIGURE 11   A Crowding-Out Effect

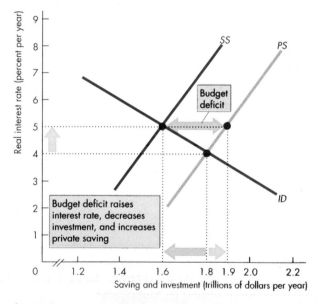

The investment demand curve is *ID*, and the private saving supply curve is *PS*. With a balanced government budget, the real interest rate is 4 percent a year and investment equals saving at $1.8 trillion a year. A government budget deficit is negative government saving (dissaving). We subtract the government deficit from private saving to determine the saving supply curve *SS*. The real interest rate rises, investment decreases (is crowded out), and private saving increases.

The tendency for a government budget deficit to decrease investment is called a **crowding-out effect**. By raising the real interest rate, the government deficit crowds out private investment. A government surplus has the opposite effect to what we've just seen. It increases saving supply, lowers the real interest rate, and stimulates investment.

In the crowding-out case that you've just seen, the *quantity of private saving* changes because the real interest rate changes. There is a movement along the *PS* curve. But private saving supply does not change. That is, the *PS* curve does not shift. But suppose that a change in government saving changes private saving supply and shifts the *PS* curve. This possibility is called the Ricardo-Barro effect, so named because it was first suggested by the English economist David Ricardo in the eighteenth century and refined by Robert J. Barro of Harvard University during the 1980s. The **Ricardo-Barro effect** holds that a government budget deficit has no effect on the real interest rate or investment and that financing government purchases by taxes or by borrowing are equivalent.

The reasoning behind the Ricardo-Barro effect is the following. A government that runs a deficit must sell bonds to pay for the goods and services that are not paid for by taxes. And the government must pay interest on those bonds. It must also collect more taxes *in the future* to pay the interest on the larger quantity of bonds that are outstanding. Taxpayers are rational and have good foresight. They can see that their taxes will be higher in the future and so their disposable income will be lower. Lower expected future disposable income increases saving. And if taxpayers want to neutralize the effects of the government deficit on their own consumption plans, they increase their own saving by the same amount that the government is dissaving through its deficit.

This outcome is extreme and probably does not actually occur. Taxpayers probably respond in the *direction* suggested by Ricardo and Barro but not in the *amount* they suggest. So the effect of a government deficit probably lies between the case shown in Fig. 11 and the Ricardo-Barro case in which there is no effect. That is, a government deficit increases the real interest rate and partly crowds out private investment, but it also induces an increase in private saving in anticipation of lean times later when taxes will rise to pay the interest on the increasing debt.

You now know the effects of a deficit on saving and investment. Because a deficit crowds out investment, it slows the growth rate of real GDP. Next we'll look at the effects of fiscal policy on intergenerational redistribution.

GENERATIONAL EFFECTS OF FISCAL POLICY ◼ 5

Is a budget deficit a burden on future generations? If it is, how will the burden be borne? And is the budget deficit the only burden on future generations? What about off-budget deficits such as that of the Social Security fund? Does it matter who owns the bonds that the government sells to finance its deficit? What about the bonds owned by foreigners? Won't repaying those bonds impose a bigger burden than repaying bonds owned by Americans?

To answer questions like these, we use a tool called **generational accounting**—an accounting system that measures the lifetime tax burden and benefits of each generation. This accounting system was developed by Alan Auerbach of the University of Pennsylvania and Laurence Kotlikoff of Boston University. The most recent generational accounts for the United States were prepared by Jagadeesh Gokhale of the Federal Reserve Bank of Cleveland and Kent Smetters of the University of Pennsylvania.

Generational Accounting and Present Value

Income taxes and social security taxes are paid by people who have jobs. Social Security benefits are paid to people after they retire. So to compare taxes and benefits, we must compare the value of taxes paid by people during their working years with the benefits received in their retirement years. To compare the value of an amount of money at one date with that at a later date, we use the concept of present value. A present value is an amount of money that, if invested today, will grow to equal a given future amount when the interest that it earns is taken into account. We can compare dollars today with dollars in 2030 or any other future year by using present values.

For example, if the interest rate is 5 percent a year, $1,000 invested today will grow, with interest, to $11,467 after 50 years. So the present value (in 2004) of $11,467 in 2054 is $1,000.

By using present values, we can assess the magnitude of the government's debts to older Americans in the form of pensions and medical benefits.

But the assumed interest rate and growth rate of taxes and benefits critically influence the answers we get. For example, at an interest rate of 3 percent a year, the present value (in 2004) of $11,467 in 2054 is $2,616. The lower the interest rate, the greater is the present value of a given future amount.

Because there is uncertainty about the proper interest rate to use to calculate present values, plausible alternative numbers are used to estimate a range of present values.

Using generational accounting and present values, economists have studied the situation facing the federal government arising from its social security obligations. And they have found a time bomb!

The Social Security Time Bomb

When social security was introduced in the New Deal of the 1930s, today's demographic situation was not envisaged. The age distribution of the U.S. population is dominated by a surge in the birth rate that occurred after World War II that created what is called the "baby boom generation."

It is estimated that in 2008, 77 million "baby boomers" will start collecting Social Security pensions and in 2011, they will become eligible for Medicare benefits. By 2030, all the baby boomers will have retired and, compared to 2003, the population supported by social security will have doubled.

Under the existing Social Security laws, the federal government has an obligation to these citizens to pay pensions and Medicare benefits on an already declared scale. These obligations are a debt owed by the government and are just as real as the bonds that the government issues to finance its current deficit.

To assess the full extent of the government's obligations, economists use the concept of **fiscal imbalance**. Fiscal imbalance is the present value of the government's commitments to pay benefits minus the present value of its tax revenues. Fiscal imbalance is an attempt to measure the scale of the government's true liabilities.

In 2003, the fiscal imbalance was estimated to be $45 trillion. (Using alternative assumptions about interest rates and growth rates, the number might be as low as $29 trillion or as high as $65 trillion.)

To put $45 trillion in perspective, note that U.S. GDP in 2003 was a bit more than $10 trillion. So this debt is 4.5 times a year's production. Another perspective is to compare the fiscal imbalance with the government's official explicit debt—the value of its outstanding bonds. That number was $3.7 trillion in 2003, so the government's fiscal imbalance is about 12 times its market debt.

How could the federal government meet its social security obligations? Gokhale and Smetters consider four alternatives:

- ▶ raise income taxes
- ▶ raise social security taxes
- ▶ cut social security benefits
- ▶ cut federal government discretionary spending

If one of these actions had been taken in 2003, the magnitude of the change required to keep the government solvent is staggering. Income taxes would need to be raised by 69 percent; or social security taxes raised by 95 percent; or benefits cut by 56 percent. Even if the government shut down all its so-called discretionary activities—that includes national defense—it still would not be able to pay its bills.

Of course, by combining the four measures, the pain from each could be lessened. But the pain would still be severe. And worse, delay makes all these numbers rise. If nothing is done until 2008, for example, the fiscal imbalance climbs to $54 trillion.

Generational Imbalance

A fiscal imbalance must eventually be corrected and when it is, people pay either with higher taxes or lower benefits. The concept of **generational imbalance** tells us who will pay. Generational imbalance is the division of the fiscal imbalance between the current and future generations, assuming that the current generation will enjoy the existing levels of taxes and benefits.

Figure 12 shows an estimate of how today's fiscal imbalance is distributed across the current (born before 1988) and future (born in or after 1988) generations. It also shows that the major source of the imbalances is Medicare. Social Security pension benefits create a fiscal imbalance, but these benefits are more than fully paid for by the current generation. But the current generation will pay less than 50 percent of its Medicare costs, and the balance will fall on future generations.

Summing all the items, the current generation will pay 43 percent and future generations pay 57 percent of the fiscal imbalance.

Because the estimated fiscal imbalance is so large, it is not possible to predict how the imbalance will be resolved. But we can predict that the outcome involves a combination of lower benefits and higher taxes. One of these taxes could be the inflation tax—paying bills with new money and creating inflation.

International Debt

So far in our discussion of government deficits and debts, we've ignored the role played by the rest of the world. We'll conclude this discussion by considering the role and magnitude of international debt.

You've seen that foreign borrowing is one source of investment finance. And you've also seen that this source of investment finance became large during the late 1990s and 2000s.

FIGURE 12   Fiscal and Generational Imbalances

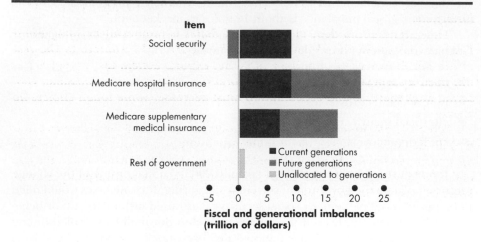

The largest components of the fiscal imbalance are Medicare benefits. These benefits are also the main component of the generational imbalance. Social security pension benefits are entirely paid for by the current generation.

Source: Jagadeesh Gokhale and Kent Smetters, "Fiscal and Generational Imbalances: New Budget Measures For New Budget Priorities," April 2003.

How large is the contribution of the rest of the world? How much investment have we paid for by borrowing from abroad? And how much government debt is held abroad?

Table 2 answers these questions. Part (a) shows that at the end of June 2003, the United States had a net debt to the rest of the world of $4 trillion. Of that debt, a bit more than half ($2.1 trillion) was U.S. government debt. U.S. corporations had used $2.5 trillion of foreign funds ($1.1 trillion in bonds and $1.4 trillion in equities), not much more than the borrowing of the U.S. government.

TABLE 2 What the United States Owed the Rest of the World in June 2003	
	$ trillions
(a) U.S. Liabilities	
Deposits in U.S. banks	0.7
U.S. government securities	2.1
U.S. corporate bonds	1.1
U.S. corporate equities	1.4
Other (net)	−1.3
Total	4.0
(b) U.S. government securities	
Held by rest of world	2.1
Held in the United States	1.8
Total	3.9

Source: Federal Reserve Board.

Part (b) shows how total government debt divides between domestic and foreign holdings. More than a half of the outstanding $3.9 trillion of debt is held by foreigners.

The international debt of the United States is important because, when that debt is repaid, the United States will transfer real resources to the rest of the world. Instead of running a large net exports deficit, the United States will need a surplus of exports over imports. To make a surplus possible, U.S. saving must increase and consumption must decrease. Some tough choices lie ahead.

You now know how economists assess a government's fiscal imbalance and how they divide the cost of covering an imbalance across generations. And you've seen the extent and implication of U.S. debt (government and private) held in the rest of the world. We conclude this reading by looking at the role of fiscal policy as a tool for stabilizing the business cycle.

STABILIZING THE BUSINESS CYCLE   6

Fiscal policy actions that seek to stabilize the business cycle work by changing aggregate demand. These policy actions can be either:

▶ discretionary; or
▶ automatic.

A fiscal action initiated by an act of Congress is called **discretionary fiscal policy**. It requires a change in a spending program or in a tax law. For example, an increase in defense spending or a cut in the income tax rate is a discretionary fiscal policy.

A fiscal action that is triggered by the state of the economy is called **automatic fiscal policy**. For example, an increase in unemployment induces an increase in payments to the unemployed. A fall in incomes induces a decrease in tax revenues.

Changes in government purchases and changes in taxes have multiplier effects on aggregate demand.

The Government Purchases Multiplier

The **government purchases multiplier** is the magnification effect of a change in government purchases of goods and services on aggregate demand. Government purchases are a component of aggregate expenditure, so when government purchases change, aggregate demand changes. Real GDP changes and induces a change in consumption expenditure, which brings a further change in aggregate expenditure. A multiplier process ensues.

A Homeland Security Multiplier   The terrorist attacks of September 11, 2001, brought a reappraisal of the nation's homeland security requirements and an increase in government purchases. This increase in purchases initially increased the incomes of producers of airport and border security equipment and security workers. Better-off security workers increased their consumption expenditures. With rising revenues, other businesses in all parts of the nation boomed and expanded their payrolls. A second round of increased consumption expenditures increased incomes yet further. The increase in security expenditures and its multiplier effect helped to end the 2001 recession.

The Tax Multiplier

The tax multiplier is the magnification effect of a change in taxes on aggregate demand. A *decrease* in taxes *increases* disposable income, which increases consumption expenditure. A decrease in taxes works like an increase in government purchases. But the magnitude of the tax multiplier is smaller than the government purchases multiplier. The reason is that a $1 tax cut generates *less than* $1 of additional expenditure. The marginal propensity to consume determines the increase in expenditure induced by a tax cut. For example, if the **marginal propensity to consume** is 0.75, then a $1 tax cut increases consumption expenditure by only 75 cents. In this case, the tax multiplier is 0.75 times the magnitude of the government purchases multiplier.

A Bush Tax Cut Multiplier   Congress enacted the Bush tax cut package that lowered taxes starting in 2002. These tax cuts had a multiplier effect. With more disposable income, people increased consumption expenditure. This spending increased other people's incomes, which spurred yet more consumption expenditure. Like the increase in security expenditures, the tax cut and its multiplier effect helped to end the 2001 recession.

The Balanced Budget Multiplier

The **balanced budget multiplier** is the magnification effect on aggregate demand of a *simultaneous* change in government purchases and taxes that leaves the budget balance unchanged. The balanced budget multiplier is positive because a $1 increase in government purchases increases aggregate demand by more than a $1 increase in taxes decreases aggregate demand. So when both government purchases and taxes increase by $1, aggregate demand increases.

Discretionary Fiscal Stabilization

If real GDP is below potential GDP, discretionary fiscal policy might be used in an attempt to restore full employment. The government might increase its purchases of goods and services, cut taxes, or do some of both. These actions would increase aggregate demand. If they were timed correctly and were of the correct magnitude, they could restore full employment. Figure 13 shows how. Potential GDP is $10 trillion, but real GDP is below potential at $9 trillion and there is a $1 trillion *recessionary gap* (see Reading 23). To eliminate the recessionary gap and restore full employment, the government takes a discretionary fiscal policy action. An increase in government purchases or a tax cut increases aggregate expenditure by ΔE. If this were the only change in spending plans, the *AD* curve would become $AD_0 + \Delta E$ in Fig. 13. But the increase in government purchases or the tax cut sets off a multiplier process, which increases consumption expenditure. As the multiplier process plays out, aggregate demand increases and the *AD* curve shifts rightward to AD_1.

    With no change in the price level, the economy would move from the initial equilibrium point *A* to point *B* on AD_1. But the increase in aggregate demand combined with the upward-sloping aggregate supply curve brings a rise in the price level. So the economy moves to a new equilibrium at point *C*. The price level rises to 105, and real GDP increases to $10 trillion. Full employment is restored.

    Figure 14 illustrates the opposite case in which discretionary fiscal policy is used to eliminate inflationary pressure. The government decreases its purchases

FIGURE 13   Expansionary Fiscal Policy

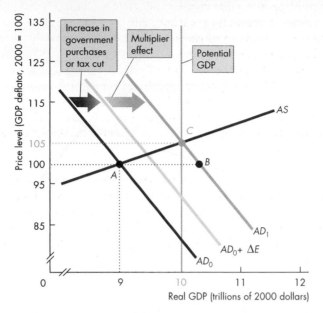

Potential GDP is $10 trillion, real GDP is $9 trillion, and there is a $1 trillion recessionary gap. An increase in government purchases or a tax cut increases expenditure by ΔE. The multiplier increases induced expenditure. The AD curve shifts rightward to AD_1, the price level rises to 105, real GDP increases to $10 trillion, and <u>the recessionary gap is eliminated.</u>

of goods and services or raises taxes to decrease aggregate demand. In the figure, the decrease in government purchases or rise in taxes decreases aggregate expenditure by ΔE and the AD curve shifts to $AD_0 - \Delta E$. The initial decrease in aggregate expenditure sets off a multiplier process, which decreases consumption expenditure. As the multiplier process plays out, aggregate demand decreases and the AD curve shifts leftward to AD_1.

With no change in the price level, the economy would move from the initial equilibrium point A to point B on AD_1 in Fig. 14. But the decrease in aggregate demand combined with the upward-sloping AS curve brings a fall in the price level. So the economy moves to a new equilibrium at point C. The price level falls to 105, and real GDP decreases to $10 trillion. The inflationary gap has been eliminated, inflation has been avoided, and the economy is back at full employment.

Figures 13 and 14 make fiscal policy look easy. Calculate the recessionary gap or the inflationary gap and the multiplier, change government purchases or taxes, and eliminate the gap. In reality, things are not that easy.

Limitations of Discretionary Fiscal Policy

The use of discretionary fiscal policy is seriously hampered by three time lags:

- ▶ recognition lag
- ▶ law-making lag
- ▶ impact lag

FIGURE 14   Contractionary Fiscal Policy

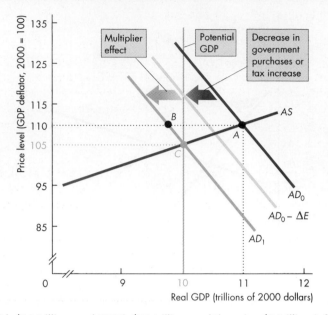

Potential GDP is $10 trillion, real GDP is $11 trillion, and there is a $1 trillion inflationary gap. A decrease in government purchases or a rise in taxes decreases expenditure by ΔE. The multiplier decreases induced expenditure. The AD curve shifts leftward to AD_1, the price level falls to 105, real GDP decreases to $10 trillion, and the inflationary gap is eliminated.

Recognition Lag   The recognition lag is the time it takes to figure out that fiscal policy actions are needed. This process has two aspects: figuring out the current state of the economy and forecasting its future state.

Law-Making Lag   The law-making time lag is the amount of time it takes Congress to pass the laws needed to change taxes or spending. This process takes time because each member of Congress has a different idea about what is the best tax or spending program to change, so long debates and committee meetings are needed to reconcile conflicting views. The economy might benefit from fiscal stimulation today, but by the time Congress acts, a different fiscal medicine might be needed.

Impact Lag   The impact lag is the time it takes from passing a tax or spending change to implementing the new arrangements and their effects on real GDP being felt. This lag depends partly on the speed with which government agencies can act and partly on the timing of changes in spending plans by households and businesses.

Economic forecasting has improved enormously in recent years, but it remains inexact and subject to error. So, because of these three time lags, discretionary fiscal action might end up moving real GDP *away* from potential GDP and creating the very problems it seeks to correct.

Let's now look at automatic fiscal policy.

Automatic Stabilizers

Automatic fiscal policy is a consequence of tax revenues and expenditures that fluctuate with real GDP. These features of fiscal policy are called **automatic stabilizers** because they work to stabilize real GDP without explicit action by the government. Their name is borrowed from engineering and conjures up images of shock absorbers, thermostats, and sophisticated devices that keep airplanes and ships steady in turbulent air and seas.

Induced Taxes   On the revenues side of the budget, tax laws define tax *rates*, not tax *dollars*. Tax dollars paid depend on tax rates and incomes. But incomes vary with real GDP, so tax revenues depend on real GDP. Taxes that vary with real GDP are called **induced taxes**. When real GDP increases in an expansion, wages and profits rise, so the taxes on these incomes—induced taxes—rise. When real GDP decreases in a recession, wages and profits fall, so the induced taxes on these incomes fall.

Needs-Tested Spending   On the expenditure side of the budget, the government creates programs that pay benefits to suitably qualified people and businesses. The spending on such programs is called **needs-tested spending**, and it results in transfer payments that depend on the economic state of individual citizens and businesses. When the economy is in a recession, unemployment is high and the number of people experiencing economic hardship increases, but needs-tested spending on unemployment benefits and food stamps also increases. When the economy expands, unemployment falls, the number of people experiencing economic hardship decreases, and needs-tested spending decreases.

Induced taxes and needs-tested spending decrease the multiplier effects of changes in **autonomous expenditure** (such as investment and exports). So they moderate both expansions and recessions and make real GDP more stable. They achieve this outcome by weakening the link between real GDP and disposable income and so reduce the effect of a change in real GDP on consumption expenditure. When real GDP increases, induced taxes increase and needs-tested spending decreases, so disposable income does not increase by as much as the increase in real GDP. As a result, consumption expenditure does not increase by as much as it otherwise would and the multiplier effect is reduced.

We can see the effects of automatic stabilizers by looking at the way that the government budget deficit fluctuates over the business cycle.

Budget Deficit over the Business Cycle   Figure 15 shows the business cycle and fluctuations in the budget deficit between 1983 and 2003. Part (a) shows the fluctuations of real GDP around potential GDP. Part (b) shows the federal budget deficit. Both parts highlight recessions by shading those periods. By comparing the two parts of the figure, you can see the relationship between the business cycle and the budget deficit. As a rule, when the economy is in an expansion the budget deficit declines. (In the figure, a declining deficit means a deficit that is getting closer to zero.) As the expansion slows before the recession begins, the budget deficit increases. It continues to increase during the recession and for a period after the recession is over. Then, when the expansion is well under way, the budget deficit declines again.

The budget deficit fluctuates with the business cycle because both tax revenues and expenditures fluctuate with real GDP. As real GDP increases during an expansion, tax revenues increase and transfer payments decrease, so the budget deficit automatically decreases. As real GDP decreases during a recession, tax revenues decrease and transfer payments increase, so the budget deficit automatically increases. Fluctuations in investment and exports have a multiplier effect on real GDP. But fluctuations in tax revenues (and the budget deficit) act as an automatic stabilizer. They decrease the swings in disposable income and make the multiplier effect smaller. They dampen both expansions and recessions.

FIGURE 15 The Business Cycle and the Budget Deficit

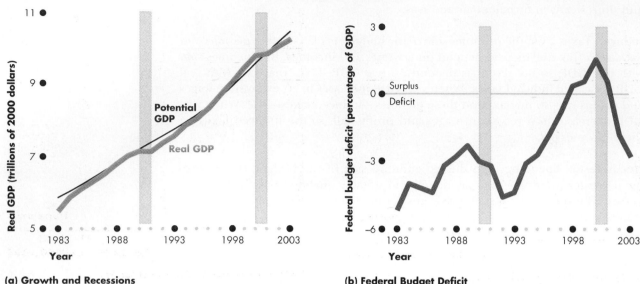

(a) Growth and Recessions

(b) Federal Budget Deficit

As real GDP fluctuates around potential GDP (part a), the budget deficit fluctuates (part b). During a recession (shaded years), tax revenues decrease, transfer payments increase, and the budget deficit increases. The deficit also increases *before* a recession as real GDP growth slows and *after* a recession before real GDP growth speeds up.

Sources: Bureau of Economic Analysis, Congressional Budget Office, and Office of Management and the Budget.

Cyclical and Structural Balances Because the government budget balance fluctuates with the business cycle, we need a method of measuring the balance that tells us whether it is a temporary cyclical phenomenon or a persistent phenomenon. A temporary cyclical surplus or deficit vanishes when full employment returns. A persistent surplus or deficit requires government action to remove it.

To determine whether the budget balance is persistent or temporary and cyclical, economists have developed the concepts of the structural budget balance and the cyclical budget balance. The **structural surplus or deficit** is the budget balance that would occur if the economy were at full employment and real GDP were equal to potential GDP. The **cyclical surplus or deficit** is the actual surplus or deficit minus the structural surplus or deficit. That is, the cyclical surplus or deficit is the part of the budget balance that arises purely because real GDP does not equal potential GDP. For example, suppose that the budget deficit is $100 billion. And suppose that economists have determined that there is a structural deficit of $25 billion. Then there is a cyclical deficit of $75 billion.

Figure 16 illustrates the concepts of the cyclical surplus or deficit and the structural surplus or deficit. The blue curve shows government expenditures. The expenditures curve slopes downward because transfer payments, a component of government expenditures, decreases as real GDP increases. The light blue curve shows tax revenues. The tax revenues curve slopes upward because most components of tax revenues increase as incomes and real GDP increase.

In Fig. 16(a), potential GDP is $10 trillion. If real GDP equals potential GDP, the government has a *balanced budget.* Expenditures and tax revenues each equal $2 trillion. If real GDP is less than potential GDP, expenditures exceed tax revenues and there is a *cyclical deficit.* If real GDP is greater than potential GDP, expenditures are less than tax revenues and there is a *cyclical surplus.*

FIGURE 16   Cyclical and Structural Surpluses and Deficits

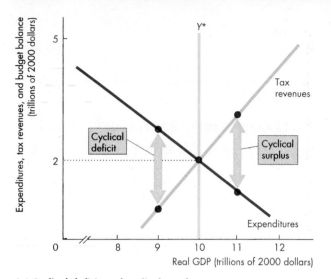
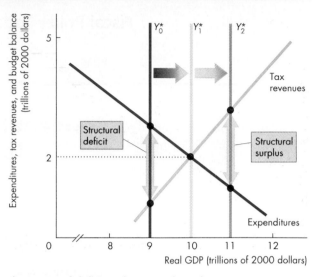

(a) Cyclical deficit and cyclical surplus   **(b) Structural deficit and structural surplus**

In part (a), potential GDP is $10 trillion. When real GDP is less than potential GDP, the budget is in a *cyclical deficit*. When real GDP exceeds potential GDP, the budget is in a *cyclical surplus*. The government has a *balanced budget* when real GDP equals potential GDP. In part (b), when potential GDP is $9 trillion, there is a *structural deficit*. But when potential GDP is $11 trillion, there is a *structural surplus*.

Sources: Bureau of Economic Analysis, Congressional Budget Office, and Office of Management and the Budget.

In Fig. 16(b), potential GDP grows but the tax revenues curve and the expenditure curve do not change. When potential GDP is $9 trillion ($Y^*_0$), there is a *structural deficit*. When potential GDP grows to $10 trillion ($Y^*_1$), there is a *structural balance* of zero (neither a deficit nor a surplus). And when potential GDP grows to $11 trillion ($Y^*_2$), there is a *structural surplus*.

The U.S. federal budget was in a structural deficit starting in the mid-1970s and continuing through the mid-1990s. That is, even if the economy had been at full employment, the budget would have been in deficit. Worse, the structural deficit was so large that even at the peak of a business cycle, the budget was in deficit. The budget surplus that emerged at the end of the 1990s was at least partly a cyclical surplus and as the economy slowed during 2001, a deficit emerged.

You've seen how fiscal policy influences potential GDP, the growth rate of real GDP, and real GDP fluctuations. *Reading between the Lines* on pp. 456–458 looks further at the 2004 budget and President Bush's fiscal policy.

7   READING BETWEEN THE LINES

Fiscal Policy Today

THE BOSTON GLOBE, DECEMBER 4, 2003

Federal Spending per Household Is Most Since WWII

...Such programs as the No Child Left Behind education law have combined with wartime costs and a generous farm bill to increase government spending by 16 percent in the last two years, compared with an average of 3.5 percent a year during the 1990s. The recent passage of a $396 billion Medicare expansion and overhaul bill is expected to drive spending even higher in future years.

The Heritage Foundation and other conservative groups expressed concerns yesterday about the spending habits of a Republican Congress that had promised fiscal restraint. The foundation said this Congress's spending increases went well beyond outlays for defense and homeland security: Subtracting those, spending still went up 11 percent over the past two years.

...Brian M. Riedl, a Heritage Foundation economist...found that per-household spending this year reached $20,000 in inflation-adjusted dollars for the first time since World War II—a trend he said makes a tax increase nearly inevitable. "People haven't felt the pain yet because ... spending has been financed by budget deficits," he said.

The Center for Budget and Policy Priorities (CBPP), a group that has defended spending on social programs in the past, arrived at similar conclusions. Looking at "discretionary spending "—appropriations that exclude entitlement programs such as Social Security and Medicare, whose payments are largely out of the control of the president—spending in inflation-adjusted dollars has increased 8.7 percent a year under the current administration. That's up from an average of 4.2 percent a year in the last three years of the Clinton administration, CBPP economist Richard Kogan said....

Essence of the Story

► Federal spending increased by 8.7 percent a year under the Bush administration, up from an average of 4.2 percent a year in the last three years of the Clinton administration.

► The passage of a $396 billion bill to expand Medicare will send spending even higher in future years.

► Conservative groups as well as defenders of spending on social programs agree that federal spending is out of control.

► A Heritage Foundation report says that spending per-household is at its highest level since World War II.

Economic Analysis

▶ The news article compares some features of the federal budget today with those during the years of the Clinton administration.

▶ Figure 17 shows the broad facts about the federal budget in 2000 and 2004. The 2000 numbers are those for the last Clinton year, and the 2004 numbers are for the current year.

▶ You can see that expenditures have increased substantially. Transfer payments increased by $274 billion; defense spending increased by $95 billion; and other expenditures increased by $62 billion. Total outlays were up by $431 billion.

▶ You can also see that tax revenues decreased. Personal income taxes fell by $157 billion, and corporate income taxes fell by $36 billion. Social security taxes and indirect taxes increased, but by less than the decrease in other taxes. So total taxes decreased by $65 billion.

▶ The balance of the federal budget turned from a surplus of $152 billion in 2000 to a deficit of $301 billion in 2004.

▶ Figure 18 expresses the budget data as percentages of GDP. This way of looking at the budget highlights the allocation of resources between the federal government and the rest of the economy.

▶ Relative to GDP, the increase in expenditures is small. You can see that transfer payments and nondefense expenditures increased by more than the increase in defense expenditures.

▶ Figure 18 also highlights the dramatic decrease in personal and corporate income taxes. These tax cuts and the consequent swing from surplus to deficit are the major fiscal policy events of the Bush administration.

▶ These fiscal policy actions have supply-side effects on the labor market and capital market, generational effects, and stabilization effects.

▶ The swing from surplus to deficit, a swing of $453 billion, has been financed by a $170 billion increase in borrowing from the rest of the world and a $283 billion crowding out of private expenditures.

▶ The tax cuts have positive supply-side effects, but the spending increase has a negative crowding-out effect.

FIGURE 17   Bush and Clinton Budgets Compared, Billions of Dollars

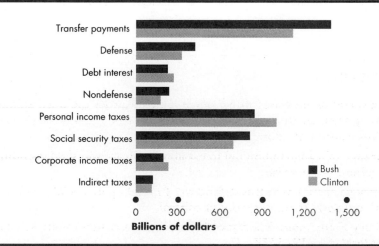

FIGURE 18   Bush and Clinton Budgets Compared, Percentage of GDP

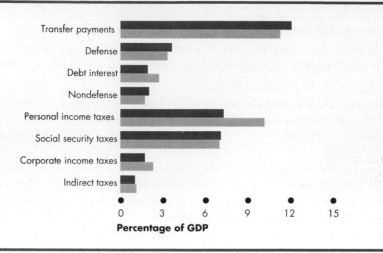

- ▶ The increased deficit increases the burden that is transferred to future generations.
- ▶ The combined spending increase and tax cut increased aggregate demand and helped bring the economy back from recession. But it didn't move real GDP back to potential GDP.

You're the Voter

- ▶ Do you think the current federal fiscal policy is appropriate?
- ▶ Would you vote for further tax cuts and spending cuts or for tax and spending increases? Explain.

SUMMARY

- ► The federal budget is used to achieve macroeconomic objectives.
- ► Tax revenues can exceed, equal, or fall short of expenditures—the budget can be in surplus, balanced, or deficit.
- ► Budget deficits create government debt.
- ► Fiscal policy has supply-side effects because taxes weaken the incentive to work and decrease employment and potential GDP.
- ► The U.S. tax wedge is large but smaller than those of the United Kingdom and France.
- ► The Laffer curve shows the relationship between the tax rate and the amount of tax collected.
- ► Fiscal policy has supply-side effects because taxes weaken the incentive to save and invest, which lowers the growth rate of real GDP.
- ► A government budget deficit decreases saving, raises the real interest rate, and crowds out some investment.
- ► The Ricardo-Barro effect lessens crowding-out.
- ► Generational accounting measures the lifetime tax burden and benefits of each generation.
- ► In 2003, the U.S. fiscal imbalance was estimated to be $45 trillion—4.5 times annual GDP.
- ► Future generations will pay for 57 percent of the benefits of the current generation.
- ► Foreigners hold a half of U.S. government debt.
- ► Fiscal stabilization can be discretionary or automatic.
- ► Discretionary changes in government purchases or taxes can change aggregate demand but are hampered by law-making lags and the difficulty of correctly diagnosing and forecasting the state of the economy.
- ► Automatic changes in fiscal policy moderate the business cycle.

(1) Recognition lag
(2) law-making lag
(3) Impact lag

PRACTICE PROBLEMS FOR READING 27

1. The crowding-out effect *most likely* occurs when increased government spending and subsequent budget deficits cause

  A. inflation, which causes the dollar to depreciate in value.

  B. interest rates to increase, which reduces investment spending.

  C. an increase in the imports and a decrease in the exports of goods and services.

  D. the Federal Reserve to increase the money supply resulting in demand-pull inflation.

2. According to the tax multiplier and the balanced budget multiplier, respectively, will the greatest increase in aggregate demand *most likely* result from a tax cut or a government purchases increase?

— simultaneous △ in govt. purchases & taxes ↑ leaves ε budget balance unchanged —

	Tax Multiplier	Balanced Budget Multiplier
A.	Tax cut	Tax cut
B.	Tax cut	Purchases increase
C.	Purchases increase	Tax cut
D.	Purchases increase	Purchases increase

Refer pg 450
— magnitude of ε tax multiplier is smaller than ε govt. purchases multiplier because of consumers' marginal propensity to consume ($1 tax cut generates less than $1 of add'nl consumption expenditure)

3. In the presence of automatic stabilizers, as an economy slides into a recession

  A. tax receipts increase.

  B. tax receipts decrease.

  C. the government increases tax rates.

  D. the government decreases tax rates.

MONETARY POLICY

by Michael Parkin

LEARNING OUTCOMES

The candidate should be able to:

a. discuss the U.S. Federal Reserve's primary goal of price stability, the secondary goal of maintaining sustainable real GDP growth, and the intermediate targets of monetary policy, and compare and contrast the policies that can be used to achieve price level stability;

b. compare and contrast fixed-rule and feedback-rule monetary policies to stabilize aggregate demand, and explain the problem of monetary policy lags;

c. discuss the fixed-rule and feedback-rule policies to stabilize aggregate supply in response to a productivity shock and a cost-push inflation shock;

d. discuss the importance of policy credibility in monetary policy implementation;

e. compare and contrast the new monetarist and new Keynesian feedback rules.

WHAT CAN MONETARY POLICY DO?   1

During the 1990s, the U.S. economy performed well. Real GDP expanded by between 3 percent and 4 percent each year in one of the most stable and sustained episodes of growth the economy has seen. The unemployment rate fell steadily from around 7 percent in 1991 to 4 percent in 2000. While the economy was expanding and unemployment falling, the inflation rate remained below 3 percent a year and showed no sign of turning upward.

But by 2000, growth was slowing, and in 2001, real GDP shrank and unemployment increased.

The United States was not alone in facing a growth slowdown. Every other major country saw its economy slow. Alan Greenspan and his fellow central bankers began to cut interest rates to stimulate production and jobs.

Were these actions the right ones? Can and should monetary policy try to counter recessions? Or should monetary policy focus more narrowly on price stability?

In this reading, we're going to study the Federal Reserve's challenges of avoiding inflation and achieving sustainable long-term growth and low unemployment. We're also going to review the alternative views on these issues. In *Reading between the Lines* at the end of the reading, we'll look at the Fed's decisions at the end of 2003 to keep the interest rate low and aid the recovery from recession.

2   INSTRUMENTS, GOALS, TARGETS, AND THE FED'S PERFORMANCE

It helps to keep a clear head when thinking about monetary policy if we distinguish among:

▶ instruments

▶ goals

▶ intermediate targets

The *instruments* of monetary policy are the tools that you learned about in Reading 24. They are open market operations, the discount rate, and required reserve ratios. The Fed conducts open market operations and sets the discount rate and the required reserve ratios to achieve the goals of its monetary policy.

The *goals* of monetary policy are the ultimate objectives that the Fed seeks. The Fed's primary goal is to maintain *price level stability*. But there is a short-run tradeoff between price level stability and real GDP. So a secondary goal of monetary policy is to keep real GDP as close as possible to potential GDP and help maintain *sustainable real GDP growth*.

The effects of changes in the Fed's instruments on the goals of monetary policy cannot be predicted with certainty, and they occur with a long and variable time lag. For these reasons, the Fed needs some way of assessing whether its actions are on the right track. It makes these assessments by watching the evolution of intermediate targets.

The possible *intermediate targets* of monetary policy include monetary aggregates such as M1 and M2, the *monetary base*—the sum of notes, coins, and banks' deposits at the Fed—and the *federal funds rate*—the interest rate on overnight loans among banks.

The Fed's open market operations and discount rate changes influence the M1 and M2 measures of money indirectly along with other influences that stem from the lending decisions of the banks and the borrowing decisions of households and firms. Because the Fed does not have immediate and tight control of these aggregates, it does not use them as intermediate targets.

In contrast, open market operations and the discount rate *directly* affect the monetary base and the federal funds rate. These effects are fast and easy for the

Fed to monitor. The Fed might target either the monetary base or the federal funds rate, but it cannot independently target both at the same time and must decide which one to target. In recent years, the Fed's choice has been the federal funds rate.

Price Level Stability

Why does the Fed want to achieve price level stability? And what exactly is price level stability?

Why Price Level Stability?   The economy works best when the price level is stable and predictable. If the inflation rate fluctuates unpredictably, money becomes less useful as a measuring rod for conducting transactions. Borrowers and lenders and employers and workers must take on extra risks.

If the inflation rate is higher than expected, the real interest rate turns out to be lower than expected, which favors borrowers and hurts lenders. Conversely, if the inflation rate is lower than expected, the real interest rate turns out to be higher than expected, which favors lenders and hurts borrowers.

Similarly, if the inflation rate is higher than expected, the real wage rate turns out to be lower than expected, which favors employers and hurts workers. And if the inflation rate is lower than expected, the real wage rate turns out to be higher than expected, which favors workers and hurts employers.

Keeping the inflation rate steady and predictable avoids these problems. Some economists say that the inflation *rate* doesn't matter so long as the rate is *predictable*. It is *predictability* that avoids the problems and risks that we've just described. A high inflation rate that is correctly anticipated means that the nominal interest rate is high but the real interest rate is unaffected by the inflation. Similarly the money wage rate is set in anticipation of the inflation that is present and the real wage rate is immune from inflation.

While accepting the logic of the argument that a high anticipated inflation has few adverse effects, most economists believe that when the inflation rate is high, its rate becomes harder to predict. So the inflation rate *does* matter and price level stability is the only sustainable goal.

What Is Price Level Stability?   Alan Greenspan once defined price level stability as a condition in which the inflation rate does not feature in people's economic calculations. An inflation rate close enough to zero but not exactly zero would qualify as price stability on this definition. Most economists agree with Alan Greenspan and view an inflation rate of between 0 and 3 percent a year as being consistent with price level stability.

Price level measurement bias is the main reason why a low inflation rate is considered to be price level stability. Quality improvements that create the measurement bias imply that a *measured* inflation rate of between 0 and 3 percent a year is close to a zero true inflation rate and so is equivalent to price level stability.

Sustainable Real GDP Growth

Price level stability is the primary goal of monetary policy. But it is only a means to a deeper end—a high and rising standard of living. And the standard of living depends crucially on the growth rate of *real* GDP. With a real GDP growth rate of 3 percent a year, it takes 24 years for production to double. But with a growth rate of 8 percent a year, as China and some other Asian countries are achieving, production doubles in just nine years.

The limits to *sustainable* growth are determined not by the actions of the Fed, but by the availability of natural resources, by environmental considerations, and by the willingness of people to save and invest in new capital and new technologies rather than consume everything they produce.

But the Fed's actions have indirect effects on real GDP growth: they affect the trend growth rate and the cyclical fluctuations around the trend.

Monetary Policy and Potential GDP Growth   Price level stability contributes to potential GDP growth by creating a climate that favors a high rate of saving and investment. So by pursuing its primary policy goal, the Fed indirectly furthers its second goal.

Monetary Policy and the Business Cycle   Fluctuations in the pace of technological advance and in the pace of investment in new capital bring fluctuations in potential GDP. So some fluctuations in real GDP are fluctuations in potential GDP. But when real GDP grows less quickly than potential GDP, output is lost, and when real GDP grows more quickly than potential GDP, bottlenecks arise. Keeping real GDP growth steady and equal to potential GDP growth avoids these problems.

It is not known how smooth real GDP growth can be made. **Real business cycle theory** regards all the fluctuations in real GDP as fluctuations in potential GDP. Keynesian and monetarist aggregate demand theories of the cycle regard most of the fluctuations in real GDP as being avoidable deviations from potential GDP.

Monetary policy can both create and help to avoid fluctuations around potential GDP. It creates fluctuations if the Fed incorrectly anticipates swings in aggregate demand and reinforces them with inappropriately timed swings in the interest rate and the money growth rate. And monetary policy helps to smooth out fluctuations if the Fed correctly anticipates swings in aggregate demand and offsets them with appropriately timed swings in the interest rate and the money growth rate.

Smoothing real GDP fluctuations also helps to keep the unemployment rate close to the natural rate of unemployment. And keeping unemployment at its natural rate prevents the waste and social problems of high unemployment and the inflation that come when the unemployment rate sinks too low.

The Fed's Performance: 1973–2003

The Fed's performance depends on two broad factors:

▶ shocks to the price level
▶ monetary policy actions

Shocks to the Price Level   Shocks to the price level during the 1970s and 1980s made the Fed's job harder and shocks in the 1990s made its job easier.

During the 1970s, world oil price hikes, large and increasing budget deficits, and a productivity slowdown intensified inflationary pressures. These shocks imparted upward pressure on the price level and decreased real GDP.

During the 1990s, falling world oil prices, decreasing budget deficits (and eventually a budget surplus) eased the pressure on inflation, and the new information economy brought more rapid productivity growth. These shocks imparted downward pressure on the price level and increased real GDP.

Monetary Policy Actions   Figure 1 provides a snapshot of monetary policy during the 30 years from 1973 to 2003.

FIGURE 1   The Monetary Policy Record: A Summary

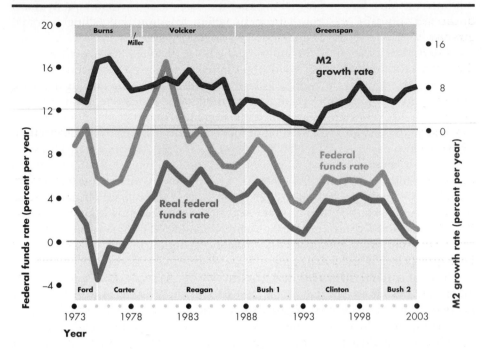

The monetary policy record is summarized here by the federal funds rate and the growth rate of M2. Fluctuations in the interest rate and M2 growth have coincided with elections, with monetary growth usually increasing just before an election.

Exceptions are 1979–1980 and 1991–1992, when monetary growth did not increase and the incumbent President lost the election.

Source: Federal Reserve Board.

The figure identifies the terms of office of the Presidents and the Fed chairmen. The Fed has had four chairmen during this period. Notice that the term of a Fed chairman does not coincide with the term of a President. Arthur Burns (whose term began in 1969) served until 1978. William Miller had a short term and was replaced by Paul Volcker in 1979. The current chairman, Alan Greenspan, was appointed by President Reagan in 1987 and has served through the terms of four Presidents.

The figure shows three broad measures of monetary policy. They are the federal funds rate, the real federal funds rate, and the growth rate of M2.

The federal funds rate tells us how the Fed was changing its key intermediate target. And the real federal funds rate tells us how the Fed's actions were changing the opportunity cost of short-term funds that influences spending plans. The M2 growth rate provides a broader indication of how monetary policy was influencing aggregate demand.

First, let's look at some of the monetary policy trends. The federal funds rate trended upward from 1973 through 1981, downward through 1993, was flat through 2001, and then trended downward again in 2002 and 2003.

The real federal funds rate fell through 1975 and then increased to a peak in 1981. It then followed the trends of the federal funds rate.

During the early 1970s, M2 grew at a rapid rate that hit a peak of 14 percent in 1976. The M2 growth rate remained high until 1983 and then fell steadily from 12 percent in 1983 to less than 1 percent in 1994. After 1994, the M2 growth rate trended upward.

The high M2 growth brought the 1970s inflation, which brought rising *nominal* interest rates but, at first, falling real interest rates. The subsequent sharp downward trend in M2 growth brought falling inflation and falling nominal interest rates, but it was accompanied by high real interest rates. M2 growth increased during the late 1990s and remained high through 2003.

Notice a remarkable fact about the monetary policy cycles: There is a tendency for the federal funds rate to rise and the M2 growth rate to decrease immediately following an election and for the federal funds rate to fall and the M2 growth rate to increase as the next election approaches.

Usually, the incumbent President or his party's successor has won the election. There are two exceptions. In 1980, M2 growth increased but not as quickly as the demand for money. Interest rates increased, the economy slowed, and Jimmy Carter lost his reelection bid. In 1992, M2 growth slowed, interest rates rose, and George Bush lost his reelection bid. A coincidence? Perhaps, but Presidents take a keen interest in what the Fed is up to. And as the 2004 election approached, the White House was watching anxiously, hoping that the Fed would continue to favor a low federal funds rate and keep the economy expanding.

Inflation and Real GDP: Hits and Misses   We've described the shocks to the price level that monetary policy had to cope with. And we've reviewed the main trends in the intermediate policy targets. How well has the Fed done? How close has it come to achieving the ultimate monetary policy goals of price level stability and sustained real GDP growth?

Figure 2 provides a neat way of answering these questions. An inflation rate of about 2 percent a year is consistent with price stability. So the *y*-axis shows how close to this goal the Fed has come by measuring deviations of the inflation rate from 2 percent.

Achieving sustained real GDP growth means keeping real GDP close to potential GDP. So the *x*-axis shows how close the Fed has come to this goal by measuring deviations of real GDP from potential GDP. The origin, at which real GDP equals potential GDP (full employment) and the inflation rate is 2 percent a year, is like the bull's eye of a target.

The dots show how well the Fed has done in aiming for this ideal outcome. The black dots show the Fed's performance between 1973 and 1983. You can see that during this period, the inflation rate was high and real GDP was substantially below potential GDP. The light blue dots show how the Fed performed between 1984 and 1993. During this period, the inflation rate fell and real GDP remained closer to potential GDP. The medium blue dots show the Fed's performance between 1994 and 2003. Over this decade, the United States enjoyed an unusual period of price level stability and sustained growth of real GDP, which remained close to potential GDP.

What you've just learned helps to explain why the Fed did so badly during the 1970s and early 1980s, missing its goals by a large margin, and why the Fed did so well during the 1990s and 2000s, coming very close to achieving its goals.

The shocks to the price level during the 1970s and 1980s pushed the inflation rate up and sent real GDP well below potential—the black dots. The Fed allowed the quantity of money to grow rapidly during the 1970s, which reinforced these shocks.

The shocks to the price level of the 1990s lowered the inflation rate and kept real GDP close to potential GDP—the medium blue dots.

By the 1990s, the Fed had learned from its past challenges and its policy strategy had evolved so that even if we had been confronted with the shocks of the 1970s, performance would most likely be better than it then was during those inflationary years.

FIGURE 2 Macroeconomic Performance: Inflation and Real GDP

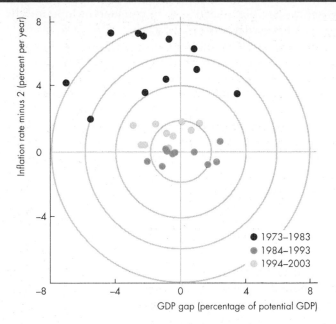

The inflation rate was high and the real GDP fluctuated a long way below potential GDP during the 1970s and early 1980s. This macroeconomic performance falls short of the goals of price level stability and sustainable real GDP growth. During the 1990s and 2000s, both inflation and fluctuations of real GDP around potential GDP have been less severe. This recent macroeconomic performance comes close to achieving the goals of price level stability and sustainable real GDP growth.

Source: Bureau of Economic Analysis.

You now know what monetary policy seeks to achieve. We're now going to look at the effects of using alternative monetary policy strategies to keep the price level stable and sustain economic growth.

ACHIEVING PRICE LEVEL STABILITY

There are two price level stability problems. When the price level *is* stable, the problem is to prevent inflation from breaking out. When inflation is already present, the problem is to reduce its rate and restore price level stability while doing the least possible damage to real GDP growth.

Preventing inflation from breaking out means avoiding excessive increases in aggregate demand, which bring demand-pull inflation, and avoiding decreases in aggregate supply, which bring cost-push inflation.

Avoiding demand-pull inflation is the flip side of avoiding demand-driven recession and is achieved by stabilizing aggregate demand. Many different monetary policy regimes can be used to stabilize aggregate demand. But they all fall into three broad categories:

► fixed-rule policies
► feedback-rule policies
► discretionary policies

*Broad categories #
monetary policies
fall:-
① Fixed-Rule
② Feedback-Rule
③ Discretionary

Fixed-Rule Policies

A **fixed-rule policy** specifies an action to be pursued independently of the state of the economy. An everyday example of a fixed rule is a stop sign. It says, "Stop regardless of the state of the road ahead—even if no other vehicle is trying to use the road." One fixed-rule policy, proposed by Milton Friedman, is to keep the quantity of money growing at a constant rate year in and year out, regardless of the state of the economy, to make the *average* inflation rate zero. Fixed rules are rarely followed in practice, but they have some merits in principle. Later in this reading, we will study how fixed rules would work if they were pursued.

Feedback-Rule Policies

A **feedback-rule policy** specifies how policy actions respond to changes in the state of the economy. A yield sign is an everyday feedback rule. It says, "Stop if another vehicle is attempting to use the road ahead, but otherwise, proceed." A monetary policy feedback-rule is one that changes the money supply or the interest rate in response to the state of the economy. For example, the Fed's Federal Open Market Committee uses a feedback rule when it pushes the interest rate ever higher in response to rising inflation and strong real GDP growth.

Discretionary Policies

A **discretionary policy** responds to the state of the economy in a possibly unique way that uses all the information available, including perceived lessons from past "mistakes." An everyday discretionary policy occurs at an unmarked intersection. Each driver uses discretion in deciding whether to stop and how slowly to approach the intersection. Most macroeconomic policy actions have an element of discretion because every situation is to some degree unique. For example, through 1998, the Fed cut interest rates several times to maintain economic growth in the face of a sagging Asian economy. The Fed might have delayed cutting interest rates until it was sure that lower interest rates were needed and then cut them in larger increments. The Fed used discretion based on lessons it had learned from earlier expansions. But despite the fact that all policy actions have an element of discretion, they can be regarded as modifications of a feedback-rule policy.

We'll study the effects of monetary policy by comparing the performance of the price level and real GDP under alternative fixed rules and feedback rules. Because price level instability and real GDP fluctuations can result from demand shocks or supply shocks, we need to consider these two cases. The easy case is that of demand shocks, which we'll study first.

A Monetarist Fixed Rule with Aggregate Demand Shocks

Aggregate demand fluctuates for the many reasons that you reviewed in Reading 23. These reasons include fluctuations in profit expectations that change investment and fluctuations in the world economy that bring fluctuations in the demand for exports. When aggregate demand fluctuates for one of these reasons, the behavior of the price level and real GDP depend on how

FIGURE 3 A Fixed Rule with *AD* Shocks

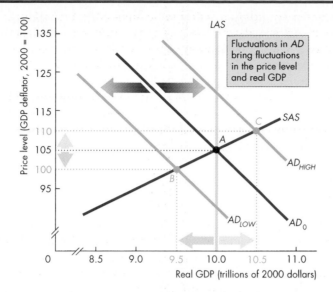

Aggregate demand fluctuates between AD_{LOW} and AD_{HIGH} and on the average is AD_0. Potential GDP is $10 trillion and the short-run aggregate supply curve is *SAS*. The price level and real GDP fluctuate as aggregate demand fluctuates and swing between recession at point *B*, full employment at point *A*, and boom at point *C*. A fixed-rule monetary policy does not respond to the changing state of the economy.

policy responds. You saw in Reading 27 that automatic fiscal policy dampens the effects of expenditure fluctuations because tax revenues and transfer payments are linked to the state of the economy. But automatic fiscal policy doesn't eliminate fluctuations in aggregate demand. The remaining fluctuations leave a role for monetary policy.

If monetary policy follows the fixed rule that a *monetarist* (see Reading 23) advocates, the quantity of money does not respond to the state of aggregate demand. It remains the same regardless of what happens to the price level and real GDP. Consequently, the price level and real GDP fluctuate in the same direction as the fluctuations in aggregate demand.

Figure 3 illustrates these fluctuations. *On the average*, the economy is on aggregate demand curve AD_0 and short-run aggregate supply curve *SAS*. These curves intersect at point *A* on the long-run aggregate supply curve, *LAS*. The price level is 105, and real GDP is $10 trillion. That is, on the average, the economy is at full employment with a stable price level.

But because investment and exports fluctuate, aggregate demand fluctuates between a low level of AD_{LOW} and a high level of AD_{HIGH}. These fluctuations in aggregate demand bring related fluctuations in the price level and real GDP.

When the aggregate demand curve shifts leftward to AD_{LOW}, equilibrium occurs at point *B*. The price level has fallen to 100 and real GDP has decreased to $9.5 trillion. The economy is in a recession. Real GDP is less than potential GDP (a recessionary gap), and unemployment is above its natural rate.

Because aggregate demand fluctuates between AD_{LOW} and AD_{HIGH}, the price level and real GDP don't remain at their recession levels. When profit expectations improve, investment increases, or as economic expansion proceeds in the rest of the world, exports increase. As a result, the aggregate demand curve shifts rightward toward AD_0. The price level rises and real GDP increases toward potential GDP.

Conversely, when the aggregate demand curve shifts rightward to AD_{HIGH}, equilibrium occurs at point C. The price level has risen to 110, and real GDP has increased to $10.5 trillion. The economy is in a boom. Real GDP exceeds potential GDP (an inflationary gap), and unemployment is below its natural rate.

Again, because aggregate demand fluctuates, the price level and real GDP don't remain at their boom levels. When profit expectations worsen, investment expenditure decreases, or as economic expansion ends in the rest of the world, exports decrease. As a result, the aggregate demand curve shifts leftward toward AD_0. The price level falls and real GDP decreases toward potential GDP.

(In the above analysis, you should think of the price level as rising and falling relative to a trend rate of increase so that the price level never actually falls.)

Let's contrast the adjustment under this fixed-policy rule with that under a feedback-rule policy.

A Keynesian Feedback Rule with Aggregate Demand Shocks

If monetary policy follows the feedback rule that a *Keynesian* (see Reading 23) advocates, the interest rate and the quantity of money respond to the state of the economy. A decrease in aggregate demand sends the price level below target and real GDP below potential GDP, and an increase in aggregate demand sends the price level above target and real GDP above potential GDP. So the feedback rule raises the interest rate and decreases the quantity of money when aggregate demand increases and cuts the interest rate and increases the quantity of money when aggregate demand decreases.

The response of the price level and real GDP to this feedback rule depends on how well it is implemented. Figure 4 illustrates the behavior of the price level and real GDP under this feedback-rule policy if the policy is well implemented.

As before, in the absence of a feedback rule, aggregate demand fluctuates between AD_{LOW} and AD_{HIGH}, and the price level and real GDP fluctuate in the same direction as aggregate demand.

But with a feedback rule, when a decrease in investment or exports decreases aggregate demand and shifts the aggregate demand curve to AD_{LOW}, the Fed cuts the interest rate and increases the quantity of money. The aggregate demand curve then begins to shift rightward toward AD_0.

Similarly, when an increase in investment or exports increases aggregate demand and shifts the aggregate demand curve to AD_{HIGH}, the Fed raised the interest rate and decreases the quantity of money. The aggregate demand curve then begins to shift leftward toward AD_0.

Ideally the feedback rule will keep aggregate demand close to AD_0 so that the price level remains almost constant and real GDP remains close to potential GDP.

A feedback policy might not be implemented as well as the one described in Fig. 4. And it might be implemented so badly that it results in fluctuations in the price level and real GDP of even greater amplitude than those that occur when a fixed rule is followed. The main reason why a feedback rule might not work well is that the effects of policy actions are spread out over a future period that is longer than the Fed's forecast horizon.

FIGURE 4   A Feedback Rule with *AD* Shocks

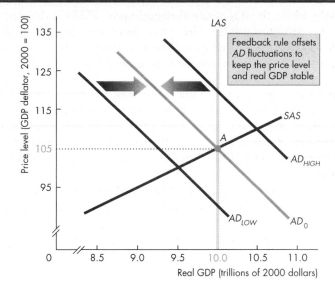

With no feedback policy, aggregate demand fluctuates between AD_{LOW} and AD_{HIGH} and the price level and real GDP fluctuate between recession and boom. A feedback-rule monetary policy responds to the changing state of the economy. When aggregate demand shifts to AD_{LOW}, a cut in the interest rate and an increase in the quantity of money shift it back toward AD_0. And when aggregate demand shifts to AD_{HIGH}, a rise in the interest rate and a decrease in the quantity of money shift it back toward AD_0.

Policy Lags and the Forecast Horizon

The effects of policy actions taken today are spread out over the next two years or even more. But the Fed cannot forecast that far ahead. Its forecast horizon is less than one year. Further, the Fed can't predict the precise timing and magnitude of the effects of its policy actions. So a feedback policy that reacts to *today's* economy might be wrong for the economy at that uncertain future date when the policy's effects are felt.

For example, suppose that today the economy is in recession. The Fed reacts with an interest rate cut and an increase in the quantity of money. Some time later, investment and purchases of consumer durable goods increase. Some time still later, this increase in expenditure increases income; higher income in turn induces higher consumption expenditure. Later yet, the higher expenditure increases the demand for labor, and eventually, the money wage rate and prices rise.

Nine months to two years later, aggregate demand is responding to the Fed's actions. But by the time the Fed's actions are having their maximum effect, the economy has moved on to a new situation. Perhaps a world economic slowdown has added a new negative effect on aggregate demand that is offsetting the Fed's expansionary actions. Or perhaps a boost in expected profit has stimulated investment and increased aggregate demand yet further, adding to the Fed's own expansionary policy action.

Whatever the situation, the Fed can take the appropriate actions today only if it can forecast future shocks to aggregate demand. To smooth the fluctuations in aggregate demand, the Fed needs to take actions that are based on a reliable forecast of what will be happening over a period stretching two or more years into the future. If the Fed is good at economic forecasting and bases its policy actions on its forecasts, then it can deliver the type of aggregate-demand-smoothing performance illustrated in Fig. 4. But if the Fed takes policy actions that are based on today's economy or on unreliable forecasts of the economy a year into the future, then those actions will often be inappropriate ones.

Some economists who advocate fixed rules believe that the Fed's own reactions to the current state of the economy are a main source of fluctuations in aggregate demand and a major factor that people must forecast to make their own economic choices.

During recent years, the Fed has tried to avoid the problems just described. In 1994, it increased interest rates early in the expansion and by small increments. In 1995, after real GDP growth slowed but before any signs of recession were on the horizon, the Fed began to cut interest rates. In 1997, before inflation turned seriously upward, the Fed hit the monetary brake. And in 1998, while the economy expanded strongly, the Fed cut interest rates to avoid the effects of the Asian recession.

But the Fed was far too late in its 2001 interest rate cuts to deal with the recession that began in March of that year. The Fed would have needed to start the cutting a year earlier to have been effective.

So whether a feedback rule or a fixed rule deals more effectively with aggregate demand fluctuations is not easily determined and depends on the quality of the forecasts that are used to inform the policy actions.

We're now going to turn from aggregate demand fluctuations to aggregate supply fluctuations. You will see that these fluctuations bring greater challenges for monetary policy.

Stabilizing Aggregate Supply Shocks

Two types of shock occur to bring fluctuations in aggregate supply:

► productivity growth fluctuations
► fluctuations in cost-push pressure

Productivity Growth Fluctuations Real business cycle theorists believe that all fluctuations in real GDP are caused not by fluctuations in aggregate demand but by fluctuations in productivity growth. According to real business cycle theory, there is no distinction between long-run aggregate supply and short-run aggregate supply. Because the money wage rate is flexible, the labor market is always in equilibrium and unemployment is always at its natural rate. So the vertical long-run aggregate supply curve is also the short-run aggregate supply curve. The price level and real GDP fluctuate because of shifts in the long-run aggregate supply curve.

Regardless of whether real business cycle theory is correct, there is little doubt that the trend growth rate of productivity changes. For example, the productivity growth trend slowed during the 1970s and speeded up again during the 1990s. A productivity growth slowdown lowers potential GDP (and the *LAS* curve) relative to what it otherwise would have been and a productivity growth speedup increases potential GDP (and the *LAS* curve) relative to what it otherwise would have been.

Fluctuations in Cost-Push Pressure Cost-push inflation has its origins in cost increases (see Reading 26). Cost-push inflation pressures fluctuate and bring changes in short-run aggregate supply. In 1973–1974 and again in 1979, the world oil price exploded and produced an increase in cost-push pressure. The *SAS* curve shifted leftward. During the 1990s, the world oil price fell and weakened cost-push inflation. The *SAS* curve shifted rightward.

The response of the price level and real GDP to the aggregate supply shocks that we've just reviewed depend on monetary policy. First, we'll see what happens if the monetarist fixed rule is used. And we'll consider the two types of shock—a productivity shock that affects long-run aggregate supply and a cost-push shock that affects short-run aggregate supply.

Monetarist Fixed Rule with a Productivity Shock

As in the case of aggregate demand shocks, a fixed-rule policy keeps the quantity of money constant regardless of what happens to the price level and real GDP. Figure 5 shows how the price level and real GDP respond to a negative productivity shock like the productivity growth slowdown of the 1970s.

In the absence of a productivity shock, the economy would have been at point *A* on aggregate demand curve AD_0 and long-run aggregate supply curve LAS_0 at a price level of 105 and with real GDP equal to $10 trillion.

Suppose that instead of being at LAS_0, slower productivity growth means that the long-run aggregate supply curve is LAS_1. With a fixed rule, the lower level of long-run aggregate supply has no effect on the quantity of money and no effect on aggregate demand. The aggregate demand curve remains at AD_0 regardless of the level of long-run aggregate supply.

With the lower long-run aggregate supply, real GDP falls to $9.5 trillion, and the price level rises to 120 at point *B*.

The decrease in real GDP is an inevitable consequence of a real productivity shock and no monetary policy can change that outcome. But the rise in the price level is a consequence of the fixed-rule monetarist policy. The price level rises

FIGURE 5   A Fixed Rule with an *LAS* Shock

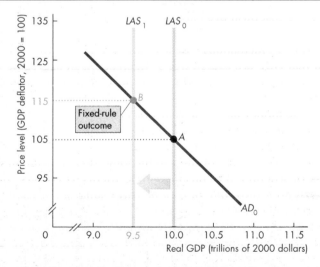

With normal productivity growth, the economy would have been at point *A* on LAS_0. A productivity growth slowdown puts the long-run aggregate supply curve at LAS_1. With a monetarist rule, there is no change in the quantity of money and aggregate demand remains at AD_0. Real GDP decreases to $9.5 trillion, and the price level rises to 120 at point *B*.

because the *AD* curve is downward sloping. A decrease in potential GDP with constant aggregate demand must bring a rise in the price level.

Can a feedback rule improve on the outcome of a fixed rule?

Feedback Rules with Productivity Shock

An aggregate demand shock sends the price level and real GDP in the same direction. So a feedback rule that seeks to stabilize both variables is easy to define. It increases aggregate demand when the price level and real GDP fall and it decreases aggregate demand when the price level and real GDP rise.

But an aggregate supply shock sends the price level and real GDP in opposite directions. So a feedback policy might seek to stabilize either the price level or real GDP. But it can't stabilize both. And the desire to stabilize real GDP conflicts with the goal of price stability.

Figure 6 shows the effects of two alternative feedback rules. The first rule seeks to stabilize real GDP and the second rule seeks to stabilize the price level.

Feedback Rule to Stabilize Real GDP   Suppose that the Fed's feedback rule is: When real GDP decreases, increase the quantity of money to increase aggregate demand. In this example, seeking to keep real GDP close to $10 trillion, the Fed increases the quantity of money to shift the aggregate demand curve to AD_1. Because the long-run aggregate supply curve is LAS_1, potential GDP and actual real GDP are $9.5 trillion.

The increase in aggregate demand cannot bring forth an increase in output if the economy does not have the capacity to produce that output. So real GDP remains at $9.5 trillion, and the price level rises by even more than it does with a fixed rule. In this example, the price level rises to 125 at point *C*.

You can see that in this case the attempt to stabilize real GDP using a feedback rule policy has no effect on real GDP but destabilizes the price level.

FIGURE 6   Feedback Rules with an *LAS* Shock

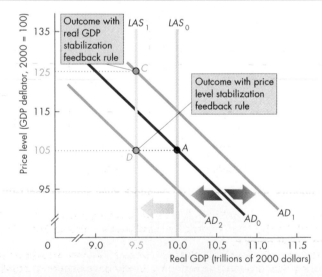

With a feedback rule to stabilize real GDP, the Fed increases the quantity of money, intending to increase real GDP. Aggregate demand shifts to AD_1. The price level rises to 125 and real GDP remains at $9.5 trillion at point *C*. With a feedback rule to stabilize the price level, the Fed decreases the quantity of money. Aggregate demand shifts to AD_2. The price level remains constant at 105 at point *D*.

Feedback Rule to Stabilize the Price Level Now suppose that the Fed's feedback rule is: When the price level rises, *decrease* the quantity of money to decrease aggregate demand. In this example, seeking to keep price level close to 105, the Fed decreases the quantity of money to shift the aggregate demand curve to AD_2.

The decrease in aggregate demand keeps the price level at 105 at point D. Real GDP remains at $9.5 trillion, the same as it does with a fixed rule and a feedback rule to stabilize real GDP.

We've seen that when a productivity shock occurs, a feedback rule that responds to deviations of the price level from some target can deliver a more stable price level and has no adverse effects on real GDP.

What about a cost-push inflation shock? Do the same conclusions apply to it? Let's find out.

Monetarist Fixed Rule with a Cost-Push Inflation Shock

Figure 7 shows the economy at full employment. Aggregate demand is AD_0, short-run aggregate supply is SAS_0, and long-run aggregate supply is *LAS*. Real GDP is $10 trillion, and the price level is 105 at point A. Now suppose that OPEC tries to gain a temporary advantage by increasing the price of oil. The short-run aggregate supply curve shifts leftward from SAS_0 to SAS_1.

Figure 7(a) shows what happens if the Fed follows a monetarist fixed rule. The Fed ignores the fact that there has been a surge in the price of oil. No policy action is taken. The short-run aggregate supply curve has shifted to SAS_1, but the aggregate demand curve remains at AD_0. The price level rises to 115, and real GDP decreases to $9.5 trillion at point B. The economy has experienced *stagflation*.

In the new short-run equilibrium, there is a recessionary gap. With real GDP below potential GDP, OPEC isn't selling as much oil as before and the price of oil

Price level ↑ & real GDP ↓ ⇒ stagflation

FIGURE 7　Three Stabilization Polices: Cost-Push Inflation Shock

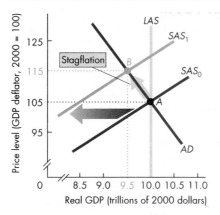 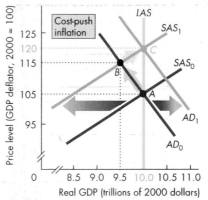 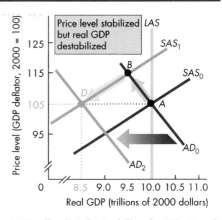

(a) Fixed Rule: Temporary Supply Shock　　**(b) Feedback Rule: Stabilize Real GDP**　　**(c) Feedback Rule: Stabilize the Price Level**

The economy starts out at point A on AD_0 and SAS_0, with a price level of 105 and real GDP of $10 trillion. OPEC forces up the price of oil, and the short-run aggregate supply curve shifts to SAS_1. Real GDP decreases to $9.5 trillion, and the price level increases to 115 at point B.

With a fixed-rule policy [part (a)], the Fed makes no change to aggregate demand. The economy stays in a recession at point B until the price of oil falls again and the economy returns to point A.

With a feedback rule to stabilize real GDP [part (b)], the Fed increases aggregate demand to AD_1. Real GDP returns to $10 trillion, but the price level rises to 120 at point C. The economy is set for another round of cost-push inflation.

With a feedback rule to stabilize the price level [part (c)], the Fed decreases aggregate demand to AD_2. Real GDP falls to $8.5 trillion, but the price level is stabilized at 105—point D. The Fed has avoided cost-push inflation at the cost of recession.

might begin to fall. Also, with unemployment above its natural rate, the money wage rate will begin to fall. These events shift the short-run aggregate supply curve back toward SAS_0. As short-run aggregate supply increases, the price level begins to fall and real GDP begins to increase.

Eventually, the price level returns to 105, and real GDP returns to $10 trillion. But this adjustment takes a long time.

Feedback Rules with Cost-Push Inflation Shock

Again, there are two feedback rules:

[handwritten: ↑ Quantity of money to ↑ AD (rightward shift)]
[handwritten: ↓ Quantity of money to ↓ AD (leftward shift)]

▶ feedback rule to stabilize real GDP
▶ feedback rule to stabilize the price level

Feedback Rule to Stabilize Real GDP   Figure 7(b) shows what happens if the Fed operates a feedback rule to stabilize real GDP. The starting point *A* is the same as before—the economy is on SAS_0 and AD_0 with a price level of 105 and real GDP of $10 trillion. OPEC raises the price of oil, and the short-run aggregate supply curve shifts to SAS_1. Real GDP decreases to $9.5 trillion, and the price level rises to 115 at point *B*.

With real GDP below potential GDP, the Fed increases the quantity of money. Aggregate demand increases, and the aggregate demand curve shifts rightward to AD_1. The price level rises to 120, and real GDP returns to $10 trillion at point *C*. The economy moves back to full employment but at a higher price level. The economy has experienced *cost-push inflation*.   *[handwritten: ✳]*

The Fed responded in this way to the first wave of OPEC price increases in the mid-1970s. OPEC saw the same advantage in forcing up the price of oil again. A new rise in the price of oil decreased aggregate supply, and the short-run aggregate supply curve shifted leftward once more. If the Fed had chased it with an increase in aggregate demand, the economy would have been in a freewheeling inflation.

Feedback Rule to Stabilize the Price Level   Figure 7(c) shows what happens if the Fed operates a feedback rule to stabilize the price level. The economy starts at point *A* and moves to point *B*, as before.

But now, with the price level above target, the Fed *decreases* the quantity of money. Aggregate demand decreases, and the aggregate demand curve shifts leftward to AD_2. The price level falls to 105, and real GDP decreases to $8.5 trillion at point *D*. The Fed has averted *cost-push inflation*.

Realizing the danger of cost-push inflation and having experienced it during the 1970s, the Fed responded in this way to the second wave of OPEC price increases in the early 1980s. The Fed held firm and slowed the growth of aggregate demand to dampen the inflation consequences of OPEC's actions. But we paid a big price in the form of the deep recession of 1981–1982.

Incentives to Push Up Costs   You can see that there are no checks on the incentives to push up *nominal* costs if the Fed accommodates price hikes. If some group sees a temporary gain from pushing up the price at which they are selling their resources and if the Fed always accommodates the increase to prevent unemployment and slack business conditions from emerging, then cost-push elements will have a free rein.

But when the Fed pursues a fixed-rule policy or a feedback policy that responds to the price level rather than to real GDP, the incentive to attempt to steal a temporary advantage from a price increase is severely weakened. The cost of higher unemployment and lower output is a consequence that each group must face and recognize. So a fixed rule or a feedback rule that reacts to the price level can deliver steady inflation, while a feedback rule that responds to real GDP leaves cost-push pressures free to generate inflation.

The key feature of monetary policy that can avoid cost-push inflation is credibility. If it is known and expected that the Fed will fight cost-push pressures, the incentive to create them is weakened.

You've reviewed the effects of alternative monetary policy strategies in the face of shocks to aggregate demand and aggregate supply. In the next section we're going to learn more about the role of the credibility of monetary policy.

POLICY CREDIBILITY   4

We're now going to focus on the role of policy credibility. To illustrate its role, we're going to switch a focus from *avoiding* inflation to *eradicating* a high inflation rate. We'll contrast two cases that illustrate the extremes of the absence and presence of credibility:

▶ a surprise inflation reduction
▶ a credible announced inflation reduction

A Surprise Inflation Reduction

We can study the role of credibility by using either the *AS-AD* model or the Phillips curve. The *AS-AD* model tells us about real GDP and the price level, while the Phillips curve, which is explained in Reading 26, lets us keep track of inflation and unemployment.

Figure 8 illustrates the economy at full employment with inflation raging at 10 percent a year. In part (a), the economy is on aggregate demand curve AD_0 and short-run aggregate supply curve SAS_0. Real GDP is $10 trillion, and the price level is 105. With real GDP equal to potential GDP on the *LAS* curve, the economy is at full employment. Equivalently, in part (b), the economy is on its long run Phillips curve, *LRPC*, and short-run Phillips curve, $SRPC_0$. The inflation rate of 10 percent a year is anticipated, so unemployment is at its natural rate, 6 percent of the labor force.

Next year, aggregate demand is *expected* to increase and the aggregate demand curve in Fig. 8(a) is expected to shift rightward from AD_0 to AD_1. In expectation of this increase in aggregate demand, the money wage rate increases and shifts the short-run aggregate supply curve from SAS_0 to SAS_1. If expectations are fulfilled, the price level rises to 115.5—a 10 percent inflation—and real GDP remains at potential GDP. In part (b), the economy remains at its original position—unemployment is at its natural rate, and the inflation rate is 10 percent a year.

Now suppose that no one is expecting the Fed to change its policy, but the Fed actually tries to slow inflation. It raises interest rates and slows money growth. Aggregate demand growth slows, and the aggregate demand curve (in part a) shifts rightward from AD_0, not to AD_1 as people expect, but to AD_2.

With no change in the expected inflation rate, the money wage rate rises by the same amount as before and the short-run aggregate supply curve shifts leftward from SAS_0 to SAS_1. Real GDP decreases to $9.5 trillion, and the price level rises to 113.4—an inflation rate of 8 percent a year. In Fig. 8(b), the economy

FIGURE 8   The Role of Credibility

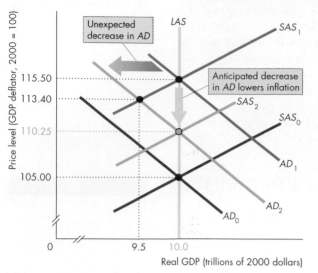

(a) Aggregate Demand and Aggregate Supply

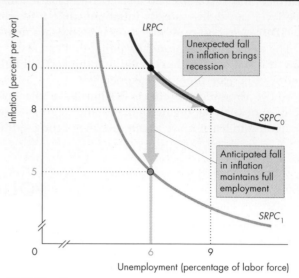

(b) Phillips Curves

In part (a), the aggregate demand curve is expected to shift and actually shifts from AD_0 to AD_1. The short-run aggregate supply curve shifts from SAS_0 to SAS_1. The price level rises to 115.5, but real GDP remains at $10 trillion. Inflation is 10 percent a year, and this inflation rate is anticipated. Part (b) shows this same situation: Unemployment is at the natural rate of 6 percent, and inflation is 10 percent a year.

An unexpected slowdown in aggregate demand growth shifts the aggregate demand curve from AD_0 to AD_2. Real GDP decreases to $9.5 trillion, and inflation slows to 8 percent (price level is 113.4). Unemployment rises to 9 percent as the economy slides down $SRPC_0$.

An anticipated, credible, announced slowdown in aggregate demand growth shifts the aggregate demand curve from AD_0 to AD_2. The short-run aggregate supply curve shifts from SAS_0 to SAS_2. The short-run Phillips curve shifts to $SRPC_1$. Inflation slows to 5 percent a year, real GDP remains at $10 trillion, and unemployment remains at its natural rate of 6 percent.

moves along the short-run Phillips curve $SRPC_0$ as unemployment rises to 9 percent and inflation falls to 8 percent a year. The Fed's policy has succeeded in slowing inflation, but at the cost of recession. Real GDP is below potential GDP, and unemployment is above its natural rate.

A Credible Announced Inflation Reduction

Suppose that instead of simply slowing down the growth of aggregate demand, the Fed announces its intention ahead of its action and in a credible and convincing way so that its announcement is believed. That is, the Fed's policy is anticipated. Because the lower level of aggregate demand is expected, the money wage rate increases at a pace that is consistent with the lower level of aggregate demand. The short run aggregate supply curve [in Fig. 8(a)] shifts leftward from SAS_0 but only to SAS_2. Aggregate demand increases by the amount expected, and the aggregate demand curve shifts from AD_0 to AD_2. The price level rises to 110.25—an inflation rate of 5 percent a year—and real GDP remains at potential GDP. In Fig. 8(b), the lower expected inflation rate shifts the short-run Phillips curve downward to $SRPC_1$, and inflation falls to 5 percent a year, while unemployment remains at its natural rate of 6 percent. A credible announced inflation reduction lowers inflation but with no accompanying recession or increase in unemployment.

Inflation Reduction in Practice

When the Fed in fact slowed inflation in 1981, we paid a high price. The Fed's policy action to end inflation was not credible. It occurred in the face of a money wage rate that had been set at too high a level to be consistent with the growth of aggregate demand that the Fed subsequently allowed. The consequence was recession—a decrease in real GDP and a rise in unemployment. Could the Fed have lowered inflation without causing recession by telling people far enough ahead of time that it did indeed plan to lower inflation?

The answer appears to be no. The main reason is that people expect the Fed to behave in line with its record, not with its stated intentions. How many times have you told yourself that it is your firm intention to take off 10 unwanted pounds or to keep within your budget and put a few dollars away for a rainy day, only to discover that, despite your very best intentions, your old habits win out in the end?

To form expectations of the Fed's *actions*, people look at the Fed's past actions, not its stated intentions. On the basis of such observations—called Fed watching—people try to work out what the Fed's policy is, to forecast its future actions, and to forecast the effects of those actions on aggregate demand and inflation. The Greenspan Fed, like the Volcker Fed that preceded it, has built a reputation for being anti-inflationary. That reputation is valuable because it helps the Fed to contain inflation and lowers the cost of eliminating inflation if it temporarily returns. The reason is that with a low expected inflation rate, the short-run Phillips curve is in a favorable position [like $SRPC_1$ in Fig. 8(b)]. The Fed's actions during the 1990s were designed to keep inflation expectations low and prevent the gains made during the 1980s recession from being eroded.

We're going to end this reading by looking at two new rules that pay attention to the need for credibility in the conduct of monetary policy.

NEW MONETARIST AND NEW KEYNESIAN FEEDBACK RULES

5

You've seen that the monetarist fixed rule prevents cost-push pressure from becoming ongoing cost-push inflation. But it achieves this goal at the cost of lost real GDP. Also, the monetarist fixed rule does not avoid price level fluctuations in the face of productivity shocks. And it does not prevent price level and real GDP fluctuations in the face of known or forecasted fluctuations in aggregate demand.

You've also seen that a Keynesian feedback rule that targets real GDP unleashes the forces of cost-push inflation. This rule might or might not moderate fluctuations in the price level and real GDP that stem from aggregate demand shocks. And you've seen that a feedback rule that targets the price level avoids cost-push inflation but at an even greater cost in terms of lost real GDP than the loss inflicted by a monetarist fixed rule. None of these rules work well, and none is a sufficiently credible rule for the Fed to commit to.

In an attempt to develop a rule that is credible and that works well, economists have explored policies that respond to both the price level and real GDP.

Two such policy rules are the:

▶ McCallum rule

▶ Taylor rule

The McCallum Rule

Suggested by Bennett T. McCallum, an economics professor at Carnegie Mellon University, the **McCallum rule** adjusts the growth rate of the monetary base to target the inflation rate but also to take into account changes in the trend productivity growth rate and fluctuations in aggregate demand.

The McCallum rule is in the spirit of the monetarist fixed rule, but it is a feedback rule and might be called the *new monetarist rule*. The rule is derived from the equation of exchange that you met in Reading 25, p. 386. The equation of exchange states that

$$MV = PY$$

where M is the quantity of money, V is the velocity of circulation, P is the price level, and Y is real GDP.

The equation of exchange implies that the price level is

$$P = MV/Y$$

This equation implies that the inflation rate (the rate at which P increases) equals the growth rate of the quantity of money (the rate at which M increases) plus the growth rate of the velocity of circulation (the rate at which V increases), minus the growth rate of real GDP (the rate at which Y increases).

To make the equation of exchange operational, we need a working definition of money. Monetary aggregates such as M1 and M2 can be influenced by the Fed but not precisely controlled by it. In contrast, the Fed directly controls the *monetary base*. For this reason, Bennett McCallum uses the monetary base as his definition of the quantity of money. And V is the velocity of circulation of the monetary base.

To take account of changes in trend productivity growth, the McCallum rule makes the growth rate of the monetary base respond to the average growth rate of real GDP over the past 10 years. The 10-year period moves forward one year each year—an average called a *moving average*.

To take account of changes in the velocity of circulation, which change aggregate demand, the McCallum rule makes the growth rate of the monetary base respond to the average growth rate of the velocity of circulation over the past 4 years—a 4-year moving average.

Summarizing, the McCallum rule says:

> Make the monetary base grow at a rate equal to the target inflation rate plus the 10-year moving average growth rate of real GDP minus the 4-year moving average of the growth rate of the velocity of circulation of the monetary base.

If the Fed had a specific target for the inflation rate, the McCallum rule would tell the Fed the growth rate of monetary base that would achieve that target, on the average.

Figure 9 shows how the monetary base has grown and how it would have grown if it had followed the McCallum rule. The blue line is the actual growth rate of the monetary base. (The large swing in the growth in 1999 and 2000 is not important for monetary policy and occurred because the Fed wanted to be sure there was enough currency in the economy in case the banking system's computers caught the so-called "millennium bug.")

The grey lines show the McCallum rule growth rate of the monetary base for two target inflation rates—zero and 4 percent a year. This range spans the range that the Fed would regard as being consistent with price level stability.

FIGURE 9   The McCallum Rule

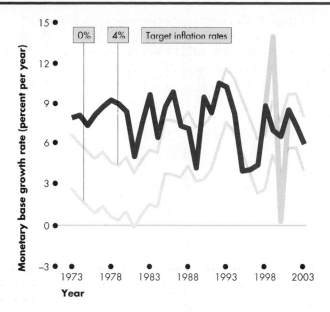

During the 1970s, monetary base growth was more rapid than the McCallum rule would have delivered and the inflation rate was high. During the 1990s and 2000s, monetary base growth was similar to what the McCallum rule would have delivered and the inflation rate was moderate.

Source: Federal Reserve Bank of St. Louis and author's calculations.

You can see that during the 1970s, the Fed permitted the monetary base to grow too rapidly. This rapid money growth brought the high inflation rate of the 1970s. You can also see that for most of the 1990s and 2000s, the monetary base has grown at a rate that falls inside the range of growth rates that the McCallum rule says will deliver price level stability.

The Taylor Rule

Suggested by John Taylor, formerly an economics professor at Stanford University and now Undersecretary of the Treasury for International Affairs in the Bush administration, the **Taylor rule** adjusts the federal funds rate to target the inflation rate and to take into account deviations of the inflation rate from its target and deviations of real GDP from potential GDP.

The Taylor rule is in the spirit of the Keynesian feedback rule, but it is designed first and foremost to achieve price level stability. It also places a great weight to deviations of real GDP from potential GDP, so it might be called the *new Keynesian rule.*

If the Fed followed the Taylor rule, it would make the federal funds rate adjust in the following way:

Set the federal funds rate equal to the target inflation rate plus 2.5 percent plus one half of the gap between the actual inflation rate and the target inflation rate plus one half of the percentage deviation of real GDP from potential GDP.

FIGURE 10   The Taylor Rule

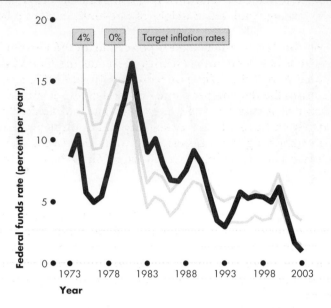

During the 1970s, the Federal funds rate was lower than the Taylor rule would have delivered and the inflation rate was high. During the 1990s and 2000s, the federal funds rate was in line with the Taylor rule and the inflation rate was moderate.

Source: Federal Reserve Bank of St. Louis and author's calculations.

Figure 10 shows the federal funds rate and the rate if the Taylor rule were followed. The dark blue line is the actual federal funds rate, and the grey lines show what the rate would have been if the Fed had followed the Taylor rule with inflation rate targets of zero and 4 percent a year. Again, this range spans the inflation rates that the Fed might regard as being consistent with price level stability.

You can see that during the 1970s, the federal funds rate was much lower than that required for price level stability. If the Fed had followed the Taylor rule during those years, the inflation rate would not have exploded as it did.

During the 1980s, the federal funds rate was slightly higher than the level suggested by the Taylor rule, but not by much. And during the 1990s and 2000s, the Fed's actual policy was similar to the Taylor rule.

Differences between the Rules

The McCallum rule and the Taylor rule tell a similar story about the inflation of the 1970s and the price level stability of the 1990s and 2000s. During the 1970s, the quantity of money grew too rapidly (McCallum rule) and the federal funds rate was too low (Taylor rule). During the 1990s and 2000s, both the growth rate of the quantity of money (McCallum rule) and the federal funds rate (Taylor rule) were consistent with low inflation and price level stability.

Although the two rules deliver a similar conclusion about the inflationary 1970s and the more stable 1990s and 2000s, they differ in two important ways:

▶ strength of response to output fluctuations

▶ targeting money versus the interest rate

Strength of Response to Output Fluctuations   The McCallum rule pays little attention to current real GDP. The current growth rate of real GDP changes the 10-year moving average and gets a weight of one-tenth in the updated average growth rate.

In contrast, the Taylor rule responds powerfully to the current level of real GDP. If real GDP is below potential GDP, the Fed cuts the federal funds rate by an amount equal to half the GDP gap. Similarly, if real GDP exceeds potential GDP, the Fed raises the federal funds rate by half the output gap.

This difference in the two rules means that the McCallum rule focuses almost exclusively on the goal of price stability and downplays the role of monetary policy in stabilizing the business cycle while the Taylor rule pursues its basic goal of price stability but pays a lot of attention to the current state of the business cycle.

Targeting Money versus the Interest Rate   The McCallum rule targets the monetary base, which means that it permits the federal funds rate to fluctuate to achieve equilibrium in the market for overnight loans among banks.

In contrast, the Taylor rule targets the federal funds rate, which means that it permits the monetary base to fluctuate in response to changes in the demand for monetary base.

The Taylor rule is much closer to a description of what the Fed actually does day by day. The Fed does target the federal funds rate and does permit the monetary base to fluctuate in response to changes in the demand for it.

Why does McCallum favor targeting the monetary base? And which rule is better?

Choosing between the Rules

Monetarists favor targeting the monetary base because they believe that it provides a more solid anchor for the price level than does the interest rate. The equation of exchange ties the price level to the monetary base, its velocity of circulation, and real GDP. By responding to changes in real GDP and velocity, a monetary base growth rule can deliver a guaranteed inflation rate on the average over the longer term.

Targeting the interest rate leaves the monetary base growth rate to be determined by the growth in the demand for money. And the price level is a major influence on the quantity of money demanded. So there is a potential indeterminacy. Set the interest rate too low, money grows too rapidly, inflation is too rapid, and money grows ever more rapidly.

This potential problem actually disappears if the interest rate rule follows the Taylor principle, which raises the interest rate when the inflation rate rises and by *more* than the rise in the inflation rate.

So the Taylor rule is immune to the monetarist objection to interest rate targeting.

Keynesians say that targeting the quantity of money would bring excessive swings in the interest rate, which in turn would bring excessive swings in aggregate expenditure. For this reason, Keynesians favor interest rate targeting.

Before you leave this reading, take a look at *Reading between the Lines* on pp. 484–486 and see the challenge the Fed faced at the end of 2003 as it contemplated whether to hold interest rates at their historically low level or begin to move them upward.

6   READING BETWEEN THE LINES

Monetary Policy Today

THE WASHINGTON POST, DECEMBER 10, 2003

Fed Indicates Boost in Rates Is Unlikely

Federal Reserve officials made no change in interest rates at a policy-making meeting yesterday and signaled that any rate hike remains well into the future.

However, in a subtly worded statement issued after the meeting, the Federal Open Market Committee, the central bank's top policymaking group, acknowledged that the economic recovery has gathered speed and that the likelihood of a further drop in inflation has largely disappeared.

But the key sentence in the statement said that the committee had concluded that "with inflation quite low and resource use slack," very low interest rates "can be maintained for a considerable period." The Fed's current target for overnight rates is 1 percent, the lowest level in more than 40 years.

The words "resource use slack" refer to the fact that the nation's unemployment rate is still close to 6 percent, well above the level usually associated with rising inflation, while only about 75 percent of available U.S. factory production capacity is in use.

Many analysts and investors had expected the officials to drop the "considerable period" phrasing as the first step toward raising rates. That expectation was based primarily on the strength in recent indicators, such as the third quarter's extremely strong 8.2 percent annual rate of economic growth, increases in payroll jobs for four months in a row and a half-percentage point drop in the nation's unemployment rate, to 5.9 percent last month from 6.4 percent in June. Increases in many commodity prices had also caused some analysts to warn that inflation, which has been running at only about a 1 percent annual rate by some measures, was about to increase.

What the committee did instead was refine the language of the statement issued after its October meeting to take account of the economic developments since then. Some analysts praised the new wording as a real advance in the Fed's ability to let the public know what its policymakers are thinking.

....

Essence of the Story

▶ The Federal Open Market Committee (FOMC) left its target for the federal funds rate unchanged at 1 percent at its December 2003 meeting.

▶ The FOMC noted that economic recovery has gathered speed and that a further fall in the inflation rate is unlikely.

▶ But with an unemployment rate of 6 percent and 75 percent of production capacity in use, the FOMC declared that "a very low interest rate can be maintained for a considerable period."

▶ Many analysts and investors had expected the FOMC to indicate an earlier start to a period of rising interest rates.

Economic Analysis

▶ At the beginning of 2001, the federal funds rate was 6.5 percent a year.

▶ Through 2001, the growth rate of real GDP slowed and the unemployment rate increased. To counter this development, the Fed gradually lowered the federal funds rate.

▶ The economy remained weak in 2002, and the Fed cut the interest rate even further to a historically low level.

▶ Figure 11 shows the course of the federal funds rate each month from 1999 through 2003.

▶ Figure 11 shows the Taylor rule for the federal funds rate if the long-run inflation rate target is 2 percent a year (see pp. 462–465).

▶ When the federal funds rate exceeds the Taylor rule level, as it did in 2000 and the first half of 2001, the Fed is showing more concern about restraining inflation than about sagging real GDP growth.

▶ When the federal funds rate is below the Taylor rule level, as it has been since mid-2001, the Fed is showing more concern about boosting real GDP growth than about rising inflation.

▶ At the end of 2003, was the FOMC correct to be more concerned about real GDP growth than about inflation?

▶ Figure 12 shows a reason to be concerned. The recessionary gap of 2002 and 2003 was becoming very small by the end of 2003.

▶ When real GDP moves above potential GDP and an inflationary gap opens up, as it seems will happen early in 2004, the inflation rate will turn upward.

▶ Given that monetary policy operates with a considerable time lag, a more cautious Fed would already have begun to raise the interest rate.

▶ It is a fairly safe prediction that the Fed will begin to raise the federal funds rate some time during 2004. And as so often in the past, the move will be too little too late.

FIGURE 11   The Federal Funds Rate and the Taylor Rule

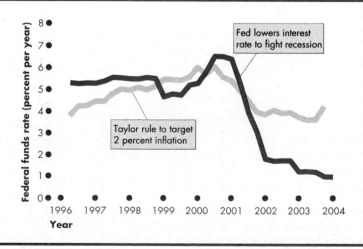

FIGURE 12   The GDP Gap

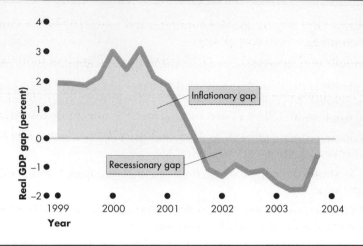

You're the Voter

▶ Do you think the current FOMC monetary policy is appropriate?

▶ If you were a member of the FOMC, would you vote for an immediate rise in the federal funds rate or would you vote to maintain the rate at a low level? Explain.

SUMMARY

- ► Open market operations, the discount rate, and required reserve ratios are the instruments of monetary policy.
- ► Price stability and sustained real GDP growth are the goals of monetary policy.
- ► The federal funds rate is the main intermediate target of monetary policy.
- ► Monetary policy can follow a fixed rule, a feedback rule, or be discretionary.
- ► Fixed-rule policies leave the price level and real GDP to fluctuate in the face of demand shocks and supply shocks.
- ► Feedback rules seek to respond to the state of the economy and dampen the effects of shocks.
- ► A feedback rule might not improve on a fixed rule because monetary policy operates with a long and variable time lag.
- ► A feedback rule that responds to real GDP fluctuations makes the economy vulnerable to cost-push inflation.
- ► Monetary policy actions that are unexpected affect real GDP.
- ► Monetary policy actions that are expected and credible impact the price level and leave real variables unaffected.
- ► The McCallum new monetarist feedback rule adjusts the growth rate of the monetary base to target the inflation rate while responding to changes in the long term growth rate of real GDP and changes in the velocity of circulation.
- ► The Taylor new Keynesian feedback rule adjusts the federal funds rate to target the inflation rate but responds equally strongly to deviations of real GDP from potential GDP.

ie: reduce inflation – real GDP & unemployment unaffected

PRACTICE PROBLEMS FOR READING 28

1. Which of the following is *most likely* an intermediate target of monetary policy?

   A. Discount rate.

   B. Monetary base.

   C. 30-day Treasury bill rate.

   D. Commercial bank deposits at the Federal Reserve Banks.

2. The Federal Reserve's decision not to change interest rates in response to cost-push inflation following an oil supply shock is *most likely* an example of

   A. fixed-rule policies.

   B. discretionary policies.

   C. feed-back rule policies.

   D. accommodation policies.

3. What is the *most likely* effect on real GDP and unemployment, respectively, of a credible announced inflation reduction by the Federal Reserve?

	Real GDP	Unemployment
A.	Decrease	Decrease
B.	Decrease	No change
C.	No change	Decrease
D.	No change	No change

APPENDIX

Appendix A Solutions to End-of-Reading Problems

SOLUTIONS FOR READING 13

[handwritten margin note: because demand will still ↑ disproportionately more than the corresponding price ↑.]

1. A is correct. The price elasticity of demand for the product is inelastic (absolute value of elasticity coefficient is less than one). An increase in price will increase total revenue, but demand will become more elastic over time because consumers will reduce their consumption by a larger amount in the long run than in the short run (second law of demand).

2. B is correct. A firm maximizes its revenue at the price (or quantity) where demand is unitary elastic. This price or quantity is not the one that maximizes profit unless output can be increased at zero cost (no marginal costs).

3. C is correct. The price elasticity of demand for the product is inelastic (absolute value of elasticity coefficient is less than one). When demand is inelastic, an increase in price will increase total revenue.

4. B is correct.

   $$\text{The cross-elasticity of demand for a substitute} = \frac{\Delta Q/Q_{Ave}}{\Delta P/P_{Ave}}$$

   $\Delta Q/Q_{Ave} = (28 - 22)/[(28 + 22)/2] = 6/25 = 0.24$
   $\Delta P/P_{Ave} = (\$2.00 - \$1.50)/[(\$2.00 + \$1.50)/2] = 0.5/1.75 = 0.2857$
   $0.024/0.2857 = 0.84$

5. D is correct. The income elasticity of demand measures the effect of income changes on demand. The unit elasticity of demand occurs by definition whenever the price elasticity equals 1. The price elasticity of demand measures the effect of price changes on a change in quantity following a change in price. The cross-elasticity of demand measures the effect of price changes in substitutes and complementary products.

6. B is correct. Price elasticities greater than one are elastic, so raising prices will decrease total revenue.

7. A is correct. The price elasticity of demand equals the percentage change in quantity demanded divided by the percentage change in price. The percentage change in quantity demanded (based in average quantity) is $2/[(30 + 28)/2] = 2/29 = 6.90\%$. The percentage change in price (based on average price) is $2/[(10 + 12)/2] = 2/11 = 18.18\%$. The price elasticity of demand is $6.90\%/18.18\% = 0.38$.

8. B is correct. The income elasticity of demand is negative for an inferior good because as incomes increase, the demand for the good decreases.

9. A is correct. The elasticity of supply for a product is influenced by the availability and price of resources that are used to make the product.

SOLUTIONS FOR READING 14

1. **D is correct.** Private property rights encourage efficient resource allocation. Monopolies, price ceilings and external benefits all impede the efficient allocation of resources.

2. **D is correct.** The value of one more unit of a good or service is its marginal benefit.

3. **C is correct.** External costs will lead to the overproduction of a product because the supply curve for the product does not reflect all the costs.

4. **D is correct.** If both the elasticity of demand and elasticity of supply increase, then both the demand curve and the supply curve will become more horizontal. Because the space between the curves to the left of the equilibrium quantity will become smaller, both consumer and producer surplus will decrease.

SOLUTIONS FOR READING 15

1. B is correct. The division of tax between buyers and sellers depends in part on the elasticity of demand and the elasticity of supply. In the extreme, sellers pay when the demand is perfectly elastic and the supply is perfectly inelastic.

2. B is correct. A natural disaster such as a typhoon that destroys a significant number of homes will most likely cause a leftward shift in the supply curve for housing—a decrease in supply.

3. D is correct. Setting a minimum wage above the equilibrium wage results in fewer workers employed and increased potential loss from job search.

4. C is correct. The buyer pays the largest portion of a tax when demand is more inelastic and supply is more elastic.

SOLUTIONS FOR READING 16

1. D is correct. Accounting profits do not include implicit costs (opportunity costs); small proprietorships would have a higher proportion of implicit costs than would corporations, because the opportunity cost of the owner's time and capital is not included in the accounting costs. The liability of the stockholders of a corporation is limited to their explicit investment; the omission of the costs of owner-provided services is not as important.

2. A is correct. The opportunity cost of operating the machine is zero. Because the machine is a sunk cost and generates net revenue of $50,000, the company should continue to operate the machine.

3. A is correct. The opportunity cost of operating the machine is zero; the machine is a sunk cost and generates net revenue of $50,000. B is incorrect because the accounting loss of $50,000 is not relevant to the decision. [Annual accounting income = revenues of $650,00 − annual expenses of $600,000 − depreciation of $100,000 = −$50,000.] C and D are incorrect because although the explanations are true statements, the original conclusion is wrong—the operation should be continued.

[handwritten margin note: $650k annual revenue less: $600k costs excl. dep^n. $50k net profit. which is equal to annual dep^n of $50k. so opp. cost of operating machine is zero.]

4. B is correct. 200,000 − 100,000 − 15,000 − 30,000 − 12,000 = 43,000. Normal profit, the return that an entrepreneur can expect to receive on average, is part of a firm's opportunity cost because it is the cost of a forgone alternative. Economic depreciation is the change in market value of an asset over a period, and is the implicit cost of using the capital.

5. B is correct. Economic profit = total revenue − opportunity cost. The other choices are all varieties of opportunity costs.

6. B is correct. [(100 units of labor at $50) + (5 units of capital at $700)]/8 units = $1,062.50 per unit. Answer C is correctly calculated for the automated methodology, but is not as economically efficient as B. A and D are not calculated correctly.

7. A is correct. This is a definitional question: technological efficiency is defined as that process which requires the least inputs, while economic efficiency is defined as that process which is accomplished with the least cost.

8. B is correct. The remaining choices are all means advocated to alleviate the principal-agent problem.

9. A is correct. A partnership can survive the withdrawal of a partner, but only a corporation has the opportunity of perpetual life.

10. A is correct. An oligopoly is defined as a market in which a small number of firms compete.

11. D is correct. A four-firm concentration ratio that exceeds 60% is regarded as indicative of an oligopoly.

12. D is correct. A monopoly would have high barriers to entry and a high concentration ratio; perfect competition has a concentration ratio of zero and is characterized by firms producing identical products.

13. B is correct. Economic depreciation is classified as an implicit opportunity cost.

14. D is correct. The four-firm concentration ratio = 30% + 20% + 15% + 15% = 80%. The Herfindahl-Hirschman Index = $30^2 + 20^2 + 15^2 + 15^2 + 10^2 + 10^2 = 1950$.

SOLUTIONS FOR READING 17

1. A is correct. Labor is considered a flexible resource in the short term, while technology, buildings, and equipment are considered fixed in the short term, and therefore are long-run resources.

2. A is correct. Marginal product is the increase in total product from one additional unit of labor. For Bronze Star, total product increases by 13 units, from 135 to 148. Average product equals total product divided by the quantity of labor employed, which in this case is $148/8 = 18.5$.

3. C is correct. As long as marginal product is positive, total product is increasing. If the marginal product declines as additional units of labor are added, then the rate of increase in total product is declining, i.e., increasing at a decreasing rate.

4. D is correct. If marginal cost is greater than average total cost, then increasing output will cause marginal, average variable, and average total costs to increase. Average fixed cost will continue to decrease as output increases.

5. B is correct. If total production costs are increasing at a decreasing rate as output increases, then average total costs are decreasing and the firm is experiencing economies of scale.

SOLUTIONS FOR READING 18

1. D is correct. Infinite elasticity demonstrates a perfectly elastic market, which characterizes the elasticity of a firm operating in a perfectly competitive market. However, the market demand is not perfectly elastic, so will be greater than zero but less than infinite.

2. B is correct. As firms leave the industry, industry output declines, which raises the unit price and the profit-maximizing output for the remaining firms.

3. B is correct. In perfect competition, firms produce identical products.

4. B is correct. In perfect competition, the individual firm faces a horizontal demand curve, i.e., the individual firm's output has no effect on market price.

SOLUTIONS FOR READING 19

1. B is correct. An innovative culture may allow development of an invention which may, with successful commercialization, lead to monopolizing a market, but an innovative culture does not necessarily lead to a monopoly and so cannot be considered a constraint. A public franchise, by definition as an exclusive right, is a monopoly. Control of a key resource is a constraint to other competitors. The effects of having economics of scale along the entire LRAC is that "one firm can supply the entire market at a lower cost than two or more firms can. (Parkin)"

2. D is correct. $(70 - 50) \times 125 = \$2500$. The remaining scenarios all have total profit less than $2500.

3. C is correct. Price discrimination is charging different prices for a single good or service because of differences in buyers' willingness to pay.

4. B is correct. A monopoly will never choose to operate where demand is inelastic because marginal revenue is negative in the inelastic portion of the demand curve.

5. C is correct. The consumer surplus under a monopoly will be less than if the same market were perfectly competitive.

6. D is correct. Price discrimination allows different buyers to be charged different prices depending on how much they are willing to pay. Perfect price discrimination completely eliminates consumer surplus.

SOLUTIONS FOR READING 20

1. A is correct. Collusion among oligopolistic firms tends to restrict output and increase prices; independent action by the same firms would increase competition, thus reducing prices and increasing output.

2. B is correct. Joint profits in an oligopolistic industry are maximized when collusion is effective. The higher the number of firms in the industry (lower the barriers to entry), the less effective any attempt at collusion will be. Successful collusion is more likely when demand is stable because most firms will have similar expectations for the future of the industry.

3. C is correct. In monopolistic competition firms produce below the efficient scale, which increases average total costs. Monopolies and oligopolies set prices above the efficient point, which reduces the quantity sold and increases average costs.

4. D is correct. Due to the large number of firms, but differentiated products, branding is most important in a market with monopolistic competition.

5. A is correct. Firms in an oligopoly are frequently tempted to cooperate and form a cartel to experience monopolistic profits.

6. A is correct. Collusion among oligopolistic firms would tend to limit output and increase prices; independent action by the same firms would increase competition, thus reducing prices and increasing output.

7. A is correct. A monopolistically competitive market differs from a perfectly competitive market in that firms differentiate and market their products to gain market share.

8. D is correct. A firm operating in an oligopoly must always consider the reaction of the other firms in the market to a price or marketing decision.

9. B is correct. In the long run, a monopolistically competitive firm will earn zero economic profit.

SOLUTIONS FOR READING 21

1. B is correct. The marginal revenue product of labor is the additional revenue generated by adding one more unit of labor.

2. D is correct. An increase in the wage rate would result in a movement along the demand curve for labor, not a change in the demand for labor.

3. C is correct. According to the income effect, an increase in the wage rate will increase the demand for leisure and decrease the quantity of labor supplied. According to the substitution effect, an increase in the wage rate will increase the opportunity cost of leisure resulting in an increase in the quantity of labor supplied.

SOLUTIONS FOR READING 22

1. A is correct. A person who is not working and is not currently looking for work (a discouraged worker) is not classified as unemployed.

2. C is correct. A worker who has voluntarily left one job and is seeking another is classified as part of frictional unemployment.

3. D is correct. The natural rate of unemployment is equal to frictional unemployment plus structural unemployment, and occurs when cyclical unemployment equals zero.

SOLUTIONS FOR READING 23

1. B is correct. Potential GDP will not change in response to an increase in the money wage rate.

2. D is correct. Aggregate demand is expected to decrease if corporate profits decrease because firms will have less money to spend on investment in capital equipment.

3. B is correct. If an economy is operating at full employment, the long-run effect of an increase in government spending is to increase the price level while real GDP will be unchanged at the full employment level.

SOLUTIONS FOR READING 24

1. C is correct. The M2 measure of the money supply does not include currency held by banks.

2. B is correct. The amount of new money that a bank can create is limited to the amount of that bank's excess reserves.

3. D is correct. To slow an economy, the monetary authority will want to raise interest rates by being a net seller of government securities.

SOLUTIONS FOR READING 25

1. C is correct. Financial innovation causes a decrease in the demand for money, while an increase in real GDP causes an increase in the demand for money.

2. C is correct. If the Federal Reserve increases the money supply, interest rates should decrease resulting in an increase in investment spending.

3. A is correct. Assuming full employment, the long-run effect of an increase in the money supply is an increase in the price level.

SOLUTIONS FOR READING 26

1. A is correct. Inflation for 2005 = 196.8/190.3 − 1 = 1.0342 − 1 = 3.42%. The compound annual inflation for 2000–2005 is found using a financial calculator. Inputs are PV = 174.0, FV = 196.8, N = 5, and compute I = 2.49%.

2. D is correct. Government borrowing is unlikely to contribute to demand-pull inflation because it would result in increased interest rates (crowding-out effect) which would tend to slow the economy's growth.

3. D is correct. If inflation is greater than anticipated, then 1) the real wage rate falls and workers lose relative to employers, and 2) the borrower makes loan payments with deflated dollars which causes the lender to lose relative to the borrower.

*recall:-
= money wage rate
price level*

SOLUTIONS FOR READING 27

1. B is correct. The crowding-out effect occurs when government borrowing to finance budget deficits causes an increase in interest rates which crowds out private borrowing for capital investment spending.

2. D is correct. Because of consumers' marginal propensity to save, part of any increase in disposable income resulting from a tax cut will be saved thereby reducing the potential impact of the tax cut on aggregate demand. On the other hand, 100 percent of the increase in government purchases will accrue to aggregate demand.

3. B is correct. As the economy slides into a recession, the decline in wages and profits reduces taxable income thereby reducing tax receipts.

SOLUTIONS FOR READING 28

1. B is correct. The possible intermediate targets of monetary policy are the monetary aggregates (M1 and M2), the monetary base, and the federal funds rate.

2. B is correct. A discretionary policy responds to the state of the economy in a possibly unique way that uses all the information available, including perceived lessons from past policy errors.

3. D is correct. A credible announced inflation reduction by the Federal Reserve will result in reduced inflation with no effect on either real GDP or unemployment.

5½ 5½ –
20⅝ 21³⁄₁₆ – ¹⁄₁₆
18⅛ +
17⅜
6½ 6½ – ½
7¼
15/16
9/16
7¹⁵⁄₁₆ 7¹³⁄₁₆ 7¹⁵⁄₁₆
2⅝ 2¹¹⁄₃₂ 2½ +
2¾ 2¼ 2¼
12¹⁄₁₆ 11⅜
87 33¾ 33
25⅝ 24⁹⁄₁₆
833 12 11⅝
16 10½ 10½
78 15⅞ 15¹³⁄₁₆
9¹⁄₁₆ 8¼
430 11¼

A priori probability A probability based on logical analysis rather than on observation or personal judgment.

Abandonment option The ability to terminate a project at some future time if the financial results are disappointing.

Abnormal rate of return The amount by which a security's actual return differs from its expected rate of return which is based on the market's rate of return and the security's relationship with the market.

Above full-employment equilibrium A macroeconomic equilibrium in which real GDP exceeds potential GDP.

Absolute dispersion The amount of variability present without comparison to any reference point or benchmark.

Absolute frequency The number of observations in a given interval (for grouped data).

Accelerated method A method of depreciation that allocates relatively large amounts of the depreciable cost of an asset to earlier years and reduced amounts to later years.

Accelerated methods of depreciation Depreciation methods that allocate a relatively large proportion of the cost of an asset to the early years of the asset's useful life.

Account With the accounting systems, a formal record of increases and decreases in a specific asset, liability, component of owners' equity, revenue, or expense.

Account format A method of presentation of accounting transactions in which effects on assets appear at the left and effects on liabilities and equity appear at the right of a central dividing line; also known as T-account format.

Accounting risk The risk associated with accounting standards that vary from country to country or with any uncertainty about how certain transactions should be recorded.

Accounts payable Amounts that a business owes to its vendors for goods and services that were purchased from them but which have not yet been paid.

Accounts receivable turnover Ratio of sales on credit to the average balance in accounts receivable.

Accrual accounting The system of recording financial transactions as they come into existence as a legally enforceable claim, rather than when they settle.

Accrued expenses (accrued liabilities) Liabilities related to expenses that have been incurred but not yet paid as of the end of an accounting period—an example of an accrued expense is rent that has been incurred but not yet paid, resulting in a liability "rent payable."

Accrued interest Interest earned but not yet paid.

Accumulated depreciation An offset to property, plant, and equipment (PPE) reflecting the amount of the cost of PPE that has been allocated to current and previous accounting periods.

Active factor risk The contribution to active risk squared resulting from the portfolio's different-than-benchmark exposures relative to factors specified in the risk model.

Active return The return on a portfolio minus the return on the portfolio's benchmark.

Active risk The standard deviation of active returns.

Active risk squared The variance of active returns; active risk raised to the second power.

Active specific risk or asset selection risk The contribution to active risk squared resulting from the portfolio's active weights on individual assets as those weights interact with assets' residual risk.

Active strategy In reference to short-term cash management, an investment strategy characterized by monitoring and attempting to capitalize on market conditions to optimize the risk and return relationship of short-term investments.

Activity ratios (asset utilization or operating efficiency ratios) Ratios that measure how efficiently a company performs day-to-day tasks, such as the collection of receivables and management of inventory.

Addition rule for probabilities A principle stating that the probability that A or B occurs (both occur) equals the probability that A occurs, plus the probability that B occurs, minus the probability that both A and B occur.

Additional information Information that is required or recommended under the GIPS standards and is not considered as "supplemental information" for the purposes of compliance.

Additions Enlargements to the physical layout of a plant asset.

Add-on interest A procedure for determining the interest on a bond or loan in which the interest is added onto the face value of a contract.

Adjusted beta Historical beta adjusted to reflect the tendency of beta to be mean reverting.

Adjusted R^2 A measure of goodness-of-fit of a regression that is adjusted for degrees of freedom and hence does not automatically increase when another independent variable is added to a regression.

Administrative fees   All fees other than the trading expenses and the investment management fee. Administrative fees include custody fees, accounting fees, consulting fees, legal fees, performance measurement fees, or other related fees. These administrative fees are typically outside the control of the investment management firm and are not included in either the gross-of-fees return or the net-of-fees return. However, there are some markets and investment vehicles where administrative fees are controlled by the firm. (See the term "bundled fee.")

Aggregate demand   The relationship between the quantity of real GDP demanded and the price level.

Aggregate hours   The total number of hours worked by all the people employed, both full time and part time, during a year.

Aggregate production function   The relationship between the quantity of real GDP supplied and the quantities of labor and capital and the state of technology.

Aging schedule   In the context of accounts receivable, it is an analysis of accounts receivable categorized by days outstanding.

Allocative efficiency   A situation in which we cannot produce more of any good without giving up some of another good that we value more highly.

Allowance for bad debts   An offset to accounts receivable for the amount of accounts receivable that are estimated to be uncollectible.

Alpha   A term commonly used to describe a manager's abnormal rate of return, which is the difference between the return the portfolio actually produced and the expected return given its risk level.

Alternative hypothesis   The hypothesis accepted when the null hypothesis is rejected.

American Depository Receipts (ADRs)   Certificates of ownership issued by a U.S. bank that represent indirect ownership of a certain number of shares of a specific foreign firm. Shares are held on deposit in a bank in the firm's home country.

American option   An option contract that can be exercised at any time until its expiration date

American terms   With reference to U.S. dollar exchange rate quotations, the U.S. dollar price of a unit of another currency.

Amortization   The process of allocating the cost of intangible long-term assets having a finite useful life to accounting periods; the allocation of the amount of a bond premium or discount to the periods remaining until bond maturity.

Amortizing and accreting swaps   A swap in which the notional principal changes according to a formula related to changes in the underlying.

Analysis of variance (ANOVA)   The analysis of the total variability of a dataset (such as observations on the dependent variable in a regression) into components representing different sources of variation; with reference to regression, ANOVA provides the inputs for an F-test of the significance of the regression as a whole.

Annual percentage rate   The cost of borrowing expressed as a yearly rate.

Annuity   A finite set of level sequential cash flows.

Annuity due   An annuity having a first cash flow that is paid immediately.

Anomalies   Security price relationships that appear to contradict a well-regarded hypothesis; in this case, the efficient market hypothesis.

Anticipation stock   Excess inventory that is held in anticipation of increased demand, often because of seasonal patterns of demand.

Antidilutive   With reference to a transaction or a security, one that would increase earnings per share (EPS) or result in EPS higher than the company's basic EPS—antidilutive securities are not included in the calculation of diluted EPS.

Arbitrage   (1) The simultaneous purchase of an undervalued asset or portfolio and sale of an overvalued but equivalent asset or portfolio, in order to obtain a riskless profit on the price differential. Taking advantage of a market inefficiency in a risk-free manner. (2) A trading strategy designed to generate a guaranteed profit from a transaction that requires no capital commitment or risk bearing on the part of the trader. A simple example of an arbitrage trade would be the simultaneous purchase and sale of the same security in different markets at different prices. (3) The condition in a financial market in which equivalent assets or combinations of assets sell for two different prices, creating an opportunity to profit at no risk with no commitment of money. In a well-functioning financial market, few arbitrage opportunities are possible. (4) A risk-free operation that earns an expected positive net profit but requires no net investment of money.

Arbitrage opportunity   An opportunity to conduct an arbitrage; an opportunity to earn an expected positive net profit without risk and with no net investment of money.

Arbitrage portfolio   The portfolio that exploits an arbitrage opportunity.

Arbitrage pricing theory (APT) A theory that posits that the expected return to a financial asset can be described by its relationship with several common risk factors. The multifactor APT can be contrasted with the single-factor CAPM.

Arithmetic mean The sum of the observations divided by the number of observations.

Arrears swap A type of interest rate swap in which the floating payment is set at the end of the period and the interest is paid at that same time.

Asian call option A European-style option with a value at maturity equal to the difference between the stock price at maturity and the average stock price during the life of the option, or $0, whichever is greater.

Asset allocation The process of deciding how to distribute an investor's wealth among different asset classes for investment purposes.

Asset beta The unlevered beta; reflects the business risk of the assets.

Asset class Securities that have similar characteristics, attributes, and risk/return relationships.

Asset impairment Loss of revenue-generating potential of a long-lived asset before the end of its useful life; the difference between an asset's carrying value and its fair value, as measured by the present value of the expected cash flows.

Asset-based loans A loan that is secured with company assets.

Assets under management (AUM) The total market value of the assets managed by an investment firm.

Assets Resources controlled by an enterprise as a result of past events and from which future economic benefits to the enterprise are expected to flow.

Assignment of accounts receivable The use of accounts receivable as collateral for a loan

At the money An option in which the underlying value equals the exercise price.

At-the-money option An option for which the strike (or exercise) price is close to (at) the current market price of the underlying asset.

Autocorrelation The correlation of a time series with its own past values.

Automated Clearing House An electronic payment network available to businesses, individuals, and financial institutions in the United States, U.S. Territories, and Canada.

Automatic fiscal policy A change in fiscal policy that is triggered by the state of the economy.

Automatic stabilizers Mechanisms that stabilize real GDP without explicit action by the government.

Autonomous expenditure The sum of those components of aggregate planned expenditure that are not influenced by real GDP. Autonomous expenditure equals investment, government purchases, exports, and the autonomous parts of consumption expenditure and imports.

Autoregressive (AR) model A time series regressed on its own past values, in which the independent variable is a lagged value of the dependent variable.

Available-for-sale securities Securities that a company does not intend to actively trade or (in the case of debt securities) hold to maturity.

Average cost pricing rule A rule that sets price to cover cost including normal profit, which means setting the price equal to average total cost.

Average fixed cost Total fixed cost per unit of output—total fixed cost divided by output.

Average product The average product of a resource. It equals total product divided by the quantity of the resource employed.

Average tax rate A person's total tax payment divided by his or her total income.

Average total cost Total cost per unit of output.

Average variable cost Total variable cost per unit of output.

Backtesting With reference to portfolio strategies, the application of a strategy's portfolio selection rules to historical data to assess what would have been the strategy's historical performance.

Backwardation A condition in the futures markets in which the benefits of holding an asset exceed the costs, leaving the futures price less than the spot price.

Balance of payments (1) A summary of all economic transactions between a country and all other countries for a specific time period, usually a year. The balance-of-payments account reflects all payments and liabilities to foreigners (debits) and all payments and obligations received from foreigners (credits). (2) A record of all financial flows crossing the borders of a country during a given time period (a quarter or a year).

Balance of payments accounts A country's record of international trading, borrowing, and lending.

Balance of trade *See* Trade balance.

Balance sheet A financial statement that shows what assets the firm controls at a fixed point in time and how it has financed these assets.

Balance sheet ratios Financial ratios involving balance sheet items only.

Balance sheet (statement of financial position or statement of financial condition) The financial statement that presents an entity's current financial position by disclosing resources the entity controls (its assets) and the claims on those resources (its liabilities and equity claims), as of a particular point in time (the date of the balance sheet).

Balanced budget   A government budget in which tax revenues and expenditures are equal.

Balanced budget multiplier   The magnification on aggregate demand of a *simultaneous* change in government purchases and taxes that leaves the budget balance unchanged.

Balanced fund   A mutual fund with, generally, a three-part investment objective: (1) to conserve the investor's principal, (2) to pay current income, and (3) to increase both principal and income. The fund aims to achieve this by owning a mixture of bonds, preferred stocks, and common stocks.

Bank discount basis   A quoting convention that annualizes, on a 360-day year, the discount as a percentage of face value.

Barriers to entry   Legal or natural constraints that protect a firm from potential competitors.

Barter   The direct exchange of one good or service for other goods and services.

Basic earnings per share   Net earnings available to common shareholders (i.e., net income minus preferred dividends) divided by the weighted average number of common shares outstanding during the period.

Basis   The difference between the spot price of the underlying asset and the futures contract price at any point in time (e.g., the *initial* basis at the time of contract origination, the *cover* basis at the time of contract termination).

Basis point value (BPV)   Also called *present value of a basis point* or *price value of a basis point* (PVBP), the change in the bond price for a 1 basis point change in yield.

Basis swap   (1) An interest rate swap involving two floating rates. (2) A swap in which both parties pay a floating rate.

Bayes' formula   A method for updating probabilities based on new information.

Bear spread   An option strategy that involves selling a put with a lower exercise price and buying a put with a higher exercise price. It can also be executed with calls.

Behavioral finance   Involves the analysis of various psychological traits of individuals and how these traits affect how they act as investors, analysts, and portfolio managers.

Below full-employment equilibrium   A macroeconomic equilibrium in which potential GDP exceeds real GDP.

Benchmark   A comparison portfolio; a point of reference or comparison.

Benchmark bond   A bond representative of current market conditions and used for performance comparison.

Benchmark error   Situation where an inappropriate or incorrect benchmark is used to compare and assess portfolio returns and management.

Benchmark portfolio   A comparison standard of risk and assets included in the policy statement and similar to the investor's risk preference and investment needs, which can be used to evaluate the investment performance of the portfolio manager.

Bernoulli random variable   A random variable having the outcomes 0 and 1.

Bernoulli trial   An experiment that can produce one of two outcomes.

Beta   A standardized measure of systematic risk based upon an asset's covariance with the market portfolio.

Betterments   Improvements that do not add to the physical layout of a plant asset.

Bid-ask spread   The difference between the quoted ask and the bid prices.

Big tradeoff   A tradeoff between equity and efficiency.

Bill-and-hold basis   Sales on a bill-and-hold basis involve selling products but not delivering those products until a later date.

Binomial model   A model for pricing options in which the underlying price can move to only one of two possible new prices.

Binomial option pricing model   A valuation equation that assumes the price of the underlying asset changes through a series of discrete upward or downward movements.

Binomial random variable   The number of successes in n Bernoulli trials for which the probability of success is constant for all trials and the trials are independent.

Binomial tree   The graphical representation of a model of asset price dynamics in which, at each period, the asset moves up with probability p or down with probability $(1 - p)$.

Black market   An illegal trading arrangement in which the price exceeds the legally imposed price ceiling.

Black-Scholes option pricing model   A valuation equation that assumes the price of the underlying asset changes continuously through the option's expiration date by a statistical process known as *geometric Brownian motion*.

Block   Orders to buy or sell that are too large for the liquidity ordinarily available in dealer networks or stock exchanges.

Bond   A long-term debt security with contractual obligations regarding interest payments and redemption.

Bond-equivalent basis A basis for stating an annual yield that annualizes a semiannual yield by doubling it.

Bond-equivalent yield The yield to maturity on a basis that ignores compounding.

Bond equivalent yield A calculation of yield that is annualized using the ratio of 365 to the number of days to maturity. Bond equivalent yield allows for the restatement and comparison of securities with different compounding periods.

Bond option An option in which the underlying is a bond; primarily traded in over-the-counter markets.

Bond price volatility The percentage changes in bond prices over time.

Bond yield plus risk premium approach An estimate of the cost of common equity that is produced by summing the before-tax cost of debt and a risk premium that captures the additional yield on a company's stock relative to its bonds. The additional yield is often estimated using historical spreads between bond yields and stock yields.

Book value equity per share The amount of the book value (also called carrying value) of common equity per share of common stock, calculated by dividing the book value of shareholders' equity by the number of shares of common stock outstanding.

Book value of equity (or book value) (1) Shareholders' equity (total assets minus total liabilities) minus the value of preferred stock; common shareholders' equity. (2) The accounting value of a firm.

Book value per share Book value of equity divided by the number of common shares outstanding.

Bottom-up analysis With reference to investment selection processes, an approach that involves selection from all securities within a specified investment universe, i.e., without prior narrowing of the universe on the basis of macroeconomic or overall market considerations.

Box spread An option strategy that combines a bull spread and a bear spread having two different exercise prices, which produces a risk-free payoff of the difference in the exercise prices.

Brady bonds Bonds issued by emerging countries under a debt-reduction plan named after Mr. Brady, former U.S. Secretary of the Treasury.

Brand name A registered name that can be used only by its owner to identify a product or service.

Break point In the context of the weighted average cost of capital (WACC), a break point is the amount of capital at which the cost of one or more of the sources of capital changes, leading to a change in the WACC.

Breusch-Pagan test A test for conditional heteroskedasticity in the error term of a regression.

Broker (1) An agent who executes orders to buy or sell securities on behalf of a client in exchange for a commission. (2) *See* Futures commission merchants.

Budget deficit A government's budget balance that is negative—expenditures exceed tax revenues.

Budget surplus A government's budget balance that is positive—tax revenues exceed expenditures.

Bull spread An option strategy that involves buying a call with a lower exercise price and selling a call with a higher exercise price. It can also be executed with puts.

Bundled fee A fee that combines multiple fees into one "bundled" fee. Bundled fees can include any combination of management, transaction, custody, and other administrative fees. Two specific examples of bundled fees are the wrap fee and the all-in fee.

All-in fee Due to the universal banking system in some countries, asset management, brokerage, and custody are often part of the same company. This allows banks to offer a variety of choices to customers regarding how the fee will be charged. Customers are offered numerous fee models in which fees may be bundled together or charged separately. All-in fees can include any combination of investment management, trading expenses, custody, and other administrative fees.

Wrap fee Wrap fees are specific to a particular investment product. The U.S. Securities and Exchange Commission (SEC) defines a wrap fee account (now more commonly known as a separately managed account or SMA) as "any advisory program under which a specified fee or fees not based upon transactions in a client's account is charged for investment advisory services (which may include portfolio management or advice concerning the selection of other investment advisers) and execution of client transactions." A typical separately managed account has a contract or contracts (and fee) involving a sponsor (usually a broker or independent provider) acting as the investment advisor, an investment management firm typically as the subadvisor, other services (custody, consulting, reporting, performance, manager selection, monitoring, and execution of trades), distributor, and the client (brokerage customer). Wrap fees can be all-inclusive, asset-based fees (which may include any combination of management, transaction, custody, and other administrative fees).

Business cycle The periodic but irregular up-and-down movement in production.

Business risk (or sales risk) Risk that is related to the uncertainty of revenues

Butterfly spread An option strategy that combines two bull or bear spreads and has three exercise prices.

Buy-and-hold strategy A passive portfolio management strategy in which securities (bonds or stocks) are bought and held to maturity.

Call An option that gives the holder the right to buy an underlying asset from another party at a fixed price over a specific period of time.

Call market A market in which trading for individual stocks only takes place at specified times. All the bids and asks available at the time are combined and the market administrators specify a single price that will possibly clear the market at that time.

Call option Option to buy an asset within a certain period at a specified price called the *exercise price*.

Call premium Amount above par that an issuer must pay to a bondholder for retiring the bond before its stated maturity.

Call provisions Specifies when and how a firm can issue a call for bonds outstanding prior to their maturity.

Cannibalization Cannibalization occurs when an investment takes customers and sales away from another part of the company.

Cap (1) A contract on an interest rate, whereby at periodic payment dates, the writer of the cap pays the difference between the market interest rate and a specified cap rate if, and only if, this difference is positive. This is equivalent to a stream of call options on the interest rate. (2) A combination of interest rate call options designed to hedge a borrower against rate increases on a floating-rate loan.

Capital The tools, equipment, buildings, and other constructions that businesses now use to produce goods and services.

Capital account (1) The record of transactions with foreigners that involve either (a) the exchange of ownership rights to real or financial assets or (b) the extension of loans. (2) A component of the balance of payments that reflects unrequited (or unilateral) transfers corresponding to capital flows entailing no compensation (in the form of goods, services, or assets). Examples include investment capital given (without future repayment) in favor of poor countries, debt forgiveness, and expropriation losses.

Capital accumulation The growth of capital resources.

Capital allocation line (CAL) A graph line that describes the combinations of expected return and standard deviation of return available to an investor from combining the optimal portfolio of risky assets with the risk-free asset.

Capital appreciation A return objective in which the investor seeks to increase the portfolio value, primarily through capital gains, over time to meet a future need rather than dividend yield.

Capital asset pricing model (CAPM) An equation describing the expected return on any asset (or portfolio) as a linear function of its beta relative to the market portfolio.

Capital budgeting The allocation of funds to relatively long-range projects or investments.

Capital Employed (Real Estate) The denominator of the return expressions, defined as the "weighted-average equity" (weighted-average capital) during the measurement period. Capital employed should not include any income or capital return accrued during the measurement period. Beginning capital is adjusted by weighting the cash flows (contributions and distributions) that occurred during the period. Cash flows are typically weighted based on the actual days the flows are in or out of the portfolio. Other weighting methods are acceptable; however, once a methodology is chosen, it should be consistently applied.

Capital expenditure An expenditure for the purchase or expansion of a long-term asset, recorded in an asset account.

Capital market line (CML) The line with an intercept point equal to the risk-free rate that is tangent to the efficient frontier of risky assets; represents the efficient frontier when a risk-free asset is available for investment.

Capital preservation A return objective in which the investor seeks to minimize the risk of loss; generally a goal of the risk-averse investor.

Capital rationing A capital rationing environment assumes that the company has a fixed amount of funds to invest.

Capital return (real estate) The change in the market value of the real estate investments and cash/cash equivalent assets held throughout the measurement period (ending market value less beginning market value) adjusted for all capital expenditures (subtracted) and the net proceeds from sales (added). The return is computed as a percentage of the capital employed through the measurement period. Synonyms: capital appreciation return, appreciation return.

Capital stock The total quantity of plant, equipment, buildings, and inventories.

Capital structure A company's specific mixture of long-term financing.

Caplet Each component call option in a cap.

Capped swap A swap in which the floating payments have an upper limit.

Captive finance subsidiary A wholly-owned subsidiary of a company that is established to provide financing of the sales of the parent company.

Carried interest (private equity) The profits that general partners earn from the profits of the investments made by the fund (generally 20-25%). Also known as "carry."

Carrying value The unexpired part of an asset's cost. Also called *book value*.

Cartel A group of firms that has entered into a collusive agreement to limit output and increase prices and profits.

Carve-Out A single or multiple asset class segment of a multiple asset class portfolio.

Cash In accounting contexts, cash on hand (e.g., petty cash and cash not yet deposited to the bank) and demand deposits held in banks and similar accounts that can be used in payment of obligations.

Cash conversion cycle (net operating cycle) A financial metric that measures the length of time required for a company to convert cash invested in its operations to cash received as a result of its operations; equal to days of inventory on hand + days of sales outstanding − number of days of payables.

Cash equivalents Very liquid short-term investments, usually maturing in 90 days or less.

Cash flow additivity principle The principle that dollar amounts indexed at the same point in time are additive.

Cash flow at risk (CFAR) A variation of VAR that reflects the risk of a company's cash flow instead of its market value.

Cash flow coverage ratio Ratio of cash flow from operations + interest payments + tax payments to interest payments; a comparison of the cash flows available to meet interest obligations with existing interest obligations.

Cash flow from operations (cash flow from operating activities or operating cash flow) The net amount of cash provided from operating activities.

Cash flow statement (statement of cash flows) A financial statement that reconciles beginning-of-period and end-of-period balance sheet values of cash; consists of three parts: cash flows from operating activities, cash flows from investing activities, and cash flows from financing activities.

Cash-flow-to-debt ratio Ratio of cash flow from operations to total debt; a measure of debt coverage that estimates the length of time it would take for the company to repay its debt if it were to apply all of its cash flow from operations toward debt repayment.

Cash-generating efficiency A company's ability to generate cash from its current or continuing operations.

Cash price or spot price The price for immediate purchase of the underlying asset.

Cash ratio The ratio of cash+ short-term marketable investments to current liabilities; provides an indication of a company's ability to satisfy current liabilities with just the cash and cash equivalents on hand.

Cash settlement A procedure used in certain derivative transactions that specifies that the long and short parties engage in the equivalent cash value of a delivery transaction.

CD equivalent yield *See* Money market yield.

Central bank A bank's bank and a public authority that regulates a nation's depository institutions and controls the quantity of money.

Central limit theorem A result in statistics that states that the sample mean computed from large samples of size n from a population with finite variance will follow an approximate normal distribution with a mean equal to the population mean and a variance equal to the population variance divided by n.

Centralized risk management or companywide risk management When a company has a single risk management group that monitors and controls all of the risk-taking activities of the organization. Centralization permits economies of scale and allows a company to use some of its risks to offset other risks. See also *enterprise risk management*.

Certificates of deposit (CDs) Instruments issued by banks and S&Ls that require minimum deposits for specified terms and that pay higher rates of interest than deposit accounts.

Ceteris paribus Other things being equal—all other relevant things remaining the same.

Chain rule of forecasting A forecasting process in which the next period's value as predicted by the forecasting equation is substituted into the right-hand side of the equation to give a predicted value two periods ahead.

Change in demand A change in buyers' plans that occurs when some influence on those plans other than the price of the good changes. It is illustrated by a shift of the demand curve.

Change in supply A change in sellers' plans that occurs when some influence on those plans other than the price of the good changes. It is illustrated by a shift of the supply curve.

Change in the quantity demanded A change in buyers' plans that occurs when the price of a good changes but all other influences on buyers' plans remain unchanged. It is illustrated by a movement along the demand curve.

Characteristic line Regression line that indicates the systematic risk (beta) of a risky asset.

Chart of accounts A list of accounts used in an entity's accounting system.

Cheapest to deliver A bond in which the amount received for delivering the bond is largest compared with the amount paid in the market for the bond.

Cherry-picking When a bankrupt company is allowed to enforce contracts that are favorable to it while walking away from contracts that are unfavorable to it.

Classical A macroeconomist who believes that the economy is self-regulating and that it is always at full employment.

Classified balance sheet A balance sheet organized so as to group together the various assets and liabilities into subcategories (e.g., current and non-current).

Clean price The price of a bond obtained as the total price of the bond minus accrued interest. Most bonds are traded on the basis of their clean price.

Clearinghouse An entity associated with a futures market that acts as middleman between the contracting parties and guarantees to each party the performance of the other.

Closed-end fund (private equity) A type of investment fund where the number of investors and the total committed capital is fixed and not open for subscriptions and/or redemptions.

Closed-end investment company An investment company that issues only a limited number of shares, which it does not redeem (buy back). Instead, shares of a closed-end fund are traded in securities markets at prices determined by supply and demand.

Closeout netting Netting the market values of *all* derivative contracts between two parties to determine one overall value owed by one party to another in the event of bankruptcy.

Coefficient of variation (CV) The ratio of a set of observations' standard deviation to the observations' mean value.

Cointegrated Describes two time series that have a long-term financial or economic relationship such that they do not diverge from each other without bound in the long run.

Collar An option strategy involving the purchase of a put and sale of a call in which the holder of an asset gains protection below a certain level, the exercise price of the put, and pays for it by giving up gains above a certain level, the exercise price of the call. Collars also can be used to provide protection against rising interest rates on a floating-rate loan by giving up gains from lower interest rates.

Collateral trust bonds A mortgage bond wherein the assets backing the bond are financial assets like stocks and bonds.

Collateralized mortgage obligation (CMO) A debt security based on a pool of mortgage loans that provides a relatively stable stream of payments for a relatively predictable term.

Collusive agreement An agreement between two (or more) producers to restrict output, raise the price, and increase profits.

Combination A listing in which the order of the listed items does not matter.

Command system A method of organizing production that uses a managerial hierarchy.

Commercial bank A firm that is licensed by the Comptroller of the Currency in the U.S. Treasury or by a state agency to receive deposits and make loans.

Commercial paper Unsecured short-term corporate debt that is characterized by a single payment at maturity.

Commission brokers Employees of a member firm who buy or sell securities for the customers of the firm.

Committed capital (private equity) Pledges of capital to a venture capital fund. This money is typically not received at once but drawn down over three to five years, starting in the year the fund is formed. Also known as "commitments."

Committed lines of credit A bank commitment to extend credit up to a pre-specified amount; the commitment is considered a short-term liability and is usually in effect for 364 days (one day short of a full year)

Commodity forward A contract in which the underlying asset is oil, a precious metal, or some other commodity.

Commodity futures Futures contracts in which the underlying is a traditional agricultural, metal, or petroleum product.

Commodity option An option in which the asset underlying the futures is a commodity, such as oil, gold, wheat, or soybeans.

Commodity swap A swap in which the underlying is a commodity such as oil, gold, or an agricultural product.

Common size statements Financial statements in which all elements (accounts) are stated as a percentage of a key figure such as revenue for an income statement or total assets for a balance sheet.

Common-size analysis The restatement of financial statement items using a common denominator or reference item; an example is an income statement in which all items are expressed as a percent of revenue.

Common stock An equity investment that represents ownership of a firm, with full participation in its success or failure. The firm's directors must approve dividend payments.

Company fundamental factors Factors related to the company's internal performance, such as factors relating to earnings growth, earnings variability, earnings momentum, and financial leverage.

Company share-related factors Valuation measures and other factors related to share price or the trading characteristics of the shares, such as earnings yield, dividend yield, and book-to-market value.

Comparable company A company that has similar business risk; usually in the same industry and preferably with a single line of business.

Comparative advantage A person or country has a comparative advantage in an activity if that person or country can perform the activity at a lower opportunity cost than anyone else or any other country.

Competitive bid An underwriting alternative wherein an issuing entity (governmental body or a corporation) specifies the type of security to be offered (bonds or stocks) and the general characteristics of the issue, and the issuer solicits bids from competing investment banking firms with the understanding that the issuer will accept the highest bid from the bankers.

Competitive environment The level of intensity of competition among firms in an industry, determined by an examination of five competitive forces.

Competitive market A market that has many buyers and many sellers, so no single buyer or seller can influence the price.

Competitive strategy The search by a firm for a favorable competitive position within an industry within the known competitive environment.

Complement In probability, with reference to an event S, the event that S does not occur; in economics, a good that is used in conjunction with another good.

Completed contract A method of revenue recognition in which the company does not recognize any revenue until the contract is completed; used particularly in long-term construction contracts.

Completely diversified portfolio A portfolio in which all unsystematic risk has been eliminated by diversification.

Component cost of capital The rate of return required by suppliers capital for an individual source of a company's funding, such as debt or equity.

Composite Aggregation of individual portfolios representing a similar investment mandate, objective, or strategy.

Composite creation date The date when the firm first groups the portfolios to create a composite. The composite creation date is not necessarily the earliest date for which performance is reported for the composite. (See composite inception date.)

Composite definition Detailed criteria that determine the allocation of portfolios to composites. Composite definitions must be documented in the firm's policies and procedures.

Composite description General information regarding the strategy of the composite. A description may be more abbreviated than the composite definition but includes all salient features of the composite.

Compounding The process of accumulating interest on interest.

Comprehensive income The change in equity of a business enterprise during a period from nonowner sources; includes all changes in equity during a period except those resulting from investments by owners and distributions to owners; comprehensive income equals net income plus other comprehensive income.

Computer-Assisted Execution System (CAES) A service created by Nasdaq that automates order routing and execution for securities listed on domestic stock exchanges and involved on the Intermarket Trading System (ITS).

Conditional expected value (1) Expected value of a variable conditional on some available information set. The expected value changes over time with changes in the information set. (2) The expected value of a stated event given that another event has occurred.

Conditional heteroskedasticity Heteroskedasticity in the error variance that is correlated with the values of the independent variable(s) in the regression.

Conditional probability The probability of an event given (conditioned on) another event.

Conditional variance (1) Variance of a variable conditional on some available information set. (2) The variance of one variable, given the outcome of another.

Conditional variances The variance of one variable, given the outcome of another.

Confidence interval A range that has a given probability that it will contain the population parameter it is intended to estimate.

Consistency A desirable property of estimators; a consistent estimator is one for which the probability of estimates close to the value of the population parameter increases as sample size increases.

Consistent With reference to estimators, describes an estimator for which the probability of estimates close to the value of the population parameter increases as sample size increases.

Consolidated Quotation System (CQS) An electronic quotation service for issues listed on the NYSE, the AMEX, or regional exchanges and traded on the Nasdaq InterMarket.

Constant maturity swap or CMT swap A swap in which the floating rate is the rate on a security known as a constant maturity treasury or CMT security.

Constant maturity treasury or CMT A hypothetical U.S. Treasury note with a constant maturity. A CMT exists for various years in the range of 2 to 10.

Constant returns to scale Features of a firm's technology that leads to constant long-run average cost as output increases. When constant returns to scale are present, the *LRAC* curve is horizontal.

Consumer Price Index (CPI) An index that measures the average of the prices paid by urban consumers for a fixed "basket" of the consumer goods and services.

Consumer surplus The value of a good minus the price paid for it, summed over the quantity bought.

Consumption expenditure The total payment for consumer goods and services.

Contango A situation in a futures market where the current futures price is greater than the current spot price for the underlying asset.

Contestable market A market in which firms can enter and leave so easily that firms in the market face competition from potential entrants.

Contingent claims Derivatives in which the payoffs occur if a specific event occurs; generally referred to as options.

Continuous market A market where stocks are priced and traded continuously by an auction process or by dealers when the market is open.

Continuous random variable A random variable for which the range of possible outcomes is the real line (all real numbers between $-\infty$ and ∞) or some subset of the real line.

Continuous time Time thought of as advancing in extremely small increments.

Continuously compounded return The natural logarithm of 1 plus the holding period return, or equivalently, the natural logarithm of the ending price over the beginning price.

Contra account An account that offsets another account.

Contract price The transaction price specified in a forward or futures contract.

Convenience yield The nonmonetary return offered by an asset when the asset is in short supply, often associated with assets with seasonal production processes.

Conventional cash flow A conventional cash flow pattern is one with an initial outflow followed by a series of inflows.

Conversion factor An adjustment used to facilitate delivery on bond futures contracts in which any of a number of bonds with different characteristics are eligible for delivery.

Conversion value The value of the convertible security if converted into common stock at the stock's current market price.

Convertible bonds A bond with the added feature that the bondholder has the option to turn the bond back to the firm in exchange for a specified number of common shares of the firm.

Convexity (1) A measure of the change in duration with respect to changes in interest rates. (2) A measure of the degree to which a bond's price-yield curve departs from a straight line. This characteristic affects estimates of a bond's price volatility for a given change in yields.

Cooperative equilibrium The outcome of a game in which the players make and share the monopoly profit.

Copyright A government-sanctioned exclusive right granted to the inventor of a good, service, or productive process to produce, use, and sell the invention for a given number of years.

Correlation A number between −1 and 1 that measures the co-movement (linear association) between two random variables.

Correlation analysis The analysis of the strength of the linear relationship between two data series.

Correlation coefficient A standardized measure of the relationship between two variables that ranges from 2 1.00 to 1 1.00.

Cost averaging The periodic investment of a fixed amount of money.

Cost of capital The rate of return that the suppliers of capital-bondholders and owners-require as compensation for their contribution of capital.

Cost of carry The cost associated with holding some asset, including financing, storage, and insurance costs. Any yield received on the asset is treated as a negative carrying cost.

Cost of carry model A model for pricing futures contracts in which the futures price is determined by adding the cost of carry to the spot price.

Cost of debt The cost of debt financing to a company, such as when it issues a bond or takes out a bank loan.

Cost of goods sold For a given period, equal to beginning inventory minus ending inventory plus the cost of goods acquired or produced during the period.

Cost of preferred stock The cost to a company of issuing preferred stock; the dividend yield that a company must commit to pay preferred stock holders.

Cost recovery method A method of revenue recognition in which is the seller does not report any profit until the cash amounts paid by the buyer—including principal and interest on any financing from the seller—are greater than all the seller's costs for the merchandise sold.

Cost-push inflation An inflation that results from an initial increase in costs.

Council of Economic Advisers In the executive branch of the U.S. government, a council whose main work is to monitor the economy and keep the President and the public well informed about the current state of the economy and the best available forecasts of where it is heading.

Counterparty A participant to a derivative transaction.

Country risk Uncertainty due to the possibility of major political or economic change in the country where an investment is located. Also called *political risk.*

Coupon Indicates the interest payment on a debt security. It is the coupon rate times the par value that indicates the interest payments on a debt security.

Covariance A measure of the co-movement (linear association) between two random variables.

Covariance matrix A matrix or square array whose entries are covariances; also known as a variance-covariance matrix.

Covariance stationary Describes a time series when its expected value and variance are constant and finite in all periods and when its covariance with itself for a fixed number of periods in the past or future is constant and finite in all periods.

Covered call An option strategy involving the holding of an asset and sale of a call on the asset.

Covered interest arbitrage A transaction executed in the foreign exchange market in which a currency is purchased (sold) and a forward contract is sold (purchased) to lock in the exchange rate for future delivery of the currency. This transaction should earn the risk-free rate of the investor's home country.

Credit With respect to double-entry accounting, a credit records increases in liability, owners' equity, and revenue accounts or decreases in asset accounts; with respect to borrowing, the willingness and ability of the borrower to make promised payments on the borrowing.

Credit analysis The evaluation of credit risk; the evaluation of the creditworthiness of a borrower or counterparty.

Credit derivatives A contract in which one party has the right to claim a payment from another party in the event that a specific credit event occurs over the life of the contract.

Credit-linked notes Fixed-income securities in which the holder of the security has the right to withhold payment of the full amount due at maturity if a credit event occurs.

Credit risk (or default risk) The risk of loss caused by a counterparty's or debtor's failure to make a promised payment.

Credit scoring model A statistical model used to classify the creditworthiness of borrowers.

Credit spread option An option on the yield spread on a bond.

Credit swap A type of swap transaction used as a credit derivative in which one party makes periodic payments to the other and receives the promise of a payoff if a third party defaults.

Credit union   A depository institution owned by a social or economic group such as firm's employees that accepts savings deposits and makes mostly consumer loans.

Credit VAR, Default VAR, or Credit at risk   A variation of VAR that reflects credit risk.

Creditor nation   A country that during its entire history has invested more in the rest of the world than other countries have invested in it.

Creditworthiness   The perceived ability of the borrower to pay what is owed on the borrowing in a timely manner; it represents the ability of a company to withstand adverse impacts on its cash flows.

Cross elasticity of demand   The responsiveness of the demand for a good to the price of a substitute or complement, other things remaining the same. It is calculated as the percentage change in the quantity demanded of the good divided by the percentage change in the price of the substitute or complement.

Cross-product netting   Netting the market values of all contracts, not just derivatives, between parties.

Cross-sectional analysis   Analysis that involves comparisons across individuals in a group over a given time period or at a given point in time.

Cross-sectional data   Observations over individual units at a point in time, as opposed to time-series data.

Crowding-out effect   The tendency for a government budget deficit to decrease in investment.

Cumulative distribution function   A function giving the probability that a random variable is less than or equal to a specified value.

Cumulative relative frequency   For data grouped into intervals, the fraction of total observations that are less than the value of the upper limit of a stated interval.

Currency   The bills and coins that we use today. A record of the payments for imports of goods and services, receipts from exports of goods and services, interest income, and net transfers.

Currency appreciation   The rise in the value of one currency in terms of another currency.

Currency depreciation   The fall in the value of one currency in terms of another currency.

Currency drain   An increase in currency held outside the banks.

Currency forward   A forward contract in which the underlying is a foreign currency.

Currency option   An option that allows the holder to buy (if a call) or sell (if a put) an underlying currency at a fixed exercise rate, expressed as an exchange rate.

Currency swap   A swap in which each party makes interest payments to the other in different currencies.

Current assets   Assets that are expected to be consumed or converted into cash in the near future, typically one year or less.

Current cost   With reference to assets, the amount of cash or cash equivalents that would have to be paid to buy the same or an equivalent asset today; with reference to liabilities, the undiscounted amount of cash or cash equivalents that would be required to settle the obligation today.

Current credit risk   The risk associated with the possibility that a payment currently due will not be made.

Current income   A return objective in which the investor seeks to generate income rather than capital gains; generally a goal of an investor who wants to supplement earnings with income to meet living expenses.

Current liabilities   Those liabilities that are expected to be settled in the near future, typically one year or less (e.g. accounts payable, wages payable).

Current P/E   *See* Trailing P/E.

Current ratio   The ratio of current assets to current liabilities; a measure of a company's ability to satisfy its current liabilities with its current assets.

Current taxes payable   Tax expenses that have been recognized and recorded on a company's income statement but which have not yet been paid.

Current yield   A bond's yield as measured by its current income (coupon) as a percentage of its market price.

Customer list   A list of customers or subscribers.

Cyclical businesses   Businesses with high sensitivity to business- or industry-cycle influences.

Cyclical company   A firm whose earnings rise and fall with general economic activity.

Cyclical stock   A stock with a high beta; its gains typically exceed those of a rising market and its losses typically exceed those of a falling market.

Cyclical surplus or deficit   The actual surplus or deficit minus the structural surplus or deficit.

Cyclical unemployment   The fluctuations in unemployment over the business cycle.

Daily settlement   See *marking to market*.

Data mining   The practice of determining a model by extensive searching through a dataset for statistically significant patterns.

Day trader   A trader holding a position open somewhat longer than a scalper but closing all positions at the end of the day.

Days of inventory on hand (DOH)   An activity ratio equal to the number of days in the period divided by inventory turnover over the period.

Days of sales outstanding (DSO) An activity ratio equal to the number of days in period divided by receivables turnover.

Deadweight loss A measure of inefficiency. It is equal to the decrease in consumer surplus and producer surplus that results from an inefficient level of production.

Dealing securities Securities held by banks or other financial intermediaries for trading purposes.

Debentures Bonds that promise payments of interest and principal but pledge no specific assets. Holders have first claim on the issuer's income and unpledged assets. Also known as *unsecured bonds*.

Debit With respect to double-entry accounting, a debit records increases of asset and expense accounts or decreases in liability and owners' equity accounts.

Debt incurrence test A financial covenant made in conjunction with existing debt that restricts a company's ability to incur additional debt at the same seniority based on one or more financial tests or conditions.

Debtor nation A country that during its entire history has borrowed more from the rest of the world than it has lent to it.

Debt-rating approach A method for estimating a company's before-tax cost of debt based upon the yield on comparably rated bonds for maturities that closely match that of the company's existing debt.

Debt-to-assets ratio A solvency ratio calculated as total debt divided by total assets; a measure of the proportion of assets that is financed with debt (both short-term and long-term debt).

Debt-to-capital ratio A solvency ratio calculated as total debt divided by total debt plus total shareholders' equity.

Debt-to-equity ratio A solvency ratio calculated as total debt divided by total shareholders' equity; compares the proportions of a company's assets that are financed through the use of debt relative to equity, evaluated using book values of the capital sources.

Decentralized risk management A system that allows individual units within an organization to manage risk. Decentralization results in duplication of effort but has the advantage of having people closer to the risk be more directly involved in its management.

Deciles Quantiles that divide a distribution into 10 equal parts.

Decision rule With respect to hypothesis testing, the rule according to which the null hypothesis will be rejected or not rejected; involves the comparison of the test statistic to rejection point(s).

Declining-balance method An accelerated method of depreciation in which depreciation is computed by applying a fixed rate to the carrying value (the declining balance) of a tangible long-lived asset.

Declining trend channel The range defined by security prices as they move progressively lower.

Deep in the money Options that are far in-the-money.

Deep out of the money Options that are far out-of-the-money.

Default risk The risk that an issuer will be unable to make interest and principal payments on time.

Default risk premium An extra return that compensates investors for the possibility that the borrower will fail to make a promised payment at the contracted time and in the contracted amount.

Defensive competitive strategy Positioning the firm so that its capabilities provide the best means to deflect the effect of the competitive forces in the industry.

Defensive interval ratio A liquidity ratio that estimates the number of days that an entity could meet cash needs from liquid assets; calculated as (cash + short-term marketable investments + receivables) divided by daily cash expenditures.

Defensive stock A stock whose return is not expected to decline as much as that of the overall market during a bear market (a beta less than one).

Deflation A process in which the price level falls—a negative inflation.

Degree of confidence The probability that a confidence interval includes the unknown population parameter.

Degrees of freedom (df) The number of independent observations used.

Delivery A process used in a deliverable forward contract in which the long pays the agreed-upon price to the short, which in turn delivers the underlying asset to the long.

Delivery option The feature of a futures contract giving the short the right to make decisions about what, when, and where to deliver.

Delta The relationship between the option price and the underlying price, which reflects the sensitivity of the price of the option to changes in the price of the underlying.

Delta hedge An option strategy in which a position in an asset is converted to a risk-free position with a position in a specific number of options. The number of options per unit of the underlying changes through time, and the position must be revised to maintain the hedge.

Delta-normal method   A measure of VAR equivalent to the analytical method but that refers to the use of delta to estimate the option's price sensitivity.

Demand   The relationship between the quantity of a good that consumers plan to buy and the price of the good when all other influences on buyers' plans remain the same. It is described by a demand schedule and illustrated by a demand curve.

Demand curve   A curve that shows the relationship between the quantity demanded of a good and its price when all other influences on consumers' planned purchases remain the same.

Demand for labor   The relationship between the quantity of labor demanded and the real wage rate when all other influences on firm's hiring plans remain the same.

Demand-pull inflation   An inflation that results from an initial increase in aggregate demand.

Dependent   With reference to events, the property that the probability of one event occurring depends on (is related to) the occurrence of another event.

Dependent variable   The variable whose variation about its mean is to be explained by the regression; the left-hand-side variable in a regression equation.

Depletion   The exhaustion of a natural resource through mining, cutting, pumping, or other extraction, and the way in which the cost is allocated.

Depository institution   A firm that takes deposits from households and firms and makes loans to other households and firms.

Depreciable cost   The cost of an asset less its residual value.

Depreciation   The process of systematically allocating the cost of long-lived (tangible) assets to the periods during which the assets are expected to provide economic benefits.

Derivative   A financial instrument that offers a return based on the return of some other underlying asset or factor (e.g., a stock price, an interest rate, or exchange rate).

Derivative security   An instrument whose market value ultimately depends upon, or derives from, the value of a more fundamental investment vehicle called the underlying asset or security.

Derivatives   (1) Securities bearing a contractual relation to some underlying asset or rate. Options, futures, forward, and swap contracts, as well as many forms of bonds, are derivative securities. (2) A financial instrument that offers a return based on the return of some other underlying asset.

Derivatives dealers   Commercial and investment banks that make markets in derivatives. .

Derived demand   The demand for a productive resource, which is derived from the demand for the goods and services produced by the resource.

Descriptive statistics   The study of how data can be summarized effectively.

Diff swaps   A swap in which the payments are based on the difference between interest rates in two countries but payments are made in only a single currency.

Diffuse prior   The assumption of equal prior probabilities.

Diluted earnings per share   Net income, minus preferred dividends, divided by the number of common shares outstanding considering all dilutive securities (e.g., convertible debt and options); the EPS that would result if all dilutive securities were converted into common shares.

Diluted shares   The number of shares that would be outstanding if all potentially dilutive claims on common shares (e.g., convertible debt, convertible preferred stock, and employee stock options) were exercised.

Diminishing balance method   An accelerated depreciation method, i.e., one that allocates a relatively large proportion of the cost of an asset to the early years of the asset's useful life.

Diminishing marginal returns   The tendency for the marginal product of an additional unit of a factor of production to be less than the marginal product of the previous unit of the factor.

Diminishing marginal utility   The decrease in marginal utility as the quantity consumed increases.

Direct debit program   An arrangement whereby a customer authorizes a debit to a demand account; typically used by companies to collect routine payments for services.

Direct format (direct method)   With reference to the cash flow statement, a format for the presentation of the statement in which cash flow from operating activities is shown as operating cash receipts less operating cash disbursements.

Direct method   The procedure for converting the income statement from an accrual basis to a cash basis by adjusting each item on the income statement.

Direct write-off method   An approach to recognizing credit losses on customer receivables in which the company waits until such time as a customer has defaulted and only then recognizes the loss.

Disbursement float The amount of time between check issuance and a check's clearing back against the company's account.

Discount To reduce the value of a future payment in allowance for how far away it is in time; to calculate the present value of some future amount. Also, the amount by which an instrument is priced below its face value.

Discount interest A procedure for determining the interest on a loan or bond in which the interest is deducted from the face value in advance.

Discounting The conversion of a future amount of money to its present value.

✱**Discouraged workers** People who are available and willing to work but have not made specific efforts to find a job within the previous four weeks.

Discrete random variable A random variable that can take on at most a countable number of possible values.

Discrete time Time thought of as advancing in distinct finite increments.

✱**Discretionary fiscal policy** A policy action that is initiated by an act of Congress.

✱**Discretionary policy** A policy that responds to the state of the economy in a possibly unique way that uses all the information available, including perceived lessons from past "mistakes."

Discriminant analysis A multivariate classification technique used to discriminate between groups, such as companies that either will or will not become bankrupt during some time frame.

✱**Diseconomies of scale** Features of a firm's technology that leads to rising long-run average cost as output increases.

Dispersion The variability around the central tendency.

✱**Disposable income** Aggregate income minus taxes plus transfer payments.

Distinct business entity A unit, division, department, or office that is organizationally and functionally segregated from other units, divisions, departments, or offices and retains discretion over the assets it manages and autonomy over the investment decision-making process. Possible criteria that can be used to determine this include: (a) being a legal entity; (b) having a distinct market or client type (e.g., institutional, retail, private client, etc.); (c) using a separate and distinct investment process.

Dividend discount model (DDM) A technique for estimating the value of a stock issue as the present value of all future dividends.

Dividend discount model based approach or implied risk premium approach An approach for esti-

mating a country's equity risk premium. The market rate of return is estimated as the sum of the dividend yield and the growth rate in dividends for a market index. Subtracting the risk-free rate of return from the estimated market return produces an estimate for the equity risk premium.

Dividend payout ratio The ratio of dividends paid to earnings for a period; more specifically, the ratio of dividends paid to common shareholders to net income attributable to common shares.

Dividends per share The dollar amount of cash dividends paid during a period per share of common stock.

✱**Dominant strategy equilibrium** A Nash equilibrium in which the best strategy of each player is to cheat (deny) regardless of the strategy of the other player.

Double declining balance depreciation An accelerated depreciation method that involves depreciating the asset at double the straight-line rate.

Double-declining-balance method An accelerated method of depreciation in which a fixed rate equal to twice the straight-line percentage is applied to the carrying value (the declining balance) of a tangible long-lived asset.

Double-entry accounting The accounting system of recording transactions in which every recorded transaction affects at least two accounts so as to keep the basic accounting equation (assets = liabilities + owners' equity) in balance.

Down transition probability The probability that an asset's value moves down in a model of asset price dynamics.

Drag on liquidity When receipts lag, creating pressure from the decreased available funds.

Dummy variable A type of qualitative variable that takes on a value of 1 if a particular condition is true and 0 if that condition is false.

Dumping The sale by a foreign firm of exports at a lower price that the cost of production.

Duopoly A market structure in which two producers of a good or service compete.

DuPont analysis An approach to decomposing return on investment, e.g., return on equity, as the product of other financial ratios.

DuPont system A method of examining ROE by breaking it down into three component parts: (1) profit margin, (2) total asset turnover, and (3) financial leverage.

Duration A measure of an option-free bond's average maturity. Specifically, the weighted average maturity of all future cash flows paid by a security, in which the weights are the present value of these cash flows as a fraction of the bond's price. A measure of a bond's price sensitivity to interest rate movements.

Dutch Book Theorem A result in probability theory stating that inconsistent probabilities create profit opportunities.

Dynamic comparative advantage A comparative advantage that a person or country possesses as a result of having specialized in a particular activity and then, as a result of learning-by-doing, having become the producer with the lowest opportunity cost.

Dynamic hedging A strategy in which a position is hedged by making frequent adjustments to the quantity of the instrument used for hedging in relation to the instrument being hedged.

Earnings at risk (EAR) A variation of VAR that reflects the risk of a company's earnings instead of its market value.

Earnings momentum A strategy in which portfolios are constructed of stocks of firms with rising earnings.

Earnings multiplier model A technique for estimating the value of a stock issue as a multiple of its earnings per share.

Earnings per share (EPS) The amount of income earned during a period per share of common stock; (net income − preferred dividends) divided by the weighted average number of common shares outstanding.

Earnings surprise A company announcement of earnings that differ from analysts' prevailing expectations.

Earnings yield Earnings per share divided by price; the reciprocal of the P/E ratio.

EBITDA Earnings before interest, taxes, depreciation, and amortization.

Economic depreciation The change in the market value of capital over a given period.

Economic efficiency A situation that occurs when the firm produces a given output at the least cost.

Economic exposure The risk associated with changes in the relative attractiveness of products and services offered for sale, arising out of the competitive effects of changes in exchange rates.

Economic growth The expansion of production possibilities that results from capital accumulation and technological change.

Economic information Data on prices, quantities, and qualities of goods and services and factors of production.

Economic model A description of some aspect of the economic world that includes only those features of the world that are needed for the purpose at hand.

Economic order quantity-reorder point An approach to managing inventory based on expected demand and the predictability of demand; the ordering point for new inventory is determined based on the costs of ordering and carrying inventory, such that the total cost associated with inventory is minimized.

Economic profit A firm's total revenue minus its opportunity cost.

Economic rent The income received by the owner of a factor of production over and above the amount required to induce that owner to offer the factor for use.

Economic theory A generalization that summarizes what we think we understand about the economic choices that people make and the performance of industries and entire economies.

Economic value added (EVA) Internal management performance measure that compares net operating profit to total cost of capital. Indicates how profitable company projects are as a sign of management performance.

Economics The social science that studies the *choices* that individuals, businesses, governments, and entire societies make and how they cope with *scarcity* and the *incentives* that influence and reconcile those choices.

Economies of scale Features of a firm's technology that leads to a falling long-run average cost as output increases.

Economies of scope Decreases in average total cost that occur when a firm uses specialized resources to produce a range of goods and services.

Effective annual rate The amount by which a unit of currency will grow in a year with interest on interest included.

Effective annual yield (EAY) An annualized return that accounts for the effect of interest on interest; EAY is computed by compounding 1 plus the holding period yield forward to one year, then subtracting 1.

Effective duration Direct measure of the interest rate sensitivity of a bond (or any financial instrument) based upon price changes derived from a pricing model.

Efficiency In statistics, a desirable property of estimators; an efficient estimator is the unbiased estimator with the smallest variance among unbiased estimators of the same parameter.

Efficient capital market A market in which security prices rapidly reflect all information about securities.

Efficient frontier The portion of the minimum-variance frontier beginning with the global minimum-variance portfolio and continuing above it; the graph of the set of portfolios offering the maximum expected return for their level of variance of return.

Efficient market A market in which the actual price embodies all currently available relevant information. Resources are sent to their highest valued use.

Efficient portfolio A portfolio offering the highest expected return for a given level of risk as measured by variance or standard deviation of return.

Elastic demand Demand with a price elasticity greater than 1; other things remaining the same, the percentage change in the quantity demanded exceeds the percentage change in price.

Elasticity of demand The responsiveness of the quantity demanded of a good to a change in its price, other things remaining the same.

Elasticity of supply The responsiveness of the quantity supplied of a good to a change in its price, other things remaining the same.

Electronic funds transfer The use of computer networks to conduct financial transactions electronically.

Empirical probability The probability of an event estimated as a relative frequency of occurrence.

Employment Act of 1946 A landmark Congressional act that recognized a role for government actions to keep unemployment, keep the economy expanding, and keep inflation in check.

Employment-to-population ratio The percentage of people of working age who have jobs.

Ending market value (private equity) The remaining equity that a limited partner has in a fund. Also referred to as net asset value or residual value.

Enhanced derivatives products companies (EDPC or special purpose vehicles SPVs) A type of subsidiary engaged in derivatives transactions that is separated from the parent company in order to have a higher credit rating than the parent company.

Enterprise risk management A form of *centralized risk management* that typically encompasses the management of a broad variety of risks, including insurance risk.

Entrepreneurship The human resource that organizes labor, land, and capital. Entrepreneurs come up with new ideas about what and how to produce, make business decisions, and bear the risks that arise from their decisions.

Equation of exchange An equation that states that the quantity of money multiplied by the velocity of circulation equals GDP.

Equilibrium price The price at which the quantity demanded equals the quantity supplied.

Equilibrium quantity The quantity bought and sold at the equilibrium price.

Equitizing cash A strategy used to replicate an index. It is also used to take a given amount of cash and turn it into an equity position while maintaining the liquidity provided by the cash.

Equity Assets less liabilities; the residual interest in the assets after subtracting the liabilities.

Equity forward A contract calling for the purchase of an individual stock, a stock portfolio, or a stock index at a later date at an agreed-upon price.

Equity options Options on individual stocks; also known as stock options.

Equity risk premium The expected return on equities minus the risk-free rate; the premium that investors demand for investing in equities.

Equity swap A swap transaction in which at least one cash flow is tied to the return to an equity portfolio position, often an equity index.

Error autocorrelation The autocorrelation of the error term.

Error term The portion of the dependent variable that is not explained by the independent variable(s) in the regression.

Estimate The particular value calculated from sample observations using an estimator.

Estimated (or fitted) parameters With reference to regression analysis, the estimated values of the population intercept and population slope coefficient(s) in a regression.

Estimated rate of return The rate of return an investor anticipates earning from a specific investment over a particular future holding period.

Estimated useful life The total number of service units expected from a long-term asset.

Estimation With reference to statistical inference, the subdivision dealing with estimating the value of a population parameter.

Estimator An estimation formula; the formula used to compute the sample mean and other sample statistics are examples of estimators.

Eurobonds Bonds denominated in a currency not native to the country in which they are issued.

Eurodollar A dollar deposited outside the United States.

European option An option contract that can only be exercised on its expiration date.

European terms With reference to U.S. dollar exchange rate quotations, the price of a U.S. dollar in terms of another currency.

European-style option or European option An option exercisable only at maturity.

European Union (EU) A formal association of European countries founded by the Treaty of Rome in 1957. Formerly known as the EEC.

Event Any outcome or specified set of outcomes of a random variable.

Event study Research that examines the reaction of a security's price to a specific company, world event, or news announcement.

Ex-ante Before the fact.

Excess kurtosis Degree of peakedness (fatness of tails) in excess of the peakedness of the normal distribution.

Excess reserves A bank's actual reserves minus its required reserves.

Exchange for physicals (EFP) A permissible delivery procedure used by futures market participants, in which the long and short arrange a delivery procedure other than the normal procedures stipulated by the futures exchange.

Exchange rate risk Uncertainty due to the denomination of an investment in a currency other than that of the investor's own country.

Exchange-traded fund (ETF) A tradable depository receipt that gives investors a pro rata claim to the returns associated with a portfolio of securities (often designed to mimic an index, such as the Standard & Poor's 500) held in trust by a financial institution.

Exercise (or exercising the option) The process of using an option to buy or sell the underlying.

Exercise price (or strike price or striking price, or strike) The fixed price at which an option holder can buy or sell the underlying.

Exercise rate or strike rate The fixed rate at which the holder of an interest rate option can buy or sell the underlying.

Exhaustive Covering or containing all possible outcomes.

Expansion A business cycle phase between a trough and a peak-phase in which real GDP increases.

Expected rate of return The return that analysts' calculations suggest a security should provide, based on the market's rate of return during the period and the security's relationship to the market.

Expected return The rate of return that an investor expects to get on an investment.

Expected utility The average utility arising from all possible outcomes.

Expected value The probability-weighted average of the possible outcomes of a random variable.

Expenditure A payment or obligation to make future payment for an asset or a service.

Expensed Taken as a deduction in arriving at net income.

Expenses Outflows of economic resources or increases in liabilities that result in decreases in equity (other than decreases because of distributions to owners).

Expiration date The date on which a derivative contract expires.

Expiry The expiration date of a derivative security.

Exports The goods and services that we sell to people in other countries.

Extended DuPont System A method of examining *ROE* by breaking it down into five component parts.

External benefits Benefits that accrue to people other than the buyer of the good.

External cash flow Cash, securities, or assets that enter or exit a portfolio.

External costs Costs that are not borne by the producer of the good but borne by someone else.

External diseconomies Factors outside the control of a firm that raise the firm's costs as the industry produces a larger output.

External economies Factors beyond the control of a firm that lower the firm's costs as the industry produces a larger output.

External valuation (real estate) An external valuation is an assessment of market value performed by a third party who is a qualified, professionally designated, certified, or licensed commercial property valuer/appraiser. External valuations must be completed following the valuation standards of the local governing appraisal body.

Externality A cost or a benefit that arises from production that falls on someone other than the producer or a cost or a benefit that arises from consumption that falls on someone other than the consumer.

Extraordinary repairs Repairs that affect the estimated residual value or estimated useful life of an asset thereby increasing its carrying value.

Face value The promised payment at maturity separate from any coupon payment.

Factor A common or underlying element with which several variables are correlated.

Factor risk premium (or factor price) The expected return in excess of the risk-free rate for a portfolio with a sensitivity of 1 to one factor and a sensitivity of 0 to all other factors.

Factor sensitivity (also factor betas or factor loadings) A measure of the response of return to each unit of increase in a factor, holding all other factors constant.

Factors of production   The productive resources that businesses use to produce goods and services.

Fair market value   The market price of an asset or liability that trades regularly.

Fair value   The amount at which an asset could be exchanged or a liability settled, between knowledgeable, willing parties in an arm's-length transaction.

Federal budget   The annual statement of the expenditures and tax revenues of the government of the United States together with the laws and regulations that approve and support those expenditures and taxes.

Federal funds rate   The interest rate that banks charge each other on overnight loans of reserves.

Federal Open Market Committee   The main policy-making organ of the Federal Reserve System.

Federal Reserve System   The central bank of the United States.

Fee Schedule   The firm's current investment management fees or bundled fees for a particular presentation. This schedule is typically listed by asset level ranges and should be appropriate to the particular prospective client.

Feedback-rule policy   A rule that specifies how policy actions respond to changes in the state of the economy.

Fiduciary   A person who supervises or oversees the investment portfolio of a third party, such as in a trust account, and makes investment decisions in accordance with the owner's wishes.

Fiduciary call   A combination of a European call and a risk-free bond that matures on the option expiration day and has a face value equal to the exercise price of the call.

FIFO method   The first in, first out, method of accounting for inventory, which matches sales against the costs of items of inventory in the order in which they were placed in inventory.

Financial account   A component of the balance of payments covering investments by residents abroad and investments by nonresidents in the home country. Examples include direct investment made by companies, portfolio investments in equity and bonds, and other investments and liabilities.

Financial analysis   The process of selecting, evaluating, and interpreting financial data, along with other pertinent information, in order to formulate an assessment of the company's present and future financial condition and performance.

Financial flexibility   The ability to react and adapt to financial adversities and opportunities.

Financial futures   Futures contracts in which the underlying is a stock, bond, or currency.

Financial innovation   The development of new financial products—new ways of borrowing and lending.

Financial leverage   The extent to which a company can effect, through the use of debt, a proportional change in the return on common equity that is greater than a given proportional change in operating income; also, short for the financial leverage ratio.

Financial leverage ratio (or equity multiplier)   A measure of financial leverage calculated as average total assets divided by average total equity; indicates the extent to which assets are financed with debt relative to equity.

Financial risk   Uncertainty of net income and net cash flows attributed to the use of financing that has a fixed cost, such as debt and leases.

Financing activities   Activities related to obtaining or repaying capital to be used in the business (e.g., equity and long-term debt).

Firm   (1) For purposes of the GIPS standards, the term "firm" refers to the entity defined for compliance with the GIPS standards. See the term "distinct business entity." (2) An economic unit that hires factors of production and organizes those factors to produce and sell goods and services.

First-differencing   A transformation that subtracts the value of the time series in period $t-1$ from its value in period t.

First-order serial correlation   Correlation between adjacent observations in a time series.

Fiscal imbalance   The present value of the government's commitments to pay benefits minus the present value of its tax revenues.

Fiscal policy   The government's attempt to achieve macroeconomic objectives such as full employment, sustained economic growth, and price level stability by setting and changing taxes, making transfer payments, and purchasing goods and services.

Fixed asset turnover   An activity ratio calculated as total revenue divided by average net fixed assets.

Fixed charge coverage   A solvency ratio measuring the number of times interest and lease payments are covered by operating income, calculated as (EBIT + lease payments) divided by (interest payments + lease payments).

Fixed costs   Costs that stay the same within some range of activity.

Fixed exchange rate   An exchange rate that is set at a determined amount by government policy.

Fixed exchange rate regime   A system in which the exchange rate between two currencies remains fixed at a preset level, known as official parity.

Fixed rate perpetual preferred stock Nonconvertible, noncallable preferred stock that has a fixed dividend rate and no maturity date.

Fixed-income forward A forward contract in which the underlying is a bond.

Fixed-income investments Loans with contractually mandated payment schedules from firms or governments to investors.

Fixed-rule policy A rule that specifies an action to be pursued independently of the state of the economy.

Flat trend channel The range defined by security prices as they maintain a relatively steady level.

Flexible exchange rate system A system in which exchange rates are determined by supply and demand.

Flexible exchange rates Exchange rates that are determined by the market forces of supply and demand. They are sometimes called floating exchange rates.

Float In the context of customer receipts, the amount of money that is in transit between payments made by customers and the funds that are usable by the company.

Float factor An estimate of the average number of days it takes deposited checks to clear; average daily float divided by average daily deposit.

Floating-rate loan A loan in which the interest rate is reset at least once after the starting date.

Floor A combination of interest rate put options designed to hedge a lender against lower rates on a floating-rate loan.

Floor brokers Independent members of an exchange who act as brokers for other members.

Floor traders or locals Market makers that buy and sell by quoting a bid and an ask price. They are the primary providers of liquidity to the market.

Floored swap A swap in which the floating payments have a lower limit.

Floorlet Each component put option in a floor.

Flotation cost Fees charged to companies by investment bankers and other costs associated with raising new capital.

Flow A quantity per unit of time.

Foreign bond A bond issued by a foreign company on the local market and in the local currency (e.g., Yankee bonds in the United States, Bulldog bonds in the United Kingdom, or Samurai bonds in Japan).

Foreign exchange expectation A relation that states that the forward exchange rate, quoted at time 0 for delivery at time 1, is equal to the expected value of the spot exchange rate at time 1. When stated relative to the current spot exchange rate, the relation states that the forward discount (premium) is equal to the expected exchange rate movement.

Foreign exchange market The market in which the currency of one country is exchanged for the currency of another.

Foreign exchange rate The price at which one currency exchanges for another.

Forward contract An agreement between two parties in which one party, the buyer, agrees to buy from the other party, the seller, an underlying asset at a later date for a price established at the start of the contract.

Forward discount A situation where, from the perspective of the domestic country, the spot exchange rate is smaller than the forward exchange rate with a foreign country.

Forward P/E *See* Leading P/E.

Forward premium A situation where, from the perspective of the domestic country, the spot exchange rate is larger than the forward exchange rate with a foreign country.

Forward price or forward rate The fixed price or rate at which the transaction scheduled to occur at the expiration of a forward contract will take place. This price is agreed on at the initiation date of the contract.

Forward rate A short-term yield for a future holding period implied by the spot rates of two securities with different maturities.

Forward rate agreement (FRA) A forward contract calling for one party to make a fixed interest payment and the other to make an interest payment at a rate to be determined at the contract expiration.

Forward swap A forward contract to enter into a swap.

Four-firm concentration ratio A measure of market power that is calculated as the percentage of the value of sales accounted for by the four largest firms in an industry.

Franchise The right or license to an exclusive territory or market.

Franchise factor A firm's unique competitive advantage that makes it possible for a firm to earn excess returns (rates of return above a firm's cost of capital) on its capital projects. In turn, these excess returns and the franchise factor cause the firm's stock price to have a P/E ratio above its base P/E ratio that is equal to $1/k$.

Free cash flow The excess of operating cash flow over capital expenditures.

Free cash flow to equity The cash flow available to holders of the company's common equity after all operating expenses, interest, and principal payments have been paid and necessary investments in working capital and fixed capital have been made.

Free cash flow to the firm The cash flow available to the company's suppliers of capital after all operating expenses (including taxes) have been paid and necessary investments in working capital (e.g., inventory) and fixed capital (e.g., plant and equipment) have been made.

Free-rider problem The absence of an incentive for people to pay for what they consume.

Frequency distribution A tabular display of data summarized into a relatively small number of intervals.

Frequency polygon A graph of a frequency distribution obtained by drawing straight lines joining successive points representing the class frequencies.

Frictional unemployment The unemployment that arises from normal labor turnover-from people entering and leaving the labor force and from the ongoing creation and destruction of jobs.

Full employment A situation in which the quantity of labor demanded equal the quantity supplied. At full employment, there is no cyclical uncmployment—all uncmployment is frictional and structural.

Full price The price of a security including accrued interest.

Full-costing A method of accounting for the costs of exploring and developing oil and gas resources in which all costs are recorded as assets and depleted over the estimated life of the producing resources.

Full-costing method A method of accounting for the costs of exploring and developing oil and gas resources in which all costs are recorded as assets and depleted over the estimated life of the producing resources.

Fundamental beta A beta that is based at least in part on fundamental data for a company.

Fundamental factor models A multifactor model in which the factors are attributes of stocks or companies that are important in explaining cross-sectional differences in stock prices.

Future value (FV) The amount to which a payment or series of payments will grow by a stated future date.

Futures commission merchants (FCMs) Individuals or companies that execute futures transactions for other parties off the exchange.

Futures contract A variation of a forward contract that has essentially the same basic definition but with some additional features, such as a clearinghouse guarantee against credit losses, a daily settlement of gains and losses, and an organized electronic or floor trading facility.

Futures exchange A legal corporate entity whose shareholders are its members. The members of the exchange have the privilege of executing transactions directly on the exchange.

Gains Asset inflows not directly related to the ordinary activities of the business.

Game theory A tool that economists use to analyze strategic behavior—behavior that takes into account the expected behavior of others and the mutual recognition of independence.

Gamma A numerical measure of how sensitive an option's delta is to a change in the underlying.

GDP deflator One measure of the price level, which is the average of current-year prices as a percentage of base-year prices.

General Agreement on Tariffs and Trade An international agreement signed in 1947 to reduce tariffs on international trade.

Generalized least squares A regression estimation technique that addresses heteroskedasticity of the error term.

Generally accepted accounting principles (GAAP) Accounting principlcs formulatcd by thc Financial Accounting Standards Board and used to construct financial statements.

Generational accounting An accounting system that measures the lifetime tax burden and benefits of each generation.

Generational imbalance The division of the fiscal imbalance between the current and future generations, assuming that the current generation will enjoy the existing levels of taxes and benefits

Generic See Plain-vanilla.

Geometric mean A measure of central tendency computed by taking the nth root of the product of n non-negative values.

Giro system An electronic payment system used widely in Europe and Japan.

Goods and services The objects that people value and produce to satisfy their wants.

Goodwill An intangible asset that represents the excess of the purchase price of an acquired company over the fair value of the net assets acquired.

Government budget deficit The deficit that arises when federal government spends more than it collects in taxes.

Government budget surplus The surplus that arises when the federal government collects more in taxes than it spends.

Government debt The total amount of borrowing that the government has borrowed. It equals the sum of past budget deficits minus budget surpluses.

Government purchases Goods and services bought by the government.

Government purchases multiplier The magnification effect of a change in government purchases of goods and services on aggregate demand.

Government sector surplus or deficit An amount equal to net taxes minus government purchases of goods and services.

Great Depression A decade (1929-1939) of high unemployment and stagnant production throughout the world economy.

Gross domestic product (GDP) The market value of all the final goods and services produced within a country during a given time period—usually a year.

Gross investment The total amount spent on purchases of new capital and on replacing depreciated capital.

Gross-Of-Fees Return The return on assets reduced by any trading expenses incurred during the period.

Gross profit (gross margin) Sales minus the cost of sales (i.e., the cost of goods sold for a manufacturing company).

Gross profit margin A profitability ratio calculated as gross profit divided by revenue; indicates how much of every dollar of revenues is left after the cost of goods sold.

Group depreciation The grouping of similar items to calculate depreciation.

Grouping by function With reference to the presentation of expenses in an income statement, the grouping together of expenses serving the same function, e.g. all items that are costs of good sold.

Grouping by nature With reference to the presentation of expenses in an income statement, the grouping together of expenses by similar nature, e.g., all depreciation expenses.

Growth company A company that consistently has the opportunities and ability to invest in projects that provide rates of return that exceed the firm's cost of capital. Because of these investment opportunities, it retains a high proportion of earnings, and its earnings grow faster than those of average firms.

Growth investors With reference to equity investors, investors who seek to invest in high-earnings-growth companies.

Growth option or expansion option The ability to make additional investments in a project at some future time if the financial results are strong.

Growth stock A stock issue that generates a higher rate of return than other stocks in the market with similar risk characteristics.

Harmonic mean A type of weighted mean computed by averaging the reciprocals of the observations, then taking the reciprocal of that average.

Hedge A trading strategy in which derivative securities are used to reduce or completely offset a counter-party's risk exposure to an underlying asset.

Hedge fund An investment vehicle designed to manage a private, unregistered portfolio of assets according to any of several strategies. The investment strategy often employs arbitrage trading and significant financial leverage (e.g., short selling, borrowing, derivatives) while the compensation arrangement for the manager typically specifies considerable profit participation.

Hedge ratio The relationship of the quantity of an asset being hedged to the quantity of the derivative used for hedging.

Hedging A general strategy usually thought of as reducing, if not eliminating, risk.

Held-for-trading securities (trading securities) Securities that a company intends to trade.

Held-to-maturity securities (Fixed-income) Securities that a company intends to hold to maturity; these are presented at their original cost, updated for any amortization of discounts or premiums.

Herfindahl-Hirschman Index A measure of market power that is calculated as the square of the market share of each firm (as a percentage) summed over the largest 50 firms (or over all firms if there are fewer than 50) in a market.

Heteroskedastic With reference to the error term of a regression, having a variance that differs across observations.

Heteroskedasticity The property of having a non-constant variance; refers to an error term with the property that its variance differs across observations.

Heteroskedasticity-consistent standard errors Standard errors of the estimated parameters of a regression that correct for the presence of heteroskedasticity in the regression's error term.

High-yield bond A bond rated below investment grade. Also referred to as *speculative-grade bonds* or *junk bonds*.

Histogram A bar chart of data that have been grouped into a frequency distribution.

Historical cost In reference to assets, the amount paid to purchase an asset, including any costs of acquisition and/or preparation; with reference to liabilities, the amount of proceeds received in exchange in issuing the liability.

Historical equity risk premium approach An estimate of a country's equity risk premium that is based upon the historical averages of the risk-free rate and the rate of return on the market portfolio.

Historical method A method of estimating VAR that uses data from the returns of the portfolio over a recent past period and compiles this data in the form of a histogram.

Historical simulation (or back simulation) method Another term for the historical method of estimating VAR. This method involves not a *simulation* of the past but rather what *actually happened* in the past, sometimes adjusted to reflect the fact that a different portfolio may have existed in the past than is planned for the future.

Holding period return (HPR) The return that an investor earns during a specified holding period; a synonym for total return.

Holding period yield (HPY) The return that an investor earns during a specified holding period; holding period return with reference to a fixed-income instrument.

Homogenization Creating a contract with standard and generally accepted terms, which makes it more acceptable to a broader group of participants.

Homoskedasticity The property of having a constant variance; refers to an error term that is constant across observations.

Horizontal analysis Common-size analysis that involves comparing a specific financial statement with that statement in prior or future time periods; also, cross-sectional analysis of one company with another.

Horizontal common-size analysis An analysis in which financial statement accounts are compared to a benchmark in a different reporting period. Accounts in subsequent periods are restated as a percentage of the base period's value for the same account.

Human capital The value of skills and knowledge possessed by the workforce.

Hurdle rate The rate of return that must be met for a project to be accepted.

Hypothesis With reference to statistical inference, a statement about one or more populations.

Hypothesis testing With reference to statistical inference, the subdivision dealing with the testing of hypotheses about one or more populations.

Identifiable intangible An intangible that can be acquired singly and is typically linked to specific rights or privileges having finite benefit periods (e.g., a patent or trademark).

If-converted method A method for accounting for the effect of convertible securities on earnings per share (EPS) that specifies what EPS would have been if the convertible securities had been converted at the beginning of the period, taking account of the effects of conversion on net income and the weighted average number of shares outstanding.

Impairment Diminishment in value.

Implicit rental rate The firm's opportunity cost of using its own capital.

Implied repo rate The rate of return from a cash-and-carry transaction implied by the futures price relative to the spot price.

Implied volatility The volatility that option traders use to price an option, implied by the price of the option and a particular option-pricing model.

Implied yield A measure of the yield on the underlying bond of a futures contract implied by pricing it as though the underlying will be delivered at the futures expiration.

Imports The goods and services that we buy from people in other countries.

In the money An option that has positive intrinsic value.

Incentive A reward that encourages or a penalty that discourages an action.

Incentive system A method of organizing production that uses a market-like mechanism inside the firm.

Income Increases in economic benefits in the form of inflows or enhancements of assets, or decreases of liabilities that result in an increase in equity (other than increases resulting from contributions by owners).

Income effect The effect of a change in income on consumption, other things remaining the same.

Income elasticity of demand The responsiveness of demand to a change in income, other things remaining the same. It is calculated as the percentage change in the quantity demanded divided by the percentage change in income.

Income statement (statement of operations or profit and loss statement) A financial statement that provides information about a company's profitability over a stated period of time.

Income statement A financial statement that shows the flow of the firm's sales, expenses, and earnings over a period of time.

Incremental cash flows The changes or increments to cash flows resulting from a decision or action;

the cash flow with a decision minus the cash flow without that decision.

Indenture   The legal agreement that lists the obligations of the issuer of a bond to the bondholder, including payment schedules, call provisions, and sinking funds.

Independent   With reference to events, the property that the occurrence of one event does not affect the probability of another event occurring.

Independent and identically distributed (IID)   With respect to random variables, the property of random variables that are independent of each other but follow the identical probability distribution.

Independent projects   Independent projects are projects whose cash flows are independent of each other.

Independent variable   A variable used to explain the dependent variable in a regression; a right-hand-side variable in a regression equation.

Index amortizing swap   An interest rate swap in which the notional principal is indexed to the level of interest rates and declines with the level of interest rates according to a predefined scheduled. This type of swap is frequently used to hedge securities that are prepaid as interest rates decline, such as mortgage-backed securities.

Index option   An option in which the underlying is a stock index.

Indexing   An investment strategy in which an investor constructs a portfolio to mirror the performance of a specified index.

Indirect format (indirect method)   With reference to cash flow statements, a format for the presentation of the statement which, in the operating cash flow section, begins with net income then shows additions and subtractions to arrive at operating cash flow.

Indirect method   The procedure for converting the income statement from an accrual basis to a cash basis by adjusting net income for items that do not affect cash flows, including depreciation, amortization, depletion, gains, losses, and changes in current assets and current liabilities.

Individual transferable quota (ITQ)   A production limit that is assigned to an individual who is free to transfer the quota to someone else.

Induced taxes   Taxes that vary with real GDP.

Industry life cycle analysis   An analysis that focuses on the industry's stage of development.

Inelastic demand   A demand with a price elasticity between 0 and 1; the percentage change in the quantity demanded is less than the percentage change in price.

Infant-industry argument   The argument that it is necessary to protect a new industry to enable it to grow into a mature industry that can compete in world markets.

Inferior good   A good for which demand decreases as income increases.

Inflation   A process in which the price level is rising and money is losing value.

Inflation premium   An extra return that compensates investors for expected inflation.

Inflation rate   The percentage change in the price level from one year to the next.

Inflationary gap   The amount by which real GDP exceeds potential GDP.

Information   An attribute of a good market that includes providing buyers and sellers with timely, accurate information on the volume and prices of past transactions and on all currently outstanding bids and offers.

Information ratio (IR)   Mean active return divided by active risk.

Information ratio   Statistic used to measure a portfolio's average return in excess of a comparison, benchmark portfolio divided by the standard deviation of this excess return.

Informationally efficient market   A more technical term for an efficient capital market that emphasizes the role of information in setting the market price.

Initial margin requirement   The margin requirement on the first day of a transaction as well as on any day in which additional margin funds must be deposited.

Initial public offering (IPO)   A new issue by a firm that has no existing public market.

In-sample forecast errors   The residuals from a fitted time-series model within the sample period used to fit the model.

Instability in the minimum-variance frontier   The characteristic of minimum-variance frontiers that they are sensitive to small changes in inputs.

Installment   Said of a sale in which proceeds are to be paid in installments over an extended period of time.

Installment method (installment-sales method)   With respect to revenue recognition, a method that specifies that the portion of the total profit of the sale that is recognized in each period is determined by the percentage of the total sales price for which the seller has received cash.

Intangible asset   An asset without physical substance.

Intellectual property rights   Property rights for discoveries owned by the creators of knowledge.

Interest coverage   A solvency ratio calculated as EBIT divided by interest payments.

Interest coverage ratio (or times-interest-earned ratio)   Ratio of EBIT to interest payments; a comparison of the earnings available to meet interest obligations with existing interest obligations.

Interest rate   A rate of return that reflects the relationship between differently dated cash flows; a discount rate.

Interest rate call   An option in which the holder has the right to make a known interest payment and receive an unknown interest payment.

Interest rate cap or cap   A series of call options on an interest rate, with each option expiring at the date on which the floating loan rate will be reset, and with each option having the same exercise rate. A cap in general can have an underlying other than an interest rate.

Interest rate collar   A combination of a long cap and a short floor, or a short cap and a long floor. A collar in general can have an underlying other than an interest rate.

Interest rate floor or floor   A series of put options on an interest rate, with each option expiring at the date on which the floating loan rate will be reset, and with each option having the same exercise rate. A floor in general can have an underlying other than the interest rate.

Interest rate forward   (See *forward rate agreement*)

Interest rate option   An option in which the underlying is an interest rate.

Interest rate parity   A formula that expresses the equivalence or parity of spot and forward rates, after adjusting for differences in the interest rates.

Interest rate put   An option in which the holder has the right to make an unknown interest payment and receive a known interest payment.

Interest rate risk   The uncertainty of returns on an investment due to possible changes in interest rates over time.

Interest rate swap   A swap in which the underlying is an interest rate. Can be viewed as a currency swap in which both currencies are the same and can be created as a combination of currency swaps.

Interest   The income that capital earns.

Interest-on-interest   Bond income from reinvestment of coupon payments.

Intergenerational data mining   A form of data mining that applies information developed by previous researchers using a dataset to guide current research using the same or a related dataset.

Intermarket Trading System (ITS)   A computerized system that connects competing exchanges and dealers who trade stocks listed on a U.S. exchange. Its purpose is to help customers find the best market for these stocks at a point in time.

Internal liquidity (solvency) ratios   Financial ratios that measure the ability of the firm to meet future short-term financial obligations.

Internal rate of return (IRR)   The discount rate that makes net present value equal 0; the discount rate that makes the present value of an investment's costs (outflows) equal to the present value of the investment's benefits (inflows).

Internal Rate of Return (Private Equity) (IRR)   IRR is the annualized implied discount rate (effective compounded rate) that equates the present value of all the appropriate cash inflows (paid-in capital, such as drawdowns for net investments) associated with an investment with the sum of the present value of all the appropriate cash outflows (such as distributions) accruing from it and the present value of the unrealized residual portfolio (unliquidated holdings). For an interim cumulative return measurement, any IRR depends on the valuation of the residual assets.

Internal Valuation (Real Estate)   An internal valuation is an advisor's or underlying third-party manager's best estimate of market value based on the most current and accurate information available under the circumstances. An internal valuation could include industry practice techniques, such as discounted cash flow, sales comparison, replacement cost, or a review of all significant events (both general market and asset specific) that could have a material impact on the investment. Prudent assumptions and estimates must be used, and the process must be applied consistently from period to period, except where a change would result in better estimates of market value.

International Fisher relation   The assertion that the interest rate differential between two countries should equal the expected inflation rate differential over the term of the interest rates.

Interquartile range   The difference between the third and first quartiles of a dataset.

Interval   With reference to grouped data, a set of values within which an observation falls.

Interval scale   A measurement scale that not only ranks data but also gives assurance that the differences between scale values are equal.

In-the-money option   An option that, if exercised, would result in the value received being worth more than the payment required to exercise (apart from transaction costs).

Intrinsic value   The portion of a call option's total value equal to the greater of either zero or the difference between the current value of the underlying asset and the exercise price; for a put option, intrinsic value is the greater of either zero or the exercise price less the underlying asset price. For a stock, it is the value derived from fundamental analysis of the stock's expected returns or cash flows.

Intrinsic value or exercise value   The value obtained if an option is exercised based on current conditions.

Inventory   The unsold units of product on hand.

Inventory blanket lien   The use of inventory as collateral for a loan. Though the lender has claim to some or all of the company's inventory, the company may still sell or use the inventory in the ordinary course of business.

Inventory turnover   An activity ratio calculated as cost of goods sold divided by average inventory; an indication of the resources tied up in inventory relative to the speed at which inventory is sold during the period.

Inverse floater   A floating-rate note or bond in which the coupon is adjusted to move opposite to a benchmark interest rate.

Inverse relationship   A relationship between variables that move in opposite directions.

Invested Capital (Private Equity)   The amount of paid-in capital that has been invested in portfolio companies.

Investing activities   Activities which are associated with the acquisition and disposal of property, plant, and equipment; intangible assets; other long-term assets; and both long-term and short-term investments in the equity and debt (bonds and loans) issued by other companies.

Investment   The purchase of new plant, equipment, and buildings and additions to inventories.

Investment Advisor (Private Equity)   Any individual or institution that supplies investment advice to clients on a per fee basis. The investment advisor inherently has no role in the management of the underlying portfolio companies of a partnership/fund.

Investment company   A firm that sells shares of the company and uses the proceeds to buy portfolios of stock, bonds, or other financial instruments.

Investment decision process   Estimation of intrinsic value for comparison with market price to determine whether or not to invest.

Investment demand   The relationship between investment and real interest rate, other things remaining the same.

Investment horizon   The time period used for planning and forecasting purposes or the future time at which the investor requires the invested funds.

Investment management company   A company separate from the investment company that manages the portfolio and performs administrative functions.

Investment Management Fee   The fee payable to the investment management firm for the on-going management of a portfolio. Investment management fees are typically asset based (percentage of assets), performance based (based on performance relative to a benchmark), or a combination of the two but may take different forms as well.

Investment Multiple (TVPI Multiple) (Private Equity)   The ratio of total value to paid-in-capital. It represents the total return of the investment to the original investment not taking into consideration the time invested. Total value can be found by adding the residual value and distributed capital together.

Investment opportunity schedule   A graphical depiction of a company's investment opportunities ordered from highest to lowest expected return. A company's optimal capital budget is found where the investment opportunity schedule intersects with the company's marginal cost of capital.

Investment strategy   A decision by a portfolio manager regarding how he or she will manage the portfolio to meet the goals and objectives of the client. This will include either active or passive management and, if active, what style in terms of top-down or buttom-up or fundamental versus technical.

IRR   The discount rate which forces the PV of a project's inflows to equal the PV of its costs.

IRR rule   An investment decision rule that accepts projects or investments for which the IRR is greater than the opportunity cost of capital.

January effect   A frequent empirical anomaly where risk-adjusted stock returns in the month of January are significantly larger than those occurring in any other month of the year.

Job search   The activity of looking for acceptable vacant jobs.

Joint probability   The probability of the joint occurrence of stated events.

Joint probability function   A function giving the probability of joint occurrences of values of stated random variables.

Just-in-time method (JIT)   Method of managing inventory that minimizes in-process inventory stocks.

Keynesian An economist who believes that left alone, the economy would rarely operate at full employment and that to achieve full employment, active help from fiscal policy and monetary policy is required.

kth Order autocorrelation The correlation between observations in a time series separated by k periods.

Kurtosis The statistical measure that indicates the peakedness of a distribution.

Labor The work time and work effort that people devote to producing goods and services.

Labor force The sum of the people who are employed and who are unemployed.

Labor force participation rate The percentage of the working-age population who are members of the labor force.

Labor productivity Real GDP per hour of work.

Labor union An organized group of workers whose purpose is to increase wages and to influence other job conditions.

Laddering strategy A form of active strategy which entails scheduling maturities on a systematic basis within the investment portfolio such that investments are spread out equally over the term of the ladder.

Laffer curve The relationship between the tax rate and the amount of tax revenue collected.

Land The gifts of nature that we use to produce goods and services.

Law of demand Other things remaining the same, the higher the price of a good, the smaller is the quantity demanded of it.

Law of diminishing returns As a firm uses more of a variable input, with a given quantity of other inputs (fixed inputs), the marginal product of the variable input eventually diminishes.

Law of one price The condition in a financial market in which two financial instruments or combinations of financial instruments can sell for only one price. Equivalent to the principle that no arbitrage opportunities are possible.

Law of supply Other things remaining the same, the higher the price of a good, the greater is the quantity supplied of it.

Leading indicators A set of economic variables whose values reach peaks and troughs in advance of the aggregate economy.

Leading P/E (or forward P/E or prospective P/E) A stock's current price divided by the next year's expected earnings.

Learning-by-doing People become more productive in an activity (learn) just by repeatedly producing a particular good or service (doing).

Leasehold A right to occupy land or buildings under a long-term rental contract.

Leasehold improvements Improvements to leased property that become the property of the lessor at the end of the lease.

Legal monopoly A market structure in which there is one firm and entry is restricted by the granting of a public franchise, government license, patent, or copyright.

Legal risk The risk that the legal system will not enforce a contract in case of dispute or fraud.

Leptokurtic Describes a distribution that is more peaked than a normal distribution.

Level of significance The probability of a Type I error in testing a hypothesis.

Leveraged floating-rate note or leveraged floater A floating-rate note or bond in which the coupon is adjusted at a multiple of a benchmark interest rate.

Liabilities Present obligations of an enterprise arising from past events, the settlement of which is expected to result in an outflow of resources embodying economic benefits; creditors' claims on the resources of a company.

License The right to use a formula, technique, process, or design.

LIFO layer liquidation With respect to the application of the LIFO inventory method, the liquidation of old, relatively low-priced inventory; happens when the volume of sales rises above the volume of recent purchases so that some sales are made from relatively old, low-priced inventory.

LIFO method The last in, first out, method of accounting for inventory, which matches sales against the costs of items of inventory in the reverse order the items were placed in inventory (i.e., inventory produced or acquired last are assumed to be sold first).

Likelihood The probability of an observation, given a particular set of conditions.

Limit down A limit move in the futures market in which the price at which a transaction would be made is at or below the lower limit.

Limit move A condition in the futures markets in which the price at which a transaction would be made is at or beyond the price limits.

Limit order An order that lasts for a specified time to buy or sell a security when and if it trades at a specified price.

Limit pricing The practice of setting the price at the highest level that inflicts a loss on an entrant.

Limit up A limit move in the futures market in which the price at which a transaction would be made is at or above the upper limit.

Limited Partnership (Private Equity) The legal structure used by most venture and private equity funds. Usually fixed life investment vehicles. The general partner or management firm manages the partnership using the policy laid down in a partnership agreement. The agreement also covers terms, fees, structures, and other items agreed between the limited partners and the general partner.

Linear association A straight-line relationship, as opposed to a relationship that cannot be graphed as a straight line.

Linear interpolation The estimation of an unknown value on the basis of two known values that bracket it, using a straight line between the two known values.

Linear regression Regression that models the straight-line relationship between the dependent and independent variable(s).

Linear relationship A relationship between two variables that is illustrated by a straight line.

Linear trend A trend in which the dependent variable changes at a constant rate with time.

Liquid Term used to describe an asset that can be quickly converted to cash at a price close to fair market value.

Liquid assets Those company assets that are most readily converted to cash.

Liquidity In the context of financial analysis, a company's ability to satisfy its short-term obligations using assets that are most readily converted into cash.

Liquidity premium An extra return that compensates investors for the risk of loss relative to an investment's fair value if the investment needs to be converted to cash quickly.

Liquidity ratios Financial ratios measuring a company's ability to meet its short-term obligations.

Liquidity risk The risk that a financial instrument cannot be purchased or sold without a significant concession in price due to the size of the market.

Living wage An hourly wage rate that enables a person who works a 40-hour week to rent adequate housing for not more than 30 percent of the amount earned.

Lockbox system A payment system in which customer payments are mailed to a post office box and the banking institution retrieves and deposits these payments several times a day, enabling the company to have use of the fund sooner than in a centralized system in which customer payments are sent to the company.

Locked limit A condition in the futures markets in which a transaction cannot take place because the price would be beyond the limits.

Logit model A qualitative-dependent-variable multiple regression model based on the logistic probability distribution.

Log-linear model With reference to time-series models, a model in which the growth rate of the time series as a function of time is constant.

Log-log regression model A regression that expresses the dependent and independent variables as natural logarithms.

London Interbank Offer Rate (LIBOR) The Eurodollar rate at which London banks lend dollars to other London banks; considered to be the best representative rate on a dollar borrowed by a private, high-quality borrower.

Long The buyer of a derivative contract. Also refers to the position of owning a derivative.

Long position The buyer of a commodity or security or, for a forward contract, the counterparty who will be the eventual buyer of the underlying asset.

Long run A period of time in which the quantities of all resources can be varied.

Longitudinal data Observations on characteristic(s) of the same observational unit through time.

Long-lived assets Assets that are expected to provide economic benefits over a future period of time greater than one year.

Long-run aggregate supply curve The relationship between the real GDP supplied and the price level in the long run when real GDP equals potential GDP.

Long-run average cost curve The relationship between the lowest attainable average total cost and output when both capital and labor are varied.

Long-run industry supply curve A curve that shows how the quantity supplied by an industry varies as the market price varies after all the possible adjustments have been made, including changes in plant size and the number of firms in the industry.

Long-run macroeconomic equilibrium A situation that occurs when real GDP equals potential GDP-the economy is on its long-run aggregate supply curve.

Long-run Phillips curve Inflation rate equals the expected inflation rate.

Long-term assets Assets that have a useful life of more than one year, are used in the operation of a business, and are not intended for resale. Less commonly called *fixed assets*.

Long-term contract A contract that spans a number of accounting periods.

Long-term debt-to-assets ratio Ratio of long-term debt to total assets; the proportion of the company's assets that is financed with long-term debt.

Long-term equity anticipatory securities (LEAPS) Options originally created with expirations of several years.

Look-ahead bias A bias caused by using information that was unavailable on the test date.

Losses Asset outflows not directly related to the ordinary activities of the business.

Lower bound The lowest possible value of an option.

Lucas wedge The accumulated loss of output that results from a slowdown in the growth rate of real GDP per person.

M1 A measure of money that consists of currency and traveler's checks plus checking deposits owned by individuals and businesses.

M2 A measure of money that consists of M1 plus time deposits, savings deposits, and money market mutual funds and other deposits.

Macaulay duration The duration without dividing by 1 plus the bond's yield to maturity. The term, named for one of the economists who first derived it, is used to distinguish the calculation from modified duration. See also *modified duration*.

Macroeconomic factor A factor related to the economy, such as the inflation rate, industrial production, or economic sector membership.

Macroeconomic factor model A multifactor model in which the factors are surprises in macroeconomic variables that significantly explain equity returns.

Macroeconomic long run A time frame that is sufficiently long for real GDP to return to potential GDP so that full employment prevails.

Macroeconomic short run A period during which some money prices are sticky and real GDP might be below, above, or at potential GDP and unemployment might be above, below, or at the natural rate of unemployment.

Macroeconomics The study of the performance of the national economy and the global economy.

Maintenance margin The required proportion that the investor's equity value must be to the total market value of the stock. If the proportion drops below this percent, the investor will receive a margin call.

Maintenance margin requirement The margin requirement on any day other than the first day of a transaction.

Management fee The compensation an investment company pays to the investment management company for its services. The average annual fee is about 0.5 percent of fund assets.

Manufacturing resource planning (MRP) The incorporation of production planning into inventory management. A MRP analysis provides both a materials acquisition schedule and a production schedule.

Margin The amount of money that a trader deposits in a margin account. The term is derived from the stock market practice in which an investor borrows a portion of the money required to purchase a certain amount of stock. In futures markets, there is no borrowing so the margin is more of a down payment or performance bond.

Margin account The collateral posted with the futures exchange clearinghouse by an outside counterparty to insure its eventual performance; the *initial* margin is the deposit required at contract origination while the *maintenance* margin is the minimum collateral necessary at all times.

Margin call A request by an investor's broker for additional capital for a security bought on margin if the investor's equity value declines below the required maintenance margin.

Marginal benefit curve A curve that shows the relationship between the marginal benefit of a good and the quantity of that good consumed.

Marginal benefit The benefit that a person receives from consuming one more unit of a good or service. It is measured as the maximum amount that a person is willing to pay for one more unit of the good or service.

Marginal cost The opportunity cost of producing one more unit of a good or service. It is the best alternative forgone. It is calculated as the increase in total cost divided by the increase in output.

Marginal cost pricing rule A rule that sets the price of a good or service equal to the marginal cost of producing it.

Marginal probability *See* Unconditional probability.

Marginal product The increase in total product that results from a one-unit increase in the variable input, with all other inputs remaining the same. It is calculated as the increase in total product divided by the increase in the variable input employed, when the quantities of all other inputs are constant.

Marginal product of labor The additional real GDP produced by an additional hour of labor when all other influences on production remain the same.

Marginal propensity to consume The fraction of a change in disposable income that is consumed. It is calculated as the change in consumption expenditure divided by the change in disposable income.

Marginal revenue The change in total revenue that results from a one-unit increase in the quantity sold. It is calculated as the change in total revenue divided by the change in quantity sold.

Marginal revenue product The change in total revenue that results from employing one more unit of a resource (labor) while the quantity of all other resources remains the same. It is calculated as the increase in total revenue divided by the increase in the quantity of the resource (labor).

Marginal social benefit The marginal benefit enjoyed by society-by the consumer of a good or service (marginal private benefit) plus the marginal benefit enjoyed by others (marginal external benefit).

Marginal social cost The marginal cost incurred by the entire society-by the producer and by everyone else on whom the cost falls-and is the sum of marginal private cost and the marginal external cost.

Marginal tax rate The part of each additional dollar in income that is paid as tax.

Margins (or profit margin ratios and return-on-sales ratios) Ratios that are useful for evaluating a company's ability to manage its expenses to generate profits from its sales.

Marked to market The settlement process used to adjust the margin account of a futures contract for daily changes in the price of the underlying asset.

Market demand The relationship between the total quantity demanded of a good and its price. It is illustrated by the market demand curve.

Market failure A state in which the market does not allocate resources efficiently.

Market order An order to buy or sell a security immediately at the best price available.

Market portfolio The portfolio that includes all risky assets with relative weights equal to their proportional market values.

Market power The ability to influence the market, and in particular the market price, by influencing the total quantity offered for sale.

Market price of risk The slope of the capital market line, indicating the market risk premium for each unit of market risk.

Market risk premium The expected excess return on the market over the risk-free rate.

Market risk The risk associated with interest rates, exchange rates, and equity prices.

Market Value The current listed price at which investors buy or sell securities at a given time.

Market Value (Real Estate) The most probable price that a property should bring in a competitive and open market under all conditions requisite to a fair sale, the buyer and seller each acting pru-

dently and knowledgeably, and assuming the price is not affected by undue stimulus. Implicit in this definition is the consummation of a sale as of a specified date and the passing of title from seller to buyer under conditions whereby: (a) Buyer and seller are typically motivated. (b) Both parties are well informed or well advised and each acting in what they consider their own best interests. (c) A reasonable time is allowed for exposure in the open market. (d) Payment is made in terms of currency or in terms of financial arrangements comparable thereto. (e) The price represents the normal consideration for the property sold unaffected by special or creative financing or sales concessions granted by anyone associated with the sale.

Market value added (MVA) External management performance measure to compare the market value of the company's debt and equity with the total capital invested in the firm.

Market-oriented investors With reference to equity investors, investors whose investment disciplines cannot be clearly categorized as value or growth.

Marking to market A procedure used primarily in futures markets in which the parties to a contract settle the amount owed daily. Also known as the *daily settlement.*

Markowitz decision rule A decision rule for choosing between two investments based on their means and variances.

Mark-to-market The revaluation of a financial asset or liability to its current market value or fair value.

Matching principle The accounting principle that expenses should be recognized when the associated revenue is recognized.

Matching strategy An active investment strategy that includes intentional matching of the timing of cash outflows with investment maturities.

Materiality The condition of being of sufficient importance so that omission or misstatement of the item in a financial report could make a difference to users' decisions.

Matrix pricing In the fixed income markets, to price a security on the basis of valuation-relevant characteristics (e.g. debt-rating approach).

Maturity premium An extra return that compensates investors for the increased sensitivity of the market value of debt to a change in market interest rates as maturity is extended.

McCallum rule A rule that adjusts the growth rate of the monetary base to target the inflation rate but also to take into account changes in the trend productivity growth rate and fluctuations in aggregate demand.

Mean The sum of all values in a distribution or dataset, divided by the number of values summed; a synonym of arithmetic mean.

Mean absolute deviation With reference to a sample, the mean of the absolute values of deviations from the sample mean.

Mean excess return The average rate of return in excess of the risk-free rate.

Mean reversion The tendency of a time series to fall when its level is above its mean and rise when its level is below its mean; a mean-reverting time series tends to return to its long-term mean.

Mean–variance analysis An approach to portfolio analysis using expected means, variances, and covariances of asset returns.

Means of payment A method of settling a debt.

Mean-variance analysis An approach to portfolio analysis using expected means, variances, and covariances of asset returns.

Measure of central tendency A quantitative measure that specifies where data are centered.

Measure of location A quantitative measure that describes the location or distribution of data; includes not only measures of central tendency but also other measures such as percentiles.

Measurement scales A scheme of measuring differences. The four types of measurement scales are nominal, ordinal, interval, and ratio.

Median The value of the middle item of a set of items that has been sorted into ascending or descending order; the 50th percentile.

Mesokurtic Describes a distribution with kurtosis identical to that of the normal distribution.

Microeconomics The study of the choices that individuals and businesses make, the way those choices interact, and the influence governments exert on them.

Minimum efficient scale The smallest quantity of output at which the long-run average cost curve reaches its lowest level.

Minimum wage A regulation that makes the hiring of labor below a specified wage rate illegal.

Minimum-variance frontier The graph of the set of portfolios that have minimum variance for their level of expected return.

Minimum-variance portfolio The portfolio with the minimum variance for each given level of expected return.

Minority interest The portion of consolidated subsidiaries' net assets not owned by the parent.

Mismatching strategy An active investment strategy whereby the timing of cash outflows is not matched with investment maturities.

Mixed factor models Factor models that combine features of more than one type of factor model.

Modal interval With reference to grouped data, the most frequently occurring interval.

Mode The most frequently occurring value in a set of observations.

Model risk The use of an inaccurate pricing model for a particular investment, or the improper use of the right model.

Model specification With reference to regression, the set of variables included in the regression and the regression equation's functional form.

Modified duration A measure of a bond's price sensitivity to interest rate movements. Equal to the Macaulay duration of a bond divided by one plus its yield to maturity.

Monetarist An economist who believes that the economy is self regulating and that it will normally operate at full employment, provided that monetary policy is not erratic and that the pace of money growth is kept steady.

Monetary base The sum of the Federal Reserve notes, coins, and banks' deposits at the Fed.

Monetary policy The Fed conducts the nation's monetary policy by changing interest rates and adjusting the quantity of money.

Money Any commodity or token that is generally acceptable as a means of payment.

Money market fund A fund that invests in short-term securities sold in the money market. (Large companies, banks, and other institutions also invest their surplus cash in the money market for short periods of time.) In the entire investment spectrum, these are generally the safest, most stable securities available. They include Treasury bills, certificates of deposit of large banks, and commercial paper (short-term IOUs of large corporations).

Money market mutual fund A fund operated by a financial institution that sells shares in the fund and holds liquid assets such as U.S. Treasury bills and short-term commercial bills.

Money market yield (or CD equivalent yield) A yield on a basis comparable to the quoted yield on an interest-bearing money market instrument that pays interest on a 360-day basis; the annualized holding period yield, assuming a 360-day year.

Money market The market for short-term debt instruments (one-year maturity or less).

Money multiplier The amount by which a change in the monetary base is multiplied to determine the resulting change in the quantity of money.

Money price The number of dollars that must be given up in exchange for a good or service.

Money wage rate The number of dollars that an hour of labor earns.

Moneyness The relationship between the price of the underlying and an option's exercise price.

Money-weighted rate of return The internal rate of return on a portfolio, taking account of all cash flows.

Monopolistic competition A market structure in which a large number of firms compete by making similar but slightly different products.

Monopoly A market structure in which there is one firm, which produces a good or service that has no close substitute and in which the firm is protected from competition by a barrier preventing the entry of new firms.

Monte Carlo simulation A risk analysis technique in which probable future events are simulated on a computer, generating estimated rates of return and risk indexes.

Monte Carlo simulation method An approach to estimating VAR that produces random outcomes to examine what might happen if a particular risk is faced. This method is widely used in the sciences as well as in business to study a variety of problems.

Mortgage bonds Bonds that pledge specific assets such as buildings and equipment. The proceeds from the sale of these assets are used to pay off bondholders in case of bankruptcy.

Moving average The continually recalculating average of security prices for a period, often 200 days, to serve as an indication of the general trend of prices and also as a benchmark price.

Multicollinearity A regression assumption violation that occurs when two or more independent variables (or combinations of independent variables) are highly but not perfectly correlated with each other.

Multifactor model An empirical version of the APT where the investor chooses the exact number and identity of the common risk factors used to describe an asset's risk-return relationship. Risk factors are often designated as *macroeconomic* variables (e.g., inflation, changes in gross domestic product) or *microeconomic* variables (e.g., security-specific characteristics like firm size or book-to-market ratios).

Multiple linear regression Linear regression involving two or more independent variables.

Multiple linear regression model A linear regression model with two or more independent variables.

Multiple R The correlation between the actual and forecasted values of the dependent variable in a regression.

Multiplication rule for probabilities The rule that the joint probability of events A and B equals the probability of A given B times the probability of B.

Multiplier The amount by which a change in autonomous expenditure is magnified or multiplied to determine the change in equilibrium expenditure and real GDP.

Multi-step format With respect to the format of the income statement, a format that presents a subtotal for gross profit (revenue minus cost of goods sold).

Multivariate distribution A probability distribution that specifies the probabilities for a group of related random variables.

Multivariate normal distribution A probability distribution for a group of random variables that is completely defined by the means and variances of the variables plus all the correlations between pairs of the variables.

Must A required provision for claiming compliance with the GIPS standards.

Mutual fund An investment company that pools money from shareholders and invests in a variety of securities, including stocks, bonds, and money market securities. A mutual fund ordinarily stands ready to buy back (redeem) its shares at their current net asset value, which depends on the market value of the fund's portfolio of securities at the time. Mutual funds generally continuously offer new shares to investors.

Mutually exclusive events Events such that only one can occur at a time.

Mutually exclusive projects Mutually exclusive projects compete directly with each other. For example, if Projects A and B are mutually exclusive, you can choose A or B, but you cannot choose both.

n Factorial For a positive integer n, the product of the first n positive integers; 0 factorial equals 1 by definition. n factorial is written as n!.

Nasdaq InterMarket A trading system that includes Nasdaq market makers and ECNs that quote and trade stocks listed on the NYSE and the AMEX. It involves dealers from the Nasdaq market and the Intermarket Trading System (ITS). In many ways, this has become what had been labeled the third market.

Nash equilibrium The outcome of a game that occurs when player A takes the best possible action given the action of player B and player B takes the best possible action given the action of player A.

National saving The sum of private saving (saving by households and businesses) and government saving.

Natural monopoly A monopoly that occurs when one firm can supply the entire market at a lower price than two or more firms can.

Natural rate of unemployment The unemployment rate when the economy is at full employment. There is no cyclical unemployment; all unemployment is frictional and structural.

Natural resources Long-term assets purchased for the economic value that can be taken from the land and used up.

Near-term, high-priority goal A short-term financial investment goal of personal importance, such as accumulating funds for making a house down payment or buying a car.

Needs-tested spending Government spending on programs that pay benefits to suitably qualified people and businesses.

Negative relationship A relationship between variables that move in opposite directions.

Negative serial correlation Serial correlation in which a positive error for one observation increases the chance of a negative error for another observation, and vice versa.

Negotiated sales An underwriting arrangement wherein the sale of a security issue by an issuing entity (governmental body or a corporation) is done using an investment banking firm that maintains an ongoing relationship with the issuer. The characteristics of the security issue are determined by the issuer in consultation with the investment banker.

Neoclassical growth theory A theory of economic growth that proposes that real GDP grows because technological change induces a level of saving and investment that makes capital per hour of labor grow.

Net asset value The market value of the assets owned by a fund.

Net book value The remaining (undepreciated) balance of an asset's purchase cost.

Net borrower A country that is borrowing more from the rest of the world than it is lending to it.

Net exports The value of exports minus the value of imports.

Net income (loss) The difference between revenue and expenses; what remains after subtracting all expenses (including depreciation, interest, and taxes) from revenue.

Net investment Net increase in the capital stock–gross investment minus depreciation.

Net lender A country that is lending more to the rest of the world than it is borrowing from it.

Net operating cycle (or cash conversion cycle) An estimate of the average time that elapses between paying suppliers for materials and collecting cash from the subsequent sale of goods produced.

Net present value (NPV) The present value of an investment's cash inflows (benefits) minus the present value of its cash outflows (costs).

Net profit margin (profit margin or return on sales) An indicator of profitability, calculated as net income divided by revenue; indicates how much of each dollar of revenues is left after all costs and expenses.

Net revenue Revenue after adjustments (e.g., for estimated returns or for amounts unlikely to be collected).

Net taxes Taxes paid to governments minus transfer payments received from governments.

Net-of-Fees Return The gross-of-fees return reduced by the investment management fee.

Netting When parties agree to exchange only the net amount owed from one party to the other.

New issue Common stocks or bonds offered by companies for public sale.

New Keynesian A Keynesian who holds the view that not only is the money wage rate sticky but that prices of goods and services are also sticky.

Node Each value on a binomial tree from which successive moves or outcomes branch.

No-load fund A mutual fund that sells its shares at net asset value without adding sales charges.

Nominal GDP The value of the final goods and services produced in a given year valued at the prices that prevailed in that same year. It is a more precise name for GDP.

Nominal rate Rate of interest based on the security's face value.

Nominal risk-free interest rate The sum of the real risk-free interest rate and the inflation premium.

Nominal scale A measurement scale that categorizes data but does not rank them.

Nominal yield A bond's yield as measured by its coupon rate.

Noncash investing and financing transactions Significant investing and financing transactions involving only long-term assets, long-term liabilities, or stockholders' equity that do not affect current cash inflows or outflows.

Nonconventional cash flow In a nonconventional cash flow pattern, the initial outflow is not followed by inflows only, but the cash flows can flip from positive (inflows) to negative (outflows) again (or even change signs several times).

Noncurrent Not due to be consumed, converted into cash, or settled within one year after the balance sheet date.

Noncurrent assets Assets that are expected to benefit the company over an extended period of time (usually more than one year).

Nondeliverable forwards (NDFs) Cash-settled forward contracts, used predominately with respect to foreign exchange forwards.

Nonlinear relation An association or relationship between variables that cannot be graphed as a straight line.

Nonparametric test A test that is not concerned with a parameter, or that makes minimal assumptions about the population from which a sample comes.

Nonrenewable natural resources Natural resources that can be used only once and that cannot be replaced once they have been used.

Nonstationarity With reference to a random variable, the property of having characteristics such as mean and variance that are not constant through time.

Nontariff barrier Any action other than a tariff that restricts international trade.

Normal backwardation The condition in futures markets in which futures prices are lower than expected spot prices.

Normal contango The condition in futures markets in which futures prices are higher than expected spot prices.

Normal distribution A continuous, symmetric probability distribution that is completely described by its mean and its variance.

Normal good A good for which demand increases as income increases.

Normal profit The expected return for supplying entrepreneurial ability.

North American Free Trade Agreement An agreement, which became effective on January 1, 1994, to eliminate all barriers to international trade between the United States, Canada, and Mexico after a 15-year phasing in period.

Notes Intermediate-term debt securities with maturities longer than 1 year but less than 10 years.

Notes payable Amounts owed by a business to creditors as a result of borrowings that are evidenced by (short-term) loan agreements.

Notional principal The principal value of a swap transaction, which is not exchanged but is used as a scale factor to translate interest rate differentials into cash settlement payments.

n-**Period moving average** The average of the current and immediately prior $n - 1$ values of a time series.

NPV rule An investment decision rule that states that an investment should be undertaken if its NPV is positive but not undertaken if its NPV is negative.

Null hypothesis The hypothesis to be tested.

Number of days of inventory Ratio of the amount of inventory on hand to the average day's cost of goods sold; an indication of the number of days a company ties up funds in inventory.

Number of days of payables An activity ratio equal to the number of days in a period divided by the payables turnover ratio for the period; an estimate of the average number of days it takes a company to pay its suppliers.

Number of days of receivables Ratio of accounts receivable to average day's revenue; an indication of the length of time between a sale (i.e. an account receivable is created) and the collection of the account receivable in cash.

Objective probabilities Probabilities that generally do not vary from person to person; includes a priori and objective probabilities.

Objectives The investor's goals expressed in terms of risk and return and included in the policy statement.

Obsolescence The process of becoming out of date, which is a factor in the limited useful life of tangible assets.

Offensive competitive strategy A strategy whereby a firm attempts to use its strengths to affect the competitive forces in the industry and, in so doing, improves the firm's relative position in the industry.

Official reserves The amount of reserves owned by the central bank of a government in the form of gold, Special Drawing Rights, and foreign cash or marketable securities.

Official settlements account A record of the change in a country's official reserves.

Off-market FRA A contract in which the initial value is intentionally set at a value other than zero and therefore requires a cash payment at the start from one party to the other.

Offsetting A transaction in exchange-listed derivative markets in which a party re-enters the market to close out a position.

Okun gap The gap between real GDP and potential GDP, and so is another name for the output gap.

Oligopoly A market structure in which a small number of firms compete.

One-sided hypothesis test (or one-tailed hypothesis test) A test in which the null hypothesis is rejected only if the evidence indicates that the population parameter is greater than (smaller than) θ_0. The alternative hypothesis also has one side.

Open market operation The purchase or sale of government securities—U.S. Treasury bills and bonds—by the Federal Reserve System in the open market.

Open-End Fund (Private Equity) A type of investment fund where the number of investors and the total committed capital is not fixed (i.e., open for subscriptions and/or redemptions).

Operating activities Activities that are part of the day-to-day business functioning of an entity, such as selling inventory and providing services.

Operating cycle An estimate of the average time needed for a company to convert raw materials into cash from a sale.

Operating efficiency ratios Financial ratios intended to indicate how efficiently management is utilizing the firm's assets in terms of dollar sales generated per dollar of assets. Primary examples would be: total asset turnover, fixed asset turnover, or equity turnover.

Operating leverage The use of fixed costs in operations.

Operating profit (operating income) A company's profits on its usual business activities before deducting taxes.

Operating profit margin A profitability ratio calculated as operating income divided by revenue; indicates how much of each dollar of revenues is left after both cost of goods sold and operating expenses are considered.

Operating profitability ratios Financial ratios intended to indicate how profitable the firm is in terms of the percent of profit generated from sales. Alternative measures would include: operating profit (EBIT)/net sales; pretax profit (EBT)/net sales; and net profit/sales.

Operating return on assets A profitability ratio calculated as operating income divided by average total assets; a measure of the operating income resulting from the company's investment in total assets.

Operating risk Risk that is attributable to a company's operating cost structure.

Operations risk or operational risk The risk of loss from failures in a company's systems and procedures (for example, due to computer failures or human failures) or events completely outside of the control of organizations (which would include "acts of God" and terrorist actions).

Opportunity cost The value that investors forgo by choosing a particular course of action; the value of something in its best alternative use.

Opportunity set The set of assets available for investment.

Optimal portfolio The portfolio on the efficient frontier that has the highest utility for a given investor. It lies at the point of tangency between the efficient frontier and the curve with the investor's highest possible utility.

Optimizer A specialized computer program or a spreadsheet that solves for the portfolio weights that will result in the lowest risk for a specified level of expected return.

Option A financial instrument that gives one party the right, but not the obligation, to buy or sell an underlying asset from or to another party at a fixed price over a specific period of time. Also referred to as contingent claims.

Option contract An agreement that grants the owner the right, but not the obligation, to make a future transaction in an underlying commodity or security at a fixed price and within a predetermined time in the future.

Option premium The initial price that the option buyer must pay to the option seller to acquire the contract.

Option price, option premium, or premium The amount of money a buyer pays and seller receives to engage in an option transaction.

Option-adjusted spread A type of yield spread that considers changes in the term structure and alternative estimates of the volatility of interest rates.

Ordinal scale A measurement scale that sorts data into categories that are ordered (ranked) with respect to some characteristic.

Ordinary annuity An annuity with a first cash flow that is paid one period from the present.

Ordinary least squares (OLS) An estimation method based on the criterion of minimizing the sum of the squared residuals of a regression.

Ordinary shares (common stock or common shares) Equity shares that are subordinate to all other types of equity (e.g., preferred equity).

Orthogonal Uncorrelated; at a right angle.

OTC Electronic Bulletin Board (OTCBB) A regulated quotation service that displays real-time quotes, last-sale prices, and volume information for a specified set of over-the-counter (OTC) securities that are not traded on the formal Nasdaq market.

Other comprehensive income   Items of comprehensive income that are not reported on the income statement; comprehensive income minus net income.

Other receivables   Amounts owed to the company from parties other than customers.

Outcome   A possible value of a random variable.

Outliers   Small numbers of observations at either extreme (small or large) of a sample.

Out-of-sample forecast errors   The differences between actual and predicted value of time series outside the sample period used to fit the model.

Out-of-sample test   A test of a strategy or model using a sample outside the time period on which the strategy or model was developed.

Out-of-the-money   Options that, if exercised, would require the payment of more money than the value received and therefore would not be currently exercised.

Out-of-the-money option   (1) An option that has no value if exercised immediately. For example, a call when the strike price is above the current price of the underlying asset, or a put when the strike price is below the current price of the underlying asset. (2) An option that has no intrinsic value. (3) Options that, if exercised, would require the payment of more money than the value received and therefore would not be currently exercised.

Overnight index swap (OIS)   A swap in which the floating rate is the cumulative value of a single unit of currency invested at an overnight rate during the settlement period.

Overweighted   A condition in which a portfolio, for whatever reason, includes more of a class of securities than the relative market value alone would justify.

Owners' equity   The excess of assets over liabilities; the residual interest of shareholders in the assets of an entity after deducting the entity's liabilities.

Paid-In Capital (Private Equity)   The amount of committed capital a limited partner has actually transferred to a venture fund. Also known as the cumulative drawdown amount.

Paired comparisons test   A statistical test for differences based on paired observations drawn from samples that are dependent on each other.

Paired observations   Observations that are dependent on each other.

Pairs arbitrage trade   A trade in two closely related stocks involving the short sale of one and the purchase of the other.

Panel data   Observations through time on a single characteristic of multiple observational units.

Par value   *See* Principal.

The principal amount repaid at maturity of a bond. Also called face value.

Parameter   A descriptive measure computed from or used to describe a population of data, conventionally represented by Greek letters.

Parameter instability   The problem or issue of population regression parameters that have changed over time.

Parametric test   Any test (or procedure) concerned with parameters or whose validity depends on assumptions concerning the population generating the sample.

Partial regression coefficients or partial slope coefficients   The slope coefficients in a multiple regression.

Passive strategy   In reference to short-term cash management, it is an investment strategy characterized by simple decision rules for making daily investments.

Patent   A government-sanctioned exclusive right granted to the inventor of a good, service, or productive process to produce, use, and sell the invention for a given number of years.

Payables turnover   An activity ratio calculated as purchases divided by average trade payables.

Payback   The time required for the added income from the convertible security relative to the stock to offset the conversion premium.

Payer swaption   A swaption that allows the holder to enter into a swap as the fixed-rate payer and floating-rate receiver.

Payment date   The date on which a firm actually mails dividend checks.

Payment netting   A means of settling payments in which the amount owed by the first party to the second is netted with the amount owed by the second party to the first; only the net difference is paid.

Payoff   The value of an option at expiration.

Payoff matrix   A table that shows the payoffs for every possible action by each player for every possible action by each other player.

Pegged exchange rate regime   A system in which a country's exchange rate in relation to a major currency is set at a target value (the peg) but allowed to fluctuate within a small band around the target.

Percentage-of-completion   A method of revenue recognition in which, in each accounting period, the company estimates what percentage of the contract is complete and then reports that percentage of the total contract revenue in its income statement.

Percentiles   Quantiles that divide a distribution into 100 equal parts.

Perfect collinearity The existence of an exact linear relation between two or more independent variables or combinations of independent variables.

Perfect competition A market in which there are many firms each selling an identical product; there are many buyers; there are no restrictions on entry into the industry; firms in the industry have no advantage over potential new entrants; and firms and buyers are well informed about the price of each firm's product.

Perfect price discrimination Price discrimination that extracts the entire consumer surplus.

Perfectly elastic demand Demand with an infinite price elasticity; the quantity demanded changes by an infinitely large percentage in response to a tiny price change.

Perfectly inelastic demand Demand with a price elasticity of zero; the quantity demanded remains constant when the price changes.

Performance appraisal The evaluation of risk-adjusted performance; the evaluation of investment skill.

Performance guarantee A guarantee from the clearinghouse that if one party makes money on a transaction, the clearinghouse ensures it will be paid.

Performance measurement The calculation of returns in a logical and consistent manner.

Period costs Costs (e.g., executives' salaries) that cannot be directly matched with the timing of revenues and which are thus expensed immediately.

Periodic rate The quoted interest rate per period; the stated annual interest rate divided by the number of compounding periods per year.

Permutation An ordered listing.

Perpetuity A perpetual annuity, or a set of never-ending level sequential cash flows, with the first cash flow occurring one period from now.

Personal trust An amount of money set aside by a grantor and often managed by a third party, the trustee. Often constructed so one party receives income from the trust's investments and another party receives the residual value of the trust after the income beneficiaries' death.

Pet projects Projects in which influential managers want the corporation to invest. Often, unfortunately, pet projects are selected without undergoing normal capital budgeting analysis.

Phillips curve A curve that shows a relationship between inflation and unemployment.

Physical deterioration A decline in the useful life of a depreciable asset resulting from use and from exposure to the elements.

Plain-vanilla Refers to a security, especially a bond or a swap, issued with standard features. Sometimes called generic.

Plain vanilla swap An interest rate swap in which one party pays a fixed rate and the other pays a floating rate, with both sets of payments in the same currency.

Platykurtic Describes a distribution that is less peaked than the normal distribution.

Plowback ratio An indication of the proportion of earnings that are reinvested in the company rather than paid out as dividends; calculated as 1 − dividend payout ratio.

Point estimate A single numerical estimate of an unknown quantity, such as a population parameter.

Point of sale Systems that capture transaction data at the physical location in which the sale is made.

Policy statement A statement in which the investor specifies investment goals, constraints, and risk preferences.

Pooled estimate An estimate of a parameter that involves combining (pooling) observations from two or more samples.

Population All members of a specified group.

Population mean The arithmetic mean value of a population; the arithmetic mean of all the observations or values in the population.

Population standard deviation A measure of dispersion relating to a population in the same unit of measurement as the observations, calculated as the positive square root of the population variance.

Population variance A measure of dispersion relating to a population, calculated as the mean of the squared deviations around the population mean.

Portfolio An individually managed pool of assets. A portfolio may be a subportfolio, account, or pooled fund.

Portfolio performance attribution The analysis of portfolio performance in terms of the contributions from various sources of risk.

Portfolio possibilities curve A graphical representation of the expected return and risk of all portfolios that can be formed using two assets.

Position trader A trader who typically holds positions open overnight.

Positive relationship A relationship between two variables that move in the same direction.

Positive serial correlation Serial correlation in which a positive error for one observation increases the chance of a positive error for another observation, and a negative error for one observation increases the chance of a negative error for another observation.

Posterior probability An updated probability that reflects or comes after new information.

Potential credit risk　The risk associated with the possibility that a payment due at a later date will not be made.

Potential GDP　The quantity of real GDP at full employment.

Poverty　A situation in which a household's income is too low to be able to buy the quantities of food, shelter, and clothing that are deemed necessary.

Power of a test　The probability of correctly rejecting the null-that is, rejecting the null hypothesis when it is false.

Precautionary stocks　A level of inventory beyond anticipated needs that provides a cushion in the event that it takes longer to replenish inventory than expected or in the case of greater than expected demand.

Predatory pricing　Setting a low price to drive competitors out of business with the intention of setting a monopoly price when the competition has gone.

Preferences　A description of a person's likes and dislikes.

Preferred stock　An equity investment that stipulates the dividend payment either as a coupon or a stated dollar amount. The firm's directors may withhold payments.

Pre-investing　The strategy of using futures contracts to enter the market without an immediate outlay of cash.

Premium　A bond selling at a price above par value due to capital market conditions.

Prepaid expense　A normal operating expense that has been paid in advance of when it is due.

Present (price) value of a basis point (PVBP)　The change in the bond price for a 1 basis point change in yield. Also called *basis point value* (BPV).

Present value　The amount of money that, if invested today, will grow to be as large as a given future amount when the interest that it will earn is taken into account.

Present value (PV)　The present discounted value of future cash flows: for assets, the present discounted value of the future net cash inflows that the asset is expected to generate; for liabilities, the present discounted value of the future net cash outflows that are expected to be required to settle the liabilities.

Pretax profit margin　A profitability ratio calculated as earnings before taxes divided by revenue; useful for isolating the effects of taxes on a company's profitability.

Price ceiling　A regulation that makes it illegal to charge a price higher than a specified level.

Price continuity　A feature of a liquid market in which there are small price changes from one transaction to the next due to the depth of the market.

Price discovery　A feature of futures markets in which futures prices provide valuable information about the price of the underlying asset.

Price discrimination　The practice of selling different units of a good or service for different prices or of charging one customer different prices for different quantities bought.

Price effect　The effect of a change in the price on the quantity of a good consumed, other things remaining the same.

Price elasticity of demand　A units-free measure of the responsiveness of the quantity demanded of a good to a change in its price, when all other influences on buyers' plans remain the same.

Price floor　A regulation that makes it illegal to charge a price lower than a specified level.

Price level　The average level of prices as measured by a price index.

Price limits　Limits imposed by a futures exchange on the price change that can occur from one day to the next.

Price momentum　A portfolio strategy in which you acquire stocks that have enjoyed above-market stock price increases.

Price multiple　The ratio of a stock's market price to some measure of value per share.

Price relative　A ratio of an ending price over a beginning price; it is equal to 1 plus the holding period return on the asset.

Price risk　The component of interest rate risk due to the uncertainty of the market price of a bond caused by changes in market interest rates.

Price taker　A firm that cannot influence the price of the good or service it produces.

Price to book value　A valuation ratio calculated as price per share divided by book value per share.

Price to cash flow　A valuation ratio calculated as price per share divided by cash flow per share.

Price to sales　A valuation ratio calculated as price per share divided by sales per share.

Price/earnings (P/E) ratio　The number by which expected earnings per share is multiplied to estimate a stock's value; also called the *earnings multiplier*.

Priced risk　Risk for which investors demand compensation for bearing (e.g. equity risk, company-specific factors, macroeconomic factors).

Price-setting option　The operational flexibility to adjust prices when demand varies from forecast. For example, when demand exceeds capacity, the company could benefit from the excess demand by increasing prices.

Price-weighted index An index calculated as an arithmetic mean of the current prices of the sampled securities.

Primary market The market in which newly issued securities are sold by their issuers, who receive the proceeds.

Principal The amount of funds originally invested in a project or instrument; the face value to be paid at maturity.

Principal-agent problem The problem of devising compensation rules that induce an agent to act in the best interest of a principal.

Prior probabilities Probabilities reflecting beliefs prior to the arrival of new information.

Private Equity Private equity includes, but is not limited to, organizations devoted to venture capital, leveraged buyouts, consolidations, mezzanine and distressed debt investments, and a variety of hybrids, such as venture leasing and venture factoring.

Private information Information that is available to one person but is too costly for anyone else to obtain.

Private placement A new issue sold directly to a small group of investors, usually institutions

Private sector surplus or deficit An amount equal to saving minus investment.

Probability A number between 0 and 1 describing the chance that a stated event will occur.

Probability density function A function with non-negative values such that probability can be described by areas under the curve graphing the function.

Probability distribution A distribution that specifies the probabilities of a random variable's possible outcomes.

Probability function A function that specifies the probability that the random variable takes on a specific value.

Probit model A qualitative-dependent-variable multiple regression model based on the normal distribution.

Producer surplus The price of a good minus the opportunity cost of producing it, summed over the quantity sold.

Product differentiation Making a product slightly different from the product of a competing firm.

Production efficiency A situation in which the economy cannot produce more of one good without producing less of some other good.

Production-flexibility The operational flexibility to alter production when demand varies from forecast. For example, if demand is strong, a company

may profit from employees working overtime or from adding additional shifts.

Production function The relationship between real GDP and the quantity of labor when all other influences on production remain the same.

Production method A method of depreciation that assumes depreciation is solely the result of use and that allocates depreciation based on the units of use or output during each period of an asset's useful life.

Production possibilities frontier The boundary between the combinations of goods and services that can be produced and the combinations that cannot.

Production quota An upper limit to the quantity of a good that may be produced in a specified period.

Productivity growth slowdown A slowdown in the growth rate of output per person.

Profit The income earned by entrepreneurship.

Profitability ratios Ratios that measure a company's ability to generate profitable sales from its resources (assets).

Project sequencing To defer the decision to invest in a future project until the outcome of some or all of a current project is known. Projects are sequenced through time, so that investing in a project creates the option to invest in future projects.

Property rights Social arrangements that govern the ownership, use, and disposal of resources or factors of production, goods, and services that are enforceable in the courts.

Prospective P/E *See* Leading P/E.

Protective put An option strategy in which a long position in an asset is combined with a long position in a put.

Provision In accounting, a liability of uncertain timing or amount.

Pseudo-random numbers Numbers produced by random number generators.

Public good A good or service that is both nonrival and nonexcludable—it can be consumed simultaneously by everyone and from which no one can be excluded.

Pull on liquidity When disbursements are paid too quickly or trade credit availability is limited, requiring companies to expend funds before they receive funds from sales that could cover the liability.

Purchasing power parity The equal value of different monies.

Purchasing power parity (PPP) A theory stating that the exchange rate between two currencies will exactly reflect the purchasing power of the two currencies.

Pure discount instruments Instruments that pay interest as the difference between the amount borrowed and the amount paid back.

Pure factor portfolio A portfolio with sensitivity of 1 to the factor in question and a sensitivity of 0 to all other factors.

Pure-play method A method for estimating the beta for a company or project; it requires using a comparable company's beta and adjusting it for financial leverage differences.

Put An option that gives the holder the right to sell an underlying asset to another party at a fixed price over a specific period of time.

Put-call parity An equation expressing the equivalence (parity) of a portfolio of a call and a bond with a portfolio of a put and the underlying, which leads to the relationship between put and call prices

Put-call-forward parity The relationship among puts, calls, and forward contracts.

Put option A contract giving the right to sell an asset at a specified price, on or before a specified date.

_p_-Value The smallest level of significance at which the null hypothesis can be rejected; also called the marginal significance level.

Qualitative dependent variables Dummy variables used as dependent variables rather than as independent variables.

Quality financial statements Financial statements that most knowledgeable observers (analysts, portfolio managers) would consider conservatively prepared in terms of sales, expenses, earnings, and asset valuations. The results reported would reflect reasonable estimates and indicate what truly happened during the period and the legitimate value of assets and liabilities on the balance sheet.

Quantile (or fractile) A value at or below which a stated fraction of the data lies.

Quantity demanded The amount of a good or service that consumers plan to buy during a given time period at a particular price.

Quantity of labor demanded The labor hours hired by the firms in the economy.

Quantity of labor supplied The number of labor hours that all households in the economy plan to work.

Quantity supplied The amount of a good or service that producers plan to sell during a given time period at a particular price.

Quantity theory of money The proposition that in the long run, an increase in the quantity of money brings an equal percentage increase in the price level.

Quartiles Quantiles that divide a distribution into four equal parts.

Quick assets Assets that can be most readily converted to cash (e.g., cash, short-term marketable investments, receivables).

Quick ratio (or acid test ratio) A liquidity ratio calculated as quick assets (cash + short-term marketable investments + receivables) divided by current liabilities; provides an indication of a company's ability to satisfy current liabilities with its most liquid assets.

Quintiles Quantiles that divide a distribution into five equal parts.

Quota A quantitative restriction on the import of a particular good, which specifies the maximum amount that can be imported in a given time period.

Random number An observation drawn from a uniform distribution.

Random number generator An algorithm that produces uniformly distributed random numbers between 0 and 1.

Random variable A quantity whose future outcomes are uncertain.

Random walk A time series in which the value of the series in one period is the value of the series in the previous period plus an unpredictable random error.

Random walk theory (1) The theory that current stock prices already reflect known information about the future. Therefore, the future movement of stock prices will be determined by surprise occurrences. This will cause them to change in a random fashion. (2) A theory stating that all current information is reflected in current security prices and that future price movements are random because they are caused by unexpected news.

Range The difference between the maximum and minimum values in a dataset.

Range forward A trading strategy based on a variation of the put-call parity model where, for the same underlying asset but different exercise prices, a call option is purchased and a put option is sold (or vice versa).

Ratio scales A measurement scale that has all the characteristics of interval measurement scales as well as a true zero point as the origin.

Ratio spread An option strategy in which a long position in a certain number of options is offset by a short position in a certain number of other options on the same underlying, resulting in a risk-free position.

Rational expectation The most accurate forecast possible, a forecast that uses all the available information, including knowledge of the relevant economic forces that influence the variable being forecasted.

Real business cycle theory A theory that regards random fluctuations in productivity as the main source of economic fluctuations.

Real Estate Real estate Investments include: (a) Wholly owned or partially owned properties, (b) Commingled funds, property unit trusts, and insurance company separate accounts, (c) Unlisted, private placement securities issued by private real estate investment trusts (REITs) and real estate operating companies (REOCs), and (d) Equity-oriented debt, such as participating mortgage loans or any private interest in a property where some portion of return to the investor at the time of investment is related to the performance of the underlying real estate.

Real estate investment trusts (REITs) Investment funds that hold portfolios of real estate investments.

Real income A household's income expressed as a quantity of goods that the household can afford to buy.

Real interest rate The nominal interest rate adjusted for inflation; the nominal interest rate minus the inflation rate.

Real options Options embedded in a firm's real assets that give managers valuable decision-making flexibility, such as the right to either undertake or abandon an investment project.

Real rate of interest The money rate of interest minus the expected rate of inflation. The real rate of interest indicates the interest premium, in terms of real goods and services, that one must pay for earlier availability.

Real risk-free interest rate The single-period interest rate for a completely risk-free security if no inflation were expected.

Real risk-free rate (RRFR) The basic interest rate with no accommodation for inflation or uncertainty. The pure time value of money.

Real wage rate The quantity of goods ands services that an hour's work can buy. It is equal to the money wage rate divided by the price level.

Realizable value (settlement value) With reference to assets, the amount of cash or cash equivalents that could currently be obtained by selling the asset in an orderly disposal; with reference to liabilities, the undiscounted amount of cash or cash equivalents expected to be paid to satisfy the liabilities in the normal course of business.

Realization Multiple (Private Equity) The realization multiple (DPI) is calculated by dividing the cumulative distributions by the paid-in-capital.

Realized capital gains Capital gains that result when an appreciated asset is sold; realized capital gains are taxable.

Receivables turnover An activity ratio equal to revenue divided by average receivables; an indication of the resources tied up in accounts receivable and the speed at which receivables are collected during the period.

Receiver swaption A swaption that allows the holder to enter into a swap as the fixed-rate receiver and floating-rate payer.

Recession There are two common definitions of recession. They are (1) A business cycle phase in which real GDP decreases for at least two successive quarters. (2) A significant decline in activity spread across the economy, lasting for more than a few months, visible in industrial production, employment, real income, and wholesale-retail trade.

Recessionary gap The amount by which potential GDP exceeds real GDP.

Reference base period The period in which the CPI is defined to be 100.

Regime With reference to a time series, the underlying model generating the times series.

Registered competitive market makers (RCMMs) Members of an exchange who are allowed to use their memberships to buy or sell for their own account within the specific trading obligations set down by the exchange.

Registered traders Members of the stock exchange who are allowed to use their memberships to buy and sell for their own account, which means they save commissions on their trading but they provide liquidity to the market, and they abide by exchange regulations on how they can trade.

Regression coefficients The intercept and slope coefficient(s) of a regression.

Regulation Rules administrated by a government agency to influence economic activity by determining prices, product standards and types, and conditions under which new firms may enter an industry.

Regulatory risk The risk associated with the uncertainty of how derivative transactions will be regulated or with changes in regulations.

Rejection point (or critical value) A value against which a computed test statistic is compared to decide whether to reject or not reject the null hypothesis.

Relative dispersion The amount of dispersion relative to a reference value or benchmark.

Relative frequency With reference to an interval of grouped data, the number of observations in the interval divided by the total number of observations in the sample.

Relative price The ratio of the price of one good or service to the price of another good or service. A relative price is an opportunity cost.

Renewable natural resources Natural resources that can be used repeatedly without depleting what is available for future use.

Rent The income that land earns.

Rent ceiling A regulation that makes it illegal to charge a rent higher than a specified level.

Rent seeking Any attempt to capture a consumer surplus, a producer surplus, or an economic profit.

Replacement value The market value of a swap.

Report format With respect to the format of a balance sheet, a format in which assets, liabilities, and equity are listed in a single column.

Required rate of return The return that compensates investors for their time, the expected rate of inflation, and the uncertainty of the return.

Required reserve ratio The ratio of reserves to deposits that banks are required, by regulation, to hold.

Reserve ratio The fraction of a bank's total deposits that are held in reserves.

Reserves Cash in a bank's vault plus the bank's deposits at Federal Reserve banks.

Residual autocorrelations The sample autocorrelations of the residuals.

Residual claim The owners' remaining claim on the company's assets after the liabilities are deducted.

Residual value The estimated net scrap, salvage, or trade-in value of a tangible asset at the estimated date of its disposal. Also called *salvage value* or *disposal value.*

Resistance level A price at which a technician would expect a substantial increase in the supply of a stock to reverse a rising trend.

Retail method An inventory accounting method in which the sales value of an item is reduced by the gross margin to calculate the item's cost.

Return on assets (ROA) A profitability ratio calculated as net income divided by average total assets; indicates the company's net profit generated per dollar invested in total assets.

Return on common equity A profitability ratio calculated as (net income − preferred dividends) divided by average common equity; equal to the return on equity ratio when no preferred equity is outstanding.

Return on equity (ROE) A profitability ratio calculated as net income divided by average shareholders' equity; indicates the return generated per dollar of shareholders' investment in the company.

Return-on-investment ratios Ratios that are useful for comparing the net benefits generated from investments.

Return on total capital A profitability ratio of net income to total capital (i.e., average interest-bearing debt + average total equity); indicates the return to the investments made by both creditors and shareholders.

Return prediction studies Studies wherein investigations attempt to predict the time series of future rates of return using public information. An example would be predicting above-average returns for the stock market based on the aggregate dividend yield—e.g., high dividend yield indicates above average future market returns.

Revenue The amount charged for the delivery of goods or services in the ordinary activities of a business over a stated period; the inflows of economic resources to a company over a stated period.

Revenue bond A bond that is serviced by the income generated from specific revenue-producing projects of the municipality.

Revenue expenditure An expenditure for ordinary repairs and maintenance of a long-term asset, which is recorded by a debit to an expense account.

Revolving credit agreements The strongest form of short-term bank borrowing facilities; they are in effect for multiple years (e.g., 3–5 years) and may have optional medium-term loan features

Rho The sensitivity of the option price to the risk-free rate.

Ricardo-Barro effect The equivalence of financing government purchases by taxes or by borrowing.

Rising trend channel The range defined by security prices as they move progressively higher.

Risk averse The assumption about investors that they will choose the least risky alternative, all else being equal.

Risk budgeting The establishment of objectives for individuals, groups, or divisions of an organization that takes into account the allocation of an acceptable level of risk.

Risk governance The setting of overall policies and standards in risk management

Risk management The process of identifying the level of risk an entity wants, measuring the level of risk the entity currently has, taking actions that bring the actual level of risk to the desired level of risk, and monitoring the new actual level of risk so that it continues to be aligned with the desired level of risk.

Risk premium The expected return on an investment minus the risk-free rate.

Risk premium (RP) (1) The difference between the expected return on an asset and the risk-free interest rate. (2) The increase over the nominal risk-free rate that investors demand as compensation for an investment's uncertainty. (3) The expected return on an investment minus the risk-free rate.

Risk-free asset An asset with returns that exhibit zero variance.

Risk-neutral probabilities Weights that are used to compute a binomial option price. They are the probabilities that would apply if a risk-neutral investor valued an option.

Risk-neutral valuation The process by which options and other derivatives are priced by treating investors as though they were risk neutral.

Risky asset An asset with uncertain future returns.

Rival A good or services or a resource is rival if its use by one person decreases the quantity available for someone else.

Robust The quality of being relatively unaffected by a violation of assumptions.

Robust standard errors Standard errors of the estimated parameters of a regression that correct for the presence of heteroskedasticity in the regression's error term.

Root mean squared error (RMSE) The square root of the average squared forecast error; used to compare the out-of-sample forecasting performance of forecasting models.

Roy's safety first criterion A criterion asserting that the optimal portfolio is the one that minimizes the probability that portfolio return falls below a threshold level.

Rule of 72 The principle that the approximate number of years necessary for an investment to double is 72 divided by the stated interest rate.

Runs test A test of the weak-form efficient market hypothesis that checks for trends that persist longer in terms of positive or negative price changes than one would expect for a random series.

Safety stock A level of inventory beyond anticipated needs that provides a cushion in the event that it takes longer to replenish inventory than expected or in the case of greater than expected demand.

Safety-first rules Rules for portfolio selection that focus on the risk that portfolio value will fall below some minimum acceptable level over some time horizon.

Sales Generally, a synonym for revenue; "sales" is generally understood to refer to the sale of goods, whereas "revenue" is understood to include the sale of goods or services.

Sales returns and allowances An offset to revenue reflecting any cash refunds, credits on account, and discounts from sales prices given to customers who purchased defective or unsatisfactory items.

Salvage value The amount the company estimates that it can sell the asset for at the end of its useful life.

Sample A subset of a population.

Sample excess kurtosis A sample measure of the degree of a distribution's peakedness in excess of the normal distribution's peakedness.

Sample kurtosis A sample measure of the degree of a distribution's peakedness.

Sample mean The sum of the sample observations, divided by the sample size.

Sample selection bias Bias introduced by systematically excluding some members of the population according to a particular attribute-for example, the bias introduced when data availability leads to certain observations being excluded from the analysis.

Sample skewness A sample measure of degree of asymmetry of a distribution.

Sample standard deviation The positive square root of the sample variance.

Sample statistic or statistic A quantity computed from or used to describe a sample.

Sample variance A sample measure of the degree of dispersion of a distribution, calculated by dividing the sum of the squared deviations from the sample mean by the sample size (n) minus 1.

Sampling The process of obtaining a sample.

Sampling distribution The distribution of all distinct possible values that a statistic can assume when computed from samples of the same size randomly drawn from the same population.

Sampling error The difference between the observed value of a statistic and the quantity it is intended to estimate.

Sampling plan The set of rules used to select a sample.

Sandwich spread An option strategy that is equivalent to a short butterfly spread.

Sarbanes-Oxley Act An act passed by the U.S. Congress in 2002 that created the Public Company Accounting Oversight Board (PCAOB) to oversee auditors.

Saving The amount of income that households have left after they have paid their taxes and bought their consumption goods and services.

Saving supply   The relationship between saving and the real interest rate, other things remaining the same.

Savings and loan association (S&L)   A depository institution that receives checking deposits and savings deposits and that makes personal, commercial, and home-purchase loans.

Savings bank   A depository institution, owned by its depositors, that accepts savings deposits and makes mortgage loans.

Scalper   A trader who offers to buy or sell futures contracts, holding the position for only a brief period of time. Scalpers attempt to profit by buying at the bid price and selling at the higher ask price.

Scarcity   Our inability to satisfy all our wants.

Scatter diagram   A diagram that plots the value of one economic variable against the value of another.

Scatter plot   A two-dimensional plot of pairs of observations on two data series.

Scenario analysis   A risk management technique involving the examination of the performance of a portfolio under specified situations. Closely related to stress testing.

Screening   The application of a set of criteria to reduce a set of potential investments to a smaller set having certain desired characteristics.

Search activity   The time spent looking for someone with whom to do business.

Seasoned equity issues   New equity shares offered by firms that already have stock outstanding.

Seats   Memberships in a derivatives exchange.

Secondary market   The market in which outstanding securities are bought and sold by owners other than the issuers. Purpose is to provide liquidity for investors.

Sector rotation strategy   An active strategy that involves purchasing stocks in specific industries or stocks with specific characteristics (low *P/E*, growth, value) that are anticipated to rise in value more than the overall market.

Securities Act of 1933   An act passed by the U.S. Congress in 1933 that specifies the financial and other significant information that investors must receive when securities are sold, prohibits misrepresentations, and requires initial registration of all public issuances of securities.

Securities Exchange Act of 1934   An act passed by the U.S. Congress in 1934 that created the Securities and Exchange Commission (SEC), gave the SEC authority over all aspects of the securities industry, and empowered the SEC to require periodic reporting by companies with publicly traded securities.

Security market line (SML)   The graph of the capital asset pricing model.

Segment debt ratio   Segment liabilities divided by segment assets.

Segment margin   Segment profit (loss) divided by segment revenue.

Segment ROA   Segment profit (loss) divided by segment assets.

Segment turnover   Segment revenue divided by segment assets.

SelectNet   An order-routing and trade-execution system for institutional investors (brokers and dealers) that allows communication through the Nasdaq system rather than by phone.

Self-interest   The choices that you think are the best for you.

Semideviation   The positive square root of semivariance (sometimes called semistandard deviation).

Semilogarithmic   Describes a scale constructed so that equal intervals on the vertical scale represent equal rates of change, and equal intervals on the horizontal scale represent equal amounts of change.

Semivariance   The average squared deviation below the mean.

Sensitivity analysis   Analysis that shows the range of possible outcomes as specific assumptions are changed.

Separation theorem   The proposition that the investment decision, which involves investing in the market portfolio on the capital market line, is separate from the financing decision, which targets a specific point on the CML based on the investor's risk preference.

Serially correlated   With reference to regression errors, errors that are correlated across observations.

Settlement date or payment date   The date on which the parties to a swap make payments.

Settlement period   The time between settlement dates.

Settlement price   The official price, designated by the clearinghouse, from which daily gains and losses will be determined and marked to market.

Settlement risk   When settling a contract, the risk that one party could be in the process of paying the counterparty while the counterparty is declaring bankruptcy.

Shareholders' equity   Total assets minus total liabilities.

Sharpe measure   A relative measure of a portfolio's benefit-to-risk ratio, calculated as its average return in excess of the risk-free rate divided by the standard deviation of portfolio returns.

Sharpe ratio   The average return in excess of the risk-free rate divided by the standard deviation of return; a measure of the average excess return earned per unit of standard deviation of return.

Short   The seller of a derivative contract. Also refers to the position of being short a derivative.

Short hedge   A short position in a forward or futures contract used to offset the price volatility of a long position in the underlying asset.

Short position   The seller of a commodity or security or, for a forward contract, the counterparty who will be the eventual seller of the underlying asset.

Short run   The short run in microeconomics has two meanings. For the firm, it is the period of time in which the quantity of at least one input is fixed and the quantities of the other inputs can be varied. The fixed input is usually capital-that is, the firm has a given plant size. For the industry, the short run is the period of time in which each firm has a given plant size and the number of firms in the industry is fixed.

Short sale   The sale of borrowed securities with the intention of repurchasing them later at a lower price and earning the difference.

Shortfall risk   The risk that portfolio value will fall below some minimum acceptable level over some time horizon.

Short-run aggregate supply curve   A curve that shows the relationship between the quantity of real GDP supplied and the price level in the short run when the money wage rate, other resource prices, and potential GDP remain constant.

Short-run industry supply curve   A curve that shows the quantity supplied by the industry at each price varies when the plant size of each firm and the number of firms in the industry remain the same.

Short-run macroeconomic equilibrium   A situation that occurs when the quantity of real GDP demanded equals quantity of real GDP supplied—at the point of intersection of the *AD* curve and the *SAS* curve.

Short-run Phillips curve   A curve that shows the tradeoff between inflation and unemployment, when the expected inflation rate and the natural rate of unemployment remain the same.

Should   Encouraged (recommended) to follow the recommendation of the GIPS standards but not required.

Shutdown point   The output and price at which the firm just covers its total variable cost. In the short run, the firm is indifferent between producing the profit-maximizing output and shutting down temporarily.

Signal   An action taken by an informed person (or firm) to send a message to uninformed people or an action taken outside a market that conveys information that can be used by that market.

Simple interest   The interest earned each period on the original investment; interest calculated on the principal only.

Simple random sample   A subset of a larger population created in such a way that each element of the population has an equal probability of being selected to the subset.

Simple random sampling   The procedure of drawing a sample to satisfy the definition of a simple random sample.

Simulation   Computer-generated sensitivity or scenario analysis that is based on probability models for the factors that drive outcomes.

Simulation trial   A complete pass through the steps of a simulation.

Single-payment loan   A loan in which the borrower receives a sum of money at the start and pays back the entire amount with interest in a single payment at maturity.

Single-price monopoly   A monopoly that must sell each unit of its output for a same price to all its customers.

Single-step format   With respect to the format of the income statement, a format that does not subtotal for gross profit (revenue minus cost of goods sold).

Sinking fund   (1) Bond provision that requires the bond to be paid off progressively rather than in full at maturity. (2) Bond provision that requires the issuer to redeem some or all of the bond systematically over the term of the bond rather than in full at maturity.

Skewed   Not symmetrical.

Skewness   A quantitative measure of skew (lack of symmetry); a synonym of skew.

Slope   The change in the value of the variable measured on the *y*-axis divided by the change in the value of the variable measured on the *x*-axis.

Small-firm effect   A frequent empirical anomaly where risk-adjusted stock returns for companies with low market capitalization (i.e., share price multiplied by number of outstanding shares) are significantly larger than those generated by high market capitalization (large cap) firms.

Small-Order Execution System (SOES)   A quotation and execution system for retail (nonprofessional) investors who place orders with brokers who must honor their prevailing bid-ask for automatic execution up to 1,000 shares.

Social interest   Choices that are the best for society as a whole.

Soft dollars   A form of compensation to a money manager generated when the manager commits the investor to paying higher brokerage fees in exchange for the manager receiving additional services (e.g., stock research) from the broker.

Software Capitalized costs associated with computer programs developed for sale, lease, or internal use and amortized over the estimated economic life of the programs.

Solvency With respect to financial statement analysis, the ability of a company to fulfill its long-term obligations.

Solvency ratios Ratios that measure a company's ability to meet its long-term obligations.

Sovereign risk The risk that a government may default on its debt.

Sovereign yield spread An estimate of the country spread (country equity premium) for a developing nation that is based on a comparison of bonds yields in country being analyzed and a developed country. The sovereign yield spread is the difference between a government bond yield in the country being analyzed, denominated in the currency of the developed country, and the Treasury bond yield on a similar maturity bond in the developed country.

Spearman rank correlation coefficient A measure of correlation applied to ranked data.

✳ **Specialist** The major market maker on U.S. stock exchanges who acts as a broker or dealer to ensure the liquidity and smooth functions of the secondary stock market.

Specific identification method An inventory accounting method that identifies which specific inventory items were sold and which remained in inventory to be carried over to later periods.

Speculative company A firm with a great degree of business and/or financial risk, with commensurate high earnings potential.

Speculative stock A stock that appears to be highly overpriced compared to its intrinsic valuation.

Spending phase Phase in the investment life cycle during which individuals' earning years end as they retire. They pay for expenses with income from social security and returns from prior investments and invest to protect against inflation.

Spot price Current market price of an asset. Also called cash price.

Spot rate The required yield for a cash flow to be received at some specific date in the future—for example, the spot rate for a flow to be received in one year, for a cash flow in two years, and so on.

Spread An option strategy involving the purchase of one option and sale of another option that is identical to the first in all respects except either exercise price or expiration.

Spurious correlation A correlation that misleadingly points towards associations between variables.

✳ **Stagflation** The combination of recession and inflation.

Standard cost With respect to inventory accounting, the planned or target unit cost of inventory items or services.

Standard deviation The positive square root of the variance; a measure of dispersion in the same units as the original data.

Standard normal distribution (or unit normal distribution) The normal density with mean (μ) equal to 0 and standard deviation (σ) equal to 1.

Standardized beta With reference to fundamental factor models, the value of the attribute for an asset minus the average value of the attribute across all stocks, divided by the standard deviation of the attribute across all stocks.

Standardizing A transformation that involves subtracting the mean and dividing the result by the standard deviation.

Stated annual interest rate or quoted interest rate A quoted interest rate that does not account for compounding within the year.

Statement of cash flows (cash flow statement) A financial statement that reconciles beginning-of-period and end-of-period balance sheet values of cash; provides information about an entity's cash inflows and cash outflows as they pertain to operating, investing, and financing activities.

Statement of changes in shareholders' equity (statement of owners' equity) A financial statement that reconciles the beginning-of-period and end-of-period balance sheet values of shareholders' equity; provides information about all factors affecting shareholders' equity.

Statement of retained earnings A financial statement that reconciles beginning-of-period and end-of-period balance sheet values of retained income; shows the linkage between the balance sheet and income statement.

Statistic A quantity computed from or used to describe a sample of data.

Statistical factor models A multifactor model in which statistical methods are applied to a set of historical returns to determine portfolios that best explain either historical return covariances or variances.

Statistical inference Making forecasts, estimates, or judgments about a larger group from a smaller group actually observed; using a sample statistic to infer the value of an unknown population parameter.

Statistically significant A result indicating that the null hypothesis can be rejected; with reference to an estimated regression coefficient, frequently understood to mean a result indicating that the corresponding population regression coefficient is different from 0.

Statistics   The science of describing, analyzing, and drawing conclusions from data; also, a collection of numerical data.

Stock   A quantity that exists at a point in time.

Stock dividend   A dividend paid in the form of additional shares rather than in cash.

Stock split   An action taken by a firm to increase the number of shares outstanding, such as doubling the number of shares outstanding by giving each stockholder two new shares for each one formerly held.

Stock-out losses   Profits lost from not having sufficient inventory on hand to satisfy demand.

Storage costs or carrying costs   The costs of holding an asset, generally a function of the physical characteristics of the underlying asset.

Straddle   An option strategy involving the purchase of a put and a call with the same exercise price. A straddle is based on the expectation of high volatility of the underlying.

Straight-line method   A method of depreciation that assumes depreciation depends only on the passage of time and that allocates an equal amount of depreciation to each accounting period in an asset's useful life.

Straight-line method   A depreciation method that allocates evenly the cost of a long-lived asset less its estimated residual value over the estimated useful life of the asset.

Strangle   A variation of a straddle in which the put and call have different exercise prices.

Strap   An option strategy involving the purchase of two calls and one put.

Strategies   All the possible actions of each player in a game.

Stratified random sampling   A procedure by which a population is divided into subpopulations (strata) based on one or more classification criteria. Simple random samples are then drawn from each stratum in sizes proportional to the relative size of each stratum in the population. These samples are then pooled.

Stress testing/scenario analysis   A set of techniques for estimating losses in extremely unfavorable combinations of events or scenarios.

Strike price   Price at which an option can be exercised (same as exercise price).

Strip   An option strategy involving the purchase of two puts and one call.

Structural change   Economic trend occurring when the economy is undergoing a major change in organization or in how it functions.

Structural surplus or deficit   The budget balance that would occur if the economy were at full employment and real GDP were equal to potential GDP.

Structural unemployment   The unemployment that arises when changes in technology or international competition change the skills needed to perform jobs or change the locations of jobs.

Structured note   (1) A bond or note issued with some unusual, often option-like, clause. (2) A bond with an embedded derivative designed to create a payoff distribution that satisfies the needs of a specific investor clientele. (3) A variation of a floating-rate note that has some type of unusual characteristic such as a leverage factor or in which the rate moves opposite to interest rates.

Style analysis   An attempt to explain the variability in the observed returns to a security portfolio in terms of the movements in the returns to a series of benchmark portfolios designed to capture the essence of a particular security characteristic such as size, value, and growth.

Subjective probability   A probability drawing on personal or subjective judgment.

Subsidy   A payment that the government makes to a producer.

Substitute   A good that can be used in place of another good.

Substitution effect   The effect of a change in price of a good or service on the quantity bought when the consumer (hypothetically) remains indifferent between the original and the new consumption situations—that is, the consumer remains on the same indifference curve.

Successful efforts accounting   A method of accounting for the costs of exploring and developing oil and gas resources in which successful exploration is recorded as an asset and depleted over the estimated life of the resource and all unsuccessful efforts are immediately written off as losses.

Sunk cost   A cost that has already been incurred.

Supplemental Information   Any performance-related information included as part of a compliant performance presentation that supplements or enhances the required and/or recommended disclosure and presentation provisions of the GIPS standards.

Supply   The relationship between the quantity of a good that producers plan to sell and the price of the good when all other influences on sellers' plans remain the same. It is described by a supply schedule and illustrated by a supply curve.

Supply curve A curve that shows the relationship between the quantity supplied and the price of a good when all other influences on producers' planned sales remain the same.

Supply of labor The relationship between the quantity of labor supplied and the real wage rate when all other influences on work plans remain the same.

Supply-side effects The effects of fiscal policy on employment, potential GDP, and aggregate supply.

Support level A price at which a technician would expect a substantial increase in price and volume for a stock to reverse a declining trend that was due to profit taking.

Surprise The actual value of a variable minus its predicted (or expected) value.

Survey approach An estimate of the equity risk premium that is based upon estimates provided by a panel of finance experts.

Survivorship bias The bias resulting from a test design that fails to account for companies that have gone bankrupt, merged, or are otherwise no longer reported in a database.

Sustainable growth rate The rate of dividend (and earnings) growth that can be sustained over time for a given level of return on equity, keeping the capital structure constant and without issuing additional common stock.

Swap An agreement between two parties to exchange a series of future cash flows.

Swap spread The difference between the fixed rate on an interest rate swap and the rate on a Treasury note with equivalent maturity; it reflects the general level of credit risk in the market.

Swaption An option to enter into a swap.

SWOT analysis An examination of a firm's Strengths, Weaknesses, Opportunities, and Threats. This analysis helps an analyst evaluate a firm's strategies to exploit its competitive advantages or defend against its weaknesses.

Symmetry principle A requirement that people in similar situations be treated similarly.

Synthetic call The combination of puts, the underlying, and risk-free bonds that replicates a call option.

Synthetic forward contract The combination of the underlying, puts, calls, and risk-free bonds that replicates a forward contract.

Synthetic index fund An index fund position created by combining risk-free bonds and futures on the desired index.

Synthetic put The combination of calls, the underlying, and risk-free bonds that replicates a put option.

Systematic factors Factors that affect the average returns of a large number of different assets.

Systematic risk The variability of returns that is due to macroeconomic factors that affect all risky assets. Because it affects all risky assets, it cannot be eliminated by diversification.

Systematic sampling A procedure of selecting every kth member until reaching a sample of the desired size. The sample that results from this procedure should be approximately random.

Tangible assets Long-term assets that have physical substance.

Tangible book value per share Common shareholders' equity minus intangible assets from the balance sheet, divided by the number of shares outstanding.

Tap Procedure by which a borrower can keep issuing additional amounts of an old bond at its current market value. This procedure is used for bond issues, notably by the British and French governments, as well as for some short-term debt instruments.

Target balance A minimum level of cash to be held available—estimated in advance and adjusted for known funds transfers, seasonality, or other factors.

Target capital structure The proportion of component sources of capital (e.g. equity, debt) that a company strives to maintain

Target semideviation The positive square root of target semivariance.

Target semivariance The average squared deviation below a target value.

Tariff A tax that is imposed by the importing country when an imported good crosses its international boundary.

Tax incidence The division of the burden of a tax between the buyer and the seller.

Tax multiplier The magnification effect of a change in taxes on aggregate demand.

Tax risk The uncertainty associated with tax laws.

Tax wedge The gap between the before-tax and after-tax wage rates.

Taylor rule A rule that adjusts the federal funds rate to target the inflation rate and to take into account deviations of the inflation rate from its target and deviations of real GDP from potential GDP.

t-Distribution A symmetrical distribution defined by a single parameter, degrees of freedom, that is largely used to make inferences concerning the mean of a normal distribution whose variance is unknown.

Technical analysis Estimation of future security price movements based on past price and volume movements.

Technological change The development of new goods and better ways of producing goods and services.

Technological efficiency A situation that occurs when the firm produces a given output by using the least amount of inputs.

Technology Any method of producing a good or service.

Temporary New Account A tool that firms can use to remove the effect of significant cash flows on a portfolio. When a significant cash flow occurs in a portfolio, the firm may treat this cash flow as a "temporary new account," allowing the firm to implement the mandate of the portfolio without the impact of the cash flow on the performance of the portfolio.

Tenor The original time to maturity on a swap.

Term structure of interest rates The relationship between term to maturity and yield to maturity for a sample of comparable bonds at a given time. Popularly known as the *yield curve*.

Term to maturity Specifies the date or the number of years before a bond matures or expires.

Termination date The date of the final payment on a swap; also, the swap's expiration date.

Terms of trade The quantity of goods and services that a country exports to pay for its imports of goods and services.

Test statistic A quantity, calculated based on a sample, whose value is the basis for deciding whether or not to reject the null hypothesis.

Theta The rate at which an option's time value decays.

Third market Over-the-counter trading of securities listed on an exchange.

Thrift institutions Thrift institutions include savings and loan associations, savings banks, and credit unions.

Tick The minimum price movement for the asset underlying a forward or futures contract; for Treasury bonds, one tick equals 1/32 of 1 percent of par value.

Time series A set of observations on a variable's outcomes in different time periods.

Time to expiration The time remaining in the life of a derivative, typically expressed in years.

Time value decay The loss in the value of an option resulting from movement of the option price toward its payoff value as the expiration day approaches.

Time value of money The principles governing equivalence relationships between cash flows with different dates.

Time value or speculative value The difference between the market price of the option and its intrinsic value, determined by the uncertainty of the underlying over the remaining life of the option.

Time-period bias The possibility that when we use a time-series sample, our statistical conclusion may be sensitive to the starting and ending dates of the sample.

Time-series analysis An examination of a firm's performance data over a period of time.

Time-series data Observations of a variable over time.

Time-series graph A graph that measures time (for example, months or years) on the x-axis and the variable or variables in which we are interested on the y-axis.

Time-weighted rate of return The compound rate of growth of one unit of currency invested in a portfolio during a stated measurement period; a measure of investment performance that is not sensitive to the timing and amount of withdrawals or additions to the portfolio.

Top-down analysis With reference to investment selection processes, an approach that starts with macro selection (i.e., identifying attractive geographic segments and/or industry segments) and then addresses selection of the most attractive investments within those segments.

Total asset turnover An activity ratio calculated as revenue divided by average total assets; indicates the extent to which the investment in total assets results in revenues.

Total cost The cost of all the productive resources that a firm uses.

Total Firm Assets Total firm assets are all assets for which a firm has investment management responsibility. Total firm assets include assets managed outside the firm (e.g., by subadvisors) for which the firm has asset allocation authority.

Total fixed cost The cost of the firm's fixed inputs.

Total invested capital The sum of market value of common equity, book value of preferred equity, and face value of debt.

Total probability rule for expected value A rule explaining the expected value of a random variable in terms of expected values of the random variable conditional on mutually exclusive and exhaustive scenarios.

Total probability rule A rule explaining the unconditional probability of an event in terms of probabilities of the event conditional on mutually exclusive and exhaustive scenarios.

Total product The maximum output that a given quantity of factors of production can produce.

Total return A return objective in which the investor wants to increase the portfolio value to meet a future need by both capital gains and current income reinvestment.

Total return swap   A swap in which one party agrees to pay the total return on a security. Often used as a credit derivative, in which the underlying is a bond.

Total revenue   The value of a firm's sales. It is calculated as the price of the good multiplied by the quantity sold.

Total revenue test   A method of estimating the price elasticity of demand by observing the change in total revenue that results from a change in the price, when all other influences on the quantity sold remain the same.

Total variable cost   The cost of all the firm's variable inputs.

Tracking error   The standard deviation of the difference in returns between an active investment portfolio and its benchmark portfolio; also called tracking error volatility, tracking risk, and active risk.

Tracking portfolio   A portfolio having factor sensitivities that are matched to those of a benchmark or other portfolio.

Tracking risk   The standard deviation of the differences between a portfolio's returns and its benchmark's returns; a synonym of active risk.

Trade balance   The balance of a country's exports and imports; part of the current account.

Trade credit   A spontaneous form of credit in which a purchaser of the goods or service is, effectively, financing its purchase by delaying the date on which payment is made.

Trade Date Accounting   The transaction is reflected in the portfolio on the date of the purchase or sale, and not on the settlement date. Recognizing the asset or liability within at least 3 days of the date the transaction is entered into (Trade Date, T 1 1, T 1 2 or T 1 3) all satisfy the trade date accounting requirement for purposes of the GIPS standards. (See settlement date accounting.)

Trade receivables (commercial receivables or accounts receivable)   Amounts customers owe the company for products that have been sold as well as amounts that may be due from suppliers (such as for returns of merchandise).

Trademark   A registered symbol that can be used only by its owner to identify a product or service.

Tradeoff   An exchange–giving up one thing to get something else.

Trading effect   The difference in performance of a bond portfolio from that of a chosen index due to short-run changes in the composition of the portfolio.

Trading Expenses   The costs of buying or selling a security. These costs typically take the form of brokerage commissions or spreads from either internal or external brokers. Custody fees charged per transaction should be considered custody fees and not direct transaction costs. Estimated trading expenses are not permitted.

Trading rule   A formula for deciding on current transactions based on historical data.

Trading securities (held-for-trading securities)   Securities held by a company with the intent to trade them.

Trading turnover   The percentage of outstanding shares traded during a period of time.

Trailing P/E (or current P/E)   A stock's current market price divided by the most recent four quarters of earnings per share.

Tranche   Refers to a portion of an issue that is designed for a specific category of investors. French for "slice."

Transaction cost   The cost of executing a trade. Low costs characterize an operationally efficient market.

Transaction Expenses (Private Equity)   Include all legal, financial, advisory, and investment banking fees related to buying, selling, restructuring, and recapitalizing portfolio companies.

Transaction exposure   The risk associated with a foreign exchange rate on a specific business transaction such as a purchase or sale.

Transactions costs   The costs that arise from finding someone with whom to do business, of reaching an agreement about the price and other aspects of the exchange, and of ensuring that the terms of the agreement are fulfilled. The opportunity costs of conducting a transaction.

Transactions motive   In the context of inventory management, it refers to the need for inventory as part of the routine production–sales cycle.

Translation exposure   The risk associated with the conversion of foreign financial statements into domestic currency.

Treasury bill   A negotiable U.S. government security with a maturity of less than one year that pays no periodic interest but yields the difference between its par value and its discounted purchase price.

Treasury bond   A U.S. government security with a maturity of more than 10 years that pays interest periodically.

Treasury note   A U.S. government security with maturities of 1 to 10 years that pays interest periodically.

Treasury stock method   A method for accounting for the effect of options (and warrants) on earnings per share (EPS) that specifies what EPS would have been if the options and warrants had been exercised and the company had used the proceeds to repurchase common stock.

Tree diagram   A diagram with branches emanating from nodes representing either mutually exclusive chance events or mutually exclusive decisions.

Trend   A long-term pattern of movement in a particular direction.

Trimmed mean   A mean computed after excluding a stated small percentage of the lowest and highest observations.

Trust receipt arrangement   The use of inventory as collateral for a loan. The inventory is segregated and held in trust, and the proceeds of any sale must be remitted to the lender immediately.

***t*-Test**   A hypothesis test using a statistic (*t*-statistic) that follows a *t*-distribution.

Two-sided hypothesis test (or two-tailed hypothesis test)   A test in which the null hypothesis is rejected in favor of the alternative hypothesis if the evidence indicates that the population parameter is either smaller or larger than a hypothesized value.

Type I error   The error of rejecting a true null hypothesis.

Type II error   The error of not rejecting a false null hypothesis.

U.S. interest rate differential   A gap equal to the U.S. interest rate minus the foreign interest rate.

U.S. Official reserves   The government's holdings of foreign currency.

Unbiasedness   Lack of bias. A desirable property of estimators, an unbiased estimator is one whose expected value (the mean of its sampling distribution) equals the parameter it is intended to estimate.

Unbilled revenue (accrued revenue)   Revenue that has been earned but not yet billed to customers as of the end of an accounting period.

Uncertainty   A situation in which more than one event might occur but it is not known which one.

Unclassified balance sheet   A balance sheet that does not show subtotals for current assets and current liabilities.

Unconditional heteroskedasticity   Heteroskedasticity of the error term that is not correlated with the values of the independent variable(s) in the regression.

Unconditional probability (or marginal probability)   The probability of an event *not* conditioned on another event.

Uncovered interest rate parity   The assertion that expected currency depreciation should offset the interest differential between two countries over the term of the interest rate.

Underlying   An asset that trades in a market in which buyers and sellers meet, decide on a price, and the seller then delivers the asset to the buyer and receives payment. The underlying is the asset or other derivative on which a particular derivative is based. The market for the underlying is also referred to as the spot market.

Underweighted   A condition in which a portfolio, for whatever reason, includes less of a class of securities than the relative market value alone would justify.

Unearned fees   Unearned fees are recognized when a company receives cash payment for fees prior to earning them.

Unearned revenue (deferred revenue)   A liability account for money that has been collected for goods or services that have not yet been delivered.

Unemployment rate   The percentage of the people in the labor force who are unemployed.

Unidentifiable intangible   An intangible that cannot be acquired singly and that typically possesses an indefinite benefit period; an example is accounting goodwill.

Unit elastic demand   Demand with a price elasticity of 1; the percentage change in the quantity demanded equals the percentage change in price.

Unit normal distribution   *See* Standard normal distribution.

Unit root   A time series that is not covariance stationary is said to have a unit root.

Univariate distribution   A distribution that specifies the probabilities for a single random variable.

Unlimited funds   An unlimited funds environment assumes that the company can raise the funds it wants for all profitable projects simply by paying the required rate of return.

Unrealized capital gains   Capital gains that reflect the price appreciation of currently held unsold assets.

Unsystematic risk   Risk that is unique to an asset, derived from its particular characteristics. It can be eliminated in a diversified portfolio.

Unweighted index   An indicator series affected equally by the performance of each security in the sample regardless of price or market value. Also referred to as an *equal-weighted series*.

Unwind   The negotiated termination of a forward or futures position before contract maturity.

Up transition probability   The probability that an asset's value moves up.

Utilitarianism   A principle that states that we should strive to achieve "the greatest happiness for the greatest number of people."

Utility   The benefit or satisfaction that a person gets from the consumption of a good or service.

Utility of wealth   The amount of utility that a person attaches to a given amount of wealth.

Valuation   The process of determining the value of an asset or service.

Valuation analysis   An active bond portfolio management strategy designed to capitalize on expected price increases in temporarily undervalued issues.

Valuation process   Part of the investment decision process in which you estimate the value of a security.

Valuation ratios   Ratios that measure the quantity of an asset or flow (e.g., earnings) in relation to the price associated with a specified claim (e.g., a share or ownership of the enterprise).

Value   The amount for which one can sell something, or the amount one must pay to acquire something.

Value at risk (VAR)   A money measure of the minimum value of losses expected during a specified time period at a given level of probability.

Value chain   The set of transformations to move from raw material to product or service delivery.

Value investors   With reference to equity investors, investors who are focused on paying a relatively low share price in relation to earnings or assets per share.

Value stocks   Stocks that appear to be undervalued for reasons besides earnings growth potential. These stocks are usually identified based on high dividend yields, low *P/E* ratios, or low price-to-book ratios.

Value-weighted index   An index calculated as the total market value of the securities in the sample. Market value is equal to the number of shares or bonds outstanding times the market price of the security.

Variable costs   Costs that rise proportionally with revenue.

Variance   The expected value (the probability-weighted average) of squared deviations from a random variable's expected value.

Variation margin   Additional margin that must be deposited in an amount sufficient to bring the balance up to the initial margin requirement.

Vega   The relationship between option price and volatility.

Velocity of circulation   The average number of times a dollar of money is used annually to buy the goods and services that make up GDP.

Venture Capital (Private Equity)   Risk capital in the form of equity and/or loan capital that is pro-vided by an investment institution to back a business venture that is expected to grow in value.

Vertical analysis   Common-size analysis using only one reporting period or one base financial statement; for example, an income statement in which all items are stated as percentages of sales.

Vertical common-size analysis   An analysis in which financial statement accounts are compared to a benchmark item in that same year. For the income statement, all items are restated as a percentage of revenues; for the balance sheet, all items are restated as a percentage of total assets.

Vintage Year (Private Equity)   The year that the venture capital or private equity fund or partnership first draws down or calls capital from its investors.

Volatility   As used in option pricing, the standard deviation of the continuously compounded returns on the underlying asset.

Voluntary export restraint   An agreement between two governments in which the government of the exporting country agrees to restrain the volume of its own exports.

Wages   The income that labor earns.

Warehouse receipt arrangement   The use of inventory as collateral for a loan. . It is similar to a trust receipt arrangement except that there is a third part (i.e., a warehouse company) that supervises the inventory.

Warrant   An instrument that allows the holder to purchase a specified number of shares of the firm's common stock from the firm at a specified price for a given period of time.

Weak-form efficient market hypothesis   The belief that security prices fully reflect all security market information.

Wealth   The market value of all the things that people own.

Weighted average cost method   An inventory accounting method that averages the total cost of available inventory items over the total units available for sale.

Weighted-average cost of capital   A weighted average of the after-tax required rates of return on a company's common stock, preferred stock, and long-term debt, where the weights are the fraction of each source of financing in the company's target capital structure.

Weighted average cost of capital (or marginal cost of capital)   The required rate of return that investors demand for the average-risk investment of a company and the cost that a company incurs for additional capital. Found as the average of the